古籍版本題記索引

羅偉國　胡平　編

華東師範大學出版社

圖書在版編目（CIP）數據

古籍版本題記索引 / 羅偉國，胡平編. —上海：
華東師範大學出版社，2011.10
  ISBN 978-7-5617-9022-9

  Ⅰ.①古⋯ Ⅱ.①羅⋯②胡 ⋯Ⅲ.①古籍－題跋－
中國－索引 Ⅳ.①Z89：G256.4

  中國版本圖書館 CIP 數據核字（2011）第 212657 號

古籍版本題記索引

著　　者　　羅偉國 胡平
特約編輯　　黃曙輝
項目編輯　　方學毅
裝幀設計　　勞　韌

出版發行　　華東師範大學出版社
社　　址　　上海市中山北路3663號　郵編 200062
網　　址　　www.ecnupress.com.cn
電　　話　　021-60821666　行政傳真　021-62572105
客服電話　　021-62865537
門市（郵購）電話　021-62869887
地　　址　　上海市中山北路3663號華東師範大學校內先鋒路口
網　　店　　http://ecnup.taobao.com/

印 刷 者　　杭州富陽永昌印刷有限公司
開　　本　　787×1092　16開
印　　張　　61.5
字　　數　　2100千字
版　　次　　2011年10月第1版
印　　次　　2011年10月第1次
書　　號　　ISBN 978-7-5617-9022-9/I・824
定　　價　　298.00元

出 版 人　　朱傑人

（如發現本版圖書有印訂品質問題，請寄回本社市場部調換或電話021-62865537聯繫）

夫自古之善書者漢魏有鍾張之絕晉末稱二王之
妙王羲之云頃尋諸名書鍾張信為絕倫其餘不足
觀可謂鍾張云沒而羲獻繼之又云吾書比之鍾張
鍾當抗行或謂過之張草猶當鴈行然張精熟池水
盡墨假令寡人耽之若此未必謝之此乃推張邁鍾
之意也考其專擅雖未果於前規摭以薫遍故無慙
於即事評者云彼之四賢古今特絕而今不逮古古

書苑菁華卷第八

書譜
唐吳郡孫過庭撰
錢塘陳　思　纂次

書苑菁華　宋刊本

冊府元龜卷第九百一
總錄部第百五十一

公直
直　眼義
公直

滅私之謂公正曲之謂直君子之懿德也自上古之世柽至公
之道廢則情勝於理思克於義心由利易政以勢凜自非時欣
中庸好是正直執不回之道守無頗之性則為能佐替可否不
以饋而掩賢閱實於是不以親而害公雖顧於妾學
當官而行閒奏烈而無隱在問事盡仰雖顧於妾學
剛毅之風全忠信之行先聖所以嘉懿良史所以收書至乎為
後世之懲節也
史魚為衛大夫孔子曰直哉史魚邦有道如矢邦無道如矢道
無謟行直如
叔向為晉大夫晉侯與雍子爭鄐田邢侯殺申公巫臣之子也

冊府元龜　宋刊本

今具所編古今方論總目

太平聖惠方	葛氏肘後方
千金方	千金翼方
外臺祕要方	古今錄驗方
深師方	范汪方
孫真人枕中記	備急方
救急方	必效方
崔元亮方	正元廣利方
張文仲方	小品方

古今方論　宋刊本

東家雜記　宋刊本

1

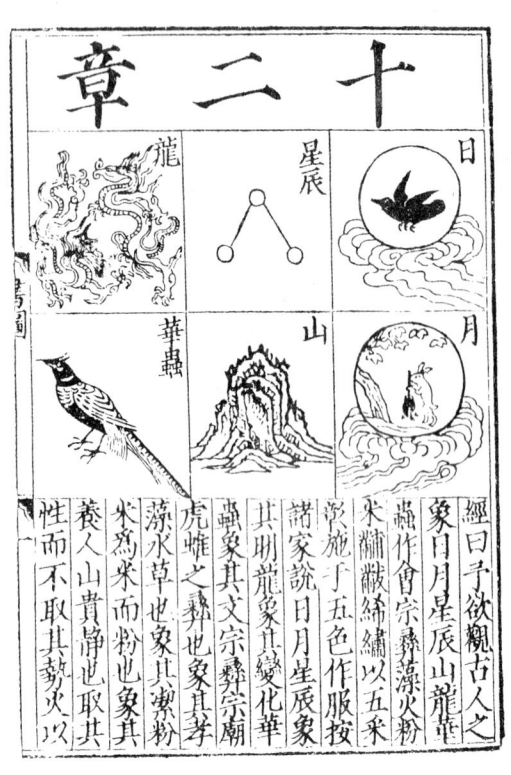

尚書注疏　金刊本

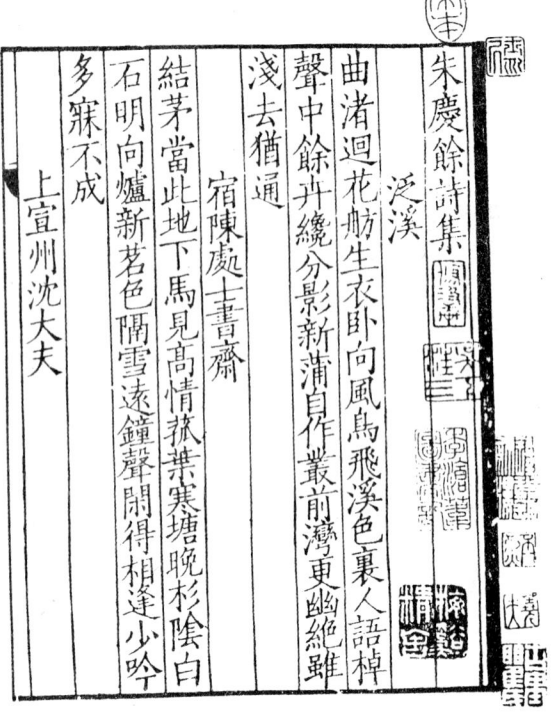

朱慶餘詩集　宋刊本

新箋決科古今源流至論　元刊本

春秋纂言　元刊本

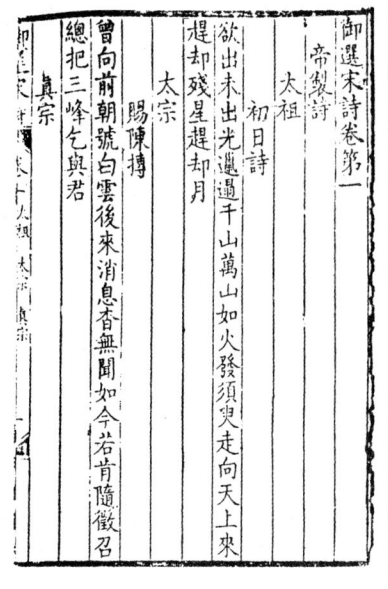  

御選宋金元明四朝詩　清刊本　　　　唐明皇秋夜梧桐雨　明萬曆顧曲齋刊本　　　　剪燈新話大全　明正德六年楊氏清江書堂刊本

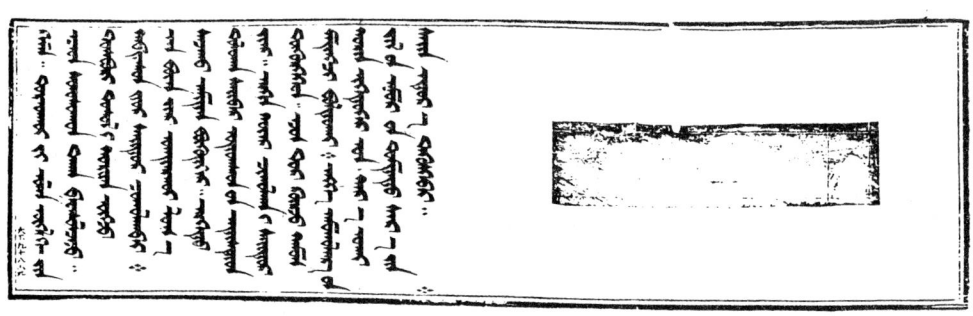

蒙文七佛如來供養儀軌經　　　　清康熙二十一年刊本

鼎

右高七寸三分深三寸七分耳高一寸五分濶
一寸六分口縱五寸橫六寸四分腹縱四寸二
分橫五寸五分重一百四十七兩銘曰冊昭錫
命也下作象按周禮再獻用兩象尊此當云象
鼎

孫冊父乙象

西清古鑑　清乾隆十六年武英殿銅版印本

婺源山水遊記卷一

紫陽山長周溙子羽輯

大鄣山

大鄣山一名率山距城西北百二十里高千四百仞周百
里磅礴嵬巍嶺有振衣峯西矚彭蠡北眺黟山東望黃山
南瞻信州雅山如乘白雲上天際婺源羣山祖之山上清
風嶺瀑布泉白雲菴須彌菴那伽井龍井張公洞昔有張
公修煉于此俗遂以張公山名之旁有仙人藥臼天生棋

婺源山水遊記　清乾隆五十五年婺源紫陽書院活字印本

寒山詩　五言

凡讀我詩者心中須護淨貪繼日廉詭曲
登時正驅遣除惡業歸依受真性今日得佛
身急急如律令
重巖我卜居鳥道絕人迹庭際何所有白雲
抱幽石住茲凡幾年屢見春冬易寄語鍾鼎
家虛名定無益

寒山詩　日本正中二年刊本

夢中問答集上

問無生ノ苦ヲスキテ樂ヲウクルコトハ
大慈大悲ナリ。シカルニ。カルヲ佛教ノ中ニ人ノ福ヲ
求ムル制ス。コトヲメウレ
或ハ工巧伎藝ノ能ヲホトコシ或ハ商賈農作ノ業
ヲ功トイタス其ニワサハ谷ニコトナリトモ其志ハ
皆同シ。其アリサマヲ見ニ。生涯タ。身心ハ
苦勞スルハカリニテ。其志ノトコロニ。求得ル

夢中問答集　日本康永刊本

目　　録

古籍浩瀚烟海，千载而下，数以万计，欲窥察源潮流以俾遂后学，厥赖解题之作。自宋陈振孙直斋书录解题、晁公武郡斋读书志，提要钩玄，为考跋之敬典，后有继者，虽各抒己见，自成一家之言，实推陈、晁为鼻祖。迨此发明日广日新，凡研治一书，世求羣说者，古籍版本题跋之作，自不可废。宋元明清以来所有实繁，兹求一书而欲折衷羣说探赜索隐，编检指书林渊海中瞻目久时，其繁难速成责全求备尤所不易。此吾友罗君伟国古籍版本题跋索引之作，为必可废夫罗君英年有为，从事目录版本之学，历有年所，志在利济后学，为古籍题跋之作为之业架梯果而得津渡，求一编而众说具备，於目录版本之学，其功自非浅鲜。罗君斯编，著录有阅古籍题跋，谅志书影之属，都一百零三种，自宋以来古籍题跋之作，荟括珍书籍络万卷於一编中，涉足书林有咫尺千里之势，威业宏矣，我击闻言知馔致为因录服卒之学，每读一书，辄以寻播羣言为苦，读君新编实获吾心。承命序言敢辞固陋，试目观威快事何似！玉君斯编列表着目，尤醒览便览已详载例言中，不缫赘辞，聊为弁序，时一九八六年一月，潘景郑承孙识于沪渎丙寅新寓

搁时年八十

潘景郑先生序

編 例

一、本書是爲有關古籍版本的書目、題跋記、讀書志、書影等類圖書102種編制的索引。

二、本索引所據書，大都採用常見印本，少數爲抄本和稿本（見所附《採用書目及其代號表》）。

三、本書包括《書名索引》和《著者索引》兩大部分。《書名索引》著錄書名、編著者、版本和出處等四項。《著者索引》著錄編著者姓名及其著作兩項。

四、本索引按四角號碼檢字法的順序排列（另附《索引字頭筆畫檢字》、《索引字頭拼音檢字》），每條字頭單獨標出，註明四角號碼及附角；同號碼字頭，除首見一字註明號碼外，其下從略。每條第二字明取左上、右上兩角號碼，列於本條之前。其下如兩角號碼相同，從略。

例：5000₆ 中
　　32中州樂府一卷　金元好問輯
　　　　毛抄本　［50］·十·56
　　44中華古今註三卷　後唐馬縞撰
　　　　宋刊本　〔11〕·五十五·21
　　　　　　史
　　63史咏二卷　宋徐鈞撰
　　　　舊抄本　〔11〕·九十三·1
　　5000₇ 事
　　27事物紀原集類二十卷　宋高承撰
　　　　明成化刊本　［91］·二十·4

五、幾種著作合於一書的，在《書名索引》中以第一種書名的字頭查檢，其他不單獨反映；如果這幾種著作非一人編著，則在《著者索引》中以獨立書名反映之。

例：書名索引
　　　　8315₃ 錢
　　72錢氏小兒藥證真訣三卷附方二卷　宋錢乙撰　附小兒方一卷　宋閻忠孝撰
　　　　刊本　〔74〕·三·17
　　著者索引
　　8315₃ 錢
　　17錢乙
　　　　錢氏小兒藥證真訣、附方
　　7777₇ 閻

1

50閣忠孝

　　小兒方

六、凡一書爲兩種以上題跋記所收,書名、卷數相同的,著錄一次;卷數不同的,分別著錄。

例1:9000₀小

43小戴記纂言三十六卷　元吳澄撰

元刊本　[11]·七·2　　[35]·上·29

例2:9000₀小

00小亨集三卷　元楊弘道撰

舊抄本　[74]·四·35　　[102]·下·35

小亨集六卷　元楊弘道撰

舊抄本　[11]·九十六·14　　[17]·四·31

七、同書異名設"見"條。

例:3413₁法

00法言十卷

見《揚子法言》

5602₇揚

17揚子十卷

見《揚子法言》

揚子法言十卷　漢揚雄撰

宋刊本　[54]·三·23

八、異書同名,以編著者爲別。

例:4022₇南

00南唐書十八卷　宋陸游撰

南唐書三十卷　宋馬令撰

九、書名前編著者的官銜、籍貫、字號、書齋名及"新編"、"御製"等字樣一般予以略去,索引從書名開始編製。

例:0292₁新

50(賈太傅)新書十卷　漢賈誼撰

明正德滇省刊本　[91]·十五·4

十、凡有關《易》、《詩》、《書》等的專題論著,以"易"、"詩"、"書"等字起首爲主目編製索引,而將帶編著者姓名字號的全書名設爲"見"條,以利集中。

例:5060₁書

08書說一卷　宋鄭伯熊撰

函海本　[74]·一·11

8742₇鄭

58鄭敷文書說一卷

見《書說》

十一、同姓名的編著者注以時代爲別,順序按時代先後排列。

十二、編著者係釋氏,《著者索引》中去"釋"字,姓名以法號代之。

十三、不知編著者姓名的,編入《著者索引》後所附的"無名氏"條。

十四、凡一書因版本等不同，而有多種書名時，在編著者下著錄通用書名，異名加括號附註於後。

例：4040，李

10李耳

老子(道德經、道德真經、老子道德經)

十五、一書經後人箋註、評釋、編次，書名雖已變更而保留原文的，原著者及箋註、評釋、編輯者，均予著錄。

例：5000，史

07史記集解一百三十卷　漢司馬遷撰、南朝宋裴駰集解

十六、書名及編著者姓名中的異體字或避諱字，一般都設爲"見"條，以常用字作主目。

例：4003，太

00太玄經十卷　漢揚雄撰

10太元經十卷

見《太玄經》

十七、爲了節省篇幅，引用書目都編製了代號，查閱時可查檢《採用書目及其代號表》。書名代號是阿拉伯數字加方括號，卷數是中文數字，頁碼是阿拉伯數字(例一)；特殊者另外註明(例二)。

例一：繆荃孫《藝風藏書記》第八卷第二頁

代號：[59]·八·2

例二：王遽孫《振綺堂書錄》集部明別集第六十七頁

代號：[71]·集·明別·67

採用書目及其代號表

代號	書 名	編著者	採用版本	其他重要版本
[1]	廉石居士藏書記內外編二卷	清孫星衍	1935—1937年商務印書館排印"叢書集成"初編本	1.清道光間金陵陳氏《獨抱廬叢刻》本 2.清光緒間會稽章氏《式訓堂叢書》第二集本 3.清光緒間德化李氏《木犀軒叢書》本 4.清光緒三十年(1904)孫谿朱氏《校經山房叢書》本
[2]	文祿堂訪書記五卷	王文進	1942年文祿堂鉛印本	
[3]	文求堂善本書目不分卷	文求堂書店	日本文求堂書店影印本	
[4]	讀書叢錄節鈔不分卷	清洪頤煊	清光緒七年(1881)歸安姚氏粵東藩署刊《晉石厂叢書》本	1934年海虞瞿氏鐵琴銅劍樓重印《晉石厂叢書》本
[5]	讀書敏求記校證四卷	清管庭芬、章鈺	1926年長洲章氏刊本	
[6]	論語祕本影譜不分卷	日本三澤安一	日本昭和十年(1935)斯文會影印本	
[7]	五代兩宋監本考三卷	近人王國維	1940年商務印書館長沙石印《海寧王靜安先生遺書》本	1927年海寧王氏石印《海寧王忠愨公遺書》本
[8]	五十萬卷樓羣書跋文	近人莫伯驥	1947年鉛印本	
[9]	天祿琳琅書目十卷後編二十卷	清于敏中等	清光緒十年(1884)長沙王氏刊本	
[10]	百宋一廛書錄一卷	清黃丕烈	《適園叢書》勞季言鈔本	民國烏程張氏刊《適園叢書》本
[11]	皕宋樓藏書志一百二十卷	清陸心源	清光緒八年(1882)十萬卷樓刊本	清同治光緒間《潛園總集》本
[12]	羣碧樓善本書錄六卷	清鄧邦述	1930年刊《羣碧樓叢書》本	
[13]	春盦經眼錄不分卷	劉文興	稿本	

代號	書　名	編著者	採用版本	其他重要版本
[14]	郡齋讀書志五卷後志二卷	宋晁公武	商務印書館《萬有文庫》本	1.清抄《四庫全書》本 2.清乾隆間刊《養和堂叢書》本 3.1936年上海商務印書館影印《四部叢刊》三編本 4.1922年至1957年上海商務印書館影印《續古逸叢書》本
[15]	重整內閣大庫殘本書影不分卷	故宮博物院	1933年故宮博物院文獻館石印本	
[16]	愛日精廬藏書志三十六卷	清張金吾	清道光六年(1826)愛日精廬刊本	1.清嘉慶二十五年(1820)刊木活字本 2.清光緒十三年(1887)吳縣徐氏靈芬閣活字本
[17]	雙鑑樓善本書目四卷	近人傅增湘	1929年藏園刊本	
[18]	雙鑑樓藏書續記二卷	近人傅增湘	1930年藏園刊本	
[19]	虛靜齋宋元明本書目不分卷	孫祖同	油印本	
[20]	拜經樓藏書題跋記五卷附錄一卷	清吳壽暘	清道光二十七年(1847)刊本	1.清乾隆嘉慶間海昌吳氏刊《拜經樓叢書》(一名《愚谷叢書》)本 2.1922年上海博古齋影印吳氏《拜經樓叢書》本 3.清道光間海昌蔣氏刊《別下齋叢書》本 4.1923年上海商務印書館影印蔣氏《別下齋叢書》本 5.清光緒間會稽章氏刊《式訓堂叢書》本 6.清光緒三十年(1904)孫谿朱氏槐廬家塾刊《校經山房叢書》本
[21]	紅雨樓題跋二卷	明徐𤊹	1914年新陽趙氏刊《峭帆樓叢書》本	1925年刊本
[22]	經籍訪古志六卷附補遺	日本澁江全善、森立之	清光緒十一年(1885)印本	1.日本明治十八年(1885)鉛字排印本 2.1916年鉛字重排印本

代號	書 名	編著者	採用版本	其他重要版本
[23]	經籍跋文不分卷	清陳鱣	清光緒刊本	1.清咸豐元年(1851)海昌蔣氏宜年堂刊《涉聞梓舊》本 2.1924年上海商務印書館影印蔣氏刊《涉聞梓舊》本 3.清光緒間會稽章氏刊《式訓堂叢書》本初集 4.清光緒三十年(1904)孫谿朱氏槐廬家塾刊《校經山房叢書》本 5.清光緒七年(1881)歸安姚氏粵東藩署刊《晉石厂叢書》本 6.1934年海虞瞿氏鐵琴銅劍樓重印《晉石厂叢書》本 7.1935－1937年上海商務印書館排印《叢書集成》初編本
[24]	繡谷亭薰習錄不分卷	清吳焯	1918年仁和吳氏雙照樓刊《松麟叢書》乙編本	
[25]	吳興藏書錄不分卷	清鄭元慶	清光緒七年(1881)歸安姚氏粵東藩署刊《晉石厂叢書》本	1.清道光中烏程范氏刊《范白舫所刊書》本 2.清道光中烏程范氏刊《范聲山雜著》本 3.1931年北平富晉書社影印范氏刊《范聲山雜著》本 4.清光緒七年(1881)歸安姚氏粵東藩署刊《晉石厂叢書》本 5.1934年海虞瞿氏鐵琴銅劍樓重印《晉石厂叢書》本
[26]	郋園讀書志十六卷	近人葉德輝	1928年上海滄園刊本	
[27]	絳雲樓題跋不分卷	清錢謙益	1958年中華書局鉛印本	
[28]	儀顧堂題跋十六卷續跋十六卷	清陸心源	清光緒二十四年(1898)刊本	清同治光緒間刊《潛園總集》本
[29]	滂喜齋藏書記三卷	清潘祖蔭	1928年刊本	1924年海寧陳氏慎初堂鉛印本
[30]	寒瘦山房鬻存善本書目七卷	清鄧邦述	1930年刊《羣碧樓叢書》本	
[31]	寒雲手寫所藏宋本提要廿九種不分卷	近人袁克文	影印本	
[32]	適園藏書志十六卷	近人張鈞衡	南林張氏刊本	

續表

代號	書　名	編著者	採用版本	其他重要版本
[33]	寶禮堂宋本書錄四卷	潘宗周	廣東潘氏刊本	
[34]	宋元舊本書經眼錄三卷附錄二卷	清莫友芝	清同治十二年(1873)莫氏金陵刊本	
[35]	宋元本書目行格表二卷	江建霞	文瑞樓石印本	
[36]	涉園序跋集錄不分卷	近人張元濟	古典文學出版社鉛印本	
[37]	涉園所見宋版書影(一、二輯)	近人張元濟	1937年影印本	
[38]	涵芬樓燼餘書錄	近人張元濟	商務印書館印本	
[39]	浙江採集遺書總錄(十集)	清沈初等	清乾隆三十九年(1774)刊本	
[40]	法寶留影不分卷	日本雕藏都監	日本大正十四年(1925)大正一切經刊行會	
[41]	直齋書錄解題二十二卷	宋陳振孫	武英殿聚珍本	1.明萬曆間武林陳氏刊本 2.清抄《四庫全書》本 3.清乾隆間武英殿木活字排印《武英殿聚珍版書》本 4.清乾隆間浙江重刊《武英殿聚珍版書》本 5.清同治十三年(1874)江西書局刊《武英殿聚珍版書》本 6.清光緒二十五年(1899)廣雅書局刊《武英殿聚珍版書》本 7.1935—1937年上海商務印書館排印《叢書集成》初編本
[42]	士禮居藏書題跋補錄一卷	清黃丕烈	1929年排印《冷雪盦叢書》本	
[43]	嘉業堂善本書影六卷	近人劉承幹	1929年滬上石印本	
[44]	古文舊書考四卷	日本島田翰	1927年北京藻玉堂鉛字排印本	
[45]	古泉山館書跋殘稿不分卷	清瞿中溶	清宣統二年(1910)刊本	
[46]	古書經眼錄一卷	清王頌蔚	1925年鮮谿王氏刊《寫禮廎遺著》本	

代號	書　名	編著者	採用版本	其他重要版本
[47]	校史隨筆不分卷	近人張元濟	商務印書館印本	
[48]	盋山書影(二輯)	近人柳詒徵	1928年柳氏石印本	
[49]	蕘圃刻書題識附蕘圃刻書記補遺	清黃丕烈	1919年江陰繆氏刊本	
[50]	蕘圃藏書題識十卷附蕘圃藏書題識補遺	清黃丕烈	1919年江陰繆氏刊本	
[51]	蕘圃藏書題識續録四卷雜著一卷	清黃丕烈	1933年王氏學禮齋刊本	民國刊《黃顧遺書》本
[52]	蕘圃藏書題識再續録三卷	清黃丕烈	1940年刊本	民國刊《黃顧遺書》本
[53]	藏書題識五卷	清汪璐	1938年排印《戊寅叢編》本	
[54]	藏園羣書題記初集八卷	近人傅增湘	企驎軒刊本	
[55]	藏園羣書題記續集六卷	近人傅增湘	藏園刊本	
[56]	藏園老人遺稿	近人傅增湘	油印本	
[57]	著硯樓書跋不分卷	潘景鄭	古典文學出版社鉛印本	
[58]	藝芸書舍宋元書目五卷	清汪士鐘	寫本	1.清同治光緒間吳縣潘氏京師刊《滂喜齋叢書》本 2.1924年蘇州文學山房木活字排印《江氏聚珍版叢書》(一名《文學山房叢書》)本 3.1935—1937年上海商務印書館排印《叢書集成》初編本
[59]	藝風藏書記八卷	近人繆荃孫	清光緒二十六年(1900)刊本	
[60]	藝風藏書續記八卷	近人繆荃孫	1912年刊本	
[61]	藝風藏書再續記七卷	近人繆荃孫	燕京大學圖書館1940年鉛印本	
[62]	舊刊景譜不分卷	日本書誌學會	日本昭和七年(1932)書誌學會影印本	
[63]	朝鮮古活字版拾葉不分卷	日本羣書堂書店	日本昭和十九年(1944)剪貼本	

代號	書　名	編著者	採用版本	其他重要版本
[64]	劫中得書記不分卷	近人鄭振鐸	1956年古典文學出版社鉛印本	
[65]	楹書隅錄初編五卷楹書隅錄續編四卷	清楊紹和	清光緒十年(1884)海源閣梓印本	1912年武進董氏補刻本
[66]	故宮善本書影初編	故宮圖書館	1929年故宮博物院圖書館影印本	
[67]	中華文物集成（第五冊）	國立中央博物圖書院	影印本	
[68]	中國版刻圖錄	北京圖書館	1960年文物出版社印本	
[69]	中國通俗小説書目十卷	孫楷第	1957年作家出版社鉛印本	
[70]	書舶庸譚九卷	董康	誦芬室重校本	
[71]	振綺堂書錄不分卷	王遠孫	抄本	
[72]	靜嘉堂文庫觀書記	近人傅增湘	日本大正十三年(1924)鉛印本	
[73]	靜嘉堂宋本書影不分卷	日本諸橋轍次	日本昭和八年(1933)影印本	
[74]	持靜齋書目四卷續增一卷	清丁日昌	清同治九年(1870)刊本	清光緒間元和江氏靈鶼閣刊《江刻書目三種》本
[75]	抱經樓藏書志六十四卷	清沈德壽	1924年美大印局鉛印本	
[76]	日本訪書志十七卷	清楊守敬	清光緒二十三年(1897)鄰蘇園刊本	
[77]	日本東京所見中國小説書目六卷	孫楷第	1953年上雜出版社鉛印本	
[78]	四部總錄天文編	丁福保、周雲青	1956年商務印書館鉛印本	
[79]	四部總錄醫藥編	丁福保、周雲青	商務印書館鉛印本	
[80]	思適齋集十八卷	清顧廣圻	清道光咸豐間上海徐氏刊《春暉堂叢書》本	民國刊《黃顧遺書》本
[81]	思適齋集外書跋輯存	清顧廣圻	1935年鉛印本	

代號	書 名	編著者	採用版本	其他重要版本
[82]	思適齋集補遺二卷	清顧廣圻	民國吳縣王氏學禮齋刊《黃顧遺書》本	
[83]	思適齋書跋四卷	清顧廣圻	民國吳縣王氏學禮齋刊《黃顧遺書》本	
[84]	嬰闇題跋四卷	秦更年	1959年上海油印本	
[85]	晚明史籍考二十四卷	近人謝國楨	中華書局鉛印本	
[86]	明代版本圖録初編十二卷	潘承弼、顧廷龍	開明書店影印本	
[87]	雁影齋題跋四卷	清李希聖	李氏刊本	
[88]	開有益齋讀書志四卷	清朱緒曾	清光緒刊本	
[89]	留真譜新編一集十二卷二集八卷	清楊守敬	清光緒二十七年(1901)觀海堂刊本	
[90]	善本影譜不分卷	日本書誌學會	日本昭和十一年(1936)書誌學會影印本	
[91]	善本書室藏書志四十卷	清丁丙	清光緒三十四年(1908)丁氏刊本	
[92]	善本書所見録四卷	近人羅振常	1958年商務印書館印本	
[93]	鐵琴銅劍樓藏書目録二十四卷	清瞿鏞	清光緒二十三年(1897)武進董氏誦芬室刊本	
[94]	鐵琴銅劍樓宋元本書影讖語四卷	近人瞿啓甲	1922年印本	
[95]	知聖道齋讀書跋尾二卷	清彭元瑞	清刊本	
[96]	鄭堂讀書記七十一卷	清周中孚	商務印書館《萬有文庫》本	1.民國吳興劉氏嘉業堂刊《吳興叢書》本 2.1940年鉛字排印本
[97]	竹汀先生日記抄三卷	清錢大昕	1935—1937年上海商務印書館排印《叢書集成》初編本	1.清光緒間會稽章氏《式訓堂叢書》初集本 2.清光緒三十年(1904)孫谿朱氏槐廬家塾刊《校經山房叢書》本
[98]	箋經室所見宋元書題跋不分卷	近人曹元忠	民國間鉛字排印《吳中文獻小叢書》本	

代號	書　名	編著者	採　用　版　本	其　他　重　要　版　本
[99]	半氈齋題跋二卷	清江藩	1935—1937年上海商務印書館排印《叢書集成》初編本	清光緒間吳縣潘氏刊《功順堂叢書》本
[100]	卷盦書跋不分卷	葉景葵	1957年古典文學出版社鉛印本	
[101]	勞氏碎金三卷	清勞經原等	1937年鉛字排印《丁丑叢編》本	
[102]	持靜齋藏書紀要二卷	清莫友芝	清同治九年(1870)刊本	1924年蘇州文學山房木活字排印《江氏聚珍版叢書》(一名《文學山房叢書》)本

索引字頭筆畫檢字

一畫

一 1000_0
乙 1771_0

二畫

丁 1020_0
七 4071_0
九 4001_7
了 1720_7
二 1010_0
人 8000_0
入 8000_0
八 8000_0
刀 1722_2
十 4000_0
卜 2300_0
又 7740_0
几 7721_0

三畫

万 1022_7
三 1010_1
上 2110_0
下 1023_0
丸 4001_7
也 4471_2
于 1040_0
兀 1021_0
勺 2732_0
千 2040_0
口 6000_0
土 4010_0
士 4010_0
夕 2720_0
大 4003_0

女 4040_0
子 1740_7
寸 4030_0
小 9000_0
尸 7720_0
山 2277_0
川 2200_0
工 1010_0
己 1771_0
已 1771_7
巳 7771_7
巾 4022_0
干 1040_0
才 4020_0

四畫

不 1090_0
中 5000_6
丹 7744_6
之 3030_7
五 1010_7
丰 5000_0
井 5500_0
化 2421_0
仁 2121_0
仇 2421_7
今 8020_7
介 8022_7
从 8800_0
允 2321_0
元 1021_1
内 4022_7
公 8073_2
六 0080_1
分 8022_7
切 4772_0

勿 2722_0
升 2440_0
午 8040_0
亢 0021_7
卞 0023_0
友 4004_7
反 7224_7
壬 2010_4
天 1043_0
太 4003_0
孔 1241_0
少 9020_0
尤 4301_0
尹 1750_7
尺 7780_7
巴 7771_7
幻 2772_0
廿 4477_0
弔 1752_7
引 1220_0
心 3300_0
戈 5300_0
支 4040_7
户 3020_7
文 0040_0
斗 3400_0
方 0022_7
日 6010_0
月 7722_0
木 4090_0
止 2110_0
毋 7755_0
比 2171_0
毛 2071_4
氏 7274_0
水 1223_0

火 9080_0
片 2202_1
牛 2500_0
王 1010_4
勾 2772_0

五畫

世 4471_7
厄 7221_2
丙 1022_7
乍 8021_1
仕 2421_0
仙 2227_0
代 2324_0
令 8030_0
册 7744_0
冬 2730_3
出 2277_0
刊 2240_0
加 4600_0
包 2771_2
北 1111_0
半 9050_0
占 2160_0
卯 7772_0
去 4073_1
古 4060_0
句 2762_0
召 1760_2
可 1062_0
史 5000_6
右 4060_0
司 1762_0
只 6080_0
四 6021_0
外 2320_0

左 4010_1
巧 1112_7
巨 7171_7
市 0022_7
布 4022_7
平 1040_9
幼 2472_7
弁 2344_0
弘 1223_0
戊 5320_0
打 5102_0
未 5090_0
本 5023_0
札 4291_0
正 1010_1
民 7774_7
永 3023_2
汀 3112_0
玄 0073_2
玉 1010_3
瓜 7223_0
瓦 1071_7
甘 4477_0
艾 4440_0
邢 1742_7
邛 1712_7
生 2510_0
田 6040_0
甲 6050_0
申 5000_6
白 2600_0
皮 4024_7
斥 7223_0
矢 8043_0
禾 2090_4
示 1090_1

立 0010_3
目 6010_1
石 1060_0

六畫

丞 1710_3
交 0040_3
亦 0033_0
迁 3130_4
仰 2722_0
似 2820_0
仲 2520_6
任 2221_4
仿 2022_7
伊 2725_7
伍 2121_7
伏 2323_4
伐 2325_0
休 2429_0
先 2421_1
光 9021_1
全 8010_4
再 1044_7
冰 3213_0
冲 3510_6
刑 1240_0
列 1220_0
匡 7171_1
印 7772_0
危 2721_2
合 8060_1
吉 4060_1
同 7722_0
名 2760_0
后 7226_1
吏 5000_6

吐	6401₀	羊	8050₁	删	7240₀	志	4033₁	肘	7420₀	函	1010₄
向	2722₀	羽	1712₀	别	6240₀	忘	0033₁	良	3073₂	享	0040₇
回	6060₀	老	4471₁	利	2290₀	快	9503₀	芮	4422₇	京	0090₆
因	6043₀	考	4420₇	助	7412₇	忧	9401₂	芯	4433₀	佩	2721₀
在	4021₄	聿	5000₇	劫	4472₇	成	5320₀	芙	4453₀	佶	2426₁
圭	4010₄	耒	5090₀	却	4472₁	戒	5340₀	芝	4430₇	佳	2421₄
地	4411₂	耳	1040₀	即	7772₀	扶	5503₀	芥	4422₂	使	2520₆
多	2720₇	肉	4022₇	君	1760₂	批	5101₀	花	4421₀	侍	2424₁
夷	5003₂	臣	7171₇	吞	2060₃	托	5201₄	芳	4422₇	佺	2021₄
好	4744₇	自	2600₀	吟	6832₇	抑	5702₀	芒	4410₁	來	4090₈
如	4640₀	至	1010₀	否	1060₉	投	5704₂	芸	4473₁	规	4774₀
妄	0040₄	舌	2060₄	含	8060₁	折	5202₁	局	7722₇	兒	7721₁
字	3049₇	舟	2744₀	呈	6010₁	攻	1814₀	虬	5211₀	兔	1721₃
存	4024₇	艮	7773₂	吴	2643₀	旰	6104₀	見	6021₀	兩	1022₇
宅	3071₁	芍	4432₇	吹	6708₂	更	1050₆	角	2722₇	其	4480₁
字	3040₁	芭	4471₇	吾	1060₁	朴	4390₀	言	0060₁	具	7780₁
守	3034₂	行	2122₁	告	2460₁	李	4040₇	谷	8060₈	典	5580₁
安	3040₄	衣	0073₂	吕	6060₁	杏	4060₉	豆	1010₈	函	1077₂
州	3200₀	西	1060₀	困	6090₁	村	4490₀	貝	6080₀	制	2220₀
年	8050₀	那	1752₇	均	4712₀	杕	4493₃	赤	4033₁	刻	0280₀
式	4310₀	邪	7722₇	坊	4012₁	杜	4491₀	走	4080₁	初	3722₀
戎	5340₀	邠	8722₇	坐	8810₀	束	5090₆	身	2740₀	匋	2772₀
扣	5600₀	邢	1742₇	壮	2421₀	步	2120₁	車	5000₆	卓	2140₆
缶	8077₂	邦	5702₇	夾	4003₈	求	4313₂	辛	0040₁	協	4402₇
匈	2772₀	阮	7121₁	妙	4942₀	汪	3111₄	辰	7123₂	卦	4310₀
旨	2160₁	防	7022₇	孚	2040₀	汰	3413₀	迎	3730₂	卷	9071₂
旮	4060₁			孝	4440₇	汲	3714₇	近	3230₀	承	1723₂
旭	4601₀	**七畫**		孛	4040₇	汧	3013₁	足	6080₁	叔	2794₀
早	6040₀			完	3021₁	汶	3014₀	祁	3722₇	受	2040₇
曲	5560₀	伶	2823₇	宋	3090₄	汾	3812₇	邯	4772₇	周	7722₀
有	4022₇	伯	2620₀	宏	3043₂	沅	3111₁	邲	1712₀	呻	6304₁
肎	3722₇	伸	2520₆	岕	2872₀	沈	3411₁	邱	7712₀	呪	6601₀
朱	2590₀	佐	2421₁	岐	2474₇	沐	3419₀	邵	1762₀	味	6509₀
次	3718₂	何	2122₀	岑	2220₇	沙	3912₀	阿	7122₀	呵	6102₀
此	2111₀	佚	2523₀	巡	3230₃	沂	3212₁	陀	7321₁	呻	6500₆
汗	3114₀	佛	2522₇	巫	1010₈	灼	9782₀	陂	7821₀	咏	6303₂
汝	3414₀	作	2821₁	希	4022₇	炙	2780₉	酉	1060₀	命	8062₁
江	3111₀	佟	2723₃	序	0022₂	牡	2451₀	里	6010₄	和	2690₀
池	3411₂	余	8090₁	延	1240₀	狂	4121₁			固	6060₄
决	3513₀	余	8090₁	廷	1240₁	狄	4928₀	**八畫**		坡	4414₇
牟	2350₀	役	2724₇	弟	8022₇	珥	1111₇			坤	4510₀
百	1060₀	克	4021₆	形	1242₂	甫	5322₁	乖	2011₁	坦	4611₀
竹	8822₀	兵	7280₁	彤	7242₂	甬	1722₇	乳	2241₀	垂	2010₄
米	9090₄	冶	3316₀	忍	1733₂	秀	2022₇	事	5000₇	夜	0024₇
		冷	3813₇					亞	1010₇		

奇	4062_1	抱	5701_2	炎	9080_9	門	7722_0	帝	0022_7	洙	3519_0

以下以表格呈现：

奇	4062_1	抱	5701_2	炎	9080_9	門	7722_0	帝	0022_7	洙	3519_0
奈	4090_1	押	5605_0	炙	2780_9	阜	2740_7	幽	2277_0	洞	3712_0
奉	5050_3	拊	5400_0	爭	2050_7	雨	1022_7	突	3043_0	津	3510_7
妮	4741_1	拍	5600_0	采	2090_4	靑	5022_7	度	0024_7	洪	3418_1
始	4346_0	拘	5702_0	牧	2854_0	非	1111_1	律	2520_1	洹	3111_6
姑	4446_0	拙	5207_2	物	2752_0			後	2224_7	洺	3716_0
姓	4541_0	招	5706_2	狀	2323_4	**九畫**		待	2424_1	活	3216_4
委	2040_4	放	0824_0	玩	1111_1			彥	$0022_?$	洽	3816_1
季	2040_7	政	1814_0	盂	1010_7	亭	0020_1	弈	0044_3	洮	3211_3
孟	1710_7	於	0823_3	盰	6104_0	修	2722_2	弇	8044_6	炳	9182_7
孤	1243_0	昇	6044_0	直	4010_7	侯	2723_4	思	6033_0	爲	2022_7
宗	3090_1	昌	6060_0	知	8640_0	便	2124_6	急	2733_7	玲	1813_7
官	3077_7	明	6702_0	社	3421_0	俊	2324_7	恆	9101_7	珂	1112_0
宙	3060_5	昏	7260_4	祀	3721_7	俗	2826_8	恨	9703_2	珊	1714_0
定	3080_1	易	6022_7	秌	2491_7	保	2629_4	恬	9206_4	珍	1812_2
宛	3021_2	昕	6202_1	空	3010_1	俟	2323_4	扁	3022_7	畏	6073_2
宜	3010_7	朋	7722_0	竺	8810_1	俠	2423_8	拜	2155_0	毘	6071_1
尚	9022_7	服	7724_7	肯	2122_1	信	2026_1	括	5206_4	毗	6101_1
居	7726_4	杭	4091_1	育	0022_7	俞	8022_1	挍	5004_8	疫	0014_7
屈	7727_2	杼	4792_2	臥	7870_0	冒	6060_0	拾	5806_1	癸	1243_0
岡	7722_0	松	4893_2	建	1540_0	冠	3721_4	拱	5408_1	皇	2610_4
岫	2576_0	板	4194_7	苗	4460_0	則	6280_0	指	5106_1	盈	1710_7
岳	7277_2	析	4292_1	苟	4462_1	前	8022_1	按	5304_4	相	4690_0
岷	2774_7	枕	4491_2	苑	4421_2	勅	5492_0	故	4864_0	省	9060_2
岱	2377_2	林	4499_0	苔	4460_3	勉	2441_2	施	0821_2	眉	7726_0
幸	4040_1	枚	4894_0	苕	4460_2	卻	8762_0	昝	2360_4	看	2060_4
庚	0023_7	枝	4494_7	苻	4460_4	南	4022_7	星	6010_4	砭	1263_7
府	0024_0	杲	6090_4	苧	4420_1	厚	7124_7	春	5060_3	祇	3224_0
弦	1023_2	果	6090_1	英	4453_0	咫	7680_8	昨	6801_1	祈	3222_1
弧	1223_0	東	5090_6	范	4411_2	咸	5320_0	昭	6706_2	禹	2042_7
弢	1224_7	欣	7728_2	茅	4422_2	哄	6408_1	是	6080_1	秋	2998_0
彼	2424_7	武	1314_0	茆	4472_7	品	6066_0	枯	4496_0	科	2490_0
征	2121_1	河	3112_0	虎	2121_7	哈	6806_1	柏	4690_0	种	2590_6
徂	2721_0	治	3316_0	迪	3530_6	契	5743_0	柟	4594_1	秕	2191_0
忠	5033_6	況	3611_0	述	3330_9	奏	5043_0	柘	4196_0	紀	2791_7
念	8033_2	泊	3610_0	郇	2762_7	奕	0043_0	柚	4596_0	約	2792_0
忽	2733_3	泌	3310_0	耶	1712_7	姚	4241_3	查	4010_6	紅	2191_0
怡	9306_0	法	3418_1	郁	4722_7	姜	8040_4	柯	4192_0	紉	2794_0
性	9501_4	泛	3213_7	郊	0742_0	姬	4141_6	柳	4792_0	美	8043_0
怪	9701_4	泡	3711_2	陋	7121_2	威	5320_0	柴	2190_4	耐	1420_0
戾	3023_4	沛	3012_7	降	7725_4	客	3060_4	段	7744_7	胡	4762_0
房	3022_7	泣	3011_8	陔	7028_2	宦	3010_7	泉	2623_2	胤	2201_1
所	7222_1	泥	3711_1	金	8010_9	宦	3071_7	洗	3411_1	荔	4442_7
披	5404_7	注	3011_4	長	7173_2	封	4410_0	洛	3716_4		
						屏	7724_1				

茗 4460_7	**十畫**	徐 2829_4	浮 3214_7	耆 4460_1	陷 7727_7
茶 4490_4	乘 2090_1	徑 2121_1	浯 3116_1	耕 5590_0	陸 7421_4
茹 4446_0	亳 0071_4	耻 1310_0	海 3815_7	耿 1918_0	酌 1762_0
荀 4462_7	倉 8026_7	恩 6033_0	涂 3819_4	耻 1111_0	酒 3116_0
荆 4240_0	倪 2721_7	息 2633_1	涇 3111_1	胭 7620_0	隻 2040_1
草 4440_6	倚 2422_1	悦 9801_6	消 3912_7	能 2121_1	馬 7132_7
荒 4421_1	倣 2824_0	悟 9106_1	涉 3112_1	脈 7223_2	骨 7722_7
虹 5111_0	倦 2921_2	振 5103_2	凍 3519_6	敖 5824_0	高 0022_2
狩 4324_2	倭 2224_4	挹 5601_7	浸 3714_7	致 1814_0	鬼 2621_3
衍 2110_3	兼 8023_7	捉 5608_1	烘 9488_1	航 2041_7	冢 3723_2
衲 2140_1	冥 3780_0	抹 5303_2	烈 1233_0	般 2744_1	**十一畫**
表 5073_2	剗 9280_0	捕 5302_1	烏 2732_1	努 2742_1	乾 4841_7
訂 0162_0	務 1722_7	效 0844_0	狷 4622_7	莖 4410_4	偃 2121_4
計 0460_0	匪 7171_1	旅 0823_2	珞 1716_4	荷 4422_1	偉 2425_6
貞 2180_6	原 7129_6	晟 6025_3	珠 1519_0	荻 4428_9	停 2022_1
負 1780_6	員 6080_6	晃 6011_3	珩 1112_1	茶 4490_4	健 2524_0
軍 3750_6	唒 6702_7	時 6404_1	班 1111_1	莊 4421_1	偶 2622_7
迺 3130_0	哭 6643_0	晉 1060_1	留 7760_2	莫 4443_0	偽 2222_7
追 3730_7	唉 6803_3	晏 6040_4	病 0012_1	莆 4422_7	剪 8022_7
退 3730_3	唐 0026_1	書 5060_1	益 8010_1	庹 2124_0	副 1260_0
逃 3230_1	哲 5260_2	朔 8742_0	真 4080_1	蚓 5210_0	勒 4452_7
逆 3830_4	唐 0026_7	條 2729_4	矩 8141_1	袁 4073_2	匏 4721_2
迴 3630_0	城 4315_0	栗 1090_4	破 1464_7	訓 0260_1	區 7171_6
郋 4702_7	夏 1024_7	桑 7790_4	祐 3426_0	託 0261_1	參 2320_2
部 2762_7	奚 2043_0	校 4094_8	祖 3721_0	記 0761_1	唯 6001_4
鄖 6762_7	娛 4643_4	格 4796_4	祝 3621_0	貢 1080_6	啥 6801_9
郅 6712_7	孫 1249_3	桂 4491_4	神 3520_6	起 4780_1	啜 6704_1
郝 4732_1	宮 3060_6	桃 4291_3	祕 3320_1	躬 2722_1	商 0022_7
郎 3772_7	宰 3040_1	桐 4792_0	祠 3722_0	軒 5104_1	問 7760_1
郡 1762_7	宴 3040_1	桓 4191_6	秣 2599_0	逑 3330_2	啓 3860_4
陟 7122_1	宵 3022_7	株 4599_0	秤 2194_9	逢 3730_3	國 6015_3
陝 7423_8	家 3023_2	栲 4492_1	秦 5090_4	逌 3130_6	執 4441_7
陣 7520_6	容 3060_8	殷 2724_7	秘 2390_1	逍 3930_2	培 4016_1
重 2010_4	射 2420_1	氣 8091_1	殊 1529_0	透 3230_1	埭 4513_2
革 4450_6	崴 2255_1	泰 5013_2	笏 8822_7	通 3730_2	坤 4614_0
韋 4050_6	峯 2250_1	涼 3019_6	笑 8843_0	造 3430_0	婆 3440_4
音 0060_1	島 2772_7	淨 3215_7	粉 9892_7	連 3530_0	婁 5040_4
風 7721_0	峽 2473_8	浚 3414_7	納 2492_1	郭 0742_1	婚 4246_4
飛 1241_3	師 2172_7	浙 3212_1	純 2591_1	郴 4792_1	婦 4742_7
食 8073_2	席 0022_7	浣 3311_1	紡 2092_1	陭 7422_1	嫩 4744_0
首 8060_1	庫 0025_6	浦 3312_7	素 5090_3	陰 7823_1	寄 3062_1
香 2060_9	庭 0024_1	浩 3416_1	索 4090_3	陳 7529_6	寅 3080_1
峯 2210_4	弱 1712_7	流 3011_3	翁 8012_1	陵 7424_1	密 3077_2
		浪 3313_2	耄 4471_4	陶 7722_0	

字	碼	字	碼	字	碼	字	碼	字	碼	字	碼
寇	3021_4	旋	0828_1	現	1611_0	菩	4460_1	**十二畫**		悲	1133_1
宼	3041_3	旌	0821_4	理	1611_4	華	4450_0			惠	5033_3
將	2724_2	既	7171_2	琉	1011_3	菰	4443_2	偯	2529_3	惲	9705_6
尉	7420_0	屠	7726_4	瓶	8141_7	菽	4494_7	傅	2324_2	掌	9050_2
崇	2290_1	晚	6701_6	產	0021_4	萃	4440_8	備	2422_7	撩	5703_2
崑	2271_1	晝	5010_6	畢	6050_1	萊	4490_1	剩	2290_0	揆	5203_4
崔	2221_4	晞	6402_7	窒	0011_4	萍	4414_9	勝	7922_7	揀	5509_6
崧	2293_8	晦	6805_7	痊	0018_2	黃	4480_6	勞	9942_7	授	5304_7
崙	2222_7	曹	5560_6	皎	2064_3	萩	4491_7	博	4304_2	揖	5604_1
犁	2250_0	曼	6040_7	眼	6703_2	著	4460_4	喯	6804_1	揚	5602_7
巢	2290_4	朗	3772_0	眺	6201_3	處	2124_1	善	8060_5	握	5701_4
帶	4422_7	望	0710_4	硌	1760_1	虛	2121_2	喉	6703_4	揣	5202_7
常	9022_7	梔	4291_7	研	1164_0	蛇	5311_1	喙	6703_2	揭	5602_7
庶	0023_7	程	4691_4	祥	3825_1	術	2190_4	喟	6602_7	揮	5705_6
康	0023_2	梧	4196_1	祭	2790_1	袾	3529_0	喻	6802_1	揲	5409_4
庸	0022_7	梅	4895_7	竟	0021_1	袖	3526_0	喪	4073_2	敝	9824_3
張	1123_2	梓	4094_1	章	0040_6	祛	3423_1	喬	2022_7	散	4824_0
強	1623_6	梯	4892_7	笛	8860_3	被	3424_7	單	6650_6	敦	0844_0
彩	2292_2	梨	2290_4	笠	8810_8	訢	0262_1	圍	6050_6	琳	1419_0
得	2624_1	梁	3390_4	符	8824_3	訥	0462_7	㒸	2333_3	琬	1311_2
從	2828_1	梵	4421_7	笨	8823_4	許	0864_1	貂	2726_2	琪	1418_1
御	2722_0	欲	8768_2	筌	8810_1	貧	8080_6	堪	4411_1	琱	1712_2
悉	2033_9	殺	4794_1	第	8822_1	貨	2480_6	堵	4416_0	琢	1113_2
情	9502_7	涵	3717_2	紺	2497_0	貪	8080_6	堯	4021_1	琴	1120_7
惕	9602_7	淙	3319_1	紳	2590_6	貫	7780_6	壺	4010_7	琵	1171_7
惜	9406_1	淚	3313_4	紹	2796_2	責	5080_6	婺	1840_4	斐	1140_0
惟	9001_4	淅	3210_0	終	2793_3	罣	6023_2	媿	4641_3	斯	4282_1
戚	5320_0	淞	3813_2	累	6090_3	鹵	2160_0	娜	4742_7	普	8060_1
處	3021_7	淡	3918_9	紫	2190_3	逢	3730_3	富	3060_6	景	6090_6
捫	5702_0	淝	3711_7	翊	0712_1	進	3030_1	寒	3030_3	晰	6202_1
掃	5702_7	淮	3011_4	翏	1720_2	逸	3730_1	寓	3042_7	晴	6502_7
授	5204_7	深	3719_4	習	1760_2	都	4762_7	尊	8034_6	智	8660_0
排	5101_1	淳	3014_7	聊	1712_1	鄂	6722_7	尋	1734_6	曾	8060_6
掖	5004_7	涪	3016_1	脚	7722_2	陽	7622_7	屝	7724_1	朝	4742_0
採	5209_6	渚	3416_0	脫	7821_6	隅	7622_7	嵇	2397_2	棘	5599_2
探	5709_4	混	3611_1	船	2746_1	隆	7721_4	巽	7780_1	棄	0090_4
接	5004_4	清	3512_7	菲	4411_1	隋	7422_1	庚	0023_1	棐	1190_2
推	5001_4	漆	3713_2	菀	4421_2	野	6712_2	彭	4212_2	棗	5090_2
敍	8194_7	淇	3418_1	莽	4444_3	釣	8712_0	街	2110_4	棠	9090_0
斜	8490_0	焉	1032_7	菉	4413_2	閈	7724_1	徧	2322_7	棻	4490_2
敏	8854_0	鳥	2732_1	菊	4492_7	雪	1017_1	復	2824_1	森	4099_4
教	4814_0	猗	4422_1	菌	4460_0	魚	2733_6	循	2226_4	棉	4692_7
教	4844_0	率	0040_3	菜	4490_4	鹿	0021_1	惢	3333_0	棋	4498_1
斬	5202_1	琅	1313_2			麻	0029_4			棟	4599_6

字	碼	字	碼	字	碼	字	碼	字	碼	字	碼
棣	4593_2	痢	0012_0	裕	3826_8	順	2108_6	搜	5704_7	碎	1064_8
棕	4399_1	疹	0012_9	裁	4375_0	須	2128_6	敬	4864_0	碑	1664_0
樓	4594_4	登	1210_8	祝	3621_0	取	7734_0	新	0292_1	禁	4490_1
枡	4894_1	發	1224_7	舼	2223_0	馮	3112_7	暇	6704_7	禽	8042_7
植	4491_7	短	8141_8	詥	0863_7	黍	2013_2	會	8060_6	稗	2694_0
楮	4496_0	莔	1166_0	診	0862_2	黑	6033_1	楔	4294_7	筮	8810_8
椒	4794_0	皖	2361_1	詠	0363_2			楊	4692_7	筠	8812_7
歇	6778_2	盛	5310_7	詒	0366_3	**十三畫**		楓	4791_0	綉	2292_7
欽	8718_2	盜	3710_7	詔	0766_2	亂	2221_0	棟	4599_6	綏	2294_4
款	4798_2	硯	1661_0	評	0164_9	亶	0010_6	榆	4892_1	經	2191_1
殘	1325_3	稅	2891_6	詞	0762_0	厭	7123_4	極	4191_4	罪	6011_1
渡	3014_7	程	2691_4	象	2723_2	厲	7122_7	楞	4692_7	羣	1750_1
渠	3190_4	窗	3060_8	養	9073_2	催	2221_4	楪	4499_4	義	8055_3
渤	3412_7	童	0010_4	貳	4380_2	傲	2824_0	楚	4480_1	聖	1610_4
測	3210_0	罩	1040_6	貴	5080_6	傭	2022_7	歲	2125_3	肅	5022_7
渭	3612_7	筍	8862_7	費	5580_6	傳	2524_3	殿	7724_7	與	7780_1
游	3814_7	筆	8850_7	賀	4680_6	傷	2822_7	源	3119_6	艇	2244_1
渼	3813_4	策	8890_2	貽	6386_0	剿	2290_0	準	3040_1	著	4460_1
渾	3715_6	粵	2620_7	越	4380_5	勤	4412_7	溥	3314_2	蒻	4442_7
浐	3014_1	結	2496_1	遍	3330_2	勠	2492_7	溶	3316_3	范	4411_8
湝	3712_7	絶	2791_7	遁	3230_6	嗇	4060_1	滄	3816_7	慈	4433_3
湖	3712_0	絡	2796_4	遂	3830_3	嗤	6203_6	滇	3418_1	蒐	4421_1
湘	3610_0	統	2091_3	遊	3830_4	嗒	6406_1	滌	3719_4	蒙	4423_2
滋	3813_2	絳	2795_4	運	3730_4	嗜	6406_1	滁	3819_4	蒨	4422_7
湛	3411_1	絜	5790_3	過	3730_2	嗣	6722_0	滏	3811_9	尊	4434_2
溫	3611_7	腋	7723_7	道	3830_6	圚	6073_2	溧	3119_4	蒲	4412_7
湧	3712_7	脾	7624_0	達	3430_4	圓	6080_6	滑	3712_7	蒼	4460_1
湯	3612_7	皐	2640_1	鄏	2732_7	塔	4416_1	煙	9181_4	蒿	4422_7
淵	3210_0	舒	8762_2	鄉	2742_7	塗	3810_4	煜	9681_3	蒜	4449_3
賣	4480_9	舜	2025_2	鄉	2722_7	塘	4016_2	照	6733_6	蓬	4430_4
焚	4480_9	葫	4462_7	鄇	6782_7	塞	3010_4	煎	8033_2	蓉	4460_8
焠	9084_8	萬	4442_7	量	6010_4	嵩	2222_7	熙	7733_1	蓮	4430_4
煮	4433_6	落	4416_4	鈍	8511_7	盦	8077_2	獅	4122_7	虞	2123_1
無	8033_1	葆	4429_4	鈴	8812_7	廉	0023_7	瑞	1212_7	虜	2122_7
焦	2033_1	葉	4490_1	鉅	8111_7	彙	2790_4	瑯	1712_7	蛻	5811_6
猒	6323_4	葑	4414_0	鈕	8711_5	愍	7833_1	瑟	1133_7	蛾	5315_0
罍	1060_7	葛	4472_7	開	7744_1	意	0033_1	當	9060_6	蜀	6012_1
番	2060_9	董	4410_4	閒	7722_7	愚	6033_2	畸	6402_7	蜂	5715_4
畫	5010_6	葦	4450_6	閔	7740_0	愛	2024_7	痲	0019_4	屬	7113_6
異	6080_1	葬	4444_1	雁	7121_4	感	5320_0	睡	6201_4	裔	0022_7
疏	1011_3	萱	4410_6	雅	7021_4	愧	9601_3	睦	6401_4	裘	4373_2
疎	1519_6	蛟	5014_8	集	2090_4	慎	9408_1	睫	6508_1	裝	2473_2
痘	1011_8	蛩	1713_6	雲	1073_1	搢	5106_1	睢	6001_4	補	3322_7
痛	0012_7	衆	2723_2	項	1118_6	損	5608_6	碔	1364_0	解	2725_2

試	0364_0	僑	2222_7	漆	3413_2	網	2792_0	銀	8713_2	樊	4443_0
詩	0464_1	僧	2826_6	漑	3111_4	綸	2892_7	銅	8712_0	樓	4594_4
話	0266_4	劀	8260_0	演	3318_5	綺	2492_1	閣	7760_4	標	4199_1
該	0068_2	憑	3121_7	漕	3516_6	綿	2692_7	閤	7760_1	樗	4192_7
詳	0865_1	嘉	4046_5	漚	3111_6	緇	2296_3	閨	7710_4	樞	4191_6
誅	0569_4	韶	0766_2	漢	3413_4	緒	2496_0	閩	7713_0	歐	7778_2
詹	2726_1	圖	6060_4	漫	3614_7	綮	4490_3	頗	9158_6	毅	0724_7
資	3780_6	團	6034_3	潯	3114_9	翟	1721_4	飴	8376_0	潏	3712_7
賈	1080_6	塹	5210_4	漱	3814_0	翠	1740_8	駁	7434_0	潔	3719_3
跨	6412_7	墅	6710_4	漸	3212_1	聚	1723_2	鳳	7721_0	潘	3216_9
路	6716_4	墓	4410_4	熊	2133_1	聞	7740_1	鳴	6702_7	潛	3116_1
辟	7024_1	墉	4012_7	爾	1022_7	肇	3850_7	齊	0022_3	澗	3712_1
載	4355_0	墻	4416_1	瑣	1918_6	肇	3350_7	**十五畫**		潤	3712_0
農	5523_2	壽	4064_1	瑤	1717_2	臧	2325_0	儀	2825_3	滕	7923_2
豐	5510_8	夢	4420_7	琏	1513_0	臺	4010_4	儆	2824_0	潮	3712_0
遙	3730_7	夥	6792_7	甄	1111_7	舞	8025_1	劇	2220_0	潯	3714_6
遜	3230_9	察	3090_1	疑	2748_1	暮	4460_3	劉	7210_0	激	3814_6
遠	3430_3	寢	3024_7	瘍	0012_7	蒲	4412_7	劍	8280_0	澄	3211_8
連	3430_4	實	3080_6	瘟	0011_6	蓼	4420_7	增	4816_6	澈	3814_0
鄆	4712_7	寧	3020_1	盡	5010_7	蔗	4423_7	墨	6010_4	潁	2128_6
鄗	1732_7	對	3410_0	監	7810_7	蔡	4490_1	審	3060_9	熬	5833_4
酬	1260_0	幕	4422_7	瞇	6203_4	蔣	4424_7	層	7726_6	璟	1219_4
鉗	8417_0	模	4423_4	睿	2160_8	蜩	5712_1	履	7724_1	璇	1818_1
鉛	8716_1	廖	0022_2	碬	1662_7	禅	3624_0	嶠	2272_7	畿	2265_3
鈎	8712_0	彰	0242_2	碭	1662_7	褚	3426_0	廟	0022_7	瘞	0011_4
雉	8041_4	慈	8033_3	碩	1168_6	裴	1173_2	廣	0028_6	瘦	0014_7
雍	0021_4	慘	9302_4	碧	1660_1	製	2273_3	彈	1625_6	瘡	0016_7
電	1071_6	慟	9402_7	禎	3128_6	認	0763_2	德	2423_1	盤	2710_7
零	1030_7	截	4325_0	福	3126_6	語	0166_1	徵	2824_0	瞎	6306_1
雷	1060_3	摘	5002_7	祿	3723_2	誠	0365_1	慕	4433_3	稻	2297_7
靖	0512_7	撫	5003_1	禘	3022_7	說	0861_6	慧	5533_7	稼	2393_2
靳	4252_1	摛	5002_7	禊	3723_4	豪	0023_2	慮	2123_6	稽	2396_1
頌	8178_6	斛	5440_0	種	2291_4	賓	3080_6	慶	0024_7	穀	4794_7
飲	8778_2	榘	8190_4	端	0212_7	赫	4433_1	慎	9408_6	箴	8825_3
鳩	4702_7	榕	4396_8	箋	8850_3	趙	4980_2	怒	4733_4	節	8872_7
梟	2721_7	槁	4092_7	箐	8822_7	輔	5302_7	摰	1150_2	篁	8810_4
鼎	2222_1	槎	4891_1	箕	8880_1	遷	3130_1	摶	5804_6	範	8851_2
鼓	4414_7	榮	9990_4	算	8844_6	適	3030_2	撫	5803_1	篆	8823_2
黽	7771_7	槐	4691_3	管	8877_7	遯	3130_3	播	5206_9	篇	8822_7
鼠	7771_7	歌	1768_2	精	9592_7	廓	0722_7	撰	5708_1	箧	8871_3
十四畫		歉	8738_2	粹	9094_8	鄧	1712_7	撥	5204_7	糊	9792_4
傳	2426_5	榮	9923_2	綠	2793_2	鄭	8742_1	數	5844_0	縣	2229_3
像	2723_2	滿	3412_7	維	2091_4	鄩	7782_1	樂	2290_4	緗	2690_0
		漁	3713_6	網	2792_0	鄱	2762_7			緝	2694_1

緣 2793_2	邁 3430_2	歷 7126_9	翰 4842_7	膺 2122_7	繆 2792_2
編 2392_7	鄭 3792_7	塵 0021_4	聱 5840_1	鮑 2731_2	聯 1217_2
緯 2495_6	隨 7423_2	曇 6073_1	膳 7826_5	鴛 2732_7	聰 1613_0
縑 2793_4	醉 1064_8	曉 6401_1	興 7780_1	黔 6832_7	聲 4740_1
練 2599_6	醋 1466_1	樵 4093_1	薄 4414_2	默 6333_4	膾 7826_6
緦 2698_1	鋒 8715_4	樽 4894_6	薑 4410_6	龍 0121_1	臆 7023_6
羯 8652_7	鋪 8315_7	樹 4490_0	薛 4474_1		臨 7876_6
翦 8012_7	銷 8912_7	橋 4292_7	薊 4432_0	**十七畫**	舉 7750_8
槤 5692_7	閭 7760_7	橘 4792_7	薩 4421_4		艱 4753_2
膠 7722_2	閱 7773_2	橡 4793_2	融 1523_6	優 2124_7	藝 4423_2
蔽 4415_3	闍 7760_6	橫 4498_6	螢 9913_6	儲 2426_0	舊 4477_7
蓄 4460_9	閬 7721_6	歙 8718_2	衛 2150_6	壑 2710_4	藍 4410_7
蕉 4433_1	震 1023_2	歷 7121_1	衡 2143_2	嬰 6640_4	藏 4425_3
蕊 4433_3	鞏 1750_6	澳 3713_4	親 0691_0	嶺 2238_6	螳 4911_4
蔬 4411_3	頤 7178_6	澹 3716_1	諭 0862_1	嶽 2223_4	蟄 4413_6
蕩 4412_7	養 8073_2	廉 3013_7	諡 0861_7	彌 1122_7	蟋 5213_9
蕪 4433_1	駐 7031_4	潞 3716_4	諧 0166_2	徽 2824_6	襄 0073_2
蕭 4422_7	鬧 7722_7	濃 3513_2	諫 0569_6	應 0023_1	褸 0764_7
蝦 5714_7	魯 2760_3	澠 3711_7	豫 1723_2	懋 4433_9	謙 0863_7
蝴 5712_0	黎 2713_2	熹 4033_6	賴 5798_6	擊 5750_2	講 0564_7
蝶 5419_4	獒 9823_0	燃 9383_3	輶 5806_1	擬 5708_1	謝 0460_0
衝 2110_4		燈 9281_8	辦 0044_1	擢 5701_4	谿 2846_8
褒 0073_2	**十六畫**	燉 9884_0	辨 0044_6	檀 4091_6	賽 3080_6
調 0762_0		燕 4433_1	避 3030_4	檄 4196_0	蹇 3080_1
談 0968_9	儒 2122_7	獨 4622_7	還 3630_3	檣 4092_7	蹈 6217_7
請 0562_7	冀 1180_1	獪 4826_6	廓 0722_7	檜 4896_3	輿 7780_1
諸 0466_0	凝 3718_1	璣 1215_3	隱 7223_7	歜 5728_2	邂 3330_3
論 0862_7	嘯 6502_7	瓢 1293_0	醒 1661_4	濟 3012_4	闖 2277_0
賜 6682_7	圜 6073_2	甌 7171_7	錄 8713_2	濛 3013_2	鍥 8713_4
賞 9080_6	壇 4011_6	甋 5131_7	錢 8315_3	濱 3116_3	鍾 8211_4
廝 0028_6	贏 0021_7	睥 2664_1	錦 8612_1	濯 3711_4	鍼 8315_0
賢 7780_6	學 7740_7	盧 2121_7	錫 8612_7	濮 3213_4	闊 7760_1
賣 4080_6	憲 3033_6	磬 4760_1	閹 7771_6	營 9960_6	闔 7716_4
賦 6384_0	寰 3073_2	禦 2790_1	閣 7760_6	牆 2426_1	隸 4593_2
質 7280_6	嶧 2674_1	穆 2692_2	閻 7777_7	獰 6313_4	霜 1096_3
賤 6315_3	憨 1833_4	積 2598_6	霍 1021_4	環 1613_2	霞 1024_7
輝 9725_6	憶 9003_6	窺 3051_6	霏 1011_1	癍 0011_4	韓 4445_6
輛 5702_0	憺 9706_1	篔 8880_6	靜 5225_7	療 0019_6	館 8377_1
輗 5704_7	戰 6355_0	篤 8832_7	頻 2128_6	癉 0015_4	鹹 8365_0
輦 5550_6	撼 5305_0	篷 8830_4	穎 2198_6	瞥 9860_4	鮨 2436_1
遵 3830_4	擁 5001_4	糖 9096_7	餐 2773_2	闈 6022_1	鮮 2835_1
選 3730_8	擇 5604_1	縉 2196_1	餘 8879_4	磻 1266_6	鴻 3712_7
遺 3530_8	操 5609_4	縣 2299_3	駢 7834_1	禪 3625_8	點 6136_9
遼 3430_9	擒 5802_7	羲 8025_3	駱 7736_4	總 2693_0	
	整 5810_1			績 2598_6	

十八畫

叢 3214_7
壘 6010_4
彝 2744_9
戴 4385_0
斷 2272_1
檮 4494_1
歸 2712_7
瀦 3714_7
瀋 3316_9
瀑 3613_2
燼 9581_7
璧 7010_3
甓 7071_7
甕 0071_7
甌 2121_7
癖 0014_1
癘 0012_7
瞿 6621_4
礌 1562_7
禮 3521_8
簡 8822_7
簪 8860_1
簫 8822_7
織 2395_0
繒 2296_9
翻 2762_0
翼 1780_1
職 1315_0
聶 1014_1
藕 4492_7
藝 4473_1
藥 4490_4
藩 4416_9
蟠 5216_9
蟬 5114_6
蟲 5013_6
覆 1024_7
觴 2822_7
豐 2210_8
轉 5504_3
邊 3630_2

隴 7121_1
醫 7760_1
鎖 8918_6
鎮 8418_1
闖 7732_7
關 7748_2
雙 2040_7
雜 0091_4
雞 2041_4
題 6180_8
顏 0128_6
顒 2128_6
騎 7432_1
魏 2641_3
鵑 6722_7
黟 6732_7
黿 2711_7

十九畫

勸 4422_7
嫩 4748_6
寵 3021_1
廬 0021_7
懶 9708_6
懷 9003_2
攀 4450_2
曝 6603_2
曠 6008_6
櫟 4299_4
瀨 3118_6
瀛 3011_7
瀟 3412_7
瀬 3718_6
牘 2408_6
璽 1010_3
瓊 1714_7
瓣 0044_1
疆 1111_6
疇 6404_1
癡 0018_1
禱 3424_1
籀 8856_2
繪 2896_6

繁 5790_3
繭 4422_7
繡 2592_7
繹 2694_1
羅 6091_4
蕅 4493_6
蘄 4452_1
孽 4440_7
衡 4422_7
藿 4421_4
藻 4454_1
蘆 4421_7
蘇 4439_4
遼 4430_3
蟹 2713_6
蟻 5815_3
證 0261_8
譎 0762_7
譜 0866_1
譙 0063_1
譚 0164_6
識 0365_0
贊 2480_6
蘊 1061_7
鏡 8011_6
關 7777_2
離 0041_4
難 4051_4
韜 4257_7
韞 4651_7
韻 0668_6
願 7128_6
類 9148_6
鯨 2039_6
饅 8674_7
騤 7734_7
麴 4740_2
麛 3322_7
龐 0021_1

二十畫

嚴 6624_8
寶 3080_6

壞 4013_2
獻 2323_4
寶 3080_6
籌 8864_1
籃 8810_7
纂 8890_3
繼 2291_3
蘭 4422_7
蠣 5318_6
覺 7721_6
警 4860_1
譬 7060_1
議 0865_3
醴 1561_8
釋 2694_1
鐔 8114_6
鐙 8211_6
鐘 8011_4
露 1016_4
飄 1791_0
騰 7922_4
騷 7733_7
鶡 6772_7
饒 8471_1

二十一畫

屬 7722_7
懼 9601_4
攝 5104_1
歡 4728_2
灌 3411_4
爝 9284_6
續 2498_6
纍 6077_2
蠟 5415_3
蠢 2713_6
鄺 1722_7
鐵 8315_0
顧 3128_6
舜 1144_8
驂 7332_2
鶬 7722_7
鶴 3722_7

雞 2742_7
鷥 9932_7
殼 4734_7

二十二畫

儼 2624_8
懿 4713_8
攢 5408_6
權 4491_4
灈 3112_7
瘐 0014_4
竊 3092_7
籛 8815_3
聽 1413_1
臞 7621_4
蘿 4491_4
蠹 4013_6
覽 7821_6
讀 0468_6
鑑 8811_7
鑒 7810_9
齊 1022_3
響 2760_1
饗 2773_2
驚 1722_7
驍 7732_7
齎 0022_3
龔 0180_1

二十三畫

嫻 4442_7
巖 2224_8
戀 2233_9
欒 2290_4
癰 0011_4
籤 8815_3
纖 2395_0
變 2224_7
躔 6011_4
顯 6138_6
體 7521_8
麟 0925_9

二十四畫

攬 5801_6
礦 1061_1
籬 8841_4
艷 2711_7
蠶 7113_6
蠱 5013_6
觀 4621_0
讒 0761_3
讓 0063_2
讕 0762_0
靈 1010_8
鷟 6732_7
鹽 7810_7

二十五畫

欞 4474_2
纜 2498_6
贛 0748_6
顱 2128_6

二十六畫

欛 3219_4

二十七畫

讞 0963_1
鑾 2210_9

二十八畫

爨 7780_9
豔 2411_7

二十九畫

驪 7131_1
鬱 4472_2

三十一畫

籲 3411_7

三十三畫

麤 0021_1

索引字頭拼音檢字

A

ā
阿 7122₀

ài
艾 4440₀
愛 2024₇

ān
安 3040₄
唵 6804₆

àn
按 5304₄
闇 7760₁

áo
敖 5824₀
熬 5833₄
螯 5840₁

ào
傲 2824₀
澳 3713₄

B

bā
八 8000₀
巴 7771₇

bái
白 2600₀

bǎi
百 1060₀
柏 4690₀

bài
拜 2155₀
稗 2694₄

bān
班 1111₄
般 2744₇

辮 0011₄

bǎn
板 4194₇

bàn
半 9050₀
辦 0044₁
瓣 0044₁

bāng
邦 5702₇

bāo
包 2771₂
褒 0073₂

bǎo
保 2629₄
葆 4429₄
寶 3080₀

bào
抱 5701₂
鮑 2731₂

bēi
悲 1133₁
碑 1664₀

běi
北 1111₀

bèi
貝 6080₀
孛 4040₇
被 3424₇
備 2422₄

běn
本 5023₀

bèn
笨 8823₄

bǐ
比 2171₀
彼 2424₇

秕 2191₀
筆 8850₇

bì
苗 1166₀
畢 6050₄
閉 7724₇
敝 9824₀
碧 1660₁
裨 3624₀
弊 9823₀
避 3030₁
璧 7010₃

biān
砭 1263₇
編 2392₇
邊 3630₂

biǎn
扁 3022₇

biàn
卞 0023₀
弁 2344₀
汴 3013₀
昪 6304₀
便 2124₆
遍 3330₂
徧 2322₀
辨 0044₁
變 2224₇

biāo
滮 3211₂
標 4199₁

biǎo
表 5073₂

bié
別 6240₀

bīn
邠 8722₇
賓 3080₆
豳 2277₀
瀕 3118₂

bīng
冰 3213₀
兵 7280₁
拼 4894₁

bǐng
丙 1022₇
炳 9182₇

bìng
病 0012₇

bō
播 5206₉
撥 5204₇

bó
伯 2620₀
泊 3610₀
亳 0071₄
博 4304₂
渤 3412₂
駁 7434₀
薄 4414₂

bū
逋 3330₂

bǔ
卜 2300₀
捕 5302₇
補 3322₇

bù
不 1090₀
布 4022₇
步 2120₁

C

cái
才 4020₀
裁 4375₀

cǎi
采 2090₄
彩 2292₄
採 5209₄

cài
菜 4490₄
蔡 4490₁

cān
參 2320₂
叅 2333₃
餐 2773₂
驂 7332₂

cán
殘 1325₃
蠶 7113₂

cǎn
慘 9302₂

cāng
倉 8060₁
滄 3816₂
蒼 4460₇

cāo
操 5609₄

cáo
曹 5560₆
漕 3516₆

cǎo
草 4440₀

cè
冊 7744₀
測 3210₀

策 8890₂

cén
岑 2220₁

céng
層 7726₆

chá
查 4010₁
茶 4490₄
察 3090₁
槎 4891₁

chái
柴 2190₄

chán
禪 3625₆
孱 7724₇
躔 6011₄
讒 0761₃

chǎn
產 0021₄

chāng
昌 6060₀

cháng
長 7173₂
常 9022₇

cháo
晁 6011₁
巢 2290₄
朝 4742₀
潮 3712₀

chē
車 5000₆

chēn
郴 4792₇

chén
臣 7171₇
忱 9401₂

辰 7123_2
陳 7529_6
chéng
丞 1710_3
成 5320_0
呈 6010_4
承 1723_2
乘 2090_1
城 4315_0
程 2691_4
誠 0365_0
澂 3814_0
澄 3211_8
chèng
秤 2194_9
chī
摛 5002_7
嗤 6203_6
癡 0018_1
chí
池 3411_2
chǐ
尺 7780_7
恥 1310_0
耻 1111_0
chì
赤 4033_1
斥 7223_1
勅 6492_7
chōng
冲 3510_6
衝 2122_1
chóng
重 2010_4
崇 2290_1
蟲 5013_6
chǒng
寵 3021_1
chóu
仇 2421_7
酬 1260_0
疇 6404_1
籌 8864_1
chū
出 2277_2
初 3722_0
chu
芻 2742_7
蒭 4442_7
滁 3819_4
chǔ
處 2124_1
楮 4496_0
楚 4480_1
褚 3426_0
儲 2426_0
chuǎi
揣 5202_7
chuān
川 2200_0
chuán
船 2746_1
傳 2524_3
chuāng
窗 3060_2
瘡 0016_7
chuǎng
闖 7732_7
chuī
吹 6708_2
chuí
垂 2010_4
chūn
春 5060_3
chún
純 2591_7
淳 3014_6
蓴 4434_2
chuò
啜 6704_7
輟 5704_7
cí
祠 3722_0
詞 0762_0
慈 8033_3
⿱艹慈 4433_3
cǐ
此 2111_0
cì
次 3718_2
賜 6682_7
cōng
聰 1613_0
cóng
从 8800_0
從 2828_1
淙 3319_1
薂 4423_2
cū
麤 0021_1
cú
徂 2721_0
cù
醋 1466_1
cuàn
爨 7780_9
cuī
崔 2221_4
催 2221_4
cuì
萃 4440_8
焠 9084_8
翠 1740_8
粹 9094_8
cūn
村 4490_0
cún
存 4024_7
cùn
寸 4030_0
cuò
莝 4410_4

D

dá
笪 8810_6
達 3430_4
dǎ
打 5102_0
dà
大 4003_0
dài
代 2324_0
岱 2377_2
待 2424_1
带 4422_7
埭 4513_2
戴 4385_0
dān
丹 7744_0
甗 2121_7
癉 0015_6
dǎn
亶 0010_6
dàn
淡 3918_9
彈 1625_6
憺 9706_1
澹 3716_1
dāng
當 9060_6
dǎng
讜 0963_1
dàng
碭 1662_7
蕩 4412_7
dāo
刀 1722_0
dǎo
島 2772_7
蹈 6217_7
禱 3424_1
dào
盗 3710_7
道 3830_6
稻 2297_7
dé
得 2624_1
德 2423_1
dēng
登 1210_8
燈 9281_8
鐙 8211_8
dèng
鄧 1712_7
dí
狄 4928_0
迪 3530_6
笛 8860_3
荻 4428_9
滌 3719_4
翟 1721_4
覿 4681_0
dì
地 4411_2
杕 4493_0
弟 8022_7
帝 0022_7
第 8822_7
棣 4593_2
禘 3022_7
diān
滇 3418_1
diǎn
典 5580_1
點 6136_0
diàn
殿 7724_7
電 1071_6
diāo
琱 1712_0
貂 2726_2
diào
弔 1752_7
釣 8712_0
dié
蝶 5419_4
dīng
丁 1020_0
dǐng
鼎 2222_1
dìng
定 3080_1
訂 0162_0
dōng
冬 2730_3
東 5090_6
dǒng
董 4410_4
dòng
洞 3712_0
棟 4599_2
dǒu
斗 3400_0
dòu
豆 1010_8
痘 0011_8
竇 3080_6
dū
都 4762_7
闍 7760_4
dú
獨 4622_7
⿰蜀犬 6313_4
牘 2408_6
讀 0468_6
dǔ
堵 4416_0
篤 8832_7
dù
杜 4491_0
度 0024_7
渡 3014_7
蠹 5013_6
duān
端 0212_7
duǎn
短 8141_8
duàn
段 7744_7
斷 2272_1
duì
對 3410_0
dūn
敦 0844_0
燉 9884_0
dùn
鈍 8511_7
遁 3230_6
遯 3130_3
duō
多 2720_7

E

é
峨 2255_3
蛾 5315_0

è
鄂 6722_7

ēn
恩 6033_0

ér
兒 7721_7

ěr
耳 1040_0
爾 1022_7

èr
二 1010_0
貳 4380_0

F

fā
發 1224_7

fá
伐 2325_0

fǎ
法 3413_1

fān
番 2060_9
繙 2296_9
翻 2762_0

fán
樊 4443_0
蕃 4460_9
藩 4416_9

fǎn
反 7124_7

fàn
泛 3213_7
范 4411_2
梵 4421_7
範 8851_2

fāng
方 0022_7
坊 4012_7
芳 4422_7

fáng
防 7022_7
房 3022_7

fǎng
仿 2022_7
紡 2092_7
做 2824_0

fàng
放 0824_0

fēi
非 1111_1
菲 4411_1
飛 1241_3
霏 1011_1

féi
淝 3711_7

fěi
匪 7171_1
斐 1140_0
棐 1190_4

fèi
費 5580_6

fēn
分 8022_7

fén
汾 3812_7
焚 4480_9

fěn
粉 9892_7

fèn
憤 9408_6

fēng
丰 5000_0
封 4410_0
風 7721_0
峯 2250_4
楓 4791_0
葑 4414_0
蜂 5715_4
鋒 8715_4
豐 2210_8

féng
逢 3730_5
馮 3112_7

fèng
奉 5050_3
鳳 7721_0

fó
佛 2522_7

fǒu
否 1060_9
缶 8077_2

fū
郙 0722_7

fú
伏 2323_4
孚 2040_7
扶 5503_0
服 7724_7
芙 4453_0
浮 3214_7
涪 3016_1
符 8824_3
鳧 2721_7
福 3126_6

fǔ
甫 5322_7
府 0024_0
拊 5400_0
滏 3811_9
輔 5302_7
撫 5803_1
黼 3322_7

fù
阜 2740_7
負 1780_6
富 3760_6
副 1260_0
婦 4742_7
傅 2324_2
富 3060_6
復 2824_7
賦 6384_0
覆 1024_7

G

gā
旮 4060_1

gāi
陔 7028_2
該 0068_2

gài
溉 3111_4

gān
干 1040_0
甘 4477_0

gǎn
感 5320_0
澉 3814_0

gàn
紺 2497_0
贛 0748_6

gāng
岡 7722_0
綱 2792_0

gāo
高 0022_7
皋 2640_1

gǎo
杲 6090_4
槁 4092_0

gào
告 2460_1
郜 2762_0

gē
戈 5300_0
歌 1768_2

gé
革 4450_6
格 4796_4
閣 7760_4
閤 7760_1

gě
葛 4472_7

gèn
艮 7773_2

gēng
更 1050_6
庚 0023_7
耕 5590_0
賡 0028_6

gěng
耿 1918_0

gōng
工 1010_0
公 8073_0
攻 1814_0
宮 3060_6
躬 2722_7
龔 0180_1

gǒng
拱 5408_1
鞏 1750_6

gòng
貢 1080_6

gōu
勾 2772_0
鈎 8712_0
緱 2793_4

gǒu
苟 4462_7

gū
姑 4446_0
孤 1243_0
菰 4443_2
舳 2223_0

gǔ
古 4060_0
谷 8060_8
唃 6702_7
骨 7722_7
穀 4794_7
鼓 4414_7

gù
固 6060_0
故 4864_0
顧 3128_6

guā
瓜 7223_0

guà
卦 4310_0

guāi
乖 2011_1

guài
怪 9701_4

guān
官 3077_7
冠 3721_4
關 7777_2
觀 4621_0

guǎn
管 8877_7
館 8377_7

guàn
貫 7780_6
灌 3411_1

guāng
光 9021_1

guǎng
廣 0028_6

guī
圭 4010_4
閨 7710_4
歸 2712_7
龜 2711_7

guǐ
癸 1243_0
鬼 2621_3

guì
桂 4491_4
貴 5080_6
檜 4896_7

guō
郭 0742_7

guó
國 6015_3
馘 8365_0

guǒ
果 6090_4

guò
過 3730_2

H

hā
哈 6806_1

hǎ
哈 6806_0

hǎi
海 3815_7

hān

憨 1833$_4$
hán
含 8060$_7$
函 1777$_2$
邯 4772$_7$
涵 3717$_2$
寒 3030$_3$
韓 4445$_6$
hàn
汗 3114$_0$
漢 3413$_4$
撼 5305$_0$
翰 4842$_7$
háng
杭 4091$_7$
航 2041$_7$
hāo
蒿 4422$_7$
háo
豪 0023$_2$
濠 3013$_2$
hǎo
好 4744$_7$
郝 4732$_7$
hào
好 4744$_7$
浩 3416$_1$
皞 2664$_1$
hē
呵 6102$_0$
hé
禾 2090$_4$
合 8060$_1$
何 2122$_0$
和 2690$_0$
河 3112$_0$
荷 4422$_1$
鶡 6772$_7$
hè
和 2690$_0$
賀 4680$_6$
赫 4433$_1$
鶴 3722$_7$
hēi
黑 6033$_1$
hèn
恨 9703$_2$
héng
恆 9101$_7$
珩 1112$_1$
橫 4498$_6$
衡 2143$_0$
蘅 4422$_1$
hōng
哄 6408$_1$
烘 9488$_1$
hóng
弘 1223$_0$
宏 3043$_2$
玒 1111$_7$
洪 3418$_1$
紅 2191$_0$
虹 5111$_0$
鴻 3712$_7$
hóu
侯 2723$_4$
喉 6703$_4$
hòu
后 7226$_1$
厚 7124$_7$
後 2224$_7$
hū
忽 2733$_2$
滹 3114$_9$
hú
弧 1223$_0$
胡 4762$_0$
壺 4010$_7$
湖 3712$_0$
葫 4462$_7$
蝴 5712$_0$
糊 9792$_0$
鶘 7722$_7$
瀫 3714$_7$
hǔ
虎 2121$_7$
hù
户 3020$_7$
笏 8822$_7$
扈 3021$_7$
huā
花 4421$_4$
華 4450$_4$
huá
華 4450$_4$
滑 3712$_7$
huà
化 2421$_0$
畫 5010$_6$
華 4450$_4$
話 0266$_4$
huái
淮 3011$_4$
槐 4691$_3$
懷 9003$_2$
huān
歡 4728$_2$
huán
洹 3111$_6$
桓 4191$_6$
圜 6073$_2$
寰 3073$_2$
環 1613$_2$
還 3630$_2$
huǎn
浣 3311$_1$
huàn
幻 2772$_0$
宦 3071$_7$
huāng
荒 4421$_1$
huáng
皇 2610$_4$
黃 4480$_6$
篁 8810$_4$
huī
揮 5705$_6$
輝 9725$_6$
徽 2824$_0$
huí
回 6060$_0$
迴 3630$_0$
huì
晦 6805$_7$
惠 5033$_3$
喙 6703$_2$
彙 2790$_4$
會 8060$_6$
慧 5533$_7$
繪 2896$_6$
hūn
昏 7260$_4$
婚 4246$_4$
hún
渾 3715$_6$
hùn
混 3611$_1$
huó
活 3216$_4$
huǒ
火 9080$_0$
夥 6792$_7$
huò
貨 2480$_6$
霍 1021$_4$
壑 2710$_4$
藿 4421$_4$

J

jī
姬 4141$_6$
嵇 2397$_2$
畸 6402$_1$
箕 8880$_1$
畿 2265$_3$
稽 2396$_1$
璣 1215$_3$
積 2598$_6$
擊 5750$_2$
雞 2041$_4$
繫 5790$_3$
鷄 2742$_7$
jí
吉 4060$_1$
佶 2426$_1$
即 7772$_0$
汲 3714$_7$
亟 1010$_4$
急 2733$_7$
集 2090$_4$
棘 5599$_2$
極 4191$_4$
蕺 4415$_3$
jǐ
己 1771$_7$
几 7721$_0$
jì
季 2040$_7$
紀 2791$_7$
計 0460$_0$
記 0761$_7$
寄 3062$_1$
既 7171$_4$
祭 2790$_1$
緝 2694$_1$
冀 1180$_1$
濟 3012$_3$
績 2598$_6$
薊 4432$_0$
罽 6022$_1$
繼 2291$_3$
霽 1022$_3$
jiā
加 4600$_0$
夾 4003$_8$
佳 2421$_4$
家 3023$_2$
嘉 4046$_5$
jiá
郟 4702$_7$
jiǎ
甲 6050$_0$
賈 1080$_6$
jià
稼 2393$_2$
jiān
兼 8033$_7$
煎 8033$_2$
監 7810$_7$
箋 8850$_3$
艱 4753$_2$
籛 8815$_3$
jiǎn
剪 8022$_7$
揀 5509$_6$
翦 8012$_7$
蹇 3080$_1$
簡 8822$_7$
繭 4422$_7$
jiàn
見 6021$_0$
建 1540$_0$
健 2524$_0$
漸 3212$_1$
劍 8280$_0$
澗 3712$_0$
踐 6315$_3$
諫 0569$_6$
鑑 8811$_7$
鑒 7810$_9$
jiāng
江 3111$_0$
姜 8040$_4$
將 2724$_0$
薑 4410$_6$
疆 1111$_6$
jiǎng
蔣 4424$_7$
講 0564$_7$
jiàng
降 7725$_4$
絳 2795$_4$
jiāo
交 0040$_8$
郊 0742$_7$
椒 4794$_0$
焦 2033$_1$
蛟 5014$_8$
膠 7722$_2$
蕉 4433$_1$
jiǎo
角 2722$_7$
皎 2064$_8$
脚 7722$_0$

剿 2290₀	禁 4490₁	橘 4792₇	堪 4411₁	膽 7826₆	嬾 4748₆
勦 2492₇	靳 4252₁	**jǔ**	**kàn**	**kuǎn**	斕 4442₇
jiào	盡 5010₇	矩 8141₇	看 2060₄	款 4798₂	攬 5801₆
校 5004₈	縉 2196₁	櫸 8190₄	衎 2140₁	**kuāng**	**láng**
校 4094₈	燼 9581₇	舉 7750₈	**kāng**	匡 7171₁	郎 3772₇
教 4844₀	**jīng**	**jù**	康 0023₂	**kuáng**	琅 1313₂
斠 5440₀	京 0090₆	句 2762₀	**kàng**	狂 4121₄	郞 4742₇
嶠 2272₇	涇 3111₁	巨 7171₇	亢 0021₇	**kuàng**	瑯 1712₇
jiē	荊 4240₀	具 7780₁	**kǎo**	況 3611₀	**lǎng**
接 5004₄	旌 0821₄	鉅 8111₇	考 4420₇	曠 6008₂	朗 3772₀
揭 5602₇	經 2191₁	聚 1723₂	栲 4492₇	**kuī**	**làng**
街 2110₄	箐 8822₇	劇 2220₀	**kē**	窺 3051₆	浪 3313₂
jié	精 9592₇	懼 9601₄	柯 4192₀	**kuí**	閬 7773₂
劫 4472₇	鯨 2039₆	**juān**	珂 1112₇	揆 5203₄	**láo**
刼 4774₀	**jǐng**	鵑 6722₇	科 2490₀	暌 6203₄	勞 9942₇
結 2496₁	井 5500₀	**juǎn**	**kě**	**kuì**	**lǎo**
繫 5790₃	景 6090₆	卷 9071₂	可 1062₀	愧 9601₃	老 4471₁
睫 6508₁	儆 2824₀	倦 2921₂	**kè**	媿 4641₃	**lē**
截 4325₀	警 4860₁	狷 4622₇	克 4021₀	**kūn**	勒 4452₇
碣 1662₇	**jìng**	捲 9073₂	刻 0220₁	坤 4510₆	**léi**
潔 3719₃	徑 2121₁	膚 2122₇	客 3060₄	崑 2271₁	雷 1060₃
節 8872₇	淨 3215₇	**jué**	**kěn**	**kǔn**	罍 6077₂
羯 8652₇	竟 0021₆	決 3513₀	肎 3722₇	閫 7760₇	**lěi**
鮚 2436₁	敬 4864₀	絶 2791₇	肯 2122₇	**kùn**	耒 5090₀
jiě	靖 0512₇	譎 0762₇	**kōng**	困 6090₄	壘 6010₄
解 2725₂	靜 5225₇	覺 7721₆	空 3010₁	**kuò**	**lèi**
jiè	鏡 8011₆	爝 9284₆	**kǒng**	括 5206₁	累 6090₃
介 8022₀	**jiū**	**juè**	孔 1241₀	闊 7716₄	淚 3313₄
尬 2222₈	鳩 4702₇	淈 3712₇	**kǒu**		類 9148₆
戒 5340₀	**jiǔ**	**jūn**	口 6000₀	**L**	**léng**
芥 4422₈	九 4001₇	君 1760₇	**kòu**		楞 4692₇
jīn	灸 2780₉	均 4712₀	扣 5600₀	**lái**	**lěng**
巾 4022₇	酒 3116₀	軍 3750₆	寇 3021₄	來 4090₈	冷 3813₇
今 8020₁	**jiù**	**jùn**	縠 4734₇	萊 4490₈	**lí**
金 8010₉	捄 5303₂	俊 2324₇	**kū**	**lài**	犁 2250₀
津 3510₇	救 4814₀	郡 1762₇	枯 4496₀	賴 5798₁	梨 2290₀
jǐn	舊 4477₇	菌 4460₀	哭 6643₀	瀨 3718₀	黎 2713₂
錦 8612₇	**jū**	濬 3116₈	**kù**	**lán**	離 0041₄
jìn	居 7726₄		庫 0025₆	藍 4410₇	驪 7131₁
近 3230₂	拘 5702₀	**K**	**kuà**	籃 8810₇	鸝 1722₇
晉 1060₁	娵 4744₀		跨 6412₇	蘭 4422₇	籬 8841₄
浸 3714₇	局 7722₇	**kāi**	**kuài**	讕 0762₀	**lǐ**
進 3030₁	菊 4492₇	開 7744₁	快 9503₀	**lǎn**	李 4040₀
搢 5106₁		**kān**	獪 4826₁	覽 7821₆	里 6010₄
		刊 1240₀			

27

理	1611₄	遼	3430₉	婁	5040₄	崙	2222₇	懋	4433₉	敏	8854₀

理 1611₄　遼 3430₉　婁 5040₄　崙 2222₇　懋 4433₉　敏 8854₀
豊 5510₈　療 0019₆　樓 4594₄　綸 2892₇　**méi**　閔 7740₀
禮 3521₈　**liǎo**　**lòu**　**lùn**　枚 4894₀　黽 7771₇
醴 1561₈　了 1720₇　陋 7121₂　論 0862₇　眉 7726₇　憫 7833₄
蠡 2713₆　蓼 4420₂　**lú**　**luó**　梅 4895₇　閩 7713₆
lì　**liào**　盧 2121₇　螺 5619₃　楳 4499₄　**míng**
立 0010₈　廖 0022₂　蘆 0021₇　羅 6091₄　**měi**　名 2760₀
吏 5000₆　**liè**　蘆 4421₇　蘿 4491₄　美 8043₀　明 6702₂
利 2290₀　列 1220₀　顱 2128₆　**luò**　渼 3813₄　銘 3716₆
戾 3023₄　烈 1233₀　**lǔ**　洛 3716₄　**mèi**　冥 3780₂
栗 1090₄　**lín**　鹵 2160₀　珞 1716₄　媚 4746₇　茗 4460₁
荔 4422₇　林 4499₀　虜 2122₇　絡 2796₂　**mén**　鳴 6702₇
笠 8810₈　琳 1419₀　魯 2760₃　落 4416₄　門 7700₁　**mìng**
痢 0012₀　臨 7876₆　**lù**　駱 7736₄　捫 5702₀　命 8062₇
溧 3119₄　麟 0925₉　淥 3713₂　　**měng**　**mó**
菻 4411₆　**líng**　陸 7421₄　**M**　蒙 4423₂　礳 1061₁
厲 7122₇　伶 2823₇　鹿 0021₁　　**mèng**　**mò**
曆 7126₉　玲 1813₇　逯 3730₃　**má**　孟 1710₇　万 1022₂
歷 7121₁　凌 3414₇　路 6716₄　麻 0029₄　夢 4420₇　秣 2599₀
隸 4593₂　陵 7424₇　禄 3723₂　癳 0019₄　**mí**　莫 4443₀
癘 0012₇　詅 0863₇　綠 2793₂　**mǎ**　彌 1122₇　墨 6010₄
櫟 4299₄　零 1030₇　潞 3716₄　馬 7132₇　**mǐ**　默 6333₄
麗 1121₁　靈 1010₈　録 8713₂　**mài**　米 9090₄　**móu**
酈 1722₇　**lǐng**　露 1016₄　脈 7223₂　**mì**　牟 2350₀
lián　嶺 2238₆　鷺 6732₇　賣 4080₆　秘 2390₀　繆 2792₂
連 3530₀　**lìng**　**lú**　邁 3430₂　祕 3320₀　**mǔ**
廉 0023₇　令 8030₇　閭 7760₆　**mán**　密 3077₂　牡 2451₀
蓮 3430₅　**liú**　**lǚ**　饅 8674₇　**mián**　**mù**
璉 1513₀　流 3011₃　呂 6060₀　**mǎn**　棉 4692₇　木 4090₀
瀲 3013₇　琉 1011₃　旅 0823₂　滿 3412₇　綿 2692₇　目 6010₁
聯 1217₂　留 7760₂　郘 6762₇　**màn**　緜 2229₃　沐 3419₄
liàn　罶 1060₇　履 7724₇　曼 6040₇　**miǎn**　牧 2854₀
楝 4599₆　劉 7210₀　**lù**　漫 3614₇　勉 2441₂　睦 6401₄
練 2599₆　**liǔ**　律 2520₇　**mǎng**　**miáo**　墓 4410₄
戀 2233₉　柳 4792₀　菉 4413₂　莽 4444₃　苗 4460₀　幕 4422₇
liáng　**liù**　綠 2793₂　**máo**　**miào**　暮 4460₃
良 3073₂　六 0080₁　廬 2123₆　毛 2071₄　妙 4942₀　幔 4423₄
涼 3019₆　翏 1720₂　**luán**　茅 4422₂　廟 0022₇　慕 4433₃
梁 3390₀　**lóng**　樂 2290₄　茆 4472₇　**miè**　穆 2692₂
量 6010₄　隆 7721₄　欒 3219₄　**mǎo**　蠛 5415₃
liǎng　龍 0121₁　鑾 2210₉　卯 7772₀　**mín**　**N**
兩 1022₇　**lǒng**　**luàn**　**mào**　民 7774₇
liáo　隴 7121₁　亂 2221₀　冒 6060₀　岷 2774₇　**nà**
聊 1712₀　**lóu**　**lún**　耄 4471₄　**mǐn**　那 1752₇
　　　　　老　鄧 7782₇　　　　**nà**

納 2492₇	牛 2500₀	佩 2721₀	苹 4440₉	琪 1418₁	喬 2022₇
nǎi	**niǔ**	沛 3012₇	瓶 8141₇	綦 4490₃	僑 2222₇
迺 3130₆	鈕 8711₅	**péng**	評 0164₉	齊 0022₃	橋 4292₇
nài	**nóng**	朋 7722₀	凭 3121₇	騎 7432₁	樵 4093₁
奈 4090₁	農 5523₂	彭 4212₂	**pō**	蕲 4452₁	譙 0063₁
耐 1420₀	濃 3513₂	蓬 4430₄	坡 4414₇	**qǐ**	**qiǎo**
nán	**nǚ**	篷 8830₄	**pó**	芑 4471₇	巧 1112₇
南 4022₇	女 4040₀	**pī**	婆 3440₄	起 4780₁	**qiè**
柟 4594₇		批 5101₀	鄱 2762₇	啓 3860₄	切 4772₀
nàn	**O**	披 5404₇	**pò**	綺 2492₁	篋 8871₃
難 4051₄	**ōu**	**pí**	破 1464₇	**qì**	鍥 8713₄
nǎo	漚 3111₆	皮 4024₇	**pū**	泣 3011₈	竊 3092₇
鬧 7722₇	歐 7778₂	毘 6071₁	鋪 8312₇	契 5743₇	**qīn**
nè	甌 7171₇	毗 6101₀	**pú**	氣 8091₇	欽 8718₂
訥 0462₇	**ǒu**	埤 4614₇	莆 4422₇	戚 5320₀	親 0691₀
nèi	偶 2622₇	琵 1171₁	菩 4460₁	棄 0090₄	**qín**
内 4022₇	耦 5692₇	脾 7624₀	蒲 4412₇	**qià**	秦 5090₄
néng	藕 4492₇	**pǐ**	濮 3213₄	洽 3816₁	琴 1120₁
能 2121₁		擗 0014₁	瀑 3613₂	**qiān**	勤 4412₇
nī	**P**	**pì**	**pǔ**	千 2040₀	禽 8042₇
妮 4741₁	**pāi**	辟 7064₁	朴 4390₀	鉛 8716₁	擒 5802₇
ní	拍 5600₀	甓 7071₁	浦 3312₇	遷 3130₁	**qǐn**
泥 3711₁	**pái**	譬 7060₁	普 8060₁	謙 0863₇	寢 3024₇
倪 2721₇	排 5101₁	**piān**	溥 3314₂	鐱 8815₂	**qìn**
nǐ	**pān**	篇 8822₇	譜 0866₁	**qián**	沁 3310₀
擬 5708₁	潘 3216₉	**pián**	**pù**	前 8022₁	**qīng**
nì	攀 4450₂	骈 7834₁	曝 6603₂	虔 2124₀	青 5022₇
逆 3830₄	**pán**	蹁 5318₆		乾 4841₇	清 3512₇
nián	盤 2710₇	**piàn**	**Q**	鈐 8812₇	**qíng**
年 8050₀	磻 1266₉	片 2202₁	**qī**	鉗 8417₀	情 9502₁
niǎn	蟠 5216₉	**piāo**	七 4071₀	潛 3116₁	晴 6502₇
輦 5550₆	**pàn**	飄 1791₀	陭 7422₁	錢 8315₃	**qǐng**
niàn	頖 9158₆	**piáo**	棲 4594₄	黔 6832₇	請 0562₇
廿 4477₀	**páng**	瓢 1293₀	漆 3413₂	灊 3112₇	**qìng**
念 8033₂	龐 0021₁	**piē**	**qí**	**qiǎn**	慶 0024₇
niǎo	**páo**	瞥 9860₄	岐 2474₇	塹 5210₄	磬 4760₁
鳥 2732₇	匏 4721₂	**pín**	其 4480₁	蒨 4422₇	**qióng**
niè	**pào**	貧 8080₆	奇 4062₁	歉 8738₂	邛 1712₇
聶 1014₁	泡 3711₂	頻 2128₆	祁 3722₇	**qiāng**	蛩 1713₆
蘖 4440₇	**péi**	**pǐn**	祈 3222₁	墙 4416₇	瓊 1714₇
níng	邳 1712₇	品 6066₀	耆 4460₁	牆 2426₁	**qiū**
寧 3020₁	培 4016₁	**píng**	淇 3418₁	**qiǎng**	邱 7712₇
凝 3718₁	裴 1173₂	平 1040₉	棋 4498₁	强 1623₆	秋 2998₀
niú	**pèi**	屏 7724₁	綦 4490₄	**qiáo**	**qiú**

29

求 4313_2
虬 5211_0
裘 4373_2
仇 2421_2

qū
屈 7727_2
區 7171_6
祛 3423_1

qú
渠 3190_4
瞿 6621_1
麴 4722_0
蘧 4430_3
臞 7621_1

qǔ
曲 5560_0

qù
去 4073_1

quán
全 8010_4
泉 2623_2
痊 0011_4

quàn
勸 4422_7

què
却 4772_0
卻 8762_0
愨 4733_4
闋 7748_2

qún
羣 1750_1

R

rán
燃 9383_3

rǎng
壤 4013_2

ràng
讓 0068_2

ráo
饒 8471_1

rén
人 8000_0
仁 2121_0

壬 2010_4

rěn
忍 1733_2

rèn
任 2221_4
紉 2794_0
認 0763_2

rì
日 6010_0

róng
戎 5340_0
容 3060_8
溶 3316_8
榕 4396_8
榮 9990_4
蓉 4460_8
融 1523_6

ròu
肉 4022_7

rú
如 4640_0
茹 4446_0
儒 2122_7

rǔ
汝 3414_0
乳 2241_0

rù
入 8000_0

ruǎn
阮 7121_1

ruǐ
蕊 4433_3

ruì
芮 4422_7
瑞 1212_7
睿 2160_8

rùn
潤 3712_0

ruò
若 4460_4
弱 1712_7

S

sà
薩 4421_4

sāi
塞 3010_4

sài
塞 3010_4
賽 3080_6

sān
三 1010_1

sàn
散 4824_0

sāng
桑 7790_4
喪 4073_2

sāo
騷 7733_6

sǎo
掃 5702_7

sè
嗇 4060_1
瑟 1133_1

sēn
森 4099_4

sēng
僧 2826_6

shā
沙 3912_0
殺 4794_7
痧 0012_9

shān
山 2277_0
刪 7240_0
珊 1714_0
樿 4196_0

shǎn
陝 7423_8

shàn
單 6650_6
善 8060_5
膳 7826_5

shāng
商 0022_7
傷 2822_7
觴 2822_7

shǎng
賞 9080_6

shàng
上 2110_0
尚 9022_7

sháo
勺 2732_0
芍 4432_7
韶 0766_2

shǎo
少 9020_0

shào
邵 1762_2
紹 2796_2

shé
舌 2060_4
佘 8090_1
蛇 5311_1

shè
社 3421_0
射 2420_0
涉 3112_1
撲 5409_4
歙 8718_2
攝 5104_1

shēn
申 5000_0
伸 2520_0
身 2740_0
呻 6500_0
深 3719_0
紳 2590_6

shén
神 3520_0

shěn
沈 3411_2
審 3060_0
瀋 3316_0

shèn
慎 9408_1
屢 7113_6

shēng
升 2440_0
生 2510_0
昇 6044_0
聲 4740_1

shéng
澠 3711_7

shěng
省 9060_2

shèng
晟 6025_3
剩 2290_0
勝 7922_7
盛 5310_7
聖 1610_4

shī
尸 7727_0
施 0821_2
師 2172_7
獅 4122_7
詩 0464_1
蓍 4460_1

shí
十 4000_0
石 1060_0
拾 5806_0
食 8073_2
時 6404_1
實 3080_0
識 0365_0

shǐ
史 5000_6
矢 8043_0
使 2520_6
始 4346_0

shì
士 4010_0
氏 7274_0
世 4471_7
仕 2421_0
市 0022_7
示 1090_0
式 4310_0
事 5000_7
侍 2424_1
是 6080_1
視 3621_0
嗜 6406_1
筮 8810_8

試 0364_0
適 3030_2
諡 0861_7
釋 2694_1

shǒu
守 3034_2
首 8060_1

shòu
受 2040_7
狩 4324_2
授 5204_7
壽 4064_1
瘦 0014_7

shū
叔 2794_6
殊 1529_0
書 5060_1
疏 1011_3
疎 1519_6
舒 8762_2
樗 4192_7
樞 4191_6
蔬 4411_3

shú
菽 4494_7

shǔ
黍 2013_2
蜀 6012_7
鼠 7771_7
屬 7722_7

shù
束 5090_6
述 3330_9
庶 0023_1
術 2190_4
墅 6710_4
漱 3718_2
數 5844_0
樹 4490_0

shuāng
霜 1096_3
雙 2040_7

shuǐ
水 1223_0

shuì	儵 2529₃	**tán**	天 1043₀	**tú**	晚 6701₆
稅 2891₆	肅 5022₇	覃 1040₆	**tián**	涂 3819₄	琬 1311₂
睡 6201₄	礦 1562₇	談 0968₉	田 6040₀	茶 4490₄	皖 2361₁
shùn	**suàn**	曇 6073₁	恬 9206₄	屠 7726₄	**wàn**
舜 2025₂	算 8844₆	壇 4011₆	**tiáo**	塗 3810₄	萬 4442₇
順 2108₆	**suī**	檀 4091₆	苕 4460₂	鑫 8077₂	**wāng**
shuō	睢 6001₄	蟬 5114₆	條 2729₄	圖 6060₄	汪 3111₄
説 0861₆	**suí**	譚 0164₆	蜩 5712₀	**tǔ**	**wáng**
shuò	隋 7422₇	鐔 8114₆	調 0762₀	土 4010₀	王 1010₄
朔 8742₀	綏 2294₉	**tǎn**	**tiào**	吐 6401₀	**wǎng**
碩 1168₆	隨 7423₂	坦 4611₀	眺 6201₃	**tù**	網 2792₀
sī	**suì**	**tàn**	**tiě**	兔 1741₃	輞 5702₀
司 1762₀	歲 2125₃	探 5709₄	鐵 8315₀	**tuán**	**wàng**
思 6033₀	碎 1064₈	**tāng**	**tīng**	團 6034₃	妄 0040₄
斯 4282₁	遂 3830₃	湯 3612₇	汀 3112₀	**tuī**	忘 0033₁
sì	邃 3330₃	**táng**	桯 4691₄	推 5001₄	望 0710₄
巳 7771₇	**sūn**	唐 0026₇	聽 1413₁	**tuì**	**wēi**
四 6021₀	孫 1249₃	棠 9090₄	**tíng**	退 3730₃	危 2721₂
似 2820₀	蓀 4449₃	塘 4016₇	廷 1240₁	蛻 5811₀	威 5320₀
祀 3721₇	**sǔn**	糖 9096₇	亭 0020₁	**tūn**	**wéi**
俟 2323₄	筍 8862₇	螳 5911₄	庭 0024₁	吞 2060₃	爲 3402₂
嗣 6722₀	損 5608₆	**tāo**	停 2022₁	**tuō**	韋 4050₆
sōng	**suǒ**	弢 1224₇	**tǐng**	托 5201₄	唯 6001₄
松 4893₂	所 7222₁	韜 4257₇	艇 2244₁	脱 7821₉	惟 9001₄
崧 2293₂	索 4090₃	**táo**	**tōng**	託 0261₄	圍 6050₄
淞 3813₂	縮 3333₀	匋 2772₀	通 3730₂	**tuó**	維 2091₄
嵩 2222₇	璅 1918₆	洮 3211₃	**tóng**	陀 7321₁	**wěi**
sòng	璠 1219₄	桃 4291₃	同 7722₀	陁 7821₁	委 2040₄
宋 3090₄	鎖 8918₆	逃 3230₁	佟 2723₃	**tuò**	爲 3402₇
頌 8178₆		陶 7722₀	彤 7242₄	撉 4454₁	偉 2425₆
sōu	**T**	檮 4494₁	桐 4792₀		偽 2422₇
捜 5304₇	**tǎ**	**téng**	童 0010₄	**W**	葦 4450₆
搜 5704₇	塔 4416₁	滕 7923₂	銅 8712₀		緯 2495₆
蒐 4421₃	**tà**	騰 7922₇	**tǒng**	**wǎ**	**wèi**
艘 7734₇	嗒 6406₁	**tī**	統 2091₃	瓦 1071₇	未 5090₀
sū	**tái**	梯 4892₁	**tòng**	**wài**	味 6509₀
蘇 4439₄	苔 4460₃	**tí**	痛 0012₇	外 2320₀	畏 6073₂
蘓 4493₆	臺 4010₄	緹 2698₁	慟 9402₇	**wán**	尉 7420₀
sú	**tài**	題 6180₈	**tóu**	丸 4001₇	渭 3612₇
俗 2826₈	太 4003₀	**tǐ**	投 5704₇	完 3021₁	衛 2150₆
sù	汰 3413₀	體 7521₈	**tòu**	玩 1111₁	魏 2641₃
涑 3519₆	泰 5013₂	**tì**	透 3230₂	纨 2491₇	**wēn**
素 5090₃	**tān**	惕 9602₇	**tū**	**wǎn**	温 3611₇
溯 3014₁	貪 8080₆	**tiān**	突 3043₀	宛 3021₂	瘟 0011₇
				菀 4421₂	

31

wén
文 0040$_0$
聞 7740$_1$

wèn
汶 3014$_4$
問 7760$_7$

wēng
翁 8012$_7$

wèng
甕 0071$_7$

wō
倭 2224$_4$

wò
卧 7370$_0$
握 5701$_4$

wū
巫 1010$_8$
於 0823$_3$
烏 2732$_7$
鄔 2732$_7$

wú
毋 7755$_0$
吳 2643$_0$
吾 1060$_1$
浯 3116$_1$
梧 4196$_1$
無 8033$_1$
蕪 4433$_1$

wǔ
五 1010$_7$
午 8040$_0$
伍 2121$_7$
武 1314$_0$
碔 1364$_0$
舞 8025$_1$

wù
兀 1021$_0$
勿 2722$_0$
戊 5320$_0$
物 2752$_0$
務 1722$_7$
悟 9106$_1$
婺 1840$_4$

X

xī
夕 2720$_0$
西 1060$_0$
希 4022$_7$
析 4292$_1$
奚 2043$_0$
息 2633$_0$
悉 2033$_9$
惜 9406$_1$
晞 6402$_7$
僖 2426$_5$
熙 7733$_1$
熹 4033$_6$
羲 8025$_3$
錫 8612$_7$
蟋 5213$_0$
谿 2846$_8$
醯 1061$_7$

xí
席 0022$_7$
習 1760$_2$

xǐ
洗 3411$_1$
璽 1010$_3$

xì
禊 3723$_4$

xiā
蝦 5714$_7$
瞎 6306$_1$

xiá
俠 2423$_8$
峽 2473$_8$
暇 6704$_2$
霞 1024$_7$

xià
下 1023$_0$
夏 1024$_7$

xiān
仙 2227$_0$
先 2421$_1$
鮮 2835$_1$
纖 2395$_0$

xián
弦 1023$_2$
咸 5320$_0$
閒 7722$_7$
賢 7780$_6$

xiǎn
顯 6138$_6$

xiàn
現 1611$_0$
陷 7727$_7$
縣 6299$_3$
憲 3033$_6$
獻 2323$_4$

xiāng
相 4690$_0$
香 2060$_9$
湘 3610$_0$
鄉 2772$_7$
緗 2690$_0$
襄 0073$_2$

xiáng
祥 3825$_1$
詳 0865$_1$

xiǎng
享 0040$_7$
響 2760$_1$
饗 2773$_1$

xiàng
向 2722$_0$
象 2723$_2$
項 1118$_6$
像 2723$_2$
橡 4793$_2$

xiāo
宵 3022$_7$
消 3912$_7$
逍 3930$_2$
銷 8912$_1$
蕭 4422$_1$
簫 8822$_1$
瀟 3412$_7$

xiǎo
小 9000$_0$
曉 6401$_1$
謏 0764$_7$

xiào
孝 4440$_7$
咲 6803$_4$
效 0844$_0$
笑 8843$_0$
嘯 6502$_7$
歗 5728$_2$

xiē
歇 6778$_2$

xié
邪 7722$_7$
協 4402$_7$
斜 8490$_0$
諧 0166$_2$

xiè
謝 0460$_0$
蟹 2713$_6$
解 2725$_2$

xīn
心 3300$_0$
芯 4433$_0$
辛 0040$_1$
昕 6202$_1$
欣 7728$_2$
訢 0262$_1$
新 0292$_1$

xìn
信 2026$_1$

xīng
星 6010$_4$
興 7780$_1$

xíng
刑 1240$_0$
行 2122$_1$
邢 1742$_7$
形 1242$_2$
滎 9923$_2$

xǐng
醒 1661$_4$

xìng
杏 4060$_9$
姓 4541$_0$
幸 4040$_1$
性 9501$_0$

xiōng
匈 2772$_0$

xióng
熊 2133$_1$

xiū
休 2429$_0$
修 2722$_2$

xiù
秀 2022$_7$
岫 2576$_0$
袖 3526$_0$
绣 2292$_7$
繡 2592$_7$

xū
吁 6104$_0$
盱 6104$_0$
虛 2121$_7$
須 2128$_6$

xú
徐 2829$_4$

xǔ
許 0864$_0$
滑 3712$_7$

xù
旭 4601$_0$
序 0022$_2$
敘 8194$_7$
緒 2496$_0$
續 2498$_6$

xuān
宣 3010$_6$
軒 5104$_0$
萱 4410$_6$

xuán
玄 0073$_2$
旋 0828$_1$
璇 1818$_1$

xuǎn
選 3730$_8$

xuē
薛 4474$_1$

xué
學 7740$_7$
黌 7732$_7$

xuě
雪 1017$_7$

xún
巡 3230$_3$
郇 2762$_2$
荀 4462$_7$
尋 1734$_4$
循 2226$_4$
潯 3714$_6$

xùn
訓 0260$_0$
巽 7780$_1$
遜 3230$_0$
釁 1144$_8$

Y

yā
押 5605$_0$

yǎ
雅 7021$_4$

yà
亞 1010$_7$

yān
胭 7620$_0$
焉 1032$_7$
煙 9181$_4$
鄢 1732$_2$
閼 7771$_6$

yán
延 1240$_1$
言 0060$_1$
炎 9080$_1$
研 1164$_0$
蜒 1150$_2$
閻 7777$_7$
顏 0128$_6$
嚴 6624$_1$
巖 2224$_8$
鹽 7810$_0$

yǎn
弇 8044$_6$
衍 2110$_3$
剡 9280$_1$
偃 2121$_4$
演 3318$_6$

儼 2624_8

yàn

彦 0022_2
宴 3040_4
晏 6040_4
硯 1661_0
雁 7121_4
猒 6323_4
厭 7123_4
燕 4433_1
艷 2711_7
鹽 2411_7
灔 3411_7

yáng

羊 8050_1
揚 5602_7
陽 7622_7
楊 4692_7
瘍 0012_7

yǎng

仰 2722_0
養 8073_2

yáo

姚 4241_3
堯 4021_1
遙 3230_7
瑤 1717_2

yào

藥 4490_4

yē

掖 5004_7

yé

耶 1712_7

yě

也 4471_2
冶 3316_0
野 6712_2

yè

夜 0024_7
業 3290_4
葉 4490_4
鄴 3792_7

yī

一 1000_0

伊 2725_7
衣 0073_2
猗 4422_1
揖 5604_1
醫 7760_1
黟 6732_7

yí

夷 5003_2
沂 3212_1
宜 3010_7
怡 9306_0
詒 0366_0
貽 6386_0
疑 2748_1
飴 8376_0
儀 2825_3
頤 7178_6
遺 3530_8
彝 2744_9

yǐ

乙 1771_0
已 1771_7
倚 2422_1
蟻 5815_3

yì

亦 0033_0
佚 2523_0
役 2724_7
抑 5702_0
易 6022_7
奕 0043_0
弈 0044_3
疫 0014_7
挹 5601_7
益 8010_7
翊 0712_0
異 6080_1
薏 4491_7
逸 3730_1
意 0033_7
義 8055_3
裔 0022_7
毅 0724_7
瘞 0011_4

嶧 2674_1
憶 9003_6
臆 7023_6
翼 1780_1
繹 2694_1
藝 4473_1
議 0865_3
懿 4713_8

yīn

因 6043_0
音 0060_1
殷 2724_7
陰 7823_1

yín

吟 6802_7
喑 6801_9
鄞 4712_7
銀 8713_2

yǐn

尹 1750_7
引 1220_0
蚓 5210_0
飲 8778_2
隱 7223_7

yìn

印 7772_0
胤 2201_0

yīng

英 4453_0
嬰 6640_4
應 0023_1
鶯 9932_7

yíng

迎 3730_2
盈 1710_7
螢 9913_6
營 9960_6
贏 0021_7
瀛 3011_7

yǐng

郢 6712_7
潁 2128_6
穎 2198_6
癭 0014_4

yōng

邕 2271_7
庸 0022_7
傭 2022_7
雍 0071_1
墉 4012_7
擁 5001_4
癰 0011_4

yǒng

永 3023_2
甬 1722_7
咏 6303_2
湧 3712_7
詠 0363_2

yōu

幽 2277_7
優 2124_7

yóu

尤 4301_0
迪 3130_6
游 3814_7
遊 3830_4
輶 5806_1

yǒu

友 4004_7
有 4022_7
酉 1060_0

yòu

又 7740_0
右 4060_0
幼 2472_7
柚 4596_0
祐 3426_0

yū

迂 3130_4

yú

于 1040_0
余 8090_4
盂 1010_7
俞 8022_1
娱 4643_4
魚 2733_6
腴 7723_7
隅 7622_7

喁 6602_7
愚 6033_2
榆 4892_1
虞 2123_4
漁 3713_6
餘 8879_4
輿 7780_1

yǔ

宇 3040_1
羽 1712_0
雨 1022_7
禹 2042_7
庾 0023_7
語 0166_2
與 7780_1

yù

玉 1010_3
聿 5000_1
育 0022_7
郁 4722_7
御 2722_7
欲 8768_2
喻 6802_1
寓 3042_7
馭 7734_0
裕 3826_8
煜 9681_8
獄 4323_4
禦 2790_1
諭 0862_1
豫 1723_7
燠 4474_1
鷸 1722_7
鬱 4472_7

yuān

宛 3041_3
淵 3210_1
鴛 2732_7

yuán

元 1021_1
沅 3111_7
原 7129_6
員 6080_6
袁 4073_2

圜 6023_2
圓 6080_6
源 3119_6
緣 2793_2

yuǎn

遠 3430_3

yuàn

苑 4421_2
掾 5703_2
願 7128_6

yuē

約 2792_0

yuè

月 7722_0
岳 7277_2
悦 9801_1
粤 2620_1
越 4380_5
樂 2290_4
閱 7721_6
嶽 2223_4

yún

芸 4473_1
雲 1073_1
筠 8812_7
鄖 6782_7
篔 8880_6

yǔn

允 2321_0

yùn

惲 9705_2
運 3730_4
縕 4651_7
韻 0668_6

Z

zá

雜 0091_4

zǎi

宰 3040_1

zài

再 1044_7
在 4021_4
載 4355_0

zān	戰 6355$_0$	鎮 8418$_1$	智 8660$_0$	**zǐ**
簪 8860$_1$	**zhāng**	**zhēng**	雉 8041$_4$	子 1740$_7$
zǎn	張 1123$_2$	征 2121$_1$	製 2273$_2$	梓 4094$_1$
昝 2360$_4$	章 0040$_6$	爭 2050$_7$	質 7280$_6$	紫 2190$_3$
攢 5408$_6$	彰 0242$_2$	徵 2824$_0$		**zì**
zàn	**zhǎng**	**zhěng**	賣 4480$_9$	字 3040$_7$
贊 2480$_6$	長 7173$_2$	整 5810$_1$	麈 0021$_0$	自 2600$_0$
zāng	掌 9050$_2$	**zhèng**	**zhù**	**zōng**
臧 2325$_0$	**zhāo**	正 1010$_1$	助 7412$_7$	宗 3090$_1$
zàng	招 5706$_2$	政 1814$_0$	杼 4792$_2$	棕 4399$_1$
葬 4444$_1$	昭 6706$_2$	鄭 8742$_7$	注 3011$_1$	椶 4294$_7$
藏 4425$_3$	**zhào**	證 0261$_8$	竚 4420$_1$	**zǒng**
zǎo	召 1760$_2$	**zhī**	祝 3621$_0$	總 2693$_1$
早 6040$_0$	詔 0766$_2$	之 3030$_7$	著 4460$_4$	**zōu**
棗 5090$_2$	照 6733$_6$	支 4040$_7$	駐 7031$_4$	鄒 2742$_7$
zào	肇 3850$_7$	卮 7221$_7$	**zhuān**	**zǒu**
造 3430$_6$	肈 3350$_7$	枝 4494$_7$	甎 5131$_7$	走 4080$_1$
zé	趙 4980$_2$	知 8640$_0$	顓 2128$_6$	**zòu**
則 6280$_0$	**zhé**	芝 4430$_7$	**zhuǎn**	奏 5043$_0$
責 5080$_6$	折 5202$_1$	梔 4291$_7$	轉 5504$_3$	**zú**
擇 5604$_1$	哲 5260$_2$	織 2395$_0$	**zhuàn**	足 6080$_1$
zēng	晰 6202$_1$	**zhí**	撰 5708$_1$	**zǔ**
曾 8060$_6$	蟄 4413$_6$	直 4010$_0$	篆 8823$_2$	祖 3721$_0$
增 4816$_6$	**zhè**	執 4441$_7$	**zhuāng**	**zuǎn**
zhā	柘 4196$_0$	植 4491$_7$	莊 4421$_4$	纂 8890$_3$
查 4010$_6$	浙 3212$_1$	摭 5003$_1$	裝 2473$_2$	纉 2498$_6$
zhá	溮 3210$_0$	職 1315$_0$	**zhuàng**	**zuì**
札 4291$_0$	蔗 4423$_1$	**zhǐ**	壯 2421$_0$	醉 1064$_3$
劄 8260$_0$	**zhēn**	止 2110$_0$	狀 2323$_4$	罪 6011$_1$
zhǎ	珍 1812$_2$	只 6080$_1$	**zhuī**	檇 4092$_7$
乍 8021$_1$	貞 2180$_6$	旨 2160$_1$	隹 2021$_4$	**zūn**
zhāi	真 4080$_1$	芷 4410$_1$	追 3730$_7$	尊 8034$_6$
摘 5002$_7$	禎 3128$_6$	咫 7680$_8$	**zhǔn**	遵 3830$_4$
齋 0022$_3$	甄 1111$_7$	指 5106$_1$	準 3040$_1$	樽 4894$_2$
zhái	箴 8825$_3$	祇 3224$_0$	**zhuō**	**zǔn**
宅 3071$_4$	鍼 8315$_0$	隻 2040$_7$	卓 2140$_6$	撙 5804$_1$
zhān	**zhěn**	**zhì**	拙 5207$_2$	**zuó**
詹 2726$_1$	枕 4491$_2$	至 1010$_4$	捉 5608$_1$	昨 6801$_1$
zhǎn	診 0862$_2$	志 4033$_1$	**zhuó**	**zuǒ**
斬 5202$_1$	**zhèn**	制 2220$_0$	灼 9782$_0$	左 4010$_1$
zhàn	振 5103$_2$	治 3316$_0$	酌 1762$_0$	佐 2421$_1$
占 2160$_0$	陣 7520$_6$	炙 2780$_9$	琢 1113$_2$	**zuò**
湛 3411$_1$	陳 7529$_6$	陟 7122$_1$	濯 3711$_0$	作 2821$_1$
	震 1023$_2$	致 1814$_0$	擢 5701$_0$	坐 8810$_4$
			斲 7212$_1$	
			zī	
			滋 3813$_2$	
			資 3780$_6$	
			緇 2296$_3$	

智 8660$_0$ 雉 8041$_4$ 製 2273$_2$ 質 7280$_6$

zhōng
中 5000$_6$　忠 5033$_6$　終 2793$_3$　鍾 8211$_4$　鐘 8011$_4$

zhǒng
种 2590$_6$　冢 3723$_2$

zhòng
中 5000$_6$　仲 2520$_6$　衆 2723$_2$　眾 6023$_2$　種 2291$_4$

zhōu
州 3200$_0$　舟 2744$_0$　周 7722$_0$

zhǒu
肘 7420$_0$

zhòu
呪 6601$_0$　宙 3060$_3$　晝 5010$_6$　籀 8856$_2$

zhū
朱 2590$_0$　洙 3519$_0$　珠 1519$_0$　株 4599$_0$　袾 3529$_0$　誅 0569$_0$　諸 0466$_0$

zhú
竹 8822$_0$　竺 8810$_1$

zhǔ
渚 3416$_0$　煮 4433$_6$

書 名 索 引

0

0010₄ 童

17童子鳴詩集六卷　明童佩撰

　刊本　[39]・癸下・2

　　[71]・集・明別・104

　抄本　[8]・集五・575

童子問八卷　宋輔廣撰

　刊本　[39]・甲・57

童子問十卷　宋輔廣撰

　元刊本　[22]・一・25

　汲古閣刊本　[20]・一・5

　　[96]・八・135

22童山詩集二十卷文集二十卷囊翁

　詞二卷　清李調元撰

　函海刊本　[74]・四・56

28童谿王先生易傳三十卷

　見《易傳》

44童蒙訓一卷　宋呂本中撰

　刊本　[41]・九・14

童蒙訓二卷　宋呂本中撰

　明覆宋本　[91]・十五・11

　　[32]・六・5

　明刊本　[9]・七・38

童蒙訓三卷　宋呂本中撰

　宋刊本　[58]・子・14

　　[65]・初・三・21

　　[35]・上・45

　仿宋刊本　[11]・三十九・12

　明刊本　[9]・後・十六・12

　清同治二年(1863)當歸草堂刊

　本　[74]・三・4

　桐鄉張履祥評本　[39]・己・

　3

　影抄宋刊本　[96]・三十六・

　677

　舊抄本　[93]・十三・9

72童氏食規四卷　童岳薦撰

　抄本　[59]・八・2

0010₆ 亶

20亶爰子文集二卷詩集二卷外集一

　卷附錄一卷　明江暉撰

　刊本　[71]・集・明別・67

0010₈ 立

00立齋遺文五卷附錄一卷　明鄒智

　撰

　刊本　[39]・癸上・26

　　[71]・集・明別・53

立齋遺稿五卷

　見《立齋遺文》

立齋閒錄一卷　明宋端儀撰

　舊刊本　[74]・二・20

立齋閒錄三卷　明宋端儀撰

　抄本　[39]・丁・34

0011₄ 痙

71痙驪集二卷　不著撰人

　永樂大典本　[79]・子・醫家・

　426

痙驪通元論六卷　明卞寶輯

　刊本　[39]・庚・92

瘞

37瘞鶴銘考一卷　明顧元慶撰

　顧氏四十家小說本　[96]・三

　十三・615

瘞鶴銘考一卷　清汪士鋐撰

　小山堂抄本　[39]・庚・25

　舊抄本　[96]・三十四・623

　　[74]・二・77　[102]・

　下・13

癍

08癍論萃英一卷　元王好古撰

　醫統正脈本　[79]・子・醫家・

　403

癰

00癰疽辨疑論二卷　宋李世英編

　古抄殘本　[22]・補遺・79

　抄本　[89]・二編・七・26

0011₇ 瘟

00瘟疫論二卷　明吳有性撰

　明崇禎刊本　[79]・子・醫家・

　442

瘟疫論二卷補遺一卷　明吳有性

　撰

　刊本　[74]・三・19

　抄本　[74]・三・19

　　[102]・下・16

瘟疫明辨四卷　清鄭奠一撰

　刊本　[74]・三・20

0011₈ 痘

00痘疹方函一卷　日本荒川春安撰

　傳抄本　[60]・二・29

痘疹玉髓金鏡錄四卷　明翁仲仁

　撰

　通行本　[96]・四十三・792

痘疹仁端錄六卷　明徐謙撰

　抄本　[20]・四・32

痘疹仁端錄十六卷　明徐謙撰

　四庫全書本　[79]・子・醫家

　類・407

　抄本　[39]・庚・91

痘疹傳心錄十八卷附錄一卷　明

　朱惠明撰

　六醴齋醫書本　[79]・子・醫

　家・405

痘疹定論四卷　清朱純嘏撰

　清康熙五十二年(1713)

　刊本　[79]・子・醫家・408

　　[96]・四十三・804

痘疹心法十二卷　明萬全撰

明萬曆三十八年(1610)刊本
　　　[79]·子·醫家·406
00痘疹大成四卷　清侯功震撰
　　清同治十年(1871)會心閣刊本
　　　[79]·子·醫家·409
痘疹金鏡錄三卷附小兒雜證便蒙
　捷法一卷　明翁仲仁撰
　　明萬曆七年(1579)壽春堂刊本
　　　[79]·子·醫家·405
02痘證理辨一卷附方一卷　明汪機
　撰
　　明嘉靖刊本　[79]·子·醫家·
　　　404
痘證寶筏六卷　清强健撰
　　清嘉慶十一年(1806)上海李氏
　　刊本　[79]·子·醫家·
　　　409　[96]·四十三·
　　　810
24痘科約囊五卷　明黃序撰
　　清康熙刊本　[79]·子·醫家·
　　　407
痘科厝舌前傳四卷　日本池田齋
　河證輯
　　傳抄本　[60]·二·29
33痘治附方一卷　明汪機撰
　　刊本　[39]·庚·90
痘治附辨一卷　明汪機撰
　　刊本　[39]·庚·90

0012₀　痢

02痢證匯參十卷　清吳本立撰
　　清乾隆三十八年(1773)敦厚堂
　　刊本　[79]·子·醫家·
　　　391

0012₇　病

37病逸漫記一卷　明陸釴撰
　　顧氏四十家小説本　[96]·六
　　十五·1285
　　抄本　[39]·己·73
42病機賦一卷　劉全備撰
　　舊抄本　[5]·三下·4
病機氣宜保命集三卷　金張元素
　撰

金大定二十六年(1186)
　精刊本　[79]·子·醫家·336
　明刊本　[93]·十四·24
46病榻寱言一卷　明陸樹聲撰
　　續祕笈本　[96]·五十三·1051

痛

30痛定錄一卷　不著撰人
　　宋刊本　[41]·五·22
50痛史　樂天居士編
　　商務印書館鉛印本　[85]·二
　　十三·1022

瘍

24瘍科心得集三卷　清高秉鈞撰
　　清嘉慶十四年(1809)刊本
　　　[79]·子·醫家·397
瘍科選粹八卷　明陳文治撰
　　烏程董氏達尊堂刊本　[96]·
　　四十三·792

瘋

00瘋瘍機要三卷　明薛己撰
　　明刊陸得羆校本　[79]·子·
　　醫家·396

0012₉　痧

71痧脹玉衡書三卷後編一卷　清郭
　志遂撰
　　清康熙十四年(1675)刊本
　　　[79]·子·醫家·442

0014₁　癖

47癖好堂金石書目一卷　清凌霞撰
　　抄本　[84]·三·10

0014₄　瘦

50瘦史一卷　清梁清遠撰
　　清咸豐六年(1856)刊本
　　　[85]·十七·768
60瘦量山房詩抄　清羅天尺撰
　　清刊本　[71]·集·國朝別·
　　54

0014₇　疫

00疫癘溯源一卷　清王敬義撰
　　虛白齋刊本　[79]·子·醫家·
　　　443　[96]·四十三·
　　　808

瘦

88瘦竹幽花館詩詞七卷　清石敦夫
　撰
　　稿本　[57]·295

0015₆　癉

10癉惡錄　明太祖朱元璋敕撰
　　明刊本　[15]·3

0016₇　瘡

00瘡疹證治一卷　宋謝天錫撰
　　宋刊本　[41]·十三·15
瘡瘍經驗全書十二卷　宋竇漢卿
　撰
　　明隆慶三年(1569)三衢大酉堂
　　刊本　[79]·子·醫家·
　　　394
瘡瘍經驗全書十三卷　宋竇漢卿
　撰
　　浩然樓刊本　[96]·四十二·
　　　757
　　刊本　[39]·庚·86

0018₁　癡

34癡婆子傳二卷　題芙蓉主人輯
　　日本京都聖華房刊本　[69]·
　　四·155　[77]·六·
　　165
80癡人福四卷　清人撰
　　清光緒二十九年(1903)上海書
　　局石印本[69]·四·145

0018₂　痎

00痎瘧論疏一卷方一卷　明盧之頤
　撰
　　醫林指目本　[79]·子·醫家·
　　　441　[96]·四十三·

793

0019₄ 痲

02痲證集成四卷　清朱載揚撰
　　清光緒五年(1879)王月坡活字
　　本　[79]・子・醫家・409

0019₆ 療

41療妬緣八回　清人撰
　　坊刊小本　[69]・七・208
71療馬集四卷附錄一卷　明喻仁、
　　喻傑撰
　　明刊本　[79]・子・醫家・427

0020₁ 亭

44亭林文集六卷詩集五卷　清顧炎
　　武撰
　　亭林十書刊本　[74]・四・49
　亭林文集六卷詩集五卷校補一卷
　　餘集一卷　清顧炎武撰
　　清康熙刊本　[85]・二十・897
　　四部叢刊初編本　[85]・二十・
　　897
　　中華書局鉛印本　[85]・二十・
　　897
　亭林詩集五卷　清顧炎武撰
　　吳雲甫批本　[57]・282

0021₁ 鹿

22鹿山文集二卷詩集六卷　清陳養
　　元撰
　　清刊本　[71]・集・國朝別・
　　53
32鹿洲初集二十卷　清藍鼎元撰
　　清刊本　[74]・四・51
　　　[96]・七十一・1412
　鹿洲公案一卷　清藍鼎元撰
　　原刊本　[96]・二十四・511
40鹿皮子詩集四卷　元陳樵撰
　　刊本　[39]・壬・68
　　　[24]・集二・9
　　舊抄本　[17]・四・34
　鹿樵紀聞三卷　題梅村野史撰
　　痛史本　[85]・九・464

清光緒抄本　[85]・九・464
中國內亂外禍歷史叢書本
　[85]・九・464
鹿樵紀聞十五卷　題梅村野史撰
　　舊抄本　[20]・二・24
43鹿城書院集　明鄧淮輯
　　刊本　[39]・戊・63
44鹿革事類三十卷鹿革文類三十卷
　　宋蔡蕃晉撰
　　宋刊本　[14]・後志・二・834
50鹿忠節公集二十一卷　明鹿善繼
　　撰
　　清康熙刊本　[85]・三・143
　鹿忠節公年譜二卷　清陳鈜編
　　畿輔叢書本　[85]・十八・795
　　叢書集成本　[85]・十八・795
71鹿原存稿九卷　明戴欽撰
　　刊本　[39]・癸上・41
77鹿門子一卷　唐皮日休撰
　　明刊本　[75]・四十一・14
　鹿門集二卷　唐唐彥謙撰
　　舊抄本　[93]・十九・41
　鹿門集三卷　唐唐彥謙撰
　　張充之抄本　[30]・五・27
　鹿門家抄詩詠五十卷　宋皮文璨
　　撰
　　宋刊本　[41]・十四・22

龐

30龐安常傷寒總病論九卷
　　見《傷寒總病論》
72龐氏家藏祕寶方五卷　宋龐安時
　　撰
　　宋刊本　[41]・十三・8
77龐居士語錄十卷　唐龐蘊撰
　　宋刊本　[14]・三下・309
　龐居士語錄一卷詩一卷　唐龐蘊
　　撰
　　宋刊本　[5]・四上・25

龘

27龘解刑統賦一卷
　　見《刑統賦》

0021₄ 產

00產育寶慶方二卷
　　見《產育寶慶集》
　產育寶慶集一卷　宋李師聖撰、
　　郭稽中編
　　宋刊本　[41]・十三・10
　產育寶慶集二卷　宋李師聖撰、
　　郭稽中編
　　明永樂大典本　[79]・子・醫
　　家・410
　　清乾隆御書樓無板書中本
　　[22]・補遺・80
　　函海本　[74]・三・18
　　　[96]・四十二・763
　　文瀾閣傳抄本　[11]・四十六・
　　9
　　抄本　[74]・三・18
　　　[102]・下・16
17產孕集二卷　清張曜孫撰
　　清道光二十六年(1846)刊本
　　[79]・子・醫家・414
21產經二卷　唐時賢撰
　　明施沛靈蘭二集本　[22]・補
　　遺・80
　　刊本　[89]・二編・六・10
24產科備要八卷
　　見《衛生家寶產科備要》
30產寶二卷
　　見《經效產寶》
　產寶諸一卷　不著撰人
　　宋刊本　[41]・十三・15
　　明永樂大典本　[79]・子・醫
　　家・411
　　刊本　[74]・三・18
　　文瀾閣傳抄本　[11]・四十六・
　　3
　　抄本　[74]・三・18
　產寶百問五卷　題元朱震亨撰
　　明刊本　[96]・四十二・774
37產鶴亭詩　清曹廷棟撰
　　刊本　[39]・癸下・57
50產書一卷　宋王嶽撰
　　舊抄本　[60]・二・27

5

雍

10雍正江都縣志二十卷
　　見《江都縣志》
32雍州金石記十卷　清朱楓撰
　　孔荭谷抄本　[12]·五·23
　　雍州金石記十卷記餘一卷　清朱
　　楓撰
　　原刊本　[96]·三十四·630
38雍裕之集一卷　唐雍裕之撰
　　宋刊本　[41]·十九·16
40雍大記三十六卷　明何景明撰
　　明刊本　[9]·後編·十五·12
　　刊本　[39]·戊·41
　　　[71]·史·地志·32
60雍略二卷　明陳念先輯
　　刊本　[39]·丁·67
77雍陶詩五卷　唐雍陶撰
　　宋刊本　[14]·四中·391
　　雍熙樂府二十卷　明郭勛輯
　　明嘉靖刊本　[8]·集七·648
　　　[32]·十六·19
　　　[91]·四十·37
79雍勝略二十四卷　明李應詳撰
　　刊本　[71]·史·地志·33
87雍録十卷　宋程大昌撰
　　明刊本　[93]·十一·16
　　明吳瑄刊本　[60]·三·8
　　明嘉靖十年(1531)錫山安國刊
　　本　[17]·二·17
　　　[3]·9　　[91]·十二·
　　7　　[11]·三十三·13
　　　[16]·十七·4
　　明嘉靖十一年(1532)知西安府
　　事汝南李經刊本　[59]·
　　三·3
　　古今逸史本　[74]·二·55
　　刊本　[71]史·地志·32
　　　[39]·戊·41
　　舊抄本　[11]·三十三·14

塵

09塵談四卷　明沈儀撰
　　清吟閣抄本　[91]·十九·13

抄本　[39]·己·49
　　[71]·子·雜家·21
塵談四録一卷　明沈儀撰
　　明抄本　[75]·四十七·31
50塵史一卷　宋王得臣撰
　　舊抄本　[11]·五十七·5
　　　[75]·四十三·7
塵史三卷　宋王得臣撰
　　宋刊本　[11]·五十七·6
　　　[14]·五上·600
　　　[41]·十一·14
　　知不足齋叢書本　[96]·五十
　　六·1107
　　校舊抄本　[50]·五·43
　　　[65]·續編·三·44
　　　[12]·五·31
　　明抄本　[59]·二·13
　　　[91]·十九·1
　　　[92]·三·109
　　舊抄本　[50]·五·46
　　　[20]·四·14　　[30]·
　　四·15　　[39]·己·42
　　精抄本　[53]·二·9
　　　[71]·子·小説家·4

0021₆　竟

22竟山樂録四卷
　　見《樂録》

0021₇　亢

80亢倉子一卷　唐王士元撰、宋何
　　粲注
　　明翻宋本　[17]·三·43
　　明刊本　[75]·五十·19
　　　[17]·三·42　　[60]·
　　二·2
　　明縣眇閣本　[17]·三·43
　　明子彙本　[17]·三·43
　　明崇德書院刊本　[11]·六十
　　六·26　　[75]·五十·
　　18
　　明天順蘭谿黃氏刊本　[86]·
　　六·15
　　墨海金壺本　[96]·六十九·

1358
　　亢倉子二卷　唐王士元撰、宋何
　　粲注
　　宋刊本　[14]·三上·215
　　亢倉子三卷　唐王士元撰、宋何
　　粲注
　　宋刊本　[41]·九·21
　　亢倉子五卷　唐王士元撰、宋何
　　粲注
　　宋刊本　[94]·三·7
　　　[93]·十八·13
　　　[36]·202　　[35]·上·
　　42、45　　[58]·子·133

盧

22盧山雜著一卷　宋錢闐詩撰
　　宋刊本　[41]·十八·35
盧山記五卷　宋陳舜俞撰
　　宋刊本　[14]·二下·165
　　　[41]·八·38
盧山記三卷　宋陳舜俞撰
　　日本刊本　[92]·二·63
盧山記三卷　宋陳舜俞撰
　　附盧山紀略一卷　宋釋惠遠撰
　　舊抄本　[75]·二十七·6
　　　[93]·十一·13
盧山天然禪師語録十二卷　釋函
　　昰撰　門人今辯重編
　　嘉興藏續藏經本　[85]·十八
　　811
盧山集五卷英谿集一卷　宋董嗣
　　杲撰
　　文瀾閣傳抄本　[11]·九十三·
　　21
　　舊抄本　[91]·三十二·15
盧山紀事十二卷　明桑喬撰
　　明嘉靖刊本　[57]·110
　　刊本　[39]·戊·59
　　　[71]·史·地志·68
盧山通志十二卷　釋定嵩撰
　　刊本　[71]·史·地志·68
盧山蓮宗寶鑑十卷　元釋普度撰
　　元至正刊本　[2]·三·48
　　日本京都藏經書院刊本

[40]・3
廬山奏議十七卷　宋李常撰
宋刊本　[14]・四下・464
廬山圖一卷　不著撰人
刊本　[5]・二下・22
27廬阜紀遊一卷　宋孫惟信撰
宋刊本　[41]・八・39
31廬江文集二十卷刀筆五卷奏議二
十卷　宋何郯撰
宋刊本　[14]・四下・444
廬江何氏家記　明何漸逵撰
舊抄本　[32]・四・12
74廬陵王傳一卷　唐徐浩撰
宋刊本　[41]・五・12
廬陵官下記二卷　唐段成式撰
宋刊本　[41]・十一・6
廬陵九賢事實始末九卷　元彭士
奇撰
舊抄本　[11]・二十七・26
[75]・二十二・15

0022₂　彦

77彦周詩話一卷
見《許彦周詩話》

序

44序芳園稿二卷　明趙伊撰
刊本　[39]・癸上・53

廖

44廖世昭越坡稿
見《越坡稿》
67廖明略竹林集三卷　宋廖正一撰
宋刊本　[14]・四下・478
71廖匡圖集一卷　五代廖匡圖撰
宋刊本　[41]・十九・27

0022₃　齊

00齊齋臺諫論二卷　宋倪思撰
宋刊本　[41]・六・12
齊齋奏議三十卷挍垣繳論四卷
銀臺章奏五卷臺諫論二卷昆命
元龜説一卷　宋倪思撰
宋刊本　[41]・二十二・6

齊齋甲稿二十卷乙稿十五卷翰林
前稿二十卷後稿二卷挍垣詞草
二十卷兼山論著三十卷附益五
卷年譜一卷　宋倪思撰
宋刊本　[41]・十八・30
10齊雲論一卷　不著撰人
抄本　[71]・子・雜藝術・7
齊雲山志五卷　明魯點撰
刊本　[39]・戊・57
[71]・史・地志・64
齊雲山志六卷　明魯點撰
明嘉靖刊本　[91]・十二・6
20齊乘六卷　元于欽撰
明嘉靖四十三年(1564)青州守
杜思重刊元本　[11]・三
十二・6　[50]・三・
23　[59]・三・8
[92]・二・60
明刊本　[50]・三・24
[91]・十一・15
[93]・十一・11
周氏刊本　[75]・二十六・12
刊本　[39]・戊・40
[71]・史・地志・35
舊抄本　[32]・四・19
[74]・二・43
[102]・下・10
27齊物論齋文集六卷　清董士錫撰
譚仲儀校抄本　[57]・295
齊物論釋一卷　章炳麟撰
抄本　[57]・221
齊名紀數十二卷　清王承烈撰
清嘉慶刊本　[74]・續增・子・7
30齊安志二十卷　宋呂昭、厲居正
纂
宋刊本　[41]・八・27
33齊梁畫目錄一卷　唐竇蒙纂
宋刊本　[41]・十四・11
50齊書五十九卷
見《南齊書》
齊東野語二十卷　宋周密撰
元刊本　[59]・二・16
明正德刊本　[8]・子一・282
[11]・五十八・10

[91]・十九・9
照曠閣刊本　[74]・三・55
稗海本　[74]・三・55
津逮秘書本　[74]・三・55
[96]・五十六・1126
抄本　[71]・子・小説家・10
[75]・四十四・13
77齊邱子六卷
見《化書》
齊民要術十卷　北魏賈思勰撰
北宋天聖國子監刊本　[7]・
中・31　[14]・三上・
232　[22]・四・13
[35]・上・11　[41]・
十・4　[76]・七・21
元刊本　[4]・10　[35]・
上・43
明刊本　[71]・子・農家・8
明萬曆胡震亨刊本　[19]・12
[59]・二・17
津逮秘書本　[74]・三・14
[96]・四十・731
刊本　[5]・三中・1
[39]・庚・82　[89]・
一集・四・51
勞季言校宋本　[11]・四十二・
16
張紹仁校宋本　[11]・四十二・
18
黄琴六校宋本　[16]・三・1
校宋本　[93]・十四・11
清邵浪仙據宋校明刊本　[2]・
三・9
羣碧樓明抄本校明嘉靖刊本
[100]・95
校本　[50]・四・22
明人綠格精抄本　[26]・六・
27
明白皮紙抄本　[30]・五・12
舊抄卷子本　[22]・四・14
影寫宋刊本　[28]・六・15
抄本　[75]・三十四・12
齊民要書　明溫純輯
刊本　[39]・己・50

齋

40齋志先生集十卷　明陳泰交撰
　　刊本 [39]・癸下・27

0022₇ 方

00方言三卷　漢揚雄撰
　　宋刊本 [14]・一下・85
　方言十卷　漢揚雄撰
　　校宋本 [93]・七・4
　方言十三卷　漢揚雄撰
　　宋慶元潯陽郡齋刊本 [17]・
　　　一・9　[54]・一・14
　　明正德刊本 [17]・一・9
　　先君子抱經堂刊本 [20]・一・
　　　30
　　聚珍刊本 [74]・一・50
　　影宋抄本 [5]・一下・31
　　　[35]・上・8
　方言十四卷　漢揚雄撰
　　宋刊本 [41]・三・38
　方言疏證十三卷　清戴震撰
　　戴氏遺書本 [74]・一・50
　方言類聚四卷　清陳與郊編
　　刊本 [39]・丙・28
10方孩未先生集十六卷　明方震孺
　撰
　　清嘉慶二十二年(1817)刊本
　　　[85]・二・129
　　清同治七年(1868)重刊本
　　　[85]・十九・846
　方百川先生經義不分卷　方格敏
　編
　　刊本 [56]・羣書題記・11
　方干詩集一卷　唐方干撰
　　宋刊本 [14]・四中・409
15方建元集十四卷　明方于魯撰
　　刊本 [39]・癸下・29
21方虛谷桐江集不分卷　元方回撰
　　抄本 [71]・集・宋別・73
　方虛谷桐江集四卷　元方回撰
　　鮑氏抄校本 [91]・三十三・6
　　錄鮑淥飲校抄本 [30]・六・
　　　49

抄本 [93]・二十二・2
　方虛谷桐江集八卷　元方回撰
　　抄本 [16]・三十二・16
　方虛谷桐江集五十卷　元方回撰
　　抄本 [88]・五・37
　方虛谷桐江集二十卷補遺一卷
　　元方回撰
　　舊抄本 [11]・九十五・8
　方虛谷桐江續集四卷　元方回撰
　　舊抄本 [59]・七・1
　方虛谷桐江續集三十二卷　元方
　回撰
　　孔氏微波榭藏抄本 [8]・集
　　　三・476
　方虛谷桐江續集三十七卷　元方
　回撰
　　鮑氏校抄本 [91]・三十三・6
　　傳抄本 [60]・七・1
　方虛谷桐江續集四十四卷　元方
　回撰
　　清孔莊谷抄本 [2]・五・1
　方虛谷桐江續集四十七卷　元方
　回撰
　　舊抄本 [32]・十三・7
　方虛谷桐江續集四十八卷　元方
　回撰
　　元刊本 [39]・壬・42
　　舊抄本 [11]・九十五・9
22方山先生文錄二十二卷　明薛應
　旂撰
　　明嘉靖刊本 [12]・四・17
　　　[32]・十四・13
　　　[39]・癸上・54
　　傳抄本 [59]・七・15
　方山全集六十八卷　明薛應旂撰
　　傳抄本 [59]・七・15
24方侍御守壽春錄一卷　清劉鍾英
　撰
　　清嘉慶刊方孩未先生集附錄本
　　　[85]・六・284
26方泉先生詩集三卷　宋周文璞撰
　　抄本 [75]・五十七・5
　方泉先生詩集四卷　宋周文璞撰
　　舊抄本 [84]・二・33

　　　[93]・二十一・23
　方程新術草一卷　清李鋭撰
　　李氏遺書本 [96]・四十五・
　　　877
　方程論六卷　清梅文鼎撰
　　曆算全書本 [96]・四十五・
　　　868
27方舟集二十四卷　宋李石撰
　　文瀾閣傳抄本 [11]・八十三・
　　　3　[16]・三十一・35
　　舊抄大典本 [60]・六・34
　　舊抄本 [17]・四・23
　　　[93]・二十一・13
　方舟集五十卷後集二十卷　宋李
　石撰
　　宋刊本 [41]・十八・26
　方舟經說六卷　宋李石撰
　　別下齋刊本 [74]・一・40
　方舟先生劉伯熊易學二卷
　　見《易學》
　方舟左氏諸例四卷　宋李石撰
　　瓶花齋抄本 [39]・乙・32
　方叔淵先生集一卷
　　見《方叔淵遺稿》
　方叔淵遺稿一卷　元方瀾撰
　　舊抄本 [11]・一百三・18
　　　[17]・四・36　[20]・
　　　五・24　[91]・三十四・
　　　16
32方洲雜言一卷　明張寧撰
　　普祕笈本 [96]・六十五・1285
　方洲集四十卷　明張寧撰
　　刊本 [39]・癸上・17
　方洲集二十六卷讀史錄六卷　明
　張寧撰
　　刊本 [71]・集・明別・35
33方祕校集十卷　宋方惟深撰
　　宋刊本 [41]・二十・9
37方瀾郭昇鄭銘劉壎詩　元方瀾、
　郭昇、鄭銘、劉壎撰
　　舊抄本 [50]・十・31
　方初菴集十六卷　明方揚撰
　　刊本 [39]・癸下・10
40方壺詞三卷　宋汪莘撰

舊抄本 [91]·四十·**20**

方壺集四卷
見《汪方壺集》

方壺存稿八卷　宋汪莘撰
明刊本 [11]·九十·**11**
舊抄本 [11]·九十·**14**
[32]·十二·**20**

方壺存稿九卷　宋汪莘撰
明刊本 [93]·二十一·**24**
刊本 [24]·集一·**40**
味書堂抄本 [91]·三十一·
9

方壺存稿九卷附録一卷　宋汪莘
撰
抄本 [38]·集·**64**

方塘文粹二十卷　明汪思撰
刊本 [71]·集·明別·**49**

44方麓先生尚書日記十六卷　明王
樵撰
明刊本 [91]·一·**29**
[96]·九·**164**

方麓居士集十一卷　明王樵撰
刊本 [39]·癸上·**57**

60方田通法補例六卷　清張作楠撰
翠薇山房數學本 [96]·四十
五·**874**

方是閒居士小稿二卷　宋劉學箕
撰
元南山書院重刊本 [67]·第
五册·**66**
影抄宋本 [35]·上·**57**
影抄元本 [91]·三十一·**5**
丁氏遲雲樓舊抄本 [74]·四·
30
舊抄本 [11]·八十九·**1,11**
[16]·三十一·**47**
[39]·壬·**36** [51]·
三·**12** [71]·集·宋
別·**55** [102]·下·**33**

方圓冪積一卷　清梅文鼎撰
曆算全書本 [96]·四十五·
871

64方時佐先生富山嬾稿十九卷
見《富山嬾稿》

72方氏編類家藏集要方二卷　不著
撰人
宋刊本 [22]·補遺·**63**
刊本 [89]·一集·八·**7**

方氏墨譜六卷
見《墨譜》

方脈舉要　宋劉開撰
明嘉靖三十三年(1554)黃魯曾
刊本 [68]·圖版419、目
録73

77方册大藏經刻本目録　不著撰人
精抄本 [71]·史·簿録·**22**

方輿紀要州域形勢説五卷　清顧
祖禹撰
鈔本 [100]·**48**

方輿考證一百卷　清許鴻磐撰
稿本 [100]·**48**

方輿勝略十八卷　明程百二輯
明刊本 [74]·續增·史·**4**
刊本 [71]·史·地志·**21**

方輿勝覽三卷　不著撰人
元刊本 [29]·一·**14**
[35]·下·**23** [38]·
史·**67** [43]·二·**42**
[58]·元·**52** [60]·
三·**1** [66]·目録**7**
[74]·二·**41**

方輿勝覽七十卷　宋祝穆撰
宋刊本 [1]·上·**15**
[2]·二·**30** [4]·**21**
[8]·史三·**174** [9]·
二·**31** [10]·**18**
[11]·二十九·**9**
[28]·四·**10** [30]·
一·**2** [31]·**6**
[32]·四·**15** [33]·
史·**52** [35]·上·**4**
[38]·史·**67** [39]·
戊·**27** [48]·第一
輯·**41** [58]·史·**71**
[65]·二·**66** [70]·
六·**21** [71]·史·地
志·**20** [76]·六·**6**
[87]·三·**3** [89]

一集·四·**61** [91]·
十一·**3** [93]·十一·
3 [94]·二·**7**
宋末刊麻沙本 [90]·**28**
元刊本 [22]·三·**28**
[35]·下·**49**
震无咎齋抄本 [75]·二十四·
16
舊抄本 [16]·十五·**7**
[74]·二·**40** [102]·
下·**10**

方輿勝覽七十二卷卷首二卷　宋
祝穆撰
宋咸淳建安刊本 [59]·三·**1**
[67]·第五册·**31**
[89]·二編·四·**45**
[90]·**25**

方輿類纂二十八卷　不著編者
刊本 [74]·續增·史·**4**

80方公文集二十六卷　宋方大琮撰
舊抄本 [11]·九十·**16**

方公文集三十六卷　宋方大琮撰
舊抄本 [16]·三十一·**51**
[38]·集·**64**
[93]·二十一·**25**

方公文集三十七卷　宋方大琮撰
抄本 [39]·壬·**36**

方公文集四十五卷　宋方大琮撰
明正德刊本 [11]·九十·**15**
[18]·下·**31**
[71]·集·宋別·**53**
[91]·三十一·**9**

83方鐵菴文選六卷　宋方大琮撰
明萬曆八年(1580)刊本 [102]·上·**30**

方鐵菴集四十五卷
見《方公文集》

88方簡肅文集十卷　明方良永撰
明刊本 [74]·四·**42**
[102]·上·**31**

90方棠陵集八卷　明方豪撰
刊本 [71]·集·明別·**64**

市

47市聲二卷 題姬文撰
　清光緒三十四年(1908)上海商
　　務印書館排印本 [69]・
　　七・206
72市隱園詩文物紀 明姚淵築等撰
　刊本 [39]・辛・45

帝

00帝京景物略八卷 明劉侗、于奕
　正撰
　明刊本 [74]・二・57
　　[102]・上・18
　刊本 [39]・戊・30
　　[64]・續・79
10帝王廟諡年諱譜一卷 清陸費墀
　撰
　清道光刊本 [74]・二・66
　帝王系譜一卷 宋吳逵撰
　宋刊本 [41]・八・4
　帝王經世圖譜八卷 宋唐仲友撰
　宋刊殘本 [38]・子・68
　帝王經世圖譜十卷 宋唐仲友撰
　宋刊本 [41]・十四・26
　帝王經世圖譜十六卷 宋唐仲友
　撰
　文瀾閣傳抄本 [11]・五十九・
　　18 [16]・二十六・6
　鳴野山房精抄本 [91]・二十・
　　5
　帝王紀年纂要一卷 元蔡罕撰
　借月山房彙抄本 [96]・16・
　　367
　帝王照略一卷 唐劉軻撰
　宋刊本 [41]・四・20
　帝王歷紀譜三卷 周荀況撰
　宋刊本 [14]・後志・一・765
　帝王鏡略 卷 唐劉軻撰
　宋刊本 [14]・後志・一・775
60帝里明代人文略二十二卷附後一
　卷 清路鴻休輯
　清道光三十年(1850)金陵甘氏
　　津逮樓活字本 [68]・圖

版648、目錄104
　　[85]・十七・769
　　[88]・二・15
74帝陵圖說二卷 明梁份撰
　抄本 [71]・史・地志・80
　帝陵圖說四卷 明梁份撰
　舊抄本 [75]・二十八・9
　　[91]・十二・10
77帝學八卷 宋范祖禹編
　宋刊本 [9]・二・18
　　[9]・後編・五・7
　　[41]・九・8
　宋嘉定十四年(1221)刊本
　　[43]・三・2
　宋活字本 [60]・二・4
　明刊本 [9]・八・29
　舊抄本 [11]・三十九・10
　　[75]・三十二・19
　帝學十卷 宋范祖禹編
　宋刊本 [14]・三上・201
88帝鑑圖說六卷 明張居正等撰
　刊本 [39]・戊・1
　帝範一卷 唐太宗李世民撰
　宋刊本 [14]・後志・二・822
　　[41]・九・7
　刊本 [5]・三上・7
　舊抄本 [11]・三十九・10
　帝範二卷 唐太宗李世民撰
　日本舊刊本 [76]・五・7
　舊抄卷子本 [22]・四・8
　抄本 [75]・三十二・11
　帝範四卷 唐太宗李世民撰
　內府刊本 [74]・三・3
　武英殿聚珍本 [96]・三十六・
　　669
　知不足齋叢書校刊本 [20]・
　　四・8
　校本 [32]・六・4
　帝範二卷 唐太宗李世民撰 臣
　軌二卷 唐則天后武曌撰
　舊抄本 [22]・四・8,9

席

21席上腐談二卷

見《席上輔談》
席上輔談二卷 元俞琰撰
　廣祕笈本 [96]・六十九・1363
　明抄本 [17]・三・44
　　[55]・三・21 [57]・
　　201
　四庫館紅格抄本 [17]・三・
　　44
　舊抄本 [11]・六十六・28
　　[34]・三・23 [39]・
　　己・44 [50]・六・46
　　[60]・二・11 [74]・
　　三・90 [75]・五十・
　　25 [102]・下・27

育

00育齋先生詩集十七卷歸田集三卷
　明高穀撰
　刊本[88]・五・53
　育齋先生詩集十七卷歸田集三卷
　拾遺集一卷 明高穀撰
　明弘治刊本 [92]・四・176
24育德堂集五十卷內制三卷外制八
　卷 宋蔡幼學撰
　宋蔡氏家刊本 [2]・四・37
　育德堂外制五卷 宋蔡幼學撰
　宋刊大字本 [3]・23
　育德堂外制集八卷內制集三卷
　宋蔡幼學撰
　宋刊本 [41]・十八・33
　育德堂奏議 宋蔡幼學撰
　宋刊本 [68]・圖版197、目錄
　　40
73育駿方三卷 不著撰人
　宋刊本 [14]・後志・二・861

商

00商文毅公疏稿略一卷 明商輅撰
　明抄本 [91]・八・20
　顧沅藝海樓抄本 [74]・二・23
　抄本 [39]・癸上・15
　　[102]・下・8
　商文毅公集六卷 明商輅撰
　刊本 [39]・癸上・14

商文毅公集十卷　明商輅撰
　　明萬曆三十年(1602)劉體元重
　　刊本　[19]・24
　　[91]・三十六・13
商文毅公集十一卷　明商輅撰
　　明隆慶六年(1572)刊本
　　[59]・七・14
　　刊本　[71]・集・明別・30
商文毅公遺行集　明商汝頤撰
　　抄本　[39]・戊・19
01商語　明顧憲成撰
　　刊本　[71]・子・儒家・20
17商子五卷　秦商鞅撰
　　宋刊本　[14]・三上・219
　　[41]・十・1
　　明刊本　[91]・十六・4
　　[102]・上・19
　　明程榮刊本　[74]・三・12
　　明天一閣刊本　[11]・四十二・
　　12　[17]・三・7
　　[75]・三十四・10
　　明縣眇閣本　[17]・三・7
　　刊本　[1]・上・9
　　嚴可均手抄本　[11]・四十二・
　　12
　　舊抄本　[93]・十四・9
60商略六卷　明任慶雲撰
　　刊本　[71]・史・地志・36
77商周文拾遺三卷　吳東發撰
　　抄本　[84]・三・14

高

00高齋漫錄一卷　宋曾慥撰
　　墨海金壺本　[96]・六十四・
　　1275
　　抄本　[75]・四十七・1
高廟紀事本末　不著撰人
　　隔萬樓抄本　[39]・丁・29
02高新鄭全集七十八卷　明高拱撰
　　刊本　[39]・癸下・3
10高吾摘稿八卷　明陳洪謨撰
　　刊本　[39]・癸上・36
11高麗詩三卷　宋崔思齊等撰
　　宋刊本　[14]・後志・二・909

高麗碑全文　葉志詵錄
　　稿本　[59]・五・9
高麗史一百三十九卷　明朝鮮鄭
　　麟趾撰
　　明抄本　[87]・四・2
　　抄本　[11]・二十八・23
　　[16]・十四・5　[91]・
　　十・10　[96]・二十六・
　　533
高麗圖經四十卷
　　見《宣和奉使高麗圖經》
12高弧細草一卷　清張作楠、江臨
　　泰撰
　　翠薇山房數學本　[78]・算學
　　書錄補注・89　[96]・
　　四十四・841
高弧簡法　清顧觀光撰
　　算賸餘稿本　[78]・算學數錄
　　補注・88
17高子遺書十二卷附錄一卷　明高
　　攀龍撰
　　明崇禎五年(1632)刊本
　　[85]・五・212
　　刊本　[39]・己・24
20高季迪先生詩集箋注十八卷
　　見《高太史大全集》
22高峯語錄　宋釋原妙撰
　　刊本　[39]・庚・100
高峯先生集四卷　宋廖剛撰
　　抄本　[39]・壬・18
　　[71]・集・宋別・29
高峯先生集十二卷　宋廖剛撰
　　舊抄本　[11]・八十四・16
　　[91]・三十・5
25高傳集十四卷
　　見《高僧傳》
26高皇帝御製文集二十卷
　　見《御製文集》
高皇后傳　明仁孝皇后撰
　　刊本　[39]・丁・29
27高郵續志六卷　清范鳳諧撰
　　清道光二十五年(1845)刊本
　　[74]・二・47
高郵州志十二卷　清楊宜崙撰、

鴻馨增修
　　清刊本　[74]・二・47
高郵志三卷續修十卷　宋孫祖義
　　撰
　　宋刊本　[41]・八・26
28高僧詩選五卷
　　見《聖宋高僧詩選》
高僧參寥詩十二卷　宋釋參寥撰
　　明刊本　[11]・七十七・1
高僧傳六卷　梁釋惠敏撰
　　宋刊本　[14]・三下・314
高僧傳十三卷　梁釋慧皎撰
　　明支那本　[93]・十八・1
高僧傳十四卷　梁釋慧皎撰
　　宋刊本　[14]・後志・一・810
　　[92]・三・128
　　明初刊本　[4]・20
　　舊抄本　[11]・六十五・6
　　[16]・二十八・5
　　[75]・四十九・6
　　[91]・二十二・1
30高涼志七卷　宋劉棠撰
　　宋刊本　[41]・八・35
高適集十卷
　　見《高常侍集》
高密全城記一卷　不著撰人
　　傳抄本　[85]・十四・652
高宗聖政草一卷　宋陸游撰
　　宋刊本　[41]・五・38
高宗實錄五百卷　宋傅伯壽撰
　　宋刊本　[41]・四・42
高宗孝宗聖政編要二十卷　不著
　　編者
　　宋刊本　[41]・五・38
32高州府志十卷　清蔣應泰撰
　　清刊本　[71]・史・地志・14
33高梁生集十卷　明梁綱撰
　　紅格舊抄本　[57]・267
40高力士外傳一卷　唐郭湜撰
　　宋刊本　[41]・七・5
高太史鳧藻集五卷　明高啓撰
　　金氏文瑞樓刊本　[92]・四・
　　172
高太史鳧藻集五卷附扣舷集一卷

明高啓撰
明正統九年(1444)刊本
[71]・集・明別・11
[91]・三十五・20
高太史大全集十八卷　明高啓撰
明刊本　[75]・六十一・5
明景泰刊本　[2]・五・17
[3]・24　　　[11]・一百
十一・16　　[17]・四・
37　　[91]・三十五・19
明成化刊本　　[55]・六・17
清康熙三十四年(1695)刊本
[26]・九・10
清雍正六年(1728)金氏文瑞樓
刊本　[68]・圖版508、目
錄85
刊本　[71]・集・明別・11
[74]・續增・集・10
高太史大全集十八卷附遺詩一卷
扣舷集一卷鳧藻集五卷　明高
啓撰
清雍正刊本　[75]・六十一・5
高太史大全集十八卷附扣舷集一
卷　明高啓撰
明刊本　〔6〕・七・10
高太史扣舷集一卷　明高啓撰
勞氏抄本　[91]・四十・27
舊抄本　[11]・一百二十・15
[101]・中・20
高太史缶鳴集十二卷　明高啓撰
明刊本　[29]・三・30
[50]・九・39
明永樂刊本　[11]・一百十一・
17　[91]・三十五・20
明嘉靖刊本　[30]・三・27
高太史缶鳴集十六卷　明高啓撰
明嘉靖刊本　[17]・四・37
高士傳三卷　晉皇甫謐撰
明刊本　[75]・二十二・4
[91]・九・10　[93]・
十・5
明黃省曾刊本　[1]・上・5
明嘉靖十二年(1533)刊本
[59]・四・13

明嘉靖二十九年(1550)刊本
[19]・4
古今逸史本　[74]・二・30
漢魏叢書本　[74]・二・30
[96]・二十三・469
勞季言校本　[11]・二十七・7
高士傳十卷　晉皇甫謐撰
宋刊本　[14]・後志・一・807
[41]・七・2
44高坡異纂三卷　明楊儀撰
煙霞小說本　[96]・六十六・
1317
高夔北先生殿試策卷　高夔北撰
抄本　[36]・258
高菊磵集　宋高翥撰
刊本　[39]・壬・34
48高松蕙譜　明高松繪
明嘉靖刊本　[68]・圖版662、
663、目錄106
50高春卿投灘集　明高澄撰
刊本　[88]・五・62
高東谿先生文集不分卷　宋高登
撰
明建刊本　[2]・四・35
高東谿先生文集二卷　宋高登撰
刊本　[24]・集一・33
[88]・五・26
舊抄本　[39]・壬・24
[71]・集・宋別・36
[93]・二十一・8
高東谿先生文集十二卷　宋高登
撰
宋刊本　[41]・十八・15
高東谿先生文集二卷附錄一卷
宋高登撰
明刊本　[11]・八十二・16
舊抄本　[16]・三十一・22
[32]・十二・4　　[38]・
集・50　[91]・二十九・
19
57高蟾集一卷　唐高蟾撰
宋刊本　[41]・十九・21
71高厚蒙求八卷　清徐朝俊撰
清嘉慶十二年(1807)雲間徐氏

刊本　[78]・補遺・24
72高隱集七卷　宋林敏功撰
宋刊本　[41]・二十・10
高氏六家詩　宋高鵬飛撰
抄本　[71]・集・宋別・72
高氏三宴詩集三卷　唐高正臣輯
舊抄本　[11]・一百十二・7
高氏三宴詩集三卷附香山九老詩
一卷　唐高正臣輯
舊抄本　[74]・四・59
[102]・下・38
高氏送終禮一卷　宋高閌撰
宋刊本　[41]・六・18
高氏小史一百二十卷　唐高峻撰
宋刊本　[14]・後志・一・784
高氏小史一百三十卷　唐高峻撰
宋刊本　[41]・四・16
76高陽集二十卷　明孫承宗撰
清嘉慶十二年(1807)刊本
[85]・三・142
78高駢集一卷　唐高駢撰
宋刊本　[41]・十九・23
88高節菴集八卷　明曾棨撰
刊本　[39]・癸上・11
90高光州詩選二卷詩餘漫興一卷
明高應冕撰
吳石倉抄本　[71]・集・明別・
90
高常侍集二卷　唐高適撰
明王應皐刊本　[12]・三・16
高常侍集二十卷　唐高適撰
明刊本　[1]・上・35
高常侍集十卷　唐高適撰
宋刊本　[35]・上・50
[41]・十六・15
明刊本　[9]・後編・十八・6
[75]・五十一・29
[91]・二十四・12
[93]・十九・18
明活字本　[17]・四・5
刊本　[89]・一集・十・6
影宋抄本　[5]・四中・4
知不足齋影宋抄本[39]・辛・
48

高常侍集十卷集外文二卷別詩一
卷　唐高適撰
宋刊本　[14]·四上·352

裔

50裔夷謀夏録一卷　宋劉忠恕撰
舊抄本　[11]·二十八·21
[75]·二十三·16
裔夷謀夏録三卷　宋劉忠恕撰
抄本　[91]·十·10
裔夷謀夏録七卷　宋汪藻撰
宋刊本　[41]·五·21

庸

00庸言二十卷　清張貞生撰
刊本　[39]·癸下·57
庸言録六卷　清姚際恒撰
瓶花齋抄本　[39]·已·31
44庸菴集十卷　元宋禧撰
抄本　[39]·癸上·3
庸菴集十四卷　元宋禧撰
舊抄本　[11]·一百十·5
[12]·六·29　[91]·三
十四·38

廟

22廟制考義　明季本撰
刊本　[39]·乙·28
廟制折衷二卷　清毛奇齡撰
西河合集本　[96]·六·96
廟制圖考四卷　清萬斯同撰
刊本　[39]·乙·28
28廟儀一卷　宋趙粹中撰
宋刊本　[41]·六·19
77廟學典禮六卷　不著撰人
文瀾閣傳抄本　[11]·三十五·
23　[16]·十九·13
[96]·二十九·561
抄本　[91]·十三·15
[93]·十二·8

0023₀ 卞

22卞山小隱吟録二卷
見《弁山小隱吟録》

37卞郎中詩集七卷　明卞榮撰
刊本　[39]·癸上·15

0023₁ 應

00應齋雜著六卷　宋趙善括撰
文瀾閣傳抄本　[11]·八十七·
6　[16]·三十一·40
舊抄本　[91]·三十·22
17應子篆法偏旁點畫辨一卷　元應
在撰
舊抄本　[16]·七·17
應子篆法偏旁點畫辨一卷辨釋篆
法辨一卷　元應在撰
明刊本　[16]·七·16
舊抄本　[11]·十五·22
31應潛齋先生年譜一卷　清羅以智
撰
稿本　[85]·十八·808
44應菴任意録十四卷　明羅鶴撰
抄本　[39]·已·51
72應氏易解十七卷
見《易解》
應氏類編西漢文章十八卷
見《西漢文章》
77應用算三卷　宋蔣舜元撰
宋刊本　[14]·三下·294
應用算法一卷　宋郭京撰
宋刊本　[41]·十四·15

0023₂ 康

00康齋文集十二卷　明吳與弼撰
明嘉靖五年(1526)刊本
[59]·七·14
刊本　[39]·癸上·18
康齋文集十二卷附録一卷　明吳
與弼撰
明宏治刊本　[91]·三十六·
17
刊本　[24]·集二·23
30康濟譜二十五卷　明潘游龍撰
明崇禎十三年(1640)刊本
[74]·二·67　[102]·
上·19
康濟録六卷　清官修

清武英殿刊本　[96]·三十·
569
33康梁演義四卷　清人撰
坊間石印小本　[69]·二·76
34康對山先生集十卷　明康海撰
明嘉靖刊本　[75]·六十一·14
康對山先生集十九卷　明康海撰
明刊本　[32]·十四·10
明嘉靖刊本　[30]·三·28
康對山先生集四十五卷　明康海
撰
清康熙五十一年(1712)刊本
[26]·九·18　[71]·
集·明別·62
77康熙幾暇格物編　清聖祖玄燁撰
抄本　[74]·三·6
康熙永年曆法表三十二卷　法南
懷仁撰
清康熙十七年(1678)刊本
[78]·算學書録補注·89
康熙字典四十二卷　清張廷玉等
編
清內府刊本　[74]·一·54
康熙戡定臺灣記一卷　清魏源撰
聖武記本　[85]·十三·637
88康節先生觀物篇解一卷　宋祝泌
撰
刊本　[39]·已·4
康節先生觀物篇解十一卷皇極經
世起數訣一卷皇極經世鈐一卷
皇極起數例一卷康節先生觀物
篇斷訣一卷附録二卷　宋祝泌
撰
舊抄本　[11]·四十九·10
康節先生擊壤集十五卷　宋祝泌
撰
北宋刊本　[65]·五·16

豪

60豪異秘纂一卷　不著撰人
宋刊本　[41]·十一·9

0023₇ 庶

00庶齋老學叢談三卷　元盛如梓撰

知不足齋叢書本 [96]・五十
六・1129
周季貺校抄本 [8]・子一・283
明錢功甫抄本 [59]・二・16
知聖道齋抄本 [75]・四十四・
17
舊抄本 [11]・五十八・14
[38]・子・52　　[39]・
己・72　　[51]・二・20
[52]・二・8　　[93]・十
六・23
抄校本 [50]・五・59
27庶物異名疏三十卷 明陳懋仁撰
刊本 [39]・己・56
[71]・子・類事・16
[96]・六十二・1225

庚

00庚辛壬癸録二卷 明吳應箕纂
民國二十四年(1935)上海蟬隱
廬石印本 [85]・三・139
17庚子銷夏記八卷 清孫承澤撰
知不足齋刊本 [96]・四十八・
952
校抄本 [38]・子・35
抄本 [71]・子・書畫家・13
庚子銷夏記八卷附間者軒帖考一
卷 清孫承澤撰
鮑氏原刊本 [92]・三・95
庚子銷夏記校文一卷 清何焯撰
傳抄本 [60]・五・8
28庚谿詩話一卷 宋陳巖肖撰
明刊本 [17]・四・47
庚谿詩話二卷 宋陳巖肖撰
宋刊本 [11]・一百十八・9
[75]・六十四・5
30庚寅十一月初五日始安事略一卷
明瞿純撰
荊駝逸史本 [85]・十一・570
明季史料叢書本 [85]・十一・
570
50庚申帝史外聞見録二卷 明權衡
輯
抄本 [5]・二上・17

庚申外史二卷 明權衡輯
天一閣抄本 [39]・丁・29
穴硯齋抄本 [30]・五・6
庚申紀事一卷 明張潑撰
借月山房彙抄本 [85]・四・
191

庚

00庾兗保聚圖一卷 晉庾袞撰
宋刊本 [14]・三下・276
17庾子山集四卷 北周庾信撰
明刊本 [11]・六十八・27
[93]・十九・10
庾子山集六卷 北周庾信撰
明刊本 [91]・二十三・11
刊本 [5]・四中・1
庾子山集十六卷 北周庾信撰
清刊本 [74]・四・3
刊本 [71]・集・漢魏六朝別・
7
庾子山集二十卷 北周庾信撰
宋刊本 [14]・四上・335
[41]・十六・6
20庾信集二十卷
見《庾子山集》
45庾樓紀述三卷琵琶亭詩一卷 不
知撰人
宋刊本 [41]・十五・24
77庾開府詩集六卷
見《庾子山集》

廉

10廉石居藏書志摘要一卷 清孫星
衍撰
清刊本 [74]・二・74
50廉吏傳 明黃汝亨輯
刊本 [39]・戊・4
廉吏傳二卷 宋費樞撰
舊抄本 [5]・二中・20
[28]・四・3　　[32]・
四・8　　[74]・二・30
[91]・九・11　　[102]・
下・9
廉吏傳十卷 宋費樞撰

宋刊本 [41]・七・29

0024₀ 府

77府學藏書目 不著撰人
刊本 [25]・7

0024₁ 庭

00庭立紀聞四卷 清梁學昌撰
清刊本 [74]・三・51
02庭訓格言一卷 清世宗胤禛纂
清刊本 [74]・三・6
[74]・續增・子・1
77庭聞録六卷附平定緬甸一卷校勘
記一卷 清劉健撰
豫章叢書本 [85]・十五・697
楚之橋杭本 [85]・十五・697
抄本 [85]・十五・697
庭闈稿録一卷 宋楊迥撰
宋刊本 [41]・九・12

0024₇ 夜

21夜行燭不分卷 明曹端撰
刊本 [39]・己・9
92夜燈管測二卷 明沈愷撰
刊本 [39]・己・49

度

40度支奏議一百十八卷 明嚴景曾
撰
明崇禎刊本 [85]・三・149
88度算釋例二卷 清梅文鼎撰
曆算全書本 [96]・四十五・
867

慶

10慶元府阿育王山廣利禪師語録一
卷 題德惟、似經、如阜編
宋刊本 [2]・三・48
慶元條法事類八十卷附開禧重修
尚書吏部侍郎右選格二卷 不
著撰人
抄本 [8]・史三・200
[11]・三十五・23
[16]・十九・14
[28]・四・23　　[32]・

五·7　　[70]·八下·8
[91]·十三·9　　[93]·
十二·11
慶元勅十二卷令五十卷格三十卷
式三十卷目録一百二十二卷隨
勅申明十二卷　宋京鏜等纂
宋刊本　[41]·七·33
慶元黨禁一卷　不著撰人
知不足齋叢書本　[96]·二十
三·475
舊抄本　[11]·二十七·12
[75]·二十二·11
37慶湖遺老集九卷　宋賀鑄撰
知不足齋抄本　[39]·壬·11
抄本　[12]·六·9　　[59]·
六·21
慶湖遺老集十卷　宋賀鑄撰
校本　[61]·五·5
慶湖遺老集九卷拾遺一卷補遺一
卷　宋賀鑄撰
宋刊本　[41]·二十·9
刊本　[24]·集一·23
明謝在杭抄本　[2]·四·33
舊抄本　[11]·七十九·1、7
[16]·三十·36
[50]·八·20　　[71]·
集·宋別·20　　[91]·
二十八·16、17　　[93]·
二十·33
71慶歷正旦國信語録一卷　不著撰
人
宋刊本　[41]·七·12
慶歷善救方一卷　不著撰人
北宋國子監刊本　[7]·中·43

0026₁　唐
90唐堂集五十卷附刻冬録一卷　清
黃之雋撰
刊本　[71]·集·國朝別·34
唐堂集五十卷補遺二卷續八卷附
刻冬録一卷　清黃之雋撰
賜錦堂刊本　[96]·七十一·
1411
唐堂行樂圖題詠四卷　清黃之雋

撰
原刊本　[96]·七十一·1411
唐堂樂府不分卷　清黃之雋撰
清宗熙五十五年(1716)刊本
[64]·21

0026₇　唐
00唐彥謙鹿門詩一卷
見《唐彥謙集》
唐彥謙集一卷　唐唐彥謙撰
宋刊本　[14]·四中·403
[41]·十九·24
唐高宗後修實録十九卷　唐劉知
幾撰
宋刊本　[41]·四·33
唐高宗實録三十卷　唐劉知幾撰
宋刊本　[14]·後志·一·779
唐高祖實録二十卷　唐房玄齡撰
宋刊本　[14]·後志·一·778
唐高祖實録二十卷　唐敬播撰
宋刊本　[41]·四·33
唐文宗實録四十卷　唐魏謩、盧
耽等撰
宋刊本　[14]·後志·一·782
[41]·四·36
唐文宗朝備問一卷　不著撰人
宋刊本　[41]·五·29
唐文鑑二十一卷　明賀泰編
明正德刊本　[91]·三十九·10
唐文鑑二十四卷　宋范祖禹纂、
呂祖謙注
明刊本　[91]·十四·19
唐文粹一百卷　宋姚鉉纂
宋刊本　[9]·三·38
[9]·後編·七·19
[14]·四下·498
[16]·三十五·2　　[22]·
六·40　　[35]·上·59
[35]·下·45、56　　[41]·
十五·11　　[58]·集·
149　　[74]·續增·集·15
[80]·十五·17　　[89]·
一集·九·23
元刊本　[9]·後編·十一·18

[26]·十五·18　　[32]·十
五·2　　[35]·下·53
[58]·元刊·155　　[65]·
五·54
明刊本　[9]·十·45、46、47、
48　　[9]·後編·十九·
16　　[11]·一百十二·
17　　[44]·四·65
[83]·四·21　　[93]·
二十三·10
明嘉靖三年(1524)徐熥刊本
[3]·26　　[17]·四·40
[19]·14　　[22]·六·
40　　[26]·十五·19
[30]·三·32　　[32]·
十五·3　　[35]·附·5
[59]·六·4　　[75]·六
十二·15　[86]·六·66
[91]·三十八·11
明嘉靖張大輪刊本　[12]·四·
20
明嘉靖七年(1528)刊本
[22]·六·41
明嘉靖八年(1529)晉藩朱
知烊刊本　[26]·十五·
21
明萬曆四十六年(1618)鄭渼刊
本　[26]·十五·22
杭州許氏刊本　[75]·六十二·
19
校宋本　[65]·五·53
校本　[54]·七·37
唐文粹補遺二十六卷　清郭慶纂
杭州許氏刊本　[75]·六十二·
19
唐文類三十卷　宋陶叔獻編
宋刊本　[14]·後志·二·908
唐音十卷　元楊士弘編
元刊本　[12]·二·19
唐音十四卷　元楊士弘編
元刊本　[94]·四·19
唐音十五卷　元楊士弘編
明刊本　[11]·一百十六·13
唐音癸籤三十六卷　明胡震亨輯

明末刊本 [64]•92

唐音遺響集注七卷 元楊士弘編、張震注

　元刊本 [2]•五•37

　元刊本 [92]•四•191

唐音拔萃五卷 清袁漫恬撰

　稿本 [57]•317

唐音戊籤八百十七卷 明胡震亨輯

　明末刊本 [64]•90

　何義門評本 [20]•五•28

　[32]•十五•21

唐玄宗皇帝集二卷 唐玄宗李隆基撰

　明活字本 [91]•二十四•1

唐玄宗實錄一百卷 唐元載等撰

　宋刊本 [14]•後志•一•780

　[41]•四•34

唐六典三十卷

　見《大唐六典》

01唐語林二卷 宋王讜撰

　抄本 [50]•六•20

唐語林三卷 宋王讜撰

　抄本 [50]•六•19

唐語林八卷 宋王讜撰

　宋刊本 [41]•十一•18

　明刊本 [11]•六十三•4

　清聚珍刊本 [28]•九•18

　[74]•三•77 [75]•四十七•1

　墨海金壺本 [96]•六十四•1271

唐語林十卷 不知撰人

　宋刊本 [14]•三下•249

04唐詩三卷 唐崔道融纂

　宋刊本 [41]•十九•25

唐詩五卷 宋謝枋得注

　明刊本 [50]•十•23

　[51]•四•20 [91]•三十八•22

唐詩七百十七卷 清季振宜輯

　抄本 [30]•六•71

唐詩主客圖一卷 唐張爲撰

　宋刊本 [41]•二十二•10

唐詩韻匯 清施端教輯

　刊本 [39]•辛•19

唐詩二十六家集五十卷 不著編者

　明嘉靖刊本 [17]•四•43

　[38]•集•115

　黄氏刊本 [55]•六•20

唐詩三家不分卷 不知編者

　明刊本 [55]•五•19

唐詩正聲二十二卷 明高棅編

　明嘉靖刊本 [91]•三十九•7

唐詩百家 清席啓寓編

　清康熙刊本 [64]•續•81

唐詩解二十四卷 明唐汝詢撰

　清康熙四年(1665)刊本 [74]•四•65

　刊本 [74]•續增•集•17

唐詩紀一百七十卷 明吳琯編

　明萬曆刊本 [64]•續•91

　[92]•四•191

唐詩紀事八十一卷 宋計有功撰

　明刊本 [9]•九•52

　[9]•後編•二十•15

　[91]•三十九•28

　明嘉靖二十四年(1545)張子立刊本 [12]•四•21

　[64]•續•92

　明嘉靖二十四年(1545)洪楩刊本 [30]•三•33

唐詩紀事二百卷 宋計有功撰

　明刊本 [28]•十三•21

唐詩絕句選五卷 宋趙蕃昌輯

　舊抄本 [16]•三十五•15

唐詩絕句贅箋五卷 宋謝枋得注

　日本正保刊本 [44]•三•50

唐詩極玄集二卷

　見《極玄集》

唐詩始音一卷 元楊士弘編

　宋刊本 [35]•上•54

　刊本 [89]•一集•九•39

唐詩始音一卷正音六卷遺響七卷 元楊士弘編

　元刊黑口本 [4]•24

　[35]•上•53

明刊本 [38]•集•110

　[76]•十三•25

　明嘉靖刊本 [91]•三十八•31

唐詩始音四卷正音三卷遺響三卷 元楊士弘編

　元至正刊本 [43]•四•51

唐詩鼓吹十卷 金元好問編、元郝天挺注

　元刊本 [11]•一百十五•11

　[28]•續•十四•12

　[30]•一•19 [32]•十五•13 [35]•上•58 [48]•二輯下•202

　[57]•319 [89]•一集•九•38 [89]•二集•八•8

　元日新堂刊本 [2]•五•37

　元至大元年申江浙儒司刊本 [8]•集六•604

　[91]•三十八•27

　朝鮮活字本 [76]•十三•19

　批校本 [65]•五•59

唐詩英華二十四卷 清顧有孝編

　清刊本 [74]•四•66

　[74]•續增•集•17

唐詩畫譜 明黄鳳池輯

　明刊本 [68]•圖版680、681、目錄109

唐詩戊籤八百十七卷

　見《唐音戊籤》

唐詩品彙二十四卷 明高棅撰

　明刊本 [32]•十五•19

唐詩品彙九十卷 明高棅撰

　明宗朝甲辰字刊本 [63]•圖版21

唐詩品彙九十卷拾遺十卷 明高棅撰

　明刊本 [18]•下•50

　明弘治刊本 [91]•三十九•7

　刊本 [74]•四•63

唐詩又玄集二卷 五代韋莊編

　舊抄本 [57]•315

唐詩八種 不知編者

　校本 [55]•五•19

唐詩金粉十卷　清沈炳震撰
　冬讀書齋刊本　[96]・六十二・
　1237
唐詩類選二十卷　唐顧陶編
　宋刊本　[41]・十五・10
唐詩類苑二百卷　明張之象輯
　明刊本　[9]・後編・二十・13
唐詩類苑二百卷　明卓明卿輯
　明萬曆刊本　[64]・續・82
　明萬曆十四年(1586)崧齋活字
　本　[68]・圖版630、目録101
唐詩類抄八卷　不著撰人
　明嘉靖刊本　[91]・三十九・
　17
06唐韻二卷　唐孫愐撰
　刊本　[89]・二集・一・41
唐韻正二十卷　清顧炎武撰
　顧氏刊本　[74]・一・57
　[75]・十四・15
　音學五書本　[96]・十四・300
07唐詞蓉城彙選四卷附蓉城詞抄一
　卷　清顧璟芳編
　刊本　[71]・集・詞・12
08唐論二卷　宋王居中撰
　宋刊本　[14]・五上・560
10唐一菴集輯要四卷　明唐樞撰
　刊本　[39]・癸上・29
唐三藏西遊釋厄傳十卷　明朱鼎
　臣撰
　明萬曆間書林劉蓮臺刊本
　[69]・五・165　[77]・
　四・111
唐三體詩六卷　清高士奇輯
　清刊本　[30]・六・68
唐三體詩注二十卷　宋周弼輯、
　元釋圓至注
　元刊本　[30]・一・18
　元磧沙寺本　[98]・12
　明刊本　[21]・一・65
唐五代詞十卷　不知編者
　抄本　[34]・附録・一・30
唐元光嶽英華詩集十五卷
　見《光嶽英華詩集》
唐石經考正一卷　清王朝榘撰

清嘉慶五年(1800)刊本
　[26]・二・34
唐石經考異不分卷　清王朝榘撰
　抄本　[83]・一・10
唐石經考異不分卷　清錢大昕撰
　稿本　[38]・經・40
唐百家詩一百卷　不著編者
　明翻宋本　[91]・三十九・13
唐百家詩一百五十卷
　明正德刊本　[17]・四・44
唐百家詩二百八十卷　不著編者
　席啓宇刊本　[1]・上・39
唐百家詩集　不著編者
　明刊本　[9]・後編・二十・14
唐百家詩選二十卷　宋宋敏求編
　宋刊本　[14]・四下・504
唐百家詩選二十卷　宋王安石編
　宋刊本　[11]・一百十二・22
　[17]・四・41　[28]・續・
　十四・4　[29]・三・36
　[35]・上・23、24、54
　[41]・十五・12
　[58]・集・126、127
　[68]・圖版140、目録31
　[72]・33　[73]・圖版
　57　[74]・四・61
　清康熙四十二年(1703)宋犖刊
　本　[26]・十五・11
　[54]・八・23
　據宋本校宋犖刊本　[42]・14
　校宋本　[51]・四・19
　何義門校本　[11]・一百十二・
　20
12唐登科記十五卷　宋洪適編
　宋刊本　[41]・七・10
13唐球詩一卷　唐人撰
　宋刊本　[61]・一・5
唐武宗實錄一卷　唐韋保衡撰
　宋刊本　[14]・後志・一・782
唐武宗實錄三十卷　唐韋保衡撰
　宋刊本　[41]・四・36
唐職林三十卷　宋馬永錫撰
　宋刊本　[41]・六・7
15唐建中實錄十卷　唐沈既濟撰

宋刊本　[41]・四・34
16唐碑帖考四卷　明周錫珪撰
　抄本　[39]・庚・17
唐碑帖跋四卷　明周錫珪撰
　舊抄本　[91]・十四・15
17唐子西先生集七卷　宋唐庚撰
　明刊本　[50]・補遺・1
　[93]・二十・34
唐子西先生集十卷　宋唐庚撰
　宋刊本　[14]・四下・485
　清雍正三年(1725)汪亮采南陔
　草堂活字本　[68]・圖版
　633、目録102　[75]・
　五十四・19
唐子西先生集二十卷　宋唐庚撰
　宋刊本　[41]・十七・34
　刊本　[24]・集一・27
　吳繡谷手抄本　[30]・五・32
　清雍正間婁東謝氏抄本
　[91]・二十八・20
　抄本　[71]・集・宋別・28
　[74]・續增・集・2
唐子西先生集二十四卷　宋唐庚
　撰
　清雍正汪亮采刊本　[74]・四・
　21　[28]・十一・25
　刊本　[24]・集一・27
唐子西先生集三十卷　宋唐庚撰
　刊本　[36]・223
　明抄本　[11]・七十九・12
　舊抄本　[16]・三十・38
　[93]・二十・34
　影宋抄本　[28]・十一・23
　[35]・上・22
唐歌詩一百卷　宋趙孟奎編
　宋刊本　[35]・上・53
　[58]・集・134　[68]・
　圖版45、目録15　[83]・
　四・24　[93]・二十三・
　17　[94]・四・10
　影宋本　[20]・五・29
　[35]・上・23
　清毛斧季影抄宋本　[2]・五・
　35

傳錄宋刊本　[8]・集六・601
21唐順宗實錄五卷　唐韓愈撰
　　宋刊本　[14]・二上・119
　　　[41]・四・35
　唐睿宗實錄十卷　唐劉知幾撰
　　宋刊本　[41]・四・34
　　　[14]・後志・一・779
22唐制舉科目圖一卷　不著撰人
　　宋刊本　[14]・後志・一・809
　唐山集一卷後集三卷　宋宋攽編
　　宋刊本　[41]・十五・25
　唐山人詩一卷　唐唐山人撰　女
　郎魚玄機詩一卷　唐魚玄機撰
　甲乙集十卷　唐羅隱撰　許丁
　卯集二卷　唐許渾撰　朱慶餘
　集一卷　唐朱慶餘撰
　　宋刊書棚本　[35]・上・51
23唐代宗實錄四十卷　唐令狐峘撰
　　宋刊本　[14]・二上・118
　　　[41]・四・34
24唐先生文集二十卷
　見《唐子西先生集》
　唐德宗實錄五十卷　唐裴垍等撰
　　宋刊本　[14]・後志・一・780
　　　[41]・四・35
25唐律疏義三十卷　唐長孫無忌撰
　　北宋國子監刊本[7]・中・27
　　宋刊本　[29]・一・16
　　　[92]・二・69
　　元刊本　[22]・三・30
　　　[35]・下・27　　[36]・
　　143　　[70]・三・22
　　　[93]・十二・9
　　元至順刊大字本[2]・二・48
　　　[16]・十九・13
　　元至正十一年(1351)崇化余志
　　安勤有堂刊本[1]・上・
　　21　　[58]・元・60
　　　[68]・圖版327、328、目錄
　　60　　[80]・八・8
　　陽湖孫氏重刊元版本[96]・
　　三十一・575
　　日本刊本[76]・五・16
　　錢塘諸氏刊本[75]・二十九・

7
　復刊本[92]・二・69
　刊本[88]・續・11
　影寫元刊本[11]・三十五・
　25
　明藍格抄本[60]・二・33
　舊抄本[91]・十三・19
　　[95]・一・9
　唐傳演義八卷　不知撰人
　　明萬曆四十八年(1620)武林藏
　　珠館刊本[69]・二・43
　　　[77]・三・57
26唐伯虎彙集四卷外集一卷　明唐
　寅撰
　　明萬曆刊本　[64]・續・116
　唐伯虎彙集四卷外集一卷畫譜三
　卷　明唐寅撰
　　刊本[71]・集・明別・55
　唐穆宗實錄二十卷　唐路隋等撰
　　宋刊本　[14]・後志・一・781
　　　[41]・四・35
27唐御覽詩一卷　唐令狐楚纂
　　宋刊本　[41]・十五・8
　　汲古閣刊本[74]・四・60
　　校本[55]・五・22
　　抄校本[50]・十・2
　　舊抄本[11]・一百十二・7
　唐紀十卷　不知撰人
　　宋刊本　[14]・二下・149
　唐絕句選四卷　宋林清之撰
　　宋刊本　[41]・十五・18
　唐絕句選五卷　宋柯夢得編
　　宋刊本　[41]・十五・18
28唐僧詩三卷　五代吳釋法欽纂
　　宋刊本　[41]・十五・12
　唐僧弘秀集十卷
　見《弘秀集》
　唐繪五十卷　唐張九成撰
　　宋刊本　[14]・五上・603
30唐宣公集二十二卷　不知撰人
　　元刊本　[35]・下・14
　唐寫糾繆二十卷　宋吳縝撰
　　南宋國子監刊本[7]・下・5
　唐憲宗實錄四十卷　唐路隋等撰

　　宋刊本　[14]・後志・一・781
　　　[41]・四・35
　唐宰相甲族一卷　唐韋述、蕭穎
　士等撰
　　宋刊本　[41]・八・2
　唐宮閨詩二卷　明劉雲份輯
　　明末刊本[64]・39
　唐宋詩醇四十七卷　清官修
　　清刊本[74]・四・65
　唐宋諸賢絕妙詞選十卷　黃玉林
　輯
　　明萬曆四十二年(1614)秦塏刊
　　本[64]・19
　　抄本[38]・集・125
　唐宋詞八家八卷　不知編者
　　傳抄本[32]・十六・11
　唐宋三婦人集三卷　唐魚玄機、
　薛濤、宋楊太后撰
　　清嘉慶十五年(1810)松江沈氏
　　刊本[26]・十六・10
　　　[49]・21
　唐宋元名表四卷　明胡松輯
　　明嘉靖刊本[91]・三十九・
　　18
　　抄本[8]・集六・607
　唐宋元名表六卷　明胡松輯
　　刊本[39]・辛・12
　唐宋千家聯珠詩格二十卷　于濟
　編
　　朝鮮刊本[76]・十三・22
　　　[89]・一集・九・31
　唐宋科名分定錄三卷　不著撰人
　　宋刊本[14]・二下・181
　唐宋白孔六帖一百卷　唐白居
　易、宋孔傳撰
　　宋刊本　[11]・五十九・6
　　　[14]・三下・279
　　　[28]・續・十・22
　　　[32]・九・4　　[35]・
　　上・42、45　　[41]・十
　　四・21　　[58]・子・93
　　　[68]・圖版187、目錄38
　　　[72]・21　　[73]・圖版
　　40

明翻宋本　[17]・三・30

明刊本　[8]・子二・299
　　[9]・九・38　　[9]・後
　　編・十七・8　　[11]・五
　　十九・7　　[32]・九・4
　　[75]・四十五・8
　　[91]・二十・2　　[96]・
　　六十・1197

明嘉靖刊本　[30]・三・18

刊本　[71]・子・類事・8
　　[89]・一集・六・26

舊抄本　[93]・十七・2

唐宋名賢歷代確論一百卷
　見《歷代名賢確論》

唐宋祕本書目一卷　明黃虞稷、
　周在浚編
　舊抄本　[57]・123

唐宋畫書九種十一卷　不著編者
　明嘉靖刊本　[26]・六・64

唐宋四家詩抄十七卷　清張懷溥
　輯
　清刊本　[74]・四・68

唐宋時賢千家詩選後集六卷　宋
　劉克莊輯
　影宋殘本　[17]・四・41

唐宋八大家文抄一百四十四卷
　明茅坤評
　明萬曆刊本　[91]・三十九・
　　19

34 唐漢策要十卷　宋陶叔獻編
　宋刊本　[14]・後志・二・908

36 唐漫叟文集十卷
　見《元次山集》

37 唐漁石集四卷　明唐龍撰
　明嘉靖刊本　[57]・265
　刊本　[71]・集・明別・59

唐逸史三卷　唐盧肇撰
　舊抄本　[11]・六十二・3

40 唐十二家詩集不分卷　不知編者
　明萬曆十二年(1584)楊一統刊
　本　[64]・52

唐十道四蕃志十卷　唐梁載言撰
　宋刊本　[41]・八・13

唐十道四蕃志十三卷　唐梁載言

撰
　宋刊本　[14]・後志・一・804

唐十道圖一卷　唐李吉甫撰
　宋刊本　[41]・八・13

唐大詔令集一百二十卷　宋宋敏
　求編
　明抄本　[92]・二・44

唐大詔令集一百三十卷　宋宋敏
　求編
　刊本　[5]・四上・1
　　[95]・一・10
　明抄本　[8]・史二・150
　　[60]・四・24　　[91]・
　　八・15
　舊抄本　[11]・二十五・1
　　[16]・十二・1　　[38]・
　　史・43　　[39]・丁・50
　　[74]・二・23　　[93]・
　　九・25

唐大衍曆議十卷　唐釋一行撰
　宋刊本　[41]・十二・19

唐太宗文皇帝集一卷　唐太宗李
　世民撰
　舊抄本　[74]・四・4
　　[102]・下・27

唐太宗文皇帝集二卷　唐太宗李
　世民撰
　明活字本　[91]・二十四・1

唐太宗文皇帝集三卷　唐太宗李
　世民撰
　宋刊本　[41]・十六・7

唐太宗實錄四十卷　唐許敬宗撰
　宋刊本　[14]・後志・一・778

唐太宗實錄四十卷　唐敬播撰
　宋刊本　[41]・四・33

唐太宗李衛公問對一卷
　見《李衛公問對》

唐才子傳八卷　元辛文房撰
　清嘉慶八年(1803)日本刊本
　　[74]・二・30
　清嘉慶十年(1805)三間草堂刊
　　本　　[68]・圖版548、
　　549、目錄90

唐才子傳十卷　元辛文房撰

日本刊本　[11]・二十七・17
　　[91]・九・14　　[102]・
　　上・17

舊刊本　[22]・三・24
　　[89]・一集・四・35

抄本　[75]・二十二・13

清陳仲魚校三間草堂本
　　[8]・史二・157

唐才子傳十卷考異一卷　唐辛文
　房撰
　清陳仲魚校陸香圖刊本
　[2]・二・24

42 唐荊川先生文集六卷　明唐順之
　撰
　刊本　[71]・集・明別・72

唐荊川先生文集十二卷　明唐順
　之撰
　明嘉靖刊本　[19]・23
　　[32]・十四・12
　　[59]・七・15　　[71]・
　　集・明別・71　　[86]・
　　八・20　　[91]・三十七・
　　14
　刊本　[74]・四・44

唐荊川先生文集十七卷　明唐順
　之撰
　明刊本　[12]・三・30

唐荊川先生文集十八卷　明唐順
　之撰
　清康熙刊本　[75]・六十一・
　　15
　刊本　[102]・上・32

唐荊川先生文集十七卷外集三卷
　附錄一卷　明唐順之撰
　明萬曆刊本　[91]・三十七・
　　14

唐荊川先生編纂左氏始末十二卷
　明唐順之撰
　明刊本　[60]・一・17
　刊本　[39]・乙・37

唐荊川先生稗編一百二十卷　明
　唐順之撰
　明刊本　[9]・九・24
　　[60]・五・19　　[75]・

四十五・24
　文霞閣刊本 [96]・六十二・1218
　刊本 [71]・子・雜家・38
唐荆川先生左編一百二十四卷　明唐順之撰
　明刊本 [74]・二・35
唐荆川先生右編四十卷　明唐順之撰
　明刊本 [9]・後編・十四・14
　刊本 [74]・二・24
43唐求詩集一卷　唐唐求撰
　宋刊本 [41]・十九・25　[50]・七・51　[58]・集・45　[65]・四・59　[68]・圖版58、目録17
　宋陳氏書棚刊本 [2]・四・18
　明仿宋刊本 [91]・二十五・12
44唐藏經音義四卷　不知撰人
　宋刊本 [14]・後志・772
唐英歌詩三卷　唐吳融撰
　宋刊本 [9]・後編・六・15　[41]・十九・21
　明毛晉汲古閣刊本 [1]・上・38
　明毛晉汲古閣刊本陸敕先校宋本 [17]・四・12
　陸敕先校述古堂抄本 [60]・六・25
　抄宋本 [5]・四中・12
　抄本 [75]・五十二・18
唐英集三卷
　見《唐英歌詩》
唐世説新語十三卷
　見《大唐世説新語》
唐杜氏家譜一卷　唐杜信撰
　宋刊本 [41]・八・2
46唐相門甲族諸郡氏譜一卷　不著撰人
　宋刊本 [41]・八・2
47唐朝新纂三卷　宋石文德撰
　宋刊本 [41]・十一・8
　唐朝名畫録一卷　唐朱景元撰

明刊本 [11]・五十二・4　[39]・庚・25　[75]・三十九・3　[91]・十七・14
　王氏畫苑本 [96]・四十八・921
唐朝名畫録一卷五代名畫補遺一卷　唐朱景元撰
　明刊本 [93]・十五・15
唐朝畫斷一卷　唐朱景元撰
　宋刊本 [41]・十四・11
唐朝四賢糟詩四卷　不知編者
　舊刊本 [22]・六・41
48唐敬宗實録十卷　唐李讓夷、陳商等撰
　宋刊本 [14]・二上・120　[41]・四・36
50唐中宗實録二十卷　唐吳兢撰
　宋刊本 [14]・後志・一・779　[41]・四・34
唐中興閒氣集二卷
　見《中興閒氣集》
唐史音義三十卷　不知撰人
　宋刊本 [14]・後志・一・794
唐史評不分卷　宋焦考寧撰
　宋刊本 [14]・二下・149
唐史論斷二卷　宋孫甫撰
　宋刊本 [14]・五上・559
　舊抄本 [11]・三十八・5
唐史論斷三卷　宋孫甫撰
　宋刊本 [41]・四・24
　函海刊本 [74]・二・80
　粵雅堂刊本 [74]・二・80
　影宋抄本 [9]・後編・八・3
　舊抄本 [39]・戊・79　[50]・三・47　[75]・三十一・5　[91]・十四・19
唐史要論十卷　宋孫甫撰
　宋刊本 [14]・二下・148
唐摭言十五卷　五代王定保撰
　宋刊本 [14]・三下・246　[41]・十一・8
　神海刊本 [74]・三・75

學津討原本 [96]・六十三・1252
　屬樊榭校舊抄本 [17]・三・33
　宋蘭揮校舊抄本 [17]・三・33
　曝書亭抄本 [39]・丁・50
　蔣西圃藏抄本 [26]・三・30
　舊抄本 [30]・七・16　[42]・5　[50]・六・6　[51]・二・26　[59]・二・12　[75]・四十六・6　[91]・二十一・4
唐肅宗實録三十卷　唐元載等撰
　宋刊本 [14]・後志・一・780　[41]・四・34
唐忠臣録三卷　明鄭瑄編
　明正統十三年(1448)刊本 [38]・史・51　[74]・二・27　[102]・上・16
唐書二百卷　後晉劉昫撰
　北宋刊本 [35]・卷下・49
　宋刊本 [10]・12　[14]・二上・109　[16]・八・6　[35]・下・49　[36]・83　[41]・四・9　[47]・74　[93]・八・18　[94]・二・2
　宋紹興兩浙東路茶鹽司刊本 [58]・史・24　[68]・圖版73、目録20
　明刊本 [9]・八・14　[9]・後編・十四・3　[22]・三・13　[59]・四・4　[93]・八・26
　明嘉靖十七年(1538)聞人詮刊本 [8]・史一・112　[11]・十九・2　[17]・二・6　[26]・三・7　[30]・三・4　[32]・三・6　[86]・二・14　[91]・六・15　[96]・十五・334
　清乾隆四年(1739)武英殿刊本

[74]·二·5　　[75]·
十五·10
清粵東陳氏覆刊本 [74]·二·
5
舊抄本 [22]·三·13
唐書二百五十五卷　宋歐陽修等
撰
北宋嘉祐杭州刊本 [11]·十
九·2　[28]·二·17
[34]·一·14、16
[35]·上·36　[55]·
一·24　[58]·史·25、
28　[72]·11
[73]·圖版24　[91]·
六·15　[7]·中·25
宋刊本 [9]·二·11
[11]·十九·4　[14]·
二上·109　[17]·二·
6　[33]·史·16
[34]·一·16　[35]·
下·57　[41]·四·9
[43]·二·12　[47]·
80　[48]·一輯·33
[58]·史·27　[59]·
四·3　[68]·圖版166、
目錄36　[72]·11
[93]·八·27　[94]·
二·3
南宋紹興刊元遞修本 [68]·
圖版66、目錄18
南宋建安魏仲立刊本 [36]·
88
南宋國子監刊本 [7]·下·5
南宋刊本 [35]·上·36
元翻宋刊本 [35]·上·40
元刊本 [16]·八·6
[35]·上·36　[48]·
二輯上·57　[92]·二·
33
元刊明修本 [12]·二·5
[17]·二·6　[32]·
三·5
元大德刊本 [2]·二·5
[3]·5　[59]·四·4

[91]·六·16
明南監刊本 [74]·續增·史·
1　[74]·二·5
[96]·十五·335
明汲古閣刊本 [74]·二·5
清乾隆四年(1739)武英殿刊本
[74]·二·5　[75]·
十五·11
朝鮮國銅活字本 [22]·三·
13
南雍三朝本 [43]·五·18
刊本 [88]·續·8
唐書二百六十卷附補正六卷　清
沈炳震撰
海昌查氏刊本 [96]·十八·
399
唐書辯證二十卷　宋吳縝撰
宋刊本 [14]·二下·148
唐書音訓四卷　宋竇苹撰
宋刊本 [14]·二下·148
[41]·四·14
唐書新例須知一卷　不著撰人
宋刊本 [14]·二下·147
唐書詳節　不知編者
宋刊本 [2]·二·5
[22]·三·25
元刊本 [9]·後編·九·14
唐書列傳辨證二十卷　不知撰人
宋刊本 [41]·四·15
唐書糾繆二十卷　宋吳縝撰
宋刊本 [41]·四·14
唐書宰相世系表訂譌十二卷　清
沈炳震撰
海昌查氏刊本 [96]·十八·
400
唐書直筆新例四卷　宋呂夏卿撰
宋刊本 [14]·二下·147
[41]·四·14
聚珍刊本 [74]·二·80
影宋抄本 [38]·史·98
嘉定王氏藏舊抄本 [96]·三
十五·643
唐書直筆新例四卷新例須知一卷
宋呂夏卿撰

宋刊本 [9]·二·24
影宋抄本 [32]·五·16
[93]·十二·20
舊抄本 [11]·三十八·10
[75]·三十一·11
唐書志傳八卷　明熊大木撰
明余氏三臺館刊本 [69]·二·
43　[77]·三·55
唐書志傳通俗演義八卷　明熊大
木撰
明嘉靖三十二年(1553)楊氏清
江堂刊本 [69]·二·42
[77]·三·53
唐書志傳通俗演義題評八卷　明
熊大木撰
明唐氏世德堂刊本 [69]·二·
42　[77]·三·55
唐書藝文志四卷　宋歐陽修撰
宋刊本 [41]·八·5
唐書藝文志注四卷　不著撰人
抄本 [18]·上·13
唐末汎聞錄一卷　宋闕自若纂
宋刊本 [14]·後志·一·786
[41]·七·8
60唐國史補二卷　唐李肇撰
宋刊本 [14]·二上·132
唐國史補三卷　唐李肇撰
宋刊本 [41]·五·14
元刊本 [9]·五·39
津逮祕書本 [96]·六十三·
1247　[74]·三·73
校本 [54]·四·11
清葉石君抄本 [2]·三·34
抄本 [75]·四十六·4
唐四傑詩集四卷　唐王勃、楊炯、
盧照鄰、駱賓王撰
影宋本 [35]·下·43
唐四傑詩集八卷　唐王勃、楊炯、
盧照鄰、駱賓王撰
明刊本 [91]·三十八·6
唐四僧詩六卷　唐釋靈澈、常達、
靈一、清塞撰
舊抄本 [11]·一百十二·6
唐四家詩　汪立名輯

王澹淵校本　[57]·314

唐昌計二卷　宋趙希弁撰
　宋刊本　[41]·五·40

唐昌玉蘂辨正一卷　宋周必大撰
　明汲古閣刊本　[74]·三·42
　津逮祕書本　[74]·三·42
　[96]·五十一·1009
　抄本　[5]·二中·13

唐圓測解深密經疏（西藏語本）
不知撰人
　藏州奈留旦刊本　[40]·4

62唐則天實錄二十卷　唐吳兢撰
　宋刊本　[14]·二上·118
　[41]·四·33

66唐賜鐵券考一卷　錢泳撰
　拓本　[57]·154
　舊抄本　[84]·三·14

67唐昭陵石蹟考略　清林侗撰
　清道光四年(1824)葉夢龍喜聞
　過齋刊本　[68]·圖版
　566、567、目錄92

70唐雅二十六卷　明張之象編
　明刊本　[9]·後編·二十·13
　明嘉靖刊本　[91]·二十九·
　16

71唐曆四十卷　唐柳芳撰
　宋刊本　[14]·二上·112
　[41]·四·19

72唐氏三先生集三十卷　元唐元纂
　刊本　[88]·六·7

唐質肅遺事一卷　不著撰人
　宋刊本　[41]·七·17

77唐風集三卷
　見《杜荀鶴文集》

唐眉山詩集二十卷
　見《唐子西先生集》

唐開元占經一百二十卷　唐瞿曇
　悉達撰
　明程明善刊本　[78]·算學書
　錄補注·98
　刊本　[74]·三·30
　四庫全書本　[78]·補遺·48
　舊抄校本　[91]·十七·6
　舊抄本　[12]·五·26

[16]·二十三·9
[92]·三·90　[93]·十
五·8
　精抄本　[11]·五十一·3

唐開元禮一百五十卷
　見《大唐開元禮》

唐開成石經、五經文字三卷　唐
張參撰　九經字樣一卷　唐唐
玄度撰
　日本刊本　[91]·四·4

唐闕史一卷　五代高彥休撰
　明抄本　[38]·子·87

唐闕史二卷　五代高彥休撰
　知不足齋叢書本　[96]·六十
六·1313
　顧氏閭邱辨囿刊本　[74]·三·
83
　妙道人吳志忠校閭邱辨囿刊本
[17]·三·38
　校秀野草堂刊本　[55]·三·
14
　明抄本　[75]·四十八·6
　茶夢主人抄本　[16]·二十七·
5
　舊抄本　[32]·九·18
[39]·丁·19　[53]·
一·11　[59]·八·6
[93]·十七·23

唐闕史三卷　五代高彥休撰
　宋刊本　[41]·十一·6

唐賢文粹一百卷
　見《唐文粹》

唐賢絕句一卷　宋柯夢得編
　宋刊本　[14]·五下·728

唐賢絕句三體詩法三卷　宋周弼
編、元釋圓至注、裴庾增注
　元刊本　[76]·十三·24
　朝鮮國刊本　[22]·六·41
　室町初期刊本　[62]·圖版128
　室町末期刊本　[62]·圖版132
　明應三年刊本　[62]·圖版129
[22]·六·42
　刊本　[89]·一集·九·32、
37

舊抄本　[22]·六·42

唐賢絕句三體詩法二十卷　宋周
弼編、元釋圓至注
　元刊本　[11]·一百十四·14
[93]·二十三·27
[94]·四·19
　明翻元刊本　[8]·集六·602
[26]·十五·34
　明刊本　[9]·後編·二十·12
[11]·一百十四·15

80唐人詩選　清許嵩廬輯
　抄本　[36]·264

唐人集一百四十五卷　不知撰人
　明活字本　[38]·集·106

唐人絕句一百零二卷　不著編者
　刊本　[5]·四下·14

唐人絕句詩集一百卷
　見《唐人萬首絕句》

唐人萬首絕句四十卷　宋洪邁編
　明刊本　[11]·一百十三·16
　明萬曆刊本　[76]·十三·23
　刊本　[39]·辛·18
[100]·172

唐人萬首絕句一百卷　宋洪邁輯
　宋刊本　[9]·後編·七·23
[35]·上·24　[58]·
集·139
　宋紹熙刊本　[41]·十五·18
[87]·一·6
　明刊本　[9]·十·48、51
　明嘉靖刊本　[16]·三十五·
6　[30]·三·33
[38]·集·101
　明嘉靖二十年(1541)陳敬學仿
　宋刊本　[26]·十五·24
　明萬曆三十五年(1607)趙宧光
　刊本　[26]·十五·26

唐分門別類歌詩十一卷
　見《唐歌詩》

唐令三十卷式二十卷　唐宋璟、
蘇頲、盧從願等撰
　宋刊本　[41]·七·32

唐年補錄六十五卷　後晉史館撰
　宋刊本　[41]·四·20

唐年小録八卷　唐馬總撰
　　宋刊本　[41]・七・5
唐會要一百卷　宋王溥撰
　　宋刊本　[14]・後志・二・853
　　[41]・五・29
　　清武英殿聚珍刊本　[74]・二・
　　63　[75]・二十九・4
　　[96]・二十九・554
　　舊抄本　[5]・二上・21
　　[11]・三十五・3
　　[16]・十九・2　[17]・
　　二・20　[39]・丁・50
　　[53]・一・9　[93]・
　　十二・5　[95]・一・10
82唐鍾馗平鬼傳八卷　題雲中道人
編
　　清乾隆五十年(1785)廣州刊本
　　[69]・七・198
唐創業起居注五卷
　　見《大唐創業起居注》
88唐鑑十二卷　宋范祖禹撰
　　宋刊本　[41]・四・25
唐鑑二十卷　宋范祖禹撰
　　宋刊本　[14]・二下・149
唐鑑二十四卷　宋范祖禹撰、呂
祖謙注
　　宋刊本　[13]・15　[38]・
　　史・97
　　元復宋刊本　[92]・二・72
　　元刊本　[35]・下・14
　　明刊本　[9]・後編・十四・7
　　[93]・十二・19
　　[96]・三十五・644
　　明弘治刊本　[11]・三十八・2
　　[75]・三十一・1
　　朝鮮國活字刊本　[22]・三・
　　31
　　影寫宋刊本　[59]・四・20
唐餘紀傳二十四卷　明陳霆輯
　　明嘉靖刊本　[2]・二・19
　　[28]・四・9　[91]・
　　十一・11　[92]・二・58
　　校刊本　[95]・一・12
　　瓶花齋抄本　[39]・丁・16

唐餘録六十卷　宋王偁撰
　　宋刊本　[14]・後志・一・785
唐餘録史三十卷　宋王偁撰
　　宋刊本　[41]・四・16
唐策十卷　不著編者
　　明刊本　[93]・二十三・28
　　刊本　[39]・辛・11
　　[71]・集・論集・3
91唐類函二百卷　明俞安期撰
　　明刊紅字本　[75]・四十五・
　　25
　　明刊本　[9]・後編・十七・
　　17　[71]・子・類事・
　　14　[102]・上・24
　　明萬曆三十一年(1603)刊本
　　[26]・六・23　[30]・
　　二・12　[74]・三・69
唐類表二十卷　不知編者
　　宋刊本　[41]・十五・9

0028₆　廣

00廣瘟疫論五卷　清戴大章撰
　　刊本　[74]・三・19
　　舊抄本　[74]・三・19
　　[102]・下・16
廣廣事類賦三十二卷　清吳世旃
撰
　　籑經堂刊本　[96]・六十二・
　　1240
廣文選六十卷　明劉節輯
　　明刊本　[32]・十五・20
　　[39]・辛・4
01廣諧史十卷　明陳邦俊輯
　　刊本　[39]・己・76
廣諧史二十卷　明徐常吉輯
　　刊本　[71]・子・小説家・27
06廣韻五卷　宋陳彭年等撰
　　北宋刊本　[7]・中・15
　　[11]・十六・14
　　[17]・一・10　[29]・
　　一・6　[35]・上・32
　　[70]・六・7　[72]・6
　　[73]・圖版14　[76]・
　　三・25　[89]・一集・

三・21
　　宋刊本　[9]・後編・三・31
　　[14]・一下・86
　　[22]・二・39　[28]・
　　續・四・5　[31]・33
　　[35]・上・30　[35]・
　　下・20、22　[38]・經
　　60　[41]・三・42
　　[68]・圖版15、16、目録9
　　[70]・六・17　[76]・
　　三・28　[80]・十四・6
　　[83]・一・14　[89]・
　　一集・三・29、30
　　宋建寧府黃三八郎書鋪刊本
　　[89]・一集・三・22
　　宋建安余氏雙桂書堂鼎新刊本
　　[89]・一集・三・28
　　宋余氏勤德書堂鼎新刊本
　　[89]・一集・三・31
　　南宋婺州刊巾箱本　[67]・第
　　五冊・17
　　金刊本　[22]・二・40
　　[35]・上・30
　　元刊本　[11]・十六・14
　　[22]・二・40、41、42
　　[28]・續・四・7
　　[32]・二・25　[35]・
　　下・4、22、23、35、37、46
　　[65]・一・63　[72]・
　　7　[76]・三・29、32、
　　35　[80]・十四・7
　　[83]・一・16　[92]・
　　一・23　[96]・十四・
　　281
　　元泰定二年(1325)圓沙書院刊
　　本　[2]・一・38　[37]・
　　一輯　[89]・一集・三・
　　25
　　元至順刊本　[22]・二・41
　　[35]・下・35
　　元元統三年(1335)仲秋日新書
　　堂刊本　[92]・一・23
　　元至正十六年(1356)翠巖精舍
　　刊本　[19]・3　[43]・

一・37　　[68]・圖版
325、326、目録60

元至正二十六年(1366)菊節南
山書院刊本　[22]・二・
40　[89]・一集・三・
27　[92]・一・23

明刊本　[76]・三・37、38

明初翻宋建寧府黄三八郎書鋪
刊本　[89]・一集・三・
24

明開封府翻元刊本　[91]・五・
21

明永樂二十二年(1424)廣成書
堂刊本　[89]・一集・三
・32　[22]・二・40

明宣德六年(1431)清江書堂刊
本　[68]・圖版358、359、
目録65

明弘治五年(1492)刊本
[22]・二・40

明弘治十四年(1501)劉氏文明
書堂刊本　[89]・二集・
一・40

明内府刊本　[86]・三・15

清康熙四十三年(1704)張氏澤
存堂刊本　[38]・經・60
[68]・圖版491、目録82
[75]・十三・1,2
[81]・經・8

曹棟亭刊本　[38]・經・60

潁川陳氏刊本　[20]・一・21

翻宋本　[45]・5

浙中覆北宋刊本　[73]・圖版
15

清康熙初元張紹校刊本
[26]・二・55

段懋堂校張士俊刊本　[32]・
二・24

惠松崖、段若膺校本　[50]・
一・16

段若膺校本　[50]・一・16

校本　[52]・一・13　　[83]・
一・17

影宋抄本　[17]・一・10

[38]・經・60

日本影元泰定本　[75]・十三・
1

廣韻藻六卷　明方夏撰
原刊本　[96]・六十二・1228

07廣諷味集五卷　宋王欽臣撰
宋刊本　[41]・二十・8

08廣論語駢枝一卷　章炳麟撰
稿本　[57]・13

10廣王衛王本末一卷　宋陳仲微撰
抄本　[39]・丁・27

廣干禄字書五卷　宋婁機撰
宋刊本　[41]・三・47

廣平府志　明陳棐纂
明刊本　[15]・2

廣平雜記一卷　清宋徵輿輯
傳抄本　[85]・二十一・967

廣平公集一百卷　宋宋白撰
宋刊本　[41]・十七・2

廣西通志四十卷　清吳興祚等撰
清刊本　[71]・史・地志・7

廣西通志六十卷　明陳九川撰
明嘉靖刊本　[17]・二・17

廣西通志六十卷　明周孟中撰
清刊本　[71]・史・地志・7

廣西通志二百八十卷　清謝啓
崑,吉慶等纂
清嘉慶六年(1801)刊本
[28]・續・八・14
[74]・二・45

廣百川學海一百三十七種　明馮
賓可輯
明刊本　[39]・庚・54
[74]・續增・子・13

12廣弘明集一卷　唐釋道宣撰
宋刊殘本　[43]・三・25

廣弘明集十卷　唐釋道宣撰
明刊本　[81]・子・15
顧千里校本　[11]・六十五・9
校本　[83]・三・30

廣弘明集二十卷　唐釋道宣撰
明萬曆支那本　[28]・九・20

廣弘明集三十卷　唐釋道宣撰
宋刊本　[14]・後志・二・891

明刊本　[11]・六十五・9
[16]・二十八・8

支那撰述本　[96]・六十八・
1332

廣弘明集四十卷　唐釋道宣撰
明刊本　[59]・二・11

明支那刊本　[75]・四十九・9

17廣羣芳譜一百卷　清汪灝等撰
清武英殿刊本　[96]・五十一・
1018

廣羣輔録六卷　清徐汾撰
刊本　[39]・戊・4

21廣卓異記二十卷　宋樂史撰
宋刊本　[41]・十一・10
刊本　[39]・戊・3
舊抄本　[5]・二中・27
[91]・九・10　　[93]・
十・6

22廣川詩故四十卷
見《詩故》

廣川家學三十卷　宋董弅撰
宋刊本　[41]・十・19

廣川董逌易學二十四卷
見《易學》

廣川藏書志二十六卷　宋董逌撰
宋刊本　[41]・八・6

廣川畫跋五卷　宋董逌撰
宋刊本　[41]・十四・13
校本　[60]・八・2

廣川畫跋六卷　宋董逌撰
明刊本　[91]・十七・16
[93]・十五・18

明嘉靖刊本　[11]・五十二・
13　[84]・二・7

刊本　[53]・二・7　　[71]・
子・書畫家・5

明抄本　[91]・十七・17

沈晴川抄本　[11]・五十二・
12

餘姚盧氏抱經堂校定傳抄本
[96]・四十八・930

舊抄本　[16]・二十四・1
[75]・三十九・4
[93]・十五・17

廣川書跋十卷 宋董逌撰
　津逮秘書本 [74]・三・37
　　　[96]・四十八・929
　何義門校本 [32]・七・7
　校本 [84]・三・19
　盧抱經校抄本 [91]・十七・16
　明錫山秦氏雁里草堂抄本
　　　[26]・六・58
　明文氏玉蘭堂藏抄本 [26]・六・60
廣川書跋十卷畫跋五卷 宋董逌撰
　宋刊本 [41]・八・6
27廣艷異編三十五卷 不知撰人
　明刊本 [77]・六・163
廣修辭指南二十卷 明陳與郊輯
　刊本 [39]・庚・52
28廣復古編 不知撰人
　清刊本 [80]・十一・3
30廣濟陰陽百忌歷二卷 題唐呂才撰
　宋刊本 [41]・十二・24
廣字義三卷 清黃叔敬撰
　刊本 [39]・己・36
廣宏明集四十卷
　見《廣弘明集》
廣客談 不著撰人
　明抄本 [46]・21
32廣州四先生詩選 明黃哲、李德、王佐、趙介撰
　抄本 [39]・辛・44
廣州圖經二卷 宋王中行撰
　宋刊本 [41]・八・34
廣州人物傳二十四卷 明黃佐撰
　刊本 [39]・戊・25
35廣清涼傳二卷 宋釋延一重編
　金刊本 [11]・六十五・12
40廣志一百十卷 晉郭義恭撰
　明抄本 [91]・二十・15
廣志繹五卷 明王士性撰
　刊本 [39]・戊・29
廣志繹六卷附雜志一卷 明王士性撰

刊本 [71]・史・地志・78
廣右戰功録一卷 明唐順之撰
　借月山房彙抄本 [96]・十九・422
廣古今五行志三十卷 宋竇鑒撰
　宋刊本 [14]・後志・二・839
43廣博物志五十卷 明董斯張撰
　明萬曆三十五年(1607)刊本
　　　[74]・三・69 [102]・上・24
　清乾隆二十六年[1761]高暉堂重刊本 [96]・六十二・1226
　刊本 [39]・己・56
　　　[71]・子・類事・15
44廣莊一卷 明袁宏道撰
　舊抄本 [74]・續增・子・5
廣蒙求三十七卷 明姚光祚撰
　刊本 [39]・丙・31
廣黃帝本行記一卷 唐王瓘撰
　校刊本 [80]・九・12
　明抄本 [5]・二中・17
47廣均五卷 不知撰人
　元至正刊本 [35]・下・18
48廣救命書一卷 明唐顯悅撰
　抄本 [102]・下・15
50廣中四傑詩選五卷 明汪廣洋纂
　舊抄本 [75]・六十三・17
廣中四傑集四卷 明余憲輯
　舊抄本 [59]・六・5
廣事類賦四十卷 清華希閔撰
　劍光閣刊本 [96]・六十二・1235
廣東新語二十八卷 清屈大均撰
　刊本 [71]・史・地志・51
廣東詩粹十二卷 清梁善長輯
　刊本 [39]・辛・44
廣東名勝志十卷廣西名勝志十卷 明曹學佺撰
　刊本 [71]・史・地志・51
廣東通志六十四卷 清郝玉麟等纂
　清雍正八年(1730)刊本
　　　[74]・二・45

廣東通志七十卷 明黃佐撰
　明嘉靖刊本 [17]・二・16
廣東通志七十二卷 明郭棐等撰
　清刊本 [71]・史・地志・6
廣東通志三百三十四卷 清阮元等纂
　清嘉慶二十三年(1818)刊本
　　　[28]・續・八・13
　　　[74]・二・45
廣東全省輿圖十二卷 清吳興祚撰
　清刊本 [74]・續增・史・4
53廣成子解一卷 宋蘇軾撰
　宋刊本 [14]・後志・二・826
　傳抄本 [32]・九・25
廣成集十二卷 蜀杜光庭撰
　刊本 [39]・辛・55
　舊抄本 [11]・七十一・20
　　　[42]・9 [51]・三・8
　　　[71]・集・黃冠・1
　　　[93]・十九・44
廣成集十七卷 蜀杜光庭撰
　晚晴軒陳氏傳録知聖道齋本
　　　[8]・集一・406
　舊抄本 [91]・二十五・23
廣成先生玉函經一卷 蜀杜光庭撰
　宋刊本 [35]・下・12
　　　[50]・四・27 [51]・二・8 [58]・子・53
　　　[79]・子・醫家類・357
　　　[93]・十四・13
　　　[94]・三・2
　舊抄本 [11]・四十四・12
　　　[75]・三十六・8
60廣易通二卷 明許子偉撰
　刊本 [24]・經一・37
廣易筌二卷 明沈瑞鍾撰
　刊本 [39]・甲・25
廣異記六卷 不著撰人
　明刊本 [50]・六・33
　舊抄本 [5]・二中・26
　　　[93]・十七・21
67廣嗣紀要十六卷 明萬全撰

清雍正萬密齋醫學全書本
　[79]・子・醫家・413
70廣雅十卷　魏張揖撰
　宋刊本　[41]・三・39
　古今逸史本　[74]・一・51
　漢魏叢書本　[74]・一・51
　明畢效欽刊本　[17]・一・9
　明刊本　[38]・經・48
　[81]・經・7
　明刊校影宋本　[83]・一・12
　[91]・五・5
　明刊校本　[91]・五・6
　廣雅疏證十卷　清王念孫撰
　余求王氏原刊本　[84]・二・
　15
74廣陵先生文集四十二卷　宋王令
撰
　舊抄本　[16]・三十・19
　廣陵先生文集二十卷　宋王令撰
　宋刊本　[41]・十七・15
　舊抄本　[39]・壬・10
　[93]・二十・19
　廣陵先生文集二十卷拾遺一卷
宋王令撰
　刊本　[24]・集一・23
　小山堂抄本　[71]・集・宋別・
　20
　舊抄本　[28]・十一・11
　廣陵先生文集二十卷拾遺一卷附
　錄一卷　宋王令撰
　舊抄本　[28]・十一・10
　[12]・六・8
　傳抄本　[32]・十一・10
　廣陵先生文集二十卷拾遺一卷補
　遺一卷附錄一卷　宋王令撰
　舊抄本　[59]・六・19
　廣陵先生文集二十卷附錄一卷
　宋王令撰
　舊抄本　[11]・七十六・11、
　12
　明抄本　[91]・二十七・15
　廣陵先生文集三十卷附錄一卷
　宋王令撰
　王氏十萬卷樓抄本　[91]・二

十七・15
　傳抄本　[59]・六・19
　廣陵通典十卷　清汪中撰
　清道光三年(1823)刊本
　[80]・十一・6　[96]・
　十九・427
　廣陵志十二卷　宋姚一謙等撰
　宋刊本　[41]・八・26
　廣陵妖亂志三卷　唐鄭延晦撰
　宋刊本　[41]・五・16
76廣陽雜記五卷　清劉繼莊撰
　畿輔叢書本　[85]・二十二・
　976
　功順堂叢書本　[85]・二十二・
　976
　國粹叢書本　[85]・二十二・
　976
　中華書局鉛印本　[85]・二十
　二・976
　廣陽雜記八卷　題黃日瑚輯
　刊本　[71]・子・雜家・47
77廣月令五卷　明王勤撰
　明刊本　[78]・補遺・18
　廣輿圖二卷　元朱思本撰
　明刊本　[59]・三・2
　明嘉靖刊本　[91]・十一・4
　[92]・二・67
　廣輿圖二卷　明羅念菴撰
　刊本　[71]・史・地志・25
80廣人物志十卷　唐杜周士撰
　宋刊本　[41]・十・3
　廣金石韻府五卷　清林尚葵、李
　根同輯
　刊本　[39]・丙・46
88廣筆疇一卷　不著撰人
　滄生堂抄本　[91]・十九・
　16
91廣類函二百卷
　見《唐類函》

廣

00廣齋詩集六卷　清洪交泰撰
　刊本　[71]・集・國朝別・
　33

　廣齋續吟三卷　清洪交泰撰
　刊本　[71]・集・國朝別・33

0029₄ 麻

00麻衣道者正易心法一卷
　見《正易心法》
　麻衣相法三卷　題麻衣道者撰
　坊刊本　[74]・三・34
44麻姑集十二卷　明朱廷臣撰
　明嘉靖刊本　[75]・五十・25
　麻姑山丹霞洞天志十七卷　明鄒
　鳴雷撰
　刊本　[71]・史・地志・68
　麻姑洞天志十六卷　明左宗郢輯
　刊本　[39]・戊・63

0033₀ 亦

10亦玉堂稿十卷　明沈鯉撰
　清康熙刊本　[85]・二・89
40亦有生齋詩集三十二卷詞二卷文
　二十卷　清趙懷玉撰
　清嘉慶二年(1797)家刊本
　[26]・十三・25

0033₁ 忘

10忘憂集三卷　宋劉仲甫編
　宋刊本　[14]・三下・294
　忘憂清樂集一卷　宋李逸民撰
　宋刊本　[10]・33　[41]・
　十四・19　[51]・二・
　14　[58]・子・71
　[93]・十五・20
　[94]・三・3
　忘憂清樂集三卷　宋李逸民撰
　宋刊本　[97]・一・28
88忘筌書二卷　宋潘植撰
　宋刊本　[41]・九・14
　[41]・十・22
90忘懷錄三卷　題宋夢上丈人撰
　宋刊本　[14]・三上・236

0033₆ 意

44意林三卷　唐馬總撰
　宋刊本　[14]・後志・二・827

[35]·下·50　　[41]·
十·14
意林五卷　唐馬總撰
　明刊本　[91]·十九·21
　[93]·十六·24
　明嘉靖五年(1526)黃氏刊本
　[17]·三·28
　聚珍刊本　[74]·三·58
　[75]·四十四·22
　嚴可均校本　[11]·五十八·
　17
　校道藏本　[91]·十九·21
　校本　[50]·五·60
　[65]·續·三·58
　傳錄明刊本　[8]·子一·286
　明謝氏小草齋抄本　[92]·三·
　113
　天一閣抄本　[39]·己·38
　抄本　[59]·二·2　　[71]·
　子·雜家·25
意林語要五卷
　見《意林》
60意圉讀醫書筆記二卷　清譚天驥
撰
　民國二年(1913)成德學社鉛印
　本　[73]·子·醫家·527

0040₀ 文

00文文山集　宋文天祥撰
　元刊本　[67]·第五冊·67
文文山集三卷　宋文天祥撰
　毛子晉校汲古閣本　[17]·四·
　13
文文山集十六卷　宋文天祥撰
　明嘉靖三十九年(1560)刊本
　[74]·四·32　　[102]·
　上·30
　清雍正刊本　[75]·五十七·
　16
文文山集十七卷別集六卷　宋文
天祥撰
　刊本　[24]·集一·41
文文山集十七卷別集六卷附錄三
卷　宋文天祥撰

　明刊本　[93]·二十一·28
文文山先生全集二十卷　宋文天
祥撰
　明刊本　[9]·後編·十九·4
　[11]·九十一·10
　[32]·十二·21
　明嘉靖三十九年(1560)刊本
　[71]·集·宋別·65
　明萬曆刊本　[64]·續·116
　刊本　[24]·集一·41
文文山先生全集二十八卷　宋文
天祥撰
　明嘉靖三十一年(1552)鄢懋卿
　刊本　[11]·九十一·10
　[19]·21　[32]·十二·
　21　[91]·三十二·1
文文肅公日記不分卷　明文震孟
撰
　明文震孟寫本　[2]·二·27
文章辨體五十卷外集五卷　明吳
納編
　明天順刊本　[91]·三十九·8
文章辨體彙選八百零六卷　清賀
復徵輯
　海寧陳氏春暉堂抄本　[39]·
　辛·9
文章正論十五卷緒論五卷　明劉
祐輯
　明刊本　[91]·三十九·15
文章正宗二十四卷
　見《真文忠公文章正宗》
文章元妙一卷　唐任藩撰
　宋刊本　[41]·二十二·10
文章緣起一卷　宋任昉撰
　宋刊本　[14]·五上·601
　[41]·二十二·6
　刊本　[5]·四下·20
文章軌範七卷　宋謝枋得編
　元刊本　[17]·四·43
　[22]·六·43　[35]·
　上·59　[38]·集·104
　[48]·二輯下·200
　[91]·三十八·22
　翻元刊本　[76]·十三·9

　明刊本　[11]·一百十四·16
　清康熙五十七年(1718)刊本
　[74]·四·62
　朝鮮國刊本　[76]·十三·8
　刊本　[89]·一集·九·33、
　34、35、36
　抄本　[75]·六十三·5
文章善戲不分卷　宋鄭持正編
　影抄宋刊本　[11]·一百十五·
　8
文章精義一卷　宋李耆卿撰
　杜文瀾校舊抄本　[17]·四·
　48
　傳抄文瀾閣本　[60]·七·15
05文靖集二卷
　見《舒文靖集》
08文說一卷　宋包揚輯
　宋刊本　[41]·二十二·14
文說一卷　元陳繹曾撰
　傳抄文瀾閣本　[60]·七·15
　抄本　[74]·四·72
　[102]·下·40
10文正集十卷
　見《范文正公集》
文正公尺牘三卷
　見《范文正公尺牘》
文丙集一卷　五代文丙撰
　宋刊本　[41]·十九·27
12文瑞樓書目十二卷　清金檀編
　讀畫齋叢書本　[96]·三十二·
　598
15文殊師利菩薩像　不著繪者
　五代刻本　[68]·圖版2、目錄7
17文丞相傳、謝疊山傳、陸君實傳不
分卷　不知撰人
　刊本　[92]·二·48
文子一卷　題周文子撰
　明刊本　[11]·六十六·17
文子二卷　題周文子撰
　宋刊本　[14]·三上·210
　明翻宋本　[17]·三·42
　明子彙本　[17]·三·42
　明縣眇閣本　[17]·三·42
　明嘉靖刊本　[75]·五十·15

墨海金壺本 [96]•六十九•
1349
刊本 [89]•一集•五•9
抄本 [75]•五十•15
文子七卷 宋朱弁注
舊抄本 [93]•十八•12
文子十二卷 唐徐靈府注
宋刊本 [14]•後志•二•825
[35]•下•28 [41]•九•
22 [58]•子•134
[93]•十八•11
[94]•三•7
刊本 [36]•200 [89]•一
集•五•10
嚴鐵橋手抄本 [59]•二•2
抄本 [5]•三上•17
文子十二卷 孫淵如注
孫淵如稿本 [38]•子•94
文子十二卷 唐朱玄注
宋刊本 [14]•後志•二•825
文子續義十二卷 宋杜道堅撰
武英殿聚珍刊本 [74]•三•
89 [96]•六十九•1351
清盧抱經據道藏校武英殿聚珍
刊本 [2]•三•51
舊抄本 [16]•二十八•16
[28]•九•23 [75]•
五十•15 [93]•十八•
12
文子通玄真經一卷
見《文子》
文子合注十二卷 唐徐靈府、宋
朱弁、杜道堅注
明刊本 [96]•六十九•1350
20 文信國公集十六卷
見《文文山集》
文信公集杜詩句集四卷
見《文山先生集杜詩》
文集七十一卷
見《白氏長慶集》
文稿十卷 清顧棟高撰
朱檢討寫本 [57]•288
小萬卷樓稿本 [57]•289
21 文儷十八卷 明陳翼飛輯

刊本 [39]•辛•13
22 文斷十五卷 不著撰人
明刊本 [26]•十六•21
抄本 [39]•庚•4
文山先生文集十六卷
見《文文山集》
文山先生集杜詩二卷 宋文天祥
撰
明刊本 [60]•六•42
明成化刊本 [91]•三十二•1
文山先生集杜詩四卷 宋文天祥
撰
明刊本 [93]•二十一•28
文山先生集杜詩四卷附詠文丞相
詩一卷 宋文天祥撰
明刊本 [65]•五•40
文山先生指南錄四卷 宋文天祥
撰
宋刊本 [11]•九十一•11
[72]•31
文山先生指南錄五卷 宋文天祥
撰
宋景炎刊巾箱本 [34]•一•
31 [35]•上•13
文山先生指南錄一卷指南後錄一
卷 宋文天祥撰
舊抄本 [93]•二十一•28
文山先生指南錄一卷指南後錄三
卷 宋文天祥撰
刊本 [24]•集一•42
文山先生指南錄二卷吟嘯集一卷
附錄一卷文丞相傳一卷 宋文
天祥撰
明刊本 [93]•二十一•28
文山先生指南錄二卷吟嘯集一卷
附錄一卷指南後錄二卷文丞相
傳一卷 宋文天祥撰
元刊本 [11]•九十一•10
文山先生指南錄四卷附錄一卷
宋文天祥撰
宋刊本 [28]•續•十二•21
[58]•集•107
文山先生別集六卷 宋文天祥撰
明崇禎元年(1628)鄭鄭評點本

[59]•六•30
文山先生別集六卷附錄三卷 宋
文天祥撰
明黑口本 [12]•三•25
文山傳集四卷 宋文天祥撰
明刊本 [60]•六•41
23 文獻通考三百四十八卷 元馬端
臨撰
元刊本 [8]•史三•198
[9]•後編•九•16
[11]•三十五•8
[15]•2 [16]•十九•2
[28]•七•14 [32]•
五•6 [43]•二•40
[48]•二輯上•95
[91]•十三•10
[92]•二•69 [93]•
十二•6
元刊小黑口本 [92]•二•
69
元至元西湖書院刊本 [26]•
四•2
元延祐刊本 [35]•下•40
元至治二年(1322)刊本
[96]•二十九•557
元泰定元年(1324)西湖書院刊
本 [67]•第五册•54
[68]•圖版279、目録53
明刊本 [9]•八•30,32,33
[9]•後編•十五•16
[22]•三•30 [91]•
十三•11
明刊十三行小字本 [74]•二•
64
明內府刊本 [91]•十三•11
明馮天馭刊本 [17]•二•21
明正德十四年(1519)劉洪慎獨
齋刊本 [26]•四•3
[32]•五•7 [59]•
四•18 [68]•圖版393、
394、目録69 [75]•二
十九•7
明嘉靖三年(1524)司禮監刊本
[8]•史三•199

　　　　[12]·四·8　　[26]·
　　　四·3　　[89]·一集·
　　　四·44
　　朝鮮國活字本 [22]·三·30
　　謝氏重刊本 [75]·二十九·7
　　刊本 [89]·一集·四·45
　　明抄本 [18]·上·16
23文編六十四卷　明唐順之編
　　明刊本 [59]·六·5
　　明嘉靖刊本 [91]·三十九·12
　　明天啓刊本 [74]·四·64
　　　[102]·上·35
24文化集一卷　唐許棠撰
　　明抄本 [102]·下·29
25文生小草　文震亨撰
　　刊本 [39]·癸下·31
26文泉子十卷
　　見《文泉子集》
　文泉子集一卷　唐劉蛻撰
　　明天啓四年(1624)吳馡編刊本
　　　[74]·四·10
　　舊抄本 [17]·四·11
　　　[102]·下·28
　文泉子集六卷　唐劉蛻撰
　　舊抄本 [55]·四·1
　　　[60]·六·26
　文泉子集十卷　唐劉蛻撰
　　宋刊本 [41]·十六·28
28文谿集二十卷
　　見《文谿存稿》
　文谿存稿二十卷　宋李昴英撰
　　明嘉靖三十二年(1533)刊本
　　　[17]·四·27　　[91]·
　　　三十一·15
　　清康熙七年(1668)刊本
　　　[74]·四·31
　　刊本 [39]·壬·38
　　舊抄本 [17]·四·27
　　　[71]·集·宋別·55
30文房四譜五卷　宋蘇易簡撰
　　宋刊本 [14]·三下·238
　　　[41]·十四·13
　　吳枚菴校抄本 [91]·十八·2
　　清黃丕烈校舊抄本 [2]·三·

17
　　校舊抄本 [50]·五·8
　　　[52]·二·3　　[65]·續·
　　　三·12
　　校傳抄本 [61]·五·3
　　抄校本 [50]·五·10
　　小玲瓏山館抄本 [71]·子·
　　　雜藝術·3
　　舊抄本 [5]·二中·7
　　　[11]·五十三·7
　　　[16]·二十四·3
　　　[17]·三·11　　[32]·
　　　七·10　　[39]·庚·36
　　　[74]·三·42　　[75]·
　　　四十·5　　[93]·十六·
　　　1　　[96]·五十·989
　　　[102]·下·20
　文房四友除授集一卷　宋鄭清之
　　撰
　　宋刊本 [11]·一百十四·17
　　　[17]·四·42
　　明刊本 [17]·四·42
　文房圖贊一卷　宋林洪撰
　　宋刊本 [14]·五上·612
　文房圖贊一卷續一卷　宋林洪撰
　　明刊本 [91]·十八·2
　文房小說四十種　明顧元慶編
　　明嘉靖中顧元慶校刊本
　　　[26]·六·77　　[102]·
　　　上·23
　文安公集六卷
　　見《揭文安公文集》
　文定集二十四卷
　　見《汪文定公集》
　文定公詞一卷　宋邱𡩋撰
　　勞氏抄本 [91]·四十·15
　　舊抄本 [11]·一百二十·4
32文淵閣書目　明楊士奇編
　　刊本 [89]·二集·四·46
　　抄本 [30]·四·10
　文淵閣書目二卷　明楊士奇編
　　抄本 [71]·史·簿錄·3
　文淵閣書目四卷　明楊士奇編
　　舊抄本 [91]·十四·4

　文淵閣書目二十卷　明楊士奇編
　　讀畫齋叢書本 [96]·三十二·
　　　581
33文心雕龍十卷　梁劉勰撰
　　宋刊本 [14]·四上·375
　　　[20]·四·10　　[41]·
　　　二十二·6
　　元刊本 [9]·後編·十一·
　　　21　　[58]·元·153
　　明刊本 [32]·十六·1
　　　[55]·五·35
　　明弘治刊本 [16]·三十六·1
　　明嘉靖刊本 [17]·四·44
　　　[19]·13　　[22]·六·
　　　46　　[91]·三十九·25
　　明萬曆刊本 [75]·六十四·1
　　明張之象刊本 [17]·四·44
　　漢魏叢書本 [74]·四·70
　　清康熙三十四年(1695)刊本
　　　[26]·十六·11
　　刊本 [5]·四下·20
　　校宋本 [50]·十·37
　　何義門校宋本 [11]·一百十
　　　八·1
　　何義門校明張之象刊本
　　　[17]·四·45
　　校本 [21]·一·66
　　舊抄本 [93]·二十四·1
34文法一卷　元蘇伯衡撰
　　舊抄本 [17]·四·48
36文溫州集十卷　明文林撰
　　明刊本 [50]·九·46
　文溫州集十二卷　明文林撰
　　明刊本 [32]·十四·8
　　　[39]·癸上·19
　　　[51]·四·17
37文湖州集詞一卷　元喬夢符撰
　　精抄本 [91]·四十·34
　文湖州竹派一卷　明釋蓮儒撰
　　彙祕笈本 [96]·四十八·944
　文潞公文集五十卷　宋文彥博撰
　　明嘉靖平陽守王公濟刊本
　　　[17]·四·16
　文潞公文集四十卷　宋文彥博撰

明刊本　[9]・後編・十八・
14　[11]・七十五・12
[28]・十・17　[29]・
三・9

明嘉靖五年(1526)呂柟刊本
[3]・23　[12]・四・
14　[22]・六・22
[26]・八・9　[71]・
集・宋別・6　[91]・
二十七・5

刊本　[39]・壬・4

校本　[93]・二十・14

傳抄明嘉靖刊本　[59]・六・
17

抄本　[16]・三十・17

文潞公文集四十卷補遺一卷　宋
文彥博撰
宋刊本　[41]・十七・6

文潞公私記一卷　宋文彥博撰
宋刊本　[14]・二下・178
[41]・七・17

文通三十一卷　明朱荃宰撰
明天啓六年(1626)泙漫堂刊本
[64]・17

文選三十二卷
見《聖宋文選》

文選六十卷　梁蕭統撰、唐李善
注
北宋國子監刊本　[7]・中・56

北宋天聖明道刊本　[2]・五・
22　[13]・33

宋刊本　[5]・四下・1
[14]・四下・497、498
[32]・十五・1　[35]・
上・21　[35]・下・33
[41]・十五・5　[46]・
23　[58]・集・118、121
[70]・三・21、36
[76]・十二・7　[87]・
一・3　[93]・二十三・2

宋淳熙八年(1181)尤延之貴池
刊本　[58]・集・119
[67]・第五册・44
[68]・圖版122、目錄29

元刊本　[9]・六・43
[9]・後編・十一・16
[35]・上・58　[58]・
元・138、139　[65]・
五・49　[72]・32
[75]・六十二・1
[87]・三・6

元張伯顏刊本　[1]・上・30
[28]・續・十三・15

明刊本　[22]・六・31
[93]・二十三・3

明覆元張伯顏刊本　[11]・一
百十二、1

明成化二十三年(1487)唐藩重
刊元張伯顏本　[26]・十
五・2　[28]・續・十
三・21　[60]・六・1

明弘治唐藩翻張伯顏本
[17]・四・39

明嘉靖元年(1522)金臺汪諒覆
元張伯顏刊本　[3]・25
[30]・三・30　[68]・
圖版406、407、目錄71
[91]・三十八・1

明嘉靖晉藩刊本　[30]・三・
31　[91]・三十八・2

汲古閣刊本　[20]・五・28
[26]・十五・3　[74]・
四・59

明萬曆二年(1574)崔氏仿宋刊
本　[35]・附錄・2

翻宋淳熙刊本　[80]・十・7

清嘉慶十四年(1809)胡克家刊
本　[68]・圖版551、552、
目錄90

應安刊本　[44]・三・47

世宗朝(皇紀2090年)項庚子字
刊本　[63]・圖版4

中宗明宗年間甲寅字刊本
[63]・圖版9

寫刊本　[89]・一集・九・3

刊本　[89]・一集・九・6
[100]・173

馮竇伯、陸敕先校宋本　[16]・
續・四・20　[81]・
集・9

校宋本　[83]・四・17

陳培之校本　[57]・312

古抄本　[76]・十二・5

舊抄卷子本　[22]・六・31、
36　[44]・一・114
[76]・十二・2

文選二十九卷　梁蕭統撰　附李
善與五臣同異一卷
宋刊殘本　[35]・上・53
[93]・二十三・1
[94]・四・8

文選六十卷　梁蕭統撰、唐李善、
呂延濟、劉良、張銑、呂向、李周
翰注
北宋刊本　[16]・三十五・1

宋刊本　[5]・四下・2
[9]・三・23、30、32、34、35
[9]・後編・七・8、11、13、
14　[15]・1　[22]・
六・32　[35]・上・58
[38]・集・98　[44]・
二・68　[58]・集・120
[70]・八下・11
[95]・二・9

宋紹興二十八年(1158)明州刊
本　[17]・四・38
[33]・集・54　[66]・
目錄12　[68]・圖版81、
目錄21　[90]・63

宋建州刊本　[2]・五・25
[17]・四・39

宋贛州刊本　[11]・一百十二・
1　[33]・集・52
[43]・四・25　[61]・一・4
[72]・32　[90]・64

宋茶陵陳氏刊本　[12]・一・
28　[13]・34
[74]・四・59

宋杭州開牋紙馬鋪鍾家刊本
[68]・圖版5、6、目錄8

宋楓山官廟刊本　[76]・十二・
10

南宋刊本　[35]・上・21
　　[97]・一・13
宋開慶咸淳間廣都裴氏刊本
　　[66]・目録12　[67]・
　　第五册・27
元刊本　[2]・五・25
　　[9]・後編・十一・16
元茶陵陳仁子古迂書院刊本
　　[8]・集六・591
　　[26]・十五・1　[68]・
　　圖版337，目録62
明刊本　[9]・十・30、31、33、
　　35、36、37、38、39、40
　　[9]・後編・十九・15、16
　　[32]・十五・1　[59]・
　　六・2　[91]・三十八・
　　4　[93]・二十三・3
明嘉靖二十八年(1549)吳郡袁
　　褧嘉趣堂覆宋刊本
　　[11]・一百十二・4
　　[22]・六・33　[30]・
　　三・29　[75]・六十二・
　　3　[86]・六・37
　　[91]・三十八・3
明嘉靖洪氏刊本　[91]・三十
　　八・2
明嘉靖翻茶陵陳氏刊本
　　[17]・四・39　[91]・
　　三十八・3
明嘉靖覆宋廣都裴氏刊本
　　[3]・25
明萬曆刊本　[75]・六十二・4
朝鮮活字本　[3]・25
　　[22]・六・36
日本慶長活字本　[17]・四・
　　39　[22]・六・35
刊本　[89]・集・九・16
　　[89]・二集・八・1、5
明新都崔孔昕校刊本　[17]・
　　四・39
文選旁證四十六卷　清梁章鉅撰
　　清道光十四年(1834)刊本
　　[74]・四・59
文選雙字類要三卷　宋蘇易簡撰

宋刊本　[41]・十四・26
明刊本　[91]・二十・3
刊本　[39]・庚・52
文選補遺四十卷　宋陳仁子輯
明刊本　[9]・十・40　[11]・
　　一百十五・2
刊本　[39]・辛・4
文選考異一卷　不著撰人
影寫宋刊本　[11]・一百十二・
　　2　[75]・六十二・2
影宋抄本　[28]・續・十三・
　　20　[59]・六・1
文選考異四卷　清孫志祖撰
讀畫齋叢書本　[81]・集・10
　　[83]・四・18
文選著作人名三卷　唐常寶鼎撰
宋刊本　[14]・後志・813
文選錦字録二十一卷　明凌迪知
　　撰
明刊本　[32]・九・12
明萬曆五年(1577)刊本
　　[74]・三・68
文林綺繡本　[96]・六十二・
　　1220
刊本　[39]・庚・52
文選纂注十二卷　明張鳳翼撰
明刊本　[21]・一一・63
　　[60]・六・2
文選類林十八卷　宋劉攽輯
刊本　[39]・庚・52
38文海五卷
見《聖宋文海》
文海披沙八卷　明謝肇淛撰
日本舊刊本　[8]・子二・324
抄本　[71]・子・雜家・34
　　[96]・五十七・1144
文道十書四種　清陳景雲撰
清乾隆十九年(1754)刊本
　　[96]・五十九・1179
40文奇豹班十二卷　明陳繼儒輯
刊本　[39]・己・83
41文標集三卷　唐盧肇撰
宋刊本　[14]・五下・637
舊抄本　[11]・七十・20

文標集三卷外録一卷　唐盧肇撰
精抄本　[91]・二十五・13
43文始真經三卷
見《關尹子》
文始真經言外經旨三卷
見《關尹子》
44文苑詩格一卷　題白氏撰
宋刊本　[41]・二十二・8
文苑彙雋二十四卷　明屠隆輯
刊本　[39]・庚・48
文苑英華一千卷　宋李昉等編
宋刊本　[13]・34　[14]・
　　五下・697　[18]・下・
　　40　[27]・181
　　[41]・十五・11
宋臨安官刊本　[2]・五・29
宋嘉泰四年(1204)周必大刊本
　　[68]・圖版144、145，目録
　　32
明刊本　[9]・後編・十九・17
　　[74]・四・60　[102]・
　　上・34
明隆慶元年(1567)福州胡維
　　新、戚繼光刊本　[56]・
　　羣書題記・61　[68]・
　　圖版430、431，目録74
　　[75]・六十二・13
　　[91]・三十八・9
中宗三十一年丙申丙子字刊本
　　[63]・圖版24
刊本　[89]・一集・九・25
校本　[54]・八・1
校舊抄本　[8]・集六・595
明抄本　[30]・五・37
　　[59]・六・3
明抄藍格本　[17]・四・40
影宋嘉泰刊本　[35]・上・57
影抄大字本　[4]・23
舊抄本　[11]・一百十二・15
　　[16]・三十五・2
　　[32]・十五・5　[93]・
　　二十三・7
文苑英華辨證十卷　宋彭叔夏撰
宋刊本　[58]・集・124

[66]•目録13

明刊本 [9]•後編•十九•19

明弘治華燧會通館活字本
[17]•四•40 [26]•
十五•12 [93]•二十
三•9

聚珍刊本 [74]•四•60

盧抱經校聚珍本 [91]•三十
八•10

校刊本 [80]•十五•10
[83]•四•20

影宋抄本 [4]•23 [91]•
三十八•10

舊抄本 [11]•一百十二•16
[30]•四•51 [39]•己•
43 [75]•六十二•14
[91]•三十八•10
[93]•二十三•8

文苑英華抄 宋高似孫輯
宋刊本 [39]•辛•5

文苑英華纂要八十四卷 宋周必
大纂
宋刊本 [34]•一•31
[35]•上•50 [50]•
十•6 [58]•集•125
[93]•二十三•8
[94]•四•9

宋嘉定刊本 [2]•五•29

元刊本 [16]•四•22

明華燧會通館活字本 [17]•
四•40

校宋抄本 [26]•十五•13

文苑英華纂要八十四卷 宋周必
大纂 辨證十卷 宋彭叔夏撰
宋刊本 [29]•三•35
明刊本 [9]•十•53

明華燧會通館活字本 [2]•
五•29 [26]•十五•
14

文苑楂橘二卷 不知撰人
朝鮮抄本 [77]•六•164

文苑春秋四卷 明崔銑輯
明刊本 [32]•十五•20
[91]•三十九•11

文莊集三十六卷
見《夏文莊集》

文恭集四十卷 宋胡宿撰
聚珍刊本 [75]•五十三•19

文恭集五十卷補遺一卷 宋胡宿
撰
聚珍刊本 [74]•四•14

文恭集七十卷 宋胡宿撰
宋刊本 [41]•十七•11

文藪十卷
見《皮日休文藪》

文華大訓箴解三卷 明吳道南撰
刊本 [39]•丁•57

文華大訓箴解六卷 明吳道南撰
明刊本 [91]•十五•19

文林綺繡五十三卷 明凌迪知編
明萬曆五年(1577)刊本
[102]•上•24

文林綺繡五十九卷 明凌迪知編
明刊本 [9]•後編•十七•
16

47文起堂集十卷 明張獻翼撰
刊本 [39]•癸上•61

文毅五卷 清馮舒編
抄本 [74]•續增•集•17

48文翰類選大成一百六十三卷 明
李伯璵、馮原編
明刊本 [8]•集六•613
[9]•後編•二十•9

明成化八年(1472)刊本
[74]•四•63
[102]•上•34

朝鮮成宗朝乙酉字刊本
[63]•圖版19

刊本 [39]•辛•5

50文中子十卷
見《文中子中說》

文中子中說十卷 隋王通撰
北宋刊本 [17]•三•4
[90]•30

宋刊本 [10]•24 [14]•
三上•201 [20]•四•
9 [22]•四•6
[27]•35 [29]•二•

3 [35]•下•9、11、51、
52 [41]•九•7
[46]•15 [70]•三•
21 [74]•三•2
[94]•三•1

元刊本 [22]•四•7
[48]•二輯下•102、104
[93]•十三•8 [94]•
三•8

元監本 [34]•二•9
[35]•下•41

明刊本 [9]•後編•十六•8
[91]•十五•9

明仿宋刊本 [96]•三十六•
667

明桐陰書屋刊本 [17]•三•4

明嘉靖十二年(1533)耶山精舍
刊六子本 [86]•六•148

閩刊本 [22]•四•7

日本重刊北宋小字本 [76]•
七•20

朝鮮古活字本 [3]•14
[17]•三•4 [22]•
四•7

文中子中說注十卷 隋王通撰、
宋龔鼎注
宋刊本 [41]•九•8

文中子中說注十卷 隋王通撰、
宋阮逸注
宋刊本 [41]•九•7
[58]•子•12 [93]•
十三•8

元刊本 [11]•三十九•10
[16]•二十一•4
[91]•十五•8

元刊黑口本 [91]•十五•8
[98]•6

元刊纂圖互注本 [17]•三•4

明刊本 [8]•子一•229
[9]•九•5 [75]•三
十二•11
[91]•十五•9

明世德堂刊本 [17]•三•4
[75]•三十二•11

[102]·上·19
明正德刊本　[11]·三十九·
10
刊本　[89]·一集·五·30、
32
文史通議八卷校讎通議四卷　清
章學誠撰
粵雅堂刊本　[74]·四·74
文肅公文集三十四卷　明何喬
新撰
刊本　[39]·癸上·17
文肅公日記　明孟文起撰
手稿本　[85]·二十一·933
文肅公圭峯羅先生文集三十七卷
見《羅圭峯先生文集》
文忠集十五卷
見《顏魯公文集》
文忠集一百五十三卷
見《歐陽文忠公集》
文忠集二百卷
見《周益文忠公全集》
60文昌雜錄六卷　宋龐元英撰
宋刊本　[41]·七·20
述古堂抄本　[16]·二十四·
13
抄本　[39]·丁·53
[75]·四十三·6
文昌雜錄六卷補遺一卷　宋龐元
英撰
學津討原本　[96]·五十六·
1109
文昌化書三卷附錄一卷　不知撰
人
明萬曆二十九年(1601)新安王
季通刊本　[86]·十一·3
文圃漫語　明程希堯撰
倦圃抄本　[39]·己·59
62文則一卷　宋陳騤撰
元刊本　[58]·元·152
明甬東屠本峻刊本　[17]·四·
48　　[59]·七·20
文則二卷　宋陳騤撰
元刊本　[35]·上·23
[93]·二十四·3

元至正十一年(1351)海岱劉庭
幹刊本　[67]·第五冊·70
明刊本　[50]·十·38
刊本　[39]·庚·1
文則十卷　宋陳騤撰
元刊本　[65]·五·70
文則四卷　明張雲路編
明嘉靖刊本　[91]·三十九·
12
67文明小史二卷　清李寶嘉撰
商務印書館排印本　[69]·七·
201
71文原一卷文斷一卷　明宋濂撰
舊抄本　[91]·三十九·35
72文氏五家詩集十二卷　明文洪、
文徵明等撰
刊本　[39]·癸上·19
[71]·集·明別·69
75文體明辨八十四卷　明徐師曾撰
明刊本　[32]·十五·19
77文几山人集四卷　明曹臣撰
刊本　[71]·集·明別·114
文學正路三卷　日本豐幹子卿撰
清嘉慶六年(1801)刊本
[102]·上·22
日本刊本　[74]·三·47
文與可丹淵集四十卷
見《丹淵集》
80文鏡秘府論六卷　日本釋遍照金
剛撰
古抄本　[76]·十三·1
舊抄本　[89]·一集·十·54
文會堂琴譜六卷　明胡文煥撰
明刊本　[91]·十七·23
文公經濟文衡七十二卷
見《朱先生經濟文衡》
文公先生奏議十五卷
見《朱文公先生奏議》
文公家禮十卷
見《朱文公家禮》
文公感興詩注一卷
見《朱子感興詩注》
83文館詞林一千卷　唐許敬宗等編
原刊本　[70]·三·1

古逸叢書本　[76]·十二·12
粵雅堂刊本　[74]·四·59
日本佚存叢書本　[74]·四·
59
日本刊本　[11]·一百十二·5
[75]·六十二·7、8
[102]·上·34
成都楊氏據抄本重刊本
[76]·十二·16
舊抄本　[70]·六·19
[89]·一集·九·18
日本舊抄本　[57]·314
弘仁二十四年抄卷子本
[22]·六·37
88文簡公詞一卷　宋程大昌撰
汲古閣影宋本　[11]·一百十
九·18
典雅詞抄本　[91]·四十·14
文竿彙氏二十四卷　不知撰人
刊本　[39]·戊·85
90文粹一百卷　宋姚鉉編
宋刊本　[10]·56　[12]·
一·29　[14]·四下·
509
宋紹興九年(1139)臨安府刊本
[2]·五·29　[68]·
圖版9、10、目錄8
元刊本　[16]·三十五·2
[38]·集·100　[48]·
二輯下·195　[91]·三
十八·10　[93]·二十
三·9　[94]·四·18
舊刊本　[8]·集六·598
舊抄本　[89]·一集·九·41

0040₁　辛

17辛丑紀聞一卷　不著撰人
紀載彙編本　[85]·十六·715
又滿樓叢書本　[85]·十六·
715
23辛稼軒詞四卷　宋辛棄疾撰
宋刊本　[41]·二十一·9
陸敕先、毛斧季校宋本　[11]·
一百二十·3

汲古閣抄本　[38]·集·122
辛稼軒詞八卷　宋辛棄疾撰
　　清厲樊榭抄本　[8]·集七·637
辛稼軒詞十二卷　宋辛棄疾撰
　　元刊本　[35]·上·22
　　　[50]·十·49　　[35]·
　　五·77　　[81]·集·11
　　[83]·四·25
　　元大德三年(1299)廣信書院刊
　　本　[58]·元·147
　　[68]·圖版305、目錄57
　　明刊本　[11]·一百二十·3
　　[91]·四十·16
　　明嘉靖十五年(1536)刊本
　　[2]·五·40　　[8]·集
　　七·636　　[17]·四·49
　　校元本　[50]·十·50
　　[65]·五·79
　　清厲樊榭抄本　[26]·十六·
　　22
辛稼軒詞十九卷　宋辛棄疾撰
　　校汲古閣本　[34]·附錄一·
　　23
辛稼軒集四卷詞四卷年譜一卷
　　宋辛棄疾撰
　　清嘉慶十六年(1811)裔孫啓泰
　　輯刊永樂大典本　[26]·
　　八·31
77辛巳泣蘄錄一卷　宋趙與袞編
　　明抄本　[92]·二·43
　　汲古閣抄本　[39]·丁·26
　　穴硯齋抄本　[30]·五·2
　　述古堂抄本　[91]·八·6
　　舊抄藍格本　[60]·四·15
　　舊抄本　[11]·二十四·25
　　[16]·十一·9　　[74]·
　　二·18　　[93]·九·24
　　[96]·十九·417
　　[102]·下·6
　　傳抄本　[32]·三·19

0040₆　章

10章頁集二十卷　宋李朴撰
　　宋刊本　[41]·十八·3

16章碣集一卷　唐章碣撰
　　宋刊本　[41]·十九·21
17章子留書六卷　明章世純撰
　　原刊本　[96]·十三·262
24章先生文集四卷　明章懋撰
　　明嘉靖二十一年(1542)虞守愚
　　刊本　[59]·七·14
26章泉澗泉二先生選唐詩五卷
　　見《唐詩》
38章道峯集六卷　明章適撰
　　刊本　[39]·癸上·57
　　[71]·集·明別·83
44章孝標詩集一卷　唐章孝標撰
　　宋刊本　[41]·十九·15
　　章孝標詩集一卷　唐章孝標撰
　　章碣詩集一卷　唐章碣撰
　　明正德依宋刊本　[91]·二十
　　五·10
章華詞一卷　不知撰人
　　汲古閣影宋本　[11]·一百十
　　九·18
50章申公九事　宋米芾輯
　　抄本　[39]·庚·18
80章公文集二十卷　宋章誼撰
　　宋刊本　[14]·五下·652

0040₇　享

60享愚園詩存十卷　清馬馴撰
　　刊本　[71]·集·國朝別·46

0040₈　交

17交翠軒筆記四卷　清沈濤撰
　　清道光十六年(1836)刊本
　　[74]·三·57
22交山平寇詳文一卷書牘一卷　清
　　邵以發撰
　　清初刊本　[85]·七·324
交山平寇始末三卷　清夏駰撰
　　清康熙刊本　[85]·七·321
　　明季史料叢書本　[85]·七·
　　321
　　刊本　[39]·丁·47
27交黎事略五卷　明方民悦撰
　　刊本　[39]·丁·42

40交友論一卷　明西洋利瑪竇撰
　　天學初函理編本　[96]·五十
　　三·1057
61交趾事迹十卷　宋趙鼒撰
　　宋刊本　[41]·七·24
80交食細草三卷　清張作楠撰
　　翠薇山房數學本　[78]·算學
　　書錄補注·86　　[96]·
　　四十四·843
交食蒙求一卷　明李天經、湯若
　　望譯
　　新法曆書本　[78]·算學書錄
　　補注·86
交食蒙求二卷　清梅文鼎撰
　　曆算全書本　[96]·四十四·
　　835
交食蒙求補訂二卷附説二卷　清
　　梅文鼎撰
　　兼濟堂刊本　[78]·算學書錄
　　補注·86
交食捷算四卷　清黄炳垕撰
　　清光緒二十年(1894)刊本
　　[78]·算學書錄補注·86
　　清光緒四年(1878)成都書種閣
　　刊本　[78]·子·天文·
　　561
交食曆指七卷　明徐光啓、羅谷
　　雅譯
　　新法曆書本　[78]·算學書錄
　　補注·86
交食算草二卷　清吴中順撰
　　原稿本　[78]·算學書錄補注·
　　86
交食管見一卷　清梅文鼎撰
　　兼濟堂刊本　[78]·算學書錄
　　補注·86
　　曆算全書本　[96]·四十四·
　　834
交食餘議　清顧觀光撰
　　算賸餘稿本　[78]·算學書錄
　　補注·86

0041₄　離

77離騷集傳一卷　宋錢杲之撰

宋刊本　[5]・四上・3
　　[10] 35　　[35]・上・
　　23　　[50]・七・1
　　[58]・集・2　　[93]・十
　　九・2　[94]・四・1
影宋本　[55]・三・25
　　[84]・二・19　[91]・
　　二十三・2
抄本　[75]・五十一・2
離騷釋文一卷　不著撰人
　宋刊本　[41]　十五・1
離騷草木疏四卷　題劉香撰
　刊本　[5]・四上・3
離騷草木疏四卷　宋吳仁傑撰
　宋刊本　[14]・五下・628
　　[35]・下・31　[65]・
　　四・2
　宋慶元刊本　[16]・二十九・1
　　[37]・二輯　[58]・集・
　　5　[68]・圖版217、目
　　錄42
影宋抄本　[9]・四・22
　　[93]・十九・2
清方甘白抄本　[2]・四・1
舊抄本　[20]・四・15
　　[75]・五十一・2
離騷草木疏補四卷　宋吳仁傑
　撰、明屠本畯補
　刊本　[39]・辛・46
離騷圖一卷　明蕭雲從撰
　精寫本　[91]・二十三・3
離騷圖十卷　明蕭雲從繪並注
　明弘光元年(1644)刊本
　　[64]・7　[68]・圖版
　　708、目錄112
離騷賦文　不知撰人
　丁道久抄本　[84]・二・19
80離合劍蓮子瓶三十回　清人撰
　清道光二十二年(1842)綠雲軒
　刊本　[69]・四・145

0043₃ 奕

10奕正不分卷　明韓如輯
　明萬曆刊本　[92]・三・97

44奕世增光集八卷　明魏校輯
　刊本　[39]・戊・88

0044₁ 辨

00辨言一卷　宋員興宗撰
　抄本　[74]・三・53
　　[102]・下・21
01辨誣筆錄一卷　宋趙鼎撰
　舊抄本　[102]・下・6
06辨誤錄二卷　宋吳曾撰
　舊抄本　[32]・八・9
10辨正論八卷　唐釋法琳撰
　宋刊本　[14]・後志・二・889
　明初刊本　[4]・17
22辨偽錄　元釋吉祥撰
　抄本　[71]・子・道家・5
　辨偽錄五卷　元釋祥邁撰
　　明支那本　[16]・二十八・14
27辨疑志三卷　唐陸長源撰
　宋刊本　[41]・十一・4
　辨疑錄三卷
　見《羣經疑辨錄》
40辨志錄一卷　宋呂祖謙撰
　宋刊本　[14]・五上・598
47辨欺錄一卷　宋韓忠彥撰
　宋刊本　[41]・七・20
53辨惑論三卷
　見《內外傷辨惑論》
　辨惑編四卷　元謝應芳撰
　刊本　[39]・巳・8
　舊抄本　[93]・十三・13
　辨惑編四卷附錄一卷　元謝應芳
　撰
　文瀾閣傳抄本　[96]・三十六・
　　687
　辨惑編四卷附錄一卷懷古錄一卷
　元謝應芳撰
　刊本　[74]・三・5
　辨惑續編七卷附錄二卷　明顧亮
　寅輯
　刊本　[39]・巳・26
57辨鳩錄一卷　不著撰人
　宋刊本　[41]・五・8
72辨隱錄四卷　明趙鳳翀輯

刊本　[39]・戊・6
77辨學遺牘一卷　明西洋利瑪竇撰
　天學初函理編本　[96]・五十
　　三・1055

辦

44辦苗紀略八卷　清俞益謨輯
　刊本　[39]・丁・47

瓣

20瓣香寸玉　不知撰人
　舊抄本　[74]・續增・子・7

0044₃ 弈

25弈律一卷　明王思任撰
　續說郛本　[96]・四十九・978
60弈園詩續集十卷婆娑詞二卷　清
　湯懋綱撰
　刊本　[71]・集・國朝別・41

0060₁ 言

04言詩翼六卷　明凌濛初撰
　刊本　[39]・甲・60
17言子三卷　宋言偃撰
　宋刊本　[41]・九・17
　刊本　[92]・三・76
21言行集要二卷　清王之鈇撰
　清刊本　[71]・子・儒家・22
言行彙纂十卷　清王之鈇撰
　清刊本　[71]・子・儒家・21
言行拾遺事錄四卷　不著編者
　文正集附刊本　[96]・二十
　　二・453
言行拾遺事錄四卷附吳中遺迹一
　卷洛陽志一卷義莊規矩一卷西
　夏僑寨一卷　不著編者
　元刊本　[11]・二十六・13
50言史慎餘二卷　明楊樞撰
　明刊本　[21]・一・19

音

06音韻正譌四卷　明孫耀撰
　刊本　[74]・一・56
音韻清濁鑑四卷　清王祚楨撰

清康熙六十年(1721)刊本

[74]・一・58

音韻日月鐙六十卷　明呂維祺撰

明刊本　[9]・後編・十三・

17　[91]・五・26

志清堂刊本 [96]・十四・297

08音論三卷　清顧炎武撰

顧氏刊本 [74]・一・57

[75]・十四・14

音學五書本 [96]・十四・297

47音聲紀元六卷　明吳繼仕撰

刊本 [39]・丙・45

77音學辨微一卷附等韻辨正誤一卷

清江永撰

借月山房彙抄本 [96]・十四・

306

音學五書五種　清顧炎武撰

原刊本 [96]・五十九・1172

0063₁ 譙

17譙子五行志五卷　唐濮陽夏撰

舊抄本 [5]・三中・19

[16]・二十三・9

[74]・三・30　　[93]・

十五・8　　[102]・下17

0063₂ 讓

90讓堂亦政錄一卷　清程瑤田撰

通藝錄附錄本 [96]・七十一・

1422

0068₂ 該

77該聞錄十卷　宋李畋撰

宋刊本 [14]・三下・253

0071₄ 亳

32亳州牡丹史四卷　明蔣鳳翔撰

刊本 [71] 子・農家・12

0071₇ 甕

10甕天小稿十二卷　明唐成王撰

刊本 [71]・集・歷代帝王別

3

23甕牖閒評八卷　宋袁文撰

聚珍刊本 [74]・三・48

[75]・四十二・14

[96]・五十四・1073

刊本 [88]・續・12

0073₂ 衣

37衣冠嘉話一卷　不知撰人

宋刊本 [14]・三下・256

衣冠盛事一卷　唐蘇特撰

宋刊本 [41]・五・27

玄

00玄亭聞話六卷　明周錫撰

刊本 [71]・子・小說家・16

玄玄棋經　宋張擬撰

明刊本 [26]・六・72

[70]・六・22

玄玄棋經一卷　宋晏天章撰

墨海金壺本 [96]・四十九・

977

15玄珠密語十卷　唐王冰撰

抄本 [1]・上・20　　[74]・

三・16　　[102]・下・15

玄珠密語十六卷　唐王冰撰

影宋刊本 [5]・三下・8

[20]・四・28　　[35]・附

錄・1

舊抄本 [32]・六・16

[34]・三・14

玄珠密語十七卷　唐王冰撰

道藏本 [96]・四十六・888

抄道藏本 [91]・十七・7

明抄本 [92]　三・83

舊抄本 [50]・四・25

16玄聖蘧廬二卷　唐李繁撰

宋刊本 [14]・後志・二・891

21玄上祕要一卷　不著撰人

續祕笈本 [96]・六十九・1361

27玄包經傳五卷

見《元包經傳》

玄綱三卷神仙可學論一卷形神可

固論一卷　唐吳筠纂

宋刊本 [14]・五下・722

40玄壺雜俎四卷　趙爾昌撰

刊本 [71]・子・雜家・31

玄女六甲陰符經八卷　不知撰

人

刊本 [5]・三中・3

玄真子一卷　唐張志和撰

明刊本 [71]・五十・19

[91]・二十二・16

明子彙本 [17]・三・43

玄真子三卷　唐張志和撰

知不足齋叢書本 [96]・六十

九・1359

抄本 [5]・三上・18

玄真子一卷　唐張志和撰 附天

隱子一卷　不著撰人

明崇德書院刊本 [11]・六十

六・26

玄真子外篇三卷　唐張志和撰

宋刊本 [41]・九・23

玄真子漁歌碑傳集錄一卷　唐張

志和撰

宋刊本 [41]・十五・17

44玄英先生集八卷　唐方干撰

刊本 [39]・辛・54

舊抄本 [11] 七十一・12

玄英先生集十卷　唐方干撰

宋刊本 [41]・十九・23

校明影宋抄本 [50]・七・50

校明抄本 [65]・續・四・25

叢書堂抄本 [16]・二十九・19

精抄本 [71]・集・唐別・17

抄本 [38]・集・30

60玄晏齋文集三卷奏議二卷　明孫

慎行撰

明刊本 [74] 續增・集・11

77玄門易髓圖　宋郭汝賢撰

抄本 [53]・二・2　　[71]・

子・道家・4

90玄賞齋書目八卷　不著撰人

精抄本 [71]・史・簿錄・8

傳抄本 [32]・五・9

97玄怪錄十卷　唐牛僧孺撰

宋刊本 [14] 後志・二・833

[41]·十一·22

玄怪録四卷　唐牛僧孺撰　續一
卷　唐李復言撰
　明書林松谿陳應翔刊本
　[17]·三·38

褒

24褒德集二卷易學辨惑一卷　宋邵
伯温撰
　宋刊本　[41]·七·18
77褒賢集七卷　不著編者
　文正集附刊本　[96]·二十二·
453
80褒善録一卷　宋王蓍撰
　宋刊本　[14]·後志·二·838

襄

31襄沔記三卷　唐吳從政撰
　宋刊本　[41]·八·28
74襄陵文集二十二卷詩二卷行狀一
卷　宋許翰撰
　宋刊本　[14]·五下·653
　[41]·十八·2
76襄陽府志二十卷　不知編者
　明正德刊本　[57]·106
襄陽郡志四卷　明張恒編
　明景泰刊本　[92]·二·62
襄陽外編　明顧道洪輯
　刊本　[39]·己·82
襄陽守城録一卷　宋趙萬年撰
　粤雅堂刊本　[74]·二·18
　穴硯齋抄本　[30]·五·1
　知不足齋抄本　[39]、丁·26
　舊抄藍格本　[60]·四·15
　舊抄本　[11]·二十四·22
　[16]·十一·9　[74]·
二·18　[96]·十九·
416　[102]·下·6
襄陽志四卷　明張恒編
　明刊本　[74]·續增·史·5
襄陽志四十卷　宋任浤編
　宋刊本　[41]·八·28
襄陽耆舊記三卷　清任兆麟訂
　心齋十書本　[96]·二十三·
470
襄陽耆舊記五卷　晉習鑿齒撰
　宋刊本　[14]·後志·一·806
　[41]·七·4
襄陽耆舊傳一卷　不著撰人
　明五雲谿活字本　[11]·二十
六·9　[16]·十三·6
襄陽耆舊傳二卷　不著撰人
　明五雲谿活字本　[50]·三·2

0080₀　六

00六唐人集三十八卷　不知編者
　汲古閣刊本　[26]·十五·8
01六語二十九卷　明郭子章輯
　刊本　[39]·己·79
08六說五卷　唐劉迅撰
　宋刊本　[14]·後志·一·767
10六一詞一卷　宋歐陽修撰
　宋刊本　[41]·二十一·3
　明抄本　[91]·四十·3
六一居士詩話一卷　宋歐陽修撰
　宋刊本　[11]·一百十八·5
　[14]·三下·258
　[17]·四·45　[41]·
二十二·11
　明刊本　[17]·四·45
　津逮秘書本　[74]·四·70
六一居士集一百五十三卷
　見《歐陽文忠公集》
16六硯齋筆記四卷二筆四卷三筆四
卷　明李日華撰
　明刊本　[74]·三·56
　竹嬾說部本　[96]·五十七·
1143
17六子全書六十卷　宋司馬光注
　宋刊黑口巾箱本　[4]·6
　宋刊本　[9]·後編·五·1
　[35]·下·26
　元刊本　[58]·元·88
六子全書六十卷　明顧春輯
　明刊本　[9]·九·19、21、22
　[32]·八·19
　明嘉靖十二年(1533)世德堂刊
本　[22]·四·27

[30]·三·16　[86]·
六·29
20六壬辯神推將集一卷　不知撰人
　刊本　[5]·三中·24
六壬課鈐一卷　不知撰人
　宋刊本　[14]·後志·二·844
六壬五變中黃經法二卷　晉郭璞
神撰、明商仲賢注
　舊抄本　[39]·庚·70
　[74]·三·34　[75]·
三十八·22　[102]·
下·19
六壬要訣一卷　不知撰人
　宋刊本　[14]·後志·二·844
六壬翠羽歌一卷　後唐釋令岑撰
　宋刊本　[41]·十二·30
六壬行軍指南　不著撰人
　抄本　[39]·庚·71
六壬總要四十八卷　郤彥清輯
　明抄本　[92]·三·91
六壬心鏡三卷　徐道符撰
　抄本　[39]·庚·70
六壬神機游都魯都法一卷　不知
撰人
　刊本　[5]·三中·23
六壬洞微賦一卷　不知撰人
　宋刊本　[41]·十二·31
六壬軍帳賦一卷　劉啓明撰
　抄本　[39]·庚·70
六壬大占一卷　宋祝泌撰
　傳望樓刊本　[74]·三·32
六壬大全十三卷　明郭載騋撰
　清康熙刊本　[75]·三十八·21
　通行本　[96]·四十七·903
六壬觀月經　不著撰人
　抄本　[39]·庚·71
六壬援粹三卷　不著撰人
　明抄本　[75]·三十八·22
六壬易鑑鈐一卷　不知撰人
　刊本　[5]·三中·22
六壬畢法二卷　元凌福之撰
　刊本　[5]·三中·21
　抄本　[39]·庚·70
六壬兵帳賦一卷　不知撰人

抄本 [5]·三中·24

六壬開雲觀月經一卷 不知撰人
　刊本 [5]·三中·23

六壬金匱玉鎖全書一卷 不知撰
　人
　刊本 [5]·三中·23

六壬節要直講二卷 不知撰人
　刊本 [5]·三中·22

21六經三注粹抄 明許順義輯
　刊本 [39]·丙·16

六經正誤六卷 宋毛居正撰
　宋刊本 [35]·上·31
　　[41]·三·35 [58]·
　　經·54 [93]·六·2
　　[94]·一·7
　明刊本 [9]·七·22
　　[9]·後編·十三·6
　通志堂經解本 [96]·二·24
　抄本 [39]·丙·12

六經天文編二卷 宋王應麟撰
　元刊本 [11]·四十八·12
　　[28]·八·1 [38]·
　　子·23 [58]·元·7
　元至元六年(1340)王厚孫刊本
　　[78]·子·天文·537
　明刊修補本 [75]·三十八·1
　玉海附刊本 [74]·三·22
　　[78]·算學書錄補注·95
　　[96]·四十四·818

六經奧論六卷 宋鄭樵撰
　通志堂刊本 [74]·一·40
　通志堂經解本 [96]·二·23
　影元刊本 [17]·一·8

六經四書講稿六卷
　見《黃四如先生六經四書講稿》

六經圖不分卷 宋楊甲撰
　宋刊本 [9]·一·16
　　[9]·後編·三·24
　明刊本 [9]·七·19,20,21
　　[9]·後編·十三·4,5

六經圖六卷 宋楊甲撰、毛邦翰
　補
　宋乾道元年(1165)陳森彙刻大
　　本 [74]·一·39

明翻宋本 [28]·一·24
明萬曆刊本 [102]·上·12
刊本 [1]·上·4 [39]·
　丙·12 [74]·一·39
通行本 [96]·二·22

六經圖七卷 宋葉仲堪編
　宋刊本 [41]·三·34

六經圖十六卷 清江爲龍輯
　刊本 [39]·丙·17

六經圖二十四卷 清鄭之僑輯
　刊本 [39]·丙·17

六經明音四卷 不著撰人
　明嘉靖三十二年(1553)刊本
　　[19]·2

六經雅言圖辨六卷 宋鄭厚、鄭
　樵撰
　明人影抄宋刊本 [28]·一·
　　19

六經雅言圖辨八卷 宋鄭厚、鄭
　樵撰
　明抄本 [11]·十·3
　舊抄本 [20]·一·16

六經堂遺事一卷附錄 屠用錫輯
　四明叢書本 [85]·十八·785

22六峯閣手稿一卷 明朱稻孫撰
　稿本 [91]·三十七·29

23六代小舞譜一卷 明朱載堉撰
　樂律全書本 [96]·七·120

27六名家詞六卷 不知編者
　舊抄本 [32]·十六·11

30六家詩名物疏五十五卷
　見《詩名物疏》

六家謚法二十卷 宋周沆等編
　宋刊本 [41]·三·35

六字真言經(藏文) 不著撰人
　清康熙五十六年(1717)刊本
　　[68]·圖版498、499、目錄
　　83

37六祖經要四卷 宋任洙撰
　宋刊本 [14]·一下·84

六祖解心經一卷 唐釋惠能解
　宋刊本 [14]·三下·312

六祖大師法寶壇經三卷 唐釋慧
　南撰

刊本 [39]·庚·99

六祖大法師寶壇經一卷 宋釋宗
　寶撰
　元刊本 [2]·三·43

六祖壇經一卷 宋釋法海纂
　宋刊本 [41]·十二·10

六祖壇經二卷 唐釋惠昕撰
　宋刊本 [14]·三下·308

六祖壇經二卷 唐釋慧能撰
　宋刊本 [14]·三下·313

40六十家名賢小集 不知編者
　舊抄本 [95]·二·22

六九軒算書六種 清劉衡撰
　清道光三十年(1850)兩淮轉運
　　局原刊本 [78]·補遺·
　　25

六李集三十三卷 明李宗木、李
　雲鵠、李雲雁、李雲鴻、李裴、李
　蔭撰
　刊本 [39]·癸上·59

41六帖
　見《唐宋白孔六帖》

六帖補二十卷 宋楊伯嵒編
　刊本 [88]·四·17
　影宋抄本 [65]·三·52
　　[93]·十七·10
　依宋抄本 [91]·二十·10
　舊抄本 [11]·六十一·20
　　[60]·五·17 [71]·
　　子·類事·9 [75]·
　　四十五·21

六帖補四十二卷 宋楊伯嵒編
　抄本 [39]·庚·42

42六韜六卷 題周呂望撰
　宋刊本 [11]·四十二·1
　　[14]·三下·270
　　[35]·上·47 [41]·
　　十二·12
　明三代遺書刊本 [17]·三·5
　平津館刊本 [74]·三·9
　長恩書室刊本 [74]·三·9
　刊本 [89]·一集·五·1
　影抄宋本 [93]·十三·14
　抄本 [75]·三十四·1

六韜直解六卷　明劉寅撰
　明初刊本　[91]・十五・21
44六藝論一卷　漢鄭玄撰
　拜經堂刊本　[97]・二・20
六藝綱目二卷　元舒天民撰
　清道光末劉燕庭仿元刊本
　[74]・一・59
　天一閣寫本　[39]・丙・31
六藝綱目二卷附錄一卷　元舒天
民撰
　明毛子晉影抄元本　[2]・一・
41
六藝流別二十卷　明黃佐撰
　刊本　[39]・庚・2
47六朝文絜　清許槤輯
　清道光五年(1825)許槤享金寶
　石齋刊套印本　[68]・圖
　版570、571、目錄93
　刊本　[84]・二・21
六朝詩集五十五卷　明薛應旂編
　明嘉靖刊本　[17]・四・43
　[30]・三・19　[55]・
　六・18　[91]・三十九・
20
六朝詩彙一百十四卷　明張謙輯
　明刊本　[9]・十・43
六朝通鑑博議十卷　宋李燾撰
　宋刊本　[35]・下・24
　[58]・史・97　[93]・
　十二・20　[94]・二・7
　舊抄本　[11]・三十八・10
　[39]・戊・78　[53]・
　一・7　[91]・十四・20
六朝聲偶集七卷　明徐獻忠輯
　明刊本　[52]・三・22
　刊本　[39]・辛・17
　抄補本　[50]・十・34
六朝事迹二卷南朝宮苑記二卷
不知撰人
　宋刊本　[41]・八・24
六朝事迹編類二卷　宋張敦頤編
　宋刊本　[35]・上・34
　明刊本　[71]・史・地志・27
　古今逸史本　[74]・二・57

刊本　[39]・戊・35
　舊抄本　[11]・三十四・8
　[16]・十七・4　[75]・
　二十七・20　[93]・十
　一・17
六朝事迹編類十四卷　宋張敦頤
編
　宋刊抄補本　[58]・史・92
　抄本　[88]・三・18
六朝國朝會要三百卷　宋王珪撰
　宋刊本　[41]・五・30
六柳堂遺集二卷　明袁繼咸撰
　國粹學報第七年撰錄排印本
　[85]・十九・842
50六書辨通五卷　清楊錫觀輯
　刊本　[39]・丙・49
六書音韻表五卷　清段玉裁撰
　段氏刊本　[75]・十・7
六書說一卷　清江聲撰
　刊本　[83]・一・18
六書正譌五卷　元周伯琦撰
　元刊本　[9]・五・20
　[11]・十六・4　[12]・
　二・2　[16]・七・16
　[28]・續・四・21
　[35]・上・1　[48]・
　二輯上・41　[58]・元・
22　[84]・二・16
　[91]・五・17　[92]・
　一・23　[93]・七・19
　[94]・一・16
　元刊小黑口本　[35]・上・1
　元至正刊本　[2]・一・37
　[43]・一・47
　明翻元刊本　[59]・一・14
　明刊本　[75]・十二・11
　明嘉靖元年(1522)于整刊本
　[19]・3
　刊本　[39]・丙・37
六書正義十二卷　明吳元滿撰
　明萬曆刊本　[74]・一・54
　抄本　[91]・五・19
六書正義綱領　不知撰人
　明刊本　[21]・一・5

六書統二十卷　元楊桓編
　元刊本　[11]・十五・11
　[12]・二・2　[16]・
　七・15　[28]・續・四
19　[32]・二・24
　[35]・上・5　[39]・
　丙・36　[48]・二輯上・
38　[58]・元・20
　[91]・五・15　[93]・
　七・18　[94]・一・15
　元至大刊本　[38]・經・55
　[74]・續增・經・3
六書統溯源十三卷　元楊桓編
　元刊本　[11]・十五・20
　[12]・二・2　[28]・
　續跋・四・22　[32]・
　二・24　[35]・上・1
　[38]・經・56　[58]・
　元・21　[83]・一・14
　[87]・三・8　[93]・
　七・19
　元刊小黑口本　[35]・上・5
六書例解一卷　清楊錫觀輯
　刊本　[39]・丙・49
六書總要五卷　明吳元滿撰
　刊本　[39]・丙・42
六書溯源十三卷
　見《六書統溯源》
六書通十卷　清畢宏述撰
　刊本　[74]・一・54
六書索隱五卷　明楊慎撰
　明楊升菴手書底本　[26]・二・
62
六書故三十三卷　元戴侗撰
　明刊本　[11]・十四・16
　[91]・五・14　[93]・
　七・16
　明博羅張氏刊本　[8]・經三・
89
　清乾隆四十九年(1784)李鼎元
　刊本　[74]・一・53
　刊本　[39]・丙・36
六書故三十三卷通釋一卷　元戴
侗撰

清乾隆刊本　[75]・十一・23

六書本義十二卷　明趙謙編

　元刊本　[1]・下・48

　明洪武刊本　[11]・十六・6

　　[91]・五・17

　明刊本　[59]・一・14

　　[98]・24

　刊本　[39]・丙・38

六書指南二卷　明李登撰

　刊本　[39]・丙・42

六書賦一卷音義二十卷　明張士
　佩撰

　刊本　[39]・丙・42

六書賦音義二十卷　明張士佩撰

　明萬曆刊本　[91]・五・18

六書長箋七卷　明趙宦光撰

　刊本　[74]・一・54

六書分類十二卷　清傅世垚輯

　刊本　[39]・丙・47

六書精蘊六卷　明魏校撰　音釋
　一卷　明徐宦撰

　明刊本　[9]・七・33

　　[91]・五・17

　明嘉靖刊本　[60]・一・29

六書精蘊音釋一卷　明徐宦撰

　抄本　[5]・一下・13

60六甲天元氣運鈐二卷　不知撰人

　宋政和二年(1112)刊本
　　[19]・12

71六曆通考一卷　清顧觀光撰

　清光緒九年(1883)刊武陵山人
　　遺書本　[78]・子・天文・
　　561　　[78]・算學書錄
　　補注・96

74六陵遺事一卷附庚申君遺事一卷
　萬季野輯

　先君子抄校本　[20]・二・21

75六體論一卷　唐張懷瓘撰

　宋刊本　[41]・十四・7

77六問算法五卷　宋龍受益撰

　宋刊本　[14]・三下・294

80六合掌運圖一卷　不著撰人

　宋刊本　[41]・八・41

99六瑩堂初集九卷二集八卷　清梁

佩蘭撰

　刊本　[71]・集・國朝別・24

0090₄　棄

44棄草文八卷詩六卷二集二卷　明
　周之夔撰

　刊本　[71]・集・明別・123

0090₆　京

21京師塘報一卷　明陳方策輯

　逸事彙抄本　[85]・七・341

22京畿金石考　孫淵如撰

　舊抄本　[57]・149

30京房易三卷

　見《易傳》

32京兆金石錄六卷　宋田概纂

　宋刊本　[41]・八・5

60京口詩集十卷續二卷　宋熊克纂

　宋刊本　[41]・十五・22

京口三山續志六卷　明陳朝用輯

　刊本　[39]・戊・59

京口三山志六卷　明張萊輯

　刊本　[39]・戊・58

京口三山志選補二十卷附錄一卷
　明霍鎮方撰

　刊本　[71]・史・地志・64

京口變略一卷　不著撰人

　揚州變略附刊本　[85]・十・
　　505

京口耆舊傳九卷　不著撰人

　舊抄本　[12]・五・12

　　[91]・九・13　　[93]・
　　十・8

　文瀾閣傳抄本　[16]・十三・
　　25

72京氏參同契律歷志一卷　宋虞翻
　注

　宋刊本　[41]・十二・31

京氏易傳三卷

　見《易傳》

京氏易式一卷

　見《易式》

77京闈小錄一卷

　見《建文元年京闈小錄》

90京省人物考一百十五卷

　見《分省人物考》

0091₄　雜

00雜病治例一卷　明劉純撰

　明成化十五年(1479)刊本
　　[79]・子・醫家・437

02雜諍　楊名宣撰

　傳抄稿本　[60]・四・38

03雜詠二卷

　見《李嶠集》

雜誡　明方孝孺撰

　刊本　[39]・己・9

20雜稿　不著撰人

　舊抄本　[74]・續增・集・15

27雜句圖一卷　不知編者

　宋刊本　[41]・二十二・12

40雜志二卷　宋江鄰幾撰

　抄本　[53]・二・10

　　[71]・子・小說家・10

46雜相書一卷　不知撰人

　宋刊本　[41]・十二・33

50雜事祕辛一卷　不著撰人

　漢魏叢書本　[96]・六十三・
　　1244

71雜阿含經　宋釋求那拔陀羅譯

　宋紹聖三年(1096)福州束禪寺
　　刊本　[67]・第五冊・2

87雜錄　不著撰人

　舊抄本　[74]・續增・子・6

88雜纂一卷　唐李商隱撰

　宋刊本　[41]・十一・5

0121₁　龍

00龍唐山志五卷　清釋性制輯

　抄本　[39]・戊・57

10龍石集十五卷　明許成名撰

　明刊本　[92]・四・176

龍雲先生文集二十四卷　宋劉弇
　撰

　抄本　[102]・下・30

龍雲先生文集三十卷　宋劉弇撰

　舊抄本　[91]・二十八・13

龍雲先生文集三十二卷　宋劉弇

撰

明弘治刊本　[11]・七十八・
17　[16]・三十・30
[38]・集・46　[91]・
二十八・12

知不足齋影抄本　[39]・壬・
12

舊抄本　[74]・四・20

龍雲先生文集三十二卷附録一卷
宋劉弇撰

宋刊本　[41]・十七・34

刊本　[71]・集・宋別・22

12龍飛紀略八卷　明吳朴撰
刊本　[53]・一・10

龍飛日曆一卷　宋趙普撰
宋刊本　[14]・後志・一・787

21龍虎山志　元元明善撰
元刊本　[68]・圖版306,目録
58

龍虎金液還丹通元論一卷　題蘇
真人撰
宋刊本　[41]・十二・8

22龍川詩抄一卷　清李晴峯撰
抄本　[84]・二・40

龍川詞一卷　宋陳亮撰
汲古影宋本　[11]・一百十九・
20

明抄本　[17]・四・49

龍川詞一卷補遺一卷　宋陳亮撰
刊本　[74]・四・76

龍川詞補一卷　宋陳亮撰　和清
真詞一卷　宋楊澤民撰　天籟
詞一卷　元白樸撰
小山堂抄本　[71]・集・詞・8

龍川先生文集三十卷　宋陳亮撰
明刊本　[9]・後編・十九・3
[11]・八十八・12
[32]・十二・19
[60]・六・38　[71]・
集・宋別・49　[93]・
二十一・22

明黑口本　[12]・三・24

明龍川書院刊本　[91]・三十
一・1

明萬曆刊本　[76]・十四・33

明崇禎刊本　[59]・六・29
[91]・三十一・2

活字本　[75]・五十七・3

刊本　[24]・集一・38
[39]・壬・32

龍川先生文集四十卷外集四卷
宋陳亮撰
宋刊本　[41]・十八・29

龍川略志十卷　宋蘇轍撰
宋刊本　[11]・六十二・14
[17]・三・34

明覆宋本　[91]・二十一・7

明刊本　[17]・三・34

明叢書堂抄本　[38]・子・78

龍川略志六卷別志四卷　宋蘇轍
撰
宋刊本　[14]・三下・266
[41]・十一・13

影抄宋刊本　[17]・三・34

龍川略志十卷別志八卷　宋蘇轍
撰
神海刊本　[74]・三・76

校影宋本　[55]・三・9

龍川別志八卷　宋蘇轍撰
抄本　[39]・丁・20

26龍阜文稿十九卷　明陸簡撰
明嘉靖刊本　[91]・三十六・
19

刊本　[39]・癸上・32
[71]・集・明別・42

28龍谿語録八卷　明王畿撰
刊本　[39]・己・13

龍谿集二十二卷　明王畿撰
刊本　[39]・癸上・52

30龍穴明圖十二卷　不知撰人
刊本　[5]・三中・44

31龍江志十卷　宋吳紹古撰
宋刊本　[14]・五上・573

龍憑紀略一卷　田汝成撰
刊本　[39]・丁・42

32龍洲詞二卷　宋劉過撰
明抄本　[17]・四・49

龍洲集十五卷

見《龍洲道人詩集》

龍洲道人詩集十卷　宋劉過撰
刊本　[30]・二・32

龍洲道人詩集十二卷　宋劉過撰
舊抄本　[91]・三十一・2

龍洲道人詩集十四卷　宋劉過撰
鮑以文校舊抄本　[17]・四・26

龍洲道人詩集十五卷　宋劉過撰
明刊本　[71]・集・宋別・50

明嘉靖刊本　[91]・三十一・2

舊抄本　[39]・壬・33
[102]・下・33

龍洲道人詩集十四卷附録一卷
宋劉過撰
明刊本　[11]・八十八・13

舊抄本　[16]・三十一・44
[75]・五十七・4

龍洲道人詩集十四卷附録二卷
宋劉過撰
舊抄本　[32]・十二・19
[74]・四・29

43龍城録一卷　唐柳宗元撰
宋刊本　[41]・十一・23

刊本　[39]・己・66

龍城録二卷　唐柳宗元撰
宋刊本　[11]・六十二・2
[17]・三・32

明刊本　[17]・三・32

神海刊本　[74]・三・82

河東集附刊本　[96]・六十六・
1307

44龍樹菩薩眼論　不知撰人
刊本　[89]・二集・七・17

55龍井見聞録　清汪孟鋗撰
清乾隆刊本　[68]・圖版526、
目録87

60龍圖耳録一百二十回　題清石玉
崑述
傳抄本　[69]・六・191

龍圖公案十卷　明人撰
清初刊本　[69]・三・111

清乾隆四十年(1775)書業堂刊
本

74龍髓經一卷　不著撰人

宋刊本 [41]・十二・32
77龍岡楚辭説五卷
　　見《楚辭説》
　龍門子凝道記三卷　明宋濂撰
　　明刊黑口本 [91]・二十二・
　　18
　　刊本 [71]・子・儒家・16
　龍門山造象釋文一卷　清陸繼煇
　　撰
　　傳抄稿本 [60]・五・13
　龍興慈記一卷　明王文禄撰
　　鹽邑志林本 [96]・十九・423
80龍龕手鑑四卷　遼釋行均撰
　　北宋刊本 [17]・一・10
　　宋刊本 [10]・8　[14]・
　　　一下・88　[35]・上・
　　　32　[36]・30
　　　[38]・經・55　[58]・
　　　經・59　[68]・圖版14、
　　　目録9　[93]・七・16
　　　[94]・一・9
　　宋浙刊本 [2]・一・34
　　宋嘉興府刊本 [67]・第五册・
　　　10
　　函海本 [74]・一・53
　　江氏叢書本 [74]・一・53
　　刊本 [5]・一下・11
　　　[89]・一集・三・58、59
　　先君子影寫宋刊本 [16]・七・
　　　15
　　影抄宋本 [9]・後編・八・
　　　6、7
　　影抄遼刊本 [11]・十四・18
　　影抄本 [34]・三・3
　　瓶花齋抄本 [39]・丙・35
　　舊抄本 [75]・十一・26
　　　[97]・一・6
　龍龕手鑑八卷　遼釋行均撰
　　朝鮮古刊本 [22]・二・38
　　　[76]・四・15
87龍舒增廣淨土文十二卷　題王日
　　休撰
　　元刊本 [93]・十八・6
　　　[94]・三・12

　　刊本 [71]・子・釋家・4
88龍筋鳳髓判二卷　唐張鷟撰
　　元刊本 [92]・三・116
　　明刊本 [9]・十・55
　　　[32]・六・10　[93]・
　　　十七・1
　　刊本 [21]・一・15
　　　[24]・集一・8
　　校明弘治本 [54]・四・23
　　舊抄本 [32]・六・10
　　　[93]・十七・2
　　　[102]・下・23
　龍筋鳳髓判四卷　唐張鷟撰
　　刊本 [39]・辛・54
　　　[71]・集・論集・1
　　舊抄本 [74]・三・64
　龍筋鳳髓判十卷　唐張鷟撰
　　宋刊本 [14]・四上・348
　　　[41]・十六・11
　龍筋鳳髓判旁注四卷　唐張鷟
　　撰，明江元祥注
　　明崇禎刊本 [75]・四十五・3
　龍筋鳳髓判注四卷　唐張鷟撰、
　　明劉允鵬注
　　湖海樓叢書本 [96]・六十・
　　　1194

0128₆ 顏

17顏子一卷　明潘府校集
　　明刊本 [91]・十五・18
　顏子五卷　元李純仁編
　　刊本 [92]・三・76
　顏子四卷　元李蕭編
　　抄本 [71]・子・儒家・10
　顏子七卷附録一卷　元李蕭編
　　元刊本 [8]・子一・221
　　元大德刊本 [2]・三・5
　顏子疏解二卷　明徐達左編
　　清康熙二十三年(1684)刊本
　　　[96]・三十七・690
　顏子鼎編二卷　明徐達左編
　　刊本 [39]・己・8
　顏子繹　明張星撰
　　刊本 [39]・己・22

27頌魯公文集十五卷　唐顏真卿撰
　　明刊本 [9]・後編・十八・6
　　清嘉慶七年(1802)刊本
　　　[84]・二・22
　顏魯公文集十五卷補遺一卷　唐
　　顏真卿撰
　　刊本 [24]・集一・3
　顏魯公文集十五卷補遺一卷附録
　　一卷　唐顏真卿撰
　　宋刊本 [41]・十六・13
　顏魯公文集十五卷補遺一卷年譜
　　一卷附録一卷　唐顏真卿撰
　　明嘉靖二年(1523)錫山安國銅
　　　活字本 [1]・上・35
　　　[2]・四・7　[11]・六
　　　十八・23　[12]・三・
　　　17　[17]・四・6
　　　[59]・六・10　[60]・
　　　六・19　[68]・圖版625、
　　　目録100　[75]・五十
　　　一・31　[86]・六・85
　　　[91]・二十四・17
　　　[92]・四・139　[93]・
　　　十九・19　[102]・上・
　　　27
　　舊抄本 [74]・四・5
　顏魯公文集十五卷補遺一卷年譜
　　一卷行狀一卷碑銘一卷舊史本
　　傳一卷新史本傳一卷　唐顏真
　　卿撰
　　明萬曆刊本 [75]・五十一・
　　　30　[91]・二十四・17
　　刊本 [71]・集・唐別・3
40顏真卿文一卷　唐顏真卿撰
　　宋刊本 [14]・四上・346
72顏氏系傳二卷　不知撰人
　　抄本 [60]・四・27
　顏氏家訓二卷　隋顏之推撰
　　宋淳熙臺州公庫刊本
　　　[35]・下・25
　　明刊本 [12]・三・10
　　　[32]・八・2　[71]・
　　　子・儒家・24　[91]・
　　　十八・20　[93]・十六・6

明嘉靖冷宗元校刊本　[17]・
　　三・19
明萬曆三年(1575)裔孫嗣愼翻
　　程伯祥本　[17]・三・19
清康熙刊本　[75]・四十一・
　　14
徐北溟補注本　[54]・三・36
漢魏叢書本　[74]・三・45
明刊校宋七卷本　[91]・十八・
　　20
顔氏家訓七卷　隋顔之推撰
　宋刊本　[10]・23　　[41]・
　　十・14
　明刊本　[11]・五十五・9
　知不足齋叢書本　[96]・五十
　　二・1040
　抱經堂校定本　[91]・十八・
　　20
　鮑以文抄校本　[17]・三・19
　影宋本　[5]・三上・3
顔氏家訓七卷考證一卷　隋顔之
　推撰
　宋刊本　[29]・二・11
　宋淳熙沈虞卿刊本　[50]・五・
　　24　　[58]・子・76
　清乾隆刊本　[75]・四十一・
　　13　　[100]・78
　舊抄本　[11]・五十五・9
　　[16]・二十一・4

0162₀　訂

02訂譌雜録十卷　清胡鳴玉撰
　清刊本　[39]・己・65
　戢纈書屋刊本　[96]・五十五・
　　1095

0164₆　譚

00譚文勤師會試墨卷及覆試卷　不
　著編者
　清刊本　[36]・255
17譚子化書六卷
　見《化書》
30譚賓録十卷　唐胡璩撰
　宋刊本　[14]・三下・240

舊抄本　[11]・六十二・3
　[91]・二十一・1
40譚友夏合集二十三卷　明譚元春
　撰
　明崇禎六年(1633)刊本
　　[26]・九・52
44譚苑醍醐九卷　明楊愼撰
　函海本　[74]・三・49
　　[96]・五十五・1084

0164₉　評

04評詩格一卷　唐李嶠撰
　宋刊本　[41]・二十二・8
50評史心見十二卷　明郭大有撰
　刊本　[39]・戊・82

0166₁　語

11語麗十卷　梁朱澹遠撰
　宋刊本　[41]・十四・19
17語孟集義三十四卷　宋朱熹撰
　宋刊本　[41]・三・27
40語古齋披華啓秀　清何焯撰
　稿本　[17]・三・31
44語林三十卷　明何良俊撰
　明刊本　[9]・九・25
　　[21]・一・31　　[32]・
　　八・13　　[39]・己・78
　　[71]・子・小説家・22
　　[91]・二十一・17
　　[96]・六十五・1291
　明嘉靖刊本　[30]・三・19
　　[75]・四十七・34

0166₂　諧

47諧聲譜二卷　清丁顯撰
　校刊本　[100]・15
　諧聲指南　明吳元滿撰
　刊本　[39]・丙・42

0180₁　龔

00龔彦和奏議一卷　宋龔夬撰
　宋刊本　[41]・二十二・4
30龔定盦文集　清龔自珍撰
　清同治七年(1868)刊本

[68]・圖版592、目録95
龔定盦續集　清龔自珍撰
　清刊本　[57]・297
龔實之奏稿六卷　宋龔茂良撰
　宋刊本　[41]・二十二・5

0212₇　端

10端平詩雋四卷
　見《汶陽端平詩雋》
28端谿硯譜一卷　宋葉樾撰
　宋刊本　[11]・五十三・9
　　[17]・三・12
　明刊本　[17]・三・12
　明華氏刊本　[91]・十八・3
　説郛本　[96]・五十・990
端谿硯石録一卷附觀石録一卷
　高兆撰
　舊抄本　[32]・七・13
端谿硯史三卷　清吳蘭修撰
　許氏刊本　[84]・三・24
33端必瓦成就同生要一卷因得囉菩
　提手印道要一卷大手印無字要
　一卷　不知編者
　刊本　[5]・三下・22
　清錢遵王抄本　[2]・三・46
55端慧太子喪儀檔　不著撰人
　抄本　[74]・二・65
72端隱吟稿一卷　宋林尚仁撰
　舊抄本　[11]・九十一・2

0242₂　彰

24彰德府志八卷　題崔銑輯
　明刊本　[8]・史三・179

0260₀　訓

17訓子語二卷　清張履祥撰
　楊園全書本　[96]・三十七・
　　704
28訓俗書一卷　宋許洞撰
　宋刊本　[41]・六・16
88訓飭州縣規條一卷　清田文鏡撰
　清刊本　[74]・續增・史・11

0261₄ 託

50 託素齋詩集四卷文集六卷　清黎
士宏撰
清雍正二年(1724)刊本
[96]·七十·1379

0261₈ 證

33 證治要訣十二卷　明戴元禮撰
明正統陳巖刊本　[79]·子·
醫家·438
刊本　[5]·三下·5
證治彙補八卷　清李用粹撰
清康熙三十年(1691)刊本
[79]·子·醫家·440
舊德堂刊本　[96]·四十三·
799
證治準繩不分卷　明王肯堂撰
明刊本　[96]·四十三·785
明刊本　[74]·三·19
38 證道歌一卷　宋釋玄覺撰
元刊本　[87]·二·9
刊本　[39]·庚·99
60 證因脈治四卷　明秦昌遇撰
清康熙四十七年(1708)攸寧堂
刊本　[79]·子·醫家·
357
攸德堂刊本　[96]·四十三·
793
78 證墜簡一卷　宋范謂昌撰
宋刊本　[14]·一上·20
91 證類本草三十二卷
見《本草》

0262₁ 訢

44 訢菴集四十卷　宋任淵撰
宋刊本　[41]·十八·26

0266₄ 話

10 話雨樓碑帖彙目四卷　清王楠撰
稿本　[57]·155
22 話山先生類稿詩十二卷文十七卷
別錄七卷附錄二卷　清陸氏撰
清刊本　[71]·集·國朝別·
12
74 話墮集三卷二集三卷三集三卷
清釋義玉撰
清刊本　[71]·集·釋子·13
77 話腴甲集二卷乙集二卷
見《藏一話腴》

0280₀ 刻

37 刻漏圖一卷　宋燕肅撰
宋刊本　[14]·後志·二·839
96 刻燭集一卷　清曹仁虎輯　炙硯
集一卷　清胡咸臨撰
清乾隆二十年(1755)家刊本
[26]·十·27

0292₁ 新

00 新序十卷　漢劉向撰
北宋刊本　[50]·四·2
[65]·三·2
宋刊本　[10]·22
[14]·三上·196
[28]·六·4
[35]·上·43　[35]·
下·9　[41]·九·3
[58]·子·7　[68]·
圖版22、目錄11
元刊本　[43]·三·33
明翻宋本　[9]·九·4
[11]·三十九·3
[38]·子·1
明刊本　[91]·十五·5
[93]·十三·4
明大字本　[30]·二·9
明嘉靖何良俊刊本 [12]·四·
9　[19]·11　[22]·
四·4　[28]·六·5
明萬曆吳勉學刊本　[19]·6
明范氏天一閣二十種奇書刊本
[26]·五·11
漢魏叢書本　[74]·三·2
[96]·三十六·662
日本刊本　[60]·二·4
朝鮮刊本　[22]·四·5
刊本　[71]·子·儒家·7

[89]·一集·六·2、3
清黃丕烈據宋校明刊本　[2]·
三·2
校宋本　[50]·四·5
[52]·二·1　[65]·
三·8　[81]·子·2
[83]·三·4　[93]·
十三·4
抄本　[75]·三十二·4
新唐書二百五十五卷
見《唐書》
新唐書糾謬二十卷　宋吳縝撰
宋刊本　[9]·二·21、23
明刊本　[55]·一·25
[60]·四·4
明萬曆趙開美刊本 [17]·二·
6　[84]·一·13
[86]·六·74
知不足齋叢書本　[96]·十五·
337
刊本　[39]·戊·79
沈寶硯校影宋本　[36]·114
影宋抄本　[38]·史·98
先君子抄本　[16]·八·6
抄本　[12]·五·6
新唐書釋音二十五卷　宋董衝撰
清乾隆四年(1739)武英殿刊本
[75]·十五·11
新唐書略三十五卷　宋呂祖謙撰
宋刊本　[41]·四·18
新唐書曆志六卷天文志三卷五行
志三卷　宋劉羲叟撰
浙江書局重刊毛本　[78]·算
學書錄補注·98
01 新語二卷　漢陸賈撰
元小字刊本　[58]·元·65
明刊本　[75]·三十二·2
[91]·十五·3　[93]·
十三·3
明兩京遺編本　[8]·子一·
221　[17]·三·1
明天一閣刊本　[17]·三·1
明萬曆十年(1582)刊本
[59]·二·3

明萬曆十九年(1591)范大冲校
刊本　[26]・五・6
明子彙本　[17]・三・1
漢魏叢書本　[74]・三・1
[96]・三十六・661

08 新論十卷　漢桓譚撰
問經堂叢書本　[96]・五十二・
1035
刊本　[88]・續・11
新論十卷
見《劉子》

10 新五代史七十五卷
見《五代史》
新平妖傳四十回　明馮夢龍編
明泰昌元年(1620)刊本
[69]・五・163
新石頭記四十回　清吳沃堯撰
清光緒三十四年(1908)上海改
良小説社發行本　[69]・
五・180

11 新疆識略十二卷　清松筠纂輯
抄本　[12]・五・15

12 新列國志不分卷　不著撰人
明金閶葉敬池刊本　[69]・二・
25

20 新集古文四聲韻五卷
見《古文四聲韻》

21 新術二卷　清羅士琳撰
南陵徐氏刊積學齋叢書本
[78]・算學書録補注・86
新經詩義三十卷　宋王安石撰
北宋國子監刊本　[7]・中・10

22 新樂府詞二卷　清萬斯同撰
清同治刊本　[85]・二十四・
1041

23 新編目連救母勸善戲文不分卷
明鄭之珍編
明刊本　[8]・集七・656

26 新吳志二卷　宋張國均撰
宋刊本　[41]・八・36

27 新御史臺記不分卷　宋宋聖寵編
宋刊本　[14]・後志・一・796
新紀元二十回　題碧荷館主人編
小説林社本　[69]・五・180

28 新儀象法要三卷　宋蘇頌撰
宋乾道八年(1172)施元之刊本
[78]・子・天文・536
清道光二十三年(1843)蘇廷玉
刊本　[78]・算學書録補
注・98
影寫宋刊本　[9]・四・18
[16]・二十三・1
[93]・十五・1
文瀾閣傳抄本　[11]・四十八・
1　[96]・四十四・817
舊抄本　[5]・三中・28
[75]・三十八・1

30 新安文獻志一百卷　明程敏政撰
明刊本　[39]・戊・39
[74]・四・63　[102]・
上・34
明弘治十年(1497)刊本
[59]・六・5　[91]・
三十九・9
新安文獻志一百卷事略二卷　明
程敏政撰
明刊本　[11]・一百十七・19
新安二布衣詩八卷　明吳兆、程
嘉燧撰
刊本　[39]・辛・39
舊抄本　[74]・續增・集・17
新安潘氏宗譜四卷　不知撰人
明刊本　[92]・二・54
新安志十卷　宋羅願撰
宋刊本　[41]・八・24
刊本　[39]・戊・38
校刊本　[71]・史・地志・10
明人影抄宋本　[59]・三・3
舊抄本　[11]・二十九・20、
22　[16]・十六・2
[20]・三・13
新定續志十卷　宋鄭瑤、方仁榮
撰
宋刊本　[10]・20　[35]・
上・10　[50]・三・15
[83]・二・13
新定志八卷　宋董弅撰
宋刊本　[41]・八・21

31 新河成疏　明游季勳等輯
刊本　[39]・丁・77
新濬海鹽内河圖説一卷　不著撰
人
刊本　[39]・丁・79
新福建通志康鞾罐傳　不著撰人
清刊本　[28]・續・八・16

34 新法比例四十卷　清陳厚燿
舊抄本　[74]・三・25
新法表異二卷　德湯若望撰
重訂新法曆書本　[78]・算學
書録補注・87
新法曆引一卷　德湯若望撰
重訂新法曆書本　[78]・算學
書録補注・87
新法算書一百卷　明徐光啓等撰
四庫全書本　[78]・子・天文・
545

40 新大成醫方十卷　不知撰人
宋刊本　[32]・六・21

44 新芳薩天錫雜詩妙選稿全集一卷
見《薩天錫雜詩妙選稿全集》
新世弘勳二十二回　清人撰
慶雲樓刊原本　[69]・二・69
新舊唐書雜論一卷　明李東陽撰
借月山房彙抄本　[96]・三十
五・649
舊抄本　[91]・十四・24
新舊唐書互證二十卷　清趙紹祖
撰
清刊本　[74]・二・5

47 新婦譜一卷　清陸圻撰　補一卷
清陳確撰　又補一卷　清查琪
撰
檀几叢書本　[96]・五十三・
1060

50 新史奇觀全傳二十二回　題蓬蒿
子編
清順治八年(1651)慶雲樓刊本
[85]・二十四・1070
清嘉慶袖珍本　[85]・二十四・
1070
新書十卷　漢賈誼撰
宋刊本　[14]・三上・193

[28]・六・2　　[41]・九・2

宋刊明補本　[28]・六・3
[35]・上・10

明初覆刊宋淳熙本　[86]・十
二・3

明刊本　[29]・二・1
[59]・二・3　　[91]・十
五・4　　[93]・十三・3

明刊大字本　[20]・四・6

明弘治刊本　[16]・二十一・2
[59]・二・4

明正德刊本　[11]・三十九・1
[12]・三・8　　[16]・
二十一・2　　[17]・三・
1　　[30]・二・9
[32]・六・2　　[75]・
三十二・2

明正德長沙刊本　[91]・十五・
3

明正德滇省刊本　[91]・十五・
4

明正德九年(1514)陸良弼刊本
[20]・四・5

明正德十年(1515)吉府刊本
[86]・四・28

明正德何孟春注本　[17]・三・
2　　[30]・二・9

明兩京遺編本　[17]・三・2

明子彙本　[17]・三・2

漢魏叢書本　[74]・三・1

刊本　[71]・子・儒家・6

吳元恭校宋本　[11]・三十九・
3

黃丕烈校本　[36]・162

57新撰字鏡十二卷
見《字鏡》

71新曆曉或一卷　德湯若望撰
重訂新法曆書本　[78]・算學
書錄補注・87

72新劉河志正集一卷附集二卷　清
顧士璉撰
刊本　[71]・史・地志・74

75新體詩偶抄二卷　清姚之騊撰
刊本　[71]・集・國朝別・47

0363₂　詠

27詠歸亭詩抄八卷在亭叢稿十二卷
清李果撰
清乾隆十七年(1752)刊本
[26]・十一・28

詠物新題一卷　明瞿佑撰
刊本　[24]・集二・23
抄本　[71]・集・明別・27

詠物詩一卷　元謝宗可撰
刊本　[39]・壬・66
舊抄本　[11]・一百六・6

90詠懷堂詩集四卷外集乙卷丙子詩
一卷戊寅詩一卷　明阮大鋮撰
羣碧樓抄本　[30]・七・29

詠懷堂丙子詩二卷丁丑詩一卷戊
寅詩二卷　明阮大鋮撰
刊本　[71]・集・明別・125

0364₀　試

44試茶錄二卷　宋蔡襄撰
宋刊本　[14]・三上・235

88試筆一卷　宋歐陽修編
宋刊本　[11]・六十二・14
[17]・三・34　　[75]・
四十六・14
明刊本　[17]・三・34

0365₀　誠

00誠齋雜記二卷　元林坤撰
津逮秘書本　[74]・三・58
[96]・五十八・1161

誠齋詩話一卷　宋楊萬里撰
鮑詠飲抄本　[11]・一百十八・
12
舊抄本　[20]・四・17
[32]・十六・2　　[93]・
二十四・4

誠齋集一卷　宋楊萬里撰
室町初期刊本　[62]・圖版115

誠齋集十六卷　宋楊萬里撰
刊本　[74]・四・28

誠齋集四十二卷　宋楊萬里撰
影宋抄本　[76]・十四・31

舊抄本　[20]・五・17
[71]・集・宋別・43

誠齋集一百二十二卷　宋楊萬里
撰
舊抄本　[16]・三十一・42

誠齋集一百三十三卷　宋楊萬里
撰
宋刊本　[41]・十八・23
[70]・三・10

宋端平元年(1234)羅茂良刊本
[35]・上・49　　[44]・
二・57　　[90]・59
刊本　[89]・一集・十・48
校抄本　[8]・集二・458
影抄宋本　[60]・六・36
[93]・二十一・17
知不足齋抄本　[39]・壬・28

誠齋集一百三十五卷　宋楊萬里
撰
舊抄本　[12]・六・16
[32]・十二・11
[91]・三十・24

誠齋集一百三十二卷外集二卷
宋楊萬里撰
影寫宋刊本　[11]・八十七・8

誠齋樂府　宋楊萬里撰
元刊本　[71]・集・詞集・19

誠齋外集二卷　宋楊萬里撰
傳抄本　[60]・六・37

誠齋先生文膾前集十二卷後集十
二卷　宋楊萬里撰
宋刊本　[8]・子二・308
[11]・八十七・9
[35]・下・31　　[58]・
集・89
元刊本　[93]・二十一・19

誠齋先生南海集八卷
見《南海集》

誠齋牡丹百詠一卷梅花百詠一卷
明周憲王撰
舊抄本　[91]・三十六・11

誠齋牡丹百詠一卷梅花百詠一卷
玉堂春百詠一卷　明周憲王撰
明刊本　[51]・四・14

影抄明本　[50]・十・54

誠齋楊先生易傳二十卷
　見《易傳》

誠齋楊萬里先生錦繡策二卷　宋
　楊萬里撰
　明萬曆刊本　[17]・四・25

誠齋四六發遣膏馥四十一卷　宋
　楊萬里撰
　宋末建刊配抄補本　[90]・61

誠齋錄四卷誠齋牡丹百詠一卷牡
　丹譜一卷梅花百詠一卷玉堂春
　百詠一卷　明周憲王撰
　刊本　[71]・集・歷代帝王別・
　2

誠意伯文集二十卷
　見《劉文成公集》

24誠德集三十卷　宋呂大鈞撰
　宋刊本　[14]・四下・466

識

00識病捷法八卷　明繆存濟撰
　抄本　[96]・四十三・787

35識遺十卷　元羅璧撰
　刊本　[5]・三上・31
　影宋抄本　[84]・一・23
　舊抄本　[11]・五十六・26
　[20]・四・15　[34]・
　三・20　[39]・己・43
　[53]・二・4　[71]・
　子・雜家・26　[91]・
　十八・31
　傳抄本　[59]・二・9

40識大錄　明劉振撰
　閱萬樓抄本　[39]・丁・12

90識小編二卷　清董豐垣撰
　清刊本　[74]・三・51
　籌俊堂刊本　[96]・五十五・
　1095
　抄本　[60]・二・20

識小錄四卷　明徐樹丕撰
　抄本　[71]・子・小說家・28
　[102]・下・25

0366₀ 詥

30詥安錄二卷　清沈湛撰
　清刊本　[74]・續增・子・9

0460₀ 謝

00謝康樂集一卷　宋謝靈運撰
　明仿宋本　[11]・六十七・12

謝康樂集四卷附錄一卷　宋謝靈
　運撰
　明萬曆十一年(1583)刊本
　[19]・14　　[59]・六・8

謝文貞公集四卷　明謝德溥撰
　清光緒二十四年(1898)刊本
　[85]・十九・855

10謝耳伯先生詩集八卷　明謝兆申
　撰
　明刊本　[8]・集五・580

20謝禹銘五刻　明謝鏞輯
　明天啓刊本　[64]・33

24謝幼槃文集十卷　宋謝邁撰
　宋刊本　[22]・六・27
　[35]・上・52
　刊本　[89]・一集・十・43
　校本　[55]・四・15
　清謝珊嶠校清初抄本　[2]・
　四・33
　范希仁手抄本　[75]・五十四・
　13
　舊抄本　[11]・七十八・19
　[16]・三十・34
　[30]・四・23　[32]・
　十一・21　[39]・壬・
　15　[71]・集・宋別・
　27　[91]・二十八・10
　[93]・二十・33

謝幼槃文集十卷附谿堂集一卷
　宋謝邁撰
　舊抄本　[17]・四・21

26謝阜羽年譜遊錄注　徐沁撰
　舊抄本　[91]・九・10

27謝龜巢集十七卷　明謝應
　見《龜巢稿》

謝龜巢集滴稿三卷
　見《龜巢摘稿》

謝修撰行狀墓誌一卷　宋黃適、

陳謙撰
　宋刊本　[41]・七・27

30謝宣城詩集五卷　齊謝朓撰
　宋刊本　[9]・三・3
　[13]・27　[35]・上・
　50　[54]・五・1
　宋嘉定刊本　[2]・四・3
　[67]・第五冊・16
　明仿宋本　[11]・六十七・12
　明汪士賢刊本　[59]・六・8
　明嘉靖十六年(1537)黎晨寧國
　府刊本　[17]・四・3
　[1]・上・32
　明萬曆七年(1579)宣城重刊本
　[74]・四・3　[102]・
　上・26
　影抄宋本　[54]・五・7
　抄本　[75]・五十一・9

謝宣城詩集十卷　齊謝朓撰
　宋刊本　[14]・四上・332

謝宗可詠物詩一卷　元謝宗可撰
　明蔣絢臣校抄本　[2]・五・11

40謝希孟集二卷　宋謝希孟撰
　宋刊本　[41]・二十・25

44謝華啓秀八卷　明楊慎撰
　清嘉慶十九年(1814)重刊巾箱
　本　[96]・六十二・1217

謝華啓秀八卷均藻四卷哲匠金桴
　五卷　明楊慎撰
　函海本　[74]・三・68

50謝惠連集一卷　宋謝惠連撰
　宋刊本　[41]・十九・1
　明仿宋本　[11]・六十七・12
　抄本　[75]・五十一・9

謝惠連集五卷　宋謝惠連撰
　宋刊本　[14]・四上・332

60謝疊山先生文集二卷　宋謝枋得
　撰
　明刊本　[9]・後編・十九・4
　刊本　[39]・壬・41

謝疊山先生文集五卷　宋謝枋得
　撰
　明刊本　[11]・九・十一・16
　[74]・四・32

明萬曆刊本　[71]・集・宋別・
62

謝疊山先生文集六卷　宋謝枋得
撰
　抄本　[75]・五十七・17

謝疊山先生文集十六卷　宋謝枋
得撰
　明刊本　[93]・二十一・29
　明景泰刊本　[16]・三十一・
53
　明嘉靖十六年(1537)重刊本
　[36]・234
　明萬曆刊本　[91]・三十一・
23
　校明景泰本　[54]・六・31

謝四溟集十卷　明謝榛撰
　刊本　[39]・癸上・62

72謝朓集十卷
　見《謝宣城詩集》

謝氏論語解十卷
　見《論語解》

謝氏蘭玉集十卷　宋汪閌輯
　宋刊本　[41]・十五・7

0462₇　訥

28訥谿先生詩錄九卷文錄十卷奏疏
　一卷漫錄三卷尺牘四卷　明周
　怡撰
　明萬曆刊本　[91]・三十七・
24

0464₁　詩

00詩童子問十卷
　見《童子問》

詩童子問師友粹言二卷　宋輔廣
撰
　明抄本　[75]・四・13

詩序二卷　周卜子夏撰
　津逮祕書本　[74]・一・16
　刊本　[39]・甲・59
　藝海樓抄本　[32]・一・23
　抄本　[102]・下・1

詩序廣義二十四卷　清姜炳璋撰
　抄本　[39]・甲・67

詩序解頤　明邵弁撰
　抄本　[39]・甲・61

詩文軌範二卷　元徐駿撰
　抄本　[39]・庚・2

詩辨坻四卷　清毛先舒撰
　刊本　[39]・庚・9

詩音辨略二卷　明楊貞一撰
　函海本　[96]・十四・298

詩音表一卷　清錢坫撰
　錢氏四種本　[96]・十四・308

01詩評一卷　不知撰人
　宋刊本　[41]・二十二・10

詩評一卷　宋釋□淳撰
　宋刊本　[41]・二十二・9

02詩話一卷
　見《六一居士詩話》

詩話總龜一百卷　宋阮閱編
　校刊本　[61]・五　8
　明抄本　[9]・後編・二十・21
　舊抄本　[91]・三十九・25

詩話總龜四十八卷後集五十卷
　宋阮閱編
　明嘉靖二十三年(1544)宗室月
　窗道人刊本　[11]・一百
　十八・6　　[17]・四・45
　[30]・三・34　　[39]・
　庚・4　　[59]・七・19
　[91]・三十九・25
　[92]・四・191　　[93]・
　二十四・2

詩話補遺三卷　明楊慎撰
　明嘉靖刊本　[91]・三十九・
35
　淡生堂舊抄本　[74]・四・3
　舊抄本　[102]・下・40

詩話選雋二卷　盧衍仁撰
　傳抄本　[32]・十六・3

03詩識名解十五卷　清姚炳撰
　清刊本　[39]・甲・64
　清嘉慶二十二年(1817)校修本
　[96]・八・147

04詩詁一卷　不著撰人

影宋抄本　[99]・上・1

06詩韻要釋　不知撰人
　明刊本　[21]・一・6

詩韻集略五卷　明人編
　明刊本　[74]・一・57

詩韻釋要五卷　明潘雲杰撰
　明刊本　[9]・七・37

詩韻輯略五卷　明潘恩撰
　明刊本　[21]・一・6
　[74]・續增・經・3
　明隆慶三年(1569)刊本
　[75]・十四・14
　[96]・十四・294

07詩詞本事錄十卷　題十三潭逸叟
　輯
　稿本　[85]・二十四・1045

08詩說一卷　宋張耒撰
　說郛本　[96]・八・132
　通志堂刊本　[74]・一・16

詩說二卷　宋程頤撰
　宋刊本　[14]・一上・42

詩說九卷　宋劉克撰
　宋刊本　[58]・經・11
　[65]・一・14
　抄本　[96]・八・136
　影抄宋刊本　[75]・四・17

詩說十二卷　宋劉克撰
　影抄本　[32]・一・26
　明抄本　[91]・二・4
　舊抄本　[11]・五・11
　[16]・三・7

詩說三十卷　宋黃度撰
　宋刊本　[41]・二・16

詩說一卷　明豐坊撰
　漢魏叢書本　[96]・八・141

詩說一卷　清閻若璩撰
　昭代叢書本　[96]・八・147

詩說八卷　清龔明水撰
　稿本　[32]・一・29

詩說一卷　清惠周惕撰
　稿本　[102]・下・2

詩說三卷　清惠周惕撰
　借月山房彙抄本　[96]・八・
149

刊本 [39]·甲·64
精抄本 [91]·二·8
詩説十二卷 清惠周惕撰
抄本 [50]·一·2
詩説三卷文集一卷 清惠周惕撰
刊本 [71]·集·國朝別·61
詩説解頤正釋三十卷總論二卷辨字八卷 明季本輯
明刊本 [11]·五·26
[91]·二·7
詩譜一卷 漢鄭玄撰
宋刊本 [14]·一上·41
詩譜三卷 漢鄭玄撰
宋刊本 [41]·二·12
10詩三話一卷 不著撰人
宋刊本 [41]·二十二·11
20詩集傳十九卷 宋蘇轍撰
明刊本 [9]·後編·十二·6
明焦氏刊本 [91]·二·1
抄本 [16]·三·2
詩集傳二十卷 宋蘇轍撰
宋刊本 [14]·一上·42
[41]·二·13
明刊本 [11]·五·1
[75]·四·2
明兩蘇經解本 [60]·一·9
舊刊本 [39]·甲·56
[96]·八·131
詩集傳八卷 宋朱熹撰
宋刊本 [20]·一·5
[48]·一輯·3 [91]·二·1
明司禮監官刊本 [74]·一·17 [102]·上·11
明秋浦杜氏刊本 [32]·一·25
通行本 [96]·八·132
詩集傳二十卷 宋朱熹撰
宋刊本 [9]·後編·二·13
[11]·五·5 [28]·續·一·18 [35]·上·3,7 [89]·一集·一·35 [93]·三·7

[94]·一·3
宋刊大字本 [72]·3
[92]·一·5
宋臨安刊本 [2]·一·8
宋寧宗、理宗間刊本 [73]·圖版1
元至正刊本 [11]·五·20
明刊本 [9]·七·2
[9]·後編·十二·6
[75]·四·6
明正統司禮監刊本 [11]·五·8 [91]·二·2
刊本 [89]·二集·一·16
校宋刊本 [93]·三·6
明抄本 [75]·四·6
抄本 [8]·經二·38
詩集傳二十卷詩序辨説一卷 宋朱熹撰
宋刊本 [14]·五上·527
[41]·二·15
詩集傳音釋十卷 宋朱熹集傳、元許謙音釋
元刊本 [3]·1 [17]·一·3 [92]·一·5
詩集傳音釋二十卷 宋朱熹集傳、元許謙音釋
元刊本 [22]·一·24 [35]·下·36 [93]·三·15
元至正刊本 [16]·三·14
詩集傳音釋三十卷 宋朱熹集傳、元許謙音釋
明初刊本 [28]·續·二·3
詩集傳名物抄八卷 元許謙撰
通志堂刊本 [74]·一·18 [96]·八·138
明抄本 [75]·四·25
詩集傳名物抄十二卷 元許謙撰
刊本 [5]·一上·15
詩集傳通釋二十卷
見《詩傳通釋》
詩集傳附錄纂疏二十卷 宋朱熹集傳、元胡一桂纂疏
元刊本 [93]·三·13

[94]·一·12
元泰定刊本 [16]·三·10
[58]·元·3
詩集傳附錄纂疏二十卷詩序辨説附錄纂疏一卷 宋朱熹集傳、元胡一桂纂疏
元刊本 [34]·二·1
[35]·下·2
詩稿 清阮元輯
稿本 [26]·一·45
21詩經不分卷 不著編者
清郭仲穆抄本 [2]·一·9
詩經廣大全二十卷 清王夢白、陳張曾輯
刊本 [39]·甲·64
詩經識餘四十二卷 清徐秉義輯
抄本 [16]·三·15
詩經説通十三卷 明沈守正纂
明刊本 [91]·二·8
刊本 [39]·甲·61
詩經疏義二十卷 元朱公遷撰
元刊本 [74]·一·18 [87]·三·8
明初刊本 [11]·五·25
明刊本 [20]·一·6
[38]·經·9 [93]·三·16
詩經疏義會通二十卷 宋朱熹撰
明刊配抄本 [91]·二·5
詩經集傳二十卷
見《詩集傳》
詩經樂譜全書三十卷 不知撰人
清聚珍刊本 [74]·一·48
詩經傳説彙纂二十卷序二卷 清王鴻緒等撰
清武英殿刊本 [96]·八·143
清江南官刊本 [74]·一·18
詩經傳注八卷 清李塨撰
清道光二十三年(1843)刊本 [26]·一·44
詩經朱傳翼三十卷 清孫承澤撰
刊本 [39]·甲·63
詩經稗疏四卷 清王夫之撰
湘鄉曾氏刊本 [74]·一·19

抄本　[96]・八・144

詩經繹三卷　明鄧元錫撰
刊本　[39]・甲・59

詩經解詁二十卷　不知撰人
宋刊本　[58]・經・12

詩經解頤四卷
見《詩解頤》

詩經疑問十二卷　明姚舜牧撰
刊本　[39]・甲・60
[96]・八・142

詩經疑問七卷　元朱倬編　附錄
一卷　題趙惪編
元刊本　[93]・三・18
[94]・一・12
通志堂刊本　[74]・一・18
清初影抄元本　[2]・一・8

詩經注疏二十卷　漢鄭玄箋、唐
孔穎達疏
明閩刊本　[60]・一・9

詩經測義四卷　清李鍾僑撰
刊本　[39]・甲・65

詩經補注二卷　清戴震撰
戴氏遺書本　[96]・八・150

詩經述　清陳詵撰
刊本　[39]・甲・64

詩經澤書不分卷　明堵牧游撰
抄本　[20]・一・7

詩經通義十二卷　清朱鶴齡撰
刊本　[39]・甲・63
舊抄本　[96]・八・144

詩經大全二十卷　明胡廣等撰
明刊本　[92]・一・6
明經廠本　[32]・一・28
朝鮮刊本　[91]・二・6
通行本　[96]・八・139

詩經考異一卷葉韻辨一卷廣傳五
卷　清王夫之撰
湘鄉刊本　[74]・一・19

詩經世本古義二十八卷　明何楷
撰
明刊本　[9]・後編・十二・9
[75]・四・29
書三味齋刊本　[96]・八・142

詩經輔傳四卷　明蔡毅中撰

刊本　[39]・甲・61

詩經圖史合考二十卷　明鍾惺撰
刊本　[39]・甲・62

詩經叶韻辨譌八卷　清劉維謙撰
壽峯書屋刊本　[96]・十四・
305
刊本　[39]・甲・66

詩經劄記一卷　清楊名時撰
楊氏全書本　[96]・八・148

詩經小學四卷　清段玉裁撰
拜經堂刊本　[74]・一・20

詩經類考三十卷　明沈萬鈳輯
明刊本　[9]・後編・十二・11
[102]・上・11
明萬曆三十七年(1609)刊本
[64]・20
明末刊本　[74]・一・18
刊本　[39]・甲・61

23詩外傳十卷
見《韓詩外傳》

24詩續緒十八卷　元劉玉汝撰
文瀾閣傳抄本　[11]・五・23
[16]・三・13
舊抄本　[91]・二・6

25詩律武庫三十卷
見《東萊先生分門詩律武庫》

詩傳二十卷　宋楊簡撰
抄本　[8]・經二・46

詩傳一卷　明豐坊撰
刊本　[39]・甲・59
漢魏叢書本　[96]・八・140

詩傳一卷詩說一卷　明豐坊撰
津逮秘書本　[74]・一・18

詩傳二十卷辨妄六卷　宋鄭樵撰
宋刊本　[41]・二・15

詩傳旁通十五卷　元梁益撰
文瀾閣傳抄本　[16]・三・13
[75]・四・27
舊抄本　[11]・五・22
精抄本　[91]・二・5

詩傳音釋十卷詩序一卷詩圖一卷
元許謙撰
元刊本　[60]・一・10
[74]・一・18

詩傳詩說駁義五卷　清毛奇齡撰
西河全書本　[74]・一・19

詩傳疏義會通二十卷　元朱公遷
撰
刊本　[39]・甲・58

詩傳名物集覽十二卷　清陳大章
撰
清康熙五十二年(1713)刊本
[74]・一・19
刊本　[96]・八・148

詩傳注疏三卷　宋謝枋得撰
抄本　[75]・四・20

詩傳遺說六卷　宋朱鑑編
通志堂刊本　[74]・一・17

詩傳通釋二十卷　宋朱熹傳、元
劉瑾輯
元刊本　[9]・五・4
[22]・一・24　[28]・
二・1　[35]・下・21
[57]・3　[58]・元・5
[60]・一・9　[92]・
一・6　[93]・三・14
[98]・39
日本刊本　[91]・二・5
舊抄本　[20]・一・5

詩傳通釋二十卷附詩傳綱領一卷
宋朱熹傳、元劉瑾釋
元至正刊本　[11]・五・24
[16]・三・13

詩傳大全二十卷
見《詩經大全》

詩傳闡二十四卷　明鄒忠允撰
刊本　[39]・甲・61

詩傳纂義　明倪復撰
瓶花齋抄本　[39]・甲・58

26詩總聞三卷　宋王質撰
宋刊本　[41]・二・16

詩總聞二十卷　宋王質撰
聚珍刊本　[74]・一・17
刊本　[5]・一上・14
清四庫底本　[8]・經二・36
明祁氏澹生堂抄本　[32]・一・
26　[102]・下・2
舊抄本　[11]・五・2

　　　[16]・三・2　　[28]・
　　續一・17　[39]・甲・
　　56　[93]・三・10
　文瀾閣傳抄本 [75]・四•2
詩緝二十卷　宋嚴粲撰
　　抄本 [39]・甲・57
詩緝三十六卷　宋嚴粲撰
　　明刊本 [9]・七・2、3
　　[9]・後編・十二•6
　　[93]・三・12
　　明味經堂刊本 [11]・五・9
　　[26]・一・43　[59]・
　　一・3　[75]・四・15
　　[91]・二・3
27詩解二十卷　宋陳鵬飛撰
　　宋刊本 [14]・一上・43
　　[41]・二・16
詩解集傳二十卷
　　見《詩集傳》
詩解頤四卷　明朱善撰
　　通志堂刊本 [74]・一・18
　　[96]・八・139
　　明抄本 [9]・後編・二十•19
詩疑二卷　宋王柏撰
　　通志堂刊本 [74]・一・17
　　[96]・八・136
詩疑問七卷
　　見《詩經疑問》
詩物性門類八卷　不著撰人
　　宋刊本 [41]・二・14
詩名物疏五十五卷　明馮復京撰
　　明刊本 [9]・後編・十二・8
　　明萬曆刊本 [26]・一・43
　　[74]・一・18　[102]・
　　上・11
　　刊本 [39]・甲・60
　　明抄本 [91]・二・8
詩紀　明張次仲撰
　　刊本 [39]・甲・62
詩紀一百五十六卷
　　見《古詩紀》
28詩倫二卷　清汪薇撰
　　聚珍刊本 [74]・一・20
30詩家鼎臠二卷　宋戴復古撰

勞平父校訂舊抄本 [17]・四・
　　47
勞舜卿抄校本 [91]・三十八・
　　24
　　舊抄本 [11]・一百十五・4
　　[17]・四・47　[55]・
　　六・26　[74]・四・72
　　[101]・中・15
　　[102]・下・40
　文瀾閣傳抄本 [11]・一百十
　　五・5
詩準四卷詩翼四卷　宋何無適、
　　倪希程編
　　宋刊本 [38]・集・105
　　明刊本 [91]・三十八・16
　　明萬曆新樂王刊本 [17]・四・
　　44
　　校本 [55]・六・23
詩宗集韻二十卷
　　見《十二先生詩宗集韻》
33詩瀋二十卷　清范家相撰
　　抄本 [39]・甲・67
詩演義十四卷　元梁寅撰
　　天一閣抄本 [39]・甲・58
詩演義十五卷　元梁寅撰
　　文瀾閣傳抄本 [11]・五・23
　　[16]・三・13　[75]・
　　四・28
　　抄本 [91]・二・6
詩補傳三十卷　宋范處義撰
　　通志堂刊本 [74]・一・17
　　抄本 [39]・甲・56
34詩法源流三卷　明王用章輯
　　刊本 [39]・庚・7
詩法拾英一卷　孫昭纂
　　刊本 [5]・四下・27
37詩深二十八卷　清許伯政撰
　　刊本 [39]・甲・66
38詩逆六卷　明凌蒙初撰
　　刊本 [39]・甲・60
40詩壇叢韻二十八卷　明吳綬撰
　　明刊本 [9]・後編・十七・18
詩存四卷　清金德瑛撰
　　刊本 [71]・集・國朝別・68

詩志二十六卷　明范王孫輯
　　刊本 [39]・甲・63
詩古音辨一卷　宋鄭庠撰
　　宋刊本 [41]・二・17
詩古微二卷　清魏源撰
　　修吉堂刊本 [96]・八・151
42詩札二卷　清毛奇齡撰
　　西河全書本 [74]・一・19
43詩式五卷　唐釋皎然撰
　　舊抄本 [11]・一百十八・4
　　[93]・二十四・1
詩式五卷詩議一卷　唐釋皎然撰
　　宋刊本 [41]・二十二・8
44詩地理考六卷　宋王應麟撰
　　元刊本 [11]・五・18
　　[92]・一・5
　　玉海附刊本 [96]・八・138
　　明刊修補本 [75]・四・23
詩考一卷　宋王應麟撰
　　元刊本 [11]・五・17
　　玉海刊本 [96]・八・137
　　明刊修補本 [75]・四・22
　　坊刊本 [74]・一・17
詩考六卷　宋王應麟撰
　　元刊本 [28]・一・15
　　[35]・下・4　[54]・
　　一・5　[58]・元・4
　　[65]・一・16
　　元泰定刊本 [11]・五・14
　　[16]・三・8　[35]・
　　上・31
　　舊抄本 [91]・二・4
詩考四卷　清戴震撰
　　精抄稿本 [26]・一・45
詩苑衆芳一卷　宋劉瑄編
　　宋刊本 [35]・上・21
　　[58]・集・134
　　影宋抄本 [11]・一百十五・7
詩苑叢珠三十卷　元仇舜臣編
　　元刊本 [9]・六・17
詩苑類格三卷　宋李淑撰
　　宋刊本 [14]・四下・495
　　[41]・二十二・11
詩藪十二卷　明胡震亨撰

刊本 [39]・庚・8

詩藪十八卷　明胡震亨撰
　明刊本 [60]・七・16

詩世族考六卷　清李超孫撰
　別下齋刊本 [74]・一・20

詩林廣記二十卷
　見《古今名賢叢話詩林廣記》

詩林要語一卷　元范梈撰
　抄本 [5]・四下・26

46詩觀初集十二卷二集十四卷三集
　十三卷閨秀別集二卷　題鄧漢
　儀評選、仲之琮輯
　清乾隆刊本 [85]・二十四・
　1052

47詩格一卷　題魏文帝曹丕撰
　宋刊本 [41]・二十二・7

詩格一卷　宋釋神彧撰
　宋刊本 [41]・二十二・8

詩格一卷詩中密旨一卷　唐王昌
　齡撰
　宋刊本 [41]・二十二・8

詩格要律一卷　宋王夢簡撰
　宋刊本 [41]・二十二・9

48詩故十卷　明朱謀㙔撰
　明刊本 [32]・一・29
　刊本 [39]・甲・59
　抄本 [91]・二・7

詩故四十卷　宋董逌撰
　宋刊本 [41]・二・14

50詩史十二卷　清葛震撰
　刊本 [39]・戊・84

詩本音十卷　清顧炎武撰
　顧氏刊本 [74]・一・57
　音學五書本 [96]・十四・299

詩本義十五卷　宋歐陽修撰
　宋刊本 [14]・一上・43
　　　[29]・一・1　　[36]・
　　　10

詩本義十五卷附鄭氏詩譜補亡一
　卷　宋歐陽修撰
　通志堂經解本 [96]・八・130
　刊本 [5]・一上・12

詩本義十六卷附圖譜　宋歐陽修
　撰

52

宋刊本 [41]・二・13
明刊本 [11]・五・1
　　　[16]・三・2
通志堂刊本 [74]・一・16
舊抄本 [75]・四・2

詩書選粹　不著撰人
　抄本 [71]・子・儒家・22

詩書古訓六卷　清阮元撰
　清道光十九年(1839)刊本
　　　[26]・二・31
　粤雅堂重刊本 [74]・一・41

52詩折衷二十卷　宋劉宇撰
　宋刊本 [41]・二・12

60詩因　不知撰人
　先君子校抄本 [20]・五・44

詩品一卷　唐司空圖撰
　津逮祕書本 [74]・四・70

詩品三卷　梁鍾嶸撰
　宋刊本 [14]・五下・630
　　　[41]・二十二・7
　明刊本 [17]・四・45
　明仿宋本 [11]・一百十八・4
　　　[17]・四・45
　漢魏叢書本 [74]・四・70
　文房小說本 [74]・四・70
　津逮祕書本 [74]・四・70
　明影宋抄本 [60]・七・13
　影抄宋刊本 [93]・二十四・1
　抄本 [50]・十・37
　　　[75]・六十四・1

詩異文補四卷　清馮登府輯
　舊抄本 [74]・續增・經・1

67詩眼一卷
　見《潛谿詩眼》

72詩所五十六卷　明臧懋循輯
　刊本 [39]・辛・16

詩所八卷　清李光地撰
　安谿全書本 [74]・一・19
　文貞全集本 [96]・八・145

詩所八卷古樂經傳五卷榕村全集
　四十卷別集五卷　清李光地撰
　刊本 [71]・集・國朝別・15

75詩體提綱十卷　題江湖詩社編
　刊本 [5]・四下・28

77詩風集十六卷　清徐崧編
　清刊本 [74]・續增・集・18

詩風雅頌四卷序一卷　宋朱熹纂
　宋刊本 [41]・二・11

詩學十二卷　清陸奎勳撰
　刊本 [39]・甲・65

詩學集成押韻淵海二十卷　元嚴
　毅撰
　元刊本 [8]・子二・310
　　　[9]・十・12　　[12]・
　　　二・13　　[39]・庚・53
　　　[48]・二輯下・137
　元至元刊本 [91]・二十・13

詩學名物解二十卷　宋蔡卞撰
　宋刊本 [41]・二・13

詩學大成二十五卷　明李攀龍編
　明刊本 [74]・續增・集・16

詩學大成三十卷
　見《聯新事備詩學大成》

詩學禁臠一卷　元范梈撰
　吳翌鳳抄本 [91]・三十九・
　33
　抄本 [5]・四下・26

詩學權輿二十二卷　明黃溥撰
　抄本 [5]・四下・26

詩學事類二十四卷韻學事類十二
　卷　明李攀龍撰
　刊本 [71]・子・類事・16

詩學攔江網七十卷　不著撰人
　元刊本 [9]・後編・十一・24

詩問一卷　清吳肅公撰
　抄本 [39]・甲・64

詩貫十四卷　清張敍撰
　刊本 [39]・甲・66

80詩人玉屑二十卷　宋魏慶之編
　宋黃氏刊本 [2]・五・37
　宋刊本 [17]・四・45
　　　[37]・一輯
　元刊本 [8]・集七・635
　　　[9]・後編・十一・23
　　　[32]・十六・3
　明刊本 [11]・一百十八・10
　　　[93]・二十四・4
　明武林謝氏刊本 [91]・三十

九・29

日本五山覆元本　[70]・八下・
10

朝鮮刊本　[22]・六・46

仿宋刊本　[75]・六十四・14

舊刊本　[22]・六・46
　[39]・庚・6　　　[89]・
一集・十・52

詩義八卷　元劉貞仁編
元刊本　[93]・三・19
抄本　[16]・續・一・3

詩義三十卷　宋王安石撰
宋刊本　[41]・二・13

詩義集説四卷　明孫鼎編
舊抄本　[11]・五・26

詩義斷法五卷　不知撰人
天一閣抄本　[39]・甲・58

詩義通釋　不知撰人
殘刊本　[45]・1

詩義指南一卷　宋段昌武撰
抄本　[75]・四・14

詩義折中二十卷　清傅恒等撰
清武英殿刊本　[96]・八・143

88詩餘畫譜　不知撰人
明萬曆刊本　[68]・圖版682、
目錄109

0466₀　諸

00諸病源候論五十卷
見《巢氏諸病源候總論》

諸病通用方　不知撰人
舊抄本　[89]・二集・七・16

諸方晨昏分表一卷　明李天經撰
新法曆書本　[78]・算學書錄
補注・89

諸方節氣加時日軌高度表一卷
清梅文鼎撰
曆算全書本　[96]・四十四・
831

諸方半晝分表一卷　明李天經撰
新法曆書本　[78]・算學書錄
補注・89

02諸刻題跋一卷續集一卷　明毛晉
撰

汲古閣刊本　[96]・三十二・
584

17諸子語錄四卷　明王衡撰
刊本　[71]・子・儒家・22

諸子瓊林四十卷　蘇應龍編
元刊本　[38]・子・72

諸子彙函二十六卷　明歸有光
編
明刊本　[96]・五十八・1164

諸子纂要不分卷　明黎堯卿纂
明抄本　[17]・三・31

21諸暨賢達傳八卷　清郭世勳輯
原稿本　[85]・十七・773

諸儒語要二十卷　明唐順之輯
刊本　[39]・己・18

諸儒論唐三宗史編句解六卷　不
知撰人
元刊殘本　[38]・史・100

諸儒議論杜氏通典詳節四十二卷
見《通典詳節》

諸儒奧論策學八卷　元陳繹曾
輯
元刊本　[39]・辛・11

諸儒微言一卷　明詹在泮輯
刊本　[39]・己・26

諸儒微言一卷説書隨筆一卷　明
詹在泮輯
刊本　[71]・子・儒家・21

諸儒鳴道集七十二卷　不知撰人
宋刊本　[14]・五下・704
　[29]・二・4　　　[41]・
九・14

諸儒箋解古文真寶五卷　黃堅輯
明刊本　[9]・十・54

諸儒箋解古文真寶前集十卷　黃
堅輯
明萬曆刊本　[75]・六十三・
17

諸經諸史記數三十二卷　明徐鑒
撰
刊本　[39]・丙・21

25諸佛菩薩妙相名號經咒不分卷
不著撰人
明宣德刊本　[38]・子・91

諸佛世尊如來菩薩尊者名稱歌曲
一卷　明成祖朱棣撰
明永樂刊本　[8]・子二・351
　[92]・三・129

26諸偈撮要一卷　不知撰人
日本應永十一年刊本　[62]・
圖版88

30諸家文集不分卷　題宋樓昉纂
殘宋本　[33]・集・62

諸家五星書一卷　不著撰人
宋刊本　[41]・十二・27

諸家名方二卷　不著編者
宋福建提舉司刊本　[41]・十
三・14

諸家藏畫簿十卷　清李調元編
函海本　[96]・四十八・960

諸家老杜詩評五卷　明方深道輯
刊本　[5]・四下・27

諸家相書五卷　宋黃唐撰
宋刊本　[41]・十二・33

諸家前後場元部肄業精訣四卷
明李叔元輯
明萬曆三十二年(1604)建邑書
林存德堂陳耀吾刊本
[64]・續・98

40諸真元奧集十卷　涵蟾子編
刊本　[39]・庚・97

44諸蕃志二卷　宋趙汝適撰
宋刊本　[41]・八・42
函海本　[74]・二・58
輯本　[59]・三・12
抄本　[75]・二十八・20

諸葛武侯心書一卷　題蜀諸葛亮
撰
明刊本　[60]・二・22
明萬曆黃邦彥刊本　[19]・10
漢魏叢書本　[74]・三・10
　[96]・三十八・718

諸葛丞相全集五卷
見《諸葛忠武侯集》

諸葛忠武侯集四卷　蜀諸葛亮撰
清康熙刊本　[74]・集・1

諸葛忠武侯集五卷　蜀諸葛亮撰
明嘉靖十九年(1540)刊本

　　　　[71]·集·漢魏六朝別·1
諸葛忠武侯傳一卷　宋張栻撰
宋刊本 [14]·五上·580
　[35]·上·33　[41]·
　七·21　[43]·二·20
　[50]·二·22　[58]·
　史·67　[98]·21
影抄宋刊本 [11]·二十六·
　23　[17]·二·13
　[36]·128　[75]·二十
　一·16
舊抄本 [16]·十三·9
50諸史然疑一卷　清杭世駿撰
　堇浦八種本 [96]·三十五·
　654
諸史偶論十卷　不著編者
　舊抄本 [93]·十七·12
諸史提要十五卷　宋錢端禮撰
宋刊本 [9]·二·19
　[38]·史·55　[41]·
　十四·25
諸史拾遺五卷　清錢大昕編
刊本 [74]·續增·史·13
71諸臣奏議一百五十卷　宋趙汝愚編
宋刊本 [9]·四·19
　[17]·二·12　[58]·
　史·64
會通館本 [70]·四上·13
校宋本 [93]·九·28
72諸氏江氏雜稿　明諸夢璟撰
抄本 [71]·集·明別·122

0468₆　讀

04讀詩私記二卷　明李先芳撰
刊本 [39]·甲·58
讀詩拙言一卷　明陳第撰
學津討原本 [96]·十四·296
讀詩略記　明朱朝瑛撰
抄本 [39]·甲·62
讀詩小匡一卷　清馮李驊撰
舊抄本 [91]·二·9
08讀論語叢説三卷　元許謙撰
元刊本 [4]·5　[35]·下·

57
09讀談助五卷　不知撰人
影抄宋刊本 [50]·五·61
10讀三禮略記　明朱朝瑛撰
抄本 [39]·乙·24
17讀孟質疑三卷　清施彥吾撰
刊本 [74]·一·46
21讀紅樓夢雜記一卷　清江順怡撰
清同治八年(1869)杭州原刊本
　[69]·四·126
23讀織錦回文法一卷　明釋子起宗撰
明萬曆刊本 [91]·二十三·7
25讀朱隨筆四卷　清陸隴其撰
清刊本 [74]·三·6
清康熙四十七年(1708)福州撫
　署正誼堂刊本 [96]·三
　十七·706
刊本 [39]·己·32
28讀儀禮私記二卷　不知撰人
抄本 [91]·二·21
30讀宋史偶識二卷　明項夢原撰
刊本 [39]·戊·73
34讀漢史翹二卷　明施端教輯
刊本 [39]·戊·75
35讀禮疑圖六卷　明季本撰
刊本 [39]·乙·1
讀禮紀略六卷　清朱董祥撰
刊本 [39]·乙·11
讀禮通考一百二十卷　清徐乾學撰
清康熙刊本 [74]·一·24
冠山堂刊本 [96]·四·68
讀禮志疑六卷　清陸隴其撰
刊本 [39]·乙·27
讀禮問一卷　清吳肅公撰
昭代叢書本 [96]·四·72
40讀大學叢説一卷讀中庸叢説二卷
讀論語叢説三卷讀孟子叢説三
卷　元許謙撰
舊抄本 [11]·十·26
　[75]·七·23
讀左補義五十卷　清姜炳璋撰
清乾隆三十三年(1768)刊本

　　　　[74]·一·36
蔚文堂刊本 [96]·十一·228
刊本 [39]·乙·50
讀左日抄十二卷補二卷　清朱鶴
齡撰
原刊本 [96]·十一·216
刊本 [39]·乙·47
44讀韓記疑十卷　清王元啓撰
清嘉慶五年(1800)原刊本
　[84]·一·27
讀杜詩愚得十八卷　明單復撰
明洪武刊本 [74]·續增·集·
1
明宣德九年(1434)刊本
　[102]·上·27
明天順元年(1457)朱熊刊本
　[68]·圖版371、目錄66
讀杜心解二十四卷卷首二卷　清
浦起龍撰
清刊本 [71]·集·唐別·7
讀杜隨筆　不知撰人
刊本 [36]·206
48讀教記二十卷　釋法照撰
宋刊本 [35]·上·20
　[93]·十八·5　[94]·
　三·7
50讀史亭集十六卷　清彭而述撰
刊本 [71]·集·國朝別·1
讀史方輿紀要一百三十卷　清顧
祖禹撰
清道光成都刊本 [74]·二·
41
稿本 [100]·40
知不足齋抄本 [39]·戊·28
抄本 [12]·五·14
　[71]·史·地志·22
讀史韻言一卷　明蘇茂相撰
刊本 [71]·集·明別·105
讀史記十表十卷　汪越撰
傳抄本 [60]·四·2
讀史論略一卷　清杜詔撰
藝海珠塵本 [96]·三十五·
654
讀史備忘八卷　明范理撰

刊本　[39]・戊・73

讀史紀要　不知撰人
　抄本　[20]・二・8

讀史綱十五卷　明左昊撰
　清初刊本　[85]・一・43

讀史漫録十四卷　明于慎行撰
　明刊本　[9]・八・43
　刊本　[39]・戊・81

讀史漫録十四卷穀山筆麈十八卷
　明于慎行撰
　刊本　[71]・子・濰家・34

讀史札記一卷　不知撰人
　抄本　[101]・下・3

讀史吟評一卷　清黄臟揚撰
　說鈴後集本　[96]・三十五・
　654

讀史兵略四十六卷　胡文忠撰
　稿本　[34]・附録・一・11

讀史管見三十卷　宋胡寅撰
　宋刊本　[14]・五上・558
　[41]・四・26　　[94]・
　二・7
　明抄本　[8]・史三・214

讀史管見八十卷　宋胡寅撰
　宋刊本　[11]・三十八・13
　[17]・二・22　　[28]・
　五・17　　[35]・下・24

讀畫録四卷　清周亮工撰
　刊本　[39]・庚・27

讀書雜抄二卷　宋魏了翁撰
　續祕笈本　[96]・五十四・1076

讀書證疑六卷　清陳詩庭撰　附
六九齋饌述稿四卷　清陳琢撰
　原刊本　[84]・一・27

讀書記六十一卷
　見《真文忠公讀書記》

讀書記敷略五十四卷　清宫夢仁
撰
　清刊本　[71]・子・類事・17
　[96]・六十二・1232

讀書論世十六卷　清吳肅公撰
　刊本　[39]・己・63

讀書譜一卷　宋陳傅良撰
　宋刊本　[41]・四・30

讀書一得四卷　明黄訓撰
　刊本　[39]・己・51
　[71]・子・儒家・23

讀書瑣記一卷　清鳳應韶撰
　藝海珠塵本　[96]・二・34

讀書止觀録四卷　明吳應箕撰
　刊本　[39]・己・25

讀書後八卷　明王世貞撰
　刊本　[39]・己・50
　[71]・子・儒家・23

讀書樂趣八卷　清伍涵芬輯
　刊本　[39]・己・64

讀書偶記三卷　清雷鋐輯
　刊本　[39]・己・36

讀書總録二十卷　明薛宣撰
　明萬曆刊本　[32]・六・7

讀書叢說六卷
　見《讀四書叢說》

讀書叢録二十四卷　清洪頤煊撰
　清道光二年(1822)廣東刊本
　[96]・五十五・1100

讀書漫筆十八卷　方瀾撰
　刊本　[39]・戊・72

讀書十六觀一卷　明陳繼儒撰
　眉公雜著本　[96]・五十八・
　1166

讀書志不分卷　明周高起輯
　明萬曆四十八年(1620)玉桂山
　房刊本　[64]・64

讀書求解一卷修辭餘抄不分卷
　清程瑤田撰
　通藝録本　[96]・七十一・1422

讀書略記　明朱朝瑛撰
　抄本　[39]・甲・51

讀書隨記一卷　不著撰人
　抄本　[71]・子・儒家・24

讀書隨記一卷續記一卷　不著撰
人
　宋元間刊本　[74]・續增・子・
　5

讀書隨記一卷續記一卷剩語一卷
　王邦采撰
　清康熙刊本　[32]・八・15

讀書脞録七卷續編四卷　清孫志

祖撰
　原刊本　[96]・五十五・1097

讀書全録類編二十卷　明薛暄纂
　刊本　[71]・子・儒家・23
　[89]・二集・五・13

讀書鏡十卷　明陳繼儒撰
　眉公雜著本　[96]・三十五・
　651
　明沈豫昌、沈師昌校本　[60]・
　二・19

讀書分年日程三卷
　見《程氏家塾讀書分年日程》

讀書剳記八卷　明徐問撰
　明刊本　[9]・後編・十六・14
　刊本　[39]・己・19

讀書録十卷續録十二卷　明薛瑄
撰
　明嘉靖刊本　[3]・14

讀書録十一卷續録十二卷　明薛
瑄撰
　明刊本　[96]・三十七・691

讀書筆記一卷　明祝允明撰
　顧氏四十家小說本　[96]・五
　十三・1049

讀書敏求記一卷　清錢曾撰
　精抄本　[91]・十四・7

讀書敏求記四卷　清錢曾撰
　清乾隆十年(1745)沈尚傑刊本
　[26]・四・21　　[30]・
　七・10
　清道光五年(1825)阮氏文選樓
　刊本　[26]・四・22、23
　雙桂草堂刊本　[38]・史・89
　湖州趙氏刊本　[96]・三十二・
　593
　胡菊圃校沈明經刊本　[2]・
　二・49
　先君子校刊本　[20]・三・23
　顧錫麒校本　[57]・122
　校本　[101]・中・1
　宋蔚如校抄本　[12]・五・19
　陳師簡校抄本　[57]・123
　校抄本　[60]・五・3
　舊抄本　[32]・五・10

[50]·三·46　　[53]·
一·24　　[71]·史·簿
錄·18

讀書瞀見二卷　元王充耘撰
明初刊本　[28]·一·13
通志堂刊本　[74]·一·13
刊本　[53]·一·1

讀書管見四卷　元王充耘撰
明刊本　[11]·四·14
舊刊本　[20]·一·3
舊抄本　[75]·三·14

讀春秋編十二卷　宋陳深撰
通志堂刊本　[74]·一·32
[96]·十·202

讀春秋略記　明朱朝瑛撰
抄本　[39]·乙·44

60讀四書叢説四卷　元許謙撰
抄本　[74]·一·44
[102]·下·3
傳抄本　[32]·二·11

讀四書叢説六卷　元許謙撰
元刊本　[16]·六·11
舊抄本　[8]·經一·35
[11]·四·12　　[16]·
二·7　　[39]·甲·46
[75]·三·11　　[93]·
二·10

讀四書叢説八卷　元許謙撰
元刊本　[35]·下·57
[50]·一·10　　[58]·
元·19　　[88]·一·14
[93]·六·11　　[94]·
一·14
仁和何氏刊本　[96]·十二·
253
影元抄本　[36]·21
舊抄本　[16]·六·11

讀易辨疑　明李開元撰
刊本　[39]·甲·33

讀易識疑　明朱睦㮸撰
刊本　[39]·甲·31

讀易韻考六卷　明張獻翼撰
刊本　[39]·甲·17

讀易詳説十卷　宋李光撰

宋刊本　[41]·一·22
抄本　[75]·二·5
[91]·一·4　　[93]·
一·20
文瀾閣傳抄本　[11]·一·10
[16]·一·2

讀易私言一卷　元許衡撰
通志堂刊本　[74]·一·5

讀易緒言二卷　明錢棻撰
刊本　[39]·甲·29

讀易偶存五卷　清華學泉撰
抄本　[74]·續增·經·1

讀易紀聞六卷　明張獻翼撰
刊本　[24]·經一·31
[39]·甲·17

讀易述十七卷　明潘士藻輯
明刊本　[11]·三·26
明萬曆三十四年(1606)刊本
[74]·一·7　　[102]·
上·11
刊本　[24]·經一·36
[39]·甲·20
抄本　[91]·一·17

讀易大旨五卷　明孫奇逢撰
刊本　[24]·經一·39
[39]·甲·34

讀易索隱六卷　明洪鼐撰
刊本　[39]·甲·11

讀易考原一卷　元蕭漢中撰
刊本　[24]·經一·19
文瀾閣本　[74]·一·6
糈抄本　[91]·一·15
抄本　[102]·下·1

讀易考原三卷　元蕭漢中撰
曝書亭抄本　[39]·甲·7

讀易蒐十二卷　明鄭廣唐撰
刊本　[24]·經一·47
[39]·甲·27

讀易老人詳説十卷
見《讀易詳説》

讀易略記　明朱朝瑛撰
二老閣抄本　[39]·甲·28

60讀易別錄三卷　清全祖望撰
知不足齋叢書本　[96]·三十

二·597

讀易質疑二十卷　清汪遂撰
刊本　[39]·甲·42

讀易隅通二卷　明蕭山來纂
刊本　[39]·甲·28

讀易舉要四卷　宋俞琰撰
舊抄本　[11]·三·9
[75]·二·22
文瀾閣傳抄本　[16]·一·12

讀易劄記　不知撰人
抄本　[100]·3

讀易管窺五卷　清吳隆元撰
刊本　[39]·甲·39

讀易餘言五卷　明崔銑撰
明刊本　[11]·三·25
[32]·一·15　　[91]·
一·16

讀易餘論不分卷　清王鈗撰
原刊本　[96]·四十七·896

讀易鈔十四卷　明鍾化民撰
刊本　[24]·經一·35

讀易小傳一卷　清馮李驊撰
舊抄本　[91]·一·21

67讀明史劄記一卷　清潘永季撰
昭代叢書丁集本　[85]·一·
61

77讀風臆評一卷　明戴恩忠撰
明萬曆閔氏刊本　[91]·二·7

0512₇　靖

00靖康要錄不分卷　不著撰人
抄本　[12]·五·8
[39]·丁·22

靖康要錄五卷　不著撰人
宋刊本　[41]·五·21

靖康要錄十二卷　不著撰人
文瀾閣傳抄本　[16]·九·16

靖康要錄十六卷　不著撰人
舊抄本　[11]·二十一·16
[54]·二·25

靖康孤臣泣血錄一卷　宋丁特起
撰
明刊本　[60]·四·14
[91]·八·4

明錢塘汪旦復刊本 [17]·二·15 [54]·二·35
清黄丕烈校明萬曆刊本 [2]·二·20
校本 [50]·二·18 [65]·續·二·3
抄本 [12]·五·8
靖康孤臣泣血錄三卷拾遺一卷 宋丁特起撰
宋刊本 [41]·五·21
靖康傳信錄一卷 宋李綱撰
宋刊本 [41]·五·21
靖康傳信錄三卷 宋李綱撰
宋刊本 [14]·五上·555
函海本 [96]·十九·412
靖康稗史 宋韋承撰
傳抄本 [32]·三·17 [60]·四·14 [91]·八·5
靖康緗素雜記十卷 宋黄朝英撰
宋刊本 [14]·後志·二·838 [41]·十·19
墨海金壼本 [96]·五十四·1068
抄本 [75]·四十二·5
靖康紀聞一卷 宋丁特起撰
穴硯齋抄本 [30]·五·3
舊抄本 [93]·九·23
靖康紀聞一卷附拾遺 宋丁特起撰
四古堂抄本 [91]·八·5
抄本 [39]·丁·23
靖康遺錄一卷 宋沈良撰
宋刊本 [41]·五·22
靖康蒙塵錄一卷 不著撰人
天一閣抄本 [39]·丁·23
靖康奉使錄一卷 宋鄭望之撰
宋刊本 [41]·五·21
靖康拾遺錄一卷 宋何烈撰
宋刊本 [41]·五·21
靖康野史彙編四種 不知編者
抄本 [54]·二·31
靖康野錄一卷 不著撰人
宋刊本 [41]·五·22

靖康錄一卷 宋朱邦基撰
宋刊本 [41]·五·22
靖康小史一卷 不著撰人
宋刊本 [41]·五·22
31靖江縣志十八卷 清鄭重輯
清康熙十一年(1672)刊本 [74]·續增·史·7
38靖海紀事二卷 清施世驥撰
清康熙刊本 [85]·十三·623
靖海紀略二卷 明曹履泰撰
別下齋刊本 [74]·二·52
靖海紀略四卷 明曹履泰撰
別下齋叢書本 [85]·十三·614
60靖國續燈錄三十卷 宋釋惟白編
宋刊本 [14]·後志·二·887

0562$_7$ 請
26請纓日記十二卷 清唐景崧撰
清光緒十九年(1893)臺灣布政使署刊本 [64]·66

0564$_7$ 講
77講學二卷 明李培撰
天一閣抄本 [39]·己·19

0569$_0$ 誅
38誅逆愛書一卷 明金日昇錄
秘册叢說本 [85]·四·192

0569$_6$ 諫
41諫垣集二卷 宋陳瓘撰
見《陳忠肅公諫垣集》
諫垣遺稿二卷 明湯禮撰
明嘉靖十二年(1533)刊本 [74]·二·24 [102]·上·16
諫垣存稿三卷 宋韓琦撰
宋刊本 [41]·二十二·1
44諫草存笥三卷 明侯先春撰
清道光活字本 [85]·三·148

0668$_6$ 韻
00韻府羣玉二十卷 元陰時夫輯、

陰中夫注
元刊本 [9]·後編·十·9、11 [11]·六十一·24 [22]·五·11 [35]·上·41 [35]·下·8、13 [43]·三·46 [48]·二輯下·135 [57]·208 [60]·五·17 [76]·四·17 [87]·二·13 [89]·一集·三·49 [91]·二十·12 [92]·三·123
元大德刊本 [1]·上·28
元延祐元年(1314)刊本 [74]·三·67 [102]·上·9
明正統二年(1437)刊本 [22]·五·11
明天順刊本 [91]·二十·13
清乾隆二十四年(1759)刊本 [96]·六十一·1215
舊刊本 [22]·五·11 [89]·一集·三·48
韻府羣玉二十八卷 元陰時夫輯、陰中夫注
元刊黑口本 [4]·9
韻府拾遺十二卷 清張廷玉等撰
清武英殿刊本 [96]·六十二·1231
01韻語陽秋二十卷 宋葛立方撰
宋刊本 [9]·後編·七·25 [41]·二十二·13
明刊本 [5]·四下·29 [32]·十六·2 [59]·七·19 [93]·二十四·3
明正德二年(1507)葛湛重刊乾道本 [59]·七·19 [91]·三十九·27
校本 [61]·五·8
日本影宋抄本 [17]·四·45
抄本 [30]·四·51
08韻譜本義八卷 明茅溱撰

明刊本　[9]·後編·十三·15
韻譜本義十卷　明茅溱撰
　原刊本　[96]·十四·295
10韻石齋筆談二卷　清姜紹書
　宛委山房刊本　[97]·五十八·1160
　刊本　[39]·己·87
　小山堂抄本　[71]·子·雜藝術·2
21韻經五卷　明張之象輯
　刊本　[39]·丙·41
　稿本　[46]·7
26韻總持　明朱簡輯
　開萬樓抄本　[39]·丙·43
30韻注五卷
　見《禮部韻注》
33韻補五卷　宋吳棫撰
　宋刊本　[9]·後編·三·32
　[31]·29　[33]·經·42　[41]·三·44
　[43]·一·18　[93]·七·23　[94]·一·9
　元刊本　[87]·三·12
　明翻宋刊本　[36]·32
　明刊本　[9]·七·33
　[9]·後編·十三·14
　[32]·二·25　[91]·五·21
　明嘉靖許宗魯刊本　[11]·十六·17　[17]·一·11　[86]·六·121
　刊本　[39]·丙·34
　[92]·一·24
　影抄宋本　[59]·一·14
　曹夢山手抄本　[75]·十三·7
　抄本　[93]·七·23
　[96]·十四·284
　韻補正一卷　清顧炎武撰
　亭林十書刊本　[74]·一·57
　亭林遺書本　[96]·十四·301
　韻補本義十卷　明茅溱輯
　刊本　[39]·丙·43
40韻直音指七卷　明章黼撰
　刊本　[39]·丙·39

43韻式一卷　不著撰人
　宋巾箱本　[16]·續·一·4
　宋刊殘本　[93]·七·25
　[94]·一·10
44韻苑考遺不分卷　明陳士元撰
　明刊本　[9]·後編·十三·16
50韻書原始二卷　清熊士伯撰
　舊抄本　[75]·十四·15
　韻表三十卷　明葉秉敬撰
　刊本　[39]·丙·45
　韻表新編　不著編者
　刊本　[39]·丙·47
60韻略五卷
　見《禮部韻略》
　韻略易通一卷　明蘭茂撰
　抄本　[5]·一下·19
　韻略分毫補注字譜一卷　宋秦昌朝撰
　宋刊本　[41]·三·48
77韻學要指十一卷　清毛奇齡撰
　西河合集本　[96]·十四·302
　韻學集成十三卷　明章黼撰
　明萬曆三十四年(1606)重刊本　[96]·十四·290
　刊本　[39]·丙·39
　韻學通指　清毛先舒撰
　刊本　[39]·丙·47
80韻鏡一卷　宋張麟之撰
　日本舊刊本　[76]·四·13
　日本享禄覆宋本　[22]·二·43
　日本永禄七年(1778)刊本　[62]·圖版135
　刊本　[89]·一集·三·50
　[89]·二集·一·43
　韻會定正四卷　孫吾與撰
　影抄本　[5]·一下·19
　韻會舉要三十卷
　見《古今韻會舉要》
　韻會小補三十卷
　見《古今韻會舉要小補》
91韻類題選一百卷　宋鄭袁毅撰
　宋刊本　[41]·十四·23

0691₀　親
88親鑑十回　題老驥氏編
　文盛堂書局發行本　[69]·七·210

0710₄　望
10望雲集五卷　明郭奎撰
　明嘉靖刊本　[71]·集·明別·15
　袞杼樓抄本　[91]·三十五·14
　舊抄本　[11]·一百十一·19
　[39]·壬·78
28望谿集　清方苞撰
　清刊本　[71]·集·國朝別·61
34望社姓氏考一卷　清李元庚撰
　小方壺齋叢書本　[85]·五·237
　國粹學報第七十一期本　[85]·五·237

0712₀　翊
16翊聖保德傳三卷　宋王欽若撰
　宋刊本　[14]·後志·一·808

0722₇　郾
10郾王劉公家傳三卷　不著撰人
　舊抄本　[16]·十三·18

0724₇　毅
00毅齋詩集別錄一卷附家傳一卷　宋徐僑撰
　明刊本　[11]·九十二·11
　毅齋別錄一卷　明王洪撰
　傳抄本　[17]·四·26

0742₇　郊
00郊廟禮文三十一卷
　見《元豐郊廟奉祀禮文》
23郊外農談三卷　明張鈇撰
　刊本　[39]·庚·82
34郊社禘祫問一卷　清毛奇齡撰
　西河全書本　[74]·一·27

西河合集本　[96]・六・95

郭

10郭元振安邊策三卷　唐郭元振撰
　宋刊本　[14]・後志・二・848
郭天錫日記一卷　元郭畀撰
　鮑以文校抄本　[2]・二・27
　精抄本　[91]・九・22
30郭宏農集二卷　晉郭璞撰
　明崇禎刊本　[19]・14
44郭茂倩樂府詩集一百卷
　見《樂府詩集》
50郭中丞黔草二十一卷　明郭子章撰
　刊本　[71]・集・明別・94
郭青山集三十卷　宋郭祥正撰
　抄本　[71]・集・宋別・22
郭青山集三十四卷　宋郭祥正撰
　張立人手抄本　[11]・七十七・6
72郭氏山川訓纂　宋郭思輯
　抄本　[39]・庚・26
郭氏傳家易説十一卷
　見《易説》
80郭公言行録一卷敏行録一卷　元徐東編
　元刊本　[16]・十三・19
　[93]・十・5　[94]・二12
　影抄元本　[38]・史・48
郭公敏行録一卷　元徐東編
　元刊本　[16]・三十五・28

0748₆ 贛

32贛州失事記一卷　清黄宗羲撰
　行朝録本　[85]・十四・675
48贛榆縣志四卷　清王城撰
　清嘉慶刊本　[74]・二・47

0761₃ 讖

50讖書四卷　唐羅隱撰
　舊抄本　[32]・八・4
　[42]・8
讖書五卷　唐羅隱撰

先君子校抄本　[20]・五・8
游月卿手抄本　[32]・八・5
舊抄本　[16]・二十九・23
　[75]・五十二・23
　[93]・十九・43
讖書五卷　宋金盈之撰
　拜經樓刊本　[80]・十五・15
　[83]・四・12
　抄本　[50]・六・19
　[50]・七・58

0761₇ 記

30記室新書三十卷　唐李途撰
　宋刊本　[14]・三下・280
43記載彙編十卷　不著編者
　都門琉璃廠排字本　[85]・二十三・1010
47記桐城方戴兩家書案一卷　不著撰人
　古學彙刻本　[85]・十六・721
50記事珠十四卷　明劉國翰撰
　刊本　[71]・子・類事・15
88記纂淵海一百卷
　見《紀纂淵海》

0762₀ 詞

01詞謔　明李開先撰
　明嘉靖刊本　[68]・圖版429、目録74
18詞致録十六卷　明李天麟撰
　明刊本　[9]・十・54
23詞綜三十卷　清朱彝尊輯
　清刊本　[71]・集・詞・18
詞綜補五十八卷
　見《國朝詞綜補》
25詞律二十卷　清高樹撰
　清康熙堆絮園刊本　[57]・336
　[60]・七・20
　刊本　[39]・庚・11
　校本　[57]・337
詞律補案　不知撰人
　稿本　[57]・338
27詞的四卷　明茅映輯
　刊本　[71]・集・詞・15

30詞家玉律十六卷　清王一元纂
　清稿本　[92]・四・192
31詞源二卷　宋張炎撰
　清嘉慶十五年(1810)秦恩復刊本　[26]・十六・30
　詞學叢書本　[74]・四・77
　粤雅堂刊本　[74]・四・77
　刊本　[99]・上・8
　鮑以文校本　[57]・336
　鄭樵風批校本　[17]・四・49
　影元抄本　[11]・一百二十・18
　抄本　[5]・四下・32
　精抄本　[91]・四十・33
詞源二卷　宋張炎撰　唐詞紀十六卷　明董逢元撰
　刊本　[71]・集・詞・12
37詞選一百四十五卷　不著編者
　舊抄本　[50]・十・64
38詞海遺珠二卷　明勞堪輯
　刊本　[39]・己・76
詞海遺珠四卷　明勞堪輯
　明萬曆刊本　[91]・三十九・15
44詞苑叢談十二卷　清徐釚撰
　清刊本　[39]・庚・11
詞林韻釋一卷　元斐菉軒撰
　秦氏詞學叢書本　[74]・四・78
　粤雅堂刊本　[74]・四・78
詞林正韻三卷　清戈載撰
　清刊本　[80]・十三・5
詞林海錯十六卷　明夏樹芳撰
　明萬曆四十六年(1618)刊本　[60]・五・19
　原刊本　[96]・五十八・1164
　刊本　[39]・庚・48
　[71]・子・雜家・39
詞林萬選四卷　明楊慎輯
　葉石君校汲古閣本　[57]・332
詞林摘豔　明張禄輯
　明嘉靖三十年(1551)徽藩月軒道人刊本　[68]・圖版418、目録72

77詞學叢書　清秦恩復輯
　　清刊本　[80]・十三・1
　詞學全書十四卷　清查培繼編
　　清刊本　[39]・庚・11
　詞學筌蹄八卷　蔣華編
　　明抄本　[75]・六十四・28

調

27調象菴稿四十卷　明鄒迪光撰
　　刊本　[39]・癸下・12

讕

00讕言長語一卷　明曹安撰
　　刊本　[71]・子・小説家・14

0762₇ 譎

22譎觚一卷　清顧炎武撰
　　亭林十書本　[74]・二・58

0763₂ 認

30認字測三篇　明周宇撰
　　刊本　[39]・丙・45

0764₇ 諛

77諛聞續筆不分卷　不著撰人
　　明末史事雜抄本　[85]・十一・
　　514
　　舊抄本　[57]・218
　　[85]・十一・514
　諛聞隨筆不分卷　張怡輯
　　鉛印本　[85]・二十一・936
　　抄本　[57]・217　[85]・
　　二十一・936

0766₂ 詔

43詔獄慘言一卷　明燕客撰
　　借月山房彙抄本　[85]・四・
　　196

韶

32韶州府志十八卷　清唐宗堯纂
　　清康熙三十六年(1697)刊本
　　[74]・續增・史・5
80韶舞九成樂補一卷　元余載撰

墨海金壺本　[96]・七・113
　舊抄本　[32]・二・14
　　[74]・一・47　[102]・
　　下・3
　精抄本　[32]・二・14

0772₇ 邙

22邙山偈一卷　題智德述
　　金平水刊本　[2]・三・48

0821₂ 施

15施蓮川集八卷　明施峻撰
　　刊本　[39]・癸上・54
　　[71]・集・明別・81
20施信陽文集七卷　明施文顯撰
　　刊本　[71]・集・明別・49
30施注蘇詩四十二卷
　　見《東坡詩集》
　施肩吾西山集五卷　唐施肩吾撰
　　宋刊本　[14]・四中・387
60施愚山文集二十八卷詩集五十卷
　　史傳七卷　清施閏章撰
　　刊本　[71]・集・國朝別・3
　施愚山先生年譜四卷　清施念曾
　　撰
　　愚山全集附刊本　[96]・二十
　　二・462
72施氏家風述略一卷　清施閏章撰
　　清刊本　[74]・續增・子・8
　施氏家風述略一卷續編一卷　清
　　施閏章撰
　　愚山全集附刊本　[96]・二十
　　三・488
80施公案奇聞九十七回　清人撰
　　清道光十八年(1938)刊本
　　[69]・六・192

0821₄ 旌

22旌川志八卷　宋李瞻撰
　　宋刊本　[41]・八・35
76旌陽石函記一卷　明邵輔注
　　明刊本　[91]・二十二・19

0823₂ 旅

34旅滇聞見隨筆一卷　不著撰人
　　國粹學報第六十三期叢談本
　　[85]・二十二・979
80旅舍備要方一卷　宋董汲撰
　　長恩書室刊本　[74]・三・17
　　墨海金壺本　[79]・子・醫家・
　　482　[96]・四十二・
　　758
　　舊抄本　[91]・十六・13
90旅堂詩集一卷文集一卷　清胡介
　　撰
　　刊本　[71]・集・國朝別・9

0824₀ 放

00放言居詩集六卷　清曹炳曾撰
　　石倉世纂本　[96]・七十一・
　　1413
80放翁詞一卷
　　見《陸放翁詞》
　放翁先生劍南詩稿六十七卷
　　見《劍南詩稿》
　放翁律詩抄四卷
　　見《陸放翁律詩抄》
　放翁家世舊聞
　　見《陸放翁家世舊聞》
　放翁逸稿二卷
　　見《陸放翁逸稿》
90放光般若波羅蜜經　晉釋無羅叉
　　共竺叔蘭譯
　　清雍正十三年(1735)內府刊本
　　[68]・圖版514、目錄36

0828₁ 旋

30旋宮合樂譜一卷　明朱載堉撰
　　樂律全書本　[96]・七・120

0833₈ 戀

77戀叟詩抄四卷　清紀映鍾撰
　　舊抄本　[60]・七・12

0844₀ 效

21效顰集二卷　明趙弼撰

刊本　[39]・庚・33
効顰集三卷　明趙弼撰
　明宣德刊本　[91]・二十一・21
　日本舊抄本　[77]・六・155

敦

00敦交集一卷　元魏仲遠撰
　刊本　[88]・六・6
　舊抄本　[60]・六・14
21敦行録二卷　清張鵬翩輯
　刊本　[39]・己・64
52敦拙堂詩集十三卷　清陳奉玆撰
　清刊本　[26]・十二・21
96敦煌石室真蹟録五卷　王仁俊編
　清宣統元年(1909)石印本　[64]・29

0861_6 説

00説唐後傳五十五回　清人撰
　清乾隆三十三年(1768)鴛湖最樂堂發兌本　[69]・二・45
説唐後傳八卷　清人撰
　尚友齋梓行本　[69]・二・45
説唐演義全傳六十八回　清人撰
　清乾隆四十八年(1783)刊本　[69]・二・44
説文三十卷
　見《説文解字》
説文廣義三卷　清王夫之撰
　湘鄉刊船山遺書本　[74]・一・54
説文廣義十二卷　清程德洽輯
　刊本　[39]・丙・48
説文新附考六卷續考一卷　清鄭珍撰
　録格抄原稿本　[26]・二・49
説文韻府羣玉二十卷
　見《韻府羣玉》
説文韻譜五卷
　見《説文解字篆韻譜》
説文正字一卷　清王瑢等撰
　北宋刊本　[22]・二・37

宋刊本　[35]・下・4
説文引經考二卷　清程瑤撰
　刊本　[34]・附録・一・6
　校刊本　[84]・二・15
　㐌進齋抄本　[57]・24
説文偏旁考　清吳照撰
　清乾隆五十一年(1786)刊本　[74]・一・55
説文解字　漢許慎撰
　宋刊本　[17]・一・10　[37]・一輯
　刊本　[89]・一集・三・6
　惠校本　[57]・19
　吳憲齋校本　[57]・20
　校刊本　[80]・十四・3
　清孫星衍抄本　[92]・一・21
説文解字十五卷　漢許慎撰
　北宋國子監刊本　[7]・中・13　[28]・續・四・4　[35]・上・30　[72]・6　[73]・圖版12
　宋刊本　[14]・一下・89　[58]・經・55、56
　宋刊小字本　[11]・十三・6　[35]・上・27、30
　汲古閣刊本　[38]・經・49　[75]・十・6
　大興朱氏重雕宋本　[18]・上・5
　毛斧季校本　[83]・一・13
　校本　[50]・一・14
説文解字三十卷　漢許慎撰
　宋刊本　[10]・7　[41]・三・41　[65]・一・44　[68]・圖版26、27、目録12　[74]・一・51
　宋乾道刊本　[2]・一・30
　元刊本　[9]・五・15
　孫氏仿宋刊本　[60]・一・21　[75]・十・6
　清光緒八年(1882)山東丁氏刊本　[26]・二・41
　刊本　[5]・一下・5
　校本　[34]・附録・一・5

影抄宋本校孫氏平津館本　[26]・二・36
説文解字音韻表四卷　清江子蘭撰
　残稿本　[57]・21
説文解字韻譜二卷　明陳鉅撰
　刊本　[39]・丙・43
説文解字五音韻譜十二卷　宋徐鍇輯
　宋刊本　[9]・後編・三・27
　元刊本　[9]・後編・八・22
　明刊本　[9]・七・30、31
　明嘉靖七年(1528)郭雨山刊本　[19]・3
　刊本　[53]・一・2
説文解字五音韻譜三十卷　宋徐鍇輯
　宋刊大字本　[76]・三・8
説文解字理董十七卷　清吳穎芳撰
　抄本　[100]・13
説文解字彙纂條例　清嚴曾銓、孫禮煜輯
　稿本　[100]・15
説文解字注三十卷六書音韻表二卷　清段玉裁撰
　段氏經韻樓家刊本　[26]・二・45　[75]・十・6
　清嘉慶刊本　[60]・一・24
　刊本　[80]・十五・22
　批校本　[100]・14
説文解字注匡謬不分卷　清徐承慶撰
　稿本　[2]・一・31
説文解字補義十二卷　元包希魯撰
　元刊本　[16]・七・8　[17]・一・10　[28]・續・四・17　[35]・下・22　[93]・七・18　[94]・一・15
　明初刊本　[11]・十三・6
　明刊本　[87]・二・5
　影抄本　[60]・一・22

説文解字標目一卷 漢許慎撰
　刊本 [89]・一集・三・7
説文解字斠詮十四卷 清錢坫撰
　刊本 [74]・一・55
　校刊本 [32]・二・18
説文解字繋傳四十卷 宋徐鍇撰
　宋刊本 [10]・8 [35]・
　　上・3 [36]・28
　　[41]・三・42 [58]・
　　經・57 [68]・圖版34、
　　目錄14 [93]・七・7
　　[94]・一・8
　汪氏刊本 [38]・經・50
　盧抱經校汪刊本 [91]・五・8
　校本 [83]・一・13
　校抄本 [65]・一・46
　影抄宋本 [5]・一下・6
　　[32]・二・17
　舊抄本 [74]・一・51
　傳抄本 [87]・一・12
説文解字繋傳四十卷附校勘記三
　卷 宋徐鍇撰、朱翔釋
　祇氏影宋抄刊本 [75]・十・7
説文解字繋傳四十卷 宋徐鍇撰
　附考異二十八卷
　附錄二卷 清朱文藻撰
　刊本 [53]・一・2
説文解字繋傳考異二十八卷 清
　朱文藻撰
　舊抄稿本 [11]・十三・10
説文解字繋傳考異一卷附錄一卷
　汪憲撰
　抄本 [91]・五・9
説文解字義證五十卷 清桂馥撰
　清咸豐二年(1852)靈石楊氏連
　　筠簃刊本 [26]・二・47
　諸名人校桂氏底本 [8]・經
　　三・82
説文解字篆韻譜五卷 宋徐鍇撰
　宋刊本 [9]・後編・三・26
　元刊本 [11]・十三・12
　　[35]・上・3 [92]・
　　一・22 [93]・七・7
　元延祐刊本 [2]・一・31

函海刊本 [74]・一・52
　刊本 [39]・丙・31
　影抄元刊本 [75]・十・8
　舊抄本 [32]・二・17
　　[74]・一・52 [91]・
　　五・9 [102]・下・3
説文解字篆韻譜十卷 宋徐鍇撰
　宋刊本 [41]・三・42
　舊抄本 [32]・二・18
　　[65]・一・47
　清馮桂芬摹本 [74]・續增・
　　經・2
説文注抄跋 不知撰人
　桂馥抄本 [26]・二・50
説文字原一卷 元周伯琦編
　元刊本 [11]・十六・1
　　[28]・續・四・21
　　[35]・上・1 [60]・
　　一・24
　元至正刊本 [43]・一・46
　明覆元刊本 [75]・十二・8
　明刊本 [21]・一・5
　明嘉靖元年(1522)于鏊刊本
　　[19]・3
　刊本 [39]・丙・36
　影抄元刊本 [12]・五・4
　　[16]・七・15 [91]・
　　五・16 [93]・七・19
説文字原一卷六書正譌五卷 元
　周伯琦編
　元刊本 [35]・上・1
　元至正刊本 [38]・經・57
　明刊本 [9]・後編・十三・9
説文凝錦錄一卷 清萬先泰撰
　刊本 [53]・一・2
説文古本考 不知撰人
　清刊本 [57]・25
説文古籀補十四卷補遺一卷附錄
　一卷 清吳大澂撰
　初刊本 [84]・二・16
説文木部一卷附箋異一卷 清莫
　友芝撰
　清同治二年(1863)刊本
　　[74]・一・55

説文校議三十卷 清姚文田、嚴
　可均撰
　姚氏刊本 [75]・十・7
説文聲系十四卷 清姚文田撰
　粵雅堂刊本 [74]・一・55
説文摘錄 清姚秋農纂
　稿本 [57]・22
説文繋傳四十卷
　見《説文解字繋傳》
説文長箋一百卷 明趙宧光輯
　刊本 [39]・丙・44
説文長箋一百四十卷 明趙宧光
　輯
　明萬曆三十四年(1606)刊本
　　[74]・一・54
説文長箋一百四十卷附六書長箋
　七卷 明趙宧光輯
　明萬曆四十六年(1618)刊本
　　[102]・上・13
説文段注集解 不知撰人
　稿本 [57]・26
説文答問疏證校異六卷 不知撰
　人
　校刊本 [57]・23
説玄一卷 唐王涯撰
　宋刊本 [14]・後志・二・818
　　[41]・九・5
　舊抄本 [38]・子・26
　　[74]・三・29
　太玄經附刊本 [96]・四十六・
　　880
説玄一卷 宋司馬光撰
　宋刊本 [14]・五下・722
説玄五篇太玄經釋文十卷 漢揚
　雄撰
　抄本 [83]・三・16
04 説詩十二卷 不知撰人
　明永樂刊本 [44]・四・2
説詩樂趣二十卷 清伍涵芬輯
　刊本 [39]・庚・10
07 説部新書 清許焞輯
　舊抄本 [91]・十九・30
10 説元一卷
　見《説玄》

14 説聽四卷　明陸延枝編
　　明刊本　[38]・子・85
　　[50]・六・29
16 説理會編十六卷　明季本輯
　　刊本　[39]・己・14
22 説嵩三十二卷　清景日軫輯
　　刊本　[39]・戊・56
24 説儲八卷　明陳禹謨撰
　　刊本　[39]・己・79
　　説儲八卷二集八卷　明陳禹謨撰
　　明刊本　[57]・204　　[91]・
　　十九・24
　　明萬暦三十七年(1609)刊本
　　[60]・二・20
　　原刊本　[96]・五十七・1143
　　刊本　[71]・子・小説家・25
27 説郛一百卷　明陶宗儀編
　　明抄本　[17]・三・29
　　[38]・子・57
　　説郛一百二十卷　明陶宗儀編
　　明刊本　[74]・三・58
　　[102]・上・23
　　明末陶珽刊本　[64]・46
　　説郛目録一卷　明陶宗儀編
　　抄本　[71]・史・簿録・3
43 説尤二卷　清王灝撰
　　清刊本　[71]・子・小説家・
　　29
44 説夢一卷　清曹家駒撰
　　舊抄本　[61]・四・3
　　説夢二卷　清曹家駒撰
　　清人説薈本　[85]・二十一・
　　958
　　説苑二十卷　漢劉向撰
　　北宋刊本　[35]・下・8
　　[50]・四・5　　[65]・
　　三・10
　　宋刊本　[12]・一・9
　　[14]・三上・197
　　[20]・四・7　　[29]・
　　二・1　　[35]・上・19
　　[35]・下・8　　[41]・
　　九・3　　[50]・四・7
　　[52]・二・1　　[58]・

子・3
　　宋浙刊本　[2]・三・3
　　宋咸淳刊本　[38]・子・1
　　[92]・三・78
　　元刊本　[11]・三十九・3
　　[16]・二十一・2
　　[48]・二輯下・97
　　[93]・十三・5
　　元麻沙小字本　[91]・十五・5
　　明仿宋刊本　[59]・四・6
　　明覆元刊本　[22]・四・6
　　明刊本　[9]・九・4
　　[9]・後編・十六・7
　　[17]・三・2　　[32]・
　　六・2　　[98]・25
　　明刊大字本　[30]・二・9
　　明永樂十四年(1416)刊本
　　[22]・四・5
　　明成化刊本　[19]・5
　　明嘉靖二十六年(1547)何良俊
　　刊本　[17]・三・2
　　[57]・167　　[86]・一・
　　51
　　明范氏天一閣二十種奇書本
　　[26]・五・11
　　明楚府刊大字本　[28]・六・6
　　漢魏叢書本　[74]・三・2・
　　[96]・三十六・663
　　舊刊覆宋本　[22]・四・5
　　刊本　[89]・一集・六・1
　　校宋本　[42]・4　　[50]・
　　四・8　　[51]・二・2
　　[52]・二・2　　[65]・
　　三・14　　[93]・十三・5
　　臨姚彦侍校宋本　[84]・一・
　　19
　　明刊校宋本　[52]・二・2
　　[91]・十五・6
　　明程榮校刊本　[75]・三十二・
　　4
　　明吳勉學校刊本　[19]・6
　　[75]・三十二・4
　　譚復堂校本　[57]・168
　　嚴鐵橋校本　[57]・168

　　影印劉申叔藏宋刊本　[84]・
　　一・19
　　明抄本　[38]・子・3
　　説苑二十卷新序十卷　漢劉向撰
　　明刊本　[9]・後編・十六・6
　　説楛七卷　明焦周撰
　　抄本　[8]・子一・275
　　説林三十卷　明陶宗儀撰
　　抄本　[71]・子・小説家・13
50 説史二卷　明洪覺山撰
　　刊本　[39]・戊・82
　　説史十卷東山談苑八卷四蓮華齋
　　雜録八卷　余懷撰
　　舊抄本　[92]・二・74
60 説略一卷　明黄尊素撰
　　項氏古香書屋舊抄本　[74]・
　　三・56
　　舊抄本　[102]・下・21
　　説略三卷　明黄尊素撰
　　涵芬樓祕笈本　[85]・二・115
　　金陵叢書本　[85]・二・115
　　黄忠端公文略本　[85]・二・
　　115
　　説略　不著編者
　　明刊本　[9]・後編・十六・21
　　説略三十卷　明顧起元撰
　　明刊本　[32]・八・13
　　[91]・二十・17
　　嬾真草堂刊本　[96]・六十二・
　　1224
　　刊本　[39]・己・81
　　[71]・子・小説家・19
　　説圃識餘二卷　明王兆雲撰
　　刊本　[71]・子・小説家・19
62 説呼全傳十二卷　清人撰
　　清乾隆四十四年(1779)金閶書
　　業堂刊本　[69]・二・53
71 説原十六卷　明穆希文撰
　　刊本　[39]・己・56
　　説頤八卷　明余懋學撰
　　刊本　[71]・子・小説家・23
72 説岳全傳二十卷　清錢彩撰
　　通行大字本　[69]・二・52
77 説學齋雜抄二卷　不著編者

抄本　[12]・五・32
説學齋集十三卷　明危素撰
　舊抄本　[32]・十四・3
説學齋集三十卷　明危素撰
　刊本　[5]・四上・36
説學齋集十卷雲林集二卷　明危
　素撰
　傳抄本　[60]・七・9
説學齋稿一卷　明危素撰
　刊本　[24]・集二・20
　舊抄本　[1i]・一百十一・11
　[17]・四・38　　[30]・
　　四・37　　[57]・263
　[71]・集・元別・28
　[95]・二・25
説學齋稿四卷　明危素撰
　舊抄本　[11]・一百十一・9
　[20]・五・26
説學齋稿十卷　明危素撰
　舊抄本　[61]・四・6
説學齋稿附續集不分卷　明危素
　撰
　清金星軺抄本　[2]・五・20
説學齋經説一卷　清葉鳳毛撰
　藝海珠塵本　[96]・二・34
88説鈴二卷
　見《汪氏説鈴》
91説類六十二卷　明林茂槐輯
　刊本　[39]・庚・49
説類六十二卷　明葉向高編
　刊本　[71]・子・小説家・18

0861₇　謚

34謚法四卷
　見《嘉祐謚法》
謚法通考十八卷　明王圻撰
　明萬曆二十四年(1596)刊本
　　[26]・四・5
　原刊本　[96]　二十九・561
　刊本　[1]・下・46　　[39]・
　　丁・69
謚法考不分卷　不著撰人
　抄本　[20]・二・24
謚法纂十卷　明孫能傳撰

刊本　[39]・丁・70
44謚苑二卷　明朱睦㮮撰
　刊本　[39]・丁・69

0862₁　諭

21諭旨三百六十卷　不著編者
　清内府刊本　[74]・二・23
27諭祭葬徐岡卿祔戴夫人合録不分
　卷　不著編者
　明崇禎十七年(1644)刊本
　　[85]・七・336
34諭對録三十四卷勅諭録一卷詩賦
　録一卷　明張孚敬撰
　刊本　[39]・丁・39

0862₂　診

30診家樞要一卷　元滑壽撰
　明天順刊本　[12]・三・9
　抄本　[5]・三下・5
診宗三昧一卷　清張璐撰
　清康熙寶翰樓刊張氏醫通本
　　[79]・子・醫家・360
　[96]・四十三・803
　刊本　[39]・庚・93
72診脈要捷一卷　不知撰人
　影永正抄本　[22]・補遺・31

0862₇　論

01論語十卷
　見《論語集解》
論語商二卷　明周宗建撰
　明刊本　[74]・一・45
　刊本　[39]・丙・3
　抄本　[96]・十三・261
論語意原一卷　宋鄭汝諧撰
　宋刊本　[14]・五下・715
　[41]・三・29
論語意原二卷　宋鄭汝諧撰
　聚珍刊本　[74]・一・43
　抄本　[39]・丙・2
論語意原四卷　宋鄭汝諧撰
　墨海金壺本　[96]・十二・244
　聚珍刊本　[96]・十二・244
論語章圖纂釋　不知撰人

元後至元刊本　[6]・圖版43
論語音義一卷　唐陸德明撰
　清嘉慶十八年(1813)黃氏禮
　　居刊本　[68]・圖版554、
　　555、目録91
　影抄北宋蜀刊大字本　[23]・
　　38　　[35]・上・27
論語新注四卷　日本豐幹子卿撰
　日本天明八年(1788)刊本
　　[74]・一・46
論語竢質三卷　元江聲撰
　刊本　[88]・一・16
　管慶祺抄本　[57]・12
論語講義十卷　不知撰人
　宋刊本　[14]・一下・80
　抄本　[21]・一・5
論語説二卷　清桑調元撰
　抄本　[39]・丙・3
論語説三卷　宋張栻撰
　宋刊本　[14]・五上・534
論語説十卷　宋張栻撰
　宋刊本　[41]・三・27
論語説十卷　宋范祖禹撰
　宋刊本　[14]・一下・80
論語説十卷　宋程頤撰
　宋刊本　[14]・一下・79
論語詳説二十卷　宋胡寅撰
　宋刊本　[41]・三・26
論語正義十卷　魏何晏注、宋邢
　昺疏
　北宋國子監刊本　[7]・中・7
　宋刊本　[14]・一下・79
　[41]・三・24
　南宋刊本　[6]・圖版23
　南宋國子監刊本　[7]・下・2
　南宋寧宗以後蜀中刊本
　　[44]・二・31　　[90]・
　　10
　元翻宋刊本　[35]・上・27
　元刊本　[35]・下・37
　[76]・二・12
　元刊十行本　[6]・圖版25
　刊本　[89]・一集・二・42
　[89]・二集・一・31

校元刊本　[59]・一・6
論語正義二十卷　魏何晏注、宋
　邢昺疏
　北宋刊本　[22]・二・20
　宋刊本　[35]・上・31
　　[65]・一・38
　宋刊十行本　[11]・十・6
　宋紹熙浙東庾司刊本　[2]・
　　一・27
　元泰定四年(1327)刊本
　　[22]・二・20　　[35]・
　　上・27
　明刊本　[75]・七・8
　明刊九行本　[11]・十・6
　明閩刊本　[91]・四・12
　汲古閣本　[17]・一・7
　　[20]・一・15　　[74]・
　　一・43
　武英殿十三經注疏本　[96]・
　　十二・241
論語集説十卷　宋蔡節撰
　通志堂經解本　[74]・一・44
　　[96]・十二・250
　影宋抄本　[9]・四・5
論語集程氏説二卷　宋湯烈編
　宋刊本　[14]・五下・714
論語集解十卷　魏何晏撰
　北宋國子監刊本　[7]・中・1
　宋刊本　[9]・後編・三・14
　　[14]・一下・78
　　[35]・上・26　　[37]・一
　　輯　　[41]・三・23、24
　　[76]・二・4
　宋建刊本　[2]・一・25
　南宋國子監刊本　[7]・下・1
　元刊本　[92]・一・16
　　[93]・六・4　　[94]・
　　一・14
　元岳氏荊谿家塾刊本　[68]・
　　圖版300、目録56
　元吁郡重刊宋廖氏世綵堂刊本
　　[66]・目録3
　日本覆刊元正平本　[26]・二・
　　14

日本刊本　[91]・四・12
日本古活字本　[3]・3
日本五山活字本　[17]・一・7
日本天文刊本　[6]・圖版35
　　[17]・一・7　　[22]・
　　二・14　　[62]・圖版105
日本正平刊本　[6]・圖版7
　　[22]・二・16　　[62]・
　　圖版103　　[75]・七・
　　6　　[76]・二・8
　　[84]・一・3
覆正平版單跋本　[6]・圖版9
覆正平版雙跋本　[6]・圖版11
覆正平版無跋本　[6]・圖版13
日本明應刊本　[6]・圖版15
　　[44]・三・24　　[62]・
　　圖版104
活字刊本　[22]・二・24
古逸叢書本　[17]・一・7
刊本　[5]・一上・25
　　[89]・一集・二・33、35、
　　37、38、41
清氏點本　[22]・二・14
影宋抄本　[9]・後編・八・1
日本古抄本　[89]・二集・一・
　　33
日本舊抄本　[11]・十・4
　　[16]・六・7
天正四年抄本　[22]・二・14
天文二十一年抄本　[22]・二・
　　18
古抄卷子改摺本　[76]・二・1
文永五年抄本　[6]・圖版1
舊抄卷子本　[22]・二・14、
　　15
舊抄卷子改摺本　[22]・二・
　　15
應永九年抄卷子改摺本
　　[22]・二・16
大永甲申抄本　[22]・二・17
嘉曆三年抄本　[22]・二・17
嘉曆抄卷子改摺本　[44]・一・
　　62
正慶二年抄本　[6]・圖版3

室町時代影抄本　[6]・圖版17
舊抄本　[22]・二・14、17、
　　18、23　　[50]・一・9
　　[89]・一集・二・26、32
　　[89]・二集・一・30、32
論語集解十卷札記一卷　魏何晏
　撰
　日本刊本　[29]・一・4
論語集解義疏十卷　魏何晏集
　解、梁皇侃義疏
　宋刊本　[14]・一・765
　王宣望刊本　[17]・一・7
　知不足齋叢書本　[96]・十
　　二・240
　日本刊本　[26]・二・15
　　[75]・七・8
　日本抄本　[91]・四・12
　日本文明九年舊抄本　[6]・
　　圖版21　　[26]・二・16
　曆應抄卷子改摺本　[44]・一・
　　64
　寶德抄本　[44]・一・64
　永正抄本　[44]・一・64
　舊抄本　[22]・二・18、19、20
　　[89]・一集・一・44
論語集注十卷　宋朱熹注
　宋刊本　[11]・十・9
　　[14]・五上・533
　　[33]・經・36　　[41]・
　　三・28　　[72]・5
　元覆宋刊本　[6]・圖版29
　元刊本　[22]・二・21
　元延祐刊本　[6]・圖版31
　　[22]・二・21　　[35]・
　　上・4
　元至元泳澤書院覆宋本
　　[2]・一・25
　明刊本　[75]・七・11
　明正德二年(1507)刊本
　　[22]・二・21
　朱子稿本　[6]・圖版27
　元龜抄本　[6]・圖版33
論語集注二十卷　宋朱熹注
　明經廠本　[60]・一・19

論語集注考證十卷　宋金履祥撰
　刊本　[39]·丙·2
　藕塘祠塾重刊本　[96]·十二·
　252
　舊抄本　[11]·十·9
　[75]·七·11
論語集注纂疏　不知撰人
　元刊本　[6]·圖版37、38
論語集成　不知撰人
　元刊本　[6]·圖版40
論語集義十卷　宋朱熹撰
　抄本　[39]·丙·1
論語集義二十卷　宋朱熹撰
　舊抄本　[11]·十·9
　[75]·七·10
論語後録五卷　清錢坫撰
　錢氏四種本　[96]·十三·277
論語外篇四卷　明潘士達輯
　刊本　[39]·丙·4
論語外篇十卷　明李栻輯
　明萬曆精刊本　[92]·一·16
論語稽求篇四卷　清毛奇齡撰
　西河全集本　[74]·一·45
論語稽求篇七卷　清毛奇齡撰
　西河合集本　[96]·十三·
　266
論語續解十卷考異一卷説例一卷
　宋吳棫撰
　宋刊本　[41]·三·27
論語傳十卷　宋蘇軾撰
　宋刊本　[41]·三·25
論語白文十卷　不著撰人
　日本慶長活字刊本　[22]·二·
　23
論語白文十卷附札記　不著撰人
　日本天文刊本　[26]·二·8
論語釋文一卷　唐陸德明撰
　宋刊本　[41]·三·24
論語釋言十卷　宋葉夢得撰
　宋刊本　[41]·三·26
論語解二卷　宋林遹撰
　明祁承爜抄本　[2]·一·27
論語解十卷　宋王安石撰
　宋刊本　[14]·一下·79

論語解十卷　宋蘇軾撰
　宋刊本　[14]·一下·79
論語解十卷　宋楊時撰
　宋刊本　[14]·一下·80
　[41]·三·25
論語解十卷　宋王令撰
　宋刊本　[14]·後志·一·766
　[41]·三·25
論語解十卷　宋呂大臨撰
　宋刊本　[14]·後志·一·766
論語解十卷　宋游酢撰
　宋刊本　[41]·三·26
論語解十卷　宋謝良佐撰
　宋刊本　[14]·一下·80
　[41]·三·26
論語解十卷　宋尹焞撰
　宋刊本　[41]·三·26
論語解十卷　宋張栻撰
　通志堂刊本　[74]·一·43
　[96]·十二·247
　抄本　[39]·丙·1　[75]·
　七·19
論語解二十卷　宋張九成撰
　宋刊本　[41]·三·26
論語句解二卷　宋朱熹撰
　宋末元初建刊本　[6]·圖版
　39　[90]·12
論語紀蒙六卷　宋陳耆撰
　宋刊本　[41]·三·29
論語注疏十卷
　見《論語正義》
論語注疏解經二十卷
　見《論語正義》
論語叢説三卷　不知撰人
　影元本　[50]·一·11
論語補疏二卷　清焦循撰
　原刊本　[96]·十三·278
論語述何二卷　清劉逢禄撰
　原刊本　[96]·十三·279
論語逸編三十一卷　明鍾韶撰
　刊本　[39]·丙·4
論語通　不知撰人
　元刊本　[6]·圖版41
論語通釋十卷　宋黃幹撰

　宋刊本　[41]·三·28
論語大意二十卷　宋卞圖撰
　宋刊本　[41]·三·29
論語直解十卷　宋朱震撰
　宋刊本　[14]·五上·531
論語直解十卷　宋汪革撰
　宋刊本　[14]·後志·一·766
論語真蹟二卷　不知撰人
　抄本　[100]·12
論語考異一卷　宋王應麟撰
　抄本　[39]·丙·2
論語本旨一卷　宋姜得平撰
　宋刊本　[41]·三·29
論語指南一卷　宋胡宏撰
　宋刊本　[41]·三·26
論語或問十卷　宋朱熹撰
　宋刊本　[41]·三·28
　刊本　[89]·一集·二·45
論語感發十卷　宋王居正撰
　宋刊本　[41]·三·26
論語輯釋　不知撰人
　元至正刊本　[6]·圖版45
論語探古二十卷　宋畢良史撰
　宋刊本　[41]·三·27
論語拾遺一卷　宋蘇轍撰
　宋刊本　[41]·三·25
　明刊本　[91]·四·13
　[11]·十·7
　抄本　[96]·十二·244
論語學十卷　宋喻樗撰
　宋刊本　[41]·三·27
論語學案　明劉宗周撰
　黃氏續抄堂寫本　[39]·丙·3
論語全解義十卷　宋陳祥道撰
　明藍格抄本　[17]·一·7
　舊抄本　[16]·六·9
　[39]·丙·1　[75]·
　七·9　[91]·四·14
　[93]·六·4
　文瀾閣傳抄本　[11]·十·7
論語義二卷　宋章貢曾撰
　宋刊本　[41]·三·27
論語義十卷　宋尹焞撰
　宋刊本　[14]·一下·81

論語義府二十卷　明王肯堂撰
　刊本　[39]·丙·2
論語義疏十卷
　見《論語集解義疏》
論語鄭注二卷　漢鄭玄撰
　樸學齋叢書本　[96]·十二·237
　抄本　[93]·六·4
論語筆解二卷　唐韓愈、李翱撰
　宋刊本　[41]·三·25
　[67]·第五冊·22
　明刊本　[11]·十·7
　明天一閣刊本　[17]·一·7
　[39]·丙·1　[84]·一·4
　范氏二十種奇書本　[96]·十二·242
　舊抄本　[75]·七·8
論語筆解十卷　唐韓愈、李翱撰
　宋刊本　[66]·目錄3
　刊本　[5]·一上·29
論語答問三卷　宋戴谿撰
　宋刊本　[41]·三·28
論語纂疏十卷　不知撰人
　宋刊本　[17]·一·7
論語類考二十卷　明陳士元輯
　歸雲別集本　[74]·一·45
　湖海樓叢書本　[96]·十三·260
　刊本　[39]·丙·2
論語精義二十卷孟子精義十四卷　宋朱熹輯
　明抄本　[91]·四·14
21論衡三卷　漢王充撰
　宋刊本　[14]·三上·228
論衡十卷　漢王充撰
　元至元刊殘本　[16]·二十四·13　[35]·下·28
論衡十五卷　漢王充撰
　元刊小字本　[35]·下·28
論衡二十五卷　漢王充撰
　宋刊本　[70]·三·17
　宋光宗朝浙中刊殘本　[44]·二·36　[90]·31

論衡三十卷　漢王充撰
　宋刊本　[9]·後編·五·22
　[22]·四·22　[35]·上·44、46　[41]·十·11　[50]·五·43
　[93]·十六·15
　宋刊元明遞修本　[38]·子·48　[94]·三·4
　元修宋刊牘背紙印本　[98]·13
　元至元六年(1340)重刊宋乾道本　[35]·下·28
　元刊明修本　[16]·二十四·10
　明刊本　[9]·九·17
　[22]·四·22　[32]·八·10　[91]·十九·1
　[92]·三·107
　明嘉靖通津草堂刊本　[8]·子一·225　[11]五十七·1　[12]·四·11
　[17]·三·24　[26]·五·38　[44]·二·36
　[60]·二·14
　明天啓刊本　[75]·四十三·1
　漢魏叢書本　[30]·七·14
　[74]·三·51　[96]·五十六·1101
　刊本　[71]·子·儒家·7
　[89]·一集·五·27
　明程榮校刊本　[44]·二·36
　[53]·二·1
　校元本　[93]·十六·15
　校本　[93]·十六·16
40論古聞眸一卷　不知撰人
　抄本　[38]·子·54
　[57]·195
44論梵書一卷　宋鄭樵撰
　宋刊本　[41]·三·45
50論畫膡説　清葉以照撰
　清嘉慶刊本　[68]·圖版543、目録89
77論學繩尺十卷　宋魏天應編
　明刊本　[11]·一百十四·16

論學小記三卷外篇二卷　清程瑤田撰
　通藝録本　[96]·三十七·712
論印絶句一卷續一卷　清吳騫撰
　拜經樓家刊本　[75]·三十九·17
95論性書二卷　清魏裔介撰
　兼濟堂全集本　[96]·三十七·705

08637 詅

00詅癡符二十卷　宋李庚撰
　宋刊本　[41]·十八·20

謙

00謙齋詩稿二卷　清曹庭樞撰
　刊本　[39]·癸下·57

08640 許

00許彦周詩話一卷　宋許顗撰
　宋刊本　[11]·一百十八·6
　[28]·續·十四·21　[35]·下·45　[41]·二十二·13　[75]·六十四·2
　明刊本　[17]·四·46
　稗海本　[74]·四·71
　津逮祕書本　[74]·四·71
許文穆公集六卷　明許國撰
　明萬曆三十九年(1611)刊本　[85]·二·88
許文穆公集二十卷　明許國撰
　刊本　[39]·癸上·60
　[71]·集·明別·84
08許旌陽事蹟圖　不知撰人
　明刊本　[68]·圖版661、目録106
10許靈長集　明許光祚撰
　刊本　[39]·癸下·26
許丁卯集二卷　唐許渾撰
　宋刊本　[10]·52　[14]·四中·390　[41]·十九·17　[42]·7
　[50]·七·40　[51]·

三·5 [58]·集·37
元大德十一年(1307)刊本
[2]·四·17 [37]·
第二輯 [68]·圖版
333,目録61 [70]·三·
56 [71]·集·唐別·
15
明弘治刊本 [91]·二十五·
11
仿宋刊本 [24]·集一·8
清毛奏叔據宋校汲古閣刊本
[2]·四·17
毛刊校宋本 [32]·十·16
影抄宋刊本 [5]·四中·9
[35]·上·51 [92]·
四·146
舊抄元大德王瓘刊本 [59]·
六·13
影抄明弘治刊本 [100]·124
許丁卯集三卷 唐許渾撰
影抄宋刊本 [11]·七十·17
許丁卯集二卷續集一卷 唐許渾
撰
元刊本 [35]·上·54
[58]·元·108 [65]·
四·47
許丁卯集二卷續集三卷 唐許渾
撰
舊抄本 [16]·二十九·14
許天閒詩 明許天開撰
明刊本 [21]·一·57
11許北郭集六卷
見《北郭集》
12許水部稿三卷 明許應元撰
刊本 [39]·癸上·52
[71]·集·明別·73
24許先生十二時歌一卷 不知撰人
宋刊本 [41]·十二·7
26許白雲先生文集不分卷 元許謙
撰
明抄本 [32]·十三·6
許白雲先生文集四卷 元許謙撰
明刊本 [11]·九十七·7
[93]·二十二·7

明成化二年(1466)張氏刊本
[17]·四·31 [36]·
236
刊本 [24]·集二·10
[39]·壬·57
傳抄明天順本 [59]·七·4
澹生堂抄本 [71]·集·元別·
17 [91]·三十三·16
舊抄本 [11]·九十七·7
[12]·六·23 [16]·
三十二·29 [32]·十
三·6 [74]·四·35
[75]·五十八·30
[91]·三十三·16
[102]·下·35
許白雲先生文集四卷補遺一卷附
錄一卷 元許謙撰
清戈小蓮校宋賓王抄本
[2]·五·2
30許淮陽食史一卷 許稚則撰
先君子校本 [20]·四·26
40許有壬至正集 元許有壬撰
刊本 [88]·續·33
許有壬至正集二十三卷 元許有
壬撰
抄本 [74]·四·36
[102]·下·36
許有壬至正集八十一卷 元許有
壬撰
張舟齋校舊抄本 [8]·集三·
492
知不足齋抄本 [39]·壬·62
藝海樓抄本 [74]·續增·集·
7
文瀾閣傳抄本 [11]·一百一·
19
舊抄本 [32]·十三·17
[91]·三十四·12
[93]·二十二·15
許右丞行狀一卷 宋許忻撰
宋刊本 [41]·七·26
44許恭慎公書札 不知撰人
抄本 [36]·261
許黃門集十二卷雲村集十四卷

明許祖鄉撰
刊本 [39]·癸上·43
50許表民詩十卷 宋許彦國撰
宋刊本 [14]·後志·二·905
60許國公奏議四卷
見《吳丞相奏議》
許昌集十卷
見《薛許昌集》
71許長孺集十卷 明許聞造撰
刊本 [39]·癸下·11
72許氏説文五音韻譜十卷 宋李燾
撰
明抄本 [32]·二·18
77許用晦文集二卷總録一卷拾遺一
卷 唐許渾撰
宋蜀刊本 [2]·四·17
82許鍾斗文集五卷 明許獬撰
刊本 [39]·癸下·23
90許棠集一卷 唐許棠撰
宋刊本 [41]·十九·20

0865₁ 詳
12詳刑公案八卷 明人撰
明潭陽書林劉大華刊本
[69]·三·113
95詳情公案 題陳眉公編
覆明刊本 [69]·三·112

0865₃ 議
21議處安南事宜一卷 不知撰人
明抄本 [91]·八·13
50議史摘要四卷 宋呂祖謙撰
刊本 [39]·乙·31

0866₁ 譜
20譜雙不分卷 宋洪遵纂
明正德刊本 [64]·40
譜雙十卷 宋洪遵纂
宋刊本 [41]·十四·13
譜系雜説二卷 宋曹士冕撰
百川學海本 [96]·三十三·
612

0925₉　麟

21麟旨定　明陳于鼎撰
　　刊本　[39]・乙・43
24麟德術解三卷　清李善蘭撰
　　則古昔齋算學本　[78]・算學
　　書錄補注・98
25麟傳統宗十二卷　明夏元彬輯
　　刊本　[39]・乙・42
27麟角集一卷　唐王棨撰
　　清咸豐三年(1853)刊本
　　[74]・四・10
　　舊抄本　[39]・辛・54
　　[75]・五十二・16
　　[93]・十九・38
　麟角集一卷附省題詩一卷　唐王
　棨撰
　　舊抄本　[71]・集・唐別・11
　　[91]・二十五・17
　麟角集一卷附省題詩一卷補遺一
　卷　唐王棨撰
　　清丁松齋校抄本　[2]・四・18
　麟谿集十卷　元鄭太和編
　　明永樂刊本　[55]・六・24
　麟谿集十二卷　元鄭太和編
　　元刊本　[29]・三・37
　　[58]・元・122
　麟谿集二十二卷　元鄭太和編
　　明成化十一年(1475)刊本
　　[26]・十五・38
40麟臺故事三卷　宋程俱撰
　　刊本　[36]・140
　　影宋抄本　[17]・二・19

　　[32]・五・1　　[38]・
　　史・78　　[59]・四・17
　明抄皮紙本　[92]・二・67
　舊抄本　[11]・三十六・2
　　[16]・十八・1　[28]・
　　四・21　[75]・二十九・
　　14　[93]・十二・1
　麟臺故事五卷　宋程俱撰
　　宋刊本　[14]・二下・154
　　[41]・六・8
　　聚珍刊本　[74]・二・61
　　[96]・二十八・544
　　影抄配補抄本　[91]・十三・1
　　舊抄本　[50]・三・39
50麟書一卷　宋汪若海撰
　　說郛本　[96]・五十六・1115
77麟兒報四卷　清人撰
　　舊抄本　[69]・四・135

0963₁　讄

08讄論集五卷　宋陳次升撰
　　藝海樓抄本　[5]・75
　　文瀾閣傳抄本　[11]・二十五・
　　13
　　抄本　[91]・八・17

0968₉　談

01談龍錄一卷　清趙執信撰
　　清刊本　[74]・四・74
10談天十八卷附表一卷　英侯失勒
　　撰　偉烈亞力口譯、清李善蘭
　　删述、徐建寅續述
　　清咸豐九年(1859)上海墨海書

　　局活字印本　[74]・三・
　　27　[78]・算學書錄補
　　注・85　[78]・補遺・
　　29
　談天正議義一卷釋天附圖一卷
　　清呂吳撰
　　觀象廬叢書本　[78]・算學書
　　錄補注・85
20談往一卷　題花村行看侍者撰
　　通行本　[85]・二十一・952
　　說鈴後集本　[85]・二十一・
　　952　[96]・十九・425
　　舊抄本　[102]・下・8
32談叢四集不分卷　不著編者
　　明抄本　[2]・三・30
37談資四卷　明秦鳴雷撰
　　刊本　[71]・子・小說家・25
44談苑四卷　宋孔平仲撰
　　述古堂抄本　[11]・六十二・
　　16
　談苑五卷　宋孔平仲撰
　　宋刊本　[14]・五上・595
　　藝海珠塵本　[96]・六十四・
　　1262
　談苑六卷　宋孔平仲撰
　　舊抄本　[71]・子・雜家・3
　談苑十五卷　宋孔平仲撰
　　宋刊本　[41]・十一・10
　談藪一卷　題宋龐元英撰
　　古今說海本　[96]・六十四・
　　1265
　談藪二卷　北齊陽玠松撰
　　宋刊本　[41]・七・4

1

1000₀ 一

00一席記聞不分卷　顧杲撰
　傳抄本　〔85〕·二十一·968

11一斑錄五卷附編一卷雜述八卷　清鄭光祖撰
　清道光二十三年(1843)刊本
　〔74〕·三·59

12一瓢齋詩話一卷　清薛雪撰
　清刊本　〔74〕·續增·集·18

一瓢齋詩存六卷抱珠軒詩存六卷吾以鳴集一卷舊雨集一卷　清薛雪撰
　清康熙刊本　〔26〕·十一·38

20一統輿圖一卷　桂尊撰
　刊本　〔5〕·二下·15

22一片情四卷　明人撰
　明末刊本　〔69〕·三·109

一峯先生文集十卷　明羅倫撰明萬曆刊本　〔91〕·三十六·18
　刊本　〔39〕·癸上·20

一峯先生文集十四卷　明羅倫撰
　明嘉靖刊本　〔91〕·三十六·18　〔92〕·四·175
　刊本　〔71·集·明別·39

一山文集九卷　元李繼本撰
　舊抄本　〔11〕·一百七·5
　〔71〕·集·元別·34
　〔93〕·二十二·23
　傳抄本　〔59〕·七·11

一山國師妙慈弘濟大師語錄二卷　釋子真等編
　日本南北朝刊本　〔62〕·圖版77
　日本應永十四年刊本　〔62〕·圖版78

27一角編不分卷　清周二學編
　鮑以文抄本　〔2〕·三·14

40一木堂外稿十七卷　清黄生撰
　舊抄本　〔26〕·五·54

44一夢緣一卷　明王國梓撰
　庚辰叢編本　〔85〕·二十四·1055

一草亭目科全書一卷附薛氏選方一卷　明鄧苑撰
　藝海珠塵本　〔79〕·子·醫家·415　〔96〕·四十三·794

一葦集一卷　明釋圓復撰
　刊本　〔71〕·集·釋子·9

一老菴遺稿四卷　清徐柯撰
　清康熙刊本　〔74〕·四·51
　陳鱣抄本　〔74〕·四·51
　抄本　〔102〕·下·38

一菴雜著　明唐樞撰
　刊本　〔39〕·己·16

一菴雜問錄一卷　明唐樞撰
　集祕笈本　〔96〕·五十三·1050

一枕奇二卷　題華陽散人編
　明刊本　〔77〕·附·192

47一切經音義二十五卷　唐釋玄應撰
　宋刊本　〔76〕·四·23
　清乾隆五十一年(1786)武進莊氏刊本　〔59〕·一·15
　〔74〕·三·86　〔91〕·二十二·2　〔96〕·六十八·1333
　刊本　〔22〕·五·17
　校宋本　〔17〕·三·40
　校刊本　〔100〕·116
　日本古抄本　〔76〕·四·22
　舊抄本　〔89〕·一集·十一·7

一切經音義二十六卷　唐釋玄應撰
　清順治十八年(1661)刊本　〔81〕·經·8

校本　〔83〕·三·29
校抄本　〔81〕·經·7
莫友芝抄北藏本　〔2〕·三·39
抄本　〔83〕·三·29

一切經音義一百卷　唐釋慧琳撰
　日本刊本　〔75〕·九·14
　日本藏高麗本　〔76〕·四·20
　舊刊本　〔22〕·五·17

一切道德音義道門由起一卷　唐史崇等撰
　明正統道藏本　〔17〕·三·44

一切如來心祕全身舍利寶篋印陀羅尼經　不知撰人
　北宋開寶八年(975)吳越國王錢俶刊本　〔68〕·圖版3、目錄7

50一書增删四卷　明俞邦時撰
　清康熙刊本　〔96〕·三十七·698
　刊本　〔39〕·己·27

67一鳴集十卷
　見《司空表聖文集》

76一隅錄　周澍撰
　抄本　〔20〕·四·27

1010₀ 二

00二度梅全傳六卷　題惜陰堂主人編
　益秀堂刊本　〔69〕·四·148

02二刻拍案驚奇三十四卷　明凌蒙初撰
　刊本　〔69〕·三·97

二刻拍案驚奇三十九卷　明凌蒙初撰
　明楢刊本　〔77〕·二·23

二刻拍案驚奇三十九卷附宋公明鬧元宵雜劇一卷　明凌蒙初撰
　明刊本　〔70〕·三·41

明尚友堂原刊本　[69]・三・96

10二王帖目録評釋三卷　宋許開撰
　　刊本　[5]・一下・24

　二五君臣論一卷　宋胡寅撰
　　宋刊本　[14]・五上・523

　二百家名賢文粹世次不分卷　不
　知編者
　　抄宋本　[50]・十・9

　二百家類事六十卷　不著撰人
　　宋刊本　[14]・三下・239

　二酉委談一卷　明王世懋撰
　　明刊本　[91]・二十一・21

23二俊文集二十卷
　　見《晉二俊文集》

26二皇甫集五卷　唐皇甫冉、皇甫
　曾撰
　　明活字本　[91]　三十八・7

　二皇甫集八卷　唐皇甫冉、皇甫
　曾撰
　　舊抄本　[11]・一百十二・8

　二程文集十三卷附錄二卷　宋程
　顥、程頤撰
　　寶誥堂刊二程全書本　[74]・
　　四・61

　二程子遺書纂二卷外書纂一卷
　清李光地編
　　文貞全集本　[96]・三十六・
　　676

　二程外書十二卷　宋程顥、程頤
　撰
　　寶誥堂本　[74]・三・3
　　二程全書本　[96]・三十六・
　　675

　二程遺書二十五卷附錄一卷　宋
　程顥、程頤撰
　　明成化刊本　[17]・三・4
　　明嘉靖刊本　[17]・三・4
　　寶誥堂刊二程全書本　[74]・
　　三・3　[96]・三十六・
　　674

　二程全書五十一卷　宋程顥、程
　頤撰
　　明刊本　[9]・後編・十六・8

　二程全書六十五卷　宋程顥、程

頤撰
　　明刊本　[93]・十三・9
　　明弘治刊本　[3]・14
　　　[8]・集六・619
　　　[11]・三十九・12
　　　[91]・十五・10

　二程全書六十七卷　宋程顥、程
　頤撰
　　禦兒呂氏寶誥堂刊本　[75]
　　三十三・1

　二程粹言二卷　宋楊時編
　　寶誥堂刊二程全書本　[74]・
　　三・3　[96]・三十六・
　　675

27二繩日記一卷　不著撰人
　　抄本　[57]・93

28二俏緞兆圖一卷　明朱載堉撰
　　樂律全書本　[96]・七・121

　二儀銘補注一卷　清梅文鼎撰
　　曆算全書本　[96]・四十四・
　　833

35二禮集解十二卷　明李黼撰
　　刊本　[39]・乙・23

　二禮經傳測六十八卷　明湛若水
　撰
　　刊本　[39]・乙・22

40二十一史　不著編者
　　明嘉靖萬曆先後刊南監本
　　　[91]・六・20　[92]・
　　二・25
　　明萬曆閒刊北監本　[38]・史・
　　15　[91]・六・22

　二十一史彈詞註十卷　明楊愼
　撰、清孫德威註
　　稿本　[12]・五・33

　二十一史考異一百卷　清錢大昕
　撰
　　潛研堂刊本　[96]・三十五・
　　656

　二十二史劄記三十六卷　清趙翼
　撰
　　湛眙堂刊本　[96]・三十五・
　　657

　二十五言一卷　明西洋利瑪竇撰

天學初函理編本　[96]・五十
　三・1056

　二十五忠詩一卷　明孫承宗撰
　　祕冊叢説本　[85]・四・197

　二十子全書一百七十六卷　明吳
　勉學輯
　　明吳勉學彙刊本　[9]・後編・
　　十六・1

　二十先生回瀾文鑑十五卷後集八
　卷　宋虞祖南評、虞變注
　　宋刊本　[48]・一輯・90
　　　[91]・三十八・21

　二十家唐詩不分卷　不知編者
　　明抄本　[91]・三十八・8

　二十家子書　明謝汝韶輯
　　明吉藩崇德書院刊本
　　　[30]・二・14

　二十四帝通俗演義西漢志傳　明
　謝詔撰
　　明書林余文臺刊本　[68]・圖
　　版452、目錄76

　二十四史　張元濟編
　　商務印書館影印百衲本
　　　[36]・34

　二十四史通俗演義二十六卷　清
　呂撫撰
　　清雍正閒原刊本　[69]・二・
　　78

　二十四尊得道羅漢傳六卷　明朱
　星祚撰
　　明萬曆三十二年(1604)書林楊
　　氏清白堂刊本　[69]・五・
　　169　[77]・四・118

　二十四氣中星日月宿度--卷　不
　知撰人
　　宋刊本　[41]・十二・19

　二十四箴一卷　漢揚雄撰
　　宋刊本　[41]・十六・2

　二十八宿形圖一卷　不知撰人
　　刊本　[5]・三中・16

　二十年目睹之怪現狀八卷　清吳
　趼人撰
　　清宣統二年(1910)上海廣智書
　　局排印本　[69]・七・202

二希堂文集十一卷　清蔡世遠撰
　　刊本　[71]·集·國朝別·46
二南密旨一卷　唐賈島撰
　　宋刊本　[41]·二十二·8
二李唱和詩集一卷　宋李昉、李
　　至撰
　　北宋刊本　[22]。六·39
　　[35]·下·30
二奇合傳十六卷　清人輯
　　清咸豐十一年(1861)刊大字本
　　[69]·三·95
43二戴小簡二卷　明戴豪、戴顒撰
　　抄　[39]·癸上·44
44二麓正議三卷　不知撰人
　　刊本　[39]·癸上·14
二薇亭詩集一卷　宋徐璣撰
　　鮑祿飲手抄本　[30]·五·33
　　抄本　[39]·壬·36
二蘇文抄四十八卷　明茅坤編
　　明刊本　[74]·續增·集·17
二老堂雜誌五卷　宋周必大撰
　　芝園祕錄初刊本　[96]·五
　　十六·1118
二老堂詩話一卷　宋周必大撰
　　汲古閣刊本　[75]·六十四·
　　14
　　津逮祕書本　[74]·四·72
45二樓紀略四卷　清佟賦偉輯
　　原刊本　[96]·五十七·1151
　　刊本　[39]·戊·65
二樓小志四卷　清沈廷璐、汪越
　　仝輯
　　刊本　[39]·戊·64
46二如亭羣芳譜三十卷
　　見《羣芳譜》
二如齋讀書記　清倪思寬撰
　　和堂本　[96]·五十七·1153
二娛小廬詩抄五卷補遺一卷詞抄
　　二卷　清尤維熊撰
　　清嘉慶十七年(1812)刊本
　　[26]·十四·15
二楊歸朝錄一卷　宋楊堯弼、楊
　　載撰
　　宋刊本　[41]·七·25

48二松集十八卷　宋王子俊撰
　　宋刊本　[41]·十八·32
49二妙集一卷　宋趙師秀編
　　宋刊本　[14]·五下·730
　　舊抄本　[93]·二十三·27
二妙集八卷　金段克己、段成己
　　撰
　　明成化刊本　[38]·集·107
　　舊刊本　[8]·集六·622
　　[24]·集二·1
　　明抄本　[91]·三十八·28
　　仿明成化刊抄本　[71]·集·
　　金別·1
　　知不足齋抄本　[39]·壬·53
　　舊抄本　[5]·四中·18
　　[11]·一百十五·10
　　[12]·六·37　[16]·
　　三十五·18　[20]·五·
　　32
　　傳抄本　[60]·六·11
二妙集十二卷　明唐順之輯
　　刊本　[39]·辛·18
二妙集二卷　明王沂、王佑撰
　　刊本　[24]·集二·22
二妙集十三卷　明王沂、王佑撰
　　舊抄本　[11]·一百十七·17
二妙合譜　金段克己、段成己撰
　　海豐吳氏刊本　[100]·29
50二申野錄八卷　清孫之騄撰
　　清刊本　[74]·二·22
　　清康熙刊本　[85]·二十二·
　　980
　　晴川八識本　[85]·二十二·
　　980　[96]·十九·426
　　通行本　[85]·二十二·980
　　刊本　[39]·丁·46
　　抄本　[1]·下·49
55二曲集二十五卷　清李顒撰
　　刊本　[39]·癸下·44
二典義一卷　宋陸佃撰
　　宋刊本　[41]·二·5
77二賢言詩　明李維楨纂
　　明刊本　[9]·後編·十二·8
80二谷山人集不分卷　明侯一元撰

　　刊本　[71]·集·明別·85
87二銘補注一卷　清梅文鼎撰
　　兼濟堂本　[78]·算學書錄補
　　注·88

工

26工程做法七十四卷　清邁柱等題
　　進
　　清刊本　[74]·二·69

1010₁　三

00三唐人集三十四卷　唐皇甫湜、
　　孫樵、李翺撰
　　何義門校汲古閣刊本　[30]·
　　六·66
04三謝詩一卷　宋唐庚輯
　　宋刊本　[10]·49　[35]·
　　下·34　[41]·十五·7
　　[50]·十·1　[58]·
　　集·131　[65]·五·47
　　明馬汝驥仿宋淳熙刊本
　　[71]·集·漢魏六朝別·6
10三正考一卷　清吳蕭撰
　　清嘉慶吳志忠刊經學叢書本
　　[78]·算學書錄補注·96
三五曆記一卷　吳徐整撰
　　玉函山房輯佚書本　[78]·算
　　學書錄補注·97
三元參贊延壽書四卷　元李鵬飛
　　撰
　　刊本　[39]·庚·83
三元參贊延壽書五卷　元李鵬飛
　　撰
　　元刊本　[71]·子·醫家·4
　　元刊明修本　[22]·補遺·90
　　[35]·下·28
　　刊本　[89]·二編·七·23
三元選擇集要六卷　明黃一鳳撰
　　刊本　[74]·三·34
12三水小牘三卷　唐皇甫枚撰
　　宋刊本　[41]·十一·7
三孔先生清江文集三十卷　宋孔
　　文仲、孔武仲、孔平仲撰
　　刊本　[5]·四上·29

知不足齋抄本　[39]・壬・9
抄本　[71]・集・宋別・18
三孔先生清江文集四十卷　宋孔
文仲、孔武仲、孔平仲撰
宋刊本　[41]・十七・20
舊抄本　[11]・一百十三・3
16三聖諸賢詩辭總集一卷　唐釋豐
干、寒山、拾得撰
明永樂刊本　[32]・十三・27
三聖樂書一卷　宋宋祁撰
宋刊本　[41]・十四・4
17三子定論　清王復禮撰
刊本　[39]・己・31
20三鱸堂篆韻正義五卷　明楊昌文
輯
明刊本　[91]・五・19
三統術詳説四卷　清陳澧撰
清廣雅書局刊東塾遺書本
[78]・子・天文類・560
[78]・算學書録補注・97
三統術衍三卷附三統術鈐一卷
清錢大昕撰
清嘉慶六年(1801)刊本
[74]・三・23　[78]・
子・天文類・559
[96]・四十四・836
潛研堂叢書本　[78]・算學書
録補注・97
三統術衍補一卷　清董祐誠撰
清道光十年(1830)刊董方立遺
書本　[78]・算學書録補
注・97
三統術注三卷　清李鋭撰
李氏遺書本　[78]・算學書録
補注・97　[96]・四十
四・844
三統術補衍一卷　清成蓉鏡撰
南菁叢書本　[78]・算學書録
補注・97
三統曆衍式一卷三統曆釋例附問
答一卷　清方楷撰
清光緒十四年(1888)刊本
[78]・算學書録補注・97
21三衢孔氏家廟志一卷附録二卷

明沈杰撰
抄本　[71]・史・地志・83
三儒類要五卷　明徐用檢編
明刊本　[92]・三・80
刊本　[39]・己・17
三經晉注　明盧復輯
明末刊本　[64]・69
三經附義　清李重華撰
刊本　[39]・丙・18
三經義疏一卷　聖德太子撰
日本寶治元年刊本　[62]・圖
版17
三經小疏　清沈彤撰
刊本　[39]・丙・18
22三峯傳稿一卷　明萬應龍撰
涇川叢書本　[85]・十七・738
三山志四十二卷　宋梁克家撰
明刊本　[21]・一・10
刊本　[39]・戊・43
舊抄本　[11]・二十九・19
[16]・十六・1　[20]・
三・14　[75]・二十五・
9　[91]・十一・7
[93]・十一・5
傳抄本　[59]・三・3
24三先生謚議一卷　宋魏了翁撰
宋刊本　[41]・九・17
三續千字文注一卷　宋葛剛正撰
宋刊本　[35]・上・31
[58]・子・103
抄本　[75]・十一・22
25三儂嘯旨　清汪价撰
清康熙十八年(1679)刊本
[64]・續・98
三傳釋文八卷　唐陸德明撰
宋刊本　[41]・三・3
三傳異文釋十二卷　清李富孫撰
別下齋刊本　[74]・一・36
三傳分門事類十二卷　不知編者
宋刊本　[14]・五上・530
26三吳雜志　明潘之恒輯
刊本　[39]・戊・38
三吳水利録四卷　明歸有光撰
別下齋刊本　[74]・二・49

三吳水考十六卷　明林應訓撰
刊本　[39]・丁・77
27三角法舉要五卷　清梅文鼎撰
曆算全書本　[96]・四十五・
869
三象戲圖一卷　宋成師仲編
宋刊本　[41]・十四・18
三魚堂文集十二卷外集六卷附録
二卷　清陸隴其撰
清刊本　[74]・四・50
[92]・四・185
舊抄本　[74]・四・50
三魚堂賸言十三卷　清陸隴其撰
刊本　[39]・己・32
30三家文抄三十二卷　清宋犖編
清康熙刊本　[75]・六十三・
19
三家詩稿
見《詩稿》
三家詩拾遺十卷　清陳鱣纂
稿本　[12]・五・1
三家詩拾遺十卷　清范家相撰
抄本　[38]・經・10
[39]・甲・67
三家宮詞三卷　宋王建、五代蜀
花蕊夫人、宋王珪撰
宋刊本　[41]・十五・15
明刊本　[54]・八・26
三家宮詞三卷二家宮詞二卷　明
毛晉輯
明毛氏緑君亭刊本　[26]・十
六・1
三家村老委談十二卷　明徐光祚
撰
傳抄本　[60]・二・20
三寶征彝集一卷　不著撰人
明抄本　[75]・十九・15
三寶太監西洋記通俗演義二十卷
明人撰
明萬曆精刊本　[69]・二・58
三案一卷　不著撰人
祕冊叢説本　[85]・四・191
31三遷志五卷　明呂兆祥、呂逢時
重修

明刊本 [91]·九·3

三遯志六卷 明史鄂輯

刊本 [39]·戊·9

32三州輯略九卷 清和寧撰

抄本 [12]·五·15

三洲詩膽四卷 明沈淮撰

刊本 [39]·癸上·58

34三沈文集八卷

見《沈氏三先生文集》

35三禮四十九卷 漢鄭玄注

明刊本 [9]·七·4

三禮編繹二十五卷 明鄧元錫撰

刊本 [39]·乙·24

三禮繹四卷 明鄧元錫撰

刊本 [39]·乙·24

三禮疑義一百三十九卷 清吳廷

華撰

抄本 [38]·經·23

三禮述一卷 明鄭曉撰

明刊殘本 [13]·1

三禮通釋二百八十卷 清林昌彝

撰

清咸豐刊本 [74]·一·27

三禮考注六十四卷 元吳澄撰

明刊本 [9]·七·5

[11]·七·4 [75]·

五·17 [91]·二·31

[93]·四·13 [96]·

六·94

刊本 [39]·乙·21

抄本 [95]·一·4

三禮目錄一卷 漢鄭玄撰

清臧鏞堂刊本 [74]·一·27

拜經堂刊本 [96]··六·93

三禮圖二卷 明劉績撰

曝書亭抄本 [39]·乙·22

精抄本 [91]·二·31

三禮圖二十卷 宋聶崇義撰

宋刊本 [9]·後編·一·3

[9]·後編·二·25

[14]·一上·49

[41]·二·27

宋淳熙二年(1175)鎮江府學刊

公文紙印本 [68]·圖版

110、111、目錄27

蒙古刊本 [38]·經·22

[68]·圖版271、目錄51

日本刊本 [75]·五·20

通志堂刊本 [74]·一·27

[96]·六·93

通志堂本校宋本 [17]·一·5

影抄宋刊本配南陽山昌元王履

重刊本 [36]·16

影抄宋刊本 [9]·四·3

三禮圖說二卷 元韓信同撰

刊本 [88]·一·7

三禮義宗三十卷 梁崔靈恩撰

宋刊本 [14]·一上·47

[41]·二·26

三禮鄭注考不分卷 清程際盛撰

程氏遺書本 [96]·六·100

三禮纂注四十九卷 明貢汝成撰

刊本 [39]·乙·22

36三湘從事錄一卷 明蒙正發撰

屑玉叢談本 [85]·十一·551

清光緒三十三年(1907)刊崇陽

蒙先生遺集本 [85]·十

一·551

中國內亂外禍歷史叢書本

[85]·十一·551

37三洞羣仙錄三卷 宋陳葆光輯

抄本 [39]·庚·95

三洞羣仙錄十卷 宋陳葆光輯

天一閣舊抄本 [8]·子二·

359

三洞羣仙錄二十卷 宋陳葆光輯

舊抄本 [93]·十八·14

38三遂平妖傳四卷 題明羅貫中編

明錢塘王慎修精刊本 [69]·

五·163

40三十雜星考一卷 清梅文鼎撰

兼濟堂本 [78]·算學書錄補

注·86

三十代天師清靖真君集一卷句

曲外史雜詩一卷 不著編者

清黃丕烈校舊抄本 [2]·三·

52

三十代天師虛靖真君集二卷句曲

外史雜詩不分卷 不著編者

校舊抄本 [65]·續·四·42

三大忠行實一卷 明顧芩撰

傳抄本 [85]·十七·739

三臺三聖詩集二卷 不著編者

宋淳熙十六年(1189)沙門志南

編刊本 [102]·上·26

三才彙編六卷 清龔在昇撰

虞山毛氏汲古閣刊本 [96]·

六十二·1231

三才藻異三十三卷 清屠粹忠輯

清康熙四年(1665)刊本

[39]·庚·50 [74]·三·

71

三才考二十六卷 明魏顯國撰

刊本 [39]·丁·57

三才世緯一百卷 清人撰

抄本 [91]·十七·8

三才圖繪一百六卷 明王圻撰

明刊本 [8]·子二·314

[74]·三·69 [102]·

上·24

槐蔭草堂刊本 [96]·六十二·

1221

刊本 [39]·庚·46

三希堂石渠寶笈法帖釋文十六卷

清梁詩正等編

清刊本 [96]·三十四·619

三難軒質正 明戴金撰

刊本 [39]·己·22

41三垣疏稿三卷 明許譽卿撰

藝海珠塵本 [96]·二十一·

437

三垣筆記三卷附識三卷 李清恭

撰

古學彙刊本 [85]·八·360

嘉業堂叢書本 [85]·八·360

傳抄本 [60]·四·21

[85]·八·360

44三藩紀事本末四卷 清楊陸榮編

清刊本 [74]·二·13

清康熙五十六年(1717)刊本

[85]·九·454

明季野史本 [85]·九·454

借月山房彙抄本　[85]・九・
　454　[96]・十七・381
三墳一卷
　見《三墳書》
三墳書一卷　宋張商英撰
　宋刊本　[41]・二・4
　明刊本　[60]・一・3
　明范氏天一閣刊本　[17]・一・
　　2　[91]・一・23
　漢魏叢書本　[74]・一・10
三墳書三卷　宋張商英撰
　宋刊本　[33]・子・19
　宋紹興十七年(1147)婺州州學
　　刊本　[68]・圖版86、87、
　　目錄22
　刊本　[5]・一上・10
三墳書七卷　宋張商英撰
　宋刊本　[14]・一下・83
三茅志二卷補遺　元豐灼纂、明
　何爾昌增修、清陸海續修
　稿本　[75]・二十六・13
三蓮集二十卷　宋員逢原撰
　宋刊本　[14]・四下・479
三蘇文六十二卷　不著編者
　宋刊本　[9]・後編・六・21
三蘇文集五十九卷　宋呂祖謙編
　元刊本　[9]・後編・十一・19
三蘇文集八十卷　宋蘇洵、蘇軾、
　蘇轍撰
　宋紹興三十年(1160)饒州德興
　　縣莊谿書癡子董應龍刊本
　　[2]・五・32　[32]・
　　十五・7　[37]・一輯
　　[89]・一集・十・31
三蘇文選二十七卷　宋呂祖謙編
　宋刊本　[61]・一・4
三蘇文範十八卷　明楊慎編
　明刊本　[74]・四・64
　　[102]・上・35
三蘇先生文粹七十卷　不著編者
　宋蜀刊大字本　[11]・一百十
　　二・24　[28]・續・十三・
　　19　[35]・上・23 54
　　[35]・下・30

宋刊本　[9]・後編・六・22
　　[16]・三十五・3
　　[35]・下・58　[58]・集・
　　144　[72]・35　[74]・
　　四・61　[93]・二十三・
　　21　[94]・四・10
　　[102]・上・7
宋刊小字本　[8]・集六・620
宋寧宗以後刊大字本　[73]・
　　圖版60
宋乾道婺州刊本　[2]・五・32
明刊本　[9]・十・20
　　[32]・十五・11
　　[59]・六・4
明仿宋刊本　[26]・十五・30
明嘉靖刊本　[12]・四・20
　　[17]・四・41　[19]・14
刊本　[89]・一集・十・30
三蘇先生文粹一百卷　不著編者
　宋刊本　[9]・後編・六・20
三蘇先生年譜一卷　宋何㪺編
　宋刊本　[14]・五上・586
三蘇年表三卷　宋孫汝聽撰
　宋刊本　[41]・十七・17
三世報隔簾花影四十八回　清人
　撰
　湖南刊大字本　[69]・四・118
三楚新錄三卷　宋周羽翀編
　宋刊本　[41]・五・6
　墨海金壺本　[96]・二十六・
　　527
　陳仲魚抄本　[91]・十・6
　瓶花齋抄本　[39]・丁・15
　舊抄本　[11]・二十八・15
　　[26]・四 30　[50]・
　　三・1　[75]・二十三・
　　9　[91]・十・6
46三楊集　唐楊憑、楊凝、楊凌撰
　抄本　[12]・六・36
47三朝訓鑑圖十卷　宋李淑、楊偉
　等纂
　宋刊本　[41]・五・32
三朝要典二十四卷　明顧秉謙、
　黃立極、馮銓等纂

明萬曆刊本　[89]・二集・
　　四・44
明天啓刊本　[3]・7
　　[85]・四・174
小字刊本　[85]・四・174
抄本　[85]・四・174
影抄本　[91]・八・14
三朝北盟會編二百五十卷　宋徐
　夢莘編
　宋刊本　[41]・五・25
　活字本　[75]・十七・11
　刊本　[17]・二・9　[39]・
　　丁・6
　趙誠夫校小山堂抄本
　　[30]・六・9
　明王肯堂抄本　[2]・二・11
　明抄藍格本　[59]・四・6
　舊抄本　[11]・二十二・16
　　[16]・十・2　[32]・
　　三・13　[55]・一・30
　　[74]・二・12　[91]・
　　七・16　[93]・九・15
　　[96]・十七・374
三朝北盟會編二百五十九卷　宋
　徐夢莘編
　明抄本　[38]・史・31
　抄本　[27]・17　[38]・史・
　　31
三朝北盟會編二百五十卷集補五
　十卷　宋徐夢莘編
　宋刊本　[14]・五上・552
三朝聖諭錄三卷　明楊士奇編
　舊抄本　[74]・二・19
　　[102]・下・7
三朝政要二十卷　宋富弼撰
　宋刊本　[41]・五・32
三朝政錄二十卷　宋官修
　宋刊本　[14]・二上・137
三朝經武聖略十五卷　宋王洙撰
　宋刊本　[41]・十二・15
三朝紀略　明陳鑑輯
　抄本　[85]・二・107
三朝寶訓三十卷　宋李淑等撰
　宋刊本　[41]・五・31

三朝遼事實録二十卷　明王在晉撰
　明刊本　[60]・四・12

三朝大議録一卷　明顧岑編
　殷禮在斯堂叢書本　[85]・四・189

三朝國史一百五十卷　宋王欽若、呂夷簡等撰
　宋刊本　[14]・二上・110
　[41]・四・12

三朝野記七卷　清李遜之輯
　清初刊本　[85]・二・121
　常州先哲遺書本　[85]・二・121
　荆駝逸史本　[85]・二・121
　舊抄本　[12]・五・10
　[32]・三・26　[102]・下・7　[85]・二・121

三朝野史一卷　元吳萊撰
　説郛本　[96]・十九・419

18 三教珠英三卷　唐張昌宗撰
　宋刊本　[14]・後志・二・851

三松集一卷
　見《格齋先生三松集》

三松堂集詩二十卷續集六卷文集四卷　清潘奕雋撰
　清同治十一年(1872)家刊本　[26]・十三・1

三松堂書目　不知編者
　抄本　[57]・130

49 三妙傳六卷　清人撰
　竹軒刊本　[69]・四・160

50 三史拾遺五卷諸史拾遺五卷　清錢大昕撰
　嘉興郡齋刊本　[96]・三十五・657

三史同名録四十卷　清汪輝祖撰
　雙節堂刊本　[96]・六十二・1239

三事忠告三卷　元張養浩撰
　刊本　[74]・續增・史・11

三事忠告四卷　元張養浩撰
　明洪武刊本　[91]・十三・6

53 三輔黃圖一卷　不著撰人

宋刊本　[14]・二下・167
　[35]・上・40
校宋本　[93]・十一・1

三輔黃圖二卷　不著撰人
　宋刊本　[41]・八・17

三輔黃圖六卷　不著撰人
　元刊本　[38]・史・64
　[58]・元・51　[92]・二・59
明刊本　[9]・後編・十五・11
　[11]・二十九・1
　[16]・十五・1　[83]・二・10　[91]・十一・1
明嘉靖三十二年(1553)唐氏刊本　[26]・四・10
明嘉靖三十八年(1559)劉景韶刊本　[17]・二・16
　[30]・三・11
明萬曆十三年(1585)郭子章合刊秦漢圖記本　[17]・二・16　[26]・四・10
明吳琯刊本　[60]・三・1
古今逸史本　[74]・二・40
經訓堂刊本　[74]・二・40
平津館刊本　[74]・二・40
漢魏叢書本　[74]・二・40
刊本　[36]・138　[71]・史・地志・31
校刊本　[99]・上・3
先君子抄本　[16]・十五・1
抄本　[75]・二十四・2

60 三國六朝五代紀年總辨二十八卷目録四卷　宋朱黼撰
　毛氏汲古閣影抄宋刊本　[11]・三十八・14　[72]・18
舊抄本　[91]・十四・21

三國雜事二卷　宋唐庚撰
　函海本　[74]・二・80　[96]・三十五・645
天一閣抄本　[39]・丁・18
舊抄本　[74]・二・80　[102]・下・14

三國疆域志二卷　清洪亮吉撰

清刊本　[74]・二・3

三國水滸全傳二十卷　明羅貫中、施耐菴撰
　明崇禎刊本　[69]・九・219

三國水滸全傳六十卷
　見《漢宋奇書》

三國佛法傳通緣起三卷　釋凝然撰
　日本應永六年刊本　[62]・圖版23

三國紀年一卷　宋陳亮撰
　函海本　[96]・三十五・646
　天一閣抄本　[39]・丁・18

三國演義　明羅貫中撰
　清順治七年(1650)刊本(滿文)　[68]・圖版480，目録81
　明刊本　[77]・三・47
　明末刊本　[60]・八・12
　清康熙吳郡綠蔭堂刊本　[92]・三・127

三國演義不分卷　明羅貫中撰
　明刊本　[69]・二・37
　明建陽吳觀明刊本　[69]・二・36
　清吳郡藜光樓楠槐堂刊本　[69]・二・37

三國演義三卷　明羅貫中撰
　元刊本　[69]・一・2

三國演義六卷　明羅貫中撰
　清三餘堂覆明本　[69]・二・36

三國演義十二卷　明羅貫中撰
　明夏振宇刊本　[69]・二・32
　明鄭以楨刊本　[69]・二・32
　明萬曆十九年(1591)金陵周曰刊本　[3]・19　[69]・二・31　[77]・三・48

三國演義二十卷　明羅貫中撰
　明刊本　[69]・二・35
　明閩書林劉龍田刊本　[69]・二・32
　明閩書林楊美生刊本　[69]・二・35
　明萬曆余象斗刊本　[69]・二・

33

明萬曆笈郵齋刊本　[69]・二・
34

明萬曆二十年(1592)余氏雙峯
堂刊本　[69]・二・33

明萬曆二十四年(1596)書林熊
清波刊本　[69]・二・33
[77]・三・48

明萬曆三十三年(1605)閩建三
垣館刊本　[69]・二・34
[77]・三・48

明萬曆三十八年(1610)閩建楊
起元閩齋刊本　[69]・二・
34

明萬曆三十九年(1611)閩書林
鄭世容刊本　[69]・二・
34

明天啓閩芝城潭邑黃正甫刊本
[69]・二・33

明崇禎雄飛館合刻英雄譜本
[69]・二・35

三國演義二十四卷　明羅貫中撰
明刊本　[77]・三・47
明弘治刊黑口本　[3]・19
明嘉靖元年(1522)刊大字本
[8]・子二・325
[69]・二・30
清兩衡堂刊本　[69]・二・37
清遺香堂刊本　[69]・二・38

三國演義六十卷　明羅貫中撰
清康熙刊本　[69]・二・38

三國志二十卷
見《三國演義》

三國志六十五卷　晉陳壽撰
北宋國子監刊本　[7]・中・
22
北宋刊本　[16]・八・5
[35]・下・40,49
宋刊本　[14]・二上・101
[22]・三・11　[33]・
史・11　[35]・上・34
[36]・48　[37]・二輯
[38]・史・7　[41]・
四・5　[43]・二・11

[47]・20　　[47]・20
[58]・史・16　[65]・
二・32　[72]・9
[74]・二・3
宋蜀刊本　[2]・二・4
[68]・圖版230、目録45
宋衢州刊本　[11]・十八・15
宋刊遞修公文紙印本　[68]・
圖版17、目錄10
宋建陽刊本　[68]・圖版186、
目錄38
宋紹興刊抄補本　[58]・史・
15
宋寧宗以後建刊本　[90]・17
南宋國子監刊本　[7]・下・5
元大德池州刊本配宋衢州本
[32]・三・3
元大德十年(1306)池州路刊本
[16]・八・4　[91]・
六・8
元刊本　[34]・二・7
[35]・上・35　[48]・
二輯上・46　[87]・三・
10
明刊本　[9]・後編・十四・3
[22]・三・12　[60]・
四・2
明汲古閣刊本　[17]・二・4
明西爽堂吳氏刊本　[17]・二・
4　[30]・二・3
明萬曆二十四年(1596)南京國
子監刊本　[17]・二・3
[30]・二・2　[59]・
四・2　[68]・圖版438、
439、目錄75　[91]・六・
9　[96]・十五・322
明馮夢禎刊本　[17]・二・4
[75]・十五・8
清乾隆四年(1739)刊本
[75]・十五・9
武英殿刊本　[74]・二・3
南雍三朝本　[43]・五・4
朝鮮國刊本　[22]・三・12
刊本　[53]・一・3

[88]・續・8　[89]・
一集・四・17
顧聰生臨各家校本　[57]・41
明抄校宋本　[100]・22
明抄本　[17]・二・4
影宋大字本　[17]・二・3

三國志文類四十卷　不知編者
宋刊本　[41]・十五・6

三國志文類六十卷　不知編者
元刊本　[9]・六・44
天一閣抄本　[39]・辛・8
舊抄本　[11]・一百十五・2
[16]・三十五・16
[93]・二十三・28
精抄本　[91]・三十八・24

三國志辨誤三卷　不著撰人
聚珍刊本　[74]・二・3
漢魏叢書本　[74]・二・3
墨海金壺本　[96]・十五・323
抄本　[75]・十五・9

三國志詳節　宋呂祖謙編
宋刊本　[22]・三・25
刊本　[89]・二集・四・20

三國志後傳十卷　明人撰
明萬曆十四年(1586)刊本
[69]・二・39

三國志傳二十卷
見《三國演義》

三國志注補六十五卷　晉陳壽
撰、宋裴松之注、清趙一清補
清東潛趙氏稿本　[91]・六・9
清光緒廣雅書局刊本　[68]・
圖版598、目錄96

三國志演義十二卷
見《三國演義》

三國志補注六卷　清杭世駿撰
刊本　[88]・二・2
朱文藻抄本　[53]・一・3

三國志補注六卷附諸史然疑一卷
清杭世駿撰
清刊本　[74]・二・3

三國志通俗演義二十四卷
見《三國演義》

三國英雄志傳六卷

見《三國演義》

三國志掃撰不分卷　不著編者
　舊抄本　[96]·二十五·519

三國史辨誤一卷　不著撰人
　漢陽葉氏抄本　[26]·三·6

三國圖格一卷金龍戲格一卷打馬
格一卷旋棊格一卷　不著撰人
　宋刊本　[14]·三下·293

三國人物論三卷　宋楊祐甫撰
　宋刊本　[14]·二下·150

三國全傳二十卷
　見《三國演義》

三易集二十卷　明唐時昇撰
　刊本　[71]·集·明別·102

三易補遺十卷　宋朱元昇撰
　舊抄本　[11]·二·12

三易洞璣十六卷　明黃道周撰
　刊本　[39]·甲·26

三因極一病證方論十八卷　宋陳
言撰
　宋刊本　[29]·二·5
　　[38]·子·20　　[58]·
　　子·56　　[74]·續增·
　　子·2　　[79]·子·醫
　　家類·492
　宋刊小字本　[35]·下·28
　日本尚書堂刊本　[59]·二·
　　20
　刊本　[89]·一集·八·4、5
　仿宋抄本　[8]·子一·255
　抄本　[96]·四十二·764

三因極一方六卷　宋陳言撰
　宋刊本　[41]·十三·12

三略三卷
　見《黃石公三略》

三略直解三卷　明劉寅撰
　明刊本　[91]·十五·21
　抄本　[39]·庚·80
　　[74]·三·9　　[102]·
　　下·14

三略素書解一卷　宋呂惠卿撰
　宋刊本　[41]·十二·15

三畏齋集二卷　明朱吉撰
　抄本　[71]·集·明別·9

三畏齋集四卷　明朱吉撰
　抄本　[39]·癸上·6

三異詞録三卷　清沈香山輯
　舊抄本　[85]·二十三·1017

66三器圖義一卷　宋程迥撰
　先君子校說郊本　[20]·四·
　　17

71三辰通載三十卷　宋錢如璧撰
　影抄宋刊本　[11]·五十一·
　　12

三辰通載三十四卷　宋錢如璧撰
　宋刊本　[41]·十二·28
　抄本　[5]·三中·33

三曆撮要一卷　不著撰人
　宋刊本　[10]·29　　[35]·
　　上·44　　[41]·十二·
　　25　　[58]·子·63
　　[78]·算學書錄補注·90
　　[93]·十五·14
　　[94]·三·3　　[97]·
　　一·4
　影抄宋刊本　[11]·五十一·
　　19　[16]·二十三·12
　　[45]·22　[50]·四·
　　44　[65]·三·34
　　[92]·三·91
　抄本　[75]·三十八·28

三曆會同十卷　不知撰人
　宋刊本　[41]·十二·25

72三劉先生家集一卷　宋劉元高編
　舊抄本　[11]·一百十三·4

三劉先生家集一卷附録一卷　宋
劉元高編
　影抄元刊本　[17]·四·41

三氏星經二卷　題商石申、魏巫
咸、齊甘德撰
　抄本　[5]·佚文·4

75三體宮詞三卷　不知編者
　明萬曆二十二年(1594)晉陵吳
　氏雲栖館刊本　[17]·四·
　　41

三體撮韻不分卷　清朱昆田撰
　抄本　[96]·六十二·1234

三體撮韻十二卷　清朱昆田撰

舊抄本　[32]·九·13
　　[39]·庚·53

77三岡識略十卷　清董含撰
　抄本　[71]·子·小說家·27
　　[74]·續增·子·8

三岡識略十卷續識略一卷　清董
含撰
　清康熙刊本　[85]·二十二·
　　977
　通行刊本　[85]·二十二·977
　申報館排印本　[85]·二十二·
　　977
　舊抄本　[85]·二十二·977

三關圖說三卷　明康丕揚撰
　影刊抄本　[71]·史·地志·
　　34

三賢集三卷　明楊名輯
　刊本　[39]·辛·43

三賢集十二卷　清魏一鰲輯
　刊本　[39]·辛·30

80三分夢全傳十六回　清張士登撰
　清道光十五年(1835)新鐫本
　　[69]·四·146

三命通會十二卷　題育吾山人撰
　英德堂刊袖珍本　[96]·四十
　　七·910
　刊本　[74]·三·33

三命指迷賦一卷　題珞琭子撰
　讀畫齋叢書本　[96]·四十七·
　　906
　抄本　[74]·三·33
　　[102]·下·19

三公奇案二十卷　不知編者
　清光緒十七年(1891)上海正誼
　書局排印本　[69]·九·
　　222

三公年表一卷　不知撰人
　抄本　[59]·四·17

88三餘集四卷　宋黃彥平撰
　舊抄本　[11]·八十一·8
　　[74]·四·23　　[91]·
　　二十九·8　　[102]·下·
　　31
　傳抄本　[28]·十二·10

三餘贅筆二卷　明都邛撰
　　刊本　[71]·子·小説家·14
　　抄本　[39]·己·74
90三省礦防圖説一卷　、不知撰人
　　抄本　[5]·二下·17
　三省邊防備覽十二卷　清嚴如煜
　　撰
　　清刊本　[74]·二·53

正

00正音切韻復古編
　　見《復古編》
03正誼堂文集十二卷　清張伯行撰
　　清刊本　[74]·四·52
10正一天壇玉格譜序源流　不知編
　　者
　　抄本　[74]·三·91
　　[102]·下·27
　正一解厄道儀一卷　不知撰人
　　明正統道藏本　[17]·三·44
　正弦法原一卷　清薛鳳祚撰
　　曆學會通本　[78]·算學書錄
　　補注·88
20正統臨戎錄　明楊銘撰
　　抄本　[39]·丁·34
24正德江陰縣志
　　見《江陰縣志》
　正德興寧志四卷
　　見《興寧志》
　正德懷慶府志十二卷
　　見《懷慶府志》
　正德常州府志續集八卷
　　見《常州府志續集》
27正修齊治錄六卷　清于準撰
　　刊本　[39]·己·34
28正俗方一卷　宋劉彝撰
　　宋刊本　[41]·十三·7
34正法念處經　不知撰人
　　滿州刊本(滿文)　[40]·4
44正蒙二卷　清李光地撰
　　文貞全集本　[96]·三十六·
　　673
　　安谿全集本　[74]·三·3
　正蒙釋四卷　明高攀龍集注

刊本　[39]·己·27
正蒙注九卷　清王夫之撰
　　湘鄉刊本　[74]·三·3
正蒙書十卷　宋張載撰
　　宋刊本　[14]·三上·200
　　[41]·九·8
46正楊四卷　明陳耀文撰
　　明隆慶刊本　[91]·十八·33
　　刊本　[39]·己·51
47正聲集四卷附詞一卷　清施朝榦
　撰
　　清嘉慶四年(1799)刊本
　　[26]·十二·43
60正易心法一卷　不著撰人
　　宋刊本　[41]·一·15
　　明刊本　[11]·五十·17
　　明天一閣刊本　[17]·一·1
　　津逮秘書本　[74]·三·29
　　刊本　[5]·一上·9
　　[24]·經一·3
　正思齊雜記二卷　明劉教撰
　　抄本　[39]·己·54
　正固先生詩文集二卷　明蕭尚仁
　撰
　　舊抄本　[11]·一百十一·4
75正體類要二卷　明薛己撰
　　薛氏醫書本　[79]·子·醫家·
　　396
77正學編二卷　明陳琛撰
　　天一閣抄本　[39]·己·11
　正學淵源錄十卷　明章一陽撰
　　刊本　[39]·丙·8
80正氣錄一卷　明朝鮮高由厚、高
　用厚撰
　　刊本　[88]·五·56
87正朔考一卷　宋魏了翁撰
　　說郛本　[96]·五十四·1076

1010₃ 玉

00玉亭稿六卷　明姚光虞撰
　　刊本　[71]·集·明別·91
　玉塵新譚二十四卷　明鄭仲夔輯
　　刊本　[39]·己·79
01玉龍歌一卷　不知撰人

抄本　[5]·三下·12
10玉璽雜記一卷　徐景撰
　　宋刊本　[41]·五·28
　玉璽博聞一卷　不知撰人
　　刊本　[5]·二中·4
　玉函經解二卷　唐杜光庭撰、黎
　民壽注
　　明初翻雕元刊本　[22]·補遺·
　　30
　玉靈聚義五卷　元駱天祐纂
　　舊抄本　[71]·子·五行家·2
　玉靈聚義五卷　宋王洙撰、元陸
　森輯
　　元天曆二年(1329)平江路儒學
　　刊本　[2]·三·10
　　[68]·圖版293、294、目錄
　　55
　　刊本　[5]·三中·29
　玉靈聚義占卜龜經四卷　宋王洙
　撰、元陸森續編
　　元刊本　[11]·五十一·12
　　[93]·十五·12
　玉靈經二卷　不著撰人
　　精抄本　[71]·子·五行家·2
　玉靈照膽經一卷　邵平軒撰
　　舊抄本　[93]·十五·12
　玉雪小集六卷外集七卷　宋何儹
　撰
　　宋刊本　[41]·二十·18
　玉雨堂碑目　韓泰華撰
　　稿本　[59]·五·9
　玉霄仙明珠二卷　不知撰人
　　明嘉靖三十六年(1557)蘇濠吳
　　子孝刊本　[64]·續·115
　玉函經一卷　唐杜光庭撰
　　見《廣成先生玉函經》
11玉琴齋詞不分卷　明余懷撰
　　稿本　[81]·集·12
　　[83]·四·26　[91]·
　　四十·29
22玉川子詩集二卷集外詩一卷　唐
　盧全撰
　　舊抄本　[84]·二·24
　玉川子詩注五卷　唐盧全撰

刊本　[39]・辛・51

玉峯詩纂六卷　周復俊編
　明隆慶六年(1572)孟紹曾刊本
　　[26]・十五・33
　　[19]・14

玉峯先生脚氣集二卷
　見《脚氣集》

玉峯完節録一卷　張立平撰
　舊抄本　[85]・十四・663

玉峯志三卷　宋凌萬頃、邊實等撰
　元刊本　[97]・一・11
　抄本　[50]・三・22

玉峯志三卷續志一卷　宋凌萬
頃、邊實等撰
　影宋本　[91]・十一・10
　黄丕烈依祝允明寫本過抄本
　　[74]・二・42
　佳日堂抄本　[30]・五・11
　舊抄本　[11]・三十・15
　　[16]・十六・9　　[93]・
　　十一・9　　[102]・下・
　　10
　傳抄本　[59]・三・4

玉山璞稿一卷　元顧瑛撰
　舊抄本　[32]・十三・24
　　[71]・集・元別・25
　　[74]・四・38　　[102]・
　　下・36

玉山璞稿二卷　元顧瑛撰
　舊抄本　[57]・260　　[93]・
　　二十二・25

玉山先生表奏六卷　宋汪應辰撰
　宋刊本　[14]・五下・670
　　[41]・二十二・5

玉山倡和集二卷玉山遺什一卷
元顧瑛撰
　影抄本　[91]・三十九・4

玉山倡和集一卷附録一卷　元顧
瑛撰
　抄本　[50]・十・31

玉山名勝集　元顧瑛編
　舊抄本　[11]・一百十七・1
　　[39]・壬・75　　[57]・320

玉山名勝集不分卷　元顧瑛編
　明弘治刊本　[70]・六・19
　明天啓徐韶翁刊本　[28]・續・
　　十四・14

玉山名勝集二卷　元顧瑛編
　舊抄本　[16]・三十五・34、37

玉山名勝集四卷　元顧瑛撰
　明刊本　[51]・四・21

玉山名勝集八卷　元顧瑛撰
　校本　[101]・中・16

玉山名勝集八卷外集一卷　元顧
瑛撰
　勞季言精校本　[91]・三十九・
　　2
　舊抄本　[91]・三十九・2

玉山名勝集二卷外集二卷　元顧
瑛撰　玉山紀遊一卷　元袁華
撰
　抄本　[30]・四・47

玉山名勝外集二卷　元顧瑛　玉
山紀遊一卷　元袁華撰
　精抄本　[91]・三十九・3

玉山紀遊一卷　元袁華撰
　舊抄本　[11]・一百十七・6
　　[39]・辛・37

玉山遺什一卷玉山倡和一卷　元
顧瑛撰
　明抄本　[11]・一百十七・6

玉山草堂集一卷　元顧瑛撰
　刊本　[24]・集二・14

玉山草堂集二卷　元顧瑛撰
　明刊本　[74]・續增・集・7
　汲古閣刊本　[75]・六十・16
　抄本　[39]・壬・76

玉山草堂續集六卷　清錢林撰
　粤雅堂刊本　[74]・四・68

玉山草堂雅集十六卷
　見《草堂雅集》

玉山翰林詞草五卷　宋汪應辰撰
　宋刊本　[41]・十八・16

24玉牒初草二卷　宋劉克莊編
　抄本　[93]・九・18

26玉皇心經一卷　不知撰人
　宋刊本　[58]・子・135

玉泉講學一卷　宋程迥撰
　宋刊本　[41]・九・15

玉泉論語學十卷
　見《論語學》

玉泉子一卷　不著撰人
　稗海本　[74]・三・74

玉泉筆端三卷別一卷　不著撰人
　宋刊本　[41]・十一・6

27玉名詁一卷　明楊愼撰
　函海本　[74]・三・41

28玉谿集二十二卷　宋倪濤撰
　宋刊本　[41]・十七・37

玉谿集二十五卷玉谿別集十卷
宋呂大臨撰
　宋刊本　[14]・四下・467

玉谿生詩補說三卷
　見《李義山詩補說》

玉谿生詩箋注十二卷
　見《李義山詩箋注》

玉谿生集三卷
　見《李義山詩集》

30玉窗遺稿一卷　清葛宜撰
　朱巢飲抄本　[20]・五・43

34玉斗山人集一卷　元王奕撰
　舊抄本　[17]・四・30

玉斗山人集三卷　元王奕撰
　文瑞樓精抄本　[91]・三十三・
　　9
　抄本　[39]・壬・45

玉斗山人集三卷遺文一卷附録一
　卷　元王奕撰
　舊抄本　[11]・九十六・1

玉斗山人集三卷附録一卷　元王
奕撰
　仿抄明嘉靖二十一年(1542)刊
　　本　[71]・集・宋別・66
　文瀾閣傳抄本　[11]・九十六・
　　1

玉池先生文集十二卷　宋鄧忠臣
撰
　宋刊本　[14]・五下・664
　　[41]・十七・33

37玉洞藏書四卷　明李堪輯
　抄本　[39]・庚・98

玉瀾集一卷　宋朱樟撰
　　宋刊本　[41]·二十·16
　　刊本　[39]·壬·20
玉瀾集詩二卷文一卷　宋朱樟撰
　　抄本　[71]·集·宋別·31
玉瀾集一卷　宋朱樟撰　蜀中草
　　一卷　宋宋昇撰
　　清康熙刊本　[75]·五十五·9
玉瀾雜書十卷　宋葉夢得撰
　　宋刊本　[41]·十一·16
38玉海二百卷　宋王應麟撰
　　元刊本　[32]·九·9
　　重修明南監本　[96]·六十一·
　　　1211
　　朝鮮國活字刊本　[22]·五·
　　　11
　　刊本　[92]·三·122
玉海二百卷附刻十三種　宋王應
　　麟撰
　　元至元刊本　[34]·二·17
　　元刊明修本　[3]·18
　　明刊本　[71]·子·類事·11
　　抄補元刊本　[32]·九·9
玉海二百卷附詞學指南四卷　宋
　　王應麟撰
　　元刊本　[4]·9　　[11]·六
　　　十一·1　　[16]·二十
　　　六·9　　[28]·續·十
　　　一·6　　[35]·上·46
　　　[48]·二輯下·131
　　　[58]·元·92、93
　　　[74]·三·67　　[91]·
　　　二十·10　　[93]·十
　　　七·9
　　元至元刊本　[43]·三·45
　　　[66]·目錄9　　[102]·
　　　上·9
　　明刊修補本　[75]·四十五·
　　　20
玉海天文五卷律曆六卷　宋王應
　　麟撰
　　元至元三年(1337)刊本
　　　[78]·算學書錄補注·99
玉海日編不分卷　清歸瀾撰

稿本　[96]·二十七·541
40玉臺廣詠不分卷　題扶桑閣主人
　　私記
　　抄本　[12]·六·38
玉臺文苑八卷　明江元禧輯　續
　　玉臺文苑四卷　明江元祚輯
　　刊本　[39]·辛·6
玉臺新詠十卷　南朝陳徐陵編
　　宋刊本　[9]·三·36,37
　　　[9]·後編·七·19、20
　　　[14]·四下·499
　　　[27]·181　　[41]·十
　　　五·5　　[74]·四·59
　　宋刊小字本　[97]·一·7
　　南宋陳至父刊本　[35]·下·
　　　57
　　元刊本　[9]·後編·十一·17
　　明仿宋刊本　[1]·上·30
　　　[11]·一百十二·4
　　　[38]·集·99
　　明刊本　[9]·後編·二十·11
　　　[18]·下·39　　[32]·
　　　十五·1　　[93]·二十
　　　三·4
　　明刊巾箱本　[11]·一百十二·
　　　5
　　明正德仿宋刊本　[91]·三十
　　　八·4
　　明嘉靖翻宋刊本　[17]·四·
　　　39　　[22]·六·37
　　　[91]·三十八·5
　　明嘉靖五雲谿館銅活字印本
　　　[2]·五·26　[30]·七·
　　　30　　[68]·圖版620、目
　　　錄100　[86]·九·13
　　明崇禎六年(1633)吳郡寒
　　　山趙氏宛委堂覆宋小字刊
　　　本
　　　[8]·集六·592
　　　[17]·四·39　　[19]·
　　　13　[26]·十五·4
　　　[30]·二·34　　[55]·
　　　五·15　[57]·313
　　　[59]·六·3　　[68]·

　　圖版464、465、目錄78
　　　[86]·六·56
　　刊本　[88]·六·1　　[89]·
　　　一集·九·17
　　明茅元禎重校刊本　[26]·十
　　　五·7
　　影抄宋刊本　[16]·三十五·
　　　1　　[5]·四下·4
　　曹彬侯抄本　[17]·四·40
　　舊抄本　[17]·四·40
　　　[55]·五·17　　[75]·
　　　六十二·5
玉臺新詠十卷續玉臺新詠四卷
　　南朝陳徐陵編
　　明萬曆七年(1579)茅元禎重刊
　　　本　[19]·13
玉臺新詠十卷續玉臺新詠五卷
　　南朝陳徐陵編
　　明刊本　[55]·五·17
玉臺後集十卷　唐李康成輯
　　宋刊本　[14]·四下·500
　　　[41]·十五·7
玉壺清話十卷　宋釋文瑩撰
　　宋刊本　[14]·三下·256
　　　[41]·十一·13
　　知不足齋叢書本　[96]·六十
　　　四·1264
　　吳枚菴手校本　[11]·六十二·
　　　20
　　明范氏天一閣抄本　[8]·子
　　　二·317　　[39]·丁·
　　　22
　　明抄本　[2]·三·36
　　錢聽默抄本　[30]·七·17
玉壺野史十卷　宋釋文瑩撰
　　丁純丁校本　[11]·六十二·
　　　19
　　抄本　[5]·三上·29
　　　[75]·四十六·16
玉支璣小傳四卷　清人撰
　　寫刊本　[69]·四·135
42玉嬌梨小傳四卷　清張勻撰
　　清初刊本　[69]·四·133
玉機微義五十卷　明徐用誠撰

明初刊本 [79]·子·醫家·437

明刊本 [32]·六·23

明正統五年(1440)陳有戒刊本 [59]·二·21　[91]·十六·24

長洲沈氏重刊本 [96]·四十三·777

刊本 [39]·庚·88

44玉坡奏議五卷　明張原撰
刊本 [39]·癸上·25

玉芝書三卷　宋陳皋撰
宋刊本 [41]·十二·6

玉芝堂談薈三十六卷　明徐應秋撰
原刊本 [96]·五十八·1166

玉燕姻緣全傳七十六回　清人撰
清光緒二十一年(1895)上海書局石印本 [69]·四·146

玉茗新詞四種　題湯義仍撰
明刊本 [8]·集七·653

玉茗堂文集十六卷賦六卷詩集十八卷尺牘六卷　明湯顯祖撰
明天啓元年(1621)刊本 [26]·九·50

玉茗堂集十五卷　明湯顯祖撰
明刊本 [74]·續增·集·12

玉茗堂集選十四卷　明湯顯祖撰
刊本 [71]·集·明別·98

玉茗堂尺牘六卷　明湯顯祖撰
刊本 [71]·集·論·3

玉藥辨證一卷
見《唐昌玉藥辨正》

玉楮詩稿八卷　宋岳珂撰
明刊本 [8]·集二·467
[71]·集·宋別·56
[74]·四·31　[91]·三十一·15

刊本 [20]·五·18
[39]·壬·39

吳石倉抄校本 [91]·三十一·16

明宗室高唐王抄本 [2]·四·42

舊抄本 [11]·九十·20
[16]·三十一·52
[93]·二十一·26

從蕭山王氏傳錄本 [75]·五十七·9

玉楮集八卷
見《玉楮詩稿》

45玉樓春四卷　清人撰
煥文堂刊本 [69]·四·138

47玉妃媚史二卷　清人撰
清刊本 [69]·四·157

玉磬山房詩六卷　清劉大觀撰
清嘉慶十五年(1810)刊本 [26]·十三·32

49玉楸藥解四卷　清黄元御撰
清咸豐十年(1860)長沙黄氏醫書八種本 [79]·子·醫家·464

55玉井樵唱一卷　元尹廷高撰
傳抄本 [17]·四·36

玉井樵唱三卷　元尹廷高撰
鮑祿飲抄校本 [75]·五十九·1

知不足齋抄本 [39]·壬·69

舊抄本 [11]·九十八·16
[71]·集·元別·4
[74]·四·35　[91]·三十三·22　[102]·下·35

57玉蟾記五十三回　清崔象川撰
清道光七年(1827)綠玉山房刊本 [69]·七·208

玉蟾先生文集六卷
見《白玉蟾先生文集》

60玉恩堂集十卷　明林景鵬撰
刊本 [39]·癸上·60

玉田詞二卷
見《張玉田詞》

玉署初稿二卷宮坊清稿一卷　明楊守阯撰
抄本 [71]·集·明別·45

62玉唾壺二卷　明王一槐撰
抄本 [39]·己·60

67玉照新志五卷　宋王明清撰

學津討原本 [96]·六十四·1278

明抄本 [50]·六·21

舊抄本 [5]·三上·36
[11]·六十三·13
[75]·四十七·12
[81]·子·13　[83]·三·29　[91]·二十一·10

玉照新志六卷　宋王明清撰
明刊本 [74]·三·78
[102]·上·25

玉照定真經一卷　晉郭璞撰
抄本 [11]·五十一·12
[74]·三·32　[102]·下·19

玉照堂詞一卷　宋張鎡撰
刊本 [24]·集一·37

繡谷亭吳氏抄本 [51]·四·23

71玉曆通政經二卷　唐李淳風撰
明抄本 [57]·174

玉曆通政經三卷　唐李淳風撰
宋刊本 [41]·十二·17

抄本 [1]·上·12　[39]·庚·58

74玉髓真經三十卷　宋張洞玄輯
刊本 [5]·三中·40

玉髓真經三十卷玉髓真經後集二十一卷　宋張洞玄輯
明刊本 [11]·五十一·5
刊本 [39]·庚·73

玉髓真經後集二十一卷　宋張洞玄輯
明刊本 [8]·子一·262

明嘉靖刊本 [75]·三十八·20

77玉几山房聽雨錄一卷　清陳撰撰
手稿本 [91]·十九·18

魏稼孫抄本 [57]·218

傳抄本 [32]·八·15

玉屑十五卷　不著撰人
宋刊本 [41]·十四·21

玉屑齋百家論抄十二卷　明張文

炎輯
　　刊本　[39]・辛・12
玉關歌一卷　不著撰人
　　宋刊本　[14]・後志・二・845
80玉鏡新譚十卷　明朱長祚輯
　　明崇禎刊本　[85]・四・185
玉介園存稿十八卷附錄四卷　明
　　王叔杲撰
　　刊本　[39]・癸上・60
玉合記　明梅鼎祚撰
　　明唐氏世德堂刊本　[68]・圖
　　版459、目錄78
81玉瓶梅十回　清於茹川撰
　　清光緒二十二年(1896)石印本
　　[69]・三・105
82玉劍尊聞十卷　清梁維樞撰
　　原刊本　[96]・六十五・1295
　　刊本　[39]・己・86
84玉鎮山房近體剩稿　清吳一嵩撰
　　清道光八年(1828)刊本
　　[74]・四・55
88玉篇三十卷　梁顧野王撰
　　北宋國子監刊本　[7]・中・14
　　北宋刊本　[76]・三・16
　　宋刊本　[9]・一・21
　　　　[9]・後編・三・30、31
　　　　[14]・一下・86
　　　　[22]・二・36、38
　　　　[28]・一・25　　[33]・
　　　　經・38　　[34]・一・8
　　　　[35]・上・32　　[41]・
　　　　三・41　　[58]・經・64
　　　　[90]・13
　　元刊本　[9]・五・18
　　　　[11]・十三・14
　　　　[20]・一・22、36
　　　　[35]・下・20、37
　　　　[65]・一・49　　[76]・
　　　　三・18、20、21、22
　　　　[93]・七・8　　[94]・
　　　　一・15
　　元刊小黑口本　[92]・一・22
　　元延祐刊本　[38]・經・52
　　元至正十六年(1356)孟夏翠巖

精舍刊本　[22]・二・36
　　[89]・一集・三・14
　　明刊本　[75]・十・10
　　　　[76]・三・24
　　明開封府翻元刊本　[91]・
　　五・10
　　明宣德六年(1431)孟冬清江書
　　堂刊本　[89]・一集・三・
　　12
　　明成化刊本　[19]・2
　　明弘治五年(1492)詹氏進德書
　　堂刊本　[68]・圖版378、
　　379、目錄67
　　明萬曆元年(1573)益藩刊本
　　[86]・四・33　　[91]・
　　五・10
　　建安鄭氏刊本　[89]・一集・
　　三・16
　　劉氏明德書堂刊本　[89]・一
　　集・三・17
　　張氏澤存堂刊本　[91]・五・
　　11
　　日本慶長九年覆宋刊本
　　[3]・4　　[26]・二・52
　　古逸叢書本　[76]・三・13
　　刊本　[89]・一集・三・11、
　　13、15　　[89]・二集・一・
　　39
　　校張刊本　[32]・二・18
　　影宋抄本　[38]・經・51
　　舊抄本　[89]・一集・三・8、
　　18
　　舊抄卷子本　[22]・二・35
玉篇三十卷　金邢準編
　　金刊本　[29]・一・9
　　　　[68]・圖版261、目錄49
玉篇大全　不著編者
　　日本天保十四年(1843)刊本
　　[74]・續增・經・3
玉笥集不分卷　元張憲撰
　　明刊本　[93]・二十二・22
玉笥集四卷　元張憲撰
　　舊抄本　[92]・四・176
玉笥集十卷　元張憲撰

粵雅堂刊本　[74]・四・37
　　刊本　[21]・一・42
　　陸耳山抄本　[91]・三十四・
　　27
　　舊抄本　[5]・四中・22
　　　　[11]・一百六・17
　　　　[39]・壬・72　　[93]・
　　　　二十二・21
玉笥集九卷　元鄧雅撰
　　刊本　[88]・五・47
　　舊抄本　[11]・一百十・7
　　　　[16]・三十四・48
　　　　[32]・十三・27
　　　　[39]・癸上・3　　[93]・
　　　　二十二・28
玉笥山記一卷　唐令狐見堯撰
　　宋刊本　[41]・八・37
玉笥山人詞集一卷　宋王沂孫撰
　　明文端淑女史手抄本　[26]・
　　十六・23
　　舊抄本　[32]・十六・11
玉管神照一卷
　　見《玉管照神局》
玉管照神局一卷　南唐宋齊邱撰
　　宋刊本　[41]・十二・33
玉管照神局三卷　南唐宋齊邱撰
　　舊抄本　[74]・三・33
　　　　[102]・下・19
　　精抄本　[91]・十七・12
玉管照神局十卷　南唐宋齊邱撰
　　抄本　[5]・三中・35
90玉堂雜記三卷　宋周必大撰
　　宋刊本　[11]・三十六・6
　　　　[14]・五上・562
　　　　[17]・二・19
　　明翻宋本　[91]・十三・2
　　明刊本　[17]・二・19
　　明汲古閣刊本　[75]・二十九・
　　18
　　津逮秘書本　[74]・二・61
　　　　[96]・二十八・545
玉堂雜記八卷　明焦竑撰
　　明萬曆刊本　[32]・四・10
玉堂集二十卷　宋張方平撰

宋刊本　[14]・五下・645

玉堂制草十卷　宋李邴編

　　宋刊本　[41]・五・2

玉堂綵鑑八種　不知撰人

　　明蜀藩五色繪圖抄本　[2]・
　　三・30

玉堂叢話八卷　明焦竑撰

　　海山仙館刊本　[96]・六十五・
　　1292

　　刊本　[39]・己・81

玉堂漫筆二卷　明陸深撰

　　儼山外集本　[96]・六十五・
　　1286

玉堂逢辰錄二卷　宋錢惟演撰

　　宋刊本　[41]・七・10

玉堂嘉話八卷　元王惲撰

　　墨海金壺本　[96]・五十六・
　　1128

　　淡生堂抄本　[16]・二十四・
　　17

　　抄本　[75]・四十四・16

玉堂薈記一卷　清楊士聰撰

　　舊抄本　[102]・下・25

玉堂薈記四卷　清楊士聰撰

　　吳興嘉業堂劉氏刊本　[85]・
　　二十一・959

　　借月山房彙抄本　[85]・二十
　　一・959　　　[96]・六十
　　五・1295

　　舊抄本　[61]・四・3
　　[74]・三・80

玉堂日抄二卷　明黃洪憲輯

　　抄本　[39]・庚・4

玉堂類稿十卷　宋周必大撰

　　明藍格抄本　[12]・六・14

玉堂類稿二十卷

　　見《崔舍人玉堂類稿》

96玉燭寶典十二卷　隋杜臺卿撰

　　宋刊本　[41]・六・21

　　刊本　[89]・一集・六・22

　　貞和四年抄本　[22]・五・1

　　卷子本　[44]・一・81

璽

17璽召錄一卷蒯旋錄一卷禮白岳記
一卷　明李日華撰

　　六研齋雜著本　[74]・二・33

1010₄ 王

00王靖公忠烈考二卷　清王業隆輯

　　清初抄本　[85]・三・155

王應麟雜著　宋王應麟撰

　　元刊本　[58]・元・89

王摩詰集六卷

　　見《王右丞詩集》

王廣陵集二十卷

　　見《廣陵先生文集》

王文端公尺牘八卷奏疏四卷　明
王家屏撰

　　明萬曆刊本　[85]・二・88

王文靖公集二十四卷附錄一卷
清王熙撰

　　清康熙五十七年(1718)刊本
　　[96]・七十・1374

王文正家錄一卷　宋王素撰

　　宋刊本　[41]・七・15

王文正公遺事一卷　宋王素撰

　　宋刊本　[11]・二十六・15
　　[17]・考二・12

　　明刊本　[17]・二・12
　　[91]・九・5

　　歷代小史本　[96]・二十二・
　　448

王文正公筆錄一卷　宋曾撰

　　宋刊本　[11]・六十二・9
　　[14]・二上・137
　　[17]・三・33　　[41]・
　　七・15

　　明翻宋本　[91]・二十一・6

　　明刊本　[17]・三・33
　　[74]・續增・子・8

　　百川學海本　[96]・六十四・
　　1259

　　抄本　[75]・四十六・9

王文憲公集十二卷　宋王柏
撰

仿明崇禎元年(1628)刊抄本
[71]・集・宋別・60

王文安公詩集五卷文集六卷　明
王英撰

　　橒學齋抄本　[91]・三十六・7

王文通公文集八卷　明王康撰

　　刊本　[71]，集・明別・33

王文肅公文草十四卷奏草二十三
卷　明王錫爵撰

　　明萬曆四十三年(1615)刊本
　　[85]・二・90

王文肅公集十二卷　明王俾撰

　　刊本　[39]・癸上・16

王文忠公全集五十卷

　　見《王先生文集》

王文書目不分卷　不知編者

　　刊本　[25]・5

王文成傳本二卷　清毛奇齡撰

　　西河合集本　[96]・二十二・
　　460

王文成公集三十八卷

　　見《王文成公全書》

王文成公全書三十八卷　明王守
仁撰

　　明刊本　[75]・六十一・13

　　坊刊本　[74]・四・42

　　刊本　[39]・癸上・29
　　[71]・集・明別・56

王文公文集一百卷

　　見《臨川先生文集》

王文公集佚文一卷　宋王安石撰

　　傳抄宋本　[61]・七・3

王文恪公文集不分卷　明王鏊撰

　　抄本　[65]・續・四・43

王文恪公集三十六卷　明王鏊撰

　　董其昌校刊本　[102]・上・31

王文恪公集三十六卷名公筆記一
卷　明王鏊撰

　　刊本　[71]・集・明別・47

王文恪公集三十六卷附鵑音白社
詩草一卷　明王鏊撰

　　明王槐堂寫刊本　[75]・六十
　　一・12

王襄公集四卷　明王以旂撰

明萬曆刊本　[91]・三十六・
14
王襄敏集四卷　明王越撰
明刊本　[8]・五・547
02王端毅公文集九卷　明王恕撰
明刊本　[91]・三十六・14
王端毅公文集九卷續二卷　明王
恕撰
清嘉慶道光兩次刊本
[26]・九・46
王端毅公奏議十五卷　明王恕撰
明正德十六年(1521)刊本
[26]・三・44
明嘉靖刊本　[91]・八・20
刊本　[39]・癸上・16
04王謝世家三十卷　明韓昌箕撰
明天啓二年(1622)刊本
[96]・二十三・485
10王震孟詩集八卷賦一卷詞一卷文
一卷　明王龍起撰
刊本　[71]・集・明別・103
王西樓先生樂府一卷　明王磐撰
明嘉靖刊本　[91]・四十・35
刊本　[71]・集・詞・10
王百穀詩文稿　明王穉登撰
抄本　[59]・七・16
王百穀集　明王穉登撰
評點本　[20]・五・35
王百穀先生南有堂集　明王穉登
撰
抄本　[60]・七・11
13王武子詞一卷　不知撰人
宋刊本　[41]・二十一・9
15王建詩集一卷　唐王建撰
宋臨安府解元宅刊本　[68]・
圖版46,47,目錄15
王建詩集八卷　唐王建撰
明嘉靖蔣氏刊本　[17]・四・
10
明刊毛校本　[50]・七・32
王建詩集十卷　唐王建撰
宋刊本　[14]・四上・364
[38]・集・21　[60]・
六・20　[41]・十九・

11
宋刊抄補本　[58]・集・108
校刊本　[5]・四中・6
馮巳蒼校抄本　[30]・六・39
王建宮詞一卷　唐王建撰
宋刊本　[41]・十九・12
17王子安集一卷　唐王勃撰
古抄本子本　[76]・十七・1
王子安集十六卷　唐王勃撰
舊抄本　[91]・二十四・1
[50]・七・12
王子安集二十卷　唐王勃撰
宋刊本　[14]・四上・336
王子安集十六卷附錄一卷　唐王
勃撰
明刊本　[91]・二十四・2
清乾隆刊本　[75]・五十一・
21
明抄本　[11]・六十八・2
王子深集一卷　北周王褒撰
舊抄本　[74]・四・3
王子深集二卷　北周王褒撰
舊抄本　[102]・下・27
王子年拾遺記十卷
見《拾遺記》
王司業集二十卷　宋王遂撰
宋刊本　[41]・十八・18
20王季重文集十三卷　明王思任撰
刊本　[39]・癸下・21
王季友集一卷　唐王季友撰
宋刊本　[41]・十九・6
王季夷北海集二卷　宋王嵎撰
宋刊本　[41]・二十・18
王雙谿集十七卷
見《雙谿文集》
王維集十卷
見《王右丞文集》
22王制考四卷　明李黼撰
刊本　[39]・乙・18
23王狀元集注分類東坡先生詩二十
五卷
見《東坡詩集》
王秘監集四卷　宋王楠撰
宋刊本　[41]・二十・20

24王岐公華陽集一百卷
見《華陽集》
王先生文集四卷　宋王蘋撰
宋刊本　[41]・十八・14
王先生文集八卷　宋王蘋撰
刊本　[5]・四上・30
[24]・集一・30
舊抄本　[2]・四・36
[11]・八十二・14
[39]・壬・22　[59]・
六・24　[75]・五十五・
13　[91]・二十九・16
[93]・二十一・8
王先生文集三十卷　明王宗沐撰
明萬曆刊本　[91]・三十七・
19
刊本　[71]・集・明別・87
王先生文集四十五卷
見《潯南先生文集》
王先生文集五十卷目錄四卷　宋
王十朋撰
清雍正刊本　[75]・五十六・1
刊本　[39]・壬・28
王先生文集五十四卷附錄一卷
宋王十朋撰
明刊本　[32]・十二・10
明天順刊本　[91]・三十・13
王先生文粹四卷　宋王安石撰、
明徐師曾輯
刊本　[71]・集・宋別・8
王先生廷策一卷奏議三卷後集二
十九卷　宋王十朋撰
明正統刊本　[12]・三・23
王先生荊公文集一百卷
見《臨川先生文集》
王先生全集二十卷　明王畿撰
明萬曆十六年(1588)刊本
[59]・七・16
王先生全集二十四卷　元王禮撰
舊抄本　[11]・一百八・21
王德輿詩一卷　唐王德輿撰
宋刊本　[14]・四中・410
王岐公宮詞一卷　宋王珪撰
宋刊本　[41]・二十・8

明五川精舍銅活字印本
「68」•圖版619、目錄100
25王續東皋子五卷
見《東皋子集》
26王魏公集二卷　宋王安禮撰
明抄本　[74]•續增•集•1
王魏公集八卷　宋王安禮撰
舊抄本　[91]•二十七•4
文瀾閣傳抄本　[11]•七十五•
9
王魏公集二十卷　宋王安禮撰
宋刊本　[41]•十七•12
27王船山先生年譜二卷　清劉毓崧
編
清光緒十二年(1886)江南書局
刊本　[85]•十八•799
王船山遺書二百八十八卷　清王
夫之撰
清同治四年(1865)湘鄉刊本
[74]•三•62
王粲集八卷　漢王粲撰
宋刊本　[14]•四上•326
王叔和脈訣十卷
見《脈訣》
29王秋澗文集一百卷
見《秋澗先生大全文集》
30王注蘇詩三十二卷
見《東坡詩集》
王安之集一卷　宋王尚恭撰
宋刊本　[41]•二十•25
31王江寧集一卷
見《王昌齡集》
王涯說元五篇一卷
見《說玄》
王涯集一卷　唐王涯撰
宋刊本　[41]•十九•16
王源魯先生遺稿六卷　王源魯撰
明季史料叢書影印本　[85]•
九•464
32王沂公筆錄
見《王文正公筆錄》
33王心齋語錄二卷譜餘一卷　明王
艮撰
刊本　[39]•己•14

36王湜易學一卷
見《易學》
37王漁洋詩評一卷　清王士禎撰
抄本　[60]•七•18
王深寧先生文集五卷　宋王應麟
撰
舊抄本　[32]•十二•22
王初歌詩集一卷　宋王初撰
宋刊本　[41]•二十•3
王鶴谿先生文稿　清王鳴韶撰
手抄稿本　[26]•十•16
王逢易傳十卷
見《易傳》
38王遵巖集二十五卷　明王慎中撰
明隆慶五年(1517)刊本
[19]•24　[57]•263
刊本　[39]•癸上•49
[74]•四•43　[102]•
上•32
王遵巖集四十二卷　明王慎中撰
刊本　[71]•集•明別•71
40王太傅集二卷　明王越撰
刊本　[39]•癸上•16
王直講集十五卷　宋王無咎撰
宋刊本　[41]•十七•19
王右丞詩集二卷　唐王維撰
明嘉靖中江都黃埻東壁圖書府
刊十二家唐詩本　[86]•
六•127
王右丞詩集六卷　唐王維撰
元刊本　[38]•集•12
[58]•元•106　[91]•
二十四•11
明刊本　[9]•後編•十八•4
[32]•十•6　[50]•
七•14
明弘治刊本　[17]•四•5
[38]•集•12
明嘉靖三十八年(1559)洞陽書
院刊本　[86]•五•20
明活字本　[17]•四•5
校宋本　[50]•七•14
[65]•四•21
王右丞詩集十卷　唐王維撰

北宋刊本　[35]•下•15
[65]•四•18　[83]•
四•6
宋刊本　[14]•四上•344
[28]•十•4　[35]•
下•15　[41]•十六•
10　[50]•七•13
[58]•集•15、17
[72]•25　[80]•十五•
12　[81]•集•4
[83]•四•5
宋麻沙刊本　[11]•六十八•
19
南宋刊本　[70]•八下•5
[73]•圖版52
元刊本　[28]•十•5
[35]•上•13
明刊本　[9]•十•4
[102]•上•27
明正德仿宋刊本　[17]•四•5
[35]•附錄•4　[59]•
六•10
明嘉靖三十五年(1556)顧氏奇
字齋刊本　[60]•六•17
刊本　[36]•207　[71]•
集•唐別•2
校宋本　[93]•十九•16
何義門校本　[16]•續•四•2
影抄宋本　[5]•四上•9
[9]•四•24　[93]•
十九•15
王右丞詩集十卷文集四卷　唐王
維撰
明嘉靖三十五年(1556)顧氏奇
字齋刊本　[12]•四•13
[38]•集•13　[39]•
辛•47　[68]•圖版
420、421、目錄73
[75]•五十一•28
王右丞詩集十卷文集四卷外編一
卷　唐王維撰
明嘉靖三十四年(1555)涂月白
氏錫武陵家塾刊本
[92]•四•138

王右丞詩集十卷文集四卷外編一
　卷詩畫評一卷唐諸家同詠集一
　卷贈題集一卷　唐王維撰
　明嘉靖三十五年(1556)顧氏奇
　　字齋刊本 [3]·20
　　[9]·後編·十八·5
王右丞詩集十卷文集四卷附錄六
　卷
　明嘉靖三十五年(1556)顧氏奇
　　字齋刊本 [19]·16
王右丞集二十八卷　唐王維撰
　宋刊本 [10]·36　　[68]·
　　圖版227、228、目錄44
王右丞集注二十八卷　　唐王維
　撰、清趙殿成註
　明套印本 [74]·四·5
　清刊本 [71]·集·唐別·2
　清乾隆刊本 [75]·五十一·
　　29
　坊刊本 [74]·四·5
王校理集六十卷　宋王安國撰
　宋刊本 [41]·十七·12
42王彭衙詩九卷　明王嶇撰
　明嘉靖刊本 [91]·三十七·7
王荆文公詩五十卷
　見《臨川詩注》
王荆公文集一百卷
　見《臨川先生文集》
王荆公詩箋注五十卷
　見《臨川詩注》
44王夢樓詩集二十四卷　清王文治
　撰
　清乾隆二十四年(1759)家刊本
　　[26]·十二·16
王蘋集八卷
　見《王先生文集》
王勃集二十卷
　見《王子安集》
王著作集八卷
　見《王先生文集》
王黃州小畜集三十卷
　見《小畜集》
王黃州小畜外集七卷
　見《小畜外集》

46王駕集一卷　唐王駕撰
　宋刊本 [41]·十九·22
王柏峯詩稿不分卷　明王之猷撰
　藍格抄本 [92]·四·180
王槐野存笥稿前集十五卷續集九
　卷　明王維楨撰
　刊本 [39]·癸上·53
　　[71]·集·明別·80
47王轂集一卷　唐王轂撰
　宋刊本 [41]·十九·22
48王梅邊集一卷　宋王炎午撰
　清黃丕烈校曹古林抄本
　　[2]·四·4
　戴光曾手抄倦圃本 [91]·三
　　十二·20
　抄本 [50]·八·51
50王肅敏公集六十五卷
　見《王氏家藏集》
王忠文集六卷　元王結撰
　文瀾閣傳抄本 　　[11]·九十
　　九·14
王忠文公文集二十四卷　明王禕
　撰
　明正統刊本 [11]·一百十一·
　　4
王忠文公文集二十四卷附一卷
　明王禕撰
　刊本 [39]·癸上·2
　　[71]·集·明別·3
王忠文公文集二十四卷　明王禕
　撰 附繼志齋文稿二卷　明王
　紳撰
　明萬曆三十二年(1604)張維樞
　　校刊本 [59]·七·13
王忠文公文集二十四卷　明王禕
　撰　附繼志齋文稿二卷　明王
　紳撰　曠齋稿一卷　明王稌撰
　明刊本 [12]·三·28
王忠文公文集二十四卷　明王禕
　撰　附繼志齋文稿二卷　明王
　紳撰　曠齋稿一卷　明王稌撰
　齊山稿一卷　明王汶撰
　明萬曆刊本 [8]·集四·509
　　[91]·三十五·5

王忠孝公全集十二卷　明王忠孝
　撰
　傳抄本 [85]·十三·613
王奉常文集五十四卷　明王世懋
　撰
　刊本 [39]·癸上·65
王奉常詩集十五卷文集五十四卷
　明王世懋撰
　明萬曆十七年(1589)家刊本
　　[8]·集五·560
　　[26]·九·30
王奉常年譜四卷　清王寶仁編
　清刊本 [74]·二·29
王東崖集二卷　明王襞撰
　刊本 [39]·癸下·5
　　[71]·集·明別·92
52王靜學先生文集二卷　明王叔英
　撰
　抄本 [71]·集·明別·6
王靜學先生文集三卷　明王叔英
　撰
　抄本 [91]·三十五·31
57王抑齋集十三卷
　見《王抑菴集》
王抑菴集十三卷　明王直撰
　明天順二年(1458)刊本
　　[86]·一·25
　刊本 [39]·癸上·12
　　[71]·集·明別·26
60王昌齡集一卷　唐王昌齡撰
　宋刊本 [41]·十九·5
王昌齡集二卷　唐王昌齡撰
　明活字本 [3]·21
王昌齡集三卷　唐王昌齡撰
　明正德刊本 [91]·二十四·
　　13
王昌齡集六卷　唐王昌齡撰
　宋刊本 [14]·四上·345
王岊集一卷　宋王岊撰
　宋刊本 [41]·二十·2
62王則巽詩　明王則巽撰
　明刊本 [21]·一·57
64王曉菴遺書十一卷　清王錫闡撰
　清光緒十三年(1887)李氏重刊

木犀軒叢書本　[78]・補
遺・23

67王明曳奏議二卷　宋王覿撰
　宋刊本　[41]・二十二・3

71王阮義豐文集一卷
　見《義豐文集》
　王原叔談錄一卷
　見《王氏談錄》

72王劉異同五卷　清黃百家撰
　續抄堂抄本　[39]・己・34
　王氏雜說十卷　宋王安石撰
　宋刊本　[14]・後志・二・830
　王氏談錄一卷　宋王欽臣撰
　宋刊本　[41]・十一・25
　唐宋叢書本　[96]・五十六・
　1106
　舊抄本　[39]・己・67
　[74]・三・51　　[75]・
　四十三・6　　[102]・
　下・21

　王氏百一選方八卷
　見《是齋百一選方》

　王氏家藏集六十五卷　明王廷相
　撰
　明嘉靖十五年(1536)家刊本
　[26]・九・19　　[30]・
　三・28
　刊本　[39]・癸上・34
　[71]・集・明別・62
　明藍格抄本　[12]・六・34

　王氏神仙傳一卷　宋杜光庭撰
　宋刊本　[14]・三下・305
　[41]・十二・3

　王氏博濟方三卷
　見《博濟方》

　王氏蘭譜一卷
　見《蘭譜》

　王氏拙軒集六卷
　見《拙軒集》

　王氏農書三十六卷
　見《農書》

　王氏脈經十卷　晉王叔和撰
　元刊本　[38]・子・16
　元天曆三年(1330)廣勤書堂刊

本　[68]・圖版314、315、
目錄59
　舊抄本　[93]・十四・12

　王氏小兒方三卷　不著撰人
　宋刊本　[41]・十三・12

76王陽明先生文錄十四卷　明王守
仁撰
　明嘉靖十二年(1533)黃綰序刊
　本　[26]・九・40

　王陽明先生文錄三十五卷　明王
守仁撰
　清乾隆嘉慶刊本　[32]・十四・
　10

　王陽明先生文錄五卷外集九卷別
錄十卷傳習錄三卷　明王守仁
撰
　明嘉靖三十六年(1557)新安胡
　宗憲吳中刊本　[3]・24
　[12]・四・17　　[32]・
　十四・9　　[86]・六・41

　王陽明先生文粹十一卷　明王守
仁撰
　明嘉靖刊本　[91]・三十六・31

　王陽明先生要書八卷附年譜三卷
逸事辨證二卷　明陳龍正輯
　刊本　[39]・癸上・29

　王陽明先生集要三編十五卷年譜
一卷　明王守仁撰
　明人編刊人　[102]・上・32

　王陽明先生別錄十卷　明王守仁
撰
　明嘉靖刊本　[91]・三十六・31

77王屋山記一卷　唐李歸一撰
　宋刊本　[41]・八・37

　王周士詞一卷　宋王以寧撰
　宋刊本　[41]・二十一・12
　明抄本　[91]・四十・12
　傳抄本　[32]・十六・7

　王門宗旨十四卷　明周汝登輯
　刊本　[39]・己・19

　王學質疑　清張承烈撰
　刊本　[39]・己・33

80王介塘文略一卷　明王相撰
　刊本　[39]・癸上・25

　王介甫論語解十卷
　見《論語解》

　王介甫先生文集一百卷
　見《臨川先生文集》

　王介甫易義二十卷
　見《易義》

　王介甫臨川集一百三十卷
　見《臨川先生文集》

　王令論語解十卷
　見《論語解》

　王無功集三卷　唐王無功撰
　影宋本　[35]・上・22

　王舍人詩集　題明王紱撰
　瓶花齋抄本　[8]・集四・531

　王公四六話二卷　宋王銍撰
　宋刊本　[11]・一百十八・7
　[17]・四・46
　[35]・下・31　　[93]・
　二十四・2　　[94]・四・
　12
　明刊本　[17]・四・46
　刊本　[39]・庚・1
　醉經樓抄本　[91]・三十九・
　26
　抄本　[75]・六十四・2

88王節愍公遺集一卷補遺一卷　明
王道焜撰
　舊抄本　[92]・四・184

90王少司馬奏疏二卷　明王家禎撰
　乾坤正氣本　[85]・七・335

　王少司馬奏疏三卷　明王家禎撰
　清康熙刊本　[74]・二・24
　[102]・上・16

　王光菴集一卷
　見《光菴文集》

　王尚書遺稿一卷　宋王應麟撰
　抄本　[71]・集・宋別・61

　王常宗集四卷補遺一卷　明王彝
撰
　明弘治十五年(1502)刊本
　[71]・集・明別・5
　[91]・三十五・6
　傳錄錢求赤抄本　[8]・集四・
　516

王常宗集四卷補遺一卷續補遺一
卷　明王彝撰
　舊抄本　[29]·三·29

至

10至正庚辛唱和詩一卷　元繆思恭
等撰
　抄本　[39]·辛·26
至正集八十一卷
　見《許有壬至正集》
至正直記四卷　元孔克齊撰
　刊本　[88]·四·17
至正四明續志十二卷
　見《四明續志》
至正金陵新志十五卷
　見《金陵新志》
至正金陵志十五卷
　見《金陵新志》
至元辨偽錄五卷　題元釋祥邁撰
　元刊本　[29]·二·23
　刊本　[5]·佚文·3
至元法寶勘同總錄十卷　元釋慶
吉祥等撰
　支那本　[60]·二·12
至元嘉禾志三十二卷
　見《嘉禾志》
至元四明續志十二卷
　見《四明續志》
16至聖編年世紀二十四卷　　清李
灼、黃晟撰
　清刊本　[74]·二·26
　亦政堂刊本[96]·二十二·446·
21至順鎮江志二十一卷
　見《鎮江志》
33至治之音　不知編者
　精抄本　[91]·三十九·4
38至游子二卷　不著撰人
　藝海珠塵本　[96]·六十九·
　1363
至道雲南錄三卷
　見《雲南錄》
40至大金陵新志十五卷
　見《金陵新志》
50至書一卷　宋蔡沈撰

明嘉靖刊本　[16]·二十一·6
　舊抄本　[11]·四十·5
至書二卷　宋蔡沈撰
　從明秦府刊本　[28]·續·九·
　5

1010₇　五

00五方元音二卷　清樊騰鳳撰
　澄鑑堂刊本　[96]·十四·305
　坊刊本　[74]·一·58
　刊本　[39]·丙·47
五唐人詩集　不著編者
　汲古閣刊本　[74]·續增·集·
　17
五音集韻十五卷
　見《集韻》
五音地理新書三十卷　唐釋一行
撰
　宋刊本　[14]·後志·二·842
五音會元圖一卷　不知撰人
　宋刊本　[14]·一上·57
五音篇十五卷
　見《集韻》
五音類聚四聲篇十五卷
　見《集韻》
五雜組十六卷　明謝肇淛撰
　明刊本　[60]·二·20
　刊本　[39]·己·57
　　　　[71]·子·雜家·34
01五龍甘卧法一卷　不知撰人
　刊本　[5]·三下·22
04五誥解四卷　宋楊簡撰
　墨海金壺本　[96]·九·158
10五百經幢館碑目　清葉鞠裳撰
　稿本　[57]·158
五百家播芳大全文粹一百十卷
　見《聖宋名賢五百家播芳大全
　文粹》
五百四峯堂詩抄二十五卷　清黎
簡撰
　清同治十三年(1874)陳氏刊本
　[26]·十三·34
五石瓠六卷風人詩話一卷　明劉
鑾撰

戊辰叢編本　[85]·二十一·
　965
屑玉叢談本　[85]·二十一·
　965
昭代叢書本　[85]·二十一·
　965
五石脂不分卷　陳去病撰
　國粹學報叢談本　[85]·二十
　二·986
12五發方論一卷　不知撰人
　宋刊本　[41]·十三·16
17五子全書七卷　不著編者
　明刊本　[9]·後編·十六·**2**
五子全書八卷　不著編者
　明刊本　[9]·九·22
　明嘉靖刊本　[22]·四·27
21五虎平西前傳十四卷　清人撰
　同文堂刊本　[69]·二·53
五虎平南後傳六卷　清人撰
　同文堂刊本　[69]·二·53
五行祕訣一卷　宋林開撰
　宋刊本　[14]·三下·269
五行生尅豐鑑十卷　不知撰人
　刊本　[5]·三中·35
五行大義一卷　隋蕭吉撰
　知不足齋叢書本　[78]·算學
　書錄補注·90
五行大義五卷　隋蕭吉撰
　明刊本　[102]·上·21
　活字本　[74]·三·30
　日本刊本　[11]·五十一·14
　　　　　[75]·三十八·25
　佚存叢書本　[96]·四十七·
　913
　粘葉古抄本　[22]·四·18
　舊抄卷子本　[22]·四·18
　　　　　　[44]·一·75
　舊抄本　[89]·一集·五·33
　　　　　[91]·十七·13
五行類應九卷　明錢春撰
　明刊本　[91]·十七·14
　刊本　[39]·庚·66
五行類事占七卷　宋張正之輯
　明抄本　[11]·五十一·3

[50]•四•41
抄本 [5]•三中•19
五行類事占驗徵九卷 明李淑通撰
刊本 [39]•庚•66
五行精紀三十二卷 宋廖中撰
抄本 [5]•三中•33
五行精紀三十三卷 宋廖中撰
舊抄本 [93]•十五•13
精抄本 [91]•十七•12
五行精紀三十四卷 宋廖中撰
宋刊本 [41]•十二•28
舊抄本 [26]•六•47
五經不分卷 不著編者
宋刊巾箱本 [9]•一•16
[12]•一•1 [58]•
經•53 [74]•一•39
南宋婺州刊本 [28]•一•17
[35]•下•59
明覆宋刊小字本 [2]•一•1
[29]•一•1 [86]•
十二•15
明正統刊本 [9]•七•26
舊刊本 [32]•二•9
五經五卷 不著編者
明刊本 [91]•四•9
五經序二卷 不知撰人
明嘉靖七年(1528)刊本
[3]•3
五經文字三卷 唐張參撰
北宋國子監刊本 [7]•中•1
宋刊本 [41]•三•32
微波榭刊本 [74]•一•52
日本刊石經本 [75]•十•10
影宋精抄本 [65]•一•52
五經文字一卷 唐張參撰 九經
字樣一卷 唐唐玄度撰
孔氏刊本 [17]•一•11
五經辨譌五卷 清呂治平撰
學古堂刊本 [96]•二•28
刊本 [39]•丙•18
五經辨說五卷
見《五經辨譌》
五經語類八十卷 清程川撰

清雍正三年(1725)刊本
[74]•一•41
五經讀 明陳際泰撰
刊本 [39]•丙•16
五經說七卷 元熊朋來撰
通志堂刊本 [74]•一•40
舊抄本 [93]•六•3
五經說二十一卷 明呂柟撰
明刊本 [9]•十三•4
五經正義 不知撰人
舊抄本 [89]•二集•一•28
五經稽疑 明朱睦㮮撰
抄本 [39]•丙•14
五經贊一卷 清陸榮柜撰
藝海珠塵本 [96]•二•34
五經總類四十卷 明張雲鸞輯
刊本 [39]•丙•16
五經蠡測六卷 明蔣悌生撰
通志堂刊本 [74]•一•40
[96]•二•26
五經疑問六十卷 明姚舜牧撰
明刊本 [91]•四•10
五經句訓十九卷 不著撰人
明刊本 [9]•後編•十三•3
五經心義五卷 明王崇慶撰
刊本 [39]•丙•14
五經四書一百卷 不知編者
明正統刊本 [9]•七•25
五經四書性理大全二百十五卷
明胡廣等輯
明刊本 [9]•七•23
[9]•後編•十三•2
五經圖五卷 明胡賓輯
刊本 [39]•丙•15
五經圖不分卷 明盧謙輯
明刊本 [9]•七•21
五經圖十二卷 明盧謙輯
刊本 [39]•丙•15
五經異文十一卷 明陳士元撰
歸雲別集刊本 [74]•一•40
刊本 [39]•丙•14
五經異義疏證三卷 清陳壽祺撰
原刊本 [96]•二•19
五經同異三卷 清顧炎武撰

常熟蔣氏省吾堂刊本 [96]•
二•28
舊抄本 [32]•二•10
五經劄記五卷 清姚伯驥撰
素安居刊本 [96]•二•40
五經算術二卷 北周甄鸞撰、唐
李淳風等註
北宋國子監刊本 [7]•中•
51
武英殿聚珍刊本 [74]•三•
24 [96]•四十五•854
東原遺書本 [74]•三•24
五經類編二十八卷 清周大章編
清刊本 [74]•三•71
22五嶽諸山記一卷 不著撰人
宋刊本 [41]•八•36
五嶽山人集三十八卷 明黃省曾
撰
明嘉靖刊本 [8]•集五•565
刊本 [71]•集•明別•90
五嶽山人尺牘十七卷 明陳文燭
撰
刊本 [71]•集•論•3
五變中黃經一卷 不著撰人
影宋抄本 [4]•16
五峯詞一卷 元李孝光撰
勞氏手抄本 [91]•四十•27
五峯集五卷 元李孝光撰
舊抄本 [91]•三十四•17
五峯集六卷 元李孝光撰
舊抄本 [93]•二十二•18
五峯集十卷 元李孝光撰
知不足齋抄本 [39]•壬•66
五峯集七卷補遺三卷文集一卷雁
山十記一卷 元李孝光撰
清鮑以文抄本 [2]•五•9
五峯先生知言一卷 宋胡宏撰
宋刊本 [14]•五下•692
五峯胡先生文集五卷
見《胡五峯先生文集》
五種遺規十五卷 清陳宏謀編
清乾隆七年(1742)陳氏家刊本
[26]•五•20
清嘉慶十九年(1814)劉洪洞刊

本 [26]·五·21
23五代新説二卷 唐張洵古撰
宋刊本 [14]·二上·130
五代詩話十卷 清鄭方坤撰
粤雅堂刊本 [74]·四·74
五代登科記一卷 不著撰人
宋刊本 [41]·七·11
五代名畫記不分卷 宋劉道醇撰
宋刊本 [41]·十四·12
五代名畫補遺一卷 宋劉道醇撰
宋刊本 [14]·三下·288
明刊本 [11]·五十二·4
王氏畫苑本 [96]·四十八·925
刊本 [39]·庚·25
五代補録五卷
見《五代史補》
五代通録六十五卷 宋范質撰
宋刊本 [14]·二上·114 [41]·四·20
五代史七十五卷 宋歐陽修撰
北宋國子監刊本 [7]·中·25
北宋刊本 [17]·二·6 [54]·一·36
宋刊本 [14]·二上·110 [35]·上·34 [35]·下·23 [36]·95 [41]·四·11 [48]·一輯·35 [59]·四·4 [67]·第五册·35 [76]·五·4 [92]·二·34 [93]·八·28 [94]·二·3
南宋國子監刊本 [7]·下·5
南宋慶元五年(1199)刊本 [2]·二·5 [3]·5 [17]·二·6 [47]·91 [91]·六·17
宋刊元明遞修本 [32]·三·6
宋末元初刊本 [35]·上·34 [74]·二·5
元刊本 [8]·史一·115 [17]·二·6 [48]·二輯上·59 [92]·二·34 [93]·八·28
元刊黑口本 [92]·二·34
元大德刊本 [91]·六·17
元崇文書院刊本 [16]·八·6
元刊明修本 [3]·5 [32]·三·6
明刊本 [9]·八·15
明刊小字本 [91]·六·17
明南監本 [30]·二·4 [96]·十五·338
明吉州刊本 [60]·四·5
明嘉靖初年崇陽汪文盛校刊本 [11]·十九·5 [17]·二·6 [30]·三·4 [86]·六·144
明萬曆四年(1576)刊本 [75]·十五·11
清乾隆四年(1739)武英殿刊本 [74]·二·5 [75]·十五·12
南雍三朝本 [43]·五·19
成都局刊本 [60]·七·17
刊本 [60]·四·5 [89]·一集·四·22
校本 [57]·46
從元崇文書院本傳録本 [8]·史一·115
五代史一百五十卷 宋薛居正撰
宋刊本 [14]·後志·一·773 [41]·四·11
清刊本 [36]·91
清乾隆四年(1739)武英殿刊本 [74]·二·5 [75]·十五·11 [96]·十五·337
掃葉山房刊本 [74]·二·5
粤東陳氏覆刊本 [74]·二·5
刊本 [47]·84
孔葒谷校抄本 [30]·六·6
邵晉涵輯原稿本 [28]·續·六·1
抄本 [95]·一·11
五代史記七十五卷
見《五代史》
五代史記注七十四卷 清彭元瑞輯
清刊本 [74]·二·5
五代史詳節十卷 宋吕祖謙編
宋刊本 [12]·一·4 [31]·7 [33]·史·18
宋末刊麻沙本 [90]·22
五代史平話十卷 不知撰人
宋刊本 [69]·一·1
宋刊巾箱本 [98]·5
五代史補一卷 宋陶岳撰
舊抄本 [59]·四·9
五代史補五卷 宋陶岳撰
宋刊本 [14]·後志·一·786 [41]·五·17
毛氏汲古閣刊本 [95]·一·11 [96]·十九·410
黄丕烈校本 [11]·二十四·20
張巽夫校本 [57]·47
校本 [50]·二·18 [83]·二·26
曝書亭抄本 [39]·丁·20
舊抄本 [12]·五·12 [28]·三·21 [32]·三·17 [91]·八·4 [93]·九·23
五代史補五卷 宋陶岳撰 五代史闕文一卷 宋王禹偁撰
陳仲魚校本 [57]·48
校本 [101]·中·1
五代史補考二十四卷 清徐炯撰
舊抄本 [32]·四·14
五代史志疑四卷 清楊陸榮輯
原刊本 [96]·十五·340
刊本 [39]·戊·80
五代史闕文一卷 宋王禹偁撰
宋刊本 [14]·二上·139 [41]·五·18
汲古閣刊本 [96]·十九·410
黄丕烈校本 [11]·二十四·20
舊抄本 [12]·五·12 [32]·三·17 [39]·丁·20 [91]·八·4

[93]·九·23

五代史纂誤三卷　宋吳縝撰
聚珍刊本 [74]·二·5
知不足齋叢書本 [96]·十五·339
抄本 [12]·五·6　[75]·十五·12　[102]·下·4
傳抄本 [32]·三·7

五代史纂誤五卷　宋吳縝撰
宋刊本 [14]·二下·150

五代史纂誤五卷雜錄一卷　宋吳縝撰
宋刊本 [41]·四·15

五代史纂誤補四卷　清吳蘭庭撰
知不足齋叢書本 [96]·十五·340

五代春秋一卷　宋尹洙撰
校 [50]·二·7
校抄本 [11]·二十四·22

五代春秋二卷　宋尹洙撰
讀畫齋叢書本 [96]·十六·354
葉石君抄本 [91]·七·6
舊抄本 [17]·二·11　[75]·十九·8

五代春秋五卷　宋尹洙撰
宋刊本 [14]·五上·546

五代會要三十卷　宋王溥纂
宋刊本 [14]·三下·282　[41]·五·30
聚珍刊本 [28]·四·19　[74]·二·63
陳仲魚校舊抄本 [32]·五·4
吳門黄氏校正抄本 [96]·二十九·555
影抄宋刊本 [5]·二上·22　[11]·三十五·3
舊抄本 [17]·二·20　[38]·史·81　[39]·丁·51　[50]·三·42　[60]·四·31,32　[93]·十二·5　[102]·下·12

24 五先生政跡　明李貴輯

刊本 [39]·戊·13

五緯總論一卷五緯曆指八卷　明李天經、羅谷雅譯
新法曆書本 [78]·算學書錄補注·86

五緯表十卷　明李天經撰
新法曆書本 [78]·算學書錄補注·89

五緯捷算四卷　清黄炳星撰
清光緒四年(1878)刊本 [78]·算學書錄補注·87

26 五總志一卷　宋吳坰撰
知不足齋叢書本 [96]·五十六·1116
刊本 [28]·八·13
小山堂抄本 [74]·續增·子·4

27 五侯鯖十二卷　明彭儔撰
明刊本 [74]·三·69　[102]·上·25

五侯鯖字海附五經難字二十一卷　不著撰人
明刊本 [8]·經三·92　[9]·後編·十三·12

五色石八卷　題筆鍊閣編
原刊本 [69]·三·102

五色線三卷　不著編者
明刊本 [32]·九·17　[60]·八·9
明弘治九年(1496)李瀚刊本 [17]·三·39
津逮祕書本 [74]·三·83　[96]·六十六·1315
抄本 [21]·一·28　[30]·四·15　[91]·二十一·19

28 五倫詩選十二卷　元沈易輯
抄本 [39]·辛·17

五倫書六十二卷　明宣宗朱瞻基撰
明刊本 [9]·九·9,10,11　[9]·十六·12　[32]·六·7　[91]·十九·25　[96]·三十七·689

五倫日記故事大全四卷　不知撰人
明萬曆十九年(1591)閩建書林鄭世豪刊本 [64]·續·120

30 五家正宗贊四卷　宋釋紹曇撰
貞和五年刊本 [62]·圖版67

五家宮詞　明毛晉輯
明刊本 [1]·上·40

五家宮詞五卷　宋宋白、張公庠、周彦質、王仲修等撰
宋刊本 [41]·十五·15

五宗考義　明潘潢撰
瓶花齋抄本 [39]·乙·11

35 五禮通考二百六十二卷　清秦蕙田撰
清刊本 [74]·一·28
味經窩刊本 [96]·六·104

五禮精義注十卷
見《政和五禮精義注》

37 五運指掌賦圖一卷　宋葉玠撰
宋刊本 [41]·十三·4

40 五十輔臣編年一卷　不著撰人
瓶花齋抄本 [39]·丁·46

五十輔臣傳不分卷　清曹溶撰
舊抄本 [96]·二十三·486

五十輔臣考四卷　不知撰人
舊抄本 [32]·四·10

五木經一卷　唐李翱撰
宋刊本 [41]·十四·18
津逮祕書本 [74]·三·40　[96]·四十九·979

42 五瓠山人詩集四卷　不知撰人
明嘉靖四十年(1561)刊本 [19]·23

44 五藩實錄七卷　題清三餘氏撰
清刊本 [74]·二·22

五藩實錄八卷　題清三餘氏撰
琉璃廠異史氏寓齋刊本 [85]·九·456
清乾隆抄本 [85]·九·456

五藩檮乘二卷　題巫峽逸人撰
天蘇閣叢刊本 [85]·十五·682

五茸志逸四卷補四卷　清吳履震撰
　抄本　[96]・六十五・1296
五茸志餘二卷　明唐之昪撰
　抄本　[96]・六十五・1293
47五朝名臣言行錄　宋朱熹纂
　宋淳熙刊本　[68]・圖版152、
　　目錄33
　刊本　[89]・一集・四・38
五朝名臣言行錄前集十卷後集十
　四卷　宋朱熹纂
　宋刊本　[33]・史・33
　元刊本　[9]・五・48
五朝名臣言行錄前集十卷後集十
　四卷續集八卷別集二十六卷外
　集十七卷　宋朱熹撰、李幼武補
　宋麻沙刊本　[2]・二・24
　安福張鰲山刊本　[1]・上・25
　清道光歙縣洪氏刊本　[96]・
　　二十三・473
五朝實錄　不著編者
　殘抄本　[74]・續增・史・1
五朝墨蹟　清趙爾華輯
　影印本　[100]・101
55五曹算經五卷
　見《算經》
60五星立成一卷交食立成一卷　清
　薛鳳祚撰
　曆學會通本　[78]・算學書錄
　　補注・89
五星三命指南十四卷　不知撰人
　宋刊本　[41]・十二・26
五星要錄　不知撰人
　抄本　[39]・庚・71
五星行度解一卷　清王錫闡撰
　守山閣叢書本　[78]・子・天
　　文・549　　[78]・算學書
　　錄補注・86
五星紀要一卷　清梅文鼎撰
　兼濟堂刊本　[78]・算學書錄
　　補注・86
　曆算全書本　[96]・四十四・
　　831
五星考三卷　不知撰人

刊本　[39]・庚・72
五星命書一卷　不著撰人
　宋刊本　[41]・十二・26
五國故事二卷　不著撰人
　宋刊本　[41]・五・6
　知不足齋叢書本　[96]・二十
　　六・527
　黃丕烈校本　[11]・二十八・15
　校抄本　[20]・二・19
　天一閣抄本　[39]・丁・14
　曹夢山抄本　[75]・二十三・9
　舊抄本　[74]・二・36
　　[91]・十・8　　[93]・
　　十・17　　[102]・下・9
61五顯靈官大帝華光天王傳四卷
　明余象斗撰
　清道光十年(1830)四游全傳本
　　[69]・五・170
65五味禪　不知撰人
　南北朝刊本　[62]・圖版95
　室町時代刊本　[62]・圖版
　　97、99
67五曜要流　不知撰人
　抄本　[39]・庚・71
72五岳游草十二卷　明王士性撰
　刊本　[39]・癸下・13
　　[71]・史・地志・79
77五鳳吟四卷　清人撰
　刊本　[69]・四・141
五服集證六卷　明徐駿撰
　曝書亭抄本　[39]・乙・10
五服圖解一卷　元龔端禮撰
　元刊本　[5]・一下・2
　　[8]・經二・60　　[50]・
　　一・7
　元至治刊本　[58]・元・6
80五美緣八十回　不著撰人
　坊刊本　[69]・四・148
五公山人集十六卷　明王餘佑撰
　清康熙三十四年(1695)枕鈞齋
　　刊本　[85]・二十・909
86五知齋琴譜八卷　清周魯封撰
　懷德堂刊本　[96]・四十九・
　　968

五知齋琴譜八卷　清徐俊撰
　刊本　[39]・庚・35
92五燈會元二十卷　宋釋普濟撰
　宋刊本　[13]・26　　[22]・
　　五、19　　[58]・子・122
　宋寶祐五年(1257)刊本
　　[35]・下・43
　元刊本　[93]・十八・4
　明嘉靖四十三年(1564)刊本
　　[8]・子二・342
　　[12]・四・12　　[91]・
　　二十二・7
　明萬曆建昌府刊本　[11]・六
　　十五・20
　明崇禎刊本　[75]・四十九・
　　22
　日本貞治戊申刊本　[22]・五・
　　19
　支那撰述本　[96]・六十八・
　　1336

盂

44盂蘭夢不分卷　清嚴保庸撰
　清道光刊本　[64]・31

亞

60亞愚江浙紀行集句詩七卷　宋釋
　紹嵩輯
　醉經樓抄本　[91]・三十・33

1010₈　巫

22巫山艷史六卷　不著撰人
　嘯花軒刊本　[69]・四・157

豆

47豆棚閒話十二卷　清人撰
　原刊本　[69]・三・104

靈

00靈言蠡勺二卷　明西洋畢方濟撰
　天學初函理編本　[96]・五十
　　三・1059
10靈一集一卷　唐釋撰
　宋刊本　[41]・十九・28

22靈巖集十卷　宋唐士恥撰
　文瀾閣傳抄本　[11]・九十・19
靈巖山紀略二卷　清王鎬、趙西撰
　清刊本　[74]・二・54
靈巖山志八卷　明黃習遠撰
　刊本　[71]・史・地志・63
靈巖山館詩集四十卷　清畢沅撰
年譜一卷　清史善長編
　清乾隆五十五年(1790)刊本　[26]・十二・14
23靈秘十八方加減一卷　明胡嗣廉編
　六醴齋醫書本　[79]・子・醫家・506
　刊本　[39]・庚・87
27靈龜經一卷　宋史蘇撰
　宋刊本　[14]・後志・二・845
28靈谿集七卷　唐王貞白撰
　宋刊本　[14]・五下・639
　[41]・十九・21
30靈憲一卷渾儀一卷　清馬國翰撰
　明刊説郛本　[78]・子・天文・533
靈寶真靈位業圖一卷　題梁陶弘景撰
　津逮祕書本　[74]・三・90
　[96]・六十九・1357
靈寶畢法三卷　漢鍾離權撰
　舊本　[50]・六・46
40靈臺三十六歌一卷　題武平先生撰
　宋刊本　[41]・十二・26
靈臺儀象志十六卷　清西洋南懷仁撰
　清康熙武英殿刊本　[78]・子・天文・556　[78]・補遺・28　[78]・算學書録補注・88　[96]・四十四・827
靈臺祕苑十二卷　北周庚季才撰
　刊本　[5]・三中・10
靈臺祕苑十五卷　北周庚季才撰
　校明抄本　[50]・四・40
　[65]・續・三・6
　舊抄本　[11]・五十一・1
　抄本　[11]・五十一・1
　[39]・庚・59
　精抄本　[32]・七・5
　文瀾閣傳抄本　[78]・算學書録補注・97
41靈樞經九卷　唐王冰注
　宋刊本　[14]・後志・二・862
靈樞經十二卷　唐王冰注
　北宋國子監刊本　[7]・中・33
　元刊本　[93]・十四・12
　元至元六年(1340)古林書林書堂刊本　[16]・二十二・1　[79]・子・醫家・327
　明成化熊宗立刊本　[28]・七・2
　醫統正脈本　[96]・四十一・741
　刊本　[74]・三・16
靈樞懸解九卷　清黃元御撰
　清乾隆刊本　[79]・子・醫家・341
靈樞道言發微二卷　宋傳變撰
　宋刊本　[41]・十二・4
靈樞金鏡神景內經十卷　題扁鵲注
　宋刊本　[41]・十二・2
43靈城精義一卷　南唐何溥撰
　地理大成本　[96]・四十七・893
　舊抄本　[74]・三・31
　[91]・十七・9
　[102]・下・19
44靈苑方二十卷　宋沈括編
　宋刊本　[14]・三下・299
　[41]・十三・7
靈芬館詩初集四卷二集十卷三集四卷四集十二卷續集九卷蘅夢詞二卷浮眉樓詞二卷懺餘綺語二卷　清郭麐撰
　清嘉慶道光間刊本　[26]・十四・34

靈芝瑞草象二卷　陸修靜撰
　舊抄本　[5]・二中・12
靈護閣集八卷　明湯兆京撰
　刊本　[39]・癸下・37
靈棋經一卷　晉顏幼明、宋何承天注、元陳師凱、明劉基解
　明榮府刊本　[96]・四十七・901
　刊本　[20]・四・33　[21]・一・22
　古抄本　[76]・七・43
　舊抄本　[22]・四・17
　[39]・庚・69　[89]・一集・五・29　[91]・十七・10
靈棋經二卷　題漢東方朔撰
　宋刊本　[14]・後志・二・847
　明刊本　[74]・三・32
　[93]・十五・10
　[102]・上・21
　明成化刊　[38]・子・28
　長恩書室刊本　[74]・三・32
　舊抄本　[17]・三・8
靈棋經三卷　題漢東方朔撰
　明刊本　[50]・四・41
60靈星小舞譜一卷　明朱載堉撰
　樂律全書本　[96]・七・121
72靈隱子六卷　唐駱賓王撰
　刊本　[39]・辛・46
靈隱寺志稿　清厲鶚撰
　殘稿　[71]・史・地志・85
80靈谷寺志　不知撰人
　刊本　[88]・三・16

1011₁　霏

10霏雪錄不分卷　明劉績撰
　校舊抄本　[65]・續・三・56
　抄本　[20]・四・19
霏雪錄二卷　明劉績撰
　刊本　[39]・已・72
　校舊抄本　[50]・五・59
霏雲居續集二十四卷　明張變撰
　刊本　[39]・癸下・32

1011_3 琉

10琉璃堂墨客圖一卷　不著撰人
　宋刊本　[41]・二十二・9
13琉璃録二卷　不知撰人
　刊本　[39]・戊・70

疏

44疏草三卷　明黄宗昌撰
　明崇禎刊清康熙二十一年
　(1682)修補本　[85]・
　三・147

1014_1 聶

50聶夷中集一卷　唐聶夷中撰
　宋刊本　[41]・十九・20

1016_4 露

20露香拾稿一卷　宋黄大受撰
　抄本　[71]・集・宋別・70

1017_7 雪

00雪廬焚餘稿十卷　明趙維寰撰
　刊本　[71]・集・明別・125
　雪齋居士文集二十卷　宋王咨撰
　宋刊本　[14]・五下・679
　雪交亭文集十二卷　明高宇泰撰
　四明叢書本　[85]・九・400
　舊抄本　[75]・六十一・18
　[85]・九・400
　雪交亭正氣録十二卷
　見《雪交亭文集》
12雪磯叢稿五卷　宋樂雷發撰
　清康熙四十六年(1707)革山馬
　素邨抄本　[74]・四・3
　舊抄本　[17]・四・27
　[75]・五十七・14
　[93]・二十一・28
　[102]・下・34
22雪崖先生詩集五卷　元金守正撰
　明初刊本　[2]・五・15
　雪巘詩集三卷　宋陳起編
　明潘是仁刊本　[26]・八・47
　雪峯廣録二卷　唐真覺大師撰

　宋刊本　[41]・十二・12
　雪峯空和尚外集一卷　不知撰人
　貞和五年刊本　[62]・圖版69
　雪山集三卷　宋王質撰
　宋刊本　[41]・二十・18
　聚珍刊本　[74]・四・26
　刊本　[54]・六・20
　雪巢小集二卷　宋林憲撰
　宋刊本　[41]・二十・17
28雪谿詩集五卷　宋王銍撰
　刊本　[24]・集一・32
　舊抄本　[11]・八十二・16
　[16]・三十一・22
　[20]・五・17　[39]・
　壬・23　[71]・集・宋
　別・32　[74]・四・24
　[91]・二十九・20
　[102]・下・31
　雪谿詩集五卷附補遺　宋王銍撰
　知不足齋抄本　[59]・六・25
　舊抄本　[75]・五十五・17
　雪谿集略八卷　宋王銍撰
　宋刊本　[41]・十八・12
　雪谿漁唱集十卷　明蘇平撰
　明景泰刊本　[91]・三十六・12
30雪窗文集二卷　宋孫夢觀
　舊影抄本　[39]・壬・38
　雪窗文集一卷附録一卷　宋孫夢
　觀撰
　仿明刊抄本　[71]・集・宋別・
　44
　雪窗文集二卷附録一卷　宋孫夢
　觀撰
　抄本　[11]・九十・19
　雪窗詩六卷　明吳爰撰
　刊本　[39]・癸上・35
　[71]・集・明別・49
　雪竇祖英集二卷　宋釋重顯撰
　宋刊本　[5]・四上・26
　[32]・十二・25
　影宋抄本　[57]・237
　舊抄本　[11]・七十三・18
　雪竇頌古集一卷　宋釋重顯撰
　元刊本　[93]・二十・7

　雪竇頌古集一卷拈古集一卷瀑泉
　集一卷祖英集二卷　宋釋重顯
　撰
　宋刊本　[2]・三・47
　[35]・下・16　[93]・
　二十・7　[94]・四・4
33雪浪詩一卷松寥詩一卷吳裝詩一
　卷　明程嘉燧撰
　刊本　[71]・集・明別・109
44雪菴詩存二卷　清丁嗣澂撰
　刊本　[39]・癸下・44
　雪菴字要一卷　元李浦光撰
　刊本　[5]・一下・25
　明抄本　[30]・五・13
　[36]・166
　舊抄本　[50]・五・8
　雪菴清史五卷　明樂純撰
　刊本　[39]・庚・40
45雪樓先生文集三十卷
　見《程先生文集》
60雪園李先生易義四卷
　見《易義》
77雪月梅十卷　清陳朗撰
　聚錦堂刊本　[69]・四・143
　雪履齋筆記一卷　元郭翼撰
　函海本　[74]・三・55
　[96]・五十六・1132
　舊抄本　[60]・二・18
　[71]・子・雜家・18
80雪翁詩集十七卷　明魏耕撰
　四明叢書本　[85]・十九・865
88雪蓬集八卷　清殷圻撰
　稿本　[61]・七・7
90雪堂集十卷　明沈守正撰
　刊本　[39]・癸下・33
　雪堂行和尚拾遺録一卷　不知撰
　人
　宋臨安刊本　[2]・三・43
　雪堂墨品一卷　清張仁熙撰
　檀几叢書本　[96]・五十・994

1020_0 丁

10丁晉公談録一卷　宋丁謂撰
　宋刊本　[11]・六十二・13

　　　　[17]·三·33　　[41]·
　　　七·15
　　明刊本　[17]·三·34
　　　[74]·續增·子·8
　　百川學海本　[96]·六十四·
　　　1259
丁晉公談録三卷　宋丁謂撰
　　宋刊本　[14]·二上·137
丁晉公集四卷　宋丁謂撰
　　宋刊本　[14]·四中·432
30丁永州集三卷　宋丁注撰
　　宋刊本　[41]·十七·37
35丁清惠公集八卷　明丁賓撰
　　明崇禎刊本　[91]·三十七·17
37丁鶴年詩集四卷
　　見《鶴年詩集》
41丁柘唐師歷年紀略一卷　不知撰
　　人
　　傳抄本　[60]·四·28
50丁吏部文選八卷　明丁奉撰
　　刊本　[39]·癸上·38
　　丁未録二百卷　宋李丙編
　　宋刊本　[14]·五上·552
　　[41]·四·29
71丁驚奏議一卷　宋丁驚撰
　　宋刊本　[41]·二十二·3
　　丁巨算法一卷　元丁巨撰
　　知不足齋叢書本　[96]·四十
　　五·861
72丁氏書目　不知撰人
　　稿本　[57]·136
77丁卯集二卷
　　見《許丁卯集》
　　丁卯實編一卷　宋李珙撰
　　宋刊本　[41]·七·21

1021₀　兀

31兀涯西漢書議十二卷　明張邦彥
　　輯
　　抄本　[39]·戊·78

1021₁　元

00元亨釋書三十卷　釋師錬撰
　　後蜀明德二年(935)刊本

　　　[62]·圖版74
元文選目　韓小亭撰
　　抄本　[84]·二·21
元文類七十卷目録三卷　元蘇天
　爵編
　　元刊本　[11]·一百十六·11
　　[16]·三十五·22
　　[22]·六·44　[28]·
　　續·十四·15　[29]·
　　三·36　[30]·一·20
　　[35]·上·55　[35]·
　　下·45　[44]·四·70
　　[48]·二輯下·205
　　[59]·六·4　[65]·
　　五·64,66　[87]·四·3
　　元刊小字本　[58]·元·142
　　元刊大字本　[58]·元·143
　　元劉君佐翠巖精舍刊小字本
　　[2]·五·31　[43]·
　　四·57
　　元至元至正間西湖書院刊本
　　[17]·四·44　[60]·
　　六·12　[67]·第五册·
　　56
　　元至正刊本　[38]·集·107
　　[91]·三十八·30
　　明覆元刊本　[38]·集·108
　　明刊本　[9]·後編·二十·2
　　[11]·一百十六·11
　　明嘉靖十六年(1537)晉藩刊本
　　[26]·十五·31　[30]·
　　三·32　[32]·十五·14
　　[57]·319　[59]·六·
　　4　[75]·六十三·9
　　[86]·四·8
　　明萬曆刊本　[74]·四·62
　　[102]·上·34
　　明修德堂刊本　[75]·六十三·
　　14
元章簡玉堂集十卷　宋元絳撰
　　宋刊本　[41]·二十·7
元章簡玉堂集二十卷　宋元絳撰
　　宋刊本　[41]·十七·13
元音十二卷　明孫原理編

明建文二年(1400)刊本
　　[13]·35　[17]·四·44
　　[57]·321
刊本　[39]·辛·25
舊抄本　[11]·一百十七·17
　　[38]·集·112
元音十四卷　明孫原理編
　　舊抄本　[59]·六·5
元音統韻二十八卷　明陳薹謨撰
　　刊本　[39]·丙·46
元音遺響三卷　元胡布撰
　　校明抄本　[65]·續·四·46
元音遺響十卷　元胡布撰
　　抄本　[71]·集·元別·33
04元詩選一百十二卷　清顧嗣立編
　　清康熙三十二年(1693)顧氏刊
　　本　[26]·十六·4
　　[75]·六十三·19
元詩體要十四卷　明宋緒編
　　明刊本　[32]·十五·14
　　[74]·續增·集·16
　　[102]·上·34
　　明正德刊本　[16]·三十五·
　　44
　　舊抄本　[11]·一百十七·18
　　[39]·辛·25　[60]·
　　六·14
元諸名公詩一百十七卷
　　見《元名家詩集》
06元韻譜五十四卷　明喬中和輯
　　刊本　[39]·丙·46
08元譜南曲九宮正始不分卷　徐子
　室輯
　　舊抄本　[70]·九·18
10元一統志七卷
　　見《大元大一統志》
12元水鏡詩一卷　元元淮撰
　　汪漁亭傳抄元正統本　[92]·
　　四·167
　　扶搖館抄本　[71]·集·元別·
　　5
　　舊抄本　[39]·壬·54
　　[91]·三十三·17
　　[93]·二十二·10

14元功垂範二卷　清尹源進撰
　　清乾隆刊本　[85]•十五•703
　　刊本　[59]•四•13
　　新印本　[85]•十五•703
15元珠密語十卷
　　見《玄珠密語》
17元羽外編四十六卷　明張大齡撰
　　刊本　[39]•戊•83
　元子十卷琦玗子一卷文編十卷
　　唐元結撰
　　宋刊本　[14]•四上•355
20元統元年進士題名録一卷　元余
　　忠宣公榜進士題名
　　元刊本　[50]•二•27
　　影抄元刊本　[16]•十三•31
　　　[60]•四•35　　[91]•
　　　九•15
　　抄本　[50]•二•28
　　　[93]•十•8
21元儒考略四卷　明馮從吾撰
　　刊本　[39]•戊•15
　　毛岳生手抄本　[11]•二十七•
　　　29
　　舊抄本　[32]•四•9
　　　[60]•四•26　　[91]•
　　　九•21
　元經十卷
　　見《元經薛氏傳》
　元經薛氏傳十卷　隋王通撰、唐
　　薛收傳、宋阮逸注
　　宋刊本　[14]•後志•二•821
　　元刊本　[9]•後編•九•3
　　明刊本　[11]•二十•1
　　　[12]•三•2　　[91]•
　　　七•1　　[93]•九•1
　　漢魏叢書本　[74]•二•8
　　　[96]•十六•352
　　刊本　[5]•三上•5
　　明抄本　[11]•二十•1
　　抄本　[75]•十六•3
　元經薛氏傳十五卷　隋王通撰、
　　唐薛收傳
　　宋刊本　[41]•四•18
22元豐廣案二百卷　不知撰人

宋刊本　[14]•後志•一•802
元豐郊廟奉祀禮文三十卷　宋楊
　完撰
　宋刊本　[41]•六•15
元豐郊廟奉祀禮文三十一卷　宋
　楊完撰
　宋刊本　[14]•後志•一•759
元豐平蠻録三卷　宋家安國撰
　宋刊本　[41]•七•23
元豐刑部敍法通用一卷　不知編
　者
　宋刊本　[41]•七•25
元豐斷例六卷　不著編者
　宋刊本　[14]•二下•159
元豐官志四卷　不知編者
　影抄宋刊本　[59]•四•16
元豐九域志十卷
　見《九域志》
元豐問事録二卷　宋李德芻撰
　宋刊本　[41]•五•35
元豐類稿五十卷　宋曾鞏撰
　宋刊本　[2]•四•23
　　[9]•後編•六•17
　　[14]•四下•462
　　[35]•上•57　　[65]•
　　五•12
　金刊本　[68]•圖版255、目録
　　48
　元刊本　[9]•後編•十一•5
　　[12]•二•15
　元大德八年(1304)丁思敬刊本
　　[66]•目録10
　　[67]•第五册•65
　　[68]•圖版307、目録58
　明刊本　[9]•十•21
　　[9]•後編•十八•18
　　[32]•十一•7　　[93]•
　　二十•13
　明正統十二年(1447)鄒旦刊本
　　[8]•集二•429
　　[11]•七十五•4
　　[28]•十一•6　　[68]•
　　圖版366、目録66
　明成化刊本　[11]•七十五•

7　　[17]•四•15
　[71]•集•宋別•11
　[74]•四•16　　[102]•
　　上•29
明嘉靖二十七年(1548)王忬刊
　本　[17]•四•15
　[26]•八•5　　[30]•
　三•23　　[59]•六•17
　[91]•二十七•2
明隆慶刊本　[17]•四•15
　[92]•四•150
明萬曆二十五年(1597)刊本
　[22]•六•21　　[75]•
　五十三•26
明黃希憲重刊本　[59]•六•
　17
清康熙刊本　[26]•八•7
　[71]•集•宋別•11
佐久間象山影抄宋本　[44]•
　一•113
元豐類稿五十卷續四十卷　宋曾
　鞏撰　年譜一卷　宋朱熹輯
　宋刊本　[41]•十七•19
23元獻遺文一卷
　見《晏元獻遺文》
元秘史十五卷　不著撰人
　靈石楊氏刊本　[36]•116
　桐廬袁氏刊本　[36]•116
　影抄元刊本　[11]•二十三•
　　14　　[80]•十四•17
　明初抄本　[13]•8
　舊抄本　[16]•十一•3
　　[75]•十八•11
　　[91]•七•22　　[93]•
　　九•20
　精抄本　[98]•26
元秘史十卷續集二卷　不著撰人
　影元抄本　[83]•二•4
　影抄本　[36]•116
　舊抄本　[26]•三•29
　　[38]•史•37　　[54]•
　　二•22
元秘史略二卷　不著撰人
　稿本　[91]•七•23

元秘書監志十一卷　元王士點、
商企翁編
　刊本　[20]・三・28
　影元本　[22]・四・22
　　[35]・上・15
　舊抄本　[11]・三十六・13
　　[32]・五・3　　[34]・
　　三・9　[39]・丁・59
　　[59]・四・7　　[74]・
　續增・史・10　[91]・
　　十三・3　[93]・十二・
　　3　[96]・二十八・547
　文瀾閣傳抄本　[16]・十八・6
24元廣記二卷　明盛時泰撰
　刊本　[39]・庚・22
　　[91]・十四・13
26元白長慶集一百三十一卷　唐元
稹、白居易撰
　明刊本　[9]・後編・十八・13
元和三舍人詩集一卷　不著編者
　刊本　[11]・一百十二・9
元和百司舉要二卷　唐李吉甫撰
　宋刊本　[41]・六・3
元和郡縣補志九卷　嚴觀輯
　清乾隆刊本　[75]・二十四・9
元和郡縣志四十卷　唐李吉甫撰
　宋刊本　[41]・八・13
　孫氏刊本　[75]・二十四・5
　聚珍刊本　[74]・二・40
　　[75]・二十四・9
　刊本　[71]・史・地志・18
　清陳仲魚校陳冶泉抄本
　　[2]・二・30
　清陳仲魚校精抄本　[8]・史
　　三・169
　抄校本　[42]・16　[51]・
　　一・18
　影宋抄本　[28]・續・八・1
　　[35]・附錄・3
　影抄宋淳熙刊本　[11]・二十
　　九・3
　千頃堂藏抄本　[26]・四・5
　舊抄本　[11]・二十九・6
　　[12]・五・14　[16]・

　　十五・2　[34]・三・5
　　[38]・史・64　[39]・
　　戊・26　[74]・二・40
　　[83]・二・10　[102]・
　　下・10
　精抄本　[91]・十一・2
元和郡縣志四十二卷　唐李吉甫
撰
　舊抄本　[93]・十一・2
元和郡縣圖志四十卷
　見〈元和郡縣志〉
元和紀用經一卷　唐王冰撰
　六醴齋醫書本　[22]・補遺・
　　49　[79]・子・醫家・
　　477
　舊抄本　[60]・二・26
元和姓纂十卷　唐林寶撰
　宋刊本　[41]・八・1
　清歙縣洪氏刊本　[96]・六十・
　　1198
　舊抄本　[75]・四十五・6
　抄本　[75]・四十五・8
　文瀾閣傳抄本　[11]・五十九・
　　6
元和姓纂十一卷　唐林寶撰
　宋刊本　[14]・二下・182
元和姓纂十八卷　唐林寶撰
　清嘉慶七年(1802)洪氏刊本
　　[74]・三・64
元和朋黨錄一卷　宋馬永錫撰
　宋刊本　[14]・二上・135
元和錄三卷　宋馬永錫撰
　宋刊本　[41]・五・19
27元解四卷元歷一卷　宋許翰撰
　宋刊本　[41]・九・5
元名家詩集一百十七卷　明潘是
仁編
　明刊本　[70]・九・28
　明萬曆四十三年(1615)殘刊本
　　[64]・22
元名臣事略十五卷
　見〈國朝名臣事略〉
元包十卷　北周衛元嵩撰
　宋刊本　[14]・一上・19

　　[41]・一・6
元包經傳五卷　北周衛元嵩撰、
唐蘇源明傳、李江注
　宋刊本　[9]・後編・五・16、
　　17
　元刊本　[9]・後編・十・4
　明天一閣刊本　[11]・四十九・
　　1
　刊本　[5]・一上・8
　抄本　[75]・三十八・11
元包經傳五卷　北周衛元嵩撰、
唐蘇源明傳、李江注　附元包
數總義二卷　宋張行成撰
　明覆宋蜀大字本　[91]・十七・
　　4
　明刊本　[60]・二・24
　　[93]・十五・7
　明天一閣刊本　[17]・三・8
　學津討原本　[96]・四十六・
　　883
　津逮秘書本　[74]・三・29
元包數總義一卷　宋張行成撰
　刊本　[24]・經一・6
元包數總義二卷　宋張行成撰
　明覆宋紹興刊本　[3]・15
　明天一閣刊本　[11]・四十九・
　　4
　刊本　[5]・一上・9
　抄本　[75]・三十八・14
元綱論一卷　唐吳筠撰
　宋刊本　[41]・十二・3
28元微之文集六十卷
　見〈元氏長慶集〉
30元憲集三十六卷
　見〈宋元憲集〉
34元祐分疆錄三卷　宋游師雄撰
　宋刊本　[41]・七・23
元祐黨籍列傳譜述一百卷　宋龔
頤正撰
　宋刊本　[41]・五・25
元祐榮觀集五卷　宋汪洙撰
　宋刊本　[41]・五・35
35元遺山文集四十卷　金元好問撰
　明刊本　[93]・二十二・1

明弘治李瀚刊本　[16]・三十
　二・8　　[17]・四・29
　[57]・249
明張德輝刊本　[2]・四・48
　[54]・六・35
錫山華氏刊本　[102]・上・30
清康熙四十六年(1707)華希閔
　刊本　[74]・四・34
清道光二十七年(1847)李錫經
　刊本　[26]・九・1
清劍光閣刊本　[71]・集・金
　別・1
明抄本　[91]・三十三・2
元遺山文集四十卷續夷堅志四卷
　新樂府四卷　金元好問撰　附
　年譜二卷　凌廷堪撰　年譜一
　卷　施國祁撰　年譜一卷　翁
　方綱撰　附錄一卷補載一卷
　不知撰人
清道光三十年(1850)張穆刊本
　[26]・九・1
元遺山新樂府五卷　金元好問撰
南昌彭氏知聖道齋抄本
　[8]・集七・645
舊抄本　[11]・一百二十・13
　[16]・三十六・10
　[71]・集・詞・9
　[91]・四十・25
　[93]・二十四・9
元遺山詩集二十卷　金元好問撰
元刊本　[32]・十三・1
明汝州刊本　[2]・四・48
明弘治李瀚刊本　[17]・四・
　29　[30]・二・33
汲古閣刊本　[100]・133
刊本　[39]・壬・52
校本　[57]・249
影抄本　[34]・附錄・一・23
元遺山詩箋注十四卷年譜一
　卷附錄二卷　清施國祁撰
清道光二年(1822)刊本
　[74]・四・34
元遺山集三十卷　金元好問撰
明抄本　[50]・九・1

元遺山樂府一卷　金元好問撰
元刊本　[35]・上・50
刊本　[89]・一集・十・51
明抄本　[91]・四十・25
舊抄本　[11]・一百二十・14
　[32]・十六・12
　[75]・六十四・26
　[95]・二・24　　[101]・
　中・20
傳抄本　[60]・七・23
元遺山樂府三卷　金元好問撰
明弘治朝鮮刊本　[3]・24
　[17]・四・49
元遺山年譜一卷附一卷　清翁方
　綱編
粵雅堂刊本　[74]・二・28
36元混一方輿勝寬三卷　不著撰人
元刊巾箱本　[20]・三・18
元澤先生文集三十六卷　宋王雱
　撰
宋刊本　[14]・五下・666
37元次山集不分卷　唐元結撰
抄本　[30]・七・22
元次山集十卷　唐元結撰
宋刊本　[41]・十六・13
舊抄本　[11]・六十八・22
　[75]・五十一・30
元次山集十二卷　唐元結撰
明刊本　[91]・二十四・16
明武定侯郭勛刊本　[8]・集
　一・381
淮南黃又研旅刊本　[34]・附
　錄・一・21
刊本　[39]・辛・47
　[71]・集・唐別・7
元次山集十卷拾遺一卷　唐元結
　撰
明正統湛若水刊本　[1]・上・
　35　[17]・四・6
明正德刊本　[30]・七・21
元次山集十卷拾遺、拾遺續　唐
　元結撰
明刊本　[93]・十九・18
舊刊本　[50]・七・16

影抄元刊本　[59]・六・10
38元海運記二卷　不著撰人
舊抄本　[11]・三十五・25
　[75]・二十九・7
　[101]・中・1
40元大一統志三十九卷　不知編者
元刊本　[20]・三・17
元真子一卷
見《玄真子》
元真子外篇三卷
見《玄真子外篇》
元真子漁歌碑傳集錄一卷
見《玄真子漁歌碑傳集錄》
43元城先生語錄二卷　宋劉安世
　撰、宋馬永卿編
明萬曆刊本　[32]・六・4
元城先生語錄三卷　宋劉安世
　撰、宋馬永卿編
宋刊本　[41]・九・11
明嘉靖刊本　[11]・五十七・12
刊本　[39]・己・3
元城先生語錄三卷譚錄一卷道
　護錄二卷　宋劉安世撰
宋刊本　[14]・五下・688
元城先生語錄二卷行錄一卷　宋
　劉安世撰、馬永卿編
明正德十三年(1518)刊本
　[17]・三・26
元城先生語錄三卷行錄一卷　宋
　劉安世撰、馬永卿編
元刊本　[11]・五十七・10
明刊本　[91]・十九・4
　[93]・十六・19
明嘉靖十年(1531)嚴嵩刊本
　[19]・11
明萬曆四十五年(1617)刊本
　[91]・十九・4　　[96]・
　五十六・1111
元城先生盡言集十三卷　宋劉安
　世撰
宋刊本　[41]・二十二・3
明刊本　[11]・二十五・8
　[12]・三・4　　[16]・
　十二・9　　[61]・三・3

　　　　［93］•九•26
　明隆慶刊本　［26］•三•43
　　　［71］•集•奏議•1
　　　［91］•八•17
　刊本　［39］•壬•11
　舊抄本　［36］•127
　文瀾閣傳抄本　［75］•二十•6
元始説先天道德經五卷　宋李榮撰
　明刊道藏本　［91］•二十二•10
　抄本　［71］•子•道家•2
44 元蓋副草二十卷
　見《元蓋副草》
元地理書二卷　不著撰人
　傳抄本　［61］•七•2
元草堂詩餘三卷　鳳林書院輯
　詞學叢書本　［74］•四•77
　粤雅堂刊本　［74］•四•77
　小山堂抄本　［71］•集•詞•15
元英先生集八卷
　見《玄英先生集》
元英先生家集十卷　唐孫郃撰
　影抄宋本　［5］•四中•10
元藝圃集四卷　明李蓘輯
　刊本　［39］•辛•25
47 元朝秘史十五卷
　見《元秘史》
元朝名臣事略十五卷
　見《國朝名臣事略》
元朝典故編年考十卷　清孫承澤撰
　舊抄本　［30］•四•2
　　　［60］•四•33
元朝人物略一卷　清孫退谷輯
　稿本　［17］•二•14
50 元中記一卷　晉郭璞撰
　清道光六年(1826)高郵茆泮林輯刊本　［74］•三•81
　　　［102］•上•25
元史二百十卷　明宋濂等撰
　明刊本　［36］•109　［47］•109

明洪武三年(1370)内府刊本
　　　［11］•十九•19
　　　［16］•八•7　　［17］•二•7　　［38］•史•14
　　　［59］•四•5　　［68］•圖版341、342、目録63
　　　［91］•六•20
　明南監刊本　［74］•二•6
　　　［96］•十五•345
　明萬曆監本　［30］•二•4
　重修明洪武本　［57］•48
　清乾隆四年(1739)武英殿刊本　［74］•二•6
　　　［75］•十五•16
　南雍三朝本　［43］•五•23
元史天文志二卷五行志二卷曆志六卷　明宋濂撰
　日本刊本　［78］•算學書録補注•98
元史備忘録一卷　明王光魯撰
　借月山房彙抄本　［96］•十五•347
元史續編十六卷　明胡由撰
　明刊本　［13］•2　　［75］•十七•9
　明永樂元年(1403)刊本　［11］•二十二•10
　　　［86］•一•9
　影抄明永樂刊本　［91］•七•12
　抄本　［39］•丁•7
元史紀事本末四卷　明陳邦瞻編
　明萬曆刊本　［30］•二•6
　　　［91］•七•19
元史紀事本末二十七卷　明陳邦瞻編
　明太倉張氏論正本　［96］•十七•377
元史藝文志四卷　清錢大昕撰
　通行本　［96］•三十二•599
元史本證五十卷　清汪輝祖撰
　清嘉慶七年(1802)刊本
　　　［74］•二•6　　［96］•十五•346

元史揆日訂誤一卷　明徐光啓撰
　明崇禎刊新法曆書本　［78］•算學書録補注•87
元史氏族表三卷　清錢大昕撰
　黄鍾校刊本　［96］•二十三•494
元史節要二卷　明張美和編
　明洪武三十年(1397)建安書堂刊本　［26］•三•10
　　　［38］•史•58
　明初烏絲欄精抄本　［13］•2
元史類編四十二卷　清邵遠平撰
　南沙席氏掃葉山房刊本　［96］•十八•398
53 元輔表一卷　宋龔頤正撰
　宋刊本　［41］•六•10
55 元典章六十卷附新集至治條例　元英宗朝官修
　舊抄本　［39］•丁•54
　　　［60］•四•32
60 元晏齋困思抄三卷　明孫慎行撰
　刊本　［39］•丙•9
72 元氏集三卷　宋元絳撰
　宋刊本　［14］•後志•二•906
元氏掖庭記一卷　明陶宗儀撰
　説郛本　［96］•六十五•1284
元氏長慶集六十卷　唐元積撰
　宋刊本　［2］•四•16
　　　［14］•四中•382
　　　［22］•六•10　　［35］•下•44　　［38］•集•22
　　　［41］•十六•21
　　　［68］•圖版236•目録45
　　　［72］•28
　翻宋本　［45］•39
　明翻宋本　［91］•二十五•8
　明刊本　［9］•十•12、13
　明嘉靖三十一年(1552)東吳董氏刊小字本　［11］•七十•13　［17］•四•10
　　　［19］•17　　［30］•三•21
　明華氏蘭雪堂刊活字本　［2］•四•16

刊本　[89]・一集・十・19

校宋本　[93]・十九・32

校宋蜀本　[55]・三・35

周香嚴校明嘉靖三十一年
　(1552)東吳董氏刊小字本
　[17]・四・10

校本　[93]・十九・32

楊君謙抄本　[27]・109

抄本　[5]・四上・17

元氏長慶集六十卷補遺五卷　唐
　元稹撰

刊本　[71]・集・唐別・14

元氏長慶集六十卷補遺六卷　唐
　元稹撰

明刊本　[60]・六・21

元氏長慶集六十卷目録一卷補遺
　六卷附録一卷　唐元稹撰

明萬曆三十二年(1604)松江馬
　元調寶儉堂刊本
　[22]・六・11　　[32]・
　十・15　　[59]・六・13
　[86]・六・77

元岳山人詩選八卷詠物詩二卷
　明姚奎撰

刊本　[39]・癸下・5

77元風雅十二卷

見《皇元風雅》

元門易髓圖

見《玄門易髓圖》

元叟和尚語録不分卷　不知編者

元刊本　[51]・二・30

元學正宗二卷　元俞琰撰

刊本　[39]・庚・97

元丹墀獨對不分卷　不知編者

明初刊本　[13]・15

80元人雜劇選十六種　明顧曲齋輯

明刊本　[38]・集・128

元人詩　不知編者

影元抄本　[30]・一・21

元人詩六種二十卷　不知編者

金侃抄本　[74]・續增・集・
　8

元人詩十三種六十二卷　不知編
　者

金侃抄本　[74]・續增・集・
　8

元人百種曲一百卷　明臧晉叔編

明刊本　[60]・七・26

元人十種詩集五十卷　金元好問
　編

元刊本　[8]・集六・612

明崇禎十一年(1638)毛晉汲古
　閣刊本　[26]・十五・32

元人小集十二卷　不著編者

舊抄本　[91]・三十九・6

元盖副草二十卷　明吳稼竑撰

刊本　[39]・癸下・27

元命包十卷

見《元包》

元公詩集一卷

見《元水鏡詩》

88元符庚辰以來詔旨四卷　宋汪藻
　編

宋刊本　[14]・二上・127

97元怪録十卷

見《玄怪録》

1021₄ 霍

22霍山記一卷　宋林須撰

宋刊本　[41]・八・39

36霍渭厓家訓不分卷　不著撰人

抄本　[38]・子・8

1022₃ 霽

22霽山先生集五卷　宋林景熙撰

刊本　[39]・壬・42

明抄本　[11]・九十三・13

抄本　[75]・五十七・20

霽山先生集六卷　宋林景熙撰

舊抄本　[32]・十二・23

霽山先生集十卷　宋林景熙撰

明嘉靖刊本　[91]・三十二・
　12

刊本　[24]・集一・43

1022₇ 丙

10丙丁龜鑑十卷　柴望撰

明抄本　[75]・三十一・14

71丙辰劄記一卷　清章學誠撰

傳抄本　[60]・二・21

兩

00兩交婚小傳四卷　清人撰

舊刊本　[69]・四・134

兩京新記一卷　唐韋述撰

日本活字殘本　[74]・三・74

舊抄殘本　[91]・十二・11

兩京新記三卷　唐韋述撰

日本刊本　[11]・三十三・8
　[75]・二十七・7

抄本　[75]・二十七・7

兩京遺編六十五卷　明胡維新輯

明萬曆十年(1582)姚江胡氏大
　名刊本　[30]・二・14
　[86]・六・13

兩京類稿三十卷　明楊榮撰

明正統刊本　[92]・四・175

刊本　[71]・集・明別・20

10兩晉解疑一卷　明唐順之撰

借月山房彙抄本　[96]・三十
　五・651

兩粤南北集珍六卷　清陳維崧輯

抄本　[39]・戊・75

兩晉南北朝奇談六卷　明王澳纂

明刊本　[12]・三・5

21兩行堂集十四卷　明袁黃撰

刊本　[39]・癸下・18

22兩山墨談十八卷　明陳霆撰

明嘉靖刊本　[74]・三・50
　[102]・上・22

刊本　[39]・己・74
　[71]・子・雜家・24

26兩粤新書一卷　明方以智撰

海甸野史本　[85]・十一・563

明季史料叢書本　[85]・十一・
　563

抄本　[85]・十一・563

兩粤城守記一卷

見《兩粤夢游記》

兩粤夢游記一卷　明馬光撰

荊駝逸史本　[85]・十一・550

石印本　[85]・十一・550

28兩谿先生存稿十四卷附錄一卷
　明駱文盛撰
　　刊本　[71]·集·明別·80
30兩淮鹽法志五十六卷　清佶山纂
　　清嘉慶十一年(1806)刊本
　　[96]·三十·570
30兩淮鹽法志六十卷　清佶山纂
　　清刊本　[74]·二·67
　兩宮鼎建記二卷　明賀仲軾輯
　　抄本　[39]·丁·80
　兩宋名賢小集　宋陳思輯
　　抄本　[30]·四·28
31兩河經略　明潘季訓輯
　　刊本　[39]·丁·75
　兩河管見三卷　明潘季訓輯
　　刊本　[39]·丁·76
32兩洲集十卷　明吳時行撰
　　刊本　[39]·癸下·36
　兩浙名賢錄五十四卷外錄八卷
　明徐象梅輯
　　刊本　[39]·戊·20
　兩浙海塘志二十卷　清方觀承等
　編
　　清乾隆十六年(1751)刊本
　　[74]·二·51
　兩浙海防考十卷　明范淶撰
　　明萬曆元年(1573)刊本
　　[74]·二·52　[102]·
　上·18
　兩浙海防類考續編十卷　明金一
　龍纂
　　刊本　[39]·丁·71
　兩浙鹽法志三十卷　清阮元等監
　修
　　清嘉慶七年(1802)刊本
　　[96]·三十·570
　兩浙金石志十八卷　清阮元輯
　　清刊本　[28]·續·八·17
　　廣東刊本　[96]·三十四·635
34兩漢文鑑四十卷　宋陳鑑編
　　宋刊本　[32]·十五·7
　　元刊本　[9]·六·43
　兩漢詔令二十三卷　宋林虙、樓
　昉等編

　　宋刊本　[16]·十二·1
　　[35]·上·34　[48]·
　一輯·39　[58]·史·
　62　[60]·四·24
　　[91]·八·15　[93]·
　九·25　[94]·二·6
　　[96]·二十·431
　　南宋紹定刊本　[43]·二·18
　　元刊本　[38]·史·44
　　元刊明印本　[13]·9
　　明刊本　[21]·一·64
　　刊本　[53]·一·8
　　汲古閣抄本　[39]·丁·48
　兩漢詳節三十卷　宋呂祖謙編
　　宋刊本　[92]·二·54
　兩漢詳節六十卷　宋呂祖謙編
　　宋刊本　[9]·後·四·23
　兩漢談苑十二卷　不著編者
　　抄本　[96]·二十五·518
　兩漢雋言十六卷　宋林越、明凌
　迪知編
　　明刊本　[32]·九·12
　　文林綺繡本　[96]·二十五·
　518
　　刊本　[39]·戊·75
　兩漢解疑二卷　明唐順之撰
　　借月山房彙抄本　[96]·三十
　五·651
　兩漢演義傳十八卷　不知撰人
　　明季原刊本　[69]·九·219
　兩漢博議二十卷　宋陳季撰
　　宋刊本　[14]·五上·559
　兩漢博聞十二卷　宋楊侃纂
　　宋刊本　[14]·後志·一·794
　　[35]·上·36　[58]·
　史·70　[65]·二·54
　　明刊本　[9]·後編·十五·9
　　[11]·二十八·1
　　[96]·二十五·515
　　明嘉靖三十七年(1558)刊本
　　[26]·三·5　[91]·
　十·1
　　刊本　[39]·戊·72
　　明抄本　[55]·二·24

　　舊抄本　[75]·二十三·1
　　[93]·十·10
　兩漢博聞三十卷　宋楊侃纂
　　宋刊本　[41]·十四·25
　兩漢蒙求十卷　宋劉珏撰
　　宋刊本　[41]·十四·24
　兩漢書　不著編者
　　南宋刊大字本　[35]·上·16
　兩漢書疏十三卷　明李珏輯
　　明刊本　[102]·上·35
　　刊本　[74]·四·65
　兩漢書刊誤補遺十卷　宋吳仁傑
　撰
　　武英殿聚珍刊本　[74]·二·2
　　[96]·十五·321
　　影宋抄本　[32]·三·3
　　開萬樓抄本　[39]·戊·76
　　舊抄本　[75]·十五·5
　　[92]·六·7
　兩漢兵制一卷　宋王玲撰
　　宋刊本　[41]·十二·16
　兩漢開國中興傳誌六卷　不知撰
　人
　　明萬曆三十三年(1605)刊本
　　[69]·二·28
　兩漢金石記二十二卷　清翁方綱
　撰
　　原刊本　[96]·三十四·628
　　刊本　[84]·三·3
　　龔孝拱校本　[100]·63
　兩漢會要一百十卷　宋徐天麟撰
　　宋刊本　[13]·14　[41]·
　五·39
　兩漢筆記六卷　宋錢時撰
　　天一閣抄本　[39]·戊·77
　兩漢筆記十二卷　宋錢時撰
　　刊本　[74]·二·80
　兩漢策要十二卷　宋陶叔獻撰
　　清乾隆五十六年(1791)張朝樂
　刊本　[26]·十五·31
　　刊本　[74]·續增·集·15
　　抄本　[16]·三十五·16
40兩臺奏議十卷　明邵陛撰
　　明刊本　[60]·四·25

41兩垣奏議一卷　明遼中立撰
　借月山房彙抄本　[96]·二十
　　一·437
44兩蘇經解六十二卷　宋蘇軾、蘇
　轍撰
　明刊本　[8]·經一·24
　明焦竑彙刊本　[93]·六·1
47兩朝獻替記三卷　唐李德裕撰
　宋刊本　[14]·二上·134
　　[41]·五·14
兩朝綱目備要十六卷　不著撰人
　舊抄本　[91]·七·9
兩朝從信錄三十四卷　明沈國元
　撰
　明刊本　[85]·二·113
兩朝從信錄三十五卷　明沈國元
　撰
　明崇禎刊本　[19]·4
　　[60]·四·12
兩朝憲章錄二十卷　明吳瑞登撰
　刊本　[39]·丁·8
兩朝寶訓二十卷　宋林希編
　宋刊本　[41]·五·33
兩朝通紀從信錄三十五卷
　見《兩朝從信錄》
兩朝國史一百二十卷　宋宋敏
　求、王珪等纂
　宋刊本　[14]·後志·一·774
　　[41]·四·12
兩都愴見錄一卷　題雲巢野史編
　鄉國紀變本　[85]·二十一·
　　947
77兩同書二卷　唐羅隱撰
　宋刊本　[11]·五十五·11
　　[14]·後志·829
　明天一閣刊本　[17]·三·19
　　[75]·四十一·14
　廣祕笈本　[96]·五十二·1041
兩閣書屋集唐詩一卷　清張思閱
　撰
　刊本　[71]·集·國朝別·40
90兩當軒集二十卷考異二卷附錄六
　卷　清黃景仁撰
　清同治十二(1873)活字本

[26]·十三·14
[100]·149

雨

20雨航雜錄二卷　明馮時可撰
　廣祕笈本　[96]·五十七·1140
51雨軒外集八卷　明釋溥洽撰
　刊本　[71]·集·釋子·8

爾

70爾雅音略三卷　蜀母昭裔撰
　宋刊本　[14]·後志·一·768
爾雅音圖三卷　不知撰人
　清刊本　[22]·二·29
爾雅音圖四卷　不知撰人
　刊本　[1]·上·4
爾雅新義十卷　宋陸佃撰
　舊抄本　[17]·一·9
爾雅新義二十卷　宋陸佃撰
　宋刊本　[41]·三·39
　粵雅堂刊本　[74]·一·50
　影抄本　[93]·七·3
　伊蒿學盧黑格抄本　[8]·經
　　三·78
　舊抄本　[11]·十二·2
　　[16]·七·2　　[34]·
　　三·2　　[75]·九·1
爾雅正義二十卷　清邵晉涵撰
　清乾隆三十年(1765)家塾刊本
　　[26]·二·24
　初印未修本　[100]·12
　校刊本　[84]·二·14
爾雅疏十卷　宋邢昺撰
　北宋刊本　[11]·十二·1
　　[46]·2　　[73]·圖版11
　北宋國子監刊本　[7]·中·7
　宋刊本　[10]·7　　[13]·1
　　[14]·一下·85
　　[23]·41　　[35]·下·
　　54　　[38]·經·44
　　[41]·三·37　　[73]·
　　5
　南宋國子監刊本　[7]·下·2
　宋刊宋元明初遞修公文紙印本

[68]·圖版30、目錄13
　刊本　[36]·25
爾雅疏十卷釋文三卷　宋邢昺撰
　陸氏覆宋刊本　[75]·九·1
爾雅翼三十二卷　宋羅願撰
　元刊本　[11]·十二·16
　明刊本　[22]·二·33
　　[59]·一·10　　[93]·
　　七·6
　明畢效欽刊本　[11]·十二·
　　19　　[75]·九·12
　明正德十四年(1519)羅文殊覆
　宋刊本　[19]·1
　　[17]·一·9　　[86]·一·
　　49
　明萬曆刊本　[91]·五·7
　　[92]·一·21
　坊刊本　[74]·一·51
　抄本　[5]·一下·29
爾雅行經三卷　不知撰人
　元刊本　[35]·上·28
爾雅參義六卷　清姜兆錫撰
　刊本　[39]·丙·28
爾雅釋文一卷　唐陸德明撰
　宋刊本　[41]·三·37
爾雅注二卷　晉郭璞注
　明從宋刊郭注單行本　[8]·
　　經三·77
　明刊本　[59]·一·9
　影抄元刊巾箱本　[8]·經三·
　　76
爾雅注三卷　晉郭璞注
　北宋國子監刊本　[7]·中·1
　宋刊大字本　[66]·目錄5
　宋刊本　[14]·一下·84
　　[22]·二·28　　[35]·
　　上·15　　[41]·三·37
　　[58]·經·52　　[93]·
　　七·1　　[94]·一·8
　南宋初刊本　[35]·上·30
　南宋國子監刊本　[7]·下·1
　　[67]·考·第五冊·4
　元刊本　[35]·上·6
　　[35]·下·20　　[65]·

續。一 · 3　[74] · 一 ·
50　[93] · 七 · 2
元雪窗書院刊本 [16] · 七 · 1
元刊巾箱本 [2] · 一 · 29
[57] · 14　[88] · 一 ·
21
明仿宋本 [35] · 上 · 8
明刊本 [9] · 七 · 28
[59] · 一 · 8　[75] ·
九 · 1　[91] · 五 · 1,2
明刊黑口本 [17] · 一 · 8
明刊黑口軟體字本 [17] ·
一 · 9
明景泰七年(1456)刊本
[22] · 二 · 29　[57] ·
16　[76] · 三 · 7
[91] · 五 · 1
明弘治刊本 [22] · 二 · 29
明嘉靖新安畢效欽刊本
[86] · 六 · 95
明嘉靖四年(1525)益都黃卿重
刊景泰 [86] · 六 · 108
明嘉靖十七年(1538)吳元恭刊
本 [17] · 一 · 8
清嘉慶十一年(1806)顧氏思適
齋復刊明吳元恭本
[80] · 十四 · 3　[92] ·
一 · 20
重翻北宋本 [76] · 三 · 3
舊板覆宋大字本 [22] · 二 ·
27　[35] · 附錄 · 1
日本翻宋刊本 [32] · 二 · 15
巾箱本 [1] · 上 · 4
刊本 [89] · 一集 · 三 · 1、3
校元刊巾箱本 [57] · 15
清顧廣圻校刊本 [74] · 一 ·
50
日本影宋刊本 [59] · 一 · 9
[91] · 五 · 1
影抄宋本 [5] · 一下 · 29
影抄蜀大字本 [76] · 三 · 1
爾雅注十卷　晉郭璞注
宋刊本 [68] · 圖版82、目錄21
元雪窗書院刊本 [35] · 下 · 2

爾雅注三卷　宋鄭樵注
宋刊本 [41] · 三 · 40
[81] · 經 · 7　[83] ·
一 · 10
津逮秘書本 [74] · 一 · 50
舊抄本 [93] · 七 · 3
爾雅注　宗子岱注
殘稿本 [57] · 16
爾雅注疏二卷　晉郭璞注、宋邢
昺疏
明刊本 [12] · 三 · 2
爾雅注疏三卷　晉郭璞注、宋邢
昺疏
元刊明補本 [92] · 一 · 20
爾雅注疏十一卷　晉郭璞注、宋
邢昺疏
元重刊宋監本 [9] · 後編 ·
八 · 20、21
元刊本 [11] · 十二 · 2
[16] · 七 · 1　[22] ·
二 · 29　[35] · 上 · 14
[48] · 二輯上 · 36
[61] · 二 · 1　[76] ·
三 · 5　[89] · 一集 ·
三 · 5　[93] · 七 · 3
元刊黑口本 [35] · 上 · 14
[91] · 五 · 2
元平水巾箱本 [61] · 二 · 1
元刊明印本 [17] · 一 · 8
元刊明修本 [3] · 3
明刊本 [22] · 二 · 30
明閩刊本 [60] · 一 · 20
[91] · 五 · 2
明嘉靖李元陽刊本 [12] · 四 ·
3
汲古閣刊本 [74] · 一 · 50
朝鮮活字刊本 [22] · 二 · 30
刊本 [89] · 一集 · 三 · 4
爾雅補注四卷　清周春撰
傳抄稿本 [60] · 一 · 20
抄本 [91] · 五 · 3
爾雅古義二卷小爾雅義證十三卷
清胡承珙撰
求是堂刊本 [74] · 一 · 50

爾雅義疏二十卷　郝懿行撰
清道光三十年(1850)沔陽陸氏
刊本 [26] · 二 · 24
刊本 [100] · 13

零
74零陵總記十五卷　宋陶岳撰
宋刊本 [14] · 二下 · 169
零陵志十卷　宋徐自明纂
宋刊本 [41] · 八 · 29

1023₀　下
76下陴紀談二卷　明皇甫錄撰
刊本 [39] · 戊 · 46
[71] · 史 · 地志 · 51

1023₂　弦
17弦歌古樂譜一卷　清任兆麟撰
心齋十書本 [96] · 四十九 ·
970

震
10震西賸稿不分卷　董掌衡撰
稿本 [20] · 五 · 40
22震川先生文集三十卷
見《歸震川先生文集》
36震澤縣志三十八卷　清陳和志輯
清乾隆十一年(1746)刊本
[74] · 續增 · 史 · 8
震澤編八卷　明蔡昇撰
舊抄本 [32] · 四 · 27
震澤先生集三十六卷　明王鏊撰
明刊本 [8] · 集四 · 532
[60] · 七 · 10
明嘉靖刊本 [30] · 三 · 28
[91] · 三十六 · 21
明董其昌刊本 [74] · 四 · 42
震澤紀聞二卷　明王鏊撰
明刊本 [32] · 九 · 17
[57] · 201
明抄本 [75] · 四十七 · 31
震澤長語二卷　明王鏊撰
明刊本 [57] · 200
借月山房彙抄本 [96] · 五十

七・1136
震澤長語二卷震澤紀聞二卷　明
　王鏊撰　續震澤紀聞一卷　王
　禹聲輯
　刊本　[71]・子・雜家・22

1024₇　夏

00夏文莊集一百卷　宋夏竦撰
　宋刊本　[14]・四下・442
　　[41]・十七・5
　夏文莊集三十六卷　宋夏竦撰
　精抄本　[91]・二十六・9
　舊抄本　[75]・五十三・14
　傳抄微波榭本　[59]・六・15
　夏文愍公全集五十卷　明夏言撰
　明刊本　[12]・三・31
　刊本　[39]・癸上・41
27夏侯陽算經三卷
　見《算經》
44夏桂洲集十八卷　明夏言撰
　明刊本　[74]・四・43
　　[102]・上・33
50夏忠靖公集六卷　明夏元吉撰
　明弘治刊本　[8]・集四・524
　刊本　[39]・癸上・10
　夏忠靖公遺事一卷　明夏蘊輝撰
　刊本　[39]・戊・19
　　[53]・一・13
　夏東巖先生文集六卷詩集六卷
　明夏尚樸撰
　刊本　[39]・癸上・45
　夏東巖先生詩集六卷　明夏尚樸
　撰
　刊本　[71]・集・明別・88
　夏東巖先生詩集八卷　明夏尚樸
　撰
　明刊本　[91]・三十七・6
60夏國樞要二卷　宋孫巽撰
　宋刊本　[14]・後志・一・791
64夏時考一卷　清安吉撰
　清天全堂刊本　[78]・補遺・
　19　[96]・五・91
68夏贈公遺集廷尉公遺集一卷　明
　夏誠撰

抄本　[71]・集・明別・41
88夏節愍全集十卷卷末一卷補遺二
　卷　明夏完淳撰
　清嘉慶十二年(1807)刊本
　　[85]・十九・837
90夏小正詁一卷　清諸錦撰
　賜硯堂叢書本　[78]・算學書
　錄補注・93
　刊本　[39]・乙・21
　夏小正義一卷　清王筠撰
　清咸豐刊鶡宰四種本　[78]・
　算學書錄補注・94
　夏小正疏義四卷　清洪震煊撰
　原刊本　[96]・五・90
　夏小正疏義四卷附釋音一卷異字
　記一卷　清洪震煊撰
　傳經堂叢書本　[78]・算學書
　錄補注・94
　夏小正集說四卷存說二卷　清程
　鴻詔撰
　有恒心齋集本　[78]・算學書
　錄補注・94
　夏小正集解四卷　清顧鳳藻撰
　清嘉慶刊士禮居叢書本
　　[78]・算學書錄補注・94
　　[96]・五・91
　夏小正經傳集解四卷
　見《夏小正集解》
　夏小正經傳通釋四卷　清梁章鉅
　撰
　浦城遺書本　[78]・算學書錄
　補注・94
　夏小正經傳考二卷本義四卷　清
　雷學淇撰
　清道光十九年(1839)刊雷氏所
　著書本　[78]・算學書錄
　補注・94
　夏小正經傳考釋十卷　清莊述祖
　撰
　清道光十七年(1837)刊珍藝宧
　叢書本　[78]・算學書錄
　補注・94
　夏小正傳四卷　漢戴德撰、宋傳
　松卿注

宋刊本　[41]・六・20
元刊本　[5]・二中・1
明刊本　[51]・一・5
說郛本　[78]・算學書錄補注・
　93
袁本　[49]・3
傅崧卿本　[49]・3
清道光元年(1821)士禮居刊本
　　[75]・五・19　[96]・
　五・86
通志堂刊本　[74]・一・26
校宋本　[93]・四・12
校刊本　[84]・一・10
校本　[91]・二・30
夏小正解一卷　明楊慎撰
原刊本　[96]・五・88
升菴集本　[78]・算學書錄補
　注・93
夏小正注一卷　不著撰人
舊抄本　[91]・二・31
夏小正注一卷　宋金履祥撰
養素堂刊本　[96]・五・87
夏小正注四卷　清李聿求撰
李氏三種本　[78]・算學書錄
　補注　94
虎谿山房刊本　[96]・五・89
夏小正注四卷　清任兆麟撰
心齋十種本　[96]・五・89
夏小正補傳二卷　清朱駿聲撰
朱允倩所著書本　[78]・算學
　書錄補注・94
夏小正補注一卷　清任文田撰
心齋十種本　[74]・一・26
夏小正戴氏傳四卷
見《夏小正傳》
夏小正考注一卷　清畢沅撰
經訓堂叢書本　[74]・一・26
　[78]・算學書錄補注・93
夏小正輯注四卷　清范家相撰
清乾隆三十三年(1768)刊本
　　[74]・一・26　[78]・
　算學書錄補注・93
夏小正分箋四卷異議二卷　清黃
　模撰

南菁書院刊本　[78]·算學書
　録補注·94
夏小正箋一卷　清李調元撰
　函海本　[78]·算學書録補注·
　93
夏小正箋一卷　清王貞撰
　海陽韓氏刊本　[78]·算學書
　録補注·94
夏小正箋疏四卷　清馬徵麐撰
　稿本　[100]·9

覆

01覆瓿集六卷
　見《秋曉先生覆瓿集》
覆瓿集五卷　明朱同撰
　明宣德刊本　[17]·四·37
覆瓿集八卷　明朱同撰
　明刊本　[11]·一百十一·7
　舊抄本　[74]·續增·集·10
覆瓿集二十四卷　明劉基撰
　明初刊本　[2]·五·15
覆瓿草六卷　明林熞撰
　刊本　[71]·集·明別·84

霞

23霞外塵談十卷　明周應治撰
　刊本　[39]·己·80
霞外雜俎　題鐵脚道人撰
　刊本　[39]·庚·97
霞外詩集一卷　元馬臻撰
　舊抄本　[32]·十三·12
霞外詩集十卷　元馬臻撰
　刊本　[39]·壬·80
霞城集二十四卷　明程誥撰
　刊本　[39]·癸上·44
　[71]·集·明別·69
霞箋記四卷　不著撰人
　醉月樓刊本　[69]·四·149

1032₇　焉

00焉慶集二卷　李鑾撰
　校阮本　[5]·三中·34

1040₀　干

37干禄字書一卷　唐顏元孫撰
　宋刊本　[14]·後志·一·769
　[35]·上·1
　明嘉靖翻宋刊本　[45]·6
　翻宋本　[45]·8　[74]·
　一·52
　丁希曾校本　[91]·五·11
　影宋精抄本　[65]·一·56

于

13于武陵詩一卷　唐于武陵撰
　宋刊本　[14]·四中·420
22于山奏牘七卷附詩詞一卷　清于
　成龍撰
　原刊本　[96]·二十一·437
24于先生詩選三卷　宋于石撰
　校舊抄本　[54]·六·32
　天福山房抄本　[91]·三十二·
　17
　舊抄本　[11]·九十三·26、
　27　[50]·八·51
　[91]·三十二·17
　[101]·中·13
27于鵠集一卷　唐于鵠撰
　宋刊本　[41]·十九·17
　刊本　[89]·一集·十·21
34于濆集一卷　唐于濆撰
　宋刊本　[41]·十九·20
35于清端政書八卷　清于成龍撰
　清刊本　[74]·四·50
37于湖詞一卷　宋張孝祥撰
　宋刊本　[41]·二十一·8
于湖集八卷
　見《于湖居士文集》
于湖先生長短句五卷拾遺一卷
　宋張孝祥撰
　影抄宋刊本　[16]·三十六·8
　[93]·二十四·7
　舊抄本　[32]·十六·8
于湖居士文集八卷　宋張孝祥撰
　抄本　[39]·壬·27
于湖居士文集八卷附一卷　宋張

孝祥撰
　刊本　[71]·集·宋別·41
于湖居士文集四十卷　宋張孝祥
　撰
　宋刊本　[14]·五下·678
　[31]·16　[41]·十八·
　18
　宋嘉定刊本　[2]·四·36
　[67]·第五册·43
　舊抄本　[60]·六·34
于湖居士文集四十卷附録一卷
　宋張孝祥撰
　影抄宋刊本　[75]·五十五·
　20
50于肅愍公集八卷附録一卷　明于
　謙撰
　明刊本　[29]·三·32
　明嘉靖六年(1527)大梁書院刊
　本　[86]·五·9
　[91]·三十六·9
　刊本　[39]·癸上·13
于忠肅公奏議十卷附録一卷　明
　于謙撰
　明嘉靖刊本　[91]·八·19
　刊本　[71]·集·奏議·2
于東集一卷　清沈廷芳撰
　刊本　[71]·集·國朝別·41
80于公案奇聞八卷　清人撰
　集錦堂刊本　[69]·六·194
于公奏議十卷
　見《于忠肅公奏議》
90于少保萃忠全傳十卷　明孫高亮
　撰
　明萬曆刊本　[69]·二·60

耳

02耳新八卷　明鄭仲夔撰
　硯雲甲編本　[96]·六十六
　1318
50耳抄秘録　不知撰人
　抄本　[39]·丁·44
60耳目記一卷　不著撰人
　宋刊本　[41]·十一·8
耳自記二卷　題劉氏撰

106

宋刊本　[14]·後志·一·785

1040₆ 覃

28覃谿俾墨　不知編者
　抄本　[57]·152

1040₉ 平

00平立定三差説一卷　清梅文鼎撰
　曆算全書本　[96]·四十四·
　830
　平立定三差詳説一卷　清梅瑴成
　撰
　兼濟堂刊本　[78]·算學書録
　補注·87
　平齋文集三十二卷　宋洪咨夔撰
　宋刊本　[22]·六·30
　[41]·十八·33
　刊本　[88]·五·30
　影抄宋本　[35]·下·14
　[36]·231
　舊抄宋本　[93]·二十一·23
　舊抄本　[11]·八十八·22
　[71]·集·宋別·52
　[74]·四·29　[102]·
　下·33
02平話五種　不知編者
　元至治刊本　[77]·一·10
10平元録一卷　明陸深撰
　儼山外集本　[96]·十九·421
12平水韻略五卷
　見《禮部韻略》
19平砂玉尺經十卷
　見《劉文正公平砂玉尺經》
20平番始末二卷　明許誥述
　抄本　[39]·丁·36
21平虜傳二卷　明人撰
　明崇禎坊刊本　[69]·二·67
　[77]·三·89
22平倭四疏三卷　不知撰人
　刊本　[39]·丁·42
　平山冷燕二十回　清弘曉撰
　舊刊本　[69]·四·133
　平巢事蹟考一卷　宋人撰
　奇晉齋叢書本　[96]·十九·

417
　舊抄　[17]·二·11
　[59]·四·10
26平泉雜文一卷　唐李德裕撰
　宋刊本　[41]·十六·26
　平吳凱旋録四卷　明朱澤撰
　刊本　[39]·丁·41
　平吳事略一卷　不著撰人
　荊駝逸史本　[85]·十四·668
　平吳録一卷　孫旭撰
　辛巳叢編本　[85]·十五·694
　楚之橋杭本　[85]·十五·694
　甲申朝市小記節録本　[85]·
　十五·694
30平寇志十二卷　題管葛山人輯
　清康熙木活字本　[85]·六·
　269
　北京圖書館鉛印本　[85]·六·
　269
　抄本　[85]·六·269
　平安館碑目　葉志詵撰
　稿本　[59]·五·9
　平寃録一卷　不著撰人
　明刊本　[91]·十六·5
　平定交南録一卷　明邱濬撰
　抄本　[39]·丁·34
　平定三逆方略六十卷　清勒德洪
　撰
　清康熙刊本　[85]·十五·685
　四庫全書本　[85]·十五·685
　抄本　[85]·十五·685
　平定三逆述略一卷　清趙翼撰
　皇朝武功紀盛本　[85]·十五·
　686
　平定耿逆記一卷　清李之芳撰
　荊駝逸史本　[85]·十五·700
　平定浙東紀略一卷　不著撰人
　舊抄本　[85]·十五·702
　平定臺灣述略一卷　清趙翼撰
　小方壺齋輿地叢抄本　[85]·
　十三·636
　平定教匪紀略四十二卷　清托津
　等撰
　清武英殿刊本　[96]·十七·

379
　平定羅刹方略四卷　清官撰
　舊抄本　[60]·四·12
　[96]·十七·378
　平宋録一卷　元平慶安撰
　舊抄藍格本　[60]·四·16
　抄本　[39]·丁·28
31平江記事一卷　元高德基撰
　元刊本　[93]·十一·19
　[94]·二·13
　影抄元刊本　[32]·四·25
　舊抄本　[39]·戊·37
　[60]·三·9　[91]·
　十二·16
34平滇始末一卷　不著撰人
　辛巳叢編本　[85]·十五·695
　楚之橋杭本　[85]·十五·695
35平津館叢書四十二種　清孫星衍
　校著
　清刊本　[74]·三·62
37平湖縣志十卷　清朱維熊撰
　清刊本　[71]·史·地志·19
40平臺紀略十一卷　清藍鼎元撰
　重刊本　[96]·十七·381
　平臺紀略十一卷附東征集六卷
　清藍鼎元撰
　刊本　[74]·二·13
　平塘集三卷　宋陶夢桂撰
　刊本　[88]·五·32
　平南敬親王尚可喜事實册一卷
　不著編者
　史料叢刊初編本　[85]·十五·
　704
　稿本　[85]·十五·704
42平猺記一卷　元虞集撰
　抄本　[39]·丁·28
　平妖集四卷　明王一中撰
　一九三八年括蒼叢書第一集鉛
　印本　[85]·七·315
　平橋稿十八卷　明鄭文康撰
　刊本　[39]·癸上·16
44平藩奏議一卷平蠻奏議二卷　明
　王守仁撰
　常熟錢氏藏舊抄本　[96]·二

　　十一·435
平菴詩稿十六卷
　見《平菴悔稿》
平菴悔稿十六卷　宋項安世撰
　舊抄本　[91]·三十·14
平菴悔稿十四卷丙辰悔稿一卷後
　編六卷　宋項安世撰
　舊抄本　[32]·十二·5
　　　　　[38]·集·63
平菴悔稿十六卷丙辰悔稿一卷後
　編六卷　宋項安世撰
　鮑以文校抄本　[11]·八十六·20
　抄本　[11]·八十六·22
平菴悔稿十五卷後編六卷　宋項
　安世撰
　宋刊本　[41]·二十·20
平菴悔稿十五卷後編六卷丙辰悔
　稿一卷補遺一卷　宋項安世撰
　刊本　[88]·五·27
50平夷功次　明焦希程撰
　抄本　[39]·丁·41
平攘録五卷　明葛元聲撰
　刊本　[39]·丁·41
60平蜀記　不著撰人
　抄本　[39]·丁·30
平蜀紀事一卷　題虞山逸民撰
　荊駝逸史本　[85]·七·320
平蜀實録一卷　宋康延澤撰
　宋刊本　[41]·七·9
平圃遺稿十三卷　清張宸撰
　舊抄本　[32]·十四·17
68平黔三紀　趙汝謙撰
　刊本　[39]·丁·40
76平陽志　明孫仲昱纂
　明刊本　[15]·2
平陽全書十五卷　清葉泰撰
　地理大成本　[96]·四十七·897
平陽會四卷　宋汪季良撰
　宋刊本　[41]·五·40
77平閩記十三卷　清楊捷撰
　清康熙十八年(1679)刊本
　　[85]·十三·625

　刊本　[39]·丁·47
平閩全傳六卷　　人撰
　清光緒十一年(1885)坊刊本
　　[69]·二·53
80平金川全傳四卷　清張小山撰
　清光緒二十五年(1899)富文書
　　局石印本　[69]·二·74
92平叛記一卷　明毛霦撰
　清康熙五十五年(1716)刊本
　　[85]·十五·683
　殷禮在斯堂叢書本　[85]·十
　　五·683

1043_0　天

00天主實義二卷　明西洋利瑪竇撰
　天學初函理編本　[96]·五十
　　三·1056
天府廣記三十二卷　清孫承澤撰
　抄本　[71]·史·地志·27
天廚禁臠三卷　宋釋惠洪撰
　宋刊本　[14]·後志·二·911
　　　　　[41]·二十二·13
　明正德刊本　[91]·三十九·
　　27
　明活字印本　[68]·圖版621、
　　目録100
　明抄本　[54]·八·38
　明抄紅格本　[17]·四·47
　　　　　　　[60]·七·14
　抄本　[5]·四下·26
　　　　[39]·庚·6
天文主管釋義三卷　不知撰人
　抄本　[5]·三中·14
　　　　[39]·庚·59
天文諸占　不知撰人
　天一閣抄本　[39]·庚·65
天文玉曆考異賦六卷　不知撰人
　五色抄本　[26]·六·41
天文占書類要四卷　唐李淳風撰
　抄本　[5]·三中·14
天文秘略一卷　明劉基撰
　抄本　[39]·庚·60
天文鬼料竅四卷　晉丹元子撰、
　王希明注

　精抄本　[78]·補遺·50
　　[91]·十七·7
天文釋義不分卷　明李泰撰
　舊抄本　[46]·19
天文大象賦一卷　隋李播撰、苗
　爲注(一題張衡撰)
　傳經堂叢書本　[78]·子·天
　　文類·534
　孫之騄抄本　[4]·14
　孫星衍抄本　[83]·三·16
　　　　　　　[91]·十七·1
　抄本　[1]·上·13　　[83]·
　　三·13　[93]·十五·1
天文大象賦圖注一卷附周天星圖
　一卷地輿躔度一卷　隋李播
　撰、苗爲注
　傳抄本　[78]·算學書録補注·
　　84
天文大成管窺輯要八十卷　清黄
　鼎撰
　清刊本　[39]·庚·64
　　[71]·子·天文家·2
　清順治刊本　[74]·三·31
　　[78]·算學書録補注·100
　　[78]·補遺·52
　雲林閣刊本　[96]·四十六·
　　890
天文機要鬼料竅十卷　不知撰人
　抄本　[5]·三中·13
天文考異一卷　清徐文靖撰
　清道光刊賜硯堂叢書本
　　[78]·算學書録補注·85
天文考異二十五卷　宋鄒淮撰
　宋刊本　[41]·十二·18
天文書四卷　西域人撰
　明洪武刊本　[38]·子·23
天文表一卷　清熙璋、英龄三畏
　譯
　星學發軔本　[78]·算學書録
　　補注·89
天文圖説　薛承恩、庫嘉立譯
　益智書會本　[78]·算學書録
　　補注·85
天文異略四卷　不知撰人

舊抄本　[5]・三中・15

天文學啓蒙一卷　英駱克優纂、
　鄭昌棪、林樂知譯
　格致啓蒙本　[78]・算學書録
　　補注・85

天文分野一卷　清顧祖禹撰
　續史方輿記要本　[78]・算學
　　書録補注・99

天文會元　不著編者
　明抄本　[78]・補遺・19

天文會元占二十卷　不著撰人
　舊抄本　[16]・二十三・4

天文算學纂要二十卷附國朝萬年
　書二卷推測易知四卷　清陳松
　撰
　清光緒十三年(1887)樹德堂刊
　　本　[78]・子・天文類・
　　563　　[78]・補遺・27
　　[78]・算學書録補注・87

天文精義賦四卷　元岳熙載撰
　明刊本　[78]・子・天文類・541
　刊本　[39]・庚・63

天文精義賦二卷圖一卷　不知編
　者
　抄本　[71]・子・天文家・2

10天一閣碑目一卷　清范懋柱編
　刊本　[74]・二・79

天一閣書目一卷　清范懋柱編
　清嘉慶十三年(1808)刊本
　　[74]・二・74

天一閣書目十卷　清范懋柱編
　揚州阮氏文選樓刊本　[96]・
　　三十二・602

天玉經外傳一卷　題宋吳克誠纂
　抄本　[71]・子・五行家・2

天元玉曆祥異賦七卷　明仁宗朱
　高熾撰
　明刊本　[91]・十七・8
　明內府刊本　[78]・補遺・51

天元玉曆祥異賦十卷　明仁宗朱
　高熾撰
　抄本　[12]・五・27　　[39]・
　　庚・60

天元玉曆璇璣經七卷　不知撰人

抄本　[5]・三中・15

天元玉曆森羅記十二卷　不知撰
　人
　刊本　[5]・三中・13

天元玉策三十卷　題啓元子撰
　宋刊本　[14]・三下・298

天元曆理十卷　清徐發撰
　清坊刊本　[74]・續增・子・
　　3

天元曆理十一卷　清徐發撰
　清康熙二十一年(1682)刊本
　　[78]・算學書録補注・99

天元曆理十二卷　清徐發撰
　清康熙刊本　[78]・子・天文
　　類・554

天下碑刻目錄　清林侗撰
　抄本　[102]・下・13

天下郡望氏族譜一卷　唐李林甫
　等撰
　宋刊本　[41]・八・3

天下郡國利病書一百二十卷　清
　顧炎武撰
　清道光成都刊本　[74]・二・
　　41
　商務印書館印本　[36]・133
　稿本　[34]・三・7　　[50]・
　　三・11　　[52]・一・18
　抄本　[12]・五・14
　　[95]・一・25

天下山河兩戒考十四卷　清徐文
　靖輯
　刊本　[39]・庚・65

天下名勝志　明曹學佺撰
　明刊本　[1]・上・15

天下大定錄一卷　宋王舉撰
　宋刊本　[41]・五・7

天下同文一卷　不著編者
　舊抄本　[93]・二十四・10

天下同文集四十四卷　元周南瑞
　輯
　舊抄本　[11]・一百十五・18

天下同文集五十卷　元周南瑞輯
　刊本　[39]・辛・5

汲古閣影元抄本　[30]・一・

21

舊抄本　[16]・三十五・20
　[84]・二・21　　[91]・
　三十八・29

天下同文集五十四卷　元周南瑞
　輯
　傳抄本　[60]・六・13

天下金石志二卷附古今刻碑帖目
　二卷　明于奕正撰
　傳抄本　[32]・五・15

12天水冰山錄不分卷附鈐山堂書畫
　記一卷　不著編者
　知不足齋叢書本　[96]・二十
　　四・503

天發神讖碑釋文一卷　清周在浚
　撰
　抄本　[39]・庚・24

天發神讖碑考　不知撰人
　抄本　[84]・三・14

16天聖鹵簿圖記十卷　宋宋綬撰
　宋刊本　[41]・六・14

天聖編敕三十卷　宋宋庠纂
　宋刊本　[14]・後志・一・802

17天子肆獻祼饋食禮二卷　清任啓
　運撰
　清芬堂刊本　[96]・四・66

20天傭子集八卷　明艾南英撰
　清乾隆十五年(1750)九儀堂重
　　刊本　[85]・二十・887

天傭子集二十卷　明艾南英撰
　刊本　[39]・癸下・35

天傭子集十卷卷首一卷　明艾南
　英撰
　清刊本　[71]・集・明別・124
　清康熙刊本　[85]・二十・887
　清道光重刊本　[85]・二十・
　　887

天香樓偶得　清虞兆隆撰
　抄本　[39]・己・87

天香閣隨筆二卷　明李介撰
　粵雅堂叢書本　[74]・三・56
　　[85]・二十一・955

21天順襄陽志四卷
　見《襄陽志》

天順元年進士登科録不分卷　明
　天順元年進士登科題録
　　明天順官刊黑口本　[2]·二·
　　25
天順日録　明李賢撰
　　刊本　[39]·丁·35
天上人間一卷　清胡公蕃撰
　　殘稿本　[69]·四·147
天步真原一卷　清薛鳳祚、法穆
　尼閣譯
　　四庫全書本　[78]·子·天文
　　類·552
　　指海本　[78]·算學書録補注·
　　87
天步真原表三卷　清薛鳳祚撰
　　曆學會通本　[78]·算學書録
　　補注·89
天經十九卷　宋王及甫撰
　　宋刊本　[41]·十二·18
天經或問前集四卷後集不分卷
　清游藝撰
　　清康熙刊本　[78]·子·天文
　　類·551
23天然和尚年譜一卷附著述考一卷
　汪宗衍編
　　民國三十二年(1943)鉛印本
　　[85]·十八·809
24天值堂集三卷　明田藝蘅撰
　　刊本　[71]·集·明別·108
26天皇繁極鎮世三卷　宋廖禹編
　　抄本　[39]·庚·73
天保正名論八卷　宋龍昌期撰
　　宋刊本　[41]·十·18
天和殿御覽四十卷　宋晏殊等撰
　　宋刊本　[41]·十四·23
27天豹圖十二卷　清人撰
　　英秀堂刊本　[69]·四·152
天象法要二卷　宋蘇頌撰
　　宋刊本　[41]·十二·18
天象賦一卷　漢張衡撰
　　宋刊本　[14]·五下·722
天象義府九卷　宋應星撰
　　宋刊本　[41]·十二·19
30天寥公甲行日注八卷　不知撰人

浙江劉承幹刊本　[26]·四·
　16
天寥公年譜二卷年譜別録一卷
　天寥道人撰
　　浙江劉承幹刊本　[26]·四·
　　15
天官翼不分卷　明董説撰
　　明刊本　[78]·算學書録補注·
　　85
　　抄本　[39]·庚·63
天官考異一卷　清吳肅公撰
　　昭代叢書本　[78]·子·天文
　　類·554　　[78]·算學
　　書録補注·96
天寶至寶經一卷函經一卷穴法
　賦一卷雪心賦一卷　不著撰人
　　舊抄本　[93]·十五·9
33天心復要　明鮑泰撰
　　抄本　[39]·庚·61
34天池草二十六卷　明王宏海撰
　　刊本　[39]·癸上·60
天漢全占二卷　不著撰人
　　天一閣抄本　[39]·庚·65
　　抄本　[78]·算學書録補注·
　　84
天遠樓集二十七卷　明徐顯卿撰
　　刊本　[39]·癸下·9
37天潮閣集十二卷　清劉某撰
　　刊本　[71]·集·國朝別·60
天禄識餘二卷　清高士奇撰
　　説鈴本　[96]·五十五·1090
天禄琳瑯書目十卷　清于敏中編
　　清光緒十年(1884)長沙王氏刊
　　本　[26]·四·20
　　陳仲魚校抄本　[2]·二·50
　　抄本　[74]·二·72　[96]·
　　三十二·585
　　殘本　[34]·附録·一·13
天禄閣外史八卷　題漢黃憲撰
　　明刊本　[71]·子·雜家·1
　　漢魏叢書本　[96]·五十二·
　　1036　[74]·三·44
38天游文集五卷　明王達撰
　　刊本　[71]·集·明別·22

天啓崇禎兩朝遺詩初集詩十卷小
　傳不分卷　明陳濟生撰
　　清初刊本　[85]·二十四·1047
　　中華書局影印本　【85】·二十
　　四·1047
　　抄本　[85]·二十四·1047
天啓宮詞　不知撰人
　　天君子校本　[20]·五·36
天啓宮詞一卷　明秦徵蘭撰
　　昭代叢書本　[85]·二十四·
　　1031
　　拜經樓叢書本　[85]·二十四·
　　1031
　　正覺樓叢書本　[85]·二十四·
　　1031
　　借月山房叢抄宮詞小纂本
　　[85]·二十四·1031
　　虞山叢刊本　[85]·二十四·
　　1031
　　清嘉慶十六年(1811)啓禎宮詞
　　合刊本　[85]·二十四·
　　1031
天啓宮詞一卷　明蔣之翹撰
　　昭代叢書本　[85]·二十四·
　　1033
　　學海類編本　[85]·二十四·
　　1033
　　借月山房叢抄宮詞小纂本
　　[85]·二十四·1033
天啓黃山大獄記一卷　程演生述
　　民國二十五年(1936)鉛印本
　　[85]·四·200
天啓四年邸抄十二卷　不著編者
　　抄本　[85]·二·75
40天臺集十卷外集四卷長短句三卷
　宋陳克撰
　　宋刊本　[41]·二十·15
天臺集二卷別編一卷續集三卷
　宋李庚等纂
　　宋刊本　[41]·十五·22
天臺集三卷別編一卷續集三卷續
　集別編一卷　宋李庚等纂
　　影宋刊本　[28]·續·十四·
　　5

天臺集三卷別編一卷續集三卷續
　集別編六卷　宋李庚等纂
　明刊本　[59]·六·4
　刊本　[39]·辛·35
　精抄本　[91]·三十八·17
天臺山方外志三十卷
　見《天臺山志》
天臺山記一卷　唐徐靈府撰
　宋刊本　[41]·八·38
　日本刊本　[75]·二十七·5
天臺山志一卷　不著撰人
　抄本　[93]·十一·14
天臺山志三十卷　明釋無盡撰
　刊本　[39]·戊·56
　　[71]·史·地志·67
天南紀事一卷　清胡欽華撰
　舊抄本　[57]·73　[85]·
　十一·549
天南紀事一卷　清胡欽華撰　粤
　遊雜記一卷　孫簡撰
　舊抄本　[85]·十一·549
天南逸史　明瞿叔獻撰
　催耕錄抄本　[85]·十一·519
天真皇人九仙經一卷　不著撰人
　宋刊本　[14]·後志·二·881
天真閣集三十二卷　清孫原湘撰
　清嘉慶刊本　[26]·十四·28
天柱集十七卷　明葉燦撰
　刊本　[71]·集·明別·107
42天彭牡丹譜一卷　宋陸游撰
　說郛本　[96]·五十一·1010
天機望龍經一卷　題宋吳景鸞撰
　舊抄本　[93]·十五·10
天機子一卷　不著撰人
　宋刊本　[14]·後志·二·826
天機扒砂經一卷　廖金精撰
　舊抄本　[93]·十五·10
44天花精言六卷　清袁句撰
　清嘉慶三年(1798)滄洲李味莊
　刊本　[79]·子·醫家類·
　409
　平遠山房刊本　[96]·四十三·
　810
47天都載六卷　明馬大壯輯

刊本　[39]·己·83
50天中記六十卷　明陳耀文撰
　明刊本　[75]·四十五·24
　原刊本　[96]·六十二·1227
　刊本　[39]·庚·47
　[71]·子·類事·15
55天慧徹禪師語錄二卷　清釋天慧
　撰
　刊本　[39]·庚·101
60天目山齋歲編二十四卷　明吳維
　嶽撰
　刊本　[39]·癸上·63
　[71]·集·明別·77
天目先生集二十卷附錄一卷　明
　徐中行撰
　明萬曆十二年(1584)刊本
　[26]·九·33　[91]·
　三十七·20
　刊本　[39]·癸上·62
天目中峯和尚廣錄三十卷　元釋
　明本撰
　刊本　[39]·庚·100
64天時占驗一卷　明張岳撰
　武書大全本　[78]·算學書錄
　補注·100
71天厨禁臠三卷
　見《天厨禁臠》
天原發微五卷　元鮑雲龍撰
　明刊本　[9]·九·7、9
　[11]·五十·1　[93]·
　十五·7
　明嘉靖秦藩刊本　[91]·十七·
　6
　刊本　[5]·三上·11
　[39]·己·7
天馬山房遺稿八卷　明朱瀚撰
　刊本　[39]·癸上·46
天長沿革表一卷　張宗泰撰
　稿本　[60]·三·6
72天隱子一卷　唐司馬承禎撰
　宋刊本　[14]·三下·304
　[41]·九·23
　明刊本　[75]·五十·19
　[91]·二十二·16

說郛本　[96]·六十九·，1359
　抄本　[74]·三·90
　[102]·下·26
天隱子遺稿十七卷　明嚴果撰
　刊本　[39]·癸下·21
天隱子養生書一卷
　見《天隱子》
天隱禪師集六卷　元釋圓至撰
　明刊本　[74]·續增·集·7
77天門陣演義十二寡婦征西十九回
　清人撰
　坊刊小本　[69]·二·52
天際烏雲帖考二卷　清翁方綱撰
　傳抄稿本　[60]·八·3
　傳抄本　[61]·七·3
天學三正考一卷　清寇宗撰
　益雅堂叢書本　[78]·算學書
　錄補注·96
天學疑問一卷　清梅文鼎撰
　舊抄本　[74]·三·23
　[102]·下·17
天學初函理編九種器編十一種
　明李之藻編
　明刊本　[96]·五十九·1170
天學入門一卷　清徐朝俊撰
　高厚蒙求本　[78]·算學書錄
　補注·85
天學會通　明穆尼閣撰
　刊本　[39]·庚·60
天學會通一卷　清薛鳳祚撰
　清乾隆刊本　[78]·算學書錄
　補注·87
　四庫全書本　[78]·子·天文
　類·552
天問天對解　宋楊萬里輯
　刊本　[39]·辛·45
天問略一卷　明葡萄牙陽瑪諾撰
　明萬曆七年(1579)刊本
　[74]·三·22　[78]·
　子·天文類·547
　[78]·算學書錄補注·85
天學初函本　[96]·四十四·
　824
天問閣集三卷　明李長祥撰

趙僞叔刊本　[55]・五・7

天問閣集三卷附錄一卷　明李長祥撰

　　粤雅堂叢書本　[85]・十九・862

　　仰視千七百二十九鶴齋叢書本　[85]・十九・862

　　清抄本　[85]・十九・862

78天鑒錄一卷　明岳和聲、虞廷陛撰

　　東林別乘本　[85]・五・215

80天全堂集四卷　明安希範撰

　　清乾隆刊本　[74]・四・45

　天鏡　明周文郁撰

　　舊抄本　[74]・三・31
　　　[102]・下・19

81天瓶齋書畫題跋二卷　清張照撰

　　清乾隆刊本　[75]・三十九・13

88天竺靈苑集三卷採遺一卷　宋釋遵式撰

　　宋刊本　[41]・二十・24

　天竺字源七卷　宋釋惟净撰

　　見《景祐天竺字源》

　天竺別集三卷　宋釋遵式撰

　　宋刊本　[41]・十二・11

　天籟詞二卷

　　見《天籟集》

　天籟集一卷　元白樸撰

　　傳抄本　[60]・七・24

　天籟集二卷　元白樸撰

　　清康熙四十九年(1710)楊友敬刊本　[68]・圖版494、495・目錄83

　　刊本　[24]・集二・15

　　舊抄本　[39]・壬・79
　　　[91]・四十・25

　　文瀾閣傳抄本　[11]・一百二十・2　[16]・三十六・10

90天傭子集十卷

　　見《天傭子集》

1044₇　再

25再生紀略一卷　陳濟生述

　　昭代叢書本　[85]・八・350

　　賜硯堂叢書本　[85]・八・350

　　甲申紀事本　[85]・八・350

　　叢刻三種本　[85]・八・350

60再團圓五卷　不知撰人

　　明刊本　[77]・二・40

　　清泉州尚志堂刊本　[69]・三・95

1050₃　戛

10戛玉前集四十九卷後集五十卷　宋楊存亮編

　　宋刊本　[14]・五下・705

1050₆　更

37更漏中星表三卷　清張作楠撰

　　翠微山房數學本　[96]・四十四・843

1060₀　石

01石龍菴集四卷附刻二卷　明徐學師撰

　　刊本　[39]・癸上・57

　石語齋集二十六卷　明鄒迪光撰

　　刊本　[71]・集・明別・93

02石刻鋪敍二卷　宋曾宏父撰

　　知不足齋叢書本　[96]・三十三・612

　　明抄本　[2]・二・51

　　曝書亭抄本　[39]・庚・14

　　舊抄本　[11]・三十七・12
　　　[57]・146

　　抱經樓抄本　[75]・三十・15

08石譜一卷　清諸九鼎撰

　　借月山房彙抄本　[96]・五十・999

10石晉陷蕃記一卷

　　見《晉朝陷蕃記》

　石雲居文集十五卷詩集七卷　清陳名夏撰

　　原刊本　[96]・七十・1371

11石頭記一百二十回

　　見《紅樓夢》

　石研齋書目　不知撰人

　　清刊本　[80]・十二・5

20石秀齋集十卷　明莫雲卿撰

　　刊本　[39]・癸下・26

21石經補考十二卷　清馮登府撰

　　清道光二十八年(1848)馮氏刊本　[26]・二・33
　　　[96]・三十四・638

　石經考　不知撰人

　　校抄本　[95]・二・5

　石經考一卷　清萬斯同撰

　　常熟蔣氏省吾堂刊本　[96]・三十四・623

　石經考一卷　清顧炎武撰

　　亭林十書本　[74]・二・77

　　亭林遺書本　[96]・三十四・621

　石經考異二卷　清杭世駿撰

　　清刊本　[74]・二・77

　　董浦八種本　[96]・三十四・627

　　刊本　[39]・丙・18

　石經周易十卷

　　見《周易》

22石川集　明張殷撰

　　刊本　[39]・癸上・32

　石川集五卷　明殷雲霄撰

　　明嘉靖刊本　[92]・四・178

　　刊本　[100]・138

　石山醫案二卷　明汪機撰

　　刊本　[39]・庚・90

　石山醫案三卷附錄一卷　明汪機撰

　　石山遺書七種本　[79]・子・醫家類・512

27石祖徠集十二卷

　　見《徂徠文集》

30石室秘錄六卷　清陳士鐸

　　清康熙二十六年(1687)本澄堂刊本　[79]・子・醫家類・440

　石室先生百論十卷　宋陸子才纂

宋刊本　[14]・五下・675

石守道集二十卷
　　見《徂徠文集》

31石潭存稿三卷呆齋前稿十六卷存
　　稿二十四卷續稿五卷　明劉黌
　　撰
　　刊本　[71]・集・明別・30

石渠王氏意見四卷拾遺二卷補闕
　　一卷　不著撰人
　　舊抄本　[91]・四・8

石渠隨筆八卷　清阮元撰
　　清道光二十二年(1842)阮氏文
　　選樓刊本　[26]・六・69
　　[74]・三・39
　　粵雅堂刊本　[74]・三・39
　　舊抄本　[60]・八・3

石渠錄十一卷　宋黃伯思撰
　　宋刊本　[41]・十一・26

32石洲詩話八卷　清翁方綱撰
　　粵雅堂刊本　[74]・四・74

石洲集八卷外集一卷　明高麗權
　　韠撰
　　刊本　[29]・三・33
　　[88]・五・58

33石淙詩稿十九卷　明楊一清撰
　　明嘉靖孫氏刊本　[91]・三十
　　六・20

34石濤上人年譜　傳抱石撰
　　鉛印本　[85]・十八・810

37石洞遺芳集二卷　明郭鈇輯
　　刊本　[39]・辛・35

石湖詞一卷　宋范成大撰
　　宋刊本　[41]・二十一・8
　　精抄本　[91]・四十・12
　　抄本　[75]・六十四・25

石湖詞一卷蛻巖詞二卷樂府補題
　　一卷　宋范成大撰
　　知不足齋刊本　[71]・集・詞・5

石湖志略一卷　明盧襄撰
　　抄本　[57]・117

石湖志略一卷文略一卷　明盧襄
　　撰
　　明刊本　[50]・三・36
　　刊本　[39]・戊・61

抄本　[102]・下・11

石湖志略一卷文略一卷附靈巖紀
　　略一卷　明盧襄撰
　　舊抄本　[74]・二・55

石湖居士集二十卷　宋范成大撰
　　清康熙二十七年(1688)婺源黃
　　昌衢刊本　[26]・八・43
　　校清康熙婺源黃氏刊本
　　[100]・130

石湖居士集三十卷　宋范成大撰
　　明弘治十六年(1503)金蘭館銅
　　活字本　[68]・圖版604・
　　目錄97
　　明抄本　[38]・集・58

石湖居士集三十三卷　宋范成大
　　撰
　　舊抄本　[95]・二・19

石湖居士集三十四卷　宋范成大
　　撰
　　明活字本　[93]・二十一・17
　　清康熙二十七年(1688)長洲顧
　　嗣立刊本　[26]・八・41
　　[100]・130
　　刊本　[39]・壬・27
　　陳楞山校本　[91]・三十・23
　　明抄本　[17]・四・24
　　[54]・六・25
　　舊抄本　[17]・四・24
　　[54]・六・24　[93]・
　　二十一・17

石湖居士集三十五卷　宋范成大
　　撰
　　清刊本　[71]・集・宋別・43

石湖居士集一百三十六卷　宋范
　　成大撰
　　宋刊本　[41]・十八・21

石湖居士吳船錄一卷　宋范成大
　　撰
　　宋刊本　[41]・十一・27

石湖居士吳船錄二卷　宋范成大
　　撰
　　知不足齋叢書本　[96]・二十
　　四・500
　　明抄本　[75]・二十二・27

抄本　[71]・史・地志・77

石湖居士攬轡錄一卷　宋范成大
　　撰
　　宋刊本　[41]・七・14
　　知不足齋叢書本　[96]・二十
　　四・500
　　述史樓抄本　[17]・二・14

石湖居士攬轡錄二卷　宋范成大
　　撰
　　宋刊本　[14]・五上・577

石湖居士攬轡錄一卷驂鸞錄一卷
　　吳船錄二卷桂海虞衡志一卷田
　　園雜興詩一卷　宋范成大撰
　　明抄本　[26]・八・44

石湖居士田園雜興詩一卷　宋范
　　成大撰
　　刊本　[24]・集一・34

石湖居士驂鸞錄一卷　宋范成大
　　撰
　　知不足齋叢書本　[96]・二十
　　四・500
　　明抄本　[75]・二十二・27
　　抄本　[71]・史・地志・76

石初集十卷　元周霆震撰
　　刊本　[24]・集二・15
　　知不足齋抄本　[39]・壬・75
　　舊抄本　[92]・四・169

石初集十卷附錄一卷　元周霆震
　　撰
　　明抄本　[2]・五・12
　　舊抄本　[8]・集三・500
　　[91]・三十四・29

40石柱記箋釋五卷　清鄭元慶輯
　　粵雅堂刊本　[74]・二・56
　　刊本　[39]・戊・64

44石鼓文一卷音釋一卷今文一卷
　　明楊慎撰
　　刊本　[39]・庚・16

石鼓文音釋一卷　明楊慎撰
　　刊本　[5]・一下・20

石鼓文音釋二卷附錄一卷　明楊
　　慎撰
　　函海本　[74]・一・53

石鼓文音釋三卷附錄一卷　明楊

慎撰

明正德十六年(1521)刊本 [60]·五·7

石鼓文集釋一卷　清任兆麟撰

心齋十種本 [96]·三十四·634

石鼓文考三卷　宋鄭樵撰

宋刊本 [41]·三·46

石鼓文抄二卷　清許容撰

韞光樓刊本 [96]·三十四·625

石鼓論語問答三卷　宋戴谿撰

舊抄本 [60]·一·19

石鼓書院志五卷　明周詔輯

刊本 [39]·戊·62

石村文集三卷詩集二卷　明郭金臺撰

清康熙刊本 [85]·二十·889

石藥爾雅二卷　唐梅彪撰

汲古閣精抄本 [17]·三·11

精抄本 [65]·三·59

舊抄本 [11]·四十四·11 [32]·九·26 [75]·三十六·8

石林詩話一卷　宋葉夢得撰

宋刊本 [41]·二十二·12

汲古閣刊本 [75]·六十四·4

舊抄本 [74]·四·71

石林詩話三卷　宋葉夢得撰

宋刊本 [11]·一百十八·8 [17]·四·47 [75]·六十四·4

明刊本 [17]·四·47

抄本 [29]·十六·17

石林詩話校記　不知撰人

明黑口本 [26]·十六·12

石林詞一卷　宋葉夢得撰

宋刊本 [41]·二十一·6

毛斧季校本 [11]·一百十九·9

舊抄本 [74]·四·76 [75]·六十四·23 [102]·下·40

石林外集一卷　明釋永瑛撰

抄本 [71]·集·釋子·9

石林佚書補目　不知撰人

抄本 [101]·下·6

石林總集一百卷年譜一卷　宋葉夢得撰

宋刊本 [41]·十八·4

石林家訓一卷　宋葉夢得撰

宋刊本 [41]·十·19

石林避暑錄話四卷　宋葉夢得撰

明嘉興德棻宛委堂校刊本 [26]·五·41

石林審是集八卷　宋盛光祖輯

宋刊本 [41]·十八·5

石林過庭錄二十七卷　宋葉夢得撰

宋刊本 [41]·十·19

石林燕語十卷　宋葉夢得撰

宋刊本 [41]·十一·16

明刊本 [11]·五十七·13 [96]·五十六·1111

明正德刊本 [2]·三·27 [17]·三·26 [59]·二·14 [91]·十九·5

校刊本 [59]·二·14

石林燕語十卷　宋葉夢得撰　考異一卷　宇文紹奕撰

稗海本 [74]·三·52

舊抄本 [11]·五十七·14

石林燕語辨十卷　宋汪應辰撰

校刊本 [26]·三·31

抄本 [59]·二·14

石林奏議十五卷　宋葉夢得撰

宋刊本 [10]·34 [28]·三·23 [35]·上·39 [41]·二十二·4 [72]·15

宋慶元刊本 [58]·史·63

宋開禧刊本 [11]·二十五·18 [73]·圖版32

校影宋本 [55]·一·37

明毛子晉影抄本 [2]·二·21

汲古閣影宋精抄本 [3]·8

陸氏影抄宋開禧刊本 [75]·二十·11

影抄宋本 [93]·九·27

石林書傳十卷

見《書傳》

石林書目不分卷　宋葉夢得撰

刊本 [25]·1

石林居士建康集八卷　宋葉夢得撰

家刊本 [26]·八·33

刊本 [24]·集一·27

依宋抄校本 [91]·二十九·4

明抄本 [26]·八·33

竹里館抄本 [32]·十一·21

知不足齋抄本 [39]·壬·17

舊抄本 [5]·四中·18 [11]·八十·15 [12]·六·9 [16]·三十一·9 [28]·續·十二·15 [30]·四·25 [50]·8·32 [59]·六·22 [71]·集·宋別·27 [74]·四·22 [93]·二十一·1 [100]·128 [102]·下·31

石林居士建康集十卷　宋葉夢得撰

宋刊本 [41]·十八·5

45石埭縣志八卷　清姚子莊撰

清刊本 [71]·史·地志·16

石樓臆編五卷　清周綸輯

原刊本 [96]·六十二·1232

石樓臆編六卷　清周綸輯

刊本 [39]·丁·58

50石畫記五卷　清阮元撰

抄本 [12]·五·30

55石井本宗(鄭氏)族譜　不著編者

打字機印本 [85]·十三·607

60石墨鐫華八卷　明趙崡撰

明刊本 [52]·一·23 [91]·十四·15

明萬曆四十六年(1618)刊本

[26]·四·38　　[59]·
五·1　　[96]·三十三·
616
刊本　[39]·庚·16
抄本　[12]·五·22
石田先生文集十五卷
見《馬石田文集》
石田先生詩抄十卷　明沈周撰
明崇禎十七年(1644)畢式和刊
本　[26]·九·14
錢牧齋編刊本　[8]·集四·
529
石田先生集不分卷
見《沈石田集》
石田清嘯集十四卷　明朱翰撰
抄本　[71]·集·明別·39
石田翁客座新聞十一卷　明沈周
撰
抄本　[17]·三·36
石曼卿歌詩集一卷
見《石學士詩集》
石園全集三十卷　清李元鼎撰
香雪堂刊本　[96]·七十·1367
石園全集三十卷白石山房集二十
七卷　清李元鼎撰
刊本　[71]·集·國朝別·5
61石點頭十四卷　明人撰
葉敬池刊本　[69]·三·97
71石匱藏書二百二十卷　明張岱撰
鳳嬉堂稿本　[85]·一·8
諸暨陳氏舊藏殘稿本　[85]·
一·8
石匱書後集六十三卷附錄一卷
明張岱撰
中華書局鉛印本　[85]·一·
10
鳳嬉堂抄本　[85]·一·10
劉氏天尺樓抄本　[85]·一·
10
77石屋和尚住嘉興福源禪寺語錄偈
頌二卷　元釋清珙撰
元刊本　[48]·二輯下·144
[91]·二十二·8
石屋和尚山居詩二卷　元釋清珙

撰
元刊本　[32]·十二·26
刊本　[71]·集·釋子·6
石屋存稿六卷　明許應亨撰
刊本　[71]·集·明別·79
石屋存稿別錄一卷　明許應亨撰
吳石倉抄本　[71]·集·明別·
79
石岡集八卷　明孫天祐撰
刊本　[39]·癸上·39
石月老人集三十五卷　宋余安行
撰
宋刊本　[41]·十八·14
石門文集　明梁寅撰
舊抄本　[51]·四·8
石門文集不分卷　明梁寅撰
舊抄本　[11]·一百十·4
石門文集二卷　明梁寅撰
明嘉靖刊本　[91]·三十四·
40
刊本　[39]·癸上·4
石門文集七卷　明梁寅撰
明刊本　[16]·三十四·47
舊抄本　[71]·集·明別·10
[91]·三十四·39
石門文集十五卷　明梁寅撰
舊抄本　[20]·五·25
石門文字禪三十卷　宋釋德洪撰
宋刊本　[41]·十七·38
明刊本　[91]·二十八·7
明萬曆二十五年(1597)徑山興
聖萬壽寺刊本　[8]·集
二·436　　[26]·八·
29　　[68]·圖版440、441
目錄75
明支那刊本　[11]·七十七·
5　　[93]·二十·31
日本重刊釋藏本　[60]·六·
31
刊本　[39]·壬·52
[71]·集·釋子·4
石門碑醳一卷　清王森文撰　附
郘鬳銘考
別下齋刊本　[74]·二·78

石門洪覺範天廚禁臠三卷
見《天廚禁臠》
石屏新語一卷　宋戴復古撰
小山堂抄本　[39]·己·69
石屏詩集二卷　宋戴復古撰
刊本　[71]·集·宋別·59
抄本　[32]·十二·17
石屏詩集八卷　宋戴復古撰
明刊本　[32]·十二·13
石屏詩集十卷　宋戴復古撰
明刊本　[9]·後編·十九·5
[21]·一·40　　[50]·
八·36　　[93]·二十一·
20
明刊抄補本　[50]·八·32
[51]·三·12
明弘治刊本　[75]·五十六·
14
校明弘治本　[54]·六·29
抄本　[39]·壬·37
石屏詩集十卷附東皋子詩一卷
宋戴復古撰
明弘治黑口本　[92]·四·16]
石屏詩集八卷附東野詩一卷　宋
戴復古撰
明刊本　[91]·三十·28
石屏詩集八卷附錄二卷　宋戴復
古撰
紅藥山房抄本　[11]·八十七·
15
石屏詞一卷　宋戴復古撰
明抄本　[17]·四·49
石屏續集四卷　宋戴復古撰
影抄書棚本　[91]·三十·29
舊抄本　[32]·十二·17
[74]·四·28　　[93]·
二十一·20　　[102]·
下·32
石屏續集四卷長短句一卷　宋戴
復古撰
汲古閣影宋本　[50]·八·37
石居漫興二卷　明陳器撰
刊本　[39]·癸上·37
石學士詩集一卷　宋石延年撰

宋刊本 [14]・四下・451
　[41]・二十・4
舊抄本 [11]・七十五・10
石學士詩集一卷附録一卷　宋石
延年撰
清道光十三年(1833)刊本
　[74]・四・17
石閭山房集十七卷　明劉一焜撰
刊本 [39]・癸下・20
石民四十集　明茅元儀撰
明崇禎刊本 [68]・圖版467、
目録79
石臼前集九卷後集七卷
見《邢石臼前集、後集》
80石鐘山集八卷　明王恕原輯
刊本 [39]・辛・40
石倉詩文全集四十二卷　明曹學
佺撰
刊本 [39]・癸下・36
石倉集　明曹學佺撰
明刊本 [21]・一・53
石倉十二代詩選六百六十卷　明
曹學佺編
明崇禎刊殘本 [64]・55
石倉世纂五種附二種　清曹錫黼
編
五畝園刊本 [96]・五十九・
1178
88石笥山房文集六卷補遺一卷詩集
十一卷詞一卷補遺二卷續補遺
二卷　清胡天游撰
清咸豐二年(1852)裔孫胡鳴泰
補刊道光二十六年(1846)
家刊本 [26]・十一・14
90石堂先生遺集二十二卷　宋陳普
撰
明嘉靖刊本 [11]・九十三・
28
明萬曆刊本 [11]・九十三・
29　[91]・三十二・2
刊本 [39]・壬・47
　[71]・集・宋別・74
影抄明嘉靖刊本 [59]・六・
29

舊抄本 [32]・十二・24

西

00西齋話記一卷　宋祖無擇撰
舊抄本 [93]・十七・17
西齋淨土詩三卷　明釋梵琦撰
清咸豐三年(1853)刊本
　[74]・四・40
西方子明堂灸經八卷　不著撰人
元刊本 [93]・十四・27
明刊本 [11]・四十四・11
　[32]・六・25
明山西平陽府重刊本 [8]・
子一・256　[12]・三・9
明熊氏衛生堂重刊本 [22]・
補遺・21
刊本 [39]・庚・88
　[59]・二・22
西廂記　元王實甫撰
明弘治十一年(1498)金臺岳家
刊本 [68]・圖版382、
383、目録68
西廂記二卷　元王實甫撰
明末諸臣刊本 [64]・12
明末刊本 [64]・續・121
西廂記四卷　金董解元撰
明閔刻朱墨套印本 [50]・七・
21
明適適子刊本 [68]・圖版
454、目録77
明刻套印本 [68]・圖版693、
694、目録110
西廂秘本
見《張深之先生正北西廂秘本》
西玄集十卷　明馬汝驥撰
刊本 [39]・癸上・42
　[71]・集・明別・67
西京雜記二卷　晉葛洪撰
宋刊本 [14]・二上・129
明活字本 [16]・二十七・1
刊本 [5]・二下・6
舊抄本 [11]・六十二・1
　[75]・四十六・1
西京雜記六卷　晉葛洪撰

宋刊本 [9]・後編。五・30
　[41]・七・3
明沈氏野竹齋刊本 [68]・圖
版427、目録74
明嘉靖三十一年(1552)孔天胤
刊本 [17]・三・32
　[26]・六・28
明萬曆刊本 [57]・212
明萬曆陝西布政司刊本
　[91]・二十一・1
明萬曆三十年(1602)合刊秦漢
圖記本 [17]・三・32
　[26]・六・28
稗海本 [74]・三・73
古今逸史本 [74]・三・73
津逮秘書本 [74]・三・73
漢魏叢書本 [74]・三・73
清黃丕烈校明萬曆陝西布政司
刊本 [2]・三・34
校本 [52]・二・14
西京職官印録二卷　清徐堅撰
懷新館刊本 [96]・四十九・
974
07西郊笑端集一卷　明董紀撰
明刊本 [11]・一百十一・20
西郊笑端集二卷　明董紀撰
抄本 [91]・三十五・14
10西夏須知一卷　宋劉溫潤撰
宋刊本 [14]・二下・164
　[41]・五・8
西夏書十一卷　周春撰
舊抄稿本 [18]・上・15
西天目山志四卷　明徐嘉泰輯
刊本 [39]・戊・57
西天目志四卷　明譚廷輔、萬民
紀撰
刊本 [71]・史・地志・66
西晉文紀二十卷　清梅鼎祚輯
刊本 [39]・辛・7
　[75]・六十三・18
西晉新語不分卷　題宋熊克撰
揚州吳氏測海樓舊藏抄本
　[8]・史二・143
11西北域記一卷附居業集一卷　清

謝濟世撰

舊抄本 ［74］・二・59

17西礀先生文集十六卷　明熊直撰

刊本 ［39］・癸上・12

20西番事蹟一卷　明馬汝驥撰

明抄本 ［75］・二十八・9

西番貝葉梵文經　不著撰人

刊本 ［92］・三・129

21西行草　明曾偉芳撰

刊本 ［39］・癸上・30

西儒耳目資不分卷　金尼閣撰

明天啓刊本 ［38］・經・63

22西川青羊宮碑銘一卷　不知撰人

明正統道藏本 ［17］・三・44

西崖先生擬古樂府二卷　明李東
陽撰

明刊本 ［21］・一・63

明萬曆刊本 ［91］・三十六・
16

刊本 ［71］・集・詞・10

［74］・續增・集・10

西嶽華山廟碑續考　不知撰人

刊本 ［84］・三・16

西嶽華山記一卷

見《西嶽華山志》

西嶽華山神祠事録七卷　明孫仁
撰

刊本 ［71］・史・地志・62

西嶽華山志一卷　元王處一編

明萬曆刊本 ［92］・二・64

舊抄本 ［11］・三十三・3

［39］・戊・55 ［71］・
史・地志・61

西巖集一卷　宋翁卷撰

抄本 ［39］・壬・36

西巖集二十卷　元張之翰撰

文瀾閣傳抄本 ［11］・九十八・
18

西崑發微三卷　吳及撰

舊抄本 ［20］・四・23

西崑酬唱集二卷　宋楊億、錢惟
演、劉筠撰

宋刊本 ［14］・四下・504

［41］・十五・13

明刊本 ［55］・五・30

明嘉靖十六年(1537)張鉦刊本
［17］・四・40

清康熙刊本 ［75］・六十二・
20

粵雅堂刊本 ［74］・四・60

刊本 ［39］・辛・19

影宋本 ［35］・下・31

影宋精抄本 ［65］・五・55

明抄本 ［91］・三十八・11

傳録明嘉靖十六年(1537)張鉦
刊本 ［8］・集七・628

舊抄本 ［5］・四下・11

［60］・六・5 ［83］・
四・22 ［93］・二十三・
10

西山文集一卷　唐施肩吾撰

宋刊本 ［41］・十九・15

西山羣仙會真記五卷　唐施肩吾
撰

宋刊本 ［14］・三下・305

［41］・十二・3

西山先生文章正宗二十四卷

見《真文忠公文章正宗》

西山先生文集五十五卷

見《真文忠公文集》

西山先生讀書記六十一卷

見《真文忠公讀書記》

西山先生經進大學衍義四十三卷

見《真文忠公讀書記乙集上大
學衍義》

西山先生續文章正宗二十卷

見《真文忠公續文章正宗》

西山復卦說一卷　宋真德秀撰

宋刊本 ［41］・一・28

西山日記二卷　明丁元薦撰

刊本 ［39］・戊・6

原抄本 ［30］・四・19

25西使記一卷　元劉郁撰

學津討原本 ［96］・二十四・
502

舊抄本 ［59］・四・16

26西魏書二十四卷　清謝啓崑撰

樹經堂刊本 ［96］・十八・403

西吳里語四卷　明宋雷撰

吳石倉抄本 ［91］・二十一・
16

舊抄本 ［32］・九・16

［53］・一・19 ［71］・
史・地志・45

28西谿文集十卷　宋沈遘撰

宋刊本 ［41］・十七・21

明覆括蒼刊本 ［36］・218

吳石倉抄本 ［91］・二十七・1

舊抄本 ［11］・七十四・19

［16］・三十・15

［57］・238 ［74］・四・
15 ［75］・五十三・25

［102］・下・30

西谿百詠　明釋大善撰

抄本 ［39］・辛・31

西谿樂府一卷　宋姚寬撰

宋刊本 ［41］・二十一・15

西谿先生易說

見《易說》

西谿叢語二卷　宋姚寬撰

明刊本 ［50］・五・34,36

［91］・十八・27

明嘉靖二十七年(1548)錫山愈
憲顧鳴館刊本 ［8］・子
一・266 ［11］・五十
六・1,2 ［17］・三・21
［28］・八・8 ［34］・
二・24 ［59］・二・6
［75］・四十二・5
［86］・六・91 ［101］・
中・3

學津討原本 ［96］・五十四・
1072

刊本 ［71］・子・雜家・15

清黃丕烈校明抄本 ［2］・三・
22

校明抄本 ［50］・五・31

［52］・二・5 ［65］・
續・三・33

校本 ［51］・二・16

西谿叢語三卷　宋姚寬撰

津逮秘書本 ［74］・三・48

117

稗海本 [74]•三•48

西谿李過易説十二卷
見《易説》

西谿梵隱志四卷 清吳本泰撰
清刊本 [71]•史•地志•85

西谿居士集五卷 宋姚寬撰
宋刊本 [41]•二十•15

30西渡詩集一卷 宋洪炎撰
宋刊本 [41]•二十•11
小萬卷齋刊本 [60]•六•32
山陰杜氏抄本 [75]•五十五•2
舊抄本 [16]•三十一•8
[30]•四•25 [32]•十一•19 [46]•28

西渡詩集二卷 宋洪炎撰
抄本 [39]•壬•15

西渡詩集一卷補遺一卷 宋洪炎撰
清宋漫堂抄本 [2]•四•34
從鮑氏本傳録本 [75]•五十五•3

西渡詩集二卷補遺一卷 宋洪炎撰
鮑渌飲校本 [11]•八十•14
十萬卷樓抄本 [91]•二十九•2
舊抄本 [74]•四•22
[102]•下•31

西渡詩集二卷附二洪詩文一卷 宋洪炎撰
抄本 [71]•集•宋別•26

31西江詩話十二卷 清袠君宏撰
抄本 [39]•庚•10

西江志 清白潢、查慎行等纂
清康熙五十九年(1720)刊本
[68]•圖版501、目録84
[68]•圖版721、722、目録113

西涯樂府二卷
見《西崖先生擬古樂府》

西河文集一百七十九卷 清毛奇齡撰
西河合集本 [74]•四•50

西河文集一百九十二卷 清毛奇齡撰
西河合集本 [96]•七十•1392

西河詩話八卷 清毛奇齡撰
西河合集本 [74]•四•73

西河詞話二卷 清毛奇齡撰
西河合集本 [74]•四•78

西河合集四百九十一卷 清毛奇齡撰
刊本 [39]•癸下•48

西河合集四百九十七卷 清毛奇齡撰
刊本 [71]•國朝別•15
[74]•三•61

32西巡類稿八卷 明吳廷舉撰
刊本 [39]•癸上•49

34西漢文章十八卷 不知撰人
宋刊本 [33]•集•68

西漢文紀二十四卷 清梅鼎祚輯
刊本 [39]•辛•6

西漢文鑑二十一卷東漢文鑑二十卷 宋陳鑑編
宋刊本 [74]•續增•集•15
明刊本 [11]•一百十四•13
[16]•三十五•14
[93]•二十三•28
明刊巾箱本 [28]•十三•18
[59]•六•4

西漢文類五卷 宋陶叔獻編
宋紹興刊殘本 [16]•三十五•2 [35]•下•45
[93]•二十三•9
[94]•四•9

西漢文類不分卷 唐柳宗直輯
宋刊本 [14]•四下•511

西漢文類四十卷 唐柳宗直輯
宋刊本 [41]•十五•6

西漢詔令十卷 宋林虙編
影印宋刊本 [28]•三•22

西漢詔令十二卷 宋林虙編
宋刊本 [41]•五•1

西漢詔令十二卷東漢詔令十一卷
見《兩漢詔令》

西漢發揮十卷 宋劉涇撰

宋刊本 [14]•二下•148

西漢刊誤一卷東漢刊誤一卷 宋劉攽撰
宋刊本 [14]•五上•540

西漢刊誤補遺十七卷 宋吳仁傑撰
宋刊本 [41]•四•15

西漢總類二十六卷 宋沈長卿編
宋刊本 [14]•五上•603

西漢補注十卷 宋吳莘撰
宋刊本 [14]•五上•542

西漢補遺一卷 宋何德輔撰
宋刊本 [14]•五上•541

西漢決疑五卷 宋王速撰
宋刊本 [41]•四•15

西漢通俗演義八卷 明甄偉撰
明萬曆四十年(1612)金陵周氏大業堂刊本 [69]•二•28 [77]•三•81

西漢年紀三十卷 宋王益之撰
南沙席氏掃葉山房刊本
[96]•十六•365
文瀾閣傳抄本 [11]•二十一•16 [75]•十七•8
抄本 [74]•二•10

西漢會要七十卷 宋徐天麟撰
宋刊本 [17]•二•20
[29]•一•15 [33]•史•58 [34]•一•20
[54]•二•39
宋嘉定刊本 [2]•二•47
[35]•下•6
聚珍刊本 [74]•二•63
抄本 [5]•二上•21
[39]•丁•48 [102]•下•12

西漢會要七十卷東漢會要四十卷
見《兩漢會要》

西漢鑑十卷 宋吳莘撰
宋刊本 [14]•五上•559

西漢精華十四卷 宋呂祖謙撰
刊本 [89]•二集•四•12
明抄本 [75]•三十一•4

西漢精華十四卷東漢精華十四卷

宋吕祖謙撰
　明刊本　[93]・十・11
西濱大河志六卷　明張光孝撰
　明刊本　[12]・三・6
35 西清詩話二卷　題無爲子撰
　舊抄本　[59]・七・20
西清詩話三卷　題無爲子撰
　宋刊本　[41]・二十二・15
　抄本　[5]・四下・24
西清古鑑四十卷　清梁詩正、蔣
　溥等纂
　清刊本　[74]・三・41
　清乾隆十六年(1751)武英殿銅
　版印本　[68]・圖版522、
　523、目録87　[96]・五
　十・986
西清劄記四卷　清胡敬撰
　清嘉慶胡氏自刊本　[26]・六・
　71
37 西湖二集三十四卷　明周楫撰
　明刊本　[69]・三・108
西湖百詠一卷　宋董嗣杲撰
　舊抄本　[11]・九十三・21
西湖百詠二卷　宋董嗣杲撰
　知不足齋抄本　[39]・辛・31
　舊抄本　[74]・四・32
　[102]・下・34
西湖佳話十六卷　清人撰
　金陵王衙精刊本　[69]・三・
　103
西湖紀游二卷　李堂撰
　舊抄本　[32]・四・28
西湖遊詠一卷　明田汝成、黃省
　曾撰
　明嘉靖十七年(1538)田汝成刊
　本　[86]・六・125
西湖遊覽志二十四卷志餘二十六
　卷　明田汝成撰
　明刊本　[11]・三十三・8
　刊本　[39]・戊・61
　[71]・史・地志・75
西湖志四卷　清鄭欽陸、李日景
　撰
　清刊本　[71]・史・地志・76

西湖志四十八卷　清李衛撰
　清刊本　[71]・史・地志・76
西湖志彙抄二卷　清俞思冲撰
　清刊本　[74]・續增・史・10
西湖志纂十二卷　清梁詩正撰
　清刊本　[74]・二・54
西湖古蹟事實一卷　宋傅牧撰
　宋刊本　[41]・八・37
西湖夢尋五卷　明張岱撰
　清康熙五十六年(1717)張禮刊
　本　[68]・圖版500、目
　録83
　刊本　[39]・戊・61
西湖老人繁勝録一卷　宋人撰
　傳抄本　[61]・七・4
西湖拾遺四十八卷　清陳樹基撰
　清乾隆原刊本　[69]・三・95
西湖八社詩帖一卷　明祝時亨、
　高應冕等撰
　刊本　[39]・辛・31
　精抄本　[91]・二十九・16
西湖竹枝詞一卷　元楊維禎撰
　明刊本　[91]・三十九・2
西湖小史四卷　清人撰
　清光緒二年(1876)六經堂重刊
　袖珍本　[69]・四・145
西澗草堂集四卷　清閻循觀撰
　清刊本　[74]・四・53
西澗堂集選十二卷　明朱紹堯撰
　抄本　[71]・集・明別・102
西溪文抄四卷
　見《姜西溪先生文抄》
38 西冷鴻爪一卷　清張鐵華撰
　稿本　[36]・252
西遊證道書一百回　清汪象旭評
　清初原刊本　[69]・五・166
　[77]・四・106
西遊記一百回　明吳承恩撰
　明刊大字本　[69]・五・165
　[77]・四・105
西遊記二十卷　明吳承恩撰
　明刊本　[69]・五・165
　[77]・四・101
　明萬曆福建書林楊閩齋刊本

　[69]・五・165　[77]・
　四・99
　明萬曆金陵唐氏世德堂刊本
　[68]・圖版453、目録77
　[69]・五・165　[77]・
　四・101
西遊記一百回　清張書紳撰
　清乾隆十四年(1749)其有堂刊
　本　[69]・五・167
西遊記四卷　題楊致和編
　清道光十年(1830)四遊全傳本
　[69]・五・166
西遊正旨一百回　清張含章撰
　清道光十九年(1839)眉山何氏
　德馨堂刊本　[69]・五・
　167
西遊補十六回　明董説撰
　明崇禎刊本　[69]・五・168
西遊真詮一百回　清陳士斌撰
　清乾隆四十五年(1780)刊本
　[69]・五・167
西遊原旨一百回　清劉一明撰
　清嘉慶二十四年(1819)湖南刊
　本　[69]・五・167
西遊録注一卷西遊水道記訂訛、
　朔方備乘札記一卷　清李文田
　稿本　[60]・三・10
西洋新法曆書一百零四卷　德湯
　若望等编
　清順治二年(1645)刊本
　[78]・算學書録補注・91
西洋番國志一卷　明鞏珍撰
　抄本　[5]・二下・28
　[39]・戊・71
西洋朝貢典録三卷　明黃省曾撰
　別下齋刊本　[74]・二・59
　粵雅堂刊本　[74]・二・59
　刊本　[5]・二下・30
　校本　[57]・120
西洋算法書　不知撰人
　銅活字本　[45]・24
40 西臺集二十卷　宋畢仲游撰
　宋刊本　[14]・四下・476
　聚珍刊本　[74]・四・20

119

西臺漫記六卷　明蔣心化撰
　刊本　[39]・丁・44
　　[39]・己・85
西臺奏疏二卷　明王象恒撰
　明末刊本　[85]・二・98
西臺慟哭記注一卷　宋謝翺撰
　明張丁注舊抄本　[102]・下・34
　舊抄本　[74]・四・32
西塘先生文集十卷　宋鄭俠撰
　明刊本　[11]・七十七・7
　　[59]・六・20　[71]・集・宋別・19　[93]・二十・31
　明萬曆刊本　[91]・二十八・8
　刊本　[39]・壬・10
西塘先生文集二十卷　宋鄭俠撰
　宋刊本　[14]・五下・665
　　[41]・十七・22
　明萬曆刊本　[28]・十一・19
西南備邊志十二卷　宋鄧嘉猷撰
　宋刊本　[41]・八・40
西南備邊錄一卷　唐李德裕撰
　宋刊本　[41]・七・6
西樵語業一卷　宋楊炎正撰
　宋刊本　[41]・二十一・13
　陸敕先、毛斧季校本　[11]・一百二十・1
　明抄本　[17]・四・49
西樵山志六卷　清羅浮、羅國器輯
　刊本　[39]・戊・61
西樵遺稿四卷　明方獻夫撰
　刊本　[39]・癸上・33
西樵野記十卷　明侯甸撰
　抄本　[39]・己・75
41西垣奏草九卷　明葉盛撰
　刊本　[71]・集・奏議・1
西垣奏草九卷邊奏存稿七卷兩廣奏草十六卷上谷奏草八卷　明葉盛撰
　刊本　[71]・集・奏議・1
43西域爾雅一卷　清王初桐纂

舊抄本　[91]・五・8
西域瑣談四卷　清七十一撰
　抄本　[30]・四・8
西域遺聞不分卷　清陳克繩纂
　抄本　[17]・二・19
　　[54]・三・12
西域志十二卷　唐釋玄奘撰
　宋刊本　[14]・後志・一・791
西城別墅詩一卷　清李來章撰
　無錫朱襄皇手抄本　[59]・六・6
44西麓詩稿一卷　宋陳允平撰
　抄本　[75]・五十七・6
西麓繼周詞一卷
　見《西麓繼周集》
西麓繼周集一卷　宋陳允平撰
　汲古影宋本　[11]・一百十九・21
　校本　[57]・303
　勞巽卿抄校本　[17]・四・48
　舊抄本　[71]・集・詞・7
　　[91]・四十・23
　　[101]・中・18
西莊始存稿三十卷　清王鳴盛撰
　清乾隆三十一年(1766)刊本　[26]・十二・5
西藏志四卷　不著撰人
　舊抄本　[32]・四・15
　　[74]・續增・史・10
西藏地里圖考　不知撰人
　稿本　[60]・三・9
西藏見聞錄二卷　清蕭騰麟撰
　抄本　[55]・二・14
西菴集十卷　明孫蕡撰
　明弘治十六年(1503)金蘭館刊銅活字本　[2]・五・20
　　[68]・圖版605、目錄98
　刊本　[39]・癸上・5
　　[71]・集・明別・12
西村詩集二卷　明朱樸撰
　明刊本　[36]・244
　刊本　[39]・癸上・27
西村詩集三卷　明朱樸撰
　清乾隆刊本　[20]・五・37

西村詩集二卷補遺一卷　明朱樸撰
　明萬曆刊本　[91]・三十七・10
西村集八卷　明史鑑撰
　刊本　[39]・癸上・26
　舊抄本　[71]・集・明別・54
　　[91]・三十六・25
西村集二十八卷　明史鑑撰
　舊抄本　[91]・三十六・25
西村翁詩集二卷
　見《西村詩集》
西村省己錄二卷　明顧諒撰
　刊本　[39]・己・23
西林全集二十卷　明安紹芳撰
　刊本　[71]・集・明別・100
45西樓樂府一卷
　見《王西樓先生樂府》
48西槎彙草二卷　明龔輝撰
　刊本　[39]・丁・81
50西事珥八卷　明魏濬撰
　刊本　[39]・戊・46
51西軒效唐集十二卷　明丁養浩撰
　明正統刊本　[91]・三十六・26
　刊本　[39]・癸上・22
60西國天學源流一卷　清王韜、偉烈亞力譯
　羣學社石印羣書實窟本　[78]・算學書錄補注・85
西國日月考一卷　清梅文鼎撰
　兼濟堂本　[78]・算學書錄補注・86
西昇經二卷　梁韋處玄注
　宋刊本　[14]・後志・二・875
西昇經二卷　宋徐道邈注
　宋刊本　[14]・後志・二・876
西昇經四卷　題太上真人撰
　宋刊本　[14]・後志・二・874
西昇經四卷　唐同玄子注
　宋刊本　[14]・後志・二・875
西園康範詩集一卷附錄外集一卷康範實錄一卷續錄一卷　宋汪晫撰

明刊本　[93]・二十一・24

西園鼓吹二卷　宋徐得之撰
　　宋刊本　[41]・二十一・13

西園感舊圖　不知撰人
　　稿本　[80]・十三・8

64 西疇老人常言一卷　宋何坦撰
　　宋刊本　[11]・六十三・5
　　[17]・三・35
　　明刊本　[17]・三・35
　　百川學海本　[96]・五十三・1047

67 西畇寓目編　陳增撰
　　稿本　[60]・八・3

西墅集十卷　明曾棨撰
　　刊本　[39]・癸上・12

71 西原先生遺書二卷　明薛蕙撰
　　明嘉靖刊本　[91]・三十七・6

72 西陲泰定錄九十卷　宋李心傳撰
　　宋刊本　[41]・五・26

西隱文集十卷
　　見《西隱文稿》

西隱文稿四卷　明宋訥撰
　　刊本　[39]・癸上・1

西隱文稿十卷　明宋訥撰
　　明萬曆刊本　[91]・三十五・5

西隱文稿四卷附錄一卷　明宋訥撰
　　刊本　[71]・集・明別・1

西隱文稿十卷附錄一卷　明宋訥撰
　　明刊本　[11]・一百十一・2

74 西陂類稿三十九卷　清宋犖撰
　　原刊本　[96]・七十・1375

西陂類稿五十卷　清宋犖撰
　　清康熙五十年(1711)家刊本　[26]・十・10
　　刊本　[71]・集・國朝別・22

77 西學凡不分卷　明西洋艾儒略撰
　　明天啓三年(1623)刊本　[64]・34

西學凡一卷附錄唐大秦寺碑一篇　明西洋艾儒略撰

天學初函理編本　[96]・五十三・1058

80 西翁近稿七卷　不知撰人
　　元刊本　[22]・六・30

西翁近稿七卷詩集三卷　不知撰人
　　元刊本　[70]・三・11

87 西銘集解一卷
　　見《西銘解義》

西銘集解三卷　宋王夢龍撰
　　宋刊本　[41]・九・9

西銘解義一卷　宋張載撰
　　宋刊本　[14]・五下・694
　　[41]・九・9

90 西堂雜俎二十四卷西堂剩稿二卷秋夢錄一卷西堂各集詩二十一卷百末詞六卷附詞餘六種　清尤侗撰
　　清刊本　[74]・四・52

百

00 百章集一卷　題魏伯陽撰
　　宋刊本　[41]・十二・7

10 百一方八卷
　　見《是齋百一選方》

百一詩一卷　清汪琦撰
　　清刊本　[74]・四・53

百一山房詩集十二卷　清孫士毅撰
　　清嘉慶二十一年(1816)公孫均刊本　[26]・十二・29

百正集三卷　元連文鳳撰
　　舊抄本　[32]・十三・27

百可亭奏議四卷書問三卷詩摘稿二卷　明龐尚鵬撰
　　刊本　[39]・癸下・15

11 百研銘一卷　不知撰人
　　刊本　[74]・四・68

22 百川書志二十卷　明高儒撰
　　蕭山王氏抄本　[91]・十四・5
　　抄本　[71]・史・簿錄・18
　　[96]・三十二・582
　　傳抄本　[60]・五・1

百川學海　宋左圭輯

宋刊本　[33]・子・25
　　[34]・一・26　　[35]・下・26・52　　[72]・20
　　元刊本　[9]・後編・十・7
　　明刊本　[9]・九・40
　　刊本　[39]・庚・54

百川學海一百卷　宋左圭輯
　　明刊本　[32]・八・18

百川學海一百十卷　宋左圭輯
　　宋刊本　[22]・四・25
　　南宋刊本　[90]・33
　　明仿宋本　[26]・六・76
　　[60]・五・20
　　明弘治十四年(1501)華珵翻宋刊本　[11]・五十八・25
　　[22]・四・26　　[91]・十九・24
　　方扶南批校明刊本　[8]・子一・297

百川學海一百三十四卷　宋左圭輯
　　宋刊本　[20]・四・35

百川學海一百七十五卷　宋左圭輯
　　明刊本　[30]・二・17

百川學海一百七十七卷　宋左圭輯
　　元刊本　[87]・四・1

26 百粵風土記不分卷　不知撰人
　　抄本　[54]・三・11

百泉子緒論　明皇甫汸撰
　　刊本　[39]・己・50

27 百將傳十卷
　　見《十七史百將傳》

百名家詩選八十九卷　魏憲選
　　枕江堂刊殘本　[64]・49

30 百家詩話總龜一百卷
　　見《詩話總龜》

百家詩選九卷　宋王安石輯
　　北宋刊殘本　[57]・316

百家注蘇詩三十二卷
　　見《東坡詩集》

百官公卿表一百四十二卷　宋司馬光撰

宋刊本 [14]・後志・一・797
　　　[41]・四・22
百官箴六卷　宋許月卿撰
　明刊本 [91]・十三・4
　舊抄本 [17]・二・20
　　　[39]・丁・59
百寶總珍集十卷　不著撰人
　舊抄本 [20]・四・17
百宋一廛賦一卷　清顧廣圻撰、
黄丕烈注
　清刊本 [74]。二・75
　清嘉慶十年(1805)黄氏士禮居
刊本 [26]・四・27
　　　[68]・圖版550・目録90
　　　[96]・三十二・601
　抄本 [74]・二・75
　　　[74]・續增・史・12
34百法論一卷　唐釋玄奘譯
　宋刊本 [14]・後志・二・888
百衲居士鐵圍山叢談六卷
見《鐵圍山叢談》
40百壽字圖一卷　不知撰人
　刊本 [5]・一下・14
43百城煙水九卷　清張大純輯
　刊本 [39]・戊・38
44百花洲集二卷　明鄧雲霄撰
　刊本 [71]・集・明別・106
百花鼓吹八卷　不知撰人
　明萬曆三十六年(1608)梁谿九
松居士王化醇尊生齋刊本
[64]・44
百花藏譜一卷　題江之源輯
　刊本 [71]・子・農家・12
百花菴圖　不知撰人
　稿本 [80]・十三・13
百菊譜六卷
見《百菊集譜》
百菊集譜六卷　宋史鑄輯
　刊本 [39]・庚・84
百菊集譜六卷　宋史鑄輯　補遺
一卷　宋邢良孚撰
　明刊本 [11]・五十四・17
　明汪士賢校刊本 [92]・三・
102

50百丈清規二卷　元釋德輝編
　元刊本 [71]・子・釋家・2
　元至元刊本 [38]・子・90
　文和四年刊本 [62]・圖版56
　百夷傳一卷　明錢古訓編
　明抄本 [91]・十二・19
53百感録一卷　明陳相撰
　抄本 [39]・己・73
77百段錦　宋方頤孫撰
　刊本 [39]・辛・11
　百尺梧桐閣集詩十六卷文十卷錦
瑟詞一卷　清汪懋麟撰
　刊本 [71]・集・國朝別・13
80百八手珠一卷　明潘樾功撰
　明刊本 [91]・十九・28

酉

76酉湯雜俎二十卷　唐段成式撰
　元刊本 [16]・二十七・5
　明刊本 [89]・一集・六・19
　明汪士賢刊本 [75]・四十八・
16
　明萬曆刊本 [91]・二十一・
22
　津逮秘書本 [59]・八・7
　校本 [50]・六・36
　影宋本 [35]・下・10
酉陽雜俎二十卷續集十卷　唐段
成式撰
　宋刊本 [14]・三下・245
　　　[35]・上・45　　[41]・
十一・6
　明刊本 [75]・四十八・14
　　　[76]・八・22
　稗海本 [74]・三・84
　津逮秘書本 [74]・三・84
　　　[96]・六十七・1325
　校宋本 [91]・十七・25
　勞巽卿校本 [11]・六十四・
17
　校本 [65]・三・82
　舊抄本 [101]・中・5

1060₁ 吾

10吾吾類稿三卷　元吳臬撰
　文瀾閣傳抄本 [11]・一百零
七・19　　[16]・三十四・
39
21吾師録一卷　明黄淳耀撰
　藝海珠塵本 [96]・三十七・
700
28吾徵録二卷　明吳玄纂
　明刊本 [85]・四・180
30吾汶稿十卷　宋王炎午撰
　影抄明正德刊本 [36]・233
　舊抄本 [17]・四・29
　　　[39]・壬・44　　[74]・
四・33　　[91]・三十二・
19　　[93]・二十一・30
　　　[102]・下・34
吾汶稿十卷附録一卷　宋王炎午
撰
　舊抄本 [11]・九十三・22、25
40吾友于齋詩抄八卷　清張錫爵撰
　刊本 [39]・癸下・57
50吾盡吾意齋樂府二卷　清陳皋撰
　刊本 [71]・集・詞・11
77吾學編六十九卷　明鄭曉撰
　明刊本 [60]・四・11
88吾竹小稿一卷　宋毛翊撰
　抄本 [75]・五十七・5

晉

00晉高祖實録三十卷晉少帝實録二
十卷　宋賈緯、王伸、竇儼等撰
　宋刊本 [41]・四・37
07晉記六十四卷　清郭倫撰
　抄本 [39]・丁・9
晉記六十八卷　清郭倫撰
　有裝堂刊本 [96]・十八・402
10晉二俊文集二十卷　晉陸機、陸
雲撰
　宋刊本 [1]・上・31
　宋華亭縣學刊本 [28]・十・1
　明刊本 [9]・後編・二十・7
　　　[98]・27

明汪士賢刊本　[30]・七・20
　[59]・六・7
　刊本　[71]・集・漢魏六朝別・
　2
12晉列國指掌二卷唐藩鎭指掌二卷
　明張大齡撰
　抄本　[39]・丁・14
23晉代許旌陽得道擒蛟鐵樹記二卷
　明鄧志謨撰
　明萬曆三十一年(1603)萃慶堂
　　余泗泉刊本　[69]・五・
　　169
31晉江海物異名記三卷　宋陳致雍
　撰
　宋刊本　[41]・八・34
40晉太康平吳記二卷　周張昭撰
　宋刊本　[41]・五・17
47晉朝十六國始末不分卷　清沈業
　撰
　　樹蘭堂原稿本　[96]・二十六・
　　536
　晉朝陷蕃記一卷　宋范質撰
　　宋刊本　[14]・後志・一・792
　晉朝陷蕃記四卷　宋范質撰
　　宋刊本　[41]・五・17
50晉史乘一卷楚史檮杌一卷　元吾
　邱衍輯
　　秘書二十一種本　[96]・二十
　　六・532
　刊本　[39]・丁・17
　　[74]・二・37
　晉史屬辭三卷　宋戴迅撰
　　宋刊本　[41]・十四・26
　晉書一百三十卷　唐房玄齡撰
　　北宋國子監刊本　[7]・中・
　　22
　　宋刊本　[9]・後編・四・5
　　[11]・十八・20
　　[14]・二上・102
　　[17]・・二・4　[22]・
　　三・12　[28]・五・6
　　[34]・一・14　[35]・
　　上・37　[35]・下・50
　　[37]・第一輯　[41]・

四・6　[47]・27
　[48]・一輯・28
　[58]・史・20　[65]・
　二・35　[68]・圖版
　165、目録36　[72]・10
宋刊麻沙細字本　[35]・下・
　49
宋刊小字本　[22]・三・12
　[35]・下・50　[91]・
　六・10
宋刊大字本　[91]・六・6
南宋國子監刊本　[7]・下・5
南宋嘉泰四年(1204)至開禧元
　年(1205)秋浦郡齋刊大字
　本　[2]・二・4
　[68]・圖版123、124、目
　錄29
南宋寶祐刊本　[35]・上・15
宋刊元明遞修本　[36]・53
南宋刊元修本　[35]・上・36
宋、元刊本　[92]・一・30
元刊本　[9]・五・26
　[92]・一・30　[98]・
　37
元刊明修本　[22]・三・13
明翻宋本　[9]・八・9
明翻宋大字本　[22]・三・13
　[30]・二・3　[35]・
　附錄・2
明刊本　[9]・八・8
　[76]・五・3
明萬曆吳仲虛西爽堂刊本
　[17]・二・4　[86]・
　六・103　[89]・二集・
　四・25
明萬曆周氏翻宋刊本　[26]・
　三・7
明南監刊本　[17]・二・4
　[74]・二・3　[96]・
　十五・323
明汲古閣刊本　[74]・二・3
清乾隆四年(1739)武英殿刊本
　[74]・二・3　[75]・
　十五・9

原刊本　[96]・十八・396
刊本　[89]・一集・四・18
　[89]・二集・四・21
南雍三朝本　[43]・五・6
日本天平間抄卷子本　[22]・
　三・12
晉書一百三十卷音義三十卷　唐
　房玄齡撰
　宋刊本　[93]・八・11
晉書音義三卷　唐何超撰
　宋刊本　[11]・十八・20
　[35]・上・37
　宋刊元補本　[30]・一・1
　元刊本　[16]・八・5
　[93]・八・12
　清乾隆四年(1739)武英殿刊本
　[75]・十五・9
晉書詳節三十卷　宋呂祖謙撰
　宋刊本　[9]・後編・四・24
晉書天文志三卷律曆志三卷五行
　志三卷　唐房玄齡撰
　金陵書局重刊毛本　[78]・算
　學書錄補注・97
晉書補傳贊一卷　清杭世駿撰
　董浦八種本　[96]・二十三・
　493
晉書載紀二十卷　唐房玄齡撰
　宋刊殘本　[17]・二・4
晉書地理志補正五卷附晉太康地
　道記一卷王隱晉書地道記一卷
　清畢沅撰
　經訓堂刊本　[74]・二・3
晉書指掌十二卷　宋劉薦編
　宋刊本　[14]・後志・一・795
晉書對注　唐房玄齡撰
　校刊本　[100]・22
晉春秋略二十卷　唐杜延業撰
　宋刊本　[14]・五上・545
　[41]・四・18
74晉陵先賢傳　明歐陽東鳳輯
　刊本　[39]・戊・24
76晉陽事蹟雜記十卷　唐李璋纂
　宋刊本　[41]・八・18
80晉公談錄一卷　不知撰人

宋刊本　[14]·三下·252
晉公談錄三卷
　見《丁晉公談錄》

1060_3　雷

08雷譜一卷　題金侃輯
　抄本　[71]·子·五行家·1
10雷霆合燄一卷
　見《雷霆合氣》
　雷霆合氣一卷　不著撰人
　抄本　[71]·子·五行家·1
22雷峯塔奇傳五卷　清人撰
　清嘉慶十一年(1806)坊刊本
　　[69]·五·177
35雷神紀事二卷　不知撰人
　刊本　[5]·二中·25
40雷塘菴主弟子記八卷　清張鑑編
　清刊本　[74]·二·29
　　[74]·續增·史·3
　清咸豐二年(1852)阮氏家塾刊
　本　[26]·四·17
　雷塘盦主弟子記八卷
　見《雷塘菴主弟子記》
80雷公炮製藥性解三卷　題明李中
梓撰
　坊刊本　[74]·三·19
　雷公炮製藥性解六卷　題明李中
梓撰
　清光緒三十一年(1905)校經山
　　房刊本　[79]·子·醫家
　　類·461
　雷公炮炙三卷　宋雷斅撰
　宋刊本　[14]·後志·二·865

1060_7　靁

50靁青日札三十九卷
　見《留青日札》

1060_9　否

50否泰錄一卷　明劉定之撰
　顧氏四十家小説本　[96]·十
　　九·420
　抄本　[39]·丁·34

1061_1　礏

60礏墨亭叢書二百二十二卷　不知
編者
　濟寧李氏抄本　[18]·下·14

1061_7　醯

60醯略四卷　趙信撰
　傳抄本　[59]·八·2

1062_0　可

00可廬著述十種敘錄一卷　清錢大
昕撰
　得自怡齋刊本　[96]·三十二·
　　602
　可齋雜稿三十四卷續稿八卷續稿
後十二卷　宋李曾伯撰
　影抄宋刊本　[71]·集·宋別·
　　55　[91]·三十一·14
　舊抄本　[11]·八十九·16
　　[8]·集二·462
　　[16]·四·15　[38]·
　　集·65　[39]·壬·38
　可齋詞六卷　宋李曾伯撰
　汲古閣抄本　[91]·四十·12
　可齋筆記　明彭時撰
　抄本　[39]·丁·35
09可談一卷
　見《萍洲可談》
21可經堂集七卷　明徐石麒撰
　清初刊本　[85]·十九·849
　刊本　[39]·癸下·34
　抄本　[85]·十九·849
25可傳集一卷耕學齋詩集十二卷
元袁華撰
　抄本　[39]·壬·69
46可如六卷　明董德鏞撰
　抄本　[71]·子·小説家·26
50可書一卷
　見《張氏可書》
51可軒曲林一卷　宋黃人傑撰
　宋刊本　[41]·二十一·9
77可閒老人集二卷　元張昱撰
　知不足齋抄本　[39]·壬·73

抄本　[74]·四·38
86可知編八卷　明楊慎輯
　刊本　[39]·庚·46

1064_8　碎

80碎金二卷　不著撰人
　明洪武刊小字本　[13]·27
　明刊本　[15]·3
　碎金詞譜不分卷　清謝元淮編
　清道光刊本　[64]·58
86碎錦詞一卷　宋李好古撰
　汲古閣影宋本　[11]·一百二
　　十·1　[91]·四十·18
　舊抄本　[11]·一百二十·1

醉

16醉醒石十五回　明人撰
　明刊本　[69]·三·98
20醉愛居印賞二卷　清王睿章撰
　原刊本　[96]·四十九·973
21醉經樓集六卷　明唐伯元撰
　刊本　[71]·集·明別·102
27醉鄉日月三卷　唐皇甫松撰
　宋刊本　[41]·十一·7
60醉愚堂集四卷　清朱維熊撰
　刊本　[71]·集·國朝別·50
80醉翁談錄四卷　宋金盈之撰
　毛抄殘本　[57]·215
　抄本　[11]·五十八·4
　醉翁談錄八卷　宋金盈之撰
　抄本　[34]·三·22

1071_6　電

21電術奇談　清吳趼人撰
　上海廣智書局排印本　[69]·
　　四·128

1071_7　瓦

22瓦崗寨五卷　清人撰
　清同治十三年(1874)廣東坊刊
　　小本　[69]·二·45
80瓦全居士詩詞二卷　宋王澡撰
　宋刊本　[41]·二十·21
　瓦缶集十二卷　清李宗渭撰

清刊本 [39]・癸下・56
[71]・集・國朝別・30

1073₁ 雲

00雲齋廣録十卷　宋李獻民撰
宋刊本 [14]・三下・261
金刊本 [67]・第五册・49
雲齋廣録八卷後集一卷　宋李獻
民撰
宋刊本 [29]・二・18
22雲巘詩集六卷　題朱素和編
明刊本 [8]・集七・629
雲仙雜記十卷　唐馮贄撰
明刊本 [9]・後編・十七・
19 [32]・九・20
[91]・二十一・3
[93]・十七・15
明隆慶五年(1571)葉氏綠竹堂
刊本 [1]・上・43
[36]・190 [68]・圖版
432、433、目録74
說郛本 [96]・六十三・1251
明抄本 [75]・四十六・5
影宋本 [17]・三・33
抄本 [39]・己・67
雲仙散録一卷　唐馮贄撰
宋刊本 [41]・十一・23
[48]・一輯・61
宋開禧刊本 [91]・二十一・
3
明嘉靖刊本 [17]・三・33
刊本 [89]・二集・五・22
雲仙散録十卷　唐馮贄撰
稽古堂刊本 [59]・八・3
雲峯胡先生文集十卷
見《胡雲峯先生文集》
雲峯悦禪師語録一卷　宋釋齊曉
編
宋刊本 [2]・三・47
雲山集八卷　元姬翼撰
元刊本 [33]・附録・5
舊抄本 [17]・四・36
[71]・集・黃冠・3
雲山日記一卷　元郭天錫撰

傳抄本 [60]・四・28
雲山日記四卷　元郭天錫撰
依知不足齋本抄本 [74]・二・
58
抄本 [102]・下・11
雲山堂集六卷　明魏裳撰
刊本 [39]・癸上・62
雲巢集十卷　宋沈遠撰
宋刊本 [41]・十七・21
明覆括蒼刊本 [36]・218
吳石倉抄校本 [91]・二十八・
9
舊抄本 [11]・七十七・7
[16]・三十・27
[74]・四・19 [75]・
五十四・10 [102]・
下・30
雲巢編十卷
見《雲巢集》
26雲泉詩一卷　宋薛蝸撰
舊抄本 [71]・集・宋別・68
[91]・三十二・5
精抄本 [91]・三十二・5
27雲墅隱居集三卷　宋蔡柟撰
宋刊本 [41]・二十・16
雲墅隱居集三卷浩歌集一卷　宋
蔡柟撰
宋刊本 [14]・五下・684
28雲谿集十二卷　宋郭印撰
文瀾閣傳抄本 [11]・八十一・
20 [28]・十二・14
傳抄文津閣本 [17]・四・21
雲谿樂府四卷　宋魏子敬撰
宋刊本 [41]・二十一・13
雲谿友議三卷　唐范攄撰
宋刊本 [9]・後編・五・31
[14]・三下・243
[35]・下・12 [58]・
子・110
明翻宋本 [17]・三・32
明刊本 [81]・子・12
[83]・三・26 [91]・
二十一・2
稗海本 [74]・三・74

刊本 [36]・189 [50]・
六・6 [71]・子・小
說家・2
校宋本 [93]・十七・15
舊抄本 [17]・三、33
雲谿友議十二卷　唐范攄撰
宋刊本 [41]・十一・7
明刊本 [11]・六十二・5
[60]・八・4
舊抄本 [11]・六十二・5
[32]・九・14 [101]・
中・2
傳抄本 [59]・八・3
雲谿居士集三十卷附録一卷　宋
華鎮撰
文瀾閣傳抄本 [11]・七十八・
1
37雲洞山房集二卷内閣奏稿十卷
明趙志皋撰
刊本 [39]・癸下・7
40雲臺編六卷　宋耿思柔纂
宋刊本 [14]・四下・507
雲臺編二卷　唐鄭谷撰
明嘉靖刊本 [11]・七十一・9
明抄本 [51]・三・8
雲臺編三卷　唐鄭谷撰
宋刊本 [41]・十九・21
明刊本 [34]・二・25
清葉石君校明嚴嵩刊本
[2]・四・20
明抄本何義門校宋本 [17]・
四・12
明抄本 [54]・五・25
影抄明嘉靖刊本 [91]・二十
五・19
舊抄本 [16]・二十九・16
雲臺編三卷宜陽外編一卷　唐鄭
谷撰
宋刊本 [14]・四中・404
雲南諸夷圖一卷　不知撰人
抄本 [5]・二下・18
雲南行紀二卷　唐韋齊休撰
宋刊本 [14]・後志・一・790
雲南通志三十卷　清范承勳等撰

125

清刊本　[71]・史・地志・7

雲南通志三十卷　清鄂爾泰等撰
　抄本　[71]・史・地志・7

雲南通志二百十六卷　清伊里布
　等纂
　清道光六年(1826)刊本
　　[74]・二・45

雲南志十卷　唐樊綽撰
　宋刊本　[14]・二下・167

雲南圖經志書　明鄭顒、陳文纂
　明景泰六年(1455)刊本
　　[68]・圖版368、目錄66

雲南錄三卷　宋辛怡顯撰
　宋刊本　[14]・後志・一・790

雲樵詩稿一卷　明徐孟章撰
　吳石倉抄本　[71]・集・明別・
　88

42雲韶堂紹陶錄二卷　宋王質撰
　吳枚菴手校本　[11]・二十六・
　14
　舊抄本　[11]・二十六・14
　　[16]・十三・8　[32]・
　　四・6　[38]・史・47
　　[39]・壬・13　[57]・
　　79　[59]・四・12
　　[71]・集・宋別・44
　　[74]・二・26　[75]・
　　二十一・15　[91]・九・
　　5　[93]・十・3
　　[102]・下・8

44雲麓漫抄十卷　宋趙彦衛撰
　抄本　[39]・己・42

雲麓漫抄十五卷　宋趙彦衛撰
　函海本　[74]・三・54
　刊本　[88]・續・13
　影抄宋刊本　[11]・五十七・
　16
　知不足齋抄本　[20]・四・11
　陳仲魚抄本　[26]・五・44
　吳尺鳧藏抄本　[26]・五・48

雲麓漫抄二十卷續抄二卷　宋趙
　彦衛撰
　宋刊本　[41]・十一・21

雲莊集五卷　宋曾協撰

文瀾閣傳抄本　[11]・八十四・
　1　　[28]・十二・15

雲莊集十二卷
　見《劉文簡公雲莊集》

雲莊歸田類稿二十八卷
　見《張文忠公文集》

雲莊禮記集説三十卷
　見《禮記集説》

雲莊四六餘話　一卷　宋楊囷道
　撰
　宋刊本　[41]・二十二・14
　　[58]・集・88　[65]・
　　五・69
　影抄宋刊本　[11]・一百十八・
　13

雲莊類稿二十八卷
　見《張文忠公文集》

雲逈淡墨六卷　明木增輯
　刊本　[39]・己・85

雲韓堂紹陶錄二卷
　見《雲韶堂紹陶錄》

雲林詩集十五卷
　見《倪雲林詩集》

雲林石譜三卷　宋杜綰撰
　明新安程興刊本　[64]・續・
　90
　説郛本　[96]・五十・997
　刊本　[39]・庚・39
　舊抄本　[93]・十六・2

雲林集二卷
　見《危太樸雲林集》

雲林集六卷
　見《貢文靖公雲林詩集》

雲林題跋三卷　不著撰人
　小玲瓏山館抄本　[71]・子・
　書畫家・8

雲林堂詞五卷　不知撰人
　刊本　[101]・中・21

45雲棲大師山房雜錄一卷　明釋袾
　宏撰
　刊本　[71]・集・釋子・11

48雲松巢詩集一卷　元朱希晦撰
　舊抄本　[51]・四・7

雲松巢詩集二卷　元朱希晦撰

舊抄本　[5]・四中・24

雲松巢詩集三卷　元朱希晦撰
　舊抄本　[11]・一百零九・2
　　[17]・四・35

雲松巢詩集十卷　元朱希晦撰
　抄本　[39]・壬・71

50雲中郡志　清胡文燁纂
　清刊本　[15]・3

雲中紀變　明孫允中撰
　抄本　[39]・丁・40

雲事評略四卷　明吳伯與撰
　刊本　[71]・史・地志・34

雲東漫稿二卷　明釋圓理撰
　明萬曆刊本　[92]・四・184

76雲陽集四卷
　見《李先生文集》

77雲鳳英譜
　見《雞冠花譜》

雲岡選稿二十卷　明龔用卿撰
　刊本　[39]・癸上・47

雲門志略五卷　明張元忭編
　明刊本　[91]・十二・5
　刊本　[71]・史・地志・66

雲門匡真禪師廣錄三卷　宋釋守
　堅編
　宋刊本　[29]・二・20

雲間雜識八卷　明李紹文撰
　抄本　[96]・六十五・1294

雲間予諡諸臣傳贊一卷　清陸秉
　笏撰
　竹素堂刊本　[85]・十七・749
　　[96]・二十三・494

雲間清嘯集一卷桂軒詩集一卷
　不知撰人
　明抄本　[50]・九・33

雲間志三卷　宋楊潛撰
　舊抄本　[11]・二十九・23
　　[16]・十六・2　[50]・
　　三・14　[80]・十四・
　　15

雲間志略二十四卷　明何三畏撰
　刊本　[39]・戊・24

80雲龕草堂後集二十六卷　宋李郿
　撰

宋刊本 [41]・十八・8
雲谷雜記四卷　宋張淏撰
　武英殿聚珍版本 [74]・三・48
　[96]・五十四・1077
　盧抱經校聚珍本 [91]・十八・27
雲谷臥餘二十卷　清張習孔撰
　刊本 [71]・子・雜家・45
雲谷臥餘二十卷續八卷　清張習孔撰
　刊本 [39]・己・64
82雲鍾雁三鬧太平莊全傳五十四回　清人撰
　清道光二十九(1849)瑯環書屋刊本 [69]・四・152
88雲笈七籤一百二十卷　宋張君房撰
　宋刊本 [14]・後志・二・878
　宋梵夾大字本 [92]・三・133
　蒙古乃馬真后三年刊道藏本 [68]・圖版264、目錄50
　明張萱刊本 [28]・九・21
雲笈七籤一百二十二卷　宋張君房撰
　金平水刊本 [2]・三・52
　[15]・1
　明刊本 [75]・五十・23
　[91]・二十二・16
　[93]・十八・14
　明清真館刊本 [8]・子二・361 [11]・六十六・26
　[96]・六十九・1361
　刊本 [39]・庚・95
　[71]・子・道家・6
　明初抄本 [17]・三・43
　明抄本 [17]・三・43
　[54]・四・39
雲笈七籤一百二十四卷　宋張君房撰
　宋刊本 [41]・十二・4
91雲煙過眼續錄一卷　元湯允謨撰
　奇晉齋叢書本 [96]・五十八・1155

雲煙過眼錄一卷　宋周密撰
　舊抄本 [5]・三上・38
　[38]・子・55 [92]・三・110 [93]・十六・23
雲煙過眼錄二卷　宋周密撰
　舊抄本 [11]・五十八・15
　[91]・十九・18
雲煙過眼錄三卷　宋周密撰
　舊抄本 [32]・八・15
雲煙過眼綠四卷　宋周密撰
　明萬曆華亭陳繼儒輯寶顏堂秘笈本 [86]・六・134
　[96]・五十八・1155
　刊本 [71]・子・書畫家・10
雲煙過眼錄四卷　宋周密撰　續錄一卷　元湯允謨撰
　元抄本 [74]・三・57
　[102]・下・22
雲煙過眼錄二卷別錄二卷　宋周密撰
　校抄本 [101]・中・4

1077_2 函

38函海一百五十五種　清李調元編
　清刊本 [74]・三・63
50函史上編八十一卷下編二十一卷　明鄧元錫撰
　清康熙二十年(1681)重刊本 [96]・十八・393
　刊本 [74]・二・15

1080_6 貢

00貢文靖公雲林詩集六卷　元貢奎撰
　明刊本 [9]・後編・十九・9
　[93]・二十二・9
　明洪熙刊本 [11]・九十九・12
　明弘治刊本 [16]・三十三・15
　刊本 [24]・集二・7
　舊抄本 [11]・九十九・13
　[17]・四・32 [28]・

　十三・3 [59]・七・5
　[71]・集・元別・8
貢文靖公雲林詩集十卷　元貢奎撰
　明抄本 [91]・三十三・25
　十萬卷樓抄本 [91]・三十三・25
貢文靖公雲林詩集十七卷　元貢奎撰
　林氏樓學齋抄本 [39]・壬・63
10貢雲林集十七卷
　見《貢文靖公雲林詩集》
11貢玩齋集十卷拾遺一卷
　見《貢禮部玩齋集》
35貢禮部玩齋集八卷　元貢師泰撰
　舊抄本 [74]・續增・集・7
貢禮部玩齋集十卷　元貢師泰撰
　刊本 [39]・壬・70
　抄本 [5]・四・34
貢禮部玩齋集十卷拾遺一卷　元貢師泰撰
　明刊本 [11]・一百零五・16
　明順刊本 [91]・三十四・18
　明嘉靖刊本 [38]・集・83
　[59]・七・10
　[71]・集・元別・15
　明抄本 [11]・一百零五・1
　清初抄本 [2]・五・10
　舊抄本 [16]・三十四・13
　[38]・集・84 [93]・二十二・19
44貢草圖集一卷　安南王子縣窨撰
　校刊本 [29]・三・34
77貢舉條式一卷　宋人撰
　影宋本 [91]・五・22
80貢父詩話一卷
　見《劉貢父詩話》

買

03買誼新書十卷
　見《新書》
10買至集十卷

見《賈幼幾集》
17賈子十卷
　見《新書》
24賈幼幾集十卷　唐賈至撰
　宋刊本 [14]·四上·353
　[41]·十六·13
27賈島長江集十卷
　見《賈浪仙長江集》
33賈浪仙長江集七卷　唐賈島撰
　明刊本 [50]·七·29
　賈浪仙長江集十卷　唐賈島撰
　宋刊本 [14]·四中·419
　[41]·十九·14
　明仿宋刊本 [11]·六十九·
　19　[32]·十·13
　[60]·六·24　[91]·
　二十五·5
　明洪武永樂間刊本 [30]·六·
　36
　明嘉靖蔣氏刊本 [17]·四·
　9
　席氏刊本 [17]·四·9
　刊本 [39]·辛·50
　明刊校宋本 [91]·二十五·
　6
　明汲古閣刊毛斧季校宋本
　[17]·四·9
　毛斧季據南宋刊校本 [60]·
　六·25
　毛刊校宋本 [32]·十·14
　陸敕先校宋本 [11]·六十九·
　17
　清錢求赤校汲古閣刊本
　[2]·四·13
　校本 [60]·六·22
　舊抄本 [51]·三·4
　[71]·集·唐別·16
　[100]·121
　精抄本 [16]·二十九·12
40賈太傳新書十卷
　見《新書》
71賈長江詩集十卷
　見《賈浪仙長江集》
72賈氏談録一卷　宋張洎撰

宋刊本 [14]·三下·250
　[41]·七·15
　勞平父校舊抄本 [17]·三·
　33
　舊抄本 [55]·三·7
　[75]·四十六·10
賈氏備史六卷　漢賈緯撰
　宋刊本 [41]·五·17
賈氏家祭禮一卷　唐賈頊撰
　宋刊本 [41]·六·17
80賈公談録一卷
　見《賈氏談录》

1090₀　不

10不二齋文選七卷　明張元忭撰
　刊本 [39]·癸下·9
　[71]·集·明別·94
26不得已二卷　清楊光先撰
　飼雀山房抄本 [17]·三·7
　舊抄本 [74]·三·46
　[50]·四·38
　南京國學圖書館影印本
　[78]·算學書録補注·90
　不得已録二卷
　見《不得已》
34不遠堂文集　明惲孫菴撰
　抄稿本 [57]·279
53不感堂集抄不分卷　明張濂撰
　抄本 [71]·集·明別·75
57不繫舟漁集一卷　元陳高撰
　刊本 [24]·集二·11
　不繫舟漁集十六卷　元陳高撰
　舊抄本 [71]·集·元別·19
　[91]·三十四·19
　傳抄本 [32]·十三·21
　不繫舟漁集十五卷附録一卷　元
　陳高撰
　舊抄本 [11]·一百零五·19
　[16]·三十四·30

1090₁　示

77示兒編三十三卷
　見《履齋示兒編》

1090₄　栗

44栗菴遺稿二卷　明鄭環撰
　刊本 [39]·癸上·32

1096₃　霜

21霜紅龕集十二卷　明傅山撰
　抄本 [26]·十·6
　霜紅龕集四十卷附録三卷年譜一
　卷　明傅山撰
　清宣統三年(1911)山陽丁氏刊
　本 [85]·二十·910
25霜傑集三十卷　宋董穎撰
　宋刊本 [41]·十八·19
42霜猨集一卷　周同谷撰
　琳琅祕室叢書本 [74]·四·
　51　[85]·二十四·1037
　遜菴叢編本 [85]·二十四·
　1037
　屑玉叢談本 [85]·二十四·
　1037
　孟森校訂補注本 [85]·二十
　四·1037
　霜猨集四卷　周同谷撰
　虞山叢刊本 [85]·二十四·
　1037
　商務印書館鉛印本 [85]·二
　十四·1037
63霜哺遺音六卷　清袁又愷輯
　清刊本 [57]·328
71霜厓詞録一卷　吳梅撰
　刊本 [57]·310

1111₀　北

00北齊文紀三卷　清梅鼎祚輯
　刊本 [39]·辛·7
　北齊還冤志二卷　隋顏之推撰
　宋刊本 [41]·十一·3
　北齊書五十卷　唐李百藥撰
　北宋國子監刊本 [7]·中·
　24
　宋刊本 [14]·二上·107
　[17]·二·5
　[41]·四·8　[92]·

二·32
宋眉山刊本　[36]·67
　　[54]·一·35　[60]·
　　四·3　[98]·36
南宋國子監刊本　[7]·下·5
宋刊明修本　[11]·十八·21
　　[28]·續·五·16
　　[35]·上·16　[91]·
　　六·12
明刊本　[9]·八·13
明南監刊本　[74]·二·4
　　[96]·十五·329
汲古閣刊本　[74]·二·4
清乾隆四年(1739)武英殿刊本
　　[74]·二·4　[75]·
　　十五·10
南雍三朝本　[43]·五·9
刊本　[47]·48
07北郊配位議一卷　清毛奇齡撰
西河全集本　[74]·二·66
　　[96]·二十九·566
北郭集六卷　明徐賁撰
明刊本　[55]·五·2
刊本　[39]·癸上·5
　　[71]·集·明別·12
北郭集十卷　明徐賁撰
明刊本　[11]·一百十一·18
明成化刊本　[55]·五·14
舊抄本　[91]·三十五·22
北郭集六卷　元許恕撰
抄本　[39]·壬·77
　　[71]·集·元別·21
北郭集四卷補遺一卷　元許恕撰
趙曦明手抄本　[59]·七·10
北郭集六卷補遺一卷　元許恕撰
舊抄本　[11]·一百零六·12
　　[93]·二十二·21
傳抄本　[60]·七·8
北郭集六卷補遺一卷集遺　元許
恕撰
鮑淥飲手抄本　[75]·六十·1
10北平錄一卷　明人撰
抄本　[39]·丁·30
17北磵文集八卷　宋釋居簡撰

宋刊殘本　[38]·集·67
影宋抄殘本　[17]·四·27
北磵文集十卷　宋釋居簡撰
趙谷林校抄本　[11]·九十一·
　　6
明謝在杭抄本　[2]·四·3
舊抄本　[11]·九十一·8
　　[17]·四·27　[28]·
　　十二·16　[32]·十二·
　　25　[91]·三十·24
北磵文集三十八卷　宋釋居簡撰
明抄本　[18]·下·28
北磵詩集九卷　宋釋居簡撰
抄本　[71]·集·釋子·4
北磵詩集九卷文集十卷　宋釋居
簡撰
知不足齋抄本　[39]·壬·52
舊抄本　[93]·二十一·28
北磵和尚外集　宋釋居簡撰
宋刊本　[70]·三·53
北磵禪師詩集九卷
見《北磵詩集》
21北征雜記一卷　唐趙憬撰
宋刊本　[41]·七·5
北征記一卷　明楊榮撰
明弘治十七年(1504)劉氏安正
堂刊本　[68]·圖版387、
目錄68
說海本　[96]·十九·420
北征紀實二卷　宋蔡絛撰
宋刊本　[41]·五·20
北征紀略一卷　明張煌言撰
適園叢書魯春秋附刊本
　　[85]·十二·589
四明叢書張蒼水集本　[85]·
　　十二·589
北征事蹟　明袁彬撰
抄本　[39]·丁·34
北征錄一卷
見《金文靖公北征錄》
北征錄十二卷
見《翠微先生北征錄》
北行日譜一卷　明朱祖文撰
知不足齋叢書本　[85]·四·

198　　[96]·二十四·
　　505
北行日錄一卷　宋樓鑰撰
宋刊本　[41]·七·14
北行日錄二卷　宋樓鑰撰
知不足齋叢書本　[96]·二十
　　四·501
北行日錄八卷　明汪梅編
舊抄本　[74]·二·18
　　[102]·下·6
北虜風俗不分卷　明蕭大亨撰
明刊本　[55]·二·21
北虞先生遺文六卷　明邵圭潔撰
刊本　[39]·癸下·1
　　[71]·集·明別·90
22北山詩話一卷　不著撰人
抄本　[5]·四下·26
北山慧議一卷　宋王遘撰
宋刊本　[41]·二十二·6
北山集三十卷
見《鄭忠愍公北山文集》
北山集略十卷　宋陳孔碩撰
宋刊本　[41]·十八·33
北山律式二卷　宋程俱撰
抄本　[39]·壬·21
北山紀事十二卷　宋王遘撰
宋刊本　[41]·十一·21
北山錄七卷　唐釋神清撰、蜀釋
慧寶注
北宋刊本　[31]·26
宋刊殘本　[31]·28
　　[33]·子·54、56
北山錄注解隨函二卷　宋釋德珪
撰
北宋刊本　[31]·12
北山小集四十卷　宋程俱撰
宋刊本　[10]·46　[35]·
　　上·57　[41]·十八·
　　6　[58]·集·77
　　[97]·一·16、19
刊本　[24]·集一·30
　　[88]·續·18
張芙川影宋本　[18]·下·29
影抄宋刊本　[11]·八十·

17 ［16］·三十一·11
［17］·四·21 ［39］·
壬·21 ［93］·二十一·
5

舊抄本 ［50］·八·33
［59］·六·23 ［60］·
六·33 ［71］·集·宋
別·31 ［91］·二十九·
7

影印傳抄本 ［36］·225

25北使紀略一卷 清陳洪範撰
荆駝逸史本 ［85］·十·500

北使錄一卷
見《李侍郎北使錄》

27北歸志一卷 清王士禎撰
漁洋山人著述本 ［96］·二十
四·507

28北谿腐齋十一稿續集三十卷 宋
陳淳撰
舊抄本 ［60］·六·43

北谿先生字義二卷 宋陳淳撰
明刊本 ［93］·十三·12
賜書樓刊本 ［96］·三十六·
683
刊本 ［39］·己·7 ［71］·
子·儒家·12 ［74］·
三·5

北谿先生字義二卷 宋陳淳撰
附嚴陵講義一卷 宋王雋編
宋刊本 ［14］·五上·538
明弘治刊本 ［11］·四十一·4
［91］·十五·16

北谿先生大全文集五十卷 宋陳
淳撰
元刊本 ［39］·壬·35
明藍格抄本 ［32］·十二·18
舊抄本 ［93］·二十一·21
［102］·下·33

北谿先生大全文集五十卷外集一
卷 宋陳淳撰
明弘治三年(1490)撫州刊本
［17］·四·26 ［71］·
集·宋別·55
明藍格抄本 ［60］·六·38

舊抄本 ［11］·八十八·4
［12］·六·18 ［74］·
四·28

30北户錄三卷 唐段公路纂、崔龜
圖注
元刊本 ［9］·六·15
明刊校宋本 ［91］·十二·11
清道光十一年(1831)晁氏活字
印本 ［68］·圖版645、目
錄103
影宋抄本 ［11］·三十四·1
明抄本 ［38］·史·73
舊抄本 ［26］·四·11
［75］·二十七·14
［93］·十一·16
文瀾閣傳抄本 ［16］·十七·4
傳抄本 ［32］·四·23

北窗瑣語一卷 明余永麟撰
硯雲甲編本 ［96］·六十五·
1289
抄本 ［39］·庚·32

北窗炙輠錄一卷 宋施德操撰
吳翌鳳抄本 ［74］·三·79
抄本 ［102］·下·25

北窗炙輠錄二卷 宋施德操撰
讀畫齋叢書本 ［96］·六十四·
1275
吳兔床校奇晉齋本 ［92］·三·
126
舊抄本 ［11］·六十三·16
［32］·九·15 ［39］·
己·70 ［91］·二十一·
12

北宋三遂平妖傳四十回 不知撰
人
明金閶嘉會堂刊本 ［77］·四·
127

北宋志傳通俗演義題評十卷 不
知撰人
明唐氏世德堂刊本 ［77］·三·
67

北宋人小集 不知編者
抄本 ［39］·辛·19

北宋金鎗全傳十卷 不知撰人

清道光三年(1823)博古堂刊本
［69］·二·49

31北江詩話六卷 清洪亮吉撰
粵雅堂刊本 ［74］·四·74

北涇草堂外集 清陳棟撰
清道光三年(1823)周之琦刊本
［68］·圖版564、目錄92

北河續記七卷 清閻廷謨撰
清刊本 ［39］·丁·77

北河續記八卷 清閻廷謨撰
清刊本 ［74］·二·50

北河紀八卷 明謝肇淛撰
刊本 ［71］·史·地志·71

34北遼遺事二卷 不著撰人
宋刊本 ［14］·二下·146

36北邊備對一卷 宋程大昌撰
明刊本 ［11］·三十四·3
［75］·二十七·17
古今逸史本 ［74］·二·52

北邊備對六卷 宋程大昌撰
宋刊本 ［41］·八·40

北邊備對一卷附北轅錄一卷 宋
程大昌撰
抄本 ［93］·十一·13

37北湖集五卷 宋吳則禮撰
舊抄本 ［93］·二十八·16
文瀾閣傳抄本 ［11］·七十八·
16 ［16］·三十·34
傳抄清四庫底本 ［8］·集二·
440
傳抄本 ［28］·十一·21

北湖集十卷 宋吳則禮撰
知不足齋抄本 ［91］·二十八·
16

北湖集十卷長短句一卷 宋吳則
禮撰
宋刊本 ［41］·十七·34

北澗禪師詩集九卷
見《北礀詩集》

38北海集六十卷 宋綦崇禮撰
宋刊本 ［14］·五下·669
［41］·十八·8

北海集四十六卷 宋綦崇禮撰
明刊本 ［32］·十四·15

北海集四十六卷附録二卷　宋綦
　崇禮撰
　舊抄本　[32]・十一・22
北海集四十六卷附録三卷　宋綦
　崇禮撰
　抄本　[74]・四・23
　　[102]・下・31
北海集四十六卷附録三卷　宋綦
　崇禮撰
　文瀾閣傳抄本　[11]・八十二・
　7
北海經學七録八卷　清孔廣林撰
　古儶樓刊本　[20]・一・21
北海先生文集六十卷
　見《北海集》
北遊詩一卷
　見《楚石大師北遊詩》
北遊日記一卷　清顧宗泰撰
　月滿樓全集本　[96]・二十四・
　512
北遊日記一卷　陸嘉淑撰
　傳抄本　[60]・四・29
北遊録不分卷　明談遷撰
　中華書局鉛印本　[85]・二十
　一・942
　抄本　[85]・二十一・942
北道刊誤志一卷　宋王瓘撰
　抱經樓抄本　[75]・二十七・4
43北狩行録一卷　宋王若冲撰
　宋刊本　[41]・五・24
北狩見聞録一卷　宋曹勛撰
　宋刊本　[41]・五・24
　學津討原本　[96]・十九・413
　穴硯齋抄本　[30]・五・1
　駱光啓抄本　[30]・七・2
　瓶花齋抄本　[39]・丁・23
　抄本　[75]・十九・9
北狩聞見録一卷
　見《北狩見聞録》
44北夢瑣言二十卷　宋孫光憲撰
　稗海本　[74]・三・75
　雅雨堂叢書本　[96]・六十四・
　1257
　校盧本　[60]・八・6

校本　[54]・四・12
精抄本　[16]・二十七・1
抄本　[5]・二上・14
　[100]・25
北夢瑣言三十卷　宋孫光憲撰
　宋刊本　[14]・三下・245
　[41]・十一・9
北苑貢茶録一卷
　見《宣和北苑貢茶録》
北苑拾遺一卷　宋劉昇撰
　宋刊本　[14]・三上・235・
　[41]・十四・16
北苑別録一卷　宋趙汝礪撰
　明刊本　[11]・五十三・19
　舊抄本　[75]・四十・13
北燕巖集四卷　明黃公輔撰
　廣東叢書本　[85]・十九・882
46北觀詩集四卷山中集一卷南行集
　四卷東遊集二卷　明邱雲霄撰
　刊本　[39]・癸下・2
50北史一百卷　唐李延壽撰
　北宋國子監刊本　[7]・中25
　宋刊本　[11]・十九・1
　[14]・二上・128
　[28]・續・五・7
　[35]・上・34
　[41]・四・16　[58]・
　史・23　[72]・11
　[73]・圖版23　[93]・
　八・15　[94]・二・2
　南宋國子監刊本　[7]・下・5
　元刊本　[17]・二・5　[28]・
　二・12　[35]・上・40
　[38]・史・11　[47]・
　69　[48]・二輯上・55
　[92]・二・33
　元刊黑口本　[92]・二・33
　元刊小黑口本　[92]・二・33
　元大德信州路儒學刊本
　[11]・十九・1　[18]・
　・上・12　[36]・82
　[38]・史・11　[59]・
　四・3　[91]・六・14
　[93]・八・17

元大德信州路儒學刊明嘉靖元
　年(1522)重修本　[17]・
　二・5　[68]・圖版304、
　目録57
明萬曆南監刊本　[30]・二・
　3　[74]・二・5
　[96]・十五・333
汲古閣刊本　[74]・二・5
清乾隆四年(1739)武英殿刊本
　[74]・二・5　[75]・十
　五・10
南雍三朝本　[43]・五・16
刊本　[89]・一集・四・19
北史詳節二十八卷　宋呂祖謙編
　宋刊本　[9]・後編・四・24
　[60]・四・30
　元刊本　[91]・十・1
北事補遺一卷　明馮夢龍撰
　甲申紀事本　[85]・八・357
　荊駝逸血録本　[85]・八・357
51北軒筆記一卷　元陳世隆撰
　知不足齋叢書本　[96]・五十
　六・1132
54北轅集一卷　明歐大任撰
　明趙用光抄本　[71]・集・明
　別・87
　傳抄本　[32]・十四・14
北轅録一卷　宋周煇撰
　校明本　[61]・五・4
55北曲聯樂府三卷
　見《張小山北曲聯樂府》
60北里志一卷
　見《孫内翰北里志》
北園蛙鳴集十二卷　明鄭瓘撰
　明刊本　[8]・集五・572
　刊本　[71]・集・明別・27
67北墅緒言五卷　清陸次雲撰
　陸雲士雜著本　[96]・七十・
　1397
北墅抱瓮録一卷　清高士奇撰
　江村全集本　[96]・五十一・
　1019
北盟集補五十卷　不知撰人
　宋刊本　[41]・五・26

北盟會編
　見《三朝北盟會編》
70北雅　明朱權撰
　明萬曆三十年(1602)張萱黛玉
　　軒刊本　[68]·圖版444、
　　目錄75
77北門集十二卷　宋徐鳳撰
　宋刊本　[14]·五下·656
　北學編三卷　清魏一鼇撰
　清刊本　[74]·二·32
　　[74]·續增·子·1
90北堂書抄三十四卷　唐虞世南撰
　清光緒十五年(1889)歸安姚覲
　　元活字印本　[26]·六·
　　9
　北堂書抄一百六十卷　唐虞世南
　　撰
　宋刊本　[41]·十四·20
　明刊本　[9]·後編·十七·7
　　[96]·六十·1192
　明陳禹謨刊本　[80]·二·10
　刊本　[5]·三下·33　[71]·
　　子·類事·5
　百衲本　[18]·上·43
　南海孔氏校宋刊本　[75]·四
　　十五·2
　校明刊本　[101]·下·4
　明抄本　[11]·五十九·1
　　[17]·三·29　　[54]·
　　四·22
　明藍格抄本　[32]·九·1
　明人影宋抄本　[1]·上·26
　影宋抄本　[4]·8
　舊抄本　[16]·二十六·1
　　[50]·六·1　[75]·四
　　十五·1　[93]·十七·
　　1
　北堂書抄一百七十三卷　唐虞世
　　南撰
　宋刊本　[14]·後志·二·850

耻

00耻亭遺書十卷　清周宗濂撰
　抄本　[39]·丙·20

44耻菴集十一卷　明陳煒撰
　刊本　[39]·癸上·22
　耻菴集十一卷附錄一卷　明陳煒
　　撰
　刊本　[71]·集·明別·46

1111₁　非

40非有齋類稿五十卷　宋劉一止撰
　宋刊本　[41]·十八·10
60非國語二卷　唐柳宗元撰
　宋刊本　[14]·一下·73

玩

00玩鹿亭詩稿二卷　明萬表撰
　明刊本　[91]·三十七·15
　玩齋集十卷
　　見《貢禮部玩齋集》
50玩畫齋雜著編八卷　明姚翼撰
　明刊本　[8]·集五·574
　明萬曆刊本　[19]·24
　刊本　[39]·癸上·19
　　[71]·集·明別·39
　玩畫齋集八卷
　　見《玩畫齋雜著編》
　玩畫齋藏書目錄　明姚翼撰
　刊本　[25]·9
60玩易意見二卷　明王恕撰
　刊本　[24]·經一·22
　抄本　[39]·甲·10
　玩易樓藏書目錄　明沈節甫撰
　刊本　[25]·9

1111₄　班

40班左誨蒙三卷　宋程俱撰
　宋刊本　[41]·十四·25
　抄本　[16]·二十六·5
71班馬字類　宋婁機撰
　刊本　[89]·一集·三·57
　　[89]·二集·一·45
　班馬字類二卷　宋婁機撰
　宋刊本　[41]·三·47
　明刊本　[9]·八·44
　清馬氏小玲瓏山館覆宋本
　　[2]·一·34

明抄本　[38]·經·54
　虞山席氏影宋精抄本　[66]·
　　目錄5
　影宋抄本　[9]·後編·八·3
班馬字類三卷　宋婁機撰
　宋刊本　[9]·後編·一·6
　　[9]·後編·三·28、29
班馬字類五卷　宋婁機撰
　清馬氏小玲瓏山館仿宋淳熙本
　　[74]·一·53
　舊刊本　[60]·一·26
　刊本　[39]·丙·35
　影抄宋刊本　[75]·十一·17
　　[83]·一·18
　舊抄本　[93]·七·12
班馬字類五卷　宋婁機撰　補遺
　宋李曾伯撰
　汲古閣毛氏舊抄本　[36]·30
　影宋抄本　[38]·經·54
　舊抄本　[11]·十四·11
　　[16]·七·14　　[93]·
　　七·15
班馬字類補遺二卷　宋婁機撰、
　李曾伯補
　清馬氏小玲瓏山館小字本
　　[88]·二·1
　仿宋大字本　[88]·二·1
班馬異同三十五卷　宋倪思撰
　明刊本　[11]·十八·15
　　[91]·六·5
　明嘉靖十六年(1537)刊本
　　[12]·四·5
　明天啓四年(1624)閩啓祥刊劉
　　辰翁評點本　[26]·三·
　　2
　明李元陽校刊本　[96]·十五·
　　316
　坊刊本　[74]·二·2
　刊本　[39]·戊·76
88班餘翦燭集十四卷　清常安撰
　刊本　[71]·集·國朝別·66

1111₆　疆

50疆事集　不著撰人

抄本　[85]・二・112

1111₇　甄

:10甄正論二卷　唐釋玄嶷撰
　　明抄本　[91]・二十二・3
　甄正論三卷　唐釋玄嶷撰
　　明初刊本　[4]・17
　甄正論三卷　唐釋法琳撰
　　宋刊本　[14]・後志・二・890

項

:44項荷譜一卷　清楊鐘寶撰
　　寶廉堂刊本　[96]・五十一・
　　1011

1112₀　珂

:10珂雪齋集選二十四卷　明袁中道
　撰
　　刊本　[71]・集・明別・108
　珂雪齋近集十卷　明袁中道撰
　　刊本　[39]・癸下・17
　珂雪齋前集八卷　明袁中道撰
　　明刊本　[8]・集五・586

1112₁　珩

14珩璜新論一卷　宋孔平仲撰
　　墨海金壺本　[96]・五十六・
　　1108
　　明王肯堂抄本　[2]・三・27
　　明抄本　[75]・四十三・10
　　瓶花齋抄本　[39]・己・38
　　先君子從畢氏抄本　[20]・四・
　　18
　　舊抄本　[11]・五十七・8、9
　　[50]・五・47、48　[55]・
　　二・41　[91]・十九・
　　3　[93]・十六・18
　珩璜新論一卷洛陽搢紳舊聞記五
　卷　宋孔平仲撰
　　小山堂抄本　[71]・子・雜家・
　　3

1112₇　巧

12巧聯珠四卷　清人撰

可語堂刊本　[69]・四・142

1113₂　琢

50琢春詞二卷　清江炳炎撰
　　刊本　[71]・集・詞・11

1118₆　項

42項斯集一卷　唐項斯撰
　　宋刊本　[41]・十九・18
　72項氏家說十卷附錄二卷　宋項安
　世撰
　　聚珍刊本　[74]・三・4
　項氏家說十卷附錄四卷　宋項安
　世撰
　　宋刊本　[14]・五上・599
　　[41]・三・35

1120₇　琴

08琴說一卷　唐李勉撰
　　宋刊本　[41]・十四・1
　琴說一卷　唐薛易簡撰
　　宋刊本　[41]・十四・2
　琴譜四卷　題陳眉公訂正
　　抄本　[57]・183
　琴譜六卷　元熊朋來撰
　　抄本　[102]・下・3
　琴譜八卷　明楊表正撰
　　明刊本　[74]・三・40
　　[102]・上・21
　琴譜八卷　不知撰人
　　宋刊本　[41]・十四・3
　琴譜十六卷　宋石孝隆纂
　　宋刊本　[41]・十四・3
　琴譜不分卷　明黃獻撰
　　原刊本　[96]・四十九・965
　琴譜正傳六卷　明黃獻撰
　　刊本　[39]・庚・34
　琴譜全集不分卷　不著撰人
　　元刊本　[75]・三十九・14
09琴談二卷　清程允基撰
　　刊本　[39]・庚・35
10琴三訣一卷　題白雲先生撰
　　宋刊本　[41]・十四・2
11琴瑟譜三卷　明汪浩然撰

刊本　[39]・庚・34
20琴統一卷外篇一卷　徐理撰
　　舊抄本　[93]・十五・20
21琴經一卷　題諸葛亮撰
　　宋刊本　[41]・十四・1
22琴川志十五卷　元盧鎮撰
　　孫二酉校汲古閣刊本　[30]・
　　六・17
　　影抄元刊本　[16]・十六・25
　　[93]・十一・9
　　舊抄本　[11]・三十二・10
　　[50]・三・24　[57]・
　　98　[59]・三・4
47琴趣外篇三卷　宋葉夢得撰、曹
　鴻注
　　宋刊本　[41]・二十一・17
50琴史六卷　宋朱長文撰
　　宋刊本　[35]・上・2　[41]・
　　十四・2
　　刊本　[5]・一下・4
　　棟亭十二種本　[96]・四十九・
　　965
　　校宋本　[28]・九・8
　　清吳尺鳧校明抄本　[2]・三・
　　15
　　影宋抄本　[9]・後編・八・5
　　[18]・上・41　[35]・
　　下・8　[38]・子・38
　　舊抄本　[39]・庚・33
　　[93]・十五・20
　琴史十卷　宋朱長文撰
　　鮑以文校宋本　[11]・五十二・
　　19
　琴書三卷　唐趙惟暕撰
　　宋刊本　[41]・十四・1
51琴軒集一卷　宋李有慶撰
　　宋刊本　[41]・二十・7
55琴曲詞一卷　不知撰人
　　宋刊本　[41]・十四・2
56琴操一卷　不著撰人
　　宋刊本　[41]・十四・2
　琴操二卷　漢蔡邕撰
　　平津館刊本　[74]・三・39
　　抄本　[75]・八・6

琴操譜十五卷調譜四卷　宋張嚴撰
　　宋刊本　[41]・十四・3
77琴學二卷
　　見《琴學內外篇》
　　琴學心聲二卷　清張臻鳳撰
　　刊本　[39]・庚・35
　　琴學心聲二卷附聽琴詩一卷　清張臻鳳撰
　　原刊本　[96]・四十九・967
　　琴學內外篇二卷　清曹庭棟撰
　　清乾隆十五年(1750)刊本
　　　[39]・庚・35　　[96]・四十九・969
80琴義--卷　題劉籍撰
　　宋刊本　[41]・十四・2
88琴箋十卷　宋苟以道撰
　　宋刊本　[14]・一上・58
90琴堂論俗編二卷　宋鄭至道撰
　　抄本　[28]・八・12

1121₁　麗

00麗文集一卷　明麗文撰
　　刊本　[24]・集二・23
24麗崎軒集四卷　明查應光撰
　　刊本　[39]・癸下・22
36麗澤論説集録十卷　宋呂祖謙撰
　　宋刊本　[9]・後編・五・9　[11]・四十・1　[28]・六・9　[33]・子・5　[35]・上・45　[41]・三・34　[93]・十三・10
　　振綺堂抄本　[39]・己・5
　　舊抄本　[60]・二・5　[74]・三・4　[75]・三十二・4　[102]・下・14
　　精抄本　[91]・十五・13
麗澤集十卷附關鍵一卷　不著撰人
　　宋刊本　[58]・集・147　[93]・二十三・26　[94]・四・12
麗澤集詩三十五卷　不著編者

宋刊本　[35]・下・33　[58]・集・146　[93]・二十三・26　[94]・四・12
62麗則集五卷　唐李氏撰
　　宋刊本　[14]・四下・501
麗則遺音四卷
　　見《麗則遺音古賦程式》
麗則遺音古賦程式四卷　元楊維楨撰
　　元至正刊本　[58]・元・123　[93]・二十二・26
　　元刊抄配本　[52]・三・21
　　明初刊本　[11]・一百零九・20
　　明汲古閣刊本　[64]・30
　　抄本　[39]・壬・71
95麗情集二十卷　宋張唐英編
　　宋刊本　[14]・後志・二・838

1123₂　張

00張應文藏書七種九卷附三卷　明張應文輯
　　明萬曆二十四年(1596)刊本　[26]・六・80
張廣谿學文餘集四卷　安南張登桂撰
　　抄本　[29]・三・34
張文烈公集不分卷　明張家玉撰
　　刊本　[71]・集・明別・119
張文烈公遺集六卷附餘一卷　明張家玉撰
　　東莞張氏輯刻本　[85]・十九・880
　　國粹叢書本　[85]・十九・880
張文烈公軍中遺編不分卷　明張家玉撰
　　傳抄本　[85]・十九・880
張文秉公集十八卷
　　見《張文忠公文集》
張文貞公集十二卷　清張玉書撰
　　清乾隆五十七年(1792)刊本　[85]・七・339
張文獻公集十二卷

見《曲江集》
張文潛文集十三卷　宋張耒撰
　　明刊本　[9]・後編・十八・17　[93]・二十・24
　　明嘉靖刊本　[8]・集二・435　[30]・三・22　[86]・六・19　[91]・二十八・3
　　刊本　[24]・集一・24
　　校宋刊本　[55]・六・15
　　清徐渭如據宋校明郝梁刊本　[2]・四・30
　　校明嘉靖刊本　[55]・四・14
　　明抄本　[21]・一・37
張文潛文集六十卷　宋張耒撰
　　清謝浦泰抄本　[2]・四・29
　　舊影抄本　[39]・壬・11
　　舊抄本　[11]・七十七・1　[71]・集・宋別・21　[75]・五十四・9　[91]・二十八・2
張文忠公文集十八卷　明張孚敬撰
　　刊本　[39]・癸上・42
張文忠公文集十九卷　明張孚敬撰
　　明萬曆四十三年(1615)刊本　[74]・四・43　[102]・上・32
張文忠公文集二十四卷　元張養浩撰
　　元刊本　[17]・四・29
張文忠公文集二十八卷　元張養浩撰
　　元刊本　[11]・九十四・22　[16]・三十二・15　[32]・十三・4　[35]・上・53　[67]・第五册・68
　　元延統刊本　[43]・四・47
　　羅臺山校籍書園抄本　[8]・集三・475
　　影抄元刊本　[59]・七・1
　　清邵二雲抄本　[2]・五・1

張文忠公文集二十八卷附錄一卷
　元張養浩撰
　元刊本　[28]・續・十三・3
　抄本　[71]・集・元別・8
張文忠公雲莊歸田類稿二十八卷
　見《張文忠公文集》
張文忠公休居自適小樂府一卷
　元張養浩撰
　明成化刊本　[2]・五・40
張文昌文集四卷
　見《張司業詩集》
張章簡華陽集四十卷　宋張綱撰
　宋刊本　[41]・十八・10
　明刊本　[11]・八十一・7
　明萬曆刊本　[71]・集・宋別・
　33
　刊本　[88]・五・21
　舊抄本　[11]・八十一・4
　[16]・三十一・14
　[93]・二十一・5
張襄壯奏疏六卷　清張勇撰
　原刊本　[96]・二十一・438
08張說之集十卷
　見《張燕公集》
10張三丰先生全集八卷　元道士張
　全撰
　抄本　[12]・六・30
張正見詩一卷
　見《張散騎詩集》
張玉田詞二卷　宋張炎撰
　明林氏抄本　[2]・五・41
　舊抄本　[71]・集・詞・7
　[91]・四十・23
張于湖集八卷
　見《于湖居士文集》
張平叔悟真篇集註五卷
　見《悟真篇註》
張可華先生疏稿六卷　明張棟撰
　明萬曆四十一年(1613)王延俞
　刊本　[85]・二・92
12張登集六卷　唐張登撰
　宋刊本　[14]・四中・381
張水南集十一卷　明張袞撰
　明隆慶元年(1567)刊本

[59]・七・16
　刊本　[39]・癸上・43
16張碧歌詩集一卷　唐張碧撰
　宋刊本　[41]・十九・13
17張弼易十卷
　見《易傳》
張承吉文集六卷　唐張佑撰
　舊抄本　[20]・五・8
張承吉文集十卷　唐張佑撰
　宋蜀刊本　[2]・四・18
張子語錄三卷　宋張載撰
　宋刊本　[14]・五下・686
　宋福建漕治刊本　[68]・圖版
　198、199、目錄40
張子語錄三卷後錄二卷　宋張載
　撰
　宋刊本　[35]・上・43
　[58]・子・87　[93]・
　十三・9　[94]・三・1
　天臺吳建福建刊本　[36]・163
張子韶孟子傳二十九卷
　見《孟子傳》
張子經學理窟五卷　宋張載撰
　刊本　[74]・三・3
張子和心鏡別集一卷
　見《心鏡別集》
張子和醫書十二卷　宋張從正撰
　金刊本　[58]・子・47
　明刊本　[72]・19
張子宜詩集六卷文集六卷　明張
　適撰
　十萬卷樓抄本　[91]・三十五・
　11
張子宜詩集六卷文集六卷詩集補
　遺二卷　明張適撰
　舊抄本　[11]・一百十一・26
張子淵詩集六卷　元張仲深撰
　刊本　[88]・五・38
　文瀾閣傳抄本　[11]・一百零
　四・16
張子太極解義一卷　宋張杕撰
　宋刊本　[14]・五下・694
張子壽文集二十卷
　見《曲江集》

張子抄釋六卷　明呂柟撰
　坊刊本　[74]・三・5
張子野詞一卷　宋張先撰
　宋刊本　[41]・二十一・2
　明抄本　[91]・四十・2
　錢頤仲孫艾抄本　[50]・十・
　41
張子野詞二卷補遺二卷　宋張先
　撰
　抄本　[75]・六十四・22
張翠屏集四卷
　見《翠屏集》
張司空集三卷　晉張華撰
　宋刊本　[14]・四上・328
　[41]・十六・4
張司業詩集一卷　唐張籍撰
　黃莞圃校舊抄本　[17]・四・
　9
　舊抄本　[11]・六十九・13
張司業詩集三卷　唐張籍撰
　宋刊本　[41]・十九・11
　[50]・七・25
　宋臨安陳氏書籍鋪刊本
　[67]・第五冊・20
　明刊配抄本　[50]・七・24
張司業詩集四卷　唐張籍撰
　宋蜀刊本　[2]・四・11
張司業詩集五卷　唐張籍撰
　宋刊本　[14]・四上・375
張司業詩集六卷　唐張籍撰
　明嘉靖蔣氏刊本　[17]・四・
　9
張司業詩集八卷　唐張籍撰
　明刊本　[91]・二十五・2
　舊抄本　[50]・七・23
　[93]・十九・25
張司業詩集八卷附錄一卷　唐張
　籍撰
　宋刊本　[41]・十九・11
20張乖崖集十卷
　見《乖崖先生文集》
張乖崖事文錄四卷　明顏端輯
　刊本　[39]・戊・12
張喬詩集一卷　唐張喬撰

傳抄明刊本　[60]·六·27

張喬詩集二卷　唐張喬撰
　宋刊本　[41]·十九·22

張喬詩集四卷　唐張喬撰
　明仿宋刊本　[91]·二十五·
　15

21張處士詩集五卷　唐張祐撰
　明正德依宋刊本　[91]·二十
　五·10
　影抄明刊本　[60]·六·20

張師黯集五十卷　宋張自撰
　宋刊本　[14]·後志·二·898

24張先生文集二十卷
　見《曲江集》

張先生黃花集三卷　明張原撰
　明正德刊本　[91]·三十六·
　15
　刊本　[71]·集·明別·59

張先生質言四卷　宋張淵撰
　宋刊本　[14]·五下·674

張伐陵集七卷　明張鳳翔撰
　抄本　[39]·癸上·30

26張伯雨先生集　元張雨撰
　毛抄本　[50]·補遺·2

27張崏崍定變錄　明許岳編
　刊本　[39]·丁·41

張叔未編年詩不分卷　清嚴荄編
　稿本　[38]·集·97

30張淮𨻶詩集一卷　元張洪範撰
　影抄明正德刊本　[59]·七·
　1

張淮陽詩集一卷附詩餘一卷　元
　張洪範撰
　舊抄本　[91]·三十三·5

張淮陽詩集一卷附張平章詩　元
　張洪範撰
　鮑淥飲抄校本　[75]·五十八·
　14

張賓詩一卷　唐張賓撰

林寬詩一卷　唐林寬撰

許棠詩一卷　唐許棠撰
　舊抄本　[74]·四·11

31張江陵行實一卷　不知撰人
　舊抄本　[17]·二·13

34張祐集一卷　唐張祐撰
　宋刊本　[14]·四中·400

張祐集十卷　唐張祐撰
　宋刊本　[41]·十九·17

37張深之先生正北西廂秘本　元王
　德信、關漢卿撰、明張深之評正
　清初刊本　[68]·圖版709、目
　錄112

40張大家蘭雪集二卷　元張玉孃撰
　知不足齋抄本　[39]·壬·79
　小山堂抄本　[71]·集·閨秀·
　1
　舊抄本　[2]·五·15　[32]·
　十三·28　[38]·集·
　92

張太初集八卷　明張汝元撰
　刊本　[39]·癸上·62

張太史明道雜志一卷　宋張耒撰
　明嘉靖覆宋本　[11]·五十七·
　6
　抄本　[75]·四十三·8

張太岳集四十七卷　明張居正撰
　明刊本　[12]·三·31

張南湖集四卷　明張綎撰
　刊本　[39]·癸上·44
　[71]·集·明別·68

張南史集一卷　唐張南史撰
　宋刊本　[41]·十九·16

張南軒集四十四卷
　見《南軒先生文集》

張右史大全集六十卷
　見《張文潛文集》

張來儀先生文集一卷　明張羽撰
　校抄本　[57]·262
　何夢華抄本　[51]·四·17
　士禮居抄本　[91]·三十五·
　22
　舊抄本　[11]·一百十一·18
　[16]·三十四·50
　[50]·九·40　[61]·
　四·4　[71]·集·明
　別·11

張來儀靜居集四卷　明張羽撰
　明刊本　[11]·一百十一·18

明萬曆刊本　[91]·三十五·
　21
刊本　[39]·癸上·5

張來儀靜居集六卷　明張羽撰
　明成化刊本　[55]·五·14
　明弘治四年(1491)刊本
　[55]·五·2

張來儀靜居集六卷附錄一卷　明
　張羽撰
　明張習刊本　[2]·五·20

44張莊僖文集　明張永明撰
　刊本　[39]·癸上·45

張茂實清祕藏二卷　明張應文撰
　知不足齋刊本　[96]·五十八·
　1158
　明抄本　[91]·十九·19
　傳抄本　[32]·七·8

張燕公集二卷　唐張說撰
　明刊本　[32]·十五·17

張燕公集八卷　唐張說撰
　明活字本　[91]·二十四·5

張燕公集十卷　唐張說撰
　影抄宋刊本　[16]·二十九·5
　[50]·七·13　[93]·
　十九·11
　明抄本　[22]·六·19
　舊抄本　[102]·下·27

張燕公集二十五卷　唐張說撰
　宋刊本　[35]·下·15
　[80]·十五·11　[83]·
　四·4
　明刊本　[11]·六十八·2
　[16]·二十九·5　[93]·
　十九·12
　明嘉靖十六年(1537)伍氏龍池
　草堂刊本　[17]·四·3
　[19]·15　[38]·集·8
　[71]·集·唐別·2
　[92]·四·136
　日本佚存叢書活字本　[74]·
　四·4
　聚珍版本　[75]·五十一·22
　影抄宋刊本　[55]·三·27
　明抄本　[42]·7　[51]·

三・3　　[92]・四・136
舊抄本　[32]・十・5
張燕公集三十卷　唐張説撰
宋刊本　[14]・四上・341
[41]・十六・9
張華集三卷
見《張司空集》
張蒼水詩文集不分卷　明張煌言
撰
抄本　[17]・四・38
張蒼水全集　明張煌言撰
抄本　[91]・三十七・26
張蒼水全集十二卷附録二卷題詠
二卷人物考略一卷附略補一卷
明張煌言撰
國粹學報鉛印本　[85]・十九・
856
餘杭章氏鉛印（不完）本
[85]・十九・856
張蒼水年譜一卷　清全祖望輯
四明叢書張蒼水集附録本
[85]・十八・797
張芸叟雜説一卷　宋張舜民撰
宋刊本　[41]・十一・13
46張楊園先生年譜一卷　清姚夏編
清乾隆刊本　[85]・十八・806
張楊園先生年譜一卷附録一卷
清蘇惇元撰
常歸草堂刊本　[74]・二・29
48張散騎詩集一卷　陳張正見撰
舊抄本　[74]・四・3
[102]・下・27
50張忠文奏議一卷　宋張叔夜撰
宋刊本　[14]・五下・711
張忠文公集二十八卷　宋張叔夜
撰
元刊本　[58]・元・137
張忠烈公遺集一卷　明張同敞撰
清道光二十三年(1843)刊本
[74]・四・48　　[102]・
上・34
張忠烈公遺集一卷附浩氣吟一卷
明張同敞撰
清光緒二十七年(1901)荆州刊

本　[85]・十九・868
張忠烈公全集
見《張蒼水全集》
張忠敏公遺集十卷卷首一卷附録
二卷　明張國維撰
清光緒五年(1879)江蘇書局刊
本　[85]・十九・871
張秦亭集詩十四卷賦一卷　清張
丹撰
清刊本　[71]・集・國朝別・
11
張東白集二十四卷　明張元禎撰
刊本　[39]・癸上・18
張東海詩集四卷文集四卷　明張
弼撰
明刊本　[28]・十三・12
張東海詩集四卷文集五卷　明張
弼撰
清康熙三十三年(1694)刊本
[71]・集・明別・40
刊本　[39]・癸上・20
53張蠙詩集一卷　唐張蠙撰
宋刊本　[14]・四中・415
[41]・十九・21
校舊抄本　[50]・七・52
明抄本　[102]・下・29
舊抄本　[93]・十九・42
55張曲江集二十卷
見《曲江集》
58張蜕菴詩集四卷
見《蜕菴詩集》
60張思廉玉笥集十卷
見《玉笥集》
62張別山遺稿一卷
見《張忠烈公遺集》
68張晦之集二十卷　宋張景撰
宋刊本　[14]・後志・二・901
71張巨山集三十卷　宋張嵲撰
宋刊本　[41]・十八・10
72張氏可書一卷　宋張知甫撰
函海本　[74]・三・78
墨海金壺本　[96]・六十四・
1273
舊抄本　[11]・六十三・14

[75]・四十七・12
張氏祭禮一卷　宋張載撰
宋刊本　[41]・六・18
張氏藏書　明張應文編
刊本　[39]・庚・40
張氏醫通十六卷
見《醫通》
77張邱建算經三卷
見《算經》
張月霄書目　不知撰人
清刊本　[80]・十二・2
張居士文集七卷　宋張耒撰
宋刊本　[14]・五下・678
張居來集三十五卷　明張佳胤撰
明萬曆十五年(1587)刊本
[26]・九・38
80張無盡集三十二卷　宋張商英撰
宋刊本　[14]・四下・481
張愈光詩文選八卷　明張含撰
明刊本　[8]・集五・559
張公樂全集四十卷　宋張方平撰
抄本　[12]・六・7
張公樂全集四十卷附行狀一卷
宋張方平撰
舊抄本　[91]・二十七・11
張公奏議二十四卷　清張鵬翮編
清刊本　[74]・二・24
88張籍詩集三卷
見《張司業詩集》
90張小山北曲聯樂府三卷　元張可
久撰
仿元刊精抄本　[71]・集・詞・
9
舊抄本　[32]・十六・14
精抄本　[32]・十六・16
張小山北曲聯樂府三卷外集一卷
元張可久撰
影元抄本　[91]・四十・33
汲古閣精抄本　[16]・三十六・
12
舊抄本　[50]・十・55
[59]・七・21　　[93]・
二十四・9
張小山北曲聯樂府三卷外集一卷

補遺一卷　元張可久撰
　勞平甫抄校本　[91]・四十・34
　抄校本　[101]・中・22
張小山北曲聯樂府三卷外集一卷
　別集一卷　元張可久撰
　抄本　[101]・中・22
張小山小令二卷　元張可久撰
　明嘉靖四十五年(1566)李開先
　刊本　[71]・集・詞・9
　[91]・四十・34
張悼物詩集一卷文集一卷　明張
　蒙訓撰
　抄本　[71]・集・明別・73
張光弼詩集二卷　元張昱撰
　黄丕烈校抄本　[36]・241
　舊抄本　[5]・四中・26
　[32]・十三・26　[50]・
　九・35　[71]・集・明
　別・40　[91]・三十四・
　39　[93]・二十二・27
　[102]・下・36
張光弼詩集四卷　元張昱撰
　舊抄本　[11]・一百十・5
張米菴真蹟日録三卷　明張丑撰
　舊抄本　[53]・二・8
張米菴真蹟日録三卷　明張丑撰
　張茂實清祕藏二卷　明張應文
　撰
　知不足齋刊本　[71]・子・藝
　畫家・14

1133₁　悲

40悲喜記一卷　不知撰人
　宋刊本　[41]・五・23

瑟

08瑟譜
　見《鄭世子瑟譜》
瑟譜六卷　元熊朋來撰
　墨海金壺本　[96]・七・113
　舊抄本　[74]・一・47
　[91]・四・20　[93]・
　六・14
　精抄本　[32]・二・13
瑟譜十卷　題酒狂仙客撰

明毛子晉抄本　[2]・一・28

1140₀　斐

23斐然集三十卷
　見《致堂先生斐然集》

1144₈　羃

51羃軒孔氏所著書六十卷　清孔廣
　森撰
　儀鄭堂刊本　[96]・五十九・
　1185

1150₂　𦆲

21𦆲經室一集十四卷二集八卷三集
　五卷四集十一卷續集十一卷外
　集五卷　清阮元撰
　粤雅堂刊本　[74]・四・56
𦆲經室一集十四卷二集八卷三集
　五卷四集十一卷續集十一卷外
　集五卷𦆲經室詩録五卷　清阮
　元撰
　清道光文選樓家刊本　[26]・
　十四・2

1164₀　研

11研北雜志二卷　元陸友仁撰
　明刊本　[17]・三・28
　明項氏宛委堂刊本　[11]・五
　十八・15　[91]・十九・
　11
　刊本　[53]・二・11　[71]・
　子・小説家・13
90研堂見聞雜記一卷　不知撰人
　痛史本　[85]・二十一・966
中國内亂外禍歷史叢書本
　[85]・二十一・966

1166₀　甯

30甯宋樓藏書志一百二十卷續四卷
　清陸心源編
　陸氏刊本　[75]・三十・8

1168₆　碩

53碩輔寶鑑要覽四卷　明耿定向輯

明嘉靖刊本　[92]・二・49
刊本　[39]・戊・2

1171₁　琵

11琵琶記二卷　元高明撰
　元刊本　[50]・十・65
　元刊巾箱本　[67]・第五册・
　79
　明朱墨印本　[8]・集七・
　650
　明萬曆玩虎軒刊本　[68]・圖
　版668、669、目録107
　明萬曆二十六年(1598)陳大來
　刊本　[64]・G1
　明末刊本　[64]・32
琵琶記四卷　元高明撰
　明凌蒙初刊朱墨印本　[86]・
　十・10
　明金陵唐晟刊本　[86]・十一・
　25
琵琶記二卷釋義二卷　元高明撰
　明刊本　[60]・七・27
琵琶故事一卷　宋段安節撰
　宋刊本　[14]・後志・一・762
　[41]・十四・3

1173₂　裴

08裴説集一卷　唐裴説撰
　宋刊本　[14]・四中・408
　[41]・十九・25
10裴晉公集二卷　唐裴度撰
　宋刊本　[41]・十六・17

1180₁　冀

10冀王宮花品一卷　不知撰人
　宋刊本　[41]・十・7
43冀越集二卷附相宅管説　元熊太
　古撰
　古歡堂抄本　[51]・四・11
冀越集記二卷　元熊太古撰
　刊本　[39]・己・45
　舊抄本　[52]・二・9　[53]・
　二・4　[71]・子・雜
　家・19

1210₈ 登

22登嶽謠一卷　清蔣錫震撰
　傳抄稿本　[60]・七・25
24登科記三十卷　宋樂史撰
　宋刊本　[14]・一・808
40登壇必究四十卷　明王鳴鶴撰
　活字本　[74]・三・10
登真隱訣二十五卷　梁陶弘景撰
　宋刊本　[14]・後志・二・878

1212₇ 瑞

00瑞應圖十卷　不著撰人
　宋刊本　[41]・十・13
10瑞石山紫陽道院集二卷　明范應
虛輯
　刊本　[39]・戊・64
32瑞州小集一卷　宋陳氏撰
　抄本　[74]・四・29
44瑞芝山房集十四卷　明鮑應鰲撰
　刊本　[39]・癸下・20
瑞世良英五卷　明金忠輯
　明崇禎刊本　[64]・續・80
76瑞陽志十卷縣志三卷　宋周綸纂
　宋刊本　[14]・五上・573
瑞陽阿集三卷　明江東之撰
　明萬曆刊本　[85]・二・96
80瑞金縣志　明趙勳、林有年纂
　明嘉靖二十二年(1543)刊本
　「68]・圖版416、目錄72
88瑞竹堂經驗方十五卷　元薩里彌
實撰
　元刊本　[16]・二十二・29
　[79]・子・醫家類・503
　明刊本　[16]・二十二・28
　[22]・補遺・74　　[93]・
　十四・26
　日本刊本　[11]・四十七・16
　[75]・三十七・16
　刊本　[89]・一集・八・29
　文瀾閣傳抄本　[11]・四十七・
　17

1215₃ 璣

21璣衡祕要二卷　不知撰人
　抄本　[5]・三中・12

1217₂ 聯

02聯新事備詩學大成三十卷　宋毛
直方、元林禎編
　元刊本　[11]・六十一・18
　[28]・八・21　　[48]・
　二輯下・140　　[91]・二
　十・14
　明刊本　[9]・十・52　　[9]・
　後編・二十・17　　[32]・
　九・11
　明刊大黑口本　[26]・六・21
　明坊刊本　[32]・九・11
聯新事備詩學大全三十卷
見《聯新事備詩學大成》
86聯錦續集一卷　明夏宏撰
　刊本　[71]・集・明別・32
90聯光集一卷　題釋果圖錄
　抄本　[71]・集・釋子・4

1219₄ 璪

57璪探十卷　明奇衡輯
　刊本　[39]・庚・57

1220₀ 列

17列子八卷　周列禦寇撰、晉張湛
注
　北宋刊本　[35]・下・52
　[100]・82
　北宋國子監刊本　[7]・中・31
　宋刊本　[9]・後編・五・5
　[10]・25　　[14]・三上・
　211　　[14]・五上・588
　[35]・下・12,29,52
　[41]・九・19,20　　[50]・
　六・42　　[58]・子・129
　[68]・圖版33,目錄13
　[93]・十八・9　　[94]・
　・三・7
　南宋坊刊本　[84]・一・1

元刊本　[11]・六十六・12
　[12]・二・13　　[16]・
　二十八・15　　[17]・三・
　41　　[29]・二・24
　[34]・二・17　　[35]・
　下・13、29　　[38]・子・
　92　　[43]・三・55
　[48]・二輯下・149
　[59]・二・2　　[91]・二
　十二・12　　[93]・十八・
　10　　[94]・三・12
元刊黑口本　[46]・13
明刊本　[9]・九・14、15
　[22]・五・25　　[75]・
　五十・11　　[91]・二十
　二・8、13
明世德堂刊本　[8]・子二・
　354　　[75]・五十・11
明弘治十八年(1505)仁寶書堂
刊本　[22]・五・26
明天啓刊本　[75]・五十・11
刊本　[89]・一集・五・7、8
　[89]・二集・五・4
朝鮮國活字刊本　[22]・五・
　26
高麗覆宋本附道藏本　[44]・
　四・44
十子全書本　[74]・三・88
明刊校宋本　[11]・六十六・
　12
管禮耕校宋本　[57]・220
校宋本　[50]・六・44
　[65]・續・三・90
影宋抄本　[100]・82
抄本　[91]・二十二・13
列子鬳齋口義二卷　宋林希逸撰
　宋刊本　[17]・三・41
　[55]・三・18
　宋建刊本　[2]・三・51
　元刊本　[91]・十八・10
　[94]・三・12
　明刊本　[71]・子・道家・2
　[91]・二十二・14
　明正德活字本　[11]・六十六・

12 [28]・續・十一・19

明萬曆施觀民刊本 [11]・六十六・14

舊刊本 [22]・五・26

[89]・二集・五・3

列子釋文二卷 唐殷敬順撰

宋刊本 [14]・五下・721

[41]・九・20

明萬曆刊本 [44]・四・55

明天啓四年(1624)閔啓祥刊本 [26]・五・22

刊本 [71]・子・道家・1

列子解八卷 唐盧重元撰

清嘉慶八年(1803)秦氏石研齋刊本 [68]・圖版545、目錄90

列子解八卷 宋江遹撰

明刊本 [8]・子二・355

精抄本 [91]・二十二・13

列子解十八卷 宋江遹撰

舊抄道藏本 [17]・三・42

列子通義八卷 明朱得之撰

明嘉靖刊本 [3]・13

明萬曆刊本 [32]・九・25

列子四解二十卷 不著撰人

道藏本 [44]・四・48

22列仙傳二卷 漢劉向撰

宋刊本 [14]・後志・一・810

[41]・十二・2

明刊本 [75]・五十・17

[91]・二十二・15

明嘉靖刊本 [30]・三・19

汲古閣刊本 [20]・三・25

古今逸史本 [74]・三・89

祕書二十一種本 [96]・六十九・1354

勞季言校本 [11]・六十六・18

古抄本 [76]・六・30

列仙傳二卷續仙傳一卷 漢劉向撰

明嘉靖三十二年(1553)刊本 [19]・9

列仙傳二卷續仙傳二卷 漢劉向撰

舊沙本 [22]・五・32

40列女傳三卷 明解縉等撰

明刊本 [11]・二十七・28

[75]・二十二・25

明永樂元年(1403)內府刊小字本 [26]・三・37

[67]・第五冊・80

[91]・九・16

列女傳十卷 漢劉向撰

宋刊本 [10]・17

列女傳八卷 漢劉向撰

宋刊本 [9]・二・26 [58]・史・69

明黃省曾刊本 [1]・上・5

明萬曆四十四年(1616)黃嘉育刊本 [26]・五・11

清刊本 [80]・九・7

清文選樓仿宋余氏勤有堂刊本 [26]・五・12

清嘉慶元年(1796)顧氏小讀書堆刊本 [26]・五・14

吳中顧氏仿宋刊本 [20]・二・25

刊本 [89]・一集・四・34

明刊校宋本 [50]・二・23

清黃丕烈據宋校明刊本 [2]・二・24

列女傳九卷 漢劉向撰

宋刊本 [41]・七・1

列女傳十卷 漢劉向撰

顧千里校宋本 [11]・二十七・5

列女傳十六卷 明汪道昆輯、仇英繪圖

明汪道昆刊仇十洲繪圖本 [26]・三・38 [92]・二・48

明萬曆知不足齋刊本 [64]・11 [96]・二十三・484

列女傳二十卷 不著編者

宋刊本 [43]・二・24

列女傳七卷 漢劉向撰 續列女傳一卷 不知撰人

明刊本 [93]・十・5

清刊覆宋本 [22]・三・24

刊本 [5]・二中・27

小讀書堆影宋刊本 [96]・二十三・469

列女傳附圖七卷續列女傳一卷 漢劉向撰、晉顧愷之畫

阮氏仿宋刊本 [75]・二十二・1

47列朝詩集八十一卷 清錢謙益編

清順治毛氏汲古閣刊本 [86]・七・22

列朝詩集九十一卷 清錢謙益編

明崇禎十六年(1643)汲古閣刊 [8]・集六・616

[26]・十六・2

60列國志傳八卷

見《春秋列國志傳》

列國志輯要八卷 不知編者

清乾隆金閶口三堂刊本 [69]・二・26

77列卿年表一百三十九卷 明雷禮撰

刊本 [74]・二・16

列卿年表一百九十三卷 明雷禮撰

明刊本 [102]・上・17

引

77引鳳簫四卷 清人撰

坊刊本 [69]・四・142

1223。 水

01水龍經五卷 不著撰人

借月山房彙抄本 [96]・四十七・895

07水部備考十卷 明周夢暘輯

刊本 [39]・丁・74

10水石緣六卷 清李春榮撰

經綸堂刊本 [69]・四・143

水西紀略一卷 明李珍輯

賜硯齋叢書本 [85]・七・317

水西居士集八卷 明華鑰撰

刊本　[71]・集・明別・75
水雷圖説一卷　清潘仕成撰
　海山仙館刊本　[74]・三・11
水雲集一卷　宋汪元量撰
　繪谷亭抄本　[91]・三十二・9
　舊抄本　[11]・九十二・21
　　[91]・四十・24
水雲集二卷　元譚處端撰
　刊本　[24]・集二・1
水雲集三卷　元譚處端撰
　明刊本　[38]・集・91
　刊本　[71]・集・黄冠・2
水雲村詩餘一卷　元劉壎撰
　精抄本　[91]・四十・26
水雲村泯稿不分卷　元劉壎撰
　精抄本　[71]・集・元別・4
　抄本　[100]・134
水雲村泯稿三十八卷　元劉壎撰
　明刊本　[11]・九十五・23
水雲樓詞二卷續一卷　清蔣春霖
撰
　刊本　[84]・二・41
21水師輯要一卷　清陳良弼撰
　清雍正七年(1729)序抄本
　　[74]・三・11
水師輯要二卷　清陳良弼撰
　抄本　[102]・下・15
水經三卷　漢桑欽撰
　宋刊本　[41]・八・12
　明刊本　[60]・三・7
水經四卷　漢桑欽撰
　宋刊本　[14]・二下・160
水經廣注　不知撰人
　校本　[100]・36
水經注四十卷　北魏酈道元撰
　宋刊本　[13]・12　　[41]・
　　八・12　　[54]・三・7
　　[68]・圖版18,目録10
　明刊本　[9]・後編・十五・10
　　[32]・四・21　　[51]・
　　一・21　　[91]・十二・
　　1
　明項氏刊本　[20]・三・1
　明嘉靖十三年(1534)長洲黄省

曾前山書屋刊本　[22]・三・27
　　[30]・三・11　　[38]・
　　史・69　　[86]・六・68
　　[92]・二・65　　[102]・
　　上・17
　清康熙刊本　[75]・二十七・
　　1
　清光緒十四年(1888)薛福成刊
本　[68]・圖版596,目録96
　　[75]・二十七・2
　聚珍刊本　[74]・二・49
　刊本　[5]・二下・3
　孫潛夫校殘宋本　[17]・二・
　　17
　明正德十三年(1518)錫山盛虁
據楊開菴校本　[17]・二・
　　17
　孫淵如校本　[57]・108
　丁儉卿校本　[57]・109
　孫伯淵校本　[81]・史・7
　校本　[65]・二・72　　[83]・
　　二・13
　批校本　[84]・一・16
　校刊本　[91]・十二・2
　舊抄校本　[16]・十七・1
　永樂大典本　[17]・二・17
　影宋抄本　[35]・附録・4
　明抄本　[2]・二・40　　[11]・
　　三十三・1
　明嘉靖重抄大典殘本　[38]・
　　史・69
　舊抄本　[93]・十一・12
水經注四十卷　北魏酈道元撰
山海經十八卷　晉郭璞注
　明刊本　[9]・八・36
　刊本　[71]・史・地志・69
水經注碑目　明楊慎輯
　抄本　[39]・庚・16
水經注集釋訂譌四十卷　清沈炳
撰
　抄本　[39]・戊・50
水經注釋四十卷　清趙一清撰
　清乾隆五十一年(1786)趙氏小
　　山堂刊本　[68]・圖版

538,目録89
　許勉甫校本　[57]・109
　舊抄本　[91]・十二・1
水經注釋四十卷注箋刊誤十二卷
清趙一清撰
　清乾隆趙氏刊本　[74]・二・
　　49
　抄配本　[91]・十二・1
水經注釋四十卷注箋刊誤十二卷
附録二卷　清趙一清撰
　清乾隆趙氏刊本　[75]・二十
　　七・1
　張氏刊本　[75]・二十七・2
　抄本　[39]・戊・50
水經注圖二卷　清汪士鐸撰
　清刊本　[74]・二・49
水經注箋四十卷　北魏酈道元
注、明朱謀㙔箋
　明萬曆四十三年(1615)朱氏刊
本　[26]・四・9
　何義門校明刊本　[30]・六・
　　18
22水利芻言一卷　明李卿雲撰
　抄本　[16]・十七・3
25水牛經三卷　題唐造父撰
　永樂大典本　[79]・子・醫家
　　類・426
30水蜜桃譜一卷　清褚華撰
　慈雲樓刊本　[96]・五十一・
　　1011
33水心先生文集二十八卷　宋葉適
撰
　宋刊本　[14]・五下・672
水心先生文集二十九卷　宋葉適
撰
　明刊本　[93]・二十一・19
　明黑口本　[12]・三・23
　明正統十三年(1448)黎諒刊本
　　[17]・四・25　　[57]・
　　244　　[71]・集・宋別・
　　48　　[86]・一・18
　　[91]・三十・27
　清乾隆刊本　[75]・五十六・
　　11

141

刊本 ［24］•集一•37
［39］•壬•31
水心先生文集二十八卷拾遺一卷
別集十六卷 宋葉適撰
宋刊本 ［41］•十八•28
水心先生別集十六卷 宋葉適撰
抄本 ［11］•八十七•14
［12］•六•18 ［16］•
三十一•43 ［75］•五
十六•12 ［93］•二十
一•19
38水滸後傳八卷 明陳忱撰
舊刊本 ［69］•六•188
水滸後傳十卷 題雁宕山樵編
舊刊大字本 ［69］•六•188
水滸續集 不知撰人
一九二四年上海亞東圖書館排
印本 ［69］•九•223
水滸傳不分卷 明施耐菴撰
明刊本 ［69］•六•183
水滸傳十卷 明施耐菴撰
清金陵德聚堂刊本 ［69］•六•
185
水滸傳十二卷 明施耐菴撰
坊刊本 ［69］•六•186
水滸傳二十卷 明施耐菴撰
明嘉靖刊本 ［64］•續•114
［68］•圖版428、74
［69］•六•181
水滸傳二十五卷 明施耐菴撰
明余氏雙峯堂刊本 ［69］•六•
185 ［77］•五•133
水滸傳三十卷 明施耐菴撰
明金閶映雪草堂刊本 ［77］•
五•148
寶翰樓刊本 ［69］•六•186
水滸傳七十五卷 明施耐菴撰
明崇禎本 ［77］•五•150
明崇禎舊刊貫華堂大字本
［69］•六•187
清雍正十二年(1734)句曲外史
序刊本 ［64］•54
水滸傳一百卷 明施耐菴撰
明刊本 ［77］•五•147

明容與堂刊本 ［69］•六•183
［70］•四上•3 ［77］•
五•144
明翻嘉靖本 ［69］•六•183
明季刊本 ［69］•六•184
白南軒刊本 ［69］•六•184
水滸傳一百十五回 明施耐菴撰
黎光堂刊本 ［69］•六•185
水滸傳一百二十卷 明施耐菴撰
明刊本 ［68］•圖版704、目錄
111 ［69］•六•184
水滸傳注略二卷 程穆衡撰、王
開沃補
稿本 ［64］•9
水滸葉子 明陳洪綬繪
明末刊本 ［64］•67
清初刊本 ［68］•圖版710、目
錄112
水滸全傳一百二十卷
見《水滸傳》
水道直指一卷 清張學撰
清刊本 ［74］•二•49
水道提綱二十八卷 清齊召南撰
清刊本 ［74］•二•50
清乾隆刊本 ［75］•二十七•
5
抄本 ［39］•戊•52
40水南稿十九卷
見《陳水南稿》
44水蓮居士吟稿一卷 清汪惟憲撰
刊本 ［71］•集•國朝別•38
50水東日記三十八卷 明葉盛撰
明刊本 ［54］•四•18
［74］•三•80 ［102］•
上•25
明正德活字本 ［17］•三•36
水東日記四十卷 明葉盛撰
明刊本 ［91］•二十一•15
刊本 ［39］•己•75
80水鏡元公詩集一卷
見《元水鏡詩》
水鏡集一卷
見《元水鏡詩》

弘

20弘秀集十卷 宋李龏編
宋刊本 ［35］•上•53
［50］•十•3 ［58］•
集•128
宋陳氏書棚刊本 ［2］•五•
33
明刊本 ［8］•集六•606
［30］•七•35 ［91］•
三十八•19
刊本 ［39］•辛•27 ［71］•
集•釋子•13
校宋本 ［50］•十•4 ［55］•
六•20 ［65］•續•四•
44
元抄本 ［5］•四下•10
舊抄本 ［74］•四•61
［102］•下•38
弘秀集十三卷 明毛晉編
明刊本 ［91］•三十九•23
明崇禎十六年(1643)毛氏汲古
閣刊本 ［68］•圖版469、
目錄79
刊本 ［71］•集•釋子•13
33弘治貴州圖經新志
見《貴州圖經新志》
35弘決外典抄四卷 日本村上天皇
子具平親王撰
寶永丁亥刊本 ［76］•四•32
67弘明集十四卷 梁釋僧祐撰
宋刊本 ［14］•三下•308
明萬曆支那本 ［11］•六十五•
1 ［16］•二十八•1
［28］•九•20 ［75］•
四十九•1 ［96］•六十
八•1331
從明支那本 ［8］•子•345
顧千里校本 ［11］•六十五•
6
明抄釋藏本 ［91］•二十二•
1
90弘光乙酉揚州城守記一卷 清戴
名世撰

荆駝逸史本　［85］・十四・655

南山集本　［85］・十四・655

弘光實錄抄四卷　題古藏室史臣撰

痛史本　［85］・十・483

大興傳氏抄校本　［85］・十・483

清吟館抄本　［85］・十・483

弘光朝偽東宮偽后及黨禍紀略一卷　清戴名世撰

南山集補遺本　［85］・十・497

荆駝逸史本　［85］・十・497

弧

10弧三角舉要五卷　清梅文鼎撰

曆算全書本　［96］・四十四・829

弧三角舉隅一卷　清江臨泰撰

翠薇山房數學本　［96］・四十五・876

弧三角算例一卷　清羅士琳撰

清刊本　［74］・三・26

27弧角設如三卷　清張作楠撰

翠薇山房數學本　［96］・四十五・875

30弧矢譜一卷　不知編者

抄本　［5］・二中・10

弧矢算術一卷　明顧應祥撰

明刊本　［11］・四十八・14

刊本　［39］・庚・62

抄本　［71］・子・曆算家・4

弧矢算術細草一卷　清李銳撰

李氏遺書本　［96］・四十五・876

弧矢算術補一卷　清羅士琳撰

清刊本　［74］・三・27

1224$_7$ 弢

53弢甫集十四卷附逰門錄一卷　清桑調元撰

刊本　［71］・集・國朝別・39

60弢園隨筆一卷　清王韜撰

稿本　［100］・89

發

28發微論一卷　宋蔡發撰

抄本　［74］・三・31　［102］・下・19

發微論集注一卷　宋蔡發撰

明弘治刊本　［11］・五十一・5

1233$_0$ 烈

26烈皇小識八卷　明文秉撰

明季稗史彙編本　［85］・三・130

40烈女傳一卷　清吳穎芳撰

抄本　［53］・一・14

1240$_0$ 刑

20刑統三十卷　宋竇儀等纂

宋刊本　［14］・二下・158　［41］・七・32

傳抄天一閣本　［60］・二・29

刑統賦一卷　宋傅霖撰

明錢塘胡氏校刊本　［96］・三十九・727

傳抄本　［32］・六・11　［60］・二・30

刑統賦二卷　宋傅霖撰

宋刊本　［14］・後志・一・802

刑統賦一卷　宋傅霖撰

刑統續賦一卷　元楊淵撰

抄本　［5］・二上・30

刑統賦疏一卷　元沈仲緯撰

元抄本　［16］・二十一・12

舊抄本　［50］・四・20　［93］・十一・10

傳抄本　［32］・六・11　［57］・174　［60］・二・31

刑統賦解一卷　宋傅霖撰、元孟奎解

舊抄本　［16］・二十一・14　［50］・四・21　［60］・二・33　［93］・十一・10

傳抄本　［32］・六・11　［57］・173　［60］・二・31

刑統賦解二卷　宋傅霖撰、元孟奎解

舊抄本　［16］・二十一・11　［93］・十四・10

傳抄本　［60］・二・31

影寫舊抄本　［57］・173

刑統賦解二卷　元孟奎撰

刑統賦二卷　宋傅霖撰

士禮居寫刊樣本　［51］・二・6

刑統賦注一卷

見《刑統賦解》

27刑名斷例十卷　不著撰人

宋刊本　［41］・七・34

30刑案匯覽六十四卷續增十六卷　清祝慶祺輯

清道光刊本　［74］・三・13

1240$_1$ 廷

10廷一問十二卷　清唐聲傳撰

刊本　［71］・集・國朝別・54

41廷樞紀聞不分卷　明于謙編

明抄本　［74］・二・19

明藍格抄本　［32］・三・19

精抄本　［91］・八・10

延

10延平府志　明陳能、鄭慶雲纂

明嘉靖四年（1525）刊本　［68］・圖版408、目錄71

延平二王遺集一卷　明鄭成功、鄭經撰

玄覽堂叢書續集本　［85］・十三・605

延平王戶官楊英從征實錄不分卷　不知撰人

影印　［85］・十三・608

舊抄本　［85］・十三・608

延平先生問答一卷　宋李侗撰

宋刊本　［14］・五下・689

延平志十卷　宋胡舜舉撰

宋刊本　[41]・八・23

22延綏鎮志六卷李自成傳一卷　清
　譚吉璁撰
　　清康熙刊本　[85]・六・286
　　流寇始終録附録本　[85]・六・
　　286
24延休堂漫録三十六卷　明羅鳳撰
　　抄本　[39]・己・48
34延祐四明志二十卷
　　見《四明志》
37延漏録一卷　不著撰人
　　宋刊本　[41]・十一・25
80延令書目、曝書亭書目、靜惕堂
　書目　不著編者
　　知不足齋抄本　[20]・三・28

1241₀　孔

00孔文谷集十六卷續集十卷詩集二
　十四卷霞海篇一卷　明孔天允撰
　　刊本　[39]・癸上・51
07孔毅父文集二十一卷雜說一卷
　宋孔平仲撰
　　明抄本　[18]・下・26
　孔毅父詩戲一卷　宋孔平仲撰
　　宋刊本　[14]・五下・656
10孔平仲雜說一卷　宋孔平仲撰
　　宋刊本　[14]・五上・595
　　[41]・十・18
　　明胡文煥刊本　[60]・二・15
11孔北海集一卷　漢孔融撰
　　刊本　[71]・集・漢魏六朝別・
　　1
　孔北海集一卷附録一卷　漢孔融
　撰
　　抄本　[74]・四・2
17孔孟事蹟圖譜四卷　明季本輯
　　刊本　[39]・戊・9
　　舊抄本　[91]・九・2
　孔子三朝記注一卷　清洪頤煊撰
　　原刊本　[96]・五・90
　　抄本　[91]・二・30
　孔子集語二卷　宋薛據纂
　　明刊本　[9]・後編・十六・2
　　[91]・十五・17

明范欽刊本　[12]・三・8
刊本　[39]・丙・3
影抄宋本　[93]・十三・13
抄本　[5]・一上・33　[11]・
　四十・7　[16]・二十
　一・8　[75]・三十二・
　22
孔子集語三卷　宋薛據纂
　明天一閣刊本　[17]・三・5
孔子集語十七卷　清孫星衍纂
　平津館刊本　[74]・三・7
孔子編年三卷　宋孔傳撰
　宋刊本　[14]・後志・一・807
孔子編年五卷　宋胡仔撰
　宋刊本　[41]・七・21
　抄本　[39]・丙・3　[75]・
　二十一・1
孔子編年世紀二十四卷
　見《至聖編年世紀》
孔子家語三卷　元王廣謀撰
　元刊本　[32]・六・1　[96]・
　三十六・686
　舊抄本　[22]・四・1
孔子家語六卷　元王廣謀撰
　朝鮮國刊本　[22]・四・1
　朝鮮國活字刊本　[22]・四・
　2
孔子家語三卷　明何孟春補注
　明刊本　[9]・九・1
孔子家語八卷　明何孟春注
　明刊本　[16]・二十一・1
　[60]・二・1　[92]・
　三・75
　明正德刊本　[30]・二・8
　臨毛斧季校兩宋本　[16]・二
　十一・1
孔子家語三卷　魏王肅注
　日本寬永活字本　[17]・三・
　1
孔子家語十卷　魏王肅注
　北宋大字刊本　[35]・上・19
　宋刊本　[9]・後編・五・3、4
　[14]・一下・81
　宋刊大字本　[28]・六・1

南宋國子監刊本　[7]・下・7
明翻宋本　[91]・十五・1
明刊本　[9]・後編・十六・2
　[30]・二・8
明陸治刊本　[12]・三・7
明嘉靖刊本　[17]・三・1
明崇禎汲古閣仿宋刊本
　[22]・四・1　[26]・
　二・18　[74]・三・1
　[91]・十五・1　[96]・
　三十六・659
日本刊本　[60]・二・1
日本風月宗智重刊上官國材宅
　本　[26]・二・17
校宋本　[93]・十三・1
臨毛斧季校南北兩宋本
　[16]・二十一・1
明刊校宋本　[91]・十五・2
校明本　[57]・161
孫鳳鈞校日本刊本　[17]・三・
　1
影抄北宋刊本　[5]・一上・32
影宋抄本　[9]・四・16
　[93]・十三・1
孔子家語十卷　（無注）
　明刊本　[12]・三・7
孔子遺語　不知撰人
　天一閣抄本　[39]・丙・4
孔子閒居講義一卷　宋楊簡撰
　宋刊本　[41]・二・26
20孔稚珪集十卷　齊孔稚珪撰
　宋刊本　[14]・五下・629
32孔叢子三卷　漢孔鮒撰
　明刊本　[11]・三十九・1
　[12]・三・8　[91]・十
　五・3
　明崇禎刊本　[59]・二・1
　漢魏叢書本　[74]・三・1
　舊抄本　[75]・三十二・2
孔叢子七卷　漢孔鮒撰、宋宋咸
注
　北宋刊本　[30]・一・4
　宋刊本　[14]・五上・589
　[41]・九・6

元刊本　[9]·後編·十·1
[29]。二·1
明刊覆宋本　[86]·十二·13
明刊本　[57]·163　[93]·
十三·3
清光緒二年(1876)仿宋刊本
[26]·二·22
元抄本　[58]·元·62
影宋巾箱本　[5]·三上·1
50孔中丞句圖一卷　宋孔道撰
宋刊本　[41]·二十二·12
72孔氏六帖三十卷　宋孔傳撰
宋刊本　[9]·後編·五·25
孔氏雜記一卷　宋孔武仲撰
宋刊本　[14]·三下·255
孔氏雜說一卷
見《孔平仲雜說》
孔氏談苑四卷
見《談苑》
孔氏家譜一卷　不著編者
抄本　[5]·二中·32
孔氏祖庭廣記十二卷　金孔元措
撰
金蒙古刊本　[58]·元·40
蒙古乃馬真后元年孔氏刊本
[68]·圖版653、654、目錄
105　[93]·十·1
[94]·二·11
元刊本　[50]·二·20
影抄金刊本　[11]·二十六·
4
影抄元刊本　[18]·上·17
[28]·四·2　[35]·
下·10　[91]·九·1
[96]·二十二·444
抄本　[16]·十三·1　[75]·
二十一·6
77孔門傳道錄十六卷　明張朝瑞輯
明刊本　[91]·九·3

1241₃　飛

01飛龍全傳六十回　題東隅逸士編
崇德書院刊大字本　[69]·二·
49

26飛白敘錄一卷　宋錢惟演撰
宋刊本　[41]·十四·9
31飛凊子五卷　明陳始亨撰
原刊本　[96]·五十三·1060
37飛鴻亭集四卷　明吳鵬撰
刊本　[39]·癸上·46
44飛花詠十六回　清人撰
原刊本　[69]·四·134
飛花艷想十八回　清人撰
清刊本　[69]·四·139
飛燕外傳一卷　題漢伶元子撰
宋刊本　[41]·七·3
文房小說本　[74]·三·73
古今逸史本　[74]·三·73
漢魏叢書本　[74]·三·73
[96]·六十三·1243
飛英聲　題釣鰲逸客選
可語堂刊本　[69]·三·107
63飛跎全傳四卷　清鄒必顯撰
清嘉慶二十二年(1817)一笑軒
刊本　[69]·五·178
[77]·四·128
82飛劍記二卷　明鄧志謨撰
明余氏萃慶堂刊本　[69]·五·
170　[77]·四·115

1242₂　形

47形聲類篇四卷　清丁履恒撰
稿本　[59]·一·15

1243₀　癸

00癸辛雜識前集一卷後集一卷　宋
周密撰
舊抄本　[50]·六·25
[51]·二·28　[93]·
十七·18
癸辛雜識前集一卷後集一卷外集
一卷　宋周密撰
抄本　[71]·子·雜家·7
癸辛雜識前集一卷後集一卷續集
二卷別集二卷　宋周密撰
明刊本　[75]·四十七·26
刊本　[28]·續·十一·14
稗海本　[74]·三·79

津逮秘書本　[96]·六十四·
1280
校本　[32]·九·16
癸辛雜識前集一卷續集二卷別集
二卷　宋周密撰
盧抱經窩校本　[91]·二十一·
13
50癸未夏抄四卷　明人輯
抄本　[71]·子·雜家·44
77癸巳論語解十卷
見《論語解》
癸巳存稿遺篇　清俞正燮撰
抄本　[100]·81
癸巳贖稿一卷　清俞正燮撰
汪喜孫校寫本　[57]·293
舊抄　[30]·四·19
[60]·二·21

孤

10孤石山房詩集六卷　清沈心撰
刊本　[39]·癸下·56
44孤樹裒談十卷　明李默撰
明刊本　[32]·九·17
原刊本　[96]·六十五·1288
刊本　[39]·丁·43
50孤忠後錄一卷　祝純嘏編
痛史附刊本　[85]·十四·660
孤忠小史不分卷　元九龍山人編
舊抄本　[34]·附錄·一·19
71孤臣紀哭一卷　明程源撰
甲申紀事本　[85]·八·357
孤臣泣血錄一卷　明吳晉錫撰
半日生記本　[85]·十一·525
稿本　[85]·十一·525
孤臣泣血錄三卷
見《靖康孤臣泣血錄》
孤臣述一卷　明許令瑜撰
舊抄本　[85]·九·460
77孤兒編二卷　清汪喜孫撰
汪氏刊本　[26]·三·40
孤兒籲天錄十七卷　清楊山松撰
清康熙刊本　[85]·七·328
刊本　[74]·二·33

1249₃ 孫

00孫龐鬥志演義二十卷　題明吳門嘯客述
　明崇禎刊本　[69]・二・26　[77]・三・84
孫文正公續集二卷　明孫承宗撰
　刊本　[74]・四・46　[102]・上・33
孫文定奏疏十卷附二卷　清孫嘉淦撰
　重刊敦和堂本　[96]・二十一・439
孫文定公南遊記一卷　不著撰人
　清嘉慶刊本　[75]・二十八・12
孫文懿集三十卷　宋孫抃撰
　宋刊本　[14]・四下・441
孫文格公集二十卷　明孫陞撰
　附孫夫人集一卷　明楊文儷撰
　明嘉靖刊本　[91]・三十七・16
07孫毅菴奏議二卷　明孫懋撰
　刊本　[39]・癸上・38
10孫百川集十二卷　明孫樓撰
　刊本　[39]・癸下・1
孫可之文集一卷　唐孫樵撰
　明正德十二年(1517)王鏊刊本　[74]・四・10
　明崇禎十三年(1640)閔齊伋刊本　[26]・七・44
孫可之文集六卷　唐孫樵撰
　明刊本　[32]・十・16
孫可之文集十卷　唐孫樵撰
　宋刊本　[9]・後編・六・14　[41]・十六・27　[50]・七・46　[58]・集・39　[65]・四・49　[81]・集・4　[83]・四・9
　宋蜀刊本　[2]・四・18
　明刊本　[55]・三・38　[71]・集・唐別・12　[76]・十四・13　[91]・二十五・15

明正德刊本　[8]・集一・403　[11]・七十・19　[30]・二・31　[91]・二十五・15　[102]・上・28
明崇禎刊本　[22]・六・18
明毛氏汲古閣刊本　[86]・七・16
刊本　[39]・辛・50　[89]・二集・八・24
黃蕘圃、顧千里校宋刊本　[8]・集一・398
校宋本　[50]・七・47　[65]・四・52　[93]・十九・38
校刊本　[80]・十五・17
舊抄本　[91]・二十五・15
13孫職方集十卷
　見《孫可之文集》
17孫子一卷　周孫武撰
　漢魏叢書本　[74]・三・9
　平津館刊本　[74]・三・9
　長恩書室刊本　[74]・三・9
　錢罄室抄本　[92]・三・81
孫子三卷　周孫武撰
　宋刊本　[11]・四十二・1　[35]・上・47　[41]・十二・13
　抄本　[75]・三十四・1
孫子一卷　周孫武撰、魏武帝曹操注
　宋刊本　[14]・三下・271
　舊抄本　[89]・一集・五・6
孫子三卷　周孫武撰、魏武帝曹操注
　寫校本　[8]・子一・237
　日本天正八年抄本　[22]・四・10
孫子二卷　周孫武撰、唐杜牧注
　宋刊本　[41]・十二・14　[58]・子・20
孫子三卷　周孫武撰、唐杜牧注
　宋刊本　[14]・三下・271
孫子三卷　周孫武撰、唐李筌注
　宋刊本　[14]・三下・271

孫子三卷　周孫武撰、唐陳皞注
　宋刊本　[14]・三下・272
孫子三卷　周孫武撰、唐紀燮集注
　宋刊本　[14]・三下・272
孫子三卷　周孫武撰、宋梅堯臣注
　宋刊本　[14]・三下・272
孫子三卷　周孫武撰、宋王晳注
　宋刊本　[14]・三下・273
孫子三卷　周孫武撰
　宋刊本　[14]・三下・273
孫子五卷　題明趙本學解
　日本舊刊本　[8]・子一・240
孫子十卷　周孫武撰、晉孫綽注
　宋刊本　[41]・十・13
孫子三卷　周孫武撰、魏武帝曹操注　吳子二卷　周吳起撰　司馬法三卷　周司馬法撰
　平津館刊本　[51]・二・4
孫子講義一卷　施氏撰
　舊抄卷子殘本　[22]・四・12
孫子集注三卷　宋吉天保編
　宋刊本　[9]・後編・五・4
　宋乾道刊本　[2]・三・6
孫子集注十卷　宋吉天保編
　明刊本　[11]・四十二・1
孫子集注十三卷　宋吉天保編
　明嘉靖三十四年(1555)談愷刊本　[19]・5　[75]・三十四・1　[91]・十五・20
　明萬曆十七年(1589)刊本　[76]・七・12
　朝鮮國活字刊本　[22]・四・10
　孫氏從道藏刊本　[75]・三十四・1
　抄道藏本　[91]・十五・20
孫子參同五卷　明閔于忱輯
　明萬曆四十八年(1620)閔于忱松筠館刊朱墨套印本　[19]・5　[68]・圖版451,目錄76

孫子參同廣注五卷　明李贄輯
　　套板刊本　[71]・子・兵家・
　　1
孫子注三卷　周孫武撰、孫淵如
　　注
　　孫淵如稿本　[17]・三・5
孫子注解十三卷　宋吉天保輯
　　遺説一卷　宋鄭友賢撰
　　貞節堂抄本　[51]・二・5
孫子十一家注十三卷
　　見《孫子集注》
孫子七書　不知編者
　　北宋國子監刊本　[7]・中・32
孫子書五卷　明趙本學注
　　明刊本　[76]・七・17
孫子算經三卷
　　見《算經》
20孫集賢集一卷　唐孫逖撰
　　明嘉靖蔣氏刊本　[17]・四・
　　13
25孫仲益大全集七十卷
　　見《孫尚書大全集》
30孫宇臺集四十卷　清孫治撰
　　刊本　[71]・集・國朝別・10
　孫宗伯集十卷　明孫繼皋撰
　　刊本　[39]・癸下・10
34孫漢公集三十卷　宋孫何撰
　　宋刊本　[14]・四中・432
35孫清瑞詞集十一種　清孫麟趾撰
　　殘抄本　[57]・307
40孫太初集八卷　明孫一元撰
　　明刊本　[21]・一・47
　　刊本　[74]・續增・集・11
　孫内翰北里志一卷　唐孫棨撰
　　宋刊本　[14]・三下・248
　　[41]・十一・6
　　傳抄勞季言校本　[59]・八・
　　7
　　明藍格抄本　[32]・九・20
　　舊抄本　[74]・三・74
　　[91]・二十一・2
　　[102]・下・24
孫真人千金要方三十卷
　　見《千金要方》

孫真人海上方一卷　唐孫思邈撰
　　宋括蒼刊本　[41]・十三・12
　　刊本　[89]・二集・六・13
　　抄本　[96]・四十二・762
孫樵集十卷
　　見《孫可之文集》
孫樵經緯集三卷　唐孫樵撰
　　宋刊本　[14]・四中・398
孫樵經緯集十卷　唐孫樵撰
　　傳抄吳騫刊本　[17]・四・11
44孫孝子集二十卷　明孫堪撰
　　刊本　[39]・癸上・38
孫莘老奏議十卷　宋孫覺撰
　　宋刊本　[14]・四下・463
50孫忠靖公全集十卷卷首一卷　明
　　孫傳庭撰
　　清咸豐刊本　[85]・七・331
　　一九一四年鉛印本　[85]・七・
　　331
53孫威敏征南録一卷　宋滕甫撰
　　宋刊本　[41]・七・22
　　墨海金壺本　[96]・二十四・
　　499
　　二老閣抄本　[39]・戊・12
　　精抄本　[91]・九・22
55孫耕閒集一卷　宋孫銳撰
　　舊抄本　[11]・九十三・15
　　[71]・集・宋別・62
　　[87]・四・5
60孫晟文集三卷　南唐孫晟撰
　　宋刊本　[14]・後志・二・895
67孫明復小集一卷　宋孫復撰
　　校抄本　[12]・六・6
　　紀氏抄本　[91]・二十六・14
　　舊抄本　[91]・二十六・14
　孫明復小集一卷附録一卷　宋孫
　　復撰
　　知不足齋抄本　[39]・壬・5
　　抄本　[71]・集・宋別・7
72孫氏仲享儀一卷　孫日用撰
　　宋刊本　[41]・六・17
　孫氏傳家祕寶方三卷　宋孫用和
　　纂
　　宋刊本　[41]・十三・7

孫氏治病活法秘方十卷　不知撰
　　人
　　刊本　[89]・一集・八・16
　　抄本　[22]・補遺・75
孫氏祠堂書目内編四卷外編三卷
　　清孫星衍撰
　　清嘉慶十五年(1810)刊本
　　[96]・三十二・601
孫氏書目内編二卷　清孫星衍撰
　　清刊本　[74]・二・74
孫氏醫案五卷　明孫泰來、孫明
　　來編
　　明刊本　[79]・子・醫家類・
　　513
孫氏金陵忠愍侯祠堂書目四卷
　　清洪頤煊編
　　原稿藍格抄本　[92]・二・71
77孫賢良進卷十卷　宋孫洙撰
　　宋刊本　[14]・四下・464
80孫公談圃三卷　宋孫升撰、劉延
　　世編
　　宋刊本　[11]・六十二・14
　　[17]・三・34　[41]・
　　十一・14
　　明覆宋本　[91]・二十一・8
　　明刊本　[17]・三・34
　　清道光二十六年(1846)高郵刊
　　本　[74]・三・76
　　稗海本　[74]・三・76
　　學津討原本　[96]・六十四・
　　1267
　孫公談圃三卷補遺　宋孫升撰、
　　劉延世編
　　抄本　[75]・四十六・15
87孫郃文纂一卷　唐孫郃撰
　　宋刊本　[14]・四中・407
90孫光憲鞏湖編玩三卷　宋孫光憲
　　撰
　　宋刊本　[14]・四中・418
孫尚祕寶十卷　宋孫尚撰
　　宋刊本　[14]・後志・二・873
孫尚書文集七十卷
　　見《孫尚書大全集》
孫尚書大全集三十三卷　宋孫覿

撰
　宋刊本　[50]·八·25
　　[58]·集·78
　影抄宋刊本　[11]·八十二·8
　　[50]·八·26
孫尚書大全集五十七卷　宋孫覿撰
　宋刊本　[14]·五下·655
孫尚書大全集七十卷　宋孫覿撰
　刊本　[28]·十二·3
　明初抄本　[16]·三十一·19
　舊抄本　[8]·集二·442
　　[11]·八十一·7　[39]·壬·18　[71]·集·宋別·24　[91]·二十九·5　[92]·四·157
　　[93]·二十一·7
　精抄本　[32]·十二·1
　傳抄本　[59]·六·24
孫尚書內簡尺牘編注十卷　宋孫覿撰、李祖堯注
　宋刊本　[10]·43　[38]·集·49
　明刊本　[11]·八十二·8　[32]·十二·1　[60]·六·33
　明嘉靖刊本　[17]·四·22　[91]·二十九·6
　刊本　[39]·壬·19
　校宋本　[50]·八·26
孫尚書內簡尺牘編注十六卷　宋孫覿撰、李祖堯注
　宋刊本　[35]·下·31
　　[58]·集·79
　元葉氏刊本　[2]·四·35
　校宋本　[93]·二十一·7

1260₀ 酬
86酬知集不分卷　明劉昌撰
　舊抄本　[71]·集·明別·31

副
25副使祖遺稿　不知撰人
　清初抄本　[100]·137

1263₇ 砭
44砭蔡編一卷
　見《尚書砭蔡篇》

1266₉ 礛
28礛谿集三卷　元道士邱處機撰
　金平水刊本　[2]·三·52
　　[17]·四·29
礛谿集六卷　元道士邱處機撰
　金刊本　[56]·羣書題記·6
　刊本　[24]·集二·18

1293₀ 瓢
26瓢泉詞一卷　元朱晞顏撰
　校本　[57]·305
瓢泉吟稿五卷　元朱晞顏撰
　舊抄本　[59]·七·7
　文瀾閣傳抄本　[11]·一百零三·9　[16]·三十四·7

1310₀ 恥
00恥言二卷　明徐禎稷撰
　刊本　[96]·五十三·1053
90恥堂存稿八卷　宋高斯得撰
　聚珍刊本　[74]·四·31

1311₂ 琬
19琬琰集一百零七卷
　見《名臣碑傳琬琰集》

1313₂ 琅
17琅琊漫抄一卷　明文林撰
　顧氏四十家小說本　[96]·五十七·1135
46琅嬛記三卷
　見《嬭嬛記》
77琅邪代醉編四十卷　明張鼎思撰
　明刊本　[8]·子二·323
　　[32]·八·12
　刊本　[71]·子·小說家·22
琅邪白雲二禪師語錄　不知編者
　宋刊本　[29]·二·20

1314₀ 武
00武康縣志八卷　清馮聖澤修
　清刊本　[71]·史·地志·19
武康四先生集十四卷　明楊鶴編
　明刊本　[74]·續增·集·16
10武王伐紂書三卷　不知撰人
　元刊本　[69]·一·2　[77]·一·11
武元衡集二卷
　見《武元衡臨淮集》
武元衡臨淮集一卷　唐武元衡撰
　宋刊本　[41]·十九·13
武元衡臨淮集二卷　唐武元衡撰
　宋刊本　[14]·四上·364
　翻宋本　[45]·44
14武功縣志三卷　明康海撰
　明刊本　[2]·二·38
　刊本　[71]·史·地志·17
　舊抄本　[75]·二十六·17
21武經聖略十五卷　宋王洙撰
　宋刊本　[14]·後志·二·849
武經總要四十卷　宋曾公亮、丁度等撰
　宋刊本　[14]·後志·二·849　[41]·十二·15
　明正統刊本　[1]·上·11　[11]·四十二·5
　刊本　[89]·二集·五·7
　舊抄本　[39]·庚·79　[91]·十五·22　[96]·三十八·721
武經總要四十卷行軍須知二卷　宋曾公亮、丁度等撰
　明刊本　[93]·十三·16
　明正統四年(1439)李元凱刊本　[26]·六·35
　明弘治十七年(1504)西安守馬思進刊本　[59]·二·17
武經龜鑑二十卷　宋王彥撰
　宋刊本　[2]·三·6　[33]·子·6　[41]·十二·15　[54]·三·28　[68]·圖版25、目錄11

武經直解十二卷　明劉寅撰
　　明萬曆刊本　[76]・七・14
　　日本重刊明萬曆本　[8]・子
　　　一・236
武經直解二十五卷　明劉寅撰
　　明成化刊本　[8]・子一・235
　　明萬曆刊本　[91]・十五・22
武經七書十卷　不著編者
　　明閔昭明伯發刊本　[59]・二・
　　　17
武經七書二十五卷　不著編者
　　宋刊本　[28]・六・20
　　　[35]・上・44　　[58]・
　　　子・19　　[70]・八下・
　　　4　　[72]・18　　[73]・
　　　圖版35
　　影抄宋本　[93]・十三・14
武經節要孫子兵法三卷
　　見《孫子》
武經節要孫子兵法三卷　周孫武
　　撰　武經節要四卷　不著撰人
　　明刊本　[75]・三十四・4
武經小學　明張楷編
　　明宣德刊本　[63]・圖版15
23武編十二卷　明唐順之撰
　　明刊本　[60]・二・23
　　杭州徐氏曼山館刊本　[96]・
　　　三十八・722
24武備彙編即數理全書四十八卷
　　清潘元焯撰
　　抄本　[74]・續增・子・2
武備志二百四十卷　明茅元儀輯
　　刊本　[39]・庚・81
　　抄本　[74]・三・11
26武穆王集五卷
　　見《岳武穆文集》
武穆精忠傳八卷　不著撰人
　　明天德堂精刊本　[69]・二・
　　　51
27武侯心妙一卷　不著撰人
　　舊抄本　[32]・六・9
武侯十六策一卷　蜀諸葛亮撰
　　宋刊本　[14]・三下・277
28武谿集二十卷　宋余靖撰

宋刊本　[41]・十七・6
明刊本　[9]・後編・十八・15
　　[11]・七十三・9　　[93]・
　　二十・6
明成化刊本　[17]・四・14
　　[50]・八・7　　[91]・二
　　十六・11
明嘉靖修成化本　[8]・集二・
　　407
清王漁洋批明嘉靖刊本　[2]・
　　四・22
刊本　[39]・壬・3
舊抄本　[59]・六・15
武谿集二十卷附錄一卷　宋余靖
　　撰
　　抄本　[71]・集・宋別・4
30武進縣志三十六卷　清楊承湛修
　　清道光二十三年(1843)刊本
　　　[74]・續增・史・6
武宗外紀一卷　清毛奇齡撰
　　西河合集本　[96]・十九・425
武宗外紀一卷後鑒錄七卷　清毛
　　奇齡撰
　　清刊本　[74]・二・21
33武梁祠像一卷　清黃易摹刻
　　小蓬萊閣刊本　[96]・三十四・
　　　633
44武英殿聚珍版程式一卷　清金簡
　　撰
　　清乾隆四十一年(1776)武英殿
　　　聚珍版印本　[68]・圖版
　　　636、目錄102　　[74]・
　　　二・69　　[96]・三十一・
　　　578
武林旌德全志二卷　明顧鈐撰
　　刊本　[71]・史・地志・84
武林石刻記　清丁敬撰
　　抄本　[57]・148
武林石刻記八卷　倪山夫撰
　　稿本　[91]・十四・16
武林理安寺志八卷　清杭世駿撰
　　清刊本　[71]・史・地志・86
武林紀事六卷續編二卷　題吳璚
　　編

抄本　[53]・一・18　　[71]・
　　史・地志・42
武林志餘三十二卷　清張暘輯
　　抄本　[39]・戊・31
武林梵志十二卷　明吳之鯨撰
　　刊本　[71]・史・地志・85
　　抄本　[39]・戊・64　　[71]・
　　史・地志・85
武林舊事六卷　宋周密撰
　　明刊本　[21]・一・12
　　　[32]・四・25　　[50]・
　　　三・34
　　明正德刊本　[16]・十七・10
　　　[38]・史・76
　　抄本　[8]・史三・186
武林舊事八卷　宋周密撰
　　刊本　[39]・戊・31
武林舊事十卷　宋周密撰
　　明正德宋廷佐刊本　[17]・二・
　　　18
　　明刊配抄本　[71]・史・地志・
　　　37
　　刊本　[53]・一・16
　　黃丕烈校刊本　[91]・十二・
　　　15
　　校本　[50]・三・35　　[65]・
　　　續・二・22
　　抄本　[5]・二下・11　　[20]・
　　　二・15　　[16]・十七・9
　　　[75]・二十八・4　　[84]・
　　　一・25
武林舊事六卷後集五卷　宋周密
　　撰
　　明刊本　[91]・十二・15
武林金石記六卷　清丁敬撰
　　殘稿本　[91]・十四・17
　　傳抄本　[59]・五・8
武林怡老會詩集一卷　明張瀚編
　　舊抄本　[91]・三十九・20
50武夷新集五卷　宋楊億撰
　　舊抄本　[59]・六・14
武夷新集二十卷　宋楊億撰
　　宋刊本　[14]・五下・642
　　明刊本　[11]・七十二・16

清康熙刊本 [75]·五十三·
13

刊本 [24]·集一·13
[39]·壬·2 [71]·
集·宋別·2

舊抄本 [91]·二十六·6

武夷新集二十卷別集十二卷 宋
楊億撰
宋刊本 [41]·十七·3

武夷集十五卷 宋胡安國撰
宋刊本 [14]·五下·651
[41]·十八·9

武夷集二十卷
見《武夷新集》

武夷山記一卷 宋杜光庭撰
宋刊本 [41]·八·39

武夷山志 明徐表然撰
刊本 [71]·史·地志·67

武夷山志二十四卷 清董大工輯
清乾隆十六年(1751)刊本
[74]·二·54

武夷游咏 明田汝成、于崇安等
撰
刊本 [39]·辛·44

武夷九曲志十六卷 清王復禮撰
刊本 [39]·戊·60

60武昌珍逆紀略一卷附鄂渚紀事一
卷 清張芭撰
清嘉慶五年(1800)刊本
[85]·十五·704

武昌士俗編二卷 宋薛季宣撰
宋刊本 [41]·八·30

武昌志三十卷 宋王信、許中應
等撰
宋刊本 [14]·五下·726
[41]·八·29

74武陵山人遺書 清顧觀光撰
清光緒九年(1883)獨山莫氏刊
本 [78]·補遺·25

武陵舊事六卷
見《武林舊事》

76武陽志十卷 宋葛元驚撰
宋刊本 [41]·八·34

77武岡州志三十卷 清許紹宗修

清嘉慶二十二年(1817)刊本
[74]·續增·史·5

武岡法帖釋文二十卷 宋劉次莊
撰
宋刊本 [41]·十四·11

1315₀ 職

00職方乘三卷
見《豫章職方乘》

職方外紀五卷 明西洋艾儒略撰
明刊本 [8]·史三·191
[91]·十二·20

刊本 [39]·庚·61 [71]·
史·地志·55 [74]·
二·59

職方外紀六卷 明西洋艾儒略撰
明天啟三年(1623)刊本
[59]·三·13

職方機要四十卷 不著撰人
宋刊本 [14]·後志·一·806

職方全圖 不知撰人
清內府銅版本 [84]·一·16

30職官記一卷 宋張續編
宋刊本 [14]·五下·723
[41]·六·9

職官分紀五十卷 宋孫逢吉撰
宋刊本 [14]·五上·560
[41]·六·7

明抄本 [11]·五十九·16

明綿紙館抄本 [28]·續·十
一·1

玉玲瓏閣抄本 [74]·三·65

十萬卷樓抄本 [91]·二十·
5

舊抄本 [5]·二上·22
[8]·史三·197 [28]·
續·十一·2 [32]·
九·6 [39]·丁·58
[50]·三·38 [93]·
十七·4 [102]·
下·23

31職源五十卷 宋王益之編
宋刊本 [14]·五上·561
[41]·六·10

刊本 [89]·一集·四·54

職源撮要一卷 宋王益之編
校本 [61]·五·8

44職林二十卷 宋楊侃纂
宋刊本 [14]·三下·283
[41]·六·6

1325₃ 殘

28殘義兵的 不知撰人
刊本 [89]·一集·五·35

67殘明百官簿四卷 清平步青纂
山陰平氏稿本 [85]·九·470

殘明紀事一卷 清羅謙撰
三異詞錄本 [85]·十一·568

明季野史四種本 [85]·十一·
568

適園叢書鉛印本 [85]·十一·
568

舊抄本 [57]·71

殘明紀事四卷 陳湖編
昭代武功錄本 [85]·九·459

殘明忠烈傳十六卷 題西冷氏編
傳抄本 [85]·十七·734

殘明書四十卷 清徐元禧撰
稿本 [85]·補遺·1088

1364₀ 碔

15碔砆集十三卷 宋杜圮撰
宋刊本 [41]·二十·19

1413₁ 聽

10聽雨錄一卷
見《玉几山房聽雨錄》

20聽香小榭漢印譜不分卷 不知編
者
摹本 [92]·三·98

27聽彝堂偶存稿二十一卷 清吳省
蘭撰
清嘉慶四年(1799)刊本
[26]·十三·19

33聽心堂客問一卷 題萬尚父撰
普祕笈本 [96]·五十三·1055

37聽漏吟草 清顧沅撰
稿本 [74]·續增·集·14

77聽月樓二十回　清人撰
　清嘉慶二十四年(1819)同文堂
　刊本　[69]・四・145
　聽颿樓書畫記五卷續二卷　清潘
　正煒撰
　清道光刊本　[75]・三十九・
　13

1418₁ 琪

22琪山集十二卷　明趙秉忠撰
　明萬曆刊本　[91]・三十七・
　12

1419₀ 琳

17琳瑯冰鑑五十四卷　清董餘岑編
　清乾隆三十九年(1774)刊本
　[74]・三・60

1420₀ 耐

00耐亭自娛集八卷　清邵德顯撰
　刊本　[71]・集・國朝別・34
51耐軒詞一卷　明王達撰
　精抄本　[91]・四十・28

1464₇ 破

77破邪論二卷　唐釋法琳撰
　宋刊本　[14]・後志・二•890

1466₁ 醋

44醋葫蘆四卷　明人撰
　明刊本　[69]・七・206
　[77]・五・151

1513₀ 璉

22璉川集八卷
　見《施璉川集》

1519₀ 珠

10珠玉詞一卷　宋晏殊撰
　宋刊本　[41]・二十一・2
　明毛氏汲古閣刊本　[86]・七・
　20
　陸敕先校宋本　[11]・一百十
　九・1
　明抄本　[17]・四・48
　[91]・四十・1
　珠玉集一卷
　見《珠玉詞》
44珠英學士集五卷　唐武三思等修
　宋刊本　[14]・四下・501

1519₆ 疎

30疎寮集三卷　宋高似孫撰
　宋刊本　[41]・二十・21

1523₆ 融

50融春小綴一卷　宋許棐撰
　抄本　[75]・五十七・15
90融堂書解二十卷
　見《書解》
　融堂四書管見十三卷　宋錢時撰
　瓶花齋抄本　[39]・丙・13
　舊抄本　[93]・六・2

1529₀ 殊

43殊域周咨錄二十四卷　明嚴從簡
　輯
　明刊本　[91]・十二・21
　刊本　[39]・戊・66　[71]・
　史・地志・57

1540₀ 建

00建康集八卷
　見《石林居士建康集》
　建康續志十卷　宋吳琚編
　宋刊本　[41]・八・23
　建康實錄二十卷　唐許嵩撰
　宋刊本　[14]・二上・120
　[35]・下・5　[41]・
　五・11　[58]・史・54
　[65]・二・44
　宋紹興十八年(1148)荆湖北路
　安撫使司刻遞修本
　[68]・圖版215,目錄42
　刊本　[5]・二下・7　[88]・
　二・2
　明依宋抄本　[91]・七・20
　影抄宋刊本　[11]・二十三・
　4　[28]・續・七・16
　[34]・三・5　[35]・附
　錄・4
　影宋紹興刊本　[35]・上・39
　開萬樓抄本　[39]・丁・4
　舊抄本　[16]・十一・1
　[42]・2　[51]・一•11
　[74]・二・14　[81]・
　史・2　[83]・二・3
　[96]・十八・385
　建康志五十卷　宋周應合撰
　清嘉慶四年(1799)費淳刊本
　[74]・二・42
　孫氏仿宋刊本　[75]•二十五•
　22
　刊本　[88]・三・4
　影宋抄本　[11]・三十・17
　[28]・續・八•6　[35]•
　上・36　[71]・史・地
　志・7
　清錢大昕抄本　[2]・二・22
　舊抄本　[16]・十六・11
　[50]・三・18　[81]・
　史・6　[83]・二・13
　建康志十卷　宋史正志撰
　宋刊本　[41]・八・23
　建康志十卷續志十卷　宋史正志
　撰
　宋刊本　[14]・五上・569
　建文元年京闈小錄一卷　明建文
　元年應天鄉試錄
　刊本　[88]・二・13
　舊抄本　[91]・九・16
　傳抄本　[60]・四・35
　建文登科會試二錄二卷　不著編
　者
　明抄本　[92]・二・50
　建文朝野彙編二十卷　明屠叔方
　輯
　明刊本　[32]・三・20
　刊本　[39]・丁・32　[74]・
　二・20
　建文事蹟備遺錄一卷　不著撰人
　明抄本　[75]・十九・17

建文書法儗五卷　明朱鷺撰
　明刊本 [74]・二・20
　[102]・上・15
　刊本 [39]・丁・33
24建德縣志九卷　清戚延裔撰
　清刊本 [71]・史・地志・19
30建寧人物傳四卷　明李默輯
　明嘉靖刊本 [92]・二・53
　刊本 [39]・戊・25
建安志二十四卷續志一卷　宋林光撰
　宋刊本 [41]・八・33
建安茶記不分卷　唐吕惠卿撰
　宋刊本 [14]・後志・二・832
50建中河朔記六卷　唐李公佐撰
　宋刊本 [41]・五・13
60建昌諸夷圖一卷　不知撰人
　抄本 [5]・二下・18
67建昭雁足鐙考二卷　清徐渭仁編
　清刊本 [74]・二・79
77建隆編一卷　宋陳傳良撰
　宋刊本 [41]・四・30
建隆遺事一卷　宋王禹偁撰
　宋刊本 [14]・二上・136
　[41]・五・18
90建炎維揚遺録一卷　不著撰人
　學津討原本 [96]・十九・414
　穴硯齋抄本 [30]・五・4
建炎維揚録一卷　不著撰人
　天一閣抄本 [39]・丁・24
建炎德安守禦録三卷　宋劉荀編
　宋刊本 [41]・七・25
建炎假道高麗録一卷　宋楊應誠撰
　宋刊本 [41]・五・24
建炎以來朝野雜記四十卷　宋李心傳撰
　宋刊本 [16]・十九・2
　[41]・五・26
　函海本 [74]・二・63
　武英殿聚珍刊本 [74]・二・63 [96]・二十九・556
　校宋本 [11]・三十五・4
　明抄本 [54]・二・37

知不足齋抄本 [39]・丁・52
舊抄本 [38]・史・82
　[59]・四・18 [91]・十三・8、9
建炎以來繫年要録二百卷　宋李心傳撰
　宋刊本 [14]・五上・553
　[41]・四・29
　仁燾蕭氏刊本 [75]・十七・1
　舊抄本 [12]・五・7 [32]・三・9 [60]・四・11
　文瀾閣傳抄本 [11]・二十一・1 [16]・九・11
建炎復辟記一卷　不著撰人
　宋刊本 [41]・五・23
　學津討原本 [96]・十九・414
　明姚舜咨抄本 [2]・二・20 [54]・二・38
　穴硯齋抄本 [30]・五・5
　舊抄本 [12]・五・9 [17]・二・15 [39]・丁・24 [74]・二・18 [93]・九・23 [102]・下・6
建炎進退志總敍四卷　宋李綱撰
　宋刊本 [14]・五上・556
建炎通問録一卷　宋傅雱撰
　宋刊本 [41]・五・24
建炎中興記一卷　宋耿延禧撰
　宋刊本 [41]・五・23
建炎中興日曆五卷　宋汪伯彥撰
　宋刊本 [14]・二上・139
　[41]・五・23
建炎時政記三卷　宋李綱編
　宋刊本 [14]・五上・556
　清黄丕烈校舊抄本 [2]・二・20
　校舊抄本 [50]・二・18
　[65]・續・二・1
　天一閣抄本 [39]・丁・23
建炎筆録三卷　宋趙鼎撰
　舊抄本 [102]・下・6
建炎筆録一卷辨誣筆録一卷　宋趙鼎撰
　舊抄本 [74]・二・18

建炎筆録三卷辨誣筆録一卷附家訓筆録一卷　宋趙鼎撰
　函海本 [96]・十九・412

1561₈ 醴
26醴泉筆録二卷　宋江休復撰
　舊抄本 [74]・三・76
　[102]・下・24
74醴陵集十卷　梁江淹撰
　刊本 [71]・集・漢魏六朝別・7

1562₇ 礦
44礦菴鑿一卷　明陳蓋謨撰
　刊本 [39]・庚・66

1610₄ 聖
00聖主中興全盛兼三録附一卷　明何光顯撰
　明崇禎刊本 [85]・三・146
聖唐偕日譜一卷　唐李匡文撰
　宋刊本 [41]・八・2
02聖訓六卷　清世祖福臨敕修
　清武英殿刊本 [96]・二十・429
聖訓四卷　清聖祖玄燁敕修
　清武英殿刊本 [96]・二十・429
聖訓六十卷　清聖祖玄燁敕修
　清武英殿刊本 [96]・二十・430
聖訓六十卷　清世宗胤禎敕修
　清武英殿刊本 [96]・二十・430
聖訓三十六卷　清高宗弘曆敕修
　清武英殿刊本 [96]・二十・430
聖訓三百卷　清高宗弘曆敕修
　清武英殿刊本 [74]・續增・史・3
08聖諭像解二十卷　清梁延年輯
　清康熙二十年(1681)承宣堂刊本 [64]・續・102
　[96]・三十七・708

聖諭圖解二十卷
　見《聖諭像解》
10聖元名賢播芳續集六卷　不知編
　者
　刊本　[70]·三·2
　聖雨齋詩集五卷文集四卷詞二卷
　賦二卷　明周拱宸撰
　刊本　[39]·癸下·35
27聖紹堯章集十卷　宋李文友編
　宋刊本　[14]·四下·506
30聖濟經十卷　宋徽宗趙佶撰
　宋刊本　[14]·五上·613
　　[41]·十三·3
　明刊本　[79]·子·醫家類·
　335
　明刊配抄本　[16]·二十二·7
　舊抄本　[11]·四十四·16
　　[96]·四十二·755
　聖濟總録二百卷　宋官修
　宋刊本　[92]·三·84
　元大德四年(1300)江浙等處行
　　中書省刊本　[13]·25
　　[22]·補遺·53　　[35]·
　　上·11　[68]·圖版274、
　　275、目錄52　　[79]·
　　子·醫家類·486　[89]·
　　一集·八·22　　[92]·
　　三·84
　日本刊本　[75]·三十六·12
　　[91]·十六·13
　日本活字本　[11]·四十四·
　25
　日本抄本　[12]·五·26
　舊抄本　[11]·四十四·19
　聖濟總録纂要二十六卷　清程林
　纂
　清康熙二十年(1681)黄綺堂刊
　　本　[79]·子·醫家類·
　　487
　清乾隆刊本　[75]·三十六·
　19
　刊本　[39]·庚·92
　聖安本紀二卷　清顧炎武撰
　明季稗史本　[85]·十·479

聖宗掇遺一卷　宋余靖撰
　宋刊本　[14]·二上·136
聖宋高僧詩選五卷　宋陳起編
　影宋本　[35]·附錄·4
　　[50]·十·22
　明毛子晉影抄本　[2]·五·
　37
　舊抄本　[12]·六十·36
　　[91]·三十八·18
　精抄本　[91]·三十八·19
聖宋高僧詩選後集三卷附續集一
　卷　宋陳起編
　吳枚菴校抄本　[30]·六·64
聖宋高僧詩選前集一卷後集二卷
　續集一卷　宋陳起編
　舊抄本　[20]·五·21
聖宋文選三十二卷　不著編者
　宋刊本　[9]·三·40　　[10]·
　　57　　[33]·集·60
　　[48]·一輯·88　[50]·
　　十·10,12　　[61]·一·
　　1　　[68]·圖版92、目
　　錄23
　宋刊小字本　[35]·下·58
　南宋建陽小字本　[91]·三十
　　八·13
　南宋乾道刊巾箱本　[2]·五·
　　30　[67]·第五册·45
　宋刊抄補本　[58]·集·135
　刊本　[89]·一集·九·26
　影抄宋刊本　[11]·一百十三·
　7
　舊抄本　[12]·六·36
　　[39]·辛·8　　[91]·三
　　十八·13
　南海孔氏從文瀾閣傳抄本
　　[8]·集六·608
聖宋文海五卷　宋江鈿編
　宋刊殘本　[35]·上·59
　　[93]·二十三·21
聖宋文海六卷　宋江鈿編
　宋淳熙刊殘本　[16]·三十五·
　　8　　[94]·四·10
聖宋文粹三十卷

　見《文粹》
聖宋千家名賢表啓　不著編者
　宋刊殘本　[35]·下·53
　　[93]·十七·11　　[94]·
　　三·6
聖宋皇祐新樂圖記三卷
　見《皇祐新樂圖記》
聖宋名賢五百家播芳大全文粹
　宋魏齊賢、葉棻編
　宋刊本　[38]·集·101
聖宋名賢五百家播芳大全文粹一
　百十卷　宋魏齊賢、葉棻編
　宋刊本　[17]·四·42
　　[68]·圖版167、目錄36
　明抄本　[54]·八·12
　明抄藍格本　[59]·六·4
　瓶花齋抄本　[39]·辛·8
　舊抄本　[16]·三十五·12
　　[74]·四·61　　[91]·
　　三十八·16　　[102]·
　　下·38
　精抄本　[30]·四·46
　傳抄閣本　[32]·十五·8
聖宋名賢五百家播芳大全文粹一
　百二十六卷　宋魏齊賢、葉棻編
　影宋抄本　[18]·下·41
　明抄本　[28]·十三·19
　精抄本　[11]·一百十四·1
聖宋名賢五百家播芳大全文粹一
　百五十卷　宋魏齊賢、葉棻編
　舊抄本　[93]·二十三·23
　傳抄足本　[60]·六·7
聖宋名賢四六叢珠一百卷　宋葉
　蕡編
　明抄本　[92]·三·123
　舊抄本　[11]·六十·12
聖宋遵堯録八卷　宋羅從彥撰
　宋刊本　[41]·五·36
聖宋遵堯録七卷別録一卷　宋羅
　從彥撰
　舊抄藍格本　[92]·二·73
聖宋茶論一卷　宋徽宗趙佶撰
　宋刊本　[14]·後志·二·832
37聖祖仁皇帝聖訓六十卷

見《聖訓》

40聖壽萬年曆八卷律曆融通四卷附
　錄一卷　明朱載堉撰
　文瀾閣傳抄本　[11]·四十八·
　　14
　聖壽萬年曆二卷萬年曆備考三卷
　　明朱載堉撰
　　明萬曆刊樂律全書本　[78]·
　　補遺·16　　[78]·算學
　　書錄補注·98
　聖壽萬年曆二卷萬年曆備考三卷
　　附律曆融通四卷　明朱載堉撰
　　明萬曆刊樂律全書本　[78]·
　　子·天文類·542　　[96]·
　　四十四·819

46聖駕臨雍錄　明費閒編
　刊本　[39]·丁·67

47聖朝職略二十卷　宋熊克撰
　宋刊本　[41]·六·9
　聖朝名畫評一卷
　　見《宋朝名畫評》
　聖朝混一方輿勝覽三卷
　　見《方輿勝覽》
　聖朝通制孔子廟祀一卷　不著編
　　者
　　元刊本　[58]·元·58
　　[93]·十二·8

48聖散子方一卷　不知撰人
　刊本　[5]·三下·16
　聖教入川記二卷　不著撰人
　　一九一八年重慶聖家書局鉛印
　　本　[85]·補遺·1087
　　四川菱窠李氏傳抄本　[85]·
　　補遺·1087

77聖門二大家詩不分卷　不著編者
　明刊本　[96]·八·141
　聖門釋非錄五卷　清毛奇齡撰
　　西河合集本　[96]·十三·267
　聖門志六卷　明樊維城輯
　　刊本　[39]·戊·9
　聖門志六卷　明呂元善撰
　　鹽邑志林附刊本　[74]·二·
　　26
　聖門事業圖一卷　宋李元綱撰

宋刊本　[11]·四十一·1
　　[75]·三十三·7
明刊本　[17]·三·5
百川學海本　[96]·三十六·
　　682
聖學啓關臆說三卷　明龍遇奇撰
　刊本　[39]·己·27
聖學心法四卷　明成祖朱棣撰
　明刊本　[9]·九·9
聖學大成十二卷補遺一卷　清孫
　鍾瑞輯
　抄本　[39]·己·29
聖學格物通一百卷　明湛若水輯
　刊本　[39]·己·11
聖學知統錄二卷翼錄二卷　清魏
　裔介撰
　清刊本　[71]·子·儒家·21
聖學範圍圖說一卷　明岳元聲撰
　普祕笈本　[96]·三十七·700
聖賢語論四卷　元王廣謀輯
　舊抄本　[32]·四·6　　[39]·
　丙·4
聖賢語論四卷首簡一卷　元王廣
　謀輯
　刊本　[74]·三·1
聖賢羣輔錄一卷　題晉陶潛撰
　說郛本　[96]·六十·1190
聖賢羣輔錄二卷　題晉陶潛撰
　漢魏叢書本　[74]·三·64
聖賢儒史一卷　清王復禮撰
　刊本　[39]·己·31
聖賢事實三卷　不著編者
　宋刊殘本　[12]·一·15
聖賢事實三卷漢唐事實　不著編
　者
　宋刊殘本　[33]·子·34
聖賢眼目一卷　宋洪興祖撰
　宋刊本　[41]·十·20

1611₀　現

60現果隨錄一卷　清釋戒顯撰
　說鈴後集本　[96]·六十八·
　1338

1611₄　理

30理窟二卷　題金華先生撰
　宋刊本　[14]·三上·201
38理駢文一卷　清吳師機撰
　清刊本　[74]·四·57
　[74]·續增·子·3
　理道要訣十卷　唐杜佑撰
　宋刊本　[41]·十·15
77理學辨　清王庭輯
　刊本　[39]·己·30
　理學就正言十卷　清祝文彥輯
　刊本　[39]·己·35
　理學宗傳二十六卷　清孫奇逢撰
　刊本　[39]·己·28
　理學類編三卷　元張九韶編
　明刊本　[60]·二·9
　理學類編八卷　元張九韶編
　元刊本　[87]·二·11
　明洪武十七年(1384)刊本
　　[71]·子·儒家·14
　明嘉靖益府刊本　[91]·十五·
　　17
　日本刊本　[11]·四十一·19
　理學類編十二卷　元張九韶編
　陳南浦抄本　[12]·五·33
80理氣三訣四卷　清葉泰撰
　地理大成本　[96]·四十七·
　　899
　理氣心印三卷　不著撰人
　舊抄本　[93]·十五·11
　理氣考正論　清楊光先撰
　抄本　[39]·庚·76

1613₀　聰

22聰山集八卷　清申涵光撰
　清康熙二年(1663)刊本
　　[74]·四·51
67聰明誤十二回　題寓滬醫隱編
　清宣統元年(1909)社會小說社
　排印本　[69]·七·210

1613₂　環

00環應篇八卷　明錢繼登撰

刊本　[39]・己・57　　[71]・
　子・雜家・37
16環碧齋詩集三卷尺牘三卷祝子小
　言一卷　明祝世祿撰
　刊本　[39]・癸下・18
　環碧齋小言一卷　明祝世祿撰
　彙祕笈本　[96]・五十三・1053
28環谿詩話一卷　宋吳沆撰
　宋刊本　[41]・二十二・15
　明刊本　[21]・一・68
　舊抄本　[39]・庚・5　　[75]・
　　六十四・12　　[91]・三
　　十九・29
50環中黍尺五卷　清梅文鼎撰
　歷算全書本　[96]・四十四・
　　829
80環谷集八卷　明汪克寬撰
　刊本　[39]・壬・78
　環谷集八卷石西集八卷崇禮堂詩
　一卷蘗菴集二卷　明汪克寬撰
　清康熙刊本　[71]・集・明別・
　　5

1614$_4$　瓔

17瓔珞經　後秦釋竺佛念譯
　北宋元祐五年(1090)福州東禪
　　等覺院刊本　[68]・圖版
　　156、目錄34

1623$_6$　強

37強祠部集三十六卷　宋強至撰
　聚珍刊本　[74]・四・14
　　[75]・五十三・19
　強祠部集四十卷　宋強至撰
　宋刊本　[41]・十七・27
46強恕齋文抄五卷　清張庚撰
　刊本　[39]・癸下・55
　強恕齋文抄五卷詩抄四卷　清張
　庚撰
　清乾隆刊本　[26]・十一・22
　強恕齋詩抄四卷　清張庚撰
　刊本　[71]・集・國朝別・33

1625$_6$　彈

37彈冠必用集一卷　宋周渭撰
　宋刊本　[41]・十二・25
　影抄宋本　[26]・六・43
　　[93]・十五・13
44彈棊經一卷　題張東之撰
　宋刊本　[14]・三下・291
　　[41]・十四・18
60彈園雜志五卷　明伍袁萃撰
　刊本　[39]・己・80　　[71]・
　　子・雜家・29

1660$_1$　碧

10碧玉樓六卷　題修正山人編
　積善堂刊本　[69]・四・162
　碧雲霞一卷　宋梅堯臣撰
　宋刊本　[41]・十一・15
　明覆宋本　[11]・六十二・11
　碧雲霞二卷　宋梅堯臣撰
　宋刊本　[14]・三下・262
　碧雲集二卷　唐李中撰
　汲古閣刊本　[60]・六・26
　校本　[83]・四・4
　影宋抄本　[32]・十・21
　舊抄本　[20]・五・8
　碧雲集三卷　唐李中撰
　宋刊本　[50]・七・54
　宋書棚刊本　[12]・一・22
　校宋本　[50]・七・56
　　[65]・續・四・27
　臨何義門校本　[81]・集・4
　清錢求赤校抄本　[2]・四・20
　影抄宋刊本　[11]・七十・18
　　[16]・二十九・15
　　[50]・七・56
　影抄南宋陳道人書棚本
　　[26]・七・42
　汲古閣毛氏抄本　[50]・七・
　　57　[51]・三・2
20碧雞漫志五卷　宋王灼撰
　小山堂抄本　[39]・庚・12
　抄本　[5]・三上・30　　[12]・
　　六・40
22碧川文選四卷　明楊守阯撰
　明嘉靖刊本　[91]・三十六・
　　27
　刊本　[39]・癸上・36
　　[71]・集・明別・45
　碧崖詩集五卷　宋甘夢叔撰
　宋刊本　[14]・五下・684
　碧巖集十卷　宋釋克勤解
　宋刊本　[14]・後志・二・888
　元大德刊本　[43]・三・48
　　[76]・十六・14
　碧山樂府一卷續一卷　明王九思
　撰
　刊本　[24]・集二・23
　碧山樂府一卷續一卷泝東樂府二
　卷　明王九思撰
　明正德刊本　[91]・四十・35
　碧山學士集十九卷　明黃洪憲撰
　刊本　[39]・癸下・9
　碧山學士集二十一卷別集四卷
　明黃洪憲撰
　刊本　[71]・集・明別・95
27碧血錄二卷附周端孝先生血疏貼
　黃冊一卷　黃煜編
　知不足齋叢書本　[85]・四・
　　193
　七林書堂校錄彙函本　[85]・
　　四・193
　勝朝遺事初編本　[85]・四・
　　193
28碧谿叢書　不著編者
　清初抄本　[2]・三・31
37碧湖雜記一卷　題宋謝枋得撰
　説郛本　[96]・五十六・1125
41碧梧玩芳集二十四卷　宋馬廷鸞
　撰
　舊抄本　[38]・集・67
　　[91]・三十二・6
　文瀾閣傳抄本　[11]・九十二・
　　7　[16]・三十一・53
60碧里雜存二卷　明董穀撰
　鹽邑志林本　[96]・六十五・
　　1288
　碧里後存二卷　明董穀撰

155

明刊本　[32]·十四·12

88碧筠館詩稿四卷補一卷　明凌立
撰
原抄本　[91]·三十七·22

1661₀　硯

08硯譜一卷　宋李之彦撰
宋刊本　[11]·五十三·8
百川學海本　[96]·五十·992
硯譜一卷　不著撰人
宋刊本　[17]·三·11
明刊本　[17]·三·11
明華氏刊本　[91]·十八·3
硯譜二卷　宋唐詢撰
宋刊本　[14]·三下·284
11硯北雜志一卷　題宋陸宅之輯
刊本　[5]·三上·40
硯北雜錄不分卷　清黄叔琳撰
虞紹弓校抄本　[30]·六·32
20硯香齋詩抄不分卷　清諸璧發撰
刊本　[71]·集·國朝別·27
22硯山堂詩集十卷　清吳泰來撰
清刊本　[26]·十二·22
28硯谿先生詩集　清惠周惕撰
刊本　[71]·集·國朝別·61
50硯史一卷　宋米芾撰
宋刊本　[10]·33　[11]·
五十三·8　[17]·三·
11　[35]·下·9
[41]·十四·14　[58]·
子·70　[75]·四十·
6
明覆宋本　[91]·十八·3
明刊本　[17]·三·11
百川學海本　[96]·五十·990
毛氏汲古閣抄本　[30]·五·
16
舊抄本　[93]·十六·2
77硯岡筆志一卷　宋唐秸撰
宋刊本　[41]·十一·18
87硯錄一卷附說硯一篇　清曹溶撰
借月山房彙抄本　[96]·五十·
992
88硯箋一卷　宋高似孫撰

宋刊本　[41]·十四·14
硯箋四卷　宋高似孫撰
明如韋館刊本　[17]·三·11
棟亭十二種本　[96]·五十·
991
校宋本　[11]·五十三·9
[50]·五·11
校本　[57]·186
明抄本　[11]·五十三·13
[55]·二·36
影抄舊本　[32]·七·12
舊抄本　[5]·二中·8
[17]·三·11　[39]·
庚·38　[50]·五·13
[65]·續·三·16
[75]·四十·6　[93]·
十六·2

1661₄　醒

27醒名花十六回　清人撰
坊刊本　[69]·四·144
33醒心藥石　明楊繼益撰
體仁堂刊本　[96]·五十三·
1054
44醒夢駢言十二回　題蒲崖主人輯
稼史軒刊本　[69]·三·107
醒菴遺珠集十卷　宋俞國寶撰
宋刊本　[41]·二十·20
醒世姻緣傳一百回　清人撰
同德堂刊本　[69]·七·207
醒世恒言四十卷　明馮夢龍編
明刊本　[70]·三·44
明金閶葉敬谿刊本　[69]·三·
93　[77]·附·191
醒世恒言二十四回　清人撰
清雍正刊本　[69]·三·102
77醒風流奇傳二十回　清人撰
坊刊本　[69]·四·140

1662₇　碭

22碭山縣志十四卷　清劉玉瓊撰
清乾隆三十二年(1767)刊本
[74]·二·47

碯

10碯石調幽蘭一卷　陳邱公明撰
影抄唐人書本　[22]·二·25

1664₀　碑

41碑帖一卷　清錢泳輯
清刊本　[74]·二·79
44碑藪一卷　明陳鑑撰
抄本　[74]·二·76　[102]·
下·13
81碑頌石本目錄一卷　宋真宗趙恒
撰
宋刊本　[41]·八·6

1710₃　丞

46丞相魏公譚訓十卷　宋蘇象先編
清道光十年(1830)刊本
[74]·三·75　[102]·
上·22
舊抄本　[16]·二十七·2
[51]·二·18　[91]·
十九·4　[93]·十六·
20

1710₇　孟

00孟襄陽集三卷
見《孟浩然集》
07孟記四卷
見《孟子雜記》
10孟晉齋集二十四卷　清陳章撰
刊本　[71]·集·國朝別·40
17孟子二卷　周孟軻撰
宋刊小字本　[60]·一·19
元刊本　[38]·經·41
明刊本　[60]·一·19
明萬曆閔齊伋刊本　[19]·1
[96]·十二·244
孟子十四卷　周孟軻撰
日本慶長己亥勅板活字單經本
[22]·二·23
孟子十四卷　周孟軻撰、漢趙岐
注
北宋國子監刊本　[7]·中·2

宋刊本　[9]・後編・三・16
　　[14]・三上・190　　[41]・
　　三・24　　[92]・一・17
元旴郡重刊廖氏本　[66]・目
　　錄3
日本五山活字本　[17]・一・
　　7
日本貞和以前刊本附元刊本
　　[44]・三・28
清乾隆四十六年(1781)安邱韓
　　岱刊本　[26]・二・23
舊板覆宋小字本　[22]・二・
　　22
活字刊本　[22]・二・24
刊本　[89]・一集・二・48
微波榭刊本　[74]・一・43
　　[96]・十二・237
盧抱經校微波榭刊宋本
　　[91]・四・11
周耕崖從宋本校錄本　[20]・
　　一・19
影宋抄本　[9]・後編・八・2
舊抄卷子本　[22]・二・21
舊抄本　[22]・二・22、23
孟子十四卷　宋范祖禹等注
宋刊本　[14]・三上・192
孟子十四卷　宋王安石解
宋刊本　[14]・後志・二・817
孟子十四卷　宋王雱解
宋刊本　[14]・後志・二・817
孟子十四卷　宋許允成解
宋刊本　[14]・後志・二・817
孟子十四卷　宋張簡注
宋刊本　[14]・後志・二・818
孟子章句十四卷　漢趙岐注
宋刊本　[41]・三・24
南宋國子監刊本　[7]・下・1
孟子章指一卷　漢趙岐撰　孟子
音義--卷　宋孫奭撰
抄本　[51]・一・5
孟子音義二卷　宋孫奭撰
宋刊本　[14]・三上・191
　　[41]・三・24
重刊蜀大字本　[49]・4

覆宋刊本　[92]・一・17
吳門黃氏士禮居刊本　[96]・
　　十二・243
通志堂刊本　[74]・一・43
微波榭刊本　[74]・一・43
日本翻影宋本　[91]・四・13
影抄北宋蜀大字本　[23]・43
影抄本　[5]・一上・30
文瀾閣傳抄本　[75]・七・15
孟子雜記四卷　明陳士元撰
湖海樓叢書本　[96]・十三・
　　260
歸雲別集本　[74]・一・45
刊本　[39]・戊・10
舊抄本　[75]・七・24
孟子説七卷　宋張栻撰
宋刊本　[9]・一・20　　[14]・
　　五上・534
通志堂經解本　[74]・一・43
　　[96]・十二・248
孟子説十七卷　宋張栻撰
宋刊本　[41]・三・27
孟子説解十四卷　明郝敬撰
刊本　[39]・丙・6
孟子詳説七卷
見《孟子説》
孟子正義十四卷
見《孟子注疏解經》
孟子正義三十卷　清焦循撰
半九書塾刊本　[96]・十二・
　　239
稿本　[57]・13
孟子集疏十四卷　宋蔡模撰
宋刊本　[9]・後編・三・17
通志堂經解本　[74]・一・43
　　[96]・十二・249
孟子集程氏説一卷　宋湯烈編
宋刊本　[14]・五下・714
孟子集注十四卷　宋朱熹輯
宋刊本　[2]・一・27　　[11]・
　　十・9　　[14]・五上・
　　533　　[33]・經・36
　　[41]・三・28　　[72]・5
元刊本　[22]・二・22

[35]・下・22
明刊本　[60]・一・19
　　[75]・七・11
朝鮮國活字刊本　[22]・二・
　　23
孟子集注考證七卷　宋金履祥撰
刊本　[39]・丙・2
藕塘祠塾重刊本　[96]・十二・
　　252
抄本　[11]・十・9　　[75]・
　　七・11
孟子集注輯釋十四卷　宋朱熹集
注、倪士毅輯釋
元刊本　[22]・二・23
　　[35]・下・38
孟子師説一卷　清黃宗羲撰
舊抄本　[75]・七・26
孟子師説七卷　清黃宗羲撰
傳抄本　[60]・一・20
孟子私淑錄三卷　清戴震撰
抄本　[59]・一・6
孟子外書四卷附逸孟子一卷　宋
劉攽注
函海本　[74]・三・1
孟子生卒年月考一卷　清閻若璩
撰
四書釋地附刊本　[96]・二十
　　二・446
孟子傳二十九卷　宋張九成撰
宋刊本　[29]・一・4　　[34]・
　　一・8　　[35]・下・46
　　[36]・23　　[58]・經・51
常熟毛氏汲古閣影宋抄本
　　[39]・丙・6
影宋抄本　[9]・四・6
抄本　[91]・四・14
文瀾閣傳抄本　[16]・六・9
孟子解一卷　宋蘇轍撰
宋刊本　[41]・三・25
明刊本　[11]・十・13
　　[91]・四・14
孟子解五卷　宋王令撰
宋刊本　[41]・三・25
孟子解二卷　宋尹焞撰

宋刊本 [14]・五上・532

孟子解十四卷　宋尹焞撰
宋刊本 [41]・三・26
瓶花齋抄本 [39]・丙・5

孟子解十四卷　宋張杙撰
抄本 [39]・丙・5

孟子解十四卷　宋張載撰
宋刊本 [14]・三上・192

孟子解十四卷　宋張九成撰
宋刊本 [41]・三・26

孟子解十四卷　宋程頤撰
宋刊本 [14]・後志・二・817

孟子紀蒙十四卷　宋陳耆撰
宋刊本 [41]・三・29

孟子注十四卷
見《孟子》

孟子注疏十四卷
見《孟子注疏解經》

孟子注疏解經十四卷　漢趙岐
注、宋孫奭疏
宋刊本 [11]・十・12
[31]・32 [33]・經・
35 [35]・上・31
[41]・三・24 [65]・
一・41

宋紹熙浙東庾司刊本 [2]・
一・27

宋嘉泰兩浙東路茶鹽司刊本
[66]・目錄4 [67]・第
五冊・9

宋刊元明遞修本 [32]・二・
11

明閩刊本 [60]・一・19
[91]・四・11

明刊九行本 [11]・十・12
[75]・七・14

汲古閣刊本 [17]・一・5
[20]・一・15 [74]・
一・43 [75]・七・15

清武英殿十三經注疏刊本
[96]・十二・238

明抄本 [38]・經 42

叢書堂抄本 [92]・一・18

舊抄單疏本 [22]・二・22

舊抄本 [5]・一上・29
[50]・一・9

孟子字義疏證三卷　清戴震撰
戴氏遺書本 [96]・十三・277

孟子通十四卷　元胡炳文撰　孟
子集注通證二卷　元張存中
撰
元天曆刊本 [38]・經・43
[92]・一・17

孟子考異一卷　宋王應麟撰
抄本 [39]・丙・6

孟子趙注十四卷
見《孟子》

孟子或問十四卷　宋朱熹撰
宋刊本 [41]・三・28

孟子題辭　漢趙岐撰
刊本 [89]・一集・二・46
[89]・二集・一・37

孟子時事略一卷　清任兆麟撰
心齋十書本 [96]・二十二・
447

孟子劉注一卷　漢劉熙撰
横學齋叢書本 [96]・十二・
240

孟子答問三卷　宋戴谿撰
宋刊本 [41]・三・28

孟子節文七卷　不知編者
明刊本 [15]・2
刊本 [5]・一上・30

孟子精義十四卷　宋朱熹撰
明抄本 [91]・四・14

27孟叔子史發　明孟稱舜撰
刊本 [39]・戊・82

30孟賓于集一卷　五代孟賓于撰
宋刊本 [41]・十九・27

34孟浩然集　唐孟浩然撰
刊本 [89]・二集・八・18、19

孟浩然集一卷　唐孟浩然撰
宋刊本 [14]・四上・348

孟浩然集二卷　唐孟浩然撰
明刊本 [75]・五十一・30
[91]・二十四・12
[102]・上・27

孟浩然集三卷　唐孟浩然撰

宋蜀刊本 [2]・四・7

宋刊本 [33]・集・7 [41]・
十九・4 [50]・七・15
[58]・集・22 [65]・
四・27

南宋初刊本 [37]・一輯

日本元祿庚午刊本 [76]・十
四・2

明刊本 [91]・二十四・13

明活字本 [17]・四・5
[59]・六・10

刊本 [71]・集・唐別・4

孟浩然集四卷　唐孟浩然撰
宋刊本 [10]・50 [68]・
圖版233、234、目錄45

明刊本 [91]・二十四・12
[93]・十九・18

明正德刊本 [17]・四・5

明嘉靖刊本 [19]・16

汲古閣刊本 [74]・四・5

孟浩然集五卷　唐孟浩然撰
北宋蜀刊本 [35]・下・32

37孟遲詩一卷　唐孟遲撰
宋刊本 [14]・四中・396

40孟有涯集十五卷　明孟渾撰
刊本 [39]・癸上・33

50孟忠毅公奏議二卷　清孟喬芳撰
傳抄本 [85]・七・338

孟東野集一卷　唐孟郊撰
宋刊本 [41]・十九・10

孟東野集二卷　唐孟郊撰
宋刊本 [17]・四・9
清康熙十九年(1680)武康縣令
韓逢庥刊本 [34]・附錄・
一・22

孟東野集八卷　唐孟郊撰
明刊本 [59]・6・12

孟東野集十卷　唐孟郊撰
北宋刊本 [37]・一輯
[50]・七・25 [58]・
集・24 [65]・四・42

宋刊本 [1]・上・37 [10]・
51 [14]・四上・372
[41]・十六・24 [50]・

七·26　[58]·集·26
[68]·圖版151、目録33
宋蜀刊本　[2]·四·12
[68]·圖版235、目録45
宋刊小字本　[35]·下·13
明刊本　[61]·三·2　[75]·
五十二·10　[93]·十
九·27
明凌氏朱墨本　[8]·集一·
391
明弘治仿宋刊本　[8]·集一·
389　[30]·二·29
[32]·十·13　[86]·
一·35　[91]·二十五·
4
明嘉靖十五年(1536)秦禾刊本
[8]·集一·390　[11]·
六十九·16　[17]·四·
9　[74]·四·9
[91]·二十五·5　[92]·
四·145　[102]·上·
28
刊本　[21]·一·33　[71]·
集·唐別·14
周香巖校本　[87]·三·12
校本　[50]·七·28
校宋舊抄本　[50]·七·27
[52]·三·4　[65]·
四·45
毛氏影抄宋刊本　[11]·六十
九·15　[28]·續·十
二·9　[35]·上·51
[72]·28
舊抄本　[26]·七·34
72孟氏家祭禮一卷　唐孟銑撰
宋刊本　[41]·六·16
77孟貫詩集一卷　後周孟貫撰
翻宋本　[45]·42
80孟姜女集二卷　不知撰人
抄本　[5]·二中·29
孟義訂測七卷　明管志道輯
刊本　[39]·丙·6

盈

22盈川集十卷
見《楊盈川集》

1711$_7$　澠

12澠水燕談録十卷　宋王闢之撰
宋刊本　[41]·十一·14
抄本　[84]·一·22

1712$_0$　羽

00羽庭集六卷　元劉仁本撰
舊抄本　[59]·七·10
[75]·五十九·29
[91]·三十四·19
[93]·二十二·19
文瀾閣傳抄本　[11]·一百零
五·16　[16]·三十四·
29

琱

10琱玉集二卷　唐人撰
刊本　[89]·一集·六·27
舊抄卷子殘本　[22]·五·4

聊

28聊復集一卷　宋趙令畤撰
宋刊本　[41]·二十一·6

1712$_7$　邛

88邛竹杖七卷　清施男撰
留髡堂刊本　[96]·六十五·
1296
刊本　[39]·己·86

邡

32邡州志二十卷　清魯一同撰
清咸豐元年(1851)刊本
[74]·二·48

鄧

24鄧先生文集不分卷　元鄧文原撰
抄本　[50]·九·5
鄧先生文集一卷　元鄧文原撰

明初抄本　[16]·三十二·21
[45]·46　[50]·九·
5　[91]·三十三·9
[93]·二十二·4
鄧先生文集五卷　元鄧文原撰
舊抄本　[11]·九十五·23
鄧先生遺稿七卷　明鄧林撰
舊抄本　[91]·三十五·28
26鄧伯言玉笥集九卷
見《玉笥集》
42鄧析子一卷　周鄧析撰
明翻宋本　[17]·三·6
明刊本　[11]·四十二·11
[75]·三十四·10
明縣眇閣本　[17]·三·6
明刊子彙本　[17]·三·6
抄本　[74]·三·12　[102]·
下·15
鄧析子二卷　周鄧析撰
宋刊本　[14]·三上·221
[35]·下·8　[41]·
十·2　[93]·十四·8
明刊本　[91]·十六·2
74鄧尉山志　明沈津撰
刊本　[39]·戊·59

瑯

17瑯琊代醉編四十卷　明張鼎思撰
明萬曆二十五年(1597)刊本
[60]·二·19
刊本　[39]·己·55
46瑯嬛文集六卷　明張岱撰
清光緒三年(1877)刊本
[64]·續·83　[85]·
二十·911
瑯嬛記　不知撰人
明刊本　[21]·一·29

弱

12弱水集二十二卷　清屈復撰
清乾隆七年(1742)賀克昌刊本
[26]·十一·18

1713₆ 蚩

28蚩谿詩話十卷
　見《蚩谿詩話》

1714₀ 珊

17珊瑚網四十八卷　明汪砢玉編
　舊抄本　[11]·五十二·19
　　[30]·四·14
　舊抄小字本　[91]·十七·20
　精抄本　[91]··七·20
珊瑚網四十八卷畫法一卷　明汪砢玉編
　抄本　[71]·子·書畫家·12
珊瑚網古今名畫題跋二十四卷附錄一卷　明汪砢玉編
　抄本　[39]·庚·27
珊瑚網古今法書題跋二十四卷　明汪砢玉編
　抄本　[39]·庚·23
珊瑚木難八卷　明朱存理撰
　明抄本　[91]·十七·19
　舊抄本　[11]·五十二·18
　　[12]·五·27　[30]·四·14　[91]·十七·19
　傳抄本　[60]·八·2
珊瑚林二卷　明袁宏道撰
　刊本　[71]·子·釋家·3
珊瑚鈎詩話二卷　宋張表臣撰
　宋刊本　[28]·十三·22
珊瑚鈎詩話三卷　宋張表臣撰
　宋刊本　[11]·一百十八·8
　　[17]·四·46
　明刊本　[17]·四·47
　舊抄本　[74]·四·71
　　[91]·三十九·26
　　[102]·下·40

1714₇ 瓊

13瓊琯白玉蟾武夷集八卷　宋葛長庚撰
　元刊本　[58]·元·124
　　[93]·二十一·16
瓊琯白玉蟾上清集八卷　宋葛長庚撰
　元刊本　[48]·二輯下·181
　　[91]·三十一·11
17瓊瑤發明神書二卷　宋劉真人撰
　明翻宋本　[79]·子·醫家類·423
　刊本　[39]·庚·86
40瓊臺詩話二卷　明蔣冕撰
　刊本　[39]·庚·9
瓊臺志　明唐冑纂
　明正德刊本　[68]·圖版395、目錄69
瓊臺會稿十二卷　明邱濬撰
　明嘉靖三十二年(1553)鄭庭鵠刊本　[19]·22
瓊臺會稿二十四卷　明邱濬撰
　明刊本　[12]·三·30
　清康熙四十七年(1708)刊本　[74]·四·41
　刊本　[71]·集·明別·36
瓊臺類稿七十卷　明邱濬撰
　刊本　[39]·癸上·18
44瓊花集五卷　明曹璿撰
　別下齋刊本　[74]·四·64
　刊本　[5]·二中·13
瓊芳集二卷　明朱祁鈺撰
　明成化刊本　[32]·十四·1
瓊華集五卷
　見《瓊花集》
瓊華考一卷　不知撰人
　刊本　[5]·二中·13
瓊林雅韻不分卷　明朱權編
　明洪武三十一年(1398)刊本　[91]·四十·38
　刊本　[39]·丙·38
67瓊野錄一卷　宋洪邁撰
　宋刊本　[41]·十五·24

1716₄ 珞

17珞琭子一卷　不著撰人
　宋刊本　[14]·三下·268
　　[41]·十二·25
珞琭子二卷　宋釋曇瑩注
　墨海金壺本　[96]·四十七·906
　抱經樓抄本　[75]·三十八·23
珞琭子二卷　宋徐子平注
　墨海金壺本　[96]·四十七·905
　刊本　[5]·三中·30
　抱經樓抄本　[75]·三十八·23
珞琭子六卷　宋王廷光、李仝、釋曇瑩、徐子平注
　影抄宋本　[26]·六·43
　影抄元本　[32]·七·5
　　[93]·十五·13
　抄本　[16]·二十三·11
珞琭子三卷李燕陰陽三命二卷　宋李仝注、東方明疏
　宋刊本　[38]·子·30
　　[50]·四·43　[58]·子·61　[93]·十五·12
　影宋本　[26]·六·45
珞琭子三命消息賦六卷
　見《珞琭子》
珞琭子三命消息賦注二卷
　見《珞琭子》
珞琭子疏五卷　宋李仝注、東方明疏
　宋刊本　[14]·後志·二·843
珞琭子賦注二卷
　見《珞琭子》

1717₂ 瑤

10瑤石山人詩稿十六卷　明黎民表撰
　明刊本　[8]·集五·550
　刊本　[39]·癸上·64
　　[71]·集·明別·84
34瑤池新集一卷　唐蔡省風編
　宋刊本　[14]·四下·507
44瑤華傳十一卷　清丁秉仁撰
　清道光二十五年(1845)慎修堂刊本　[69]·五·177

1720₂　寥

17寥寥集四十卷　明俞安期撰
　　刊本　[39]・癸下・28

1720₇　了

00了齋集三十卷　宋陳瓘撰
　　宋刊本　[14]・四下・481
　　了齋集四十二卷　宋陳瓘撰
　　宋刊本　[41]・十七・31
　　了齋陳瓘易説一卷
　　見《易説》
02了證歌一卷　杜光庭撰
　　刊本　[5]・三下・6
40了奇緣十六回　不著撰人
　　刊本　[69]・四・162

1721₃　兔

24兔牀日記不分卷　清吳騫撰
　　稿本　[38]・史・54
44兔園策十卷　唐虞世南撰
　　宋刊本　[14]・三下・280
60兔園雜抄十卷
　　見《歸震川先生兔園雜抄》

1721₄　翟

50翟忠惠集三十卷
　　見《忠惠集》

1722₀　刀

88刀筆集十卷　宋楊億撰
　　宋刊本　[14]・四中・429

1722₇　甬

21甬上族望表二卷　清全祖望撰
　　清嘉慶十九年(1814)刊本
　　[96]・二十三・493
　　甬上耆舊詩三十卷　清胡文學編
　　清康熙刊本　[75]・六十三・
　　19
　　刊本　[39]・辛・33
50甬東正氣集四卷　清董琅撰
　　清嘉慶刊本　[85]・十二・595
　　甬東山人稿七卷　明呂時臣撰

刊本　[39]・癸下・3

鬻

17鬻子一卷　題周鬻熊撰
　　宋刊本　[14]・五上・588
　　[41]・九・21
　　明翻宋本　[17]・三・16
　　明崇德書院刊本　[11]・五十
　　五・1
　　明縣聯閣本　[17]・三・16
　　明子彙本　[17]・三・16
　　墨海金壺本　[96]・五十二・
　　1025
　　明抄本　[65]・三・38
　　鬻子注一卷　題周鬻熊撰、唐逢
　　行珪注
　　宋刊本　[41]・九・21
　　明嘉靖刊本　[11]・五十五・1
　　[75]・四十一・5

1723₂　承

21承旨學士院記一卷　唐元積撰
　　宋刊本　[41]・六・4
37承運傳四卷　明人撰
　　明萬曆福建坊刊本　[69]・二・
　　58　[77]・三・77
38承啓堂集二十八卷　明錢薇撰
　　刊本　[39]・癸上・53
　　[71]・集・明別・79
　　承啓堂稿二十八卷
　　見《承啓堂集》
44承華事略一卷　元王惲撰
　　舊抄本　[39]・丁・55
　　[60]・四・17

聚

22聚樂堂藝文目録　不著撰人
　　抄本　[53]・一・21　[71]・
　　史・簿録・9
80聚分韻略五卷　釋師錬撰
　　日本文明十三年刊本　[62]・
　　圖版144
　　日本明應二年刊本　[62]・圖
　　版148

日本永正元年刊本　[62]・圖
　　版151
　　日本享禄三年刊本　[62]・圖
　　版153
　　日本天文八年刊本　[62]・圖
　　版155
　　日本天文二十三年刊本
　　[62]・圖版157

豫

00豫章文集三十卷
　　見《山谷集》
　　豫章雜記不分卷　明郭子章輯
　　抄本　[53]・一・20　[71]・
　　史・地志・47
　　豫章詩話六卷　明郭子章撰
　　舊抄本　[91]・三十九・36
　　豫章西山記一卷　宋李上文撰
　　宋刊本　[41]・八・37
　　豫章職方乘三卷後集十二卷　宋
　　洪芻撰
　　宋刊本　[41]・八・25
　　豫章職方乘三卷後集十四卷　宋
　　洪芻撰
　　宋刊本　[14]・五上・568
　　豫章集五十卷外集十四卷
　　見《山谷集》
　　豫章熊先生家集七卷
　　見《熊先生家集》
　　豫章外集六卷
　　見《山谷外集》
　　豫章先生遺文十二卷
　　見《山谷遺文》
　　豫章祀紀四卷　清宋犖撰
　　原刊本　[96]・二十三・489
　　豫章羅先生文集十七卷
　　見《羅豫章先生集》
　　豫章別集
　　見《山谷別集》
　　豫章今古記　梁雷次宗撰
　　抄本　[39]・戊・39
22豫變紀略八卷　清鄭廉撰
　　原刊本　[85]・六・272
　　一九二二年刊三怡堂叢書本

[85]·六·272

1732₇ 鄳

60鄳署雜抄十二卷　清汪爲熙輯
　　清刊本　[39]·戊·42

1733₂ 忍

00忍齋文集三卷詩集二卷　朝鮮洪
　遲撰
　　朝鮮刊本　[71]·集·外域·
　　1
21忍經一卷　元吳亮撰
　　元刊本　[48]·二輯下·123
　　[91]·十九·25

1734₆ 尋

22尋樂編　明毛元淳撰
　　刊本　[39]·己·27
27尋壑外言五卷　清李繩遠撰
　　秋錦山房集附刊本　[96]·七
　　十·1398
　　刊本　[39]·癸下·46

1740₇ 子

35子遺録一卷　清戴名世撰
　　南山集本　[85]·七·309
　　國粹叢書本　[85]·七·309
　　荊駝逸史本　[85]·七·309

子

10子夏易傳十卷
　　見《易傳》
27子彙三十四卷　明周子義等輯
　　明萬曆刊本　[12]·三·14
　　[26]·六·79　[28]·
　　續·九·1　[38]·子·
　　64
　子彙不分卷　明周子義等輯
　　明萬曆抄本　[91]·十九·28
30子良詩録二卷　清馮詢撰
　　清同治二年（1863）刊本
　　[74]·四·57
　子寶遺稿　不知撰人
　　明刊本　[21]·一·48

32子淵詩集六卷
　　見《張子淵詩集》
44子苑一百卷　不知撰人
　　舊抄本　[32]·八·19
　子華子二卷　題晉程本撰
　　叭翻宋本　[17]·三·16
　　明刊本　[60]·二·1　[91]·
　　十八·14
　　明正統道藏本　[17]·三·16
　　明縣吵閣本　[17]·三·16
　　明子彙本　[17]·三·16
　　墨海金壺本　[96]·五十二·
　　1026
　子華子三卷　題晉程本撰
　　明刊本　[11]·五十五·1
　　[75]·四十一·6
　子華子十卷　題晉程本撰
　　宋刊本　[14]·三上·228
　　[41]·十·11
　　川南雷鳴時刊本　[64]·續·
　　89
50子史粹言二卷　清丁晏撰
　　清道光二十六年（1846）刊本
　　[74]·三·59
　子史精華一百六十卷　清張廷玉
　等撰
　　清武英殿刊本　[74]·三·70
　　[96]·六十二·1230
　　坊刊本　[74]·三·70
59子抄三十卷　梁庾仲容撰
　　宋刊本　[41]·十·14
60子思子一卷　周孔伋撰
　　宋刊本　[14]·三上·190
　　抄本　[74]·三·4　[102]·
　　下·14
　子略三卷　宋高似孫撰
　　宋刊本　[70]·八上·22
　子略四卷　宋高似孫撰
　　宋刊本　[11]·三十七·8
　　[17]·二·21
　　明翻宋本　[91]·十四·4
　　明刊本　[17]·二·21
　　[75]·三十·6
　　明抄本　[91]·十四·3

　子昂集十卷
　　見《陳伯玉集》
72子劉子行狀二卷　清黃宗羲撰
　　清康熙刊本　[85]·十八·783
　　原刊本　[96]·二十二·458
　子劉子學言三卷
　　見《劉子學言》
80子午經一卷　題扁鵲撰
　　宋刊本　[14]·後志·二·868

1740₈ 翠

28翠微先生北征録十二卷　宋華岳
　撰
　　元抄本　[93]·二十一·24
　　舊抄本　[16]·三十一·50
　　[81]·集·6　[83]·
　　四·14　[91]·三十一·
　　6
　翠微先生南征録十卷　宋華岳撰
　　刊本　[39]·壬·38
　　抄本　[50]·八·40
　翠微先生南征録十一卷
　　抄校本　[101]·中·7
　　小山堂抄本　[71]·集·宋別·
　　52
　　舊抄本　[11]·八十九·15
　　[16]·三十一·49
　　[29]·三·16　[30]·
　　七·26　[36]·229
　　[38]·集·62　[74]·
　　四·30　[91]·三十一·
　　6　[93]·二十一·24
　　[102]·下·33
30翠寒集一卷　元宋无撰
　　刊本　[39]·壬·59
　　舊抄本　[91]·三十三·33
　翠寒集一卷嘮嗽集一卷　元宋无
　撰
　　抄本　[71]·集·元別·14
　翠寒集六卷嘮嗽集一卷　元宋无
　撰
　　元刊本　[5]·四中·24
　　[16]·續·四·18
44翠薇山房叢書十五種四十五卷

清張作楠撰
　　清嘉慶二十五年(1820)刊本
　　　[74]・三・26
　翠薇山房數學　清張作楠撰
　　清嘉慶二十五年(1820)刊本
　　　[78]・補遺・24
　　清道光張氏原刊本　[78]・算
　　　學書録補注・91
77翠屏集四卷　明張以寧撰
　　明刊本　[2]・五・16
　　明宣德刊本　[91]・三十五・
　　　6
　　明成化刊本　[11]・一百十一・
　　　6
　　刊本　[39]・癸上・2
　　舊抄本　[59]・七・13
　　　[71]・集・明別・3
　　　[74]・續增・集・10
　翠屏集四卷至寶集一卷　明張以
　　寧撰
　　刊本　[24]・集二・20

1742₇　邢

00邢襄題稿一卷樞垣初刻一卷　明
　　李永茂撰
　　中華書局鉛印本　[85]・七・
　　　334
10邢石臼前集九卷後集七卷　明邢
　　昉撰
　　刊本　[39]・癸下・32
　　　[71]・集・明別・126

1750₁　羣

10羣玉集三卷
　　見《李羣玉詩集》
　羣玉樓集八十四卷　明張燮撰
　　明崇禎刊本　[8]・集五・582
　羣玉樓稿八卷　明李默撰
　　明刊本　[74]・續增・集・11
　羣碎録一卷　明陳繼儒撰
　　眉公秘笈本　[96]・五十八・
　　　1167
21羣經音辨七卷　宋賈昌朝撰
　　北宋國子監刊本　[7]・中・11

宋刊本　[9]・後編・三・21、
　24　[14]・一下・87
　[41]・三・33　[58]・
　經・53　[95]・一・1
宋紹興十二年(1142)汀州寧化
　縣學刊本　[2]・一・29
　[17]・一・9　[31]・1
　[68]・圖版203、204、目録
　41
明刊本　[38]・經・48
粤雅堂刊本　[74]・一・51
澤存堂本　[60]・一・25
刊本　[39]・丙・12　[89]・
　一集・三・43
臧鏞堂手校本　[11]・十二・
　14
校刊本　[100]・19
張氏稿本　[75]・九・10
汲古閣影抄宋紹興寧化縣學刊
　本　[11]・十二・13
　[36]・25
影宋本　[28]・續・四・9
　[35]・上・5
舊抄本　[93]・七・5
羣經新説十二卷論五經疑難新説
　三卷　宋王安石撰
　宋刊本　[14]・五下・696
羣經疑辨録三卷　明周洪謨撰
　明成化十六年(1480)刊本
　　[74]・一・40
　抄本　[39]・丙・13
羣經字考十卷　清吳東發撰
　清嘉慶十二年(1807)刊本
　　[26]・二・31
　稿本　[57]・27
羣經宮室圖二卷　清焦循撰
　半九書墪刊本　[96]・二・38
羣經補義五卷　清江永撰
　刊本　[88]・續・7
　通行本　[96]・二・32
22羣仙珠玉集一卷　題西華真人撰
　宋刊本　[41]・十二・8
　羣仙珠玉集四卷　題西華真人撰
　刊本　[39]・庚・97

羣仙會真記五卷
　見《西山羣仙會真記》
羣峯集八卷　清沈清瑞撰
　清嘉慶元年(1796)刊本
　　[26]・十三・40
40羣雄事略八卷
　見《明初羣雄事略》
44羣芳譜二十八卷　明王象晉撰
　抄本　[71]・子・農家・11
　羣芳譜三十卷　明王象晉撰
　明刊本　[96]・五十一・1018
　羣芳清玩十五卷　明李峴編
　刊本　[39]・庚・40　[71]・
　　子・雜藝術・1
　羣英詩選二卷　元何士信編
　元至正陳氏刊本　[2]・五・
　　38
　羣英珠玉五卷　明范士衡編
　抄本　[30]・四・49
　羣英草堂詩餘四卷　不著編者
　明洪武二十五年(1392)刊本
　　[2]・五・40　[19]・
　　21
50羣史姓纂韻譜六卷　宋黃邦先、
　宋顯撰
　宋刊本　[41]・八・4
　羣忠録二卷　明唐龍輯
　刊本　[39]・戊・19
　羣書麗句十卷　明楊慎撰
　舊抄本　[74]・三・68
　　[102]・下・24
　羣書麗藻六十五卷　宋崔遵度編
　宋刊本　[41]・十五・10
　羣書集事淵海四十七卷　明人編
　明刊本　[9]・九・47　[9]・
　　後編・十七・12　[96]・
　　六十二・1217
　明弘治刊黑口本　[91]・二十
　　15　[92]・三・124
　刊本　[39]・庚・45　[71]・
　　子・類事・13
　羣書編類故事二十三卷　宋王營
　　輯
　明刊本　[11]・六十一・24

羣書編類故事二十四卷　宋王營
輯
　明宣德刊本　[28]・八・22
羣書備檢三卷　不知撰人
　宋刊本　[41]・八・6
羣書備檢十卷　不知撰人
　宋刊本　[14]・後志・一・815
羣書備數十二卷　張九韶編
　元刊黑口本　[4]・10
　　[35]・上・48
　刊本　[1]・上・29
羣書歸正集十卷　明林烝撰
　校刊本　[71]・子・雜家・23
羣書疑辨一卷　清萬斯同撰
　愛雲樓抄本　[75]・七・5
羣書治要五十卷　唐魏徵等編
　日本刊本　[11]・五十八・15
　　[75]・四十四・20
　　[91]・十九・20
　刊本　[89]・一集・十二・1
　舊抄卷子本　[22]・四・9
　　[44]・一・70　[70]・
　　三・20　[89]・一集・
　　十二・2
　抄本　[12]・五・32
羣書古鑑一卷　不知撰人
　宋刊本　[14]・三下・265
羣書考索前集六十六卷後集六十
五卷續集五十六卷別集二十五
卷　宋章如愚編
　元刊本　[11]・六十・8
　　[28]・續・十一・3
　　[35]・下・55　[58]・
　　元・91　[93]・十七・
　　8
　元延祐七年(1320)圓沙書院刊
　　本　[26]・六・18
　明刊本　[9]・九・41　[9]・
　　後編・十七・10　[59]・
　　五・13
　明正德十三年(1518)劉洪慎獨
　　齋刊本　[11]・六十・8
　　[12]・三・12　[32]・
　　九・8　[86]・八・11

[91]・二十・8　[96]・
六十一・1209
刊本　[39]・庚・42　[71]・
子・類事・9　[89]・二
集・三・24
羣書拾補初編不分卷　清盧文弨
撰
　抱經堂刊本　[96]・五十五・
　　1095
羣書拾唾十二卷　明張九韶輯
　刊本　[39]・庚・45
羣書會記二十六卷　宋鄭樵撰
　宋刊本　[41]・八・8
羣書會元截江網三十五卷　元國
史院纂
　元刊本　[39]・庚・45
　明初刊本　[92]・三・121
　明弘治刊本　[11]・六十・3
　刊本　[71]・子・類事・11
　藝海樓抄本　[74]・三・66
　抄本　[102]・下・23
羣書纂粹八卷　明徐時行輯
　刊本　[39]・庚・54
羣書類要事林廣記十二卷　宋陳
元靚編
　宋刊本　[74]・三・66
　元刊本　[102]・上・10
　元至元六年(1340)鄭氏積誠堂
　　刊本　[68]・圖版320、
　　321、659、目錄59、106
　明永樂刊本　[11]・六十・16
　　[17]・三・31　[28]・
　　續・十一・12
羣書類要事林廣記四十卷　宋陳
元靚編
　明黑口本　[92]・三・123
羣書類要事林廣記九十四卷　宋
陳元靚編
　日本元祿十二年(1699)刊本
　　[76]・十一・41
羣書類句十四卷　宋葉鳳撰
　宋刊本　[41]・十四・25
羣賢梅苑十卷　宋黃大輿編
　汲古閣影宋本　[11]・一百二

十・17
影抄本　[5]・四下・31
　[54]・八・41
羣賢小集八十八卷
　見《南宋羣賢小集》
羣公翰藻五十卷　明凌迪知輯
　刊本　[39]・辛・14
羣公四六續集　不知編者
　天一閣抄本　[39]・辛・13
羣公小簡六卷　不知撰人
　刊本　[39]・辛・13

1750₇　尹

尹文端公詩集十卷　清尹繼善撰
　儀徵阮氏刊本　[26]・十・10
尹文子一卷　周尹文撰
　明翻宋本　[17]・三・16
　明刊本　[11]・五十五・1
　　[75]・四十一・6、7
　　[91]・十八・14
　明正統道藏本　[17]・三・17
　明縣玅閣本　[17]・三・17
　明子彙本　[17]・三・17
尹文子二卷　周尹文撰
　宋刊本　[16]・二十四・4
尹文子三卷　周尹文撰
　宋刊本　[14]・三上・220
　　[41]・十・2
尹子漸集六卷　宋尹源撰
　宋刊本　[41]・十七・8
尹師魯河南集　宋尹洙撰
　校舊抄本　[52]・三・6
尹師魯河南集十五卷　宋尹洙撰
　宋刊本　[14]・五下・661
尹師魯河南集二十卷　宋尹洙撰
　宋刊本　[14]・四下・449
尹師魯河南集二十二卷　宋尹洙
撰
　宋刊本　[41]・十七・8
尹師魯河南集二十七卷　宋尹洙
撰
　刊本　[5]・四上・28　[24]・
　　集一・13
　王惕甫批點本　[60]・七・17

影抄宋刊本　[28]・十一・1
　[35]・附録・4
抄本　[16]・三十・11
　[34]・三・25
尹師魯河南集九卷附録一卷　宋尹洙撰
　校舊抄本　[50]・八・7
尹師魯河南集二十七卷附録一卷　宋尹洙撰
　校本　[61]・五・5
　影抄宋刊本　[11]・七十三・17
　越氏小山堂抄本　[91]・二十六・13
　舊抄本　[11]・七十三・16
　　[32]・十一・2　[39]・壬・3　[71]・集・宋・別・4　[75]・五十三・19　[91]・二十六・13　[93]・二十・6
24尹先生文集十卷
　見《尹和靖集》
尹先生文集二十七卷
　見《尹師魯河南集》
26尹和靖語録四卷　宋馮忠恕輯
　宋刊本　[41]・九・12
尹和靖集三卷　宋尹焞撰
　宋刊本　[9]・後編・六・18
尹和靖集四卷　宋尹焞撰
　明黑口本　[12]・三・22
尹和靖集六卷　宋尹焞撰
　明刊本　[91]・二十九・16
尹和靖集八卷　宋尹焞撰
　明嘉靖莆田洪守刊本　[17]・四・22
　明隆慶三年(1569)蔡國熙刊本　[59]・六・24
尹和靖集十卷　宋尹焞撰
　明嘉靖九年（1530）刊本　[32]・十二・4　[74]・四・23　[102]・上・30
　清康熙刊本　[71]・集・宋別・30

刊本　[39]・壬・21
舊抄本　[11]・八十二・14
　[93]・二十一・8
尹和靖集一卷附集一卷　宋尹焞撰
　宋刊本　[41]・十八・7
尹和靖集十卷附録一卷　宋尹焞撰
　明刊本　[11]・八十二・14
31尹河南集二十七卷
　見《尹師魯河南集》
72尹氏論語解十卷
　見《論語解》

1752₇　弔
23弔伐録二卷　不著撰人
　清刊本　[36]・122
　錢氏述古堂抄本　[17]・二・11
　穴硯齋抄本　[30]・五・2
　舊抄本　[91]・八・8

1760₁　碧
28碧谿詩話十卷　宋黃徹撰
　宋刊本　[41]・二十二・13
　聚珍刊本　[74]・四・71
　盧抱經校聚珍本　[91]・三十九・27
　舊抄本　[5]・四下・25
　　[39]・庚・5　[59]・七・20　[75]・六十四・5

1760₂　召
04召誥日名考一卷　清李鋭撰
　李氏遺書本　[78]・算學書録補注・91　[96]・四十四・844
34召對紀實一卷　清楊山松輯
　山陰吳氏遞盦叢編本　[85]・七・330
召對録一卷　明申時行撰
　明萬曆十三年(1585)刊本　[85]・二・90
　普秘笈本　[96]・十九・424

習
44習菴集十二卷　宋曾逮撰
　宋刊本　[41]・十八・24
77習學記言五十卷
　見《習學紀言序目》
習學紀言序目五十卷　宋葉適撰
　宋刊本　[41]・十・21
　江陰刊本　[75]・四十一・15
　明抄本　[91]・十八・22
　清初抄本　[100]・80
　舊抄本　[11]・五十五・15　[16]・三・7　[32]・八・5　[93]・十六・8

1760₇　君
71君臣相遇録十卷別傳一卷遺事一卷　明韓道原輯
　刊本　[39]・戊・12

1762₀　司
10司天考占星通玄寶鏡一卷　題巫咸氏撰
　宋刊本　[14]・三下・266
24司勳集二十五卷
　見《皇甫司勳集》
28司牧馬經痊驥通元論六卷　題卞管勾集注
　明刊本　[79]・子・醫家類・427
30司空文明集二卷　唐司空曙撰
　宋刊本　[41]・十九・9
司空奏議四卷　明張輔之撰
　清乾隆十一年(1746)張瞻湛等詒經堂刊本　[85]・二・95
司空表聖文集十卷　唐司空圖撰
　宋刊本　[17]・四・12　[41]・十六・28　[41]・十九・20
　宋蜀刊本　[2]・四・20
　清光緒結一盧朱氏刊本　[56]・羣書題記・48
　校抄本　[12]・六・3

明曹氏書倉抄本　[60]·六·26
舊抄本　[11]·七十一·9
[16]·二十九·18
[38]·集·29　[39]·
辛·54　[56]·羣書題
記·49　[71]·集·唐
別·17　[74]·四·11
[80]·十五·15　[83]·
四·12　[91]·二十五·
20　[93]·十九·39
[102]·下·29

司空表聖文集三十卷　唐司空圖
撰
宋刊本　[14]·四中·401

司空表聖一鳴集十卷
見《司空表聖文集》

司空圖一鳴集三十卷
見《司空表聖文集》

32司業文集四卷　清陳祖范撰
陳司業集本　[96]·七十一·
1414

司業詩集四卷　清陳祖范撰
陳司業集本　[96]·七十一·
1414

55司農奏議十四卷　明趙世卿撰
明崇禎七年(1634)刊本
[85]·二·87

71司馬文正公集八十卷　宋司馬光
撰
宋刊本　[10]·40　[14]·
四下·457　[35]·下·
31 [50]·八·8　[93]·
二十·8　[94]·四·5
宋紹興刊本　[2]·四·23
[58]·集·55
明翻宋刊本　[59]·六·16
明初刊本　[91]·二十六·17
明刊本　[9]·十·18　[17]·
四·15　[28]·十·20
[93]·二十·11
明天順刊本　[11]·七十四·
7
明崇禎刊清康熙補修本
[74]·四·15

清乾隆刊本　[75]·五十三·
21
刊本　[71]·集·宋別·7
明抄本　[44]·一·111
舊抄本　[34]·附·一·22

司馬文正公集八十二卷　宋司馬
光撰
明崇禎刊本　[102]·上·29

司馬文正公集一百卷　宋司馬光
撰
宋刊本　[41]·十七·12

司馬文正公集略文集三十一卷詩
集七卷　宋司馬光撰
明嘉靖四年(1525)平陽府刊本
[86]·二·28　[92]·
四·149

司馬文正公傳家集八十卷
見《司馬文正公集》

司馬文正公全集一百十六卷　宋
司馬光撰
宋刊殘本　[70]·八上·19

司馬先輩集一卷　唐司馬札撰
宋刊本　[41]·十九·19
翻宋本　[45]·42

司馬法一卷　題周司馬穰苴撰
宋刊本　[41]·十二·12
明嘉靖刊武經七書本　[17]·
三·5
平津館刊本　[74]·三·9
長恩書室刊本　[74]·三·9

司馬法三卷　題周司馬穰苴撰
宋刊本　[11]·四十二·2
[14]·三下·274　[35]·
上·47　[58]·子·20
明成化馮氏刊本　[2]·三·6
抄本　[75]·三十四·2

司馬法集解三卷
見《司馬法》

司馬法直解　明劉寅解
明刊本　[29]·二·4

司馬溫公詩話一卷　宋司馬光撰
宋刊本　[11]·一百十八·5
[17]·四·46　[75]·
六十四·1

明刊本　[17]·四·16

司馬溫公書儀十卷
見《書儀》

司馬溫公全集一百十六卷
見《司馬文正公全集》

司馬才仲夏陽集二卷　宋司馬槱
撰
宋刊本　[14]·四下·480

司馬札詩集一卷
見《司馬先輩集》

司馬奏疏三卷
見《王少司馬奏疏》

司馬公文集八十卷
見《司馬文正公集》

司馬公居家雜儀一卷　宋司馬光
撰
宋刊本　[14]·五上·566
[41]·六·18

酌

50酌中志二卷　明劉若愚撰
舊抄本　[26]·三·32

酌中志二十卷　明劉若愚撰
舊抄藍格本　[60]·四·34

酌中志二十三卷　明劉若愚撰
唫秋草堂汪氏抄本　[12]·五·
10
舊抄本　[32]·四·11
[102]·下·7

酌中志二十四卷　明劉若愚撰
海山仙館叢書本　[85]·二·
107
抄本　[85]·二·107

酌中志略二十三卷
見《酌中志》

酌中志餘二卷　不著撰人
正覺樓叢書本　[85]·二·112
抄本　[74]·二·21　[102]·
下·7
傳抄本　[85]·二·112

1762₇　邵

00邵康節皇極經世十二卷
見《皇極經世書》

06邵謁集一卷　唐邵謁撰
　宋刊本　[41]・十九・25
17邵子湘全集三十卷　清邵長蘅撰
　清康熙刊本　[85]・二十・921
29邵秋堂集二卷　不知撰人
　元刊殘本　[54]・七・6
40邵古周易解五卷
　見《周易解》
44邵蕙西遺文一卷　清邵懿辰撰
　清同治四年(1865)刊本
　[74]・四・57
72邵氏辨誣一卷　宋邵伯溫撰
　宋刊本　[14]・二上・127
　邵氏辨誣三卷　宋邵伯溫撰
　宋刊本　[41]・五・20
　邵氏集二十卷　宋邵溥撰
　宋刊本　[14]・後志・二・907
　邵氏經學二書　明邵弁撰
　舊抄本　[20]・一・16
　邵氏世譜　元邵桂子纂
　元刊本　[68]・圖版290、目錄
　55
　邵氏聞見後錄十五卷　宋邵博撰
　校抄本　[50]・六・22
　邵氏聞見後錄二十卷　宋邵博撰
　宋刊本　[41]・十一・26
　抄本　[5]・三上・27
　傳抄本　[60]・八・7
　邵氏聞見後錄三十卷　宋邵博撰
　津逮祕書本　[74]・三・78
　[96]・六十四・1276
　校舊抄本　[50]・六・23
　[65]・續・三・67
　明抄本　[38]・子・81
　明汲古閣抄本　[91]・二十一・
　11
　抄本　[30]・七・18　[50]・
　六・23
　邵氏聞見錄二十卷　宋邵伯溫撰
　宋刊本　[14]・二上・140
　[41]・五・20
　津逮祕書本　[74]・三・78
　[96]・六十四・1265
　校宋抄本　[65]・續・三・65

清陳仲遵據宋校抄本　[2]・
　三・35
校汲古閣本　[32]・九・15
校舊抄本　[50]・六・21
明抄藍格本　[18]・上・38
舊抄本　[5]・三上・26
　[18]・上・35　[53]・
　一・11　[93]・十七・
　17
精抄本　[59]・八・5

郡

00郡齋讀書志二十卷　宋晁公武撰
　宋刊本　[41]・八・9
　衢本　[28]・五・3
　吳門汪士鍾藝芸書舍刊本
　[49]・9　[75]・三十・
　1　[81]・史・7
　[83]・二・17　[96]・
　三十二・579
　王蓮涇校衢本　[57]・121
　錢遵王抄本　[91]・十四・2
　舊抄本　[11]・三十七・2
　[38]・史・86　[59]・
　五・15　[80]・十五・
　3　[81]・史・7
　[83]・二・17
　郡齋讀書志五卷　宋晁公武撰
　宋淳祐袁州刊本　[36]・145
　郡齋讀書志五卷後志二卷　宋晁
　公武撰
　宋淳祐九年(1249)黎安朝刊本
　[66]・目錄7
　清康熙海寧陳師曾刊本
　[71]・史・簿錄・15
　郡齋讀書志四卷後志二卷考異一
　卷附志一卷　宋晁公武撰
　舊抄本　[59]・五・15
　[83]・二・18　[93]・
　十二・14
　郡齋讀書志四卷後志二卷考異一
　卷附志二卷　宋晁公武撰
　清康熙海寧陳師曾刊本
　[26]・四・18

22郡縣釋名　明郭子章撰
　刊本　[39]・戊・28
60郡國利病書一百二十卷
　見《天下郡國利病書》
77郡閣雅言一卷　宋潘若同撰
　宋刊本　[14]・三下・251
　郡閣雅言二卷　宋潘若同撰
　宋刊本　[41]・十一・12

1768₂ 歌

04歌詩編四卷
　見《李長吉詩集》
　歌詩押韻二十四卷　宋楊咨撰
　宋刊本　[14]・三下・285

1771₀ 乙

10乙丙紀事一卷　明孫奇逢撰
　昭代叢書本　[85]・四・199
　賜硯堂叢書新編甲集本
　[85]・四・199
　乙酉筆記一卷　清曾羽王撰
　上海史料叢編鉛印本　[85]・
　補遺・1090
50乙未亭詩集六卷畏壘山人詩集四
　卷　清徐昂發撰
　桂森堂刊本　[96]・七十・1405
　乙未私志一卷　明余寅撰
　刊本　[39]・丁・45
77乙巳占九卷　唐李淳風撰
　舊抄本　[93]・十五・8
　乙巳占十卷　唐李淳風撰
　宋刊本　[41]・十二・17
　影宋抄本　[78]・補遺・48
　明抄本　[11]・五十一・1
　舊抄本　[5]・三中・20
　[50]・四・40　[84]・
　一・21
　乙巳略例十五卷　不知撰人
　抄本　[5]・三中・21
　乙卯記一卷　唐李潛用撰
　宋刊本　[41]・五・14
　乙卯避暑錄話二卷
　見《避暑錄話》

1771₇　己

10己酉航海記一卷　宋李正民撰
　　宋刊本　[41]・五・24
22己任編八卷　清楊乘六編
　　啣三堂刊本　[96]・四十三・
　　806
　　校刊本　[92]・三・87
　　評點本　[20]・四・32
　己任紀八卷
　　見《己任編》
　己任篇八卷
　　見《己任編》
30己寬堂集四卷　明陳鎏撰
　　刊本　[39]・癸下・24
50己未詞科錄十二卷　清秦瀛撰
　　清嘉慶十二年(1807)刊本
　　[26]・三・39
　己未留橋二卷　明章世純撰
　　刊本　[39]・癸下・36
64己畦公文集二十二卷　不知撰人
　　刊本　[26]・十・9

巳

60巳易一卷　宋楊簡撰
　　宋刊本　[41]・九・16

1780₁　翼

00翼玄十二卷　宋張行成撰
　　函海本　[74]・三・29
　　[96]・四十六・882
07翼望山人文抄　清柴紹炳撰
　　抄本　[71]・集・國朝別・10
10翼元十二卷
　　見《翼玄》
77翼學編十二卷　明朱應奎撰
　　刊本　[39]・己・26

1780₆　頁

44頁苞堂集十卷　明臧懋循撰
　　刊本　[39]・癸下・14
63頁暄野錄一卷　宋陳櫃撰
　　知不足齋叢書本　[96]・五十
　　八・1155

頁暄野錄二卷　宋陳櫃撰
　　抄本　[39]・庚・20　　[53]・
　　二・6　　[71]・子・書
　　畫家・2　　[91]・十九・
　　18

1791₀　飄

23飄然集六卷
　　見《歐陽先生飄然集》

1812₂　珍

00珍席放談二卷　宋高晦叟撰
　　函海本　[74]・三・77
　　[96]・六十四・1272
　　文瀾閣傳抄本　[11]・六十三・
　　3
15珍珠舶六卷　清徐震撰
　　日本抄本　[69]・三・101
　　[77]・附・217
　珍珠船四卷　明陳繼儒撰
　　眉公雜著本　[96]・五十八・
　　1167
　珍珠塔傳　不知撰人
　　清咸豐七年(1857)文碎堂刊本
　　[68]・圖版587、目錄95
　珍珠囊補遺藥性賦四卷　金李杲
　　撰
　　明弘治六年(1493)桂堂刊本
　　[79]・子・醫家類・455

1813₇　玲

11玲瓏簾詞一卷　清吳焯撰
　　刊本　[71]・集・詞・11

1814₀　攻

38攻渝諸將小傳一卷附望雲樓稿一
　　卷明徐如珂編
　　明天啓刊本　[85]・七・318
　攻渝紀事一卷　明徐如珂編
　　荊駝逸史本　[85]・七・320
46攻媿先生文集一百十二卷　宋樓
　　鑰撰
　　宋刊本　[68]・圖版85、目錄
　　22

宋樓氏家刊本　[2]・四・38
　　聚珍刊本　[74]・四・27
　　[75]・五十六・2
　　刊本　[88]・續・25
攻媿先生文集一百二十卷　宋樓
　　鑰撰
　　宋刊本　[41]・十八・30
　　舊抄校本　[93]・二十一・15
　　舊抄本　[11]・八十六・10
　　[16]・三十一・40
　　[39]・壬・29
攻媿先生文集三十二卷詩集十卷
　　宋樓鑰撰
　　抄本　[71]・集・宋別・46

政

00政府奏議二卷
　　見《范文正公政府奏議》
02政訓　明彭韶輯
　　刊本　[39]・己・54
21政經一卷
　　見《真文忠公政經》
26政和文選二十卷　宋官修
　　宋刊本　[14]・四下・510
　政和五禮新儀二百四十卷　宋鄭
　　居中等撰
　　宋刊本　[41]・六・16
　　天一閣抄本　[39]・丁・51
　　抄本　[5]・二上・23　　[60]・
　　四・32
　政和五禮撮要十五卷　不知撰人
　　宋刊本　[41]・六・16
　政和五禮精義注十卷　宋韋彤編
　　清初抄本　[2]・一・18
　　舊抄本　[34]・三・11
　　[74]・續增・史・11
　政和經史證類備用本草三十卷
　　見《本草》
　政和御製冠禮十卷五禮新儀二百
　　二十卷　宋鄭居中等撰
　　舊抄本　[11]・三十五・18
　　[16]・十九・10
　　[91]・十三・13
　政和御製冠禮十五卷五禮新儀二

百二十卷　宋鄭居中等撰
　舊抄本　[93]・十二・7
政和修定諡法六卷　宋蔡攸等纂
　宋刊本　[41]・三・36
政和冠昏喪祭禮十五卷
　見《宋政和冠昏喪祭禮》
政和大理入貢錄一卷　宋周邦撰
　宋刊本　[41]・七・24

致

16致理書十卷　唐朱朴撰
　宋刊本　[14]・三上・230
26致和堂文集　明許孚遠撰
　刊本　[39]・癸下・12
86致知格物解二卷　清魏裔介撰
　兼濟堂全集本　[96]・三十七・
　705
90致堂讀史管見三十卷　宋胡寅撰
　宋刊本　[12]・一・8　　[38]・
　史・99　　[93]・十二・
　20
　宋衡陽郡學刊本　[2]・二・53
　宋寶祐二年(1254)江南宛陵郡
　齋刊明初修補本　[67]・第五
　册・14
致堂論語詳說二十卷
　見《論語詳說》
致堂先生斐然集三十卷　宋胡寅
　撰
　宋刊本　[14]・五下・669
　　[41]・十八・12
　明抄本　[11]・八十三・4
　經鉏堂抄本　[17]・四・23
　舊抄本　[91]・二十九・23

1818₁　璇

12璇璣碎錦二卷　清萬樹撰
　揚州江氏柏香堂刊本　[96]・
　七十・1400
璇璣遺述六卷　清揭暄撰
　清乾隆三十年(1765)刊本
　[78]・補遺・24
璇璣遺述七卷　清揭暄撰
　清乾隆三十年(1765)刊本
　[78]・算學書錄補注・87
　刻鵠齋叢書本　[78]・子・天
　文類・554
璇璣類聚六卷　不知撰人
　抄本　[5]・三中・12

1833₄　憨

22憨山緒言一卷　明釋德清撰
　刊本　[39]・庚・100

1840₄　婺

31婺源山水遊記　清周鴻撰
　清乾隆五十五年(1790)婺源紫
　陽書院活字印本　[68]・
　圖版637、目錄102
婺源縣志十卷　明盧化鰲撰
　刊本　[71]・史・地志・16
77婺賢文軌四卷　明戚雄輯
　天一閣抄本　[39]・辛・34

1918₀　耿

00耿文明詩集六卷
　見《耿湋詩集》
10耿天臺先生文集二十卷　明耿定

向撰
　明萬曆刊本　[91]・三十七・
　22
17耿子庸言二卷　明耿定向撰
　刊本　[39]・己・15
22耿嚴文選　清沈珩撰
　刊本　[39]・癸下・45
34耿湋詩集一卷　唐耿湋撰
　明仿宋刊本　[91]・二十四・
　22
耿湋詩集二卷　唐耿湋撰
　宋刊本　[14]・四上・360
　　[41]・十九・9
　明翻宋本　[60]・六・19
耿湋詩集六卷　唐耿湋撰
　元刊本　[74]・四・6
　明翻宋本　[32]・十・12
40耿南仲易解義
　見《易解義》

1918₆　瑱

00瑱言摘附一卷　明胡文渙編
　原刊本　[96]・三十一・576
10瑱碎錄二十卷後錄二十卷　宋溫
　革撰
　宋刊本　[41]・十一・28
　元刊本　[26]・六・20
77瑱聞錄一卷別錄一卷　清宋徵輿
　撰
　明季史料叢書本　[85]・二十
　一・967
　三異詞錄本　[85]・二十一・
　967

2

2010₄ 壬

06 壬課纂義十二卷　不知撰人
　　刊本　[5]・三中・22
43 壬式兵詮一卷　不知撰人
　　抄本　[5]・三中・24
80 壬午平海紀二卷　明程峋撰
　　明崇禎活字本　[85]・七・321
　　壬午功臣爵賞録一卷　明都穆撰
　　明抄本　[75]・二十九・18
　　壬午功賞別録一卷　明都穆撰
　　明抄本　[75]・二十九・19

垂

02 垂訓朴語　明陳其德撰
　　刊本　[39]・己・25
44 垂世芳型　清金淮寧撰
　　刊本　[39]・己・65

重

00 重齋先生文集十卷　明盧儒撰
　　抄本　[71]・集・明別・33
09 重麟玉冊八卷　清沈梅史撰
　　稿本　[85]・九・394
24 重續千字文二卷　宋葛剛正撰
　　毛氏汲古閣影宋抄本　[26]・
　　二・56　　[65]・一・60
　　影摹本　[91]・五・14
　　抄本　[59]・一・13
67 重暉堂集二十五卷　明屠中孚撰
　　刊本　[39]・癸下・37
　　[71]・集・明別・100
76 重陽菴集一卷　明梅古春輯
　　明嘉靖刊本　[91]・十二・8
77 重學十二卷　英胡威立撰、艾約
　　瑟口譯、清李善蘭筆述
　　清同治五年(1866)刊本
　　[74]・三・27

2011₁ 乖

22 乖崖政行語録三卷　宋李畋撰
　　宋刊本　[41]・七・16
　　乖崖先生文集十卷　宋張詠撰
　　宋刊本　[14]・四中・430
　　乖崖先生文集十二卷　宋張
　　詠撰
　　宋刊本　[10]・40
　　宋龔氏刊本　[35]・上・56
　　影抄宋郭森卿刊本　[28]・
　　十一・18
　　影宋抄本　[35]・上・12
　　舊抄本　[71]・集・宋別・3
　　[93]・二十・1
　　乖崖先生文集十二卷附録一卷
　　宋張詠撰
　　宋刊本　[29]・三・7
　　[41]・十七・3　　[50]・
　　八・1　　[58]・集・52
　　[65]・五・1
　　影抄宋刊本　[11]・七十二・
　　16
　　淡生堂抄本　[91]・二十六・
　　4
　　鳴野山房抄本　[91]・二十六・
　　5
　　舊抄本　[11]・七十二・15
　　[16]・三十・5
　　精抄本　[26]・八・2

2013₂ 黍

00 黍離餘話一卷　不著編者
　　抄本　[85]・二十三・1015

2021₄ 佳

47 佳趣堂書目不分卷　清陸漻撰
　　舊抄本　[74]・二・73

2022₁ 停

73 停驂録一卷續停驂録三卷　明陸
　　深撰
　　儼山外集本　[96]・五十七・
　　1138

2022₇ 仿

00 仿唐寫本説文木部一卷附箋異一
　　卷
　　見《説文木部》

秀

12 秀水閒居録三卷　宋朱勝非撰
　　宋刊本　[41]・十一・26

爲

10 爲可堂集五十卷　明朱一是撰
　　刊本　[71]・集・明別・126
　　爲可堂初集四十二卷史論十卷外
　　集二卷集選十卷　明朱一是撰
　　清順治康熙間朱愚、朱願爲等
　　刊本　[85]・二十・917
18 爲政忠告　元張養浩撰
　　元刊本　[36]・142
80 爲善陰隲十卷　不知撰人
　　明刊本　[91]・十九・27

喬

44 喬夢符樂府一卷　元喬吉撰
　　抄本　[101]・中・23
　　喬夢符小令一卷　元喬吉撰
　　明隆慶元年(1567)李開先刊本
　　[71]・集・詞・10
　　喬夢符小令十卷　元喬吉撰
　　明刊本　[50]・十・55
86 喬知之集一卷　唐喬知之撰
　　宋刊本　[41]・十九・3

備

67備吹録二十卷　明文德翼輯
　原刊本　[96]・六十二・1228
　刊本　[39]・庚・49　　[71]・
　　子・雜家・47
備吹録注八十卷　明文德翼輯
　稿本　[32]・九・13

2024₇ 愛

35愛禮先生集十卷　明劉凱撰
　刊本　[39]・癸上・6
60愛日齋叢抄五卷　不著撰人
　抄本　[75]・四十二・23
愛日堂詩集二十八卷　清陳元龍
　撰
　清乾隆元年（1736）刊本
　　[39]・癸下・49　　[71]・
　　集・國朝別・29　　[96]・
　　七十・1402
愛日精廬文抄一卷　清張金吾撰
　舊抄本　[18]・下・39
愛日精廬藏書志三十六卷　清張
　金吾撰
　清刊本　[74]・二・74
愛日精廬藏書志二十六卷續四卷
　清張金吾撰
　清活字本　[75]・三十・8
愛日精廬書目一卷　清張金吾撰
　張月霄藏本　[32]・五・10

2025₂ 舜

12舜水遺書二十八卷　明朱之瑜撰
　民國初年湯氏鉛印本　[85]・
　　二十・899

2026₁ 信

00信齋詞一卷　宋葛郯撰
　宋刊本　[41]・二十一・11
　明抄本　[91]・四十・6
信齋百中經一卷　不著撰人
　宋刊本　[41]・十二・27
10信天巢遺稿一卷　宋高翥撰
　清康熙高士奇輯刊本　[92]・

四・160
信天巢遺稿二卷　宋高翥撰
　刊本　[59]・六・28
信天巢遺稿一卷　宋高翥撰
　附林湖遺稿一卷　宋高鵬飛撰
　江村遺稿一卷　宋高邁撰　疏寮
　小集一卷　宋高似孫撰
　鮑以文校本　[11]・八十八・
　　11
　舊抄本　[74]・四・28
　　[91]・三十・31　　[102]・
　　下・33
28信徵録一卷　清徐慶撰
　說鈴後集本　[96]・六十六・
　　1320
30信安集十卷　明胡翰撰
　明弘治十六（1503）刊本
　　[26]・九・10
信安續志二卷　宋葉汝明撰
　宋刊本　[41]・八・23
信安志十六卷　宋衛玠撰
　宋刊本　[41]・八・23
60信國公文山傳集四卷　宋劉岳申
　撰
　刊本　[24]・集一・42
76信陽子卓録八卷　清張鵬翮撰
　刊本　[39]・己・35
77信聞記一卷　宋張載撰
　宋刊本　[14]・一下・83

2033₁ 焦

22焦山鼎銘考一卷　清翁方綱撰
　覃谿手寫刊本　[84]・三・14
37焦澹園欣賞齋集四十九卷　明焦
　竑撰
　刊本　[39]・癸下・18
　　[71]・集・明別・97
72焦氏說楛七卷　明焦周輯
　刊本　[39]・己・83
焦氏易林十六卷
　見《易林》
焦氏筆乘六卷續集八卷　明焦竑
　撰
　明刊本　[32]・八・14

[74]・三・56
明萬曆三十四年（1606）刊本
　　[19]・11
粤雅堂刊本　[74]・三・56
原刊本　[96]・五十七・1141
刊本　[39]・己・81　　[71]・
　　子・雜家・32
焦氏類林八卷　明焦竑撰
　明萬曆十五年（1587）刊本
　　[19]・7
原刊本　[96]・五十八・1164
刊本　[71]・子・小說家・23
77焦尾集一卷　宋韓元吉撰
　宋刊本　[41]・二十一・8

2033₉ 悉

60悉曇字紀一卷　唐釋智廣撰
　日本弘安三年刊本　[62]・蜀
　　版28
　舊刊本　[22]・五・22

2039₆ 鯨

11鯨背吟集一卷　元朱名世撰
　鮑淥飮抄本　[30]・五・36
　舊抄本　[11]・一百零三・18
鯨背吟集二卷　元朱名世撰
　抄本　[91]・三十四・8

2040₀ 千

10千百年眼十二卷　明張燧撰
　刊本　[39]・己・55
21千頃堂書目三十二卷　清黃虞稷
　輯
　刊本　[88]・三・42
　吳兔床校抄本　[2]・二・48
　舊抄本　[8]・史三・207
　　[11]・三十七・9　　[32]・
　　五・9　　[60]・五・1
　　[74]・二・72　　[91]・
　　十四・6　　[102]・下・
　　13
　抄補本　[20]・三・22
22千巖擇稿七卷外編三卷續編四卷
　宋蕭德藻撰

宋刊本　[41]·十八·25
千山剩人禪師語録六卷　釋函可撰
　續藏經本　[85]·十八·812
30千家詩選後集五卷　不知編者
　影抄殘本　[60]·六·9
千家名賢表啓
　見《聖宋千家名賢表啓》
千字文集成二卷　清陳敬璋編
　舊抄本　[32]·十五·25
千字文注　梁周興嗣撰
　刊本　[89]·一集·三·62
　　[89]·二集·一·46
　明精抄大字本　[74]·經·2
千字文注一卷　宋葛剛正撰
　宋刊本　[65]·一·57
千字文注三卷　梁李邏注
　舊抄本　[22]·二·34、35
40千古功名鏡十三卷　宋吳大有撰
　抄本　[39]·己·69
45千姓編三卷　不著撰人
　宋刊本　[14]·後志·一·812
　　[41]·八·3
60千里馬三命三卷　宋徐子平撰
　刊本　[5]·三中·32
　千墨齋彙抄七家書目　清趙光照輯
　精抄本　[74]·二·75
67千眼千臂觀世音菩薩陁羅尼神咒經二卷　不知撰人
　宋刊本　[17]·三·40
80千金方三十卷
　見《千金要方》
千金方衍義三十卷　清張璐撰
　清嘉慶五年(1800)席氏掃葉山房刊本　[79]·子·醫家類·474　[96]·四十二·754
千金要方三十卷　唐孫思邈撰
　北宋國子監刊本　[7]·中·42
　北宋刊本　[28]·七·9
　宋刊本　[10]·30　[14]·後志·二·869　[22]·補遺·45　[35]·下·

27、41、51　[41]·十三·5　[43]·三·12　[79]·子·醫家類·466
宋刊黑口本　[4]·12
宋刊配元明本　[11]·四十四·3　[50]·四·23　[58]·子·44
元刊本　[8]·子一·248　[11]·四十四·6　[22]·補遺·45　[35]·下·27　[35]·補遺·1　[46]·17　[58]·元·67　[93]·十四·13
刊本　[89]·一集·七·15、16、17
日本覆宋刊本　[11]·四十四·5　[75]·三十六·3
日本刊本　[76]·九·6
抄宋本　[5]·三下·13
舊抄本　[22]·補遺·44　[89]·一集·七·12
千金要方二十卷考異一卷　唐孫思邈撰
　日本影宋刊本　[60]·二·26
千金要方九十三卷目録一卷　唐孫思邈撰
　明嘉靖二十三年(1544)喬世寧刊本　[22]·補遺·46　[91]·十六·10
　明萬曆祝氏刊本　[96]·四十一·752
千金翼方三十卷　唐孫思邈撰
　北宋國子監刊本　[7]·中·42
　宋刊本　[14]·後志·二·869　[41]·十三·5
　元刊本　[22]·補遺·46　[35]·下·41
　元大德十一年(1307)梅谿書院刊本　[79]·子·醫家類·470　[89]·一集·七·14
　日本覆元刊本　[11]·四十四·6　[75]·三十六·3
金匱華氏保元堂重刊本

　　[96]·四十一·753
明王肯堂刊本配明抄本　[22]·補遺·47
　校元本　[76]·九·5
　抄宋本　[5]·三下·14
　日本影元刊本　[60]·二·26
千金寶要六卷　宋郭思輯
　平津館刊本　[74]·三·16
　舊抄本　[74]·三·16
千金寶要八卷　宋郭思輯
　明刊本　[32]·六·21　[76]·九·34
　明正統八年(1443)石刊本　[79]·子·醫家類·472
　刊本　[5]·三下·15
千金堤志八卷　明謝廷諒等輯
　刊本　[39]·丁·80
千金月令三卷　唐孫思邈撰
　宋刊本　[41]·六·22

2040₇ 孚
00孚齋又録十卷　宋張翃撰
　宋刊本　[14]·五下·683

受
34受祺堂詩集三十五卷　清李因篤撰
　刊本　[71]·集·國朝別·18

季
34季漢書五十六卷　明謝陛撰
　刊本　[74]·二·15
季漢書六十卷　明謝陛撰
　明刊本　[96]·十八·394
　先君子抄本　[20]·二·9
38季滄葦藏書目一卷　清季振宜編
　清吳門黃氏士禮居刊本　[96]·三十二·592
　清嘉慶刊本　[49]·10
77季周傳十二卷　明程元初輯
　刊本　[39]·丁·4

雙
10雙雲堂文稿六卷詩稿六卷　清范

光陽撰
刊本　[39]・癸下・52

22雙峯先生文集九卷　宋舒邦佐撰
校本　[20]・五・16
舊抄本　[60]・六・38
　　[74]・四・28　　[102]・
　　下・32

雙峯先生存稿六卷　宋舒邦佐撰
明刊本　[71]・集・宋別・43

雙峯猥稿八卷　宋舒邦佐撰
宋刊本　[14]・五下・682

雙峯猥稿九卷　宋舒邦佐撰
刊本　[88]・五・28

28雙谿文集十七卷　宋王炎撰
明嘉靖刊本　[59]・六・27
　　[91]・三十・16
刊本　[39]・壬・31　　[71]・
　　集・宋別・48
舊抄本　[93]・二十一・16

雙谿文集二十七卷　宋王炎撰
明嘉靖刊本　[11]・八十六・
　　14　　[17]・四・24

雙谿雜記　明王瓊撰
刊本　[39]・丁・37

雙谿雜志一卷　明王晉撰
明抄本　[75]・四十七・31

雙谿詩集八卷
見《杭雙谿先生詩集》

雙谿詞一卷　宋王炎撰
影宋抄本　[28]・十三・24
舊抄本　[11]・一百十九・14
　　[91]・四十・17、18

雙谿詞一卷　宋馮取洽撰
汲古閣影宋本　[11]・一百十
　　九・18

雙谿醉隱集八卷
見《雙谿醉飲集》

雙谿醉飲集六卷　元耶律鑄撰
文瀾閣傳抄本　[8]・集三・
　　486　　[11]・九十七・1
　　[16]・三十二・24
舊抄本　[91]・三十三・15

雙谿醉飲集八卷　元耶律鑄撰
校本　[55]・四・37

雙谿集二十卷　宋曹冠撰
宋刊本　[41]・十八・28

雙谿集十五卷　宋蘇籀撰
粵雅堂刊本　[74]・四・23
抄本　[39]・壬・26

雙谿集十五卷欒城遺言一卷　宋
蘇籀撰
抄本　[71]・集・宋別・35

雙谿物産疏十五卷　清陳經撰
清嘉慶二十一年(1816)稚春堂
刊本　[68]・圖版557、目
錄91
傳抄本　[61]・七・2

31雙江文集十四卷　明聶豹撰
刊本　[39]・癸上・30

雙漚居藏書目初編　不知撰人
抄本　[57]・135

35雙清堂詩十三卷　清劉世坡撰
刊本　[71]・集・國朝別・59

42雙杉亭草三卷　明李鶴鳴撰
精抄本　[71]・集・明別・75

雙橋隨筆　清周召撰
抄本　[39]・己・87

44雙樹生詩草一卷　清林鎬撰
清咸豐元年(1851)徐渭仁刊春
暉堂叢書本　[26]・十四・
41

46雙姻緣四卷　題咲花主人編
改過軒刊本　[69]・四・161

雙槐歲抄十卷　明黃瑜撰
明刊本　[60]・二・19
抄本　[39]・丁・35

74雙陸格一卷　不著撰人
宋刊本　[14]・三下・292

77雙鳳奇緣二十卷　不知撰人
清嘉慶坊刊本　[69]・二・30

82雙劍雪二卷　題芸香閣編
明刊本　[77]・附・192

2041₄ 雞

22雞峯備急方一卷　宋張銳撰
宋刊本　[41]・十三・10

雞峯普濟方二十四卷　宋孫兆撰
宋刊本　[11]・四十五・19

　　[35]・下・12

雞峯普濟方二十六卷　宋孫兆撰
宋刊本　[58]・子・33

雞峯普濟方三十卷　宋孫兆撰
宋刊本　[79]・子・醫家類・
479
清道光八年(1828)汪士鍾仿刊
南宋本　[22]・補遺・58
　　[74]・三・18　　[102]・
　　上・20
仿宋刊本　[80]・十・5

30雞窗叢話一卷　清蔡澄撰
舊抄本　[42]・5　　[51]・
　　二・21

37雞冠花譜一卷　張雕敬撰
藝海樓抄本　[32]・七・15
抄本　[74]・三・43　　[102]・
　　下・20

44雞林志三十卷　宋劉逵、吳拭撰
宋刊本　[14]・二下・165

雞林類事三卷　不著撰人
宋刊本　[41]・七・24

61雞跖集二十卷　宋宋祁撰
宋刊本　[14]・五上・594

74雞肋一卷　宋趙崇絢撰
宋刊本　[11]・六十・4
　　[17]・三・31
明覆宋本　[91]・二十・8
明刊本　[17]・三・31

雞肋二卷　宋趙崇絢撰
舊抄本　[96]・六十一・1209

雞肋集七十卷
見《晁先生雞肋集》

雞肋編不分卷　宋莊綽撰
影抄元本　[38]・子・81
舊抄本　[11]・六十三・14
　　[28]・八・7

雞肋編三卷　宋莊綽撰
胡珽琳琅秘室活字本　[74]・
三・78
抄本　[75]・四十七・16
　　[91]・二十一・11

2041₇　航

37航澥遺聞一卷　清汪光復撰
　　荊駝逸史本　[85]·十二·590

2042₇　禹

10禹貢廣覽三卷　明許胥臣撰
　　刊本　[39]·甲·52
禹貢説斷四卷　宋傅寅撰
　　聚珍刊本　[74]·一·12
　　墨海金壺本　[96]·九·158
　　刊本　[1]·下·45
禹貢論二卷　宋程大昌撰
　　宋淳熙八年(1181)泉州州學
　　　刊本　[68]·圖版158、目
　　　録35
　　明抄本　[75]·三·3
禹貢論二卷禹貢山川地理圖二卷
　　宋程大昌撰
　　宋刊本　[41]·二·7
禹貢論二卷後論一卷禹貢山川地
理圖二卷　宋程大昌撰
　　通志堂刊本　[74]·一·11
　　影抄宋刊本　[28]·一·9
禹貢詳略二卷　明韓邦奇撰
　　天一閣抄本　[39]·甲·52
禹貢譜　清王澍撰
　　刊本　[39]·甲·54
禹貢三江考三卷　清程瑤田撰
　　通藝録本　[96]·九·173
禹貢集解二卷　宋傅寅撰
　　宋刊本　[35]·下·1　[93]·
　　　二·5　[94]·一·2
禹貢集解行經二卷
　見《禹貢集解》
禹貢山川郡邑考四卷　明王鑑撰
　　刊本　[39]·甲·53
　　舊抄本　[91]·一·30
禹貢山川地理圖二卷　宋程大昌
撰
　　宋刊本　[74]·一·11
　　抄本　[91]·一·24　[93]·
　　　二·4
　　文瀾閣傳抄本　[16]·續·一·1

禹貢匯疏十二卷　明茅瑞徵撰
　　刊本　[39]·甲·53
禹貢通解一卷　邵璜撰
　　刊本　[74]·一·14
禹貢古今合注五卷　明夏允彝撰
　　刊本　[39]·甲·53
禹貢指南四卷　宋毛晃撰
　　武英殿聚珍刊本　[74]·一·
　　　11　[96]·九·157
　　抄本　[11]·四·4　[75]·
　　　三·3
禹貢圖二卷
　見《禹貢山川地理圖》
禹貢圖説一卷　明鄭曉撰
　　刊本　[39]·甲·52
禹貢圖注一卷　明艾南英撰
　　刊本　[39]·甲·53
禹貢長箋十卷　清朱鶴齡撰
　　刊本　[39]·甲·54
禹貢錐指二十卷　清胡渭撰
　　刊本　[39]·甲·54
禹貢錐指二十卷圖一卷　清胡渭
撰
　　清康熙漱六軒刊本　[74]·一·
　　　15　[96]·九·168
禹貢分箋七卷　清方溶撰
　　銀花藤館刊本　[96]·九·176
禹貢會箋十二卷　清徐文靖撰
　　清刊本　[74]·一·15
　　徐氏六種本　[96]·九·171

2043₀　奚

50奚囊廣要十三種十三卷　明洪詹
簿輯
　　刊本　[18]·下·1
奚囊雜纂十三卷
　見《奚囊廣要十三種》
奚囊蠖餘二十卷　明張瀚撰
　　明萬曆刊本　[91]·三十七·
　　　17
　　刊本　[39]·癸上·53
　　[71]·集·明別·80

2050₇　爭

50爭春園四十八回　清人撰
　　清道光八年(1828)刊本
　　　[69]·四·152

2060₃　吞

48吞松閣集四十卷　清鄭虎文撰
　　清嘉慶十四年(1809)刊本
　　　[26]·十一·41
77吞月子集三卷附録一卷　明毛聚
奎撰
　　四明叢書本　[85]·十九·864

2060₄　舌

44舌華録九卷　明曹臣輯
　　刊本　[39]·己·83
　　[71]·子·小説家·24
88舌鑑辨正　不知撰人
　　蘭州刊本　[100]·114

看

22看山閣樂府雷峯塔　清黄國珌撰
　　清乾隆三年(1738)黄氏看山閣
　　　刊本　[68]·圖版515、目
　　　録86

2060₉　香

08香譜一卷　不知撰人
　　宋刊本　[41]·十四·15
香譜一卷　宋洪芻撰
　　宋刊本　[14]·三下·286
香譜二卷　宋洪芻撰
　　宋刊本　[11]·五十三·13
　　[75]·四十·6、7
　　百川學海本　[96]·五十·995
香譜二卷　不著撰人
　　宋刊本　[17]·三·12
　　明刊本　[17]·三·12
　　明華氏刊本　[91]·十八·5
香譜二卷　宋陳敬撰
　　舊抄本　[93]·十六·2
　　傳抄本　[32]·七·12
香譜四卷　宋陳敬撰

元抄本　[5]・二中・9
明抄本　[57]・187
天一閣抄本　[39]・庚・39
10香雪林集二十六卷　明王思義輯
　　明萬曆刊本　[91]・三十九・23
　　刊本　[39]・辛・6
　香霧雲簋錄　清人輯
　　抄本　[102]・下・24
20香乘二十八卷　明周嘉冑撰
　　刊本　[39]・庚・39　　[71]・
　　子・雜藝術・6
22香山集十六卷　宋喻良能撰
　　文瀾閣傳抄本　[11]・八十六・
　　5
　香山九老會詩一卷　唐白居易撰
　　舊抄本　[11]・一百十二・7
28香谿先生集
　　見《范香谿文集》
30香字初集五卷拾遺一卷續集二十
　　四卷　明田藝術撰
　　刊本　[71]・集・明別・108
37香祖筆記十二卷　清王士禎撰
　　刊本　[71]・子・雜家・46
　　漁洋著述本　[96]・五十七・
　　1149
40香奩集二卷
　　見《韓內翰香奩集》
44香蘇山館古體詩抄十七卷今體詩
　　抄十九卷　清吳嵩梁撰
　　清嘉慶二十三年(1818)刊本
　　[26]・十四・19
　香草居集七卷　清李符撰
　　秋錦山房集附刊本　[96]・七
　　十・1398
　　刊本　[39]・癸下・48
　香樹齋文集三十卷　清錢陳羣撰
　　刊本　[71]・集・國朝別・39
　香葉二十八卷　明周嘉冑撰
　　明刊袖珍本　[96]・五十・996
66香嚴三昧一卷　不知撰人
　　宋刊本　[41]・十四・15
71香匳集一卷
　　見《韓內翰香奩集》
77香屑集十八卷　清黃之隽撰

清嘉慶十八年(1813)重刊本
　　[96]・七十一・1411
　香閩遺集四卷　清薛起鳳撰
　　清乾隆三十九年(1774)長洲彭
　　氏刊本　[26]・十二・24

番

60番禺雜記一卷　宋鄭熊撰
　　宋刊本　[41]・八・33

2064₈　皎

23皎然杼山集十卷
　　見《杼山集》

2071₄　毛

04毛詩不分卷　漢毛亨傳、鄭玄箋
　　宋建刊巾箱本　[2]・一・8
　毛詩四卷　漢毛亨傳
　　宋活字本　[9]・後編・二・12
　　元刊本　[93]・三・18
　　[94]・一・12
　毛詩二十卷　漢毛亨傳、鄭玄箋
　　北宋國子監刊本　[7]・中・1
　　宋刊本　[5]・一上・12
　　[9]・一・1　　[16]・三・
　　1　　[23]・12　　[35]・
　　下・19　　[50]・一・1
　　[54]・一・6　　[58]・
　　經・10　　[65]・一・8、
　　11　　[81]・經・1
　　[83]・一・1　　[89]・一
　　集・一・31　　[93]・三・
　　1　　[94]・一・3
　　宋麻沙書坊本　[66]・目錄1
　　宋監本　[35]・上・2、26
　　[50]・一・2
　　南宋國子監刊本　[7]・下・1
　　南宋刊本　[35]・上・25
　　[35]・下・35、36
　　元刊大字本　[35]・上・8
　　翻宋岳氏本　[45]・1
　　日本五山活字本　[17]・一・
　　3
　　日本南北朝刊本　[62]・圖版

109
　明馬應龍校刊本　[17]・一・
　　3　　[26]・一・41
　楊惺吾抄本　[32]・一・23
　日本應永三十年抄本　[22]・
　　一・23
　舊抄單經本　[22]・一・20
　舊抄卷子本　[22]・一・20
　舊抄本　[22]・一・21、22、23
　舊抄巾箱本　[22]・一・22
　毛詩四十卷　漢毛亨傳、鄭玄箋
　　宋刊本　[68]・圖版185、目錄
　　38
　毛詩二十卷毛詩詁訓傳二十卷
　　漢毛亨傳、鄭玄箋
　　宋刊本　[41]・二・10
　毛詩旁注四卷　不知撰人
　　元建刊本　[2]・一・8
　毛詩辨疑一卷　宋楊時撰
　　宋刊本　[14]・後志・一・758
　毛詩音釋十卷
　　見《詩傳音釋》
　毛詩訂韻五卷　清謝起龍撰
　　刊本　[39]・甲・66
　毛詩證讀不分卷　清戚學標撰
　　清嘉慶十年(1805)戚氏自刊本
　　[26]・一・46
　毛詩詁訓傳二十卷　漢毛亨撰
　　宋刊本　[14]・一上・39
　毛詩詁訓傳三十卷　漢毛亨撰、
　　清段玉裁編
　　經韻樓刊本　[74]・一・20
　　七葉衍祥堂刊本　[96]・八・
　　127
　　刊本　[80]・十五・21
　　稿本　[50]・一・2
　毛詩講義五卷　宋林岊撰
　　刊本　[28]・一・14
　毛詩講義十二卷　宋林岊撰
　　抄本　[91]・二・3
　　文瀾閣傳抄本　[16]・三・6
　毛詩說二卷　清諸錦撰
　　原刊本　[96]・八・149
　毛詩說二卷通論一卷　清諸錦撰

刊本 [39]·甲·66

毛詩説序六卷 明呂柟撰
刊本 [39]·甲·58

毛詩詳解三十六卷 宋李樗撰
宋刊本 [41]·二·15

毛詩正變指南圖六卷 宋人撰
明末陳重光刊本 [74]·一·18 [102]·上·11

毛詩正義二十卷 漢鄭玄箋、唐
孔穎達疏
宋刊本 [43]·一·4 [89]·一集·一·33
南宋刊本 [22]·一·24 [35]·上·26
南宋閩刊本 [35]·上·25、28
南宋黑口本 [4]·1
宋刊明補本 [32]·一·25
金平水刊本 [2]·一·8
元刊本 [16]·三·1 [26]·四·30 [35]·上·8
元刊大字本 [23]·14
明覆宋刊本 [75]·四·1
明刊九行本 [11]·五·1 [75]·四·1
明閩刊本 [91]·二·1

毛詩正義四十卷 漢鄭玄箋、唐
孔穎達疏
北宋國子監刊本 [7]·中·2
宋刊本 [14]·一上·40 [41]·二·11
宋刊十行本 [11]·五·1
宋紹興刊本 [44]·二·14
南宋國子監刊本 [7]·下·2
明嘉靖李元陽刊本 [12]·四·1
明汲古閣刊本 [17]·一·3 [74]·一·16
清武英殿十三經注疏刊本 [96]·八·128
影宋抄本 [60]·一·7
舊抄本 [22]·一·23

毛詩要義二十卷 宋魏了翁撰
宋刊本 [34]·一·1 [35]·

上·14
沈曉滄校抄宋本 [8]·經二·47
影抄宋刊本 [11]·五·11 [17]·一·3 [75]·四·17
抄本 [93]·三·10
傳抄本 [59]·一·3

毛詩要義四十卷 宋魏了翁撰
宋刊本 [74]·一·17 [102]·上·1
抄本 [5]·一上·15

毛詩天文考一卷 清洪亮吉撰
淮寧張氏崇志堂刊本 [78]·算學書錄補注·92

毛詩集解二十一卷 宋段昌武纂
舊抄本 [93]·三·11

毛詩集解二十五卷 宋段昌武纂
舊抄本 [75]·四·14

毛詩集解三十卷 宋段昌武纂
抄本 [39]·甲·57

毛詩集解三十卷附學詩總説論詩
總説 宋段昌武纂
舊抄本 [16]·三·6

毛詩集解四十二卷 題宋李樗、
黃櫄講義、李泳校正、呂祖謙釋
音
通志堂經解本 [74]·一·16 [96]·八·133

毛詩經筵講義四卷 宋袁燮撰
清武英殿聚珍刊本 [74]·一·17 [96]·八·134

毛詩後箋三十卷 清胡承珙撰
求是齋刊本 [74]·一·20

毛詩稽古編三十卷 清陳啓源撰
原刊本 [96]·八·144

毛詩傳箋二十卷
見《毛詩》

毛詩白文一卷 漢毛亨傳
宋刊小字本 [59]·一·3

毛詩釋文二卷 唐陸德明撰
宋刊本 [41]·二·11

毛詩解 明鍾惺撰
刊本 [39]·甲·62

毛詩名物解二十卷 宋蔡卞撰
通志堂經解本 [74]·一·16 [96]·八·131
舊抄本 [75]·四·2

毛詩句解二十卷 宋李凱撰
宋刊本 [11]·五·19 [35]·下·35
元刊本 [93]·三·17 [94]·一·12

毛詩注疏二十卷
見《毛詩正義》

毛詩寫官記四卷 清毛奇齡撰
西河全書本 [74]·一·19

毛詩補音十卷 宋吳棫撰
宋刊本 [41]·二·14

毛詩補疏五卷 清焦循撰
原刊本 [96]·八·151

毛詩通義十二卷
見《詩經通義》

毛詩通義十四卷 清方葇如撰
抄本 [39]·甲·67

毛詩古音考四卷 明陳第撰
明刊本 [9]·後編·十二·10 [39]·甲·59 [60]·一·30

毛詩古音考四卷附錄一卷 明陳
第撰
學津討原本 [96]·十四·296

毛詩草木鳥獸蟲魚疏二卷 吳陸
璣撰
宋刊本 [14]·一上·41 [41]·二·12
説郛本 [96]·八·129
清乾隆末趙佑校正刊本 [74]·一·16

毛詩故訓傳三十卷
見《毛詩詁訓傳》

毛詩本義十六卷
見《詩本義》

毛詩指説一卷 唐成伯瑜撰
通志堂刊本 [74]·一·16
刊本 [5]·一上·12
舊抄本 [20]·一·4

毛詩品物圖考三卷 日本岡元鳳

纂
　日本刊本　[60]·一·10
毛詩異義四卷　清汪龍撰
　清刊本　[84]·二·17
毛詩原解三十六卷　明郝敬撰
　刊本　[39]·甲·61
毛詩陸疏廣要二卷　明毛晉撰
　津逮祕書本　[74]·一·16
毛詩闡祕不分卷　明魏冲撰
　刊本　[20]·一·7
　稿本　[32]·一·29
毛詩舉要圖一卷　不著撰人
　宋刊本　[11]·五·5
　抄本　[75]·四·2
毛詩前説一卷　宋項安世撰
　宋刊本　[41]·二·16
毛詩義二十卷　宋經義局撰
　宋刊本　[14]·一上·41
毛詩鄭箋二十卷
　見《毛詩》
毛詩類釋二十一卷續編三卷　廖棟高撰
　刊本　[88]·一·6
10毛西河合集　清毛奇齡撰
　清刊本　[74]·三·61
40毛大將軍海上情形一卷　明汪汝淳撰
　舊抄本　[85]·十八·779
毛古菴先生全集十卷　明毛憲撰
　明嘉靖四十一年(1562)刊本　[64]·續·85
87毛欽一集二卷　唐毛欽一撰
　宋刊本　[41]·十六·14
毛鄭詩考正四卷　清戴震撰
　戴氏遺書本　[96]·八·150
　抄本　[17]·一·3
毛鄭詩考正五卷某豁詩經補注二卷　清戴震撰
　微波榭刊本　[74]·一·19

2090₁　乘
42乘桴集三卷慧草二卷　宋任伯雨撰
　宋刊本　[14]·五下·675

57乘軺録一卷　宋路振撰
　宋刊本　[14]·後志·一·789
　　　　　[41]·七·11
　述史樓抄本　[17]·二·14
60乘異記三卷　宋張君房撰
　宋刊本　[14]·三下·251
　　　　　[41]·十一·11
78乘除通變算寶二卷法算取用本末一卷續古摘奇算法二卷田畝比類乘除捷法二卷　宋楊輝撰
　朝鮮刊本　[76]·七·36
88乘餘集二卷　清許新堂撰
　一九二二年鉛印本　[85]·六·274

2090₄　禾
08禾譜五卷　宋曾安止撰
　宋刊本　[41]·十·5
50禾中災異録一卷　清陶越撰
　花近樓叢書本　[85]·二十二·981

采
10采石瓜洲記一卷
　見《采石瓜洲斃亮記》
采石瓜洲斃亮記一卷　宋蹇駒撰
　奇晉齋叢書本　[96]·十九·415
　穴硯齋抄本　[30]·五·4
　舊抄本　[11]·二十八·20
　　　　　[39]·丁·25
采硫日記　清郁永和撰
　粵雅堂刊本　[74]·二·33
37采選集四卷　不知撰人
　宋刊本　[14]·五上·612
44采芝集一卷續集一卷　宋斯植撰
　醉經樓抄本　[91]·三十二·3
采菽堂古詩選三十八卷補遺四卷　清陳祚明輯
　刊本　[39]·辛·17

集
01集語二卷
　見《孔子集語》
06集韻十卷　宋丁度等編
　北宋國子監刊本　[7]·中·15
　宋刊本　[9]·後編·三·31
　　　　　[14]·一下·88　[22]·二·42　[35]·下·4
　　　　　[41]·三·43　[76]·四·1
　宋淳熙金州軍學刊大字本　[90]·15
　清刊本　[80]·七·9
　清嘉慶刊本　[75]·十三·2
　江寧權使署補刊本　[96]·十四·282
　刊本　[5]·一下·14　[89]·一集·三·33、34
　段懋堂校宋本　[11]·十六·15
　余仲林校曹棟亭刊本　[16]·七·17
　校刊本　[83]·一·17　[100]·17
集韻十五卷　金韓道昭重編
　金崇慶元年(1212)汶川荊珍刊本　[68]·圖版262、目録50
　元刊本　[9]·後編·八·23、24　[35]·下·35
　明刊本　[9]·七·34、35、36　[9]·後編·十三·13　[11]·十七·3、6　[59]·一·10　[75]·十四·1
　明成化刊本　[34]·附録·一·6
　明萬曆刊本　[32]·二·26　[74]·一·53、56　[91]·五·23　[96]·十四·287　[102]·上·13
　刊本　[39]·丙·35、36　[89]·一集·三·60
集韻二十卷
　見《十二先生詩宗集韻》

08集效方一卷 宋李觀民撰
　　宋刊本 [41]・十三・13
集謚總錄一卷 宋孫緯撰
　　宋刊本 [14]・一・760
16集聖曆一卷 宋楊可編
　　宋刊本 [14]・三下・267
集聖曆四卷 宋楊可編
　　宋刊本 [14]・三下・270
21集虛齋學古文十二卷 清方檠如撰
　　刊本 [39]・癸下・55
集占文韻海五卷 宋杜從古撰
　　明影宋抄本 [60]・一・29
22集仙傳十二卷 宋曾慥撰
　　宋刊本 [41]・十二・5
集樂府先春三卷 明陳繼儒編
　　明萬曆徽郡謝少連校刊本
　　[64]・41
24集德堂詩一卷 清倪鴻範撰
　　刊本 [71]・集・國朝別・65
25集朱子讀書法一卷 清王澍撰
　　積書巖六種本 [96]・三十七・709
26集程朱格物法一卷 清王澍撰
　　積書巖六種本 [96]・三十七・708
27集句詩三卷 宋葛次仲撰
　　宋刊本 [41]・二十・15
33集補後漢書年表十卷
　　見《後漢書年表》
37集選目錄二卷 宋晏殊纂
　　宋刊本 [41]・十五・11
39集沙門不應應拜俗等事六卷 唐釋彥悰纂
　　明初刊本 [4]・17
　　明支那刊本 [16]・二十八・9
　　舊抄本 [60]・二・12
40集古文韻五卷
　　見《古文四聲韻》
集古文英八卷 明顧祖武編
　　明刊本 [74]・續增・集・16
集古系時錄十卷系地錄十一卷
　　宋鄭樵撰

宋刊本 [41]・八・11
集古官印考證目錄十三卷 清瞿中溶輯
　　抄本 [84]・三・5
集古目錄三卷 宋歐陽修撰
　　宋刊本 [5]・一下・21
集古目錄二十卷 宋棐叔弼撰
　　宋刊本 [41]・八・6
集古印譜六卷 明王常撰
　　上海顧氏校刊朱印本 [96]・四十九・971
集古印譜五卷印正附說一卷 明甘暘撰
　　明萬曆八年(1580)刊本 [74]・三・40
　　明萬曆二十四年(1596)刊本 [102]・上・21
集古印正 明甘暘編
　　清刊本 [74]・續增・子・4
集古今佛道論衡實錄四卷 唐釋道宣撰 續集一卷 唐釋智昇撰
　　明支那刊本 [16]・二十八・8
集古錄十卷 宋歐陽修撰
　　舊抄本 [74]・二・75
　　[102]・下・13
集古錄跋尾十卷 宋歐陽修撰
　　宋刊本 [41]・八・5
44集杜句詩四卷
　　見《文山先生集杜詩》
47集犯論一卷 明官修
　　抄本 [5]・佚文・3
50集事詩鑒一卷 宋方昕撰
　　知不足齋叢書本 [96]・三十六・678
60集異記一卷 唐薛用弱撰
　　古今逸史本 [74]・三・82
　　文房小說本 [74]・三・82
　　祕書二十一種本 [96]・六十六・1308
　　舊抄本 [93]・十七・21
集異記二卷 唐薛用弱撰
　　明抄本 [11]・六十四・12
集異記三卷 唐薛用弱撰

宋刊本 [14]・三下・248
集異志二卷
　　見《陸氏集異記》
71集馬相書一卷 宋孫珪撰
　　宋刊本 [41]・十二・34
77集賢注記一卷 唐韋述撰
　　宋刊本 [14]・二下・151
集賢注記三卷 唐韋述撰
　　宋刊本 [41]・六・4
78集驗背疽方一卷
　　見《李氏集驗背疽方》
集驗醫方十五卷
　　見《朱氏集驗醫方》
91集類一百卷 唐劉綺莊撰
　　宋刊本 [14]・志・二・851

2091₃ 統

10統元曆一卷 宋陳得撰
　　宋刊本 [41]・十二・21
統天曆一卷 宋楊忠輔撰
　　宋刊本 [41]・十二・22
77統興圖二卷 不知撰人
　　抄本 [5]・二下・13

2091₄ 維

00維摩詰所說經一卷 後秦釋鳩摩羅什譯
　　宋刊本 [41]・十二・9
維摩詰所說經三卷 後秦釋鳩摩羅什譯
　　宋刊本 [14]・三下・306
31維禎錄一卷附錄一卷 明陳沂撰
　　明抄本 [30]・五・25
56維揚殉節紀略一卷 明史得威撰
　　備徵錄本 [85]・十四・653
　　借月山房彙抄本 [85]・十四・653 [96]・二十二・458
　　傳抄本 [85]・十四・653
維揚過江錄一卷 宋葉夢得撰
　　宋刊本 [41]・五・21
維揚志三十八卷 明盛儀輯
　　刊本 [39]・戊・38

2092₇ 紡

52紡授堂詩集八卷二集十卷文集八卷　明曾異撰
刊本　[71]·集·明別·113

2108₆ 順

00順齋先生閒居叢稿二十六卷
見《閒居叢稿》
10順天府志六卷　明譚希思、張元芳編
明刊本　[59]·三·9
順天府志七卷　明譚希思、張元芳編
傳抄殘本　[59]·三·9
順天題稿不分卷　明安氏撰
明萬曆抄本　[85]·二·92
33順治丁酉北闈大獄記略一卷　不著撰人
痛史本　[85]·十六·717
順治元年內外官署奏疏
北京大學研究所國學門編一九三三年北京大學鉛印本　[85]·七·338
順治西鎮志　不知撰人
清刊本　[15]·3
順治雲中郡志
見《雲中郡志》
順治十八年滿漢文武百官誓詞錄　不著編者
清抄本　[15]·4
44順菴樂府五卷　宋康與之撰
宋刊本　[41]·二十一·7
60順昌破敵錄一卷　不著撰人
宋刊本　[41]·七·25
順昌戰勝錄一卷　不著撰人
抄本　[39]·丁·24
順昌錄一卷　不著撰人
宋刊本　[14]·二上·140

2110₀ 上

00上庠後錄十二卷　宋周士貴撰
宋刊本　[41]·七·31
上庠錄十卷　宋呂榮義撰
宋刊本　[41]·七·31
上京紀行詩一卷　元柳貫撰
明刊本　[9]·後編·十九·13
08上諭內閣一百五十九卷　清官修
清刊本　[74]·二·23
10上三星軌迹成繞日圓象一卷　清梅文鼎撰
兼濟堂本　[78]·算學書錄補注·88
上元縣志二十八卷　清何夢篆撰
抄本　[74]·二·46
21上虞縣五鄉水利本末一卷　元陳恬撰
抄本　[16]·十七·1
上虞縣五鄉水利本末二卷　元陳恬撰
明刊本　[93]·十一·12
上虞縣志二十卷　不知撰人
明萬曆本　[8]·史三·181
34上池雜說一卷　明馮時可撰
學海類編本　[79]·子·醫家類·524
35上清天地宮府圖經二卷　唐司馬子微撰
宋刊本　[41]·十二·2
上清金碧篇一卷　題煙蘿子撰
宋刊本　[41]·十二·5
38上海縣志二十卷　清葉機輯
清嘉慶十九年(1814)刊本　[74]·續增·史·8
上海遊驂錄十回　清吳趼人撰
清光緒三十四年(1908)上海羣學社排印本　[69]·七·202
44上蔡先生語錄三卷　宋謝良佐撰
宋刊本　[14]·五下·689
明刊本　[11]·三十九·14
明韓杲等重刊本　[71]·子·儒家·11

止

00止齋文範十卷新增文錄十卷　題愧巖子增輯
明嘉靖刊本　[71]·集·宋別·48
止齋論祖二卷　宋陳傅良撰
元刊本　[93]·二十一·14
止齋論祖四卷　宋陳傅良撰
明成化刊本　[91]·三十·12
止齋論祖五卷　宋陳傅良撰
明萬曆刊本　[71]·集·宋別·47
刊本　[39]·壬·30
止齋先生文集　宋陳傅良撰
刊本　[89]·一集·十·46
[89]·二集·八·35
止齋先生文集二十八卷　宋陳傅良撰
明嘉靖刊本　[91]·三十·12
止齋先生文集五十二卷　宋陳傅良撰
元刊本　[93]·二十一·14
明弘治十八年(1505)王瓚序刊本　[26]·八·38
刊本　[39]·壬·30
止齋先生文集五十三卷　宋陳傅良撰
宋刊本　[41]·十八·28
止齋先生文集五十一卷附錄一卷　宋陳傅良撰
宋刊本　[2]·四·38　　[74]·四·27
明弘治翻宋本　[17]·四·24　[38]·集·56
止齋先生文集五十二卷附錄一卷　宋陳傅良撰
明弘治刊本　[71]·集·宋別·47
明正德刊本　[11]·八十六·1　[16]·三十一·37　[91]·三十·11
21止止堂集五卷　明戚繼光撰
明萬曆二年(1574)刊本　[86]·一·68
刊本　[39]·癸下·2
30止安齋集十八卷　宋陳振撰
宋刊本　[41]·十八·33
44止菴先生集十卷　明劉永基撰

刊本　[71]·集·明別·102

46止觀輔行傳弘決　唐釋湛然撰
　　金刊本　[68]·圖版254、目録
　　48

90止堂集二十卷　宋彭龜年撰
　　聚珍刊本　[74]·四·27

2110₃　衍

41衍極二卷　元鄭杓撰
　　刊本[39]·庚·18
　　傳録四庫本　[92]·三·92
衍極五卷　元鄭杓撰
　　明刊本　[11]·五十二·17
　　[32]·七·7　　[50]·
　　五·5
　　刊本　[5]·一下·24
　　校舊抄本　[50]·五·4
　　[65]·續·三·9
　　明刊傳抄本　[96]·四十八·
　　936
　　抄本　[53]·二·7　　[71]·
　　子·書畫家·3

2110₄　街

40街南文集二十卷補一卷續集七卷
　　明吳肅公撰
　　清康熙二十八年(1689)吳承勵
　　貞隱堂刊本　[85]·二十·
　　916

衝

37衝冠怒傳奇殘稿一卷　章鴻賓撰
　　一九二〇年排印本　[85]·二
　　十四·1079

2111₀　此

22此山集四卷　元周權撰
　　元刊本　[67]·第五册·69
　　知不足齋抄本　[39]·壬·65
　　文瀾閣傳抄本　[11]·九十八·
　　15
此山集八卷　元周權撰
　　舊抄本　[74]·四·36
50此事難知二卷　元王好古撰

元刊本　[79]·子·醫家類·
　　378　　[93]·十四·24
醫統正脈本　[96]·四十二·
　　770

2120₁　步

10步天歌一卷　題隋丹元子撰
　　宋刊本　[14]·三下·267
　　刊本　[21]·一·20
　　鄭樵通志本　[78]·算學書録
　　補注·84
步天歌七卷　不著撰人
　　清道光刊本　[78]·子·天文
　　類·535
21步虛經一卷　題太極真人傳
　　宋刊本　[14]·後志·二·876
60步里客談二卷　宋陳長方撰
　　墨海金壺本　[96]·六十四·
　　1275
　　抄本　[75]·四十七·17

2121₀　仁

00仁齋直指方論不分卷　宋楊士瀛
　　編
　　元刊本　[38]·子·21
　　刊本　[89]·二集·七·10、
　　11、12
仁齋直指方論十三卷　宋楊士瀛
　　編
　　舊抄本　[51]·二·12
仁齋直指方論二十六卷小兒方論
　　五卷傷寒類書活人總括七卷醫
　　學真經一卷　宋楊士瀛編
　　宋刊本　[22]·補遺·69
　　[35]·下·51　　[79]·
　　子·醫家類·495
仁齋直指方論醫脈真經二卷　宋
　　楊士瀛編
　　明刊本　[11]·四十六·12
　　明刊小字本　[91]·十六·19
仁齋直指附遺方論二十六卷　宋
　　楊士瀛編、朱崇正附遺
　　宋刊本　[58]·子·54
　　明刊本　[11]·四十六·11

[32]·六·21
　　明刊小字本　[91]·十六·19
仁齋直指小兒方論四卷　宋楊士
　　瀛編
　　明刊本　[11]·四十六·13
02仁端録十六卷
　　見《痘疹仁端録》
26仁皇訓典六卷　宋范祖禹撰
　　宋刊本　[41]·五·33
仁和縣志十四卷　明沈朝宣撰
　　舊抄本　[71]·史·地志·17
　　[91]·十一·20
仁和活民書二卷　宋丁銳編
　　宋刊本　[41]·七·30
30仁宗君臣政要四十卷　宋張唐英
　　編
　　宋刊本　[14]·五上·551
仁宗實録二百卷　宋宋敏求、韓
　　琦等撰
　　宋刊本　[14]·二上·122
　　[41]·四·39

2121₁　征

10征西說唐三傳十卷　清人撰
　　坊刊本　[69]·二·46
征西演義全傳六卷　不知撰人
　　清乾隆刊本　[69]·二·45
21征行紀略一卷　清馬玉撰
　　抄本　[85]·七·314
征緬録一卷　元人撰
　　傳望樓刊本　[74]·二·19
　　嚴修能抄本　[59]·四·11
22征蠻紀略二卷　明王尚文撰
　　刊本　[39]·丁·42
44征蒙記一卷　金李大諒撰
　　宋刊本　[41]·五·9
52征播奏捷傳通俗演義六卷　不知
　　撰人
　　明萬曆刊本　[77]·三·78

徑

22徑山集三卷　不知撰人
　　明刊本　[91]·十二·8
徑山志十四卷　明宋奎光輯

刊本　[39]・戊・57

能

18能改齋漫錄十三卷　宋吳曾撰
　宋刊本　[41]・十一・27
能改齋漫錄十八卷　宋吳曾撰
　聚珍刊本　[74]・三・48
　　[75]・四十二・5
　墨海金壺本　[96]・五十四・
　　1069
　抄宋本　[5]・三上・33
　明抄本　[11]・五十五・25
　　[32]・八・8
　吳石倉抄本　[53]・二・2
　舊抄本　[12]・五・31
　　[32]・八・8　　[38]・
　　子・44　　[71]・子・雜
　　家・6　　[74]・三・48
　　[91]・十八・26
能改齋漫錄二十卷　宋吳曾撰
　宋刊本　[14]・五上・597

2121₂　虛

00虛齋文集五卷
　見《蔡先生文集》
虛齋看太極圖說一卷　不知撰人
　明嘉靖十六年(1537)易時中刊
　　本　[3]・14
虛齋樂府二卷　宋趙以夫撰
　明抄本　[91]・四十・21
　明毛氏汲古閣影宋抄本　[8]・
　　集七・642　　[42]・15
　述古堂影宋抄本　[50]・十・
　　51　　[81]・集・12
　　[83]・四・25
　影宋抄本　[38]・集・124
　　[51]・四・23
　仿抄宋刊本　[71]・集・詞・
　　5
虛齋遺集十卷　明祝萃撰
　刊本　[39]・癸上・24
05虛靖真君詞一卷　宋張繼先撰
　精抄本　[91]・四十・8
虛靖真君集一卷句曲外史雜詩一

卷　元張雨撰
　校舊抄本　[50]・九・25
27虛舟集五卷　明王偁撰
　明刊本　[21]・一・46
　明弘治刊本　[38]・集・94
　舊抄本　[11]・一百十一・22
虛舟題跋三卷　清王澍撰
　閩川楊氏易鶴軒刊本　[96]・
　　三十四・625
虛舟題跋十卷補原三卷　清王澍
　撰
　清乾隆五十二年(1787)溫純刊
　　本　[26]・四・41
30虛窗手鏡二卷　題虛中子編
　刊本　[71]・子・儒家・19
38虛遊遺稿九卷　明楊希淳撰
　明刊本　[32]・十四・15
40虛直齋詩抄四卷　清吳元安撰
　刊本　[71]・集・國朝別・48
虛直堂文集二十四卷　清劉榛撰
　刊本　[71]・集・國朝別・17
50虛中碧雲詩一卷　唐釋虛中撰
　宋刊本　[14]・四中・421
80虛谷桐江續集三十二卷
　見《方虛谷桐江續集》
90虛堂習聽錄　不知撰人
　元刊本　[87]・一・13

2121₄　偓

66偓曝談餘二卷　明陳繼儒撰
　眉公雜著本　[96]・五十七・
　　1145

2121₇　伍

20伍喬詩集一卷　宋伍喬撰
　宋刊本　[41]・二十・1
　傳抄明刊本　[60]・六・27

虎

26虎泉漫稿四卷　明施經撰
　明刊本　[32]・十四・14
60虎口餘生記一卷　清邊大綬撰
　知不足齋叢書本　[96]・二十
　　四・505

昭代叢書本　[85]・六・279
　通行本　[85]・六・279
虎口餘生傳奇四卷　遺民外史撰
　袖珍刊本　[85]・二十四・1072
　通行本　[85]・二十四・1072
77虎邱山志十卷　清顧湄撰
　清刊本　[71]・史・地志・63
虎邱山志一卷文詩三卷　明王賓
　撰
　影抄本　[91]・十二・5
虎邱隆和尚語錄一卷　宋釋嗣端
　等編
　日本正應元年刊本　[62]・圖
　　版47
88虎鈐經二十卷　宋許洞撰
　明刊本　[75]・三十四・5
　明天一閣刊本　[17]・三・6
　明刊白口本　[26]・六・36
　粵雅堂刊本　[74]・三・10
　通行本　[96]・三十八・720
　刊本　[5]・三中・6　　[39]・
　　庚・79
　舊抄本　[1]・上・12

盧

12盧延讓詩一卷　五代蜀盧延讓撰
　宋刊本　[14]・四中・417
17盧司馬殉忠實錄一卷　許惠士撰
　明季史料叢書本　[85]・十四・
　　652
28盧谿詞一卷　宋王庭珪撰
　宋刊本　[41]・二十一・11
盧谿先生文集七卷　宋王庭珪撰
　宋刊本　[41]・二十・16
盧谿先生文集五十卷　宋王庭珪
　撰
　明刊本　[11]・八十二・1
　　[71]・集・宋別・30
　　[93]・二十一・7
　明嘉靖五年(1526)刊本
　　[17]・四・22　　[91]・
　　二十九・13
　刊本　[24]・集一・30
　謝氏抄本　[91]・二十九・13

舊抄本　[11]・八十二・6
[12]・六・11　　[32]・
十一・21　　[39]・壬・
20　　[74]・四・23
[102]・下・31

盧綸詩一卷
見《盧戶部詩集》

30盧戶部詩集一卷　唐盧綸撰
宋刊本　[14]・四上・360

盧戶部詩集三卷　唐盧綸撰
明正德刊本　[54]・五・27
刊本　[71]・集・唐別・8

盧戶部詩集十卷　唐盧綸撰
宋刊本　[9]・後編・六・14
[41]・十九・9

明翻宋本　[60]・六・16
[91]・二十四・22

明嘉靖蔣氏刊本　[17]・四・
13

刊本　[39]・辛・50

影抄宋本　[91]・二十四・22

33盧浦筆記十卷
見《盧浦筆記》

40盧士衡集一卷　後唐盧士衡撰
宋刊本　[41]・十九・26

盧圭峯先生集二卷　元盧琦撰
明萬曆三十七年(1609)刊本
[38]・集・82　　[91]・
三十四・16

盧圭峯先生集七卷　元盧琦撰
舊抄本　[11]・一百零四・10、
12

43盧載雜歌詩一卷　宋盧載撰
宋刊本　[41]・二十・7

60盧昇之集二卷　唐盧照鄰撰
明刊本　[12]・三・16
[60]・六・17

盧昇之集七卷　唐盧照鄰撰
明張燮刊本　[17]・四・3
清乾隆刊本　[75]・五十一・
21

舊抄本　[11]・六十八・2
[71]・集・唐別・1
[91]・二十四・2

盧昇之集十卷　唐盧照鄰撰
宋刊本　[14]・四上・337
[41]・十六・8

67盧照鄰集十卷
見《盧昇之集》

72盧氏雜記一卷　唐盧言撰
宋刊本　[41]・十一・6

80盧仝詩集一卷　唐盧仝撰
宋刊本　[14]・四中・388

盧仝詩集三卷　唐盧仝撰
宋刊本　[41]・十九・12

盧仝詩集二卷集外詩一卷　唐盧
仝撰
明刊本　[93]・十九・29
明抄宋本　[91]・二十五・16
影宋抄本　[75]・五十二・13
舊抄本　[11]・七十・2

盧公奏議十二卷　明盧象昇撰
清乾隆刊本　[75]・二十・12
清道光九年(1829)盧氏祠堂刊
本　[85]・七・331

瓿

21瓿甄洞稿五十四卷　明吳國倫撰
明刊本　[12]・三・32
[32]・十四・14

瓿甄洞稿五十四卷續稿二十七卷
明吳國倫撰
明萬曆三十二年(1604)家刊本
[26]・九・34

瓿甄洞續稿二十七卷　明吳國倫
撰
刊本　[39]・癸上・62

2122。　何

00何文定公集十一卷　明何瑭撰
刊本　[39]・癸上・31

07何記室集一卷
見《何水部集》

12何水部集一卷　梁何遜撰
明刊本　[60]・六・16
明洪瞻祖刊本　[74]・四・3
清雍正項道暉刊本　[1]・上・
32

抄本　[75]・五十一・11

何水部集二卷　梁何遜撰
宋刊本　[14]・四上・334

何水部集三卷　梁何遜撰
宋刊本　[41]・十六・6
舊抄本　[11]・六十七・12
精抄本　[91]・二十三・10

17何子貞書松文清傳稿
見《松文清傳稿》

25何仲言集三卷
見《何水部集》

何仲默集二十六卷
見《何大復集》

27何御史孝子主復位録一卷　清毛
奇齡撰
西河全集本　[96]・二十四・
511

30何之子一卷　明周宏禴撰
刊本　[39]・己・20

31何潛齋先生文集四卷　宋何夢桂
撰
抄本　[30]・四・27

何潛齋先生文集十一卷　宋何夢
桂撰
明刊本　[11]・九十二・21
[32]・十二・22　　[39]・
壬・42

何潛齋先生文集十一卷　宋何夢
桂撰　附鐵牛翁遺稿一卷　宋
何景福撰
明成化刊本　[71]・集・宋別・
67　　[91]・三十二・10

32何遜集二卷
見《何水部集》

35何禮部集十卷　明何良傅撰
刊本　[71]・集・明別・85

40何大復集二十六卷　明何景明撰
明嘉靖刊本　[71]・集・明別・
60　　[75]・六十一・14

何大復集三十七卷　明何景明撰
明嘉靖三十四年(1555)陳堂刊
本　[26]・九・17

何大復集三十八卷　明何景明撰
明刊本　[32]・十四・10

明嘉靖刊本　[12]·四·18
明嘉靖十年(1531)義陽書院刊本　[30]·三·29　[64]·續·105　[86]·五·11
明嘉靖三十七年(1558)刊本　[59]·七·15
明萬曆五年(1577)刊本　[19]·23
抄本　[8]·集四·546
何士抑詠物詩六卷　明何三畏撰
刊本　[71]·集·明別·96
43何博士備論一卷　宋何去非撰
長恩書室刊本　[74]·三·10
述古堂抄本　[11]·四十二·6　[16]·二十一·9
抄本　[39]·壬·13　[50]·四·11　[71]·集·論·1　[75]·三十四·7　[93]·十三·16
何博士備論四卷　宋何去非撰
宋刊本　[41]·十七·26
何求老人殘稿七卷　何求撰
張公束抄本　[57]·285
44何恭簡公筆記不分卷　明何孟春撰
抄本　[100]·88
何燕泉詩集四卷　明何孟春撰
明隆慶刊本　[71]·集·明別·54　[91]·三十六·29
55何典十回　清張南莊撰
申報館排印本　[69]·七·200
71何陋居詩三卷　清方拱乾撰
抄本　[71]·集·國朝別·6
何陋居集一卷甦菴集一卷　清方拱乾撰
抄本　[30]·四·43
72何氏方二卷　宋何偶撰
宋刊本　[41]·十三·11
何氏語林三十卷
見《語林》
何氏山莊次序本末一卷　宋何異撰
宋刊本　[41]·八·39

79何騰蛟集一卷　明何騰蛟撰
黎平祠堂鉛印本　[85]·十九·869
黎平府志本　[85]·十九·869
80何義門先生詩一卷　清何焯撰
舊抄本　[92]·四·185
何首烏傳一卷　唐李翶纂
宋刊本　[41]·十·9

2122_1 行

12行水金鑑一百七十五卷　清傅澤洪撰
清刊本　[71]·史·地志·70
清雍正三年(1725)刊本　[74]·二·50
36行邊紀聞　明田汝成撰
刊本　[39]·戊·48　[71]·史·地志·53
37行軍須知二卷　不著撰人
刊本　[71]·子·兵家·2
40行在河洛記十卷
見《河洛行年記》
行在陽秋二卷　明劉湘客撰
明季稗史彙編本　[85]·十一·538
明末十家集本　[85]·十一·538
47行朝錄　清黃宗羲撰
舊抄本　[60]·四·20
行朝錄二卷　清黃宗羲撰
舊抄本　[32]·三·27
行朝錄三卷　清黃宗羲撰
舊抄本　[57]·71
行朝錄六卷　清黃宗羲撰
荆鴕逸史本　[85]·九·446
國粹叢書本　[85]·九·446
紹興先正遺書本　[85]·九·446
梨洲遺書本　[85]·九·446
舊抄本　[85]·九·446
80行年錄　清魏方泰輯
刊本　[39]·庚·51

2122_7 儒

21儒行集傳二卷　明黃道周撰
石齋九種本　[74]·一·25　[96]·五·81
刊本　[39]·乙·19
30儒家理要十五卷　清張能鱗輯
刊本　[39]·己·35
40儒志編一卷　宋王開祖撰
刊本　[39]·己·2
抄本　[71]·子·儒家·16
44儒林文苑傳稿不分卷　清阮元編
抄本　[12]·五·13
儒林譜一卷　清焦袁熹撰
藝海珠塵本　[96]·二十三·491
儒林外史五十六回　清吳敬梓撰
清嘉慶八年(1803)臥閑草堂刊本　[69]·七·198
清嘉慶二十一年(1816)藝古堂刊本　[68]·圖版560、目錄91
儒林外史六十回　清吳敬梓撰
通行石印本　[69]·七·199
儒林外史評二卷　清張文虎撰
清光緒十一年(1885)寶文閣刊本　[69]·七·200
儒林宗派十六卷　清萬斯同撰
辨志堂刊本　[96]·二十三·490
抄本　[71]·子·儒家·24
儒林全傳二十卷　明魏顯國輯
刊本　[39]·戊·3
儒林公議一卷　宋田況撰
茶夢室抄本　[32]·九·14
舊抄本　[93]·十七·15
儒林公議二卷　宋田況撰
稗海本　[74]·三·75
77儒門經濟長短經七卷　唐趙蕤撰
抄本　[71]·子·雜家·2
儒門經濟長短經九卷
見《長短經》
儒門事親三卷　金張從正撰
元刊本　[22]·補遺·69

[35]・下・13
刊本　[89]・一集・八・33
儒門事親十五卷　金張從正撰
宋刊本　[10]・32
明嘉靖二十年(1541)邵伯崖刊
本　[79]・子・醫家類・
517
醫統正脈本　[96]・四十二・
767
儒門事親三卷直言治病百法二卷
十形三療三卷　金張從正撰
元刊本　[29]・二・6
儒門事親三卷直言治病百法二卷
十形三療三卷撮要圖一卷附扁
華訣病機論三法六門方一卷世
傳神效名方一卷治法雜論一卷
金張從正撰
金刊本　[11]・四十七・7
[50]・四・35
儒學警悟四十卷　宋俞鼎孫、俞
經編
明抄本　[60]・五・19
明嘉靖抄本　[8]・子一・294

肯

38肯綮錄一卷　宋趙叔向撰
藝海珠塵本　[96]・五十四・
1081

虞

12虞廷雜記十卷　契丹趙志忠撰
宋刊本　[14]・後志・一・792
虞廷須知一卷　宋陳昉撰
宋刊本　[41]・五・8

虞

00鬳齋注解三子口義四十二卷　宋
林希逸注
明陳氏積善書堂刊本　[92]・
三・132
鬳齋考工記解二卷　宋林希逸撰
宋刊本　[35]・上・26
宋江西刊本　[2]・一・11
通志堂經解本　[96]・三・45

2123₄　虞

22虞山妖亂志三卷　清馮舒撰
傳抄本　[60]・四・22
虞山妖異志三卷　清馮舒撰
虞陽說苑甲編本　[85]・十八・
791
馮氏傳錄默菴先生稿本
[85]・十八・791
錢湘靈抄本　[85]・十八・791
虞山人詩三卷　明虞堪撰
抄校本　[101]・下・7
舊抄本　[11]・一百十一・23
24虞先生道園類稿
見《道園類稿》
虞德園文集二十五卷詩集八卷
明虞淳熙撰
刊本　[71]・集・明別・97
26虞伯生詩八卷補遺一卷　元虞集
撰
元至元元年(1335)建寧刊本
[35]・下・45
27虞鄉續記八卷　黃琴六撰
抄本　[57]・118
虞鄉志不分卷　清毛晉撰
稿本　[38]・史・77
32虞淵沉不分卷　清吳偉業撰
稿本　[38]・史・32
舊抄本　[85]・六・268
50虞書堯命義和章解一卷　清曾釗
撰
嶺南遺書本　[78]・算學書錄
補注・91
虞書箋二卷　明茅瑞徵撰
刊本　[39]・甲・52
虞東學詩十二卷　清顧鎮撰
誦芬堂刊本　[96]・八・149
60虞邑先民傳十六卷　清陶貞一編
傳抄本　[85]・十七・773
76虞陽說苑甲編二十種二十五卷乙
編十種十卷　題緗素樓主人輯
常熟丁氏鉛印本　[85]・二十
三・1023
95虞精集八卷　明周伯耕撰

刊本　[71]・子・儒家・20

2123₆　廬

26廬得集三卷附錄二卷
見《華先生廬得集》

2124₀　虔

40虔臺續志五卷　明談愷撰
刊本　[39]・戊・42
虔臺逸史一卷　明彭孫貽撰
痛史本　[85]・十四・671
舊抄本　[85]・十四・671
虔臺志十二卷　明唐冑等輯
刊本　[39]・戊・41
虔臺撫屬地圖一卷　不知撰人
抄本　[5]・二下・16

2124₁　處

32處州府志二十卷　清曹掄彬編
清刊本　[71]・史・地志・12
44處苗近事　明李愷編
刊本　[39]・丁・42
50處囊訣一卷　宋釋保暹撰
宋刊本　[41]・二十二・8

2124₆　便

77便民圖纂十六卷　不著撰人
明嘉靖刊本　[38]・子・53
刊本　[5]・三中・3

2124₇　優

40優古堂詩話一卷　宋吳升撰
明抄本　[50]・十・38
舊抄本　[5]・四下・25
[11]・一百十八・6
[16]・三十六・2　[39]・
庚・6　[93]・二十四・
2

2125₃　歲

30歲寒集二卷　明孫珮撰
刊本　[39]・癸上・11
歲寒集二卷附錄一卷　明孫珮撰
刊本　[71]・集・明別・23

歲寒居答問二卷　清孫奇逢撰
　天一閣抄本　[39]·己·29
歲寒堂詩話一卷　宋張戒撰
　抄本　[5]·四下·24
歲寒堂詩話二卷　宋張戒撰
　聚珍刊本　[74]·四·71
　刊本　[28]·十三·22
歲寒堂稿十二卷　清林璐撰
　刊本　[71]·集·國朝別·29
44歲華紀麗四卷　唐韓鄂撰
　宋刊本　[14]·三上·232
　汲古閣刊本　[74]·三·65
　津逮祕書本　[96]·六十·1199
　張訒菴校本　[11]·二十九·
　　1
歲華紀麗七卷　唐韓鄂撰
　宋刊本　[41]·六·22
　明抄本　[75]·二十四·1
　舊抄本　[5]·二中·2
歲華紀麗譜一卷　元費著撰
　刊本　[5]·二中·3
歲華紀麗譜一卷附箋紙譜一卷蜀
　錦譜一卷　元費著撰
　閣邱辨囿本　[74]·二·57
60歲星表一卷　清朱駿聲撰
　貴池劉氏刊聚學軒叢書本
　[78]·子·天文類·562
64歲時廣記四卷　宋陳元靚纂
　抄本　[5]·二中·1
歲時廣記五卷　宋陳元靚纂
　明胡文煥刊本　[91]·十·13
　刊本　[88]·二·19
歲時廣記四十卷　宋陳元靚纂
　舊抄本　[11]·二十九·1
歲時廣記四十二卷　宋陳元靚纂
　抄本　[93]·十一·1
歲時雜詠二十卷　宋宋綬編
　宋刊本　[14]·四下·505
歲時雜記二卷　宋呂希哲撰
　宋刊本　[41]·六·23
77歲周地圖合考一卷　清梅文鼎撰
　兼濟堂本　[78]·算學書録補
　　注·88
　曆算全書本　[96]·四十四·

830

2128₆　須

28須谿集十卷　宋劉辰翁撰
　舊抄本　[91]·三十二·3
　文瀾閣傳抄本　[11]·九十二·
　　3
須谿先生記抄八卷　宋劉辰翁撰
　明刊本　[91]·三十二·3
　明嘉靖刊本　[17]·四·28
　[71]·集·宋別·66
須谿先生記抄八卷須谿集略四卷
　宋劉辰翁撰
　刊本　[39]·壬·46
須谿四景詩集四卷　宋劉辰翁撰
　抄本　[11]·九十二·3
　精抄本　[91]·三十二·3
40須真天子經苦法義　晉釋法護譯
　舊抄本　[89]·一集·十一·
　　22
57須賴王經一卷　不著撰人
　唐抄卷子本　[76]·十六·16

頻

36頻迦偶吟不分卷　清張世犖撰
　刊本　[71]·集·國朝別·43

潁

22潁川郡志　明陳璉纂
　明刊本　[66]·2
33潁濱先生詩集傳
　見《詩集傳》

顥

11顥頊憲考二卷　清鄒漢勳撰
　清道光刊敩藝齋遺書本
　[78]·子·天文類·562
顥頊曆考二卷　清鄒漢勳撰
　鄒叔子遺書本　[78]·算學書
　　録補注·96

顬

21顬顬經一卷　不著撰人
　函海本　[96]·四十二·755

顬顬經二卷　不著撰人
　明永樂大典本　[79]·子·醫
　　家類·397
　函海本　[74]·三·16
　清御書樓無板書中本　[22]·
　　補遺·82
　陳簡莊抄本　[91]·十六·11

2133₁　熊

01熊龍峯刊小説四種　明熊龍峯輯
　明坊刊本　[77]·二·19
21熊儒登集一卷　唐熊儒登撰
　宋刊本　[41]·十九·15
熊經略書牘四卷　明熊廷弼撰
　明刊本　[74]·續增·集·12
22熊峯文集四卷　明石瑶撰
　刊本　[39]·癸上·25
　[71]·集·明別·52
24熊先生經説七卷　宋熊朋來撰
　惠松崖手批通志堂本　[91]·
　　四·7
熊先生家集七卷　宋熊朋來撰
　清彭元瑞校抄本　[2]·四·43
　明抄本　[75]·五十七·20
　抄本　[71]·集·元別·1
26熊嶧先生集四卷
　見《熊峯文集》
27熊勿軒先生文集六卷　宋熊禾撰
　清康熙刊本　[75]·五十七·
　　22
熊勿軒先生文集八卷　宋熊禾撰
　明成化刊本　[50]·八·50
　南明隆武二年(1646)熊之璋刊
　　本　[68]·圖版472、473、
　　目録80
　舊抄校本　[57]·246
　影抄成化本　[93]·三十二·
　　12
　淡生堂抄本　[16]·三十一·
　　55
　舊抄本　[11]·九十三·14、
　　15　[17]·四·28
　　[32]·十二·23　[39]·
　　壬·43　[71]·集　宋

別·62　[91]·三十二·
13　[93]·二十一·30
熊魚山先生文集二卷卷首一卷卷
末一卷　明熊開元撰
清光緒刊本 [85]·二十·892
民國鉛印本 [85]·二十·892
28熊蟠屠龍集一卷　晉熊嶷撰
宋刊本 [41]·十九·27
熊嶷屠龍集五卷　晉熊嶷撰
宋刊本 [14]·四中·411
40熊南沙集八卷　明熊過撰
刊本 [39]·癸上·50

2140₁　衍

00衍齋詩卷四卷　不知撰人
刊本 [20]·五·36

2140₆　卓

21卓行錄　清黃容撰
刊本 [39]·戌·6
38卓澂甫詩集十卷　明卓明撰
明萬曆刊本 [91]·三十七·
23
60卓異記一卷　唐李翔撰
宋刊本 [14]·三下·246
[41]·十一·7
明刊本 [75]·二十二·4
明嘉靖仿宋本 [11]·二十七·
7
說郛本 [96]·二十三·471
顧氏文房小說本 [74]·二·
30
抄本 [5]·二中·26
72卓氏藻林八卷　明卓明卿撰
明萬曆八年(1580)卓明卿刊本
[19]·6　[71]·子·類
事·16　[74]·三·69
[102]·上·25
卓氏忠烈遺事一卷　清卓爾堪撰
清康熙刊本 [85]·十七·775
80卓公遺稿一卷　明卓敬撰
抄本 [71]·集·明別·19
90卓光祿集三卷　明卓明卿撰
明萬曆刊本 [91]·三十七·

22
刊本 [39]·癸下·6　[71]·
集·明別·93

2143₀　衡

00衡齋遺書三卷　清汪萊撰
清刊本 [74]·續增·子·3
衡齋算學七卷附遺書九卷　清汪
萊撰
清刊本 [74]·三·26
32衡州圖經三卷　宋孫德輿撰
宋刊本 [41]·八·29
50衡書三卷　清唐甄撰
刊本 [39]·己·63
72衡岳志六卷　清朱袞重修
清刊本 [71]·史·地志·62
衡岳志八卷　明鄧雲霄撰
刊本 [71]·史·地志·62
衡岳志十三卷　明姚宏謨纂
刊本 [39]·戌·55
77衡門集十五卷　明鄭履淳撰
刊本 [39]·癸上·60
[71]·集·明別·88

2150₆　衛

25衛生彙編　不知編者
刊本 [89]·二集·七·24
衛生家寶六卷衛生家寶湯方二卷
宋朱端章撰
影宋抄本 [22]·補遺·62
[35]·附錄·2
衛生家寶產科備要六卷　宋朱端
章撰
影抄宋刊本 [11]·四十六·
10
抄本 [75]·三十七·12
衛生家寶產科備要八卷　宋朱端
章撰
宋淳熙十一年(1184)南康郡齋
刊本 [5]·三下·9
[10]·31　[35]·上·
18　[50]·四·32
[58]·子·36　[68]·
圖版134、135、目錄30

[79]·子·醫家類·413
[93]·十四·21　[94]·
三·3
衛生寶鑑二十四卷補遺一卷　元
羅天益撰
明刊本 [32]·六·22
[59]·二·20　[93]·
十四·25
明永樂十五年(1417)刊本
[11]·四十七·12
[16]·二十二·19
[79]·子·醫家類·520
明弘治七年(1494)劉廷瓚刊本
[22]·補遺·72
衛生十全方三卷奇疾方一卷　宋
夏德撰
明永樂大典本 [79]·子·醫
家類·497
衛生易簡方十二卷　明胡濙編
明宣德刊本 [12]·三·10
[79]·子·醫家類·505
明嘉靖刊本 [91]·十六·25
29衛秋聲集六卷　宋衛宗武撰
文瀾閣傳抄本 [11]·九十二·
13
30衛濟寶書一卷　題宋東軒居士撰
宋刊本 [41]·十三·15
衛濟寶書二卷　題宋東軒居士撰
四庫全書本 [79]·子·醫家
類·393
藝海樓抄本 [74]·三·18
抄本 [75]·三十七·5
[102]·下·16
文瀾閣傳抄本 [11]·四十六·
3

2155₀　拜

21拜經樓詩草不分卷　清吳騫撰
稿本 [38]·集·96
拜經樓藏書題跋記四卷　清吳壽
暘撰
刊本 [28]·五·11
拜經樓藏書題跋記五卷　清吳壽
暘撰

刊本　[88]·三·43
拜經樓抄本四種　清吳騫輯
　抄本　[57]·11
拜經日記十二卷　清臧鏞堂撰
　拜經樓刊本　[74]·一·41
　[96]·五十五·1099
拜經堂叢書十種　清吳騫輯
　清刊本　[74]·三·62
80拜命曆一卷　唐許真君撰
　格致叢書本　[78]·算學書錄
　補注·90
拜命曆一卷　宋趙景先編
　宋刊本　[14]·五上·567

2160$_0$ 占

10占天術注一卷　清李銳撰
　李氏遺書本　[96]·四十四·845
27占候書　不知撰人
　抄本　[39]·庚·68
43占城國錄一卷　不著撰人
　宋刊本　[41]·七·24
92占燈法一卷　唐李淳風撰
　宋刊本　[14]·三下·269

鹵

88鹵簿圖一卷　不知撰人
　刊本　[5]·二上·25

2160$_1$ 旨

00旨意要錄不分卷　不知撰人
　明抄本　[3]·9

2160$_2$ 皆

11皆非集二卷　明萬達甫撰
　刊本　[39]·癸下·6

2160$_8$ 睿

80睿養圖說　明楊觀光撰
　刊本　[39]·丁·57

2171$_0$ 比

21比紅兒詩一卷
　見《羅虬比紅兒詩》

60比目魚九回　不著撰人
　坊刊本　[69]·四·149
72比丘尼傳四卷　梁釋寶唱撰
　宋刊本　[14]·後志·一·811

2172$_7$ 師

08師誨三卷附錄一卷　宋吳必大編
　宋刊本　[14]·五下·691
17師子林天如和尚別錄三卷　不知撰人
　元刊殘本　[48]·二輯下·146
師子林紀勝二卷　明釋道恂撰
　舊抄本　[57]·117　[74]·四·64
22師山先生文集十一卷　元鄭玉撰
　元至正刊本　[2]·五·11
師山先生文集八卷遺文五卷　元鄭玉撰
　明刊本　[11]·一百零六·7
　[93]·二十二·21
　刊本　[39]·壬·70
師山先生文集八卷遺文五卷附錄一卷　元鄭玉撰
　刊本　[71]·集·元別·19
　裘杼樓抄本　[91]·三十四·24
師山先生文集八卷遺文五卷附錄一卷濟美錄四卷　元鄭玉撰
　明嘉靖刊本　[17]·四·35
　[26]·九·5　[59]·七·10　[91]·三十四·34
40師友雜志一卷雜說一卷　宋呂本中撰
　宋刊本　[41]·九·14
師友談紀一卷　宋李廌撰
　宋刊本　[11]·五十七·9
　[14]·三下·265　[17]·三·25　[41]·十一·15
　明覆宋本　[91]·十九·3
　明刊本　[17]·三·25
　百川學海本　[96]·五十六·1110

　抄本　[75]·四十三·11
師友談錄一卷
　見《師友談記》
師友淵源錄總目一卷後案二十八卷　清嚴長明、嚴觀撰
　稿本　[57]·88
師友閒談一卷
　見《師友談記》
師古篆韻六卷　元李鏞輯
　舊抄本　[93]·七·20
60師曠禽經一卷　晉張華注
　宋刊本　[11]·五十四·23
　[41]·十二·34　[75]·四十一·4
　明華氏刊本　[91]·十八·12
　抄本　[5]·二中·15
師略衰言十二卷　明吳桂芳撰
　刊本　[39]·癸上·56
88師竹齋集十四卷　清李鼎元撰
　清嘉慶七年(1802)家刊本　[26]·十三·18

2180$_6$ 貞

10貞一齋文稿十卷　元朱思本撰
　吳匏菴抄本　[11]·一百零九·2
貞一齋雜著一卷詩稿一卷
　見《貞一齋詩文稿》
貞一齋詩文稿二卷　元朱思本撰
　叢書堂刊本　[28]·續·十三·14
　舊抄本　[32]·十三·20
　[91]·三十三·33
　[93]·二十二·7
貞元新定釋教目錄三十卷　唐釋圓照撰
　日本享保刊本　[76]·十五·21
　抄日本享保刊本　[8]·子二·347
貞石堂集十二卷　明溫璜撰
　刊本　[39]·癸下·34
12貞烈傳一卷　朱善述
　舊抄本　[85]·十四·663

26貞白齋集十卷　明程通撰
　　刊本　[39]・癸上・**8**

貞白先生陶隱居集二卷
　　見《陶貞白集》

貞和分類古今尊宿偈頌集三卷
　　釋周信編
　　日本南北朝刊本　[62]・圖版
　　61

貞和類聚祖苑聯芳集十卷　釋周
　信重編
　　日本南北朝刊本　[62]・圖版
　　62

46貞觀政要十卷　唐吳兢撰
　　宋刊本　[9]・三・46　　[14]・
　　二上・130　　[41]・五・
　　27
　　元刊本　[9]・後編・九・11
　　[11]・二十四・16
　　明刊本　[9]・八・28、29
　　[60]・四・8　　[93]・
　　九・22
　　明洪武刊本　[2]・二・19
　　[17]・二・11　　[55]・
　　一・32
　　明成化刊本　[8]・史二・149
　　[9]・後編・十四・6
　　[11]・二十四・16
　　[22]・三・23　　[26]・
　　三・26　　[38]・史・42
　　明成化十二年(1476)崇府刊本
　　[91]・八・3
　　明廠本　[32]・五・4
　　刊本　[39]・丁・18　　[89]・
　　一集・四・47　　[89]・
　　二集・四・35
　　日本覆明成化刊本　[75]・十
　　九・3
　　日本慶長五年活字刊本
　　[22]・三・24
　　明抄本　[54]・二・23
　　古抄本　[76]・五・18
　　舊抄本　[76]・五・41
　　影舊抄本　[22]・三・22
　　[76]・五・37

袖珍抄本　[96]・十九・409
僧日蓮手抄本　[22]・三・23
貞觀公私畫史一卷　唐裴孝源撰
　　明刊本　[11]・五十二・3
　　坊刊本　[74]・三・36
　　王氏畫苑本　[96]・四十八・
　　916
　　舊抄本　[75]・三十九・1
　　[93]・十五・15
50貞素齋文集八卷　元舒頔撰
　　知不足齋抄本　[39]・壬・77
　　舊抄本　[91]・三十四・30
貞素齋文集八卷附錄一卷附北莊
　遺稿一卷　元舒頔撰
　　舊抄本　[11]・一百零七・1
　　[71]・集・明別・13
　　[93]・二十二・22
74貞陵遺事二卷續一卷　唐令狐澄
　撰
　　宋刊本　[41]・五・15
77貞居詞一卷　元張雨撰
　　明抄本　[75]・六十四・27
　　舊抄本　[11]・一百二十・14
　　[60]・七・25
貞居先生詩集二卷　元張雨撰
　　刊本　[71]・集・黃冠・3
貞居先生詩集五卷　元張雨撰
　　元刊本　[58]・元・125
　　[93]・二十二・20
　　[94]・四・17
　　影元抄本　[38]・集・85
　　舊抄本　[11]・一百零六・1
　　[50]・九・25　　[93]・
　　二十二・20
貞居先生詩集七卷　元張雨撰
　　抄校本　[32]・十三・21
　　[101]・中・12
　　舊抄本　[11]・一百零六・2
　　[38]・集・85　　[91]・
　　三十四・20、21
　　精抄本　[74]・續增・集・7
貞居先生詩集六卷詞一卷雜文一
　卷　元張雨撰
　　勞舞卿校抄本　[12]・六・26

趙誠夫校抄本　[30]・六・**50**
校舊抄本　[50]・九・25
舊抄本　[60]・七・8　　[93]・
　　二十二・20
貞居先生詩集二卷集外詩一卷
　元張雨撰
　　明抄本　[42]・**12**　　[51]・
　　四・6
貞居先生詩集三卷外集一卷補遺
　三卷　元張雨撰
　　刊本　[39]・壬・80
80貞翁淨稿十二卷
　　見《貞翁靜稿》
貞翁靜稿十二卷　明周倫撰
　　刊本　[39]・癸上・30
　　[71]・集・明別・56

2190₃　紫

22紫巖文集四十八卷　明劉龍撰
　　明嘉靖十一年(1532)韓山精舍
　　刊本　[86]・六・**17**
紫巖于先生詩選三卷
　　見《于先生詩選》
紫巖易傳十卷
　　見《易傳》
紫巖居士張浚易傳十卷
　　見《易傳》
紫山大全集二十六卷　不知撰人
　　抄本　[93]・二十二・4
40紫幢軒詩不分卷古瓶續集不分卷
　清文昭撰
　　清康熙雍正間刊本　[68]・圖
　　版506、目錄85
42紫桃軒雜綴四卷　明李日華撰
　　精抄本　[30]・四・17
紫桃軒雜綴三卷又綴三卷　明李
　日華撰
　　竹嬾説部本　[96]・五十七・
　　1143
紫桃軒雜綴三卷又綴三卷墨君題
　語一卷　明李日華撰
　　刊本　[74]・三・56
44紫薇雜説一卷　宋呂本中撰
　　抄本　[39]・己・39　　[74]・

三·53　[102]·下·21

紫薇雜説一卷師友雜説一卷　宋呂本中撰
　舊抄本　[11]·五十七·15

紫薇詩話一卷　宋呂本中撰
　宋刊本　[11]·一百十八·6
　[17]·四·46　[75]·六十四·2
　明刊本　[17]·四·46
　津逮祕書本　[74]·四·71

76紫陽仙三度常椿壽　不著撰人
　元刊本　[71]·集·詞·19

紫陽真人悟真篇集注三卷　不知撰人
　元刊本　[43]·三·57

紫陽年譜三卷　宋李方撰
　宋刊本　[41]·七·27

90紫堂訣三卷　題紫堂先生撰
　宋刊本　[14]·後志·二·848

2190₄　術

58術數記遺一卷
　見《數術記遺》

柴

29柴秋堂詩集三卷　宋柴望撰
　舊抄本　[11]·九十二·9
　[91]·三十二·8　[93]·二十一·29

41柴墟集十五卷　明儲巏撰
　刊本　[71]·集·明別·51

44柴菴疏集二十卷　明吳甡撰
　明崇禎刊本　[85]·七·326

72柴氏古今通韻八卷　清柴紹炳撰
　舊抄本　[102]·下·4

柴氏四隱集二卷　宋柴望、柴隨亨、柴元亨、柴元彪撰
　吳氏瓶花齋抄本　[91]·三十八·25
　舊抄本　[11]·一百十五·5

柴氏四隱集三卷　宋柴望、柴隨亨、柴元亨、柴元彪撰
　吳志上抄本　[91]·三十八·25

抄本　[39]·壬·40　[71]·集·宋別·58

90柴省軒家誡二卷文抄十二卷　清柴紹炳撰
　刊本　[71]·集·國朝別·10

2191₀　紅

00紅亭日記二卷　清徐志鼎撰
　清乾隆六十年(1795)刊本
　[96]·二十四·512

10紅豆莊雜録一卷　蒙叟纂
　舊精抄本　[91]·二十·17

紅豆村人詩稿十四卷　清袁樹撰
　隨園全集附刊本　[26]·十二·41

紅雨樓藏書目　明徐燉輯
　明刊本　[21]·一·69

紅雨樓書目四卷　明徐燉輯
　傳抄本　[59]·五·16

紅雨樓題跋二卷　明徐燉撰
　傳抄本　[59]·五·17

22紅梨記　明徐復祚撰
　明刊套印本　[68]·圖版461、699、700、目録78、110

40紅丸一卷移宮一卷　明朱國禎撰
　皇明大事記本　[85]·四·191

43紅术軒紫泥法一卷　清汪鎬京撰
　借月山房彙抄本　[96]·四十九·976

44紅蘭春雨詞三卷　清柳泉撰
　舊抄本　[75]·六十四·31

紅荔山房稿　清唐金華撰
　稿本　[74]·續增·集·14

紅葉村詩稿六卷　明梁逸撰
　抄本　[57]·268

紅柑齋詩草　查堯卿撰
　抄本　[20]·五·39

45紅樓幻夢二十四回　清人撰
　清道光二十三年(1843)疑景齋刊袖珍本　[69]·四·123

紅樓復夢一百回　清人撰
　清嘉慶四年(1799)蓉竹山房刊本　[69]·四·122

紅樓夢　清曹霑撰

清乾隆五十六年(1791)萃文書屋活字本　[68]·圖版638、639、640、目録103
　舊抄本　[69]·四·118

紅樓夢一百二十回　清曹霑、高鶚撰
　清刊本　[69]·四·124
　清光緒七年(1881)刊本　[69]·四·125

紅樓夢論贊一卷　清涂瀛撰
　清道光二十二年(1842)養餘精舍刊本　[69]·四·126

紅樓夢偶説二卷　清人撰
　清光緒二年(1876)簣覆山房刊本　[69]·四·126

紅樓夢補四十八回　清人撰
　清道光十三年(1833)藤花榭刊袖珍本　[69]·四·123

紅樓夢影二十四回　清人撰
　清光緒三年(1877)北京聚珍堂活字本　[69]·四·124

紅樓圓夢三十回　清人撰
　清嘉慶十九年(1814)紅薔閣刊本　[69]·四·123

48紅梅館集八卷續集一卷　明李際春撰
　刊本　[71]·集·明別·125

55紅拂記　明張鳳翼撰
　明容與堂刊本　[68]·圖版460、目録78
　明刊套印本　[68]·圖版683、684、目録109

秕

00秕言四卷　明鄭明選撰
　刊本　[39]·己·53

秕言十卷　明鄭明選撰
　刊本　[88]·四·14

2191₁　經

00經序録五卷　明朱睦㮮撰
　明嘉靖三十九年(1560)刊本　[96]·三十二·582

刊本　[39]・丙・14

經言枝指一百卷　明陳禹謨輯
刊本　[39]・丙・9

02經訓堂叢書二十四種　清畢沅校
著
清刊本　[74]・三・63

06經韻樓集十二卷　清段玉裁撰
清刊本　[74]・四・56

經韻樓叢書本　[96]・七十一・
1423

經韻樓七種十二卷　清段玉裁撰
清刊本　[74]・三・62

08經效産寶二卷　唐昝殷撰
宋刊本　[14]・三下・298
刊本　[89]・二編・六・11、
12

經效産寶三卷　唐昝殷撰
宋刊本　[22]・補遺・80
[35]・下・25

南宋刊本　[79]・子・醫家類・
409

刊本　[89]・一集・七・32
舊抄本　[60]・二・26

經效産寶三卷續編一卷　唐昝殷
撰
日本仿北宋刊本　[26]・六・
52

經説七卷　元熊朋來撰
通志堂經解本　[96]・二・25

經説十六卷　不著撰人
舊抄本　[74]・一・42

經説三十卷　宋朱熹撰
宋刊本　[14]・五上・520

10經正録一卷　清張履祥編
楊園全書本　[96]・三十七・
703

經天該一卷　明泰西利瑪竇撰
藝海珠塵本　[78]・子・天文
類・544

經天該一卷附圖　明泰西利瑪竇
撰
清康熙梅文鼎刊本　[78]・算
學書録補注・85

11經玩二十卷　清沈淑撰

孝德堂刊本　[96]・二・31

17經子法語十六卷　宋洪邁撰
影本　[71]・子・儒家・22

經子法語二十四卷　宋洪邁撰
影宋抄本　[32]・八・17
舊抄本　[39]・丙・20
[60]・二・18　　[91]・
十九・23

經子難字二卷　明楊慎撰
舊抄本　[39]・丙・20
[74]・一・53　　[102]・
下・4

經子難字一卷羣書麗藻一卷　明
楊慎撰
滄生堂抄本　[32]・九・13

經翼十卷史評四卷　明劉承恩撰
抄本　[71]・子・儒家・23

21經術要義四卷　清顧光教輯
刊本　[39]・己・64

23經外雜抄一卷　宋魏了翁撰
明刊本　[11]・五十六・16

經外雜抄二卷　宋魏了翁撰
廣祕笈本　[96]・五十四・1076

經外雜抄三卷　宋魏了翁撰
舊抄本　[74]・三・49
[102]・下・21

24經緯集十卷
見《孫樵經緯集》

經緯集十四卷　宋孫抃撰
宋刊本　[41]・二十二・2

25經律異相十卷　不知撰人
宋紹興十八年(1148)福州開元
寺刊本　[43]・三・26

經傳釋詞續編三卷　清孫經世撰
胡甘伯手編精抄本　[8]・經
三・88

經傳考證八卷　清朱彬撰
許印林校原刊本　[2]・一・
24

27經句説二十七卷　清吳英撰
有竹石軒刊本　[96]・二・37

30經濟文集六卷　元李士瞻撰
明正統刊本　[91]・三十四・
9

孝德堂刊本

舊抄本　[11]・一百零四・9
[39]・壬・67　　[71]・
集・元別・34

傳抄本　[59]・七・8

經濟文衡前集二十五卷後集二十
五卷　宋朱熹撰
明萬曆婺源刊本　[91]・十五・
14

經濟文衡前集二十五卷後集二十
五卷續集二十二卷　宋朱熹撰
元刊本　[9]・六・10　　[59]・
二・5　　[60]・二・5

經濟類編三十五卷　明馮琦編
明叢書堂抄本　[17]・三・31

經濟類編一百卷　明馮琦撰
明刊本　[9]・後編・十四・
15

明萬曆三十二年(1604)刊本
[64]・26　　[74]・三・
69

明萬曆四十五年(1617)刊本
[102]・上・24

原刊本　[96]・六十二・1223

刊本　[71]・子・類事・15

經進稿　清王頊齡撰
刊本　[71]・集・國朝別・64

經進東坡文集事略六十卷
見《東坡文集事略》

35經禮補逸九卷　明汪克寬撰
明弘治刊本　[32]・一・36
[91]・二・20

通志堂經解本　[74]・一・23
[96]・四・61

舊抄本　[16]・四・8

經禮補逸十卷附録一卷　明汪克
寬撰
明初刊本　[11]・六・17

44經世環應編八卷
見《環應篇》

經世紀年二卷　宋張栻撰
宋刊本　[41]・四・27

經世宏辭十五卷　明沈一貫輯
刊本　[39]・辛・12

經世實用編二十八卷　明馮應京

撰
　　刊本　[71]・子・雜家・37
經世祝氏鈐一卷　不知撰人
　　抄本　[5]・三中・31
經世奇謀八卷　明俞琳撰
　　刊本　[71]・子・雜家・37
47經幄管見四卷　宋曹彦約撰
　　舊抄本　[74]・二・80
　　　　[91]・十四・20　　[102]・
　　　　下・14
50經史證類備急本草三十一卷
　　見《本草》
經史證類大觀本草三十一卷
　　見《本草》
經史論存四卷補一卷　清吳成佐
撰
　　真意堂刊本　[96]・七十一・
　　　　1420
經史正音切韻指南一卷　元劉鑑
撰
　　元刊本　[5]・一下・17
　　明刊本　[11]・十七・15
　　　　[75]・十四・12　　[91]・
　　　　五・24
　　明萬曆五年(1577)崇德圓通菴
　　　　比五如彩刊本　[86]・一・
　　　　70　　[91]・五・25
　　　　[96]・十四・288
　　開萬樓抄本　[39]・丙・36
經史避名彙考四十卷　周廣業撰
　　傳抄本　[32]・八・9
經史通用直音四卷　題通妙邵真
人纂
　　明成化刊本　[76]・四・19
經史格要二十八卷　明鄒泉撰
　　刊本　[39]・丁・57
經史慧解六卷　清蔡含生撰
　　刊本　[39]・丙・21
經史典奧六十七卷　不知撰人
　　刊本　[39]・丙・21
經史問答十卷　清全祖望撰
　　清刊本　[39]・丙・21
　　　　[71]・子・儒家・23
　　餘姚史氏重校本　[96]・二・

33
經史全書二十六卷　明邵寶撰
　　刊本　[39]・丙・21
經書言學指要一卷　清楊名時撰
　　楊氏全書本　[96]・三十七・
　　　　709
經書算學天文考一卷　清陳懋齡
撰
　　清嘉慶刊本　[78]・子・天文
　　　　類・560
　　原刊本　[96]・四十四・840
經書算學天文考二卷　清陳懋齡
撰
　　清嘉慶二年(1797)刊本
　　　　[78]・算學書録補注・96
55經典文字辨證書五卷　清畢沅撰
　　經訓堂刊本　[74]・一・55
經典文字考異一卷　清錢大昕撰
　　舊抄本　[91]・五・20
經典釋文三十卷　唐陸德明撰
　　五代國子監刊本　[7]・上・5
　　北宋國子監刊本　[7]・中・
　　　　10
　　宋刊本　[9]・後編・三・18
　　　　[14]・一下・86　　[16]・
　　　　六・2　　[41]・三・32
　　　　[93]・六・1　　[94]・
　　　　一・7
　　宋刊宋元遞修本　[68]・圖版
　　　　24、目録11
　　通志堂刊本　[17]・一・8
　　　　[74]・一・39　　[81]・
　　　　經・6
　　覆通志堂刊本　[38]・經・38
　　刊本　[88]・續・6
　　清王萼友校通志堂刊本
　　　　[2]・一・23
　　段若膺校本　[81]・經・5
　　校本　[50]・一・8　　[83]・
　　　　一・7,9
　　葉鞠裳先生臨各家校通志堂本
　　[57]・10
　　通志堂本袁漱六太守校宋抄本
　　[26]・二・25

影抄北宋本　[5]・一上・33
60經國雄略四十八卷　明鄭大郁編
　　明弘光元年(1644)刊本
　　　　[85]・十・493
經略復國要編十四卷　明宋應昌
撰
　　明刊本　[91]・七・18
　　刊本　[39]・丁・41　　[71]・
　　　　史・地志・58
71經歷奇證不分卷　明錢君頴撰
　　抄本　[20]・四・31
76經咫一卷　清蔡祖范撰
　　陳司業集本　[96]・二・31
77經學理窟一卷　宋張載撰
　　宋刊本　[14]・五下・687
　　　　[41]・九・9
經學卮言六卷　清孔廣森撰
　　儀鄭堂刊本　[96]・二・36
經問十八卷經問補二卷　清毛奇
齡撰
　　西河全書本　[74]・一・41
經問十八卷經問補三卷　清毛奇
齡撰
　　西河合集本　[96]・二・29
78經驗方十五卷
　　見《瑞竹堂經驗方》
經驗良方十一卷　明陳仕賢編
　　明刊本　[79]・子・醫家類・
　　　　506
　　刊本　[39]・庚・89
經驗醫方大成十卷
　　見《醫方大成》
80經義雜記三十卷　清臧琳撰
　　清嘉慶四年(1799)臧庸刊本
　　　　[26]・二・28
　　拜經堂刊本　[74]・一・41
　　　　[96]・二・30
經義述聞不分卷　清王引之撰
　　清嘉慶二年(1797)刊本
　　　　[26]・二・30
經義述聞十五卷　清王引之撰
　　清嘉慶二十二年(1817)南昌盧
　　　　氏刊本　[96]・二・37
經義述聞三十二卷　清王引之撰

清咸豐揚州重刊本　[74]・一・41

經義考三百卷　清朱彝尊撰

雅雨堂刊本　[74]・二・73

曝書亭刊本　[96]・三十二・595

刊本　[39]・丙・16

經義模範一卷　宋張才叔、姚孝守、吳師孟、張孝祥撰

明嘉靖刊本　[96]・三十九・10

刊本　[39]・丙・19

經義管見　清饒一辛撰

刊本　[39]・甲・41

87經鉏堂雜志八卷　宋倪思撰

宋刊本　[41]・十一・21

明刊本　[11]・五十八・5

[71]・子・儒家・16

[91]・十八・21

明萬曆刊本　[17]・三・23

刊本　[39]・己・6

明姚舜咨抄本　[2]・三・37

舊抄本　[74]・三・45

[102]・下・21

精抄本　[74]・續增・子・5

88經筵進講四書

見《四書》

經籍考七十六卷　宋馬端臨撰

刊本　[71]・史・簿錄・17

經籍異同三卷　明陳禹謨撰

刊本　[39]・丙・15

經籍跋文一卷　清陳鱣撰

別下齋本　[74]・二・74

經籍錄要十二卷　清倪思寬撰

涵和堂刊本　[96]・五十八・1168

經籍纂詁一百零六卷補遺一百零六卷　清阮元撰

文選樓刊本　[74]・一・55

2194₉　秤

60秤星經三卷　不著撰人

宋刊本　[14]・後志・二・842

2196₁　縉

10縉雲文集四卷　宋馮時行撰

仿明刊抄本　[71]・集・宋別・44

影抄明嘉靖重慶推官李璽刊本　[28]・十二・14

紅藥山房精抄本　[74]・四・24

舊抄本　[32]・十二・5

[39]・壬・28

傳抄文津閣本　[17]・四・23

縉雲文集四卷附錄一卷　宋馮時行撰

舊抄本　[11]・八十三・13

[102]・下・32

25縉紳便覽　不知撰人

明萬曆十二年(1584)北京鐵匠衕衕葉鋪刊藍印本　[68]・圖版434、435、目錄74

2198₆　穎

22穎川語小二卷　宋陳叔方撰

抄本　[75]・四十二・19

31穎江漫稿十四卷　明符錫撰

明刊本　[12]・三・33

33穎濱集一百三十七卷

見《欒城集》

穎濱先生詩集傳二十卷

見《詩集傳》

2200₀　川

39川沙廳志十二卷　清何士祁修

清道光十六年(1836)刊本　[74]・續增・史・6

2202₁　片

02片刻餘閒集二卷　清劉埥撰

清乾隆十九年(1754)刊本　[85]・二十二・984

10片玉齋存稿二卷　明丁元復纂

明刊本　[57]・278

片玉集二卷　宋周邦彥撰

毛斧季校本　[11]・一百十九・7

片玉集十卷　宋周邦彥撰、陳元龍注

宋刊本　[31]・10　[33]・集・70、73　[50]・十・44　[58]・集・150　[68]・圖版195、目錄39

抄本　[71]・集・詞・6

[101]・中・17

片玉集二卷補遺一卷　宋周邦彥撰

鄭樵風批校本　[17]・四・49

片玉集十卷拾遺一卷　宋周邦彥撰

勞巽卿抄校本　[17]・四・48

2210₄　崟

76崟陽草堂詩集十二卷　明鄭鄖撰

刊本　[71]・集・明別・125

崟陽草堂集三十六卷　明鄭鄖撰

刊本　[39]・癸下・32

2210₈　豐

10豐正元詩四卷　明豐越人撰

刊本　[39]・癸下・26

17豐豫莊課農法一卷　清潘曾沂撰

清刊本　[74]・續增・子・2

21豐順縣志八卷　清葛曙輯

清刊本　[74]・續增・史・5

22豐山先生集十二卷　明馮皋謨撰

刊本　[39]・癸上・59

豐山世稿六卷　洪爽周編

高麗刊本　[29]・三・38

豐縣志十六卷　清盧世昌輯

清乾隆二十四年(1759)刊本　[74]・續增・史・6

34豐對樓詩選四十三卷越草一卷　明沈明臣撰

刊本　[39]・癸下・4　[71]・集・明別・92

35豐清敏公遺事一卷　宋李朴撰

宋刊本　[14]・五上・581

[41]・七・18

抄本　[16]・十三・6　　[39]・
　戊・12[75]・二十一・12
44豐草菴前集三卷文集三卷未焚稿
　三卷雜著十卷詩集十卷別集六
　卷四略四卷　明董説撰
　刊本　[39]・癸下・38

2210₉ 鑾

44鑾坡集十卷　明宋濂撰
　明洪武刊本　[38]・集・92
　鑾坡錄一卷　宋周必大撰
　宋刊本　[14]・五上・563

2213₆ 蠻

17蠻司合志十五卷　清毛奇齡撰
　西河全書本　[74]・二・52
50蠻書十卷　唐樊綽撰
　宋刊本　[41]・七・6
　清武英殿聚珍刊本　[74]・二・
　36　[91]・十・4
　[96]・二十六・524
　盧抱經校抄本　[59]・三・11
　抄本　[75]・二十三・6

2220₀ 制

24制科雜錄一卷　清毛奇齡撰
　西河合集本　[96]・二十九・
　566
79制勝方略三十卷　宋楊膚撰
　宋刊本　[41]・十二・16
80制義科瑣記四卷　清李調元撰
　函海本　[96]・六十五・1299

劇

09劇談錄二卷　唐康駢撰
　明刊本　[74]・三・83
　[93]・十七・22
　明稽古堂刊本　[60]・八・10
　津逮祕書本　[74]・三・83
　[96]・六十六・1309
　清黃丕烈校汲古閣刊本
　[2]・三・38
　校汲古閣本　[60]・八・10
　校本　[50]・六・32　[65]・

續・三・76
　明抄本　[38]・子・86
　[50]・六・32
劇談錄三卷　唐康駢撰
　宋刊本　[14]・三下・240
　明覆宋本　[11]・六十四・13
　[17]・三・37
　抄本　[75]・四十八・6

2220₇ 岑

23岑參集十卷
　見《岑嘉州集》
40岑嘉州詩三卷
　見《岑嘉州集》
　岑嘉州集三卷　唐岑參撰
　刊本　[71]・集・唐別・5
　岑嘉州集四卷　唐岑參撰
　宋陸氏書棚刊本　[2]・四・7
　明正德刊本　[91]・二十四・
　16
　岑嘉州集七卷　唐岑參撰
　明初刊本　[16]・二十九・6
　明刊本　[93]・十九・16
　明銅活字印本　[68]・圖版
　618，目錄99
　明正德刊本　[11]・六十八・
　4
　明正德熊相刊本　[28]・十・
　6
　明正德邊貢刊本　[17]・四・
　6
　校明正德刊本　[100]・119
　影抄明正德刊本　[91]・二十
　四・15
　岑嘉州集八卷　唐岑參撰
　宋刊本　[41]・十九・6
　明刊本　[30]・二・25
　[60]・六・18　[91]・
　二十四・15
　明活字本　[17]・四・6
　舊抄本　[50]・七・16
　岑嘉州集十卷　唐岑參撰
　宋刊本　[14]・四上・351
　明正德漢嘉郡刊本　[17]・四・

6

2221₀ 亂

00亂離見聞錄三卷　清陳舜系撰
　高涼耆舊集本　[85]・二十一・
　961
　傳抄本　[85]・二十一・961
44亂華編三十三卷　宋劉荀撰
　宋刊本　[41]・五・24

2221₄ 任

44任藩集一卷　唐任藩撰
　宋刊本　[41]・十九・23
48任松鄉先生文集十卷
　見《松鄉集》

崔

27崔豹古今注三卷
　見《古今注》
33崔補闕詩集一卷　唐崔峒撰
　明嘉靖蔣氏刊本　[17]・四・
　13
35崔清獻公言行錄內外集四卷　宋
　崔與之撰
　刊本　[39]・壬・33
　崔清獻公言行錄內外集五卷　宋
　崔與之撰
　明嘉靖刊本　[91]・九・7
　崔清獻公集十卷
　見《崔清獻公全錄》
　崔清獻公全錄十卷　宋崔與之撰
　明嘉靖刊本　[38]・史・52
　[71]・集・宋別・49
　[91]・九・8
38崔塗集一卷　唐崔塗撰
　宋刊本　[41]・十九・21
40崔真人四原論一卷　宋崔嘉彥撰
　刊本　[5]・三下・7
　崔真人脈訣一卷　宋崔嘉彥撰
　明嘉靖八年(1529)刊本
　[22]・補遺・29
　明吳勉學校刊醫統正脈本
　[79]・子・醫家類・355
　[96]・四十二・762

60崔國輔集一卷　唐崔國輔撰
　　宋刊本　[41]・十九・4
61崔顥集一卷　唐崔顥撰
　　宋刊本　[41]・十九・4
66崔曙集一卷　唐崔曙撰
　　宋刊本　[41]・十九・5
72崔氏日録一卷　不著撰人
　　宋刊本　[41]・七・7
80崔舍人玉堂類稿二十卷西垣類稿
　　二卷目録一卷　宋崔敦詩撰
　　宋刊本　[22]・六・28
　　崔舍人玉堂類稿二十卷西垣類稿
　　二卷目録一卷附録一卷　宋崔
　　敦詩撰
　　宋刊本　[35]・上・56
　　　[90]・58
　　崔舍人玉堂類稿二十卷西垣類稿
　　二卷附録一卷　宋崔敦詩撰
　　南宋刊本　[70]・三・3
　　清嘉慶日本活字本　[74]・四・
　　26　[102]・上・30
　　日本刊本　[11]・八十三・8
　　　[75]・五十五・17

催

30催官賦一卷　宋賴文俊撰
　　抄本　[5]・三中・38
　　催官篇二卷　宋賴文俊撰
　　抄本　[74]・三・31　[102]・
　　下・19
64催曉夢四卷　題嘻嘻道人編
　　坊刊本　[69]・四・158

2222₁　鼎

08鼎論三卷時議一卷　宋何萬撰
　　宋刊本　[41]・十八・34
60鼎國詩三卷　後唐李雄撰
　　宋刊本　[14]・後志・二・895
87鼎録一卷　梁虞荔纂
　　明刊本　[11]・五十三・1
　　文房小説本　[74]・三・41
　　漢魏叢書本　[74]・三・41
　　　[96]・五十・981
　　抄本　[75]・四十・1

2222₇　偋

00偋齊録二卷　宋楊堯弼撰
　　穴硯齋抄本　[30]・五・5
　　抄本　[12]・五・10　[38]・
　　史・63
　　偋齊録二卷附劉豫事蹟一卷　宋
　　楊堯弼撰
　　舊抄本　[59]・四・10
30偋官據城記　清王度撰
　　荊駝逸史本　[85]・六・285
87偋鄭逸事一卷　清郁永河撰
　　稗海紀遊彙刊本　[85]・十三・
　　620

崟

22崟山堂詩集　不知撰人
　　稿本　[36]・253

僑

26僑吳集十二卷　元鄭元祐撰
　　明刊本　[50]・九・26
　　[81]・集・7
　　明弘治九年(1496)張習重刊本
　　[2]・五・10　[8]・集
　　三・497　[59]・七・8
　　[83]・四・16　[84]・
　　二・34
　　刊本　[39]・壬・73
　　抄弘治刊本　[91]・三十四・
　　21
　　舊抄本　[11]・一百零六・4
　　[16]・三十四・32
　　[17]・四・34　[32]・
　　十三・21　[71]・集・
　　元別・20　[93]・二十
　　二・20
　　僑吳集十二卷佚文一卷　元鄭元
　　祐撰
　　傳抄本　[61]・七・5
　　僑吳集補遺一卷　元鄭元祐撰
　　知不足齋抄本　[60]・七・8
　　傳抄知不足齋輯録本　[59]・
　　七・10

嵩

22嵩山文集二十卷　宋晁説之黙
　　舊抄校本　[91]・二十八・10
　　抄宋本　[8]・集二・437
　　傳抄宋本　[36]・221
　　舊抄本　[11]・七十七・11
　　[38]・集・45
　　[59]・六・21
　　嵩山居士文全集五十四卷　宋晁
　　公遡撰
　　知不足齋抄本　[39]・壬・26
　　舊抄本　[93]・二十一・9
34嵩渚集一百卷　明李濂撰
　　刊本　[39]・癸上・40
　　[71]・集・明別・66
37嵩洛訪碑録一卷　清黄易撰
　　粤雅堂刊本　[74]・二・78
44嵩菴詩抄五卷　清馮甦撰
　　刊本　[39]・癸下・47
50嵩書二十二卷　明傅梅撰
　　明萬曆精刊本　[92]・二・64
76嵩陽石刻集記二卷　清葉封撰
　　仰嵩堂刊本　[96]・三十四・
　　622
　　刊本　[39]・庚・18
　　嵩陽集　明劉繪撰
　　刊本　[39]・癸上・54

2223₀　觚

10觚不觚録一卷　明王世貞撰
　　借月山房彙抄本　[96]・六十
　　五・1290
79觚賸八卷續編四卷　清鈕琇撰
　　清刊本　[71]・子・小説家・
　　28
　　清康熙刊本　[85]・二十二・
　　978
　　臨野堂刊本　[96]・六十六・
　　1319
　　刊本　[39]・己・88
　　石印本　[85]・二十二・978

2223₄　嶽

27嶽歸堂未刻稿不分卷　明譚元春撰
　明刊本　[8]・集五・588
44嶽麓志八卷　清趙寧輯
　刊本　[39]・戊・62
　嶽麓書院禹碑集一卷　不著編者
　明刊本　[96]・三十三・615
　嶽麓書院圖志十卷　明陳論撰
　明嘉靖刊本　[26]・四・13

2224₄　倭

27倭名類聚抄二十卷　日本源順撰
　日本元和活字本　[17]・一・
　　11　[55]・一・15
　舊抄本　[89]・一集・六・36
50倭患考原二卷　題黃俁卿纂
　抄本　[71]・史・地志・60

2224₇　後

00後唐廢帝實錄十七卷　張昭遠撰
　宋刊本　[41]・四・37
　後唐莊宗實錄三十卷　張昭遠撰
　宋刊本　[41]・四・37
　後唐明宗實錄三十卷　張昭遠撰
　宋刊本　[41]・四・37
　後六帖三十卷　宋孔傳撰
　宋刊本　[41]・十四・24
10後三國石珠演義三十回　清人撰
　舊刊大字本　[69]・二・39
　後西遊記四十回　清人撰
　清乾隆五十八年(1793)金閶書
　業堂刊本　[69]・五・168
22後山詩話一卷
　見《后山詩話》
　後山詩注十二卷
　見《陳后山詩注》
　後山詞一卷
　見《陳后山詞》
　後山談叢四卷
　見《陳后山談叢》
　後山先生集三十卷
　見《陳后山集》

後樂集二十卷　宋衛涇撰
　舊抄本　[12]・六・19
　　[32]・十二・18
　黃氏抄本　[75]・五十七・1
　文瀾閣傳抄本　[11]・八十八・
　　6　[16]・三十一・44
24後續五虎將平南後宋慈雲走國全
　傳八卷　清人撰
　清嘉慶二十五年(1820)二友堂
　刊本　[69]・二・54
26後魏書一百三十卷
　見《魏書》
　後魏國典三十卷　唐元行冲撰
　宋刊本　[41]・五・11
33後梁春秋二卷　明姚士粦編
　明刊本　[17]・二・16
　　[60]・四・12
　明萬曆刊本　[55]・一・31
　刊本　[39]・丁・14
　影抄明刊本　[91]・十・11
　舊抄本　[32]・四・2　[74]・
　　二・37　[96]・二十六・
　　535　[102]・下・9
34後漢紀三十卷　晉袁宏撰
　宋刊本　[14]・二上・112
　　[41]・四・18
　明嘉靖二十七年(1548)黃姬水
　刊本　[17]・二・7
　　[30]・三・7　[92]
　　二・35
　明萬曆二十六年(1598)南監刊
　本　[17]・二・8
　清康熙三十五年(1696)成德刊
　本　[74]・二・8　[75]・
　　十六・1
　襄平蔣氏五峯閣刊本　[96]・
　　十六・351
　黃丕烈校明黃姬水刊本
　　[17]・二・7
　吳佩伯校明黃姬水刊本
　　[17]・二・7
後漢志三十卷　晉司馬彪撰
　北宋國子監刊本　[7]・中・19
　宋刊本　[41]・四・5

後漢書一百二十卷　南朝宋范曄
　撰、唐李賢注
　北宋刊本　[16]・八・3
　北宋國子監刊本　[7]・中・19
　北宋景祐二年(1035)刊本
　　[10]・11
　宋刊本　[9]・二・7　[10]・
　　11、12　[14]・二上・
　　100　[16]・八・4
　　[22]・三・9　[33]・
　　史・8,10　[35]・上・
　　33　[35]・下・39
　　[36]・43　[41]・四・
　　2　[54]・一・28
　　[58]・史・12　[65]・
　　二・25,27　[72]・8
　　[87]・二・8　[93]・
　　八・9　[94]・二・1,2
　宋刊大字本　[10]・10
　　[98]・31
　宋刊蜀大字本　[11]・十八・
　　9　[28]・續・五・3
　　[35]・上・2
　宋刊小字本　[22]・三・10
　　[35]・下・48
　宋建安黃善夫家塾刊本
　　[37]・二輯　[68]・圖
　　版177、178、目錄37
　宋王叔邊刊本　[68]・圖版
　　160、161、目錄35
　南宋建安劉元起刊本　[10]・
　　12　[35]・上・33
　南宋刊本　[35]・上・9
　南宋國子監刊本　[7]・下・4
　宋紹興刊本　[2]・二・3
　　[13]・2　[38]・史・5
　　[47]・14
　宋慶元劉之問刊本　[67]・第
　　五冊・30
　宋嘉定刊本　[16]・八・3
　　[35]・上・9　[58]・
　　史・13
　宋嘉定蔡琪一經堂刊本
　　[28]・二・5　[35]・

上·9　　[73]·圖版19

宋刊元修本 [11]·十八·9
　　[16]·八·3　　[22]·
　　三·10　　[35]·上·35
　　[68]·圖版108、目錄26
　　[75]·十五·4

宋刊抄補本 [58]·史·14

元刊本 [9]·後編·九·1
　　[65]·二·30　　[93]·
　　八·10　　[98]·34

元大德九年(1305)寧國路儒學
　　刊本 [16]·八·4
　　[50]·二·2　　[55]·
　　一·21　　[68]·圖版303、
　　目錄57　　[92]·一·29

翻宋景祐刊本 [35]·上·37

明刊本 [22]·三·11
　　[102]·上·14

明崇正書院刊本 [59]·四·
　　2

明正統十年(1445)翻宋淳化刊
　　本 [8]·史一·109
　　[17]·二·3　　[22]·
　　三·11　　[59]·四·2
　　[91]·六·6

明嘉靖刊本 [11]·十八·10
　　[22]·三·11

明嘉靖汪文盛刊本 [3]·4
　　[17]·二·3　　[59]·
　　四·2　　[91]·六·6

明田汝成刊本 [17]·二·3

汲古閣刊本 [17]·二·3

清乾隆四年(1739)武英殿刊本
　　[74]·二·2　　[75]·十
　　五·5

刊本 [89]·二集·四·15、
　　17　　[96]·十五·317

校宋本 [52]·一·14

後漢書一百三十卷　南朝宋范曄
　　撰、唐李賢注

宋一經堂刊本 [43]·二·8

宋刊元修本 [12]·一·3

明人重刊元大德寧國路儒學本
　　[91]·六·7

明刊本 [9]·八·7

明嘉靖汪文盛刊本 [30]·三·
　　3

明嘉靖十六年(1537)廣東崇正
　　書院刊本 [2]·四·5

明嘉靖南監刊本 [12]·四·
　　6

明末刊本 [92]·一·28

南雍三朝本 [43]·五·3

後漢書諸侯王世系考三卷　清諸
　　仁勗撰

稿本 [57]·38

後漢書疏證三十卷　清沈欽韓撰

浙江局刊本 [100]·21

後漢書儒林傳補二卷　清李章求
　　撰

虎谿山房刊本 [96]·二十三·
　　497

後漢書律曆志三卷天文志三卷五
　　行志六卷　梁劉昭注

金陵書局重刊毛本 [78]·算
　　學書錄補注·97

後漢書補注二十四卷　清惠棟撰

清嘉慶八年(1803)寶山李氏刊
　　本 [26]·三·4　　[75]·
　　十五·8

清嘉慶九年(1804)刊本
　　[74]·二·2

德裕堂刊本 [96]·十五·319

後漢書補逸五卷　清姚之駰輯

精抄本 [91]·七·24

後漢書補逸二十一卷　清姚之駰
　　輯

露滌齋刊本 [96]·十八·398

後漢書補表八卷　清錢大昭撰

粵雅堂叢書本 [74]·二·3

漢筠齋叢書本 [75]·十五·
　　8　　[96]·十五·320

後漢書年表十卷　宋熊方撰

影宋抄本 [9]·四·11
　　[96]·十五·319

盧抱經抄本 [11]·十八·10

開萬樓抄本 [39]·丁·17

舊抄本 [16]·八·4　　[28]·

二·11　　[93]·八·10

37後湖詞一卷　宋蘇庠撰

宋刊本 [41]·二十一·6

後湖集十卷　宋蘇庠撰

宋刊本 [41]·十八·2

後湖志十卷　明趙官撰

刊本 [71]·史·地志·74

38後洋書屋詩抄三卷補遺一卷　清
　　梁文濂撰

清刊本 [71]·集·國朝別·
　　59

44後村詩話二卷　宋劉克莊撰

抄本 [5]·四下·25

後村詩餘二卷　宋劉克莊撰

明抄本 [91]·四十·20

後村先生詩集大全十一卷
　　見《後村居士詩集》

後村先生大全集一百九十六卷
　　宋劉克莊撰

賜硯堂舊抄本 [74]·四·30

傳錄賜硯堂抄本 [8]·集二·
　　463

從天一閣舊抄影寫本 [11]·
　　九十·1

舊抄本 [16]·三十一·51
　　[60]·六·40　　[102]·
　　下·33

後村居士詩集十一卷　宋劉克莊
　　撰

宋刊殘本 [29]·三·19
　　[50]·八·41

後村居士詩集二十卷　宋劉克莊
　　撰

宋刊本 [33]·集·51

宋刊元印本 [31]·31

後村居士集三十八卷　宋劉克莊
　　撰

宋刊殘本 [35]·下·17
　　[93]·二十一·25
　　[94]·四·8

後村居士集四十九卷　宋劉克莊
　　撰

抄本 [71]·集·宋別·56

後村居士集五十卷　宋劉克莊撰

宋刊本　[9]・後編・七・8
　　[11]・九十・2　　[28]・
　　續・十二・17　　[35]・
　　上・57、58　　[57]・245
　　[60]・六・41　　[65]・
　　五・39　　[72]・31
　　[92]・四・163　　[98]・
　　19
宋刊明印本　[8]・集二・466
江鄭堂校明抄本　[57]・245
陳蘭鄰校抄本　[30]・六・48
依宋抄本　[91]・三十一・15
知不足齋抄本　[39]・壬・41
藍格抄本　[20]・五・18
舊抄本　[11]・九十・5
　　[50]・八・41　　[93]・
　　二十一・26
後村居士集六十卷　宋劉克莊撰
宋刊本　[58]・集・106
經鉬堂抄本　[32]・十二・20
舊抄本　[71]・集・宋別・56
後村居士後集二十卷　宋劉克莊
撰
清康熙五十九年(1720)姚廷謙
　　精刊本　[92]・四・163
後林潘氏書目　明潘曾紘撰
刊本　[25]・10
46後觀石錄一卷　清毛奇齡撰
西河合集本　[96]・五十・998
50後史補三卷　宋高若拙撰
宋刊本　[41]・十一・9
後畫錄一卷　唐釋彥悰撰
宋刊本　[14]・三下・287
明刊本　[11]・五十二・3
　　[75]・三十九・2
津逮祕書本　[74]・三・36
王氏畫苑本　[96]・四十八・
　　917
55後典麗賦四十卷　宋唐仲友編
宋刊本　[41]・十五・25
60後蜀紀事二卷　宋董淳撰
宋刊本　[41]・五・5
後圖編年稿十六卷　清李嶒端撰
刊本　[39]・癸下・54

後圖存稿十卷　元黃樞撰
舊抄本　[11]・一百十・11
77後周文紀八卷　清梅鼎祚輯
刊本　[39]・辛・8
後周書五十卷
見《周書》
78後鑑錄三卷　不著撰人
舊抄本　[74]・二・20
後鑑錄七卷　清毛奇齡撰
勝朝遺事初編本　[85]・七・
320
西河合集本　[85]・七・320
　　[96]・十九・426

變

00變離騷二十卷　不知撰人
宋刊本　[14]・四上・324

2224₈　嚴

10嚴下放言一卷　宋葉夢得撰
宋刊本　[41]・十一・16
嚴下放言三卷　宋葉夢得撰
舊抄本　[11]・五十七・14、
　　15　　[28]・八・10
　　[39]・己・68　　[71]・
　　子・小說家・8　　[74]・
　　三・53　　[75]・四十三・
　　13　　[93]・十六・19
　　[102]・下・21
精抄本　[26]・五・43
27嚴壑老人詩文一卷　宋朱敦儒撰
宋刊本　[41]・十八・15
45嚴棲幽事一卷　明陳繼儒撰
眉公雜著本　[96]・五十八・
　　1159

2225₃　幾

00幾亭文錄三卷幾亭外書九卷　明
陳龍正撰
刊本　[39]・癸下・34
幾亭全書六十四卷　明陳龍正撰
刊本　[71]・集・明別・120
21幾何論約七卷　清杜知耕撰
清康熙三十九年(1700)刊本

　　[96]・四十五・864
幾何要法四卷　明西洋艾儒畧
述、瞿式穀錄
明崇禎四年(1631)刊本
　　[96]・四十五・863
幾何補編五卷　清梅文鼎撰
曆算全書本　[96]・四十五・
　　871
幾何原本六卷　西洋歐幾里得撰
天學初函本　[96]・四十五・
　　862
幾何原本十五卷　明徐光啓、清
李善蘭筆述
清同治四年(1865)刊本
　　[74]・三・27
幾何體論一卷　清孫元化撰
舊抄本　[74]・三・26
幾何用法一卷　清孫元化撰
抄本　[74]・三・26
34幾社壬申文選二十卷　明徐鳳彩
等撰
明崇禎五年(1632)小樊堂刊本
　　[85]・五・236

2226₄　循

38循滄集二卷　明姚希孟撰
明刊本　[102]・上・33
刊本　[74]・四・46

2227₀　仙

24仙俠五花劍四卷　清人撰
清宣統二年(1910)文元書莊石
印本　[69]・六・194
25仙傳外科集驗方十一卷　明趙宜
真輯
道藏本　[78]・子・醫家類・
　　395
明抄道藏本　[91]・十六・24
抄本　[46]・18
28仙谿志四卷　黃巖孫編
抄本　[93]・十一・10
傳抄本　[60]・三・4
31仙源居士惜香樂府十卷　宋劉澤
編

陸敕先校宋本 [11]·一百二十·5

42仙機武庫八卷　不著編者
　清康熙刊本 [92]·三·97

44仙苑編珠二卷　唐王松年撰
　宋刊本 [14]·後志·二·857
　袁氏貞節堂抄本 [17]·三·44
　仙苑編珠三卷　唐王松年撰
　抄本 [39]·庚·94
　仙苑編珠二卷疑仙傳三卷　唐王松年撰
　舊抄本 [93]·十八·13

47仙都紀遊集一卷　清張遠撰
　刊本 [71]·集·國朝別·30
　仙都志二卷　元陳性定編
　舊抄本 [11]·三十三·7
　[93]·十一·14

2233₉ 戀

95戀情人六卷　不著撰人
　嘯花軒刊本 [69]·四·15

2238₆ 嶺

10嶺西水陸兵記二卷　明盛萬年撰
　刊本 [39]·丁·73
　嶺雲詩抄一卷　魏柳洲撰
　評點本 [20]·五·39

21嶺上紀行一卷　明彭孫貽撰
　國粹叢書本 [85]·二十一·944

23嶺外代答十卷　宋周去非撰
　宋刊本 [14]·五下·726
　[41]·八·35
　抄本 [75]·二十八·3

38嶺海焚餘三卷　明金堡撰
　適園叢書本 [85]·十一·567
　嶺海見聞四卷　清錢以塏撰
　刊本 [39]·戊·45
　嶺海輿圖一卷　明姚虞撰
　刊本 [39]·戊·45
　抄本 [5]·二下·15

40嶺南詩存　不知撰人
　清乾隆刊本 [36]·265

嶺南二紀二卷　清毛兆儒撰
　刊本 [39]·戊·45

嶺南五朝詩選三十五卷　清黃登輯
　刊本 [39]·辛·44

嶺南衛生方三卷附錄一卷　不知撰人
　明刊本 [22]·補遺·71

嶺南客對一卷　題舜山子撰
　抄本 [39]·丁·42

嶺南逸史二十八卷　清黃耐菴撰
　清嘉慶十四年(1809)刊本 [69]·四·150

50嶺表紀年一卷　明魯可藻撰
　大興傅氏校本 [85]·十一·539

嶺表錄異三卷　唐劉恂撰
　聚珍刊本 [74]·二·56

2240₀ 刊

06刊誤二卷　唐李涪撰
　宋刊本 [11]·五十五·22
　[12]·一·12　[17]·三·21　[41]·十·15
　[75]·四十二·2
　明刊本 [17]·三·21
　百川學海本 [96]·五十四·1065
　古今逸史本 [74]·三·47
　影宋本 [17]·三·21
　舊抄本 [59]·二·6

07刊謬正俗八卷　唐顏師古撰
　清何義門校舊抄本 [2]·一·29
　刊謬正俗十卷　唐顏師古撰
　舊抄本 [11]·十二·10
　刊謬正俗跋八卷　宋鄭樵撰
　宋刊本 [41]·十·15

2244₁ 艇

00艇齋雜著一卷　宋曾季貍撰
　宋刊本 [41]·十八·17
　艇齋詩話一卷　宋曾季貍撰
　宋刊本 [41]·二十二·14

　刊本 [88]·六·35
　勞季言校胡氏活字本 [91]·三十九·26
　舊抄本 [5]·四下·24
　[11]·一百十八·13
　[75]·六十四·17
　[93]·二十四·3
　艇齋師友尺牘二卷　宋曾灘輯
　宋刊本 [41]·十五·18

2250₀ 犁

77犁眉公集五卷　明劉基撰
　明初刊本 [76]·十四·38

2250₄ 峯

28峯谿集五卷　明蕭玉撰
　刊本 [39]·癸上·37
　峯谿集五卷外集一卷附錄一卷　明孫璽撰
　抄本 [74]·四·43　[102]·下·37

2255₃ 㦸

77㦸眉山志十八卷　清龔霖輯
　刊本 [39]·戊·59
　㦸眉志略一卷　清張能鱗撰
　刊本 [39]·戊·59

2265₃ 畿

53畿輔石刻錄殘稿　沈濤撰
　殘本 [59]·五·7
　畿輔安瀾志五十六卷　清王履泰撰
　聚珍刊本 [74]·二·51
　畿輔通志一百二十卷　清李衛等撰
　清刊本 [71]·史·地志·3
　[74]·二·43
　畿輔人物志二十卷　清孫承澤撰
　清順治十五年(1658)刊本 [85]·十七·766
　清刊本 [39]·戊·20
　畿輔義倉圖不分卷　不著撰人
　清乾隆十八年(1753)刊本

[96]·三十·571

2271₁ 崑

02崑新縣合志四十一卷　清張鴻修
清道光五年(1825)刊本
[74]·續增·史·9

22崑崙河源彙考一卷　清萬斯同撰
抄本 [39]·戊·54　　[53]·
一·20　　[71]·史·地
志·72

崑崙奴　明梅鼎祚撰
明萬曆刊本 [68]·圖版676、
目錄108

崑山雜詠三卷　宋龔昱編
宋刊本 [35]·上·12
[58]·集·143　　[93]·
二十三·12　　[94]·四·
9
宋開禧三年(1207)崑山縣齋刊
本 [68]·圖版116、117、
目錄28

崑山雜詠十卷　明俞允文編
明隆慶四年(1570)刊本
[86]·一·64

崑山雜詠二十八卷　明俞允文編
刊本 [39]·辛·37

崑山殉難錄十卷　清曹夢元撰
舊抄本 [32]·四·11

崑山郡志六卷　元楊譓纂
張金吾手校本 [75]·二十六·
10
抄本 [16]·十六·24
[50]·三·21　　[59]·
三·7　　[93]·十一·11
傳抄本 [59]·三·7

崑山先賢塚墓考不分卷　清潘道
根輯
稿本 [57]·87

崑山徐氏傳是樓宋版書目一卷
見《傳是樓宋版書目》

崑山人物志十卷　明方鵬撰
刊本 [39]·戊·24

2271₇ 邕

32邕州小集一卷
見《陶邕州小集》

88邕管雜記一卷　宋范旻撰
宋刊本 [41]·八·35

2272₁ 斷

22斷例四卷　宋王安石撰
宋刊本 [14]·後志·一·803

76斷腸詞一卷　宋朱淑真撰
舊抄本 [91]·四十·22

斷腸集二卷　宋朱淑真撰
抄本 [50]·十·53

斷腸集三卷　宋朱淑真撰
先君子抄本 [20]·五·43

斷腸集四卷　宋朱淑真撰
明潘是仁刊本 [26]·八·46

斷腸集九卷　宋朱淑真撰
元刊本 [39]·壬·51

斷腸集十卷　宋朱淑真撰
元刊本 [36]·229　　[38]·
集·69　　[51]·三·13

斷腸集十八卷　宋朱淑真撰
舊抄本 [92]·四·165

斷腸集九卷後集七卷　宋朱淑真
撰
精抄本 [91]·三十一·25

斷腸集十卷後集四卷　宋朱淑真
撰
影抄元刊本 [42]·10
小玲瓏山館抄本 [71]·集·
閨秀·1
舊抄本 [11]·八十五·21
[101]·中·10

斷腸集十卷後集一卷　宋朱淑真
撰
舊抄本 [93]·二十一·15

80斷金集一卷　唐李逢吉撰
宋刊本 [14]·四中·389

斷金集一卷　唐令狐楚輯
宋刊本 [14]·四下·503
[41]·十五·9

2272₇ 嶠

40嶠南瑣記二卷　明魏濬撰
硯雲乙編本 [96]·六十五·
1293
刊 [39]·戊·46

70嶠雅二卷　明鄺露撰
刊本 [71]·集·明別·119
明鄺湛若稿本 [74]·四·48
抄本 [102]·下·39

2273₂ 製

11製琴法一卷　不知撰人
宋刊本 [41]·十四·3

44製藥三卷　清丁樹棠述
上海製造局刊本 [74]·續增·
子·6

2277₀ 山

00山齋愚見十書一卷　不知撰人
宋刊本 [41]·十一·22

10山西巡撫蔡雲怡殉難始末傳一卷
題朱之俊撰
皇明逸史本 [85]·十八·781

山西通志三十卷　明李維楨重修
刊本 [71]·史·地志·4

山西通志三十二卷　清穆爾賽等
撰
清刊本 [71]·史·地志·4

山西通志二百三十卷　清羅石麟
等纂
清雍正十三年(1735)刊本
[74]·二·44

12山水受筆法一卷　唐荊浩撰
宋刊本 [41]·十四·12

山水純全集一卷　宋韓拙撰
函海本 [96]·四十八·930

山水純全集四卷　宋韓拙撰
舊抄本 [93]·十五·17

山水家法一卷　饒太白編
抄本 [5]·三下·31

山水移四卷附錄一卷　明楊龍友
撰
明抄本 [34]·附錄·一·27

[57]•276

17山歌十卷　明馮夢龍輯
　明刊本　[64]•8
　明末刊本[68]•圖版470、目
　　録79

30山房集五卷　宋周南撰
　校抄本　[54]•六•30
　山房集二十卷　宋周南撰
　抄本　[28]•續•十二•21
　山房集八卷後集一卷　宋周南撰
　舊抄本　[91]•三十•30
　文瀾閣傳抄本　[11]•八十八•
　　7
　山房集二十卷後集二十卷　宋周
　南撰
　宋刊本　[41]•十八•32
　山房四友譜一卷　題煙波釣徒裔
　孫丑青撰
　明抄本　[91]•十九•20
　山房隨筆一卷　元蔣子正撰
　稗海本　[74]•三•79
　知不足齋叢書本　[96]•六十
　　五•1281
　舊抄本　[12]•五•35
　　[59]•八•5　　[93]•十
　　七•19
　山家義苑二卷　不知撰人
　宋刊本　[22]•五•21
　　[35]•上•11
　山窗餘稿一卷　元甘復撰
　明初刊本　[11]•一百零七•
　　13
　明刊本　[50]•九•30
　刊本　[5]•四上•38
　影抄本　[59]•七•11
　舊抄本　[39]•壬•78
　　[74]•四•38　　[91]•
　　三十四•32　　[102]•
　　下•36

34山法全書十九卷　清葉泰撰
　清刊本　[39]•庚•76
　地理大成本　[96]•四十七•
　　897

38山海經二卷　晉郭璞注

明成化六年(1470)國子監刊本
　[86]•二•9
山海經三卷　晉郭璞注
宋刊本　[35]•上•48
　[58]•子•119　　[65]•
　三•53
毛斧季校宋尤袤本　[16]•三•
　8
山海經十八卷　晉郭璞注
宋刊本　[14]•後志•一•804
　[35]•下•26　　[41]•
　八•12
宋淳熙七年(1180)池陽郡齋刊
本　[68]•圖版121、目錄
28
元刊本　[9]•五•49
明覆宋本　[11]•六十四•6
明初刊本　[92]•三•125
明初黑口本　[17]•三•37
明刊本　[75]•四十八•1
　[93]•十七•19
明成化四年(1468)北京國子監
刊本　[68]•圖版374、目
錄67
明嘉靖前山書屋刊本　[17]•
　三•37　　[22]•五•12
　[30]•三•19
明萬曆吳琯刊本　[86]•六•
99
玉淵堂刊本　[74]•三•80
靈巖山館刊本　[91]•二十一•
17
刊本　[89]•一集•四•57
古今逸史本　[74]•三•80
校宋本　[93]•十七•19
明抄本　[65]•三•54
山海經廣注十八卷　清吳任臣輯
清刊本　[39]•戊•50
　[74]•三•80
山海經傳十八卷
見《山海經》
山海經注十八卷　清畢沅注
經訓堂刊本　[74]•三•81
楊希閔校畢氏刊本　[8]•子

二•316
山海經圖十卷　宋舒雅等撰
宋刊本　[14]•後志•一•804
山海經圖讚二卷　晉郭璞注
明沈士龍、胡震亨刊本　[1]•
　上•14
山海經圖讚十三卷　晉郭璞注
抄校本　[50]•六•30
山海等關地形圖　明閭人銓輯
刊本　[39]•戊•48

40山志六卷　不著撰人
刊本　[71]•子•雜家•44
山木居士外集四卷　清魯九皋撰
家刊本　[26]•十•42
山樵暇語十卷　明俞弁撰
明抄本　[38]•子•53
抄本　[39]•己•86

44山帶閣集三十二卷　明朱日藩撰
刊本　[39]•癸上•57
山菴雜錄二卷　明釋無慍撰
明洪武刊本　[71]•子•釋家•
2
山村遺集一卷
見《仇山村遺集》
山林清氣集一卷　元釋德靜撰
抄本　[39]•壬•80
山林清氣集一卷續集一卷附集一
卷　元釋德靜撰
扶搖館抄本　[71]•集•釋子
6

50山中集一卷　宋趙庚夫撰
宋刊本　[41]•二十•23
山中白雲詞八卷　宋張炎撰
清雍正上海曹氏刊本　[26]•
　十六•28
清乾隆元年(1736)趙昱印曹氏
本　[26]•十六•27
清乾隆十六年(1751)揚州汪氏
刊本　[26]•十六•28
刊本　[39]•壬•79
山書十八卷　清孫承澤輯
舊抄本　[38]•史•33
　[39]•丁•46　　[57]•
　73　　[85]•三•135

山東通志三十六卷　清岳濬等纂
　　清乾隆元年(1736)刊本
　　　[74]·二·44
山東通志四十卷　明陸鈌等撰
　　明嘉靖刊本　[92]·二·61
　　刊本　[71]·史·地志·4
山東通志六十四卷　清趙祥星等
　　撰
　　清刊本　[71]·史·地志·4
山東運河備覽十二卷　清陸燿編
　　清乾隆四十年(1775)刊本
　　　[74]·二·51
山東野錄七卷　宋賈同撰
　　宋刊本　[41]·九·9
52山靜居詩話一卷附錄一卷　清方
　　薰撰
　　傳抄本　[60]·七·16
山靜居畫論二卷　清方薰撰
　　知不足齋叢書本　[96]·四十
　　八·963
64山曉閣詩十二卷　清孫琮撰
　　原刊本　[96]·七十·1399
76山陽錄一卷　明陳貞慧撰
　　舊刊本　[85]·十七·739
　　昭代叢書戊集本　[85]·十七·
　　739
　　抄本　[20]·四·24
77山屋百官箴六卷
　　見《百官箴》
山居雜識　不著撰人
　　稿本　[36]·193
山居雜志三十七卷　明汪士賢輯
　　刊本　[39]·庚·57　　[71]·
　　子·農家·8
山居雜志三十八卷　明汪士賢輯
　　明萬曆汪士賢刊本　[86]·六·
　　106
山居新語四卷　元楊瑀撰
　　知不足齋叢書本　[96]·六十
　　五·1282
　　影抄元刊本　[14]·六十四·
　　5　　[91]·二十一·14
　　抄本　[39]·己·72　[75]·
　　四十七·29

山居新話不分卷　元楊瑀撰
　　東圍友聞不分卷　元人撰
　　吳漫士黃堯圃校舊抄本　[8]·
　　子二·321
　　校舊抄本　[65]·續·三·71
　　舊抄本　[50]·六·28
山居詩集六卷　明栗應宏撰
　　刊本　[39]·癸上·61
山居要術三卷　題王旼撰
　　宋刊本　[41]·十·4
山居要錄　不知撰人
　　刊本　[89]·一集·六·48
山居代膺一卷　明陳之伸撰
　　抄本　[39]·己·77
山居四要四卷　元汪汝懋編
　　朝鮮刊本　[22]·補遺·91
山聞詩一卷　清汪楫撰
　　清刊本　[74]·四·53
78山陰文集不分卷
　　見《劉仲修山陰集》
山陰祁氏藏書目不分卷　不知撰
　　人
　　精抄本　[8]·史三·209
80山谷文集三十卷
　　見《山谷集》
山谷詩注二十卷　宋黃庭堅撰、
　　任淵注
　　宋刊本　[2]·22　　[10]·
　　54　[11]·七十六·21
　　[12]·一·26　　[16]·
　　三十·23　　[17]·四·
　　19　　[35]·下·16
　　[41]·二十·7　　[58]·
　　集·72　　[72]·29
　　[92]·四·153
　　宋刊大字本　[35]·上·22
　　明刊本　[50]·八·15
　　舊刊覆宋本　[22]·六·25
　　刊本　[89]·一集·十·32、
　　40
　　日本覆宋刊本　[32]·十一·
　　11
　　日本五山刊本　[17]·四·19
　　日本南北朝刊本　[62]·圖版

123
　　日本室町初期刊本　[62]·圖
　　版124
　　朝鮮刊本　[22]·六·26
　　影宋抄本　[75]·五十四·6
　　舊抄本　[22]·六·26
山谷詩注二十卷　宋黃庭堅撰、
　　任淵注　外集七卷　宋史容注
　　別集二卷　宋史季溫注
　　宋建刊本　[2]·四·28
山谷詩注二十卷　宋黃庭堅撰、
　　任淵注　外集十六卷　宋史客
　　注　別集二卷　宋史溫季注
　　朝鮮古活字本　[2]·23
山谷詩注二十卷　宋黃庭堅撰、
　　任淵注　外集十七卷　宋史容
　　注　別集二卷　宋史季溫注
　　明初刊本　[91]·二十七·19
　　明刊本　[32]·十一·12
　　聚珍刊本　[74]·四·18
　　舊抄本　[16]·三十·20
山谷詩注二十卷目錄一卷年譜一
　　卷　宋黃庭堅撰、任淵注
　　日本翻宋紹定本　[91]·二十
　　七·20
　　刊本　[5]·四中·15
　　影明弘治刊本　[91]·二十七·
　　20
　　舊抄本　[5]·四中·16
山谷詞一卷　宋黃庭堅撰
　　宋刊本　[41]·二十一·3
　　校宋本　[50]·十·43
　　[65]·續·四·49
　　舊抄本　[74]·四·76
　　[102]·下·40
山谷詞三卷　宋黃庭堅撰
　　明抄本　[91]·四十·3
山谷集三十卷　宋黃庭堅撰
　　宋刊本　[10]·42　　[22]·
　　六·26　　[35]·上·23
　　[58]·集·80　　[70]·
　　六·19　　[92]·四·153
山谷集五十卷　宋黃庭堅撰
　　宋刊本　[35]·下·56

[50]·八·16　　[58]·
集·111　　[65]·五·
32
宋劉仲吉刊本　[2]·四·27
宋乾道刊本　[16]·四·5
[37]·一輯
山谷集九十七卷　宋黄庭堅撰
明刊本　[93]·二十·21
明嘉靖六年(1527)江西刊本
[26]·八·24
明抄本　[59]·六·19
山谷集十六卷外集六卷　宋黄庭
堅撰
宋刊本　[3]·22　　[17]·
四·19
山谷集三十卷外集十四卷　宋黄
庭堅撰
宋刊本　[14]·四下·472
宋乾道刊本　[2]·四·27
山谷集五十卷外集十四卷　宋黄
庭堅撰
宋刊本　[41]·十七·25
**山谷集三十卷外集十一卷別集二
卷**　宋黄庭堅撰
宋刊本　[41]·二十·6
**山谷集三十卷外集十四卷別集二
十卷**　宋黄庭堅撰
明弘治九年(1496)刊本
[60]·六·31
**山谷集三十卷外集十四卷別集二
十卷詞一卷簡尺二卷年譜三卷**
宋黄庭堅撰
明嘉靖刊本　[11]·七十六·
19　[16]·五十四·4
**山谷集三十卷外集十四卷別集二
十卷詞一卷簡尺二卷年譜三卷
伐檀集二卷**　宋黄庭堅撰
明嘉靖五年(1526)刊本
[17]·四·19
**山谷集三十卷外集十四卷別集二
十卷詞一卷簡尺二卷年譜三十
卷伐檀集二卷**　宋黄庭堅撰
明刊本　[71]·集·宋別·21
明嘉靖刊本　[30]·三·26

**山谷集三十卷外集十四卷別集二
十卷年譜三十卷詞一卷**　宋黄
庭堅撰
刊本　[39]·壬·13
**山谷集三十卷外集十四卷別集二
十卷年譜十四卷後録一卷**　宋
黄庭堅撰
刊本　[24]·集一·25
山谷便方一卷　明歐士海撰
傳抄本　[60]·二·29
山谷外集六卷　宋黄庭堅撰
宋刊本　[10]·42　　[50]·
八·14　　[58]·集·81
山谷外集十七卷　宋黄庭堅撰
宋淳祐閩憲本　[34]·一·30
[35]·上·23
元至元二十二年(1285)建安重
雕蜀本　[36]·219
明刊本　[29]·三·10
刊本　[89]·一集·十·37
影宋抄本　[75]·五十四·6
山谷外集十四卷別集二十卷　宋
黄庭堅撰
明萬曆四十二年(1614)李友梅
刊本　[19]·25　　[75]·
五十四·5
山谷編年詩集三十卷年譜二卷
宋黄庭堅撰
宋刊本　[41]·二十·6
山谷先生遺文十二卷　宋黄庭堅
撰
宋刊本　[9]·後編·七·1
舊刊本　[59]·六·19
刊本　[89]·一集·十·39
影宋本　[35]·上·12
[93]·二十·21
山谷先生年譜三十卷　宋黄㽞編
宋刊本　[14]·五上·586
明嘉靖刊本　[12]·四·7
山谷老人刀筆二十卷　宋黄庭堅
撰
宋刊本　[9]·後編·七·2
[35]·下·30　　[65]·
五·34

元刊本　[74]·四·18
明翻宋本　[60]·六·31
明刊本　[9]·十·56　　[11]·
七十六·23　　[32]·十
一·13　　[93]·二十·21
明刊黑口本　[12]·三·21
明刊小字本　[17]·四·20
刊本　[89]·一集·十·41
抄本　[75]·五十四·9
山谷黄先生大全詩注二十卷
見《山谷詩注》
山谷題跋六卷　宋黄庭堅撰
明刊本　[74]·續增·子·3
山谷別集二十卷　宋黄庭堅撰
宋刊本　[41]·十七·25
元刊本　[32]·十一·12
刊本　[89]·一集·十·36
山谷別集二十卷黄文纂異一卷
宋黄庭堅撰
宋刊本　[14]·五下·663
90**山堂瑣語二卷**　明陳霆撰
刊本　[39]·己·74
山堂先生羣書考索二百十二卷
見《羣書考索》
山堂疑問一卷　宋劉光祖撰
宋刊本　[41]·三·35
山堂萃稿十六卷　明徐問撰
刊本　[39]·癸上·31
[71]·集·明別·57
**山堂肆考二百二十八卷補遺十二
卷**　明彭大翼撰
梅野石渠閣刊本　[96]·六十
二·1224
刊本　[71]·子·類事·16
[74]·三·69

齣

77**齣風概一卷續一卷**　明蔣如平輯
刊本　[39]·辛·42

幽

10**幽憂子集十卷**
見《盧昇之集》
25**幽傳福善論一卷**　唐孫思邈撰

宋刊本　[41]·十二·3

28幽豁別志十六卷　明釋無盡撰
　刊本　[39]·戊·56

44幽蘭居士東京夢華録十卷
　見《東京夢華録》

67幽明録一卷　宋劉義慶撰
　琳琅祕室活字本　[74]·三·82　[102]·上·25
　舊抄本　[51]·二·29

77幽閒鼓吹一卷　唐張固撰
　宋刊本　[14]·三下·244　[41]·十一·5
　明刊本　[11]·六十二·5
　説郛本　[96]·六十三·1250
　文房小説本　[74]·三·74
　幽居録二卷　不著撰人
　抄本　[39]·己·44

97幽怪録一卷　唐牛僧孺編
　精抄本　[71]·子·小説家·1
　幽怪録四卷續録一卷　唐牛僧孺編
　元刊本　[59]·八·6

2277₂ 出

21出行寶鏡一卷　題漢人撰
　函海本　[96]·四十七·912

25出使録一卷　明李實撰
　抄本　[39]·丁·34

30出塞詩一卷塞上集唐六歌一卷　清徐蘭撰
　抄本　[74]·四·52
　出塞詩一卷塞上集唐六歌一卷附録一卷　清徐蘭撰
　刊本　[71]·集·國朝別·36
　出塞山川圖畫記一卷　清溫睿臨撰
　傳抄本　[32]·四·29
　出塞日記一卷　清錢良擇撰
　稿本　[32]·四·29

44出劫紀略一卷　清丁耀亢撰
　原稿本　[85]·二十一·971

2290₀ 剩

00剩言十四卷　明戴君恩撰
　刊本　[39]·己·23

01剩語二卷　元艾性夫撰
　抄本　[74]·四·35　[91]·三十三·8　[102]·下·35
　文瀾閣傳抄本　[11]·九十五·18
　傳抄本　[32]·十三·8　[60]·七·2

剿

63剿賊圖記一卷　明元默撰
　明崇禎刊本　[85]·六·277
　1932年石印本　[85]·六·277

77剿闖小説十回　題西湖懶道人口授
　清初刊本　[85]·二十四·1068

2290₁ 崇

00崇文集十卷　宋張載撰
　宋刊本　[14]·四下·492
　崇文總目一卷　宋王洙、歐陽修等撰
　宋刊本　[14]·二下·184　[41]·八·5
　崇文總目十二卷　宋王堯臣等撰
　粵雅堂刊本　[74]·二·71
　崇文總目六十二卷　宋王堯臣等撰
　舊抄本　[11]·三十七·1
　崇文總目六十六卷　宋王堯臣等撰
　舊抄本　[32]·五·8　[91]·十四·1

10崇正辨三卷　宋胡寅撰
　元刊本　[58]·元·63
　刊本　[71]·子·釋家·4
　崇正五十宰相傳一卷
　見《崇禎五十宰相傳》
　崇正五十宰相年表一卷
　見《崇禎五十宰相年表》

崇正閣臣行略
　見《崇禎閣臣行略》
　崇天曆一卷　宋宋行古等撰
　宋刊本　[41]·十二·20

22崇川金石志一卷　馮雲鵬撰
　稿本　[59]·五·8
　崇川節孝録六卷　清張榮撰
　空明子全集附刊本　[96]·二十三·491

30崇安聖傳論二卷　不著撰人
　傳抄諸儒鳴道本　[17]·三·5
　崇安縣志四卷　明李讓輯
　抄本　[39]·戊·44

31崇福集三十五卷四六集十五卷　宋晁詠之撰
　宋刊本　[14]·四下·484　[41]·十七·30
　崇禎新政要略十卷　不知撰人
　傳抄本　[59]·四·7
　崇禎新政紀略十卷吏部大小九卿科道訪單一卷附録一卷　不著編者
　明崇禎刊本　[85]·三·131
　舊抄本　[85]·三·131
　崇禎五十宰相傳一卷　清曹溶撰
　知服齋叢書本　[85]·三·157
　張氏適園叢書本　[85]·三·157
　抄本　[85]·三·157
　崇禎五十宰相年表一卷傳一卷初稿一卷　清曹溶撰
　抄本　[39]·戊·19
　崇禎癸未榆林城守紀略一卷　清戴名世撰
　南山集補遺本　[85]·六·278
　荊駝逸史本　[85]·六·278
　崇禎壬午疏抄不分卷　不著編者
　舊抄本　[85]·三·140
　崇禎宮詞二卷　清王譽昌撰
　昭代叢書戊集本　[85]·二十四·1034
　借月山房叢抄宮詞小纂本　[85]·二十四·1034

虞山叢刻本　[85]・二十四・
　1034
清嘉慶十六年(1811)啓禎宮詞
　合刊本　[85]・二十四・
　1034
崇禎實錄十七卷　不著編者
　明實錄影印本　[85]・二・75
　抄本　[85]・二・75
崇禎叢書十種　清葉騰驤撰
　清道光十九年(1839)品石山房
　刊本　[85]・二十三・
　1018
崇禎遺錄一卷　清王世德撰
　抄本　[57]・64　[85]・三・
　134
　傳抄順德李侍郎藏本　[55]・
　一・35
崇禎十二年陝西鄉試錄　不著編
　者
　明崇禎刊本　[85]・三・153
崇禎十三年庚辰進士履歷便覽
　不著編者
　刊本　[85]・三・153
崇禎十七年保定府紀事一卷　明
　陳僎撰
　抄本　[85]・八・358
崇禎十年丁丑進士履歷便覽　不
　著編者
　明刊本　[85]・三・153
崇禎大臣年表一卷　明俞汝言編
　舊抄本　[85]・三・158
崇禎存實疏抄四卷　不著編者
　商務印書館影本　[85]・三・
　140
　稿本　[85]・三・140
崇禎七年甲戌進士履歷便覽　不
　著編者
　明刊本　[85]・三・153
崇禎朝野記四卷　明李遜撰
　傳抄本　[60]・四・12
崇禎盡忠錄三十二卷　明高承埏
　撰、高佑釲訂補
　清初刊本　[85]・三・155
　抄本　[85]・三・155

崇禎忠節錄三十二卷　明高承埏
　撰
　舊抄本　[59]・四・15
崇禎四十九閣臣合傳一卷　清吳
　世杰撰
　甓湖草堂文集本　[85]・三・
　158
崇禎四年辛未進士履歷便覽　不
　著編者
　明刊本　[85]・三・153
崇禎曆書一百卷　明徐光啓修
　明刊本　[11]・四十八・14
崇禎長編二卷　不著編者
　痛史本　[85]・三・137
　抄本　[85]・三・137
崇禎閣臣行略一卷　明陳盟撰
　知服齋叢書本　[85]・三・157
　抄本　[39]・戊・20
40崇古文訣三十六卷
　見《迂齋先生標注崇古文訣》
44崇蘭館集二十卷　明莫如忠撰
　刊本　[39]・癸上・55
　　[71]・集・明別・82
46崇相集六卷　明董應舉撰
　明萬曆刊本　[92]・四・180
崇相集十一卷　明董應舉撰
　刊本　[39]・癸下・22
67崇明縣志十四卷　清朱衣點撰
　清刊本　[71]・史・地志・16
崇明縣志二十卷　清張文英修
　清雍正五年(1727)刊本
　　[74]・續增・史・7

2290₄　梨

22梨嶽詩一卷
　見《李頻詩集》
梨嶽集一卷
　見《李頻詩集》
32梨洲野乘　明舒繆撰
　刊本　[39]・己・50
60梨園按試樂府新聲三卷
　見《樂府新聲》

巢

44巢林集四卷　清汪士慎撰
　汪氏手寫刊本　[26]・十・35
50巢青閣集詩十卷付雪詞二卷紅么
　集一卷　清陸進撰
　清刊本　[71]・集・國朝別・
　11
65巢睫集四卷　明曾棨撰
　舊抄本　[71]・集・明別・25
　　[92]・四・172
72巢氏病源論五十卷
　見《巢氏諸病源候總論》
巢欲諸病源候總論五十卷　隋巢
　元方撰
　北宋國子監刊本　[7]・中・
　42
　宋刊本　[14]・三下・297
　　[22]・補遺・42　[35]・
　　下・51　[41]・十三・
　　3
　南宋覆刊天聖本　[79]・子・
　　醫家類・432
　元刊本　[12]・二・8　[22]・
　　補遺・43　[28]・七・
　　1　[35]・下・41
　明刊本　[11]・四十四・1
　　[91]・十六・10　[93]・
　　十四・13
　刊本　[39]・庚・85　[89]・
　　一集・七・11
　通行本　[96]・四十一・751
　日本刊本　[75]・三十六　1
　小島學古校本　[76]　九　32
　影抄南宋本　[76]・九・29

樂

00樂齋詞一卷　宋向滈撰
　宋刊本　[41]・二十一・9
　明抄本　[91]・四十・8
　舊抄本　[11]・一百二十・4
樂府廣序三十卷　清朱嘉徵輯
　刊本　[39]・辛・15
樂府雜錄一卷　唐段安節撰

宋刊本　[14]・一上・55

墨海金壺本　[96]・四十九・
976

吳枚菴手抄本　[11]・五十二・
21

樂府新編陽春白雪十卷　宋趙聞
禮編

元刊本　[48]・二輯下・213、
218　[50]・十・57、58
[68]・圖版335、目録61

元抄本　[27]・195　[50]・
十・58

樂府新聲三卷　不著編者

元刊本　[68]・圖版336、目録
62　[93]・二十四・10

明毛子晉影抄宋本　[2]・五・
40

樂府詩集一百卷　宋郭茂倩編

北宋刊本　[17]・四・41
[56]・羣書題記・1

宋刊本　[14]・後志・一・763
[41]・十五・14　[43]・
四・32　[68]・圖版20、
目録10

宋紹興刊本　[2]・五・34

元刊本　[8]・集六・596
[17]・四・41　[28]・
續・十四・1　[30]・
七・32　[32]・十五・
6　[34]・二・19
[35]・下・16　[48]・
二輯下・198　[60]・
六・6　[93]・二十三・
17　[94]・四・18

元至正刊本　[11]・一百十三・
8　[16]・三十五・3
[67]・第五册・55
[91]・三十八・13

明汲古閣刊本　[8]・集六・
597

元刊校宋本　[16]・續・四・
24

校元本　[101]・中・15

樂府羣玉五卷　元胡存善輯

明藍格抄本　[92]・四・192

樂府集十卷樂府序解一卷　題劉
次莊撰　**樂府雜録一卷**　唐段
安節撰　**羯鼓録一卷**　唐南卓
撰

宋刊本　[14]・五下・699

樂府集十卷題解一卷　題劉次莊
撰

宋刊本　[41]・十五・14

樂府名詞二卷　不知撰人

鮑啓心校明萬曆嚴鎮周氏刊本
[64]・13

樂府補題一卷　宋人撰

漱六編刊本　[74]・四・77

舊抄本　[93]・二十四・10

樂府遺音一卷　明瞿佑撰

舊抄本　[91]・四十・28

樂府遺音五卷　明瞿佑撰

刊本　[39]・癸上・13

抄本　[71]・集・詞・10

樂府古題要解二卷　唐吳兢撰

明刊本　[30]・七・39

津逮祕書本　[74]・四・70

明抄本　[11]・一百十二・10

抄本　[75]・六十二・11

樂府雅詞三卷拾遺二卷　宋曾慥
編

宋刊本　[41]・二十一・17

粵雅堂刊本　[74]・四・77

秦敦甫詞學叢書本　[74]・四・
77　[98]・17

曝書亭抄本　[39]・辛・28

舊抄本　[11]・一百二十・17
[100]・183

樂府雅樂圖一卷　不著撰人

宋刊本　[14]・一上・58

樂章集一卷　宋柳永撰

毛斧季校本　[11]・一百十九・
4

勞巽卿抄校本　[17]・四・48

樂章集二卷　宋柳永撰

明抄本　[17]・四・48

樂章集九卷　宋柳永撰

宋刊本　[41]・二十一・3

07**樂毅論**　不知撰人

舊抄本　[89]・一集・十一・33

樂毅圖齊七國春秋後集三卷　不
著撰人

元刊本　[69]・一・2　[77]・
一・12

樂郊私語一卷　元姚桐壽撰

鹽邑志林本　[96]・六十五・
1283

舊抄本　[32]・九・17
[74]・三・79　[102]・
下・25

樂記補說二卷　明李文察撰

李氏樂書本　[96]・五・78

樂記逸篇　不知撰人

刊本　[20]・一・19

21**樂經元義八卷**　明劉濂撰

明刊本　[91]・四・22

刊本　[39]・丙・22

22**樂縣考二卷**　清江藩撰

粵雅堂刊本　[74]・一・48

25**樂律參解四卷**　清楊雲鶴撰

三山陳氏刊本　[96]・七・122

樂律表微八卷　清胡彥昇撰

耆學齋刊本　[96]・七・124

刊本　[39]・丙・27

樂律全書四十八卷
見《鄭世子樂律全書》

樂律管見二卷　明黃積慶撰

舊抄本　[96]・七・117

樂律纂要一卷　明季本纂

明刊本　[91]・四・22

樂律纂要一卷律呂別書一卷　**明**
季本撰

刊本　[39]・丙・25

33**樂述三卷**　清毛乾乾撰

稿本　[2]・一・28

精抄本　[91]・四・23

35**樂清志十卷**　宋袁采撰

宋刊本　[41]・八・36

37**樂通三卷**　明人撰

明刊本　[34]・附・一・5

38**樂遊聯唱集編二卷**　清畢沅編

經訓堂刊本　[74]・四・67

40樂志圖詩集八卷補遺一卷　元呂誠撰
　校本　[50]·九·32
　舊抄本　[20]·五·33
　　　[32]·十三·24　　[91]·三十四·35　　[102]·下·36
44樂菴語錄五卷　宋李衡撰
　抄本　[102]·下·20
　樂菴遺書四卷　題宋李衡撰、龔昱編
　刊本　[39]·己·1
　舊抄本　[74]·三·45
50樂本解說二卷　清毛奇齡撰
　西河全書本　[74]·一·48
　　　[96]·七·123
　樂書一卷　宋范鎮撰
　宋刊本　[14]·後志·一·763
　樂書三卷　宋房庶撰
　宋刊本　[14]·一上·55
　樂書二百卷目錄二十卷　宋陳暘撰
　宋刊本　[4]·6　　[11]·十一·8　　[22]·二·27　　[35]·下·35　　[37]·一輯　　[41]·十四·5　　[98]·2
　南宋刊元修本　[43]·一·17
　元刊本　[9]·五·13　　[35]·下·37　　[48]·二輯上·34　　[58]·元·12　　[92]·一·19　　[93]·六·14
　元至治刊本　[91]·四·20
　元至正刊本　[3]·4　　[16]·六·14　　[17]·一·8
　方氏刊本　[75]·八·19
　明人藍格抄本　[11]·十一·18
　抄本　[74]·一·47　　[75]·八·9　　[102]·下·3
　樂書二百卷目錄二十卷樂書正誤一卷　宋陳暘撰
　元刊本　[32]·二·13

[65]·一·32
樂書六種　明李文察撰
　明嘉靖刊本　[96]·五十九·1169
　樂書要錄三卷　題唐武則天撰
　佚存叢書本　[96]·七·111
　日本刊本　[11]·十一·6　　[75]·八·8
　日本活字殘本　[22]·二·26　　[74]·一·47
　影抄日本活字本　[91]·四·20
　樂書內編二十卷　清張宣猷撰
　清刊本　[39]·丙·27
51樂軒先生文集八卷　宋陳藻撰
　舊抄本　[59]·六·27
　樂軒先生文集十卷　宋陳藻撰
　舊抄本　[11]·八十六·8
52樂靜集三十卷　宋李昭玘撰
　宋刊本　[41]·十七·28
　影宋本　[28]·十一·22
　舊抄本　[74]·四·20　　[102]·下·30
55樂典三十六卷　明黃佐撰
　清康熙二十一年(1682)重刊本　[96]·七·114
　刊本　[39]·丙·23
60樂圃餘稿十卷
　見《朱先生餘稿》
66樂器三事能言一卷　清程瑤田撰
　通藝錄本　[96]·七·126
77樂學新說一卷　明朱載堉撰
　樂律全書本　[96]·七·119
80樂全先生文集四十卷　宋張方平撰
　宋刊本　[33]·集·28　　[58]·集·61　　[68]·圖版153,目錄34
　刊本　[24]·集一·14
　舊抄本　[11]·七十六·4　　[16]·三十·19　　[17]·四·17　　[39]·壬·4　　[93]·二十·17
　樂全先生文集四十卷玉堂集二十

卷　宋張方平撰
　宋刊本　[41]·十七·11
　樂全先生文集四十卷附錄一卷　宋張方平撰
　舊抄本　[91]·二十七·12
　樂舞全譜　明朱載堉撰
　明刊本　[9]·七·28
　樂善錄二卷　宋李昌齡撰
　稗海本　[74]·三·46
　樂善錄十卷　宋李昌齡撰
　宋刊本　[41]·十一·28　　[70]·八下·12
　樂善堂全集四十卷　清高宗弘曆纂
　清內府刊本　[74]·續增·集·12
87樂錄四卷　清毛奇齡撰
　西河全書本　[74]·一·48　　[96]·七·124

樂

43樂城集五十卷　宋蘇轍撰
　宋刊本　[10]·41　　[35]·下·14　　[58]·集·71　　[93]·二十·20　　[94]·四·6
　抄本　[20]·五·15
　樂城集一百三十七卷　宋蘇轍撰
　宋刊本　[70]·八上·21
　樂城集五十卷後集二十四卷三集十卷　宋蘇轍撰
　宋刊本　[9]·三·21
　元刊本　[9]·六·35
　明嘉靖二十年(1541)蜀藩朱讓栩活字本　[8]·集二·432　　[17]·四·19　　[19]·20　　[30]·三·26　　[32]·十一·11　　[38]·集·43　　[59]·六·19　　[68]·圖版415,目錄72　　[86]·九·8
　樂城集五十卷後集二十四卷三集十卷應詔集十二卷　宋蘇轍撰
　宋刊本　[14]·四下·470

[41]・十七・17

元刊本　[9]・六・33

明刊本　[11]・七十六・19

[91]・二十七・18

[93]・二十・21

明清夢軒刊本　[26]・八・24

明季吳郡王執禮、顧天敍重刊

宋開禧本　[28]・十一・
9

明銅活字本　[65]・五・31

刊本　[71]・集・宋別・16

欒城先生遺言一卷　宋蘇籀記

宋刊本　[11]・五十七・13

[17]・三・27

明翻宋本　[91]・十九・6

明刊本　[17]・三・27

百川學海本　[96]・五十六・
1117

2291₃　繼

40繼志齋集十二卷　明王紳撰

抄本　[39]・癸上・9

2291₄　種

00種痘新書十二卷　清張琰撰

清乾隆五年(1740)寧石文堂刊
本　[78]・子・醫家類・
408

菁華樓刊本　[96]・四十三・
809

40種太尉傳一卷　宋趙起撰

舊抄本　[16]・十三・9

[39]・戊・13

44種樹書一卷　俞貞木撰

刊本　[5]・二中・14

48種榆仙館詩抄二卷　清陳鴻壽撰

清道光二十四年(1844)趙氏刊
本　[26]・十四・23

67種明逸詩六卷　宋種放撰

宋刊本　[14]・四中・437

2292₂　彩

88彩筆情辭　明張栩輯

明天啓杭州刊本　[68]・圖版

687、688、目錄109

2292₇　綉

13綉球緣四卷　清人撰

清咸豐元年(1851)廣東富桂堂
刊本　[69]・四・153

2293₈　崧

44崧菴集六卷　宋李處權撰

文瀾閣傳抄本　[11]・八十二・
8

2294₄　綏

30綏寇紀略十二卷　清吳偉業撰

清康熙十三年(1674)鄒氏刊本
[85]・六・265

清照曠閣刊本　[74]・二・12

綏寇紀略十二卷補遺三卷　清吳
偉業撰

學津討原本　[85]・六・265

綏寇紀略補遺三卷　清吳偉業撰

舊抄本　[20]・二・24

50綏史三卷　不著撰人

明崇禎叢書十種本　[85]・六・
269

2296₃　緇

00緇衣集傳二卷　明黃道周撰

刊本　[39]・乙・18

緇衣集傳四卷　明黃道周撰

石齋九種本　[74]・一・25

[96]・五・81

2296₉　繙

21繙經堂集八卷

見《繙經堂集》

2297₇　稻

20稻香樓詩集十卷賦抄二卷　清程
際盛撰

程氏遺書本　[96]・七十一・
1427

44稻蓀集詩抄一卷　清陳沆撰

清刊本　[71]・集・國朝別・

58

2299₃　縣

17縣務綱目二十卷　宋劉鵬撰

宋刊本　[41]・六・11

34縣法一卷　宋呂惠卿撰

宋刊本　[41]・六・11

2300₀　卜

10卜石驪亭五言詩續抄八卷　清翁
方綱撰

粵雅堂刊本　[74]・四・69

16卜硯集二卷　清查禮撰

清刊本　[74]・四・68

17卜子夏易十卷

見《易傳》

32卜兆真機四卷　清吳楚撰

清咸豐元年(1851)刊本
[74]・三・32

34卜法詳考不分卷　清胡煦撰

周易函書附刊本　[96]・四十
七・904

刊本　[39]・甲・40

2320₀　外

24外科正宗四卷　明陳實功撰

明萬曆四十三年(1615)刊本
[69]・子・醫家類・397

清咸豐十年(1860)蔣光焴刊本
[68]・圖版590、目錄95

外科理例七卷附方一卷　明汪機
撰

明嘉靖十年(1531)刊本
[79]・子・醫家類・395

外科保安方三卷　不著撰人

宋刊本　[41]・十三・15

外科大成四卷　清祁坤撰

古雪堂刊本　[96]・四十三・
797

外科樞要四卷　明薛己撰

薛氏醫書本　[69]・子・醫家
類・396

外科全生集六卷　清王洪緒撰

清道光二十七年(1847)瓶花書

屋刊本 [79]・子・醫家
類・397

外科精要三卷 宋陳自明編
明天順八年(1464)種德堂刊本
[79]・子・醫家類・393
朝鮮活字本 [22]・補遺・79
舊抄本 [22]・補遺・79

外科精義二卷 元齊德之纂
元刊本 [58]・元・77
明初刊本 [22]・補遺・79
[79]・子・醫家類・395
明刊本 [91]・十六・23
醫統正脈本 [96]・四十二・
775

27**外紀摘抄四卷** 不著編者
刊本 [74]・二・60

40**外臺祕要四十卷**
見《外臺祕要方》

外臺祕要方四十卷 唐王燾撰
北宋刊本 [11]・四十四・7
[22]・補遺・48 [28]・
七・7 [35]・下・42
[72]・18
北宋國子監刊本 [7]・中・42
宋熙寧二年(1069)刊本
[79]・子・醫家類・474
宋刊本 [10]・29 [14]・
三下・297 [41]・十
三・6 [58]・子・51
[70]・三・48 [80]・
十五・3 [83]・三・
12
宋紹興兩浙東路茶鹽司刊本
[68]・圖版75、76、目錄20
明刊本 [8]・子一・250
明末經餘居刊本 [74]・三・
16 [102]・上・20
明崇禎十三年(1640)程衍道刊
本 [22]・補遺・49
刊本 [89]・一集・七・18
日本覆明刊本 [75]・三十六・
3
影北宋本 [76]・十・1
抄宋本 [5]・三下・1

50**外史檮杌十卷** 宋張唐英撰
宋刊本 [14]・二下・145
53**外戚事鑒二卷** 明宣宗朱瞻基編
抄本 [39]・戊・2

2320₂ 參

04**參讀禮志疑二卷** 清汪紱撰
棲碧山房刊本 [96]・六・97
刊本 [39]・乙・27
08**參譜一卷** 清黃叔燦撰
借月山房彙抄本 [96]・五十
一・1019
10**參兩** 不知撰人
刊本 [39]・己・28
30**參寥子詩集十二卷** 宋釋道潛撰
宋刊本 [10]・55 [14]・
四下・489 [32]・十
一・17 [35]・下・18
[36]・220 [38]・集・44
[41]・二十・24 [50]・
八・17 [58]・集・73
明刊本 [12]・三・21
[91]・二十八・5
刊本 [39]・壬・51 [71]・
集・釋子・4
明抄本 [74]・續增・集・2
影抄宋本 [93]・二十・31
舊抄本 [32]・乙・十一・17
[93]・二十・31
參寥集十二卷
見《參寥子詩集》
77**參同契三卷**
見《周易參同契》
參同契章句一卷 清李光地撰
文貞全集本 [96]・六十九・
1355
參同契章句二卷 清李光地撰
刊本 [74]・三・89
參同契發揮
見《周易參同契發揮》
參同契解一卷 題紫陽先生撰
宋刊本 [41]・十二・2
參同契考異一卷
見《周易參同契考異》

2322₇ 徧

21**徧行堂集四十八卷** 清澹歸撰
清康熙刊本 [85]・二十・894
海鹽朱氏傳抄舊刊本 [85]・
二十・894
徧行堂集四十九卷 清澹歸撰
清刊本 [71]・集・釋子・12

2323₄ 伏

53**伏戎紀事一卷** 明高拱撰
續祕笈本 [96]・十九・423
80**伏羲圖讚二卷** 明陳第撰
刊本 [24]・經一・34
[39]・甲・18

狀

10**狀元會唱和詩集** 不著編者
清道光刊本 [49]・23

俟

27**俟解一卷噩夢一卷黃書一卷識小**
錄一卷 清王夫之撰
清湘鄉刊本 [74]・三・57
44**俟菴文集三十卷**
見《李先生文集》
86**俟知堂集十三卷** 明鄒守益撰
刊本 [39]・癸上・37

獻

16**獻醜集一卷** 宋許棐撰
宋刊本 [11]・一百十四・20
[17]・四・43
明刊本 [17]・四・43
舊抄本 [60]・六・41
[71]・集・宋別・57
28**獻徵錄一百二十卷** 明焦竑輯
刊本 [39]・戊・18

2324₀ 代

28**代微積拾級十八卷** 美羅士密
撰、英偉烈亞力口譯、清李善蘭
筆述
清咸豐九年(1859)墨海堂刊本

[74]・三・27

32代淵易論二十卷
　見《易論》

50代襄子集十六卷　明賀逢聖撰
　明刊本　[9]・十・29

58代數學十三卷　英偉甘撰、偉
　烈亞力口譯、淸李善蘭記
　淸咸豐九年(1859)墨海堂活字
　本　[74]・三・27

2324₂　傅

17傅子一卷　晉傅玄撰
　淸武英殿聚珍刊本　[74]・三・
　2　　　[96]・三十六・667
　盧抱經校補聚珍本　[17]・三・
　3
　劉泖生手寫本　[17]・三・3

22傅山人集三卷　明傅汝舟撰
　抄本　[39]・癸上・45

23傅獻簡集七卷　宋傅堯俞撰
　宋刊本　[41]・十七・22
　傅獻簡佳話一卷　不知撰人
　　宋刊本　[41]・七・17
　傅獻簡奏議四卷　宋傅堯俞撰
　　宋刊本　[41]・二十二・2

34傅汝礪詩集八卷
　見《傅與礪詩集》

50傅青主女科二卷產後編二卷　淸
　傅山撰
　世補齋醫書本　[78]・子・醫
　家類・413

傅忠肅公文集三卷　宋傅察撰
　宋刊本　[41]・十七・37
　刊本　[24]・集一・30
　校宋慶元刊本　[55]・四・17
　味書室精抄本　[91]・二十八・
　21
　抄本　[11]・七十九・20
　　[16]・三十・39　[30]・
　　四・24　[38]・集・47
　　[39]・壬・21　[71]・
　　集・宋別・31　[91]・
　　二十八・20

傅忠肅公文集三十卷　宋傅察撰

舊抄本　[93]・二十・34

77傅與礪文集十一卷　元傅若金撰
　澹生堂抄本　[71]・集・元別・
　31
傅與礪文集二十卷　元傅若金撰
　明洪武十七年(1384)傅若川刊
　本　[68]・圖版347、目錄
　63
傅與礪文集十一卷附錄一卷　元
　傅若金撰
　明洪武刊本　[2]・五・9
　淡生堂抄本　[91]・三十四・
　6
　舊抄本　[11]・一百零三・
　7　　[16]・三十四・6
　　[59]・七・7　[75]・五
　　十九・26
傅與礪文集十一卷附錄一卷詩集
　八卷　元傅若金撰
　抄本　[39]・壬・67
傅與礪詩集四卷　元傅若金撰
　元至正十八年(1358)傅若川重
　刊本　[71]・集・元別・
　31
傅與礪詩集八卷　元傅若金撰
　明洪武刊本　[21]・一・40
　　[91]・三十四・5
　刊本　[24]・集二・16
　校舊抄本　[50]・九・22
　舊抄本　[11]・一百零三・1、
　6　　[93]・二十二・16
傅與礪詩集八卷附綠窗遺稿一卷
　元傅若金撰
　金亦陶手抄本　[17]・四・34
　舊抄本　[75]・五十九・21

80傅公嘉話一卷　宋傅堯俞撰
　宋刊本　[14]・後志・二・836

2325₀　伐

40伐檀齋集十二卷　明張元凱撰
　刊本　[39]・癸下・3
伐檀集二卷
　見《黃先生伐檀集》

戲

17戲瑕三卷　明錢希言撰
　刊本　[39]・己・53
　借月山房彙抄本　[96]・五十
　五・1086

37戲鴻堂帖釋文十六卷　不著撰人
　稿本　[57]・182

2333₃　粂

88粂籌祕書十卷　明汪三益輯
　明刊本　[74]・續增・子・3
　刊本　[39]・庚・81

2344₀　弁

10弁而釵四集二十回　淸人撰
　淸初刊本　[69]・三・110

22弁山小隱吟錄二卷　元黃玠撰
　刊本　[28]・續・十三・10
　知不足齋抄本　[39]・壬・73
　舊抄本　[11]・九十九・2
　　[71]・集・元別・35
　　[91]・三十三・23
　傅抄閣本　[32]・十三・12
　從陸氏抄本　[75]・五十九・
　1

77弁服釋例八卷　淸任大椿撰
　原刊本　[96]・六・99

2350₀　牟

17牟子一卷　後漢牟融撰
　平津館刊本　[74]・三・44

2361₁　皖

21皖砦紀事一卷　淸朱書撰
　杜谿文集本　[85]・十四・678

2377₂　岱

50岱史十八卷　明查志隆輯
　刊本　[39]・戊・55　[71]・
　史・地志・62

78岱覽三十二卷　淸唐仲冕撰
　淸嘉慶十年(1805)刊本
　　[74]・二・54

2390₀ 秘

00秘府略二卷　滋野貞主撰
　　刊本　[89]·一集·六·37
　　抄本　[76]·十一·42
　秘府圖書畫一元龜乙部　不知撰人
　　宋刊本　[35]·下·55
25秘傳眼科龍木總論十卷
　　見《眼科龍木總論》
　秘傳關尹子言外經旨三卷
　　見《關尹子言外經旨》
44秘藏寶鑰三卷　釋空海撰
　　日本康曆二年刊本　[62]·圖版34
50秘史一卷
　　見《姜氏秘史》
77秘閣元龜政要　不著撰人
　　小山堂抄本　[39]·丁·30
　秘閣法帖跋一卷　不知撰人
　　宋刊本　[41]·十四·8

2392₇ 編

15編珠二卷補遺二卷續編珠二卷　題隋杜公瞻撰
　　清嘉慶十九年(1814)刊巾箱本　[96]·六十·1192
35編禮三卷　宋呂大臨撰
　　宋刊本　[14]·一上·50
80編年紀事十一卷　宋劉攽編
　　宋刊本　[14]·二上·116
　編年綱目備要三十卷
　　見《皇朝編年備要》
　編年遺事三卷　明于謙編
　　抄本　[12]·五·11
　編年通載四卷　宋章衡撰
　　宋刊殘本　[38]·史·21　[50]·二·7　[58]·史·40
　　影宋殘本　[93]·九·11
　編年通載十五卷　宋章衡撰
　　宋刊本　[14]·後志·一·776　[41]·四·25

2393₂ 稼

44稼村先生類稿十卷　元王義山撰
　　明刊本　[9]·後編·十九·8　[58]·七·1
　稼村先生類稿三十卷　元王義山撰
　　刊本　[39]·壬·58
　　影抄明刊本　[91]·三十三·5
　稼村先生類稿三十卷附錄一卷　元王義山撰
　　明刊本　[11]·九十五·8
51稼軒詞四卷
　　見《辛稼軒詞》
　稼軒集四卷
　　見《辛稼軒詞》
　稼軒瞿府君行實二卷　清瞿玄錫撰
　　虞山集本　[85]·十八·784
　稼軒長短句十二卷
　　見《辛稼軒詞》

2395₀ 織

10織雲樓詩三卷附抄一卷　清莊大中撰
　　刊本　[71]·集·國朝別·60
86織錦迴文詩一卷　康萬民撰
　　刊本　[5]·四下·6

纖

00纖言三卷　明陸圻撰
　　古學彙刊本　[85]·二十一·953
　　中國內憂外禍歷史叢書本　[85]·二十一·953
　　抄本　[85]·二十一·953

2396₁ 稽

12稽瑞一卷　劉賡輯
　　舊抄本　[93]·十七·2
　稽瑞樓叢抄　清陳揆撰
　　舊抄本　[32]·八·18
16稽聖賦三卷　北齊顏之推撰
　　宋刊本　[41]·十六·7
35稽神異苑十卷　題宋齊焦度撰
　　宋刊本　[14]·三下·250
　稽神錄十卷　宋徐鉉撰
　　宋刊本　[14]·三下·247
　　秦西巖抄本　[28]·九·11
　稽神錄六卷　宋徐鉉撰
　　宋刊本　[41]·十一·23
　稽神錄六卷補遺二卷　宋徐鉉撰
　　舊抄本　[11]·六十四·13　[50]·六·33
　稽神錄五卷拾遺一卷　宋徐鉉撰
　　精抄本　[71]·子·小說家·2
　　抄本　[53]·二·8
　稽神錄六卷拾遺一卷　宋徐鉉撰
　　津逮秘書本　[74]·三·83　[96]·六十六·1313
　　抄本　[75]·四十八·7
40稽古便覽十八卷　不著撰人
　　抄本　[12]·五·7
　稽古錄二十卷　宋司馬光撰
　　宋刊本　[14]·二上·116　[41]·四·22
　　元刊本　[9]·後編·四·6　[9]·後編·九·4　[87]·三·11
　　明覆宋刊本　[75]·十六·18
　　明刊本　[21]·一·7　[91]·七·4
　　明黑口本　[12]·三·3
　　明弘治山西巡按楊璋刊本　[1]·上·23　[11]·二十·13
　　長洲陳氏刊本　[96]·十六·358
　　清黃丕烈校明弘治刊本　[2]·二·9
　　錢警石手校本　[17]·二·9
　　抄配本　[50]·二·6
77稽留山人集二十一卷　清陳祚撰
　　刊本　[71]·集·國朝別·16

2397₂ 嵇

00嵇康集十卷
　見《嵇中散集》
27嵇叔夜聖賢高士傳三卷　不著撰人
　傳抄周世敬輯本　[60]·四·25
50嵇中散集十卷　晉嵇康撰
　宋刊本　[14]·四上·327
　　[41]·十六·4
　明刊本　[93]·十九·4
　　[102]·上·26
　明汪士賢刊本　[74]·四·2
　明南星書屋刊本　[11]·六十七·5
　明嘉靖四年(1525)黃省曾翻宋本　[16]·二十九·2
　　[17]·四·2　[35]·附·5
　明萬曆程榮刊本　[19]·24　5　·六·7　[64]·
　明刊抄補本　[51]·三·1
　翻宋本　[4]·25
　刊本　[71]·集·漢魏六朝別·2
　抄校本　[60]·六·16
　明抄本　[8]·集一·378
　士禮居抄本　[30]·五·27
　舊抄本　[11]·六十七·2
　　[30]·七·19　[50]·七·7　[83]·四·3

2408₆ 牘

20牘雋四卷　明蕭士珂撰
　刊本　[71]·集·明別·110

2411₇ 豔

60豔異編四十五卷　不知撰人
　明嘉靖刊本　[19]·7

2414₇ 歧

67歧路燈二十卷　清李海觀撰

傳抄本　[69]·七·207

2420₀ 付

34付法藏因緣經　不知撰人
　明刊南藏本　[40]·2

射

01射評要略一卷　題漢李廣撰
　宋刊本　[14]·三下·289
　　[41]·十四·6
02射訓一卷　宋張仲殷撰
　宋刊本　[41]·十四·6
05射訣一卷　唐韋韞撰
　宋刊本　[41]·十四·6
08射議一卷　宋王越石撰
　宋刊本　[41]·十四·7
射譜七卷　不知撰人
　宋刊本　[41]·十四·7
22射山詩抄　陸嘉淑撰
　舊抄本　[32]·十四·18
44射林八卷　明朱光裕輯
　刊本　[39]·庚·53
50射史八卷　明程宗猷編
　明刊本　[91]·二·21
　明崇禎刊本　[92]·三·97
90射堂詩抄十四卷　明吳夢暘撰
　刊本　[39]·癸下·29

斛

22斛山遺稿四卷　明楊爵撰
　明萬曆刊本　[71]·集·明別·72

2421₀ 化

16化碧錄一卷　明曹大鎬撰　清蔣詮生編
　貴池先哲遺書本　[85]·十八·785
44化菴湖海集二卷　宋釋法具撰
　宋刊本　[41]·二十·25
50化書一卷　南唐譚峭撰
　明翻宋本　[17]·三·19
　明子集本　[17]·三·20
　明道藏本　[32]·八·2

化書六卷　南唐譚峭撰
　宋刊本　[14]·三上·231
　　[38]·子·42　[41]·十·17
　明刊本　[93]·十六·8
　明鄭常清重刊本　[71]·子·道家·4
　明正統道藏本　[17]·三·20
　明弘治十七年(1504)劉氏刊本　[26]·五·24　[91]·十八·21
　明天啓張鵬舉刊本　[74]·三·45　[102]·上·22
　唐宋叢書本　[96]·五十二·1042
　錢罄室寫本　[92]·三·104
　舊抄本　[11]·五十五·11
　　[75]·四十一·14
化書新聲七卷　南唐譚峭撰、明王一清注
　明萬曆刊本　[92]·三·105
77化學鑑原五卷　英國韋而司撰
　上海製造局抄本　[74]·續增·子·6

仕

38仕塗必用集十卷　宋陳材夫編
　宋刊本　[41]·十五·15
　仕塗必用集二十一卷　宋祝熙載編
　宋刊本　[14]·四下·506
77仕學規範
　見《皇朝仕學規範》

壯

98壯悔堂文集十卷　清侯方域撰
　清順治刊本　[85]·二十·917
　通行刊本　[85]·二十·917
　壯悔堂文集十卷古文逸稿一卷詩集六卷　清侯方域撰
　清刊本　[71]·集·明別·126

2421₁ 先

10先憂集五十七卷　清陳芳生撰

清刊本　[71]・子・醫家・2

先天集十卷附録二卷　宋許月卿撰
明嘉靖刊本　[91]・三十一・8

先天紀三十六卷　宋王欽若撰
宋刊本　[14]・二下・174

先天易鈐一卷
見《易鈐》

先天易鈐太極寶局二卷　宋牛師德撰
宋刊本　[14]・一上・29

16 先聖大訓六卷　宋楊簡撰
宋刊本　[41]・九・16
明刊本　[11]・四十一・1
明萬曆刊本　[91]・十五・16
刊本　[39]・丙・3

先醒齋廣筆記四卷　明繆希雍撰、丁元薦輯
明刊本　[59]・二・21

先醒齋廣筆記三卷附炮製大成一卷　明繆希雍撰、丁元薦輯
種德堂重刊本　[96]・四十三・788

先醒齋筆記三卷先醒齋廣筆記四卷　明繆希雍撰、丁元薦輯
明崇禎刊本　[79]・子・醫家類・507

17 先君交遊録　不知撰人
稿本　[21]・一・15

30 先進遺風二卷　明耿定向撰
彙祕笈本　[96]・六十五・1290
刊本　[39]・戊・17

40 先大夫世培府君殉節述一卷　明祁理孫撰
明弘光元年(1644)刊本　[85]・十八・783

47 先朝政範一卷　宋石介編
宋刊本　[41]・五・34

先朝遺事一卷　明程正揆撰
傳抄本　[61]・七・1

先朝遺事一卷　明程正揆撰　附先朝佚事一卷　明鄒之麟撰
抄本　[85]・三・136

52 先撥志始二卷　明文秉撰
明刊本　[102]・上・15
清康熙刊本　[85]・二・104
清道光二十七年(1847)蕭國琛刊本　[85]・二・104
清同治夏燮校刊本　[85]・二・104
借月山房叢書本　[85]・二・104
刊本　[39]・丁・45　　[74]・二・20　[74]・續增・史・3

77 先賢施仁濟世録一卷　宋諸葛興編
宋刊本　[41]・七・30

佐

33 佐治藥言一卷續一卷　清汪輝祖撰
知不足齋叢書本　[96]・三十九・729

2421₄　佳

47 佳趣堂書目不分卷　清陸漻撰
傳抄本　[60]・五・3

60 佳日樓集十三卷　明方于魯撰
明萬曆三十六年(1608)刊本　[64]・續・77

2421₇　仇

22 仇山村遺集一卷　元仇遠撰
刊本　[39]・壬・48
抄本　[11]・九十六・9
校清乾隆五年(1740)項夢昶刊本　[61]・五・7

仇山村遺集一卷附録一卷　元仇遠撰
清乾隆刊本　[71]・集・元別・27

34 仇池筆記二卷　宋蘇軾撰
明刊本　[11]・五十七・7
校本　[57]・214
抄本　[71]・子・小説家・7　[74]・三・52　[102]・

下・21

2422₁　倚

48 倚松老人詩集二卷　宋饒節撰
宋刊本　[41]・二十・12
繆小山校抄本　[8]・集二・434
影宋抄本　[60]・六・31
十萬卷樓抄本　[91]・二十八・7
抄本　[30]・四・23　　[39]・壬・16

倚松老人詩集三卷　宋饒節撰
宋黃汝嘉刊本　[2]・四・32
吳允嘉手校本　[75]・五十四・11
舊抄本　[11]・七十七・7　[16]・三十・27

倚松老人集一卷　宋饒節撰
校本　[61]・五・5
抄本　[71]・集・宋別・26

71 倚馬立成法二卷　唐李淳風撰
宋刊本　[14]・後志・二・850

2422₇　備

00 備忘小抄十卷　蜀文谷撰
宋刊本　[14]・後志・二・852

27 備急諸方一卷　不知編者
宋刊本　[41]・十三・15

備急千金要方三十卷
見《千金要方》

備急總效方四十卷　宋李朝正編
宋刊本　[41]・十三・11
宋臨安刊本　[2]・三・10

備急灸法一卷　宋張渙撰
宋刊本　[22]・補遺・24　[35]・上・48　[79]・子・醫家類・424
刊本　[89]・二集・七・2

28 備徵録　不著編者
藍絲格抄本　[85]・二十三・1010

35 備遺録不分卷
見《革除備遺録》

36備邊屯田車銃議三卷　清趙士禎撰
　　藝海珠塵本　[96]・三十八・725
38備道錄二十三卷　明夏寅撰
　　刊本　[71]・集・明別・34
77備舉文言二十卷　唐陸贄撰
　　宋刊本　[14]・後志・二・852
80備全總效方四十卷
　　見《備急總效方》
　　備全古今十便良方四十卷
　　見《十便良方》

2423₁　德

00德音堂琴譜十卷　清汪天策撰
　　刊本　[39]・庚・34
60德星堂集十四卷附河工集　清許汝霖撰
　　刊本　[39]・癸下・49
76德隅堂畫品一卷　宋李廌撰
　　宋刊本　[41]・十四・13
　　明仿宋本　[11]・五十二・8
　　彙祕笈本　[96]・四十八・929
　　文房小說刊本　[74]・三・37
77德風亭初集文九卷詩三卷詞一卷　明王貞儀撰
　　刊本　[88]・五・61
　　德輿子一卷　清凌堃撰
　　傳經堂叢書本　[96]・五十三・1061

2424₁　侍

27侍御公詩集一卷　明彭宗孟撰
　　明抄本　[92]・四・180
40侍女小名錄一卷　宋王銍撰
　　宋刊本　[14]・三下・285
77侍兒小名錄一卷續一卷　題朋黝居士撰
　　宋刊本　[41]・十一・26
　　侍兒小名錄拾遺一卷　宋張邦畿撰
　　稗海本　[74]・三・66

待

00待訪錄一卷　清黃宗羲撰
　　抄本　[71]・子・雜家・44
35待清軒遺稿一卷　宋潘音撰
　　清鮑以文校抄本　[2]・四・45
　　抄本　[39]・壬・45
　　待清軒遺稿二卷　宋潘音撰
　　舊抄本　[57]・247

2426₀　儲

00儲文懿公集十五卷　明儲巏撰
　　刊本　[39]・癸上・24
　　儲文懿公集十六卷　明儲巏撰
　　抄本　[8]・集四・537
10儲王合集　唐儲光羲、王昌齡撰
　　明藍格抄本　[57]・226
67儲嗣宗集一卷　唐儲嗣宗撰
　　宋刊本　[41]・十九・19
90儲光羲集五卷　唐儲光羲撰
　　宋刊本　[14]・四上・344
　　　　　　　[41]・十九・4
　　明刊本　[9]・後編・十八・6
　　明活字本　[16]・二十九・6
　　　　　　　[91]・二十四・14
　　明嘉靖蔣氏刊本　[17]・四・7

2426₁　牆

50牆東類稿二十卷　元陸文圭撰
　　文瀾閣傳抄本　[16]・三十二・21

2426₅　僖

47僖朝雜錄　不知撰人
　　舊抄本　[57]・62

2429₀　休

17休那遺稿十二卷外集三卷詩集一卷　明姚康撰
　　清光緒十五年(1889)姚氏五桂山房刊本　[85]・二十・916

2436₁　鮚

44鮚埼亭詩集十卷　清全祖望撰
　　抄本　[30]・四・45
　　鮚埼亭集三十八卷　清全祖望撰
　　清嘉慶九年(1804)種樹山房刊本　[96]・七十一・1418
　　楊秋室校抄本　[30]・六・58
　　抄本　[100]・143
　　鮚埼亭集三十八卷外編五十卷　清全祖望撰
　　清嘉慶九年(1804)史夢蛟校刊本　[26]・十一・6
　　　　　　　[85]・二十・926
　　四部叢刊本　[85]・二十・926
　　鮚埼亭集外編五十卷　清全祖望撰
　　清嘉慶十六年(1811)刊本　[96]・七十一・1418
　　清同治十一年(1872)姚江借樹山房刊本　[85]・二十・926

2440₀　升

44升菴文集二十六卷　明楊慎撰
　　舊抄本　[91]・三十七・4
　　升菴文集八十一卷　明楊慎撰
　　明萬曆刊本　[91]・三十七・3
　　刊本　[71]・集・明別・65
　　升菴文集八十一卷外集九十九卷　明楊慎撰
　　明萬曆十年(1582)蜀中刊本　[59]・七・15
　　升菴詩話四卷　明楊慎撰
　　明刊本　[9]・後編・二十・17
　　明嘉靖刊本　[75]・六十四・20
　　升菴詞品六卷拾遺二卷　明楊慎撰
　　函海本　[74]・四・78
　　升菴經說十四卷　明楊慎撰
　　函海本　[96]・二・27

升菴南中集一卷　明楊慎撰
　　明嘉靖刊本　[71]・集・明
　　別・65
升菴長短句三卷續三卷　明楊慎
　　撰
　　明嘉靖刊本　[91]・四十・29

2441₂　勉

00勉齋先生講義一卷　宋黃榦撰
　　宋刊本　[14]・五下・696
　勉齋先生黃文肅公文集四十卷
　　見《黃文肅公文集》
21勉行堂詩集二十四卷文集六卷
　　清程晉芳撰
　　清嘉慶二十三年(1818)鄧廷楨
　　刊本　[26]・十三・5
40勉力集二集　清萬承勳撰
　　清刊本　[71]・集・國朝別・
　　51
77勉學書院集十卷　明瀋安王、憲
　　王、宣王撰
　　刊本　[71]・集・歷代帝王別・
　　3

2451₀　牡

77牡丹亭記
　　見《牡丹亭還魂記》
　牡丹亭還魂二卷
　　見《牡丹亭還魂記》
　牡丹亭還魂記　明湯顯祖撰
　　明刊套印本　[68]・圖版697、
　　698、目錄110
　牡丹亭還魂記二卷　明湯顯祖撰
　　明萬曆刊本　[64]・續・117
　牡丹亭還魂記四卷　明湯顯祖撰
　　明金陵唐錦池文林閣刊本
　　[86]・十一・22
　牡丹譜一卷　宋歐陽修撰
　　宋刊本　[41]・十・7
　牡丹百詠一卷　明張淮撰
　　明弘治抄本　[26]・九・13
　牡丹芍藥花品七卷　不著撰人
　　宋刊本　[41]・十・8
　牡丹史四卷　明薛鳳翔撰

　　刊本　[39]・庚・84
牡丹榮辱志一卷　宋邱璿撰
　　宋刊本　[11]・五十四・7
　　[17]・三・13　　[75]・
　　四十・19
　　明刊本　[17]・三・13
　　百川學海本　[96]・六十七・
　　1327

2460₁　告

44告蒙編一卷　清凌塈撰
　　傳經堂叢書本　[96]・五十五・
　　1100

2472₁　幼

21幼顚傳奇三種四卷　清孔廣森撰
　　稿本　[2]・五・44
24幼幼新書四十卷　宋劉昉撰
　　宋刊本　[22]・補遺・85
　　[35]・上・41　　[58]・
　　子・52　　[79]・子・醫
　　家類・400
　　明刊本　[11]・四十六・14
　　[93]・十四・19
　　明人墨書真本　[22]・補遺・
　　85
　幼幼新書五十卷　宋劉昉撰
　　宋刊本　[41]・十三・12
　幼幼集四卷　明孟繼孔撰
　　明萬曆二十一年(1593)繡谷履
　　素居書坊刊本　[79]・子・
　　醫家類・407
　　崇德堂刊本　[96]・四十三・
　　792
　幼幼集成六卷　清陳復正撰
　　清乾隆十五年(1750)鋤經堂刊
　　本　[79]・子・醫家類・
　　408　　[96]・四十三・
　　810
　幼科指掌五卷　清葉其蓁撰
　　清乾隆八年(1743)刊本
　　[79]・子・醫家類・408
　　[96]・四十三・804
　幼科金鏡錄六卷　清喬鍾泰撰

　　稿本　[96]・四十三・804
幼科鐵鏡六卷　清夏鼎撰
　　三讓堂刊本　[79]・子・醫家
　　類・408
77幼學須知五卷　宋孫應符撰
　　宋刊本　[41]・十四・25
　幼學指南抄三十卷　不知撰人
　　日本古抄殘本　[76]・十一・
　　6
　幼學日記　清嚴我斯撰
　　舊抄本　[74]・三・59
　　[102]・下・14
　幼學堂詩稿　清沈欽韓撰
　　清嘉慶十八年(1813)蘇州刊本
　　[68]・圖版556、目錄91

2473₂　裝

88裝餘偶記八卷　不著撰人
　　舊抄本　[60]・八・2

2473₈　峽

10峽石山水志一卷　清蔣宏任撰
　　別下齋刊本　[74]・二・54
22峽山志略一卷　清蔣宏任輯
　　清刊本　[39]・戊・64

2474₇　岐

27岐阜樵歌摘稿二卷附錄一卷　明
　　程恩撰
　　刊本　[71]・集・明別・49

2480₆　貨

26貨泉錄一卷　宋陶岳撰
　　宋刊本　[14]・後志・二・855

2490₀　科

46科場案一卷　孟森撰
　　心史叢刊第一集本　[85]・十
　　六・717

2491₇　紈

24紈綺集一卷　明張獻翼撰
　　刊本　[71]・集・明別・85

秩

44秩林伐山二十卷　明楊慎撰
　　明刊本　[12]·三·12
　　　[32]·九·12
　　刊本　[71]·子·雜家·28
　　函海本　[96]·五十五·1085

2492₁　綺

22綺川詞一卷　宋倪倜撰
　　知不足齋抄本　[91]·四十·
　　11
　　舊抄本　[11]·一百二十·2
　　綺川詞一卷文定公詞一卷　宋倪
倜撰
　　抄本　[71]·集·詞·6
　　綺川集十五卷　宋倪倜撰
　　宋刊本　[41]·十八·26

2492₇　納

44納蘭詞四卷　清納蘭性德撰
　　清汪元治刊本　[57]·306

勸

53勸捕臨清逆匪紀略十六卷　清于
　　敏中等撰
　　清武英殿刊本　[96]·十七·
　　378
77勸閨通俗小説十回　明人撰
　　明興文館刊本　[77]·三·90
　　明弘光元年(1644)刊本
　　[69]·二·68

2495₆　緯

44緯蕭草堂詩四卷　清宋至撰
　　清刊本　[71]·集·國朝別·
　　32
60緯略十卷　宋高似孫撰
　　明抄本　[11]·五十六·12
　　[28]·八·6
　　緯略十二卷　宋高似孫撰
　　宋刊本　[35]·下·28
　　白鹿山房活字印本　[26]·
　　五·51

　　墨海金壹本　[96]·五十四·
　　1073
　　刊本　[88]·四·13　[89]·
　　一集·六·8
　　影宋本　[76]·七·25
　　影抄明沈士龍刊本　[26]·
　　五·50
　　明抄本　[38]·子·45
　　明唐子言手抄本　[51]·二·
　　17
　　舊抄本　[17]·三·22
　　[39]·庚·43　[50]·
　　五·36　[75]·四十二·
　　13、14

2496₀　緒

00緒言三卷　清戴震撰
　　粤雅堂刊本　[74]·三·50
40緒南筆譚一卷　清許嗣茅撰
　　屑玉叢譚本　[85]·二十二·
　　985

2496₁　結

10結一廬書目　清朱澂撰
　　傳抄本　[60]·五·7

2497₀　紺

15紺珠集十二卷　宋朱勝非纂
　　宋刊本　[41]·十一·16
　　紺珠集十三卷　宋朱勝非纂
　　宋刊本　[14]·三下·238
　　明刊本　[59]·五·11
　　[93]·十六·24
　　明天順刊本　[16]·二十五·
　　7　[91]·十九·21
　　刊本　[89]·一集·六·44
　　清康熙尤氏抄本　[91]·十九·
　　21
　　舊抄本　[11]·五十八·18
　　[20]·四·15　[39]·
　　庚·42

2498₆　續

00續廬山記四卷　宋馬玕纂

　　宋刊本　[41]·八·38
　　續齊諧記一卷　梁吳均撰
　　宋刊本　[41]·十一·2
　　明嘉靖仿宋本　[11]·六十
　　四·12
　　文房小説本　[74]·三·82
　　古今逸史本　[74]·三·82
　　漢魏叢書本　[96]·六十六·
　　1307
　　抄本　[75]·四十八·5
　　續方言二卷　清杭世駿撰
　　清刊本　[39]·丙·28
　　續高僧傳三十卷　唐釋道宣撰
　　宋刊本　[14]·後志·一·811
　　續高僧傳四十卷　唐釋道宣撰
　　宋刊摺子本　[76]·十六·1
　　明刊本　[91]·二十二·2
　　明支那刊本　[11]·六十五·
　　9　[93]·十八·1
　　明萬曆徑山寂照菴刊本　[8]·
　　子二·349
　　續高士傳五卷　清高兆撰
　　清康熙刊本　[39]·戊·6
　　[75]·二十二·4
　　續唐曆二十二卷　唐崔龜從撰
　　宋刊本　[41]·四·19
　　續廣事類賦三十卷　清王鳳喈撰
　　并注
　　石渠閣刊本　[96]·六十二·
　　1241
　　續文章正宗二十卷
　　見《真文忠公續文章正宗》
　　續文獻通考二百五十四卷　明王
圻撰
　　明萬曆三十一年(1603)松江**府**
　　刊本　[86]·二·21
　　明萬曆四十一年(1613)刊本
　　[96]·六十二·1220
　　刊本　[74]·三·68
　　續文房四譜五卷　宋李洪撰
　　宋刊本　[41]·十四·14
　　續文選十四卷　胡震亨編
　　明刊本　[60]·六·3
　　續文選三十二卷　明湯紹祖輯

刊本　[39]·辛·5

續玄怪録四卷　唐李復言撰
　　明姚舜咨抄宋本　[17]·三·
　　38
　　明抄本　[55]·三·13
　　抄本　[39]·庚·33

續玄怪録十卷　唐李復言撰
　　宋刊本　[14]·三下·247

01**續顔氏家訓三卷**　宋董正功撰
　　宋刊殘本　[16]·二十一·4
　　[50]·五·41、42　　[93]·
　　十六·7　　[94]·三·4

續顔氏家訓七卷　宋董正功撰
　　刊本　[5]·三上·5

續顔氏家訓八卷　宋董正功撰
　　宋刊本　[14]·三上·199
　　[41]·十·21

04**續詩話一卷**　宋司馬光撰
　　宋刊本　[14]·三下·258
　　[41]·二十二·11
　　汲古閣刊本　[75]·六十四·
　　1
　　津逮祕書本　[74]·四·70

續詩話一卷　不著撰人
　　宋刊本　[41]·二十二·13

續詩傳鳥名三卷　清毛奇齡撰
　　西河全書本　[74]·一·19

08**續施公案三十六卷**　清人撰
　　清光緒二十年(1894)坊刊本
　　[69]·六·193

續説郛四十六卷　清陶珽纂
　　清順治刊本　[64]·47
　　清刊本　[74]·三·59

09**續談助五卷**　宋晁載之編
　　影抄宋本　[94]·十六·11
　　茶夢主人抄本　[16]·二十
　　五·1
　　孫秋山抄本　[30]·五·18
　　舊抄本　[11]·五十八·17
　　[75]·四十四·22

10**續一切經音義十卷**　唐釋希麟纂
　　日本刊本　[75]·九·20
　　刊本　[22]·五·17

續三十五舉一卷　清桂馥撰

清乾隆刊本　[75]·三十九·
　　17
　　借月山房彙抄本　[96]·四十
　　九·973

續元功垂範一卷　清張允格撰
　　清乾隆刊本　[85]·十五·703
　　新印本　[85]·十五·703

續元豐類稿四十卷　宋曾鞏撰
　　宋刊本　[14]·五下·680

續元怪録四卷
　　見《續玄怪録》

續天文略二卷　清戴震撰
　　戴氏遺書本　[78]·子·天文
　　類·557　　[78]·算學
　　書録補注·99　　[96]·
　　四十四·837

續西遊記一百回　明人撰
　　清同治七年(1868)漁古山房刊
　　本　[69]·五·168

續百川學海　明吳永輯
　　刊本　[39]·庚·54

續百家詩選二十卷　宋鄭景龍纂
　　宋刊本　[41]·十五·20

續百官公卿表十卷質疑十卷　宋
　　蔡初學撰
　　宋刊本　[41]·四·31

12**續列女傳九卷**　明邵正魁輯
　　刊本　[39]·戊·7

17**續孟子二卷**　唐林慎思撰
　　知不足齋叢書本　[96]·三十
　　六·671
　　抄本　[39]·己·1　　[75]·
　　三十二·11

**續甬上耆舊詩一百二十卷卷首一
卷**　清全祖望撰
　　四明文獻社鉛印本　[85]·二
　　十四·1054

續甬上耆舊詩一百四十卷　清全
祖望撰
　　神州國光社排印本　[85]·二
　　十四·1054

20**續千文一卷**
　　見《續千字文》

續千字文一卷　宋其瑋撰

舊抄本　[11]·十四·16
　　[28]·續·四·8　　[91]·
　　五，12　　[93]·七·9
　　傳抄本　[59]·一·12

續千字文二卷　宋葛剛正撰
　　影抄宋本　[93]·七·10

21**續行水金鑑一百五十卷**　清嚴
烺、潘錫恩等編
　　清道光十一年(1831)刊本
　　[74]·二·50

續處州府志八卷　明羅陽、葉志
淑纂
　　明刊本　[91]·十一·25

22**續後漢書六十卷**　明吳尚儉撰
　　舊抄定本　[96]·十八·395

續後漢書九十卷　元郝經撰
　　宜稼堂郁氏刊本　[74]·二·
　　15
　　文瀾閣傳抄本　[16]·二·3
　　[75]·十八·17

續後漢書四十二卷　宋蕭常撰
　　宋刊本　[41]·四·3

續後漢書四十七卷　宋蕭常撰
　　宜稼堂郁氏刊本　[74]·二·

續後漢書四十卷音義四卷　宋蕭
常撰
　　影抄宋刊本　[11]·二十三·
　　17　　[42]·2　　[51]·
　　一·11
　　抄本　[75]·十八·14

續後漢書四十二卷音義四卷　**宋**
蕭常撰
　　墨海金壺本　[96]·十八·390

續仙傳一卷　南唐沈汾撰
　　勞季言校本　[11]·六十六·
　　26

續仙傳三卷　南唐沈汾撰
　　宋刊本　[41]·十二·3
　　校本　[54]·四·38
　　古抄本　[76]·六·32

續幽怪録四卷　唐李復言撰
　　宋刊本　[35]·上·20
　　[50]·六·37　　[58]·

子·117　　[93]·十七·
22　　[94]·三·6
宋臨安府尹家書籍鋪刊本
[68]·圖版62、63、目錄17
續出古今紀要一卷　宋黄震撰
抄本　[71]·集·宋別·75
23續編三國志後傳十卷　不知撰人
明萬曆刊本　[77]·三·70
續編兩朝綱目備要十六卷　不著
撰人
影抄宋刊本　[11]·二十一·
16、17　　[16]·九·16
[93]·九·13
續編綏寇紀略五卷　清葉夢珠纂
申報館鉛印本　[85]·七·311
抄本　[85]·七·311
續稽古録一卷　宋龔頤正撰
宋刊本　[14]·五上·554
[41]·四·31
26續泉志十五卷　清陸虎岑撰
抄本　[96]·五十·987
續吳郡志二卷　題戒菴老人撰
舊抄本　[20]·三·15
續吳先賢贊十五卷　明劉鳳輯
明刊本　[96]·二十三·479
刊本　[39]·戊·23
續吳都文粹一百卷
見《吳都文粹續集》
續吳中往哲記一卷補遺一卷　明
黄魯曾撰
刊本　[39]·戊·23
續吳録二卷　明劉鳳輯
明刊本　[96]·二十三·480
[102]·上·18
刊本　[74]·二·57
續釋常談二十卷　宋龔頤正撰
宋刊本　[41]·十一·21
27續疑年録四卷　清吳修編
貝氏友漢居精抄本　[74]·
三·71
續名醫類案六十卷　清魏之琇輯
四庫全書本　[79]·子·醫家
類·513
舊抄本　[75]·三十七·19

續名賢小記一卷　清徐晟撰
涵芬樓祕笈本　[85]·十七·
743
續名賢小記二卷　清徐晟撰
清嘉慶二十年(1815)吳枚菴抄
本[74]·續增·史·3
續紀年通譜一卷　宋畢仲荀撰
宋刊本　[14]·五上·551
28續復古編四卷　元曹本撰
影元抄本　[11]·十五·1
[91]·五·15
影抄本　[60]·一·25
舊抄本　[93]·七·19
續儀禮經傳通解十四卷　不知撰
人
宋刊本　[28]·續·二·5
[35]·上·3
續綸扉奏草十四卷後綸扉尺牘十
卷　明葉向高撰
明天啓刊本　[85]·二·97
30續宜興荆谿縣志十四卷　清龔潤
森輯
清刊本　[74]·續增·史·8
續家訓八卷
見《續顔氏家訓》
續宏簡録四十二卷　清邵遠平撰
清刊本　[39]·丁·11
續宋編年資治通鑑十八卷　宋李
燾編
元刊本　[11]·二十·18
[13]·4　　[22]·三·14
[35]·下·54　　[48]·
二輯上·66　　[91]·
七·7　　[94]·二·9
元餘慶堂刊本　[28]·續·六·
17　　[35]·下·38
舊本　[34]·二·9
影抄元本　[60]·四·10
影元雲衢張氏集義書堂本
[17]·二·9
知不足齋抄本　[39]·丁·6
續宋編年資治通鑑十八卷　宋李
燾編　續宋中興編年資治通鑑
十五卷　宋劉時舉編

元刊本　[46]·7
續宋宰輔編年録二十六卷　不知
撰人
明天啓元年(1621)呂邦耀刊本
[19]·5
刊本　[59]·四·17
續宋中興編年資治通鑑十五卷
宋劉時舉編
元刊本　[11]·二十一·14
[13]·5　　[16]·九·16
[32]·三·10　　[35]·
下·38、54　　[38]·史·
28　　[48]·二輯上·69
[74]·二·10　　[91]·
七·8　　[93]·九·13
元陳氏餘慶堂刊本　[28]·續·
六·18　　[35]·下·38
[67]·第五册·73
元與畊堂刊本　[28]·續·
六·19　　[35]·下·39
影抄元刊本　[11]·二十一·
14、16　　[50]·二·9
[91]·七·8
抄本　[28]·三·14　　[75]·
十七·7
31續涇川叢書七種　清趙紹祖編
清刊本　[74]·三·63
續酒譜十卷　唐鄭邀撰
宋刊本　[14]·三上·236
32續添是齋百一選方二十卷
見《是齋百一選方》
續近思録十四卷　宋蔡模纂
宋刊本　[14]·五下·692
33續演繁六卷
見《演繁露續集》
續補侍兒小名録一卷　宋温豫撰
秭海本　[74]·三·66
34續漢書三志辨疑　清錢大昭撰
續漢書辨疑本　[78]·算學書
録補注·97
35續清夜録一卷　宋王銍撰
宋刊本　[41]·十一·25
續清涼傳二卷　宋張商英撰
金刊本　[11]·六十五·14

續禮記集說一百卷　清杭世駿撰
　舊抄本　[16]・四・13
　　[32]・一・34　　[74]・
　　一・26　　[91]・二・28
37續通典二百卷　宋宋白等撰
　宋刊本　[41]・五・29
續通曆十卷　宋孫光憲撰
　宋刊本　[1上]・二上・114
續通鑑長編一百零八卷
　見《續資治通鑑長編》
續資治通鑑十八卷　清畢沅撰
　舊抄本　[32]・三・11
續資治通鑑六十四卷　明王宗沐
　撰
　明隆慶五年(1571)刊本
　　[59]・四・7
續資治通鑑三十六卷　不著撰人
　元刊本　[13]・4　　[35]
　　下・57
續資治通鑑三十六卷附宋季朝事
　實二卷　不著撰人
　元刊本　[16]・二・3
續資治通鑑綱目二十七卷　明商
　輅等撰
　明司禮監本　[32]・三・12
　明長洲陳氏刊本　[96]・十六・
　　367
續資治通鑑綱目廣義十七卷　明
　張時泰撰
　刊本　[39]・丁・3
續資治通鑑長編一百零八卷　宋
　李燾編
　宋刊本　[9]・後編・四・11
　　[28]・三・9　　[29]・
　　一・10　　[35]・下・39
　　[58]・史・43、47、48
　　[72]・14
　宋乾道刊本　[2]・二・10
　宋孝宗以後刊本　[73]・圖版
　　28
　宋刊抄補本　[11]・二十・17
　元刊本　[35]・下・7
　明刊本　[12]・三・3
　刊本　[89]・一集・四・30

影宋抄本　[9]・四・11
　[11]・二十・17　　[93]・
　九・9
開萬樓抄本　[39]・丁・5
舊抄本　[1]・上・23　　[11]・
　二十・17　　[17]　二・
　9　　[18]・上・14
　[26]・三・12　　[74]・
　續增・史・1　　[92]・
　二・36　　[102]・下・4
續資治通鑑長編一百六十八卷
　宋李燾編
　宋刊本　[41]・四・28
續資治通鑑長編一百七十五卷
　宋李燾編
　崑山徐氏傳是樓傳抄本
　　[96]・十六・362
續資治通鑑長編五百二十卷　宋
　李燾編
　清嘉慶二十四年(1819)張氏愛
　日精廬活字印本　[26]・
　　三・13　　[68]・圖版
　　643、644、目錄103
　　[74]・二・9　　[75]・十
　　六・22　　[96]・十六・
　　361
　文瀾閣傳抄本　[16]・九・8
續資治通鑑長編九百四十六卷
　宋李燾編
　宋刊本　[14]・五上・548
續資治通鑑長編撮要一百零八卷
　見《續資治通鑑長編》
續資治通鑑長編舉要六十八卷
　不著撰人
　宋刊本　[41]・四・28
續資治通鑑長編節要一百零八卷
　見《續資治通鑑長編》
40續志一卷　不知撰人
　宋刊本　[41]・八・26
續志十卷　不知撰人
　宋刊本　[81]・史・6
續幸存錄一卷　明夏完淳撰
　明季稗史彙編本　[85]・八・
　365

明末十家集本　[85]・八・365
　舊抄本　[85]・八・365
續韋齋易義虛裁八卷　明涂宗濬
　撰
　刊本　[39]・甲・31
續古文苑二十卷　清孫星衍撰
　清孫氏刊本　[75]・六十二・13
續古千文一卷
　見《續千字文》
續古摘奇算法一卷　宋楊輝撰
　知不足齋叢書本　[96]・四十
　　五・857
續古摘奇算法三卷　宋楊輝撰
　朝鮮國刊本　[22]・四・16
續古印式二卷　清黃錫蕃撰
　清乾隆六十年(1795)刊本
　　[75]・三十九・16
　　[96]・四十九・975
續古今詩苑英華集十卷　唐釋惠
　淨撰
　宋刊本　[14]・四上・500
續古篆韻六卷　元吾邱衍撰
　陳氏抱獨廬刊本　[34]・附錄・
　　一・9
　抄本　[5]・一下・12
42續姚江逸詩十二卷　清倪繼宗輯
　清刊本　[39]・辛・34
續板橋雜記一卷　清吳珠泉撰
　舊抄本　[74]・三・85
43續博物志十卷　宋李石撰
　宋刊本　[34]・一・28
　　[35]・下・13
　明刊本　[11]・六十四・19
　　[93]・十七・25
　明弘治賀志同刊本　[17]・
　　三・39
　稗海本　[74]・三・85
　古今逸史本　[74]・三・85
　祕書二十一種本　[96]・六十
　　七・1326
　刊本　[89]・一集・六・11
　朝鮮國刊本　[22]・五・14
44續考古編十卷　宋程大昌撰
　宋刊殘本　[54]・三・37

舊抄本　[11]・五十六・11
　　[54]・三・37　　[55]・
　　二・38　　[93]・十六・
　　14
續考古圖五卷　不著撰人
　刊本　[28]・續・十・19
　抄本　[57]・185
續藏大涅槃經疏　不著撰人
　朝鮮壽昌五年興王寺本
　　[40]・3
續葬書一卷　題郭景純撰
　宋刊本　[41]・十二・32
續英烈傳五卷　不知撰人
　舊刊大字本　[69]・二・59
續世說三卷　宋孔平仲輯
　宋刊本　[41]・十一・14
續世說十卷　宋孔平仲輯
　明刊本　[93]・十七・14
　明萬曆刊本　[32]・九・14
　明抄本　[30]・五・21
　舊抄本　[51]・二・26
續世說十二卷　宋孔平仲輯
　影宋抄本　[74]・三・76
　舊抄本　[11]・六十二・16
　　[16]・二十七・3
　　[102]・下・25
續世說新語十卷
　見《續世說》
續楚辭二十卷　不知撰人
　宋刊本　[14]・四上・323
續茶經二卷附錄一卷　清陸廷燦
　撰
　喬椿堂刊本　　[96]・五十・
　　1002
46續觀感錄六卷　明方鵬輯
　刊本　[39]・戊・6
48續增新法比例四十卷　清陳厚耀
　撰
　舊抄本　[102]・下・17
續增歷代奏議麗澤集十卷附關鍵
　一卷
　見《麗澤集》
續翰林志一卷次續志一卷
　見《翰林續志》

續松漠紀聞一卷　宋洪皓撰
　瓶花齋抄本　[75]・十九・9
續梅里詩輯　不知撰人
　刊本　[88]・六・17
50續中興編年資治通鑑十五卷
　見《續宋中興編年資治通鑑》
續史十八卷　明朱里撰
　刊本　[39]・戊・81
續史館故事一卷　宋洪興祖撰
　宋刊本　[41]・六・8
續事始五卷　蜀馮鑑廣撰
　宋刊本　[14]・三上・230
續夷堅志二卷　金元好問纂
　校本　[60]・八・12
　舊抄本　[11]・六十四・19
　　[71]・子・小説家・13
　　[91]・二十一・20
續畫記一卷　唐李嗣真撰
　宋刊本　[14]・三下・287
續畫品一卷　陳姚最撰
　明刊本　[11]・五十二・1
　津逮祕書本　[74]・三・36
　王氏畫苑本　[96]・四十八・
　　916
續畫品錄一卷　唐李嗣真撰
　明刊本　[11]・五十二・3
　津逮祕書本　[74]・三・36
　王氏畫苑本　[96]・四十八・
　　917
　抄本　[75]・三十九・2
續本事詩二卷　不知撰人
　宋刊本　[14]・四下・502
續書譜一卷　宋姜夔撰
　宋刊本　[11]・五十二・15
　　[17]・三・9　　[41]・
　　十四・9　　[75]・三十
　　九・6
　明刊本　[17]・三・9　　[74]・
　　三・38
　百川學海本　[96]・四十八・
　　933
續書斷二卷　宋朱長文撰
　明刊本　[74]・三・37
　　[102]・上・31

續書堂明稗類抄十六卷
　見《明稗類抄》
續表忠記八卷　清趙吉士撰
　清刊本　[39]・丁・46
續表忠記八卷二續表忠記八卷
　清盧宜輯
　清康熙刊本　[85]・十七・728
續素問抄九卷補遺一卷　元滑壽
　撰
　明嘉靖刊本　[79]・子・醫家
　　類・337
51續軒渠詩集十卷附錄一卷　元洪
　希文撰
　明刊本　[11]・九十九・4
　舊抄本　[91]・三十三・24
續軒渠集四卷　元洪希文撰
　抄本　[39]・壬・65
53續成都古今集記二十二卷　王剛
　中撰
　宋刊本　[41]・八・30
55續曲臺禮三十卷　唐王彥威撰
　宋刊本　[41]・六・13
60續墨客揮犀十卷　宋彭乘撰
　舊抄本　[11]・六十三・4
　　[16]・二十七・4　　[74]・
　　三・77　　[91]・二十一・
　　9　　[93]・十七・16
　　[102]・下・25
續易簡方論六卷　宋施發撰
　刊本　[22]・補遺・61
續易簡方論六卷續易簡方論後集
　五卷附錄一卷　宋施發撰
　日本天保間刊本　[79]・子・
　　醫家類・497
續易簡方後集五卷　宋盧祖常纂
　宋刊本　[22]・補遺・61
續易簡方脈論一卷　宋王暐撰
　刊本　[89]・一集・八・11
　影宋本　[22]・補遺・61
續呂氏家塾讀詩記三卷　宋戴谿
　撰
　聚珍刊本　[74]・一・17
　墨海金壺本　[96]・八・134
64續疇人傳六卷　清羅士琳撰

文選樓叢書本　[78]·補遺·27

67續明史紀事本末十八卷　清倪在田撰
　清光緒二十九年(1903)鉛印本　[85]·九·459

續野人閒話二卷　不知撰人
　宋刊本　[41]·十一·9

71續長沙志十一卷　不著撰人
　宋刊本　[41]·八·28

77續兒女英雄傳六卷　清人撰
　清光緒二十四年(1898)北京宏文書局石印本　[69]·四·151

80續金瓶梅十二卷　清丁耀亢撰
　清順治刊本　[69]·四·117

續金針詩格一卷　宋梅堯臣撰
　宋刊本　[14]·後志·二·910
　[41]·二十二·10

續金針格一卷
　見《續金針詩格》

續今古奇觀六卷　清人輯
　石印本　[69]·三·95

續會要三百卷　宋虞允文等纂
　宋刊本　[41]·五·31

續會稽掇英集五卷　元黃康弼編
　舊抄本　[75]·六十三·2
　影錢叔寶抄本　[91]·三十八·12

續會通韻府羣玉四十卷　明包瑜撰
　朝鮮明宗宣祖年間乙亥字刊本　[63]·圖版17

90續小五義一百二十四回　清人撰
　清光緒十七年(1891)北京文光樓刊本　[69]·六·192

續小學六卷　清葉鉁撰
　刊本　[39]·丙·29

纘

08纘論緒論一卷　清張璐撰
　清刊本　[39]·庚·93

2500₀ 牛

22牛嶠歌詩三卷　五代蜀牛嶠撰
　宋刊本　[14]·四中·416

37牛郎織女傳四卷　明朱名世撰
　明刊本　[3]·19
　明萬曆書林余成章刊本　[69]·五·171　[77]·四·118

72牛氏紀聞十卷　唐牛肅撰、崔造注
　舊抄本　[11]·六十二·2　[91]·二十一·1

80牛羊日曆一卷　唐劉軻撰
　宋刊本　[41]·七·6
　舊抄本　[74]·三·73　[102]·下·24

2510₀ 生

10生霸死霸考　清俞樾撰
　曲園雜著本　[78]·算學書錄補注·91

25生生子赤水元珠三十卷
　見《赤水玄珠》

29生綃剪十九回　題集芙主人評
　原板活字本　[69]·三·106

44生花夢四卷　清人撰
　寫刊本　[69]·四·144

71生辰國信語錄一卷　宋寇瑊撰
　宋刊本　[14]·二下·168

2520₆ 仲

60仲里志六卷　顧彩重修
　刊本　[74]·二·26

72仲氏易三十卷
　見《易》

仲

44伸蒙子三卷　唐林慎思撰
　宋刊本　[41]·十·16
　刊本　[21]·一·16
　知不足齋叢書本　[96]·三十六·671
　舊抄本　[32]·六·4　[39]·

己·1　[75]·三十二·15

伸蒙子三卷續孟子二卷　唐林慎思撰
　影抄明刊本　[71]·子·儒家·9

使

00使交錄十八卷　明錢溥撰
　刊本　[39]·戊·70

10使琉球記一卷　清張學禮撰
　說鈴前集本　[96]·二十四·508

使琉球錄　明陳侃撰
　刊本　[39]·戊·69

使琉球錄一卷　明蕭崇業撰
　刊本　[39]·戊·70

使西日記二卷　明都穆撰
　刊本　[39]·丁·70

26使粵集一卷附贈言一卷　清喬萊撰
　清康熙二十年(1681)刊本　[74]·四·52

使粵日記一卷　清喬萊撰
　清康熙二十年(1681)刊本　[74]·二·33

34使遼見聞錄二卷　宋李罕撰
　宋刊本　[41]·七·13

44使燕錄一卷　宋余嶸撰
　宋刊本　[41]·七·14

47使朝鮮錄一卷　明翰林院修撰
　明嘉靖刊本　[91]·八·12

50使東日錄　明董越撰
　刊本　[39]·癸上·32

68使黔集二卷　清湯右曾撰
　清刊本　[71]·集·國朝別·24

71使臣碧血錄一卷　不著撰人
　魯春秋附刊本　[85]·十·499
　甲申傳信錄本　[85]·十·499

86使覘　明翰林院修
　刊本　[39]·丁·70

2520₇ 律

00律文十二卷音義一卷　宋孫奭等

撰
　北宋國子監刊本　[7]・中・27
　宋刊本　[41]・七・32
　　[80]・十四・17
　影抄宋本　[32]・五・7
　　[83]・二・15　[93]・
　　十二・10
　抄本　[16]・十九・14
22律例便覽八卷　清蔡逢年摘纂
　清刊本　[74]・二・69
33律心四卷　不知撰人
　宋刊本　[14]・後志・一・803
60律吕新書衍義圖説　清吕夏音撰
　清刊本　[39]・丙・27
　律吕新書補注一卷　明李文察撰
　李氏樂書本　[96]・七・115
　律吕正聲六十卷　明王邦直撰
　刊本　[39]・丙・27
　律吕正義五卷　清聖祖玄燁撰
　清武英殿刊本　[74]・一・48
　　[96]・七・122
　律吕元首二卷　清康親王撰
　精抄本　[91]・四・23
　律吕解注二卷　明鄧文憲撰
　刊本　[39]・丙・27
　律吕直解　明韓邦奇撰
　刊本　[39]・丙・24
　律吕古義三卷　明吕懷撰
　刊本　[39]・丙・25
　律吕本原一卷　宋蔡元定撰
　宋刊本　[14]・五上・566
　律吕本原一卷律吕辨證一卷　宋
　　蔡元定撰
　抄本　[5]・一下・3
　律吕成書二卷　元劉瑾撰
　清康熙刊本　[75]・八・20
　刊本　[96]・七・114
　律吕闡微十卷　清江永慎撰
　抄本　[91]・四・24
　律吕精義内篇十卷外篇十卷　明
　　朱載堉撰
　樂律全書本　[96]・七・117
71律曆融通四卷附音義一卷　明朱
　載堉撰

樂律全書本　[78]・算學書録
　補注・100
律曆淵源一百卷　清康熙中敕纂
　清雍正二年(1724)武英殿刊本
　　[78]・補遺・20
77律學新説四卷　明朱載堉撰
　樂律全書本　[96]・七・118

2522₇ 佛

07佛部般若波羅蜜多讚偈　不著撰
　人
　明萬曆西藏語刊本　[40]・4
　清康熙西藏語刊本　[40]・4
　佛部宋護大千國土經　不著撰人
　康州提舉契西藏語刊本
　　[40]・4
08佛説四十二卷章經一卷　釋守遂
　注
　津逮秘書本　[74]・三・86
　佛説預修十王生七經一卷　不著
　撰人
　朝鮮刊本　[22]・五・16
　佛説衆許摩訶帝經一卷　不著撰
　人
　宋刊殘本　[43]・三・22
　佛説大孔雀咒王經三卷　不著撰
　人
　唐抄本　[76]・十六・18
　佛説壽生經一卷　不著撰人
　朝鮮刊本　[22]・五・16
　佛説慧印三昧經　不著撰人
　宋刊本　[60]・二・12
　佛説阿彌陁經一卷附阿彌陀佛説
　咒　不著撰人
　唐抄本　[2]・三・42
　佛説阿惟越致遮經　晉釋竺法護
　譯
　北宋開寶六年(973)刊大藏大
　　觀二年(1108)印本
　　[68]・圖版220、目録43
11佛頂心觀世音菩薩大陁羅尼經三
　卷　不著撰人
　北宋崇寧元年(1102)石處道等
　　刊　[68]・圖版118、目

録28
　元刊本　[92]・三・129
22佛制比丘六物圖一卷　釋元照撰
　日本寬元四年刊本　[62]・圖
　　版37
　日本室町初期刊本　[62]・圖
　　版93
37佛祖統記五十四卷　宋志磐撰
　宋刊殘本　[22]・五・20
　明萬曆四十二年(1614)刊本
　　[64]・25
　佛祖統記五十五卷　宋志磐撰
　宋咸淳五年(1269)刊本
　　[17]・三・39
　佛祖通載十卷
　　見《佛祖歷代通載》
　佛祖歷代通載十卷　元釋念常纂
　明刊本　[59]・二・12
　佛祖歷代通載二十卷　元釋念常
　　纂
　明宣德刊本　[38]・子・90
　　[75]・四十九・25
　佛祖歷代通載二十二卷　元釋念
　　常纂
　元刊本　[11]・六十五・23
　元至正七年(1347)釋念常募刊
　　本　[68]・圖版295、296、
　　目録55
　明刊本　[93]・十八・7
　　[96]・六十八・1337
　佛祖歷代通載五十卷　元釋念常
　　撰
　日本活字本　[17]・三・40
50佛本行集經　不知撰人
　宋蜀刊本　[40]・2
60佛國記一卷　宋釋法顯撰
　津逮秘書本　[74]・二・58
　舊抄本　[74]・二・58
　　[75]・二十八・12
　佛國禪師文殊指南圖讚一卷　不
　　著撰人
　宋刊卷子本　[3]・17
　佛果圜悟禪師碧巖録十卷　不著
　　撰人

221

明刊本　[91]·二十二·7

日本南北朝刊本　[62]·圖版80

日本室町時代刊本　[62]·圖版82、86

日本應永八年刊本　[62]·圖版84

佛果圜悟真覺禪師心要二卷　宋釋子文編

宋刊本　[31]·24

日本曆應四年刊本　[22]·五·21　[62]·圖版51

77佛母大孔雀明王經三卷　不著撰人

日本保安三年以前刊本　[62]·圖版6

日本貞應三年刊本　[62]·圖版11

佛醫經　不知撰人

明崇禎三年(1630)刊本　[40]·2

2523₀　佚

40佚存叢書六帙十六種　日本天瀑山人輯

清嘉慶日本天瀑山人活字本　[74]·三·62

2524₀　健

48健松齋集二十四卷　清方象瑛撰

清刊本　[39]·癸下·48　[71]·集·國朝別·14

2524₃　傳

07傳望樓金帶編六種　不知撰人

刊本　[74]·三·63

20傳信辨誤錄　明陳虞岳撰

刊本　[39]·戊·19

傳信適用方二卷　宋吳彥夔撰

宋刊本　[41]·十三·13

四庫全書本　[79]·子·醫家類·493

文瀾閣傳抄本　[11]·四十六·3

傳信錄不分卷　宋鮮于綽

宋刊本　[14]·二下·182

21傳經表補正十三卷　清汪大鈞撰

刊本　[100]·20

27傳疑錄二卷　明陸深撰

儼山外集本　[96]·五十七·1138

傳疑錄一卷燕閒錄一卷汲古叢語一卷長水日抄一卷　明陸深撰

抄本　[71]·子·雜家·21

30傳家集八十卷

見《司馬文正公集》

傳家祕寶脈證口訣三卷　宋孫用和集

刊本　[89]·一集·八·37

日本影宋刊本　[91]·十六·13

抄本　[22]·補遺·51

35傳神祕要一卷　清蔣驥撰

借月山房彙抄本　[96]·四十八·960

38傳道四子書八卷　元徐達左編

元刊本　[11]·四十一·17　[28]·續·九·6

影抄元刊本　[91]·十五·17

傳道精語三十卷後集二十六卷　宋李方子編

宋刊本　[14]·五下·696

40傳奇三卷　唐裴鉶撰

宋刊本　[14]·三下·250

傳奇六卷　唐裴鉶撰

宋刊本　[41]·十一·7

傳奇五種十卷　明李贄評

明萬曆刊本　[64]·36

44傳芳集二卷　明唐青撰

刊本　[5]·四下·12

48傳教大師將來錄　不知撰人

日本刊本　[60]·二·14

60傳國玉璽譜一卷

見《歷代帝王傳國璽譜》

傳是樓宋元版書目　清徐乾學撰

先君子抄本　[20]·三·27

抄本　[71]·史·簿錄·9

傳是樓宋版書目一卷　清徐乾學

撰

抄本　[50]·三·47

傳是樓藏書目不分卷　不著編者

抄本　[96]·三十二·594

傳是樓書目不分卷　清徐乾學撰

抄本　[20]·三·27　[71]·史·簿錄·8　[83]·二·18

傳抄本　[32]·五·9

2529₃　傝

44傝菴野抄十卷　明蔡士順撰

明崇禎刊本　[85]·二·116

2576₀　岫

10岫雲詞一卷　宋鍾將之撰

宋刊本　[41]·二十一·13

2590₀　朱

00朱慶餘詩集一卷　唐朱慶餘撰

宋刊本　[10]·51　[36]·208　[41]·十九·16　[50]·七·53　[58]·集·47　[93]·十九·35　[94]·四·3

宋臨安府陳宅經籍鋪刊本　[68]·圖版50、51、目錄16

校宋刊本　[55]·六·11

朱文端公文集四卷　清朱軾撰

清刊本　[74]·四·53

朱文懿公集十二卷　明朱賡撰

刊本　[39]·癸下·7

朱文公文集十二卷　宋朱熹撰

宋刊本　[9]·後編·七·6

朱文公文集一百卷　宋朱熹撰

宋刊本　[32]·十二·12　[33]·集·42　[35]·上·54　[38]·集·54　[43]·四·14　[93]·二十一·11　[94]·四·7

宋刊大字本　[92]·四·158

宋江西刊本　[2]·四·37

宋浙江刊本　[2]·四·37

明刊本　[9]・十・23
　　[9]・後編・十九・1
明嘉靖十一年(1532)蔣詔刊本
　　[26]・八・37
清刊本　[71]・集・宋別・40
朝鮮國活字刊本　[22]・
　　六・29
朱文公文集一百卷紫陽年譜三卷
　宋朱熹撰
　宋刊本　[41]・十八・24
朱文公文集一百卷續集十卷　宋
　朱熹撰
　宋刊本　[14]・五下・671
朱文公文集八十八卷續集十卷別
　集十一卷　宋朱熹撰
　明崇禎刊本　[75]・五十五・
　26
朱文公文集一百卷續集十一卷別
　集十卷　宋朱熹撰
　宋刊本　[11]・八十五・5
　　[74]・四・26
　宋淳祐建州刊本　[28]・續・
　　十二・13　　[35]・上・
　52
　明刊本　[93]・二十一・11
　明嘉靖刊本　[11]・八十五・
　7　　[30]・三・27
　　[91]・三十・6　　[92]・
　四・158
　日本刊本　[91]・三十・7
朱文公文抄六卷詩抄一卷　宋朱
　熹撰
　明成化刊本　[91]・三十・8
朱文公詩集　宋朱熹撰
　刊本　[89]・二集・八・29
朱文公詩集十卷　宋朱熹撰
　朝鮮刊本　[76]・十四・32
朱文公詩集十二卷　宋朱熹撰
　刊本　[24]・集一・33
朱文公語後錄二十卷　宋王佖編
　宋刊本　[14]・五下・731
朱文公語續錄後集二十五卷　宋
　朱熹撰
　宋刊本　[14]・五下・732

朱文公語錄四十三卷
　見《朱子語錄》
朱文公五言詩抄不分卷　宋朱熹
　撰
　明刊本　[51]・三・11
朱文公行狀一卷　宋黃榦撰
　宋刊本　[14]・五上・582
　　[41]・七・27
朱文公先生奏議十五卷　宋朱熹
　撰
　明刊本　[9]・十・23
　　[91]・八・18
朱文公家禮十卷　宋朱熹撰
　宋刊本　[41]・六・19
　　[94]・一・5
　宋建刊本　[2]・一・18
　影抄宋刊本　[16]・四・10
朱文公家禮儀節八卷　明邱濬撰
　明刊本　[60]・一・12
　明萬曆刊本　[91]・二・33
　抄本　[74]・一・28　[102]・
　　下・2
朱文公大同集十卷　宋朱熹撰
　元刊本　[38]・集・55
　　[93]・二十一・13
　　[94]・四・15
朱文公易說二十三卷
　見《易說》
朱文公年譜三卷　宋李方子編
　宋刊本　[14]・五上・587
朱襄毅公督蜀疏草十二卷蜀事紀
　略一卷　明朱燮元撰
　清康熙刊本　[85]・七・318
朱襄毅公督黔疏草十二卷督蜀疏
　草十二卷　明朱燮元撰
　刊本　[39]・癸下・19
08朱放集一卷　唐朱放撰
　宋刊本　[41]・十九・10
10朱一齋先生文集八卷　明朱善撰
　明刊本　[11]・一百十一・19
朱玉洲集八卷　明朱曜撰
　明嘉靖刊本　[91]・三十七・18
朱西邨詩稿全集　明朱樸撰
　抄稿本　[36]・243

17朱子文集語類纂編十四卷　宋朱
　熹撰
　南陽講習堂抄本　[12]・五・
　24
朱子六經圖十六卷　清江爲龍、
　葉涵雲編
　江西宜春官舍刊本　[96]・
　　二・29
朱子語略二十卷　宋楊與立編
　宋刊本　[14]・五下・691
朱子語錄四十三卷　宋朱熹撰
　宋浙刊殘本　[2]・三・5
朱子語錄四十六卷　宋朱熹撰
　宋刊本　[41]・九・13
朱子語錄類要十八卷　宋葉士龍
　編
　元刊本　[35]・下・9　　[65]・
　　三・22　　[71]・子・儒
　　家・11
朱子語類二十七卷　宋黎靖德編
　宋刊本　[41]・三・29
朱子語類一百四十卷　宋黎靖德
　編
　宋刊本　[9]・後編・五・8
　　[28]・續・九・7　　[43]・
　　三・5
　宋咸淳刊本　[35]・下・51
　宋刊元修本　[11]・三十九・
　16
　宋刊配明本　[8]・子一・232
　元刊本　[9]・六・6、8
　元覆宋刊本　[92]・三・80
　元末明初刊本　[22]・四・10
　明刊本　[93]・十三・10
　明成化依宋咸淳刊本　[91]・
　　十五・12
　寶誥堂刊本　[74]・三・4
朱子語類大全一百四十卷
　見《朱子語類》
朱子語類四纂五卷　清李光地編
　文貞全集本　[96]・三十六・
　681
朱子詩集十二卷
　見《朱文公詩集》

223

朱子詩集傳二十卷
　見《詩集傳》
朱子詩傳纂集大成二十卷
　見《詩集傳》
朱子讀書法四卷　宋張洪、齊熙
　編
　舊抄本　[11]・四十一・9
　[28]・六・9
朱子實紀十二卷　不著撰人
　明正德刊本　[3]・8
朱子大全一百卷
　見《朱文公文集》
朱子本義十二卷　不著撰人
　宋刊本　[24]・經一・9
朱子成書不分卷　元黃瑞節輯
　元刊本　[8]・子一・234
朱子成書十卷　元黃瑞節輯
　元刊本　[2]・三・5　[93]・
　十三・10
　元至元元年(1335)新書堂刊本
　[66]・目錄8
朱子感興詩注一卷　宋朱熹撰
　日本刊本　[11]・八十五・8
　[75]・五十五・29
朱子感興詩注一卷附武夷櫂歌注
　一卷　宋朱熹撰
　日本佚存叢書活字本　[74]・
　四・26
　舊抄本　[91]・三十・7
朱子晚年定論二卷　孫退谷撰
　抄本　[20]・四・22
朱子晚年全論八卷　清李紱編
　清刊本　[71]・子・儒家・12
朱子學歸二十三卷　清鄭端輯
　清刊本　[39]・己・37
朱子學的　明邱濬輯
　刊本　[39]・己・9
朱子全書六十六卷　清李光地等
　輯
　清刊本　[71]・集・宋別・37
　清武英殿刊本　[96]・三十
　七・703
朱子年譜四卷考異四卷附錄二卷
　清王懋竑纂

粵雅堂刊本　[74]・二・28
白田草堂刊本　[75]・二十
　一・19
朱子小學書　宋朱熹撰
　元刊殘本　[35]・下・50
20朱秉器集八卷　明朱夢震撰
　刊本　[39]・癸下・8　[71]・
　集・明別・94
23朱參軍畫象題詞一卷　朱允文撰
　抄本　[57]・325
24朱先生詩集三卷
　見《雲松巢詩集》
朱先生經濟文衡前集二十五卷後
　集二十五卷續集二十二卷　宋
　滕珙編
　明正德四年(1509)刊本
　[71]・集・宋別・40
朱先生經濟文衡前集二十五卷後
　集二十五卷續集二十五卷　宋
　滕珙編
　明刊本　[11]・四十・10
朱先生遺稿十卷附錄一卷補遺二
　卷
　見《朱先生餘稿》
朱先生感興詩注一卷
　見《朱子感興詩注》
朱先生感興詩通一卷　宋朱熹撰
　明刊本　[93]・二十一・13
朱先生餘稿十卷　宋朱長文撰
　刊本　[24]・集一・21
　[39]・壬・9
　盧抱經抄校本　[91]・二十八・
　12
　校本　[61]・五・5
　明依宋抄本　[91]・二十八・
　12
　舊抄本　[16]・三十・30
　傳抄本　[59]・六・21
朱先生餘稿十卷附錄一卷　宋朱
　長文撰
　清康熙刊本　[75]・五十四・
　12
　刊本　[74]・四・19
　影宋抄本　[84]・二・31

張立人抄本　[11]・七十七・
　17　[22]・十一・20
朱先生餘稿十卷附錄一卷補遺二
　卷　宋朱長文撰
　影宋抄本　[35]・附・3
　抄本　[71]・集・宋別・17
朱侍講行狀一卷
　見《朱文公行狀》
朱勉齋詩集一卷　明朱夏撰
　抄本　[71]・集・明別・28
28朱倣詩一卷　唐朱倣撰
　宋刊本　[14]・四中・385
30朱宗良集十二卷　明朱多熿撰
　刊本　[71]・集・歷代帝王
　別・4
31朱福州集六卷　明朱豹撰
　刊本　[71]・集・明別・68
朱福州集八卷　明朱豹撰
　刊本　[39]・癸上・42
32朱灣集一卷　唐朱灣撰
　宋刊本　[41]・十九・10
33朱梁興創遺編二十卷　梁馮翊撰
　宋刊本　[41]・五・16
37朱淑真斷腸詩集九卷後集七卷
　見《斷腸集》
43朱朴致理書一卷　唐宋朴撰
　宋刊本　[14]・四中・408
47朱楓林集十卷　明朱升撰
　刊本　[39]・癸上・1
朱楓林集十卷附覆瓿集八卷　明
　朱升撰
　刊本　[71]・集・明別・7
60朱景元集一卷　唐朱景元撰
　宋刊本　[41]・十九・16
68朱晦菴文抄七卷　明吳訥編
　明宣德刊本　[84]・二・30
72朱氏集驗醫方十五卷　宋朱佐撰
　宋刊本　[35]・下・12
　宋刊黑口本　[4]・13
　[79]・子・醫家類・494
　宋咸淳元年(1265)刊本
　[92]・三・84
朱氏家集　不著編者
　清刊本　[88]・六・18

朱氏家禮十卷
　見《朱文公家禮》
朱氏易解五卷
　見《易解》
朱氏筆記　明朱文撰
　抄本　[53]・一・12

2590₆　紳

40紳志略一卷　明馮夢龍撰
　甲申紀事本　[85]・八・357

2591₇　純

10純正蒙求三卷　元胡炳文撰
　明刊本　[91]・二十・14
　明嘉靖二十八年(1549)胡喬刊
　　本　[26]・六・21
　舊抄本　[32]・六・7
　　[39]・丙・30
24純德彙編七卷續刻一卷　清董華
　鈞重訂、董景沛增輯
　清嘉慶七年(1802)刊本
　　[92]・二・46
26純白齋類稿二十二卷　元胡助撰
　刊本　[39]・壬・60
　抄本　[11]・一百零四・5
　　[71]・集・元別・12
76純陽真人金丹訣一卷　題呂洞賓
　撰
　宋刊本　[41]・十二・6
80純全集四卷
　見《山水純全集》

2592₇　繡

10繡雲閣八卷　清魏文中撰
　清同治八年(1869)富順縣刊本
　　[69]・五・178
31繡襦記　明薛近兗撰
　明刊本　[68]・圖版695、696、
　　目錄110
44繡鞋記警貴新書四卷　清人撰
　廣東刊袖珍本　[69]・七・209
46繡榻野史四卷　明呂天成撰
　明萬曆刊本　[69]・四・154
53繡戈袍全傳八卷　題隨園主人編

清道光咸豐間福文堂刊本
　　[69]・四・161
77繡屏緣四卷　清人撰
　坊刊本　[69]・四・144
80繡谷雜抄六卷　不著撰人
　舊抄本　[91]・十九・30
88繡餘草　白印蘭撰
　評點本　[20]・五・47

2598₆　積

00積齋集五卷　元程端學撰
　刊本　[88]・五・43
　抄本　[93]・二十二・15
　文瀾閣傳抄本　[11]・一百零
　　二・2
　傳抄本　[17]・四・33
22積山先生遺集十卷　清汪惟憲撰
　清刊本　[71]・集・國朝別・
　　38
40積古齋鐘鼎彝器款識十卷　清阮
　元撰
　原刊本　[38]・經・59
　文選樓叢書本　[96]・三十四・
　　635

續

01續語樓碑録　清魏錫曾編
　稿本　[32]・五・15　　[60]・
　　五・13
　續語堂雜抄一卷　清魏錫曾編
　魏氏寫本　[84]・三・14
28續黔縣志十二卷　明何棠撰
　刊本　[71]・史・地志・17

2599₀　秩

44秩坡先生集八卷　明黎貞撰
　刊本　[39]・癸上・7

2599₆　練

00練音集補四卷　明翟校原輯
　刊本　[39]・辛・38
50練中丞文集二卷附遺事一卷崇祀
　實紀一卷　明練子寧撰
　明成化刊本　[91]・三十五・

29
72練兵諸書十八卷　明戚繼光撰
　刊本　[39]・丁・72
　練兵實紀九卷雜集六卷　明戚繼
　　光撰
　明萬曆二十五年(1597)刊本
　　[96]・三十八・723

2600₀　白

00白鹿山房詩集十五卷　清方中發
　撰
　清刊本　[71]・集・國朝別・
　　31
　白鹿洞書院志十六卷　清廖文英
　輯
　清刊本　[39]・戊・62
　白鹿洞規條目二十卷　清王澍撰
　清刊本　[39]・己・35
　積書巖六種本　[96]・三十
　　七・709
　白齋竹里詩集六卷文略一卷　明
　張琦撰
　刊本　[39]・癸上・30
10白玉蟾先生文集六卷續集二卷
　宋葛長庚撰
　明刊本　[11]・九十一・20
　　[12]・三・25　　[93]・
　　二十一・16
　明正統臞仙刊本　[8]・集
　　二・449
　明弘治刊本　[32]・十二・26
　　[59]・六・30
　白玉蟾海瓊稿十卷　宋葛長庚撰
　明刊本　[9]・後編・十九・7
　　[11]・九十一・22
　白露山人文集二卷　明黃傳撰
　刊本　[39]・癸上・27
　白雪遺音　清華廣生輯
　清道光八年(1828)玉慶堂刊本
　　[68]・圖版574、目錄93
　白下編二卷衰晚編二卷篷宅編二
　卷湖上編二卷　清張遂辰撰
　清刊本　[71]・集・國朝別・
　　56

白石詩傳二十卷　宋錢文子撰
　宋刊本　[41]・二・17
白石丁稿一卷　宋黄景説撰
　宋刊本　[41]・二十・21
白石山房文稿十二卷　清李振裕
　撰
　原刊本　[96]・七十・1389
白石山房逸稿二卷　明張丁撰
　刊本　[24]・集二・21
　舊抄本　[11]・一百十一・16
　[71]・集・明別・5
　[91]・三十五・15
白石山房逸稿五卷　明張丁撰
　刊本　[39]・癸上・3
白石山房逸稿六卷　明張丁撰
　勞氏校抄本　[91]・三十五・
　15
白石先生詞一卷　宋姜夔撰
　毛斧季校本　[11]・一百十
　九・12
　明抄本　[19]・四十・19
　舊抄本　[11]・一百十九・13
白石先生詞五卷　宋姜夔撰
　宋刊本　[41]・二十一・15
白石道人詩集一卷　宋姜夔撰
　影宋本　[35]・上・52
　抄本　[12]・六・20
白石道人詩集二卷歌曲四卷　宋
　姜夔撰
　清乾隆八年(1743)鮑氏知不足
　齋校刊江都陳鍾輝刊本
　[26]・八・45
白石道人詩集一卷歌曲六卷別集
　一卷　宋姜夔撰
　抄本　[84]・二・31
白石道人詩集二卷集外詩一卷附
　錄一卷詩説一卷歌曲四卷別集
　一卷　宋姜夔撰
　清乾隆刊本　[71]・集・宋
　別・51
白石道人詩集二卷附錄三卷　宋
　姜夔撰
　清乾隆刊本　[75]・五十七・
　5

白石道人歌曲八卷　宋姜夔撰
　清乾隆十四年(1749)張奕樞松
　桂讀書堂刊本　[26]・
　八・46　　[68]・圖版520、
　目錄86
白石道人歌曲六卷別集一卷　宋
　姜夔撰
　清厲鶚抄本　[92]・四・161
白石道人集一卷　宋姜夔撰
　刊本　[80]・十五・19
　[83]・四・15
白石道人集三卷　宋姜夔撰
　宋刊本　[41]・二十・20
白石樵唱十卷
　見《蘗山先生集》
白雲司又稿二卷　明陳師撰
　刊本　[71]・集・明別・90
白雲集三卷　元釋英實存撰
　知不足齋抄本　[39]・壬・80
　[91]・三十三・5
　抄本　[71]・集・釋子・5
　文瀾閣傳抄本　[11]・九十
　五・5
白雲集四卷
　見《許白雲先生文集》
白雲集六卷　明陳昂撰
　刊本　[39]・癸下・28
白雲集二十卷　宋張俞撰
　宋刊本　[14]・四下・456
白雲稿二卷　明朱右撰
　明刊殘本　[13]・33
白雲稿五卷　明朱右撰
　舊抄本　[39]・壬・78
　[60]・七・9　　[74]・
　四・41　[92]・四・172
　[102]・下・37
白雲稿十一卷　明朱右撰
　舊抄本　[11]・一百十一・7
　[92]・三十五・10
白雲仙人靈草歌一卷　不著撰人
　抄本　[5]・二中・12
白雲山房集二卷　明高應冕撰
　刊本　[39]・癸下・1
白雲道者自述一卷　明張怡撰

傳抄本　[85]・二十一・948
白雲樵唱詩二卷　明王恭撰
　抄本　[39]・癸上・6
白雲樵唱集四卷附錄一卷　明王
　恭撰
　舊抄本　[11]・一百十一・19
白雲草堂詩抄三卷文抄七卷　清
　呂星垣撰
　清嘉慶八年(1803)刊本
　[26]・十三・30
12白孔六帖一百零六卷
　見《唐宋白孔六帖》
17白兔記二卷　不知撰人
　明金陵書坊唐對溪富春堂刊本
　[68]・圖版458、目錄77
　[86]・十一・10
20白香亭詩--卷　清鄧丈撰
　清咸豐十年(1860)刊本
　[26]・十四・42
白香集四卷　明沈行撰
　吳石倉抄本　[71]・集・明
　別・48
白香山詩集四十卷　唐白居易撰
　一隅草堂刊本　[38]・集・24
白香山詩集四十卷附錄年譜二卷
　唐白居易撰、清汪立名編
　清康熙四十二年(1703)刊本
　[74]・四・9
白集年譜一卷　宋何友諒撰
　宋刊本　[41]・十六・22
21白虎通　漢班固撰
　刊本　[89]・二集・五・14
　校本　[57]・192
白虎通二卷　漢班固撰
　北宋刊本　[20]・一・29
　[35]・下・28
　宋刊本　[34]・一・25
　元刊本　[29]・二・10
　[46]・16　[93]・十
　六・9
　元刊小字本　[58]・元・85
　明翻元本　[91]・十八・23
　明刊本　[91]・十八・24
　明楊祐刊藍印本　[17]・三・

20
明嘉靖元年(1522)冷宗元刊本
[17]・三・20
明嘉靖元年(1522)傅鑰刊本
[12]・四・10　[26]・
一・57
明兩京遺編本　[17]・三・20
白虎通四卷　漢班固撰
元刊本　[50]・五・27
明傅鑰刊本　[11]・五十五・
21
抱經堂刊本　[75]・四十二・
1
古今逸史本　[74]・三・47
漢魏叢書本　[74]・三・47
舊抄本　[17]・三・20
白虎通十卷　漢班固撰
宋刊本　[14]・一下・81
[41]・三・31
元刊本　[35]・上・19
[72]・19　[87]・二・
11　[93]・十六・9
[94]・三・10
元刊大字本　[11]・五十五・
18、21　[17]・三・20
[28]・續・十・4
元大德刊本　[16]・二十四・
4　[59]・一・5
白虎通二十卷　漢班固撰
元刊本　[92]・三・105
白虎通疏證　漢班固撰
許勉甫校本　[57]・193
白虎通德論十卷
見《白虎通》
白虎通日月篇五行篇　漢班固撰
明傅鑰仿元刊本　[78]・算學
書錄補注・86
白虎通義四卷
見《白虎通》
22 白嶽凝煙　清吳鎔繪
清康熙五十三年(1714)刊本
[68]・圖版719、720、目錄
113
白樂天文集三十六卷　唐白居易

撰　明正德十四年（1519）郭
勳刊本　[68]・圖版397、
目錄70
刊本　[92]・四・146
24 白先生集十四卷　宋葛長庚撰
刊本　[71]・集・黃冠・2
26 白泉家稿一卷　明汪文盛撰
舊抄本　[91]・三十七・7
27 白魚亭六十回　清黃瀚撰
清道光二十二年(1842)紅梅山
房刊本　[69]・四・146
30 白房雜興二卷　明朱袞撰
刊本　[71]・集・明別・49
白房集三卷續集三卷白房雜述三
卷　明朱袞撰
刊本　[39]・癸下・35
37 白洛原遺稿八卷　明白悦撰
刊本　[39]・癸上・53
38 白道交周解　清顧觀光撰
算賸餘稿本　[78]・算學書錄
補注・86
39 白沙子八卷
見《白沙先生全集》
白沙子全集九卷附錄一卷
見《白沙先生全集》
白沙先生至言十卷　明陳獻章撰
明刊本　[91]・十五・19
白沙先生全集　明陳獻章撰
明刊本　[36]・242
白沙先生全集八卷　明陳獻章撰
明嘉靖揚州刊本　[8]・集四・
527
白沙先生全集九卷　明陳獻章撰
明嘉靖刊本　[91]・三十六・
11
白沙先生全集二十卷　明陳獻章
撰
明正德刊本　[91]・三十六・
10
明嘉靖三十年(1551)刊本
[59]・七・14
刊本　[71]・集・明別・31
白沙先生全集九卷附錄一卷　明
陳獻章撰

明弘治刊本　[8]・集四・525
40 白圭志十六回　清崔象川撰
經綸堂刊本　[69]・四・146
白耷山人詩十一卷　明閻爾梅撰
刊本　[71]・集・明別・124
白真人集十二卷　宋葛長庚撰
刊本　[39]・壬・51
白真人集十二卷語樂一卷　宋葛
長庚撰
道藏輯要本　[75]・五十七・
19
44 白麓藏書鄭成功傳二卷
見《鄭成功傳》
白茅堂詩抄十七卷文集二十四卷
明顧景星撰
抄本　[71]・集・國朝別・5
白猿經一卷　不著撰人
抄本　[5]・三中・7
白猿經風雨占侯説一卷　明劉基
注
明弘治刊本　[78]・補遺・50
天一閣抄本　[39]・庚・66
白蘋集四卷　宋龐謙儒撰
宋刊本　[41]・十八・17
白蓮集十卷　後唐釋齊己撰
宋刊本　[41]・十九・29
汲古閣刊本　[74]・四・12
校本　[30]・七・24
明柳大中抄本　[55]・四・1
舊抄本　[5]・四中・15
白蓮集十卷附風騷旨格一卷　後
唐釋齊己撰
舊抄本　[16]・二十九・26
[92]・四・147　[93]・
十九・44
白蘇齋集二十二卷　明袁宗道撰
明刊本　[8]・集五・587
刊本　[39]・癸下・17
白華詩抄十三卷文抄五卷　清吳
省欽撰
家刊本　[26]・十二・42
白華樓文稿十一卷續稿十五卷吟
稿十卷　明茅坤撰
刊本　[71]・集・明別・82

白華樓文稿十一卷續稿十五卷吟
　稿十卷耄年録七卷　明茅坤撰
　　刊本　[39]・癸上・55
白華樓藏稿十一卷
　見《白華樓文稿》
白華樓書目　明茅坤撰
　　刊本　[25]・8
51白打要譜六卷　不著撰人
　　刊本　[5]・三中・9
67白喉證治通考一卷　清張采田
　撰
　　清光緒二十九年(1903)刊本
　　　[79]・子・醫家類・416
白鷺洲書院志二卷　明甘雨輯
　　刊本　[39]・戊・62
72白氏文集七十一卷
　見《白氏長慶集》
白氏六帖三十卷　唐白居易撰
　　北宋刊本　[11]・五十九・6
　　[22]・五・3　　[35]・
　　下・43、55　　[72]・20
　　[73]・圖版39
　　宋刊本　[3]・17　　[28]・
　　八・16　　[32]・九・3
　　[35]・下・30　　[87]・
　　一・1　　[89]・一集・
　　六・25　　[92]・三・117
　　宋紹興刊本　[54]・四・26
　　宋衢州刊本　[2]・三・32
　　明抄本　[17]・三・29
白氏六帖事類聚三十卷
　見《白氏六帖》
白氏六帖事類集三十卷
　見《白氏六帖》
白氏六帖事類添注出經三十卷
　見《白氏六帖》
白氏六帖類聚三十卷
　見《白氏六帖》
白氏諷諫一卷　唐白居易撰
　　明刊本　[93]・十九・34
　　大字刊本　[5]・四中・3
白氏事類出經六帖三十卷
　見《白氏六帖》
白氏長慶集七十一卷　唐白居易

撰
　　宋刊本　[10]・39　　[14]・
　　四中・377　　[29]・三・
　　4　　[35]・下・16、44
　　[50]・七・35　　[58]・
　　集・32、33　　[68]・圖
　　版19、目録10　　[93]・十
　　九・33　　[94]・四・3
　　宋紹興小字刊本　[2]・四・16
　　[16]・二十九・13
　　[35]・上・58
　　明仿宋刊本　[22]・六・14
　　明刊本　[9]・十・11　　[75]・
　　五十二・14
　　明董氏刊本　[60]・六・21
　　明正德八年(1513)華堅蘭雪堂
　　銅活字印本　[2]・四・16
　　[30]・二・29　　[32]・
　　十・14　　[38]・集・24
　　[68]・圖版608、609、目録
　　98　　[93]・十九・34
　　明嘉靖刊本　[30]・三・21
　　明嘉靖錢氏刊小字本　[17]・
　　四・10
　　明嘉靖十七年(1538)伍氏龍池
　　草堂刊本　[19]・18
　　明萬曆馬元調寶儉堂刊本
　　[22]・六・14　　[32]・
　　十・15　　[59]・六・13
　　刊本　[71]・集・唐別・14
　　[89]・一集・十・20
　　日本刊本　[91]・二十五・9
　　日本元和戊午那波道圓活字刊
　　本　[17]・四・10
　　[22]・六・13
　　日本應安以上刊本　[44]・
　　三・39
　　毛氏子晉、斧季合校本　[16]・
　　續・四・3
　　校宋本　[50]・七・37
　　[93]・十九・34
　　舊抄本　[22]・六・12、13
　　舊抄卷子本　[22]・六・11、
　　12

白氏長慶集七十一卷年譜一卷
　唐白居易撰
　　刊本　[5]・四上・20
白氏長慶集七十一卷年譜一卷又
　新譜一卷　唐白居易撰
　　宋刊本　[41]・十六・21
白氏策林四卷　唐白居易撰
　　明翻宋本　[17]・四・10
　　刊本　[71]・集・論・2
76白陽集不分卷　明陳淳撰
　　刊本　[39]・癸下・4　　[71]・
　　集・明別・92
77白門草二卷　明丁肇亨撰
　　明刊本　[57]・279

自

00自廣齋集十六卷　明張世偉撰
　　刊本　[39]・癸下・31
05自靖録考略八卷外編一卷　清高
　承埏撰、高佑釲補
　　清咸豐八年(1858)嘉興竹里王
　　氏槐花吟館刊本　[85]・
　　十七・732
08自論語廣注二卷　清畢憲曾撰
　　清刊本　[96]・十三・278
22自樂編十六卷附録一卷　明李豫
　亨撰
　　刊本　[71]・子・雜家・32
23自然集七卷
　見《七星先生自然集》
26自得語三十二卷　朱懷吳撰
　　刊本　[71]・子・雜家・43
30自流井風物名實說　清吳鼎立撰
　　清同治富順刊本　[68]・圖版
　　594、目録96
46自娱譜一卷　清陳曉撰
　　稿本　[96]・四十九・968
自娱堂集十卷　明俞琬綸撰
　　刊本　[39]・癸下・25
48自警編不分卷　宋趙善璙撰
　　宋刊本　[9]・後編・五・22
　　[11]・五十八・24
　　[29]・二・17　　[35]・
　　上・45　　[58]・子・90

[65]・三・48

宋端平元年(1234)刊本
　　[19]・12

元刊本　[9]・五・48

自警編五卷　宋趙善璙撰

宋刊本　[8]・子一・288

　　[17]・三・29　　[32]・
　　八・17　　[43]・三・13
　　[61]・一・3　　[93]・十
　　六・25　　[94]・三・5

自警編九卷　宋趙善璙撰

宋刊本　[74]・三・58

明刊本　[17]・三・29

明弘治刊本　[11]・五十八・
　　25

明嘉靖刊本　[11]・五十八・
　　25

明嘉靖滇南刊本　[91]・十
　　九・23

刊本　[39]・己・2　　[71]・
　　子・儒家・14

明刊校宋本　[91]・十九・23

自警編十一卷　宋趙善璙撰

宋刊本　[9]・後編・五・23

61自號錄一卷　宋徐光溥輯

刊本　[5]・三上・40

鄭大鶴手跋本　[57]・208

舊抄本　[11]・六十・16
　　[75]・四十五・19

67自鳴集六卷　宋章甫撰

文瀾閣傳抄本　[11]・八十
　　七・15

自鳴集十五卷　宋章甫撰

宋刊本　[41]・二十・18

自鳴集十六卷　宋章甫撰

刊本　[88]・五・29

78自監錄四卷　明黄淳耀撰

陶菴全集附刊本　[96]・三十
　　七・700

86自知堂集二十四卷　明蔡汝楠撰

明嘉靖刊本　[12]・四・19

刊本　[39]・癸上・51
　　[71]・集・明別・73

90自堂存稿四卷　宋陳杰撰

刊本　[88]・五・34

舊抄本　[91]・三十二・20

自堂存稿十三卷　宋陳杰撰

宋元明活字參雜本　[26]・
　　八・48

93自怡集一卷　明劉璉撰

趙氏抄本　[91]・三十五・25

舊抄本　[11]・一百十一・21
　　[39]・癸上・8

96自槐編一卷讀史偶存一卷　清汪
魁葦撰

清刊本　[71]・集・國朝別・
　　52

2610₄ 皇

00皇帝醫相馬經三卷　唐穆藎纂

宋刊本　[14]・後志・二・861

皇言定聲錄八卷　清毛奇齡撰

西河合集本　[96]・七・123

10皇王大紀八十卷　宋胡宏撰

宋刊本　[14]・五上・544
　　[41]・四・26

明刊本　[11]・二十・14
　　[75]・十六・19　　[96]・
　　十六・360

明萬曆刊本　[91]・七・6

明人依萬曆三十九年(1611)閩
　　刊抄本　[74]・二・9

明萬曆閩抄本　[102]・下・4

天一閣抄本　[39]・丁・1

皇元文類七十卷

見《元文類》

皇元聖武親征記一卷　不著撰人

張穆、何秋濤校本　[59]・四・
　　11

舊抄本　[39]・丁・28
　　[60]・四・17　　[91]・
　　八・10

皇元聖武親征錄一卷

見《皇元聖武親征記》

皇元征緬錄一卷　不著撰人

傳抄本　[17]・二・11

皇元征緬錄一卷　不著撰人　女
真招捕總錄一卷　不著撰人

芳椒堂抄本　[57]・60

皇元朝野詩集　孫存吾編

刊本　[89]・二集・八・11

皇元風雅　元蔣易編

元刊本　[29]・三・37

刊本　[89]・一集・九・40
　　[89]・二集・八・10

皇元風雅不分卷　元蔣易編

元刊本　[58]・元・140

皇元風雅二卷　元蔣易編

天一閣抄本　[39]・辛・24

皇元風雅十四卷　元蔣易編

元刊本　[9]・後編・十一・
　　20

皇元風雅三十卷　元蔣易編

元刊本　[16]・三十五・29
　　[50]・十・30　　[94]・
　　四・19

皇元風雅前集六卷　元傅習輯
後集六卷　元傅存吾輯

元刊本　[38]・集・110
　　[60]・六・13

舊刊本　[22]・六・44

影抄元刊本　[11]・一百十六・
　　12　　[91]・三十八・30

據元刊舊抄本　[34]・附・
　　一・30

舊抄本　[50]・十・30
　　[87]・四・12

皇霸文紀十三卷　清梅鼎祚輯

清刊本　[39]・辛・6

26皇侃論語十卷

見《論語集解義疏》

30皇宋詩選五十七卷　宋曾慥撰

宋刊本　[14]・四下・510

皇宋十朝綱要二十五卷　宋李燾
編

刊本　[28]・三・11

影抄宋本　[11]・二十一・7

舊抄本　[12]・五・7　　[16]・
　　九・11　　[59]・四・6
　　[74]・二・9　　[91]・
　　七・8　　[93]・九・11
　　[102]・下・4

皇宋中興兩朝聖政三十八卷　宋
　留正等編
　　宋刊殘本　[43]・二・19
皇宋中興兩朝聖政四十卷　宋留
　正等編
　　宋刊殘本　[58]・史・45
皇宋中興兩朝聖政六十三卷　宋
　留正等編
　　宋刊巾箱本　[74]・續增・史・
　　2
皇宋事實類苑六十三卷
　　見《皇朝事實類苑》
皇宋書錄三卷　宋董史輯
　　舊抄本　[39]・庚・19
　　[93]・十五・18
皇宋書錄三卷外篇一卷　宋董史
　輯
　　知不足齋叢書本　[96]・四十
　　八・935
　　精抄本　[71]・子・書畫家・2
皇宋館閣錄五卷　不著撰人
　　宋刊本　[41]・六・7
皇宋策學繩尺八卷　不著編者
　　舊抄本　[17]・四・43
皇宋策學繩尺十卷　不著編者
　　刊本　[55]・六・24
34皇祐新樂圖記三卷　宋阮逸、胡
　瑗撰
　　宋刊本　[14]・後志・一・762
　　[41]・十四・4
　　學津討原本　[96]・七・112
　　影抄宋刊本　[5]・一下・2
　　[11]・十一・7　[16]・
　　六・13　[35]・上・6
　　[93]・六・13
　　舊抄傳摹影宋本　[74]・一・
　　47
　　汲古閣照宋刊抄本　[39]・
　　丙・22
　　影元本　[32]・二・12
　　舊抄本　[1]・上・2　[20]・
　　三・19　[32]・二・12
　　[75]・八・8
　　舊抄大字本　[102]・下・3

皇祐平蠻記一卷　宋馮炳撰
　　宋刊本　[14]・二下・162
皇祐平蠻記二卷　宋馮炳撰
　　宋刊本　[41]・七・22
皇祐樂府奏議一卷　宋胡瑗撰
　　宋刊本　[41]・十四・4
皇祐樂記三卷
　　見《皇祐新樂圖記》
皇祐會計錄六卷　宋田況等撰
　　宋刊本　[14]・二下・157
　　[41]・五・34
皇祐簡要濟衆方五卷　不著撰人
　　北宋國子監刊本　[7]・中・
　　43
35皇清職貢圖九卷　清董誥等編
　　清乾隆二十六年(1761)刊本
　　[64]・62
皇清開國方略三十二卷　清阿桂
　等撰
　　文瀾閣傳抄本　[96]・十六・
　　370
41皇極經世衍數前集五十五卷　宋
　邵雍撰
　　刊本　[5]・三上・9
皇極經世秘鈐一卷　宋祝泌撰
　　明抄本　[75]・三十八・16
皇極經世解觀物篇十一卷起數訣
　起數例一卷　宋祝泌撰
　　舊抄本　[91]・十七・5
皇極經世解起數訣一卷　宋祝泌
　撰
　　抄本　[39]・己・4
皇極經世索隱二卷　宋張行成撰
　　抄本　[74]・三・29　[102]・
　　下・17
　　文瀾閣傳抄本　[11]・四十
　　九・6
皇極經世觀物外篇衍義九卷　宋
　張行成撰
　　明抄本　[75]・三十八・15
　　文瀾閣傳抄本　[11]・四十
　　九・7
皇極經世觀物篇解六十二卷　宋
　邵雍撰

　　刊本　[5]・三上・9
皇極經世觀物篇解五卷皇極經世
　鈐一卷指掌圖一卷聲音韻譜一
　卷起例一卷附錄二卷　宋祝泌
　撰
　　刊本　[28]・九・10
皇極經世書十卷　宋邵雍撰
　　明刊本　[9]・九・5
皇極經世書十二卷　宋邵雍撰
　　宋刊本　[14]・一上・22
　　[41]・九・10
　　明刊本　[11]・四十九・6
　　明正統道藏本　[11]・四十
　　九・6
　　刊本　[96]・四十六・885
皇極經世書十二卷觀物篇二卷
　宋邵雍撰
　　明刊抄配本　[91]・十七・4
皇極經世書十二卷敍篇系述二卷
　宋邵雍撰
　　宋刊本　[41]・一・18
皇極經世書卦元元集五卷　宋邵
　雍撰
　　明抄本　[91]・十七・5
皇極經世指要二卷　不知撰人
　　宋刊本　[14]・五上・524
皇極經世節要　元周爽撰
　　抄本　[39]・己・7
皇極通變四十卷　宋張行成撰
　　影宋抄本　[11]・四十九・7
　　[28]・續・九・20
　　[32]・七・4　[91]・
　　十七・5
　　影南宋蜀刊本　[35]・上・11
　　抄本　[39]・甲・3
44皇苓曲一卷　宋鄧林撰
　　舊抄本　[11]・九十一・2
　　[75]・五十七・12
皇華集二卷　明郎中艾撰
　　刊本　[88]・六・9
　　明藍格抄本　[32]・十五・23
皇華紀聞四卷　清王士禎撰
　　漁洋書述本　[96]・六十五・
　　1297

47皇朝方域志二百卷　宋王希先撰

　　宋刊本　[41]・八・15

　皇朝文衡一百卷　明程敏政編

　　明正德刊本　[12]・三・35

　皇朝文鑑一百卷　宋呂祖謙編

　　宋刊本　[28]・續・十四・2

　皇朝文鑑一百五十卷　宋呂祖謙
　　編

　　宋刊本　[32]・十五・6
　　　[35]・上・55　　[41]・
　　　十五・16　　[93]・二十
　　　三・22　[94]・四・10

　　宋刊大字本　[11]・一百十三・
　　　16

　　宋端平刊本　[2]・五・31

　　宋刊元修本　[43]・四・29

　　宋刊元明修本　[60]・六・7

　　宋刊明修本　[11]・一百十三・
　　　20

　　明補宋本　[32]・十五・6

　　明刊本　[9]・後編・二十・1
　　　[12]・三・33

　　明天順嚴州翻宋刊本　[76]・
　　　十三・5　　[91]・三十
　　　八・14

　　明弘治嚴州刊本　[91]・三十
　　　八・15

　　明正德十三年(1518)慎獨齋刊
　　　本　[26]・十五・22

　　明嘉靖晉藩刊本　[26]・十五・
　　　23　　[30]・三・32
　　　[34]・附・一・29
　　　[91]・三十八・15
　　　[97]・一・22

　　刊本　[89]・一集・九・27

　　舊抄本　[16]・三十五・8
　　　[50]・十・9　　[93]・二
　　　十三・23

　皇朝諡法考四卷續一卷補編一卷
　　歙鮑康輯

　　精抄本　[75]・二十九・10

　皇朝五禮精義注十卷

　　見《政和五禮精義注》

　皇朝百族譜四卷　宋丁維皐撰

宋刊本　[41]・八・4

皇朝武功紀盛四卷　清趙翼撰

　湛貽堂刊本　[96]・十七・382

皇朝經解不分卷　清臧庸撰

　刊本　[96]・二・39

皇朝經世文編一百二十卷總目二
　卷　清賀長齡輯、魏源編

　清刊本　[74]・四・68

皇朝經世文抄三十卷　清陸耀編

　清同治金陵錢氏刊本　[64]・
　　66

皇朝編年備要二十卷　宋陳均輯

　宋刊本　[10]・14

皇朝編年備要三十卷　宋陳均輯

　宋刊本　[10]・14　　[35]・
　　上・9、10　　[74]・二・
　　10

　宋刊抄補本　[58]・史・39

　類元刊本　[92]・二・36

　影抄宋刊本　[1]・上・23

　展硯齋抄本　[91]・七・8

　舊抄本　[12]・五・7　　[32]・
　　三・9　　[96]・十六・364

皇朝編年備要十五卷補刊編年備
　要五卷　宋陳均輯

　宋刊本　[35]・上・10

皇朝編年備要二十五卷補刊編年
　備要五卷　宋陳均輯

　宋刊本　[11]・二十一・8
　　[58]・史・38　　[72]・14

　宋紹定二年(1229)刊本
　　[28]・三・7　　[70]・八
　　下・1　　[73]・圖版29

　影抄宋刊本　[11]・二十一・
　　14　　[16]・九・12
　　[93]・九・12

皇朝編年備要二十九卷中興編年
　備要十卷　宋陳均輯

　宋刊本　[14]・五上・550

皇朝編年綱目備要三十卷

　見《皇朝編年備要》

皇朝編年舉要三十卷備要二十卷
　中興編年舉要十四卷備要十四
　卷　宋陳均輯

宋刊本　[41]・四・31

皇朝仕學規範四十卷　宋張鎡編

　宋刊本　[29]・二・17
　　[38]・子・57　　[50]・
　　四上・15

　宋淳熙三年(1176)刊本
　　[34]・一・26　　[35]・
　　下・29

　明刊本　[16]・二十五・10
　　[57]・203

　刊本　[39]・己・6　　[88]・
　　續・12

　影宋抄本　[102]・下・22

　依宋抄本　[91]・十九・22

　舊抄本　[11]・五十八・22
　　[32]・八・16　　[74]・
　　三・58

皇朝名臣言行錄三卷　宋朱熹撰

　宋刊巾箱本　[17]・二・13

　仿宋刊本　[80]・八・10

皇朝名臣言行錄前集十卷後集十
　四卷　宋朱熹撰

　元刊本　[9]・五・46

皇朝名臣言行錄前集十卷後集十
　四卷　宋朱熹撰　續集八卷別
　集十三卷外集十七卷　宋李幼
　武撰

　明張采彙刻本　[9]・後編・十
　　五・2、3

　刊本　[39]・戊・10

　洪氏影宋刊本　[75]・二十
　　二・5

　依明刊抄本　[74]・二・30

皇朝名臣言行錄前集十二卷　明
　徐咸輯

　刊本　[39]・戊・16

皇朝名臣言行錄前集十二卷後集
　十二卷續集八卷　明徐咸輯

　明刊本　[91]・九・19

皇朝名臣經濟錄五十三卷　明黃
　訓輯

　明嘉靖刊本　[12]・四・7
　　[96]・二十一・440

皇朝名臣奏議一百五十卷

見《國朝諸臣奏議》

皇朝治蹟統類七十三卷
　見《皇朝太平事蹟統類》

皇朝禮器圖説二十八卷　清官修
　清武英殿刊本　[96]・二十
　九・564

皇朝禮器圖式十八卷　清官修
　清乾隆刊本　[64]・續・86

皇朝通鑑長編紀事本末一百五十
　卷　宋楊仲良撰
　舊抄本　[11]・二十二・14
　[16]・十・4　　[91]・
　七・16

皇朝大事記九卷中興大事記四卷
　宋呂中撰
　舊抄本　[16]・二十・7

皇朝大事記九卷附録一卷中興大
　事記四卷附録一卷　宋呂中撰
　影抄宋刊本　[11]・三十八・
　16

皇朝大事記講義二十三卷　宋呂
　中撰
　舊抄本　[16]・二十・5
　[39]・丁・10　　[74]・
　二・80　　[93]・十二・
　21

皇朝大事記講義二十四卷　宋呂
　中撰
　舊抄本　[102]・下・14

皇朝大事記講義二十五卷　宋呂
　中撰
　舊抄本　[32]・五・16

皇朝大事記講義二十七卷　宋呂
　中撰
　刊本　[53]・一・7

皇朝大事記講義二十三卷中興講
　義一卷　宋呂中撰
　影元抄本　[91]・十四・21
　文珍樓抄藏本　[96]・三十
　五・647

皇朝大事記講義九卷中興大事記
　四卷附録一卷　宋呂中撰
　影抄宋刊本　[28]・五・20

皇朝大臣諡迹録四卷　明邵晉涵

編
　鳴野山房抄本　[91]・十三・
　18
　傳抄本　[60]・四・36

皇朝太平治蹟統類七十三卷　宋
　彭百川撰
　宋刊本　[41]・五・36

皇朝太平治蹟統類前集不分卷
　宋彭百川撰
　抄本　[96]・十九・414

皇朝太平治蹟統類前集二十四卷
　宋彭百川撰
　藝海樓顧氏傳抄本　[74]・
　二・18

皇朝太平治蹟統類前集三十卷
　宋彭百川撰
　校本　[61]・五・1
　朱竹垞抄本　[91]・八・9
　玉玲瓏閣抄本　[32]・三・12
　舊抄本　[11]・二十四・24
　[102]・下・6

皇朝太平治蹟統類前集四十卷
　宋彭百川撰
　曝書亭抄本　[39]・丁・51

皇朝中興大事記講義二十三卷
　見《皇朝大事記講義》

皇朝中興繫年要録節要十卷　不
　著撰人
　宋乾道刊殘本　[2]・二・10

皇朝事實類苑二十六卷　宋江少
　虞撰
　宋刊本　[41]・十四・24

皇朝事實類苑六十三卷　宋江少
　虞撰
　影宋抄本　[28]・九・14
　舊抄本　[11]・五十八・20
　[16]・二十五・8
　[39]・丁・52　　[93]・
　十六・25

皇朝事實類苑七十八卷　宋江少
　虞撰
　日本翻宋麻沙本　[91]・十
　九・22
　日本元和活字本　[3]・26

　[17]・三・29　　[59]・
　五・12
　傳録日本元和活字本　[8]・
　子一・287

皇朝事類樞要二百五十卷　宋張
　和卿編
　宋刊本　[41]・五・37

皇朝本紀二卷　不著撰人
　明抄本　[75]・十九・15

皇朝末造録二卷
　見《皇明末造録》

皇朝典章　不知撰人
　抄本　[39]・丁・56

皇朝馬政紀十二卷　明楊時喬撰
　明萬曆二十四年(1596)南京太
　常寺刊本　[67]・第五
　册・83
　刊本　[39]・丁・73

皇朝殿閣大臣年表十六卷　明許
　重熙撰
　明刊本　[60]・四・36

皇朝輿地略重訂二卷　清李兆洛
　撰、馮焌光增
　清刊本　[74]・二・42

皇朝類苑六十三卷
　見《皇朝事實類苑》

50皇貴妃並親王等薨逝典禮檔　不
　著撰人
　抄本　[74]・二・65

53皇甫司勳集二十五卷　明皇甫访
　撰
　刊本　[39]・癸上・61
　[71]・集・明別・85

皇甫司勳集六十卷　明皇甫访撰
　明嘉靖刊本　[12]・四・19
　明萬曆三年(1575)刊本
　[76]・十四・39　　[91]・
　三十七・14

皇甫御史詩集一卷
　見《皇甫曾詩集》

皇甫補闕詩二卷
　見《皇甫冉詩集》

皇甫湜文六卷
　見《皇甫持正集》

皇甫冉詩集一卷　唐皇甫冉撰
　宋刊本　[14]·四上·358
　[41]·十九·7
皇甫冉詩集二卷　唐皇甫冉撰
　宋陳氏書棚刊本　[2]·四·7
　明正德依宋刊本　[91]·二十
　四·20
皇甫冉詩集三卷　唐皇甫冉撰
　明刊本　[36]·207
　明活字本　[3]·21
皇甫冉詩集七卷　唐皇甫冉撰
　明刊本　[93]·十九·19
皇甫持正集六卷　唐皇甫湜撰
　宋刊本　[14]·四中·383
　[33]·集·18　[41]·
　十六·23
　宋蜀刊本　[2]·四·11
　汲古閣刊本　[74]·四·8
　刊本　[21]·一·35　[39]·
　辛·51
　曹夢山校毛本　[75]·五十
　二·9
　校毛本　[16]·二十九·11
　校本　[93]·十九·26
　傳抄毛刊本　[60]·六·22
　舊抄本　[38]·集·19
　[71]·集·唐別·12
　[93]·十九·26　[101]·
　中·7
皇甫持正集十卷　唐皇甫湜撰
　抄本　[5]·四上·23
皇甫曾詩集一卷　唐皇甫曾撰
　宋刊本　[41]·十九·7
　明正德依宋刊本　[91]·二十
　四·20
　明刊本　[36]·207　[93]·
　十九·19
皇甫少玄集二十六卷外集十卷
　明皇甫汸撰
　明刊本　[60]·七·10
　明嘉靖刊本　[26]·九·25
　[92]·四·179
皇甫少玄外集十卷　明皇甫汸撰
　刊本　[39]·癸上·61

[71]·集·明別·85
67皇明文衡九十八卷　明程敏政編
　明刊本　[11]·一百十七·18
皇明文衡一百卷　明程敏政編
　明嘉靖刊本　[91]·三十九·
　9
皇明文徵七十二卷　明何喬遠輯
　刊本　[39]·辛·5
皇明文範六十八卷　明張時徹編
　明刊本　[30]·二·36
皇明詩選十三卷　明陳子龍、李
　雯、宋徵輿撰
　明崇禎十六年(1643)刊本
　[8]·集六·614　[26]·
　十五·40　[76]·十
　三·26
　抄本　[36]·265
皇明誥制八卷　明霍韜編
　刊本　[39]·丁·57
皇明誥敕二十一卷　不著撰人
　明嘉靖刊本　[32]·四·1
皇明諸司廉明奇判公案傳二卷
　題明余象斗編
　明建安書林鄭氏萃英堂刊本
　[69]·三·112　[77]·
　六·186
皇明諸司公案傳六卷　題明余象
　斗編
　明萬曆三台館刊本　[69]·三·
　112　[77]·六·185
皇明詞林人物考十二卷　明王兆
　雲撰
　刊本　[39]·戊·18
皇明詔令二十一卷　不著編者
　刊本　[39]·丁·56
皇明二祖十四宗增補標題評斷實
　紀二十七卷　明陳仁錫輯
　明刊本　[85]·一·40
皇明三元考十四卷　明張宏道、
　張凝道輯
　述古堂抄本　[39]·丁·68
皇明三元考十四卷附科名盛事
　明張宏道、張凝道輯
　明刊本　[60]·四·34

[91]·十三·17
皇明疏議輯略三十七卷　明張瀚
　纂
　明刊本　[91]·八·23
皇明疏抄七十卷　明孫旬撰
　刊本　[71]·集·奏議·4
皇明兩朝疏抄十二卷　不知撰人
　刊本　[39]·辛·12
皇明兩朝疏抄二十卷　不知撰人
　抄本　[71]·集·奏議·3
皇明西江詩選十卷　明韓陽編
　明景泰刊本　[91]·三十九·
　10
皇明百家文範八卷　明王乾章編
　明刊本　[32]·十五·21
　明萬曆刊本　[91]·三十九·
　20
皇明百大家文選十六卷　明楊起
　元編
　明刊本　[32]·十五·21
皇明功臣封爵考八卷　明鄭汝璧
　輯
　刊本　[39]·丁·60
皇明珠玉八卷　明王諤輯
　刊本　[39]·辛·27
皇明政要二十卷　明婁諒撰
　刊本　[39]·丁·36
皇明制書二十卷　明官修
　明刊本　[92]·二·69
　明萬曆大名府刊本　[3]·12
皇明獻徵錄一百二十卷
　見《獻徵錄》
皇明獻寶三十九卷　明袁裒臺撰
　明抄本　[57]·85
　明藍格抄本　[2]·二·26
皇明傳信錄六卷　不著撰人
　明抄本　[21]·一·7
皇明傳信錄七卷　不著撰人
　抄本　[39]·丁·37
皇明象胥錄八卷　明茅瑞徵撰
　刊本　[39]·戊·66
皇明名臣言行錄前集十二卷
　見《皇朝名臣言行錄前集》
皇明名臣琬琰錄二十四卷後錄二

十二卷　明徐絃輯
　刊本　[39]・戊・16

皇明名臣琬琰録二十四卷後録二
　十二卷續録八卷　明徐絃輯
　明刊本　[91]・九・20

皇明名臣像圖　明吳大有撰
　刊本　[39]・戊・16

皇明紀略四卷　明皇甫録撰
　刊本　[39]・丁・37

皇明從信録四十卷　**明陳建輯**
　明萬曆四十八年(1620)刊本
　　[85]・一・37

皇明定保録　明趙元祉撰
　抄本　[39]・丁・30

皇明遺民録七卷　朝鮮人撰
　抄本　[85]・十七・763
　北京大學影印朝鮮抄本
　　[85]・十七・763

皇明祖訓　明官修
　抄本　[39]・丁・56

皇明通紀述遺十二卷　明卜世昌
　撰
　刊本　[39]・丁・**8**

皇明通紀輯要二十四卷　明陳建
　輯
　朝鮮活字本　[85]・一・39

皇旷資治通鑑八卷　明陳建撰
　明萬曆四十年(1612)書林余仙
　　源刊本　[68]・圖版449、
　　450、目録76

皇明資治通鑑八卷後編　明陳建
　撰
　明刊本　[92]・二・**38**

皇明啓運録八卷　明陳建輯
　明刊本　[91]・七・18

皇明十六朝廣彙記十八卷　明陳
　建輯、陳龍可補
　明天啓崇禎間友石居刊本
　　[85]・一・38

皇明九邊考十卷　明魏煥撰
　明嘉靖刊本　[3]・10

皇明大政記三十六卷　明朱國禎
　撰
　明刊本　[32]・三・**20**

皇明大政記三十六卷　明雷禮撰
　舊抄本　[74]・二・10
　[102]・下・5

皇明大政纂要　明譚希思撰
　抄本　[39]・丁・8

皇明大儒王陽明先生出身靖難録
　三卷　明馮夢龍撰
　日本刊本　[69]・二・60

皇明太學志十二卷　明郭鎜纂
　明刊本　[91]・十三・4

皇明寺觀志一卷　不著撰人
　明抄本　[91]・十二・9
　抄本　[71]・史・地志・84

皇明英烈傳六卷　不知撰人
　明刊本　[69]・二・57

皇明世法録九十二卷　明陳仁錫
　纂
　明崇禎刊本　[85]・一・57

皇明相業軍功考二卷　明沈夢熊
　輯
　刊本　[39]・戊・16

皇明中興聖烈傳五卷　明樂舜日
　撰
　明刊本　[69]・二・66
　　[77]・三・86
　明崇禎刊本　[85]・二十四・
　　1062

皇明史竊一百零七卷　明尹守衡
　撰
　刊本　[39]・丁・12

皇明蕭皇外史四十六卷　明范守
　己編
　明抄本　[91]・八・14
　明天一閣抄本　[57]・62
　明呂新吾黑格抄本　[2]・二・
　　21
　抄本　[53]・一・8

皇明書四十五卷　明鄧元錫撰
　刊本　[39]・丁・12

皇明書畫史四卷　明劉璋撰
　抄本　[39]・庚・23

皇明表忠記十卷　明錢士升撰
　刊本　[39]・丁・33

皇明末造録二卷　金鑪編

藏園傳抄順德李氏藏本
　[55]・一・34
抄本　[85]・十一・564

皇明四朝成仁録十卷　明屈大均
　輯
　廣東叢書第二集葉氏校訂本
　　[85]・九・412
　抄本　[85]・九・412

皇明臣謚彙考二卷　明鮑應鰲纂
　明刊本　[75]・二十九・10

皇明風雅四十卷　明徐泰編
　明刊本　[60]・六・14

皇明開運英武傳八卷　不著撰人
　明萬曆十九年(1591)書林楊明
　　峯刊本　[69]・二・56
　　[77]・三・75

皇明開運輯略武功名臣英烈傳六
　卷
　見《英烈傳》

皇明開國功臣録三十一卷續一卷
　明黃金撰
　明刊小字本　[91]・九・17
　明正德刊本　[38]・史・51

皇明小史三十二卷　不知編者
　抄本　[39]・丁・37

77 皇輿表十六卷　清聖祖玄燁撰
　圖刊説抄本　[71]・史・地
　志・1

皇輿全覽　清揆敍等纂
　清康熙內府刊本　[67]・第五
　册・94

78 皇覽一卷　魏皇象等撰
　問經堂叢書本　[96]・六十・
　1189

88 皇鑑箋要六十卷　宋林駧撰
　明抄本　[11]・六十・11
　舊抄本　[16]・二十六・8

2620₀　伯

25 伯生詩後二卷續編一卷　元虞集
　撰
　元刊本　[92]・四・**168**

伯生詩續編三卷　元虞集撰
　元刊本　[34]・二・18

[35]・上・48　　[50]・
九・13　　[61]・二・2
元至元六年(1340)劉氏日新堂
刊本　　[68]・圖版322、
323、目録59
元至正刊本　[2]・五・4
舊抄本　[32]・十三・15
71伯牙琴一卷　宋鄧牧撰
知不足齋抄本　[39]・壬・47
舊抄本　[91]・三十二・19

2620₇ 粵

01粵謳　不知撰人
清道光刊本　[68]・圖版586、
目録95
10粵西詩載二十四卷粵西文載七十
五卷粵西叢載三十卷　清汪森
輯
清刊本　[39]・辛・44
粵西瑣記一卷　沈日霖撰
傳抄本　[32]・四・25
粵西偶記一卷　清陸祚蕃撰
說鈴初集本　[96]・二十四・
509
粵西叢載三十卷　清汪森輯
清刊本　[71]・史・地志・53
粵西金石略十五卷　清謝啓昆撰
清嘉慶六年(1801)銅鼓亭刊本
[96]・三十四・631
21粵行三志三卷　清王士正撰
清刊本　[71]・史・地志・79
粵行紀事一卷　瞿昌文撰
知不足齋叢書本　[85]・十
一・554
34粵滇紀略十卷　題九峯居士編
舊抄本　[85]・十一・556
38粵遊詩草一卷　明沈蘭先撰
抄本　[71]・集・明別・127
40粵大記三十二卷　明郭棐撰
刊本　[71]・史・地志・52
50粵中偶記一卷　明華復蠡撰
荊駝逸史本　[85]・十一・550
明季稗史本　[85]・十一・550
粵東金石略十二卷　清翁方綱撰

石洲草堂刊本　[96]・三十
四・627
57粵䡄隨筆一卷　清沈文定撰
不著版本　[56]・羣書題記・
19
70粵雅堂叢書一百二十二種　清伍
崇曜校
清刊本　[74]・三・63
77粵閩巡視略五卷　清杜臻撰
清刊本　[39]・戊・44
粵閩巡視紀略五卷附紀一卷　清
杜臻撰
原刊本　[96]・二十四・508
舊抄本　[85]・十三・632
粵風四卷蜀雅二十卷　清李調元
撰
函海本　[74]・四・69

2621₃ 鬼

35鬼遺方五卷
見《劉涓子鬼遺方》
44鬼董五卷
見《鬼董狐》
鬼董狐五卷　不知撰人
舊抄本　[17]・三・39
[32]・九・19
80鬼谷子一卷　題周鬼谷子撰
明翻宋本　[17]・三・18
明縣玅閣本　[17]・三・18
明子彙本　[17]・三・18
鬼谷子三卷　題周鬼谷子撰、梁
陶弘景注
宋刊本　[14]・三上・224
[41]・十・4
明刊本　[11]・五十五・3
清乾隆五十四年(1789)秦恩復
石研齋刊本　[26]・五・32
[96]・五十二・1029
清嘉慶十年(1805)秦恩復重刊
謙益絳雲樓抄宋本
[26]・五・32
刊本　[89]・一集・五・16
勞驪卿校秦恩復乾隆刊本
[30]・六・27

校秦恩復乾隆刊本　[101]・
中・2
鮑以文校抄本　[91]・十八・15
校明抄本　[61]・五・3
校本　[60]・二・1　[101]・
中・2
明抄本　[11]・五十五・3
徐北溟手抄本　[61]・四・2
抄本　[5]・三上・20
鬼谷子一卷外篇一卷　題周鬼谷
子撰
明刊本　[75]・四十一・7
[91]・十八・15
鬼谷子一卷外篇一卷　題周鬼谷
子撰　梁陶弘景注
明刊本　[75]・四十一・7
鬼谷四友志三卷　清楊景淐撰
文淵堂刊本　[69]・二・27

2622₇ 偶

07偶記十卷　明鄭仲夔撰
明刊本　[102]・上・25
刊本　[71]・子・小說家・23
[74]・三・80
23偶然遂紀略附後紀一卷　清張永
祺纂
清乾隆刊本　[85]・六・276

2623₂ 泉

00泉齋簡端録十二卷　王宗元編
明刊本　[91]・四・8
40泉南雜記二卷　明陳懋仁輯
刊本　[39]・戊・43
泉志四卷　宋洪遵撰
舊抄本　[32]・七・11
泉志十五卷　宋洪遵撰
宋刊本　[41]・十四・17
津逮祕書本　[74]・三・41
[96]・五十・984
抄本　[5]・二中・6
44泉坡集六卷　明王英撰
榮光樓抄本　[32]・十四・17

2624₁ 得

10得一參五七卷　清姜中真撰
　　清刊本　[39]・庚・98
26得得居士慧草一卷　宋任伯雨撰
　　宋刊本　[41]。二十二・4
　得得居士乘桴集三卷
　　見《乘桴集》
34得法志例論三十卷
　　見《春秋得法志例論》
44得樹樓雜抄十五卷　清查慎行撰
　　稿本　[32]・八・9
77得月稿八卷　元呂不用撰
　　舊抄本　[11]・一百零九・11
　　[93]・二十二・28
　得月樓書目一卷　明李鵬翀撰
　　抄本　[50]・三・46
　得月樓書目摘抄　明李鵬翀撰
　　傳抄本　[59]・五・17
80得全居士詞一卷　宋趙鼎撰
　　宋刊本　[41]・二十一・8
　　別下齋刊本　[74]・四・76
　得全居士集三卷　宋趙鼎撰
　　宋刊本　[41]・二十・10

2624₈ 儆

22儆山集一百卷　明陸深撰
　　刊本　[71]・集・明別・57
　儆山集一百卷續集十卷　明陸深撰
　　明嘉靖刊本　[74]・續增・集・10
　儆山集一百卷續集十卷外集四十卷　明陸深撰
　　刊本　[39]・癸上・32
　儆山集一百卷外集四十卷續集十卷附兼葭堂稿十卷　明陸深撰
　　明嘉靖刊本　[91]・三十七・1
　儆山外集四十卷　明陸深撰
　　明刊本　[32]・八・17
　　刊本　[71]・集・明別・58

2629₄ 保

12保孤記一卷　不著撰人
　　舊抄本　[74]・二・32
25保生碎事一卷　清汪淇撰
　　四庫存目　[79]・子・醫家類・407
　保生目錄一卷　唐韋行規撰
　　宋刊本　[14]・後志・二・830
26保和冠服圖説　明張璁撰
　　刊本　[39]・丁・70
43保越錄一卷　元徐勉之撰
　　刊本　[20]・二・23
　　曹夢山抄校本　[75]・二十二・27
　　舊抄藍格本　[60]・四・16
　　舊抄本　[11]・二十七・30
　　[39]・丁・29
　　文瀾閣傳抄本　[11]・二十七・30
66保嬰撮要十卷　明薛鎧撰
　　明嘉靖三十四年（1555）薛己刊遺書本　[79]・子・醫家類・404
　保嬰全書二十卷　明薛鎧編
　　明刊本　[32]・六・24
　保嬰金鏡錄一卷　明薛己撰
　　薛氏醫書本　[79]・子・醫家類・404
80保命集三卷　金劉守真撰
　　明成化十四年（1478）刊本　[22]・補遺・70
　　刊本　[74]・續增・子・3

2633₀ 息

00息齋集二卷　清金之俊撰
　　清刊本　[71]・集・國朝別・4
60息園集九卷　明顧璘撰
　　刊本　[39]・癸上・34
　息園存稿十四卷　明顧璘撰
　　明嘉靖刊本　[91]・三十六・30
　　刊本　[71]・集・明別・62

77息賢堂詩六卷望野樓詩五卷　清梁耕撰
　　清刊本　[71]・集・國朝別・4

2640₁ 皋

00皋亭山詩一卷　明釋正性撰
　　抄本　[71]・集・釋子・9

2641₃ 魏

00魏齋佚稿九卷　明項鼎鉉撰
　　刊本　[39]・癸下・23
　魏文靖公摘稿十卷　明魏驥撰
　　明弘治刊本　[91]・三十六・5
　魏文毅公集二十卷　清魏裔介撰
　　清刊本　[71]・集・國朝別・2
　魏文紀十八卷蜀文紀二卷吳文紀四卷　明梅鼎祚撰
　　明刊本　[11]・一百十七・20
10魏三體石經考一卷　清孫星衍輯
　　平津館刊本　[74]・二・78
　魏子敬遺集八卷　明魏學洢撰
　　明崇禎元年（1628）錢棻刊本　[85]・二十・887
24魏先生遺書十六卷
　　見《莊渠遺書》
25魏仲先草堂集二卷　宋魏野撰
　　宋刊本　[41]・二十・1
　魏仲先草堂集一卷鉅鹿東觀集二卷　宋魏野撰
　　宋刊本　[14]・四中・438
27魏叔子文集二十二卷　明魏禧撰
　　清康熙易堂刊本　[85]・二十・918
37魏鶴山集一百二十卷
　　見《鶴山先生大全文集》
　魏鶴山先生渠陽詩一卷
　　見《鶴山先生渠陽詩》
40魏志三十卷　晉陳壽撰
　　宋刊本　[92]・一・30
　　宋紹興衢州本　[57]・39
　　元刊本　[92]・一・30

50魏忠賢始末　清趙吉士撰
　遜敏堂叢書本　[85]・四・200
魏忠賢小説斥奸書不分卷　明人
　撰
　明崇禎元年(1628)精刊本
　　[69]・二・66
魏忠節公集　不知撰人
　稿本　[34]・附・一・26
魏書一百十四卷　北齊魏收撰
　北宋國子監刊本　[7]・中・24
　宋監本　[35]・上・17
　宋刊本　[17]・二・5　[18]・
　　上・9　[43]・二・11
　　[47]・44　[92]・二・
　　31
　宋眉山刊本　[36]・64
　宋刊大字本　[92]・二・32
　宋紹興刊大字本　[2]・二・5
　南宋國子監刊本　[7]・下・5
　宋刊明修本　[11]・十八・21
　　[28]・續・五・11
　　[35]・上・16
　明萬曆二十四年(1596)南京國
　　子監刊本　[74]・二・4
　　[86]・二・12　[96]・
　　十五・328
　汲古閣刊本　[74]・二・4
　清乾隆四年(1739)武英殿刊本
　　[74]・二・4　[75]・
　　十五・10
　南雍三朝本　[43]・五・11
魏書一百三十卷　北齊魏收撰
　宋刊本　[14]・二上・106
　　[41]・四・7
魏書地形志集釋三卷　題清溫曰
　鑑撰
　抄本　[28]・續・五・12
魏書地形志校錄三卷　清溫曰鑑
　撰
　稿本　[32]・三・4
67魏昭士文集十卷　清魏世傚撰
　魏興士文集六卷　清魏世傑撰
　魏敬士文集八卷　清魏世儼撰
　清刊本　[71]・集・國朝別・

30
72魏氏家藏方十卷　不知撰人
　宋刊殘本　[22]・補・67
　　[35]・上・44
78魏監磨忠記二卷　明橋李閣編
　明崇禎刊本　[85]・二十四・
　　1064
　影印本　[85]・二十四・1064
80魏公譚訓十卷
　見《丞相魏公譚訓》
魏公語錄一卷　不著編者
　宋刊本　[41]・七・16
魏公別錄四卷　宋王巖叟撰
　宋刊本　[41]・七・17
87魏鄭公諫續錄二卷　元翟思忠撰
　清武英殿聚珍刊本　[74]・二・
　　27　[96]・二十二・453
　曹夢山抄校本　[75]・二十
　　一・18
魏鄭公諫錄五卷　唐王方慶撰
　宋刊本　[41]・五・27
　明正德刊本　[11]・二十六・
　　9　[16]・十三・5
　清康熙顧嗣立刊闓邱辨圍本
　　[74]・二・26
　舊抄本　[75]・二十一・11
　　[93]・十・3
魏鄭公諫錄五卷增編一卷　唐王
　方慶撰
　舊抄本　[59]・四・11

2643_0 吳

00吳彥高詞一卷　宋吳激撰
　宋刊本　[41]・二十一・15
吳康齋集選一卷　明吳與弼撰
　刊本　[71]・集・明別・38
吳文正公詩餘一卷
　見《吳文正公詞》
吳文正公詞一卷　元吳澄撰
　影毛抄本　[61]・六・2
　精抄本　[91]・四十・26
吳文正公集一百卷　元吳澄撰
　元元統元年(1333)五世孫爐刊
　　本　[35]・下・57

　明刊本　[9]・後編・十九・
　　10
　刊本　[39]・壬・56
吳文正公集四十九卷外集三卷
　元吳澄撰
　明萬曆四十年(1612)晉江蘇宇
　　庶刊本　[59]・七・4
　　[91]・三十三・11
吳文正公集四十九卷外集三卷學
　基學統一卷　元吳澄撰
　明刊本　[93]・二十二・5
　刊本　[71]・集・元別・5
吳文正公集四十九卷外集三卷年
　譜一卷　元吳澄撰
　明宣德刊本　[17]・四・31
　明成化刊本　[8]・集三・483
吳文正公集五十卷外集三卷年譜
　一卷　元吳澄撰
　明刊本　[11]・九十六・9
吳文端公文集十六卷　明吳一鵬
　撰
　刊本　[71]・集・明別・55、76
吳文肅公文集十卷　宋吳儆撰
　刊本　[39]・壬・32
　舊抄本　[91]・三十・4
吳文肅公文集二十卷　宋吳儆撰
　元刊本　[9]・後編・十一・8
　明刊本　[91]・三十・4
　　[93]・二十一・10
　影抄明弘治本　[59]・六・26
吳文肅公集十卷棣華雜著一卷
　宋吳儆撰
　明刊本　[26]・八・35
吳文肅公文集二十卷附錄一卷棣
　華雜著一卷　宋吳儆撰
　明刊本　[11]・八十四・15
　明弘治六年(1493)十世孫雷亨
　　刊本　[8]・集二・446
　　[11]・八十四・9　[16]・
　　三十一・31　[26]・
　　八・35　[38]・集・53
　明嘉靖刊本　[17]・四・23
　明萬曆三十二年(1604)裔孫吳
　　瀛刊本　[26]・八・36

［74］·四·25　［102］·
上·30
刊本　［24］·集一·35
［71］·集·宋別·44
吳文肅公摘稿四卷　明吳儼撰
明抄本　［91］·三十六·23
04吳詩集覽四十卷附談藪二卷補注
五卷　清靳榮藩撰
原刊本　［96］·七十·1370
10吳三桂紀略一卷　不著撰人
楚之橋柳本　［85］·十五·689
辛巳叢編本　［85］·十五·689
吳正傳集二十卷附錄一卷
見《吳禮部文集》
吳正傳先生文集二十卷
見《吳禮部文集》
吳下壽山記一卷　清黃安濤、顧
沅編
稿本　［74］·四·69
吳下冢墓遺文三卷續一卷　不知
撰人
舊抄本　［51］·四·20
11吳非熊稿十卷　明吳兆撰
刊本　［39］·癸下·29
15吳融英歌詩三卷
見《唐英歌詩》
17吳丞相手錄一卷　宋吳敏撰
宋刊本　［41］·七·20
吳丞相奏議四卷　宋吳潛撰
舊抄本　［11］·二十五·20
［91］·八·19　［93］·
九·27
吳丞相奏議六卷　宋吳潛撰
刊本　［24］·集一·39
吳子一卷　周吳起撰
日本古活字本　［17］·三·5
平津館刊本　［74］·三·9
長恩書室刊本　［74］·三·9
吳子三卷　周吳起撰
宋刊本　［58］·子·20
吳子三卷　周吳起撰
宋刊本　［11］·四十二·2
［14］·三下·273　［35］·
上·47　［41］·十二·

13
抄本　［75］·三十四·2
吳兔牀日記一卷　清吳騫撰
傳抄本　［60］·四·30
吳郡樂圃先生餘稿十卷
見《朱先生餘稿》
吳郡名賢圖傳贊二十卷　清顧沅
撰
清刊本　［74］·二·32
吳郡志五十卷　宋范成大撰
宋刊本　［10］·19　［32］·
四·16　［35］·上·17
［41］·八·20　［58］·
史·90　［93］·十一·
5　［94］·二·7
宋紹定二年（1229）廣德李壽朋
刊本　［35］·上·17
［57］·96　［67］·第五
冊·37
宋刊配抄本　［16］·十六·2
［53］·一·14　［71］·
史·地志·8
汲古閣刊本　［26］·四·8
［53］·一·14　［60］·
三·1
刊本　［5］·二下·5　［39］·
戊·37
毛晉據宋覆刊本　［74］·二·
42
毛板校宋本　［16］·十六·2
校宋本　［50］·三·14
宋賓王校汲古閣刊本　［57］·
97
吳郡考二卷　明劉鳳撰
明刊本　［91］·十一·25
吳郡圖經續記三卷　宋朱長文撰
宋刊本　［10］·19　［41］·
八·20　［50］·三·12
［58］·史·78
宋紹興四年（1134）蘇州官刊本
［35］·上·17　［67］·
第五冊·12
校宋本　［50］·三·13
［93］·十一·5

黃堯圃校清乾隆刊本　［8］·史
三·178
明抄本　［26］·四·6
翁文恭師抄本　［55］·二·1
舊抄本　［16］·十六·1
［20］·三·15　［38］·
史·68　［39］·戊·37
［50］·三·14　［71］·
史·地志·29　［74］·
二·42　［75］·二十
五·1　［81］·史·6
［83］·二·12　［91］·
十一·6　［102］·下·
10
吳郡丹青志一卷　明王穉登撰
續祕笈本　［96］·四十八·943
20吳乘竊筆一卷　不知撰人
明抄本　［102］·下·9
知不足齋抄本　［74］·二·31
抄本　［71］·史·地志·31
22吳山毄音四卷　清林雲銘撰
清康熙二十三年（1684）刊本
［96］·七十·1386
吳山毄音八卷　清林雲銘撰
清刊本　［71］·集·國朝別·
56
吳山人集五卷　明吳擴撰
刊本　［71］·集·明別·92
23吳允文集一卷　宋吳浚撰
鮑淥飲校本　［11］·八十五·
21
抄本　［71］·集·宋別·60
24吳先生集十二卷附錄一卷　元吳
萊撰
元刊本　［9］·後編·十一·
15　［61］·二·2
［93］·二十二·13
明初宋璲寫刊本　［2］·五·4
明刊本　［9］·後編·十九·
13
明嘉靖翻洪武刊本　［12］·
四·16
明嘉靖元年（1522）刊本
［11］·一百零一·7

∟19]・22　[76]・十四・
　36　[91]・三十三・35
　刊本　[71]・集・元別・16
　[89]・二集・八・37
吳侍讀全集二十三卷　清吳慈鶴
　撰
　清道光七年(1827)家刊本
　[26]・十四・32
26吳自湖鎮廣記剳一卷　明吳芳撰
　舊抄本　[74]・二・33
吳伯宛先生遺墨　吳伯宛撰
　刊本　[100]・165
27吳船録二卷
　見<石湖居士吳船録>
30吳悆齋篆文論語真蹟二卷
　見<論語真蹟>
31吳江雪四卷　題蘅香草堂編
　明東吳赤綠山房刊本　[69]・
　四・133
吳江水考四卷　明沈恉撰
　抄本　[71]・史・地志・74
吳江縣志二十八卷　明徐師曾、
　沈恉撰
　明刊本　[60]・三・6
吳江縣志四十六卷　清郭琇撰
　清刊本　[71]・史・地志・15
吳江縣志五十八卷　清陳莫續輯
　清乾隆十二年(1747)刊本
　[74]・續增・史・7
吳江陸幹夫先生墓表　不知撰人
　拓本　[100]・27
32吳淵穎集十二卷
　見<吳先生集>
34吳社編一卷　明王穉登撰
　續祕笈本　[96]・六十五・1292
35吳禮部文集二十卷　元吳師道撰
　元刊本　[11]・一百零二・1
　[28]・續・十三・1
　[35]・下・58　[50]・
　九・17　[58]・元・117
　校明抄本　[54]・七・8
　舊抄本　[11]・一百零二・2
　[71]・集・元別・16
　[93]・二十二・15

吳禮部文集二十卷附録一卷
　元吳師道撰
　依宋抄本　[74]・四・37
　明抄本　[2]・五・6
　舊抄本　[16]・三十四・6
　[39]・壬・64　[91]・
　三十四・12　[102]・
　下・36
　傳抄本　[60]・七・7
吳禮部別集一卷　元吳師道撰
　校傳抄本　[61]・五・9
　舊抄本　[11]・一百十八・15
　[20]・四・14　[75]・
　六十四・18　[92]・
　四・169
吳禮部別集二卷　元吳師道撰
　清黃丕烈校舊抄本　[2]・五・
　6
　抄校本　[52]・三・12
36吳湘事迹録一卷　唐李紳撰
　宋刊本　[14]・二下・175
37吳冢遺文三卷續一卷　不知撰人
　舊抄本　[50]・十・17
38吳逆取亡録一卷　題蒼弁山樵撰
　楚之橋枳本　[85]・十五・690
　說庫本　[85]・十五・690
　清人說薈排印本　[85]・十五・
　690
吳逆始末記一卷　不著撰人
　楚之橋枳本　[85]・十五・696
　辛巳叢編本　[85]・十五・696
40吳大身先生遺集七卷卷末一卷
　明吳灝之撰
　清乾隆刊本　[85]・十九・855
吳太常殉節實録一卷　明祝淵撰
　明末刊本　[85]・十八・794
　陳萊孝藏本　[85]・十八・794
吳才老韻補五卷　宋吳棫撰
　宋刊本　[58]・經・60
吳赤溟先生文集一卷　明吳炎撰
　國粹叢書本　[85]・二十・906
吳志二十卷　晉陳壽撰
　宋刊本　[28]・二・7
　[72]・9

　宋刊單行本　[35]・下・49
　宋咸平刊本　[11]・十八・15
　[35]・下・47　[50]・
　二・4　[58]・史・17
　[70]・六・7　[73]・圖
　版21
43吳城日記三卷　不著撰人
　鉛印本　[85]・二十二・979
吳越備史　宋范坰、林禹撰
　抄本　[36]・123
吳越備史一卷　宋范坰、林禹撰
　穴硯齋抄本　[30]・五・3
吳越備史四卷　宋范坰、林禹撰
　刊本　[5]・二上・9
　黃琴六先生校本　[16]・續・
　三・8
　吳枚菴抄校本　[38]・史・62
　舊抄本　[93]・十・21
吳越備史六卷　宋范坰、林禹撰
　舊抄本　[26]・三・16
吳越備史九卷　宋范坰、林禹撰
　宋刊本　[41]・五・5
吳越備史四卷　宋范坰、林禹撰
　補遺一卷　宋錢儼撰
　清康熙刊本　[75]・二十三・
　18
　瓶花齋吳氏抄校本　[39]・
　丁・14　[91]・十・9
吳越備史四卷　宋范坰、林禹撰
　補遺一卷雜考一卷　宋錢儼撰
　抄本　[53]・一・6
吳越備史遺事五卷　宋錢儼撰
　宋刊本　[41]・五・5
吳越紀餘五卷　明錢貴撰
　知不足齋抄本　[39]・丁・13
吳越游集七卷北游編　明王叔承
　撰
　刊本　[39]・癸下・5
吳越游稿　明沈明臣、余寅、沈一
　貫撰
　刊本　[39]・辛・34
吳越春秋六卷　漢趙曄撰
　明吳琯刊本　[59]・四・6
　漢魏叢書本　[20]・二・4

[96]•二十六•521

吳越春秋十卷　漢趙曄撰

　宋刊本　[9]•後編•四•30
　　[35]•上•17

　校宋本　[83]•二•7
　　[93]•十•15

　影抄宋刊本　[16]•十四•1

　影抄本　[80]•十四•12

吳越春秋十卷　漢趙曄撰、元徐天祐音注

　元刊本　[4]•20　　[11]•二十八•6　　[28]•四•7
　　[28]•續•七•12
　　[35]•上•16　　[48]•二輯上•89　　[91]•十•3

　元大德刊本　[12]•二•7
　　[34]•附錄•一•12
　　[68]•圖版289、目錄54

　明初刊本　[16]•十四•1

　明覆元本　[11]•二十八•9
　　[26]•三•18　　[60]•四•8　　[92]•二•55

　明刊本　[9]•八•25　　[22]•三•25

　明弘治刊本　[17]•二•14

　明萬曆馮念祖刊本　[26]•三•20

　明萬曆二十九年(1601)楊爾曾刊本　[26]•三•21

　古今逸史本　[74]•二•36

　漢魏叢書本　[74]•二•36

　曹學佺手抄本　[75]•二十三•3

　舊抄卷子本　[22]•三•25

吳越春秋十二卷　漢趙曄撰

　宋刊本　[14]•二上•128

吳越春秋音注十卷
　見《吳越春秋》

吳越所見書畫錄六卷　清陸時化輯

　清乾隆四十一年(1776)陸氏懷煙閣刊本　[68]•圖版536、目錄88　　[96]•四

十八•961

　舊抄本　[60]•八•3

　精抄本　[91]•十七•22

吳越掌記集一卷　唐羅隱撰

　宋刊本　[14]•後志•二•896

44吳地記一卷　唐陸廣微撰

　宋刊本　[41]•八•20

　校本　[50]•三•12

　明抄本　[2]•二•43

吳地記一卷後記一卷　唐陸廣微撰

　明刊本　[75]•二十七•6

　古今逸史本　[74]•二•55

吳夢窗詞集不分卷
　見《夢窗詞》

吳莘畟先生集不分卷　清吳農祥撰

　抄本　[71]•集•國朝別•16

47吳均集三卷　梁吳均撰

　宋刊本　[14]•四上•333

吳匏菴文稿　明吳寬撰

　稿本　[46]•32

吳都文粹九卷　宋鄭虎臣編

　清初抄本　[2]•五•32
　　[102]•下•38

吳都文粹十卷　宋鄭虎臣編

　清康熙刊本　[75]•六十三•6

　宋蔚如抄校本　[91]•三十八•21

　抄校本　[50]•十•13

　明抄本　[9]•後編•二十•22
　　[17]•四•42

　鎮洋錢氏東臬抄本　[16]•三十五•13

　謝心傳抄本　[57]•318

　舊抄本　[11]•一百十四•16
　　[30]•七•35　　[38]•集•103　　[39]•辛•36
　　[50]•十•16　　[74]•四•61　　[93]•二十三•28

　精抄本　[32]•十五•8

吳都文粹續集五十四卷　明錢穀編

抄本　[30]•四•48

吳都文粹續集一百卷　明錢穀編

　抄本　[27]•183

吳都文粹續集五十六卷補遺一卷　明錢穀編

　稿本　[102]•下•39

　清初抄本　[2]•五•33

　舊抄本　[17]•四•42
　　[32]•十五•19　　[74]•續增•集•16　　[91]•三十九•20

吳都文粹續集五十六卷補遺二卷　明錢穀編

　舊抄本　[11]•一百十七•20
　　[39]•辛•37　　[74]•四•64

48吳梅村詩集四十卷
　見《梅村集》

50吳中水利通志十七卷　不著撰人

　明嘉靖三年(1524)安國銅活字印本　[68]•圖版622、623、目錄100

　刊本　[39]•丁•78

吳中水利全書二十八卷　明張國維撰

　清刊本　[74]•二•49

　刊本　[39]•丁•78　　[71]•史•地志•73

　抄本　[12]•五•14

吳中先賢傳略一卷　明錢磬室錄

　抄本　[92]•二•53

吳中先賢品節不分卷　清褚亨奭撰

　稿本　[84]•一•16

吳中往哲記一卷　明楊循吉撰

　刊本　[39]•戊•23

吳中七家詞　不知編者

　清刊本　[80]•十三•3

吳中花品一卷　宋李英述

　宋刊本　[41]•十•8

吳中舊事一卷　元陸友仁撰

　函海本　[74]•二•57

　舊抄本　[17]•二•18
　　[39]•戊•37　　[53]•

一 · 15　　[71] · 史 · 地
志 · 29　　[75] · 二十八 ·
6　　[91] · 十二 · 16
[93] · 十一 · 18
吳中故寔二十四卷　明楊循吉撰
刊本　[39] · 戊 · 37
吳中人物志十三卷　明張昺撰
明隆慶四年(1570)刊本
[74] · 二 · 31　　[102] ·
上 · 17
刊本　[39] · 戊 · 23
吳中金石新編八卷　明陳緯輯
刊本　[39] · 庚 · 17
吳吏部集海粟堂詩二卷東瞻集一
卷西征集一卷北游集一卷南遷
草二卷岳游草一卷秋舫篋一卷
明吳本泰撰
刊本　[71] · 集 · 明別 · 113
吳擷、粵擷、閩擷　題清郁氏撰
抄本　[71] · 子 · 小説家 · 28
吳中節公遺集四卷附年譜一卷
明吳麟徵撰
明弘光元年(1644)刊本
[85] · 三 · 144
60吳日干先生文集不分卷　明吳騏
撰
清初抄本　[2] · 五 · 22
吳邑志十六卷　明楊循吉撰
刊本　[39] · 戊 · 38
抄本　[71] · 史 · 地志 · 15
吳園張先生易解九卷
見《易解》
吳園先生周易解九卷
見《易解》
68吳吟小草三十卷　清顧志冲撰
抄本　[74] · 四 · 57
71吳長興伯集四卷　明吳易撰
國粹叢書本　[85] · 十九 · 834
72吳氏西齋目一卷　唐吳兢纂
宋刊本　[14] · 二下 · 184
吳氏遺集不分卷　明吳寬撰
抄本　[2] · 五 · 34
吳氏書目一卷　不知撰人
宋刊本　[41] · 八 · 9

吳氏墨記　明吳頤元輯
刊本　[39] · 庚 · 38
74吳陵志十卷　不著撰人
宋刊本　[41] · 八 · 26
77吳門表隱二十卷附録一卷　清顧
震濤輯
清道光刊本　[85] · 十七 · 772
吳興雜録一卷　不著編者
抄本　[12] · 五 · 33
吳興詩一卷　題宋孫氏纂
宋刊本　[41] · 十五 · 21
吳興集一卷　唐釋皎然撰
宋刊本　[41] · 十九 · 28
吳興統記十卷　宋左文質撰
宋刊本　[41] · 八 · 19
吳興備志三十二卷　明董斯張撰
明刊本　[75] · 二十六 · 22
舊抄本　[11] · 三十二 · 23
吳興絶倡四卷續集二卷　明邱吉
輯
抄本　[39] · 辛 · 32
吳興大獄記二卷　不著編者
原稿本　[85] · 十六 · 718
吳興志二十卷　宋談鑰撰
宋刊本　[41] · 八 · 19
舊抄本　[11] · 三十 · 1
[91] · 十一 · 9
傳抄本　[60] · 三 · 3
吳興藝文補四十八卷　明董斯張
輯
刊本　[39] · 辛 · 32
吳興畫上人集十卷
見《畫上人集》
吳興分類詩集三十卷　宋倪祖義
編
宋刊本　[41] · 十五 · 21
吳興掌故集十七卷　明徐獻忠輯
刊本　[39] · 戊 · 32　　[71] ·
史 · 地志 · 46
87吳敔小草十卷學古緒言二十四卷
明婁堅撰
刊本　[71] · 集 · 明別 · 108
88吳筠集十卷　唐吳筠撰
宋刊本　[14] · 後志 · 二 · 893

[41] · 十六 · 14
吳筠宗先生集十卷
見《吳筠集》
吳節愍遺集二卷　明吳易撰
清道光十三年(1833)刊本
[74] · 四 · 47　　[74] ·
續增 · 集 · 12　　[102] ·
上 · 34

2674₁　嶧

47嶧桐集文十卷詩十卷　明劉城撰
貴池二妙集本　[85] · 十九 ·
840

2690₀　和

00和唐詩四卷　明楊榮時撰
明嘉靖刊本　[32] · 十五 · 13
和唐詩鼓吹　明王勉時撰
明刊本　[15] · 3
02和劑局方五卷　不知撰人
南宋刊本　[22] · 補遺 · 54
[35] · 下 · 11
和劑局方十卷　不知撰人
舊抄本　[22] · 補遺 · 56
和劑局方十卷指南總論三卷圖經
本草一卷　不知撰人
元廬陵古林書堂刊本　[22] ·
補遺 · 56
05和靖集十卷
見《尹和靖詩集》
和靖先生詩集四卷
見《林和靖先生詩集》
10和石湖一卷　宋范成大撰、陳三
聘和
舊抄本　[16] · 三十六 · 8
[75] · 六十四 · 25
精抄本　[91] · 四十 · 12
和西谿百詠二卷附録一卷　明釋
大善撰
抄本　[71] · 集 · 釋子 · 10
和西湖百詠詩一卷　宋董嗣杲
撰、陳贄和
刊本　[5] · 四下 · 15
和西湖百詠詩二卷　宋董嗣杲

撰、陳贊和
舊抄本 [91]・三十二・15
27和名類聚抄二十卷
見《倭名類聚抄》
32和州含山張不二先生乙酉殉節紀
實一卷 明蕭雲從撰
河村集附錄本 [85]・十八・784
35和清真詞一卷 宋方千里撰
勞巽卿抄校本 [17]・四・49
舊抄本 [91]・四十・7
[101]・中・18
和清真詞一卷 宋楊澤民撰
郃公鍾室抄本 [60]・七・22
精抄本 [91]・四十・16
抄本 [10]・中・18
44和林金石錄一卷 李仲撰
影抄本 [59]・五・8
48和梅花百詠一卷 明魏克己撰
舊抄本 [91]・三十六・13
77和陶集十卷 不著撰人
宋刊本 [41]・十五・14

緝

50緝素雜記十卷
見《靖康緝素雜記》

2691₄ 程

00程文恭公遺稿三十二卷 明程文德撰
刊本 [39]・癸上・50
程文簡集二十卷 宋程大昌撰
宋刊本 [41]・十八・23
02程端明公洺水集二十六卷 宋程珌撰
明刊本 [11]・八十八・11
[93]・二十一・21
明嘉靖刊本 [12]・四・15
[38]・集・60 [71]・集・宋別・50 [91]・三十一・1 [92]・四・160
刊本 [39]・壬・33
程端明公洺水集三十卷 宋程珌

撰
明崇禎二年(1629)裔孫重刊本
[59]・六・29
10程雪樓先生集三十卷
見《程先生文集》
14程功錄四卷 清楊名時撰
楊氏全書本 [96]・三十七・710
17程子詳本二十卷 明陳龍正編
刊本 [39]・己・24
24程先生文集四卷
見《巽隱集》
程先生文集三十卷 元程鉅夫撰
元刊本 [29]・三・25
元刊明補本 [58]・元・119
明刊本 [93]・二十二・8
[94]・四・16
明洪武刊本 [11]・九十七・20 [16]・三十三・5
[17]・四・31 [28]・續・十三・7 [55]・四・27 [86]・一・7
刊本 [24]・集二・3 [39]・壬・56
影抄元刊本 [11]・九十七・26
影抄明洪武刊本 [91]・三十三・19
抄本 [71]・集・元別・5
傳抄本 [60]・七・6
程先生文集九十二卷拾遺一卷雜著十卷別集二卷 明程敏政撰
明刊本 [12]・三・30
程先生文集九十三卷拾遺一卷行素稿一卷雜著十卷別集二卷 明程敏政撰
明正德刊本 [91]・三十六・19 [92]・四・175
程侍郎遺集十卷 清程恩澤撰
粵雅堂刊本 [74]・四・57
程幼博墨苑十五卷
見《程氏墨苑》
25程仲權詩集十卷文集十二卷 明程可中撰
刊本 [39]・癸下・28

60程晏集六卷 唐程晏撰
宋刊本 [14]・四中・407
72程氏廣訓六卷 宋程俱撰
宋刊本 [41]・十・19
程氏文集十卷 宋程顥、程頤撰
明成化廣信府刊本 [11]・一百十三・4
程氏文集十二卷 宋程顥、程頤撰
宋建寧刊本 [41]・十七・18
元刊本 [32]・十五・5
刊本 [24]・集一・22
程氏雜說一卷 宋程頤撰
宋刊本 [14]・一下・82
程氏經說七卷 不著編者
實誥堂刊本 [74]・一・39
程氏外書十二卷 宋程顥、程頤撰
刊本 [39]・己・5
程氏續考古篇十卷
見《續考古編》
程氏祭禮一卷 宋程頤撰
宋刊本 [41]・六・18
程氏家塾讀書分年日程三卷 元程端禮編
元刊本 [58]・元・66
[93]・十三・13 [94]・三・9
清康熙四年(1665)三魚堂刊本
[74]・三・5
清當歸草堂刊本 [74]・三・5
清嘉慶元年(1796)重刊本
[96]・三十六・686
刊本 [39]・己・8 [71]・子・儒家・26
程氏演蕃露六卷
見《演繁露》
程氏演繁露十六卷
見《演繁露》
程氏遺書二十五卷 宋程顥、程頤撰、朱熹輯
元刊本 [9]・六・3
程氏遺書二十五卷外書十二卷
宋程顥、程頤撰、朱熹輯

抄配刊本　［71］·子·儒家·10

程氏遺書二十五卷附錄一卷　宋
程顥、程頤撰、朱熹輯
宋淳祐刊本　［2］·三·5
明成化刊本　［11］·三十九·12

程氏遺書二十五卷附錄一卷外書
十三卷　宋程顥、程頤撰、朱熹
輯
宋刊本　［41］·九·10

程氏遺書二十五卷附錄一卷外書
十二卷文集十二卷遺文一卷
宋程顥、程頤撰、朱熹輯
元刊本　［35］·上·45
［65］·三·20

程氏遺書二十五卷附錄一卷外書
十二卷經説八卷明道文集五卷
伊川文集八卷附遺文三卷　宋
程顥、程頤撰、朱熹撰
明成化刊本　［91］·十五·9

程氏考古編十卷
見《考古編》

程氏日程三卷
見《程氏家塾讀書分年日程》

程氏墨苑　明程大約輯
刊本　［39］·庚·38

程氏墨苑九卷　明程大約撰
刊本　［71］·子·雜藝術·4

程氏墨苑十二卷　明程大約撰
明刊本　［8］·子一·291

程氏墨苑十三卷　明程大約撰
明萬曆程氏滋蘭堂刊彩色套
印本　［64］·35　［68］·
圖版675、目錄108

程氏墨苑十五卷　明程大約撰
明刊本　［9］·後編·十七·
20

程氏墨苑二十卷　明程大約撰
明刊本　［11］·五十三·13

程氏墨苑二十一卷　明程大約撰
刊本　［92］·三·99

程氏墨苑二十二卷　明程大約撰
明刊本　［3］·17

程氏易傳十卷
見《易傳》

2692₂　穆

00穆齋經詁四卷　清任均撰
清道光十六年(1836)刊本
［74］·一·42

10穆天子傳一卷　晉郭璞注
顧抱冲校影宋本　［60］·四·
6

穆天子傳四卷　晉郭璞注
明嘉靖刊本　［11］·六十四·
7

穆天子傳六卷　晉郭璞注
宋刊本　［14］·二下·170
［41］·四·32
明天一閣刊本　［17］·三·37
明刊三代遺書本　［17］·三·
37
坊刊本　［34］·附·一·19
漢魏叢書本　［74］·三·81
古今逸史本　［74］·三·81
平津館刊本　［74］·三·81
［96］·六十六·1301
清顧抱冲據宋校明范欽刊本
［2］·三·38
妙道人校舊抄本　［57］·216
校本　［50］·六·30　［52］·
二·14　［65］·續·
三·74
陳氏稿本　［12］·五·36
明抄本　［17］·三·37
明叢書堂抄本　［38］·子·86
舊抄本　［16］·二十七·4
［75］·四十八·3　［93］·
十七·20

23穆參軍集三卷　宋穆修撰
宋刊本　［41］·十七·2
抄本　［12］·六·5　［20］·
五·10　［30］·四·21
［39］·壬·2　［60］·
六·28　［93］·二十·
5　［102］·下·29

穆參軍集三卷附遺事一卷　宋穆
修撰
明抄本　［32］·十一·1

清朱臥菴抄本　［2］·四·22
舊抄本　［11］·七十三·5
［16］·三十·9　［17］·
四·14　［74］·四·13
［91］·二十六·8
精抄本　［71］·集·宋別·3
［91］·二十六·8

24穆先生文集三卷
見《穆參軍集》

31穆河南集三卷
見《穆參軍集》

80穆公集三卷
見《穆參軍集》

90穆堂初稿五十卷　清李紱撰
無怒軒刊本　［96］·七十一·
1409
刊本　［71］·集·國別朝·34

穆堂別稿五十卷　清李紱撰
清刊本　［71］·集·國朝別·34

2692₇　綿

35綿津山人詩集二十二卷附楓江詞
一卷緯蕭草堂詩一卷　清宋犖撰
原刊本　［96］·七十·1379

2693₀　總

27總督四鎮奏議十卷　明王一鶚撰
明刊本　［32］·四·4

52總括夫子言仁圖一卷　宋李著撰
宋刊本　［14］·五下·695

2694₀　稗

20稗乘　明陳元允輯
刊本　［39］·庚·56

30稗官記五卷　明馬愈撰
舊抄本　［71］·子·小説家·
14　［74］·三·79
［102］·下·25

稗官志一卷　宋呂大辨撰
宋刊本　［14］·三下·265

38稗海大觀　不著編者
明刊本　［64］·續·川

稗海七十種　明商濬編
刊本　［74］·三·61

50稗史集傳一卷　元徐顯撰
　明刊本　[93]・十・10
　稗史彙編一百七十五卷　明王圻
　撰
　刊本　[39]・庚・46
64稗畦集七卷續集二卷補遺一卷詞
　一卷天涯淚填詞一卷四嬋娟填
　詞一卷外集一卷　清洪昇
　撰
　抄本　[71]・集・國朝別・25

2694₁　釋

21釋拜　不知撰人
　清刊本　[80]・十一・3
27釋疑韻寶五卷　不著撰人
　元刊本　[29]・一・8
　釋名八卷　漢劉熙撰
　宋刊本　[16]・七・6　　[35]・
　　上・30　　[41]・三・39
　明刊本　[11]・十二・8
　　[75]・九・6　　[93]・
　　七・4
　明畢效欽刊本　[60]・一・21
　明胡文煥刊本　[91]・五・5
　明嘉靖翻宋刊本　[17]・一・
　　9　[19]・2　　[22]・
　　二・30　[26]・二・51
　　[38]・經・45　　[91]・
　　五・4
　古今逸史本　[74]・一・50
　漢魏叢書本　[74]・一・50
　影抄明刊本　[17]・一・9
　釋名疏證十卷　清畢沅撰
　江刊本　[81]・經・7
　經訓堂刊本　[83]・一・10
　校清乾隆刊本　[57]・17
　釋名疏證八卷補遺一卷　清畢沅
　撰
　經訓堂刊本　[74]・一・51
30釋宮小記一卷　清程瑤田撰
　通藝錄本　[96]・六・98
　釋宗泐全室集八卷
　見《全室集》
36釋迦方志三卷　唐釋道宣撰

明支那本　[16]・二十八・8
釋迦譜十卷
　見《釋迦氏譜》
釋迦氏譜十卷　唐釋僧祐撰
　宋刊本　[14]・後志・一・812
　明支那本　[16]・二十八・1
44釋草小記二卷　清程瑤田撰
　通藝錄本　[96]・五十一・
　　1019
50釋蟲小記一卷　清程瑤田撰
　通藝錄本　[96]・五十一・
　　1020
釋書品次錄一卷　不著撰人
　宋刊本　[41]・八・11
72釋氏要覽三卷　宋釋道誠撰
　日本刊本　[60]・二・13
　　[76]・十六・5
　活字刊本　[22]・五・20
　刊本　[89]・一集・十一・15
釋氏要覽十卷　宋釋道誠撰
　宋刊本　[14]・三下・314
釋氏稽古略四卷　元釋覺岸寶洲
　編
　元刊本　[11]・六十五・22
　　[16]・二十八・14
　　[32]・九・21　　[58]・
　　元・101　　[93]・十八・
　　6　[94]・三・12
　元至正刊本　[43]・三・52
釋氏稽古略四卷　元釋覺岸寶洲
　編　續集三卷　明釋幻輪編
　明刊本　[75]・四十九・23
釋氏稽古略續集三卷　明釋幻輪
　編
　明刊本　[74]・續增・子・9
釋氏通鑑十二卷
　見《歷代編年釋氏通鑑》
77釋骨一卷　清沈彤撰
　果堂全集本　[79]・子・醫家
　　類・526　　[96]・四十
　　三・806
　孔莊谷校抄本　[30]・六・5
90釋常談三卷　宋人撰
　宋刊本　[17]・三・27

明刊本　[17]・三・27
百川學海本　[96]・五十四・
　　1066
抄本　[11]・五十七・16

緝

40緝古算經一卷
　見《算經》
　緝古算經細草三卷　清張敦仁撰
　知不足齋叢書本　[96]・四十
　　五・855
　緝古算經細草一卷圖解三卷音義
　一卷　清陳杰撰
　敷文閣刊本　[96]・四十五・
　　856

繹

16繹聖傳十二卷　宋任伯雨撰
　宋刊本　[14]・一下・70
50繹史一百六十卷　清馬驌撰
　原刊本　[96]・十七・379
　重刊本　[74]・二・12
　繹史天官書附圖　清馬驌撰
　清康熙刊本　[78]・算學書錄
　　補注・99

2698₁　緹

40緹巾集二十卷　宋宋庠撰
　宋刊本　[41]・後志・二・902
74緹騎紀略一卷　不著撰人
　祕册叢説本　[85]・四・199

2710₄　墾

27墾舟圖詠　清王增金輯
　清乾隆刊本　[57]・326
　墾舟圖初稿一卷次稿一卷　清王
　璧撰
　清道光十四年(1834)刊本
　　[74]・四・55

2710₇　盤

10盤西紀遊詩一卷　清汪沆撰
　清刊本　[71]・集・國朝別・
　　44

32盤洲文集八十卷　宋洪适撰
　　宋刊本　[14]·五下·654
　　　　[36]·227　　[38]·集·
　　　　57　　[41]·十八·22
　　刊本　[24]·集一·32
　　知不足齋影宋刊抄本　[39]·
　　　　壬·25
　　影宋抄本　[8]·集二·457
　　　　[9]·四·26　　[11]·八
　　　　十七·6　　[16]·三十
　　　　一·40　　[59]·六·27
　　　　[93]·二十一·16
　　　　[95]·二·18
　　清洪振安抄本　[2]·四·39
　　舊抄本　[12]·六·18
　　　　[17]·四·24　　[30]·
　　　　四·27　　[45]·45
　　　　[71]·集·宋別·36
　　　　[91]·三十·21　　[101]·
　　　　下·5
　　傳抄本　[32]·十二·11
盤洲詞一卷　宋洪适撰
　　傳抄本　[32]·十六·10
盤洲編二卷　宋洪适等撰
　　宋刊本　[41]·十五·24
40盤古至唐虞傳二卷　明人撰
　　明書林余季岳刊本　[69]·二·
　　　　23　　[77]·三·86
80盤谷集五卷　明劉薦撰
　　舊抄本　[91]·三十六·3
盤谷集十卷　明劉薦撰
　　抄本　[11]·一百十一·21
　　　　[56]·羣書題記·44
　　　　[71]·集·明別·22
盤谷唱和前後集二卷　明劉薦撰
　　抄本　[5]·四下·17

2711₇　龜

21龜經祕訣一卷　不著撰人
　　宋刊本　[5]·三中·29
22龜峯詞一卷　宋陳經國撰
　　勞舞卿抄本　[91]·四十·21
　　舊抄本　[11]·一百二十·4、5
龜山經説八卷　宋楊時撰

宋刊本　[41]·三·33
龜山先生語録四卷　宋楊時撰
　　宋刊本　[14]·五下·688
　　天台吳建福建刊本　[36]·164
龜山先生語録五卷　宋楊時撰
　　宋刊本　[41]·九·12
龜山先生語録四卷後録二卷　宋
　　楊時撰
　　宋刊本　[35]·上·43
　　　　[58]·子·88　　[93]·
　　　　十三·9　　[94]·三·1
　　元刊本　[11]·三十九·15
龜山先生集十六卷　宋楊時撰
　　明弘治刊本　[12]·三·22
　　　　[32]·十一·18　　[38]·
　　　　集·47
龜山先生集二十八卷　宋楊時撰
　　宋刊本　[41]·十八·1
龜山先生全集四十二卷　宋楊時
　　撰
　　明萬曆十九年(1591)刊本
　　　　[26]·八·32　　[32]·
　　　　十一·18　　[91]·二十
　　　　九·2
　　清刊本　[71]·集·宋別·22
　　刊本　[74]·四·22
　　抄本　[39]·壬·11
龜山別録二卷　不知撰人
　　宋刊本　[41]·九·12
龜巢集二十卷
　　見《龜巢稿》
龜巢稿不分卷　元謝應芳撰
　　舊抄本　[74]·四·37
　　　　[102]·下·36
龜巢稿十七卷　元謝應芳撰
　　舊抄本　[36]·239　　[71]·
　　　　集·明別·13　　[93]·
　　　　二十二·23
龜巢稿二十卷　元謝應芳撰
　　知不足齋抄本　[39]·壬·78
　　舊抄本　[17]·四·35
　　　　[59]·七·11
龜巢稿十七卷辨惑編四卷附一卷
　　元謝應芳撰

舊精抄本　[91]·三十四·32
龜巢稿十五卷補遺一卷　元謝應
　　芳撰
　　舊抄本　[11]·一百零七·7
　　　　[75]·六十·10
龜巢稿十五卷補遺一卷附録一卷
　　元謝應芳撰
　　清宋賓王校抄本　[2]·五·
　　　　12
龜巢摘稿三卷　元謝應芳撰
　　元抄本　[11]·一百零七·5
　　舊抄本　[50]·九·30
　　　　[71]·集·元別·28
　　　　[93]·二十二·23
28龜谿集十二卷
　　見《沈忠敏公龜谿集》
37龜洛神祕集　不知撰人
　　抄本　[1]·下·48

艷

42艷婚野史四卷　題江海主人編
　　醒醉軒刊本　[69]·四·162
60艷異編四十卷續十九卷　明王世
　　貞編
　　刊本　[71]·子·小説家·19

2712₇　歸

00歸玄恭文抄七卷　明歸莊撰
　　上海國學保存會鉛印本
　　　　[85]·二十·898
　　中華書局鉛印本　[85]·二
　　　　十·898
　　傳抄本　[85]·二十·898
歸玄恭先生年譜一卷　趙經達編
　　趙氏又滿樓叢書本　[85]·十
　　　　八·799
10歸震川先生文集二十卷　明歸有
　　光撰
　　明常熟刊本　[26]·九·42
歸震川先生文集三十二卷　明歸
　　有光撰
　　明刊本　[12]·三·32
　　明萬曆刊本　[26]·九·43
　　　　[32]·十四·14

歸震川先生文集三十卷別集一卷
　明歸有光撰
　刊本　[71]・集・明別・84
歸震川先生文集三十卷別集十卷
　明歸有光撰
　清康熙十四年(1675)曾孫莊刊
　本　[26]・九・45
　[74]・四・45　　[102]・
　上・32
　盛柚堂批康熙刊本　[57]・270
歸震川先生文集　明歸有光撰
　抄本　[100]・138
歸震川先生文抄　明歸有光撰
　抄本　[100]・139
歸震川先生兔園雜抄十卷　明歸
　有光撰
　抄本　[57]・210
歸震川先生未刻集二十五卷　明
　歸有光撰
　稿本　[30]・四・39
歸震川先生未刻稿四卷　明歸有
　光撰
　抄本　[57]・271
歸震川先生年譜一卷　清孫岱撰
　三潞齋刊本　[96]・二十二・
　465
歸雲集前稿二十卷　明陳士元撰
　明萬曆刊本　[91]・三十七・
　16
歸雲別集十種七十四卷外集十種
　六十七卷　明陳士元撰
　明刊本　[26]・九・56
歸雲別集八種　明陳士元撰
　刊本　[74]・三・61
20歸季思陶菴遺稿二卷續稿二卷札
　記二卷拾遺一卷　明歸子慕撰
　舊抄本　[74]・四・45
22歸出詩話三卷　明瞿佑撰
　明洪熙刊本　[91]・三十九・35
24歸先生文集三十二卷
　見《歸震川先生文集》
30歸實齋遺集十卷　清劉梁壑撰
　校本　[57]・298
31歸潛記　清錢恂、錢稻孫撰

刊本　[36]・140
歸潛志八卷　元劉祁撰
　天一閣抄本　[39]・丁・27
　抄本　[95]・一・22
歸潛志十四卷　元劉祁撰
　鮑氏知不足齋刊本　[91]・二
　十一・13　　[96]・六十
　五・1282
　聚珍刊本　[74]・三・79
　校舊抄本　[50]・六・27
　[65]・續・三・69
　有竹堂抄本　[17]・三・36
　小山堂抄本　[91]・二十一・
　13
　舊抄本　[5]・二上・16
　[11]・六十四・2　　[16]・
　二十七・4　　[93]・十
　七・18
40歸太僕先生文集三十二卷
　見《歸震川先生文集》
歸來集六卷
　見《蘆川歸來集》
43歸求草堂詩集六卷秋山紀行集二
　卷金關攀松集一卷玉井摹蓮集
　一卷　清嚴長明撰
　清宣統三年(1911)葉德輝彙刻
　本　[26]・十二・35
44歸藏三卷　不知撰人
　宋刊本　[41]・一・4
歸蓮夢十二回　清人撰
　得月樓刊本　[69]・五・177
60歸愚文抄十二卷竹嘯軒詩抄十八
　卷　清沈德潛撰
　清刊本　[71]・集・國朝別・
　39
歸愚文抄二十卷餘集六卷詩抄二
　十卷餘集七卷矢音集四卷歸田
　集二卷台山遊草南巡詩八十壽
　言九十壽言一卷浙江通志圖說
　一卷說詩晬語一卷　清沈德潛
　撰
　清乾隆以來家刊本　[26]・十
　一・25
歸愚詩文全集六十七卷　清沈德

潛撰
　清乾隆家刊本　[26]・十・15
歸愚詞一卷　宋葛立方撰
　宋刊本　[41]・二十一・11
歸愚集十卷　宋葛立方撰
　宋刊本　[10]・45　　[29]・
　三・16　　[35]・下・33
　[50]・八・27　　[58]・
　集・83　　[68]・圖版
　141、目錄31
　校抄本　[12]・六・13
　影宋抄本　[59]・六・25
　[101]・下・5
　知不足齋抄本　[39]・壬・25
　小山堂抄本　[71]・集・宋
　別・36
　舊抄本　[11]・八十三・21、22
　[16]・三十一・26
　[17]・四・23　　[46]・
　29　　[50]・八・28
　[74]・四・25　　[75]・
　五十五・18　　[84]・二・
　30　　[91]・二十九・18
　[102]・下・32
歸愚集二十卷　宋葛立方撰
　宋刊本　[41]・十八・26
歸愚翁集二十六卷　宋鄭伯英撰
　宋刊本　[41]・十八・24
歸田詩話三卷　明瞿佑撰
　明刊本　[51]・四・22
歸田稿八卷　明謝遷撰
　刊本　[39]・癸上・21
歸田稿八卷年譜一卷　明謝遷撰
　清康熙刊本　[71]・集・明
　別・47
歸田後錄十卷　宋朱定國撰
　宋刊本　[41]・十一・25
歸田錄二卷　宋歐陽修撰
　宋刊本　[41]・十一・24
　稗海本　[74]・三・76
　學津討原本　[96]・六十四・
　1260
　抄本　[75]・四十六・13
歸田錄六卷　宋李畋撰

宋刊本　[14]・後志・二・835
歸田類稿二十四卷
　　見《張文忠公文集》
77歸開述夢　明趙滿撰
　　抄本　[39]・己・48
歸叟詩話六卷　宋王直方撰
　　宋刊本　[14]・三下・259
歸叟集一卷　宋王直方撰
　　宋刊本　[41]・二十・13

2713₂　黎

77黎居士簡易方論　黎民壽撰
　　刊本　[89]・一集・八・10

2713₆　蟊

38蟊海集一卷　明王逵撰
　　秭海刊本　[74]・三・55

蟹

08蟹譜二卷　宋傅肱撰
　　宋刊本　[11]・五十四・23
　　[17]・三・15　　[41]・
　　十・10
　　明刊本　[17]・三・15
　　明華氏刊本　[91]・十八・12
　　百川學海本　[96]・五十一・
　　1021
60蟹略四卷　宋高似孫撰
　　宋刊本　[41]・十・10
　　小山堂抄本　[39]・庚・31
　　舊抄本　[53]・二・6　　[71]・
　　子・農家・14　　[93]・
　　十六・5
87蟹錄四卷後錄四卷
　　見《晴川蟹錄》

2720₀　夕

76夕陽寮存稿　清阮旻錫撰
　　抄本　[39]・癸下・40
夕陽村詩抄一卷雲墟小稿一卷
　　李崧撰
　　傳抄本　[60]・七・13

2720₇　多

03多識編七卷　明林兆珂撰
　　刊本　[39]・甲・60
21多能鄙事三卷　明劉基撰
　　刊本　[39]・庚・83
多能鄙事十二卷　明劉基撰
　　舊抄本　[12]・五・24
　　[17]・三・7
23多稼集二卷　清奚子明撰
　　抄本　[74]・三・14　　[102]・
　　下・15
60多羅貝勒尚書致平西大將軍書
　　多羅貝勒撰
　　刊本　[85]・十五・698
　　抄本　[85]・十五・698
67多暇錄二卷　清程庭鷺撰
　　抄本　[12]・五・36

2721₀　佩

00佩文齋廣羣芳譜一百卷
　　見《廣羣芳譜》
　　佩文齋書畫譜一百卷　清孫岳頒
　　等撰
　　通行本　[96]・四十八・951
　　佩文韻府一百六十卷　清張玉書
　　等撰
　　清武英殿刊本　[96]・六十
　　二・1230
　　佩文韻府四百四十四卷拾遺一百
　　二十卷　清張玉書等撰
　　清內府刊本　[74]・三・70
　　粵東潘氏刊本　[74]・三・70
10佩玉齋類稿不分卷　元楊翮撰
　　元刊本　[5]・四上・35
　　刊本　[24]・集二・8
　　影抄元刊本　[11]・一百零
　　八・17
　　知不足齋抄本　[39]・壬・63
　　佩玉齋類稿十卷　元楊翮撰
　　抄本　[30]・四・36　　[88]・
　　五・50　　[101]・中・13
　　佩玉齋類稿十三卷　元楊翮撰
　　精抄本　[71]・集・元別・32

舊抄本　[91]・三十四・34
佩玉齋類稿十卷補遺一卷　元楊
　　翮撰
　　勞氏校本　[91]・三十四・33
22佩觿二卷　宋郭忠恕撰
　　舊抄本　[11]・十三・18
　　佩觿三卷　宋郭忠恕撰
　　宋刊本　[9]・後編・一・5
　　[9]・後編・三・29
　　[14]・一下・89　　[41]・
　　三・43　　[74]・續增・
　　經・2
　　張氏澤存堂重刊本　[20]・
　　一・22
　　刊本　[89]・一集・三・20
　　丁希曾校本　[91]・五・12
　　校影宋精抄本　[65]・一・56
　　校本　[46]・5
　　舊抄本　[74]・一・52
　　[75]・十・17　　[102]・
　　下・4
　　佩觿三卷字鑑五卷　宋郭忠恕撰
　　清何小山校張氏澤存堂刊本
　　[2]・一・32
40佩韋齋文集十六卷　宋俞德鄰撰
　　舊抄本　[11]・九十三・19
　　佩韋齋文集二十卷　宋俞德鄰撰
　　元刊本　[66]・目錄11
　　舊抄本　[11]・九十三・18
　　[17]・四・28　　[20]・
　　五・20　　[30]・四・37
　　[39]・壬・42　　[50]・
　　八・50　　[59]・六・31
　　[74]・四・32　　[91]・
　　三十二・13、14　　[102]・
　　下・34
　　佩韋齋輯聞四卷　宋俞德鄰撰
　　讀畫齋叢書本　[96]・五十
　　六・1125
　　鮑以文校舊抄本　[17]・三・
　　28
　　錢竹汀抄本　[74]・三・54
　　舊抄本　[11]・五十八・8
　　[39]・己・44　　[59]・

二・16　[91]・十九・
9　[93]・十六・22
草抄本　[102]・下・21

祖

24 祖徠文集十二卷　宋石介撰
清康熙五十五年(1716)刊本
[71]・集・宋別・7
祖徠文集二十卷　宋石介撰
宋刊本　[14]・四下・451
[41]・十七・7
日本刊本　[29]・三・32
刊本　[24]・集一・15
[39]・壬・5
校明抄本　[60]・六・29
鮑覺生校抄本　[57]・236
明抄本　[11]・七十三・18
[28]・十・13　[91]・
二十六・14
影宋抄本　[5]・四上・28
[35]・附・2　[93]・
二十・7
舊抄本　[17]・四・14
[38]・集・34　[74]・
四・14　[102]・下・
30
祖徠先生周易五卷
見《周易》

2721₂　危

40 危太樸雲林集二卷　明危素撰
刊本　[24]・集二・21
勞季言校本　[11]・一百十
一・9
舊抄本　[11]・一百十一・8、9
[20]・五・26　[74]・
四・40
危太樸雲林集二卷說學齋稿　明
危素撰
知不足齋抄本　[39]・壬・72
危太樸雲林集二卷附文不分卷
明危素撰
抄本　[102]・下・37
危太樸雲林集二卷附文四卷　明

危素撰
舊抄本　[91]・三十五・9
危太樸集四卷　明危素撰
吳志上抄本　[91]・三十五・
8
72 危氏世醫得效方二十卷
見《世醫得效方》

2721₇　倪

00 倪文毅公集二十四卷　明倪岳撰
刊本　[39]・癸上・17
倪文正公年譜四卷　清倪會鼎編
粵雅堂刊本　[74]・二・28
倪文貞公文集十七卷　明倪元璐
撰
明刊本　[74]・四・47
[85]・三・143
刊本　[102]・上・33
倪文貞公文集十七卷續編三卷奏
疏十二卷講編四卷詩集二卷
明倪元璐撰
四庫全書本　[85]・三・143
倪文僖公集三十二卷　明倪謙撰
明弘治刊本　[91]・三十六・10
倪文節言行錄三卷遺奏誌狀碑銘
諡議一卷　宋倪祖常輯
宋刊本　[41]・七・28
10 倪石陵書一卷　宋倪朴撰
影明嘉靖本　[84]・一・24
抄本　[11]・八十六・5
[74]・四・27　[102]・
下・32
倪雲林先生詩集六卷　元倪瓚撰
明萬曆刊本　[91]・三十四・
34
倪雲林先生詩集六卷外集詩一卷
元倪瓚撰
明刊本　[93]・二十二・25
刊本　[39]・壬・75
倪雲林先生詩集六卷清閟閣遺稿
十五卷　元倪瓚撰
刊本　[24]・集二・12
倪雲林先生詩集十五卷附錄一卷
元倪瓚撰

明萬曆刊本　[32]・十三・23
倪雲林先生續集詩一卷雜著一卷
雲林遺事一卷　元倪瓚撰
抄本　[71]・集・元別・23
37 倪鴻寶應集十七卷
見《倪文貞公文集》
72 倪氏兒易外儀十五卷
見《兒易外儀》
90 倪小野集八卷　明倪宗正撰
明刊本　[74]・續增・集・11
刊本　[39]・癸上・33

鼍

44 鼍藻集五卷
見《高太史鼍藻集》

2722₀　勿

00 勿齋先生文集二卷　宋楊至質撰
抄本　[71]・集・黃冠・2
文瀾閣傳抄本　[11]・九十
一・8
44 勿菴曆算書目一卷　清梅文鼎撰
清雍正原刊本　[78]・補遺・
28
知不足齋叢書本　[96]・四十
四・835
抄本　[53]・二・5　[71]・
子・曆算家・4
51 勿軒先生文集八卷
見《熊勿軒先生文集》
勿軒易學啟蒙圖傳通義七卷
見《易學啟蒙圖傳通義》

仰

46 仰觀覆矩一卷　清梅文鼎撰
兼濟堂本　[78]・算學書錄補
注・88

向

72 向氏書畫目不分卷　不知撰人
刊本　[25]・3
96 向愓齋集十卷志學後錄八卷渴露
編一卷　清向璿撰

清刊本　[71]・集・國朝別・
39

御

01御龍子雜著二十四卷　明范守己
撰
刊本　[71]・子・□家・40
22御製文集二十卷
見《明太祖御製文集》
37御選句圖一卷　宋太宗趙炅撰
宋刊本　[41]・二十二・10
44御藥院方十一卷　不著撰人
朝鮮國活字本　[22]・補遺・
72　[76]・十・22
御藥院方二十卷　元許國禎撰
元刊本　[28]・續・九・17
元至元刊本　[79]・子・醫家
類・500
50御史臺記五卷　不知撰人
宋刊本　[41]・六・4
御史臺記十二卷　唐韓琬撰
宋刊本　[14]・二下・151
[41]・六・3
御史臺故事三卷　唐李結撰
宋刊本　[41]・六・4
御史臺精舍碑題名一卷郎官石柱
題名一卷　清趙魏編
讀畫齋叢書本　[96]・三十四・
636
御史題名錄　清黃玉圃編
清刊本　[74]・續增・史・11
53御成敗式目一卷　日本北條泰時
撰
日本享祿二年刊本　[62]・圖
版159
78御覽詩一卷
見《唐御覽詩》

2722₂　修

00修文要訣三卷　五代馮鑑撰
宋刊本　[14]・四中・422
修文備史　清顧炎武輯
抄本　[87]・一・6
修文殿御覽三百六十卷　北齊祖

珽等撰
宋刊本　[41]・十四・20
唐抄卷子本　[98]・15
07修詞指南二十卷　明浦南金編
明嘉靖三十六年(1557)浦南金
刊本　[19]・9
五樂堂刊本　[96]・六十二・
1222
12修水志十卷　宋徐筠撰
宋刊本　[41]・八・36
20修辭衡鑑二卷
見《修辭鑑衡》
修辭鑑衡二卷　元王構編
刊本　[39]・庚・7
影元抄本　[17]・四・48
影元至順四年(1333)刊本
[26]・十六・19
舊抄本　[11]・一百十八・16
[50]・十・39　[74]・
四・72　[91]・三十九・
33　[93]・二十四・5
[102]・下・40
傳抄文瀾閣本　[60]・七・15
修辭指南二十卷
見《修詞指南》
37修禊閣稿二卷　明張汝元撰
刊本　[71]・集・明・78
修潔齋閒筆八卷　清劉堅輯
清刊本　[39]・己・87
[71]・子・小說家・28
43修城法式條約二卷　宋沈括等撰
宋刊本　[41]・七・35
50修史試筆二卷　清藍鼎元撰
原刊本　[96]・二十三・492
修攘通考四卷　明何鏜輯
刊本　[39]・戊・29
修攘通考六卷　明何鏜輯
刊本　[71]・史・地志・25

2722₇　角

22角山樓詩抄十五卷　清趙克宜撰
清道光刊本　[74]・四・56
40角力記一卷　宋調露子撰
傳抄本　[60]・四・27

躬

21躬行實踐錄十五卷　清柔調元撰
抄本　[39]・己・37

鄉

24鄉射禮集要一卷　明傅鼎撰
明弘治刊本　[91]・二・20
刊本　[39]・乙・10
鄉射禮儀節　不知撰人
刊本　[39]・乙・10
44鄉藥集成方　不知撰人
元刊本　[35]・下・27
刊本　[89]・一集・八・30
60鄉國紀變八種　胡慕椿輯
清抄本　[85]・二十三・1013
87鄉飲詩樂譜六卷　明朱載堉撰
樂律全書本　[96]・七・120
90鄉黨圖考十卷　清江永撰
潛德堂刊本　[96]・十三・275

2723₂　眾

10眾正標題一卷　不著撰人
祕册叢說本　[85]・四・191

象

22象山先生文集二十八卷
見《陸象山集》
象山年譜一卷　宋袁燮、李子願
輯
刊本　[39]・戊・87
象山粹言六卷　宋陸九淵撰
明嘉靖刊本　[75]・三十三・
5
24象緯彙編二卷　明韓萬鍾撰
抄本　[39]・庚・62
40象臺首末五卷　宋胡知柔編
刊本　[39]・壬・46
舊抄藍格本　[60]・四・25
舊抄本　[11]・二十七・2
[92]・二・52　[102]・
下・8
文瀾閣傳抄本　[32]・四・8
傳抄本　[74]・二・27

象臺首末五卷附錄一卷　宋胡知柔編
　　舊抄本　[91]・九・7
象爻說二卷　宋吳準齋撰
　　宋刊本　[14]・五上・525
44象彝經一卷　宋尹洙撰
　　宋刊本　[14]・三下・292
象彝神機集一卷　宋葉茂卿撰
　　宋刊本　[41]・十四・19
象林一卷　明陳蓋謨撰
　　刊本　[39]・庚・62
象林一卷附礨菴槀一卷　明陳蓋謨撰
　　明崇禎刊本　[78]・補遺・19

像

27像象述五卷
　　見《周易儀象述》
像象管見四卷　明錢一本撰
　　明刊本　[75]・二・29
像象管見五卷　明錢一本撰
　　明刊本　[91]・一・18
　　明萬曆三十二年(1604)刊本
　　　　[60]・一・3
像象管見九卷　明錢一本撰
　　刊本　[24]・經一・36

2723₄　侯

24侯先生詩集二卷文集四卷　明侯復撰
　　舊抄本　[11]・一百十一・20
　　　　[91]・三十六・5
25侯鯖錄二卷　宋趙令時撰
　　盧抱經校本　[11]・六十三・1
　　盧抱經校舊抄本　[17]・三・35
侯鯖錄八卷　宋趙令時撰
　　明刊本　[56]・羣書題記・31
　　明嘉靖芸窗書院刊本　[17]・三・35　[60]・八・7
　　　　[91]・二十一・8
　　刊本　[39]・己・67
　　稗海本　[74]・三・77

知不足齋叢書本　[96]・六十四・1267
盧抱經校舊抄本　[54]・四・14
　　抄本　[75]・四十六・17
5C侯忠節公全集十八卷　明侯峒曾撰、侯起鳳輯
　　一九三三年嘉定侯氏鉛印本
　　　　[85]・十九・838
74侯助教詩文集七卷　明侯復撰
　　刊本　[74]・四・40
　　抄本　[102]・下・37

2724₂　將

0C將亡妖孽一卷　明戴笠、吳芟輯
　　流寇始終錄附錄本　[85]・六・287
44將苑　題諸葛亮撰
　　抄本　[39]・庚・78
77將門秘法陰符經二卷　宋陳摶撰
　　[39]・庚・78
88將鑑論斷十卷　宋戴少望撰
　　刊本　[88]・二・11
　　舊抄本　[93]・十三・16
　　傳抄本　[32]・六・9

2724₇　役

34役法撮要一百八十九卷　宋京鐘等纂
　　宋刊本　[41]・七・34

殷

00殷文珪集一卷　唐殷文珪撰
　　宋刊本　[41]・十九・26
11殷頑錄六卷　清楊陸榮撰
　　清康熙六十年(1721)刊本
　　　　[85]・十七・741　[96]・二十三・491
16殷強齋先生文集十卷　明殷奎撰
　　明正統刊本　[91]・三十五・25
　　刊本　[71]・集・元別・32
40殷太師比干錄三卷　明曹安集
　　明天順二年(1458)刊本

　　　　[74]・二・27　　[102]・上・16
殷堯藩集一卷　唐殷堯藩撰
　　宋刊本　[41]・十九・15
44殷芸小說十卷　宋殷芸撰
　　宋刊本　[14]・後志・二・833
　　　　[41]・十一・2
71殷曆入蔀年考　清顧觀光撰
　　算賸初編本　[78]・算學書錄補注・91

2725₂　解

27解網錄一卷　明呂黄鍾等撰
　　明崇禎刊本　[85]・三・150
32解割圓之根一卷　清梅文鼎撰
　　曆算全書本　[96]・四十五・870
44解莊三卷　明陶望齡撰、郭明龍評
　　明刊朱套印本　[74]・三・89
　　郭明龍刊本　[102]・上・25
50解春集十卷　清馮景撰
　　清刊本　[71]・集・國朝別・28
71解頤新語八卷　明皇甫汸撰
　　刊本　[21]・一・68
77解學士詩集十二卷　明解縉撰
　　明初刊本　[26]・九・12
解學士集八卷　明解縉撰
　　明天順刊本　[92]・四・175
解學士集十卷　明解縉撰
　　明嘉靖刊本　[91]・三十六・1
解學士集十六卷　明解縉撰
　　明刊本　[60]・七・10
解學士集三十卷　明解縉撰
　　明初刊本　[2]・五・20
　　明刊本　[15]・3
　　刊本　[71]・集・明別・20
解學士縉紳先生集三十卷
　　《解學士集》
解學士年譜二卷　明解禎明、解禎亮類編、解縞、解滾續編
　　原刊本　[96]・二十二・454

2725₇　伊

17伊尹湯液仲景廣爲大法一卷　元
王好古纂
　刊本　[5]・三下・1
伊尹湯液仲景廣爲大法四卷附録
皆効方一卷　元王好古纂
　抄本　[22]・補遺・73
22伊川集八卷　宋程頤撰
　抄本　[71]・集・宋別・17
伊川集九卷　宋程頤撰
　宋刊本　[41]・十七・18
伊川集二十卷　宋程頤撰
　宋刊本　[14]・四下・471
伊川經説七卷　明徐必達編
　二程全書本　[96]・二・21
伊川先生點校附音周易二卷
　見《周易》
伊川程先生詩説二卷
　見《詩説》
伊川程先生論語説十卷
　見《論語説》
伊川程先生易傳四卷
　見《易傳》
伊川程先生易解六卷
　見《易解》
伊川程先生周易經傳十卷
　見《周易經傳》
伊川書説一卷
　見《書説》
伊川擊壤集八卷　宋邵雍撰
　明隆慶刊本　[91]・二十七・
　6
　刊本　[24]・集一・22
伊川擊壤集二十卷　宋邵雍撰
　宋刊本　[3]・21　　[10]・
　41　[14]・四下・455
　[17]・四・16　[35]・
　上・58　[41]・二十・
　5　[50]・八・10
　[92]・四・150　[93]・
　二十・14　[94]・四・
　5
　宋建刊本　[2]・四・24

宋刊配元刊本　[32]・十一・
3
元翻宋刊本　[8]・集二・418
　[26]・八・10
元刊本　[9]・六・35　[11]・
　七十五・12　[12]・二・
　15　[16]・三十・17
　[28]・十一・4　[58]・
　元・109
明刊本　[9]・十・17　[74]・
　續增・集・2
明刊黑口大字本　[3]・22
明毛氏刊本　[91]・二十七・
5
明成化刊本　[38]・集・37
　[91]・二十七・5
刊本　[39]・壬・9　[71]・
　集・宋別・18
27伊犁總統事略十二卷　清祁韻士
增輯、廣甯繪圖
　清嘉慶十四年(1809)刊本
　[74]・二・45
　舊抄本　[60]・三・9
33伊濱集二十四卷　元王沂撰
　文瀾閣傳抄本　[11]・一百零
　一・7
37伊洛淵源續録六卷　明謝鐸撰
　明刊本　[91]・九・17
　明嘉靖八年(1529)刊本
　[96]・二十三・478
　刊本　[39]・己・10
伊洛淵源録十四卷　宋朱熹撰
　元刊本　[11]・二十七・8
　元至正刊本　[43]・二・44
　明刊本　[91]・九・12
　明嘉靖八年(1529)刊本
　[96]・二十三・473
　正誼堂刊本　[92]・二・49
伊洛淵源録十四卷　宋朱熹撰
　續録六卷　明謝鐸撰
　明刊本　[8]・史二・156

2726₁　詹

18詹玠將歸集一卷　不知撰人

宋刊本　[14]・四下・491
24詹先生集三卷　宋詹初撰
　抄本　[38]・集・65
72詹氏性理小辨六十四卷　明詹景
鳳撰
　刊本　[71]・子・儒家・13

2726₂　貂

19貂璫史鑑四卷　明張世則輯
　刊本　[39]・戊・7

2729₄　條

50條奏疏稿一卷續刊一卷　清蔣伊
撰
　借月山房彙抄本　[96]・二十
　一・439

2730₃　冬

00冬夜箋記一卷　清王崇簡撰
　説鈴本　[96]・五十七・1147
28冬谿内集二卷外集二卷　明釋方
澤撰
　刊本　[39]　癸下・39
　[71]・集・釋子・8
30冬官紀事一卷　明賀仲軾撰
　甹祕笈本　[96]・二十四・504
冬官補亡三卷　不知撰人
　刊本　[88]・一・9
33冬心先生集四卷　清金農撰
　清雍正十一年(1733)揚州般若
　菴刊本　[68]・圖版512、
　513、目録85
　清同治七年(1868)丁氏彙刊足
　本　[26]・十一・39
　原刊本　[96]・七十一・1418
冬心先生續集一卷　清金農撰
　抄本　[96]・七十一・1418
冬心先生自度曲一卷　清金農撰
　清刊本　[71]・集・詞・20
38冬遊記　明羅洪先撰
　刊本　[39]・己・15
44冬花盦燼餘稿三卷　清吳岡挟生
撰
　清刊本　[74]・四・55

63冬暄草堂遺文一卷　不知撰人
　　抄本　[100]・158

2731₂　鮑

23鮑參軍集十卷　南朝宋鮑照撰
　　宋刊本　[14]・四上・331
　　[35]・上・49　　[41]・
　　十六・5
　　明覆宋刊本　[38]・集・6
　　明刊本　[71]・集・漢魏六朝
　　別・6　[102]・上・26
　　明汪士賢刊本　[74]・四・2
　　明活字本　[16]・二十九・4
　　校宋本　[93]・十九・8
　　莫邸亭校明刊本　[30]・六・
　　33
　　校抄本　[61]・五・5
　　影抄宋刊本　[11]・六十七・
　　11　[35]・上・49
　　[50]・七・11　　[81]・
　　集・3　[83]・四・4
　　[93]・十九・8
　　影宋精抄本　[65]・四・13
　　明毛子晉影抄本　[2]・四・3
　　舊抄本　[16]・二十九・4
33鮑溶詩集一卷　唐鮑溶撰
　　宋刊本　[14]・四中・385
　　鮑溶詩集五卷　唐鮑溶撰
　　宋刊本　[41]・十九・14
　　鮑溶詩集六卷集外詩一卷　唐鮑
　　溶撰
　　汲古閣刊本　[54]・五・24
　　曹秋嶽、張拱端校抄本　[8]・
　　集一・392
67鮑明遠集十卷
　　見《鮑參軍集》
　　鮑照集十卷
　　見《鮑參軍集》
72鮑氏集十卷
　　見《鮑軍參集》

2732₀　勺

87勺錄　清李奇生撰
　　稿本　[71]・子・雜家・48

2732₇　烏

00烏衣香牒四卷春駒小譜二卷　清
　　陳邦彥撰
　　清刊本　[39]・庚・32
　　袖珍本　[96]・五十一・1020
26烏程縣志三十六卷　清汪曰楨
　　纂
　　清刊本　[28]・續・八・18
40烏臺詩話十三卷　宋朋九萬錄
　　宋刊本　[41]・十一・14
　　烏臺詩案一卷　宋朋萬九編
　　函海本　[74]・二・32
　　[96]・二十四・499
　　舊抄本　[30]・四・5　[91]・
　　九・22　[93]・十・4
　　烏臺詩案十三卷　宋蘇軾撰
　　馬端臨刊本　[57]・79
50烏夷志略　元汪煥章撰
　　抄本　[39]・戊・69
　　烏青志五卷　宋沈平撰
　　刊本　[71]・史・地志・46

鳥

77鳥鼠山人小集四卷　明胡纘宗撰
　　刊本　[71]・集・明別・58
　　鳥鼠山人小集十六卷　明胡纘宗
　　撰
　　明嘉靖刊本　[91]・三十七・
　　3　[92]・四・176
　　鳥鼠山人小集十六卷後集二卷擬
　　漢樂府八卷擬古樂府二卷　明
　　胡纘宗撰
　　明嘉靖刊本　[26]・九・26

鴛

50鴛鴦牒四卷　清徐震撰
　　舊刊本　[69]・四・139
　　鴛鴦棒二卷　明范文若撰
　　明崇禎刊本　[64]・44
　　鴛鴦針一卷　題華陽散人編
　　明刊殘本　[77]・附・192
　　鴛鴦針四卷　題華陽散人編
　　廣東坊刊本　[69]・三・99

2733₆　魚

00魚亭詩抄二卷越中吟二卷吳中吟
　　一卷澤中吟二卷　清汪軔撰
　　清刊本　[71]・集・國朝別・
　　43
　　魚玄機詩一卷　唐魚玄機撰
　　宋刊本　[10]・53　[31]・
　　20　[33]・集・19
　　[41]・十九・29　[50]・
　　七・60
　　宋臨安府刊本　[68]・圖版
　　512、513、目錄16
　　清光緒二十三年(1897)刊本
　　[84]・二・24
　　影宋刊本　[91]・二十五・23
　　影宋書棚本　[49]・20
08魚譜一卷　煙波釣徒裔孫謙德撰
　　明刊本　[91]・十八・13
10魚元機集一卷
　　見《魚玄機詩》

2733₇　急

03急就章一卷　漢史游撰、
　　唐顏師古注
　　宋刊本　[14]・後志・一・769
　　[41]・三・38
　　宋淳熙十年(1183)趙汝誼校刊
　　本　[80]・十四・6
　　明胡文煥刊本　[60]・一・25
　　刊本　[22]・二・33
　　校本　[83]・一・12
　　清黃丕烈校明抄本　[2]・一・
　　30
　　明抄本　[36]・27
　　舊抄本　[51]・一・8
　　急就章二卷　漢史游撰、宋王應
　　麟補注
　　元刊本　[43]・一・45
　　急就章四卷　漢史游撰、宋王應
　　麟補注
　　元刊本　[11]・十三・1
　　明胡文煥刊本　[91]・五・8
　　明刊修補本　[75]・十・1

刊本　[39]・丙・30

附玉海刊本　[74]・一・51

津逮祕書本　[74]・一・51

校津逮祕書本　[32]・二・17

舊抄本　[93]・七・6

急就篇一卷

見《急就章》

急就篇補注四卷

見《急就章》

48急救仙方十一卷　不著撰人

道藏本　[79]・子・醫家類・393

明抄道藏本　[91]・十六・20

急救良方二卷　明張時徹編

明嘉靖二十九年(1550)刊本　[79]・子・醫家類・507

2740₀ 身

60身易實義五卷　清沈廷勱輯

清刊本　[39]・甲・36

2740₇ 阜

76阜陽縣志二十卷　清潘世仁撰

清刊本　[71]・史・地志・16

2742₇ 芻

00芻言三卷　宋崔敦禮撰

函海本　[74]・三・45

[96]・五十三・1046

校抄本　[12]・五・31

清四庫館抄底本　[8]・子一・265

28芻牧要訣　不知撰人

清抄本　[100]・97

44芻蕘奧論二卷　宋張方平撰

粤雅堂刊本　[74]・三・45

鄒

01鄒軒士詩集不分卷　清鄒祗謨撰

清刊本　[71]・集・國朝別・8

09鄒談一噱二十四回　題蟄園氏撰

清光緒三十二年(1906)上海啓文社發行本　[69]・七・204

17鄒聚所文集六卷附外集　明鄒德涵撰

刊本　[39]・癸下・15

鄒子一卷　周鄒衍撰

玉函山房輯佚書本　[78]・算學書録補注・84

24鄒先生文集十二卷　明鄒守益撰

明隆慶刊本　[91]・三十七・4

38鄒道鄉集四十卷

見《鄒忠公文集》

50鄒忠介公奏疏五卷　明鄒元標撰

刊本　[71]・集・奏議・3

鄒忠介公奏疏五卷存真集十二卷　明鄒元標撰

刊本[39]・癸下・12

鄒忠公文集四十卷　宋鄒浩撰

宋刊本　[41]・十七・29

明刊本　[93]・二十・33

明成化黑口本　[92]・四・156

明正德刊本　[11]・七十八・13　[16]・三十・33

[17]・四・21　[91]・二十八・15

清道光十一年(1831)裔孫禾刊本　[74]・四・20

刊本　[24]・集一・25

[71]・集・宋別・23

鄒忠公道鄉集四十卷

見《鄒忠公文集》

鄒忠公奏議十卷　宋鄒浩撰

刊本　[14]・五下・649

72鄒氏道山集六卷　明鄒棠撰

刊本　[71]・集・明別・24

鷄

22鷄峯普濟方三十卷　宋孫兆撰

汪氏仿宋刊本　[75]・三十七・5

40鷄土集六卷　明劉乾撰

刊本　[39]・癸下・38

60鷄足山志十卷　清范承勳輯

清刊本　[39]・戊・61

61鷄跖集十卷　不知撰人

宋刊本　[14]・三下・264

74鷄肋集七十卷　宋晁補之撰

宋刊本　[14]・四下・473

刊本　[39]・壬・12

明抄宋本　[26]・八・29

鷄肋編七十卷

見《鷄肋集》

2744₀ 舟

22舟山紀略一卷　不著撰人

明季史料叢書本　[85]・十二・588

舟山志四卷　明何汝賓輯

舊抄本　[57]・113

舟山始末一卷　不著編者

明季野乘本　[85]・十二・589

舟山興廢一卷　清黄宗羲撰

行朝録本　[85]・十二・588

50舟車集二十卷　清陶季撰

清刊本　[71]・集・國朝別・3

2744₇ 般

44般若經疏五卷　宋晁説之撰

宋刊明印本　[43]・三・21

般若波羅蜜多經　不著撰人

印度亞細亞學會刊梵語本　[40]・1

般若波羅蜜多心經　唐釋玄奘譯

舊抄本　[89]・一集・十一・30

般若波羅蜜多心經集解一卷　唐釋玄奘譯注

宋刊本　[14]・三下・307

2744₉ 彝

00彝齋文編四卷　宋趙孟堅撰

知不足齋抄本　[91]・三十二・7

舊抄本　[11]・九十・19

[12]・六・21　[16]・三十一・52　[91]・三

十二·7

彝文太上感應篇

見《太上感應篇》

2746₁　船

22船山詩選二十卷　清張問陶撰

清嘉慶十三年(1808)家刊本

[26]·十四·6　　[49]·22

船山詩草二十卷

見《船山詩選》

船山師友記十七卷　清羅正鈞纂

清光緒三十三年（1907）會稽

吳氏刊本　[85]·十八·

800

2748₁　疑

01疑龍經一卷　唐楊益撰

宋刊本　[35]·下·52

12疑砭錄二卷　不著撰人

清吳枚菴抄本　[2]·三·31

17疑孟一卷　宋司馬光撰

宋刊本　[14]·五下·715

舊抄本　[60]·一·19

疑孟子一卷

見《疑孟》

22疑仙傳一卷　題王簡撰

續祕笈本　[96]·六十九·1361

43疑獄三卷　五代晉和凝撰

宋刊本　[14]·二下·158

影抄元刊本　[28]·六·21

舊抄本　[11]·四十二·12

[20]·四·16　　[75]·

三十四·11　　[88]·四·

1

疑獄集四卷　五代晉和凝、和㠓

撰

傳抄本　[32]·六·11

疑獄集十卷　五代晉和凝、和㠓

撰、明張景續

刊本　[39]·丁·74

疑獄箋四卷　清陳芳生撰

清刊本　[39]·丁·74

80疑年譜一卷年略譜一卷雜年號附

宋劉恕撰

宋刊本　[41]·四·24

疑年錄四卷　清錢大昕撰

稿本　[32]·四·10

舊抄本　[74]·三·71

疑年錄四卷續疑年錄四卷　清錢

大昕撰、吳修續

清嘉慶十八年(1813)刊本

[96]·六十二·1237

97疑耀一卷　明張萱撰

刊本　[71]·子·雜家·36

疑耀七卷　題明李贄撰

明刊本　[8]·子一·271

刊本　[39]·己·81

2752₀　物

16物理小識十二卷　明方以智撰

清康熙三年(1664)刊本

[74]·三·56

春音堂刊本　[96]·五十七·

1145

23物外集三卷　宋釋德洪撰

宋刊本　[41]·二十·24

71物原一卷　明羅欣輯

明嘉靖刊本　[17]·三·31

91物類集說三十四卷　明解延年撰

抄本　[71]·子·類事·14

物類相感志十八卷

見《東坡先生物類相感志》

2760₀　名

00名方類證醫書大全二十四卷　明

熊宗立撰

明成化三年(1467)熊氏種德堂

刊本　[79]·子·醫家類·

506

日本大永八年刊本　[62]·圖

版133

名章匯玉　不知撰人

揭本　[21]·一·24

21名儒碩論六卷　明張天植撰

刊本　[71]·集·論·1

名儒草堂詩餘三卷　元鳳林書院

輯

元鳳林書院刊本　[17]·四·

50　　[60]·七·20

舊抄本　[30]·七·37

[91]·四十·31　　[93]·

二十四·9

22名山諸勝一覽記十六卷　明慎蒙

輯

明萬曆刊本　[3]·11

刊本　[39]·戊·53

名山記一卷　晉王子年撰

宋刊本　[41]·十一·2

名山集七卷　明張家玉撰

明永曆刊本　[85]·十九·879

名山勝槩記四十八卷　不知編者

刊本　[39]·戊·53

名山藏一百卷　明何喬遠撰

明崇禎刊本　[92]·二·40

27名疑四卷　明陳士元撰

刊本　[39]·戊·85

歸雲別集刊本　[74]·三·67

借月山房彙抄本　[96]·六十

二·1219

名句文身表異錄二十卷　明王志

堅輯

清康熙刊本　[75]·四十八·

17

刊本　[39]·己·83

30名家詞抄　清聶先、曾王孫輯

清刊本　[39]·辛·30

42名媛彙詩二十卷　明鄭文節輯

刊本　[39]·辛·27

44名世文宗十六卷　明王世編、陳

繼儒注

明刊本　[102]·上·35

刊本　[74]·四·64

名世類苑四十六卷　明凌迪知輯

刊本　[39]·戊·16

46名相贊五卷　明尹直撰

明刊本　[20]·二·21

抄本　[39]·戊·2

50名畫神品目一卷　明楊慎撰

函海本　[96]·四十八·942

名畫獵精六卷　唐張彦遠撰

宋刊本　[14]·三下　288

名畫見聞志六卷　宋郭若虛撰

65名蹟録六卷　明朱珪纂
　　舊抄本　[11]・三十七・21
　名蹟録文卷附録一卷　明朱珪纂
　　徐虹亭抄本　[91]・十四・13
　　舊抄本　[39]・庚・15
　　　[91]・十四・12
　　　[96]・三十三・614
　　精抄本　[59]・五・6
71名臣言行録三十二卷
　　見《皇朝名臣言行録》
　名臣碑傳琬琰集一百零七卷　宋
　　杜大珪編
　　宋刊本　[4]・20　　[11]・二
　　十七・13　　[12]・一・
　　5　[17]・二・13
　　[28]・四・4　　[29]・
　　一・14　　[34]・一・17
　　[35]・下・54　　[71]・
　　集・碑傳・5　[80]・十
　　四・12　　[83]・二・7
　　[93]・十・7　　[94]・
　　二・6　　[98]・23
　　宋建刊本　[2]・二・24
　　明初覆宋刊本　[92]・二・50
　　明覆宋刊本　[57]・82
　　刊本　[39]・戊・11　　[89]・
　　一集・九・28　　[92]・
　　二・50
　　影宋抄本　[91]・九・12
　　九芝龕抄本　[75]・二十二・6
　　抄本　[16]・十三・23
　名臣經濟録五十三卷
　　見《皇朝名臣經濟録》
　名臣經世輯要四卷　不知撰人
　　精抄本　[91]・九・13
　名臣紀述老蘇先生事實一卷　宋
　　歐陽修等撰
　　宋刊本　[11]・二十七・1
　　[72]・16
　名臣贊种隱君書啓一卷　不著撰
　　人
　　宋刊本　[41]・十五・13
　名臣事略十五卷
　　見《國朝名臣事略》

77名醫方論四卷
　　見《古今名醫方論》
　名醫類案十二卷　明江瓘撰
　　明萬曆刊本　[79]・子・醫家
　　類・512
　　清乾隆三十五年(1770)知不足
　　齋刊本　[96]・四十三・
　　778
　　刊本　[39]・庚・91
　名賢五百家播芳大全文粹一百十
　　卷
　　見《聖宋名賢五百家播芳大全
　　文粹》
　名賢叢話詩林廣記前集十卷後集
　　十卷　宋蔡正孫撰
　　見《古今名賢叢話詩林廣記前
　　集、後集》
　　明弘治刊本　[91]・三十九・32
　名賢四六叢珠一百卷
　　見《聖宋名賢四六叢珠》
80名義考十二卷　明周祈撰
　　明刊本　[11]・五十六・26
　　刊本　[39]・庚・46
　名公神斷明鏡公案七卷　明葛天
　　民撰
　　明刊殘本　[77]・六・186
　　明三槐堂王昆源刊本　[69]・
　　三・112
　名公書判清明集不分卷　不著編
　　者
　　宋刊本　[11]・一百十四・16
　　[35]・上・19、22　　[72]・
　　36
88名筆私抄六卷　明張佩輯
　　刊本　[39]・辛・44

2760₁ 響

26響泉集十二卷　清顧光旭撰
　　清乾隆四十年(1775)刊本
　　[26]・十二・2

2760₃ 魯

00魯齋集十二卷　宋王柏撰
　　明崇禎五年(1632)刊本

　　[74]・四・32　　[102]・
　　上・30
　　清乾隆十年(1745)刊本
　　[74]・四・32
　　刊本　[39]・壬・42
　魯齋集二十卷　宋王柏撰
　　明刊黑口本　[17]・四・27
　魯齋先生集六卷
　　見《魯齋遺書》
　魯齋心法二卷　元許衡撰
　　舊抄本　[39]・己・8　　[93]・
　　十三・13
　魯齋遺集十二卷
　　見《魯齋集》
　魯齋遺書六卷　元許衡撰
　　元刊本　[9]・十一・14
　　[93]・二十二・6　　[94]・
　　四・15
　　明嘉靖九年(1530)後裔許泰和
　　刊本　[19]・22　　[36]・
　　236
　　校抄本　[38]・集・74
　　舊抄本　[20]・五・22
　　[32]・十三・8
　魯齋遺書七卷　元許衡撰
　　明刊本　[93]・二十二・6
　　明正德十三年(1518)刊本
　　[11]・九十六・17
　　[16]・三十二・22
　　[91]・三十三・14
　　刊本　[71]・集・元別・7
　魯齋遺書十卷　元許衡撰
　　明嘉靖刊本　[38]・集・74
　魯齋遺書十四卷　元許衡撰
　　明刊本　[75]・五十八・29
　　明萬曆二十四年(1596)刊本
　　[32]・十三・7　　[59]・
　　七・4　　[91]・三十三・
　　15
　　刊本　[39]・壬・55
　　舊抄本　[11]・九十六・17
　魯齋書疑九卷
　　見《書疑》
　魯齋全書七卷

見《魯齋遺書》

魯府秘方四卷　明董炳撰
　　明刊本　[79]・子・醫家類・507

魯文恪公集十卷　明魯鐸撰
　　刊本　[39]・癸上・31

10魯王紀事一卷　清汪光復撰
　　傳抄本　[85]・十二・591

27魯紀年二卷　清黄宗羲撰
　　行朝録本　[85]・十二・583
　　梨洲遺著彙刊本　[85]・十二・583

30魯之春秋二十四卷　清李聿求撰
　　稿本　[85]・十二・593
　　商務印書館影印底本　[85]・十二・593

50魯史分門屬類賦三卷　宋楊鈞撰
　　宋刊本　[14]・後志・二・856

魯春秋一卷　查繼佐撰
　　舊抄本　[32]・三・26

魯春秋一卷附北征紀略使臣碧血一卷　左尹撰
　　張氏適園叢書本　[85]・十二・580
　　舊抄本　[85]・十二・580

78魯監國載記一卷　清彭穎纂
　　清祕閣抄本　[85]・十二・588

80魯公文集十五卷
　　見《顏魯公文集》

2762₀　句

27句解南華真經
　　見《莊子注》

30句容縣志六卷　明王僙等修
　　抄本　[74]・續增・史・9

55句曲外史集三卷外集一卷補遺三卷
　　見《貞居先生詩集》

句曲外史貞居先生詩集五卷
　　見《貞居先生詩集》

60句圖一卷　唐李洞撰
　　宋刊本　[41]・二十二・10

77句股割圜記三卷　清戴震撰
　　算經十書附刊本　[96]・四十五・873

句股闡微四卷　清楊作枚、梅文鼎撰
　　曆算全書本　[96]・四十五・869

88句餘土音三卷　清全祖望撰
　　清嘉慶十九年(1814)刊本　[96]・七十一・1419
　　清嘉慶二十年(1815)董氏刊本　[26]・十一・8

句餘土音三卷甬上族望表二卷　清全祖望撰
　　清刊本　[92]・四・189

翻

06翻譯名義集七卷　宋釋法雲編
　　宋刊本　[29]・二・19　[33]・子・57　[58]・子・120、121
　　宋吳郡刊本　[2]・三・46
　　日本翻宋刊本　[17]・三・40　[22]・五・22　[91]・二十二・5
　　日本刊本　[60]・二・13

翻譯名義集十四卷　宋釋法雲編
　　元刊黑口本　[91]・二十二・5
　　明刊本　[60]・二・13
　　日本刊本　[75]・四十九・21

翻譯名義集二十卷　宋釋法雲編
　　明支那本　[11]・六十五・19　[16]・二十八・13　[93]・十八・6
　　刊本　[71]・子・釋家・1　[89]・二集・一・47

21翻經堂集八卷　宋畢良史撰
　　宋刊本　[41]・十八・15

2762₇　鄱

76鄱陽集四卷　宋洪皓撰
　　金陵刊本　[74]・續增・集・2
　　元抄本　[65]・續・四・33
　　舊抄本　[32]・十一・19　[74]・四・23　[91]・二十九・10　[93]・二十・15　[102]・下・31
　　文瀾閣傳抄本　[11]・八十一・13

鄱陽集十卷　宋洪皓撰
　　宋刊本　[41]・十八・11

鄱陽先生文集十二卷　宋彭汝礪撰
　　張立人抄本　[11]・七十五・15
　　舊抄本　[28]・十一・18　[39]・壬・10　[50]・五・39　[71]・集・宋別・19　[91]・二十七・6　[95]・二・16

2771₂　包

21包何集一卷　唐包何撰
　　宋刊本　[41]・十九・7
　　明翻宋本　[60]・六・19

23包參軍集　明包大中撰
　　刊本　[39]・癸下・6

24包佶集一卷　唐包佶撰
　　宋刊本　[41]・十九・8

44包孝肅奏議集十卷
　　見《包公奏議》

77包即山遺詩選六卷　明包秉德撰
　　舊抄本　[75]・六十一・18

80包公奏議十卷　宋包拯撰
　　宋刊本　[14]・四下・456　[41]・二十二・2
　　宋淳熙元年(1174)趙磻老廬州刊本　[74]・二・23
　　元仿宋刊本　[92]・二・44
　　元刊本　[9]・後編・九・12
　　明據宋淳熙元年(1174)趙磻老廬州刊本　[102]・上・16
　　明刊本　[93]・九・26
　　明合肥刊本　[71]・集・奏議・1
　　明正統黑口本　[11]・二十五・5　[16]・十二・7　[17]・二・12
　　明嘉靖刊本　[11]・二十五・8　[75]・二十・2

明萬曆刊本　　[91]・八・17
清康熙三十六年(1697)刊本
　　[96]・二十一・434
　刊本　[24]・集一・14
　　[39]・壬・4

2772₀　勾

37勾漏集四卷　明顧起綸撰
　抄本　[39]・癸下・22
77勾股引蒙　清陳訏撰
　清刊本　[39]・庚・63
　勾股述二卷　清陳訏撰
　清刊本　[39]・庚・63
　勾股矩測解原二卷　清黃百家撰
　清刊本　[20]・四・18
　　[39]・庚・64
　勾股算術二卷　明顧應祥撰
　抄本　[71]・子・曆算家・2

匈

47匈奴須知一卷　宋田緯編
　宋刊本　[14]・二下・164
　　[41]・五・8

幻

27幻緣奇遇小說　不知撰人
　殘抄本　[69]・三・107
　日本抄本　[77]・附・224
44幻華集二卷　明釋斯學撰
　刊本　[39]・癸下・39
50幻中遊十八回　清人撰
　坊刊本　[69]・四・142
　幻中真十二回　清人撰
　舊刊本　[69]・四・136
62幻影八卷　明人撰
　明刊本　[69]・三・97

甸

00甸齋歲瓦記序五卷　不知撰人
　抄本　[84]・三・12

2772₇　島

50島夷志一卷
　見《島夷志略》

島夷志略一卷　元汪大淵撰
　抄本　[5]・二下・30　　[91]・
　十二・19
　文瀾閣傳抄本　[11]・三十四・
　18　　[16]・十七・12

2773₂　餐

20餐秀集二卷　清黃千人撰
　清刊本　[39]・癸下・56
28餐微子集三十卷　明岳和聲撰
　明刊本　[74]・集・12
　刊本　[39]・癸下・20
44餐薇子集三十卷
　見《餐微子集》

饗

35饗禮補亡一卷　清諸錦撰
　清刊本　[39]・乙・11

2774₇　岷

22岷山百境集二卷　宋王宷撰
　宋刊本　[14]・後志・二・904
72岷隱續詩記三卷　宋戴谿撰
　宋刊本　[41]・二・16

2780₉　灸

21灸經一卷
　見《黃帝明堂灸經》
34灸法
　見《備急灸法》

炙

47炙轂子三卷　唐王叡撰
　宋刊本　[41]・十・16
　炙轂子雜錄注解五卷　唐王叡撰
　宋刊本　[14]・三上・231
　炙轂子詩格一卷　唐王叡撰
　宋刊本　[41]・二十二・9

2790₁　祭

00祭享儀注十卷　不知撰人
　抄本　[5]・二上・25
35祭禮通俗譜五卷　清毛奇齡撰
　西河全書刊本　[74]・一・28

　　[96]・六・109

禦

30禦寇詳文　不著編者
　明末刊本　[85]・七・308

2790₄　彙

44彙苑詳註三十六卷　明鄒道光輯
　刊本　[39]・庚・47
70彙雅前集二十卷　明張萱編
　明萬曆三十四年(1606)殘刊本
　　[64]・42

2791₇　紀

08紀效新書十四卷　明戚繼光撰
　刊本　[39]・庚・80
　紀效新書十八卷　明戚繼光撰
　明隆慶刊本　[86]・一・66
　清道光二十一年(1841)刊本
　　[74]・三・10
　學津討原本　[96]・三十八・
　723
09紀談錄十五卷　題傳密居士撰
　宋刊本　[41]・十一・27
10紀元要略二卷　清陳景雲撰
　文道十書本　[96]・二十九・
　567
　紀元編三卷　清李兆洛撰
　粵雅堂刊本　[74]・二・66
　紀元曆三卷立成一卷　宋姚舜輔
　撰
　宋刊本　[41]・十二・21
11紀非錄一卷　明太祖朱元璋撰
　明抄本　[8]・史二・163
　抄本　[5]・佚文・2
14紀聽松菴竹鑪始末一卷　清鄒炳
　泰撰
　藝海珠塵本　[96]・四十八・
　952
40紀古滇說集一卷　元張道宗撰
　明刊本　[17]・二・18
　刊本　[39]・戊・47　　[88]・
　三・34
　抄本　[5]・二下・27

傳抄本　[60]·三·10

50紀事本末四十二卷

　見《通鑑紀事本末》

紀事本末備遺不分卷　不知撰人

　舊抄本　[20]·二·25

紀事略一卷　不著撰人

　中華書局鉛印本　[85]·七·
　299

　傳抄本　[85]·七·299

77紀聞一卷　宋李復圭撰

　宋刊本　[41]·十一·13

紀聞十卷

　見《牛氏紀聞》

紀聞譚三卷　蜀潘遠撰

　宋刊本　[41]·十一·9

80紀年統紀論一卷　宋朱黼撰

　宋刊本　[41]·四·31

紀年通譜十二卷　宋宋庠撰

　宋刊本　[14]·二上·115
　[41]·四·2)

紀年表一卷　不著撰人

　清乾隆五十八年(1793)萬廷蘭
　太平寰宇記附刊本
　[74]·二·96

紀年類編四卷　明袁仁輯

　明刊本　[91]·十三·17

紀善錄一卷　明杜瓊撰

　舊抄本　[39]·戊·5　[91]·
　九·20

83紀錢牧齋遺事一卷　不著撰人

　痛史國變難臣附刊本
　[85]·十八·794

87紀錄彙編二百十六卷　明沈節甫
　輯

　刊本　[39]·丁·37

紀錄彙編續編補目　清劉鑾編

　五石瓠本　[85]·二十三·
　1028

88紀纂淵海一百卷　宋潘自牧撰

　明刊本　[9]·九·45　[9]·
　後編·十七·11　[11]·
　六十·3　[32]·九·7
　[75]·四十五·17
　[91]·二十·7　[96]·

六十一·1208

紀纂淵海一百九十五卷　宋潘自
　牧撰

　宋刊本　[58]·子·95
　[93]·十七·5　[94]·
　三·5

　天一閣抄本　[39]·庚·43

紀纂淵海二百卷　宋潘自牧撰

　宋刊本　[87]·二·3

絕

38絕海禪師語錄四卷　釋俊承等編

　室町初期刊本　[62]·圖版65

49絕妙詞選十卷

　見《中興以來絕妙詞選》

絕妙好詞七卷　宋周密輯

　戴鹿牀手校本　[91]·四十·31

　抄本　[5]·四下·31

絕妙好詞箋七卷　宋周密輯、清
　查爲仁、厲鶚箋

　刊本　[84]·二·20

絕妙好詞箋七卷續抄二卷　宋周
　密輯、清查爲仁、厲鶚箋

　徐氏刊本　[75]·六十四·31

2792₀　約

00約言　明薛蕙撰

　刊本　[39]·己·22

約言錄二卷

　見《靜怡齋約言錄》

08約論十七卷　宋陳瓘撰

　宋刊本　[41]·十七·31

綱

60綱目訂誤四卷　清陳景雲撰

　文道十書本　[96]·十六·364

綱目訂誤四卷紀元要略二卷紀元
　要略補輯一卷通鑑胡注舉正一
　卷韓集點勘四卷　清陳景雲撰

　清刊本　[71]·子·雜家·50

綱目論斷二十卷　宋呂中撰

　宋刊本　[14]·五上·555

綱目發明五十九卷　宋尹起莘撰

　宋刊本　[14]·五上·554

綱目續麟二十卷校正凡例一卷附
　錄一卷彙覽三卷　明張自勳撰

　刊本　[74]·二·9

綱目贅言十卷　張如錦撰

　抄本　[20]·二·7

綱目愚管二十卷　明鄭宣撰

　刊本　[39]·丁·3

綱目分注發微十卷　宋劉國器撰

　叢書堂本　[16]·九·9

　抄本　[93]·九·10

綱目分注拾遺四卷　明芮長衈撰

　刊本　[39]·戊·81

88綱鑑世類編四十五卷明十二朝聖
　紀十三卷　明李槃撰

　坊刊本　[74]·二·11

綱鑑甲子圖一卷　不知撰人

　刊本　[5]·二上·20

綱鑑會通明紀十五卷附諸王一卷
　清陳志襄輯

　通行刊本　[85]·一·47

網

22網川月漁集八卷

　見《網山集》

網山集八卷　宋林亦之撰

　刊本　[24]·集一·38

　小山堂抄本　[71]·集·宋別·
　51

　盛百二藏舊抄本　[11]·八十
　五·16

　章紫伯藏舊抄本　[11]·八十
　五·19

　孫文靖藏舊抄本　[11]·八十
　五·19

　舊抄本　[8]·集二·452
　[20]·五·17　[91]·
　三十·10

網山集十卷　宋林亦之撰

　抄本　[16]·三十一·35

網山月魚先生文集八卷

　見《網山集》

2793₂　緣

22緣山三藏概要五千九百十六卷

不著編者
宋嘉熙三年(1239)湖州路思谿
法寶寺刊本　[70]·三·16
緣山三藏概要六千零十七卷　不
著編者
元至元刊本　[70]·三·16
緣山三藏概要六千五百八十九卷
不著編者
高麗藏本　[70]·三·16
27緣督集十二卷　宋曾丰撰
明刊本　[32]·十二·10
明萬曆刊本　[92]·四·159
刊本　[39]·壬·30
緣督集二十卷　宋曾丰撰
文瀾閣傳抄本　[11]·八十六·
16　[28]·十二·5
緣督集二十八卷　宋曾丰撰
傳抄本　[60]·六·36
緣督集四十卷　宋曾丰撰
刊本　[88]·五·26
舊抄本　[11]·八十六·15
[28]·十二·6　[71]·
集·宋別·47　[91]·
三十·17
95緣情手鑑詩格一卷　宋李宏宣撰
宋刊本　[41]·二十二·9

緑

10緑雪堂雜言　敖英撰
刊本　[39]·己·75
緑天書舍存草六卷　清錢楷撰
清嘉慶二十三年(1818)阮氏刊
本　[26]·十·29
15緑珠傳一卷　宋樂史撰
宋刊本　[14]·後志·一·812
緑珠傳一卷　宋樂史撰　李師師
外傳一卷　不知撰人
活字本　[74]·三·78
24緑牡丹二卷　明吳炳撰
明刊本　[60]·七·27
緑牡丹傳奇二卷　不著撰人
奢摩他室曲叢第二集本
[85]·二十四·1075
緑牡丹全傳八卷　清人撰

清道光十八年(1838)崇文堂刊
本　[69]·六·191
42緑杉野屋集四卷　清徐以泰撰
清刊本　[39]·癸下·58
44緑苔軒詩集六卷　明錢子正撰
明刊本　[56]·羣書題記·46
46緑槐堂稿十卷　明王交撰
刊本　[71]·集·明別·74
67緑野仙踪一百回　清李百川撰
舊抄本　[69]·五·175

2793₃　終

40終南山說經臺歷代真仙碑記一卷
不知撰人
明正統道藏本　[17]·三·44
終南山祖庭仙真內傳三卷　不知
撰人
明正統道藏本　[17]·三·44

2793₄　緩

22緩山先生二十七卷　明王衡撰
刊本　[39]·癸下·23
[71]·集·明別·106

2794₀　叔

44叔苴子內篇六卷外篇二卷　明莊
元臣撰
粵雅堂刊本　[74]·三·46
60叔困稿一卷　元方瀾撰
刊本　[24]·集二·10

2795₄　絳

10絳雪園古方選注不分卷附得宜本
草一卷　清王子接撰
行素堂刊本　[96]·四十三·
805
絳雪園古方選注三卷附得宜本草
一卷　清王子接撰
清雍正十年(1732)介景樓刊本
[79]·子·醫家類·509
絳雲樓書目一卷　清錢謙益撰、
陳景雲注
舊抄本　[50]·三·45
絳雲樓書目一卷　清錢謙益撰

舊抄本　[20]·三·22
[26]·四·24　[30]·
四·11　[50]·三·46
[51]·一·24　[53]·
一·21　[65]·續·二·
26　[71]·史·簿録·9
傳抄本　[32]·五·9　[60]·
五·2
絳雲樓書目二卷　清錢謙益撰
抄本　[38]·史·87
絳雲樓書目七十四卷　清錢謙益
撰
精抄本　[74]·二·72
絳雲樓書目一卷　清錢謙益撰
附靜惕堂藏宋元人集目
清陳少章編
舊抄本　[91]·十四·7
30絳守居園池記注一卷　唐樊宗師
撰
明刊本　[11]·七十·2
刊本　[39]·辛·51
影抄明弘治刊本　[91]·二十
五·7
傳抄本　[60]·六·21
32絳州志十卷　不知撰人
明刊本　[51]·一·21
[52]·一·23
41絳帖評一卷
見《絳帖平》
絳帖平一卷　宋姜夔撰
宋刊本　[41]·十四·9
絳帖平六卷　宋姜夔撰
郁氏東歗軒刊本　[8]·史三·
213
聚珍刊本　[74]·二·76
舊抄本　[91]·十四·11
[96]·三十三·609
絳帖平二十卷　宋姜夔撰
知聖道齋抄本　[57]·145
絳帖釋文二卷　宋曾槃撰
元抄本　[93]·十二·17
抄本[16]·二十·4
64絳跗閣詩稿十一卷　清諸錦撰
清乾隆二十七年(1762)刊本

[96]・七十一・1415

2796₂ 紹

13紹武爭立記一卷　清黄宗羲撰
　行朝録本　[85]・十一・516
16紹聖甲戌日録一卷元符庚辰日録
　一卷　宋曽布撰
　宋刊本　[41]・七・19
37紹運圖一卷　宋諸葛深通撰
　宋刊本　[14]・二上・141
　[41]・四・25
77紹陶録二卷
　見《雲韜堂紹陶録》
紹熙州縣釋奠儀圖一卷　宋朱熹
　撰
　抄本　[91]・十三・14
紹興講和録二卷　不著撰人
　宋刊本　[41]・五・24
紹興正論一卷　不知編者
　宋刊本　[14]・五上・556
　抄本　[39]・丁・25
紹興正論二卷　不知編者
　宋刊本　[41]・五・25
紹興正論小傳二十卷　宋樓昉撰
　宋刊本　[41]・五・25
紹興貢舉法五十卷　宋万俟卨等
　纂
　宋刊本　[41]・七・33
紹興刑統申明一卷　不著撰人
　宋刊本　[41]・七・33
紹興重雕大藏音三卷
　見《大藏音》
紹興十八年同年録一卷
　見《紹興十八年同年小録》
紹興十八年同年小録一卷　不著
　編者
　宋刊本　[9]・後編・四・31
　明初刊本　[16]・十三・23
　刊本　[5]・二中・34　[39]・
　丁・68
　王紹蘭手校本　[75]・二十二・
　4
　校舊抄本　[50]・二・24
　[65]・續・二・4

影宋本　[8]・史二・162
舊抄本　[11]・二十七・8
　[91]・九・11　[93]・
　十・6　[96]・二十三・
　472
傳抄本　[60]・四・35
紹興十八年同年小録一卷寶祐登
　科録一卷　不著編者
　活字印本　[92]・二・49
紹興内府古器評二卷　宋張掄撰
　津逮秘書本　[74]・三・41
　[96]・五十・984
　舊抄本　[39]・庚・13
　[50]・五・14
紹興監學法二十六卷目録二十五
　卷申明七卷對修釐正條法四卷
　宋秦檜等纂
　宋刊本　[41]・七・33

2796₄ 絡

24絡緯吟十二卷　明徐小淑撰（一
　作徐媛小撰）
　明萬曆刊本　[74]・四・46
　[102]・上・33
　刊本　[71]・集・閨秀・2

2821₁ 作

00作文要訣一卷
　見《作義要訣》
60作邑自箴十卷　宋李元弼撰
　宋刊本　[35]・上・36
　[41]・六・11
　刊本　[36]・142
　活字本　[74]・二・62
　明人影宋抄本　[74]・二・62
　影宋抄本　[35]・下・5
　[93]・十二・3
　舊抄本　[16]・十八・6
　[60]・四・33　[102]・
　下・11
80作義要訣一卷　元倪士毅撰
　舊抄本　[11]・一百十八・24
　[17]・四・48　[74]・
　四・73　[102]・下・40

傳抄文瀾閣本　[60]・七・15

2822₇ 傷

30傷寒辨疑一卷　何滋撰
　刊本　[5]・三下・20
傷寒六書六卷　陶華撰
　明刊本　[50]・四・37
傷寒六書纂要辨疑四卷　明童養
　學撰
　清嘉慶二年(1797)樂道堂刊本
　[79]・子・醫家類・382
傷寒證治三卷　宋王寔編
　宋刊本　[14]・後志・二・872
傷寒證類要略二卷玉鑑新書二卷
　宋平堯卿撰
　宋刊本　[41]・十三・14
傷寒説意十一卷　清黄元御撰
　清咸豐十年(1860)長沙黄氏醫
　　書八種本　[79]・子・醫
　　家類・388
傷寒論十卷　漢張機述、晉王叔
　和撰
　北宋國子監刊本　[7]・中・35
　[79]・子・醫家類・360
　宋刊本　[14]・後志・二・864
　[41]・十三・2
　影北宋本　[76]・九・12
傷寒論三注十六卷　清周揚俊撰
　清乾隆四十五年(1780)松心堂
　　刊本　[79]・子・醫家類・
　　385
傷寒論集注十卷　漢張機述、延
　陵居士注
　抄本　[12]・五・25
傷寒論集注十卷外篇四卷　漢張
　機述、清徐赤五集注
　清乾隆刊本　[75]・三十五・
　　10
傷寒論後條辨十八卷　清程應旄
　撰
　日本刊本　[79]・子・醫家類・
　　385
傷寒論條辨八卷附本草抄一卷或
　問一卷痙書一卷　明方有執撰

明萬曆二十年(1592)刊本
[79]·子·醫家類·379

補拙齋刊本 [96]·四十一·
745

傷寒論綱目十六卷　清沈金鰲撰
清乾隆三十九年(1774)沈氏自
刊本 [79]·子·醫家類·
388

傷寒論注解十卷　漢張機述、晉
王叔和撰、金成無己注
元刊本 [22]·補遺·8
[35]·下·29 [58]·
元·76

元大德八年(1304)孝永堂重刊
本 [4]·11

明趙開美校刊本 [22]·補遺·
6

刊本 [89]·一集·七·9、10

日本翻元刊本 [60]·二·26
[75]·三十五·9

醫統正脈本 [96]·四十一·
744

毛氏影金刊抄本 [97]·一·
19

影抄金刊本 [16]·二十二·
2

傳抄本 [32]·六·14

傷寒論注解十卷附明理論三卷論
方一卷　漢張機述、晉王叔和
撰、金成無己注
元大德八年(1304)孝永堂刊本
[79]·子·醫家類·366

傷寒論補注一卷　清顏觀光撰
清光緒九年(1883)刊武陵山人
遺書本 [79]·子·醫家
類·389

傷寒直論解六卷　清張錫駒撰
清康熙三餘堂刊本 [79]·子·
醫家類·385

傷寒論直解六卷附錄一卷　清張
錫駒撰
清刊本 [71]·子·醫家·1

傷寒論類方一卷　清徐大椿撰
清乾隆二十二年(1757)徐氏自

刊本 [79]·子·醫家類·
386

半松齋醫書六種本 [96]·四
十一·747

傷寒要旨一卷　宋李樞編
舊抄本 [93]·十四·23

傷寒要旨二卷　宋李樞編
宋刊本 [10]·30 [33]·
子·11 [41]·十三·
12 [50]·四·33
[58]·子·40

宋乾道七年(1171)姑孰郡齋刊
本 [35]·上·18
[68]·圖版126、目錄29

傷寒要旨方一卷
見《傷寒要旨》

傷寒要旨藥方二卷
見《傷寒要旨》

傷寒百證歌五卷　漢張機述
元刊本 [87]·一·13

傷寒百證歌五卷傷寒發微論二卷
漢張機述、宋許叔微撰
宋刊本 [35]·上·11
元刊本 [11]·四十五·20
[50]·四·29 [58]·
元·69 [79]·子·醫
家類·372 [93]·十
四·19 [94]·三·9

刊本 [5]·三下·19

傷寒百證歌發微論二卷
見《傷寒發微論》

傷寒百問三卷　題無求子撰
宋刊本 [14]·後志·二·866

傷寒百問六卷　不知撰人
日本稱觥堂刊本 [59]·二·
20

日本寶曆三年(1753)刊本
[22]·補遺·33

傷寒百問歌四卷　宋錢聞禮撰
元刊本 [35]·下·11
[48]·二輯下·117
[79]·子·醫家類·374
[89]·一集·八·32
[91]·十六·15

元刊黑口巾箱本 [4]·11

元至大刊本 [16]·二十二·
11

明初刊本 [22]·補遺·36

影元抄本 [11]·四十六·3

傷寒百問經絡圖九卷　不知撰人
元刊本 [22]·補遺·33
[35]·下·9

傷寒發微論二卷　宋許叔微撰
元刊本 [28]·續·九·10
[98]·8

明萬曆三十九年(1611)刊本
[22]·補遺·36

傷寒歌三卷　宋許叔微撰
宋刊本 [41]·十三·10

傷寒舌鑑一卷　清張登撰
清康熙寶翰樓刊張氏醫通本
[79]·子·醫家類·387
[96]·四十三·803

傷寒集注十卷傷寒六經定法一卷
傷寒問答一卷　清舒詔撰
清乾隆刊本 [79]·子·醫家
類·383

傷寒懸解十五卷　清黃元御撰
宛隣書屋叢書本 [79]·子·
醫家類·387

傷寒纘論二卷緒論二卷　清張璐
撰
清康熙寶翰樓刊張氏醫通本
[79]·子·醫家類·384

張氏醫書本 [5]·四十三·
802

傷寒纘論二卷緒論二卷本經逢源
四卷診宗三昧一卷　清張璐撰
清刊本 [74]·三·20

傷寒總病論六卷　宋龐安時撰
宋刊本 [35]·下·9
清人抄本 [22]·補遺·32

傷寒總病論九卷　宋龐安時撰
宋刊本 [49]·12

傷寒總病論六卷音訓一卷修治藥
法一卷　宋龐安時撰
宋刊本 [11]·四十四·13
[58]·子·29 [72]·

18

宋政和三年(1113)刊本
[79]·子·醫家類·368

抄本　[75]·三十六·9

傷寒總病論六卷修治藥法一卷
宋龐安時撰
宋刊本　[28]·續·九·9
[35]·上·45

傷寒總病論札記　宋龐安時撰
重雕宋刊本　[49]·13

傷寒紀玄妙用集十卷　元尚從喜編
舊抄本　[11]·四十七·17

傷寒微旨論二卷　宋韓祇和撰
宋刊本　[41]·十三·8
長恩書室刊本　[74]·三·17
墨海金壺本　[96]·四十二·759
明永樂大典本　[79]·子·醫家類·369

傷寒準繩八卷　明王肯堂撰
明萬曆三十年(1602)刊證治準繩六種本　[79]·子·醫家類·381

傷寒審證表一卷　清包誠撰
清同治十年(1871)崇文書局刊本　[79]·子·醫家類·388

傷寒活人書二十二卷　不知撰人
明吳勉學醫統正脈本　[28]·七·12

傷寒活人書括四卷　宋李知先編
明宣德八年(1433)刊本
[22]·補遺·36

傷寒活人書括指掌圖論十卷　不著撰人
明刊本　[22]·補遺·37

傷寒活人指掌圖三卷　元吳恕撰
元至元刊本　[79]·子·醫家類·377
明萬曆二十八年(1600)喬山堂劉龍回刊本　[68]·圖版442、443、目錄75
刊本　[5]·三下·21

傷寒心要一卷　題劉洪編
醫統正脈本　[79]·子·醫家類·377
[96]·四十二·767

傷寒心鏡一卷　金常德編
明熊氏種德堂刊本　[79]·子·醫家類·377

傷寒必用運氣全書十卷　明熊宗立編
明刊本　[93]·十四·15

傷寒瀉痢要方一卷　宋陳孔碩撰
宋刊本　[41]·十三·13

傷寒治例一卷　明劉純撰
明成化十五年(1479)蕭謙刊本
[79]·子·醫家類·379

傷寒治驗九十論一卷
見《傷寒九十論》

傷寒補亡論一卷　宋郭雍撰
舊抄本　[93]·十四·21

傷寒補亡論二十卷　宋郭雍撰
明萬曆劉芝田刊本　[79]·子·醫家類·374
清道光元年(1821)心太平軒重刊本　[22]·補遺·38

傷寒補天石二卷　明戈維城撰
清嘉慶十六年(1811)朱陶性白鹿山房校刊木活字本
[79]·子·醫家類·381
[96]·四十三·792

傷寒九十論一卷　宋許叔微撰
清咸豐刊琳琅祕室叢書本
[74]·三·18　[79]·子·醫家類·373
[102]·上·20
舊抄本　[16]·二十二·11
[93]·十四·19

傷寒直格三卷　題金劉完素撰
醫統正脈本　[96]·四十二·766

傷寒直格三卷後集一卷續集一卷
題金劉完素撰　張子和心鏡一卷　金張從正撰
元刊本　[11]·四十七·5
[28]·續·九·16

[35]·下·42　[50]·四·35　[58]·元·71

明嘉靖十一年(1532)劉氏安正堂刊本　[26]·六·53

傷寒直格三卷後集一卷續集一卷別集一卷　題金劉完素撰
元刊本　[93]·十四·23
元皇慶二年(1313)刊本
[79]·子·醫家類·375
刊本　[5]·三下·18

傷寒直格論方三卷
見《傷寒直格》

傷寒直指十六卷　清强健撰
原稿定本　[96]·四十一·748

傷寒來蘇集八卷　清柯琴撰
清乾隆馬中騮校刊本　[79]·子·醫家類·383

傷寒標本心法類萃二卷　題金劉完素撰
醫統正脈本　[96]·四十二·766

傷寒救俗方一卷　宋羅適正撰
宋刊本　[41]·十三·9

傷寒摘疑一卷　朱霞亨撰
抄本　[5]·三下·19

傷寒指掌十四卷　明皇甫中撰
抄本　[39]·庚·32

傷寒折衷二十卷　清林瀾撰
原刊本　[79]·子·醫家類·386

傷寒括要三卷　明李中梓撰
元刊本　[58]·元·75

傷寒括要三卷方二卷　清李中梓撰
白鹿山房活字本　[79]·子·醫家類·383　[96]·四·十三·795

傷寒明理論三卷方論一卷　金成無己撰
宋刊本　[33]·子·8
元刊本　[50]·四·34
[79]·子·醫家類·367
明葛澄刊本　[22]·補遺·9
刊本　[89]·一集·八·17

活字本　[22]・補遺・9
影抄宋本　[5]・三下・20
傷寒明理論三卷附録一卷　宋嚴器之撰
　元刊本　[32]・六・14
傷寒醫鑒一卷　金馬宗素撰
　醫統正脈本　[79]・子・醫家類・377　[96]・四十二・771
傷寒貫珠集八卷　清尤怡撰
　清嘉慶十五年(1810)白鹿山房活字本　[79]・子・醫家類・387　[96]・四十一・747
傷寒全生集四卷　明陶華撰
　明刊本　[79]・子・醫家類・379
傷寒金鏡録一卷　元敖氏撰
　明嘉靖三十八年(1559)馬崇儒校刊本　[79]・子・醫家類・378
傷寒分經十卷　清吳儀洛輯
　清刊本　[39]・庚・93
　清乾隆利濟堂刊本　[79]・子・醫家類・387　[96]・四十一・748
傷寒兼證析義一卷　清張倬撰
　清康熙寶翰樓刊張氏醫通本　[79]・子・醫家類・386　[96]・四十三・803
傷寒類方一卷
　見《傷寒論類方》
傷寒類證三卷　漢張機述
　日本覆元刊本　[75]・三十五・10
傷寒類書活人總括七卷　宋楊士瀛撰
　元刊本　[38]・子・20
　明刊本　[11]・四十六・13
　明刊仁齋直指本　[79]・子・醫家類・375
　刊本　[89]・二集・七・3　[91]・十六・20

觴
18觴政一卷　明袁弘道撰
　續説郛本　[96]・五十・1005
　舊抄本　[74]・續增・子・5

2824₀ 傚
51傚指南録一卷　明范康生撰
　荊駝逸史本　[85]・十四・674

傲
24傲徠山房所藏五朝墨蹟
　見《五朝墨蹟》
51傲軒集一卷
　見《傲軒吟稿》
　傲軒吟稿一卷　元胡天遊撰
　刊本　[24]・集二・11
　仿抄明嘉靖刊本　[71]・集・元別・20　[91]・三十四・23
　知不足齋抄本　[39]・壬・66
　舊抄本　[11]・一百零六・7
　傳抄本　[32]・十三・26

徽
00徽廟實録二十卷　宋程俱撰
　宋刊本　[14]・後志・一・784
徽言三卷
　見《溫公徽言》
22徽縣志　清張春黏纂
　清刊本　[36]・138
30徽宗實録一百五十卷　宋湯思退撰
　宋刊本　[41]・四・42
32徽州府志十卷　宋羅鄂撰
　刊本　[88]・續・9
　徽州府志十二卷　明汪舜民纂
　明弘治刊本　[92]・二・63
　刊本　[71]・史・地志・11

徵
00徵訪明季遺書目一卷　劉世珩輯
　民國初年鉛印本　[85]・二十三・1029

國粹學報本　[85]・二十三・1029
10徵吾録二卷　明鄭曉撰
　刊本　[39]・丁・39
17徵君孫夏峯先生年譜二卷　明孫奇逢撰
　畿輔叢書本　[85]・十八・797
　舊抄本　[60]・四・28
　徵君孫先生年譜二卷
　見《徵君孫夏峯先生年譜》
77徵賢堂詩正集八卷　清曹言純撰
　稿本　[32]・十四・18

徵
24徵告一卷　不著撰人
　宋刊本　[41]・十一・21

2824₇ 復
00復齋郭公言行録一卷
　見《郭公言行録》
復齋制表二卷　宋王秬撰
　宋刊本　[41]・十八・22
復齋先生文集六卷　宋陸九齡撰
　宋刊本　[14]・五下・671
復齋漫稿二卷　宋黃齊撰
　宋刊本　[41]・二十・21
復齋趙彥肅易説六卷
　見《易説》
復齋日記二卷　明許浩撰
　抄本　[39]・己・80
復齋易説六卷
　見《易説》
復齋聞記四卷　宋龔相聖撰
　宋刊本　[41]・十一・19
34復社紀事一卷　清吳偉業撰
　昭代叢書本　[85]・五・218
　賜硯堂叢書本　[85]・五・218
　屑玉叢談本　[85]・五・218
　復社紀略本　[85]・五・218
　梅村家藏稿本　[85]・五・218
　借月山房彙抄本　[85]・五・218
　復社紀略四卷　題眉史氏集録
　國粹叢書本　[85]・五・223

復社姓氏傳略十卷續輯一卷卷首
　一卷　清吳山纂
　　清道光十二年(1832)南陔堂刊
　　本　[85]・五・232
　　杭州古舊書店謄寫版印本
　　　[85]・五・232
復社姓氏補錄一卷　清吳銘道纂
　啓禎剝復錄本　[85]・五・232
復社姓氏錄一卷　明吳應箕纂
　啓禎剝復錄本　[85]・五・224
　舊抄本　[59]・四・15
　　[85]・五・224
35復禮齋語錄一卷　宋李薲撰
　宋刊本　[14]・五下・695
37復初齋文集三十五卷　清翁方綱
　撰
　　清道光十六年(1836)公子樹培
　　校刊本　[26]・十二・1
　　[100]・148
復初齋詩集六十六卷　清翁方綱
　撰
　　清嘉慶十九年(1814)刊本
　　[26]・十二・1
40復古詩集六卷
　見《鐵崖先生復古詩集》
復古編　清柴紹炳撰
　抄本　[30]・四・1
復古編二卷　宋張有撰
　宋刊本　[41]・三・44
　元至正刊本　[2]・一・32
　明初刊本　[16]・七・13
　明刊本　[61]・三・1
　刊本　[39]・丙・37
　影抄宋刊本　[36]・29
　　[38]・經・52
　汲古閣抄本　[20]・一・24
　舊抄本　[11]・十四・3
　　[34]・附・一・8　[38]・
　　經・52　[39]・丙・32
　　[60]・一・25　[93]・
　　七・11
　精抄本　[32]・二・21
　　[91]・五・13
復古編三卷　宋張有撰

宋刊本　[14]・一下・91
復古編四卷　宋張有撰
　明洪武刊本　[38]・經・58
復古編二卷附錄二卷　宋張有撰
　葛氏刊本　[75]・十一・6
復古篇二卷
　見《復古編》
復古雅歌詞五十卷　不著撰人
　宋刊本　[41]・二十一・17
70復辟錄一卷　明楊暄撰
　學津討原本　[96]・十九・420
　抄本　[39]・丁・34
90復堂日記八卷　清譚獻撰
　清刊本　[100]・31

2825₃　儀

27儀象法纂一卷　明蘇頌撰
　明抄本　[91]・十七・2
儀象考成三十二卷　清戴進賢等
　編
　　清乾隆武英殿刊本　[74]・三・
　　23　[78]・子・天文類・
　　556　[78]・算學書錄
　　補注・88　[96]・四十
　　四・826
儀象考成續編三十二卷　清敬徵
　等編
　　清武英殿刊本　[74]・三・23
　　[78]・算學書錄補注・88
31儀顧堂書目　清陸心源編
　抄本　[74]・續增・史・12
35儀禮十七卷　不著撰人
　宋刊單經本　[22]・一・25
　　[35]・上・28　[74]・
　　一・22
　元刊單經本　[17]・一・4
　　[59]・一・3
儀禮十七卷　漢鄭玄注
　北宋刊本　[58]・經・20
　北宋國子監刊本　[7]・中・1
　宋刊本　[9]・後編・二・17、
　　20　[10]・4　[11]・
　　六・9　[14]・一上・45
　　[74]・一・22　[102]・

上・2
　宋刊小字本　[35]・下・46
　宋嚴州刊本　[35]・上・32
　　[35]・下・46　[65]・
　　一・20
　宋淳熙刊本　[34]・一・3
　　[35]・上・7
　南宋閩中刊本　[4]・4
　南宋國子監刊本　[7]・下・1
　元刊本　[3]・2
　元刊明補本　[32]・一・30
　明覆宋本　[11]・六・9
　　[23]・20　[75]・五・
　　13　[87]・三・2
　明刊本　[1]・上・1　[9]・
　　七・4　[60]・一・10、
　　11
　明刊細字本　[91]・二・17
　明正德重修元刊本　[22]・一・
　　25
　明正德十六年(1521)陳鳳梧刊
　　本　[22]・一・26
　　[76]・一・15
　明嘉靖徐氏翻宋刊三禮本
　　[17]・一・4　[19]・2
　　[26]・一・49　[84]・
　　一・6　[91]・二・16
　刊本　[89]・一集・二・2
　　[89]・二集・一・22
儀禮十七卷儀禮圖十七卷旁通圖
　一卷　宋楊復撰
　宋刊明修本　[92]・一・10
　元謝子祥合刊本　[2]・一・12
　　[43]・一・23
　元刊明修本　[3]・2
儀禮旁通圖一卷　宋楊復撰
　元刊本　[59]・一・4
　刊本　[39]・乙・7
儀禮商一卷　清萬斯大撰
　舊抄本　[91]・二・21
儀禮商二卷　清萬斯大撰
　刊本　[39]・乙・8
儀禮商二卷附錄一卷　清萬斯大
　撰

經學五書本　[96]·四·62

儀禮章句十七卷　清吳廷華撰
　清刊本　[39]·乙·9　[96]·
　　四·64

儀禮章句翼四篇儀禮集説七篇儀
　禮今古文一卷附補遺　清周鍇
　撰
　稿本　[53]·一·1

儀禮諟誤三卷　宋張淳撰
　武英殿聚珍刊本　[74]·一·
　　22　[74]·續增·經·
　　1　[75]·五·13
　　[96]·四·58
　盧抱經校本　[91]·二·18
　舊抄本　[59]·一·4

儀禮正譌十七卷　清金曰追撰
　肅齋家塾刊本　[96]·四·68

儀禮正義四十卷　清胡培翬撰
　清道光二十九年(1849)木犀香
　　館刊本　[2]·一·13

儀禮疏十七卷　唐賈公彥等撰
　清道光十年(1830)汪氏藝芸書
　　舍刊本　[68]·圖版576、
　　目録93

儀禮疏五十卷　唐賈公彥等撰
　北宋國子監刊本　[7]·中·6
　北宋刊本　[97]·一·9
　宋刊本　[10]·3　[14]·
　　一上·48　[36]·11
　　[58]·經·21　[81]·
　　經·2　[83]·一·2
　　[89]·一集·二·1
　宋景德官刊本　[35]·下·54
　　[80]·七·1、2
　南宋國子監刊本　[7]·下·2
　清刊本　[80]·七·3
　影宋單疏本　[51]·一·4
　影抄宋景德刊本　[16]·四·3
　舊抄卷子本　[22]·一·26

儀禮要義五十卷　宋魏了翁撰
　宋刊本　[33]·經·7　[34]·
　　一·3　[58]·經·23
　　[66]·目録2　[74]·
　　一·23　[81]·經·4

[83]·一·3
宋淳祐十二年(1252)魏克愚徽
　州刊九經要義本　[67]·
　　第五册·8　[68]·圖
　　版120、目録28
影宋抄校本　[65]·一·21
歸安嚴修能抄宋本　[91]·二·
　19
影宋抄本　[81]·經·4
　　[83]·一·5　[91]·
　　二·19　[93]·四·4
瓶花齋抄本　[39]·乙·8
舊抄本　[11]·五·10
　　[16]·四·8

儀禮石經校勘記四卷　清阮元撰
　粵雅堂刊本　[74]·一·23

儀禮集説十七卷　元敖繼公纂
　元刊本　[8]·經二·53
　　[11]·六·11　[28]·
　　二·10　[32]·一·31
　　[35]·下·18　[43]·
　　一·25
　元大德五年(1301)刊本
　　[26]·一·53　[67]·
　　第五册·58
　明初刊本　[74]·續增·經·
　　2
　通志堂經解本　[74]·一·23
　　[96]·四·60
　舊抄本　[2]·一·13

儀禮集編十七卷　清盛世佐撰
　貯雲居刊本　[96]·四·67
　抄本　[39]·乙·9

儀禮集釋三十卷　宋李如圭撰
　聚珍刊本　[74]·一·23

儀禮經傳通釋三十七卷
　見《儀禮經傳通解》

儀禮經傳通解六十九卷　清梁萬
　方撰
　清聚錦堂刊本　[96]·六·102

儀禮經傳通解三十七卷　宋朱
　熹編
　宋刊本　[14]·五上·564
　　[22]·一·26　[35]·

上·3　[38]·經·27
　　[48]·一輯·7　[91]·
　　二·32　[93]·四·13
　　[94]·一·5
元刊本　[9]·後編·八·13
刊本　[5]·一上·23　[39]·
　　乙·7

儀禮經傳通解三十七卷續二十九
　卷　宋朱熹編、黃幹續
　宋刊本　[17]·一·4　[74]·
　　一·28
　宋寶祐刊本　[35]·下·46

儀禮經傳通解二十三卷儀禮集傳
　集注十四卷
　見《儀禮經傳通解》

儀禮經傳通解續二十九卷　宋黃
　幹撰
　元刊本　[9]·後編·八·14
　刊本　[5]·一上·24　[39]·
　　乙·7
　影抄元刊本　[16]·四·4

儀禮經傳通解續祭禮十四卷　宋
　楊復撰
　宋刊本　[11]·七·13

儀禮經傳内編二十三卷外編四卷
　清姜兆錫撰
　清刊本　[39]·乙·9

儀禮經傳内編二十三卷外編五卷
　清姜兆錫撰
　清寅清樓刊本　[96]·六·101

儀禮經注　不著撰人
　重雕宋嚴州本　[49]·1

儀禮釋宮一卷　宋李如圭撰
　武英殿聚珍刊本　[74]·一·
　　23　[96]·四·58

儀禮釋宮九卷　清胡匡衷撰
　清研六閣刊本　[96]·四·7

儀禮疑義五十卷　清吳廷華撰
　抄本　[16]·四·4

儀禮彙説十七卷　清焦以知撰
　清刊本　[39]·乙·10
　清研雨齋刊本　[96]·四·69

儀禮注十七卷
　見《儀禮》

儀禮注疏十七卷　漢鄭玄注、唐賈公彥等疏
　元刊本　[43]・一・26
　明刊本　[9]・後編・十二・12
　　[59]・一・4　　[93]・四・4
　明刊九行本　[11]・六・9
　　[75]・五・13
　明汪文盛十行本　[11]・六・9　　[22]・一・26
　明閩刊本　[60]・一・11
　　[91]・二・17
　明正德五年(1510)陳鳳梧校刊本　[17]・一・4　　[102]・上・12
　明嘉靖刊本　[91]・二・17
　明嘉靖李元陽刊本　[12]・四・2
　明嘉靖閩人詮刊本　[17]・一・4
　明崇禎十三年(1640)虞山毛氏汲古閣刊本　[17]・一・4　　[74]・一・22　　[86]・七・4
　清刊本　[80]・十四・1
　武英殿刊十三經注疏本　[96]・四・57
　刊本　[89]・二集・一・23、24、25、26
　校宋本　[83]・一・2
　清吳志忠校汲古閣刊本　[2]・一・11
　校刊本　[95]・一・6
儀禮漢讀考一卷　清段玉裁撰
　經韵樓刊本　[74]・一・23
儀禮逸經傳二卷　元吳澄撰
　元刊本　[11]・六・10
　明刊本　[75]・五・16　　[93]・四・5
　通志堂經解本　[74]・一・23　　[96]・四・59
儀禮古今文疏義十七卷　清胡承珙撰
　求是齋刊本　[74]・一・23

儀禮喪服足徵記十卷　清程瑤田撰
　通藝錄本　[96]・四・69
儀禮析疑十七卷　清方苞撰
　望谿全集本　[96]・四・63
儀禮戴記附記四卷外記一卷　不著編者
　明天一閣舊抄本　[91]・二・20
儀禮考注十七卷　元吳澄撰
　明刊本　[93]・四・5
儀禮易讀十七卷　清馬駉編
　通行本　[96]・四・67
儀禮圖六卷　宋楊復撰
　清嘉慶十年(1805)刊本　[26]・一・57
儀禮圖十七卷　宋楊復撰
　宋刊本　[9]・後編・二・20　　[22]・一・27　　[35]・上・31　　[92]・一・10
　元刊本　[3]・2　　[48]・二輯上・14、16　　[91]・二・18、19
　元崇安余志安勤有堂刊本　[13]・1
　元刊明補本　[92]・一・10
　明正德重修元刊本　[22]・一・27
　朝鮮國刊本　[22]・一・27
　刊本　[39]・乙・7
儀禮圖十七卷旁通圖一卷　宋楊復撰
　宋刊本　[11]・六・9　　[81]・經・3　　[83]・一・3　　[87]・二・10
　宋刊十行本　[16]・四・7
　元刊本　[9]・五・7　　[20]・一・14　　[93]・四・4
　明覆宋本　[38]・經・14
　明刊本　[11]・六・10
　刊本　[32]・一・31
　通志堂經解本　[96]・四・59
　坊刊本　[74]・一・23
儀禮義疏四十八卷　清乾隆十三年(1748)敕撰

　蘇州紫陽書院重刊本　[96]・四・61
儀禮鄭注十七卷
　見《儀禮》
儀禮鄭注句讀十七卷　清張爾岐撰
　舊抄本　[2]・一・13　　[39]・乙・8
儀禮鄭注句讀十七卷附監本正誤一卷石經正誤一卷　清張爾岐撰
　和衷堂刊本　[96]・四・62
儀禮節解十七卷　明郝敬撰
　刊本　[39]・乙・8
儀禮小疏不分卷　清沈彤撰
　原刊本　[96]・四・66
87儀鄭堂文集二卷　清孔廣森撰
　琅嬛仙館刊本　[74]・四・54

2826₆　僧

30僧寶傳三十卷
　見《禪林僧寶傳》
77僧尼孽海三十二則　明人撰
　抄本　[69]・三・108

2826₈　俗

01俗語　不著撰人
　抄本　[39]・已・85
50俗書刊誤十二卷　明焦竑撰
　抄本　[74]・一・54　　[102]・下・4

2828₁　從

05從諫集八卷　宋歐陽修撰
　宋刊本　[41]・二十二・2
10從西紀略一卷　清范昭逵撰
　清刊本　[74]・二・33
　抄本　[71]・史・地志・79
18從政錄一卷　明薛瑄撰
　廣秘笈本　[96]・二十八・551
從政錄不分卷　清汪喜孫撰
　清道光汪氏自刊本　[26]・十・34

40從古正文一卷　明黄諫輯
　抄本　[5]・一下・13
從古正文五卷　明黄諫輯
　明刊本　[74]・續增・經・3
從古正文六卷　明黄諫輯
　舊刊本　[20]・一・25
53從戎始末一卷兵燹瑣記一卷　明
　張道濬撰
　山右叢書本　[85]・六・279
67從野堂存稿八卷　明繆昌期撰
　明崇禎十年(1637)刊本
　[85]・二・128

2829₄　徐

00徐庸易緼一卷
　見《易緼》
徐文靖公謙齊集四卷　明徐浦撰
　刊本　[39]・癸上・17
徐文清公家傳一卷　宋朱元龍等
　撰
　明正德刊本　[17]・二・13
　影明抄本　[91]・九・5
徐文惠公集五卷
　見《徐文惠公存稿》
　抄本　[39]・壬・34
徐文惠公存稿四卷　宋徐經孫撰
　抄本　[102]・下・34
徐文惠公存稿五卷　宋徐經孫撰
　明萬曆刊本　[55]・六・15
　[71]・集・宋別・55
　舊抄本　[11]・九十・19
　[39]・壬・34
徐文惠公存稿五卷附錄一卷　宋
　徐經孫撰
　明萬曆刊本　[92]・四・161
徐文長文集三十卷　明徐渭撰
　明刊本　[8]・集五・570
　刊本　[39]・癸下・3
徐文長文集三十卷三集十二卷逸
　稿二十四卷　明徐渭撰
　明刊本　[26]・九・47
徐文長逸稿二十四卷自著畸譜一
　卷　明徐渭撰
　刊本　[71]・集・明別・91

10徐正字文集十卷　唐徐寅撰
　舊抄本　[74]・四・12
徐霞客遊記十卷　明徐弘祖撰
　抄本　[71]・史・地志・79
徐霞客遊記十二卷　明徐弘祖撰
　刊本　[74]・二・58
　舊抄本　[39]・戊・54
　[74]・二・58　[100]・
　38
12徐璣集二卷　宋徐璣撰
　宋刊本　[41]・二十・22
17徐孟麥菜譜　題徐孟麥撰
　抄本　[71]・子・農家・12
20徐位山六種　清徐文靖撰
　志寧堂刊本　[96]・五十九・
　1178
22徐仙翰藻十四卷　元陳夢根輯
　刊本　[39]・庚・96
24徐先生集　明徐有貞撰
　刊本　[39]・癸上・14
徐先生存稿六卷
　見《徐清正公存稿》
徐侍郎集二卷　唐徐安貞撰
　刊本　[5]・四上・13
　舊抄本　[16]・二十九・7
　[93]・十九・17
25徐仲車詩一卷　宋徐積撰
　宋刊本　[14]・四下・455
32徐州府志三十卷　清石杰撰
　清乾隆七年(1742)刊本
　[74]・三・46
徐州志十二卷　明梅守德撰
　明刊本　[32]・四・20
35徐清正公集六卷
　見《徐清正公存稿》
徐清正公存稿六卷　宋徐鹿卿撰
　抄本　[39]・壬・34
徐清正公存稿六卷附錄一卷　宋
　徐鹿卿撰
　明萬曆刊本　[71]・集・宋別・
　51　[91]・三十一・12
　刊本　[24]・集一・39
　影抄明萬曆四十二年(1614)刊
　本　[74]・四・30

　[102]・下・33
　舊抄本　[11]・九十・19
徐迪功集六卷談藝録一卷　明徐
　禎卿撰
　明刊本　[60]・七・10
　明正德十五年(1520)刊本
　[26]・九・21
　明嘉靖刊本　[75]・六十一・
　14
徐迪功集六卷外集四卷談藝録一
　卷　明徐禎卿撰
　刊本　[71]・集・明別・61
38徐海本末一卷　明茅坤撰
　借月山房彙抄本　[96]・二十
　四・513
44徐花潭先生集二卷　朝鮮徐敬德
　撰
　高麗刊本　[71]・集・外域・
　1
徐蘋村全稿　徐蘋村撰
　刊本　[36]・249
徐蘇傳不分卷　李庭貴編
　明天順刊本　[38]・史・49
徐孝穆詩文集一卷
　見《徐孝穆集》
徐孝穆集一卷　南朝陳徐陵撰
　宋刊本　[41]・十九・2
　抄本　[71]・集・漢魏六朝別・
　8
徐孝穆集六卷　南朝陳徐陵撰
　校明抄本　[54]・五・10
徐孝穆集箋注六卷　南朝陳徐陵
　撰、清吳兆宜注
　清刊本　[74]・四・3
徐樹百先生遺著　徐樹百撰
　抄本　[36]・262
47徐都講詩一卷　清徐昭華撰
　西河合集附刊本　[74]・四・
　52　[96]・七十・1401
48徐幹中論二卷　漢徐幹撰
　宋刊本　[14]・三上・198
　[41]・九・6
　元刊本　[96]・三十六・666
　明刊本　[9]・九・4　[11]・

三十九・8　　［50］・四・
11　　［93］・十三・8
明弘治黄華卿刊本　［16］・二
十一・3　　［17］・三・3
［28］・六・8　　　［75］・
三十二・9
明正嘉間靖刊本　［17］・三・
3
明嘉靖刊本　［76］・六・33
明兩京遺編本　［17］・三・3
漢魏叢書本　［74］・三・2
刊本　［71］・子・儒家・8
［89］・一集・六・5
陳仲魚校明刊本　［17］・三・
7
舊抄本　［11］・三十九・9
精抄本　［91］・十五・8
50徐忠烈公集四卷　明徐從治撰
明崇禎刊清康熙乾隆間遞修補
本　［85］・七・317
67徐照集三卷　宋徐照撰
宋刊本　［41］・二十・22
71徐匡嶽先生答語摘要　明孟紹伊
輯
明刊本　［15］・3
72徐氏家祭禮一卷　唐徐潤撰
宋刊本　［41］・六・17
徐氏家藏書目四卷　明徐𤊹編
舊抄本　［57］・126
徐氏真録五卷　不知撰人
明正統刊本　［91］・二十二・
18
徐氏筆精八卷　明徐𤊹撰
刊本　［71］・子・雜家・42
74徐騎省集三十卷　宋徐鉉撰
宋刊本　［14］・四中・418
［35］・上・54　　［41］・
十七・1
黔南李氏刊本　［75］・五十三・
1
刊本　［24］・集一・11
［89］・二集・八・26
校宋本　［93］・二十・1
舊抄校宋本　［11］・七十二・

1　　［16］・三十・1
黄丕烈校本　［92］・四・148
清盧抱經校抄本　［2］・四・
20
依宋抄本　［91］・二十六・1
影宋明州本　［35］・上・54
朱竹垞手抄補足本　［11］・七
十二・7
萃古齋抄本　［30］・五・29
經鋤堂抄本　［91］・二十六・
1
知不足齋抄本　［91］・二十六・
2
舊抄本　［12］・六・4　　［38］・
集・31、32　　［39］・壬・
1　　［50］・補遺・1
［51］・三・9　　［60］・
六・28　　［71］・集・宋
別・1　　［74］・四・13
［95］・二・14　　［102］・
下・29
77徐陶圍存友札小引不分卷　不著
撰人
舊抄本　［42］・13　　［51］・
一・18
徐學士北門集十二卷
見《北門集》
徐閬公先生遺文一卷　明徐孚遠
撰
釣璜堂存稿附刊本　［85］・二
十・912
徐閬公先生年譜一卷　陳乃乾、
陳洙纂
一九二五年刊本　［85］・十八・
804
80徐鉉集三十卷
見《徐騎省集》
徐公文集三十卷
見《徐騎省集》
徐公漱坡孝行録　不著撰人
清刊本　［80］・十一・10
徐公釣磯文集五卷　唐徐貪撰
舊抄本　［32］・十・22
徐公釣磯文集十卷　唐徐貪撰

刊本　［88］・五・9
楊雪滄校抄本　［30］・六・42
錢遵王也是圍抄本　［36］・211
舊抄本　［11］・七十一・12
［16］・二十九・20
［71］・集・唐別・18
［87］・二・5　　［91］・二十
五・21　　［93］・十九・41
［102］・下・29
傳抄本　［60］・六・28
88徐籀莊先生年譜一卷　徐士燕編
稿本　［60］・四・28
徐節孝集三十卷
見《節孝先生文集》
90徐常侍集三十卷
見《徐騎省集》
97徐憺園集三十六卷　清徐乾學撰
清刊本　［71］・集・國朝別・14
清康熙刊本　［96］・七十・1388

2833₄　懲

21懲毖録四卷　朝鮮柳成龍撰
日本刊本　［60］・四・20
日本元禄八年(1695)刊本
［76］・六・24

2835₁　鮮

10鮮于諫議集三卷　宋鮮于侁撰
宋刊本　［14］・四下・461
鮮于伯圭集一卷　宋鮮于球撰
宋刊本　［14］・四中・434
鮮于氏卓絶譜一卷　唐喬琳撰
宋刊本　［14］・二下・183
67鮮鵰經十卷　不知撰人
宋刊本　［14］・後志・二・846

2846₈　豀

22豀蠻叢笑　朱輔撰
刊本　［88］・續・10
豀山琴況一卷大還閣琴譜六卷附
萬峯閣指法閟箋一卷　清徐祺
撰
通行本　［96］・四十九・966
豀山餘話一卷　明陸深撰

儼山外集本　[96]·六十五·
1287
谿山堂草四卷　明沈思孝撰
刊本　[39]·癸下·8　[71]·
集·明別·93
60谿園集十卷　宋吳億撰
宋刊本　[41]·十八·17
谿園集十卷　明周啓撰
抄本　[88]·五·52
90谿堂詞一卷　宋謝逸撰
宋刊本　[41]·二十一·5
陸敕先、毛斧季校本　[11]·一
百十九·6
明抄本　[91]·四十·6
谿堂麗宿集　明曹文炳輯
天一閣抄本　[39]·庚·55
谿堂集十卷　宋謝逸撰
舊抄本　[91]·二十八·10
[93]·二十·33
文瀾閣傳抄本　[11]·七十八·
16　[16]·三十·34
谿堂集二十卷　宋謝逸撰
宋刊本　[41]·十七·31
谿堂集五卷補遺二卷　宋謝逸撰
宋刊本　[41]·二十·10

2854₀　牧

00牧齋外集二十五卷　清錢謙益撰
舊抄本　[57]·282
牧齋遺事一卷　不著撰人
古學彙刊本　[85]·十八·793
虞陽說苑甲編本　[85]·十八·
790
緗雲樓抄本　[85]·十八·790
抄本　[85]·十八·790
牧齋初學集一百十卷目錄二卷
清錢謙益撰
明崇禎十六年(1643)瞿式耜刊
本　[85]·二十·922
[86]·一·99
牧齋初學集一百十卷目錄二卷有
學集五十卷　清錢謙益撰
明崇禎刊初學集本、清康熙刊
有學集本　[85]·二十·

922
神州國光社鉛印本　[85]·二
十·922
四部叢刊影印本　[85]·二十·
922
25牧牛圖頌不分卷　釋株宏輯
明萬曆三十七年(1609)刊本
[64]·續·102
31牧潛集一卷　元釋圓至撰
元刊本　[28]·續·十三·12
[35]·下·17、33　[72]·
31
從元刊精抄本　[8]·集三·
484
抄本　[12]·六·23
牧潛集七卷　元釋圓至撰
元刊本　[11]·九十六·11
[65]·五·42
汲古閣刊本　[71]·集·釋子·
5　[74]·四·35
刊本　[24]·集二·17
[39]·壬·81
舊抄本　[91]·三十三·14
35牧津四十四卷　明祁承㸁編
明天啓四年(1624)刊本
[102]·上·18
刊本　[39]·戊·5　[74]·
二·62
44牧菴文集三十六卷
見《姚牧菴集》
牧萊脞語二十卷　宋陳仁子撰
抄本　[56]·羣書題記·9
牧萊脞語二十卷二稿八卷　宋陳
仁子撰
清初抄本　[2]·五·13
[39]·壬·38
72牧隱文稿二十卷詩稿三十五卷
元高麗李穡撰
朝鮮古刊本　[3]·24
[17]·四·36　[55]·
五·6
77牧豎閒談不分卷　宋景渙撰
宋刊本　[14]·三下·263
牧民忠告二卷經進風憲忠告一卷

廟堂忠告一卷　元張養浩撰
元刊本　[38]·史·79
刊本　[39]·己·45
88牧鑑十卷　明楊昱輯
刊本　[39]·戊·5

2872₀　岆

44岆老編年詩抄九卷續抄四卷外集
五卷　清金張撰
清刊本　[71]·集·國朝別·
30

2892₇　綸

00綸言集三十一卷　宋宇文粹中、
宇文虛中編
宋刊本　[41]·五·2

2896₆　繪

44繪芳錄八卷　清人撰
清光緒二十年(1894)石印本
[69]·四·130
50繪事備考八卷　清王毓賢撰
清刊本　[39]·庚·28
[96]·四十八·954
繪事微言四卷　明唐志契撰
刊本　[39]·庚·26
抄本　[96]·四十八·949

2921₂　倦

38倦遊雜錄八卷　宋張正撰
宋刊本　[14]·三下·255
60倦圃蒔植記三卷　清曹溶撰
抄本　[39]·庚·85
倦圃尺牘二卷　清曹溶撰、胡泰
編
清乾隆三十五年(1770)刊本
[96]·七十·1369

2998₀　秋

00秋瘦閣詞一卷　清唐韞貞撰
傳抄稿本　[60]·七·26
10秋雪堂詩刪二十二卷　明沈春澤
撰
刊本　[71]·集·明別·99

12秋水齋詩集十五卷　清張映斗撰
　　清刊本　[39]·癸下·54
　　　　[71]·集·國朝別·37
　秋水詩抄十七卷　清程鑒撰
　　清刊本　[71]·集·國朝別·
　　　55
　秋水詩抄續刻十卷舊刻一卷　清
　　程鑒撰
　　清刊本　[71]·集·國朝別·
　　　55
　秋水詞一卷　清嚴繩孫撰
　　抄本　[101]·中·21
　秋水竈花影集五卷　明施紹莘撰
　　精抄本　[71]·集·詞·19
22秋崖文稿四十五卷　宋方岳撰
　　明嘉靖刊本　[38]·集·66
　　刊本　[39]·壬·39
　　舊抄本　[32]·十二·21
　秋崖詩稿三十八卷　宋方岳撰
　　明活字印本　[91]·三十一·
　　　18
　　刊本　[39]·壬·39
　　舊抄本　[91]·三十一·18
　秋崖詞　宋方岳撰
　　校本　[57]·304
　秋崖集八十三卷
　　見《秋崖先生小稿》
　秋崖先生文稿四十五卷詩稿三十
　　八卷
　　見《秋崖先生小稿》
　秋崖先生小稿八十三卷　宋方岳
　　撰
　　明刊本　[9]·後編·十九·3
　　[11]·九十·23
　　明嘉靖刊本　[17]·四·27
　　[59]·六·30　　[71]·
　　集·宋別·56
　　刊本　[24]·集一·41
　　校宋本　[93]·二十一·27
　　抄明嘉靖刊本　[91]·三十一·
　　　17
　　舊抄本　[11]·九十·23
　秋崖小簡十四卷　宋岳珂撰
　　抄本　[39]·壬·39

秋巖詩集二卷　元陳宜撰
　　舊抄本　[91]·三十三·21
30秋室百衲琴　清余集撰
　　清嘉慶杭州刊本　[68]·圖版
　　546、目錄90
　秋室先生集十卷　清楊鳳苞撰
　　湖州叢書本　[85]·二十·928
33秋浦新志十六卷　宋王伯大纂
　　宋刊本　[14]·五上·574
　　　[41]·八·24
　秋浦志八卷　宋胡兆撰
　　宋刊本　[41]·八·24
37秋澗先生大全文集一百卷　元王
　　惲撰
　　元刊本　[11]·九十七·11
　　[32]·十三·10　　[93]·
　　二十二·8
　　明弘治翻元刊本　[11]·九十
　　七·19　　[28]·續·十
　　三·2　　[91]·三十三·
　　18
　　刊本　[39]·壬·55
　　清金星軺校抄本　[2]·五·2
　　宋賓王抄校本　[91]·三十三·
　　18
　　影抄元刊本　[8]·集三·490
　　[71]·集·元別·4
　　舊抄本　[16]·三十三·1
　　[59]·七·4
44秋芙蓉吟稿一卷　明趙昱撰
　　原稿本　[91]·三十七·28
　秋樹讀書樓集十六卷　清史善長
　　撰
　　清道光十六年(1836)家刊本
　　[26]·十·40
　秋樹讀書樓遺集十六卷　清史善
　　長撰
　　清道光十六年(1836)刊本
　　[26]·十四·33
　秋林琴雅四卷　清厲鶚撰
　　清刊本　[71]·集·詞·11
47秋聲集四卷　元黃鎮成撰
　　明刊本　[59]·七·7
　　舊抄本　[39]·壬·66

　　[71]·集·元別·35
　　[91]·三十四·14
　　[101]·中·12
　秋聲集六卷　元黃鎮成撰
　　舊抄本　[93]·二十二·15
　秋聲集十卷　元黃鎮成撰
　　明洪武刊本　[16]·三十四·
　　　27
　　勞蟬隱手抄本　[91]·三十四·
　　　13
　　舊抄本　[11]·一百零二·9
　秋聲館吟稿一卷　清符之恒撰
　　清刊本　[71]·集·國朝別·
　　　43
48秋縶錄　明嚴震輯
　　刊本　[39]·己·80
55秋蟪吟館詩抄　清金和撰
　　刊本　[100]·156
60秋思草堂集　清陸莘行撰
　　先君子抄本　[20]·五·44
　秋思草堂遺集老父雲遊始末一卷
　　清陸莘行撰
　　痛史莊氏史案附刊本　[85]·
　　　十六·709
　　古學彙刊本　[85]·十六·709
　秋園雜佩一卷　明陳貞慧撰
　　粵雅堂刊本　[74]·四·46
　　抄本　[20]·四·25
62秋影樓詩集九卷　清汪繹撰
　　清康熙五十二年(1713)查慎行
　　刊本　[26]·十·8
64秋曉先生覆瓿集四卷　宋趙必璩
　　撰
　　影抄明刊本　[91]·三十二·
　　　7
　秋曉先生覆瓿集六卷　宋趙必璩
　　撰
　　舊抄本　[39]·壬·37
　　[59]·六·31
　秋曉先生覆瓿集八卷　宋趙必璩
　　撰
　　舊抄本　[11]·九十二·7
　秋曉先生覆瓿集二十四卷　宋趙
　　必璩撰

明宣德刊本　[52]·三·16

秋曉先生覆瓿集五卷附錄一卷
宋趙必璩撰
清康熙三十五年(1696)刊本
　[71]·集·歷代帝王別·
　2

79秋塍文抄十二卷　清魯曾煜撰
清刊本　[71]·集·國朝別·
　36

秋塍文抄十二卷詩抄四卷　清魯
曾煜撰
清刊本　[39]·癸下·54

秋塍三州詩抄四卷　清魯曾煜撰
清刊本　[71]·集·國朝別·
　36

80秋谷雜編　清金維寧撰
清刊本　[39]·己·87

82秋鐙錄一卷　題沈元欽錄
昭代叢書癸集本　[85]·二十
　一·958

86秋錦山房集十卷　清李良年撰
清刊本　[71]·集·國朝別·
　63

秋錦山房集二十二卷外集三卷

清李良年撰
清刊本　[39]·癸下·48
清康熙乾隆刊本　[96]·七十·
　1397

88秋笳集八卷　清吳兆騫撰
原刊本　[96]·七十·1384
粵雅堂刊本　[74]·四·51

90秋堂詩集三卷
見《柴秋堂詩集》

秋堂邵先生集　不著撰人
元刊本　[2]·五·15

3

3010₁ 空

30空空幻十六回　題梧崗主人編
　舊刊本　[69]·四·160
44空華集十七卷　釋義堂撰
　日本南北朝刊本　[62]·圖版
　64
　空華老師日用工夫略集四卷　釋
　義堂述
　舊抄本　[75]·四十九·27
50空青遺文十卷　宋曾紆撰
　宋刊本　[41]·十八·4
67空明子初集十三卷續集十六卷後
　集十二卷餘集十四卷附允諧年
　譜一卷　清張榮撰
　原刊本　[96]·七十一·1409
77空同詩選四卷　明李夢陽撰
　明嘉靖二十二年(1543)張舍刊
　本　[19]·22
　空同子集六十四卷
　見《空同集》
　空同子瞽說　明蘇伯衡撰
　刊本　[39]·己·47
　空同集六十三卷　明李夢陽撰
　明嘉靖刊本　[8]·集四·534
　　[30]·三·29　　[75]·
　六十一·13
　空同集六十四卷　明李夢陽撰
　刊本　[39]·癸上·33
　　[71]·集·明別·60
　空同集六十六卷　明李夢陽撰
　明刊本　[32]·十四·10
　明嘉靖九年(1530)黃省曾序刊
　本　[26]·九·15
　明萬曆六年(1578)刊本
　　[59]·七·15　　[91]·
　三十六·29
　空同集六十八卷　明李夢陽撰
　明東莞鄧氏刊本　[8]·集四·

536
空同精華三卷　明李夢陽撰
　明嘉靖四十四年(1565)屠本畯
　刊本　[19]·23
80空谷傳聲集三卷　不知撰人
　元至元刊本　[43]·三·51

3010₄ 塞

01塞語　明尹畊撰
　刊本　[39]·戊·48
11塞北小抄一卷　清高士奇撰
　江村全集本　[96]·二十四·
　510
44塞村集四卷　明蘇志皋撰
　刊本　[39]·癸上·52

3010₆ 宣

00宣府鎮志四十二卷　不知撰人
　明萬曆刊本　[3]·10
05宣靖備史四卷　明陳霆撰
　舊抄本　[74]·二·20
　　[102]·下·7
　精抄本　[91]·八·11
24宣德鼎彝譜八卷　明呂震等撰
　墨海金壺本　[96]·五十·985
　舊抄本　[39]·庚·36
　　[61]·四·2
　宣德彝器譜三卷　呂棠編
　舊抄本　[20]·四·17
　宣德桂林郡志
　見《桂林郡志》
26宣和譜二卷　介石逸叟撰
　清康熙刊本　[64]·13
　宣和北苑貢茶錄一卷　宋熊蕃撰
　宋刊本　[41]·十四·17
　明刊本　[11]·五十三·18
　舊抄本　[75]·四十·12
　宣和北苑貢茶錄一卷　宋熊蕃撰
　附北苑別錄一卷　宋趙汝礪撰

　讀畫齋叢書本　[96]·五十·
　1001
　舊抄本　[91]·十八·6
　宣和集　來行學事
　明刊本　[92]·三·97
　宣和使金錄一卷　宋連南夫撰
　宋刊本　[41]·七·13
　宣和御製詩一卷　宋張叔夜編
　宋刊本　[14]·五下·730
　宣和遺事二卷　宋人撰
　宋刊本　[67]·第五册·39
　元刊本　[32]·九·19
　仿宋刊本　[49]·20
　明刊本　[69]·一·1
　宣和遺事四卷　宋人撰
　明刊本　[38]·子·87
　汲綆山房刊本　[26]·六·32
　宣和遺事跋　不知撰人
　元刊本　[50]·補遺·3
　宣和軍馬司勅十三卷令一卷　不
　著撰人
　宋刊本　[41]·七·35
　宣和博古圖三十卷
　見《宣和博古圖錄》
　宣和博古圖錄三十卷　宋王黼等
　撰
　宋刊本　[5]·二中·5
　　[41]·八·8　　[92]·
　三·99
　元刊本　[11]·五十三·7
　　[22]·四·19　　[28]·
　續·十·20　　[32]·七·
　10　　[35]·上·10、42
　[64]·43　　[68]·圖版
　657,目錄105　[93]·十
　六·1
　元刊明修本　[3]·12
　明覆元本　[11]·五十三·7
　明刊本　[9]·八·39

明嘉靖刊本　[91]・十八・1

明萬曆泊如齋刊本　[60]・八・3　　[64]・續・87　　[75]・四十・5

明萬曆鄭樸刊本　[64]・續・76

天都黃氏亦政堂刊本　[96]・五十・983

宣和畫譜二十卷　宋人撰

宋刊本　[13]・26

元刊本　[66]・目錄9

元大德六年(1302)杭州刊本　[67]・第五册・61

津逮祕書本　[74]・三・37　　[96]・四十八・931

舊抄本　[93]・十五・17

宣和奉使高麗圖經四十卷　宋徐兢撰

宋刊本　[9]・後編・四・29　　[20]・二・14　　[35]・上・16　　[41]・八・42　　[66]・目錄6

宋乾道三年(1167)徐蒧江陰刊本　[67]・第五册・13

刊本　[5]・二下・23

校宋本　[93]・十一・20

清葉石君抄本　[2]・二・44

彭氏知聖道齋抄本　[8]・史・三・188

舊抄本　[16]・十七・11　　[17]・二・18　　[38]・史・77　　[39]・戊・67　　[71]・史・地志・58　　[75]・二十八・17　　[91]・十二・18

宣和畫譜二十卷　宋人撰

明刊本　[9]・九・33　　[32]・七・6　　[60]・八・1

明嘉靖十九年(1540)楊慎序刊本　[1]・上・42　　[26]・六・65

明刊配抄本　[32]・七・7

刊本　[28]・九・1

津逮祕書本　[74]・三・37

[96]・四十八・931

宣和書譜二十卷畫譜二十卷　宋人撰

明刊本　[91]・十七・15

刊本　[71]・子・書畫家・10

明抄本　[91]・十七・15

30宣室志十卷　唐張讀撰

宋刊本　[14]・三下・246　　[41]・十一・4

宣室志十卷補遺一卷　唐張讀撰

明會稽商氏半野堂校刊本　[71]・子・小說家・1

稗海本　[74]・三・83

校稗海本　[59]・八・5

舊抄本　[93]・十七・22

43宣城集三卷　宋劉涇撰

宋刊本　[41]・十五・23

67宣明論方七卷

見《黃帝素問宣明論方》

3010₇　宜

00宜齋野乘一卷　宋吳枋撰

明胡文煥刊本　[60]・二・18

說郛本　[96]・五十六・1126

文房小說本　[74]・三・53

天一閣抄本　[39]・丁・22

宜齋野乘五卷續一卷　宋吳枋撰

明仿宋刊本　[11]・五十七・19

23宜稼堂書目　不著撰人

舊抄本　[60]・五・7

44宜焚草二卷　明祁彪佳撰

刊本　[71]・集・奏議・3

宜焚全稿十八卷　明祁彪佳撰

明末抄本　[85]・十九・848

50宜春香質四集二十回　清人撰

舊刊本　[69]・三・110

宜春傳信錄三卷　宋羅誘述

宋刊本　[14]・二下・165

宜春志十卷　宋童宗說纂

宋刊本　[41]・八・25

60宜園近草七卷　清寧爾講撰

清刊本　[71]・集・國朝別・49

77宜興縣志四卷　清阮升基輯

清刊本　[74]・續增・史・8

宜興縣舊志十卷　清陸鴻逵修

清同治八年(1869)刊本　[74]・續增・史・8

3011₃　流

30流寇長編二十卷　戴笠、吳喬軺

抄　[38]・史・34

流寇陷巢記一卷　明沈常述

一九三六年螺隱廬石印本　[85]・七・306

抄本　[85]・七・306

40流塘集三卷　宋詹初撰

抄本　[39]・壬・35

63流賊張獻忠陷廬州記一卷　明余瑞紫撰

合肥徐氏歸晚軒鉛印本　[85]・七・304

91流類手鑑一卷　宋釋虛中撰

宋刊本　[41]・二十二・8

3011₄　注

27注解章泉澗泉二先生選唐詩五卷

見《唐詩》

42注荊公集五十卷

見《臨川詩注》

44注坡詞十二卷　傅幹撰

舊抄本　[75]・六十四・27

50注東坡先生詩四十二卷

見《東坡詩集》

74注陸宣公奏議十五卷

見《陸宣公奏議》

淮

10淮西從軍記一卷　不著撰人

宋刊本　[41]・七・25

11淮北票鹽志　清童濂撰

清刊本　[74]・二・67

28淮鹾本論二卷　清胡文學撰

清刊本　[39]・丁・66

30淮安府志三十二卷　清葉長楊顧棟高撰

清咸豐二年(1852)重刊本

[74]・二・46

38淮海文粹十四卷　陳同輯
　　舊抄本 [76]・十四・25
淮海詞一卷　宋秦觀撰
　　清錢遵王何小山據宋校明李建
　　芝刊本 [2]・四・32
淮海詞二卷　宋秦觀撰
　　刊本 [71]・集・詞・2
淮海詞三卷　宋秦觀撰
　　宋刊本 [29]・三・10
　　[42]・15
　　宋刊補抄本 [50]・十・43
　　校本 [50]・十・44
　　明抄本 [91]・四十・3
淮海集一卷　宋秦觀撰
　　宋刊本 [41]・二十一・4
淮海集三十卷　宋秦觀撰
　　宋刊本 [14]・四下・475
淮海集四十卷　宋秦觀撰
　　宋刊本 [35]・上・21
　　[38]・集・43　[92]・
　　四・155　[93]・二十・
　　24　[94]・四・7
　　元刊本 [9]・後・十一・7
　　明正德刊本 [12]・三・21
淮海集四十卷後集六卷　宋秦觀
撰
　　宋眉山刊本 [2]・四・30
　　宋刊明配本 [43]・四・12
　　明初刊本 [16]・三十・26
　　明山東刊本 [91]・二十八・
　　4
　　明正德刊本 [32]・十一・13
　　明嘉靖刊本 [30]・三・27
　　刊本 [24]・集一・23
淮海集四十卷後集六卷詞三卷
宋秦觀撰
　　宋刊本 [9]・後・七・3
　　[41]・十七・26　[70]・
　　六・18
　　宋浙刊本 [2]・四・30
　　宋刊元印本 [66]・目錄11
　　明刊本 [75]・五十四・9
　　[93]・二十・30

明嘉靖十八年(1539)張綖校刊
本 [11]・七十七・6
[17]・四・20　[19]・
21　[32]・十一・14
[59]・六・19　[71]・
集・宋別・21　[91]・
二十八・3　[92]・四・
155
明萬曆四十六年(1618)李之藻
刊本 [11]・七十七・6
[26]・八・28　[91]・
二十八・4
淮海集四十卷後集六卷詞三卷又
長短句補遺　宋秦觀撰
　　舊抄本 [52]・三・7
淮海先生閒居集　宋秦觀撰
　　宋眉山刊本 [68]・圖版244、
　　245、目錄47
淮海居士長短句三卷
　　見《淮海詞》
40淮南天文訓補注二卷　清錢塘撰
　　清乾隆五十三年(1788)刊本
　　[74]・三・44　[78]・
　　算學書錄補注・84
　　抄本 [74]・三・44　[81]・
　　子・10　[83]・三・21
　　[102]・下・20
　　精抄本 [91]・十八・19
淮南水利考二卷　不著撰人
　　明刊本 [91]・十二・3
　　刊本 [71]・史・地志・73
淮南子二十一卷
　　見《淮南鴻烈解》
淮南子天文訓二十八卷　漢劉安
撰
　　明正統十年(1445)道藏本
　　[78]・算學書錄補注・84
淮南子注一卷附淮南畢萬術一卷
漢許慎撰、清孫馮翼輯
　　問經堂叢書本 [96]・五十二・
　　1034
淮南釋音　□環撰
　　殘稿本 [100]・87
淮南鴻烈解二十一卷　漢劉安

撰、高誘注
　　北宋刊本 [65]・三・39
　　[83]・三・18
　　宋刊本 [10]・26　[14]・
　　三上・227　[35]・上・
　　46　[41]・十・11
　　[58]・子・78　[60]・
　　二・10　[80]・十五・
　　1　[81]・子・8
　　宋刊小字本 [35]・下・28
　　宋茶陵譚氏刊本 [2]・三・19
　　明刊本 [91]・十八・18
　　[93]・十六・6
　　明正統道藏本 [17]・三・18
　　明萬曆刊本 [38]・子・40
　　明刊套印評點本 [74]・三・
　　44
　　十子全書本 [74]・三・44
　　漢魏叢書本 [74]・三・44
　　莊逵吉刊本 [17]・三・19
　　[38]・子・41
　　朝鮮國刊本 [22]・四・21
　　莊刻校北宋本 [91]・十八・
　　18
　　校宋本 [93]・十六・6
　　孔荭谷校明刊本 [30]・六・
　　29
　　校本 [83]・三・21
　　影宋本 [5]・三上・20
　　[38]・子・39
淮南鴻烈解二十八卷　漢劉安
撰、許慎注
　　明刊本 [38]・子・40
　　[91]・十八・18
　　明刊小字本 [91]・十八・17
　　明安政書堂刊本 [17]・三・
　　18
　　明弘治十四年(1501)刊本
　　[26]・五・37　[32]・
　　八・1　[59]・二・11
　　[86]・一・39
　　明嘉靖刊本 [92]・三・103
　　明道藏本附舊抄本 [44]・四・
　　21

刊本　[71]·子·儒家·4

校宋本　[65]·三·44

校宋舊抄本　[50]·五·19

淮南萬畢術　清丁晏輯

輯本　[57]·190

抄本　[92]·三·104

44淮封日記一卷　明陸深撰

儼山外集本　[96]·二十四·
502

56淮揚水利圖説一卷　清馮立道撰

清道光十九年(1839)刊本
[74]·二·51

76淮陽集一卷　元張弘範撰

仿抄周越校刊本　[71]·集·
元別·27抄本　[39]·壬·54

淮陽集一卷詩餘一卷　元張弘範
撰

舊抄本　[17]·四·30
[32]·十三·4

3011₇　瀛

15瀛珠仙館贅筆三卷　清黄兆麟撰

稿本　[57]·219

16瀛環志略十卷　清徐繼畬輯

清道光二十八年(1848)刊本
[74]·二·60

28瀛艖談苑十二卷　不著撰人

天一閣抄本　[39]·丁·38

31瀛涯勝覽二卷　宋馬歡撰

精抄本　[21]·一·12

40瀛奎律髓四十九卷　元方回編

元刊本　[9]·後編·十一·20
[43]·四·58

明成化三年(1467)刊本
[19]·18

清康熙吳氏刊本　[17]·四·
44

刊本　[60]·七·17　[74]·
四·62　[74]·續增·
集·15

朝鮮重刊明成化本　[76]·十
三·11

馮已蒼定遠二氏評本　[20]·
五·31

3011₈　泣

24泣岐書三卷　宋龍昌期撰

宋刊本　[41]·十·18

3012₃　濟

11濟北集二十卷　日本虎關某撰

舊抄本　[11]·一百十·18

25濟生産寶論方　不著撰人

金陵書林雷鳴刊本　[89]·二
集·六·15

濟生方八卷

見《嚴氏濟生方》

濟生拔萃方十三卷　元杜思敬輯

元延祐刊本　[38]·子·21

濟生拔萃方十八卷　元杜思敬輯

元刊本　[22]·補遺·73
[35]·下·29

濟生拔萃方十九卷　元杜思敬輯

元刊本　[11]·四十七·22
[28]·續·九·14
[75]·三十七·17

濟生拔萃方十九卷附保命集論二
卷　元杜思敬輯

元刊本　[58]·元·78

27濟衆新編八卷　題高麗康命吉撰

高麗刊本　[29]·二·8

28濟黏老人遺稿一卷　宋李迎撰

宋刊本　[41]·十八·25

30濟寧印譜　不著編者

鈐拓本　[84]·三·6

31濟源縣志十六卷　清蕭應植修

清乾隆二十六年(1761)刊本
[74]·續增·史·7

40濟南集二十卷　宋李廌撰

宋刊本　[41]·十七·26

濟南集八卷　宋李廌撰

十萬卷樓抄本　[91]·二十八·
5

抄本　[93]·二十·30

文瀾閣傳抄本　[11]·七十七·
1

傳抄本　[59]·六·20

濟南集八卷文粹二卷補遺雜記一

卷　宋李廌撰

舊抄本　[91]·二十八·5

41濟顛大師醉菩提全傳二十回　清
人撰

務本堂刊本　[69]·五·174

44濟世産寶論方二卷　不著撰人

抄本　[22]·補遺·81

濟世全生方指迷集三卷

見《全生指迷方》

78濟陰綱目十四卷　清武之望撰

清雍正六年(1728)善成堂刊本
[79]·子·醫家類·414

濟陰綱目十四卷　清武之望撰

附汪洪度保生碎事一卷　清汪
洪度撰

清刊本　[74]·三·20

80濟美堂集六卷　明陳瓚撰

刊本　[39]·癸下·1

濟公傳十二卷　清人撰

清乾隆九年(1744)吳門仁壽堂
刊本　[69]·五·174
[77]四·97

濟公全傳三十六則　清王夢吉撰

清康熙刊本　[69]·五·174
[77]·附·234

3012₇　沛

22沛縣志十卷　清李棠輯

清乾隆五年(1740)刊本
[74]·續增·史·9

3013₀　汴

00汴京遺蹟志二十四卷　明李濂撰

明刊本　[91]·十二·8

刊本　[39]·戊·40　[71]·
史·地志·35

舊抄本　[11]·三十三·16
[74]·二·55　[75]·
二十七·13　[102]·
下·11

12汴水滔天録一卷　唐王振撰

宋刊本　[41]·五·16

47汴都記一卷　不著撰人

宋刊本　[41]·五·22

60汴圍濕襟録一卷　明白愚撰
　荆駝逸史本　[85]・六・281
　有正書局排印本　[85]・六・281

3013₂　濠

33濠梁志三卷　宋張季樗撰
　宋刊本　[41]・八・27

3013₇　濂

28濂谿集一卷　宋周敦頤撰
　殘宋本　[17]・四・16
　濂谿集六卷　宋周敦頤撰
　明刊本　[11]・七十五・15
　[93]・二十・15
　明正德刊本　[59]・六・17
　明嘉靖十四年(1535)王汝寅序刊本　[26]・八・11
　濂谿集七卷　宋周敦頤撰
　宋刊本　[14]・五下・659
　[41]・十七・18
　濂谿集十三卷　宋周敦頤撰
　明天啓刊本　[71]・集・宋別・9
　濂谿先生大全集七卷
　見《濂谿集》
　濂谿志九卷　明李嶸慈輯
　明天啓刊本　[32]・四・27

37濂洛風雅六卷　宋金履祥輯
　刊本　[39]・辛・17

3014₀　汶

76汶陽端平詩雋四卷　宋周弼撰
　舊影宋本　[91]・三十二・2
　仿宋刊抄本　[71]・集・宋別・63
　抄本　[39]・壬・40　　[75]・五十七・19

3014₁　濟

30濟字學源流辨一卷　清袁子讓撰
　舊抄本　[75]・十四・16

3014₇　渡

31渡江遭變録一卷　宋朱勝非撰
　宋刊本　[41]・五・23
38渡海輿記袖海編　不著撰人
　抄本　[20]・四・26

淳

24淳化祕閣法帖考正十二卷　清王澍撰
　精刊本　[74]・二・77
　淳化祕閣法帖考正十卷附録二卷　清王澍撰
　清雍正刊本　[75]・三十・25
　淳化祕閣法帖考正十卷附録二卷釋文二卷　清王澍撰
　清乾隆三十三年(1768)刊本　[26]・四・39
　冰壺閣刊本　[96]・三十四・624
　淳化法帖十卷
　見《淳化閣帖》
　淳化閣帖十卷　宋王著編
　拓本　[14]・一下・92
　清乾隆刊本　[75]・三十・25
　淳化閣帖釋文十卷　宋劉次莊撰
　宋刊本　[11]・三十七・11
　元刊本　[59]・八・1
　明翻宋本　[91]・十四・10
　明刊本　[17]・二・21
　清刊本　[74]・二・77
　清康熙二十二年(1683)朱家標校刊本　[74]・二・76
　[75]・三十・24
　清武英殿聚珍刊本　[74]・二・76　[96]・三十四・619
　刊本　[28]・五・8
　舊抄本　[91]・十四・10
　淳化閣帖釋文考異十卷　明顧從義編
　明刊本　[9]・後編・十六・19
　[11]・三十七・22
　[32]・五・14　　[59]・八・1

　露香園刊本　[96]・三十三・615
　影抄本　[91]・十四・14
34淳祐玉峯志三卷
　見《玉峯志》
　淳祐臨安志六卷
　見《臨安志》
77淳熙三山志四十二卷
　見《三山志》
　淳熙玉堂雜記三卷
　見《玉堂雜記》
　淳熙薦士録一卷　宋楊萬里撰
　函海本　[96]・二十三・474

3016₁　涪

32涪州石魚文字所見録一卷　清姚覲元、錢保塘撰
　校本　[59]・五・8
74涪陵紀善録　宋馮忠恕輯
　抄本　[39]・己・5

3019₆　涼

60涼國公平蔡録一卷　唐鄭澥撰
　宋刊本　[41]・五・13

3020₁　寧

34寧波府志四十二卷　明張時徹纂
　明嘉靖刊本　[32]・四・19
　[91]・十一・21
　寧遠堂集一卷　題清陸輪山撰
　舊抄本　[32]・十四・18
38寧海將軍固山貝子功蹟録一卷　不著撰人
　借月山房彙抄本　[85]・十五・700　[96]・二十二・459
　寧海將軍固山貝子恢復溫郡並台處事實一卷　清周聲柯撰
　清咸豐刊本　[85]・十五・701
40寧古塔志一卷　清方拱乾撰
　抄本　[74]・二・46
41寧極齋稿一卷　宋陳深撰
　刊本　[24]・集二・3
　舊抄本　[11]・九十三・28

[32]·十二·24　　[39]·
壬·47　　[71]·集·元
別·3
精抄本　[91]·四十·25
寧極齋稿一卷　宋陳深撰　附慎
獨叟遺稿一卷　宋陳植撰
明抄本　[91]·三十二·18
舊抄本　[11]·九十三·28
[17]·四·29　　[38]·
集·68　　[74]·四·33
[93]·二十一·30
[101]·中·9　　[102]·
下·34
寧極齋樂府一卷
見《寧極齋稿》
43寧越志三卷　宋林會纂
宋刊本　[14]·五上·574
47寧都縣志八卷　明韓子祁撰
刊本　[71]·史·地志·18
60寧國府志三十二卷　清莊泰和撰
清刊本　[71]·史·地志·10

3020₇　戶

07戶部則例一百二十六卷　清官修
清刊本　[74]·二·67

3021₁　完

10完玉堂詩集十卷　清釋元璟撰
清刊本　[71]·集·釋子·12
[96]·七十·1374

寵

40寵壽堂詩集三十卷　清張競光撰
清刊本　[39]·癸下·44

3021₂　宛

70宛雅二編八卷　清蔡蓁春輯
清刊本　[39]·辛·39
宛雅三編三十四卷　清施念曾、
張汝霖輯
清刊本　[39]·辛·39
宛雅初編八卷　清梅鼎祚輯
清刊本　[39]·辛·38
72宛丘集七十六卷　宋張耒撰

聚珍刊本　[74]·四·18
刊本　[24]·集一·24
校本　[55]·四·12
紅藥山房抄本　[71]·集·宋
別·22　　[91]·二十八·
2
舊抄本　[11]·七十七·1
[28]·十一·16　　[92]·
四·154　　[93]·二十·
23
宛丘集七十六卷補遺六卷　宋張
耒撰
抄本　[91]·二十八·3
宛丘集七十卷年譜一卷　宋張耒
撰
宋刊本　[41]·十七·25
74宛陵羣英集　元汪澤民、張師愚
編
刊本　[88]·六·5
文瀾閣傳抄本　[11]·一百十
六·1
宛陵集六十卷　宋梅堯臣撰
宋刊本　[14]·四下·450
[54]·五·37
元刊本　[34]·二·18
[35]·上·55
明刊本　[11]·七十五·7
[93]·二十·13
明正統四年(1439)袁旭刊本
[68]·圖版362、目錄65
徐刊本　[17]·四·16
刊本　[36]·214　　[39]·
壬·8
吳樵石評本　[20]·五·10
宛陵集六十卷外集十卷　宋梅堯
臣撰
宋刊本　[41]·十七·7
宛陵集六十卷拾遺一卷　宋梅堯
臣撰
明萬曆刊本　[59]·六·17
刊本　[24]·集一·19
宛陵集六十卷拾遺一卷附錄三卷
宋梅堯臣撰
明萬曆刊本　[91]·二十七·

3
宛陵集六十卷附錄一卷　宋梅堯
臣撰
明刊本　[75]·五十三·28
宛陵集六十卷附錄三卷　宋梅堯
臣撰
明刊本　[12]·三·18
清康熙刊本　[71]·集·宋別·
11

3021₄　寇

22寇變紀一卷寇變後紀一卷附寨堡
紀堡城紀一卷　明李世熊撰
傳抄本　[85]·七·324
37寇禍本末二卷　題八十朽人撰
遺事瑣談卷五卷六傳抄本
[85]·六·272
44寇萊公遺事一卷　不知撰人
宋刊本　[41]·七·15
50寇忠愍公集　宋寇準撰
勞畊卿校本　[57]·235
寇忠愍公集二卷　宋寇準撰
刊本　[28]·十·14
寇忠愍公集三卷　宋寇準撰
宋刊本　[14]·四中·424
刊本　[39]·壬·2　　[71]·
集·宋別·2
鮑淥飲校本　[11]·七十二·
10
寇忠愍公集七卷　宋寇準撰
刊本　[24]·集一·12
99寇營紀事一卷　明陶泓撰
逸事彙抄本　[85]·七·341

3021₇　厎

28厎從西巡日錄一卷　清高士奇撰
江村全集本　[96]·二十四·
510
厎從東巡日錄二卷　清高士奇撰
江村全集本　[96]·二十四·
510
43厎載集十卷　五代後周厎載撰
宋刊本　[41]·十六·30

3022₇ 扁

47扁鵲神應鍼灸玉龍經一卷　元王
國瑞撰
　　四庫全書本　[79]・子・醫家
　　　類・424
　　二老閣抄本　[39]・庚・87
扁鵲指歸圖一卷　不知撰人
　　刊本　[5]・三下・6
扁鵲八十一難經
　　見《難經》
扁鵲八十一難經辨正條例一卷
　　宋周權輿辨正
　　櫟窗先生手抄本　[22]・補遺・
　　　6
扁鵲倉公傳一卷　不知撰人
　　日本影南宋刊本　[60]・四・
　　　1

房

32房州圖志三卷　宋陳宇撰
　　宋刊本　[41]・八・28
38房海客侍御疏三卷　清房可壯撰
　　明天啓二年(1622)自刊本
　　　[85]・二・128　　[85]・
　　　三・148

宵

25宵練匣十卷　明朱得之撰
　　刊本　[39]・己・16

褅

38褅祫辨誤二卷　清程廷祚撰
　　清道光五年(1825)東山草堂刊
　　　本．[26]・一・59

3023₂ 永

00永慶昇平後傳一百回　清貪夢道
　　人撰
　　清光緒二十年(1894)北京本立
　　　堂刊本　[69]・六・193
永慶昇平前傳二十四卷　清姜振
　　名，哈輔源述
　　清光緒十八年(1892)北京寶文

堂刊本　[69]・六・193
22永樂元年月五星凌犯録　不著撰
　人
　　抄本　[5]・三中・17
永樂潁川郡志
　　見《潁川郡志》
永樂九年進士登科録　不著編者
　　明永樂刊本　[68]・圖版353、
　　　354、目録64
永樂大典二十五卷　明解縉等輯
　　明嘉靖抄本　[38]・子・73
30永寧編十五卷　宋陳謙撰
　　宋刊本　[14]・五上・571
　　　[41]・八・22
永寧通書十二卷　清王維德撰
　　清刊本　[74]・三・35
永憲録一卷　蕭奭齡撰
　　傳抄本　[60]・四・24
32永州府志二十四卷　清姜承基撰
　　清刊本　[71]・史・地志・13
40永嘉證道歌一卷　唐釋元覺撰
　　宋刊本　[2]・三・48
永嘉譜二十四卷　宋曹叔遠撰
　　宋刊本　[41]・八・22
永嘉集三卷　不知撰人
　　宋刊本　[41]・十五・22
永嘉集十二卷　明張著撰
　　汲古閣抄本　[71]・集・明別・
　　　17
　　舊抄本　[16]・三十四・51
　　　[32]・十四・4
永嘉先哲録二十卷　明王朝佐輯
　　刊本　[39]・戊・34
永嘉真覺大師證道歌　釋彦琪注
　　明弘治十七年(1504)黑口本
　　　[92]・三・129
永嘉四靈詩四卷　宋徐照、徐璣、
　　翁卷、趙師秀撰
　　宋刊本　[14]・五下・706
　　汲古閣影抄宋刊本　[28]・續
　　　十二・20　[35]・上・
　　　49
　　影宋本　[50]・十・19
永嘉四靈詩五卷　宋徐照、徐璣、

翁卷、趙師秀撰
　　汲古閣影抄宋刊本　[35]・上・
　　　53
　　影抄宋刊本　[11]・八十八・
　　　9
永嘉聞見録四卷　清孫同元輯
　　稿本　[59]・三・10
永嘉八面鋒十三卷　宋陳傅良
　　撰
　　明刊本　[11]・五十九・19
　　明刊巾箱本　[26]・五・33
　　刊本　[39]・壬・30
　　抄本　[75]・四十五・13
43永城紀略一卷　明馬士英撰
　　祕册叢説本　[85]・七・321
　　傳抄本　[85]・七・321
60永昌府志二十六卷　清宣世濤修
　　清乾隆五十年(1785)刊本
　　　[74]・續増・史・5
永昌二芳記三卷　明張志淳撰
　　刊本　[39]・庚・84
永昌演義四十回　李寶忠撰
　　鉛印本　[85]・二十四・1079
67永明智覺禪師方大寶録一卷　題
　　靈芝蘭若元照重編
　　宋刊本　[2]・三・48
71永曆紀事一卷　清丁大任撰
　　荆駝逸史本　[85]・十一・550
永曆紀年一卷　清黃宗羲撰
　　行朝録本　[85]・十一・537
永曆實録二十五卷　清王夫之撰
　　湘鄉刊本　[74]・二・22
　　船山遺書本　[85]・十一・527
76永陽志三十五卷　宋龔維蕃纂
　　宋刊本　[41]・八・26
91永類鈐方二十二卷　元李仲南編
　　朝鮮國活字本　[22]・補遺・
　　　74
　　刊本　[5]・三下・16
永類鈐方三十二卷　元李仲南撰
　　元刊本　[35]・下・29
　　元至順二年(1331)刊本
　　　[79]・子・醫家類・501

家

01家語十卷
　　見《孔子家語》
02家訓七卷　北齊顔之推撰
　　宋刊本　[14]・三上・199
　家訓筆録一卷　宋趙鼎撰
　　舊抄本　[74]・三・45
　　　[102]・下・21
　　精抄本　[91]・十九・21
04家塾蒙求五卷　清康基淵撰
　　霞映堂刊本　[96]・六十二・
　　1239
10家王故事一卷　宋錢惟演撰
　　宋刊本　[41]・七・9
22家山圖書一卷　不知撰人
　　影抄宋本　[5]・三上・12
　　舊抄本　[11]・四十一・14
25家傳日用本草八卷
　　見《本草》
30家宴集五卷　宋子起撰
　　宋刊本　[41]・二十一・2
35家禮五卷　宋朱熹編
　　宋刊本　[14]・五上・565
　　宋陳雷刊本　[14]・五上・565
　　抄補宋刊本　[10]・6
　家禮七卷　宋朱熹編、楊復注
　　元刊本　[93]・四・15
　　　[94]・一・13
　家禮八卷　宋朱熹編、楊復注
　　宋刊本　[35]・下・46
　　舊抄本　[93]・四・15
　家禮十卷　宋朱熹編、楊復注、劉
　　垓孫增注、劉璋補注
　　宋刊本　[35]・上・3　　[93]・
　　四・14
　　元刊本　[96]・六・107
　　刊本　[5]・一下・1
　家禮五卷附録一卷　宋朱熹編
　　宋刊本　[58]・經・38
　　　[65]・一・28
　　明仿宋刊本　[96]・六・106
　　明刊本　[93]・四・15
　　坊刊本　[74]・一・28

　家禮辨定十卷　清王復禮輯
　　瓶花齋抄本　[39]・乙・29
　家禮集説不分卷　馮善編
　　明宣德刊本　[38]・經・28
　家禮儀節八卷
　　見《朱文公家儀禮節》
　家禮箋補八卷
　　見《家禮》
44家藏集七十七卷
　　見《匏翁家藏集》
　家藏集要方二卷　不知撰人
　　宋刊殘本　[35]・下・8
　家世舊聞二卷
　　見《陸放翁家世舊聞》
　家世節録一卷　清王夫之撰
　　薑齋文集本　[85]・十七・774
77家學要録一卷　唐柳珵撰
　　宋刊本　[14]・三下・241
88家範一卷　宋鄭綺撰
　　明抄本　[75]・三十三・10
　家範十卷　宋司馬光撰
　　宋刊本　[14]・三上・199
　　明刊本　[91]・十五・9
　　明萬曆刊本　[91]・十五・9
　　刊本　[71]・子・儒家・24

3023₄　戾

60戾園疑蹟一卷　明錢𡮢撰
　　甲申傳信録本　[85]・十・498

3024₇　寢

37寢祀禮一卷　不知撰人
　　宋刊本　[41]・六・17

3030₁　進

05進講録二卷秋痕五卷禮部存稿八
　　卷　明陳子壯撰
　　刊本　[71]・集・明別・119
40進士采選一卷　宋趙明遠撰
　　宋刊本　[41]・十四・18
　進士題名碑録不分卷　不著編者
　　刊本　[92]・二・51
　進士題名録　不著編者
　　明刊本　[15]・2

3030₂　適

00適齋類稿八卷　宋袁去華撰
　　宋刊本　[41]・十八・27
30適適齋鑑鬚集七卷　明陳玉輝撰
　　刊本　[71]・集・明別・100
　適適草一卷　不知撰人
　　影抄明崇禎刊本　[26]・九・
　　57
95適情録二十卷　明林應龍撰
　　明嘉靖楚藩崇本書院刊本
　　　[92]・三・96
　　刊本　[39]・庚・39

3030₃　寒

00寒夜録二卷　明陳弘緒撰
　　吳石倉抄本　[71]・雜家・42
　　抄本　[39]・己・85
10寒玉居集二卷碎金集二卷　清閔
　　南仲撰
　　清刊本　[39]・癸下・52
　寒石詩抄十二卷　清沈紹姬撰
　　清刊本　[71]・集・國朝別・
　　26
　寒石上人詩四卷　不知撰人
　　清嘉慶刊本　[49]・23
　寒石上人倚杖吟一卷　不知撰人
　　清嘉慶刊本　[49]・22
22寒山詩集一卷　唐釋寒山子撰
　　宋刊本　[9]・後編・六・4
　　刊本　[21]・一・32　　[39]・
　　辛・55　　[89]・一集・
　　十・22
　　日本正中二年刊本・[62]・圖
　　版101
　　汲古閣影宋抄本　[28]・十・
　　5
　寒山詩集一卷　唐釋寒山子撰
　　附豐干拾得詩一卷　唐釋豐
　　干、拾得撰
　　宋刊本　[22]・六・3　　[35]・
　　上・12　　[70]・三・49
　　明刊本　[60]・六・17
　　明永樂十四年(1419)重刊宋本

[74]・四・4

刊本　[5]・四中・12　[89]・
二集・八・15

毛氏影宋本　[11]・六十八・
1

影宋抄本　[50]・七・11
[60]・六・17

寒山詩集二卷　唐釋寒山子撰
附豐干拾得詩一卷　唐釋豐干、
拾得撰

宋淳熙刊本　[90]・47

汲古閣毛氏影宋本　[35]・下・
13

寒山詩集一卷　唐釋寒山子撰
附豐干拾得詩一卷　唐釋豐
干、拾得撰　附慈受擬寒山詩
一卷　釋慈受撰

明刊本　[93]・十九・10

寒山子詩集一卷
見《寒山詩集》

寒山金石林時地考一卷部目一卷
見《寒山金石時地考》

寒山金石時地考不分卷　明趙均
編

抄本　[39]・庚・16　[96]・
三十三・616

寒山金石時地考二卷　明趙均編
粵雅堂刊本　[74]・二・76
舊抄本　[59]・五・6　[91]・
十四・14

寒山堂金石林　明趙均編
抄本　[30]・四・13　[71]・
史・簿錄・23

26寒泉老人稿　不著撰人
精抄本　[71]・集・釋子・12

40寒支初集十卷二集六卷　明李世
熊撰

清康熙刊本　[85]・二十・903
清同治十三年(1874)刊本
[85]・二十・903
檀河精舍本　[85]・二十・903

44寒村集四卷　不知撰人
明刊本　[60]・七・11

寒村集三十六卷　清鄭梁撰

清刊本　[39]・癸下・49

48寒松草閣集三卷附錄一卷　宋詹
初撰

仿明刊抄本　[71]・集・宋別・
53

寒松菴逸稿一卷　陳祖肇撰
舊抄本　[17]・四・38

寒松閣談藝瑣錄六卷　清張鳴珂
撰

抄本　[92]・三・112

寒松閣題跋　清張鳴珂撰
稿本　[57]・300

寒松閣全集八卷　清張鳴珂撰
稿本　[57]・299

3030₄　避

12避水集驗要方四卷　明董炳輯
明刊本　[79]・子・醫家類・
507

刊本　[39]・庚・90

44避菴詩稿四卷　明錢曄撰
舊抄本　[71]・集・明別・29

53避戎夜話一卷　宋石茂良撰
宋刊本　[41]・五・22

避戎夜話二卷　宋石茂良撰
顧氏四十家小説本　[96]・十
九・413

60避暑山莊詩二卷　不知撰人
清內府刊漢文本　[26]・十・
3

避暑錄十五卷　宋葉夢得撰
宋刊本　[14]・五上・597

避暑錄話二卷　宋葉夢得撰
宋刊本　[41]・十一・26
明刊本　[50]・五・51
清道光二十五年(1845)葉鍾刊
本　[74]・三・53
稗海本　[74]・三・53
津逮祕書本　[74]・三・53
李鴻裔校津逮本　[17]・三・
26
影宋本　[11]・五十七・15
[28]・八・10
明抄本　[75]・四十三・13

明弘治三年(1490)秦酉巖抄本
[26]・五・42

抄本　[21]・一・26

避暑錄話四卷　宋葉夢得撰
明刊本　[91]・十九・5
明嘉靖項氏宛委堂刊本
[17]・三・26　[96]・
五十六・1112

3030₇　之

28之谿老生集八卷　清先著撰
清刊本　[71]・集・國朝別・
31

3033₆　憲

00憲章錄四十六卷　明薛應旂撰
刊本　[39]・丁・8

憲章錄四十七卷　明薛應旂撰
明刊本　[32]・三・20
[74]・續增・史・1

30憲之魂十八回　不知撰人
清光緒三十三年(1907)新世界
小説社發行本　[69]・七・
204

44憲世編六卷　明唐鶴徵撰
刊本　[39]・己・18　[71]・
子・儒家・20

88憲節堂惟實集八卷　元劉鶚撰
刊本　[39]・壬・77
舊抄本　[11]・九十九・13、
14

憲節堂惟實集四卷外集一卷　元
劉鶚撰
舊抄本　[32]・十三・13

憲節堂惟實集八卷附錄二卷　元
劉鶚撰
舊抄本　[16]・三十三・15

3034₂　守

28守谿長語　明王鏊撰
刊本　[39]・己・72

守谿筆記一卷　明王鏊撰
明王肯堂抄本　[2]・三・29

30守汴日志一卷　明李光墅撰

清道光七年(1827)重刊本
　　[85]・六・280
昭代叢書壬集本　[85]・六・
　　280
説鈴前集本　[96]・十九・425
43守城録四卷　宋陳規、湯璹撰
　長恩書室本　[74]・三・10
　墨海金壺本　[96]・三十八・
　　721
44守坡居士集十二卷　清宮去矜撰
　清刊本　[71]・集・國朝別・
　　44
60守黑齋遺稿十一卷　明夏時撰
　明刊本　[51]・四・12
　明永樂十五年(1417)上虞葉氏
　　刊本　[67]・第五册・87
80守令懿範四卷　明蔡國熙撰
　明刊本　[32]・四・9

3040₁ 宰

46宰相拜罷録一卷　宋陳繹編
　宋刊本　[14]・二下・153
53宰輔拜罷録二十四卷　宋范冲撰
　宋刊本　[41]・六・10

準

00準齋雜説一卷　宋吳如愚撰
　宋刊本　[41]・十・22
準齋雜説二卷　宋吳如愚撰
　墨海金壺本　[96]・三十六・
　　685
準齋吳如愚易説一卷
　見《易説》
準齋心製几漏圖式一卷　宋孫逢
古撰
　影抄宋本　[93]・十五・2
　抄本　[16]・二十三・2

3040₄ 安

00安序堂文抄三十卷　清毛際可撰
　清刊本　[39]・癸下・44
　　[71]・集・國朝別・27
01安龍紀事一卷　明江之春撰
　紀載彙編本　[85]・十一・556

安龍逸史一卷　清龔鼎孳撰
　黔南叢書本　[85]・十一・557
　嘉業堂叢書本　[85]・十一・
　　557
　舊抄本　[85]・十一・557
23安我素集四卷　明安希范撰
　刊本　[74]・續增・集・11
24安先生文集五卷　元安熙撰
　舊抄本　[11]・九十六・10
　　[11]・九十七・7　[59]・
　　七・4　[91]・三十三・
　　17　[93]・二十二・8
安先生文集五卷附録一卷　元安
熙撰
　抄元本　[92]・四・167
26安得長者言一卷　明陳繼儒撰
　眉公雜著本　[96]・五十三・
　　1060
27安危注四卷　明吳甡編
　原刊本　[96]・二十三・484
28安徽通志二百六十卷　清陶澍等
纂
　清道光十年(1830)刊本
　　[74]・二・44
安徽通志三百五十卷　清沈葆楨
等纂
　清光緒三年(1877)重修本
　　[75]・二十六・24
30安定先生言行録二卷　不著編者
　宋刊本　[41]・七・16
37安禄山事蹟三卷　唐姚汝能撰
　宋刊本　[41]・五・12
　舊抄本　[17]・二・15
　　[74]・二・33　[96]・
　　二十四・513　[101]・
　　中・1　[102]・下・9
40安南棄守始末一卷　不著撰人
　穴硯齋抄本　[30]・五・6
　舊抄本　[11]・二十二・23
　　[91]・七・17
安南棄守本末一卷
　見《安南棄守始末》
安南供役紀事一卷　明朱之瑜撰
　舜水遺書本　[85]・二十・902

安南使事紀要四卷　清李仙根纂
　清康熙刊本　[75]・二十八・
　　9
安南紀略二卷　清任棟撰
　舊抄本　[74]・續增・史・4
安南志略十九卷　元黎崱撰
　清人抄本　[22]・三・26
　抄本　[50]・三・5　[51]・
　　一・17　[93]・十・21
安南志略二十卷　元黎崱撰
　舊抄本　[5]・二下・27
　　[51]・一・16　[60]・
　　三・10　[96]・二十六・
　　532
　文瀾閣傳抄本　[11]・二十八・
　　23　[16]・十四・5
安南志略二十卷　元陳鍵撰
　刊本　[88]・三・35
安南奏議一卷　明嚴嵩撰
　明抄藍格皮紙本　[92]・二・
　　46
安南表狀一卷　宋李天祚撰
　宋刊本　[41]・七・24
安南圖志一卷　明鄧鍾撰
　抄本　[5]・二下・19
安南即事詩　元陳孚撰
　抄本　[39]・戊・70
安吉州志十卷　清曹封祖撰
　清刊本　[71]・史・地志・14
44安蓋卿詩　明安蓋卿撰
　明刊本　[21]・一・55
安老書三卷懷幼書一卷
　見《安老懷幼書》
安老懷幼書四卷　明劉宇編
　明弘治九年(1496)刊本
　　[79]・子・醫家類・515
　刊本　[39]・庚・83
安楚録十卷　明秦金撰
　明刊本　[75]・二十八・6
　刊本　[39]・丁・39
安桂坡游記一帙　宋陳駿撰
　舊抄本　[61]・四・2
50安東縣志十七卷　清余光祖輯
　清雍正五年(1727)重修抄本

[74]·續增·史·6
53安甫遺學三卷　清江承之撰
　清刊本　[74]·一·9
67安晚堂詩集七卷　宋鄭清之撰
　影宋本　[91]·三十一·7
　舊抄本　[11]·八十九·16
安晚堂集十二卷　宋鄭清之撰
　抄本　[39]·壬·34
安晚堂集十二卷補録一卷　宋鄭
清之撰
　吳石倉輯稿本　[71]·集·宋
别·53
70安雅堂詩不分卷安雅堂文集二卷
重刻安雅堂文集二卷安雅堂未
刻稿十卷安雅堂書啓一卷二鄉
亭詞三卷　清宋琬撰
　通行本　[96]·七十·1374
安雅堂詩一册安雅堂文集四册安
雅堂書啓一册二鄉亭詞一册祭
皋陶曲一册　清宋琬撰
　清刊本　[71]·集·國朝别·
2
安雅堂集三卷　元陳旅撰
　元刊本　[20]·五·23
　明刊本　[50]·九·22
　黄蕘圃臧元刊校舊抄本
　　[17]·四·34
安雅堂集十卷　元陳旅撰
　元刊本　[11]·一百零二·16
　明刊本　[50]·九·21
安雅堂集十三卷　元陳旅撰
　元刊本　[28]·續·十三·6
　　[35]·上·57　　[46]·
　　31　　[50]·九·20
　　[93]·二十二·16
　　[94]·四·17
　刊本　[24]·集二·9
　知不足齋抄本　[39]·壬·66
　舊抄本　[71]·集·元别·15
　　[91]·三十四·15
　傳抄本　[17]·四·34
　　[32]·十三·19　　[60]·
　七·8
安雅堂集十四卷　元陳旅撰

舊抄本　[11]·一百零二·17
71安驥集五卷　不著撰人
　明弘治十七年(1504)刊本
　　[79]·子·醫家類·426
　　[91]·十六·27
　刊本　[71]·子·農家·9
72安岳吟稿八卷　宋馮山撰
　抄本　[30]·四·22
74安陸集一卷　宋張先撰
　清乾隆刊本　[75]·六十四·
22
76安陽集五十卷
　見《韓魏公安陽集》
77安民實政十一卷　明呂坤撰
　舊抄本　[74]·續增·史·11
80安分先生集十卷　明鄭本忠撰
　抄本　[71]·集·明别·9

宴

38宴海管見一卷防江防海管見一卷
清趙鳴珂撰
　抄本　[74]·二·53

3040₇　字

08字説二十卷　宋王安石撰
　北宋國子監刊本　[7]·中·15
　宋刊本　[14]·一下·90
字説解一百二十卷　宋唐耜撰
　宋刊本　[14]·後志·一·773
22字彙二卷　明葉秉敬撰
　刊本　[39]·丙·45
字彙四卷　明葉秉敬撰
　抄本　[91]·五·19
26字觸六卷　清周亮工輯
　清刊本　[39]·庚·30
　清康熙二十六年(1687)刊本
　　[96]·四十七·909
　粵雅堂刊本　[74]·三·35
28字谿集十一卷　宋楊枋撰
　傳抄文津閣本　[17]·四·27
字谿集十一卷附録一卷　宋楊枋
撰
　文瀾閣傳抄本　[11]·九十一·
8

37字通一卷　宋李從周撰
　宋刊本　[35]·上·1　　[41]
　三·48
　毛氏影宋本　[20]·一·28
　　[35]·下·18
　舊抄本　[93]·七·16
　精抄本　[91]·五·13
43字始連環二卷　宋鄭樵撰
　宋刊本　[41]·三·45
44字苑撮要　不知撰人
　金臨汾刊本　[68]·圖版259
　目録49
字林五卷　晉呂忱撰
　宋刊本　[41]·三·41
50字書八法　清何焯撰
　稿本　[65]·一·48
75字體疏源　不知撰人
　抄本　[57]·28
77字學訂譌二卷　明谷猶字編
　刊本　[39]·丙·45
字學新書摘抄一卷　元劉惟忠輯
　刊本　[39]·庚·21
　舊抄本　[74]·三·38
字學集要四卷　明毛曾輯
　刊本　[39]·丙·44
字學指南十卷　明朱應奎輯
　刊本　[39]·丙·44
80字鏡十二卷　日本釋昌住撰
　寫刊本　[89]·一集·三·19
　影古抄本　[76]·四·28
　楊惺吾抄本　[32]·二·22
字義三卷
　見《北谿先生字義》
字義總略四卷　明顧充撰
　刊本　[39]·丙·39
88字鑑五卷　元李文仲編
　清道光五年(1825)許槤刊本
　　[26]·二·61　　[68]·
　圖版568、569、目録93
　朱竹垞刊本　[91]·五·16
　澤存堂張氏刊本　[60]·一·
　29　　[74]·一·53
　刊本　[39]·丙·37
　盧弨弓校本　[11]·十五·21

錢緑窗校本　[20]・一・24

影元精抄本　[65]・一・60

抄本　[75]・十二・2

3041₃ 寃

16寃魂志一卷　北齊顏之推撰

舊抄本　[11]・六十四・12

3042₇ 寓

00寓意編一卷　明都穆撰

刊本　[74]・三・38

顧氏四十家小説本　[96]・四十八・940

22寓山集三卷　宋沈作喆撰

宋刊本　[41]・二十・17

44寓菴集十卷　元李庭撰

刊本　[59]・七・1

寓菴先生集七卷　明居昉撰

刊本　[71]・集・明別・32

寓林詩集六卷文集三十二卷　明黃汝亨撰

刊本　[39]・癸下・23

[71]・集・明別・106

50寓惠録四卷　不知撰人

明藍印本　[60]・六・31

60寓圃雜記十卷　明王錡撰

抄本　[39]・己・72

88寓簡十卷　明沈作喆撰

刊本　[71]・子・雜家・43

知不足齋叢書本　[96]・五十六・1118

明抄本　[91]・十九・6

舊抄本　[11]・五十七・15

[16]・二十四・14

[17]・三・27　[39]・己・40　[59]・二・15

[60]・二・18　[74]・續增・子・5　[75]・四十三・15　[93]・十六・19

3043₀ 突

60突星閣詩抄五卷　明王戩、孟穀撰

明刊本　[74]・四・45

[102]・上・33

3043₂ 宏

20宏秀集十卷

見《弘秀集》

宏辭總類四十一卷後集三十五卷第三集十卷第四集九卷　不知撰人

宋刊本　[41]・十五・19

44宏藝録三十二卷　明邵經邦撰

刊本　[39]・癸上・43

67宏明集十四卷

見《弘明集》

3051₆ 窺

10窺天外乘一卷　明王世懋撰

明刊本　[91]・十九・14

3060₄ 客

00客亭類稿十五卷　宋楊冠卿撰

宋刊巾箱本　[2]・四・40

[17]・四・25　[39]・壬・46　[54]・六・26　[92]・四・159

文瀾閣傳抄本　[11]・八十七・15

客座贅語十卷　明顧起元撰

刊本　[39]・己・81

28客黀詩集四卷　明姚明撰

刊本　[71]・集・明別・45

30客窗偶談一卷　清陳僖撰

昭代叢書丁集本　[85]・二十二・983

33客心草二卷客還草一卷　明陳函輝撰

刊本　[71]・集・明別・117

34客滇述一卷　不著撰人

痛史本　[85]・七・300

38客渝吟草二卷柴桑稿一卷游紀一卷　明沈朝燁撰

刊本　[71]・集・明別・99

40客杭日記一卷　元郭畀撰

知不足齋叢書本　[96]・二十

四・502

小山堂抄本　[71]・史・地志・77

51客軒集八卷　明李清撰

刊本　[71]・集・明別・41

80客舍偶聞一卷　清彭孫貽撰

振綺堂叢書本　[85]・二十一・944

花近樓叢書本　[85]・二十一・944

舊抄本　[17]・三・37

[60]・四・24

傳抄本　[32]・三・27

3060₅ 宙

43宙載二卷　明張合撰

舊抄本　[91]・十九・16

80宙合編八卷　明林兆珂撰

刊本　[39]・己・58

3060₆ 宮

00宮庭覩記一卷　題明慜融撰

明季史料叢書本　[85]・三・154

07宮詞一卷　錢位坤撰

清順治初刊本　[85]・二十四・1037

宮詞紀事二卷　題錢位坤撰

清順治二年(1645)刊本

[74]・四・51　[102]・上・34

48宮教集十二卷　宋崔敦禮撰

文瀾閣傳抄本　[11]・八十六・5

77宮閨小名録五卷　清尤侗輯

清刊本　[39]・庚・30

富

00富文忠集二十七卷　宋富弼撰

宋刊本　[41]・十七・6

富文忠劄子十六卷　宋富弼撰

宋刊本　[41]・二十二・2

富文忠劄子六卷奏議十二卷　宋富弼撰

宋刊本　[14]·四下·445
22富川志六卷　宋潘廷立撰
　宋刊本　[41]·八·25
　富山詩集五卷　宋方夔撰
　刊本　[39]·壬·45
　富山遺稿十卷　宋方夔撰
　刊本　[39]·壬·45
　富山嬾稿十九卷　宋方夔撰
　稿本　[102]·下·34
　舊抄本　[11]·九十三·22
　[20]·五·20　　[74]·
　四·32　　[91]·三十二·
　16

3060₈　容

00容齋詩話六卷　宋洪邁撰
　抄本　[12]·六·39
　容齋三筆十六卷　宋洪邁撰
　宋刊本　[9]·二·39
　明弘治八年(1495)錫山華氏會
　通館銅活字本　[86]·九·
　3
　容齋五筆十卷　宋洪邁撰
　明嘉靖本　[55]·二·38
　容齋續筆十六卷　宋洪邁撰
　宋刊本　[35]·上·48
　[58]·子·82　　[93]·
　十六·12　　[94]·三·
　4
　明弘治八年(1495)錫山華氏會
　通館銅活字本　[3]·14
　[17]·三·22
　容齋隨筆十六卷續筆十六卷三筆
　十六卷四筆十六卷五筆十卷
　宋洪邁撰
　宋刊本　[14]·五上·599
　[41]·十·21
　明刊本　[9]·後編·十六·14
　[60]·二·15　　[75]·
　四十二·6
　明刊大字本　[17]·三·22
　明馬調元刊本　[59]·二·6
　[71]·子·雜家·10
　明弘治刊本　[11]·五十六·

10　　[92]·三·105
　明弘治八年(1495)錫山華氏會
　通館銅活字本　[2]·三·
　22　　[8]·子一·270
　[11]·五十六·3　　[28]·
　續·十·11　　[45]·29
　[68]·圖版600、601、目錄
　97　　[91]·十八·27
　[93]·十六·13　　[97]·
　一·26
　明崇禎刊本　[91]·十八·28
　樹來堂刊本　[96]·五十四·
　1070　　[36]·172
　刊本　[74]·三·48　　[89]·
　一集·六·6　　[89]·二
　集·五·10
　馬刊原印批校本　[92]·三·
　105
　朱昌燕臨何義門批校本
　[17]·三·22
　影抄舊本　[20]·四·12
40容臺詩集四卷文集十卷別集六卷
　明董其昌撰
　刊本　[71]·集·明別·98
　容臺疏集卷六十筆斷　明董其昌
　撰
　明崇禎刊本　[85]·二·86
　容臺集九卷　明董其昌撰
　明刊本　[12]·三·32
44容菴詩集十卷　清孫爽撰
　清刊本　[39]·癸下·42
50容春堂全集六十六卷　明邵寶撰
　明嘉靖刊本　[91]·三十六·
　22
　容春堂前集十四卷後集六卷　明
　邵寶撰
　明正德刊本　[75]·六十一·
　12
　容春堂前集二十卷後集十四卷續
　集十八卷別集九卷　明邵寶撰
　刊本　[39]·癸上·23
　[71]·集·明別·50
74容膝居雜錄六卷　清葛芝撰
　清刊本　[39]·己·65

窗

77窗間紀聞一卷　題宋陳子兼撰
　宋刊本　[41]·十一·19

3060₉　審

00審齋詞一卷　宋王干秋撰
　宋刊本　[41]·二十一·15
36審視瑤言六卷
　見《審視瑤函》
　審視瑤函六卷　明傅允科撰
　明崇禎十七年(1644)刊本
　[79]·子·醫家類·415
　醉耕堂刊本　[96]·四十三·
　791
60審是齋詩抄一卷　清楊知撰
　清刊本　[71]·集·國朝別·
　66

3062₁　寄

00寄廡樓詩　不知撰人
　清刊本　[36]·253
50寄素堂詩稿二卷雜著二卷　清李
　永標撰
　清刊本　[71]·集·國朝別·
　47
60寄園寄所寄十二卷　清趙吉士撰
　刊本　[71]·子·雜家·47
　通行本　[96]·五十八·1167
　寄園寄所寄第九卷裂眥寄一卷
　清趙吉士輯
　清康熙刊本　[85]·六·287
　通行刊本　[85]·六·287

3071₄　宅

00宅京記
　見《歷代宅京記》
08宅譜指要四卷宅譜邇言二卷修方
　却病二卷　題青江子纂
　刊本　[71]·子·五行家·3
21宅經二卷　題黃帝撰
　刊本　[5]·三中·36
　津逮祕書本　[96]·四十七·
　891

3071₇ 宦

44宦夢録四卷　明黄景昉撰
　舊抄本　[20]·二·17
　　[85]·四·189
宦林備覽　不知撰人
　明萬曆十二年(1584)北京鐵匠
　衚衕刊本　[68]·圖版
　436、437、目録75

3073₂ 良

00良方集腋二卷　清謝元慶編
　清刊本　[74]·三·21

寰

30寰宇訪碑録十二卷　清孫星衍、
　邢澍編
　平津館刊本　[74]·二·78
寰宇通志一百十九卷　明陳循等
　纂
　明景泰七年(1456)内府刊本
　[16]·十五·9　　[67]·
　第五册·81　[68]·圖
　版369、目録66
寰宇分合志八卷　明徐楓撰
　曝書亭抄本　[39]·戊·28
38寰海彙編　不知撰人
　明白口本　[26]·六·23
40寰有詮五卷　明李之藻撰
　刊本　[39]·庚·100

3077₂ 密

00密齋筆記五卷續一卷　宋謝采伯
　撰
　輯録永樂大典本　[28]·續·
　十·13
　舊抄本　[75]·四十三·16
　文瀾閣傳抄本　[11]·五十七·
　20　[16]·二十四·14
44密菴集十卷
　見《密菴稿》
密菴稿八卷　明謝肅撰
　明洪武刊本　[55]·四·38
　舊抄本　[91]·三十五·8

密菴稿十卷　明謝肅撰
　明洪武刊本　[17]·四·38
密菴先生文稿五卷　明謝肅撰
　抄本　[71]·集·明別·17
密菴先生詩稿五卷　明謝肅撰
　知聖教齋抄本　[75]·六十一·
　3
密菴禪師語録一卷　宋人撰
　宋臨安刊本　[2]·三·47
　日本五山刊本　[43]·三·53

3077₇ 官

06官韻考異一卷　清吳省欽撰
　藝海珠塵本　[96]·十四·306
20官爵志二卷　明徐石麒撰
　抄本　[39]·丁·59
22官制一卷學制一卷　宋司馬光撰
　宋刊本　[41]·六·7
官制新典十卷　宋熊克撰
　宋刊本　[41]·六·9
官制備考二卷　明李日華撰
　抄本　[39]·丁·59
官制舊典正誤一卷　不著撰人
　宋刊本　[41]·六·9
官制局紀事一卷　宋李德芻編
　宋刊本　[41]·五·35
46官場現形記六十回　清李寶嘉
　撰
　清光緒二十九年(1903)上海世
　界繁華報排印本　[69]·
　七·201
60官品纂要十卷　唐任戩撰
　宋刊本　[41]·六·3
71官歷刻漏圖二卷　宋王普撰
　明永樂大典本　[78]·子·天
　文類·537
官歷刻漏圖一卷蓮花漏圖一卷
　宋王普撰
　宋刊本　[41]·十二·19
88官箴一卷　宋呂本中撰
　宋刊本　[11]·三十六·15
　[17]·二·19
　明刊本　[17]·二·20
　[93]·十二·3

明成化刊本　[16]·十八·7
百川學海本　[96]·二十八·
　549
抄本　[75]·二十九·20

3080₁ 定

00定齋詩餘一卷　宋林淳撰
　宋刊本　[41]·二十一·12
定齋集十五卷　宋蔡戡撰
　傳抄閣本　[59]·六·27
定齋集二十卷　宋蔡戡撰
　抄本　[12]·六·16
　文瀾閣傳抄本　[11]·八十七·
　3
定齋集四十卷　宋蔡戡撰
　宋刊本　[41]·十八·31
21定傾論一卷　不知撰人
　舊抄本　[98]·二·18
22定例彙編二卷　清顔希深重訂
　清刊本　[74]·二·69
定例彙編十卷　清顔希深重訂
　清刊本　[74]·二·69
定鼎江南紀略不分卷　題樵道人
　撰
　傳抄本　[85]·十四·666
定峯樂府十卷　清沙張白撰
　清嘉慶十一年(1806)刊本
　[96]·七十·1400
定山堂詩集四十三卷詞四卷　清
　龔鼎孳撰
　清刊本　[71]·集·國朝別·
　1
30定宇文集六卷　明鄧以讚撰
　刊本　[39]·癸下·9
定穴立向要訣　不知撰人
　抄本　[39]·庚·74
44定菴類稿四卷　宋衛博撰
　抄本　[74]·四·27　[102]·
　下·32
47定聲録八卷　清毛奇齡撰
　西河全書本　[74]·一·48
60定思小記一卷　清劉尚友撰
　明季史料叢書本　[85]·八·
　355

丁丑叢編本　[85]·八·355
74定陵注略十卷　明文秉撰
　舊抄本　[85]·二·77
77定興忠烈王平定交南録　不著撰
　人
　明抄本　[30]·五·8
80定盦文集
　見《龔定盦文集》
95定情人十六回　清人撰
　寫刊本　[69]·四·136

蹇

00蹇齋瑣綴録八卷　明尹直撰
　抄本　[39]·丁·36
60蹇愚集四卷卷首一卷　明連城璧
　撰
　清咸豐同治間木活字本
　[85]·十九·883

3080₆　賓

37賓退録十卷　宋趙昇與撰
　宋刊本　[38]·子·46
　仿宋刊本　[75]·四十二·19
　[92]·三·106
　存恕堂刊本　[96]·五十四·
　1078
　刊本　[39]·己·71　[74]·
　三·49
　校宋抄本　[50]·五·39
　[65]·續·三·39
　盧抱經校抄本　[11]·五十六·
　20
　鮑以文手校本　[11]·五十六·
　23
　明影宋抄本　[59]·二·9
　影宋抄本　[11]·五十六·19
　[81]·子·13　[83]·
　三·28　[91]·十八·
　29
　明抄本　[2]·三·25
　明天一閣抄本　[92]·三·106
　明人影抄正德四年(1509)鞏昌
　府刊本　[17]·三·22
　朱竹垞手抄本　[11]·五十六·

22　[28]·續·十·8
　舊抄本　[17]·三·
　[30]·四·15　[71]·
　子·雜家·9
77賓朋宴話三卷　宋邱昶撰
　宋刊本　[41]·二十二·14
88賓竹小鳴稿十卷　明王成泳撰
　刊本　[39]·癸上·27

實

30實賓録　宋馬永易撰
　抄本　[39]·庚·29
　實賓録十四卷　宋馬永易撰
　抄本　[16]·二十六·5
　實賓録二十卷　宋馬永易撰
　影抄宋本　[92]·三·119
37實瀨齋集四卷　清張時泰撰
　抄本　[39]·癸下·57

賽

44賽花鈴十六回　清徐震撰
　清刊本　[69]·四·139

寶

00寶應縣志二十八卷　清孟毓蘭撰
　清道光二十二年(1842)刊本
　[74]·二·48
　寶慶四明志二十一卷
　見《四明志》
　寶章待訪録一卷　宋米芾編
　宋刊本　[11]·五十二·11
　[75]·三十九·4
　明刊本　[17]·三·10
　百川學海本　[96]·四十八·
　927
　寶章待訪録一卷附海嶽名言一卷
　宋米芾編
　明刊本　[91]·十七·15
02寶刻叢章三十卷　宋宋敏求編
　宋刊本　[14]·四下·505
　[41]·十五·13
　寶刻叢編二十卷　宋陳思編
　宋刊本　[41]·八·11
　宋抄本　[2]·二·52

真有益齋抄本　[12]·五·22
　南匯吳氏藏舊抄本　[96]·三
　十三·610
　舊抄本　[11]·三十七·18
　[16]·續·二·10
　[38]·史·90、91　[39]·
　庚·14　[75]·三十·
　19　[83]·二·21
　[91]·十四·12　[93]·
　十二·18
　文瀾閣傳抄本　[16]·二十·
　4
寶刻類編八卷　不著撰人
　知不足齋抄本　[83]·二·21
　舊抄本　[32]·五·14
　[74]·二·76　[93]·
　十二·19　[96]·三十
　三·612　[102]·下·
　13
　文瀾閣傳抄本　[11]·三十七·
　21　[16]·三十·4
　傳抄本　[28]·五·6
10寶晉山林集拾遺八卷　宋米芾撰
　宋刊本　[35]·上·49
　[65]·五·36
　宋嘉泰元年(1201)筠陽郡齋刊
　本　[68]·圖版149、目録
　33
　影抄宋嘉泰刊本　[28]·十一·
　12　[91]·二十八·7
　舊抄本　[11]·七十七·2
　[29]·三·11
寶晉英光集六卷　宋米芾撰
　刊本　[24]·集一·27
　校本　[54]·六·17
　校舊抄本　[50]·八·18
　[65]·續·四·30
　勞氏抄本　[91]·二十八·6
　趙氏抄本　[91]·二十八·6
　舊抄本　[59]·六·20
　[71]·集·宋別·26
寶晉英光集八卷　宋米芾撰
　知不足齋抄本　[39]·壬·17
　舊抄本　[11]·七十七·4

[16]·三十·26

寶晉英光集六卷山林集拾遺八卷
　宋米芾撰
　宋刊本　[41]·十七·33
　舊抄本　[17]·四·20

寶雲詩集　明釋弘潛撰
　清康熙二十八年(1689)董樵、
　　董耒刊本　[68]·圖版
　　485、目錄81

22寶峯雲菴真淨禪師語錄三卷　宋
釋福深撰
　宋刊本　[29]·二·21

寶峯集二卷　元趙偕撰
　刊本　[24]·集二·11

寶山縣志十卷　清趙酉輯
　清乾隆十年(1745)刊本
　　[74]·續增·史·10

28寶綸堂文抄八卷詩六卷　清齊召
南撰
　清嘉慶刊本　[26]·十一·13

寶綸堂集　清許纘曾撰
　清刊本　[39]·癸下·40

寶綸堂稿十二卷附定舫雜詠二卷
　清許纘曾撰
　原刊本配抄本　[96]·七十·
　　1377

寶繪錄二十卷　明張泰階輯
　知不足齋刊本　[96]·四十八·
　　949
　刊本　[39]·庚·27

34寶祐四年登科錄一卷　宋朱熹傳
　宋刊本　[53]·一·10
　明初刊本　[16]·十三·25
　刊本　[5]·二中·36
　王紹蘭手校本　[75]·二十二·
　　13
　抄本　[11]·二十七·14
　　[39]·丁·68　[91]·
　　九·13　[93]·十·7
　傳抄本　[60]·四·35

寶祐四年登科錄一卷同年錄一卷
　宋朱熹傳
　清乾隆四十八年(1783)謝棨活
　　字印本　[26]·三·36

寶祐四年會天曆一卷
　見《大宋寶祐四年丙辰歲會天
　　萬年具注曆》

35寶禮堂宋本書錄四卷　潘宗周撰
　刊本　[36]·150

40寶至堂集十二卷　清陸錫熊撰
　無求安居刊本　[96]·七十一·
　　1421

寶真齋法書贊二十八卷　宋岳珂
撰
　武英殿聚珍本　[26]·六·57
　　[74]·三·38　[96]·
　　四十八·933
　舊抄本　[91]·十七·17

44寶苑郡公妙語二卷　宋祝穆編
　明抄本　[75]·六十三·7

寶藏暢微論三卷　五代軒轅撰
　宋刊本　[14]·後志·二·870

寶菴集八卷　明顧紹芳撰
　明刊本　[32]·十四·16

寶菴集二十四卷　明顧紹芳撰
　明刊本　[8]·集五·584
　明萬曆四十年(1612)刊本
　　[86]·一·77

50寶書堂詩抄八卷　清褚華撰
　上海李氏慈雲樓刊本　[96]·
　　七十一·1427

60寶日堂初集三十二卷　明張鼐撰
　刊本　[39]·癸下·23

寶墨待訪錄二卷　宋米芾撰
　宋刊本　[41]·八·7

71寶曆歌一卷　不知撰人
　宋刊本　[14]·後志·一·777

77寶印集六卷　清王之佐編
　清刊本　[74]·四·68

80寶命真詮四卷　清吳楚撰
　清刊本　[74]·三·21

賔

17賔子紀聞類編四卷　明賔文照撰
　明萬曆八年(1580)刊本
　　[19]·11　　[74]·三·
　　46　[102]·上·22
　刊本　[39]·己·54

58賔拾遺集一卷　唐賔叔向撰
　宋刊本　[41]·十九·14

72賔氏聯珠集不分卷　唐賔常、賔
牟、賔羣、賔庠、賔鞏撰、褚藏言
輯
　宋刊本　[33]·集·58
　　[35]·上·22　　[58]·
　　集·122　[60]·六·3
　　[93]·二十三·5
　刊本　[5]·四下·9
　毛晉校刊本　[1]·上·39
　校本　[60]·六·4
　勞巽卿校羣碧樓覆校抄本
　　[30]·六·61
　清袁又愷抄本　[2]·五·27

賔氏聯珠集五卷　唐賔常、賔牟、
賔羣、賔庠、賔鞏撰、褚藏言輯
　宋刊本　[41]·十五·8
　宋淳熙五年(1178)王崧刊本
　　[43]·四·27　　[68]·
　　圖版213、214、目錄42
　明刊本　[9]·十·44
　顧善耕校宋本　[11]·一百十
　　二·8
　何義門校汲古閣刊本　〔17〕·
　　四·40
　影宋本　[61]·六·1
　貞節堂抄本　〔52〕·三·19
　舊抄本　〔51〕·四·18
　　[91]·三十八·8

3090₁　宗

00宗玄先生文集三卷　唐吳筠撰
　刊本　[5]·四上·27
　錢遵王校抄本　[30]·六·35
　校抄本　[50]·七·16
　　[65]·續·四·10
　舊抄本　[39]·辛·55
　　[59]·六·11
　依閣抄本　[91]·二十四·18

宗玄先生文集三卷附施真人集一
卷　唐吳筠撰
　舊抄本　[17]·四·6

10宗元先生集三卷

見《宗玄先生文集》

16宗聖志十二卷　清孔允植輯
　　清刊本　[39]・戊・9
17宗子相集八卷　明宗臣撰
　　明嘉靖三十九年(1560)門生黄
　　　中編刊本　[26]・九・32
　　宗子相集十五卷　明宗臣撰
　　明嘉靖刊本　[91]・三十七・
　　21
34宗法小記一卷　清程瑶田撰
　　通藝録本　[96]・五・86
44宗藩文類六十卷　不知撰人
　　宋刊本　[14]・五下・703
　　宗藩昭鑒録十一卷　明張籌等輯
　　抄本　[39]・戊・1
50宗忠簡公集六卷　宋宗澤撰
　　明刊本　[76]・十四・30
　　明嘉靖三十年(1551)裔孫旦刊
　　本　[59]・六・22
　　[91]・二十九・1
　　刊本　[39]・壬・13　　[71]・
　　集・宋別・23
　　宗忠公簡公集八卷　宋宗澤撰
　　明刊本　[75]・五十五・1
　　清康熙刊本　[75]・五十五・
　　1
　　舊抄本　[51]・三・10
　　宗忠簡公遺事三卷　不著撰人
　　宋刊本　[41]・七・18
　　宗忠簡公遺事四卷　宋王鎔輯
　　抄本　[39]・戊・13
77宗門統要十卷　宋釋宗永纂
　　宋刊本　[41]・十二・11
80宗鏡録一百卷　宋釋延壽撰
　　宋刊本　[14]・三下・307
　　元刊本　[13]・26
　　明刊本　[71]・子・釋家・1
　　清雍正刊本　[75]・四十九・
　　16
　　宗鏡録節要二卷　宋釋延壽撰
　　宋刊本　[58]・子・125
　　[87]・一・1
88宗簡公文集六卷
　　見《宗忠簡公集》

察

00察病指南三卷　宋施發撰
　　舊刊仿宋本　[22]・補遺・30

3090₄　宋

00宋齊邱化書六卷
　　見《化書》
宋高僧詩選
　　見《聖宋高僧詩選》
宋高僧傳三十卷　宋釋贊寧等撰
　　明刊本　[91]・二十二・4
　　明支那本　[11]・六十五・15
　　[93]・十八・3
　　支那撰述本　[96]・六十八・
　　1336
宋高僧傳三十五卷　宋釋贊寧等
　　撰
　　明刊本　[8]・子二・350
宋唐類詩二十卷　題羅唐两士編
　　宋刊本　[14]・四下・504
宋文紀十八卷　清梅鼎祚輯
　　清刊本　[39]・辛・7
宋文憲公文集三十卷　明宋濂撰
　　刊本　[39]・癸上・2
宋文憲公文集三十卷詩集二卷詩
　　話一卷燕書一卷　明宋濂撰
　　清康熙刊本　[75]・六十一・
　　1
宋文憲公文集二十六卷附録一卷
　　明宋濂撰
　　明天順刊本　[11]・一百十一・
　　1　　[28]・十三・8
　　[91]・三十五・1
宋文憲公文集二十六卷附録二卷
　　明宋濂撰
　　明嘉靖刊本　[91]・三十五・
　　3
宋文憲公文集三十二卷附録一卷
　　明宋濂撰
　　明嘉靖刊本　[12]・四・16
宋文憲公文集八編七十五卷　明
　　宋濂撰
　　明刊本　[12]・三・27

明正德九年(1514)張綰重刊本
　　[11]・一百十一・1
　　[59]・七・13　　[91]・
　　三十五・2
　　明嘉靖刊本　[32]・十四・1
　　刊本　[24]・集二・19
　　[71]・集・明別・1
宋文安集一百卷　宋宋白撰
　　宋刊本　[14]・四中・427
宋文選三十卷　清顧震選
　　清刊本　[74]・四・66
宋文選三十二卷　不著編者
　　影宋抄本　[17]・四・41
宋文海一百二十卷　宋江畋編
　　宋刊本　[14]・四下・510
宋文鑑一百五十卷
　　見《皇朝文鑑》
宋六将傳　不知撰人
　　穴硯齋抄本　[30]・五・2
宋六十名家詞　清毛晉輯
　　清刊本　[39]・辛・28
04宋詩紀事一百卷　清厲鶚撰
　　刊本　[28]・十三・20
　　[39]・辛・24
宋詩選　不著編者
　　明抄本　[74]・續增・集・17
宋詩拾遺二十三卷　元陳世隆輯
　　舊抄本　[11]・一百十五・20
　　[28]・十三・18　　[91]・
　　三十八・24
宋詩抄　清吳之振輯
　　清刊本　[39]・辛・24
　　抄本　[36]・264
宋諸臣奏議一百五十卷
　　見《國朝諸臣奏議》
08宋論三卷　明劉定之撰
　　刊本　[39]・戊・80
10宋二家詞三卷　宋黄裳、王之道
　　撰
　　清勞鞶卿校趙氏小山堂抄本
　　[2]・五・42
宋玉集一卷　戰國楚宋玉撰
　　宋刊本　[41]・十六・1
宋玉集二卷　戰國楚宋玉撰

精抄本　[91]·二十三·3
宋五家詞六卷　不知編者
　　明抄本　[54]·八·39
宋五服圖解一卷
　　見《五服圖解》
宋元詩會二十二卷　清陳焯輯
　　清刊本　[39]·辛·24
宋元詩會一百卷　清陳焯輯
　　清刊本　[28]·續·十四·18
　　抄本　[38]·集·117
宋元名人詞十六家不分卷　不知
　編者
　　舊抄本　[64]·31
宋元憲集四十卷　宋宋庠撰
　　聚珍本　[74]·四·14
　　　[75]·五十三·17
宋元憲集四十四卷　宋宋庠撰
　　宋刊本　[41]·十七·9
宋元資治通鑑一百五十七卷　明
　薛應旂撰
　　明長洲陳氏刊本　[96]·十六·
　　368
宋元檢驗三録　不知撰人
　　清刊本　[80]·八·10
宋元史發微四卷　明陸俍撰
　　刊本　[39]·戊·80
宋元史略二卷　不知撰人
　　朝鮮中宗明宗年間木活字刊本
　　[63]·圖版26
宋元四家詩四卷　清戴熙編
　　戴文節手抄本　[91]·三十九·
　　24
宋元馬政二卷　不知撰人
　　舊抄本　[59]·四·19
宋元學案　清黃宗羲撰
　　刊本　[28]·五·22
宋西事案二卷　不知撰人
　　刊本　[39]·丁·21
12宋登科記三卷　宋人撰
　　宋刊本　[14]·後志·一·809
13宋武帝集一卷　南朝宋武帝劉裕
　撰
　　宋刊本　[41]·十九·1
17宋司星子韋書一卷　周司星子韋

撰
　　玉函山房輯佚書本　[78]·補
　　遺·47
18宋政和冠婚喪祭禮十七卷　題宋
　黃灝、商伯撮撰
　　宋刊本　[41]·六·16
　　舊抄本　[74]·續增·史·11
20宋季三朝政要六卷　不著撰人
　　元刊本　[11]·二十一·17
　　　[13]·5　[22]·三·17
　　　[35]·下·54　[58]·
　　　元·31　[87]·一·2
　　　[93]·九·13
　　元皇慶元年(1312)陳氏餘慶堂
　　刊本　[28]·續·六·20
　　　[35]·下·39　[92]·
　　　二·37
　　明刊本　[22]·三·17
　　明張萱刊本　[53]·一·8
　　袁壽階校抄本　[91]·七·10
　　校抄本　[30]·七·1
　　周約耕抄本　[91]·七·9
　　舊抄本　[11]·二十一·18
　　　[32]·三·11　[59]·
　　　四·7　[75]·十七·8
21宋儒學案七十八卷　清黃宗羲撰
　　稿本　[12]·五·13
22宋崇文總目六十六卷
　　見《崇文總目》
23宋狀元録二卷　明宋希呂輯
　　刊本　[39]·戊·11
　　宋代名人小傳　不著撰人
　　明抄本　[17]·二·14
24宋化卿詩草二卷續集二卷　明宋
　守一撰
　　刊本　[71]·集·明別·100
26宋稗類抄八卷　清潘永因撰
　　清刊本　[71]·子·雜家·46
27宋名臣言行録
　　見《皇朝名臣言行録》
宋紀受終考三卷　明程敏政撰
　　明刊本　[20]·二·20
　　　[32]·五·18　[50]·
　　　二·10　[59]·四·21

刊本　[39]·丁·21
　　抄本　[74]·二·81　[102]·
　　　下·14
宋紹聖李伯揚墨譜三卷
　　見《墨譜》
宋紹興十八年題名録一卷同年録
　一卷　不著編者
　　清乾隆四十八年(1783)謝棻活
　　字印本　[26]·三·35
28宋僧詩選
　　見《聖宋高僧詩選》
30宋濂谿周元公先生集十三卷　李
　嶸慈纂
　　明刊本　[91]·九·9
宋濂學士先生文集二十六卷
　　見《宋文憲公文集》
宋涪谿勝覽集一卷　明楊鋭纂
　　明正德刊本　[91]·三十九·12
宋之問集二卷
　　見《考功集》
宋之問考功集十卷
　　見《考功集》
宋宰輔編年録二十卷　宋徐自明
　撰
　　明刊本　[11]·三十六·8
　　　[16]·十八·3　[93]·
　　　十二·2
　　明萬曆四十五年(1617)呂邦耀
　　刊本　[19]·4　[59]·
　　　四·17
　　十萬卷樓王氏抄本　[91]·十
　　　三·2
　　知不足齋抄本　[39]·丁·21
　　舊抄本　[12]·五·17
　　　[74]·二·61
宋寶祐四年丙辰歲會天萬年具注
　録一卷
　　見《大宋寶祐四年丙辰歲會天
　　萬年具注曆》
宋寶祐四年登科録一卷
　　見《寶祐四年登科録》
34宋對策機要不分卷　不著編者
　　元刊本　[13]·14
宋洪文惠洪文敏陸放翁王伯厚王

弇州五先生年譜五卷 清錢大昕編
　清刊本 [74]・二・29
　清嘉慶十二年(1807)刊本
　　[96]・五十九・1182
宋遼金元四史閏朔考 清錢大昕撰
　粵雅堂刊本 [74]・二・6
35 宋遺民錄一卷 不著編者
　清順治二年(1645)刊本
　　[96]・二十三・476
宋遺民錄十三卷 明程敏政輯
　抄本 [39]・戊・14
宋遺民錄十五卷 明程敏政輯
　明刊本 [50]・十・29
　知不足齋叢書本 [96]・二十三・478
　清黃丕烈校吳枚庵抄本
　　[2]・二・29
　校舊抄本 [50]・十・29
　　[65]・續・二・7
　抄本 [12]・五・11
40 宋十五家詩選 清陳訏輯
　清刊本 [39]・辛・24
宋十朝綱要二十五卷
　見《皇宋十朝綱要》
宋九朝編年備要三十卷
　見《皇宋編年備要》
宋大詔令集一百九十五卷 不著編者
　舊抄本 [93]・九・25
　傳抄本 [32]・四・1
宋大詔令集二百四十卷 不著編者
　舊抄本 [11]・二十五・2
　　[16]・十二・6
宋大事記講義二十三卷
　見《皇朝大事記講義》
宋太宗實錄八卷 宋錢若水、柴成務、宋度、吳淑、楊億撰
　抄本 [16]・十一・1 [93]・九・17
　傳抄本 [60]・四・8
宋太宗實錄十二卷 宋錢若水、

柴成務、宋度、吳淑、楊億撰
　宋抄本 [58]・史・46
宋太宗實錄二十卷 宋錢若水、柴成務、宋度、吳淑、楊億撰
　傳抄本 [61]・七・1
宋太宗實錄八十卷 宋錢若水、柴成務、宋度、吳淑、楊億撰
　宋刊本 [14]・二上・121
　　[41]・四・39
　南宋館閣抄本 [36]・115
宋太祖三下南唐八卷 題好古主人撰
　清同治四年(1865)丹桂堂刊本
　　[69]・二・49
宋布衣集二卷 明宋登春撰
　刊本 [39]・癸下・28
44 宋世文章二卷 梁沈約撰
　刊本 [25]・1
宋藝圃集二十卷 明李蓘輯
　刊本 [39]・辛・24
宋藝圃集二十二卷 明李蓘輯
　明刊本 [9]・後編・二十・15
　明萬曆刊本 [75]・六十三・18
47 宋朝文鑑一百五十卷
　見《皇朝文鑑》
宋朝編年綱目備要三十卷
　見《皇朝編年備要》
宋朝名畫評一卷 宋劉道醇撰
　宋刊本 [41]・十四・12
宋朝名畫評三卷 宋劉道醇撰
　宋刊本 [14]・三下・288
　明刊本 [11]・五十二・5
　王氏畫苑本 [96]・四十八・925
　抄本 [39]・庚・25
宋朝大詔令集二百四十卷
　見《宋大詔令集》
宋朝南渡十將傳十卷 宋章穎纂
　元刊本 [50]・二・24
　　[52]・一・16 [58]・元・46 [68]・圖版330、目錄60 [93]・十・9
　傳抄本 [59]・四・13

宋朝事實二十卷 宋李攸撰
　聚珍刊本 [74]・二・63
宋朝事實三十卷 宋李攸撰
　宋刊本 [14]・二下・158
　　[41]・五・36
　武英殿聚珍刊本 [96]・二十九・555
宋朝事實類苑六十三卷
　見《皇朝事實類苑》
50 宋中興百官題名二卷 宋何異撰
　舊抄本 [11]・二十七・11
　　[59]・四・17 [93]・十二・2
宋中興百官題名五十卷 宋何異撰
　宋刊本 [41]・六・11
宋中興通鑑十五卷 題宋劉時舉編
　刊本 [20]・二・6
宋中興學士院題名一卷 宋何異撰
　舊抄本 [91]・九・12
宋史四百九十六卷 元脫脫撰
　元刊本 [11]・十九・5
　　[28]・續・六・3 [32]・三・7 [35]・上・41 [60]・四・11 [65]・二・39 [72]・11 [87]・三・9
　元至正六年(1346)江浙等處行中書省刊本 [26]・三・9 [34]・二・7 [35]・上・37 [36]・99 [47]・96 [60]・四・6 [68]・圖版281、目錄53 [92]・二・34
　明覆元刊本 [38]・史・12
　明成化十六年(1480)翻刊元本
　　[11]・十九・13 [17]・二・6 [30]・二・4 [47]・96 [59]・四・4 [91]・六・18
　明刊本 [93]・八・28
　明南監刊本 [74]・二・6

　　[96]・十五・341
　清乾隆四年(1739)武英殿刊本
　　[74]・二・6　　[75]・十
　　五・12
　南雍三朝本　[43]・五・20
宋史新編二百卷　明柯維騏編
　明刊本　[91]・七・23
　　[96]・十八・393
　明嘉靖刊本　[8]・史二・145
　　[12]・四・7　　[74]・
　　二・15　　[102]・上・15
　刊本　[39]・丁・10
宋史記二百五十卷　明王維儉撰
　小山堂抄本　[53]・一・4
宋史記目録一卷　明王維儉撰
　嘉定王氏藏舊抄本　[96]・三
　　十二・583
宋史天文志十二卷五行志五卷律
　歷志十七卷　元脱脱撰
　武英殿刊本　[78]・算學書録
　　補注・98
宋史稿凡例一卷　明王維儉撰
　傳抄本　[60]・四・6
宋史紀事本末一百零九卷　明陳
　邦瞻纂
　明萬曆刊本　[91]・七・19
　明太倉張氏論正本　[96]・十
　　七・376
宋史存二卷　清文德翼輯
　清刊本　[39]・戊・11
宋史岳飛傳附岳忠武王廟名賢詩
　元脱脱撰
　元刊本　[98]・1
宋史質一百卷　王洙撰
　明刊本　[91]・七・22
宋史闕幽一卷元史闕幽一卷　明
　許浩撰　刊本　[39]・戊・80
宋史全文三十六卷
　見《宋史全文續資治通鑑》
宋史全文續資治通鑑三十六卷
　不著撰人
　元刊本　[9]・後編・九・8
　　[20]・二・6　　[22]・
　　三・15　　[35]・下・7

　　[43]・二・33
　明天順刊本　[38]・史・29
宋史全文續資治通鑑三十六卷附
　宋季朝事實二卷　不著撰人
　元刊本　[16]・九・16
　　[58]・元・34　　[65]・
　　二・40　　[93]・九・14
　明刊本　[91]・七・10
　明天順刊本　[11]・二十一・18
宋史筆斷十二卷　不知撰人
　元刊本　[30]・一・4
　刊本　[39]・戊・81
　批校本　[53]・一・3
宋忠獻韓魏王君臣相遇家傳十卷
　別録三卷遺事一卷　不知撰人
　明刊本　[91]・九・6
宋書一百卷　梁沈約撰
　北宋國子監刊本　[7]・中・
　　24
　宋刊本　[11]・十八・20
　　[14]・二上・103　　[17]・
　　二・4　　[41]・四・7
　　[92]・一・31
　宋眉山刊本　[36]・56
　宋紹興刊本　[2]・二・4
　南宋國子監刊本　[7]・下・5
　宋刊元修本　[35]・上・17
　宋刊明修本　[3]・5　　[28]・
　　續・五・9　　[35]・上・
　　16　　[91]・六・7
　元刊本　[43]・二・31
　汲古閣刊本　[74]・二・4
　明南監刊本　[74]・二・4
　　[96]・十五・324
　清乾隆四年(1739)武英殿刊本
　　[74]・二・4　　[75]・十
　　五・9
　刊本　[47]・30
　南雍三朝本　[43]・五・7
　　[57]・41
宋書律志一卷曆志二卷天文志四
　卷　梁沈約撰
　金陵書局重刊毛本　[78]・算
　　學書録補注・97

宋東京考二十卷　清周城輯
　清乾隆三年(1738)刊本
　　[39]・戊・40　　[71]・
　　史・地志・35　　[92]・
　　二・60
56宋提刑洗冤集録一卷　宋宋慈編
　明刊本　[22]・四・12
宋提刑洗冤集録四卷　宋宋慈
　編、清陳明善校
　清乾隆四十九年(1784)亦園陳
　　氏袖珍本　[96]・三十九・
　　729
宋提刑洗冤集録五卷　宋宋慈編
　元刊本　[16]・二・9　　[26]・
　　四・30　　[50]・四・21
　　[97]・一・27
　元余氏勤有堂刊本　[2]・三・
　　9
　明刊本　[91]・十六・4
　陽湖孫氏重刊元本　[96]・三
　　十九・728
　錢塘諸氏刊本　[75]・二十九・
　　8
　校元本　[50]・四・22
　　[65]・續・三・5
　影宋抄本　[28]・六・22
　影抄元刊本　[11]・三十五・
　　25
60宋國史秋堂公詩文集二卷補遺一
　卷　宋柴望撰
　清戴松門抄本　[2]・四・44
宋四名家詩二十七卷　清周之
　麟、柴開編
　清刊本　[74]・四・66
宋四家詞四卷　宋盧炳、王千秋、
　杜安世、黃公度撰
　清錢遵王校明抄本　[2]・五・
　　42
宋四大家外紀　明王世貞、陳之
　伸、范明泰、徐燉輯
　刊本　[39]・己・77
宋景文集十八卷　宋宋祁撰
　宋刊殘本　[22]・六・20
　　[70]・三・2

宋景文集三十二卷　宋宋祁撰
　宋末刊本　〔90〕·48
　日本刊本　〔60〕·六·28
　〔75〕·五十三·18
宋景文集三十三卷　宋宋祁撰
　清嘉慶十五年(1810)日本活字
　殘本　〔102〕·上·29
宋景文集一百卷　宋宋祁撰
　宋刊本　〔41〕·十七·9
宋景文集一百五十卷　宋宋祁撰
　宋刊本　〔14〕·四下·442
宋景文集六十二卷補遺二卷附錄
　一卷　宋宋祁撰
　聚珍刊本　〔74〕·四·14
　日本佚存叢書本　〔74〕·四·14
宋景文筆記一卷　宋宋祁撰
　宋刊本　〔41〕·十·17
宋景王筆記三卷　宋宋祁撰
　宋刊本　〔11〕·五十七·4
　〔17〕·三·25
　明刊本　〔17〕·三·25
　清吳枚菴抄本　〔2〕·三·27
　抄本　〔75〕·四十三·6
宋景濂未刻集不分卷　明宋濂撰
　清康熙三年(1664)刊本
　〔71〕·集·明別·2
　刊本　〔39〕·癸上·2
　經韻樓校本　〔32〕·十四·2
宋景濂未刻集二卷　明宋濂撰
　段玉裁校刊本　〔74〕·四·40
72 宋氏燕閒部二卷　明宋詡撰
　刊本　〔39〕·己·82
宋氏樹畜部四卷　明宋詡撰
　刊本　〔39〕·己·82
宋氏尊生部十卷　明宋詡撰
　刊本　〔39〕·己·82
宋氏養生部六卷　明宋詡撰
　刊本　〔39〕·己·82
77 宋學商求一卷　明唐樞輯
　刊本　〔39〕·己·15
宋學淵源記二卷附記一卷　清江
　藩撰
　粵雅堂刊本　〔74〕·二·32

宋學士文粹十卷補遺一卷　明宋
　濂撰
　明洪武刊本　〔2〕·五·16
　〔16〕·續·四·19
　〔17〕·四·37　〔54〕·
　七·12　〔68〕·圖版
　344、345、目錄63
宋學士集十卷
　見《考功集》
宋學士集二十六卷
　見《宋文憲公文集》
宋學士續文粹十卷附錄一卷　明
　宋濂撰
　明建文三年(1401)浦陽鄭氏義
　門書塾刊本　〔16〕·四·
　19　〔67〕·第五册·86
宋賢事彙二卷　明李廷機輯
　明刊本　〔91〕·十九·28
　刊本　〔39〕·戊·11
宋賢體要集十三卷　不知撰人
　宋刊本　〔14〕·五下·705
80 宋人三家四六　不知編者
　舊抄本　〔50〕·十·18
宋人集四卷　不知編者
　舊抄本　〔32〕·十五·24
宋人小集　不知編者
　舊抄本　〔20〕·五·32
宋人小集　陳德溥輯
　舊抄本　〔57〕·248
宋人小集五卷　宋樂雷發輯
　舊抄本　〔46〕·28
宋人小集九十三卷　宋陳起輯
　舊抄本　〔93〕·二十三·28
宋人小集三十七種八十一卷　不
　知編者
　明抄本　〔74〕·續增·集·2
　舊抄本　〔32〕·十五·23
宋人小集九種　不知編者
　舊抄本　〔32〕·十五·24
宋金元六十九家詞　不知編者
　明藍格抄本　〔2〕·五·43
宋金元詩删三卷　清吳翌鳳撰
　稿本　〔74〕·四·67
宋公集三十二卷

　見《宋景文集》
88 宋鑑綱目備要　不知編者
　元刊殘本　〔13〕·5

3092₇ 竊

88 竊餘集稿十二卷　清沈超撰
　抄本　〔71〕·集·國朝別·42
94 竊憤續錄一卷　題宋辛棄疾撰
　明抄本　〔75〕·十九·14
竊憤錄二卷　題宋辛棄疾撰
　舊抄本　〔17〕·二·15、16
　〔20〕·二·19　〔39〕·
　丁·24　〔54〕·二·32
竊憤錄一卷續錄一卷　題宋辛棄
　疾撰
　穴硯齋抄本　〔30〕·五·3
　舊抄本　〔54〕·二·32
　〔84〕·一·26
竊憤錄一卷續錄一卷阿計替傳一
　卷　題宋辛棄疾撰
　舊抄本　〔54〕·二·32

3111₀ 江

00 江文通集四卷　梁江淹撰
　宋刊本　〔74〕·四·3
江文通集八卷　梁江淹撰
　校元本　〔93〕·十九·9
　校明嘉靖刊本　〔5〕·四上·7
江文通集十卷　梁江淹撰
　宋刊本　〔14〕·四上·333
　〔34〕·一·29　〔35〕·
　上·50　〔41〕·十六·
　6
　明仿宋本　〔11〕·六十七·24
　〔75〕·五十一·20
　明刊本　〔91〕·二十三·9
　明汪士賢校刊本　〔59〕·六·
　9　〔75〕·五十一·20
江文通集十卷補遺一卷　梁江淹
　撰
　明萬曆宣城梅鼎祚玄白堂刊本
　〔11〕·六十七·24
　〔86〕·六·93
10 江西詩派一卷　吕紫微撰

舊抄本　[57]•325
江西詩派一百三十七卷續派十三
　卷　宋黄庭堅撰
　宋刊本　[41]•十五•17
江西通志五十四卷　清於成龍等
　撰
　清刊本　[71]•史•地志•5
江西通志一百六十二卷　清謝旻
　等纂
　清雍正十年(1732)刊本
　　[74]•二•44
江西志二百零六卷　清白潢等撰
　清刊本　[71]•史•地志•5
20江爲集一卷　五代江爲撰
　宋刊本　[41]•十九•27
21江上孤忠録一卷　明黄明曦纂
　粟香室叢書本　[85]•十四•
　658
　藝海珠塵本　[85]•十四•658
　痛史本　[85]•十四•659
江上遺聞一卷　清沈濤撰
　紀載彙編本　[85]•十四•656
　粟香室叢書本　[85]•十四•
　656
江止菴集八卷　明江天一撰
　清嘉慶刊本　[85]•十九•842
　乾坤正氣集本　[85]•十九•
　842
22江變紀略二卷　清徐世溥撰
　荆駝逸史本　[85]•十四•673
　明季史料本　[85]•十四•673
江山人集七卷　明江瓘撰
　刊本　[39]•癸上•48
　　[71]•集•明別•77
26江皋吟　明劉師朱撰
　刊本　[39]•癸下•15
江總集一卷　南朝陳江總撰
　宋刊本　[41]•十九•2
27江峴嶽文集四卷　明江以東撰
　刊本　[39]•癸下•9
30江淮異人録不分卷　宋吳淑撰
　校本　[50]•六•34　　[51]•
　二•28　　[65]•續•三•
　78

校抄本　[50]•六•35
　　[65]•續•三•77
舊抄本　[93]•十七•23
江淮異人録二卷　宋吳淑撰
　宋刊本　[41]•五•3
　明嘉靖刊本　[17]•三•38
　函海本　[74]•三•83
　　[96]•六十六•1313
　明抄本　[75]•四十八•8
江寧府志五十六卷　清姚鼐撰
　清嘉慶十六年(1811)刊本
　　[74]•二•47
32江浙兩大叛案録一卷　不著編者
　舊抄本　[85]•十六•722
江浙叛案録一卷　清徐非雲
　輯
　殘明書附録本　[85]•十六•
　723
34江淹集十卷
　見《江文通集》
江渚貞烈志一卷　清熊維熊撰
　清抄本　[85]•十七•748
37江湖夜雨集四卷續集三卷附半處
　士集二卷　清郎廷槐撰
　清抄本　[71]•集•國朝別•29
江湖集九卷　宋陳起輯
　宋臨安書坊刊本　[41]•十五•
　20
江湖紀聞前集十二卷後集十二卷
　不知撰人
　元刊本　[3]•15
江湖長翁集四十卷　宋陳造撰
　明刊本　[11]•八十八•3
　　[12]•三•24　　[32]•
　十二•17
　明高郵刊本　[59]•六•27
　明仁和李之藻校刊本　[71]•
　集•宋別•48
　明萬曆四十六年(1618)刊本
　　[74]•四•38　　[102]•
　上•30
　刊本　[39]•壬•31
江湖風月全集一卷　宋釋松坡撰
　日本南北朝刊本　[62]•圖版

125
江湖小集九十五卷　題宋陳起編
　刊本　[74]•四•61
38江泠閣文集四卷續集二卷　清泠
　士嵋撰
　清刊本　[39]•癸下•52
40江大理奏議　明江東之撰
　明刊本　[60]•四•25
江左石刻文編　韓崇撰
　稿本　[59]•五•7
江南通志七十六卷　清於成龍等
　撰
　清刊本　[71]•史•地志•3
江南通志二百卷　清趙宏恩等纂
　清乾隆二年(1737)刊本
　　[74]•二•43
江南春詞一卷　明袁表輯
　刊本　[39]•辛•37
　明抄本　[32]•十六•12
　舊抄本　[50]•十•63
江南別録一卷　宋陳彭年撰
　墨海金壺本　[96]•二十六•
　525
江南別録四卷　宋陳彭年撰
　宋刊本　[14]•二下•144
江南野史十卷　宋龍袞撰
　刊本　[53]•一•5
　明抄本　[17]•二•15
　　[75]•二十三•9
　文瀾閣抄本　[16]•十四•3
　穴硯齋抄本　[30]•五•2
　曝書亭抄本　[39]•丁•16
　舊抄本　[5]•二上•12
　　[11]•二十八•13、14
　　[12]•五•13　　[30]•
　四•4　　[91]•十•5
　　[93]•十•16
　精抄本　[91]•十•5
　傳抄本　[60]•四•14
江南野史二十卷　宋龍袞撰
　宋刊本　[14]•二下•145
江南聞見録一卷　不著撰人
　明季稗史彙編本　[85]•十•
　505

江南錄十卷　宋徐鉉撰
　宋刊本　[14]・二下・143
　　[41]・五・3
江南餘載二卷　不著撰人
　宋刊本　[41]・五・4
　函海本　[74]・二・36
　知不足齋叢書本　[96]・二十
　　六・526
　舊抄本　[91]・十・6
江南小集二卷　宋种放撰
　宋刊本　[14]・五下・643
　　[41]・十七・3
江右名賢編　明喻均、劉元卿輯
　刊本　[39]・戊・25
江右紀變一卷　清陸世儀撰
　行朝錄本　[85]・十四・673
43江城名蹟記二卷　陳弘緒撰
　舊抄本　[32]・四・28
44江蘇海運全案十二卷　清陶澍編
　清刊本　[74]・二・67
江蘇昭忠錄十六卷　蘇州忠義局
　輯
　清刊本　[74]・續增・史・4
江村銷夏錄三卷　清高士奇撰
　清刊本　[71]・子・書畫家・
　　14　[74]・三・39
　　[96]・四十八・954
　抄本　[12]・五・29
47江聲草堂詩集八卷妙明書屋遺集
　三卷　清金志章撰
　清刊本　[71]・集・國朝別・
　　52
江都縣志二十卷　清陸朝瑃撰
　清刊本　[28]・四・16
江都縣志二十三卷　明張寧、崔
　一鳳、陸君弼編
　明刊本　[2]・二・38
江都縣志三十二卷　清高士鑰輯
　清乾隆八年(1743)刊本
　　[74]・續增・史・6
江都汪氏叢書
　見《汪氏叢書》
50江表二臣傳一卷　不著撰人
　抄本　[85]・十七・735

江表志三卷　宋鄭文寶撰
　宋刊本　[41]・五・4
　墨海金壼本　[96]・二十六・
　　526
　瓶花齋抄本　[39]・丁・15
　舊抄本　[91]・十・6
江表志三卷南唐拾遺記新舊唐書
　雜論　宋鄭文寶撰
　周耕厓校本　[20]・二・10
江東十鑑一卷　宋戴谿撰
　抄本　[71]・子・兵家・1
67江明叔雜著十八卷　明姜南撰
　刊本　[71]・子・雜家・41
70江防考四卷　明吳時來撰
　刊本　[39]・丁・72
72江氏筆錄一卷　不知撰人
　舊抄本　[17]・三・26
74江陵百咏詩一卷　明孔克學撰
　抄本　[39]　辛・40
江陵紀事一卷　不著撰人
　明季史料本　[85]・十八・779
77江月松風集十二卷　元錢惟善撰
　刊本　[24]・集二・15
　宋蔚如校抄本　[30]・六・51
　文瑞樓抄本　[11]・一百零七・
　　2　[16]・三十四・38
　知不足齋抄本　[39]・壬・72
　十萬卷樓抄本　[91]・三十四
　　31
　舊抄本　[11]・一百零七・4
　　[17]・四・35　[20]・
　　五・24　[38]・集・87
　　[50]・九・29　[91]
　　三十四・31
江月松風集十二卷續集一卷　元
　錢惟善撰
　清翁又張抄本　[2]・五・11
江月松風集十二卷續集一卷附補
　遺　元錢惟善撰
　知不足齋抄本　[59]・七・11
江月松風集十二卷補遺一卷　元
　錢惟善撰
　曹氏倦圃抄本　[91]・三十四
　　30

　抄本　[71]・集・元別・29
78江陰詩粹八卷續四卷　明陳芝英
　輯
　趙曦明重訂稿本　[59]・六・
　　6
江陰縣志　明黃傅纂修
　明正德刊本　[68]・圖版399、
　　400、目錄70
江陰縣志十五卷　明張袞撰
　明刊本　[59]・三・9
江陰縣志二十四卷　清蔡澍輯
　清乾隆九年(1744)刊本
　　[74]・續增・史・7
江陰守城記一卷　明許重熙撰
　荊駝逸史本　[85]・十四・657
江陰李氏得月樓書目　明李鶚翀
　撰　崑山徐氏傳是樓宋板書目
　清徐乾學撰
　抄本　[46]・9
江陰城守記二卷　清韓菼撰
　荊駝逸史本　[85]・十四・657
79江隣幾雜志一卷
　見《江鄰幾雜志》
江隣幾筆錄二卷　宋江休復撰
　明抄本　[75]・四十六・12
80江人事四卷卷首一卷卷末一卷
　明宋佚撰
　清咸豐二年(1852)刊本
　　[85]・九・417
　野史二十一種本　[85]・九・
　　417
87江鄭堂詩二卷　江鄭堂撰
　清刊本　[80]・十二・10
90江光祿集十卷補遺一卷
　見《江文通集》
97江鄰幾雜志不分卷　宋江休復撰
　宋刊本　[14]・三下・252
　明商濬刊本　[28]・九・15
　彙祕笈本　[96]・六十四・1260
　勞季言校本　[11]・六十二・
　　13
江鄰幾雜志二卷　宋江休復撰
　舊抄本　[11]・六十二・13
江鄰幾雜志二卷補遺一卷　宋江

休復撰
　星鳳閣校宋抄本　[91]・二十
　　一・7
　明抄本　[28]・九・16

3111₁　沅

74沅陵縣志十卷　清郎廷槱撰
　清刊本　[71]・史・地志・18

涇

22涇川叢書五十六種　清趙紹祖編
　清刊本　[74]・三・63
　涇川志十三卷　宋王栐撰
　宋刊本　[41]・八・36
26涇臯藏稿二十二卷　明顧憲成撰
　明刊本　[57]・272
　刊本　[39]・癸下・19
　抄本　[12]・六・34
31涇渠志　清王太岳撰
　清乾隆刊本　[68]・圖版530、
　　目録88
44涇林續記一卷　明周玄暐撰
　涵芬樓祕笈本　[85]・二十一・
　　954
　功順堂叢書本　[85]・二十一・
　　954
50涇東小稿十卷別集一卷　明葉盛
　撰
　抄本　[71]・集・明別・30
67涇野先生集三十六卷
　見《吕涇野集》

3111₄　汪

00汪彦章集十卷　宋汪藻撰
　宋刊本　[14]・四下・495
　汪方壺集四卷　宋汪莘撰
　清雍正刊本　[75]・五十七・
　　6
　刊本　[39]・壬・35
　汪方壺集九卷附録一卷　宋汪莘
　撰
　抄本　[71]・集・宋別・53
　汪府君詩集、年譜一卷　明汪文
　盛撰

抄本　[39]・癸上・39
汪文毅慈谿守城議　不知撰人
　刊本　[88]・續・34
汪文定公集十三卷　宋汪應辰撰
　明嘉靖二十五年(1546)玉山夏
　　俊刊本　[17]・四・23
汪文定公集十四卷　宋汪應辰撰
　抄本　[39]・壬・24
汪文定公集二十四卷　宋汪應辰
　撰
　聚珍刊本　[74]・四・24
汪文定摘謬　汪若文撰
　傳抄本　[60]・七・17
01汪龍莊學治臆説二卷續説一卷説
　贅一卷佐治藥言一卷續一卷附
　病榻夢痕録及餘録　清汪輝祖
　撰　清刊本　[74]・三・12
12汪水雲詩一卷　宋汪元量撰
　清黄丕烈校清初抄本　　[2]・
　　四・45
　校舊抄本　[50]・八・45
　明抄本　[27]・112　　[65]・
　　續・四・35
　舊抄本　[50]・八・45
　　[59]・六・30　　[65]・
　　續・四・37
汪水雲集一卷湖山類稿六卷　宋
　汪元量撰
　抄本　[71]・集・宋別・68
17汪子文録十卷遺書一卷　清汪縉
　撰
　清嘉慶刊本　[74]・四・55
汪子遺書六卷　清汪縉撰
　清嘉慶十年(1805)刊本
　　[74]・三・60
20汪禹又集八卷　明汪淮撰
　刊本　[39]・癸下・6
22汪山人集十八卷　明汪少廉撰
　刊本　[39]・癸下・5
37汪次公集十二卷　明汪道貫撰
　刊本　[39]・癸下・27
40汪直傳一卷　不著撰人
　借月山房彙抄本　[96]・二十
　　四・513

50汪本隸釋刊誤　一卷
　見《隸釋刊誤》
72汪氏雜著　汪立仁撰
　稿本　[20]・五・40
　汪氏説鈴二卷　清汪琬撰
　清乾隆十三年(1748)劉堅刊本
　　[74]・三・80
　紅豆齋抄本　[71]・子・小説
　　家・27
　抄本　[96]・六十五・1297
　汪氏叢書七種三十八卷　不知撰
　人
　清刊本　[84]・二・37
　叢刊本　[54]・四・40
77汪民表心性説一卷　不知撰人
　傳抄諸儒鳴道本　[17]・三・5

溉

00溉亭述古録二卷　清錢塘撰
　清嘉慶三年(1798)刊本
　　[74]・三・51

3111₆　洹

07洹詞十二卷　明崔銑撰
　明趙王府味經堂刊本　[13]・
　　33　　[32]・十四・10
　　[91]・三十六・33
　　[92]・四・177
　明嘉靖刊本　[64]・續・103
　刊本　[39]・癸上・31
　　[71]・集・明別・57

漚

44漚夢詞四卷　不知撰人
　稿本　[57]・309

3111₇　瀘

32瀘州志二卷　不知撰人
　殘本　[59]・三・9

3112₀　汀

32汀州府志二十四卷　明唐世涵撰
　清刊本　[71]・史・地志・14

河

10河工諸議二卷後附一卷　明李國
祥撰
　刊本　[71]·史·地志·72

河工碎石方價一卷　不知撰人
　清刊本　[74]·二·70

河工實價則例章程三卷　不著撰
人
　清刊本　[74]·二·69

河工奏摺一卷　清黎式序
　清嘉慶刊本　[74]·二·24

21河上楮談三卷汾上續談一卷浣水
續談一卷游宦餘談一卷　明朱
孟震撰
　刊本　[39]·己·53

22河嶽英靈集二卷　唐殷璠編
　宋刊本　[14]·五下·727
　[33]·集·56　　[41]·
　十五·8
　宋陳氏書棚刊本　[2]·五·
　27
　毛斧季校本　[50]·十·2

河嶽英靈集三卷　唐殷璠編
　宋刊本　[34]·附·一·29
　[68]·圖版59、目錄17
　元刊本　[76]·十二·18
　明刊本　[3]·26　　[32]·十
　五·2　　[38]·集·99
　汲古閣刊本　[74]·四·59
　校本　[55]·五·27
　影抄宋刊本　[75]·六十二·
　10

31河源紀略　清紀昀、陸錫熊纂修
　清乾隆刊本　[68]·圖版537、
　目錄89

35河漕通考二卷　明黃承元撰
　抄本　[39]·丁·76

37河洛行年記十卷　唐劉仁軌撰
　宋刊本　[14]·二上·113
　[41]·五·12

河洛真數二卷　宋陳摶撰
　抄本　[39]·庚·67

河洛春秋二卷　唐包諝撰

宋刊本　[41]·五·12

河洛精蘊九卷　清江永撰
　清乾隆四十年(1775)刊本
　[74]·一·9

38河汾詩集八卷　明薛瑄撰
　明成化五年(1469)刊本
　[19]·22
　刊本　[39]·癸上·13
　[71]·集·明別·26

河汾諸老詩集八卷　元房祺編
　明刊本　[11]·一百十五·16
　粵雅堂刊本　[74]·四·62
　刊本　[39]·辛·42
　影元抄本　[60]·六·11
　舊抄本　[5]·四下·16
　[91]·三十八·28

河汾燕閒錄二卷　明陸深撰
　儼山外集本　[96]·五十七·
　1138

40河內縣志　明王所用纂
　明刊本　[15]·2

河內先生文集六卷　宋尹源撰
　宋刊本　[14]·五下·660

河南府志一百十五卷　清施誠修
　清乾隆四十四年(1779)刊本
　[74]·續增·史·5

河南雜志　不著撰人
　抄本　[71]·史·地志·71

河南師說十卷　宋韓元吉撰
　宋刊本　[41]·九·9

河南經說七卷　宋程頤撰
　宋刊本　[41]·三·33

河南先生文集二十七卷
　見《尹師魯河南集》

河南通志五十卷　清賈漢復等撰
　清刊本　[71]·史·地志·4

河南通志八十卷　清王士俊等纂
　清雍正十三年(1735)刊本
　[74]·二·44

河南志四卷　不知撰人
　傳抄殘本　[59]·三·5

河南志二十卷　宋宋敏求撰
　宋刊本　[14]·二下·161
　[41]·八·16

河套志六卷　清陳履中撰
　清雍正刊本　[74]·二·46

50河東記三卷　不著撰人
　宋刊本　[14]·三下·248

河東君柳如是事輯一卷　清懷圃
居士撰
　清光緒二十九年(1903)刊本
　[85]·十八·794
　文字同盟社鉛印本　[85]·十
　八·794

河東君軼事　清丁初園輯
　稿本　[57]·80

河東先生文集十六卷
　見《柳仲塗先生文集》

河東先生龍城錄二卷
　見《龍城錄》

河東先生集四十五卷
　見《柳河東集》

河東鹽法備覽十二卷　清蔣兆奎
撰
　清乾隆五十五年(1790)刊本
　[96]·三十·572

河東鹽法考一卷　不知撰人
　舊抄本　[102]·下·12

河東鹽法考一卷靈州鹽法考一卷
廣東鹽法考一卷　明人撰
　舊抄本　[74]·二·67

60河圖天地二運賦一卷　不著撰人
　宋刊本　[14]·後志·二·844

河圖解二卷　宋康平撰
　宋刊本　[14]·復志·一·757

70河防一覽十四卷　明潘季馴撰
　明刊本　[9]·後編·十四·13
　[32]·四·21　　[71]·
　史·地志·72　　[74]·
　二·49　　[102]·上·
　18

河防通議二卷　元沙克什撰
　厲自涵手抄本　[75]·二十七·
　4
　抄本　[93]·十一·13
　文瀾閣傳抄本　[11]·三十三·
　1

河防志十二卷　清張希良編

清雍正十三年(1735)刊本
〔74〕·二·50

76河陽金石記三卷　馮敏昌撰
癖好堂抄本　〔57〕·150

77河間府志二十八卷　明樊深撰
明嘉靖刊本　〔74〕·續增·史·
5

河間公奏議十卷　宋賈易撰
宋刊本　〔14〕·四下·493

87河朔訪古記三卷　元迺賢撰
清道光十七年(1837)晁貽端待
學樓刊本　〔68〕·圖版
580、目録94
刊本　〔81〕·史·7
抄本　〔75〕·二十八·9

3112₁　涉

00涉齋集十八卷　宋許及之撰
文瀾閣傳抄本　〔11〕·八十六·
12

31涉江詩七卷　明潘三恒撰
刊本　〔39〕·癸下·29

50涉史隨筆一卷　宋葛洪撰
明刊本　〔93〕·十二·20
知不足齋叢書本　〔96〕·三十
五·645
校本　〔57〕·160
明影宋刊本　〔60〕·四·37
舊抄本　〔17〕·二·22
〔39〕·戊·80　〔59〕·
四·20　〔75〕·三十一·
11

3112₇　馮

10馮王兩侍郎墓録一卷　馮貞羣編
四明叢書本　〔85〕·十八·786

馮元成詩集七卷文集七卷　明馮
時可撰
刊本　〔39〕·癸下·9

11馮北海集四十六卷　明馮琦撰
明刊本　〔74〕·四·44
明萬曆刊本　〔102〕·上·33

23馮允南集十卷
見《馮安岳集》

30馮安岳詩五卷　宋馮山撰
抄本　〔39〕·壬·8

馮安岳集十卷　宋馮山撰
宋刊本　〔14〕·後志·二·906

馮安岳集十二卷　宋馮山撰
舊抄本　〔17〕·四·15
〔74〕·四·16　〔102〕·
下·30

38馮海浮山堂詞稿二卷　不著撰人
刊本　〔71〕·集·詞·20

72馮氏歷亂記一卷　馮之瑋撰
一九二二年四川梁山石印本
〔85〕·補遺·1087

馮氏小集三卷鈍吟集三卷餘集一
卷別集一卷遊仙詩一卷　清馮
班撰
汲古閣刊本　〔92〕·四·185

80馮公太師文集十二卷　宋馮山撰
知不足齋抄本　〔91〕·二十七·
1
舊抄本　〔11〕·七十五·1、2
〔16〕·三十·16　〔59〕·
六·17　〔93〕·二十·
12

85馮鈍吟集十五卷　清馮班撰
清刊本　〔39〕·癸下·44

90馮少墟集十六卷　明馮從吾撰
刊本　〔39〕·癸下·18

灄

22灄山集三卷　宋朱翌撰
宋刊本　〔41〕·二十·14
抄本　〔91〕·二十九·12

灄山集三卷附録二卷　宋朱翌撰
抄本　〔75〕·五十五·10

3114₀　汗

50汗青録三卷　不著撰人
舊抄本　〔57〕·67　〔85〕·
九·416

88汗簡七卷　宋郭忠恕撰
一隅草堂刊本　〔75〕·十·15
馮巳蒼手抄本　〔11〕·十三·
15　〔16〕·七·10

〔28〕·續·四·6
孫本芝抄本　〔16〕·七·12
舊抄本　〔5〕·一下·8
〔60〕·一·25　〔72〕·
6
精抄本　〔65〕·續·一·5

汗簡三卷目録叙略一卷　宋郭忠
恕撰
清康熙四十二年(1703)汪立名
刊本　〔74〕·一·52
舊抄本　〔50〕·一·15
〔93〕·七·8

3114₉　潯

40潯南詩話三卷　金王若虛撰
抄本　〔75〕·六十四·18

潯南集四卷　金王若虛撰
舊抄本　〔54〕·六·33

潯南集七卷　金王若虛撰
刊本　〔92〕·四·166

潯南集四卷潯南詩話三卷　金王
若虛撰
舊抄本　〔91〕·三十三·2

潯南先生文集四十五卷　金王若
虛撰
知不足齋抄本　〔39〕·壬·52
舊抄本　〔60〕·七·1　〔84〕·
二·30
文瀾閣傳抄本　〔16〕·三十二·
2

潯南先生文集四十五卷續編一卷
金王若虛撰
刊本　〔24〕·集二·1
吳氏抄校本　〔91〕·三十三·
1
淡生堂抄本　〔92〕·四·166
舊抄本　〔11〕·九十四·2
〔12〕·六·22　〔34〕·
三·25　〔71〕·集·金
別·2　〔75〕·五十八·
1

潯南遺老集四十五卷
見《潯南先生文集》

3116₀ 酒

08酒譜一卷　宋竇苹撰
　宋刊本　[11]·五十三·20　[17]·三·13　[41]·十四·17　[75]·四十·17
　明刊本　[17]·三·13　[91]·十八·8
　百川學海本　[96]·五十·1004
酒譜二卷　童岳薦撰
　稿本　[59]·八·2
21酒經三卷　宋朱肱撰
　宋刊本　[14]·三上·236　[35]·上·44　[41]·十四·17　[58]·子·72　[93]·十六·3　[94]·三·4
　知不足齋叢書本　[96]·五十·1004
　影抄宋刊本　[11]·五十三·20　[28]·續·十·18　[35]·上·2
　抄本　[75]·四十·14
36酒邊集一卷　宋向子諲撰
　宋刊本　[41]·二十一·7　[58]·元·10
　陸敕先、毛斧季校本　[11]·一百十九·8
　明毛子晉影抄宋本　[2]·五·40
　明抄本　[91]·四十·9
　酒邊集江南新詞一卷江北舊詞一卷　宋向子諲撰
　舊抄本　[71]·集·詞·3
41酒概四卷　明沈沈輯
　刊本　[39]·庚·31
50酒史六卷　明徐渭撰
　刊本　[39]·庚·31
　酒史六卷　明馮時化撰
　普祕笈本　[96]·五十·1005
　酒史六卷　明馮時化撰　續六卷　題清午橋釣叟撰
　朱印本　[91]·十八·8

72酒隱集三卷　宋趙育撰
　宋刊本　[41]·十八·27

3116₁ 浯

28浯谿詩文集　不著撰人
　刊本　[51]·十·36
　浯谿集二卷　明黃焯輯
　抄本　[39]·辛·41
　浯谿集二十一卷　宋釋顯萬撰
　宋刊本　[41]·二十·25

潛

00潛齋文集不分卷　明應撝謙撰
　刊本　[71]·集·明別·124
　潛齋文集十一卷
　見《何潛齋先生文集》
　潛齋集四卷　元何氏撰
　刊本　[24]·集二·16
11潛研堂文集五十卷　清錢大昕撰
　清嘉慶十一年(1806)刊本　[96]·七十一·1420
　潛研堂文集五十卷潛研堂詩集十卷續詩十卷　清錢大昕撰
　清刊本　[74]·四·54
　潛研堂文集五十卷潛研堂詩集二十卷詩續集八卷　清錢大昕撰
　清嘉慶十一年(1806)家刊全集本　[26]·十二·6
　潛研堂文集傳三卷　清錢大昕撰
　抄本　[74]·續增·集·13
　潛研堂詩集十卷續集十卷　清錢大昕撰
　潛研堂刊本　[96]·七十一·1421
　潛研堂叢書二百五十五種　清錢大昕撰
　清刊本　[74]·三·62
　潛研堂全書十七種　清錢大昕撰
　清嘉定錢氏刊本　[96]·五十九·1180
　潛研堂全書未刊十一種　清錢大昕撰
　清嘉定錢氏藏本　[96]·五十九·1180
　潛研堂全書另刻五種　清錢大昕撰
　清儀徵阮氏分刊本　[96]·五十九·1180
　潛研堂金石文字目錄八卷　清錢大昕撰
　原刊本　[96]·三十四·629
　潛研堂金石文跋尾六卷續七卷再續六卷三續六卷　清錢大昕撰
　清刊本　[74]·二·78　[96]·三十四·628
13潛確居類書一百二十卷
　見《潛確類書》
　潛確類書一百卷　明陳仁錫撰
　明刊本　[102]·上·25
　潛確類書一百二十卷　明陳仁錫撰
　刊本　[71]·子·類事·16　[74]·三·69
21潛虛一卷　宋司馬光撰
　宋刊本　[14]·三上·200　[41]·九·8
　元刊本　[9]·後編·十·5
　明天一閣刊本　[3]·16　[17]·三·8
　刊本　[21]·一·17　[39]·己·2
　潛虛一卷　宋司馬光撰　潛虛發微論一卷　宋張敦實撰
　明刊本　[11]·四十九·5　[32]·七·3　[75]·三十八·15
　知不足齋叢書本　[96]·四十六·884
　影抄宋本　[93]·十五·7
　抄本　[5]·三上·8
　潛虛發微論一卷　宋張敦實撰
　宋刊本　[41]·九·8
　潛虛先生文集十四卷補遺一卷
　見《南山集》
22潛山集十二卷　宋釋文珦撰
　文瀾閣傳抄本　[11]·九十二·2
28潛谿詩眼一卷　宋范溫元撰

宋刊本　[14]·三下·259
[41]·二十二·12
潛谿集二卷　明宋濂撰
元至正刊本　[34]·附·一·24
潛谿集八卷　明宋濂撰
明嘉靖刊本　[91]·三十五·3
潛谿集十八卷　明宋濂撰
明刊本　[50]·九·37
明天順蜀刊本　[91]·三十五·2
明嘉靖刊本　[32]·十四·2
潛谿集八卷附錄一卷　明宋濂撰
元刊本　[71]·集·明別·2
明嘉靖溫秀堂刊本　[92]·四·171
潛谿集十卷附錄二卷　明宋濂撰
元至正刊本　[29]·三·28
潛谿集十八卷附錄一卷　明宋濂撰
明刊本　[29]·三·28
37潛初子集四卷　明岳元聲撰
明崇禎求志堂刊本　[57]·273
50潛夫論十卷　漢王符撰
宋刊本　[14]·三上·198
[35]·上·43　[41]·十·12
明刊本　[16]·二十一·3
[50]·四·10　[75]·三十二·9　[91]·十五·6　[93]·十三·7
明刊巾箱本　[17]·三·2
明正德刊本　[11]·三十九·8
漢魏叢書本　[74]·三·2
影宋本　[91]·十五·7
潛書　清唐甄撰
清刊本　[39]·己·63
77潛邱劄記六卷　清閻若璩撰
清乾隆十年(1745)家刊本　[26]·五·55
抄本　[71]·子·雜家·49
潛邱劄記六卷附左汾近稿一卷　清閻若璩撰

眷西堂刊本　[96]·五十五·1091
抄本　[20]·四·22
80潛谷集十八卷　明鄧元錫撰
刊本　[39]·癸下·1

3116₈ 潘

10潘元六卷　清張必剛撰
清刊本　[39]·己·65
22潘縣志六卷　明張嘉胤撰
明刊本　[60]·三·5

3118₆ 瀕

37瀕湖脈學一卷　明李時珍撰
明萬曆三十一年(1603)本草綱目附刊本　[79]·子·醫家類·359
本草綱目附刊本　[96]·四十三·781

3119₄ 溧

76溧陽縣志十六卷　清陳鴻壽修
清嘉慶十八年(1813)刊本　[74]·續增·史·6

3119₆ 源

74源髓歌六卷後集三卷　唐沈芝撰
宋刊本　[41]·十二·26

3121₇ 澠

77澠几集五卷　明顧璘撰
刊本　[71]·集·明別·63
澠几集五卷浮湘稿四卷　明顧璘撰
刊本　[39]·癸上·34

3126₆ 福

10福王登極實錄一卷　題文震亨撰
痛史本　[85]·十·480
甲申紀事本　[85]·十·480
15福建市舶提舉司志一卷　明高問奇編
明嘉靖三十四年(1555)刊本　[74]·二·67　[102]·上·18
福建通志六十四卷　清金鎔等撰
清刊本　[71]·史·地志·6
福建通志七十八卷　清英桂等纂
清同治十年(1871)刊本　[74]·二·44
32福州府志　明葉溥、張孟敬纂修
明正德刊本　[68]·圖版401、目錄70
福州府志三十六卷　明林燫輯
明刊本　[91]·十一·23
福州舊志　不知撰人
明刊本　[21]·一·10
福州東禪寺萬壽大藏菩薩瓔珞經　見《瓔珞經》

3128₆ 禎

47禎朝詔疏十卷　明朱東輯
明崇禎刊本　[85]·三·140

顧

00顧亭林先生年譜一卷　清張穆撰
清道光刊本　[85]·十八·798
嘉業堂叢書本　[85]·十八·798
顧亭林十書　清顧炎武撰
清刊本　[74]·三·61
顧文康公文草十卷詩草六卷續稿五卷三集五卷疏草二卷　明顧鼎臣撰
明刊本　[74]·四·42　[102]·上·32
顧文僖公文集四十二卷　明顧清撰
刊本　[71]·集·明別·55
02顧端文公遺書十五種七十三卷　明顧憲成撰
清康熙刊本　[85]·五·211
清光緒三年(1877)涇里宗祠刊本　[85]·五·211
顧端文公全集二十二卷　明顧憲成撰
明崇禎刊本　[85]·五·210
顧端文公年譜四卷　顧與沐撰

清光緒三年(1877)涇里顧氏宗
祠刊本 [85]・十八・795
11顧非熊集一卷 唐顧非熊撰
宋刊本 [41]・十九・28
22顧豐堂漫書一卷 明陸深撰
儼山外集本 [96]・六十五・
1288
34顧渚山記一卷 唐陸羽撰
宋刊本 [41]・八・38
顧渚山記二卷 唐陸羽撰
宋刊本 [14]・後志・二・832
36顧況集二十卷
見《顧華陽集》
40顧太史集八卷 明顧天埈撰
刊本 [39]・癸下・22
44顧華陽集三卷 唐顧況撰
刊本 [39]・辛・49
顧華陽集五卷 唐顧況撰
宋刊本 [41]・十九・8
顧華陽集二十卷 唐顧況撰
宋刊本 [14]・四上・359
顧華陽集三卷 唐顧況撰 顧非
熊集一卷 唐顧非熊撰
明刊本 [57]・234
刊本 [71]・集・唐別・8
舊抄本 [11]・六十九・3
[75]・五十二・3 [91]・
二十四，23
50顧東橋鞠謙倡和詩 顧東橋撰
刊本 [88]・六・10
72顧氏文房四十家小說
見《顧氏文房小說四十種》
顧氏文房小說四十種 明顧元慶
編
明刊本 [32]・八・20、21
明陽山顧氏刊本 [60]・五・
20
明正德十二年(1517)至嘉靖十
一年(1532)遞刊本
[38]・子・63 [86]・
六・58
刊本 [74]・三・61
顧氏雜錄 不知撰人
刊本 [39]・庚・58

顧氏詩史十五卷 明顧正誼撰
刊本 [39]・癸下・21
顧氏譜系考一卷 清顧炎武撰
亭林七書本 [74]・二・32
亭林遺書本 [96]・二十三・
487
顧氏推步簡法三種 清顧觀光撰
清光緒元年(1875)拜經書屋校
算刊本 [78]・補遺・25
武陵山人遺書本 [78]・子・
天文類・562
顧氏易解
見《易解》
顧氏明代文房小說四十種
見《顧氏文房小說四十種》
80顧令君政績 不知撰人
抄本 [20]・四・26

3130₁ 遷

50遷史刪改古書異辭十二卷 宋倪
思撰
宋刊本 [41]・十四・27

3130₃ 遯

00遯齋閒覽十四卷 宋陳正敏撰
宋刊本 [14]・三下・261
遯言十卷 明孫宜撰
刊本 [39]・己・20
44遯菴先生集六卷 金段成己撰
菊軒先生集五卷 金段克己撰
清鮑以文抄本 [2]・五・34
80遯翁苦口 宋朱熹撰
清刊本 [80]・十一・10

3130₄ 迂

00迂齋先生標注崇古文訣五卷 宋
樓昉編
宋刊本 [41]・十五・20
迂齋先生標注崇古文訣二十卷
宋樓昉編
宋刊本 [10]・57 [11]・
一百十四・2 [12]・
一・30 [33]・集・64
[35]・下・34 [39]・

辛・6 [50]・十・10
[59]・集・140 [72]・
35
迂齋先生標注崇古文訣三十五卷
宋樓昉編
元刊本 [9]・後編・十一・
19
明刊本 [9]・後編・二十・3
[32]・十五・7 [60]・
六・10 [91]・三十八・
17 [93]・二十三・24
明吳邦楨、吳邦杰校刊本
[11]・一百十四・5
[26]・十五・24 [60]・
六・10
明嘉靖王鴻漸刊本 [12]・四・
20
舊刊本 [74]・四・61
迂齋古文標注五卷
見《迂齋先生標注崇古文訣》

3130₆ 迪

08迪游瑣言二卷 明蘇祐撰
舊抄本 [17]・三・24
[39]・己・77 [71]・
子・小說家・18

3190₄ 渠

76渠陽讀書日抄五卷 宋魏了翁撰
抄本 [39]・己・6

3200₀ 州

22州縣提綱四卷 題宋陳襄撰
函海本 [74]・二・62
長恩書室刊本 [74]・二・62
學津討原本 [96]・二十八・
549
抄本 [75]・二十九・19

3210₀ 淵

21淵穎集十二卷
見《吳先生集》
70淵雅堂詩集二十卷
見《淵雅堂編年詩稿》

淵雅堂編年詩稿二十卷續稿一卷
愓甫文未定稿二十六卷續一卷
外集一卷讀賦卮言一卷文外集
一卷　清王芑孫撰
　清嘉慶中家塾先後刊本
　　[26]・十四・1

淵雅堂編年詩稿二十卷愓甫文未
定稿二十六卷詩文續集二卷詩
文外集六卷　清王芑孫撰
　清刊本　[74]・四・54

淵雅堂全集五十二卷附五卷　清
王芑孫撰
　清嘉慶刊本　[26]・十・40

淵雅堂明舊詩抄不分卷　清王芑
孫編
　王愓夫抄本　[17]・四・44

88淵鑑類函四百五十卷目録四卷
清張英等編
　清武英殿刊本　[74]・三・70
　[96]・六十二・1229

測

01測語二卷
　見《錢子測語》

10測天約説二卷　明徐光啓、鄧玉
函譯
　新法曆書本　[78]・算學書録
　補注・88

測天約術一卷　清陳昌齊撰
　嶺南遺書本　[78]・算學書録
　補注・89

27測候諸器記　清江蘅、傅蘭雅譯
　江寧製造局本　[78]・算學書
　録補注・100

測候叢談四卷　清華蘅芳、金楷
理譯
　江南製造局本　[78]・算學書
　録補注・100

測候易知　費理筋撰
　益智書會本　[78]・算學書録
　補注・100

38測海集六卷觀河集四卷　清彭紹
升撰
　清嘉慶道光間刊本　[26]・十

二・12

44測地志要四卷　清黃炳垕撰
　清同治六年(1867)刊本
　[78]・算學書録補注・99

60測量法義一卷測量異同一卷勾股
義一卷　明徐光啓撰
　天學初函本　[78]・子・天文
　類・544　　[96]・四十
　四・823

測量全義十卷　明西洋羅雅谷撰
　明崇禎曆書本　[96]・四十四・
　825

測圓海鏡十卷　元李冶撰
　刊本　[39]・庚・59
　抄本　[71]・子・曆算家・2

測圓海鏡十二卷　元李冶撰
　知不足齋叢書本　[96]・四十
　五・858
　抄本　[5]・一下・28

測圓海鏡細草十二卷
　見《測圓海鏡》

測圓海鏡分類釋術十卷　明顧應
祥撰
　明刊本　[11]・四十八・14
　舊抄本　[5]・一下・28
　[96]・四十五・859

測圓八線立成長表四卷　不知撰
人
　新法曆書本　[78]・算學書録
　補注・89

測圓八線表六卷　明徐光啓撰
　新法曆書本　[78]・算學書録
　補注・89

測圓算術四卷　明顧應祥撰
　明刊本　[91]・十七・2
　刊本　[71]・子・曆算家・3

80測食略二卷　德湯若望撰
　重訂新法曆書本　[78]・算學
　書録補注・89

測

62測嗖存愚二卷　清李清植撰
　文貞全集本　[96]・十三・274

3211₃ 洮

37洮湖詞一卷　宋陳從古撰
　宋刊本　[41]・二十一・15

3211₈ 澄

31澄江詩選三十七卷後集五卷續集
一卷　清邱維賢選
　舊抄本　[61]・四・6

澄江集　清陸次雲撰
　清刊本　[39]・癸下・47
　陸雲士雜著本　[96]・七十・
　1396

澄江集七卷北墅緒言五卷　清陸
次雲撰
　清刊本　[74]・四・52

澄江守城紀事一卷　文若季撰
　傳抄本　[85]・十四・660

46澄觀堂詩抄一卷　清吳農祥撰
　抄本　[71]・集・國朝別・16

60澄思集　明楊觀光撰
　刊本　[39]・癸下・39

90澄懷録二卷　宋周密輯
　吳枚菴抄校本　[84]・一・25
　明抄本　[55]・三・8　[75]・
　四十四・19
　明嘉靖古涿百川高氏書室抄本
　[17]・三・28
　屬樊榭抄本　[91]・十九・24
　潘伯寅跋抄本　[17]・三・28
　抄本　[17]・三・28　[39]・
　己・69　[53]・一・20
　[59]・二・16　[71]・
　史・地志・75
　精抄本　[91]・十九・24

澄懷堂印譜四卷　清王玉如編
　洞庭葉氏藏本　[96]・四十九・
　973

澄堂詩抄十一卷　清俞錫齡撰
　清刊本　[71]・集・國朝別・
　33

3212₁ 沂

44沂菴集十卷　明梁潛撰

刊本 [39]・癸上・10
80沂公言行録一卷 宋王㬊撰
　宋刊本 [41]・七・15

浙

10浙元三會録 明楊守阯輯
　刊本 [39]・丁・69
　浙西水利書三卷 明姚文灝撰
　明弘治刊本 [11]・三十三・
3
　影抄明刊本 [91]・十二・2
31浙江通志七十二卷 明薛應旂撰
　明嘉靖刊本 [91]・十一・21
　清刊本 [71]・史・地志・5
　浙江通志二百八十卷 清嵇曾筠
　等纂
　清刊本 [71]・史・地志・5
　清乾隆元年(1736)刊本
　　　[74]・二・44　[75]・
　　二十六・22
　浙江採集遺書總録不分卷 清沈
　初等輯
　杭州刊本 [96]・三十二・600
　浙江採集遺書總録十二卷 清沈
　初等輯
　清刊本 [74]・續增・史・12
　浙江餘姚進士白川諸先生秘傳易
　學講義九卷
　見《易學講義》
50浙東紀略一卷 清徐芳烈撰
　痛史本 [85]・十二・591
77浙學宗傳 明劉長鱗撰
　刊本 [39]・己・19

漸

00漸齋詩草二卷 明趙漢撰
　刊本 [39]・癸上・39
31漸江文抄 查輯荒撰
　抄本 [20]・五・35

3213₀　冰

00冰齋文集四卷 清懷應聘撰
　清刊本 [39]・癸下・57
10冰玉堂綴逸稿二卷蘭舟漫稿一卷

二餘詞一卷 明陳如綸撰
　刊本 [39]・癸上・51
22冰川詩式十卷 明梁格輯
　刊本 [39]・庚・9
34冰蓮集四卷 明夏樹芳撰
　明嘉靖刊本 [92]・四・179
60冰署筆談 明黃汝良撰
　刊本 [39]・己・53
88冰鑑七篇 不著撰人
　附印史末抄本 [53]・二・8

3213₄　濮

32濮州志六卷 明李先芳編
　明萬曆刊本 [54]・三・2

3213₇　泛

48泛槎圖題詠一卷 清張寶編
　清刊本 [74]・四・68

3214₇　浮

22浮山文集 明方以智撰
　清初刊本 [68]・圖版476、目
　録80
　稿本 [85]・二十・892
　傳抄本 [85]・二十・892
　浮山集十卷 宋仲并撰
　抄本 [93]・二十一・9
　文瀾閣傳抄本 [11]・八十三・
10
　浮山集十六卷 宋仲并撰
　宋刊本 [41]・十八・18
24浮休離志十三卷 明陳與郊輯
　舊抄本 [17]・三・31
　　[56]・羣書題記・41
　浮休居士使遼録二卷 宋張舜民
　撰 宋刊本 [14]・二下・163
27浮物 明祝允明撰
　抄本 [39]・己・73
28浮谿文粹十五卷 宋汪藻撰
　明刊本 [9]・後編・十八・20
　　[11]・八十・14　[50]・
　八・22
　明嘉靖刊本 [91]・二十九・
3

明萬曆重修本 [91]・二十九・
3
　刊本 [24]・集一・28
　研經樓精抄本 [32]・十一・
22　[74]・四・22
　舊抄本 [60]・六・33
　浮谿文粹十五卷附録一卷 宋汪
　藻撰
　刊本 [39]・壬・18
　抄本 [102]・下・31
　浮谿集三十六卷 宋汪藻撰
　聚珍刊本 [74]・四・22
　浮谿集六十卷 宋汪藻撰
　宋刊本 [41]・十八・5
　浮谿集六十卷猥稿外集一卷龍谿
　先生文集六十卷 宋汪藻撰
　宋刊本 [14]・五下・668
　浮谿遺集十卷 宋汪藻撰
　小山堂抄本 [71]・集・宋別・
29
31浮沚先生集八卷 宋周行己撰
　聚珍刊本 [74]・四・20
　浮沚先生集十六卷後集三卷 宋
　周行己撰
　宋刊本 [41]・十七・31
36浮湘稿四卷 明顧璘撰
　刊本 [71]・集・明別・63

叢

01叢語十二卷 明吳炯撰
　刊本 [39]・己・26
02叢刻三種 不著編者
　明嘉靖白鹿山房刊本 [85]・
　二十三・1018
16叢碧山房詩翰苑稿十四卷舍人稿
　六卷工部稿十一卷戶部稿十卷
　文集八卷雜著三卷 清龐塏撰
　清刊本 [39]・癸下・48
　　[71]・集・國朝別・19
50叢書堂投贈集 不著編者
　明抄本 [8]・集七・630

3215₇　淨

24淨德集三十八卷 宋呂陶撰

聚珍刊本　[74]・四・15
　　[75]・五十三・26
抄本　[12]・六・7
40淨土文一卷　宋王日休編
　宋刊本　[14]・五上・622
　元刊本　[92]・三・128
　　[93]・十八・6　　[94]・
　　三・12
　刊本　[71]・子・釋家・4
淨土三部經音義三卷　日本釋信
瑞纂
　影抄日本舊本　[17]・三・39
淨土三部經音義四卷　日本釋信
瑞纂
　日本抄本　[32]・九・21
　舊抄本　[76]・四・37

3216₄ 活

24活幼心法大全九卷　明聶久吾撰
　清康熙十五年(1676)向山堂刊
　　本　[79]・子・醫家類・
　　406
　活幼心書三卷　元曾世榮撰
　元刊本　[50]・四・37
　　[60]・二・28
　元至元刊本　[16]・二十二・
　　23　　[79]・子・醫家類・
　　402
　明修元刊本　[22]・補遺・88
活幼心書決證詩賦三卷
　見《活幼心書》
活幼口議二十卷　不知撰人
　明嘉靖刊本　[22]・補遺・89
　明盛端明手澤本　[22]・補遺・
　　89
　舊抄本　[22]・補遺・89
34活法機要一卷　不著撰人
　明吳勉學校刊醫統正脈本
　　[79]・子・醫家類・500
77活民書拾遺一卷　元張光大撰
　增補一卷　明朱熊撰
　刊本　[102]・上・19
80活人心二卷　不著撰人
　元刊本　[87]・二・1

活人心法　涵虛子編
　刊本　[89]・一集・八・34
活人事證方二十卷　不知撰人
　宋刊本　[8]・子一・254
　　[22]・補遺・67
　刊本　[89]・一集・八・6
　　[89]・二集・七・4
活人事證方二十卷後集二十卷
　不知撰人
　宋刊本　[35]・下・11
活人書十八卷
　見《南陽活人書》
活人書括指掌方十卷　不知撰人
　明刊本　[32]・六・24

3216₉ 潘

00潘文恭年譜一卷　清潘世恩撰
　清刊本　[74]・續增・史・3
24潘佑滎陽集十卷　五代唐潘佑撰
　宋刊本　[14]・四中・414
26潘吳兩今樂府二卷　吳炎、潘檉
　章撰
　清康熙刊本　[85]・二十四・
　　1039
　殷禮在斯堂叢書本　[85]・二
　　十四・1039
　傳抄本　[60]・七・12
27潘象安集四卷　明潘緯撰
　刊本　[39]・癸下・1
潘象安集四卷琴操一卷　明潘緯
　撰
　刊本　[71]・集・明別・91
39潘逍遙集一卷　宋潘閬撰
　宋刊本　[41]・二十・1
潘逍遙集三卷　宋潘閬撰
　宋刊本　[14]・四中・438
44潘黃門集六卷　晉潘岳撰
　刊本　[71]・集・漢魏六朝別・
　　2
53潘咸集一卷　唐潘咸撰
　宋刊本　[41]・十九・18
63潘默成公集八卷　宋潘良貴撰
　刊本　[39]・壬・19
72潘氏三松堂書畫記二卷　清潘志

萬輯
　抄本　[57]・181
潘氏八世詩集　清潘元炳輯
　不著版本　[34]・附・一・26
88潘笠江先生集十三卷　明潘恩撰
　刊本　[39]・癸上・45
潘笠江先生集十二卷近稿十二卷
　明潘恩撰
　明萬曆刊本　[91]・三十七・
　　12

3219₄ 瀯

00瀯京雜詠一卷　元楊允孚撰
　抄本　[5]・四中・26　　[71]・
　　集・元別・33
瀯京雜詠二卷　元楊允孚撰
　抄本　[75]・六十・13
瀯京百詠一卷　元楊允孚撰
　舊抄本　[11]・一百零八・10
　　[39]・壬・72
76瀯陽錄二卷　朝鮮柳得恭撰
　不著版本　[55]・二・8

3222₁ 祈

67祈嗣真詮一卷　明袁黃撰
　普祕笈本　[96]・五十三・1054

3224₀ 祗

27祗欠菴集八卷　明吳藩昌撰
　適園叢書本　[85]・二十・908

3230₁ 逃

21逃虛子十卷
　見《逃虛子詩集》
逃虛子詩集十卷　明姚廣孝撰
　抄本　[30]・四・38　　[39]・
　　癸上・9
逃虛子詩集十卷續集一卷　明姚
　廣孝撰
　舊抄本　[8]・集四・522
　　[50]・九・41
逃虛子詩集十卷續集一卷逃虛類
　稿五卷　明姚廣孝撰
　清金星軺抄本　[2]・五・16

逃虛子詩集十卷續集一卷逃虛類
稿五卷補遺一卷道餘錄一卷
明姚廣孝撰
馬氏抄本　[91]・三十六・1
逃虛類稿不分卷　明姚廣孝撰
舊抄本　[18]・下・36
36逃禪詞一卷　宋楊無咎撰
明抄本　[91]・四十・12
逃禪集一卷　宋楊無咎撰
宋刊本　[41]・二十一・10

3230₂　近

00近言一卷　明顧璘撰
明沈辨之刊本　[26]・五・19
顧氏四十家小說本　[96]・三
十七・693
22近峯聞略八卷　明皇甫錄撰
刊本　[39]・己・74
明抄本　[75]・四十七・32
23近代名臣言行錄十卷　明徐咸撰
明刊本　[9]・後編・十五・3
明嘉靖刊本　[59]・四・15
28近谿全集　明羅汝芳撰
刊本　[39]・癸下・13
38近游詩抄二卷　清沈大成撰
清刊本　[71]・集・國朝別・
66
44近世厚德錄四卷
見《厚德錄》
50近事會元五卷　宋李上交撰
宋刊本　[41]・十・17
校舊抄本　[61]・五・1
杜氏荊花書屋抄本　[75]・四
十二・2
舊抄本　[5]・三上・25
[16]・二十四・5　[32]・
八・6　[50]・五・30
[53]・一・9　[60]・
四・32　[91]・十八・
25　[93]・十六・11
60近思錄十四卷　宋朱熹、呂祖謙
輯
宋刊本　[22]・四・10
[35]・下・40　[41]・

九・11
宋淳祐刊本　[35]・上・12
南宋末年建安曾氏刊本
[67]・第五冊・32
元刊本　[9]・六・5、6
[58]・元・64
明正德刊本　[38]・子・6
明嘉靖刊本　[22]・四・10
刊本　[71]・子・儒家・11
[74]・三・4　[89]・二
集・五・7
近思錄二十卷近思後錄十四卷
宋朱熹、呂祖謙輯
宋刊本　[34]・一・24
近思錄集解十四卷　宋朱熹、呂
祖謙輯、葉采集解
宋刊本　[38]・子・7　[93]・
十三・10　[94]・三・
1
吳郡邵氏刊本　[96]・三十六・
679
刊本　[89]・一集・五・36
近思錄集注十四卷　宋朱熹、呂
祖謙輯、清江永集注
清同治三年(1864)望三益齋刊
本　[74]・三・4
近思錄續錄二十三卷　宋朱熹、
呂祖謙輯
宋刊本　[20]・四・9　[35]・
下・41
64近時十便良方十卷　不著編者
宋刊本　[58]・子・50
[93]・十四・21　[94]・
三・3
宋萬卷堂刊本　[68]・圖版
231、232、目錄45
75近體樂府一卷　宋周必大撰
精抄本　[91]・四十・14
近體樂府三卷　宋歐陽修撰
毛斧季手校本　[11]・一百十
九・2
舊抄本　[75]・六十四・23
90近光集三卷
見《周翰林近光集》

95近情集一卷　宋王大受撰
宋刊本　[41]・二十一・13

透

88透簾細草一卷　不著撰人
知不足齋叢書本　[96]・四十
五・865

3230₃　巡

30巡憲楊公保台實錄一卷　清紳士
公輯
清康熙刊本　[85]・十五・701

3230₆　遁

60遁思遺稿六卷事監韻語三卷　宋
呂皓撰
宋刊本　[41]・十八・34
遁天書一卷　不知撰人
刊本　[5]・三中・28
遁甲演義二卷　明程道生撰
抄本　[96]・四十七・913
文瀾閣傳抄本　[11]・五十一・
19
遁甲選時圖二卷　不著撰人
宋紹興府刊本　[41]・十二・
24
遁甲吉方直指　明王巽曳輯
抄本　[39]・庚・69
遁甲奇門要略一卷　不知撰人
舊抄本　[74]・三・34
[102]・下・19
遁甲奇門星起法一卷　不知撰人
抄本　[5]・三中・28
遁甲萬一訣一卷　題唐李靖纂
宋刊本　[14]・後志・二・846
遁甲八門命訣一卷　不知撰人
宋刊本　[41]・十二・27
遁甲符應經三卷　宋楊執中撰
舊抄本　[11]・五十一・17

3230₉　遯

40遯志齋集二十四卷　明方孝孺撰
明刊本　[60]・七・10
明萬曆四十年(1612)刊本

[59]・七・14

刊本　[39]・癸上・7

遜志齋集二十四卷外紀二卷　明
方孝孺撰

明萬曆四年(1576)刊本
[71]・集・明別・18

遜志齋集二十四卷拾遺一卷外紀
一卷　明方孝孺撰

清康熙刊本　[75]・六十一・
11

遜志齋集二十四卷附録一卷
明方孝孺撰

明刊本　[11]・一百十一・22
明嘉靖刊本　[32]・十四・6
[91]・三十五・30

遜志齋集三十卷附録一卷拾遺十
卷　明方孝孺撰

明成化刊本　[91]・三十五・
30

60遜國忠記十八卷　明周鑣撰

刊本　[39]・丁・33
抄本　[74]・四・66

3300₀　心

00心齋詩稿二卷　清任兆麟撰

心齋十種本　[96]・七十一・
1425

心齋先生全集六卷　明王艮撰
刊本　[39]・癸上・52

20心香閣考定中星圖　清江蕙撰
清光緒六年(1880)刊本
[78]・算學書録補注・86

21心經一卷　宋真德秀撰

宋刊本　[28]・六・10
[35]・上・41、43　[43]・
三・9

心經一卷政經一卷　宋真德秀撰
宋淳祐二年(1242)刊本
[66]・目録8

心經法語一卷　宋真德秀撰
宋刊本　[41]・九・17

心經附注四卷　宋真德秀撰、明
程敏政注

明刊本　[9]・後編・十六・10

刊本　[39]・己・10

舊抄本　[91]・十五・15

心經附注五卷　宋真德秀撰、明
程敏政注

明刊本　[9]・九・6

26心泉學詩稿六卷　宋蒲壽成撰

舊抄本　[91]・三十二・21

28心儀集六卷停雲集二卷　清謝焜
編

清道光十二年(1832)刊本
[26]・十六・11

37心逸道人吟稿二卷　明吳宗漢撰
刊本　[39]・癸上・62

心逸軒算稿　清吳中順撰

清光緒太倉吳枕善堂家刊本
[78]・補遺・26

50心史二卷

見《鄭所南先生心史》

心書一卷

見《諸葛武侯心書》

60心易　清戴天恩撰

清刊本　[39]・甲・39

心圍説二卷　清郭兆奎撰

清刊本　[39]・丙・20

63心賦四卷　宋釋延壽述

宋紹興刊殘本　[2]・三・46

77心學宗四卷　明方學漸撰

刊本　[39]・己・18

心學録四卷　明王冀撰

抄本　[39]・己・12

心印紺珠一卷　羅知悌撰

抄本　[5]・三下・1

心印紺珠經二卷　元朱搗撰

明刊本　[20]・四・31
明嘉靖趙瀛刊本　[19]・9
[79]・子・醫家類・520

80心鏡編十卷　清譚文光輯

清刊本　[39]・己・38

心鏡別集一卷　金常德撰

醫統正脈本　[96]・四十二・
768

86心知堂詩稿十八卷　清汪仲洋撰

清道光六年(1826)刊本
[26]・十四・22

90心賞編一卷　明王象晉撰

刊本　[74]・三・59

95心性書　明湛若水門人編

刊本　[39]・己・11

3310₀　泌

60泌園集三十七卷　明董份撰

刊本　[39]・癸上・56

3311₁　浣

22浣川集十卷　宋戴栩撰

文瀾閣傳抄本　[11]・八十九・
15

27浣綠居詞抄六卷　不知撰人

顧耕石抄本　[57]・333

44浣花集一卷　五代蜀韋莊撰

宋刊本　[41]・十九・22

浣花集五卷　五代蜀韋莊撰

宋刊本　[14]・四中・416

浣花集十卷　五代蜀韋莊撰

宋刊本　[28]・續・十二・11
[50]・七・59　[72]・
29

宋刊抄補本　[11]・七十一・
17　[35]・上・51
[58]・集・49

明刊本　[91]・二十五・22

校緑君亭本　[60]・六・28

明抄宋本　[21]・一・36

明抄本　[38]・集・31

浣花集十卷補遺一卷　五代蜀韋
莊撰

明正德朱子儋刊本　[17]・四・
13　[19]・18

緑君亭刊本　[75]・五十二・
26

浣花拜石軒鏡銘集録二卷　清錢
坫撰

原刊本　[96]・三十四・633

3312₇　浦

31浦江志略八卷　明毛鳳韶輯

刊本　[39]・戊・34

浦江鄭氏旌義類編一卷　不知撰

人
　刊本　[5]・二上・27
浦江鄭氏家範一卷　不知撰人
　汲古閣精抄本　[18]・上・34
76浦陽人物記二卷　明宋濂撰
　刊本　[5]・二中・33　　[39]・
　　戊・22
　知不足齋叢書本　[96]・二十
　　三・477
　曹夢山手抄本　[75]・二十二・
　　17

3313₂　浪

00浪齋新舊詩一卷　明徐波撰
　刊本　[74]・四・47　　[102]・
　　上・33
01浪語集三十卷
　見《薛常州浪語集》
50浪史四十回　明人撰
　日本傳抄本　[69]・四・154

3313₄　淚

15淚珠緣四集六十四卷　清陳蝶仙
　撰
　清光緒三十三年(1907)杭州萃
　　利公司排印本　[69]・四・
　　131

3316₀　冶

43冶城客論二卷　明陸采撰
　舊抄本　[39]・庚・33
　　[91]・二十一・21

治

00治痘方函　明戴曼公口授、日本
　池田直正筆記
　傳抄本　[60]・二・29
治痘大成四卷　明朱一麟撰
　明刊本　[79]・子・醫家類・
　　405
治病須知一卷　不知撰人
　宋刊本　[41]・十三・4
治齋讀詩蒙説二卷　清顧成志撰
　精抄本　[91]・二・8

治齋奏議十卷詩詞三卷文集四卷
　明萬鏜撰
　刊本　[39]・癸上・47
10治平勝算十九卷　題年羹堯輯
　抄本　[74]・續增・子・2
22治縣法十卷　宋呂惠卿撰
　宋刊本　[14]・五上・563
31治河方略十卷　清靳輔撰
　清刊本　[74]・二・50
治河總考四卷　明車璽輯
　刊本　[39]・丁・75　　[71]・
　　史・地志・71
治河通考十卷　明吳山輯
　刊本　[39]・丁・75
治河奏續書四卷　清靳輔輯
　抄本　[39]・丁・76
33治述十卷　宋鄭湜撰
　宋刊本　[41]・十八・34
34治法彙七卷　不著撰人
　舊人批本　[20]・四・31
40治奇疾方一卷　宋夏子益撰
　宋刊本　[41]・十三・14
44治世龜鑑一卷　元蘇天爵撰
　刊本　[39]・丁・54
　舊抄本　[11]・四十一・14
治世餘聞二卷繼世紀聞五卷　明
　陳洪謨撰
　抄本　[39]・丁・36
71治曆總起八卷奏疏四卷　明徐光
　啓等撰
　重訂新法曆書本　[78]・算學
　　書錄補注・90
77治風方一卷　宋張未撰
　宋刊本　[41]・十三・9
80治金錄　不著撰人
　宋刊本　[41]・十四・17

3318₆　演

10演元九式一卷　清羅士琳撰
　清刊本　[74]・三・26
演礮圖説輯要四卷後編二卷　清
　丁拱辰撰
　清道光二十二年(1842)刊本
　　[74]・三・11

16演聖通論四十九卷　宋胡旦撰
　宋刊本　[14]・後志・一・768
演聖通論六十卷　宋胡旦撰
　宋刊本　[41]・三・33
17演砲圖説四卷後編二卷　清丁拱
　辰撰
　清刊本　[74]・續增・子・2
22演山先生文集六十卷　宋黃裳撰
　宋刊本　[41]・十八・1
　影抄宋刊本　[11]・七十八・6
　　[71]・集・宋別・25
　舊抄本　[30]・四・23
　　[39]・壬・12　　[91]・
　　二十八・14
演山先生詞二卷寧極齋樂府一卷
　吳文正公詞一卷　宋黃裳撰
　小山堂抄本　[71]・集・詞・
　　9
演山省翁活幼口議二十卷
　見《活幼口議》
41演極圖説四卷　清秦錫錞撰
　清刊本　[39]・己・38
80演禽龍眠感化真經一卷　李伯時
　撰、張浩注
　刊本　[5]・三中・32
演禽心法　不知撰人
　抄本　[39]・庚・73
演禽通纂二卷　不知撰人
　抄本　[39]・庚・73　　[74]・
　　三・33　　[102]・下・
　　19
演禽圖訣　不知撰人
　抄本　[39]・庚・73
88演繁露　宋程大昌撰
　抄本　[21]・一・27
演繁露六卷　宋程大昌撰
　宋刊本　[9]・二・41
　明抄本　[75]・四十二・10
演繁露十六卷　宋程大昌撰
　明嘉靖二十八年(1549)裔孫刊
　　本　[17]・三・22
　　[39]・己・40　　[59]・
　　二・7
演繁露十四卷續演繁露六卷　宋

程大昌撰
宋刊本　[41]‧十‧20

演繁露十六卷續演繁露五卷　宋
程大昌撰
校宋本　[83]‧三‧28
明抄本　[11]‧五十六‧10
[81]‧子‧11

演繁露十六卷續演繁露六卷　宋
程大昌撰
宋刊本　[9]‧後編‧五‧21
[58]‧子‧83
明刊本　[91]‧十八‧28
[93]‧十六‧14
明嘉靖刊本　[22]‧四‧21
[71]‧子‧雜家‧16
明萬曆四十五年(1617)鄧漢刊
本　[17]‧三‧22
[26]‧五‧49　[74]‧
三‧48　[102]‧上‧
22
學津討原本　[96]‧五十四‧
1071
明姚舜咨抄本　[2]‧三‧23
抄本　[75]‧四十二‧12

演繁露續集六卷　宋程大昌撰
刊本　[39]‧己‧40
舊抄本　[17]‧三‧22

3319₁　淙

22淙山讀周易記十卷　宋方實孫撰
秀水朱氏曝書亭抄本　[39]‧
甲‧6
淙山讀周易記二十卷　宋方實孫
撰
抄本　[28]‧一‧4

3320₀　祕

00祕府書林二十二卷　宋張文伯編
宋刊本　[14]‧五上‧605
祕府圖書畫　不知撰人
宋刊殘本　[1]‧上‧30
[89]‧一集‧六‧45
祕府圖書畫一元龜
見《祕府圖書畫》

25祕傳眼科龍木總論十卷
見《眼科龍木總論》
祕傳關尹子言外經旨三卷
見《關尹子》
50祕書志十一卷
見《元祕書監志》
祕書監志十一卷
見《元祕書監志》
祕書省續編到四庫闕書目一卷
宋鄭樵撰
宋刊本　[41]‧八‧5
祕書省續編到四庫闕書目二卷
宋鄭樵撰
校抄本　[61]‧五‧2
舊抄本　[11]‧三十七‧1
[16]‧二十‧1　[91]‧
十四‧1　[93]‧十二‧14
傳抄本　[59]‧五‧15
祕書省四庫闕書目一卷
見《祕書省續編到四庫闕書目》
77祕閣閒談五卷　宋吳淑撰
宋刊本　[14]‧三下‧251
[41]‧十一‧10
88祕笈新書十三卷別集三卷　宋謝
枋得撰
明刊本　[59]‧五‧14

3322₇　補

00補齋周佐口授易說三卷
見《易說》
補亡樂書三卷
見《樂書》
21補紅樓夢四十八回　清魏某撰
清嘉慶二十五年(1820)刊本
[69]‧四‧123
22補後漢書年表十卷
見《後漢書年表》
24補侍兒小名錄一卷　宋王銍撰
稗海本　[74]‧三‧66
30補寰宇訪碑錄五卷　清沈韻初撰
清同治三年(1864)刊本
[26]‧四‧43
稿本　[57]‧156
31補江總白猿傳一卷　不知撰人

宋刊本　[14]‧後志‧一‧812
[41]‧十一‧3
34補漢兵制一卷
見《補漢兵志》
補漢兵志一卷　宋錢文子撰
宋刊本　[41]‧十二‧16
刊本　[39]‧丁‧71
知不足齋叢書本　[96]‧三十‧
573
影宋抄本　[35]‧附‧1
[93]‧十二‧9
舊抄本　[12]‧五‧18
[16]‧十九‧13　[75]‧
二十九‧11
40補南詞　不知撰人
小山堂抄本　[71]‧集‧詞‧
14
41補妬記一卷　不知編者
宋刊本　[14]‧三下‧237
補妬記八卷　王績編
宋刊本　[41]‧十一‧11
抄本　[39]‧庚‧29
44補茶經一卷　宋周絳撰
宋刊本　[14]‧三上‧235
[41]‧十四‧17
48補梅居士詩選　不知撰人
殘稿本　[36]‧253
50補春秋長曆十卷　清陳厚耀撰
南菁書院本　[78]‧算學書錄
補注‧95
80補養衆妙方　不知撰人
抄本　[71]‧子‧醫家‧2
88補筆談二卷　宋沈括撰
明抄本　[75]‧四十三‧10

鬴

44鬴菴遺稿十卷　明柴奇撰
明刊本　[57]‧268
刊本　[39]‧癸上‧39

3330₂　逋

00逋齋詩四卷　明劉正宗撰
刊本　[71]‧集‧明別‧126
80逋翁集　唐顧況撰

抄本　[12]·六·2

3330₃　遘

40遘古記八卷　明朱謀㙔輯
　刊本　[39]·丁·17

3330₉　述

40述古書法纂十卷　明朱常芳撰
　明刊本　[91]·十七·21
　述古堂藏書目録題詞不分卷　清錢曾撰
　稿本　[38]·史·88　[74]·二·73　[102]·下·31
　述古堂書目不分卷　清錢曾撰
　粵雅堂刊本　[74]·二·73
　抄本　[12]·五·19　[30]·四·11
　述古堂書目十卷　清錢曾撰
　舊抄本　[60]·五·3
50述書賦二卷　唐竇泉撰
　王氏書苑所載法書要録本　[96]·四十八·920
　述書賦三卷　唐竇泉撰
　元至元刊本　[35]·下·12
60述異記一卷　梁任昉撰
　清葉石君校明覆刊宋本　[2]·三·39
　述異記二卷　梁任昉撰
　宋刊本　[14]·三下·240
　稗海本　[74]·三·84
　漢魏叢書本　[74]·三·84　[96]·六十七·1324
　影宋書棚本　[17]·三·37
　影抄宋本　[60]·八·11　[91]·二十一·22
　述異記三卷　題東軒主人撰
　說鈴後集本　[96]·六十六·1321
77述學二卷　清汪中撰
　清琅嬛仙館刊本　[74]·四·54
　學海堂經解本　[26]·十·31

述學三卷　清汪中撰
　汪氏初刊本　[26]·十·32
　劉端臨校刊本　[84]·二·38
　清刊本　[92]·四·190
述學內篇三卷外篇一卷　清汪中撰
　清道光三年(1823)汪喜孫刊本　[26]·十·33　[68]·圖版563、目録92
　阮元文選樓刊本　[26]·十·31
述學內篇三卷外篇一卷補遺一卷別録一卷　清汪中撰
　清汪喜孫編刊遺書本　[26]·十·3
　新刊本　ㄥ96]·七十一·1424

3333₀　蕊

20蕊泉手學　不著撰人
　抄本　[39]·甲·63

3350₇　肇

08肇論四卷　秦釋洪肇撰
　宋刊本　[14]·三下·304

3390₄　梁

00梁文紀十四卷　清梅鼎祚輯
　清刊本　[39]·辛·7
07梁詞人麗句一卷　唐李商隱輯
　宋刊本　[41]·十五·7
10梁元帝詩一卷　南朝梁元帝蕭繹撰
　宋刊本　[41]·十九·1
13梁武帝西來演義十卷　不著撰人
　清初余氏永慶堂原刊本　[6]·二·41　[77]·三·91
　梁武帝集八卷昭明太子集六卷簡文帝十四卷梁元帝集八卷梁宣帝邵陵王豫章王武陵王南康王合集二卷　明葉紹泰重訂
　刊本　[71]·集·歷代帝王別·1
26梁皇寶懺　不知撰人

元大德杭州路刊本　[68]·圖版278、目録53
28梁谿詞選　清侯晰輯
　抄本　[57]·333
　傳抄本　[60]·七·21
梁谿集一卷　宋尤袤撰
　宋刊本　[10]·43
梁谿集五十卷　宋尤袤撰
　宋刊本　[41]·十八·24
梁谿集三十五卷　宋李綱撰
　宋刊殘本　[29]·三·14　[50]·八·21
梁谿集三十八卷　宋李綱撰
　宋刊殘本　[35]·上·24　[58]·集·75　[68]·圖版201、202、目録40
梁谿集一百二十卷　宋李綱撰
　宋刊本　[41]·十八·2
梁谿集一百七十卷　宋李綱撰
　宋刊本　[14]·五下·667
梁谿集一百八十卷　宋李綱撰
　刊本　[24]·集一·29
　知不足齋抄本　[39]·壬·19
　舊抄本　[74]·續增·集·2
梁谿集一百八十卷附録六卷　宋李綱撰
　舊抄本　[11]·八十·1　[16]·三十一·1　[93]·二十一·1
梁谿遺稿一卷　宋尤袤撰
　勞季言增輯本　[91]·三十·9
　舊抄本　[11]·八十五·9
梁谿遺稿二卷　宋尤袤撰
　傳抄勞格重輯本　[60]·六·34
梁谿遺稿二卷附録　宋尤袤撰
　抄本　[75]·五十五·30
梁谿漫志十卷　宋費袞撰
　宋刊本　[9]·後編·五·20
　明刊本　[9]·九·25　[11]·五十八·1　[71]·子·小説家·12
　明覆宋本　[91]·十九·7

翻宋本 [45]・32

知不足齋叢書本 [96]・五十六・1119

舊影抄宋嘉泰本 [59]・二・15

吳繡谷抄本 [30]・五・17

舊抄本 [11]・五十八・4 [39]・己・71 [75]・四十四・1

梁谿李先生易傳九卷外篇十卷 見《易傳》

30梁宮保壯猷記一卷 清吳偉業撰

清乾隆嘉慶間刊本 [85]・十三・636

32梁州白萱二卷 明梁伯玉撰

明刊本 [60]・七・27

33梁補闕集二十卷 唐梁肅撰

宋刊本 [41]・十六・16

50梁書五十六卷 唐姚思廉撰

北宋國子監刊本 [7]・中・24

宋刊本 [14]・二上・105 [41]・四・7 [47]・38 [58]・史・21 [92]・二・31

宋眉山刊本 [48]・一輯・31

南宋國子監刊本 [7]・下・5

宋刊元補本 [36]・60

宋刊明修本 [11]・十八・21 [28]・續・五・13 [35]・上・16 [91]・六・11

明刊本 [9]・八・11

明萬曆三十三年(1605)北監刊本 [86]・二・7

明南監刊本 [9]・八・10 [74]・二・4 [96]・十五・326

汲古閣刊本 [74]・二・4

清乾隆四年(1739)武英殿刊本 [74]・二・4 [75]・十五・9

南雍三朝本 [43]・五・9

60梁四公記一卷 唐張説撰

宋刊本 [41]・七・4

梁園寓稿九卷 明王翰撰

明正德刊本 [91]・三十五・15

舊抄本 [32]・十四・6 [74]・四・41 [102]・下・37

梁園風雅二十七卷 明趙彥復輯

刊本 [39]・辛・41

80梁益記十卷 宋任弁撰

宋刊本 [14]・二下・167 [41]・八・32

梁令瓚五星二十八宿神形圖一卷 梁令瓚撰

刊本 [5]・三中・15

梁公九諫一卷 宋人撰

刊本 [5]・四下・4

士禮居叢書本 [69]・一・17

賜書樓藏舊抄本 [49]・7

舊抄本 [50]・二・18

88梁簡文帝集五卷 南朝梁簡文帝蕭綱撰

宋刊本 [41]・十九・1

3400_0 斗

22斗山文集三卷 見《玉斗山人集》

40斗南老人詩集四卷 明胡奎虛撰

舊抄本 [11]・一百十一・21 [20]・五・26

斗南老人詩集五卷 明胡奎虛撰

抄本 [71]・集・明別・18

斗南老人詩集六卷 明胡奎虛撰

影抄明初刊本 [59]・七・14

3410_0 對

22對制談經十五卷 明杜澄撰

刊本 [39]・乙・27

對山集十九卷 見《康對山先生集》

24對牀夜語五卷 宋范晞文撰

黃蕘圃校本 [54]・八・35

盧抱經校抄本 [91]・三十九・31

校舊抄本 [50]・十・39 [65]・續・四・47

明祁氏曠園抄本 [91]・三十九・30

舊抄本 [11]・一百十八・12 [39]・庚・6 [60]・七・14 [75]・六十四・16 [93]・二十四・4

對牀夜語八卷 宋范晞文撰

舊抄本 [52]・三・23

對牀夜話八卷 見《對牀夜語》

30對客燕談一卷 明邵寶撰

舊抄本 [50]・六・28

3411_1 洗

30洗冤録五卷 見《宋提刑洗冤集録》

洗冤録集注四卷附檢骨圖格一卷作吏要言一卷 清王又槐輯、阮其新補注

清道光二十三年(1843)揚州刊本 [74]・三・13

洗冤録補注全纂六卷集證二卷 清李觀瀾補輯

清刊本 [74]・三・13

33洗心齋讀易述十七卷 見《讀易述》

湛

23湛然居士文集十四卷 元耶律楚材撰

刊本 [24]・集二・4

校抄本 [2]・五・1

明影元抄本 [17]・四・29

影抄元刊本 [11]・九十四・20 [28]・十三・3 [60]・七・1 [91]・三十三・3

清吳毅人抄本 [8]・集三・471

知不足齋抄本 [39]・壬・53

龍池山房抄本 [91]・三十三・4

舊抄本　[11]·九十四·11
[12]·六·22　[16]·
三十二·8　[50]·九·
1　[75]·五十八·5
[93]·二十二·1
精抄本　[71]·集·元別·6
32湛淵集一卷　元白珽撰
抄本　[30]·四·32
湛淵遺稿三卷　元白珽撰
抄本　[75]·五十八·26
湛淵靜語二卷　元白珽撰
知不足齋叢書本　[96]·五十
六·1130
清張充之抄本　[2]·三·29
抄本　[75]·四十四·14
50湛推官集一卷　宋湛鴻撰
宋刊本　[41]·二十·8
60湛囦集一卷　元白珽撰
知不足齋抄本　[39]·壬·57
湛園札記四卷　清姜宸英撰
袖珍本　[96]·五十五·1092
抄本　[39]·己·64
湛園未定稿六卷　清姜宸英撰
清刊本　[26]·十·7　[39]·
癸下·51　[71]·集·
國朝別·61
二老閣刊本　[26]·十·7
[84]·二·37　[96]·
七十·1405
湛園題跋一卷　清姜宸英撰
北平黃氏刊本　[101]·中·6
抄本　[12]·五·29

3411₂　沈

00沈文定公集二十卷　明沈潅撰
刊本　[71]·集·明別·99
01沈顏瞽書十卷　吳沈顏撰
宋刊本　[14]·四中·411
[41]·十六·30
10沈亞之集八卷
見《沈下賢集》
沈亞斗先生史論一卷詠史詩一卷
清沈璇撰
抄本　[71]·集·國朝別·5

沈亞賢文集十卷　不知撰人
舊抄本　[28]·續·十二·9
沈下賢集八卷　唐沈亞之撰
宋刊本　[14]·四中·385
沈下賢集十二卷　唐沈亞之撰
宋刊本　[41]·十六·24
刊本　[5]·四上·24　[39]·
辛·51　[71]·集·唐
別·15
校舊抄本　[50]·七·33
[83]·四·9
明抄本　[2]·一·34
明謝氏小草齋抄本[91]·二十
五·7
清鮑以文抄本　[2]·四·15
舊抄本　[11]·七十·10、11
[12]·六·2　[16]·二
十九·12　[17]·四·
10　[32]·十·14
[74]·四·9　[75]·五
十二·13　[93]·十九·
30、31　[102]·下·
28
沈石田集不分卷　明沈周撰
明萬曆四十三年(1615)陳仁錫
閬帆堂寫刊本　[30]·二·
34　[86]·一·81
刊本　[71]·集·明別·53
沈石田集八卷　明沈周撰
刊本　[39]·癸上·26
沈雲卿集二卷　唐沈佺期撰
明刊本　[12]·三·15
抄本　[5]·四中·2
沈雲卿集三卷　唐沈佺期撰
明刊本　[75]·五十一·22
沈雲卿集四卷　唐沈佺期撰
明正德刊本　[54]·五·13
沈雲卿集五卷　唐沈佺期撰
宋刊本　[14]·四上·341
沈雲卿集七卷　唐沈佺期撰
明正德刊本　[17]·四·3
沈雲卿集十卷　唐沈佺期撰
宋刊本　[41]·十六·9
17沈君庸集二卷　明沈自徵撰

舊抄本　[74]·四·47
[102]·下·38
沈司成集一卷滴露軒藏稿一卷長
水文抄十卷　明沈懋孝撰
刊本　[39]·癸下·8
24沈先生春秋比事二十卷
見《春秋比事》
沈休文集五卷
見《沈隱侯集》
27沈詹事詩集七卷　不知撰人
明正德刊本　[55]·六·6
沈甸華先生文集不分卷　明沈蘭
先撰
吳石倉抄本　[71]·集·明別·
127
沈約集十五卷
見《沈隱侯集》
28沈佺期集十卷
見《沈雲卿集》
37沈通理詩稿一卷　明沈愚撰
精抄本　[71]·集·明別·37
40沈大若梅圖集二十卷　明沈一中
撰
刊本　[39]·癸下·21
[71]·集·明別·104
沈存中良方十五卷　宋沈括撰
宋刊本　[14]·三下·299
42沈彬集一卷　唐沈彬撰
宋刊本　[14]·四中·410
44沈夢麟先生花谿集三卷　元沈夢
麟撰
校本　[54]·七·12
舊抄本　[11]·一百零九·2
[12]·六·28　[32]·
十三·24　[71]·集·
明別·7　[74]·四·40
[91]·三十四·35
[102]·下·37
沈蘭軒集十卷　明沈彬撰
刊本　[39]·癸上·15
46沈賀謐法四卷　梁沈約撰
宋刊本　[14]·一上·54
50沈忠敏公龜谿集十二卷　宋沈與
求撰

宋刊本　[41]・十八・8

明刊本　[11]・八十一・10
　[93]・二十一・6

明萬曆二十八年(1600)十六世
　孫子木重刊紹熙本
　[36]・224　[59]・六・
　23

刊本　[39]・壬・20

舊抄本　[16]・三十一・17
　[57]・242　[71]・集・
　宋別・29　[74]・四・
　23　[102]・下・31

72沈隱侯集四卷　梁沈約撰

明楊鶴刊本　[99]・上・5

明萬曆沈啓南刊本　[17]・四・
　3　[38]・集・6
　[92]・四・135

刊本　[71]・集・漢魏六朝別・
　7

沈隱侯集五卷　梁沈約撰

明萬曆刊本　[91]・二十三・
　9

沈隱侯集一百零一卷　梁沈約撰

明刊本　[55]・六・5

明岳氏元聲刊本　[55]・六・
　5

沈隱侯集十五卷別集一卷又九卷
　梁沈約撰

宋刊本　[41]・十六・6

沈隱侯集四卷附錄一卷　梁沈約
　撰

明萬曆十三年(1585)刊本
　[19]・14

沈隱侯集十六卷附錄　梁沈約撰

明崇禎刊本　[75]・五十一・
　19

沈氏三先生文集八卷　宋沈遘、
　沈括、沈遼撰

刊本　[39]・壬・7　[71]・
　集・宋別・8

沈氏三先生文集六十一卷　宋沈
　遘、沈括、沈遼撰

明覆括蒼刊本　[36]・218

沈氏樂府指迷一卷　宋沈義父撰

明萬曆刊本　[91]・四十・32

沈氏弋説六卷　明沈長卿撰

刊本　[39]・己・60　[71]・
　子・雜家・33

舊抄本　[20]・四・22

沈氏邃説十卷　明沈長卿撰

刊本　[39]・己・60

沈氏學敄十六卷　明沈堯中輯

刊本　[39]・庚・49

77沈鳳岡集四卷　明沈良才撰

刊本　[39]・癸下・26

88沈節甫玩易樓藏書目録
　見《玩易樓藏書目録》

90沈小宛手録十五種　清沈欽韓纂

稿本　[85]・二十三・1016

池

11池北偶談二十六卷　清王士禎撰

清康熙刊本　[75]・四十四・
　19

漁洋著述本　[96]・五十七・
　1148

3411₄ 灌

43灌城紀事一卷　不著撰人

痛史本　[85]・六・285

抄本　[85]・六・285

60灌園集二十卷　宋呂南公撰

舊抄本　[61]・四・4

文瀾閣傳抄本　[11]・七十八・
　22

灌園集三十卷　宋呂南公撰

宋刊本　[41]・十七・24

64灌畦暇語一卷　不知撰人

宋刊本　[41]・十・22

奇晉齋叢書本　[96]・五十六・
　1104

明王肯堂抄本　[2]・三・26

舊抄本　[60]・二・19

3411₇ 灉

31灉湏囊五卷附歐陽氏遺書一卷
　清李馥榮輯

清道光歐陽鼎刊本　[64]・續・

104　[85]・七・297

一九三八年雙流黃氏重刊本
　[85]・七・297

3412₇ 滿

34滿漢名臣傳　清史館編

抄本　[12]・五・12

渤

37渤泥表文附慧山記一卷　不知撰
　人

舊抄本　[51]・一・14

瀟

36瀟湘録十卷　唐李隱撰

宋刊本　[41]・十一・22

3413₀ 汰

40汰存録一卷　清黃宗羲撰

昭代叢書丁集本　[85]・八・
　367

梨洲遺書本　[85]・八・367

仰視千七百二十九鶴齋叢書本
　[85]・八・367

3413₁ 法

00法言十卷
　見《楊子法言》

01法語二十卷　南唐劉鄩撰

宋刊本　[14]・後志・二・822

27法象通贊
　見《大易法象通贊》

法象考二卷　清人撰

稿本　[100]・101

30法家裒集一卷　明蘇祐輯

明錢塘胡氏校刊本　[96]・三
　十九・728

抄本　[39]・丁・74

法寶標目十卷
　見《大藏聖教法寶標目》

40法喜志四卷　明夏樹芳輯

明刊本　[60]・二・14

刊本　[39]・庚・100

41法帖音釋刊誤一卷　宋陳與義校

正
抄本　[91]・十四・9　　[93]・
十五・16
法帖譜系二卷　宋曹士冕撰
宋刊本　[11]・三十七・14
[17]・二・21　　[75]・
三十・17、19
明刊本　[17]・二・21
法帖要錄十卷
見《法書要錄》
法帖刊誤二卷　宋黄伯思撰
宋刊本　[11]・三十七・9
[17]・二・21　　[41]・
十四・9　　[75]・三十・
9
明刊本　[17]・二・21
明抄本　[51]・一・25
葉德榮黑格精抄大字本
[8]・史三・210
法帖釋文十卷
見《淳化閣帖釋文》
法帖釋文考異十卷
見《淳化閣帖釋文考異》
法帖神品目一卷　明楊慎編
函海本　[96]・三十三・615
44法苑珠林一百二十卷　唐釋道世
撰
明刊本　[12]・三・13
明支那本　[11]・六十五・10
[93]・十八・2
支那撰述本　[96]・六十八・
1333
法藏碎金十卷
見《法藏碎金錄》
法藏碎金錄二卷　宋晁迥撰
明刊本　[71]・子・釋家・3
法藏碎金錄五卷　宋晁迥撰
明嘉靖刊本　[59]・二・11
法藏碎金錄十卷　宋晁迥撰
宋刊本　[41]・十二・11
明刊本　[11]・六十五・16
[93]・十八・3　　[96]・
六十八・1334
明趙府居敬堂刊本　[51]・二・

29　　[91]・二十二・4
明裔孫琭嘉靖刊本　[8]・子
一・264
刊本　[39]・庚・99
法華言句二十卷　唐釋智顗撰
宋刊本　[14]・後志・二・886
法華經七卷
見《妙法蓮華經》
法華經玄贊第七卷　不著撰人
唐代寫經本　[40]・2
法華遊意一卷　不著撰人
日本建長四年刊本　[62]・圖
版19
法華大愚雲峯楊歧道吾五禪師語
錄　不知撰人
宋刊殘本　[29]・二・21
法華義疏十二卷　不知撰人
日本永仁三年刊本　[62]・圖
版21
50法書要錄十卷　唐張彦遠撰
宋刊本　[41]・十四・9
明嘉靖刊本　[17]・三・9
汲古閣刊本　[38]・子・32
津逮祕書本　[74]・三・36
王氏書苑本　[96]・四十八・
922
明王世懋敬美手抄本　[2]・
三・11　[54]・三・30
抄本　[75]・三十九・2
法書名畫見聞表一卷　明張丑撰
知不足齋刊本　[96]・四十八・
947
法書考八卷　元盛熙明撰
楝亭十二種本　[96]・四十八・
937
汲古閣抄本　[39]・庚・21
舊抄本　[38]・子・33
[54]・三・33
法書撮要十卷　宋蔡崇撰
宋刊本　[41]・十四・10
60法界標旨乾坤體義　釋智貫輯
廣漆校梓明萬曆間余永寧重刊
本　[20]・四・18
法界觀一卷　唐釋杜順撰

宋刊本　[14]・三下・312
法界觀撫一要記四卷　宋釋遵式
述
宋刊本　[14]・三下・312
法界披雲集一卷　宋釋道通述
宋刊本　[14]・後志・二・885

3413₂　漆

60漆園厄言十七卷　明莊起元撰
刊本　[39]・癸下・25

3413₄　漢

00漢高祖實錄十七卷　宋賈緯等撰
宋刊本　[41]・四・37
漢唐祕史六卷　明王權輯
抄本　[39]・丁・18
漢唐事實四卷　不著編者
殘宋本　[12]・一・15
漢唐事箋對策機要前集十二卷後
集八卷　元朱禮撰
元至正刊本　[2]・三・33
[16]・二十六・13
[55]・三・5　　[93]・
十七・13　　[94]・三・
11
漢雜事祕辛一卷　不著撰人
漢魏叢書本　[74]・三・73
津逮祕書本　[74]・三・73
10漢三統術注三卷　清李銳撰
清嘉慶刊李氏遺書本　[78]・
子・天文類・559
漢天師世家一卷　明張國祥撰
明刊刊　[17]・二・13
明萬曆四年(1576)重刊本
[96]・六十九・1363
舊抄本　[5]・二中・32
[50]・二・32　　[93]・
十八・15
漢天師世家四卷　明張國祥撰
明萬曆刊本　[56]・羣書題記・
73
漢石經殘字一卷　清陳宗彝編
清刊本　[74]・二・78
漢石經考異補正二卷　溶木夫撰

稿本　［32］・二・10

12漢延熹西嶽華山碑考四卷
　見《華山碑考》

13漢武帝外傳一卷　題漢班固撰
　抄本　［5］・二中・18

漢武帝洞冥記四卷　題漢郭憲撰
　古今逸史本　［74］・三・81
　漢魏叢書本　［74］・三・81
　　［96］・六十六・1303
　文房小説本　［74］・三・81
　抄本　［75］・四十八・4

漢武帝洞冥記五卷　題漢郭憲撰
　宋刊本　［14］・二下・172

漢武帝洞冥記四卷拾遺一卷　題
　漢郭憲撰
　宋刊本　［41］・十一・1

漢武帝内傳一卷　題漢班固撰
　漢魏叢書本　［96］・六十六・
　1304
　抄本　［5］・二中・18　　［16］・
　　續・三・10　　［74］・三・
　81　　［75］・四十八・4

漢武帝内傳二卷　題漢班固撰
　宋刊本　［14］・二下・171

漢武帝内傳一卷外傳一卷　題漢
　班固撰
　影抄本　［4］・18
　舊抄本　［11］・六十四・10
　　［93］・十七・21　　［102］・
　下・26

漢武外傳一卷
　見《漢武帝外傳》

漢武内傳二卷
　見《漢武帝内傳》

漢武故事一卷　明秦柄撰
　抄本　［5］・二中・18

漢武故事一卷　題漢班固撰
　説海本　［96］・六十六・1303
　古今逸史本　［74］・三・81

漢武故事二卷　題漢班固撰
　宋刊本　［14］・二下・171

漢武別國洞冥記四卷
　見《漢武帝洞冥記》

17漢丞相諸葛忠武侯傳一卷
　見《諸葛忠武侯傳》

20漢雋十卷　宋林鉞撰
　宋刊本　［8］・子二・303
　　［9］・後編・四・26、27
　　［29］・一・14　　［33］・
　史・46　　［35］・上・15
　　［41］・十四・25　　［93］・
　十・12　　［94］・二・7
　宋乾道刊本　［2］・二・27
　元刊本　［8］・子二・304
　　［9］・後編・九・14
　　［96］・二十五・516
　元刊大字本　［92］・二・55
　元延祐七年(1320)刊本
　　［26］・三・5
　明翻元刊本　［91］・十・2
　明刊本　［9］・後編・十五・9
　　［11］・二十八・4　　［38］・
　史・56　　［75］・二十三・
　1　　［91］・十・2
　明萬曆十二年(1584)刊本
　　［74］・二・35

21漢上朱先生易傳十一卷叢説一卷
　圖三卷
　見《易傳》

漢上題襟集三卷　唐段成式、溫
　庭筠、逢皓、余知古、韋蟾、徐商
　等撰
　宋刊本　［41］・十五・10

漢上題襟集十卷　唐段成式、溫
　庭筠、逢皓、余知古、韋蟾、徐商
　等撰
　宋刊本　［14］・四下・503

22漢制叢録三十二卷　宋袁夢麟撰
　宋刊本　［41］・五・40

漢制考四卷　宋王應麟撰
　元刊本　［11］・三十五・5
　　［28］・續・七・15
　　［35］・上・39
　明刊修補本　［75］・二十九・
　4
　玉海附刊本　［74］・二・64
　　［96］・二十九・557
　津逮祕書本　［74］・二・64

26漢泉漫稿十卷　元曹伯啓撰
　抄本　［54］・七・5

漢泉漫稿十卷後録一卷　元曹伯
　啓撰
　明汲古閣影抄本　［87］・四・
　8

漢魏音四卷　清洪亮吉撰
　清刊本　［74］・一・58
　清西安刊本　［96］・十四・309

漢魏六朝一百三家集一百十八卷
　見《漢魏六朝百三名家集》

漢魏六朝百三名家集一百十八卷
　明張溥編
　明刊本　［9］・後編・二十・4
　　［74］・四・64　　［102］・
　上・35
　唐氏刊本　［75］・六十三・18
　刊本　［39］・辛・1

漢魏六朝墓銘纂例四卷　清李富
　孫撰
　別下齋刊本　［74］・四・74

漢魏詩集十四卷　不知編者
　明萬曆陳堂刊本　［19］・13

漢魏詩紀十卷　明馮惟訥編
　明刊本　［74］・續增・集・16

漢魏叢書一百三十四卷　明程榮
　輯
　明程榮刊本　［9］・後編・十
　七・1　　［30］・二・15

漢魏叢書三十八種二百五十卷
　明程榮輯
　明萬曆新安程氏刊本　［86］・
　六・97

漢魏叢書一百十四種　明程榮、
　何鏜輯
　刊本　［74］・三・61

27漢名臣奏一卷　不著編者
　宋刊本　［41］・二十二・1

漢紀三十卷　漢荀悦撰
　宋刊本　［14］・二上・111
　　［41］・四・18
　明弘治間呂氏校刊本　［8］・
　史・117
　明正德刊本　［11］・二十・1

明正德刊本　[11]・二十・1

明正德十五年(1520)翟汝楊刊
　本　[59]・四・6

明嘉靖呂相刊本　[17]・二・7

明嘉靖二十七年(1548)吳郡黃
　姬水翻宋刊本　[17]・二・
　7　　[30]・三・7
　[86]・六・32

明萬曆二十年(1592)南監本
　[17]・二・7

清康熙刊本　[75]・十六・1

襄平蔣氏五峯閣刊本　[96]・
　十六・350

明刊本校影宋抄本　[52]・一・
　15

黃丕烈校明黃姬水刊本
　[17]・二・7

校本　[55]・一・26

影宋本　[35]・下・39
　[93]・九・1

舊抄本　[17]・二・7

漢紀三十卷　漢荀悅撰　後漢紀
　三十卷　晉袁宏撰
　宋刊本　[9]・後編・四・6
　明刊本　[9]・後編・十四・6
　[51]・一・9　[83]・二・
　1
　明嘉靖黃省曾刊本　[22]・三・
　13　　[59]・四・6
　[91]・七・1
　清黃丕烈校明黃省曾刊本
　[2]・二・6
　清果親王點讀番禺陳蘭甫批校
　明嘉靖刊本　[8]・史一・
　119

28漢隸書法通解八卷　清戈守智撰
　舞雲閣刊本　[96]・四十八・
　959

30漢官一卷漢官解詁一卷漢舊儀二
　卷補遺二卷漢官儀二卷漢官典
　職儀式選用一卷漢儀一卷　清
　孫星衍輯
　平津館刊本　[74]・二・64

漢官總錄十卷　宋王益之撰

宋刊本　[41]・六・11

漢官儀三卷　宋劉攽撰
　宋刊本　[9]・後編・五・31
　宋紹興九年(1139)臨安府刊本
　[2]・二・47　　[68]・
　圖版7、8、目錄8
　舊抄本　[11]・五十二・21
　[16]・二十四・2　[71]・
　子・雜藝術・7

漢官儀一卷續補一卷　宋應劭撰
　宋刊本　[41]・六・1

漢官儀彩選一卷　宋劉攽撰
　宋刊本　[14]・三下・293

漢官考四卷　宋徐筠撰
　宋刊本　[14]・五上・560

漢官考六卷　宋徐筠撰
　宋刊本　[41]・六・10

漢官舊儀三卷　漢衛宏撰
　宋刊本　[41]・六・1

漢官舊儀一卷補遺一卷　漢衛宏
　撰
　清內府刊本　[74]・二・64
　抄本　[75]・二十九・9

漢官典儀一卷續補一卷　漢蔡質
　撰
　宋刊本　[41]・六・1

漢宋奇書六十卷　明羅貫中、施
　耐庵撰
　清興賢堂刊本　[69]・九・220

33漢濱集十六卷　宋王之望撰
　抄本　[74]・四・25　[102]・
　下・32
　文瀾閣傳抄本　[11]・八十三・
　21

漢濱集六十卷　宋王之望撰
　宋刊本　[41]・十八・16

35漢禮器制度一卷　清孫星衍輯
　平津館刊本　[74]・二・64

37漢初年月日表一卷　清姚文田撰
　遼雅堂學古錄本　[78]・算學
　書錄補注・96

40漢太初曆考一卷　清成蓉鏡撰
　南菁書院叢書本　[78]・算學
　書錄補注・97

漢熹平石經殘字　不著編者
　清乾隆五十三年(1788)江西南
　昌府學重刊本　[26]・一・
　1

44漢藝文志考證十卷
　見《漢書藝文志考證》

漢甘泉宮瓦記一卷　清林佶撰
　昭代叢書本　[96]・五十・999

45漢隸字源六卷　宋婁機撰
　宋刊本　[41]・三・47
　[55]・一・11
　元刊本　[22]・二・37
　明刊本　[9]・後編・十三・11
　汲古閣刊本　[74]・一・53
　[75]・十一・16
　刊本　[76]・三・10　[89]・
　一集・三・53
　影宋抄本　[38]・經・53
　[75]・十一・17
　陸師道手抄本　[11]・十四・
　10　[28]・續・四・20
　舊抄本　[16]・七・14
　[39]・丙・35

漢隸拾遺一卷　王懷祖撰
　徐子遠抄本　[84]・三・15

漢隸分韻七卷　不著撰人
　宋刊本　[20]・一・28
　[28]・一・26
　元刊本　[11]・十六・6
　[12]・二・2　[20]・
　一・28　[35]・上・2
　[48]・二輯上・44
　[91]・五・17　[93]・
　七・21　[94]・一・16
　元至正刊本　[2]・一・38
　清乾隆刊本　[75]・十二・14
　抄本　[20]・一・28

50漢史億二卷　清孫沚亭撰
　抄本　[84]・一・12

漢書一百卷　漢班固撰、唐顏師
　古注
　北宋刊本　[58]・史・7
　宋刊本　[9]・二・1　[9]・
　後編・四・5　　[14]・二

上・98　　[35]・上・9
[41]・四・2
宋湖北提舉茶鹽司小字本
[34]・一・13　　[35]・
上・4
宋景祐二年(1035)刊本
[34]・一・12　　[35]・
上・35　　[36]・39
[47]・6　　[58]・史・9
元刊本　[9]・五・25　　[93]・
八・8　　[94]・二・8
明仿宋本　[9]・八・4
明重刊元大德太平路學本
[91]・六・4
明刊本　[9]・八・4
汲古閣本　[60]・七・16
漢書一百二十卷　漢班固撰、唐
顏師古注
北宋國子監刊本　[7]・中・18
北宋刊本　[35]・上・33
宋景祐刊本　[102]・上・2
宋刊本　[10]・9　　[17]・
二・2　　[20]・二・2
[22]・三・7　　[33]・
史・7　　[35]・上・9、33、
34、35　　[48]・一輯・23
[50]・二・1　　[58]・
史・11　　[65]・二・8、
23　　[72]・8　　[81]・
史・1　　[83]・二・1
[87]・二・8　　[92]・
一・27　　[93]・八・6、8
[94]・二・1
宋建安劉元起家塾刊本
[37]・第二輯　　[68]・
圖版181、182、目錄38
宋嘉定建安蔡琪家塾刊本
[68]・圖版183、184、目錄
38　　[91]・六・3
宋白鷺洲書院覆建安蔡琪刊本
[33]・史・5　　[34]・
一・13　　[35]・上・9
[43]・二・5
宋湖北庚司刊本　[28]・二・

3　　[35]・下・48
[73]・圖版16
宋刊小字本　[22]・三・8
[35]・下・23
宋刊中字密行本　[35]・下・
40
宋刊大字本　[35]・上・15
[98]・29
宋蜀刊大字本　[11]・十八・
6　　[28]・續・五・1
[35]・上・15
宋紹興國子監刊本　[2]・二・
3　　[7]・下・4　　[35]・
上・15　　[67]・第五册・
5　　[70]・六・7
宋淳熙刊本　[11]・十八・6
[58]・史・10
宋刊元修本　[11]・十八・5
[12]・一・2　　[16]・
八・2　　[22]・三・7
[35]・上・35
北宋刊遞修本　[68]・圖版4、
目錄8
**宋景祐刊配元大德延祐元統明
正統本**　[38]・史・4
宋福唐刊明修本　[91]・六・
2
金元間刊本　[34]・二・5
元刊本　[9]・後編・九・1
[17]・二・2　　[22]・
三・8、9　　[35]・上・
35、39　　[65]・二・24
元大德九年(1305)太平路儒學
刊本　[16]・八・2
元大德刊明修本　[68]・圖版
302、目錄57
明刊本　[22]・三・9
明田汝成刊本　[17]・二・3
明德藩最樂軒刊本　[17]・二・
3　　[26]・三・2
明正統翻宋淳化刊本　[17]・
二・2　　[59]・四・1
[91]・六・3
明嘉靖汪文盛刊本　[17]・二・

3　　[30]・三・2
[91]・六・4
明嘉靖九年(1530)南監祭酒張
邦奇校刊本　[12]・四・
5　　[30]・六・5
[102]・上・14
明嘉靖十六年(1537)廣東崇正
書院刊本　[12]・四・3
[59]・四・2
汲古閣刊本　[17]・二・3
清乾隆四年(1739)武英殿刊本
[74]・二・1　　[75]・十
五・4
刊本　[34]・二・23　　[89]・
一集・四・15、16　　[89]・
二集・四・11　　[96]・
十五・315
南雍三朝本　[43]・五・2
明高麗本　[8]・史一・106
惠校北監本　[32]・三・2
方恒臨張臯文校本　[57]・37
毛寶子臨錢匪菴校本　[57]・
37
李唐人真蹟卷子本　[22]・三・
6
舊抄卷子本　[22]・三・6、7
漢書一百二十卷　漢班固撰、唐
顏師古注　**後漢書一百二十卷**
南朝宋范曄撰
宋刊本　[27]・12　　[72]・
8
明翻宋淳化本　[34]・二・23
明嘉靖汪文盛刊本　[8]・史
一・106
明嘉靖十六年(1537)廣東崇正
書院刊本　[8]・史一・
102　　[92]・一・27
漢書音義三卷　隋蕭該撰
臧鏞堂輯刊本　[74]・二・2
舊抄本　[11]・十八・9
精抄本　[91]・六・5
漢書評林一百卷　明凌稚隆輯
明刊本　[9]・後編・十五・8
[74]・續增・史・13

漢書集注一百二十卷
　見《漢書》

漢書律曆志二卷天文志一卷五行
　志三卷　漢班固撰
　　金陵書局重刊毛本　[78]・算
　　　學書錄補注・96

漢書律曆志正譌二卷　清王元啓
　撰
　　祇平居士集本　[78]・算學書
　　　錄補注・97

漢書補注　清王先謙撰
　　校刊本　[84]・一・12

漢書標注六卷　宋劉敞、劉攽、劉
　奉世撰
　　宋刊本　[41]・四・14

漢書地理志稽疑六卷　清全祖望
　撰
　　粵雅堂刊本　[74]・二・2
　　抄本　[26]・三・4

漢書地理志補注一百零三卷　清
　吳卓信撰
　　抄本　[8]・史一・108

漢書地理志考證　清錢坫撰
　　清刊本　[74]・二・2

漢書考正　不著撰人　後漢書考
　正　不著撰人
　　影元刊本　[91]・六・8

漢書蒙拾三卷後漢書蒙拾二卷
　清杭世駿編
　　董浦八種本　[96]・二十五・
　　　519

漢書藝文志考證十卷　宋王應麟
　撰
　　元刊本　[11]・三十七・9
　　　[28]・續・六・2　[35]・
　　　上・37
　　明刊修補本　[75]・三十・7
　　玉海附刊本　[74]・二・2、71
　　　[96]・三十二・581

漢書食貨志　漢班固撰、唐顏師
　古注
　　古逸叢書本　[92]・一・28

漢書朔閏表、後漢書朔閏表、三國
　朔閏表　恩華撰

稿本　[60]・四・2

漢末英雄記一卷　魏王粲撰
　　漢魏叢書本　[74]・二・29

漢東王氏小兒方三卷
　見《王氏小兒方》

72漢隱帝實錄十五卷　張昭遠撰
　　宋刊本　[41]・四・37

漢兵編二卷辨疑一卷　宋潘夢旂
　撰
　　宋刊本　[41]・十二・16

77漢學師承記八卷附經義目錄一卷
　清江藩撰
　　粵雅堂刊本　[74]・二・32

3414₀　汝

12汝水巾譜一卷　明朱術均撰
　　明刊本　[91]・十八・4

40汝南遺事二卷　明李本固撰
　　借月山房彙抄本　[96]・六十
　　　五・1293
　　舊抄本　[91]・二十一・17

汝南遺事四卷　元王鶚撰
　　舊抄本　[91]・八・10
　　文瀾閣傳抄本　[11]・二十四・
　　　26　[16]・十一・9
　　傳抄本　[59]・四・10

汝南圃史十二卷　明周文華撰
　　明萬曆四十八年(1620)書帶齋
　　　刊本　[86]・六・54
　　刊本　[39]・庚・82

78汝陰唱和集一卷　宋蘇瞻等撰
　　宋刊本　[41]・十五・15

3414₇　凌

10凌雪軒詩集六卷　清徐夔撰
　　清乾隆九年(1744)刊本
　　　[26]・十・36

凌雪軒集六卷　清徐夔撰
　　清乾隆九年(1744)刊本
　　　[26]・十一・27

41凌柘軒集五卷　明凌雲翰撰
　　舊抄本　[11]・一百十一・7
　　　[12]・六・31　[39]・
　　　癸上・7　[71]・集・明

別・18

47凌犯新術三卷　清司徒棟、杜熙
　齡撰
　　清道光刊本　[78]・算學書錄
　　　補注・86

50凌忠介公遺集　明凌義渠撰
　　抄本　[39]・癸下・33

凌忠介公奏疏六卷　明凌義渠撰
　　清咸豐刊本　[85]・三・145

91凌煙功臣圖　清劉源繪
　　清康熙吳門桂笏堂刊本
　　　[68]・圖版713、目錄112

3416₀　渚

22渚山堂詩話三卷　明陳霆撰
　　刊本　[39]・庚・8

渚山堂詞話三卷　明陳霆撰
　　刊本　[39]・庚・10
　　舊抄本　[91]・四十・33
　　傳抄本　[60]・七・15

30渚宮集三卷　宋釋文瑩撰
　　宋刊本　[41]・二十・24

渚宮舊事五卷　唐余知古撰
　　宋刊本　[41]・七・8
　　刊本　[5]・二下・6
　　舊抄本　[32]・四・22
　　　[84]・一・21

渚宮舊事十卷　唐余知古撰
　　宋刊本　[14]・二下・159

渚宮舊事五卷補遺一卷　唐余知
　古撰
　　平津館刊本　[74]・二・17
　　抄本　[38]・史・43

渚宮故事五卷
　見《渚宮舊事》

74渚陸鴻飛集一卷　清吳焯撰
　　清刊本　[71]・集・國朝別・
　　　33

3416₁　浩

17浩歌集一卷　宋蔡栖撰
　　宋刊本　[41]・二十一・8

23浩然齋雅談三卷　宋周密撰
　　聚珍刊本　[74]・四・72

盧抱經校本　[91]・三十九・
30

3418₁　洪

00洪文安公小隱集一卷　宋洪遵撰
勞格補輯本　[91]・三十・22
傳抄輯本　[60]・六・34
洪文惠公年譜一卷洪文敏公年譜
一卷　清錢大昕撰
屏守齋所編年譜本　[96]・二
十二・463
洪文敏公集八卷　宋洪邁撰
勞格補輯本　[91]・三十・22
抄本　[26]・八・41
傳抄輯本　[60]・六・34
10洪平齋集三十二卷
見《平齋文集》
11洪北江集十種　清洪亮吉撰
清刊本　[74]・三・63
13洪武京城圖志一卷　明王俊華輯
明刊本　[88]・三・11
明弘治重刊本　[91]・十一・
16
刊本　[71]・史・地志・28
洪武正韻十六卷　明樂韶鳳等編
明初刊本　[91]・五・25
明大黑口本　[12]・三・2
明司禮監刊本　[74]・一・56
[102]・上・13
明隆慶元年(1567)重刊本
[96]・十四・290
洪武平陽志
見《平陽志》
洪武聖政記一卷　明宋濂撰
明抄本　[30]・五・6
洪武聖政記十二卷　不著撰人
開萬樓抄本　[39]・丁・7
洪武大誥三編　明太祖朱元璋撰
明洪武十八年(1385)至十九年
(1386)官刊本　[38]・史・
45　[86]・三・3
洪武四年登科錄一卷　不著編者
傳抄本　[60]・四・35
17洪承疇章奏文冊彙輯　北京大學

史料室編
一九三七年商務印書館鉛印本
[85]・七・337
20洪秀全演義二集二十九回　不知
撰人
石印本　[69]・二・77
27洪龜父集二卷　宋洪朋撰
鮑淥飲校本　[11]・七十九・
19
傳抄大典本　[60]・六・32
十萬卷樓抄本　[91]・二十八・
19
抄本　[74]・四・21　[102]・
下・31
32洪洲類稿四卷　明王圻撰
刊本　[39]・癸上・60
50洪忠文公集抄　宋洪咨夔撰
吳石倉蒐輯稿本　[71]・集・
宋別・53
洪忠宣公集一卷　宋洪皓撰　盤
洲集抄一卷　宋洪适撰　小隱
集一卷　宋洪遵撰
吳石倉手抄本　[71]・集・宋
別・37
72洪氏方一卷　不著撰人
宋刊本　[41]・十三・11
洪氏集驗方五卷　宋洪遵編
宋刊本　[35]・上・19
[49]・14　[51]・二・
10　[58]・子・35
[79]・子・醫家類・493
[81]・子・14　[83]・
三・13　[93]・十四・
20　[94]・三・2
宋乾道六年(1170)姑孰郡齋刊
公文紙印本　[68]・圖版
125、目錄29
重刊宋本　[49]・13
影抄宋刊本　[11]・四十六・
3
抄本　[75]・三十七・5
77洪覺範天廚禁臠三卷
見《天廚禁臠》
88洪範一卷　宋張晦之撰

宋刊本　[14]・一上・35
洪範一卷　元胡一中撰
通志堂經解本　[74]・一・14
[96]・九・162
洪範說二卷　清李光地撰
文貞全集本　[96]・九・166
洪範論圖一卷　宋蘇洵撰
宋刊本　[14]・一上・36
洪範正論五卷　清胡渭撰
清刊本　[39]・甲・55
洪範政鑑十二卷　宋仁宗趙禎撰
宋內府朱格抄本　[2]・三・11
[55]・二・28
傳錄宋抄本　[17]・三・8
洪範統二卷　宋趙善湘撰
舊抄本　[91]・一・26
洪範統十一卷　宋趙善湘撰
函海本　[74]・一・12
[96]・九・161
舊抄本　[11]・四・5　[75]・
三・9
洪範傳一卷　宋王安石撰
宋刊本　[14]・一上・35
洪範皇極內篇五卷　宋蔡沈撰
日本刊本　[11]・四十九・8
洪範解一卷　宋胡瑗撰
宋刊本　[14]・一上・34
洪範考疑一卷　明吳世忠撰
抄本　[39]・甲・54
洪範口義二卷　宋胡瑗撰
墨海金壺本　[96]・九・154
舊抄本　[75]・三・2
精抄本　[91]・一・24
洪範圖解二卷　明韓邦奇撰
刊本　[39]・甲・55
洪範明義四卷　明黃道周撰
石齋九種本　[74]・一・14
[96]・九・164
洪範會傳一卷　宋孫諤撰
宋刊本　[14]・一上・38

淇

12淇水集八十卷　宋李清臣撰
宋刊本　[41]・十七・24

滇

21滇行紀程一卷東還紀程一卷附滇
　行雜詠一卷東還贈言一卷　清
　許纘曾撰
　　寶綸堂刊本　[96]・二十四・
　　506

滇緬錄一卷附黔記一卷　明文安
　之撰
　　長恩閣叢書本　[85]・十一・
　　559

26滇粵紀聞十卷　題九峯居士編
　　舊抄本　[60]・四・20

30滇寇紀略八卷　不著撰人
　　舊抄本　[85]・七・312

38滇遊紀聞一卷　清方孝標撰
　　傳抄本　[85]・十一・571

40滇南外史一卷　不知編者
　　明季史料叢書本　[85]・十一・
　　570
　　明季稗乘本　[85]・十一・570

滇南草木圖注　明蘭茂撰
　　清光緒十三年(1887)務本堂刊
　　本　[68]・圖版595、目錄
　　96

43滇載記一卷　明楊慎撰
　　說郛本　[96]・二十六・534
　　函海本　[74]・二・37
　　明祁承㸁抄本　[2]・二・28

44滇考二卷　清馮甦撰
　　清刊本　[71]・史・地志・55
　　抄本　[39]・戊・47

50滇事總錄二卷　清莊士敏撰
　　清光緒刊本　[85]・十五・697

57滇繫　清師範輯
　　清刊本　[74]・續增・史・4

67滇略六卷　明謝肇淛撰
　　舊抄本　[102]・下・10

滇略十卷　明謝肇淛撰
　　明刊本　[11]・三十二・22
　　　[75]・二十六・22
　　刊本　[39]・戊・47
　　舊抄本　[71]・史・地志・55
　　　[74]・二・43

　　精抄本　[91]・十一・22

68滇黔土司婚禮記一卷　清陳鼎撰
　　知不足齋叢書本　[96]・二十
　　四・511

90滇粹　俠少、雪生輯
　　清光緒三十四年(1908)雲南雜
　　誌社日本鉛印本　[85]・
　　十一・572

3419₀　沐

76沐陽縣志四卷　清張奇抱撰
　　清康熙十三年(1674)刊本
　　　[74]・二・46

3421₀　社

50社事始末一卷　清杜登春撰
　　昭代叢書本　[85]・五・221
　　藝海珠塵本　[85]・五・221
　　　[96]・二十三・488

80社倉本末一卷　不知撰人
　　宋刊本　[14]・五上・593

3423₁　祛

27祛疑說一卷　宋儲泳撰
　　宋刊本　[11]・五十八・5
　　　[17]・三・27
　　明刊本　[17]・三・27
　　　[74]・續增・子・5
　　稗海本　[74]・三・54
　　百川學海本　[96]・五十六・
　　1123
　　抄本　[75]・四十四・7

77祛邪紀略一卷　清楊揩撰
　　清嘉慶二十年(1815)刊本
　　　[96]・二十四・512

3424₁　禱

10禱雨錄一卷　明錢琦撰
　　小山堂抄本　[39]・丁・67

3424₇　被

35被遺誤的臺灣　荷蘭揆一等撰
　　荷蘭文及英文日文譯本
　　　[85]・十三・645

40被難紀略不盈卷　清楊山松撰
　　山陰吳氏遯盦彙緪本　[85]・
　　七・331

3426₀　祐

22祐山文集十卷　明馮汝弼撰
　　明刊本　[74]・四・44
　　　[74]・續增・集・11
　　　[102]・上・33

祐山文集十卷詩集四卷　明馮汝
　弼撰
　　刊本　[39]・癸上・52

祐山雜說一卷　明馮汝弼撰
　　普祕笈本　[96]・六十六・1317

褚

43褚載集一卷　唐褚載撰
　　宋刊本　[41]・十九・22

72褚氏遺書一卷　題南齊褚澄撰
　　宋嘉泰元年(1201)刊本
　　　[79]・子・醫家類・516
　　刊本　[39]・庚・85
　　日本延寶元年(1673)刊本
　　　[22]・補遺・42
　　明錢塘胡文煥校本　[22]・補
　　遺・42
　　蘇臺程永培校本　[22]・補遺・
　　42

3430₃　遠

10遠西奇器圖說錄三卷　明鄧玉函
　述
　　刊本　[39]・庚・36

22遠山崔公入藥鏡三卷　不知撰人
　　宋刊本　[41]・十二・6

38遠遊略　黃表撰
　　抄本　[85]・二十一・969

遠遊堂集二卷　宋夏倪撰
　　宋刊本　[41]・二十・12

80遠鏡說一卷　德湯若望撰
　　重訂新法曆書本　[78]・算學
　　書錄補注・88

3430₄ 達

25達生編一卷　清亟齋居士撰
　清雍正刊本　[79]·子·醫家
　類·414

3430₆ 造

24造化權輿六卷　唐趙自勔撰
　宋刊本　[41]·十·15
44造菩薩願文　不知撰人
　舊抄卷子殘本　[22]·五·18
51造甎圖說　明張問之撰
　刊本　[39]·丁·81

3430₉ 遼

10遼天鶴唳記四編十六回　清人撰
　清光緒三十年(1904)石印本
　[69]·二·76
27遼紀一卷　明田汝成撰
　穴硯齋抄本　[30]·五·6
　抄本　[39]·丁·40
38遼海編四卷　明倪謙撰
　明成化五年(1469)盧雍刊本
　[86]·一·27
　遼海丹忠錄八卷　明陸雲龍撰
　明崇禎刊本　[69]·二·67
　[77]·三·87
　刊本　[70]·八上·22
40遼志　宋葉隆禮撰
　明抄本　[59]·三·9
　抄本　[39]·丁·11
50遼史一百十六卷　元脫脫撰
　元刊本　[3]·6　[11]·十
　九·14　[17]·二·6
　[28]·續·六·5　[35]·
　上·40　[36]·100
　[38]·史·13　[47]·
　102　[93]·八·29
　[94]·二·9
　元大德九路刊殘本　[2]·二·
　6
　明嘉靖南監本　[30]·三·5
　[74]·二·6　[75]·十
　五·12　[96]·十五·

342
　清乾隆四年(1739)武英殿刊本
　[74]·二·6　[75]·十
　五·16
　南雍三朝本　[43]·五·21
　元人抄本　[11]·十九·20
　明初抄本　[16]·八·6
　明抄本　[28]·續·六·6
　遼史一百六十卷　元脫脫撰
　元刊本　[13]·2　[48]·二
　輯上·61　[58]·元·
　27　[59]·四·5
　元至正刊本　[91]·六·18
　遼史拾遺不分卷　清厲鶚撰
　抄本　[20]·二·8　[30]·
　四·1　[96]·十五·
343
　遼史拾遺二十卷　清厲鶚撰
　抄本　[53]·一·4
　遼史拾遺二十四卷補編三卷　清
　楊復吉輯
　抄本　[74]·續增·史·1
　遼史拾遺續三卷　清楊復吉輯
　原稿本　[91]·六·19
　遼史曆象志三卷　元脫脫撰
　清武英殿刊本　[78]·算學書
　錄補注·98
　遼東行部志一卷　金王寂撰
　抄本　[11]·六十四·2
　[91]·八·8
　遼東志九卷　明任洛等修
　刊本　[71]·史·地志·15
60遼四京記一卷　不知撰人
　宋刊本　[41]·八·41
80遼金元三史國語解四十六卷　清
　官撰
　抄本　[96]·十五·347
　遼金大臣年表二卷　不知撰人
　抄本　[39]·丁·28
88遼籌二卷奏草一卷陳謠雜詠一卷
　明張簫撰
　明刊本　[30]·二·7
90遼小史一卷　明楊循吉撰
　刊本　[39]·丁·28

　清吟閣瞿氏抄本　[91]·八·
13

3440₄ 婆

39婆娑集三十卷　宋崔鷗撰
　宋刊本　[14]·四下·486
　[41]·十七·29
60婆羅岸全傳二十回　不著撰人
　清嘉慶九年(1804)合興堂刊本
　[69]·五·176

3510₆ 冲

21冲虛至德真經八卷
　見《列子》
　冲虛至德真經解八卷
　見《列子解》
　冲虛至德真經四解二十卷
　見《列子四解》
77冲用編　清曹禾編
　舊抄本　[74]·三·91
　[102]·下·27

3510₇ 津

35津逮祕書十五集一百四十六種
　明毛晉編
　刊本　[74]·三·61
　津逮祕書十五集一百四十種　明
　毛晉編
　明刊本　[102]·上·23
76津陽門詩一卷　唐鄭嵎撰
　宋刊本　[14]·四中·398
　[41]·十九·19
77津門雜事詩一卷　清汪沆撰
　清刊本　[71]·集·國朝別·
44

3512₇ 清

00清夜鍾十六回　明楊某撰
　明刊本　[69]·三·98
　清夜錄一卷　宋沈括撰
　宋刊本　[41]·十一·25
　清夜錄一卷　宋俞文豹撰
　顧氏四十家小說本　[96]·六
　十四·1279

清音閣集六卷　明顧大典撰
　　刊本　［39］・癸下・9
10清三藩史料六輯　故宮博物院文獻館編
　　故宮博物院文獻館排印本
　　　［85］・十五・687
清正存稿六卷　宋徐鹿卿撰
　　舊抄本　［32］・十二・20
清正存稿六卷
　　見《徐清正公存稿》
清平山堂話本二種不分卷　明洪楩編
　　明嘉靖洪楩刊本　［64］・11
11清非集二卷補遺　宋洪朋撰
　　傳錄鮑氏本　［75］・五十四・27
16清聖祠志六卷　清張聯元撰
　　清刊本　［71］・史・地志・84
21清虛集一卷　宋洪朋撰
　　宋刊本　［41］・二十・11
清虛居士隨手雜錄一卷　宋王鞏撰
　　宋刊本　［41］・十一・25
23清獻公集十卷
　　見《趙清獻公集》
清代官書記明臺灣鄭氏亡事四卷　不著撰人
　　前中央研究院鉛印本　［85］・十三・636
清秘閣集十二卷　元倪瓚撰
　　清康熙刊本　［75］・六十・16
24清綺齋書目　清綺齋撰
　　清刊本　［36］・148
26清白士集四種　清梁玉繩撰
　　清嘉慶五年（1800）刊本　［96］・五十九・1186
清泉邑侯江公諫語十二卷附錄二卷　清江恂撰
　　清乾隆二十八年（1763）刊本　［74］・三・12
28清谿弄兵錄一卷　宋王彌大輯
　　函海本　［74］・二・18
　　　［96］・十九・411
　　天一閣抄本　［39］・丁・22

清谿集十卷
　　見《青谿集》
清谿暇筆二卷
　　見《青谿暇筆》
30清塞詩集一卷　唐釋清塞撰
　　宋刊本　［14］・四中・421
　　明刊本　［50］・七・41
清塞詩集二卷　唐釋清塞撰
　　校明抄本　［50］・七・42
　　　［65］・續・四・19
清流摘鏡六卷　明吳嶽輯
　　萬宜樓抄本　［85］・四・184
　　甲申野史彙抄本　［85］・四・184
清漳新志十卷　宋方杰撰
　　宋刊本　［41］・八・33
清漳集三十卷　宋趙不敵編
　　宋刊本　［41］・十五・23
清涼傳二卷　唐釋惠祥撰　廣清涼傳三卷　宋釋延一編　續清涼傳二卷　張商善撰
　　舊抄本　［91］・二十二・3
清瘔齋心賞編一卷　明王象晉撰
　　原刊本　［96］・五十八・1165
清容居士集五十卷　元袁桷撰
　　元刊本　［11］・九十八・1
　　　［28］・續・十三・2
　　　［35］・上・49　［38］・集・77　［92］・四・167
　　刊本　［24］・集二・6
　　舊抄本　［11］・九十八・1
　　　［16］・三十三・10
　　　［60］・七・4　［71］・集・元別・7　［74］・四・36　［93］・二十二・9　［102］・下・35
31清江文集三十卷　明夏瓊撰
　　刊本　［39］・癸上・4
清江文集三十卷詩集十卷　明夏瓊撰
　　清康熙五十八年（1719）刊本　［71］・集・明別・10
清江文集三卷續集一卷　明李詩撰

　　刊本　［24］・集二・21
清江詩法四卷　元范梈撰
　　傳抄本　［32］・十六・3
清江二家詩四卷　明孫偉、敖英撰
　　刊本　［39］・辛・40
清江碧嶂集一卷　元杜本撰
　　刊本　［39］・壬・67
　　宋蔚如校舊抄本　［57］・261
　　舊抄本　［45］・46　［57］・261　［60］・七・2　［71］・集・元別・17
清河縣志二十四卷　清吳棠修
　　清咸豐四年（1854）刊本　［74］・續增・史・8
清河偶抄四卷　清程際盛撰
　　程氏遺書本　［96］・六十二・1240
清河書畫舫不分卷　明張丑撰
　　仁和吳氏池北草堂刊本　［96］・四十八・946
清河書畫舫十一卷　明張丑撰
　　宋賓王校就堂和尚抄本　［2］・三・13
　　抄本　［12］・五・28
清河書畫舫十二卷　明張丑撰
　　曹彬侯抄本　［83］・三・17
　　抄本　［71］・子・書畫家・13　［80］・十五・7
清河書畫表一卷　明張丑撰
　　知不足齋刊本　［96］・四十八・948
清源志七卷　宋戴谿撰
　　宋刊本　［41］・八・23
33清祕述聞十六卷　清法式善撰
　　原刊本　［96］・二十三・496
清祕藏二卷
　　見《張茂實清祕藏》
清祕閣遺稿十五卷　不知撰人
　　明萬曆二十八年（1600）刊本　［59］・七・13
34清波雜志十二卷　宋周煇撰
　　宋刊本　［35］・下・26
　　　［58］・子・108　［68］・

圖版147、目録32

[93]・十七・17　　[94]・
三・6

宋慶元刊本　[2]・三・35

刊本　[36]・191

影宋抄本　[9]・四・15

清波雜志十二卷別志三卷　宋周
煇撰

稗海本　[74]・三・78

知不足齋叢書本　[96]・六十
四・1277

知不足齋寫校本　[8]・子二・
320

文瑞樓手校本　[75]・四十七・
12

清波別志二卷　宋周煇撰

刊本　[39]・己・70

清波別志三卷　宋周煇撰

抄本　[12]・五・35　　[53]・
一・11

清波小志二卷　清徐逢吉撰　補
一卷　清陳景鍾撰

舊抄稿本　[32]・四・27

36清湘志六卷　宋林瀛纂

宋刊本　[41]・八・29

37清初順治司道職名册一卷　不知
撰人

清初抄本　[13]・7

40清才集十卷　宋劉禹卿編

宋刊本　[14]・四下・507

清真雜著三卷　宋周邦彦撰

宋刊本　[41]・十七・32

清真詞二卷　宋周邦彦撰、曹杓
注

宋刊本　[41]・二十一・17

清真詞二卷後集一卷　宋周邦彦
撰

宋刊本　[41]・二十一・5

清真詞二卷補遺一卷　宋周邦彦
撰

清光緒二十六年(1900)鄭文焯
校刊本　[26]・十六・21

清真集二十四卷　宋周邦彦撰

宋刊本　[14]・五下・664

[41]・十七・32

清真唱和集八卷　宋周邦彦等撰

清道光二十五年(1845)武林王
氏校印本　[101]・中・
18

清來堂書目　不著編者

不著版本　[32]・五・11

44清苑齋集一卷　宋趙師秀撰

抄本　[39]・壬・37

清菴先生中和集二十一卷　元李
道純撰

元刊本　[20]・五・20

清菴先生中和集前集三卷　元李
道純撰

元刊本　[71]・集・黄冠・3

清菴先生中和集前集三卷後集三
卷元李道純撰

元刊本　[11]・六十六・29

[50]・六・47

元大德刊本　[43]・四・50

[58]・元・103

明刊本　[24]・集二・18

影元抄本　[91]・二十二・17

舊抄本　[75]・五十・25

48清教録一卷　不知撰人

刊本　[5]・佚文・1

50清史列傳卷八十逆臣傳　不著編
者

中華書局排印本　[85]・十五・
688

清史稿卷二百六十一吳三桂等傳
趙爾巽等纂

排印本　[85]・十五・688

清忠譜二卷　李玉撰

清順治刊本　[64]・15

60清異録二卷　宋陶穀撰

宋刊本　[41]・十一・24

明刊本　[93]・十七・25

清康熙刊本　[75]・四十八・
16

陳氏漱六閣刊本　[92]・三・
126

最宜草堂刊本　[96]・六十七・
1325

刊本　[71]・子・小説家・3

[74]・三・84

明嘉靖抄本　[102]・下・26

清異録六卷　宋陶穀撰

刊本　[39]・己・67

清異録四卷補遺一卷　宋陶穀撰

刊本　[5]・三上・25

65清嘯集　元陶振撰　桂軒詩集不
分卷　元謝常撰

清王運涇校清崑山葉氏抄本
[2]・五・13

67清明集　不著撰人

宋刊殘本　[73]・圖版36

清暉閣詩一卷　不著撰人

宋刊本　[41]・十五・24

清照堂打包剩語二卷　清陳恂撰

清刊本　[71]・集・國朝別・
47

68清吟堂書目四卷　清瞿世瑛撰

傳抄本　[60]・五・6

77清風稿八卷　明童軒撰

刊本　[39]・癸上・16

[88]・五・55

清風集一卷　宋鮑當撰

宋刊本　[41]・二十・4

清風閘四卷　清人撰

清嘉慶二十四年(1819)李孝軒
刊本　[69]・六・195

清閟閣遺稿八卷　元倪瓚撰

明刊本　[93]・二十二・24

清閟閣遺稿十五卷世系圖一卷
元倪瓚撰

明萬曆刊本　[71]・集・元別・
23

清閟全集五十八卷　明姚希孟撰

明崇禎大隱堂刊本　[85]・二・
129

清賢記六卷　明尤鍧撰

明天啓刊本　[32]・四・9

90清賞録二卷　明張翼撰

刊本　[39]・己・78

清賞録十二卷　題包衡西、林自
彦輯

刊本　[71]・子・小説家・25

91清類天文分野之書二十四卷　明
劉基撰
明刊本　[96]·四十六·889
刊本　[39]·庚·59　　[71]·
史·地志·26

3513₀ 決

24決科古今源流至論別集十卷
見《古今源流至論別集》
決科古今源流至論前集十卷後集
十卷續集十卷
見《古今源流至論前集、後集、
續集》
決科嶺江綱三十五卷　不知撰人
元刊本　[58]·元·98
43決獄龜鑑二十卷　宋鄭克編
宋刊本　[14]·後志·一·803
72決脈精要一卷　不知撰人
抄王月軒手書本　[22]·補遺·
30

3513₂ 濃

95濃情快史四卷　題餐花主人編
嘯花軒刊本　[69]·四·156

3516₆ 漕

18漕政舉要十八卷　明邵寶撰
刊本　[39]·丁·63
31漕河志三卷　明王瓊撰
刊本　[39]·丁·76
漕河奏議四卷　明王以旂輯
刊本　[39]·丁·76
37漕運通志十卷　明楊希仁撰
刊本　[39]·丁·64

3519₀ 洙

36洙泗問津　清巢鳴盛輯
抄本　[39]·己·30

3519₆ 涑

12涑水紀聞二卷　宋司馬光撰
校舊抄本　[61]·五·1
知不足齋抄本　[39]·丁·20
舊抄本　[30]·四·17

[60]·八·6　　[91]·
二十一·6
涑水紀聞十卷　宋司馬光撰
宋刊本　[41]·五·18
涑水紀聞十六卷　宋司馬光撰
聚珍刊本　[74]·三·75
學津討原本　[96]·六十四·
1261
舊抄本　[11]·六十二·12
[75]·四十六·10

3520₆ 神

00神廟留中奏疏彙要四十卷目錄一
卷　明董其昌輯
燕京大學圖書館鉛印本
[85]·二·83
慕玄甫抄本　[85]·二·83
神應經一卷　明陳會撰
明刊本　[91]·十六·26
明刊黑口本　[79]·子·醫家
類·425
刊本　[39]·庚·90
01神龍鬼砂一卷　不知撰人
宋刊本　[41]·十二·32
13神武祕要十卷　宋仁宗趙禎撰
宋刊本　[14]·三下·277
22神仙傳不分卷　晉葛洪撰
宋刊本　[14]·三下·305
神仙傳十卷　晉葛洪撰
漢魏叢書本　[74]·三·90
[96]·六十九·1355
舊抄本　[5]·二中·21
神仙感遇傳五卷　蜀杜光庭撰
明抄藍格本　[60]·二·11
神仙服餌二卷　不著撰人
抄本　[5]·佚文·4
28神僧傳九卷　不著撰人
明刊本　[93]·十八·7
明永樂官刊本　[8]·子二·
348
明秦藩刊本　[91]·二十二·
8
古今逸史本　[74]·三·86
30神宗聖訓二十卷　宋林慮編

宋刊本　[14]·五下·720
神宗皇帝御集二百卷　宋神宗趙
頊撰
宋刊本　[14]·後志·二·896
神宗皇帝即位使遼語録一卷　宋
陳襄撰
明抄本　[11]·三十四·2
舊抄本　[75]·二十七·15
神宗實録二百卷　宋呂大防撰
宋刊本　[14]·二上·123
神宗實録二百卷　宋黃庭堅撰
宋刊本　[41]·四·40
神宗實録考異二百卷　宋范冲等
撰
宋刊本　[41]·四·40
32神州古史考一卷　清倪璠撰
清刊本　[71]·史·地志·44
38神道大編象宗圖學一卷　不著撰
人
抄本　[5]·三中·18
40神女清華經一卷　不知撰人
刊本　[5]·三中·25
41神樞鬼藏　不知撰人
天一閣抄本　[39]·庚·67
42神機武略望江南一卷　不知撰人
刊本　[5]·三中·7
神機制敵太白經一卷　唐李筌撰
抄本　[5]·三中·5
神機制敵太白經十卷　唐李筌撰
舊抄本　[5]·三中·5
[11]·四十二·4　　[59]·
二·17　　[93]·十三·
15
50神中記一卷　宋唐濬撰
宋刊本　[14]·三下·270
55神農本草二十卷　宋掌禹錫等注
宋刊本　[14]·三下·295
神農本草經三卷　魏吳普等述、
清孫星衍、孫馮翼輯
日本嘉永刊本　[26]·六·50
問經堂叢書本　[96]·四十一·
737
四部備要本　[79]·子·醫家
類·444

神農本草經五卷　日本森立之輯
　輯本　[76]•九•7
神農本草經疏三十卷　明繆希雍
　撰
　明天啓五年(1625)毛氏綠君亭
　　刊本　[79]•子•醫家類•
　　459　[86]•七•14
　　[96]•四十三•788
　刊本　[39]•庚•92
神農本草經百種録一卷　清徐大
　椿撰
　清乾隆刊本　[79]•子•醫家
　　類•462
　半松齋醫書六種本　[96]•四
　　十一•738
60神異經一卷　題漢東方朔撰、晉
　張華注
　宋刊本　[41]•十一•1
　明嘉靖刊本　[17]•三•37
　漢魏叢書本　[74]•三•81
　　[96]•六十六•1302
　舊抄本　[4]•17
66神器譜　明趙士禎撰
　明萬曆二十六年(1598)刊本
　　[67]•第五册•91
　　[68]•圖版670、目録107
67神明鏡二卷　題玉蟾館主人輯
　精抄本　[74]•二•58
　抄本　[102]•下•11
72神隱志二卷　不知撰人
　明刊本　[91]•二十二•19
77神醫普救方　不知撰人
　北宋國子監刊本　[7]•中•
　　44
80神會曆一卷　晉郭璞撰
　格致叢書本　[79]•算學書録
　　補注•90

3521₈　禮

07禮記不分卷　不著撰人
　明刊白文本　[60]•一•11
　禮記二卷　不著撰人
　宋刊小字白文本　[59]•一•
　　4

禮記三卷　不著撰人
　明嘉靖三十一年(1552)翁溥刊
　　白文本　[17]•一•5
禮記十三卷　漢戴德注
　宋刊本　[9]•後編•二•24、
　　25　[14]•一上•46
　　[35]•上•29　[41]•
　　二•23　[65]•一•29
　元至正十四年(1354)嘉興路儒
　　學刊本　[2]•一•18
　　[43]•一•27　[48]•
　　二輯上•19　[68]•圖
　　版286、目録54　[91]•
　　二•29
　元劉廷幹刊本　[35]•上•29
　明袁褧覆宋刊本　[3]•2
　　[11]•七•5　[17]•
　　一•5
　明嘉趣堂翻宋本　[8]•經二•
　　64
　明嘉靖翻宋本　[91]•二•23
　明刊本　[9]•七•7　[52]•
　　一•11　[75]•五•18
　　[91]•二•29　[93]•
　　四•12
　明嘉靖刊本　[32]•一•35
　明嘉靖豫章蔡文範刊本
　　[17]•一•5
　聚珍刊本　[74]•一•26
　日照許氏江都汪氏校明刊本
　　[8]•經二•65
　華亭王慶麾校本　[57]•5
　校本　[50]•一•7　[65]•
　　一•30
　舊抄本　[5]•一上•25
　　[16]•四•15
禮記二十卷　漢戴聖注
　宋刊本　[41]•二•23
禮記二十卷　漢鄭玄注
　北宋國子監刊本　[7]•中•1
　宋刊本　[9]•後編•二•21、
　　24　[14]•一上•45
　　[17]•一•4　[28]•
　　續•三•20　[33]•經•

　　9、11、12　[37]•第一
　　輯　[38]•經•15
　　[41]•二•24　[48]•
　　一輯•5　[50]•一•5
　　[58]•經•29、30、33、34
　　[65]•一•23　[81]•
　　經•5　[83]•一•5
　　[91]•二•23　[93]•
　　四•5、6、8　[94]•一•
　　4
　宋蜀刊大字本　[16]•續•一•
　　3　[35]•上•24
　　[68]•圖版222、目録43
　宋刊大字本　[2]•一•14
　　[35]•上•26
　宋刊巾箱本　[2]•一•15
　　[17]•一•5　[22]•
　　一•30　[35]•上•6、
　　14、29　[58]•經•36
　　[84]•一•8
　宋建安余仁仲萬卷堂家塾刊本
　　[2]•一•15　[5]•佚
　　文•5　[68]•圖版171、
　　172、目録37
　宋淳熙四年(1177)撫州公使庫
　　刊本　[23]•25　[35]•
　　上•24　[58]•經•28
　　[67]•第五册•7　[68]•
　　圖版137、目録31
　南宋國子監刊本　[7]•下•1
　南宋刊本　[35]•下•2
　宋刊遞修本　[68]•圖版13、
　　目録9
　京本　[35]•下•1
　明覆宋本　[11]•七•1
　明刊本　[93]•四•9
　翻宋岳氏本　[45]•2
　刊本　[89]•一集•二•6、7、
　　9、10
　日本五山活字本　[17]•一•
　　5
　活字刊本　[22]•一•30
　日本刊本　[75]•五•16
　校宋本　[50]•一•5　[65]•

323

一 • 25

影抄宋淳熙四年(1177)撫州公使庫刊本 [80] • 七 • 4

舊抄本 [22] • 一 • 29

楊惺吾傳抄本 [32] • 一 • 32

禮記二十卷禮記舉要圖一卷　漢鄭玄注

宋刊本 [11]• 七•1　[72]• 4

宋建中刊本 [73] • 圖版5

南宋刊麻沙本 [35] • 下 • 3

禮記十七卷釋宮一卷綱目一卷　宋李如圭注

宋刊本 [41] • 二 • 19

禮記旁訓六卷　清徐立綱撰

刊本 [89] • 二集 • 一 • 27

禮記意評四卷　明朱泰禎撰

刊本 [39] • 乙 • 12

禮記章句四十九卷　清王夫之撰

湘鄉刊本 [74] • 一 • 28

禮記章義十卷　清姜兆錫撰

清刊本 [39] • 乙 • 15

寅清樓刊本 [96] • 五 • 84

禮記訓義擇言八卷　清江永撰

墨海金壺本 [96] • 五 • 85

禮記訓纂四十九卷　清朱彬撰

清家刊本 [100] • 9

禮記新裁三十六卷　明童維巖、童維坤撰

刊本 [39] • 乙 • 13

禮記說義二十四卷　明楊梧撰

刊本 [39] • 乙 • 13

禮記詳節句解　宋朱申撰

元初建刊本 [67] • 第五冊 • 57

輯本 [55] • 六 • 1

禮記正譌　不知撰人

稿本 [95] • 一 • 5

禮記正義七十卷

見《禮記注疏》

禮記要義二卷　宋王安石撰

宋刊本 [14] • 五上 • 528

禮記要義三十三卷　宋魏了翁撰

宋刊本 [34]•一•4　[38]•

經 • 20　[74] • 一 • 28

影宋抄本 [36] • 16

禮記天算釋一卷　清孔廣牧撰

詹岱閣刊本 [78] • 算學書録補注 • 93

禮記子本疏義第五十九卷　陳鄭灼撰

殘卷子本 [44] • 一 • 32

禮記集記補正三十八卷

見《禮記陳氏集說補正》

禮記集說十卷　元陳澔撰

明刊本 [74] • 一 • 25

明嘉靖刊本 [75] • 五 • 18

明萬曆書林新賢堂張閩岳校梓本 [64] • 60

雲間華氏敬業堂刊本 [96] • 五 • 77

禮記集說十六卷　元陳澔撰

元刊本 [22] • 一 • 31　[23] • 30　[35] • 下 • 2、3　[57]•5　[59]• 一 • 5　[93] • 四 • 12　[94] • 一 • 13

明刊本 [9] • 後編 • 十二 • 12

明正統十二年(1447)司禮監刊本 [86]•三•7　[91]• 二 • 25

日本應永十一年抄本 [22] • 一 • 31

禮記集說三十卷　元陳澔撰

元刊本 [11]•七•5　[75]• 五 • 17

明刊本 [11]•七•5　[34]• 二 • 22　[75] • 五 • 17　[93] • 四 • 12　[102]• 上 • 12

明白口九行本 [8] • 經二•55　[26] • 一 • 54

明吳勉學刊本 [60] • 一 • 12

明苕谿范翔刊本 [60] • 一 • 12

明嘉靖翻元本 [91] • 二 • 25

明嘉靖閩中刊本 [91] • 二 •

26

刊本 [89] • 一集 • 二 • 16

禮記集說一百六十卷　宋衛湜纂

宋刊本 [41] • 二 • 26　[58] • 經 • 37　[74] • 一 • 24

宋紹定刊本 [2] • 一 • 18

宋嘉熙四年(1240)新定郡齋刊本 [68] • 圖版102、目録 25

通志堂經解本 [96] • 五 • 76

影宋抄本 [91] • 二 • 24

禮記集說辨疑一卷　明戴冠撰

刊本 [39] • 乙 • 12

禮記集說大全三十卷　明胡廣等撰

明刊本 [9] • 後編 • 十二•13　[91] • 二 • 27

禮記外傳四卷　唐成伯璵撰

宋刊本 [14] • 一上 • 49

禮記參訂十六卷　清陳鱣撰

傳抄本 [32] • 一 • 34

禮記偶箋三卷　清萬斯大輯

清刊本 [39] • 乙 • 14

經學五書本 [96] • 五 • 83

禮記釋文一卷　唐陸德明撰

清嘉慶十一年(1806)陽城張氏覆刊宋本 [60] • 一 • 12

禮記釋文四卷　唐陸德明撰

宋刊本 [17]•一•8　[35]• 上 • 25　[41] • 二 • 24　[83]•一 • 6　[93]• 四 • 9　[94] • 一 • 4

宋淳熙撫州公使庫刊本 [2] • 一 • 15　[58] • 經 • 31　[80] • 十四 • 1

納蘭容若通志堂刊本 [34]• 附 • 一 • 4

禮記解四卷　宋呂大臨撰

宋刊本 [14] • 一上 • 50

禮記解十六卷　宋呂大臨撰

宋刊本 [41] • 二 • 24

禮記解二十卷　宋方愨撰

宋刊本　[41]・二・24

禮記解七十卷　宋馬希孟撰
　　宋刊本　[41]・二・25

禮記解詁一卷　漢盧植注、清臧
庸輯
　　清拜經堂刊本　[74]・一・24
　　[96]・五・73

禮記疑問十二卷　明姚舜牧撰
　　刊本　[39]・乙・13
　　重刊本　[96]・五・78

禮記疑義七十二卷　漢鄭玄注、
唐賈公彥疏、清吳廷華存疑
　　舊抄本　[16]・四・14
　　[91]・二・28

禮記彙編八卷　清王心敬撰
　　清刊本　[39]・乙・14

禮記注二十卷
　　見《禮記》

禮記注疏六十三卷　漢鄭玄注、
唐孔穎達疏、陸德明釋文
　　宋刊本　[10]・2　　[22]・
　　一・30　　[35]・上・25
　　宋刊十行本　[11]・七・1
　　南宋黑口本　[4]・2
　　宋刊明補本　[32]・一・34
　　元刊十行本　[74]・一・24
　　明刊九行本　[11]・七・2
　　[75]・五・16
　　明閩刊本　[60]・一・12
　　[91]・二・24
　　汲古閣刊本　[17]・一・5
　　[74]・一・24
　　清武英殿十三經注疏本
　　[96]・五・74
　　清彭元瑞校和珅覆宋劉叔剛本
　　[2]・一・17
　　清吳志忠錄校汲古閣刊本
　　[2]・一・16
　　和氏影宋刊十行本　[75]・五・
　　16

禮記注疏七十卷　漢鄭玄注、唐
孔穎達疏、陸德明釋文
　　北宋國子監刊本　[7]・中・2
　　宋刊本　[14]・一上・48

[23]・27　　[35]・上・
6　　[36]・15　　[41]・
二・24

宋蜀刊大字本　[35]・上・24
宋紹熙三年(1192)兩浙東路茶
鹽司刊本　[2]・一・16
[37]・第二輯　　[38]・
經・18　　[68]・圖版71、
72、目錄19
南宋國子監刊本　[7]・下・2
明嘉靖李元陽刊本　[12]・四・
2　　[84]・一・10
[92]・一・11
刊本　[89]・一集・二・11、13
校宋本　[33]・經・13
校刊本　[95]・一・5
舊抄本　[22]・一・30
[36]・12　　[89]・一集・
二・12

禮記補疏三卷　清焦循撰
　　原刊本　[96]・五・86

禮記補注十三卷　漢戴德注、清
孔廣森補注
　　清刊本　[74]・一・26
　　鄳軒孔氏所著書本　[96]・五・
　　88
　　龔孝拱校孔氏家刊本　[8]・經
　　二・67
　　趙雩門校藏本　[91]・二・29

禮記通解二十二卷　明郝敬撰
　　刊本　[39]・乙・12

禮記大全三十卷
　　見《禮記集説大全》

禮記圭約　清蔣鳴玉撰
　　清刊本　[39]・乙・13

禮記校勘記一卷　不知撰人
　　稿本　[52]・一・10

禮記析疑四十八卷　清方苞撰
　　望谿全集本　[96]・五・85

禮記考異二卷　清方敦仁撰
　　刊本　[80]・十四・2

禮記日錄三十卷　明黃乾行撰
　　刊本　[39]・乙・12

禮記異文釋八卷　清李富孫撰

別下齋刊本　[74]・一・26

禮記單疏　唐孔穎達撰
　　影抄日本卷子本　[59]・一・
　　4

禮記單注二十卷
　　見《禮記》

禮記明音二卷　明王覺撰
　　刊本　[39]・乙・13

禮記陳氏集説補正三十八卷　清
納蘭性德撰
　　通志堂經解本　[74]・一・26
　　[96]・五・83

禮記月令一卷　漢鄭玄注
　　宋刊巾箱本　[16]・四・10

禮記義疏八十二卷　清官撰
　　蘇州紫陽書院重刊本　[96]・
　　五・82

禮記鄭氏注二十卷
　　見《禮記》

禮記纂言三十六卷　元吳澄撰
　　元刊本　[28]・續・四・1
　　[34]・二・3　　[35]・
　　下・2
　　明刊本　[11]・七・4　　[93]・
　　四・11
　　明正德刊本　[16]・四・12
　　[91]・二・26
　　明崇禎二年(1629)重刊本
　　[75]・五・17　　[96]・
　　五・76
　　刊本　[39]・乙・11

禮記纂注三十卷　明徐師曾撰
　　刊本　[39]・乙・12

禮記類編三十卷　清沈元滄輯
　　清刊本　[39]・乙・16

禮部韻注五卷
　　見《禮部韻略》

禮部韻略三卷　宋丁度撰
　　北宋刊本　[22]・二・42
　　[35]・下・36

禮部韻略五卷　宋丁度撰、毛晃
注
　　北宋國子監刊本　[7]・中・
　　17、18

宋刊本 [11]·十六·19
　[14]·一下·87　[18]·
　上·6　[28]·一·23
　[35]·上·14　[35]·
　下·1　[41]·三·47、
　48　[65]·一·66
　[68]·圖版35、36、目録14
　[72]·7
宋麻沙刊本 [35]·下·19
宋嘉定國子監刊本 [2]·一·
　39　[7]·下·4
宋紹定刊本 [35]·上·27
宋廣州刊本 [68]·圖版248、
　249、目録47
元刊本 [5]·一下·16
　[9]·後編·八·21
　[29]·一·8　[30]·
　一·1　[34]·二·5
　[35]·下·1、23、38
　[48]·二輯上·46
　[58]·元·24　[76]·
　四·6、11　[87]·一·
　3　[91]·五·22
　[93]·七·24　[94]·
　一·16
元至正刊本 [2]·一·40
　[16]·七·18
元至正四年(1344)仲夏余氏勤
　德堂刊本 [89]·一集·
　三·45
元至正十五年(1355)刊本
　[22]·二·42
明覆元本 [38]·經·62
劉氏天香書院刊本 [89]·二
　集·一·42
朝鮮國刊本 [22]·二·42
日本明應活字本 [44]·三·30
太歲丙午仲夏秀巖書堂刊本
　[89]·一集·三·44
舊板本 [22]·二·42
刊本 [5]·一下·15　[89]·
　一集·三·46
清康熙曹寅依宋刊本 [36]·
　33　[74]·一·55

棟亭五種本 [96]·十四·283
影抄宋刊本 [34]·附·一·9
影宋元祐刊本 [76]·四·3
海寧陳氏抄本 [39]·丙·34
禮部韻略五卷 宋丁度撰、金王
　文郁校注
　金刊本 [65]·一·68
　元刊本 [74]·一·56
　元大德刊本 [16]·七·18
　　[58]·元·25
　元大德十年(1306)平水王氏中
　　和軒刊本 [67]·第五册·
　　72
　影元抄本 [11]·十七·2
　　[17]·一·11　[28]·
　　續·四·13　[35]·下·
　　38　[59]·一·10
　　[93]·七·26
　抄本 [75]·十四·1　[96]·
　　十四·287
禮部韻略五卷貢舉條式一卷 宋
　丁度撰、毛晃注
　宋刊本 [41]·三·44
　　[58]·經·63　[93]·
　　七·24　[94]·一·9
　宋紹定刊本 [58]·經·61
　清初影抄宋本 [2]·一·39
禮部韻略五卷貢舉條式一卷 宋
　丁度撰、金王文郁校注
　元刊本 [102]·上·7
禮部韻略釋疑五卷 宋丁度撰
　影元抄本 [17]·一·10
禮部集八卷 明華叔陽撰
　刊本 [39]·癸下·8
禮部集二十卷
　見《吳禮部文集》
禮部存稿八卷 明陳子壯撰
　廣東叢書本 [85]·十九·876
08禮説十四卷 清惠士奇撰
　清刊本 [39]·乙·4
　經學叢書本 [96]·三·51
10禮要樂則 明阮鶚撰
　刊本 [39]·乙·28
21禮經十七卷 漢鄭玄撰

宋刊本 [41]·二 17
禮經釋例十三卷 清凌廷堪撰
　文選樓刊本 [96]·四·79
禮經宮室答問二卷 清洪頤煊撰
　原刊本 [96]·六·100
禮經通論二卷 清邵懿辰撰
　清同治刊本 [74]·一·27
禮經本義十七卷 清蔡德晉撰
　抄本 [34]·三·2　[96]·
　　四·65
禮經本義二十卷 清蔡德晉撰
　抄本 [96]·三·51 [96]·
　　六·102
禮經會元四卷 宋葉時撰
　元刊本 [9]·五·6　[9]·
　　後編·八·13　[11]·
　　六·4　[34]·二·2
　　[35]·下·4　[59]·
　　一·4　[93]·四·2
　　[94]·一·13
　怡府藏元刊本 [91]·二·11
　汪秀峯藏元刊本 [91]·二·11
　元至正二十五年(1365)刊本
　　[8]·經二·57　[92]·
　　一·11
　明覆元本 [38]·經·14
　明嘉靖五年(1526)蕭梅林翻元
　　刊本 [19]·二
　通志堂經解本 [74]·一·21
　　[96]·三·45
禮經類編三十卷 明李經綸撰
　舊抄本 [74]·一·27
　　[102]·下·2
22禮山園文集八卷 清李采章撰
　清刊本 [39]·癸下·56
禮樂通考三十卷 清吳掄撰
　清刊本 [39]·乙·28
24禮緯含文嘉三卷 宋張師禹撰
　抄本 [5]·三中·19　[39]·
　　庚·27　[71]·子·兵
　　家·3
25禮傳本義二十卷
　見《禮經本義》
26禮白嶽記一卷附蓬櫳夜話一卷

明李日華撰
　竹嬾説部本　[96]・二十四・504
27禮象十五卷　宋陸佃撰
　宋刊本　[41]・二・27
30禮注十七卷　漢鄭玄撰
　宋刊本　[41]・二・17
50禮書一百五十卷　宋陳祥道撰
　宋刊本　[4]・5　[14]・後志・一・761　[15]・1　[17]・一・5　[22]・一・31　[34]・一・4　[37]・第一輯　[41]・二・27　[98]・2
　宋刊元修本　[11]・七・13　[38]・經・26
　元刊本　[1]・上・2　[11]・七・7　[16]・四・15　[32]・一・35　[35]・下・35　[43]・一・29　[48]・二輯上・20　[65]・一・31　[91]・二・32　[93]・四・13
　元至正七年(1347)刊本　[74]・一・28
　元刊明印本　[75]・五・22
　明刊本　[96]・六・100
　方氏刊本　[75]・五・27
　刊本　[89]・一集・四・49
禮書綱目八十五卷　清江永撰
　留真堂刊本　[96]・六・103
禮書綱目九十一卷　清江永撰
　抄本　[39]・乙・27
77禮學巵言六卷　清孔廣森撰
　儀鄭堂刊本　[96]・六・98
禮學會編六十四卷　清應撝謙撰
　稿本　[39]・乙・26
禮問二卷　明呂柟撰
　刊本　[39]・乙・24
禮閣新儀三十卷　唐韋公肅撰
　宋刊本　[41]・六・13
88禮箋三卷　清金榜撰
　原刊本　[96]・六・98
禮纂五卷　清李光地撰

文貞全集本　[96]・六・109

3526₀ 袖

18袖珍方四卷　明朱橚編
　元刊袖珍本　[92]・三・86
　明洪武刊本　[38]・子・22　[92]・三・86
　明刊本　[87]・四・3
　明刊小字本　[60]・二・28
　明正德重刊本　[92]・三・87
袖珍方大全四卷　明李恒輯
　明刊本　[9]・後編・十七・21
　明洪武刊本　[79]・子・醫家類・504
　明弘治翻洪武本　[91]・十六・23
　刊本　[89]・二集・七・20
袖珍小兒方十卷　明徐用宣輯
　明嘉靖十一年(1532)贛撫錢宏刊本　[79]・子・醫家類・403
　刊本　[39]・庚・89

3530₀ 連

22連川志十卷　宋陶武撰
　宋刊本　[41]・八・36
30連寶學奏議二卷　宋連南夫撰
　宋刊本　[41]・二十二・4
32連州志十卷　清安達里撰
　清刊本　[71]・史・地志・15
40連南夫知泉州表　宋連南夫撰
　刊本　[88]・續・20
43連城璧全集十二集外編六卷　清李漁撰
　日本抄本　[69]・三・100
47連聲韻集成十三卷直音篇七卷　章黼輯
　明成化刊本　[91]・五・25
76連陽八排風土記八卷　清李來章撰
　清刊本　[39]・戊・49

3530₆ 迪

14迪功集六卷
　見《徐迪功集》

3530₈ 遺

22遺山集
　見《元遺山集》
遺山堂詩　不知撰人
　精抄本　[84]・二・36
44遺老高風　不知撰人
　抄本　[20]・五・38
48遺教經一卷　不知撰人
　宋刊本　[41]・十二・10
50遺事瑣談六卷　沈頤儼輯
　舊抄本　[85]・二十一・945
　傳抄本　[85]・二十一・945
77遺民詩　清卓爾堪輯
　清康熙刊本　[68]・圖版502、目錄84
遺民小傳一卷　清卓爾堪撰
　抄本　[85]・十七・742
88遺篋稿九卷　明方九叙撰
　刊本　[71]・集・明別・83

3610₀ 泊

30泊宅編三卷　宋方勺撰
　稗海本　[74]・三・77
　讀畫齋叢書本　[96]・六十四・1268
泊宅編十卷　宋方勺撰
　宋刊本　[41]・十一・18
　抄本　[75]・四十六・18
77泊鷗山房集三十六卷　清陶元藻撰
　清嘉慶十八年(1813)刊本　[26]・十二・13

湘

10湘雨樓詩二卷　清張祖同撰
　子仲卣刊本　[26]・十四・44
湘雨樓詞三卷步清真詞一卷湘絃離恨譜一卷　清張祖同撰
　子仲卣刊本　[26]・十六・29

21湘上癡脫離實錄一卷　題湘上癡
撰
　　希青堂集本　[85]·二十一·
　　949
22湘山事狀十二卷　宋蔣擢撰
　　明仿宋刊本　[71]·史·地志·
　　87
　　湘山野錄三卷　宋釋文瑩撰
　　宋刊本　[50]·六·16
　　舊抄本　[11]·六十二·19
　　[50]·六·17　　[75]·
　　四十六·16
　　湘山野錄四卷　宋釋文瑩撰
　　宋刊本　[14]·三下·255
　　湘山野錄三卷續湘山野錄一卷
　　宋釋文瑩撰
　　宋刊本　[10]·27　　[35]·
　　上·20
　　宋刊補元抄本　[33]·子·35
　　[58]·子·106
　　津逮祕書本　[74]·三·76
　　學津討原本　[96]·六十四·
　　1263
　　校宋本　[50]·六·17
　　[52]·二·14　　[65]·
　　續·三·63
　　校汲古閣本　[32]·九·14
　　明抄本　[91]·二十一·9
　　天一閣抄本　[39]·丁·22
　　抄本　[5]·三上·29
　　湘山野錄三卷續錄三卷　宋釋文
瑩撰
　　宋刊本　[35]·上·20
　　抄本　[93]·十七·16
26湘臯集二十二卷　明蔣冕撰
　　刊本　[39]·癸上·25
31湘江論一卷　宋潘洞撰
　　宋刊本　[41]·八·40
37湘湖水利志三卷　清毛奇齡撰
　　西河全書本　[74]·二·50
50湘中山水記三卷　晉羅含撰
　　宋刊本　[41]·八·38
　　湘中草一卷　清湯傳楹撰
　　清刊本　[74]·續增·集·13

湘中類稿三卷　宋楊叔虎撰
　　宋刊本　[14]·五下·682
88湘管齋寓賞編六卷　清陳焯撰
　　原刊本　[96]·四十八·961
91湘煙錄十六卷　明閔元京撰
　　刊本　[39]·己·84　　[71]·
　　子·小説家·26
　　舊抄本　[75]·四十二·27

3611₁　混

10混元內外鑒二卷延壽經一卷　不
知撰人
　　宋刊本　[14]·後志·二·880
混元盒五毒全傳二十回　不著撰
人
　　坊刊本　[69]·五·179

3611₇　溫

00溫病條辨六卷　清吳瑭撰
　　清嘉慶十八年(1813)問心堂刊
　　本　[79]·子·醫家類·
　　443
　　溫庭筠詩集七卷
　　見《溫飛卿集》
　　溫庭筠金筌集七卷
　　見《溫飛卿集》
12溫飛卿集五卷　唐溫庭筠撰
　　明抄本　[11]·七十·17
　　溫飛卿集七卷　唐溫庭筠撰
　　宋刊本　[41]·十九·17
　　明刊本　[17]·四·11
　　陳南浦校汲古閣本　[30]·六·
　　41
　　溫飛卿集七卷別集一卷　唐溫庭
筠撰
　　宋刊本　[14]·四中·400
　　明刊本　[17]·四·11
　　[93]·十九·36
　　清毛文光校汲古閣刊本
　　[2]·四·16
　　毛板校宋本　[16]·二十九·
　　14
　　校宋本　[93]·十九·36
　　影抄宋本　[5]·四中·7

錢遵王精抄本　[91]·二十五·
11
溫飛卿集箋注八卷　唐溫庭筠撰
　　汲古閣刊本　[74]·四·10
21溫處海防圖略一卷　明蔡逢時撰
　　抄本　[74]·二·52　　[102]·
　　下·11
　　溫處海防圖略二卷　明劉芳譽等
輯
　　刊本　[39]·丁·72
　　溫經日用錄　題張陶撰
　　舊抄本　[74]·三·7
44溫熱經緯五卷　清王士雄撰
　　清光緒三年(1877)湖北書局刊
　　本　[79]·子·醫家類·
　　443
60溫國文正公文集八十卷
　　見《司馬文正公文集》
72溫氏隱居助道方服藥須知一卷
不知撰人
　　抄本　[22]·補遺·64
　　溫氏母訓一卷　明溫璜撰
　　當歸草堂刊本　[74]·三·6
　　墨妙樓刊本　[96]·三十七·
　　701
80溫八叉集注四卷　唐溫八叉撰
　　顧氏秀野草堂刊本　[26]·七·
　　36
　　溫公司馬光易説一卷
　　見《易説》
　　溫公紀聞五卷　宋司馬光撰
　　宋刊本　[14]·二上·137
　　溫公徽言三卷　宋司馬光纂
　　宋刊本　[41]·十·17
　　刊本　[39]·己·2
　　溫公家範十卷
　　見《家範》
　　溫公道德論述要二卷
　　見《老子道德論述要》
　　溫公七國象碁一卷　宋司馬光撰
　　宋刊本　[14]·後志·二·860
　　溫公書儀一卷
　　見《書儀》
　　溫公投壺新格一卷　宋司馬光撰

宋刊本　[14]・後志・二・859
温公日記一卷　宋司馬光撰
　宋刊本　[41]・七・19
温公年譜八卷遺事一卷荆公年譜
三卷遺事一卷　不知撰人
　刊本　[88]・二・9

3612₇ 湯

30湯液本草二卷　元王好古撰
　明刊本　[91]・十六・21
湯液本草三卷　元王好古撰
　醫統正脈本　[79]・子・醫家
　類・456　[96]・四十
　二・771
31湯潛菴先生遺稿五卷志學會約一
卷　清湯斌撰
　清刊本　[71]・集・國朝別・
　7
72湯氏嬰孩妙訣二卷　宋湯衡撰
　宋刊本　[41]・十三・13
78湯陰精忠廟志十四卷　明張應登
輯
　明刊本　[91]・十二・10

渭

22渭川居士詞一卷　宋呂勝己撰
　刊本　[28]・十三・24
　舊抄本　[11]・一百二十・5
　[16]・三十六・8　[75]・
　六十四・25　[91]・四
　十・15　[93]・二十四・
　7
　傳抄本　[32]・十六・8
渭崖文集十卷　明霍韜撰
　清康熙二十四年(1685)刊本
　[71]・集・明別・79
40渭南文集五十卷　宋陸游撰
　宋刊本　[10]・48　[35]・
　上・50　[50]・八・30
　[58]・集・90
　宋嘉定十三年(1220)陸子遹刊
　本　[68]・圖版37、目録
　14
　明刊本　[9]・十・26

明弘治十五年(1502)華珵銅活
字印本　[11]・八十七・
10　[68]・圖版603、目
録97　[91]・三十・25
明末汲古閣刊本　[64]・38
　[75]・五十六・7
渭南文集五十二卷　宋陸游撰
　元刊本　[9]・後編・十一・9
　明刊本　[11]・八十七・11
　[32]・十二・11　[93]・
　二十一・19
　明正德八年(1513)梁喬刊本
　[17]・四・25　[26]・
　八・44　[38]・集・59
　[59]・六・27　[91]・
　三十・25
　明萬曆刊本　[91]・三十・26
　刊本　[100]・131
渭南文集三十卷劍南詩稿續稿八
十七卷　宋陸游撰
　宋刊本　[41]・十八・21
渭南集一卷　唐趙瑕撰
　宋刊本　[14]・四中・396
　[41]・十九・18
渭南縣志十八卷　南大吉撰
　明刊本　[32]・四・21
渭南祕訣一卷　宋謝淵撰
　宋刊本　[41]・十二・15

3613₂ 瀑

26瀑泉集十二卷　宋釋祖可撰
　宋刊本　[41]・二十・24

3614₇ 漫

38漫遊稿六卷　明馮世雍撰
　明嘉靖刊本　[91]・三十六・
　14
40漫塘文集二十二卷
　見《劉先生文集》
漫塘前集三十六卷
　見《劉先生文前集》
77漫叟文集十卷
　見《元次山集》
漫叟拾遺　唐元結撰

明靛印本　[30]・二・26
抄本　[39]・辛・47
漫叟見聞録一卷　不知撰人
　宋刊本　[14]・三下・262
90漫堂集一卷　宋鄧元撰
　宋刊本　[41]・二十一・12
漫堂墨品一卷　清宋犖撰
　檀几叢書本　[96]・五十・994
漫堂隨筆不分卷　不知撰人
　明茶夢齋姚氏藍絲欄抄本
　[38]・子・82
漫堂年譜四卷　清宋犖撰
　西陂類稿本　[96]・二十二・
　459

3621₀ 祝

15祝融子兩同書二卷　不著撰人
　宋刊本　[41]・十・15
17祝子遺書六卷卷首一卷卷末一卷
　明祝淵撰
　清光緒十四年(1888)知非樓刊
　本　[85]・十九・844
祝子罪知録十卷　明祝允明撰
　刊本　[39]・戊・83　[71]・
　子・儒家・19
49祝趙始末一卷　不著撰人
　虞陽説苑甲編本　[85]・十八・
　793
　瞿氏菰村漁父抄本　[85]・十
　八・793
　舊抄本　[85]・十八・793
72祝氏集略三十卷　明祝允明撰
　明刊本　[102]・上・31
　明嘉靖刊本　[71]・集・明別・
　54　[91]・三十六・28

視

44視草餘録二卷　明楊廷和撰
　刊本　[39]・丁・36
77視履類編二卷　明李同芳撰
　刊本　[39]・己・26
視學精蘊一卷　清年希堯撰
　寫大方本　[96]・四十八・957

3624_0 裨

27裨勺一卷　清鮑鉁輯
　清乾隆刊本　[75]・四十四・19
38裨海紀遊略　清郁永河撰
　抄本　[71]・史・地志・80
47裨幄集一卷　宋趙萬年撰
　抄本　[12]・六・20

3625_6 襌

30襌寄筆談十卷　明陳師撰
　刊本　[71]・子・雜家・33
襌寄筆談十卷續五卷　明陳師撰
　刊本　[39]・己・52
襌宗諸祖歌頌一卷　不知撰人
　明初黑口本　[92]・三・129
襌宗永嘉集二卷　唐釋元覺撰
　明嘉靖刊本　[91]・二十二・4
　刊本　[20]・五・8
襌宗金剛經解一卷　不知撰人
　宋刊本　[14]・後志・二・886
襌宗頌古聯珠集一卷　宋釋法應編
　宋刊本　[41]・十二・12
40襌真後史十集十卷　明方汝浩撰
　明崢霄館刊　[69]・六・190
襌真逸史八集四十回　明方汝浩撰
　明刊原　[69]・六・189
44襌苑蒙求三卷　金釋志明撰
　日本寬文九年(1669)刊本　[76]・十六・12
襌林僧寶傳三十卷　宋釋惠洪撰
　宋刊本　[14]・三下・315
　[41]・十二・11
襌林僧寶傳三十二卷　宋釋惠洪撰
　明刊本　[91]・二十二・6
77襌月集十卷　唐釋貫休撰
　宋刊本　[41]・十九・28
襌月集十二卷　唐釋貫休撰
　葉石君校汲古閣殘本　[17]・四・13

抄本　[75]・五十二・26
襌月集二十卷　唐釋貫休撰
　影抄宋刊本　[17]・四・13
襌月集二十五卷　唐釋貫休撰
　明人傳抄柳大中本　[17]・四・13
　舊抄本　[5]・四中・13
　[16]・二十九・26
　[93]・十九・44
襌月集三十卷　唐釋貫休撰
　宋刊本　[14]・四中・420
襌月集二十五卷補遺一卷　唐釋貫休撰
　校本　[30]・七・25
襌門諸家評唱集十六卷　不知撰人
　明萬曆刊本　[32]・九・25
88襌餘集三卷　明釋元賢撰
　刊本　[71]・集・釋子・10

3630_0 迴

90迴光和尚唱道一卷　不知撰人
　元至元刊本　[2]・三・49

3630_2 邊

26邊和錄五卷　宋陳伯疆撰
　宋刊本　[41]・七・24
32邊州聞見錄十卷　清陳鼎恒撰
　原稿本　[85]・二十二・981
　舊抄本　[17]・二・19
44邊華泉集八卷　明邊貢撰
　明刊本　[3]・25
　明嘉靖刊本　[30]・三・29
　[91]・三十六・30
　刊本　[39]・癸上・33
　[71]・集・明別・61
邊華泉集詩八卷文稿六卷　明邊貢撰
　魏允孚刊本　[26]・九・20
邊華泉集選四卷附睡足軒詩一卷　明邊貢撰、清王士禎輯
　刊本　[71]・集・明別・62
60邊略五卷　明高拱撰
　明刊本　[12]・三・6

3630_3 還

16還魂記一卷　不知撰人
　明金陵唐錦池文林閣刊本　[86]・十一・13
還魂記二卷　湯若士撰
　明刊精印本　[26]・十六・32
　明萬曆臧在晉校刊本　[26]・十六・37
22還山遺稿二卷　元楊奐撰
　傳抄本　[32]・十三・7
還山遺稿二卷附錄一卷　元楊奐撰
　明嘉靖刊本　[16]・三十二・22
　影抄明本　[91]・三十三・14
　知不足齋抄本　[39]・壬・54
　舊抄本　[11]・九十六・16
　[71]・集・金別・2
還山遺稿二卷附錄二卷　元楊奐撰
　明刊本　[93]・二十二・5
　傳錄明宋廷佐輯本　[59]・七・4
　舊抄本　[17]・四・31
36還還集二卷　宋高荷撰
　宋刊本　[41]・二十・11
65還晴秘論一卷　不著撰人
　舊抄本　[5]・三下・10
77還丹復命篇一卷　宋釋道光撰
　宋刊本　[41]・十二・4

3710_7 盜

41盜柄東林夥一卷　不著編者
　東林別乘本　[85]・五・214

3711_1 泥

22泥版試印初編　清翟金生撰
　清道光二十四年(1844)泥活字印本　[68]・圖版646、647、目錄104

3711_2 泡

44泡菴詩選　不知撰人

明刊本　[21]・一・55

3711₄　灈

26灈纓亭筆記十卷　明戴冠章撰
　明嘉靖刊本　[91]・十九・12
　刊本　[39]・己・75
灈纓餘響二卷　明朱東陽撰
　刊本　[71]・集・明別・102

3711₇　沲

21沲上英雄小録二卷　宋信都鎬撰
　宋刊本　[41]・五・3

灂

12灂水燕談十卷
　見《灂水燕談録》
灂水燕談録九卷　宋王闢之撰
　抄校本　[50]・六・16
　舊抄本　[50]・六・14
灂水燕談録十卷　宋王闢之撰
　宋刊本　[14]・三下・257
　明商氏稗海本　[20]・四・10
　　[74]・三・75
　知不足齋叢書本　[96]・六十
　　四・1262
　校宋抄本　[91]・二十一・6
　明抄本　[75]・四十六・11
　舊抄本　[11]・六十二・12

3712₀　洞

10洞靈真經五卷
　見《亢倉子》
洞霄詩集十四卷　元孟宗寶編
　元刊本　[11]・一百十六・17
　　[35]・上・24
　抄本　[71]・史・地志・66
　　[75]・六十三・14
洞霄圖志六卷　元鄧牧編
　元刊本　[35]・上・18
　小山堂抄本　[39]・戊・63
　抄本　[71]・史・地志・65
　　[75]・二十七・9
洞天奥旨十六卷　清陳士鐸撰
　清乾隆五十五年(1790)大雅堂

刊本　[79]・子・醫家類・
　397　　[96]・四十三・
　801
洞天福地記一卷　宋杜光庭撰
　宋刊本　[11]・三十四・1
　　[75]・二十七・14
　抄本　[39]・戊・53　　[71]・
　史・地志・61
洞天福地岳瀆名山記一卷
　見《洞天福地記》
洞天祕典　不著撰人
　傳抄本　[32]・九・26
洞天清録一卷　宋趙希鵠撰
　明博羅張氏刊本　[8]・子一・
　293
　校舊抄本　[50]・五・59
　　[52]・二・9
　抄本　[39]・庚・39
28洞微志三卷　宋錢易撰
　宋刊本　[41]・十一・11
洞微志十卷　宋錢易撰
　宋刊本　[14]・三下・251
37洞冥記四卷
　見《漢武帝洞冥記》
44洞林別訣一卷　宋范越鳳纂
　宋刊本　[14]・三下・268
洞林照膽一卷　宋范越鳳撰
　宋刊本　[41]・十二・32
76洞陽詩集二十卷　明顧可久撰
　刊本　[39]・癸上・40

溯

31溯源集十卷　清錢潢撰
　虛白室刊本　[79]・子・醫家
　類・384　　[96]・四十
　一・746
36溯洄集十卷　清魏裔介輯
　清刊本　[39]・辛・27

湖

00湖廣總志九十八卷　明徐杸撰
　清刊本　[71]・史・地志・5
湖廣通志八十卷　清徐國相等撰
　清刊本　[71]・史・地志・5

11湖北通志一百卷　清吳熊光等纂
　清刊本　[74]・二・44
湖北金石志十四卷　張仲炘撰
　通志抽印紅樣本　[84]・三・
　17
21湖上編白下編蓮宅編衰晚編四卷
　明張遂辰撰
　盧抱經抄本　[91]・三十七・
　26
22湖山雜詠一卷湖海賸草一卷　清
　王緯撰
　清刊本　[71]・集・國朝別・
　40
湖山百詠一卷　宋董嗣杲撰
　舊抄本　[32]・十二・23
湖山百詠一卷　明夏時撰
　舊抄本　[71]・集・明別・32
　　[91]・三十七・24
湖山集四十三卷別集一卷和陶詩
　三卷附録三卷　宋吳芾撰
　宋刊本　[14]・五下・652
湖山類稿六卷　宋汪元量撰
　清乾隆三十年(1765)鮑氏知不
　　足齋刊本　[68]・圖版
　　529、目録88
　刊本　[39]・壬・43
　清黃丕烈校清初抄本　[2]・
　　四・45
　校舊抄本　[50]・八・46
　　[65]・續・四・34
　小山堂抄本　[91]・三十二・
　　8
湖山類稿五卷外集一卷附録一卷
　附宋舊宮人詩詞　宋汪元量撰
　汪森抄本　[11]・九十二・16
　舊抄本　[11]・九十二・20
湖山類稿五卷汪水雲詩抄一卷補
　遺一卷宋舊宮人詩詞一卷附録
　一卷　宋汪元量撰
　舊抄本　[50]・八・46
32湖州府志十四卷　明唐樞編
　明刊本　[91]・十一・24
湖州府志十六卷　明張鐸修
　明嘉靖刊本　[92]・二・62

331

湖州府志二十四卷　明陳頎編
　刊本　[71]·史·地志·12
湖州雙髻禪師語録一卷杭州西天
　目山師子禪院語録一卷示禪人
　語一卷　元釋高峯撰
　元杭州刊本　[2]·三·49
　　[92]·三·130
36湖湘五略十卷　明錢春撰
　刊本　[39]·癸下·30
湖湘校士録八卷　明錢春編
　明刊本　[8]·集七·624
　明萬曆四十二年(1614)巡按錢
　　春刊本　[26]·十五·40
38湖海新聞夷堅續志前集十二卷後
　集七卷
　見《夷堅續志》
40湖南通志二百十九卷　清翁鳳西
　修
　清刊本　[28]·續·八·12
湖南通志二百二十八卷　清李堯
　東等纂
　清刊本　[74]·二·44
湖南故事十卷　不知撰人
　宋刊本　[41]·五·6
湖南金石志二十卷　清瞿中溶撰
　湖南省刊本　[96]·三十四·
　　638

潮

08潮説一卷　宋張君房撰
　宋刊本　[41]·八·40
32潮州府志四十二卷　清周碩勳輯
　清刊本　[74]·續增·史·5
潮州雜記十二卷　明郭子章撰
　刊本　[71]·史·地志·52
75潮躓一卷　宋朱中有撰
　抄本　[50]·三·12　　[71]·
　　史·地志·76　　[88]·
　　三·13

潤

32潤州先賢録六卷　明姚堂輯
　刊本　[39]·戊·25
潤州類集十卷　宋曹曾畋纂

宋刊本　[41]·十五·22

澗

26澗泉詩餘一卷　宋韓淲撰
　明抄本　[91]·四十·20
　舊抄本　[11]·一百二十·3
　　[101]·中·20
　傳抄本　[60]·七·23
澗泉詩餘一卷　宋韓淲撰
　撫掌詞一卷　題歐良撰
　抄本　[71]·集·詞·8
澗泉日記三卷　宋韓淲撰
　武英殿聚珍刊本　[74]·三·
　　54　　[91]·十九·7
　　[96]·五十六·1123
　杭州刊本　[91]·十九·8
　永樂大典本　[28]·八·15
　抄本　[75]·四十四·4
27澗壑詞一卷　宋黃談撰
　宋刊本　[41]·二十一·12

3712₇　湧

40湧幢小品三十二卷　明朱國楨撰
　明刊本　[60]·二·19
　　[74]·三·56　　[102]·
　　上·23
　原刊本　[96]·五十七·1141
　刊本　[39]·己·58　　[71]·
　　子·雜家·43

滑

23滑稽集四卷　宋錢易撰
　宋刊本　[41]·十七·4
97滑耀編不分卷　明買三近輯
　明刊本　[9]·十·56
　刊本　[39]·己·76

鴻

00鴻慶居士集十四卷　宋孫覿撰
　明翻宋本　[17]·四·22
　明刊本　[9]·十·25
鴻慶居士集四十二卷　宋孫覿撰
　宋刊本　[41]·十八·6
　刊本　[24]·集一·28

舊抄本　[11]·八十二·7
　　[28]·十二·4　　[74]·
　　四·23　　[91]·二十九·
　　5　　[102]·下·31
　傳抄本　[59]·六·24
30鴻寶應本十七卷　明倪元璐撰
　明崇禎十五年(1642)刊本
　　[86]·一·97
　刊本　[71]·集·明別·115
鴻寶應本十七卷遺稿二卷代言
　選、講編、奏牘　明倪元璐撰
　刊本　[39]·癸下·33
37鴻泥堂小稿八卷　明薛章憲撰
　明正德刊本　[71]·集·明別·
　　54
鴻泥堂小稿四卷續稿十卷　明薛
　章憲撰
　刊本　[39]·癸上·27
　傳抄嘉靖本　[59]·七·16
鴻逸堂稿不分卷　明王煒撰
　清康熙刊本　[85]·六·287
44鴻苞三十八卷　明屠隆編
　刊本　[39]·己·51
72鴻爪集一卷　清任荃撰
　清刊本　[74]·續增·集·14
83鴻猷録十六卷　明高岱編
　明刊本　[91]·七·17

湑

22湑山後集二卷　明陸敏樹撰
　抄本　[71]·集·明別·126

潞

12潞水集十六卷　宋李復撰
　清刊本　[28]·十一·22
　刊本　[88]·五·14
　舊抄大典本　[60]·六·32
　舊抄本　[91]·二十八·15
　文瀾閣傳抄本　[11]·七十八·
　　13
潞水集四十卷　宋李復撰
　宋刊本　[41]·十七·29

3713₂ 淥

31淥江志十二卷　宋張耕纂
　　宋刊本　[14]・五上・573

3713₄ 澳

77澳門新聞紙　不知撰人
　　抄本　[30]・四・9

3713₆ 漁

10漁石集四卷
　　見《唐漁石集》
27漁舟集五卷　宋郭震撰
　　宋刊本　[41]・二十・2
28漁谿詩稿二卷　宋俞桂撰
　　影抄宋本　[91]・三十・6
　　漁谿詩稿二卷漁谿乙稿一卷　宋
　　俞桂撰
　　精抄本　[91]・三十・6
38漁洋說部精華十二卷　清劉堅編
　　原刊本　[96]・五十七・1151
　　漁洋山人詩集二十二卷續集十六
　　卷　清王士禎撰
　　舊抄本　[60]・七・18
　　漁洋山人精華録十卷　清王士禎
　　撰
　　清康熙三十九年(1700)林佶寫
　　刊本　[34]・附・一・28
　　[68]・圖版488、489、目録
　　82
　　漁洋書跋二卷
　　見《漁洋書籍跋尾》
　　漁洋書籍跋尾二卷　清劉堅編
　　清刊本　[74]・二・73
　　說部精華附刊本　[96]・三十
　　二・592
40漁樵閒話二卷
　　見《漁樵閒話録》
　　漁樵閒話録一卷　題宋蘇軾撰
　　普祕笈本　[96]・六十七・
　　1326
　　漁樵閒話録二卷　題宋蘇軾撰
　　宋刊本　[14]・三下・257
　　漁樵問對一卷　宋張載撰

宋刊本　[11]・三十九・12
　　[14]・一下・82　　[75]・
　　三十三・1
漁樵問對一卷　宋邵雍撰
　　宋刊本　[17]・三・4
　　明刊本　[17]・三・5
　　皇朝經世書附刊本　[96]・三
　　十六・673
50漁書十三卷　明林日瑞撰
　　刊本　[71]・子・農家・14
72漁隱叢話六十卷
　　見《苕溪漁隱叢話前集》
　　漁隱叢話後集四十卷
　　見《苕溪漁隱叢話後集》

3714₆ 潯

76潯陽記事一卷　明袁繼咸撰
　　豫章叢書本　[85]・十四・672
　　潯陽志十二卷　宋晁百揆撰
　　宋刊本　[41]・八・25

3714₇ 汲

37汲冢師春一卷　不知撰人
　　宋刊本　[41]・三・6
汲冢周書十卷
　　見《逸周書》
汲古叢語一卷　明陸樹聲撰
　　廣祕笈本　[96]・五十三・
　　1051
40汲古閣珍藏祕本書目一卷　清毛
　　扆編
　　吳門黃氏士禮居刊本　[96]・
　　三十二・594
汲古閣珍藏書目　清毛晉編
　　抄本　[74]・三・72
汲古閣刊書細目珍藏祕本書目
　　不著編者
　　抄本　[20]・三・28
汲古閣家塾藏板目録一卷　清毛
　　晉撰
　　舊抄本　[74]・二・73
　　[102]・下・13
汲古閣書目不分卷　清毛晉編
　　抄本　[20]・三・28

汲古閣題跋二卷續集一卷　清毛
　　晉撰
　　清刊本　[71]・史・簿録・18
汲古堂集二十八卷　明何白撰
　　刊本　[39]・癸下・28
　　[71]・集・明別・114
44汲世論一卷　不知撰人
　　宋刊本　[14]・四下・494

浸

87浸銅要略一卷　宋張甲撰
　　宋刊本　[41]・十四・17

潊

22潊川集十卷　明吳沈撰
　　舊抄本　[11]・一百十一・3

3715₆ 渾

10渾天儀説五卷　德湯若望撰
　　明刊本　[78]・子・天文類・545
　　[96]・四十四・827
　　重訂新法曆書本　[78]・算學
　　書録補注・88
23渾然子一卷　明張翀撰
　　普祕笈本　[96]・五十三・
　　1051
44渾蓋通憲圖説二卷　明李之藻輯
　　明萬曆刊本　[75]・三十八・
　　10　　[78]・子・天文類・
　　547　　[78]・補遺・19
　　刊本　[39]・庚・61
　　天學初函二編本　[78]・算學
　　書録補注・88　　[96]・
　　四十四・821
　　舊抄本　[5]・三中・18
　　[75]・三十八・10

3716₀ 洺

12洺水集三十卷
　　見《程端明公洺水集》

3716₁ 澹

00澹齋詞二卷　清王璐撰
　　清刊本　[74]・四・77

333

澹齋詞二卷　清毛周撰
　　清刊本　[74]·續增·集·18
澹齋集十八卷　宋宋流謙撰
　　文瀾閣傳抄本　[11]·八十一·
　　14
　　傳抄閣本　[17]·四·21
澹齋內言一卷　明楊繼益撰
　　刊本　[24]·經一·49
25澹生堂藏書訓約一卷　明祁承爍
　　撰
　　明萬曆四十四年(1616)
　　[64]·63
　　知不足齋叢書　[96]·三十二·
　　584
澹生堂藏書約一卷
　　見《澹生堂藏書訓約》
澹生堂全集二十一卷　明祁承爍
　　撰
　　明崇禎刊本　[54]·七·31
30澹窩因指八卷
　　見《易經澹窩因指》
澹寮集驗方十五卷　元釋繼洪編
　　抄元刊本　[22]·補遺·72
　　[35]·附·4
38澹游集三卷　元釋來復編
　　舊抄本　[16]·三十五·40
44澹草文集十卷詩集七卷　清馮某
　　撰
　　精抄本　[71]·集·國朝別·
　　67
澹菴詞一卷　宋胡銓撰
　　別下齋刊本　[74]·四·76
　　汲古閣影宋本　[11]·一百十
　　九·13　[91]·四十·
　　18
　　傳抄本　[32]·十六·8
澹菴集二十五卷
　　見《胡澹菴先生文集》
澹菴長短句一卷
　　見《澹菴詞》
51澹軒集七卷　明馬瑜撰
　　刊本　[71]·集·明別·29
澹軒集八卷　明馬瑜撰
　　刊本　[39]·癸上·14

澹軒集八卷　宋李呂撰
　　文瀾閣傳抄本　[11]·八十六·
　　10
60澹園詩刪十卷　清王緯撰
　　清刊本　[71]·集·國朝別·
　　50
澹園集四十一卷　明焦竑撰
　　明萬曆刊殘本　[64]·續·97
77澹居集二卷
　　見《澹居稿》
澹居稿二卷　元釋至仁撰
　　元刊本　[48]·二輯下·191
　　[71]·集·釋子·5
　　元至正刊本　[91]·三十四·
　　3
　　刊本　[24]·集二·18

3716₄　洛

38洛游子一卷　宋司馬光撰
　　宋刊本　[41]·十一·14
44洛村遺稿二卷　明黃宏綱撰
　　刊本　[39]·癸上·30
46洛如詩抄六卷　清陸奎勳、葉之
　　溶等撰
　　清刊本　[39]·辛·32
　　[88]·六·14
50洛中紀異十卷　宋秦再思撰
　　宋刊本　[14]·三下·263
76洛陽牡丹記一卷　宋歐陽修撰
　　宋刊本　[11]·五十四·5
　　[17]·三·13　[75]·
　　四十·17
　　明刊本　[17]·三·13
　　[91]·十八·9
　　百川學海本　[96]·五十一·
　　1009
洛陽伽藍記五卷　後魏楊衒之撰
　　宋刊本　[14]·二下·160
　　[41]·八·17
　　明刊本　[38]·史·71
　　[93]·十一·15
　　明嘉靖如隱堂刊本　[11]·三
　　十三·8　[16]·續·
　　三·9　[68]·圖版426、

目錄73
　　明末常熟毛氏綠君亭刊本
　　[19]·3　[68]·圖版
　　468、目錄79
　　吳真意堂活字本　[60]·三·
　　7
　　刊本　[5]·二下·7　[36]·
　　139
　　古今逸史本　[74]·二·55
　　漢魏叢書本　[74]·二·55
　　津逮祕書本　[74]·二·55
　　毛斧季校本　[50]·三·25
　　校刊本　[80]·十四·13
　　校本　[83]·二·13
　　先君子抄本　[16]·十七·4
　　抄本　[75]·二十七·6
洛陽伽藍記五卷集證一卷　後魏
　　楊衒之撰
　　李葆恂刊本　[84]·一·20
洛陽名園記一卷　宋李格非撰
　　宋刊本　[14]·二下·169
　　[41]·八·17
　　明仿宋本　[11]·三十三·11
　　明刊本　[75]·二十七·7
　　文房小說本　[74]·二·55
　　古今逸史本　[74]·二·55
　　津逮祕書本　[74]·二·55
洛陽九老祖龍學文集十六卷
　　見《祖龍學文集》
洛陽花木記一卷　宋周師厚撰
　　舊抄本　[93]·十六·4
　　傳抄本　[32]·七·14
洛陽搢紳舊聞記五卷　宋張齊賢
　　撰
　　宋刊本　[41]·十一·11
　　知不足齋叢書本　[96]·六十
　　四·1258
　　抄本　[75]·四十六·11
77洛閩淵源錄十九卷　清張夏撰
　　清刊本　[39]·己·33
洛學編四卷　清湯斌撰
　　清刊本　[36]·己·30

潞

12潞水客談一卷　明徐貞明撰
　粵雅堂刊本　[74]·二·49
　刊本　[39]·丁·80　[71]·
　史·地志·73
80潞公集四十卷　宋文彦博撰
　明嘉靖五年(1526)呂柟刊本
　[19]·19

3718₁　凝

00凝齋集九卷別集二卷　明王鴻儒
撰
　刊本　[39]·癸上·25

3718₂　次

22次崖摘稿五卷　明林希元撰
　刊本　[71]·集·明別·67
47次柳氏舊聞一卷　唐李德裕編
　宋刊本　[14]·二上·132
　[41]·五·15
　明仿宋刊本　[11]·六十二·
　4
　說郛本　[96]·六十三·1248
　文房小說本　[74]·三·73
　抄本　[75]·四十六·5

3718₆　瀨

31瀨江紀事本末一卷　明一明道人
撰
　傳抄本　[85]·十四·664

3719₃　潔

00潔齋集二十六卷
　見《袁潔齋集》
　潔齋家塾書抄十卷　不知撰人
　宋刊本　[41]·二·9

3719₄　滌

91滌煙樓集一卷　清俞泰撰
　清刊本　[71]·集·國朝別·
　50

深

00深衣考一卷　清黃宗羲撰
　瓶花齋抄本　[39]·乙·19
　借月山房彙抄本　[96]·五·
　83
10深雪偶談一卷　宋方岳撰
　舊抄本　[39]·己·67
　[93]·二十四·4
30深寧齋集不分卷　查詩繼撰
　舊抄本　[17]·四·38
　深寧先生年譜一卷　清錢大昕撰
　屛守齋所編年譜本　[96]·二
　十二·464
　深寧居士集八卷附錄一卷　宋王
應麟撰
　舊抄本　[91]·三十二·6

3721₀　祖

00祖庭廣記十二卷　金孫元楷編
　刊本　[88]·二·7
　祖庭事苑八卷　睦菴善卿編
　宋刊本　[43]·三·27
　[87]·二·11
　日本刊本　[60]·二·13
01祖龍學文集十六卷　宋祖無擇撰
　刊本　[5]·四上·31　[24]·
　集一·17
　舊抄本　[11]·七十五·8
　[16]·三十·16　[38]·
　集·36　[39]·壬·8
　[91]·二十七·3　[93]·
　二十·13
　祖龍學文集十六卷附源流始末一
　卷　宋祖無擇撰
　抄本　[71]·集·宋別·9
03祖詠集一卷　唐祖詠撰
　宋刊本　[41]·十九·4
21祖師部波羅提木叉廣注雜集論
　不著撰人
　康州提留契刊西藏語本
　[40]·4
30祖宗官制舊典三卷　宋蔡惇撰
　宋刊本　[14]·五上·562

[41]·六·8
44祖英集二卷
　見《雪竇祖英集》
60祖異志十卷　宋聶田撰
　宋刊本　[14]·三下·264
　[41]·十一·12

3721₄　冠

08冠譜一卷　明顧孟容撰
　舊抄本　[91]·十八·4
　[96]·五十·995
35冠禮十卷五禮新儀二百二十卷
　不著撰人
　舊抄本　[59]·四·19
47冠柳集一卷　宋王觀撰
　宋刊本　[41]·二十一·5
60冠圖　明顧孟容撰
　抄本　[39]·丁·70

3721₇　祀

38祀汾陰記五十卷　宋丁謂撰
　宋刊本　[14]·二下·156

3722₀　初

00初唐詩三卷　明樊鵬編
　明刊本　[91]·三十九·11
26初白齋詩評附許崇廬詞綜偶評一
　卷　不知撰人
　評本　[34]·附·一·30
30初寮詞一卷　宋王安中撰
　宋刊本　[41]·二十一·7
　明抄本　[91]·四十·6
　初寮集八卷　宋王安中撰
　文瀾閣傳抄本　[11]·八十·
　12
　傳抄閣本　[17]·四·21
　初寮集四十卷後集十卷　宋王安
中撰
　宋刊本　[14]·五下·664
　初寮集四十卷後集十卷內外制二
　十四卷　宋王安中撰
　宋刊本　[41]·十八·2
　初寮集十卷內外制二十六卷　宋
王安中撰

宋刊本　[14]・四下・487

77初學記三十卷　唐徐堅等撰

北宋國子監刊本　[7]・中・31、55

宋刊本　[9]・後編・五・24　[14]・三下・278　[22]・五・2　[41]・十四・20　[58]・子・91　[70]・三・37　[70]・六・15

宋紹興建刊本　[44]・二・39　[90]・35

元刊黑口本　[1]・上・27　[4]・9

明仿宋刊本　[22]・五・2　[75]・四十五・4

明刊本　[9]・九・36、37、38　[76]・十一・4

明陳大科刊本　[11]・五十九・5　[75]・四十五・5

明嘉靖刊本　[30]・三・17

明嘉靖錫山安氏桂坡館刊本　[3]・17　[11]・五十九・4　[17]・三・29　[22]・五・2　[26]・六・7、8　[57]・206　[59]・五・10　[86]・六・87　[91]・二十1　[92]・三・116

明嘉靖十三年(1534)晉藩刊本　[26]・六・9　[91]・二十・1

明嘉靖十六年(1537)書林宗文堂

刊本　[22]・五・3　[76]・十一・1　[89]・一集・六・23

明晉陵楊鑣重刊本　[9]・後編・十七・8

明萬曆十五年(1587)刊本　[22]・五・3

九洲書屋刊本　[59]・五・10

古香齋巾箱本　[96]・六十・1195

刊本　[71]・子・類事・6　[89]・一集・六・24　[89]・二集・五・19

校宋本　[11]・五十九・6

嚴鐵橋校本　[87]・一・10

祠

07祠部詩集二卷

　見《曹祠部集》

　祠部集三十六卷

　見《強祠部集》

22祠山家世編年一卷　宋詹仁澤編

　宋刊本　[41]・七・31

祠山事要指掌集四卷　元梅應發編

　元刊殘本　[93]・十・3　[94]・二・11

祠山事要指掌集八卷　元梅應發編

　影抄宋本　[5]・二中・24

祠山事要指掌集十卷　元梅應發編

　刊本　[88]・三・13

3722₇　冐

38冐繁錄一卷

　見《肯繁錄》

祁

50祁忠惠公疏稿不分卷揭帖二十二通　明祁彪佳撰

　原稿本　[85]・十九・848

　遺山堂抄本　[85]・十九・848

祁忠惠公遺集十卷附編二卷　明祁彪佳撰、清杜煦、杜春生輯

　清道光刊本　[85]・十九・847

祁忠敏公日記　明祁彪佳撰

　一九三七年紹興修志會鉛印本　[85]・二十一・935

　原稿本　[85]・二十一・935

祁忠敏公年譜一卷　清梁廷柟、龔沅編

　一九三七年紹興修志會鉛印本

---

[85]・十八・796

77祁門縣志四卷　明謝存仁撰

刊本　[71]・史・地志・16

鶴

22鶴山集抄　清吳允嘉輯

稿本　[71]・集・宋別・50

鶴山先生文集十三卷後集十卷續集十三卷別集十一卷　宋魏了翁撰

宋刊本　[14]・五下・673

鶴山先生大全文集一百零三卷　宋魏了翁撰

刊本　[39]・壬・33

鶴山先生大全文集一百零九卷　宋魏了翁撰

宋刊本　[33]・集・44　[35]・下・16

明嘉靖錫山安國銅活字本　[8]・集三・461　[11]・八十八・14　[68]・圖版626、目錄101　[91]・三十一・4　[92]・四・161　[93]・二十一・22

校抄本　[61]・五・6

影抄明錫山安國活字本　[16]・續・四・10　[59]・六・29

舊抄本　[74]・四・29

鶴山先生大全文集一百十卷　宋魏了翁撰

宋蜀刊本　[2]・四・41

宋淳祐刊本　[43]・四・15

宋刊本　[10]・47　[58]・集・97

明嘉靖刊本　[38]・集・61　[71]・集・宋別・50

明活字本　[38]・集・60

舊抄本　[102]・下・33

鶴山先生大全文集一百二十卷　宋魏了翁撰

宋刊本　[50]・八・37　[51]・三・12

鶴山先生渠陽詩一卷　宋魏了翁撰
　宋刊本　[43]·四·22
　[50]·八·40　[58]·
　集·102　[93]·二十
　一·22　[94]·四·8
　[98]·15
鶴山渠陽讀書雜抄經外雜抄不分
　卷　宋魏了翁撰
　明抄本　[38]·子·46
鶴山雅言一卷　宋魏了翁撰
　元刊本　[32]·八·12
　刊本　[39]·己·6
鶴山長短句一卷　宋魏了翁撰
　清陳江皐勞弊卿校舊抄本
　[2]·五·41
　舊抄本　[101]·中·20
鶴山筆録一卷　宋魏了翁撰
　函海本　[74]·三·53
　奇晉齋叢書本　[96]·五十六·
　1120
27鶴歸來傳奇二卷　清瞿頡撰
　清嘉慶道光間刊本　[85]·二
　十四·1077
28鶴微後録十二卷　清李富孫撰
　漾葭老屋刊本　[96]·二十三·
　496
鶴徵録八卷　清李集撰
　漾葭老屋刊本　[99]·二十三·
　495
鶴谿集十二卷　宋陳汝錫撰
　宋刊本　[41]·十八·16
30鶴灘稿六卷　明錢福撰
　刊本　[39]·癸上·27
44鶴林詞一卷　宋劉光祖撰
　宋刊本　[41]·二十一·14
鶴林玉露十六卷　宋羅大經撰
　元刊本　[9]·後編·十·15
　明刊本　[9]·後編·十六·22
　[11]·五十八·6　[28]·
　八·12　[30]·七·15
　[52]·二·7　[74]·
　三·54　[75]·四十四·
　7　[96]·五十六·1123

[102]·上·22
明萬曆三年(1575)南臺刊本
　[17]·三·27　[59]·
　二·15　[91]·十九·
　8
日本元活字本　[17]·三·27
朝鮮國活字刊本　[22]·四·
　23
刊本　[71]·子·雜家·18
　[89]·一集·六·10
稗海本　[74]·三·54
舊抄本　[91]·十九·8
鶴林玉露十八卷　宋羅大經撰
日本翻明萬曆十二年(1584)刊
　本　[59]·二·15
鶴林玉露二十四卷　宋羅大經撰
刊本　[39]·己·68
鶴林集四十卷　宋吳泳撰
　舊抄本　[32]·十二·19
　[59]·六·30
　文瀾閣傳抄本　[11]·八十九·
　1　[16]·三十一·47
　傳抄閣本　[17]·四·26
鶴林類集　明周元初輯
　刊本　[39]·庚·97
25鶴靜堂集十九卷　清周茂源撰
　天馬山房刊本　[96]·七十·
　1378
60鶴田草堂集十卷　明蔡雲程撰
　刊本　[39]·癸上·50
65鶴嘯集二卷　明朱盛溭撰
　明崇禎十年(1637)刊本
　[64]·48
80鶴年詩集一卷　元丁鶴年撰
　琳琅秘室活字本　[74]·四·
　37
　抄本　[30]·四·35　[38]·
　集·86　[55]·四·32
　[71]·集·元別·25
鶴年詩集三卷　元丁鶴年撰
　元刊本　[11]·一百零六·20
　[28]·續·十三·12
　[35]·上·57　[72]·
　32　[81]·集·7

明永樂刊本　[21]·一·41
影抄元刊本　[91]·三十四·
　28
明抄本　[91]·三十四·29
舊抄本　[11]·一百零六·17、
　21　[101]·中·13
鶴年詩集四卷　元丁鶴年撰
　元刊本　[16]·三十四·36
　[50]·九·26
影抄元刊本　[91]·三十四·
　28　[93]·二十二·22
琳琅秘室據愛日精廬影抄元本
　活字本　[102]·上·31
舊抄本　[8]·集三·499
　[75]·六十·7
鶴年詩集一卷附一卷　元丁鶴年
　撰
　明正統刊本　[91]·三十四·
　27
90鶴半巢詩存十卷　清馮培撰
　清嘉慶三年(1798)刊本
　[74]·四·55

3723₂　冡

30冡宰文集　明張紞撰
　抄本　[39]·癸上·10

禄

67禄嗣奇談一卷　題冲一真君撰
　抄本　[71]·子·道家·5

3723₄　褉

41褉帖綜聞　清胡世安輯
　清刊本　[39]·庚·24

3730₁　逸

00逸亭徐繼思易論
　見《易論》
01逸語八卷　明賀隆撰
　明抄本　[91]·四·21
　天一閣抄本　[39]·己·12
逸語十卷　清曹庭棟撰
　原刊本　[96]·三十七·711
05逸講箋三卷　清毛奇齡撰

西河合集本　[96]・十三・267
17逸孟子一卷　清李調元編
　函海本　[96]・三十七・712
21逸經補正三卷　清朱彝尊撰
　稿本　[32]・二・10
44逸荄草不分卷　清錢聿修撰
　清刊本　[71]・集・國朝別・
　　29
　逸老堂詩話二卷　明人撰
　　舊抄本　[52]・三・23
　　[55]・六・25
　　傳抄本　[17]・四・47
　　[60]・七・16
50逸史二十卷　宋楊羨蔣撰
　宋刊本　[41]・五・19
　逸史三傳　明趙士喆撰
　抄本　[57]・86
　逸史殘抄一卷　不著撰人
　　虞山懷柔慶抄本　[85]・二十
　　一・950
77逸周書十卷　晉孔晁注
　宋刊本　[14]・二上・128
　　[41]・二・3
　元刊本　[11]・二十三・1
　　[15]・2　[28]・續・
　　七・10　[29]・一・11
　　[35]・上・38　[72]・
　　15　[93]・九・16
　　[94]・二・10
　元至正劉廷幹刊本　[35]・下・
　　5
　元至正十四年(1354)嘉興路儒
　　學刊本　[16]・十一・1
　　[58]・元・35　[67]・
　　第五冊・60　[68]・圖
　　版287、目録54
　明仿元刊本　[75]・十八・1
　明刊本　[9]・後編・十四・4
　明嘉靖二十二年(1543)四明章
　　檗刊本　[20]・一・30
　　[30]・三・7　[59]・
　　四・5　[81]・史・1
　　[86]・六・140
　明刊三代遺書本　[17]・二・9

古今逸史本　[74]・二・14
漢魏叢書本　[74]・二・14
陳仲魚校宋本　[11]・二十三・
　1
校元本　[51]・一・10
盧抱經校明刊本　[91]・七・
　19
盧抱經校舊抄本　[17]・二・
　9
校本　[83]・二・3
舊抄本　[38]・史・35
　[75]・十八・1
逸周書王會解補注一卷　宋王應
　麟撰
　宋刊蝴蝶裝本　[26]・一・38
逸周書補注七卷　清陳逢衡撰
　殘稿本　[84]・一・5
逸周書補注二十二卷　清陳逢衡
　撰
　清刊本　[80]・十一・1
　修梅山館刊本　[96]・十八・
　　383
逸民鳴一卷　宋李樵撰
　宋刊本　[41]・二十・8
90逸堂集十卷　宋司馬械撰
　宋刊本　[14]・四下・480

3730₂　迎

22迎鑾三紀　清宋犖撰
　宋漫堂抄本　[30]・五・26
迎鑾日紀一卷迎鑾二紀一卷迎鑾
　三紀一卷　清宋犖撰
　西陂類稿本　[96]・二十四・
　　505

通

00通率立成表一卷　明徐光啓撰
　新法曆書本　[78]・算學書録
　　補注・89
通率表二卷　明徐光啓撰
　新法曆書本　[78]・算學書録
　　補注・89
通玄真經十二卷
　見《文子》

通玄真經纘義十二卷
　見《文子纘義》
通玄觀志二卷　明姜南撰
　刊本　[71]・史・地志・86
06通韻譜説一卷　清宋弼撰
　清乾隆刊本　[74]・四・74
10通元靈鬼經二卷　不知撰人
　坊刊本　[74]・三・32
通元先生五星論一卷元妙經解一
　卷　唐張果撰
　抄本　[39]・庚・71
通元真經十二卷
　見《文子》
21通占大象曆星經二卷　不著撰人
　津逮祕書本　[74]・三・30
通占大象曆星經三卷　不著撰人
　天一閣抄本　[39]・庚・65
通占大象曆星經七卷　不著撰人
　元刊本　[78]・補遺・49
22通變四十卷
　見《皇極通變》
24通德類情十三卷　**清沈重華撰**
　原刊本　[96]・四十七・908
27通紀集略五卷　明鍾惺編
　清初重刊本　[85]・一・41
通紀彙編九卷附見一卷　清楊本
　源纂
　清康熙刊本　[85]・一・45
通紀直解十六卷　明張嘉和撰
　清初刊本　[85]・一・41
28通俗文一卷　漢服虔撰
　臧庸輯本　[60]・一・25
通俗小説七種　不著撰人
　繆氏藝風堂仿宋刊本　[26]・
　　六・32
通俗小説金虜海陵王荒淫一卷
　不著撰人
　影宋本　[26]・六・32
34通遠集一卷　不著撰人
　宋刊本　[41]・十四・19
35通漕類編九卷　明王在晉輯
　刊本　[39]・丁・64
40通志二百卷　宋鄭樵撰
　元刊本　[4]・21　[9]・五・

42、44、45　　[9]・後編・
　九・15　　[12]・二・6
　[17]・二・10　　[20]・
　二・7　　[22]・三・18
　[28]・續・七・9　　[32]・
　三・14　　[35]・上・18
　[48]・二輯上・79
　[87]・四・2　　[89]・
　一集・四・42　　[91]・
　七・21　　[93]・九・18
元至治二年(1322)福州路三山
　郡庠刊本　[11]・二十三・
　9　　[16]・十一・2
　[17]・二・10　　[43]・
　二・39　　[67]・第五册・
　53
明刊本　[9]・後編・十五・15
　[96]・十八・387
明萬曆十七年(1589)刊本
　[22]・三・18
明官刊大字本　[74]・二・14
　[102]・上・15
清武英殿刊本　[74]・二・14
謝氏刊本　[75]・十八・6
通志二十略五十二卷
　見《通志略》
通志疏　宋鄭樵撰
　元刊本　[89]・二集・四・37
通志經解目録一卷　清翁方綱箋
　粤雅堂重刊本　[74]・二・74
通志藝文校讎金石三略八卷　宋
　鄭樵撰
　宋刊本　[60]・四・10
通志略五十二卷　宋鄭樵撰
　宋刊本　[29]・一・12
　清乾隆刊本　[75]・十八・6
　金匱山房刊本　[96]・十八・
　388
通志堂集十八卷附録二卷　清納
　蘭性德撰
　清康熙三十年(1691)徐乾學刊
　本　[68]・圖版486,目録
　82　　[96]・七十・1392
通志堂經解一千八百卷　清徐乾

學輯
　清康熙五十二年(1713)刊本
　[26]・一・22
　清刊朱筆校本　[8]・經一・
　17
通志堂彙刻經解一千八百卷
　見《通志堂經解》
44通藝閣詩抄八卷文抄八卷　清姚
　椿撰
　清刊本　[26]・十四・36
通藝録十九種附三種　清程瑤田
　撰
　讓堂刊本　[96]・五十九・
　1182
50通史緣起二十卷　宋胡衛之撰
　宋刊本　[14]・五上・544
通書大全三十卷　不著撰人
　刊本　[39]・庚・72
通書捷徑　明樓楷撰
　刊本　[39]・庚・62
55通典二百卷　唐杜佑撰
　北宋刊本　[3]・12　　[17]・
　二・20　　[22]・三・29
　[35]・上・41　　[35]・
　下・54　　[70]・三・14
　宋刊本　[14]・三下・281
　[30]・一・3　　[33]・
　史・57　　[38]・史・80
　[41]・五・29　　[92]・
　二・68　　[93]・十二・
　4
　宋仁宗朝官刊本　[90]・29
　宋浙刊本　[2]・二・47
　元刊本　[9]・五・40　　[28]・
　四・18　　[35]・下・50
　[58]・元・56、57
　明刊本　[9]・後編・十五・14
　[59]・四・18　　[74]・
　二・63　　[91]・十三・
　7
　明福建刊本　[34]・附・一・
　12　　[96]・二十九・553
　明嘉靖刊本　[17]・二・20
　[22]・三・29　　[91]・

十三・6
明嘉靖十七年(1538)方獻夫刊
　本　[12]・四・8　　[26]・
　四・1　　[102]・上・18
明嘉靖十八年(1539)廣東崇正
　書院刊本　[75]・二十九・
　1　　[86]・五・13
謝氏刊本　[75]・二十九・4
　[89]・一集・四・39、
　40
朝鮮覆宋本　[44]・四・6
朝鮮活字本　[22]・三・29
校宋本　[54]・三・21
通典詳節四十二卷　不著編者
　宋刊本　[9]・後編・四・32
　[12]・一・6
　元刊本　[11]・三十五・3
　[12]・二・7　　[35]・
　下・47　　[75]・二十九・
　4　　[92]・二・69
　[93]・十二・4　　[102]・
　上・8
　元至元二十三年(1286)刊本
　[74]・二・63
　刊本　[39]・丁・48
70通雅五十二卷　明方以智撰
　刊本　[39]・丙・28　　[74]・
　三・50　　[75]・四十二・
　28　　[96]・五十五・
　1087
　前人朱筆批校清康熙刊本
　[8]・經三・84
71通曆十卷　唐馬總撰
　宋刊本　[14]・二上・113
通曆十五卷　唐馬總撰
　宋刊本　[41]・四・20
　明抄本　[16]・九・1
　舊抄本　[91]・七・2
　舊抄本配新抄本　[61]・四・
　1
　傳抄本　[32]・三・16
通曆七卷　唐馬總撰　續通曆五
　卷　五代孫光憲撰
　明抄本　[11]・二十・2

抄本 [96]·十六·353

通曆十卷 唐馬總撰 續通曆十卷 五代孫光憲撰
　明抄本 [28]·三·3

72通隱堂詩存三卷 清張京度撰
　清刊本 [74]·續增·集·14

通隱堂詩存四卷 清張京度撰
　清咸豐八年(1858)刊本 [74]·四·57

77通用啓劄截江綱七十四卷 宋熊晦仲撰
　宋刊本 [11]·六十一·18 [72]·23
　元刊本 [93]·十七·7

38通鑑二百九十四卷
　見《資治通鑑》

通鑑韻語九卷 宋黃日新撰
　宋刊本 [14]·五上·537

通鑑論二卷 明潘榮撰
　朝鮮中宗朝乙亥字刊本 [63]·圖版14

通鑑論篤三卷 宋張栻撰
　宋刊本 [41]·四·27

通鑑詳節一百二十卷
　見《資治通鑑詳節》

通鑑刊誤補正 不著撰人
　清刊本 [80]·十一·5

通鑑外紀十卷
　見《資治通鑑外紀》

通鑑外紀注補十卷
　見《資治通鑑外紀注補》

通鑑續編二十四卷 元陳桱撰
　元刊本 [1]·上·24 [11]·二十二·1 [22]·三·15 [28]·續·六·16 [35]·上·18 [35]·下·47 [43]·二·35 [48]·二輯上·73 [58]·元·30 [87]·四·4 [92]·二·37、38 [93]·九·14 [94]·二·10
　元至正十八年(1358)刊本 [9]·後編·九·7

[54]·二·1 [91]·七·11 [92]·二·38
　元刊明補本 [38]·史·29
　元代烏絲欄精抄本 [13]·4

通鑑續編一百三十二卷 不著撰人
　稿本 [32]·三·22

通鑑總類二十卷 宋沈樞撰
　宋刊本 [9]·後編·四·25 [17]·二·14 [33]·史·47 [35]·下·7 [43]·二·17 [65]·二·56 [92]·二·55
　宋潮陽刊本 [2]·二·28
　宋元間刊本 [74]·二·35
　元刊本 [9]·五·35 [9]·後編·九·5 [58]·元·50 [96]·二十五·515
　明刊本 [1]·上·24 [9]·八·24 [11]·二十八·1 [32]·四·13 [91]·十·1 [102]·上·17
　明成化十六年(1480)刊本 [26]·三·16
　刊本 [39]·戊·72
　校宋本 [93]·十·12

通鑑釋文三十卷
　見《資治通鑑釋文》

通鑑釋文辨誤十二卷
　見《資治通鑑釋文辨誤》

通鑑釋例一卷 宋司馬光撰
　明長洲陳氏刊本 [96]·十六·356
　胡元常校楊氏刊本 [75]·十六·7
　舊抄本 [11]·二十·7 [16]·九·2 [93]·九·7

通鑑釋地補注六卷糾繆六卷 清張庚撰
　清刊本 [39]·戊·29

通鑑紀事本末四十二卷 宋袁樞

編
　宋刊本 [1]·上·24 [9]·二·15、17 [9]·後編·四·12、13 [12]·一·4 [15]·1 [20]·二·5 [22]·三·18 [29]·一·11 [33]·史·24 [35]·下·5、47 [38]·史·30 [41]·四·27 [48]·一輯·37 [60]·四·11 [65]·二·42 [93]·九·15 [94]·二·5
　宋刊細字本 [11]·二十二·10
　宋淳熙二年(1175)嚴陵郡刊小字本 [8]·史二·134 [13]·7 [17]·二·9 [28]·續·七·1 [35]·下·39 [37]·一輯 [54]·二·2 [58]·史·51 [68]·圖版100、目錄24 [73]·圖版30 [80]·十四·11 [83]·二·3
　宋淳祐湖州刊大字本 [28]·續·七·3 [35]·下·5
　宋寶祐五年(1257)趙與𥂔湖州刊大字本 [2]·二·10 [3]·6 [11]·二十二·11 [16]·十·1 [26]·三·15 [67]·第五册·18 [75]·十七·9 [91]·七·15
　宋刊大字本 [4]·19 [58]·史·52
　宋刊元印本 [8]·史二·133 [87]·一·2
　宋寶祐刊明印本 [32]·三·12
　明刊本 [9]·八·22 [9]·後編·十四·11

明太倉張氏論正本　［96］・十
　　七・373
　明萬曆二年(1574)李栻重刊本
　　［59］・四・6　　［91］・
　　七・15
通鑑紀事本末補　清王延年輯
　舊抄本　［74］・二・12
　　［102］・下・5
通鑑紀事本末補後編五十卷　清
　張星曜撰
　稿本　［34］・三・4
　舊抄本　［74］・續增・史・2
　　［102］・下・5
通鑑紀事本末摘要二卷　清富士
　俊纂
　舊抄本　［17］・二・9　　［60］・
　　四・11
通鑑紀事本末撮要八卷　宋袁樞
　編
　宋刊本　［10］・15　　［38］・
　　史・30　　［58］・史・53
　影抄宋本　［93］・九・15
通鑑綱目五十九卷
　見《資治通鑑綱目》
通鑑綱目集覽正誤二卷　明陳濟
　述
　明成化刊本　［75］・十六・27
通鑑綱目釋地糾謬六卷補注六卷
　清張庚撰
　清刊本　［74］・二・10
通鑑綱目釋地補注六卷　清張庚
　撰
　強恕堂刊本　［96］・十六・364
通鑑綱目大全五十九卷
　見《資治通鑑綱目》
通鑑綱目前編二十五卷　明南軒
　撰
　明長洲陳氏刊本　［96］・十六・
　　369
通鑑注商十八卷　清趙紹祖撰
　清刊本　［34］・附・一・11
　　［74］・二・9
通鑑注辨正二卷　清錢大昕撰
　潛研堂刊本　［96］・十六・358

通鑑注辨正三卷　清錢大昕撰
　清刊本　［74］・二・9
通鑑滄目集覽鐫誤三卷附綱目考
　異辨疑　明瞿佑撰
　明永樂刊本　［16］・九・10
通鑑真解二十八卷　明張居正撰
　明刊本　［74］・二・11
通鑑博論二卷　明朱權編
　明刊黑口本　［32］・五・19
通鑑博論三卷　明朱權編
　明刊本　［5］・二上・6
　明萬曆内府刊本　［91］・十四・
　　24
通鑑博議十卷　宋李燾撰
　舊抄本　［75］・三十一・12
通鑑地理通釋十四卷　宋王應麟
　撰
　元刊本　［11］・二十・10
　　［28］・續・七・7　　［32］・
　　三・8　　［35］・上・38
　元刊附玉海本　［74］・二・8
　　［96］・十六・357
　　［102］・上・8
　明刊修補本　［75］・十六・14
通鑑考異三十卷
　見《資治通鑑考異》
通鑑胡注舉正一卷　清陳景雲撰
　文道十書本　［96］・十六・358
通鑑本末紀要八十一卷　清蔡毓
　榮撰、林子卿注
　清康熙二十三年(1684)序刊本
　　［74］・二・12
通鑑輯覽一百十六卷附明唐桂二
　王本末四卷　清官修
　清武英殿刊本　［96］・十六・
　　370
通鑑目錄三十卷
　見《資治通鑑目錄》
通鑑長編紀事本末一百五十卷
　不著撰人
　影抄宋季徐琥刊本　［28］・續・
　　七・4　　［35］・下・7
　抄本　［96］・十七・374
通鑑舉要曆八十卷　宋司馬光撰

宋刊本　［14］・後志・一・777
　　［41］・四・21
通鑑問疑一卷　宋劉羲仲撰
　宋刊本　［14］・五上・554
　　［41］・四・23
　明長洲陳氏刊本　［96］・三十
　　五・644、645
　津逮祕書本　［74］・二・80
　舊抄本　［11］・三十八・10
　　［75］・三十一・10
通鑑前例一卷修書帖一卷三十六
　條四圖一卷　宋司馬光纂
　宋刊本　［41］・四・23
通鑑前編十八卷舉要三卷　宋金
　履祥撰
　宋刊本　［92］・二・37
　元刊本　［11］・二十二・1
　　［12］・二・6　　［48］・
　　二輯上・71　　［91］・七・
　　11　　［96］・十六・366
　元天曆元年(1328)門人許謙刊
　　本　［26］・三・14
　元刊明修本　［8］・史一・126
通鑑前編三十卷舉要三卷　宋金
　履祥撰
　元刊本　［28］・續・六・15
　　［35］・上・40
通鑑剳記十六卷　劉體仁撰
　抄本　［101］・下・1
通鑑箋注七十二卷　明王世貞纂
　刊本　［74］・二・11
通鑑答問五卷　宋王應麟撰
　元刊本　［11］・三十八・17
　　［28］・續・七・2　　［35］・
　　上・38
　玉海附刊本　［74］・二・81
　　［96］・三十五・646
　抄本　［75］・三十一・17
通鑑節要二十卷　不著編者
　刊本　［1］・上・25
通鑑類纂五十四卷　清芮琪撰
　抄本　［8］・史二・164

過

00過庭詩話二卷　明劉世偉撰
　刊本　[39]・庚・9
　過庭私録七卷泉亭外集一卷　明
　吳鼎撰
　刊本　[71]・集・明別・68
　過庭録一卷　宋范公偁撰
　明刊本　[28]・九・12
　明商惟濬刊本　[60]・八・7
　稗海本　[74]・三・77
　明抄本　[75]・四十七・1
30過宜言八卷附録一卷　明華夏撰
　四明叢書本　[85]・十九・863
　過客齋漫草一卷　明釋廣潤撰
　抄本　[71]・集・釋子・9
31過江七事一卷　明陳貞慧撰
　痛史福王登極實録附刊本
　[85]・二十一・957
41過墟志二卷　題墅西逸叟撰
　紀載彙編本　[85]・二十一・
　972
50過春稿一卷　明杭世駿撰
　吳鷗亭手録本　[91]・三十七・
　29

3730₃　退

00退齋詞一卷　宋侯延慶撰
　宋刊本　[41]・二十一・11
　退齋居士文集二十八卷　宋侯延
　慶撰
　宋刊本　[14]・五下・677
44退菴集十五卷　宋陳炳撰
　宋刊本　[41]・十八・34
　退菴先生遺集二卷　宋吳淵撰
　舊抄本　[75]・五十七・16
　　　　[91]・三十・16
　傳抄本　[60]・六・43
　退菴遺稿七卷　明鄧林撰
　抄本　[71]・集・明別・28
60退圃詞一卷　宋馬寧祖撰
　宋刊本　[41]・二十一・10
68退餘叢話二卷　清鮑倚雲撰
　傳抄本　[60]・二・20

3730₄　運

25運使復齋郭公言行録一卷
　見《郭公言行録》
　運使復齋郭公敏行録一卷
　見《郭公敏行録》
70運甓漫稿七卷　明李禎撰
　明刊本　[11]・一百十一・27
　刊本　[39]・癸上・15
71運曆圖六卷　宋龔穎撰
　宋刊本　[14]・後志・一・775
80運氣論奧三卷
　見《素問入式運氣論奧》
　運氣定論一卷　明董説撰
　明刊本　[79]・子・醫家類・
　335
　刊本　[39]・庚・90
　運氣易覽三卷　明汪機撰
　明刊石山八種本　[79]・子・
　醫家類・334
88運籌綱目十卷決勝綱目十卷　明
　葉夢熊撰
　刊本　[39]・庚・80

3730₇　追

44追昔遊詩集三卷
　見《李丞相追昔遊集》
　追昔遊編三卷
　見《李丞相追昔遊集》

遙

57遙攟集　清馮武撰
　清刊本　[74]・續增・集・13

3730₈　選

04選詩七卷　不著編者
　宋刊本　[41]・十五・19
　選詩續編四卷　元劉履撰
　明刊殘本　[57]・322
　選詩句圖一卷　宋高似孫撰
　宋刊本　[11]・一百十八・8
　　　　[75]・六十四・4
　明刊本　[17]・四・47
　舊抄本　[91]・三十八・4

選詩補注八卷　元劉履撰
　元刊本　[9]・後編・十一・
　17
　刊本　[89]・二集・八・7
　選詩補注三卷選詩補一卷　元劉
　履撰
　明萬曆二十八年(1600)劉大文
　刊本　[19]・13
　選詩補注八卷補遺二卷續編四卷
　元劉履撰
　明刊本　[11]・一百十七・10
　明嘉靖刊本　[91]・三十九・
　4
　刊本　[39]・辛・16
40選奇方十卷後集十卷　宋余綱撰
　宋刊本　[41]・十三・13
50選青賦箋十卷　不著撰人
　宋刊本　[9]・三・43
56選擇天鏡三卷　清任端書撰
　文聚樓刊本　[96]・四十七・
　908
　選擇曆書十卷　不知撰人
　抄本　[74]・三・34
77選腴五卷　宋王若撰
　宋刊本　[41]・十四・26
　選學膠言一卷補遺一卷清張雲璈
　撰
　清道光十一年(1831)刊本
　[74]・四・59

3750₆　軍

10軍需則例六十卷　清劉權之等纂
　清刊本　[74]・二・68
　軍需則例戶部十卷兵部五卷工部
　一卷　清劉權之等纂
　清刊本　[74]・二・68
21軍占雜集　不著撰人
　抄本　[39]・庚・79
44軍權四卷　明何良臣撰
　刊本　[39]・庚・80

3760₆　富

22富川志三卷　宋李壽朋纂
　宋刊本　[14]・五上・574

80冨公語録一卷　宋富弼撰
　宋刊本　[14]・二上・138

3772_0 朗

00朗齋碑録一卷　清朱文藻撰
　傳抄本　[60]・五・9

3772_7 郎

17郎君胄詩集一卷　唐郎士元撰
　宋刊本　[14]・四上・359
　[41]・十九・7
　明翻宋本　[60]・六・19
　明正德依宋刊本　[91]・二十
　四・21
郎君胄詩集六卷　唐郎士元撰
　明翻宋本　[32]・十・12
　明正德十三年(1518)劉成德刊
　本　[74]・四・6
　[102]・上・27
40郎士元集六卷
　見〈郎君胄詩集〉

3780_0 冥

37冥通記四卷
　見〈周氏冥通記〉
47冥報記二卷　唐唐臨撰
　宋刊本　[41]・十一・3
　舊抄本　[89]・一集・六・17、
　18
冥報記二卷　清陸圻撰
　說鈴後集本　[96]・六十六・
　1319
冥報記三卷　不著撰人
　舊抄卷子本　[22]・五・17
冥報記三卷附冥報記輯本六卷冥
報記拾遺輯本四卷　不著撰人
　古抄本　[76]・八・6

3780_6 資

33資治上下編大政記綱目七十二卷
　明姜寶編
　明刊本　[91]・七・14
資治通鑑二百九十四卷　宋司馬
光撰

北宋國子監刊本　[7]・中・25
北宋刊本　[72]・11
北宋刊大字本　[11]・二十・
4
北宋蜀廣都費氏進修堂刊大字
本　[28]・三・4　[35]・
下・5　[58]・史・33
[67]・第五册・23
宋刊大字本　[58]・史・32
宋刊本　[5]・二上・3
[11]・二十・5　[15]・
1　[28]・續・六・8
[32]・三・7　[33]・
史・19　[35]・下・6、
7,48　[38]・史・16、
20　[58]・史・29、31
[72]・13　[92]・二、
35　[93]・九・2、3、4、
6　[94]・二・3、4、9
宋麻沙刊本　[35]・下・54
[94]・二・4
宋鄂州覆龍爪本　[73]・圖版
26
宋紹興三年(1133)兩浙東路茶
鹽司公使庫刊本　[35]・
下・6　[68]・圖版74、
目録20
宋紹興餘姚縣刊本　[35]・下・
6
宋建刊本　[2]・二・7
南宋國子監刊本　[7]・下・5
南宋建陽書坊通鑑節本
[54]・二・1
宋刊百衲本　[17]・二・8
蒙古憲宗三年至五年張宅晦明
軒刊本　[68]・圖版267、
268、目録51
元刊本　[8]・史一・120
[9]・五・28、31　[11]
二十・6　[13]・3
[16]・九・2　[22]・
三・14　[28]・三・5
[48]・二輯上・63
[65]・二・37　[72]・

13　[80]・十四・10
[83]・二・1　[93]・
九・4
元刊黑口本　[4]・18
元興文署刊本　[17]・二・8
[34]・二・8　[35]・
上・37　[98]・9
元至元刊本　[58]・元・28
元至元二十六年(1289)至二十
八年(1291)魏天祐刊本
[68]・圖版311、312、313、
目録58
元刊明修本　[91]・七・3
蕈明州元刊本　[89]・二集・
四・31
明長洲陳氏刊本　[20]・二・
5　[96]・十六・54
明嘉靖孔天胤刊無注本
[17]・二・8　[30]・
三・6
明嘉靖二十三年(1544)杭郡刊
本　[12]・四・6　[28]・
續・六・9　[86]・二・
45　[91]・七・2
果泉胡氏刊本　[74]・二・8
楊氏刊本　[75]・十六・3
刊本　[89]・一集・四・27、
29
朝鮮世宗二十年（皇紀二〇九
七年)丙辰字甲寅字刊本
[63]・圖版7
資治通鑑五十卷續編三十卷　宋
司馬光撰
　明官刊大字本　[102]・上・15
資治通鑑二百九十四卷通鑑辨誤
十二卷　宋司馬光撰、胡三省
音注
　元興文署刊本　[12]・二・5
資治通鑑二百九十四卷考異三十
卷　宋司馬光撰
　明嘉靖孔氏據宋刊本　[8]・
史一・122
資治通鑑二百九十四卷目録三十
卷　宋司馬光撰

宋刊本 [9]・後編・四・7
明刊本 [9]・後編・十四・7
資治通鑑二百九十四卷目録三十卷考異三十卷 宋司馬光撰
　宋刊本 [14]・二上・116
　　[41]・四・21
資治通鑑音注 元胡三省撰
　清嘉慶二十一年(1816)胡克家刊本 [68]・圖版558、559、目録91
資治通鑑詳節一百二十卷 宋陸唐老集注
　宋刊本 [11]・二十・8
　　[16]・九・4 [58]・史・49
　宋蔡氏家塾刊本 [28]・續・六・12 [35]・下・38
　宋麻沙刊本 [28]・續・六・14 [35]・下・23,47
　元刊本 [9]・後編・九・6
資治通鑑外紀一百卷 宋劉恕編
　宋刊元修本 [22]・三・14
　　[35]・下・47
資治通鑑外紀十卷 宋劉恕編
　宋刊本 [35]・下・49
　　[58]・史・37 [93]・九・7 [94]・二・4
　稿本 [11]・二十・14
資治通鑑外紀十卷目録三卷 宋劉恕編
　宋刊本 [41]・四・23
資治通鑑外紀十卷目録五卷 宋劉恕編
　清乾隆刊本 [75]、十六・19
　清嘉慶十六年(1811)吳縣吳志忠山淵堂刊本 [74]・二・9 [96]・十六・359
資治通鑑外紀詳節十卷
　見《資治通鑑外紀》
資治通鑑外紀注補十卷
　見《資治通鑑外紀》
資治通鑑釋文二十卷 宋司馬康撰
　宋刊本 [41]・四・23

資治通鑑釋文二十八卷 宋司馬康撰
　宋刊本 [14],五下・719
資治通鑑釋文三十卷 宋史炤撰
　宋刊本 [8]・史一・123
　　[11]・二十・9 [28]・續・七・6 [35]・下・24,25 [38]・史・19 [41]・四・23 [58]・史・36 [72]・14
　宋建刊本 [2]・二・9
　楊氏刊本 [75]・十六・11
　顧千里校宋本 [91]・七・3
　影抄宋本 [93]・九・6
　舊抄本 [16]・九・3
資治通鑑釋文辨誤十二卷 元胡三省撰
　宋刊本 [10]・13
　元刊本 [8]・史一・125
　　[9]・後編・九・4
　　[11]・二十・13 [16]・九・6 [58]・元・29 [93]・九・6
　元刊明修本 [91]・七・5
　明長洲陳氏刊本 [96]・十六・357
　胡元常校刊本 [74]・二・8 [75]・十六・18
資治通鑑釋文辨誤十三卷 元胡三省撰
　元刊本 [35]・上・37
　元興文署刊本 [28]・三・6
資治通鑑綱目四十九卷 宋朱熹撰
　元刊本 [34]・二・8
　明廠本 [32]・三・8
資治通鑑綱目五十九卷 宋朱熹撰
　宋刊本 [9]・二・14 [35]・上・33 [38]・史・23 [41]・四・27 [58]・史・50 [74]・二・9 [93]・九・9 [94]・二・5 [97]・一・4

宋浙刊大字本 [2]・二・10
宋刊大字本 [92]・二・36
宋乾道八年(1172)刊本 [34]・一・17 [35]・上・10 [43]・二・16 [102]・上・3
宋嘉定十二年(1219)真德秀溫陵郡齋刊本 [67]・第五册・11
宋淳祐刊本 [13]・4 [16]・續・二・1
南宋國子監刊本 [7]・下・7
建安京兆劉寬裕刊本 [89]・二集・四・33
抄配宋本 [33]・史・20
元刊本 [9]・五・32,34,35 [9]・後編・九・5 [22]・三・15 [48]・二輯上・76 [93]・九・10 [94]・二・10
明刊本 [9]・八・16,17、19 [9]・後編・十四・9
明長洲陳氏刊本 [96]・十六・363
明坊刊本 [9]・八・19
明成化内府刊本 [9]・後編・十四・8 [86]・三・9
明正德八年(1513)福州刊本 [102]・上・14
明嘉靖八年(1529)趙府居敬堂刊本 [12]・四・6 [22]・三・15
刊本 [89]・二集・四・32、34
朝鮮世宗朝(皇紀二〇八二年頃)庚子字刊本 [63]・圖版1
資治通鑑綱目一百五十卷 宋朱熹撰
　朝鮮宣祖朝倣丙辰改鑄甲寅字刊本 [63]・圖版12
資治通鑑綱目五十九卷序例一卷 宋朱熹撰
　宋刊本 [14]・五上・546

資治通鑑綱目五十九卷　宋朱熹撰　續通鑑綱目二十七卷　明商輅等撰
　明成化官刊大字本　[102]・上・14
　明萬曆刊本　[30]・二・4

資治通鑑綱目五十九卷　宋朱熹撰　通鑑綱目前編十八卷　金履祥輯　外紀一卷　陳子桱輯　通鑑綱目續編二十七卷　明商輅等撰
　明歸休齋書林刊本　[91]・七・5

資治通鑑綱目五十九卷　宋朱熹撰　通鑑綱目前編十八卷　金履祥輯　外紀一卷　陳子桱輯　舉要三卷　金履祥撰　通鑑綱目續編二十七卷　明商輅等撰
　清刊本　[74]・二・81
　宋犖校刊本　[96]・三十五・653

資治通鑑綱目三編二十卷　清張廷玉纂
　清乾隆十一年(1746)武英殿刊本　[85]・一・46　[96]・十六・370

資治通鑑綱目三編四十卷　清赫舒德改訂
　清乾隆五十四年(1789)武英殿刊本　[85]・一・46
　坊刊本　[74]・二・11

資治通鑑綱目集説五十九卷　明扶安輯
　明刊本　[9]・八・20

資治通鑑綱目集説五十九卷前編二卷　明扶安輯
　明刊本　[8]・史一・128
　明嘉靖刊本　[91]・七・13

資治通鑑綱目集覽五十九卷　元王幼學撰
　元刊本　[13]・4　[93]・九・10　[94]・二・10
　明洪武刊本　[32]・三・9

資治通鑑綱目大全五十九卷　不著編者
　刊本　[45]・11

資治通鑑綱目七家注五十九卷
　見《資治通鑑綱目》

資治通鑑綱目提要五十九卷　不著編者
　宋趙希桼刊本　[14]・五上・548

資治通鑑綱目前編十八卷
　見《通鑑前編》

資治通鑑考異三十卷　宋司馬光撰
　宋刊本　[9]・二・13　[9]・後編・九・3　[11]・二十・6　[28]・三・1　[35]・上・38　[35]・下・5　[38]・史・18　[65]・二・38
　宋建陽刊本　[38]・史・17
　宋刊抄補本　[58]・史・35
　明刊本　[93]・九・7　[96]・十六・356
　明嘉靖孔天胤刊本　[17]・二・8
　明嘉靖依宋刊本　[11]・二十・7　[91]・七・3
　明萬曆刊本　[11]・二十・7
　胡元常校楊氏刊本　[75]・十六・5

資治通鑑目錄三十卷　宋司馬光撰
　宋刊本　[17]・二・8　[32]・三・8　[34]・一・16　[38]・史・18　[58]・史・34　[74]・二・8
　明長洲陳氏刊本　[96]・十六・355
　胡元常校楊氏刊本　[75]・十六・10

資治通鑑目錄五卷　宋司馬光撰　外紀十卷　宋劉恕撰　綱目六十卷　宋朱熹撰
　宋刊本　[92]・二・35

資治通鑑問疑一卷

　見《通鑑問疑》

資治通鑑節要續編三十卷　元張光啓撰
　明正德司禮監刊本　[91]・七・12

67資暇三卷
　見《資暇集》

資暇集三卷　唐李匡乂撰
　宋刊本　[14]・三下・242　[41]・十・15
　明覆宋本　[11]・五十五・22
　明胡文煥刊本　[60]・二・14
　墨海金壺本　[96]・五十四・1064
　傳錄勞季言校抄本　[17]・三・21
　舊抄本　[11]・五十五・22　[32]・八・5　[39]・己・66　[74]・三・47　[101]・中・3　[102]・下・21

3792₇　鄴

27鄴侯家傳十卷
　見《相國鄴侯家傳》

59鄴中記一卷　晉陸翽撰
　宋刊本　[41]・八・18
　武英殿聚珍刊本　[74]・二・36　[96]・二十六・523
　盧抱經校聚珍本　[91]・十・4
　抄本　[75]・二十三・5

3811₉　澹

12澹水文集二十卷　金趙秉文撰
　刊本　[24]・集二・1　[89]・一集・十・50
　影金精抄本　[65]・續・四・38
　知不足齋抄本　[39]・壬・52
　舊抄本　[11]・九十四・1　[12]・六・21　[16]・三十二・1　[27]・113　[51]・三・14　[52]・

三・11　[55]・七・1
[71]・集・金別・1
[74]・四・34　[89]・
二集・八・33　[91]・
三十三・1　[93]・二
十二・1
傳抄本　[32]・十三・1
滏水文集二十卷附錄一卷　金趙
秉文撰
清何義門黄丕烈校就堂和尚抄
本　[2]・四・47
張青芝抄陳蘭鄰校本　[2]・
四・48
抄本　[102]・下・35

3812₇　汾

76汾陽王家傳十卷　唐陳雄撰
宋刊本　[14]・二下・174

3813₂　淞

40淞南詩抄不分卷　不著編者
抄本　[85]・二十四・1055
淞南志　清陳元模撰
清嘉慶活字印本　[68]・圖版
642、目錄103

3813₂　滋

28滋谿文稿三十卷
見《蘇伯修滋谿文稿》
44滋蘭堂詩集四卷　清沈元滄撰
清刊本　[71]・集・國朝別・
31
滋蘭堂詩集十卷　清沈元滄撰
清刊本　[39]・癸下・52

3813₄　渼

74渼陂集十六卷續集三卷　明王九
思撰
明刊本　[32]・十四・9
[74]・續增・集・11
明嘉靖刊本　[8]・集四・538
[26]・九・20
刊本　[39]・癸上・34
渼陂集十六卷續集三卷碧山樂府

四卷　明王九思撰
明嘉靖刊本　[12]・四・18

3813₇　冷

00冷廬醫話五卷　清陸以湉撰
清咸豐六年(1856)家刊袖珍本
[79]・子・醫家類・527
冷齋夜話十卷　宋釋惠洪撰
宋刊本　[14]・三下・260
[41]・十一・15
元刊本　[9]・後編・十・5、6
[11]・五十七・10
[28]・續・十・10
[35]・上・19　[50]・
五・49　[72]・20
元至正刊本　[38]・子・49
舊刊本　[5]・三上・28
[22]・四・23
日本五山刊本　[17]・三・25
[70]・八下・11　[92]・
三・110
稗海本　[55]・三・1　[74]・
三・52
津逮祕書本　[74]・三・52
[96]・五十六・1113
竹虛齋抄本　[59]・二・14
抄本　[75]・四十三・11
23冷然齋詩集八卷　宋蘇洞撰
星鳳閣抄本　[91]・三十一・
14
冷然齋詩集八卷附補遺一卷　宋
蘇洞撰
清鮑以文抄本　[2]・四・41
冷然齋詩集八卷　附補遺附錄
宋蘇洞撰
舊抄本　[11]・八十九・16
文瀾閣傳抄本　[16]・三十一・
50
冷然齋詩餘一卷　宋蘇洞撰
宋刊本　[41]・二十一・16
冷然齋集十二卷　宋蘇洞撰
宋刊本　[41]・二十・21

3814₀　潄

10潄玉詞一卷　宋李清照撰
宋刊本　[41]・二十一・7
勞巽卿校本　[11]・一百十九・
9
舊抄本　[91]・四十・10
潄玉詞十二卷　宋李清照撰
宋刊本　[14]・四下・490
潄玉集一卷
見《潄玉詞》
潄石閑談二卷　明王兆雲撰
刊本　[71]・子・小説家・19
44潄芳閣集十卷　清徐士芬撰
清刊本　[74]・續增・集・14
清咸豐二年(1852)刊本
[74]・四・57
潄華隨筆四卷　清嚴有禧撰
借月山房彙抄本　[96]・六十
五・1298

澉

12澉水志八卷
見《海鹽澉水志》

澂

46澂觀漫錄四卷　題乳峯清尚生鈞
纂
精抄本　[71]・史・地志・69

3814₇　游

00游讓谿甲集四卷乙集十卷　明游
震得撰
刊本　[39]・癸下・24
27游名山記十七卷　明何鏜輯
明刊本　[9]・八・37　[32]・
四・28
明刊細字本　[91]・十二・18
明嘉靖刊本　[3]・11
刊本　[39]・戊・53
游名山一覽記十六卷　明慎蒙增
撰
明刊本　[92]・二・66
30游宦記聞十卷　宋張世南撰

宋刊本　[11]·五十七·20
　　[22]·四·23　　[35]·
　　上·20、43　　[41]·十
　　一·22　　[70]·三·36
　　[70]·六·15
　宋紹定臨安書棚刊本　[90]·
　　32
　明刊本　[75]·四十三·16
　稗海本　[74]·三·54
　知不足齋叢書本　[96]·五十
　　六·1122
　校宋本　[93]·十六·21
　影宋抄本　[50]·五·55
　舊抄本　[5]·三上·36
　　[11]·五十七·20
　　[71]·子·雜家·12
　游定夫集　宋游酢撰
　抄本　[21]·一·39
:37游鶴堂墨藪二卷
　見《墨藪》
·40游志續編　陳仁玉撰
　抄本　[88]·三·34
　游志續編一卷　明陶宗儀編
　舊抄本　[11]·三十四·16
　　[16]·十七·10　　[50]·
　　三·37
　游志續編二卷　明陶宗儀編
　勞季言手抄本　[17]·二·18
43游城南記一卷　宋張禮撰
　宋刊本　[14]·後志·一·805
72游氏論語解十卷
　見《論語解》
　游氏中庸解一卷
　見《中庸解》

3815₇　海

01海語二卷　明黃衷撰
　抄本　[39]·戊·66
　海語三卷　明黃衷撰
　刊本　[74]·二·59
　抄本　[75]·二十八·21
10海天鴻雪記二十回　李寶嘉撰
　世界繁華報館排印本　[69]·

四·131
　海雲堂詩抄十四卷補遺一卷詞抄
　二卷文抄一卷　清嚴學淦撰
　清嘉慶二十二年(1817)刊本
　　[26]·十四·24
11海疆備考一卷　不知撰人
　抄本　[71]·史·地志·60
12海烈婦百鍊真傳十二回　清人撰
　清刊本　[69]·七·207
15海珠志十五卷　明李韡撰
　刊本　[71]·史·地志·86
17海瓊玉蟾先生文集六卷
　見《白玉蟾先生文集》
21海上塵天影六十章　清鄒弢撰
　清光緒二十年(1894)上海石印
　本　[69]·四·130
　海上方一卷
　見《孫真人海上方》
　海上占候一卷　不知撰人
　抄本　[39]·庚·68
　海上仙方一卷
　見《孫真人海上方》
　海上花列傳六十四回　清韓邦
　慶撰
　清光緒二十年(1894)石印本
　　[69]·四·130
　海上見聞錄二卷　題鷺島道人夢
　蕚輯
　痛史本　[85]·十三·610
　海上見聞錄定本二卷　題鷺島遺
　納夢菴輯
　傳抄本　[85]·十三·611
　海上繁華夢初集三十回二集三十
　回後集四十回　孫家振撰
　清光緒三十四年(1908)
　上海商務印書館排印本
　　[69]·四·132
　海虞先達遺事一卷　不著撰人
　海虞世家錄一卷　不著撰人
　抄本　[57]·90
　海虞被兵記一卷　不著撰人
　虞陽説苑甲編本　[85]·十四·
　　668
　常熟瞿氏菰村漁父抄本

　　[85]·十四·668
22海嶽名言一卷　宋米芾撰
　宋刊本　[11]·五十二·12
　　[17]·三·10
　明刊本　[17]·三·10
　百川學海本　[96]·四十八·
　　927
　抄本　[75]·三十九·4
　海峯文集　清劉大櫆撰
　清刊本　[71]·集·國朝別·62
　海峯話集古體五卷近體六卷文集
　清劉大櫆撰
　清刊本　[71]·集·國朝別·44
　海山記一卷迷樓記一卷開河記一
　卷　題唐人撰
　説郛本　[96]·六十三·1246
　古今逸史本　[74]·三·73
　海巢集三卷　元丁鶴年撰
　抄本　[39]·壬·72
23海外番夷錄一卷　清楊炳南撰
　清道光二十四年(1844)刊本
　　[74]·二·59
　海外使程廣記三卷　南唐章僚撰
　宋刊本　[41]·八·41
　海外紀事六卷　清釋大汕撰
　清刊本　[39]·戊·72
　　[71]·集·釋子·12
　海外遺稿一卷　明林垐撰
　清康熙四十七年(1708)刊本
　　[85]·二十·922
　海外慟哭記一卷　清黃宗羲撰
　梨洲遺著彙刊本　[85]·十二·
　　583
　遜盦叢編本　[85]·十二·583
　古學彙刊本　[85]·十二·583
27海蠡編二卷　明袁士瑜撰
　刊本　[39]·丙·9
　海角遺編二卷　題漫遊野史纂
　鄉國紀變本　[85]·十四·669
　虞陽説苑甲編本　[85]·十四·
　　669
　瞿氏菰村漁父抄本　[85]·
　　十四·669
　海甸野史二十二種二十二卷

不著編者
傳抄本　[85]・二十三・1012

海島算經一卷
見《算經》

30海寧倭寇始末　不著編者
先君子校本　[20]・二・24

海寧縣志九卷　明蔡完撰
明刊本　[20]・三・18

海寧縣志九卷　清董毅撰
清刊本　[36]・138

海寧縣志十二卷　不知撰人
吳兔床陳仲魚校本　[17]・二・17

海寇記一卷　清洪若皋撰
昭代叢書本　[85]・十三・620

31海涯文集八卷　明顧磐撰
刊本　[39]・癸上・36
[71]・集・明別・59

32海州志三十二卷　清唐仲冕撰
清嘉慶十三年(1808)刊本
[74]・二・47

33海濱外史四卷　清陳怡山撰
涵芬樓祕笈本　[85]・二十一・972
抄本　[85]・二十一・972

34海濤志一卷　唐竇叔蒙撰
宋刊本　[41]・八・40

35海神靈應錄一卷　宋陸維則撰
宋刊本　[41]・七・31

37海潮圖論一卷　宋燕肅撰
宋刊本　[41]・八・40

海涵萬象錄四卷　明黃潤玉撰
刊本　[39]・己・12

海運詳考　明王宗沐輯
刊本　[39]・丁・64

海運志二卷　明王宗沐輯
刊本　[39]・丁・64
[71]・史・地志・76

38海游記六卷　清人撰
坊刊本　[69]・五・179

海道經　不知撰人
刊本　[39]・丁・75

40海內十洲記一卷　題漢東方朔撰
宋刊本　[14]・二下・172

[41]・十一・1
明覆宋本　[11]・六十四・10
明刊本　[75]・四十八・4
古今逸史本　[74]・三・81
文房小說本　[74]・三・81
漢魏叢書本　[74]・三・81
[96]・六十六・1302
校本　[54]・四・32

海內十洲記一卷漢武洞冥記四卷
題漢東方朔撰
舊抄本　[93]・十七・20

海內奇談　不著撰人
日本抄本　[69]・九・223
[77]・附・224

海內奇觀十卷　明楊爾曾輯
明刊本　[91]・十二・18
明萬曆三十八年(1610)
夷白堂刊本　[64]・48
[86]・十一・7
刊本[39]・戊・53

海南集二十三卷後集十二卷　不
知撰人
宋刊本　[14]・五上・571

43海域大觀一卷　清徐朝俊撰
高厚蒙求本　[78]・算學書錄
補注・85

44海藏老人陰證略例一卷　元王好
古撰
抄本　[11]・四十七・11
[75]・三十七・12

50海忠介公集六卷　明海瑞撰
刊本　[39]・癸下・10
[71]・集・明別・75

海忠介公全集十二卷　明海瑞撰
明天啓刊本　[8]・集四・544

海表奇觀八卷　題古譚吏隱主人
輯
刊本　[39]・戊・67

海東諸國記一卷　朝鮮申叔舟撰
朝鮮古活字本　[3]・11
[17]・二・15　[29]・
一・15　[55]・二・15

海東記一卷
見《海東諸國記》

海東逸史十八卷　題翁洲老民撰
清光緒十年(1884)慈谿楊氏飲
雪軒刊本　[85]・十二・585

邵武徐氏叢書本　[85]・十二・585

四明叢書本　[85]・十二・585

60海日堂集詩五卷文二卷　清程可
則撰
清刊本　[71]・集・國朝別・7

海國圖志五十卷　清魏源撰
清道光二十二年(1842)活字本
[74]・二・60

海國聞見錄二卷　清陳倫炯撰
清刊本　[39]・戊・67

海昌五臣殉節遺事一卷　清周廣
業撰
種松書塾抄本　[85]・十七・772

海昌經籍志略四卷　清管庭芬輯
稿本　[30]・四・12

海昌縣外志不分卷　明談遷撰
明刊本　[20]・三・19
抄本　[39]・戊・32

海昌閨秀詩　周儕齡等撰
抄本　[20]・五・45

海昌勝覽二十卷　周春撰
抄本　[88]・三・15

67海野詞一卷　宋曾覿撰
宋刊本　[41]・二十一・15

70海防備覽十卷　清薛傳源編
清乾隆五十八年(1793)刊本
[74]・二・53

海防奏疏二卷撫畿奏疏十卷計部
奏疏四卷　明汪應蛟撰
明季刊本　[85]・三・141

海防圖論　不著撰人
刊本　[39]・丁・71

海防圖並論五十卷　明胡宗憲撰
長恩書室刊本　[74]・二・52

72海剛峯先生居官公案傳四卷　明
李春芳撰
明萬曆三十四年(1606)萬卷樓
刊本　[69]・三・110

74海陵集三十二卷　宋周麟之撰
　宋刊本　[41]・十八・20
海陵集二十三卷　宋周麟之撰
　抄本　[54]・六・19
　[71]・集・宋別・37
海陵集二十三卷外集一卷　宋周
麟之撰
　舊抄本　[32]・十二・8
　[88]・五・22
76海隅集四十卷春明集十三卷　明
徐學謨撰
　刊本　[39]・癸上・58
77海門詩選三卷　清李載園撰
　清嘉慶五年(1800)刊本
　[26]・十・37
海門詩抄十三卷　清李符清撰
　清嘉慶三年(1798)刊本
　[26]・十三・34
海門集八卷　宋張重撰
　宋刊本　[41]・二十・8
海門先生集十二卷　明周汝登撰
　刊本　[39]・癸下・13
海居齋集三卷　不知撰人
　朝鮮刊本　[29]・三・33
海叟集三卷
　見《袁海叟詩集》
海桑文集十卷
　見《陳聘君海桑先生集》
78海鹽縣圖經十六卷　明胡震亨撰
　刊本　[39]・戊・32
　[71]・史・地志・19
海鹽澉水志二卷　宋常棠撰
　明鹽邑志林本　[59]・三・4
　舊抄本　[91]・十一・11
　傳抄本　[60]・三・4
海鹽澉水志八卷　宋常棠撰
　明刊本　[11]・三十・8
　[75]・二十五・16
　抄本　[74]・二・42　[93]・
　　十一・9　[102]・下・10
　文瀾閣傳抄本　[16]・十六・6
海鹽澉水志八卷　宋常棠撰　續
澉水志九卷　明董穀撰
　刊本　[39]・戊・32

80海谷集一卷　明梁介撰
　抄本　[71]・集・明別・73
87海錄碎事三十三卷　宋葉廷珪撰
　宋刊本　[41]・十四・24
海錄碎事二十二卷　宋葉廷珪撰
　明刊本　[8]・子二・301
　[9]・後編・十七・9
　[11]・五十九・13
　[74]・續增・子・6
　[91]・二十・5
　[96]・六十一・1205
　明萬曆刊本　[32]・九・6
　刊本　[39]・庚・44
　[71]・子・類事・8
　明劉鳳重校姑蘇張象賢刊本
　[59]・五・13
　舊抄本　[32]・九・6
88海篇直音四卷　不知撰人
　元明間刊本　[74]・續增・經・3
90海棠記一卷　宋沈立撰
　宋刊本　[41]・十・9
海棠譜二卷　宋陳思撰
　宋刊本　[11]・五十四・19
　[17]・三・14
　明刊本　[17]・三・14
海棠譜三卷　宋陳思撰
　宋刊本　[75]・四十一・1
　明翻宋本　[91]・十八・10
　百川學海本　[96]・五十一・
　1014

3816₁　洽

77洽聞記三卷　唐鄭常撰
　宋刊本　[14]・三下・246
　[14]・後志・一・806
洽聞記三卷　不著撰人
　宋刊本　[14]・三下・284

3816₇　滄

23滄然軒集八卷　明余繼登撰
　刊本　[39]・癸下・12
31滄江虹月詞二卷　清汪初撰
　刊本　[101]・中・21
32滄洲塵缶編十四卷　宋程公許撰

抄本　[91]・三十一・7
文瀾閣傳抄本　[11]・八十
九・11
傳抄文津閣本　[17]・四・26
滄洲塵缶編三十五卷内外制二十
四卷　宋程公許撰
　宋刊本　[14]・五下・674
滄洲詩抄十卷　清陳鵬年撰
　清雍正四年(1726)刊本
　[96]・七十・1404
滄洲集十卷　明張泰撰
　刊本　[39]・癸上・18
33滄浪詩話一卷　宋嚴羽撰
　津逮秘書本　[74]・四・72
滄浪詩集二卷　宋嚴羽撰
　明刊本　[11]・八十九・16
　明正德十二年(1517)李堅刊本
　[74]・四・30
　明正德十五年(1520)崑山知縣
　尹嗣宋刊本　[17]・四・27
　明嘉靖閣刊本　[91]・三十一・
　12
　刊本　[39]・壬・38
　抄校本　[50]・八・40
　明抄本　[60]・六・39
　影抄明正德刊本　[91]・三十
　一・12
　舊抄本[5]・四下・29
　[20]・五・21
滄浪詩集三卷　宋嚴羽撰
　元刊本　[58]・元・130
　明刊本　[11]・八十九・16
　[61]・三・3
　明正德十二年(1517)李堅刊本
　[102]・上・30
　校元本[93]・二十一・25
　舊抄本　[32]・十二・22
滄浪詩集四卷　宋嚴羽撰
　明閣刊本　[91]・三十一・13
滄浪詩集四卷滄浪詩話一卷
宋嚴羽撰
　明刊本　[12]・三・25
滄浪集十五卷　宋蘇舜欽撰
　宋刊本　[41]・十七・7

滄浪先生吟二卷

滄浪軒詩集六卷　元呂彥貞撰
　舊抄本　[91]・三十四・11

滄浪吟卷二卷
　見《滄浪詩集》

滄浪小志二卷　清宋犖撰
　清刊本　[39]・戊・65

37滄溟先生集三十卷
　見《李滄溟集》

38滄海遺珠四卷　明沐昂撰
　舊抄本　[11]・一百十七・18
　　[32]・十五・17
　　[59]・六・5

滄海遺珠八卷　明沐昂撰
　舊抄本　[32]・十五・15
　　[50]・十・33　　[74]・
　　四・63　　[102]・下・39
　傳抄本　[61]・七・7

滄海遺珠集八卷
　見《滄海遺珠》

56滄螺集六卷　明孫作撰
　明毛氏汲古閣刊本　[74]・四・
　41　　[86]・七・18
　都元敬校汲古閣刊本　[20]・
　五・27　　[71]・集・明
　別・6

滄螺集十卷　明孫作撰
　刊本　[39]・癸上・4

77滄桑豔傳奇　丁傳靖撰
　葭隱廬雜著本　[85]・二十四・
　1078
　石印本　[85]・二十四・1078

3819₄　涂

12涂水集五卷　明寇天敘撰
　刊本　[39]・癸上・36

17涂子類稿十卷　元涂幾撰
　刊本　[71]・集・元別・34

滁

32滁州志四卷　明胡松撰
　刊本　[39]・戊・39

76滁陽慶歷集十卷後集十卷　宋徐

徽纂
　宋刊本　[41]・十五・21

滁陽王廟碑歲祀册　不著編者
　明抄本　[30]・五・6

3824₀　啟

01啟顏錄八卷　不知撰人
　宋刊本　[41]・十一・24

10啟雲錦前集十卷　不著編者
　明抄本　[17]・四・43

20啟寯類函一百卷　明俞安期輯
　明萬曆刊本　[64]・34
　刊本　[39]・辛・13

啟寯類函九十四卷卷首職官考五
卷目錄八卷　明俞安期輯
　刊本　[71]・集・論集・4

31啟禎兩朝剝復錄六卷　明吳應箕
輯
　通行刊本　[85]・二・117
　抄本　[85]・二・117

啟禎兩朝遺詩考一卷　陳乃乾撰
　舊學菴刊本　[85]・二十四・
　1051
　中華書局影印本　[85]・二十
　四・1051

啟禎紀聞錄八卷　明袁仲韶撰
　痛史本　[85]・二・124
　舊抄本　[32]・三・27
　　[102]・下・8

啟禎宮詞一卷　清高兆撰
　昭代叢書癸集本　[85]・二十
　四・1037

啟禎野乘二集八卷　清鄒漪纂
　清康熙十八年(1679)刊本
　　[85]・二・123

啟禎野乘初集十六卷　清鄒漪纂
　清康熙刊本　[85]・二・122
　故宮博物院鉛印本　[85]・二・
　122

82啟禎截江綱甲集八卷乙集八卷丙
集八卷丁集八卷戊集八卷己集
六卷庚集六卷辛集六卷壬集五
卷癸集五卷　不著撰人

宋刊本　[28]・續・十一・9

啟禎青錢前集十卷後集十卷續集
十卷別集十卷外集十卷　不著
撰人
　元刊袖珍本　[58]・元・95

3825₁　祥

12祥刑要覽二卷　明吳訥輯
　抄本　[39]・丁・74

60祥異賦七卷　不知撰人
　抄本　[39]・庚・68

3830₃　遂

37遂初堂文集二十卷　清潘耒撰
　清刊本　[100]・142

遂初堂詩集十六卷　清潘耒撰
　清刊本　[74]・續增・集・13

遂初堂詩集十六卷文集二十卷別
集四卷　清潘耒撰
　清刊本　[71]・集・國朝別・
　20　　[96]・七十・1395

遂初堂書目一卷　宋尤袤編
　宋刊本　[41]・八・9
　說郛本　[96]・三十二・580
　舊抄本　[8]・史三・205
　　[11]・三十七・5
　　[28]・五・2　　[71]・
　史・簿錄・3　　[74]・
　二・71　　[75]・三十・3
　　[91]・十四・3　　[93]・
　十二・14　　[102]・下・13

60遂昌雜錄一卷
　見《遂昌山人雜錄》

遂昌山人雜錄一卷　元鄭元祐撰
　稗海本　[74]・三・79
　讀畫齋叢書本　[96]・六十五・
　1283
　校明抄本　[50]・六・29
　　[65]・續・三・72
　校舊抄本　[50]・六・29
　　[65]・續・三・72
　校舊抄本　[50]・六・29

[65]·續·三·73

遂昌縣志十二卷　清王懲撰
　清刊本　[71]·史·地志·18

遂園褉飲集　不知撰人
　清刊本　[54]·八·30

77遂閒堂遺草一卷　清馬靜因撰
　清刊本　[71]·集·閨秀·3

3830₄ 逆

19逆璫魏忠賢石林黨人榜一卷
　不著編者
　東林列傳附刊本　[85]·五·
　214
　東林別乘本　[85]·五·214

30逆案一卷　不著編者
　祕册叢説本　[85]·四·192

44逆藩吳三桂傳一卷　不著撰人
　滇繫本　[85]·十五·699

71逆臣劉豫傳一卷　宋楊堯弼等撰
　宋刊本[41]·七·25

遊

22遊仙窟一卷　唐張鷟撰
　明刊本　[76]·八·27
　刊本　[89]·一集·六·20
　日本慶安刊本　[59]·八·4
　舊抄本　[22]·五·15
　日本文和二年抄本　[22]·五·
　15

遊戲集　明謝瑜輯
　刊本　[39]·辛·43

27遊名山記六卷　明都穆撰
　刊本　[71]·史·地志·78

遊名山記十七卷　明何鏜撰
　明刊本　[60]·三·10
　刊本　[71]史·地志·77

遊名山記四十八卷圖一卷附錄一
　卷　不著撰人
　明刊本　[74]·二·58
　[102]·上·18

40遊志續編一卷　明陶宗儀編
　抄本　[93]·十一·19

遊志續編二卷　明陶宗儀編
　舊抄本　[91]·十二·17

43遊城南記一卷　宋張禮撰
　抄本　[93]·十一·19

遵

22遵巖集二十五卷
　見《王遵巖集》

40遵堯錄七卷
　見《聖宋遵堯錄》

3830₆ 道

04道護錄一卷　宋程胡撰
　宋刊本　[41]·九·12

10道一編六卷　明程敏政撰
　明初刊本　[71]·子·儒家·12
　明刊本　[91]·十五·19
　明弘治二年(1489)刊本
　　[76]·七·34
　刊本　[39]·己·10

20道統圖　不著撰人
　刊本　[39]·戊·9

22道山集六卷　明鄭棠撰
　刊本　[39]·癸上·11

道山清話一卷　題宋王暐撰
　宋刊本　[11]·六十三·3
　　[17]·三·34　[41]·
　　十一·18
　明覆宋本　[91]·二十一·9
　明刊本　[17]·三·34
　百川學海本　[96]·六十四·
　　1271
　抄本　[75]·四十六·19

24道德元經原旨四卷元經原旨發揮
　二卷　宋杜道堅注
　明抄道藏本　[91]·二十二·11

道德經二卷
　見《老子》

道德經評注二卷　題河上公章
　句,明歸有光批閱
　十子全書本　[96]·六十九
　　·1344

道德經講義十二卷　題宋呂知常
　撰
　明刊本　[93]·十八·8
　明宣德七年(1432)周思得刊本

[68]·圖版360、目錄65

道德經論兵要義四卷
　見《道德經論兵要義述》

道德經論兵要義述四卷　唐王真
　撰
　抄本　[93]·十三·15
　傳抄本[32]·六·9

道德經集義二卷　明周如砥纂
　明刊本　[91]·二十二·11

道德經解二卷
　見《老子解》

道德經注二卷
　見《老子注》

道德經李約新注四卷　李約注
　明正統道藏本　[17]·三·41

道德經考異二卷
　見《老子考異》

道德寶章一卷　宋葛長庚注
　金刊本[65]·三·55
　翻元刊本　[91]·二十二·11
　明刊本　[75]·五十·1
　　[93]·十八·8
　彙祕笈本　[96]·六十九·
　　1347
　舊抄本　[5]三上·15[11]·
　　六十六·5

道德真經二卷
　見《老子》

道德真經廣聖義三十卷　蜀杜光
　庭撰
　舊抄本附道藏本　[44]·一·
　　91
　舊抄本　[22]·五·24

道德真經廣聖義五十卷　蜀杜光
　庭撰
　明抄道藏本　[91]·二十二·9

道德真經三解四卷　元鄧錡述
　明抄本　[75]·五十·4

道德真經取善集十二卷　宋李霖
　撰
　明抄本　[75]·五十·2

道德真經集義四卷　明危大有撰
　舊抄殘本　[84]·一·1

道德真經傳四卷　唐陸希聲撰

舊抄本 [16]・二十八・15
[93]・十八・8

道德真經傳四卷 宋呂惠卿傳
舊抄本 [91]・二十二・10

道德真經注四卷 元吳澄撰
粵雅堂刊本 [74]・三・88

道德真經注疏八卷 題顧歡述
運雲樓抄本 [74]・三・87
抄本 [102]・下・26

道德真經指歸十三卷
見《老子指歸》

道德真經義解四卷 宋李榮撰
明刊道藏本 [91]・二十二・10

道德指歸論十三卷
見《老子指歸》

道德會元不分卷 元李道純撰
元刊本 [38]・子・91

道德會元二卷 元李道純撰
明弘治十年(1497)刊本
[74]・三・88 [102]・
上・25

27**道**鄉語録一卷 不知撰人
宋刊本 [41]・七・18

道鄉集四十卷
見《鄒忠公文集》

40**道**南三先生遺書十一卷 不著編者
天一閣抄本 [39]・己・5

道南正學編三卷 清錢肅輯
抄本 [39]・己・36

道南源委録十二卷 明朱衡撰
刊本 [39]・己・21

道南録五卷 明金賁亨撰
抄本 [39]・己・21

道古樓書畫目録 清馬思贊撰
抄本 [20]・三・27

道古堂文集四十八卷詩集二十六
卷集外詩一卷軼事一卷 **清杭**
世駿撰
清乾隆四十一年(1776)振綺堂
刊本 [26]・十一・11

41**道**樞二十卷 宋曾慥撰
宋刊本 [41]・十二・5

44**道**藏彙抄二十七卷 不著編者
舊抄本 [17]・三・44

道藏心珠二十四卷 明朱之俊輯
刊本 [71]・子・道家・6

道藏書目一卷 宋鄧自和撰
宋刊本 [14]・二下・185

道藏目録四卷 明白雲霽注
江都秦氏刊巾箱本 [92]・三・
133
校抄本 [83]・三・32
影抄明刊本 [71]・史・簿録・
22
明抄本 [75]・五十・26
舊抄本 [11]・六十六・29
[96]・六十九・1364

道藏目録四卷闕經目録一卷 明
白雲霽注
舊抄本 [93]・十八・15

道藏目録詳注四卷
見《道藏目録》

道藏闕經目一卷 明白雲霽撰
袁氏貞節堂抄本 [17]・三・
43

道林先生諸集 明蔣信撰
刊本 [39]・己・16

48**道**教靈驗記二十卷 蜀杜光庭撰
宋刊本 [41]・十二・3

50**道**書十一種十二卷 不著編者
明抄本 [8]・子二・358

道貴堂稿十三集三十卷 清徐焯
撰
清刊本 [39]・癸下・45

60**道**國元公濂谿周夫子志十五卷
清吳大鎔主修
清康熙二十四年(1685)凝翠軒
刊本[96]・二十二・461

道園遺稿六卷 元虞集撰
元刊本 [16]・三十三・26
[28]・續・十三・9
[50]・九・11 [71]・
集・元別・11
元至正刊本 [91]・三十三・
28
刊本 [24]・集二・9

影抄元刊本 [17]・四・32
[55]・四・31 [60]・
七・5 [91]・三十三・
29
清初抄本 [2]・五・4
舊抄本 [20]・五・22
[30]・四・34 [50]・
九・12 [93]・二十二・
11

道園遺稿六卷詩續三卷 元虞集
撰
抄本 [39]・壬・60

道園遺稿六卷鳴鶴遺音一卷 元
虞集撰
元刊本 [11]・一百・11
[35]・下・57
舊抄本 [11]・一百・14
[75]・五十九・16

道園學古録五十卷 元**虞**集撰
元刊本 [5]・四上・34
[9]・後編・十一・15
[12]・二・18 [20]・
五・22 [32]・十三・
14 [34]・二・18
[35]・下・45 [39]・
壬・60 [60]・七・4
[92]・四・168
元至正元年(1341)刊本
[74]・四・36
明刊本 [9]・後編・十九・
12 [29]・三・26
[32]・十三・15 [55]・
四・30 [93]・二十二・
11
明景泰中沈達刊本 [11]・一
百・8 [16]・三十三・
23 [17]・四・32
[28]・續・十三・8
[86]・一・20
明嘉靖四年(1525)刊本
[11]・一百・11 [57]・
254 [71]・集・元別・
10 [75]・五十九・14
[91]・三十三・27

清雍正刊本　[75]・五十九・
16
刊本　[24]・集二・8
道園類稿五十卷　元虞集撰
　元刊本　[32]・十三・15
　元刊大字本　[17]・四・32
　元至正五年(1345)撫州路儒學
　　刊本　[68]・圖版308、目
　　錄58
　明初刊大字本　[2]・五・3
　影元刊本　[91]・三十三・28
　明人抄本　[16]・三十三・23
　舊抄本　[59]・七・5
73道院集要三卷
　見《晁文元道院集要》
77道腴堂詩集四卷　清曹煜曾撰
　石倉世纂本　[96]・七十一・
　　1413
　道腴堂詩編三十卷　清鮑鉁撰
　清刊本　[71]・集・國朝別・
　　37
　道學正宗四卷　明顧言撰
　刊本　[39]・己・25
　道學紀言五卷補餘附言二卷　明
　　周思兼撰
　刊本　[39]・己・20
80道命錄五卷　宋李心傳編
　宋刊本　[14]・五上・582
　道命錄十卷　宋李心傳編
　元刊本　[9]・六・8　[58]・
　　元・44
　知不足齋叢書本　[96]・二十
　　二・452
　曹學敏手校本　[75]・二十二・

7
影元本　[35]・下・51
88道餘錄不分卷　明姚廣孝撰
　抄本　[50]・六・41

3850₇　肇

00肇慶府志二十二卷　明羅浮、葉
　春及纂
　明萬曆刊本　[57]・107
　肇慶府志三十二卷　清史樹駿撰
　清刊本　[71]・史・地志・14
08肇論中吳集解三卷　宋釋淨原撰
　宋刊本[20]・五・19
　明翻宋刊本　[91]・二十二・
　　2
43肇域記六卷　清顧炎武撰
　韓應陛錄校舊抄本　[2]・二・
　　41
　舊抄本　[51]・一・19
　[61]・四・1　　[91]・十
　　一・5

3912₀　沙

02沙證指微不分卷　不著撰人
　抄本　[96]・四十三・799
28沙谿集二十二卷　明孫緒撰
　刊本　[71]・集・明別・56
31沙河逸老小稿六卷嶰谷詞一卷
　清馬曰璿撰
　粵雅堂刊本　[74]・四・56

3912₇　消

10消夏閒記摘抄三卷　清顧公燮撰
　涵芬樓祕笈本　[85]・二十二

982
66消暍集三十二卷　夏樹芳撰
　抄本　[59]・19
77消閒錄十卷　明成勇撰
　刊本　[39]・己・22

3918₉　淡

23淡然軒集八卷　明佘繼登撰
　明萬曆刊本　[85]・二・93
25淡生堂藏書譜、藏書訓略　清祁
　承爍編
　原寫本　[91]・十四・5
　淡生堂書目不分卷　清祁承爍編
　舊抄本　[74]・三・72
60淡墨錄十六卷　清李調元撰
　函海本　[96]・六十五・1300

3930₂　逍

37逍遙詞一卷　宋潘閬撰
　舊抄本　[11]・一百十九・1
　[75]・六十四・21
　精抄本　[91]・四十・1
　逍遙子通元書三卷　題消遙子撰
　宋刊本　[41]・十二・7
　逍遙山萬壽宮志二十卷　清丁步
　上等輯
　清乾隆五十年(1785)刊本
　　[74]・二・56
　逍遙公易解八卷疑問二卷
　見《易解》

4

4000_0 十

00十六家詞三十九卷　清孫默輯
　清刊本　[39]・辛・30
十六湯品一卷　題唐蘇廙撰
　説郛本　[96]・五十・1003
十六國疆域志十六卷　清洪亮吉撰
　清刊本　[74]・二・36
十六國春秋十卷　題魏崔鴻撰
　明刊本　[20]・二・7
十六國春秋十六卷　題魏崔鴻撰
　漢魏叢書本　[74]・二・36
　[96]・二十六・524
十六國春秋一百卷　題魏崔鴻撰
　明刊本　[9]・八・26
　[11]・二十八・11
　明萬曆十三年(1585)蘭暉堂刊本　[96]・二十六・523
　汪氏刊本　[75]・二十三・6
　刊本　[53]・一・5
十六國春秋略十六卷　不著撰人
　舊抄本　[93]・十・16
十六國年表　明孔尚質輯
　開萬樓抄本　[39]・丁・14
十六國年表一卷　清張愉曾撰
　昭代叢書本　[96]・二十六・536
十六長樂堂古器款識考四卷　清錢坫撰
　原刊本　[96]・三十四・632
97十誦律　不知撰人
　宋蜀刊本　[40]・2
10十一經問對四卷　元何異孫撰
　抄本　[12]・五・1
十一經問對五卷　元何異孫撰
　元至正刊本　[2]・一・24
　通志堂經解本　[74]・一・40
　[96]・二・25

校元本　[55]・一・7
抄本　[5]・一上・38
　[17]・一・8
十一曜躔度一卷　不知撰人
　抄本　[5]・三中・15
十二論　明何景明撰
　抄本　[36]・己・48
十二先生詩宗集韻二十卷　宋裴良編
　宋刊本　[14]・五上・539
　[35]・上・41、48
　[58]・子・99　[65]・三・49　[93]・十七・11　[94]・三・5
十二樓十二卷　清李漁撰
　原刊本　[69]・三・101
十二朝名臣言行錄七十二卷　宋朱熹編
　宋刊本　[14]・五上・581
十三經音略十二卷　清周春撰
　清嘉慶七年刊本　[26]・二・32
　粵雅堂刊本　[74]・一・42
十三經識字十三卷　清金廷棟撰
　舊抄稿本　[75]・七・5
　抄本　[46]・3
十三經名文抄五十四卷　不著編者
　抄本　[20]・一・18
十三經注　不著編者
　明刊本　[9]・後編・十三・1
十三經注疏三百四十六卷　不著編者
　清乾隆十二年(1747)武英殿刊本　[26]・一・16
十三經注疏四百六十卷　不著編者
　明嘉靖福建巡按御史李元陽校刊本　[26]・一・14

明萬曆二十一年(1593)北京國子監刊本　[9]・七・15
　[26]・一・15　[91]・四・6
明崇禎十一年(1638)毛晉汲古閣刊本　[26]・一・16
清嘉慶二十一年(1756)江西南昌府學刊本　[26]・一・18
十三經注疏正字八十一卷　清沈廷芳輯
　抄本　[39]・丙・18
十三經注疏錦字四卷　清李調元撰
　函海本　[96]・二・36
十三經古注　明金蟠校
　刊本　[74]・續增・經・2
十三經類語十二卷　明羅萬藻輯
　刊本　[39]・丙・16
十三代史目三卷　唐殷仲茂撰
　宋刊本　[14]・後志・一・813
十五貫彈詞　不著撰人
　清同治六年(1867)蓮谿書屋刊本　[68]・圖版591、目錄95
17十子全書　不著編者
　清嘉慶吳門坊刊本　[74]・三・62
21十處士傳一卷　明支立撰
　刊本　[39]・庚・37
　快書本　[96]・六十七・1328
十便良方四十卷　不知撰人
　宋刊本　[10]・30　[35]・下・41
　刊本　[89]・一集・八・13
　影宋舊抄本　[22]・補遺・62
22十峯集五卷　清徐基撰
　通行本　[96]・七十・1406

23 十代風水地理十卷　明熊紀達輯
　刊本　[39]·庚·75
24 十先生奧論前集十五卷後集十五
　卷續集十五卷　不著撰人
　宋刊本　[39]·辛·11
　十先生中庸集解二卷　宋石䵨子
　重編
　明刊本　[75]·七·19
30 十家唐詩十卷　明畢效欽增定
　明萬曆刊本　[91]·三十九·
　19
　十家宮詞十二卷　不著編者
　宋陳氏書棚刊本　[2]·五·
　43
　清康熙二十八年(1689)朱氏曝
　書亭刊本　[26]·十六·1
　朱竹垞刊本　[54]·八·27
　影宋本　[56]·羣書題記·59
32 十洲記一卷
　見《海內十洲記》
38 十道志十三卷
　見》唐十道四蕃志》
40 十九史略　不著編者
　朝鮮國刊本　[22]·三·20
　十九史略詳解十卷　不著編者
　明刊本　[50]·二·11
　十九史略通考八卷　曾先之編
　高麗刊本　[88]·二·18
　十七史商榷一百卷　明王鳴盛撰
　洞經草堂刊本　[96]·三十五·
　655
　十七史詳節二百七十三卷　宋呂
　祖謙編
　宋刊本　[9]·後編·四·22
　宋元遞刊本　[38]·史·54
　宋末元初麻沙本　[90]·19
　元麻沙刊本　[43]·二·45
　元刊本[9]·五·37　[9]·
　後編·九·14
　明刊本[9]·後編·十五·10
　[32]·四·13
　明刊白口本　[26]·三·10
　明正德刊本　[91]·十·2
　明隆慶刊大字本　[92]·二·

55
　刊本　[1]·上·25　[39]·
　丁·1
十七史百將傳六卷　宋張預輯
　元刊殘本　[58]·元·49
　[93]·十·9
十七史百將傳十卷　宋張預輯
　宋刊本　[41]·十二·15
　明刊本　[75]·二十二·25
　[91]·十五·23
　[98]·27
十七史百將傳一百卷　宋張預輯
　宋刊本　[30]·一·2
　[48]·一輯·49
　[91]·十五·23
　宋浙刊本　[2]·三·7
十七史經說十二卷　清張金吾輯
　舊抄本　[32]·二·10
　[74]·一·42　[91]·
　四·10
十七史蒙求一卷　題王先生撰
　宋刊本　[41]·十四·23
十七史蒙求十卷　題王先生撰
　南宋刊本　[90]·39
十七史纂古今通要十七卷　元胡
　一桂撰
　元刊本　[5]·二上·4
　[9]·五·39
　元大德刊本　[35]·下·6
　[89]·一集·四·32
十七史纂古今通要十七卷　元胡
　一桂撰　後集三卷　元董鼎撰
　元刊本　[58]·元·32
　[93]·十二·21
　影元本　[91]·十四·23
　抄本　[96]·三十五·648
十七史類七十七卷　宋鄭某編
　宋刊本　[14]·五上·602
44 十地經　不著撰人
　尼波羅國梵語抄本　[40]·1
十藥神書一卷　元葛乾孫撰
　六醴齋醫書本　[22]·補遺·
　76　[79]·子·醫家類·
　502

十藥神書二卷　元葛乾孫撰
　朝鮮國刊本　[22]·補遺·76
46 十駕齋集二卷　清施廷樞撰
　清刊本　[71]·集·國朝別·
　49
　十駕齋養新錄二十卷餘錄二卷
　清錢大昕撰
　清刊本　[74]·三·51
　十駕齋養新錄二十卷餘錄三卷
　清錢大昕撰
　原刊本　[96]·五十五·1096
　毛生甫校讀原刊本　[8]·
　子一·280
50 十書類編三卷　不知編者
　宋刊本[41]·六·19
60 十國紀年四十卷　宋劉恕撰
　宋刊本　[41]·五·7
　十國紀年四十二卷　宋劉恕撰
　宋刊本　[14]·後志·一·788
　十國春秋一百十四卷　清吳任臣
　撰
　清康熙十七年　(1678)回堂彙
　賢齋刊本　[53]·一·5
　[96]·二十六·535
　刊本　[39]·丁·16
　十國春秋一百十四卷拾遺二卷
　清吳任臣撰
　清乾隆刊本　[75]·二十三·18
71 十願齋全集十六卷　明吳鍾巒撰
　清康熙初刊本　[85]·十九·
　865
72 十岳山人詩集四卷　明王寅撰
　刊本　[39]·癸下·4
80 十八史略二卷　元曾先之輯
　元刊本　[22]·三·19
　明代重修元刊本　[22]·三·
　19　[35]·下·58
　明閩中覆刊元本　[22]·三·
　20　[35]·下·40
　勘德書堂刊本　[89]·二集·
　四·39
　舊刊本　[5]·二上·5
　[8]·史二·142
　[22]·三·20　[39]·

丁・2

朝鮮國銅活字印本　[22]・三・20

十八史略三卷　元曾先之輯

元刊本　[93]・九・20

[94]・二・11

88十竹齋畫譜　明胡正言輯

明崇禎四年(1631)刊彩色套印本　[67]・第五册・100

[68]・圖版707、目錄111

十竹齋印存四卷胡氏篆草不分卷　明胡正言輯

丁亥刊本　[64]・續・84

十竹齋箋譜　明胡正言輯

明崇禎刊彩色套印本　[68]・圖版706、目錄111

明崇禎十七年(1644)刊本　[64]・續・108

4001₇　九

00九章直指一卷海島算經一卷劄記一卷　題陳玙學、朱培補

稿本　[46]・19

九章錄要　清屠文漪輯

清刊本　[39]・庚・64

九章算術九卷

見《算經》

九章算經五卷

見《算經》

九章算法一卷算類一卷　元楊輝撰

宜稼堂刊本　[74]・三・24

九章算法比類大全十卷　吳敬編

明弘治刊本　[38]・子・26

01九龍山人稿一卷　不知撰人

精抄本　[74]・續增・集・8

04九誥堂説今詩一卷　清徐增撰

清刊本　[74]・四・73

10九正易因四卷

見《易因》

九靈山房詩稿四卷文稿十卷補編一卷　元戴良撰

舊抄本　[102]・下・36

九靈山房集三十卷　元戴良撰

元刊本　[11]・一百零八・8

元至正刊本　[35]・上・5

明刊本　[75]・六十・10

[93]・二十二・24

明洪武刊本　[28]・續・十三・6　[72]・32

明洪武刊正統修本　[11]・一百零八・9

明正統刊本　[2]・五・13

[50]・九・31

刊本　[39]・壬・74

呂晚村抄本　[92]・四・170

抄本　[30]・四・36

[71]・集・元別・28

九靈山房集三十卷補編二卷　元戴良撰

刊本　[74]・四・38

九天生神章經三卷　宋王希巢解

宋刊本　[14]・五上・617

15九珠詩集三卷　明熊一麟撰

明刊本　[71]・集・明別・122

17九子　不著編者

王本　[49]・11

21九經　不著撰人

宋刊本　[35]・下・59

[48]・一輯・19

[91]・四・5

宋婺州刊本　[28]・續・一・1　[35]・下・59

宋麻沙刊本　[20]・一・14

宋刊巾箱本　[9]・後編・三・17　[33]・經・33

[92]・一・1

元刊本　[9]・五・10

小字巾箱本　[92]・一・1

舊刊本　[32]・二・9

九經二卷　不著撰人

津逮秘書本　[74]・三・40

[96]・四十九・979

九經辨字瀆蒙十二卷　清沈炳震撰

清刊本　[74]・一・41

抄本　[39]・丙・18

[91]・四・10　[102]・

下・3

九經誤字一卷　清顧炎武撰

借月山房彙抄本　[96]・二・27

九經韻字一卷　清顧炎武撰

亭林十書本　[74]・一41

九經韻覽十四卷　明華燧輯

明弘治十一年(1498)華燧會通館銅活字印本　[68]・圖版602、目錄97　[92]・一・15

九經三傳　不知撰人

五代國子監刊本　[7]・上・1

九經三傳沿革例一卷　宋岳珂輯

宋刊本　[5]・一上・36

[35]・上・8

荊谿家塾刊本　[95]・一・1

儀徵任氏藤花榭刊本　[96]・二・23

粤雅堂刊本　[74]・一・40

[39]・丙・13

影抄宋本　[93]・六・2

鮑氏困學齋抄本　[17]・一・8

抄本　[75]・七・3

九經釋音不分卷　宋趙孟至撰

明刊本　[9]・七・17

九經解一百六十六卷　明郝敬撰

明刊本　[91]・四・9

九經疑難四卷　宋張正夫編

淡生堂殘抄本　[16]・六・6

舊抄殘本　[93]・六・3

九經字樣一卷　唐唐元度撰

北宋國子監刊本　[7]・中・1

宋刊本　[41]・三・32

微波榭刊本　[74]・一・52

日本刊石經本　[75]・十・13

影宋精抄本　[65]・一・52

抄本　[39]・丙・10

九經補韻一卷　宋楊伯嵒撰

宋刊本　[11]・十七・1

[35]・下・37、47

[75]・十三・9

宋麻沙刊本　[28]・續・四・11

明刊本　[91]・五・22

宋刊百川學海本　[17]·一·10
明刊百川學海本　[17]·一·10
古今逸史本　[74]·一·55
學津討原本　[96]·十四·286
舊抄本　[50]·五·27
　　　　[74]·一·55　　[102]·
　　下·4

九經補韻一卷　宋楊伯嵒撰　考
　證一卷　清錢侗撰
　汗筠齋刊本　[75]·十三·11
九經補韻考證一卷　清錢侗撰
　汗筠齋叢書本　[96]·十四·
　286
九經通借字考十四卷　清錢坫撰
　舊抄本　[91]·五·20
九經直音二卷　不著撰人
　元刊本　[11]·十·4
　　　　[22]·二·44
　影元刊本　[91]·四·7
九經直音十五卷　宋孫奕撰
　宋刊本　[34]·一·5
　宋刊巾箱本　[35]·下·36
九經古義十六卷　清惠棟撰
　常熟蔣氏省吾堂刊本　[96]·
　　二·35
　刊本　[88]·續·6
　稿本　[26]·二·29
九經考異　明周應賓撰
　刊本　[39]·丙·15
22九峯集四十卷　宋蘇元老撰
　宋刊本　[41]·十七·32
九嵏先生集一卷　不知撰人
　舊抄本　[20]·五·37
23九代樂章二十三卷　明劉濂輯
　刊本　[39]·辛·15
26九鯉湖志六卷　明黃天全撰
　刊本　[71]·史·地志·76
27九疑考古二卷　宋吳致堯撰
　宋刊本　[41]·八·29
九名詞家九卷　不知編者
　舊抄本　[32]·十六·11
28九僧詩一卷　宋陳起編
　宋刊本　[14]·四下·508
　　　　[41]·十五·13

校影宋抄本　[50]·十·20
吳枚菴校抄本　[30]·六·63
余蕭客抄本　[60]·六·6
舊抄本　[91]·三十八·12
傳抄本　[32]·十五·5
九僧詩一卷補遺一卷　宋陳起編
　影抄毛氏汲古閣刊本　[26]
　　十五·9
32九州山水考三卷　清孫承澤撰
　清刊本　[74]·一·14
　　　　[96]·九·165
九州春秋九卷　晉司馬彪撰
　宋刊本　[41]·五·11
36九邊圖一卷　不著撰人
　明刊本　[91]·十二·3
九邊圖論一卷　明許論撰
　抄本　[5]·二下·17
九邊圖並論　明許論撰
　長恩書室刊本　[74]·二·52
40九樂府一卷　陳孤潛撰
　屑玉叢談本　[85]·二十四·
　　1045
43九域志十卷　宋王存、李德芻、曾
　肇撰
　宋刊本　[14]·二下·163
　　　　[41]·八·14
　嘉興馮氏刊本　[20]·三·4
　校抄宋本　[91]·十一·3
　清吳兔床校抄本　[2]·二·30
　汲古閣影宋抄本　[39]·戊·
　27
　青芝堂影宋本　[20]·三·3
　影宋抄本　[9]·四·13
　　　　[34]·三·6　　[35]·
　　下·7　　[35]·附·4
　　[102]·下·10
　舊抄本　[34]·三·6
　　[38]·史·65、66
　　[39]·戊·27　　[59]·
　　三·1　　[74]·二·40
　　[75]·二十四·12
　　[93]·十一·3
　精抄本　[32]·四·15
44九執曆解一卷　清顧觀光撰

清光緒九年(1883)刊武陵山人
　遺書本　[78]·算學書録
　補注·98
九華詩集一卷　宋陳巖撰
　知不足齋抄本　[39]·壬·48
　舊抄本　[74]·四·33
　　　　[91]·三十二·18
　　　　[102]·下·34
　文瀾閣傳抄本　[11]·九十三·
　25
九華詩集一卷　宋陳巖撰
　附釋希坦詩　釋希坦撰
　抄本　[71]·集·宋別·73
九華集二十五卷附録一卷　宋員
　興宗撰
　傳抄文津閣本　[17]·四·24
九華拾遺一卷　宋劉放撰
　宋刊本　[41]·八·38
47九朝談纂　不知編者
　天一閣抄本　[39]·丁·38
九朝編年備要三十卷
　見《皇朝編年備要》
九朝編年綱目備要三十卷
　見《皇朝編年備要》
九朝通略一百六十八卷　宋熊克
　撰
　宋刊本　[41]·四·29
九穀考四卷　清程瑤田撰
　通藝録本　[96]·四十·735
50九史同姓名略七十二卷
　見《九史同姓名録》
九史同姓名録七十二卷卷補遺四
　卷　清汪輝祖撰
　雙節堂刊本　[96]·六十二·
　　1238
九史同姓名録七十二卷遼史同名
　録五卷金史同名録十卷元史同
　名録二十卷總録二卷附録二卷
　叙録卷一卷　清汪輝祖撰
　清嘉慶三年(1798)刊本
　　[74]·三·71
55九曲山房詩集十六卷　清宗聖垣
　撰
　清嘉慶五年(1800)刊本

[26]·十三·12

58 九數通考十三卷　清屈曾發撰
　　豫籲堂刊本　[96]·四十五·
　　872

60 九星賦一卷　題范公撰
　　宋刊本　[41]·十二·32

九國志十二卷　宋路振撰、張唐
英補
　　書福樓抄本　[74]·二·37
　　舊抄本　[75]·二十三·6
　　[91]·十·5　　[93]·
　　九·17　　[96]·二十六·
　　528　　[102]·下·9
　　精抄本　[11]·二十八·11

九國志五十一卷　宋路振撰
　　宋刊本　[14]·二下·144
　　[41]·五·7

九圍史一卷　明趙宦光輯
　　刊本　[39]·庚·62

九圍史圖一卷附六匌曼一卷
明趙宦光輯
　　明刊本　[78]·子·天文類·
　　548　　[78]·算學書錄補
　　注·99

67 九曜齋筆記不分卷　清惠棟撰
　　稿本　[59]·二·11

77 九尾龜十二集一百九十二回　張
春帆撰
　　清光緒宣統間上海點石齋本
　　[69]·四·132

九卿議定物料價值四卷　不著撰
人
　　清刊本　[74]·二·69

九賢祕典一卷　不知撰人
　　刊本　[5]·三中·6
　　抄本　[50]·四·12

80 九鏡射經一卷　唐韋韞撰
　　宋刊本　[41]·十四·6

九谷集六卷　清方殿元撰
　　原刊本　[96]·七十·1387

88 九籥衛生方三卷　宋趙士紆撰
　　宋刊本　[41]·十三·9

4003₀　大

00 大方廣佛華嚴經　唐釋實叉難陀
譯
　　北宋刊本　[17]·三·39
　　宋刊本　[54]·四·34
　　宋寶祐三年(1255)江陵府先鋒
　　隘李安檜刊本　[68]·圖
　　版216、目錄42
　　蒙古憲宗六年至八年京兆府龍
　　興院刊本　[68]·圖版
　　272、273、目錄52
　　元刊本　[17]·三·40
　　元大德杭州路大萬壽寺刊本
　　[68]·圖版277、目錄52
　　元大德五年(1301)平江延聖寺
　　刊本　[40]·2
　　日本東京弘教書院刊本
　　[40]·3
　　日本應安七年刊本　[62]·
　　圖版73
　　高麗覆刊本　[40]·3

大方廣佛華嚴經八十卷普賢行願
品一卷　唐釋實叉難陀譯
　　宋刊本　[14]·五上·620
　　[41]·十二·9
　　宋淳化咸平間杭州龍興寺刊本
　　[67]·第五册·1

大方廣佛華嚴經音義二卷
見《華嚴經音義》

大方廣圓覺經近釋二卷　明釋通
潤撰
　　刊本　[39]·庚·99

大方廣圓覺修羅了義經略疏二卷
唐釋宗密述
　　清康熙刊本　[75]·四十九·
　　11

大方等大集經　不著撰人
　　宋潮州思黯刊本　[40]·2

大唐文鑑
見《唐文鑑》

大唐六典三十卷　唐玄宗李隆基
撰、李林甫注
　　宋刊本　[14]·二下·155

[41]·六·2

宋臨安刊本　[2]·二·45
宋紹興刊本　[54]·三·14
[68]·圖版104、目錄25
宋乾道刊本　[17]·二·19
明復宋刊本　[92]·二·67
明刊本　[9]·後編·十四·
12　　[32]·五·1
[63]·十二·1

明正德十年(1515)王鏊序刊本
[11]·三十六·1
[16]·十八·1　　[17]·
二·19　　[22]·三·28
[26]·四·1

明嘉靖二十三年(1544)
浙江按察司刊本　[12]·四·
7　　[19]·5　　[22]·
三·29　　[74]·二·61
[75]二十九·13
[91]·十三·1
[92]·二·67　　[102]·
上·18

刊本　[39]·丁·49　　[89]·
二集·四·36

南昌彭氏知聖道齋刊本
[17]·二·19

掃葉山房刊本　[96]·二十八·
543

日本享保甲辰重刊明正德蘇州
刊本 [60]·四·30

古抄本　[76]·五·13

抄本　[30]·四·10

大唐新語十三卷
見《大唐世說新語》

大唐郊祀錄十卷　唐王涇撰
　　宋刊本　[41]·六·13
　　舊抄本　[11]·三十五·11
　　[16]·十九·6　　[28]·
　　續·七·19　　[60]·四·
　　31　　[93]·十二·6
　　[96]·二十九·559
　　傳抄本　[32]·五·4

大唐說纂四卷　不著撰人
　　宋刊本　[41]·十一·8

大唐三藏取經詩話三卷　不知撰
人
　宋刊本　[69]・一・17
大唐三藏法師取經記一卷　不知
撰人
　宋刊本　[2]・三・48
大唐三藏法師取經記三卷　不知
撰人
　宋刊本　[69]・一・17
　　[77]・一・9
大唐西域記十二卷　唐釋玄奘撰
　宋刊本　[41]・八・41
　宋藏經刊本　[76]・六・11
　明正統五年(1440)北藏本
　　[40]・2
　上海頻伽精舍刊本　[40]・3
　刊本　[39]・庚・99　　[89]・
　　一集・四・58
　明文氏玉蘭堂抄本　[2]・二・
　　43
　抄本　[75]・二十八・15
大唐統紀四十卷　唐陳嶽撰
　宋刊本　[41]・四・19
大唐傳載一卷　唐人撰
　天一閣抄本　[39]・丁・19
　舊抄本　[11]・六十二・5
　　[93]・十七・14
大唐傳載八卷　唐人撰
　抄本　[75]・四十六・5
大唐補記三卷　南唐程匡柔撰
　宋刊本　[41]・五・17
大唐世說新語十三卷　唐劉肅撰
　宋刊本　[14]・二上・131
　　[41]・五・14
　明刊本　[74]・續增・子・8
　　[75]・四十六・5
　　[76]・八・18
　明王世貞刊本　[26]・六・30
　明萬曆刊本　[32]・九・14
　王元美校刊本　[71]・子・小
　　說家・1
　刊本　[39]・己・66
　稗海本　[74]・三・73
大唐開元占經一百二十卷　不著

撰人
　藍格舊抄本　[59]・二・18
大唐開元禮一百五十卷　唐王仲
邱、蕭嵩等撰
　宋刊本　[41]・六・12
　影宋抄本　[9]・後編・八・4
　清黃巾理抄本　[2]・二・48
　商邱宋氏抄本　[39]・丁・49
　舊抄本　[11]・三十五・9
　　[16]・十九・4　　[91]・
　　十三・12　　[93]・十二・
　　6　　[96]・二十九・559
　　[102]・下・12
大唐陰陽書二卷　不知撰人
　日本天文十一年抄本　[22]・
　　四・15
　舊抄本　[22]・四・16
大唐創業起居注二卷　唐溫大雅
撰
　舊抄本　[59]・四・6
大唐創業起居注三卷　唐溫大雅
撰
　宋刊本　[14]・二上・113
　刊本　[39]・丁・18
　津逮祕書本　[74]・二・8
　　[96]・十六・353
　黃堯圃校本　[11]・二十・1
　校訒菴藏祕册彙函本　[50]・
　　二・6
　校舊抄本　[50]・二・6
　舊抄本　[28]・三・2
　　[75]・十六・3
大唐創業起居注五卷　唐溫大雅
撰
　宋刊本　[41]・四・32
大唐類要一百六十卷　唐虞世南
撰
　藝海樓抄本　[74]・三・64
　片玉齋抄本　[84]・一・28
　抄本　[87]・二・2　　[102]・
　　下・23
大六壬無惑鈴　不著撰人
　抄本　[39]・庚・70
10大元聖府國朝典章六十卷　不著

撰人
　元至治二年(1322)建陽書坊刊
　　本　[67]・第五冊・74
　舊抄本　[11]・三十五・24
　　[16]・十九・15　　[50]・
　　三・43
大元聖政國朝典章六十卷新集至
治條例不分卷　不著撰人
　元至治二年(1322)建陽書坊刊
　　本　[66]・目錄7
　影抄元刊本　[8]・史三・201
　　[93]・十二・13
　吳氏瓶花齋抄本　[91]・十三・
　　11
　舊抄本　[11]・三十五・24
　　[16]・十九・15
大元海運記二卷　不著撰人
　恬養齋羅氏抄本　[100]・52
　舊抄本　[91]・十三・19
　　[93]・十二・9
大元大一統志一千卷　元孛蘭
肸、岳鉉撰
　元官刊大字本　[2]・二・30
　　[35]・上・39　　[92]・
　　二・60
　元至正七年(1347)杭州刊本
　　[68]・圖版276,目錄52
　舊抄本　[93]・十一・4
大雲輪請雨經　唐釋不空譯
　明正統五年(1440)刊本
　　[68]・圖版363、364、目錄
　　65
11大悲心陀羅尼經祕本　題唐釋不
空譯
　宋抄本　[27]・77
17大司空遺稿十卷　明陳紹儒撰
　刊本　[39]・癸上・55
20大雙蝴蝶
　見《東調大雙蝴蝶》
大乘玄論五卷　胡吉藏撰
　日本永仁三年刊本　[62]・圖
　　版41
大乘起信論一卷　不知撰人
　日本寬元元年刊本　[62]・圖

版15

大統皇曆經世三卷　明胡獻忠撰
　　明刊本　[78]・算學書録補注・
　　90

大統曆--卷　明戈謙等纂
　　明萬曆刊本　[85]・二・99

大統曆一卷　不知編者
　　明刊本　[26]・六・38
　　明萬曆刊本　[85]・二・98、
　　99
　　臺灣原刊照像本　[85]・十三・
　　606
　　影明抄本　[26]・六・40

大統曆注十二卷　不著撰人
　　明人精抄本　[91]・十七・13
　　精抄本　[26]・六・40

大統曆法四卷　明周相撰
　　明隆慶四年(1570)刊本
　　[78]・算學書録補注・
　　87、98

大統曆法啓蒙一卷　清王錫闡撰
　　清光緒十三年(1887)刊王曉菴
　　遺書本　[78]・補遺・23
　　木犀軒叢書本　[78]・算學書
　　録補注・87、98

大統曆志八卷附録一卷　清黃宗
　　羲撰
　　抄本　[78]・算學書録補注・
　　87

大統曆志十七卷附録--卷　清梅
　　文鼎撰
　　四庫全書本　[78]・子・天文
　　類・553

21大順永昌元年翰林清册一卷　不
　　著編者
　　內閣大庫藏原底本　[85]・六・
　　250

大衍方十二卷　宋孫紹遠撰
　　宋刊本　[41]・十三・12

大衍索隱二卷　宋丁易東撰
　　慈谿鄭氏二老閣殘抄本
　　[39]・甲・7

大衍索隱三卷　宋丁易東撰
　　舊抄本　[74]・三・29

[75]・三十八・16
[102]・下・17
　　文瀾閣傳抄本　[11]・五十・
　　14

22大樂律呂元聲六卷　明李文利撰
　　明嘉靖三年(1524)范輅刊本
　　[19]・1

大樂律呂元聲六卷附律呂考注四
　　卷　明李文利撰
　　明刊本　[91]・四・21
　　抄本　[12]・五・3

大樂演義三卷　宋房審權撰
　　宋刊本　[41]・十四・5

大樂嘉成、萬古法程　明應兆撰
　　刊本　[39]・丁・66

24大德南海志五卷
　　見《南海志》

大德昌國州圖志七卷
　　見《昌國州圖志》

25大生要旨五卷　清唐千頃撰
　　清刊本　[74]・三・21

大佛頂如來密因修證了義諸菩薩
　　萬行首楞嚴經十卷
　　見《大佛頂首楞嚴經會解》

大佛頂首楞嚴經疏二十卷　唐釋
　　彼岸譯
　　宋刊本　[14]・三下・307

大佛頂首楞嚴經會解十卷　唐釋
　　般剌密帝譯、元釋惟則會解
　　元刊本　[2]・三・43
　　[30]・一・27
　　元至正四年(1344)平江路城西
　　幻住菴刊本　[67]・第五
　　册・64
　　明洪武間寫刊本　[8]・子二・
　　332
　　抄本　[30]・四・20

大積寶經一百二十卷　不著撰人
　　宋粵刊摺本　[2]・三・42

26大和辨謗略三卷
　　見《太和辨謗略》

27大象觀二卷　明劉元卿撰
　　刊本　[24]・經一・32
　　澹生堂抄本　[39]・甲・18

大象賦一卷
　　見《天文大象賦》

大阜潘氏支譜　不著撰人
　　清刊本　[57]・92

大般涅槃經　不著撰人
　　抄本　[70]・三・31

大般若波羅蜜多經　唐釋玄奘譯
　　宋平江府磧砂延聖院募刊本
　　[68]・圖版114、目録27
　　蒙古刊蒙古語本　[40]・4
　　元至元十六年(1279)杭州路餘
　　杭大普寧寺刊本　[68]・
　　圖版284、285、目録54

大名集四十卷　宋王巖叟撰
　　宋刊本　[41]・十七・27

大饗明堂記二十卷紀要二卷　宋
　　文彥博等撰
　　宋刊本　[41]・六・15

28大復先生集三十八卷
　　見《何大復集》

30大定新編四卷　楊向春輯
　　明刊本　[38]・子・27
　　[51]・二・13　[71]・
　　子・五行家・2
　　刊本　[5]・三中・24
　　[39]・庚・71

大定新編便覽二卷　楊向春輯
　　刊本　[5]・三中・25

大定續編纂要一卷　楊向春輯
　　舊抄本　[5]・三中・25

大定易數　宋邵雍撰
　　天一閣抄本　[39]・庚・65

大寶積經　不著撰人
　　清雍正十三年(1735)刊本
　　[40]・3

大宋天文書十五卷　不著撰人
　　宋刊本　[41]・十二・18

大宋登科記三十二卷　宋洪適編
　　宋刊本　[41]・七・11

大宋寶祐四年丙辰歲會天萬年具
　　注曆一卷　宋荊執禮等撰
　　影宋抄本　[4]・15　[26]・
　　六・37　[50]・四・38
　　[78]・子・天文類・538

[91]・十七・1

抄宋本　[34]・三・14

[35]・附・1　[59]・

二・18

舊抄本　[11]・四十八・1

[16]・二十三・3

[45]・16　[93]・十五・

2

傳抄本　[32]・七・1

大宋中興通俗演義八卷　明熊大

木撰

明萬曆刊本　[77]・三・52

大宋中興通俗演義八卷附會纂宋

鄂武穆王精忠錄後集　明熊大

木撰

明嘉靖三十一年(1552)清白堂

刊本　[69]・二・50

大宋中興岳王傳八卷　明熊大木

撰

明萬曆三台館刊本　[69]・二・

51　[77]・三・52

大宋史館書目一卷　宋史館編

宋刊本　[14]・二下・185

31大江集　明陳衍撰

明刊本　[21]・一・51

32大測二卷　明徐光啓撰

新法曆書本　[78]・算學書錄

補注・88

大業雜記十卷　唐杜寶撰

宋刊本　[14]・二上・130

[41]・五・11

抄校本　[59]・四・9

33大泌山房集一百三十四卷目錄二

卷　明李維楨撰

刊本　[71]・集・明別・89

大梁城守記一卷　明周在浚撰

痛史守郢紀略附刊本　[85]・

六・282

34大漢三合明珠寶劍全傳四十二回

清人撰

清道光二十八年(1848)經綸堂

刊本　[69]・六・190

35大清高宗純皇帝實錄二十卷　不

著撰人

清內府抄殘本　[3]・8

大清詩因四卷　不著撰人

舊抄本　[32]・十五・24

大清一統志五百卷　清官修

清內府刊本　[74]・二・41

大清一統志五百六十二卷　清官

修

抄本　[3]・10

影印抄本　[36]・131

大清律例四十七卷　清三泰等撰

清道光五年(1825)刊本

[74]・二・68

大清律例五十卷　清三泰等撰

京都二酉堂刊本　[96]・三十

一・577

大清律例刑案統纂集成　清刑幕

彙纂

清刊本　[74]・二・68

大清律例全纂集成三十一卷　清

李觀瀾、王又槐、孫光烈纂

通行本　[96]・三十一・577

大清通禮五十卷　清官修

清刊本　[74]・續增・史・12

清武英殿聚珍版重刊本

[96]・二十九・563

大清通禮五十四卷　清官修

清武英殿刊本　[96]・二十九・

564

大清會典一百卷　清官修

江南省通行本　[96]・二十九・

558

大清會典則例九百二十卷圖說一

百三十卷　清官修

清內府刊本　[74]・二・64

大禮集議四卷　明席書撰

刊本　[39]・丁・66

36大還丹契祕圖一卷　題洞真子玄

撰

宋刊本　[14]・後志・二・

882

37大滌函書五卷　明黃道周撰

刊本　[39]・己・61

大滌函書五卷石齋麟書一卷　明

黃道周撰

刊本　[71]・集・明別・117

大滌洞天記三卷　元鄧牧撰

明抄本　[30]・五・26

舊抄本　[32]・四・22

[39]・戊・63　[71]・

史・地志・65

43大獄記一卷　不著編者

雁來紅叢報本　[85]・十六・

712

大獄錄二卷　明張孚敬撰

明藍格抄本　[60]・二・33

大戴禮記十三卷

見《禮記》

大戴禮記注十三卷

見《禮記》

大戴禮補注十三卷

見《禮記補注》

大戴禮踐阼篇集解一卷　宋王應

麟撰

宋刊蝴蝶裝本　[26]・一・53

元刊本　[11]・二十三・3

明刊修補本　[75]・十八・3

44大藏音三卷　宋釋處觀集

宋刊本　[2]・三・47

明支那本　[16]・二十八・11

大藏聖教法寶標目十卷　題王古

撰

宋刊本　[41]・八・10

徑山古梅菴刊本　[96]・六十

八・1337

46大觀本草三十一卷

見《本草》

大觀錄五卷　清吳敏撰

舊抄本　[60]・八・2

大觀錄二十卷　清吳升撰

舊抄本　[92]・三・99

大觀堂文集三卷　清余縉撰

清刊本　[39]・癸下・43

47大聲集五卷　宋萬俟詠撰

宋刊本　[41]・二十一・6

大胡笳十九拍一卷　題董庭蘭撰

宋刊本　[41]・十四・3

48大梅山月林和尚拈古泊頌古二卷

不知撰人

日本貞治二年刊本　[62]・圖版71

50大事記二十四卷　宋呂祖謙撰
　明刊本　[9]・八・40
　刊本　[89]・二集・四・41
大事記十二卷通釋三卷解題十二卷　宋呂祖謙撰
　宋刊本　[11]・二十・19
　　[41]・四・30
　明刊本　[22]・三・17
　刊本　[39]・丁・1
　舊抄本　[93]・九・10
大事記講義二十三卷
　見《皇朝大事記講義》
大事記續編七十七卷　明王禕撰
　明成化刊本　[11]・二十二・10　[16]・九・17
　　[91]・七・12
　刊本　[39]・丁・1
大事記通釋三卷　宋呂祖謙撰
　明黑口本　[91]・七・7
52大拙堂集九卷　明楊載鳴撰
　刊本　[39]・癸上・55
53大成通志十八卷　清楊慶輯
　清刊本　[39]・戊・9
55大慧語錄四卷　釋宗杲撰
　宋刊本　[41]・十二・12
大慧普覺禪師書二卷附年譜一卷　宋黃文昌重編
　明刊本　[91]・二十二・7
大慧普覺禪師年譜一卷　宋釋祖詠編
　宋刊本　[35]・下・10
　　[94]・三・6
　宋寶祐刊本　[2]・三・48
　　[58]・子・124
大慧普覺禪師普說一卷　宋釋宗杲撰
　宋刊本　[2]・三・48
　　[35]・下・10　[93]・十八・5　[94]・三・6
大典會通五卷　不著編者
　朝鮮刊本　[60]・四・36
60大易旁通天元賦八卷提綱一卷

不著撰人
　元刊本　[16]・二十三・10
大易疏解十卷　宋蘇軾撰
　明刊本　[91]・一・3
大易緝說十卷
　見《易緝說》
大易象數鈎深圖三卷
　見《易象數鈎深圖》
大易衆數鈎隱圖一卷尚書軌範撮要圖一卷毛詩正變指南圖一卷周禮文物大全圖一卷禮記制度示掌圖一卷春秋筆削啓微圖一卷　宋楊甲撰、毛邦翰等編
　明仿宋刊本　[11]・十・1
　　[75]・七・2
大易法象通贊七卷　元鄭滁孫撰
　刊本　[24]・經一・17
　　[95]・一・3
　抄本　[39]・甲・8
大易鈎元三卷　明鮑恂撰
　刊本　[24]・經一・21
　抄本　[39]・甲・9
大易粹言十卷　宋曾穜撰、方聞一編
　宋刊本　[41]・一・24
　　[87]・二・6
大易粹言十二卷　宋曾穜撰、方聞一編
　宋刊本　[9]・後編・二・4
大易粹言七十卷　宋曾穜撰、方聞一編
　南宋建安劉叔剛刊本　[2]一・5　[67]・第五冊・28
大易粹言七十卷總論三卷　宋程顥撰
　宋刊本　[14]・五上・521
大晟樂書二十卷　宋劉炳撰
　宋刊本　[41]・十四・6
大愚老人集七卷　明黃毓祺撰
　抄本　[71]・集・明別・116
大愚老人集二卷附小遊仙詩一卷　明黃毓祺撰
　抄本　[74]・四・46
大愚老人遺集　明黃毓祺撰

抄本　[102]・下・38
大愚曳集十一卷　宋呂祖儉撰
　宋刊本　[41]・十八・25
大圓覺了義經二卷　不著撰人
　宋刊本　[14]・五上・620
67大明一統志九十卷　明李賢等撰
　明刊本　[12]・三・5
　明官刊本　[8]・史三・171
　明慎獨齋小字本　[59]・三・2　[74]・二・41
　　[102]・上・17
　明嘉靖三十八年(1559)書林楊氏歸仁齋刊本　[68]・圖版422、423、目錄73
　明萬曆萬壽堂刊本　[64]・38
　刊本　[71]・史・地志・20
大明一統賦三卷　明莫旦撰
　明嘉靖刊本　[91]・十一・4
大明正德皇遊江南傳四卷　不著撰人
　高麗抄本　[69]・二・61
　　[77]・三・92
大明集禮五十三卷　明徐一夔、梁寅等撰
　明刊本　[9]・八・36
　明嘉靖九年(1530)內府刊本　[39]・丁・55　[68]・圖版409、目錄71
　　[86]・三・11　[91]・十三・15　[96]・二十九・561
大明仁宗皇帝御製集　明仁宗朱高熾撰
　明內府抄本　[15]・4
大明仁孝皇后勸善書二十卷　明仁孝皇后撰
　明小字刊本　[91]・十九・25
大明律三十卷　明官撰
　明刊黑口本　[91]・十三・20
　日本享保重刊本　[60]・二・33
大明律例附解十二卷　明官撰
　邗江書院刊本　[76]・六・21
大明宣宗皇帝御製集　明宣宗朱

瞻基撰
　明内府抄本　[15]·4
大明官志五卷　明官修
　刊本　[39]·丁·62
大明寶抄　不著撰人
　刊本　[100]·51
大明實錄不分卷　不著撰人
　明抄本　[57]·49
大明實錄三十卷　不著撰人
　明抄殘本　[8]·史二·130
大明清類天文分野之書二十四卷
　明劉青田撰
　明刊本　[59]·三·2
　刊本　[5]·二下·4
　明抄本　[91]·十七·8
大明通寶義一卷　明羅汝芳撰
　明萬曆刊本　[91]·十三·19
　刊本　[39]·丁·66
大明道藏經目錄四卷
　見《道藏目錄》
大明太宗皇帝御製集　明成祖朱
　棣撰
　明内府抄刊　[15]·4
大明萬曆二十三年歲次甲午大統
　曆一卷
　見《大統曆》
大明萬曆二十年歲次壬辰大統曆
　一卷
　見《大統曆》
大明萬曆四十五年歲次丁巳大統
　曆一卷
　見《大統曆》
大明萬曆四十七年歲次己未大統
　曆一卷
　見《大統曆》
大明英宗皇帝御製集　明英宗朱
　祁鎮撰
　明内府抄本　[15]·4
大明中興永曆二十五年大統曆一
　卷
　見《大統曆》
大明曆一卷連珠曆一卷附曆合覽
　一卷　明胡文焕撰
　格致叢書本　[78]·算學書錄

補注·90
大明同文集五十卷　明田藝蘅撰
　刊本　[39]·丙·41
大明輿地名勝志二百零七卷　明
　曹學佺撰
　抄配本　[18]·上·18
大明會典二百二十八卷　不著編
　者
　明内府刊本　[91]·十三·12
　明弘治刊本　[75]·二十九·7
　明萬曆刊本　[9]·八·34
70大雅集八卷　題元賴良編
　黄堯圃校舊抄本　[8]·集六·
　　611
　勞季言校抄本　[30]·六·65
　舊抄本　[5]·四下·16
　[11]·一百十七·6
　[16]·三十五·37
　[20]·五·32　[39]·
　辛·25　[59]·六·5
　[101]·下·7
71大原談義聞書一卷　不知撰人
　日本永正十七年刊本　[62]·
　圖版45
72大隱集十卷　宋李正民撰
　舊抄本　[91]·二十九·9
　[93]·二十一·5
　文瀾閣傳抄本　[11]·八十一·
　8　[28]·十二·13
大隱居士集二卷　宋鄧紳撰
　知不足齋抄本　[59]·六·25
　舊抄本　[91]·二十九·9
　文瀾閣傳抄本　[11]·八十三·
　8
74大隋志傳四卷　清人撰
　坊刊本　[69]·二·44
77大同集十卷　宋朱熹撰
　刊本　[24]·集一·33
大學一卷　不著撰人
　日本慶長己亥勅板活字單經本
　[22]·二·23
大學章句一卷　宋朱熹撰
　宋刊本　[12]·一·2
　活字刊本　[22]·二·24

日本延德四年刊本　[62]·圖
　版126
舊抄本　[22]·二·23
大學章句一卷中庸章句一卷　宋
　朱熹撰
　明刊本　[75]·七·19
大學章句一卷中庸章句一卷論語
　集注十卷孟子集注七卷　宋朱
　熹撰
　明司禮監刊本　[74]·一·43
　雲間華氏敬義堂刊本　[96]·
　十二·245
大學章句一卷中庸章句一卷論語
　集注十卷孟子集注十四卷　宋
　朱熹撰
　元覆宋本　[66]·目錄4
　[91]·四·14
　元刊本　[48]·二輯上·28
　明伊藩翻正統本　[91]·四·
　15
大學章句一卷附大學或問一卷中
　庸章句一卷附中庸或問一卷
　宋朱熹撰
　宋刊本　[11]·十·15
大學章句一卷附大學或問二卷中
　庸章句一卷附中庸或問二卷
　宋朱熹撰
　宋刊本　[41]·二·25
大學章句一卷附大學或問二卷中
　庸章句一卷附中庸或問二卷論
　語集注十卷孟子集注十四卷
　宋朱熹撰
　宋刊本　[35]·上·4
　[58]·經·50　[93]·
　六·7
　明刊本　[32]·二·11
大學章句重訂輯釋章圖通義大成
　一卷朱子大學或問重訂輯釋通
　義大成一卷中庸朱子章句重訂
　輯釋通義大成一卷中庸或問重
　訂輯釋通義大成一卷論語集注
　重訂輯釋章圖通義大成二十卷
　孟子集注重訂輯釋章圖通義大
　成十四卷　元倪士毅等輯　四

書章圖隱括總要發義二卷　元
程復心撰　新刊重訂輯釋源流
本末一卷　元劉用章輯
元刊本　[11]・二十・26
[91]・四・17
大學章句大全一卷中庸章句大全
一卷論語集注大全二十卷孟子
集注大全十四卷　明胡廣等編
高麗刊本　[91]・四・18
大學辨　清陳乾初撰
抄本　[20]・一・17
大學證文四卷　清毛奇齡撰
西河全書本　[74]・一・46
[96]・十三・264
大學講義一卷　清楊名時撰
楊氏全書本　[96]・十三・271
大學講義一卷中庸講義一卷　清
楊名時撰
楊氏全書本　[96]・十三・271
大學説一卷　清惠士奇撰
經學叢書本　[96]・十三・272
大學説一卷中庸説三卷　明嚴衍
撰
振秀堂刊本　[96]・十三・262
大學疏義一卷　宋金履祥撰
藕塘祠塾重刊本　[96]・十二・
251
刊本　[39]・乙・20
抄本　[75]・七・23
大學發微一卷大學本旨一卷中庸
指歸一卷中庸分章一卷　宋黎
立武撰
舊抄本　[11]・十・16
[75]・七・21
大學翼真七卷　清胡渭撰
小酉山房刊本　[96]・十三・
270
抄本　[39]・乙・20
大學集説啓蒙一卷中庸集説啓蒙
一卷　明景星撰
通志堂經解本　[74]・一・
45　[96]・十三・257
大學衍義四十三卷
見《真文忠公讀書記乙集上大

學衍義》
大學衍義補一百六十卷　明邱濬
撰
明刊本　[9]・七・10
[26]・五・18　[74]・
三・5　[102]・上・19
明長洲陳氏刊本　[96]・三十
七・692
大學稽中傳一卷　明李經綸撰
刊本　[39]・乙・20
大學叢説一卷　元許謙撰
瓶花齋抄本　[39]・乙・20
大學通考一卷質言一卷重定一卷
明顧憲成撰
明抄本　[91]・四・19
大學古本旁注一卷　明王守仁撰
函海本　[96]・十三・259
大學古本説一卷中庸章段説一卷
中庸餘論一卷讀論語劄記二卷
讀孟子劄記二卷　清李光地撰
安谿全書本　[74]・一・45
文貞公全集本　[96]・十三・
263
大學古今本通考十二卷　明劉斯
原撰
刊本　[39]・乙・20
大學古義説二卷　清宋翔鳳撰
樸學齋叢書本　[96]・十三・
278
大學增修聲律資用太平總類二十
卷　宋人編
明抄本　[30]・五・20
舊抄本　[74]・三・68
[102]・下・24
大學中庸讀　明姚應仁撰
刊本　[39]・乙・20
大學中庸困學錄　清王澍撰
清刊本　[39]・乙・21
大學本文一卷中庸本文中庸全本
一卷　清王澍撰
積書巖六種本　[96]・十三・
273
大學本旨一卷中庸指歸一卷　宋
黎立武撰

舊抄本　[59]・一・7
大學或問一卷　宋朱熹撰
元刊本　[22]・二・24
大學困學錄一卷中庸困學錄一卷
清王澍撰
積書巖六種本　[96]・十三・
273
大學問一卷　清毛奇齡撰
西河合集本　[96]・十三・265
大學合抄六卷　清陸郎甫撰
稿本　[81]・經・5
[83]・一・7
大學知本圖説一卷　清毛李齡撰
西河合集本　[96]・十三・265
80 大金弔伐録二卷　不著撰人
舊抄本　[32]・三・18
[93]・九・24
精抄本　[91]・八・8
大金弔伐録四卷　不著撰人
舊抄本　[57]・57
大金集禮十九卷　金張暐撰
抄本　[39]・丁・53
大金集禮四十卷　金張暐撰
舊抄本　[5]・二上・24
[11]・三十五・21
[16]・十九・13
[17]・二・21　[32]・
五・6　[50]・三・43
[59]・四・19　[93]・
十二・8　[95]・一・
19　[96]・二十九・
561
精抄本　[91]・十三・15
大金德運圖説一卷　金官修
舊抄本　[32]・五・6
[74]・二・65　[91]・
十三・15　[102]・下・
12
文瀾閣傳抄本　[11]・三十五・
23　[16]・十九・13
傳抄大典本　[59]・四・19
大金國志四十卷　宋宇文懋昭撰
清乾隆刊本　[75]・十八・9
刊本　[5]・二上・14

[74]・二・15

影元抄本　[93]・九・19

明抄本　[17]・二・10

　　　　[54]・二・15

明天一閣抄本　[2]・二・12

開萬樓抄本　[39]・丁・11

葉石君抄本　[81]・史・2

　　　　[83]・二・27

舊抄本　[8]・史二・147

12]・五・8　　[91]・七・

22　　[92]・二・39

[96]・十八・391

大慈恩寺三藏法師傳十卷　唐釋
慧立撰、釋彥悰箋

明刊本　[16]・二十八・8

大谷詩集二卷　明溫新撰

刊本　[39]・癸下・24

84大錯和尚遺集四卷　明錢邦芑撰

雲南叢書本　[85]・二十・
893

86大智度論　不著撰人

宋紹興二年(1132)王永從刊本
[68]・圖版67、目錄18

90大小宗通釋一卷　清毛奇齡撰

西河合集本　[96]・六・96

太

00太音大全五卷　不知撰人

抄本　[5]・一下・5

太玄説玄一卷

見《説玄》

太玄經十卷　漢揚雄撰

宋刊本　[17]・三・8

　　　[20]・四・4　　[35]・

上・11　　[41]・九・4

[92]・三・88

明覆宋本　[92]・三・88

明刊本　[9]・後編・十六・7

[74]・三・29　　[91]・

十七・3

明天啓六年(1626)武林趙汝源

刊本　[86]・一・91

刊本　[89]・二集・五・6

校本　[52]・二・3

清袁又愷藍格抄本　[2]・三・
10

太玄經十卷　漢揚雄撰、宋徐庸
注

宋刊本　[14]・三上・194

太玄經十卷　漢揚雄撰、晉范望
解

宋刊本　[9]・後編・五・15

[14]・三上・193

明覆宋本　[22]・四・16

[96]・四十六・879

明刊本　[91]・十七・3

[93]・十五・6

明嘉靖刊本　[11]・四十九・

1　　[16]・二十三・8

明嘉靖萬玉堂仿刊本

[17]・三・7　　[30]・

三・14　　[59]・二・18

[86]・十二・19

明嘉靖三年(1524)江都郝梁覆
刊宋兩浙茶鹽司本

[17]・三・8　　[19]・

10　　[22]・四・17

[26]・五・17　　[34]・

附・一・15

太玄經十卷附説玄一卷釋文一卷
漢揚雄撰、晉范望解

明仿北宋刊本　[28]・續・九・
19

明嘉靖三年(1524)刊本
[12]・四・10

太玄經十卷附釋音一卷　漢揚雄
撰、晉范望解

明刊本　[102]・上・21

太玄經疏十八卷　宋郭元亨撰

宋刊本　[14]・三上・195

太玄經集注六卷　漢揚雄撰、宋
司馬光集注

宋刊本　[41]・九・5

明正統道藏本　[17]・三・8

刊本　[71]・子・儒家・6

太玄經集注十卷　漢揚雄撰、宋
司馬光集注

宋刊本　[14]・後志・二・820

[54]・三・29

吳門陶氏五柳居坊刊本

[84]・一・5　　[96]・四十
六・881

孫氏影抄宋刊本　[75]・三十
八・11

遇錄宋抄本　[50]・四・39

抄本　[16]・二十三・8

太玄經集注六卷　宋司馬光集注
太玄解四卷　宋許翰注　太玄
曆一卷　不著撰人

宋抄本　[58]・子・57

[93]・十五・5

舊抄本　[60]・二・23

太玄經釋文一卷　不著撰人

宋刊本　[41]・九・5

太玄經附刊本　[96]・四十六・
881

太玄經解十卷　宋宋惟幹注

宋刊本　[14]・後志・二・819

太玄經解十卷并發隱三卷釋文一
卷宋張彀撰

宋刊本　[14]・三上・203

太玄淵旨一卷　宋張揆撰

宋刊本　[14]・後志・二・820

太玄本旨九卷　明葉子奇撰

明正德刊本　[11]・四十九・
5

10太一命訣一卷　題袁天綱撰

宋刊本　[41]・十二・26

太元集注六卷

見《太玄經集注》

太元經十卷

見《太玄經》

太元釋文一卷

見《太玄經釋文》

太元解十卷

見《太玄經解》

太平廣記五百卷　宋李昉等編

北宋國子監刊本　[7]・中・
55

宋刊本　[14]・三下・237

[41]・十一・10

明刊本　[11]・六十四・15

[20]・四・9　　[55]・三・
15　[76]・八・29
[96]・六十六・1314
明嘉靖四十五年(1566)談愷刊
本　[17]・三・38
[59]・八・6　　[71]・
子・小説家・4　[91]・
二十一・19
朝鮮國刊本　[22]・五・15
校宋本　[54]・四・33
明抄本　[8]・子二・325
太平三書十二卷　清張萬選編注
清順治刊本　[64]・續・79
太平聖惠方一百卷　宋王懷隱、
鄭彥等編
北宋國子監刊本　[7]・中・43
宋刊本　[16]・二十二・7
[22]・補遺・49
[41]・十三・6　　[79]・
子・醫家類・477
宋紹興刊本　[35]・下・43
依宋抄本　[91]・十六・17
舊抄本　[76]・十・12
[93]・十四・14
日本永正舊抄本　[22]・補遺・
51
太平經國之書十一卷　宋鄭伯謙
撰
明刊本　[11]・六・7
[60]・一・12　[75]・
五・3
明嘉靖十五年(1536)山西布政
司刊本　[12]・四・2
[91]・二・11
通志堂刊本　[74]・一・21
太平山水圖畫不分卷　明蕭雲從
繪、清張萬選編注
清順治五年(1648)懷古堂刊本
[64]・59　[68]・圖版
711、712、目録112
太平樂府九卷
見《朝野新聲太平樂府》
太平總領五十卷　宋李昉撰
宋刊本　[14]・三下・283

太平御覽一千卷　宋李昉等纂
北宋國子監刊本　[7]・中・55
北宋刊本　[11]・五十九・9
宋刊本　[16]・二十六・3
[22]・五・7　　[34]・
一・27　[35]・下・41
[41]・十四・22
[50]・六・1　[58]・
子・100　[70]・三・6
[72]・21
宋慶元蜀刊本　[44]・二・
41　[90]・37
南宋刊小字本　[73]・圖版41
明刊本　[11]・五十九・9
[30]・二・10　[96]・
六十一・1202
明萬曆改元倪炳校刊本
[26]・六・11
明萬曆二年(1574)周堂銅活字
印本　[53]・二・12
[68]・圖版629、目録101
[71]・子・類事・6]
[75]・四十五・10
[92]・三・119　[97]・
一・30
清嘉慶九年(1804)至**十**四年
(1809)張海鵬從善堂刊本
[68]・圖版547、目録90
清嘉慶十二年(1807)揚州鮑氏
刊本　[74]・三・65
[75]・四十五・10
刊本　[36]・185　[89]・
一集・六・41
日本安政三年活字印本
[26]・六・13
日本活字印日文本　[60]・五・
16
影宋抄本　[76]・十一・23
孫淵如舊藏合抄宋本　[75]・
四十五・11
明抄本　[17]・三・30
[22]・五・7　　[32]・
九・5　[59]・五・11
舊抄本　[16]・二十六・3

[50]・六・2　　[91]・
二十・3
太平寰宇記二百卷　宋樂史撰
宋刊本　[14]・後志・一・805
[22]・三・28　[41]・
八・14　[70]・三・6
[76]・六・2
南宋刊本　[90]・23
清乾隆刊本　[75]・二十四・
11
刊本　[89]・一集・四・59
錢竹齋校抄本　[8]・史三・
170
趙氏小山堂抄校本　[91]・十
一・2
開萬樓撰本　[39]・戊・26
舊抄本　[5]・二下・1
[11]・二十九・7
[75]・二十四・10
[16]・十五・2　[53]・
一・15　[87]・二・2
[93]・十一・3
精抄本　[71]・史・地志・
20
太平寰宇記補闕五卷半　宋樂史
撰
日本影宋刊本　[75]・二十四・
12
太平寰宇志二百卷
見《太平寰宇記》
太平寶訓聖政紀年五卷
見《太平寶訓政事紀年》
太平寶訓政事紀年五卷　題富鄭
公編
舊抄本　[11]・三十五・1
[12]・五・18　[16]・
十九・1　[18]・上・14
[93]・十二・4
傳抄本　[32]・五・4
[61]・七・1
太平治蹟統類三十卷
見《皇朝太平治蹟統類》
太平清話四卷　明陳繼儒撰
眉公雜著本　[96]・六十五・

1295

太平惠民和劑局方六卷　宋陳師
文等編
　宋刊本　[41]・十三・14
太平惠民和劑局方十卷　宋陳師
文等編
　宋建安雙璧陳氏留耕書堂刊本
　[87]・一・4
　元刊本　【11】・四十六・1
　[58]・元・72　　[68]・
　圖版332、目錄61
　元大德八年(1304)余志安勤有
　堂刊本　[89]・一集・八・
　1、2
太平惠民和劑局方十卷附指南總
論二卷　宋陳師文等編
　元刊本　[93]・十四・15
　影抄宋本　[60]・二・27
太平惠民和劑局方十卷附指南總
論三卷　宋陳師文等編
　四庫全書本　[79]・子・醫家
　類・482
太平惠民和劑局方十卷用藥總論
三卷藥性總論一卷　宋陳師文
等編
　元高氏日新堂刊本　[8]・子
　一・252
太平盛典二十三卷　宋人編
　宋刊本　[14]・後志・二・909
太平金鏡策八卷　元趙天麟撰
　刊本　[39]・壬・76
　[71]・集・論集・2
太函集一百二十卷　明汪道昆撰
　明刊本　[32]・十四・13
17太乙統宗紫庭福應金鏡集不分卷
不知撰人
　明抄藍格本　[17]・三・9
太乙統宗寶鑑十八卷　題元曉山
老人撰
　舊抄本　[11]・五十一・17
太乙統宗寶鑑二十卷　題元曉山
老人撰
　海寧許氏學稼軒抄本　[39]・
　庚・68

舊抄本　[5]・三中・25
　[74]・續增・子・3
太乙山房文集十五卷　明陳際泰
撰
　明崇禎六年(1633)李士奇刊本
　[85]・二十・886
　刊本　[71]・集・明別・125
太乙十精風雨賦　不著撰人
　天一閣抄本　[39]・庚・68
太乙博濟經效祕傳旅舍備要方一
卷
　見《旅舍備要方》
太乙起例　不著撰人
　舊抄本　[91]・十七・13
太乙專征賦　不著撰人
　抄本　[39]・庚・68
太乙星書二卷　不著撰人
　抄本　[5]・三中・26
太乙金式鏡經十卷
　見《太乙金鏡式》
太乙金鏡式八卷　題唐王希明纂
　天一閣抄本　[39]・庚・67
太乙金鏡式十卷　題唐王希明撰
　舊抄本　[11]・五十一・17
　[93]・十五・13
21太上說蒐鬼經二卷　題李耳撰
　宋刊本　[14]・後志・二・
　880
太上靈寶感應篇詳解八卷
　見《太上感應篇》
太上黃庭內景玉經一卷附五臟六
腑圖說一卷　梁丘子注
　明刊本　[32]・九・26
太上感應篇八卷　漢李昌齡編
　宋刊本　[14]・五上・618
　[38]・子・95　　[92]・
　三・133
　宋嘉熙刊本　[2]・三・46
　明雲南刊彝文本　[68]・圖版
　474、目錄80
太上感應篇注二卷　清惠棟撰
　粵雅堂刊本　[74]・三・90
太上金碧經一卷　題魏伯陽注
　宋刊本　[41]・十二・7

太虛潮論一卷　宋錢樓業撰
　宋刊本　[41]・八・40
太歲考二卷　清王引之撰
　清道光七年(1827)重刊經義述
　聞本　[78]・算學書錄補
　注・96
太歲超辰表三卷　清汪曰楨撰
　式訓堂叢書二集本　[78]・算
　學書錄補注・97
22太候集一卷　清吳一嵩撰
　清刊本　[74]・續增・集・14
太僕寺志十四卷　明顧存仁撰
　刊本　[39]・丁・61
26太白山人漫稿八卷　明孫一元撰
　刊本　[39]・癸上・34
　[74]・四・43
太白山人漫稿八卷補遺一卷附錄
一卷　明孫一元撰
　明崇禎刊本　[91]・三十七・
　1
太白還丹篇一卷　題唐清虛子撰
　宋刊本　[41]・十二・5
太白樓集十卷　明蔡鍊輯
　刊本　[39]・辛・41
太白陰經八卷　唐李筌撰
　長思書室刊本　[74]・三・10
　孫淵如校本　[34]・三・13
　抄本　[39]・庚・79
太白陰經十卷　唐李筌撰
　影宋抄本　[4]・14
　汲古閣抄本　[18]・上・42
　抄本　[71]・子・兵家・2
太和辨謗略三卷　唐李德裕撰
　宋刊本　[14]・二上・133
　[41]・五・27
太和正音譜二卷　明朱權編
　刊本　[39]・庚・12
　影抄明洪武刊本　[91]・二十・
　38
太和縣禦寇始末二卷　吳世濟纂
　抄本　[85]・七・306
太和摧兇記一卷　不著撰人
　宋刊本　[41]・五・14
太和野史三卷　不著撰人

宋刊本　[41]・五・14

太和堂集六卷　明屠勳撰
　　刊本　[39]・癸上・21
　　[71]・集・明別・41

太和堂書目　不著撰人
　　抄本　[71]・史・簿錄・9

30太宗文皇帝聖訓六卷
　　見《聖訓》

太宗御製御書目一卷　宋太宗趙
　炅編
　　宋刊本　[41]・八・6

太宗實錄八十卷
　　見《宋太宗實錄》

35太清經一卷　不知撰人
　　宋刊本　[14]・後志・二・
　　877

太清神鑑六卷　題後周王朴撰
　　刊本[74]・三・34
　　墨海金壺本　[96]・四十七・
　　911
　　抱經樓抄本　[75]・三十八・
　　23

太清服氣口訣一卷太起經一卷閉
　氣法一卷太上指南歌一卷　題
　李耳撰
　　宋刊本　[14]・後志・二・
　　881

太清養生上下篇二卷　題赤松子
　撰
　　宋刊本　[41]・十二・5

37太湖備考十六卷　清金友理輯
　　清刊本　[39]・戊・61

太湖備考十八卷　清金友理輯
　　清乾隆十五年(1750)刊本
　　[74]・二・51

太湖用兵紀略一卷防湖論略二卷
　不知撰人
　　抄本　[74]・二・53

太祖高皇帝聖訓四卷
　　見《聖訓》

太祖實錄五十卷　宋李沆等撰
　　宋刊本　[14]・二上・121

太祖實錄五十卷　宋沈倫撰
　　宋刊本　[14]・後志・一・

783

太祖實錄五十卷　宋錢若水等纂
　　宋刊本　[41]・四・38

40太古元音四卷　是奎編
　　舊抄本　[91]・五・26

太古遺音　明楊掄輯
　　刊本　[39]・庚・34

41太極傳六卷外傳一卷因説一卷
　宋晁説之撰
　　宋刊本　[41]・一・16

太極葛仙公傳　明譚嗣先輯
　　明抄本　[57]・81

太極圖説論十六卷　清王嗣槐撰
　　清刊本　[39]・己・33

太極圖説解　清陳兆成撰
　　清刊本　[39]・己・33

太極圖説約一卷通書約説一卷
　不著撰人
　　刊本　[71]・子・儒家・13

太極圖説注一卷通書注一卷西銘
　注一卷　宋朱熹撰、清李光地編
　　文貞全集本　[96]・三十六・
　　672

太極圖説遺議一卷　清毛奇齡撰
　　西河全書本　[74]・三・7
　　[96]・三十七・707

太極圖説分解　不著撰人
　　天一閣抄本　[39]・己・9

44太姥志　明史起欽輯
　　刊本　[39]・戊・60

太華希夷志二卷　不知撰人
　　明正統道藏本　[17]・三・44

50太史華句八卷　明凌迪知撰
　　明刊本　[32]・九・12
　　刊本　[39]・戊・75
　　文林綺繡本　[96]・二十五・
　　518

太史史例一百卷　明張之象輯
　　刊本　[39]・戊・78

太素心印一卷　不著撰人
　　刊本　[5]・三中・42

太素脈訣一卷　不著撰人
　　抄本　[5]・三下・7

太素脈祕訣二卷　不著撰人

明萬曆二十七年(1599)刊本
　　[79]・子・醫家類・358

太素脈法一卷　不著撰人
　　刊本　[5]・三下・7

76太陽太陰通軌　明戈永齡撰
　　抄本　[39]・庚・62

77太學新編排韻字類七十六卷　宋
　李錫、虞韶撰
　　宋刊本　[9]・二・44

太醫院經驗奇效良方大全十九卷
　元董宿輯
　　元刊黑口本　[79]・子・醫家
　　類・500

太醫院經驗奇效良方大全六十四
　卷　方賢纂
　　明刊黑口本　[91]・十六・21

太醫局方十卷　宋官修
　　宋刊本　[14]・三下・299

太醫局諸科程文格九卷
　　見《太醫局程文》

太醫局程文九卷　不著撰人
　　當歸草堂醫學叢書本　[79]・
　　子・517
　　舊抄本　[11]・四十六・9
　　[74]・三・18　[75]・
　　三十七・10　[91]・
　　十六・19　[102]・下・16

80太倉稊米集七十卷　宋周紫芝撰
　　宋刊本　[41]・十八・16
　　刊本　[24]・集一・32
　　影宋抄本　[11]・八十四・8
　　[91]・三十・3
　　舊影抄本　[39]・壬・25
　　舊抄本　[8]・集二・445
　　[11]・八十四・4
　　[16]・三十一・28
　　[17]・四・23　[26]・
　　八・34　[38]・集・52
　　文瀾閣傳抄本　[12]・六・14

太倉稊米後集十二卷　題周少隱
　撰
　　抄本　[12]・六・37

太倉州志十卷　明周士佐、周鳳
　岐纂

明刊本　[74]・二・43　[102]・上・17

太谷山堂集六卷　清西特魯夢麟撰

清乾隆十九年(1754)刊本　[26]・十一・44

太公兵法　不著撰人

抄本　[39]・庚・77

90太常新禮四十卷　不知撰人

宋刊本　[41]・六・14

太常紀要十五卷　清江繁撰

清康熙三十九年(1700)刊本　[96]・二十九・565

太常禮書一百五十卷

見《禮書》

太常因革禮一百卷　宋歐陽修等編

宋刊本　[14]・後志・一・759

影宋淳熙本　[28]・續・七・18

舊抄本　[11]・三十五・12　[16]・十九・7　[32]・五・5　[34]・三・9　[74]・二・65　[80]・十四・16　[83]・二・14　[91]・十三・13　[93]・十二・7

傳抄本　[102]・下・12

太常懷羪吳公奏議不分卷　明吳應明撰

明天啓吳光賢刊本　[85]・二・93

4003₈　夾

:37夾漈詩傳二十卷辨妄六卷

見《詩傳》

夾漈家傳一卷所著書目一卷　宋鄭樵撰

宋刊本　[41]・七・26

夾漈遺稿三卷　宋鄭樵撰

函海本　[74]・四・25

知不足齋抄校本　[59]・六・26

知不足齋抄本　[39]・壬・24

張立人抄本　[11]・八十四・9

舊抄本　[20]・五・17　[38]・集・52　[71]・集・宋別・36　[91]・三十・3

夾漈書目一卷圖書志一卷　宋鄭樵撰

宋刊本　[41]・八・8

4004₇　友

10友石山房稿五卷

見《友石先生詩集》

友石山人遺稿一卷　元王翰撰

明刊本　[91]・三十四・25

明弘治刊本　[16]・三十四・34

刊本　[71]・集・元別・18

知不足齋抄本　[39]・壬・70

舊抄本　[5]・四上・37　[57]・259　[74]・四・37　[102]・下・36

友石山人遺稿一卷附錄一卷　元王翰撰

鮑淥飲抄本　[11]・一百零六・10

舊抄本　[32]・十三・22、23　[91]・三十四・25　[93]・二十二・21

友石先生詩集五卷　明王絨撰

明刊本　[11]・一百十一・22　[50]・九・43

明弘治無錫知事榮華刊本　[17]・四・35

刊本　[24]・集二・23　[39]・癸上・10

37友漁齋醫話八卷　清黃凱鈞撰

清嘉慶十七年(1812)刊本　[79]・子・醫家類・526　[96]・四十三・812

40友古居士詞一卷　宋蔡伸撰

宋刊本　[41]・二十一・8

明抄本　[91]・四十・7

44友林乙稿一卷　宋史彌寧撰

宋刊本　[10]・56　[11]・九十・10　[28]・續・十二・16　[29]・三・18　[31]・14　[33]・集・49　[35]・上・12、22　[58]・集・105　[72]・31

明覆刊宋本　[2]・四・42　[91]・三十一・8

刊本　[39]・壬・35

影抄宋刊本　[11]・九十・11　[59]・六・30　[93]・二十一・24

嘉會堂抄本　[71]・集・宋別・54

舊抄本　[16]・三十一・50

友林詩稿二卷　宋史彌寧撰

宋刊本　[14]・五下・681

80友會談叢二卷　宋上官融撰

宋刊本　[41]・十一・10

舊抄本　[11]・六十二・12　[75]・四十六・10

友會談叢三卷　宋上官融撰

明稽古堂刊本　[60]・八・6

舊抄本　[91]・二十一・5

友會叢談二卷

見《友會談叢》

4010₀　土

30土室餘篇一卷　明夏完淳撰

續幸存錄附抄本　[85]・八・366

土官底簿二卷　清朱彝尊錄

抄本　[39]・戊・49　[91]・十三・5

土官底簿四卷　清朱彝尊錄

傳抄本　[60]・三・10

44土苴集一卷　明周鼎撰

精抄本　[71]・集・明別・34

士

17士翼三卷　明崔銑撰

傳抄本　[32]・六・7

35士禮儀舉要九卷　明夏時正撰

刊本　[5]・一下・2

士禮居藏書題跋記六卷　清潘祖蔭編

清光緒十年(1884)潘氏滂喜齋刊本　[26]・四・27

4010₁　左

00左文襄公征西演義四卷　清人撰
上海共和書局石印本　[69]・二・76

07左記十二卷　明章大吉撰
刊本　[39]・乙・42

10左疏左觽一卷　明左良玉撰
明季野史四種本　[85]・十・501

17左司筆記三卷　清吳暻撰
吳西齋稿本　[38]・史・85

左翼四十三卷　明王震撰
刊本　[39]・乙・44

21左穎六卷國穎二卷　清高士奇撰
原抄本　[96]・十一・219

22左觽一卷　明邵寶撰
經史全書本　[96]・十一・211

左觽二卷　明邵寶撰
明刊本　[74]・一・34

24左侍御公集一卷　明左光先撰
清康熙刊本　[85]・十九・833

25左傳三十卷
見《春秋左氏傳》

左傳正義五卷　不著撰人
影抄日本單疏本　[59]・一・6

左傳句讀直解　不著撰人
宋刊本　[35]・下・4

左傳紀事本末五十三卷　清高士奇撰
清刊本　[39]・乙・47
朗潤堂刊本　[96]・十七・380

左傳約說一卷百論一卷　宋石朝英撰
宋刊本　[41]・三・20

左傳補注六卷
見《春秋左傳補注》

左傳博議拾遺二卷　清朱元英撰
清刊本　[88]・一・11

抄本　[91]・三・25

左傳杜解補正三卷　清顧炎武撰
亭林十種本　[74]・一・35
亭林遺書本　[96]・十一・216

左傳杜林合注五十卷　明王道焜趙如源編
坊刊本　[74]・一・34
通行本　[96]・十一・214

左傳姓名同異考四卷
見《春秋左傳姓名同異考》

左傳事緯十二卷　清馬驌撰
通行本　[96]・十一・217

左傳事緯二十卷　清馬驌撰
清刊本　[39]・乙・47

左傳附注五卷　明陸粲撰
刊本　[39]・乙・37

左傳附注五卷後錄一卷　明陸粲撰
明刊本　[91]・三・21

左傳類編六卷
見《春秋左傳類編》

40左克明樂府十卷
見《古樂府》

左克明古樂府十卷
見《古樂府》

41左概六卷　明李事道輯
明刊本　[91]・三・23

43左求二卷　明錢旃撰
明崇禎四年(1631)刊本
[74]・一・34　[102]・上・12

44左桂坡集十四卷　明左贊撰
刊本　[39]・癸上・31

50左史諫草一卷　宋呂午撰
顧沅藝海樓抄本　[74]・二・23
抄本　[102]・下・8
傳抄本　[32]・四・4

左忠毅公疏稿二卷詩文二卷志狀表傳附錄一卷附桐城疏稿一卷墓銘一卷行狀一卷　明左光斗撰
刊本　[71]・集・明別・106

左忠毅公集五卷附錄一卷　明左光斗撰

湘鄉左氏刊本　[74]・四・45

60左國腴詞八卷　明凌迪知撰
明刊本　[32]・九・11
文林綺繡本　[96]・二十五・517

左國腴詞八卷太史華句八卷兩漢雋言十六卷　明凌迪知撰
明萬曆刊本　[74]・二・35

左略一卷　明曾益輯
刊本　[39]・乙・43

72左氏膏肓九卷　漢何休撰
宋刊本　[14]・一下・63

左氏膏肓十卷　漢何休撰
宋刊本　[41]・三・6

左氏章指三十卷
見《春秋左氏章指》

左氏說三十卷
見《春秋左氏傳說》

左氏要類不分卷　宋韓迪撰
宋刊本　[14]・三下・278

左氏聯璧八卷　宋葉儀鳳撰
宋刊本　[14]・五上・530

左氏發揮六卷　宋吳曾撰
宋刊本　[41]・三・19

左氏傳說二十卷
見《春秋左氏傳說》

左氏釋二卷　明馮時可撰
抄本　[91]・三・23

左氏解一卷　不著撰人
宋刊本　[41]・三・11

左氏綱領四卷　本文濟道撰
宋刊本　[14]・一下・74

左氏古義六卷　不知撰人
抄本　[101]・下・3

左氏博議二十五卷
見《東萊先生左氏博議》

左氏始末十二卷
見《唐荊川先生編纂左氏始末》

左氏鼓吹一卷　宋吳元緒撰
宋刊本　[41]・三・11

左氏蒙求一卷　元吳化龍撰
日本刊本　[11]・六十一・23
清嘉慶六年(1801)日本活字印佚存叢書本　[74]・三・

67　[102]・上・24
抄本　[75]・四十五・24
左氏蒙求三卷　不知撰人
宋刊本　[14]・一下・74
左氏摘奇十三卷
見《春秋左傳摘奇》
左氏春秋考證二卷　清劉逢祿撰
原刊本　[96]・十一・234
左氏春秋鐫二卷　明陸粲撰
明刊本　[9]・後編・十二・15
左氏國語類編二卷　宋呂祖謙撰
宋刊本　[41]・三・17
左氏兵法略三十二卷　明陳禹謨
輯
刊本　[39]・庚・77
90左粹類纂十二卷　明施仁撰
瓶花齋抄本　[39]・乙・37

4010₄ 圭

00圭齋文集十五卷附錄一卷　元歐
陽玄撰
明刊本　[9]・後編・十九・14
[11]・一百零一・16
[39]・壬・61　　[50]・九・
15　　[93]・二十二・14
明黑口本　[12]・三・26
明成化刊本　[38]・集・79
[59]・七・6　　[71]・
集・元別・13　　[75]・
五十九・20　　[91]・三
十四・2
舊抄本　[16]・三十四・4
[91]・三十四・3
圭齋先生二卷　元盧琦撰
知不足齋抄本　[39]・壬・67
22圭峯集七卷
見《盧圭峯先生集》
圭峯集三十七卷　羅文繡撰
錢湘靈評本　[20]・五・27
圭峯原人論一卷　唐釋宗密撰
宋刊本　[14]・三下・308
40圭塘款乃集一卷　元許有壬撰
刊本　[24]・集二・7
影元本　[35]・上・54

清鮑以文抄本　[2]・五・5
知不足齋抄本　[39]・壬・62
舊抄本　[5]・四中・20
[52]・三・21　　[60]・
六・12
圭塘款乃集二卷　元許有壬、許
有孚撰
舊抄本　[91]・三十八・29
圭塘小稿三卷續集一卷別集二卷
元許有壬撰
抄本　[71]・集・元別・9
圭塘小稿十三卷別集二卷續集一
卷外集一卷　元許有壬撰
刊本　[39]・壬・62
圭塘小稿十三卷別集二卷續集一
卷附錄一卷　元許有壬撰
明刊本　[11]・一百零一・19
影成化本　[91]・三十四・12
圭塘小稿十三卷別集二卷續集二
卷附錄一卷　元許有壬撰
明成化刊本　[17]・四・33
圭塘小稿十三卷別集二卷續集一
卷附錄一卷續錄一卷　元許有
壬撰
抄本　[38]・集・80

臺

22臺山靈異錄一卷　不著撰人
刊本　[5]・二下・23
32臺州金石志十三卷闕訪二卷　黃
瑞撰
抄本　[59]・五・8
臺灣外誌前傳繡象明季孤忠五虎
鬧南京六十三回後傳五虎將掃
平海氛記六十三回　不著撰人
廈門會文堂石印本　[85]・十
三・618
上海六一書局石印本　[85]・
十三・618
臺灣外紀三十卷　清江日昇撰
求無不獲齋原刊本　[69]・二・
73
原刊本　[85]・十三・617
筆記大觀本　[85]・十三・617

申報館鉛印本　[85]・十三・
617
臺灣紀略七十卷　清官修
清乾隆五十三年(1788)武英殿
刊本　[67]・第五冊・95
四庫全書本　[85]・十三・635
臺灣通史三十六卷　連橫雅堂撰
一九一八年臺灣臺北市鉛印本
[85]・十三・639
商務印書館鉛印本　[85]・十
三・639
臺灣開創鄭成功一卷　日本丸山
正彥撰、張鐫六譯
日本東京排印本　[85]・十三・
644
臺灣鄭氏紀事三卷　日本川口長
孺纂
日本文政十一年(1828)刊本
[85]・十三・642
臺灣鄭氏始末六卷　清沈雲撰、
沈垚注
傳經堂叢書本　[85]・十三・
619
嘉業堂叢書本　[85]・十三・
619
臺灣鄭氏關係文書　不著編者
打字機印本　[85]・十三・607
38臺海使槎錄八卷　清黃叔璥輯
清刊本　[39]・戊・44
77臺學原流七卷　明金賁亨撰
抄本　[39]・己・21
臺閣集一卷　唐李嘉祐撰
宋刊本　[35]・上・53
刊本　[89]・一集・十・7
毛子晉校汲古閣本　[17]・四・
12
陸敕先據宋本校汲古閣本
[17]・四・12
毛刊校宋本　[32]・十・17
影宋刊本　[24]・集一・7
汲古閣抄元本　[50]・七・19
臺閣名言六卷　明張合撰
刊本　[88]・四・15
80臺錐積演一卷　清羅士琳撰

清刊本　[74]・三・27
90臺省疏稿八卷　明張瀚撰
　明刊本　[91]・八・21
　臺省因話録一卷　宋石公弼撰
　宋刊本　[41]・十一・26

4010₆　查

24查他山先生年譜一卷　陳敬璋撰
　傳抄本　[60]・四・28
33查浦詩抄十二卷　清查嗣瑮撰
　清刊本　[71]・集・國朝別
　64
　查浦輯閒二卷　清查嗣瑮撰
　清刊本　[39]・己・88
44查考錢法一卷　不著撰人
　抄本　[5]・二中・7
50查東山先生年譜一卷附湖州莊氏
　史獄一卷　清沈起撰
　嘉業堂叢書本　[85]・十八・
　803

4010₇　直

00直廬稿十卷　明嚴嵩撰
　刊本　[71]・集・明別・60
　直齋書録解題四卷　宋陳振孫撰
　舊抄本　[16]・二十・2
　[93]・十二・15
　直齋書録解題二十卷　宋陳振孫
　撰
　舊抄本　[59]・五・16
　直齋書録解題二十二卷
　武英殿聚珍本　[20]・三・19
　[74]・二・74　[96]・
　三十二・580
　刊本　[25]・4
　盧抱經校藏巾箱本　[91]・十
　四・2
08直說通略十卷　元鄭鎮孫撰
　明成化刊本　[38]・史・57
　直說通略十三卷　元鄭鎮孫撰
　刊本　[39]・丁・2
　直說素書一卷　不著撰人
　元刊本　[93]・十三・14
　明刊本　[38]・子・9

45直隸碑目二卷　清樊彬編
　傳抄本　[60]・五・12
　直隸河渠志一百零二卷　清戴震
　撰
　手稿本　[32]・四・21
　[59]・三・10
　直隸河渠書一百零二卷
　見《直隸河渠志》
　直隸通州志二十二卷　清王繼祖
　撰
　清乾隆二十年(1755)刊本
　[74]・二・47
51直指玉鑰匙門法一卷　不著撰人
　抄本　[5]・一下・18
90直省釋奠禮樂記四卷　不著撰人
　精抄本　[75]・二十九・10

壺

08壺譜一卷　不著撰人
　明嘉靖刊本　[91]・十七・24
10壺天玉露　明錢陛輯
　刊本　[39]・戊・5
22壺山先生四六一卷　不著撰人
　舊抄本　[11]・九十・16
　[39]・壬・49　[91]・
　三十一・9
50壺中賦一卷　不知撰人
　宋刊本　[41]・十二・26

4011₆　壇

00壇廟祀典三卷　方觀承撰
　刊本　[88]・三・40

4012₇　坊

07坊記集傳二卷　明黃道周撰
　石齋九種本　[74]・一・25
　[96]・五・79
　坊記集傳二卷表記集傳二卷　明
　黃道周撰
　刊本　[39]・乙・18

墉

43墉城集仙録六卷　蜀杜光庭撰
　舊抄本　[93]・十八・13

4013₂　壞

30壞室讀書圖　不著撰人
　手稿本　[80]・十三・11

4013₆　蠱

00蠱齋鉛刀編三十二卷
　見《蠱齋先生鉛刀編》
　蠱言四卷　清高密、李詒經等撰
　王氏信芳閣活字本　[74]・三・
　7　[102]・上・19

4016₁　培

44培林堂書目　清徐秉義編
　抄本　[30]・四・12
60培塿居雜録四卷　明鄭端允撰
　刊本　[39]・己・59

4016₇　塘

45塘棲志略二卷　清何琪撰
　抄本　[71]・史・地志・44

4020₀　才

07才調集十卷　後蜀韋縠纂
　宋刊本　[35]・上・53
　[41]・十五・11
　宋刊抄補本　[58]・集・123
　明刊本　[75]・六十二・10
　汲古閣刊本　[74]・四・60
　清康熙刊本　[75]・六十二・
　10
　垂雲堂刊本　[74]・續增・集・
　15
　校本　[55]・五・29
　明毛子晉影抄宋本　[2]・五・
　27
　影抄宋本　[5]・四下・7
26才鬼記十六卷　明梅禹金輯
　刊本　[39]・庚・33
80才美巧相逢宛如約四卷　題惜花
　主人評
　清初寫刊本　[69]・四・148

4021₁ 堯

22堯峯詩抄十卷文抄四十卷　清汪
琬撰
清刊本　[71]·集·國朝別·
62
堯峯山志六卷　明陳仁錫撰
刊本　[71]·史·地志·63
堯山堂外紀一百卷　明蔣一葵輯
明萬曆三十四年(1606)刊本
[74]·三·59
[102]·上·23
刊本　[39]·己·58
堯山堂偶雋七卷　明蔣一葵輯
刊本　[39]·庚·52
55堯典中星考一卷　宋晁說之撰
晁氏嵩山集本　[78]·算學書
錄補注·91

4021₄ 在

12在璞堂吟稿一卷　清方芳佩撰
清乾隆十六年(1751)刊本
[71]·集·閨秀·3
28在懲集一卷　明陸完撰
精抄本　[71]·集·明別·53
51在軒集一卷　元黃公紹撰
抄本　[39]·壬·57
[71]·集·元別·36
文瀾閣傳抄本　[11]·九十三·
25
67在野集二卷
見《袁海叟在野集》
74在陸草堂文集六卷　清儲欣撰
清刊本　[74]·四·53
淑慎堂刊本　[96]·七十·1403

4021₆ 克

00克齋詞一卷　宋沈端節撰
宋刊本　[41]·二十一·10
舊抄本　[11]·一百二十·3
[28]·續·十四·21
精抄本　[91]·四十·15

4022₇ 巾

88巾箱說一卷　清金埴撰
稿本　[91]·十九·17

內

02內訓一卷　明仁孝文皇后撰
墨海金壺本　[96]·三十七·
689
21內經太素三十卷
見《黃帝內經太素》
內經始生考六卷
見《黃帝內經始生考》
內經素問二十四卷
見《黃帝內經素問》
內經指遺方論四卷　明劉浴德、
朱練撰
通行本　[96]·四十三·787
內經明堂十三卷
見《黃帝內經明堂》
內經知要二卷　明李中梓撰
清乾隆二十九年(1764)掃葉莊
刊本　[79]·子·醫家類·
339
23內外二景圖一卷　朱肱撰
抄本　[5]·三下·4
內外傷辨三卷　金李杲撰
元刊本　[43]·三·38
醫統正脈本　[96]·四十二·
768
內外傷辨惑論三卷　金李杲撰
明吳勉學刊醫統正脈全書本
[79]·子·醫家類·389
[91]·十六·20
內外服制通釋七卷　宋車垓撰
舊抄本　[32]·一·35
[74]·一·24　[91]·
二·21　[93]·四·5
[102]·下·2
文瀾閣傳抄本　[11]·六·18
[16]·四·10　[75]·
五·13
內外服制通釋九卷　宋車垓撰
曝書亭抄本　[39]·乙·10

24內科摘要二卷　明薛己撰
薛氏醫書本　[79]·子·醫家
類·390
25內傳國語十卷　宋劉攽撰
宋刊本　[14]·五下·720
33內治聖監二十卷　宋彭龜年撰
宋刊本　[41]·五·38
60內景中黃經一卷　題九仙君撰
宋刊本　[41]·十二·2
77內閣行實　明雷禮撰
抄本　[39]·戊·17
內閣志一卷　清席吳鏊撰
借月山房彙抄本　[96]·二十
八·548
內閣藏書目錄八卷　明張萱編
清錢遵王抄本　[2]·二·48
舊抄本　[32]·五·8
[71]·史·簿錄·3
[74]·二·71　[91]·
十四·4
傳抄本　[60]·五·1
88內簡尺牘十卷
見《孫尚書內簡尺牘編注》

肉

44肉蒲團六卷　清人撰
舊刊本　[69]·四·155

布

00布衣存稿九卷　明陳真晟撰
刊本　[39]·癸上·18
10布粟集八卷　不著撰人
刊本　[39]·己·62
26布泉圖錄四卷　郟志潮撰
舊抄本　[92]·三·99

希

26希白詩三卷　宋釋希白撰
宋刊本　[14]·後志·二·906
37希滄園集三卷　明虞堪撰
也是園抄本　[11]·一百十一·
23
40希古集一卷　宋何宗姚撰
宋刊本　[41]·十四·18

44希董先生遺集五卷　明茅大方撰
　舊抄本　[91]・三十五・**31**

45希姓譜五卷　明單隆周撰
　刊本　[39]戊・85

50希夷先生風鑑一卷　宋陳搏撰
　宋刊本　[41]・十二・33

　希夷夢四十卷　清汪寄撰
　清慶嘉十四年(1809)刊本
　　[69]・五・177

77希叟和尚正宗贊六卷　不著撰人
　日本慶長十三年活字刊本
　[22]・五・22

　希賢録十卷　清魏裔介輯
　清刊本　[36]・己・30

有

00有商誌傳四卷　題明鍾惺編
　刊本　[69]・二・23

10有正味齋駢體文二十四卷詩十六
　卷外集五卷　清錫麒撰
　清嘉慶十三年(1808)家刊本
　　[26]・十三・13

　有夏誌傳四卷　明人撰
　明刊本　[69]・二・23
　　[77]・三・89

31有涯文集二卷　清徐任卿撰
　抄本　[71]・集・國朝別・29

44有萬憙齋叢抄二種二卷　清傳以
　禮輯
　稿本　[85]・二十三・1022

67有明野史不分卷　不著編者
　抄本　[57]・70　[85]・二
　十一・936

90有懷堂詩稿六卷文稿二十二卷
　清韓菼撰
　清康熙四十二年(1703)刊本
　　[96]・七十・1390

　有懷堂集　清王道寧撰
　清刊本　[71]・集・國朝別・
　45

南

00南雍經籍考一卷　題梅鷟撰
　抄本　|59]・五・16

南雍志二十四卷　明黃佐撰
　刊本　[39]・丁・67
　　[88]・三・36

南雍志二十四卷　明吳節等撰
　明刊本　[91]・十三・3

南齊文紀十卷　清梅鼎祚輯
　清刊本　[39]・辛・7

南齊書五十九卷　梁蕭子顯撰
　北宋國子監刊本　[7]・中・24
　宋刊本　[14]・二上・104
　　[17]・二・4　[36]・58
　　[41]・四・7　[47]・33
　　[92]・一・31
　宋眉山刊本　[54]・一・30
　宋紹興刊大字本　[2]・二・5
　　[67]・第五册・6
　南宋國子監刊本　[7]・下・5
　宋刊明修本　[11]・十八・20
　　[28]・續・五・14
　　[35]・上・16
　明補宋本　[32]・三・4
　明萬曆三十三年(1605)北京國
　　子監刊本　[68]・圖版
　　446、目録76
　南監刊本　[74]・二・4
　汲古閣刊本　[74]・二・4
　清乾隆武英殿刊本　[74]・二・
　　4　[75]・十五・9
　刊本　[89]・二集・四・26
　　[96]・十五・325
　南雍三朝本　**[43]**・五・8
　校宋本　[55]・一・23

南齊書天文志二卷五行志一卷
　梁蕭子顯撰
　金陵書局重刊毛本　[78]・算
　　學書録補注・97

南齊集六卷詞二卷　清馬曰璐撰
　清刊本　[71]・集・國朝別・
　　55
　粵雅堂刊本　[74]・四・56

南齋稿十卷　明魏驥撰
　刊本　[39]・癸上・13
　　[71]・集・明別・2

南方草木狀三卷　晉嵇含撰
　宋刊本　[11]・三十四・1
　　[17]・二・18　[41]・
　　八・35　[75]・二十七・
　　13
　明翻宋本　[91]・十二・11
　明刊本　[17]・二・18
　漢魏叢書本　[74]・二・56
　曹夢山抄本　[75]・二十七・
　　14

南康志八卷　宋朱端章撰
　宋刊本　[41]・八・24

南唐雜詠一卷　清胡濬撰
　清刊本　[71]・集・國朝別・
　　46

南唐二主詞一卷　南唐中主李
　璟、後主李煜撰
　宋刊本　[41]・二十一・1
　舊抄本　[17]・四・48
　　[93]・二十四・6

南唐二主詞一卷　南唐中主李
　璟、後主李煜撰　陽春集一卷
　南唐馮延巳撰
　陳簡齋詞一卷　宋陳與義撰
　韓山人詞一卷　宋韓弈撰
　抄本　[71]・集・詞・1

南唐烈祖實録十三卷　南唐高遠
　撰
　宋刊本　[41]・五・3

南唐烈祖開基誌十卷　南唐王顏
　撰
　宋刊本　[41]・五・3

南唐近事一卷　宋鄭文寶撰
　明刊本　[91]・二十一・5
　續祕笈本　[96]・六十四・1257
　舊抄本　[74]・三・75
　　[102]・下・24

南唐近事二卷　宋鄭文寶撰
　宋刊本　[14]・二下・145
　　[41]・五・3

南唐近事三卷　宋鄭文寶撰
　明刊本　[17]・三・33
　　[21]・一・9
　舊抄本　[30]・四・5
　　[93]・十七・15

南唐書三十卷　宋馬令撰
　宋刊本　[41]・五・4
　元刊本　[9]・後編・九・10
　　[16]・十四・4
　明刊本　[9]・八・15
　　[91]・十・8
　明嘉靖二十九年(1550)顧汝達
　　萬玉樓翻宋本　[11]・二
　　十八・17　　[19]・4
　　[30]・三・10　　[59]・
　　四・9　　[92]・二・58
　　[96]・二十六・529
　刊本　[39]・丁・16
　　[89]・一集・四・24
　朝鮮古活字本　[3]・7
　　[17]・二・15
　校抄本　[50]・三・3
　　[54]・二・41　　[65]・
　　續・二・12
　茶夢主人抄本　[16]・十四・
　　5　　[36]・125
　舊抄本　[75]・二十三・12
　　[93]・十・17
南唐書十五卷　宋陸游撰
　宋刊本　[41]・五・5
南唐書十八卷　宋陸游撰
　毛氏汲古閣刊本　[36]・125
　　[74]・二・37　　[75]・
　　二十三・14　　[81]・史・
　　4
　刊本　[84]・一・13
　校宋本　[93]・十・17
　校本　[50]・三・3、4
　校抄本　[54]・二・42
　影宋本　[28]・四・8
　錢叔寶抄本　[38]・史・59
　　[92]・二・56
　抄本　[38]・史・60
南唐書二十卷　宋陸游撰
　校本　[65]・續・二・13
　　[81]・史・5　　[83]・
　　二・9
南唐書十八卷音釋一卷　宋陸游
　撰

　刊本　[5]・二上・11
　陸放翁全集本　[96]・二十六・
　　529
　顧千里校本　[11]・二十八・
　　18
　抄本　[91]・十・9
南唐書注十八卷音釋補一卷　清
　湯運泰撰
　綠籤山房刊本　[96]・二十六・
　　531
南唐書箋注十八卷　清周在浚撰
　刊本　[88]・二・19
　周耕厓校本　[20]・二・10
　祥符周氏稿本　[38]・史・60
　　[96]・二十六・530
　拜經樓抄本　[100]・35
南京行人司志十六卷　明翁逢春
　撰
　刊本　[39]・丁・62
南京紀略一卷　九峯居士編
　舊抄本　[85]・十・497
南京太僕寺志十一卷　明余允緒
　撰
　刊本　[39]・丁・61
南京太僕寺志十六卷　明雷禮撰
　明嘉靖刊本　[91]・十三・4
南京太常志十三卷　明汪宗元撰
　刊本　[39]・丁・61
07南詞八十七卷　明李東陽輯
　抄本　[71]・集・詞・13
　　[87]・四・8
南部新書五卷　宋錢易撰
　宋刊本　[14]・二上・135
　　[11]・三下・263
南部新書十卷　宋錢易撰
　宋刊本　[41]・七・10
　明刊本　[11]・六十二・9
　　[50]・六・13　　[57]・
　　214　　[81]・子・13
　　[83]・三・27
　明崇禎秀水高承埏稽古堂刊本
　　[60]・八・6　　[86]・
　　六・136
　粵雅堂刊本　[74]・三・75

　學津討原本　[96]・六十四・
　　1258
　知不足齋抄本　[39]・丁・19
　舊抄本　[11]・六十二・11
　　[20]・二・12　　[75]・
　　四十六・9
南部新書十卷補遺一卷　宋錢易
　撰
　清毛斧季校抄本　[2]・三・34
南部大略三卷　沈鳴撰
　八千萬卷樓舊抄本　[85]・九・
　　458
　鳴野山房抄本　[85]・九・458
南部煙花録一卷　唐顏師古撰
　宋刊本　[14]・二上・130
南詔事略　明顧應祥輯
　刊本　[39]・戊・49
南詔野史一卷　題明倪輅撰
　前人校抄本　[8]・史二・166
　明祁承㸁抄本　[2]・二・28
　抄本　[53]・一・20
　　[71]・史・地志・54
南詔野史二卷　明楊慎編
　舊抄本　[92]・二・58
10南工廟祀典三卷　清李奉翰輯
　清刊本　[74]・二・66
南天痕二十六卷附思陵改葬事一
　卷　凌雪纂
　清宣統二年(1910)復古社排印
　　本　[85]・九・393
南雷文定前集十一卷後集四卷三
　集三卷詩曆四卷　清黃宗羲撰
　粵雅堂刊本　[74]・四・49
南雷文定前集十一卷後集四卷三
　集三卷四集四卷附録一卷五集
　三卷附録一卷　清黃宗羲撰
　梨洲遺書彙刊本　[85]・二十・
　　895
　中華書局黃梨洲文集鉛印本
　　[85]・二十・895
南雷文定前集十一卷後集四卷四
　集四卷文案十卷續文案吾悔集
　四卷撰杖集一卷詩曆三卷學箕
　初稿二卷　清黃宗羲撰

清刊本　[71]・集・國朝別・
3
南雷文案十卷　清黃宗羲撰
清刊本　[56]・羣書題記・22
南雷文案十卷附外卷一卷續文案
卷文定前集十一卷後集四卷五
三集三卷附錄一卷文約四卷
清黃宗羲撰
原刊本　[96]・七十・1372
南雷詩曆四卷　清黃宗羲撰
續抄堂刊本　[96]・七十・1373
南雷餘集一卷　清黃宗羲撰
傳抄本　[61]・七・6
11 **南北高弧表十二卷**　明李天經撰
新法曆書本　[78]・算學書錄
補注・89
南北兩宋志傳二十卷　不著撰人
明三臺館刊本　[77]・三・66
南北攻守類考六十三卷　宋趙善
與撰
宋刊本　[41]・八・41
南北征伐編年二十三卷　宋吳曾
編
宋刊本　[14]・五上・545
南北經驗醫方大成十卷
見《醫方大成》
南北宋傳二十卷　不著撰人
明金閶葉崑池刊本　[77]・三・
68
南北朝雜記・題劉敞撰
舊抄本　[87]・四・2
南北朝存石目八卷　清王廉生撰
抄本　[57]・157
南北史識疑四卷　清懋竑撰
抄本　[91]・六・14
南北史詳節五十三卷　宋呂祖謙
編
元刊本　[48]・二輯上・87
南北史續世說十卷　唐李垕撰
明刊本　[11]・六十二・8
[75]・四十六・6
刊本　[39]・己・66
南北史演義九十六卷　清杜綱撰
清乾隆五十八年(1793)原刊本

[69]・二・41
南北史表五卷　清周嘉猷撰
原刊本　[96]・十五・334
南北史捃華八卷　清周嘉猷編
袖珍本　[96]・二十六・520
南北史精語十卷　宋洪邁撰
舊抄本　[18]・上・13
南疆繹史邨�考八卷　清李瑤輯
繹史附刊本　[85]・九・393
南疆繹史撫遺十八卷　清李瑤輯
清道光十年(1830)蕭山蔡氏城
南草堂補刊本　[85]・九・
393
南疆逸史四十卷　清溫睿臨撰
舊抄本　[32]・三・26
南疆逸史四十四卷　清溫睿臨撰
中華書局鉛印本　[85]・九・
380
抄本　[85]・九・380
[100]・26
南疆逸史跋一卷　清楊鳳苞撰
秋室集本　[85]・九・391
國光書局鉛印南疆逸史附刊本
[85]・九・391
17 **南闈詩抄三卷**　清吳可馴撰
清刊本　[71]・集・國朝別・
50
南郡新書五卷
見《南部新書》
21 **南征錄一卷**　明張瑄撰
抄本　[39]・丁・35
南征錄十一卷
見《翠微先生南征錄》
南行記三卷　宋王仁裕撰
宋刊本　[14]・二下・169
南行日記一卷　明楊士聰撰
長恩閣叢書本　[85]・八・355
22 **南川稿十卷奏疏二卷**　明陶諧撰
刊本　[39]・癸上・28
[71]・集・明別・55
南豐文粹十卷　宋曾鞏撰
宋刊本　[9]・後編・六・18
[33]・集・25　[68]・
圖版90、目錄22

明嘉靖無錫安如磐刊本
[17]・四・15　[30]・
三・23　[59]・六・17
南豐先生元豐類稿五十卷
見《元豐類稿》
南蠻錄十卷　不知撰人
宋刊本　[14]・後志・一・791
南嶽倡酬集一卷　宋朱熹、張栻
等撰
明刊本　[17]・四・41
舊抄本　[91]・三十八・16
南嶽倡酬集一卷附錄一卷　宋朱
熹、張栻等撰
抄本　[11]・一百十三・13
南嶽總勝集三卷　宋陳田夫撰
宋刊本　[8]・史三・182
[26]・四・12
校宋本　[59]・三・11
影宋抄本　[7]・上・16
[35]・上・39
南嶽志輯要　清許知璣輯
清道光元年(1821)刊本
[74]・二・54
南嶽小錄一卷　唐李冲昭撰
舊抄本　[11]・三十三・3
[39]・戊・55　[71]・
史・地志・61
南峯樂府　明楊循吉撰
明刊本　[50]・十・63
南峯逸稿二十二卷　明楊循吉撰
刊本　[39]・癸上・24
[71]・集・明別・51
南畿志六十四卷　明聞人銓輯
刊本　[39]・戊・35
南山集十四卷補遺一卷　清戴名
世撰
清光緒十八年(1892)刊本
[85]・二十・925
一九二二年重刊本　[85]・二
十・925
26 **南皋選七卷**　明鄒元標撰
刊本　[71]・集・明別・76
南吳舊話錄二十四卷　明西園老
人口授、孫尚綱補撰

清嘉慶刊本　[85]・二十一・
951

民國鉛印本　[85]・二十一・
951

舊抄本　[85]・二十一・951

27 南歸録一卷　宋沈琯撰
宋刊本　[41]・五・22

南船紀　明沈玲撰
清乾隆六年(1741)刊本
[68]・圖版516、目録86

南紀集五卷後集三卷　宋施士衡
編
宋刊本　[41]・十五・23

28 南谿詩話　元人輯
明刊本　[21]・一・69
刊本　[39]・庚・7

南谿書院志四卷　明方溥撰
刊本　[53]・一・21
[71]・史・地志・82

30 南濠詩話　明都穆撰
刊本　[39]・庚・7

南濠居士文跋四卷　明都穆撰
刊本　[71]・史・簿録・17
抄本　[20]・五・35

南漳子二卷　清孫之騄撰
清刊本　[39]・戊・65

南渡剩筴二卷　明屈大均輯
抄本　[85]・十・494

南渡紀事二卷　明李清撰
傳抄本　[85]・十・488

南渡録一卷　明李清撰
舊抄本　[57]・57
舊抄藍格本　[60]・四・15

南渡録二卷　明李清撰
舊抄本　[60]・四・12

南渡録五卷　明李清撰
野史二十一種本　[85]・十・
484
抄本　[85]・十・484

南渡録四卷　宋辛棄疾撰
抄本　[39]・丁・24
傳是樓傳抄本　[91]・八・6

南寧府志五十六卷　清蘇士俊撰
清乾隆八年(1743)刊本

[74]・二・46

南安府志二十卷　清陳奕禧撰
清刊本　[71]・史・地志・13

南安府志三十二卷　清黄鳴珂修
清同治七年(1868)刊本
[74]・續增・史・5

南安志二十卷補遺一卷　宋方崧
卿等纂
宋刊本　[41]・八・25

南宮疏略八卷　明嚴嵩撰
明刊本　[92]・二・46

南宮故事一卷　不著撰人
宋刊本　[14]・後志・一・797

南宮奏議三十卷　明嚴嵩撰
鈐山堂刊本　[96]・二十一・
435
刊本　[71]・集・奏議・2

南窗紀談一卷　宋徐度撰
知不足齋叢書本　[96]・六十
四・1274
明抄本　[28]・九・13
影寫明抄本　[101]・中・5
舊抄本　[11]・六十三・4,5
[39]・己・71　[74]・
三・77　[102]・下・25

南窗漫記一卷　清王夫之撰
船山遺書本　[85]・二十四・
1046

南窗草録十三卷　題明許宏撰
刊本　[71]・集・黄冠・3

南宋雜事詩七卷　清沈嘉轍、吳
焯、陳芝光、符曾、趙昱、厲鶚、
趙信撰
清刊本　[74]・四・67

南宋羣賢詩選　清陸鍾輝輯
清雍正九年(1731)陸氏水雲漁
屋刊本　[68]・圖版510、
511、目録85

南宋羣賢小集八十八卷　宋陳起
輯
宋嘉定至景定間臨安府陳解元
宅書籍鋪刊本　[67]・第五册・
21
知不足齋抄本　[39]・辛・21

舊抄本　[91]・三十八・20

南宋名臣言行録十六卷　明尹直
輯
天一閣抄本　[39]・戊・11

南宋志傳通俗演義題評十卷　不
知撰人
明唐氏世德堂刊本　[77]・三
67

南宋畫院譜八卷　清厲鶚撰
刊本　[53]・二・7
稿本　[53]・二・8　[71]・
子・書畫家・8
抄本　[38]・子・37
[39]・庚・28

南宋書六十八卷　明錢士升撰
南沙席氏掃葉山房刊本
[96]・十八・395

南宋書增削定本十卷　明錢士升
輯
知不足齋抄本　[39]・丁・11

南宋院畫録八卷
見《南宋畫院譜》

南宋館閣録十卷　宋陳騤撰　續
録十卷　不著撰人
舊抄本　[34]・三・9
[61]・四・2　[93]・十
二・2
文瀾閣傳抄本　[96]・二十八・
546

南宋小集九十四卷　宋陳思編
汲古閣影宋抄本　[30]・一・
13

31 南江文抄十二卷詩抄四卷　清邵
晉涵撰
清道光十二年(1832)門人胡敬
刊本　[26]・十三・3

南江詩集四卷文集二卷　清董熿
撰
原刊本　[96]・七十一・1422

南匯縣志十五卷　清胡志熊輯
清乾隆五十八年(1793)刊本
[74]・續增・史・7

南河志十四卷　明朱國盛撰
刊本　[71]・史・地志・71

南河成案五十四卷　不知撰人
　　清乾隆刊本　[74]・二・50
南河成案再續編三十八卷　不知
　　撰人
　　清嘉慶道光間刊本　[74]・二・
　　51
南河成案續編一百零六卷　不知
　　撰人
　　清乾隆慶間刊本　[74]・二・
　　50
南河全考二卷　明朱國盛撰
　　刊本　[71]・史・地志・71
南遷日記一卷　明陸深撰
　　儼山外集本　[96]・二十四・
　　503
南遷錄八卷
　　見《金國南遷錄》
32南州文集八卷　明熊過撰
　　刊本　[71]・集・明別・77
南州集六卷　明徐庸撰
　　抄本　[71]・集・明別・43
南州集十卷　宋林桷纂
　　宋刊本　[41]・十五・23
南州草堂集三十卷附楓江漁父圖
　　題詞一卷青門集一卷　清徐釚
　　撰清刊本　[71]・集・國・朝別
　　20
南巡盛典一百二十卷　清高晉撰
　　清官刊本　[74]・二・65
南巡日錄一卷北還錄一卷　明陸
　　深撰
　　儼山外集本　[96]・十九・421
34南漢書十八卷附考異十八卷　清
　　梁廷枏撰
　　原刊本　[96]・二十六・537
南漢春秋十三卷　清劉應麟撰
　　含章書屋刊本　[96]・二十六・
　　536
37南湖集二卷　元貢性之撰
　　明刊本　[24]・集二・15
　　刊本　[39]・壬・74
南湖集六卷　元貢性之撰
　　舊抄本　[17]・四・35
南湖集七卷　元貢性之撰

舊抄本　[11]・一百零八・17
南湖集十卷　宋張鎡撰
　　抄本　[30]・四・27
　　傳抄知不足齋本　[75]・五十
　　六・13
南湖考一卷　不知撰人
　　明刊本　[91]・十二・3
南澗甲乙稿二十二卷　宋韓元吉
　　撰
　　聚珍刊本　[74]・四・28
　　[75]・五十六・14
南澗甲乙稿七十卷　宋韓元吉撰
　　宋刊本　[41]・十八・17
38南游記舊一卷　宋曾紆撰
　　宋刊本　[41]・十一・17
南游日記一卷　清丁續曾撰
　　原刊本　[96]・二十四・511
南海百詠一卷　元方信孺撰
　　刊本　[74]・四・38
　　[102]・上・31
　　舊抄本　[93]・二十一・22
南海集二卷　清王士正撰
　　清刊本　[71]・集・國朝別・
　　7
南海集八卷　宋楊萬里撰
　　宋淳熙粤中刊本　[90]・60
南海山水古蹟記一卷　元吳萊撰
　　閭邱辨囿刊本　[74]・二・57
南海志五卷　元陳大震、呂孫桂
　　纂
　　元刊本　[33]・附・3
　　元大德刊本　[68]・圖版338、
　　目錄62　[98]・5
南海觀音全傳四卷　題午辰走人
　　撰
　　清嘉慶十年(1805)大經堂刊本
　　[69]・五・177
南滁會景編十卷　明趙廷瑞輯
　　明嘉靖刊本　[75]・二十八・
　　6
　　刊本　[39]・戊・39
39南沙先生文集八卷　明熊過撰
　　明刊本　[32]・十四・13
　　明泰昌元年(1620)曾孫熊胤衡

刊本　[86]・一・85
南沙先生文集八卷　清洪若皋撰
　　清刊本　[39]・癸下・43
40南九宮詞　明蔣孝編
　　明嘉靖末年毘陵蔣氏三經草堂
　　刊本　[67]・第五冊・90
南臺諫垣集二卷　宋趙抃撰
　　宋刊本　[41]・二十二・2
南臺備要一卷烏臺筆補一卷　不
　　知撰人
　　永樂大典本　[17]・二・20
南臺舊聞十六卷　清黃叔璥撰
　　清康熙六十一年(1722)刊本
　　[39]・丁・63　[96]・
　　二十八・547
南塘先生四六一卷　宋趙汝談撰
　　舊抄本　[91]・三十・28
南塘趙汝談易說三卷
　　見《易說》
南塘書說三卷
　　見《書說》
南雄府志八卷　清姚昌撰
　　清刊本　[71]・史・地志・14
南來志一卷　清王士禎撰
　　漁洋山人著述本　[96]・二十
　　四・507
41南坪詩抄六卷　清張學舉撰
　　清刊本　[71]・集・國朝別・
　　59
南極諸星考一卷　清梅文鼎撰
　　檀几叢書本　[78]・算學書錄
　　補注・86
南極篇十七卷皇極篇二十七卷東
　　極篇四卷　明文翔鳳撰
　　刊本　[39]・癸下・24
南柯夢二卷　明湯顯祖撰
　　明萬曆刊本　[64]・61
43南城召對錄　明李時撰
　　抄本　[39]・丁・39
南越志七卷　宋沈懷遠撰
　　宋刊本　[41]・八・34
44南莊類稿八卷　清黃永年撰
　　清刊本　[74]・四・53
南莊類稿八卷白雲詩抄二卷奉使

集一卷靜子日記一卷　清黃永年撰

　清刊本　[71]·集·國朝別·41

南薰集三卷　唐竇常撰

　宋刊本　[14]·四下·502

南薰殿圖像考二卷　清胡敬輯

　清嘉慶刊本　[75]·三十九·14

南華真經十卷

　見《莊子注》

南華真經新傳二十卷

　見《莊子新傳》

南華真經副墨八卷

　見《莊子副墨》

南華真經義纂通義十卷

　見《莊子義纂通義》

南華摸象記八卷　清張世犖撰

　抄本　[53]·二·2

　　　[71]·子·道家·1

南村詩集四卷　明陶宗儀撰

　刊本　[39]·壬·69

南村綴耕錄三十卷　明陶宗儀撰

　元刊本　[11]·六十四·6

　[29]·二·19　[93]·十七·19　[94]·三·11

　明刊本　[9]·後編·十六·22

　[32]·九·16　[59]·八·5　[74]·三·79

　明成化刊本　[8]·子二·322

　[91]·二十一·15

　明嘉靖玉蘭草堂刊本

　[12]·三·12　[26]·五·52　[64]·30

　[86]·八·24

　刊本　[21]·一·30

　[36]·192　[53]·二·4　[71]·子·雜家·20

　[89]·一集·六·13

　津逮祕書本　[74]·三·79

　[96]·六十五·1284

45 南樓吟香集六卷　清查惜撰

　清馬氏刊本　[92]·四·190

南樓吟稿二卷　清徐映玉撰

　清刊本[71]·集·閨秀·3

47 南朝史精語十卷　宋洪邁編

　清乾隆五十二年(1787)刊本　[74]·二·35

　南城吳氏校刊本　[96]·二十五·516

　影宋本　[60]·四·30

　抄本　[39]·戊·75

南朝會要不分卷　清錢衍石纂

　稿本　[100]·50

南都應試記一卷　明吳應箕撰

　留都見聞錄附刊本　[85]·十·504

南都死難紀略不分卷　明顧苓撰

　殿禮在斯堂叢書本　[85]·十·500

　大興傅氏抄校本　[85]·十·500

　明季野史彙抄本　[85]·十·500

南都蓋言錄三卷　不著撰人

　綠絲欄抄本　[85]·十·492

南都防亂公揭一卷　明吳應箕、陳貞慧撰

　冒巢民年譜本　[85]·五·235

　花近樓叢書本　[85]·五·235

50 南中紀聞一卷　明包汝楫撰

　舊抄本　[57]·65

南中志　晉常璩撰

　刊本　[39]·戊·46

南史八十卷　唐李延壽撰

　北宋國子監刊本　[7]·中·25

　宋刊大字本　[17]·二·5

　宋刊本　[14]·二上·128

　[41]·四·16

　南宋國子監刊本　[7]·下·5

　元刊本　[11]·十九·1

　[12]·二·5　[16]·八·5　[28]·二·13

　[35]·上·37、40

　[47]·65　[48]·二輯上·52　[60]·四·4

　[92]·二·32、33

　[93]·八·14

　元大德十年(1306)刊本

　[18]·上·10　[32]·三·5　[36]·79

　[38]·史·10　[67]·第五冊·52　[91]·六·13　[92]·二·33

　元刊明修本　[3]·5

　[17]·二·5

　明萬曆南監本　[30]·二·3

　[74]·二·4　[96]·十五·332

　明天啓毛氏汲古閣代婁東張溥刊本　[74]·二·4

　[86]·七·6

　清乾隆四年(1739)武英殿刊本　[74]·二·4　[75]·十五·10

　朝鮮明宗宣祖年間甲寅字刊本　[63]·圖版10

　南雍三朝本　[43]·五·13

　校本　[34]·附·一·10

南史詳節二十五卷　宋呂祖謙編

　宋刊本　[35]·下·48

　元刊本　[91]·十一·1

南夷書一卷　明張洪撰

　明刊本　[2]·二·29

南泰紀略　不著撰人　藤峽紀略　不著撰人

　刊本　[39]·丁·42

南忠記　明人撰

　舊抄本　[102]·下·9

南忠記一卷　清錢肅潤輯

　中華書局鉛印本　[85]·十·500

　抄本　[85]·十·500

南奉使集二卷北奉使集一卷　明唐順之撰

　刊本　[39]·丁·40

51 南軒語錄十二卷　宋張栻撰

　宋刊本　[41]·九·13

南軒張先生論語說十卷

　見《論語說》

南軒張宣公論語解十卷

見《論語解》

南軒張栻易説十一卷
　見《易説》

南軒先生文集三十卷　宋張栻撰
　宋刊本　[41]・十八・18

南軒先生文集四十四卷　宋張栻
　撰
　宋刊本　[9]・後編・七・6
　[14]・五下・670　　[66]・
　目録11
　元大德刊本　[2]・四・40
　明刊黑口本　[12]・三・24
　[91]・三十・29
　明嘉靖翠巖堂京兆劉氏慎思齋
　刊本　[17]・四・26
　清刊本　[71]・集・宋別・17、
　40
　刊本　[39]・壬・32
　校宋本　[55]・四・19
　舊抄本　[11]・八十八・6

南軒先生問答四卷　宋張栻撰
　宋刊本　[14]・五下・693

南軒奏議十卷　宋張栻撰
　宋刊本　[41]・二十二・5

57南邨綴耕録三十卷
　見《南村綴耕録》

50南國志餘一卷　題心梅野叟録
　傳抄本　[85]・十・496

南國賢書六卷前編二卷　明張朝
　瑞輯
　明刊本　[60]・四・34

南田詩存四卷續編一卷　清惲壽
　平撰
　抄本　[71]・集・國朝別・6

南園詩選二卷　清何士顒撰
　隨園全集附刊本　[29]・十一・
　37

南園漫録十卷　明張志淳撰
　精抄本　[91]・十九・13

67南明紀遊詩集一卷　不知撰人
　明嘉靖三十三年(1554)刊藍印
　本　[19]・24

南明綱目五卷　朝鮮鄭喬友撰
　朝鮮漢城普文社鉛印本

[85]・九・440

南明編年史不分卷　不著撰人
　抄本　[85]・九・439

南明史稿一百二十卷　錢海岳撰
　稿本　[85]・九・398

南明史綱初稿二稿六卷　柳亞子
　撰
　稿本　[85]・九・440

南明后妃宗藩傳　柳亞子撰
　稿本　[85]・九・424

南明人碑傳集録一卷　朱希祖輯
　稿本　[85]・十七・760

南昀文稿十二卷　清彭定求撰
　清刊本　[71]・集・國朝別・
　15
　清雍正四年(1726)刊本
　[96]・七十・1391

南墅小稿二卷　清徐以震撰
　清刊本　[71]・集・國朝別・
　64

南野草堂詩集七卷　清吳文溥撰
　清乾隆五十七年(1792)刊本
　[26]・十二・25

70南陔堂詩集十二卷　清徐以昇撰
　原刊本　[96]・七十一・1414

73南院首山葉縣神鼎承天石門六禪
　師語録　不著編者
　宋刊本　[29]・二・22

76南陽集六卷　宋趙湘撰
　聚珍刊本　[74]・四・13
　抄本　[75]・五十三・8

南陽集二十卷　宋韓維撰
　宋刊本　[41]・十七・20

南陽集三十卷　宋韓維撰
　刊本　[24]・集一・17
　舊抄本　[11]・七十五・15
　[28]・十・18　　[39]・
　壬・7　　[71]・集・宋別・
　8

南陽集三十卷附録一卷　宋韓維
　撰
　舊抄本　[91]・二十七・7
　文瀾閣傳抄本　[32]・十一・
　6

南陽先民傳二十卷　宋王襄撰
　宋刊本　[41]・七・29

南陽活人書十八卷　宋朱肱撰
　宋刊本　[10]・31　　[11]・
　四十五・16　　[28]・七・
　13　　[35]・上・44
　[41]・十三・9
　[58]・子・34
　刊本　[88]・四・8
　影抄宋刊本　[16]・二十二・
　9　　[35]・上・10
　[93]・十四・18

南陽活人書二十卷　宋朱肱撰
　宋刊本　[14]・三下・301

南陽活人書二十二卷　宋朱肱撰
　明吳勉學刊本　[22]・補遺・
　34
　日本抄本　[60]・二・27

南陽法書表一卷南陽名畫表一卷
　明張丑撰
　知不足齋刊本　[96]・四十八・
　947

90南小令九宮譜　明蔣孝撰
　不著版本　[32]・十六・20

95南燼紀事四卷　宋辛棄疾撰
　舊抄本　[93]・十九・415

南燼紀聞一卷　題宋周輝撰
　四古堂抄本　[17]・二・15
　駱光啟手抄本　[30]・七・2
　穴硯齋抄本　[30]・五・3
　瓶花齋抄本　[39]・丁・23
　抄本　[30]・四・2

南燼紀聞一卷　題宋辛棄疾撰
　舊抄本　[54]・二・32

南燼紀聞一卷竊憤録一卷續録一
　卷　題宋辛棄疾撰
　舊抄本　[17]・二・15
　[20]・二・19

南燼紀聞一卷竊憤録一卷續録一
　卷阿計替傳一卷南渡録一卷
　題宋辛棄疾撰
　舊抄本　[54]・二・32

南燼紀聞一卷竊憤録一卷阿計替
　傳一卷南渡録一卷　題宋辛棄

疾撰
　舊抄本　[17]・二・16
南燼紀聞一卷阿計替傳一卷　題
宋辛棄疾撰
　舊抄本　[54]・二・31

4024₇　皮

17皮子文藪十卷
　見《皮日休文藪》
28皮從事倡酬詩八卷　唐皮日休撰
　明刊本　[91]・二十五・18
60皮日休文藪十卷　唐皮日休撰
　宋刊本　[14]・四中・401
　　[41]・十六・28
　明刊本　[1]・上・38
　　[9]・後編・十八・12
　　[61]・三・2　[83]・四・
　　10　[91]・二十五・18
　　[93]・十九・38
　明正德十五年(1520)袁邦正仿
　　宋刊本　[11]・七十・19
　　[16]・二十九・16
　　[17]・四・12　[55]・
　　六・9　[74]・四・10
　　[86]・十二・17
　　[102]・上・28
　刊本　[39]・辛・49
　　[71]・集・唐別・16
　影抄宋刊本　[32]・十・19
　抄本　[12]・六・3
72皮氏見聞錄五卷　唐皮光業撰
　宋刊本　[14]・三下・263
74皮陸從事唱和集十卷　唐陸龜蒙
編
　明許自昌刊本　[60]・六・5

存

10存吾春齋詩抄十卷　清劉繹撰
　清刊本　[74]・四・57
20存信編五卷　沈佳撰
　野史二十二種本　[85]・十一・
　548
　抄本　[85]・十一・548
28存復齋文集五卷　元朱德潤撰

刊本　[24]・集二・10
存復齋文集六卷　元朱德潤撰
　舊抄本　[59]・七・6
存復齋文集十卷　元朱德潤撰
　元刊本　[87]・二・11
　　[92]・四・167
　明初刊本　[17]・四・36
　明刊本　[50]・補遺・2
　　[93]・二十二・14
　刊本　[39]・壬・64
　宋蔚如校抄本　[30]・六・55
　舊抄本　[84]・二・34
存復齋文集十卷續集五卷　元朱
德潤撰
　舊抄本　[60]・七・8
存復齋文集十卷附錄一卷　元朱
德潤撰
　明初刊本　[2]・五・14
　明刊本　[29]・三・27
　　[91]・三十四・4
　刊本　[71]・集・元別・17
　影元抄本　[38]・集・90
33存心錄十卷　明吳沉撰
　刊本　[39]・丁・68
存心堂遺集十二卷　不知撰人
　明萬曆四十年(1612)九世孫邦
　彥重刊本　[59]・七・6
34存漢錄　不著撰人
　痛史本　[85]・六・282
　抄本　[85]・六・282
40存古約言六卷　明呂維祺撰
　刊本　[39]・己・23
存真圖一卷　宋楊介編
　宋刊本　[14]・後志・二・867
50存素堂初集錄存詩二十四卷詩稿
一卷二集八卷文集四卷續集二
卷清法式善撰
　清嘉慶刊本　[26]・十三・20
存素堂書目四卷續一卷書畫錄一
卷　清法式善編
　清紅格抄本　[2]・二・51
60存愚錄　明張純撰
　刊本　[39]・己・55
存是錄一卷　明姚宗典撰

屑玉叢譚本　[85]・四・188
借山房彙抄本　[85]・四・188
70存雅堂遺稿十三卷　宋方鳳撰
　清順治十一年(1654)刊本
　　[71]・集・宋別・71
　　[100]・133
　刊本　[39]・壬・44
88存笥稿
　見《王槐野存笥稿》
存餘堂詩話一卷　明朱承爵撰
　舊抄本　[59]・七・21
98存悔齋詩一卷　元龔璛撰
　刊本　[24]・集二・14
　元俞貞木抄本　[58]・元・116
　劉燕庭抄本　[12]・六・23
　舊抄本　[39]・壬・59
　　[50]・九・6　[74]・續
　　增・集・15　[93]・二
　　十二・7
　舊精抄本　[45]・48
存悔齋詩一卷遺詩一卷　元龔璛
撰
　舊抄本　[11]・九十六・21
　　[16]・續・四・17
存悔齋詩一卷附抄詩一卷　元龔
璛撰
　抄本　[71]・集・元別・26
存悔齋稿一卷
　見《存悔齋詩》

4030₀　寸

80寸金六法二卷　不著撰人
　抄本　[39]・庚・74
寸金易簡　題易鏡先生述
　抄本　[39]・庚・71

4033₁　赤

10赤霞集一卷　明浦瀚昇撰
　舊抄本　[20]・五・34
赤霞集九卷　明浦瀚昇撰
　舊抄本　[32]・十四・16
12赤水玄珠三十卷　明孫一奎輯
　杭州吳氏刊本　[96]・四十三・
　782

刊本　[74]・三・19

赤水玄珠三十卷醫旨緒餘二卷
明孫一奎輯
明刊本　[79]・子・醫家類・
522

赤水玄珠三十卷醫旨緒餘二卷醫
案五卷　明孫一奎輯
明刊本　[102]・上・20
刊本　[39]・庚・91

赤水元錄三十卷
見《赤水玄珠》

38赤道經緯恒星圖不分卷　清六嚴
撰
揚州平山堂刊本　[78]・算學
書錄補注・86

赤道南北恒星圖一幅　清鄒伯奇
撰
中西算學叢書本　[78]・算學
書錄補注・86

43赤城新志二十三卷　明謝鐸撰
明弘治刊本　[91]・十一・18
刊本　[39]・戊・35

赤城詞一卷　宋陳克撰
宋刊本　[41]・二十一・6

赤城論諫錄十卷　明黃孔昭、謝
鐸輯
刊本　[39]・辛・36

赤城三志四卷　宋林表民撰
宋刊本　[41]・八・22

赤城集二卷　明王寰洽撰
刊本　[39]・癸下・22

赤城集六卷　明謝鐸撰
傳抄本　[32]・十五・20

赤城集十卷　宋羅適撰
宋刊本　[41]・十七・22

赤城集十八卷　宋林表民編
明刊本　[93]・二十三・25
舊抄本　[11]・一百十四・11
[39]・辛・36　　[91]・
三十八・18

赤城續志八卷　宋吳子良撰
宋刊本　[41]・八・22

赤城緣傳奇二卷　江周撰
舊抄本　[75]・六十四・30

赤城志四十卷　宋陳耆卿撰
宋刊本　[35]・上・38
[41]・八・22
宋刊黑口本　[4]・22
明臺州守謝鐸重刊宋嘉定本
[59]・三・3
明刊本　[93]・十一・7
明弘治刊本　[11]・三十・6
[16]・十六・4　　[91]・
十一・9
刊本　[39]・戊・35

赤城會通記二十卷　明王啓撰
刊本　[39]・戊・35

48赤松山志一卷
見《金華赤松山志》

70赤壁志　清賈鉉撰
清刊本　[74]・二・54

赤壁賦　明汪道全書
明弘治七年(1494)仇以才刊本
[68]・圖版381、目錄68

赤雅一卷　題明鄺露撰
抄本　[74]・史・地志・54

赤雅三卷　題明鄺露撰
舊抄本　[51]・一・22

志

00志齋醫論二卷　明高士撰
明刊本　[79]・子・醫家類・
521
刊本　[39]・庚・89

27志壑堂詩集十二卷文集十二卷
清唐夢賚撰
清刊本　[71]・集・國朝別・
3

30志寧堂稿一卷　清徐文靖撰
徐氏六類本　[96]・七十一・
1415

38志道集一卷　宋顧禧撰
舊抄本　[11]・八十一・8
[39]・壬・45

70志雅堂雜抄一卷　宋周密撰
粵雅堂刊本　[74]・三・55
小山堂抄本　[71]・子・雜家・
7

舊抄本　[12]・五・32
[59]・二・16　　[75]・
四十四・20　　[93]・十
六・22

志雅堂雜抄四卷　宋周密撰
抄本[39]・己・69

志雅堂雜抄八卷　宋周密撰
舊抄本　[91]・十九・10

72志隱類稿二十卷　宋許開撰
宋刊本　[14]・五下・681

80志盦詩稿　不知撰人
抄本　[100]・166

4033₆　熹

00熹廟拾遺百詠一卷　不著撰人
倦圃抄本　[39]・丁・45

47熹朝忠節死臣傳一卷　明吳應箕
撰
荊駝逸史本　[85]・四・193
貴池遺書本　[85]・四・193

4040₀　女

02女訓一卷　明章聖皇太后撰
明嘉靖九年(1530)內府刊本
[86]・三・13

03女誡一卷　漢班昭撰
宋刊本　[41]・十・12
說郛本　[96]・三十六・663

08女論語一卷　唐宋若昭撰
說郛本　[96]・三十六・670

21女紅餘志二卷　題龍輔撰
詩詞雜俎本　[96]・五十八・
1162

22女仙外史一百回　清呂熊撰
鈞璜軒原刊本　[69]・二・59

24女科百問二卷　宋齊仲甫撰
明隆慶五年(1571)刊本
[79]・子・醫家類・410

女科經綸八卷　清蕭壎撰
清康熙刊本　[79]・子・醫家
類・414

女科撮要二卷　明薛己撰
薛氏醫案全書本　[79]・子・
醫家類・413

44女孝經一卷　唐鄭氏撰
　　津逮秘書本　[74]·三·3
　　[96]·三十六·670
77女學六卷　清藍鼎元編
　　原刊本　[96]·三十七·711
　女舉人傳十六回　清人撰
　　清光緒二十九年(1903)上海同
　　人社石印本　[69]·四·
　　·147
80女鏡八卷　不知撰人
　　明萬曆三十七年(1609)刊本
　　[60]·五·19
88女範編三卷
　　見《古今女範》
　女範捷錄一卷　清劉氏撰
　　通行本　[96]·三十七·704

4040₁ 幸

27幸魯盛典四十卷　清孔毓圻等撰
　　衍聖公府原刊本　[96]·二十
　　九·563
35幸清節公松垣文集十一卷　宋幸
　元龍撰
　　小山堂仿明刊抄本　[71]·集·
　　宋別·44　　[91]·三十
　　一·17
　抄本　[11]·九十一·8
　　[39]·壬·35
40幸存錄六卷　明夏允彝撰
　　明末十家集本　[85]·八·361
　　抄本　[85]·八·361
60幸蜀記二卷　唐宋巨周撰
　　宋刊本　[14]·二下·181
　幸蜀記三卷　唐李匡文、宋巨周、
　宋居白撰
　　宋刊本　[14]·二上·132
65幸跌草一卷　清黃百家撰
　　清刊本　[39]·癸下·50

4040₇ 支

00支離子詩集一卷　宋黃希旦撰
　　抄本　[39]·壬·51
　　[71]·集·黃冠·1
09支談三卷　明焦竑撰

　　彙秘笈本　[96]·五十三·1053
17支子全集五十四卷　明支大綸撰
　　刊本　[39]·癸下·12
　　[71]·集·明別·95
32支遁集二卷
　　見《支道林集》
38支道林集一卷　晉釋支遁撰
　　明刊本　[93]·十九·4
　支道林集二卷　晉釋支遁撰
　　清嘉慶十年(1805)僧寒石刊本
　　[74]·四·2　　[102]·
　　上·26
　　明馮已蒼抄本　[2]·四·4
　　舊抄本　[5]·四上·5
　　[11]·六十七·5
　　[75]·五十一·5
　　傳抄楊夢羽寫本　[17]·四·2
　支道林集一卷外集一卷　晉釋支
　道林撰
　　明刊本　[91]·二十三·7
91支類說二十二卷　不著撰人
　　刊本　[71]·子·小說家·17

李

00李商隱詩集三卷
　　見《李義山詩集》
　李廓集一卷　唐李廓撰
　　宋刊本　[41]·十九·20
　李文貞公全集　清李光地撰
　　清刊本　[74]·三·61
　　[96]·五十九·1176
　李文山詩集三卷
　　見《李羣玉詩集》
　李文谿集二十卷
　　見《文谿存稿》
　李文谿存稿二十卷
　　見《文谿存稿》
　李文公集十卷　唐李翱撰
　　宋刊本　[41]·十六·23
　　南宋邵武坊刊本　[26]·七·
　　30
　李文公集十八卷　唐李翱撰
　　宋刊本　[8]·集一·393
　　[14]·四上·374

　　元刊本　[9]·後編·十一·3
　　[87]·三·1
　　明刊本　[30]·二·28
　　[93]·十九·26
　　明成化馮師虞刊黑口本　[3]·
　　21[11]·六十九·13
　　[16]·二十九·11
　　[17]·四·9　[74]·四·
　　8　[91]·二十五·3
　　明嘉靖二年(1523)黃景蘷刊本
　　[59]·六·12
　　黑口本　[92]·四·144
　　刊本　[5]·四上·22
　　[21]·一·34　[39]·
　　辛·50　[71]·集·唐
　　別·12
　　清錢遵王抄本　[2]·四·11
　　舊抄本　[32]·十·11
　　[51]·三·3
　李文饒公文集十六卷　唐李德裕
　撰
　　抄本　[50]·七·35
　李文饒公文集十六卷別集十卷外
　集三卷　唐李德裕撰
　　明刊本　[28]·十·10
　李文饒公文集十七卷別集四卷外
　集四卷
　　校宋明抄本　[50]·七·34
　　校宋明抄本　[65]·續·四·17
　李文饒公文集十八卷別集十卷外
　集四卷　唐李德裕撰
　　明陳子龍刊本　[74]·四·9
　李文饒公文集二十卷別集十卷外
　集四卷　唐李德裕撰
　　明刊本　[11]·七十·13
　　[60]·六·20　[93]·
　　十九·31　[102]·上·
　　28
　　明刊藍印本　[11]·七十·11
　　明袁州刊本　[91]·二十五·
　　8
　　明吳興茅兆河刊本　[1]·上·
　　37
　　明正德嘉靖間刊本　[17]·四·

10

明嘉靖天啓刊配本 [91]・二
十五・8

明萬曆刊本 [38]・集・22

刊本 [39]・辛・52

[71]・集・唐別・15

明抄宋本 [2]・四・15

舊抄本 [11]・七十・13

李文饒公文集二十卷別集十卷外
集四卷補遺一卷 唐李德裕撰

江蘇新刊本 [28]・續・十二・
10

李文饒公備全集五十卷年譜一卷
撫遺一卷 唐李德裕撰

宋刊本 [41]・十六・25

李文節公集二十八卷 明李廷機
撰

刊本 [39]・癸下・14

02李端司馬集三卷 唐李端撰

宋刊本 [14]・四上・361

[41]・十九・9

校明抄本 [50]・七・30

[65]・續・四・7

李端司馬集四卷 唐李端撰

明活字本 [16]・二十九・13

李端集四卷
見《李端司馬集》

李端公詩一卷
見《李郢端公集》

03李誠之集三卷 宋李師中撰

宋刊本 [14]・四下・463

04李詩通二十一卷 卷明胡震亨編

黃玉圃録奚禄詒批點抄本
[12]・六・1

李詩選注十三卷辨疑二卷 明朱
諫編

明刊本 [91]・二十四・8

10李五峯文集不分卷 元李孝光撰

舊抄本 [32]・十三・20

[71]・集・元別・31

李五峯先生詩文集十卷 元李孝
光撰

舊抄本 [11]・一百零四・14、
15

李元賓文編五卷
見《李元賓集》

李元賓集五卷 唐李觀撰

宋刊本 [14]・四上・369

[41]・十六・20

清刊本 [80]・十・12

清嘉慶二十三年(1818)秦恩復
刊本 [74]・四・9

抄校本 [91]・二十五・4

明抄本 [2]・四・11

[80]・十五・14

[83]・四・8

金耿菴抄本 [46]・30

鮑氏知不足齋抄本 [91]・二
十五・4

舊抄本 [5]・四上・15

[16]・二十九・12

[39]・辛・48 [50]・
七・25 [60]・六・22

[71]・集・唐別・9

[75]・五十二・9

[83]・四・9

李元賓集六卷補遺一卷 唐李觀
撰

舊抄本 [93]・十九・27

李雲陽集十卷
見《李先生文集》

11李北海集六卷 唐李邕撰

明刊本 [91]・二十四・7

李北海集六卷附録一卷 唐李邕
撰

刊本 [39]・辛・47

12李廷延平集四卷 宋李侗撰

正誼堂刊本 [74]・四・23

李延平集五卷 宋李侗撰

刊本 [39]・壬・25

15李建勳集一卷
見《李函相詩集》

17李函相詩集一卷 南唐李建勳撰

宋刊本 [41]・十九・27

李丞相詩集二卷 南唐李建勳撰

宋刊本 [35]・上・51

[93]・十九・41

[94]・四・3

宋臨安府陳宅書籍鋪刊本
[68]・圖版54、55・目録16

刊本 [36]・212

李丞相詩集三卷 南唐李建勳撰

宋刊本 [58]・集・42

李丞相追昔遊集三卷 唐李紳撰

宋刊本 [14]・四中・384

[41]・十九・16

明刊本 [9]・十・13

汲古閣刊本 [74]・四・9

明馮巳蒼抄本 [2]・四・15

抄本 [39]・辛・53

李孟達集一卷 宋李兼撰

宋刊本 [41]・二十・22

李羣玉詩集一卷 唐李羣玉撰

宋刊本 [14]・四中・399

李羣玉詩集二卷 唐李羣玉撰

汲古閣刊本 [24]・集一・8

李羣玉詩集三卷 唐李羣玉撰

宋刊本 [41]・十九・18

明刊本 [11]・七十・18

汲古閣毛刊本 [32]・十・19

舊抄本 [50]・七・42

李羣玉詩集三卷後集四卷 唐李
羣玉撰

宋刊本 [50]・七・43

李羣玉詩集三卷後集五卷 唐李
羣玉撰

宋書棚本 [12]・一・18

刊本 [5]・四中・8

校宋明抄本 [65]・續・四・
22

校明抄本 [50]・七・45

影抄宋刊本 [16]・二十九・
15 [32]・十・18

[42]・7 [50]・七・45

[51]・三・6 [93]・十九・
38

影宋陳道人書棚本 [26]・七・
39

精抄本 [16]・二十九・15

李君虞詩集一卷 唐李益撰

宋刊本 [14]・四上・362

李君虞詩集二卷 唐李益撰

宋刊本　[41]・十九・9
明刊宋本　[91]・二十四・23
精抄本　[71]・集・唐別・8
李君實雜著　明李日華撰
　刊本　[39]・己・81
李司空論事一卷　唐蔣偕撰
　宋刊本　[41]・五、27
20李季蘭集一卷　唐季季蘭撰
　宋刊本　[41]・十九・29
21李虛中命書三卷　題鬼谷子撰、唐李虛中注
　宋刊本　[14]・三下・269
　墨海金壺本　[96]・四十七・904
　沈氏抱經樓抄本　[75]・三十八・22
李頻詩集一卷　唐李頻撰
　宋刊本　[41]・十九・19
　[58]・集・38
　明刊本　[55]・六・7
　刊本　[5]・四中・9
　[39]・辛・53
　校刊本　[36]・210
　抄本　[71]・集・唐別・16
　[93]・十九・38
李頻詩集一卷附錄一卷　唐李頻撰
　明萬曆二十四年(1596)建州刊本　[17]・四・11
　明影抄至元刊本　[91]・二十五・13
　明影抄正統刊本　[91]・二十五・12
李頻梁嶽詩集一卷
　見《李頻詩集》
李衛公文集十卷　唐李靖撰
　校明抄本　[54]・五・24
李衛公文集三十四卷
　見《李文饒公文集》
李衛公望江南一卷　唐李靖撰
　明刊本　[93]・十三・15
李衛公望江南歌　唐李淳風撰
　抄本　[39]・庚・78
李衛公備全集五十卷

見《李文饒公備全集》
李衛公問對一卷　唐李靖撰
　明嘉靖刊本　[17]・三・6
李衛公問對二卷　唐李靖撰
　武經七書本　[96]・三十八・719
李衛公問對三卷　唐李靖撰
　宋刊本　[11]・四十二・4
　[14]・三下・275
　[35]・上・47　[41]・十二・13
22李後主集十卷　南唐後主李煜撰
　宋刊本　[14]・四中・412
　[41]・十六・30
李嶠雜詠二卷
　見《李嶠集》
李嶠集一卷　唐李嶠撰
　宋刊本　[14]・四上・342
李嶠集二卷　唐李嶠撰
　日本刊本　[11]・六十八・4
　[75]・五十一・23
　日本佚存叢書活字本　[74]・四・4　[102]・上・26
　舊抄本　[91]・二十四・4
李嶠集三卷　唐李嶠撰
　明活字本　[91]・二十四・4
李山甫集一卷　唐李山甫撰
　宋刊本　[41]・十九・25
李山人詩集二卷　明李生寅撰
　刊本　[39]・癸下・26
23李俟菴集三十卷
　見《李先生文集》
24李先生文集四卷　元李祁撰
　清康熙三十八年(1699)重刊本　[71]・集・元別・19
李先生文集十卷　元李祁撰
　元刊本　[11]・一百零八・11
　明刊本　[9]・後編・十九・15
　明弘治刊本　[28]・續・十三・10
　刊本　[39]・壬・71
　抄本　[11]・一零八・15
　[12]・六・28

李先生文集二十卷　明李承箕撰
　明刊本　[91]・三十六・23
　刊本　[39]・癸上・45
　[71]・集・明別・48
李先生文集三十卷　元李存撰
　明刊本　[93]・二十二・17
　明永樂三年(1405)李光刊本　[16]・三十四・8
　[68]・圖版352、目錄64
　舊刊本　[11]・一百零三・11
　[39]・壬・68
　經鈕堂抄本　[91]・三十四・6
　舊抄本　[17]・四・34
　[32]・十三・19
　[71]・集・元別・17
　[74]・四・37　[102]・下・36
李先生文集三十七卷外集三卷　宋李覯撰
　明刊本　[93]・二十・12
　刊本　[39]・壬・8
李先生文集三十七卷外集三卷年譜一卷　宋李覯撰
　明刊本　[11]・七十四・11
　[32]・十一・8　[59]・六・16　[75]・五十三・24
　明成化刊本　[91]・二十六・19
　明正德刊本　[38]・集・35
　[91]・二十六・19
李先生詩集二十卷　明李時勉撰
　明景泰刊本　[91]・三十六・8
李德裕集三十四卷
　見《李文饒公文集》
李德裕會昌一品集二十卷　唐李德裕撰
　宋刊本　[10]・39　[35]・下・43
李德裕會昌一品集二十卷姑臧集五卷平泉詩一卷窮愁志三卷別集八卷別友賦一卷　唐李德裕撰宋刊本　[14]・四中・392
李德裕會昌一品集二十卷別集

十卷外集四卷　唐李德裕撰
　宋刊本　[41]·十六·25
李侍郎北使録一卷　明李實撰
　明抄本　[92]·二·43
　抄本　[20]·二·21
25李仲方集二十卷　宋李維撰
　宋刊本　[14]·後志·二·899
李仲達被逮紀略一卷　明蔡士順
　撰
　荆駝逸史本　[85]·四·199
李仲公集三十卷
　見《李先生文集》
李紳追昔遊三卷
　見《李丞相追昔遊集》
26李白匯詩草二卷　清李桁撰
　潘道根抄本　[57]·296
李穆堂先生文集　李紱撰
　舊抄本　[60]·七·13
27李梨嶽集一卷
　見《李頻詩集》
李翺集十八卷
　見《李文公集》
李祭酒奏議一卷　宋李祥撰
　宋刊本　[41]·二十二·6
李絳論諫集七卷
　見《李深之文集》
28李復古集一卷　宋李迪撰
　宋刊本　[14]·四下·441
李儀部遺稿八卷附録一卷　明李
　逢陽撰
　明刊本　[32]·十四·15
30李空同集六十四卷
　見《空同集》
李涪刊誤二卷
　見《刊誤》
　明胡文煥刊本　[60]·二·14
李寒支先生歲紀一卷　明李世熊
　編、李權續編
　清同治十三年(1874)刊寒支集
　　本　[85]·十八·804
李安谿全書
　見《李文貞公全集》
李定國紀年　郭影秋撰
　一九六〇年中華書局鉛印本

[85]·七·314
31李涉歌詩一卷
　見《李涉集》
李涉集一卷　唐李涉撰
　宋刊本　[14]·四中·419
　[41]·十九·15
34李遠集一卷　唐李遠撰
　宋刊本　[41]·十九·17
37李洞詩集一卷　唐李洞撰
　宋刊本　[14]·四中·406
　[41]·十九·23
李洞詩集二卷　唐李洞撰
　葉石君抄本　[11]·七十一·9
李洞詩集三卷　唐李洞撰
　抄本　[71]·集·唐別·18
李深之文集六卷　唐李絳撰
　明抄本　[75]·二十一·11
　文瀾閣抄本　[16]·十三·6
　學有用齋抄本　[32]·四·7
　知不足齋抄本　[39]·辛·52
　藝海樓抄閣本　[74]·二·26
　張立人手抄本　[11]·二十六·10
　舊抄本　[26]·三·42
　[59]·四·12　[101]·下·3　[102]·下·8
李深之文集七卷　唐李絳撰
　宋刊本　[14]·四上·368
李深之文集六卷補一卷　唐李絳撰
　舊抄本　[91]·九·5
　[93]·十·3
李遐叔文集不分卷　唐李華撰
　舊抄本　[11]·六十九·3
　[39]·辛·48　[61]·四·3　[71]·集·唐別·11
李遐叔文集四卷　唐李華撰
　勞弇卿校抄本　[30]·六·36
　藝海樓抄本　[57]·227
　傳抄四庫本　[101]·中·6
　精抄本　[91]·二十四·21
38李滄溟文集四卷　明李攀龍撰

明刊本　[75]·六十一·17
李滄溟集十五卷　明李攀龍撰
　刊本　[71]·集·明別·86
李滄溟集三十卷附録一卷　明李攀龍撰
　明刊本　[12]·三·31
　[32]·十四·13
　[75]·六十一·17
　明隆慶六年(1572)張佳胤刊本
　[8]·集五·578
　[26]·九·27　[59]·七·16　[91]·三十七·18
40李九齡集一卷　宋李九齡撰
　宋刊本　[41]·二十·1
李太白詩二十五卷
　見《李太白集》
李太白集六卷　唐李白撰
　翻宋殘刊本　[45]·37
　朝鮮國刊本　[22]·六·4
李太白集十二卷　唐李白撰
　明刊本　[9]·後編·十八·7
李太白集二十卷　唐李白撰
　宋刊本　[14]·四上·349
李太白集二十四卷　唐李白撰
　宋刊殘本　[48]·一輯·67
李太白集二十五卷　唐李白撰、宋楊齊賢集注、元蕭士贇補注
　元刊本　[9]·六·18
　[9]·後編·十一·2、3
　[11]·六十八·10
　[16]·續·四·1
　[17]·四·4　[28]·續·十二·3　[35]·下·30
　[48]·二輯下·155
　[58]·元·134　[92]·四·137
　[93]·十九·12
　楓山官庫藏元刊本　[22]·六·4
　求古樓藏元刊本　[22]·六·4
　元刊黑口本　[4]·26
　元余氏勤有堂刊本　[2]·四·5
　[43]·四·35

元至大四年(1311)刊本
　　[1]・上・34　　[38]・集・
　　9　[91]・二十四・7
明刊本　[9]・十・5
明正德十五年(1520)劉氏安正
　　堂刊本　[26]・七・12
明嘉靖二十五年(1546)玉几山
　　人校刊本　[12]・四・12
　　[19]・15
明萬曆長洲許自昌刊本
　　[64]・43　　[75]・五十
　　一・25
刊本　[24]・集一・6
趙秋谷評點本　[17]・四・4
朝鮮世宗朝甲寅字刊本
　　[63]・圖版6
李太白集二十六卷　唐李白撰
　　元刊本　[9]・六・20
　　[17]・四・4　　[35]・下・
　　15
李太白集三十卷　唐李白撰
　　北宋刊本　[10]・36
　　北宋蜀刊小字本　[2]・四・5
　　[11]・六十八・5
　　[68]・圖版226、目録44
　　[70]・八下・4　　[72]・
　　24　[73]・圖版48
　　宋刊本　[14]・五下・631
　　[32]・十・5　　[41]・十
　　六・11　　[59]・六・9
　　宋元豐晏氏刊本　[35]・下・
　　15　　[58]・集・19
　　宋咸淳刊本　[11]・六十八・
　　7　　[28]・續・十二・4
　　[35]・上・55　　[91]・
　　二十四・7
　　繆武子仿宋刊本　[75]・五十
　　一・23　　[83]・四・5
　　翻宋本　[45]・39
　　刊本　[5]・四上・10
　　[24]・集一・4
　　校刊本　[80]・十五・13
李太白集三十卷　唐李白撰、宋
　楊齊賢集注、元蕭士贇補注

明刊本　[9]・十・5
　　[61]・三・2
明霏玉齋重刊元本　[59]・六・
　　10
明嘉靖二十二年(1543)郭雲鵬
　　校刊本　[11]・六十八・
　　11　　[17]・四・4
　　[32]・十・5　　[75]・五
　　十一・24　　[76]・十六・
　　7　　[91]・二十四・8
明嘉靖二十五年(1546)玉几山
　　人校刊本　[32]・十・5
明萬曆長洲許自昌刊本
　　[74]・四・4　　[86]・
　　六・61[102]・上・27
刊本　[71]・集・唐別・5
李太白集三十六卷　唐李白撰、
　清王琦注
　　清刊本　[39]・辛・48
　　清乾隆刊本　[75]・五十一・
　　25
李希聲集一卷　宋李錞撰
　　宋刊本　[41]・二十・13
李有中詩二卷　唐李有中撰
　　宋刊本　[14]・四中・414
李嘉祐詩集一卷　唐李嘉祐撰
　　宋刊本　[41]・十九・7
　　毛斧季據南宋本校本　[60]・
　　六・25
李嘉祐詩集二卷　唐李嘉祐撰
　　宋刊本　[14]・四上・352
　　明翻宋本　[60]・六・19
　　明活字本　[8]・集一・404
　　[91]・二十四・24
李嘉祐詩集五卷　唐李嘉祐撰
　　校刊本　[50]・七・20
李杏山集八卷侍御集四卷白羽集
　二卷秋羽集四卷太史集六卷比
　部集九卷　明李宗木撰
　　刊本　[71]・集・明別・88
李校書集三卷
　見《李端司馬集》
44李莊簡公文集十卷　宋李光撰
　　舊抄本　[17]・四・21

李莊簡公文集十六卷　宋李光撰
　　文瀾閣傳抄本　[11]・八十・14
　　[16]・三十一・9
李莊簡公文集十八卷　宋李光撰
　　舊抄大典本　[60]・六・33
　　傳抄閣本　[59]・六・22
李莊簡公文集二十卷　宋李光撰
　　宋刊本　[14]・五下・654
李草閣詩集六卷拾遺一卷雜著一
　卷附筠谷詩集一卷　明李昱撰
　　舊抄本　[11]・一百十一・20
　　[91]・三十五・23
李甘文集一卷　唐李甘撰
　　宋刊本　[41]・十六・27
李杜詩十六卷　唐李白、杜甫撰
　　明嘉靖刊本　[30]・六・34
李杜詩選十卷　唐李白、杜甫撰
　　元刊本　[35]・下・18
46李觀文編五卷
　見《李元賓集》
李賀歌詩編四卷
　見《李長吉詩集》
李相國論事集六卷
　見《李深之文集》
48李翰林集三十卷
　見《李太白集》
李翰林別集十卷　唐李白撰
　　明正德十四年(1519)吳郡袁翼
　　刊本　[1]・上・34
　　[17]・四・4　　[60]・六・
　　17　　[61]・二十四・8
50李中碧雲集三卷
　見《碧雲集》
李中麓閒居集十二卷　明李開先
　撰
　　明嘉靖刊本　[8]・集五・56³
李推官披沙集六卷　唐李咸用撰
　　宋刊本　[35]・上・51
　　[41]・十九・26
　　[76]・十四・18
　　宋書棚本　[12]・一・17
　　[89]・一集・十・23
　　明刊本　[61]・二十五・17
　　明正德刊本　[91]・二十五・

17
　刊本 [89]·一集·十·24
　影宋抄本 [17]·四·13
　　[55]·六·10
　抄本 [71]·集·唐別·17
李泰伯退居類稿十二卷皇祐續稿
　八卷常語三卷周禮致太平論十
　卷後集六卷　宋李覯撰
　宋刊本 [14]·五下·679
　　[41]·十七·10
李青蓮全集輯注三十六卷
　見《李太白集》
李忠文先生集六卷　明李邦華撰
　清初刊本 [85]·三·144
李忠毅公年譜一卷附錄一卷　明
　李遜之撰
　原刊本 [96]·二十二·457
李忠定行狀一卷　宋李綸撰
　宋刊本 [41]·七·26
李忠定公文集二十九卷奏議十五
　卷卷首四卷　宋李綱撰
　刊本 [71]·集·宋別·24
李忠定公行狀三卷　宋葉適撰
　宋刊本 [14]·五上·582
李忠定公奏議六十九卷　宋李綱
　撰
　明仿元刊本 [92]·二·45
　明邵武縣知縣泰和蕭洋刊本
　　[59]·四·16
李忠定公奏議六十九卷附錄九卷
　宋李綱撰
　明刊本 [11]·二十五·17
　　[93]·九·26
　明邵武縣知縣泰和蕭洋刊本
　　[12]·三·4
　明正德刊本 [91]·八·18
　明天啓刊本 [32]·四·3
　刊本 [24]·集一·29
　　[71]·集·宋別·24
李忠愍集三卷　宋李若水撰
　舊抄本 [91]·二十八·19
　文瀾閣傳抄本 [11]·七十九·
　　20　[16]·三十·38
李忠愍集十二卷　宋李若水撰

宋刊本 [41]·十七·36
李忠簡公文谿存稿五卷
　見《文谿存稿》
李東老詞一卷　宋李叔獻撰
　宋刊本 [41]·二十一·14
52李播大象賦一卷
　見《天文大象賦》
60李見羅書要三十卷　明李材撰
　刊本 [39]·己·19
李易安集十二卷
　見《漱玉詞》
李昌谷詩集四卷
　見《李長吉詩集》
李昌符集一卷　唐李昌符撰
　宋刊本 [41]·十九·20
李呆堂文抄六卷詩抄七卷　清李
　鄴嗣撰
　清刊本 [39]·癸下·40
　　[71]·集·國朝別·9
61李盱江集三十七卷外集三卷
　見《李先生文集》
67李郢端公集一卷　唐李郢撰
　宋刊本 [14]·四中·398
　　[41]·十九·19
71李頎詩集一卷　唐李頎撰
　宋刊本 [41]·十九·5
　明正德刊本 [91]·二十四·14
　明萬曆刊本 [91]·二十四·
　　15
李長吉詩集一卷　唐李賀撰
　宋刊本 [41]·十九·12
　明王弘校刊本 [17]·四·10
李長吉詩集三卷　唐李賀撰
　顧氏秀野草堂刊本 [26]·七·
　　35
李長吉詩集四卷　唐李賀撰
　北宋刊本 [31]·2　[67]·
　　第五冊·3
　宋蜀刊本 [2]·四·13
　　[68]·圖版237、238、目錄
　　46
　宋刊本 [94]·四·12
　蒙古憲宗六年趙衍刊本
　　[68]·圖版263、目錄50

金刊本 [35]·上·55
　　[50]·七·31　[58]·
　　集·27　[93]·十九·
　　27
　明刊本 [55]·六·9
　　[91]·二十五·7
　明廣平裕參王家瑞凝貞刊本
　　[59]·六·13
　明萬曆璩之璞校刊本
　　[17]·四·10
　明天啓中茅氏刊本 [26]·七·
　　34
　刊本 [39]·辛·51
　桐城姚文燮評注本 [92]·四·
　　145
　毛斧季據宋本校汲古閣刊本
　　[17]·四·10
　何義門校宋本 [54]·五·21
　抄本 [38]·集·20
李長吉詩集四卷集外詩一卷　唐
　李賀撰
　宋刊本 [1]·上·37
　　[14]·四中·387
　元刊小黑口本 [92]·四·145
　明刊本 [11]·七十·1
　　[30]·七·23　[38]·
　　集·19　[75]·五十二·
　　12
　明弘治刊本 [91]·二十五·6
　明徐渭、董懋策批注本
　　[74]·四·9　[102]·
　　上·28
　明末刊本 [92]·四·146
　清黎二樵金惟駿刊本
　　[2]·四·14
　刊本 [24]·集一·8
　清何義門校明崇禎刊本
　　[2]·四·14
　陸敕先據陳解元刊本校本
　　[60]·六·25
　校影宋本 [50]·七·32
　影抄宋本 [5]·四中·5
　　[11]·七十·1
　　[50]·七·31　[93]·

十九・30
舊抄本　[5]、四中・5
[16]・續・四・2
[71]・集・唐別・14
李長吉歌詩彙解　清王琦撰
清乾隆二十五年(1760)王氏寶
笏樓刊本　[68]・圖版
525、目錄87
72李氏三忠事蹟考證不分卷　清李
慶來等輯
清道光刊本　[85]・十七・745
李氏三忠事蹟考證五卷　清李慶
來等輯
清刊本　[74]・二・28
李氏集解十卷　唐李鼎祚撰
宋刊本　[14]・一上・16
李氏集驗背疽方一卷　宋李迅撰
宋刊本　[41]・十三・16
明永樂大典本　[79]・子・醫
家類・393
抄本　[74]・三・18
李氏刊誤
見《刊誤》
李氏樂書六種
見《樂書六種》
李氏皇室維城錄一卷　宋李衢沔
撰
宋刊本　[41]・八・2
李氏房從譜一卷　唐李匡文撰
宋刊本　[41]・八・2
李氏遺書十一種十七卷　清李銳
撰
清嘉慶原刊本　[78]・補遺・
24
李氏遺書十一種十八卷　清李銳
撰
清道光三年(1823)阮福校刊本
[74]・三・26　　[78]・
算學書錄補注・91
李氏花蕚集五卷　宋李洪、李漳、
李泳、李浍、李淛撰
宋刊本　[41]・二十一・14
李氏藏書世紀六十八卷
見《藏書》

李氏易傳十七卷
見《易傳》
李氏居室記五卷　明李濂撰
刊本　[39]・庚・40
李氏學樂錄二卷　清李塨撰
西河合集本　[96]・七・124
李氏醫鑑十卷續補二卷
見《醫鑑》
李氏類纂　清李繩遠輯
抄本　[39]・庚・50
77李問集一卷　宋李問撰
宋刊本　[41]・二十・5
78李臨淮武記一卷　唐李光弼撰
宋刊本　[14]・三下・276
80李益集二卷
見《李君虞詩集》
李義山文集詳注八卷　清馮浩編
清乾隆刊本　[75]・五十二・
15
李義山文集箋注十卷　唐李商隱
撰、清徐樹穀箋、徐炯注
清康熙四十七年(1708)徐氏刊
本　[26]・七・39
[74]・四・10
李義山詩集三卷　唐李商隱撰
宋刊本　[41]・十六・27
[41]・十九・16
明刊本　[9]・十・14
清康熙刊本　[75]・五十二・
15
清乾隆刊本　[75]・五十二・
15
刊本　[71]・集・唐別・15
[88]・續・15
石印本　[84]・二・23
毛斧李據宋本校汲古閣刊本
[17]・四・11
介菴據宋本校汲古閣刊本
[17]・四・11
毛板校宋本　[16]・二十九・
14　　[32]・十・15
校本　[57]・228
舊抄校本　[16]・二十九・13
影抄北宋本　[5]・四中・6

舊抄本　[74]・四・10
[93]・十九・36
李義山詩集六卷　唐李商隱撰
明刊本　[17]・四・11
明嘉靖二十九年(1550)毗陵蔣
氏刊本　[17]・四・11
[26]・七・38
李義山詩集八卷　唐李商隱撰
宋刊本　[41]・十六・26
李義山詩補説三卷　清姜炳璋撰
姜氏稿本　[75]・五十二・16
李義山詩箋注十二卷　清馮浩撰
清乾隆二十八年(1763)馮氏德
聚堂刊本　[68]・圖版
527、528、目錄87
李公文集三十卷　宋李昭玘撰
影宋本　[35]・上・56
舊抄本　[11]・七十八・19
李公談錄一卷　宋李宗諤撰
宋刊本　[41]・七・14
李公案奇聞初集三十四回　清人
撰
清光緒二十八年(1902)北京書
坊文光樓刊本　[69]・六・
195
88李竹嬾集二十四卷　宋李彌遜撰
舊抄本　[32]・十一・21
[39]・壬・19　　[91]・
二十九・8
李竹嬾集二十四卷樂府一卷　宋
李彌遜撰
抄本　[71]・集・宋別・24
李竹嬾雜著十一種二十四卷　明
李日華撰
明刊本　[102]・上・22
96李煜集十卷
見《李後主集》

4046₅　嘉

00嘉慶廣西通志二百八十卷
見《廣西通志》
嘉慶湖南通志二百十九卷
見《湖南通志》
05嘉靖廣平府志

見《廣平府志》

嘉靖彰德府志八卷
　　見《彰德府志》

嘉靖二年會試錄一卷　明毛澄等
編
　　明嘉靖二年(1523)官刊本
　　　[36]・144　　[86]・二・
　　　16

嘉靖瑞金縣志
　　見《瑞金縣志》

嘉靖延平府志
　　見《延平府志》

嘉靖維揚志三十八卷
　　見《維揚志》

嘉靖倭亂備抄　不著撰人
　　抄本　[71]・史・地志・60

嘉靖以來注略十四卷　明許重熙
編
　　明崇禎六年(1633)刊本
　　　[85]・一・42

嘉靖以來内閣首輔傳八卷　明王
世貞撰
　　明刊本　[57]・83　　[60]・
　　　四・26　　[91]・九・19
　　刊本　[39]・戊・18
　　借月山房彙抄本　[96]・二十
　　　三・480

嘉靖以來輔臣傳八卷
　　見《嘉靖以來内閣首輔傳》

嘉靖以來首輔傳八卷
　　見《嘉靖以來内閣首輔傳》

嘉靖徐州志十二卷
　　見《徐州志》

嘉靖寧波府志四十二卷
　　見《寧波府志》

嘉靖渭南縣志十八卷
　　見《渭南縣志》

嘉靖海寧縣志九卷
　　見《海寧縣志》

嘉靖大禮議二卷　清毛奇齡撰
　　西河全書本　[74]・二・66
　　　[96]・二十九・566

嘉靖太倉州志十卷
　　見《太倉州志》

20嘉禾詩集一卷　不知撰人
　　宋刊本　[41]・十五・22

嘉禾百詠一卷　宋張堯撰
　　抄本　[39]・壬・51
　　　[71]・集・宋別・73

嘉禾徵獻錄三十卷外紀六卷　明
盛楓撰
　　檇李叢書本　[85]・十七・771
　　抄本　[85]・十七・771

嘉禾志三十卷　元徐碩撰
　　舊抄本　[60]・三・4

嘉禾志三十二卷　元徐碩撰
　　清黃丕烈校袁又愷抄本
　　　[2]・二・37
　　舊抄校本　[59]・三・6
　　貞節堂抄本　[52]・一・23
　　舊抄本　[11]・三十一・10
　　　[16]・十六・15
　　　[32]・四・17　　[38]・
　　　史・69　　[42]・2
　　　[51]・一・21　　[71]・
　　　史・地志・12　　[91]・
　　　十一・14　　[93]・十一・
　　　10

嘉禾志五卷故事一卷　宋張元成
撰
　　宋刊本　[41]・八・21

嘉禾問錄一卷　明唐樞撰
　　明刊本　[32]・六・8

30嘉定縣乙酉紀事一卷　明朱子素
撰
　　痛史本　[85]・十四・662

嘉定縣志十二卷　清程國棟修
　　清乾隆七年(1742)刊本
　　　[74]・續增・史・9

嘉定赤城志四十卷
　　見《赤城志》

嘉定吏部條法總類五十卷　不著
編者
　　宋刊本　[41]・七・34

嘉定屠城紀略一卷　明朱子素撰
　　明季稗史本　[85]・十四・663
　　紀載彙編本　[85]・十四・660
　　荊駝逸史本　[85]・十四・660

明末十家集本　[85]・十四・
660
　　通行本　[85]・十四・660

嘉定鎮江志二十二卷
　　見《鎮江志》

32嘉州志二卷　宋吕昌朝撰
　　宋刊本　[14]・二下・164

34嘉祐雜志一卷　宋江休復撰
　　稗海本　[74]・三・76
　　天一閣抄本　[39]・己・39

嘉祐雜志三卷　宋江休復撰
　　宋刊本　[41]・十一・12

嘉祐新集十六卷　宋蘇明允編
　　校宋本　[93]・二十・18

嘉祐謚法三卷　宋蘇洵撰
　　宋刊本　[14]・一上・54
　　　[41]・三・36

嘉祐謚法四卷　宋蘇洵撰
　　明刊本　[75]・二十九・9
　　墨海金壺本　[96]・二十九・
　　　560

嘉祐集十四卷　宋蘇洵撰
　　明刊本　[65]・五・19
　　舊刊本　[20]・五・11

嘉祐集十五卷　宋蘇洵撰
　　宋刊本　[14]・四下・453
　　　[35]・下・15　　[41]・
　　　十七・16　　[50]・八・
　　　10　　[58]・集・62
　　　[68]・圖版243、目錄47
　　　[80]・十五・18
　　明覆刊元本　[86]・十二・11
　　明刊本　[91]・二十七・12
　　明張鑨刊本　[81]・集・6
　　明弘治四年(1491)刊本
　　　[60]・六・29
　　明嘉靖刊本　[3]・22
　　　[17]・四・17　　[30]・
　　　三・25　　[75]・五十四・
　　　1　　[83]・四・13
　　　[91]・二十七・12
　　刊本　[83]・四・13
　　　[89]・二集・八・27
　　　[92]・四・152

校宋本　[52]・三・6
　　[93]・二十・18
　顧千里校本　[55]・六・12
嘉祐集十六卷　宋蘇洵撰
　明刊本　[11]・七十六・10
　明嘉靖十一年(1532)刊本
　　[19]・19
嘉祐御史臺記五十卷　宋馮潔已
撰
　宋刊本　[14]・二下・155
嘉祐名臣傳五卷　宋張唐英撰
　宋刊本　[14]・二下・179
嘉祐時政記一卷　宋歐陽修等撰
　宋刊本　[14]・二上・138
嘉祐驛令三卷　宋張方平等纂
　宋刊本　[41]・七・33
44嘉樹齋稿七卷　明吳繼茂撰
　明刊本　[12]・三・33
50嘉泰吳興志二十卷
　見《吳興志》
嘉泰條法事類八十卷　宋謝深甫
等纂
　宋刊本　[41]・七・33
嘉泰普燈錄三十卷
　見《普燈錄》
嘉泰會稽志二十卷
　見《會稽志》
嘉忠錄五卷　明葉汝華編
　葉氏蒙竹堂藏初刊本　[96]・
　二十二・454
77嘉隆兩朝聞見紀十二卷　明沈越
撰
　明刊本　[60]・四・12
　刊本　[39]・丁・8　[74]・
　二・10
嘉隆聞見錄十二卷
　見《嘉隆兩朝聞見紀》
嘉興府志十六卷　清吳永芳撰
　清康熙五十九年(1720)刊本
　　[74]・二・46
嘉興府志三十二卷　明柳琰纂
　影抄本　[91]・十一・19
嘉興府圖記二十卷　明趙瀛纂
　明嘉靖刊本　[91]・十一・19

刊本　[39]・戊・32
嘉興志補十二卷　明鄒衡撰
　精抄本　[71]・史・地志・12
80嘉善孫氏殉難記一卷　清孫維榕
撰
　民國謄寫版印本　[85]・十四・
　667
嘉善縣志十二卷　清童焞撰
　清刊本　[71]・史・地志・17

4050₆ 韋

00韋廬詩內集四卷外集四卷賸稿一
卷蠹餘草一卷　清李秉禮撰
　知稼堂刊本　[96]・七十一・
　1427
韋齋集十五卷　宋朱松撰
　刊本　[39]・壬・20
韋齋集十二卷　宋朱松撰
　宋刊本　[41]・十八・13
　清康熙刊本　[75]・五十五・
　4
　刊本　[88]・續・20
韋齋集十二卷　宋朱松撰
玉瀾集一卷　宋朱橒撰
　元刊本　[11]・八十一・14
　　[12]・二・15　[32]・
　十一・20　[35]・上・
　57　[72]・30
　　[92]・四・157
　明刊本　[93]・二十一・6
　明弘治刊本　[16]・續・四・5
　　[71]・集・宋別・30
　　[91]・二十九・10
　影元抄本　[91]・二十九・11
　精抄本　[91]・二十九・11
韋齋小集一卷　宋朱松撰
　宋刊本　[41]・二十・16
韋應物十卷
　見《韋蘇州集》
10韋弦佩一卷　明屠本畯撰
　說郛續本　[96]・五十三・1055
24韋先生集十六卷　宋韋驤撰
　舊抄本　[93]・二十・12
韋先生集十八卷　宋韋驤撰

宋刊本　[41]・十七・27
明刊本　[11]・七十四・21
刊本　[24]・集一・18
舊抄本　[11]・七十四・22
　　[16]・三十・15
　　[71]・集・宋別・10
　　[91]・二十七・1
31韋江州集十卷附錄一卷
　見《韋蘇州集》
44韋莊浣花集十卷
　見《浣花集》
韋蘇州集十卷　唐韋應物撰
　北宋膠泥活字印本　[26]・七・
　17
　宋刊本　[9]・後編・六・7、9
　　[14]・四上・360
　　[33]・集・10　[35]・
　上・51　[41]・十九・
　9　[65]・四・30
　　[74]・四・6
　南宋書棚本　[26]・七・18
　　[43]・四・1
　元刊本　[9]・六・24
　　[76]・十四・5
　明翻宋本　[34]・二・25
　　[75]・五十二・2
　　[91]・二十四・19
　明覆宋乾道刊本　[11]・六十
　九・2
　明刊本　[9]・後編・十八・9
　　[30]・二・26　[38]・
　集・15　[93]・十九・
　20
　明正德刊本　[17]・四・7
　明活字本　[17]・四・7
　　[32]・十・6
　項氏玉瀾堂刊本　[84]・二・
　23
　刊本　[24]・集一・7
　朝鮮古活字本　[17]・四・7
韋蘇州集六卷拾遺一卷　唐韋應
物撰
　元刊本　[48]・二輯下・161
韋蘇州集十卷拾遺一卷　唐韋應

物撰

宋刊本　[31]·8　　[48]·一
輯·69　　[71]·集·唐
別·5　　[92]·四·139

宋刊配元本　[91]·二十四
19

明沁水李翰重刊宋本　[59]·
六·11

明弘治刊本　[11]·六十九·1
[19]·16

明嘉靖刊本　[75]·五十二·1

韋蘇州集十卷附録一卷　唐韋應
物撰

宋紹興刊大字本　[2]·四·8

元建刊本　[2]·四·8

明嘉靖二十七年(1548)華雲刊
本　[17]·四·7

72韋氏月録一卷　唐韋行規撰

宋刊本　[41]·六·22

4051₄ 難

21難經一卷　周秦越人撰
宋刊本　[14]·三下·295

難經二卷　周秦越人撰
北宋國子監刊本　[7]·中·33
宋刊本　[41]·十三·1

難經三卷　周秦越人撰
舊抄本　[5]·三下·6
[79]·子·醫家類·342

難經八卷　周秦越人撰、宋李駉
句解
宋麻沙刊本　[11]·四十三·
4　　[79]·子·醫家類·
345
元刊本　[35]·上·46
抄本　[75]·三十五·3

難經五卷　宋丁德用注
宋刊本　[14]·後志·二·862

難經五卷　宋虞庶注
宋刊本　[14]·後志·二·863

難經辨真四卷　明張世賢撰
通行本　[96]·四十一·742

難經辨真八卷　明張世賢撰
明嘉靖三十三年(1554)吳門沈

氏碧梧亭刊本　[86]·一·
57

明天啓刊本　[79]·子·醫家
類·347

難經集注五卷　明王九思輯
刊本　[89]·一集·七·4
[89]·二集·六·3
日本慶安刊本　[22]·補遺·5
日本刊本　[11]·四十三·5
[75]·三十五·4
清嘉慶八年(1803)日本活字印
本　[102]·上·20
日本佚存叢書活字本　[74]·
三·16
守山閣叢書本　[79]·子·醫
家類·346
舊抄本　[60]·二·25
[89]·一集·七·6

難經經釋二卷　清徐大椿撰
清雍正五年(1727)精刊本
[79]·子·醫家類·348
半松齋醫書六種本　[96]·四
十一·743

難經懸解二卷　清黃元御撰
清乾隆刊本　[79]·子·醫家
類·348

難經真本説約四卷附金蘭論指南
集一卷　題晉王叔和輯、清沈
德祖參説
清乾隆四年(1739)刊本
[79]·子·醫家類·348
[96]·四十一·743

難經本義二卷　周秦越人撰、元
滑壽注
元刊本　[29]·二·7
明刊本　[59]·二·19
刊本　[74]·三·16
醫統正脈本　[79]·子·醫家
類·345　　[96]·四十一
·741

難經明堂一卷
見《黄帝内經明堂》

38難遊録一卷　明張遴白撰
明季史料叢書本　[85]·十二·

592

4060₀ 古

00古方選注　清王子接撰
清刊本　[39]·庚·93

古廉文集十二卷　明李懋撰
刊本　[39]·癸上·12

古廉先生文集十一卷　明李時勉
撰
明刊本　[11]·一百十一·27
刊本　[71]·集·明別·25

古唐類範一百六十卷
見《北堂書抄》

古文章十六卷　宋石公輔編
宋刊本　[41]·十五·6

古文音論一卷　清潘未撰
舊抄本　[75]·十四·16

古文正宗前集二十二卷後集十二
卷　不著編者
宋刊本　[14]·五下·704

古文集成七十八卷　宋王霆震編
宋刊本　[17]·四·42
[39]·辛·6　　[54]·八·
13

古文參同契三卷補遺三相類二卷
漢魏伯陽撰、徐景休注
刊本　[71]·子·道家·3

古文參同契集解三卷　明蔣一彪
輯
汲古閣刊本　[75]·五十·18
津逮祕書本　[74]·三·89

古文緒論一卷　清吳德旋撰
別下齋刊本　[74]·三·74

古文字考五卷　明都俞撰
刊本　[39]·丙·43

古文淵鑑六十四卷　清徐乾學等
編
清内府刊本　[74]·四·65

古文大全二卷
見《精粹古文大全》

古文奇字一卷　明龔黃集
明抄本　[91]·五·18

古文奇賞一百三十五卷　明陳仁
錫撰

明刊本　[9]・後編・二十・9
古文真寶後集　不知撰人
　明初刊本　[22]・六・45
古文真寶大全前集十二卷　宋伯
　貞音釋
　朝鮮國刊本　[22]・六・45
古文苑一卷　宋章樵注
　抄本　[5]・四下・3
古文苑九卷　宋章樵注
　宋刊本　[9]・後編・七・20
　　[14]・五下・696
　　32]・十五・3　　[41]・
　　十五・6
　明仿宋刊本　[75]・六十二・
　　12　　[80]・十・9
　清嘉慶二十二年(1818)孫星衍
　　仿宋刊本　[26]・十五・
　　28
　顧千里校宋本　[11]・一百十
　　二・11
　影宋抄本　[83]・四・20
　　[93]・二十三・6
古文苑二十一卷　宋章樵注
　宋刊本　[9]・後編・七・21
　　[35]・上・53　　[50]・
　　十・5　　[58]・集・148
　　[93]・二十三・7
　　[94]・四・9
　宋淳祐刊本　[2]・五・28
　元刊本　[9]・後編・十一・19
　　[11]・一百十二・11
　　[35]・上・22　　[48]・
　　二輯下・193　　[91]・三
　　十八・8
　元明間刊本　[74]・四・60
　明仿宋本　[11]・一百十二・
　　15
　明刊本　[9]・十・42
　　[22]・六・39　　[29]・
　　三・34　　[30]・二・35
　明成化十八年(1482)建陽張世
　　用刊本　[26]・十五・29
　　[86]・一・33
　明弘治奉新縣刊本　[91]・三

十八・9
　刊本　[39]・辛・4　　[89]・
　　一集・九・24
古文四聲五卷
　見《古文四聲韻》
古文四聲韻五卷　宋夏竦編
　宋刊本　[14]・後志・一・771
　　[33]・經・40　　[58]・
　　經・58　　[93]・七・9
　　[94]・一・8
　宋紹興刊本　[34]・一・9
　　[35]・下・57
　刊本　[5]・一下・15
　校宋本　[11]・十四・1
　影宋抄本　[9]・四・7
　汲古閣抄本　[39]・丙・32
　抄本　[75]・十一・1
　　[80]・十四・8
古文品外集錄二十四卷
　見《古文品外錄》
古文品外錄二十四卷　明陳繼儒
　編
　明刊本　[102]・上・35
　刊本　[74]・四・65
古文品內錄二十卷　明陳繼儒編
　萬曆間刊本　[64]・70
古文關鍵二卷
　見《東萊先生古文關鍵》
古文短篇　不著編者
　明刊本　[21]・一・62
古文精粹十卷　不著編者
　明成化十一年(1475)刊本
　　[19]・24
古言二卷　明鄭曉撰
　刊本　[39]・己・49
　鹽邑志林本　[96]・五十三・
　　1050
古言二卷今言四卷　明鄭曉撰
　刊本　[71]・子・雜家・22
古言類編二卷
　見《古言》
古音叢目五卷　明楊慎撰
　刊本　[39]・丙・40
　函海本　[96]・十四・292

古音叢目五卷古音獵要五卷古音
　餘五卷附錄一卷　明楊慎撰
　函海本　[74]・一・56
古音複字五卷　明楊慎撰
　函海本　[96]・十四・294
古音獵要一卷　明楊慎撰
　刊本　[39]・丙・40
古音獵要五卷古音解五卷古音略
　例一卷　明楊慎撰
　明刊本　[91]・五・26
古音獵要五卷古音略例一卷古音
　餘五卷附錄一卷　明楊慎撰
　明嘉靖李元陽刊本　[19]・2
古音表二卷　清顧炎武撰
　顧氏刊本　[74]・一・57
　　[75]・十四・15
　音學五書本　[96]・十四・301
古音略例一卷　明楊慎撰
　刊本　[39]・丙・40
　函海本　[74]・一・56
　　[96]・十四・294
古音異同摘要一卷　不知撰人
　活字本　[96]・十四・309
古音附錄五卷　明楊慎撰
　影抄原刊本　[96]・十四・293
古音駢字五卷　明楊慎撰
　刊本　[39]・丙・41
古音駢字一卷　明楊慎撰　續編
　五卷　清莊履豐、莊鼎鉉撰
　函海本　[74]・一・53
古音合二卷　清李調元撰
　函海本　[96]・十四・307
古音餘五卷　明楊慎撰
　函海本　[96]・十四・293
古音餘五卷古音略例一卷　明楊
　慎撰
　明刊本　[32]・二・26
古音餘一卷古音附錄一卷　明楊
　慎撰
　刊本　[39]・丙・40
古雜劇　不著編者
　明萬曆顧曲齋刊本　[68]・圖
　　版664——667、目錄106
02古刻叢抄一卷　明陶宗儀編

平津館刊本　[74]·二·76
　　　　[83]·二·22
知不足齋刊本　[83]·二·21
　　　　[96]·三十三·613
刊本　[80]·十五·4
曝書亭抄本　[39]·庚·15
舊抄本　[11]·三十七·21
　　　　[75]·三十·23
　　　　[83]·二·23　　[93]·
　　　　十二·19

04古詩歸十五卷唐詩歸三十六卷
明鍾惺、譚友夏編
刊本　[26]·十五·41
古詩紀一百五十六卷　明馮惟訥
撰
明刊刊　[9]·後編·二十·12
明吳琯刊本　[30]·二·36
明嘉靖刊本　[38]·集·116
明萬曆刊本　[91]·二十九·
15
古詩源十四卷　清沈德潛編
清康熙三十四年(1695)初刊本
[74]·四·67
古詩抄不分卷　不著編者
精抄本　[75]·六十三·7
古詩類苑一百三十卷　明張之象
編
明萬曆刊本　[64]·26
刊本　[39]·辛·16
06古韻發明不分卷附切字肆考一卷
清張畊撰
芸心堂刊本　[96]·十四·308
古韻通八卷　清柴紹炳撰
抄本　[74]·一·58
古韻標準四卷　清江永撰
粵雅堂刊本　[74]·一·58
古韻閣寶刻錄
見《古均閣寶刻錄》
08古論元箸八卷　明傅振商輯
刊本　[39]·辛·12
古論大觀四十卷　明陳繼儒撰
明刊本　[9]·後編·二十·11
10古三墳書三卷
見《三墳書》

古玉圖譜不分卷　宋龍大淵等纂
元刊本　[75]·四十·2
清光緒十一年(1885)吳氏自刻
本　[26]·四·44
刊本　[96]·五十·985
10古靈先生文集二十五卷　宋陳襄
撰
宋刊本　[20]·五·10
[35]·上·51　[39]·
壬·7　[41]·十七·14
[93]·二十·7　[94]·
四·4
宋贛州刊元修本　[70]·八下·
7　[73]·圖版55
刊本　[24]·集一·16
明依宋刊抄本　[74]·四·15
舊抄本　[12]·六·6
[17]·四·15　[20]·
五·10
古靈先生文集二十五卷哲宗皇帝
即位使遼語錄一卷　宋陳襄撰
宋刊本　[34]·一·30
古靈先生文集二十五卷附錄一卷
宋陳襄撰
宋刊本　[28]·十·15
宋贛州刊本　[2]·四·23
影宋本　[91]·二十六·16
抄本　[16]·三十·12
[71]·集·宋別·8
[102]·下·30
古靈先生文集二十五卷附錄一卷
哲宗皇帝即位使遼語錄一卷
宋陳襄撰
宋刊本　[35]·上·56
古靈先生文集二十五卷年譜一卷
附錄一卷　宋陳襄撰
宋刊本　[11]·七十四·1
[72]·29
舊抄本　[11]·七十四·5
古雪齋近稿　明朱多熲撰
刊本　[39]·癸上·64
20古雋八卷　明楊慎撰
明刊本　[32]·九·13
刊本　[39]·己·77

古雋考略六卷　明顧充撰
明刊本　[102]·上·25
刊本　[74]·三·69
古穰雜録三卷　明李賢撰
抄本　[39]·丁·35
古穰集三十卷　明李賢撰
舊抄本　[91]·三十六·9
21古儷府十二卷　明王志慶編
舊抄本　[74]·續增·子·7
古虞文録二卷　明楊儀輯
刊本　[39]·辛·34
古經天象考十二卷圖説一卷　清
雷學淇撰
清道光刊本　[78]·子·天文
類·561
雷氏所著書本　[78]·算學書
録補注·96
古經解鉤沈三十三卷　清余蕭客
撰
通家本　[96]·二·35
22古崖先生集八卷　明吳溥撰
刊本　[71]·集·明別·22
古鼎記一卷　唐虞協撰
宋刊本　[14]·三下·284
古山文集十二卷　明桂華撰
刊本　[39]·癸上·44
古樂府十卷　元左克明編
元刊本　[1]·上·3
[2]·五·35　[35]·下·
17、33　[48]·二輯下·
208　[58]·元·144
[60]·六·13
元至正刊本　[91]·三十九·
1
明刊本　[9]·後編·二十·12
[11]·一百十六·16
[32]·十五·11
[71]·集·詞·12
明刊大字本　[60]·六·13
明嘉靖刊本　[76]·十三·13
[91]·三十九·1
明萬曆七年(1579)王文元刊本
[19]·13
刊本　[39]·辛·14

　　　[89]・二集・八・6
抄本　[5]・四下・5
古樂府十卷
　見《鐵崖先生古樂府》
古樂府十卷并樂府古題要解二卷
　唐吳兢撰
　宋刊本　[14]・四下・499
古樂經傳五卷　清李光地撰
　安谿全書本　[74]・一・48
　文貞全集本　[96]・七・122
古樂經傳全書二卷　明湛若水輯
　刊本　[39]・丙・25
古樂苑五十二卷　明梅鼎祚編
　明刊本　[74]・四・64
　　　[102]・上・35
抄本　[76]・十三・16
古樂苑五十二卷附衍錄四卷　明
　梅鼎祚編
　明刊本　[60]・六・15
　　　[91]・三十九・22
古樂書二卷　清應撝謙撰
　抄本　[39]・丙・27
古樂笙䂁九卷　明李文察撰
　李氏樂書本　[96]・七・116
25古佚小說叢刊　不著編者
　一九二八年海寧陳氏排印本
　　　[69]・九・223
26古泉山館題跋零稿　清瞿中溶輯
　傳抄本　[60]・五・5
古泉山館金石萃編殘稿三卷
　見《金石萃編殘稿》
28古微書三十六卷　明孫瑴輯
　明刊本　[75]・七・4
　對山問月樓刊本　[96]・二・
　　40
　刊本　[39]・丙・19
古微堂外集一卷　清魏源撰
　清刊本　[74]・四・57
古俗字略七卷　明陳士元撰
　歸雲別集刊本　[74]・一・54
31古源山人日錄十卷　明李呈祥撰
　明嘉靖刊本　[92]・三・81
32古叢辰書八卷　不知撰人
　胡文煥校刊本　[1]・上・14

34古法書苑　明王世貞輯
　刊本　[39]・庚・21
35古清涼傳二卷　唐釋慧祥撰
　金刊本　[11]・六十五・10
古清涼傳二卷廣清涼傳二卷續清
　涼傳二卷　唐釋慧祥撰
　明洪武刊本　[72]・24
古清涼傳二卷廣清涼傳三卷續清
　涼傳二卷成道記一卷補陀洛迦
　山傳一卷峨眉讚一卷　唐釋慧
　祥撰舊抄本　[93]・十八・2
古禮十七卷釋文一卷識誤三卷
　不著撰人
　宋刊本　[41]・二・18
古禮疏五十卷　唐賈公彥等撰
　宋刊本　[41]・二・17
古禮經十七卷
　見《禮經》
古禮經傳續通解二十九卷　宋黄
　榦撰
　宋刊本　[41]・二・18
古禮經傳通解二十三卷集傳集注
　十四卷　宋朱熹撰
　宋刊本　[41]・二・18
古禮釋文一卷　唐陸德明撰
　宋刊本　[41]・二・17
古禮注十七卷
　見《禮注》
37古逸民先生集一卷　宋汪炎昶撰
　清趙氏小山堂抄本　[2]・四・
　　45
古逸民先生集三卷　宋汪炎昶撰
　校抄本　[12]・六・20
　存素堂抄本　[59]・六・31
　舊抄本　[17]・四・29
　精抄本　[91]・三十二・14
古逸民先生集五卷　宋汪炎昶撰
　刊本　[55]・四・26
古逸民先生集一卷附錄一卷　宋
　汪炎昶撰
　舊抄本　[11]・九十三・16
　　　[50]・八・51
古逸民史二十二卷　明陳繼儒輯
　吳懷謙校明萬曆二十六年

（1598）刊本　[64]・27
40古直先生文集十六卷
　見《劉古直先生集》
古奇器錄一卷　明陸深撰
　儼山外集本　[96]・五十・986
古杭雜記詩詞集四卷
　見《古杭雜記詩集》
古杭雜記詩集四卷　題元李有撰
　汲古閣抄本　[91]・二十一・
　　23
抄本　[39]・辛・30
精抄本　[16]・二十七・5
43古城塚記二卷　唐皇甫覽撰
　宋刊本　[14]・三下・282
古越書四卷　明郭鈺撰
　刊本　[39]・戊・34
44古塔主語錄三卷　宋釋道古撰
　宋刊本　[14]・後志・二・887
古林金石表一卷　清曹溶撰
　抄本　[96]・三十四・620
47古均閣寶刻錄　清許槤鈎摹
　清咸豐八年（1858）許槤刊本
　　　[68]・圖版588、589、目錄
　　95
摘錄本　[84]・三・11
古歡堂集序四卷傳一卷跋一卷雜
　文三卷雜著八卷記二卷銘表二
　卷題辭一卷　清田雯撰
　清刊本　[71]・集・國朝別・9
48古梅遺稿六卷　宋吳龍翰撰
　清勞驥卿抄本　[2]・四・45
　舊抄本　[11]・九十三・18
　　　[39]・壬・46　[71]・
　　集・宋別・68　[91]・
　　三十二・13　[101]・中・
　　9
傳抄本　[17]・四・28
古梅園墨譜四卷
　見《墨譜》
古梅吟稿六卷
　見《古梅遺稿》
50古史六十卷　宋蘇轍撰
　宋刊本　[3]・7　[8]・史二・
　　138　[9]・後編・四・

15——17 [12]・一・
4 [13]・8 [14]・
五上・540 [17]・二・
10 [33]・史・26
[38]・史・36 [41]・
四・17 [58]・史・55
[66]・目録6 [93]・九・
18 [94]・二・5
[96]・十八・386
宋衢州刊本 [2]・二・11
[28]・續・七・17
南宋刊本 [35]・下・7
宋刊明補本 [32]・三・14
元刊本 [9]・五・27
元刊細字本 [11]・二十三・
8 [92]・二・38
明刊本 [75]・十八・6
[89]・二集・四・28
明刊十行二十字本 [11]・二
十三・8
明刊十行二十一字本 [11]・
二十三・8
明萬曆三十九年(1611)南監刊
本 [74]・二・14
[102]・上・15
明萬曆南雍刊本 [89]・二集・
四・30 [91]・七・20
刊本 [89]・一集・四・26
[89]・二集・四・27
古史談苑三十六卷 明錢世揚撰
刊本 [39]・己・61
古史考一卷 蜀漢譙周撰
平津館刊本 [74]・二・14
古史餘論 不知撰人
抄本 [39]・戊・81
古串鶘論譜一卷 不著撰人
抄本 [5]・二中・16
古事比五十二卷 清方中德輯
清刊本 [39]・庚・51 [71]・
子・雜家・48
古夫于亭雜錄六卷 清王士禛撰
漁洋著述本 [96]・五十七・
1150
古畫苑 明王世貞輯

刊本 [39]・庚・21
古畫品錄一卷 南齊謝赫撰
宋刊本 [14]・三下・287
明刊本 [11]・五十二・1
津逮祕書本 [74]・三・36
王氏畫苑本 [96]・四十八・
915
抄本 [75]・三十九・1
古本蒙求三卷
見《蒙求》
古本關鍵二卷
見《東萊先生古文關鍵》
51古甄錄一卷 不知撰人
抄本 [83]・二・25
52古括遺芳四卷 明鄭宣輯
抄本 [39]・辛・36
60古四聲等子一卷 不著撰人
抄本 [5]・一下・18
古易十二卷音訓二卷
見《易》
古易彙編十七卷 明李本固撰
刊本 [39]・甲・21
古易考原三卷
見《易考原》
古易世學十五卷 明豐坊撰
刊本 [24]・經一・25
古愚詩概六卷 清陳毅撰
清乾隆二十五年(1760)家刊本
[26]・十一・35
古愚心言不分卷 清彭鵬撰
清刊本 [39]・癸下・55
[96]・七十・1386
63古賦辨體八卷外集二卷 元祝堯
編
明刊本 [11]・一百十五・20
[12]・三・34 [32]・
十五・11 [60]・六・
12 [75]・六十三・8
[92]・四・192
明成化二年(1466)刊本
[74]・四・62 [91]・
三十八・30 [102]・上・
34
古賦題前集十卷後集八卷 不著

編者
元刊本 [9]・六・47
66古器款識二卷 不知撰人
明沈竹東抄本 [2]・一・32
古器具名二卷 明胡文煥撰
刊本 [39]・庚・15
古器銘釋十卷 明卞萲撰
刊本 [39]・庚・15
77古周易十二卷
見《周易》
古民先生集一卷 陳古民撰
稿本 [20]・五・38
古賢小字錄二卷
見《小字錄》
80古人姓字相同錄一卷 唐邱光庭
撰
宋刊本 [14]・後志・二・850
古人別號錄一卷 明楊慎撰
舊抄本 [74]・三・68
[102]・下・24
古金錄四卷 清萬子昭撰
影刊本 [84]・三・11
抄本 [96]・五十・988
古鏡記一卷 不知撰人
宋刊本 [14]・三下・279
古今廉鑑八卷 明喬懋敬輯
刊本 [39]・戊・5
古今文章正印前集十八卷後集十
八卷續集二十卷別集二十卷
宋劉震孫撰
宋刊本 [9]・後編・七・22
古今文房登庸錄 明黃謙撰
抄本 [39]・庚・36
古今交食考一卷 明李天經撰
湯若望重訂新法曆書本
[78]・算學叢錄補注・99
古今諺一卷古今風謠一卷 明楊
慎撰
函海本 [96]・六十七・1328
古今雜劇 不著編者
趙清常抄補明刊本 [51]・四・
24
古今雜劇校語 不著撰人
丁芝孫抄本 [57]・339

古今評録四卷　明商維濬輯
　　刊本　[39]・己・58
古今識見八卷
　　見《古今識覽》
古今識覽八卷　明袁忠徹輯
　　明景泰刊本　[91]・十七・12
　　刊本　[39]・庚・77
古今詩晬　不著編者
　　稿本　[57]・331
古今詩刪三十四卷　明李攀龍編
　　明刊本　[74]・四・64
　　[102]・上・35
古今韻語一卷古今風謠一卷古今
諺一卷附俗言一卷麗情集一卷
附戚集一卷　明楊慎撰
　　函海本　[74]・四・63
古今韻略五卷　清邵長蘅撰
　　清康熙三十五年(1696)刊本
　　[96]・十四・304
　　刊本　[74]・一・58
　　王西莊校宋犖刊本　[2]・一・
　　40
古今韻分注撮要五卷　明甘雨
撰、陳士元注
　　明刊本　[9]・後編・十三・15
古今韻會舉要三十卷　元黃公紹
編、熊忠舉要
　　元刊本　[12]・二・3
　　[16]・七・21　　[22]・
　　二・43　　[32]・二・27
　　[35]・上・28　　[35]・
　　下・4、36　　[43]・一・
　　42　　[57]・32
　　[58]・元・23　　[59]・
　　一・11　　[65]・一・72
　　[74]・一・56　　[93]・
　　七・27　　[96]・十四・
　　289
　　元刊明抄補本　[13]・1
　　明覆元本　[38]・經・63
　　明刊本　[9]・後編・十三・13
　　[91]・五・23
　　明嘉靖十五年(1536)刊本
　　[19]・3

刊本　[39]・丙・37
　　[89]・一集・三・47
古今韻會舉要三十卷附禮部韻略
七音三十六母通考元黃公紹
編、熊忠舉要
　　元刊本　[11]・十七・8
　　[28]・續・四・15
　　[35]・上・9
　　明嘉靖刊本　[75]・十四・9
古今韻會舉要小補三十卷　明方
日昇編
　　明萬曆刊本　[91]・五・26
　　刊本　[39]・丙・43
古今記林二十九卷　明汪士漢輯
　　刊本　[39]・庚・50
古今詞話六卷　清沈雄、江尚質
輯
　　清刊本　[39]・庚・11
古今詞統十六卷　明卓人月編
　　刊本　[71]・集・詞・18
古今說海一百四十二卷　明陸楫
編
　　明嘉靖二十三年(1544)雲間陸
　　氏儼山書院刊本　[32]・八・24
　　[86]・五・16
　　清刊本　[80]・十・13
　　刊本　[39]・庚・55
古今五服考異八卷　清汪琬撰
　　鈍翁類稿本　[96]・四・71
古今石刻碑目二卷　明孫克宏輯
　　刊本　[39]・庚・16
古今列女傳三卷
　　見《列女傳》
古今列女傳演義六卷　不知撰人
　　清初刊本　[69]・三・113
古今碑帖考二卷　明朱晨撰
　　舊抄本　[60]・五・15
古今刀劍錄一卷　梁陶弘景撰
　　宋刊本　[11]・五十三・1
　　[14]・三下・279
　　[17]・三・11
　　明刊本　[17]・三・11
　　明華氏刊本　[91]・十八・1
　　漢魏叢書本　[74]・三・41

[96]・五十・981
　　抄本　[75]・四十・1
古今政事録二十卷　宋閭一得撰
　　抄本　[71]・子・雜家・11
古今集論字學新書七卷　元劉惟
志編
　　抄校本　[74]・三・38
　　舊抄本　[34]・三・20
　　[102]・下・20
古今歲時雜詠四十六卷　宋蒲積
中編
　　明抄校本　[52]・三・20
　　明抄本　[57]・317
　　影抄宋刊本　[5]・四下・15
　　[28]・十三・15
　　[95]・二・11
　　舊抄本　[11]・一百十三・10
　　[16]・三十五・4
　　[39]・庚・44　　[59]・
　　六・4　　[91]・三十八・
　　14
古今歲時考校補一卷　清黃汝成
撰
　　袖海樓雜著本　[78]・算學書
　　録補注・99
古今偽書考一卷　清姚際恒撰
　　知不足齋叢書本　[96]・三十
　　二・597
古今律曆考七十二卷　明邢雲路
輯
　　明刊本　[11]・四十八・14
　　[32]・七・1　　[91]・十
　　七・2
　　明萬曆三十六年(1608)刊本
　　[78]・子・天文類・542
　　[78]・算學書録補注・99
　　[96]・四十四・820
　　刊本　[39]・丙・26
古今釋疑十八卷　清方中履撰
　　汗青閣刊本　[96]・五十五・
　　1091
　　刊本　[39]・己・62
　　[71]・子・雜家・48
古今彝語十二卷　明汪應蛟輯

刊本 [39]・戊・83
　[71]・子・雜家・42
古今名家詩學大成二十四卷　明
　李攀龍編
　明刊本 [91]・二十・14
古今名醫方論四卷　清羅美撰
　清康熙十四年(1675)金閶步月
　　樓刊本 [79]・子・醫家
　　類・508
　古懷堂刊本 [96]・四十三・
　　798
古今名醫彙粹八卷　清羅美撰
　清嘉慶六年(1801)五柳居刊本
　　[79]・子・醫家類・513
　通行本 [96]・四十三・797
古今名賢叢話詩林廣記十卷後集
　十卷　宋蔡正孫撰
　宋刊本 [12]・一・31
　元刊本 [33]・附・7
　　[93]・二十四・5
　　[94]・四・19
　明刊本 [11]一百十八・14
　　[32]・十六・1　　[91]・
　　三十九・33
　明大字刊本 [91]・三十九・
　　32
　明弘治刊本 [91]・三十九・
　　32
古今名公百花鼓吹八卷
　見《百花鼓吹》
古今紀要十九卷
　見《黃氏日抄古今紀要》
古今紀要逸編一卷
　見《黃氏日抄古今紀要逸編》
古今絕句二卷　宋吳說編
　宋刊本 [41]・十五・17
古今絕句三卷　宋吳說編
　宋刊本 [35]・上・48
　　[58]・集・142　　[93]・
　　二十三・19　　[94]・四・
　　10
古今鎛略九卷補九卷　明汪珂玉
　撰
　刊本 [39]・丁・65

古今注三卷　晉崔豹撰
　宋刊本 [14]・五上・602
　　[41]・十・12
　明覆宋本 [11]・五十五・21
　明刊本 [50]・五・28
　　[75]・四十二・1
　　[91]・十八・25
　明嘉靖刊本 [16]・續・三・
　　6
　刊本 [36]・170
　校本 [101]・下・4
　舊抄本 [93]・十六・10
古今注三卷　晉崔豹撰
　中華古今注三卷　五代馬縞撰
　百川學海本 [96]・五十四・
　　1063
　古今逸史本 [74]・三・47
　文房小說本 [74]・三・47
古今家祭禮二十卷　宋朱熹纂
　宋刊本 [41]・六・19
古今寓言十二卷　明陳世寶輯
　刊本 [39]・己・58
古今宗藩懿行考十卷　明常芳輯
　刊本 [39]・戊・2
古今源流至論別集十卷　宋黃履
　翁撰
　宋刊本 [87]・二・9
　元刊本 [28]・八・21
古今源流至論前集十卷後集十卷
　續集十卷　宋林駉撰　別集十
　卷宋黃履翁撰
　宋刊本 [34]・一・28
　　[35]・下・55　　[74]・
　　續增・子・7　　[87]・二・
　　10
　元刊本 [8]・子二・306
　　[12]・二・11　　[32]・
　　九・8　　[39]・辛・10
　　[43]・三・44　　[48]・
　　二輯下・127　　[65]・三・
　　50　　[71]・子・雜家・
　　14　　[91]・二十・9
　　[92]・三・121　　[93]・
　　十七・9　　[94]・三・11

元延祐四年(1317)圓沙書院刊
　本 [2]・三・33
　　[11]・六十・14
　　[16]・二十六・7
　　[26]・六・19　　[37]・
　　一輯 [59]・五・14
元麻沙書坊刊本 [96]・六十
　一・1210
明翻元本 [32]・九・8
明刊黑口本 [3]・18
古今治平彙要　清楊朝觀撰
　清雍正七年(1729)刊本
　　[74]・三・59
古今治平略三十三卷　明朱健、
　朱徽撰
　刊本 [71]・子・雜家・43
古今治統二十卷　明徐奮鵬撰
　刊本 [39]・丁・57
古今法書苑十卷　宋周越撰
　宋刊本 [41]・十四・8
古今法書苑七十六卷　明王世貞
　編
　明刊本 [9]・九・35
　　[96]・四十八・943
　刊本 [71]・子・書畫家・4
古今禪藻集三十八卷　明釋普文
　輯
　抄本 [39]・辛・27
古今逸史　明吳琯輯
　明刊本 [102]・上・23
　明吳琯彙刊本 [9]・後編・十
　　七・4
　刊本 [39]・庚・56
　　[74]・三・61
古今通韻十二卷　清毛奇齡撰
　清康熙二十三年(1684)史館刊
　　本 [96]・十四・302
古今通占三十卷　唐武密撰
　宋刊本 [41]・十二・17
古今通略句解五卷　不知撰人
　元刊本 [32]・三・16
古今遊名山記十七卷
　見《遊名山記》
古今女史文集十二卷詩集八卷

明趙世杰撰
刊本 [71]・集・閨秀・4
古今女範三卷 明黄尚文編
劉氏增訂殘本 [64]・9
古今女範四卷 明黄尚文編、程起龍寫圖
明萬曆三十年(1602)刊本
[64]・8 [96]・二十三・483
古今鸑八卷
見《敬齋古今鸑》
古今考三十八卷 宋魏了翁撰、元方回續
明刊本 [9]・九・13
明正德刊本 [11]・五十六・16 [16]・二十四・7
明重刊本 [96]・五十四・1075
刊本 [39]・丁・47
古今考年異同表二卷附後説 清林春溥撰
竹柏山房叢書本 [78]・算學書録補注・99
古今孝悌録二十四卷 宋王紹珪撰
宋刊本 [41]・七・29
古今姓氏遥華韻九十六卷 元洪景修編
舊抄本 [16]・二十六・11
[87]・四・14 [92]・三・124
古今姓氏遥華韻九十八卷 元洪景修編
揚州阮氏抄天一閣本 [91]・二十・13
古今姓氏遥華韻九十九卷 元洪景修編
抄本 [8]・子二・311
古今姓氏書辨證四十卷 宋鄧名世撰
宋刊本 [41]・八・4
敦孔堂刊本 [96]・六十一・1206
抄本 [28]・八・19
古今事文類聚二百三十六卷
見《事文類聚》
古今事物原始三十卷 明徐炬撰
明刊本 [9]・後編・十七・15
古今事林羣書一覽八十卷 不著編者
元刊本 [22]・五・12
古今畫人名一卷 唐李嗣真纂
宋刊本 [41]・十四・11
古今畫鑑五卷 明羅周上撰
舊抄本 [32]・七・8
古今奏雅一卷 不著撰人
明末殘刊本 [64]・14
古今書刻二卷 明周弘祖撰
影抄明刊本 [26]・四・20
古今圖書集成 清陳夢雷輯
清雍正四年(1726)内府銅活字印本 [68]・圖版634目録102
古今歷代十八史略三卷
見《十八史略》
古今原始十四卷 明趙釴撰
明刊本 [91]・十八・31
刊本 [39]・已・49
古今原始十五卷 明趙釴撰
明刊本 [1]・上・11
古今兵鑑三十二卷 明鄭璧輯
刊本 [39]・庚・80
古今風謡二卷 明楊愼輯
明刊本 [74]・續增・子・8
刊本 [39]・辛・14
古今同姓名録一卷 梁元帝蕭繹撰
宋刊本 [41]・十一・3
古今同姓名録二卷 梁元帝蕭繹撰、唐陸善經續、元葉森補
函海本 [74]・三・64
[96]・六十・1190
抄本 [74]・三・64 [102]・下・22
古今同姓名録三卷 梁元帝蕭繹撰
宋刊本 [14]・三下・278
古今服飾儀一卷 不著撰人
宋刊本 [41]・六・20
古今醫統大全一百卷 明徐春甫編
明隆慶四年(1570)刊本
[86]・一・62
古今印史一卷 明徐官撰
普祕笈本 [96]・四十九・970
古今輿地圖二卷 不知撰人
刊本 [5]・二下・13
古今前定録二卷 宋尹國均輯
宋刊本 [14]・後志・二・835
古今義烈傳八卷 明張岱撰
傳抄本 [85]・十七・725
古今合璧事類備要前集六十九卷後集八十一卷續集五十六卷 宋謝維新編 別集九十四卷外集六十六卷 宋虞載編
宋刊本 [38]・子・70
[58]・子・98 [60]・五・16
宋建刊本 [2]・三・33
元刊本 [74]・三・67
明摹宋刊本 [59]・五・14
明刊本 [9]・九・46
[11]・六十・9 [18]・上・46 [32]・九・7
[75]・四十五・17
[92]・三・121 [96]・六十一・1214
明嘉靖刊本 [3]・18
明嘉靖夏氏重刊宋本 [91]・二十・9
明嘉靖安國安氏館銅活字印本
[68]・圖版624、目録100
[71]・子・類事・12
明嘉靖三十五年(1556)錫山秦氏刊本 [102]・上・24
刊本 [53]・二・13
古今算學書録 清劉鐸撰
清光緒石印本 [78]・補遺・28
古今小説四十卷 明馮夢龍輯
明刊原本 [77]・二・23
古今類傳四時部四卷 清董穀士、董炳文編

清刊本　[74]・二・39
　　　[74]・續增・子・7
古今類事二十卷　宋委心子撰
刊本　[88]・四・15
　影宋抄本　[53]・二・12
　　　[71]・子・類事・9
　　　[95]・二・8
古尊宿語錄二十九卷　明釋惠
然、守堅、福深等集錄
宋刊本　[32]・九・23
87古歙山川圖　清吳逸繪
清康熙三十一年(1692)阮谿水
香園刊本　[68]・圖版
714、715、目錄113
88古算衍略一卷　清梅文鼎撰
曆算全書本　[96]・四十五・
866
94古懽錄八卷　清王士禎撰
漁洋著述本　[96]・二十三・
489

右

23右編四十卷　明唐順之編、劉日
寧補遺
明南京國子監刊本　[96]・二
十一・440
右編補十卷　明姚文蔚編
明萬曆三十九年(1611)刊本
[96]・二十一・441

4060₁　吉

10吉雲居書畫錄二卷　清陳驥德輯
清刊本　[36]・167
末刻稿　[57]・180
22吉凶書儀二卷　宋胡瑗撰
宋刊本　[14]・二下・157
吉凶影響十卷　宋岑象求編
宋刊本　[14]・三下・237
30吉安郡志十卷　明吳節、蕭鎡撰
清刊本　[71]・史・地志・13
80吉金貞石錄五卷　清張塤撰
傳抄本　[60]・五・8
吉金古文釋　朱右甫撰
稿本　[34]・三・3

吉金所見錄十六卷　清尚齡撰
舊抄本　[74]・三・42
[102]・下・20

奮

44奮菴隨筆六卷　明陸文衡撰
清光緒二十三年(1897)刊本
[85]・二十一・942

4060₉　杏

00杏庭摘稿一卷　元洪焱祖撰
舊抄本　[5]・四中・23
[11]・一百零二・14
[39]・壬・58
44杏花天四卷　題天放道人編
嘯花軒刊本　[69]・四・157
杏花村志十二卷　清郎遂輯
清刊本　[39]・戊・65
50杏東集十卷　明郭維藩撰
刊本　[39]・癸上・44

4062₁　奇

08奇效良方六十四卷　明方賢撰
元刊本　[35]・下・13
10奇零草二卷續草一卷　不知撰人
舊抄本　[84]・二・35
奇晉齋叢書四卷　清陸烜輯
清刊本　[39]・庚・58
21奇經八脈考一卷　明李時珍撰
本草綱目附刊本　[79]・子・
醫家類・359　[96]・四
十三・780
22奇觚頤文集二卷　清葉綠督撰
稿本　[57]・301
27奇緣記六卷　不著撰人
刊本　[69]・四・161
30奇字訓釋一卷　不著撰人
抄本　[5]・一下・31
奇字韻五卷　明楊慎撰
刊本　[39]・丙・41
函海本　[74]・一・53
38奇遊漫紀八卷　明董傳策撰
刊本　[39]・癸上・58
45奇姓通十四卷　明夏樹芳撰

明刊本　[9]・後編・十七・20
[59]・五・15
明萬曆刊本　[91]・二十・16
刊本　[39]・戊・85
50李忠志　不著撰人
舊抄本　[57]・61
66李器圖說三卷諸器圖說一卷　明
鄧玉函口援、王徵譯
明崇禎刊本　[75]・四十・5
守山閣刊本　[75]・四十・5
77奇門仰廉輯
抄本　[39]・庚・69
奇門五總龜四卷附煙波釣叟歌一
卷　題宋趙普撰、明池紀編解
坊刊本　[74]・三・34
奇門要訣不分卷　不著撰人
刊本　[96]・四十七・907
奇門要略　不著撰人
抄本　[39]・庚・70
奇門總括　明蔣時吉輯
抄本　[39]・庚・69
奇門遁甲五總龜三卷　唐胡乾等
撰
抄本　[21]・一・21
奇門遁甲經十卷　題九天玄女纂
抄本　[96]・四十七・911
奇門遁甲賦　不著撰人
抄本　[39]・庚・69
奇門禽經一卷　不著撰人
抄本　[71]・子・五行家・1
奇門類編十卷　明施顯卿撰
刊本　[71]・子・類事・15

4064₁　壽

06壽親養老新書一卷　宋陳直撰
明成化十二年(1467)徐禮刊本
[26]・六・55
壽親養老新書四卷　宋陳直撰
元刊本　[39]・庚・82
[48]・二輯下・114
元至正刊本　[79]・子・醫家
類・514　[91]・十六・
12
抄本　[22]・補遺・90

43壽域詞一卷　宋杜安世撰
　　見《杜壽域詞》
44壽者傳三卷　明陳懋仁撰
　　心齋十書本　[96]・二十三・
　　484
　　壽世保元十卷　明冀廷賢撰
　　清乾隆五十三年(1788)文盛堂
　　刊本　[79]・子・醫家類・
　　439
　　通行本　[96]・四十三・785
60壽昌乘　不知撰人
　　輯本　[59]・三・5

4071₀　七

10七元六甲書　不著撰人
　　抄本　[39]・庚・70
18七政細草補注一卷　清梅文鼎撰
　　兼濟堂本　[78]・算學書録補
　　注・87
　　七政細草補注三卷　清梅文鼎撰
　　曆算全書本　[96]・四十四・
　　832
　　七政推步七卷　明具琳輯
　　明刊本　[78]・算學書録補注・
　　98
　　刊本　[88]・四・12
　　文瀾閣傳本　[11]・四十八・
　　13
　　七政前均簡法一卷　清梅文鼎
　　撰
　　兼濟堂本　[78]・算學書録補
　　注・88
21七經　不著編者
　　足利活字本　[76]・一・1
　　七經孟子考文　阮亨輯
　　抄本　[95]・一・2
　　七經孟子考文補遺三十二卷　日
　　本山井鼎撰
　　日本刊本　[60]・一・19
　　抄本　[20]・一・16
　　七經孟子考文補遺二百卷　日本
　　山井鼎撰
　　儀徵阮氏刊本　[74]・一・41
　　[75]・七・5

刊本　[39]・丙・19
日本原刻�紙印本　[96]・二・
28
日本亨保十五年(1730)刊本
　[26]・二・28
高郵王氏舊藏抄本　[8]・經
三・94
七經緯一卷　不知撰人
　　抄本　[91]・四・10
七經樓文抄六卷春暉閣詩抄六卷
清蔣湘南撰
　　清同治八年(1869)馬氏刊本
　　[26]・十・26
七經圖不分卷　宋楊甲、楊復撰、
明吳繼仕編
　　明刊本　[9]・七・19
　　[9]・後編・十三・6
七經圖七卷　明吳繼仕編
　　明萬曆刊本　[91]・四・8
七經小傳三卷　宋劉敞撰
　　宋刊本　[9]・後編・三・20
　　[36]・20　[41]・三・33
　　通志堂經解本　[74]・一・39
　　[96]・二・21
　　舊抄本　[5]・一上・38
　　[75]・七・1
七經小傳五卷　宋劉敞撰
　　宋刊本　[14]・一下・82
22七峯遺編二卷　題樵道人撰
　　虞陽説苑甲編本　[85]・十四・
　　668
　　瞿氏菰村漁父抄本　[85]・十
　　四・668
24七緯三十八卷　清趙在翰撰
　　小積石山房刊本　[96]・二・
　　41
　　輯本　[60]・一・20
25七佛如來供養儀軌經　達賴喇嘛
五世聲自在意海撰
　　清康熙二十一年(1682)蒙文刊
　　本　[68]・圖版482、
　　483、目録81
27七修類稿五十一卷　明郎瑛撰
　　明刊本　[8]・子一・284

[9]・後編・十六・15
明郎氏原刊本　[60]・二・20
刊本　[39]・己・57
七修類稿五十一卷續稿七卷　明
郎瑛撰
　　耕煙草堂重刊本　[96]・五十
　　七・1139
　　刊本　[71]・子・雜家・38
30七家詩真蹟　清何子貞書
　　何子貞抄本　[84]・二・9
40七十二候考　清俞樾撰
　　曲園雜著本　[78]・算學書録
　　補注・93
七十二候考一卷　清曹仁虎撰
　　藝海珠塵本　[78]・算學書録
　　補注・93　[96]・十八・
　　383
七十二家集三百四十二卷　明張
燮輯
　　明天啓崇禎間刊本　[18]・下・
　　43
七十二朝四書人物演義四十卷
不著撰人
　　明刊本　[69]・三・113
七才子書(第三才子書玉嬌梨、第
四才子書平山冷燕)　不著編者
　　聚錦堂刊本　[69]・九・221
七克七卷　明西洋龐迪我撰
　　明萬曆刊本　[91]・十八・23
　　天學初函理編本　[96]・五十
　　三・1058
七真祖師列仙傳　清人撰
　　清光緒十八年(1892)刊本
　　[69]・五・179
43七載繁華夢十五回　梁紀佩撰
　　清宣統三年(1911)廣東刊本
　　[69]・七・206
50七史　不著編者
　　宋刊元明遞修本　[38]・史・
　　8
七書　不著編者
　　日本慶長十一年活字刊本
　　[22]・四・11
七書講義四十二卷　宋施子美撰

活字刊本　[22]·四·12

舊抄本　[22]·四·11

60七里先生自然集七卷　宋江端友撰

　　宋刊本　[41]·二十·13

七星巖志十六卷　清諸作棟輯

　　清刊本　[39]·戊·60

七星先生詩文抄十五卷　明劉鴻撰

　　刊本　[39]·癸上·39

七國象戲局一卷　不著撰人

　　抄本　[5]·三下·23

七國考　明董説撰

　　抄本　[39]·丁·13

81七頌堂識小録一卷　清劉體仁撰

　　漱六編刊本　[74·三·58

　　知不足齋叢書本　[96]·五十八·1160

七頌堂詞繹一卷　清劉體仁撰

　　別下齋刊本　[74]·四·78

87七録齋文集六卷　明張溥撰

　　明崇禎刊本　[85]·六·236

七録齋文集六卷詩集三卷　明張溥撰

　　明刊本　[102]·上·33

　　刊本　[74]·四·46

七録齋近集十六卷　明張溥撰

　　刊本　[71]·集·明別·111

七録輯本二卷　清臧鏞堂輯

　　抄本　[8]·史三·205

七劍十三俠三集一百八十回　清人撰

　　石印本　[69]·六·193

4073₁　去

22去偽齋文集十卷　明呂坤撰

　　清康熙翻刻明萬曆本　[85]·二·88

　　刊本　[39]·癸下·11

　　呂子遺書本　[74]·四·44

4073₂　袁

00袁文箋正十六卷　清袁枚撰

清刊本　[74]·四·54

袁文榮公文集八卷　明袁煒撰

　　從明刊傳録本　[8]·集五·568

10袁不約集一卷　唐袁不約撰

　　宋刊本　[41]·十九·16

17袁胥臺集二十卷　明袁秩撰

　　刊本　[39]·癸上·48

　　　　[71]·集·明別·71

30袁宣卿詞一卷　宋袁去華撰

　　宋刊本　[41]·二十一·10

　　典雅詞抄本　[91]·四十·14

　　舊抄本　[11]·一百二十·3

32袁州孚惠廟録一卷　宋張愨纂

　　宋刊本　[14]·二下·166

35袁清容集五十卷

　　見《清容居士集》

袁禮部詩二卷　明袁袠撰

　　明嘉靖刊本　[74]·四·43

　　　　[102]·上·32

38袁海叟詩集三卷　明袁凱撰

　　舊抄本　[11]·一百十一·26

袁海叟詩集四卷　明袁凱撰

　　明萬曆刊本　[91]·三十五·24

　　校本　[54]·七·22

袁海叟詩集四卷補一卷　明袁凱撰

　　抄本　[71]·集·明別·20

袁海叟在野集不分卷　明袁凱撰

　　汪氏屐硯齋抄本　[17]·四·37

袁海叟在野集二卷　明袁凱撰

　　淡生堂抄本　[91]·三十五·24

　　抄本　[54]·七·26

40袁去華詞一卷

　　見《袁宣卿詞》

47袁柳莊詩集一卷　明袁珙撰

　　刊本[39]·癸上·11

　　　　[71]·集·明別·24

50袁中郎集十六卷　明袁宏道撰

　　明萬曆刊本　[19]·8

袁中郎集二十四卷　明梁宏道撰

　　刊本　[39]·癸下·17

袁中郎集四十卷　明袁宏道撰

　　明崇禎二年(1629)陸之選刊本　[26]·九·48

袁忠臣傳一卷　不著撰人

　　抄本　[88]·二·8

57袁絜齋集二十四卷　宋袁變撰

　　聚珍刊本　[74]·四·28

　　　　[75]·五十六·5

袁絜齋集二十六卷後集十三卷　宋袁變撰

　　宋刊本　[41]·十八·33

67袁野翁先生文集不分卷詩集不分卷　明袁慶祥撰

　　抄本　[71]·集·明別·58

72袁氏家塾讀書記二十三卷　題袁覺集

　　宋刊本　[41]·二·9

袁氏世範一卷　宋袁采撰

　　抄本　[71]·子·儒家·24

袁氏世範三卷　宋袁采撰

　　宋刊本　[41]·十·23

　　明刊本　[9]·後編·十六·13

　　清乾隆五十三年(1788)吳氏刊本　[26]·五·17

　　知不足齋叢書本　[96]·三十六·678

袁氏世範三卷附集事詩鑒不分卷　宋袁采撰

　　宋刊本　[33]·子·3

喪

35喪禮吾説篇十卷　清毛奇齡撰

　　西河全集本　[96]·四·63

喪禮或問二卷　清方苞撰

　　望谿全集本　[96]·四·64

77喪服制考八卷　清朱建輯

　　精抄本　[91]·二·22

4080₁　走

71走馬春秋四卷　清人撰

　　廣東坊刊小本　[69]·二·27

真

00真文忠公文章正宗二十卷　宋真

德秀撰
　宋刊本　[41]・十五・26
真文忠公文章正宗二十一卷　宋
　真德秀撰
　元刊本　[11]・一百十四・7
真文忠公文章正宗二十四卷　宋
　真德秀撰
　宋刊本　[9]・三・41
　　[28]・續・十四・11
　　[35]・上・57、58
　　[93]・二十三・24
　　[94]・四・11
　宋江西刊大字本　[2]・五・29
　元刊本　[9]・後編・十一・18
　　[32]・十五・7　[93]・
　　二十三・25　[94]・四・
　　18
　明初刊本　[22]・六・41
　明刊本　[9]・十・52
　明正德山西刊本　[91]・三十
　　八・17
　刊本　[89]・一集・九・29
　朝鮮世宗十一年己酉(皇紀二
　　〇八九年)庚子字刊本
　　[63]・圖版5
真文忠公文章正宗二十五卷　宋
　真德秀撰
　明刊本　[76]・十三・7
真文忠公文章正宗三十卷　宋真
　德秀撰
　明嘉靖刊本　[75]・六十三・
　　4
真文忠公文集五十一卷　宋真德
　秀撰
　元刊本　[9]・後編・十一・11
　明刊本　[11]・八十八・20
　　[93]・二十一・23
　明建寧守端嚴公刊本　[16]・
　　三十一・45
　明正德閩刊本　[91]・三十一・
　　3
真文忠公文集五十五卷　宋真德
　秀撰
　宋刊本　[10]・47　[35]・上・

52
　宋刊抄補本　[58]・集・104
　明嘉靖刊本　[12]・四・15
　明萬曆二十六年(1598)刊本
　　[32]・十二・19
　　[59]・六・30
　清康熙四年(1665)刊本
　　[71]・集・宋別・51
　　[74]・四・29
　刊本　[24]・集一・39
真文忠公文集五十六卷　宋真德
　秀撰
　宋刊本　[41]・十八・33
真文忠公讀書記　宋真德秀撰
　宋刊本　[9]・後編・六・10
　　[11]・四十・18
　　[29]・二・3　[32]・六・
　　5　[34]・一・25
　　[35]・上・18　[48]・
　　一輯・45　[58]・子・
　　15、16　[60]・二・6
　　[91]・十五・14
　　[93]・十三・12
　宋福州學刊本　[28]・五・12
　宋開慶刊本　[43]・三・7
　宋刊元明補本　[94]・三・1
　元刊本　[48]・二輯下・110
　刊本　[24]・集一・39
　　[39]・己・6
真文忠公讀書記三十九卷　宋真
　德秀撰
　宋刊本　[41]・三・35
真文忠公讀書記乙集上大學衍義
　四十三卷　宋真德秀撰
　宋刊本　[11]・四十・11
　　[14]・五下・716
　　[28]・六・11　[35]・
　　上・19、45　[35]・下・
　　11　[48]・一輯・47
　　[58]・子・13　[91]・
　　十五・15　[93]・十三・
　　12
　宋端平刊小字殘本　[2]・三・
　　5

　元刊本　[9]・五・11
　明刊本　[9]・七・8、9
　　[9]・後編・十六・9
　　[32]・六・5　[60]・二・
　　5
　明長洲陳氏評刊本　[96]・三
　　十六・684
　明弘治刊細字本　[11]・四十・
　　17　[91]・十五・15
　明嘉靖刊本　[91]・十五・15
　鮮朝明宗宣祖年間乙亥字刊本
　　[63]・圖版16
真文忠公政經一卷　宋真德秀撰
　宋刊本　[28]・六・10
　　[35]・上・43　[43]・
　　三・10
　明刊本　[17]・三・5
　　[55]・六・4
　說郛本　[96]・三十六・684
真文忠公政經一卷心經一卷　宋
　真德秀撰
　宋刊本　[11]・四十・19
真文忠公續文章正宗二十卷　宋
　真德秀撰
　宋刊本　[9]・三・41
　　[9]・後編・七・22
　元刊本　[9]・六・45
　明刊本　[11]・一百十四・8
　　[93]・二十三・25
04真誥七卷　梁陶弘景撰
　宋刊本　[14]・三下・302
真誥十卷　梁陶弘景撰
　宋刊本　[41]・十二・2
真誥二十卷　梁陶弘景撰
　明刊本　[11]・六十六・25
　　[22]・五・32　[75]・
　　五十・18　[93]・十八・
　　12
　明俞安期校刊本　[1]・上・8
　刊本　[71]・子・道家・4
　學津討原本　[96]・六十九・
　　1356
08真詮二卷　明陽道生傳
　抄本　[39]・庚・98

10真靈位業圖一卷
　見《靈寶真靈位業圖》
15真珠船八卷　明胡侍撰
　普祕笈本　[96]·五十七·1139
21真經道德指歸注十三卷　題嚴遵撰
　刊本　[20]·四·1
22真仙傳道集三卷　不知撰人
　宋刊本　[41]·十二·6
　真仙體道通鑑前集三十六卷後集六卷　趙道一撰
　抄本　[5]·二中·22
　　[8]·子二·361
　真山民詩集一卷　宋真桂芳撰
　日本刊本　[60]·六·43
　精抄本　[91]·三十二·16
　抄本　[39]·壬·47
　真山民詩集四卷　宋真桂芳撰
　刊本　[71]·集·宋別·68
30真宗御製碑頌石本目録一卷
　見《碑頌石本目録》
　真宗實録一百五十卷　宋王欽若撰
　宋刊本　[14]·二上·122
40真有益齋文集十卷息耕草堂十六卷　清黃安濤撰
　清刊本　[74]·續增·集·14
65真蹟日録一卷　明張丑撰
　仁和吳氏池北草堂刊本
　　[96]·四十八·946
　刊本　[39]·庚·23
72真臘風土記一卷　元周達觀撰
　明刊本　[75]·二十八·20
　刊本　[5]·二下·28
　古今逸史本　[74]·二·59
　明抄本　[11]·三十四·18
　清吳枚菴抄本　[2]·二·44
　抄本　[39]·戊·71
　　[74]·二·59　[102]·下·11
　真隱集三卷　宋釋善權撰
　宋刊本　[41]·二十·25

4080₆　賓
44賓菜言　不著撰人
　抄本　[39]·丁·46

4090₀　木
01木龍成規一卷　清李昞編
　清刊本　[74]·二·69
04木訥齋文集五卷附録一卷　元王毅撰
　刊本　[88]·五·39
10木天清氣集十四卷　明高棅撰
　抄本　[71]·集·明別·13
24木射圖一卷　唐陸秉撰
　宋刊本　[14]·三下·290
80木鐘集十一卷　宋陳埴撰
　元刊本　[48]·二輯下·108
　元刊配抄本　[91]·十五·14
　明刊本　[93]·十三·11
　明弘治刊本　[11]·四十·10
　　[91]·十五·14
　刊本　[39]·丙·19
　抄本　[75]·三十三·6
86木鐸集十二卷　宋張洎編
　宋刊本　[41]·十九·11

4090₃　索
60索易臆説二卷　清胡啓昆撰
　刊本　[39]·甲·39

4090₈　來
00來齋金石考三卷　清林侗撰
　抄本　[74]·二·77
　來齋金石考略三卷　清林侗撰
　魏稼孫校本　[57]·154
10來雨樓書目二卷　清周厚塏編
　山舟堂·自寫藏本　[96]·三十二·601
37來鶴亭詩八卷補遺一卷　元吕誠撰
　舊抄本　[74]·四·38
　來鶴草堂稿八卷　元吕誠撰
　舊刊本　[11]·一百零九·1
　來鶴草堂稿一卷既白軒稿一卷鶴亭倡和一卷　元吕誠撰
　抄本　[71]·集·元別·21
　來鶴草堂稿一卷既白軒稿一卷竹州歸田稿一卷鶴亭倡和一卷　元吕誠撰
　秀野草堂抄本　[42]·13
　舊抄本　[51]·四·7
44來菲泉存稿八卷　明來汝賢撰
　刊本　[39]·癸上·47
　　[71]·集·明別·74
66來瞿塘先生日録内篇七卷外篇七卷　明來知德撰
　刊本　[39]·己·22
77來鵬集一卷　唐來鵬撰
　宋刊本　[41]·十九·23
80來禽館集二十九卷　明邢侗撰
　明萬曆四十六年(1618)刊本
　　[74]·四·44　[102]·上·33
　刊本　[39]·癸下·11
　　[71]·集·明別·95

4091₆　檀
17檀弓疑問一卷　清邵泰衢撰
　刊本　[39]·乙·17
　檀弓叢訓二卷　明楊慎撰
　明嘉靖三十五年(1556)姚安府刊本　[91]·二·27
　函海本　[74]·一·28
　抄本　[39]·乙·16
　檀弓述注二卷　明林兆珂撰
　刊本　[39]·乙·17
　檀弓通二卷　明徐昭慶撰
　刊本　[39]·乙·17
　明抄本　[91]·二·28
　檀弓輯注二卷　明陳與郊撰
　刊本　[39]·乙·17
　檀弓原二卷　明姚應仁撰
　刊本　[39]·乙·17
60檀園集十二卷　明李流芳撰
　明刊本　[8]·集五·589
　明萬曆謝三賓刊本　[26]·九·55
77檀几叢書二集五十卷　清王晫、

張潮輯
　清刊本　[39]・庚・58

4091₇ 杭

20杭雙谿先生詩集八卷　明杭淮撰
　明嘉靖刊本　[61]・三・3
　　[75]・六十一・13
　　[91]・三十六・32
　刊本　[39]・癸上・28
32杭州府志　清陸懋勳纂
　殘稿本　[100]・48
　杭州府志　清王棻輯
　殘稿本　[100]・49
　杭州府志六十三卷　明夏時正等
纂
　明成化刊本　[39]・戊・31
　　[91]・十一・17
　杭州府志一百卷　明陳善纂
　明刊本　[71]・史・地志・11
　　[74]・二・43　　[91]・
　　十一・22　[102]・上・
　　17
40杭志三詰三誤辨一卷蕭山縣志刊
誤三卷　清毛奇齡撰
　西河全書本　[74]・二・45

4092₇ 槁

88槁簡贅筆二卷　宋章淵撰
　宋刊本　[41]・十一・19

檇

40檇李詩繫四十二卷　清沈季友輯
　清康熙四十九年(1710)敦素堂
　　刊本　[68]・圖版496、目
　　錄83
　清刊本　[28]・十三・20
　　[39]・辛・31
　檇李性哲續編　清項玉筍撰
　清刊本　[39]・戊・21
　檇李性哲初編　明戚元佐撰
　刊本　[39]・戊・21
　檇李叢書五十二卷外紀八卷　不
　著撰人
　稿本　[100]・187

檇李英華　不著撰人
　明刊本　[21]・一・65

4093₁ 樵

09樵談一卷　宋許棐撰
　鹽邑志林本　[96]・五十三・
　　1046
10樵雲獨唱一卷　元葉顒撰
　刊本　[24]・集二・13
　樵雲獨唱四卷　元葉顒撰
　抄本　[74]・續增・集・7
　樵雲獨唱五卷　元葉顒撰
　抄本　[39]・壬・74
　　[71]・集・元別・24
　樵雲獨唱六卷　元葉顒撰
　元刊本　[16]・三十四・41
　　[93]・二十二・24
　舊抄本　[5]・四中・22
　　[11]・一百零八・1
　　[26]・九・5　[30]・七・
　　29　[50]・九・31
　文瀾閣傳抄本　[11]・一百零
　　八・4
　傳抄本　[17]・四・35
　樵雲獨唱八卷　元葉顒撰
　舊抄本　[91]・三十四・33
　樵雲獨唱詩集八卷
　見《樵雲獨唱》
17樵歌一卷　宋朱敦儒撰
　宋刊本　[41]・二十一・7
　樵歌三卷　宋朱敦儒撰
　舊抄本　[11]・一百十九・13
　　[16]・三十六・8
　　[59]・七・21　[93]・
　　二十四・6
44樵林摘要稿　明蔣主孝撰
　明刊本　[21]・一・52
50樵史通俗演義四十回　題江左樵
　子編
　清初刊本　[85]・二十四・1066
　一九三七年北京大學史料室鉛
　　印本　[85]・二十四・1066
　樵史通俗演義八集八卷　題江左
　樵子編

清順治康熙間刊本　[69]・二・
　　69
　樵書十二卷　清來集之撰
　清刊本　[39]・己・61
　樵書初編六卷　清來集之撰
　清刊本　[71]・子・小説家・
　　28
72樵隱詩餘一卷　宋毛玨撰
　宋刊本　[41]・二十一・11
　陸敕先、毛斧季校本　[11]・
　　一百十九・13
　明抄本　[17]・四・49
　　[91]・四十・17
　樵隱詞一卷
　見《樵隱詩餘》
　樵隱集十五卷　宋毛玨撰
　宋刊本　[41]・十八・23

4094₁ 梓

26梓吳四十種四十七卷
　見《顧氏文房小説四十種》
28梓谿文集十卷　明舒芬撰
　明刊本　[8]・集五・549
　明嘉靖三十二年(1553)刊本
　　[71]・集・明別・66
　　[91]・三十七・15
　梓谿内集八卷外集十卷　明舒芬
　撰
　刊本　[39]・癸上・41

4094₈ 校

35校禮堂文集三十六卷　清凌廷堪
　撰
　清嘉靖十八年(1813)刊本
　　[96]・七十一・1426

4121₄ 狂

50狂夫之言三卷續狂夫之言二卷
　明陳繼儒撰
　眉公雜著本　[96]・五十三・
　　1059

4122₇ 獅

17獅子林天如和尚剩語集二卷　元

釋天如撰
　元至正刊本　[43]・三・50
獅子林剩語五卷別錄五卷　元釋
　天如撰
　刊本　[24]・集二・18
獅子林紀勝二卷附拙政園題詠一
　卷　明釋道恂撰
　抄本　[102]・下・39
22獅山掌錄二十八卷　明吳之俊撰
　刊本　[39]・己・84

4141₆ 姬

24姬侍類偶一卷　宋周守忠輯
　校明抄本　[51]・二・23
　明抄本　[21]・一・28
　清吳枚菴抄本　[2]・三・34
姬待類偶二卷　宋周守忠輯
　明抄藍格本　[59]・五・14
　舊抄本　[39]・庚・29
　　[74]・三・66　　[102]・
　下・24

4191₄ 極

00極玄集一卷　唐姚合纂
　宋刊本　[41]・十五・9
極玄集二卷　唐姚合纂
　元刊本　[76]・十二・21
　明萬曆刊本　[91]・三十八・
　7
　汲古閣刊本　[74]・四・60
　　[75]・六十二・10
　校本　[55]・五・24
　明抄本　[93]・二十三・5
　汲古閣舊抄本　[34]・三・25
　秦西巖抄本　[16]・續・四・
　22
10極元集參二卷
　見《極玄集》
37極沒要緊一卷　宋劉敞撰
　刊本　[5]・三上・12

4191₆ 桓

17桓子新論十卷
　見《新論》

樞

00樞府拜罷錄一卷　宋陳繹編
　宋刊本　[14]・二下・153
12樞廷紀聞　明于謙編
　舊抄本　[102]・下・6
18樞政錄十卷　明張鳳翼撰
　明崇禎刊本　[85]・三・146
41樞垣紀略十六卷　清梁章鉅撰
　清道光三年(1823)刊本
　　[74]・二・61

4192₀ 柯

22柯山集二卷　宋潘大臨撰
　宋刊本　[41]・二十・10
柯山集四十二卷　宋張耒撰
　舊抄本　[17]・四・20
柯山集五十卷　宋張耒撰
　聚珍版本　[75]・五十四・9
柯山集一百卷　宋張耒撰
　宋刊本　[14]・四下・475
柯山書解十六卷
　見《書解》
50柯東海集十五卷　宋柯夢得撰
　宋刊本　[41]・二十・23

4192₇ 樗

00樗齋漫錄十二卷　明許自昌撰
　刊本　[71]・子・雜家・25
44樗蒲經一卷樗蒲格一卷　不著撰
　人
　宋刊本　[14]・三下・290
樗菴類稿二卷　明鄭潛撰
　舊抄本　[11]・一百十一・21
　　[74]・四・41　　[102]・
　下・37
樗林偶筆二卷續筆二卷　清魏裔
　介撰
　兼濟堂全集本　[96]・五十七・
　1147
樗林摘稿三卷　明秦鏛撰
　刊本　[39]・癸上・47
樗林摘稿三卷附錄一卷　明秦鏛
　撰

刊本　[71]・集・明別・78
72樗隱集六卷　元胡行簡撰
　文瀾閣傳抄本　[11]・一百零
　九・11

4194₇ 板

42板橋雜記三卷　明余懷撰
　說鈴後集本　[96]・六十七・
　1329
　雙梅景閣叢書本　[85]・二十
　一・974
　龍威祕書本　[85]・二十一・
　974
　國朝金陵叢書本　[85]・二十
　一・974
　鉛印本　[85]・二十一・974
板橋雜記補三卷　金嗣芬纂
　一九三四年鉛印本　[85]・二
　十一・975
板橋詩抄四卷詞抄一卷道情一卷
　家書一卷題畫一卷　清鄭燮撰
　寫刊本　[26]・十一・10

4196₀ 柘

51柘軒先生文集五卷　明凌雲翰撰
　舊抄本　[11]・一百十一・7
　　[12]・六・31　　[71]・
　集・明別・18

樅

28樅谿居士集十二卷　宋劉才邵撰
　舊抄本　[12]・六・10
　　[91]・二十九・7
　文瀾閣傳抄本　[11]・八十・20

4196₁ 梧

28梧谿集七卷　元王逢撰
　元刊本　[72]・32　　[93]・
　二十二・23
　元刊明修本　[94]・四・17
　明洪武刊本　[11]・一百零七・
　13　　[16]・續・四・19
　　[70]・六・9　　[91]・三
　十四・32

明刊本　[81]・集・8
　　[83]・四・16
刊本　[24]・集二・12
蔣西圃鮑祿飲顏千里校抄本
　　[30]・六・52
知不足齋抄本　[39]・壬・74
周研農抄本　[11]・一百零七・
18
舊抄本　[5]・四中・25
　　[8]・集三・501
　　[12]・六・28　　[16]・
三十四・39　　[34]・三・
25　　[38]・集・88
　　[71]・集・元別・24
　　[81]・集・7　　[83]・四・
17

47梧桐影十二回　不著撰人
嚼花軒刊本　[69]・四・156
60梧園詩文集　明吳農祥撰
原稿本　[91]・三十七・27
77梧岡琴譜不分卷
見《琴譜》

4199₁　標

04標謝詩選一卷　清朱丕基撰
清刊本　[71]・集・國朝別・
43
22標幽賦二卷　元竇黙撰
抄本　[5]・三下・3
61標題蒙求三卷　唐李瀚撰
抄本　[39]・丙・30

4212₂　彭

00彭文憲公筆記一卷　明彭時撰
明抄本　[30]・五・8
借月山房彙抄本　[96]・五十
七・1136
彭文憲公筆記二卷　明彭時撰
顧氏四十家小說本　[96]・六
十五・1285
21彭比部集八卷　明彭輅撰
刊本　[39]・癸上・58
24彭德符先生萬曆乙卯硃卷　明彭
長宜撰

刊本　[36]・145
43彭城先生文集四十卷　宋劉攽撰
聚珍刊本　[74]・四・15
彭城先生文集六十卷　宋劉攽撰
宋刊本　[14]・五下・662
　　[41]・十七・16
44彭甘亭全集　清彭徵士撰
清刊本　[80]・十二・7
77彭尺木文稿不分卷　清彭紹昇撰
稿本　[38]・集・97
　　[100]・146
彭尺木未刻稿　清彭紹昇撰
抄本　[57]・291
80彭公案二十三卷　清貪夢道人撰
清光緒刊本　[69]・六・193

4223₀　狐

46狐狸緣全傳六卷　清人撰
清光緒十四年(1888)文酉堂刊
本　[69]・五・179
80狐首經一卷　宋游光敬集注
宋刊本　[41]・十二・31
刊本　[39]・庚・74

4240₀　荆

22荆川集
見《唐荆川集》
荆川稗編一百二十卷
見《唐荆川先生稗編》
荆川左編一百二十四卷
見《唐荆川先生左編》
荆川右編四十卷
見《唐荆川先生右編》
28荆谿詞初集七卷　清陳維崧撰
清刊本　[71]・集・詞・18
荆谿縣志四卷　清唐仲冕輯
清刊本　[74]・續增・史・8
荆谿外紀二十五卷　明沈敕編
明嘉靖二十四年(1545)刊本
　　[59]・六・5　　[75]・二
十八・21
刊本　[39]・戊・62
荆谿林下偶談一卷　宋吳子良撰
舊抄本　[11]・一百十八・12

荆谿林下偶談四卷　宋吳子良撰
抄本　[74]・四・72
　　[91]・三十九・29
　　[102]・下・40
荆谿林下偶談八卷　宋吳子良撰
抄本　[39]・己・71
荆谿唱和詩　明俞仲蔚輯
刊本　[39]・辛・38
40荆南倡和詩集一卷　元周砥、馬
治撰
明刊本　[50]・十・32
　　[91]・三十九・5
刊本　[24]・集二・12
先君子校明刊本　[20]・五・
34
校抄本　[61]・五・10
舊抄本　[11]・一百十七・12
44荆楚歲時記一卷　梁宗懍撰
宋刊本　[14]・三下・286
漢魏叢書本　[74]・二・56
抄本　[5]・二中・1
荆楚歲時記六卷　梁宗懍撰
宋刊本　[41]・六・21
73荆駝逸史五十三種　題陳湖逸士
編
琉璃廠半松居活字本　[85]・
二十三・1008
古槐山房集印本　[85]・二十
三・1008
77荆門耆舊記略三卷　清胡作炳撰
清刊本　[39]・戊・42
80荆公詩注五十卷
見《臨川詩注》
荆公集五十卷
見《臨川詩注》
84荆釵記二卷　明朱權撰
元刊本　[58]・元・151
明刊本　[50]・十・66

4241₃　姚

00姚文敏公集八卷　明姚夔撰
刊本　[39]・癸上・14
姚文敏公集十卷　明姚夔撰
明刊本　[32]・十四・8

17姚承菴文集十六卷　明姚舜牧撰
　刊本　[39]・癸下・10
27姚鵠詩集一卷　唐姚鵠撰
　明翻宋本　[45]・42
　[91]・二十五・14
　姚叔器先生集一卷　元姚璉器撰
　舊抄本　[11]・一百十・1
　精抄本　[91]・三十四・38
28姚牧菴集不分卷　元姚燧撰
　舊抄本　[38]・集・76
　[50]・九・8　　[71]・集・
　元別・27
　姚牧菴集三十六卷　元姚燧撰
　武英殿聚珍刊本　[26]・九・
　3　　[74]・四・35
31姚江逸詩十五卷　清黃宗羲輯
　清刊本　[39]・辛・34
　姚江學辨二卷　清羅澤南撰
　抄本　[74]・三・7
72姚氏殘語一卷　宋姚寬撰
　宋刊本　[41]・十一・19
80姚鉉文集二十卷　宋姚鉉撰
　宋刊本　[14]・後志・二・901
　姚合詩十卷
　見《姚少監詩集》
　姚舍人文集五十卷　宋姚勉撰
　影宋本　[91]・三十一・24
　舊抄本　[11]・九十一・8
90姚少監詩集五卷　唐姚合撰
　宋刊本　[50]・七・38
　[51]・三・4　　[93]・十
　九・34　　[94]・四・3
　舊抄本　[11]・七十・17
　[50]・七・38
　姚少監詩集六卷　唐姚合撰
　校宋本　[50]・七・37
　[65]・續・四・21
　姚少監詩集十卷　唐姚合撰
　宋刊本　[14]・四中・386
　[35]・下・32　　[41]・
　十九・15
　明抄本　[38]・集・27
　汲古閣抄本　[50]・七・39

42464　婚

35婚禮通考二十四卷　清曹廷棟輯
　清刊本　[39]・乙・11
　[96]・六・110

42521　靳

00靳文襄治河奏疏八卷　清靳輔撰
　清刊本　[74]・二・24
　靳文僖公集二十卷　明靳貴撰
　刊本　[71]・集・明別・58
10靳兩城先生集二十卷　明靳學顏
　撰
　明萬曆刊本　[91]・三十七・
　18
50靳史三十卷　明查應光撰
　刊本　[39]・戊・74

42577　韜

90韜光紀遊詩二卷　清釋山止輯
　刊本　[20]・五・40

42910　札

42札樸十卷　清桂馥撰
　小李山房刊本　[96]・五十五・
　1098

42913　桃

22桃川剩集二卷　明王廷表撰
　舊抄本　[91]・三十七・4
28桃谿雜詠一卷　元嚴士貞撰
　舊抄本　[91]・三十四・7
　桃谿百咏　元嚴士貞撰
　鮑淥飲手抄本　[30]・五・36
　桃谿書畫錄五卷　清吳昂駒輯
　稿本　[57]・180
　桃谿類稿六十卷　明謝鐸撰
　刊本　[71]・集・明別・38
31桃源縣志十卷　清肅文蔚輯
　殘抄本　[74]・續增・史・6
44桃花泉棋譜二卷　清范世勳撰
　進道堂刊本　[96]・四十九・
　978
　桃花豔史六卷　不著撰人

合影樓刊本　[69]・四・160
桃花扇傳奇二卷　清孔尚任撰
　清康熙刊本　[68]・圖版487・
　目錄82　　[85]・二十四・
　1076
　清乾隆七年(1742)刊本
　[85]・二十四・1076
　暖紅室刊本　[85]・二十四・
　1076
　通行刊本　[85]・二十四・1076
　鉛印本　[85]・二十四・1076
　桃花源集一卷　宋張栻編
　宋刊本　[14]・五上・571
　桃花源集二卷又二卷　宋趙彥琇
　編
　宋刊本　[41]・十五・24
　桃花影四卷　清徐震撰
　晼香齋刊本　[69]・四・156
80桃谷遺稿一卷　明陸俸撰
　楊潛夫抄本　[71]・集・明別・
　65

42917　栀

44栀林集十卷　宋沈繼祖撰
　宋刊本　[41]・二十・23

42921　析

16析酲漫錄六卷　明陳懋仁撰
　明刊刊　[91]・十八・33
　刊本　[39]・己・84
27析疑論一卷　題子成撰
　元至元刊本　[2]・三・48

42927　橋

77橋門聽雨詩一卷　明陳燧等撰
　刊本　[39]・辛・30

42947　椶

00椶亭詩抄十八卷
　見《棕亭詩抄》

42994　櫟

80櫟翁稗說四卷　元朝鮮李齊賢撰
　刊本　[88]・四・21

4301₀ 尤

10尤西堂集五十一卷　清尤侗撰
　　清康熙三十三年(1694)家刊本
　　[26]・十・5
72尤氏喉科一卷附方一卷　清尤乘
　　撰
　　借月山房彙抄本　[79]・子・
　　醫家類・416

4304₂ 博

07博望山人稿二十卷　明曹履吉撰
　　刊本　[71]・集・明別・104
08博議句解十六卷
　　見《東萊先生博議句解》
10博平縣志八卷　明胡瑾訂正
　　明正德刊本　[57]・104
20博愛心鑑二卷　明魏直撰
　　明新安吳氏校刊本　[79]・子・
　　醫家類・404　　　[96]・四
　　十三・784
　　博集稀痘方論二卷　明郭子章撰
　　明刊本　[96]・四十三・784
　　明萬曆五年(1577)刊痘疹大全
　　本　[79]・子・醫家類・
　　404
27博物要覽十六卷　明谷泰撰
　　舊抄本　[32]・八・16
　　博物志十卷　晉張華撰
　　宋刊本　[9]・後編・五・29
　　[14]・三下・240
　　[41]・十・12　　　[43]・
　　三・15
　　明刊本　[93]・十七・25
　　明商氏刊本　[75]・四十八・
　　13
　　明弘治賀志同刊本　[17]・三・
　　39
　　清吳門黃丕烈士禮居重刊宋本
　　[22]・五・13　　　[96]・
　　六十七・1323
　　清嘉慶據連江葉氏本刊本
　　[49]・18
　　古今逸史本　[74]・三・84

稗海本　[74]・三・84
漢魏叢書本　[74]・三・84
　　[96]・六十七・1324
刊本　[89]・二集・五・15
朝鮮國刊本　[22]・五・13
汪曰楨校本　[57]・216
舊抄本　[11]・六十四・16
博物志十卷盧氏注十卷　晉張華
撰
　　宋刊本　[41]・十一・22
博物典彙二十卷　明黃道周纂
　　明刊本　[57]・210
　　刊本　[71]・子・類事・17
30博濟方三卷　宋王袞撰
　　宋刊本　[41]・十三・6
　　傳抄大典本　[28]・七・17
　　博濟方五卷　宋王袞撰
　　宋刊本　[14]・三下・300
　　四庫全書本　[79]・子・醫家
　　類・480
　　墨海金壺本　[96]・四十二・
　　756
40博古圖二十卷　宋王楚纂
　　宋刊本　[14]・一下・93
　　博古圖三十卷　宋徽宗趙佶撰
　　元刊本　[9]・五・50、51
　　明刊本　[60]・八・4
　　刊本　[39]・庚・12
　　博古圖說十一卷　宋黃伯思撰
　　宋刊本　[41]・八・8
　　博古圖錄三十卷
　　見《宣和博古圖錄》
　　博古圖錄考正三十卷　宋大觀年
　　官撰
　　明刊本　[9]・後編・十六・17
44博蒐錄一卷　明柔喬撰
　　舊抄本　[91]・二十・16
60博異記一卷
　　見《博異志》
　　博東志一卷　題唐谷神子纂
　　宋刊本　[14]・三下・[248]
　　[41]・十一・4
　　明嘉靖刊本　[11]・六十四・
　　12

古今逸史本　[74]・三・82
文房小說本　[74]・三・82
祕書二十一種本　[96]・六十
六・1310
舊抄本　[75]・四十八・5
　　[93]・十七・21
70博雅十卷　魏張揖撰、隋曹憲音
解
　　宋刊本　[14]・一下・94
　　明刊本　[9]・後編・十三・7
　　[38]・經・45　　　[51]・
　　一・6　　　[52]・一・11
　　[91]・五・5
　　明畢效欽刊本　[75]・九・7
　　明皇甫錄本　[42]・1
　　明正德刊本　[11]・十二・10
　　明嘉靖刊大字本　[92]・一・
　　21
　　校宋本　[50]・一・12
　　[93]・七・5
　　明刊校本　[91]・五・6
　　校本　[50]・一・11
　　[65]・續・一・4
　　影抄宋本　[5]・一下・30
　　[50]・一・12　　　[83]・
　　一・10
　　明正德十年(1515)抄本
　　[80]・十四・4
　　抱經樓抄本　[75]・九・8
　　舊抄本　[11]・十二・9
　　[16]・七・7
77博學彙書十二卷　清來集之輯
　　清刊本　[39]・庚・50

4310₀ 式

00式齋先生文集三十七卷　明陸容
撰
　　精抄本　[8]・集四・533
　　式齋先生文集三十七卷附錄三卷
　　附錄一卷　明陸容撰
　　精抄本　[71]・集・明別・41
02式訓堂碑目三卷　清章壽康編
　　稿本　[60]・五・15
40式古堂書畫彙考六十卷　清卞永

魯撰

清康熙二十一年(1682)刊本
[68]・圖版484、目録81

舊抄本 [32]・七・8

卦

22卦變考略一卷　明董守諭撰
文瀾閣本 [74]・一・7

舊抄 [32]・一・17
[102]・下・1

卦變考略二卷　明董守諭撰
刊本 [39]・甲・26

60卦圖系述五卷　宋邵伯溫撰
宋刊本 [14]・五上・523

80卦氣圖一卷　宋樂洪撰
宋刊本 [14]・五上・524

4313₂ 求

10求一算術三卷　清張敦仁撰
清刊本 [74]・三・26

求一算經一卷　不著撰人
宋刊本 [14]・後志・二・860

21求仁録十卷　清潘平格撰
清刊本 [39]・己・34

34求法高僧傳二卷　唐釋義淨撰
宋刊本 [14]・三下・314

40求古居宋本書目不分卷　清黃丕
烈撰
抄本 [51]・一・25

求古録一卷　清顧炎武撰
舊抄本 [74]・二・77
[96]・三十四・620
[102]・下・13

求古精舍金石圖四卷　清陳經撰
原刊本 [84]・三・13

說劍樓刊本 [96]・三十四・
639

60求是齋碑跋四卷　清丁紹基撰
摘録稿本 [60]・五・13

求是堂文集九卷詩集二十二卷詩
餘一卷　清胡承珙撰
清刊本 [74]・四・56

求是堂全書七種　清胡承珙撰
清刊本 [74]・三・62

67求野録一卷　清鄧凱撰
舊抄本 [57]・71

求野録一卷　題樵隱編
明季稗史彙編本 [85]・十一・
541

4315₀ 城

50城書一卷　不知撰人
刊本 [5]・三中・8

4324₂ 狩

21狩緬紀事一卷　不著撰人
抄本 [85]・十一・560

4325₀ 截

31截求綱六十八卷　不知撰人
宋刊本 [35]・下・51

4346₀ 始

10始可與言八卷　不知撰人
抄本 [74]・四・74
[102・下・40

22始豐稿六卷　明徐一夔撰
明刊本 [11]・一百十一・16
舊抄本 [11]・一百十一・16
[71]・集・明別・10

始豐稿十四卷　明徐一夔撰
明初刊本 [91]・三十五・13
明刊配影抄本 [50]・九・38

始豐前稿三卷　明徐一夔撰
抄本 [38]・集・93
[50]・九・39

4355₀ 載

38載道集六十卷　清許焞輯
清刊本 [39]・辛・10

44載花船四卷　清人撰
清刊本 [69]・三・109

4373₂ 裘

00裘文達公文集六卷奏議一卷詩集
十二卷　清裘日修撰
清刊本 [74]・四・54

57裘杼樓書目　清汪森撰

舊抄本 [32]・五・10

88裘竹齋集四卷　宋裘萬頃撰
清康熙刊本 [71]・集・宋別・
49

4375₀ 裁

88裁纂類函一百六十卷　元周宏道
輯
抄本 [39]・庚・44

4380₀ 貳

71貳臣傳六卷　清乾隆官撰
抄本 [12]・五・13

貳臣傳十二卷逆臣傳四卷　清乾
隆官撰
清刊本 [74]・二・31

4380₅ 越

07越望亭詩集二卷　明湯紹恩輯
刊本 [39]・辛・33

10越西集一卷淮南集一卷湖干集一
卷江上集一卷北上集一卷　清
陳以剛撰
清刊本 [71]・集・國朝別・
28

17越殉義傳六卷　清俞忠孫輯
清乾隆刊本 [85]・十七・747

22越嶠書二十卷　明李鳳撰
抄本 [39]・戊・70

27越絕書十四卷　漢袁康撰
明仿宋汪綱刊本 [28]・續・
七・13 [35]・附・2

越絕書十五卷　漢袁康撰
宋刊本 [14]・五下・718
明刊本 [16]・十四・2
[75]・二十三・3
[93]・十・16 [96]・
二十六・521
明田汝成刊本 [16]・續・三
7
明弘治刊本 [17]・二・14
明正德嘉靖間刊本 [17]・二・
14
明嘉靖刊本 [11]・二十八・10

明嘉靖刊大字本　[92]•二• 56

明嘉靖二十四年(1545)孔文谷 刊本　[30]•三•10

明嘉靖二十六年(1547)陳塏刊 本　[26]•三•23

明嘉靖三十年(1551)宛陵梅守 德重刊正德本　[86]•一• 53

明嘉靖三十三年(1554)張佳胤 仿宋丁黼刊本　[17]•二• 14　[26]•三•22

明雙柏堂仿宋丁黼刊本 [11]•二十八•9 [35]•附•1

明萬曆翻元本　[17]•二•14

明萬曆十四去(1586)馮念祖刊 本　[26]•三•23

古今逸史本　[74]•二•36

漢魏叢書本　[74]•二•36

校抄本　[57]•96

越絕書十六卷　漢袁康撰

宋刊本　[41]•五•10

:32越州圖經九卷　宋李宗諤撰

宋刊本　[41]•八•21

·40越南詩選六卷　裴璧編

刊本　[88]•六•12

·44越坡稿　明廖世昭撰

刊本　[21]•一•49

:50越中牡丹花品二卷　宋釋仲休撰

宋刊本　[41]•十•7

越史略三卷　不著撰人

舊抄本　[11]•二十八•24 [74]•二•37　[75]• 二十三•18　[93]•十• 22　[102]•下•9

:80越鐫二十一卷　明王在晉撰

明萬曆三十九年(1611)刊本 [85]•二•96

4385_0　戴

:10戴元禮證治要訣十二卷

見《證治要訣》

戴震詩考四卷

見《詩考》

戴石屏詩集十卷

見《石屏詩集》

20戴重事録一卷　清章學誠撰

紀載彙編本　[85]•十四•669

24戴先生文集三十卷

見《剡源文集》

27戴叔倫集二卷　唐戴叔倫撰

明活字本　[91]•二十四•21

戴叔倫述稿十卷外詩一卷書狀一 卷　唐戴叔倫撰

宋刊本　[14]•四中•378

33戴逯谷集十二卷　明戴冠撰

明嘉靖刊本　[91]•三十七• 3

刊本　[71]•集•明別•64

34戴斗奉使録二卷　宋王曙撰

宋刊本　[14]•二下•163

35戴禮緒言四卷　清陸奎勳撰

清刊本　[39]•乙•14

40戴九靈集　元戴良撰

明刊補明抄本　[21]•一•41

50戴東原集十二卷

見《東原集》

戴東原光生年譜一卷　清段玉裁 撰

經韻樓叢書本　[96]•二十二• 464

72戴氏集十二卷

見《戴逯谷集》

戴氏遺書二十四種　清戴震撰

清刊本　[74]•三•62

戴氏遺書十四種附一種　清戴震 撰

清曲阜孔氏微波榭刊本 [96]•五十九•1183

88戴簡恪公遺集八卷　清戴敦元撰

清道光二十四年(1844)龐鍾璐 刊本　[26]•十四•11

92戴剡源文集三十卷

見《剡源文集》

4396_8　榕

40榕壇問業十八卷　明黃道周撰

刊本　[74]•三•6

43榕城詩話三卷　清杭世駿撰

先君子校本　[20]•四•23

榕城紀聞一卷　題海外散人撰

抄本　[85]•二十一•963

44榕村語録三十卷　清李光地撰

安谿全書本　[74]•三•7

文貞全書本　[96]•三十七• 707

榕村語録二十卷家書二卷　清李 光地撰

傳抄本　[17]•三•5

榕村講授三卷古文精藻二卷　清 李光地編

安谿全書本　[74]•四•66

榕村別集五卷　清李光地撰

文貞全集本　[96]•七十•1389

榕村全集四十卷　清李光地撰

清刊本　[74]•四•50

文貞全集本　[96]•七十•1388

57榕邨語録三十卷

見《榕村語録》

榕邨別集五卷

見《榕村別集》

榕邨全集四十卷

見《榕村全集》

60榕園吟稿十二卷　清李彥章撰

校刊本　[36]•252

78榕陰新檢十六卷　明徐𤊹撰

刊本　[71]•子•雜家•36

90榕堂詩抄一卷　清馮愓愈撰

清刊本　[71]•集•國朝別• 50

4399_1　棕

00棕亭詩抄十八卷古文抄十卷文抄 八卷詞抄七卷　清金兆燕撰

清嘉慶道光間刊本　[26]•十 二•46　[74]•四•55

4402_7　協

27協紀辨方書三十六卷　清莊親王 允禄等撰

清内府刊本　[71]•三•35

[96]·四十七·907

4410₀　封

35封神詮解十卷　清俞景撰
　　稿本　[69]·五·172
　封神演義一百回　明許仲琳撰
　　四雪草堂原刊本　[69]·五·172
　封神演義八卷　明許仲琳撰
　　清覆明刊本　[69]·五·172
　封神演義二十卷　明許仲琳撰
　　明刊本　[77]·四·118
　明金閶舒載陽刊本　[69]·五·172
36封禪記五十卷　宋丁謂撰
　　宋刊本　[14]·二下·156
71封長白山記一卷　清方象瑛撰
　　抄本　[74]·二·54
72封丘集二十卷　宋晁某撰
　　宋刊本　[14]·四下·484
　封氏見聞記二卷　唐封演撰
　　宋刊本　[41]·十一·4
　封氏見聞記五卷　唐封演撰
　　宋刊本　[14]·三下·242
　封氏見聞記十卷　唐封演撰
　　清乾隆五十七年(1792)江都秦
　　　譽刊本　[26]·五·39
　　[68]·圖版539、540、目錄
　　　89　[74]·三·51
　純白齋刊本　[84]·一·21
　漢魏叢書本　[74]·三·51
　雅雨堂叢書本　[96]·五十六·1102
　校本　[5]·五·43　[65]·續·三·43
　抄校本　[32]·八·11
　明隆慶二年(1568)影抄宋本
　　[59]·二·5
　明抄本　[17]·三·24
　　[54]·四·2
　舊抄本　[5]·二上·13
　　[11]·五十七·4
　　[16]·二十四·13
　　[17]·三·24　[34]·

附·一·16　[75]·四十三·4
封氏聞見記十卷
　見《封氏見聞記》

4410₁　芏

36芏湘筆乘　清管庭芬撰
　　稿本　[32]·九·20

4410₄　堃

87堃録三卷　不知撰人
　　抄本　[39]·已·86

菫

22菫山遺稿十五卷　明李堂撰
　　刊本　[39]·癸上·26

董

00董方立遺書　清董祐誠撰
　　清道光十年(1830)董氏京都刊
　　　本　[78]·算學書録補注·91
　董文僖公集四十二卷　明董越撰
　　精抄本　[8]·集五·547
　董文敏畫記十二卷　明董其昌撰
　　抄本　[71]·子·書畫家·11
　董文敏書眼一卷畫眼一卷　明董
　　其昌撰　李君實書眼一卷畫眼
　　一卷　明李日華撰
　　刊本　[71]·子·書畫家·11
17董子一卷　周董無心撰、宋吳祕
　　注
　　宋刊本　[14]·後志·二·818
　董司寇疏草十五卷卷首一卷　明
　　董裕撰
　　清初宸翰閣刊本　[85]·二·91
23董允叔落花吟　明董允叔撰
　　明刊本　[21]·一·63
25董仲舒集一卷　漢董仲舒撰
　　宋刊本　[41]·十六·1
　　明刊本　[9]·後編·十八·1
27董解元西廂四卷
　　見《西廂記》

28董從吾詩稿二卷　明董澐撰
　　刊本　[39]·癸上·27
33董心葵事記　不著撰人
　　紀載彙編本　[85]·八·358
37董退周緒言四卷　明董斯張撰
　　刊本　[71]·集·明別·109
50董中峯文集十卷　明董玘撰
　　王國楨刊本　[102]·上·32
　　刊本　[74]·四·44
　董氏小兒癍疹備急方論一卷
　　見《小兒癍疹備急方論》
80董令升遺事　不知撰人
　　抄本　[20]·四·20

墓

87墓銘舉例四卷　明王行撰
　　清嘉慶刊本　[75]·六十四·20
　　刊本　[5]·四下·23
　雅雨堂抄本　[74]·四·73
　舊抄本　[84]·四·27
　　[102]·下·40

4410₆　萱

90萱堂香譜一卷　不著撰人
　　宋刊本　[41]·十四·15

薑

00薑齋詩文集二十八卷　清王夫之撰
　　船山遺書本　[85]·二十·899
　四部叢刊初編本　[85]·二十·899
　薑齋詩文集三十三卷　清王夫之撰
　　湘鄉刊船山遺書本　[74]·四·49

4410₇　藍

22藍山集六卷　明藍仁撰
　　明洪武藍小書院刊本　[71]·集·明別·14
　明正統刊本　[91]·三十五·18

刊本　[28]・十三・10

舊抄本　[91]・三十五・19

藍山藍澗詩集六卷　明藍仁、藍
智撰

刊本　[28]・十三・9

30藍戶部集二十六卷　清藍千秋撰

清刊本　[74]・續增・集・13

37藍澗集六卷　明藍智撰

刊本　[28]・十三・11

舊抄本　[91]・三十五・19

42藍橋玉杵記二卷　明雲水道人撰

明萬曆三十四年(1606)浣月軒
刊本　[64]・16

[68]・圖版674、目錄107

4411₁　菲

26菲泉存稿八卷

見《來菲泉存稿》

堪

77堪輿玉尺經十卷　元劉秉忠撰

刊本　[39]・庚・74

堪輿仙傳四祕四卷　題明劉基撰

明刊本　[91]・十七・9

堪輿賦一卷　不知撰人

抄本　[5]・三中・40

堪輿纂略三卷　不知撰人

抄本　[5]・三中・41

堪輿類纂人天共寶十二卷　明黃
慎撰

明崇禎六年(1633)刊本
[96]・四十七・893

刊本　[39]・庚・75

4411₂　地

13地球圖說一卷　清蔣友仁譯

揚州阮氏刊文選樓叢書本
[78]・算學書錄補注・85

地球圖說一卷　清蔣友仁譯　圖
一卷　清李銳撰

揚州阮氏刊文選樓叢書本
[78]・子・天文類・560

[96]・四十四・836

地球圖說補一卷　清焦循撰

木犀軒叢書刊易餘籥錄本
[78]・算學書錄補注・85

16地理辨正五卷　清蔣平階撰

通行本　[96]・四十七・894

地理辨正再辨六卷　清姚銘三撰

通行本　[96]・四十七・894

地理六經注六卷　清葉泰撰

地理大成本　[96]・四十七・
898

地理新書十五卷　宋王洙等撰

宋刊本　[2]・三・11

金刊本　[34]・二・9

[35]・下・58　　[58]・
子・59　　[102]・上・5

金明昌三年(1192)刊本
[57]・175　　[67]・第五
冊・48　　[74]・三・31

影金精抄本　[65]・三・36

影抄金本　[93]・十五・9

地理新新書三十二卷　宋王洙等
撰

北宋國子監刊本　[7]・中・53

地理正宗六卷　晉陶侃等撰

明弘治刊本　[91]・十七・9

地理玉函纂要二卷　不著撰人

抄本　[39]・庚・74

地理五種祕竅十七卷　明甘霖撰

坊刊本　[74]・三・31

地理發微論集注一卷　不知撰人

抄本　[5]・三中・41

地理傳心全集二十五　清許明撰

清刊本　[39]・庚・76

地理總括二卷　明羅鈺撰

刊本　[39]・庚・75

舊抄本　[5]・三中・42

地理述八卷　清陳詵撰

清刊本　[39]・庚・75

信學齋刊本　[96]・四十七
896

地理泄天機十二卷　不知撰人

抄本　[5]・三中・42

地理葬書集注一卷

見《葬書》

地理指掌圖一卷　宋稅安禮撰

宋刊本　[41]・八・15

地理口訣一卷　不知編者

宋刊本　[41]・十二・32

地理四祕全書十二種　清尹一勺
撰

坊刊本　[74]・三・32

地理圖經合注一卷尅擇備要三卷
清趙斌輯

清刊本　[39]・庚・76

地理人天共寶十二卷

見《堪輿類纂人天共寶》

地理小一卷　唐李淳風撰

宋刊本　[41]・十二・32

30地官集十八卷　明楊嗣昌撰

明天啓三年(1623)刊殘本
[85]・七・328

60地圖綜要　明吳學儼、朱紹本編

明朗潤堂刊本　[59]・三・2

刊本　[71]・史・地志・26

77地學淺釋十三卷　清華蘅芳述

上海製造局刊本　[74]・續增・
子・6

地學問答　廖平撰

清刊本　[100]・117

范

00范文正公言行拾遺錄四卷附吳中
遺事一卷洛陽志一卷義莊規矩
一卷西夏堡寨一卷褒賢錄一卷
宋范仲淹撰

元刊本　[59]・四・13

范文正公政府奏議二卷　宋范仲
淹撰

宋刊本　[41]・二十二・1

元刊本　[11]・二十五・4

[28]・續・七・20

[32]・四・2　[35]・下・
33

元元統刊本　[16]・十二・7

明翻元元統刊本　[91]・八・
16

明刊本　[11]・二十五・4

嚴寒堂刊二范集本　[74]・二
23

文正集附刊本 [96]·二十一·433

抄本 [75]·二十·1

范文正公政府奏議十五卷 宋范仲淹撰
　宋刊本 [14]·五下·646

范文正公政府奏議二卷尺牘三卷年譜一卷 宋范仲淹撰
　元元統二年(1334)歲寒堂刊本 [43]·二·38

范文正公集十卷 宋范仲淹撰
　明萬曆三十六年(1608)康丕揚重刊本 [19]·19

范文正公集二十卷 宋范仲淹撰
　北宋刊本 [17]·四·14 [54]·五·36
　宋饒州路刊本 [35]·下·30

范文正公集二十卷政府奏議二卷尺牘三卷雜録不分卷 宋范仲淹撰
　元元統刊本 [38]·集·34

范文正公集二十卷別集四卷 宋范仲淹撰
　宋刊本 [9]·後編·六·16 [41]·十七·6 [65]·五·7 [92]·四·149
　宋乾道鄱陽郡齋刊本 [33]·集·23
　元刊本 [29]·三·7 [93]·二十·6 [94]·四·14
　元天曆元年(1328)歲寒堂重刻宋鄱陽郡齋本 [66]·目録10

范文正公集二十卷別集四卷言行拾遺一卷附年譜年譜補遺 宋范仲淹撰
　宋乾道饒州路刊本 [59]·六·15

范文正公集二十卷別集四卷政府奏議二卷遺事録四卷遺蹟鄱陽賛頌論疏一卷 宋范仲淹撰
　明嘉靖翻元天曆歲寒堂刊本 [12]·四·14

范文正公集二十卷別集四卷政府奏議二卷年譜一卷年譜補遺一卷言行拾遺事録四卷鄱陽遺事録一卷遺蹟一卷義莊規矩一卷襃賢録九卷 宋范仲淹撰
　明翻元刊本 [91]·二十六·12

范文正公集二十卷別集四卷補編五卷 宋范仲淹撰
　元刊本 [74]·四·14

范文正公集二十卷別集四卷補遺一卷 宋范仲淹撰
　宋刊本 [92]·四·149

范文正公集二十卷別集四卷附遺文 宋范仲淹撰
　元天曆刊本 [16]·三十·11

范文正公集二十卷別集四卷尺牘二卷 宋范仲淹撰
　宋乾道三年(1167)刊本 [8]·集二·411 [11]·七十三·15

范文正公集二十卷別集四卷尺牘三卷 宋范仲淹撰
　元天曆元年(1328)歲寒堂重刻宋鄱陽郡齋本 [2]·四·22 [66]·目録10

范文正公集二十卷別集四卷尺牘三卷政府奏議二卷 宋范仲淹撰元刊本 [29]·三·8

范文正公集二十卷別集四卷尺牘三卷遺文一卷 宋范仲淹撰
　元刊本 [58]·元·135

范文正公集二十卷別集四卷年譜一卷補遺一卷 宋范仲淹撰
　宋嘉定五年(1212)刊本 [43]·四·4

范文正公集二十卷別集四卷年譜一卷年譜補遺一卷言行遺事録四卷遺蹟一卷義莊規矩一卷襃賢録九卷 宋范仲淹撰
　明翻元刊本 [59]·六·16

范文正公鄱陽遺事録一卷 宋陳貽範輯
　宋刊本 [11]·二十六·11

文正集附刊本 [96]·二十二·450

范文正公遺蹟不分卷 不著撰人
　元刊本 [4]·20

范文正公遺蹟五卷 不著撰人
　文正集附刊本 [96]·二十二·453

范文正公奏議十五卷
　見《范文正公政府奏議》

范文正公尺牘三卷 宋范仲淹撰
　宋刊本 [33]·附·4

范文正公尺牘五卷 宋范仲淹撰
　宋刊本 [41]·十七·6

范文正公丹陽編八卷 宋范仲淹撰
　宋刊本 [14]·四中·435

范文正公全集四十六卷 宋范仲淹撰
　元天曆元年(1328)歲寒堂重刻宋鄱陽郡齋刊本 [75]·五十三·19

范文正公全集四十八卷 宋范仲淹撰
　刊本 [71]·集·宋別·3

范文正公年譜一卷年譜補遺一卷附義莊規矩一卷 宋樓鑰編
　文正集附刊本 [96]·二十二·450

范文正公年譜一卷年譜補遺一卷附録 宋樓鑰編
　元刊本 [11]·二十六·13

范文白公詩選六卷 元范梈撰、明楊肇選
　抄本 [30]·四·34

范文忠公初集十二卷 明范景文撰
　刊本 [39]·癸下·32

10范石湖集三十四卷
　見《石湖居士集》

17范子功集五十卷 宋范百禄撰
　宋刊本 [14]·後志·二·903

20范香谿文集二十二卷 宋范浚撰
　宋刊本 [58]·集·85
　元刊本 [11]·八十三·22

[16]・三十一・26
[17]・四・23　[35]・
下・33　[43]・四・45
[48]・二輯下・178
[93]・二十一・10
元至順三年(1332)刊本
[58]・元・111　[59]・
六・26　[91]・三十・
1
明刊本　[32]・十二・5
明萬曆刊本　[93]・二十一・
10
刊本　[24]・集一・33
[39]・壬・26
范香谿文集二十二卷附蒙齋遺文
一卷楊谿遺文一卷　宋范浚撰
刊本　[71]・集・宋別・35
24范德孺奏議二十五卷　宋范純粹
撰
宋刊本　[41]・二十二・3
范德機詩集七卷　元范梈撰
元刊本　[2]・五・4
[32]・十三・16
[48]・二輯下・189
[93]・二十二・12
[94]・四・17
元至元六年(1340)刊本
[58]・元・121　[91]・
三十三・31
毛子晉刊本　[71]・集・元別・
10
刊本　[5]・四中・21
日本五山刊本　[70]・三・37
日本延文刊本　[44]・三・45
影元抄本　[12]・六・25
影抄元至正益友書堂刊本
[17]・四・33
舊抄本　[11]・一百・17
[39]・壬・61　[50]・
九・13　[75]・五十九・
20　[91]・三十三・31
27范魯公集三十卷　宋范質撰
宋刊本　[14]・後志・二・897
40范太史集五十五卷　宋范祖禹撰

宋刊本　[41]・十七・24
明抄本　[11]・七十五・9
張立人抄本　[11]・七十五・
9
舊抄本　[17]・四・16
[28]・十一・13
[38]・集・36　[39]・
壬・9　[91]・集・宋別・
19　[71]・二十七・4
[93]・二十・13
范太史遺事一卷　宋范冲編
宋刊本　[14]・五上・581
[41]・七・17
50范忠宣言行録二十卷　不著撰人
宋刊本　[41]・七・17
范忠宣彈事五卷國論五卷　宋范
純仁撰
宋刊本　[41]・二十二・2
范忠宣公文集二十卷　宋范純仁
撰
宋刊本　[12]・一・26
[14]・五下・647
[41]・十七・23
[48]・一輯・83
宋嘉定永州刊本　[28]・續・
十二・12　[35]・下・
31　[91]・二十七・12
元刊本　[93]・二十・17
[94]・四・14
元天曆刊本　[2]・四・23
[11]・七十六・4
[16]・三十・19
[58]・元・136　[59]・
六・18
元元統刊本　[38]・集・39
明嘉靖刊本　[12]・四・14
范忠宣公文集二十卷奏議二卷遺
文一卷附録一卷補編卷　宋范
純仁撰
元天曆歲寒堂刊本　[74]・四・
17
刊本　[71]・集・宋別・9
60范蜀公集十卷　宋范鎮撰
宋刊本　[14]・四下・492

范蜀公樂書一卷
見《樂書》
范蜀公奏議二卷　宋范鎮撰
宋刊本　[41]・二十二・2
72范氏記私史事一卷　范韓魏述
南林叢刊本　[85]・十六・709
抄本　[85]・十六・709
范氏論語説十卷
見《論語説》
范氏三種曲六卷附北曲譜十二卷
明范文若撰
清康熙刊本　[38]・集・129
范氏天一閣碑目一卷續增一卷
清錢大昕編
抄本　[96]・三十四・629
范氏家祭禮一卷　宋范祖禹撰
宋刊本　[41]・六・18
范氏寢堂時饗禮一卷　唐范傳式
撰
宋刊本　[41]・六・17
77范賢良文集二十二卷
見《范香谿文集》
80范公文集五十五卷
見《范太史集》

4411₃ 蔬

00蔬齋厞語四卷　明沈太洽撰
刊本　[39]・癸下・30
80蔬食譜一卷　宋陳達叟編
宋刊本　[11]・五十三・20
[17]・三・13　[75]・
四十・17
明刊本　[17]・三・13
百川學海本　[96]・五十・1006
不著版本　[32]・七・14
舊抄本　[93]・十六・4

4411₈ 菠

18菠政摘要二卷　清陸隴其撰
清刊本　[74]・史・11

4412₇ 蒲

77蒲民昌邑集二十卷　宋蒲中行撰
宋刊本　[14]・後志・二・905

蒲

21蒲順齋閒居叢稿二十六卷
　見《閒居叢稿》
30蒲室集六卷　元釋大訢撰
　抄本　[71]·集·釋子·5
　蒲室集十五卷　元釋大訢撰
　刊本　[24]·集二·17
　王氏抄本　[91]·三十三·22
　舊抄本　[11]·九十九·1
　[12]·六·24　　[32]·
　十二·25　　[39]·壬·
　81　　[74]·四·36
　[91]·三十三·22
　[102]·下·35
　蒲室集十五卷附書疏語録不分卷
　元釋大訢撰
　元刊本　[38]·集·78
　蒲室集詩補遺二卷文一卷　元釋
　大訢撰
　舊抄本　[60]·七·10
31蒲江集一卷　宋盧祖皐撰
　宋刊本　[41]·二十一·16
32蒲州府志二十四卷　清周景柱撰
　清刊本　[71]·史·地志·11
　蒲洲集十卷　明陳縉撰
　刊本　[39]·癸下·6
40蒲左丞集十卷　宋蒲宗撰
　宋刊本　[14]·四下·460
44蒲菴集四卷　明釋來復撰
　傳抄洪武本　[60]·七·9
　蒲菴集六卷　明釋來復撰
　明刊本　[87]·一·12
　明正統刊本　[91]·三十五·
　7
　舊抄本　[11]·一百十一·11
　蒲菴集四卷補遺一卷　明釋來復
　撰
　抄本　[71]·集·釋子·7

蕩

30蕩寇志七十卷附結子一回　清俞
　萬春撰
　清咸豐三年(1853)徐佩珂刊本

[69]·六·189

勤

00勤齋集八卷　元蕭㪺撰
　舊抄本　[74]·四·36
　[91]·三十三·26
　[102]·下·35
　文瀾閣傳抄本　[11]·九十九·
　14
　傳抄本　[59]·七·5

4413₂ 蒃

88蒃竹堂碑目六卷　明葉盛撰
　粵雅堂刊本　[74]·二·76
　蒃竹堂稿八卷　明葉盛撰
　明嘉靖八年(1529)裔孫葉夢淇
　刊本　[86]·六·123
　抄本　[71]·集·明別·31
　蒃竹堂書目不分卷　明葉盛撰
　抄本　[20]·三·21
　[53]·一·21　　[71]·
　史·簿録·6
　蒃竹堂書目六卷　明葉盛撰
　粵東伍氏刊本　[28]·五·9
　粵雅堂刊本　[74]·二·71
　精抄本　[74]·二·71

4414₀ 對

28對谿集一卷　清趙執信撰
　小山堂京師抄本　[71]·集·
　國朝別·21

4414₂ 薄

38薄遊草十五卷　明謝廷諒撰
　刊本　[39]·癸下·37

4414₇ 坡

22坡仙遺蹟抄一卷　題退谷居士輯
　抄本　[71]·集·宋別·16
77坡門酬唱二十三卷　宋邵浩編
　宋紹熙元年(1190)豫章原刊本
　[67]·第五册·46
　影宋抄本　[9]·後編·八·5

鼓

22鼓山志十二卷　明釋元賢纂
　刊本　[71]·史·地志·67
　明抄本　[21]·一·11
44鼓枻稿一卷　明虞堪撰
　明精抄本　[26]·九·8
　舊抄本　[11]·一百十一·23
　[12]·六·32　　[50]·
　九·37　　[91]·三十五·
　26
　鼓枻稿六卷　明虞堪撰
　刊本　[71]·集·元別·35
　抄本　[30]·四·38
67鼓吹續音二十卷　清張中安編
　稿本　[30]·四·49
　鼓吹續編十卷　明朱紹、朱積輯
　刊本　[39]·辛·26
90鼓掌絶塵四集四十回　明吳某撰
　明刊本　[69]·三·98
　明刊大字本　[77]·二·24

4414₉ 萍

30萍實志十卷續志二卷　宋周世昌
　編
　宋刊本　[14]·五下·726
32萍洲可談一卷　宋朱彧撰
　宋刊本　[11]·六十三·5
　[17]·三·35
　明刊本　[17]·三·35
　萍洲可談三卷　宋朱彧撰
　宋刊本　[41]·十一·17
　墨海金壺本　[96]·六十四·
　1272
　清徐氏傳是樓抄本　[2]·三·
　35
　傳録明抄本　[17]·三·35
　抄本　[75]·四十七·1
44萍草　清葉大忠撰
　清刊本　[71]·集·國朝別·
　51

4415₃ 戴

22戴山致祝開美手札　不著撰人

傳抄本　[61]・七・7

60戴園詩集十卷近詩二卷　清程晉
芳撰
清乾隆二十七年(1762)家刊本
[26]・十三・4

4416₀ 堵

00堵文忠公集十卷合編一卷　明堵
胤錫撰
清光緒十三年(1887)刊本
[85]・十九・869
乾隆正氣集本　[85]・十九・
869

4416₁ 塔

10塔爾巴哈台事宜四卷　清貢某纂
抄本　[12]・五・15
62塔影園集二卷　明顧苓撰
殷禮在斯堂叢書本　[85]・二
十・923

墙

50墙東雜著一卷　清王汝驤撰
抄本　[39]・癸下・55

4416₄ 落

44落落齋遺集十卷　明李應昇撰
明崇禎十七年(1644)李遜之刊
本　[85]・二・128
刊本　[39]・癸下・25
77落騒樓文集　清沈垚撰
稿本　[100]・154

4416₉ 藩

84藩鎮指掌編一卷　明陳繼儒撰
刊本　[74]・二・81

4420₁ 苧

44苧蘿小稿六卷　清陳于朝撰
清刊本　[71]・集・明別・114

4420₂ 蓼

00蓼齋集四十七卷後集五卷　清李
雯撰

清刊本　[71]・集・國朝別・
1

4420₇ 夢

21夢占逸旨六卷　明陳士元撰
藝海珠塵本　[96]・四十七・
909
歸雲別集本　[74]・三・35
夢占類考十二卷　明張鴻翼輯
刊本　[39]・庚・77
28夢谿忘懷録三卷　宋沈括撰
宋刊本　[41]・十・6
夢谿筆談二十六卷　宋沈括撰
宋刊本　[9]・後編・五・20
[11]・五十七・6
[14]・三下・254
[28]・續・十・9
[29]・二・16　[35]・
下・10　[41]・十一・
12　[72]・20
[95]・二・1
宋乾道刊本　[76]・七・24
南宋刊本　[12]・一・13
元刊本　[9]・六・16
[32]・八・11　[35]・
下・25　[58]・元・86
元刊黑口本　[4]・8
元大德陳仁子刊本　[2]・三・
27
明覆宋本　[38]・子・48
明覆宋乾道二年(1166)揚州州
學教授湯修年刊本
[36]・173
明刊本　[30]・二・10
[91]・十九・2　[93]・
十六・17
明弘治八年(1495)華容官署徐
寶刊本　[100]・79
津逮祕書本　[57]・198
夢谿筆談二十六卷補筆談三卷
宋沈括撰
明崇禎四年(1631)嘉定馬調元
刊本　[59]・二・6
夢谿筆談二十六卷補筆談四卷

宋沈括撰
明仿宋刊本　[75]・四十三・
8
夢谿筆談二十六卷補筆談二卷續
筆談一卷　宋沈括撰
明刊本　[50]・五・46
津逮祕書本　[74]・三・52
稗海本　[74]・三・52
夢谿筆談二十六卷補筆談三卷續
筆談一卷　宋沈括撰
明仿宋刊本　[71]・子・雜家・
4
明刊本　[96]・五十六・1107
30夢窗詞不分卷　宋吳文英撰
明抄本　[38]・集・122
張夫人學象手抄本　[30]・五・
38
夢窗詞甲稿一卷　宋吳文英撰
毛斧季校本　[11]・一百二十・
5
夢窗詞甲稿一卷乙稿一卷　宋吳
文英撰
抄本　[71]・集・詞・7
32夢兆要覽二卷　明童軒撰
刊本　[39]・庚・77
33夢梁録不分卷　宋吳自牧撰
明抄本　[38]・史・76
夢梁録二十卷　宋吳自牧撰
刊本　[5]・二下・10
周星詟手校舊抄本　[17]・二・
18
知不足齋抄本・[39]・戊・31
曹網珊手抄本　[75]・二十八・
4
舊抄本　[12]・五・15
[30]・四・8　[32]・四・
24
36夢澤集十七卷　明王廷棟撰
明嘉靖四十一年(1562)王廷瞻
刊本　[19]・23
刊本　[39]・癸上・42
[71]・集・明別・67
40夢境圖唱和詩集一卷　清黄丕烈
輯

清道光刊本　[49]•23
44夢蕉存稿四卷　明游潜撰
　　刊本　[39]•癸下•2
　　　[71]•集•明別•77
　夢草堂詩集十二卷　明胡鎮撰
　　刊本　[39]•癸上•11
　夢華子集二卷　明吳坰撰
　　刊本　[39]•癸下•38
　夢華録十卷
　　見《東京夢華録》
　夢菴詞一卷　明張肯撰
　　抄本　[91]•四十•28
46夢觀集五卷　元釋大圭撰
　　抄本　[11]•一百零四•15
　　　[28]•十三•6
　夢觀集六卷　元釋大圭撰
　　明初刊本　[91]•三十四•18
　夢觀集二十四卷　元釋大圭撰
　　刊本　[39]•壬•80
　夢觀集六卷　明釋守仁撰
　　刊本　[71]•集•釋子•8
50夢中緣十五回　清李修行撰
　　崇德堂刊本　[69]•四•138
　夢中問答集三卷　釋疎石撰
　　日本康永三年刊本　[62]•圖
　　版58
　　日本室町初期刊本　[62]•圖
　　版59
60夢墨稿十卷　明時季照撰
　　刊本　[71]•集•明別•8
77夢月樓情史十六回　清徐震撰
　　清康熙刊本　[69]•四•139

考

00考亭朱氏文獻全譜　明朱鍾文輯
　　刊本　[39]•戊•87
　考亭淵源録三十四卷　明胡直輯
　　刊本　[39]•己•17
10考工記一卷　明郭正域批點
　　湖州閔氏刊本　[96]•三•46
　考工記二卷　明郭正域批點
　　明閔齊伋校刊朱墨印本
　　　[86]•十•3
　考工記二卷　明周夢暘評

明萬曆刊本　[64]•續•96
考工記解二卷　宋王安石撰
　　校宋刊本　[55]•一•6
考工記解二卷
　　見《周禮考工記解》
考工記注二卷　唐杜牧撰
　　清道光仁和胡珽琳琅祕室活字
　　本　[74]•一•21
　　　[102]•上•12
　　刊本　[74]•續增•經•1
考工記通二卷　明徐昭慶撰
　　刊本　[39]•乙•6
考工記車制圖解二卷　清阮元撰
　　七録書閣刊本　[96]•三•55
考工記輯注　明陳與郊輯
　　明刊本　[91]•二•15
考工記圖二卷　清戴震撰
　　微波榭刊本　[74]•一•22
　　戴氏遺書本　[96]•三•55
考工記圖解二卷　不著撰人
　　刊本　[39]•乙•6
考工記纂注二卷　明程明哲撰
　　刊本　[39]•乙•6
考工創物小記八卷磬折古義一卷
　　溝洫疆理小記一卷　清程瑤田
　　撰通藝録本　[96]•三•54
考正晚年定論二卷　孫承澤撰
　　舊抄本　[32]•六•8
14考功集二卷　唐宋之問撰
　　明翻宋本　[8]•集一•384
　　　[60]•六•17
　明刊本　[12]•三•15
　　　[36]•206　[93]•十九•
　　11
考功集十卷　唐宋之問撰
　　宋刊本•[14]•四上•340
　　　[41]•十六•99
　明崇禎刊本　[75]•五十一•
　　22
考功集十卷
　　見《薛考功集》
24考德集三卷　宋強至纂
　　宋刊本　[41]•十五•19
27考槃集六卷　明陸卿子撰

明刊本　[102]•上•33
刊本　[74]•四•46
考槃集六卷玄芝集四卷　明陸卿
　　子撰
　　刊本　[71]•集•閨秀•2
考槃餘事四卷　明屠隆撰
　　寶顏堂祕笈本　[96]•五十八•
　　1157
30考定竹畫十三卷　清孫之騄輯
　　清刊本　[39]•丁•17
40考古辭宗二十卷　明況叔洪輯
　　刊本　[39]•庚•52
考古編十卷　宋程大昌撰
　　函海本　[74]•三•48
　　學津討原本　[96]•五十四•
　　1071
　　舊抄本　[71]•子•濰家•17
　　　[75]•四十二•13
　　　[93]•十六•14
考古編十卷續編十卷　宋程大昌
　　撰
　　宋刊本　[41]•十•21
考古圖十卷　宋吕大臨撰
　　宋刊本　[14]•一下•93
　　　[41]•八•7　　[102]•
　　上•6
　　元刊本　[11]•五十三•2
　　　[28]•續•十•19
　　　[58]•元•83
　　元大德刊本　[34]•二•16
　　明刊本　[9]•八•38
　　　[9]•後編•十六•18
　　　[93]•十六•1
　　明楊明時刊本　[9]•後編•十
　　六•18
　　明鄭宏經重刊本　[59]•八•
　　天都黃氏亦政堂刊本　[96]•
　　五十•982
　　刊本　[39]•庚•12
考古圖十卷續考古圖五卷釋文一
　　卷　宋吕大臨撰
　　宋刊本　[74]•三•41
　　元刊本　[35]•上•11

影抄北宋本 [5]·二中·4
影宋抄本 [9]·四·19
考古質疑六卷　宋葉大慶撰
　武英殿聚珍刊本 [28]·續·十·13 [74]·三·49 [96]·五十四·1078
　抄本 [75]·四十二·17
考古類編十二卷　清柴紹炳撰
　清刊本 [71]·子·雜家·45
　滄成堂刊本 [96]·六十二·1232

4421₁ 荒

18荒政叢書十卷　清俞森撰
　長恩書室刊本 [74]·二·67
荒政輯要八卷　清姚碧撰
　見山樓刊本 [96]·三十·571
荒政輯要十卷　清汪志伊撰
　清刊本 [74]·二·67
28荒徵通考　明人撰
　舊抄本 [32]·四·14
50荒書一卷　清費密撰
　大關唐氏刊費氏遺書本 [85]·七·291
　抄本 [85]·七·291

4421₂ 苑

04苑詩類選三十卷　明包節編
　明刊本 [74]·續增·集·16
36苑湘南學庸論語講義不分卷　不著撰人
　葉東卿手校本 [75]·七·23
37苑洛志樂二十卷　明韓邦奇撰
　明刊本 [74]·一·47 [91]·四·22 [96]·七·115
　明嘉靖刊本 [102]·上·13
　刊本 [39]·丙·23
苑洛志樂存十卷　明韓邦奇撰
　明藍格抄本 [12]·五·3

莬

50莬青集不分卷　清陳至言撰
　清刊本 [71]·集·國朝別·

25

4421₄ 花

06花韻軒詠物詩存一卷　鮑廷博撰
　舊抄本 [17]·四·38
08花譜二卷　宋張峋撰
　宋刊本 [41]·十·8
10花王閣賸稿一卷　明紀坤撰
　舊抄本 [91]·三十七·25
28花㲦集三卷　明沈夢麟撰
　校本 [54]·七·12
　舊抄本 [32]·十三·24 [71]·集·明別·7 [74]·四·40 [102]·下·37
44花蕊夫人詩集一卷　後蜀費氏撰
　明潘是仁刊本 [26]·八·1
花草粹編十二卷　明陳耀文纂
　明萬曆刊本 [38]·集·125 [91]·四十·31
　刊本 [39]·辛·28
　傳抄本 [60]·七·20
花草粹編十二卷附錄一卷　明陳耀文纂
　明萬曆刊本 [64]·69
花菴詞選十卷　題花菴詞客編
　汲古閣刊本 [71]·集·詞·15
　舊刊本 [60]·七·19
花村談往二卷　不著撰人
　舊抄本 [74]·二·21
花村談往二卷補遺一卷　不著撰人
　舊抄本 [32]·九·18
47花柳深情傳四卷　清詹熙撰
　清光緒二十七年(1901)上海書局石印本 [69]·七·209
50花史二卷　明人輯
　明刻彩色套印本 [64]·續·110 [68]·圖版677、目錄108
花史二十七卷　明仲遵撰
　刊本 [39]·庚·85
花史左編二十四卷　明王路撰

　原刊本 [96]·五十一·1017
　刊本 [71]·子·農家·12
60花田金玉緣十六回　不著撰人
　清光緒二十年(1894)上海書局石印本 [69]·四·150
花果卉木全芳備祖前集二十七卷後集三十一卷　見《全芳備祖》
62花影集二卷　明馬洪撰
　抄本 [71]·集·詞·10
·花影閣秋蟀集一卷　明于鐘元撰
　抄本 [71]·集·明別·121
77花月痕十六卷　清魏秀仁撰
　清緒光十四年(1888)原刊本 [69]·四·129
花月吟　沈涵碧撰
　評點本 [20]·五·46
花間集十卷　後蜀趙崇祚輯
　宋刊本 [5]·四下·30 [9]·後編·七·26 [41]·二十一·1 [65]·五·81
　宋刊公文紙印本 [68]·圖版218,目錄43
　宋紹興十八年(1148)建康郡齋晁謙之刊本 [19]·25 [68]·圖版105、106,目錄25
　明覆宋本 [11]·一百二十·16 [91]·四十·29
　明刊本 [93]·二十四·8
　明正德十六年(1521)陸元大仿宋紹興刊本 [17]·四·49 [68]·圖版402、403,目錄70 [84]·二·19
　汲古閣刊本 [75]·六十四·31
　武林趙氏小山堂影抄宋淳熙十四年(1187)鄂州使庫刊本 [100]·178
花間集十二卷　後蜀趙崇祚輯補二卷　溫博輯
　明萬曆三十年(1602)玄覽齋刊

巾箱本 [86]·八·28
80花鏡鎢聲九卷 明馬嘉松編
　明刊殘本 [64]·續·101
花翁詞一卷 宋孫惟信撰
　宋刊本 [41]·二十一·16
花翁集一卷 宋孫惟信撰
　宋刊本 [41]·二十·23

莊

05莊靖集十卷
　見《莊靖先生遺集》
莊靖先生遺集十卷 金李俊民撰
　知不足齋抄本 [39]·壬·53
　舊抄本 [11]·九十四·7
　　[71]·集·金別·4
　　[91]·三十三·2
　精抄本 [32]·十三·4
　文瀾閣傳抄本 [16]·三十二·
　5
17莊子音義三卷 唐陸德明撰
　宋刊本 [41]·九·20
　日本刊單行本 [60]·二·3
莊子音義四卷 唐陸德明撰
　明閔氏刊本 [75]·五十·12
莊子新傳二十卷 宋王雱撰
　明刊本 [11]·六十六·14
　舊抄本 [16]·二十八·15
莊子新傳二十卷附拾遺一卷 宋
王雱撰
　舊抄本 [93]·十八·11
莊子疏十卷 唐文如海撰
　宋刊本 [14]·後志·二·825
莊子副墨八卷 周莊周撰、明陸
西星注
　明刊本 [9]·九·14
　明萬曆六年(1578)刊本
　　[64]·65
莊子翼八卷莊子闕誤一卷附錄一
卷 明焦竑撰
　明萬曆十六年(1588)刊本
　　[74]·三·88 [102]·
　　上·25
　原刊本 [96]·六十九·1353
莊子盧齋口義十卷 宋林希逸撰

宋刊本 [12]·一·16
　　[35]·下·8 [92]·三·
　131
宋建刊本 [2]·三·50
元刊本 [22]·五·31
　　[38]·子·93 [93]·
　十八·11 [94]·三·
　13
明刊本 [71]·子·道家·2
　　[91]·二十二·15
明正德刊本 [11]·六十六·
　15
明萬曆施觀民刊本 [11]·六
　十六·17
刊本 [89]·一集·五·14
莊子解三十卷莊子通一卷 清王
夫之撰
　清湘鄉刊本 [74]·三·89
莊子注十卷 唐呂惠卿撰
　宋刊本 [14]·後志·二·825
莊子注十卷 宋王雱撰
　宋刊本 [14]·後志·二·826
莊子注 周莊周撰、宋林希逸注
　宋刊本 [35]·上·4
　刊本 [89]·一集·五·15
莊子注一卷 周莊周撰、晉郭象
注
　舊抄卷子殘本 [22]·五·26
莊子注三卷 周莊周撰、晉郭象
注
　明天啓四年(1624)闔啓祥刊本
　　[26]·五·24
　古抄卷子本 [76]·七·6
莊子注十卷 周莊周撰、晉郭象
注、唐陸德明音義
　北宋國子監刊本 [7]·中·31
　宋刊本 [9]·二·33、35
　　[9]·後編·五·5、6
　　[10]·24 [14]·三上·
　212 [28]·續·十一·
　20 [35]·上·11、41
　　[35]·下·12、29
　　[38]·子·92 [41]·
　九·20 [43]·三·31

　　[58]·子·132 [65]·
　三·58 [68]·圖版
　219、目錄43
宋蜀刊大字本 [2]·三·50
宋建刊本 [2]·三·50
南宋刊本 [35]·上·44
元刊本 [1]·上·7
　　[11]·六十六·14
　　[12]·二·13 [16]·
　二十八·15 [17]·三·
　42 [35]·下·26
　　[48]·二輯下·151
　　[91]·二十二·14
　　[93]·十八·10
　　[94]·三·12
明初刊本 [22]·五·27
明刊本 [9]·後編·十六·5
　　[91]·二十二·8
　　[93]·十八·10
明世德堂刊本 [17]·三·42
　　[38]·子·93 [91]·
　二十二·14
明虞氏刊本 [75]·五十·12
明慎德書院刊本 [74]·三·
　88
明嘉靖刊本 [92]·三·131
明萬曆刊本 [102]·上·25
刊本 [5]·三上·16
　　[36]·200 [89]·一集·
　五·13
日本刊本 [76]··七·5
朝鮮刊本 [22]·五·28
十子全書本 [74]·三·88
校本 [100]·83
莊子注十五卷 周莊周撰、晉郭
象注、唐陸德明音義
　舊抄卷子殘本 [22]·五·27
莊子注一卷附莊子注考逸一卷
晉司馬彪撰
　問經堂叢書本 [96]·六十九·
　1352
莊子注疏 周莊周撰、晉郭象注、
唐成玄英疏
　宋刊本 [76]·七·3

宋寧宗以後刊大字本　[73]・
　圖版46
刊本　[89]・一集・五・12
舊抄卷子本　[22]・五・28
莊子注疏十卷　周莊周撰、晉郭
　象注、唐成玄英疏
宋刊本　[22]・五・28
日本覆宋本　[75]・五十・12
莊子注疏二十卷　周莊周撰、晉
　郭象注、唐成玄英疏
刊本　[5]・三上・16
莊子注疏三十卷　周莊周撰、晉
　郭象注、唐成玄英疏
宋刊本　[41]・九・20
莊子注疏三十三卷　周莊周撰、
　晉郭象注、唐成玄英疏
宋刊本　[14]・三上・214
　[44]・一・106
道藏本　[44]・一・106
舊抄本　[22]・五・29
　[44]・一・106
莊子注疏三十五卷　周莊周撰、
　晉郭象注、唐成玄英疏
慎思堂舊抄本　[26]・五・22
抄本　[71]・子・道家・1
莊子十論一卷　題宋李士表撰
宋刊本　[41]・九・24
莊子因六卷　清林西仲評述
校本　[57]・221
莊子全解十卷　宋呂惠卿撰
宋刊本　[95]・三・56
金刊本　[68]・圖版256、目錄
　48
莊子義十卷　宋呂惠卿撰
宋刊本　[41]・九・24
　[55]・三・16
莊子義海纂微一百零六卷　宋褚
　伯秀輯
舊抄本　[11]・六十六・18
　[39]・庚・94
莊子義纂通義十卷　不知撰人
明嘉靖三十九年(1560)刊本
　[19]・10
莊子餘事雜錄一卷　不知撰人

明正統道藏本　[17]・三・42
30莊定山集十卷　明莊㫤撰
刊本　[39]・癸上・20
　[71]・集・明別・46
莊宗召禍記一卷　後唐黃彬撰
宋刊本　[41]・五・16
31莊渠遺書十二卷　明魏校撰
刊本　[74]・四・42
莊渠遺書十六卷　明魏校撰
明刊本　[8]・集四・540
明嘉靖刊本　[38]・集・95
明嘉靖四十年(1561)崑山刊本
　[86]・二・18
明嘉靖四十二年(1563)刊本
　[102]・上・32
刊本　[39]・癸上・23
40莊南傑集一卷　唐莊南傑撰
宋刊本　[41]・十九・15
50莊史案輯論一卷　朱邦彥撰
中山大學語言歷史學研究所史
　料叢刊本　[85]・十六・714
72莊氏史案一卷　不著撰人
痛史本　[85]・十六・708
莊氏史案考一卷　周延年撰
民國中鉛印本　[85]・十六・714
莊氏史案本末二卷　清傅以禮輯
周氏勉憙堂抄本　[57]・75
抄本　[85]・十六・712
傳抄本　[60]・四・23
80莊義要刪十卷　明孫應鼇撰
明萬曆八年(1580)滇中刊本
　[74]・三・88　[102]・
　上・25
88莊簡集十卷
　見《李莊簡公文集》

薩

10薩天錫雜詩妙選稿全集一卷　元
　薩都刺撰
日本古刊本　[17]・四・34
日本明曆三年(1657)刊本
　[76]・十四・37
薩天錫詩集不分卷　元薩都刺撰
明刊本　[29]・三・26

明弘治刊本　[38]・集・81
　[91]・三十四・15
明舊抄本　[60]・七・8
薩天錫詩集二卷　元薩都刺撰
明弘治十六年(1503)重刊本
　[71]・集・元別・14
薩天錫詩集三卷　元薩都刺撰
抄本　[30]・四・35
薩天錫詩集十卷　元薩都刺撰
校抄本　[50]・九・19
薩天錫詩集三卷外集一卷　元薩
　都刺撰
清毛破崖沈寶研校汲古閣刊本
　[2]・五・8
薩天錫詩集三卷外集三卷　元薩
　都刺撰
刊本　[39]・壬・62
薩天錫雁門集四卷　元薩都刺撰
明淡生堂殘抄本　[17]・四・
　34
薩天錫雁門集六卷　元薩都刺撰
明刊本　[11]・一百零二・12
薩天錫雁門集八卷　元薩都刺撰
元刊本　[5]・四中・21
　[16]・三十四・28
　[93]・二十二・16
　[94]・四・17
明成化二十年(1484)張習刊本
　[68]・圖版377、目錄67
刊本　[24]・集二・9
抄校本　[50]・九・19
元抄本　[32]・十三・17
明抄本　[50]・九・17
抄明成化刊本　[91]・三十四・
　14
舊抄本　[60]・七・8
薩天錫雁門集十四卷附錄一卷別
　錄一卷　元薩都刺撰
清嘉慶十二年(1807)刊本
　[74]・四・37　[102]・
　上・30
薩天錫分體詩　元薩都刺撰
明弘治十六年(1503)李舉刊本
　[59]・七・7

40薩真人呪棗記二卷　元人撰
　　明刊本　[77]・四・116

藿

60藿田集十三卷　清范駒撰　附岳
班集　清范日觀撰
　　清刊本　[64]・續・89

4421₇　梵

01梵語雜名一卷　唐釋禮言撰
　　日本享保壬子刊本　[22]・五・
　　19
梵語千字文一卷　唐釋義淨撰
　　日本享保丁未刊本　[22]・五・
　　19

蘆

22蘆川詞一卷　宋張元幹撰
　　宋刊本　[41]・二十一・6
　　明抄本　[91]・四十・10
蘆川詞二卷　宋張元幹撰
　　宋刊本　[35]・上・5
　　[50]・十・45　[58]・
　　集・154　[93]・二十四・
　　7　[94]・四・12
　　刊本　[5]・四下・33
　　明影宋抄本　[74]・續增・集・
　　18
　　影宋抄本　[38]・集・118
　　[50]・十・46
蘆川歸來集六卷　宋張元幹撰
　　影宋抄本　[38]・集・50
　　知不足齋抄本　[39]・壬・25
　　舊抄本　[74]・集・宋別・22
　　[91]・二十九・21
蘆川歸來集十卷　宋張元幹撰
　　舊抄本　[91]・二十九・21
　　文瀾閣傳抄本　[11]・八十二・
　　19
33蘆浦筆記八卷　宋劉昌詩撰
　　抄校本　[50]・五・38
蘆浦筆記十卷　宋劉昌詩撰
　　知不足齋叢書本　[96]・五十
　　四・1076

黃堯圃吳枚菴校舊抄本
　　[17]・三・22
　　小山堂抄本　[39]・己・42
　　穴硯齋抄本　[50]・五・38
　　知聖道齋抄本　[75]・四十二・
　　15
　　舊抄本　[11]・五十六・14
　　[16]・二十四・7
　　[20]・四・19　[28]・
　　八・11　[30]・七・12
　　[71]・子・雜家・11
蘆浦筆記十卷　宋劉昌詩撰　乎
巢事蹟考　不知撰人
　　清初抄本　[2]・三・24
蘆浦筆記不分卷　宋劉昌詩撰
楊公筆錄不分卷　宋楊延齡撰
校舊抄本　[50]・五・37
　　[65]・續・三・31
50蘆中文集四卷　明余鷗撰
　　清初刊本　[85]・二十・891

4422₁　猗

77猗覺寮雜記一卷　宋朱翌撰
　　舊抄本　[17]・三・21
猗覺寮雜記二卷　宋朱翌撰
　　聚珍刊本　[74]・三・47
　　知不足齋叢書本　[96]・五十
　　四・1068
　　清吳枚菴錄何義門據宋校抄本
　　[2]・三・20
　　舊抄本　[5]・三上・41
　　[32]・八・7　[39]・己・
　　41　[91]・十八・26

荷

00荷亭辨論十卷　明盧格撰
　　盧抱經抄校本　[91]・十九・
　　12
22荷牐叢談四卷　題繭翁纂
　　廣東中山大學語言歷史學研
　　究所鉛印本　[85]，九・461
80荷谷詩抄一卷　朝鮮許篈撰
　　刊本　[88]・五・58

4422₂　茅

00茅亭客話十卷　宋黃休復撰
　　宋刊本　[14]・三下・257
　　[35]・上・20　[41]・
　　十一・12　[51]・二・
　　28　[58]・子・109
　　琳琅祕室活字本　[74]・三・
　　83　[102]・上・25
　　津逮祕書本　[74]・三・83
　　[96]・六十六・1315
　　清黃丕烈據宋校明抄本
　　[2]・三・38
　　明抄校宋本　[50]・六・35
　　[65]・續・三・80
　　抄宋本　[5]・三上・26
　　明抄　[17]・三・38
　　穴研齋抄本　[50]・六・35
　　[60]・八・8
　　抄本　[42]・5　[71]・子・
　　小説家・6　[75]・四十
　　八・8
茅亭客話十卷校記一卷　宋黃休
復撰
　　仁和胡氏據宋本合字印本
　　[92]・三・127
茅鹿門先生文集三十六卷　明茅
坤撰
　　刊本　[71]・集・明別・82
茅齋集二卷　宋鄧繼祖撰
　　宋刊本　[41]・二十・23
10茅石氏甲戌集五卷乙亥集十三卷
　　續三山逸鄰一卷　明茅元儀撰
　　刊本　[71]・集・明別・113
22茅山記一卷　宋陳倩纂
　　宋刊本　[41]・八・37
茅山志十三卷　元劉大彬撰
　　元刊本　[20]・三・16
茅山志十五卷　元劉大彬撰
　　元刊本　[35]・下・39
　　[58]・元・53　[93]・
　　十一・14　[94]・二・
　　12
　　元張雨寫刊本　[2]・二・39

元刊小字本　〔92〕•二•64

元刊黑口本　〔4〕•22

明永樂重刊元本　〔8〕•史三•184

明道士張全恩刊本　〔1〕•上•17

刊本　〔39〕•戊•58

茅山志十五卷首卷一卷卷後一卷　明江永年重修

刊本　〔71〕•史•地志•64

88茅簷集八卷　明魏學洢撰

刊本　〔39〕•癸下•30

4422₇ 芳

32芳洲文集十卷附錄一卷詩集四卷文集續編六卷　明陳循撰

明陳以躍校刊本　〔92〕•四•177

44芳蘭軒集一卷　宋徐照撰

鮑淥飲手抄本　〔30〕•五•33

抄本　〔39〕•壬•36

芳茂山人詩錄八卷　清孫星衍撰

清嘉慶二十三年（1818）平津館刊本　〔26〕•十三•38

〔74〕•四•55

芳茂山人詩錄九卷附長離閣集一卷　清孫星衍撰

平津館叢書附刊本　〔96〕•七十一•1425

80芳谷文集二卷　元徐明善撰

明抄本　〔91〕•三十三•20

帶

21帶經堂集九十二卷　清王士禎撰

原刊本　〔96〕•七十•1382

帶經堂陳氏書目五卷　陳蘭鄰撰

刊本　〔28〕•五•13

莆

22莆變紀事一卷　明余颺撰

莆陽先賢叢書稿本　〔85〕•十三•621

莆變小乘一卷熙朝莆靖小記　陳鴻撰

莆陽先賢叢書稿本　〔85〕•十三•622

76莆陽文獻　明鄭岳輯

刊本　〔39〕•戊•43

莆陽文獻十三卷列傳七十五卷　明鄭岳輯

明刊本　〔91〕•九•18

莆陽比事七卷　宋李俊甫纂

明刊本　〔11〕•三十四•13

舊抄本　〔16〕•十七•8

〔93〕•十一•18

莆陽科第錄二卷　明吳爵輯

刊本　〔39〕•丁•69

莆陽志十五卷　宋趙彥勵撰

宋刊本　〔41〕•八•33

莆陽居士蔡公文集

見《蔡端明集》

莆陽人物志三卷　宋林絃撰

宋刊本　〔41〕•七•30

莆陽知稼翁集二卷

見《知稼翁集》

77莆風清籟集六十卷　鄭王臣輯

清乾隆三十七年（1772）刊本

〔64〕•54

蒨

22蒨山擬存不分卷　清蔣廷鉽撰

未刻稿本　〔12〕•六•35

幕

00幕府燕間錄十卷　宋畢仲詢撰

宋刊本　〔14〕•三下•265

蒿

蒿菴集三卷　清張爾岐撰

聽泉齋刊本　〔96〕•七十•1373

蒿菴閒話二卷　清張爾岐撰

粵雅堂刊本　〔74〕•三•57

蕭

00蕭亭詩選六卷　清張實居撰

清刊本　〔71〕•集•國朝別•23

14蕭功曹集十卷

見《蕭茂挺集》

21蕭穎士集十卷

見《蕭茂挺集》

22蕭山水利二卷續刻一卷三刻三卷　明富玹輯、張文瑞續

刊本　〔39〕•丁•79

蕭縣志十八卷　清潘鎔撰

清嘉慶十九年（1814）刊本

〔74〕•二•48

23蕭然吟　清程遴撰

清刊本　〔39〕•癸下•42

29蕭秋詩集一卷　宋徐文卿等撰

宋刊本　〔41〕•十五•25

32蕭冰崖詩集二十六卷　宋蕭立等撰

明弘治十八年（1505）刊本

〔36〕•233

蕭冰崖詩集拾遺三卷　宋蕭立等撰

明刊本　〔93〕•二十一•29

舊抄本　〔11〕•九十二•12

〔91〕•三十二•2

34蕭遠堂詩集二刻六卷三刻六卷　清王修玉撰

清刊本　〔71〕•集•國朝別•48

40蕭臺公餘詞一卷　宋姚述堯撰

傳望樓刊本　〔74〕•四•76

刊本　〔24〕•集一•34

〔28〕•十三•25

〔102〕•上•35

黃堯圃校繡谷亭抄本　〔57〕•303

繡谷亭吳氏抄本　〔51〕•四•22

勞氏抄本　〔91〕•四十•15

舊抄本　〔11〕•一百二十•4

〔17〕•四•49　〔71〕•集•詞•6

44蕭茂挺文集一卷　唐蕭穎士撰

舊抄本　〔11〕•六十九•3

〔59〕•六•11　〔75〕•五十二•2　〔91〕•二十四•20

蕭茂挺集十卷　唐蕭穎士撰
　　宋刊本　[14]·四上·347
　　[41]·十六·14
77蕭閒詞一卷　宋韓膠撰
　　宋刊本　[41]·二十一·16
蕭閒集六卷　宋蔡松年撰
　　宋刊本　[41]·二十一·15
蕭閒老人明秀集注三卷　金蔡松
　年撰、魏道明注
　　金刊本　[35]·下·34
　　[68]·圖版260,目錄49
　　[93]·二十四·8
　　[94]·四·13
　　影抄金刊本　[11]·一百二十·
　　8　[16]·三十六·9
　　[50]·十·54
　　抄金抄本　[91]·四十·24
蕭尺木離騷圖一卷傳一卷　不知
　撰人
　　舊抄本　[59]·六·1
97蕭輝山稿一卷
　見《蕭輝山存稿》
蕭輝山存稿一卷　元蕭國寶撰
　　舊抄本　[11]·一百十·6
　　[39]·壬·69
蕭輝山存稿一卷附葦菴稿一卷
　元蕭國寶撰
　　抄本　[71]·集·元別·4
　　[91]·三十三·11

藺

30藺窩雜稿一卷　明沈昀撰
　　舊抄本　[91]·三十七·28

蘭

00蘭亭續考一卷　宋俞松撰
　　宋浙刊大字本　[2]·二·52
　　宋淳祐刊本　[68]·圖版65,目
　　錄18
蘭亭續考二卷　宋俞松撰
　　知不足齋叢書本　[96]·三十
　　三·611
　　朱竹垞抄本　[84]·一·30
　　舊抄本　[39]·庚·19

　　[93]·十二·18
蘭亭博議十五卷　宋桑世昌撰
　　宋刊本　[41]·十四·9
蘭亭考十二卷　宋桑世昌撰
　　宋刊本　[9]·三·44
　　宋浙東庚司刊本　[41]·十四·
　　10
　　刊本　[39]·庚·19
　　知不足齋叢書本　[96]·三十
　　三·611
　　影抄宋本　[93]·十二·18
　　舊抄本　[11]·三十七·16
　　[59]·八·1
蘭庭集不分卷　明謝緝撰
　　舊抄本　[39]·癸上·13
　　[71]·集·明別·23
06蘭韻堂詩集十二卷續一卷文集五
　卷續一卷御覽詩六卷經進稿二
　卷西清劄記二卷　清沈初撰
　　清乾隆嘉慶刊本　[26]·十二·
　　37
08蘭譜一卷　宋王貴學撰
　　說郛本　[96]·五十一·1013
蘭譜一卷　明張應文撰
　　巾箱抄本　[96]·五十一·1014
蘭譜一卷　宋趙時庚撰
　　說郛本　[96]·五十一·1013
　　舊抄本　[93]·十六·5
　　傳抄本　[32]·七·14
蘭譜三卷　宋趙時庚撰
　　抄本　[39]·庚·84
10蘭玉堂集二十卷　清張雲錦撰
　　清刊本　[71]·集·國朝別·
　　31
蘭雪集二卷
　見《張大家蘭雪集》
蘭雪堂詩稿不分卷　清王廣心撰
　　清刊本　[71]·集·國朝別·
　　3
26蘭臬集二卷　宋吳錫疇撰
　　明抄本　[91]·三十二·4
　　小山堂抄本　[71]·集·宋別·
　　68　[91]·三十二·5
蘭臬集三卷　宋吳錫疇撰

　　抄本　[11]·九十二·3
28蘭谿縣志十八卷　清嚴榮輯
　　清嘉慶五年〈1800〉刊本
　　[74]·續增·史·6
30蘭室祕藏三卷　金李杲撰
　　元刊本　[1]·上·21
　　[35]·上·42
　　元刊黑口巾箱本　[4]·14
　　[79]·子·醫家類·435
　　明初刊本　[22]·補遺·70
　　[60]·二·27
　　明刊黑口本　[91]·十六·21
　　刊本　[39]·庚·91　[89]·
　　二集·七·19
　　醫統正脈本　[96]·四十二·
　　769
31蘭江集二十二卷　明王在晉撰
　　刊本　[39]·癸下·20
蘭汀存稿八卷　明梁有譽撰
　　明刊本　[60]·七·11
　　近繆氏藕香簃刊本　[26]·九·
　　35
40蘭臺奏議一卷按秦奏議一卷閩邊
　奏議一卷掌臺奏議一卷　明余
　懋衡撰
　　刊本　[39]·癸上·38
蘭臺軌範八卷　清徐大椿撰
　　清乾隆二十九年〈1764〉洄谿草
　　草堂刊本　[79]·子·醫
　　家類·509
　　半松齋醫書六種本　[96]·四
　　十三·808
43蘭垞詩抄　施自勖撰
　　稿本　[20]·五·41
44蘭坡書畫目不分卷　宋趙與懃撰
　　刊本　[25]·5
蘭花夢奇傳六十八回　清人撰
　　清光緒三十一年〈1905〉上海文
　　元閣書莊石印本
　　[69]·四·151
蘭葉筆存不分卷　題釋本以撰
　　精抄本　[71]·集·釋子·10
51蘭軒詩集三卷　明費懿芳撰
　　抄本　[71]·集·閩秀·2

60蘭易二卷　題宋鹿亭翁撰
　　抄本　[39]·庚·84
63蘭畹居清言十卷　明鄭仲夔輯
　　刊本　[39]·己·79
67蘭暉堂集四卷　明屠應埃撰
　　明刊本　[74]·續增·集·10
　　刊本　[39]·癸上·48
　　[71]·集·明別·70

勸

12勸發諸王要偈　不著撰人
　　日本元和元年仿高麗活字本
　　[40]·3
31勸酒玉燭詩一卷　不著撰人
　　宋刊本　[41]·十四·19
80勸善錄六卷　宋周明寂纂
　　宋刊本　[14]·三下·261
　　勸善錄拾遺不分卷　宋周明寂纂
　　宋刊本　[14]·三下·262

4422₈ 芥

17芥子園畫傳　清王等棨輯
　　清康熙四十年(1701)芥子園甥
　　館刻套印本　[68]·圖版
　　718、目錄113
51芥軒詩草一卷浣香詞一卷綠窗小
　　稿一卷絳雪詞一卷　李崧撰
　　舊抄本　[60]·七·13
72芥隱筆記一卷　宋龔頤正撰
　　宋刊本　[11]·五十六·14
　　明仿宋刊本　[11]·五十六·
　　13
　　明胡文渙刊本　[60]·二·15
　　津逮祕書本　[74]·三·48
　　學津討原本　[96]·五十四·
　　1074
　　舊抄本　[16]·二十四·6
　　[75]·四十二·14

4423₂ 蒙

00蒙齋集十八卷　宋袁甫撰
　　聚珍刊本　[74]·四·30
　　刊本　[88]·續·32
　　蒙齋孝經説三卷

　　見《孝經説》
　　蒙齋中庸講義四卷
　　見《中庸講義》
　　蒙齋筆談二卷　宋鄭景望撰
　　稗海本　[74]·三·52
22蒙川先生遺稿四卷　宋劉黻撰
　　明抄本　[91]·三十一·21
　　舊抄本　[11]·九十一·5
　　[39]·壬·41　[71]·
　　集·宋別·64　[74]·
　　四·31　[102]·下·34
　　蒙川先生遺稿十卷　宋劉黻撰
　　明影元本　[91]·三十一·22
　　蒙川先生遺稿四卷補遺一卷　宋
　　劉黻撰
　　抄本　[75]·五十七·12
　　蒙山施食一卷　不知撰人
　　宋寫本　[92]·三·128
26蒙泉雜言二卷　不著撰人
　　抄本　[39]·己·62
40蒙難記一卷　明李永茂撰
　　傳抄本　[85]·二十一·937
　　蒙古經　不著撰人
　　蒙古刊蒙古語零本　[40]·4
43蒙求　唐李翰撰、宋徐子光補注
　　明經廠刊本　[13]·27
　　舊抄本　[102]·下·23
　　蒙求一卷　唐李翰撰、宋徐子光
　　補注
　　古抄卷子改裝本　[76]·十一·
　　7
　　舊抄本　[22]·五·4
　　蒙求二卷　唐李翰撰、宋徐子光
　　補注
　　學津討原本　[96]·六十·1195
　　明大字精抄本　[74]·續增·
　　子·6
　　蒙求三卷　唐李翰撰、宋徐子光
　　補注
　　宋刊本　[14]·後志·二·856
　　[22]·五·4　[30]·一·
　　5　[41]·十四·21
　　宋臨安刊本　[2]·三·32
　　明萬曆刊本　[91]·二十·2

　　活字本　[76]·十一·21
　　舊刊本　[22]·五·5
　　日本刊本　[11]·五十九·8
　　[75]·四十五·9
　　日本活字本　[102]·上·24
　　日本文禄丙申活字本　[22]·
　　五·6
　　日本應安七年刊本　[62]·圖
　　版116
　　日本佚存叢書本　[74]·三·
　　65
　　古抄本　[76]·十一·13
　　舊抄本　[22]·五·4、6
　　[76]·十一·17
　　蒙求四卷　唐李翰撰、宋徐子光
　　補注
　　明活字本　[32]·九·5
　　蒙求八卷　唐李翰撰、宋徐子光
　　補注
　　宋刊本　[41]·十四·24
　　[58]·子·102
　　蒙求集注二卷
　　見《蒙求》
　　蒙求補注三卷
　　見《蒙求》
　　蒙求補注六卷　清金三俊撰
　　今雨堂刊本　[96]·六十·1197
44蒙韃備錄一卷　宋孟珙撰
　　舊抄本　[59]·三·11
72蒙隱集二卷　宋陳棣撰
　　舊抄本　[91]·三十·14
　　文瀾閣傳抄本　[11]·八十六·
　　5
　　傳抄本　[61]·七·4

蘽

44蘽桂軒詩二卷　明吳大經撰
　　刊本　[39]·癸下·28

4423₄ 幙

27幙阜石記一卷　葛洪撰
　　宋刊本　[41]·八·37

4423₇　蔗

77蔗尾文集二卷詩集十五卷　清鄭
　方坤撰　卻埽齋倡和集二卷
　清鄭方城、鄭方坤撰
　清乾隆十八年(1753)以後家塾
　　刊本　[26]·十·20

4424₇　蔣

17蔣子萬機論二卷　魏蔣濟撰
　宋刊本　[41]·十·12
24蔣先生文集二卷　元蔣易撰
　明刊本　[11]·一百零九·22
37蔣滄軒詩選七卷　清蔣連撰
　清刊本　[71]·集·國朝別·
　9
72蔣氏祕函四種不分卷　清蔣平階
　撰
　通行本　[96]·四十七·895

4425₃　藏

00藏文聖妙吉祥真實名經　不著撰
　人
　明永樂九年(1411)刊本
　　[68]·圖版355、356、目錄
　　64
　藏六堂書目一卷　不著撰人
　宋刊本　[41]·八·9
08藏説小萃　明李鶚翀輯
　明刊本　[60]·五·21
10藏一話腴二卷　宋陳郁撰
　舊抄本　[93]·十六·22
　藏一話腴四卷　宋陳郁撰
　舊抄本　[11]·五十八·8
　[39]·己·42　　[74]·
　三·54　　[91]·十九·
　9　　[102]·下·21
22藏山閣存稿詩十六卷文四卷尺牘
　三卷　明錢秉鐙撰
　清康熙二十九年(1690)刊本
　　[85]·十九·874
　鉛印本　[85]·十九·874
　抄本　[85]·十九·874
　藏山閣存稿偶抄詩十四卷文六卷

年譜一卷　明錢秉鐙撰
　抄本　[26]·十·1
28藏徵錄　不著撰人
　抄本　[55]·二·12
30藏密齋集二十四卷　明孔時撰
　明崇禎刊本　[85]·二·127
　藏密齋集二十五卷　明魏大中撰
　明刊本　[32]·十四·17
　藏密齋集二十五卷附茅簷集八卷
　明魏大中撰
　刊本　[71]·集·明別·108
38藏海詩話一卷　宋吳可撰
　函海本　[74]·四·71
　舊抄本　[28]·十三·23
　[75]·六十四·5
　[91]·三十九·27
　藏海居士集二卷　宋吳可撰
　瞿氏精抄本　[91]·二十九·
　6
　舊抄本　[91]·二十九·6
　藏海居士集　元張用鼎撰
　刊本　[88]·五·16
50藏書六十八卷　明李贄撰
　明刊本　[74]·續增·史·2
　藏書六十八卷續藏書二十七卷
　明李贄撰
　明刊本　[8]·史二·139
　[102]·上·15
　刊本　[74]·二·15
　藏書紀要一卷　清孫從添撰
　清嘉慶刊本　[49]·10
　藏書世紀六十八卷
　見《藏書》
　藏書詩集四卷　元劉秉忠撰
　明正德刊本　[17]·四·30
　舊抄本　[17]·四·30
　[75]·五十八·13
　[91]·三十三·4
　藏春詩集六卷　元劉秉忠撰
　明弘治刊本　[54]·七·1
　校抄本　[50]·九·1
　舊抄本　[16]·三十二·14
　[74]·四·34　　[93]·
　二十二·1　　[102]·下·

　35
　藏春詩集五卷附録一卷　元劉秉
　忠撰
　刊本　[24]·集二·3
　舊抄本　[11]·九十四·21
　藏春詩集六卷附録一卷　元劉秉
　忠撰
　刊本　[39]·壬·54

4428₉　荻

28荻谿集二卷　元王楷撰
　抄本　[71]·集·元別·34

4429₄　葆

90葆光録三卷　宋陳纂撰
　宋刊本　[41]·十一·23

4430₃　蘧

00蘧廬詩　清韓純玉撰
　清刊本　[39]·癸下·41
60蘧園集十卷　明顧藺撰
　刊本　[39]·癸下·34
　蘧園蝱衙録四十卷　明王建極撰
　刊本　[71]·子·雜家·42

4430₄　蓮

17蓮子瓶演義傳四卷　清人撰
　清同治十年(1871)坊刊本
　　[69]·四·153
22蓮峯集十卷　宋史堯弼撰
　傳抄文津閣本　[17]·四·25
　文瀾閣傳抄本　[11]·八十八·
　1
34蓮社詞一卷　宋張掄撰
　宋刊本　[41]·二十一·15
　舊抄本　[101]·中·19
　精抄本　[91]·四十·9
38蓮洋詩選十卷　清吳雯撰
　清刊本　[34]·附·一·29
40蓮臺仙會品、秦淮士女表曲中志、
　金陵妓品　不著撰人
　抄本　[59]·八·8
　蓮塘詩抄四卷　清陳世熙撰
　清刊本　[74]·四·54

44蓮花經　不著撰人
　　唐人寫殘本　[84]・二・8
72蓮鬚閣文抄不分卷　明黎遂球撰
　　刊本　[71]・集・明別・118
　　蓮鬚閣集六卷　明黎遂球撰
　　乾坤正氣本　[85]・十九・881
　　蓮鬚閣集二十六卷　明黎遂球撰
　　刊本　[39]・癸下・37
80蓮龕集十六卷　清李來泰撰
　　清刊本　[39]・癸下・47
　　[71]・集・國朝別・17、59
　　清雍正十三年(1735)家刊本
　　[26]・十・18
　　光裕堂刊本　[96]・七十・1379
90蓮堂詩話二卷　元祝誠輯
　　勞季言校本　[91]・三十九・
　　34
　　舊抄本　[5]・四下・24
　　[11]・一百十八・16
　　[16]・三十六・2
　　[75]・六十四・19
　　[93]・二十四・5

蓮

22蓬山志五卷　宋羅畸撰
　　宋刊本　[41]・六・8
30蓬窗日錄八卷　明陳全之撰
　　刊本　[39]・己・77
　　蓬窗類記二卷　明黃暐撰
　　明抄本　[50]・六・40
　　蓬窗類記四卷　明黃暐撰
　　明藍格抄本　[32]・八・14
　　蓬窗類記五卷　明黃暐撰
　　明抄本　[38]・子・84
　　抄本　[39]・己・72
44蓬莊詩集五卷　清沈虹撰
　　清刊本　[71]・集・國朝別・
　　48
　　蓬萊鼓吹一卷　宋夏文鼎撰
　　舊抄本　[11]・一百二十・5
　　蓬萊觀海集十卷　明潘滋輯
　　刊本　[39]・辛・42
51蓬軒類記四卷
　　見《蓬窗類記》

44430₇ 芝

60芝田余居士證論選奇方後集十卷
　　題芝田居士撰
　　宋刊殘本　[22]・補遺・63
　　[35]・上・44
　　芝田錄一卷　不著撰人
　　宋刊本　[14]・三下・243
　　芝園外集二十四卷　明張時徹撰
　　明刊本　[92]・四・179
　　芝園定集二十五卷別集五十一卷
　　明張時徹撰
　　刊本　[71]・集・明別・78
　　芝園別集五十一卷奏議五卷公移
　　六卷　明張時徹撰
　　刊本　[39]・癸上・45
90芝省齋瑣記三卷　清李遇孫撰
　　稿本　[57]・202

44432₀ 薊

08薊旋錄一卷　明李日華撰
　　竹嬾說部本　[96]・二十四・
　　504
84薊鎮東路圖冊一卷　不著編者
　　抄本　[5]・二下・16

44432₇ 芍

44芍藥譜一卷　宋王觀撰
　　宋刊本　[41]・十・8
　　芍藥譜一卷　宋劉攽撰
　　宋刊本　[41]・十・8
　　芍藥圖序一卷　宋孔武仲撰
　　宋刊本　[41]・十・8

4433₀ 芯

61芯題上方二山紀遊集一卷　清查
　　禮撰
　　清刊本　[71]・集・國朝別・
　　61

4433₁ 蕉

60蕉園集一卷　清倪濂撰
　　清刊本　[71]・集・國朝別・
　　57

蕉

10蕉雨亭詩　不知撰人
　　明刊本　[21]・一・56
30蕉窗雜錄二卷　宋辛棄疾撰
　　抄本　[71]・子・雜家・9
44蕉葉帕四卷　不著撰人
　　坊刊本　[69]・四・149
　　蕉林詩集不分卷　清梁清標撰
　　清刊本　[71]・集・國朝別・
　　2
　　清康熙十七年(1678)刊本
　　[96]・七十・1372
77蕉堅稿一卷　釋慧鑫編
　　日本室町初期刊本　[62]・圖
　　版66

燕

00燕京歲時記不分卷　察敦崇撰
　　清光緒三十二年(1906)刊本
　　[64]・續・93
01燕語考異十卷　宋宇文紹奕撰
　　宋刊本　[41]・十一・16
10燕石集十五卷　元宋褧撰
　　刊本　[24]・集二・16
　　傳抄校本　[59]・七・7
　　影抄元刊本　[11]・一百零二・
　　2
　　舊抄本　[16]・三十四・22
　　[17]・四・34
　　傳抄本　[60]・七・7
　　燕石集十五卷附錄一卷　元宋褧
　　撰
　　清宋賓王校抄本　[2]・五・6
　　舊抄本　[91]・三十四・13
　　燕石吟三十五卷　清煜炳南撰
　　抄本　[74]・四・56
11燕北雜錄五卷西征寨地圖　宋武
　　珪撰
　　宋刊本　[41]・五・7
17燕子箋六卷　題玩花主人評
　　迎薰樓刊本　[69]・四・149
　　燕翼貽謀錄五卷　宋王栐撰
　　宋刊本　[11]・二十四・23

427

[17]・二・11
明刊本　[17]・二・11
鄭叔向校本　[57]・56
抄本　[75]・十九・11
22燕山叢録二十二卷　明徐昌祚撰
刊本　[39]・丁・44
校刻本　[55]・二・7
燕樂考原六卷　清凌廷堪撰
粵雅堂刊本　[74]・一・48
26燕吳行役記二卷　不著撰人
宋刊本　[41]・八・18
30燕寓偶談六卷　明楊繼益撰
體仁堂刊本　[96]・五十七・1144
40燕臺再游録　鮮朝柳得恭撰
不著版本　[55]・二・11
燕南記三卷　唐谷況撰
宋刊本　[41]・五・13
燕喜詞一卷　宋曹冠撰
宋刊本　[41]・二十一・10
汲古影宋本　[11]・一百十九・15
精抄本　[91]・四十・14
47燕都志變一卷　徐應芬撰
備徵録本　[85]・八・352
燕都日記一卷　明馮夢龍撰、莫
釐山人增補
紀載彙編本　[85]・八・349
甲申紀事本　[85]・八・349
77燕几圖一卷　宋黃長睿撰
明刊本　[91]・十八・1
說郛本　[96]・五十・989
燕閒四適　明孫丕顯撰
明刊本　[68]・圖版679、目録
108
燕居筆記　明馮猶龍編
清初刊本　[77]・六・179
燕居筆記十卷　題何大掄編
明季刊本　[77]・六・177
燕居答述二卷　明戴經輯
刊本　[39]・己・15
燕丹子一卷　不著撰人
問經堂叢書本　[96]・六十三・1243

燕丹子三卷　不著撰人
平津館刊本　[74]・三・73
90燕堂詩稿一卷　宋趙公豫撰
鮑淥飲手抄本　[11]・八十四・9
舊抄本　[39]・壬・37
[93]・二十一・10

4433₃　蕊

35蕊瀟集一卷蟾臺集一卷　明卓人
月撰
刊本　[71]・集・明別・114
77蕊閣集一卷　宋辛葉疾編
抄本　[71]・集・宋別・26

4433₆　煮

36煮瀑菴詩一卷　宋方左鉞撰
宋刊本　[14]・五下・685

4434₃　尊

20尊香庿遺文一卷　清楊鳳苞撰
禮耕堂叢説一卷　清施國祁撰
周學濂抄本　[32]・十四・19

4439₄　蘇

00蘇齋蘭亭考一卷　清翁方綱撰
粵雅堂刊本　[74]・二・78
蘇文定公文集五十卷　宋蘇轍撰
宋刊本　[30]・一・9
宋眉山刊大字本　[2]・四・27
[13]・33　[17]・四・19
蘇文忠公文集四十卷
見《東坡文集》
蘇文忠公內制集十卷
見《東坡內制集》
蘇文忠公七集一百十卷
見《東坡全集》
蘇文忠公奏議十五卷
見《東坡先生奏議》
蘇文忠公全集一百十五卷
見《東坡全集》
04蘇詩三十二卷
見《東坡詩集》

蘇詩四十二卷
見《東坡詩集》
蘇詩補注八卷　宋蘇軾撰、清翁
方綱補
粵雅堂刊本　[74]・四・18
蘇詩補注五十卷　宋蘇軾撰、清
查慎行注
清刊本　[39]・壬・6
[71]・集・宋別・15
[92]・四・153
稿本　[20]・五・14
08蘇許公詩集三卷　唐蘇頲撰
明翻宋本　[91]・二十四・6
蘇許公集二十卷　唐蘇頲撰
宋刊本　[14]・四上・338
蘇許公集二十卷附録二卷隴上記
一卷　唐蘇頲撰
清初抄本　[2]・四・18
10蘇平仲文集十六卷　明蘇伯衡撰
明刊本　[29]・三・29
[42]・13　[51]・四・11
明黑口本　[12]・三・28
明正統七年(1442)黎諒重刊本
[2]・五・21　[11]・一
百十一・16　[26]・九・9　[59]・七・14
[91]・三十五・12
[92]・四・171
刊本　[71]・集・明別・9
舊抄本　[92]・三十五・12
11蘇頲許公集二十卷
見《蘇許公集》
17蘇子美集十六卷
見《蘇學士集》
20蘇悉地羯羅經三卷　不著撰人
日本應永二十五年刊本
[62]・圖版35
21蘇潁濱年譜一卷　宋孫汝聽編
傳抄永樂大典本　[59]・四・15
22蘇山選集六卷　明陳栢撰
刊本　[39]・癸上・59
26蘇伯修滋谿文稿三十卷　元蘇天

爵撰
　元刊本　[2]・五・9
　校本　[54]・七・9
　嗚野山房抄本　[91]・三十四・7
　舊抄本　[11]・一百零三・12、14　[16]・三十四・9　[32]・十三・17　[34]・三・25　[59]・七・7　[71]・集・元別・8　[74]・四・37　[84]・二・35　[93]・二十二・17　[102]・下・36

蘇魏公文集七十二卷　宋蘇頌撰
　宋刊本　[41]・十七・22
　影抄宋刊本　[11]・七十三・19、20　[28]・十一・14
　舊抄本　[16]・三十・11　[32]・十一・2　[38]・集・35　[39]・壬・6　[71]・集・宋別・7　[91]・二十六・16

31蘇遯菴文集十八卷詩十卷駢語五卷續一卷　明蘇復一撰
　刊本　[39]・癸下・21

32蘇州府志一百五十卷　清石韞玉撰
　清道光四年(1824)刊本　[74]・二・48

蘇州府志五十卷圖一卷　明盧熊輯
　明洪武十二年(1379)刊本　[11]・三十二・21　[17]・二・16　[28]・續・八・10　[55]・二・3、4　[97]・一・2
　舊抄本　[16]・十六・26　[59]・三・8　[71]・史・地志・9

蘇州圖經六卷　宋李宗諤等撰
　宋刊本　[41]・八・19

34蘇沈良方八卷　宋蘇軾、沈括撰
　聚珍刊本　[74]・三・17

蘇沈良方十卷　宋蘇軾、沈括撰
　宋刊本　[41]・十三・7
　明刊本　[22]・補遺・52　[79]・子・醫家類・481

蘇沈良方十五卷　宋蘇軾、沈括撰
　宋刊本　[14]・三下・300

蘇沈內翰良方十卷
　見《蘇沈良方》

40蘇才翁集一卷　宋蘇舜元撰
　宋刊本　[14]・四下・452

43蘇城紀變　不著撰人
　明季史料叢書本　[85]・十四・667

蘇城紀變附續記一卷　不著撰人
　國粹叢書本　[85]・十四・667
　抄本　[85]・十四・667

蘇城紀變等四種四卷　不著編者
　抄本　[85]・二十三・1015

44蘇老泉先生全集十六卷　宋蘇洵撰
　明萬曆刊本　[38]・集・39
　刊本　[89]・一集・十・28

蘇黃門龍川志略十卷
　見《龍川略志》

71蘇原先生文集二卷　明吳廷翰撰
　明萬曆刊本　[91]・三十七・10

蘇長公外集八十六卷　不著編者
　刊本　[71]・集・宋別・13

蘇長公外紀十卷　明王世貞撰
　校燕石齋刊本　[59]・四・13

72蘇氏文類　不著編者
　元至元刊本　[35]・上・55
　元至正刊本　[35]・下・45

蘇氏詩解二十卷
　見《詩集傳》

蘇氏談訓十卷　宋蘇象先撰
　宋刊本　[41]・十一・14

蘇氏家傳心學文集　不著編者
　鮮朝中宗朝丙子字刊本　[63]・圖版25

蘇氏演義二卷　唐蘇鶚撰
　函海本　[74]・三・47

[96]・五十四・1064

蘇氏演義十卷　唐蘇鶚撰
　宋刊本　[41]・十・16

蘇氏易解八卷
　見《易解》

77蘇門六君子文粹七十卷　不著編者
　明刊本　[11]・一百十五・4　[60]・六・5　[91]・三十八・24

蘇門六君子集二百七十五卷　宋黃庭堅、張耒、陳師道、秦觀、晁補之、李廌撰
　宋蜀刊本　[41]・十七・26

蘇門集八卷　明高叔嗣撰
　明嘉靖刊本　[91]・三十七・11　[92]・四・178
　明萬曆四十六年(1618)刊本　[26]・九・23
　刊本　[39]・癸上・46　[71]・集・明別・74

蘇學士集十五卷　宋蘇舜欽撰
　校本　[84]・二・29

蘇學士集十六卷　宋蘇舜欽撰
　宋刊本　[14]・四下・452
　清康熙三十七年(1698)刊本　[75]・五十三・20
　清宋犖刊本　[71]・集・宋別・6
　刊本　[39]・壬・5
　校刊本　[34]・三・25　[100]・126

80蘇公寓黃集三卷　宋蘇軾撰、明陸志孝編
　刊本　[71]・集・宋別・16

90蘇米齋蘭亭考八卷　清翁方綱撰
　清道光淮寧張凱重刊本　[92]・二・71

蘇米譚史廣六卷　明郭化撰
　刊本　[39]・己・80

蘇米志林三卷　明毛晉編
　綠君亭刊本　[75]・四十三・10　[96]・二十二・456

4440₀ 艾

17 艾子一卷　題宋蘇軾撰
　宋刊本　[41]・十一・13
44 艾菴存稿十二卷　清黃永撰
　清刊本　[71]・集・國朝別・46
51 艾軒先生文集十卷　宋林光朝撰
　明刊本　[11]・八十五・1
　明正德刊本　[30]・二・32
　刊本　[24]・集一・35
　　[39]・壬・29
　仿明正德刊本抄本　[71]・集・宋別・46
　舊抄本　[11]・八十五・5
　　[12]・六・14　　[17]・四・23　　[74]・四・26
　　[91]・三十・6　　[102]・下・32
艾軒家傳一卷　宋林成季述
　宋刊本　[41]・七・26

4440₆ 草

00 草廬文粹五卷　元吳澄撰
　明宣德九年(1434)刊本　[74]・續增・集・7
　草廬集四十九卷　元吳澄撰
　明刊本　[60]・七・3
　草廬經略十二卷　明人編
　粵雅堂刊本　[74]・三・11
　草廬輯粹七卷　明王褎撰
　刊本　[24]・集二・3
　　[39]・己・12
06 草韻辨體五卷　明官修
　明崇禎刊本　[92]・三・95
　草韻彙編二十六卷　清陶南望編
　原刊本　[96]・四十八・956
16 草聖彙辨不分卷　清白芬編、朱宗文摹辨
　原刊本　[96]・四十八・953
　草聖彙辨四卷　清白芬編、朱宗文摹辨
　清刊本　[74]・三・39
30 草字彙十二卷　清石梁編

敬義齋刊本　[96]・四十八・962
草窗韻語六稿　宋周密撰
　宋周氏家刊本　[2]・四・43
草窗詞一卷　宋周密撰
　舊抄本　[91]・四十・23
草窗詞二卷　宋周密撰
　抄本　[71]・集・詞・7
草窗集二卷　明劉溥撰
　刊本　[39]・癸上・18
　　[71]・集・明別・36
草窗梅花集句五卷　明童琥撰
　明崇禎刊本　[91]・三十六・28
草窗梅花集句三卷附錄一卷和梅花百詠二卷　明童琥撰
　明弘治刊本　[71]・集・明別・50　　[91]・三十六・27
36 草澤狂歌一卷　明王恭撰
　抄本　[24]・集二・22
　　[71]・集・明別・13
草澤狂歌五卷　明王恭撰
　舊抄本　[11]・一百十一・18
　　[12]・六・31
40 草木子四卷　明葉子奇撰
　明刊本　[17]・三・28
　　[91]・十九・12
　刊本　[39]・己・47
　　[71]・子・雜家・20
草木春秋五卷　清江洪撰
　同人堂刊大字本　[69]・五・179
44 草莽私乘一卷　明陶宗儀輯
　陳鍾英校本　[60]・四・25
　明抄本　[11]・二十七・27
　　[50]・二・2　　[75]・二十二・16
　舊抄本　[17]・二・16
　　[28]・四・5　　[39]・戊・14　　[57]・58
　　[60]・四・25　　[74]・二・30　　[91]・九・15
　　[93]・十・10　　[102]・下・9

50 草書韻會五卷　張天錫編
　明洪武翻金刊本　[92]・三・93
　日本五山翻明洪武本　[92]・三・93
59 草抄本書目不分卷　不著撰人
　刊本　[74]・二・75
77 草閣詩集六卷拾遺一卷文集一卷附筠谷集一卷　明李曄撰
　抄本　[71]・集・明別・16
　草閣詩集六卷附筠谷集一卷　明李曄撰
　集本　[20]・五・27
78 草除遺事節本六卷　明黃佐撰
　舊抄本　[74]・二・20
　　[102]・下・7
90 草堂詩話二卷　宋蔡夢弼撰
　刊本　[28]・十三・23
　舊抄本　[74]・四・72
　　[93]・二十四・4
　　[102]・下・40
草堂詩箋四十卷
　見《杜工部草堂詩箋》
草堂詩餘四卷
　見《杜工部草堂詩餘》
草堂詩餘四卷花間集十卷前集二卷尊前集二卷詞林萬選四卷　不著編者
　汲古閣刊本　[71]・集・詞・15
草堂詩餘評林六卷　不知撰人
　明萬曆刊本　[19]・25
草堂集二卷
　見《魏仲先草堂集》
草堂嗣響四卷　清顧彩編
　清刊本　[71]・集・詞・18
草堂雅集不分卷　元顧瑛編
　抄本　[38]・集・111
草堂雅集十三卷　元顧瑛編
　元刊本　[16]・三十五・34
　校元刊本　[11]・一百十六・6
　舊抄校本　[59]・六・5
　影元抄本　[35]・下・34
　　[60]・六・14

知不足齋抄本　[39]·壬·76
舊抄本　[32]·十五·14
　[74]·續增·集·15
　[91]·三十九·3
草堂雅集十六卷　元顧瑛編
宋賓王抄本　[11]·一百十七·
3
草堂餘意　明陳大聲撰
明萬曆三十九年(1611)汪氏環
翠堂刊本　[68]·圖版
447、448、目錄76

4440₇ 孝

04孝詩一卷
見《林同孝詩》
21孝行錄三卷　宋胡訥撰
宋刊本　[41]·七·29
孝經一卷　不著撰人
宋刊白文本　[92]·一·15
舊抄單經本　[22]·二·8
孝經一卷　漢孔安國傳
宋刊本　[41]·三·20
日本足刊古文本　[91]·四·
1
日本刊本　[91]·四·1
孝經一卷　唐玄宗李隆基注
北宋國子監刊本　[7]·中·1
北宋刊本　[22]·二·13
　[35]·下·53
宋刊本　[9]·後編·三·15
　[14]·一下·75
　[41]·三·21
南宋國子監刊本　[7]·下·1
翻北宋本　[76]·二·22
翻宋相臺岳氏刊本　[23]·39
　[35]·上·8
刊本　[89]·一集·二·18
日本刊本　[29]·一·5
日本天聖明道間刊本　[90]·
9
通志堂經解本　[96]·一·7
影宋抄本　[35]·上·8
　[93]·五·45
影抄宋相臺岳氏刊本　[59]·

一·7
李唐人草書本　[22]·二·11
日本影宋刊本　[59]·一·8
日本享祿辛卯內府實隆公手書
卷子本　[22]·二·11、12
　[76]·二·18
孝經一卷　元行冲注
日本刊唐開元十年(722)注本
　[91]·四·2
孝經一卷　清世祖福臨注
文淵閣傳抄本　[96]·一·13
孝經一卷　清周春注
藝海珠塵本　[96]·一·17
孝經四卷　元吳澄注
明刊本　[11]·十一·1
孝經說一卷　宋范祖禹撰
宋刊本　[14]·一下·77
　[41]·三·22
孝經說一卷　宋項安世撰
宋刊本　[41]·三·23
孝經說一卷　明虞淳熙撰
明刊本　[96]·一·10
孝經說三卷　宋袁甫撰
宋刊本　[41]·三·23
孝經說一卷孝經釋疑一卷　明孫
本撰
明刊本　[96]·一·12
孝經正義三卷　唐玄宗李隆基
注、宋邢昺疏
北宋國子監刊本　[7]·中·7
宋刊本　[14]·一下·76
　[41]·三·22
南宋國子監刊本　[7]·下·2
明刊本　[75]·八·1
　[91]·四·3
明宣德刊本　[11]·十一·3
汲古閣刊本　[74]·一·37
孝經正義九卷　唐玄宗李隆基
注、宋邢昺疏
宋刊本　[35]·上·26
南宋黑口本　[4]·3
明閩刊本　[60]·一·18
　[91]·四·2
明正德刊本　[32]·二·8

大字刊本　[1]·上·4
清武英殿刊十三經注疏本
　[96]·一·4
孝經孔序直解一卷　不著撰人
舊抄本　[22]·二·11
孝經孔氏傳一卷　漢孔安國撰
日本刊本　[29]·一·5
日本文政刊本　[91]·四·1
日本佚存叢書本　[74]·一·
37
舊抄本　[22]·二·11
舊抄卷子本　[22]·二·9、10
　[89]·一集·二·25
日本弘安二年抄卷子本
　[22]·二·8
日本正安四年抄卷子本
　[22]·二·9
日本元德二年抄卷子本
　[22]·二·10
日本元亨元年卷子本
　[22]·二·10
孝經孔氏傳一卷　漢孔安國撰
附宋本古文孝經一卷　不著撰
人知不足齋叢書本　[96]·
一·1
孝經孔氏傳一卷　漢孔安國撰
附直解一卷　不著撰人
抄本　[76]·二·23
孝經集講　明熊兆撰
天一閣抄本　[39]·丙·4
孝經集靈一卷　明虞淳熙撰
刊本　[39]·丙·4
孝經集傳四卷　明黃道周撰
刊本　[39]·丙·5
石齋九種本　[74]·一·37
　[96]·一·11
孝經集注一卷　清世宗胤禎撰
文淵閣傳抄本　[96]·一·14
孝經集注一卷　清任兆麟撰
通行本　[96]·一·18
孝經衍義一百卷　清張英等撰
浙省重刊本　[96]·三十七·
702
孝經刊誤一卷　宋朱熹編

宋刊本 [14]·五上·535
　[41]·三·22
孝經外傳一卷　清周春撰
　藝海珠塵本 [96]·一·17
孝經總函　明朱鴻輯
　明抄本 [91]·四·3
孝經總類　不知撰人
　明內府抄本 [15]·4
孝經解一卷　宋王安石撰
　宋刊本 [14]·一下·76
孝經解一卷　宋張九成撰
　宋刊本 [14]·五下·716
　[41]·三·22
孝經疑問一卷　明姚舜牧撰
　六經堂刊本 [96]·一·9
　刊本 [39]·丙·4
孝經疑問二卷西銘續解二卷操齋
　詩集十二卷操齋文集十七卷
　清蔡衍鯤撰
　清刊本 [71]·集·國朝別·
　58
孝經句解一卷　元朱申撰
　通志堂經解本 [74]·一·37
　[96]·一·8
孝經彙注三卷　明江元祚撰
　明刊本 [96]·一·13
孝經約義一卷　清汪師韓撰
　原刊本 [96]·一·16
孝經注疏九卷
　見《孝經正義》
孝經注疏大全　清葉鈴撰
　事天閣刊本 [96]·一·15
孝經注解一卷　唐玄宗李隆基
　注、宋司馬光解、范祖禹說
　明刊本 [91]·四·3
　通志堂經解本 [96]·一·6
孝經定本一卷　元吳澄撰
　通志堂刊本 [74]·一·37
孝經宗注一卷　清曹宏度、周起
　鳳、應搗謙撰
　原刊本 [96]·一·15
孝經述注一卷　明項霦撰
　刊本 [74]·一·37
　借月山房彙抄本 [96]·一·8

文瀾閣傳抄本 [16]·六·1
孝經通釋十卷　清曹庭棟輯
　清刊本 [39]·丙·5
　慈山草廬刊本 [96]·一·17
孝經大全二十八卷孝經或問三卷
　附孝經翼一卷　明呂維祺撰
　夢月巖刊本 [96]·一·10
孝經大義一卷　宋董鼎撰
　通志堂經解本 [74]·一·37
　[96]·一·7
孝經大義三卷　宋董鼎撰
　明刊本 [11]·十一·4
　[75]·八·1
孝經本旨一卷　宋黃榦撰
　宋刊本 [41]·三·23
孝經本義一卷　清姜兆錫撰
　清刊本 [39]·丙·5
　姜版九經本 [96]·一·16
孝經忠經小學十卷　王相箋注
　明刊本 [60]·二·9
孝經指解一卷　宋司馬光撰
　宋刊本 [14]·一下·77
　[41]·三·22
　通志堂刊本 [74]·一·37
　舊抄本 [75]·八·4
孝經質疑一卷　明朱鴻撰
　明刊本 [96]·一·12
孝經問一卷　清毛奇齡撰
　西河全書本 [74]·一·38
　[96]·一·14
孝經全注一卷　清李光地撰
　安谿全書本 [74]·一·38
　[96]·一·14
孝經義一卷　宋王安石撰
　宋刊本 [14]·五上·535
孝經義疏補九卷　清阮福撰
　校阮刊本 [32]·二·9
孝經義疏補十卷　清阮福撰
　雲南督署刊本 [96]·一·6
孝經會通一卷　明沈淮撰
　明刊本 [96]·一·9
孝經鄭注一卷　漢鄭玄撰
　宋刊本 [41]·三·21
　小泉來山館重刊本 [96]·一·

3
孝經鄭注補證一卷　清洪頤煊撰
　知不足齋叢書本 [96]·一·
　4
孝經鄭氏解一卷　清臧庸輯
　知不足齋叢書本 [96]·一·
　4
25孝傳一卷　晉陶潛撰
　漢魏叢書本 [96]·二十三·
　471
30孝宗聖政　不著撰人
　抄本 [41]·五·38
孝宗實錄五百卷　宋傅伯壽撰
　宋刊本 [41]·四·42
44孝莊文皇后孝惠章皇后喪儀檔
　不知撰人
　抄本 [74]·二·65
50孝史五十卷　宋謝諤撰
　宋刊本 [41]·七·28
　影抄本 [5]·二中·21
孝史類編十卷　清黃齊賢輯
　清刊本 [39]·戊·4
孝肅包公奏議集十卷
　見《包公奏議集》
孝肅奏議十卷
　見《包公奏議集》
77孝賢皇后喪儀典禮檔　不知撰人
　抄本 [74]·二·65
80孝慈淵聖皇帝要錄二卷　不知撰
　人
　明抄本 [32]·三·10
孝慈淵聖皇帝要錄十六卷　不知
　撰人
　抄校本 [91]·七·9
孝慈堂書目　清王聞遠編
　抄本 [30]·四·12
　傳抄本 [60]·五·4
98孝悌類鑒七卷　宋俞觀能撰
　宋刊本 [14]·後志·二·858

孽

38孽海花十卷　曾樸撰
　清光緒末上海小說林排印本
　[69]·七·203

4440₈ 萃

23萃編校勘記二卷　清魏錫曾編
　　稿本　[60]・五・12

4441₇ 執

18執政邦罷録十卷　不著撰人
　　宋刊本　[14]・後志・一・797

4442₇ 萬

00萬病回春八卷　明龔廷賢撰
　　原刊本　[96]・四十三・785
10萬一樓集五十六卷續集六卷外集
　　十卷　明駱問禮撰
　　刊本　[39]・癸下・10
21萬行首楞嚴經十卷　唐釋彌迦釋
　　迦譯
　　宋刊本　[41]・十二・9
22萬山樓詩集二十四卷　清許虹撰
　　清康熙四十九年(1710)刊本
　　　[96]・七十・1385
24萬斛泉十二回　清人撰
　　清名山聚刊本　[69]・四・142
27萬象名義　不知撰人
　　日本抄本　[57]・29
　　傳抄本　[57]・30
　　萬物數　明邵雍撰
　　抄本　[21]・一・21
　　萬物數十七卷　明邵雍撰
　　明嘉靖四十四年(1565)刊本
　　　[26]・六・47
　　萬物數十八卷　明邵雍撰
　　刊本　[39]・己・3
30萬密齋醫書一百零八卷　清萬全
　　撰
　　清刊本　[71]・子・醫家・1
　　萬寶詩山三十八卷　宋葉景達編
　　宋刊本　[29]・三・36
　　宋麻沙刊本　[28]・續・十四・
　　11
　　宋巾箱本　[34]・一・33
　　　[35]・下・56
　　元刊袖珍本　[92]・三・124
　　葉氏廣勤堂刊本　[11]・一百

十五・1　　[57]・209
　[86]・一・14
40萬壽仙書　清曹無極輯
　　抄本　[39]・庚・98
44萬花樓楊包狄演義十四卷　清李
　　雨堂撰
　　羊城長慶堂刊本　[69]・二・
　　53
45萬姓統譜一百四十卷　明凌迪知
　　撰
　　明汲古閣本　[26]・四・15
　　原刊本　[96]・六十二・1219
　　萬姓統譜一百四十六卷附氏族博
　　考十四卷　明凌迪知撰
　　明刊本　[8]・子二・313
　　　[60]・五・19
　　明萬曆七年(1579)刊本
　　　[74]・三・68　[102]・
　　上・24
47萬柳谿邊舊話一卷　元尤玘撰
　　知不足齋叢書本　[96]・二十
　　三・476
　　舊抄本　[20]・四・17
　　　[39]・己・71　[59]・四・
　　15
50萬青樓圖編十六卷　清邵昂霄撰
　　原刊本　[78]・子・天文類・
　　559
　　萬青閣集八卷　清趙吉士撰
　　清刊本　[71]・集・國朝別・
　　30　[96]・七十・1378
　　萬青閣自訂詩八卷
　　見《萬青閣集》
60萬里海防二卷日本圖纂一卷　不
　　著編者
　　清康熙重刊明嘉靖本　[3]・10
　　萬里志二卷　明張弘至撰
　　刊本　[71]・集・明別・59
　　萬國經緯地球圖式　清莊廷敷撰
　　原刊本　[78]・算學書録補注・
　　86
　　萬國演義六十卷　清張茂炯、沈
　　惟賢、高繒編
　　清光緒上海作新社排印本

[69]・二・78
萬國公法四卷　清美國惠頓選
　清同治四年(1865)崇實館刊本
　　[74]・二・60
71萬曆辛亥京察記事始末八卷　明
　周念祖編
　明刊本　[85]・二・80
　刊本　[74]・二・61
　海寧張氏抄本　[85]・二・80
萬曆二十六年戊戌進士履歷便覽
　不著編者
　明刊本　[85]・二・99
萬曆二十三年乙未進士履歷便覽
　不著編者
　明刊本　[85]・二・99
萬曆二十五年應天鄉試録一卷
　不著編者
　傳抄本　[60]・四・35
萬曆二十九年辛丑進士履歷便覽
　不著編者
　明萬曆刊本　[85]・二・99
萬曆二年甲戌進士登科録　不著
　編者
　明萬曆刊本　[85]・二・99
萬曆三十二年甲辰進士履歷便覽
　不著編者
　明刊本　[85]・二・99
萬曆三大征考四卷　明茅元儀撰
　明萬曆刊本　[85]・二・82
萬曆五年丁丑進士登科録　不著
　編者
　明萬曆刊本　[85]・二・99
萬曆疏抄十二卷　明吳亮嚴輯
　明萬曆刊本　[85]・二・86
萬曆元年廣西鄉試録一卷　不著
　編者
　明刊本　[85]・二・100
萬曆元年山東鄉試録一卷　不著
　編者
　明刊本　[85]・二・100
萬曆元年江西鄉試録一卷　不著
　編者
　明刊本　[85]・二・100
萬曆元年貴州鄉試册　不著編者

433

明刊本 [85]・二・99

萬曆武功録十四卷　明瞿九思撰

　明萬曆四十年(1612)刊本
　[85]・二・81

　國學文庫鉛印本 [85]・二・
　81

　中華書局鉛印本 [85]・二・
　81

萬曆絲綸録六卷　明周永春輯

　明萬曆刊本 [85]・二・83

萬曆河內縣志

　見《河內縣志》

萬曆十一年癸未進士登科録　不
著編者

　明萬曆刊本 [85]・二・99

萬曆十七年己丑進士履歷便覽
不著編者

　明刊本 [85]・二・99

萬曆十四年丙戌進士履歷便覽
不著編者

　明刊本 [85]・二・99

萬曆十年河南鄉試録一卷　不著
編者

　明刊本 [85]・二・100

萬曆十年浙江鄉試録一卷　不著
編者

　明刊本 [85]・二・100

萬曆大政類編不分卷　明禎彪佳
輯

　明末祁氏澹生堂遠山堂抄本
　[85]・二・81

萬曆七年貴州鄉試録一卷　不著
編者

　明刊本 [85]・二・100

萬曆杭州府志一百卷

　見《杭州府志》

萬曆莊浪彙紀　明李作舟纂

　明刊本 [15]・2

萬曆起居注不分卷　不著編者

　明抄本 [85]・二・76

萬曆野獲編三十卷　明沈德符撰

　舊抄本 [17]・三・36
　　[39]・丁・43　　[74]・
　　續增・子 8

萬曆野獲編三十六卷補遺四卷
明沈德符撰

　清康熙木活字本 [85]・二・
　101

　清道光扶荔山房刊本
　[85]・二・101

　中華書局鉛印本 [85]・二・
　101

　舊抄本 [85]・二・101

萬曆邸抄不分卷　不著撰人

　明抄本 [85]・二・77

萬曆八年四月二十二日急選報
不著編者

　明萬曆刊本 [85]・二・82

萬曆會同三卷　宋陳從古撰

　宋刊本 [41]・十二・25

72萬氏家抄濟世良方六卷　明萬表
編

　明刊本 [79]・子・醫家類・
　506

　刊本 [39]・庚・91

萬氏易説二卷

　見《易説》

77萬印角闊游草　明萬印角撰

　明刊本 [21]・一・58

80萬全備急方不分卷　清王翊撰

　清嘉慶二十四年(1819)三槐堂
　坊刊本 [79]・子・醫家類・
　509

萬年底定録五十四卷　清吳國士
撰

　抄本 [71]・史・地志・70

萬年書十二卷　清官修

　清武英殿刊本 [78]・算學書
　録補注・90

萬年曆二卷

　見《聖壽萬年曆》

萬首唐人絶句一百卷

　見《萬首唐人絶句》

萬首絶句栞定四十卷

　見《萬首唐人絶句》

90萬卷菁華前集八十卷後集七十八
卷續集三十四卷　不著撰人

　明藍絲欄精抄本 [8]・子二・
　304

萬卷菁華前集八十卷後集八十卷
續集三十四卷　不著撰人

　天一閣抄本 [39]・庚・45

萬卷樓書目　唐堯臣撰

　刊本 [25]・8

萬卷堂家藏藝文目一卷　明朱睦㮮
㮮撰

　舊抄本 [8]・史三・208
　　[32]・五・8　　[53]・一・
　　21　　[71]・史・簿録・
　　5　　[91]・十四・5

萬卷堂藝文記一卷

　見《萬卷堂家藏藝文目》

荔

24荔牆詞二卷　不知撰人

　刊本 [101]・中・22

44荔枝詩一卷　清鮑倚雲撰

　清刊本 [71]・集・國朝別・
　65

荔枝譜一卷　陳鼎撰

　傳抄本 [60]・八・4

荔枝譜一卷　宋蔡襄撰

　宋刊本 [11]・五十四・20
　　[17]・三・14　　[41]・
　　十・8　　[75]・四十一・
　　2

　明刊本 [17]・三・14

　明華氏刊本 [91]・十八・11

　刊本 [21]・一・25

　百川學海本 [96]・五十一・
　1014

　抄本 [75]・四十一・2

荔枝譜一卷荔枝故事一卷　宋蔡
襄撰

　宋刊本 [14]・三上・235

荔枝故事一卷　宋蔡襄撰

　宋刊本 [41]・十・9

荔

44荔蔉集十卷　宋鄭範撰

　宋刊本 [14]・五下・657

孂

30孂窟詞一卷　宋侯寘撰
　宋刊本　[41]·二十一·12
　汲古影宋本　[11]·一百二十·
　　1
　舊抄本　[32]·十六·10
　精抄本　[91]·四十·11

4443₀ 樊

17樊子句解二卷　唐樊宗師撰
　抄本　[71]·集·唐別·13
22樊川文集十一卷　唐杜牧撰
　刊本　[39]·辛·53
　樊川文集十七卷　唐杜牧撰
　明刊本　[9]·後編·十八·12
　樊川文集二十卷　唐杜牧撰
　明仿宋本　[26]·七·37
　明正德十六年(1521)朱承爵朱
　　氏文房刊本　[68]·圖版
　　404、405、目錄71
　明嘉靖翻宋刊本　[19]·16
　刊本　[21]·一·34
　　[88]·五·7　　[89]·一
　　集·十·18
　朝鮮國活字刊本　[22]·六·
　　17
　校本　[60]·六·22
　樊川文集二十卷外集一卷　唐杜
　　牧撰
　宋刊本　[14]·四中·389
　　[41]·十六·26
　刊本　[5]·四上·23
　樊川文集二十卷外集一卷別集一
　　卷　唐杜牧撰
　宋刊本　[74]·四·9
　明刊宋本　[16]·二十九·13
　　[32]·十·15　　[38]·
　　集·26　　[91]·二十五·
　　11
　明刊本　[71]·集·唐別·15
　　[93]·十九·34
　明嘉靖翻宋本　[17]·四·11
　　[59]·六·13　　[98]·

28

樊川文集夾注二卷　唐杜牧撰
　明刊本　[22]·六·17
　朝鮮刊本　[76]·十四·16
樊川文集夾注四卷　唐杜牧撰
　明正統刊本　[70]·六·21
樊川詩注四卷別集一卷外集一卷
　唐杜牧撰、清馮集梧編
　清嘉慶三年(1798)刊本
　　[74]·四·10
樊川叢語八卷　明姜兆熊撰
　刊本　[39]·己·82
樊川書院集刻　清郭肇昌等編
　清刊本　[71]·史·地志·80
27樊紹述集二卷　唐樊宗師撰
　刊本　[24]·集一·8
　　[39]·辛·51
　樊紹述集一卷絳守園池記注一卷
　　唐樊宗師撰
　宋刊本　[41]·十六·23
30樊宗師集一卷
　見《樊紹述集》
40樊南文集詳注八卷
　見《李義山文集詳注》
　樊南甲集二十卷乙集二十卷　唐
　　李商隱撰
　宋刊本　[41]·十六·26
　樊南甲集二十卷乙集二十卷文集
　　八卷　唐李商隱撰
　宋刊本　[14]·四中·391
44樊榭山房集十卷續集十卷　清厲
　　鶚撰
　清刊本　[39]·癸下·53
　　[74]·四·51
　樊榭山房集十卷續集十卷文集八
　　卷集外詩三卷詞四卷　清厲鶚
　　撰清光緒十年(1884)錢唐汪曾
　　唯新刊足本　[26]·十·12
　樊樹先生遊仙集二卷　清厲鶚撰
　清刊本　[74]·續增·集·13

莫

72莫氏方一卷　宋莫伯虛撰
　宋刊本　[41]·十三·11

4443₂ 菰

50菰中隨筆三卷　清顧炎武撰
　抄本　[20]·四·22
　　[30]·四·18　　[54]·
　　四·7
　菰中隨筆三卷詩律蒙問一卷　清
　　顧炎武撰
　舊抄本　[17]·三·24
　菰中隨筆三卷詩律蒙問一卷亭林
　　著書目一卷　清顧炎武撰
　舊抄本　[52]·二·10

4444₁ 葬

21葬經一卷　題金兀欽仄注
　津逮祕書本　[74]·三·31
　　[96]·四十七·892
　葬經今文一卷　宋蔡元定纂、明
　　張希元注
　刊本　[39]·庚·74
　葬經箋注一卷圖說一卷　清吳元
　　音撰
　借月山房彙抄本　[96]·四十
　　七·893
34葬法心印一卷　廖瑀撰
　抄本　[5]·三中·38
50葬書一卷　題晉郭璞撰、元鄭謐
　　注釋
　元刊本　[11]·五十一·4
　　[20]·四·32
　明刊本　[5]·三中·36
　　[93]·十五·8
　刊本　[39]·庚·74
　學津討原本　[96]·四十七·
　　892
　抄本　[75]·三十八·19
　葬書集注一卷
　見《葬書》
　葬書釋注一卷　吳澂輯
　明刊本　[50]·四·41
　明洪武刊本　[92]·三·90
　葬書古本一卷
　見《葬書》

4444₃ 莽

44莽蒼園文稿餘 明張斐撰
日本鉛印本 [85]·二十·902
科學出版社影印本 [85]·二
十·902

4445₆ 韓

00韓文四十卷
見《韓昌黎集》
韓文辯證八卷 宋洪興祖撰
宋刊本 [14]·四下·495
韓文正宗二卷 不著編者
明刊本 [93]·十九·24
韓文考異四十卷
見《韓昌黎集》
韓文考異音釋 宋朱熹考異、王
伯大音解
明刊本 [34]·二·25
韓文考異釋音附三十卷 唐韓愈
撰、宋朱熹考異
宋刊殘本 [38]·集·16
韓文公集四十卷
見《韓昌黎集》
韓文公志五卷 宋樊汝霖撰
宋刊本 [41]·十六·17
韓文公別傳注一卷 金宇文虛中
撰
元祥邁注刊本 [2]·二·23
韓文公歷官記一卷 宋張敦頤撰
宋刊本 [41]·七·21
04韓詩外傳十卷 漢韓嬰撰
宋刊本 [14]·一上·40
[41]·二·11
元刊本 [1]·上·1
[51]·一·1 [81]·經·
2 [83]·一·2
[84]·一·19 [89]·
一集·一·36 [92]·
一·6
元至正十五年(1355)嘉興路儒
學刊本 [67]·第五冊·
50
元至正十五年(1355)嘉興路儒

學刊明修本 [68]·圖版
288,目錄54
明刊本 [9]·七·1
[75]·四·30
明活字本 [32]·一·30
明嘉靖吳郡沈辨之野竹齋刊本
[8]·經二·49
[26]·一·42 [76]·
一·13 [86]·六·49
明嘉靖十四年(1535)蘇獻可通
津草堂刊本 [32]·一·
30 [68]·圖版411、
412,目錄71 [86]·六·
47 [91]·二·9
明嘉靖十八年(1539)薛來芙蓉
泉屋刊本 [11]·五·27
[17]·一·3 [57]·4
汲古閣刊本 [92]·一·7
影刊元刻本 [100]·8
朝鮮重刊元本 [22]·一·25
[35]·上·13
津逮秘書本 [74]·一·20
校元刊本 [52]·一·2
[84]·一·19
秦敦甫校明嘉靖蘇獻可通津草
堂刊本 [30]·六·1
龔孝拱校明嘉靖蘇獻可通津草
堂刊本 [30]·六·1
校明嘉靖蘇獻可通津草堂刊本
[100]·8
明嘉靖芙蓉泉屋刊本臨黃堯圃
校元本 [17]·一·3
韓詩內傳徵 清宋綿初輯
清嘉慶刊本 [68]·圖版561、
目錄92
10韓五泉詩四卷
見《韓五泉集》
韓五泉集四卷 明韓邦靖撰
刊本 [39]·癸上·36
韓五泉集四卷附錄二卷 明韓邦
靖撰
明刊本 [32]·十四·11
刊本 [71]·集·明別·63
韓晉公芙蓉影傳奇二卷 明西冷

長撰
明末刊本 [64]·15
11韓非子二十卷 周韓非撰
宋刊本 [14]·三上·219
[35]·下·11 [41]·
十·2
元刊細字本 [11]·四十二·
11
明刊本 [9]·後編·十六·4
[59]·二·1 [87]·二·
12 [91]·十六·2,3
明正德嘉靖間刊本 [17]·三·
7
明嘉靖張鼎文刊本 [17]·三·
7 [30]·三·12
[91]·十六·2
明萬曆十年(1582)海虞趙用賢
刊本 [1]·上·9 [11]·
四十二·12 [12]·三·
8 [17]·三·7
[60]·二·1 [64]·59
[74]·三·12 [75]·
三十四·10 [81]·子·
6 [86]·六·72
[92]·三·81 [102]·
上·20
明萬曆新安吳勉學校刊本
[86]·六·101
明萬曆精刊本 [92]·三·82
明天啟刊本 [91]·十六·3
清刊覆宋本 [22]·四·12
刊本 [71]·子·儒家·2
[89]·一集·五·20,21
[89]·二集·五·5
明刊道藏本 [2]·三·7
[44]·四·10
校宋本 [50]·四·18
[65]·續·三·3
[93]·十四·9
校刊本 [80]·九·6
校本 [57]·172 [83]·三·
6、7
述古堂影宋抄本 [81]·子·
4

影宋抄本　[38]・子・11
　　[50]・四・15　　[81]・
　　子・5　　[83]・三・5、11
韓非子二十卷　周韓非撰　附顧
　氏識誤一卷　清顧廣圻撰
　吳氏仿宋刊本　[75]・三十四・
　10
　清嘉慶二十三年(1818)重刊宋
　乾道本　[8]・子一・244
韓非子校正一卷　清盧文弨撰
　傳抄本　[60]・二・1
17韓孟郁邃廬雜稿六卷　明韓上桂
　撰
　刊本　[39]・癸下・21
韓子二十卷
　見《韓非子》
韓子迂評二十卷　不知撰人
　明萬曆六年(1578)俞氏刊朱墨
　套印本　[19]・8
韓子蒼集三卷　宋韓駒撰
　宋刊本　[14]・四下・485
韓子粹言　清李光地選
　清刊本　[74]・四・7
韓君平詩集一卷　唐韓翃撰
　明雲陽姜道生刊本　[17]・四・
　12
韓君平詩集五卷　唐韓翃撰
　宋刊本　[14]・四上・356
　　[41]・十九・8
　校舊抄本　[50]・七・29
韓君平集三卷　唐韓翃撰
　元刊本　[74]・四・6
　明刊大字本　[60]・六・19
　明活字本　[91]・二十四・16
　明萬曆江氏刊本　[18]・六・
　8　　[38]・集・30
　抄本　[71]・集・唐別・7
18韓致光香匳集一卷
　見《韓內翰香奩集》
20韓集舉止一卷　不知撰人
　宋刊本　[14]・五下・637
韓集舉正四卷　宋方崧卿撰
　抄本　[11]・六十九・8
韓集舉正十卷外集舉正一卷

宋方崧卿撰
　宋淳熙刊大字本　[2]・四・10
韓集舉正十卷外集舉正一卷叙錄
　一卷　宋方崧卿撰
　影宋抄本　[35]・附・5
　　[93]・十九・21
　精抄本　[91]・二十四・28
22韓仙傳一卷　題唐韓若雲撰
　彙祕笈本　[96]・六十九・
　1360
韓山人詩集不分卷　明韓奕撰
　舊刊本　[50]・九・44
　舊抄本　[18]・五・3
韓山人詩集四卷　明韓奕撰
　刊本　[39]・癸上・6
韓山人詩集、續集不分卷　明韓
　奕撰
　明抄本　[11]・一百十一・23
　舊抄本　[17]・四・36
　　[71]・集・明別・14
　傳抄本　[60]・七・9
26韓魏王家傳十卷　不著撰人　別
　錄三卷　王巖叟撰　遺事一卷
　強至編
　明嘉靖刊本　[92]・二・48
韓魏公集二十卷　宋韓琦撰
　清康熙張伯行刊本　[74]・續
　增・集・1
韓魏公傳四卷　明韓道原輯
　刊本　[39]・戊・12
韓魏公家傳二卷　宋韓忠彥撰
　宋刊本　[14]・二下・177
韓魏公安陽集五十卷　宋韓琦撰
　宋刊本　[14]・五下・641
　　[41]・十七・6
　明正德九年(1514)張士隆刊本
　　[19]・18　　[91]・二十
　六・12
　刊本　[24]・集一・14
　　[39]・壬・4
韓魏公安陽集五十卷忠獻　韓魏
　王家傳十卷別錄二卷遺事一卷
　宋韓琦撰
　明正德張士隆刊本　[11]・七

十三・12　　[12]・三・
18　　[59]・六・15
　[71]・集・宋別・4
　明萬曆刊本　[11]・七十三・
　14
　清乾隆刊本　[75]・五十三・
　19
27韓偓詩集一卷
　見《韓翰林集》
韓魯齊三家詩考六卷
　見《詩考》
34韓汝慶詩集四卷附錄二卷
　見《韓五泉集》
36韓湘子全傳三十回　明楊爾曾撰
　明天啓三年(1623)金陵九如堂
　刊本　[69]・五・173
40韓內翰香奩集一卷　唐韓偓撰
　明雲陽姜道生刊本　[17]・四・
　12
　元抄本　[5]・四中・11
韓內翰香奩集二卷入內廷後詩集
　一卷別集三卷　唐韓偓撰
　宋刊本　[41]・十九・21
韓內翰別集一卷
　見《韓翰林詩別集》
韓南陽集三十卷
　見《南陽集》
43韓城縣志十六卷　清傅應奎撰
　清乾隆四十九年(1784)刊本
　　[74]・二・47
44韓莊敏遺事一卷　不著撰人
　宋刊本　[41]・七・17
47韓翃集五卷
　見《韓君平詩集》
韓柳文章譜三卷　宋黃大輿撰
　宋刊本　[14]・後志・二・
　911
韓柳音辨二卷　宋張敦頤撰
　宋刊本　[41]・十六・20
韓柳全集四十六卷　唐韓愈、柳
　宗元撰
　明刊本　[9]・十・9
韓柳全集八十八卷　唐韓愈、柳
　宗元撰

明刊本 [9]·十·9

韓柳年譜八卷 宋魏仲舉輯
翻宋本 [45]·16
刊本 [39]·戊·86

韓柳類譜 不知撰人
刊本 [88]·二·9

48韓翰林詩別集一卷 唐韓偓撰
刊本 [24]·集一·10
叢書堂抄本 [11]·七十一·9

韓翰林詩別集二卷 唐韓偓撰
明刊本 [74]·四·11

韓翰林集一卷 唐韓偓撰
刊本 [5]·四中·10

韓翰林集一卷香奩集一卷 唐韓偓撰
舊抄本 [71]·集·唐別·17
[91]·二十五·21
[93]·十九·39

韓翰林集二卷香奩集一卷 唐韓偓撰
宋刊本 [14]·四中·406

50韓忠獻王遺事一卷 宋强至編
宋刊本 [11]·二十六·11
[14]·五下·720
[17]·二·12 [41]·七·16
明刊本 [17]·二·12
安陽集附刊本 [96]·二十二·449
舊抄本 [59]·四·12

韓忠獻王別錄一卷 宋王巖叟撰
明刊本 [11]·二十六·10

韓忠獻王別錄三卷 宋王巖叟撰
刊本 [39]·戊·11

韓忠獻公遺事一卷
見《韓忠獻王遺事》

54韓持國詩三卷 宋韓維撰
宋刊本 [14]·後志·二·902

60韓昌黎詩集 唐韓愈撰
宋刊本 [9]·後編·六·12
刊本 [102]·上·27

韓昌黎詩集 唐韓愈撰、清潘錦編

清刊無注本 [74]·四·7

韓昌黎集十卷 唐韓愈撰
北宋刊本 [11]·六十九·5
[72]·26
宋刊本 [14]·五下·636
[28]·續·十二·7
[48]·一輯·77
[91]·二十四·27
宋刊小字本 [35]·下·15
明初刊本 [92]·四·142
明陳明卿校刊本 [8]·集一·385

韓昌黎集二十卷 唐韓愈撰
元刊本 [20]·五·1
[35]·下·43

韓昌黎集四十卷 唐韓愈撰
宋刊本 [10]·37 [48]·一輯·74
宋刊小字本 [10]·37
宋刊大字本 [35]·上·50
宋麻沙刊本 [1]·上·36
宋孝宗以後刊本 [73]·圖版54
宋淳祐刊本 [91]·二十四·25
明刊本 [9]·後編·十八·10
[20]·五·2
刊本 [88]·五·4 [89]·一集·十·11、45

韓昌黎集四十卷 唐韓愈撰、宋文讜、王儔注
宋眉山刊本 [68]·圖版241、目錄46

韓昌黎集四十卷 唐韓愈撰、宋魏仲舉集注
宋刊本 [9]·三·14、16
[68]·圖版194、目錄39
元刊本 [22]·六·8
明刊本 [22]·六·8
舊刊本 [22]·六·7
[89]·一集·十·12
日本南北朝刊本 [62]·圖版114
日本活字本 [60]·六·20

朝鮮刊本 [22]·六·8

韓昌黎集四十卷集外文一卷 唐韓愈撰
宋刊本 [14]·四上·367

韓昌黎集四十卷外集十卷 唐韓愈撰
宋刊本 [22]·六·7
[29]·三·3 [41]·十六·17 [65]·四·35
明嘉靖三十五年(1556)刊無注本 [74]·四·7
校宋本 [93]·十九·23

韓昌黎集四十卷外集十卷 唐韓愈撰、宋朱熹考異
刊本 [41]·十六·18
[43]·四·3 [87]·一·5
宋刊大字本 [2]·四·9
宋麻沙刊本 [9]·後編·一·15
元刊本 [17]·四·8
[30]·一·8 [43]·四·38

韓昌黎集二十卷外集五卷集傳一卷遺文一卷 唐韓愈撰、宋朱熹考異
明成化刊本 [11]·六十九·7

韓昌黎集四十卷外集十卷集傳一卷遺文一卷 唐韓愈撰、宋朱熹考異
宋刊本 [35]·下·32、44
[37]·二輯 [38]·集·17 [72]·27
宋刊黑口本 [4]·27
宋麻沙刊本 [11]·六十九·6 [28]·續·十二·8
[35]·上·13 [35]·下·44
元刊本 [48]·二輯下·164
[92]·四·142
元刊小字本 [91]·二十四·26
元天曆刊本 [38]·集·17

明依宋黑口本 [91]·二十四·27

明正統刊本 [11]·六十九·7

明萬曆刊本 [75]·五十二·4

吳兔牀臨黄山谷吳履齋批點本 [11]·六十九·7

韓昌黎集四十卷外集十卷集傳、遺文、遺詩 唐韓愈撰、宋朱熹考異

元刊本 [16]·二十九·10 [65]·四·37

元閩麻沙坊刊本 [35]·下·44

元刊小字本 [59]·六·11

明刊本 [59]·六·11

韓昌黎集四十卷外集十卷補遺一卷 唐韓愈撰、宋朱熹考異

明刊本 [26]·七·26

韓昌黎集四十卷外集十卷遺文一卷 唐韓愈撰、宋朱熹考異

宋刊本 [9]·後編·六·10

宋刊小字本 [9]·後編·六·12

南宋麻沙書坊刊本 [26]·七·24

元刊本 [32]·十·8 [93]·十九·23 [94]·四·13

明刊本 [9]·後編·十八·11 [71]·集·唐別·10

韓昌黎集四十卷遺文一卷 唐韓愈撰、宋朱熹考異

宋元刊合配本 [17]·四·7

韓昌黎集四十卷外集十卷集傳一卷遺文一卷 唐韓愈撰、宋祝允注

宋婺州刊本 [2]·四·9

韓昌黎集四十卷外集十卷集傳一卷遺文一卷 唐韓愈撰

宋刊本 [54]·五·15

明嘉靖合刊本 [91]·二十四·26

日本覆宋刊本 [75]·五十二·4

韓昌黎集四十卷外集三卷順宗實錄五卷附錄三卷 唐韓愈撰

宋刊本 [14]·五下·632

韓昌黎集四十卷外集十卷遺文一卷 唐韓愈撰

明翻宋本 [60]·六·20

明刊本 [9]·十·10 [32]·十·8

明嘉靖十六年(1537)游居敬刊本 [19]·17 [30]·三·22

明嘉靖三十五年(1556)新會莫如士重刊游居敬刊本 [26]·七·27 [86]·六·155

韓昌黎集四十卷外集十卷遺文一卷 唐韓愈撰、宋韓醇詁訓

宋刊本 [9]·三·9

韓昌黎集四十卷外集十卷遺文一卷集傳一卷 唐韓愈撰、宋廖瑩中輯注

宋刊本 [2]·四·9

宋咸淳廖氏世綵堂精刊本 [34]·一·29 [58]·集·28 [68]·圖版39、40、目錄14 [74]·四·6 [102]·上·6

宋東雅堂刊本 [10]·38

明嘉靖重刊宋廖氏東雅堂本 [22]·六·7

明萬曆東吳徐時泰東雅堂翻宋刊本 [11]·六十九·7 [17]·四·8 [19]·17 [30]·二·27 [71]·集·唐別·10 [75]·五十二·4 [86]·六·52 [91]·二十四·26

韓昌黎集四十卷外集十卷附評論詁訓音釋諸儒名氏一卷昌黎先生序記碑銘一卷韓文類譜十卷 唐韓愈撰、宋魏仲舉集注

宋刊本 [48]·一輯·71

元刊本 [91]·二十四·25

韓昌黎集四十卷外集十卷附錄一卷 唐韓愈撰

明崇禎六年(1633)蔣氏合刊本 [26]·七·28

韓昌黎集四十卷外集一卷附錄五卷年譜一卷舉正十卷外抄八卷 唐韓愈撰、宋洪興祖編

宋刊本 [41]·十六·18

韓昌黎外集十卷遺文三卷文公志三卷 唐韓愈撰

宋刊本 [58]·集·29

韓昌黎外集十卷遺文一卷集傳一卷 唐韓愈撰

宋刊本 [17]·四·8 [92]·四·142

元刊本 [17]·四·8

韓昌黎先生詩集注十一卷 唐韓愈撰、清顧嗣立注

清康熙刊本 [75]·五十二·4

韓昌黎先生詩集注十一卷年譜一卷 唐韓愈撰、清顧嗣立注

清刊本 [102]·上·27

清康熙三十八年(1699)刊本 [74]·四·7

72 韓氏參用古今家祭禮一卷 宋韓琦撰

宋刊本 [41]·六·18

影抄宋本 [5]·二上·27

韓氏遺書二卷 元韓信撰

明萬曆刊本 [71]·集·元別·31

舊抄本 [75]·三十三·11

韓氏古今家祭式一卷

見《韓氏參用古今家祭禮》

韓氏醫通二卷 明韓悉撰

六醴齋醫書本 [79]·子·醫家類·522

77 韓熙載格言五卷 五代唐韓熙載撰

宋刊本 [14]·四中·412 [14]·後志·二·828

[41]·十·16
88韓筆酌蠡三十卷　清盧軒編
　清刊本　[74]·四·7

4446₀ 姑

04姑孰集二卷　明章嘉楨撰
　刊本　[39]·癸下·14
　姑孰志五卷　宋林桷撰
　宋刊本　[41]·八·24
22姑山遺集三十卷　明沈壽民撰
　清初刊本　[85]·二十·890
　刊本　[39]·癸下·37
　　[71]·集·明別·127
　傳抄本　[85]·二十·890
　姑山遺稿　明沈壽民撰
　校刊本　[100]·134
　姑山事錄八卷　明沈壽民撰
　抄本　[39]·癸下·38
28姑谿詞一卷　宋李之儀撰
　宋刊本　[41]·二十一·5
　明抄本　[91]·四十·4
　姑谿集一卷
　見《姑谿詞》
　姑谿居士集三十卷　宋李之儀撰
　明吳勉菴叢書堂抄本　[17]·四·20　[59]·六·21
　姑谿居士集五十卷後集二十卷　宋李之儀撰
　宋刊本　[41]·十七·27
　刊本　[24]·集一·27
　影抄宋刊本　[28]·十一·9
　明抄本　[60]·六·31
　楝亭曹氏抄本　[39]·壬·12
　小山堂抄本　[8]·集二·439
　舊抄本　[11]·七十八·11、12　[12]·六·8　[16]·三十·32　[60]·六·32　[91]·二十八·14　[74]·四·20　[93]·二十·33　[102]·下·30
　精抄本　[71]·集·宋別·25
44姑蘇雜詠一卷　明高啓撰
　明洪武三十一年(1398)蔡伯庸
　刊本　[2]·五·17[17]·四·37　[20]·五·28　[54]·七·15　[68]·圖版349、目錄64
　明成化補刊本　[54]·七·20
　姑蘇雜詠四卷　明高啓、周南老輯
　刊本　[39]·辛·37
　姑蘇名賢小紀二卷　明文震孟撰
　刊本　[39]·戊·24
　姑蘇志六十卷　明王鏊重修
　明刊本　[60]·三·4
　明正德刊本　[30]·二·6
　　[71]·史·地志·9
　刊本　[39]·戊·38
　姑蘇志摘抄不分卷　不著編者
　精抄本　[71]·史·地志·9
　姑蘇楊柳枝詞一卷　清汪琬編
　清刊本　[74]·四·66

茹

40茹古略集三十卷　明程良孺輯
　刊本　[39]·庚·48

4449₃ 蕶

44蕶蕙堂稿　清昭槤撰
　抄本　[30]·四·46

4450₂ 攀

40攀古廎藏器目一卷　不著撰人
　吳清卿手抄本　[84]·三·9

4450₄ 華

00華亭百詠一卷　宋許尚撰
　抄本　[39]·壬·50
　華亭縣志十六卷　清程明懷輯
　清乾隆五十六年(1791)刊本　[74]·續增·史·7
12華延年室題跋三卷　清傅以禮撰
　民國鉛印本　[85]·二十·931
20華黍莊詩不分卷　清孫价撰
　抄本　[12]·六·35
22華嶽志　清李榕撰
　清道光十一年(1831)楊翼武清
　白別墅刊本　[68]·圖版577、目錄94
　華嶽全集十三卷　清張維新撰
　蜀大順本　[57]·112
　刊本　[71]·史·地志·62
　華嶽全集十三卷　明馬明卿輯
　刊本　[39]·戊·55
　華山記一卷　不知撰人
　宋刊本　[41]·八·37
　華山碑考四卷　清阮元撰
　石氏古歡閣刊本　[84]·三·15
　文選樓叢書本　[96]·三十四·636
　華山志一卷
　見《西嶽華山志》
23華佗元門脈訣內照圖二卷　題漢華佗編
　明刊本　[93]·十四·14
24華先生慮得集四卷附錄二卷　明華悰韡撰
　刊本　[71]·子·儒家·25
　傳抄嘉靖本　[17]·四·38
　華先生中藏經八卷　明華悰韡撰
　明吳勉學醫統正脈本　[22]·補遺·40
50華夷譯語　明火源潔撰
　明洪武二十二年(1389)內府刊本　[67]·第五冊·82
　　[68]·圖版348、目錄63
　抄本　[76]·六·28
　華夷譯語一卷　明火源潔撰
　抄本　[5]·二下·32
　華夷譯語二卷　明火源潔撰
　抄本　[5]·二下·33
　華夷變態五卷　日本林恕纂
　東洋文庫鉛印本　[85]·二十二·992
　抄本　[85]·二十二·992
　華夷花木鳥獸珍玩考十卷　明慎懋官撰
　明刊本　[92]·三·115
　華夷花木鳥獸珍玩考十二卷　明慎懋官撰

原刊本　[96]·五十八·1157
刊本　[39]·庚·47
　　[71]·史·地志·87
64華疇二卷　明華達撰
寶顏堂秘笈本　[96]·五十三·
1048
66華嚴百門義海二卷　唐釋法藏撰
宋刊本　[14]·後志·二·885
華嚴吞海集一卷　宋釋道通述
宋刊本　[14]·後志·二·886
華嚴經三卷　唐釋澄觀撰
宋刊殘本　[43]·三·18
華嚴經八十卷
到《大方廣佛華嚴經》
華嚴經音義二卷　唐釋慧苑撰
抄本　[93]·十八·3
舊抄卷子本　[22]·五·17
華嚴經音義四卷　唐釋慧苑撰
明支那本　[16]·二十八·9
粵雅堂刊本　[74]·三·86
拜經堂刊本　[74]·三·86
華嚴經清涼疏一百五十卷　唐釋
澄觀撰
宋刊本　[14]·後志·二·884
華嚴經決疑論四卷　唐李通玄撰
宋刊本　[14]·三下·313
華嚴經搜玄記　不著撰人
高麗海印寺本　[40]·3
華嚴經略一卷　唐釋澄觀撰
宋刊本　[14]·後志·二·884
華嚴經合論一百二十卷　不知撰
人
宋刊本　[14]·後志·二·8
華嚴奧旨一卷　唐釋法藏撰
宋刊本　[14]·後志·二·885
華嚴起信文一卷　唐釋善孜撰
宋刊本　[14]·後志·二·885
華嚴合論法相撮要一卷　題真際
禪師撰
宋刊本　[41]·十二·11
67華野疏稿五卷　清郭琇撰
舊抄本　[75]·二十·12
72華氏中藏經二卷　題漢華陀撰
清嘉慶五年(1800)刊本

[22]·補遺·38
清嘉慶十三年(1808)孫星衍校
刊本　[22]·補遺·39
抄本　[1]·上·18
華氏中藏經十卷
見《中藏經》
76華陽集三卷
見《顧華陽集》
華陽集四十卷
見《張章簡華陽集》
華陽集一百卷　宋王珪撰
宋刊本　[14]·五下·646
　　[41]·十七·12
華陽集六十卷附錄十卷　宋王珪
撰
聚珍刊本　[74]·四·14
華陽真人祕訣一卷　題施肩吾撰
宋刊本　[41]·十二·6
華陽國志十卷　晉常璩撰
明嘉靖四十二年(1563)張佳胤
刊本　[17]·二·14
　　[68]·圖版424、目錄73
清嘉慶十九年(1814)廖運使寅
刊本　[59]·四·9
明影抄宋刊本　[59]·四·9
華陽國志十二卷　晉常璩撰
宋刊本　[14]·二下·143
明刊本　[51]·一·15
　　[91]·十·3
明吳琯校刊本　[1]·上·16
明嘉靖刊本　[11]·二十八·
10
明天啓刊本　[71]·史·地志·
48
清刊本　[80]·八·5
清嘉慶十九年(1814)廖氏題襟
館刊本　[96]·二十六·
522
刊本　[20]·二·19
何義門校明吳琯刊本
[30]·六·14
校明劉大昌刊本　[55]·一·
38
校刊本　[100]·33

顧光沂校抄本·[30]·六·12
校抄本　[83]·二·8
空居閣影宋本　[100]·33
舊抄本　[16]·十四·3
　　[21]·一·8　[39]·丁·
13　[50]·三·1
　　[81]·史·5　[91]·十·
4
華陽國志二十卷　晉常璩撰
宋刊本　[41]·五·11
華陽國志十二卷附錄一卷　晉常
璩撰
古今逸史本　[74]·二·36
函海本　[74]·二·36
廖寅校宋刊本　[75]·二十三·
3
華陽陶隱居集二卷
見《陶貞白集》
華陽陶隱居內傳三卷　賈嵩撰
舊抄本　[93]·十八·15
華陽館集十二卷　明宋儀望撰
刊本　[39]·癸上·57
　　[71]·集·明別·83
80華谷集一卷　宋嚴粲撰
抄本　[74]·四·29

4450₆　革

27革象新書　元趙友欽撰
元刊本　[35]·下·42
刊本　[21]·一·19
革象新書不分卷　元趙友欽撰
元刊本　[97]·一·25
抄本　[96]·四十四·818
革象新書二卷　元趙友欽撰
明初刊本　[11]·四十八·18
明正德刊本　[78]·子·天文
類·540
明嘉靖三十七年(1558)張淵刊
本　[78]·張學書錄補注·
98
刊本　[39]·庚·59
校刊本　[74]·三·22
抄本　[96]·四十四·819
革象新書五卷　元趙友欽撰

四庫全書本　[78]・子・天文
類・539
舊抄本　[11]・四十八・15
[75]・三十八・1
[78]・算學書録補注・98
47革朝遺忠録二卷　明郁袞輯
刊本　[39]・丁・31
78革除編年　不著編人
明抄本　[21]・一・8
抄本　[39]・丁・32
革除備遺録　明張芹撰
刊本　[20]・二・22
抄本　[39]・丁・31
革除遺事十六卷　明黃巖輯
抄本　[39]・丁・31
革除遺事節本六卷　明黃佐輯
借月山房彙抄本　[96]・十九・
422
抄本　[39]・丁・31
革除逸史二卷　明朱睦㮮撰
刊本　[39]・丁・32
88革節卮言一卷　戴庭槐撰
舊抄本　[17]・三・24

韋

20韋航漫遊稿四卷　宋胡仲弓撰
舊抄本　[74]・四・32
[91]・三十二・3
[102]・下・34
77韋間詩集五卷　清姜宸英撰
清刊本　[71]・集・國朝別・
25

4452₁　蘄

44蘄黃四十八砦紀事四卷　清王葆
心撰
長沙宏文學社排印本
[85]・十四・675
晦堂叢書本　[85]・十四・675

4453₀　芺

20芺航詩䑩十二卷　清楊士凝撰
清刊本　[71]・集・國朝別・
35

44芙蓉山館詩抄八卷詞抄二卷文抄
一卷續抄一卷　清楊芳燦撰
清嘉慶十年(1805)刊本
[26]・十三・15

英

00英廟北狩録一卷　明王懋資撰
明抄本　[60]・四・17
10英雲夢傳八卷　題松雲氏撰
聚錦堂刊大字本　[69]・四・
148
12英烈傳　不著撰人
楊明峯刊本　[77]・三・74
三台館刊本　[77]・三・74
英烈傳六卷　不著撰人
明三台館刊本　[77]・三・77
明萬曆刊本　[64]・33
25英傑歸真　清何春發撰
太平天國十一年干王殿刊本
[67]・第五册・96
30英宗實録三十卷　宋曾公亮等撰
宋刊本　[14]・二上・122
英宗實録三十卷　宋吳充撰
宋刊本　[41]・四・39
英宗朝諸臣傳三卷　不知撰人
宋刊本　[14]・二上・139
40英雄記抄一卷　魏王粲撰
漢魏叢書本　[96]・二十三・
472
44英華集三卷　宋李季蕚撰
宋刊本　[41]・二十・26
80英公字源一卷　宋釋夢英撰
宋刊本　[14]・後志・一・772

4454₁　蔛

10蔛石齋詩集二十四卷文集二十六
卷　清錢載撰
清刊本　[60]・七・18
家刊本　[26]・十一・48

4460₀　菌

08菌譜一卷　宋陳仁玉撰
宋刊本　[11]・五十四・22
[17]・三・15　[75]・

四十一・4
明覆宋刊本　[91]・十八・12
明刊本　[17]・三・15
百川學海本　[96]・五十一・
1016

4460₁　菩

44菩薩地持經一卷　釋曇無讖譯
宋刊殘本　[43]・三・23
56菩提行經　不著撰人
印度佛典協會刊梵語本
[40]・1

耆

22耆山無爲天師峴泉集六卷　明張
宇初撰
明刊本　[91]・三十五・27
44耆舊續聞十卷　宋陳鵠撰
知不足齋叢書本　[96]・六十
四・1276
四庫館抄本　[17]・三・36
舊抄本　[11]・六十三・17
[39]・己・44　[50]・
六・24

薈

34薈法別傳二卷　明季本撰
刊本　[39]・甲・12
43薈卦辨疑三卷　不著撰人
宋刊本　[14]・五上・524

4460₂　苕

10苕西問答　清羅爲慶撰
清刊本　[39]・己・37
22苕川子所記三事一卷　不知撰人
宋刊本　[41]・十一・12
28苕谿集五十五卷　宋劉一止撰
刊本　[24]・集一・31
校本　[55]・四・18
張月霄藏舊抄本　[11]・八十
一・8
舊抄本　[11]・八十一・8
[16]・三十一・16
[38]・集・48　[39]・

壬·21　[74]·四·22
[93]·二十一·5
[102]·下·31
精抄本 [91]·二十九·8
文瀾閣傳抄本 [12]·六·10
傳抄本 [32]·十一·19
苕谿漁隱詩評叢話前集六十卷後集四十卷
見《苕谿漁隱叢話前集、後集》
苕谿漁隱叢話後集四十卷　宋胡仔撰
宋刊本 [56]·羣書題記·24
宋紹興刊本 [37]·二輯
苕谿漁隱叢話前集六十卷　宋胡仔撰
元翠巖精舍刊本 [37]·二輯
苕谿漁隱叢話前集六十卷後集四十卷　宋胡仔抄
宋刊本 [41]·二十二·13
元翠巖精舍刊本 [56]·羣書題記·28
耘經樓重刊宋本 [74]·四·72
仿宋刊本 [75]·六十四·12
刊本 [39]·庚·4　[89]·一集·十·53
呂元昝抄本 [8]·集七·633

4460₃ 苔
30苔窗拾稿　清吳永和撰
清刊本 [71]·集·閩秀·3

4460₄ 暮
44暮莊詩抄　清劉廷璣撰
清刊本 [39]·癸下·55

若
28若谿奏議一卷　宋劉班撰
宋刊本 [41]·二十二·4
44若菴集五卷　清程庭撰
清刊本 [71]·集·國朝別·58

苦
72苦瓜和尚畫語録一卷　清釋道濟撰
清刊本 [53]·二·7
[71]·子·書畫家·6
知不足齋叢書本 [96]·四十八·957
苦瓜和尚畫語録一卷大滌子題畫詩跋一卷　清釋道濟撰
精抄本 [91]·十七·21

4460₄ 著
43著卦辨疑序三卷　宋郭雍撰
宋刊本 [41]·十二·29

4460₇ 茗
00茗齋雜記二卷　明彭孫貽撰
涵芬樓秘笈本 [85]·二十一·944
茗齋詩餘二卷　明彭孫貽撰
別下齋刊本 [74]·四·77
茗齋集二十三卷　清彭孫貽撰
抄本 [36]·245、248

蒼
10蒼雪大師行年考略一卷　陳乃乾編
一九四〇年鉛印本 [85]·十八·809
蒼雪菴日抄　不知撰人
抄本 [30]·五·24
蒼霞草十二卷　明葉向高撰
刊本 [39]·癸下·15
[71]·集·明別·97
22蒼崖先生金石例十卷
見《金石例》
37蒼潤軒碑跋記一卷續跋一卷　明盛時泰撰
舊抄本 [38]·史·94
[91]·十四·14

4460₈ 蓉
40蓉塘雜著十卷　明姜南纂

舊抄之 [91]·十九·29
蓉塘詩話二十卷　明姜南撰
明嘉靖刊本 「54」·八·38
刊本 [39]·庚·8
48蓉槎蠡説十卷　清程哲撰
清刊本 [71]·子·雜家·50
蓉槎蠡説十二卷　清程哲撰
清刊本 [39]·己·86

4460₉ 蕃
10蕃爾雅一卷　不知撰人
宋刊本 [14]·二下·164
60蕃禺紀異五卷　宋馮拯撰
宋刊本 [14]·二下·168

4462₇ 荀
08荀譜三卷　宋釋惠崇撰
宋刊本 [14]·後志·二·833
17荀子一卷　周荀況撰
明刊本 [75]·四十一·7
荀子二十卷　周荀況撰、唐楊倞注
北宋國子監刊本 [7]·中·2^{8}
宋刊本 [5]·三上·1
[9]·二·32　[9]·後編·五·6　[10]·21
[12]·一·8　[14]·三上·192　[35]·上·42
[35]·下·10　[36]·162　[41]·九·1、2
[42]·3　[51]·二·1
[65]·三·1　[76]·七·18　[80]·十五·1
[81]·子·1　[83]·三·1、2
宋監刊本 [2]·三·1
宋刊大字本 [22]·四·2
宋建陽刊本 [33]·子·1
宋熙寧刊本 [35]·上·11
[58]·子·1
宋淳熙刊本 [58]·子·2
宋景定刊本 [43]·三·1
南宋國子監刊本 [7]·下·7
元翻南宋建安書坊刊本

[26]・五・2

元刊本 [9]・六・1
[11]・三十九・1
[13]・16 [17]・三・
1 [20]・四・3
[22]・四・4 [32]・六・
1 [35]・下・10、29
[43]・12 [93]・十三・
1 [94]・三・8

明刊本 [9]・九・1,2
[9]・後編・十六・5
[59]・二・1 [75]・三
十二・2 [91]・十五・
2

明世德堂刊本 [17]・三・1
[75]・三十二・1
[91]・十五・2

清乾隆五十一年(1786)嘉善謝
氏校刊本 [74]・三・1

刊本 [89]・一集・五・18,19

日本翻刊影宋台州本
[91]・十五・2

校宋本 [51]・二・2
[93]・十三・1,1

葉林宗校明刊本 [17]・三・
1

惠定宇校本 [57]・161

丁儉卿校本 [57]・162

校本 [57]・162 [83]・三・
2

影抄宋呂夏卿大字本
[16]・二十一・1
[81]・子・1 [83]・三・
1

日本影宋刊本 [75]・三十二・
1

荀子句解二十卷 周荀況撰、不
知注者

宋刊本 [33]・子・2

巾箱本 [92]・三・75

荀子注二十卷
見《荀子》

荀子考異一卷 宋錢佃撰
影宋抄本 [60]・二・1

抄本 [93]・十三・2

4471₁ 老

10老雲齋詩刪十卷 清沈不負撰
清刊本 [39]・癸下・42

13老殘遊記二十卷續集六卷 清劉
鶚撰
天津日日新聞社抽印本
[69]・七・202

17老子二卷 題周李耳撰
北宋國子監刊本 [7]・中・
31

宋刊本 [9]・後編・五・2
[35]・上・42 [41]・
九・18 [43]・12

明刊本 [60]・二・3
[91]・二十二・8

明弘治十八年(1505)仁實書堂
刊本 [22]・五・23

明天啓四年(1624)閩啓祥刊本
[26]・五・21

活字刊本 [22]・五・23

舊抄本 [22]・五・23

老子八卷 題周李耳撰
宋刊本 [14]・三上・206

老子五廚經 唐胡愔注
抄本 [1]・上・7

老子疏六卷 唐玄宗李隆基撰
宋刊本 [14]・三上・205

老子翼二卷 明焦竑撰
原刊本 [96]・六十九・1348

老子翼三卷 明焦竑撰
刊本 [39]・庚・94

老子翼三卷考異一卷 明焦竑撰
明萬曆十六年(1588)刊本
[74]・三・88 [102]・
上・25

老子集解二卷考異一卷 薛蕙撰
明刊本 [75]・五十・1

老子衍一卷 清王夫之撰
清湘鄉刊本 [74]・三・88

老子盧齋口義二卷 宋林希逸撰
宋刊本 [4]・7 [12]・一・
16

南宋刊本 [92]・三・131

元刊本 [8]・子二・352
[35]・下・8

明刊本 [71]・子・道家・2
[91]・二十二・10

明正德十三年(1518)胡旻活字
本 [11]・六十六・5
[28]・續・十一・19

明萬曆刊本 [11]・六十六・
5

刊本 [84]・一・1 [89]・
二集・五・2

朝鮮國刊本 [22]・五・25

朝鮮國大字刊本 [22]・五・
25

老子盧齋口義二卷莊子口義十卷
列子口義二卷 宋林希逸撰
元刊本 [32]・九・25

老子化胡經十卷 不知撰人
宋刊本 [14]・後志・二・877

老子解二卷 宋葉夢得撰
宋刊本 [41]・九・19

老子解二卷 宋董思靖撰
元刊本 [28]・續・十一・18

老子解二卷 明釋德清撰
明刊本 [91]・二十二・12

老子解二卷 宋蘇轍撰
宋刊本 [14]・三上・208
[41]・九・19

明刊本 [11]・六十六・3
[91]・二十二・9

明萬曆刊本 [75]・五十・1

明錢馨室抄本 [2]・三・49
[92]・三・130

舊抄本 [17]・三・41
[71]・子・道家・1
[74]・三・88 [93]・
十八・8

老子解四卷 宋蘇轍撰
元刊本 [11]・六十六・3

廣祕笈本 [96]・六十九・1347

老子注二卷 題周李耳撰、漢河
上公章句
宋刊本 [8]・子二・352

[14]·三上·204

[20]·四·1　　[28]·續·

十一·17　　[35]·下·

11、26

宋刊小字本　[35]·下·41

宋建安虞氏家塾刊本　[10]·

24　[35]·上·47

[68]·圖版191、192、目錄

39

宋麻沙劉通判宅刊本　[67]·

第五册·33

宋景定刊本　[43]·三·29

南宋坊刊本　[84]·一·1

元刊本　[3]·13　[11]·六

十六·1　　[43]·13

[93]·十八·8　　[94]·

三·12

明初刊本　[92]·三·131

明刊本　[9]·九·13

明世德堂刊本　[17]·三·41

刊本　[5]·三上·13

十子全書本　[74]·三·87

日本嘉禎抄卷子本附明萬曆道

藏本　[44]·一·83

老子注四卷　題周李耳撰、漢河

上公章句

宋刊本　[29]·二·24

[58]·子·128　[93]·

十八·7　　[94]·三·7

老子注二卷　題周李耳撰、魏王

弼注

宋刊本　[17]·三·40

[41]·九·18

元刊本　[17]·三·41

[22]·五·24

明孫鑛刊本　[22]·五·24

明正統道藏本　[17]·三·41

武英殿聚珍刊本　[74]·三·

87　　[91]·二十二·9

[96]·六十九·1346

巾箱本　[34]·一·29

舊抄本　[75]·五十·1

老子注二卷　題周李耳撰、唐玄

宗李隆基注

抄本　[34]·附·一·19

老子注四卷　題周李耳撰、唐玄

宗李隆基注

舊抄本　[74]·三·87

[102]·下·26

老子注二卷　題周李耳撰、宋王

安石注

宋刊本　[14]·三上·208

老子注二卷　題周李耳撰、宋王

元澤注

宋刊本　[14]·三上·208

老子注二卷　題周李耳撰、宋呂

吉甫注

宋刊本　[14]·三上·208

老子注二卷　題周李耳撰、宋陸

佃注

宋刊本　[14]·三上·208

老子注二卷　題周李耳撰、宋劉

仲平注

宋刊本　[14]·三上·208

老子注二卷　題周李耳撰、宋劉

涇注

宋刊本　[14]·三上·209

老子注二卷　題周李耳撰、宋呂

大臨注

宋刊本　[14]·後志·二·824

老子注二卷　題周李耳撰、宋徽

宗趙佶注

宋刊本　[41]·九·18

老子注二卷　題周李耳撰、明太

祖朱元璋注

舊抄紅格本　[59]·二·11

老子注二卷陰符經注一卷　清徐

大椿撰

洄谿刊本　[96]·六十九·1348

老子通義二卷　明朱得之撰

明嘉靖刊本　[3]·13

老子道德論述要二卷　宋司馬光

撰

宋刊本　[14]·後志·二·824

[41]·九·18

老子道德經二卷

見《老子》

老子道德經集解二卷　元董思靖

撰

元刊本　[11]·六十六·5

[35]·下·29

老子道德經解二卷

見《老子解》

老子道德經古本集注二卷

見《老子注》

老子考異二卷　清畢沅撰

經訓堂刊本　[74]·三·88

老子指歸　題漢嚴遵撰

嘉興刊本　[27]·36

老子指歸六卷　題漢嚴遵撰

津逮秘書本　[74]三·87

[96]·六十九·1346

清黄丕烈據道藏校胡震亨刊本

[2]·三·50

老子指歸七卷　題漢嚴遵撰

刊本　[5]·三上·14

張訒菴校本　[11]·六十六·1

劉彥清校抄本　[12]·五·37

舊抄本　[28]·九·22

[30]·四·20　[75]·

五十·1

老子指歸十三卷　題漢嚴遵撰

宋刊本　[14]·三上·207

校宋本　[50]·六·41

[65]·續·三·87

老子指歸論六卷

見《老子指歸》

老子略論一卷　魏王弼撰

宋刊本　[14]·後志·二·823

老子篆　題許劍道人摹

開萬樓抄本　[39]·丙·46

老君内觀經一卷　不知撰人

宋刊本　[14]·三下·302

26老泉先生文集十二卷　宋蘇洵撰

宋刊本　[33]·集·30

[35]·下·56　[93]

二十·17　[94]·四·

6

宋紹熙四年(1193)吳炎刊本

[2]·四·24　[17]·四·

17　[68]·圖版173、

174、目錄37

影宋紹熙刊本　[17]·四·17

老泉先生文集十四卷　宋蘇洵撰
　明刊本　[9]·十·18
　明刊巾箱本　[17]·四·17
　刊本　[71]·集·宋別·10

老泉先生文粹十一卷　宋蘇洵撰
　宋乾道婺州刊本　[2]·五·32

28老復丁菴圖　不著撰人
　稿本　[80]·十三·12

44老莊列三子二十卷　不著編者
　明隆慶萬曆間刊本　[22]·五·31

老蘇先生大全文集十二卷
　見《老泉先生文集》

老老恒言五卷　清曹庭棟撰
　原刊本　[96]·五十八·1161

60老圃集一卷　宋洪芻撰
　宋刊本　[41]·二十·11

老圃集二卷　宋洪芻撰
　鮑淥飲校本　[11]·八十·14
　藝海樓抄本　[57]·242
　十萬卷樓抄本　[91]·二十九·2
　舊抄本　[17]·四·21
　[74]·四·22　[102]·下·31

老圃集二卷補遺　宋洪芻撰
　抄本　[75]·五十五·3

77老學菴筆記十卷　宋陸游撰
　宋刊本　[41]·十一·20
　明刊本　[91]·十九·8
　汲古閣刊本　[75]·四十四·4
　校宋本　[50]·五·56
　[81]·子·11　[93]·十六·21
　黃堯圃校影宋本　[59]·二·7
　校影宋本　[83]·三·25
　明抄本　[55]·三·2
　明抄藍格本　[18]·上·39
　穴硯齋抄本　[30]·五·17

老學菴筆記十卷續筆記二卷　宋陸游撰
　稗海本　[74]·三·54

津逮祕書本　[74]·三·54

4471₂　也

60也是園藏書目不分卷　清錢曾撰
　抄本　[20]·三·27

也是園藏書目十卷　清錢曾撰
　抄本　[71]·史·簿錄·12

也是園藏書目十二卷　清錢曾撰
　抄本　[96]·三十二·593

也是錄一卷　明鄧凱撰
　明季稗史彙編本　[85]·十一·540
　明末十家集本　[85]·十一·540
　中國內亂外禍歷史叢書本　[85]·十一·540

4471₄　耄

86耄智餘書三卷　宋晁迥撰
　宋刊本　[41]·十·17

88耄餘雜識一卷　明陸樹聲撰
　續祕笈本　[96]·五十三·1051

4471₇　世

00世廟識餘錄二十六卷　明徐學謨輯
　明刊本　[60]·四·12
　明徐兆稷活字印本　[68]·圖版631，目錄101
　刊本　[39]·丁·39

08世說新語三卷　宋劉義慶撰、梁劉孝標注
　北宋刊本　[22]·五·14
　宋刊本　[5]·三上·24
　[14]·五上·594
　[35]·上·47
　宋孝宗後刊本　[44]·二·46
　宋紹興中浙刊補修本　[90]·46
　元刊本　[22]·五·14
　明繙宋本　[32]·九·13
　明刊本　[9]·後編·十六·20
　[17]·三·32　[93]·十七·13

明嘉靖十四年(1535)吳郡袁褧嘉趣堂刊本　[11]·六十二·2　[17]·三·32
　[68]·圖版413、414、目錄72　[75]·四十六·2
　[86]·六·34　[96]·六十三·1244

明萬曆七年(1579)刊本　[22]·五·14

明萬曆繙袁氏刊本　[30]·二·12　[75]·四十六·2

明萬曆三十七年(1609)周氏博古堂重刊袁本　[59]·八·3

刊本　[89]·一集·六·14

古抄卷子本　[76]·八·1

世說新語六卷　宋劉義慶撰、梁劉孝標注
　明仿宋本　[26]·六·30
　明萬曆三十七年(1609)周氏博古堂重刊袁本[26]·六·29
　校刊本　[84]·一·20

世說新語八卷　宋劉義慶撰、梁劉孝標注
　明刊本　[91]·二十一·1
　明萬曆刊本　[75]·四十六·3
　明萬曆凌瀛初刊朱黃墨藍四色套印本　[19]·12

世說新語十卷　宋劉義慶撰
　宋刊本　[14]·三下·239

世說新語三卷叙錄二卷　宋劉義慶撰
　宋刊本　[41]·十一·2

世說新語補四卷　明何良俊撰
　明刊本　[96]·六十五·1291

世說新語補二十卷　宋劉義慶撰、梁劉孝標注、宋劉辰翁批、明何良俊增
　明刊本　[75]·四十六·3
　明嘉靖刊本　[75]·四十六·3
　明萬曆十三年(1585)張文柱刊本　[19]·7

通行本　[96]・六十五・1292

世說新語補二十卷　明王世貞撰

　明刊本　[9]・後編・十六・21

世譜增定二卷　明呂顒編

　刊本　[39]・丁・2

21世經堂文集三十卷詩集三十卷
　清徐旭旦撰

　清刊本　[71]・集・國朝別・
　67

世經堂詩抄三十卷　清徐旭旦撰

　清刊本　[71]・集・國朝別・
　27

世經堂集二十六卷　明徐階撰

　明刊本　[8]・集五・555

24世德堂刊六子六十卷

　見《六子》

世緯二卷　明袁裒撰

　知不足齋叢書本　[96]・三十
　七・696

26世穆兩朝編年信史六卷　明支大
　綸纂

　明刊本　[91]・七・14

30世宗憲皇帝聖訓三十六卷

　見《聖訓》

世宗憲皇帝大行典禮檔　不著編
　者

　抄本　[74]・二・65

37世祖章皇帝聖訓六十卷

　見《聖訓》

50世史正綱三十二卷　明邱濬輯

　明刊本　[91]・七・14

　刊本　[39]・丁・2

世史積疑二卷　明李士實撰

　抄本　[39]・戊・78

世本一卷　漢宋衷注

　問經堂叢書本　[96]・十八・
　384

世本輯逸一卷　不著編者

　舊抄本　[91]・七・20

77世醫得效方二十卷目錄一卷　元
　危亦林編

　元刊本　[22]・補遺・75

　[35]・下・12　　[93]・
　十四・26　　[92]・三・

85　　[94]・三・10

元至正五年(1345)官刊本

　[79]・子・醫家類・502

刊本　[89]・一集・八・24

舊抄本　[91]・十六・22

80世無匹四卷　清人撰

　坊刊本　[69]・七・208

世善堂藏書目錄二卷　明陳第編

　知不足齋叢書本　[96]・三十
　二・584

抄本　[71]・史・簿錄・7

88世範三卷

　見《袁氏世範》

芭

22芭山文集三十一卷　明張自烈撰

　清初葉瞻泉刊本　[85]・二十・
　905

　豫章叢書本　[85]・二十・905

4472₂ 鬱

44鬱林州志二卷　清于國璧撰

　清刊本　[71]・史・地志・15

77鬱岡齋筆塵四卷　明王肯堂撰

　原刊本　[96]・五十七・1142

4472₇ 茆

00茆亭客話十卷

　見《茅亭客話》

劫

40劫灰錄六卷　題寓航偶記

　明季史料叢書本　[85]・十一・
　542

　舊抄本　[60]・四・18

　[85]・十一・542

劫灰錄六卷附錄　題寓航偶記

　舊抄本　[60]・四・20

葛

17葛司農遺集不分卷　明葛寅亮撰

　抄本　[71]・集・明別・125

22葛仙翁胎息術一卷　晉葛洪撰

　宋刊本　[14]・後志・二・880

葛仙翁肘後備急方八卷　晉葛洪
　撰

　明刊本　[11]・四十三・10

　[12]・五・25　　[22]・
　補遺・40　　[75]・三十
　五・10

　明萬曆二年(1574)李栻刊本
　[76]・九・28

　刊本　[39]・庚・85

24葛待郎歸愚集十卷

　見《歸愚集》

50葛中翰集四卷　明葛麟撰

　明崇禎十五年(1642)刊本
　[102]・上・34

　刊本　[74]・四・47

　[74]・續增・集・12

葛中翰遺集十二卷卷首一卷　明
　葛麟撰

　清光緒十六年(1890)重刊本
　[85]・十九・839

66葛瞿菴遺集四卷

　見《葛中翰集》

80葛無懷詩一卷

　見《葛無懷小集》

葛無懷小集一卷　宋葛天民撰

　宋刊本　[14]・五下・685

　影宋抄本　[91]・三十一・19

葛公歸愚集十卷

　見《歸愚集》

90葛光祿集六卷　明葛徵奇撰

　刊本　[39]・癸下・31

4473₁ 芸

30芸窗彙爽萬錦情林六卷　不著撰
　人明萬曆刊本　[77]・六・175

44芸莊雜錄備遺十六卷　明管律應
　韶撰

　原稿本　[91]・十九・14

芸菴類稿六卷　宋李洪撰

　刊本　[28]・十二・9

67芸暉館稿十二卷　明茅翁積撰

　刊本　[39]・癸下・27

72芸隱橫舟稿一卷　宋施樞撰

　舊抄本　[11]・九十一・1

[75]·五十七·11

芸隱橫舟稿一卷勘游稿一卷　宋施樞撰

精抄本[91]·三十一·21

芸隱勘游稿一卷　宋施樞撰

抄本[75]·五十七·11

芸隱勘游稿一卷橫舟稿一卷　宋施樞撰

影抄宋刊本　[91]·三十一·20

77芸閣呂先生易解一卷

見《易解》

4473₁　藝

00藝文志五卷　清尤侗撰

清刊本[71]·史·簿録·4

藝文志見闕書目一卷　不著撰人

宋刊本[14]·二下·184

藝文類聚一百卷　唐歐陽詢等撰

宋刊本[14]·三下·279

[41]·十四·20

[68]·圖版99、目録24

元刊本[28]·續·十·21

[35]·下·52　[58]·

元·90　[72]·20

元宗文堂刊本[11]·五十九·2

明翻宋本[9]·後編·十七·6

明刊本[9]·九·48

[75]·四十五·3

[91]·二十·1　[93]·十七·1　[96]·六十·1193

明刊小字本[11]·五十九·3　[22]·五·1

[59]·五·10

明王元貞重刊大字本[9]·後編·十七·6

明正德十年(1515)華堅蘭雪堂銅活字印本[2]·三·32

[59]·五·10　[68]·圖版610、目録98

[93]·十七·1

明達堂書坊本[26]·六·6

明嘉靖刊小字本[30]·三·17

明嘉靖六年(1527)胡纘宗刊小字本[17]·三·29

[26]·六·1

明嘉靖二十八年(1549)山西平陽郡張松刊小字本

[26]·六·4　[59]·五·10　[86]·二·30

宏達堂重刊本[75]·四十五·3

刊本[21]·一·27

[89]·二集·五·16、17

朝鮮國銅活字本[22]·五·1

馮巳蒼校宋本[16]·二十六·2

藝文類聚二百卷　唐歐陽詢等撰

宋刊本[9]·後編·五·23

藝文類稿十四卷　明薛甲撰

舊抄藍格本[60]·七·10

44藝苑雌黄二十卷　宋嚴有翼撰

宋刊本[41]·十·19

藝苑卮言十六卷　明王世貞撰

刊本[71]·子·雜家·29

藝芸書舍宋元本書目二卷　汪閬原撰

清刊本[80]·十二·4

舊抄本[57]·130

藝菊志八卷　清陸廷燦撰

清刊本[39]·庚·84

[96]·五十一·1013

藝林剩語十二卷　明顧成憲撰

刊本[39]·己·59

藝林彙考二十四卷　清沈自南撰

清康熙二年(1663)刊本

[74]·三·50

清乾隆十六年(1751)重刊本

[96]·五十五·1090

藝林考證稱號篇十二卷　清沈自南撰

清刊本[39]·己·56

藝林考證服飾篇十卷　清沈自南撰

清刊本[39]·己·56

藝林彙百八卷　明李紹文輯

原刊本[96]·六十二·1228

刊本[39]·庚·51

47藝縠三卷　明鄧伯羔撰

刊本[39]·己·84

60藝圃球瑯四卷　明蔣以忠撰

刊本[39]·己·61

[71]·子·儒家·19

藝圃萃盤録六卷　明周汝礪輯

刊本[39]·己·59

藝圃折衷六卷　宋鄭厚撰

宋刊本[14]·四下·495

88藝餘類纂四十卷　清杭機撰

抄本[87]·三·5

4474₁　薛

00薛方山紀述一卷　明薛應旂撰

普祕笈本[96]·三十七·696

薛文清公集二十四卷　明薛瑄撰

明弘治刊本[32]·十四·6

明萬曆刊本【38】·集·95

薛文清公集四十卷　明薛瑄撰

明刊本[32]·十四·7

01薛諧孟筆記二卷　明薛寀撰

一九三九年鉛印本[85]·二十一·941

04薛詩拾遺一卷　明薛蕙撰

舊抄本[75]·六十一·11

08薛許昌詩集十卷　唐薛能撰

宋刊本[14]·四中·396

[41]·十九·18

汲古閣刊本[24]·集一·8

[54]·五·27

汲古閣本校宋本[32]·十·17

汲古閣本陸敕先校宋本

[17]·四·12

陸敕先校宋本[11]·六十九·19

明抄本[75]·五十二·11

舊抄本[28]·十·7

精抄本[91]·二十五·14

10薛元卿集一卷　隋薛道衡撰

宋刊本　[41]・十九・3

舊抄本　[74]・四・4

薛西原集二卷

　見《薛考功集》

17薛子庸語十二卷　明薛應旂撰

　刊本　[39]・己・17

21薛能集十卷

　見《薛許昌詩集》

24薛先生文集二十四卷

　見《薛文清公集》

30薛家將平西演傳八卷　題鍾惺編

　福建坊刊小本　[69]・二・46

34薛濤詩一卷　唐薛濤撰

　宋刊本　[41]・十九・29

　明刊本　[54]・五・31

　明萬曆三十七年(1609)刊本　[17]・四・13

　清嘉慶十五年(1810)沈氏古倪園刊本　[68]・圖版553、目錄91

　抄本　[21]・一・36

薛濤集一卷

　見《薛濤詩》

薛濤錦江集五卷　唐薛濤撰

　宋刊本　[14]・四中・421

37薛逢歌詩二卷　唐薛逢撰

　宋刊本　[14]・四中・395

薛逢集一卷　唐薛逢撰

　宋刊本[41]・十九・17

薛逢四六集一卷　唐薛逢撰

　宋刊本　[41]・十六・27

38薛道衡集一卷

　見《薛元卿集》

44薛考功集二卷　明薛蕙撰

　明嘉靖刊本　[91]・三十七・6

薛考功集十卷　明薛蕙撰

　明刊本　[74]・四・43

　明萬曆十九年(1591)刊本　[26]・九・22

薛考功集十卷西原遺書二卷　明薛蕙撰

　刊本　[39]・癸上・40

薛考功集十卷附錄一卷　明薛蕙撰

　明刊本　[102]・上・32

　明嘉靖刊本　[91]・三十七・6

薛恭敏公奏疏十四卷　薛氏撰

　青雷山房抄本　[85]・二・92

72薛氏遺書　清薛鳳祚撰

　清康熙三年(1664)刊本　[78]・補遺・23

薛氏醫案七十八卷　明薛己撰

　刊本　[74]・三・19

90薛少保集一卷　唐薛稷撰

　宋刊本　[41]・十九・3

薛常州浪語集三十卷　明薛季宣撰

　明抄本　[91]・三十・23

薛常州浪語集三十五卷　宋薛季宣撰

　滄生堂抄本　[71]・集・宋別・49

　舊抄本　[11]・八十七・7

　[16]・三十一・41

　[38]・集・58　[93]・二十一・17

99薛瑩集一卷　唐薛瑩撰

　宋刊本　[41]・十九・17

4474₂ 欝

32欝洲遺稿九卷　明梁儲撰

　刊本　[39]・癸上・22

4477₀ 廿

10廿一史　不著編者

　明萬曆二十一年(1593)刊本　[9]・八・1

廿一史識餘三十四卷補遺三卷　明張墉撰

　刊本　[39]・戊・74

廿一史彈詞注三卷　張仲璜撰

　漢陽張氏殘稿　[100]・67

廿一史約編不分卷　清鄭元慶撰

　魚計亭刊本　[96]・二十五・518

廿一史四譜五十四卷　清沈炳震撰

　清刊本　[74]・三・71

　海昌查氏刊本　[96]・六十二・1236

廿二史言行略二十四卷　清過元皾輯

　清嘉慶五年(1800)刊本　[74]・三・71

廿二史言行略四十二卷　清過元皾輯

　蘇州謝氏刊本　[96]・二十六・520

廿二史考異一百卷三史拾遺五卷諸史拾遺五卷補元史氏族表三卷藝文志四卷　清錢大昕撰

　清刊本　[74]・二・6

甘

10甘巫石氏星經　梁陶弘景輯

　抄本　[39]・庚・58

甘露園短書十一卷　明陳汝錡撰

　刊本　[71]・子・雜家・36

甘石星經一卷　漢甘公、石申撰

　宋刊本　[14]・三下・266

26甘白先生文集六卷　明張適撰

　明正統十二年(1447)刊本　[71]・集・明別・15

　清就堂和尚抄本　[2]・五・22

　抄本　[39]・癸上・7

甘泉縣志二十卷　清張宏運輯

　清乾隆七年(1742)刊本　[74]・續增・史・8

甘泉先生文錄類稿二十一卷　明湛若水撰

　明嘉靖八年(1529)刊本　[59]・七・15

甘泉鄉人稿二十四卷　錢泰吉撰

　清刊本　[100]・152

30甘寧青史略三十卷　慕壽祺撰

　稿本　[85]・七・326

　傳抄本　[85]・七・326

32甘州成仁錄四卷

　見《甘州明季成仁錄》

甘州明季成仁録四卷　清胡秉慶
輯
　清刊本　[88]・二・17
　清嘉慶道光間刊本　[85]・七・
　336
36甘澤謠一卷　唐袁郊撰
　宋刊本　[14]・三下・247
　　[41]・十一・5
　津逮祕書本　[74]・三・83
　　[96]・六十六・1308
　校津逮祕書本　[32]・九・18
　明抄本　[92]・三・126
　抄本　[75]・四十八・6
　　[93]・十七・23
44甘薯録　清陸烜撰
　清乾隆四十一年(1776)刊本
　　[68]・圖版534、535、目録
　88
50甘肅通志五十卷　清查郞阿等纂
　清乾隆元年(1736)刊本
　　[74]・二・45
　甘肅鎮考見略一卷　明周一敬撰
　刊本　[71]・史・地志・34
74甘陵伐叛記一卷　題文昇撰
　宋刊本　[41]・五・18
90甘棠集一卷　宋孫僅撰
　宋刊本　[41]・二十・3

4477₇　舊

00舊唐書二百卷
　見《唐書》
　舊唐書釋音二十五卷　宋董衡撰
　清乾隆四年(1739)武英殿刊本
　　[75]・十五・11
　舊唐書曆志三卷天文志二卷五行
　志一卷　晉劉昫撰
　浙江書局重刊江都岑氏懼盈齋
　刊本　[78]・算學書録補
　注・98
　舊文證誤四卷　宋李心傳撰
　抄本　[102]・下・14
　舊京詞林志六卷　明周應賓撰
　明萬曆二十五年(1597)刊本
　　[102]・上・18

刊本　[39]・丁・61
　　[74]・二・61
舊京遺事一卷　明史玄撰
　文字同盟社排印本　[85]・二
　十一・954
10舊五代史一百五十卷
　見《五代史》
　舊五代史天文志一卷曆志一卷
　宋薛居正撰
　清乾隆武英殿刊本　[78]・算
　學書録補注・98
　舊五代史考異五卷　清邵晉涵撰
　抄本　[74]・續增・史・1
　舊雨集二卷　清周準編
　精抄本　[74]・四・67
77舊聞證誤二卷　宋李心傳撰
　宋刊本　[16]・二十・7
　　[61]・一・6　[91]・十四・
　22
　影抄宋刊本　[59]・四・20
　魏稼孫手影宋活字本
　　[17]・二・22
　舊聞證誤四卷　宋李心傳撰
　函海本　[74]・二・81
　　[96]・三十五・646
　明毛子晉影抄宋刊本
　　[2]・二・54
　舊抄本　[74]・二・81
　　[91]・十四・22
　　[95]・一・13
　文瀾閣傳抄本　[11]・三十八・
　17
　傳抄本　[28]・五・18
　　[59]・四・20
　舊學　漢聲雜誌社編
　清宣統鉛印本　[85]・二十二・
　985
83舊館壇碑考　不知撰人
　稿本　[34]・三・12

4480₁　楚

07楚詞章句十七卷
　見《楚辭章句》
　楚詞集注八卷

見《楚辭集注》
10楚石大師北游詩一卷　明釋梵琦
撰
　昧夢軒抄本　[59]・七・13
　舊抄本　[11]・一百十一・3
　　[32]・十三・28
　　[71]・集・釋子・6
20楚辭　楚屈原撰
　校本　[50]・七・1
　楚辭一卷　楚屈原撰
　刊本　[24]・集一・1
　楚辭十六卷　宋晁補之輯
　宋刊本　[14]・四上・322
　楚辭十卷翼騷一卷洛陽九詠一卷
　宋黃伯思撰
　宋刊本　[41]・十五・4
　楚辭十六卷續楚辭二十卷變離騷
　二十卷　宋晁補之輯
　宋刊本　[41]・十五・2
　楚辭章句十七卷　漢王逸注
　宋刊本　[14]・四上・318
　　[41]・十五・1
　明仿宋刊本　[22]・六・1
　　[60]・六・1　[84]・二・
　18　[91]・二十三・1
　明刊本　[9]・十・1
　　[9]・後編・十八・1
　　[11]・六十七・1
　　[30]・二・24　[32]・
　十・1　[59]・六・1
　明正德十三年(1518)黃省曾刊
　本　[26]・七・3
　明隆慶五年(1571)豫章夫容館
　刊本　[8]・集一・373
　　[17]・四・1　[22]・六・
　1　[26]・七・1
　　[75]・五十一・1
　　[76]・十二・1
　明萬曆朱燮元刊本　[26]・七・
　2
　明萬曆十四年(1586)馮紹祖刊
　本　[19]・13　[91]・
　二十三・1
　坊刊本　[74]・四・1

刊本　[24]・集一・2
　　[89]・一集・九・1
朝鮮國刊本　[22]・六・1
楚辭章句十七卷釋音一卷　漢王
　逸注
　宋刊本　[58]・集・4
楚辭辨證二卷　宋朱熹撰
　宋嘉定四年(1211)同安郡齋刊
　本大字本　[3]・20
　　[17]・四・1　[67]・第
　　五冊・15
　高麗仿刊宋嘉定本　[26]・七・
　　3
楚辭辨證二卷後語六卷　宋朱熹
　撰
　宋刊本　[48]・一輯・65
　　[91]・二十三・2
楚辭説五卷　宋林應辰撰
　宋刊本　[41]・十五・4
楚辭王注十七卷
　見《楚辭章句》
楚辭集説八卷
　見《楚辭集注》
楚辭集注八卷　宋朱熹撰
　宋刊本　[9]・三・1
　　[9]・後編・六・1
　宋嘉定六年(1213)章貢郡齋刊
　本　[68]・圖版150、目錄
　　33
　明刊本　[91]・二十三・2
　明嘉靖十七年(1538)楊士林刊
　本　[17]・四・1
　　[19]・12
　蔣楚釋刊本　[34]・附・一・
　　20
　刊本[24]・集一一・3　[89]・
　　一集・九・2
楚辭集注八卷辨證二卷　宋朱熹
　撰
　宋刊本　[35]・上・5
　　[41]・十五・3　[93]・
　　十九・1　[94]・四・1
楚辭集注八卷辨證一卷後語六卷
　宋朱熹撰

宋刊本　[14]・五下・625
楚辭集注八卷辨證二卷後語六卷
　宋朱熹撰
　宋刊本　[65]・四・1
　宋嘉定四年(1211)同安郡齋刊
　大字本　[2]・四・1
　元刊本　[17]・四・1
　　[93]・十九・1
　明繙宋刊本　[60]・六・1
　　[91]・二十三・1
　明繙元刊本　[59]・六・1
　明刊本　[11]・六十七・1
　　[60]・六・1
　明成化十一年(1475)何喬新刊
　本　[86]・一・31
　明正德十四年(1519)沈圻重刊
　本　[74]・四・1
　　[91]・二十三・1
　　[102]・上・26
　明嘉靖十四年(1535)汝南袁褧
　翻宋本　[17]・四・1
　　[75]・五十一・2
　明萬曆刊本　[59]・六・1
　日本覆元刊本　[75]・五十一・
　　2
楚辭集注八卷　辨證二卷後語六
　卷反離騷一卷　宋朱熹撰
　明嘉靖十四年(1535)汝南袁氏
　刊本　[19]・13
楚辭集注八卷後語六卷　宋朱熹
　撰
　元刊本　[22]・六・1
　　[35]・下・15
　明成化刊本　[8]・集一・374
　明嘉靖十四年(1535)汝南袁氏
　刊本　[84]・二・18
　朝鮮國刊本　[22]・六・1
楚辭後語四卷　宋朱熹撰
　刊本　[24]・集一・3
楚辭後語六卷　宋朱熹撰
　宋刊本　[29]・三・1
　　[41]・十五・3
　元刊本　[38]・集・1
楚辭釋文一卷　不知撰人

宋刊本　[14]・四上・320
楚辭補注十七卷　漢王逸注、宋
　洪興祖補注
　宋刊本　[9]・後編・六・1
　明覆宋刊本　[11]・六十七・
　　1　[17]・四・1
　　[75]・五十一・1
　明刊本　[93]・十九・1
楚辭補注十七卷　漢王逸注、宋
　洪興祖補注　考異一卷　宋洪
　興祖撰
　宋刊本　[14]・四上・321
楚辭述芳　清牟庭撰
　清乾隆六十年(1795)牟氏俗圍
　　刊本　[68]・圖版541、目
　　錄89
楚辭通釋十四卷　清王夫之撰
　清湘鄉刊本　[74]・四・1
楚辭權八卷　陸時雍撰
　明刊本　[38]・集・1
楚辭考異一卷　宋洪興祖撰
　宋刊本　[41]・十五・2
楚辭贅説四卷　宋周紫芝撰
　宋刊本　[41]・十五・3
27楚紀六十卷　明廖道南撰
　刊本　[39]・戊・42
30楚之橋杌二卷　清傅以禮輯
　七林書堂抄本　[85]・二十三・
　　1016
楚寶傳一卷　杜確撰
　宋刊本　[41]・五・28
32楚州圖經二卷　宋吳莘撰
　宋刊本　[41]・八・26
34楚漢餘談一卷　明高岱撰
　舊抄本　[91]・十四・25
36楚澤叢語八卷　宋李菁撰
　宋刊本　[41]・十・21
楚邊圖説一卷　明吳國仕撰
　明刊本　[91]・十二・4
　抄本　[71]・史・地志・54
38楚遊小草一卷　清凌如煥撰
　清刊本　[71]・集・國朝別・
　　60
40楚臺記事七卷　明李天麟撰

刊本　[39]・戊・42

48楚故略二十卷　明陳士元撰
　　明刊本　[9]・後編・十五・13

60楚國文憲公雪樓程先生文集三十
　　卷
　　見《程先生文集》

77楚風補四十八卷　清廖元度輯
　　清刊本　[39]・辛・43

楚騷五卷　明熊宇篆
　　明刊本　[9]・後編・十八・1

楚騷五卷附録一卷　明熊宇篆
　　明刊本　[75]・五十一・4

楚騷綺語六卷　明張之象撰
　　明刊本　[32]・九・12
　　明萬曆四年(1576)刊本
　　　[74]・三・68
　　刊本　[39]・辛・45
　　文林綺繡本　[96]・六十二。
　　　1223

楚騷協韻十卷　明屠本畯撰
　　刊本　[39]・辛・46

88楚範六卷　明張之象撰
　　刊本　[39]・辛・45

4480₆　黄

00黄帝龍首二卷　不知撰人
　　刊本　[5]・三中・20

黄帝三部鍼灸甲乙經八卷
　　北宋國子監刊本　[7]・中・33

黄帝三部鍼灸甲乙經十二卷　晉
　　皇甫謐集
　　北宋國子監刊本　[7]・中・34
　　明正統刊本　[76]・九・27
　　吳勉學校本　[22]・補遺・19
　　醫統正脈本　[96]・四十一・
　　　750
　　明影抄宋本　[59]・二・19
　　　[79]・子・醫家類・416
　　抄明正統刊本　[22]・補遺・
　　　19
　　明抄本　[11]・四十三・10
　　明藍格抄本　[11]・四十三・
　　　5
　　抄本　[75]・三十五・5

黄帝五書六卷　清孫星衍校
　　清刊本　[74]・三・87

黄帝靈樞經十二卷
　　見《靈樞經》

黄帝内經靈樞略一卷　不知撰人
　　傳抄道藏太玄部業字號中本
　　　[22]・補遺・5

黄帝内經太素三十卷　隋楊上善
　　撰
　　北宋國子監刊本　[7]・中・33
　　刊本　[28]・七・6
　　寫刊本　[89]・一集・七・3
　　傳抄本　[32]・六・12
　　影古抄卷子改摺本　[76]・九・
　　　10
　　日本抄本　[29]・二・4
　　　[91]・十六・9
　　日本仁平仁安年抄本
　　　[79]・子・醫家類・331
　　傳寫仁和三年舊抄本
　　　[22]・補遺・5

黄帝内經始生考六卷　陰秉暘撰
　　刊本　[5]・三下・3

黄帝内經素問十二卷　唐王冰注
　　元刊本　[1]・上・17
　　　[4]・11　　[11]・四十三・
　　　4　　[32]・六・12
　　　[38]・子・16　　[93]・
　　　十四・11
　　元至元五年(1339)古林書屋刊
　　　本　[43]・三・35
　　明熊氏鼇峯刊本　[91]・十六・
　　　7
　　嘉靖趙府居敬堂刊本
　　　[30]・三・12　　[91]・
　　　十六・10
　　舊抄本　[75]・三十五・3

黄帝内經素問二十四卷　唐王冰
　　注
　　北宋國子監刊本　[7]・中・32
　　宋刊本　[9]・後編・五・11、
　　　12、13　　[13]・25
　　　[14]・三下・294
　　　[38]・子・15　　[41]・

十三・1
　　宋嘉祐刊本　[79]・子・醫家
　　　類・320
　　金刊本　[68]・圖版258、目録
　　　49
　　金平水刊本　[2]・三・9
　　元刊本　[11]・四十三・1
　　明覆宋刊本　[11]・四十三・
　　　3　　[22]・補遺・1、4
　　　[32]・六・13　　[59]・
　　　二・19　　[75]・三十五・
　　　1　　[96]・四十一・738
　　明刊本　[9]・九・26、28
　　明嘉靖二十九年(1550)上海顧
　　　從德覆宋刊本　[19]・10
　　　[30]・三・12　　[74]・
　　　三・16　　[86]・六・82
　　　[91]・十六・7　　[92]・
　　　三・82　　[102]・上・20
　　明嘉靖趙府居敬堂刊本
　　　[11]・四十三・3
　　刊本　[89]・一集・七・1、2
　　　[89]・二集・六・1、2
　　校刊本　[1]・上・18
　　古抄本　[22]・補遺・2

黄帝内經素問二十四卷靈樞經二
　　十四卷　唐王冰注
　　宋刊本　[9]・後編・五・13
　　明刊本　[60]・二・25

黄帝内經素問十二卷素問遺編一
　　卷
　　明嘉靖趙府居敬堂刊本
　　　[30]・三・12　　[86]・
　　　四・14　　[91]・十六・
　　　8

黄帝内經素問十二卷素問遺編一
　　卷運氣論奧三卷黄帝内經靈樞
　　十二卷　唐王冰注
　　元古林書堂刊本　[8]・子一・
　　　248　　[22]・補遺・3

黄帝内經素問靈樞經十二卷
　　見《黄帝内經素問》

黄帝内經素問靈樞集注十五卷
　　隋全元起訓釋、唐王冰注

明刊本　[91]・十六・8
黄帝内經素問遺編一卷　唐王冰注
　元刊本　[32]・六・14
黄帝内經素問遺篇一卷
　見《黄帝内經素問遺編》
黄帝内經素問直解九卷　清高世栻撰
　清刊本　[71]・子・醫家・1
　清康熙三十四年(1695)侶山堂刊本　[79]・子・醫家類・340
　通行本　[96]・四十一・740
黄帝内傳一卷　題籤鏗傳
　宋刊本　[14]・二下・170
　　[41]・七・2
黄帝内景玉經一卷外景玉經一卷
梁邱子注　五臟六腑圖説一卷
唐胡愔撰
　明萬曆十一年(1583)程應魁寫刊本　[86]・一・73
　刊本　[1]・上・8
黄帝内經明堂一卷　隋楊上善撰
　民國四川存古書局刊本
　　[79]・子・醫家類・418
　刊本　[28]・七・4
　卷子本　[76]・九・4
　日本抄本　[91]・十六・9
黄帝内經明堂十三卷　隋楊上善撰
　影寫舊抄卷子本　[22]・補遺・19
黄帝奇門遁甲圖　宋楊維德輯
　寫本　[39]・庚・69
黄帝素問二十四卷
　見《黄帝内經素問》
黄帝素問宣明論方七卷　金劉完素撰
　元刊本　[35]・下・52
　　[79]・子・醫家類・498
　明以前刊本　[20]・四・30
黄帝素問宣明論方十五卷　金劉完素撰
　醫統正脈本　[96]・四十二・

765
黄帝授三子玄女經一卷　疑術家依託
　平津館刊本　[74]・三・34
　津逮祕書本　[74]・三・34
黄帝授三子元女經一卷
　見《黄帝授三子玄女經》
黄帝蝦蟇經一卷　不知撰人
　卷子本　[22]・補遺・19
黄帝明堂灸經一卷　不知撰人
　北宋刊本　[22]・補遺・20
　　[35]・下・40
　舊抄本　[89]・二集・六・4
黄帝丹訣玉函祕文一卷　宋蒲庚撰
　宋刊本　[41]・十二・7
黄帝陰符經講義二卷　宋夏元鼎撰
　合刻陰符經注釋本　[96]・六十九・1342
黄帝陰符經講義四卷　宋夏元鼎撰
　抄本　[39]・庚・79
黄帝八十一難經一卷
　見《難經》
黄帝八十一難經纂圖句解七卷宋李駉撰
　影抄道藏本　[22]・補遺・6
　抄本　[16]・二十二・1
黄庭外景經一卷　題周李耳撰
　宋刊本　[14]・三下・302
黄庭内景經一卷　不知撰人
　宋刊本　[14]・三下・301
黄帝内景經一卷外景經一卷　務成子注
　宋刊本　[41]・十二・2
黄文獻公文集八卷　元黄溍撰
　抄本　[38]・集・79
黄文獻公文集十卷　元黄溍撰
　明刊本　[9]・後編・十九・11
　明嘉靖十年(1531)刊本
　　[59]・七・6　　[71]・集・元別・13
黄文獻公文集二十三卷　元黄溍

撰
　元刊本　[16]・三十四・3
　　[17]・四・33　　[29]・三・26　　[39]・壬・61
　　[58]・元・132　　[93]・二十二・13、14
　明正統補刊本　[11]・一百零一・15
　影抄明正統補刊本　[16]・三十四・1
　影抄明刊本　[91]・三十四・1
　舊抄本　[60]・七・6
黄帝獻公文集四十三卷　元黄溍撰
　元刊本　[11]・一百零一・13
　　[28]・十三・1　　[35]・下・34　　[36]・237
　元至正刊本　[2]・五・5
　影抄元至正刊本　[91]・三十四・1
黄文獻公別集二卷　元黄溍撰
　明刊本　[60]・七・6
　刊本　[24]・集二・9
　抄本　[71]・集・元別・13
黄文獻公別録二卷
　見《黄文獻公別集》
黄文獻公筆記　元黄溍撰
　抄本　[39]・己・45
黄文裕公泰泉先生文集六十卷
黄泰泉撰
　明萬曆刊本　[91]・三十七・9
黄文肅公文集四十卷　宋黄幹撰
　宋刊本　[58]・集・96
　　[87]・二・7
　元刊本　[9]・後編・十一・10
　舊抄影宋本　[17]・四・26
　抄本　[24]・集一・41
　　[39]・壬・35
黄文肅公文集四十卷附録一卷
宋黄幹撰
　宋刊本　[11]・八十八・6
　　[72]・30

影宋抄本 [8]・集二・459
　　[11]・八十八・6
　　[91]・三十・30
抄本 [12]・六・18
　　[71]・集・宋別・54
黄文肅公文集四十卷附錄一卷語
錄一卷年譜一卷　宋黃榦撰
宋刊本 [35]・上・52
　　[93]・二十一・20
　　[94]・四・8
黄文節山谷先生外集十四卷別集
二十卷
見《山谷外集、別集》
黄離草三十卷　明郭正域撰
刊本 [39]・癸下・15
　　[71]・集・明別・97
10黄元龍詩　明黃奐撰
刊本 [39]・癸上・38
黄石齋先生年譜一卷　洪思述
清道光二十四年(1844)刊本
　　[85]・十八・796
黄石子一卷　題黃石公撰
明刊子彙本 [17]・三・6
黄石公三略一卷　漢黃石公傳
武經七書本 [96]・三十八・
717
黄石公三略三卷　漢黃石公傳
宋刊本 [11]・四十二・2
　　[14]・三下・274
　　[35]・上・47　[41]・
十二・13
明嘉靖刊武經七書本
　　[17]・三・6
日本慶長五年活字刊本
　　[22]・四・11
舊抄本 [22]・四・11
　　[74]・三・9　[89]一
集・五・24
黄石公行營妙法三卷總論一卷
題漢黃石公撰
抄本 [39]・庚78
黄石公潤經一卷　不著撰人
刊本 [5]・三中・21
黄石公素書一卷　題漢黃石公撰

宋刊本 [14]・三上・216
　　[41]・十二・13
明縣耶閣本 [17]・三・6
明正統道藏本 [17]・三・6
黄石公素書一卷　題漢黃石公
撰、宋張商英注
宋刊本 [14]・三上・217
明翠巖館刊本 [11]・四十二・
2
明正統道藏本 [17]・三・6
漢魏叢書本 [74]・三・9
　　[96]・三十八・717
黄石公素書二卷　題漢黃石公
撰、宋張商英注
明抄本 [75]・三十四・2
17黄子錄三十六卷　明黃道周撰、
柯蔭集解
清初殘抄本 [85]・十九・846
21黄虞部詩一卷　宋黃觀撰
宋刊本 [14]・四下・492
黄貞父遊記十卷　明黃汝亨撰
刊本 [71]・史・地志・78
22黄巖志十六卷　宋蔡範撰
宋刊本 [41]・八・35
黄山詩一卷　明吳鍾巒撰
刊本 [71]・集・明別・120
黄山集二卷　法若真撰
舊抄本 [18]・下・38
黄山遊草一卷　清汪騰鯤撰
清刊本 [71]・集・國朝別・52
黄山志　清釋弘濟撰
清刊本 [71]・史・地志・65
黄山圖經一卷　宋人撰
抄本 [5]・二下・23
傳抄本 [61]・七・2
黄山谷集九十七卷
見《山谷集》
24黄先生文集二十三卷
見《黃文獻公文集》
黄先生文集九十七卷
見《山谷集》
黄梨洲先生年譜三卷　清黃炳垕
編
梨洲遺著本 [85]・十八・798

黄先生六經四書講稿六卷
見《黃四如先生六經四書講稿》
黄先生外集六卷
見《山谷外集》
黄先生伐檀集二卷　宋黃庶撰
宋刊本 [41]・十七・24
明刊本 [11]・七十四・5
　　[93]・二十・8
明嘉靖刊本 [91]・二十六・
17
刊本 [24]・集一・16
　　[39]・壬・6
黄先生遺文十二卷
見《山谷先生遺文》
黄先生存稿四卷　元黃翰撰
舊抄本 [91]・三十四・26
黄先生別集二十卷
見《山谷別集》
黄先生簡尺二卷　宋黃庭堅撰
明嘉靖刊本 [91]・二十七・
21
黄勉齋集四十卷
見《黃文肅公集》
25黄仲元四如先生文稿五卷
見《黃四如文稿》
26黄白鏡一卷續黃白鏡一卷　明李
文燭撰
刊本 [96]・六十九・1364
27黄御史集　唐黃滔撰
明刊本 [60]・六・27
刊本 [39]・辛・54
　　[84]・二・27
黄御史集二卷　唐黃滔撰
抄本 [75]・五十二・18
黄御史集八卷　唐黃滔撰
明萬曆曹氏刊本 [20]・五・
8　[56]・羣書題記・14
黄御史集十卷　唐黃滔撰
明刊本 [93]・十九・41
明萬曆曹學佺刊本 [17]・四・
13
黄御史集八卷附錄一卷　唐黃滔
撰
明崇禎十一年(1638)裔孫鳴喬

等校刊本　[26]・七・52
[71]・集・唐別・18
黄御史集十卷附録一卷　唐黄滔
撰
清咸豐三年(1853)刊本
[74]・四・12
30黄淳父集二十四卷　明黄姬水撰
刊本　[39]・癸下・5
[71]・集・明別・92
黄宗端公集六卷　明黄尊素撰
刊本　[39]・癸下・25
32黄州圖經四卷附録一卷　宋李宗
諤纂
宋刊本　[41]・八・27
37黄運兩河考議六卷　不著撰人
抄本　[39]・丁・75
38黄海五十八卷　明潘之恒輯
刊本　[39]・戊・58
黄道經緯恒星圖一幅地球圖一幅
清戴進賢撰
欽天監刊本　[78]・算學書録
補注・86
40黄九煙遺集四卷　明黄周星撰
抄本　[74]・四・46
黄太史公集選三十六卷　宋黄庭
堅撰、明崔邦亮輯
明萬曆河南刊本　[91]・二十
七・21
刊本　[24]・集一・25
黄太史精華録八卷　宋黄庭堅
撰、任淵輯
元刊本　[9]・六・36
明刊本　[93]・二十・22
抄本　[39]・壬・15
黄直講泉書十卷　宋黄君俞撰
宋刊本　[14]・五下・657
黄赤正球一卷　德湯若望撰
重訂新法曆書本　[78]・算學
書録補注・86
44黄花集三卷
見《張先生黄花集》
黄孝子尋親紀程一卷滇還日記一
卷　明黄向堅撰
知不足齋叢書本　[85]・十八・

788
黄葉菴詩草二卷　明釋智舷撰
刊本　[39]・癸下・39
黄葉村莊詩集八卷後集一卷續集
一卷　清吳之振撰
原刊本　[96]・七十・1398
黄葉村莊詩集八卷續集一卷　清
吳之振撰
清刊本　[71]・集・國朝別・
23
黄葉村莊詩集八卷續集二卷　清
吳之振撰
清刊本　[39]・癸下・47
45黄樓集二卷　明魯點輯
抄本　[39]・辛・41
46黄楊集三卷　元華幼武撰
舊抄本　[32]・十四・4
黄楊集二卷補遺一卷　元華幼武
撰
刊本　[39]・壬・75
黄楊集三卷補遺一卷　元華幼武
撰
明刊本　[91]・三十四・18
刊本　[24]・集二・13
校本　[55]・五・4
黄楊集三卷補遺一卷附録一卷
元華幼武撰
明崇禎十四年(1641)九世孫允
誠重刊本　[71]・集・元
別・25　[86]・一・95
50黄忠端公全集五十卷年譜二卷
明黄道周撰
清道光道刊本　[85]・十九・
845
黄忠宣公文集十三卷　明黄福撰
明刊本　[91]・三十五・32
黄忠宣公文集十三卷別集六卷
明黄福撰
刊本　[71]・集・明別・22
黄忠節年譜一卷　清陸樹惠撰
思遠堂刊本　[96]・二十二・
466
60黄國簿四如先生文稿五卷
見《黄四如文稿》

黄四如文稿四卷　宋黄仲元撰
元刊本　[87]・三・4
刊本　[24]・集二・8
黄四如文稿五卷　宋黄仲元撰
明刊本　[11]・九十三・7
舊抄本　[71]・集・宋別・72
[91]・三十二・11
[102]・下・34
黄四如集五卷　宋黄仲元撰
明嘉靖十年(1531)後裔黄文炳
刊本　[17]・四・28
[19]・21
舊抄本　[74]・四・32
黄四如集十卷　宋黄仲元撰
明刊本　[56]・羣書題記・52
黄四如集四卷附一卷　宋黄仲元
撰
刊本　[39]・壬・47
黄四如先生六經四書講稿六卷
宋黄仲元撰
明刊本　[32]・二・12
[74]・一・40　[74]・
續增・子・1　[92]・一・
16
明嘉靖二十五年(1546)刊本
[102]・上・13
舊抄本　[16]・六・7
[91]・四・7
文瀾閣傳抄本　[96]・二・24
71黄雁山人詞四卷　清莊縉度撰
傳抄稿本　[60]・七・26
黄氏經日抄三十卷　宋黄震輯
宋紹定刊本　[32]・六・5
黄氏經日抄三十一卷　宋黄震輯
榮荊堂刊本　[75]・七・4
黄氏續録五卷卷首一卷　清黄宗
羲撰
清康熙四十二年(1703)刊本
[85]・十七・775
72黄氏家録一卷　清黄宗羲撰
清道光惇倫堂重刊本　[85]・
十七・775
黄氏日抄九十五卷　宋黄震輯
元刊本　[92]・三・80

元至元三年(1337)刊本
　[74]·三·5
芸暉閣重刊宋本　[96]·三十
　六·685
黃氏日抄九十七卷　宋黃震輯
宋刊本[38]·子·8
元刊本[8]·子一·235
　[28]·續·九·7
　[32]·六·6　[35]。
　下·42　[93]·十三·
　12　[94]·三·8
明刊本[9]·後編·十六·10
　[76]·七·32
清乾隆刊本[75]·三十三·
　7
刊本[39]·己·7　[89]·
　二集·五·9
舊抄本[11]·四十·21
精抄本[91]·十五·16
黃氏日抄九十七卷古今紀要　宋
　黃震輯
明正德刊本[32]·六·7
刊本[71]·集·宋別·74
黃氏日抄古今紀要十五卷　宋黃
　震輯
榮荆堂刊本[75]·十八·9
黃氏日抄古今紀要十九卷　宋黃
　震輯
宋刊本[9]·後編·四·24
新安汪氏芸暉閣刊本
　[96]·十八·392
刊本[39]·戊·73
　[89]·二集·四·40
黃氏日抄古今紀要十九卷古今紀
　要逸編一卷　宋黃震輯
舊抄本[11]·二十三·14
黃氏日抄古今紀要逸編一卷　宋
　黃震輯
知不足齋叢書本[96]·十八·
　392
從知不足齋抄本[75]·十八·
　10
黃氏日抄分類九十七卷
　見《黃氏日抄》

黃氏分類古今紀要十五卷
　見《黃氏日抄古今紀要》
77黃門集十二卷附錄一卷品藻一卷
　明許相卿抄
　明萬曆刊本[91]·三十七·
　8
黃門集十二卷附錄一卷年譜一卷
　許氏貽謀四卷　明許相卿撰
　刊本[71]·集·明別·68
80黃金葬法一卷　宋魏成訣撰
　刊本[5]·三中·43
黃金世界二卷　題碧荷館主人撰
　清光緒三十三年(1907)小説林
　社本[69]·二·77
黃鐘通韻二卷　清都四德撰
　三餘堂刊本[96]·七·125
黃介菴集六卷省愆集二卷　明黃
　淮撰
　刊本[39]·癸上·10
黃谷讓談四卷　明李蓘撰
　抄本[30]·七·18
98黃悦仲詩草十七卷　明黃維楫撰
　刊本[39]·癸下·28

4480$_9$　焚

47焚椒錄一卷　遼王鼎撰
　津逮祕書本[96]·十九·417
　明抄本[74]·二·19
　舊抄本[102]·下·6
50焚書六卷　明李贄撰
　明萬曆甲江李氏家刊本
　[86]·六·153

尪

26尪泉小品一卷　明田藝衡撰
　續祕笈本[96]·五十·1004

4490$_0$　村

10村西集六卷　不知撰人
　元刊本[22]·六·30
村西集六卷文集七卷　不知撰人
　元刊本[70]·三·11

樹

21樹經堂詩集十五卷續集八卷文集
　四卷　清謝啓昆撰
　清嘉慶初刊本[26]·十二·
　20
44樹萱錄一卷　不著撰人
　宋刊本[41]·十一·23

4490$_1$　禁

30禁扁五卷　元王士點纂
　揚州曹氏刊本[75]·二十四·
　3
　坊刊本[74]·二·40
　明抄本[17]·二·16
　舊抄本[16]·十五·2
　[26]·四·11
47禁殺錄一卷　宋李象先纂
　宋刊本[14]·後志·二·855
50禁書總目三種　清姚觀元編
　清乾隆刊本[85]·二十三·
　1026
　咫進齋叢書本[85]·二十三·
　1026

蔡

02蔡端明集十七卷　宋蔡襄撰
　宋刊本[14]·四下·454
蔡端明集三十卷　宋蔡襄撰
　宋刊本[14]·五下·675
蔡端明集三十六卷　宋蔡襄撰
　宋刊本[35]·上·55,56
　[41]·十七·13
　[65]·五·8　[68]·圖
　版155、目錄34
　明刊本[12]·三·17
　舊抄本[32]·十一·2
蔡端明集四十卷　宋蔡襄撰
　明萬曆刊本[18]·下·25
蔡端明集三十六卷別紀十卷　宋
　蔡襄撰
　明雙甕齋刊本[71]·集·宋
　別·7
　明萬曆刊本[91]·二十六·

15
　刊本　[39]·壬·5
　蔡端明集四十卷別紀十卷　宋蔡
　襄撰
　　明刊本　[3]·23
　蔡端明別紀十二卷　明徐燉編
　　明刊本　[60]·四·27
　　刊本　[39]·己·82
17蔡君謨集十七卷
　見《蔡端明集》
21蔡虛齋文集五卷
　見《蔡先生文集》
22蔡邕集十卷
　見《蔡中郎文集》
　蔡邕獨斷二卷
　見《獨斷》
24蔡先生文集五卷　明蔡清撰
　　明正德刊本　[91]·三十六·
　　21
　　刊本　[39]·癸上·23
　　抄本　[12]·六·33
　　[71]·集·明別·50
26蔡伯喈琵琶記二卷　漢蔡邕撰
　　元刊本　[58]·元·149
30蔡寬夫詩話三卷　宋蔡寬夫撰
　　舊抄本　[88]·六·36
40蔡九峯書集傳
　見《書集傳》
50蔡中郎文集六卷　漢蔡邕撰
　　明刊本　[32]·十·2
　　[50]·七·2　[81]·集·
　　1　[83]·四·1
　　明嘉靖二十七年(1548)刊本
　　[19]·25　[74]·四·
　　2　[91]·二十三·4
　　[102]·上·26
　蔡中郎文集八卷　漢蔡邕撰
　　抄本　[38]·集·3
　蔡中郎文集十卷　漢蔡邕撰
　　宋刊本　[14]·四上·325
　　[41]·十六·2
　　明刊本　[12]·三·15
　　[29]·三·1　[76]·十
　　六·1

明正德十年(1515)錫山華氏蘭
　雪堂銅活字本　[1]·上·
　30　[17]·四·1
　[30]·二·24　[50]·
　七·5　[67]·第五冊·
　98　[81]·集·2
　[83]·四·2　[93]·十
　九·2
明嘉靖三年(1524)宗文堂鄭氏
　刊本　[59]·六·6
　刊本　[89]·一集·十·1
　[89]·二集·八·14
　校本　[50]·七·3
　抄校本　[50]·七·2
　[93]·十九·2
　抄本　[81]·集·3　[83]·
　四·3
蔡中郎文集十卷詩集二卷獨斷二
　卷　漢蔡邕撰
　明鄭氏覆刊正德蘭雪堂本
　[2]·四·1
蔡中郎文集十卷外集一卷　漢蔡
　邕撰
　舊刊本　[60]·六·16
蔡中郎文集十卷外集四卷　漢蔡
　邕撰
　羅鏡泉校本　[91]·二十三·
　4
蔡中郎文集十卷外集四卷外紀一
　卷　漢蔡邕撰
　仿宋宋刊本　[75]·五十一·4
　明刊本　[75]·五十一·4
蔡中郎文集十卷外傳一卷　漢蔡
　邕撰
　明刊本　[81]·集·1
　明正德十年(1515)錫山華氏蘭
　雪堂銅活字本　[2]·四·
　1　[4]·24　[11]·
　六十七·1　[16]·二十
　九·1　[38]·集·2
　[42]·6　[51]·三·1
　明覆刊正德蘭雪堂活字本
　[11]·六十七·2
明萬曆八年(1580)陳留令徐

子器刊本　[17]·四·1
　[38]·集·3　[59]·六·
　7　[71]·集·漢魏六朝
　別·1　[91]·二十三·
　4
　校本　[65]·續·四·1
蔡中郎伯喈文集十卷
　見《蔡中郎文集》
蔡中郎忠孝傳　元高明撰
　明刊本　[68]·圖版457、目錄
　77
蔡忠襄公遺事三卷　清趙詒翼輯
　手稿本　[85]·七·335
蔡忠惠年譜　明徐燉撰
　明刊本　[21]·一·13
蔡忠惠公文集三十六卷
　見《蔡端明集》
72蔡氏律同二卷　明蔡宗兗撰
　抄本　[39]·丙·26
　蔡氏宗譜　不知撰人
　抄本　[21]·一·14
　蔡氏月令五卷　清蔡雲輯
　清刊本　[80]·十一·2
　清道光四年(1824)王氏刊本
　[78]·算學書錄補注·92
　[96]·五·73
80蔡公文集三十六卷
　見《蔡端明集》

4490₃ 蔡

11蔡北海集六十卷
　見《北海集》
77蔡馬潛集一卷　唐蔡毋潛撰
　宋刊本　[41]·十九·4

4490₄ 茶

08茶論一卷
　見《聖宋茶論》
　茶譜一卷　後蜀毛文錫撰
　宋刊本　[14]·三上·234
　[41]·十四·16
10茶疏一卷　明許次紓撰
　普秘笈本　[96]·五十·1002
21茶經一卷　明徐渭撰

刊本 [39]·庚·31

茶經一卷　明張謙德撰
　明抄本 [91]·十八·6

茶經一卷　唐陸羽撰
　宋刊本 [41]·十四·16

茶經二卷　唐陸羽撰
　明刊本 [11]·五十三·13

茶經三卷　唐陸羽撰
　宋刊本 [11]·五十三·13
　　　　 [14]·三上·234
　　　　 [17]·三·12 [75]·
　　　　四十·7
　明刊本 [17]·三·12
　明華氏刊本 [91]·十八·5
　百川學海本 [96]·五十·999
　簡莊先生抄本 [20]·四·18
　抄本 [75]·四十·7

茶經三卷附一卷　唐陸羽撰
　明刊本 [91]·十八·5

茶經三卷附茶具水辨一卷外集一
卷　唐陸羽撰
　刊本 [71]·子·農家·13

茶經三卷附錄一卷茶譜一卷外集
一卷　唐陸羽撰
　明刊本 [91]·十八·5

22茶山集八卷　宋曾幾撰
　聚珍刊本 [74]·四·24

茶山老人遺集　元沈貞撰
　刊本 [39]·壬·65

茶山節對一卷　宋蔡宗顏撰
　宋刊本 [41]·十四·17

30茶寮記一卷　明陸樹聲撰
　普祕笈本 [96]·五十·1002

38茶洋詩抄　尚廷楓撰
　評點本 [20]·五·40

茶道便蒙抄　不知撰人
　刊本 [45]·36

44茶董一卷　明夏樹芳撰
　明刊本 [60]·八·4

茶董二卷　明夏樹芳撰
　刊本 [39]·庚·30

茶苑二十卷　明黃履道輯
　舊抄本 [59]·八·2

50茶史二卷　清劉源長撰

清刊本 [39]·庚·31

茶書前集　明喻政撰
　明刊本 [91]·十八·7

71茶馬類考六卷　明胡彥撰
　刊本 [39]·丁·66

77茶具圖贊一卷　不著撰人
　影抄本 [32]·七·14
　舊抄本 [93]·十六·3

87茶錄一卷　宋蔡襄撰
　宋刊本 [11]·五十三·15
　　　　 [l7]·三·12 [75]·
　　　　四十·9
　明覆宋本 [91]·十八·6
　明刊本 [17]·三·12
　刊本 [21]·一·25
　影抄本 [32]·七·13
　舊抄本 [57]·188 [75]·
　　　　四十·10 [93]·十六·
　　　　3

茶錄二卷　宋蔡襄撰
　百川學海本 [96]·五十·1000

茶錄三卷　宋丁謂撰
　宋刊本 [14]·三上·234

88茶餘客話十二卷　清阮葵生撰
　七錄齋活字本 [96]·六十五·
　1299

菜

47菜根精舍詩草十二卷　清夏力恕
撰
　清刊本 [71]·集·國朝別·
　53

茶

50茶史一卷　明朱廣撰
　殷禮在斯堂叢書本 [85]·二·
　103

棊

08棊譜二卷　李逸民撰
　刊本 [5]·三下·33

21棊經一卷　宋張儗撰
　抄本 [75]·三十九·18

棊經一卷棊訣一卷　宋晏天章撰

舊抄本 [91]·十七·23

葉

00葉文莊集四十卷　明葉盛撰
　刊本 [39]·癸上·15

07葉調生感逝集　清葉調生撰
　殘稿本 [57]·330

10葉天寥年譜一卷續譜一卷別記一
卷甲行日注八卷　葉紹袁撰
　求恕齋叢書本 [85]·十八·
　801

12葉水心集二十九卷
　見《水心先生文集》

17葉丞相行狀一卷　宋楊萬里撰
　宋刊本 [41]·七·26

葉子戲格一卷　不著撰人
　宋刊本 [14]·後志·二·860

24葉先生詩話三卷　宋葉夢得撰
　元陳仁子刊本 [2]·五·39
　影抄元陳仁子刊本 [26]·
　十六·12 [93]·二十
　四·3

28葉徽君文抄　葉徽君撰
　抄本 [100]·154

38葉海峯文　明夏良珮撰
　抄本 [39]·癸上·46

47葉柳沙先生遺集二卷　明葉時新
撰
　明萬曆三十一年(1603)刊本
　[85]·二·89

50葉忠節公遺稿十二卷　清葉映榴
撰
　清乾隆十年(1745)校刊本
　[96]·七十·1386

72葉氏方三卷　宋葉大廉撰
　宋刊本 [41]·十三·13

葉氏叢書六卷　不著編者
　抄本 [71]·子·農家·9

葉氏春秋傳二十卷
　見《春秋傳》

葉氏易說一卷
　見《易說》

葉氏錄驗方三卷　不知撰人
　刊本 [89]·二集·七·18

影宋抄本 [22]・補遺・62
　　[35]・上・43
80葉人白易傳十六卷
　　見《易傳》

藥

10藥石論一卷　唐張懷瓘撰
　　宋刊本 [41]・十四・7
27藥名詩一卷　宋陳亞撰
　　宋刊本 [41]・二十・4
30藥房樵唱三卷　元吳景奎撰
　　知不足齋抄本 [39]・壬・
　　68
　　舊抄本 [11]・一百零四・20
　　[71]・集・元別・24
　　[93]・二十二・19
　藥房樵唱三卷附錄一卷　元吳景
　　奎撰
　　傳抄本 [32]・十三・26
　藥準一卷　宋文彥博撰
　　宋刊本 [41]・十三・6
　藥寮叢稿二十卷　宋謝伋撰
　　宋刊本 [41]・十八・15
60藥圃詩五卷　清李栴撰
　　清康熙二十七年(1688)刊本
　　[74]・四・52
　藥園詩稿二卷　清吳焯撰
　　清刊本 [71]・集・國朝別・
　　32
　　抄本 [57]・275
　藥園集二卷
　　見《藥園詩稿》
　藥園古體詩一卷今體詩一卷　清
　　吳焯撰
　　清刊本 [71]・集・國朝別・
　　57
80藥鏡四卷　明蔣儀撰
　　明刊本 [79]・子・醫家類・
　　457　　[96]・四十三・
　　786
95藥性粗評四卷　明許希周撰
　　中國醫學大成本 [79]・子・
　　醫家類・457

4490₈ 萊

22萊山詩集八卷遺集五卷　清章金
　　牧撰
　　清刊本 [39]・癸下・42
80萊公勳烈一卷　宋寇宗奭編
　　宋刊本 [14]・後志・一・810

4491₀ 杜

04杜詩辨證一卷　宋洪興祖纂
　　宋刊本 [14]・五下・635
　杜詩六帖十八卷　宋陳應行撰
　　宋刊本 [41]・十四・28
　杜詩詳注　唐杜甫撰
　　刊本 [84]・二・28
　杜詩發揮一卷　宋杜旃撰
　　宋刊本 [41]・二十二・14
　杜詩刊誤一卷　宋王仲至撰
　　宋刊本 [14]・後志・二・910
　杜詩解八卷　明楊德周撰
　　抄本 [39]・辛・48
　杜詩注一卷　唐杜甫撰、虞邵菴
　　編
　　明黑口本 [17]・四・5
　杜詩注解五言律十二卷　七言律
　　五卷　清顧宸撰
　　清刊本 [71]・集・唐別・7
　杜詩通四十卷　明胡震亨編
　　黃氏錄奚祿詒批點抄本
　　[12]・六・1
　杜詩執鞭錄十七卷　徐樹丕撰
　　稿本 [46]・24
　杜詩愚得十八卷
　　見《讀杜詩愚得》
　杜詩附記第十六卷　清翁方綱撰
　　殘稿本 [92]・四・138
　杜詩會粹二十四卷　唐杜甫撰
　　原刊本 [38]・集・11
　杜詩錢箋二十卷
　　見《杜工部集箋注》
10杜工部詩集　唐杜甫撰
　　宋刊本 [92]・四・137
　　刊本 [21]・一・81
　杜工部詩集十卷　唐杜甫撰

　　刊本 [71]・集・唐別・6
　杜工部詩集二十卷　唐杜甫撰
　　北宋刊本 [29]・三・1
　　宋刊本 [41]・十六・12
　　[68]・圖版109、目錄26
　　明萬曆刊本 [91]・二十四・
　　10
　　刊本 [5]・四上・11
　　影宋抄本 [72]・25
　　舊抄本 [26]・七・15
　杜工部詩集二十五卷　唐杜甫
　　撰、宋呂大防、蔡興宗、魯訔等
　　注南宋建陽刊本 [33]・集・5
　杜工部詩集二十五卷　唐杜甫
　　撰、宋王洙、趙次公等注
　　宋刊本 [68]・圖版193、目錄
　　39　　[87]・一・4
　杜工部詩集三十六卷　唐杜甫
　　撰、宋郭知達集注
　　宋刊本 [5]・四中・2
　　[9]・三・4、8　　[10]・
　　49　　[1]・六十八・17
　　[14]・五下・631
　　[28]・續・十二・5
　　[31]・22　　[33]・集・
　　3　　[35]・上・21
　　[35]・下・33　　[41]・
　　十九・5　　[72]・25
　　[92]・四・137　　[93]・
　　十九・12、13　　[94]・四・
　　1，2
　　宋寶慶元年(1225)刊本
　　[35]・上・21　　[58]・
　　集・20　　[73]・圖版49
　　武英殿聚珍刊本 [26]・七・
　　13
　　刊本 [74]・四・5
　杜工部詩集五十卷　唐杜甫撰
　　明刊本 [59]・六・10
　　[61]・三・2
　　舊刊本 [32]・十・6
　杜工部詩集二十卷文集四卷　唐
　　杜甫撰、宋郭知達集注
　　明嘉靖十五年(1536)王几山人

刊本 [17]·四·4

杜工部詩集二十卷文集二卷　唐杜甫撰、宋劉會孟評點、黃鶴補注宋刊本 [9]·後編·六·6
[41]·十六·13

元刊本 [12]·二·14
[22]·六·7　[35]·上·13　[35]·下·15,17,34,53　[38]·集·11
[65]·四·23　[76]·十四·8　[93]·十九·14　[94]·四·13
[102]·上·10

明翻元刊本 [92]·四·137

明刊本]9]·十·6
[9]·後編·十八·7
[11]·六十八·18
[12]·三·16　[32]·十·6　[60]·六·17
[75]·五十一·26

明嘉靖十五年(1536)明易山人校刊本 [9]·後編·十八·7　[12]·四·13
[19]·15　[59]·六·10　[91]·二十四·9、11

刊本 [24]·集一·6
[89]·一集·十·9,10

杜工部詩集二十五卷文集二卷唐杜甫撰、宋徐居仁編、黃鶴補注宋刊本 [9]·後編·六·4
[41]·十九·6

宋紹定刊本坿元刊本 [44]·二·48

元刊本 [1]·上·34
[9]·六·21,22,23
[9]·後編·十一·1
[11]·六十八·16
[12]·二·14　[13]·28　[16]·四·1
[20]·五·1　[22]·六·5　[28]·續·十二·4
[35]·下·15,30,32
[38]·集·10　[48]·

輯二下·157　[65]·四·25　[71]·集·唐別·6　[93]·十九·14
[94]·四·13　[98]·22

元刊黑口本 [4]·26

元廣勤堂刊本 [43]·四·36
[91]·二十四·9

元皇慶元年(1312)建安余氏勤有堂刊本 [2]·四·6
[66]·目録9

元至正刊本 [58]·元·105

明汪諒翻元刊本 [91]·二十四·10

清乾隆七年(1742)怡府明善堂刊本 [68]·圖版517、518,目録86

刊本 [21]·一·32
[22]·六·5　[24]·集一·6

朝鮮古活字本 [3]·21

日本永和二年刊本 [62]·圖版118

杜工部詩集二十卷文集二卷附録一卷　唐杜甫撰、元高楚芳編元刊本 [22]·六·6
[74]·四·5

舊刊覆元本 [22]·六·6

杜工部詩集二十卷文集二卷卷末一卷補注一卷年譜一卷　唐杜甫撰、清朱鶴齡輯注
清刊本 [71]·集·唐別·7　[92]·四·138

杜工部詩集二十卷集外詩一卷注十杜甫詩二十卷興宗編杜甫詩二卷趙次公注杜詩五十九卷　唐杜甫撰
宋刊本 [14]·四上·356

杜工部詩集二十卷附補遺一卷唐杜甫撰、宋王洙編
影抄宋刊本 [11]·六十八·11　[16]·二十九·5
[28]·十·8　[30]·一·7

杜工部詩集二十二卷　唐杜甫撰附趙東山類選五言詩一卷虞伯生注七言詩一卷　元趙访、虞集注明刊本 [93]·十九·15

杜工部詩史三十六卷
見《杜工部詩集》

杜工部詩年譜一卷　宋魯訔撰杜春生仿宋刊本 [74]·二·26

杜工部五言律詩二卷　唐杜甫撰、元趙访注
明刊本 [93]·十九·15

杜工部五七言律詩二卷　唐杜甫撰、元趙访、虞集注
明刊本 [62]·三·3

杜工部集五家評本二十卷　唐杜甫、王世貞、王慎中、王士禎、邵長蘅、宋犖評清道光十四年(1834)五色套印本 [74]·四·5
[74]·續增·集·1

杜工部集箋注二十卷　唐杜甫撰、清錢謙益注
清刊本 [74]·四·5
錢氏家刊本 [26]·七·14

杜工部進三大禮賦十卷　唐杜甫撰、宋呂祖謙注
刊本 [5]·四上·12

杜工部古詩近體詩先後并解丁帙七卷戊帙十一卷己帙八卷　唐杜甫撰
明抄孤本 [17]·四·5

杜工部草堂詩箋　唐杜甫撰、宋魯訔編、蔡夢弼箋
宋刊本 [67]·第五册·41　[68]·圖版168、目録36
南宋刊本 [37]·一輯
刊本 [89]·一集·十·8
校宋本 [55]·三·32

杜工部草堂詩箋二十六卷　唐杜甫撰、宋魯訔編、蔡夢弼箋
宋刊本 [35]·下·14
[58]·集·21　[93]·十九·15　[94]·四·2

杜工部草堂詩箋三十三卷　唐杜
甫撰、宋魯訔編、蔡夢弼箋
宋刊殘本　[38]・集・10
杜工部草堂詩箋四十卷　唐杜
甫、宋魯訔編、蔡夢弼箋
宋刊元修本　[22]・六・4
[35]・下・30
杜工部草堂詩箋五十卷外集一卷
唐杜甫撰、宋魯訔編、蔡夢弼箋
宋刊本　[2]・四・5
杜工部草堂詩箋四十卷外集一卷
補遺十卷年譜二卷詩話二卷目
錄二卷　唐杜甫撰、宋魯訔編、
蔡夢弼箋
日本覆宋刊本　[75]・五十一・
26
杜工部草堂詩餘二卷　唐杜甫撰
宋刊本　[41]・二十一・17
杜工部草堂詩餘四卷　唐杜甫
撰、宋武陵逸史編
明刊本　[11]・一百二十・16
[60]・七・19
明嘉靖二十九年(1550)上
海顧從敬刊本　[30]・三・
34　[91]・四十・30
[100]・184
明汲古閣刊本　[26]・十六・
31　[75]・六十四・31
校本　[59]・七・21
杜工部草堂詩餘正集六卷續集二
卷別集四卷新集五卷　唐杜甫
撰、明顧從敬編
明崇禎刊本　[19]・25
刊本　[71]・集・詞・18
杜工部全集六十四卷　唐杜甫撰
汪鈍翁評本　[55]・五・14
杜工部全集六十六卷　唐杜甫撰
明刊本　[9]・十・7
杜工部年譜一卷　宋趙子櫟撰
清道光二年(1822)山陰杜春生
仿宋刊本　[74]・二・26
21杜師雄詩一卷　宋杜默撰
宋刊本　[14]・四下・454
25杜律五言注解三卷　唐杜甫撰、

元趙汸注
家塾刊本　[20]・五・1
杜律虞注二卷　唐杜甫撰元虞集
注
明刊本　[74]・四・5
明楊士奇刊本　[102]・上・27
杜律注評　明陳禹郊輯
刊本　[39]・辛・48
30杜家五成雜書要略　不知撰人
舊抄本　[89]・一集・六・28
杜審言詩一卷
見《杜審言集》
杜審言集一卷　唐杜審言撰
宋刊本　[14]・四上・341
[41]・十九・3
宋陳氏書棚刊本　[2]・四・7
翻宋本　[45]・41
杜審言集二卷　唐杜審言撰
明初活字本　[11]・六十八・
3
明刊本　[91]・二十四・4
33杜必簡集一卷
見《杜審言集》
35杜清獻公集十卷　宋杜範撰
知不足齋抄本　[39]・壬・31
杜清獻公集十九卷別錄一卷　宋
杜範撰
明刊本　[11]・八十八・22
刊本　[24]・集一・39
抄本　[16]・三十一・47
[71]・集・宋別・52
[91]・三十一・5
37杜祁公語錄一卷　不知撰人
宋刊本　[41]・七・17
40杜壽域詞一卷　宋杜安世撰
宋刊本　[41]・二十一・2
明抄本　[91]・四十・5
44杜樊川詩注四卷別集一卷外集一
卷
見《樊川詩注、別集、外集》
杜樊川集二十卷
見《樊川文集》
杜韓集韻八卷　清汪文栢輯
清刊本　[39]・庚・53

杜韓白蘇四家詩選　清顧嗣立評
點
顧氏校抄本　[32]・十五・4
杜荀鶴唐風集十卷
見《杜荀鶴文集》
杜荀鶴文集三卷　唐杜荀鶴撰
宋刊本　[41]・十九・23
[71]・集・唐別・18
[93]・十九・40
毛晉刊本　[1]・上・39
汲古閣陸敕先毛斧季校宋本
[17]・四・12
毛斧季據北宋本校本
[60]・六・25
舊抄馮氏校北宋本　[16]・二
十九・20
校明抄本　[54]・五・29
影宋抄本　[81]・集・5
[83]・四・12
影抄南宋本　[11]・七十一・
11
舊抄本　[11]・七十一・12
[21]・一・35　[75]・
五十二・18
精抄本　[5]・四中・11
[16]・二十九・20
杜荀鶴文集十卷　唐杜荀鶴撰
宋刊本　[14]・四中・407
50杜東原詩集不分卷　明杜瓊撰
抄本　[71]・集・明別・29
杜東原詩集七卷　明杜瓊撰
舊抄本　[51]・四・15
杜東原詩集一卷補遺一卷　明杜
瓊撰
虞山王乃昭抄本　[59]・七・
14
杜東原詩集二卷補遺一卷　明杜
瓊撰
舊抄本　[91]・三十七・6
杜東原年譜一卷　明沈周編
舊抄本　[74]・二・27
53杜甫集二十卷
見《杜工部詩集》
72杜氏通典二百卷

見《通典》
杜氏通典詳節二十五卷
　見《通典詳節》
杜氏書譜三卷
　見《書譜》
杜氏四時祭享禮一卷　宋杜衍撰
　宋刊本　[41]・六・17
76杜陽雜編三卷　唐蘇鶚撰
　宋刊本　[14]・三下・244
　　[41]・十一・6
　刊本　[89]・二集・四・43
　稗海本　[74]・三・82
　學津討原本　[96]・六十六・
　　1309
　舊抄本　[75]・四十八・5
　　[93]・十七・22
80杜公談錄一卷　宋杜師益等撰
　宋刊本　[41]・七・18
90杜少陵集十卷
　見《杜工部詩集》

4491₂ 枕

01枕譚一卷　明陳繼儒撰
　眉公雜著本　[96]・五十七・
　　1145
30枕流日劄一卷　明陳之伸撰
　抄本　[39]・己・77
50枕中記一卷　不著撰人
　宋刊本　[41]・十一・19
枕中祕　明衞泳撰
　刊本　[39]・己・85
枕中書一卷　題晉葛洪撰
　漢魏叢書本　[74]・三・90
　唐宋叢書本　[96]・六十九・
　　1356

4491₄ 桂

00桂亭研銘一卷　清廣玉撰
　不著版本　[32]・七・13
桂文襄公奏議八卷　明桂萼撰
　刊本　[71]・集・奏議・2
32桂洲文集十八卷
　見《夏桂洲集》
桂洲文集五十卷

見《夏文愍公全集》
桂洲詞六卷　明夏言撰
　明刊本　[8]・集七・647
桂洲詞十卷　明吳萊編
　明萬曆十五年(1587)刊本
　　[59]・七・21
38桂海虞衡志一卷　宋范成大撰
　明刊本　[75]・二十八・2
　古今逸史本　[74]・二・57
　明抄本　[11]・三十四・12
　　[91]・十二・14
　舊抄本　[17]・二・18
　　[39]・戊・45
桂海虞衡志二卷　宋范成大撰
　宋刊本　[41]・八・35
桂海虞衡志三卷　宋范成大撰
　宋刊本　[14]・五上・570
桂海虞衡志一卷　宋范成大撰
　谿蠻叢笑一卷　不著撰人
　抄本　[50]・三・36
44桂坡前集五卷後集九卷　明左贊
　撰
　刊本　[71]・集・明別・50
桂苑叢談一卷　題唐子休、馮翊
　撰
　宋刊本　[14]・後志・一・785
　續祕笈本　[96]・六十六・
　　1311
桂苑筆耕二十八卷
　見《桂苑筆耕集》
桂苑筆耕集二十卷　唐高麗崔致
　遠撰
　高麗舊活字本　[8]・集一・405
　　[11]・七十一・21
　　[17]・四・14　[26]・
　　八・1　[28]・續・十二・
　　11　[59]・六・14
　　[91]・二十五・24
　舊抄本　[12]・六・3
　　[32]・十・20　[34]・
　　三・23　[74]・四・12
　　[75]・五十二・26
　　[102]・下・28
桂苑筆耕集二十八卷　唐高麗崔

致遠撰
　刊本　[88]・五・10
桂苑筆耕集三十卷　唐高麗崔致
　遠撰
　高麗舊活字本　[29]・三・32
桂林郡志　明陳璉纂修
　明景泰元年(1450)刊本
　　[68]・圖版367、目錄66
桂林志一卷　宋江文叔編
　宋刊本　[41]・八・33
桂林田海記一卷　不著撰人
　明季史料叢書本　[85]・十一・
　　571
桂林風土記一卷　唐莫休符撰
　錢南白抄校本　[91]・十二・
　　12
　舊抄校本　[50]・三・29
　明謝氏小草齋抄本　[59]・
　　三・10
　清吳枚菴抄本　[2]・二・43
　舊抄本　[11]・三十四・2
　　[16]・十七・4　[32]・
　　四・22　[76]・六・1
　　[93]・十一・16
桂林風土記一卷　宋趙彥勵撰
　宋刊本　[41]・八・33
桂林留守始末一卷　不著編者
　明季野乘五種本　[85]・十一・
　　570
48桂故八卷　明張鳴鳳撰
　刊本　[39]・戊・46
　　[71]・史・地志・53
72桂隱文集四卷　元劉詵撰
　傳抄明刊本　[59]・七・3
桂隱文集二卷詩集二卷　元劉詵
　撰
　舊抄本　[17]・四・30
桂隱文集四卷詩集四卷　元劉詵
　撰
　刊本　[71]・集・元別・33
　舊抄本　[11]・九十五・18
　　[39]・壬・58
桂隱文集五卷詩集四卷　元劉詵
　撰

影抄明嘉靖刊本　〔91〕・三十
三・8

桂隱文集四卷附錄一卷詩集四卷
元劉詵撰
抄本　〔12〕・六・22

桂隱詩集二卷　元劉詵撰
舊抄本　〔75〕・五十八・21

桂隱詩集四卷　元劉詵撰
明嘉靖抄示　〔91〕・三十三・
9

79桂勝十六卷　明張鳴鳳撰
刊本　〔39〕・戊・46
〔71〕・史・地志・53

桂勝十六卷桂故八卷　明張鳴鳳
撰
明嘉靖刊本　〔11〕・三十三・
8
抄小字本　〔91〕・十二・5

蘿

10蘿石山房文集四卷奏疏一卷詩集
一卷　明左懋第撰
清光緒十六年（1890）重刊本
〔85〕・十九・832

77蘿屋書見一卷　清汪積山撰
抄本　〔91〕・十九・17

權

00權文公文集二十七卷　唐權德興
撰
刊本　〔26〕・七・22

權文公文集五十卷　唐權德興撰
宋刊本　〔41〕・十六・16
宋蜀刊本　〔2〕・四・9
〔67〕・第五册・25
刊本　〔74〕・續增・集・1
舊抄本　〔11〕・六十九・5
〔32〕・十・8　〔75〕・
五十二・3

權文公文集五十卷摭遺一卷附錄
一卷　唐權德興撰
海源閣藏孫淵如舊抄本
〔8〕・集一・382
舊抄本　〔65〕・四・33

權文公詩集十卷　唐權德興撰
宋刊本　〔9〕・後編・六・10
明刊本　〔93〕・十九・21
刊本　〔56〕・羣書題記・35
〔71〕・集・唐別・10
影抄明嘉靖劉昌謨本
〔17〕・四・7
抄本　〔5〕・四上・16
〔39〕・辛・52　〔56〕・
羣書題記・38

17權丞相集五十卷
見《權文公文集》

21權衡度量實驗考　清吳大澂撰
清光緒二十年（1894）長沙刊本
〔68〕・圖版597、目錄96

24權德興集五卷　唐權德興撰
宋刊本　〔14〕・四中・379

43權載之文集五十卷
見《權文公文集》

4491₇　植

27植物學八卷　清李善蘭譯
清咸豐八年（1858）刊本
〔74〕・三・46

萩

44萩菊志八卷
見《藝菊志》

萩林伐山二十卷　不知撰人
明萬曆三十四年（1606）楊芳重
刊本　〔19〕・7

4492₇　菊

08菊譜一卷　宋劉蒙撰
宋刊本　〔11〕・五十四・12
〔17〕・三・14　〔41〕・
十・9　〔75〕・四十・24
宋刊小字本　〔28〕・九・9
明覆宋本　〔91〕・十八・10
明刊本　〔17〕・三・14
百川學海本　〔96〕・五十一・
1012

菊譜一卷　宋史正志撰
宋刊本　〔11〕・五十四・15

〔17〕・三・14　〔41〕・
十・10　〔75〕・四十・
27
明刊本　〔17〕・三・14
百川學海本　〔96〕・五十一・
1012

菊譜一卷　宋范成大撰
宋刊本　〔11〕・五十四・14
〔17〕・三・14　〔75〕・
四十・26
明翻末本　〔91〕・十八・10
明刊本　〔17〕・三・14
百川學海本　〔96〕・五十一・
1012

菊譜二卷　宋范成大撰
宋刊本　〔41〕・十・10

菊譜　清弘皎撰
清乾隆二十三年（1758）春暉堂
刊本　〔68〕・圖版524、目
錄87

21菊徑漫談十四卷　明董谿撰
明刊本　〔2〕・三・31

22菊山清雋集、附圻南翁詩文集、錦
錢餘笑　不知撰人
知不足齋叢書本　〔36〕・235

44菊坡叢話二十六卷　明單宇撰
明刊本　〔9〕・後編・二十・16
〔60〕・七・15
抄本　〔39〕・庚・7

菊莊集三卷　明劉醇撰
刊本　〔71〕・集・明別・24

栲

44栲栳山人詩集三卷　元岑安卿撰
清乾隆刊本　〔75〕・五十九・
29
清嘉慶十六年（1811）刊本
〔74〕・四・37
寶墨齋刊本　〔101〕・中・10
勞季言校本　〔11〕・一百零四・
20
鮑以文校本　〔11〕・一百零四・
20
經組堂藍格抄本　〔30〕・四・

35
傳抄鉏經堂本 [59]・七・8
舊抄本 [12]・六・26
[16]・三十四・13
[28]・十三・4 [39]・
壬・64 [57]・257
[71]・集・元別・18
[102]・下・36
栲栳山人詩集六卷 元岑安卿撰
抄本 [93]・二十二・19

藕

77藕居士詩話二卷 明陳懋仁撰
刊本 [39]・庚・9

4493₀ 枚

40枚左堂詩集六卷詞四卷續集三卷
清孫致彌撰
清乾隆元年(1736)刊本
[74]・四・52

4493₆ 蕷

77蕷門集八卷
見《蘇門集》

4494₁ 櫜

41櫜杬萃編十二編二十四回 錢錫
寶撰
漢口中亞印書館排印本
[69]・七・200
櫜杬閒評全傳五十卷附總論一卷
不著撰人
坊刊小本 [69]・二・67

4494₇ 枝

01枝語二卷 清孫之騄撰
清刊本 [39]・庚・85
22枝山野紀四卷
見《野紀》

葹

60葹圍雜記十五卷 明陸容撰
明刊本 [91]・二十一・16
刊本 [39]・己・47

墨海金壺本 [96]・六十五・
1286
明抄本 [17]・三・36

4496₀ 枯

22枯崖漫録三卷 釋圓悟撰
日本刊本 [60]・二・13
44枯樹花新聞小説四十四回 題山
外山人撰
清光緒三十一年(1905)上海小
説新書社排印本 [69]・七・
209

楮

07楮記室十五卷 明潘塤撰
刊本 [39]・己・49
[71]・子・小説家・16

4498₁ 棋

05棋訣一卷 宋劉仲甫撰
墨海金壺本 「96」・四十九・
977

4498₆ 横

10横雲山人集三十二卷 清王鴻撰
原刊本 [96]・七十・1391
22横川和尚語録一卷 横川和尚撰
日本五山刊本 [43]・三・54
横山志略六卷補六卷 宋鄭震撰
舊抄本 [57]・116
31横渠張載易説十卷
見《易説》
横渠先生語録三卷
見《張子語録》
横渠先生經學理窟一卷
見《經學理窟》
33横浦先生文集二十卷 宋張九成
撰
宋刊本 [9]・後編・七・5
明刊本 [11]・八十三・10
明萬曆四十三年(1615)刊本
[36]・226
刊本 [21]・一一・39
明刊配吳石倉抄本 [91]・二

十九・21
抄本 [71]・集・宋別・33
横浦心傳録三卷 宋張九成撰
明吳惟明刊本 [60]・二・15
横浦心傳録三卷 宋張九成撰
横浦日新一卷 宋郎曄纂
明刊本 [11]・四十・2
横浦日新二卷 宋郎曄纂
宋刊本 [14]・五下・693
40横塘集二十卷 宋許景衡撰
文瀾閣傳抄本 [11]・八十・
14
横塘集三十卷 宋許景衡撰
宋刊本 [41]・十八・3
90横堂小集十卷 宋林桷撰
宋刊本 [41]・十八・33

4499₀ 林

10林霽山集四卷
見《林霽山白石稿》
林霽山白石稿四卷 宋林景熙撰
舊抄本 [50]・八・50
林霽山白石稿四卷白石樵唱六卷
宋林景熙撰
明嘉靖馮彬刊本 [71]・集・
宋別・67
林下詞選十四卷 清周銘輯
清刊本 [71]・集・詞・19
清康熙十年(1671)刊本
[74]・四・77
林下偶談四卷
見《荆谿林下偶談》
12林登州集二十三卷 明林唐臣撰
刊本 [39]・癸上・4
17林君復集二卷
見《林和靖先生詩集》
21林膚齋列子口義二卷
見《列子膚齋口義》
林膚齋莊子口義十卷
見《莊子膚齋口義》
林膚齋老子口義二卷
見《老子膚齋口義》
23林外野言二卷 元郭翼撰
刊本 [24]・集二・20

知不足齋抄本　［39］・壬・77
舊抄本　［11］・一百零六・7
　　　［71］・集・元別・24
　　　［91］・三十四・23
傳抄本　［32］・十三・26
林外野言二卷附補遺一卷雪履齋
筆記一卷　元郭翼撰
十萬卷樓抄本　［91］・三十四・
23
26林泉高致一卷　宋郭思撰
宋刊本　［41］・十四・13
說郛本　［96］・四十八・928
抄本　［5］・三下・32
　　　［39］・庚・25
林泉結契五卷　宋王質撰
刊本　［24］・集一・35
林泉老人評唱投子青和尚頌古空
谷傳聲三卷　不知撰人
元刊本　［8］・子二・344
林泉老人虛堂習聽錄三卷　不知
撰人
元刊本　［60］・二・13
林泉隨筆一卷　明張綸撰
刊本　［39］・己・72
抄本　［71］・子・雜家・41
林和靖論語解二卷
見《論語解》
林和靖先生詩集一卷　宋林逋撰
宋刊本　［35］・上・24
　　　［58］・集・53　　　［93］・
　　　二十・3　　　［94］・四・4
影宋精抄本　［50］・八・5
　　　［65］・五・5
林和靖先生詩集二卷　宋林逋撰
宋刊本　［14］・四下・444
日本貞享丙寅刊本　［76］・十
四・28
影宋本　［91］・二十六・8
林和靖先生詩集四卷　宋林逋撰
宋刊本　［50］・八・6
明刊本　［11］・七十三・5
　　　［55］・六・11　　　［93］・
　　　二十・5
明刊黑口本　［17］・四・14

明正德刊校宋本　［54］・五・34
校宋本　［50］・八・3
　　　［65］・五・2
鮑淥飲校正統本　　　　［91］・
二十六・6
影明正統八年（1443）刊本
　　　［91］・二十六・8
舊抄本　［74］・續增・集・1
　　　［75］・五十三・13
林和靖先生詩集七卷　宋林逋撰
明刊本　［9］・後編・十八・14
林和靖先生詩集三卷西湖紀逸一
卷　宋林逋撰
宋刊本　［41］・二十・4
林和靖先生詩集四卷附省心錄一
卷　宋林逋撰
明正德刊本　［91］・二十六・
7
刊本　［39］・壬・3　　　［71］・
集・宋別・4
校本　［84］・二・28
林和靖摘句圖一卷　宋林逋撰
宋刊本　［41］・二十二・11
30林寬詩集一卷　唐林寬撰
宋刊本　［41］・十九・20
明抄本　［102］・下・29
37林初文集　明林初文撰
明刊本　［21］・一・50
44林藻集一卷　唐林藻撰
宋刊本　［41］・十六・24
林蘭香八卷　清人撰
清道光十八年（1838）刊本
　　　［69］・四・128
林蕙堂文集十二卷　清吳綺撰
清刊本　［74］・四・49
林蕙堂全集二十六卷　清吳綺撰
清刊本　［71］・集・國朝別・
15
林薀集一卷　唐林薀撰
宋刊本　［41］・十六・24
72林氏野史八卷　宋林希撰
宋刊本　［41］・五・19
林氏小說三卷　唐林罕撰
宋刊本　［14］・後志・一・770

77林屋文稿十六卷　清宋徵輿撰
抄本　［85］・二十・919
林屋詩集九卷　清元昭旭撰
清道光刊本　［57］・290
林屋山人集二十卷　明蔡羽撰
刊本　［71］・集・明別・69
林屋山人漫稿一卷　元俞琰撰
扶瑤館抄本　［71］・集・元別・
35
舊抄本　［11］・九十一・20
　　　［39］・壬・72
傳抄本　［17］・四・36
林屋唱酬錄一卷焦山紀遊集一卷
清馬曰璐等輯
粵雅堂刊本　［74］・四・67
林屋民風十二卷　清王維德輯
清刊本　［39］・戊・59
林同孝詩一卷　宋林同撰
影宋抄本　［91］・三十一・20
舊抄本　［75］・五十七・15
舊抄書棚本　［91］・三十一・
20
從千頃堂抄本　［20］・五・19
林居漫錄前集六卷後集五卷　明
伍袁萃撰
刊本　［39］・己・51
林居漫錄前集六卷後集九卷畸集
五卷別集六卷　明伍袁萃撰
舊抄本　［17］・三・36
林居漫錄前集六卷別集九卷畸集
五卷多集六卷　明伍袁萃撰
抄本　［54］・四・6
林間集二卷
見《林間錄》
林間錄二卷後集一卷　宋釋惠洪
撰
明刊本　［11］・六十五・17
　　　［93］・十八・4
明萬曆刊本　［91］・二十二・
6
刊本　［39］・庚・99
舊抄本　［17］・三・40
　　　［75］・四十九・19
78林臥遙集四卷　清趙吉士撰

465

原刊本　[96]·七十·1378
林卧卧干律詩　清趙吉士撰
　清刊本　[39]·癸下·42
林膳部鳴盛集
　見《鳴盛集》
80林公輔先生文集不分卷　明林石
撰
　舊抄本　[11]·一百十一·2
　[12]·六·30　[20]·
五·26

4499₄　楳

44楳埜集十二卷　宋徐元傑撰
　文瀾閣傳抄本　[11]·九十·
21

4510₆　坤

10坤靈圖一卷
　見《易緯坤靈圖》
37坤鑒度二卷　題包羲氏撰
　宋刊本　[14]·後志·五下·
751

4513₂　堁

22堁川識往一卷　不知撰人
　舊抄本　[50]·六·30

4541₀　姓

06姓韻十卷　張澍撰
　稿本　[60]·五·19
22姓觿十卷　明陳士元撰
　刊本　[39]·戊·84
27姓解三卷　宋邵思纂
　北宋刊本　[22]·五·8
　[35]·上·42　[41]·
八·3　[76]·十一·28
　[89]·一集·六·43
　日本覆北宋刊本　[75]·四十
五·15
　古逸叢書本　[76]·十一·29
31姓匯四卷　明陳士元撰
　刊本　[39]·戊·84
姓匯四卷姓觿七卷　明陳士元撰
　歸雲別集本　[74]·三·67

姓源韻譜一卷　唐張九齡撰
　宋刊本　[41]·八·1
姓源韻譜五卷　唐張九齡撰
　宋刊本　[14]·二下·182
姓源珠璣六卷　明楊信民撰
　刊本　[39]·戊·84
　[71]·史·譜牒·2
44姓苑二卷　不著撰人
　宋刊本　[41]·八·3
72姓氏辯誤　清張澍撰
　稿本　[100]·119
姓氏急就篇二卷　宋王應麟撰
　元刊本　[11]·六十一·17
　[28]·續·十一·8
　[35]·上·46
　明刊本　[9]·後編·十七·20
　明刊修補本　[75]·四十五·
21
　玉海附刊本　[74]·三·67
　[96]·六十一·1212
姓氏補纂七卷　明李日華撰
　刊本　[39]·戊·85
姓氏遙華韻九十八卷
　見《古今姓氏遙華韻》

4593₂　棣

44棣華樂府六卷　清盛楓撰
　清刊本　[71]·集·詞·12
棣華館小集一卷　宋楊甲撰
　抄本　[74]·四·29

隷

00隷辨八卷　清顧藹吉編
　清乾隆刊本　[75]·十二·15
06隷韻七卷　宋洪適撰
　宋刊本　[14]·五上·539
隷韻十卷　宋劉球撰
　宋刊揭本　[2]·一·37
　宋刊本　[54]·一·24
　刊本　[89]·一集·三·55
　初印本　[84]·三·20
　影宋抄本　[83]·二·24
　舊抄本　[81]·史·10
隷韻十卷碑目一卷　宋劉球撰

秦氏影宋刊本　[75]·十一·
13
21隷經文四卷　清江藩撰
　粵雅堂刊本　[74]·四·56
24隷續七卷　宋洪適撰
　元泰定二年(1325)刊本
　[16]·二十·3　[35]·
上·30
　卷抄本　[93]·十二·16
隷續八卷　宋洪適撰
　黄堯圃校汪氏樓松書屋翻元刊
本　[8]·史三·212
隷續十四卷　宋洪適撰
　校宋本　[83]·二·21
　校影抄宋本　[16]·二十·4
隷續十九卷　宋洪適撰
　先君子校本　[20]·一·27
隷續二十一卷　宋洪適撰
　元刊抄補本　[58]·元·61
　清康熙四十五年(1706)揚州使
院刊本　[68]·圖版492·
目録82
　清曹棟亭刊本　[81]·史·9
　[83]·二·20
　錢塘汪氏樓松書屋刊本
　[75]·三十·13
　[96]·三十三·607
　刊本　[5]·一下·21
　依元抄刊本　[45]·10
　日本翻刊本　[91]·十四·11
　校刊本　[59]·五·5
　惠松崖校本　[57]·143
　校本　[57]·144
26隷釋二十七卷　宋洪適撰
　宋刊本　[35]·上·30
　明仿宋刊本　[20]·一·27
　明刊本　[9]·七·32
　[9]·後編·十三·10
　明萬曆十六年(1588)刊本
　[26]·二·59　[36]·
160
　錢塘汪氏樓松書屋刊本
　[49]·4　[75]·三十·
11　[96]·三十三·605

洪氏刊本　[75]·三十·13

刊本　[89]·一集·三·52

[89]·二集·一·44

依元抄本　[45]·10

明秦四麟藍格抄本　[2]·

二·51

明朱杜村手抄本　[59]·五·

4

舊抄本　[5]·一下·21

[80]·八·1　　[81]·史·

9　[83]·二·29

[93]·十二·16

隸釋十七卷隸續二十一卷　宋洪

適撰

宋刊本　[41]·八·10

隸釋二十七卷隸續二十一卷　宋

洪適撰

校本　[32]·五·13

隸釋刊誤一卷　清黃丕烈撰

清士禮居刊本　[96]·三十三·

606

4594₄　樓

10樓霞長春子邱神仙磻豁集三卷

見《磻豁集》

樓雲集二十五卷　宋趙逢撰

宋刊本　[14]·五下·655

16樓碧先生黃楊集三卷

見《黃楊集》

37樓鵁軒稿十二卷　明周詩撰

刊本　[71]·集·明別·84

40樓真志二卷　明夏樹芳撰

傳抄本　[32]·九·27

樓真志四卷　明夏樹芳撰

明刊本　[60]·二·12

刊本　[39]·庚·98

樓

10樓攻媿文集三十二卷

見《攻媿先生文集》

22樓山堂集二十七卷　明吳應箕撰

粵雅堂刊本　[74]·四·47

樓山堂集二十七卷遺文六卷遺詩

一卷　明吳應箕撰

清初刊本　[85]·十九·840

通行刊本　[85]·十九·840

貴池二妙集本　[85]·十九·

840

44樓村詩集二十五卷　清王式丹撰

清刊本　[71]·集·國朝別·

63

清雍正三年(1725)刊本

[96]·七十·1406

4594₇　栖

22栖山老人集八卷　宋季相撰

宋刊本　[41]·二十·19

4596₀　柚

90柚堂筆談四卷　清盛百二撰

原刊本　[96]·五十五·1096

4599₀　株

44株林野史六卷　清人撰

上海小說社排印本　[69]·四·

159

4599₆　楝

00楝亭詩抄四卷別集四卷　清曹寅

撰

清刊本　[71]·集·國朝別·

25

楝亭詩抄八卷別集四卷詞抄二卷

文抄一卷　清曹寅撰

清揚州書局刊本　[96]·七十·

1402

楝亭書目不分卷

見《曹楝亭書目》

棟

22棟峯遺稿二卷　明曾汭撰

刊本　[39]·癸上·39

4600₀　加

35加減十三方　不知撰人

刊本　[89]·二集·七·14

4601₀　旭

22旭山集十六卷　明金忠士撰

刊本　[39]·癸下·20

4611₀　坦

00坦齋通編一卷　宋邢凱撰

刊本　[28]·八·8

抄本　[75]·四十二·17

21坦上翁集一卷　明劉麟撰

傳抄本　[32]·十四·9

44坦菴長短句一卷　宋趙師俠撰宋

刊本　[41]·二十一·12

46坦坦齋文集二卷　明劉三吾撰

刊本　[39]·癸上·2

4614₀　埤

70埤雅二十卷　宋陸佃撰

宋刊本　[14]·一下·90

[35]·上·28　　[41]·

三·40

元刊本　[92]·一·20

元刊明補本　[92]·一·20

明仿宋黑口本　[3]·4

[8]·經三·81　　[26]·

二·53　[34]·二·22

[59]·一·9　[91]·五·6

明仿宋巾箱本　[9]·七·29

明初刊本　[92]·一·21

明刊本　[9]·七·28

[9]·後編·十三·8

[30]·二·1　[32]·二·

16　[38]·經·49

[57]·18　[75]·九·

11　[84]·二·15

[93]·七·6

明畢效欽刊本　[11]·十二·

15

明建文二年(1400)林瑜陳大本

刊本　[68]·圖版351、目

錄64

明成化九年(1473)刊本

[22]·二·32

明成化十五年(1479)刊本

[19]・3
明嘉靖修成化刊本　[91]・五・6
明嘉靖二年(1523)刊本　[22]・二・33
清康熙三十九年(1700)顏械刊本　[26]・二・54
埤雅廣要四十二卷　明牛衷撰
　明刊本　[9]・後編・十三・9
　刊本　[39]・丙・28
80坤盦集本附廣盦二卷　張撝撰
　稿本　[57]・18

4621₀　觀

00觀音魚籃記二卷　不知撰人
　明金陵唐錦池文林閣刊本　[86]・十一・19
10觀石錄一卷　清高兆撰
　借月山房彙抄本　[96]・五十・998
18觀政集　明李濂撰
　抄本　[39]・癸上・40
22觀樂生詩集五卷附錄一卷　明許繼撰
　刊本　[71]・集・明別・20
24觀化集　明朱約佶撰
　刊本　[39]・庚・97
25觀生手鏡一卷　明陳之伸撰
　抄本　[39]・己・78
27觀象玩占五十卷　題唐李淳風撰
　舊抄本　[39]・庚・59
　[59]・二・18
　觀象玩占四十八卷拾遺一卷　題唐李淳風撰
　舊抄本　[74]・三・30
　觀象授時十四卷　清秦蕙田撰
　皇清經解本　[78]・子・天文類・557
　觀象授時二十卷　清秦蕙田、方觀承撰
　五禮通考本　[78]・算學書錄補注・96
　觀物外篇六卷　宋張岷撰
　宋刊本　[41]・一・18

[41]・九・11
觀物外篇衍義九卷
　見《皇極經世觀物外篇衍義》
觀物內篇解二卷　宋祝泌撰
　宋刊本　[41]・一・18
33觀心論一卷　魏菩提達磨撰
　宋刊本　[14]・後志・二・888
37觀瀾文七十卷
　見《東萊集注類編觀瀾文》
觀瀾文丙集八卷
　見《東萊集注類編觀瀾文丙集》
觀瀾文甲集二十五卷乙集七卷
　見《東萊集注類編觀瀾文甲集、乙集》
44觀老莊影響論一卷　明釋德清撰
　刊本　[39]・庚・101
　快書本　[96]・六十九・1353
觀世音菩薩普門品經　後秦釋鳩摩羅什譯
　明洪武二十八年(1395)應天府沙福智刊本　[68]・圖版660、目錄106
觀樹堂詩集十五卷　清朱樟撰
　清刊本　[39]・癸下・52
觀槿稿六卷　明吳敏道撰
　刊本　[71]・集・明別・88
觀林詩話一卷　題宋吳聿撰
　宋刊本　[41]・二十二・14
　明抄本　[91]・三十九・28
　抄本　[39]・庚・6　[75]・六十四・11
49觀妙齋金石文考略十六卷　清李光暎輯
　清刊本　[39]・庚・17
　清雍正七年(1729)刊本　[68]・圖版509、目錄85
　[96]・三十四・626
　清李氏刊本　[74]・二・77
50觀史類編六卷　宋呂祖謙撰
　宋刊本　[13]・15　[41]・十四・26　[55]・二・23
90觀光集五卷　清蔡以封撰
　抄本　[39]・癸下・56

觀光集二卷文集四卷　明侯復撰
　抄本　[71]・集・明別・8
92觀燈法一卷　唐李淳風撰
　宋刊本　[14]・三下・270

4622₇　獨

12獨孤常州集二十卷　唐獨孤及撰
　宋刊本　[41]・十六・15
16獨醒志十卷　宋曾敏行撰
　知不足齋叢書本　[96]・六十四・1277
　抄本　[75]・四十七・19
獨醒雜志十卷附錄一卷　宋曾敏行撰
　抄本　[39]・己・39
獨醒菴醫快編一卷　題陳之遵撰
　抄本　[71]・子・醫家・3
22獨斷一卷　漢蔡邕撰
　明刊本　[75]・四十二・1
獨斷二卷　漢蔡邕撰
　宋刊本　[11]・五十五・21　[14]・五下・719　[17]・三・20　[41]・六・12
　明刊本　[17]・三・20　[59]・二・5　[93]・十六・10
　明胡文煥刊本　[60]・二・14
　明弘治十六年(1503)劉遜刊本　[2]・三・19　[16]・二十四・5　[36]・169
　古今逸史本　[74]・三・47
　漢魏叢書本　[74]・三・47　[91]・十八・25
　影宋抄本　[53]・一・9
　舊抄本　[50]・五・27
30獨漉堂文集十五卷續編一卷　明陳恭尹撰
　清道光重刊本　[85]・十九・884
獨漉堂詩集六卷文集一卷　明陳恭尹撰
　刊本　[71]・集・明別・127

60獨異志三卷　唐李冗撰
　稗海本　[74]・三・82
　明抄本　[38]・子・83
77獨學廬初稿文三卷詩八卷　清石
　韞玉撰
　校刊本　[100]・149
　獨學廬初稿文三卷詩八卷二稿文
　三卷詩三卷詞一卷三稿文五卷
　詩六卷外集二卷附讀左卮言一
　卷漢書刊誤一卷年譜一卷　清
　石韞玉撰
　清同治十一年(1872)家刊本
　[26]・十四・8　　[30]・
　六・59

狷

77狷叟詩錄一卷　清許洪祥撰
　稿本　[100]・162

4640₀　如

00如意君傳七十二回　清陳天池撰
　攟華書局排印本　[69]・四・
　151
26如皐縣志二十四卷　清左元鎮撰
　清嘉慶十三年(1808)刊本
　[74]・二・47
30如宜方二卷　元艾元英輯
　元刊本　[39]・庚・87
　[7]・子・醫家類・503

4641₃　媿

44媿林漫錄　明瞿式耜撰
　刊本　[39]・己・24
　[71]・子・儒家・15
97媿郯錄十五卷　不知撰人
　宋刊本　[50]・五・58

4643₄　娛

44娛老軒叢抄　不知撰人
　舊抄本　[32]・八・18
50娛書堂詩話二卷　宋趙與虤撰
　舊抄本　[39]・庚・6
　[91]・三十九・29
　傳抄本　[60]・七・14

娛書堂詩話四卷　宋趙與虤撰
　舊抄本　[5]・四下・24
娛書堂書話一卷　宋趙與虤撰
　舊抄本　[11]・一百十八・12
60娛目醒心編十六卷　清杜綱撰
　清乾隆五十七年(1792)原刊本
　[69]・三・104
67娛暉堂文集不分卷　清吳百朋撰
　清刊本　[71]・集・國朝別・
　10

4651₇　輯

11輯瓻集十卷　清錢儀吉撰
　抄本　[60]・六・15

4680₆　賀

00賀方回詞一卷　宋賀鑄撰
　舊抄本　[32]・十六・6

4681₀　覩

44覩菴詩稿漸于集四卷　清陸胎典
　撰
　抄本　[38]・集・96

4690₀　柏

00柏齋文集十卷　清何瑭撰
　明刊本　[91]・三十六・32
　柏齋詩稿二卷陰陽樂律醫學三卷
　明何瑭撰
　刊本　[71]・集・明別・57
　柏齋三書四卷　明何瑭撰
　刊本　[39]・己・13

相

22相山集二十六卷　宋王之道撰
　宋刊本　[41]・十八・13
　相山集三十卷　宋王之道撰
　文瀾閣傳抄本　[11]・八十一・
　8
　相山骨髓一卷　不著撰人
　抄本　[5]・三中・43
　相山居士詞一卷　宋王之道撰
　宋刊本　[41]・二十一・8
　明抄本　[91]・四十・8

　舊抄本　[101]・中・18
　傳抄本　[32]・十六・7
30相字心易一卷　不知撰人
　刊本　[5]・三中・35
31相江集三卷　不知撰人
　宋刊本　[41]・十五・24
34相法一卷　宋許負撰
　抄本　[5]・三中・34
37相鶴經一卷　題浮邱公撰
　宋刊本　[14]・後志・二・860
　[41]・十二・34
　抄本　[26]・六・26
40相臺雜著一卷　宋石公弼撰
　宋刊本　[41]・十一・16
　相臺志十二卷　宋陳申之編
　宋刊本　[14]・二下・161
60相國鄴侯家傳十卷　唐李繁撰
　宋刊本　[14]・二下・180
　[41]・七・5
　相貝經一卷　不知撰人
　宋刊本　[41]・十二・34
71相馬經二卷　題周伯樂撰
　宋刊本　[14]・後志・二・861

4691₃　槐

00槐廳載筆二十卷　清法式善撰
　原刊本　[96]・六十五・1300
51槐軒集十卷　清王曰高撰
　原刊本　[96]・七十・1384

4691₄　桯

50桯史十五卷　宋岳珂撰
　宋刊本　[12]・一・14
　[35]・上・20　　[41]・
　十一・22　　[93]・十七・
　18　　[94]・三・6
　宋嘉定七年(1214)刊本
　[37]・二輯
　宋刊元明修配本　[38]・子・
　82
　元刊本　[11]・六十三・16
　[36]・192　　[93]・十七・
　18
　明初覆宋黑口本　[86]・十二・

5
明覆宋本　[11]·六十三·17
明刊本　[1]·上·43
[8]·子二·319
[17]·三·36　[56]·
羣書題記·35
神海本　[74]·三·79
津逮祕書本　[74]·三·79
桯史十五卷附錄一卷　宋岳珂撰
明刊本　[91]·二十一·3
明成化江沂刊本　[59]·八·
5
明嘉靖刊本　[75]·四十七·
17
舊抄本　[75]·四十七·19

4692₇　棉

76棉陽學準五卷　清藍鼎元撰
聞存堂刊本　[96]·三十七·
710

楞

26楞伽經四卷　宋釋求那跋陁羅譯
宋刊本　[14]·三下·306
楞伽經四卷　宋張戒集注
宋刊本　[41]·十二·9
66楞嚴經解十卷　宋王安石解
宋刊本　[14]·五上·621
楞嚴經義淵海三十卷　不知撰人
明棉紙藍格抄本　[8]·子二·
329
楞嚴標指要義十卷　宋釋月公撰
宋刊本　[14]·三下·308

楊

00楊文靖公集三十五卷　宋楊時撰
明刊本　[93]·二十一·1
明弘治宜興刊本　[91]·
二十九·1
楊文靖公集四十二卷　宋楊時撰
清康熙刊本　[75]·五十五·
1
楊文靖公年譜二卷　清張夏輯
清刊本　[39]·戊·86

楊文弱先生集五十七卷目錄一卷
明楊嗣昌撰
傳抄本　[85]·七·327
楊文獻公集三十卷
見《楊文懿公集》
楊文定文集十二卷別集六卷附錄
二卷　清楊名時撰
楊氏全書本　[96]·七十·1404
楊文定公集八卷　明楊溥撰
刊本　[71]·集·明別·21
楊文懿公集三十卷　明楊守陳撰
明刊本　[50]·九·46
明弘治刊本　[91]·三十六·
26
刊本　[71]·集·明別·44
楊文懿公金坡稿七卷銓部稿一卷
晉菴稿一卷鏡川稿五卷桂坊稿
四卷東觀稿八卷　明楊守陳撰
明刊本　[74]·續增·集·11
楊文忠公三錄　明楊廷和撰
刊本　[39]·癸上·22
楊文公談苑八卷　宋宋庠編
宋刊本　[14]·三下·252
楊文公刀筆集十卷
見《刀筆集》
楊文公武夷新集二十卷
見《武夷新集》
楊文公武夷集二十卷
見《武夷新集》
楊文敏公北征記
見《北征記》
楊文敏公集二十五卷　明楊榮撰
明正統刊本　[91]·三十六·
4
刊本　[39]·癸上·9
楊文敏公集二十五卷附錄一卷
明楊榮撰
明刊本　[11]·一百十一·27
楊文敏公年譜四卷　明徐文沔編
明嘉靖三十一年(1552)刊藍印
本　[74]·二·27
[102]·上·16
03楊誠齋集一百三十三卷
見《誠齋集》

楊誠齋易傳二十卷
見《易傳》
10楊元素集四十卷　宋楊繪撰
宋刊本　[14]·四下·462
楊元素書九意一卷
見《書九意》
楊天隱詩十卷　宋楊恬撰
宋刊本　[14]·後志·二·905
楊西峯琴譜八卷
見《琴譜》
11楊北村集十六卷　明楊時周撰
刊本　[71]·集·明別·73
15楊聘君集一卷　宋楊朴撰
宋刊本　[41]·二十·2
17楊孟載眉菴集十二卷
見《眉菴集》
楊盈川集十卷　唐楊炯撰
明游龍童子鳴刊本　[17]·四·
3
刊本　[39]·辛·46
楊盈川集十三卷　唐楊炯撰
舊抄本　[93]·十九·11
楊盈川集二十卷　唐楊炯撰
宋刊本　[14]·四上·336
楊盈川集十卷附錄一卷　唐楊炯
撰
明刊本　[11]·六十八·2
[60]·六·17　[91]·
二十四·2
明童子鳴校刊本　[8]·集一·
381
清乾隆刊本　[75]·五十一·
21
刊本　[71]·集·唐別·1
楊子護命方五卷通神論十四卷
宋楊退修撰
宋刊本　[14]·後志·二·873
楊子折衷六卷　明湛若水輯
續抄堂評本　[39]·己·11
楊子卮言六卷　明楊慎撰
明嘉靖刊本　[91]·十八·32
20楊信祖集一卷　宋楊符撰
宋刊本　[41]·二十·13
21楊仁齋直指方論十三卷

見《仁齋直指方論》
24楊升菴文集八十一卷
　　見《升菴文集》
25楊仲弘詩集八卷　元楊載撰
　　元刊本　[2]·五·4
　　　[5]·四中·20　　[17]·
　　　四·33
　　明刊博文堂本　[60]·七·6
　　明嘉靖十五年(1536)翁元匯刊
　　　本　[26]·九·3
　　　[91]·三十三·30
　　宋蔚如精抄本　[71]·集·元
　　　別·12
　　舊抄本　[11]·一百·15
　　　[75]·五十九·18
　　　[93]·二十二·12
　楊仲宏詩八卷
　　見《楊仲弘詩集》
27楊御史獄中稿不分卷　楊氏撰
　　抄本　[71]·集·明別·72
　楊龜山論語解十卷
　　見《論語解》
　楊龜山先生集四十二卷
　　見《楊文靖公集》
　楊名父早朝詩三卷
　　見《早朝詩》
30楊宜閒集六卷　明楊璿撰
　　刊本　[71]·集·明別·33
　楊家通俗演義八卷　明人撰
　　明萬曆三十四年(1606)精刊本
　　　[69]·二·52
　楊寶學易傳二十卷
　　見《易傳》
37楊鶴奏議一卷　明楊鶴撰
　　傳抄本　[85]·七·327
38楊道行集十七卷　明楊于庭撰
　　刊本　[39]·癸下·14
40楊大洪先生忠烈實錄二卷　明胡
　　纘先編
　　明崇禎刊本　[85]·四·197
　楊大洪先生忠烈實錄三卷　明胡
　　纘先編
　　明崇禎元年(1628)世美堂刊本
　　　[86]·七·9

楊大年先生武彝新集二十卷
　　見《武夷新集》
楊太真外傳二卷　宋樂子正撰
　　校刊本　[99]·上·4
楊太史家藏集八卷　明楊起元撰
　　刊本　[39]·癸下·13
楊太后宮詞一卷　宋潘夫輯
　　清嘉慶據宋抄本刊本
　　　[49]·21
　　校宋抄本　[54]·八·24
　　宋抄本　[50]·八·52、53
　　　[58]·集·152
44楊黄門奏疏、撫黔奏議八卷　清
　　楊雍建撰
　　清刊本　[39]·癸下·43
47楊妃外傳一卷
　　見《楊貴妃外傳》
50楊中立中庸解一卷
　　見《中庸解》
楊忠文先生實錄四卷補遺一卷
　　清陳希恕輯
　　一九二七年鉛印本　[85]·十
　　八·784
楊忠烈傳一卷　清趙吉士撰
　　清康熙刊楊忠烈公集附錄本
　　　[85]·四·197
　　遜敏堂叢書本　[85]·四·197
楊忠烈公文集六卷　明楊漣撰
　　清順治十七年(1660)刊本
　　　[85]·二·126
　　刊本　[71]·集·明別·106
楊忠愍公手箚一卷　明楊繼盛撰
　　刊本　[20]·四·25
楊忠愍公集三卷　明楊繼盛撰
　　明萬詩刊本　[91]·三十七·
　　19
楊忠愍公集一卷自著年譜一卷
　　明楊繼盛撰
　　抄本　[71]·集·明別·83
楊忠愍公集三卷附錄一卷　明楊
　　繼盛撰
　　坊刊本　[74]·四·44
楊忠愍公遺集四卷　明楊繼盛撰
　　刊本　[39]·癸上·57

楊忠節公遺集附錄二卷　明楊廷
　　麟撰
　　清光緒五年(1879)蕭江書院重
　　刊本　[85]·十九·849
楊貴妃外傳一卷　宋樂史撰
　　宋刊本　[41]·七·8
楊貴妃外傳二卷　宋樂史撰
　　宋刊本[14]·二下·172
楊東里詩集三卷　楊東里撰
　　明刊本　[51]·四·14
60楊園淵源錄十卷　不著編者
　　稿本　[85]·十八·806
楊園全書十九卷　清張履祥撰
　　清刊本　[39]·己·29
71楊巨濟詩一卷　唐楊巨濟撰
　　宋刊本　[14]·四上·366
72楊后宮詞一卷
　　見《楊太后宮詞》
楊氏六帖補四十二卷
　　見《六帖補》
楊氏家藏方二十卷　宋楊倓撰
　　宋刊本　[22]·補遺·62
　　　[41]·十三·11
　　　[70]·三·56　　[79]·
　　　子·醫家類·491
　　影宋抄本　[76]·十·18
楊氏易傳二十卷
　　見《易傳》
楊氏全書三十六卷　清楊名時
　　撰、楊應詢編
　　水心草堂刊本　[96]·五十九·
　　1177
楊氏筆苑句圖一卷續一卷　宋黄
　　鑑編
　　宋刊本　[41]·二十二·11
78楊監筆記一卷　明楊德澤撰
　　玉簡齋叢書本　[85]·十一·
　　562
80楊全甫諫草四卷　明楊天民撰
　　明大啓二年(1622)刊本
　　　[85]·二·97
楊益撼龍經一卷　唐楊益撰
　　精抄本　[91]·十七·8
楊曾地理元文不分卷　清端木國

瑚撰 附地理辨正圖説一卷 清
　徐迪惠撰 周易葬説一卷 清
　端木國瑚撰
　清道光五年（1825）刊本
　　[96]·四十七·900
楊公六段機一卷 不知撰人
　刊本 [5]·三中·43
楊公遺訣曜金歌并三十六象圖一
　卷 宋楊筠松撰
　宋刊本 [41]·十二·32
楊公筆錄一卷 宋楊彦齡撰
　芝園祕錄初刊本 [96]·五十
　　六·1110
　抄本 [39]·己·68
83楊鐵崖文集五卷
　見《鐵崖文集》
楊鐵崖詠史樂府不分卷 元楊維
　楨撰
　明初刊本 [71]·集·元別·
　　23
楊鐵崖詩稿不分卷 元楊維楨撰
　稿本 [2]·五·13
楊鐵崖外紀一卷 不知撰人
　舊抄本 [32]·四·9
90楊少尹集五卷 唐楊巨源撰
　宋刊本 [41]·十九·12
97楊輝算法二卷 宋楊輝撰
　影宋抄本 [35]·附·5
　毛抄本 [28]·八·4

4702₇ 鳩
80鳩兹集選七卷 明徐時進撰
　刊本 [71]·集·明別·100

4712₀ 均
44均藻二卷 明楊慎撰
　刊本 [39]·庚·53
　均藻四卷 明楊慎撰
　函海本 [96]·六十二·1218

4712₇ 鄞
22鄞川志五卷 宋朱翌撰
　宋刊本 [41]·十一·19
　鄞縣志七十五卷 清徐柳樗撰

清刊本 [28]·四·17
31鄞江志八卷 宋陳昱撰
　宋刊本 [41]·八·33

4713₈ 懿
30懿安事略一卷 明賀宿撰
　荆駝逸史本 [85]·三·153

4721₂ 匏
26匏息齋前集二十四卷 清凌樹屏
　撰
　清刊本 [39]·癸下·56
77匏居小稿一卷有正味齋琴音一卷
　清吳錫麒撰
　清乾隆中單行本 [92]·四·
　　190
80匏翁家藏集七十七卷 明吳寬撰
　明刊本 [74]·續增·集·10
　明正德四年（1509）刊本
　　[59]·七·15 [91]·
　　三十六·20
　匏翁家藏集七十七卷補遺一卷
　明吳寬撰
　刊本 [71]·集·明別·41

4722₇ 郁
00郁離子二卷 明劉基撰
　學津討原本 [96]·五十三·
　　1048
72郁氏書畫題跋記十二卷 郁氏撰
　道州何氏校舊抄本 [84]·二·
　　7

4728₂ 歡
40歡喜冤家二十四回 明人撰
　山水鄰原刊本 [69]·三·109

4732₇ 郝
00郝文忠公陵川文集三十九卷 元
　郝經撰
　元延祐刊本 [43]·四·46
　明刊本 [11]·九十五·1
　　[93]·二十二·2
　刊本 [24]·集二·4

抄本 [38]·集·70
郝文忠公陵川文集三十九卷附錄
　一卷 元郝經撰
　清乾隆三年（1738）刊本
　　[74]·四·34 [75]·
　　五十八·17
　舊抄本 [59]·七·1
　　[71]·集·元別·7
40郝太僕褒忠錄六卷 明郝景春撰
　清乾隆刊本 [74]·二·28
　郝太僕遺集一卷 明郝景春撰
　乾坤正氣本 [85]·七·335
72郝氏九經解一百六十六卷
　見《九經解》
74郝陵川集四十卷
　見《郝文忠公陵川文集》

4733₄ 慤
50慤書十二卷 明蔣德璟撰
　舊抄本 [85]·三·147

4734₇ 彀
00彀音集不分卷 明于承祖撰
　不著版本 [87]·二·7
　彀音集四卷卷首葵向集一卷 清
　黄丕維撰
　清刊本 [71]·集·國朝別·
　　54

4740₁ 聲
00聲音文字通三十二卷 明趙謙撰
　天一閣抄本 [39]·丙·38
　聲音韻語不分卷 宋祝泌撰
　長谿精舍抄本 [96]·十四·
　　285
06聲韻源流考 清萬斯同輯
　抄本 [39]·丙·47
　聲韻叢説一卷韻問一卷 清毛先
　舒撰
　昭代叢書本 [96]·十四·301
　聲韻考四卷 清戴震撰
　戴氏遺書本 [96]·十四·307
　聲韻考四卷聲類表十卷 清戴震
　撰

戴氏遺書刊本　[74]・一・58
聲韻表九卷　清戴震撰
　戴氏遺書本　[96]・十四・308
聲韻會通一卷韻要粗釋一卷　明王應電撰
　原刊本　[96]・十四・295
07聲調譜一卷　清趙執信撰
　清刊本　[74]・四・73
　聲調譜説一卷　清吳紹溁、蘇泉撰
　清刊本　[74]・四・74
25聲律要訣十卷　唐司馬田曘撰
　宋刊本　[14]・後志・一・761
　聲律小記一卷琴音紀續篇一卷　清程瑤田撰
　通藝録本　[96]・七　125
50聲畫集八卷　宋孫紹遠撰
　刊本　[5]・四下　18
　　[28]・續・十四・8
　明抄本　[17]・四・42
　　[54]・八・29
　舊抄本　[59]・六・4
67聲明集一卷　不知撰人
　日本天文十年刊本　[62]・圖版32
91聲類四卷　清錢大昕撰
　清刊本　[74]・一・58

4740₂ 麴
20麴信陵集一卷　唐麴信陵撰
　宋刊本　[14]・四上・366
　　[41]・十九・10

4741₁ 妮
40妮古録四卷　明陳繼儒撰
　眉公雜著本　[96]・五十八・1159

4742₀ 朝
00朝京稿五卷　明宋濂撰
　明嘉靖刊本　[71]・集・明別・2
12朝廷卓絶事一卷　唐陳岵撰
　宋刊本　[14]・三下・245

20朝集院須知一卷　不著撰人
　宋刊本　[41]・六・7
22朝制要覽五十卷　宋宋咸撰
　宋刊本　[41]・五・33
28朝鮮雜志　明董越撰
　抄本　[39]・戊・68
朝鮮詩四卷　不著編者
　刊本　[5]・四下・20
朝鮮詩選七卷　題吳明濟選
　抄本　[8]・集七・631
朝鮮紀事　明倪謙撰
　抄本　[39]・戊・68
朝鮮志二卷　明朝鮮蘇贊成撰
　抄本　[39]・戊・68
朝鮮世紀一卷　吳明濟撰
　刊本　[5]・二下・25
朝鮮史略六卷　不著撰人
　明萬曆四十五年(1617)刊本　[53]・一・6
　校本　[54]・二・44
　傳抄明刊本　[17]・二・15
　舊抄本　[8]・史二・167
　　[74]・二・38
朝鮮史略十二卷　不著撰人
　舊抄本　[39]・戊・67
　　[91]・十・12
朝鮮日本圖説　不知撰人
　刊本　[71]・史・地志・58
朝鮮國大典通編六卷　清金致仁纂
　朝鮮刊本　[76]・六・19
朝鮮賦一卷　明董越撰
　明正德刊本　[30]・二・8
　刊本　[5]・二下・27
　　[39]・戊・68
　朝鮮刊本　[76]・十四・40
　精抄本　[91]・十二・19
朝鮮八道圖一卷　不知撰人
　朝鮮刊本　[5]・二下・21
60朝邑縣志二卷　明韓邦靖撰
　曹夢山手校本　[75]・二十六・17
　舊抄本　[75]・二十六・17
67朝野雜記二十卷　宋李心傳編

聚珍刊本　[28]・四・20
朝野雜記甲集二十卷乙集二十卷　宋李心傳編
　宋刊本　[14]・五上・557
朝野新聲太平樂府八卷　元楊朝英編
　明刊本　[50]・十・63
朝野新聲太平樂府九卷　元楊朝英編
　元刊本　[11]・一百二十・20
　　[29]・三・38　[38]・集・126　[68]・圖版334、目録61　[93]・二十四・10
　元刊細字本　[50]・十・60
　仿元刊本　[71]・集・詞・17
　明初刊本　[75]・六十四・32
　明活字本　[93]・二十四・11
　校舊抄本　[50]・十・61
　影抄元刊本　[61]・六・1
　舊抄本　[38]・集・126
　　[50]・十・61　[91]・四十・37
朝野紀聞四卷　清陳元模撰
　舊抄本　[85]・十七・737
朝野遺事一卷　宋趙子崧撰
　宋刊本　[14]・五上・557
朝野僉言二卷　不著撰人
　宋刊本　[41]・五・21
朝野僉載一卷　唐張鷟撰
　宋刊本　[41]・十一・3
朝野僉載六卷　唐張鷟撰
　普祕笈本　[96]・六十三・1247
　舊抄本　[11]・六十二・4
朝野僉載十卷　唐張鷟撰
　抄宋本　[34]・三・22
　影抄本　[87]・四・4
朝野僉載補遺三卷　唐張鷟撰
　宋刊本　[14]・三下・243
朝野類要五卷　宋趙昇撰
　聚珍刊本　[74]・三・49
　知不足齋叢書本・[96]・五十四・1079
　舊抄本　[39]・丁・53

[74]・三・49　　[75]・
四十二・22　　[91]・
十八・29　[102]・下・21

4742₇　娜

46娜嬛記一卷　元伊世珍撰
　舊抄本　[50]・五・61
　[87]・三・5
娜嬛記三卷　元伊世珍撰
　津逮秘書本　[74]・三・58
　[96]・五十八・1162

婦

80婦人集一卷　清陳維崧撰、冒襃
　注
　昭代叢書己集本　[85]・十七・
　765
　如皐冒氏叢書本　[85]・十七・
　765
　海山仙館叢書本　[85]・十七・
　765
　賜硯堂叢書本　[85]・十七・
　765
婦人集補一卷　清冒丹書撰
　昭代叢書己集本　[85]・十七・
　766
　冒氏叢書本　[85]・十七・766
婦人良方二十四卷
　見《婦人良方補遺大全》
婦人良方補遺大全二十四卷　宋
　陳自明編
　宋刊本　[4]・14　[35]・下・
　27　[79]・子・醫家類・
　412
　明天順八年(1464)刊本
　[22]・補遺・81
　刊本・[89]・一集・八・19
　[89]・二集・七・5
　朝鮮國活字本　[22]・補遺・
　81
　影抄朝鮮活字本　[76]・十・
　21
　古抄本　[22]・補遺・81
婦人大全良方二十四卷

見《婦人良方補遺大全》

4744₀　娙

76娙隅集十卷媅雅堂集詩十二卷續
　集四卷別集六卷詞集三卷　清
　趙文哲撰
　清乾隆五十四年(1789)家刊本
　[26]・十二・32

4744₇　好

23好我篇二卷　明王朝瞰集
　明萬曆刊本　[91]・三十九・
　23
33好逑傳四卷　清人撰
　獨處軒大字本　[69]・四・140
36好還集一卷　宋婁伯高撰
　宋刊本　[41]・七・30
40好古堂書畫記二卷　清姚際恒撰
　讀畫齋叢書本　[96]・四十八・
　956
好古堂書目四卷　清姚際恒編
　精抄本　[91]・十四・7
44好菴遊戲一卷　宋方信孺撰
　宋刊本　[41]・二十一・14

4746₇　媚

19媚嬙雜記一卷　不著編者
　傳抄本　[85]・四・180
媚嬙分款全錄不分卷　不著編者
　明崇禎二年(1629)刊本
　[85]・四・180
22媚幽閣文娛不分卷　明鄭元勳選
　明崇禎三年(1630)刊本
　[86]・一・93

4748₆　嬾

30嬾窟詞一卷
　見《嬾窟詞》
40嬾真子五卷　宋馬永卿撰
　津逮秘書本　[74]・三・52
　舊抄本　[11]・五十七・12
　[93]・十六・19
嬾真子錄五卷
　見《嬾真子》

嬾真初集詩選八卷　清張用天撰
　遙青齋刊本　[96]・七十二・
　1419
嬾真堂詩集二十卷文集三十卷
　明顧啓元撰
　刊本　[39]・癸下・22
60嬾園漫稿五卷　明王寰洽撰
　刊本　[39]・癸下・22

4753₂　覲

21覲征集一卷　明張含撰
　明抄本　[75]・六十一・1

4760₁　磬

37磬沼集一卷　宋羅鑑撰
　宋刊本　[41]・二十・23

4762₀　胡

00胡文穆公雜著　明胡廣撰
　抄本　[39]・己・47
胡文定公武夷集十五卷
　見《武夷集》
胡文恭集七十卷
　見《文恭集》
胡文忠遺集十卷　清胡林翼撰
　清刊本　[74]・四・57
02胡端敏公奏議十卷　明胡世寧撰
　刊本　[39]・癸上・39
　舊抄本　[91]・八・20
10胡五峯先生文集五卷　宋胡宏撰
　宋刊本　[14]・五下・670
　[41]・十八・12
　蕭山陸氏三間草堂抄本
　[28]・十二・12
　舊抄本　[11]・八十三・3
　[32]・十二・4　[39]・
　壬・25　[74]・四・24
　[91]・二十九・22
　[102]・下・31
胡元瑞集十五卷　明胡應麟撰
　刊本　[39]・癸上・65
胡雲峯先生文集十卷　元胡炳文
　撰
　明刊本　[9]・後編・十九・10

[93]·二十二·8
明正德刊本 [11]·九十七·
11 [12]·三·26
[16]·三十二·29
[91]·三十三·17
刊本 [39]·壬·58
[71]·集·元別·29
舊抄本 [30]·四·32
12胡延平詩集四卷附錄一卷 明胡
子祺撰
刊本 [71]·集·明別·7
胡祭酒集十四卷 明胡儼撰
刊本 [71]·集·明別·22
17胡丞公集十卷資古紹志集十卷
宋胡世將撰
宋刊本 [14]·四下·488
胡子衡齊八卷 明胡直撰
續抄堂評本 [39]·己·17
胡子易演十八卷
見《易演》
胡子知言一卷 宋胡宏撰
宋刊本 [41]·九·14
胡子知言一卷後錄一卷 宋胡宏
撰
元刊本 [9]·六·12
胡子知言六卷疑義一卷 宋胡宏
撰
粵雅堂刊本 [74]·三·46
胡子知言六卷疑義二卷 宋胡宏
撰
舊抄本 [75]·三十三·1
胡子知言六卷附錄一卷疑義一卷
宋胡宏撰
明嘉靖正心書院刊本
[2]·三·6
舊抄本 [91]·十五·13
20胡雙湖易翼
見《易翼》
22胡綬之跋靖康稗史七種 胡綬之
跋
抄本 [100]·185
23胡獻簡詞垣草四卷 宋胡沂撰
宋刊本 [41]·十八·20
胡獻簡奏議八卷臺評二卷 宋胡

沂撰
宋刊本 [41]·二十二·5
24胡先生易傳十卷
見《易傳》
25胡仲子集二卷 明胡翰撰
刊本 [39]·癸上·3
胡仲子集十卷 明胡翰撰
明洪武刊本 [17]·四·37
[91]·三十五·13
舊抄本 [11]·一百十一·16
[32]·十四·4 [71]·
集·明別·10
37胡澹菴先生文集六卷 宋胡銓撰
舊抄本 [39]·壬·23
[71]·集·宋別·36
[91]·二十九·22
胡澹菴先生文集二十五卷 宋胡
銓撰
舊抄本 [17]·四·23
37胡澹菴先生文集三十二卷 宋胡
銓撰
精抄本 [11]·八十三·1
胡澹菴先生文集七十八卷 宋胡
銓撰
宋刊本 [41]·十八·13
48胡敬齋居業錄四卷 明胡居仁撰
清雍正二年(1724)刊本
[71]·子·儒家·17
胡敬齋居業錄八卷 明胡居仁撰
刊本 [39]·己·10
舊抄本 [91]·十五·18
胡梅巖先生文集十卷 宋胡次焱
撰
明正德刊本 [64]·續·100
刊本 [39]·壬·42
舊抄本 [11]·九十二·21
[91]·三十二·10、11
50胡忠獻集六十卷 宋胡世將撰宋
刊本 [41]·十八·9
胡忠簡先生文選九卷 宋胡銓撰
精抄本 [16]·三十一·23
胡忠簡奏議四卷 宋胡銓撰
宋刊本 [41]·二十二·5
胡忠簡公經筵玉音問答 宋胡銓

撰
宋漫堂抄本 [30]·五·22
72胡氏方一卷 不著撰人
宋刊本 [41]·十三·13
胡氏傳家錄五卷 宋徐時動等纂
宋刊本 [41]·九·12
胡氏春秋傳三十卷
見《春秋傳大全》
77胡周父文集十卷 宋胡旦撰
宋刊本 [14]·四中·423
80胡曾詠史詩一卷 唐胡曾撰
精抄本 [91]·二十五·19
胡曾詠史詩二卷 唐胡曾撰
坊刊本 [74]·四·11
明大字精抄本 [74]·續增·
集·1 [102]·下·29
胡曾詠史詩三卷 唐胡曾撰
宋刊本 [1]·上·41
[10]·54 [35]·下·
17 [41]·十九·24
[58]·集·41 [88]·五·
10
宋建刊本 [2]·四·19
刊本 [24]·集一·9
影宋抄本 [35]·上·58
[93]·十九·39
抄本 [36]·210
胡曾詩注一卷 唐胡曾撰
舊刊本 [22]·六·19
[89]·二集·八 36
舊抄本 [22]·六·19
88胡笳十八拍一卷 唐劉商撰
宋刊本 [14]·後志·二·895

4762₇ 都
10都天流年圖說 明黃汝和撰
抄本 [39]·庚·75
30都官集十四卷
見《陳都官集》
31都江夢餘錄四卷 明唐錦撰
刊本 [71]·子·小說家·17
33都梁志六卷 宋何季志撰
宋刊本 [14]·五下·726
都梁志八卷 宋霍篦撰

宋刊本　[41]・八・26
43都城紀勝一卷　題耐得翁撰
　山暉草堂抄本　[32]・四・24
　舊抄本　[32]・四・24
　　[39]・戊・31　[55]・
　　二・7　[91]・十二・15
　　[93]・十一・18
60都是幻二集　清人撰
　清初刊本　[69]・三・102
72都氏集義編一卷　明都穆輯
　明抄本　[92]・二・53
80都公譚纂二卷　明都穆撰、陸采
編
　小山堂抄本　[39]・己・74
　舊抄本　[71]・子・小説家・
　　17　[91]・二十一・21

4772₀　切

06切韻　不著編者
　唐吳彩鸞抄本　[98]・10
切韻考五卷　清陳澧撰
　清刊本　[74]・續增・經・3
切韻指玄論三卷　宋王宗道撰
　宋刊本　[14]・一下・89
切韻指南一卷
　見《經史正音切韻指南》
切韻指掌圖一卷　宋司馬光撰
　刊本　[5]・一下・17
　影宋抄本　[17]・一・10
　　[93]・七・21
　影抄元本　[93]・七・22
　抄本　[16]・七・18
切韻指掌圖二卷　宋司馬光撰
　宋刊本　[54]・一・19
　元刊本　[35]・上・32
　影宋抄本　[11]・十六・16
　　[75]　十三・4
　影宋抄紹興本　[35]・下・1
　精抄本　[91]・五・21
切韻指掌圖二卷　宋司馬光撰
　檢例一卷　宋鄒光祖撰
　元刊本　[11]・十六・16
　墨海金壺本　[96]・十四・284
　抄本　[74]・一・55

切韻義一卷纂要圖例一卷　宋謝
暉撰
　宋刊本　[41]・三・48
32切近編四卷　清沈廷芳、桑調元
編
　當歸草堂刊本　[74]・三・7
77切問齋文抄三十卷　清陸燿朗輯
　清乾隆刊本　[75]・二十・12

却

57却掃編三卷
　見《郤埽編》

4772₇　邯

67邯鄲夢　明湯顯祖撰
　明天啓元年(1621)閔光瑜刊套
　印本　[68]・圖版685、
　　686、目録109
邯鄲書目十卷　宋李淑撰
　宋刊本　[41]・八・5
邯鄲圖書十志十卷　宋李淑撰
　宋刊本　[14]・二下・185

4774₀　刦

40刦灰録　不知撰人
　抄本　[100]・26

4780₁　起

20起信論一卷　唐釋宗密注
　宋刊本　[14]・後志・二・889

4791₀　楓

22楓山文集八卷　明章懋撰
　刊本　[39]・癸上・20
楓山文集九卷　明章懋撰
　刊本　[71]・集・明別・40
楓山文集九卷語録一卷附年譜二
卷實紀八卷　明章懋撰
　刊本　[71]・集・明別・46
楓山語録一卷　明章懋撰
　借月山房彙抄本　[96]・三十
　　七・692
楓山語録　明沈伯咸纂
　天一閣抄本　[39]・己・11

30楓窗小牘二卷　宋袁褧撰
　説郛本　[96]・六十四・1273
　稗海本　[74]・三・77

4792₀　柳

00柳亭詩話三十卷　清宋長白撰
　清刊本[39]・庚・10
柳文四十三卷
　見《柳河東集》
柳文音釋一卷　宋童宗説編
　宋刊本　[14]・五下・636
柳文音義　潘緯撰
　刊本　[89]・一集・十・16
10柳元山水譜　清黃中通編
　清刊本　[74]・續增・史・16
20柳集四十五卷
　見《柳河東集》
23柳外詞一卷　清沈鍾撰
　傳抄稿本　[60]・七・26
24柳先生文集四十三卷
　見《柳河東集》
柳待制文集二十卷　元柳貫撰
　元刊本　[60]・七・7
　明刊本　[93]・二十二・14
　明天順刊本　[91]・三十四・
　　4
　清順治刊本　[71]・集・元別・
　　14
柳待制文集二十卷附録一卷　元
柳貫撰
　校本　[50]・九・16
25柳仲塗先生文集一卷　宋柳開撰
　宋刊本　[14]・四中・422
柳仲塗先生文集十五卷　宋柳開
撰
　宋刊本　[14]・五下・658
　刊本　[24]・集一・11
　清王蓮涇校清初抄宋本
　　[2]・四・21
　舊抄本　[20]・五・9
　　[39]・壬・1
柳仲塗先生文集十六卷　宋柳開
撰
　蔣西圃校抄本　[30]・六・42

舊抄本 [11]・七十二・10
[93]・二十・1
精抄本 [91]・二十六・2
柳仲塗先生文集一百卷 宋柳開撰
宋刊本 [41]・十七・2
柳仲塗先生文集十五卷附錄一卷
宋柳開撰
舊抄本 [11]・七十二・8
[71]・集・宋別・1
[74]・四・13 [75]・
五十三・7 [91]・
二十六・2[102]・下・29
26柳吳興集一卷 南朝梁柳惲撰
宋刊本 [41]・十九・2
30柳宗元詩一卷 唐柳宗元撰
宋刊本 [41]・十九・11
柳宗元文集四十三卷
見《柳河東集》
31柳河東集二十卷 唐柳宗元撰
舊抄本 [59]・六・14
柳河東集二十一卷 唐柳宗元
撰、宋童宗説、韓醇等注釋
宋刊本 [68]・圖版242、目錄
46
柳河東集四十三卷 唐柳宗元
撰、宋童宗説注釋、宋張敦頤音
辨、潘緯音義
宋刊本 [1]・上・36
[9]・後編・六・13、14
[87]・一・6
宋淳祐九年(1249)刊本
[37]・二輯
元刊本 [9]・六・27
[9]・後編・十一・4
[12]・二・15 [35]・
下・44
明正統十三年(1448)善敬堂刊
本・[86]・八・5
刊本 [89]・二集・八・21
柳河東集四十五卷 唐柳宗元
撰、宋童宗説注釋、宋張敦頤音
辨、潘緯音義
宋刊本 [9]・三・18
[32]・十・8 [35]・上・

50 [35]・下・44
[41]・十六・19
[50]・七・18 [58]・
集・31 [60]・六・20
[72]・28 [93]・十九・
24 [94]・四・2
宋咸淳廖氏世綵堂刊本
[68]・圖版41、42、目錄15
明刊本 [9]・後編・十八・13
明隆慶、萬曆間刊本
[92]・四・143
清嘉慶刊本 [44]・三・37
舊刊本 [22]・六・9
[89]・一集・十・14、15
[89]・二集・八・20、22
朝鮮刊本 [27]・108
日本刊本 [35]・上・50
日本南北朝刊本 [62]・圖版
112
校宋刊大字本 [55]・三・34
柳河東集四十八卷 唐柳宗元
撰、宋韓醇詁訓
宋刊本 [9]・三・11
柳河東集三十卷集外文一卷 唐
柳宗元撰
宋刊本 [14]・四上・370
柳河東集四十卷外集二卷 唐柳
宗元撰
宋乾道刊本 [43]・四・2
柳河東集四十五卷外集二卷 唐
柳宗元撰
宋刊本・[2]・四・10
[22]・六・8 [33]・集・
16 [35]・上・22、23
[41]・十六・20
[58]・集・30 [65]・
四・38、39
宋嘉興刊大字本 [2]・四・10
柳河東集四十五卷外集五卷 唐
柳宗元撰、明蔣之翹輯注
楊氏刊本 [75]・五十二・8
柳河東集四十五卷外集二卷龍城
錄一卷附錄二卷集傳一卷後序
一卷 唐柳宗元撰

明嘉靖東吳郭雲鵬濟美堂刊本
[11]・六十九・9
[17]・四・8 [30]・三・
22 [74]・四・8
[75]・五十二・5
[86]・六・45 [91]・
二十四・30 [102]・上・
28
明萬曆柳州守呂圖南刊本
[17]・四・8
柳河東集四十五卷外集五卷遺文
一卷 唐柳宗元撰
明崇禎六年(1633)蔣氏合刊本
[26]・七・29
柳河東集四十卷外集二卷別錄一
卷摭異一卷音釋一卷附錄二卷
事迹本末一卷 唐柳宗元撰
宋刊本 [41]・十六・19
柳河東集四十五卷外集二卷附錄
二卷 唐柳宗元撰
宋刊本 [14]・五下・634
柳河東集四十三卷外集三卷附錄
一卷 唐柳宗元撰
元刊本 [43]・四・37
柳河東集四十三卷別集二卷 唐
柳宗元撰
元刊本 [65]・四・40
柳河東集四十三卷別集一卷外集
一卷 唐柳宗元撰
元刊本 [74]・四 7
柳河東集四十三卷別集二卷外集
二卷 唐柳宗元撰
宋刊本 [31]・11
宋麻沙刊本 [9]・後編・一・
17
元刊本 [17]・四・8
刊本 [24]・集一・7
柳河東集二十卷別集一卷外集一
卷附錄一卷 唐柳宗元撰
南宋刊本 [76]・十四・10
元刊本 [19]・17
明刊本 [59]・六・12
柳河東集四十三卷別集二卷外集
二卷附錄一卷 唐柳宗元撰

宋刊本[4]•28　　[33]•集•
14

南宋麻沙書坊刊本　[26]•七•
25

元刊本　[9]　六•26
[16]•二十九•11
[22]•六•10　　[32]•
十•9　　[58]•元•107
[59]•六　12　　[92]•
四•143　　[93]•十九•
24　　[94]•四•14

元刊小字本　[91]•二十四•
29

元刊黑口本　[92]•四•143

元天曆刊本　[38]•集•18

明依宋刊黑口本　[91]•
二十四•29

明翻元刊本　[19]•19

明刊本　[9]•十•11
[22]　六•10　　[74]•
四•8　　[102]•上•28

明正統十三年(1448)善敬堂刊
本　[92]•四•143

明嘉靖十六年(1537)游居敬刊
本　[12]•四•14
[19]•17　　[30]•三•
22　　[91]•二十四•30

明嘉靖莫如士重刊游居敬本
[26]•七•28

朝鮮國刊本　[22]•六•10

柳河東集四十三卷別集二卷附錄
一卷　唐柳宗元撰

元刊本　[48]•二輯下•167

柳河東集二十一卷附錄二卷外集
二卷新編外集一卷龍城錄二卷
看柳文綱目一卷宋文安禮柳先
生年譜一卷評論詁訓諸儒名氏
一卷後附柳先生序傳碑記一卷
宋魏仲舉編

舊抄本　[91]•二十四•29

柳河東集四十三卷年譜一卷別集
二卷外集二卷附錄一卷　唐柳
宗元撰、宋童宗說注釋、張敦頤
音　辨、潘緯音義

宋刊本　[11]•六十九•10
[75]•五十二•7

宋麻沙刊本　[28]•續•十二•
8

柳河東外集一卷　唐柳宗元撰

宋乾道元年(1165)零陵羣庠刊
本　[17]•四　8
[68]•圖版251、252、目錄
47

32柳州外集二卷
見《柳河東外集》

柳洲詩集十卷　魏允柟、曹鑑平
等輯

刊本　[39]•辛•32

柳洲遺稿二卷　清魏之琇撰

清刊本　[100]•147

36柳邊紀略五卷　楊賓撰

抄本　[20]•二•24

柳邊志紀略二卷　清楊大瓢撰

舊抄本　[74]•二　58
[102]•下•11

40柳塘詩集十二卷　清吳祖修撰

清刊本　[71]•集•國朝別•
16

柳塘外集二卷　宋釋道璨撰

醉經樓抄本　[91]•三十二•
5

舊抄本　[20]•五•20
[91]•三十二　6

柳塘外集四卷　宋釋道璨撰

刊本　[39]•壬•52

舊抄本　[11]•九十二　6

柳塘外集六卷　宋釋道璨撰

舊抄本　[59]•六•31

柳南隨筆六卷續筆四卷　清王應
奎撰

借月山房彙抄本　[96]•五十
七•1152

44柳莊詩集一卷
見《袁柳莊詩集》

柳黄同聲集二卷　元柳貫、黃溍
撰

刊本　[39]•辛•25

柳枝集　明孟稱舜編

明崇禎刊本　[68]•圖版703、
目錄111

46柳如是尺牘、湖上草　清柳如是
撰

抄本　[57]•284

47柳柳州集四十五卷
見《柳河東集》

50柳屯田樂府三卷
見《柳屯田樂章》

柳屯田樂章三卷　宋柳永撰

明抄本　[91]•四十•2

傳抄梅禹金本　[60]•七•21

72柳氏序訓一卷　唐柳玭撰

宋刊本　[14]•二下•175

77柳門詩集　清馮法唐撰

清刊本　[71]•集•國朝別•
45

90柳堂遺集十三卷　明胡允嘉撰

刊本　[39]•癸下•23
[71]•集•明別•103

柳常侍言旨一卷　唐柳珵撰

宋刊本　[14]•三下•241
[41]•十一•4

97柳郊詩一卷　唐柳郊撰

宋刊本　[14]•四上•394

桐

00桐廬縣志十二卷　清王燧撰

清刊本　[71]•史•地志•19

08桐譜一卷　宋陳翥撰

宋刊本　[41]•十•9

桐譜二卷　宋陳翥撰

校本　[54]•三•34

舊抄本　[93]•十六•4

傳抄本　[32]•七•14

22桐變日錄一卷　明蔣臣撰

舊抄本　[85]•七•308

桐乳齋詩集十二卷　清梁文濂撰

清刊本　[71]•集•國朝別•
38

桐山詩集九卷附錄一卷續編附錄
一卷　明王偉撰

刊本　[39]•癸上•23
[71]•集•明別•46

桐山老農集　元魯貞撰
　抄本　[39]・壬・79
27桐鄉縣志五卷　清仲弘道撰
　清刊本　[71]・史・地志・19
桐嶼詩集四卷　元釋德祥撰
　抄本　[39]・壬・81
30桐窗說餘十卷　清李元春撰
　明抄本　[74]・續增・子・8
31桐江集二十卷
　見《方虛谷桐江集》
桐江續集四十八卷
　見《方虛谷桐江續集》
34桐汭集志二十卷　宋趙子直撰
　宋刊本　[41]・八・24
44桐花吟館詩稿十二卷詞二卷　清
　楊揆撰
　清嘉慶十二年(1807)刊本
　[26]・十三・29
桐華閣明季詠史詩抄一卷　清鮑
　瑞駿撰
　清同治刊本　[85]・二十四・
　1046
桐菴文稿一卷　明鄭敷教撰
　峭颿樓叢書本　[85]　二十・
　888
　抄本　[42]・13　[51]・四・
　18
桐菴存稿一卷　明鄭敷教撰
　丙子叢編本　[85]・二十・888
78桐陰舊話一卷　宋韓元吉撰
　說郛本　[96]・二十三・475
桐陰舊話十卷　宋韓元吉撰
　宋刊本　[41]・七・18
92桐坂紀異一卷　蹈海生撰
　舊抄本　[85]・七・308

4792₂　杍

22杍山集十卷　唐釋皎然撰
　宋刊本　[14]・四中・420
　汲古閣刊本　[30]・七・22
　[74]・四・5
　刊本　[24]・集一・11
　抄本　[39]・辛・55
杍山集十卷禪月集二十五卷補遺

一卷白蓮集十卷　唐釋皎然撰
　汲古閣刊本　[71]・集・釋子・
　1

4792₇　梆

31梆江百詠一卷　宋阮閱撰
　抄本　[39]・壬・50
　[91]・二十九・18

橘

00橘亭詞一卷　清朱珩撰
　傳抄稿本　[60]・七・26
22橘山四六二十卷　宋李廷忠撰、
　明孫雲翼注
　明刊本　[11]・八十八・7
　明萬曆三十五年(1607)刊本
　[59]・六・29　[91]・
　三十・30　[92]・四・
　160
　刊本　[39]・壬・49
橘巢小稿四卷　清王世琛撰
　清乾隆二十三(1758)刊本
　[74]　四・53
44橘林集十六卷後集十五卷　宋石
　悫撰
　宋刊本　[41]・十七・33
87橘錄三卷　宋韓彥直撰
　宋刊本　[11]・五十四・20
　[17]・三・15　[41]・
　十・10　[75]・四十一・
　2
　明刊本　[17]　三・15
　[91]・十八・11
　百川學海本　[96]・五十一・
　1015

4793₂　橡

44橡繭圖說　清劉祖憲撰
　清道光刊本　[68]・圖版572、
　573、目錄93

4794₀　椒

77椒邱文集三十四卷附錄一卷　明
　何喬新撰

明嘉靖元年(1522)余嚳刊本
　[12]・四・17　[91]・
　三十六・15　[92]・四・
　175

4794₇　殺

17殺子報四卷　清人撰
　清光緒二十三年(1897)敬文堂
　刊本　[69]・六・195

穀

08穀譜十一卷　元王禎撰
　刊本　[39]・庚・82
10穀王類編五十卷　清汪兆舒撰
　清刊本　[71]・子・類事　17
22穀山筆塵十八卷　明于慎行撰
　明刊本　[32]・八・13
　刊本　[39]・丁・39
　原刊重修本　[96]・五十三・
　1052
33穀梁廢疾申何二卷　清劉逢祿撰
　原刊本　[96]・十一・234
穀梁正義一卷
　見《春秋穀梁正義》
穀梁傳疏十二卷
　見《春秋穀梁傳疏》
穀梁傳注疏二十卷
　見《春秋穀梁傳注疏》
穀梁傳明辨錄　沈青崖撰
　刊本　[88]・一・13
穀梁注疏二十卷
　見《春秋穀梁傳注疏》
43穀城集五卷　宋黃銖撰
　宋刊本　[41]・二十・19
穀城山館詩集二十卷　明于慎行
　撰
　刊本　[39]・癸下・7
44穀菴集選十卷　明姚綬撰
　明嘉靖刊本　[91]・三十七・
　5
穀菴集選十卷附錄二卷東齋稿略
　一卷　明姚綬撰
　明嘉靖刊本　[74]・四・41
　[102]・上・31

60穀圃集三卷　明楊彝撰
　念昔居抄本　[74]・四・47
　抄本　[102]・下・38
71穀原詩集四卷　明蘇祐撰
　刊本　[71]　集　明別・70

4796₄　格

90格齋先生三松集一卷　宋王子俊撰
　十萬卷樓抄藏本　[91]・三十・13
　舊抄本　[11]・八十六・5
　　[39]・壬・41
　格齋四六一卷　宋王子俊撰
　明刊本　[32]・十二・9
　刊本　[28]・十二・15
　舊抄本　[11]・八十六・5
　　[60]・六・35　[74]・四・27　[91]・三十・13　[93]・二十一・15　[102]・下・32
　格言五卷
　見《韓熙載格言》
18格致鏡原一百卷　清陳元龍輯
　清刊本　[39]・己・63
　　[71]・子・類事・17
　　[96]・六十二・1233
　格致餘論一卷　元朱震亨撰
　明刊本　[32]・六・22
　　[91]・十六・22
　明刊小字本　[79]　子・醫家類・519
　醫統正脈本　[96]・四十二・772
27格物明通一百卷　明湛若水撰
　明刊本　[9]・九・11
40格古要論三卷　明曹昭撰
　舊抄本　[91]・十九・19
　　[96]・五十八・1156
　格古要論十三卷　明曹昭撰
　明刊本　[91]・十九・19
　明天順刊本　[38]・子・55
　淑躬堂刊本　[96]・五十八・1156

　刊本　[39]・庚・17
　　[53]・二・4　[71]・子・雜家・23

4798₂　款

17款乃集八卷　宋嚴次山撰
　宋刊本　[41]・二十一・16

4814₀　救

00救文格論一卷雜錄一卷　清顧炎武撰
　說鈴本　[96]・五十五・1089
23救偏瑣言十卷　清費啓泰撰
　清康熙二十七年(1688)惠迪堂刊本　[79]・子・醫家類・407　[96]・四十三・796
27救急方二卷　不知撰人
　朝鮮古刊本　[17]・三・7
　救急仙方八卷　不著撰人
　影抄道藏本　[11]・四十六・13
44救荒活民補遺書二卷　宋董煟撰、元張光大增、明朱熊補遺
　明萬曆刊本　[91]・十三・18
　救荒活民補遺書三卷　宋董煟撰、元張光大增、明朱熊補遺
　刊本　[39]・丁・65
　救荒活民書三卷　宋董煟撰
　宋刊本　[41]・七・30
　長恩書室刊本　[74]・二・66
　抄本　[39]・丁・65
　救荒活民書拾遺一卷增補一卷
　宋董煟撰、元張光大增、明朱熊補遺
　明刊本　[74]・二・66
　救荒活民類要　元張光大撰
　元集慶路儒學刊本　[68]・圖版292、目錄55
　救荒本草二卷　周王橚撰
　明嘉靖刊本　[38]・子・15
　救荒野譜一卷　明姚可成撰
　借月山房彙抄本　[96]・三十・569
　救荒策會七卷　明陳龍正輯

　刊本　[39]・丁・65
　救楮奏稿一卷　宋唐璘撰
　宋刊本　[14]・五下・683
77救民急務錄二卷　不知撰人
　明刊本　[50]・三・44
80救命書一卷　明呂坤撰
　抄本　[102]・下・15
　救命書二卷　明呂坤撰
　借月山房彙抄本　[96]・三十八・725

4816₆　增

00增廣新術二卷
　見《新術》
33增補紅樓夢三十二回　清魏氏撰
　清道光四年(1824)刊袖珍本　[69]・四・123
43增城荔枝譜一卷　不知撰人
　宋刊本　[41]・十・9

4824₀　散

50散表一卷　明徐光啓撰
　新法曆書本　[78]・算學書錄補注・89

4826₆　獝

60獝圃十六卷　明錢希言撰
　知不足齋袖珍本　[96]・六十六・1318
　刊本　[39]・庚・33

4841₇　乾

10乾元序制記一卷
　見《易緯乾元序制記》
25乾生歸一圖二卷　宋石汝礪撰
　宋刊本　[14]・一上・26
　乾生歸一圖十卷　宋石汝礪撰
　宋刊本　[41]・一・14
27乾象術注二卷　清李銳撰
　李氏遺書本　[78]・算學書錄補注・97　[96]・四十四・844
　乾象通鑑一百卷　宋李季撰
　刊本　[1]・上・13

明抄本　[78]・補遺・49
舊抄本　[5]・三中・11
　　[34]・三・16　　[59]・
　　二・18　　[74]・三・30
　　[78]・算學書録補注・99
　　[93]・十五・3　　[102]・
　　下・17
乾象圖説一卷　明王應遴撰
　刊本　[5]・三中・17
38乾道稿二卷淳熙稿二十卷章泉稿
　五卷　宋趙蕃撰
　聚珍刊本　[74]・四・27
　　[75]・五十六・2
乾道奉使録一卷　宋姚憲撰
　宋刊本　[41]・七・14
乾道四明圖經十二卷
　見《四明圖經》
乾道臨安志三卷
　見《臨安志》
45乾坤正氣集內諸賢小傳一卷　清
　陳彬華撰
　稿本　[74]・續增・史・2
乾坤變異録一卷　題唐李淳風
　撰
　宋刊本　[41]・十二・17
　舊抄本　[32]・七・6
　　[50]・四・37　　[74]・
　　三・30　　[102]・下・17
乾坤變異録四卷　題唐李淳風撰
　刊本　[5]・三中・17
乾坤寶典十二卷　不知撰人
　抄本　[5]・三中・12
乾坤清氣十四卷　明偶桓編
　刊本　[39]・辛・18
　舊抄本　[91]・三十九・6
乾坤清氣十五卷　明偶桓編
　舊抄本　[17]・四・44
　　[55]・五・33
乾坤鑿度二卷　題漢鄭玄注
　宋刊本　[14]・一上・14
　　[41]・三・30
　明刊本　[11]・三・26
　　[60]・一・3
明楊之森刊本　[78]・算學書

録補注・91
　明范氏天一閣刊本　[17]・一・
　　2　　[91]・一・22
　武英殿刊本　[74]・一・10
乾坤體義二卷　明意大利利瑪竇
　撰
　明萬曆刊本　[78]・子・天文
　類・544
77乾隆府廳州縣志五十卷　清洪亮
　吉撰
　清刊本　[74]・二・41
乾隆六十三年時憲書　不著編者
　清刊本　[55]・二・26
87乾饌子三卷　唐溫庭筠撰
　宋刊本　[14]・三下・244
　　[41]・十一・5

4842₇　翰

00翰府素翁雲翰精華十二卷　不知
　撰人
　明萬曆熊冲宇刊本　[64]・續・
　　119
44翰苑雜記一卷　宋李宗諤撰
　宋刊本　[41]・六・6
翰苑新書四十卷　宋人撰
　宋刊本　[22]・五・10
　　[35]・下　50
　刊本　[89]・一集・六・51
翰苑新書前集十二卷後集七卷續
　集七卷別集二卷　宋人撰
　明刊本　[22]・五・10
翰苑新書前集七十卷後集二十六
　卷又六卷續集四十二卷別集十
　二卷　宋人撰
　抄本　[39]・庚・44
翰苑羣書二卷　宋洪遵編
　知不足齋叢書本　[96]・二十
　　八・545
　明內府抄本　[54]・三・19
　抄本　[12]・五・16
　　[39]・丁・58
翰苑羣書二卷　宋洪邁編
　舊抄本　[11]・三十六・5
　　[75]・二十九・17

翰苑羣書三卷　宋洪邁編
　宋刊本　[41]・六・6
翰苑羣書三卷　唐李肇編
　宋刊本　[14]・五上・561
翰苑集二十四卷
　見《陸宣公文集》
翰苑叢抄二十卷　不知撰人
　刊本　[39]・庚・54
翰苑啓雲錦十卷　不著撰人
　明抄本　[55]・五・11
翰苑英華中州集十卷
　見《中州集》
翰林雜志一卷　不著撰人
　宋刊本　[14]・後志・一・795
翰林記二十卷　不著撰人
　刊本　[39]・丁・60
翰林記三十卷　明黄佐撰
　舊抄本　[91]・十三・3
翰林珠玉六卷　元虞集撰
　元刊本　[11]・一百・15
　　[28]・續・十三・9
　　[35]・下・16　　[58]・
　　元・129
　舊抄校本　[93]・二十二・10
　觀稼樓抄本　[91]・三十三・29
　舊抄本　[11]・一百・14
　　[50]・九・12　　[59]・
　　七・5　　[71]・集・元別・
　　11　　[91]・三十三・30
翰林續志二卷　宋蘇易簡撰
　宋刊本　[14]・二下・154
　　[41]・六・6
翰林遺事一卷　宋洪遵撰
　宋刊本　[41]・六・6
翰林忠一卷　唐李肇撰
　宋刊本　[11]・三十六・2
　　[14]・二下・152
　　[17]・二・19　　[41]・
　　六・4
　明刊本　[17]・二・19
　百川學海本　[96]・二十八・
　　544
　抄本　[75]・二十九・14
翰林禁經八卷　唐李陽冰撰

宋刊本　[14]・後志・一・771

翰林禁書三卷　不著撰人
　宋刊本　[41]・十四・7

翰林盛事一卷　唐張著撰
　宋刊本　[14]・二下・153
　[41]・五・27

翰林典故翰苑須知　明張位輯
　刊本　[39]・丁・61

翰林壁記一卷　唐丁居晦撰
　宋刊本　[41]・六・5

翰林院故事一卷　唐韋執誼撰
　宋刊本　[41]・六・5

翰林學士記一卷　唐韋處厚撰
　宋刊本　[41]・六・5

翰林學士集一卷　不知撰人
　舊抄卷子殘本　[22]・六・14

翰林學士院舊規一卷　唐馮翊、
　楊鉅、文碩撰
　宋刊本　[41]・六・5

60翰墨叢記五卷　宋滕康撰
　宋刊本　[41]・十一・17

翰墨大全　不知撰人
　元刊本　[22]・五・11

翰墨志一卷　宋高宗趙構撰
　宋刊本　[11]・五十二・4
　[17]・三・9　[41]・
　十四・8　[75]・三十九・
　3
　明刊本　[17]・三・9
　百川學海本　[96]・四十八・
　924
　抄本　[93]・十五・16

4844₀　教

21教經堂詩集十二卷　清徐書受撰
　清刊本　[26]・十三・31

40教坊記一卷　唐崔令欽撰
　宋刊本　[14]・後志・一・762
　說郛本[96]・六十三・1249
　古今逸史本　[74]・三・74
　抄校本　[59]・八・3
　吳枚菴手抄本　[11]・六十二・
　5
　舊抄本　[74]・三・74

[91]・二十一・2

教坊記一卷附北里志一卷青樓集
　一卷　唐崔令欽撰
　舊抄本　[93]・十七・14

80教養全書四十一卷　清應撝謙撰
　抄本　[39]・丁・58

4860₁　警

01警語類抄八卷　明程達撰
　刊本　[39]・己・54

30警富新書四十回　清人撰
　清嘉慶十四年(1809)刊本
　[69]・六・194

44警世通言四十卷　明馮夢龍纂
　明金陵兼善堂刊本　[69]・三・
　92
　明衍慶堂二刻增補本　[69]・
　三・92　[77]・附・191
　三桂堂王振華覆刊明本
　[69]・三・93

警世奇觀　不知撰人
　明刊本　[77]・二・35

警世奇觀　清葉岑翁輯
　清刊袖珍本　[69]・三・94

警世陰陽夢一卷　明人撰
　明崇禎元年(1628)刊本
　[69]・二・66

警世陰陽夢十卷　題長安道人國
　清編
　明刊本　[77]・附・233
　明崇禎刊本　[85]・二十四・
　1065

64警時新錄二卷　明胡澄撰
　二老閣抄本　[39]・己・20

91警悟鐘四卷　題嘔嘔道人撰
　草閒堂刊本　[69]・三・105

4864₀　故

00故唐律疏義三十卷
　見《唐律疏義》

30故宮遺錄一卷　元蕭洵撰
　舊抄本　[60]・四・17
　[91]・十一・1

敬

00敬亭集十卷補遺一卷　明姜埰撰
　清光緒十五年(1889)山東書局
　刊本　[85]・二十・891

敬齋詞一卷　宋吳鎰撰
　宋刊本　[41]・二十一・10

敬齋集三卷　明胡居仁撰
　刊本　[39]・癸上・19

敬齋古今黈八卷　元李冶撰
　武英殿聚珍刊本　[74]・三・
　55　[96]・五十六・1127

敬齋古今黈十二卷　元李冶撰
　舊抄本　[11]・五十八・14
　[16]・二十四・17
　[59]・二・10　[91]・
　十九・10

21敬止集三卷　明陳應芳撰
　刊本　[39]・丁・80
　[71]・集・明別・104

敬止集四卷　明陳應芳撰
　精抄本　[91]・十二・2

27敬修堂同學諸子出處記一卷　不
　著撰人
　吳兔牀校抄本　[85]・十八・
　804
　抄本　[20]・四・26

敬修堂同學出處偶記一卷
　見《敬修堂同學諸子出處記》

敬鄉錄十四卷　元吳師道撰
　刊本　[74]・二・30
　天一閣抄本　[39]・戊・22
　舊抄本　[91]・九・13
　[93]・十・8
　文瀾閣傳抄本　[11]・二十七・
　14　[16]・十三・25
　傳抄閣本　[59]・四・13

敬鄉錄二十三卷　元吳師道撰
　結一廬藍格抄本　[8]・史二・
　154

32敬業堂集五十卷　清查慎行撰
　清刊本　[30]・六・57
　[39]・癸下・46
　[74]・四・50

清康熙刊本　[36]・251

敬業堂集五十卷續集六卷　清査慎行撰

清刊本　[71]・集・國朝別・62

敬業堂集外詩三卷　清査慎行撰

傳抄本　[61]・七・6

敬業堂集補遺　清査慎行撰

清刊本　[36]・250

50敬事草十二卷　明沈一貫撰

明萬曆刊殘本　[85]・二・91

敬由編十卷　明竇子偶編

明萬曆三十九年(1611)刊本　[102]・上・20

刊本　[74]・三・59

敬由編十二卷　明竇子偶編

明刊本　[91]・十六・5

72敬所小稿一卷　明蘇境撰

舊抄本　[11]・一百十一・13
[50]・九・39

4891₁　槎

44槎菴小乘四十卷　明來斯行撰

抄本　[39]・己・60

槎菴小乘四十一卷　明來斯行撰

刊本　[71]・子・雜家・43

51槎軒集十卷　不知撰人

舊抄本　[52]・三・16、17

80槎翁文集十八卷　明劉崧撰

明刊本　[11]・一百十一・7
[32]・十四・5　[50]・
九・37　[74]・四・40
[102]・上・31

明嘉靖刊本　[91]・三十五・9

槎翁詩集八卷　明劉崧撰

明萬曆刊本　[91]・三十五・9

刊本　[39]・癸上・3

槎翁集八卷　明高啓撰

舊抄本　[32]・十四・6

4892₁　楡

28楡谿集選不分卷　明徐世溥撰

刊本　[71]・集・明別・124

楡谿集選不分卷補一卷　明徐世溥撰

清順治十七年(1660)肥靜齋刊本　[85]・二十・904

44楡林全鎮圖説一卷　不知撰人

抄本　[5]・二下・17

4892₇　梯

10梯雲集二十五卷　宋趙遴撰

宋刊本　[41]・十八・20

4893₂　松

00松亭行記二卷　清高士奇撰

江村全集本　[96]・二十四・509

松亭晤語六卷　明趙世顯撰

刊本　[39]・己・79

松文清傳稿　國史館撰

傳抄本　[61]・七・3

04松謨紀聞二卷

見《松漠紀聞》

06松韻堂集十二卷　明孫七政撰

刊本　[39]・癸下・6

10松雪齋文集十卷　元趙孟頫撰

元刊本　[1]・上・41
[9]・後編・十一・11
[12]・二・16

元至元刊本　[38]・集・73
[43]・四・48

松雪齋文集十卷外集一卷　元趙孟頫撰

元刊本　[8]・集三・481
[32]・十三・9　[48]・
二輯下・184　[57]・252
[66]・目錄11　[93]・
二十二・4

元至元刊本　[2]・五・2
[58]・元・131　[59]・七・
3　[91]・三十三・10

刊本　[39]・壬・56

松雪齋文集十二卷外集一卷　元趙孟頫撰

元刊本　[5]・四上・31

[29]・三・24

刊本　[24]・集二・5

松雪齋文集十卷外集一卷續集一卷　元趙孟頫撰

元刊本　[1]・上・41
[11]・九十六・6

元至元五年(1339)花谿沈璇刊本　[19]・25

元至正沈璇刊本　[17]・四・30

元刊修補本　[75]・五十八・24

松雪齋文集十卷目錄一卷外集一卷　元趙孟頫撰　行狀至順三年謚文一卷　元楊載撰

元刊本　[28]・續・十三・5
[35]・下・34

元刊黑口本　[4]・28

松雪齋文集四卷附一卷　元趙孟頫撰

刊本　[71]・集・元別・7

松雪齋集二卷　元趙孟頫撰

明刊本　[32]・十三・9

明萬曆刊本　[91]・三十三・10

松雪齋行狀一卷　元楊載撰

元刊本　[50]・二・22

松雨軒詩集八卷　明平顯撰

姚氏手校本　[75]・六十一・6

清勞鑾卿抄本　[17]・四・36
[30]・五・34

舊抄本　[91]・三十五・15
[101]・中・14

松雨軒詩集八卷補遺附錄　明平顯撰

清勞鑾卿抄本　[2]・五・14

松下雜抄二卷　不著撰人

涵芬樓祕笈本　[85]・二十二・979

松石軒詩一卷　竹林嬾仙撰

刊本　[5]・四下・27

20松絃館琴譜二卷　明嚴澂撰

原刊本　[96]・四十九・966

22松崖筆記三卷　清惠棟撰
　　清道光二年(1822)吳興徐氏刊
　　本　[26]・五・56
　　[74]・三・50
松峯説疫六卷　清劉奎撰
　　清嘉慶四年(1799)刊本
　　[79]・子・醫家類・442
26松皐文集十四卷　清毛際可撰
　　清刊本　[96]・七十・1385
27松鄉集十卷　元任士林撰
　　元刊本　[11]・九十六・3
　　[28]・續・十三・4
　　[35]・下・45　　[58]・
　　元・112　　[60]・七・2
　　元至元刊本　[2]・五・2
　　明刊本　[11]・九十六・6
　　明泰昌刊本　[75]・五十八・
　　24
　　刊本　[71]・集・元別　30
　　黄松石校抄本　[39]・壬・56
　　舊抄明泰昌刊本　[60]・七・
　　3
　　舊抄本　[16]・三十二・21
　　[38]・集・73　　[84]・
　　二・33　　[91]・三十三・
　　9
松鄉別集二卷　元任士林撰
　　刊本　[24]・集二・16
　　明抄本　[74]・續增・集・1
　　舊抄本　[32]・十三・8
28松谿集十卷　明程文德撰
　　明隆慶元年(1567)刊本
　　[74]・四・43　　[102]・
　　上・32
　　刊本　[39]・癸上・50
30松窗雜録一卷　唐李濬撰
　　明仿宋刊本　[11]・六十二・
　　5
　　文房小説本　[74]・三・74
　　奇晉齋叢書本　[96]・六十三・
　　1250
　　舊抄本　[39]・己・66
　　[60]・八・4
松窗寱言一卷　明崔銑撰

借月山房彙抄本　[96]・三十
　　七・694
松窗夢語八卷　明張瀚撰
　　舊抄本　[91]・十九・15
31松江府志八十四卷　清宋如林撰
　　清嘉慶二十三年(1818)刊本
　　[74]・二・48
松江紀事一卷　不著撰人
　　傳抄本　[85]・十四・667
松源經説四卷　清孫之騄撰
　　清刊本　[39]・丙・20
　　晴川八識本　[96]・二・32
34松漠紀聞一卷　宋洪皓撰
　　明刊本　[30]・二・6
松漠紀聞二卷　宋洪皓撰
　　宋刊本　[41]・五・8
　　明刊本　[93]・九・24
　　抄本　[39]・丁・25
松漠紀聞一卷續一卷　宋洪皓撰
　　顧氏文房小説本　[74]・二・
　　18
　　學津討原本　[96]・十九・412
　　舊抄本　[17]・二・11
松漠紀聞二卷續一卷　宋洪皓撰
　　明仿宋本　[11]・二十四・22
松漠紀聞一卷續一卷補遺一卷
　　宋洪皓撰
　　抄本　[75]・十九・9
松漠紀聞二卷補遺一卷　宋洪皓
　　撰
　　元刊本　[48]・二輯上・81
　　[58]・元・8　　[91]・八・
　　7
　　明刊本　[51]・一・12
40松壺畫贅二卷　清錢杜撰
　　清光緒六年(1880)吳縣潘氏刊
　　本　[26]・十四・39
41松垣文集十一卷
　　見《幸清節公松垣文集》
44松坡詞一卷　宋京鏜撰
　　宋刊本　[41]・二十一・13
松坡集七卷　宋京鏜撰
　　宋刊本　[41]・二十・19
松桂堂集三十七卷延露詞三卷南

淮集三卷　清彭孫遹撰
　　清乾隆八年(1743)曾孫載英刊
　　本　[26]・十・4
松菊集五卷　宋阮閲撰
　　宋刊本　[14]・五下・674
松菊堂集二十四卷　明孫鑨撰
　　刊本　[39]・癸下・7
53松撼龍經一卷　楊筠撰
　　刊本　[5]・三中・37
60松圓浪淘集十八卷　明程嘉燧撰
　　明萬曆謝三賓序刊本
　　[26]・九・53
松圓浪淘集十八卷偈菴集二卷
　　明程嘉燧撰
　　刊本　[39]・癸下・29
　　[71]・集・明別・109
72松隱文集三十卷　宋曹勛撰
　　知不足齋抄本　[39]・壬・22
松隱文集三十九卷　宋曹勛撰
　　舊抄本　[11]・八十・14
松隱文集四十卷　宋曹勛撰
　　刊本　[24]・集一・31
　　清彭元瑞校抄本　[2]・四・34
　　舊抄本　[71]・集・宋別・31
　　[91]・二十九・4
松隱詞三卷　宋曹勛撰
　　舊抄本　[91]・四十・13
　　傳抄本　[32]・十六・8
74松陵文獻十五卷　明潘檉章撰
　　清康熙三十二年(1693)刊本
　　[85]・十七・767
松陵集十卷　唐陸龜蒙編
　　宋刊本　[14]・四下・503
　　[21]・一・36　　[41]・
　　十五・10
　　明刊本　[93]・二十三・5
　　明弘治刊本　[17]・四・40
　　[55]・五・19
　　汲古閣刊本　[91]・三十八・
　　7
　　刊本　[5]・四下・10
　　毛斧季陸敕先校汲古閣本
　　[81]・集・8　　[83]・四・
　　18

校本　[52]・三・17
　　　[83]・四・19
毛抄影宋本　[60]・六・5
76松瀑集二十卷　明曾鶴齡撰
刊本　[71]・集・明別・33
松陽講義十二卷　清陸隴其撰
清刊本　[39]・丙・10
天德堂刊本　[96]・十三・263
松陽抄存二卷　清陸隴其撰
當歸草堂刊本　[74]・三・7
抄本　[39]・己・32
77松風閣琴譜二卷附抒懷操一卷
清程雄撰
通行本　[96]・四十九・968
松風餘韻五十卷　清姚宏緒輯
清刊本　[39]・辛・37
松月集二卷　明釋睿略撰
刊本　[71]・集・釋子・7
松岡集十一卷　明姜洪撰
刊本　[39]・癸上・14
　　　[71]・集・明別・29
松門稿八卷　明王庭撰
明刊本　[32]・十四・15
88松籌彙錄二卷附松郡擴城議一卷
松郡興建考一卷　不著編者
南匯吳氏家藏舊抄本
　　　[96]・二十九・567
松籌堂集十二卷　明楊循吉撰
宋蔚如手抄本　[30]・五・33
97松鄰遺集十卷　吳昌綬撰
文楷齋刊本　[100]・163

4894₀　枚

27枚叔集一卷　漢枚乘撰
宋刊本　[41]・十六　1

4894₁　枡

47枡欄先生文集十二卷　宋鄧肅撰
明刊本[59]・六・23
抄本　[30]・四・26
枡欄先生文集二十五卷　宋鄧肅
撰
元刊本　[71]・集・宋別・32
明刊本　[9]・後編・十八・20

[11]・八十一・13
[21]・一・38　　[50]・
八・24　　[65]・五・37
明正德十四年(1519)永安羅珊
刊本　[67]・第五冊・89
[68]・圖版398、目錄70
[91]・二十九・9
明抄本　[91]・二十九・10
舊抄本　[16]・三十一・17
[61]・四・4　　[93]・
二十一・6

4894₆　樽

80樽前集一卷　不著編者
明抄本　[91]・四十・30

4895₇　梅

00梅亭先生四六標準四十卷　宋李
劉撰
元刊本　[9]・後編・十一・9
刊本　[36]・230
梅文安集十五卷　宋梅執禮撰
宋刊本　[41]・十七・35
07梅詞一卷　宋朱雍撰
精抄本　[91]・四十・11
08梅譜一卷　宋范成大撰
宋刊本　[11]・五十四・12
[17]・三・14　　[75]・
四十　23
明刊本　[17]・三・14
17梅磵詩話二卷　元韋居安撰
明抄本　[75]・六十四・17
梅磵詩話三卷　元韋居安撰
刊本　[5]・四下・26
明袁陶齋抄本　[2]・五・38
舊抄本　[93]・二十四・4
22梅巖集三十卷
見《梅巖小稿》
梅巖胡先生文集十卷
見《胡梅巖先生文集》
梅巖小稿三十卷　明張旭撰
刊本　[39]・癸上・32
[71]・集・明別・50
梅仙觀記一卷　宋楊智遠編

刊本　[88]・四・21
舊抄本　[11]・三十三・16
[39]・戊・64
梅仙觀記二卷　宋楊智遠編
抄本　[71]・史・地志・62
梅山詩稿六卷續稿五卷　宋姜特
立撰
宋刊本　[41]・二十・21
梅山續稿十七卷　宋姜特立撰
影宋本　[17]・四・26
舊抄本　[11]・八十八・7
[16]・三十一・44
[38]・集・59
梅山續稿十八卷　宋姜特立撰
抄本　[39]・壬・32
梅山續稿詩十七卷雜文一卷短句
一卷　宋姜特立撰
抄本　[71]・集・宋別・49
27梅勿菴先生曆算全書六十二卷
清梅文鼎撰
清刊本　[39]・庚・63
清雍正元年(1723)魏荔彤刊本
[78]・算學書錄補注・91
[96]・五十九・1172
清乾隆刊本　[75]・三十八・
10
28梅谿詞一卷　宋史達祖撰
宋刊本　[41]・二十一・15
毛斧季校本　[11]・一百十九・
11
梅谿先生文集五十四卷　宋王十
朋撰
明刊本　[9]・十八・22
[93]・二十一・15
明正統刊本　[16]・三十一・
39　　[17]・四・24
[71]・集・宋別・43
明正德刊本　[11]・八十六・
4
刊本　[24]・集一・34
宋蔚如校抄本　[12]・六・15
梅谿先生文集二十卷後集二十五
卷　宋王十朋撰
明正統五年(1440)溫州府刊本

[26]·八·39

梅谿先生文集二十卷後集二十九
卷 宋王十朋撰
元刊本 [17]·四·23

梅谿先生文集三十二卷續集五卷
宋王十朋撰
宋刊本 [41]·十八·27

梅谿先生文集五十四卷附錄一卷
宋王十朋撰
明天順刊本 [59]·六·26

梅谿奏議三卷 宋王十朋撰
宋刊本 [41]·二十二·6

38梅道人遺墨二卷
見《梅花道人遺墨》

44梅苑十卷
見《羣賢梅苑》

梅花百詠一卷 元韋珏撰
元刊本 [35]·上·22
[50]·十·27 [58]·
元·126 [65]·五·61
元至正刊本 [68]·圖版340、
目錄62
舊抄本 [22]·六·30

梅花百詠一卷 明文徵明撰
舊抄本 [91]·三十七·10

梅花百詠一卷 元馮子振、釋明
本撰
清乾隆刊本 [75]·六十三·
8
舊抄本 [11]·一百十五·18

梅花百詠一卷附中峯梅花百詠一
卷 元馮子振、釋明本撰
明抄本 [91]·三十八·29

梅花字字香二卷 元郭豫亨撰
元刊本 [65]·五·43
元至大刊本 [68]·圖版339、
目錄62
刊本 [5]·四下·19
琳琅祕室活字本 [74]·四·
36
舊抄本 [32]·十三·12

[39]·壬·68 [50]·
九·10 [71]·集·元
別·4 [74]·四·36
[91]·三十三·26
[93]·二十二·9
[102]·下·35

梅花衲一卷 宋李䔶撰
影抄宋本 [93]·二十一·26
舊抄本 [11]·九十一·4

梅花道人遺墨一卷 元吳鎮撰
舊抄本 [11]·一百零四·21

梅花道人遺墨二卷 元吳鎮撰
藝海樓抄本 [57]·258
小山堂抄本 [71]·集·元別·
32
抄本 [39]·壬·60
傳抄本 [32]·十三·21

梅花喜神譜一卷 宋宋伯仁編
宋刊本 [58]·子·73

梅花喜神譜二卷 宋宋伯仁編
宋刊本 [10]·33 [50]·
五·15 [51]·二·13
清嘉慶十六年(1811)雲間沈氏
古倪園重刊影宋抄本
[26]·六·63 [96]·
四十八·934
清咸豐五年(1855)漢陽葉氏刊
本 [26]·六·62
刊本 [5]·三下·29
影宋本 [49]·15

梅花草堂集十一卷 明張大復撰
刊本 [39]·戊·24

梅花草堂集筆談十四卷 明張大
復撰
明版重修本 [96]·五十七·
1140
刊本 [71]·子·小說家·24

梅蘭佳話四卷 清曹梧岡撰
清道光二十一年(1841)至成堂
刊本 [69]·四·146

梅村詩集箋注十八卷 清吳偉業
撰
滄浪吟榭刊本 [96]·七十·
1370

梅村詩注十二卷附詞一卷詩話一
卷 清吳偉業撰
舊抄本 [17]·四·38

梅村詩箋十二卷 清吳偉業撰
舊抄本 [54]·七·32

梅村集二十卷 清吳偉業撰
清刊本 [74]·四·49

梅村集四十卷 清吳偉業撰
清刊本 [71]·集·國朝別·
67
程篋稿本 [57]·284
程篋抄本 [50]·九·48

梅村家藏稿五十八卷補遺一卷附
年譜四卷 清吳偉業撰
誦芬室刊本 [85]·二十·924
四部叢刊影印本 [85]·二十·
924

48梅教授書集解不分卷
見《書集解》

50梅中丞遺稿八卷 明梅之煥撰
明崇禎十七年(1644)刊本
[85]·七·333

梅史 明汪懋孝撰
明汪棟刊本 [68]·圖版678、
目錄108

51梅軒集十二卷 宋諸葛興撰
宋刊本 [41]·十八·34

60梅里詩輯 許晦堂撰
稿本 [88]·年·15

梅國集四十一卷 明劉節撰
刊本 [39]·癸上·33
[71]·集·明別·74

梅園集二十卷
見《沈大若梅園集》

72梅氏叢書輯要六十二卷 清梅文
鼎撰、梅㲉成編
清乾隆二十六年(1761)承學堂
刊本 [78]·補遺·21
[96]·五十九·1174
頤園刊本 [78]·補遺·21

梅氏曆算全書二十九種
見《梅勿菴先生曆算全書》

77梅屋詩稿四卷 宋許棐撰
舊抄本 [91]·三十一·19

梅屋詩稿五卷　宋許棐撰
　抄本　[75]・五十七・14
梅屋詩餘一卷　宋許棐撰
　精抄本　[91]・四十・19
80梅會詩選三十二卷　清李稻塍輯
　清刊本　[39]・辛・32
梅谷叢書　清陸烜撰
　清刊本　[71]・集・國朝別・
　53
梅谷十種書　清陸烜撰
　清乾隆刊本　[68]・圖版532、
　目錄88

4896₆ 檜

00檜亭集九卷　元丁復撰
　元刊本　[11]・一百零一・1
　[28]・續・十三・4
　[35]・上・57　[72]・
　31
　元至正十年(1350)刊本
　[91]・三十三・34
　刊本　[88]・五・39
　知不足齋抄本　[39]・壬・68
　舊抄本　[11]・一百零一・6
　傳抄閣本　[17]・四・36
　傳抄本　[60]・七・7
檜亭集九卷拾遺一卷　元丁復撰
　舊抄本　[91]・三十三・35
檜亭稿九卷
　見《檜亭集》

4928₀ 狄

33狄梁公家傳三卷　唐李邕撰
　宋刊本　[41]・七・4

4942₀ 妙

27妙絕古今不分卷　宋湯漢編
　宋刊本　[9]・後編・七・23
妙絕古今四卷　宋湯漢編
　宋刊本　[38]・集・102
　[74]・四・61
　明刊本　[11]・一百十四・10
　[60]・六・7　[75]・
　六十三・5　[93]・二十三・

27
　明刊大字本　[9]・後編・二十・
　7
妙絕古今文選四卷
　見《妙絕古今》
34妙湛和尚偈頌一卷　題擇朋錄
　宋刊殘本　[29]・二・23
妙法蓮華經　後秦釋鳩摩羅什譯
　元至順二年(1331)嘉興路顧逢
　祥等刻至正六年(1346)印本
　[68]・圖版658、目錄105
　高麗覆刊本　[40]・3
　日本承曆四年以前刊本
　[60]・圖版4
　蜀王鍇寫本　[60]・二・12
　舊抄本　[89]・一集・十一・
　20
　尼波羅國抄本　[40]・1
妙法蓮華經七卷　後秦釋鳩摩羅
　什譯
　北宋刊本　[17]・三・40
　宋刊本　[14]・五上・621
　[27]・75　[33]・子・
　53
　宋臨安府賈官人經書鋪刊本
　[68]・圖版650、目錄104
　宋刊兩面印摺本　[8]・子二・
　337
　元人磁青紙金銀泥書摺本
　[8]・子二・338
　摹刊北宋小字本　[22]・五・
　16
　唐人寫經本　[2]・三・42
　唐咸亨三年(672)寫本
　[70]・三・32
妙法蓮華經八卷　後秦釋鳩摩羅
　什譯
　五代刊本　[38]・子・89
　宋刊卷子本　[8]・子二・334
　日本文祿四年刊本　[60]・圖
　版25
妙法蓮華經臺宗會儀十六卷　明
　釋智旭撰
　刊本　[39]・庚・99

妙法蓮華經普門品　不著撰人
　日本東叡石刊本　[40]・3
37妙選草堂詩餘二卷　不著撰人
　元刊本　[71]・集・詞・15
88妙筆集四十卷　宋林遹撰
　宋刊本　[41]・十八・19

4980₂ 趙

00趙康靖日記一卷　宋趙槩撰
　宋刊本　[41]・七・19
趙文肅公集四卷　明趙貞吉撰
　明刊本　[74]・續增・集・11
　刊本　[71]・集・明別・80
趙文肅公集選四卷　明趙貞吉撰
　刊本　[74]・四・44
12趙璞菴全集三十六卷　清趙文哲
　撰
　清乾隆五十四年(1789)刊本
　[26]・十・37
趙延持盈要論　宋趙延撰
　宋刊本　[14]・四下・494
趙飛燕外傳一卷　漢令玄撰
　宋刊本　[14]・二下・173
17趙丞相行實一卷附錄二卷　宋趙
　崇憲編
　宋刊本　[41]・七・27
趙子昂詩集二卷　元趙孟頫撰
　明正德烏程知縣方選刊本
　[17]・四・31
趙子昂詩集七卷　元趙孟頫撰
　元刊本　[17]・四・30
　[28]・續・十三・5
　[35]・下・17
　元至元虞氏務本堂刊本
　[11]・九十六・8
　[68]・圖版324、目錄60
趙君閬行略　不著撰人
　抄本　[100]・28
21趙師秀集二卷別本天樂堂集一卷
　宋趙師秀撰
　宋刊本　[41]・二十・22
22趙豐公忠正德文集十卷　宋趙鼎
　撰
　宋刊本　[14]・五下・650

[41]·十八·6
抄本 [75]·五十五·3
24趙先生文集七卷 元趙汸撰
明刊本 [61]·三·4
趙先生文集十一卷 元趙汸撰
刊本 [24]·集二·21
舊抄本 [11]·一百零九·11
[32]·十三·24
[50]·九·32
趙先生文集十二卷 元趙汸撰
明抄本 [17]·四·35
趙先生覆瓿集八卷
見《秋曉先生覆瓿集》
趙待制遺稿一卷 元趙雍撰
刊本 [24]·集二·5
抄本 [75]·五十九·3
25趙仲穆遺稿一卷
見《趙待制遺稿》
30趙寶峯先生文集二卷 元趙偕撰
明嘉靖刊本 [71]·集·元別·
18 [91]·三十二·17
知不足齋抄本 [39]·壬·60
33趙浚谷文集十卷 明趙時春撰
明萬曆刊本 [91]·三十七·
13
趙浚谷詩集六卷文集十卷 明趙
時春撰
刊本 [39]·癸上·49
[71]·集·明別·71
35趙清獻公集十卷 宋趙抃撰
明刊本 [8]·集二·414
[32]·十一·3 [51]·
三·9 [60]·六·29
[75]·五十三·24
[93]·二十·12
明正統刊本 [12]·三·17
明成化七年(1471)閻鐸刊本
[71]·集·宋別·5

[91]·二十六·18
明正德刊本 [11]·七十四·
8
明嘉靖刊本 [75]·五十三·
21
明嘉靖元年(1522)林有年楊準
刊本 [26]·八·3
[59]·六·16
明嘉靖二十年(1541)刊本
[26]·八·4
明嘉靖四十一年(1562)衢州刊
本 [17]·四·15
刊本 [24]·集一·15
[39]·壬·4
趙清獻公集十六卷 宋趙抃撰
宋刊本 [58]·集·59
元刊本 [93]·二十·12
44趙恭毅公剩稿八卷趙裘萼公剩稿
四卷 清趙申喬撰
清刊本 [71]·集·國朝別·
30
趙考古集二卷 明趙撝謙撰
抄本 [39]·癸上·4
趙韓王文集三卷 宋趙普撰
宋刊本 [14]·四下·491
趙韓王文集五卷 宋趙普撰
宋刊本 [14]·五下·639
趙韓王遺稿十卷 宋趙普撰
宋刊本 [41]·十七·1
趙華文行狀一卷 宋李燔撰
宋刊本 [41]·七·28
46趙坦保甓齋集
見《甓齋集》
47趙懿簡集三十卷 宋趙瞻撰
宋刊本 [14]·四下·461
趙格菴奏議一卷 宋趙順孫撰
明萬曆鄭汝舟刊本 [88]·二·

6
趙㧑渭南詩三卷
見《渭南集》
48趙松雪文集十卷
見《松雪齋文集》
50趙中書棲雲集二十五卷
見《棲雲集》
趙忠毅公集二十四卷 明趙南星
撰明崇禎十一年(1638)刊本
[74]·四·45 [102]·
上·33
刊本 [39]·癸下·11
[71]·集·明別·95
趙忠定集十五卷奏議十五卷 宋
趙汝愚撰
宋刊本 [41]·十八·29
趙忠定行狀一卷謚議一卷 宋樂
中行撰
宋刊本 [41]·七·28
趙忠定公奏議 明楊士奇編
抄本 [26]·三·44
趙東山文集七卷
見《趙先生文集》
60趙昌父稿二十七卷 宋趙蕃撰
刊本 [88]·續·22
72趙氏孤兒 宋紀君祥撰
元刊本 [68]·圖版283、目録
54
趙氏家塾蒙求二十五卷宗室蒙求
三卷 宋趙彥絟撰
宋刊本 [41]·十四·28
趙氏家藏集八卷 明趙氏撰
抄本 [71]·集·明別·98
趙氏書畫船二十一卷 不知編者
抄本 [71]·子·書畫家·11
77趙居士文集十卷 宋趙彥端撰
宋刊本 [14]·五下·677

5

5000₀ 丰

06丰韻情書六卷　不知撰人
　明刊本　[70]・六・23

5000₆ 中

00中庸一卷　不著撰人
　元刊大字白文本　[92]・一・
　19
　日本慶長己亥勅板活字單經本
　[22]・二・23
　中庸章句一卷　宋朱熹撰
　刊本　[76]・二・16
　活字刊本　[22]・二・24
　舊抄本　[22]・二・23
　中庸章句一卷或問二卷中庸輯略
　二卷大學章句一卷或問二卷
　宋朱熹撰
　宋刊本　[14]・五上・528
中庸講義四卷　宋袁甫撰
　抄本　[91]・四・16
　文瀾閣傳抄本　[16]・六・11
中庸記　不知撰人
　刊本　[36]・22
中庸説一卷　宋郭忠孝撰
　宋刊本　[41]・二・25
中庸説一卷　宋項安世撰
　宋刊本　[41]・二・26
中庸説五卷　清毛奇齡撰
　西河合集本　[96]・十三・265
中庸説六卷　宋張九成撰
　宋刊本　[22]・二・24
中庸集解二卷　不著撰人
　宋刊本　[41]・二・25
中庸集注一卷　宋朱熹撰
　元刊大字本　[92]・一・19
中庸集略二卷　不知撰人
　朝鮮刊本　[76]・二・15
中庸衍義十六卷　明夏良勝撰

刊本　[39]・乙・20
中庸解一卷　宋程頤撰
　宋刊本　[14]・一上・49
中庸解一卷　宋游酢撰
　宋刊本　[14]・一上・53
中庸解一卷周禮辨疑一卷　宋楊
　時撰
　宋刊本　[14]・一上・53
中庸大學廣義一卷　宋司馬光撰
　宋刊本　[41]・二・25
中庸或問十卷　宋朱熹撰
　元至元泳澤書院覆宋本　[2]・
　一・25
中庸輯略一卷　宋朱熹撰
　宋刊本　[41]・二・26
中庸輯略二卷　宋朱熹撰
　明刊本　[96]・十二・246
　刊本　[39]・乙・19
中庸合注定本　元吳澄輯
　開萬樓抄本　[39]・乙・19
中庸篇一卷　不著撰人
　宋刊本　[14]・一上・52
中唐十二家詩七十七卷　明蔣孝
　思編
　明嘉靖毘陵蔣孝思刊本
　[55]・五・12
03中誠經一卷　不著撰人
　宋刊本　[41]・十二・2
08中説十卷
　見《文中子中説》
中説考七卷　隋王通撰、明崔銑
　考
　明刊本　[32]・六・8
　[96]・三十六・669
　刊本　[71]・子・儒家・9
　[74]・三・2　[102]・
　上・19
中論二卷
　見《徐幹中論》

中論醫數二卷　魏徐幹撰
　明弘治十五年(1502)黄華卿刊
　本　[78]・算學書録補注・
　87
10中天述考一卷　元鄭滌孫撰
　大易法象贊本　[78]・算學書
　録補注・91
中西天文算學問答十卷　清江衡
　撰
　石印本　[78]・算學書録補注・
　90
中西經星同異考一卷
　見《中西星經異同考》
中西星要五種十二卷　清倪榮桂
　撰
　清嘉慶樹滋堂刊本　[78]・補
　遺・26
中西星經異同考一卷　清梅文鼎
　撰
　清雍正元年(1723)柏鄉魏念庭
　刊本　[78]・子・天文類・
　553
　指海本　[78]・算學書録補注・
　86
22中巖和尚語録　釋圓月撰、顯悟
　等編
　日本室町時代刊本　[62]・圖
　版92
中峯祖集一卷　元釋明本撰
　清乾隆刊本　[75]・五十八・
　26
中山詩話一卷　宋劉攽撰
　津逮祕書本　[74]・四・70
　抄本　[75]・六十四・1
中山詩話三卷　宋劉攽撰
　宋刊本　[14]・三下・258
中山刀筆集三卷
　見《劉中山刀筆》
中山集三十卷　唐劉禹錫撰

489

舊刊本 [39]·辛·49
舊抄本 [59]·六·12
中山沿革志二卷　清汪楫撰
　清康熙二十三年(1684)刊本
　　[74]·二·38
26中吳紀聞六卷　宋龔明之撰
元刊本 [17]·二·18
　[35]·下·7　[57]·
　115
元刊黑口本 [4]·21
明刊本 [93]·十一·18
明弘治七年(1494)嚴春刊本
　[38]·史·74　[68]·
　圖版380、目錄68
明崇禎毛氏汲古閣刊本
　[20]·三·16　[30]·
　七·6　[38]·史·75
　[71]·史·地志·29
　[86]·七·11　[92]·
　二·65　[101]·中·1
若墅堂刊本 [38]·史·74
粵雅堂刊本 [74]·二·57
刊本 [39]·戊·37
何義門校宋本 [11]·三十四·
　11
何義門馮雲伯校毛刊本 [8]·
　史三·187
吳志忠校毛刊本 [91]·十二·
　14
校本 [50]·三·34
　[55]·二·2　[65]·
　續·二·20
蒙竹堂抄本 [100]·37
舊抄本 [17]·二·18
　[75]·二十八·1
傳抄本 [32]·四·24
中和集二十一卷
　見《清菴先生中和集》
32中州文表三十卷　明劉昌輯
刊本 [39]·辛·41
中州疏稿五卷江南疏稿四卷　明
　周孔教撰
　明末祁氏澹生堂刊本 [85]·
　　二·97

中州集十卷　金元好問編
金刊本 [50]·十·23
元刊本 [34]·二·20
　[35]·下·56　[55]·
　五·9　[60]·六·10
　[94]·四·19
元廣勤書堂刊本 [67]·第五
　冊·78
元至大刊本 [16]·三十五·
　17　[35]·下·56
元至大三年(1310)曹氏進德齋
　刻遞修本 [68]·圖版
　270、目錄51
刊本 [89]·一集·九·30
日本五山板永正年間刊本
　[76]·十三·17
何義門評校本 [55]·五·10
印谿草堂抄本 [32]·十五·
　13　[51]·四·21
抄本 [27]·182
中州集十卷中州樂府一卷　金元
　好問編
元刊本 [13]·35　[17]·
　四·44　[28]·續·
　十四·17　[32]·十五·
　12　[58]·元·141
元至大刊本 [11]·一百十五·
　9
明弘治刊本 [91]·三十八·
　26
汲古閣刊本 [64]·續·76
　[75]·六十三·7
刊本 [74]·四·62
日本翻元刊本 [17]·四·44
日本五山板本 [8]·集六·
　609
舊抄本 [91]·三十八·26
中州樂府一卷　金元好問編
毛氏影抄元至大本 [16]·
　三十六·11　[50]·
　十·56
中州名賢文表三十卷　明劉昌編
舊抄本 [91]·三十九·8
中州道學編二卷　清耿介撰

清刊本 [39]·己·30
中州啓劄四卷　元吳宏道編
元刊本 [11]·一百十七·10
　[28]·續·十四·13
　[35]·下·44
明成化刊本 [16]·三十五·
　20
影抄元刊本 [16]·三十五·
　19
舊抄本 [11]·一百十七·12
　[32]·十五·10
　[50]·十·28　[101]·
　中·16
中州戰略一卷　明高謙撰
清順治初年刊本 [85]·六·
　275
傳抄本 [85]·六·275
中州人物考八卷　清孫奇逢撰
抄本 [39]·戊·25
中州金石記八卷　清畢沅撰
經訓堂叢書本 [96]·三十四·
　632
中州金石記八卷闕中金石記八卷
　清畢沅撰
經訓堂叢書本 [74]·二·78
中州金石考八卷　清黃叔璥輯
清刊本 [39]·庚·18
40中臺志十卷　唐李筌撰
宋刊本 [14]·二下·152
41中樞政考八旗三十二卷錄營四十
　四卷　清官撰
清刊本 [74]·二·68
44中麓畫品一卷　明李開先撰
刊本 [39]·庚·26
函海本 [96]·四十八·942
中藏經一卷　漢華陀撰
宋刊本 [41]·十三·3
中藏經八卷　漢華陀撰
明吳勉學刊醫統正脈本
　[79]·子·醫家類·349
中藏經十卷　漢華陀撰
平津館刊本 [74]·三·16
中華古今注三卷　五代馬縞撰
宋刊本 [11]·五十五·21

[17]・三・20　　[41]・
十・16　[75]・四十二・1
明刊本　[17]・三・20
舊抄本　[50]・五・27
[93]・十六・10
中菴詩十一卷　元劉敏中撰
抄校本　[81]・集・6
舊抄本　[50]・九・10
[83]・四・15
中菴集二十卷　元劉敏中撰
文瀾閣傳抄本　[11]・九十九・14
傳抄閣本　[17]・四・32
中黃子集三卷　唐嚴從撰
宋刊本　[14]・四上・349
47中朝故事一卷　南唐尉遲偓撰
歷代小史本　[96]・六十三・1254
影宋抄本　[91]・二十一・4
中朝故事二卷　南唐尉遲偓撰
宋刊本　[14]・二上・135
[41]・七・7
明刊本　[60]・八・5
抄本　[39]・丁・19
中都志十卷　明柳瑛撰
刊本　[39]・戊・39　[71]・史・地志・28
50中書備對十卷　宋畢仲衍撰
宋刊本　[14]・後志・一・798
[41]・五・35
中星譜一卷　清胡宣撰
清刊本　[39]・庚・64
清康熙刊本　[78]・子・天文類・550　[78]・算學書錄補注・86
60中星表一卷　清徐朝俊撰
藝海珠塵本　[78]・子・天文類・550　[96]・四十四・839
高厚蒙求本　[78]・算學書錄補注・89
中星圖表一卷　清吳中順撰
原稿本　[78]・算學書錄補注・89

中星圖表一卷　清張作楠撰
翠微山房數學本　[96]・四十四・842
中星圖表一卷更漏中星表三卷金華晷漏中星表二卷新測恒星圖表一卷　清張作楠撰
清道光刊翠微山房數學本　[78]・子・天文類・551
中星全表三卷　清劉文瀾撰
清道光十一年(1831)刊本　[78]・算學書錄補注・89
中國內亂外禍歷史叢書十七輯　程演生等編
一九四六年上海神州國光社鉛印本　[85]・二十三・1024
67中晚唐詩　不著編者
明龔賢刊本　[26]・十五・27
中晚唐十三家集十六卷附八劉詩集八卷　明劉云份輯
明末刊本　[64]・39
71中阿含經注　不著撰人
暹羅字巴利語刊本　[40]・1
中原文獻集二十四卷　明焦竑編
明刊本　[102]・上・35
刊本　[74]・四・64
中原音韻一卷　周德清輯
元刊本　[93]・二十四・11
中原音韻二卷　周德清輯
陸敕先手抄本　[50]・十・65
77中興六臣進策十二卷　不著編者
宋刊本　[14]・五下・705
中興玉堂制草六十四卷　宋洪遵編
宋刊本　[41]・五・2
中興兩朝編年綱目十八卷　不著撰人
刊本　[28]・三・12
影抄宋刊本　[11]・二十一・16
[16]・九・16　[35]・附・1
中興百官題名五十卷
見《宋中興百官題名》
中興登科小錄三卷姓類一卷　宋

李椿撰
宋刊本　[41]・七・11
中興羣公吟稿戊集七卷　宋陳起編
宋刊本　[28]・續・十四・10
[35]・上・23　[46]・27　[50]・十・13
[58]・集・141
舊抄本　[11]・一百十四・12
中興偉略一卷　不知撰人
唐藩刻袖珍本　[85]・十・491
日本刊本　[85]・十・491
中興續玉堂制草三十卷　宋周必大編
宋刊本　[41]・五・2
中興禦侮錄二卷　宋人撰
粵雅堂刊本　[74]・二・18
穴硯齋抄本　[30]・五・1
二老閣抄本　[39]・丁・24
舊抄本　[11]・二十四・22
[16]・十一・9　[75]・十九・9　[91]・八・7
[96]・十九・416
中興以來絕妙詞選十卷　宋黃昇編
宋刊本　[31]・13
宋建刊本　[2]・五・40
明刊本　[9]・後編・二十・18　[91]・四十・30
[93]・二十四・9
明萬曆二年(1574)龍邱舒氏刊本　[19]・21
刊本　[5]・四下・32
中興以來絕妙詞選二十卷　宋黃昇編
元刊本　[9]・後編・十一・25
中興實錄不分卷　明馮夢龍撰
甲申紀事本　[85]・十・490
玄覽堂叢書初集本　[85]・十・490
抄本　[85]・十・490
中興禮書三百卷續中興禮書八十卷　不知撰人
抄本　[88]・三・39

中興遺史六十卷　宋趙甡之撰
　　宋刊本　[41]·四·29
中興十三處戰功録一卷　宋李璧
　撰
　　宋刊本　[41]·五·26
中興英烈傳八卷附會纂宋岳鄂武
　穆王精忠録後集三卷　不著撰
　人
　　明嘉靖三十一年(1552)楊氏
　　清白堂刊本　[77]·三·50
中興忠義録三卷　宋龔頤正撰
　　宋刊本　[41]·七·28
中興繫年要録十卷　不知撰人
　　宋刊殘本　[58]·史·44
中興四將傳四卷　宋章穎撰
　　宋刊本　[14]·五上·580
　　舊抄本　[16]·十三·23
　　[50]·二·23
中興四將傳四卷附種太尉傳韓世
　忠傳　宋章穎撰
　　抄本　[38]·史·49
中興閒氣集二卷　唐高仲武編
　　宋刊本　[41]·十五·9
　　明刊本　[50]·十·3　[59]·
　　六·3
　　毛氏汲古閣刊本　[74]·四·
　　60　[75]·六十二·10
　　刊本　[89]·二集·八·9
　　校宋本　[93]·二十三·4
　　明馮已蒼、清黃丕烈校
　　明嘉靖刊本　[2]·五·27
　　何義門校舊抄本　[76]·十二·
　　23
　　校本　[55]·五·26
　　影抄宋本　[5]·四下·8
中興閒氣集三卷　唐高仲武編
　　宋刊本　[14]·四下·501
中興會要二百卷　宋梁克家撰
　　宋刊本　[41]·五·31
中興館閣書目三十卷　宋陳騤等
　撰
　　宋刊本　[41]·八·10
中興館閣録九卷　宋陳騤等撰
　　續録九卷　不著撰人

校宋舊抄本　[50]·三·39
　　[65]·續·二·24
中興館閣録十卷　宋陳騤等撰
　　續録十卷　不著撰人
　　宋刊本　[10]·15　[35]·
　　上·18　[41]·六·8
　　[50]·三·40　[58]·
　　史·93
　　宋嘉定三年(1210)刊寶慶至咸
　　淳間增補本　[67]·第五
　　册·36
　　清黃丕烈據宋錢大昕抄本
　　[2]·二·44
　　盧抱經寫校本　[91]·十三·2
　　舊抄本　[11]·三十六·7
　　[16]·十八·2　[30]·
　　四·10　[39]·丁·59
中興小紀四十卷　宋熊克撰
　　抄本　[91]·七·6　[93]·
　　九·8
　　文瀾閣傳抄本　[11]·二十·
　　17　[16]·九·8
　　[75]·十六·22　[96]·
　　十六·360
中興小歷四十一卷　宋熊克撰
　　宋刊本　[41]·四·29
80中峯山人稿五卷　明王士驌撰
　　刊本　[39]·癸下·19
中谷詩集二卷　明溫秀撰
　　刊本　[39]·癸下·24

史

00史亭賸稿十九卷　清杭大宗撰
　　道古堂抄本　[54]·七·35
01史評六卷　宋楊萬里撰
　　宋刊本　[14]·五上·559
史評十卷　明范光宙撰
　　刊本　[39]·戊·82
02史話三卷　不著撰人
　　宋刊本　[14]·三下·249
03史詠詩集二卷　宋徐鈞撰
　　何夢華抄本　[91]·三十二·18
06史韻四卷　清仲宏道撰
　　清刊本　[39]·丙·30

史韻四十九卷
　見《回谿史韻》
07史記一百二十卷　漢司馬遷撰
　　明刊本　[9]·後編·十四·
　　1、2
史記一百三十卷　漢司馬遷撰
　　北宋國子監刊本　[7]·中·18
　　宋刊本　[5]·二上·1
　　[10]·9　[14]·二上·
　　96　[35]·上·33
　　[35]·下·23、50
　　[36]·37　[43]·二·
　　4　[58]·史·1
　　[65]·二·1　[72]·7
　　[94]·二·1、8　[97]·
　　一·28
　　宋蜀刊小字本　[65]·二·4
　　宋刊小字本　[35]·下·40、48
　　宋乾道刊本　[2]·二·1
　　南宋國子監本　[7]·下·4
　　南宋刊大字本　[97]·一·12
　　宋刊抄補本　[58]·史·2
　　宋刊元明遞修本　[17]·二·2
　　元刊金中統本　[89]·一集·
　　四·10
　　元刊本　[35]·下·48
　　[65]·二·6
　　元至元刊本　[35]·上·33
　　明游明刊本　[17]·二·1
　　明嘉靖張邦奇校刊本　[57]·
　　34
　　明萬曆刊本　[75]·十五·2
　　汲古閣刊本　[17]·二·2
　　刊本　[92]·二·25
　　百衲本　[55]·一·15
　　朝鮮世宗七年乙巳(皇紀二〇
　　五年)庚子字刊本
　　[63]·圖版2
　　日本正和五年惟宗康俊卷殘本
　　[22]·三·2
　　校宋本　[52]·一·14
　　汲古閣本莫友芝手校宋元各本
　　[17]·二·2
　　汲古閣本葉石君臨黃陶菴評點

本　[17]·二·2
臨葉石君校汲古閣本　[57]·
35
元抄本　[17]·二·2
舊抄本　[89]·一集·四·5、6
舊抄卷子本　[22]·三·1、2
史記一百三十卷　漢司馬遷撰、
宋裴駰集解、唐張守節正義
元刊本　[9]·五·23
元安成郡彭寅翁崇道精舍刊本
[89]·一集·四·11
史記一百三十卷　漢司馬遷撰、
唐司馬貞索隱、張守節正義
元刊本　[9]·五·23、24
明嘉靖莆田柯維熊校刊本
[8]·史一·101
[11]·十八·5　[32]·
三·1　[91]·六·1
[96]·十五·312
史記一百三十卷　漢司馬遷撰、
宋裴駰集解、唐司馬貞索隱、張
守節正義
宋刊本　[9]·後編·四·1、
2、3　[22]·三·3
[33]·史·4　[38]·
史·2　[47]·1
宋建安黃善夫家塾刊本
[37]·二輯　[68]·圖
版175、176、目錄37
元刊本　[9]·五·21、22
[16]·八·2　[75]·
十五·1　[93]·八·5
元至元八年(1348)刊本
[22]·三·5
明翻宋本　[59]·四·1
明刊本　[9]·八·2、3
[47]·2
明正德慎獨齋覆元中統刊本
[57]·33
明正德十二年(1517)廖鎧刊本
[68]·圖版391、392、目錄
69
明嘉靖刊本　[34]·附·一·9
明嘉靖四年(1525)至六年

(1527)金臺汪諒刊本
[30]·三·1　[86]·
八·14
**明嘉靖六年(1527)震澤王延喆
恩褒四世之堂翻刊宋本**
[8]·史一·100
[11]·十八·4　[12]·
四·3　[17]·二·1
[22]·三·4　[26]·
三·1　[32]·三·1
[55]·一·19　[60]·
四·1　[75]·十五·1
[86]·六·63　[91]·
六·1　[92]·一·27
[102]·上·14
**明嘉靖十三年(1534)秦藩鑒抑
軒刊本**　[17]·二·1
[59]·四·1　[68]·
圖版410、目錄71　[86]·
四·5
**明刊柯維熊本、王延喆本、秦藩
本配本**　[17]·二·1
清乾隆四年(1739)武英殿刊本
[74]·二·1　[75]·
十五·3
刊本　[96]·十五·311
校武英殿本　[57]·36
史記音義二十卷　唐劉伯莊撰
宋刊本　[41]·四·13
史記評林一百三十卷　明凌稚隆
輯
明刊本　[9]·後編·十五·
7、8
明萬曆二年(1574)刊本
[96]·十五·313
史記詳節二十卷　宋呂祖謙編
宋末刊麻沙本　[90]·21
史記三書正譌三卷　清王元啓撰
祗平居士集本　[78]·算學書
錄補注·96
史記三書釋疑三卷　清錢塘撰
清乾隆五十二年(1787)四益齋
原刊本　[78]·補·20
史記正義三十卷　漢司馬遷撰、

唐張守節正義
宋刊本　[41]·四·13
史記正義一百三十卷　漢司馬
遷撰、唐張守節正義
宋刊黑口本　[4]·18
南雍三朝本　[43]·五·1
史記集解一百三十卷　漢司馬遷
撰、南朝宋裴駰集解
北宋刊本　[16]·八·1
[35]·上·34　[35]·
下·48、49
北宋淳化刊本　[17]·二·1
宋蜀刊大字本　[16]·八·1
[34]·一·11　[35]·
上·15　[43]·二·1
[74]·二·1
宋刊本　[33]·史·1
[35]·上·40　[35]·
下·49　[41]·四·1
[68]·圖版164、目錄35
[93]·八·1、5　[94]·
二·1
宋紹興淮南路轉運司刊本
[68]·圖版107、目錄26
南宋刊大字本　[35]·上·15
宋刊元明遞修本　[38]·史·1
元刊本　[89]·一集·四·12
**明正德十年(1515)白鹿洞書院
刊本**　[17]·二·1
[86]·五·5
汲古閣刊本　[74]·二·1
刊本　[89]·二集·四·7
史記集解索隱一百三十卷　漢司
馬遷撰、宋裴駰集解、唐司馬貞
索隱
**宋乾道七年(1171)蔡夢弼東塾
刊本**　[16]·八·1
[68]·圖版162、163、目錄
35
宋淳熙刊本　[35]·下·24
**宋淳熙三年(1176)廣德張杅桐
川郡齋刊本**　[68]·圖版
129、130、目錄30
宋淳熙八年(1181)澄江耿秉

刊本 [11]・十八・1
[28]・二・1 [35]・
下・7、24 [37]・一輯
[58]・史・3
元中統二年(1261)平陽道段氏
刊本 [11]・十八・3
[12]・二・3 [16]・
八・2 [20]・二・1
[34]・二・5 [35]・
下・24 [38]・史・1
[43]・二・29 [67]・
第五册・59
明正德刊本 [102]・上・14
史記律書一卷曆書一卷天官書一
卷 漢司馬遷撰、宋裴駰集解、
唐司馬貞索隱、張守節正義
明嘉靖六年(1527)震澤王延喆
恩褒四世之堂翻刊宋本
[78]・算學書録補注・96
史記疑問三卷 清邵泰衢撰
清刊本 [39]・戊・78
史記注補正一卷 清方苞撰
望谿全集本 [96]・十五・314
史記河渠書一卷 漢司馬遷撰、
宋裴駰集解、唐司馬貞索隱、張
守節正義
宋建安黃善夫家塾刊本 [17]・
二・2
史記法語八卷 宋洪邁輯
抄本 [39]・戊・74
史記大全一百三十卷 漢司馬遷
撰
明正德十六年(1521)建寧府刊
本 [17]・二・1
史記志疑三十六卷 清梁玉繩撰
清乾隆五十二年(1787)刊本
[96]・十五・315
史記索隱三十卷 唐司馬貞撰
宋刊本 [14]・二下・147
[41]・四・13
元刊本 [35]・下・10 [74]・
二・1
毛氏汲古閣覆刊宋單行本
[34]・附・一・10

[74]・續增・史・1
[92]・二・26 [96]・
十五・314
舊抄本 [11]・十八・4
[75]・十五・3
舊抄卷子本 [22]・三・2
史記索隱七十卷 漢司馬遷撰、
唐司馬貞索隱
宋刊本 [22]・三・2
元刊本 [22]・三・2
史記索隱一百三十卷 漢司馬遷
撰、唐司馬貞索隱
宋刊本 [9]・後編・四・4
[14]・五上・539
[41]・四・13 [58]・
史・6
明翻元中統刊本 [35]・下・
48
刊本 [89]・一集・四・14
[89]・二集・四・10
史記題評一百三十卷 明李元陽
輯
明刊本 [8]・史一・102
[91]・六・2
明李元陽刊本 [17]・二・2
史記短長説二卷 明凌迪知、凌
稚隆輯
烏程凌氏刊本 [96]・十九・
408
08史説十卷 宋呂祖謙撰
宋刊本 [14]・五上・558
史論 清朱直撰
清刊本 [39]・戊・84
09史談補 不著撰人
清刊本 [39]・戊・82
10史要編十卷 清梁夢龍輯
刊本 [39]・戊・76
11史斑不分卷 清錢謙益輯
錢牧齋抄本 [92]・二・74
12史砭二卷 明程玉善撰
刊本 [39]・戊・83
17史取十二卷 明賀祥撰
刊本 [39]・戊・73
22史例三卷 唐劉餗撰

宋刊本 [41]・二十二・7
史觸十七卷 明謝鑾濰撰
明崇禎三年(1630)建安黃師表
景晉齋刊本 [86]・六・
151
刊本 [39]・戊・74
23史外八卷 清汪有典撰
清同治刊本 [64]・續・78
24史糾五卷 明朱明鎬撰
殘抄本 [38]・史・100
史糾六卷 明朱明鎬撰
舊抄本 [39]・戊・81
[53]・一・4 [91]・
十四・26
34史漢方駕三十五卷 明許相卿撰
明嘉靖三年(1524)徐善循刊本
[26]・三・3
37史通二十卷 唐劉知幾撰
宋刊本 [14]・二下・150
[41]・二十二・7
明刊本 [38]・史・95
[75]・三十一・1
[81]・史・10 [96]・
三十五・641
明嘉靖十四年(1535)陸深重刊
蜀本 [11]・三十八・1
[17]・二・22 [50]・
三・47 [59]・四・20
[74]・二・80 [86]・
六・116 [102]・上・
19
明萬曆三十年(1602)長洲張鼎
思刊本 [3]・13
[12]・三・7 [17]・
二・22 [60]・四・37
[86]・二・38 [91]・
十四・18 [100]・64
陳仲魚校宋本 [11]・三十八・
1
校宋本 [93]・十二・19
顧炎武校明嘉靖陸深刊本
[30]・六・25
何義門校萬曆張之象刊本
[17]・二・22

何義門校本　[81]·史·12
　　[83]·二·26
錄何義門校明刊本　[30]·六·
　　21
清汪由敦校明萬曆刊本　[2]·
　　二·53
顧廣圻校本　[60]·四·36
孫潛夫校本　[81]·史·11
　　[83]·二·26
校本　[83]·二·25
影抄宋刊本　[5]·二上·4
　　[11]·三十八·1
　　[28]·五·16　　[35]·
　　附·2
史通訓故二十卷　明王惟儉撰
　原刊本　[96]·三十五·642
史通訓故補二十卷　清黃叔琳撰
　養素堂刊本　[96]·三十五·
　　642
　盧抱經校本　[91]·十四·19
史通通釋二十卷　清浦起龍撰
　清刊本　[92]·二·72
　求放心齋刊本　[96]·三十五·
　　643
史通析微十卷　唐柳燦撰
　宋刊本　[14]·後志·一·793
　　[41]·二十二·7
史通會要三卷　明陸深撰
　儼山外集本　[96]·三十五·
　　641
43史裁之方二卷　宋史堪撰
　北宋刊本　[11]·四十五·13
　　[79]·子·醫家類·488
　宋刊本　[28]·續·九·12
　　[35]·上·42　　[50]·
　　四·30　　[58]·子·30
　　[72]·19
　清乾隆御書樓無板書本
　　[22]·補遺·58
　影宋抄本　　[4]·13　　[35]·
　　下·8　　[93]·
　　十四·18
　抄本　[75]·三十七·4
45史姓韻編六十四卷　清汪輝祖撰

清刊本　[74]·三·71
　雙節堂刊本　[96]·六十二·
　　1237
50史忠正公集四卷卷末一卷　明史
　可法撰
　清同治刊本　[85]·十九·832
史書十卷　明姚允明輯
　刊本　[39]·丁·3
史書纂略　明馬維銘輯
　刊本　[39]·戊·73
史略二卷　宋高似孫撰
　元刊本　[35]·下·50
史略六卷　宋高似孫撰
　宋刊本　[22]·三·30
　　[35]·上·39　　[70]·
　　八上·21　　[76]·五·
　　5
　刊本　[89]·一集·四·33
60史異纂十六卷明異纂十卷　清傅
　維調輯
　清刊本　[39]·戊·74
63史咏二卷　宋徐筠撰
　舊抄本　[11]·九十三·1
72史質一百卷　明王洙撰
　明刊本　[76]·六·27
77史學十三卷　明邵寶撰
　明崇禎四年(1631)刊本
　　[102]·上·19
史學提要一卷　宋黃繼戎編
　抄本　[91]·十四·23
史學提要三卷　宋黃繼善編
　元刊本　[70]·六·22
80史義拾遺二卷　元楊維楨撰
　明刊本　[93]·十二·21
　　[96]·三十五·649
　明嘉靖刊本　[92]·二·72
　刊本　[39]·戊·81
83史鉞一卷　明晏璧撰
　朝鮮中宗朝甲辰字刊本
　　[63]·圖版20
史鉞二十卷　明晏璧撰
　明景泰七年(1456)京兆劉氏翠
　巖精舍刊本　[86]·一·
　　22

史館故事錄三卷　不著撰人
　宋刊本　[14]·二下·153
　　[41]·六·4
88史銓五卷　明程一枝撰
　刊本　[39]·戊·78
史纂通要後集三卷　元董鼎纂
　元刊本　[58]·元·33
　　[74]·續增·史·2
　影抄元刊本　[16]·二十·7
史纂左編一百四十二卷　明唐順
　之撰
　原刊本　[96]·二十五·517
92史剡　宋司馬光撰
　抄本　[39]·戊·76

吏

72吏隱齋集三十六卷　明陳懿典撰
　刊本　[39]·癸下·20
吏隱錄二卷　明沈津撰
　刊本　[39]·己·80

申

00申齋劉先生文集十五卷
　見《劉先生文集》
02申端愍公詩集三卷　明申佳胤撰
　刊本　[71]·集·明別·115
27申鳧盟先生年譜一卷附錄一卷
　不著撰人
　清初刊本　[85]·十八·808
50申忠愍詩集六卷　明申佳允撰
　抄本　[74]·四·48　　[102]·
　　下·38
78申鑒五卷　漢荀悅撰
　宋刊本　[14]·五下·628
　　[41]·九·6
申鑒五卷　漢荀悅撰、明黃省曾
　注
　明刊本　[8]·子一·228
　　[75]·三十二·10
　　[91]·十五·7　　[93]·
　　十三·8
　明正德十四年(1519)黃氏文始
　堂刊本　[19]·12
　　[68]·圖版396、目錄69

明嘉靖黄氏文始堂刊本
　　［17］・三・3　　［91］・
　　十五・7　　［92］・三・79
明萬曆刊本　［11］・三十九・
　　9
刊本　［28］・六・7
明兩京遺編本　［17］・三・3
漢魏叢書本　［74］・三・2
　　［96］・三十六・665
陳仲魚校明刊本　［17］・三・
　　3
申鑒注五卷
見《申鑒》

車

22車制考一卷　清錢坫撰
　　錢氏四種本　［96］・五十五・
　　1098
72車氏内外服制通釋九卷
　　見《内外服制通釋》
99車營圖制一卷　明孫承宗撰
　　抄本　［102］・下・15
　　車營圖制一卷車營百八叩一卷
　　明孫承宗撰
　　刊本　［74］・三・11

5000₇　聿

42聿斯歌一卷　宋王希明撰
　　宋刊本　［41］・十二・26

事

00事文類聚啓劄天章　不知撰人
　　刊本　［89］・一集・六・50
事文類聚翰墨大全一百三十四卷
　　見《事文類聚翰墨全書》
事文類聚翰墨全書一百三十四卷
　　元劉應、李希泌編
　　元刊本　［9］・六・48
　　［9］・後編・十・13、14
　　［12］・二・10　　［32］・
　　九・10、11　　［34］・附・
　　一・18　　［35］・下・52
　　［38］・子・71　　［43］・
　　三・43　　［48］・二輯下・

133　　［58］・元・94
　　［71］・子類事・12　　［91］・
　　二十・11　　［92］・
　　三・120　　［93］・十
　　七・11　　［94］・三・11
　　［99］・上・5
元刊巾箱本　［76］・十一・36
明刊本　［60］・五・18
刊本　［1］・上・28
事文類聚前集六十卷　宋祝穆編
　　宋刊本　［14］・五上・604
　　刊本　［89］・一集・六・46
事文類聚前集六十卷後集五十卷
續集二十八卷別集三十二卷
宋祝穆編　新集三十六卷外集
十五卷　元富大用編　遺集十
五卷　元祝淵編
　　元刊本　［1］・上・28
　　［22］・五・9　　［34］・
　　二・17　　［35］・下・42、
　　52　　［38］・子・69
　　［48］・二輯下・125
　　［58］・元・96　　［74］・
　　續増・子・7　　［87］・
　　三・9　　［91］・二十・6
　　［93］・十七・5　　［94］・
　　三・11
元泰定三年（1326）廬陵武谿
書院刊本　［59］・五・
13
明翻元本　［91］・二十・7
明刊本　［3］・18　　［9］・九・
51　　［11］・六十・1
　　［32］・九・7　　［75］・
　　四十五・15
明萬曆三十二年（1604）金谿唐
氏重刊本　［96］・六十一・
1213
刊本　［39］・庚・43　［71］・
子・類事・11
朝鮮明宗宣祖年間甲辰字刊本
　　［63］・圖版22
朝鮮舊刊本　［17］・三・30
朝鮮活字刊本　［22］・五・9

事言要元三十卷　明陳懋學輯
　　刊本　［39］・庚・48
07事詞類奇三十卷　明徐常吉撰
　　明刊本　［9］・後編・十七・19
　　刊本　［39］・庚・47
20事辭輯餘　明沈謥撰
　　抄本　［39］・丁・47
23事編六卷　明孫慎行撰
　　刊本　［39］・戊・4
27事物紺珠四十一卷　明黄一正輯
　　刊本　［39］・庚・49
事物紺珠四十六卷　明黄一正輯
　　明刊本　［9］・後編・十七・15
事物紀原十卷　宋高承編
　　宋刊本　［14］・五上・604
　　明刊本　［9］・後編・十七・
　　13、14　　［17］・三・30
　　［21］・一・28
明胡文煥刊本　［1］・上・10
明正統十二年（1447）閻敬刊本
　　［26］・六・16
明成化刊本　［11］・五十九・
　　12　　［60］・五・16
　　［92］・三・119
刊本　［39］・己・41、47
　　［71］・子・類事・14
校本　［55］・三・4
抄本　［75］・四十五・13
事物紀原二十卷　宋高承撰
　　宋刊本　［41］・十・18
　　［58］・子・94
宋慶元建安余氏刊本　［73］・
　　圖版43
明刊本　［1］・上・11
　　［51］・二・22　　［76］・
　　十一・34　　［96］・
　　六十一・1204
明正統刊本　［91］・二十・4
明成化刊本　［32］・九・5
　　［91］・二十・4
校宋本　［16］・二十六・4
　　［93］・十七・3
事物紀原二十六卷目録二卷　宋
高承編

宋刊本　[11]・五十九・12
　　[72]・23
事物紀原集類二十卷
　見《事物紀原》
事物初略三十四卷　明呂毖貞撰
　刊本　[39]・己・56
事物考八卷　明傅巌撰
　刊本　[39]・己・57
30事實類苑　不著撰人
　日本元和七年銅板活字本
　　[22]・四・24
43事始三卷　唐劉存等撰
　宋刊本　[14]・三上・230
　　[41]・十・16
　刊本　[39]・己・62
44事林廣記九十四卷
　見《羣書類要事林廣記》
71事原録不分卷　宋朱繪撰
　宋刊本　[14]・三上・230
91事類備要三百六十六卷
　見《古今合璧事類備要》
事類賦三十卷　宋吳淑注
　宋刊本　[9]・後編・五・26
　　[14]・五上・604
　　[33]・子・27　　[35]・
　　上・12　　[41]・十四・
　　23　　[58]・子・97
　　[76]・十一・25
　宋紹興十六年(1146)兩浙東路
　　茶鹽司刊本　[68]・圖版
　　77、78、目録20
　宋刊抄補本　[52]・二・10
　元翻宋本　[8]・子二・301
　　[59]・五・10
　元刊本　[9]・後編・十・7
　　[11]・五十九・8
　　[35]・下・10、26
　　[96]・六十一・1201
　元刊黑口本　[4]・9
　明覆宋刊本　[92]・三・117
　明刊本　[9]・九・42、43、44
　　[32]・九・5　　[91]・
　　二十・2
　明華麟祥刊本　[11]・五十九・

8
　明嘉靖仿宋紹興刊本　[1]・
　　上・27　　[30]・三・18
　　[92]・三・118
　明萬曆十五年(1587)寧壽堂刊
　　本　[11]・五十九・8
　　[75]・四十五・9
　　[86]・八・26
　刊本　[89]・一集・六・38、
　　40
事類賦注三十卷
　見《事類賦》
事類賦補遺十四卷　清張均撰并
　注
　通行本　[96]・六十二・1241
事類氏族大全二十二卷　不著撰
　人
　元刊本　[9]・後編・十・14
　　[11]・六十一・23
　　[35]・下・55　　[58]・
　　元・97　　[59]・五・14
　刊本　[89]・一集・六・49
事類氏族大全二十八卷　不著撰
　人
　明萬曆刊本　[91]・二十・13
事類氏族大全十卷補一卷　明張
　溥增
　日本翻麻沙本　[91]・二十・
　　15
事類全集十卷
　見《居家必用事類全集》

5001₄　推

11推背圖一卷　不著撰人
　五色繪圖本　[26]・五・25
21推步法解五卷　清江永撰
　守山閣叢書本　[78]・子・天
　　文類・559
　　[78]・算學書録補注・88
推步迪蒙記一卷　清成蓉鏡撰
　南菁書院叢書本　[78]・算學
　　書録補注・88
推步簡法三卷

　見《顧氏推步簡法》
38推蓬寤語九卷　明李豫亨撰
　刊本　[39]・己・53
43推求師意二卷　明戴原禮撰
　明嘉靖陳桷刊本　[79]・子・
　　醫家類・430
　抄本　[74]・三・19
　　[102]・下・16
推求師意二卷　明汪機撰
　刊本　[39]・庚・90
50推春秋日食法一卷　清施彥士撰
　修梅山館刊本　[96]・十一・
　　235
推春秋日食法二卷春秋經傳朔閏
　表發覆四卷　清施彥士撰
　清道光十二年(1832)求己堂刊
　　本　[78]・補遺・19
60推易始末四卷　清毛奇齡撰
　西河全書本　[74]・一・8

擁

08擁旄集五卷伊川集五卷　宋錢惟
　演撰
　宋刊本　[41]・十七・4

5002₇　摛

00摛文堂集十五卷　宋慕容彥逢撰
　文瀾閣傳抄本　[11]・七十九・
　　9
摛文堂集十五卷附録一卷　宋慕
　容彥逢撰
　舊抄本　[91]・二十八・17
　傳抄本　[59]・六・21

摘

10摘要方一卷　不知撰人
　宋刊本　[41]・十三・15

5003₁　撅

00撅言十五卷
　見《唐撅言》

5003₂ 夷

00夷齊考疑四卷　明胡其久撰

刊本　[39]·戊·8

夷齊録五卷　明張玭輯

刊本　[39]·戊·8

26夷白齋集十二卷　　　·

見《夷白齋稿》

夷白齋稿十二卷　元陳基撰

明初刊本　[11]·一百十·4

明弘治八年(1495)張習刊本

[28]·十三·5　　[59]·

七·12

何義門校刊本　[20]·五·24

夷白齋稿三十五卷外集一卷　元

陳基撰

知不足齋抄本　[39]·壬·73

舊抄本　[5]·四上·35

[11]·一百十·1、4

[16]·三十四·45

[16]·續·四·19

[28]·十三·5　　[38]·

集·91　　[38]·集·91

[59]·七·12　　[71]·

集·元別·21　　[91]·三

十四·26　　[93]二十二·27

夷白堂小集二十卷別集三卷　宋

鮑慎由撰

宋刊本　[41]·十七·36

38夷途針路一卷　明吳世章録

抄本　[71]·史·地志　56

77夷堅續志後集六卷　不著撰人

元抄殘本　[13]·27

夷堅續志綱目　不著撰人

刊本　[89]·一集·六·21

夷堅續志前集二卷後集二卷　不

著撰人

抄校本　[59]·八·6

舊抄本　[11]·六十四·21

精抄本　[91]·二十一·21

夷堅續志前集十二卷後集七卷

不著撰人

元刊本　[17]·三·39

[38]·子·88　　[76]·

八·33

夷堅志　宋洪邁撰

宋刊本　[35]·上·43

[35]·下·28

南宋建陽書肆集刊本　[60]·

八·11

清繆藝風校清初抄本　[2]·

三·38

夷堅志十卷　宋洪邁撰

明呂胤昌重刊本　[71]·子·

小説家·12

刊本　[53]·二·11

舊抄本　[39]·己·68

[59]·八·6　　[61]·

四·2

夷堅志二十卷　宋洪邁撰

耕煙草堂袖珍本　[96]·

六十六·1316

夷堅志三十卷　宋洪邁撰

宋刊本　[22]·五·15

[35]·下·54

夷堅志四十八卷　宋洪邁撰

宋刊本　[14]·五下·724

夷堅志五十卷　宋洪邁撰

宋刊本　[10]·28

明覆宋本　[11]·六十四·19

明刊本　[28]·九·18

明嘉靖二十五年(1546)洪楩清

平山堂刊本　[17]·三·

38　　[68]　圖版417、

目録72

夷堅志八十卷　宋洪邁撰

宋刊本　[11]·六十四·19

[35]·上·20

宋刊元印本　[28]·續·十一·

15　　[72]·24

影宋本　[91]·二十一·20

夷堅志一百卷　宋洪邁撰

舊抄本　[52]·二·15

夷堅志四百二十卷　宋洪邁撰

宋刊本　[41]·十一·20

刊本　[36]·194

夷堅志類編三卷　宋陳昱撰

宋刊本　[41]·十一·21

夷門廣牘一百五十卷　明周履靖

編

明萬曆刊本　[38]·子·67

5004₄ 接

29接伴送語録一卷　宋沈季長撰

宋刊本　[41]·七·13

5004₇ 掖

41掖垣疏草九卷　明翁憲祥撰

清道光九年(1829)觀耕齋抄本

[85]·二·94

掖垣續志一卷　不著撰人

宋刊本　[14]·後志·一·799

掖垣叢志二卷　宋宋庠撰

宋刊本　[14]·後志·一·799

掖垣叢志三卷　宋宋庠撰

宋刊本　[41]·六·6

掖垣類稿七卷玉堂類稿二十卷

宋周必大撰

宋刊本　[14]·五下·680

5004₈ 挍

21挍經述微四卷　清張紫琳撰

抄本　[46]·3

5010₆ 畫

88畫簾緒論一卷　宋胡太初撰

宋刊本　[11]·三十六·15

[17]·二·20

明成化七年(1471)何氏刊本

[26]·三·45

百川學海本　[96]·二十八·

550

倦圃抄本　[39]·己·44

抄本　[75]·二十九·20

畫

08畫説一卷　明莫是龍撰

續秘笈本　[96]·四十八·945

畫譜三卷　明唐寅輯

刊本　[71]·子·書畫家·11

10畫一元龜八十八卷　不知撰人

宋光宗頃建安余氏萬卷堂刊殘

本　[90]・43

12畫引二卷　明顧凝遠撰
　抄本　[71]・子・書畫家・7
21畫上人集十卷　唐釋皎然撰
　影宋精抄本　[17]・四・6
　明錢馨室抄本　[2]・四・20
　賜書樓抄本　[16]・二十九・7
　舊抄本　[5]・四上・25
　[93]・十九・19
22畫山水賦一卷筆法記一卷　唐荊
　浩撰
　明刊本　[11]・五十二・4
畫繼十卷　宋鄧椿撰
　宋刊本　[9]・後編・五・17
　[41]・十四・13
　明翻宋本　[45]・31　[84]・
　一・24
　明刊本　[11]・五十二・14
　[93]・十五・18
　刊本　[28]・九・3
　津逮祕書本　[74]・三・37
　王氏畫苑本　[96]・四十八・
　932
　舊抄本　[5]・三下・28
　[11]・五十二・13
　[75]・三十九・5
畫繼補遺二卷　不著撰人
　抄本　[39]・庚・26
28畫徵錄三卷　不知撰人
　先君子評點本　[20]・四・35
34畫法年紀　清郭礎撰
　清刊本　[39]・庚・28
36畫禪一卷　明釋蓮儒撰
　普祕笈本　[96]・四十八・943
畫禪室隨筆四卷　明董其昌撰
　掞藻堂刊本　[96]・五十七・
　1142
　刊本　[71]・子・書畫家・11
40畫志一卷　明沈與文撰
　抄本　[39]・庚・26
44畫苑三十四卷　明王世貞輯
　明刊本　[60]・八・1
畫苑補益一卷　明王弇山撰
　明抄本　[91]・十七・18

畫苑補益一卷　明詹景鳳撰
　抄本　[71]・子・書畫家・6
46畫墁集一百卷　宋張舜民撰
　宋刊本　[41]・十七・23
畫墁集八卷補遺一卷　宋張舜民
　撰
　抄本　[75]・五十四・9
畫墁集一百卷奏議十卷　宋張舜
　民撰
　宋刊本　[14]・四下・480
畫墁錄一卷　宋張舜民撰
　宋刊本　[41]・十一・13
　明刊本　[11]・六十二・18
　刊本　[5]・三上・38
　說郛本　[96]・六十四・1266
　稗海本　[74]・三・76
　清胡心耘校明抄本　[2]・三・
　37
50畫史一卷
　見《米海嶽畫史》
畫史彙傳六十五卷　清彭蘊璨輯
　刊本　[28]・九・7
畫史會要五卷　明朱謀垔撰
　刊本　[39]・庚・26
　通行本　[96]・四十八・950
　舊抄本　[8]・子一・289
　[59]・八・1
60畫圖緣小傳四卷　清人撰
　舊刊本　[69]・四・135
畫品一卷
　見《德隅堂畫品》
畫品一卷　明楊慎撰
　函海本　[96]・四十八・941
70畫壁遺稿一卷　清范承謨撰
　通行本　[96]・七十・1379
74畫隨玄詮五卷　明卓爾昌撰
　刊本　[71]・子・書畫家・7
77畫學祕訣一卷　題唐王維撰
　說郛本　[96]・四十八・918
78畫鑒一卷　元湯垕撰
　刊本　[28]・九・4
　校明抄本　[65]・續・三・7
　校舊抄本　[50]・五・3
　舊抄本　[5]・三下・29

　[11]・五十二・17
畫鑒一卷畫論一卷　元湯垕撰
　說郛本　[96]・四十八・935
88畫筌一卷　清笪重光撰
　知不足齋叢書本
　[96]・四十八・954
畫竹齋評竹　不知撰人
　稿本　[100]・100

5010₇　盡

00盡言集十三卷
　見《元城先生盡言集》
盡言錄十三卷
　見《元城先生盡言集》
50盡忠實錄一卷　不著編者
　舊抄本　[85]・十四・664
盡忠補過錄一卷　宋穆伯鹓撰
　宋刊本　[41]・七・20
盡忠錄十卷
　見《陳少陽先生盡忠錄》

5013₂　泰

10泰西水法六卷　明熊三拔撰
　明刊本　[32]・七・3
　[91]・十六・6
泰西奇器圖說四卷　明于徵述
　舊抄本　[74]・子・4
泰西人身說概二卷　明鄧玉函撰
　舊抄本　[74]・三・20
　[102]・下・17
22泰山石刻記一卷　清孫星衍編
　稿本　[91]・十四・18
　傳抄本　[60]・五・9
泰山志四卷　明吳伯明纂
　明嘉靖刊本　[57]・111
25泰律篇十二卷　明葛中選
　明刊本　[102]・上・13
　清嘉慶刊本　[74]・一・56
26泰泉集十卷　明黃佐撰
　明嘉靖刊本　[91]・三十七・
　8
泰泉集六十卷　明黃佐撰
　刊本　[39]・癸上・43
　[71]・集・明別・72

泰泉鄉禮七卷　明黃佐撰
　香山黃氏校刊本　[96]·六·
　108
　坊刊本　[74]·一·28
30泰定養生主論十六卷　元王珪撰
　明刊本　[22]·補遺·74
　[93]·十四·26
　明正德刊本　[79]·子·醫家
　類·515
32泰州志三十六卷　清王有慶撰
　清道光七年(1827)刊本
　[74]·二·48
51泰軒李中正易傳六卷
　見《易傳》
　泰軒易傳六卷
　見《易傳》
60泰昌朝記事　題李遜之輯
　舊抄本　[20]·二·22
　泰昌日錄　明楊惟休撰
　抄本　[39]·丁·45
71泰階六符一卷　漢東方朔撰
　玉函山房輯佚書本　[78]·補
　遺·47
74泰陵故事二十卷　不著撰人
　宋刊本　[41]·五·35
77泰興縣志四卷　清錢見龍撰
　清刊本　[71]·史·地志·16
　泰興縣志八卷　清張先甲撰
　清嘉慶十八年刊本[74]·二·
　48

5013₆　蟲

10蟲天志十卷　明沈宏正撰
　明刊本　[91]·十八·13
　暢閣刊本　[96]·五十一·1022
　刊本　[39]·庚·32
44蟲獲軒筆記　清張爲儒撰
　抄本　[57]·197

蠱

00蠱齋先生鉛刀編三十二卷　宋周
　孚撰
　明刊本　[8]·集二·455
　影抄宋本　[93]·二十一·15

知不足齋抄本　[39]·壬·30
抄本　[11]·八十六·12
　[16]·續·四·9
精抄本　[91]·三十·15
傳抄本　[60]·六·35
蠱齋先生鉛刀編三十二卷　附拾
　遺詩一卷　宋周孚撰
　依宋抄本　[91]·三十·15
　小山堂抄本　[71]·集·宋別·
　47

5014₈　蛟

22蛟峯集七卷　宋方逢辰撰
　明淳安活字印本　[68]·圖版
　632、目錄101
　刊本　[39]·壬·41
蛟峯集七卷山房遺文一卷　宋方
　逢辰撰
　抄本　[71]·集·宋別·63
蛟峯集七卷山房遺文一卷外集四
　卷　宋方逢辰撰
　明刊本　[93]·二十一·29
　明弘治刊本　[32]·十二·22
蛟峯集八卷外集四卷　宋方逢辰
　撰
　明天順刊本　[11]·九十二·
　10　[16]·三十一·53
　[17]·四·28

5022₇　青

00青唐錄一卷　宋李遠撰
　宋刊本　[41]·七·23
青唐錄二卷　宋汪藻撰
　宋刊本　[14]·二下·166
10青霞山人詩一卷　明沈鍊撰
　舊抄本　[71]·集·明別·81
青霞山人集十六卷　明沈鍊撰
　刊本　[39]·癸上·55
青霆經一卷　漢張良撰
　刊本　[39]·庚·74
青要集十二卷　清呂謙恒撰
　清刊本　[39]·癸下·53
19青瑣高議十八卷　宋劉斧撰
　宋刊本　[14]·三下·260

青瑣高議前集十卷　宋劉斧撰
　明抄本　[75]·四十七·27
青瑣高議前集十卷後集十卷　宋
　劉斧撰
　抄本　[53]·二·10　[71]·
　子·小説家·9
青瑣高議前集十卷後集十卷別集
　七卷　宋劉斧撰
　校抄本　[50]·六·25
　明抄本　[2]·三·99
　抄黃堯圃藏本　[91]·二十一·
　18
　舊抄本　[11]·六十三·20
21青虛山房集十一卷　清王太岳撰
　清光緒十九年(1893)定興鹿氏
　刊本　[26]·十一·42
22青崖集五卷　元魏初撰
　舊抄本　[11]·九十六·21
青山集六卷　宋郭祥正撰
　舊抄本　[32]·十一·18
　[50]·八·19　[74]·
　四·18
青山集二十四卷　宋郭祥正撰
　抄本　[28]·十一·15
青山集三十卷　宋郭祥正撰
　宋刊本　[41]·二十·8
　宋浙刊本　[2]·四·32
　刊本　[24]·集一·24
　影抄宋本　[93]·二十·31
　抄本　[39]·壬·11
　[102]·下·30
青山集三十四卷
　見《郭青山集》
青山集八卷　元趙文撰
　文瀾閣傳抄本　[11]·九十五·
　18
　傳抄閣本　[17]·四·30
　抄補本　[101]·中·12
25青嶁遺稿二卷　清盛錦撰
　清乾隆二十六年(1761)刊本
　[26]·十·36　[26]·
　十一·29
27青鳥經一卷　秦嬴疾撰
　刊本　[39]·庚·74

青烏先生葬經一卷
　　見《葬經》
青嶼稿存　清張安絃撰
　　抄本　[39]‧癸下，54
28青谿文集續編　明程徵撰
　　刊本　[88]‧五‧60
青谿弄兵錄一卷
　　見《清谿弄兵錄》
青谿集一卷　宋汪革撰
　　宋刊本　[41]‧二十‧12
青谿集十卷附錄一卷　宋汪革撰
　　宋刊本　[41]‧十七‧36
青谿寇軌一卷　宋方勺撰
　　說郛本　[96]‧十九‧411
青谿遺稿二十八卷　清程正揆撰
　　清刊本　[39]‧癸下‧44
　　清康熙五十四年(1715)刊本
　　　[96]‧七十‧1368
青谿漫稿二十四卷　明倪岳撰
　　明正德刊本　[91]‧三十六‧
　　16
　　刊本　[71]‧集‧明別‧39
青谿暇筆二卷　明姚福撰
　　抄本　[53]‧二‧12
　　　[71]‧子‧小說家‧15
青綸館藏宋元人集目　清宋至編
　　抄本　[57]‧127
30青宮樂調三卷　明李文察撰
　　李氏樂書本　[96]‧七‧116
33青浦縣志四十卷　清楊卓修
　　清康熙八年(1669)刊本
　　　[74]‧續增‧史‧9
34青社賑齊錄一卷　宋富文忠撰
　　宋刊本　[41]‧五‧34
青蓮舫琴雅三卷　明林有麟撰
　　刊本　[39]‧庚‧34
37青泥蓮花記十三卷　明梅鼎祚撰
　　原刊本　[96]‧六十七‧1329
　　校刊本　[92]‧三‧127
　　傳抄本　[60]‧八‧12
青湖文集十四卷　明汪應軫撰
　　刊本　[39]‧癸上‧42
40青來閣初集十卷二集十卷三集十
　五卷　明方應祥撰

刊本　[39]‧癸下‧27
43青城山記一卷　蜀杜光庭撰
　　宋刊本　[14]‧二下‧161
　　　[41]‧八‧37
青城山人集八卷　明王璲撰
　　校舊抄本　[50]‧九‧45
44青藜齋集二卷　明王朝暗撰
　　明崇禎刊本　[91]‧三十七‧
　　24
青藤山人路史二卷　明徐渭撰
　　刊本　[39]‧己‧78
青芝山館詩二十二卷駢文二卷
　　清樂鈞撰
　　清嘉慶二十二年(1817)刊本
　　　[26]‧十四‧21
青村遺稿一卷　元劉渭撰
　　鮑淥飲抄校本　[75]‧六十‧9
　　叢書樓抄本　[8]‧集三‧498
　　舊抄本　[11]‧一百零七‧1
青蘿館詩六卷　明徐中行撰
　　明隆慶五年(1571)汪時元刊本
　　　[26]‧九‧33
青林雜錄　明王薰撰
　　抄本　[39]‧己‧12
45青樓韻語廣集　明方悟編、張幾
　繪圖
　　明崇禎四年(1631)刊本
　　　[67]‧第五冊‧93
青樓集一卷　元雪蓑漁隱撰
　　校抄本　[50]‧六‧29
　　抄本　[26]‧六‧34　[59]‧
　　八‧8
青樓夢六十四回　清俞達撰
　　清光緒十四年(1888)文魁堂刊
　　本　[69]‧四‧129
47青桐軒詩集六卷　清蔣廷錫撰
　　清刊本　[71]‧集‧國朝別‧
　　17
50青囊正經三卷　不知撰人
　　刊本　[5]‧三中‧39
青囊正經赤松經一卷　不知撰人
　　舊抄本　[5]‧三中‧40
青囊經三卷　陳搏注
　　刊本　[39]‧庚‧74

青囊經校本一卷　不著撰人
　　活字印本　[26]‧六‧49
青囊補注三卷　晉郭璞撰
　　宋刊本　[14]‧後志‧二‧840
青囊本旨一卷　不著撰人
　　宋刊本　[14]‧三下‧268
60青羅立成歷一卷　唐朱奉奏撰
　　宋刊本　[41]‧十二‧27
青羅歷　不知撰人
　　天一閣抄本　[39]‧庚‧65
71青原山志略十三卷　清施閏章輯
　　清刊本　[39]‧戊‧58
青原餘集五卷　清王爲壤撰
　　清刊本　[71]‧集‧國朝別‧53
76青陽集不分卷　元張宣撰
　　抄本　[71]‧集‧元別‧36
青陽集四卷　元余闕撰
　　明刊本　[17]‧四‧34
　　　[60]‧七‧8
　　明正統刊本　[57]‧255
　　明正德胡汝登刊本　[17]‧四‧
　　34
　　影明正德刊本　[57]‧256
青陽集六卷　元余闕撰
　　明刊本　[38]‧集‧81
　　明正德十五年(1520)胡汝登重
　　刊本　[19]‧22
　　明嘉靖十七年(1538)鄭錫麟刊
　　本　[26]‧九‧4
　　刊本　[24]‧集二‧11
　　　[39]‧壬‧69
青陽集九卷　元余闕撰
　　明刊本　[93]‧二十二‧17
　　明正統九年(1444)沅陵縣丞高
　　誠彙刊本　[36]‧240
青陽集六卷附錄一卷　元余闕撰
　　明刊本　[11]‧一百零三‧14
青陽集六卷附錄二卷　元余闕撰
　　明刊本　[92]‧四‧168
　　明正統刊本　[8]‧集三‧493
　　明嘉靖刊本　[71]‧集‧元別‧
　　18
青陽集九卷附錄二卷　元余闕
　撰

明刊本 [91]·三十四·7
77青邱高季迪先生詩集十八卷
　　見《高太史大全集》
青鳳軒詩集　清柴紹炳撰
　　吳石倉抄本 [71]·集·國朝
　　別·10
青門詩集五卷　清邵陵撰
　　殘抄本 [12]·六·34
青門曲録　明沈青門撰
　　校本 [57]·311
青門賸稿八卷　清邵長蘅撰
　　清刊本 [71]·集·國朝別·23
青門簏稿十六卷旅稿六卷　清邵
　　長蘅撰
　　清刊本 [71]·集·國朝別·23
青門簏稿十六卷旅稿六卷賸稿八
　　卷附邵氏家録二卷　清邵長蘅
　　撰
　　青門草堂刊本 [96]·七十·
　　1399
青門節義録二卷補遺一卷　明謝
　　杲述
　　舊抄本 [85]·十七·746
88青箱雜記不分卷　宋吳處厚撰
　　宋刊本 [14]·後志·二·837
青箱雜記十卷　宋吳處厚撰
　　宋刊本 [41]·十一·15
　　稗海本 [74]·三·76
　　舊抄本 [16]·二十七·2
　　[50]·六·16
青箱堂詩集三十三卷文集十二卷
　　續刻一卷年譜一卷　清王崇簡
　　撰
　　清刊本 [71]·集·國朝別·2
90青棠集八卷　明董成撰
　　刊本 [39]·癸下·14
99青燐屑二卷　明應廷吉撰
　　明季稗史彙編本 [85]·
　　十四·654

肅

20肅雝集一卷　元鄭允端撰
　　刊本 [39]·壬·79
　　舊抄本 [20]·五·43

[71]·集·閨秀·2
26肅皇外史四十六卷
　　見《皇明肅皇外史》
84肅鎮華夷志四卷　明李應魁撰
　　刊本 [71]·史·地志·15

5023₀ 本

06本韻一得二十卷　清龍為霖撰
　　清刊本 [39]·丙·48
21本經疏證十二卷本經序疏要八卷
　　本經續疏六卷　清鄒澍學編
　　清刊本 [74]·三·21
　　清道光二十九年(1849)湯氏刊
　　本 [79]·子·醫家類·
　　464
本經逢原四卷　清張璐撰
　　清刊本 [39]·庚·93
　　清康熙刊本 [79]·子·醫家
　　類·463
　　張氏醫書本 [96]·四十三·
　　802
33本心齋蔬食譜一卷
　　見《蔬食譜》
44本草三卷　不著撰人
　　抄本 [22]·補遺·17
本草八卷　元吳瑞編
　　明嘉靖四年(1525)刊本
　　[22]·補遺·18
　　[79]·子·醫家類·456
本草二十卷　宋蘇頌等撰
　　宋刊本 [14]·三下·295
本草二十一卷　蘇敬撰
　　古抄本 [70]·三·25
本草二十二卷　宋王繼先撰
　　宋刊本 [41]·十三·5
本草十九卷　宋唐慎微撰
　　抄本 [22]·補遺·15
本草二十卷　宋唐慎微撰
　　北宋國子監刊本 [7]·中·44
　　影寫舊抄本 [22]·補遺·11
本草二十一卷　宋唐慎微撰
　　北宋國子監刊本 [7]·中·
　　44、45
本草三十二卷　宋唐慎微撰

宋刊本 [14]·後志·二·
868 [28]·續·九·11
[35]·下·25、26
[41]·十三·4 [58]·
子·38 [65]·三·31
[79]·子·醫家類·447
宋刊黑口本 [4]·12
宋淳熙十二年(1185)刊本
[37]·第二輯
宋慶元元年(1195)刊本
[37]·第二輯
宋嘉定四年(1211)劉甲刊本
[68]·圖版246、247、目
録47
金泰和四年(1204)刊本
[74]·續增·子·2
蒙古定宗四年張存惠、晦明軒
刊本 [68]·圖版265、
266、655、656、目録50、105
元刊本 [1]·上·20
[9]·後編·十·2
[13]·25 [15]·2
[32]·六·16 [74]·
三·17 [76]·九·8
[102]·上·9
元大德六年(1302)孟春宗文書
院刊本 [2]·三·10
[11]·四十五·1
[22]·補遺·12 [35]·
上·45 [89]·二集·
六·19、22
黑口大字本 [4]·13
明翻金泰和刊本 [11]·
四十五·3 [59]·二·
19 [91]·十六·14
明刊本 [9]·九·28、31
[32]·六·17
明成化重刊元大德十年(1306)
刊本 [22]·補遺·14
明嘉靖陳鳳梧刊本 [1]·上·
21 [30]·三·14
[91]·十六·14
明萬曆重刊元大德刊本
[71]·子·醫家·2

［75］・三十七・1
［91］・十六・15
［102］・上・20
清順治十三年（1656）重刊本
［96］・四十二・760
刊本　［39］・庚・86
［89］・一集・七・24、25、
26、28　［89］・二集・
六・16、17、20、21、23、24、
25
影宋抄本　［9］・後編・八・8
抄補本　［58］・子・39
本草四十二卷　宋劉信甫校正
宋刊本　［9］・後編・五・14
［79］・子・醫家類・454
元刊本　［12］・二・8
［38］・子・19
本草四十二卷序例五卷目録一卷
宋劉信甫校正
建安余彦國刊本　［22］・補遺・
16
元刊本　［22］・補遺・16
本草十卷補輯一卷　唐徐勣等撰
日本刊本　［79］・子・醫家類・
446
本草三十一卷　宋唐愼微撰
本草衍義二十卷　宋寇宗奭撰
金刊本　［35］・下・25
［38］・子・18　［93］・
十四・15　［94］・三・
8
本草廣義二十卷　宋寇宗奭編
宋刊本　［14］・三下・297
本草詩箋十卷　清朱鑰撰
清道光九年（1829）明教堂刊本
［68］・圖版575、目録93
［79］・子・醫家類・464
蘇州惠民藥局刊本　［96］・
四十三・809
本草元命苞九卷　元尙從善編
元刊本　［5］・三下・13
舊抄本　［16］・續・三・2
［93］・十四・25
本草發揮四卷　明徐用誠撰

薛氏醫案全書本　［79］・子・
醫家類・457
本草歌括六卷　元胡仕可編
元刊本　・［22］・補遺・17
本草乘雅　明盧之頤撰
刊本　［39］・庚・91
本草乘雅半偈十卷　明盧之頤撰
明刊本　［79］・子・醫家類・460
本草集要八卷　明王綸撰
明嘉靖刊本　［79］・子・醫家
類・457
本草衍義十卷　宋寇宗奭撰
宋刊本　［41］・十三・4
宋慶元刊本　［38］・子・18
本草衍義二十卷　宋寇宗奭撰
宋刊本　［22］・補遺・16
［28］・續・九・13
［33］・子・14　［35］・
下・11、27　［76］・九・
10　［79］・子・醫家類・
453
宋刊黑口本　［4］・12
宋淳熙十二年（1185）江西轉運
司刊慶元元年（1195）重修
本　［68］・圖版131、目録
30
元刊本　［11］・四十五・12
［32］・六・17
刊本　［89］・一集・七・29
［89］・二集・六・26
校刊本　［20］・四・30
抄本　［75］・三十七・3
本草經三卷
見《神農本草經》
本草經解要四卷附餘一卷　清葉
桂撰
清雍正二年（1724）稽古山房刊
本　［79］・子・醫家類・
464
衛生堂刊本　［96］・四十三・
807
本草崇原三卷　清張志聰撰
醫林指月本　［79］・子・醫家
類・463

本草備要四卷附湯頭歌括一卷
清汪昂撰
清康熙刊本　［79］・子・醫家
類・462
本草和名　不著撰人
舊抄本　［89］・一集・七・30
本草彙言二十卷　明倪朱謨撰
明天啓四年（1624）刊本
［79］・子・醫家類・459
本草綱目四十二卷　不著撰人
宋刊本　［70］・三・27
本草綱目五十二卷　明李時珍撰
明萬曆二十四年（1596）刊本
［79］・子・醫家類・458
明萬曆三十一年（1603）江西按
察使長洲張鼎思刊本
［3］・15　［86］・二・
40
書蒙堂坊刊本　［96］・四十三・
779
本草綱目拾遺十卷　清趙學敏撰
清乾隆刊本　［79］・子・醫家
類・458
舊抄本　［74］・三・19
［102］・下・16
本草從新六卷　清吳儀洛撰
清嘉慶刊本　［79］・子・醫家
類・464
本草述三十二卷　明劉若金撰
清康熙三十九年（1700）忠救堂
刊本　［79］・子・醫家類・
460
還讀山房重刊本　［96］・
四十三・790
本草蒙筌十二卷　明陳嘉謨撰
明崇禎刊本　［79］・子・醫家
類・457
本草萬方鍼線九卷　清蔡烈先編
通行本　［96］・四十三・780
本草萬方鍼線八卷附藥品總目一
卷　清蔡烈先編
清康熙武林刊本　［79］・子・
醫家類・508
本草藥性歌括總論四卷　不知撰

人
　元刊本　[22]・補遺・17
本草圖經二十一卷　不知撰人
　北宋國子監刊本　[7]・中・45
本草單方十五卷　宋林能千編
　宋刊本　[14]・五上・614
本草單方三十五卷　宋王俣撰
　宋刊本　[41]・十三・11
本草原始十二卷　明李中立撰
　明萬曆刊本　[79]・子・醫家
　　類・461
　清乾隆十九年(1754)存誠堂重
　　刊袖珍本　[96]・四十三・
　　809
本草匯十八卷　清郭佩蘭撰
　清順治書業堂刊本　　[79]・
　　子・醫家類・461
本草節要三卷明堂鍼灸經二卷膏
育灸法二卷　宋莊綽纂
　宋刊本　[41]・十三。
47本朝文粹　不知編者
　刊本　[89]・二集・八・12
本朝百家詩選一百卷　宋曾慥編
　宋刊本　[41]・十五・15
本朝名家詩抄小傳四卷　清鄭方
坤撰
　玉瀝鄭氏春華草堂重刊本
　　[96]・二十三・492
本朝大詔令二百四十卷　不著編
者
　宋刊本　[41]・五・1
本朝蒙求三卷　宋范鎮撰
　宋刊本[41]・十四・23
本朝事實三十卷
　見《宋朝事實》
本朝事實三十五卷　不知編者
　宋刊本　[14]・五上・607
50本事方十卷　宋許叔微撰
　宋刊本　[41]・十三・10
　王梁陳刊本　[28]・七・18
本事方十卷補遺三卷　宋許叔微
撰
　抄本　[102]・下・15
本事詩一卷　唐孟棨撰

宋刊本　[14]・四下・502
　[41]・十五・10
明刊本　[11]・一百十八・5
文房小説本　[74]・四・70
古今逸史本　[74]・四・70
津逮秘書本　[74]・四・70
抄本　[75]・六十四・1
本事詩十二卷　清徐釚編
　清刊本　[74]・續增・集・17
　清乾隆二十一年(1756)重刊本
　　[74]・四・67
90本堂詞一卷　陳著撰
　傳抄本　[32]・十六・10
本堂先生文集九十六卷
　見《陳本堂先生文集》

5033₃　惠

22惠山聽松菴竹鑪圖詠　清吳鉞輯
　清乾隆二十七年(1762)刊本
　　[64]・續・106
惠山古今考五卷補遺一卷　附録
三卷　明譚修輯
　刊本　[71]・史・地志・63
惠山古今考十卷附録三卷
　補遺一卷　明譚修輯
　刊本　[39]・戊・59
惠崇集十卷　宋釋惠崇撰
　宋刊本　[41]・二十・24
惠崇句圖一卷　宋釋惠崇撰
　宋刊本　[41]・二十二・11
23惠獻貝子功績録六卷　清黃任、
陳繩等輯
　清乾隆刊本　[85]・十五・701
惠獻貝子忠定録四卷　不著撰人
　清乾隆刊本　[85]・十五・701
40惠大記六卷　明鄭維新撰
　明刊本　[91]・十一・19
　刊本　[71]・史・地志・52
72惠丘集二卷潮陽編一卷　宋陳堯
編
　宋刊本　[14]・四中・431
76惠陽山水紀勝二卷　清吳騫撰
　清刊本　[71]・史・地志・68
惠陽山水紀勝四卷　清吳騫撰

清刊本　[39]・戊・60
77惠民和劑局方十卷　不知撰人
　元刊本　[35]・下・50
　明正德六年(1511)陳氏存德堂
　　刊本　[86]・八・8
惠民和劑局方十卷指南總論三卷
圖經本草一卷　不知撰人
　元刊本　[35]・下・40
惠民御藥院方二十卷　元御藥院
編
　元刊本　[35]・下・27
　[58]・元・79
　元至元刊本　[16]・二十二・
　　14
惠民御藥院方二十四卷　元御藥
院編
　元至元刊本　[11]・四十七・
　　9

5033₆　忠

00忠文靖節編一卷　清張方湛撰
　昭代叢書本　[85]・十八・783
忠文王紀事實録四卷　宋謝起巖
撰
　宋咸淳七年(1271)吳安朝等刻
　　公文紙印本　[17]・二・13
　　[68]・圖版38、目録14
10忠正德文集十卷
　見《趙豐公忠正德文集》
12忠烈編十卷　明孫堪等輯
　刊本　[39]・戊・19
忠烈俠義傳不分卷　清人撰
　清光緒五年(1879)北京聚珍堂
　　活字本　[69]・六・191
忠烈實録一卷附録一卷　明楊大
洪撰
　汲古閣刊本　[57]・64
忠烈全傳六十回　不知撰人
　清咸豐同治間刊本　　[69]・
　　四・147
忠烈小五義傳一百二十四回　清
人撰
　清光緒十六年(1890)北京文光
　　樓刊本　[69]・六・192

13忠武誌八卷　清張鵬翮撰
　　冰雪堂刊本　［96］•二十二•459

忠武侯心書一卷
　　見《諸葛武侯心書》

21忠貞軼記一卷　明徐懋賢輯
　　崇禎叢書十種本　［85］十•七•735

忠貞錄三卷附錄一卷　明李維樾撰
　　影抄本　［91］•九•9

忠經一卷　題漢馬融撰
　　宋刊本　［32］•六•2
　　刊本　［5］•三上•7
　　漢魏叢書本　［74］•三•2
　　津逮祕書本　［74］•三•2　［96］•三十六•664

23忠獻韓魏王家傳十卷　不著撰人
　　安陽集附刊本　［96］•二十二•448

忠獻韓魏王遺事一卷
　　見《韓忠獻王遺事》
忠獻韓魏王別錄三卷
　　見《韓忠獻王別錄》
　　安陽集附刊本　［96］•二十二•449

26忠穆集八卷
　　見《呂忠穆集》

44忠孝勇烈奇女傳四卷　清人撰
　　清光緒四年（1878）道生堂刊本　［69］•二•47

50忠肅集三卷　明盧象昇撰
　　刊本　［74］•四•47

忠肅集二十卷
　　見《劉忠肅公文集》

忠惠集三十卷　宋翟汝文撰
　　宋刊本　［14］•五下•667　［41］•十八•6

忠惠集十卷附錄一卷　宋翟汝文撰
　　舊抄本　［91］•二十九•4　［93］•二十一•1
　　文瀾閣傳抄本　［11］•八十•14　［16］•三十一•9

［59］•六•22
60忠國師多心經一卷　唐釋慧忠撰
　　宋刊本　［14］•三下•312

70忠雅堂集詩二十七卷補遺二卷文十二卷詞二卷　清蔣士銓撰
　　清刊小字本　［26］•十二•9

71忠臣逆子傳三卷　宋楊堯臣撰
　　宋刊本　［14］•二下•180

78忠愍集三卷
　　見《李忠愍集》

忠愍公詩集三卷　宋寇準撰
　　宋刊本　［36］•213　［41］•二十•1
　　明弘治刊本　［91］•二十六•3
　　明嘉靖刊本　［38］•集•32
　　精抄校宋本　［91］•二十六•3
　　明謝在杭抄本　［2］•四•22

80忠義集七卷　元趙景良編
　　汲古閣刊本　［74］•四•62

忠義錄二卷隱逸錄一卷　明朱溶撰
　　舊抄本　［85］•十七•745

88忠節吳次尾先生年譜一卷附遺事一卷　清夏燮編
　　清光緒刊樓山堂集本　［85］•十八•797

忠節流芳集二卷　明王偁撰
　　明弘治刊本　［91］•三十九•9

忠節故實二卷　清傳以禮輯
　　七林書堂抄本　［85］•二十三•1018

忠節公傳一卷附遺稿一卷　明郁采撰
　　舊抄本　［75］•二十二•25

忠節錄一卷　（錄明孫傳庭傳誌）
　　明刊本　［102］•上•16

忠節錄一卷　清孫爾桂輯
　　清刊本　［74］•二•28

忠節錄六卷　明張朝瑞輯
　　刊本　［39］•丁•33

50404　妻

17妻子靜文集六卷　明妻樞撰

刊本　［39］•癸上•44
22婁縣志三十卷　清謝庭薰修
　　清乾隆五十三年（1788）刊本　［74］•續增•史•7

5043₀　奏

33奏減河工價料則例一卷　清曹撮鏞撰
　　清刊本　［74］•二•70

89奏銷案一卷　孟森撰
　　心史叢刊本　［85］•十六•720

5050₃　奉

06奉親養老書一卷　宋陳直撰
　　宋刊本　［41］•十三•7

10奉元術注一卷　清李銳撰
　　李氏遺書本　［96］•四十四•845

奉天靖難記二卷　不著撰人
　　明抄本　［30］•五•7

奉天靖難記四卷靖難功臣錄　不著撰人
　　抄本　［39］•丁•33

奉天錄四卷　唐趙元一撰
　　宋刊本　［41］•五•12
　　清刊本　［80］•八•4
　　清道光三年（1823）秦氏石研齋刊本　［68］•圖版565，目錄92
　　粵雅堂刊本　［74］•二•17
　　龍萬育敷文閣校刊本　［26］•三•27
　　曹夢山手抄本　［75］•十九•6
　　舊抄本　［16］•十一•8　［26］•三•26　［93］•九•22　［96］•十九•409

25奉使高麗記四卷　宋徐兢撰
　　抄本　［39］•戊•67

奉使雜錄一卷　宋何鑄撰
　　宋刊本　［41］•七•13

奉使西域行程記三卷　題李遲撰
　　明刊本　［20］•二•21

奉使雞林志三十卷　宋王雲撰
　宋刊本　[41]·七·13
奉使俄羅斯日記一卷　清張鵬翮撰
　説鈴本　[96]·二十四·509
奉使別錄一卷　宋富弼撰
　宋刊本　[41]·七·12
77奉賢縣志十卷　清李治灝輯
　清乾隆十九年(1754)刊本
　[74]·續增·史·8
90奉常雜錄一卷樂章一卷　不著撰人
　宋刊本　[41]·六·20

5060₀　由

90由拳集二十三卷　明屠隆撰
　刊本　[39]·癸上·65
　[71]·集·明別·89

5060₁　書

00書序指南二十卷
　見《書叙指南》
書齋夜話四卷　宋俞琰撰
　舊抄本　[11]·五十八·8
　[71]·子·雜家·18
　[74]·三·55　[93]·
　十六·22　[96]·五十
　六·1127　[102]·下·
　21
　傳抄本　[32]·八·5
書文音義便考　明吳元滿撰
　刊本　[39]·丙·42
書辨譌七卷　宋鄭樵撰
　宋刊本　[41]·二·6
01書評一卷　梁袁昂撰
　宋刊本　[41]·十四·7
05書訣一卷　明豐坊撰
　藝海樓抄本　[32]·七·8
　抄　[39]·庚·24　[74]·
　三·39
07書記洞詮一百十六卷　明梅鼎祚
　編

明刊本　[32]·十五·23
刊本　[39]·辛·14　[71]·
　集·論·4
書記洞詮一百二十卷　明梅鼎祚
　編
　明刊本　[9]·後編·二十·10
08書説一卷　宋程頤撰
　宋刊本　[14]·一上·38
書説一卷　宋鄭伯熊撰
　函海本　[74]·一·11
　藝海珠塵本　[96]·九·156
　舊抄本　[11]·四·3
　[75]·三·2
書説三卷　宋趙汝談撰
　宋刊本　[41]·二·10
書説七卷　宋朱熹撰
　宋刊本　[41]·二·7
書説七卷　宋黃度撰
　宋刊本　[41]·二·9
　通志堂經解本　[74]·一·12
　[96]·九·156
　舊抄本　[16]·二·1
　[93]·二·5
書説六卷　宋呂祖謙撰
　宋刊本　[14]·五上·526
書説十卷　宋呂祖謙撰
　宋刊本　[41]·二·7
書説十三卷　宋呂祖謙撰
　嚴九能抄宋本　[91]·一·
　25
書説二十五卷　宋呂祖謙撰
　刊本　[28]·一·11
書説三十五卷　宋呂祖謙撰
　宋刊本　[9]·後編·二·11
　通志堂刊本　[74]·一·12
　舊抄本　[5]·一上·10
書説精義三卷　宋真德秀撰
　宋刊本　[14]·五上·526
書譜一卷　唐孫過庭撰
　宋刊本　[11]·五十二·3
　[75]·三十九·2
　明刊本　[17]·三·9
　[74]·三·36　[102]·
　上·21

百川學海本　[96]·四十八·
　917
書譜三卷　杜浚撰
　明仿宋刊本　[75]·三十九·2
書譜三卷　明祝允明輯
　刊本　[71]·子·書畫家·11
書譜二十卷　宋程大昌撰
　宋刊本　[41]·二·7
20書壬戌事一卷　不知撰人
　宋刊本　[41]·五·19
書集傳六卷　宋朱熹撰
　宋刊本　[14]·五上·526
　元刊麻沙本　[22]·一·18
書集傳六卷　宋蔡沈撰
　宋刊本　[23]·10　[35]·
　上·7
　宋劉氏南澗書堂刊麻沙本
　[89]·一集·一·20
　宋淳祐十年(1250)上饒郡學刊
　本　[68]·圖版132、133、
　目錄30
　梅隱書院鼎新繡刊本　[89]·
　一集·一·19
　坊刊本　[74]·一·2
　通行本　[96]·九·159
書集傳六卷　宋蔡沈撰
　音釋二卷　元鄒季友撰
　元刊本　[5]·一·4
　[9]·五·3　[9]·後
　編·八·11　[22]·一·
　19　[35]·下·4、20
　[38]·經·7　[48]·
　二輯上·10　[60]·
　一·6　[91]·一·25
　[93]·二·6　[94]·
　一·11
　明刊本　[75]·三·7
書集傳十二卷或問二卷　宋陳大
　猷撰
　宋刊本　[93]·二·8
　[94]·一·3
書集傳或問二卷　宋陳大猷撰
　通志堂刊本　[74]·一·12
　舊抄本　[16]·二·4

書集傳輯録纂注六卷　元董鼎撰
　元刊本　[9]·後編·八·11
　　[11]·四·12　　[28]·
　　續·一·15　　[38]·
　　經·8　　[93]·二·11
　　[94]·一·11
　元至正刊本　[35]·下·2
　元余氏勤有堂刊本　[74]·
　　一·13　　[92]·一·4
　影抄元刊本　[75]·三·12
書集傳輯録纂注六卷書序一卷
　元董鼎撰
　元刊本　[34]·二·1
　　[35]·上·28
　元余氏勤有堂刊本　[92]·
　　一·4　　[102]·上·7
書集傳纂疏六卷
　見《書蔡氏傳纂疏》
書集解不分卷　不著撰人
　宋刊本　[41]·二·9
書集解五十八卷　宋林之奇撰
　宋刊本　[41]·二·8
書稿二卷
　見《周益文忠公書稿》
21書經十卷　不著撰人
　明華燧銅活字本　[2]·一·8
書經識餘二十五卷　清徐秉義撰
　抄本　[16]·二·12
書經講義會編十二卷　明申時行
　撰
　日本刊本　[91]·一·29
書經集注十卷　宋蔡沈編
　元刊本　[35]·上·13
　元刊黑口巾箱本　[4]·3
書經集注十卷序一卷　宋蔡沈編
　明嘉靖贛州刊巾箱本　[91]·
　　一·26
書經旨略一卷　明王大用撰
　瓶花齋抄本　[39]·甲·48
書經傳説彙纂二十四卷　清王頊
　齡撰
　清武英殿刊本　[96]·九·165
書經稗疏四卷　清王夫之撰
　清同治四年(1865)湘鄉曾氏刊

本　[74]·一·14
書經疑問十二卷　明姚舜牧撰
　刊本　[39]·甲·50
書經注疏二十卷　唐孔穎達撰
　宋刊本　[32]·一·19
書經補遺五卷　不著撰人
　元抄本　[50]·五·7
書經提要四卷　明章陬撰
　錢塘吳氏瓶花齋抄本　[39]·
　　甲·47
書經知新八卷　清郭兆奎撰
　清刊本　[39]·甲·52
書經纂言四卷
　見《書纂言》
22書後品一卷　唐李嗣真撰
　宋刊本　[41]·十四·8
書斷一卷　唐張懷瓘撰
　宋刊本　[11]·五十二·3
　　[17]·三·9
　明刊本　[17]·三·9
書斷三卷　唐張懷瓘撰
　王氏書苑所載法書要録本
　　[96]·四十八·919
書斷四卷　唐張懷瓘撰
　宋刊本　[75]·三十九·1
書斷列傳三卷雜編一卷　不知撰
　人
　舊抄本　[5]·一下·24
25書傳一卷　不著撰人
　宋刊本　[14]·一上·38
書傳十卷　宋葉夢得撰
　宋刊本　[41]·二·5
書傳十三卷　宋蘇軾撰
　宋刊本　[14]·一上·37
　　[41]·二·5
　明焦竑刊本　[74]·一·11
　　[102]·上·11
書傳二十卷　宋蘇軾撰
　明刊本　[1]·下·45
　　[9]·後編·十二·4
　　[11]·四·3　　[91]·
　　一·24
　刊本　[39]·甲·45
　明焦弱侯兩蘇經解本　[60]·

一·6
　抄本　[75]·三·2
書傳集解十二卷　明黃諫撰
　元刊本　[34]·二·22
　明刊本　[16]·二·11
　　[91]·一·28
書傳通釋六卷　明彭勖撰
　刊本　[39]·甲·47
書傳大全十卷　明胡廣等撰
　明刊本　[9]·後編·十二·5
　明內府刊本　[91]·一·28
書傳輯録纂疏六卷
　見《書集傳輯録纂注》
書傳敷言十卷　明馬森撰
　明刊本　[91]·一·30
書傳會選六卷　明劉三吾等撰
　明刊本　[9]·後編·十二·5
　　[11]·四·16
　明嘉靖趙府味經堂刊本
　　[86]·四·16　　[91]·
　　一·27
　刊本　[39]·甲·47
27書解十六卷　不知撰人
　宋刊本　[41]·二·9
書解二十卷　宋錢時撰
　武英殿聚珍刊本　[74]·一·
　　12　　[96]·九·160
書解三十卷　不知撰人
　宋刊本　[41]·二·6
書舟詞一卷　明程垓撰
　宋刊本　[41]·二十一·10
　明抄本　[91]·四十·5
書疑九卷　宋王柏撰
　宋刊本　[35]·下·3
　宋刊黑口本　[4]·4
　通志堂刊本　[74]·一·13
28書儀十卷　宋司馬光撰
　宋刊本　[9]·後編·二·26
　　[29]·一·3　　[41]·
　　六·18
　翻宋本　[45]·14　　[75]·
　　五·28
　硯香書屋仿宋刊本　[96]·
　　六·106

清雍正元年(1723)汪亮采影宋
本 [74]・一・28
刊本 [5]・二上・26
[89]・一集・四・48
孫淵如據宋本校汪刻本
[17]・一・5
34書法離鉤十卷 明潘之淙輯
刊本 [39]・庚・22
書法正傳十卷 清馮武撰
世彩堂刊本 [96]・四十八・
955
書法正宗四卷 清蔣和撰
原刊本 [96]・四十八・961
書法考八卷
見《法書考》
書法規範 不知撰人
明嘉靖四十五年(1566)周文奎
書鋪刊本 [68]・圖版
425、目錄73
書法雅言 明項穆撰
刊本 [39]・庚・22
書法會編三卷 明張夢錫撰
刊本 [39]・庚・22
書法鈎玄四卷 元蘇霖輯
元刊本 [34]・二・15
[74]・三・38 [102]・
上・9
明初覆元刊本 [86]・十二・
7 [92]・三・94
明刊本 [17]・三・10
[38]・子・35 [92]・三・
94 [93]・十五・19
明嘉靖刊本 [17]・三・10
刊本 [39]・庚・21 [50]・
五・6
王氏書苑本 [96]・四十八・
938
36書神傳十三卷 宋吳棫撰
宋刊本 [41]・二・6
37書湖州莊氏史獄 清翁廣平撰
查東山年譜附刊本 [85]・
十六・710
40書九意一卷 宋楊繪撰
宋刊本 [14]・一上・36

書薹集三卷 宋朱有撰
宋刊本 [41]・二十・3
書帷別記四卷 明王樵撰
刊本 [39]・甲・49
書古文訓十六卷 宋薛季宣撰
通志堂刊本 [74]・一・13
章太炎校本 [57]・2
書古經四卷序一卷 不著撰人
宋刊本 [41]・二・2
44書苑菁華二十卷 宋陳思輯
宋刊本 [9]・後編・五・18
[41]・十四・11
[68]・圖版57、目錄17
影宋抄本 [50]・五・3
明抄本 [11]・五十二・16
[91]・十七・17
[92]・三・92
明抄藍格本 [17]・三・10
汲古閣藏舊抄本 [96]・
四十八・933
舊抄本 [16]・二十四・1
[39]・庚・19 [71]・
子・書畫家・1 [93]・
十五・18
書蕉二卷 明陳繼儒撰
眉公雜著本 [96]・五十七・
1145
書老書生蒙難事一卷 不著撰人
虞陽説苑甲編本 [85]・十六・
721
傳抄本 [85]・十六・721
書蔡傳旁通六卷 元陳師凱撰
元刊本 [22]・一・20
[35]・下・37 [89]・
一集・一・26
元至正五年(1345)建安余氏勤
有堂刊本 [16]・二・8
[67]・第五冊・71
通志堂經解本 [74]・一・13
[96]・九・162
影抄元刊本 [28]・一・12
[93]・二・16
書蔡氏傳輯錄纂注六卷
見《書集傳輯錄纂注》

書蔡氏傳纂疏六卷 元陳櫟撰
元刊本 [22]・一・19
[28]・續・一・14
元泰定刊本 [11]・四・10
[16]・二・7 [35]・
下・3
書林韻海一百卷 不著撰人
宋刊本 [14]・三下・283
書林韻會一百卷 不著撰人
宋書坊刊本 [41]・十四・
25
書林外集七卷 元袁士元撰
明刊本 [17]・四・32
明正統三年(1438)孫忠徹校刊
本 [71]・集・元別・18
刊本 [88]・五・40
知不足齋抄本 [39]・壬・65
書林事類韻會一百卷 宋王百禄
增輯
南宋刊本 [35]・下・26
[93]・十七・1 [94]・
三・5
明藍格抄本 [11]・六十・10
50書史一卷
見《米元章書史》
書史會要九卷補遺一卷 明陶宗
儀撰
明刊本 [3]・16 [29]・
二・10
明洪武九年(1376)刊本
[55]・二・34 [76]・
七・41 [91]・十七・
18
刊本 [39]・庚・20 [71]・
子・書畫家・3 [89]・
一集・三・63
明抄本 [17]・三・10
舊抄本 [91]・十七・18
書史會要九卷補遺一卷 明陶宗
儀撰 續編一卷 明朱謀垔撰
明刊本 [11]・五十二・18
舊抄本 [59]・八・1
[96]・四十八・939
書事七則一卷 明陳貞慧撰

昭代叢書本　[85]・二十一・957

書畫記六卷　清吳其貞撰
　精抄本　[91]・十七・22

書畫彙考　不知撰人
　刊本　[28]・九・5

書畫史一卷　明陳繼儒撰
　眉公雜著本　[96]・四十八・949

書畫史二卷　宋米芾撰
　宋刊本　[14]・三下・288

書畫題跋記十二卷　明郁逢慶編
　舊抄本　[71]・子・書畫家・13　[84]・二・8

書畫題跋記十二卷續記十二卷
明郁逢慶編
　知不足齋抄本　[39]・庚・24
　舊抄本　[11]・五十二・18
　　[12]・五・28　[30]・四・14　[32]・七・8
　　[96]・四十八・950
　精抄本　[91]・十七・21

書畫跋跋三卷續三卷　明孫鑛撰
　清乾隆刊本　[75]・三十九・13
　居業堂刊本　[96]・四十八・944
　刊本　[39]・庚・23　[71]・子・書畫家・12

56書輯三卷　明陸深撰
　儼山外集本　[96]・四十八・940

60書目答問不分卷　清張之洞撰
　清原刊初印本　[26]・四・31
　清刊本　[84]・一・18
　葉郋園校本　[57]・135

書品一卷　明楊慎撰
　函海本　[96]・四十八・941

書品一卷　梁庾肩吾撰
　漢魏叢書本　[74]・三・36
　　[96]・四十八・915
　舊抄本　[93]・十五・15

書品七卷　梁庾肩吾撰
　宋刊本　[41]・十四・7

62書影十卷
　見《因樹屋書影》

72書隱叢記十九卷
　見《書隱叢說》

書隱叢說十九卷　清袁棟撰
　清刊本　[39]・己・88
　　[96]・五十七・1152

75書肆說鈐二卷　明葉秉敬撰
　明刊本　[91]・十九・16

77書學正韻三十六卷　元楊桓編
　元刊本　[1]・下・48
　　[11]・十七・14　[28]・續・四・22
　元浙江儒學刊本　[2]・一・40
　明刊本　[32]・二・25
　　[91]・五・24

書學彙編十卷　清萬斯同撰
　抄本　[39]・庚・24

書學捷要二卷　清朱履貞撰
　知不足齋叢書本　[96]・四十八・963

書學會編六卷　不知撰人
　宋刊本　[12]・一・6

80書義十三卷
　見《尚書義》

書義辯疑一卷　宋楊時撰
　宋刊本　[14]・一上・37

書義矜式六卷　元王充耘撰
　刊本　[95]・一・4
　天一閣抄本　[39]・甲・46

書義卓躍六卷　明陳雅言撰
　天一閣抄本　[39]・甲・47

書義斷法六卷　元陳悅道撰
　抄本　[75]・三・15

87書敘指南十二卷　宋任廣編
　明刊本　[50]・六・3
　明嘉靖刊本　[91]・二十・4

書敘指南二十卷　宋任廣編
　宋刊本　[14]・三下・285
　　[41]・十四・24
　明刊本　[11]・五十九・12
　　[93]・十七・4　[96]・六十一・1205
　明沈南崖刊本　[71]・子・類

事・13
　明萬曆刊本　[75]・四十五・13　[76]・十一・30

88書纂五卷　明人撰
　抄本　[39]・庚・22

書纂言四卷　元吳澄撰
　明刊本　[32]・一・21
　　[34]・二・21
　明嘉靖二十八年(1549)顏應祥
　刊本　[74]・一・13
　　[102]・上・11
　舊抄本　[11]・四・10

書纂言二十八卷　元吳澄撰
　明抄本　[9]・後編・二十・19

89書鈔閣行篋書目　不知編者
　校本　[32]・五・11

90書小傳十八卷　宋王炎撰
　宋刊本　[41]・二・10

書小史十卷　宋陳思撰
　宋刊本　[10]・9　[11]・五十二・15　[28]・九・8　[35]・下・9　[58]・子・69　[72]・19
　影宋本　[91]・十七・17
　抄本　[39]・庚・18

92書判一卷　宋尹洙撰
　宋刊本　[41]・十七・8

書判清明集　不知撰人
　宋刊本　[28]・續・十一・4

5060₃　春

10春王正月考一卷
　見《春秋春王正月考》

春雪亭詩話一卷　徐熊飛撰
　傳抄本　[60]・七・16

春雨齋集十卷　明解縉撰
　刊本　[39]・癸上・9

春雨雜述一卷　題明解縉撰
　彙祕笈本　[96]・五十七・1135
　抄本　[71]・子・雜家・21

春雨軒集八卷　明劉炳撰
　舊抄本　[11]・一百十一・20
　　[71]・集・明別・8

春雨堂雜抄一卷　明陸深撰
　儼山外集本　[96]・五十七・
　1139
春雨堂隨筆　明陸深撰
　刊本　[39]・己・75
15春融堂集六十八卷　清王昶撰
　清嘉慶十二年(1807)刊本
　[26]・十二・4
22春山四六二卷　宋危昭德撰
　舊抄本　[17]・四・29
27春凫小稿十卷　清符曾撰
　清刊本　[71]・集・國朝別・
　37
28春谿詩集四卷　明狄冲撰
　刊本　[39]・癸上・46
29春秋五卷　宋劉質撰
　宋刊本　[14]・一下・70
春秋十二卷　唐陸德明注音
　宋淳熙刊小字本　[89]・一集・
　一・51
　明刊本　[21]・一・5
　明會通館銅活字本　[8]・經
　三・70　[45]・3
　刊本　[89]・二集・一・17
春秋十二卷　宋王當撰
　宋刊本　[14]・一下・72
春秋序句解　晉杜預序、林堯叟
　解
　刊本　[89]・一集・一・54
春秋意林二卷　宋劉敞撰
　通志堂經解本　[74]・一・30
　[96]・十・189
春秋辨疑四卷　宋蕭楚撰
　清武英殿聚珍刊本　[74]・一・
　30　[96]・十・192
春秋辨疑十卷　宋蕭楚撰
　元刊本　[11]・八・12
　[28]・一・16　[35]・
　下・21、46　[58]・
　元・16
春秋辨義三十卷　明卓爾康撰
　刊本　[39]・乙・40
春秋辨義三十九卷　明卓爾康撰
　抄本　[91]・三・24

春秋新傳十二卷　宋余安行撰
　宋刊本　[14]・一下・72
春秋讞二十二卷　宋葉夢得撰
　抄本　[91]・三・12
　傳抄永樂大典本　[28]・續・
　二・22
　文瀾閣傳抄本　[11]・八・12
　[16]・五・6　[75]・
　六・16
春秋讞義九卷　元王元傑撰
　開萬樓抄本　[39]・乙・34
春秋讞議十二卷　元王元傑撰
　影抄元刊本　[28]・續・三・
　14　[35]・上・14
　舊抄本　[11]・九・4
　[16]・五・13　[91]・
　三・18
春秋讞餘十六卷　清徐秉義輯
　抄本　[16]・五・13
春秋讞小錄九卷　清程廷祚撰
　藝海珠塵本　[96]・十一・226
春秋諸傳辨疑四卷　明朱睦㮮撰
　抄本　[39]・乙・39
春秋諸傳會通二十四卷　元李廉
　輯
　元刊本　[9]・後編・八・15
　[28]・續・三・15
　[35]・下・21　[60]・
　一・16　[93]・五・43
　[94]・一・14
　元至正刊本　[2]・一・22
　[16]・五・13　[38]・
　經・33　[58]・元・15
　舊刊本　[20]・一・11
　通志堂經解本　[74]・一・33
　[96]・十・205
　天一閣抄本　[39]・乙・34
春秋諸侯廢興、春秋總例、春秋始
　終　不著撰人
　舊刊本　[20]・一・10
春秋諸名臣傳譜十三卷　明姚咨
　輯
　刊本　[39]・乙・38
春秋諸國統紀六卷　元齊履謙撰

元刊本　[9]・五・9
　[17]・一・7
元建刊本　[2]・一・22
清康熙刊本　[75]・六・18
通志堂刊本　[74]・一・33
舊抄本　[11]・九・3
　[38]・經・33
春秋讀意一卷　明唐樞撰
　刊本　[39]・乙・36
春秋講義四卷　宋戴谿撰
　舊抄本　[74]・一・32
　[102]・下・3
　精抄本　[91]・三・15
　傳抄永樂大典本　[28]・續・
　三・6
　文瀾閣傳抄本　[16]・五・11
　[32]・二・5
春秋詞命三卷　明王鏊輯
　明刊本　[21]・一・4
　[91]・三十九・11
　明正德十一年(1516)刊本
　[74]・四・63　[102]・
　上・35
春秋說一卷　宋張載撰
　宋刊本　[14]・一下・69
春秋說一卷　清陶正靖撰
　借月山房彙抄本　[96]・十
　一・231
春秋說十五卷　清惠士奇撰
　清刊本　[39]・乙・47
　[74]・一・35
　經學叢書本　[96]・十一・223
春秋說三十卷　宋洪咨夔撰
　舊抄本　[74]・一・32
　[91]・三・16
　傳抄永樂大典本　[28]・續・
　三・8
　文瀾閣傳抄本　[11]・九・1
　[16]・五・12　[96]・
　十・197
春秋說志五卷　明呂柟撰
　刊本　[39]・乙・36
春秋諡法一卷　不知撰人
　宋刊本　[14]・一上・54

春秋詳説三十卷
　　見《春秋集傳詳説》
春秋麟寶六十三卷　明余敷中撰
　　刊本　[39]・乙・43
春秋二十國年表一卷　不著撰人
　　宋刊本　[31]・18　　[41]・
　　三・9
　　明永樂刊本　[11]・八・4
春秋三傳辨疑二十卷　元程端學
　　撰
　　元刊本　[98]・40
　　明抄本　[75]・六・18
　　山陰杜氏抄本　[91]・三・17
　　文瀾閣傳抄本　[11]・九・4
　　[16]・五・12
春秋三傳讞二十二卷
　　見《春秋讞》
春秋三傳衷考十二卷　明施達撰
　　刊本　[39]・乙・42
春秋三傳異同考一卷　清吳陳炎
　　撰
　　藝海珠塵本　[96]・十一・219
春秋正辭十三卷　清莊存與撰
　　原刊本　[96]・十一・227
春秋正辭二十卷通例十五卷　宋
　　畢良史撰
　　宋刊本　[41]・三・16
春秋正旨一卷　明高拱撰
　　墨海金壺本　[96]・十一・212
春秋正經一卷　不著撰人
　　宋刊本　[14]・一下・67
春秋正經全文左傳增注句解　不
　　著撰人
　　元刊本　[35]・下・3
春秋正義三十六卷
　　見《春秋左傳注疏》
春秋王霸列國世紀編三卷　宋李
　　琪撰
　　通志堂經解本　[74]・一・32
　　[96]・十・198
　　天一閣抄本　[39]・乙・32
春秋至朔通考四卷　清張冕撰
　　清道光刊本　[78]・算學書錄
　　補注・95

春秋五論一卷　宋呂大圭撰
　　明抄本　[17]・一・6
　　明姚舜咨抄本　[38]・經・32
春秋五測不分卷　清戴祖啓撰
　　資敬堂刊本　[96]・十一・228
春秋五禮例言七卷
　　見《春秋五禮例宗》
春秋五禮例宗七卷　宋張大亨撰
　　宋刊本　[33]・經・28
　　明抄本　[74]・一・31
　　舊抄本　[11]・八・15
　　[20]・一・9　　[32]・
　　二・5　　[75]・六・16
　　[91]・三・12　　[93]・
　　五・40　　[96]・十・
　　191　　[102]・下・2
春秋五禮例宗十卷　宋張大亨撰
　　倦圃抄本　[39]・乙・30
　　舊抄本　[16]・五・5
　　[92]・一・13
春秋夏正二卷　清胡天游撰
　　清光緒會稽章氏式訓堂叢書本
　　[78]・算學書錄補注・95
春秋平義十二卷　明俞汝言撰
　　手稿本　[91]・三・24
　　抄本　[39]・乙・42
春秋非左二卷　明郝敬撰
　　刊本　[39]・乙・40
春秋列傳五卷　明劉節編
　　明刊本　[12]・三・4
　　刊本　[39]・乙・35
春秋列國諸臣傳三十卷　宋王當
　　撰
　　通志堂刊本　[74]・二・30
　　舊抄本　[5]・一上・19
　　[16]・五・5　　[93]・
　　十・5
春秋列國諸臣傳五十一卷　宋王
　　當撰
　　宋刊本　[14]・一下・74
　　[41]・三・12
春秋列國志傳八卷　明余邵魚撰
　　明萬曆三十四年(1606)刊本
　　[77]・附・228

明内府抄本　[69]・二・25
春秋列國志傳十二卷　明余邵魚
　　撰
　　明龔紹山刊本　[77]・三・84
　　明萬曆刊本　[69]・二・25
春秋孔義十二卷　明高攀龍輯
　　刊本　[39]・乙・39
春秋翼附二十卷　明黃正憲撰
　　刊本　[39]・乙・39
春秋億六卷　明徐學謨撰
　　明徐氏刊海隅集本　[74]・
　　一・34　　[102]・上・12
春秋毛氏傳三十六卷　清毛奇齡
　　撰
　　西河全書本　[74]・一・35
　　[96]・十一・219
春秋集要十二卷　明鍾芳撰
　　刊本　[39]・乙・36
春秋集傳十二卷
　　見《春秋集解》
春秋集傳十五卷　宋王沇撰
　　宋刊本　[14]・一下・68
春秋集傳十五卷　宋王葆撰
　　宋刊本　[41]・三・16
春秋集傳十五卷　元趙汸輯
　　明刊本　[11]・九・9
　　明嘉靖刊本　[91]・三・18
　　通志堂經解本　[74]・一・33
　　[96]・十・206
春秋集傳二十二卷
　　見《春秋集注》
春秋集傳辨疑十卷　唐陸淳撰
　　海昌陳氏養和堂刊巾箱本
　　[96]・十・187
　　清龔翔麟刊本　[74]・一・29
　　舊抄本　[11]・八・4
　　[75]・六・4
春秋集傳詳説三十卷綱領一卷
　　宋家鉉翁撰
　　通志堂經解本　[74]・一・32
　　[96]・十・201
春秋集傳釋義十二卷
　　見《春秋集傳釋義大成》
春秋集傳釋義大成十二卷　元俞

皋撰
宋刊本　[43]・一・14
元刊本　[22]・二・5
　　[35]・上・29　　[76]・
　　一・29
刊本　[5]・一上・19
通志堂經解本　[74]・一・33
　　[96]・十・204

春秋集傳微旨三卷　唐陸淳撰
清龔翔麟刊本　[74]・一・29
海昌陳氏養和堂刊巾箱本
　　[96]・十・188
刊本　[5]・一上・16
影宋刊本　[35]・上・29
舊抄本　[11]・八・4
　　[39]・乙・29　　[75]・
　　六・4

春秋集傳微旨六卷　唐陸淳撰
宋刊本　[14]・一下・65

春秋集傳大全三十七卷　明胡
廣、楊榮等撰
明刊本　[91]・三・21

春秋集傳大全七十卷　明胡廣、
楊榮等撰
明刊本　[9]・後編・十二・
　　14　　[38]・經・35
安正堂刊本　[89]・二集・
　　一・19
坊刊本　[74]・一・34

春秋集傳纂例十卷　唐陸淳撰
宋刊本　[14]・一下・75
宋慶曆刊本　[35]・上・29
明翻宋刊本　[18]・上・2
　　[28]・續・二・12
　　[35]・下・21
明刊本　[1]・上・3
明嘉靖翻宋慶曆刊本　[11]・
　　八・3　　[60]・一・15
清康熙刊本　[74]・一・29
刊本　[39]・乙・29
舊抄本　[75]・六・4　　[93]・
　　五・39

春秋集傳纂例十卷辨疑七卷　唐
陸淳撰

宋刊本　[41]・三・7
春秋集解　不著撰人
宋蜀刊大字本　[35]・上・6
春秋集解十二卷　朱蘇轍撰
宋刊本　[14]・一下・69
　　[41]・三・12
明刊本　[11]・八・5
刊本　[39]・乙・30
明刊兩蘇經解本　[60]・一・
　　15
抄本　[75]・六・8
春秋集解十二卷　清應撝謙撰
開萬樓抄本　[39]・乙・47
春秋集解二十五卷　不著編者
宋刊本　[14]・一下・73
春秋集解十二卷　宋呂祖謙撰
宋刊本　[41]・三・17
春秋集解三十卷　宋呂祖謙撰
宋刊本　[14]・五上・529
春秋集解三十卷　宋呂本中撰
通志堂刊本　[74]・一・31
春秋集注十四卷　宋高閌撰
宋刊本　[41]・三・16
春秋集注四十卷　宋高閌撰
清武英殿聚珍刊本　[74]・
　　一・31　　[75]・六・17
　　[96]・十・194
春秋集注十一卷　宋張洽撰
宋刊本　[9]・後編・三・9、10
抄本　[12]・五・1
春秋集注十九卷　宋張洽撰
影元刊本　[11]・八・16
抄本　[91]・三・16
春秋集注二十二卷　宋張洽撰
影元刊本　[28]・續・三・5
　　[35]・下・4
春秋集注十一卷綱領一卷　宋張
洽撰
宋刊本　[66]・目錄3
宋臨江刊本　[2]・一・22
明嘉靖四十三年(1564)朱睦㮮
聚樂堂刊本　[86]・六・
112
通志堂經解本　[74]・一・32

[96]・十・198
春秋集注十九卷綱領一卷　宋張
洽撰
舊抄本　[16]・五・11
　　[93]・五・41
春秋集義五十卷綱領三卷　宋李
明復撰
刊本　[28]・續・三・7
抄本　[91]・三・15
春秋集善十一卷　宋胡銓撰
宋刊本　[14]・五下・714
　　[41]・三・19
春秋上曆表不分卷　清范景福撰
舊抄本　[91]・三・26
春秋歲星考　清俞樾撰
曲園雜著本　[78]・算學書錄
補注・95
春秋衡庫三十卷　明馮夢龍撰
刊本　[39]・乙・40
春秋占筮書三卷　清毛奇齡撰
西河全書本　[74]・一・8
春秋比事十七卷　宋沈棐撰
明人依元刊抄本　[74]・一・31
舊抄本　[102]・下・2
春秋比事二十卷　宋沈棐撰
宋刊本　[41]・三・18
影抄元刊本　[28]・續・三・
　　1　　[35]・上・29
　　[91]・三・14
滄生堂抄本　[32]・二・5
十萬卷樓抄本　[91]・三・14
仁和鮑氏知不足齋抄本
　　[39]・乙・31
春秋比事目錄四卷　清方苞撰
清刊本　[74]・一・36
望谿全集本　[96]・十一・223
春秋師說三卷附錄二卷　元趙汸
撰
元刊本　[5]・一上・20
　　[9]・後編・八・17
　　[11]・九・19　　[12]・
　　二・1　　[28]・續・三・
　　17　　[43]・一・33
　　[75]・六・19　　[87]・

一・11　　［91］・三・19
通志堂經解本　［74］・一・33
　［96］・十・208
春秋經一卷　不知撰人
　宋刊本　［41］・三・1
春秋經辨十卷　宋蕭楚撰
　宋刊本　［41］・三・18
春秋經傳二十卷　不知撰人
　宋刊本　［9］・後編・三・1
　［68］・圖版44、目録15
　明湖廣官刊本　［91］・三・9
春秋經傳辨疑一卷　明童品撰
　明刊本　［75］・六・19
　開萬樓抄本　［39］・乙・35
春秋經傳集解三十三卷　宋林栗
　撰
　宋刊本　［41］・三・18
春秋經傳集解三十卷　晉杜預注
　北宋國子監刊本　［7］・中・1
　宋蜀刊大字本　［2］・一・19
　［11］・八・1　　［72］・4
　宋刊本　［1］・上・3　　［4］・
　4　　［9］・一・5、9
　［9］・後編・三・4.6,7,8,
　9　　［14］・一下・59
　［17］・一・5　　［31］・4、
　34　　［33］・經・17、19
　［35］・上・7　　［44］・
　二・25　　［48］・一輯・
　11　　［58］・經・41、43、
　44　　［60］・一・13
　［66］・目録2　　［68］・
　圖版221、目録43
　［72］・4　　［76］・一・25
　［84］・一・10　　［89］・
　一集・一・41　　［91］・
　三・1　　［93］・五・1,2
　［94］・一・5　［95］・一・7
　宋刊大字本　［10］・5
　［11］・八・1
　宋刊巾箱本　［34］・一・4
　［35］・下・2　　［65］・
　一・33
　宋建刊巾箱本　［2］・一・20

宋刊小字本　［10］・5
　［35］・下・46
宋淳熙刊本　［35］・上・27
宋淳熙刊小字本　［34］・一・
　5　［35］・上・27
宋淳熙三年(1176)刊本
　［22］・二・2
宋嘉定六年(1213)刊本
　［22］・二・3
宋嘉定九年(1216)興國軍學刊
　本　［22］・二・3
　［68］・圖版212、目録42
　［73］・圖版7
宋相臺岳氏書塾刊本　［9］・
　一・8　　［10］・6
　［72］・4　　［73］・圖版9
宋相臺岳氏書塾刊配明覆本
　［11］・八・1　　［58］・
　經・40
宋撫州刊本　［54］・一・10
南宋國子監刊本　［7］・下・1
南宋刊本　［5］・一上・16
元岳氏荆谿家塾刊本　［68］・
　圖版298、299、目録56
元刊本　［9］・後編・八・16
　［92］・一・13
明刊本　［9］・七・12　［32］・
　二・3
明覆宋刊本　［3］・3　　［9］・
　後編・十二・14
　［12］・三・1　　［30］・
　二・1　　［75］・六・1
明覆宋小字本　［11］・八・2
明覆宋巾箱本　［92］・一・12
明嘉靖覆宋相臺岳氏書塾刊本
　［11］・八・2　　［17］・
　一・6　　［22］・二・4
　［23］・32　　［60］・一・
　14　　［74］・一・29
　［91］・三・1　　［102］・
　上・12
舊板覆宋大字本　［22］・二・2
翻宋蜀大字刊本　［35］・上・7
覆宋本　［76］・一・27

刊本　［74］・續增・經・2
日本翻宋本　［91］・三・3
日本五山活字本　［17］・一・6
日本活字本　［60］・一・14
日本南北朝刊本　［62］・圖版
　111
日本正中刊本　［44］・三・15
古抄本　［70］・三・51
舊抄卷子本　［22］・二・1
卷子本　［44］・一・52
楊惺吾傳抄本　［32］・二・1
春秋經傳集解三十卷　晉杜預注
　附春秋名號歸一圖一卷　蜀馮
　繼先撰
　宋刊本　［12］・一・1
　［74］・一・29
　宋淳熙阮氏種德堂刊本
　［90］・7
　宋嘉定九年(1216)興國軍學刊
　補修本　［90］・5
春秋經傳集解考正三十卷　清陳
　樹華撰
　稿本　［38］・經・35
春秋經傳杜氏集解三十卷
　見《春秋經傳集解》
春秋經傳日月考　清鄒伯奇撰
　學計一得本　［78］・算學書録
　補注・95
春秋經傳闕疑四十五卷　元鄭玉
　撰
　樹滋堂刊本　［96］・十・205
　刊本　［39］・乙・34
　舊抄本　［93］・五・44
春秋經傳類聯三十三卷　清王繩
　曾撰、屈作梅補注
　清刊本　［74］・三・71
春秋經傳類對賦一卷　宋徐晉卿
　撰
　通志堂經解本　［74］・三・65
　［96］・六十一・1203
　舊抄本　［61］・四・1
春秋經解不分卷　宋黎錞撰
　宋刊本　［14］・一下・69
春秋經解十三卷　宋孫覺撰

聚珍刊本　[74]・一・30
春秋經解十五卷　宋孫覺撰
　宋刊本　[41]・三・10
　通志堂刊本　[96]・十・191
　刊本　[5]・一上・17
　天一閣抄本　[39]・乙・30
　舊抄本　[11]・八・5
　　[28]・續・二・16
　　[75]・六・8　　[93]・
　　五・39
春秋經解十二卷　宋崔子方撰
　傳抄永樂大典本　[28]・續・
　　二・21
春秋經解十二卷本例例要一卷
　宋崔子方撰
　抄本　[91]・三・9
春秋經解十六卷本例例要一卷
　宋崔子方撰
　宋刊本　[41]・三・14
春秋經解十二卷指要二卷　宋薛
　季宣撰
　宋刊本　[41]・三・16
春秋經社六卷
　見《春秋經社要義》
春秋經社要義六卷　宋孫覺撰
　宋刊本　[14]・後志・一・
　　764　[41]・三・10
春秋經左氏傳句解七十卷
　見《春秋括例始末左傳句讀直
　解》
春秋經筌十六卷　宋趙鵬飛撰
　通志堂經解本　[74]・一・32
　　[96]・十・200
春秋後傳十二卷　宋陳傳良撰
　刊本　[5]・一上・18
　通志堂經解本　[74]・一・31
　　[96]・十・197
春秋後傳十二卷
　見《春秋左氏後傳》
春秋後傳二十卷附補遺一卷　宋
　陸佃撰
　宋刊本　[41]・三・12
春秋私考三十六卷　明季本撰
　刊本　[39]・乙・36

春秋外傳考正二十一卷　清陳樹
　華撰
　稿本　[38]・史・41
春秋外傳國語二十一卷　周左邱
　明撰、吳韋昭解
　宋刊本　[14]・一下・61
春秋參義十二卷　清姜兆錫撰
　清刊本　[39]・乙・50
春秋緯史集傳　不著撰人
　抄本　[100]・11
春秋傳二卷　宋程頤撰
　宋刊本　[41]・三・11
春秋傳十二卷　宋劉絢撰
　宋刊本　[41]・三・12
春秋傳十五卷　宋劉敞撰
　通志堂經解本　[74]・一・30
　　[96]・十・189
春秋傳二十卷　宋葉夢得撰
　通志堂經解本　[74]・一・31
　　[96]・十・193
　抄本　[39]・乙・31
春秋傳十二卷考三十卷讞三十卷
　宋葉夢得撰
　宋刊本　[41]・三・13
春秋傳十二卷考一卷地名譜十卷
　宋鄭樵撰
　宋刊本　[41]・三・16
春秋傳十卷權衡十七卷意林一卷
　說例一卷　宋劉敞撰
　宋刊本　[41]・三・10
春秋傳說例一卷　宋劉敞撰
　清武英殿聚珍刊本　[74]・
　　一・30　　[75]・六・8
　　[96]・十・190
春秋傳說彙纂三十八卷　清王掞
　等撰
　清武英殿刊本　[96]・十一・
　215
春秋傳注三十六卷　明嚴啓隆撰
　刊本　[74]・續增・經・2
　抄本　[20]・一・11　[39]・
　　乙・45
春秋傳大全三十七卷
　見《春秋集傳大全》

春秋皇綱論五卷　宋王晳撰
　通志堂刊本　[74]・一・30
　　[96]・十・190
春秋皇綱論五卷明例隱括圖一卷
　宋王晳撰
　宋刊本　[41]・三・11
春秋得法志例論三十卷　宋馮正
　符撰
　宋刊本　[14]・一下・70
　　[41]・三・12
春秋程傳補二十卷　清孫承澤撰
　清刊本　[39]・乙・46
春秋稗疏二卷　清王夫之撰
　湘鄉曾氏刊本　[74]・一・35
春秋釋文六卷　不知撰人
　宋刊本　[58]・經・49
春秋釋例十五卷　晉杜預撰
　宋刊本　[14]・一下・63
　　[41]・三・2
　聚珍刊本　[74]・一・29
　　[75]・六・4
春秋釋義集傳十二卷
　見《春秋集傳釋義大成》
春秋解義六十四卷　不知撰人
　內府刊本　[74]・一・34
春秋條貫篇十一卷　清毛奇齡撰
　西河合集本　[96]・十一・221
春秋疑問十二卷　明姚舜牧撰
　明刊本　[96]・十一・212
　刊本　[39]・乙・39
春秋名號歸一圖二卷　蜀馮繼先
　撰
　宋刊本　[14]・後志・一・764
　　[31]・17　　[41]・三・8
　　[93]・五・39
　明覆宋小字本　[11]・八・4
　通志堂刊本　[74]・一・30
　汪松泉抄本　[91]・三・7
　舊抄本　[75]・六・5
春秋名號歸一圖二卷　蜀馮繼先
　撰　春秋二十國年表一卷春秋
　圖說不分卷　不著撰人
　宋刊本　[33]・經・26
春秋魯十二公年譜不分卷　不著

撰人
　　舊抄本　[11]・八・21
　　　　[28]・續・三・14
春秋紀傳五十一卷　清李鳳雛撰
　　清刊本　[39]・乙・49
　　清康熙四十五年(1706)刊本
　　　　[96]・十八・397
春秋紀愚十卷　明金希撰
　　刊本　[88]・一・10
春秋以來冬至考一卷　清梅文鼎
　　撰
　　兼濟堂刊本　[78]・算學書錄
　　　補注・99
　　曆算全書本　[96]・四十四・
　　831
春秋微旨六卷
　　見《春秋集傳微旨》
春秋實錄十二卷　明鄧來驚撰
　　刊本　[39]・乙・41
春秋測微　清朱奇齡撰
　　抄本　[39]・乙・49
春秋透天關十二卷　宋晏兼善撰
　　元刊本　[32]・二・6
春秋演聖統例二十卷　宋丁副撰
　　宋刊本　[14]・後志・一・764
春秋通一卷　明鄧元錫撰
　　刊本　[39]・乙・39
春秋通訓六卷　宋張大亨撰
　　傳抄大典本　[28]・續・二・
　　19
　　抄本　[91]・三・12
春秋通訓十六卷五禮例宗十卷
　　宋張大亨撰
　　宋刊本　[41]・三・13
春秋通說十三卷　宋黃仲炎撰
　　宋刊本　[41]・三・20
　　通志堂經解本　[74]・一・32
　　[96]・十・199
　　舊抄本　[91]・三・16
春秋通論四卷　清方苞撰
　　望谿全集本　[96]・十一・222
春秋通解十二卷　宋馮山撰
　　宋刊本　[14]・一下・72
春秋通義一卷　宋人撰

文瀾閣傳抄本　[75]・六・5
春秋大旨不分卷　清汪宜耀撰
　　舊抄本　[96]・十一・231
春秋大事表五十卷輿圖一卷附錄
　　一卷　清顧棟高撰
　　清乾隆十一年(1746)刊本
　　　　[74]・一・35
　　萬卷樓刊本　[96]・十一・224
春秋大全七十卷
　　見《春秋集傳大全》
春秋左傳十二卷　宋王應麟注
　　曲阜孔氏抄本　[8]・經三・
　　72
　　舊抄本　[20]・一・9
　　[93]・五・43
春秋左傳三十卷
　　見《春秋左氏傳》
春秋左傳評注測義七十卷　明凌
　　稚隆輯
　　明萬曆刊本　[91]・三・23
　　刊本　[39]・乙・43
春秋左傳讀九卷敘錄一卷　不知
　　撰人
　　影印本　[57]・9
春秋左傳詳節句解三十五卷　宋
　　朱申輯
　　元刊本　[74]・一・32
　　明刊本　[102]・上・12
　　明萬曆刊本　[91]・三・17
　　刊本　[39]・乙・33
春秋左傳正義十六卷
　　見《春秋左傳注疏》
春秋左傳賈服注十二卷
　　見《春秋左傳》
春秋左傳集解三十卷
　　見《春秋左氏傳》
春秋左傳統箋三十五卷　清姜希
　　轍撰
　　清刊本　[39]・乙・46
春秋左傳句解七十卷
　　見《春秋括例始末左傳句讀直
　　解》
春秋左傳注疏三十六卷　晉杜預
　　注、唐孔穎達疏

北宋國子監刊本　[7]・中・2
宋刊本　[14]・一下・63
　　[35]・上・6　[41]・
　　三・4
宋刊小字本　[35]・下・21
宋刊巾箱本　[35]・上・27
宋慶元六年(1200)紹興府刊本
　　[38]・經・29　[68]・
　　圖版79、80・目錄21
南宋國子監刊本　[7]・下・2
明嘉靖李元陽刊本　[12]・
　　四・2
臨金壇段氏校宋慶元刊本
　　[16]・五・1
舊抄本　[70]・三・52
舊抄卷子本　[36]・17
影舊抄本　[22]・二・4
春秋左傳注疏六十卷　晉杜預
　　注、唐孔穎達疏、陸德明釋音
　　宋刊本　[32]・二・3
　　[33]・經・20　[35]・
　　上・25　[43]・一・6
　　[48]・一輯・13　[60]・
　　一・14　[65]・一・34
　　[93]・五・3、13　[94]・
　　一・5
宋刊十行本　[11]・八・2
　　[91]・三・4
宋劉叔剛刊本　[2]・一・20
　　[22]・二・4
南宋黑口本　[4]・2
宋刊元印本　[1]・上・3
元刊本　[9]・五・8
明刊九行本　[75]・六・1
明閩刊本　[60]・一・15
　　[91]・三・4
明兆監萬曆二十九年(1601)刊
　　本　[74]・一・29
明汲古閣刊本　[17]・一・6
　　[20]・一・8
清武英殿刊十三經注疏本
　　[96]・十・181
刊本　[89]・一集・一・53
春秋左傳補疏五卷　清焦循撰

清原刊本 ［96］·十一·232

春秋左傳補注三卷 清馬宗槤撰
清原刊本 ［96］·十一·232

春秋左傳補注六卷 清惠棟撰
清乾隆刊本 ［75］·六·22
盧抱經校刊本 ［91］·三·25
墨海金壺本 ［96］·十一·227
稿本 ［57］·7

春秋左傳補注地名補注 沈小宛
撰
葉緣督校抄本 ［57］·8

春秋左傳直解 明郭登撰
朝鮮明宗宣祖年間甲辰字刊本
［63］·圖版23

春秋左傳古經十二卷 清段玉裁
編
經韻樓叢書本 ［74］·一·36
［96］·十·181

春秋左傳地名錄二卷 明劉城撰
刊本 ［39］·乙·41

春秋左傳杜注三十卷
見《春秋左氏傳》

春秋左傳姓名同異考四卷 清高
士奇撰
清原刊本 ［39］·乙·48
［96］·十一·218

春秋左傳事類始末五卷 宋章沖
撰
通志堂刊本 ［74］·二·12

春秋左傳事類年表 顧宗瑋撰
抄本 ［39］·乙·45

春秋左傳摘奇十二卷 宋胡元質
撰
影宋抄本 ［16］·五·7
［74］·續增·子·7
［91］·三·12 ［102］·
下·23
抄本 ［32］·二·5 ［74］·
三·65

春秋左傳摘奇十三卷 宋胡元質
撰
宋刊本 ［41］·十四·25

春秋左傳屬事二十卷 明傅遜輯
明刊本 ［91］·三·23

刊本 ［39］·乙·38
［96］·十一·213

春秋左傳分國紀事二十二卷 明
孫範撰
刊本 ［39］·乙·41

春秋左傳小疏一卷 清沈彤撰
儀禮小疏附刊本 ［96］·十一·
226

春秋左傳類編不分卷 宋呂祖謙
撰
舊抄本 ［11］·八·22
［16］·五·6 ［28］·
續·二·20 ［96］·
十·195

春秋左傳類編六卷 宋呂祖謙撰
宋刊本 ［41］·三·17
舊抄本 ［93］·五·40

春秋左傳類解二十卷 明劉績撰
刊本 ［39］·乙·35

春秋左傳類求十二卷 清孫從
添、過臨汾撰
舊名堂刊本 ［96］·十一·229

春秋左氏音義五卷 唐陸德明撰
宋刊本 ［9］·一·10

春秋左氏後傳十二卷春秋左氏章
指三十卷 宋陳傅良撰
宋刊本 ［14］·五上·529
［41］·三·18

春秋左氏傳三十卷 晉杜預注
宋刊本 ［41］·三·1、2
［43］·一·13 ［58］·
經·39
宋京本 ［98］·41
宋大字刊本 ［35］·上·7
宋小字刊本 ［35］·下·21
宋建安余仁仲校刊本 ［27］·
2
明仿宋岳珂相臺本 ［26］·
二·1
明弘治刊本 ［91］·三·21
舊刊本 ［20］·一·11
［21］·一·4
評點本 ［100］·11
舊抄本 ［76］·一·21

［89］·二集·一·20
舊抄卷子本 ［76］·一·16、19
［89］·一集·一·37
［89］·二集·二·1

春秋左氏傳 楊讓注
宋刊本 ［21］·一·3

春秋左氏傳説二十卷 宋呂祖謙
撰
通志堂經解本 ［74］·一·33
［96］·十·196
明藍格抄本 ［2］·一·20
抄本 ［75］·六·17

春秋左氏傳説三十卷 宋呂祖謙
撰
宋刊本 ［41］·三·17

春秋左氏傳續説十二卷 宋呂祖
謙撰
傳抄永樂大典本 ［28］·續
二·19
抄本 ［91］·三·13

春秋左氏傳續説十二卷附綱領
宋呂祖謙撰
文瀾閣傳抄本 ［11］·八·22
［16］·五·7

春秋左氏傳補注十卷 元趙汸撰
元刊本 ［9］·後編·八·18
［11］·九·18 ［12］·
二·1 ［28］·續·三·
17 ［75］·六·19
［87］·一·11 ［91］·
三·19
元刊小字本 ［43］·一·32
通志堂經解本 ［74］·一·31
［96］·十·207

春秋左氏博議二十五卷
見《東萊先生左氏博議》

春秋左氏國紀二十卷 宋徐得之
編
宋刊本 ［14］·五上·529

春秋圭約 清蔣鳴玉撰
清刊本 ［39］·乙·46

春秋直音三卷 宋方淑撰
宋刊本 ［41］·三·19

春秋直解十二卷 清方苞撰

杭希堂刊本　[96]・十一・222

春秋直解十五卷　明郝敬撰

　刊本　[39]・乙・39　[96]・

　十一・213

春秋直解十六卷　清傅恒等撰

　清武英殿刊本　[96]・十一・

　215

春秋内傳古注輯存不分卷　清嚴

　蔚撰

　二酉齋刊本　[96]・十一・230

春秋存俟　明余光、余颺撰

　明弘光元年(1645)文來閣刊本

　[68]・圖版471、目録79

春秋古經一卷　宋李槩述

　宋刊本　[41]・三・1

春秋古經十二卷

　見《春秋左傳古經》

春秋七國統表　清魏翼龍撰

　清刊本　[74]・一・36

春秋機括一卷　宋沈括撰

　宋刊本　[14]・一下・74

春秋地譜十二卷　宋楊湜編

　宋刊本　[14]・二下・165

春秋地理考實四卷　清江永撰

　舊抄本　[75]・六・22

春秋地名考略十四卷　清高士奇

　撰

　清吟堂刊本　[96]・十一・218

　清刊本　[39]・乙・48

春秋考十六卷　宋葉夢得撰

　聚珍刊本　[74]・一・31

春秋考異四卷　不著撰人

　宋刊本　[41]・三・19

春秋世族譜一卷　清陳厚耀撰

　清乾隆五十七年(1792)刊本

　[96]・十一・223

春秋世論五卷讀春秋左傳博議二

　卷　清王夫之撰

　清湘鄉刊本　[74]・一・35

春秋世系一卷　不著撰人

　宋刊本　[14]・一下・67

春秋世學三十二卷　明豐坊撰

　抄本　[39]・乙・36

春秋萬三十卷　清韓洽撰

稿本　[46]・1

春秋權衡十七卷　宋劉敞撰

　宋刊本　[35]・下・36

　通志堂經解本　[74]・一・30

　[96]・十・188

　明抄本　[18]・上・3

　舊抄本　[91]・三・8

春秋權衡十七卷春秋意林二卷春

　秋傳十五卷　宋劉敞撰

　宋刊本　[14]・一下・68

春秋加減一卷　不著撰人

　宋刊本　[41]・三・8

春秋胡傳三十卷　宋胡安國撰

　宋刊本　[14]・一下・71

　[31]・30　[33]・經・

　31　[35]・下・47

　[36]・18　[93]・五・

　40　[94]・一・7

　宋豫章官學刊本　[2]・一・21

　宋慶元五年(1199)刊本

　[37]・一輯

　元刊本　[9]・後編・八・16、

　17　[48]・二輯上・23

　[89]・一集・一・56

　元刊小字本　[91]・三・10

　明刊本　[9]・後編・十二・

　13　[11]・八・16

　[75]・六・2

　明成化十八年(1482)徽州府刊

　本　[86]・二・25

　崇道堂刊本　[91]・三・11

　通行本　[96]・十・194

　朝鮮國刊本　[22]・二・6

　朝鮮咸宗朝乙亥字刊本

　[63]・圖版13

春秋胡傳三十卷通例一卷通旨一

　卷　宋胡安國撰

　宋刊本　[41]・三・15

春秋胡傳考誤一卷　明袁仁撰

　舊抄本　[75]・六・21

　[91]・三・22

春秋胡傳纂疏三十卷

　見《春秋胡氏傳纂疏》

春秋胡氏傳辨疑二卷　明陸粲撰

舊抄本　[91]・三・22

春秋胡氏傳疏三十卷

　見《春秋胡氏傳纂疏》

春秋胡氏傳纂疏三十卷　元汪克

　寬撰

　元刊本　[8]・經三・75

　[22]・二・7　[32]・

　二・7　[34]・二・4

　[35]・上・31　[35]・

　下・2、3　[74]・一・34

　[92]・二・14　[93]・

　五・44　[94]・一・14

　[97]・一・10　[102]・

　上・7

　元黑口刊本　[4]・5

　元建刊本　[2]・一・22

　元至正刊本　[16]・續・一・

　3　[38]・經・34

　刊本　[39]・乙・34

　影元刊本　[91]・三・20

春秋穀梁正義一卷　清梅毓撰

　稿本　[59]・一・6

春秋穀梁疏十二卷

　見《春秋穀梁傳疏》

春秋穀梁經傳范寧集解十二卷

　見《春秋穀梁傳》

春秋穀梁傳十二卷　周穀梁赤撰

　明嘉靖張鳳翼刊無注本

　[17]・一・6

春秋穀梁傳十二卷　晉范寧集解

　北宋國子監刊本　[7]・中・1

　宋刊本　[14]・一下・60

　[15]・1　[22]・二・6

　[35]・下・1　[41]・

　三・2、3　[58]・經・48

　[76]・一・30　[93]・

　五・34　[94]・一・6

　宋建安余仁仲校刊本　[5]・

　佚文・5

　南宋國子監刊本　[7]・下・1

　宋刊修補本　[75]・六・3

　明刊本　[91]・三・6

　明萬曆刊本　[92]・一・12

　刊本　[89]・一集・一・61

臨惠氏校宋余仁仲刊本
　　[16]・五・3
日本影宋刊本　[75]・六・4
春秋穀梁傳疏十二卷　唐楊士勛
　撰
　北宋國子監刊本　[7]・中・6
　宋刊本　[41]・三・4
　南宋國子監刊本　[7]・下・2
　宋抄本　[23]・36
　影宋抄本　[35]・附・5
　抄本　[16]・五・4　[93]・
　　五・35
春秋穀梁傳集解十二卷
　見《春秋穀梁傳》
春秋穀梁傳注疏二十卷　晉范寧
　集解、唐楊士勛疏、陸德明音義
　宋刊本　[14]・五上・519
　宋監本　[9]・一・13、14
　　[9]・後編・三・11,12
　　[17]・一・6　[35]・
　　上・26　[38]・經・32
　　[43]・一・16　[48]・
　　一輯・17　[93]・五・
　　36　[94]・一・7
　　[98]・40
　宋刊十行本　[11]・八・3
　　[91]・三・6
　南宋刊本　[4]・2
　明刊本　[1]・上・3　[9]・
　　七・11
　明刊九行本　[11]・八・3
　　[75]・六・4
　明閩刊本　[60]・一・18
　　[91]・三・6
　明嘉靖李元陽刊本　[12]・
　　四・3　[32]・二・7
　汲古閣刊本　[74]・一・29
　清武英殿刊十三經注疏本
　　[96]・十・184
　清姚世鈺校汲古閣刊本　[2]・
　　一・21
　校刊本　[99]・上・1
春秋穀梁傳時月日書法解例一卷
　清許桂林撰

粵雅堂刊本　[74]・一・36
春秋穀梁注疏二十卷
　見《春秋穀梁傳注疏》
春秋事義全考十二卷　明姜寶撰
　刊本　[39]・乙・38
春秋事義全考十六卷　明姜寶撰
　明刊本　[91]・三・22
春秋事義慎考十四卷　清姜兆錫
　撰
　清刊本　[39]・乙・50
春秋摘微四卷　唐盧仝撰
　宋刊本　[14]・一下・65
春秋本旨二十卷　宋洪興祖撰
　宋刊本　[41]・三・15
春秋本例二十卷　宋崔子方撰
　通志堂經解本　[74]・一・31
　　[96]・十・192
春秋本義三十卷　元程端學撰
　元刊本　[98]・40
春秋本義三十卷綱領一卷　元
　程端學撰
　通志堂經解本　[74]・一・33
　　[96]・十・203
春秋本義三十卷春秋辨疑二十卷
　春秋或問十卷　元國史院編
　瓶花齋抄本　[39]・乙・33
春秋春王正月考一卷　明張以寧
　撰
　明刊本　[11]・九・19
　通志堂刊本　[74]・一・34
春秋春王正月考一卷辨疑一卷
　明張以寧撰
　明正統元年(1436)刊本
　　[78]・算學書錄補注・95
　刊本　[5]・一上・20
　通志堂經解本　[96]・十一・
　　211
春秋指南二卷　宋張根撰
　宋刊本　[41]・三・15
春秋指南十卷　宋張根撰
　宋刊本　[14]・一下・73
春秋折衷論三十卷　唐陳岳撰
　宋刊本　[14]・一下・66
　　[41]・三・8

春秋揆　明黃道周撰
　刊本　[39]・乙・43
春秋括例始末左傳句讀直解七十
　卷　宋林堯叟注
　宋刊本　[43]・一・8
　　[57]・6　[88]・一・9
　　[96]・十・201
　宋刊黑口本　[4]・5
　元刊本　[11]・八・16
　　[16]・五・12　[34]・
　　二・3　[35]・下・20、
　　21　[58]・元・13
　　[60]・一・15　[93]・
　　五・42
　元建刊本　[2]・一・20
　元末明初刊本　[92]・一・14
　刊本　[89]・一集・一・55
　朝鮮國刊本　[22]・二・4
　朝鮮國大字刊本　[22]・二・5
　日本國刊本　[75]・六・17
春秋或辨一卷　清許之獬撰
　藝海珠塵本　[96]・十一・225
春秋或問十卷　元程端學撰
　通志堂經解本　[74]・一・33
　　[96]・十・204
　舊抄本　[11]・九・4
春秋或問二十卷　宋呂大圭撰
　元刊本　[15]・2
春秋或問二十卷附春秋五論一卷
　宋呂大圭撰
　通志堂經解本　[74]・一・32
　　[96]・十・200
春秋輯傳二十三卷　明王樵輯
　商邱宋氏抄本　[39]・乙・38
春秋提綱十卷　元陳則通撰
　通志堂經解本　[74]・一・33
　　[96]・十・202
春秋邦典二卷　唐既濟撰
　宋刊本　[41]・三・11
春秋口義五卷　宋胡翼之撰
　宋刊本　[41]・三・9
春秋日南至譜一卷　清成蓉鏡撰
　南菁書院本　[78]・算學書錄
　　補注・95

春秋日食集證　清馮澂撰
　　商務印書館排印本　[78]·補
　　遺·19
春秋日食質疑一卷　清吳守一撰
　　借月山房彙抄本　[78]·算學
　　書録補注·95　　[96]·
　　十一·229
春秋四傳三十八卷　晉杜預注、
宋胡安國傳
　　明仿元刊本　[91]·三·20
　　明杜尊刊本　[75]·六·1
　　明嘉靖福建刊本　[74]·一·33
春秋四傳糾正一卷　明俞汝言撰
　　抄本　[39]·乙·42　　[91]·
　　三·25
春秋四傳通解十二卷　明陳士芳
輯
　　刊本　[39]·乙·41
春秋因是三十卷　明梅之焜撰
　　刊本　[39]·乙·41
春秋圖說不分卷　不著撰人
　　宋刊本　[31]·19
　　曝書亭抄本　[39]·乙·45
春秋圖說年表一卷　不著撰人
　　明刊本　[60]·一·15
春秋明志録十二卷　明熊過撰
　　抄本　[39]·乙·37
　　精抄本　[91]·三·22
春秋啖趙二先生集傳纂例十卷
唐陸淳纂
　　元刊本　[35]·上·29
　　抄校本　[91]·三·7
　　舊抄本　[16]·五·5　　[96]·
　　十·186
春秋啖趙二先生集傳纂例十卷辨
疑十卷　唐陸淳纂
　　刊本　[5]·一上·17
春秋啖趙纂例十卷
　　見《春秋啖趙二先生集傳纂例》
春秋臆說四卷　清吳啓崐撰
　　清康熙五十九年(1720)刊本
　　[74]·一·36　　[102]·
　　上·12
春秋原經四十卷　清王心敬撰

清刊本　[39]·乙·49
春秋臣傳三十卷
　　見《春秋列國諸臣傳》
春秋長曆一卷　晉杜預撰
　　戴氏遺書本　[78]·補遺·5
春秋長曆四卷　清陳厚耀撰
　　舊抄本　[102]·下·3
春秋長曆十卷　清陳厚耀撰
　　抄本　[74]·一·35
春秋屬辭十五卷　元趙汸撰
　　元刊本　[9]·後編·八·18
　　[11]·九·8　　[12]·
　　二·1　　[75]·六·18
　　[87]·一·11　　[91]·
　　三·18　　[92]·一·15
　　元刊小字本　[43]·一·31
　　舊刊本　[20]·一·10
　　通志堂經解本　[74]·一·33
　　[96]·十·206
春秋屬辭十八卷　元趙汸撰
　　元刊本　[28]·續·三·16
　　[35]·下·37
春秋屬辭二十五卷春秋左氏傳補
注十卷春秋師說二卷　元趙汸
撰
　　明洪武元年(1368)海寧商山義
　　塾校刊本　[32]·二·4
　　[60]·一·16
春秋屬辭十五卷春秋左氏傳補注
十卷春秋師說三卷　元趙汸撰
　　元刊本　[38]·經·34
　　[93]·五·44
春秋屬辭辨例編六十卷　清張應
昌撰
　　清刊本　[88]·續·3
春秋屬辭比事記四卷　清毛奇齡
撰
　　西河全書本　[74]·一·35
　　[96]·十一·220
春秋闕疑四十五卷
　　見《春秋經傳闕疑》
春秋闕如編八卷　清焦袁熹撰
　　世春堂刊本　[96]·十一·221
春秋闡義十二卷　明曹學佺撰

刊本　[39]·乙·40
春秋貫玉四卷　明顏鯨撰
　　刊本　[39]·乙·43
春秋金鑰一卷
　　見《春秋金鎖匙》
春秋金鎖匙一卷　元趙汸撰
　　刊本　[5]·一上·20
　　微波榭刊本　[74]·一·34
　　學津討原本　[96]·十·209
　　清吳兔牀校抄本　[2]·一·23
　　影元刊本　[91]·三·19
　　明抄本　[32]·二·4
　　二老閣抄本　[39]·乙·34
　　抄本　[20]·一·10
　　[75]·六·19
春秋分紀九十卷　宋程公説撰
　　宋刊本　[9]·一·15
　　[14]·五上·530
　　[41]·三·20
　　孫淵如嚴鐵橋校抄本　[30]·
　　六·3
　　影宋抄本　[28]·續·三·9
　　[35]·附·3
　　舊抄本　[74]·一·31
　　[102]·下·2
　　精抄本　[91]·三·15
春秋分紀九十卷附例要　宋程公
說撰
　　舊抄本　[11]·八·23
　　[16]·五·7
春秋分年繫傳表一卷　清翁方綱
撰
　　蘇齋叢書本　[78]·算學書録
　　補注·95
春秋尊王發微十二卷　宋孫復撰
　　宋刊本　[14]·一下·67
　　通志堂刊本　[74]·一·30
　　影宋本　[28]·續·二·17
　　[35]·下·46
　　影抄本　[5]·一上·18
　　[20]·一·9
　　盧抱經抄本　[91]·三·7
　　舊抄本　[11]·八·5
　　[75]·六·5

春秋尊王發微十五卷　宋孫復撰
　　宋刊本　[41]・三・9
春秋年考　不著撰人
　　抄本　[39]・乙・45
春秋年表一卷　不著撰人
　　抄本　[74]・一・30
春秋義存錄十二卷　清陸奎勳撰
　　清刊本　[39]・乙・49
　　[96]・十一・225
春秋合傳十二卷　清高自卑輯
　　舊抄本　[75]・六・22
春秋會通十六卷　明饒秉鑑撰
　　明刊本　[32]・二・6
春秋會義二十六卷　宋杜諤撰
　　宋刊本　[14]・一下・66
　　[41]・三・11
　　孫氏刊本　[75]・六・5
春秋會義四十卷　宋杜諤撰
　　抄本　[91]・三・8
春秋公羊疏三十卷
　　見《春秋公羊傳疏》
春秋公羊經何氏釋例十二卷
　　清劉逢祿撰
　　清原刊本　[96]・十一・233
春秋公羊經傳解詁十二卷
　　見《春秋公羊傳解詁》
春秋公羊傳十二卷
　　見《春秋公羊傳解詁》
春秋公羊傳二十卷　周公羊高撰
　　明刊本　[91]・三・5
　　明嘉靖張鳳翼刊無注本
　　　[17]・一・6
　　莫伯驥校明刊本　[8]・經三・
　　74
春秋公羊傳疏三十卷　唐徐彥撰
　　北宋國子監刊本　[7]・中・6
　　宋刊本　[14]・一下・64
　　[33]・經・24　[41]・
　　三・4
　　南宋國子監刊本　[7]・下・2
　　宋刊元修本　[68]・圖版29、
　　目錄12
春秋公羊傳解詁十二卷　漢何休
　　撰

北宋國子監刊本　[7]・中・1
宋刊本　[9]・一・12
　　[33]・經・22　[35]・
　　下・1　[41]・三・1、2
　　[58]・經・45　[93]・
　　五・14　[94]・一・6
宋紹熙二年(1191)余仁仲萬卷
　　堂刊本　[50]・一・7
　　[68]・圖版169、170、目錄
　　36
南宋國子監刊本　[7]・下・1
宋刊修補本　[75]・六・2
汪氏仿宋刊本　[75]・六・3
刊本　[89]・一集・一・59
臨何氏校宋余仁仲刊本　[16]・
　　五・2
舊抄本　[22]・二・5
春秋公羊傳解詁十二卷　漢何休
　　撰　釋文一卷　唐陸德明撰
　　北宋刊本　[5]・一上・22
　　宋刊本　[14]・一下・60
宋淳熙撫州公使庫刻紹熙四年
　　(1193)重修本　[38]・經・
　　31　[68]・圖版138、
　　139、目錄31
春秋公羊傳注十二卷
　　見《春秋公羊傳解詁》
春秋公羊傳注疏二十八卷　漢何
　　休解、唐徐彥疏、陸德明音義
　　宋刊本　[9]・一・11
　　[17]・一・6　[32]・
　　二・7　[43]・一・15
　　[48]・一輯・15　[58]・
　　經・47　[93]・五・
　　23
宋刊十行本　[11]・八・3
　　[91]・三・5
宋監本　[35]・上・25
南宋黑口本　[4]・2
宋刊明補本　[94]・一・6
元刊本　[22]・二・5
明刊本　[34]・附・一・5
明刊九行本　[11]・八・3
　　[75]・六・3

明閩刊本　[60]・一・17
明嘉靖李元陽刊本　[12]・
　　四・2
明萬曆二十一年(1593)國子監
　　刊本　[86]・二・5
明汲古閣刊本　[17]・一・6
　　[74]・一・29　[75]・
　　六・3
清武英殿十三經注疏本　[96]・
　　十・183
汲古閣刊校宋本　[91]・三・5
清姚世鈺校汲古閣刊本　[2]・
　　一・21
校本　[93]・五・34
春秋公羊注疏二十八卷
　　見《春秋公羊傳注疏》
春秋鈞元　明石光霽撰
　　抄本　[39]・乙・35
春秋錄疑初稿十二卷　明趙恒撰
　　天一閣抄本　[39]・乙・37
春秋朔閏至日考三卷朔閏表一卷
　　日食辨正一卷　清王韜撰
　　鉛印本　[78]・算學書錄補
　　注・95
春秋朔閏異同二卷　清羅士琳撰
　　南菁書院本　[78]・算學書錄
　　補注・95
春秋簡書刊誤二卷　清毛奇齡撰
　　西河全書本　[74]・一・35
　　[96]・十一・220
春秋管窺十二卷　清徐廷垣撰
　　抄本　[39]・乙・50
春秋管見八卷　瞿修齡撰
　　舊抄本　[32]・二・7
春秋繁露十七卷　漢董仲舒撰
　　宋刊本　[9]・後編・三・12
　　[14]・一下・62
　　[27]・6　[41]・三・5
　　明初黑口本　[26]・二・2
　　明刊本　[17]・一・6　[38]・
　　經・37
　　明王道焜刊本　[91]・三・26
　　明正德十一年(1516)錫山華堅
　　蘭雪堂活字本　[11]・九・

19　[16]·續·一·3
[28]·續·三·18
[68]·圖版611、目錄98
[72]·5　[86]·九·5
[93]·五·45
明嘉靖刊本　[75]·六·23
聚珍刊本　[74]·一·36
刊本　[36]·19
校明嘉靖刊本　[30]·七·1
校　[50]·一·8　[65]·
續·一·1
影宋抄本　[38]·經·36
春秋繁露注十七卷　清凌曙撰
蜚雲閣刊本　[96]·十一·236
春秋繁露求雨止雨直解一卷　明
宋應昌撰
抄本　[71]·子·五行家·1
春秋纂言十二卷　元吳澄撰
刊本　[39]·乙·33
春秋纂言十二卷總例五卷　元吳
澄撰
舊抄本　[16]·五·12
春秋纂言十二卷總例七卷　元吳
澄撰
元刊本　[58]·元·14
[93]·五·43　[94]·
一·13
明抄本　[11]·九·2
[28]·續·三·12
[91]·三·17
春秋纂疏三十卷　不知撰人
元刊本　[58]·元·17
春秋纂例十卷
見《春秋集傳纂例》
春秋類編不分卷
見《春秋左傳類編》
春秋類編三十二卷　明秦鏞撰
刊本　[39]·乙·40
春秋類對賦一卷
見《春秋經傳類對賦》
春秋類事始末五卷　宋章冲撰
宋刊本　[41]·三·19
31春酒堂文集一卷詩集一卷
見《春酒堂文稿》

春酒堂文稿二卷　明周容撰
抄本　[39]·癸下·51
[71]·集·明別·120
32春浮園文集二卷詩集一卷春浮園
偶錄二卷南歸日錄一卷汴遊錄
一卷日涉錄一卷蕭齋日記一卷
大乘起信論解一卷　明蕭士瑋
撰
刊本　[39]·癸下·30
[71]·集·明別·109
春浮園集八卷　明蕭士瑋撰
明刊本　[60]·七·12
34春渚紀聞十卷　宋何遠撰
宋刊本　[35]·上·19
[41]·十一·17
津逮秘書本　[74]·三·52
學津討原本　[96]·五十六·
1114
校宋本　[50]·五·49
[65]·續·三·48
毛子晉校宋明抄本　[28]·八·9
吳枚菴校明抄本　[50]·五·51
明影宋抄本　[38]·子·50
明抄本　[11]·五十七·13
[17]·三·26　[54]·
四·5
明范氏天一閣抄本　[2]·三·
27
抄本　[75]·四十三·12
44春草齋集三卷　明安汜撰
刊本　[71]·集·歷代帝王
別·4
春草齋集十卷　明烏斯道撰
舊抄本　[17]·四·37
春草齋集十二卷　明烏斯道撰
明刊本　[75]·六十一·11
春草齋集五卷附錄一卷　明烏斯
道撰
刊本　[71]·集·明別·17
春草閒房存稿　不知撰人
校抄本　[57]·280
47春柳鶯四卷　清人撰
坊刊本　[69]·四·138
67春明退朝錄三卷　宋宋敏求撰

宋刊本　[11]·五十七·4
[14]·三下·254
[17]·三·25　[35]·
下·26　[41]·五·34
[58]·子·89
元刊明印本　[26]·三·30
明刊本　[17]·三·25
明翻宋百川學海本　[59]·
二·13
百川學海本　[96]·五十六·
1104
校宋本　[93]·十六·17
舊抄本　[39]·丁·52
[59]·二·12　[75]·
四十三·5
春明退朝錄五卷　宋宋敏求撰
宋刊本　[14]·五上·596
春明夢餘錄七十卷　清孫承澤撰
古香齋袖珍本　[96]·五十七·
1146
舊抄本　[74]·三·57
春照齋集十卷詞二卷　明王好問
撰
刊本　[39]·癸上·58
74春陵圖志十卷　宋章穎撰
宋刊本　[41]·八·29
77春風堂隨筆一卷　明陸深撰
儼山外集本　[96]·六十五·
1287
春卿遺稿一卷　宋蔣堂撰
刊本　[39]·壬·2
影抄明天啓七年(1627)廿世孫
蔣鑛輯本　[59]·六·15
舊抄本　[11]·七十三·9
[17]·四·14　[32]·
十一·1　[57]·235
[71]·集·宋別·20
[74]·四·13　[75]·
五十三·17　[91]·
二十六·10　[102]·
下·29
92春燈謎二卷　明阮大鋮撰
刊本　[64]·續·107
春燈迷史十回　題青陽野人編坊

刊本　[69]・四・160

5073₂ 表

00表度説一卷　明西洋熊三拔撰
　天學初函本　[78]・子・天文
　類・545　　[78]・算學
　書録補注・88　　[96]・
　四十四・823

07表記集傳二卷　明黃道周撰　附
　春秋問業一卷　不著撰人
　石齋九種本　[74]・一・25
　[96]・五・80

22表制集六卷　唐釋不空撰
　刊本　[76]・十四・17

50表忠崇義録　清陳化成撰
　清刊本　[74]・二・29

60表異録二十卷
　見《名句文身表異録》

88表算日食三差一卷　清徐有壬撰
　務民義齋算學本　[78]・算學
　書録補注・86
　白芙堂算學叢書本　[78]・算
　學書録補注・88

5080₆ 責

24責備餘談二卷　明方鵬撰
　刊本　[39]・戊・83　[71]・
　子・儒家・18
　知不足齋叢書本　[96]・
　三十五・650

貴

10貴耳集一卷二集一卷三集一卷
　宋張端義撰
　津逮祕書本　[74]・三・54
　[96]・五十六・1124
　抄本　[5]・三上・35
　[75]・四十四・8
　貴州諸夷圖一卷　不著撰人
　抄本　[5]・二下・18

32貴州通志十二卷　明張道編
　明刊本　[92]・二・61
　貴州通志三十六卷　清范承勳等
　撰

清刊本　[71]・史・地志・7

貴州通志四十六卷　清鄂爾泰等
　纂
　清乾隆六年(1741)刊本
　[74]・二・45

貴州圖經新志　明趙瓚、王佐纂
　修
　明弘治貴陽刊本　[68]・圖版
　388、目録68

5090₀ 未

00未齋雜釋一卷　明黎久撰
　抄本　[39]・己・55

77未學菴詩稿十卷　清錢謙貞撰
　舊抄本　[92]・四・184
　未學菴集十卷　明錢履撰
　刊本　[74]・續增・集・12

未

56耒耜經一卷　唐陸龜蒙撰
　説郛本　[96]・四十・731
　津逮祕書本　[74]・三・14

5090₂ 棗

10棗下小集一卷　不知撰人
　原刊本　[84]・二・36

30棗窗閒筆一卷　清裕瑞撰
　稿本　[69]・四・125

44棗林雜俎不分卷　明談遷撰
　國學扶輪社鉛印本　[85]・
　二十一・939
　舊抄本　[38]・子・54
　[39]・丁・44　　[85]・
　二十一・939　[96]・
　五十七・1148

棗林雜俎三卷　明談遷撰
　舊抄本　[32]・三・21

棗林詩集　明談遷撰
　評點本　[20]・五・37

棗林外索不分卷　明談遷撰
　舊抄本　[20]・四・20

棗林外索二卷　明談遷撰
　舊抄本　[74]・三・57
　[102]・下・21

5090₃ 素

10素王紀事　明李郁輯
　刊本　[39]・戊・8
　舊抄本　[74]・二・65
　[102]・下・12

素王事記通制孔子廟記一卷　不
　著撰人
　影元抄本　[58]・元・59

素靈微蘊四卷　清黃元御撰
　清乾隆刊本　[79]・子・醫家
　類・341

27素修堂詩集二十四卷後集六卷補
　遺一卷　清吳蔚光撰
　清嘉慶十六年(1811)刊本
　[26]・十三・24

44素蘭集一卷　翁孺安撰
　抄本　[59]・七・19

素菴醫要十五卷　宋陳沂撰
　明嘉靖刊本　[79]・子・醫家
　類・510　　[88]・四・9

48素翰堂集八卷　明徐來復撰
　刊本　[39]・癸下・24

50素書一卷
　見《黃石公素書》

51素軒集十二卷　明沐昂撰
　明刊本　[91]・三十六・1

60素園石譜四卷　明林有麟撰
　原刊本　[96]・五十・997
　刊本　[39]・庚・39
　[71]・子・雜藝術・2

素園遺書十八卷　明葉廷秀撰
　清道光四年(1824)濮州尊經閣
　刊本　[85]・十九・873

素園存稿十八卷　明方宏體撰
　刊本　[39]・癸下・10

77素風堂彙編瞿張兩先生浩氣吟一
　卷　清瞿昌文編
　張忠烈公遺集附刻本　[85]・
　十九・868

素履子一卷　唐張弧撰
　明天一閣刊本　[17]・三・4

素履子三卷　唐張弧撰
　明嘉靖刊本　[11]・三十九・

10
刊本 [39]·己·1
函海本 [74]·三·3
[96]·三十六·672
素問病機氣宜保命集三卷 金劉
完素撰
元刊本 [9]·後編·十·2
坊刊本 [74]·三·18
醫統正脈本 [96]·四十二·
767
素問六氣玄珠密語十七卷
見《玄珠密語》
素問靈樞類纂約注三卷 清汪昂
撰
延禧堂刊本 [96]·四十三·
799
素問靈樞類纂約注九卷 清汪昂
撰
清咸豐元年(1851)同文堂刊本
[79]·子·醫家類·339
素問元機原病式一卷 金劉完素
撰
醫統正脈本 [96]·四十二·
765
素問元機原病式二卷 金劉完素
撰
明刊本 [32]·六·22
素問要旨論八卷 金劉守真撰、
馬宗素編
金刊本 [58]·子·43
元刊本 [11]·四十七·1
[28]·續·九·18
[35]·下·55
影抄元本 [93]·十四·23
素問集注九卷靈樞集注九卷 清
張志聰撰
清康熙刊本 [79]·子·醫家
類·339
素問懸解十三卷 清黃元御撰
清乾隆刊本 [79]·子·醫家
類·340
素問吳注二十四卷 明吳崑撰
明萬曆刊本 [79]·子·醫家
類,338

素問釋義十卷 清張琦撰
清道光十年(1830)宛鄰書屋叢
書本 [79]·子·醫家類·
341
素問注證發微九卷靈樞注證發微
九卷補遺一卷 明馬蒔撰
明萬曆十四年(1586)刊本
[79]·子·醫家類·338
素問直解九卷
見《黃帝內經素問直解》
素問校義一卷 清胡澍撰
滂喜齋叢書本 [79]·子·醫
家類·341
素問抄補正十二卷 明丁瓚撰
明刊本 [79]·子·醫家類·
338
素問抄補正十二卷附診家樞要一
卷 明滑壽撰
刊本 [39]·庚·87
素問圖解要旨論八卷
見《素問要旨論》
素問入式運氣論奧三卷 宋劉溫
舒撰
宋刊本 [14]·後志·二·866
元刊本 [38]·子·17
[43]·三·36 [71]·
子·醫家·3
刊本 [92]·三·83
素問入式運氣論奧三卷附黃帝內
經素問遺篇一卷 宋劉溫舒撰
宋末麻沙刊本 [79]·子·醫
家類·334
元刊本 [11]·四十五·19
明成化刊本 [91]·十六·13
刊本 [1]·上·18

5090₄ 秦

07秦詞正譌二卷 明秦時雍撰、練
子鼎輯
明嘉靖四十年(1561)刊本
[64]·續·122
10秦王貢奉錄二卷 宋錢惟演撰
宋刊本 [41]·七·9
25秦傳玉璽譜一卷 不著編者

宋刊本 [41]·五·28
28秦併六國平話三卷 不著撰人
元刊本 [69]·一·2
[77]·一·14
34秦漢文四卷 胡纘宗編
明刊本 [57]·324
秦漢文抄十二卷 明馮有翼編
明刊本 [9]·後編·二十·3
秦漢瓦圖記 清朱楓撰
清原刊本 [96]·三十四·631
秦漢瓦當記四卷附補遺 清朱楓
撰
不著版本 [34]·附·一·14
秦漢書疏十八卷 不知撰人
明刊本 [32]·四·5
秦漢印譜不分卷 清程從龍編
師意齋刊本 [96]·四十九·
972
秦漢印統八卷 明羅王常編
明刊本 [9]·八·41
[84]·三·4
明長洲龔善長刊本 [12]·
三·10
秦漢印存不分卷 清馬撝葊編
清馬撝葊鈐本 [2]·二·52
秦邊紀略五卷 不著撰人
舊抄本 [74]·二·52
[102]·下·11
40秦校書詩一卷 唐秦系撰
明翻宋本 [60]·六·19
42秦韜玉集一卷 唐秦韜玉撰
宋刊本 [41]·十九·24
秦韜玉投知小錄三卷 唐秦韜玉
撰
宋刊本 [14]·四中·404
[41]·十六·29
45秦樓月 清朱彝撰
清康熙文喜堂刊本 [68]·圖
版723、724、目錄114
50秦中歲時記一卷 唐李綽撰
宋刊本 [14]·後志·二·831
[41]·六·21
60秦蜀驛程後記二卷 清王士禎撰
清刊本 [71]·史·地志·79

漁洋山人著述本　[96]・二十
　　四・507
72宋隱君集一卷　唐秦系撰
　　宋刊本　[41]・十九・6
　　　[58]・集・44
　　明翻宋本　[60]・六・19
　　影抄宋本　[93]・十九・17
秦氏女訓　不著撰人
　　抄本　[39]・戊・8
秦氏書目一卷　不著撰人
　　宋刊本　[41]・八・9
90秦少游蠶書一卷
　　見《蠶書》

5090₆　東

00東亭詩選二卷　清董潮撰
　　清刊本　[71]・集・國朝別・
　　43
東雍耆舊傳三卷後集一卷　謝旻
　　振撰
　　清康熙刊本　[85]・十七・773
東齋記十卷
　　見《東齋記事》
東齋記事十卷　宋范鎮撰
　　宋刊本　[14]・三下・253
　　　[41]・十一・13
東齋記事五卷補遺一卷　宋范鎮
　　撰
　　墨海金壺本　[96]・六十四・
　　1261
　　抄本　[75]・四十六・14
　　文瀾閣傳抄本　[16]・二十七・
　　1
東方先生類語十六卷　明朱維陛
　　輯
　　刊本　[39]・戊・10
東方朔占書三卷　題漢東方朔撰
　　抄本　[39]・庚・68
東廓文集十二卷　明鄒守益撰
　　刊本　[39]・癸上・36
東度記二十卷　題清齗道人撰
　　明萬卷樓刊本　[69]・五・173
東京記三卷　宋宋敏求撰
　　宋刊本　[14]・二下・161

[41]・八・16
東京夢華錄十卷　宋孟元老撰
　　宋刊本　[35]・上・10
　　元刊本　[11]・三十四・3
　　　[28]・四・14　　[35]・
　　下・47　　[50]・三・32
　　　[58]・元・54　　[72]・
　　17
　　明弘治十七年(1504)重刊宋本
　　　[17]・二・18　　[57]・
　　114　　[86]・一・41
　　刊本　[5]・二下・9
　　津逮祕書本　[74]・二・56
　　抄配元本　[33]・附・2
　　校宋舊抄本　[50]・三・31
　　　[65]・續・二・16
　　校元本　[50]・三・32
　　　[65]・續・二・18
　　校汲古閣本　[61]・五・2
　　常秋崖校抄本　[30]・六・18
　　影元抄本　[38]・史・74
　　舊抄本　[11]・三十四・7
　　　[75]・二十七・17　　[93]・
　　十一・17
07東郊草堂集抄不分卷　清張壇撰
　　清刊本　[71]・集・國朝別・
　　11
東調珍珠塔傳
　　見《珍珠塔傳》
東調大雙蝴蝶　不著撰人
　　清刊本　[68]・圖版585、目錄
　　95
10東平集二十七卷　宋鼂豊撰
　　宋刊本　[41]・二十・20
東石講學錄十一卷　明王寅撰
　　刊本　[39]・己・12
東西兩晉演義志傳十二卷　明人
　　撰
　　明三台館原刊本　[69]・二・
　　40
東西晉演義十二卷　明人撰
　　明武林刊本　[69]・二・40
　　明三台館刊本　[69]・二・40
　　明萬曆四十年(1612)周氏大業

堂刊本　[69]・二・39
東西漢傳十卷　鍾伯敬評
　　清初刊本　[77]・附・233
東西漢演義十六卷　不著撰人
　　通行大字本　[69]・九・219
東西洋考十二卷　明張燮撰
　　明刊本　[91]・十二・20
　　明萬曆四十六年(1618)刊本
　　　[74]・二・59　　[75]・
　　二十八・21　　[102]・
　　上・18
　　刊本　[39]・戊・71
　　　[71]・史・地志・57
東西洋考每月統計傳　不著編者
　　清道光十三年(1833)廣州刊本
　　　[68]・圖版578、579、目錄
　　94
東晉疆域志四卷　清洪亮吉撰
　　清刊本　[74]・二・3
東晉南北朝輿地表二十四卷　不
　　著撰人
　　舊抄本　[32]・四・25
11東北邊務輯要　清曹廷傑撰
　　稿本　[60]・三・9
12東水質疑六卷　明胡袞撰
　　明刊本　[75]・三十一・18
20東維子文集三十卷附錄一卷　元
　　楊維禎撰
　　元刊本　[87]・三・3
　　元至正刊本　[2]・五・13
　　明刊本　[16]・三十四・43
　　　[50]・九・33　　[65]・
　　五・45　　[71]・集・元
　　別・22
　　刊本　[39]・壬・71
　　舊抄本　[11]・一百零九・13
　　　[30]・四・37　　[91]・
　　三十四・35
　　傳抄本　[59]・七・13
21東征集六卷　清藍鼎元撰
　　清原刊本　[96]・七十一・
　　1412
東征集一卷北上集一卷　明人撰
　　刊本　[24]・集二・23

東征紀事一卷宦游逸草一卷奏疏
　詩文一卷年譜一卷　明宋應昌
　撰
　　吳石倉家抄本　［71］·集·明
　　別·99
東行百詠集句十卷附年譜一卷
　明陳循撰
　　明天順刊本　［91］·三十六·8
　　刊本　［39］·癸上·13
　　　［71］·集·明別·26
東行稿一卷　元劉必宏撰
　　刊本　［88］·五·43
22東崖先生集二卷
　見《王東崖集》
東山詩文選十卷　宋葛紹體撰
　　宋刊本　［14］·五下·685
東山詩集二卷　宋葛紹體撰
　　文瀾閣傳抄本　［11］·八十八·
　　21
東山詞一卷　宋賀鑄撰
　　宋刊本　［16］·三十六·7
　　　［35］·上·54　　［68］·
　　圖版60、61、目錄17
　　　［93］·二十四·6
東山先生集十二卷
　見《趙先生文集》
東山寓聲樂府三卷　宋賀鑄撰
　　宋刊本　［41］·二十一·5
東山寓聲樂府三卷補遺一卷
　宋賀鑄撰
　　舊抄本　［11］·一百十九·5
　　　［91］·四十·4
　　傳抄本　［32］·十六·6
東山存稿七卷
　見《東山薦稿》
東山薦稿七卷附錄一卷　元趙汸
　撰
　　明刊本　［74］·續增·集·7
　　清康熙重刊本　［71］·集·元
　　別·33
東山草堂近詩二卷　清翁世庸撰
　　清刊本　［71］·集·國朝別·46
東山國語　明查繼佐撰
　　四部叢刊三編本　［85］·九·

409
　　抄本　［85］·九·409
東樂軒集四卷　不知撰人
　　明刊本　［32］·十四·1
23東牟集十四卷　宋王洋撰
　　文瀾閣本　［12］·六·10
東岱山房詩江右稿二卷　明李氏
　撰
　　刊本　［71］·集·明別·77
東岱山房詩錄二卷　明李先芳撰
　　刊本　［39］·癸上·63
　　　［71］·集·明別·87
東岱山房稿二卷
　見《東岱山房詩錄》
26東臯雜記　不著撰人
　　抄本　［39］·己·85
東臯詩集十二卷　明秦鏐撰
　　刊本　［71］·集·明別·43
東臯子五卷
　見《東臯子集》
東臯子集三卷　唐王績撰
　　刊本　［99］·上·5
　　岱南閣本　［17］·四·3
　　朱竹君本　［17］·四·3
　　校本　［57］·225
　　抄校本　［52］·三·1
　　清孫星衍抄本　［2］·四·4
　　舊抄本　［5］·四上·8
　　　［16］·二十九·5
　　　［91］·二十四·1
　　　［93］·十九·10
東臯子集五卷　唐王績撰
　　宋刊本　［14］·四上·335
　　　［41］·十六·7
東臯子集三卷附錄一卷　唐王績
　撰
　　明刊校本　［52］·三·2
　　舊抄本　［11］·六十八·1
東臯印人傳　清黃學地撰
　　抄本　［74］·三·40
東臯錄一卷　明釋妙聲撰
　　抄本　［39］·壬·80
東臯錄三卷　明釋妙聲撰
　　明抄本　［11］·一百十一·7

東臯錄五卷　明釋妙聲撰
　　刊本　［71］·集·釋子·7
東吳水利考十卷　明王圻撰
　　刊本　［39］·丁·78
　　　［71］·史·地志·73
28東谿試茶錄一卷　宋宋子安撰
　　宋刊本　［11］·五十三·16
　　　［14］·三上·235
　　　［17］·三·12　　［75］·
　　四十·10
　　明刊本　［11］·五十三·18
　　　［17］·三·12
　　明華氏刊本　［91］·十八·6
　　百川學海本　［96］·五十·
　　1001
東谿詩稿六卷　宋許玠撰
　　宋刊本　［14］·五下·681
東谿詞一卷　宋高登撰
　　汲古閣抄本　［91］·四十·13
東谿子二十卷　不知撰人
　　刊本　［21］·一·37
東谿集十二卷
　見《高東谿先生文集》
東谿漫語　明曹煜撰
　　抄本　［39］·己·23
30東家雜記二卷　宋孔傳撰
　　宋刊本　［10］·17　　［14］·
　　後志·一·808
　　　［35］·上·34　　［41］·
　　五·37　　［50］·二·19
　　　［58］·史·65　　［68］·
　　圖版649、目錄104
　　　［93］·十·1　　［94］·
　　二·6
　　宋刊明印本　［32］·四·5
　　宋刊遞修本　［68］·圖版97、
　　目錄24
　　元覆宋本　［38］·史·46
　　刊本　［5］·二中·30
　　　［39］·戊·8
　　影宋精抄本　［3］·7　［11］·
　　二十六·1
　　　［17］·二·12　　［28］·
　　四·1　　［35］·附·3

[38]·史·46　　[91]·
九·1
舊抄本　[75]·二十一·3
　　[95]·一·24　　[96]·
二十二·443
述古堂精抄本　　[16]·續·
三·7
東家子十二卷　不知撰人
舊抄本　[51]·二·3
東宮備覽六卷　宋陳謨撰
明抄本　[11]·四十一·5
王氏舊抄本　[17]·三·5
小山堂抄本　[39]·丁·52
精抄本　[91]·十五·16
東窗集四十卷　宋張擴撰
宋刊本　[41]·十八·12
31東江疏揭塘報節抄八卷　明毛承
斗輯
明崇禎二年(1629)刊本
[85]·十八·780
東江集十卷　宋謝深甫撰
宋刊本　[41]·十八·31
東江集抄九卷　清沈謙撰
清刊本　[39]·癸下·41
東江集抄九卷別集五卷附錄一卷
清沈謙撰
清刊本　[71]·集·國朝別·
12
東源讀史　明田唯祐撰
刊本　[39]·戊·82
32東洲集二十卷　明崔同撰
刊本　[39]·癸上·41
東洲初稿十四卷　明夏良勝撰
明嘉靖刊本　[91]·三十七·2
刊本　[39]·癸上·21
東洲草堂詩二十七卷　清何紹基
撰
清刊本　[74]·續增·集·14
東洲枕上語一卷　宋施清臣述
抄本　[11]·六十四·2
[74]·三·46
東洲几上語一卷　宋施清臣述
抄本　[11]·六十四·1
[74]·三·46

東洲几上語一卷東洲枕上語一卷
宋施清臣撰
舊抄本　[71]·子·儒家·16
[74]·續增·子·8
[96]·五十三·1047
[102]·下·21
東浮集九卷　唐崔道融撰
宋刊本　[41]·十九·25
東巡金石錄六卷　不知撰人
刊本　[74]·二·76
33東浦詞一卷　宋韓玉撰
宋刊本　[41]·二十一·14
明抄本　[91]·四十·11
傳抄誦芬室抄本　[60]·七·
22
東浦草堂文集十六卷後集二卷詩
集二卷　清顧成天撰
抄本　[39]·癸下·51
34東漢文二十卷　明張采編
明刊本　[74]·四·65
[102]·上·35
東漢文紀三十一卷　清梅鼎祚輯
清刊本　[39]·辛·7
東漢文鑑二十卷　陳鑑編
元刊本　[35]·上·58
[93]·二十三·28
[94]·四·19
東漢文類三十卷　五代竇儼編
宋刊本　[14]·後志·二·908
東漢詔令十一卷　宋樓昉編
宋刊本　[41]·五·1
東漢詳節二十卷西漢詳節十八卷
宋呂祖謙編
宋刊本　[43]·二·26
東漢演義評八卷　不著撰人
善成堂刊本　[69]·二·29
東漢十二帝通俗演義十卷　明謝
詔撰
明萬曆金陵周氏大業堂刊本
[69]·二·29　　[77]·
三·82
東漢會要四十卷　宋徐天麟撰
宋刊本　[5]·二上·21
[13]·14　　[17]·二·

20　　[33]·史·59
[34]·一·23　　[38]·
史·83　　[74]·二·64
宋寶慶刊本　[2]·二·47
聚珍刊本　[74]·二·64
影宋抄本　[38]·史·83
抄本　[39]·丁·48
東漢精華　宋呂祖謙編
刊本　[89]·二集·四·13
36東澤綺語一卷　宋張輯撰
明抄本　[91]·四十·19
37東湖文集一卷詩集一卷　清汪士
通撰
清刊本　[71]·集·國朝別·
34
東湖集三卷　宋徐俯撰
宋刊本　[41]·二十·12
東湖奏疏三卷東湖吟稿二卷　明
吳廷舉撰
刊本　[71]·集·明別·76
東澗集十四卷　宋許應龍撰
傳抄閣本　[17]·四·26
文瀾閣傳抄　[11]·八十九·
1
東祀錄一卷　明李東陽撰
明正德刊本　[71]·集·明
別·38
38東海詩集四卷文集五卷
見《張東海詩集、文集》
東遊記二卷　明吳元泰撰
明書林余文台刊本　[69]·
五·170　　[77]·四·114
東遊記二十四章　清人撰
清初原刊大字本　[69]·四·
158
東遊集　明黃金撰
抄本　[39]·癸上·53
東遊集一卷鶴野詞一卷　王翰青
撰
舊抄本　[32]·十六·14
40東臺集十卷　宋毛滂撰
知不足齋舊抄本　[91]·
二十八·18
東臺縣志四十卷　清周在撰

清嘉慶二十二年(1817)刊本
　　[74]・二・48
東塘詩集十卷　明毛伯温撰
　　刊本　[39]・癸上・35
東塘集二十卷　宋袁説友撰
　　舊抄本　[60]・六・35
　　文瀾閣傳抄本　[11]・八十六・
　　10　　[16]・三十一・40
東塘日劄一卷
　　見《嘉定屠城紀略》
東南水利八卷　清沈愷曾輯
　　清刊本　[39]・丁・79
　　[71]・史・地志・74
東南水利略六卷　清凌介禧撰
　　清刊本　[74]・二・51
東南紀事十二卷西南紀事十二卷
　　清邵廷采撰
　　邵武徐氏叢書本　[85]・九・
　　458
　　中國内亂外禍叢書本　[85]・
　　九・458
東南紀聞三卷　不著撰人
　　墨海金壺本　[96]・六十五・
　　1281
　　舊抄本　[75]・四十七・27
　　[91]・二十一・14
東南進取輿地通鑑二十卷　宋趙
　　善譽撰
　　宋刊本　[65]・二・74
東南進取輿地通鑑三十卷　宋趙
　　善譽撰
　　宋刊本　[34]・一・18
　　[35]・下・38　　[50]・
　　三・10　　[74]・二・51
　　[102]・上・4
東南防守利便三卷　宋吕祉撰
　　明崇禎茅瑞徵刊本　[1]・上・
　　15
　　錢塘趙氏小山堂抄本　[39]・
　　丁・25
　　舊抄本　[93]・十一・13
東南防守利便三卷　宋陳克、吳
　　若撰
　　舊抄本　[16]・十七・3

[74]・二・52　　[102]・
　　下・10
41東垣珍珠囊二卷　明李景撰
　　刊本　[39]・庚・89
東垣先生試效方九卷　金李杲撰
　　元刊本　[79]・子・醫家類・
　　499　　[96]・四十二・
　　770
　　明刊本　[22]・補遺・71
東垣先生蘭室祕藏三卷
　　見《蘭室祕藏》
東垣十書十種十九卷　金李杲撰
　　明嘉靖八年(1529)遼藩博文堂
　　刊本　[86]・四・21
東垣十書脾胃論三卷
　　見《脾胃論》
東坪詩集八卷　清胡慶豫撰
　　清刊本　[39]・癸下・58
43東城雜記二卷　清厲鶚撰
　　粤雅堂刊本　[74]・二・58
　　先君子校本　[20]・四・23
　　稿本　[91]・十二・17
　　抄本　[53]・一・19　　[71]・
　　史・地志・44
東越正學録十六卷　明周汝登撰
　　刊本　[39]・癸下・14
44東坡應詔集十卷　宋蘇軾撰
　　明嘉靖刊本　[12]・四・15
東坡文集四十卷　宋蘇軾撰
　　宋刊本　[15]・1　　[22]・
　　六・23　　[30]・一・9
　　[33]・集・35　　[35]・
　　上・52　　[58]・集・109
　　[68]・圖版154、目録34
　　[70]・八上・20
　　宋眉山刊大字本　[2]・四・25
　　[67]・第五册・26
　　宋淳熙刊本　[2]・四・25
　　明嘉靖十三年(1534)江西布政
　　司刊本　[74]・四・18
　　[102]・上・29
東坡文集四十五卷　宋蘇軾撰
　　宋紹熙刊本　[90]・52
東坡文集四十二卷年譜一卷目録

一卷　宋蘇軾撰
　　宋刊本　[41]・二十・5
東坡文集事略六十卷　宋蘇軾
　　撰、郎曄注
　　宋刊本　[16]・三十・19
　　[32]・十一・10
　　[33]・集・33　　[58]・
　　集・110
　　宋建刊本　[2]・四・25
　　宋末刊本　[44]・二・51
東坡詩話二卷　宋蘇軾撰
　　宋刊本　[14]・三下・258
東坡詩集　宋蘇軾撰
　　元刊本　[35]・下・34
東坡詩集二十五卷　宋蘇軾撰、
　　王十朋注
　　宋刊本　[9]・後編・六・22、
　　23　　[17]・四・18
　　[22]・六・24、25　[29]・
　　三・9　　[33]・集・
　　38、41　　[35]・下・
　　14、33、44
　　[38]・集・42　　[55]・
　　六・14　　[70]・六・21
　　[71]・集・宋別・13
　　宋刊虞平齋本　[55]・四・6
　　南宋刊本　[90]・55
　　宋黄善夫家塾刊本　[68]・圖
　　版179、180、目録37
　　宋建安余氏萬卷堂刊本
　　[20]・五・12　　[90]・
　　56
　　宋末建安魏忠卿刊本　[90]・
　　53
　　元刊本　[1]・上・40
　　[9]・六・31　　[17]・
　　四・18　　[22]・六・25
　　[32]・十一・10　　[35]・
　　上・54　　[35]・下・
　　14、32　　[43]・四・43
　　[58]・元・110
　　[65]・五・20　　[87]・
　　三・11
　　元建刊本　[2]・四・26

元刊黑口本　[4]・28

舊刊覆元本　[22]・六・25

廬陵書堂刊本　[89]・一集・
十・29

刊本　[89]・二集・八・28

朝鮮咸宗朝甲寅字刊本　[63]・
圖版8

東坡詩集三十卷　宋蘇軾撰、王
十朋注

宋刊本　[11]・七十六・14

元刊本　[11]・七十六・19

[35]・下・34

明刊本　[75]・五十四・4

東坡詩集三十二卷　宋蘇軾撰、
王十朋注

宋刊本　[54]・六・7

宋建本　[54]・六・9

[55]・四・3

明刊本　[12]・三・20

[91]・二十七・16

明萬曆茅維孝刊本　[26]・
八・22

蕭奇中批明萬曆茅維孝刊本
[57]・239

清刊本　[71]・集・宋別・15

何義門評本　[20]・五・13

錄查初白評點本　[84]・二・
29

東坡詩集四十二卷　宋蘇軾撰、
施顧注

宋刊本　[35]・上・22

[50]・八・11　[54]・
六・1　[58]・集・65

[61]・一・6　[65]・
五・22

宋刊大字本　[43]・四・11

東坡詩集四十二卷續補遺二卷目
錄二卷王注正誤一卷　宋蘇軾
撰、施顧注

刊本　[71]・集・宋別・15

東坡詩集四十二卷東坡年譜一卷
正譌一卷詩續補遺二卷　宋蘇
軾撰、施顧注

清康熙十四年(1675)宋犖刊本

[26]・八・23

東坡詩補注五十卷

見《蘇詩補注》

東坡詩前集四卷　宋蘇軾撰

宋刊本　[35]・下・17、53

[93]・二十・19　[94]・
四・6

東坡詞一卷　宋蘇軾撰

毛斧季手校本　[11]・一百十
九・3

抄本　[75]・六十四・23

東坡詞二卷　宋蘇軾撰

宋刊本　[41]・二十一・3

東坡論語解十卷

見《論語解》

東坡手澤三卷　宋蘇軾撰

宋刊本　[41]・十一・13

東坡後集　宋蘇軾撰

宋刊本　[33]・集・37

[43]・四・10　[60]・
六・30

東坡後集二十卷　宋蘇軾撰

明嘉靖刊本　[12]・四・15

東坡樂府一卷　宋蘇軾撰

刊本　[5]・四下・32

東坡樂府二卷　宋蘇軾撰

元刊本　[35]・上・52

[50]・十・42　[65]・
五・73

元延祐七年(1320)葉曾南阜書
堂刊本　[58]・元・145

[68]・圖版297、目錄56

校元本　[50]・十・43

[65]・五・76

東坡外集八十六卷　宋蘇軾撰

明萬曆刊本　[91]・二十七・
17

刊本　[24]・集一・20

東坡外制集三卷　宋蘇軾撰

宋慶元刊本　[2]・四・25

刊本　[24]・集一・21

東坡先生詩二十五卷

見《東坡先生詩集》

東坡先生編年詩五十卷　宋蘇軾

撰、清查慎行注

彭元瑞批香雨齋刊本　[2]・
四・26

東坡先生和陶淵明詩四卷　宋蘇
軾撰

宋刊本　[9]・三・21

宋刊大字本　[98]・3

影宋本　[61]・六・1

東坡先生物類相感志　宋釋贊寧
編

刊本　[89]・二集・五・21

東坡先生物類相感志一卷　宋釋
贊寧編

宋刊本　[41]・十・17

東坡先生物類相感志十卷　宋釋
贊寧編

宋刊本　[14]・後志・二・829

東坡先生物類相感志十八卷　宋
釋贊寧編

舊抄本　[32]・八・14

[34]・三・20　[74]・
三・57　[102]・下・22

傳抄天一閣本　[17]・三・28

東坡先生翰墨尺牘八卷　宋蘇軾
撰

元刊本　[93]・二十・20

[94]・四・15

東坡先生奏議十五卷　宋蘇軾撰

宋刊本　[92]・二・45

宋刊大字本　[92]・二・45

宋慶元刊本　[2]・四・25

元刊本　[9]・後編・九・13、
14

舊抄本　[32]・十一・10

東坡先生尺牘二十卷　宋蘇軾撰

明成化刊黑口本　[3]・15

東坡續集十二卷　宋蘇軾撰

刊本　[24]・集一・20

東坡烏臺詩案一卷

見《烏臺詩案》

東坡寓惠錄四卷　不著編者

明嘉靖三十四年(1555)重刊本
[71]・集・宋別・16

東坡禪喜集十四卷　宋蘇軾撰

明刊本　[91]・二十七・18

東坡大全集一百十二卷
　見《東坡全集》

東坡内制集十卷奏議二卷雜記二
　卷　宋蘇軾撰
　明抄本　[17]・四・18

東坡志林一卷　宋蘇軾撰
　宋刊本　[11]・五十七・7
　　[17]・三・25
　明刊本　[17]・三・25

東坡志林五卷　宋蘇軾撰
　明刊本　[32]・八・16
　　[93]・十六・18
　學津討原本　[96]・五十六・
　　1106
　舊抄本　[74]・三・52
　　[91]・十九・2

東坡志林十二卷　宋蘇軾撰
　舊抄本　[93]・十六・17

東坡七集一百十卷
　見《東坡全集》

東坡事類二十二卷　清梁廷枏撰
　清道光十年(1830)刊本
　　[96]・二十二・467

東坡書傳二十卷
　見《書傳》

東坡四六四卷　宋蘇軾撰
　明刊本　[30]・二・31

東坡易傳十卷
　見《易傳》

東坡易解九卷
　見《易解》

東坡別集四十六卷　宋蘇軾撰
　宋刊本　[41]・十七・17

東坡別集三十二卷續別集八卷
　宋蘇軾撰
　宋刊本　[14]・五下・663

東坡居士佛印禪師語錄問答一卷
　宋蘇軾撰
　日本舊抄本　[77]・六・188

東坡問答錄一卷　題宋蘇軾撰
　普祕笈本　[96]・六十七・
　　1326

東坡全集一百十五卷　宋蘇軾撰

宋刊本　[14]・四下・468
　　[41]・十七・61　[74]・
　　四・17
元刊本　[9]・六・30　[93]・
　　二十・20　[94]・四・
　　15
明刊本　[9]・十・19
　　[17]・四・18　[56]・
　　羣書題記・57　[59]・
　　六・19
明黑口本　[12]・三・19
　　[28]・十一・8
明成化四年(1468)吉州知府程
　宗刊本　[11]・七十六・
　　12　[17]・四・18
　　[26]・八・18　[56]・
　　羣書題記・53　[91]・
　　二十七・16
明嘉靖十三年(1534)江西布政
　司刊本　[11]・七十六・
　　13　[17]・四・18
　　[26]・八・20　[30]・
　　三・25　[32]・十一・
　　10　[38]・集・41
　　[56]・羣書題記・56
　　[75]・五十四・3
刊本　[24]・集一・20
　　[71]・集・宋別・11、12

東坡前集十卷後集九卷　宋蘇軾
　撰
　宋刊本　[17]・四・18

東坡年譜一卷　宋王宗稷撰
　東坡全集附刊本　[96]・二十
　　二・450

東莞學案　清吳鼎輯
　抄本　[39]・己・38

東華文集十三卷附錄一卷　明陸
　淵之撰
　刊本　[39]・癸上・21

東華錄三十二卷　清蔣良騏撰
　清刊本　[74]・二・11

東菴集四卷　元滕安上撰
　傳抄閣本　[17]・四・31
　文瀾閣傳抄本　[11]・九十七・

7

東村紀事一卷　清宋徵輿撰
　明季史料叢書本　[85]・十三
　　619

東萊文集十五卷
　見《呂太史文集》

東萊北魏石刻考略一卷　清汪彥
　份校錄
　抄本　[57]・158

東萊集注類編觀瀾文七十卷　宋
　林之奇編、呂祖謙集注
　宋刊本　[87]・二・7

東萊集注類編觀瀾文丙集八卷
　宋林之奇編、呂祖謙集注
　宋刊本　[35]・上・54
　　[58]・集・145　[93]・
　　二十三・25　[94]・
　　四・11

東萊集注類編觀瀾文甲集二十五
　卷乙集七卷　宋林之奇編、呂
　祖謙集注
　宋刊本　[43]・四・30

東萊先生詩集二十卷　宋呂本中
　撰
　宋刊本　[70]・六・17
　刊本　[24]・集一・26
　日本影抄宋刊本　[11]・
　　八十二・23
　舊抄本　[8]・集二・453
　　[17]・四・22　[36]・
　　228　[38]・集・51
　　[39]・壬・17　[71]・
　　集・宋別・25　[91]・
　　三十・11
　精抄本　[11]・八十二・21
　　[16]・三十一・22

東萊先生詩集三卷外集三卷　宋
　呂本中撰
　宋刊本　[55]・四・20
　宋慶元刊本　[17]・四・22

東萊先生詩集二十卷外集二卷
　宋呂本中撰
　宋刊本　[41]・二十・12

東萊先生左氏博議四卷　宋呂祖

謙撰
　通行本　[96]・十・196
東萊先生左氏博議二十卷　宋呂
　祖謙撰
　宋刊本　[41]・三・17
東萊先生左氏博議二十五卷　宋
　呂祖謙撰
　宋刊本　[9]・後編・七・5
　　[14]・五上・530
　　[35]・上・29　　[65]・
　　一・36
　元刊本　[9]・六・11
　元麻沙刊本　[48]・二輯上・25
　元刊巾箱本　[91]・三・13
　明刊本　[93]・五・41
　明巾箱本　[92]・一・14
　明正德六年(1511)書林郭氏安
　　正堂刊本　[16]・續・
　　一・3　　[26]・二・3
　韓本　[44]・四・4
　刊本　[39]・乙・31
　校本　[58]・元・18
東萊先生左氏博議句解十六卷
　宋呂祖謙撰
　宋刊本　[87]・三・11
　元刊本　[12]・二・1　[93]・
　　五・41
　明弘治刊本　[91]・三・13
　影抄元刊本　[75]・六・18
東萊先生古文關鍵二卷　宋呂祖
　謙輯
　宋刊本　[41]・十五・20
　明刊本　[11]・一百十三・22
　　[60]・六・7　　[75]・
　　六十三・4　　[93]・
　　二十三・23
東萊先生史記詳節二十卷西漢詳
　節三十卷東漢詳節三十卷三國
　志詳節二十卷晉書詳節三十卷
　隋書詳節二十卷南史詳節二十
　五卷北史詳節二十八卷唐書詳
　節六十卷五代史詳節十卷　宋
　呂祖謙編
　明愼獨齋刊本　[11]・二十

　　八・5　[75]・二十三・2
東萊先生書説十三卷
　見《書説》
東萊先生分門詩律武庫前集十五
　卷後集十五卷　宋呂祖謙編
　宋刊本　[11]・一百十三・22
　　[28]・續・十一・11
　　[35]・上・20　[35]・
　　下・14　　[43]・三・16
　　[58]・子・96　[72]・36
　校宋舊抄本　[50]・十・17
　　[65]・續・三・59
東萊家塾讀詩記三十二卷
　見《呂氏家塾讀詩記》
東萊書説三十五卷
　見《書説》
東萊呂紫微詩話一卷
　見《紫薇詩話》
東萊呂祖謙易説二卷
　見《易説》
東萊呂太史文集十五卷
　見《呂太史文集》
東萊全集四十卷　宋呂祖謙撰
　宋刊本　[74]・四・26
　刊本　[24]・集一・35
　明刊校本　[32]・十二・9
　舊抄本　[32]・十二・8
　　[102]・下・32
東林列傳二十四卷　清陳鼎撰
　清刊本　[39]・戊・24
　清康熙初年刊本　[85]・五・
　　203
　清康熙虞山山壽堂刊本　[92]・
　　二・52　[96]・二十三・
　　490
　重刊本　[85]・五・203
東林和尚雲門菴主頌古　不知撰
　人
　宋刊本　[29]・二・22
東林十八高賢傳一卷　晉人撰
　明刊本　[91]・二十二・8
東林始末一卷　清蔣平階編
　學海類編本　[85]・五・
　203

東林考略一卷　丁傳清輯
　稿本　[85]・五・217
東林本末三卷　明吳應箕撰
　荊駝逸史本　[85]・五・202
　貴池劉氏刊樓山堂集本
　　[85]・五・202
　抄校本　[60]・四・20
東林書院志二卷　明嚴毅輯
　刊本　[39]・戊・62
東林書院志二十二卷　清許獻卿
　纂
　清雍正十一年(1733)修乾隆初
　　年刊本　[85]・五・208
東林點將録一卷　明王紹徽撰
　啓禎剥復録附刊本　　[85]・
　　五・212
　東林別乘本　[85]・五・212
　雙梅閣閣叢書本　[85]・五・
　　212
東林別乘不分卷　清錢人麟編
　廣東中山圖書館油印本
　　[85]・五・216
東林同志録一卷　不著編者
　東林別乘本　[85]・五・213
東林同難録附東林同難列傳三卷
　清繆敬持輯
　煙畫東堂小品本　[85]・五・
　　207
東林朋黨録一卷　不著編者
　東林別乘本　[85]・五・212
東林朋黨録等六種　不著編者
　抄本　[85]・二十三・1020
東林籍貫一卷　不著編者
　東林別乘本　[85]・五・214
東林黨籍考不分卷　李挨撰
　一九五七年人民出版社鉛印本
　　[85]・五・217
46東觀集七卷
　見《鉅鹿東觀集》
東觀漢紀十卷　漢班固等撰
　宋刊本　[41]・七・2
東觀漢紀二十卷　漢班固等撰
　清乾隆刊本　[75]・十八・3
東觀漢紀二十四卷　漢班固等撰

聚珍刊本 [74]·二·14
南沙席氏掃葉山房刊本
　　[96]·十八·384
抄本 [8]·史二·137
東觀奏記一卷　唐裴庭裕撰
舊抄本 [11]·二十四·20
　[59]·四·8
東觀奏記三卷　唐裴庭裕撰
宋刊本 [14]·後志·一·784
　[41]·五·15
說郛本 [96]·十九·410
樵怡手校本 [75]·十九·7
戈小蓮校舊抄本 [17]·二·
11
影抄宋刊本 [11]·二十四·
20
天一閣抄本 [39]·丁·18
清吳枚菴抄本 [2]·二·19
先君子抄本 [16]·十一·9
舊抄本 [17]·二·11
東觀餘論二卷　宋黃伯思撰
宋刊本 [29]·二·15
　[41]·十七·34　　[68]·
圖版93、94、目錄23
宋紹興刊本 [2]·三·19
　[3]·16　　[17]·三·21
明仿宋刊本 [28]·續·十·6
　[35]·附·2
明刊本 [9]·九·33
明萬曆嘉禾項氏萬卷堂仿宋刊
本 [11]·五十五·22
　[17]·三·21　　[38]·
子·42　　[86]·六·131
[91]·十八·26
津逮祕書本 [74]·三·47
　[96]·五十四·1067
勞巽卿校宋刊本 [17]·三·
21
校明本 [32]·八·8
翁覃谿校汲古閣本 [17]·
三·21
校舊抄本 [61]·五·2
舊抄本 [17]·三·21
　[59]·八·1　　[93]·

十六·11
東觀餘論三卷　宋黃伯思撰
毛氏刊本 [75]·四十二·3
舊抄本 [50]·五·31
東觀餘論四卷　宋黃伯思撰
明李春熙刊本 [11]·五十五·
25
47東都事略一百三十卷　宋王偁撰
宋刊本 [14]·五上·543
　[16]·十一·3　　[22]·
三·18　　[28]·續·
七·8　　[32]·三·14
[35]·下·24　　[58]·
史·56　　[70]·三·14
[72]·15
宋紹興眉山程舍人宅刊本
　[67]·第五冊·24
　[74]·二·14　　[96]·
十八·388　　[102]·
上·3
宋寧宗以後建刊本 [90]·18
宋刊配明覆本 [11]·二十三·
10
明仿宋刊本 [11]·二十三·
13
仿宋刊本 [75]·十八·7
　[92]·二·38
刊本 [5]·二上·2
　[39]·丁·10　　[89]·
一集·四·25
校覆宋本 [38]·史·36
校舊抄影宋本 [60]·四·10
舊影宋本 [59]·四·8
明抄本 [17]·二·10
舊抄本 [92]·二·39
東都事略一百五十卷　宋王偁撰
宋刊本 [41]·四·17
東都事略校勘記一卷　清錢綺撰
稿本 [60]·四·10
東都事略跋三卷　清汪琬撰
鈍翁外稿本 [96]·十八·388
50東夷圖說一卷圖像一卷嶺海異聞
一卷續聞一卷　明蔡汝賢撰
刊本 [39]·戊·69

51東軒集六卷　明聶大年撰
抄本 [71]·集·明別·36
東軒筆錄十五卷　宋魏泰撰
明刊本 [11]·六十三·3
　[71]·子·雜家·3
稗海本 [74]·三·77
舊抄本 [60]·八·6
東軒筆錄十五卷續錄一卷　宋魏
泰撰
宋刊本 [14]·三下·260
60東里文集二十五卷　明楊士奇撰
明正統刊本 [38]·集·94
　[92]·四·175
明正德刊黑口本 [12]·三·
30　　[30]·二·34
刊本 [39]·癸上·9
　[71]·集·明別·20
東里楊聘君集一卷
見《楊聘君集》
東里全集九十七卷　明楊士奇撰
明刊本 [11]·一百十一·26
明天順刊本 [91]·三十六·3
東里全集九十七卷別集四卷　明
楊士奇撰
刊本 [74]·四·41
東國通鑑五十卷　明徐居正等撰
日本刊本 [11]·二十八·24
東國通鑑五十六卷　明徐居正等
撰
日本刊本 [75]·十六·27
東國故事本末十六卷　清朝鮮人
撰
朝鮮抄本 [32]·四·14
東國史略　柳希齡編
刊本 [89]·一集·四·36、
37
東國史略六卷　明朝鮮人撰
朝鮮古刊本 [76]·六·21
成都楊氏重刊本 [76]·六·
21
校抄本 [50]·三·6
明趙清常抄本 [91]·十·12
善耕堂顧氏抄本 [59]·三·
11

洪稼村手抄本　[75]・二十
　　三・18
舊抄本　[5]・二下・24
　　[11]・二十八・24
　　[32]・四・14　　[93]・
　　十・21　　[102]・下・9
東國史略六卷　明朝鮮人撰　附
　百夷傳一卷　錢古訓撰
　抄本　[53]・一・7
東圃文集十三卷詩集續編八卷
　明鄭紀撰
　刊本　[39]・癸上・18
東圃客談一卷　明孫道易撰
　抄本　[39]・己・73
東圃客談一卷廣客談一卷　明孫
　道易撰
　抄本　[87]・四・6
東圃叢説二卷　宋李如篪撰
　舊抄本　[91]・十九・6
　　[102]・下・21
東圃叢説三卷　宋李如篪撰
　舊抄本　[39]・己・43
　　[74]・三・53
東圃友聞一卷　不著撰人
　古今説海本　[96]・六十五・
　　1289
67東明聞見録一卷　瞿共美撰
　明季稗史本　[85]・十一・520
　明末十家集本　[85]・十一・
　　520
東墅詩集六卷　明周述撰
　抄本　[39]・癸上・12
70東壁圖書府十二家唐詩二十四卷
　不著編者
　明刊本　[91]・三十九・17
東壁疑義周禮五卷　清廷華撰
　舊抄本　[92]・一・9
71東原集十二卷附年譜一卷　清戴
　震撰
　經韻樓刊本　[74]・四・54
　　[96]・七十一・1423
　微波榭刊本　[74]・四・54
東原録一卷　宋龔鼎臣撰
　函海本　[74]・三・51

　　[96]・五十六・1105
小山堂抄本　[74]・續增・
　　子・4
舊抄本　[11]・五十七・5
76東陽記詠四卷　不知撰人
　宋刊本　[41]・十五・24
東陽志十卷　宋洪遵撰
　宋刊本　[41]・八・23
東陽兵變一卷　清錢謙益撰
　明季史料本　[85]・十八・795
　荊駝逸史本　[85]・十八・795
77東周列國志二十三卷　清蔡元放
　編
　刊本　[69]・二・26
東醫寶鑑二十四卷　明朝鮮許浚
　撰
　明崇禎七年(1634)內醫院刊本
　　[79]・子・醫家類・523
東醫寶鑑二十三卷目録二卷　明
　朝鮮許浚撰
　清乾隆二十八(1763)坊刊本
　　[74]・三・20
　朝鮮刊本　[11]・四十七・24
　　[71]・子・醫家・1
　　[96]・四十三・794
　日本刊本　[74]・續增・子・
　　3
80東谷遺稿十三卷　明湯胤勣撰
　明成化十四年(1478)刊本
　　[64]・27
　刊本　[71]・集・明別・36
東谷贅言二卷　明敖英撰
　明刊本　[91]・十九・14
　刊本　[39]・己・75　　[71]・
　　子・儒家・18
　廣祕笈本　[96]・五十七・
　　1139
東谷所見一卷　宋李之彥撰
　宋刊本　[11]・六十三・5
　　[17]・三・35
　明刊本　[17]・三・35
　百川學海本　[96]・五十三・
　　1047
90東堂詞一卷　宋毛滂撰

　宋刊本　[41]・二十一・5
　毛斧季校本　[11]・一百十
　　九・4
東堂詞二卷　宋毛滂撰
　明抄本　[91]・四十・5
東堂集十卷　宋毛滂撰
　知不足齋抄沈叔埏校本
　　[59]・六・21
　抄本　[28]・十・17　　[74]・
　　四・20　　[102]・下・
　　31
　文瀾閣傳抄本　[11]・七十
　　九・11
東堂集六卷詩四卷書簡二卷樂府
　二卷　宋毛滂撰
　宋刊本　[41]・十七・30

5101₀　批

61批點考工記二卷
　見《考工記》
　批點精選史記十二卷漢書六卷
　明唐順之評選
　原刊本　[96]・三十五・651

5101₁　排

06排韻增事類氏族大全十卷　不著
　撰人
　日本五山刊本　[76]・十一・
　　40
22排山小集八卷續集十二卷　清朱
　楓撰　附青岑遺稿一卷　清朱
　楡撰
　清乾隆三十九年(1774)刊本
　　[26]・十・22

5102₀　打

71打馬格局一卷　不著撰人
　宋刊本　[41]・十四・18
打馬圖經一卷　宋李清照撰
　粵雅堂刊本　[74]・三・40
打馬圖式一卷　宋鄭寅撰
　宋刊本　[41]・十四・18
打馬賦一卷　題宋李氏撰
　宋刊本　[41]・十四・18

5103₂ 振

24振綺堂藏書總目　清汪璐撰
　舊抄本　[60]・五・6
　振綺堂藏書題識二卷　清汪璐撰
　傳抄本　[60]・五・6
　振綺堂書目　清汪璐撰
　傳抄本　[60]・五・6

5104₀ 軒

22軒山集十卷　宋王藺撰
　宋刊本　[41]・十八・29
　軒山奏議二卷　宋王藺撰
　宋刊本　[41]・二十二・6
54軒轅黃帝傳一卷　宋人撰
　刊本　[5]・二中・17
　抄本　[80]・九・13

5104₁ 攝

25攝生衆妙方十一卷　明張時徹編
　明嘉靖二十九年(1550)衡府刊
　本　[79]・子・醫家類・
　506
　明隆慶三年(1569)衡府刊本
　[59]・二・21
40攝大乘論釋　隋釋達摩笈多譯
　金刊本　[68]・圖版253、目錄
　48
　元刊本　[92]・三・128

5106₁ 指

05指訣一卷　唐趙邪利撰
　宋刊本　[41]・十四・2
39指迷方三卷
　見《全生指迷方》
40指南方二卷　宋史堪撰
　宋刊本　[41]・十三・11
　指南論十六卷又本前後二集四十
　六卷　不著撰人
　宋刊本　[41]・十五・26
　指南賦箋五十五卷指南賦經八卷
　不著編者
　宋刊本　[41]・十五・25
　指南錄四卷

　見《文山先生指南錄》

揞

25揞紳脞説二十卷　宋張唐英撰
　宋刊本　[14]・後志・二・837

5111₀ 虹

27虹舟講義二十卷　清沈祖惠撰
　清刊本　[39]・丙・10

5114₆ 蟬

50蟬史十一卷　明穆希文輯
　刊本　[39]・庚・31
　蟬史二十卷　清屠紳撰
　庭梅朱氏刊本　[69]・五・176
95蟬精雋十六卷　明徐伯齡撰
　抄本　[39]・己・78

5137₇ 甋

77甋屑録　不知撰人
　刊本　[100]・168

5202₁ 折

00折衷曆法十三卷　明朱仲福撰
　明刊本　[78]・子・天文類・
　548
43折獄龜鑑三卷　宋鄭克撰
　宋刊本　[41]・六・30
　折獄龜鑑八卷　宋鄭克撰
　錢氏守山閣刊本　[28]・續・
　九・8
　墨海金壺本　[96]・三十九・
　727
　抄本　[75]・三十四・11
71折腰漫草八卷　明華善繼撰
　刊本　[39]・癸下・27
74折肱漫録六卷　明黃承昊撰
　六醴齋醫書本　[79]・子・醫
　家類・524

斬

26斬鬼傳四卷　清人撰
　莞爾堂刊袖珍本　[69]・七・
　197

5202₇ 揣

88揣籥續録三卷　清張作楠、江臨
　泰撰
　翠薇山房數學本　[96]・
　四十四・841
　揣籥小録一卷　清張作楠撰
　翠薇山房數學本　[96]・
　四十四・840
　揣籥小録一卷續録三卷　清張作
　楠撰
　翠薇山房數學本　[78]・算學
　書録補注・89

5203₄ 揆

60揆日正方圖表二卷　清徐朝俊撰
　高厚蒙求本　[78]・算學書録
　補注・89
　揆日候星紀要一卷　清梅文鼎撰
　兼濟堂本　[78]・算學書録補
　注・87
　曆算全書本　[96]・四十四・
　833

5204₇ 授

21授經圖四卷　明朱睦㮮撰
　刊本　[39]・丙・14
　授經圖二十卷　明朱睦㮮撰
　明刊本　[32]・二・9
　明萬曆二年(1574)朱氏原刊本
　[34]・附・一・13
　清康熙玉玲瓏閣刊本　[74]・
　二・72
50授書隨筆十七卷　清黃宗羲撰
　舊抄本　[32]・八・14
　[74]・三・50　　[102]・
　下・21
64授時通考七十八卷　清官修
　清乾隆七年(1742)江西官刊本
　[74]・三・14
　授時曆法撮要一卷　明顧應祥撰
　明刊本　[78]・算學書録補
　注・87　　[78]・補遺・
　15

授時曆故四卷　清黄宗羲撰

嘉業堂叢書本　[78]・子・天

文類・551

授時曆故一卷授時曆法假如一卷

清黄宗羲撰

清康熙二十二年(1683)西爽堂

刊本　[78]・算學書録補

注・87

撥

39撥沙經一卷　唐呂才撰

宋刊本　[14]・後志・二・841

撥沙經四卷　宋廖禹撰

刊本　[39]・庚・73

5206₄　括

44括蒼集三卷後集五卷別集四卷續

一卷　宋吳飛英、陳百朋輯

宋刊本　[41]・十五・23

括蒼彙紀十五卷　明何鏜撰

明刊本　[91]・十一・20

括蒼志七卷　宋曾貰撰

宋刊本　[41]・八・23

括蒼志續一卷　宋陳百朋撰

宋刊本　[41]・八・23

括蒼金石志十二卷　清李遇孫輯

抄本　[74]・二・79　[102]・

下・14

60括異志十卷　宋張師正纂

宋刊本　[14]・三下・264

明抄宋本　[36]・197

小山堂抄本　[71]・子・小説

家・7

舊抄本　[32]・九・18

[52]・二・17　[53]・

二・10　[74]・三・83

[93]・十七・23　[102]・

下・26

括異志十卷後志十卷　宋張師正

纂

宋刊本　[41]・十一・12

括異志纂十卷

見《括異志》

括異録十卷

見《括異考》

5206₉　播

44播芳大全文粹一百卷

見《聖宋名賢五百家播芳大全

文粹》

5207₂　拙

00拙齋文集二十卷　宋林之奇撰

宋刊本　[35]・上・23

舊抄本　[11]・八十四・4

[12]・六・13　[39]・

壬・28　[71]・集・宋

別・41　[74]・四・25

[102]・下・32

拙齋文集二十二卷　宋林之奇撰

宋刊本　[41]・十八・19

拙齋文集二十卷拾遺一卷　宋林

之奇撰

影宋本　[91]・三十・2

舊抄本　[32]・十二・8

拙齋集五卷　清朱奇齡撰

清刊本　[39]・癸下・50

拙齋書集解五十八卷

見《書集解》

18拙政園詩餘　清徐燦撰

清乾隆吳氏拜經樓刊本

[68]・圖版542、目録89

拙政園題詠一卷七姬冢誌詠一卷

明文徵明撰

舊抄本　[74]・四・64

44拙菴雜著三十卷外集四卷　宋趙

磻老撰

宋刊本　[41]・十八・28

拙菴詞一卷　宋趙磻老撰

汲古閣影宋本　[11]・一百十

九・18　[91]・四十・

17

舊抄本　[11]・一百十九・18

[59]・七・21

51拙軒集六卷　金王寂撰

聚珍刊本　[74]・四・34

抄本　[75]・五十八・1

5209₄　採

15採珠局一卷　不著撰人

宋刊本　[14]・三下・291

44採花心十二回　題向善主人編

洗心齋刊本　[69]・四・162

5210₀　蚓

30蚓竅集十卷　明管時敏撰

明刊本　[92]・四・174

丁鶴年評點本　[54]・七・21

舊抄本　[11]・一百十一・19

[71]・集・明別・23

[74]・四・41　[102]・

下・37

44蚓菴瑣語一卷　清王逋撰

説鈴後集本　[96]・六十六・

1319

5210₄　堑

44堑堵測量二卷　清梅文鼎撰

曆算全書本　[96]・四十五・

872

5211₀　虬

22虬峯文集　清李驎撰

清康熙三十九年(1700)刊本

[68]・圖版490、目録82

72虬髯客傳一卷　宋楊延齡撰

宋刊本　[5]・二中・19

5213₉　蟋

50蟋蟀經二卷　不著撰人

抄本　[5]・二中・16

5216₉　蟠

30蟠室老人文集　宋葛洪撰

宋刊本　[68]・圖版95、96、目

録23

5225₇　静

00静齋至正直記四卷　元孔齊撰

小山堂抄本　[39]・己・46

舊抄本　[11]・六十四・4

[16]·二十七·4

[34]·三·22　　[53]·
二·3　　[71]·子·雜
家·18　　[91]·二十一·
14　　[93]·十七·19

21靜便齋集十卷　清王曾祥撰
清刊本　[71]·集·國朝別·
41

27靜修詞一卷　元劉因撰
元刊本　[50]·十·53
明抄本　[91]·四十·26
舊抄本　[32]·十六·12

靜修先生文集十卷　元劉因撰
明萬曆刊本　[71]·集·元別·
1　　[91]·三十三·13

靜修先生文集二十二卷　元劉因
撰
元刊本　[17]·四·31
[75]·五十八·29
[102]·上·10
元至順刊本　[38]·集·75
宋氏寶王抄本　[16]·三十二·
22
舊抄本　[93]·二十二·7

靜修先生文集二十五卷　元劉因
撰
刊本　[24]·集二·2

靜修先生文集二十八卷　元劉因
撰
明成化刊黑口本　[17]·四·
31
刊本　[39]·壬·55

靜修先生文集三十卷　元劉因撰
元刊本　[74]·四·35
元至順元年（1330）宗文堂刊本
[2]·五·2　　[68]·圖
版316、317、目錄59
元至正刊本　[58]·元·113
[59]·七·3
明刊本　[9]·後編·十九·7
[93]·二十二·7
明弘治刊本　[11]·九十六·
19　　[16]·三十二·23
[76]·十四·35

[91]·三十三·13

靜修先生文集三十二卷　元劉因
撰
元刊本　[34]·二·18
[35]·下·43

靜修先生文集二十二卷補遺二卷
元劉因撰
舊抄本　[11]·九十六·17

28靜儉堂集十卷　明熊化撰
清光緒二十年（1894）刊本
[85]·十九·872

30靜安作具十四卷別集十卷　宋徐
得之撰
宋刊本　[41]·十八·31

靜安八詠　元釋壽寧輯
抄本　[39]·辛·38

31靜江志十二卷　宋蔡戡纂
宋刊本　[14]·五上·570

50靜泰堂集十卷　宋冀茂良撰
宋刊本　[41]·二十·17

靜春堂詩集四卷　元袁易撰
舊抄本　[32]·十三·13
[39]·壬·69　　[50]·
九·11　　[51]·四·4
[71]·集·元別·3
[75]·五十九·7

靜春堂詩集四卷附錄一卷　元袁
易撰
舊抄本　[42]·11　　[91]·
三十三·26

靜春堂集八卷　元袁易撰
殘抄本　[57]·253

51靜軒集十三卷
見《陳靜軒集》

60靜思集二卷　元郭鈺撰
刊本　[39]·壬·73
舊抄本　[11]·一百零八·6

65靜嘯齋存草十二卷　明董斯張撰
刊本　[39]·癸下·29

77靜居集四卷
見《張來儀靜居集》

靜學先生文集二卷
見《王靜學先生文集》

93靜怡齋約言錄二卷　清魏裔介撰

兼謙堂全集本　[96]·三十七·
706

靜怡齋約言錄二卷論性書二卷
清魏裔介撰
清刊本　[71]·子·儒家·21

96靜惕堂文集、詩稿、文隱堂詩、雲
中集、粵遊集、閩遊集、詞稿、續
稿三卷　清曹溶撰
清刊本　[39]·癸下·40

靜惕堂詩集四十四卷　清曹溶撰
清刊本　[71]·集·國朝別·
67
清雍正三年（1725）刊本
[96]·七十·1368

靜惕堂詩尺牘合六卷　清曹溶撰
抄本　[71]·集·國朝別·1

靜惕堂書目　清曹溶撰
丁氏持靜齋藏抄本　[26]·
四·26

靜惕堂原稿不分卷　清曹溶撰
傳抄舊本　[96]·七十·1369

靜惕堂尺牘六卷　清曹溶撰
抄本　[71]·集·論集·4

5260₂ 哲

30哲宗新實錄一百五十卷
見《哲宗實錄》

哲宗實錄一百五十卷　宋范冲等
撰
宋刊本　[14]·二上·124
[41]·四·41

哲宗前實錄一百卷後實錄九十四
卷　宋蔡京等撰
宋刊本　[14]·二上·123

71哲匠金桴五卷　明楊慎撰
明刊本　[9]·後編·二十·18
函海本　[96]·六十二·1218
小山堂抄本　[39]·庚·7

5300₀ 戈

21戈順卿填詞圖　清戈順卿撰
手稿本　[80]·十三·5

5302₇ 捕

56捕蝗考一卷　清陳芳生撰
　　長恩書室刊本　[74]・二・67

輔

17輔弼名對四十卷目録一卷　宋劉
　顔編
　　宋刊本　[14]・後志・一・800
　　[41]・五・34
48輔教編五卷　宋釋契嵩撰
　　宋刊本　[14]・後志・二・890
71輔臣贊和詩集一卷　不著編者
　　舊抄本　[91]・三十九・13

5303₂ 捄

44捄楮奏稿一卷
　　見《救楮奏稿》

5304₄ 按

34按遼禦璠疏稿二卷　明何爾健撰
　　明萬曆三十六年(1608)刊本
　　[85]・二・93
77按閩疏略四卷　明陸清原撰
　　明弘光元年(1644)刊清修補本
　　[85]・十九・873

5304₇ 搜

10搜玉小集一卷
　　見《搜玉小集》

5305₀ 撼

01撼龍經一卷疑龍經二卷　唐楊筠
　松撰
　　抄本　[30]・四・13

5310₇ 盛

00盛京通志三十二卷　清董秉忠撰
　　清刊本　[71]・史・地志・3
　　盛京通志一百二十卷　清乾隆官
　修
　　清刊本　[74]・二・43
　　盛京賦　清高宗弘曆撰
　　清乾隆十三年(1748)武英殿刊

本　[68]・圖版519、目録
　86　[92]・二・61
44盛桂海詩　明盛桂海撰
　　明刊本　[21]・一・58
67盛明百家詩三百卷　明俞憲輯
　　明刊本　[1]・上・42
　　[91]・三十九・14
　　明隆慶刊本　[38]・集・115
　　刊本　[39]・辛・27

5311₁ 蛇

08蛇譜一卷　陳鼎撰
　　傳抄本　[60]・八・4

5315₀ 蛾

21蛾術詩選八卷詞選四卷　元邵亨
　貞撰
　　明新都汪稷刊本　[88]・五・
　41
　　蛾術編八十二卷　清王鳴盛撰
　　清道光二十一年(1841)刊本
　　[74]・三・50

5318₆ 蠛

00蠛衣生名馬記二卷　明郭子章撰
　　抄本　[71]・子・農家・10

5320₀ 戊

50戊申立春考證一卷　明邢雲路撰
　　原刊本　[96]・四十四・821
　　明刊廣百川學海本　[78]・
　子・天文類・543
　　[78]・算學書録補注・98
　戊申維揚録一卷　不知撰人
　　宋刊本　[41]・五・24
　戊申英政録一卷　宋錢儼撰
　　宋刊本　[41]・七・10
53戊戌六君子遺集　不著編者
　　清刊本　[36]・267
　戊戌奏稿　不著撰人
　　刊本　[36]・127
88戊籤餘　明胡震亨撰
　　稿本　[20]・五・29　[32]・
　十五・22

成

00成彦雄梅頂集不分卷　五代唐成
　彦雄撰
　　宋刊本　[14]・四中・415
　成方切用十四卷　清吳儀洛輯
　　清刊本　[39]・庚・93
　成方切用二十四卷　清吳儀洛輯
　　利濟堂刊本　[96]・四十三・
　811
　成方切用二十六卷　清吳儀洛輯
　　清乾隆二十六年(1761)刊本
　　[79]・子・醫家類・510
21成仁譜二十六卷　明盛敬輯
　　清道光二十五年(1845)刊朽木
　活字本　[85]・十七・725
　成仁祠録一卷　不著撰人
　　鉛印本　[85]・十二・589
24成化杭州府志六十三卷
　　見《杭州府志》
26成和子觀妙經一卷　不著撰人
　　宋刊本　[41]・十二・33
30成憲録十一卷　不知撰人
　　抄本　[39]・丁・35
47成都文類五十卷　宋程遇孫編
　　明刊本　[11]・一百十四・5
　成都文類五十卷　宋袁説友輯
　　刊本　[39]・辛・42
　成都刻石崇目三秩　宋劉涇撰
　　宋刊本　[14]・後志・一・814
　成都古今記三十卷
　　見《成都古今集記》
　成都古今集記三十卷　宋趙抃撰
　　宋刊本　[14]・二下・162
　　[41]・八・30
　成都氏族譜一卷　元費著撰
　　抄本　[93]・十・10
　　傳抄本　[32]・四・11
60成唯識論十卷　不著撰人
　　日本寬治二年刊本　[62]・圖
　版8
　　日本弘安二年以前刊本
　　[62]・圖版13
95成性齋文集九卷　元朱德潤撰

舊抄本　[91]・三十四・4

威

77威鳳堂文集不分卷　明陸圻撰
　清初刊本　[85]・二十・907
　舊抄本　[85]・二十・9./

戚

44戚苑英華十卷　唐袁悦編
　宋刊本　[14]・三下・281
　[41]・十四・21
　戚苑纂要十卷　唐劉揚名撰
　宋刊本　[41]・十四・21
90戚少保年譜彙編十卷　明戚祚國
　撰
　原刊本　[96]・二十二・457

咸

00咸齋文抄七卷　清查祥撰
　清刊本　[39]・癸下・57
10咸平集五十卷
　見《田表聖咸平集》
22咸豐元年中星表一卷　清馮桂芬
　撰
　清咸豐刊本　[78]・算學書録
　補注・89
30咸淳遺事二卷　不著撰人
　粵雅堂刊本　[74]・二・19
　墨海金壺本　[96]・十九・418
　曹夢山手抄本　[75]・十九・12
　咸淳毘陵志三十卷
　見《毘陵志》
　咸淳臨安志一百卷
　見《臨安志》
　咸賓録八卷　明羅曰褧撰
　刊本　[39]・戊・66
37咸通庚寅解圍録一卷　唐張雲撰
　宋刊本　[41]・五・15
53咸甫集　明馮大受撰
　明抄本　[30]・五・36
77咸同朝督撫年表　不著編者
　傳抄館本　[60]・四・36
　咸同朝内閣大臣年表　不著編者
　傳抄館本　[60]・四・36

80咸鎬故事一卷　唐韋慎微撰
　宋刊本　[14]・後志・一・801
　[41]・六・22

感

22感山雲臥紀談一卷附雲臥菴主書
　一卷　宋釋曉瑩撰
　日本貞和仿宋刊本　[22]・
　五・22　　[76]・十六・6
33感述續録四卷　明趙維新撰
　刊本　[39]・己・21

5322₇　甫

22甫山別集四卷
　見《甫田別集》
60甫里先生集八卷　唐陸龜蒙撰
　明抄本　[38]・集・29
　甫里先生集二十卷　唐陸龜蒙撰
　明刊本　[1]・上・38　[11]・
　七十一・7　　[93]・十
　九・39
　明成化刊本　[38]・集・28
　[59]・六・14　　[71]・
　集・唐別・16
　明萬曆刊本　[17]・四・12
　[32]・十・20　　[74]・
　四・11　　[102]・上・
　29
　刊本　[24]・集一・9　[39]・
　辛・53
　抄校本　[50]・七・48
　明抄本　[91]・二十五・18
　舊抄本　[60]・六・28
　甫里逸詩　清周秉鑑輯
　清乾隆五十八年(1793)易安書
　屋活字印本　[68]・圖版
　641,目録103
　甫田集三十六卷　明文徵明撰
　明刊本　[75]・六十一・15
　明嘉靖刊本　[91]・三十七・9
　甫田別集四卷　明文徵明撰
　抄本　[74]・四・43　[102]・
　下・37

5340₀　戎

30戎濟陣風雷集不分卷　元戎濟陣
　撰
　抄本　[91]・十五・23
44戎幕閒談一卷　唐韋絢撰
　宋刊本　[14]・三下・241
　[41]・十一・4
50戎事類占二十一卷　明李克家輯
　刊本　[39]・庚・81
60戎昱集三卷　唐戎昱撰
　宋刊本　[14]・四中・381
　戎昱集五卷　唐戎昱撰
　宋刊本　[41]・十六・16

戒

44戒菴老人漫筆八卷　明李詡撰
　明萬曆刊本　[74]・三・56
　[102]・上・23
　刊本　[39]・己・48
　[71]・子・小説家・19

5400₀　拊

90拊掌録一卷　元宋元懷撰
　説郛本　[96]・六十七・1327

5404₇　披

10披雲閣詞一卷　清汪灝撰
　清刊本　[71]・集・詞・11
39披沙集六卷
　見《李推官披沙集》

5408₁　拱

26拱和詩集一卷　元曹志撰
　鮑以文校抄本　[2]・五・15
　知不足齋抄本　[39]・壬・73
　抄本　[71]・集・元別・36

5408₆　㩴

77㩴眉集一卷　明楊循吉撰
　刊本　[71]・集・明別・52

5409₄　攢

44攢著古法一卷　宋鄭克撰

宋刊本　[41]·十二·29

5415₃　蟖

54蟖蠓集五卷　明盧柟撰
　明刊本　[8]·集五·579
　　[51]·四·18
　明萬曆三十年(1602)濬縣知縣
　　張其忠刊本　[26]·九·
　　39　[59]·七·19
　　[91]·三十七·22
　明刊修補本　[75]·六十一·
　　17
　刊本　[39]·癸上·63
　　[71]·集·明別·86
　　[74]·四·45　[102]·
　　上·33

5419₄　蝶

44蝶菴道人清夢録一卷　明顧成憲
　撰
　淡生堂抄本　[91]·十九·15

5440₀　斛

33斛補隅録、東湖叢記六卷　清蔣
　光煦撰
　管庭芬校本　[32]·八·18

5492₇　勑

01勑語堂判集一卷　唐鄭畋撰
　宋刊本　[41]·十六·28

5500₀　井

46井觀瑣言三卷　明鄭瑗撰
　續秘笈本　[96]·五十七·
　　1136

5503₀　扶

44扶荔堂文集十二卷　清丁澎撰
　清刊本　[71]·集·國朝別·8
77扶風縣石刻記二卷　清黃樹穀輯
　抄本　[74]·二·79　[102]·
　　下·14

5504₃　轉

30轉注古音略五卷　明楊慎撰
　刊本　[39]·丙·40
　函海本　[74]·一·56
　　[96]·十四·292
　校刊本　[54]·一·20
44轉菴集一卷　宋潘檉章撰
　宋刊本　[41]·二十·20

5509₆　揀

80揀金集一卷　宋釋可尚撰
　宋刊本　[41]·二十·24

5523₂　農

08農説一卷　明馬一龍撰
　普秘笈本　[96]·四十·734
18農政全書六十卷　明徐光啓撰
　明刊本　[75]·三十四·20
　明徐光啓刊本　[64]·28
　明崇禎平露堂刊本　[86]·
　　二·23　[96]·四十·
　　734　[100]·96
　清道光二十三年(1843)上海曙
　　海樓重刊本　[74]·三·
　　14
22農山文集三十卷　明卓爾康撰
　抄本　[71]·集·明別·107
50農丈人文集二十卷詩集八卷　明
　　余寅撰
　刊本　[39]·癸下·14
　農丈人集二十卷　明余寅撰
　刊本　[71]·集·明別·96
　農書　元王禎撰
　清乾隆武英殿聚珍版印本
　　[68]·圖版635、目録102
　刊本　[28]·六·19
　農書十卷　元王禎撰
　明萬曆末刊本　[102]·上·19
　影抄宋本　[5]·三中·2
　農書二十卷　元王禎撰
　明刊本　[71]·子·農家·8
　農書二十二卷　元王禎撰
　明刊本　[34]·二·24

明萬曆四十五年(1617)建武鄧
　　渼刊本　[67]·第五册·
　　92　[74]·三·14
農書三十五卷　元王禎撰
　明刊本　[9]·九·18
農書三十六卷　元王禎撰
　明刊本　[9]·後編·十六·
　　16、17
　明嘉靖刊本　[11]·四十二·
　　23　[91]·十六·6
　抄本　[8]·子一·246
農書二卷　清張履祥補撰
　楊園全書本　[96]·四十·735
農書三卷　宋陳峻撰
　宋刊本　[14]·五上·592
農書三卷　宋陳敷撰
　宋刊本[41]·十·6
　知不足齋叢書本　[96]·四十·
　　732
　吳枚菴手抄本　[11]·四十二·
　　19
　曹夢山手抄本　[75]·三十四·
　　13
農書三卷　宋陳敷撰　蠶書一卷
　宋秦觀撰
　宋刊本　[9]·二·37
　函海本　[74]·三·14
農書三卷　宋陳敷撰　蠶書一卷
　宋秦觀撰　於潛令樓公耕織二
　圖詩一卷　宋樓璹撰
　小山堂京師抄本　[71]·子·
　　農家·3
　抄本　[53]·二·5
60農田餘話二卷　題長谷真逸撰
　廣秘笈本　[96]·六十五·
　　1284
66農器譜三卷續二卷　宋曾之謹撰
　宋刊本　[41]·十·6
77農桑衣食撮要二卷　元魯明善撰
　元刊本　[93]·十四·11
　元至順刊本　[38]·子·14
　長恩書室刊本　[74]·三·14
　墨海金壺本　[96]·四十·733
　影抄元刊本　[32]·六·11

曹夢山抄本　[75]·三十四·20
農桑通訣六卷農器圖譜二十卷　元王禎撰
　刊本　[39]·庚·82
農桑輯要二卷　元司農司撰
　元刊本　[94]·三·9
農桑輯要三卷　元司農司撰
　元刊殘本　[13]·17
農桑輯要七卷　元司農司撰
　明初刊本　[22]·四·15
　明萬曆二十年(1592)刊本　[64]·續·104
　清武英殿聚珍版本　[74]·三·14　[96]·四十·733
　刊本　[5]·三中·2
農桑撮要二卷
　見《農桑衣食撮要》

5550$_6$　筆

10筆下歲時記一卷
　見《秦中歲時記》

5560$_0$　曲

08曲譜　清王奕清等撰
　清康熙内府刊套印本　[68]·圖版504、目錄84
12曲水集二卷　宋孫�::撰
　舊抄本　[17]·四·15
25曲律　明王驥德撰
　明天啓五年(1625)王氏方諸館刊本　[68]·圖版463、目錄78
27曲阜集四卷　宋曾肇撰
　清刊本　[28]·十一·7
　舊抄本　[74]·四·16
曲阜集四十卷奏議十二卷西垣集十二卷外制集三卷内制集五卷　宋曾肇撰
　宋刊本　[41]·十七·19
曲阜集四十卷奏議十二卷西掖集十二卷内制集五十卷　宋曾肇撰
　宋刊本　[14]·四下·472
31曲江集二卷　唐張九齡撰

明刊本　[32]·十五·17
明嘉靖刊本　[17]·四·4
曲江集十二卷　唐張九齡撰
　明萬曆十二年(1584)楊起元刊本　[59]·六·9　[74]·四·4　[102]·上·27
　刊本　[24]·集一·3
曲江集二十卷　唐張九齡撰
　宋刊本　[14]·四上·343　[41]·十六·10
　明刊本　[83]·四·5　[91]·二十四·6　[93]·十九·12
　明黑口本　[80]·十五·13
　明正德嘉靖間刊本　[12]·三·16
曲江集二十卷附錄一卷　唐張九齡撰
　明成化刊本　[11]·六十八·2　[16]·二十九·5　[38]·集·9　[57]·226　[75]·五十一·22
　明嘉靖刊本　[91]·二十四·6
　明嘉靖刊本 配抄本　[17]·四·3
　明萬曆刊本　[11]·六十八·3
曲江集十二卷附錄一卷千秋金鑑錄五卷　唐張九齡撰
　明刊本　[1]·上·34　[71]·集·唐別·1
34曲洧舊聞十卷　宋朱弁撰
　明刊本　[93]·十六·18
　明楚山書屋刊本　[17]·三·26
　汪刊本　[81]·子·11
　刊本　[74]·三·52　[102]·上·22
　學津討原本　[96]·五十六·1114
　校汪刊本　[32]·四·24
　吳石倉校本　[53]·一·11
　校本　[83]·三·23
　影宋抄本　[60]·二·15

明抄本　[75]·四十三·11
舊抄本　[5]·三上·34　[12]·五·31　[39]·丁·25　[93]·十六·18
曲洧舊聞一卷雜書一卷軌骹説一卷　宋朱弁撰
　宋刊本　[41]·十一·17
35曲禮口義二卷　宋戴谿撰
　宋刊本　[41]·二·26
40曲臺奏議十卷　南唐陳致雍撰
　刊本　[88]·二·5
60曲目新編　清支豐宜撰
　清道光二十三年(1843)樸存堂刊本　[68]·圖版581、582、目錄94

5560$_6$　曹

00曹唐詩一卷
　見《曹唐集》
曹唐集一卷　唐曹唐撰
　宋刊本　[14]·四中·404　[41]·十九·23
曹文貞公詩集十卷　元曹伯啓撰
　元刊本　[93]·二十二·9　[94]·四·16
　刊本　[39]·壬·55
　影抄元刊本　[11]·九十八·1
曹文貞公詩集十卷後錄一卷　元曹伯啓撰
　元刊本　[38]·集·77　[48]·二輯下·187　[91]·三十三·20
　明毛子晉影抄元本　[2]·五·3
　影抄元刊本　[11]·九十八·8　[17]·四·32　[59]·七·5　[75]·五十八·31
　舊抄本　[71]·集·元別·9　[91]·三十三·20
13曹武惠別傳一卷　宋曹偁撰
　宋刊本　[41]·七·16
17曹子建集四卷　魏曹植撰

明刊本　[76]・十四・1
曹子建集十卷　魏曹植撰
　宋刊本　[4]・25　　[14]・
　　四上・326　　[93]・
　　十九・3　　[94]・四・1
　宋江西刊大字本　[2]・四・1
　南宋刊本　[35]・上・12
　元刊本　[9]・後編・十一・1
　明初活字本　[17]・四・2
　　[67]・第五册・97
　明活字本　[8]・集一・375
　　[16]・二十九・2
　　[30]・二・25　　[50]・
　　七・6
　明銅活字本　[68]・圖版617、
　　目録99
　明刊本　[9]・十・3　　[11]・
　　六十七・2
　　[32]・十・3　　[60]・
　　六・16　　[61]・三・1
　　[91]・二十三・5　　[93]・
　　十九・4
　明汪士賢刊本　[74]・四・2
　　[102]・上・26
　明正德五年(1510)田瀾校刊本
　　[17]・四・2
　明嘉靖三十八年(1559)東吳郭
　　雲鵬仿宋刊本　[8]・集
　　一・377　　[17]・四・2
　　[35]・附・2　　[75]・
　　五十一・5　　[86]・六・
　　43　　[91]・二十三・5
　明萬曆三十一年(1603)鄭世豪
　　重刊正德田瀾本　[26]・
　　七・5　　[71]・集・歷
　　代帝王別・1
　　刊本　[1]・上・31
　　明抄本　[57]・223
　　抄本　[46]・22
曹子建集二十卷　魏曹植撰
　宋刊本　[41]・十六・3
曹子建集考異十卷年譜一卷　魏
　曹植撰、清朱緒曾考異
　校本　[59]・六・7

曹君直祕殿篇　清曹君直撰
　稿本　[57]・302
曹君直舍人殘稿　王欣夫編
　抄本　[100]・168
曹司馬集六卷附曹孝廉文稿一卷
　明曹燁撰
　刊本　[71]・集・明別・124
21曹能始遊山詩　明曹能始撰
　抄本　[21]・一・54
31曹江孝女廟志十卷　清沈志禮輯
　清刊本　[39]・戊・64
　慎德堂刊本　[96]・二十二・
　　461
37曹祠部集一卷　唐曹鄴撰
　刊本　[41]・十九・19
　曹祠部集二卷　唐曹鄴撰
　　明翻宋本　[91]・二十五・17
　　翻宋本　[45]・41
　　舊刊本　[1]・上・39
　　抄本　[102]・下・29
　曹祠部集二卷　唐曹鄴撰　附曹
　　唐詩一卷　唐曹唐撰
　　抄本　[74]・四・10
　曹鄴詩集二卷
　　見《曹祠部集》
40曹太史集十六卷　明曹大章撰
　刊本　[39]・癸下・6
44曹植集十卷
　見《曹子建集》
45曹棟亭書目　清曹寅撰
　抄本　[71]・史・簿録・15
　　[74]・二・73　　[96]・
　　三十二・594
　傳抄本　[60]・五・5
48曹松詩集一卷　唐曹松撰
　宋刊本　[14]・四中・408
　　[41]・十九・24
　明翻宋本　[91]・二十五・20
　翻宋本　[45]・43
72曹氏墨林二卷
　見《墨林》
77曹月川集一卷　明曹端撰
　鳴野山房抄本　[74]・四・41
　抄本　[102]・下・37

曹月川先生錄粹一卷夜行燭二卷
　明曹端撰
　抄本　[71]・子・儒家・17

5580₁　典
08典論一卷　魏文帝曹丕撰
　問經堂叢書本　[96]・五十二・
　　1036
12典引輯要十八卷　清丁昌遂輯
　清刊本　[39]・庚・50
　典刑錄十二卷　宋吳宏編
　　宋刊本　[41]・七・29
22典制紀略　清孫承澤撰
　抄本　[39]・丁・57
70典雅詞十種　宋馮取洽、袁去華、
　　程大昌、歐良、曹冠、趙蟠志、李
　　好古、張輯、李綱撰
　清勞季言抄本　[2]・五・42
　傳抄汲古閣本　[60]・七・20

5580₆　費
00費文憲公集七卷　明費宏撰
　刊本　[39]・癸上・24
　費文憲公摘稿二十卷　明費宏撰
　　明嘉靖刊本　[91]・三十六・
　　24
　　刊本　[71]・集・明別・52
　費文通公集五卷　明費寀撰
　刊本　[39]・癸上・24
72費氏易
　見《易》

5590₀　耕
10耕石齋石田詩抄十卷
　見《石田先生詩抄》
23耕織圖　清焦秉貞繪
　清康熙三十五年(1696)內府銅
　　版印本　[68]・圖版716、
　　717、目録113
　清乾隆刊袖珍本　[92]・三・
　　82
　耕織圖一卷
　　見《耕織圖詩》
　耕織圖詩一卷　宋樓璹撰

宋刊本　[41]·十·6
知不足齋叢書本　[96]·四十·733
37耕禄稿一卷　宋胡錡撰
　宋刊本　[11]·九十一·20　[17]·四·28
　明刊本　[17]·四·28
77耕學齋詩集十二卷　明袁華撰
　刊本　[28]·十三·6
　舊抄本　[11]·一百十一·24、25　[50]·九·44、45　[91]·三十五·24
耕桑治生要備二卷　宋何先覺撰
　宋刊本　[41]·十·6
88耕餘居士集十八卷　清鄭世元撰
　清刊本　[71]·集·國朝別·32

5599₂　棘
77棘門集八卷　明姚希孟撰
　刊本　[39]·癸下·26

5600₀　扣
20扣舷集一卷
　見《高太史扣舷集》

拍
30拍案驚奇四十卷　明凌蒙初撰
　明尚友堂刊本　[69]·三·96

5601₇　挹
17挹翠軒遺稿四卷　明高麗朴誾撰
　刊本　[88]·五·59
40挹奎樓選稿十二卷　清林雲銘撰
　清康熙三十五年(1696)刊本　[96]·七十·1385
50挹青軒詩稿一卷詩餘一卷自怡錄一卷　清華浣芳撰
　空明子全集附刊本　[96]七十一·1410

5602₇　揭
00揭文安公文集六卷　元揭傒斯撰
　明刊本　[11]·一百·18
　刊本　[24]·集二·7
　舊抄本　[93]·二十二·12
揭文安公文集十卷　元揭傒斯撰
　舊抄校本　[93]·二十二·12
　舊抄本　[16]·三十三·28　[102]·下·36
揭文安公文集十四卷　元揭傒斯撰
　知不足齋抄本　[39]·壬·61
　抄本　[74]·四·36
揭文安公文集四十一卷　元揭傒斯撰
　明正德刊本　[18]·下·33
揭文安公文集九卷詩集三卷詩續集二卷　元揭傒斯撰
　舊抄本　[11]·一百·18　[91]·三十三·31
　傳抄本　[59]·七·5
揭文安公文粹不分卷　元揭傒斯撰
　明刊本　[50]·九·14　[71]·集·元別·10　[93]·二十二·13
　明天順刊本　[59]·七·6　[91]·三十三·32
　抄本　[39]·壬·61
揭文安公詩集二卷　元揭傒斯撰
　陳西畇校舊抄本　[17]·四·33
　影抄元刊本　[5]·四中·20
揭文安公詩集三卷　元揭傒斯撰
　元至元六年(1340)日新堂刊本　[17]·四·33
　抄校本　[32]·十三·17
　影抄元刊本　[16]·三十三·29　[17]·四·33　[93]·二十二·12
揭文安公詩集六卷　元揭傒斯撰
　明正德刊本　[71]·集·元別·10
揭文安公詩集二卷拾遺一卷　元揭傒斯撰
　舊抄本　[91]·三十三·3
44揭嵩菴先生集一卷　明揭重熙撰
　臨川文獻本　[85]·十九·871
60揭曼碩詩集三卷
　見《揭文安公詩集》

揚
17揚子十卷
　見《揚子法言》
揚子雲集三卷　漢揚雄撰
　宋刊本　[14]·後志·二·892
揚子雲集五卷　漢揚雄撰
　宋刊本　[41]·十六·2
揚子雲集六卷　漢揚雄撰
　抄本　[91]·二十三·3
揚子法言二卷　漢揚雄撰
　朝鮮古活字本　[3]·13
揚子法言十卷　漢揚雄撰、晉李軌、唐柳宗元、宋宋咸、吳祕、司馬光注
　宋刊本　[8]·子一·228　[9]·後編·五·6、7　[12]·一·10　[17]·三·2　[28]·續·九·4　[35]·下·11、12　[38]·子·3　[41]·九·4
　宋御府刊本　[27]·35
　宋刊宋元遞修本　[68]·圖版32、目錄13
　建安刊本　[89]·一集·五·26
　元刊本　[11]·三十九·4　[17]·三·2　[29]·二·2　[32]·六·1　[46]·14　[48]·二輯下·100　[74]·續增·子·1　[91]·十五·6　[92]·三·79　[93]·十三·6　[94]·三·8
　元刊黑口本　[92]·三·79
　明覆元刊本　[35]·下·11
　明刊本　[9]·九·2、4　[12]·三·8　[59]·二·4　[75]·三十二·8

明世德堂刊本　[17]・三・2
　　[38]・子・5　　[60]・
　　二・3　　[75]・三十二・
　　9　　[81]・子・4
刊本　[89]・一集・五・25
漢魏叢書本　[74]・三・2
清嘉慶九年(1804)蘇刊十子全
　　書本　[74]・三・2
明世德堂刊校宋本　[93]・
　　十三・7
校宋本　[52]・二・3　　[93]・
　　十三・7
校刊本　[100]・68
校本　[50]・四・10
明影宋刊本　[75]・三十二・4
揚子法言十三卷　漢**揚**雄撰、晉
　李軌、唐柳宗元、宋宋咸、吳祕、
　司馬光注
　北宋刊本　[83]・三・4
　宋刊本　[14]・三上・196
　　[14]・後志・二・821
　　[54]・三・23、25
　元**翻**宋麻沙書坊刊本　[26]・
　　五・15
　石研齋仿宋刊本　[84]・一・4
　校本　[83]・三・4
　臨何義門校宋刊李氏注本
　　[16]・續・二十一・3
揚子法言十三卷　漢**揚**雄撰、晉
　李軌注　音義一卷　不著撰人
　北宋刊本　[35]・上・41
　　[65]・三・18
　宋國子監刊本　[2]・三・4
　　[7]・中・29
　宋刊本　[41]・九・4
　　[58]・子・17　　[81]・
　　子・2
　清刊本　[80]・九・1
　影抄北宋本　[5]・三上・2
揚州府志二十七卷　明楊洵纂
　明萬曆刊本　[57]・101
32**揚**州詩集二卷　宋馬希孟編
　宋刊本　[41]・十五・23
　揚州瓊集一卷　明楊端撰

明成化刊本　[91]・十八・9
揚州變略一卷　不著撰人
　甲申紀事本　[85]・十・504
揚州十日記一卷　明王秀楚撰
　荊駝逸史本　[85]・十四・654
　明季稗史彙編本　[85]・十四・
　　654
揚州夢十六回　不著撰人
　一九一五年國學維持社發行排
　　印本　[69]・二・75
揚州芍藥譜一卷　宋王觀撰
　宋刊本　[11]・五十四・8
　　[17]・三・13　　[41]・
　　十・8　　[75]・四十・20
　明翻宋本　[91]・十八・9
　明刊本　[17]・三・13
　百川學海本　[96]・五十一・
　　1010
揚州賦一卷　宋王觀撰
　舊抄本　[60]・三・8
揚州賦一卷續賦一卷　宋王觀撰
　影抄明刊本　[91]・十二・13
40**揚**雄集三卷
　見《**揚**子雲集》

5604₁　揖

22揖山樓詩集十二卷　清畢憲曾撰
　清嘉慶二十一年(1816)刊本
　　[74]・四・55

5605₀　押

06押韻六卷　宋張孟撰
　宋刊本　[14]・一下・91
押韻釋疑五卷　宋歐陽德隆撰
　宋刊本　[29]・一・8
　　[32]・二・28　　[35]・
　　上・32　　[41]・三・48
　　[58]・經・62　　[93]・
　　七・25　　[94]・一・9
　影抄宋刊本　[11]・十六・24
　　[28]・續・四・14
　　[35]・附・1

5608₁　捉

78捉卧甖人事數一卷　宋李庭中撰
　宋刊本　[14]・三下・292
　　[41]・十四・19

5608₆　損

00損齋備忘錄二卷　明梅純撰
　刊本　[71]・子・雜家・35
　抄本　[39]・丁・36

5609₄　操

26操縵集五卷　宋周邦彥撰
　宋刊本　[41]・二十・10
操縵古樂譜一卷　明朱載堉撰
　樂律全書本　[96]・七・119

5619₃　螺

31螺江集一卷　宋釋有朋撰
　宋刊本　[41]・二十・24
37螺冠子詠物詩二十八卷　周履靖
　撰
　明萬曆三十三年(1605)金陵書
　　林葉如春刊本　[64]・18

5692₇　耦

55耦耕堂詩文二卷　明程嘉燧撰
　刊本　[71]・集・明別・109
耦耕堂存稿二卷　明孟陽撰
　孫石甫抄本　[57]・277

5701₂　抱

00抱甖集五卷　明金九臯撰
　原刊本　[96]・三十七・701
22抱山堂集十四卷　清朱彭撰
　清嘉慶六年(1801)刊本
　　[26]・十三・36
43抱朴子外篇五十卷　晉葛洪撰
　孫氏刊本　[81]・子・15
　平津館刊本　[83]・三・31
　明正統道藏本　[80]・九・7
　抱朴子內篇二十卷　晉葛洪撰
　宋刊本　[41]・九・23
　宋紹興二十二年(1152)臨安府

榮六郎家刊本　[27]・37
[68]・圖版11、12、目録9
明抄本　[54]・四・36
抱朴子内篇四卷外篇四卷　晉葛
洪撰
明刊本　[60]・續・二・11
漢魏叢書本　[74]・三・89
平津館叢書本　[74]・三・89
校殘抄本　[50]・六・46
抱朴子内篇二十卷外篇十卷　晉
葛洪撰
宋刊本　[14]・三上・217
抱朴子内篇二十卷外篇二十九卷
晉葛洪撰
明抄本　[17]・三・42
抱朴子内篇二十卷外篇五十卷
晉葛洪撰
陳蘭甫校清嘉慶十八年(1813)
金陵道署刊本　[8]・子
二・356
校本　[100]・84
舊抄本　[11]・六十六・24
[28]・續・十一・21
[50]・六・45　　[93]・
十八・12
傳抄道藏本　[83]・三・30
抱朴子内篇二十七卷外篇五十卷
晉葛洪撰
孫氏刊本　[75]・五十・18
抱朴子内篇二十卷別旨一卷外篇
五十卷　晉葛洪撰
明嘉靖四十四年(1565)魯藩承
訓書院刊本　[8]・子二・
357　　[17]・三・42
[86]・四・18　　[91]・
二十二・15
74抱膝齋集三卷　明袁儼撰
刊本　[71]・集・明別・89

5701₄ 握

10握靈本草十卷補遺一卷　清王翃
撰
清康熙刊本　[79]・子・醫家
類・462

40握奇經一卷　題風后撰、漢公孫
弘解、晉馬隆述讚
津逮祕書本　[74]・三・9
[96]・三十八・715
李安谿全書本　[74]・三・9
握奇經傳六卷　題風后撰
刊本　[5]・三中・4
握奇經輯注圖說二卷　題陳道生
輯
刊本　[74]・三・9
舊抄本　[102]・下・14
42握機經傳六卷
見《握奇經傳》
握機經輯注圖說二卷
見《握奇經輯注圖說》

擽

77擽犀策一百九十六卷擽象策一百
六十八卷　不著撰人
宋刊本　[41]・十五・26

5702₀ 抑

44抑菴文集十三卷
見《王抑菴集》

拘

21拘虛晤言一卷　明陳沂撰
明刊本　[91]・十八・22
說郛續本　[96]・五十三・
1050

捫

17捫蝨新話十五卷　宋陳善撰
明刊本　[11]・五十八・11
[17]・三・28　　[21]・
一・27　　[50]・五・58
津逮祕書本　[74]・三・52
[96]・五十七・1117
抄明秣陵張可大校本　[59]・
二・15
校本　[61]・五・4
影抄明覆宋本　[91]・十九・7
抄本　[5]・三上・28

5702₀ 輞

22輞川集五卷
見《呂晉伯輞川集》

5702₇ 邦

22邦畿水利集說四卷　清杭世駿撰
校抄本　[100]・36
邦畿水利集說四卷　清沈聯芳輯
稿本　[38]・史・70
40邦士文集十八卷
見《邱邦士先生文集》

掃

39掃迷帚二十四回　題壯者撰
清光緒三十三年(1907)商務印
書館排印本　[69]・七・
209

5703₂ 擽

55擽曹名臣録一卷　明王瓊撰
煙霞小說本　[96]・二十三・
479
抄本　[39]・戊・18

5704₇ 投

40投壺譜一卷　不知撰人
抄本　[5]・三下・23
投壺經一卷　唐上官儀編
宋刊本　[14]・三下・290
53投轄録一卷　宋王明清撰
宋刊本　[41]・十一・27
舊抄本　[39]・庚・32
[74]・三・78　　[91]・
二十一・11　　[102]・
下・25
精抄本　[71]・子・小說家・
8
86投知小録三卷
見《秦韜玉投知小録》
88投筆集二卷　清錢謙益撰
抄本　[30]・四・44
[57]・283

搜

10搜玉小集一卷　不著撰人
　宋刊本　[41]・十五・8
　明刊本　[59]・六・3
　汲古閣刊本　[74]・四・60
　　[75]・六十二・11
　明馮巳蒼校明嘉靖刊本
　　[2]・五・27
　校本　[55]・五・28
　舊抄本　[93]・二十三・6
20搜采異聞集三卷　宋宋永亨撰
　稗海本　[74]・三・49
35搜神廣記二卷　不知撰人
　元刊本　[43]・三・47
　搜神記二十卷　題晉干寶撰
　刊本　[74]・三・81
　稗海本　[74]・三・81
　漢魏叢書本　[74]・三・81
　津逮祕書本　[74]・三・81
　　[96]・六十六・1304
　搜神後記十卷　題晉陶潛撰
　津逮祕書本　[74]・三・82
　　[96]・六十六・1305
　搜神祕覽三卷　宋章炳文撰
　宋刊本　[41]・十一・16
　抄宋書棚本　[17]・三・38
　搜神大全七卷　不知撰人
　元刊本　[59]・八・8

輟

55輟耕録三十卷
　見《南村輟耕録》

5705₆　揮

00揮麈新譚二卷　明王兆雲撰
　刊本　[71]・子・小説家・19
　揮麈後録二卷　宋王明清撰
　舊抄本　[75]・四十七・1
　揮麈後録三卷　宋王明清撰
　宋刊殘本　[35]・下・10
　揮麈後録、三録　宋王明清撰
　宋刊本　[10]・27
　揮麈録　宋王明清撰

　宋刊本　[87]・一・9
　宋龍山書堂刊本　[68]・圖版
　189、190、目録39
　揮麈録一卷　宋王明清撰
　宋刊本　[17]・三・35
　明刊本　[17]・三・36
　揮麈録二卷　宋王明清撰
　舊抄本　[59]・二・12
　揮麈録三卷　宋王明清撰
　宋刊本　[11]・六十三・13
　　[33]・子・49
　揮麈録四卷　宋王明清撰
　宋刊本　[34]・一・28
　　[35]・下・10
　揮麈録四卷後録二卷三録三卷
　宋王明清撰
　宋刊本　[11]・六十三・5
　　[58]・子・111　[72]・
　23
　宋光宗以後刊本　[73]・圖版
　45
　揮麈録三卷後録十一卷三録三卷
　餘話一卷　宋王明清撰
　宋刊本　[41]・十一・27
　揮麈録四卷後録十一卷三録三卷
　餘話二卷　宋王明清撰
　宋刊本　[14]・五上・598
　　[58]・子・112
　津逮祕書本　[74]・三・78
　　[96]・六十四・1278
　校宋本　[50]・六・20
　　[65]・續・三・64
　校津逮祕書本　[32]・九・15
　盧抱經校抄本　[91]・二十一・
　10
　影宋抄本　[38]・子・80
　汲古閣毛氏影宋抄本配補抄本
　　[36]・190
　明抄本　[91]・二十一・10
　抄本　[53]・一・11　[75]・
　四十七・2

5706₂　招

53招捕總録一卷　不著撰人
　嚴修能手抄本　[59]・四・11
　傳抄本　[17]・二・11

5708₁　擬

20擬皎然十九字一卷　宋王元撰
　宋刊本　[41]・二十二・9
40擬古樂府二卷
　見《西崖先生擬古樂府》
48擬故宮詞四十首　清唐宇昭撰
　借月山房叢抄宮詞小纂本
　　[85]・二十四・1036
　抄本　[20]・五・37
67擬明史樂府一卷　清尤侗撰
　尤西堂全集本　[85]・二十四・
　1044
77擬學小記八卷　明尤時熙撰
　刊本　[39]・己・16

撰

20撰集百緣經十卷　不知撰人
　宋福州刊摺本　[2]・三・43

5712₀　蛧

88蛧笑偶言一卷　明鄭瑗撰
　續祕笈本　[96]・五十七・
　1137

蝴

54蝴蝶媒四卷　清人撰
　舊抄本　[69]・四・141

5714₇　蝦

44蝦蟇經一卷
　見《黃帝蝦蟇經》

5715₄　蜂

21蜂經　宋人撰
　刊本　[21]・一・26

5728₂ 歔

90歔堂集古録　不知撰人
先君子校本　[20]・一・25

5743₀ 契

44契蘭堂書畫録　不知撰人
抄本　[57]・179
77契丹講和記一卷　不著撰人
宋刊本　[41]・七・12
契丹疆宇圖一卷　不著撰人
宋刊本　[41]・八・41
契丹國志十七卷　宋葉隆禮撰
元刊本　[50]・二・10
清乾隆刊本　[75]・十八・9
舊抄本　[11]・二十三・14
[50]・二・11　[59]・
四・8　[92]・二・39
契丹國志二十七卷　宋葉隆禮撰
元刊本　[16]・十一・3
[58]・元・36　[68]・
圖版331,目録61　[93]・
九・19　[94]・
二・10
刊本　[5]・二上・15
汪士鐘影抄元本　[2]・二・
12
知不足齋抄本　[39]・丁・11
穴硯齋抄本　[30]・五・1
抄本　[96]・十八・390
契丹録一卷　不知撰人
宋刊本　[41]・五・8

5750₂ 擊

36擊視陰符一卷　不知撰人
刊本　[5]・三上・10
40擊壤集二十卷
見《伊川擊壤集》
擊壤閒録十五卷　明華彦民撰
刊本　[71]・集・論・1
88擊築餘音一卷　明熊開元撰
舊抄本　[74]・四・78

5790₃ 絜

00絜齋集　宋黃度撰
刊本　[88]・續・26、30
絜齋集二十四卷
見《袁絜齋集》
絜齋家塾書抄十二卷　宋袁變撰
舊抄本　[75]・三・6
文瀾閣傳抄本　[16]・二・2
81絜矩新書八卷　明周卜曆撰
杜氏手校本　[75]・三十八・4

繫

20繫辭精義二卷
見《周易繫辭精義》

5798₆ 賴

40賴古堂集二十四卷附録一卷　清
周亮工撰
清刊本　[71]・集・國朝別・1
賴古堂藏書　清周在都輯
清刊本　[39]・庚・58
賴古堂書目不分卷　不知編者
抄本　[96]・三十二・585
賴古堂尺牘二選藏弆集十六卷
清周在浚、周在梁、周在延輯
清刊本　[71]・集・論・5
賴古堂尺牘三選結鄰集十六卷
清周在浚、周在梁、周在延輯
清刊本　[71]・集・論・5

5801₆ 攬

22攬轡録一卷
見《石湖居士攬轡録》

5802₇ 擒

42擒妖始末二卷　明岳和聲纂
明天啓刊本　[85]・補遺・
1086

5803₁ 撫

22撫畿疏草七卷　明張鳳翔撰
明天啓三年(1623)刊本
[85]・七・332

26撫吳疏草不分卷　明張國維撰
明崇禎刊本　[85]・十九・849
撫吳疏草、尺牘、檄草、事實十卷
清周國佐撰
清刊本　[71]・集・國朝別・4
撫吳對事八卷　清慕天顏撰
原刊本　[96]・二十一・438
32撫州府志十六卷　明陳九川撰
明嘉靖三十三年(1554)刊本
[17]・二・17
撫浙疏草四卷　明王洽撰
明天啓崇禎間刊本　[85]・
三・151
33撫梁疏稿四卷咨稿二卷　明郭增
光撰
明崇禎元年(1628)自刊本
[85]・三・141
35撫津疏草四卷　明畢自嚴撰
明天啓崇禎間刊本　[85]・
三・151
撫津疏草二卷公移二卷咨稿一卷
明李邦華輯
明天啓刊本　[85]・三・152
68撫黔奏疏八卷　清楊雍建撰
清刊本　[71]・集・奏議・3
90撫掌詞一卷　宋歐良撰
勞巽卿抄本　[91]・四十・24
舊抄本　[11]・一百二十・6
[101]・中・20

5804₆ 搏

00搏齋先生緣督集四十卷
見《緣督集》

5806₁ 拾

20拾香草一卷　明于鍾元撰
抄本　[71]・集・明別・121
35拾遺記十卷　晉王嘉撰、梁蕭綺
編
宋刊本　[14]・二下・173
[41]・十一・1
元刊本　[9]・後編・十・14
明代重刊宋本　[22]・五・12
[76]・八・2

明刊本　[11]・六十四・12
　[91]・二十一・18
　[93]・十七・21
明嘉靖十三年(1534)顧氏世德
　堂翻宋本　[17]・三・37
　[19]・7　　[76]・八・5
　[89]・一集・六・15
刊本　[74]・三・81
古今逸史本　[74]・三・81
稗海本　[74]・三・81
漢魏叢書本　[74]・三・81
　[96]・六十六・1305
抄本　[75]・四十八・4
拾遺書　明林塾輯
抄本　[39]・丁・31
60拾園張氏書目　不著撰人
精抄本　[74]・二・75

轄

51轄軒集一卷　宋洪皓、張邵、朱弁
　等撰
宋刊本　[41]・十五・17
轄軒使者絶代語釋別國方言十三
　卷
　見《別國方言》
轄軒紀事一卷　明姜曰廣撰
豫章叢書本　[85]・二十一・
　935

5810₁　整

44整菴先生存稿二十卷　明羅欽順
　撰
抄本　[12]・六・33

5811₆　蜕

00蜕廬鐘韻　不知撰人
抄本　[100]・184
22蜕嚴詞二卷　元張翥撰
舊抄本　[11]・一百二十・14
　[75]・六十四・26
44蜕菴詩集四卷　元張翥撰
明初刊本　[68]・圖版350、目
　錄64
明刊本　[93]・二十二・18

明洪武刊本　[16]・三十四・
　11　[36]・238
校舊抄本　[50]・九・23
　[52]・三・15　　[65]・
　四・39
影明洪武本　[54]・七・11
傳抄明洪武刊本　[61]・七・5
知不足齋抄本　[91]・三十四・
　16
舊抄本　[8]・集三・494
　[11]・一百零四・12
　[57]・257
蜕菴詩集五卷　元張翥撰
抄本　[16]・三十四・12
蜕菴詩集五卷補遺一卷　元張翥
　撰
知不足齋抄本　[39]・壬・67
蜕菴詩集五卷蜕嚴詞二卷　元張
　翥撰
吳石倉家抄本　[71]・集・元
　別・15
舊抄本　[91]・三十四・17
蜕菴詩集二卷附錄一卷　元張翥
　撰
勞季言校本　[59]・七・8

5815₃　蟻

21蟻術詩遺八卷
　見《蟻術詩選》
蟻術詩選六卷　元邵復孺撰
抄本　[12]・六・28
蟻術詩選八卷　元邵復孺撰
明隆慶刊本　[38]・集・82
舊抄本　[11]・一百零四・15
　[32]・十三・24　　[91]・
　三十四・17
蟻術詩選八卷詞選四卷　元邵復
　孺撰
舊抄本　[36]・241　　[71]・
　集・元別・35
蟻術詞選四卷　元邵復孺撰
舊抄本　[11]・一百二十・15
　[91]・四十・27
精抄本　[8]・集七・646

傳抄本　[32]・十六・12

5833₄　熬

34熬波圖說二卷　元陳椿撰
抄本　[38]・史・84

5840₁　聱

50聱書十卷　唐沈顔撰
　見《沈顔聱書》
76聱隅子二卷
　見《聱隅子歔欷瑣微論》
聱隅子歔欷瑣微論二卷　宋黄晞
　撰
宋刊本　[14]・五上・591
　[41]・十・17　　[48]・一
　輯・54　　[91]・十八・
　21
知不足齋叢書本　[96]・
　五十三・1045
影宋抄本　[17]・三・20

5844₀　數

00數度衍二十四卷　清方中通撰
繼聲堂刊本　[96]・四十五・
　865
數度衍二十四卷附錄一卷　清方
　中通撰
清刊本　[74]・三・25
數度小記一卷　清程瑤田撰
清嘉慶刊通藝錄本　[78]・子・
　天文類・560　　[96]・
　四十四・837
16數理精蘊五十三卷　清康熙官修
清武英殿刊本　[74]・三・25
　[96]・四十五・865
21數術記遺一卷　題漢徐岳撰、北
　周甄鸞注
北宋國子監刊本　[7]・中・51
宋刊本　[37]・一輯
　[68]・圖版208、209、目錄
　41
津逮祕書本　[74]・三・24
　[96]・四十五・849
東原遺書本　[74]・三・24

數術大略九卷　宋秦九韶撰
　　宋刊本　[41]・十二・23
50數書四十卷　不著撰人
　　舊抄本　[5]・三下・34
　　數書九章九卷　宋秦九韶撰
　　文瀾閣傳抄本　[96]・四十五・
　　856
　　數書九章十八卷　宋秦九韶撰

清道先郁氏宜稼堂刊本
　　[74]・三・24
刊本　[80]・十・1
舊抄本　[5]・一下・27
　　[11]・四十八・18
　　[16]・二十三・5
　　[28]・八・2　　[93]・
　　十五・4

77數學一卷　不知撰人
　　宋刊本　[41]・一・25
數學九章十八卷
　　見《數書九章》

5911₄　螳

70螳臂録四卷　清丁業撰
　　抄本　[85]・十二・592

6

6000₀ 口

21口齒類要一卷　明薛己撰
　薛氏醫書本　[79]・子・醫家
　類・416

6001₄ 唯

30唯室兩漢論一卷　宋陳長方撰
　宋刊本　[41]・十八・34
　唯室集四卷附録一卷　宋陳長方
　撰
　舊抄本　[91]・二十九・24
　文瀾閣傳抄本　[11]・八十三・
　20

睢

30睢寧縣志十二卷　清劉如晏修
　清康熙五十七年(1718)刊本
　[74]・續增・史・9
76睢陽小集七卷　宋孫明復撰
　宋刊本　[14]・四下・450

6008₆ 曠

60曠園雜志二卷　清吳陳炎撰
　說鈴後集本　[96]・六十六・
　1321

6010₀ 日

10日下舊聞四十二卷　清朱彝尊撰
　清刊本　[71]・史・地志・27
　日下舊聞考一百二十卷　不著撰
　人
　刊本　[74]・二・43
　日下題襟集六卷　清嚴可鈞等撰
　抄本　[74]・四・68
　[102]・下・39
31日涉編十二卷　明陳堦輯
　明刊本　[91]・十・13
　刊本　[39]・庚・51

應城徐氏重校刊本　[96]・
　二十七・540
日涉園集五卷　宋李彭撰
　抄本　[38]・集・46
日涉園集十卷　宋李彭撰
　宋刊本　[41]・二十・11
　藝海樓抄本　[32]・十一・18
　舊抄本　[1I]・七十八・21
　[74]・四・20　[91]・
　二十八・16　[92]・四・
　156　[102]・下・
　31
　舊抄大典本　[60]・六・32
34日溯餘彊弱考一卷　清李銳撰
　李氏遺書本　[96]・四十四・
　846
37日湖漁唱一卷　宋陳允平撰
　舊抄本　[11]・一百十九・20
　[50]・十・49　[71]・
　集・詞・7
　精抄本　[91]・四十・22
　日湖漁唱一卷補遺一卷續補遺一
　卷　宋陳允平撰
　奧雅堂刊本　[74]・四・76
　清嘉慶十五年(1810)秦恩復刊
　詞學叢書本　[74]・四・
　76
50日本受領之事一卷　不著撰人
　刊本　[5]・二下・31
　日本外史三十二卷　日本賴襄輯
　日本文政十二年(1829)刊本
　[74]・續增・史・10
　日本考五卷　明李言恭、郝傑撰
　刊本　[36]・戊・69
　日本考略一卷　明薛俊撰
　刊本　[39]・戊・69
日本茶道便蒙抄
　見《茶道便蒙抄》
日本朝貢考略　明張迪撰

抄本　[39]・戊・68
日本國史略五卷　松苗編
　抄本　[91]・十・11
日本圖略二卷　題王士驥纂
　刊本　[71]・史・地志・58
日本圖纂一卷　明鄭若曾撰
　抄本　[5]・二下・22
日本合類節用集大全　不著撰人
　刊本　[45]・33
日本乞師記一卷　清黃宗羲撰
　梨洲遺書本　[85]・十二・590
56日損齋筆記一卷　元黃溍撰
　墨海金壺本　[96]・五十四・
　1081
　舊抄本　[75]・四十二・23
　[93]・十六・15
60日躔考二卷　明李天經撰
　新法曆書本　[78]・算學書録
　補注・86
　日躔增一卷　明李天經、羅谷
　雅譯
　新法曆書本　[78]・算學書録
　補注・86
　日躔表二卷　明徐光啓撰
　新法曆書本　[78]・算學書録
　補注・89
　日躔曆指四卷　明徐光啓、羅谷
　雅譯
　新法曆書本　[78]・算學書録
　補注・86
77日月玄樞論一卷　唐劉知古撰
　宋刊本　[14]・後志・二・882
　[41]・十二・5
日月元樞篇一卷
　見《日月玄樞論》
日月紀古十二卷　清蕭智漢編
　清刊本　[74]・二・39
日月星辰三卷　宋張君房撰
　雲笈七籤本　[78]・算學書録

補注・86

日用本草八卷
　見《本草》

日閩録一卷　元李翀撰
　函海本　[74]・三・55
　墨海金壺本　[96]・五十六・
　　1132
　抄本　[75]・四十四・16

86 日知舊説四卷　清高宗弘歷撰
　清武英殿刊本　[96]・三十七・
　　702

日知録八卷　清顧炎武撰
　初刊本　[57]・195
　明刊本　[61]・三・3
　清刊本　[18]・上・35
　刊本　[21]・四・21

日知録三十二卷　清顧炎武撰
　清刊本　[71]・子・雜家・46
　清康熙三十四(1695)刊本
　　[74]・三・50
　清黄氏刊本　[84]・一・26
　潘稼堂刊本　[20]・四・24
　遂初堂刊本　[96]・五十五・
　　1088
　過録李敬堂批校本　[8]・子
　　一・277
　舊抄本　[20]・四・21

日知録集釋三十二卷　清黄汝成
　撰
　清道光十四年(1834)刊本
　　[74]・三・50

日知録之餘四卷　清顧炎武撰
　舊抄本　[74]・三・50

90 日省編　清馮昌臨撰
　清刊本　[39]・己・33

6010₁　目

34 目遠堂琴譜十二卷　清吳虹撰
　清嘉慶六年(1801)刊本
　　[96]・四十九・969

99 營小輯四卷　明陸化熙撰
　刊本　[39]・戊・29

6010₄　呈

37 呈洛洞元經論圖訣三卷　明曹成
　撰
　明萬曆三十七年(1609)刊本
　　[96]・四十七・903

里

77 里門談贄不分卷　題渤海書生輯
　抄本　[12]・五・35

星

10 星工釋三卷　清李林松撰
　淳古堂刊本　[96]・四十四・
　　839

21 星占三卷　明劉孔昭撰
　明刊本　[78]・補遺・52
　刊本　[39]・庚・60

　星經二卷　漢石申撰
　　明刊本　[78]・子・天文類・
　　　531
　　汲古閣刊本　[78]・算學書録
　　　補注・84
　　漢魏叢書本　[74]・三・22

27 星象考一卷　宋鄒淮撰
　學海類編本　[78]・子・天文
　　類・539　　[78]・算學書
　　録補注・85

28 星駑集略　明汪佑撰
　舊抄本　[74]・續増・子・5

40 星土釋三卷　清李林松撰
　淳古堂刊本　[78]・子・天文
　　類・561

67 星野考不分卷　清吳守一撰
　昭代叢書本　[78]・算學書録
　　補注・99

71 星曆釋意二卷
　見《星曆釋義》

　星曆釋義二卷　明林祖述撰
　　明刊本　[78]・子・天文類・
　　　548
　　刊本　[39]・庚・62

　星曆考原六卷　清李光地等撰
　　清武英殿刊本　[96]・四十七・

907
　清内府銅槧聚珍本　[78]・算
　　學書録補注・90

77 星學二卷　題漢石申撰
　漢魏叢書本　[96]・四十四・
　　816

　星學發軔十四卷引説二卷　清熙
　璋、英駱三畏等譯
　　譯署同文館本　[78]・算學書
　　録補注・87

　星學綱目正傳二十一卷　明楊淙
　撰
　　刊本　[102]・上・21

　星學綱目正傳二十卷首總括圖三
　卷玉井奧訣一卷玉照神經一卷
　末圖説二卷　明楊淙撰
　　明萬曆十年(1582)刊本
　　　[74]・三・33

　星學大成十卷　明萬民英撰
　　刊本　[74]・三・33

80 星禽直指　不著撰人
　抄本　[39]・庚・72

　星命總括三卷　遼耶律純撰
　　抄本　[74]・三・33
　　[91]・十七・11　　[102]・
　　　下・19

　星命溯源五卷　不著撰人
　　抄本　[74]・三・33
　　[91]・十七・11
　　[102]・下・19

88 星簿讚歷一卷　不知撰人
　宋刊本　[41]・十二・17

　星算補遺七種　清董毓琦撰
　　清同治五年(1866)牌算山房刊
　　　[78]・補遺・26

墨

08 墨譜一卷　宋黄秉撰
　宋刊本　[14]・後志・二・855

　墨譜三卷　宋李孝美撰
　　明刊本　[71]・子・雜藝術・3
　　抄本　[39]・庚・37

　墨譜四卷　日本松井元泰撰
　　精刊本　[71]・子・雜藝術・5

墨譜六卷　明方于魯撰
　　明刊本　[3]・17
　　　　[8]・子一・292
　　　　[11]・五十三・13
　　　　[32]・七・13
　　明萬曆刊本　[75]・四十・6
　　刊本　[39]・庚・37
墨譜六卷詩文書賦二卷　明方于
　　魯撰
　　精刊本　[71]・子・雜藝術・4
墨譜法式三卷　宋李孝美撰
　　抄本　[96]・五十・992
09墨麟詩抄十二卷　清馬維翰撰
　　清刊本　[39]・癸下・53
墨麟詩抄十二卷附㑥浦詩抄五卷
　　清馬維翰撰
　　清刊本　[71]・集・國朝別・
　　36
17墨子　周墨翟撰
　　刊本　[89]・一集・五・11
　　校本　[100]・85
墨子三卷　周墨翟撰
　　宋刊本　[41]・十・3
　　校舊抄本　[50]・五・17
　　　　[65]・續・三・21
墨子四卷　周墨翟撰
　　明縣鈔閣本　[17]・三・16
墨子六卷　周墨翟撰
　　明茅坤刊本　[102]・上・22
　　明萬曆九年(1581)書坊刊本
　　　　[76]・七・1
　　舊抄本　[18]・上・21
墨子十五卷　周墨翟撰
　　明刊本　[22]・四・19
　　　　[75]・四十一・6
　　　　[93]・十六・5
　　明刊藍陽本　[22]・四・19
　　明正統十年(1445)刊本
　　　　[68]・圖版365、目錄65
　　明正統道藏本　[17]・三・16
　　明嘉靖覆宋本　[38]・子・39
　　明嘉靖三十一年(1552)芝城銅
　　　　活字藍印本　[68]・圖版
　　　　627、628、目錄101

[86]・九・10
　　明嘉靖唐堯臣刊本　[17]・三・
　　16
　　明江藩白賁衲重刊唐堯臣本
　　　　[26]・五・28
　　明郎氏堂策檻本從銅活字印本
　　　　[17]・三・16
　　明萬曆刊本　[22]・四・19
　　清乾隆刊本　[84]・一・2
　　經訓堂校刊本　[74]・三・44
　　　　[83]・三・18　[92]・三・
　　　　103　[96]・五十二・1028
　　畢刻顧千里校道藏本　[11]・
　　　　五十五・1
　　校明銅活字藍印本　[50]・五・
　　　　17　[65]・續・三・19
　　影抄本　[50]・五・16
　　　　[91]・十八・13
　　抄本　[5]・三上・19
墨子五十卷　周墨翟撰
　　宋刊本　[14]・三上・223
墨子全書跋六卷　不著撰人
　　日本寶曆七年(1757)刊本
　　　　[26]・五・30
墨君題語二卷　明江元祚、項聖
　　謨編
　　竺巗説部本　[96]・四十八・
　　945
21墨經一卷　宋晁季一撰
　　津逮祕書本　[74]・三・42
　　　　[96]・五十・993
22墨山草堂初集十卷　明萬元吉撰
　　舊抄本　[85]・十九・853
27墨緣彙觀錄六卷　朝鮮安岐纂
　　琉璃廠活字印本　[26]・六・
　　66
　　陳伯恭抄本　[12]・五・29
30墨客揮犀十卷　宋彭乘撰
　　稗海本　[74]・三・77
墨客揮犀十卷續十卷　宋彭乘撰
　　宋刊本　[41]・十一・15
34墨池瑣錄二卷　明楊慎撰
　　函海本　[96]・四十八・941
墨池瑣錄四卷　明楊慎撰

刊本　[39]・庚・21
　　淡生堂舊抄本　[74]・三・39
墨池編六卷　宋朱長文編
　　宋刊本　[9]・後編・五・18
　　明萬曆八年(1580)李時成刊本
　　　　[26]・六・56
墨池編二十卷　宋朱長文編
　　清康熙刊本　[75]・三十九・3
　　寶硯山房刊本　[96]・四十八・
　　926
　　刊本　[39]・庚・19
　　　　[71]・子・書畫家・1
墨池初稿九卷　明湯煥撰
　　抄本　[71]・集・明別・102
墨法集要一卷　明沈繼孫撰
　　清武英殿聚珍版刊本　[74]・三・
　　42　[96]・五十・994
40墨志　麻三衡撰
　　金壽門抄本　[20]・四・16
42墨楯一卷　清熊文舉選
　　豫章叢書本　[85]・七・301
43墨娥小錄六卷　不知編者
　　明刊本　[91]・十九・18
44墨苑三卷　宋李孝美撰
　　宋刊本　[41]・十四・14
墨苑二十卷
　　見《程氏墨苑》
墨莊詩抄　清周之楨輯
　　稿本　[57]・329
墨莊漫錄十卷　宋張邦基撰
　　明萬曆刊本　[38]・子・51
　　稗海本　[74]・三・53
　　明唐六如校抄本　[2]・三・28
　　鯨淥飲校明刊本　[30]・六・
　　32
　　明抄本　[36]・　174[54]・
　　四・2
　　明嘉靖二十四年(1545)陸思道
　　　　抄本　[17]・三・26
墨藪二卷　明周之士撰
　　刊本　[39]・庚・23
墨藪十卷　唐許歸與編
　　宋刊本　[14]・後志・一・771
墨藪一卷　唐韋續撰

宋刊本　[41]·十四·8
刊本　[71]·子·書畫家·1
舊抄本　[91]·十八·4
　　[96]·四十八·920
墨藪二卷　唐韋續撰
　明刊本　[55]·二·33
　刊本　[39]·庚·18
　舊抄本　[93]·十五·15
墨藪二卷　唐韋續撰　附法帖音
釋刊誤一卷　宋陳與義撰
　明程榮刊本　[17]·三·10
　抄本　[74]·三·37　[102]·
　　·下·19
　傳抄本　[32]·七·12
墨林二卷　清曹素功編
　藝粟齋刊本　[96]·五十·995
　精刊本　[71]·子·雜藝術·5
墨林快事十二卷　明安世鳳輯
　抄本　[39]·庚·17
　　[96]·五十八·1158
50墨史三卷　元陸友撰
　知不足齋叢書本　[96]·五十·993
　黃椒昇校醉經樓抄本　[17]·三·11
　劉泖生校抄本　[57]·187
　抄本　[5]·二中·8
　　[39]·庚·37
　　[60]·八·4　[71]·子·雜藝術·4
墨表四卷　清萬壽祺撰
　清嘉慶刊本　[49]·15
55墨井詩抄　清王士禛撰
　初刊本　[57]·281
墨井詩抄二卷三巴集一卷畫跋一卷　明吳歷撰
　明刊本　[102]·上·33
　清刊本　[74]·續增·集·13
60墨品八種　清宋犖輯
　舊抄本　[92]·三·102

量
80量倉通法五卷　清張作楠撰
　翠薇山房數學本　[96]·
四十五·873

6010₇　疊
22疊山集十六卷
　見《謝疊山先生文集》

6011₁　罪
86罪知錄十卷
　見《祝子罪知錄》
90罪惟錄九十七卷　明查繼佐撰
　抄本　[36]·119
罪惟錄一百零二卷　明查繼佐撰
　吳興嘉業堂劉氏舊藏稿本
　　[85]·一·1
　浙江圖書館藏海寧張氏抄本
　　[85]·一·1
　四部叢刊三編本　[85]·一·1

6011₃　晁
00晁文元道院集要三卷　宋晁迥撰、王古編
　宋刊本　[14]·後志·二·898
　　[41]·十二·11
　明刊本　[11]·六十五·18
　　[75]·四十九·20
　　[91]·二十二·5
　　[96]·六十八·1335
　刊本　[24]·集一·13
晁文元道院集要三卷客語一卷儒言一卷　宋晁迥撰
　抄本　[71]·子·雜家·3
晁文元道院集要三卷昭德新編三卷　宋晁迥撰
　刊本　[71]·集·宋別·3
晁文元道院別集十五卷法藏碎金錄十卷　宋晁迥撰
　宋刊本　[14]·四中·427
08晁說之景迂生集二十卷
　見《景迂生集》
17晁君成集十卷別集一卷　宋晁端撰
　宋刊本　[41]·二十·5
22晁嵩山集二十卷　宋晁說之撰
　小草齋抄本　[71]·集·宋別·
25
24晁先生詩集　宋晁冲之撰
　明嘉靖三十三年(1554)刊本
　　[74]·四·19
　清刊本　[84]·二·30
　刊本　[89]·一集·十·42
　抄本　[102]·下·30
晁先生詩集一卷　宋晁冲之撰
　明覆宋刊本　[92]·四·155
　明刊本　[32]·十一·17
　　[93]·二十·32
　明晁汝瑮重刊宋本　[11]·
　　七十七·14　[16]·
　　三十·28
　晁氏寶文堂刊本　[91]·
　　二十八·11
　刊本　[39]·壬·17
　抄本　[92]·四·155
晁先生詩集十卷　宋晁冲之撰
　宋刊本　[41]·二十·12
晁先生詩集十五卷　宋晁冲之撰
　元刊本　[71]·集·宋別·25
　刊本　[24]·集一·26
晁先生雞肋集七十卷　宋晁補之撰
　宋刊本　[41]·十七·26
　明仿宋刊本　[91]·二十八·11
　明刊本　[9]·後編·十八·18、19　[11]·七十七·10　[32]·十一·16　[93]·二十·32
　明詩瘦閣刊本　[12]·三·21
　刊本　[71]·集·宋別·23
　明人依宋抄本　[74]·四·19
　舊抄本　[16]·三十·27　[17]·四·20　[38]·集·45　[59]·六·21　[102]·下·30
27晁叔用詞一卷　宋晁冲之撰
　宋刊本　[41]·二十一·4
72晁氏讀書志二十卷
　見《郡齋讀書志》
晁氏儒言一卷　宋晁說之撰

明嘉靖三十三年(1554)刊本
　　[11]·三十九·12
抄本　[75]·三十三·1
晁氏客語一卷　宋晁説之撰
　　宋刊本　[11]·五十七·9
　　[17]·三·25　[41]·
　　十·19
　　明覆宋本　[91]·十九·3
　　明刊本　[11]·五十七·9
　　[17]·三·25
　　百川學海本　[96]·五十六·
　　1109
晁氏客語一卷晁氏儒言一卷　宋
　晁説之撰
　　明嘉靖翻宋本　[17]·三·25
晁氏迦談四卷　宋晁迥撰
　　刊本　[71]·子·釋家·2
77晁具茨詩集一卷
　見《晁先生詩集》
80晁無咎詞一卷　宋晁補之撰
　　宋刊本　[41]·二十一·4
晁無咎詞六卷　宋晁補之撰
　　舊抄本　[91]·四十·4
晁無咎雞肋編七十卷
　見《晁先生雞肋集》

6011₄　疃

00疃離引蒙、交食引蒙　清賈步緯
　撰
　　江南製造局刊本　[78]·算學
　　書録補注·89

6012₇　蜀

00蜀高祖實録三十卷　蜀李昊撰
　　宋刊本　[14]·後志·一·782
07蜀記一卷　宋張守約撰
　　宋刊本　[14]·二下·162
蜀記一卷　不著撰人
　　痛史本　[85]·七·300
蜀記二卷　唐鄭暐撰
　　宋刊本　[41]·八·32
10蜀三神祠録五卷　宋井度編
　　宋刊本　[14]·二下·168
蜀爾雅三卷　不著撰人

宋刊本　[41]·三·40
14蜀破鏡三卷　清孫鍈撰
　　古棠書屋叢書本　[85]·七·
　　301
16蜀碧四卷　清彭遵泗撰
　　清刊本　[74]·二·32
　　通行刊本　[85]·七·295
　　借月山房彙抄本　[85]·七·
　　295
蜀碑記十卷　宋王象之撰、清李
　調元編
　　函海本　[96]·三十三·609
22蜀川紀略一卷蜀檮杌一卷　宋張
　唐英撰　錦里耆舊傳四卷　宋
　勾延慶纂
　　舊抄本　[84]·一·22
蜀山藏書目　不著撰人
　　刊本　[25]·6
27蜀龜鑑七卷卷首一卷　清劉景伯
　輯
　　清咸豐四年(1854)刊本
　　[85]·七·302
34蜀漢三國始末　清孫承澤撰
　　舊抄本　[74]·二·16
蜀漢本末二卷　元趙居信纂
　　舊抄本　[11]·二十二·19
　　[75]·十七·13
蜀漢本末三卷　元趙居信纂
　　元刊本　[58]·元·37
　　[93]·九·19　[94]·
　　二·10
　　天一閣抄本　[39]·丁·5
38蜀道驛程記　王士禎撰
　　漁洋山人著述本　[96]·
　　二十四·506
40蜀志十五卷　晉陳壽撰
　　南宋刊本　[35]·上·35
蜀難紀略　清沈荀蔚撰
　　刊本　[20]·二·22
蜀難叙略一卷　清沈荀蔚撰
　　昭代叢書本　[85]·七·294
　　知本足齋叢書本　[85]·七·
　　294
　　明季稗史續編本　[85]·七·

294
44蜀桂堂編事二十卷　後蜀楊九齡
　撰
　　宋刊本　[14]·二下·145
蜀檮杌不分卷　宋張唐英撰
　　校舊抄本　[50]·三·1
　　[65]·續·二·11
蜀檮杌二卷　宋張唐英撰
　　函海本　[74]·二·37
　　[96]·二十六·528
　　校舊抄本　[52]·一·17
　　勞平父手抄本　[17]·二·15
　　舊抄本　[55]·六·2
　　[59]·四·10　[91]·
　　十·8
蜀檮杌三卷　宋張唐英撰
　　抄本　[39]·丁·15
蜀檮杌十卷　宋張唐英撰
　　宋刊本　[41]·五·5
　　舊抄本　[11]·二十八·15
　　[75]·二十三·10
　　[93]·十·17
蜀檮杌二卷吳曦之叛一卷　宋張
　唐英撰
　　清黃丕烈校舊抄本　[2]·二·
　　28
47蜀都碎事六卷　清陳祥裔撰
　　清刊本　[39]·戊·46
50蜀中廣記三十八卷蜀中名勝記三
　十卷　明曹學佺撰
　　刊本　[39]·戊·46
蜀中廣記七十四卷蜀中名勝記
　三十卷　明曹學佺撰
　　刊本　[71]·史·地志·49
蜀中畫苑　不著撰人
　　刊本　[21]·一·22
蜀事紀略一卷　明朱燮光撰
　　朱少師奏抄本　[85]·七·295
60蜀國春秋十八卷　明苟廷詔撰
　　明崇禎刊本　[71]·史·地志·
　　49
　　刊本　[39]·丁·13
88蜀鑑十卷　宋郭允蹈撰
　　明初刊本　[16]·十·5

[17]・二・9　[54]・
二・10
明刊本　[11]・二十二・16、
19
明嘉靖三十四(1555)刊本
[96]・十七・375
刊本　[5]・二上・8
[39]・丁・13　[71]・
史・地志・48　[95]・
一・16
校明刊本　[54]・二・12
明抄本　[50]・二・9
舊抄本　[93]・九・16

6015₃ 國

01國語三卷　吳韋昭解
明刊本　[9]・後編・十四・
5、6
國語二十一卷　吳韋昭解
宋刊本　[11]・二十四・1
[28]・三・15　[35]。
上・38　[41]・三・4、
5
南宋國子監刊本　[7]・下・7
宋元間刊本　[58]・史・56
宋刊宋元遞修本　[68]・圖版
31、目錄13
宋刊元修本　[57]・52
宋刊元修明印本　[60]・四・6
元刊本　[9]・後編・九・9
明翻宋本　[17]・二・10
[32]・三・15　[38]・
史・40　[92]・二・40
明刊本　[9]・七・13、14、15
[32]・三・15　[76]・
五・1　[81]・史・3
[83]・二・5　[91]・
八・2　[96]・十九・
406
明刊黑口本　[17]・二・10
明許宗魯靜宜書屋刊本
[26]・二・7
明弘治刊本　[11]・二十四・1
明嘉靖刊本　[22]・二・7

[91]・八・1　[92]・
二・41
明嘉靖五年(1526)陝西正學書
院刊本　[86]・五・
7
明嘉靖七年(1528)吳郡金李澤
遠堂覆宋刊本　[26]・二・
6　[30]・三・8
[86]・六・24
明萬曆大字本　[92]・二・42
明萬曆十三年(1585)吳汝紀刊
本　[26]・二・5
明萬曆四十七年(1619)烏程閔
氏刊四色印本　[86]・
十・5
讀未見書齋仿宋本　[96]・
十九・405
黃氏士禮居覆宋刊本　[38]・
史・39　[75]・十九・1
翻宋本　[45]・3
清覆刊宋天聖明道間本
[22]・二・7
清刊本　[80]・七・10
刊本　[89]・一集・四・1、2
校宋本　[50]・二・12
[51]・一・12　[57]・
52　[65]・二・46
[83]・二・5
明周光鎬、郭子章校刊本
[74]・二・17
清陸敕先、葉石君據影宋明道
本校本　[2]・二・13
校本　[57]・54
校刊本　[99]・上・3
影抄北宋本　[5]・一上・22
毛氏汲古閣影抄宋天聖明道本
[11]・二十四・1
[28]・三・17　[72]・15
影抄宋天聖明道本　[35]・附・
5
影宋抄本　[80]・十四・9
[81]・史・2　[83]・
二・27
日本元龜天正間抄本　[22]・

二・7
國語六十一卷　吳刊韋昭解
宋刊明修本　[3]・6
[17]・二・10
國語二十一卷　吳韋昭解　補音
三卷　宋宋庠撰
宋刊本　[38]・史・39
[72]・15.
元刊本　[16]・十一・5
明初刊本　[91]・八・1
明刊本　[60]・四・7
[93]・九・20
明刊大字本　[91]・八・1
明張一鯤、郭子章校刊本
[102]・上・15
明嘉靖刊本　[75]・十九・1
國語解三卷
見《國語》
國語補音三卷　宋宋庠撰
宋刊本　[11]・二十四・2
[28]・三・19　[29]・
一・12　[35]・上・38
[41]・三・5
元板明修本　[32]・三・16
明刊本　[76]・五・2
明弘治刊本　[11]・二十四・2
微波榭刊本　[74]・二・17
校宋本　[50]・二・14
[65]・二・51
清何小山校明刊本　[2]・二・
18
舊抄本　[16]・續・二・7
國語補韋四卷　清黃模撰
清刊本　[96]・十九・406
國語韋昭解二十一卷
見《國語》
國語合評二十一卷國策合評十二
卷　明陳仁錫、鍾惺撰
原刊本　[96]・三十五・652
國語劄記　吳韋昭解
明道本　[49]・5
04國諱忠奸錄一卷　明陳方策撰
逸事彙抄本　[85]・七・341
10國璽傳一卷傳國璽記一卷　不著

撰人
　　宋刊本　[41]·五·28
17 國琛集二卷　明唐樞撰
　　刊本　[39]·戊·17
20 國秀集三卷　唐芮挺章撰
　　宋刊本　[41]·十五·8
　　明刊本　[32]·十五·4
　　[91]·三十八·6
　　汲古閣刊本　[74]·四·60
　　校明嘉靖本　[55]·四·20
　　舊抄本　[91]·三十八·6
22 國變難臣抄一卷　不著撰人
　　前明忠義別傳附刊本　[85]·
　　八·356
　　痛史本　[85]·八·356
　　國變錄一卷　吳邦策撰
　　舊抄本　[85]·八·351
　　國山碑考一卷　清吳騫編
　　羅以智校魏稼孫手抄本
　　[84]·三·12
27 國色天香十卷　不著撰人
　　明萬曆刊本　[77]·六·171
　　國紀五十八卷　宋徐度撰
　　宋刊本　[41]·四·28
30 國憲家猷五十六卷　明王大可撰
　　刊本　[39]·丁·55
35 國清百錄二卷　不著撰人
　　傳抄本　[60]·二·12
37 國初羣雄事略十五卷
　　見《明初羣雄事略》
　　國初練音初集十卷附一卷　王輔
　　銘輯
　　刊本　[39]·辛·38
　　國初禮賢錄二卷　明劉基撰
　　明抄本　[91]·八·10
　　抄本　[39]·丁·30
　　國初事蹟一卷　明劉辰撰
　　刊本　[39]·丁·30
　　國初東南靖海記一卷　清魏源撰
　　聖武記本　[85]·十三·637
　　國初明末佚書不分卷　不著撰人
　　清乾隆抄本　[85]·二十二·
　　981
40 國難睹記一卷　題草莽東海臣瀝

血謹記
　　南金雜誌刊本　[85]·八·356
　　舊抄本　[85]·八·356
　　國壽錄四卷　明查繼佐撰
　　舊抄本　[20]·二·17
　　國壽錄四卷便記一卷　明查繼佐
　　撰
　　中華書局鉛印本　[85]·九·
　　405
　　稿本　[85]·九·405
　　舊抄本　[57]·66　[85]·
　　九·405
43 國榷　明談遷撰
　　抄本　[26]·三·28
　　國榷二十卷　明談遷撰
　　舊抄本　[74]·二·11
　　[102]·下·5
　　國榷一百卷　明談遷撰
　　舊抄本　[32]·三·21
　　國榷一百零四卷卷首四卷　明談
　　遷撰
　　中華書局鉛印本　[85]·一·
　　27
　　舊抄本　[85]·一·27
44 國老談苑二卷　題宋王君玉編
　　宋刊本　[11]·六十三·3
　　[17]·三·34
　　明翻宋本　[91]·二十一·9
　　明刊本　[17]·三·34
　　百川學海本　[96]·六十四·
　　1263
　　抄本　[75]·四十六·18
　　國老聞談二卷　題宋王君玉撰
　　宋刊本　[41]·十一·11
45 國姓爺鄭成功傳二卷
　　見《鄭成功傳》
47 國朝文類七十卷
　　見《元文類》
　　國朝諸臣奏議一百五十卷　宋趙
　　汝愚編
　　宋刊本　[9]·四·19
　　[15]·1　[17]·二·12
　　[35]·下·7　[38]·
　　史·45　[41]·十五·

20　[58]·史·64
　　[66]·目錄6　[87]·
　　二·12　[92]·二·45
　　[93]·九·27　[94]·
　　二·6
　　宋淳祐十年(1250)福州刊本
　　[2]·二·22　[11]·
　　二十五·20　[16]·
　　十二·12　[67]·第五
　　冊·38　[71]·集·奏
　　議·3
　　明華燧刊活字本　[2]·二·22
　　[32]·四·4　[70]·
　　四上·13
　　校宋本　[93]·九·28
　　國朝詞綜補五十八卷　清丁紹儀
　　輯
　　清刊本　[57]·335
　　清光緒九年(1883)刊本
　　[64]·續·122
　　國朝諡法考一卷　清王士禎撰
　　漁洋著述本　[96]·二十九·
　　565
　　國朝諡法考六卷　清趙鉞撰
　　清刊本　[74]·二·66
　　國朝二百家名臣文粹三百卷
　　見《國朝二百家名賢文粹》
　　國朝二百家名賢文粹三百卷　宋
　　人編
　　宋刊本　[14]·五下·700
　　[17]·四·42　[33]·
　　集·66　[35]·下·53
　　[65]·五·58
　　宋慶元三年(1197)書隱齋刊本
　　[2]·五·30　[68]·
　　圖版223、目錄44
　　國朝山陵考二卷　明王在晉纂
　　刊本　[20]·二·24
　　國朝名世類苑四十六卷　不著編
　　者
　　明刊本　[3]·15
　　國朝名臣言行略四卷　明劉廷元
　　撰
　　刊本　[53]·一·12

國朝名臣事略十五卷　元蘇天爵輯
　元刊本　[35]・下・39
　　[74]・續增・史・3
　　[93]・十・9　　[94]・
　　二・12
　元元統三年(1335)佘志安勤有書堂刊本　[11]・二十七・19　[16]・十三・27
　　[58]・元・48　　[67]・
　　第五册・75　　[68]・圖版318、319
　聚珍刊本　[74]・二・30
　刊本　[5]・二上・16
　校元元統刊本　[91]・九・14
　校元舊抄本　[50]・二・29
　　[65]・續・二・8
　校澹生堂抄本　[50]・二・30
　陳仲魚校抄本　[30]・六・10
　校抄本　[50]・二・29
　張氏影元刊本　[50]・二・30
　影抄元刊本　[32]・四・8
　　[59]・四・13　　[84]・
　　一・14
　明澹生堂抄本　[17]・二・14
　天一閣抄本　[39]・戊・15
　舊抄本　[38]・史・50
　　[52]・一・17　　[59]・
　　四・14
國朝名臣事略三十卷　元蘇天爵輯
　影抄元刊本　[11]・二十七・25
國朝名臣奏議十卷　宋呂祖謙編
　宋刊本　[41]・十五・20
國朝名公神斷詳刑公案八卷　不著撰人
　明刊本　[77]・附・234
國朝官制沿革一卷　宋黃琮編
　宋刊本　[14]・五下・723
　　[41]・六・9
國朝官制沿革一卷
　見《國朝官制沿革》
國朝通典二百卷　不著撰人

宋刊本　[41]・五・29
國朝相輔年表一卷續一卷　宋陳繹撰
　宋刊本　[41]・六・10
國朝畫識十七卷墨香居畫識十卷　清馮金伯撰
　清刊本　[74]・三・39
國朝畫徵録三卷續録二卷　清張庚撰
　清刊本　[39]・庚・28
　　[74]・三・39　　[96]・
　　四十八・958
國朝奏疏四十八卷　清朱擺撰
　稿本　[32]・四・5
國朝典彙二百卷　明徐學聚輯
　刊本　[39]・丁・55
國朝典故八十二卷　不知撰人
　明抄本　[30]・五・8
　　[32]・八・22　　[38]・
　　子・65
國朝典故紀聞十八卷　明余繼登撰
　刊本　[39]・丁・56
國朝時令十二卷
　見《國朝時令集解》
國朝時令集解十二卷　宋賈昌朝撰
　宋刊本　[14]・後志・二・831
　　[41]・六・22
國朝風雅不分卷　元蔣易輯
　元刊本　[52]・三・22
國朝風雅七卷雜編三卷　元蔣易輯
　元刊本　[38]・集・108
國朝會要一百十卷　宋王珪撰
　宋刊本　[41]・五・30
國朝會要總類五百八十八卷　宋李心傳編
　宋刊本　[41]・五・31
50國史列傳七十卷　不著編者
　舊抄殘本　[92]・三・51
國史儒林傳擬稿　清阮文達撰
　抄本　[84]・一・14
國史經籍志六卷　明焦竑輯

明刊本　[75]・三十・7
明萬曆十八年(1590)刊本
　　[19]・5
粵雅堂刊本　[74]・二・72
錢塘徐氏曼山館刊本　[96]・
　三十二・582
刊本　[71]・史・簿録・4
清金俊明抄本　[2]・二・48
黑格舊抄本　[59]・五・16
舊抄本　[12]・五・18
　　[30]・四・10　　[55]・
　　六・4　　[74]・二・72
　　[102]・下・13
國史後補五卷　宋蔡絛撰
　宋刊本　[41]・五・20
國史紀聞十二卷　明張銓撰
　刊本　[39]・丁・7
國史補二卷
　見《唐國史補》
國史補遺　明孫交撰
　明刊本　[21]・一・7
國史對韻十二卷　宋范鎮撰
　宋刊本　[14]・後志・二・857
國史滿漢列臣傳八十卷　不著撰人
　精抄本　[74]・二・31
國史滿漢名臣傳八十卷　不著撰人
　清巾箱刊本　[74]・二・31
國史逆臣傳四卷　清官修
　楚之橋杌本　[85]・十七・777
　北京琉璃廠半松居士排印本　[85]・十七・777
　抄本　[85]・十七・777
國史貳臣傳十二卷　清官修
　北京琉璃廠半松居士排印本　[85]・十七・775
國史貳臣傳二十卷　清官修
　抄本　[85]・十七・775
國史考異六卷　明潘檉章撰
　功順堂叢書本　[85]・一・61
　曝書亭抄本　[39]・丁・43
國史唯疑十二卷　明黃景昉撰
　清初刊本　[85]・一・58

抄本　[85]・一・58

國史唯疑二十卷　明黃景昉撰
　傳抄本　[61]・七・1

70國雅二十卷　明顧起綸編
　明刊本　[74]・續增・集・16
　刊本　[39]・辛・27

77國風省篇一卷　清毛奇齡撰
　西河合集本　[96]・八・146

88國策十卷
　見《戰國策》

國策地名考二十卷
　見《戰國策地名考》

6021₀　四

00四庫闕書目二卷　清祕書省編
　明藍格抄本　[28]・五・1

四庫全書總目二百卷
　見《四庫全書總目提要》

四庫全書總目提要二百卷　清紀
　昀等纂
　清武英殿刊本　[74]・二・72
　湖州沈氏刊本　[96]・三十二・
　586

四庫全書考證一百卷　清黃太
　岳、曹錫寶等撰
　清武英殿聚珍版本　[96]・
　五十五・1088

四庫全書附存目録十卷　清胡虔
　編
　通行小本　[96]・三十二・589

四庫全書簡明目録二十卷　清紀
　昀等纂
　湖州沈氏刊本　[96]・三十二・
　587

四六話一卷　宋王銍撰
　宋刊本　[35]・上・5
　　[41]・二十二・13

四六談麈一卷　宋謝伋撰
　宋刊本　[11]・一百十八・9
　　[17]・四・47　　[41]・
　　二十二・13
　明刊本　[17]・四・47
　　[91]・三十九・28
　抄本　[39]・庚・1

　　[75]・六十四・11
　　[93]・二十四・3

四六叢珠彙選十卷　明王明嶅輯
　刊本　[39]・庚・52

四六法海十二卷　明王志堅撰
　明刊本　[57]・323

四六標準四十卷　宋李劉撰、明
　孫雲翼注
　明萬曆四十四年(1616)刊本
　　[59]・六・30
　刊本　[39]・壬・49

四六餘話一卷
　見《雲莊四六餘話》
　傳望樓刊本　[74]・四・71

四六類稿三十卷　宋熊克撰
　宋刊本　[41]・十八・27

四六類編十六卷　明李日華輯
　刊本　[39]・辛・13

06四譯館考十卷　明江繁撰
　刊本　[39]・丁・70

10四王合傳一卷　不著撰人
　荊駝逸史本　[85]・十五・682
　明季稗史彙編本　[85]・十五・
　682
　明季野史彙編本　[85]・
　十五・682
　揚州十日記合刻本　[85]・
　十五・682

四靈詩四卷
　見《永嘉四靈詩》

四元玉鑑三卷　元朱世傑撰
　明刊本　[102]・上・20
　仁和何氏刊本　[96]・四十五・
　860

四元玉鑑細草二十二卷　元朱世
　傑撰、清羅士琳細草
　清道光四年(1824)刊本
　　[74]・四・25

四焉齋詩集六卷附梯仙閣餘課一
　卷拂珠樓偶抄二卷　清曹一士
　撰
　石倉世纂本　[96]・七十一・
　1417

四百三十二峯草堂詩抄十八卷

清遹希璜撰
　清乾隆五十八年(1793)刊本
　　[26]・十・17

四不如類抄九卷　明錢一本撰
　抄本　[70]・五・15

16四聖懸樞四卷　清黃元御撰
　清咸豐十年(1860)長沙刊黃氏
　　醫書八種本　[79]・子・
　　醫家類・443

四聖心源十卷　清黃元御撰
　黃氏醫書八種本　[79]・子・
　　醫家類・526

四聖圖解二卷　明李文察撰
　李氏樂書本　[96]・三十七・
　697

17四子六卷　不著編者
　元刊本　[29]・一・4

四子治國樞要四卷　唐范乾九編
　宋刊本　[14]・後志・二・827

20四季五更駐雲飛一卷　不著編者
　明成化刊本　[2]・五・45

21此堂稿十卷　清魏際瑞撰
　清刊本　[74]・續增・集・12

22四川土夷考四卷　明譚希忠撰
　刊本　[39]・戊・49

四川總志二十七卷　明王元正等
　撰
　清刊本　[71]・史・地志・6

四川總志三十六卷　清蔡毓榮等
　撰
　清刊本　[71]・史・地志・6

四川通志二百二十六卷　清常明
　等纂
　清嘉慶二十一年(1816)刊本
　　[74]・二・45　　[75]・
　　二十六・23

四將傳四卷
　見《中興四將傳》

四種曼陀羅義一卷　釋空海撰
　日本建長八年刊本　[62]・圖
　版26

27四象論一卷　題李耳撰
　宋刊本　[41]・十二・6

30四家詩選十卷　宋王安石纂

宋刊本　[41]・十五・12
四家詞四卷　宋王以寧、周必大、元陳深、吳澄撰
精抄本　[91]・四十・32
四家注解經進珞琭子三命消息賦六卷
見《珞琭子》
四家宮詞六卷　宋人輯
宋書棚本　[54]・八・25
明嘉靖刊本　[38]・集・116
四家禮範五卷　宋張栻、朱熹纂
宋刊本　[41]・六・19
四家胡笳詞一卷　題蔡琰、劉商、王安石、李元白撰
宋刊本　[41]・十五・19
四家録二卷　宋釋惠南編
元刊本　[48]・二輯下・142
[91]・二十二・5
35四禮翼　明吕坤撰
刊本　[39]・乙・29
四禮初稿四卷　明宋纁撰
袖珍本　[96]・六・109
37四溟詩話四卷　明謝榛撰
刊本　[74]・四・73
[74]・續增・集　18
四溟山人集十卷　明謝榛撰
明萬曆四十年(1612)盛以進刊本　[26]・九・36
四溟山人集十卷詩説一卷　明謝榛撰
刊本　[71]・集・明别・86
四溟山人全集二十四卷　明謝榛撰
明萬曆三十二年(1604)趙府冰玉堂刊本　[8]・集五・558
[12]・三・32　[54]・七・27　[67]・第五册・85
38四遊稿六卷　明張位撰
刊本　[39]・癸下・7
四遊全傳　不著撰人
清道光十年(1830)坊刊大型本
[69]・九・221
40四十二章經一卷　後漢竺法蘭譯
宋刊本　[41]・十二・10
四十家雜説　不著編者
明刊本　[9]・後編・十七・3
四友齋叢説三十八卷　明何良俊撰
明刊本　[60]・二・19
[91]・十九・15
刊本　[39]・己・52
[71]・子・雜家・27
四存編　清顔元撰
清刊本　[39]・己・37
46四如講稿六卷
見《黄四如先生六經四書講稿》
四如集五卷
見《黄四如集》
47四聲韻譜不分卷　清楊錫震輯
稿本　[2]・一・40
四聲猿不分卷　明徐渭撰
明公安袁宏道評點本　[64]・續・121
四聲猿四卷　明徐渭撰
明刊本　[60]・七・27
四聲切韻表一卷　清江永撰
粤雅堂刊本　[74]・一・58
四聲切韻表四卷　清江永撰
清乾隆刊本　[75]・十四・16
四聲等子一卷　題元劉鑑撰
天一閣抄本　[39]・丙・36
抄本　[11]・十七・14
[75]・十四・11
[93]・七・28
四聲等弟圖一卷　宋釋宗彦撰
宋刊本　[14]・一下・89
四朝名臣言行録六十七卷　宋朱熹撰
宋刊小字袖珍本　[92]・二・50
四朝名臣言行録續集十六卷别集十六卷　宋李幼武撰
宋刊本　[66]・目録6
四朝名賢詞　明吳訥輯
抄本　[71]・集・詞・17
四朝大政録二卷　明劉心學撰
舊抄本　[85]・二・106
四朝國史三百五十卷　宋修國史院纂
宋刊本　[41]・四・12
四朝野乘十三卷　不知撰人
抄本　[102]・下・8
四朝野史　不著編者
抄本　[85]・二十三・1020
四朝聞見録五卷　宋葉紹翁撰
知不足齋叢書本　[96]・六十四・1279
舊抄本　[12]・五・35
[32]・九・16　[91]・二十一・12
50四夷朝貢録十卷　唐高少逸撰
宋刊本　[41]・五・15
四夷館考二卷　王宗載撰
抄本　[5]・二下・31
四書　明張居正編
清康熙十一年(1672)刊本
[74]・一・45　[102]・上・13
四書六卷　清官編
清武英殿刊本　[96]・十三・262
四書文四十一卷　清方苞編
清乾隆元年(1736)刊本
[26]・十五・36
四書章句集注二十六卷
見《四書集注》
四書章圖纂釋二十卷　不知撰人
元刊本　[22]・二・24
朝鮮國刊本　[22]・二・25
四書辨疑十五卷　元陳天祥撰
元刊本　[9]・後編・八・19
[66]・目録4
通志堂經解本　[74]・一・44
[96]・十二・252
四書講義六卷　明鄭曉撰
刊本　[39]・丙・8
四書説九卷　清焦袁熹撰
清乾隆五年(1740)刊本
[96]・十三・272
四書説叢十七卷　明沈守正輯
明刊本　[91]・四・19
刊本　[39]・丙・10

四書改錯二十卷　清毛奇齡撰
　清嘉慶十六年(1811)學圃刊本
　　[74]・一・46
四書改錯二十二卷　清毛奇齡撰
　秀水金氏重刊本　[96]・十三・
　　268
四書集編二十六卷　宋真德秀撰
　明刊本　[93]・六・10
　通志堂經解本　[74]・一・44
　　[96]・十二・248
四書集注二十六卷　宋朱熹撰
　宋刊本　[34]・一・6
　　[35]・上・4　　[93]・
　　六・5　　[94]・一・7
　　[99]・上・2
　宋淳祐刊本　[23]・44
　　[35]・上・5、6
　宋咸淳九年(1273)衢守長沙趙
　　淇刊本　[9]・一・18
　元覆宋刊本　[28]・續・四・3
　明仿宋大字本　[30]・二・1
　明吉府翻正統經廠本　[91]・
　　四・14
　明刊黑口本　[3]・3
　明嘉靖三十年(1551)逢源谿館
　　刊本　[3]・3
　內府仿宋淳祐補刊燕山嘉氏宣
　　城本　[26]・二・27
四書集注二十六卷附大學中庸或
　問二卷　宋朱熹撰
　明司禮監刊本　[102]・上・13
四書集注二十六卷附錄六卷　宋
　朱熹撰、清吳志忠輯
　真有意堂刊本　[96]・十二・
　　246
四書集注通證六卷
　見《四書通證》
四書集成二十卷　不著編者
　宋刊本　[35]・上・27
　　[93]・六・10　[94]・一・8
四書集義精要　元劉因撰
　元至順元年(1330)江南行省刊
　　本　[67]・第五冊・51
　刊本　[89]・二集・一・29

四書經疑問對八卷　疑宋董彝編
　元刊本　[20]・一・15
　　[35]・下・3
　元至正刊本　[2]・一・28
　刊本　[5]・一上・31
四書經疑貫通八卷　元王充耘撰
　元至正十一年(1351)建安同文
　　堂刊本　[92]・一・19
　舊抄本　[11]・十・12
　　[91]・四・16
四書外傳　明侯易曦撰
　舊抄本　[20]・一・16
四書待問二十二卷　元蕭鎰撰
　元刊本　[35]・下・46
　明抄本　[9]・後編・二十・19
　舊抄本　[11]・十・22
　　[16]・六・11　　[93]・
　　六・13
四書總要三卷　不知撰人
　元刊殘本　[35]・下・36
四書稗疏一卷考異一卷讀大全說
　十卷　清王夫之撰
　湘鄉刊本　[74]・一・45
四書釋地一卷續一卷又續一卷三
　續二卷　清閻若璩撰
　清原刊本　[96]・十三・269
四書釋地辨證二卷　清宋翔鳳撰
　樸學齋叢書本　[96]・十三・
　　270
四書釋地補一卷續補一卷又續補
　一卷三續補一卷　清樊廷枚撰
　清嘉慶二十一年(1816)刊本
　　[96]・十三・269
四書釋義十九卷　清王鑄撰
　天賞樓刊本　[96]・十三・276
四書解細論　清辛廷芝撰
　清刊本　[88]・一・15
四書疑問十一卷　明姚舜牧撰
　重訂本　[96]・十三・261
四書疑問十二卷　明姚舜牧撰
　刊本　[39]・丙・9
四書疑節十二卷　元袁俊翁撰
　吟雪山房抄本　[91]・四・16
　抄本　[39]・丙・7

四書叢說八卷　元許謙撰
　元刊本　[58]・元・19
　　[88]・一・14
四書述　清陳詵撰
　清刊本　[39]・丙・10
四書襯十九卷　清駱培撰
　坦吉堂刊本　[96]・十三・275
四書湖南講　明葛寅亮撰
　刊本　[39]・丙・9
四書逸箋六卷　清程大中撰
　粵雅堂刊本　[74]・一・46
　墨海金壺本　[96]・十三・276
四書通二十六卷　元胡炳文撰
　元刊本　[93]・六・12
　　[94]・一・15
　通志堂經解本　[74]・一・44
　　[96]・十二・253
四書通證六卷　元張存中撰
　元刊本　[35]・下・36
　通志堂經解本　[74]・一・44
　　[96]・十二・254
　明毛子晉影抄元本　[2]・一・
　　28
四書通旨六卷　元朱公遷撰
　通志堂經解本　[74]・一・44
　　[96]・十二・254
　抄本　[91]・四・17
四書通義大成六卷騾括總要發義
　二卷　元倪士毅撰
　元刊本　[48]・二輯上・31
四書大全十八卷　明胡廣等撰
　明刊本　[12]・三・1
　　[96]・十三・258
四書大全三十六卷　明胡廣等撰
　明官刊本　[91]・四・18
四書大全三十八卷　明胡廣等撰
　元刊本　[43]・一・36
四書索解四卷　清毛奇齡撰
　西河合集本　[96]・十三・267
四書標題十九卷　不知撰人
　元刊本　[93]・六・13
　　[94]・一・15
四書蒙引十五卷　明蔡清撰
　明萬曆刊本　[91]・四・18

大業刊本　[96]•十三•258

四書本義匯參四十七卷　清王步青撰

　敦復堂刊本　[96]•十三•274

四書或問語類三十七卷　清陳其凝編

　浙江府署刊本　[96]•十二•247

四書輯釋二十卷　元倪士毅輯

　元刊本　[87]•三•1

四書輯釋三十六卷　元倪士毅輯

　元刊本　[30]•一•1

　　[35]•下•35　　[39]•丙•7　　[65]•一•42

四書輯釋四十一卷　元倪士毅輯

　明刊本　[32]•二•11

四書拾義二卷　清胡紹勳撰

　刊本　[88]•一•19

四書因問六卷　明呂柟撰

　清嘉慶三年(1798)重刊本　[96]•十三•259

　刊本　[39]•丙•8

四書困勉錄十四卷續錄六卷　沈守正撰

　刊本　[39]•丙•10

四書反身錄　清王心敬撰

　清刊本　[39]•丙•10

四書留書六卷　明章世純撰

　抄本　[74]•一•45

　　[91]•四•19　　[102]•下•3

四書問目　宋劉炳撰

　瓶花齋抄本　[39]•丙•7

四書賸言四卷補二卷　清毛奇齡撰

　西河全集本　[74]•一•45

　　[96]•十三•266

四書合刻三十六卷大學中庸或問二卷　明吉澄輯

　明吉澄校刊本　[60]•一•18

四書合講十卷　明毛尚忠輯

　刊本　[39]•丙•9

四書劄記四卷　清楊名時撰

　楊氏全書本　[96]•十三•271

四書箋義十二卷補遺一卷　元趙悳撰

　汲古閣影元精抄本　[66]•目錄4

　舊抄本　[11]•十•17

四書管窺三十六卷　元史伯璿撰

　抄本　[91]•四•17

四書管見十三卷

　見《融堂四書管見》

四書纂疏二十六卷　宋趙順孫撰

　元刊本　[11]•十•17

　　[35]•上•29　　[72]•5

　通志堂經解本　[74]•一•44

　　[96]•十二•250

　抄本　[75]•七•22

四書纂箋二十八卷　元詹道傳撰

　通志堂經解本　[74]•一•44

　　[96]•十二•255

四春詞　不知撰人

　清刊本　[80]•十三•7

64四時治要方一卷　宋屠鵬撰

　宋刊本　[14]•五上•615

　　[41]•十三•14

四時栽接花果圖一卷　不知撰人

　宋刊本　[41]•十•9

四時氣候四卷

　見《四時氣候集解》

四時氣候集解四卷　明李泰撰

　明景泰六年(1455)刊本　[78]•補遺•18

　抄本　[5]•二中•3

四時纂要五卷　唐韓諤撰

　宋刊本　[14]•三上•232

　　[41]•十•5

67四明文獻二卷　明鄭真輯

　明抄本　[74]•續增•集•16

　舊抄本　[32]•十五•14

四明文獻集五卷　宋王應麟撰

　鄭真輯抄本　[1]•上•40

　抄本　[39]•壬•40

　　[71]•集•宋別•61

四明文獻集五卷補遺一卷續補遺　宋王應麟撰

　舊抄本　[11]•九十二•7

四明文獻志九卷補志一卷　明李堂撰

　刊本　[53]•一•13

四明文獻錄　明黃潤玉撰

　刊本　[39]•戊•21

四明山志九卷　清黃宗羲撰

　清刊本　[39]•戊•56

　　[71]•史•地志•66

　　[74]•二•54

四明山古蹟記五卷　不著撰人

　抄本　[39]•戊•56

四明續志十卷　宋梅應發、劉錫編

　宋刊本　[33]•史•54

四明續志十二卷　宋梅應發、劉錫編

　宋刊大字本　[92]•二•62

　徐時棟校刊本　[75]•二十五•15

　抄本　[93]•十一•7

四明續志十二卷　元王元恭撰

　刊本　[88]•三•8

　徐氏校刊本　[75]•二十六•9

　舊抄本　[11]•三十二•5

　　[91]•十一•16

四明它山水利備覽二卷　宋魏峴撰

　徐時棟校刊本　[75]•二十七•2

　舊抄本　[39]•丁•79

　　[71]•史•地志•74

　　[91]•十二•2　　[93]•十一•12

四明志二十卷　元袁桷撰

　徐氏校刊本　[75]•二十六•7

　影元刊本　[11]•三十二•5

　天一閣抄本　[39]•戊•32

　舊抄本　[32]•四•18

　　[93]•十一•11

　文瀾閣抄本　[16]•十六•22

四明志二十一卷　宋胡榘、羅濬纂

　宋刊本　[9]•後編•四•28

　　[30]•一•2

　　　　[41]・八・22
　　　　[68]・圖版84、目録22
　宋浙刊本　[2]・二・32
　徐時棟校刊本　[75]・二十五・
　　13
　抄本　[93]・十一・7
四明志二十一卷　宋胡榘、羅濬
　纂　四明續志十二卷　宋梅應
　發、劉錫編
　文瀾閣傳抄本　[16]・十六・
　　5
四明志徵二十六卷　明人撰
　抄本　[71]・史・地志・13
四明圖經十二卷　宋張津等編
　徐時棟校刊本　[75]・二十五・
　　6
　刊本　[88]・三・3
　舊抄本　[11]・二十九・16
四明吟稿一卷　宋吳澼撰
　抄本　[74]・四・29
四明風雅四卷　明戴鯨輯
　明嘉靖三十五年(1556)刊本
　　[64]・47
四明風雅四卷　明張時徹輯
　刊本　[39]・辛・32
四明尊堯集一卷　宋陳瓘撰
　宋刊本　[41]・五・35
四明尊堯集四卷　宋陳瓘撰
　元刊本　[54]・六・17
　明刊本　[9]・後編・十五・3
四明尊堯集十一卷　宋陳瓘撰
　刊本　[39]・丁・21
四明尊堯集四卷序一卷　宋陳瓘
　撰
　明刊本　[38]・史・96
四照堂集文五卷詩二卷　清王猷
　定撰
　清刊本　[71]・集・國朝別・4
71四原論一卷
　見《崔真人四原論》
75四體千文書法一卷　不著撰人
　日本天正二年刊本　[62]・圖
　　版137
77四門經一一卷　唐陳周輔撰

　宋刊本　[41]・十二・27
四民月令一卷　漢崔實撰
　明刊説郛本　[78]・補遺・18
　心齋十書本　[96]・二十七・
　　539
80四分術注三卷　清李鋭撰
　李氏遺書本　[78]・算學書録
　　補注・97　[96]・
　　四十四・844
四分律行事鈔資持記　不著撰人
　宋明州刊殘本　[2]・三・46
四分律藏　不著撰人
　日本黃蘗刊本　[40]・3
四分律刪繁補闕行事抄上卷　不
　著撰人
　日本建長四年刊本　[62]・圖
　　版39
84四鎮紀略一卷　不著編者
　抄本　[85]・十・495
90四省表影立成一卷　清梅文鼎撰
　兼濟堂本　[78]・算學書録補
　　注・88
四當齋集　清章鈺撰
　刊本　[100]・162

　　　　　見

38見滄文集十五卷　明茅瓚撰
　刊本　[39]・癸上・54
40見南山集二十卷　宋劉爚撰
　宋刊本　[41]・二十・14
50見素詩集十四卷　明林俊撰
　明嘉靖刊本　[91]・三十六・
　　21
見素西征集不分卷　明林俊撰
　刊本　[71]・集・明別・48
見素集七卷西征集不分卷　明林
　俊撰
　刊本　[39]・癸上・22
77見聞雜記三卷　明李樂撰
　刊本　[39]・丁・44
見聞記憶録五卷　明余國禎撰
　刊本　[39]・己・84
見聞實録十二卷　拜鵑山人輯
　抄本　[85]・六・272

見聞搜玉四卷　明高鸚撰
　刊本　[71]・子・小説家・2
見聞隨録　明韓邦奇撰
　抄本　[39]・己・49
見聞隨筆二卷　清馮甦撰
　清初刊本　[85]・十一・545
　台州叢書本　[85]・十一・545
見聞録四卷　清徐岳撰
　清原刊本　[96]・六十六・
　　1320
見聞録八卷　明陳繼儒撰
　眉公雜著本　[96]・六十五・
　　1295

　　　6022₇　易

00易　費氏注
　刊本　[21]・一・1
易十二卷　宋呂祖謙纂
　宋刊本　[41]・一・1
易十二卷音訓二卷　宋呂祖謙纂
　宋刊本　[41]・一・2
易三十卷　清毛奇齡注
　西河全書本　[74]・一・8
易童子問三卷　歐陽永叔撰
　宋刊本　[41]・一・12
易序叢書十卷　宋趙汝楳撰
　刊本　[24]・經一・14
　華亭董其昌家抄本　[39]・甲・
　　6
易序圖説二卷　不著撰人
　刊本　[39]・甲・28
易齋稿十卷　明劉璟撰
　刊本　[39]・癸上・8
　　[71]・集・明別・23
易齋稿五卷補一卷　明劉璟撰
　明初刊本　[91]・三十五・33
易意蘊凡例總論一卷　徐庸撰
　宋刊本　[41]・一・12
易辨一卷　不著撰人
　刊本　[24]・經一・51
易辨一卷　明豐坊撰
　二老閣抄本　[39]・甲・14
易辨三卷淵源録三卷　何萬撰
　宋刊本　[41]・一・26

易音三卷　清顧炎武撰
　　顧氏刊本　[74]・一・57
　　音學五書本　[96]・十四・300
易訓三卷　宋宋咸撰
　　宋刊本　[14]・後志・一・756
易證墜簡二卷　不著撰人
　　宋刊本　[41]・一・9
·04易詁訓傳十八卷　宋晁公武撰
　　宋刊本　[41]・一・21
·05易講義二卷　宋陳襄撰
　　精抄本　[91]・一・3
　　易講義十卷　宋龔原撰
　　宋刊本　[41]・一・15
·06易韻四卷　清毛奇齡撰
　　西河全集本　[74]・一・57
　　　　　　　　[96]・十四・303
·08易説一卷　宋葉氏撰
　　宋刊本　[41]・一・27
　　易説一卷　宋吳如愚撰
　　宋刊本　[41]・一・28
　　易説一卷　宋陳瓘撰
　　宋刊本　[41]・一・15
　　山陰祁氏澹生堂抄本　[24]・
　　　經一・5　　[39]・甲・2
　　文瀾閣傳抄本　[11]・一・10
　　　[75]・一・8
　　易説一卷　宋司馬光撰
　　宋刊本　[14]・一上・24
·易説三卷　宋司馬光撰
　　宋刊本　[41]・一・13
·易説六卷　宋司馬光撰
　　聚珍刊本　[74]・一・2
　　舊抄本　[75]・一・7
　　易説一卷　清惠士奇撰
　　稿本　[102]・下・1
·易説六卷　清惠士奇撰
　　清刊本　[39]・甲・39
　　坊刊本　[74]・一・8
　　易説二卷　宋呂祖謙撰
　　抄本　[39]・甲・4
　　易説二卷　明萬廷言撰
　　刊本　[24]・經一・29
·易説二卷　宋趙善譽撰
　　宋刊本　[41]・一・26

易説四卷　宋趙善譽撰
　　抄本　[75]・二・11
易説三卷　宋趙汝談撰
　　宋刊本　[41]・一・28
易説三卷　周佐編
　　抄本　[39]・甲・13
易説四卷　清陳壽熊撰
　　稿本　[59]・一・2
易説二卷　宋張載撰
　　明刊本　[93]・一・18
易説三卷　宋張載撰
　　宋刊本　[41]・一・14
　　通志堂刊本　[74]・一・2
易説十卷　宋張載撰
　　宋刊本　[14]・後志・一・756
易説十一卷　宋郭雍撰
　　宋刊本　[41]・一・22
　　聚珍刊本　[74]・一・3
　　盧校三單本　[91]・一・7
　　澹生堂抄本　[39]・甲・2
易説十一卷　宋張栻撰
　　刊本　[24]・經一・8
　　秀水曹氏倦圃抄本　[39]・甲・
　　4
　　抄本　[95]・一・2
易説十二卷　宋李過撰
　　抄本　[24]・經一・13
　　　[39]・甲・5　[91]・
　　　一・10　[93]・一・26
易説二十三卷　宋朱熹撰、朱
鑑編
　　宋刊本　[35]・下・35
　　　[93]・一・27　[94]・
　　　一・1
　　元刊配抄本　[16]・續・一・1
　　通志堂刊本　[74]・一・4
　　日本刊本　[75]・二・20
易説六卷　宋趙彥肅撰
　　通志堂刊本　[74]・一・3
　　影宋抄本　[9]・四・2
　　舊抄本　[91]・一・8
易説六卷易象歸元一卷　宋趙彥
肅撰
　　舊抄本　[11]・二・1

易説存悔二卷　清汪憲撰
　　舊抄本　[91]・一・20
易論　明徐繼恩撰
　　刊本　[24]・經一・51
易論　清徐善撰
　　抄本　[39]・甲・36
易論二十卷　宋代淵撰
　　宋刊本　[14]・後志・一・754
易論三十三卷　宋王昭素撰
　　宋刊本　[14]・一上・20
09易談四卷　明孫應鰲撰
　　刊本　[39]・甲・16
10易正誤一卷　不知撰人
　　宋刊本　[41]・一・16
易疏五卷　明黃端伯撰
　　刊本　[39]・甲・27
17易翼　胡雙湖撰
　　刊本　[21]・一・2
易翼傳二卷　宋鄭汝諧撰
　　宋刊本　[41]・一・27
　　元刊本　[93]・一・27
　　　[94]・一・10
　　通志堂刊本　[74]・一・4
易翼述信不分卷　清王又樸撰
　　陳昌圖校舊抄本　[2]・一・6
易翼述信十二卷　清王又樸撰
　　清刊本　[39]・甲・44
18易璇璣三卷　宋吳沆撰
　　通志堂刊本　[74]・一・3
20易集傳十一卷卦圖三卷叢説一卷
宋朱震撰
　　宋刊本　[14]・一上・29
　　通志堂刊本　[74]・一・2
易集義粹言八十卷　清納蘭性德
撰
　　通志堂刊本　[74]・一・8
21易占二卷　宋程迥撰
　　抄本　[39]・甲・4
易占經緯四卷　明韓邦奇撰
　　刊本　[39]・甲・11
易經三卷　不著撰人
　　宋刊本　[58]・經・4
易經廣義
　　見《周易廣義》

易經辨疑六卷　清張問達撰
　清刊本　[39]・甲・35
易經識餘五卷　徐秉義纂
　抄本　[16]・一・21
易經説章七卷　明陳際泰撰
　刊本　[24]・經一・48
易經一説　清王侃撰
　清刊本　[39]・甲・44
易經理輯　清部煜撰
　清刊本　[39]・甲・42
易經釋義四卷　清沈昌期撰
　清刊本　[39]・甲・38
易經繹五卷　明鄧元錫撰
　刊本　[39]・甲・16
易經勺解三卷
　見《周易勺解》
易經疑問十二卷　明姚舜牧撰
　刊本　[39]・甲・19
易經述　清陳詵撰
　清刊本　[39]・甲・38
易經澹窩因指八卷　明張汝霖撰
　刊本　[24]・經一・39
　　[39]・甲・22
易經通論十二卷易經可説十二卷
　明曹學佺撰
　刊本　[39]・甲・22
易經大旨四卷　明唐龍撰
　刊本　[24]・經一・24
　　[39]・甲・10
易經存疑十二卷　明林希元撰
　明刊本　[11]・三・25
　刊本　[24]・經一・24
易經蒙引十二卷
　見《周易蒙引》
易經兒説四卷
　見《周易兒説》
易經開心正解四卷　不著撰人
　明萬曆閩建書林熊成冶刊本
　　[64]・續・118
易經會通十二卷
　見《周易會通》
易經纂注四卷　明李廷機撰
　刊本　[24]・經一・35
易經小傳二十卷　鄭友元撰

刊本　[39]・甲・32
22易例舉要二卷　清吳鼎撰
　抄本　[39]・甲・44
易變體義十二卷　宋都絜撰
　文瀾閣傳抄本　　[16]・一・
　　5
易變體義十六卷　宋都絜撰
　刊本　[28]・一・5
23易外別傳一卷　宋俞琰撰
　元刊本　[11]・六十六・28
　　[28]・續・十一・20
　　[35]・下・27
　元至元刊本　[43]・三・58
　刊本　[24]・經一・15
　　[96]・六十九・1362
易俟十八卷　清喬萊撰
　清刊本　[39]・甲・37
易編一卷　宋李心傳撰
　通志堂刊本　[74]・一・4
易稽覽圖三卷
　見《易緯稽覽圖》
24易備遺十卷　宋朱元昇撰
　通志堂刊本　[74]・一・5
易緯七卷　漢鄭玄注
　宋刊本　[41]・三・29
易緯辨終備一卷　不著撰人
　聚珍刊本　[74]・一・10
易緯稽覽圖二卷　漢鄭玄注
　宋刊本　[14]・後志・一・752
　聚珍刊本　[74]・一・10
　抄校本　[91]・一・22
易緯稽覽圖三卷　漢鄭玄注
　宋刊本　[41]・二・30
易緯通卦驗二卷　清殷元正輯、
　陸明睿增訂
　聚珍刊本　[74]・一・10
易緯坤靈圖一卷　漢鄭玄注
　宋刊本　[14]・後志・一・752
　武英殿聚珍刊本　[74]・一・
　　10　[78]・算學書録補
　　注・91
易緯乾元序制記一卷　漢鄭玄
　注
　宋刊本　[14]・後志・一・752

武英殿聚珍刊本　[74]・一・
　　10　[78]・算學書録補
　　注・91
易緯是類謀一卷　清殷元正輯、
　陸明睿增訂
　聚珍刊本　[74]・一・10
25易律通解八卷　清沈光邦撰
　抄本　[39]・甲・44
易傳一卷　北魏關朗撰
　宋刊本　[14]・一上・16
　　[41]・一・6
　明復宋本　[92]・一・1
　明刊本　[9]・後編・十二・1
易傳二卷　北魏關朗撰
　刊本　[5]・一上・2
易傳二卷　漢京房撰
　明嘉靖四明天一閣刊本
　　[17]・三・8　　[86]・
　　六・142
易傳三卷　漢京房撰
　宋刊本　[14]・一上・15
　明仿宋本　[11]・五十一・3
　明刊本　[91]・十七・11
　　[93]・十五・11
　明天一閣刊本　[75]・三十八・
　　21
　明萬曆刊本　[21]・一・1
　刊本　[24]・經一・1
　漢魏叢書本　[74]・三・32
　津逮祕書本　[74]・三・32
　　[96]・四十七・902
　校刊本　[5]・一上・1
　沈果堂臨葉石君馮已蒼校本
　　[17]・三・8
易傳六卷　宋李中正撰
　明刊本　[102]・上・11
　日本刊本　[11]・二・9
　　[75]・二・19
　日本活字本　[74]・一・2
　影日本抄本　[91]・一・10
易傳四卷　宋程頤撰
　元覆宋本　[38]・經・3
　刊本　[74]・一・2
易傳六卷　宋程頤撰

宋刊本　[9]・後編・一・1
宋江西刊大字本　[2]・一・5
刊本　[5]・一上・2
易傳十卷　宋程頤撰
宋刊本　[14]・一上・25
易傳八卷　宋蘇軾撰
明刊本　[9]・後編・十二・
　1
易傳九卷　宋蘇軾撰
明刊本　[11]・一・10
明焦竑刊本　[74]・一・2
　[102]・上・10
刊本　[39]・甲・2
明抄本　[91]・一・3
抄本　[75]・一・8
易傳十卷　宋蘇軾撰
宋刊本　[41]・一・13
易傳十一卷　宋蘇軾撰
宋刊本　[14]・一上・25
易傳十卷　宋王逢撰
宋刊本　[14]・一上・23
易傳十卷　宋胡瑗撰
宋刊本　[14]・一上・21
易傳十卷　宋張浚撰
宋刊本　[14]・五上・521
通志堂刊本　[74]・一・2
明抄本　[28]・續・一・3
舊抄本　[11]・一・21
　[20]・一・1　[75]・
　二・4
易傳十卷　宋張弼撰
宋刊本　[14]・後志・一・756
易傳十卷　題卜子夏撰、魏王弼
注
宋刊本　[14]・一上・15
　[41]・一・4
易傳十一卷　題卜子夏撰、魏
王弼注
明高承埏稽古堂刊本　[26]・
　一・25
通志堂經解本　[74]・一・1
易傳十五卷　宋劉牧撰
宋刊本　[14]・一上・22
易傳十六卷　明葉山撰

天一閣抄本　[39]・甲・17
易傳七卷　唐李鼎祚撰
惠松崖校汲古閣本　[57]・1
易傳十卷　唐李鼎祚撰
張紹仁校宋本　[11]・一・3
影抄宋刊本　[16]・一・1
易傳十七卷　唐李鼎祚撰
清朱秋崖校雅雨堂刊本　[2]・
　一・6
易傳二十卷　宋楊簡撰
明刊本　[11]・二・2
　[75]・二・12　[91]・
　一・8　[93]・一・23
刊本　[24]・經一・11
易傳二十卷　宋楊萬里撰
宋刊本　[10]・2
　[14]・五上・521
　[35]・上・31
　[41]・一・25　[58]・
　經・3　[65]・一・6
　[93]・一・23
　[94]・一・1
明覆宋本　[28]・續・一・7
明刊本　[11]・二・2
　[75]・二・12
明敏學書院刊本　[59]・一・2
明嘉靖二十一年（1542）尹耕
瘵鶴亭刊本　[8]・經一・32
　[17]・一・2　[26]・
　一・29　[59]・一・2
刊本　[24]・經一・12
　[39]・甲・4
聚珍刊本　[74]・一・3
易傳三十卷　宋楊萬里撰
明嘉靖刊本　[91]・一・8
易傳三十卷　宋王宗傳撰
宋刊本　[9]・後編・二・6
刊本　[28]・一・6
通志堂刊本　[74]・一・4
影宋抄本　[9]・四・2
易傳九卷外篇十卷　李綱撰
宋刊本　[41]・一・17
易傳十一卷叢説一卷圖三卷　宋
朱震撰

宋刊本　[41]・一・19
影宋抄本　[38]・經・3
影抄本　[36]・1
易傳十一卷本義十二卷易學啓蒙
一卷　宋朱熹撰
宋刊本　[41]・一・23
易傳三卷　漢京房撰　周易略例
二卷　魏王弼撰　關氏易傳一
卷　北魏關朗撰　周易舉正三
卷　唐郭京撰　正易心法一卷
麻衣道者撰　周易古占法二卷
宋程迥撰　乾坤鑒度二卷乾鑿
二卷　漢鄭玄注
明天一閣刊本　[26]・一・25
易傳辨異四卷　清翟均廉撰
清刊本　[39]・甲・45
易傳積算法雜占條例一卷　漢京
房撰
宋刊本　[41]・十二・29
易傳解説一卷微旨三卷　不著撰
人
宋刊本　[41]・一・8
易傳拾遺十卷　胡銓撰
宋刊本　[41]・一・23
易傳燈四卷　宋徐總幹撰
李調元刊函海本　[74]・一・
　3
舊抄本　[11]・二・6
　[75]・二・16
26易緼一卷　宋徐庸撰
宋刊本　[14]・後志・一・754
易總説二卷　戴谿撰
宋刊本　[41]・一・26
易緝説十卷　元王申子撰
通志堂刊本　[74]・一・6
27易修墨守一卷　明唐樞撰
刊本　[39]・甲・14
易象意言一卷　宋蔡淵撰
聚珍刊本　[74]・一・4
抄本　[75]・二・20
易象正十六卷　明黃道周撰
清康熙二十二年（1683）刊本
　[74]・一・7
易象羣詮十卷　明徐應奎輯

舊抄本　[75]・二・29

易象解四卷　明劉濂撰
　　刊本　[39]・甲・13

易象通八卷
　　見《周易象通》

易象大意存解一卷　清任陳晉撰
　　清刊本　[74]・一・9

易象大旨八卷　明薛甲撰
　　明刊本　[9]・後編・十二・3
　　刊本　[39]・甲・14

易象援古　清申爾宣撰
　　清刊本　[39]・甲・45

易象數鈎深圖三卷　元張理撰
　　通志堂刊本　[74]・一・6
　　明人影抄道藏本　[11]・三・20

易象圖説内篇三卷外篇三卷　元張理撰
　　通志堂經解本　[74]・三・29
　　[96]・四十六・887
　　明抄本　[11]・五十・18

易象義十六卷
　　見《周易象義》

易象會旨二卷　明吳撝謙撰
　　刊本　[39]・甲・31

易象鈎解四卷　明陳士元撰
　　明刊本　[11]・三・25
　　清道光刊歸雲別集本　[74]・一・7
　　抄本　[39]・甲・15
　　[75]・二・28

易象管窺十五卷　明黃正憲撰
　　刊本　[39]・甲・17

易象鈔上下經二卷卦圖繫附録四卷　明錢一本撰
　　刊本　[39]・甲・20

易解　明顧曾唯撰
　　傳是樓抄本　[24]・經一・29
　　[39]・甲・16

易解　明高宏圖撰
　　刊本　[24]・經一・41

易解一卷　宋呂大臨撰
　　宋刊本　[14]・一上・29

易解一卷　明姚士辨輯

抄本　[24]・經一・1

易解二卷　宋沈括撰
　　宋刊本　[41]・一・15

易解二卷　宋郭忠孝撰
　　宋刊本　[14]・後志・一・757

易解五卷　宋朱長文撰
　　舊抄本　[59]・一・1

易解八卷　宋蘇軾撰
　　明萬曆刊本　[91]・一・3

易解九卷　宋蘇軾撰
　　刊本　[5]・一上・3

易解十四卷　宋皇甫泌撰
　　宋刊本　[41]・一・13

易解十七卷　清應撝謙撰
　　清刊本　[39]・甲・34

易解二十卷　宋楊簡撰
　　刊本　[39]・甲・3

易解九卷　宋張根撰
　　聚珍刊本　[74]・一・2

易解十卷　宋張根撰
　　宋刊本　[41]・一・19

易解九卷序論五卷雜説泰論各一篇　宋張根撰
　　澹生堂抄本　[39]・甲・2

易解八卷疑問二卷　宋李椿年撰
　　宋刊本　[41]・一・23

易解六卷繫辭精義二卷　宋程頤撰
　　宋刊本　[41]・一・14
　　古逸叢書本　[76]・一・3

易解義　宋耿南仲撰
　　刊本　[24]・經一・5

易解義十卷　宋張弼撰
　　宋刊本　[41]・一・15、20

易疑　清胡庭、胡同撰
　　清刊本　[39]・甲・39

30易憲二卷　明沈泓撰
　　明刊本　[102]・上・11

易憲四卷　明沈泓撰
　　刊本　[39]・甲・32
　　[74]・一・7

易準四卷　清曹庭棟撰
　　清刊本　[39]・甲・44

易窺不分卷　明程玉潤撰
　　刊本　[24]・經一・41
　　抄本　[39]・甲・24

易宮三十八卷　清吳隆元撰
　　抄本　[39]・甲・39

31易源奧義一卷周易原旨六卷　元保八撰
　　刊本　[24]・經一・18
　　[28]・續・一・10
　　抄本　[8]・經一・34
　　[91]・一・13

易源奧義一卷周易原旨八卷　元保八撰
　　文瀾閣傳抄本　[16]・一・19

33易演十八卷　明胡經撰
　　刊本　[24]・經一・28
　　抄本　[39]・甲・15

易補注十卷王劉易辨一卷　宋咸貫之撰
　　宋刊本　[41]・一・10

34易漢學八卷　清惠棟撰
　　經訓堂叢書本　[74]・一・9

36易禪傳二卷　宋林至撰
　　通志堂刊本　[74]・一・4
　　舊抄本　[93]・一・24

易禪傳二卷外篇　宋林至撰
　　宋刊本　[41]・一・27

37易通一卷　明徐爌撰
　　刊本　[24]・經一・42

易通六卷　宋趙以夫撰
　　祁氏澹生堂舊抄本　[24]・經一・13
　　抄本　[39]・甲・6

易通變四十卷
　　見《皇極通變》

易通卦驗二卷　漢鄭玄注
　　宋刊本　[41]・三・30

40易十三傳十三卷　不知撰人
　　竹垞翁娛志軒藏本　[24]・經一・31
　　曝書亭抄本　[39]・甲・29

易大象説録二卷　清舒焘撰
　　清刊本　[39]・甲・35

易素十三卷　張汝明撰

宋刊本　[41]·一·**20**

43易式一卷　宋晁説之撰

　宋刊本　[41]·十二·**31**

44易考二卷續考二卷　李榮陞撰

　刊本　[88]·一·**4**

　易考原三卷　明梅鷟撰

　刊本　[24]·經一·**24**

　抄本　[39]·甲·**11**

　易芥八卷　明陸振奇撰

　刊本　[24]·經一·**40**

　　[39]·甲·**23**

　易鞋記二卷　明沈鯨撰

　明金陵唐錦池文林閣刊本

　　[86]·十一·**16**

　易老通言十卷　宋程大昌撰

　宋刊本　[41]·九·**19**

　易林二卷　漢焦延壽撰

　明刊本　[91]·十七·**10**

　明嘉靖仿宋本　[11]·五十

　　一·**9**　　[91]·十七·10

　抄本　[38]·子·**28**

　易林四卷　漢焦延壽撰

　明辨疑館刊本　[11]·五十一·

　　11

　明嘉靖四年(1525)姜氏刊本

　　[26]·六·**48**

　明周曰校刊本　[1]·上·**1**

　校宋本　[93]·十五·**11**

　易林十二卷　漢焦延壽撰

　明刊本　[11]·五十一·**11**

　易林十六卷　漢焦延壽撰

　宋刊本　[14]·一上·**30**

　　[41]·十二·**28**

　　[92]·三·**91**

　明刊本　[75]·三十八·**21**

　　[81]·子·7　　[83]·

　　三·17

　明新都唐琳刊本　[24]·經一·

　　1

　汲古閣刊本　[17]·三·**9**

　明萬曆刊本　[21]·一·**1**

　清嘉慶仿刊陸敕先校宋本

　　[49]·16

　清刊本　[80]·九·**9**

刊本　[71]·子·五行家·**1**

漢魏叢書本　[74]·三·**32**

津逮祕書本　[74]·三·**32**

陸敕先校宋本　[11]·五十一·

　　10　　[16]·續·三·**6**

　　[50]·四·**42**

校宋本　[50]·四·**42**

　　[81]·子·**7**

校本　[81]·子·**8**　　[83]·

　　三·16

影元抄本　[38]·子·**29**

易林元籥十則不分卷　明盛如林

　纂

　抄本　[24]·經一·**49**

易林疑説不分卷　明楊瞿崍撰

　刊本　[24]·經一·**41**

　　[39]·甲·**23**

易林補遺四卷　清張世寶撰

　坊刊本　[74]·三·**35**

易乾鑿度二卷

　見《乾坤鑿度》

48易乾坤鑿度二卷

　見《乾坤鑿度》

50易本傳三十三卷　宋李舜臣撰

　宋刊本　[41]·一·**24**

　易本象四卷　明黄道周撰

　刊本　[24]·經一·**45**

　易本義附錄纂疏十五卷　元胡一

　桂撰

　通志堂刊本　[74]·一·**5**

53易或十卷　清徐在漢撰

　清刊本　[39]·甲·**35**

54易軌一卷　蜀蒲乾貫撰

　宋刊本　[14]·一上·**20**

58易數　不著撰人

　明萬曆刊本　[21]·一·**2**

　易數鉤隱圖三卷　宋劉牧撰

　刊本　[24]·經一·**4**

　舊抄本　[11]·一·**6**

　　[75]·一·**6**

　易數鉤隱圖三卷附遺論九事一卷

　宋劉牧撰

　通志堂刊本　[74]·一·**1**

　明人影抄宋本　[11]·一·**7**

舊抄本　[75]·一·**7**

60易因四卷　明李贄撰

　刊本　[24]·經一·**28**

　易圖識漏一卷　明黄芹撰

　天一閣抄本　[39]·甲·**13**

　易圖親見一卷　明蕭山來纂

　刊本　[39]·甲·**29**

　易圖説三卷　宋吳仁傑撰

　通志堂刊本　[74]·一·**3**

　易圖論一卷　李覯撰

　宋刊本　[41]·一·**10**

　易圖通編五卷易筮通變三卷　宋

　雷思齊撰

　坊刊本　[74]·一·**5**

　易圖明辨十卷　清胡渭輯

　粤雅堂叢書本　[74]·一·**8**

　易圖纂要一卷　宋俞琰撰

　元刊本　[11]·三·**9**

　　[28]·續·一·**8**

　易冒十卷　清程良玉撰

　清刊本　[39]·庚·**67**

70易臆三卷　明鄭圭撰

　刊本　[39]·甲·**17**

71易牙遺意二卷　明韓奕撰

　刊本　[5]·二中·**11**

　易原二卷　清趙振芳撰

　清刊本　[39]·甲·**35**

　易原八卷　宋程大昌撰

　聚珍刊本　[74]·一·**3**

　影宋抄本　[35]·附·**2**

　舊抄本　[75]·二·**8**

　易原十卷　宋程大昌撰

　宋刊本　[41]·一·**24**

　易原奧義一卷

　見《易源奧義》

74易髓二卷　題麻衣道者撰

　明刊本　[21]·一·**3**

77易學　明錢澂之撰

　刊本　[39]·甲·**29**

　易學一卷　宋王湜撰

　宋刊本　[14]·後志·一·**757**

　通志堂經解本　[74]·三·**29**

　　[96]·四十六·**887**

　易學二卷　題劉伯熊編

易學十卷 陸堂撰
　　刊本 [39]・甲・41

易學十二卷 明沈一貫撰
　　刊本 [39]・甲・17

易學二十四卷 董遒撰
　　宋刊本 [41]・一・19

易學五十卷 明卓爾康撰
　　明刊本 [20]・一・3
　　刊本 [39]・甲・24
　　配本 [34]・三・1
　　稿本 [32]・一・16

易學五十卷附錄二卷 宋馮椅撰
　　刊本 [28]・一・4
　　輯自永樂大典本 [88]・一・1
　　舊抄本 [74]・一・4
　　　[91]・一・9
　　文瀾閣傳抄本 [16]・一・7

易學辨惑一卷 宋邵伯温撰
　　抄永樂大典本 [91]・一・4
　　抄本 [75]・一・8
　　精抄本 [32]・一・14
　　文瀾閣傳抄本 [11]・一・10
　　　[16]・一・2

易學講義九卷 明諸大倫撰
　　明刊本 [91]・一・18

易學疏四卷 明周一敬撰
　　刊本 [39]・甲・27

易學變通六卷 元曾貫撰
　　抄本 [11]・三・14
　　　[75]・二・26　　[93]・一・43
　　文瀾閣傳抄本 [16]・一・20

易學參説 清馮昌臨撰
　　清刊本 [39]・甲・38

易學象數論六卷 清黄宗義撰
　　清刊本 [39]・甲・37

易學濫觴一卷 元黄澤撰
　　聚珍刊本 [74]・一・5
　　抄本 [75]・二・25

易學啓蒙二卷 宋朱熹撰
　　宋刊本 [35]・上・3

易學啓蒙四卷 題雲臺真逸撰
　　宋刊本 [10]・4

易學啓蒙四卷 明韓邦奇撰
　　刊本 [24]・經一・23

易學啓蒙翼傳四卷 元胡一桂撰
　　元刊本 [35]・上・6
　　通志堂刊本 [74]・一・5
　　精抄本 [91]・一・12

易學啓蒙通釋二卷 宋胡方平撰
　　明刊本 [91]・一・11
　　刊本 [5]・一上・5
　　通志堂刊本 [74]・一・5

易學啓蒙圖傳通義七卷 宋熊禾撰
　　舊抄本 [11]・三・9
　　　[91]・一・13

易學啓蒙小傳一卷附古經傳一卷 宋程與權撰
　　坊刊本 [74]・一・4

易學蓍貞四卷 趙世對撰
　　刊本 [39]・甲・32

易學本原啓蒙意見四卷 明韓邦奇撰
　　明刊本 [11]・三・24
　　刊本 [39]・甲・10

易學指掌六卷 明趙鳳翔撰
　　刊本 [24]・經一・48

易學四同八卷 明季本撰
　　刊本 [39]・甲・12

易學圖説會通八卷 清楊方達輯
　　清刊本 [39]・甲・42

易學全書五十卷
見《易學》

易學管見 明洪啓初撰
　　刊本 [39]・甲・31

易貫十四卷 清張敍撰
　　清刊本 [39]・甲・43

80易鏡二卷 清戴天章輯
　　盧文弨校舊抄本 [75]・二・32
　　抄本 [39]・甲・38

易義四卷 明李奇玉撰
　　刊本 [24]・經一・46
　　　[39]・甲・26

易義二十卷 宋王安石撰
　　宋刊本 [14]・一上・26

易義主意二卷 明謝子方撰
　　明正統十一年(1446)海虞魏佑校刊本 [86]・一・16

易義海撮要十卷 宋房審權編
　　宋刊本 [41]・一・14

易義古象通八卷
見《周易古象通》

易會八卷 明鄒德溥撰
　　刊本 [39]・甲・20

81易領四卷 明郝敬撰
　　刊本 [39]・甲・21

88易筌 明王述古撰
　　刊本 [24]・經一・38

易筌六卷 阮逸撰
　　宋刊本 [41]・一・11

易筌六卷 明焦竑撰
　　刊本 [24]・經一・37
　　　[39]・甲・20

易筮通變三卷 元雷思齊撰
　　天一閣抄本 [39]・甲・9

易鈐一卷 牛師德撰
　　宋刊本 [41]・一・21

易筋經義二卷 題西竺釋般刺密諦譯
　　抄本 [96]・六十八・1331

易簡方一卷 宋王碩撰
　　宋刊本 [41]・十三・14
　　日本文化刊本 [79]・子・醫家類・497

易簡方論三卷 不著撰人
　　影永正舊抄本 [22]・補遺・60

易箋八卷 清陳法撰
　　清刊本 [34]・附・一・2
　　清乾隆三十年(1765)家刊本 [26]・一・32

易筆記八卷總説一卷 王炎撰
　　宋刊本 [41]・一・27

易簧遺言一卷 明蘇國祐撰
　　傳抄本 [85]・十一・516

易纂言十卷 元吳澄撰
　　明刊本 [11]・三・12

刊本　[24]・經一・15

通志堂刊本　[74]・一・5

惠校通志堂本　[91]・一・13

舊抄本　[75]・二・24

易篆言外翼八卷　元吳澄撰

文瀾閣傳抄本　[11]・三・12

[16]・一・18

90易小傳六卷　宋沈該撰

宋刊本　[41]・一・21

通志堂刊本　[74]・一・2

影宋抄本　[9]・後編・八・1

澹生堂抄本　[32]・一・14

抄本　[75]・二・5

易小帖五卷　清毛奇齡撰

西河全書本　[74]・一・8

易堂問目四卷　清吳鼎撰

通行本　[96]・二・34

易尚占一卷　元李清菴撰

刊本　[39]・庚・65

95易精蘊大義十二卷　元解蒙撰

文瀾閣傳抄本　[16]・一・20

6023₀　冣

20冣香詞　清徐樹敏、錢岳輯

清刊本　[71]・集・詞・19

49冣妙集一卷　宋趙師秀編

宋刊本　[14]・五下・729

舊抄本　[93]・二十三・27

6033₀　思

00思文大紀八卷　不著撰人

痛史本　[85]・十一・512

思玄集十六卷　明桑悅撰

明弘治刊本　[2]・五・21

明萬曆刊本　[64]・32

刊本　[39]・癸上・19

06思覯齋集十二卷　明徐允祿撰

刊本　[39]・癸下・29

10思元齋均藻二卷

見《均藻》

思元集十六卷

見《思玄集》

28思復齋稿六卷　明胡粹中撰

明永樂刊本　[91]・三十六・3

刊本　[71]・集・明別・23

30思適齋集十八卷　清顧廣圻撰

清刊本　[74]・續增・集・13

思適齋書跋四卷　清顧廣圻撰

清刊本　[84]・一・17

34思遠筆錄一卷　宋王寓撰

宋刊本　[41]・十一・26

40思古堂集三十五卷　清毛先舒撰

清刊本　[39]・癸下・41

44思菴文粹十一卷　明吳訥撰

周耕雲手抄本　[32]・十四・7

思菴聞筆一卷　清嚴虞惇撰

煙畫東堂小品本　[85]・

二十四・1056

思舊錄一卷　清黄宗羲撰

清康熙二老閣刊本　[85]・

十七・735

梨洲遺書本　[85]・十七・

735

昭代叢書本　[85]・十七・735

舊抄本　[60]・四・27

74思陵大事記三十六卷阜陵大事記

二卷　宋李燾撰

宋刊本　[41]・四・29

思陵錄二卷　宋周必大撰

舊抄本　[11]・二十四・23

[50]・二・10

77思問錄內外篇二卷　清王夫之撰

清湘鄉刊本　[74]・三・6

思賢錄五卷　明謝應芳輯

刊本　[39]・戊・13

80思益堂日劄五卷　清周壽昌撰

抄本　[100]・82

恩

22恩縣志九卷　明張季霖纂

明嘉靖刊本　[57]・105

27恩郵諸公志略二卷　明孫慎行撰

荊駝逸史本　[85]・四・192

6033₁　黑

44黑韃事略一卷　宋彭大雅撰

藝海樓抄本　[32]・四・14

舊抄本　[59]・三・11

[60]・四・17　[74]・

二・37　[102]・下・9

54黑蝶齋詩抄四卷　清沈岸登撰

清刊本　[39]・癸下・47

80黑谷上人語燈錄五卷　釋了惠編

日本元亨元年刊本　[62]・圖

版43

6033₂　愚

00愚齋存稿初刊　不知撰人

清刊本　[100]・161

50愚忠錄一卷　祝純碬編

傳抄本　[85]・十四・659

6034₃　團

12團瓢清唱一卷　明桑琳撰

抄本　[71]・集・明別・58

6040₀　田

00田亭草二十卷詩七卷　明王鳳翔

撰

刊本　[39]・癸下・7

07田畝比類乘除捷法二卷算法通變

本末一卷乘除通變算寶一卷算

法取用本末一卷續古摘奇算法

一卷　元楊輝撰

汲古閣影元本　[11]・四十八・

12

田畝比類乘除捷法二卷算法通變

本末三卷續古摘奇算法一卷

元楊輝撰

宜稼堂刊本　[74]・三・24

10田霖四六集一卷　南唐田霖撰

宋刊本　[41]・十六・30

17田承君集三卷　宋田畫撰

宋刊本　[41]・十七・28

田子壽詩集八卷　明田九齡撰

國華詩集一卷　明田宗文撰

明天啓刊本　[57]・272

田子藝集二十一卷　明田藝衡

撰

刊本　[39]・癸下・27

21田租山稿　明田頊撰

抄本　[39]・癸上・44

27田叔禾小集十二卷　明田汝成撰
　　明嘉靖刊本　[8]·集四·541
　　刊本　[39]·癸上·48
　　　[71]·集·明別·71
44田莊楊氏譜　不著撰人
　　稿本　[57]·91
50田表聖奏議　宋田錫撰
　　抄本　[39]·壬·1
　　田表聖咸平集三十卷　宋田錫撰
　　明祁承㸁抄本　[2]·四·21
　　舊抄本　[11]·七十二·10
　　　[16]·三十·5
　　　[59]·六·14　　[71]·
　　　集·宋別·2　　[74]·
　　　四·13　　[91]·二十六·
　　　3　　[93]·二十·1
　　　[102]·下·29
　　文瀾閣傳抄本　[32]·十一·1
　　田表聖咸平集五十卷　宋田錫撰
　　宋刊本　[14]·後志·二·899
　　田表聖咸平集五十一卷　宋田錫
　　撰
　　宋刊本　[41]·十七·1
72田氏書目六卷　宋田鎬撰
　　宋刊本　[14]·後志·一·815
　　田兵部集六卷　明田汝㭉撰
　　明抄本　[91]·三十七·19
77田居詩稿十卷　清龔翔撰
　　芹香書屋抄本　[71]·集·國
　　　朝別·22
　　田居乙記四卷　明方大鎮撰
　　明刊本　[57]·199
　　明萬曆合字本　[92]·三·112
　　刊本　[39]·己·54
　　彙秘笈本　[96]·五十八·
　　　1165
　　田居稿　明李化龍撰
　　刊本　[39]·癸下·11
　　田間詩集二十八卷　清錢澄之撰
　　清刊本　[71]·集·國朝別·
　　　16
　　田間詩學　明錢澄之撰
　　刊本　[39]·甲·63

早

47早朝詩三卷　元楊子器撰
　　明抄本　[55]·五·5

6040₄　晏

10晏元獻遺文一卷　宋晏殊撰
　　仁和勞季言增輯本　[91]·
　　　二十六·9
　　舊抄本　[11]·七十三·9
　　　[74]·四·13　　[91]·
　　　二十六·9　　[102]·下·
　　　29
　　晏元獻臨川集三十卷二府集二十
　　五卷年譜一卷　宋晏殊撰
　　宋刊本　[41]·十七·5
　　晏元獻臨川集三十卷紫微集一卷
　　宋晏殊撰
　　宋刊本　[14]·四中·435
　　晏元獻公類要三十七卷　宋晏殊
　　撰
　　瓶花齋抄本　[39]·庚·41
　　晏元獻公類要六十五卷　宋晏殊
　　撰
　　宋刊本　[14]·後志·二·854
　　晏元獻公類要七十六卷　宋晏殊
　　撰
　　宋刊本　[41]·十四·23
　　晏元獻公類要一百卷　宋晏殊撰
　　天一閣抄本　[39]·庚·41
17晏子八卷
　　見《晏子春秋》
　　晏子春秋二卷　周晏嬰撰
　　明萬曆五年(1577)刊本
　　　[61]·三·1
　　晏子春秋四卷　周晏嬰撰
　　明平邱郭紹孔手抄本　[2]·
　　　二·23　　[17]·二·12
　　明抄本　[20]·四·2
　　晏子春秋七卷　周晏嬰撰
　　元刊本　[1]·上·5
　　晏子春秋八卷　周晏嬰撰
　　元刊本　[9]·後編·十·1、2
　　　[11]·二十六·7

　　　[16]·十三·4
　　　[20]·四·2　　[28]·
　　　續·十·1　　[29]·一·
　　　13　　[46]·12
　　　[48]·二輯上·85
　　　[58]·元·45　　[72]·
　　　16　　[75]·二十一·9
　　　[91]·九·4
　　明刊本　[17]·二·12
　　　[57]·76
　　明李氏綿眇閣刊本　[93]·十·
　　　2
　　明活字印本　[26]·五·1
　　　[68]·圖版612,目錄98
　　明成化刊本　[22]·三·24
　　清刊本　[80]·九·4
　　清嘉慶二十一年(1816)金椒吳
　　　氏覆元刊本　[92]·二·
　　　46
　　刊本　[89]·一集·五·3、4
　　　[89]·二集·五·1
　　精校孫氏刊本　[91]·九·4
　　葉鞠裳校本　[57]·78
　　影元抄本　[35]·上·17
　　　[83]·三·28　　[93]·
　　　十·2
　　晏子春秋十二卷　周晏嬰撰
　　宋刊本　[14]·三上·223
　　　[41]·九·1
　　晏子春秋八卷　周晏嬰撰　音義
　　二卷　清孫星衍撰
　　經訓堂叢書本　[74]·二·26
　　　[96]·二十二·447
80晏公類要一百卷
　　見《晏元獻公類要》

6040₇　曼

47曼聲集　不知撰人
　　明刊本　[21]·一·60

6043₀　因

02因話錄六卷　唐趙璘撰
　　宋刊本　[14]·三下·240
　　明刊本　[11]·六十二·4

刊本　[39]·己·66
稗海本　[74]·三·74
舊抄本　[5]·三上·25
　　　　[93]·十七·14
₉8因論一卷　唐劉禹錫撰
宋刊本　[11]·六十二·2
　　　　[17]·三·32
明刊本　[17]·三·32
₁4因樹屋書影十卷　清周亮工撰
清刊本　[39]·己·62
重刊本　[96]·五十七·1147
₆7因明正理門論本一卷　不知撰人
日本貞應元年刊本　[62]·圖版10
因明子　明張恒撰
刊本　[39]·己·20

6044_0 昇

₂2昇仙傳八卷　清人撰
清光緒七年(1881)東泰山房刊本　[69]·五·180

6050_0 甲

17甲子會紀五卷　明薛應旂撰
明長洲陳氏刊本　[96]·十六·369
刊本　[39]·丁·3
甲乙記政録一卷續丙記政録一卷續丁記政録一卷新政一卷　不著編者
明崇禎刊本　[85]·二·116
甲乙集十卷　唐羅隱撰
宋刊本　[10]·53　[35]·上·51　[41]·十九·24　[50]·七·57　[58]·集·34　[65]·四·62　[93]·十九·43　[94]·四·3
宋臨安府棚北大街睦親坊南陳宅書籍鋪刊本　[2]·四·20　[10]·53
汲古閣刊本　[71]·集·唐別·17
毛刊校宋本　[32]·十·22

校抄本　[100]·126
甲乙集十卷讞書五卷　唐羅隱撰
宋刊本　[14]·四中·417
甲乙集十卷後集五卷湘南集三卷　唐羅隱撰
宋刊本　[41]·十六·29
甲乙經八卷
見《黃帝三部鍼灸甲乙經》
甲乙倭變二卷　明張蕭撰
抄本　[39]·丁·40
甲乙稗史二卷　不著編者
抄本　[57]·68　[85]·八·369
甲乙之際宮闈録一卷　丁傳靖輯
稿本　[85]·八·370
甲乙史二卷　題江上外史撰
影印本　[85]·八·369
抄本　[85]·八·369
甲乙事案二卷　不著撰人
舊抄本　[60]·四·20
甲乙事案三卷　文秉撰
舊抄本　[85]·十·481
甲乙事案十卷　不知撰人
傳抄本　[32]·三·27
50甲申雜記一卷　宋王鞏撰
宋刊本　[17]·三·35
　　　　[87]·一·8
甲申雜記一卷聞見近録一卷　宋王鞏撰
宋刊本　[54]·二·36
　　　　[61]·一·4
甲申雜記一卷聞見近録一卷隨手雜録一卷　宋王鞏撰
影抄宋本　[93]·十七·16
甲申雜記一卷聞見近録一卷隨手雜録一卷補闕一卷　宋王鞏撰
知不足齋叢書本　[96]·六十四·1269
甲申三百年祭不分卷　郭沫若撰
鉛印本　[85]·六·288
歷史人物本　[85]·六·288
甲申北都覆没遺聞一卷　黃巍赫述
抄本　[85]·八·353
甲申集　明余懷撰

清初刊本　[68]·圖版475、目録80
甲申剩事一卷　明戴笠、吳殳輯
流寇始終附録本　[85]·六·286
甲申傳信録十卷　明錢𡐛撰
國粹叢書本　[85]·八·348
勝朝遺事初編本　[85]·八·348
抄本　[85]·八·348
甲申保定城守紀略一卷　清戴名世撰
南山集本　[85]·八·357
甲申紀變録一卷　錢邦芑輯
荊駝逸史本　[85]·八·353
甲申紀事一卷　不著撰人
崇禎叢書十種本　[85]·八·350
甲申紀事十四卷　明馮夢龍述
原刊本　[85]·二十三·1006
玄覽堂叢書本　[85]·二十三·1006
抄本　[85]·二十三·1006
甲申紀聞一卷　明馮夢龍撰
甲申紀事本　[85]·八·353
荊駝泣血録本　[85]·八·353
甲申以後亡臣表三卷　明彭孫貽撰
抄本　[85]·十七·738
甲申滄州紀事一卷　清程正揆撰
荊駝逸史本　[85]·八·357
甲申南社鄉寇變紀略一卷　明謝重華撰
國粹學報第六十期撰録本　[85]·七·325
甲申核真略一卷　釋法遵撰
明季史料叢書本　[85]·八·354
甲申朝事小紀四編五編　題抱陽生輯
痛史本　[85]·二十二·990
鷦廉盦稿本　[85]·二十二·990
舊抄本　[85]·二十二·990
甲申忠佞紀事一卷　明錢邦芑撰

荊駝逸史本　[85]‧八‧359

痛史國變難臣抄附刊本
　　[85]‧八‧359

甲申野史彙抄四十一卷　清全祖
望輯
　　舊抄本　[85]‧二十三‧1011
　　[102]‧下‧8

6050₄　畢

72畢氏族譜十七卷　明畢郁等纂
　　明正德四年(1509)新安畢氏刊
本　[86]‧一‧44

90畢少保公傳一卷　清蔣平階撰
　　清康熙刊本　[85]‧十八‧781

6050₆　圍

43圍城雜錄一卷　宋王養正撰
　　宋刊本　[14]二上‧140

圍城日錄一卷　明徐從治撰
　　徐忠烈公集本　[85]‧十五‧
685

81圍鑪詩話四卷　明吳喬撰
　　舊抄本　[60]‧七‧16

圍鑪詩話六卷　明吳喬撰
　　抄本　[12]‧六‧39

6060₀　回

00回文類聚三卷　宋桑世昌纂
　　宋刊本　[41]‧十五‧21

回文類聚五卷　宋桑世昌纂
　　刊本　[39]‧庚‧30

10回天錄一卷　宋秦湛撰
　　宋刊本　[41]‧七‧20

11回疆志四卷　清蘇爾德撰
　　舊抄本　[60]‧三‧9

回頭傳五卷　清人撰
　　文聚齋刊本　[69]‧七‧200

28回谿史韻四十二卷　宋錢諷編
　　宋刊本　[92]‧三‧123
　　宋江西刊本　[2]‧三‧33
　　影宋抄本　[34]‧附‧一‧18
　　舊抄本　[74]‧續增‧經‧3

回谿史韻四十九卷　宋錢諷編
　　宋刊本　[14]‧五上‧538

[41]‧十四‧24

60回回曆解　清顏觀光撰
　　武陵山人遺書本　[78]‧算學
書錄補注‧99

回回曆法一卷　不著撰人
　　明刊本　[78]‧子‧天文類‧
541　　[78]‧算學書錄
補注‧99　　[93]‧十五‧
3
　　明洪武十六年(1383)內府刊本
[68]‧圖版346、目錄63
　　抄本　[39]‧庚‧61

回回曆法、天符曆法　不著撰人
　　舊抄本　[74]‧續增‧子‧3

回回館課三卷　不著撰人
　　刊本　[5]‧二下‧33

呂

00呂文靖試卷一卷　宋呂夷簡撰
　　宋刊本　[41]‧十七‧5

呂文靖集五卷　宋呂夷簡撰
　　宋刊本　[41]‧二十‧4

呂文懿公全集十二卷　明呂原撰
　　明嘉靖刊本　[91]‧三十六‧
17

01呂語集粹四卷　明呂坤撰
　　刊本　[71]‧子‧儒家‧19

10呂正獻集二十卷
　　見《呂太史文集》

呂夏卿兵志三卷　宋呂夏卿撰
　　宋刊本　[14]‧後志‧一‧787

呂晉伯輞川集五卷奏議十卷　宋
呂大忠撰
　　宋刊本　[14]‧四下‧465

16呂聖求詞一卷　宋呂濱老撰
　　宋刊本　[41]‧二十一‧11
　　明抄本　[91]‧四十‧8

17呂子遺書八種　明呂坤撰
　　刊本　[74]‧三‧61

呂子校補二卷　清梁玉繩撰
　　清白士集本　[96]‧五十二‧
1034

呂子節錄四卷　清陳宏謀編
　　重刊袖珍本　[96]‧三十七‧

699

21呂衡州文集五卷　唐呂溫撰
　　校明抄本　[50]‧七‧22
　　[65]‧續‧四‧14
　　舊抄本　[17]‧四‧9
　　[65]‧續‧四‧16

呂衡州文集十卷　唐呂溫撰
　　宋刊本　[14]‧四上‧373
　　[41]‧十六‧25
　　清刊本　[80]‧十‧10
　　清道光七年(1827)秦恩仿宋刊
本　[74]‧四‧8
　　校舊抄本　[50]‧七‧22、23
　　[65]‧續‧四‧11、12、13
　　舊抄校本　[83]‧四‧7
　　[91]‧二十五‧1
　　影抄宋刊本　[11]‧六十九‧13
　　舊抄本　[5]‧四上‧15
　　[11]‧六十九‧12
　　[16]‧二十九‧11　　[32]‧十‧11　　[39]‧
辛‧49　　[75]‧五十二‧
9　　[91]‧二十五‧1
　　[93]‧十九‧25

呂紫微詩話一卷
　　見《紫薇詩話》

22呂仙飛劍記二卷
　　見《飛劍記》

23呂獻可章奏十六卷　宋呂誨撰
　　宋刊本　[41]‧二十二‧2

呂獻可章奏二十卷　宋呂誨撰
　　宋刊本　[14]‧四下‧459

24呂先生集十四卷　明呂本撰
　　明嘉靖刊本　[91]‧三十七‧16

25呂純陽得道飛劍記二卷
　　見《飛劍記》

26呂和叔文集十卷
　　見《呂衡州文集》

31呂涇野集三十六卷　明呂柟撰
　　明刊本　[8]‧集五‧548
　　刊本　[39]‧癸上‧35
　　[71]‧集‧明別‧63

33呂梁洪志九卷　明王應時輯
　　刊本　[39]‧丁‧72

36呂溫集十卷
　　見《呂衡州文集》
37呂汲公文録二十卷文録掇遺一卷
　　宋呂大防撰
　　宋刊本　[14]·四下·466
40呂太史文集十五卷　宋呂祖謙撰
　　舊抄本　[59]·六·26
　　呂太史文集二十卷　宋呂祖謙撰
　　宋刊本　[41]·十七·14
　　呂太史文集五十卷　宋呂祖謙撰
　　宋刊本　[9]·後編·七·4
　　呂太史文集十五卷外集五卷　宋
　　　呂祖謙撰
　　元刊本　[34]·二·18
　　　　[35]·上·56
　　　　[102]·上·10
　　呂太史文集十五卷外集五卷附録
　　　三卷附録拾遺一卷麗澤論説拾
　　　遺二卷　宋呂祖謙撰
　　仿宋刊本　[71]·集·宋別·
　　　40
　　呂太史文集十五卷別集十六卷
　　　外集五卷附録一卷　宋呂祖謙
　　　撰
　　宋刊本　[43]·四·13
　　呂太史文集十五卷別集十六卷外
　　　集五卷附録三卷　宋呂祖謙撰
　　宋刊本　[41]·十八·24
　　　　[92]·四·158
　　宋浙刊本　[2]·四·38
　　刊本　[39]·壬·29
　　呂太史文集十五卷別集十六卷外
　　　集五卷附録三卷拾遺一卷　宋
　　　呂祖謙撰
　　宋刊本　[11]·八十五·19
　　呂太史文集十五卷別集十六卷外
　　　集五卷附録三卷拾遺一卷麗澤
　　　論説集録十卷　宋呂祖謙撰
　　宋刊本　[12]·一·27
　　　　[35]·上·56　　[93]·
　　　　二十一·13
　　呂太史文集十五卷別集十六卷外
　　　集五卷年譜一卷　宋呂祖謙撰
　　宋刊本　[60]·六·34

呂太史外集四卷　宋呂祖謙撰
　宋刊本　[11]·八十五·20
呂太史別集十六卷　宋呂祖謙撰
　宋刊本　[33]·集·43
呂吉甫集二十卷　宋呂惠卿撰
　宋刊本　[14]·四下·492
呂吉甫道德經傳四卷莊子解十卷
　宋呂惠卿撰
　抄本　[71]·子·道家·2
呂真人文集八卷　唐呂巖撰
　元明間刊本　[17]·四·14
　明正統刊本　[75]·五十·21
　刊本　[71]·集·黃冠·1
呂真人血脈論一卷　題傅婁景撰
　宋刊本　[41]·十二·6
48呂敬夫詩集不分卷　元呂誠撰
　勞乃卿校抄本　[30]·六·55
　抄本　[38]·集·88
　　[101]·中·13
呂敬夫詩集六卷　元呂誠撰
　抄本　[39]·壬·63
呂敬夫詩集五卷鶴亭倡和詩一卷
　元呂誠撰
　抄本　[91]·三十四·34
50呂申公掌記一卷　不知撰人
　宋刊本　[41]·五·35
呂惠卿建安茶記不分卷
　見《建安茶記》
呂忠穆集八卷　宋呂頤浩撰
　傳抄閣本　[17]·四·21
呂忠穆集十五卷　宋呂頤浩撰
　宋刊本　[41]·十八·6
呂忠穆家傳一卷逢辰記一卷遺事
　一卷　宋呂頤浩撰
　宋刊本　[41]·七·18
呂忠穆勤王記一卷　宋臧梓撰
　宋刊本　[41]·五·23
呂忠穆答客問一卷　宋呂頤浩撰
　宋刊本　[41]·五·23
呂東萊集十五卷
　見《呂太史文集》
67呂晚邨先生文集　清呂留良撰
　清雍正三年(1725)呂氏天蓋樓
　　刊本　[68]·圖版507、目

錄85
72呂氏雜記二卷　宋呂希哲撰
　舊抄本　[11]·五十七·10
　　[75]·四十三·11
呂氏鄉約一卷　宋呂大忠撰
　宋刊本　[74]·續增·子·1
呂氏鄉約一卷鄉儀一卷　宋呂大
　忠撰
　宋刊本　[14]·五上·565
　　[41]·六·18
　影抄宋刊本　[60]·二·5
呂氏家塾讀詩記三十二卷　宋呂
　祖謙撰
　宋刊本　[3]·2　[9]·一·3
　　[16]·三·6　[22]·
　　一·24　[36]·10
　　[41]·二·15　[44]·
　　一·22　[93]·三·7
　　[94]·一·3
　宋刊巾箱本　[8]·經二·40
　　[9]·後編·二·13、14
　　[35]·下·22　[74]·
　　一·20
　宋建刊本　[2]·一·8
　　[90]·3
　宋淳熙尤延之刊小字本
　　[44]·二·22　[90]·2
　明覆宋本　[28]·續·一·21
　　[35]·附·5
　明刊本　[32]·一·26
　　[34]·附·一·1
　　[60]·一·10
　明嘉靖刊本　[8]·經二·44
　　[11]·五·8　[16]·
　　三·4　[91]·二·2
　明嘉靖陸釴刊本　[17]·一·3
　明嘉靖十年(1531)傅應臺南昌
　　郡刊本　[19]·1
　　[86]·二·34
　明萬曆陳龍光刊本　[11]·五·
　　8　[28]·續·一·22
　　[75]·四·6　[91]·
　　二·3
　刊本　[39]·甲·56

抄本 ［74］•一•**17**
　　［100］•**7**
呂氏家塾讀書記七卷　宋呂祖謙
　撰
　宋刊本 ［41］•九•**15**
呂氏家塾讀書記三十二卷　宋呂
　祖謙撰
　宋刊本 ［35］•上•**14**
　　［35］•下•**18、20**
　　［58］•經•**13**
　明嘉靖十年(1531)傅應臺刊本
　　［30］•三•**1**
　刊本 ［1］•下•**45**
呂氏家塾記一卷　宋呂希哲撰
　宋刊本 ［41］•七•**18**
呂氏家塾增注三蘇文選二十七卷
　見《三蘇文選》
呂氏家祭禮一卷　宋呂**大防**撰
　宋刊本 ［41］•六•**18**
呂氏考古圖不分卷　宋呂大防撰
　元刊本 ［92］•三•**99**
呂氏摘金歌　呂氏撰
　抄本 ［39］•庚•**71**
呂氏春秋二十六卷　題秦呂不韋
　撰、漢高誘注
　宋刊本 ［14］•三上•**227**
　　［41］•十•**10**
　元刊本 ［11］•五十五•**3**
　　［20］•四•**3**　［28］•
　　續•十•**3**　［35］•上•
　　46　［57］•**189**
　　［58］•元•**84**　［59］•
　　二•**1**　［71］•子•儒
　　家•**2**　［93］•十六•**5**
　元刊大字本 ［46］•**13**
　元至正嘉禾學官刊本 ［4］•**7**
　　［12］•二•**9**　［17］•
　　三•**18**　［43］•三•**40**
　　［100］•**85**
　元刊明修本 ［8］•子一•**263**
　　［67］•第五册•**62**
　明翻元本 ［91］•十八•**15**
　明刊本 ［9］•九•**16**
　　［9］•後編•十六•**6**

　　［91］•十八•**16、17**
　明弘治沁水李瀚刊本 ［86］•
　　六•**110**
　明弘治十一年(1498)秋河南開
　　封府刊本 ［22］•四•**20**
　　［89］•一集•五•**23**
　　［91］•十八•**16**
　明宋邦又刊本 ［17］•三•**18**
　明嘉靖七年(1528)許宗魯仿宋
　　刊本 ［22］•四•**20**
　　［30］•三•**12** ［59］•二•**2**
　　［78］•算學書録補注•**84**
　　［91］•十八•**16**
　明萬曆刊本 ［89］•一集•五•
　　22　［91］•十八•**16**
　明萬曆七年(1579)維揚資政左
　　室重刊許宗魯本 ［22］•
　　四•**20**　［86］•六•**21**
　明萬曆十七年(1589)凌氏刊朱
　　墨印本 ［86］•十•**13**
　明萬曆四十八年(1620)凌氏刊
　　朱墨套印本 ［26］•五•
　　34
　明天啓七年(1627)刊本
　　［74］•三•**44**　［102］•
　　上•**22**
　清乾隆十三年(1748)畢沅刊經
　　訓堂叢書本 ［26］•五•
　　36　［74］•三•**44**
　　［96］•五十二•**1033**
呂氏四禮翼八篇　明呂叔簡撰
　刊本 ［71］•子•儒家•**25**
呂氏前漢論三十卷　宋呂大忠撰
　宋刊本 ［14］•後志•一•**795**
呂氏筆奕八卷　明呂曾見撰
　刊本 ［39］•己•**58**
77呂居仁集十卷　宋呂本中撰
　宋刊本 ［14］•四下•**487**
呂與叔論語解十卷
　見《論語解》
78呂覽補正二卷　日本松皋圓撰
　傳抄本 ［60］•二•**3**
80呂午公諫草一卷
　見《呂公諫草》

呂公諫草一卷　宋呂午撰
　舊抄本 ［91］•八•**18**
呂公諫草一卷　宋呂午撰　附全
　州奏劄　宋呂沆撰
　舊抄本 ［11］•二十五•**20**
呂公窯頭坯歌一卷　不知撰人
　宋刊本 ［41］•十二•**7**
呂公實政録七卷　明呂坤撰
　刊本 ［74］•三•**60**

昌

10昌雲文集六卷　元袁君賢撰
　清康熙刊本 ［71］•集•元別•
　36
昌平山水記二卷　清顧炎武撰
　亭林十書本 ［74］•二•**53**
昌平志考辨　麻兆慶撰
　稿本 ［60］•三•**7**
24昌化縣志十卷　清周頌孫撰
　清刊本 ［71］•史•地志•**17**
27昌黎詩增注證譌十一卷　清顧嗣
　立補、黄鉞增注
　鮑氏刊本 ［75］•五十二•**5**
昌黎詩抄二卷　唐韓愈撰
　刊本 ［92］•四•**142**
昌黎先生論語筆解十卷
　見《論語筆解》
昌黎先生集
　見《韓昌黎先生集》
60昌國州圖志七卷　元馮復京、郭
　薦等撰
　刊本 ［88］•三•**9**
　徐氏校刊本 ［75］•二十六•**5**
　影抄元刊本 ［11］•三十二•**1**
　天一閣抄本 ［39］•戊•**33**
　抄本 ［93］•十一•**10**
　文瀾閣傳抄本 ［16］•十六•
　20
昌國典詠十卷　元朱緒曾撰
　刊本 ［88］•三•**12**
　稿本 ［60］•三•**6**
80昌谷集五卷
　見《李長吉詩集》
昌谷集二十二卷　宋曹彦約撰

文瀾閣傳抄本　[11]・八十八・
6

6060₄ 固

13固谿漫稿十六卷　清吳雲甫撰
稿本　[57]・294
43固哉叟詩抄八卷　清高孝本撰
清刊本　[39]・癸下・50
珠樹堂刊本　[96]・七十・
1405

圖

90圖文餘辨二卷　明季本撰
刊本　[39]・甲・12
21圖經二卷　不知撰人
刊本　[5]・二下・15
圖經三卷　宋董弅撰、陳公亮、劉
文富重修
宋刊本　[11]・二十九・12
[35]・上・38
影抄宋紹興刊本　[91]・十一・
6
圖經集注衍義本草　不著編者
宋刊本　[35]・上・42
圖經本草二十卷
見《本草》
27圖解素問要旨論八卷　金劉完素
撰
元刊本　[35]　下・55
[79]・子・醫家類・335
28圖繪寶鑑五卷　元夏文彥撰
元刊本　[20]・四・34
[35]・下・9
元至正刊本　[50]・五・6
刊本　[5]・三下・29
日本舊抄本　[76]・七・40
圖繪寶鑑六卷　元夏文彥撰
明刊本　[12]・三・10
汲古閣刊本　[75]・三十九・7
圖繪寶鑑五卷續編一卷　元夏文
彥撰
明刊本　[17]・三・10
明正德刊本　[59]・八・1
津逮祕書本　[74]・三・38

[96]・四十八　938
圖繪寶鑑四卷補遺一卷　元夏文
彥撰
元刊本　[11]　五十二・17
圖繪寶鑑五卷補遺一卷　元夏文
彥撰
元刊本　[29]・二・9
[48]・二輯下・119
[93]・十五・19
元刊黑口本　[26]・六・66
元刊黑口巾箱本　[4]・10
元至正二十六年(1366)刊本
[2]・三・12　[58]・
元・82　[91]・十七・
18
明刊本　[9]・九・32
50圖畫考七卷　元盛熙明撰
清刊本　[36]・167
舊抄本　[93]・十五　19
圖畫見聞志六卷　宋郭若虛撰
宋刊本　[41]・十四・12
[68]・圖版56、目錄16
宋臨安府陳道人書籍鋪刊本
[10]・33　[35]・下・9
宋刊配元抄本　[50]・五・1
[58]・子・65　[93]・十
五・16　[94]・三・3
明翻宋本　[17]・三・10
翻宋本　[45]・30
刊本　[28]・九・2
津逮祕書本　[74]・三・37
[96]・四十八　928
舊抄本　[11]・五十二・8
[75]・三十九・3
圖書集成目錄二十卷　清陳夢雷
等編
清刊本　[74]・續增・史・12
圖書編一百二十七卷　明章潢輯
明刊本　[96]・六十二・1225
刊本　[39]・己・14
[71]・子・類事・5
77圖學辨惑一卷　清黃宗炎撰
抄本　[39]・甲・34

6066₀ 品

44品花寶鑑六十回　清陳森撰
清道光二十九年(1849)刊本
[69]・四・129
品茶要錄一卷　宋黃儒撰
明刊本　[11]・五十三・16
說郛本　[96]・五十・1000
抄本　[74]・三・42
[102]・下・20

6071₁ 毘

74毘陵雜詠一卷　明朱昱撰
明成化刊本　[71]・集・明別・
44
毘陵集十五卷　宋張守撰
聚珍刊本　[74]・四・22
毘陵集五十卷　宋張守撰
宋刊本　[41]・十八・9
毘陵集二卷　唐獨孤及撰
明翻宋本　[60]・六・19
毘陵集三卷　唐獨孤及撰
明嘉靖蔣氏刊本　[17]・四・7
毘陵集二十卷　唐獨孤及撰
宋刊本　[14]・四上・357
刊本　[39]・辛・52
校舊抄本　[12]・六・1
[50]・七・17
明抄本　[38]・集・14
舊抄本　[11]・六十九・2
[32]・十・6　[71]・
集・唐別・7　[74]・
四・6　[75]・五十二・
2　[93]・十九・20
[102]・下・27
毘陵集二十卷補遺一卷附錄一卷
唐獨孤及撰
清趙坦校抄本　[2]・四・8
毘陵經籍志四卷　清盧文弨編
抄本　[32]・五・10
[74]・二・73　[102]・
下・13
傳抄本　[61]・七・3
毘陵志十二卷　宋鄒補之撰

宋刊本　[41]·八·21

毘陵志三十卷　宋史能之撰
　宋刊本　[28]·四·12
　　[72]·17
　宋咸淳刊本　[35]·上·18
　　[70]·八下·3
　宋刊抄補本　[11]·三十一·8
　明刊本　[60]·三·4
　刊本　[88]·三·6
　舊抄本　[50]·三·21
　　[59]·三·5　[74]·
　　二·42　[75]·二十六·
　　4　[102]·下·10

毘陵志四十卷續志八卷　明朱昱
編
　刊本　[71]·史·地志·9

毘陵忠義祠録四卷　明葉夔撰
　抄本　[71]·史·地志·83

毘陵人品記四卷　明葉金、毛憲
輯
　刊本　[39]·戊·24

毘陵公奏議二十五卷　宋張守撰
　宋刊本　[41]·二十二·5

毘陵節烈傳前編一卷後編一卷
　清汪和鼎、吳寧瀾、湯貽典撰
　清嘉慶十五年(1810)刊本
　　[96]·二十三·497

6073₂ 畏

00畏齋集六卷　元程端禮撰
　文瀾閣傳抄本　[11]·九十七·
　11

畏齋經學十二卷　宋游桂撰
　宋刊本　[41]·三·34

44畏菴集十卷　明周旋撰
　明成化刊本　[32]·十四·8

60畏壘山人文集不分卷　清徐昂發
撰
　抄本　[12]·六·36

畏壘山人詩集四卷　清徐昂發撰
　清刊本　[39]·癸下·52

畏壘筆記四卷　清徐昂發撰
　清刊本　[39]·己·64
　桂森堂刊本　[96]·五十五·

1092
　抄本　[57]·196

圜

33圜冶三卷　明計成撰
　明崇禎七年(1634)刊本
　　[68]·圖版466、目録79
　　[86]·十一·28
　刊本　[71]·子·雜藝術·2

圓

10圓天圖説三卷續編二卷　清李明
徹撰
　清嘉慶二十四年(1819)松梅軒
　刊本　[78]·補遺·27
　　[78]·算學書録補注·85

30圓容較義一卷　明李之藻撰
　明刊天學初函本　[78]·子·
　天文類·548　[96]·
　四十四·822

80圓錐曲綫説三卷　英艾約瑟譯、
清李善蘭筆述
　清刊本　[74]·三·28

6077₂ 疊

44疊菴雜述二卷　清朱朝瑛撰
　清刊本　[71]·子·儒家·22
　舊抄本　[91]·十五·20

6080₀ 只

10只可吟十卷　明堵胤錫撰
　刊本　[71]·集·明別·113

貝

24貝先生文集三十卷　明貝瓊撰
　明洪武刊本　[11]·一百十一·
　14

貝先生詩集十卷　明貝瓊撰
　明初刊黑口本　[91]·三十五·
　11
　抄本　[12]·五·31

貝先生詩集十卷文集三十卷　明
貝瓊撰
　刊本　[71]·集·明別·19

35貝清江文集三十卷
　見《貝先生文集》

44貝葉齋稿四卷　明李言恭撰
　明寫刊本　[8]·集五·567

6080₁ 足

22足利尊氏願經　不著撰人
　日本文和三年刊本　[62]·圖
　版53

異

08異説奇聞纂英傑六卷　清人撰
　廣東佛山天寶樓刊本　[69]·
　四·152

27異魚圖贊四卷　明楊慎撰
　函海本　[74]·三·43
　　[96]·五十一·1021
　抄本　[75]·四十一·5
　精抄本　[91]·十八·12

異魚圖贊四卷補三卷　明楊慎
撰、清胡世安補
　刊本　[39]·庚·32

異魚圖贊箋四卷　明楊慎撰
　刊本　[56]·纂書題記·38

異魚圖贊補三卷閏集一卷　清胡
世安撰
　明萬曆四十六年(1618)刊本
　　[96]·五十一·1022

異物彙苑五卷　明王世貞輯
　刊本　[39]·庚·47

異物彙苑十八卷　明閔文振輯
　刊本　[39]·庚·47

43異域歸忠傳二卷　唐李德裕撰
　宋刊本　[41]·七·6

異域志　元周致中撰
　抄本　[39]·戊·66

異域圖志　不著編者
　刊本　[39]·戊·66

44異苑十卷　宋劉敬叔撰
　明鮑山校刊本　[59]·八·5
　津逮祕書本　[74]·三·82
　　[96]·六十六·1306

異林十六卷　明朱謀㙔撰
　明刊本　[55]·三·6

52異授眼科一卷　不知撰人
　　刊本　[74]·三·20
61異號録二十卷　宋馬永易編
　　宋刊本　[14]·三下·284
77異聞集十卷　唐陳翰撰
　　宋刊本　[14]·三下·247
　　　[41]·十一·7
　　異聞總録四卷　不著撰人
　　稗海本　[74]·三·84

是

00是齋百一選方八卷　宋王璆撰
　　刊本　[88]·四·11
　　吳門袁氏五硯樓藏舊抄本
　　　[96]·四十二·761
　　是齋百一選方二十卷　宋王璆撰
　　元刊本　[22]·補遺·63
　　　[76]·十·6
　　元至元二十年(1283)刊本
　　　[79]·子·醫家類·493
　　日本覆宋本　[11]·四十六·
　　13
　　刊本　[28]·七·15
　　　[89]·一集·八·9
　　是齋百一選方三十卷　宋王璆撰
　　宋刊本　[41]·十三·11
26是程堂詩集十四卷　清屠倬撰
　　清嘉慶十九年(1814)自刊本
　　　[26]·十四·31

6080₆　圓

77圓覺了義經十卷　唐罽賓佛陀多
　　羅譯
　　宋刊本　[41]·十二·9
　　圓覺經皆證論二卷　不著撰人
　　宋刊本　[14]·五上·621
　　圓覺經疏三卷　唐釋覺救譯
　　宋刊本　[14]·三下·307
91圓悟禪師語録七卷法語一卷　宋
　　釋紹隆等編
　　宋刊本　[71]·子·釋家·1

6090₃　累

23累代歷年二卷　宋司馬光撰

宋刊本　[41]·五·21

6090₄　困

00困辨録八卷　明聶豹撰
　　刊本　[39]·己·15
77困學齋雜録一卷　元鮮于樞撰
　　知不足齋叢書本　[96]·
　　五十六·1128
　　小山堂抄本　[39]·己·45
　　舊抄本　[93]·十六·22
　　文瀾閣傳抄本　[16]·二十四·
　　17
　　困學紀聞二十卷　宋王應麟撰
　　元刊本　[9]·六·13、14
　　　[9]·後編·十·6
　　　[11]·五十六·24
　　　[17]·三·23　　[22]·
　　四·22　　[34]·二·16
　　　[35]·上·43　　[35]·
　　下·13、29　　[43]·三·
　　42　　[48]·二輯下·121
　　　[55]·二·39　　[59]·
　　二·10　　[72]·19
　　　[76]·七·33　　[91]·
　　十八·30　　[93]·十六·
　　14
　　元刊黑口本　[4]·8
　　　[17]·三·23
　　元泰定二年(1325)慶元路刊本
　　　[2]·三·26
　　　[16]·二十四·9
　　　[92]·三·106
　　明刊本　[12]·三·11
　　　[91]·十八·30
　　清乾隆刊本　[75]·四十二·
　　23
　　馬氏叢書樓刊本　[91]·十八·
　　30　　[96]·五十四·
　　1079
　　刊本　[28]·續·十·14
　　　[71]·子·雜家·8
　　　[89]·一集·六·12
　　錢竹汀評校本　[17]·三·24
　　錢竹汀校元刊本　[55]·四·1

校元本　[51]·二·19
　　録何義門校明刊本　[30]·六·
　　30
　　全謝山校本　[17]·三·24
　　　[54]·四·1
　　校本　[83]·三·23
86困知記　明羅欽順撰
　　刊本　[39]·己·13
　　困知記二卷續三卷　明羅欽順撰
　　舊抄本　[75]·三十三·15
　　困知記二卷續二卷三續一卷
　　四續一卷附録一卷續補一卷
　　明羅欽順撰
　　華亭盛氏重刊本　[96]·
　　三十七·693
　　困知記二卷續二卷附録一卷　明
　　羅欽順撰
　　清康熙九年(1670)劉炳刊本
　　　[74]·三·5

6090₄　杲

90杲堂文抄六卷詩抄七卷
　　見《李杲堂文抄、詩抄》

果

07果毅親王使藏日記　果毅親王撰
　　稿本　[54]·四·20
47果報見聞録一卷　清楊式傳撰
　　説鈴後集本　[96]·六十六·
　　1320
90果堂集十二卷　清沈彤撰
　　清刊本　[74]·四·51
　　　[96]·七十一·1417

6090₆　景

00景文筆録三卷　宋宋祁撰
　　宋刊本　[14]·三下·253
01景龍文館記八卷　唐武甄撰
　　宋刊本　[41]·七·4
21景行録　元史弼撰
　　刊本　[39]·己·9
24景德傳燈録三十卷　宋釋道原編
　　宋刊本　[14]·三下·309
　　　[35]·下·40、56

[91]•二十二•4

[93]•十八•4　[94]•
三•6

宋紹興台州刊本　[2]•三•
43

宋刊配抄本　[36]•197

元刊本　[8]•子二•340
[87]•三•9

元延祐三年(1316)湖州禪幽菴
刊本　[67]•第五册•63

刊本　[89]•一集•十一•
16

日本貞和延文間模雕元延祐刊
本　[22]•五•20

舊抄本　[74]•續增•子•9

景德會計録六卷　宋丁謂撰
宋刊本　[14]•後志•一•801
[41]•五•33

27景仰撮書一卷　明王達撰
明初刊本　[50]•五•60
[91]•十九•26

顧氏四十家小説本　[96]•
五十八•1163

傳抄本　[60]•二•19

景船齋筆記二卷　清章有謨撰
申報館鉛印本　[85]•二十一•
968

景物類要詩十卷　宋曹冠撰
宋刊本　[41]•二十•19

30景濂文粹十卷
見《宋學士文粹》

景定建康志五十卷
見《建康志》

景定嚴州府志十卷
見《嚴州府志》

景定嚴州續志十卷
見《嚴州續志》

31景迂論語講義十卷
見《論語講義》

景迂生集二十卷　宋晁説之撰
宋刊本　[14]•四下•483

景迂生集二十卷　宋晁説之撰
宋刊本　[41]•十八•1

刊本　[88]•續•17

小草齋抄配本　[91]•二十八•
9

抄本　[39]•壬•12
[74]•四•19　[93]•
二十•32　[102]•下•
30

文瀾閣傳抄本　[32]•十一•
16

34景祐廣樂記八十卷　宋馮元等撰
宋刊本　[41]•十四•4

景祐六壬神定經四卷　宋楊維德
等撰
舊抄本　[60]•二•24

景祐天竺字源七卷　宋釋惟淨等
纂
宋景祐刊本　[35]•上•7
[41]•十二•11

刊本　[89]•一集•十一•14

有圓影宋本　[76]•四•34

景祐集韻十卷
見《集韻》

景祐樂府奏議一卷　宋胡瑗撰
宋刊本　[41]•十四•4

景祐遁甲玉函符應經二卷
見《景祐遁甲符應經》

景祐遁甲符應經二卷　宋楊惟德
撰
宋刊本　[41]•十二•24

景祐遁甲符應經三卷　宋楊惟德
撰
舊抄本　[5]•三中•27
[20]•四•34　[26]•
五•27

精抄本　[8]•子一•259

景祐太一福應集要十卷　宋楊惟
德撰
宋刊本　[41]•十二•24

景祐乾象新書三十卷　宋楊惟德
等撰
宋刊本　[33]•子•16
[41]•十二•18

50景泰雲南圖經志書
見《雲南圖經志書》

72景岳全書六十四卷　明張介賓撰

清康熙賈棠刊本　[79]•子•
醫家類•523

寅畏堂刊本　[96]•四十三•
789

74景陵志十四卷　宋林英發撰
宋刊本　[14]•五下•572

6091₄ 羅

00羅文肅公集三十卷
見《羅圭峯先生文集》

04羅計二隱曜立成曆一卷　宋曹士
鷔撰
宋刊本　[41]•十二•27

17羅豫章先生集十二卷　宋羅從彦
撰
清乾隆刊本　[75]•五十五•
13

羅豫章先生集十七卷　宋羅從彦
撰
元刊本　[9]•後編•十一•7
[12]•二•16　[48]•
二輯下•175
[71]•集•宋別•32
[93]•二十一•7
[94]•四•15

元至正二十五年(1365)沙陽豫
章書院刊本　[2]•四•35
[67]•第五册•77
[91]•二十九•15

明刊本　[11]•八十二•13
[93]•二十一•8

明成化刊本　[16]•續•四•6
[75]•五十五•12
[91]•二十九•15

明正德十二年(1517)姜文魁刊
本　[59]•六•25

明嘉靖謝鸞翻元本　[17]•四•
22　[91]•二十九•16

刊本　[39]•壬•22

羅豫章先生集十七卷年譜一卷
宋羅從彦撰
舊抄本　[57]•243

21羅經撥霧集三卷　清葉泰撰
地理大成本　[96]•四十七•

898

22羅川翦雪詩一卷　明强晟撰
　明刊本　[32]·十四·9
　明弘治七年(1494)秦藩刊本
　　[67]·第五册·84
　　[102]·上·31
　刊本　[74]·四·42
羅巖文集五卷　明袁淳撰
　抄本　[71]·集·明别·76
24羅先生文集十三卷　明羅洪先撰
　明嘉靖刊本　[8]·集四·543
　刊本　[39]·癸上·49
　　[71]·集·明别·77
羅先生文集内集八卷外集十五卷
　别集三卷　明羅洪先撰
　明隆慶刊本　[91]·三十七·13
羅德安先生文集三卷　明羅子理撰
　抄本　[71]·集·明别·6
31羅江東集十卷
　見《甲乙集》
羅江東外紀三卷　清関元衢撰
　明刊本　[96]·二十二·457
32羅浮山記一卷　宋郭子美撰
　宋刊本　[41]·八·39
羅浮山志十二卷　清陶敬撰
　清刊本　[71]·史·地志·68
羅浮外史一卷　清錢以塏撰
　清刊本　[39]·戊·60
羅浮野乘六卷　明韓晃撰
　刊本　[71]·史·地志·68
34羅漢因果識頌一卷　天竺闇那多迦譯
　宋刊本　[41]·十二·10
37羅湖野録一卷　宋釋曉瑩撰
　抄本　[71]·子·釋家·1
羅湖野録四卷　宋釋曉瑩撰
　抄本　[11]·六十五·21
　　[75]·四十九·22
羅鄴集一卷　唐羅鄴撰
　宋刊本　[41]·十九·24
38羅滄洲先生集五卷　宋羅公升撰
　清戈小蓮校抄本　[2]·四·37

舊抄本　[11]·九十二·1
　[39]·壬·48　[71]·集·宋别·73　[91]·三十二·20
40羅圭峯先生文集三十卷　明羅玘撰
　清康熙二十九年(1690)刊本　[71]·集·明别·53
　刊本　[39]·癸上·26
羅圭峯先生文集三十七卷　明羅玘撰
　清錢湘靈批崇禎刊本　[2]·五·21
羅圭峯先生文集十八卷續集十五卷　明羅玘撰
　明嘉靖刊本　[91]·三十六·23
52羅虬比紅兒詩一卷　宋羅虬撰
　宋刊本　[14]·四中·409
　　[41]·十九·24
60羅星妙論一卷　不知撰人
　宋刊本　[41]·十二·32
67羅昭諫集八卷　唐羅隱撰
　張瓚刊本　[75]·五十二·23
羅昭諫集十四卷補遺一卷　唐羅隱撰
　舊抄本　[91]·二十五·22
羅昭諫甲乙集十卷
　見《甲乙集》
羅鄂州詩文集五卷
　見《羅鄂州小集》
羅鄂州小集五卷　宋羅願撰
　明洪武刊本　[32]·十二·8
　明刊本　[21]·一·39
　　[60]·六·34　[91]·三十·5
　抄本　[39]·壬·29
羅鄂州小集六卷　宋羅願撰
　從程氏刊本　[20]·五·17
　桐鄉汪氏裘杼樓抄本　[8]·集二·447
羅鄂州小集五卷附鄖州遺文一卷　宋羅願撰
　明刊本　[93]·二十一·10

明羅宣明刊本　[92]·四·157
刊本　[24]·集一·36
羅鄂州小集五卷附録一卷　宋羅願撰
　明天啓六年(1626)後裔羅朗重刊本　[19]·21
羅鄂州小集六卷附録一卷　宋羅願撰
　明正德刊本　[12]·三·22
　舊抄本　[51]·三·10
羅鄂州小集六卷附録二卷　宋羅願撰
　明洪武刊本　[11]·八十四·18　[74]·四·25
　清康熙刊本　[75]·五十五·24
羅鄂州小集五卷附録一卷附鄖州遺文一卷　宋羅願撰
　明洪武二年(1369)刊本　[71]·集·宋别·46
72羅氏識遺十卷
　見《識遺》
80羅念菴文集十三卷
　見《羅先生文集》
82羅鍾齋蘭譜一卷
　見《蘭譜》

6101₀ 毗
74毗陵集二十卷
　見《毗陵集》

6102₀ 呵
35呵凍漫筆二卷　明談修撰
　藝海珠塵本　[96]·五十三·1053

6104₀ 旴
31旴江文集三十七卷外集三卷　宋李覯撰
　刊本　[24]·集一·18
旴江文集三十七卷外集三卷年譜一卷　宋李覯撰
　明正德刊本　[71]·集·宋别·10

盱

31盱江志十卷續十卷　宋胡舜舉撰
　　宋刊本　[41]・八・25

6136₀　點

97點烙三十六黃經一卷　不著撰人
　　宋刊本　[14]・後志・二・868

6138₆　顯

56顯揚聖教論二十卷　不著撰人
　　唐寫殘本　[2]・三・41

6180₈　題

06題韻直音篇七卷　明章黼撰
　　明成化十三年(1477)刊本
　　[96]・十四・291
50題畫詩一卷畫跋一卷　清惲格撰
　　借月山房彙抄本　[96]・
　　四十八・956

6201₃　眺

29眺秋樓詩八卷　清高岑撰
　　清刊本　[71]・集・國朝別・
　　35

6201₄　睡

44睡菴文集二十五卷睡菴視草十六
　　卷　明湯賓尹撰
　　刊本　[71]・集・明別・105
　　睡菴文初刻四卷二刻六卷三刻六
　　卷　明湯賓尹撰
　　明刊本　[32]・十四・15

6202₁　昕

10昕天論一卷　三國吳姚信撰
　　玉函山房輯佚書本　[78]・子・
　　天文類・534

晰

28晰微補化全書三卷附孳善堂藥言
　　一卷　清王凱撰
　　振古堂刊本　[96]・四十三・
　　798

6203₄　睽

50睽車志五卷　宋郭彖撰
　　宋刊本　[41]・十一・21
　　睽車志六卷　宋郭彖撰
　　刊本　[53]・二・11
　　[71]・子・小說家・11
　　稗海本　[74]・三・84

6217₇　蹈

38蹈海錄一卷　不著撰人
　　舊抄藍格本　[60]・四・16

6240₀　別

10別下齋叢書二十五種　清蔣生沐
　　編
　　清刊本　[74]・三・63
　　別下齋書畫錄七卷　清蔣光煦撰
　　傳抄本　[32]・七・10
50別書金坡遺事一卷
　　見《金坡遺事》
60別國方言十三卷　題漢揚雄撰、
　　晉郭璞注
　　北宋國子監刊本　[7]・中・13
　　宋慶元六年(1200)尋陽郡齋刊
　　本　[68]・圖版136、目錄
　　31
　　抱經堂刊定重校本　[91]・五・
　　4
　　影抄宋刊本　[16]・七・6
　　[28]・續・四・12
　　明抄本　[91]・五・3
　　舊抄本　[50]・一・11
　　[75]・九・3　　[91]・
　　五・4
　　別國洞冥記四卷
　　見《漢武帝洞冥記》
61別號錄八卷　清葛萬里輯
　　清刊本　[39]・庚・29
　　別號錄前編一卷明人別號錄八卷
　　清葛萬里輯
　　精抄本　[91]・二十・17
70別雅五卷　清吳玉搢撰
　　清乾隆七年(1742)九月新安程

氏督經堂刊本　[92]・一・
21
　　精抄本　[91]・五・7

6280₀　則

40則克錄一卷　明湯若望授、焦勖
　　述
　　清咸豐元年(1851)刊本
　　[74]・三・11
　　則克錄三卷　明湯若望授、焦勖
　　述
　　丁拱辰刊本　[74]・續增・子・1
　　則古昔齋算學十三種二十四卷
　　清李善蘭撰
　　清同治五年(1866)刊本
　　[74]・三・28
90則堂集六卷　宋家鉉翁撰
　　校抄本　[54]・六・32
　　傳抄文津閣本　[17]・四・28
　　文瀾閣傳抄本　[11]・九十三・
　　22

6303₂　咏

27咏物詩一卷
　　見《詠物詩》
50咏史詩二卷
　　見《胡曾詠史詩》

6304₀　唒

64唒嚀集一卷　元宋无撰
　　明初刊本　[91]・三十三・34

6306₁　瞎

23瞎編奇聞八回　清吳趼人撰
　　清光緒三十四年(1908)商務印
　　書館排印本　[69]・七・
　　202

6313₄　獃

77獃學廬初稿
　　見《獨學廬初稿》

6315₃　踐

78踐阼篇集解一卷

見《大戴禮踐阼篇集解》

6323₄ 猷

37猷次瑣談一卷
　見《厭次瑣談》

6333₄ 默

00默齋遺稿一卷　宋游九言撰
　抄本　[39]·壬·34
　　[71]·集·宋別·62
默齋遺稿二卷　宋游九言撰
　清趙一清抄本　[2]·四·43
　小山堂抄本　[91]·三十一·
　　10
　抄本　[91]·三十一·10
07默記一卷　宋王銍撰
　刊本　[5]·三上·27
　知不足齋叢書本　[96]·
　　六十四·1274
默記三卷　宋王銍撰
　明抄本　[75]·四十七·1
　舊抄本　[11]·六十三·5
　　[20]·四·13　[38]·
　　子·78　[59]·八·5
　　[84]·一·24　[91]·
　　二十一·10　[93]·
　　十七·17
44默菴詩集五卷　明曹義撰
　刊本　[71]·集·明別·33
　抄本　[12]·六·33
默菴集五卷　元安熙撰
　舊抄本　[12]·六·24
　　[32]·十三·10
51默軒詞一卷　宋劉德秀撰
　宋刊本　[41]·二十一·13
53默成居士集十五卷　宋潘良貴撰
　宋刊本　[41]·十八·11
90默堂先生文集二十二卷　宋陳淵撰
　宋刊本　[41]·十八·11
　清初影抄宋本　[2]·四·36
　影宋抄本　[91]·二十九·24
　舊抄本　[11]·八十三·13
　　[12]·六·12　[39]·

　　壬·24　　[74]·四·24
　　[102]·下·32
精抄本　[71]·集·宋別·34

6355₀ 戰

30戰守全書十八卷　明范景文撰
　明刊本　[74]·續增·子·1
60戰國人才言行録十卷　明秦渝輯
　刊本　[39]·戊·10
戰國策十卷　宋鮑彪注
　宋刊本　[9]·二·36
　　[9]·後編·四·17、18
　　[35]·下·6　[41]·
　　五·10　[52]·一·15
　　[58]·史·61　[93]·
　　九·20　[94]·二·5
　宋浙刊本　[2]·二·19
　元刊本　[9]·後編·九·9、
　　10　[22]·三·21
　　[28]·三·20　[35]·
　　下·6　[87]·三·3
　　[93]·九·22　[94]·
　　二·11
　元刊黑口本　[5]·19
　元至正十五年(1355)刊本
　　[11]·二十四·4
　　[16]·十一·7　[35]·
　　下·6　[58]·元·38
　　[91]·八·2
　元人覆刊至正本　[11]·
　　二十四·15
　明刊本　[9]·九·15
　　[12]·三·3　[91]·
　　八·2、3　[93]·九·
　　21　[96]·十九·407
　明張文爟刊本　[74]·二·17
　明正德二年(1507)刊本
　　[22]·三·22
　明嘉靖仿宋刊本　[11]·
　　二十四·2　[84]·一·
　　11
　明嘉靖刊本　[92]·二·42
　明嘉靖元年(1522)刊本

　　[22]·三·22
　明嘉靖七年(1528)吳郡龔雷刊
　　本　[19]·3　[30]·
　　三·9　[86]·六·26
　明嘉靖三十一年(1552)吳郡杜
　　詩刊本　[22]·三·21
　　[74]·二·17　[102]·
　　上·15
　明萬曆九年(1581)張一鯤刊本
　　[59]·四·6
　坊刊本　[74]·二·17
　刊本　[5]·三上·23
　　[89]·一集·四·4
　　[89]·二集·四·1
　朝鮮國刊本　[22]·三·21
　校元刊本　[57]·55
　校本　[60]·四·7
　明抄本　[100]·24
戰國策三十卷　漢高誘注
　宋刊本　[41]·五·10
　元刊本　[20]·二·5
　　[35]·上·39
戰國策三十三卷　漢高誘注
　宋刊初印本　[74]·二·17
　宋刊本　[10]·26　[14]·
　　三上·226　[33]·史·
　　28　[50]·二·14
　　[58]·史·57　[81]·
　　史·3　[83]·二·28
　宋剡川姚氏刊本　[2]·二·19
　　[35]·下·5
　宋紹興刊本　[68]·圖版21、目
　　録11
　元刊本　[33]·附·1
　元至正十五年(1355)平江路刊
　　本　[92]·二·43
　明嘉靖七年(1528)吳郡龔雷刊
　　本　[26]·二·7
　清覆宋刊本　[22]·三·20
　黃氏覆宋剡川姚氏刊本
　　[49]·6　[75]·十九·
　　2
　清刊本　[80]·七·11
　讀未見書齋仿宋本　[96]·

十九・406

雅雨堂本　[38]・史・40

刊本　[89]・一集・四・3

穴硯齋影宋抄本　[17]・二・10

影宋抄本　[5]・三上・21
[83]・二・6

影宋精抄本　[35]・附・3
[65]・二・52

影抄宋刻川姚氏本　[16]・十一・5

影抄宋梁谿安氏本　[50]・二・17　[80]・十四・10

影抄宋梁谿高氏本　[50]・二・17　[81]・史・4

戰國策譚棷十卷　明張文燿輯
明刊本　[12]・三・4

戰國策去毒二卷　清陸隴其編
三魚堂刊本　[96]・十九・408

戰國策校注十卷
見《戰國策》

戰國策地名考二十卷　清程恩澤撰
粵雅堂刊本　[74]・二・17

6384₀　賦

77賦門魚鑰十五卷　宋馬偁撰
宋刊本　[41]・二十二・7

6386₀　貽

35貽清堂病餘日筆　明錢養廉撰
抄本　[71]・子・小說家・23

貽清堂集不分卷　明錢養廉撰
舊抄本　[71]・集・明別・103
[91]・三十七・23

貽清堂日抄　明錢養廉撰
抄本　[39]・丁・43
[71]・子・小說家・23

6401₀　吐

27吐魯番哈密始末一卷　不著撰人
抄本　[39]・丁・40

6401₁　曉

00曉亭詩抄一卷　朱亦大撰
評點本　[20]・五・40

44曉菴雜著一卷　清王錫闡撰
木犀軒叢書本　[78]・算學書
錄補注・90

曉菴新法六卷　清王錫闡撰
守山閣叢書本　[75]・三十八・10　[78]・算學書錄補
注・87

四庫全書本　[78]・子・天文
類・548

6402₁　畸

80畸人十篇二卷附西琴曲意一卷
明西洋利瑪竇撰
天學初函理編本　[96]・五十三・1057

6402₇　睎

01睎顏先生集不分卷　明楊喬撰
刊本　[71]・集・明別・35

睎顏錄一卷　宋張栻撰
宋刊本　[41]・九・13

44睎范句解八十一難經
見《難經》

72睎髮集六卷　宋謝翱撰
明刊本　[9]・後編・十九・6
明嘉靖刊本　[91]・三十二・9
刊本　[39]・壬・44
抄本　[12]・六・21

睎髮集十卷　宋謝翱撰
明刊本　[76]・十四・34
明弘治十四年(1501)刊本
[67]・第五冊・88
明萬曆張蔚刊本　[17]・四・28　[55]・六・16
清康熙四十一年(1702)平湖陸
氏校刊本　[92]・四・164
傳錄明萬曆刊本　[8]・集二・469

睎髮集十卷遺集二卷遺集補一卷
天地間集一卷冬青樹引注一卷

西臺慟哭記注一卷　宋謝翱撰
清刊本　[71]・集・宋別・70

6404₁　時

17時務權書不分卷　不著編者
明弘光刊本　[85]・十・489

27時物典彙二卷　明李日華輯
刊本　[39]・庚・49

77時用集　清陳訏撰
刊本　[39]・癸下・50

疇

80疇人傳四十六卷　清阮元撰
清嘉慶四年(1799)琅嬛仙館刊
本　[74]・三・26
[96]・四十四・838

疇人傳四十六卷　清阮元撰　續
疇人傳六卷　清羅士琳撰
清嘉慶揚州阮氏琅環仙館刊本
[78]・補遺・27

文選樓叢書本　[78]・算學書
錄補注・90

疇人傳三編七卷序目一卷　清諸
可寶撰
清光緒十二年(1886)原刊本
[78]・補遺・28

疇人傳四編十二卷　清黃鍾駿撰
清光緒二十四年(1898)刊留有
餘齋叢書本　[78]・補遺・28

6406₁　嗒

50嗒史一卷　明王煒撰
昭代叢書戊集本　[85]・二十一・955

嗜

26嗜泉詩存二卷　明李璋撰
清嘉慶李仙根重刊本　[92]・四・177

37嗜退菴語存十卷　清嚴有聲撰
清刊本　[39]・己・36

6408₁ 哄

90哄堂集一卷　宋盧炳撰
　　宋刊本　[41]・二十一・12

6412₇ 跨

58跨鼇集三十卷　宋李新撰
　　舊抄本　[91]・二十八・19
　　傳抄文津閣本　[17]・四・21
　　跨鼇集五十卷　宋李新撰
　　宋刊本　[14]・四下・486

6500₆ 呻

68呻吟語四卷　明呂坤撰
　　刊本　[39]・己・23
　　呻吟語六卷　明呂坤撰
　　清乾隆五十九年(1794)重刊本
　　[96]・三十七・699
　　呻吟語摘二卷呂子遺書本六卷呂
　　子節錄四卷補遺一卷　明呂呻
　　撰
　　陳宏謨定本　[74]・三・5
　　呻吟集一卷　宋邢居實撰
　　宋刊本　[14]・四下・479
　　[41]・十七・27

6502₇ 晴

10晴雪齋漫錄前集七卷後集七卷
　　題笨老人編
　　清康熙藍絲欄抄本　[85]・
　　二十二・988
22晴川蟹錄四卷後蟹錄四卷　清孫
　　之騄撰
　　清刊本　[39]・庚・31
　　[96]・五十一・1021
31晴江閣文抄三卷　清何契撰
　　一九三〇年南京國學圖書館石
　　印本　[85]・二十・920

嘯

40嘯堂集二十卷　明高棅撰
　　明刊本　[21]・一・45
　　刊本　[39]・癸上・5
88嘯竹堂集十六卷　清王錫撰

抄本　[12]・六・35
嘯餘譜十卷　明程明善撰
　　刊本　[39]・庚・10
90嘯堂集古錄一卷　宋王俅撰
　　影抄宋本　[93]・十六・1
　　嘯堂集古錄二卷　宋王俅撰
　　宋刊本　[9]・二・43
　　[9]・後編・五・19
　　[33]・子・21　[41]・
　　三・46
　　宋淳熙刊本　[2]・三・16
　　明覆宋刊本　[3]・12
　　明刊本　[11]・五十三・4
　　[96]・五十・983
　　校本　[32]・五・12
　　抄本　[39]・庚・13
　　嘯堂集古錄二卷考異二卷　宋王
　　俅撰
　　清嘉慶刊本　[75]・四十・4

6508₁ 睫

22睫巢集　清李鍇撰
　　清乾隆刊本　[100]・143

6509₀ 昧

12昧水軒日記八卷　明李日華撰
　　戴松門抄本　[8]・子一・285
21昧經書屋詩稿十二卷　清張變撰
　　清道光十一年(1831)家刊本
　　[26]，十・16

6601₀ 呪

50呪棗記二卷　明鄧志謨撰
　　明余氏萃慶堂刊本　[69]・五・
　　170

6602₇ 喎

44喎蘭紀事一卷　不著編者
　　抄本　[85]・十三・642

6603₂ 曝

50曝書亭詩錄箋注十二卷　清朱彝
　　尊撰、江浩然注
　　清刊本　[71]・集・國朝別・20

惇裕堂刊本　[96]・七十・1394
曝書亭集八十卷附錄一卷　清朱
　　彝尊撰
　　清刊本　[74]・四・50
　　曝書亭刊本　[96]・七十・
　　1392
　　陳伯恭翁覃谿合批本　[57]・
　　289
　　曝書亭集八十卷附笛漁小稿十卷
　　清朱彝尊撰
　　清刊本　[71]・集・國朝別・
　　19
　　曝書亭集詩注二十二卷年譜一卷
　　清朱彝尊撰、楊謙注
　　木山閣刊本　[96]・七十・
　　1394
　　曝書亭集箋注二十三卷　清朱彝
　　尊撰、孫銀槎注
　　三有堂刊本　[96]・七十・
　　1395
　　曝書亭藏書目　不知編者
　　抄本　[71]・史・簿錄・15
　　傳抄本　[32]・五・10
　　曝書亭輯叢書　清朱彝尊撰
　　抄本　[87]・二・1
　　曝書雜記二卷　清錢泰吉撰
　　別下齋刊本　[74]・二・74

6621₄ 瞿

00瞿文懿公集十六卷制科集四卷
　　明崔景淳撰
　　明萬曆刊本　[59]・七・15
　　瞿文懿公集十六卷制勅稿一卷制
　　科集四卷　明崔景淳撰
　　明萬曆刊本　[92]・四・180
40瞿木夫先生年譜二卷　不著撰人
　　傳抄本　[60]・四・28
　　瞿木夫金石跋二卷　清瞿中溶撰
　　輯錄本　[60]・五・11
50瞿忠宣公手剳及蠟丸書一卷　明
　　瞿式耜撰
　　民國間國學保存會影印本
　　[85]・十九・867
　　瞿忠宣公集十卷　明瞿式耜撰

清道光十五年(1835)刊本
[85]·十九·866
刊本 [100]·139

6624₈ 嚴

00嚴文靖公集十二卷 明嚴訥撰
明萬曆刊本 [57]·269
刊本 [39]·癸上·56
20嚴維集一卷 唐嚴維撰
宋刊本 [41]·十九·8
32嚴州府志十卷 宋錢可撰
抄本 [71]·史·地志·12
嚴州府志二十二卷 明李德恢纂
明弘治刊本 [57]·104
嚴州續志十卷 宋鄭瑤、方仁榮纂
宋刊本 [35]·上·10
[58]·史·85
舊抄本 [91]·十一·12
[93]·十一·8
文瀾閣傳抄本 [11]·三十一·1 [16]·十六·11
[75]·二十六·1
嚴州圖經三卷 宋董弅撰
宋刊本 [58]·史·89
[72]·17 [97]·一·31
刊本 [88]·三·2
影抄宋刊本 [35]·上·36
[93]·十一·8
抄本 [101]·下·3
文瀾閣傳抄本 [75]·二十五·3
37嚴逸山文集十三卷 明嚴書開撰
刊本 [39]·癸上·32
38嚴滄浪先生吟卷二卷
見《滄浪詩集》
72嚴氏詩緝三十六卷
見《詩緝》
嚴氏濟生方八卷 宋嚴用和撰
輯錄永樂大典本 [28]·續·九·14
抄本 [74]·三·18
[75]·三十七·10

文瀾閣傳抄本 [11]·四十六·9
嚴氏濟生方十卷 宋嚴用和撰
宋刊本 [35]·上·46
[70]·三·49 [79]·子·醫家類·496
宋刊配抄本 [22]·補遺·68
刊本 [89]·一集·八·8
嚴氏濟生續方一卷 宋嚴用和撰
舊抄本 [22]·補遺·68
74嚴陵集九卷 宋董棻輯
刊本 [39]·辛·35
舊抄本 [11]·一百十三·13
[93]·二十三·17
文瀾閣傳抄本 [11]·一百十三·10 [16]·三十五·5
90嚴小秋詞 清嚴小秋撰
清刊本 [80]·十三·2
91嚴悟射訣一卷 唐王思永撰
宋刊本 [14]·三上·289

6640₄ 嬰

00嬰童百問十卷 明魯伯嗣撰
明刊本 [76]·十·27
[91]·十六·25
明嘉靖十八年(1539)聚錦堂刊本 [79]·子·醫家類·403
嬰童寶鏡十卷 題棲真子撰
宋刊本 [14]·後志·二·872

6643₀ 哭

00哭廟記略一卷 不著撰人
痛史本 [85]·十六·716

6682₇ 賜

03賜誠堂文集十六卷 明管紹寧撰
清光緒三年(1877)刊本 [85]·十九·833
刊本 [74]·四·47
[102]·上·34
24賜綺堂集二十八卷 清詹應甲撰
清嘉慶十九年(1814)刊本

[26]·十三·43
45賜姓始末一卷 清黃宗羲撰
明季稗史本 [85]·十三·615
行朝錄本 [85]·十三·615
50賜書堂詩抄八卷 清周長發撰
清原刊本 [96]·七十一·1415
賜書堂集四卷 清翁照撰
清光緒二十六年(1900)王氏刊本 [26]·十一·20
77賜閒堂集四十卷 明申時行撰
明萬曆四十四年(1616)刊本 [85]·二·90
刊本 [71]·集·明別·96
賜閒堂集四十卷綸扉簡牘十卷 明申時行撰
刊本 [39]·癸上·59
賜閒堂稿十卷 明夏言撰
明嘉靖刊本 [91]·三十七·8
賜閒堂稿十卷附錄一卷 明夏言撰
刊本 [71]·集·明別·67
88賜餘堂集十四卷 明吳中行撰
明萬曆二十八年（1600）刊本 [59]·七·19 [92]·四·177
賜餘堂集十卷 明錢士升撰
刊本 [71]·集·明別·107
賜餘堂集十卷年譜一卷 明錢士升撰
清乾隆四年(1739)刊本 [85]·三·145

6701₆ 晚

20晚香堂集二十四卷
見《晚香堂小品》
晚香堂小品二十四卷 明陳繼儒撰
刊本 [71]·集·明別·114
晚香堂小品二十四卷白石樵真稿二十四卷尺牘四卷 明陳繼儒撰
刊本 [39]·癸下·31
44晚樹樓詩稿五卷 清吳震方撰

清刊本　[71]·集·國朝別·
27

晚樹樓詩稿六卷　清吳震方撰
清康熙四十四年(1705)刊本
[96]·七十·1397

50晚書訂疑三卷　程廷祚撰
抄本　[20]·一·4

67晚明民變不分卷　李文治撰
一九四八年上海中華書局鉛印
本　[85]·六·288

6702₀　明

00明高皇帝御製文集二十卷
見《明太祖御製文集》

明廣東籍東林黨列傳一卷　朱希
祖纂
稿本　[85]·五·216

明文案二百卷　清黃宗羲輯
抄本　[39]·辛·9

明文海四百八十二卷　清黃宗羲
輯
舊抄本　[11]·一百十七·20
[38]·集·117

明文拾遺　不知編者
抄本　[74]·四·66

明辨類涵六十四卷　明詹景鳳撰
刊本　[39]·己·27

明亡述略二卷　題鎖綠山人撰
荊駝逸史本　[85]·九·470

04明詩綜一百卷　清朱彝尊輯
清康熙四十四年(1705)刊本
[26]·十六·8
刊本　[20]·五·42

明詩液　明尤師六撰
稿本　[32]·十五·23

明詩選十三卷
見《皇明詩選》

06明譯天文書四卷　題阿拉伯闊識
牙耳撰、明西域馬哈麻等譯
明洪武內府刊本　[78]·補遺·
16

10明一統志九十卷
見《大明一統志》

明三元考十四卷

見《皇明三元考》

明百家文範八卷
見《皇明百家文範》

明貢舉考九卷　明郭元柱、張朝
瑞輯
刊本　[39]·丁·68

11明北監二十一史
見《二十一史》

12明列朝實錄　不著編者
抄本　[53]·一·8

明弘光乙酉年正月起八月止江陰
殉難實蹟一卷　季維漢撰
抄本　[85]·十四·659

明刑盡心錄二卷　宋丁銳編
宋刊本　[41]·七·30

明延平王建國史二卷　余培森輯
鉛印本　[85]·十三·641

明延平王臺灣海國紀二卷　余宗
信編
一九三五年商務印書館鉛印本
[85]·十三·641

明延平忠節王始末四卷卷首一卷
清汪鏞鐘撰
抄本　[85]·十三·638

13明職　明呂坤撰
刊本　[39]·丁·62

15明珠集二卷　明吳子孝撰
刊本　[39]·癸上·51

17明司石磐先生事輯一卷　司毓驊
輯
稿本　[85]·十八·790

明郡牧廉平傳十卷　明王昌時輯
明刊本　[74]·二·31
[102]·上·17

20明秀集注三卷
見《蕭閒老人明秀集注》

明季新樂府二卷附錄一卷　清胡
介祉撰
花箋錄刊本　[85]·二十四·
1042
鉛印本　[85]·二十四·1042
龍潭室叢書本　[85]·二十四·
1042

明季詩話六則附錄六則　清楊鳳

苞撰
有萬憙齋叢抄本　[85]·
二十四·1055

明季諸先烈舟山殉國始末記　不
著撰人
傳抄本　[85]·補遺·1091

明季三朝野史三種四卷
見《明季野史三種》

明季北都殉難記一卷　明屈大均
撰
上海均益圖書館鉛印本
[85]·八·359

明季北略二十四卷南略十八卷
清計六奇撰
清康熙活字本　[85]·九·462
琉璃廠半松居士排印本
[85]·九·462
商務印書館鉛印本　[85]·九·
462
舊抄本　[85]·九·462

明季災異錄一卷　清黃宗羲撰
抄本　[85]·三·152

明季編年三卷　王汝南編
明季野史彙編本　[85]·十·
495

明季續聞一卷　清汪光復撰
商務印書館鉛印本　[85]·
十二·591

明季佚聞三卷　稽逸如編
一九一五年坊間鉛印本
[85]·二十一·964

明季稗乘四種四卷　不著編者
抄本　[85]·二十三·1013

明季稗史　不著編者
抄本　[30]·四·6

明季稗史續編六種六卷　不著編
者
商務印書館鉛印本　[85]·
二十三·1022

明季稗史彙編二十七卷　不著編
者
清光緒十三年(1887)尊聞閣刊
本　[85]·二十三·
1021

明季寇難傳一卷　不著編者
　傳抄本　[85]・六・278
明季實錄一卷　清顧炎武輯
　亭林遺書本　[85]・八・370
　昭代叢書本　[85]・八・370
　明季稗史續編本　[85]・八・
　370
　槐廬叢書本　[85]・八・370
明季滇南遺民錄二卷　秦光玉輯
　雲南叢書本　[85]・十七・758
明季滇黔佛教考六卷　陳垣纂
　科學出版社鉛印本　[85]・
　十七・759
　輔仁大學叢書本　[85]・十七・
　759
明季遺聞四卷　鄒漪輯
　清康熙刊本　[85]・九・450
　日本刊本　[85]・九・450
　昭代叢書本　[85]・九・450
　明季稗史續編本　[85]・九・
　450
　抄本　[85]・九・450
明季遺聞拾遺一卷　鄒漪輯
　長恩閣叢書本　[85]・十一・
　565
明季遺聞錄六種十卷　不著編者
　舊抄本　[85]・二十三・1015
明季潮州忠逸傳六卷　溫廷敬纂
　一九三一年鉛印本　[85]・
　十七・758
明季逸史四卷　不著編者
　傳抄本　[85]・十・496
明季海寧殉節始末一卷　不著撰
　人
　抄本　[85]・十四・670
明季逆案　明韓爌等纂
　抄本　[39]・丁・46
明季十二家集十二卷　不著編者
　傳抄本　[85]・二十三・1015
明季九科進士覆歷便覽　不著編
　者
　抄本　[57]・82
明季南都殉難記不分卷　明屈大
　均撰

國學叢書本　[85]・十・495
明季南略十八卷　清計六奇撰
　清刊本　[74]・二・21
明季燕客略三卷　清翁聖域輯
　抄本　[85]・二十二・983
明季史料叢書二十種六十六卷
　題紉秋主人編
　一九四五年長樂鄭氏石印本
　[85]・二十三・1025
明季史料十種　不著編者
　抄本　[85]・二十三・1020
明季史料題跋　朱希祖撰
　一九六一年中華書局鉛印本
　[85]・二十・932
明季忠烈尺牘初編一卷　潘承厚
　輯
　民國影印本　[85]・十七・762
明季東莞五忠傳二卷　題九龍真
　逸撰
　民國鉛印本　[85]・十七・757
明季國初進士履歷跋後一卷　清
　邵懿辰撰
　邵氏半巖廬刊本　[85]・十七・
　761
明季見聞輯錄二卷　不著撰人
　傳抄本　[85]・八・359
明季甲乙兩年彙編四卷　題東邨
　八十一老人編
　清順治抄本　[85]・八・367
　舊抄本　[85]・八・367
明季甲乙兩年事蹟彙略三卷　不
　著撰人
　刊本　[20]・二・24
明季野乘七卷　不著編者
　抄本　[85]・二十三・1015
明季野乘八卷　不著編者
　舊抄本　[57]・69
明季野史　不著編者
　抄本　[85]・二十三・1010
明季野史雜抄不分卷　不著編
　者
　傳抄本　[85]・二十三・1014
明季野史三種四卷　清顧炎武輯
　民國石印本　[85]・二十三・

　1013
明季野史三十四種三十六卷　不
　著編者
　傳抄本　[85]・二十三・1012
明季野史彙編二十九種一百六十
　卷　不著編者
　清抄本　[85]・二十三・1011
明季野史彙抄續編五種　不著編
　者
　藍絲格舊抄本　[85]・二十三・
　1013
明季野史十種　不著編者
　舊抄本　[85]・二十三・1020
明季野史七種十一卷　不著編者
　傳抄本　[85]・二十三・1012
明季野史四種四卷　不著編者
　傳抄本　[85]・二十三・1012
明季野史四種十七卷　不著編者
　傳抄本　[85]・二十三・1012
明季兵部題行彙稿　明清史料整
　理會編
　稿本　[85]・三・152
　北大月刊排印本　[85]・三・152
21明儒講學考一卷　清程嗣章撰
　清原刊本　[96]・二十三・493
明儒學案六十二卷　清黃宗羲輯
　清刊本　[39]・己・28
　清康熙三十年(1691)刊本
　[74]・二・31
　慈谿二老閣刊本　[96]・
　二十三・487
明經濟文錄四十一卷　明萬表輯
　刊本　[39]・辛・12
明經題斷詩義矜式十卷　元林泉
　生撰
　元建刊本　[2]・一・9
22明崑山人物傳十卷　明張大復撰
　原刊本　[96]・二十三・482
明崇禎十五年縉紳一卷　明泰衡
　居士編
　明崇禎刊本　[85]・三・153
　抄本　[85]・三・153
23明代雜事詩一卷　清岳鴻舉撰
　民國石印本　[85]・二十四・

1046

明代千遺民詩詠十卷二編十卷　張其淦撰
　民國鉛印本　[85]・二十四・1055

明代版本圖錄初編十二卷　潘景鄭、顧廷龍輯
　影印本　[57]・138

明代河渠考　清萬斯同輯
　抄本　[39]・丁・76

明代野聞錄一卷補錄一卷　題近愚輯
　舊抄本　[85]・二十一・947

24明德先生文集二十六卷　明呂維祺撰
　刊本　[39]・癸下・32

25明律三十卷
　見《大明律》

明律條疏議三十卷　明張式之撰
　明刊本　[1]・上・22

26明皇雜錄一卷　唐鄭處誨撰
　宋刊本　[41]・五・12
　舊抄本　[17]・三・32

明皇雜錄二卷　唐鄭處誨撰
　宋刊本　[14]・二上・131

明皇雜錄二卷補遺一卷　唐鄭處誨撰
　墨海金壺本　[96]・六十三・1248

明皇雜錄二卷別錄一卷　唐鄭處誨撰
　抄本　[75]・四十六・5

明皇十七事一卷　不著撰人
　青芝山堂抄本　[5i]・二・24

明皇幸蜀記二卷
　見《幸蜀記》

明穆宗皇帝實錄七十卷
　見《明穆宗隆慶實錄》

明穆宗隆慶實錄七十卷　不著編者
　明抄藍格本　[59]・四・7
　舊抄本　[74]・二・10
　[102]・下・5

明稗類抄十六卷　清潘永因纂

傳抄本　[85]・二十二・987

27明名臣言行錄一百卷　明徐開任編
　原刊本　[85]・十七・725

明名臣琬琰錄二十四卷後錄二十二卷　明徐紘編
　藝海樓抄本　[74]・續增・史・3

明名臣琬琰錄二十四卷後錄二十二卷續錄八卷　明徐紘編
　明刊本　[11]・二十七・29
　明弘治十八年(1505)刊本　[59]・四・15

明紀六十卷　清陳鶴齡撰、陳克家續
　清同治十年(1871)江蘇書局刊本　[85]・一・48
　稿本　[85]・一・48

明紀編遺六卷　清葉鈴輯
　清康熙二十九年(1690)事天閣刊本　[85]・一・56

明紀編年十二卷　明鍾惺編、清王汝南補
　清順治刊本　[85]・一・42

明紀略　不著撰人
　抄本　[85]・一・44

28明倫集十卷　宋塗近止撰
　宋刊本　[41]・九・17

明倫大典二十四卷　明官修
　明嘉靖內府刊本　[91]・七・17

30明宮雜詠二十卷　清饒智元撰
　清光緒十九年(1893)刊本　[85]・二十四・1044

明宮史　明劉若愚撰
　刊本　[74]・二・65

明宮史五卷　明劉若愚撰
　舊抄本　[74]・二・20

明宮史八卷　明劉若愚撰
　活字印本　[26]・三・34

明良記一卷　題明楊儀撰
　硯雲甲編本　[96]・六十五・1289

明良集七卷　明霍韜輯

刊本　[39]・丁・37

明良集八卷　明霍韜輯
　明嘉靖刊本　[91]・八・12

34明洪武四年進士登科錄一卷　不著編者
　藝海珠塵本　[96]・二十三・477

35明清紀略目錄一卷　題勾吳外史撰
　飯香抄本　[85]・九・471

明清史料甲乙丙丁編　中央研究院歷史語言研究所、中國科學院編
　商務印書館鉛印本　[85]・一・62

明清鬪記十卷　日本人撰
　日本活字本　[85]・二十二・995

明神宗顯皇帝實錄五百九十六卷　明顧秉謙等撰
　明實錄影印本　[85]・二・71
　抄本　[85]・二・71

明遺民所知傳一卷　清邵廷采撰
　思復堂集刊本　[85]・十七・743

明遺民錄不分卷　陳去病撰
　國粹學報第三年史篇鉛印未完本　[85]・十七・753

明遺民錄四卷　清黃容撰
　抄本　[85]・十七・749

明遺民錄四十八卷　題民史氏撰
　民國初年上海新中華圖書館鉛印本　[85]・十七・751

37明初羣雄事略八卷　清錢謙益撰
　舊抄本　[74]・二・21
　[102]・下・8

明初羣雄事略十五卷　清錢謙益撰
　舊抄本　[32]・四・13

明初四家詩四十卷　不知編者
　明萬曆刊本　[91]・三十九・18

明通寶義一卷
　見《大明通寶義》

585

明通鑑　清夏燮嗛編
　刊本　[100]・24
　舊抄本　[57]・50
明通鑑九十四卷附記六卷　清夏
　燮嗛編
　清同治十二年(1873)宜黃刊本
　[85]・一・48
　湖北官書處刊本　[85]・一・
　48
38明道雜志一卷
　見《張太史明道雜志》
明道先生文集五卷　宋程顥撰
　抄本　[71]・集・宋別・17
明道先生文集四卷遺文一卷　宋
　程顥撰
　宋刊本　[14]・五下・660
　[41]・十七・18
明道中庸解一卷
　見《中庸解》
明道錄八卷　明羅汝芳撰
　刊本　[39]・己・19
40明十一朝實錄　不著編者
　明抄本　[87]・四・7
明大政記三十六卷
　見《皇明大政記》
明太祖皇帝實錄二百五十七卷
　不著編者
　明藍格抄本　[8]・史二・132
　[59]・四・7
明太祖御製文集二卷　明太祖朱
　元璋撰
　刊本　[71]・集・歷代帝王
　別・1
明太祖御製文集二十卷　明太祖
　朱元璋撰
　明初刊本　[11]・一百十一・1
　明刊本　[12]・三・27
　明嘉靖刊本　[75]・六十一・1
　明萬曆刊本　[8]・集四・504
　[91]・三十五・1
　明萬曆十年(1582)姚士觀刊本
　[19]・22
明太祖御製文集四集三十卷　明
　太祖朱元璋撰

明初刊本　[91]・三十五・1
明太祖實錄二百五十七卷
　見《明太祖皇帝實錄》
明南監二十一史
　見《二十一史》
明熹宗哲皇帝實錄八十四卷　明
　温體仁等纂
　明實錄影印本　[85]・二・72
　抄本　[85]・二・72
43明越風物志七卷　宋姜嶼撰
　宋刊本　[14]・二下・162
44明藩府政令六卷　明皇甫錄輯
　明刊本　[91]・十三・16
明蘇爵輔事略一卷附錄一卷　蘇
　澤東輯
　一九一九年東莞祖坡吟館刊本
　[85]・十八・788
明萬曆天啓崇禎大統曆　不著編
　者
　刊本　[45]・24
明萬曆西番館譯文　不著編者
　抄本　[45]・27
明世學山四十一種四十一卷　不
　著編者
　舊抄本　[74]・續增・子・9
47明懿安皇后外傳一卷　清紀昀撰
　峭颿樓叢書本　[85]・三・154
明郝太僕褒忠錄六卷卷首一卷卷
　末一卷　清郝明龍輯
　清道光十八年(1838)重刊本
　[85]・七・336
明朝紀事本末補編五卷　明彭孫
　貽撰
　涵芬樓祕笈本　[85]・一・55
明朝四十家小說四十七卷
　見《顧氏文房小說四十種》
明朝小史十八卷　明呂邲輯
　明刊本　[102]・上・16
　清初刊本　[85]・一・57
　刊本　[74]・二・21
　玄覽堂叢書本　[85]・一・57
50明史三百三十六卷　清張廷玉等
　撰
　清乾隆四年(1739)武英殿刊本

[36]・112　　[47]・115
[74]・二・6　　[75]・
十五・16　　[85]・一・
21　　[96]・十五・348
坊刊本　[74]・二・6
通行二十四史本　[85]・一・
21
開明書店二十五史本　[85]・
一・21
明史四百十六卷　不著撰人
　抄本　[85]・一・17
明史雜詠四卷　清嚴遂成撰
　清刊本　[39]・癸下・56
　[85]・二十四・1044
明史雜詠箋注四卷　清嚴遂成
　撰、嚴兆元注
　新刊本　[96]・七十一・1416
明史論斷　清李清撰
　舊抄本　[60]・四・37
明史天文志三卷五行志三卷曆志
　九卷　清張廷玉撰
　崇文書局重刊武英殿本
　[78]・算學書錄補注・98
明史刑法志稿三卷　清姜西溟撰
　舊抄本　[17]・二・7
明史彈詞二卷　清張三異撰
　楊慎廿二史彈詞合刊本
　[85]・二十四・1046
明史稿三百十卷　清王鴻緒編
　清雍正元年(1723)敬慎堂刊本
　[85]・一・18　　[96]・
　十八・397
　稿本　[100]・23
明史稿三百十三卷　不著撰人
　舊抄本　[85]・一・17、18
明史稿列傳二百六十七卷　萬季
　野撰
　刊本　[20]・二・9
明史紀事本末八十卷　清谷應泰
　編
　清康熙刊本　[85]・一・52
　通行刊本　[85]・一・52
　築益堂刊本　[96]・十七・379
　坊刊本　[74]・二・12

明史志三十六卷　清管斡貞撰
　　錫福樓刊本　[85]·一·26
　　[96]·十八·403
明史藝文志稿五卷　清尤侗編
　　原稿本　[96]·三十二·595
明史本紀二十四卷　清英廉等補
纂
　　清乾隆四十二年(1777)武英殿
　　刊本　[85]·一·24
　　一九三三年故宮博物院影印本
　　[85]·一·24
明史擬稿　嚴蓀友撰
　　稿本　[57]·50
明史抄略不分卷　不著撰人
　　四部叢刊三編本　[85]·一·
　　11
　　抄本　[36]·121
明史曆志二卷　清吳任臣、黃百
家、梅文鼎等編
　　舊抄本　[78]·補遺·17
明事雜詠一卷　丁傳靖撰
　　雲在山房叢書本　[85]·
　　二十四·1046
明事雜錄　不著編者
　　抄本　[85]·十七·744
明事斷略一卷　不著撰人
　　借月山房彙抄本　[96]·
　　三十五·652
明畫錄八卷　清徐沁撰
　　讀畫齋叢書本　[96]·四十八·
　　959
明本釋三卷　宋劉荀撰
　　武英殿聚珍刊本　[74]·三·
　　4　[96]·三十六·682
明本排字九經直音二卷
　　見《九經直音》
明書一百七十二卷　清傅維麟撰
　　清初原刊本　[39]·丁·12
　　[85]·一·15
　　畿輔叢書本　[85]·一·15
　　商務印書館鉛印本　[85]·一·
　　15
　　抄本　[96]·十八·396
明末殉難諸臣備考四卷　不著編

者
　　清抄本　[85]·十七·742
明末滇南紀略一卷　題海寧三百
二十甲子老人校錄
　　師竹友蘭齋抄本　[85]·十一·
　　560
　　傳抄本　[85]·十一·560
明末清初雅安受害記一卷　李蕃
撰
　　一九六一年四川省文化局石
　　印本　[85]·七·299
明末十家集　題菊知氏輯
　　舊抄本　[85]·二十三·1019
明末嘉善孫璋父子殉節記　清周
乃勳撰
　　抄本　[85]·補遺·1090
明末史事雜抄三種三卷　不著編
者
　　傳抄本　[85]·二十三·1012
明末忠烈紀實二十卷　清徐秉義
撰
　　野史二十一種本　[85]·九·
　　419
　　抄本　[85]·九·419
明末農民起義史料　北京大學編
　　一九五二年開明書店鉛印本
　　[85]·六·289
　　中華書局再版本　[85]·六·
　　289
明末日記一卷　不著撰人
　　舊抄本　[85]·二十一·954
明末四百家遺民詩　不著編者
　　清初刊本　[26]·十六·2
明末民族藝人傳　傅抱石編譯
　　一九三七年商務印書館鉛印本
　　[85]·十七·760
明末小史四種　不著編者
　　抄本　[85]·二十三·1019
53明成化弘治萬曆會試鄉試錄　不
著編者
　　影抄本　[91]·九·17
55明典禮志二十卷　明郭正域輯
　　刊本　[39]·丁·56
60明異典述五卷　明王世貞撰

明刊本　[91]·十三·16
71明臣謚考二卷　明鮑應鰲撰
　　刊本　[39]·丁·69
明臣奏議二十卷　明官編
　　聚珍刊本　[74]·二·24
72明氏實錄一卷　明楊學可撰
　　倦圃抄本　[39]·丁·17
　　抄本　[96]·二十六·533
77明醫雜著六卷　明王綸撰
　　劉氏龍田書林刊本　[89]·一
　　集·八·31
　　薛氏醫書本　[79]·子·醫家
　　類·438
明醫指掌十卷　明皇甫中撰
　　明萬曆劉氏刊本　[79]·子·
　　醫家類·438
　　翰海樓刊本　[96]·四十三·
　　787
明醫類案十二卷　明江瓘編
　　明萬曆刊本　[91]·十六·26
明輿地表　不著撰人
　　抄本　[71]·史·地志·26
80明人百家小說　明沈廷松輯
　　刊本　[39]·庚·56
明人小傳　清曹溶輯
　　抄本　[85]·十七·742
明會典二百二十八卷　明官編
　　明萬曆十五年(1587)司禮監刊
　　本　[26]·四·4
　　[59]·四·18
　　刊本　[74]·二·64
明會典略二百二十八卷
　　見《明會典》
明食貨志十二卷　清王原撰
　　清康熙刻學葊類稿本　[85]·
　　一·25
88明鑑二十四卷　清托津等撰
　　清嘉慶二十三年(1818)武英殿
　　刊本　[85]·一·47
　　[96]·三十五·653
　　湖北官書處刊本　[85]·一·47
明鑑易知錄十五卷　清吳乘權編
　　清原刊本　[85]·一·46
明鑑舉要四十九卷　清萬言撰

舊抄本　[85]•一•45

90明堂灸經八卷　題西方子撰

北宋刊本　[79]•子•醫家類•
419

明刊本　[91]•十六•12

明嘉靖山西平陽府刊本[75]•
三十六•8　[86]•二•
32

明堂大道錄八卷禘説二卷　清惠
棟撰

經訓堂刊本　[74]•一•27

明堂考三卷　清孫星衍撰

問經堂叢書本　[96]•六•
99

明堂月令論一卷　漢蔡邕撰

蔡中郎集本　[78]•算學書錄
補注•92

明堂問一卷　清毛奇齡撰

西河合集本　[96]•六•97

明堂鍼灸經八卷

見《明堂灸經》

明光宗貞皇帝實錄八卷

明葉向高等纂

明實錄影印本　[85]•二•72

抄本　[85]•二•72

明黨禍始末記二卷熹朝闡黨禍國
錄一卷　清吳騫校訂

小清儀閣抄本　[85]•四•190

舊抄本　[85]•四•190

6702₇　唝

71唝嘶囉傳一卷　不著撰人

宋刊本　[41]•七•22

鳴

29鳴秋集二卷　明趙迪撰

舊抄本　[71]•集•明別•28
[91]•三十五•29

傳抄本　[32]•十四•16

37鳴鶴餘音八卷　元彭致中輯

抄本　[39]•庚•95

鳴鶴餘音九卷　元虞集撰

函海本　[74]•三•90

校抄本　[50]•十•55

[65]•續•三•91

舊抄本　[74]•三•90
[102]•下•27

38鳴道集説一卷　金李純甫撰

明抄本　[8]•子一•
266

舊抄本　[93]•十六•8

傳抄本　[32]•九•25

39鳴沙石室祕錄不分卷　羅振玉編

清末國粹學報社鉛印本
[64]•28

53鳴盛集四卷　明林鴻撰

明刊本　[21]•一•45

刊本　[39]•癸上•5

抄本　[71]•集•明別•12

67鳴野山房彙刻帖目四卷　沈復粲
輯

味經書屋抄本　[75]•三十•
25

抄本　[84]•三•3

鳴野山房書畫記三卷　清沈啓溶
撰

原稿本　[91]•十七•22

88鳴籟集四卷　明吳世臨撰

刊本　[71]•集•明別•122

6703₂　㗲

67㗲鳴詩集十八卷　明沈一貫撰

刊本　[39]•癸下•7

眼

24眼科龍木總論十卷　題葆光道人
撰

明隆慶元年(1567)陝西布政司
刊本　[22]•補遺•77
[79]•子•醫家類•415

刊本　[89]•一集•八•18

日本應永二十七年舊抄粘葉本
[22]•補遺•77

眼科捷一卷　不知撰人

抄本　[5]•三下•10

6703₄　喉

02喉證金科二卷補遺一卷　朱翔輯

刊本　[74]•三•21

24喉科祕鑰二卷　清鄭西園輯

清光緒十七年(1891)刊本
[79]•子•醫家類•416

喉科指掌六卷　清張宗良撰

清乾隆二十二年(1757)刊本
[74]•三•21　[79]•
子•醫家類•416

6704₇　嘬

60嘬墨亭集一卷　明徐時進撰

刊本　[39]•癸下•36

暇

44暇老齋雜記三十六卷　明茅無儀
撰

刊本　[39]•己•84

6706₂　昭

00昭慶律寺志十卷　清吳穎芳撰

清刊本　[71]•史•地志•86

昭文縣志十卷　清勞必達輯

清雍正九年(1731)刊本
[74]•續增•史•9

10昭示姦黨三錄三卷　不著撰人

抄本　[5]•佚文•2

23昭代名臣志抄二十四卷　明吳孝
章輯

刊本　[39]•戊•18

昭代叢書新編五十卷續編五十卷
廣編五十卷坤編五十卷別編五
十卷　楊復吉編

稿本　[18]•下•2

昭代典則二十卷　明黃光昇撰

刊本　[39]•丁•7

24昭德新編一卷　宋晁迥撰

宋刊本　[41]•十•17

昭德新編三卷　宋晁迥撰

明刊本　[11]•五十五•12

明嘉靖刊本　[91]•十八•21

抄本　[39]•庚•95

昭德先生讀書後志二卷附志二卷
　宋晁公武撰
　　刊本　[53]・一・23
　　抄本　[71]・史・簿録・16
昭德先生郡齋讀書志二十卷
　見《郡齋讀書志》
50昭忠逸詠六卷　元劉麟瑞撰　補
　史十忠詩一卷　元劉壎撰
　　陸氏勒先校本　[16]・三十五・
　　21
昭忠録一卷　不著撰人
　　粵雅堂刊本　[74]・二・30
　　墨海金壺本　[96]・二十三・
　　475
　　抄本　[53]・一・12
昭忠録五卷附録一卷　明周璣編
　　明弘治刊本　[91]・九・9
　　原刊本　[96]・二十二・455
67昭明文選六十卷
　見《文選》
昭明太子集五卷　梁蕭統撰
　　宋刊本　[9]・後編・六・3
　　[41]・十六・6
　　明正德刊本　[11]・六十七・
　　16
　　明嘉靖遼府寶訓堂刊本
　　[8]・集一・380
　　[26]・七・10　　[54]・
　　五・8　　[70]・三・4
　　明天啓元年(1621)張燮刊本
　　[26]・七・11
　　刊本　[59]・六・8
　　[71]・集・歷代帝王別・
　　2　　[88]・五・3
　　清張紹仁校明遼府寶訓堂刊本
　　[2]・四・4
　　校本　[55]・三・26
　　抄本　[75]・五十一・11
　　[91]・二十三・8
昭明太子事實二卷　宋趙彥博　編
　　宋刊本　[41]・七・31
76昭陽趣史六卷　題艷艷生編
　　明刊本　[69]・四・159

6708₂　吹

22吹藟録五十卷　清吳穎芳撰
　　振綺堂刊本　[100]・10
　　抄本　[8]・經二・68
　　[53]・一・2
60吹景集十四卷　明董斯張撰
　　明崇禎刊本　[70]・九・29
　　原刊本　[96]・五十五・1087
　　小山堂抄本　[71]・子・雜家・
　　42
82吹劍録一卷　宋俞文豹撰
　　讀畫齋叢書本　[96]・五十六・
　　1124
　　夏益虞抄本　[16]・二十四・
　　16
　　曝書亭抄本　[39]・己・41
　　小玲瓏山館抄本　[71]・子・
　　雜家・17
　　舊抄本　[11]・五十八・7
　　[53]・二・3　　[75]・
　　四十四・12
吹劍録外集一卷　宋俞文豹撰
　　知不足齋叢書本　[96]・
　　五十六・1125
　　天一閣抄本　[39]・己・41
　　舊抄本　[17]・三・28
　　[91]・十九・9

6710₄　墅

09墅談六卷　明胡侍撰
　　抄本　[39]・己・76
　　[71]・子・小説家・16

6712₂　野

07野記一卷　明祝允明撰
　　歷代小史本　[96]・六十五・
　　1286
野記三卷　明祝允明撰
　　舊抄本　[74]・二・20
野記四卷　明祝允明撰
　　明刊本　[91]・二十一・16
　　明抄本　[75]・四十七・31
　　抄本　[39]・丁・38

20野航雜著一卷　明朱存理撰
　　瓶花齋抄本　[75]・六十一・
　　12
　　抄本　[17]・三・24
21野處集四卷　元邵亨貞撰
　　文瀾閣傳抄本　[11]・
　　一百零四・15
野處類稿一卷　宋洪邁撰
　　宋刊本　[41]・十八・23
野處類稿二卷　宋洪邁撰
　　刊本　[24]・集一・32
　　舊抄本　[11]・八十七・5
　　[16]・三十一・40
22野變憐史一卷　清齊心祖纂
　　抄本　[85]・二十三・1021
30野客叢書三十卷附野老記聞一卷
　宋王楙撰
　　明刊本　[9]・九・26
　　[22]・四・21　　[75]・
　　四十二・16　　[96]・
　　五十四・1074
　　明嘉靖四十一年(1562)王氏刊
　　本　[11]・五十六・15
　　[19]・10　　[30]・三・
　　17　　[56]・羣書題記・
　　60　　[57]・194
　　[59]・二・7　　[91]・
　　十八・28
　　刊本　[17]・三・22
　　[34]・二・24　　[39]・
　　己・68　　[71]・子・雜
　　家・10
　　稗海本　[74]・三・49
　　明抄本　[21]・一・26
　　[52]・二・6
37野逸堂詞一卷　宋張孝忠撰
　　宋刊本　[41]・二十一・13
40野古集三卷　明龔詡撰
　　刊本　[39]・癸上・8
44野獲一卷　清楊光先撰
　　明季史料叢書影明崇禎刊本
　　[85]・二十一・962
野獲二卷　清楊光先撰
　　清刊本　[74]・三・46

野獲編三十卷
　見《萬曆野獲編》
野老漫録一卷　不著撰人
　國粹學報第七年叢談外篇排印
　　本　[85]・二十一・937
野菜譜一卷　明王磐撰
　明刊本　[91]・十六・6
　刊本　[71]・子・農家・13
野菜博録三卷　明鮑山編
　明刊本　[91]・十六・7
　刊本　[39]・庚・82
　精抄本　[75]・三十四・21
47野趣有聲畫二卷　宋楊公遠撰
　刊本　[71]・集・宋別・74
　傳抄勞季言校本　[17]・四・
　　30
　舊抄本　[11]・九十五・11
　[38]・集・71　　　[39]・
　　壬・46　　[93]・二十二・
　　3
50野史甘露記二卷　不著撰人
　宋刊本　[41]・五・14
　野史無文十三卷　題奈邨農夫纂
　中華書局鉛印本　[85]・九・
　　466
　抄本　[85]・九・466
77野服考一卷　明張丑纂
　明抄本　[91]・十八・4
　野叟曝言二十卷　清夏敬渠撰
　清光緒七年(1881)毘陵彙珍樓
　　活字本　[69]・四・150
80野人閒話五卷　宋景煥撰
　宋刊本　[41]・十一・9
野谷詩集六卷
　見《野谷詩稿》
野谷詩稿六卷　宋趙汝鐩撰
　黃氏抄本　[71]・集・歷代帝
　　王別・2
　舊抄本　[60]・六・38
　[91]・三十一・5
　[93]・二十一・23
87野録八卷　不著編者
　抄本　[85]・二十三・1020

6712₇　郢

16郢聖集十二卷　明范守已撰
　刊本　[39]・癸下・21

6716₄　路

00路文貞公集一卷　明路振飛撰
　清道光重刊本　[85]・十九・
　　851
50路史三十八卷　宋羅泌撰
　明刊本　[9]・八・27
　路史四十六卷　宋羅泌撰
　明嘉靖刊本　[30]・三・8
　明萬曆三十九年(1611)喬可傳
　　寄寄齋刊本　[59]・四・8
　路史四十七卷　宋羅泌撰
　宋刊本　[10]・13
　明嘉靖洪楩翻宋本　[17]・二・
　　10
　明刊本　[12]・三・3
　[91]・七・21　　[93]・
　　九・18
　刊本　[74]・二・15
　錢唐洪氏校刊本　[96]・十八・
　　389

6722₇　鄂

32鄂州小集六卷
　見《羅鄂州小集》
60鄂國金陀粹編二十八卷
　見《金陀粹編》

鵑

16鵑碧録四卷　清陳韶湘撰
　清同治窗有餘齋刊本　[85]・
　　七・304

6732₇　黟

22黟縣志十二卷　清孫維龍撰
　清刊本　[71]・史・地志・17

鷥

32鷥洲書院三祀志十三卷　明吳士
　　奇撰

　刊本　[71]・史・地志・81

6733₆　照

44照世盃四卷　不知撰人
　日本明和間刊本　[69]・三・
　　101

6762₇　邴

00邴亭知見傳本書目十六卷　不著
　　撰人
　孫毓修校本　[57]・132
　稿本　[57]・131
　抄本　[84]・一・18

6772₇　鶡

37鶡冠子三卷　宋陸佃解
　宋刊本　[14]・三上・215
　[41]・九・22
　明翻宋本　[17]・三・17
　明刊大字本　[60]・二・2
　明刊本　[17]・三・17
　[74]・三・44　　[93]・
　　十六・5
　明弘治碧雲館活字印本
　　[2]・三・18　　[68]・
　　圖版606、607、目録98
　明緜眇閣本　[17]・三・17
　明正統道藏本　[17]・三・17
　明子彙本　[17]・三・17
　學津討原本　[96]・五十二・
　　1031
　刊本　[71]・子・儒家・1
　聚珍刊本　[74]・三・44
　盧抱經校聚珍刊本　[91]・
　　十八・14
　校舊抄本　[50]・五・18
　[65]・續・三・22
　唐人寫卷子本　[55]・二・37

6778₂　歇

44歇菴集二十卷附録一卷　明陶望
　　齡撰
　刊本　[71]・集・明別・97

6782₇　郪

28郪谿集二十八卷　宋鄭獬撰
　抄本　[93]・二十・12
　郪谿集三十卷　宋鄭獬撰
　舊抄本　[59]・六・17
　　　[74]・四・15　　[102]・
　　　下・30
　文瀾閣傳抄本　[11]・七十四・
　　　20
　郪谿集五十卷　宋鄭獬撰
　宋刊本　[14]・四下・452
　　　[41]・十七・15
40郪臺志九卷　明葉熙撰
　刊本　[39]・戊・42
43郪城志十二卷　宋傅巖撰
　宋刊本　[41]・八・30
76郪陽府志三十卷　明徐學謨撰
　明萬曆刊本　[74]・續増・史・5

6792₇　夥

40夥壞封疆錄一卷　明魏應嘉撰
　酌中志餘本　[85]・五・215
　東林別乘本　[85]・五・215

6801₁　昨

11昨非菴日纂二十卷　明鄭瑄撰
　刊本　[71]・子・雜家・45
　石本抄本　[00]・二・19
　昨非菴日纂二十卷二集二十卷三
　集二十卷　明鄭瑄撰
　刊本　[39]・己・61
44昨夢錄一卷　宋康與之撰
　說郛本　〔96〕・六十四・1273

6801₉　唵

90唵堂博笑集五卷　不著撰人
　抄本　[39]・己・85

6802₁　喻

27喻鳧詩集一卷　唐喻鳧撰

宋刊本　[41]・十九・18
明翻宋本　[91]・二十五・17
翻宋本　[45]・43
44喻世明言二十四卷　明馮夢龍纂
　衍慶堂刊本　[69]・三・91
　刊本　[70]・三・44
喻林一百二十卷　明徐元太撰
　明萬曆七年(1579)刊本
　　　[30]・二・12　　[74]・
　　　三・68　　[102]・上・24
　刊本　[71]・子・類事・16
　　　[96]・六十二・1222
46喻坦之集一卷　唐喻坦之撰
　宋刊本　[41]・十九・22
60喻圜集四卷　明梁朝鍾撰
　廣東叢書第一集本　[85]・十
　　　九・884

6802₇　吟

30吟窗雜錄三十卷　宋蔡傳撰
　宋刊本　[41]・二十二・12
吟窗雜錄五十卷　宋蔡傳撰
　影抄宋本　[93]・二十四・2
吟窗雜錄四十卷　宋陳應行撰
　刊本　[39]・庚・5
吟窗雜錄五十卷　宋陳應行撰
　明刊本　[60]・七・14

6804₆　嗟

64嗟嘆語一卷
　見《嗟嘆集》
　嗟嘆集一卷　元宋旡撰
　明初刊本　[11]・一百零八・
　　　15
　刊本　[39]・壬・59
　明抄本　[75]・六十・15

6805₇　晦

22晦嚴集十二卷　宋沈清臣撰
　宋刊本　[41]・十八・31
44晦菴語錄四十六卷

　見《朱子語錄》
晦菴語類二十七卷
　見《朱子語類》
晦菴詞一卷　宋李處全撰
　宋刊本　[41]・二十一・13
晦菴先生文集一百卷
　見《朱文公文集》
晦菴先生文抄六卷
　見《朱文公文抄》
晦菴先生語錄類要十八卷
　見《朱子語錄類要》
晦菴先生五言詩抄不分卷
　見《朱文公五言詩抄》
晦菴書說七卷
　見《書說》
80晦翁先生語錄大綱領十卷附錄三
　卷　不著編者
　宋刊本　[38]・子・7

6832₇　黔

07黔記　明郭子章撰
　明萬曆三十二年(1604)刊本
　　　[68]・圖版445、目錄76
21黔行錄六卷　明陸夢龍撰
　刊本　[39]・癸下・32
38黔游記　陳鼎撰
　傳抄本　[60]・三・10
44黔草二十一卷　明郭子京撰
　刊本　[39]・癸下・9
50黔書一卷　清田雯撰
　清刊本　[39]・戊・47
　黔書二卷　清田雯撰
　清刊本　[71]・史・地志・55
　魚東川手抄本　[32]・四・26
　抄本　[74]・二・57
　　　[102]・下・10
91黔類十八卷　明郭子章輯
　刊本　[39]・庚・47

7

7010₃ 璧

12璧水羣英待問會元九十卷　宋劉
達可輯
　宋刊本　[48]・一輯・58
　[91]・二十・11
　明蘇州麗澤堂活字本　[68]・
　・614、615、目録99
　[71]・子・類事・10
璧水羣英待問會元選要八十二卷
宋劉達可輯、元沈淮選
　明刊本　[32]・九・9
　刊本　[39]・庚・53

70214 雅

00雅音會編十二卷　明康麟撰
　明刊本　[32]・十五・18
　明嘉靖藩藩翻刻天順本
　[19]・24
10雅雨堂集詩二卷文四卷　清盧見
曾撰
　清道光二十年(1840)曾孫樞刊
本　[26]・十一・1
22雅樂發微八卷補遺　明張敔撰
　明刊本　[75]・八・20
　雅樂考二十卷　明韋煥撰
　天一閣抄本　[39]・丙・24
28雅俗稽言四十卷　明張存紳輯
　刊本　[39]・己・59
30雅宜集十卷
　見《雅宜山人集》
　雅宜山人集十卷　明王寵撰
　明刊本　[32]・十四・12
　[39]・癸上・44
　[71]・集・明別・69
　明嘉靖刊本　[19]・23
　[26]・九・22　[57]・
　266　[74]・四・43
　[102]・上・32

抄本　[21]・一・47
38雅道機要二卷　不知撰人
　宋刊本　[41]・二十二・9
41雅坪文稿十卷卷首一卷　清陸茟
撰
　清刊本　[71]・集・國朝別・
　21
44雅林小稿一卷　宋王琮撰
　影抄宋本　[91]・三十・3
46雅觀樓四卷　清人撰
　芥軒刊本　[69]・七・209
60雅園居士自敍一卷　清顧予咸
撰
　戊寅叢編本　[85]・十六・716
81雅頌正音五卷　明劉仔肩輯
　明洪武刊本　[11]・一百十七・
　17
　明刊本　[50]・十・33
90雅尚齋詩二集二卷　明高濂撰
　刊本　[39]・癸下・27
　[71]・集・明別・104

70227 防

31防河奏議十卷　清稽曾筠撰
　清刊本　[74]・二・24
38防海議二卷　不著編者
　抄本　[74]・二・53
　防海圖説　題周于德撰
　刊本　[71]・史・地志・60

70236 臆

00臆言四卷　清朱顯祖輯
　清刊本　[39]・己・36

70241 辟

11辟疆園遺集六卷　清顧敏恒撰
　清乾隆六十年(1795)刊本
　[26]・十三・41

70282 陔

88陔餘叢考四十三卷　清趙翼撰
　湛貽堂刊本　[96]・五十五・
　1097

70314 駐

50駐春園小史六卷　清人撰
　清乾隆四十八年(1783)刊本
　[69]・四・144

70601 譬

68譬喻經　不著撰人
　燉煌千佛洞抄本　[40]・2

70717 覽

00覽齋集　不知撰人
　刊本　[88]・續・39
50覽史内品一卷外品一卷雜品一卷
明文震孟撰
　抄本　[71]・子・雜家・27

71136 厯

45厯樓志二十四回　清人撰
　清嘉慶十二年(1807)原刊本
　[69]・四・127

蠶

50蠶書一卷　宋秦觀撰
　宋刊本　[41]・十・5
　知不足齋叢書本　[96]・四十・
　732
　曹夢山手校本　[75]・三十四・
　17
　吳枚菴手抄本　[11]・四十二・
　22
　蠶書二卷　宋孫光憲撰
　宋刊本　[41]・十・5
77蠶桑輯要合編一卷　清尹紹烈輯

592

清刊本　[74]・三・15

7121₁ 阮

10 阮氏列傳一卷　不知撰人
　舊抄本　[84]・一・15
21 阮步兵集一卷　魏阮籍撰
　刊本　[5]・四中・1
　阮步兵集二卷　魏阮籍撰
　明嘉靖范欽刊本　[17]・四・2
　明萬曆刊本　[38]・集・4
　阮步兵集四卷　魏阮籍撰
　宋刊本　[41]・十九・1
　阮步兵集十卷　魏阮籍撰
　宋刊本　[14]・四上・327
　　[41]・十六・3
30 阮戶部詞一卷　宋阮閱撰
　汲古閣影宋本　[11]・一百十
　九・10
67 阮嗣宗集二卷
　見《阮步兵集》
88 阮籍集十卷
　見《阮步兵集》

隴

60 隴蜀餘聞一卷　清王士禎撰
　清刊本　[71]・史・地志・51
　漁洋著述本　[96]・六十五・
　1297
80 隴首集一卷　明王與胤撰
　王阮亭校刊本　[71]・集・明
　別・116

歷

23 歷代序略一卷　明孟散梁撰
　日本天文二十三年刊本
　　[62]・圖版141
　歷代帝王編年互見之圖一卷　宋
　馬仲虎編
　日本永和二年刊本　[62]・圖
　版121
　日本寬永己巳重刊永和丙辰刊
　本　[22]・三・16
　歷代帝王編年圖一卷　宋諸葛深
　撰

舊板覆宋本　[22]・三・16
歷代帝王傳國璽譜一卷　宋鄭文
　寶撰　玉璽博聞一卷　題宋隆
　夫撰
　抄本　[5]・二中・4
　　[53]・一・9
歷代帝王紹運圖一卷　不知撰人
　日本文安以前刊本　[44]・三・
　34
　日本永正大永間刊本　[44]・
　三・34
歷代帝王宅京記二十卷
　見《歷代宅京記》
歷代帝王中西紀元彙考　紀元之
　編
　稿本　[57]・94
歷代帝王年運詮要十卷　宋朱繪
　撰
　宋刊本　[41]・四・25
歷代帝王年表十三卷　清齊召南
　撰
　浦江戴氏校刊本　[96]・十六・
　371
歷代帝王年表十四卷　清齊召南
　撰，阮福續
　粵雅堂刊本　[74]・二・16
歷代帝王纂要譜括二卷　宋孫應
　符撰
　宋刊本　[41]・四・32
歷代文紀一百九十卷　明梅鼎祚
　纂
　明刊本　[9]・後編・二十・5
歷代文紀二百四十八卷　明梅鼎
　祚纂
　明刊本　[91]・三十九・21
歷代詩話八十卷　清吳景旭撰
　抄本　[39]・庚・9
歷代詩選五百零六卷　明曹學佺
　輯
　刊本　[39]・辛・17
歷代二十四史統紀表十三卷歷代
　沿革表三卷歷代疆域表三卷
　清段長基輯
　清嘉慶二十二年(1817)刊本

　[74]・史・2
歷代正閏考十二卷　明沈德符撰
　舊抄本　[74]・二・81
　　[91]・十四・25
　　[102]・下・14
歷代疆域志十卷　宋吳澥撰
　宋刊本　[41]・八・15
歷代職官表七十卷　清官修
　清武英殿刊本　[96]・二十八・
　548
　抄本　[12]・五・17
歷代確論一百零一卷　不知編者
　宋刊本　[41]・十五・17
歷代建元考十卷　清鍾淵映撰
　曝書亭抄本　[39]・丁・3
　舊抄本　[32]・四・10
歷代紀元曆七卷　不知編者
　刊本　[5]・二上・20
歷代建官考　李國祥撰
　抄本　[53]・一・10
歷代君鑒五十卷　明代宗朱祁鈺
　撰
　明內府刊本　[9]・八・29
　　[39]・戊・1　　[91]・
　十九・26
歷代統系五卷　紫幢道人撰
　稿本　[100]・27
歷代制度詳說十二卷　宋呂祖謙
　撰
　舊抄本　[16]・二十六・7
　　[39]・丁・47
歷代制度詳說十五卷　宋呂祖謙
　撰
　刊本　[28]・續・十一・5
　影宋抄本　[11]・五十九・18
　舊抄本　[91]・二十・6
歷代山陵考二卷　明王在晉纂
　刊本　[20]・二・23
　　[71]・史・地志・80
歷代山陵考一卷附紀事一卷　明
　王在晉撰
　舊抄本　[74]・二・55
　　[102]・下・11
歷代編年釋氏通鑑十二卷　宋釋

本覺編
宋刊本　[11]・六十五・21
　　[28]・續・十一・16
　　[35]・下・12　[58]・
　　元・100
宋末麻沙刊本　[72]・24
歷代傳國世次一卷　清吳靜軒編
璜川吳氏探梅山房抄本
　　[74]・二・11
舊抄本　[74]・史・4
歷代將鑑博議十卷　宋戴谿撰
刊本　[39]・戊・4
　　[71]・子・兵家・1
歷代名畫記十卷　唐張彥遠撰
宋刊本　[41]・十四・11
明翻宋本　[17]・三・9
明刊本　[11]・五十二・4
　　[91]・十七・14
津逮祕書本　[74]・三・36
王氏畫苑本　[96]・四十八
　　922
抄本　[75]・三十九・3
歷代名臣芳躅二卷　明金汝諧輯
刊本　[39]・戊・3
歷代名臣奏議三百五十卷　明楊
士奇等編
明刊本　[9]・十・53
　　[9]・後編・十五・1
明永樂刊本　[3]・9
　　[8]・史二・151
　　[11]・二十五・28
　　[16]・十二・17
　　[59]・四・16　[86]・
　　三・5　[87]・一・14
　　[91]・八・21
明張溥批點本　[74]・二・24
刊本　[71]・集・奏議・4
歷代名賢確論十卷　錢福編
元明間坊刊本　[35]・下・7
刊本　[28]・五・21
歷代名賢確論一百卷　錢福編
宋刊本　[9]・二・25
明弘治刊本　[11]・三十八・
　　17

[91]・十四・23
刊本　[71]・集・論集・1
歷代名賢氏族言行類稿六十卷
宋章定撰
明抄本　[11]・六十・3
明藍格抄本　[28]・續・十一・
　　5
歷代名公畫譜　明顧炳輯
明萬曆三十一年(1603)虎林雙
桂堂刊本　[68]・圖版
672、673、目錄107
歷代紀元彙考五卷　清萬斯同撰
知不足齋重刊本　[96]・
　　二十九・567
歷代紀元賦一卷　宋楊備撰
宋刊本　[14]・後志・一・777
歷代紀事年表一百卷　清王之樞
撰
清內府刊本　[74]・二・16
歷代紀年十卷　宋晁公邁撰
宋刊本　[10]・15　[35]・
　　上・36　[41]・四・25
　　[50]・二・8　[51]・一・
　　26　[93]・九・8
　　[94]・二・4
宋紹熙刊本　[16]・九・6
舊抄傳錄述古堂宋本　[17]・
　　二・9
舊抄本　[91]・十三・14
影抄本　[5]・二上・18
歷代紀年錄一卷　不知撰人
抄本　[5]・二上・19
歷代守令傳二十四卷　明魏顯國
纂
明刊本　[91]・九・21
歷代宰輔彙考八卷　清萬斯同撰
抄本　[39]・丁・62
歷代宮殿名一卷　宋李昉等纂
宋刊本　[41]・八・36
舊抄本　[11]・二十九・2
　　[16]・十五・1　[74]・
　　二・40　[91]・十一・1
　　[93]・十一・2
　　[102]・下・10

歷代宅京記二十卷　清顧炎武撰
嘉興顧錫祉刊本　[30]・六・
　　20
舊抄本　[30]・七・8
　　[39]・戊・29　[54]・
　　三・4　[91]・十一・
　　25　[95]・一・25
歷代官制考略二卷　清葉澐撰
抄本　[100]・51
歷代通略四卷　元陳櫟輯
刊本　[39]・丁・2
歷代通鑑輯覽一百十六卷　附明
唐桂二王本末四卷
見《通鑑輯覽》
歷代通鑑纂要九十二卷　明李東
陽等撰
明刊本　[9]・八・22、23
　　[102]・上・15
明正德慎獨齋刊本　[74]・二・
　　11
歷代地理指掌圖不分卷　不著撰
人
宋刊本　[70]・八下・12
明翻宋刊本　[95]・一・24
明刊本　[9]・後編・十五・13
刊本　[71]・史・地志・24
歷代蒙求一卷　王芮撰
元刊本　[5]・一下・32
汲古閣影元精抄本　[92]・三・
　　125
影元抄本　[38]・子・73
歷代相業軍功考二卷　明沈夢熊
輯
刊本　[39]・戊・3
歷代相臣傳一百五十卷　明魏顯
國輯
刊本　[39]・戊・2
歷代故事十二卷　宋楊次山輯
宋刊本　[11]・二十八・5
　　[28]・四・6　[72]・16
宋嘉定刊本　[73]・圖版34
歷代史辨志五卷　不知撰人
宋刊本　[14]・二下・150
歷代史贊論五十四卷　不知撰人

宋刊本　[14]・後志・一・793

歷代史表五十三卷　清萬斯同撰
　　清刊本　[39]・丁・3

歷代畫家姓氏韻編六卷　明顧仲
　清編
　　抄本　[39]・庚・27

歷代忠義錄十四卷　明王賞輯
　　刊本　[39]・戊・4

歷代奏議十卷　宋呂祖謙編
　　宋刊本　[41]・十五・20

歷代星史一卷　不著撰人
　　宋刊本　[41]・十二・18

歷代吟譜四卷　宋陳應行撰
　　抄本　[39]・庚・15

歷代臣鑒三十七卷　明宣宗朱瞻
　基撰
　　明內府刊本　[9]・後編・
　　　十六・13　　[39]・戊・2
　　[91]・十九・25

歷代長術輯要十卷附古今推步諸
　術考二卷　清汪曰楨撰
　　清同治六年(1867)刊本
　　　[78]・子・天文類・562
　　稿本　[32]・七・1

歷代隱逸傳不分卷　明錢叔寶輯
　　錢叔寶校本　[38]・史・52

歷代兵制八卷　宋陳傅良撰
　　長恩書室刊本　[74]・二・68
　　墨海金壺本　[96]・三十・572
　　抄本　[39]・丁・71
　　[75]・二十九・11

歷代鐘鼎彝器款識二十卷　宋薛
　尚功撰
　　宋刊本　[14]・一下・93
　　元刊本　[9]・後編・八・22
　　明刊本　[9]・後編・十三・9
　　[93]・七・11
　　明宗室朱謀㙔刊本　[92]・一・
　　　22
　　清嘉慶二年(1797)阮氏刊本
　　　[74]・一・52　　[75]・
　　　十一・5
　　影宋抄本　[9]・後編・八，2
　　[91]・五・12

臨宋抄本　[59]・五・1
影毛抄本　[57]・26
清康熙五十八年(1719)陸友桐
　手抄本　[59]・五・2
顧雲美抄本　[32]・二・19
舊抄本　[11]・十四・3
　[39]・庚・12　[50]
　一・15

歷代鐘鼎彝器款識二十一卷　宋
　薛尚功撰
　　明萬曆萬岳山人校刊本　[9]・
　　　七・32　　[26]・二・63

歷代鐘鼎彝器款識法帖二十卷
　見《歷代鐘鼎彝器款識》

歷代鐘官圖經八卷　清陳萊孝撰
　　抄本　[12]・五・29

歷代年號并宮殿等名一卷　宋李
　昉撰
　　宋刊本　[41]・五・33

歷代錢譜一卷　不知撰人
　　抄本　[5]・二中・7

歷代小史一百零五卷　明李栻輯
　　明刊本　[91]・十九・27
　　[102]・上・23
　　刊本　[39]・丁・17
　　[74]・三・59

歷代黨鑑五卷　清徐賓輯
　　清刊本　[39]・戊・7

24歷仕錄一卷　明王之垣撰
　　漁洋山人著述附刊本　[96]
　　　二十四・503

44歷世真仙體道通鑑二十六卷　元
　趙道一編
　　明抄本　[17]・三・43

歷世真仙體道通鑑五十三卷續集
　五卷後集六卷　元趙道一編
　　明正統道藏本　[17]・三・43

47歷朝綱鑑輯略五十六卷　清朱璘
　撰
　　清刊本　[85]・一・44

歷朝翰墨選注十四卷　明屠隆輯
　　刊本　[39]・辛・14

歷朝闈雅　清揆敍輯
　　清康熙刊本　[68]・圖版503、

目錄84

76歷陽志十卷　宋黃宜撰
　　宋刊本　[41]・八・27

77歷舉三場文選詩義八卷
　見《詩義》

80歷年記三卷續記一卷拾遺一卷
　清姚廷遴撰
　　上海史料叢編鉛印本　[85]・
　　　補・1091

歷年城守記不盈卷　清王度撰
　　荆駝逸史本　[85]・六・284

7121₂　陌

44陌巷志八卷　明呂兆祥重修
　　明刊本　[91]・九・3
　　[96]・二十二・445
　　抄本　[39]・戊・9

51陌軒詩六卷　清吳嘉紀撰
　　清康熙方氏刊本　[84]・二・
　　　37

7121₄　雁

22雁山行記一卷　宋陳謙撰
　　宋刊本　[41]・八・39

雁山十記一卷　元李孝光撰
　　閣邱辨囿刊本　[74]・二・53

雁山志四卷　明胡汝寧重修
　　刊本　[39]・戊・57
　　[71]・史・地志・67

雁山志勝四卷　明徐待聘撰
　　刊本　[71]・史・地志・67

37雁湖先生詩集四十卷　宋李壁撰
　　宋刊本　[14]・五下・673

雁湖釣叟自在吟九卷　明王周撰
　　刊本　[39]・癸下・6

77雁門集八卷
　見《薩天錫雁門集》

7122₀　阿

00阿文成公年譜三十四卷　清那彥
　成撰
　　清嘉慶十八年(1813)刊本
　　　[96]・二十二・466

11阿彌陀經一卷　不著撰人

宋刊本　[41]·十二·10

抄本　[70]·三·34

60阿毗達磨發智論第十二卷　不著
　撰人

　宋元符二年(1099)福山東禪等
　　覺院刊本　[17]·三·40

阿毗達磨品類足論　唐釋玄奘譯

　明洪武五年(1372)刊本
　　[68]·圖版343、目錄63

阿毗曇心論　不著撰人

　南宋紹興三年(1133)福州開元
　　寺刊本　[40]·2

阿毗曇毗婆沙論一卷　不著撰人

　宋刊殘本　[43]·三·24

阿毗曇八犍度論　不著撰人

　日本京都藏經書院刊本
　　[40]·3

80阿差末菩薩經　不著撰人

　宋元豐八年(1085)福州東禪等
　　覺院刊本　[40]·2

阿含經注　不著撰人

　巴利語羅馬字刊本　[40]·1

7122₁　陟

77陟岡樓叢刊　不著編者

　巾箱本　[57]·222

7123₂　辰

32辰州風土記六卷　宋田渭撰

　宋刊本　[41]·八·30

7123₄　厭

37厭次瑣談一卷　明劉世偉撰

　刊本　[39]·己·79

　舊抄本　[71]·子·雜家·27
　　[91]·十九·14

7124₇　厚

00厚齋馮先生易學五十二卷

　見《易學》

01厚語四卷　明錢褧撰

　刊本　[39]·己·26

　舊抄本　[60]·二·19

10厚石齋集十二卷　清汪孟鋗撰

原刊本　[26]·十·23

24厚德錄三卷　宋李元綱撰

　宋刊本　[11]·五十八·8

厚德錄四卷　宋李元綱撰

　宋刊本　[17]·三·28
　　[41]·七·29　　[75]·
　　四十四·13

　明刊本　[17]·三·28
　　[74]·續增·子·5

　秘海本　[74]·三·46

77厚岡文集二十卷詩集四卷　明李
　榮陞撰

　刊本　[88]·五·59

7126₉　曆

27曆象考成四十二卷　清聖祖愛新
　覺羅玄燁撰

　清武英殿刊本　[74]·三·22
　　[78]·算學書錄補注·87
　　[96]·四十四·825

　四庫全書本　[78]·子·天文
　　類·554

曆象考成後編十卷　清顧琮、戴
　進賢等編

　清武英殿刊本　[74]·三·23
　　[78]·子·天文類·555
　　[78]·算學書錄補注·87
　　[96]·四十四·826

曆象本要一卷　清李光地撰

　清道光刊李文貞公全書本
　　[78]·子·天文類·554

　安黟全書本　[74]·三·23

　榕村全集本　[78]·算學書錄
　　補注·87

34曆法一卷　不知撰人

　宋刊本　[14]·後志·二·839

曆法新書五卷　明袁黃撰

　明刊本　[78]·補遺·16

曆法西傳一卷　德湯若望撰

　重訂新法曆書本　[78]·算學
　　書錄補注·87

曆法集成四卷　元何士泰輯

　元刊本　[2]·三·10

曆法通書大全九卷　宋魯珍撰

明刊本　[59]·二·19

曆法通書大全三十卷　明熊宗立
　撰

　明刊本　[78]·算學書錄補
　　注·90

曆法表　清王錫闡撰

　曉菴遺書本　[78]·算學書錄
　　補注·89

37曆通要覽一卷　明張應撰

　刊本　[78]·算學書錄補注·
　　90

50曆書　不知撰人

　刊本　[39]·丙·26

51曆指一卷　明徐光啓撰

　新法曆書本　[78]·算學書錄
　　補注·87

75曆體略三卷　明王英明撰

　明萬曆刊本　[78]·子·天文
　　類·543

　舊抄本　[74]·三·22
　　[102]·下·17

77曆學雜識一卷　清馮澂撰

　強自力齋叢書本　[78]·算學
　　書錄補注·90

曆學疑問三卷　清梅文鼎撰

　清康熙三十二年(1693)李光地
　　刊本　[78]·補遺·22

　兼濟堂本　[78]·算學書錄補
　　注·90

曆學疑問三卷補二卷曆學答問一
　卷　清梅文鼎撰

　曆算全書本　[96]·四十四·
　　828

曆學疑問補二卷　清梅文鼎撰

　兼濟堂本　[78]·算學書錄補
　　注·90

曆學補論一卷　清江永撰

　翼梅本　[78]·算學書錄補
　　注·90

曆學日辨五卷　明徐光啓撰

　新法曆書本　[78]·算學書錄
　　補注·90

曆學駢枝四卷　清梅文鼎撰

　清康熙元年(1662)李光地刊本

[78]·補遺·22

清雍正刊本　[78]·算學書録
補注·87

曆算全書本　[96]·四十四·
834

曆學會通正集十二卷考驗部二十
八卷　清薛鳳祚撰

清康熙刊本　[78]·算學書録
補注·87

曆學會通正集十二卷考驗部二十
八卷致用部十六卷　清薛鳳祚
撰

清康熙刊本　[78]·算學書録
補注·91

曆學答問一卷　清梅文鼎撰

兼濟堂本　[78]·算學書録補
注·90

曆學小辨一卷　明徐光啓等撰

新法曆書本　[78]·算學書録
補注·90

88曆算全書六十二卷
見《梅勿菴先生曆算全書》

7128₆　願

77願學集八卷　明鄒元標撰

明萬曆刊本　[74]·四·45
[102]·上·33

刊本　[34]·附·一·24

7129₆　原

00原病集六卷　明唐椿撰

明崇禎六年(1633)刊本
[74]·三·20　[79]·
子·醫家類·521

原病式一卷　不知撰人

明嘉靖刊本　[22]·補遺·70

24原侍御先考芳侯湯府君行述一卷
清湯騏撰

清康熙元年(1662)刊本
[85]·十八·787

27原象一卷　清戴震撰

戴氏遺書本　[78]·子·天文
類·557　[78]·算學
書録補注·96　[96]·

四十四·838

42原機啓微二卷附録一卷　元倪維
德撰

清薛氏醫案全書本　[79]·子·
醫家類·415

43原始祕書八卷　明王權撰

天一閣抄本　[39]·己·46

原始祕書十卷　題涵虛子撰

抄本　[71]·子·類事·13

80原善三卷　清戴震撰

戴氏遺書本　[96]·三十七·
713

7131₁　驪

15驪珠隨録五卷　明楊儀輯

刊本　[39]·己·76

22驪山集十四卷　明趙統撰

明刊本　[12]·三·33

刊本　[71]·集·明別·98

7132₇　馬

02馬端肅公三紀三卷　明馬文升撰

刊本　[39]·丁·38

馬端肅公約齋詩集一卷　明馬文
升撰

明萬曆刊本　[91]·三十六·
24

馬端肅公奏議十四卷　明馬文升
撰

刊本　[39]·癸上·17

10馬石田文集十卷　元馬祖常撰

影元抄本　[60]·七·4

馬石田文集十五卷　元馬祖常撰

元刊本　[2]·五·3
[5]·四上·33　[12]·
二·18　[58]·元·114
[93]·二十二·10
[94]·四·16　[97]·
一·18

元至元刊本　[16]·三十三·
19　[43]·四·49
[68]·圖版301、目録56

明弘治刊本　[71]·集·元別·8

影抄元刊本　[8]·集三·491

[11]·一百·8

十萬卷樓抄本　[91]·三十三·
27

小山堂抄本　[91]·三十三·
27

舊抄本　[11]·一百·1
[30]·四·33　[32]·
十三·14　[38]·集·
78　[39]·壬·61
[74]·集·7

馬石田文集十五卷附録一卷　元
馬祖常撰

舊抄本　[57]·254

11馬班異辭三十五卷　宋倪思撰

宋刊本　[41]·十四·27

17馬子才集八卷　宋馬存撰

宋刊本　[41]·十七·30

18馬政記十二卷
見《皇朝馬政記》

21馬師津梁八卷　明馬元儀撰

抄本　[39]·庚·92

馬經十卷　不著撰人

刊本　[71]·子·農家·10

28馬徵君遺集六卷　清馬三俊撰

清刊本　[74]·四·58

43馬戴集一卷　唐馬戴撰

宋刊本　[41]·十九·18

50馬東田文集五卷　明馬中錫撰

刊本　[71]·集·明別·47

馬東田漫稿六卷　明馬中錫撰

明嘉靖刊本　[91]·三十六·
20

刊本　[39]·癸上·21

77馬閣老洗冤録二卷　姚大榮纂

一九三四年鉛印本　[85]·十
八·790

80馬令南唐書三十卷
見《南唐書》

7171₁　匡

07匡謬正俗八卷　唐顏師古撰

宋刊本　[14]·後志·一·767
[41]·十·14

刊本　[5]·一上·37

臨校盧本　[60]・一・21
舊抄本　[75]・九・8
　　　　[100]・79

7171₂　臣

54臣軌二卷　唐則天后武曌撰
宋刊本　[14]・後志・二 822
日本刊本　[11]・三十六・2
　　　　　[75]・二十九・14
日本寬文八年(1668)刊本
　　　　　[76]・五・11
日本活字本　[102]・上・18
佚存叢書本　[74]・二・61
　　　　　　[96]・二十八・548
傳望樓金帚編刊本　[74]・二・61
舊抄本　[22]・四・8、9
　　　　[89]・一集・四・50
　　　　[91]・十三・5
建長抄卷子本　[44]・一・68
88臣鑑錄二十卷　清蔣伊輯
清刊本　[39]・戊・3
臣範二卷
見《臣軌》

既

44既勤著述敘例一卷　清錢東垣編
得自怡齋刊本　[96]・三十二・602

7171₆　區

40區大司徒疏稿不分卷　明區大倫撰
明刊本　[96]・二十一・436

7171₇　巨

79巨勝歌一卷　柳沖用撰
宋刊本　[41]・十二・7

甌

11甌北詩集五十三卷　清趙翼撰
清嘉慶十七年(1812)家刊本　[26]・十二・28
20甌香館集　清惲格撰
清道光二十六年(1846)蔣光煦刊別下齋叢書本　[68]・圖版584、目錄94
　　　　　[74]・四・53
85甌鉢羅室書畫過目考　不知撰人
葉揆初校本　[57]・182

7173₂　長

12長水先生文抄三卷四餘編四卷石林蕡草四卷水雲緒編四卷貫圖草四卷洛誦編四卷滴露軒藏稿一卷　明沈懋孝撰
刊本　[71]・集・明別・94
長孫佐輔集一卷　唐長孫佐輔撰
宋刊本　[41]・十九・10
21長術輯要十卷
見《歷代長術輯要》
22長樂集十四卷　宋俞向纂
宋刊本　[41]・十五・23
長樂志四十卷　宋梁克家撰
宋刊本　[41]・八・32
長樂財賦志十六卷　不知撰人
宋刊本　[41]・五・37
26長白山錄一卷　清王士正撰
清刊本　[71]・史・地志・63
27長物志十二卷　明文震亨撰
硯雲乙編本　[96]・五十八・1160
刊本　[39]・庚・40
28長谿瑣語一卷　謝肇淛輯
舊抄本　[91]・十二・16
30長安得碑記二卷　不知撰人
傳抄本　[60]・五・13
長安客話　明蔣一葵撰
明萬曆天啓間刊本　[68]・圖版462、目錄78
長安志十卷　元駱天驤纂
影抄元刊本　[28]・續・八・9
　　　　　[59]・三・7
舊抄本　[11]・三十一・14
　　　　[16]・十六・17
　　　　[91]・十二・7
　　　　[93]・十一・10
長安志八卷　宋宋敏求纂
明刊本　[50]・三・28
長安志十卷　宋宋敏求纂
影抄元刊本　[11]・三十三・9
長安志二十卷　宋宋敏求纂
宋刊本　[14]・五上・567
　　　　[41]・八・16
明刊本　[65]・二・69
明成化四年(1468)郃陽書堂刊本　[68]・圖版373、目錄67
明嘉靖刊本　[17]・二・17
　　　　　　[38]・史・72
清乾隆四十九年(1784)經訓堂刊　[74]・二・55
抄本　[50]・三・28
長安志二十卷　宋宋敏求撰
安志圖三卷　元李好文撰
明刊本　[50]・三・26
抄明嘉靖西安刊本　[91]・十二・6
舊抄本　[93]・十一・15
長安志圖三卷　元李好文撰
清乾隆經訓堂刊本　[74]・二・55
影抄元刊本　[11]・三十三・14
長安圖記一卷　宋呂大防撰
宋刊本　[41]・八・17
31長江集十卷
見《賈浪仙長江集》
長河志籍考十卷　清田雯撰
清刊本　[39]・戊・40
32長洲縣志三十四卷　清莊有恭輯
清乾隆十八年(1753)抄本　[74]・續增・史・6
37長卿陸子年譜一卷　不著撰人
傳抄本　[61]・七・2
39長沙土風碑一卷　唐張謂撰
宋刊本　[41]・八・29
長沙志五十二卷　宋褚孝錫等撰
宋刊本　[14]・五上・570
　　　　[41]・八・28
長沙藥解四卷　清黃元御撰
清咸豐十年(1860)長沙刊黃氏醫書八種本　[79]・子・

醫家類・464

44長蘆志十三卷　明閔遠慶輯
　　刊本　[39]・丁・65

48長松茹退二卷　明釋可真撰
　　續祕笈本　[96]・六十八・
　　1338

50長春競辰稿十三卷　明朱讓栩撰
　　刊本　[71]・集・歷代帝王
　　別・3

長春競辰餘稿三卷　明朱讓栩撰
　　明刊本　[91]・三十七・12

長春真人西遊記二卷　元李志常
撰
　　厲海月手抄本　[75]・二十八・
　　9
　　舊抄本　[18]・上・17
　　[34]・三・7　　[93]・
　　十一・19

60長恩書室叢書十八種十卷　清莊
肇麟輯
　　清江西坊刊本　[74]・三・63

長恩閣叢書十三種十七卷附錄二
卷　清傅以禮輯
　　稿本　[85]・二十三・1022

65長嘯軒詩集六卷　清曹煥曾撰
　　石倉世纂本　[96]・七十一・
　　1413

71長阿含經　不著撰人
　　日本東京大正一切經刊行會刊
　　本　[40]・3
　　日本天平十二年抄本　[40]・2

長阿含經注　不著撰人
　　巴利語錫蘭字刊本　[40]・1
　　巴利語緬甸字刊本　[40]・1

77長留集　清孔尚任撰
　　清康熙五十四年(1715)岱寶樓
　　刊本　[68]・圖版497、目
　　錄83

長興集四十一卷　宋沈括撰
　　宋刊本　[28]・十一・20
　　[41]・十七・21
　　明覆括蒼刊本　[36]・218
　　吳石倉校補本　[91]・二十八・

3

影抄宋本　[35]・上・24
抄本　[11]・七十七・6
　　[16]・三十・27
　　[74]・四・19　　[75]・
　　五十四・10　　[102]・
　　下・30

80長谷集十五卷　明徐獻忠撰
　　刊本　[39]・癸下・5

81長短經九卷　唐趙蕤撰
　　刊本　[83]・三・22
　　函海本　[74]・三・45
　　讀畫齋叢書本　[96]・五十二・
　　1040
　　舊抄本　[11]・五十五・9
　　[32]・八・2　　[59]・
　　二・5　　[80]・十五・
　　10　　[83]・三・22
　　[93]・十六・7

長短經十卷　唐趙蕤撰
　　宋刊本　[14]・三上・229

長短句補遺　宋秦觀撰
　　舊抄本　[51]・三・9

7178₆　頤

22頤山詩話一卷　明安磐撰
　　刊本　[39]・庚・9

頤山詩話二卷　明安磐撰
　　抄本　[74]・四・73
　　[102]・下・40

25頤生微論四卷　明李中梓撰
　　明萬曆刊本　[79]・子・醫家
　　類・524

38頤道堂詩選二十五卷詩抄十九卷
詩外集六卷文抄九卷　清陳文
述撰
　　清道光三年(1823)家刊本
　　[26]・十四・17

44頤菴居士集二卷　宋劉應時撰
　　明嘉靖刊本　[54]・六・28
　　張立人抄本　[11]・八十七・
　　13
　　舊抄本　[16]・三十一・43
　　[39]・壬・36　　[75]・
　　五十六・9

傳抄本　[32]・十二・12

90頤堂詞一卷　宋王灼撰
　　傳抄本　[32]・十六・8

頤堂先生文集五卷　宋王灼撰
　　宋刊本　[48]・一輯・85
　　宋乾道刊本　[91]・三十・14
　　刊本　[5]・四上・30
　　影宋抄本　[60]・六・37

頤堂先生文集五十九卷碧雞漫志
一卷長短句一卷祭文一卷　宋
王灼撰
　　宋刊本　[14]・五下・672

頤堂先生糖霜譜一卷
　　見《糖霜譜》

頤光先生詩集七卷外集一卷　明
陸顒撰
　　明刊本　[32]・十四・3

7210₀　劉

00劉彥昺詩集九卷　明劉炳撰
　　舊抄本　[74]・四・41
　　[91]・三十五・16、17
　　[102]・下・37

劉庶子詩集一卷　梁劉孝威撰
　　舊抄本　[74]・四・3
　　[102]・下・27

劉文靖公集二十八卷
　　見《靜修先生文集》

劉文靖公遺事一卷　元蘇天爵編
　　舊抄本　[16]・十三・18
　　[39]・戊・15

劉文正公平砂玉尺經六卷後集四
卷　元劉秉忠集
　　刊本　[5]・三中・39

劉文烈公集　明劉理順撰
　　舊抄本　[74]・四・46
　　[102]・下・38

劉文房文集十卷
　　見《劉隨州集》

劉文成公集二十卷　明劉基撰
　　明刊本　[11]・一百十一・2
　　明嘉靖樊獻科刊本　[59]・七・
　　13　　[71]・集・明別・

1

[74]·四·40　　[102]·
上·31
明隆慶刊本　[91]·三十五·3
明林富編本　[8]·集四·510
刊本　[24]·集二·18
[39]·癸上·1
劉文成公集二十卷翊運録一卷
明劉基撰
明刊本　[32]·十四·3
[60]·七·9
劉文成公集十八卷春秋明經二卷
明劉基撰
明刊本　[12]·三·27
劉文簡公文集十二卷
見《劉文簡公雲莊集》
劉文簡公雲莊集十二卷　宋劉爚
撰
明刊本　[101]·下·6
明正統九年(1444)十世孫劉穩
刊本　[26]·八·40
明正德刊本　[11]·八十七·1
刊本　[71]·集·宋別·46
影抄明正統本　[91]·三十·
21
傳録明正統本　[17]·四·24
抄本　[74]·四·28
[102]·下·32
劉文簡公雲莊集二十卷　宋劉爚
撰
舊抄本　[39]·壬·31
[59]·六·27
傳録淡生堂抄本　[17]·四·
24
劉文簡公雲莊集十二卷外集十卷
年譜一卷　宋劉爚撰
明正統刊本　[91]·三十·20
02劉端臨先生遺書八卷　清劉台拱
撰
清刊本　[74]·三·60
清嘉慶前後刊本　[26]·十·
38
03劉誠意文集二十卷
見《劉文成公集》
10劉元城盡言集十三卷

見《元城先生盡言集》
劉雲莊集十二卷
見《劉文簡公雲莊集》
劉貢父詩話一卷　宋劉攽撰
宋刊本　[11]·一百十八·5
[17]·四·46　　[41]·
二十二·12
明刊本　[17]·四·46
13劉職方詩九卷　明劉崧撰
明洪武九年(1376)刊本
[71]·集·明別·4
17劉豫事蹟一卷　清曹溶撰
借月山房彙抄本　[96]·
二十四·514
舊抄本　[32]·四·12
劉子二卷　或題漢劉向、南朝劉
歆、劉勰、劉峻、北朝劉晝撰,疑
唐袁孝政偽作
明子彙本　[17]·三·19
劉子五卷　或題漢劉向、南朝劉
歆、劉勰、劉峻、北朝劉晝撰,疑
唐袁孝政偽作
宋刊本　[14]·五上·590
[41]·十·13
明刊本　[11]·五十五·9
劉子十卷　或題漢劉向、南朝劉
歆、劉勰、劉峻、北朝劉晝撰,疑
唐袁孝政偽作
宋刊本　[9]·後編·五·19
[35]·下·8
宋刊巾箱本　[4]·7
明刊本　[32]·八·3
[50]·五·24　　[93]·
十六·6
明萬曆刊本　[91]·十八·20
舊刊本　[50]·五·23
漢魏叢書本　[74]·三·45
[96]·五十二·1038
校宋本　[50]·五·20
[52]·二·5　　[65]·
續·三·24
校宋明抄本　[50]·五·20
[52]·二·4　　[65]·
續·三·25

校本　[57]·191
明抄本　[9]·後編·二十·21
[54]·三·35
明抄藍格本　[18]·上·28
明龍川精舍抄本　[17]·三·
19
劉子新論十卷
見《劉子》
劉子宣或問一卷　宋劉宣炎撰
抄本　[71]·子·儒家·13
劉子威雜俎十卷　明劉鳳撰
刊本　[71]·子·雜家·42
劉子威集五十二卷　明劉鳳撰
刊本　[39]·癸上·56
劉子學言三卷　明劉宗周撰
刊本　[39]·己·24
劉子學言三卷聖學宗要一卷易抄
四卷　明劉宗周撰
刊本　[71]·子·儒家·21
劉子全書四十卷卷首抄述一卷
明劉宗周撰
清道光刊本　[85]·十九·842
劉子節要十四卷　明劉宗周撰
刊本　[39]·己·24
[71]·子·儒家·20
劉司空集十卷　晉劉琨撰
宋刊本　[41]·十六·4
劉乙集一卷　疑五代劉乙撰
宋刊本　[41]·十九·27
18劉改之詞一卷　宋劉過撰
宋刊本　[41]·二十一·16
20劉禹錫夢得集三十卷
見《劉賓客集》
21劉虞部集十卷　唐劉商撰
宋刊本　[41]·十六·15
劉行簡詞一卷　宋劉一止撰
宋刊本　[41]·二十一·6
劉須谿先生記抄八卷
見《須谿先生記抄》
22劉後村集五十卷
見《後村居士集》
23劉狀元東歸集十卷　宋劉煇撰
宋刊本　[41]·十七·14
24劉先生文集二卷　明劉三吾撰

明萬曆刊本　[91]・三十五・
18
舊抄本　[11]・一百十一・26
劉先生文集十卷　元劉岳申撰
抄本　[93]・二十二・9
劉先生文集十五卷　元劉岳申撰
勞季言校本　[11]・九十八・
18
鮑渌飲校抄本　[30]・六・49
仿抄元刊本　[71]・集・元別・
5
抄本　[11]・九十八・16
[16]・三十三・14
劉先生文集二十二卷　宋劉宰撰
宋刊本　[9]・後編・七・7
明刊本　[9]・十・27
明活字本　[59]・六・29
舊活字本　[8]・集二・460
劉先生文前集三十六卷　宋劉宰
撰
明刊本　[32]・十二・18
[61]・三・3　[93]・
二十一・21
明正德刊本　[11]・八十八・
7　[71]・集・宋別・49
明萬曆刊本　[11]・八十八・9
[91]・三十・32
刊本　[24]・集一・37
[39]・壬・32
劉先生談錄一卷　宋韓瓘撰
宋刊本　[41]・九・12
劉先生邇言十二卷　宋劉炎撰
刊本　[39]・己・5
劉先生道護錄一卷談錄一卷　宋
韓瓘撰
傳抄諸儒鳴道集本　[17]・三・
26
劉綺莊歌詩四卷　唐劉綺莊撰
宋刊本　[14]・四中・394
25劉仲修集八卷
見《劉仲修山陰集》
劉仲修山陰集不分卷　明劉永之
撰
傳抄本　[17]・四・**38**

劉仲修山陰集八卷　明劉永之撰
舊抄本　[11]・一百十・14
[39]・壬・77　[71]・
集・明別・6　[91]・
三十五・26
26劉得仁詩集一卷　唐劉得仁撰
宋刊本　[14]・四中・393
[41]・十九・25
27劉向新序十卷
見《新序》
劉繩菴內集十六卷外集八卷　清
劉綸撰
清乾隆三十九年(1774)家刊本
[26]・十・14
28劉復愚集六卷　唐劉蛻撰
明天啓昊酣編刊本　[102]・
上・28
劉給諫文集五卷
見《劉給事集》
劉給事集四卷　宋劉安上撰
刊本　[88]・五・15
劉給事集五卷　宋劉安上撰
宋刊本　[41]・十八・3
勞季言校本　[11]・七十九・
12
張立人抄本　[11]・七十九・
12
舊抄本　[28]・十一・17
[39]・壬・18　[71]・
集・宋別・26　[74]・
四・20　[75]・五十四・
19　[102]・下・31
劉給事集五卷附錄一卷　宋劉安
上撰
舊抄本　[91]・二十八・18
30劉完菴詩集二卷　明劉玨撰
精抄本　[71]・集・明別・30
劉守真傷寒直格方三卷
見《傷寒直格方》
劉賓客集九卷　唐劉禹錫撰
清雍正刊本　[75]・五十二・8
劉賓客集三十卷　唐劉禹錫撰
宋刊本　[10]・38　[35]・
下・32　[93]・十九・

25　[94]・四・2
南宋初年浙刊本　[67]・第五
册・19
明刊本　[11]・六十九・12
[92]・四・144
明弘治刊本　[19]・16
明嘉靖蔣氏刊本　[17]・四・9
述古堂影宋本　[35]・上・56
明抄本　[32]・十・10
崦西精舍刊本　[71]・集・唐
別・12
毛斧季校明抄本　[17]・四・8
校本　[50]・七・21
校抄本　[100]・120
劉賓客集三十卷外集十卷　唐劉
禹錫撰
宋刊本　[14]・四上・371
[41]・十六・22
元明間精刊本　[74]・四・**8**
校舊抄本　[50]・七・20
述古堂影宋本　[11]・六十九・
3
明抄本　[2]・四・10
[50]・七・21
抄配本　[91]・二十四・24
舊抄本　[5]・四上・16
[11]・六十九・3
[16]・二十九・11
[30]・七・23　[93]・
十九・25
精抄本　[91]・二十五・1
劉賓客外集十卷　唐劉禹錫撰
元刊本　[9]・後編・十一・4
影宋抄本　[9]・四・25
明抄本　[11]・六十九・12
藝海樓精抄本　[102]・下・28
舊抄本　[39]・辛・49
[60]・六・22
劉賓客嘉話錄一卷　唐韓絢撰
明刊本　[11]・六十二・4
明高承埏稽古堂刊本　[59]・
八・3
說郛本　[96]・六十三・1249
文房小説本　[74]・三・74

劉宋二子四卷　明劉基撰
　明刊本　[91]・十九・29
34劉汝一進卷十卷　宋劉度撰
　宋刊本　[41]・十八・34
35劉清惠公集十二卷　明劉麟撰
　刊本　[39]・癸上・28
36劉涓子鬼遺方五卷　宋龔慶宣編
　宋刊本　[35]・下・41
　　　　[58]・子・28　　　[79]・
　　　　子・醫家類・391
　　　　[93]・十四・12
　　　　[94]・三・2
　抄本　[5]・三下・17
劉涓子鬼遺方五卷　宋龔慶宣編
劉涓子治癰疽神仙遺論一卷
　宋李頣纂
　清嘉慶五年(1800)掃葉山房刊
　本　[22]・補遺・78
　日本寶曆六年(1756)刊本
　　[22]・補遺・78
　顧修讀畫齋叢書本　[22]・補
　遺・78
　舊抄本　[11]・四十三・22
　　　　[75]・三十五・22
劉涓子治癰疽神仙遺論十卷　宋
　李頣纂
　宋刊本　[41]・十三・15
　刊本　[89]・一集・八・14
劉涓子神仙遺論十卷
　見《劉涓子治癰疽神仙遺論》
劉漫塘先生文前集三十六卷
　見《劉先生文前集》
38劉滄詩一卷
　見《劉滄集》
劉滄集一卷　唐劉滄撰
　宋刊本　[14]・四中・398
　　　　[41]・十九・24
　明刊本　[91]・二十五・14
40劉乂詩一卷　唐劉乂撰
　宋刊本　[14]・四中・388
劉乂集二卷　唐劉乂撰
　宋刊本　[41]・十九・12
劉大司成文集十六卷　明劉應秋
　撰

刊本　[39]・癸下・15
　　　　[71]・集・明別・89
劉太傅藏春集六卷　元劉秉忠撰
　舊抄校本　[59]・七・1
劉左史文集四卷　宋劉安禮撰
　宋刊本　[41]・十七・35
　抄本　[39]・壬・18
　　　　[71]・集・宋別・23
劉左史文集四卷附錄一卷　宋劉
　安禮撰
　張立人抄本　[11]・七十九・
　12
　舊抄本　[11]・七十九・11
　　　　[75]・五十四・18
　　　　[91]・二十八・18
劉左史給諫文集四卷
　見《劉給事集》
劉直州集十卷　明劉文卿撰
　刊本　[39]・癸下・22
劉古直先生集十六卷　明劉翔撰
　刊本　[39]・癸上・16
　　　　[71]・集・明別・34
44劉蕺山集二十四卷　明劉宗周撰
　刊本　[74]・四・45
劉夢得文集三十卷
　見《劉賓客集》
劉燕庭叢錄八卷　劉燕庭撰
　稿本　[60]・五・11
劉燕庭所得金石目一卷　劉燕庭
　撰
　葉東卿抄本　[60]・五・11
劉孝綽集一卷　梁劉孝綽撰
　宋刊本　[41]・十九・2
劉孝標集三卷　梁劉峻撰、明阮
　元聲評
　明崇禎刊本　[75]・五十一・
　19
劉孝威詩集一卷
　見《劉庶子詩集》
46劉駕集一卷　唐劉駕撰
　宋刊本　[41]・十九・19
50劉中山刀筆三卷　宋劉筠撰
　宋刊本　[41]・十七・4
劉中山刀筆三卷沘川集四卷　宋

劉筠撰
　宋刊本　[14]・四中・433
劉中壘集五卷　漢劉向撰
　宋刊本　[41]・十六・2
劉申齋集十五卷
　見《劉先生文集》
劉忠肅行年記一卷　宋劉摯撰
　宋刊本　[41]・七・19
劉忠肅救荒錄五卷　宋王居仁撰
　宋刊本　[41]・五・39
劉忠肅公文集二十卷　宋劉摯撰
　清聚珍刊本　[28]・十一・21
　　　　[74]・四・16
劉忠肅公文集四十卷　宋劉摯撰
　宋刊本　[14]・五下・648
　　　　[41]・十七・23
劉忠公奏議集二卷進讀講義一卷
　宋劉漢弼撰
　元刊本　[96]・二十一・434
52劉靜修先生文集三十二卷
　見《靜修先生文集》
58劉拾遺集不分卷　唐劉蛻撰
　明崇禎閔齊伋刊本　[26]・七・
　43
劉拾遺集六卷　唐劉蛻撰
　明刊本　[32]・十・16
　　　　[55]・三・39　　　[71]・
　　　　集・唐別・12　　　[76]・
　　　　十四・15　　　[99]・上・6
　明天啓四年(1624)吳馡問青堂
　刊本　[86]・一・88
　明崇禎刊本　[22]・六・17
　刊本　[89]・二集・八・25
　明抄本　[11]・七十・19
劉蛻集六卷
　見《劉拾遺集》
劉龍石先生年譜一卷　邱復編
　天潮閣集鉛印本　[85]・十八・
　804
60劉景文集一卷　宋劉季孫撰
　宋刊本　[41]・二十・7
67劉昭禹集一卷　後唐劉昭禹撰
　宋刊本　[41]・十九・26
71劉原父公是先生集不分卷

見《劉公是集》
劉長卿集十卷
　見《劉隨州集》
劉長民易十五卷
　見《易傳》
72劉氏西行録一卷　宋劉渙撰
　宋刊本　[41]·七·12
劉氏心法一卷　劉秉忠撰　楊公
騎龍穴一卷　楊益撰
　舊抄本　[93]·十五·10
劉氏類山十卷　明張允昌輯
　刊本　[39]·庚·48
74劉隨州集五卷　唐劉長卿撰
　劉之駟校宋本　[64]·續·99
劉隨州集十卷　唐劉長卿撰
　宋刊本　[14]·四上·345
　　[35]·下·32　　[41]·
　十六·15　　[93]·十九·
　19　　[94]·四·2
　明活字本　[16]·二十九·7
　　[91]·二十四·19
　抄本　[55]·六·7
　　[102]·下·27
劉隨州集十卷外集一卷　唐劉長
卿撰
　宋刊本　[10]·50
　明翻宋本　[60]·六·18
　　[91]·二十四·18
　明刊本　[11]·六十八·26
　明弘治刊本　[2]·四·八
　　[17]·四·6　　[55]·
　六·7
　明正德刊本　[11]·六十八·
　25　　[71]·集·唐別·3
　何義門校明嘉靖蔣氏刊本
　　[17]·四·6
　吳佩伯校明嘉靖蔣氏刊本
　　[17]·四·6
　影抄明正德十二年(1517)隨州
　湯黻刊巾箱本　[17]·四·
　6
　薛一瓢抄本　[74]·四·6
　抄本　[50]·七·16
劉隨州集十一卷附補遺一卷　唐

劉長卿撰
　明初抄本　[17]·四·6
77劉屏山集二十卷
　見《屏山集》
80劉公文集二十卷
　見《劉文成公集》
劉公佳話一卷
　見《劉公嘉話録》
劉公家傳三卷　不著撰人
　舊抄本　[93]·十·4
劉公嘉話録一卷　唐韋絢撰
　宋刊本　[14]·三下·241
　　[41]·十一·4
劉公奏議八卷　明劉應節撰
　刊本　[71]·集·奏議·2
劉公旦先生死義記　題吳下遺民
撰
　荊駝逸史本　[85]·十四·668
劉公是集不分卷　宋劉敞撰
　校抄本　[12]·六·6
劉公是集十卷　宋劉敞撰
　刊本　[24]·集一·16
　舊抄本　[61]·四·3
劉公是集五十四卷　宋劉敞撰
　聚珍刊本　[74]·四·15
　校抄本　[56]·羣書題記·29
　抄本　[8]·集二·415
　　[39]·壬·7　　[71]·
　集·宋別·8
劉公是集七十五卷　宋劉敞撰
　宋刊本　[14]·四下·448
　　[41]·十七·16
85劉餗小説三卷　唐劉餗撰
　宋刊本　[41]·十一·3
劉餗小説十卷　唐劉餗撰
　宋刊本　[14]·三下·262
86劉知遠諸宮調　劉知遠撰
　金刊本　[68]·圖版257、目録
　49
88劉簾舫吏治四種　清劉衡撰
　清刊本　[74]·三·13
90劉炫規杜持平六卷　清邵瑛撰
　桂隱書屋刊本　[96]·十一·
　230

7212₁　斱

16斱硯山房書目四卷　清鄒鳴鶴編
　稿本　[57]·133

7221₂　厄

00厄言閨集二卷　明楊慎撰
　明刊本　[32]·九·13
20厄辭一卷　明王禕撰
　函海本　[96]·五十三·1048
44厄林十卷　明周嬰輯
　刊本　[39]·庚·49
厄林十卷補遺一卷　明周嬰撰
　湖海樓叢書本　[96]·五十五·
　1088

7222₁　所

30所安遺集一卷　元陳泰撰
　明初刊本　[11]·一百零一·
　18
　校刊本　[28]·十三·4
　清嘉慶十九年(1814)戴光曾抄
　本　[59]·七·12
　知不足齋抄本　[39]·壬·70
　趙氏星鳳閣抄本　[91]·
　三十四·11
　抄本　[30]·四·35
　　[74]·四·36　　[102]·
　下·36
所安遺集一卷附録一卷　元陳泰
撰
　影抄明成化本　[91]·三十四·
　10
40所南文集一卷一百二十圖詩一卷
宋鄭思肖撰
　抄本　[39]·壬·43
86所知録三卷　明錢澄之撰
　荊駝逸史本　[85]·十一·520
所知録六卷　明錢澄之撰
　新學會社排印本　[85]·十一·
　520

7223₀　瓜

00瓜廬詩一卷　宋薛師石撰

刊本　[24]·集一·42
影抄宋本　[93]·二十一·21
精抄本　[91]·三十·33
瓜廬詩一卷附録一卷　宋薛師石撰
明抄本　[2]·四·41
抄本　[75]·五十七·1
31瓜涇集二卷　明徐源撰
刊本　[71]·集·明別·43

7223₁ 斥

41斥奸書八卷　題吳越草莽臣撰
明崇禎刊殘本　[85]·二十四·1057

7223₂ 脈

02脈證口訣并方三卷
見《傳家祕寶脈證口訣》
05脈訣一卷
見《崔真人脈訣》
脈訣一卷　題晉王叔和撰
宋刊本　[14]·後志·二·865
脈訣二卷　題晉王叔和撰
日本寬永十九年刊本　[22]·補遺·32
脈訣三卷　題晉王叔和撰
舊抄本　[22]·補遺·28
脈訣十卷　題晉王叔和撰、金張元素注
元至元刊本　[22]·補遺·29
[35]·下·27　[79]·子·醫家類·354
脈訣三卷　題晉王叔和撰　脈要秘括二卷　題通真子撰
明成化刊本　[22]·補遺·29
脈訣辨真四卷附方一卷　明張世賢撰
清乾隆書業堂刊本　[79]·子·醫家類·356
通行本　[96]·四十一·751
脈訣理玄秘要一卷東垣珍珠囊一卷　不知撰人
朝鮮國刊本　[22]·補遺·31
脈訣刊誤集解二卷　元戴起宗撰

日本寬永九年刊本　[22]·補遺·32
脈訣刊誤集解二卷附録二卷　元戴起宗撰
明嘉靖許邦鐸刊本　[79]·子·醫家類·356
脈訣秘旨玄白子西原正脈脈訣玄白子相類脈訣玄白子診脈八段錦脈法微旨嚴三點脈法合一卷　不知撰人
抄本　[22]·補遺·29
脈訣彙辨十卷　清李延是撰
清康熙原刊本　[79]·子·醫家類·360
脈訣機要三卷　晉王叔和撰
宋刊本　[41]·十三·2
脈訣指掌病式圖説一卷　題元朱震亨撰
醫統正脈本　[79]·子·醫家類·358
10脈要新括一卷　通真子撰
宋刊本　[41]·十三·2
21脈經三卷　題黃帝撰
宋刊本　[14]·後志·二·865
脈經十卷　晉王叔和撰
北宋國子監刊本　[7]·中·39
宋刊本　[14]·三下·297
[35]·下·25　[65]·三·28　[89]·二集·六·9
宋嘉定何大任刊本　[76]·九·19　[79]·子·醫家類·350
元泰定刊本　[89]·二集·六·8
明刊本　[76]·九·23
明仿宋刊本　[11]·四十三·17　[22]·補遺·26　[30]·三·13
明趙邸居敬堂影宋刊本　[96]·四十一·750
明成化十年(1474)仿元泰定刊本　[26]·六·51
明萬曆三年(1575)福建布政司

督糧道袁表校刊本　[1]·上·19　[22]·補遺·27　[86]·二·42
刊本　[89]·二集·六·5、6、7
日本活字本　[91]·十六·10
校刊本　[100]·113
影抄元刊本　[16]·二十二·5　[76]·九·21
舊抄明成化仿元泰定刊本　[22]·補遺·27
脈經十卷附脈影圖説二卷　晉王叔和撰
明仿元刊本　[75]·三十五·17
60脈因證治二卷　題元朱震亨撰、清湯望久校輯
清乾隆頤生堂刊本　[79]·子·醫家類·357　[96]·四十二·775
抄本　[39]·庚·88
90脈粹一卷　宋蕭世基撰
宋刊本　[14]·後志·二·867
日本永正五年抄本　[76]·九·24

7223₇ 隱

20隱秀軒集三十三卷　明鍾惺撰
明天啓刊本　[26]·九·51
隱秀軒集三十三卷遺稿三卷附録一卷　明鍾惺撰
刊本　[71]·集·明別·107
22隱山鄙事四卷　清李子金輯
清刊本　[39]·庚·64
52隱拙齋集二十八卷　清沈廷芳撰
清刊本　[71]·集·國朝別·41
隱拙齋集三十卷清沈廷芳撰
清刊本　[39]·癸下·56
55隱蛛盦文集　清陳培之撰
抄本　[57]·301
77隱居通義三十一卷　元劉壎撰
讀畫齋叢書本　[96]·五十六·1129

刊本　[28]·續·十·15

7224₇ 反

00反唐演義傳一百四十回　不知撰
　人
　瑞文堂大字刊本　[69]·二·
　46

反離騷一卷　漢揚雄撰
　宋刊本　[32]·十·1
　　[58]·集·1　　[67]·
　第五册·40

7226₁ 后

22后山詩話一卷　宋陳師道撰
　宋刊本　[11]·一百十八·5
　　[17]·四·46　　[72]·
　36
　明刊本　[17]·四·46
　稗海本　[74]·四·71
　津逮祕書本　[74]·四·71
后山詩話二卷　宋陳師道撰
　宋刊本　[14]·三下·257
　　[41]·二十二·12
后山詩注十二卷
　見《陳后山詩注》
后山詞一卷
　見《陳后山詞》
后山先生文集五十五卷
　見《陳后山集》

7240₀ 刪

17刪孟不分卷　宋馮休撰
　宋刊本　[14]·三上·203
33刪補晉書一百三十卷
　見《晉書》

7242₂ 彤

88彤管遺編前後集二十卷　明酈琥
　采撰
　刊本　[71]·集·閨秀·4
彤管摘奇二卷　明胡文煥撰
　刊本　[71]·集·閨秀·4

7260₄ 昏

35昏禮辨正一卷　清毛奇齡撰
　西河合集本　[96]·六·96
昏禮辨正一卷廟制折衷二卷大小
　宗釋一卷學校問一卷明堂問一
　卷　清毛奇齡撰
　西河全書本　[74]·一·27

7274₀ 氏

08氏族大全不分卷　元人撰
　元刊本　[28]·續·十一·13
　刊本　[39]·戊·84
氏族大全五卷　元人撰
　元刊殘本　[43]·三·45
氏族大全十卷　明周尚文增輯
　刊本　[71]·史·譜牒·2
氏族博考十四卷　明凌迪知纂
　明刊本　[75]·四十五·24
　刊本　[39]·戊·85
氏族箋釋八卷　清熊峻運撰
　清刊本　[39]·戊·85
　通行本　[96]·六十二·1236

7277₂ 岳

00岳廟志略十卷　清馮懋撰
　清嘉慶八年(1803)刊本
　　[96]·二十二·465
10岳王集五卷
　見《岳武穆文集》
　岳王傳八卷
　見《大宋中興岳王傳》
12岳飛事實六卷辨誣五卷　宋岳珂
　撰
　宋刊本　[41]·七·21
13岳武穆文集一卷　宋岳飛撰
　明刊本　[91]·二十九·20
　　[93]·二十一·8
　岳武穆文集五卷　宋岳飛撰
　明刊本　[11]·八十二·16
　明徐氏編刊本　[8]·集二·
　443
　刊本　[39]·壬·23
　岳武穆文集八卷　宋岳飛撰

刊本　[74]·續增·集·2
岳武穆文集十卷　宋岳飛撰
　宋刊本　[41]·十八·16
　　[74]·四·24
岳武穆文集六卷遺事一卷　宋岳
　飛撰
　明刊本　[71]·集·宋别·33
岳武穆王精忠傳六卷　明人編
　舊刊本　[69]·二·51
岳武穆傳一卷羣賢表忠詩一卷
　不著編者
　元刊本　[13]·9
岳武穆盡忠報國傳七卷　明于華
　玉撰
　明崇禎刊本　[69]·二·51
17岳郡圖說　明黃元忠輯
　刊本　[39]·戊·42
20岳集五卷
　見《岳武穆文集》
50岳忠武集六卷遺事一卷
　見《岳武穆文集》
　岳忠武遺集八卷
　見《岳武穆文集》
76岳陽紀勝彙編四卷　明張振先輯
　刊本　[39]·辛·40
　岳陽志甲二卷乙三卷　宋馬子
　嚴、張聲道纂
　宋刊本　[41]·八·30
岳陽風土記一卷　宋范致明撰
　宋刊本　[41]·八·30
　明刊本　[11]·三十四·3
　　[75]·二十七·17
　明嘉靖刊本　[16]·十七·4
　　[91]·十二·12
　明許嶽重刊本　[20]·四·17
　古今逸史本　[74]·二·56
　明抄本　[38]·史·73
　傳抄本　[61]·七·2
90岳少保忠武王集一卷
　見《岳武穆文集》

7280₁ 兵

10兵要望江南詞一卷　題唐李靖撰
　(一題唐易靜撰)

宋刊本　[14]・後志・二・849
舊抄本　[60]・二・23
　　[74]・三・10　　[96]・
　　三十八・719　　[102]・
　　下・14

41兵垣疏草不分卷　明李奇珍撰
　明天啓刊本　[85]・二・94
兵垣四編四卷附編二卷　明湯顯
祖輯
　明天啓元年(1621)烏程閔振聲
刊本　[86]・十・8
兵垣四編附九邊圖論一卷函海圖
編一卷　明唐順之編
　明套板印本　[74]・續增・史・
10

42兵機秘纂十三卷　明周永春撰
　明萬曆四十七年(1619)刊本
　　[86]・一・83

87兵錄十四卷　明何汝賓撰
　明萬曆刊本　[74]・三・10
　　[102]・上・19

88兵鑑四卷附錄一卷　清徐樹人輯
　清道光二十九年(1849)刊本
　　[74]・三・11

7280₆　質

00質亡集小序一卷　明呂留良撰
　清康熙間刊呂晚村先生續集本
　　[85]・十七・774

12質孔説二卷　清周夢顏撰
　琳琅秘室活字本　[74]・三・7
　　[102]・上・19

27質疑二卷　清杭世駿撰
　讀畫齋叢書本　[96]・二・33

44質菴文集　明章敞撰
　刊本　[39]・癸上・12

7321₁　陀

60陀羅尼經咒　不著撰人
　唐成都府卞家刊本　[58]・圖
版1、目錄7

7326₀　胎

00胎產經驗方一卷　宋陸子正撰

宋刊本　[41]・十三・13
胎產救急方一卷　元李辰拱編
　抄本　[22]・補遺・82

26胎息經一卷　題幻真先生注
　津逮秘書本　[74]・三・90
　　[96]・六十九・1360

7332₂　驂

22驂鸞録一卷
　見《石湖居士驂鸞録》

7412₇　助

30助字辨略五卷　劉淇撰
　刊本　[88]・一・23

7420₀　肘

22肘後三成篇一卷　題呂洞賓撰
　宋刊本　[41]・十二・5
肘後百一方三卷　晉葛洪撰
　宋刊本　[41]・十三・5
肘後備急方八卷　晉葛洪撰
　明嘉靖襄陽知府呂顒刊本
　　[79]・子・醫家類・465
　明萬曆岳州守劉自化刊本
　　[1]・上・19
肘後神經三卷　明朱權撰
　刊本　[39]・庚・72

尉

24尉繚子一卷　周尉繚撰、宋張載
注
　宋刊本　[14]・三下・275
尉繚子一卷　周尉繚撰
　武經七書本　[96]・三十八・
716
尉繚子五卷　周尉繚撰
　宋刊本　[11]・四十二・2
　　[14]・三下・275
　　[35]・上・47　　[41]・
　　十二・13
尉繚子直解五卷　明劉寅撰
　明初刊本　[91]・十五・20
　明刊本　[93]・十三・14

7421₄　陸

00陸文定公全集　明陸樹聲撰
　明陸光祿校刊本　[92]・四・
179
陸文裕公續集十卷　明陸深撰
　刊本　[71]・集・明別・58

04陸謹庭先生年譜一卷　陸恭撰
　稿本　[32]・四・9

08陸放翁詩集　宋陸游撰
　刊本　[21]・一・38
　　[89]・一集・十・49
陸放翁詩集十卷後集八卷別集一
卷　宋陸游撰
　元大德刊本　[43]・四・44
　明初刊本　[91]・三十・26
　明刊本　[17]・四・25
　　[42]・9　　[51]・三・11
　　[93]・二十一・19
　影明弘治本　[91]・三十・26
陸放翁詩選　宋陸游撰
　明嘉靖刊本　[22]・六・30
陸放翁詩選前集十卷後集十卷別
集一卷　宋陸游撰
　舊刊本　[50]・八・32
陸放翁詞一卷　宋陸游撰
　宋刊本　[41]・二十一・8
陸放翁詞二卷　宋陸游撰
　毛斧季校本　[11]・一百二十・
2
陸放翁先生年譜一卷　清錢大昕
撰
　屠守齋所編年譜本　[96]・
二十二・463
陸放翁律詩抄四卷　明朱承爵輯
　明刊大字本　[60]・六・37
陸放翁家世舊聞二卷　宋陸游撰
　舊抄本　[93]・十六・21
　穴硯齋抄本　[30]・五・23
　傳抄穴硯齋本　[17]・三・27
陸放翁逸稿二卷家世舊聞一卷齋
居紀事一卷　宋陸游撰
　抄本　[71]・集・宋別・46

10陸雲集十卷

見《陸士龍文集》

陸雲士雜著　清陸次雲撰

　清刊本　[39]・己・86

陸賈新語二卷

　見《新語》

11陸麗京集不分卷　清陸麗京撰

　抄本　[71]・集・國朝別・11

17陸子二卷

　見《新語》

陸子史稿不分卷　明陸圻撰

　傳抄本　[85]・一・14

陸子餘集八卷附録一卷　明陸粲
撰

　明嘉靖刊本　[75]・六十一・
　　15　[91]・三十七・13
　　[92]・四・178

　刊本　[39]・癸上・48
　　[71]・集・明別・70

20陸秉意學十卷　宋陸秉撰

　宋刊本　[14]・後志・一・753

26陸儼山外集四十卷

　見《儼山外集》

27陸象山集二十八卷外集四卷　宋
陸九淵撰

　宋刊本　[14]・五下・671
　　[41]・十八・26

　元刊本　[93]・二十一・16

陸象山集二十八卷外集五卷　宋
陸九淵撰

　元刊本　[9]・六・38

陸象山集二十八卷外集四卷語録
四卷　宋陸九淵撰

　明刊本　[9]・十・24
　　[9]・後編・十九・1

　明正德刊黑口本　[11]・
　　八十六・16　[12]・三・
　　23

　明嘉靖刊本　[3]・24
　　[8]・集二・456
　　[26]・八・39　[59]・
　　六・27　[71]・集・宋
　　別・45　[75]・五十六・
　　2　[91]・三十・17

　明活字本　[32]・十二・10

刊本　[24]・集一・36
　　[39]・壬・30

陸象山外集四卷語録四卷　宋陸
九淵撰

　明正德刊黑口本　[91]・三十・
　　18

陸象山先生全集三十六卷

　見《陸象山集、外集、語録》

陸魯望文集八卷

　見《甫里集》

28陸綸山先生集　陸綸山撰

　刊本　[20]・五・40

30陸宣公集十二卷　唐陸贄撰

　宋刊本　[14]・四上・363

　高麗舊刊本　[17]・二・12

陸宣公集十五卷　唐陸贄撰

　宋刊本　[10]・34　[11]・
　　二十五・3　[28]・續・
　　七・20　[55]・六・2
　　[72]・15

　南宋刊本　[13]・9

　元刊本　[9]・六・27
　　[26]・三・40　[32]・
　　四・1　[35]・下・34
　　[48]・二輯上・83
　　[65]・四・55　[92]・
　　二・44　[93]・九・26

　元至正十四年(1354)劉君佐翠
　　巖精舍刊本　[2]・四・9
　　[11]・二十五・3
　　[16]・二十九・8
　　[58]・元・39　[67]・
　　第五冊・76　[88]・二・
　　3　[91]・八・16

　明初黑口本　[17]・二・12

　明嘉靖刊本　[34]・附・一・
　　21

　舊刊本　[96]・二十一・433

陸宣公集二十卷　唐陸贄撰

　宋刊本　[41]・二十二・1

陸宣公集二十二卷　唐陸贄撰

　宋刊本　[9]・後編・一・14
　　[14]・五下・630
　　[33]・集・12　[35]・

上・55　　[38]・集・15
　　[41]・十六・16

宋蜀刊本　[2]・四・8

元刊本　[1]・上・36
　　[28]・續・十二・6
　　[43]・四・33

元刊黑口本　[4]・27

元至大刊本　[11]・六十九・3
　　[16]・二十九・7
　　[35]・上・49　[92]・
　　四・141

明初刊本　[92]・四・141

明刊本　[9]・十・8
　　[12]・三・4　[32]・
　　十・7　[38]・集・15

明正德刊本　[11]・六十九・5

明萬曆九年(1581)知廬州府葉
　逢春刊本　[59]・四・16

清康熙六十一年(1722)龔堯刊
　本　[26]・七・21

年氏刊本　[75]・五十二・3

刊本　[5]・四上・13
　　[24]・集一・6　[71]・
　　集・唐別・8

朝鮮國刊本　[22]・六・16

校宋本　[93]・十九・20

陸宣公集二十四卷　唐陸贄撰

明仿宋本　[11]・六十九・5

明刊本　[9]・後編・十八・9
　　[32]・十・7　[59]・
　　四・16　[75]・二十・1
　　[75]・五十二・3
　　[91]・二十四・24
　　[92]・四・140　[93]・
　　十九・21

明天順刊本　[30]・二・27

明弘治刊白口本　[26]・七・
　19

明萬曆刊本　[91]・二十四・
　23

明二十七世孫基忠刊本
　　[32]・十・7

陸宣公經驗方二卷　唐陸贄撰

宋刊本　[14]・五上・614

陸宣公制誥十卷奏議七卷奏草七
卷
見《陸宣公集》
陸宣公翰苑集二十四卷
見《陸宣公集》
陸宣公中書奏議十五卷
見《陸宣公集》
陸宣公奏議二十四卷
見《陸宣公集》
陸宣公奏草二卷中書奏議二卷
唐陸贄撰
宋刊小字殘本 [35]・下・33
陸密菴文集二十卷 清陸求可撰
清刊本 [39]・癸下・43
陸密菴文集二十卷錄餘二卷詩集
八卷詩餘四卷 清陸求可撰
思過堂刊本 [96]・七十・
1384
35陸清獻年譜一卷 清楊開基撰
清嘉慶二十五年(1820)重刊本
[96]・二十二・463
陸清獻公浣嘉遺蹟二卷 清王維
玉撰
清同治六年(1867)刊本
[74]・二・28
38陸游南唐書十八卷
見《南唐書》
40陸太冲詩抄 陸太冲撰
抄本 [36]・249
陸士龍文集四卷 晉陸雲撰
明萬曆靜紅齋刊本 [86]・六・
157
陸士龍文集十卷 晉陸雲撰
宋刊本 [14]・四上・329
[33]・集・1 [41]・
十六・4
宋慶元六年(1200)華亭縣學刊
本 [68]・圖版119、目錄
28
明正德刊本 [11]・六十七・
10 [16]・二十九・3
[19]・15 [91]・
二十三・6
陸敕先校宋本 [11]・六十七・

9
校宋本 [93]・十九・4
影抄宋刊本 [16]・二十九・3
抄本 [21]・一・31
[75]・五十一・8
陸士衡文集十卷 晉陸機撰
宋刊本 [14]・四上・328
[41]・十六・4
明刊本 [32]・十・3
[61]・三・2
明正德陸元大刊本 [11]・
六十七・8 [16]・
二十九・2 [17]・四・
2 [19]・14 [91]・
二十三・6
刊本 [89]・一集・十・2
陸敕先校宋本 [11]・六十七・
6
校宋本 [93]・十九・4
校本 [50]・七・8
影宋抄本 [17]・四・2
抄本 [75]・五十一・6
陸士衡文集十卷 晉陸機撰 陸
士龍文集十卷 晉陸雲撰
宋刊本 [35]・下・15
影抄宋刊本 [5]・四上・4
陸右丞蹈海錄一卷 明丁元吉輯
刊本 [39]・戊・14
舊抄本 [91]・九・8
42陸桴亭先生詩集十卷 明陸世儀
撰
舊抄本 [91]・三十七・25
陸機集十卷
見《陸士衡文集》
44陸贄奏議十二卷
見《陸宣公集》
50陸忠烈桾擊實錄一卷 明陸夢龍
撰
抄本 [85]・四・191
53陸甫里集二十卷
見《甫里集》
72陸氏集異記二卷 唐陸勳纂
宋刊本 [14]・三下・242
明抄本 [75]・四十八・5

陸氏集異記四卷 唐陸勳纂
續祕笈本 [96]・六十六・
1310
陸氏虞初志八卷 不著撰人
刊本 [39]・庚・57
陸氏世史六卷 明陸濬源輯
抄本 [39]・戊・88
77陸學士雜著 明陸樹聲撰
刊本 [39]・己・77
陸學士遺稿十六卷 明陸可教撰
刊本 [39]・癸下・13
[71]・集・明別・95
陸學士題跋二卷 明陸樹聲撰
刊本 [71]・史・簿錄・18
80陸尊道先生年譜一卷 清凌錫祺
編
陸桴亭遺書本 [85]・十八・
806
陸公全書八卷 明王應熊編
明刊本 [74]・二・28
[102]・上・16
90陸堂詩集十六卷續集六卷 清陸
奎勳撰
清刊本 [71]・集・國朝別・
35
陸堂詩學十二卷
見《詩學》
陸堂易學十卷
見《易學》

7422₁ 隋

90隋堂摘稿十六卷 明許應元撰
明嘉靖刊本 [19]・24
[91]・三十七・21

7422₇ 隋

00隋唐兩朝志傳十二卷 明楊慎批
點
明萬曆四十七年(1619)姑蘇龔
紹山刊本 [69]・二・41
[77]・三・60
隋唐演義十卷 明徐文長評
明武林精刊本 [69]・二・43
隋唐演義二十卷 清褚人穫撰

清康熙刊本　[69]•二•44

隋唐嘉話一卷　唐劉餗撰
　宋刊本　[41]•十一•3

隋唐嘉話三卷　唐劉餗撰
　稽古堂刊本　[59]•八•3

隋文紀八卷　清梅鼎祚輯
　清刊本　[39]•辛•8

35隋遺録一卷　唐顏師古撰
　宋刊本　[11]•六十二•2

隋遺録二卷　唐顏師古撰
　宋刊本　[17]•三•32
　明刊本　[17]•三•32
　百川學海本　[96]•六十三•
　1246

50隋史遺文十二卷　不著撰人
　明原刊本　[77]•附•229
　明崇禎刊本　[69]•二•43
　[70]•八下•21

隋書八十五卷　唐魏徵撰
　北宋國子監刊本　[7]•中•
　25
　北宋刊小字本　[13]•2
　[17]•二•5
　宋刊本　[9]•二•9
　[14]•二上•108
　[31]•5　[33]•史•
　13,15　[35]•上•18
　[38]•史•9　[41]•
　四•9　[93]•八•12
　[94]•二•2
　南宋國子監刊本　[7]•下•5
　宋刊元修本　[17]•二•5
　宋刊配元覆本　[11]•十八•
　22　[35]•上•36
　宋刊元明遞修本　[57]•43
　元刊本　[16]•八•5
　[32]•三•4　[35]•
　上•40　[48]•二輯上•
　50　[60]•四•3
　[92]•二•32　[93]•
　八•12　[94]•二•8
　元大德瑞州路刊本　[11]•
　十八•22　[28]•二•
　14　[36]•75

[38]•史•9　[47]•
59　[91]•六•13

元刊明修本　[17]•二•5
明南監刊本　[74]•二•4
[96]•十五•330
明崇禎八年(1635)毛氏汲古閣
　刊本　[74]•二•4
　[86]•七•7
清乾隆四年(1739)武英殿刊本
　[74]•二•4　[75]•
　十五•10
南雍三朝本　[43]•五•17
校宋元明遞修本　[57]•44

隋書詳節二十卷　唐魏徵撰
　宋刊巾箱本　[43]•二•28
　[59]•四•19
　元麻沙本　[43]•二•46

隋書經籍志四卷　唐長孫無忌撰
　成都御風樓刊本　[59]•五•
　15

隋書經籍志考證三卷　清章宗源
　撰
　手校本　[57]•45
　抄本　[88]•三•44
　[91]•十四•8

96隋煬帝豔史八卷　不著撰人
　明人瑞堂精刊本　[69]•二•
　43

7423₂　隨

32隨州集十卷外集一卷
　見《劉隨州集》

57隨邨先生遺集六卷　清施琜撰
　愚山全集附刊本　[96]•
　七十一•1417

60隨園瑣記二卷　袁祖志撰
　刊本　[26]•十六•19

隨園食單不分卷　清袁枚撰
　隨園二十三種本　[96]•五十•
　1006

72隨隱漫録五卷　宋陳世崇撰
　稗海本　[74]•三•79
　明抄本　[11]•六十三•20
　[75]•四十七•26

7423₈　陝

10陝西碑目　不知撰人
　吳愙齋校本　[57]•152
　抄本　[71]•史•簿録•23

陝西聚米圖經五卷　宋趙珣撰
　宋刊本　[41]•七•22

陝西行都司志十二卷　明包節撰
　刊本　[39]•戊•41

陝西通志三十二卷　清賈漢復等
　撰
　清刊本　[71]•史•地志•4

陝西通志一百卷　清劉於義等纂
　清雍正十三年(1735)刊本
　[74]•二•44

陝西鎮考一卷　不著撰人
　抄本　[39]•戊•41

7424₇　陵

12陵水志三卷　宋劉奕纂
　宋刊本　[14]•五上•572

22陵川文集三十九卷
　見《郝文忠公陵川文集》

60陵園記一卷　唐李□撰
　宋刊本　[41]•七•5

76陵陽集四卷　宋韓駒撰
　歸安鮑氏藏本　[59]•六•24
　繆藝風校抄本　[30]•六•47
　影宋本　[35]•上•55
　舊抄本　[11]•八十一•19、
　20　[17]•四•21
　[39]•壬•16　[59]•
　六•23　[71]•集•宋
　別•27　[91]•二十九•
　12　[92]•四•157
　[93]•二十一•6
陵陽集五十卷　宋韓駒撰
　宋刊本　[41]•十八•7
陵陽集四卷別集二卷　宋韓駒撰
　宋刊本　[41]•二十•11
陵陽先生詩四卷
　見《陵陽集》
陵陽先生集二十四卷　宋牟巘撰
　清初抄本　[2]•四•45

舊抄本　「11」・九十二・14
[16]・三十一・53
[38」・集・68　　[39]・
壬・43　　[71]・集・元
別・28　　[93]・二十一・
30
精抄本　[91]・三十二・8

7432₁　騎

01騎龍穴法一卷　楊益撰
抄本　[5]・三中・44
90騎省集三十卷
見《徐騎省集》

7434₀　駁

10駁五經異義一卷補遺一卷　漢鄭
玄撰
問經堂叢書本　[96]・二・19
坊刊本　[74]・一・39

7520₆　陣

27陣紀四卷　明何良臣撰
長恩書室刊本　[74]・三・10
墨海金壺本　[96]・三十八・
725
抄本　[39]・庚・80
[74]・三・10　　[102]・
下・15

7521₈　體

21體仁彙編六卷　明彭用光撰
明嘉靖刊本　[12]・四・10
[96]・四十三・781
46體獨私抄四卷　清黃百家撰
續抄堂抄本　[39]・己・34
90體尚書文三卷　明仁宗朱高熾撰
抄本　[5]・佚文・3

7529₆　陳

00陳文正公集十三卷　宋陳康伯撰
刊本　[39]・壬・20
陳文紀八卷　清梅鼎祚輯
清刊本　[39]・辛・7
陳文惠惠丘集二卷

見《惠丘集》
陳章侯水滸葉子
見《水滸葉子》
陳章侯軼事一卷　清董金鑑輯
寶綸堂集本　[85]・十八・789
01陳龍川集三十卷
見《龍川先生文集》
05陳靖質居士集六卷　明陳山毓撰
刊本　[39]・癸下・26
[71]・集・明別・103
10陳正獻集十卷　宋陳俊卿撰
宋刊本　[41]・二十・16
陳正獻奏議二十卷表劄二十卷
宋陳俊卿撰
宋刊本　[41]・二十二・5
陳亞之集一卷　宋陳亞之撰
宋刊本　[14]・四下・444
陳石亭雜錄　明陳沂輯
抄本　[39]・己・73
陳可棟神交篇　明陳可棟撰
明刊本　[21]・一・63
11陳張事略一卷　明吳國倫撰
借月山房彙抄本　[96]・
二十四・514
12陳水南稿十九卷　明陳霆撰
刊本　[39]・癸上・31
[71]・集・明別・57
陳孔璋集十卷　魏陳琳撰
宋刊本　[41]・十六・3
15陳聘君海桑先生集不分卷　明陳
謨撰
明藍格抄本　[12]・六・32
陳聘君海桑先生集十卷　明陳謨
撰
明刊本　[11]・一百十一・21
[91]・三十五・23
舊抄本　[8]・集四・519
[71]・集・明別・18
17陳羽集一卷　唐陳羽撰
宋刊本　[41]・十九・13
陳子高詩集　宋陳子高撰
刊本　[88]・五・25
陳子上存稿六卷　元陳高撰
刊本　[21]・一・43

[39]・壬・75
陳子昂集十卷
見《陳伯玉文集》
陳司諫集二卷　宋陳祐撰
宋刊本　[14]・四下・481
陳司業集四種　清陳祖范撰
清乾隆二十九年(1764)見華堂
刊本　[96]・五十九・
1178
陳郡袁氏譜一卷　宋袁陟纂
宋刊本　[41]・八・3
21陳止齋文集五十二卷
見《止齋先生文集》
陳止齋先生論祖五卷
見《止齋論祖》
陳衍大江集
見《大江集》
陳紫峯集、附錄　明陳琛撰
刊本　[39]・癸上・24
22陳巖野先生集四卷　明陳邦彥撰
清初刊本　[85]・十九・877
重刊本　[85]・十九・877
24陳先生文集四卷　元陳樵撰
舊抄本　[11]・一百零六・7
[59]・七・10
陳先生文集五卷　陳龍谿撰
明刊本　[29]・三・31
陳先生文集二十三卷
見《陳公文集》
陳先生文集九十四卷
見《陳本堂先生文集》
陳先生樂書二百卷
見《樂書》
陳先生木鐘集十一卷
見《木鐘集》
陳先生類編全芳備祖五十八卷
見《全芳備祖》
26陳伯玉文集二卷　唐陳子昂撰
明翻宋本　[91]・二十四・5
明刊本　[91]・二十四・5
陳伯玉文集十卷　唐陳子昂撰
宋刊本　[14]・四上・339
[41]・十六・8
翻宋本　[45]・45

明刊本　[61]·三·2
　　[93]·十九·11
明正德刊本　[11]·六十八·2
明嘉靖刊本　[11]·六十八·2
　　[18]·下·21
刊本　[1]·上·33
　　[39]·辛·47
影抄明弘治楊椿刊本　[17]·
　　四·3
抄本　[54]·五·10
　　[74]·四·4　　[102]·
　　下·27
陳伯玉文集十卷附錄一卷　唐陳
　子昂撰
　明刊本　[71]·集·唐別·1
　　[75]·五十一·22
　明刊大字本　[17]·四·3
　明弘治刊黑口本　[38]·集·8
　　[91]·二十四·4
陳白陽先生集不分卷　明陳淳撰
　明刊本　[8]·集五·581
　明萬曆四十三年(1615)從孫仁
　　閭錫帆堂寫刊本　[68]·
　　一·79
27陳叔易詩一卷　宋陳恬撰
　宋刊本　[14]·四下·494
28陳復齋先生文集二十三卷附錄一
　卷　陳復齋撰
　影抄本　[28]·續·十二·19
30陳寄蟬古瓻録　陳寄蟬撰
　清刊本　[80]·十二·6
陳定宇先生文集十六卷別集一卷
　元陳櫟撰
　清康熙刊本　[71]·集·元別·
　　28　　[75]·五十九·3
　刊本　[39]·壬·58
32陳漸演玄十卷　宋陳漸撰
　宋刊本　[14]·後志·二·819
36陳迦陵文集六卷　清陳維崧撰
　清刊本　[71]·集·國朝別·
　　19
40陳克齋先生集十七卷　宋陳文蔚
　撰
　舊抄本　[11]·八十八·11

　　[12]·六·19　　[39]·
　　壬·46
陳古靈集二十五卷
　見《古靈先生文集》
43陳博士書解三十卷
　見《書解》
46陳獨漉先生年譜一卷　溫肅編
　一九一九年刊本　[85]·十八·
　　809
47陳都官集十四卷　宋陳舜俞撰
　舊抄大典本　[60]·六·29
　清四庫傳抄本　[8]·集二·
　　416
　文瀾閣傳抄本　[11]·七十四·
　　14
　舊抄本　[12]·六·7
　　[91]·二十六·20
陳都官集三十卷　宋陳舜俞撰
　宋刊本　[41]·十七·17
48陳乾初先生年譜二卷　清吳騫輯
　雪堂叢刊本　[85]·十八·805
陳檢討集十二卷　清陳維崧撰、
　王虛舟補注
　稿本　[92]·四·185
陳檢討集二十卷　清陳維崧撰
　清刊本　[74]·四·50
　通行本　[96]·七十·1396
陳檢討集文十二卷詩十卷詞十二
　卷　清陳維崧撰
　清刊本　[71]·集·國朝別·18
陳檢討四六二卷
　見《陳檢討集》
50陳本堂先生文集九十四卷　宋陳
　著撰
　陳氏刊本　[75]·五十七·18
　舊抄本　[91]·三十一·24
陳本堂先生文集九十六卷　宋陳
　著撰
　舊抄本　[11]·九十一·16
　　[39]·壬　41　　[75]·
　　五十七·17
陳忠裕公全集三十卷　明陳子龍
　撰
　王昶校刊本　[74]·四·48

　　[102]·上·33
陳忠肅公諫垣集二卷　宋陳瓘撰
　宋刊本　[14]·五下·649
　　[41]·二十二·3
陳書三十六卷　唐姚思廉撰
　北宋國子監刊本　[7]·中·
　　24
　宋刊本　[11]·十八·21
　　[14]·二上·105
　　[17]·二·5　　[41]·
　　四·7　　[58]·史·22
　　[72]·10
　宋紹興刊大字本　[2]·二·5
　宋刊蜀大字本　[28]·續·五·
　　22　　[35]·上·16
　　[36]·62　　[54]·一·
　　33　　[60]·四·2
　　[92]·二·31
　南宋國子監刊本　[7]·下·5
　宋刊明修本　[3]·5
　　[32]·三·4
　明刊本　[9]·八·12
　明嘉靖刊本　[9]·八·12
　明南監刊本　[74]·二·4
　　[96]·十五·327
　汲古閣刊本　[74]·二·4
　清乾隆四年(1739)武英殿刊本
　　[74]·二·4　　[75]·
　　十五·10
　刊本　[47]·41
　南雍三朝本　[43]·五·10
陳東盡忠録八卷
　見《陳少陽先生盡忠録》
51陳振孫書録解題二十二卷
　見《直齋書録解題》
52陳靜軒集十三卷　明陳宜撰
　刊本　[39]·癸上·23
　抄本　[71]·集·明別·46
58陳拾遺集十卷
　見《陳伯玉文集》
陳蛻詩一卷　唐陳蛻撰
　宋刊本　[14]·四上·359
60陳日華詩話一卷　宋陳日華撰
　抄本　[39]·庚·6

陳國佐奏議十二卷　宋陳公輔撰

　　宋刊本　[41]・二十二・5

陳羣仲文集十三卷

　　見《安雅堂集》

陳思王集二十卷

　　見《曹子建集》

陳黯文集三卷　唐陳黯撰

　　宋刊本　[14]・後志・二・894

72陳剛中詩集三卷　元陳孚撰

　　明洪武刊本　[21]・一・41

　　明天順四年(1460)沈琮刊本

　　　[68]・圖版372、目録67

　　刊本　[39]・壬・59

陳剛中詩集四卷　元陳孚撰

　　舊抄校本　[91]・三十三・21

陳剛中詩集三卷附録一卷　元陳

　　孚撰

　　仿抄明天順刊本　[71]・集・

　　　元別・27

　　舊抄本　[11]・九十八・9

陳后山詩注十二卷　宋陳師道

　　撰、任淵注

　　宋刊本　[5]・四中・17

　　　[35]・下・45　　[50]・

　　　八・16　　[58]・集・117

　　　[70]・三・37　　[93]・

　　　二十・22　　[94]・四・6

　　宋蜀刊本　[2]・四・29

　　　[54]・六・11　　[68]・

　　　圖版229、目録45

　　宋刊補抄本　[2]・四・29

　　　[16]・三十・25

　　明梅南書屋刊本　[30]・二・

　　　31

　　明弘治刊本　[76]・十四・24

　　　[91]・二十八・1

　　明嘉靖十年(1531)光澤王藩府

　　　刊本　[17]・四・20

　　　[19]・20

　　高麗古活字本　[17]・四・20

　　黑口本　[92]・四・154

　　聚珍刊本　[74]・四・18

　　校清雍正雲間趙氏刊本

　　　[100]・127

南津勞用霖三鱣家塾抄本

　　　[17]・四・20

陳后山詞一卷　宋陳師道撰

　　宋刊本　[41]・二十一・4

　　明抄本　[91]・四十・5

陳后山談叢四卷

　　續秘笈本　[96]・六十四・

　　　1265

　　小山堂抄本　[71]・子・小説

　　　家・9

　　舊抄本　[60]・八・8

陳后山集　宋陳師道撰

　　校刊本　[100]・127

陳后山集二十卷　宋陳師道撰

　　明弘治刊本　[57]・240

　　蔣子遵校明弘治刊本　[57]・

　　　241

　　舊抄本　[20]・五・15

陳后山集二十四卷　宋陳師道撰

　　明弘治刊本　[11]・七十六・

　　　23

　　刊本　[39]・壬・15

陳后山集三十卷　宋陳師道撰

　　明弘治十二年(1499)彭城馬暾

　　　刊本　[8]・集二・433

　　　[55]・四・9　　[56]・

　　　羣書題記・46　　[86]・

　　　一・37　　[91]・二十八・

　　　1

　　明嘉靖刊本　[16]・三十・24

　　刊本　[92]・四・154

　　清顧千里臨何義門校明弘治刊

　　　本　[2]・四・28

　　校本　[61]・五・6

　　舊抄校本　[32]・十一・13

　　舊抄本　[12]・六・8

　　　[71]・集・宋別・21

陳后山集五十五卷　宋陳師道撰

　　宋刊本　[14]・五下・663

陳后山集六卷外集五卷　宋陳師

　　道撰

　　宋刊本　[41]・二十・6

陳后山集十四卷外集六卷談叢六

　　卷理究一卷詩話一卷長短句二

卷　宋陳師道撰

　　宋刊本　[41]・十七・25

陳后岡文集一卷詩集一卷　明陳

　　束撰

　　明嘉靖刊本　[91]・三十七・

　　　16

　　刊本　[39]・癸上・50

陳后金鳳外傳　明徐幰撰

　　抄本　[21]・一・29

陳氏詩解二十卷

　　見《詩解》

陳氏手集方一卷　宋陳抃撰

　　宋刊本　[41]・十三・13

陳氏集驗小兒痘疹方論一卷

　　見《小兒痘疹方論》

陳氏禮書一百五十卷

　　見《禮書》

陳氏易説四卷

　　見《易説》

陳氏印譜　陳爾振作

　　搨本　[21]・一・22

陳氏小兒病源方論四卷

　　見《小兒病源方論》

77陳陶集二卷　唐陳陶撰

　　宋刊本　[14]・四中・400

陳眉公先生集六十卷　明陳繼儒

　　撰

　　明刊本　[57]・274

陳學士文集十八卷　清陳儀撰

　　清刊本　[71]・集・國朝別・

　　　58

陳留集一卷　宋江端本撰

　　宋刊本　[41]・二十・13

78陳卧子安雅堂稿十五卷兵垣奏議

　　二卷　明陳子龍撰

　　清宣統二年(1910)鉛印本

　　　[85]・十九・835

陳令舉公表賢録二卷　宋陳舜俞

　　撰

　　清康熙刊本　[75]・二十一・

　　　12

80陳無巳後山集三十卷

　　見《後山先生集》

陳公文集二十三卷拾遺一卷附録

一卷　宋陳宓撰
抄本　[11]・八十七・11
[91]・三十一・22
88陳簡齋集十五卷
見《簡齋詩集》
陳節愍公奏稿二卷　明陳泰來撰·
豫章叢書本　[85]・十九・872
90陳少陽先生文集十卷
見《少陽集》
陳少陽先生盡忠錄八卷　宋陳東
撰、明陳沂編
明刊本　[9]・後編・十五・4
影抄明天啓朱國盛本　[59]・
六・25
抄本　[12]・六・11
[102]・下・9
陳少陽先生盡忠錄十卷　宋陳東
撰、明陳沂編
明抄本　[91]・二十九・17
陳少陽先生盡忠錄八卷續錄一卷
宋陳東撰、明陳沂編
抄本　[71]・集・宋別・32
陳少陽先生盡忠錄八卷補錄二卷
宋陳東撰、明陳沂編
刊本　[39]・壬・22
97陳恪勤集三十九卷　清陳鵬年撰
清刊本　[39]・癸下・50
道榮堂刊本　[96]・七十・
1404

7620₀ 朏

71朏脂雪二卷　清盛際時撰
清內府四色抄本　[64]・續・
117

7621₄ 朧

22朧仙琴阮啓蒙譜一卷　不知撰人
抄本　[5]・一下・5
朧仙神隱二卷　明王權撰
刊本　[39]・庚・83
朧仙運化元樞一卷　不知撰人
抄本　[5]・二中・3
朧仙史略二卷　不知撰人
刊本　[5]・二上・7

朧仙肘後經二卷　明朱權撰
明初寧藩刊本　[86]・四・24
51朧軒集十六卷　宋王邁撰
文瀾閣傳抄本　[11]・九十・
16
傳抄閣本　[17]・四・27
朧軒先生四六一卷　宋王邁撰
舊抄本　[39]・壬・49
[91]・三十一・11

7622₇ 隅

60隅園集十八卷　明陳與郊撰
明萬曆四十五(1617)賜緋堂刊
本　[86]・六・129
刊本　[71]・集・明別・104
隅園集十八卷黃門集三卷蘋川集
八卷　明陳與郊撰
刊本　[39]・癸下・26

陽

22陽峯家藏集三十八卷　明張璧撰
刊本　[39]・癸上・38
陽山志三卷　明陸汝成撰
刊本　[71]・史・地志・63
陽山草堂集十卷　清陳炳撰
清刊本　[39]・癸下・57
30陽宅要覽三卷　題念道人輯
坊刊本　[74]・三・32
陽宅撮要二卷　清吳鼒撰
借月山房彙抄本　[96]・
四十七・899
陽宅八門精義新書四卷　清趙季
錫撰
用行堂刊本　[96]・四十七・
900
44陽華漫稿八卷　明章煥撰
刊本　[39]・癸上・55
[71]・集・明別・81
50陽春集一卷　南唐馮延已撰
舊抄本　[16]・三十六・6
[32]・十六・6　[93]・
二十四・6
陽春白雪五卷　宋趙聞禮編
宋刊本　[41]・二十一・17

陽春白雪八卷外集一卷　宋趙聞
禮編
詞學叢書本　[74]・四・77
粵雅堂刊本　[74]・四・77
舊抄本　[93]・二十四・8
陽春白雪前集五卷後集五卷　元
楊朝英選
元刊本　[35]・下・58
[91]・四十・36
元抄本　[65]・續・四・50
舊抄本　[16]・三十六・13
[50]・十・59
陽春草堂稿不分卷　明邱集撰
抄本　[71]・集・明別・101
陽春錄一卷　南唐馮延已撰
宋刊本　[41]・二十一・1
陽春堂五傳　明張大命撰
明刊本　[21]・一・69
67陽明要書八卷
見《王陽明先生要書》
陽明先生文錄十四卷
見《王陽明先生文錄》
陽明先生文粹十一卷
見《王陽明先生文粹》
陽明先生別錄十卷
見《王陽明先生別錄》
80陽羨茗壺系一卷洞山岕茶品一卷
明周高起撰
盧抱經精抄本　[91]・十八・7

7624₀ 脾

60脾胃論三卷　金李杲撰
元至元二年(1336)刊本
[43]・三・37
明初覆元本　[86]・十二・9
明刊本　[91]・十六・20
明吳勉學刊醫統正脈本
[79]・子・醫家類・389
[96]・四十二・769

7680₈ 咽

60咽園宗氏藏書殘目　不知撰人
抄本　[57]・137
77咽闍錄四卷　明邵建章撰

抄本　[71]・子・雜家・21

7710₄　閩

20閩秀集二卷　宋徐氏撰
　　宋刊本　[41]・十八・35
88閩範四卷　明呂坤撰
　　刊本　[39]・戊・7

7712₇　邱

00邱文定集十卷拾遺一卷　宋邱岺撰
　　宋刊本　[41]・十八・28
37邱深之晉義以來新集目録三卷　宋邱深之撰
　　刊本　[25]・1
57邱邦士先生文集十七卷　明邱維屏撰
　　清康熙五十八年(1719)易堂刊本　[85]・二十・919
　邱邦士先生文集十八卷　明邱維屏撰
　　清刊本　[74]・續增・集・12
　　刊本　[71]・集・明別・123
74邱陵學山　明王完輯
　　刊本　[39]・庚・55

7713₆　閩

10閩王列傳一卷　宋陳致雍撰
　　宋刊本　[41]・五・6
　閩王事蹟一卷　不知撰人
　　宋刊本　[41]・五・6
21閩行隨筆一卷　清范光文撰
　　稿本　[32]・四・28
22閩川名士傳一卷　唐黃璞撰
　　宋刊本　[41]・七・7
　閩川名士傳三卷　唐黃璞撰
　　宋刊本　[14]・二下・173
38閩海紀要三卷　清夏琳纂
　　臺灣連雅堂校勘鉛印本　[85]・十三・609
　閩海紀略二卷　不著撰人
　　舊抄本　[60]・四・21
　　[91]・八・14
　閩遊月記二卷　明華廷獻撰

荊駝逸史本　[85]・十一・515
40閩南唐雅十二卷　明費道用輯
　　刊本　[39]・辛・43
　閩難記一卷　清洪若皋撰
　　昭代叢書本　[85]・十五・699
　　賜硯堂叢書本　[85]・十五・699
50閩中詩選　不知編者
　　明刊本　[21]・一・61
　閩中記十卷　唐林諝撰
　　宋刊本　[41]・八・32
　閩中理學淵源考九十二卷　清李清馥撰
　　抄本　[11]・二十七・29
　閩中紀略一卷　題許旭撰
　　昭代叢書癸集本　[85]・十五・702
　　抄本　[85]・十五・702
　閩中實録十卷　周蔣文惲撰
　　宋刊本　[41]・五・6
　閩中海錯疏三卷　明屠本畯疏
　　抄本　[75]・二十八・9
　閩中十子集三十卷　明袁表、馬熒輯
　　刊本　[39]・辛・43
　閩中考　明陳鳴鶴撰
　　小山堂抄本　[39]・戊・43
　閩中荔枝通譜四卷　明屠本畯考訂
　　明萬曆刊本　[75]・四十一・5
　閩中書畫録十六卷　清黃錫蕃撰
　　抄本　[100]・29
　閩中金石存佚記一卷　清吳大澂撰
　　傳抄本　[60]・五・13
　閩中金石略十五卷　清陳棨仁撰
　　稿本　[60]・五・14
　閩中録異二卷　清黃錫蕃撰
　　原稿本　[96]・六十六・1321
　閩事紀略一卷　明華廷獻撰
　　紀載彙編本　[85]・十一・514
　閩書一百五十四卷　明何喬遠撰
　　刊本　[71]・史・地志・47
　閩書二百五十四卷　明何喬遠撰

明崇禎刊本　[3]・10
81閩頌彙編奏疏六卷文告四卷附録不分卷　清姚啓聖撰
　　清康熙刊本　[85]・十三・624

7720₇　尸

17尸子二卷　周尸佼撰、清孫星衍輯
　　平津館刊本　[74]・三・44
　　問經堂叢書本　[96]・五十二・1027

7721₀　几

21几上語一卷枕上語一卷
　　見《東洲几上語》、《東洲枕上語》

風

22風倒梧桐記二卷　明何是非撰
　　荊駝逸史本　[85]・十一・557
　　舊抄本　[85]・十一・557
24風科集驗名方二十八卷　金趙大中撰
　　元刊本　[22]・補遺・71
　　[28]・七・16　[35]・上・48
　　元大德十年(1306)刊本　[79]・子・醫家類・498
　　元抄本　[5]・三下・17
　風科本草三卷
　　見《本草》
27風角鳥占經一卷　不知撰人
　　抄本　[5]・三中・4
　風角書四卷　清張爾岐撰
　　抄本　[5]・三中・5
　風角書八卷　清張爾岐撰
　　開州李若琳校刊本　[78]・補遺・52
28風俗通十卷
　　見《風俗通義》
　風俗通義四卷　漢應劭撰
　　明吳琯刊本　[75]・四十三・4
　風俗通義十卷　漢應劭撰
　　宋刊本　[14]・後志・二・827

[41]・十・12
宋嘉定十三年(1220)刊本
　[37]・第一輯
宋刊元印本　[13]・16
元刊本　[9]・後編・十・3
　[29]・二・11　　[35]・
　上・41　　[59]・二・5
　[75]・四十三・3
　[92]・三・109
　[93]・十六・16
　[94]・三・10
元大德刊本　[20]・四・6
　[46]・17　　[91]・十九・
　1　　[92]・三・107
明翻元大德刊本　[12]・三・
　11　　[22]・四・23
　[35]・附・3　　[91]・
　十九・1
明胡文煥刊本　[60]・二・14
明胡維新兩京遺編本
　[17]・三・24　　[26]・
　五・39
古今逸史本　[74]・三・51
漢魏叢書本　[74]・三・51
　[96]・五十六・1102
校本　[57]・197
風俗通義十卷附錄一卷　漢應劭
　撰
明嘉靖刊本　[11]・五十七・3
　[17]・三・24
30風流和尚十二回　不知撰人
　傳抄本　[69]・四・162
風流十傳　不知撰人
　明萬曆四十八年(1620)刊本
　[77]・六・167
風流悟八回　題坐花散人編
　寫刊本　[69]・三・110
0風雅翼十二卷　元劉履輯
　明天順刊本　[30]・二・36
風雅翼十四卷　元劉履輯
　元刊本　[12]・二・20
　明嘉靖顧存仁刊本　[26]・
　十五・37
風雅遺音二卷　宋林正大撰

明刊本　[91]・四十・22
影宋抄本　[17]・四・43
影抄明刊本　[60]・七・22
舊抄本　[57]・331
風雅遺音二卷　清史榮撰
　刊本　[39]・甲・66
　[50]・十・51
風雅逸篇十卷　明楊慎輯
　刊本　[39]・辛・14
　明抄本　[91]・三十九・12
72風后握奇經一卷　馬隆讚述
　宋刊本　[41]・十二・14
77風月夢三十二回　清人撰
　清光緒十年(1884)上海江左書
　林校刊小字本　[69]・四・
　129
風月鑑十六回　清吳貽先撰
　清嘉慶刊本　[69]・四・128
風月堂詩話三卷　宋朱弁撰
　明抄本　[54]・八・34
　抄本　[5]・四下・23
風騷要代一卷　宋徐衍撰
　宋刊本　[41]・二十二・9
風騷旨格一卷　唐釋齊己撰
　宋刊本　[41]・二十二・8
　津逮祕書本　[74]・四・70
風騷指格一卷
　見《風騷旨格》

鳳

32鳳洲筆記二十四卷　明王世貞撰
　刊本　[39]・己・50
鳳洲筆苑八卷　明王世美撰
　抄本　[30]・四・4
34鳳池吟稿八卷　明汪廣洋撰
　刊本　[39]・癸上・1
鳳池吟稿十卷　明汪廣洋撰
　明刊本　[11]・一百十一・2
　[60]・七・9
　刊本　[71]・集・明別・1
　精抄本　[91]・三十五・4
鳳池歷二卷　不著撰人
　宋刊本　[41]・七・5
43鳳城詞一卷　宋黃定撰

宋刊本　[41]・二十一・9
44鳳林先生文集四卷詩集三卷　明
　王從善撰
　刊本　[39]・癸下・2
　[71]・集・明別・75
67鳳鳴後集六卷　明鄭楷撰
　刊本　[39]・癸上・11
　[71]・集・明別・25
鳳墅殘帖釋文二十卷續帖二十卷
　宋曾宏父刻
　咫進齋抄本　[57]・147
76鳳陽新書　不知撰人
　明天啓刊本　[57]・103
77鳳凰池十六回　清人撰
　耕書屋刊本　[69]・四・140
88鳳策聯華三卷　唐顧雲撰
　宋刊本　[41]・十六・29

7721₄　隆

07隆韶導和集一卷　宋姚公立撰
　宋刊本　[41]・十四・6
10隆平集二十卷　宋曾鞏撰
　宋刊本　[9]・後編・四・14
　[14]・二上・139
　董氏萬卷堂刊本　[24]・集一・
　20
　明翻董氏萬卷堂刊本　[11]・
　二十三・6
　明刊本　[93]・九・17
　清康熙刊本　[75]・十八・4
　南豐彭氏刊本　[96]・十八・
　386
　刊本　[39]・丁・10
隆平紀事二卷　明史册撰
　舊抄本　[32]・四・12
　[74]・三・80　　[102]・
　下・25
13隆武紀略一卷　不著撰人
　舊抄本　[85]・十一・513
隆武紀年一卷　清黃宗羲撰
　行朝錄本　[85]・十一・513
隆武遺事一卷　不著撰人
　痛史本　[85]・十一・513
34隆池山樵集二卷　明彭年撰

刊本　[39]・癸下・4

44隆萬兩朝平壤錄五卷　明諸葛元聲撰
刊本　[71]・史・地志・61

77隆興奉使審議錄一卷　宋雍希稷撰
宋刊本　[41]・七・13

7721₆　閱

55閱耕餘錄六卷　明張所望撰
刊本　[71]・子・雜家・41

覺

11覺非齋文集二十八卷　明金寔撰
明天順刊本　[91]・三十六・7
覺非集十卷　明羅亨信撰
刊本　[39]・癸上・16
39覺迷蠡測三卷　明管志道撰
刊本　[39]・庚・100
44覺世雅言八卷　明人輯
明刊本　[69]・三・94

7721₇　兒

40兒女英雄傳四十一回　清文康撰
清光緒四年(1878)聚珍堂活字本　[69]・四・151
清光緒六年(1880)聚珍堂活字本　[69]・四・151
60兒易外儀十五卷　明倪元璐撰
刊本　[24]・經一・46
兒易內儀六卷兒易外儀十五卷　明倪元璐撰
明刊本　[91]・一・19
刊本　[39]・甲・26

7722₀　月

00月離四卷月離表四卷　羅雅谷撰
精抄本　[74]・三・22
月離曆指四卷　明徐光啓、羅雅谷譯
新法曆書本　[78]・算學書錄補注・86
22月峯淨稿十九卷遺稿一卷續稿二卷四稿十卷五稿七卷六稿七卷

明楊廉撰
刊本　[39]・癸上・25
月稱造中觀論注　不著撰人
露國學士院刊梵語本　[40]・1
26月泉吟社詩一卷　宋吳渭編
粵雅堂刊本　[74]・四・62
毛子晉校本　[50]・十・23
清林吉人抄本　[2]・五・40
小輞川抄本　[91]・三十八・23
月泉吟社詩二卷　宋吳渭編
明刊本　[32]・十五・8
毛校汲古閣刊本　[32]・十五・9
31月江和尚集二卷　月江和尚撰
明刊本　[91]・二十二・7
月河所聞集一卷
見《月河所聞錄》
月河所聞錄一卷　宋莫君陳撰
抄本　[39]・己・42
傳抄本　[32]・九・15
34月波洞中記一卷　題張仲遠傳
函海本　[96]・四十七・910
月波洞中記二卷　題李耳撰
函海本　[74]・三・33
37月洞詩　宋王鎡撰
刊本　[21]・一・40
月洞吟一卷　宋王鎡撰
抄本　[39]・壬・45
40月壺題畫詩不分卷　清瞿應紹撰
清道光刊本　[64]・續・105
56月蟬筆露二卷　明侯玄汸撰
一九三一年鉛印本　[85]・二十一・946
67月鶩集十卷　清釋古雲撰
清刊本　[71]・集・釋子・12
77月屋漫稿一卷　元黃庚撰
清王乃昭抄本　[2]・五・1
舊抄本　[50]・九・3
[59]・七・2
月屋漫稿二卷　元黃庚撰
舊抄本　[74]・四・34
月屋漫稿四卷　元黃庚撰
知不足齋抄本　[39]・壬・65

舊抄本　[11]・九十五・12
[16]・三十二・16
[57]・250　[93]・二十二・3
月屋樵吟一卷　元黃庚撰
傳抄本　[17]・四・30
月屋樵吟二卷　元黃庚撰
舊抄本　[32]・十三・8
[102]・下・35
月屋樵吟四卷　元黃庚撰
刊本　[71]・集・元別・3
舊抄本　[5]・四中・23
80月廣義二十四卷圖記一卷　明馮應京撰、戴任增釋
明萬曆梅墅石渠閣刊本　[78]・算學書錄補注・92
原刊本　[96]・二十七・539
月令章句二卷　漢蔡邕注
清臧鏞堂刊本　[74]・一・24
月令解十二卷　宋張虙撰
詁經堂續經解本　[78]・算學書錄補注・92
藝海樓抄本　[32]・一・34
抄本　[74]・一・24
[93]・四・10　[102]・下・2
文瀾閣傳抄本　[16]・四・11
月令通纂四卷　明黃諫撰
明刊本　[78]・補遺・18
月令七十二候集解一卷　元吳澄撰
清道光十一年(1831)刊本　[78]・算學書錄補注・92
月令輯要二十四卷圖說一卷　清李光地等撰
清內府刊本　[74]・二・39
[96]・二十七・540
月令明義四卷　明黃道周撰
刊本　[39]・乙・18
黃石齋經義九種本　[74]・一・25　[78]・算學書錄補注・92　[96]・五・78
月令氣候圖說一卷　清李調元撰
函海本　[78]・算學書錄補

注·93　[96]·五·85

月令粹編二十四卷　清秦嘉謨編
　清刊本　[74]·二·39
　琳瑯仙館刊本　[96]·二十七·
　541

月令粹編二十四卷圖說一卷　清
　秦嘉謨編
　清嘉慶十七年(1812)琳瑯仙館
　刊本　[78]·補遺·19

月食圖一卷　清張永祚撰
　清乾隆九年(1744)刊本
　　[78]·算學書録補注·86

同

00同文韻統六卷　清允禄等撰
　清官刊本　[74]·一·57
同文備考九卷　明王應電撰
　刊本　[39]·丙·39
同文館唱和詩十卷　宋鄧忠臣等
撰
　舊抄本　[28]·十三·15
　　[39]·辛·19
同文算指前編二卷通編八卷　明
　李之藻撰
　天學初函本　[96]·四十五·
　861
同文堂翻譯館課不分卷　不著撰
人
　抄本　[45]·28
同文尚書詩切　清牟庭撰
　清刊本　[88]·續·1
30同安志十卷　宋錢紳撰
　宋刊本　[41]·八·27
33同治烏程縣志
　見《烏程縣志》
44同菴集一卷　宋施士衡撰
　宋刊本　[41]·二十·19
45同姓名録三卷
　見《古今同姓名録》
同姓名録八卷　清王廷燦輯
　抄本　「39]·庚·29
同姓名録十二卷　明余寅撰
　刊本　[39]·庚·28
同姓名録十二卷　明余寅撰　録

補一卷　周應賓撰
　明萬曆刊本　[74]·三·69
　　[91]·二十·16
　　[102]·上·24

47同聲集一卷後集一卷　明謝鐸、
　李東陽撰
　刊本　[24]·集二·23

50同書二卷　清周亮工撰
　清刊本　[39]·己·62
　抄本　[12]·五·35

60同異録二卷　明陸深撰
　儼山外集本　[96]·三十七·
　694

64同時尚論録十六卷　明蔡士順輯
　明崇禎刊本　[59]·六·5
　　[85]·四·184

周

00周廣菴集四十一卷　清周金然撰
　清刊本　[39]·癸下·49
10周元公集三卷　宋周敦頤撰
　明嘉靖刊本　[102]·上·29
周元公集九卷　宋周敦頤撰
　明濂谿書院刊本　[74]·四
　16
周元公集十卷　宋周敦頤撰
　明刊本　[93]·二十·15
周元公年譜　明張元楨撰
　抄本　[39]·戊·86
周天列宿圖一卷　德湯若望撰
　重訂新法曆書本　[78]·算學
　書録補注·86
13周職方詩文集二卷　不知撰人
　明刊本　[50]·九·30
17周子通書一卷太極圖説一卷　宋
　周敦頤撰
　宋刊本　[41]·九·8
21周此山詩集四卷　元周權撰
　校舊抄本　[50]·九·8
　舊抄本　[12]·六·24
　　[16]·三十三·10
　　[30]·四·33
　　[59]·七·5　[93]
　二十二·9

周此山詩集八卷　元周權撰
　舊抄本　[32]·十三·11
　　[102]·下·35
周此山詩集十卷　元周權撰
　元刊本　[32]·十三·11
　舊抄本　[11]·九十八·11
　　[17]·四·32
22周縣集一卷　唐周縣撰
　宋刊本　[41]·十九·20
24周先生文集十卷　元周霆震撰
　舊抄本　[11]·一百零七·7
周先生文集十卷附録一卷　元周
　霆震撰
　抄本　[71]·集·元別·29
27周叔夜集十一卷　明周思兼撰
　刊本　[39]·癸上·58
30周密書種堂書目志雅堂書目
　宋周密撰
　刊本　[25]·6
周官辨一卷　清方苞撰
　望谿全集本　[96]·三·50
周官辨一卷喪禮或問一卷左傳義
　法舉要一卷春秋比事目録四卷
　春秋通論四卷删定管子不分卷
　删定荀子一卷　清方苞撰
　清刊本　[71]·子·雜家·50
周官辨非一卷　清萬斯大撰
　經學五書本　[96]·三·47
周官辨非二卷　清萬斯大撰
　清刊本　[39]·乙·4
周官新義十六卷附考工記解二卷
　宋王安石撰
　粵雅堂刊本　[74]·一·21
　墨海金壺本　[96]·三·44
周官講義十四卷　宋史浩撰
　宋臨安刊本　[2]·一·10
周官集傳十六卷　元毛應龍撰
　抄本　[91]·二·14
　文瀾閣傳抄本　[16]·四·1
周官集注十二卷　清方苞撰
　望谿全集本　[96]·三·49
周官總義三十卷　宋易袚撰
　抄本　[91]·二·12
　文瀾閣傳抄本　[16]·四·1

周官禄田考三卷　清沈彤撰
　　清刊本　[39]·乙·6
　　果堂集刊本　[74]·一·22
　　　[96]·三·53
　　孔荭谷校抄本　[30]·六·2
周官析疑三十六卷考工記析疑四
卷　清方苞撰
　　望谿全集本　[96]·三·50
周官義疏四十八卷　清官撰
　　蘇州紫陽書院重刊本　[96]。
　　三·47
35周禮十二卷　不著撰人
　　宋刊白文本　[92]·一·7
　周禮十二卷　漢鄭玄注
　　北宋國子監刊本　[7]·中·1
　　宋刊本　[9]·一·4、5
　　　[9]·後編·二·15
　　　[10]·2　[11]·六·2
　　　[14]·一上·44
　　　[20]·一·12　[28]·
　　續·二·8　[33]·經·
　　1、5　[35]·下·3、19、
　　37、47　[41]·二·19
　　　[58]·經·14、15、16
　　　[65]·一·17　[72]·
　　3、4　[93]·四·1
　　　[94]·一·3、4
　　宋京本　[50]·一·4
　　宋相臺岳氏刊本　[2]·一·9
　　宋建刊本　[2]·一·10
　　宋建安余仁仲校刊本　[5]·
　　佚文·5　[35]·上·25
　　宋麻沙刊本　[2]·一·10
　　宋蜀刊大字本　[11]·六·1
　　　[28]·續·二·4
　　　[50]·一·4　[58]·
　　經·17　[70]·六·6
　　　[73]·圖版3　[92]·
　　一·7
　　宋刊小字本　[23]·17
　　　[35]·下·19　[93]·
　　四·1
　　宋刊巾箱本　[22]·一·28
　　　[28]·續·二·7

　　　[35]·上·13、14
　　　[35]·下·19、21
　　　[59]·一·4　[76]·
　　一·14
　　南宋國子監刊本　[7]·下·1
　　明嘉靖覆宋岳珂本　[11]·六·
　　2　[17]·一·4
　　　[26]·一·47　[38]·
　　經·11　[60]·一·11
　　　[75]·五·1
　　明刊本　[9]·七·3
　　明嘉靖徐氏刊本　[84]·一·8
　　翻宋本　[35]·附·1、2
　　士禮居刊本　[75]·五·1
　　刊本　[89]·一集·二·5
　　朝鮮古刊本　[18]·上·1
　　朝鮮活字刊本　[22]·一·28
　　拜經樓影摹本　[92]·一·7
　　校宋本　[51]·一·5
　　舊抄本　[22]·一·28
　　舊抄卷子本　[22]·一·27
　周禮四十二卷　漢鄭玄注
　　宋婺州市門巷唐宅刊本
　　　[68]·圖版88、89、目錄22
　　　[89]·一集·二·3
　周禮辨疑一卷　宋楊時撰
　　宋刊本　[14]·一上·53
　　　[14]·後志·一·760
　周禮訂義八十卷　宋王與之撰
　　宋刊本　[9]·後編·二·16
　　通志堂刊本　[74]·一·21
　周禮訓隽二十卷　明陳深撰
　　刊本　[39]·乙·2
　周禮新義二十二卷　宋王安石撰
　　北宋國子監刊本　[7]·中·10
　　宋刊本　[41]·二·21
　周禮新義十六卷附考工記解二卷
　　宋王安石撰
　　陳仲魚校抄本　[91]·二·10
　周禮講義四十九卷　宋林之奇撰
　　宋刊本　[41]·二·22
　周禮說三卷　宋陳傅良撰
　　宋刊本　[14]·五上·527
　　　[41]·二·22

　周禮說五卷　宋黃度撰
　　宋刊本　[41]·二·22
　周禮說略六卷　不著撰人
　　瓶花齋抄本　[39]·乙·6
　周禮詳解四十卷　宋王昭禹撰
　　宋刊本　[41]·二·21
　　明抄本　[75]·五·1
　　商邱宋氏抄本　[39]·乙·1
　　舊抄本　[11]·六·3
　　　[28]·續·二·9
　　　[91]·二·10
　　文瀾閣傳抄本　[16]·四·1
　周禮詳節句解　不著撰人
　　宋刊本　[29]·一·3
　周禮疏四十卷　唐賈公彥撰
　　宋刊本　[14]·一上·47
　周禮疏五十卷　唐賈公彥撰
　　北宋國子監刊本　[7]·中·6
　　宋刊本　[41]·二·20
　　宋紹熙浙東庚司刊本　[2]·
　　一·10
　　宋兩浙東路茶鹽司刊本
　　　[90]·目錄1
　　宋黃唐刊本　[37]·二輯
　　南宋國子監刊本　[7]·下·2
　周禮翼傳二卷　明王應電撰
　　刊本　[39]·乙·3
　周禮集說十卷　元陳友仁編
　　元刊本　[9]·後編·八·12
　　　[35]·下·22
　周禮集說十一卷　元陳友仁編
　　明刊本　[60]·一·11
　　文瀾閣傳抄本　[16]·四·1
　周禮集說十二卷　元陳友仁編
　　元刊本　[20]·一·13
　　明刊本　[75]·五·10
　　明成化刊本　[11]·六·7
　　　[91]·二·14
　　刊本　[39]·乙·1
　周禮集說十一卷　元陳友仁編
　　復古編一卷　宋俞廷椿編
　　明刊本　[93]·四·3
　周禮集說十二卷　元陳友仁編
　　復古編一卷　宋俞廷椿編

元刊本　[48]·二輯上·12
　　[91]·二·13
周禮集傳十六卷　元毛應龍撰
　　抄本　[93]·四·3
周禮傳五卷　明王應電撰
　　刊本　[39]·乙·2
周禮傳十卷翼傳二卷　明王應電
　　撰
　　明嘉靖官刊本　[91]·二·14
周禮傳十卷圖說二卷翼傳二卷
　　明王應電撰
　　明刊本　[11]·六·9
　　[75]·五·12
周禮總義不分卷　不著撰人
　　刊本　[92]·一·9
周禮總義三十卷　不著撰人
　　宋刊本　[14]·五上·528
周禮釋文二卷　唐陸德明撰
　　宋刊本　[41]·二·20
周禮冬官補亡六卷　元邱葵撰、
　　明顏可久編
　　明嘉靖中餘干李緝重刊本
　　[86]·一·60
周禮疑義四十四卷　漢鄭玄注、
　　唐賈公彥疏、清吳廷華存疑
　　舊抄本　[16]·四·1
　　[91]·二·15
周禮疑義舉要七卷　清江永撰
　　通行本　[96]·三·52
周禮句解十二卷　宋朱申撰
　　宋刊本　[35]·上·31、32
　　[93]·四·2
　　明初刊本　[11]·六·7
　　[16]·四·1
　　明嘉靖刊本　[91]·二·12
　　刊本　[39]·乙·1
　　精抄本　[91]·二·13
周禮綱目八卷撮說一卷　宋林椅
　　撰
　　宋刊本　[41]·二·22
周禮復古編一卷　宋俞廷椿編
　　明刊本　[11]·六·4
　　抄本　[75]·五·3
周禮注十二卷

見《周禮》
周禮注六卷　漢鄭玄注
　　明嘉靖何鼇刊本　[12]·四·1
　　[18]·一·4
周禮注六卷附考工記一卷　明陳
　　鳳梧編
　　明刊本　[75]·五·11
周禮注疏十二卷　漢鄭玄注、唐
　　賈公彥疏、陸德明釋文
　　明刊九行本　[75]·五·1
　　明閩刊本　[60]·一·11
周禮注疏四十二卷　漢鄭玄注、
　　唐賈公彥疏、陸德明釋文
　　宋刊本　[43]·一·5
　　宋刊十行本　[11]·六·2
　　宋兩浙東路茶鹽司刊宋元遞修
　　　本　[68]·圖版70、目錄
　　　19
　　南宋刊本　[4]·1　[22]·
　　　一·28　[35]·上·25
　　宋刊明印本　[3]·2
　　[17]·一·3
　　元刊本　[74]·一·21
　　明刊九行本　[11]·六·3
　　明閩刊本　[91]·二·10
　　明正德修補宋本　[34]·附·
　　　一·3
　　明嘉靖李元陽刊本　[12]·四·
　　　1　[86]·六·146
　　明嘉靖常州知府應檟刊本
　　　[17]·一·3
　　汲古閣刊本　[17]·一·3
　　[74]·一·21
　　武英殿十三經注疏本　[96]·
　　　三·43
　　明朝鮮活字本　[17]·一·4
　　[54]·一·9
　　校宋本　[52]·一·8
周禮注疏刪翼三十卷　明王志長
　　輯
　　明刊本　[91]·二·15
　　原刊本　[96]·三·46
　　刊本　[39]·乙·4
周禮完解十二卷　明郝敬撰

刊本　[39]·乙·3
周禮補亡六卷　元邱葵撰
　　元刊本　[93]·四·3
　　[94]·一·13
　　元泰定刊本　[26]·一·56
周禮述注六卷　明金瑤撰
　　刊本　[39]·乙·3
周禮漢讀考六卷附儀禮漢讀考一
　　卷　清段玉裁撰
　　經韻樓刊本　[74]·一·22
　　[96]·三·54
周禮軍賦說四卷　清王鳴盛撰
　　汗筠齋刊本　[96]·三·53
周禮古本訂注六卷　明郭良翰撰
　　刊本　[39]·乙·3
周禮考工記解二卷　宋林希逸撰
　　宋刊本　[29]·一·2
　　通志堂刊本　[74]·一·21
周禮考疑七卷　宋樂思忠撰
　　宋刊本　[14]·五上·527
周禮中義八卷　宋劉彝撰
　　宋刊本　[41]·二·21
周禮折衷二卷　宋魏了翁撰
　　宋刊本　[41]·二·22
周禮井田譜二十卷　宋夏休撰
　　宋刊本　[41]·二·22
周禮輯義十二卷　清姜兆錫撰
　　寅清樓刊本　[96]·三·48
　　刊本　[39]·乙·4
周禮拾義　清李大潘撰
　　抄本　[39]·乙·5
周禮因論一卷　明唐樞撰
　　刊本　[39]·乙·2
周禮圖說二卷　明王應電撰
　　刊本　[39]·乙·3
周禮邱乘圖說一卷　宋項安世撰
　　宋刊本　[41]·二·22
周禮問二卷　清毛奇齡撰
　　西河合集本　[96]·三·48
周禮全經釋原十四卷　明柯尚遷
　　撰
　　明刊本　[11]·六·8
　　[75]·五·12
　　明隆慶四年(1570)刊本

　　　　[74]·一·21　　[91]·
　　二·14　　[102]·上·12
周禮義二十二卷　宋王安石撰
　宋刊本　[14]·一上·50
周禮義辨疑一卷　宋楊時
　見《周禮辨疑》
周禮劄記　不知撰人
　重雕嘉靖本校宋本　[49]·1
周禮鄭注十二卷
　見《周禮》
周禮鄭注秋官二卷　漢鄭玄注
　宋刊大字殘本　[35]·上·6
周禮鄭氏注十二卷
　見《周禮》
周禮纂要六卷　清錢謙益撰
　舊抄本　[74]·一·22
周禮纂圖互注重言重意十二卷
　見《周禮》
37周祠部宜秋集　明周玄撰
　抄本　[21]·一·44
40周太祖實錄三十卷　張昭遠撰
　宋刊本　[41]·四·38
周蠹齋鉛刀集三十二卷
　見《蠹齋先生鉛刀編》
周來玉奏議四卷
　見《周忠毅公奏議》
43周越詩苑十五卷　宋周越撰
　宋刊本　[14]·後志·一·772
44周恭肅公集十六卷　明周用撰
　明嘉靖刊本　[74]·四，42
　　[91]·三十六·33
　　[102]·上·32
　刊本　[39]·癸上·31
周恭肅公集十六卷附錄一卷　明
　周用撰
　刊本　[71]·集·明別·56
周世宗實錄四十卷　王溥撰
　宋刊本　[41]·四·38
46周賀詩集一卷　唐周賀撰
　宋刊本　[35]·上·51
　　[41]·十九·23
　　[50]·七·40　[58]·
　　集·43　[93]·十九·
　　42　[94]·四·3

宋臨安府陳宅書籍鋪刊本
　[68]·圖版48、49、目録16
翻宋本　[45]·44
校刊本　[36]·209
影抄宋刊本　[11]·七十·17
依宋抄本　[91]·二十五·21
舊抄本　[93]·十九·42
47周朝院畫錄二卷　清胡敬輯
　清嘉慶刊本　[75]·三十九·14
48周翰林近光集三卷　元周伯琦撰
　知不足齋抄本　[39]·壬·71
周翰林近光集三卷扈從詩一卷
　元周伯琦撰
　明刊本　[11]·一百零四·1
　舊抄本　[12]·六·26
　　[18]·下·34　[52]·
　　三·15　[59]·七·8
　　[74]·四·37　[91]·
　　三十四·9　[93]·
　　二十二·18
周翰林近光集三卷扈從詩一卷補
　遺　元周伯琦撰
　澹生堂抄本　[71]·集·元別·20　[91]·三十四·8
周翰林近光集三卷補遺二卷　元
　周伯琦撰
　抄本　[102]·下·36
50周吏部紀事一卷　明張世偉述
　明崇禎刊本　[85]·四·198
周忠毅公奏議四卷　明周宗建撰
　刊本　[39]·癸下·25
　　[71]·集·奏議·3
周忠毅公奏議四卷附碑誌傳狀一
　卷　明周宗建撰
　明崇禎刊本　[85]·二·127
周忠愍奏疏二卷　明周起元撰
　顧沅藝海樓抄本　[74]·二·24
　舊抄本　[32]·四·5
　　[74]·下·8
周忠介公燼餘集三卷年譜一卷遺
　事一卷　明周順昌撰
　民國初年重刊本　[85]·二·
　126

周書十卷　唐令狐德棻撰
　元刊本　[8]·史二·136
　　[46]·8
周書五十卷　唐令狐德棻撰
　北宋國子監刊本　[7]·中·24
　宋刊本　[14]·二上·107
　　[28]·續·五·18
　　[41]·四·8　[92]·
　　二·32
　宋眉山刊本　[36]·72
　南宋國子監刊本　[7]·下·5
　宋刊明修本　[3]·5
　　[11]·十八·21
　　[35]·上·16　[59]·
　　四·2　[91]·六·12
　明刊本　[9]·八·13
　明南監刊本　[74]·二·4
　　[96]·十五·330
　汲古閣刊本　[74]·二·4
　清乾隆四年(1739)武英殿刊本
　　[74]·二·4　[75]·
　　十五·10
　刊本　[47]·56　[89]·一
　　集·四·20
　南雍三朝本　[43]·五·12
　　[57]·42
周書王會補注一卷　宋王應麟撰
　玉海附刊本　[96]·十八·383
周書年表一卷年月考二卷　清馬
　肇元撰
　清道光十四年(1834)刊本
　　[78]·算學書錄補注·91
周秦刻石釋音一卷　元吾邱衍撰
　舊抄本　[11]·十五·21
　　[75]·十二·1　[91]·
　　五·15
周秦兩漢文選十二卷　明尤琰編
　明刊本　[9]·後編·二十·3
周秦行紀一卷　唐牛僧孺撰
　宋刊本　[14]·後志　二·834
周秦名字解詁二卷　清王引之撰
　清刊本　[84]·二·17
　王氏家刊本　[26]·二·4
　稿本　[38]·經·41

60 周易一卷　不著撰人
　　宋刊九經小字白文本　[59]・
　　　一・1
　　明弘治莊釋刊白文本　[17]・
　　　一・1
周易一卷　漢鄭玄注
　　元刊本　[11]・一・1
　　　[38]・經・1
　　元刊明修本　[75]・一・1
　　刊本　[36]・1
　　玉海附刊本　[74]・一・1
　　惠松崖校本　[57]・1
周易一卷　宋呂祖謙注
　　通志堂刊本　[74]・一・3
周易二卷　宋程頤注
　　宋刊本　[4]・3　　[35]・下・
　　　20
周易五卷　宋石介注
　　宋刊本　[14]・後志・一・755
周易八卷　不著撰人
　　宋刊本　[41]・一・2
周易十卷　宋程頤傳，朱熹本義
　　明正統司禮監刊本　[32]・一・
　　　14　　[91]・一・6
　　日本刊本　[91]・一・6
周易十二卷　宋朱熹本義
　　宋刊本　[41]・一・3
　　明正德王氏抄本　[91]・一・6
周易六卷　魏王弼注
　　宋刊本　[9]・一・1
　　刊本　[24]・經一・2
　　舊抄本　[32]・一・1
　　　[89]・二集・一・1、2、3
　　日本永正間抄本　[22]・一・1
　　日本明應間抄本　[22]・一・1
　　日本大永享祿間抄本　[22]・
　　　一・1
　　日本天正間抄本　[22]・一・2
　　日本慶長元和間抄本　[22]・
　　　一・2
周易十卷　魏王弼注
　　北宋刊本　[5]・一上・1
　　　[9]・後編・二・1
　　　[14]・一上・13

　　　[68]・圖版159、目錄35
　　　[89]・一集・一・1
　　　[91]・一・1　　[93]・
　　　一・1　　[94]・一・1
　　宋巾箱本　[35]・上・13
　　　[35]・下・1
　　宋撫州刊本　[38]・經・1
　　宋相臺岳氏刊本　[38]・經・2
　　日本五山活字本　[17]・一・1
　　坊刊本　[74]・一・1
　　拓本　[14]・五上・513
周易十一卷卦德統論一卷略例一
　　卷易數鈎隱圖二卷　劉牧撰
　　宋刊本　[41]・一・9
周易九卷　魏王弼、晉韓康伯注
　　略例一卷　魏王弼撰，唐邢璹注
　　北宋國子監刊本　[7]・中・1
　　南宋國子監刊本　[7]・下・1
　　南宋刊本　[35]・下・19
　　南宋刊巾箱本　[22]・一・8
　　宋刊修補本　[75]・一・3
　　毛氏影抄宋相臺岳氏刊本
　　　[16]・一・1
　　舊抄卷子改摺本　[22]・一・4
　　日本大永三年抄本　[22]・一・
　　　5
　　日本文明明應間抄本　[22]・
　　　一・7
　　日本明應文龜間抄本　[22]・
　　　一・7
　　日本元龜天正間抄本　[22]・
　　　一・8
周易九卷　魏王弼、晉韓康伯注
　　略例一卷音義二卷　魏王弼
　　撰、唐邢璹注
　　宋刊本　[35]・上・30
周易六卷略例一卷繫辭注三卷
　　魏王弼、晉韓康伯注
　　宋刊本　[41]・一・1
周易十卷周易指略例一卷　魏王
　　弼、晉韓康伯注
　　宋刊本　[14]・後志・二・911
周易、尚書、毛詩、禮記、左傳　不
　　著撰人

　　宋刊巾箱本　[11]・十・1
周易四卷尚書四卷毛詩四卷周禮
　　七卷儀禮二十卷春秋四卷　不
　　著撰人
　　明嘉靖刊本　[75]・七・1
周易旁注　明朱昇撰
　　舊抄本　[74]・一・7
　　　[102]・下・1
周易旁注十卷前圖一卷　明朱昇
　　撰
　　刊本　[39]・甲・9
周易旁注會通十四卷　明姚文蔚
　　輯
　　刊本　[24]・經一・38
　　　[39]・甲・21
周易旁箋不分卷　不知撰人
　　抄本　[74]・一・9
周易廣義四卷　明鄭敷教輯
　　刊本　[39]・甲・32
　　稿本　[46]・1
周易意學六卷　陸秉撰
　　宋刊本　[41]・一・11
周易文詮四卷　元趙汸輯
　　舊抄本　[16]・一・20
周易辨二十四卷　清浦龍淵撰
　　清刊本　[39]・甲・36
周易辨疑四卷　明李開先撰
　　刊本　[24]・經二・46
周易辨錄四卷　明楊爵撰
　　刊本　[24]・經二・26
　　　[39]・甲・14
周易言象外傳十卷　王洙撰
　　宋刊本　[41]・一・10
周易雜論精義不分卷　宋呂祖謙
　　撰
　　舊抄本　[92]・一・2
周易訂詁十六卷　明何楷撰
　　刊本　[39]・甲・26
周易訓蒙輯要四卷　明懷簹撰
　　刊本　[24]・經二・50
周易新講義十卷　宋龔原撰
　　北宋刊本　[22]・一・13
　　　[35]・下・4
　　明刊本　[102]・上・10

621

刊本　[89]·二集·一·12
日本刊本　[11]·一·11
　　[75]·二·1
日本活字本　[74]·一·2
周易讀翼揆方十卷　宋孫夢達撰
刊本　[39]·甲·43
周易講義十卷　宋耿南仲撰
抄本　[39]·甲·2
周易説翼三卷　明吕柟撰
刊本　[24]·經一·22
　　[39]·甲·10
周易説統十二卷　明張振淵撰
刊本　[39]·甲·32
周易説統二十五卷　明張振淵撰
刊本　[24]·經一·49
周易詳解十六卷　宋李杞撰
舊抄本　[91]·一·10
文瀾閣傳抄本　[11]·二·10
　　[16]·一·11　　[75]·
　　二·20
周易議卦一卷　明王崇慶撰
舊抄本　[20]·一·2
周易正解二十卷　明郝敬撰
刊本　[39]·甲·20
周易正義　魏王弼、晉韓康伯注、
唐孔穎達正義
宋刊本　[35]·上·8
　　[89]·一集·一·4
南宋覆刊北宋本　[37]·二輯
舊抄本　[89]·二集·一·5、
　　6、7、8
周易正義九卷　魏王弼、晉韓康
伯注、唐孔穎達正義
宋刊本　[12]·一·1
　　[35]·上·28
明嘉靖李元陽刊本　[12]·四·1
汲古閣刊本　[17]·一·1
周易正義十卷　魏王弼、晉韓康
伯注、唐孔穎達正義
宋刊本　[20]·一·1
　　[35]·上·26
宋刊大字本　[35]·上·8
宋刊遞修本　[68]·圖版28、
　　目録12

宋兩浙東路茶鹽司刻宋元遞修
本　[68]·圖版68、目録18
宋監刊五經單疏本　[2]·一·
　　1　[55]·一·1
元刊本　[35]·上·13
汲古閣刊本　[74]·一·1
周易正義十三卷　魏王弼、晉韓
康伯注、唐孔穎達正義
宋刊本　[41]·一·4
　　[93]·一·3　　[94]·
　　一·1
南宋刊本　[22]·一·12
宋紹興刊本　[35]·上·8
宋紹熙浙東庚司刊本　[2]·
　　一·2
宋刊抄補本　[58]·經·1
日本天文抄本　[22]·一·12
日本弘治永禄間影抄本
　　[22]·一·13
周易正義十四卷　魏王弼、晉韓
康伯注、唐孔穎達正義
北宋國子監刊本　[7]·中·2
宋刊本　[14]·一上·14
　　[23]·1
南宋國子監刊本　[7]·下·2
舊抄本　[76]·一·2
影抄日本單疏本　[59]·一·1
日本應永抄本　[22]·一·9
日本弘治永禄間抄本
　　[22]·一·9,10
日本元龜天正間抄本　[22]·
　　一·10,11
日本貞和抄本　[44]·一·27
周易正義九卷　魏王弼、晉韓康
伯注、唐孔穎達正義　略例一
卷　魏王弼撰　音義一卷　唐
陸德明撰
宋刊本　[3]·1　　[11]·一·
　　3　[17]·一·1
　　[43]·一·1　　[93]·
　　一·5
南宋刊黑口本　[4]·1
宋刊明補本　[94]·一·1
明閩刊本　[8]·經一·25

[11]·一·3　　[60]·
　　一·1　　[75]·一·3
　　[91]·一·1
周易正義略例疏一卷　唐邢璹撰
宋刊本　[41]·一·7
周易王弼注十卷
見《周易》
周易元包五卷　後周衛元嵩撰
元刊本　[39]·甲·1
周易元包數總義二卷　後周衛元
嵩撰
刊本　[39]·甲·3
周易元梧一卷　題唐李淳風撰宋
刊本　[41]·十二·29
周易要義十卷　宋魏了翁撰
宋刊本　[38]·經·4
　　[54]·一·1
范氏天一閣刊本　[39]·甲·5
刊本　[24]·經一·2
　　[36]·2
傳是樓抄本　[16]·一·10
舊抄本　[11]·二·10
　　[74]·一·4　　[75]·
　　二·20　　[91]·一·10
　　[93]·一·26　　[102]·
　　下·1
周易函書約注十八卷　清胡煦撰
清刊本　[39]·甲·40
周易函書別集十九卷　清胡煦撰
清刊本　[39]·甲·40
周易不我解一卷　明徐體乾撰
殘刊本　[39]·甲·13
周易玩辭十六卷　宋項安世撰
宋刊本　[14]·五上·522
　　[41]·一·26
通志堂刊本　[74]·一·3
刊本　[24]·經一·8
影元抄本　[11]·二·7
大字精抄本　[8]·經一·30
周易玩辭集解十卷　清翰林院編
清刊本　[39]·甲·38
周易玩辭困學記六卷　明張次仲
撰
清康熙八年(1669)刊本

[74]・一・7

周易玩辭困學記十二卷　明張次
　仲撰
　刊本　[21]・經一・45
　　[39]・甲・25

周易孔義三卷　明高攀龍撰
　影抄明刊本　[91]・一・18

周易聖斷七卷　宋鮮于侁撰
　宋刊本　[14]・一上・24
　　[41]・一・13

周易尋門餘論二卷　清黃宗炎撰
　抄本　[39]・甲・34

周易貫簡捷解十六卷　明陳際泰
　撰
　刊本　[39]・甲・27

周易集説不分卷　宋俞琰纂
　元刊本　[11]・二・13
　　[28]・續・一・9
　　[35]・下・18、19
　　[58]・元・1

周易集説四十卷　宋俞琰撰
　通志堂刊本　[74]・一・5
　刊本　[5]・一上・6

周易集傳　朱震撰
　刊本　[89]・二集・一・9

周易集傳八卷　題宋龍仁夫撰
　蔣生沐刊本　[74]・一・6
　刊本　[24]・經一・17
　影宋抄本　[28]・續・一・11
　　[35]・上・6
　影抄元刊本　[11]・三・14
　文瀾閣抄本　[16]・一・20
　抄本　[39]・甲・7

周易集解十卷　清孫星衍撰
　粵雅堂刊本　[74]・一・9

周易集解十卷　唐李鼎祚纂
　宋刊本　[23]・3　　[41]・
　　一・6
　校宋本　[32]・一・13

周易集解十七卷　唐李鼎祚纂
　明嘉靖三十六年(1557)聚樂堂
　　刊本　[17]・一・1
　　[34]・一・20　　[86]・
　　六・114

汲古閣刊津逮祕書本　[74]・
　一・1
　校影宋抄本　[52]・一・1
　影宋抄本　[35]・附・1

周易集解二十卷　唐李鼎祚纂
　影抄宋刊本　[28]・一・2

周易集解十七卷略例一卷　唐李
　鼎祚纂
　明嘉靖三十六年(1557)朱睦㮮
　　刊本　[19]・1
　　[75]・一・3

周易集解十卷　唐李鼎祚纂　附
　鄭康成注一卷　漢鄭玄撰
　明刊本　[91]・一・2

周易集解增釋八十卷　清張仁浹
　輯
　抄本　[39]・甲・41

周易集解略例一卷　唐邢璹注
　何義門校津逮祕書本　[32]・
　　一・13

周易集注十六卷　明來知德撰
　刊本　[24]・經一・30

周易衍義不分卷　元胡震撰
　刊本　[24]・經一・18

周易衍義八卷　元胡震撰
　抄本　[39]・甲・8

周易虞氏消息二卷　清張惠言撰
　原刊本　[91]・一・21

周易經九卷略例一卷　魏王弼注
　宋刊本　[35]・上・2

周易經傳十卷　宋程頤傳、朱熹
　本義
　元刊本　[8]・經一・28
　　[22]・一・13　　[35]・
　　下・3　　[93]・一・22
　　[94]・一・10
　明刊本　[93]・一・18
　明正統刊本　[75]・二・9
　明嘉靖三十五年(1556)廣東崇
　　正堂刊本　[8]・經一・26

周易經傳十九卷　宋程頤傳、朱
　熹本義
　元刊本　[48]・二輯上・5
　　[91]・一・7

周易經傳二十卷　宋程頤傳、朱
　熹本義
　元刊本　[35]・下・19

周易經傳二十四卷　宋程頤傳、
　朱熹本義
　明刊本　[60]・一・2
　　[91]・一・7

周易經傳集程朱解附錄纂注十四
　卷　元董真卿編
　元刊本　[9]・後編・八・10
　　[35]・下・1
　　[93]・一・43
　　[94]・一・10
　元元統刊本　[38]・經・6

周易經傳集解三十六卷　宋林栗
　撰
　宋刊本　[41]・一・25
　刊本　[24]・經一・7
　影宋抄本　[28]・續・一・6
　　[35]・附・3
　秀水曹氏倦圃抄本　[39]・甲・
　　3
　鳴野山房抄本　[75]・二・5
　舊抄本　[93]・一・20
　文瀾閣傳抄本　[16]・一・7

周易經義三卷　元涂溍生撰
　元刊本　[16]・一・20
　　[93]・一・43　　[94]・
　　一・11
　抄本　[20]・一・20

周易經義二十卷　宋易祓撰
　抄本　[91]・一・9

周易版詞一卷　不知撰人
　宋刊本　[41]・十二・29

周易變體十六卷　都絜撰
　宋刊本　[41]・一・23

周易縣鏡十卷　明俞有功撰
　抄本　[39]・甲・22

周易外義三卷　不知撰人
　宋刊本　[41]・一・17

周易參同契三卷　漢魏伯陽撰
　宋刊本　[14]・三下・303
　　[14]・後志・二・879
　　[41]・十二・1、7

明嘉靖趙藩刊本 [19]・9
周易參同契發揮三卷 宋俞琰撰
　元至元刊本 [38]・子・95
　明宣德三年(1428)刊本
　　[102]・上・26
周易參同契發揮三卷釋疑一卷
宋俞琰撰
　明刊本 [60]・二・11
　　[93]・十八・12
　明黑口本 [12]・三・13
　明永樂刊本 [75]・五十・18
　明宣德三年(1428)刊本
　　[74]・三・89
　　[92]・三・133
　明正德刊本 [11]・六十六・
　26
　原刊本 [96]・六十九・1354
周易參同契發揮三卷釋疑十八卷
宋俞琰撰
　刊本 [39]・庚・94
　　「71]・子・道家・4
周易參同契解三卷 宋陳顯微注
　刊本 [39]・庚・96
　　[74]・三・89
周易參同契解箋三卷 漢魏伯陽
撰、明張文龍解、朱長春箋
　明刊紅印本 [75]・五十・17
周易參同契通真義三卷 漢魏伯
陽撰、宋鄭曉注
　刊本 [39]・庚・96
　漢魏叢書本 [74]・三・89
周易參同契考異一卷 漢魏伯陽
撰、宋朱熹考異
　宋刊本 [41]・十二・1
　抄本 [75]・五十・17
周易參同契分章注三卷 上陽子
注
　刊本 [39]・庚・96
周易參義十二卷 元梁寅撰
　通志堂刊本 [74]・一・6
　抄本 [39]・甲・9
周易贊義六卷繫辭上傳一卷 明
馬理撰
　明嘉靖刊本 [91]・一・17

刊本 [39]・甲・11
周易緯稽覽圖二卷
　見《易緯稽覽圖》
周易緯坤靈圖一卷
　見《易緯坤靈圖》
周易緯乾元敍制記一卷
　見《易緯乾元敍制記》
周易緯史 清錢偲撰
　抄本 [39]・甲・45
周易傳十二卷 宋鄭史撰
　宋刊本 [14]・一上・23
周易傳注七卷筮考一卷 李塨撰
　清道光二十三年(1843)刊本
　　[26]・一・31
周易傳義十卷
　見《周易經傳》
周易傳義補疑十二卷 明姜寶撰
　刊本 [39]・甲・15
周易傳義大全二十卷 明胡廣等
撰
　明丙府刊本 [91]・一・16
周易傳義大全二十四卷 明胡廣
等撰
　明初刊本 [74]・續增・經・1
　明刊本 [9]・後編・十二・2
周易傳義附錄十四卷 宋董楷纂
　元刊本 [20]・一・1
　　[28]・續・一・4
　　[35]・下・20　[92]・
　　一・2
　通志堂刊本 [74]・一・5
周易傳義附錄十七卷 宋董楷纂
　元延祐刊本 [38]・經・4
　元至正刊本 [2]・一・5
　　[16]・續・一・1
　　[38]・經・5
周易傳義附錄二十卷 宋董楷纂
　元刊本 [11]・二・12
周易程傳十卷
　見《周易經傳》
周易程朱二先生傳義附錄十七卷
　見《周易傳義附錄》
周易程朱傳義二十四卷
　見《周易經傳》

周易程氏傳六卷 宋程頤撰
　南宋國子監刊本 [7]・下・4
周易總義二十卷 宋宋袚撰
　宋刊本 [14]・五上・523
　刊本 [24]・經一・12
　舊抄本 [11]・二・9
　　[39]・甲・5　[93]・
　　一・25
　文瀾閣傳抄本 [11]・二・7
　　「16]・一・10　[75]・
　　二・18
周易稗疏四卷附考異一卷 清王
夫之撰
　清同治四年(1865)湘鄉曾氏刊
　本 [74]・一・7
周易釋文一卷 唐陸德明撰
　宋刊本 [41]・一・4
周易象辭十九卷 明黃宗炎撰
　刊本 [24]・經一・5
　抄本 [39]・甲・33
周易象旨決錄七卷 明熊過撰
　刊本 [39]・甲・15
周易象通八卷 明朱謀㙔撰
　刊本 [24]・經一・33
　　[39]・甲・18
周易象義十二卷 宋丁易東撰
　宋刊本 [16]・續・一・1
　　[35]・上・14　[93]・
　　一・27　[94]・一・2
周易象義十六卷 宋丁易東撰
　永樂大典本 [88]・一・2
　文瀾閣傳抄本 [11]・三・1
　　[16]・一・12
　舊抄本 [91]・一・11
周易象義圖 不著撰人
　刊本 [24]・經一・21
周易象管見九卷 明錢一本撰
　明刊本 [11]・三・25
周易解五卷 宋邵古撰
　宋刊本 [14]・後志・一・754
周易解九卷 宋張根撰
　舊抄本 [16]・一・2
　　[75]・一・8　[93]・
　　一・19

周易解義十卷　石介撰
　宋刊本　[41]‧一‧12

周易勺解三卷　明林欲悟撰
　刊本　[24]‧經一‧41
　　[39]‧甲‧19

周易疑難圖解二十五卷　鄭東卿
　撰
　宋刊本　[41]‧一‧20

周易物象釋疑一卷　唐東陽助撰
　宋刊本　[41]‧一‧7

周易句解十卷　元朱祖義撰
　元刊本　[22]‧一‧14
　　[35]‧下‧21
　　敏德書堂刊本　[89]‧二集‧
　　一‧11

周易彙解衷翼十五卷　清許體元
　撰
　抄本　[39]‧甲‧44

周易微旨三卷　唐陸希聲撰
　宋刊本　[14]‧一上‧18

周易儀象述五卷　明吳桂森撰
　抄本　[11]‧三‧25
　　[39]‧甲‧25　　[75]
　　二‧29

周易流演五卷　唐成玄英撰
　宋刊本　[14]‧後志‧一‧753

周易注一卷　陸績撰
　抄本　[39]‧甲‧1

周易注十卷
　見《周易》

周易注疏十四卷
　見《周易正義》

周易注疏大全合纂六十八卷　明
　張溥撰
　刊本　[24]‧經一‧47

周易窮微一卷　不知撰人
　宋刊本　[41]‧一‧7

周易窺餘十五卷　宋鄭剛中撰
　宋刊本　[41]‧一‧20
　　文瀾閣傳抄本　[11]‧一‧14
　　[16]‧一‧3

周易宗義十二卷　明程汝繼輯
　刊本　[24]‧經一‧39
　　[39]‧甲‧23

周易述二十三卷　清惠棟撰
　清刊本　[39]‧甲‧42

周易述聞一卷隱訣一卷補解一卷
　精微三卷　宋皇甫泌撰
　宋刊本　[14]‧一上‧21

周易洗心九卷　清任啓運撰
　舊抄本　[91]‧一‧20

周易清解　清江見龍撰
　抄本　[39]‧甲‧41

周易潛解十二卷　明李光縉撰
　刊本　[24]‧經一‧36

周易神應六親百章海底眼二卷
　題王鼐撰
　影元抄本　[32]‧七‧5
　　[93]‧十五‧12

周易通論四卷　清李光地撰
　安谿全書本　[74]‧一‧8

周易通論月令二卷　清姚配中撰
　聚學軒叢書本　[78]‧補遺‧
　18

周易通略一卷　明黃俊述
　明抄本　[91]‧一‧16

周易通義十四卷　清方棻如撰
　抄本　[39]‧甲‧42

周易啓源十卷　宋蔡廣成撰
　宋刊本　[14]‧後志‧一‧753
　　[41]‧一‧7

周易十二論一卷　不知撰人
　宋刊本　[14]‧後志‧二‧843

周易內傳六卷發例一卷大象解一
　卷外傳七卷　清王夫之撰
　清湘鄉刊本　[74]‧一‧8

周易爻變義蘊四卷　元陳應潤注
　刊本　[24]‧經一‧20
　　影抄元刊本　[28]‧續‧一‧
　　13
　　舊抄本　[11]‧三‧22
　　[39]‧甲‧8　　[91]‧
　　一‧15

周易古文羽義二卷　明章品撰
　刊本　[24]‧經一‧27

周易古文抄　明劉宗周撰
　刊本　[39]‧甲‧22

周易古占法一卷　宋程迥編

明范氏天一閣刊本　[60]‧一‧
　2

周易古占法二卷　宋程迥編
　明范氏天一閣刊本　[3]‧16
　　[17]‧一‧2
　　刊本　[24]‧經一‧8

周易古占法三卷　宋程迥編
　明范氏天一閣刊本　[11]‧一‧
　22　　[75]‧二‧9

周易古占法一卷古周易章句外編
　一卷　宋程迥編
　明范氏天一閣刊本　[91]‧一‧
　4
　　舊抄本　[93]‧一‧21

周易古經　明雷樂撰
　刊本　[24]‧經一‧29
　　抄本　[39]‧甲‧30

周易古經二卷　宋呂大防編
　宋刊本　[14]‧一上‧24

周易古經十二卷　宋呂大防編
　宋刊本　[41]‧一‧2

周易古象通八卷　明魏濬撰
　明刊本　[91]‧一‧17
　　刊本　[24]‧經一‧40
　　[39]‧甲‧23
　　抄本　[11]‧三‧25

周易古本　明華兆登編
　刊本　[24]‧經一‧42
　　[39]‧甲‧30

周易古本　明孫慎行撰
　刊本　[39]‧甲‧30

周易古今文大全二十一卷　明楊
　時喬撰
　明刊本　[9]‧後編‧十二‧3
　　刊本　[24]‧經一‧30
　　[39]‧甲‧16

周易古今文全書二十一卷
　見《周易古今文大全》

周易析蘊二卷　孫坦撰
　宋刊本　[41]‧一‧11

周易卦爻經傳訓解二卷　宋蔡淵
　撰
　刊本　[24]‧經一‧12
　　抄本　[39]‧甲‧5

周易蒙引十二卷　明蔡清撰
　明刊本　[11]·三·25
周易蒙引二十四卷　明蔡清撰
　刊本　[24]·經一·22
周易甘棠正義三十卷　梁任正一
　撰
　宋刊本　[14]·後志·一·751
周易舊疏考正一卷　清劉毓崧撰
　稿本　[60]·一·1
周易觀象十二卷　清李光地撰
　清刊本　[39]·甲·37
　安谿全書本　[74]·一·8
周易觀象補義略　諸錦撰
　抄本　[34]·三·2
周易乾鑿度二卷　漢鄭玄注
　明刊本　[60]·一·3
　明范氏天一閣刊本　[91]·一·
　22
　清乾隆刊本　[75]·二·32
　聚珍刊本　[74]·一·10
　盧見曾刻盧文弨校本　[91]·
　一·22
　抄本　[5]·一上·8
周易中説四十四卷　明盧翰撰
　刊本　[39]·甲·15
周易本義四卷　宋朱熹撰
　明成化五年(1469)寧波郡庠生
　胡儼刊本　[86]·一·29
　明汲古閣據成化本重刊本
　[8]·經一·28
周易本義五卷　宋朱熹撰
　刊本　[24]·經一·10
周易本義十卷　宋朱熹撰
　宋刊本　[9]·後編·二·1
　[14]·五上·522
　明覆宋本　[11]·一·21
周易本義十二卷　宋朱熹撰
　宋刊本　[35]·上·3
　[65]·一·1　[92]·
　一·2　[95]·一·3
　宋刊大字本　[3]·1
　[17]·一·1　[34]·
　二·20
　宋臨安刊本　[2]，一·4

宋咸淳元年(1265)吳革刊本
　[23]·6　[35]·下·
　18　[68]·圖版200、目
　錄40
宋刊抄補本　[58]·經·2
元刊本　[48]·二輯上·1
　[91]·一·5
明官刊本　[74]·續增·經·1
仿宋刊本　[5]·一上·4
内府仿宋咸淳吳革刊本
　[26]·一·27　[28]·
　續·一·5　[35]·上·
　2　[75]·二·10
清咸豐六年(1856)祝鳳喈刊本
　[26]·一·28
金陵書局刊本　[26]·一·27
刊本　[89]·二集·一·10
周易本義辨證五卷　清惠棟撰
　常熟蔣氏省吾堂刊本　[100]·
　1
　稿本　[26]·一·31　[100]·1
周易本義集成十二卷　元熊良輔
　撰
　通志堂刊本　[74]·一·6
周易本義通釋十二卷　元胡炳文
　撰
　明嘉靖刊本　[91]·一·14
　通志堂刊本　[74]·一·6
　日本刊本　[75]·二·25
　舊抄本　[32]·一·15
　[93]·一·42
周易本義通釋十卷附輯錄雲峯易
　義一卷　元胡炳文撰
　抄本　[102]·下·1
周明本義啓蒙三篇　元胡一桂撰
　元刊本　[35]·下·3
周易本義啓蒙翼傳三卷　元胡一
　桂撰
　明抄本　[75]·二·22
周易本義啓蒙翼傳四卷　元胡一
　桂撰
　元刊本　[9]·五·1
　[22]·一·14
周易本義附錄集注十卷　宋張清

子纂
　影抄元刊本　[11]·三·22
周易本義附錄集注十一卷　宋張
　清子纂
　影宋抄本　[35]·附·4
　影元抄本　[28]·一·7
周易本義附錄纂注十卷　元胡一
　桂撰
　元刊殘本　[48]·二輯上·7
周易本義附錄纂注十五卷　元胡
　一桂撰
　元刊本　[91]·一·12
周易衷翼集解　清汪烓撰
　清刊本　[74]·一·9
周易折中二十二卷　清李光地撰
　清江南官刊本　[74]·一·7
周易折衷二十三卷　元趙采撰
　卷圍抄本　[39]·甲·7
周易折衷三十三卷　元趙采撰
　刊本　[24]·經一·17
周易揆十二卷　明錢士昇撰
　刊本　[39]·甲·24
周易蜎術七十四卷　清倪濤輯
　抄本　[39]·甲·43
周易輯聞六卷　宋趙汝楳撰
　宋刊本　[9]·後編·二·8
　影宋抄本　[9]·四·1
周易輯聞六卷易雅一卷筮宗一卷
　宋趙汝楳撰
　通志堂刊本　[74]·一·4
　舊抄本　[16]·一·11
周易繫辭精義二卷　宋呂祖謙撰
　宋刊本　[14]·五上·522
　[41]·一·24
　刊本　[24]·經一·9
　日本印本　[75]·二·17
　舊抄本　[11]·二·7
　[16]·一·7　[39]·
　甲·5
周易口訣義六卷　唐史徵撰
　宋刊本　[41]·一·8
　武英殿聚珍刊本　[74]·一·1
　抄本　[75]·一·4
周易口訣義七卷　唐史徵撰

宋刊本 [14]·一上·18
周易口義十卷　宋胡瑗撰
　刊本 [39]·甲·1
周易口義十三卷　宋胡瑗撰
　宋刊本 [41]·一·11
周易口義十四卷　宋胡瑗撰
　刊本 [24]·經一·5
周易口義十二卷　宋倪天隱撰
　明刊本 [28]·一·1
周易口義十五卷　宋倪天隱撰
　明刊本 [11]·一·8
周易圖説一卷　宋董楷纂
　元至正九年(1349)廬陵竹坪書
　堂刊本 [66]·目録·5
周易圖説二卷　元錢義方撰
　刊本 [24]·經一·20
　曝書亭抄本 [39]·甲·8
　抄本 [75]·二·26
　[102]·下·1
　精抄本 [91]·一·15
　文瀾閣傳抄本 [1]·三·20
　[74]·一·6
周易圖釋三卷　明劉定之撰
　天一閣本 [39]·甲·9
周易略例一卷　魏王弼撰、唐邢
　璹注、陸德明音義
　明天一閣刊本 [17]·一·1
　明刊范氏奇書本 [60]·一·1
周易略例一卷集解一卷　唐邢璹
　注
　明抄本 [17]·一·1
周易略例一卷義例一卷　魏王弼
　撰、唐邢璹注、陸德明音義
　明抄本 [75]·一·3
周易略義一卷　魏王弼注
　北宋刊本 [5]·佚文·5
周易時義注　明章佐聖撰
　刊本 [39]·甲·31
周易原意二卷　清張世擧撰
　抄本 [53]·一·1
周易原言六卷
　見《周易原旨》
周易原旨八卷　元保八撰
　舊抄本 [20]·一·2

周易原旨六卷易源奥義一卷　元
　保八撰
　舊抄本 [11]·三·14
　[39]·甲·8
　精抄本 [32]·一·15
周易原始六卷　清范咸撰
　清刊本 [39]·甲·43
周易兒説四卷　明蘇濬撰
　刊本 [24]·經一·35
　[39]·甲·19
周易開玄關一卷　唐蘇鶚撰
　宋刊本 [14]·後志·一·752
周易闡理四卷　清戴虞皐撰
　抄本 [39]·甲·34
周易闡象五卷　清蔡首乾撰
　清刊本 [74]·一·9
周易舉正三卷　唐郭京撰
　宋刊本 [14]·一上·19
　[41]·一·8
　明刊本 [60]·一·2
　明范氏天一閣刊本 [11]·一·
　6　[17]·一·1
　[75]·一·6　[91]·
　一·2
　刊本 [24]·經一·3
　[39]·甲·1
　津逮秘書本 [74]·一·1
周易全書二十一卷
　見《周易古今文大全》
周易兼兩九卷　清倪瑤、魯玉撰
　抄本 [91]·一·19
周易兼義十卷
　見《周易正義》
周易義參六卷　清于琳撰
　抄本 [39]·甲·36
周易義叢十六卷　明葉良佩輯
　刊本 [39]·甲·13
周易義叢纂略　不著撰人
　刊本 [24]·經一·26
周易義海一百卷　宋房審權撰
　宋刊本 [14]·一上·26
周易義海撮要十卷　宋李衡纂
　南宋國子監刊本 [7]·下·4
周易義海撮要十二卷　宋李衡纂

通志堂刊本 [74]·一·3
周易義類三卷　題顧叔思撰
　宋刊本 [41]·一·12
周易會通十二卷　明汪邦柱、江
　柟輯
　明萬曆四十五年(1617)刊本
　[74]·一·7
　[102]·上·11
　刊本 [24]·經一·41
　[39]·甲·24
周易會通十四卷　元董真卿撰
　通志堂刊本 [74]·一·6
周易會通十四卷附録一卷　元董
　真卿撰
　元建刊本 [2]·一·5
周易鄭康成注一卷
　見《周易》
周易纂不分卷　清鄒烈撰
　精抄本 [91]·一·21
周易尚占三卷　元李之純撰
　刊本 [24]·經一·19
　彙祕笈本 [96]·四十七·903
周易粹義五卷　清薛雪撰
　舊抄本 [74]·續增·經·1
周易類經二卷　清吳穎芳撰
　抄本 [91]·一·20
周曇詠史詩三卷　唐周曇撰
　宋刊本 [9]·後編·六·15
　[88]·五·10
　舊抄本 [95]·二·13
72周氏山房集二十卷後集二十卷
　宋周南撰
　宋刊本 [41]·十八·32
周氏冥通記四卷　梁周子良撰
　津逮祕書本 [74]·三·90
　[96]·六十九·1358
周氏冥通記四卷　陶弘景撰
　明刊本 [1]·上·42
76周髀算經二卷
　見《算經》
周髀算經述一卷　清馮經撰
　嶺南遺書本 [78]·子·天文
　類·531　[78]·算學
　書録補注·100

周髀算經校勘記一卷　清顧觀光
撰
　　古今算學叢書本　[78]・子・
　　天文類・531
　　武陵山人遺書本　[78]・算學
　　書録補注・100
周髀算經考證　清鄒伯奇撰
　　學計一得本　[78]・算學書録
　　補注・100
周髀算經圖解一卷　明朱載堉撰
　　嘉量算經本　[78]・算學書録
　　補注・100
80周益文忠公書稿十五卷　宋周必
大撰
　　宋慶元刊本　[2]・四・38
　　[30]・一・10
周益文忠公全集一百二十五卷
宋周必大撰
　　舊抄本　[83]・四・14
周益文忠公全集二百卷　宋周必
大撰
　　宋刊本　[10]・48　　[11]・
　　八十五・15　　[28]・
　　十二・1　　[35]・上・
　　49　　[58]・集・86
　　[68]・圖版146,目録32
　　[70]・八下・8　　[72]・
　　30　　[73]・圖版56
　　[94]・四・7
　　淡生堂舊抄本　[16]・續・四・
　　8
　　知不足齋抄本　[39]・壬・27
　　西圃蔣氏抄本　[91]・三十・9
　　舊抄本　[93]・二十一・13
　　精抄本　[74]・續增・集・2
　　文瀾閣傳抄本　[12]・六・14
周益文忠公全集一百零五卷附録
五卷年譜二卷　宋周必大撰
　　抄本　[71]・集・宋別・40
周益文忠公全集二百卷附録五卷
年譜一卷　宋周必大撰
　　清道光刊本　[75]・五十五・
　　30
　　宋寶王校謝浦泰抄本　[11]・

八十五・9
　　明抄本　[2]・四・37
　　抄本　[38]・集・55
周益文忠公全集一百二十五卷附
録五卷年譜一卷　宋周必大撰
　　抄本　[80]・十五・18
周益文忠公全集二百卷年譜一卷
附録一卷　宋周必大撰
　　宋刊本　[41]・十八・21
周益國公全集二百卷
　　見《周益文忠公全集》
周益公集二百卷
　　見《周益文忠公全集》
周益公奏議十二卷　宋周必大撰
　　舊抄本　[17]・四・23
周美成片玉集十卷
　　見《片玉集》
周公謚法一卷　不知撰人
　　宋刊本　[14]・一上・53
88周簡惠聖傳録一卷　宋周葵撰
　　宋刊本　[41]・九・15

陶

00陶文簡公集十三卷　明陶望齡撰
　　刊本　[39]・癸下・18
04陶詩四卷
　　見《陶靖節先生詩》
　　陶詩彙注四卷　晉陶潛撰
　　拜經堂刊本　[84]・二・22
　　陶詩析義四卷　明黃文煥編
　　明刊本　[64]・58
05陶靖節詩注八卷
　　見《陶靖節集》
　　陶靖節集一卷　晉陶潛撰
　　宋刊本　[35]・上・48
　　[94]・四・1
　　宋紹熙曾集刊本　[58]・集・6
　　綠君亭刊本　[92]・四・135
　　陶靖節集三卷　晉陶潛撰
　　朝鮮國刊本　[22]・六・3
　　陶靖節集六卷　晉陶潛撰
　　明刊本　[60]・六・16
　　抄本　[71]・集・漢魏六朝
　　別・3

陶靖節集八卷　晉陶潛撰
　　明焦氏刊本　[91]・二十三・7
　　坊刊本　[74]・四・2
　　吳兔床據宋本校明刊本
　　[17]・四・2
　　影宋抄本　[17]・四・2
陶靖節集十卷　晉陶潛撰
　　北宋刊本　[27]・106
　　[58]・集・7　　[64]・
　　四・3
　　宋刊本　[1]・上・31
　　[9]・後編・六・2
　　[10]・35　　[14]・四上・
　　330　　[35]・上・21
　　[36]・204　　[38]・集・
　　5　　[41]・十六・5
　　[70]・六・17　　[93]・
　　十九・4
　　宋江西刊大字本　[2]・四・2
　　宋刊黑口巾箱本　[4]・25
　　南宋末年建刊巾箱本　[67]・
　　第五冊・34
　　宋刊遞修本　[68]・圖版83、
　　目録21
　　元刊本　[9]・後編・十一・1
　　[11]・六十七・11
　　[35]・上・21　　[58]・
　　元・104　　[93]・十九・
　　6　　[94]・四・13
　　元建刊本　[2]・四・2
　　明刊覆宋大字本　[22]・六・2
　　明仿宋刊本　[75]・五十一・8
　　明刊本　[9]・十・3
　　[9]・後編・十八・2,3
　　[22]・六・2　　[57]・
　　224
　　明正德刊本　[26]・七・9
　　明嘉靖刊本　[22]・六・2
　　[59]・六・8
　　明嘉靖劍泉山人刊本　[11]・
　　六十七・11
　　明嘉靖彈琴室刊本　[92]・四・
　　135
　　明嘉靖二十七年(1548)傅應臺

刊本 [19]•14
明萬曆刊本 [22]•六•2
[38]•集•6
何氏仿宋刊本 [75]•五十一•
9
清嘉慶十三年(1808)京口魯銓
仿宋刊本 [26]•七•8
清咸豐刊本 [34]•附•一•
20
刊本 [5]•四上•6
[36]•204 [71]•集•
漢魏六朝別•2、4
朝鮮國刊本 [22]•六•3
校宋本 [50]•七•8
[65]•四•12
影宋抄本 [11]•六十七•10
[38]•集•5
抄本 [74]•四•2
陶靖節集八卷附東坡和陶詩二卷
晉陶潛撰、明楊時偉編
刊本 [71]•集•漢魏六朝
別•5
陶靖節集十卷附錄一卷 晉陶潛
撰
明刊本 [12]•三•15
陶靖節集十卷附錄二卷 晉陶潛
撰
校宋本 [93]•十九•6
陶靖節先生詩四卷 晉陶潛撰、
宋湯漢注
宋刊本 [35]•上•5
[50]•七•8 [58]•
集•8 [65]•四•5
[68]•圖版196、目錄40
清乾隆刊本 [2]•四•2
刊本 [84]•二•22
陶靖節年譜一卷 宋吳仁傑編
明抄本 [75]•二十一•17
抱經樓抄本 [75]•二十一•
17
舊抄本 [11]•二十七•1
[96]•二十二•451
傳抄本 [61]•七•2
陶靖節年譜一卷年譜辨證一卷雜

記一卷 宋吳仁傑編
宋刊本 [41]•十六•5
20陶集校注十卷
見《陶靖節集》
21陶貞白集一卷 梁陶弘景撰
明抄本 [95]•二•12
明馮巳蒼抄本 [2]•四•4
張立人抄本 [11]•六十七•
24
張青芝抄本 [28]•續•十二•
2
精抄本 [91]•二十三•10
抄本 [75]•五十一•20
陶貞白集二卷 梁陶弘景撰
明刊本 [91]•二十三•10
明新安汪士賢刊本 [26]•七•
10 [59]•六•9
校抄本 [61]•五•5
影宋本 [35]•上•49
傳抄明嘉靖抄本 [59]•六•9
舊抄本 [32]•十•4
[74]•四•3 [102]•
下•27
陶貞白集三十卷 梁陶弘景撰
舊抄本 [57]•224
22陶邑州小集一卷 宋陶弼撰
刊本 [24]•集一•22
勞季言校本 [11]•七十三•
18
舊抄本 [12]•六•7
[17]•四•15 [39]•
壬•10 [71]•集•宋
別•19 [91]•二十六•
20
陶山集十四卷 宋陸佃撰
聚珍刊本 [74]•四•19
陶山集十六卷 宋陸佃撰
抄本 [75]•五十四•9
陶山集二十卷 宋陸佃撰
宋刊本 [41]•十七•30
23陶然亭不分卷 清吳下習填詞
稿本 [64]•續•118
25陶朱新錄一卷 宋馬純撰
明刊本 [60]•八•9

明嘉靖刊本 [17]•三•38
墨海金壼本 [96]•六十六•
1315
舊抄本 [39]•己•70
[74]•續增•子•8
[91]•二十一•19
30陶密菴先生文集十二卷 明陶汝
鼐撰
清初刊本 [85]•二十•915
31陶潛集十卷
見《陶靖節集》
32陶淵明文集十卷
見《陶靖節集》
44陶華傷寒六書六卷
見《傷寒六書》
陶菴文集七卷補遺一卷詩集八卷
補遺一卷吾師錄一卷自鑑錄四
卷 明黃淳耀撰
刊本 [39]•癸下•35
陶菴雜記四卷 明蕭士瑋撰
刊本 [71]•集•明別•110
陶菴稿二卷續稿二卷遺稿一卷劄
記二卷 明歸子慕撰
舊抄本 [102]•下•37
陶菴夢憶八卷 明張岱撰
粵雅堂刊本 [74]•三•56
陶杜詩選 不著編者
查藥師抄本 [50]•十•35
48陶翰集一卷 唐陶翰撰
宋刊本 [41]•十九•6
72陶隱居集二卷
見《陶貞白集》
陶氏家譜一卷 宋陶直夫錄
宋刊本 [41]•八•3
77陶學士集二十卷 明陶安撰
明刊本 [32]•十四•2
[74]•四•40
明弘治十二年(1499)刊本
[38]•集•93 [91]•
三十五•4 [102]•上•
31
刊本 [39]•癸上•1
[71]•集•明別•1
陶學士集二十卷事蹟一卷 明陶

安撰
　明刊本　[11]·一百十一·2
　明弘治刊本　[92]·四·171
95陶情集六卷　明易恒撰
　精抄本　[91]·三十六·4
　陶情樂府四卷　明楊慎撰
　明刊本　[60]·七·26
　明嘉靖刊本　[91]·四十·35

朋

37朋鶴草堂文集詩集不分卷　明林
　時躍撰
　稿本　[85]·二十·908

門

30門戶志略一卷　明姚宗典輯
　抄本　[85]·四·188

脚

80脚氣集　宋車若水撰
　二老閣抄本　[39]·己·44
　脚氣集一卷　宋車若水撰
　刊本　[24]·集一·43
　脚氣集二卷　宋車若水撰
　舊抄本　[11]·五十八·6,7
　　[75]·四十四·11
　脚氣治法一卷　宋董汲撰
　宋刊本　[41]·十三·8
　脚氣治法總要二卷　宋董汲撰
　刊本　[28]·續·九·14
　四庫全書本　[79]·子·醫家
　　類·441
　藝海樓依閣抄本　[74]·三·
　　17
　文瀾閣傳抄本　[11]·四十四·
　　15　[75]·三十六·11

7722₂ 膠

44膠萊新河議略二卷　明王軒輯
　刊本　[39]·丁·77

7722₇ 邪

80邪氛錄一卷　不著編者
　明季遺聞錄本　[85]·二·116

局

00局方發揮一卷　元朱震亨撰
　元刊本　[43]·三·39
　明初刊本　[79]·子·醫家類·
　　499　[91]·十六·22
　日本活字本　[60]·二·29
　醫統正脈本　[96]·四十二·
　　772

骨

21骨鯁集二十卷　宋靖康官修
　宋刊本　[14]·三下·285

鬧

44鬧花叢四卷　清癡情士撰
　清坊刊本　[69]·四·161

閒

00閒齋琴趣外篇五卷　宋晁次膺撰
　抄本　[71]·集·詞·4
10閒雲閣印譜　方若徽鎬
　搨本　[92]·三·98
21閒止堂集一卷　宋沈弆撰
　宋刊本　[14]·五下·684
22閒樂奏議一卷　宋陳師錫撰
　宋刊本　[41]·二十二·3
30閒家編八卷　清王士俊撰
　清刊本　[39]·己·35
　閒適詞一卷初寮詞一卷烘堂集一
　　卷敬齋詞一卷　宋晁次膺撰
　宋刊本　[71]·集·詞·4
　閒適集一卷　宋晁端禮撰
　宋刊本　[41]·二十一·4
　閒適劇談五卷　明鄧球撰
　明萬曆刊本　[91]·十八·22
　刊本　[39]·己·84
　　[71]·子·小説家·17
　閒窗括異志一卷　宋魯應龍撰
　刊本　[39]·己·69
　稗海本　[74]·三·84
　鹽邑志林本　[96]·六十六·
　　1317
　舊抄本　[52]·二·16

閒窗括異志一卷　宋魯應龍撰
　搜采異閒録四卷　宋永亨撰
　舊抄本　[50]·六·26
38閒道録二十卷　明沈蕙民撰
　刊本　[39]·己·25
43閒博録　不著撰人
　抄本　[39]·己·62
44閒燕常談三卷　宋董弅撰
　宋刊本　[41]·十一·18
　閒者軒帖考一卷　清孫承澤撰
　知不足齋叢書本　[71]·子·
　　書畫家·4　[96]·
　　三十四·620
50閒中弄筆二卷　清沈策銘編
　清乾隆十八年(1753)刊本
　　[96]·四十九·974
　閒中今古録二卷　明陳頎撰
　明抄本　[92]·三·112
52閒靜治本論五卷將論五卷　宋張
　巖撰
　宋刊本　[41]·十八·35
60閒思往事不分卷　明曹珖撰
　稿本　[85]·二十一·940
　閒署日抄二十二卷　明舒榮都輯
　明天啓刊本　[102]·上·23
　刊本　[74]·三·60
77閒風集十二卷　宋舒岳祥撰
　舊抄本　[91]·三十二·7
　閒閒老人澹水文集二十卷
　見《澹水文集》
　閒閒堂會心録十六卷　明倪涷撰
　稿本　[32]·六·9
　　[102]·下·22
　抄本　[74]·三·56
　閒居編不分卷　宋釋智圓撰
　刊本　[71]·集·釋子·2
　閒居叢稿二十六卷　元蒲道源撰
　元刊本　[11]·一百零一·16
　　[17]·四·33　[28]·
　　續·十三·11　[35]·
　　上·21　[72]·32
　元至正刊大字本　[2]·五·5
　明影抄元本　[17]·四·33
　陪州邢氏守雅堂抄本　[12]·

六·26

澹生堂抄本　[39]·壬·63

舊抄本　[11]·一百零一·18

[16]·三十四·4

[71]·集·元別·9

[91]·三十四·5

[93]·二十二·15

閒居錄一卷　元吾邱衍撰

學津討原本　[96]·五十六·

1131

元抄本　[93]·十六·23

明抄本　[11]·五十八·14

曹秋嶽抄本　[91]·十九·11

舊抄本　[39]·己·72

[74]·三·55　[75]·

四十四·18　[91]·

十九·11　[102]·下·21

閒闢錄十卷　明程瞳撰

原刊本　[96]·三十七·695

刊本　[39]·己·27

90閒堂雜記四卷　不著撰人

宋刊本　[41]·十四·14

95閒情詩草　清李濤撰

清刊本　[71]·集·國朝別·

45

鵑

08鵑譜一卷　不知撰人

抄本　[5]·二中·16

屬

00屬裔枝派錄一卷　不知撰人

抄本　[5]·二下·33

7723₇　腴

90腴齋詞草三卷　宋段允迪撰

宋刊本　[14]·五下·683

7724₁　屏

22屏山集二十卷　宋劉子翬撰

宋刊本　[41]·十八·14

元刊本　[9]·六·36

[9]·後編·十一·7

明初刊本　[91]·二十九·14

明刊本　[11]·八十二·7

[16]·三十一·17

[29]·三·16　[93]·

二十一·7

明弘治刊本　[59]·六·23

明正德刊本　[12]·三·22

[71]·集·宋別·35

清康熙刊本　[75]·五十五·

10

刊本　[24]·集一·33

[39]·壬·26

舊抄本　[17]·四·22

屏山七者翁十卷　宋劉琕撰

宋刊本　[41]·二十·18

7724₇　服

88服飾變古元錄三卷　唐袁郊撰

宋刊本　[41]·六·20

服飾圖三卷　唐李德裕編

宋刊本　[14]·二下·158

閉

77閉門研思圖　不知撰人

手稿本　[80]·十三·9

殿

20殿爭錄六卷　不知撰人

明萬曆刊本　[85]·二·87

77殿閣詞林記二十二卷　明廖道南

撰

明嘉靖刊本　[92]·二·68

刊本　[39]·丁·60

殿閣詞林記三十二卷　明廖道南

撰

明刊本　[11]·二十七·28

[91]·九·19

履

00履齋詞一卷　宋吳潛撰

舊抄本　[11]·一百二十·4

[91]·四十·20

履齋示兒編二十三卷　宋孫奕撰

宋刊本　[35]·上·44

[58]·子·84　[83]·

三·23

宋劉氏學禮堂刊本　[64]·三·

45　[80]·十五·9

元江西刊本　[2]·三·28

明刊本　[11]·五十七·18

刊本　[5]·三上·42

[39]·己·43

知不足齋叢書本　[96]·五十

六·1121

顧千里校宋胡楷刊本　[11]·

五十七·17　[28]·續·

十·12

校本　[83]·三·24

舊抄本　[12]·五·32

[16]·續·三·8

[59]·二·7　[80]·

十五·8　[81]·子·11

[83]·三·25　[91]·

十九·6　[93]·十六·

20

履齋示兒編二十四卷　宋孫奕撰

宋刊本　[14]·五上·600

明刊本　[55]·三·1

履齋先生詩餘一卷

見《履齋詞》

履齋遺集四卷　宋吳潛撰

刊本　[28]·十二·11

[39]·壬·34

傳抄明刊本　[60]·六·43

勞勩卿抄本　[30]·五·35

舊抄本　[11]·九十·16

[74]·四·30　[91]·

三十一·11　[102]·

下·33

履齋遺稿四卷

見《履齋遺集》

50履素齋稿一卷　不知撰人

抄本　[93]·二十二·4

屛

30屛守齋所編年譜五種

見《宋洪文惠洪文敏陸放翁王

伯厚王弇州五先生年譜》

7725₄ 降

16降聖記五十卷　宋丁謂撰
　宋刊本　[14]・二下・174

7726₄ 居

30居濟一得八卷　清張伯行撰
　清康熙四十七年(1708)刊本
　　[74]・二・50
居家雜禮一卷
　見《司馬公居家雜儀》
居家必用事類全集十卷　不著撰
人
　元刊本　[22]・四・24
　　[35]・下・41　[58]・
　　元・87　[93]・十六・
　　24　[94]・三・11
　明刊本　[22]・四・24
　　[91]・十九・18
　明黑口刊本　[26]・六・22
　明正德刊本　[92]・三・115
　舊板大字本　[22]・四・24
32居業次編五卷　明孫鑛撰
　刊本　[39]・癸下・11
居業錄八卷
　見《胡敬齋居業錄》
40居士集一百卷
　見《歐陽文忠公集》
48居敬堂集十卷　明趙康王撰
　刊本　[71]・集・歷代帝王
　別・3
50居夷集二卷附集一卷　明王守仁
撰
　明刊本　[102]・上・32
　明嘉靖刊本　[19]・24
居東集詩二卷文二卷雜纂二卷
明謝肇淛撰
　刊本　[71]・集・明別・105
60居易錄三十四卷　清王士禛撰
　清刊本　[74]・三・57
　漁洋著述本　[96]・五十七・
　1149
居易堂文集八卷　清袁學謨撰
　清刊本　[71]・集・國朝別・

49
居易堂集二十卷　清徐枋撰
　清刊本　[74]・四・53
　清康熙刊本　[36]・244
　　[85]・二十・904
　明季三孝廉集本　[85]・二十・
　904
77居學餘情三卷　明陳中州撰
　刊本　[39]・己・12
88居竹軒詩集四卷　元成廷珪撰
　明初刊本　[91]・三十四・20
　明刊本　[38]・集・84
　刊本　[24]・集二・17
　傳抄明刊本　[17]・四・34
　知不足齋抄本　[39]・壬・68
　抄本　[71]・集・元別・31
　文瀾閣傳抄本　[11]・一百零
　　六・1

7726₆ 層

37層瀾文選前集十卷後集十卷續集
十卷別集十卷　不著編者
　元刊本　[2]・五・31
　　[9]・六・46

7726₇ 眉

22眉山秀二卷　李玉撰
　清順治刊本　[64]・14
眉山集二十卷
　見《唐子西先生集》
44眉菴詞一卷　明楊基撰
　勞氏抄本　[91]・四十・27
　舊抄本　[11]・一百二十・15
　　[75]・六十四・28
　　[101]・中・20
眉菴集十二卷　明楊基撰
　明刊本　[50]・九・40
　　[92]・四・174
　明成化刊本　[55]・五・1、14
　抄本　[91]・三十五・21
眉菴集十二卷補遺一卷　明楊基
撰
　明張習刊本　[2]・五・21
眉菴集十二卷　明楊基撰　靜居

集六卷　明張羽撰北郭集十卷
明徐賁撰
　抄補本　[18]・下・37
71眉匠詞一卷　清朱彝尊撰
　稿本　[102]・下・41
　舊抄本　[74]・四・77
80眉公祕笈正集二十卷續集五十卷
普集四十六卷彙集四十一卷廣
集五十卷　明陳繼儒輯
　刊本　[39]・庚・56
眉公筆記二卷　明陳繼儒撰
　眉公雜著本　[96]・五十八・
　1166

7727₂ 屈

30屈宋古音考三卷
　見《屈宋古音義》
屈宋古音義三卷　明陳第撰
　明刊本　[60]・一・30
　刊本　[74]・一・57
　學津討原本　[96]・十四・296
77屈騷心印五卷　清夏大霖輯
　清刊本　[39]・辛・46

7727₇ 陷

44陷燕記一卷　宋賈子莊撰
　宋刊本　[41]・五・21

7728₂ 欣

90欣賞硯譜一卷　明茅康伯撰
　刊本　[39]・庚・38
欣賞編八卷　明茅瑞徵輯
　刊本　[39]・庚・57
欣賞編　明沈津撰
　明刊本　[32]・八・23
欣賞編十四卷　明沈津撰　續編
十卷　明茅一相編
　刊本　[71]・子・雜藝術・1
欣賞修真不分卷　明人撰
　明刊本　[64]・41

7732₇ 鸞

47鸞鳩小啓十六卷續集一卷鸞鳩續
紀三卷　明連繼芳撰

刊本　[71]・集・論集・3

闥

30闥寇一卷　不著撰人
　　秘册叢説本　[85]・六・285
　　抄本　[85]・六・285

7733₁ 熙

30熙寧正旦國信録一卷　宋賓卞撰
　　宋刊本　[41]・七・12
　　熙寧收復熙河陣法三卷　宋王韶
　　撰
　　宋刊本　[41]・十二・15
　　熙寧日録四十卷　宋王安石撰
　　宋刊本　[41]・七・19
47熙朝奏疏六卷　明吳道行輯
　　明萬曆刊本　[85]・二・86

7733₆ 騷

60騷略三卷　宋高似孫撰
　　宋刊本　[11]・一百十四・20
　　[17]・四・43　[75]・
　　六十三・6
　　明翻宋本　[91]・三十・31
　　明刊本　[17]・四・43
　　刊本　[39]・辛・45
　　[89]・一集・六・7

7734₀ 馭

71馭臣鑒古二十卷　宋鄧綰撰
　　宋刊本　[14]・四下・493

7734₇ 駿

10駿粟暇筆四卷　明鄭奎光撰
　　刊本　[71]・子・小説家・26

7736₄ 駱

17駱丞集十卷
　　見《駱賓王文集》
　　駱子集注四卷
　　見《駱賓王文集》
24駱先生文集六卷
　　見《駱賓王文集》
30駱賓王文集二卷　唐駱賓王撰

　　明刊本　[12]・三・16
　　駱賓王文集四卷　唐駱賓王撰、
　　明陳魁士注
　　明刊本　[3]・20　[9]・後
　　編・十八・4
　　明萬曆刊本　[91]・二十四・3
　　刊本　[89]・二集・八・17
　　駱賓王文集六卷　唐駱賓王撰
　　明刊本　[3]・20
　　明萬曆刊本　[91]・二十四・3
　　駱賓王文集十卷　唐駱賓王撰
　　北宋刊本　[50]・七・12
　　[64]・四・14　[83]・
　　四・4
　　北宋蜀刊本　[35]・上・15
　　[68]・圖版225、目録44
　　宋刊本　[14]・四上・337
　　[41]・十六・8　[81]・
　　集・3
　　宋刊抄補本　[58]・集・13
　　元刊本　[4]・26　[35]・
　　下・13　[48]・二輯下・
　　153　[91]・二十四・3
　　[99]・上・5
　　明刊本　[11]・六十八・2
　　[32]・十・5　[71]・
　　集・唐別・1　[93]・
　　十九・11
　　明陳士科刊本　[1]・上・33
　　清刊本　[80]・十・10
　　清康熙刊本　[75]・五十一・
　　21
　　刊本　[89]・一集・十・3、4
　　影宋抄本　[52]・三・2
　　駱賓王文集十卷　唐駱賓王撰、
　　明顏文注
　　清嘉慶二十一年(1816)秦恩復
　　仿宋刊本　[74]・四・4
40駱太史澹然齋存稿六卷誥勅一卷
　　補遺一卷　明駱從宇撰
　　刊本　[71]・集・明別・99

7740₀ 又

44又韡隨筆　不著編者

　　抄本　[20]・四・24

闡

44闡莊懿公集八卷　明闡珪撰
　　刊本　[39]・癸上・17
80闡午堂集七卷　明闡如霖撰
　　刊本　[39]・癸上・51

7740₁ 闡

00闡塵偶記　不知撰人
　　抄本　[100]・93
37闡過齋集四卷　元吳海撰
　　舊抄本　[93]・二十二・21
　　闡過齋集八卷　元吳海撰
　　明刊本　[21]・一・46
　　明成化刊本　[91]・三十四・
　　26
　　邵銅重刊本　[71]・集・元別・
　　17
　　明抄舊抄合配本　[17]・四・
　　35
　　淡生堂抄本　[11]・一百零六・
　　11　[16]・三十四・35
　　抄本　[39]・壬・70
40闡有益齋讀書志六卷　朱述之撰
　　刊本　[28]・五・12
　　闡奇録一卷　不著撰人
　　宋刊本　[41]・十一・4
60闡見後録三十卷
　　見《邵氏闡見後録》
　　闡見近録一卷　宋王鞏撰
　　宋刊本　[17]・三・35
　　[41]・七・20　[87]・
　　一・9
　　闡見録　明姚宣撰
　　抄本　[39]・丁・44
　　闡見録二卷　明張起撰
　　舊抄本　[85]・二十一・938
　　闡見録二十卷
　　見《邵氏闡見録》
　　闡見類纂小史十四卷　明魏偶撰
　　抄本　[39]・丁・35
71闡雁齋筆談六卷　明張大復撰
　　刊本　[39]・己・83

[71]·子·小說家·24

99聞鶯館社集詩　不知編者
　　明刊本　[21]·一·59

7740₇　學

00學齋稿不分卷　明危太樸撰
　　抄本　[29]·三·28
　　學齋佔畢二卷　宋史繩祖撰
　　宋刊舊抄合本　[50]·五·41
　　校宋舊抄本　[50]·五·40
　　　[65]·續·三·41
　　學齋佔畢四卷　宋史繩祖撰
　　宋刊本　[11]·五十六·23
　　　[17]·三·23
　　明覆宋本　[91]·十八·29
　　明刊本　[17]·三·23
　　刊本　[5]·三上·37
　　百川學海本　[96]·五十四·
　　　1080
　　稗海本　[74]·三·49
　　明抄本　[38]·子·47
　　舊抄本　[52]·二·6
　　　[75]·四十二·21
　　　[81]·子·11　[83]·
　　　三·22
　　學齋佔畢四卷釋常談三卷　宋史
　　　繩祖撰
　　抄本　[71]·子·雜家·13
　　學庸講義三卷　清朱用純撰
　　原刊本　[96]·十三·263
　　學文堂集　陳玉璂撰
　　刊本　[39]·癸下·48
　　學言稿六卷　元吳當撰
　　明弘治刊本　[11]·一百零六·
　　　12
　　文瀾閣傳抄本　[11]·一百零
　　　六·12
04學詩初稿一卷　宋王同祖撰
　　影宋抄本　[71]·集·宋別·
　　　65
12學孔精舍詩抄六卷　明孫應鰲撰
　　抄本　[34]·附·一·24
18學政全書八十六卷　清官修
　　清武英殿刊本　[96]·二十九·

　　　564
22學樂錄二卷　清李塨撰
　　附西河集刊本　[74]·一·48
23學稼餘譚四卷　明陳之伸撰
　　抄本　[39]·己·78
27學的二卷　不著撰人
　　刊本　[53]·二·1　[71]·
　　　子·儒家·15
30學究新談三十六回　清人撰
　　清光緒三十四年(1908)商務印
　　　書館排印本　[69]·七·
　　　201
　　學案一卷　清王甡輯
　　清刊本　[39]·己·34
　　積書巖六種本　[96]·三十七·
　　　704
31學福齋集　清沈學子撰
　　稿本　[57]·290
　　學福齋經義　清沈學子撰
　　稿本　[46]·3
33學治臆說二卷續說一卷　清汪輝
　　祖撰
　　知不足齋叢書本　[96]·
　　　二十八·551
35學禮質疑二卷　清萬斯大撰
　　清刊本　[39]·乙·26
　　經學五書本　[96]·六·95
38學海二百三十卷　明饒伸撰
　　明刊本　[9]·後編·十六·23
　　學海類編北戶錄　唐段公路撰
　　清道光十一年(1831)晁氏活字
　　　印本　[68]·圖版645、目
　　　錄103
40學古集四卷詩論一卷　清宋大樽
　　撰
　　清嘉慶十三年(1808)猶子純熙
　　　刊本　[26]·十三·17
　　學古編一卷　元吾邱衍撰
　　刊本　[5]·一下·12
　　說郛本　[96]·四十九·970
　　汲古閣抄本　[39]·庚·20
　　舊抄本　[75]·三十九·15
　　學古編一卷竹素山房詩文一卷大
　　　凝道人詩文一卷錢舜舉詩一卷

　　元吾邱衍撰
　　吳石倉抄本　[71]·集·元別·
　　　32
　　學古適用編九十一卷　明呂純如
　　　輯
　　刊本　[39]·庚·49
　　學古堂詩集六卷　清沈季友撰
　　清刊本　[39]·癸下·49
　　抄本　[57]·286
　　學校問一卷　清毛奇齡撰
　　西河合集本　[96]·六·97
44學蔀通辨十二卷　明陳建撰
　　重刊本　[96]·三十七·697
　　學林四卷　宋王觀國撰
　　小山堂抄本　[71]·子·雜家·
　　　19
　　學林十卷　宋王觀國撰
　　武英殿聚珍刊本　[74]·三·
　　　48　[96]·五十四·
　　　1070
　　刊本　[28]·八·6
　　明抄本　[32]·八·9
　　清四庫底本　[8]·子一·270
　　抄本　[39]·己·39
50學史十三卷　明邵寶撰
　　明刊本　[11]·三十八·18
　　明嘉靖秦汶重刊本　[19]·4
　　　[75]·三十一·17
　　　[91]·十四·24
　　明崇禎刊本　[74]·二·81
　　經史全書本　[96]·三十五·
　　　650
　　學春秋隨筆十卷　清萬斯大撰
　　清刊本　[39]·乙·46
　　經學五書本　[96]·十一·216
60學易記九卷　元李簡撰
　　元刊本　[9]·後編·八·9
　　通志堂刊本　[74]·一·6
　　明抄配本　[91]·一·14
　　學易集八卷　宋劉跂撰
　　聚珍刊本　[74]·四·20
　　抄本　[75]·五十四·13
　　學易集二十卷　宋劉跂撰
　　宋刊本　[41]·十七·28

學易枝言四卷　明郝敬述、郝洪
　　範録
　　明刊本　[91]・一・18
學易舉隅六卷　明戴庭槐撰
　　刊本　[39]・甲・18
學易堂五筆　明項皋謨撰
　　刊本　[39]・己・61
學圃齋隨筆十五卷　題文元發撰
　　殘稿本　[92]・三・112
學圃藼蘇六卷　明陳耀文纂
　　明刊本　[30]・二・13
　　　[91]・十九・27
　　原刊本　[96]・五十八・11b3
　　刊本　[39]・己・78
68學吟新咏一卷　不知撰人
　　抄本　[5]・四下・27
71學曆説一卷　清梅文鼎撰
　　清康熙刊昭代叢書本　[78]・
　　子・天文類・553
72學脈正編五卷　明李公柱輯
　　刊本　[39]・己・24
77學問要編六卷　元劉君賢撰
　　刊本　[39]・己・8
98學範六卷　明趙撝謙撰
　　刊本　[39]・己・9
學餘閣集五卷　明邱兆麟撰
　　刊本　[39]・癸下・24
學餘堂文集二十八卷詩集五十卷
　　外集二卷　清施閏章撰
　　清刊本　[74]・四・49
　　清康熙刊本　[96]・七十・
　　　1376
學箕初稿二卷　清黄百家撰
　　箭山鐵鐙軒刊本　[96]・七十・
　　　1401

7744₆　丹

10丹霞澹歸禪師語録　釋澹歸撰
　　續藏經本　[85]・十八・812
22丹崖集八卷　明唐肅撰
　　明初刊本　[11]・一百十一・3
　　舊抄本　[50]・九・38
　　舊抄藍格本　[60]・七・9
丹崖集八卷附録一卷　明唐肅撰

　　明天順刊本　[91]・三十五・10
　　黄蕘圃校舊抄本　[8]・集四・
　　　512
　　傳抄明天順刊本　[59]・七・
　　　14
　　抄本　[74]・四・38
　　　[102]・下・37
丹崖先生集十卷　明黄雲撰
　　刊本　[39]・癸上・26
27丹魚譜一卷　明陳子經撰
　　舊抄本　[53]・二・6
　　　[71]・子・農家・14
28丹谿手鏡二卷　元朱震亨撰
　　趙清常校抄本　[5]・三下　4
丹谿心法二卷　元朱震亨撰
　　明成化刊本　[12]・三・9
丹谿心法五卷　元朱震亨撰
　　明景泰陝西刊本　[79]・子・
　　醫家類・436
　　醫統正脈本　[96]・四十二・
　　　773
丹谿心法附餘二十四卷　明方廣
　　撰
　　明嘉靖十五年(1536)刊本
　　　[74]・續增・子・3
　　　[79]・子・醫家類・436
　　　[96]・四十二・774
丹谿心法附餘三十四卷　明方廣
　　撰
　　明刊本　[60]・二・29
32丹淵集四十卷　宋文同撰
　　宋刊本　[14]・四下・465
　　　[41]・十七・13
　　明刊本　[9]・後編・十八・19
　　刊本　[39]・壬・10
丹淵集四十卷拾遺二卷諸公書翰
　　詩文一卷附年譜雜記　宋文同
　　撰
　　明萬曆吳一標重刊本　[8]・
　　集二・430　　[59]・六・
　　16　　[91]・二十六・20
丹淵集四十卷拾遺二卷附録一卷
　　宋文同撰
　　明修金刊本　[65]・五・15

丹淵集四十卷拾遺二卷附録二卷
　　宋文同撰
　　明刊本　[11]・七十四・19
　　　[75]・五十三・25
丹淵集四十卷拾遺二卷年譜一卷
　　附録一卷　宋文同撰
　　明萬曆蒲以懌刊本　[26]・八・
　　　4
　　盧紹弓校明刊本　[30]・六・
　　　45
丹淵集十二卷拾遺二卷年譜一卷
　　附録二卷　宋文同撰
　　舊抄本　[74]・四・15
丹淵集四十卷附録一卷拾遺二卷
　　墓誌一卷年譜一卷　宋文同撰
　　陳眉公校刊本　[71]・集・宋
　　別・21
40丹臺玉案六卷　清孫文胤撰
　　明崇禎仁壽堂刊本　[79]・子・
　　醫家類・440
　　師儉堂刊本　[96]・四十三・
　　　796
50丹書一卷　不著撰人
　　刊本　[39]・庚・97
76丹陽詞一卷　宋葛勝仲撰
　　宋刊本　[41]・二十一・7
　　抄本　[75]・六十四・24
丹陽集二十四卷　宋葛勝仲撰
　　抄本　[38]・集・48
　　文瀾閣傳抄本　[11]・八十・
　　　14
　　傳抄閣本　[59]・六・22
丹陽集四十二卷後集四十二卷
　　宋葛勝仲撰
　　宋刊本　[41]・十八・7
丹陽縣志二十二卷　清鄒廷模輯
　　清乾隆十五年(1750)刊本
　　　[74]・續增・史・8
丹陽類集十卷　宋曾旼編
　　宋刊本　[14]・四下・506
87丹鉛雜録十卷　明楊慎撰
　　函海本　[74]・三・49
　　　[96]・五十五・1084
丹鉛詩話補遺三卷　明楊慎撰

刊本　［39］·庚·7
丹鉛續録十二卷　明楊慎撰
　明嘉靖刊本　［91］·十八·32
丹鉛總録二十七卷　明楊慎撰
　明刊本　［9］·後編·十六·15
　明重刊本　［96］·五十五·1083
　明嘉靖刊本　［12］·四·11
　　［19］·8　［26］·五·53
　　［91］·十八·32
　　［102］·上·22
　清乾隆刊本　［75］·四十二·27
丹鉛總録三十七卷續録十二卷餘
　録十七卷摘録十三卷　明楊慎
　撰
　刊本　［39］·己·77
丹鉛餘録十七卷　明楊慎撰
　刊本　［71］·子·雜家·28
丹鉛餘録十七卷續録十二卷摘録
　十三卷總録二十七卷　明楊慎
　撰
　明嘉靖刊本　［74］·三·49

册

00册府元龜一千卷　宋王欽若、楊
　億等纂
　北宋國子監刊本　［7］·中·55
　　［93］·十七·3　［94］·
　　三·5
　北宋刊本　［11］·五十九·11
　　［16］·二十六·4
　　［17］·三·30　［31］·
　　15　［35］·下·42
　　［72］·21
　北宋蜀刊本　［2］·三·32
　　［13］·26　［33］·子·
　　33　［68］·圖版224、目
　　録44
　宋刊本　［14］·後志·二·853
　　［22］·五·7　［41］·
　　十四·22　［54］·四·
　　31　［58］·子·104
　　［93］·十七·3　［94］·
　　三·5
　南宋刊本　［16］·二十六·4

　　［35］·下·51　［73］·
　　圖版42
　明刊本　［30］·二·11
　　［102］·上·24
　明崇禎刊本　［74］·三·65
　　［75］·四十五·12
　五繡堂刊本　［96］·六十一·
　　1203
　明抄本　［11］·五十九·11
　　［17］·三·30
　明縣紙藍格抄本　［59］·五·
　　11
　清抄本　［22］·五·7
　舊抄本　［16］·二十六·3
　　［38］·子·67

7744₁ 開

00開方補記　張古餘撰
　清刊本　［80］·十一·11
開方法三卷　清李鋭撰
　李氏遺書本　［96］·四十五·
　　877
開慶四明續志十二卷
　見《四明續志》
01開顏集二卷　宋周文玘輯
　刊本　［39］·庚·32
　舊抄本　［91］·二十一·22
開顏集三卷　宋周文玘輯
　宋刊本　［41］·十一·10
開顏録二卷
　見《開顏集》
開譚録二卷　宋蘇耆撰
　宋刊本　［14］·後志·二·835
04開讀傳信一卷　明金日昇撰
　祕册叢説本　［85］·四·199
10開元天寶遺事　五代王仁裕撰
　刊本　［89］·二集·四·42
開元天寶遺事一卷　五代王仁裕
　撰
　説郛本　［96］·六十三·1252
開元天寶遺事二卷　五代王仁裕
　撰
　宋刊本　［41］·七·7
　明刊本　［11］·六十二·6

　　［50］·六·7　［51］·
　　二·26
　明銅活字本　［50］·六·8
　　［65］·續·三·61
　日本寬永十六年重刊紹定本
　　［59］·八·4
　影宋本　［61］·六·1
　舊抄本　［11］·六十二·8
　　［50］·六·7　［75］·
　　四十六·6
　精抄本　［91］·二十一·5
開元天寶遺事三卷　五代王仁裕
　撰
　舊抄影宋本　［22］·五·15
　黃琴六抄本　［57］·213
開元天寶遺事四卷　五代王仁裕
　撰
　宋刊本　［14］·二下·181
　明建業張氏銅活字印本
　　［68］·圖版613、目録99
　文房小説本　［74］·三·75
開元占經一百二十卷
　見《唐開元占經》
開元釋教録二十卷　唐釋智昇撰
　明刊本　［91］·二十二·3
　明支那本　［11］·六十五·15
　　［16］·二十八·9
　　［59］·二·11
　支那撰述本　［96］·六十八·
　　1334
　明抄本　［8］·子二·346
開元釋教録三十卷　唐釋智昇撰
　宋刊本　［14］·後志·一·814
開元釋教録二十卷附略出四卷
　唐釋智昇撰
　宋刊藏經本　［38］·子·89
開元釋教録略出二十卷　唐釋智
　昇撰
　宋紹興十八年(1148)福州開元
　　寺刊本　［68］·圖版157、
　　目録34
開元禮一百五十卷
　見《大唐開元禮》
開元禮百問二卷　題唐蕭嵩撰

宋刊本　[41]・六・13
開元通禮二百卷　宋劉溫叟等撰
宋刊本　[41]・六・14
開元昇平源記一卷　唐吳兢撰
宋刊本　[14]・二上・134
[41]・五・12
開天傳信記一卷　唐鄭棨撰
宋刊本　[11]・六十四・13
[14]・二上・131
[17]・三・37　[41]・五・12
明覆宋本　[91]・二十一・18
明刊本　[17]・三・38
百川學海本　[96]・六十六・1310
抄本　[75]・四十八・7
開天傳信錄一卷
見《開天傳信記》
24開化志二卷　題王抱承、鮑泮輯
抄本　[46]・9
30開寶通禮二百卷　宋劉溫叟等撰
宋刊本　[14]・後志・一・758
31開江書四卷　清顧士璉輯
清刊本　[39]・丁・78
34開禧歷三卷立成一卷　宋鮑澣之撰
宋刊本　[41]・十二・22
44開封府志三十四卷　明朱睦㮮撰
清刊本　[71]・史・地志・11
53開成承詔錄二卷　唐李石撰
宋刊本　[14]・二上・133
60開國臣傳十三卷　明朱國禎撰
刊本　[39]・戊・15
94開煤要法十二卷　清王德均述
上海製造局刊本　[74]・續增・子・6

7748₂　闕

50闕史一卷
見《唐闕史》
60闕里廣志二十卷　清宋際、宋慶長撰
清康熙十二年(1673)刊本
[39]・戊・40　[96]・

二十二・445
闕里志十二卷　明孔貞叢撰
刊本　[71]・史・地志・82
闕里志二十四卷　明孔貞叢撰
明刊本　[91]・九・2
闕里志二十四卷　清孔允植輯
清刊本　[39]・戊・40
闕里世系一卷　宋孔宗翰撰
宋刊本　[14]・二下・183

7750₈　舉

32舉業正式六卷　不著撰人
明官刊本　[8]・史三・204

7755₀　毋

47毋欺錄一卷　清朱用純撰
舊抄本　[74]・三・6
[102]・下・14

7760₁　閣

26閣皁山志二卷　明俞策撰
舊抄本　[91]・十二・6

闇

23闇然堂類纂六卷　明潘士藻撰
刊本　[39]・己・54

醫

00醫方集解二十一卷附急就良方一卷勿藥元詮一卷　清汪昂撰
清道光二十七年(1847)瓶花書屋刊本　[79]・子・醫家類・508
醫方便懦　李杲撰
喬山書舍刊本　[89]・二集・七・21
醫方要要十卷　明周文采編
明嘉靖二十三年(1544)刊本
[79]・子・醫家類・504
通行本　[96]・四十三・777
醫方大成十卷　元孫允賢編
元刊本　[11]・四十七・23
[16]・二十二・29
[22]・補遺・73

[35]・下・51　[58]・元・80
元至正三年(1343)進德書堂刊本　[79]・子・醫家類・501
明初刊本　[91]・十六・23
明成化十七年(1481)書林劉氏溥濟藥堂刊本　[68]・圖版375、376、目錄67
刊本　[89]・一集・八・28
醫方考六卷　明吳崐撰
明刊本　[76]・十・23
刊本　[89]・二集・七・22
醫方考六卷附脈語二卷　明吳崐撰
明萬曆十二年(1584)刊本
[79]・子・醫家類・505
醫方類聚二百六十六卷　不著編者
刊本　[89]・二集・七・8
01醫語八卷
見《友漁齋醫話》
08醫說十卷　宋張杲撰
宋刊本　[12]・一・11
[22]・補遺・64
[41]・十三・3　[48]・一輯・51　[50]・四・32　[51]・二・10
[58]・子・55　[91]・十六・17
宋嘉定刊本　[2]・三・10
宋紹定刊大字本　[79]・子・醫家類・510
明刊本　[11]・四十六・6
[75]・三十七・5
[93]・十四・22
明嘉靖二十二年(1543)郎正初刊本　[22]・補遺・65
明嘉靖二十三年(1544)顧定芳刊本　[22]・補遺・64
明嘉靖二十五年(1546)潘藩刊本　[22]・補遺・66
明萬曆十七年(1589)張堯直刊本　[22]・補遺・66

刊本 [39]·庚·87
　　[89]·一集·八·3
朝鮮國活字本 [22]·補遺·
　　67
明嘉靖二十五年(1546)刊校宋
　　本 [91]·十六·18
醫説九十二卷　不著撰人
　　宋刊殘本 [35]·上·19
10醫醇賸義四卷醫方論四卷　清費
　伯雄撰
　　清同治四年(1865)耕心堂刊本
　　　[79]·子·醫家類·527
20醫統大全一百卷
　　見《古今醫統大全》
21醫旨緒餘二卷　明孫一奎撰
　　杭州吳氏刊本 [96]·四十三·
　　783
　　刊本 [74]·三·19
醫經正本書一卷　宋程迥撰
　　宋刊本 [41]·十三·3
　　刊本 [88]·四·10
　　影抄宋刊本 [11]·四十六·9
　　舊抄本 [75]·三十七·10
　　　[93]·十四·20
醫經正本書一卷劄記一卷　宋程
　迥撰
　　小萬卷樓叢書本 [79]·子·
　　醫家類·516
醫經溯洄集一卷　元王履撰
　　明初刊本 [79]·子·醫家類·
　　379　　[91]·十六·23
　　刊本 [89]·一集·八·27
　　醫統正脈本 [96]·四十二·
　　776
醫經原旨六卷　清薛雪撰
　　清乾隆楊采刊本 [79]·子·
　　醫家類·341
30醫宗説約五卷　清蔣示吉撰
　　清康熙二年(1663)寶翰樓刊本
　　　[79]·子·醫家類·525
醫宗説約六卷　清蔣示吉撰
　　麗正堂刊本 [96]·四十三·
　　797
醫宗必讀十卷　清李中梓撰

通行本 [96]·四十三·795
醫宗金鑑九十卷　清鄂爾泰等撰
　　清乾隆內府刊本 [68]·圖版
　　521,目錄87　　[96]·
　　四十三·794
醫案五卷　明孫一奎撰
　　杭州吳氏刊本 [96]·四十三·
　　783
33醫心方三十卷　日本康賴撰
　　日本安政六年(1859)刊本
　　　[59]·二·19
　　模刊古卷子本 [76]·十·4
35醫津筏一卷　清江之蘭撰
　　昭代叢書本 [79]·子·醫家
　　類·525
37醫通十六卷　清張璐撰
　　清刊本 [39]·庚·92
　　　[74]·三·20
　　清康熙寶翰樓刊本 [79]·子·
　　醫家類·524
　　張氏醫書本 [96]·四十三·
　　801
44醫林集要十卷　明王璽撰
　　明刊本 [59]·二·20
醫林繩墨八卷　明方隅撰
　　明刊本 [79]·子·醫家類·
　　439　　[91]·十六·27
醫林纂要探源十二卷附録一卷
　清汪紱撰
　　汪雙池遺書本 [79]·子·醫
　　家類·526
醫林類證集要十卷　明王璽輯
　　明活字本 [12]·三·10
50醫史十卷　明李濂輯
　　明嘉靖刊本 [75]·三十七·
　　19　　[79]·子·醫家類·
　　521
　　刊本 [39]·庚·89
　　　[89]·一集·八·36
醫書六種　不著撰人
　　明刊本 [91]·十六·27
醫書大全　不著編者
　　刊本 [89]·二集·七·25
60醫壘元戎十二卷　元王好古纂

明刊本 [91]·十六·21
明嘉靖二十二年(1543)顧遂刊
　　本 [79]·子·醫家類·
　　435
　　刊本 [89]·一集·八·35
　　活字本 [22]·補遺·72
　　醫統正脈本 [96]·四十二·
　　770
71醫原圖説二卷　清金理撰
　　清乾隆二十六年(1761)刊本
　　　[79]·子·醫家類·526
　　　[96]·四十三·808
77醫門玉髓一卷　不知撰人
　　宋刊本 [41]·十三·3
醫門法律六卷附寓意草一卷　清
　喻昌撰
　　四庫全書本 [79]·子·醫家
　　類·439
醫門法律十二卷附寓意草不分卷
　清喻昌撰
　　華園堂刊本 [96]·四十三·
　　796
醫門棒喝四卷　清章楠撰
　　廣州刊本 [96]·四十三·813
醫門棒喝四卷二集九卷　清章楠
　撰
　　清同治六年(1867)聚文堂刊本
　　　[79]·子·醫家類·527
醫學讀書記三卷續記一卷附醫案
　一卷　清尤怡撰
　　槐廬叢書本 [79]·子·醫家
　　類·525
醫學正傳八卷　明虞摶撰
　　明正德金陵吳氏刊本 [79]·
　　子·醫家類·521
　　明嘉靖十年(1531)刊本
　　　[96]·四十三·778
　　刊本 [39]·庚·88
醫學發明一卷　不著撰人
　　醫統正脈本 [79]·子·醫家
　　類·437
醫學發明七卷　不著撰人
　　元刊殘本 [58]·元·73
醫學綱目四十卷　元樓英撰

明嘉靖四十四年(1565)刊本
　[30]・三・13　　[79]・
子・醫家類・438
醫學源流論二卷　清徐大椿撰
清刊本 [71]・子・醫家・2
半松齋醫書六種本 [79]・子・
醫家類・525 [96]・
四十三・807
醫學心悟五卷附華佗外科證治藥
方一卷　清程國彭撰
清雍正十年(1732)刊本
[79]・子・醫家類・440
清徽州程氏慎德堂刊本
[96]・四十三・805
醫學啓源三卷　金張元素撰
元刊本 [29]・二・6
明刊本 [92]・三・85
抄本 [5]・三下・2
[16]・二十二・13
醫學真傳一卷　清高世栻撰
醫林指月本　　[79]・子・醫
家類・525
醫學管見一卷　明何瑭撰
明刊本 [79]・子・醫家類・
390
醫開七卷　明王世相撰
明刊本 [79]・子・醫家類・
522
刊本 [39]・庚・89
醫閭先生集九卷　明賀欽撰
明刊本 [8]、集四・531
[32]・十四・8
刊本 [39]・癸上・20
[71]・集・明別・40
醫貫六卷　明趙獻可撰
清康熙二十六年(1687)天蓋樓
刊本 [79]・子・醫家類・
590
三多齋刊本 [96]・四十三・
790
醫貫砭二卷　清徐大椿撰
清乾隆刊本 [79]・子・醫家
類・390
半松齋醫書六種本 [96]・

四十三・791
80醫鏡四卷　題明王肯堂撰
明刊本 [96]・四十三・786
明崇禎十四年(1641)刊本
[79]・子・醫家類・522
82醫鐙續焰二十一卷　清潘楫撰
清初陸地舟刊本 [79]・子・
醫家類・359
[96]・四十二・763
88醫鑑十卷續補二卷　清李文來撰
清康熙刊本 [79]・子・醫家
類・508
92醫燈續焰二十一卷
見《醫鐙續焰》

77760₂ 留

04留計疏草二卷　明畢自嚴撰
明天啓崇禎間刊本 [85]・三・
151
28留谿外傳十八卷　清陳鼎撰
清康熙刊本 [85]・十七・739
常州先哲遺書本 [85]・十七・
739
30留窮草　清黃百藥撰
抄本 [39]・癸下・50
33留補堂集選四卷　明林時對撰
四明叢書第六集本 [85]・
二十・909
47留都見聞録二卷　明吳應箕撰
當塗夏氏刊本 [85]・十・501
貴池先哲遺書本 [85]・十・
501
國粹叢書本 [85]・十・501
秋浦雙忠録本 [85]・十・501
50留青日劄三十九卷　明田藝術撰
明萬曆元年(1573)刊本
[74]・三・55 [102]・
上、23
刊本 [39] 庚・48
[71]・子・小説家・20
留青日劄四十卷　明田藝術撰
明刊本 [91]・十九・16
留春草堂詩抄七卷　清伊秉綬撰
清嘉慶十九年(1814)刊本

[26]・十四・5
77留留青六卷　明田藝術撰
刊本 [71]・子・小説家・20
88留餘堂集四卷　明潘季馴撰
明刊本 [32]・十四・13
留餘堂集四卷奏議　明潘季馴撰
刊本 [39]・癸上・59

77760₄ 閣

08閣論録四卷　明楊一清撰
抄本 [39]・丁・39
閣訟記略一卷　不著撰人
虞陽説苑甲編本 [85]・十八・
792
瞿氏菰村漁父抄本 [85]・
十八・792
77閣門儀制十二卷　宋李淑等纂
宋刊本 [41]・六・15

77760₆ 閻

77閻邱辨圃十五種　清顏嗣立編
清刊本 [74]・三・62
閻邱辨圃十種　清顏嗣立編
清刊本 [74]・續增・子・7

77760₇ 問

00問辨牘四卷續四卷　明管志道輯
刊本 [39]・己・13
12問水集六卷　明楊旦輯
刊本 [39]・丁・75
問刑條例七卷附律例類抄六卷行
移式四卷明律圖一卷名律例一
卷　明舒化等續修
明錢塘胡氏校刊本 [96]・
三十一・576
21問經堂叢書十八種　清孫馮翼編
承德孫氏刊本 [96]・五十九・
1187
22問山堂詩集二卷　清丁煒撰
清刊本 [71]・集・國朝別・
22
問山堂詩集十卷文集八卷紫雲詞
一卷　清丁煒撰
清刊本 [74]・四・53

30問字堂集六卷岱南閣集二卷嘉穀
　　堂集一卷五松園文稿一卷平津
　　館文稿二卷　清孫星衍撰
　　刊本　[96]·七十一·1426
40問奇集　明張位輯
　　刊本　[39]·丙·42
　問奇類林三十五卷　明郭良翰編
　　明萬曆三十七年(1609)刊本
　　　[74]·三·84　　[102]·
　　　上·25
77問學錄四卷　清陸隴其撰
　　抄本　[39]·己·32

閭
23閭外春秋十卷　唐李筌撰
　　宋刊本　[41]·十二·14
　閭外春秋三十二卷　明尹商輯
　　刊本　[39]·庚·81
88閭範二卷　宋呂祖謙輯
　　影宋本　[54]·三·27
　閭範十卷　宋呂祖謙輯
　　宋刊本　[41]·九·15

7771₆ 閹
90閹黨逆案一卷　明韓爌等纂
　　先撥志始附刊本　[85]·四·
　　192

7771₇ 巳
64巳畦集二十一卷附原詩四卷　清
　　葉燮撰
　　二弄草堂刊本　[96]·七十·
　　1389

巴
10巴西文集一卷　元鄧文原撰
　　知不足齋抄本　[39]·壬·59
　　舊抄本　[17]·四·30
　　[38]·集·72
　巴西文集一卷素履齋稿二卷　元
　　鄧文原撰
　　吳石倉抄本　[71]·集·元別·
　　25
50巴東集一卷　宋寇準撰

宋刊本　[14]·五下·731
　巴東集三卷　宋寇準撰
　　宋刊本　[41]·二十·1
88巴餘集十卷　清李式玉撰
　　清刊本　[71]·集·國朝別·
　　17

罷
07罷記四卷　明錢一本撰
　　刊本　[39]·己·24
20罷采館清課二卷　明費元禄撰
　　廣秘笈本　[96]·五十八·
　　1158

鼠
12鼠璞一卷　宋戴埴撰
　　宋刊本　[11]·五十六·24
　　　[17]·三·23　　[41]·
　　　十一·22
　　宋刊小字本　[28]·八·14
　　明刊本　[17]·三·23
　　明胡文煥刊本　[60]·二·18
　　百川學海本　[96]·五十四·
　　1081
　　舊抄小字本　[91]·十八·29
　　抄本　[71]·子·雜家·7
　鼠璞二卷　宋戴埴撰
　　抄本　[75]·四十二·22

7772₀ 卯
37卯洞集四卷　明徐珊撰
　　刊本　[39]·丁·81

印
08印譜日課編四卷　清盧登焯編
　　清刊本　[74]·續增·子·4
43印式一卷　不著編者
　　揭本　[21]·一·23、24
　　明抄本　[17]·三·11
47印格一卷　宋晁克一撰
　　宋刊本　[14]·後志·二·856
50印史一卷　明文彭撰
　　抄本　[71]·子·雜藝術·5
　印史五卷　明何通撰

明刊本　[91]·十七·23
55印典八卷　清朱象賢輯
　　清刊本　[39]·庚·38
　　　[74]·續增·子·4
　　清康熙刊本　[75]·三十九·
　　16
　　清豁朱氏刊本　[75]·三十九·
　　16
　　就簡堂刊本　[96]·四十九·
　　972
62印則一卷　清孫光祖纂
　　清乾隆刊本　[75]·三十九·
　　16
80印人傳三卷　清周亮工撰
　　清刊本　[39]·庚·38
　　　[71]·子·雜藝術·6
92印燈　不著編者
　　揭本　[21]·一·24

即
22即山集　明釋達月撰
　　抄本　[39]·庚·101
27即身成佛義一卷　釋空海撰
　　日本乾元二年刊本　[62]·圖
　　版30
　　日本永禄五年刊本　[62]·圖
　　版165

7773₂ 艮
00艮廬詞一卷續一卷　不知撰人
　　清刊本　[57]·308
　艮齋詩集十四卷　元侯克中撰
　　元刊本　[39]·壬·77
　　鮑渌飲校抄本　[12]·六·25
　　舊抄本　[11]·九十九·10
　　　[91]·三十三·24
　艮齋先生薛常州浪語集三十卷
　　見《薛常州浪語集》
22艮嶽集一卷　不知編者
　　宋刊本　[41]·十五·24
　艮巖餘稿四卷　宋梅應發撰
　　影宋抄本　[17]·四·29

閩

77閩風集十二卷　宋舒岳祥撰
文瀾閣傳抄本　[11]•九十二•9

7774₇　民

40民士編十九卷　宋陳充撰
宋刊本　[14]•後志•二•900
50民事錄十卷　明桂蕚撰
刊本　[39]•丁•64
民表錄三卷　宋胡納撰
宋刊本　[14]•後志•一•809

7777₂　關

00關帝文獻會要八卷　清孫苣編
清康熙四十九年(1710)刊本
[96]•二十二•462
關帝聖蹟圖五卷　清盧湛輯
清嘉慶二年(1797)刊本
[74]•二•28
10關王事蹟五卷　元胡琦編
元刊本　[17]•二•13
關王事蹟五卷玉泉志三卷　元胡
琦編
舊刊本　[8]•史二•158
17關子明易一卷
見《易傳》
關尹子一卷　題周尹喜撰
明翻宋本　[17]•三•41
明子彙本　[17]•三•41
明綠眇閣本　[17]•三•41
墨海金壺本　[96]•六十九•1351
張懋宷校刊本　[92]•三•131
關尹子二卷　題周尹喜撰、宋陳
顯微注
明天啓杭州書肆讀書坊刊本
[86]•八•31
關尹子三卷　題周尹喜撰、宋陳
顯微注
元刊本　[28]•九•21
[35]•下•43
明刊本　[59]•二•2

[91]•二十二•8、12
[93]•十八•9
明萬曆二十一年(1593)刊本
[64]•29
刊本　[36]•199　[71]•
子•道家•3
抄本　[75]•五十•6
關尹子三卷　題周尹喜撰、宋王
夷受注
元刊本　[11]•六十六•5
元至元刊本　[58]•元•102
明刊本　[91]•二十二•12
關尹子九卷　題周尹喜撰
宋刊本　[41]•九•21
關尹子言外經旨三卷
見《關尹子》
關尹子闡玄三卷　宋杜道堅注
舊抄本　[5]•三上•18
[93]•十八•9
40關大王單刀會　元關漢卿撰
元刊本　[68]•圖版282、目錄53
43關博士集二十卷　宋關注撰
宋刊本　[41]•十八•14
50關中記一卷　晉葛洪撰
宋刊本　[41]•八•16
關中三李年譜八卷補遺一卷　吳
懷清編
一九二八年刊本　[85]•十八•808
關中奏議十卷　明楊一清撰
舊抄本　[74]•二•23
關中奏議全集十八卷　明楊一清撰
刊本　[39]•癸上•21
關中奏題稿十卷　明楊一清撰
舊抄本　[102]•下•8
關中陵墓志二卷附錄一卷　明余
懋衡撰
刊本　[71]•史•地志•80
關中金石記八卷　清畢沅撰
經訓堂叢書本　[96]•三十四•631
72關氏易傳一卷

見《易傳》

7777₇　闓

31闓潛邱先生年譜四卷顧亭林先生
年譜一卷　清張穆撰
粵雅堂刊本　[74]•二•29
40闓古古全集六卷　明闓爾梅撰
一九一九年泗陽張氏鉛印本
[85]•二十•913

7778₂　歐

21歐虞部集六十五卷　明歐大任撰
刊本　[39]•癸上•64
76歐陽文集五十卷
見《歐陽文忠公集》
歐陽文忠公集　宋歐陽修撰
明刊本　[15]•3
刊本　[88]•續•15
[89]•一集•十•25
歐陽文忠公集三十卷　宋歐陽修
撰
日本寶曆十三年(1763)刊本
[76]•十四•21
歐陽文忠公集五十卷　宋歐陽修
撰
宋刊本　[17]•四•16
[18]•下•22　[22]•
六•22　[30]•一•8
[33]•集•26　[35]•
上•49　[35]•下•32
[44]•四•58　[58]•
集•60　[74]•四•16
[93]•二十•16
[94]•四•5　[98]•20
宋吉州刊本　[2]•四•24
宋紹興衢州刊本　[2]•四•24
[13]•28　[68]•圖版
98、目錄24
宋刊小字本　[67]•第五册•42
元刊本　[43]•四•39
[97]•一•10
明覆宋本　[38]•集•38
明刊本　[65]•五•17

明洪武十九年(1386)蔡玘刊本
　　[38]·集·38　　[44]·
　　四·58
明嘉靖刊本　[91]·二十七·
　　10
刊本　[24]·集一·15
歐陽文忠公集六十四卷　宋歐陽
　　修撰
宋刊本　[32]·十一·6
歐陽文忠公集六十五卷　宋歐陽
　　修撰
宋紹熙刊本　[90]·49
歐陽文忠公集一百卷　宋歐陽修
　　撰
宋刊本　[9]·三·19
歐陽文忠公集八十卷諫垣集八卷
　　宋歐陽修撰
宋刊本　[14]·四下·447
歐陽文忠公集一百五十三卷附録
　　五卷年譜一卷　宋歐陽修撰
宋刊本　[14]·五下·644
　　[41]·十七·10
　　[68]·圖版652、目録105
宋慶元二年(1196)周益公校刊
　　本　[13]·29　　[17]·
　　四，16　　[68]·圖版
　　143、目録32
元刊本　[9]·六·28
　　[9]·後編·十一·5
　　[87]·三·10
明初黑口本　[17]·四·17
明刊本　[9]·十·15
　　[9]。後編·十八·16
　　[32]·十一·7　　[93]·
　　二十·16
明天順六年(1462)吉州府程宗
　　刊本　[8]·集二·422
　　[11]·七十六·1
　　[12]·三·19　　[16]·
　　三十·19　　[17]·四·
　　17　　[26]·八·13
　　[71]·集·宋別·5
　　[86]·二·36
明正德吉州刊本　[91]·

二十七·9
明嘉靖十六年(1537)重修天順
　　本　[59]·六·18
明嘉靖三十九年(1560)陸何遷
　　刊本　[30]·三·24
　　[91]·二十七·8
明萬曆四十年(1612)刊本
　　[74]·四·16　　[102]·
　　上·29
歐陽衡刊本　[75]·五十四·1
刊本　[56]·羣書題記·50
歐陽文忠公集考異三十四卷　宋
　　歐陽修撰
明洪武刊殘本　[8]·集二·
　　424
歐陽文忠公歸田録二卷　宋歐陽
　　修撰
宋刊本　[41]·十一·24
明刊本　[61]·三·1
明刊活字本　[2]·三·35
稗海本　[74]·三·76
學津討原本　[96]·六十四·
　　1260
抄本　[75]·四十六·13
歐陽文忠公内制集四卷　宋歐陽
　　修撰
殘宋本　[33]·集·27
歐陽文忠公居士集五十卷
　　見《歐陽文忠公集》
歐陽六一居士文集五十卷
　　見《歐陽文忠公集》
歐陽論範二卷
　　見《歐陽起鳴先生論範》
歐陽行周集五卷　唐歐陽詹撰
宋刊本　[41]·十六·20
歐陽行周集八卷　唐歐陽詹撰
閩刊本　[80]。十五·15
　　[83]·四·7
歐陽行周集十卷　唐歐陽詹撰
宋刊本　[14]·四上·366
明刊本　[11]·六十九·15
　　[91]·二十五·2
刊本　[71]·集·唐別·11
　　[89]·二集·八·23

校本　[93]·十九·27
清龔藹人校明抄本　[2]·四·
　　12
舊抄本　[5]·四上·14
　　[11]·六十九·14
　　[12]·六·2　　[16]·
　　二十九·11　　[60]·六·
　　22　　[80]·十五·14
　　[83]·四·8
歐陽行周集八卷附録一卷　唐歐
　　陽詹撰
明萬曆三十四年(1606)曹學佺
　　序徐㷿刊本　[32]·十·
　　12　　[91]·二十五·3
影抄明萬曆三十四年(1606)曹
　　學佺序徐㷿刊本
　　[26]·七·33
抄本　[39]·辛·50
歐陽行周集十卷附録一卷　唐歐
　　陽詹撰
明焦澹園藏抄本　[8]·集一·
　　397
歐陽先生文集十卷
　　見《歐陽行周集》
歐陽先生文集六十四卷
　　見《歐陽文忠公集》
歐陽先生文粹五卷　宋歐陽修撰
宋刊本　[35]·下·53
　　[93]·二十·17
　　[94]·四·5
宋刊巾箱本　[48]·一輯·80
　　[91]·二十七·10
歐陽先生文粹二十卷　宋歐陽修
　　撰
宋刊公文紙印本　[68]·圖版
　　91、目録23
明刊本　[11]·七十六·1
　　[32]·十一·7　　[91]·
　　二十七·10
明郭雲鵬刊本　[59]·六·18
明萬曆三十五年(1607)刊本
　　[74]·四·17　　[102]·
　　上·29
歐陽先生文粹二十卷遺粹十卷

宋歐陽修撰
　明刊本　[9]·十·15
　明嘉靖刊本　[19]·19
　　[30]·六·45
歐陽先生飄然集七卷　宋歐陽澈
撰
　刊本　[24]·集一·31
　舊抄本　[11]·八十二·17
歐陽先生遺粹十卷　宋歐陽修撰
　明刊本　[32]·十一·7
　　[91]·二十七·11
　明嘉靖刊本　[59]·六·18
歐陽修撰集六卷　宋歐陽澈撰
　宋刊本　[41]·十八·4
歐陽修撰集七卷　宋歐陽澈撰
　刊本　[39]·壬·23
　抄本　[16]·續·四·6
　傳抄本　[59]·六·25
歐陽修撰集八卷　宋歐陽澈撰
　明洪熙元年(1425)十世孫歐陽
　齊刊本　[71]·集·宋別·
　32　　[86]·一·11
　舊抄本　[91]·二十九·19
歐陽詹集十卷
　見《歐陽行周集》
歐陽恭簡公集二十二卷　明歐陽
　鐸撰
　刊本　[39]·癸上·36
歐陽起鳴先生論範一卷　元歐陽
　起鳴撰
　明萬曆刊本　[17]·四·36
歐陽起鳴先生論範二卷　元歐陽
　起鳴撰
　明成化刊本　[91]·三十四·5
歐陽助教詩集　唐歐陽詹撰
　刊本　[89]·一集·十·17
歐陽氏遺書一卷　清歐陽直撰
　清道光梅花書屋刊本　[85]·
　七·296
　成都昌福公司鉛印本　[85]·
　七·296
歐陽居士集五十卷
　見《歐陽文忠公集》
·80歐公詩話一卷

見《六一居士詩話》
歐公本末四卷　宋呂祖謙編
　宋刊本　[35]·上·17
　　[41]·七·21　　[72]
　16
　宋孝宗以後刊本　[73]·圖版
　33
　宋刊元印本　[11]·二十七·1
·88歐餘漫錄十二卷　明閔元衢撰
　刊本　[39]·癸下·36
歐餘漫錄十三卷　明閔元衢撰
　刊本　[39]·己·84

7780₁ 具

·44具茨文集八卷　明王立道撰
　刊本　[39]·癸上·53
　　[71]·集·明別·80
具茨詩集十五卷
　見《晁先生詩集》
具茨集十卷
　見《晁先生詩集》
·60具員故事十卷　唐梁載言撰
　宋刊本　[41]·六·3
·71具區志十六卷　清翁澍輯
　清刊本　[74]·續增·史·10
　舊抄本　[92]·二·63

輿

·00輿鹿先生集十二卷　明周詩撰
　刊本　[71]·集·明別·83
·23輿稽齋叢稿二十卷　清吳枚菴撰
　稿本　[57]·292
·40與古人書二卷　明張自烈撰
　舊抄本　[71]·集·論·3
　　[74]·四·47　　[102]·
　下·38

巽

·00巽齋先生四六一卷　宋危昭德撰
　舊抄本　[39]·壬·49
　　[91]·三十一·22
·22巽川集十六卷　明祁順撰
　刊本　[39]·癸上·22
·72巽隱齋集四卷

見《巽隱集》
巽隱集四卷　明程本立撰
　明刊本　[51]·四·13
　　[54]·七·21
　明萬曆刊本　[91]·三十五·
　32
　刊本　[39]·癸上·8
巽隱集四卷附錄一卷　明程本立
　撰
　明嘉靖刊本　[71]·集·明別·
　19
巽隱程先生文集四卷
　見《巽隱集》

興

·10興平縣金石志一卷　清黃樹穀輯
　抄本　[74]·二·79
·22興樂要論三卷　明李文察撰
　李氏樂書本　[96]·七·116
·24興化府志五十四卷　明周瑛、黃
　仲昭撰
　刊本　[71]·史·地志·14
興化縣志十卷　清梁園棣撰
　清咸豐元年(1851)刊本
　　[74]·二·48
·30興寧志四卷　明祝允明撰
　傳抄稿本　[60]·三·5
·46興觀集一卷　元仇遠撰
　刊本　[24]·集二·14
　抄本　[39]·壬·48
興觀集一卷山村遺稿一卷　元仇
　遠撰
　抄本　[30]·四·31
·72興兵始末一卷　不著撰人
　抄本　[85]·十一·562

輿

·27輿紀勝補闕十卷　岑建功輯
　岑氏刊本　[75]·二十四·16
·44輿地廣記三十八卷　宋歐陽忞撰
　宋刊本　[3]·9　　[13]·12
　　[14]·二下·166
　　[17]·二·16　　[33]·
　史·48　　[34]·一·17

[35]·上·38　　[41]·
八·14　　[50]·三、6
[58]·史·75　　[65]·
二·57　　[68]·圖版
142、目録32　　[74]·二·
40　　[80]·十四·13、15
[83]·二·10、11
[102]·上·3
宋刊抄補本　[58]·史·73
重雕曝書亭藏宋刊初本
　　[49]·7
聚珍刊本　[74]·二·40
　　[75]·二十四·14
校影宋抄本　[50]·三·8
　　[52]·一·17　　[65]·
　　二·61
影宋本　[35]·下·39
知不足齋抄本　[39]·戊·28
抄本　[71]·史·地志·22
興地廣記劄記二卷　宋歐陽忞撰
　校士禮居刊本　[83]·二·28
興地韻編二卷圖一卷歷代地理韻
　編今釋二十卷　清李兆洛撰
　清道光十七年(1837)活字本
　　[74]·二·41
興地碑記目四卷
　見《興地碑目》
興地碑目四卷　宋王象之撰
　清刊本　[80]·八·7
　舊抄本　[11]·三十七·21
　　[28]·五·7　　[39]·
　　庚·13　　[71]·史·簿
　　錄·23　　[75]·三十·
　　22　　[93]·十二·19
　　[96]·三十三·608
興地名勝志一百九十三卷　明曹
　學佺撰
　明刊本　[60]·三·1
興地紀勝二百卷　宋王象之纂
　宋刊本　[1]·上·14
　　[41]·八·15
　明刊本　[102]·上·17
　清咸豐五年(1855)南海伍氏刊
　本　[74]·二·40

岑氏刊本　[75]·二十四·15
刊本　[5]·二下·2
影抄宋刊本　[11]·二十九·8
　　[16]·十五·2
　　[28]·續·八·4
　　[35]·附·3　　[93]·
　　十一·3
抄本　[88]·三·1
興地紀勝校勘記五十二卷　劉文
　淇等輯
　岑氏刊本　[75]·二十四·16
興地通鑑三十卷
　見《東南進取興地通鑑》
興地圖十六卷　宋王象之撰
　宋刊本　[41]·八·15
興地圖考六卷　明程道生撰
　刊本　[71]·史·地志·25

7780_6　貫

15貫珠六集十卷　清李琯朗撰
　清刊本　[71]·集·國朝別·
　50
21貫經一卷　不著撰人
　抄本　[5]·三下·23
24貫休詩集一卷　唐貫休撰
　明刊本　[50]·七·59

賢

03賢識錄　明陸釴撰
　刊本　[39]·丁·30
44賢劫經　不著撰人
　隋大業六年(610)抄本　[40]·
　2
50賢惠錄三卷　宋胡納撰
　宋刊本　[14]·後志·一·
　809
60賢異錄一卷　不著撰人
　宋刊本　[41]·十一·27
80賢首諸乘法數不分卷　不著撰人
　明嘉靖朝鮮刊本　[3]、19

7780_7　尺

10尺五堂詩刪六卷　清嚴我斯撰
　清刊本　[39]·癸下·45

尺五堂詩刪初刻三卷近刻六卷
　清嚴我斯撰
　清刊本　[71]·集·國朝別·
　17
24尺牘新語二集二十四卷　清徐士
　俊、汪淇輯
　清康熙六年(1667)刊本
　　[64]·63
40尺木堂學易誌二卷　明馬權奇撰
　刊本　[24]·經一·48
88尺算日晷新儀二卷　清劉衡撰
　六九軒算書本　[78]·算學書
　錄補注·88

7780_9　爨

10爨下語二卷　明張子遠撰
　刊本　[39]·庚·100

7782_7　鄸

22鄸峯漫録五十卷
　見《鄸峯真隱漫録》
鄸峯真隱漫録五十卷　宋史浩
　撰、周鑄編
　宋刊本　[41]·十八·20
　抄本　[11]·八十四·9
　　[16]·續·四·8
　　[39]·壬·26　　[59]·
　　六·26
鄸峯真隱漫録五十卷附史子朴語
　·十卷　宋史浩撰、周鑄編
　活字刊本　[75]·五十五·23

7790_4　桑

07桑郭餘鈴一卷　明錢馭撰
　甲申傳信録本　[85]·十五·
　699
12桑弢甫文集三十卷詩集十四卷續
　集二十卷五岳集二十卷　清桑
　調元撰
　清刊本　[39]·癸下·54
40桑志十卷　清李聿求撰
　清刊本　[68]·圖版562、目録
　92
　虎谿山房刊本　[96]·四十·

736

48桑榆漫志一卷　明陶輔撰
　　抄本　[71]・子・雜家・41

7810₇　監

60監國魯五年庚寅大統曆　清黄宗
羲撰
　　清刊本　[85]・十二・596
監國紀年一卷　不著撰人
　　明季史料叢書本　[85]・十二・
587
99監勞録一卷　明孫傳庭輯
　　明崇禎十一年(1638)刊本
　　[85]・七・332
　　刊本　[74]・二・33

鹽

43鹽城縣志十六卷　清黄恒撰
　　清乾隆十二年(1747)刊本
　　[74]・二・47
60鹽邑志林五十五卷　明樊維城輯
　　刊本　[39]・庚・56
　　鹽邑志林六十三卷　明樊維城輯
　　明刊本　[30]・二・22
　　鹽邑志林六十二卷附聖門志六卷
　　明樊維城輯
　　明刊本　[74]・三・60
　　[102]・上・23
83鹽鐵論十卷　漢桓寬撰
　　宋刊本　[14]・三上・198
　　[34]・一・24　　[41]・
　　九・2　　[102]・上・5
　　宋淳熙刊本　[35]・上・19
　　明刊本　[93]・十三・3
　　明弘治十四年(1501)涂禎仿宋
　　刊本　[18]・上・22
　　[22]・四・4　　[26]・
　　五・7　　[59]・二・4
　　[68]・圖版384、385、目録
　　68　　[100]・68
　　明正德刊本　[19]・9
　　明嘉靖倪邦彦刊本　[12]・四・
　　8　　[18]・上・27
　　清刊本　[80]・九・2

清嘉慶十二年(1807)張敦仁刊
本　[26]・五・10
　　刊本　[89]・一集・六・4
　　明胡維新刊兩京遺編本
　　[26]・五・8
　　明校本　[8]・子一・224
　　譚復堂校本　[57]・164
　　校本　[57]・166
　　校明抄本　[50]・四・1
　　[65]・三・1　　[83]・
　　三・3
　　影抄元麻沙本　[26]・五・9
　　明抄本　[50]・四・1
　　[81]・子・2
　　舊抄本　[83]・三・3
　　[93]・十三・4
鹽鐵論十二卷　漢桓寬撰
　　宋刊本　[35]・上・42、48
　　[74]・三・1
　　明正德嘉靖間刊本　[17]・三・
2
　　明嘉靖刊本　[3]・14
　　[91]・十五・4
　　明嘉靖三十二年(1553)刊本
　　[96]・三十六・662
　　[102]・上・19
　　明嘉靖三十三年(1554)張氏猗
　　蘭堂刊本　[22]・四・4
　　[86]・六・79
　　刊本　[71]・子・儒家・6
　　日本刊本　[75]・三十二・3

7810₉　鑒

40鑒古録十六卷　沈廷芳輯
　　舊抄本　[91]・二十・18
99鑒勞録一卷
　　見《監勞録》

7821₂　陑

60陑羅尼經　不著撰人
　　舊抄本　[89]・一集・十一・
25

7821₆　覽

40覽古評語五卷　明陳師撰
　　刊本　[39]・己・52
88覽餘漫抄十二卷　不著撰人
　　抄本　[71]・子・小説家・15

7823₁　陰

02陰證略例一卷　王進之撰
　　刊本　[5]・三下・20
10陰晉陵集一卷　南朝陳陰鏗撰
　　宋刊本　[14]・後志・二・892
　　[41]・十九・3
　　吳槎客手校抄本　[75]・五十
　　一・11
　　抄本　[20]・五・1
　　精抄本　[91]・二十三・11
陰晉陵集三卷　南朝陳陰鏗撰
　　舊抄本　[11]・六十七・13
陰晉陵集一卷　南朝陳陰鏗撰
何水部詩集二卷　南朝梁何遜
撰
　　舊抄本　[5]・四上・8
陰晉陵集一卷　南朝陳陰鏗撰
何水部詩集三卷　南朝梁何遜
撰
　　抄本　[71]・集・漢魏六朝
　　別・7
21陰何詩集二卷　南朝陳陰鏗、南
朝梁何遜撰
　　明錢塘洪氏刊本　[102]・上
26
22陰山雜録十六卷　不著撰人
　　宋刊本　[41]・五・7
24陰德録一卷　不著撰人
　　明刊本　[93]・十七・24
30陰宅鏡四卷陽宅鏡二卷　清陳澤
泰撰
　　春柳草堂刊本　[96]・四十七・
899
76陰陽正源五卷　不著撰人
　　抄本　[5]・三中・42
陰陽備用十二卷　宋胡舜申撰
　　宋刊本　[41]・十二・25

陰陽顯報鬼神傳四卷　清人撰
　廣東坊刊本　[69]·三·105
陰陽鬪異説奇傳四卷　不著撰人
　清光緒二十年(1894)上海書局
　　石印本　[69]·五·179
87陰鏗集一卷
　見《陰晉陵集》
88陰符元機一卷　宋朱安國注
　宋刊本　[41]·十二·16
陰符經一卷　題黃帝撰
　宋刊本　[14]·三上·217
陰符經講義二卷
　見《黃帝陰符經講義》
陰符經解一卷　題黃帝撰
　合刻陰符經注釋本　[96]·
　　六十九·1341
陰符經解一卷　題帝黃撰、漢張
　良注
　漢魏叢書本　[74]·三·87
陰符經解一卷　明焦竑撰
　合刻陰符經注釋本　[96]·
　　六十九·1344
陰符經注　不著撰人
　抄本　[39]·庚·80
陰符經注一卷　宋俞玉吾撰
　合刻陰符經注釋本　[96]·
　　六十九·1343
陰符經注一卷　題侯善淵撰
　合刻陰符經注釋本　[96]·
　　六十九·1343
陰符經注一卷　清李光地撰
　文貞全集本　[96]·六十九·
　　1344
陰符經注二卷　題唐淳撰
　合刻陰符經注釋本　[96]·
　　六十九·1343
陰符經考異一卷　宋朱熹撰
　合刻陰符經注釋本　[96]·
　　六十九·1342
90陰常侍詩集一卷
　見《陰晉陵集》

7826_5　膳

50膳夫經手録一卷　唐楊煜撰

閭邱辨囿本　[74]·三·42
抄本　[74]·三·42
　[102]·下·20

7826_6　膾

27膾炙集一卷　不著撰人
　宋嚴煥江陰刊本　[41]·十五·
　18

7833_4　憨

50憨忠録二卷　不著撰人
　崇禎叢書十種本　[85]·十七·
　735

7834_1　駢

30駢字憑霄二十四卷　明徐英秋撰
　原刊本　[96]·六十二·1227
　駢字類編二百四十卷　清張廷玉
　撰
　　清武英殿刊本　[74]·三·70
　　[96]·六十二·1229
40駢志二十卷　明陳禹謨輯
　刊本　[39]·庚·51
　　[71]·子·雜家·37
　　[96]·六十二·1226
44駢枝別集二十卷石齋咏業　明黃
　道周撰
　刊本　[39]·癸下·35
70駢雅七卷　明朱謀㙔撰
　刊本　[89]·一集·三·64
　抄本　[39]·丙·28
75駢體文林　不著編者
　抄本　[100]·178
　駢體文抄　不著編者
　抄本　[100]·176

7870_0　臥

38臥遊詩選　不知編者
　舊抄本　[74]·四·66
　　[102]·下·39
臥遊録一卷　宋呂祖謙撰
　宋刊本　[41]·七·31
　明刊本　[51]·二·20
　明嘉靖刊本　[11]·五十七·18

刊本　[50]·六·24
文房小説本　[74]·三·58
舊抄本　[93]·十七·24
77臥月軒集六卷續稿一卷　明顧若
　璞撰
　刊本　[71]·集·閨秀·3

7876_6　臨

02臨證指南醫案十卷　清葉桂撰
　衛生堂刊本　[96]·四十三·
　806
臨證指南醫案十卷附續刻指南四
　卷　清葉桂撰
　清乾隆三十一年(1766)華南田
　　刊本　[79]·子·醫家類·
　　514
臨證指局十卷　清葉桂撰
　清刊本　[39]·庚·94
22臨川文選七卷　清劉玉瓚輯
　清刊本　[39]·辛·40
臨川詩注五十卷　宋王安石撰、
　李壁注
　宋刊本　[14]·五下·656
　　[41]·二十·5
　宋撫州刊大字本　[35]·上·5
　　[43]·四·7
　宋刊抄補本　[58]·集·64
　元刊本　[9]·後編·十一·6
　　[22]·六·22　[48]·
　　二輯下·173　[91]·
　　二十七·14
　元大德五年(1301)王常刊本
　　[68]·圖版309、310、目録
　　58
　清乾隆六年(1741)張宗松仿宋
　　刊本　[74]·四·17
　清乾隆覆刊元大德本　[36]·
　　216
　清綺齋刊本　[75]·五十四·3
　刊本　[39]·壬·5　[89]·
　　一集·十·27
　朝鮮明宗宣祖年間甲寅字刊本
　　[63]·圖版11
　朝鮮活字本　[22]·六·22

[76]・十四・22

臨川詩選一卷　宋王安石撰
宋刊本　[41]・二十・5

臨川集三十卷
見《晏元獻臨川集》

臨川先生文集七十卷　宋王安石撰
宋刊本　[22]・六・22
[35]・上・50　[70]・三・8

宋紹興浙中刊本　[90]・51

臨川先生文集一百卷　宋王安石撰
宋刊本　[8]・集二・427
[9]・後編・六・19
[16]・三十・19
[32]・十一・8
[33]・集・32　[35]・下・31　[41]・十七・11　[93]・二十・18
[94]・四・6

宋浙刊大字本　[2]・四・24
宋紹興刊本　[2]・四・24
[13]・29　[17]・四・17　[54]・六・1
宋紹興十一年(1141)刊本
[13]・32
宋紹興二十一年(1151)曾孫王珏刊本　[26]・八・15
宋刊元明補本　[38]・集・40
元刊本　[48]・二輯下・171
[91]・二十七・13
[102]・上・10
元末危素刊本　[74]・四・17
明刊本　[9]・十・22
[12]・三・19　[32]・十一・9　[61]・三・2
明嘉靖刊本　[11]・七十六・10　[17]・四・18
[30]・三・25　[71]・集・宋別・8　[91]・二十七・14
明嘉靖二十五年(1546)應雲鸞重刊宋紹興詹太和本

[26]・八・17

明嘉靖二十五年(1546)臨川應雲鸞覆元刊小字本
[86]・六・119
明嘉靖三十九年(1560)撫州何遷刊本　[19]・20
[26]・八・16　[60]・六・30　[86]・十二・21　[91]・二十七・14
[102]・上・29
明萬曆刊本　[59]・六・19
[75]・五十四・1

臨川先生文集一百三十卷　宋王安石撰
宋刊本　[14]・四下・458

臨川先生文粹四卷　宋王安石撰
明吳江董氏刊本　[17]・四・18

28臨谿隱君集二十卷　宋魏泰撰
宋刊本　[14]・四下・477

30臨淮集二卷
見《武元衡臨淮集》

臨濟慧照元公大宗師語錄一卷　不著編者
元至元刊本　[43]・三・49

臨安集十卷　明錢宰撰
明洪武刊本　[88]・五・52
明淡生堂祁氏抄本　[8]・集四・518
舊抄本　[11]・一百十一・20
[91]・三十五・16

臨安旬制記二卷附錄一卷　清張道撰
清刊本　[85]・十二・596
武林掌故叢編本　[85]・十二・596

臨安志三卷　宋周淙撰
宋刊本　[35]・上・36
[53]・一・15
刊本　[39]・戌・30
錢警石校抄本　[30]・六・15
影抄宋乾道刊本　[71]・史地志・36　[91]・十一・7

吳翌鳳抄本　[102]・下・10
舊抄本　[11]・二十九・18
[16]・十六・1
[20]・三・4　[32]・四・16　[59]・三・3
[74]・二・42　[75]・二十五・9　[91]・十一・7　[93]・十一・5
精抄本　[8]・史三・175

臨安志十五卷　宋周淙撰
宋刊本　[41]・八・19

臨安志六卷　宋施諤撰
刊本　[88]・三・4
影宋本　[35]・上・4
舊抄本　[11]・三十・10
[16]・十六・7　[20]・三・6　[32]・四・17
[50]・三・17　[59]・三・4　[75]・二十五・17　[91]・十一・10、11
[93]・十一・9

臨安志一百卷　宋潛說友撰
宋刊本　[3]・9　[10]・20
[11]・三十一・4
[28]・四・11　[33]・史・55　[35]・上・38
[48]・一輯・43
[50]・三・19　[54]・三・1　[65]・二・67
[72]・17
宋刊大字本　[2]・二・23
[20]・三・9　[92]・二・60
宋咸淳刊本　[68]・圖版43、目錄15
宋刊抄補本　[58]・史・80
[90]・十一・12
汪氏仿宋刊本　[75]・二十六・2
曲阜孔氏青曛書屋抄本
[8]・史三・175
梁山舟烏絲欄抄本　[8]・史三・177

敦宿好齋抄本　[12]・五・14

壽松堂孫氏抄本　[39]・戊・30

小山堂抄本　[91]・十一・13

琴趣軒黄氏抄本　[91]・十一・13

舊抄本　[11]・三十一・2

[16]・十六・13

[93]・十一・9

31臨江集三十四卷　宋楊絏編

宋刊本　[14]・五上・572

34臨池妙訣三卷　不知撰人

宋刊本　[14]・後志・一・771

臨漢居士集七卷　宋曾紘撰

宋刊本　[41]・二十・13

臨漢隱居詩話一卷　宋魏泰撰

抄本　[5]・四下・23

[75]・六十四・2

46臨賀志三卷集二卷　不知撰人

宋刊本　[14]・五上・573

67臨野堂詩集十三卷文集十卷尺牘四卷詩餘一卷　清鈕琇撰

清原刊本　[96]・七十・1390

7922₇　勝

47勝朝殉揚録三卷　清劉寶楠撰

淮南書局刊本　[85]・十四・655

勝朝殉節諸臣録十二卷　清官修

清嘉慶二年(1797)浙省刊本

[74]・二・31　　[85]・十七・748　　[96]・二十三・485

勝朝粤東遺民録四卷附陳文忠張文烈陳忠愍公行狀一卷　題九龍真逸輯

一九一六年仲秋真逸寄廬刊本

[85]・十七・754

勝朝遺事初編三十二種二編十七種十四卷　清吳彌光輯

清道光刊本　[85]・二十三・1021

勝朝彤史拾遺記六卷　清毛奇齡撰

清刊本　[74]・二・32

藝海珠塵本　[85]・十七・765

西河合集本　[85]・十七・765

[96]・二十三・489

60勝國傳略六卷　沈徵君撰

傳抄本　[85]・補遺・1089

勝國遺臣臧否傳不分卷　史淮纂

傳抄本　[85]・十一・565

87勝飲編十八卷　清郎廷極撰

清刊本　[71]・子・農家・13

粤雅堂刊本　[74]・三・59

騰

88騰笑集七卷　清朱彝尊撰

清原刊本　[96]・七十・1393

騰笑集八卷　清朱彝尊撰

清刊本　[74]・續增・集・13

7923₂　滕

10滕工部集一卷　宋滕白撰

宋刊本　[41]・二十・2

滕王閣集十卷　明董遵輯

刊本　[39]・辛・39

22滕縣志　清高仲誠纂

清刊本　[36]・135

抄本　[26]・136

80滕公守台録一卷　不著撰人

宋刊本　[41]・七・25

8

8000_0　八

08 八旗滿洲氏族通譜八十三卷　清
乾隆九年官修
　　刊本　[71]・史・譜牒・1
　　八旗通志初集二百五十卷　清雍
正五年官修
　　清內府刊本　[74]・二・68
10 八五經一卷　不知撰人
　　宋刊本　[41]・十二・31
　　八五經三卷　不知撰人
　　宋刊本　[14]・三下・268
17 八瓊室文稿　不知撰人
　　稿本　[100]・150
21 八經　不知編者
　　宋刊巾箱本　[54]・一・27
23 八代詩乘四十五卷附錄二卷　明
梅鼎祚輯
　　明刊本　[12]・三・35
　　八編類纂二百八十五卷　明陳仁
錫撰
　　刊本　[71]・子・雜家・39
24 八紘譯史四卷紀餘四卷八紘荒史
一卷崗黍織志三卷志餘一卷
清陸次雲撰
　　清刊本　[74]・二・59
26 八線對數類編二卷　清張作楠撰
　　翠薇山房數學本　[96]・
　　　　四十五・875
　　八線類編三卷　清張作楠撰
　　翠薇山房數學本　[96]・
　　　　四十五・875
30 八家集　不著編者
　　舊抄本　[85]・二十三・1019
　　八寶記一卷　不著撰人
　　宋刊本　[41]・五・28
34 八法神鍼紫芝春谷全書二卷　不
知撰人
　　刊本　[5]・三下・12

37 八洞天八卷　清徐述夔撰
　　清初原刊本　[69]・三・103
　　[77]・二・30
40 八十一難經一卷　明熊宗立撰
　　天文五年刊本　[62]・圖版139
　　八十一難經八卷　宋李駉撰
　　宋麻沙刊本　[79]・子・醫家・
345
47 八朝名臣言行錄二十四卷　宋朱
熹撰
　　宋刊本　[41]・七・28
60 八星之一總論　李提摩太撰
　　美華書館鉛印巾箱本　[78]・
　　算學書錄補注・100
75 八陣合變圖說一卷　明龍正撰
　　明刊本　[60]・二・23
　　學津討原本　[96]・三十八・
722
77 八閩政議三卷　不知編者
　　刊本　[39]・丁・66
　　八叉集四卷　唐溫庭筠撰
　　會稽曾益注本　[30]・二・30
　　八段錦　題醒世居士編
　　醉月樓刊本　[69]・三・106

人

10 人天寶鑑二卷　宋釋曇秀撰
　　宋刊本　[58]・子・127
　　日本仿宋刊本　[76]・十六・8
　　人天眼目三卷　宋釋智昭撰
　　明嘉靖復宋刊本　[92]・三・
128
22 人嶽萃編四卷　清徐紹基編
　　清嘉慶十七年(1812)刊本
　　[85]・五・216
23 人代紀要三十卷　明顧應祥撰
　　明刊本　[74]・續增・史・1
　　明嘉靖三十七年(1558)刊本
　　[102]・上・15

　　人代紀要考證十卷　明顧應祥輯
　　刊本　[39]・戊・73
27 人象大成　明袁忠徹撰
　　抄本　[8]・子一・261
　　人身說概二卷
　　見《泰西人身說概》
　　人身圖說二卷　明羅雅谷撰
　　舊抄本　[74]・三・20
　　[102]・下・17
　　人物志三卷　魏劉邵撰、北魏劉
昞注
　　宋刊本　[14]・三上・222
　　[41]・十・3
　　明刊本　[75]・四十一・11
　　[91]・十八・19
　　[93]・十六・6
　　明刊藍印本　[59]・二・5
　　明正德刊本　[11]・五十五・5
　　明嘉靖刊本　[11]・五十五・9
　　[17]・三・19
　　明胡維新兩京遺編本　[17]・
　　三・19　[26]・五・27
　　漢魏叢書本　[74]・三・44
　　墨海金壺本　[96]・五十二・
1037
　　明抄本　[1]・上・10
　　抄本　[75]・四十一・8
28 人倫大統賦一卷　金張行簡撰、
元薛延年注
　　影抄元皇慶刊本　[26]・六・
50
　　抄本　[75]・三十八・24
　　文瀾閣傳抄本　[11]・五十一・
13　[16]・二十三・11
38 人海記二卷　清查慎行纂
　　舊抄本　[12]・五・36
　　[74]・三・80　[91]・
　　二十一・17　[102]・
　　下・25

40人壽金鑑二十二卷　清程得齡輯
　清刊本　〔80〕·十一·8

42人妖記一卷　題晟谿逸民撰
　明末史事雜抄本　〔85〕·十·
　499

44人䕷譜四卷　清陸烜撰
　清乾隆刊本　〔68〕·圖版533、
　目錄88

50人中畫三卷　清人撰
　清乾隆十年(1745)植桂樓刊本
　〔69〕·三·103

　人中畫四卷　不知撰人
　明刊本　〔77〕·二·40

　人事軍律三卷　宋符彥卿撰
　宋刊本　〔14〕·三下·276

　人表考九卷　清梁玉繩撰
　清白七集本　〔96〕·二十三·
　495

80人鏡陽秋　明汪廷訥撰
　明萬曆汪氏環翠堂刊本
　〔68〕·圖版671、目錄107

入

21入緬始末一卷　不著撰人
　抄本　〔85〕·十一·562

37入洛記一卷　宋王仁裕撰
　宋刊本　〔41〕·七·7

60入蜀記六卷　宋陸游撰
　知不足齋叢書本　〔96〕·二十
　四·501
　影抄宋本　〔59〕·四·15
　曹學澹手抄本　〔75〕·二十二·
　27
　抄本　〔5〕·二下·12

71入長沙記一卷　清丁大任撰
　荊駝逸史本　〔85〕·二十一·
　970

8010₄　全

00全唐文一千卷　清仁宗愛新覺羅
顒琰編
　清揚州官刊本　〔75〕·六十三·
　20
　全唐文一千卷目錄三卷　清仁宗

愛新覺羅顒琰編
　檢人目一卷　清董誥等編
　清揚州官刊本　〔74〕·四·65

全唐詩九百卷　清胡震亨等輯
　清康熙四十六年(1707)揚州詩
　局刊本　〔68〕·圖版493、
　目錄83

全唐詩話二卷　不著撰人
　元刊本　〔9〕·後編·十一·
　22

全唐詩話三卷　宋尤袤撰
　明刊本　〔9〕·後編·二十·16
　〔32〕·十六·2　〔93〕·
　二十四·2
　明正德刊本　〔17〕·四·45
　〔55〕·五·36
　〔91〕·三十九·30

全唐詩話六卷　宋尤袤撰
　明正德重刊本　〔59〕·七·20
　津逮秘書本　〔74〕·四·71

全唐詩逸三卷　日本河世寧編
　知不足齋抄本　〔102〕·下·39
　抄本　〔74〕·四·67

10全五代詩　清李調元編
　函海本　〔74〕·四·69

21全上古三代秦漢六朝文七百六十
四卷　清嚴可均輯
　清光緒二十年(1894)黃岡王氏
　廣州刊本　〔54〕·八·19
　〔75〕·六十三·20
　抄本　〔100〕·175

24全幼心鑑八卷　明寇平撰
　明成化四年(1468)寶幼堂刊本
　〔59〕·二·21　〔79〕·
　子·醫家·403

25全生指迷方三卷　宋王貺撰
　宋刊本　〔14〕·五上·614
　〔41〕·十三·9

全生指迷方四卷　宋王貺撰
　長恩書室本　〔74〕·三·17
　墨海金壺本　〔96〕·四十二·
　761
　四庫全書本　〔79〕·子·醫家·
　489

文瀾閣傳抄本　〔28〕·七·20

26全吳記略一卷　明楊廷樞撰
　荊駝逸史本　〔85〕·四·199

全吳水略七卷　明吳韻撰
　刊本　〔39〕·丁·77

27全歸集七卷　元張庸撰
　刊本　〔24〕·集二·17
　〔88〕·五·45
　舊抄本　〔11〕·一百零九·11

30全室集八卷　明釋宗泐撰
　明永樂二十一年(1423)抄本
　〔21〕·一·43
　舊抄本　「11〕·一百十一·21

全室集九卷　明釋宗泐撰
　明刊本　「87〕·一·11

全室外集八卷　明釋宗泐撰
　抄本　〔12〕·六·33
　〔71〕·集·釋子·6

全室外集十卷　明釋宗泐撰
　明永樂刊本　〔8〕·四·520
　〔91〕·三十五·26
　抄本　〔39〕·癸下·39

全濰紀略一卷　清周亮工撰
　濰縣文獻叢刊本　〔85〕·十四·
　653

32全浙兵制　明侯繼高輯
　刊本　〔39〕·丁·71

34全漢志傳十二卷　不知編者
　明萬曆十六年(1588)刊本

全漢志傳十四卷　不知編者
　清寶華樓覆明三臺館本
　〔69〕·二·28

44全芳備祖後集三十一卷　宋陳景
沂輯
　抄本　〔71〕·子·農·11

全芳備祖續編不分卷　明顧魯編
　稿本　〔46〕·20

全芳備祖前集二十七卷後集三十
一卷　宋陳景沂輯
　宋末刊麻沙本　〔90〕·42
　刊本　〔1〕·上·28
　抄校本　〔101〕·中·5
　舊抄本　〔8〕·子二·307
　〔11〕·六十·4

[30]·四·16　[36]·
188　[39]·庚·44
[59]·五·13　[91]·
二十·8　[93]·十七·
8　[96]·六十一·
1213

47全桐紀略一卷　王雯耀撰
　舊抄本　[85]·七·309
50全史更鑑四卷　明徐元太輯
　明刊本　[91]·九·21
　全史日至源流三十二卷　清許伯
　政撰
　　四庫全書本　[78]·子·天文·
　　558
　全史日至源流三十三卷　清許伯
　政撰
　　稿本　[11]·四十八·14
60全蜀土夷考四卷　明藩彙撰
　刊本　[71]·史·地志·51
　全蜀藝文志六十四卷　明周復俊
　編
　　明嘉靖刊本　[91]·三十九·
　　18
66全嬰方論二十三卷　不知撰人
　宋刊本　[22]·補遺·86
　　[35]·下·9
　刊本　[89]·一集·八·21
74全陝政要略四卷　明龔輝撰
　刊本　[39]·戊·41
77全閩詩話十二卷　清鄭方坤撰
　刊本　[39]·庚·10
　全閩明詩傳五十五卷　清郭柏蒼
　纂
　　清光緒十五年(1889)候官郭氏
　　閩山沁泉山館刊本
　　[85]·十七·774
80全金詩七十四卷　清康熙五十年
　敕輯
　　清刊本　[74]·續增·集·17
　　清內府刊本　[74]·四·65

8010₇　益

00益齋亂稿十卷　元高麗李齊賢撰
　舊抄本　[12]·六·29

[60]·七·3　[74]·
四·38　[102]·下·37
益齋亂稿十卷拾遺一卷　元高麗
　李齊賢撰
　刊本　[88]·五·48
　抄萬曆刊本　[91]·三十三·
　12
　舊抄本　[11]·一百十·16
　　[75]·六十·17
益齋書目一卷
　見《遂初堂書目》
07益部方物略記一卷　宋宋祁撰
　明刊本　[11]·三十四·3
　津逮秘書本　[74]·二·56
　抄本　[71]·史·地志·50
　　[75]·二十七·16
益部談資三卷　明何宇度撰
　刊本　[71]·史·地志·50
　抄本　[74]·二·57
　　[102]·下·11
32益州名畫錄三卷　宋黃休復纂
　宋刊本　[14]·三下·289
　　[41]·十四·12
　明刊本　[11]·五十二·6
　　[91]·十七·14
　王氏畫苑本　[96]·四十八·
　924
　刊本　[71]·子·書畫家·4
35益津射格一卷　宋錢師益纂
　宋刊本　[14]·三下·293
40益古衍段三卷　元李冶撰
　知不足齋叢書本　[96]·
　　四十五·859
　刊本　[5]·一下·28
47益都金石記四卷　不知編者
　丁氏原刊本　[84]·三·17
80益公文選五卷　宋周必大撰
　刊本　[24]·集一·34
86益智錄兵類十六卷吏戶禮刑工雜
　類六卷　明蘇志皐撰
　抄本　[71]·子·兵家·1
　益智篇四十一卷　明孫能傳輯
　刊本　[39]·己·57

8010₉　金

00金文靖公北征錄一卷　明金幼孜
　撰
　刊本　[68]·圖版386、目錄68
　說海本　[96]·十九·419
金文靖公集六卷　明金幼孜撰
　刊本　[71]·集·明別·21
金文靖公集十卷　明金幼孜撰
　明弘治刊本　[91]·三十六·6
金文通公集　清金之俊撰
　清刊本　[100]·140
金文最一百二十卷　清張金吾編
　精抄墨格本　[26]·十六·9
　舊抄本　[91]·三十九·24
金文雅十六卷　清莊仲方編
　清刊本　[74]·續增·集·17
　清道光二十一年(1841)活字本
　　[74]·四·68
金章蘭譜一卷
　見《蘭譜》
10金石文七卷　明徐獻忠輯
　明刊本　[9]·後編·十六·18
　抄本　[12]·五·24
　　[39]·庚·16
金石文字記六卷　清顧炎武撰
　清刊本　[60]·五·9
　亭林十書本　[74]·二·77
　亭林遺書本　[96]·三十四·
　621
　翁覃谿校本　[91]·十四·15
金石文考略
　見《觀妙齋金石文考略》
金石文抄八卷　清趙紹祖撰
　古墨齋刊本　[96]·三十四·
　637
金石文跋尾六卷續七卷又
　見《潛研堂金石文跋》
金石評考一卷印譜釋考三卷江澄
　迁談一卷遺稿一卷　明孫楨撰
　抄本　[71]·集·明別·76
金石韻府五卷　明朱雲輯
　朱抄本　[91]·五·19
金石一跋四卷二跋四卷三跋二卷

清武億撰
　原刊本 [96]・三十四・633
金石三例 清盧見曾編
　雅雨本 [34]・三・25
　棲霞郝氏重刻德州盧氏本
　　[96]・五十九・1179
金石要例一卷 清黃宗羲撰
　清嘉慶刊本 [75]・六十四・
　　21
　雅雨堂抄本 [74]・四・73
金石例十卷 元潘昂霄撰
　元刊本 [1]・上・42
　　[4]・24 [11]・
　　一百十八・23 [35]・上・
　　40、59 [38]・集・118
　　[48]・二輯下・210
　　[50]・十・40 [58]・
　　元・154 [81]・集・10
　　[83]・四・25 [93]・
　　二十四・5 [94]・四・
　　20
　元至正刊本 [11]・一百十八・
　　18 [23]・續・十四・
　　20 [35]・上・58
　　[16]・三十六・3
　　[91]・三十九・33
　明朝鮮刊本 [83]・四・24
　清嘉慶刊本 [75]・六十四・
　　20
　刊本 [5]・四下・22
　瓶花齋抄本 [39]・庚・1
　雅雨堂抄本 [74]・四・73
　舊抄巾箱本 [74]・四・73
　　[102]・下・40
　影元抄本 [91]・三十九・34
　舊抄本 [59]・五・9
金石例十卷附抄本附錄一卷 元
　潘昂霄撰
　元刊本 [65]・五・71
　　[83]・四・25
　抄本 [81]・集・11
金石備考 明來濬輯
　抄本 [39]・庚・16
金石續錄四卷 清劉青藜撰

刊本 [39]・庚・17
金石緣八卷 清人撰
　同盛堂本 [69]・四・143
金石遺文錄目錄一卷 不知編者
　抄本 [84]・三・18
金石遺音一卷 宋石孝文撰
　宋刊本 [41]・二十一・11
金石存十五卷 清吳玉搢撰
　舊抄本 [96]・三十四・626
金石古文十四卷 明楊慎輯
　刊本 [39]・庚・16
　抄本 [12]・五・23
金石古文十四卷古雋八卷風雅逸
　篇十卷 明楊慎輯
　函海本 [74]・四・63
金石苑未分卷 清劉喜海輯
　稿本 [38]・史・92
金石苑六卷 清劉喜海輯
　清道光二十六年(1846)刊本
　　[68]・圖版583、目錄94
金石萃編一卷 清顧沅編
　抄本 [74]・續增・史・13
金石萃編一百六十卷 清王昶撰
　原刊本 [96]・三十四・629
金石萃編殘稿三卷 清瞿中溶撰
　傳抄本 [32]・五・15
金石萃編補正四卷 清方履籛撰
　稿本 [60]・五・11
　　[81]・史・10
　抄本 [83]・二・24
金石萃編補目三卷元碑存目一卷
　清黃本驥撰
　校本 [59]・五・7
　抄本 [34]・附錄・一・14
金石林
　見《寒山堂金石林》
金石林時地考二卷
　見《寒山金石時地考》
金石史二卷 清郭宗昌撰
　知不足齋叢書本 [96]・
　　三十三・617
　抄本 [39]・庚・17
金石契不分卷 清張燕昌編
　原刊本 [96]・三十四・634

金石契五卷續一卷 清張燕昌編
　清刊本 [92]・二・71
金石卮言、石墨鐫英、二王楷迹、
　蘭亭輯略 不知編者
　舊抄本 [60]・五・15
金石學錄四卷 清李遇孫撰
　清刊本 [28]・五・15
　芝省齋刊本 [96]・三十四・
　　637
金石八例 不知編者
　抄本 [81]・集・11
金石錄十卷 宋趙明誠撰
　宋刊本 [29]・一・17
　　[36]・159 [81]・史・
　　8 [83]・二・18
　宋淳熙龍舒郡齋刊本 [68]・
　　圖版127、128、目錄29
　校宋本 [57]・140
　校雅雨堂本 [57]・139
金石錄三十卷 宋趙明誠撰
　宋刊本 [41]・八・7
　清乾隆刊本 [75]・三十・8
　雅雨堂本 [81]・史・8
　　[84]・三・1 [96]・
　　三十三・605
　校宋本 [93]・十二・15
　校本 [83]・二・20
　吳雲甫校抄本 [30]・六・20
　校抄本 [50]・三・44
　　[83]・二・19
　抄宋本 [36]・156
　明藍格抄本 [59]・五・1
　明葉氏抄本 [91]・十四・8
　明抄本 [21]・一・16
　趙氏小山堂抄本 [91]・十四・
　　9
　舊抄本 [5]・一下・22
　　[11]・三十七・9
　　[12]・五・20 [16]・
　　二十・2、3 [30]・四・
　　12 [39]・庚・13
　　[53]・一・26 [71]・
　　史・簿錄・22 [75]・
　　三十・9 [91]・十四

9　[93]·十二·16
金石録補不分卷　清葉奕苞撰
　稿本　[91]·十四·17
金石録補二十二卷　清葉奕苞撰
　抄本　[96]·三十四·622
金石録補二十七卷　清葉奕苞撰
　別下齋刊本　[74]·二·78
金函玉篆天機素書一卷　唐邱廷翰撰
　抄本　[5]·三中·39
金粟齋文集十一卷　明金瑶撰
　明萬曆刊本　[74]·四·44
　[74]·續增·集·12
　[102]·上·33
金粟詞話一卷　清彭孫遹撰
　別下齋刊本　[74]·四·78
金粟逸人逸事一卷　清朱炎撰
　原刊本　[96]·二十二·464
12金水發微一卷　清江永撰
　江氏數學本　[78]·算學書録補注·87
16金碧上經古文龍虎傳不分卷　題元陽子注
　宋刊本　[41]·十二·8
金碧古文龍虎上經一卷　不著撰人
　宋刊本　[41]·十二·2
金碧古文龍虎經三卷　宋王道注
　刊本　[39]·庚·96
17金子有集二卷　明金大車撰
　舊抄本　[8]·集五·561
金子有集不分卷　明金大車撰
　舊抄本　[50]·九·46
金子坤集六卷　明金大輿撰
　舊抄本　[50]·九·46
20金焦集一卷山陰集一卷大小雅堂詩集五卷啜荔集二卷　清顧嗣立撰
　刊本　[71]·集·國朝別　35
金雙巌中丞集四卷　明金光辰撰
　清初刊本　[85]·七·333
金集禮十九卷
　見《大金集禮》
1金仁山文集四卷
　見《金先生文集》
金仁山先生年譜一卷　明徐袍編
　抄本　[75]·二十一·17
金虎鉛汞篇一卷　題元君撰
　宋刊本　[41]·十二·6
22金川玉屑集二卷　明練子寧撰
　刊本　[39]·癸上·7
金川玉屑集二卷卷首一卷附録一卷扯呈一卷　明練子寧撰
　明萬曆二十五年(1597)刊本
　[71]·集·明別·19
金鑾密記一卷　唐韓偓撰
　宋刊本　[14]·二上·134
金鑾密記三卷　唐韓偓撰
　宋刊本　[41]·五·15
金巖集二卷　宋田況撰
　宋刊本　[14]·四下·443
金山縣志二十卷　清常琬輯
　清乾隆十六年(1751)刊本
　[74]·續增·史·9
23金佗編五十八卷　宋岳珂撰
　明刊本　[9]·後編·十五·6
金俊明抄書不分卷　金俊明輯
　抄本　[50]·九·48
24金先生文集三卷　宋金履祥撰
　抄本　[12]·六·21
金先生文集四卷　宋金履祥撰
　刊本　[39]·壬·57
　小山堂仿宋抄本　[71]·集·宋別·60
　舊抄本　[11]·九十三·26
　[93]·二十一·30
金先生文集五卷　宋金履祥撰
　抄本　[75]·五十七·22
金科易覽三卷　唐趙綽撰
　宋刊本　[14]·後志·一·801
金科類要二卷　不著撰人
　宋刊本　[41]·七·25
27金冬心先生集四卷
　見《冬心先生集》
30金漳蘭譜一卷
　見《蘭譜》
金液還丹圖論一卷　不著撰人
　宋刊本　[41]·十二·4
金寶鑑三卷　題衛嵩撰
　宋刊本　[14]·後志·二·865
31金源札記二卷金源又札一卷　清施國祁撰
　原刊本　[96]·十五·345
32金淵集六卷　元仇遠撰
　盧抱經刊本　[91]·三十三·12
　聚珍刊本　[74]·四·35
　[75]·五十八·26
36金湯借箸十二籌十二卷　李盤撰
　明崇禎十二年(1639)刊本
　[64]·49
38金塗銅塔考一卷　清錢泳撰
　杭州表忠觀刊本　[96]·三十四·636
39金沙細唾一卷　清于子瞻撰
　舊抄本　[85]·二十一·950
40金大明曆一卷　不知撰人
　宋刊本　[41]·十二·22
金太史集九卷　明金聲撰
　清初刊本　[85]·十九·841
　刊本　[71]·集·明別·117
金臺集一卷　元廼賢撰
　元刊本　[70]·三·18
　汲古閣影元本　[8]·集三·495
金臺集二卷　元廼賢撰
　元刊本　[5]·四中　19
　[9]·六·40
　元至正刊本　[58]·元·9
　刊本　[39]·壬·62
　舊抄本　[75]·五十九·28
　[93]·二十二·18
金臺紀聞二卷　明陸深撰
　儼山外集本　[96]·六十五·1287
金臺全傳十二卷　清人撰
　清光緒二十一年(1895)上海中西書局石印本　[69]·五·164
金壺記一卷　宋釋適之撰
　宋刊本　[41]·十四·8
　抄本　[71]·子·書畫家·1

金壺記三卷　宋釋適之撰
　　宋刊本　[11]・五十二・9
　　　[35]・下・9　　[72]・19
　　宋孝宗以後刊本　[73]・圖版
　　　37
　　明抄本　[38]・子・33
　　汲古閣影宋抄本　[39]・己・
　　　71
　　影宋抄本　[9]・四・21
　　舊抄本　[46]・20　　[60]・
　　　八・1　　[74]・三・38
　　　[102]・下・20
金壺字考十九卷二集二十卷　清
　　田朝恒編
　　刊本　[74]・三・71
金壇縣志十二卷　清楊景曾纂
　　清乾隆十五年(1750)抄本
金壇十生事略一卷　清姚文田撰
　　遂雅堂集本　[85]・十六・719
金壇獄案一卷　清計六奇撰
　　紀載彙編本　[85]・十六・718
金志　宋宇文懋昭撰
　　抄本　[39]・丁・11
金奩集一卷　唐溫庭筠撰
　　抄本　[101]・中・16
41 金姬傳一卷　明楊儀撰
　　抄本　[30]・四・3
金樞符應祕文三卷　不著撰人
　　抄本　[71]・子・兵家・3
44 金荃詞一卷　唐溫庭筠撰
　　精抄本　[91]・四十・1
金荃集七卷
　　見《溫飛卿集》
金坡遺事一卷　宋晁迥撰
　　宋刊本　[41]・六・6
金坡遺事三卷　宋錢惟演撰
　　宋刊本　[14]・二下・154
　　　[41]・六・5
金薤琳琅二十卷　明都穆撰
　　明刊本　[9]・後編・十六・19
　　　[32]・五・15　　[74]・
　　　續增・史・13　　[91]・
　　　十四・13
　　明嘉靖刊本　[38]・史・91

清乾隆刊本　[75]・三十・24
　　　[92]・二・71
　　杭州宋氏刊本　[96]・三十三・
　　　614
　　刊本　[39]・庚・15
　　臨葉石君校明正德刊本
　　　[17]・二・22
　　校刊本　[57]・148　　[84]・
　　　三・2
　　抄本　[76]・三・12
金蘭集三卷　明徐達左輯
　　抄本　[39]・辛・26
金蘭集四卷　明徐達左輯
　　舊抄本　[33]・十五・18
　　　[38]・集・113　　[50]
　　　十・32
　　曹倦圃抄本　[91]・三十九・7
金蘭集三卷附錄一卷　明徐達左
　　輯
　　萬斯同抄本　[74]・四・62
　　抄本　[102]・下・38
金蘭集四卷附錄一卷　明徐達左
　　輯
　　校舊抄本　[55]・五・34
金蘭集稿四卷
　　見《金蘭集》
金蘭循經取穴圖解一卷　忽公泰
　　撰
　　刊本　[5]・三下・3
金蘭筏四卷　題惜陰主人編
　　舊刊本　[69]・四・148
金蓮仙史四卷　清潘昶撰
　　清光緒三十四年(1908)上海翼
　　　化堂本　[69]・五・180
金孝章詩稿不分卷　不知撰人
　　抄本　[50]・九・47
金華文統十三卷　明趙鶴輯
　　明正德刊本　[8]・集六・618
　　　[92]・四・191
　　刊本　[39]・辛・34
金華文徵二十卷　明阮元聲輯
　　明崇禎刊本　[64]・47
金華雜識四卷　明楊德周撰
　　刊本　[39]・戊・34

金華詩粹十二卷　明阮元聲輯
　　刊本　[39]・辛・35
金華正學編十卷　明趙鶴輯
　　明正德九年(1514)楊鳳刊本
　　　[86]・一・47　　[91]・
　　　九・18
金華子二卷　南唐劉崇遠撰
　　函海本　[74]・三・75
　　讀畫齋叢書本　[96]・六十三・
　　　1253
　　舊抄本　[60]・八・5
　　　[91]・二十一・4,5
　　日本舊抄本　[17]・三・33
金華子三卷　南唐劉崇遠撰
　　宋刊本　[14]・三下・244
　　　[41]・十一・8
金華子雜編二卷
　　見《金華子》
金華子新編三卷
　　見《金華子》
金華先民傳十卷　明應廷育輯
　　舊抄本　[39]・戊・22
　　　[91]・九・20
金華先民錄十卷
　　見《金華先民傳》
金華徵獻略二十卷　清王崇炳輯
　　刊本　[39]・戊・22
金華赤松山志一卷　宋倪守約撰
　　舊抄本　[11]・三十三・6
　　　[74]・二・53　　[93]・
　　　十一・14　　[102]・下・
　　　11
金華晷漏中星表二卷　清張作楠
　　撰
　　翠微山房數學本　[96]・
　　　四十四・843
金華賢達傳十二卷　明鄭栢輯
　　刊本　[39]・戊・22
45 金樓子六卷　梁元帝蕭繹撰
　　知不足齋叢書本　[96]・
　　　五十二・1038
　　抄本　[74]・三・45
　　　[75]・四十一・12
　　　[102]・下・20

金樓子十卷　梁元帝蕭繹撰
　宋刊本　[14]·三上·229
　　[41]·十·13
47金聲玉振集六十卷　明袁褧編
　明刊本　[32]·八·18
50金史一百三十五卷　元脫脫等撰
　元刊本　[9]·後編·九·1
　　[13]·2　[16]·八·6
　　[17]·二·7　[35]·
　　上·40　[36]·103
　　[38]·史·14　[47]·
　　106　[93]·八·29
　　[94]·二·9
　元至正五年(1345)江浙等處行
　　中書省刊本　[68]·圖版
　　280、目錄53
　明南監刊本　[30]·三·5
　　[74]·二·6　[96]·
　　十五·343
　清乾隆四年(1739)武英殿刊本
　　[74]·二·6　[75]·
　　十五·16
　南雍三朝本　[43]·五·22
　刊本　[95]·一·18
金史天文志一卷曆志二卷　元脫
　脫撰
　清武英殿刊本　[78]·算學書
　　錄補注·98
金史補　不知撰人
　傳抄殘稿本　[60]·四·6
55金井志四卷　清姜虬緣撰
　刊本　[39]·戊·65
60金國南遷總略一卷
　見《金國南遷錄》
金國南遷錄一卷　金張師顏撰
　宋刊本　[41]·五·9
　汲古閣抄本　[39]·丁·27
　穴硯齋抄本　[30]·五·5
　舊抄本　[11]·二十四·25
　　[32]·三·19　[60]·
　　四·15　[74]·二·19
　　[91]·八·10　[93]·
　　九·24　[95]·一·20
　　[102]·下·6

陳西昀校本　[12]·五·9
校明抄本　[57]·59
清黃丕烈校舊抄本　[2]·二·
　21
校抄本　[52]·一·16
舊抄藍格本　[60]·四·15
金國南遷錄二卷　金張師顏撰
　宋刊本　[14]·三下·256
金國南遷錄八卷　金張師顏撰
　抄本　[100]·25
金國志一卷　宋張棣撰
　宋刊本　[41]·五·9
金國志二卷　宋張棣撰
　宋刊本　[41]·五·9
金國節要三卷　宋張匯撰
　宋刊本　[41]·五·9
金園集三卷　天竺釋遵式撰
　宋刊本　[41]·十二·11
金壘子二十四卷　明陳絳撰
　明萬曆三十四年(1606)刊本
　　[74]·三·46　[102]·
　　上·22
金壘子四十四卷　明陳絳撰
　明萬曆刊本　[91]·十八·23
　刊本　[39]·己·52
　　[71]·子·雜家·32
金閨吟一卷　元元淮撰
　刊本　[24]·集二·4
71金匱玉函經八卷　漢張機撰
　宋刊本　[14]·後志·二·863
　清康熙五十五(1716)陳世傑刊
　　本　[79]·子·醫家·427
　　[22]·補遺·8
金匱玉函經二注二十二卷　清周
　揚俊撰
　清康熙二十六年(1687)丁思孔
　　刊本　[79]·子·醫家·
　　431
金匱玉衡經一卷　不知撰人
　影抄本　[4]·15
金匱要略三卷　漢張機撰、晉王
　叔和集、宋林億注
　宋刊本　[41]·十三·2
　日本覆元刊本　[75]·三十五·

9
金匱要略方論三卷　漢張機撰
　北宋國子監刊本　[7]·中·35
　明代仿宋本　[22]·補遺·9
　明吳勉學刊本　[22]·補遺·
　　11
　明萬曆二十七年(1599)趙開美
　　校刊本　[22]·補遺·10
　刊本　[89]·一集·七·7、8、
　　27
金匱要略方論本義二十二卷　清
　魏荔彤撰
　清康熙六十年(1721)刊本
　　[79]·子·醫家·432
金匱要略論注二十四卷　清徐彬
　注
　清刊本　[79]·子·醫家類·
　　431
　　[96]·四十一·749
金匱要略編注二十四卷　清沈目
　南撰
　清康熙三十一年(1692)刊本
　　[79]·子·醫家·431
金匱要略繹注三卷　題延陵居士
　注
　抄本　[12]·五·25
金匱要略淺注十卷　清陳念祖撰
　陳修園醫書二十三種本
　　[79]·子·醫家·432
金匱翼八卷　清尤怡撰
　清嘉慶十八年(1813)刊本
　　[79]·子·醫家·432
金匱懸解二十二卷　清黃元御撰
　清咸豐十年(1860)長沙徐氏燮
　　龢精舍刊黃氏醫書本
　　[79]·子·醫家·432
金匱心典三卷　清尤怡撰
　清雍正十年(1732)徐大椿刊本
　　[79]·子·醫家·432
金匱鉤玄三卷　元朱震亨撰
　明新安吳氏校刊醫統正脈全書
　　本　[79]·子·醫家·430
　　[96]·四十二·773
72金剛經一卷　後秦釋鳩摩羅什譯

宋刊本 [17]・三・40
[41]・十二・8、9、10
金剛經正文小疏二卷　清張標撰
刊本 [39]・庚・99
金剛經旨要一卷　宋釋修已撰
宋刊本 [14]・三下・314
金剛經會解一卷　後秦釋鳩摩羅
什譯
宋刊本 [14]・三下・306
金剛般若波羅蜜經一卷　後秦釋
鳩摩羅什譯
北宋刊本 [68]・圖版64、目
錄17
宋刊本 [41]・十二・8
[67]・第五册・99
宋刊大字經摺本 [54]・四・
34
金氏文集二卷　宋金君卿撰
舊抄本 [74]・四・15
[91]・二十六・18
[102]・下・30
文瀾閣傳抄本 [11]・七十四・
12
傳抄本 [28]・十一・3
73金陀吟稿七卷　清汪紹焻撰
刊本 [71]・集・國朝別・37
金陀粹編二十八卷　宋岳珂撰
舊刊本 [20]・二・16
金陀粹編二十八卷續編三十卷
宋岳珂撰
宋刊本 [41]・七・32
[74]・二・27
元刊本 [8]・史二・160
[11]・二十六・15
[16]・十三・12
[29]・一・13 [93]・
十・4 [102]・上・8
元至正刊本 [32]・四・7
[38]・史・47
明嘉靖二十一年(1542)翻元刊
本 [91]・九・6
刊本 [39]・戊・13
[89]・二集・五・23
金陀粹編十八卷續編八卷　宋岳

珂撰　續編十卷　清岳士景編
清康熙五十八年(1719)刊本
[96]・二十二・451
金陀粹編續編　宋岳珂撰
校明本 [54]・二・24
74金陵玄觀志十三卷　明葛寅亮撰
明刊本 [91]・十二・9
刊本 [71]・史・地志・85
金陵六朝記二卷　唐尉遲偓纂
校抄本 [88]・三・17
金陵雜詠一卷　宋黃履撰
舊抄本 [11]・七十八・23
[28]・續・十二・14
金陵雜興一卷　宋蘇洞撰
刊本 [88]・五・32
傳抄本 [60]・六・34
金陵新志十五卷　元張鉉輯
元刊本 [1]・上・16
[11]・三十二・15
[28]・續・八・7
[34]・二・9 [35]・
上・17 [39]・戊・36
[43]・二・43 [48]・
二輯上・92 [57]・100
[71]・史・地志・8
[87]・二・10 [91]・
十一・15 [92]・二・
61 [93]・十一・11
元奉元路學古書院刊本
[2]・二・38
元至正四年(1344)刊本
[4]・22 [16]・十六・
23 [68]・圖版291、目
錄55
舊抄本 [32]・四・19
[74]・二・43 [88]・
三・10 [102]・下・10
金陵百詠一卷　宋曾極撰
文瀾閣抄本 [88]・五・33
抄本 [39]・壬・51
[91]・三十・27
金陵瑣事四卷　明周暉撰
明刊本 [83]・三・28
刊本 [80]・十五・11

金陵瑣事四卷二續二卷　明周暉
撰
刊本 [71]・史・地志・28
金陵瑣事四卷續六卷　明周暉撰
明刊本 [70]・九・29
金陵瑣事四卷續二卷二續二卷
明周暉撰
明刊本 [91]・十二・16
金陵瑣事四卷續二卷二續二卷瑣
事剩錄四卷　明周暉撰
刊本 [39]・戊・36
金陵紀事一卷　不著撰人
痛史本 [85]・十・480
福王登極實錄附刊本 [85]・
十・480
金陵對話錄一卷　明談遷撰
人海記本 [85]・八・370
金陵志十五卷
見《金陵新志》
金陵古金石考目一卷　明顧起元
撰
舊抄本 [59]・五・7
金陵古今圖考一卷　明陳沂撰
明刊本 [91]・十一・19
刊本 [39]・戊・36
金陵梵剎志五十三卷　明葛寅亮
撰
明刊本 [91]・十二・9
[102]・上・18
刊本 [21]・一・11
[71]・史・地志・85
[74]・二・56
金陵世紀四卷　明陳沂撰
刊本 [39]・戊・36
金陵圖詠　朱之蕃撰
明刊本 [60]・三・9
金陵野抄一卷　明顧苓撰
殷禮在斯堂叢書本 [85]・十
488
金陵野抄十四卷　明顧苓撰
大興傅氏本 [85]・十・488
傳抄本 [32]・三・27
金陵覽古詩三卷　宋楊備撰
宋刊本 [41]・二十・5

金陵懷古一卷　宋曾極撰
　　傳抄本　[60]·六·34
77金屑錄不分卷　吳穎芳輯
　　舊抄本　[91]·二十·18
金丹詩訣二卷　題唐呂嵓撰
　　彙祕笈本　[96]·六十九·
　　1360
金丹正理大全四十一卷　不知編
　者
　　明嘉靖十七年(1538)周藩刊本
　　[86]·四·11
金丹大要十卷　上陽真人撰
　　刊本　[39]·庚·96
金丹真傳一卷　明孫汝忠撰
　　明抄本　[75]·五十·26
80金人亡遼錄二卷　宋史願撰
　　宋刊本　[41]·五·8
金人弔伐錄二卷　不著撰人
　　抄本　[39]·丁·27
金人皆盟錄一卷　宋汪藻編
　　宋刊本　[14]·二上·140
金人皆盟錄七卷圍城雜記一卷避
　戎夜話一卷金國行程十卷南歸
　錄一卷朝野僉言一卷　宋汪藻
　編
　　宋刊本　[14]·後志·一·788
金人南遷錄一卷
　　見《金國南遷錄》
金人犯闕記一卷　宋方冠撰
　　宋刊本　[41]·五·22
金鐘傳八卷　題正一子、克明子
　撰
　　清光緒二十二年(1896)樂善堂
　　刊本　[69]·七·209
金鏡九真玉書一卷　不著撰人
　　宋刊本　[41]·十二·7
金谷遺音一卷　宋石孝友撰　丹
　陽詞一卷　宋葛勝仲撰　歸愚
　詞一卷　宋葛立方撰　信齋詞
　一卷　宋葛郯撰
　　舊抄本　[71]·集·詞·5
金谷園記一卷　題唐李邕撰
　　宋刊本　[41]·六·21
81金瓶梅一百回　題蘭陵笑笑生撰

　　明刊本　[69]·四·116
　　明萬曆刊本　[69]·四·115
　　明崇禎刊本　[68]·圖版705、
　　目錄111
金瓶梅詞話一百回
　　見《金瓶梅》
84金針詩格一卷　唐白居易撰
　　宋刊本　[41]·二十二·9
金針詩格三卷　唐白居易撰
　　宋刊本　[14]·後志·二·910
88金筌集七卷外集一卷
　　見《溫飛卿詩集》
金鑑內臺方議十二卷　清許宏撰
　　清乾隆五十九年(1794)順宜堂
　　刊本　[79]·子·醫家·
　　505　　[96]·四十三·
　　812
金鑰二卷　唐李商隱撰
　　宋刊本　[41]·十四·21
89金鎖遁甲二卷　不知撰人
　　抄本　[5]·三中·28
90金小史三卷　明楊循吉撰
　　刊本　[39]·丁·28
　　清吟閣瞿氏抄本　[91]·八·
　　13
金光明經第五卷　不著撰人
　　唐長安二年(702)抄本
　　[70]·三·33
95金精山志　不知撰人
　　刊本　[21]·一·11

8011₄　鐘

22鐘鼎彝器　清阮元編
　　阮氏刊本　[74]·續增·史·
　　13
鐘鼎彝器款識法帖二十卷
　　見《歷代鐘鼎彝器款識》
鐘鼎逸事　明李文秀撰
　　刊本　[39]·戊·17
鐘鼎款識八卷　清吳雲撰
　　稿本　[57]·143
鐘鼎款識二十卷
　　見《歷代鐘鼎彝器款識》
鐘鼎款識二十卷　宋王厚之輯

清嘉慶七年(1802)阮氏積古齋
　　摹刊本　[20]·一·27
　　[26]·二·63　　[68]·
　　圖版544、目錄90
　　[96]·三十三·607
鐘鼎篆韻一卷　不著編者
　　宋刊本　[41]·三·46
鐘鼎篆韻七卷　宋薛尚功纂
　　宋刊本　[14]·一下·91
鐘鼎篆韻七卷　元楊鉤編
　　刊本　[5]·一下·9
　　明抄本　[9]·後編·二十·20
　　舊抄本　[16]·七·21
　　[93]·七·17
鐘山日錄二十卷　宋王安石撰
　　宋刊本　[14]·二下·179
25鐘律通考六卷　明倪復撰
　　明刊本　[75]·八·20
　　天一閣抄本　[39]·丙·25
　　抄本　[74]·一·47
　　[102]·下·3
29鐘嶸詩品三卷
　　見《詩品》

8011₆　鏡

22鏡山菴集二十五卷　明高出撰
　　刊本　[39]·癸下·22
37鏡湖清唱　不知撰人
　　抄本　[21]·一·49
鏡湖遊覽志　明陳樹功撰
　　明天啓刊本　[68]·圖版689—
　　692、目錄109
44鏡花緣二十卷　清李汝珍撰
　　原刊本　[69]·五·178

8012₇　翁

00翁文恭日記　清翁同龢撰
　　影印本　[36]·129
17翁承贊集一卷　唐翁承贊撰
　　宋刊本　[41]·十九·22
22翁山文抄十卷佚文輯二卷佚文二
　輯一卷　明屈大均撰
　　廣東叢書本　[85]·二十·914
83翁鐵菴年譜一卷　清翁叔元撰

借月山房彙抄本　[96]・
二十二・460

90翁卷集一卷　宋翁卷撰
宋刊本　[41]・二十・22

翦

29翦綃集二卷梅花衲一卷　宋李龏
撰
汲古閣影宋本　[32]・十二・
24

47翦桐載筆一卷　明王象晉撰
漁洋著述本　[96]・六十五・
1294

79翦勝野聞一卷　明徐禎卿撰
顧氏四十家小說本　[96]・
六十五・1288
明抄本　[75]・四十七・34

8020₇　今

00今言四卷　明鄭曉撰
明刊本　[91]・八・12

10今吾集一卷筆雲集一卷　錢曾撰
舊抄本　[64]・續・95

12今水經一卷　清黃宗羲撰
抄本　[39]・戊・50

22今樂府二卷
見《潘吳兩今樂府》

23今獻備遺四十二卷　明項篤壽撰
原刊本　[96]・二十三・481
刊本　[39]・戊・17

今獻彙言八卷　明高鳴鳳輯
明刊本　[60]・五・21
刊本　[39]・丁・37

40今古文抄八卷　明徐鳴鶴編
明刊本　[74]・續增・集・17

今古傳奇十四卷　清人輯
清康熙坊刊本　[69]・三・94

今古奇觀四十卷　明人輯
明刊本　[69]・三・94

今古奇聞二十二卷　清人輯
清光緒十七年(1891)北京坊刊
本　[69]・三・95

今古輿地圖三卷　明沈定之、吳
國輔撰

刊本　[71]・史・地志・26

44今世說八卷　清王晫撰
粤雅堂刊本　[74]・三・80
刊本　[39]・己・87
袖珍本　[96]・六十五・1298

50今史九卷　不著編者
明崇禎藍格抄本　[85]・三・
133

今畫偶錄四卷　清王諤撰
袖珍本　[96]・四十八・962

60今易詮二十四卷　明鄧伯羔撰
刊本　[24]・經一・34
抄本　[39]・甲・18

今是堂集十一卷　明陶奭齡撰
刊本　[39]・癸下・18

8021₁　乍

33乍浦九山志補十二卷　清李確撰
抄本　[71]・史・地志・66

8022₀　介

31介祉詩抄四卷補遺一卷　清王陸
褆撰
抄本　[26]・十四・38

44介菴詞一卷　宋趙彥端撰
宋刊本　[41]・二十一・9

介菴詞四卷　宋趙彥端撰
明抄本　[75]・六十四・24

介菴集十卷　宋趙彥端撰
宋刊本　[41]・十八・20

8022₁　俞

10俞石澗易外別傳一卷　不著撰人
影元本　[91]・二十二・17

25俞仲蔚集二十四卷　明俞允文撰
刊本　[39]・癸上・63
[71]・集・明別・86

前

00前塵夢影錄　徐子晉撰
校本　[57]・205

28前谿集五卷　宋劉涇撰
宋刊本　[14]・四下・486

前谿集　清唐靖撰

刊本　[39]・癸下・48

前谿集文五卷詩九卷二集一卷
清唐靖撰
刊本　[71]・集・國朝別・17

30前定錄二卷　明蔡善繼撰
刊本　[39]・己・81

前定錄一卷續錄一卷　唐鍾輅撰
宋刊本　[11]・六十四・12
明覆宋本　[91]・二十一・18
明刊本　[17]・三・37
學津討原本　[96]・六十六・
1308
舊抄本　[75]・四十八・5
[93]・十七・22

34前漢六帖十二卷　宋徐天麟撰
宋江西刊本　[2]・三・33

前漢紀三十卷
見《漢紀》

前漢古字韻編五卷　宋陳天麟撰
宋刊本　[41]・三・46

前漢書一百二十卷
見《漢書》

前漢書續集三卷　不著撰人
元刊本　[69]・一・2
[77]・一・14

40前七國志四卷　明人撰　後七國
志四卷　清徐震撰
清初嘯花軒刊本　[69]・九・
220

60前蜀紀事二卷　後蜀毛文錫撰
宋刊本　[41]・五・5

67前明正德白牡丹傳四十六回　清
翁山撰
清光緒十七年(1891)上海博古
齋刊小本　[69]・二・62

前明忠義列傳三十二卷　清汪有
典纂
墨花齋聚珍本　[85]・十七・
726

77前聞記一卷　明祝允明撰
明抄本　[75]・四十七・32

8022₇　分

30分宜清玩籍　不知撰人

抄本　[39]・庚・27

44分甘餘話四卷　清王士禛撰

漁洋著述本　[96]・五十七・
1150

45分隸偶存二卷　清萬經輯

原刊本　[96]・三十四・623

刊本　[39]・庚・25

67分野一卷　不知撰人

抄本　[5]・二下・4

88分餘集　清陳朝儼撰

刊本　[71]・集・國朝別・48

90分省人物考一百十五卷　明過庭
訓輯

明刊本　[96]・二十三・483

刊本　[39]・戊・**20**

91分類字錦六十四卷　**清張廷玉等**
撰

清武英殿刊本　[74]・三・70
[96]・六十二・1230

弟

17弟子職一卷　清孫同元撰

清嘉慶六年(1801)刊本
[96]・六・105

弟子職等五書一卷　宋張時舉輯

宋刊本　[41]・十・20

影宋抄本　[9]・四・9

剪

79剪勝野聞三卷　明徐正卿撰

抄本　[39]・丁・30

92剪燈新話大全四卷　明瞿佑撰

明正德六年(1511)楊氏清江書
堂刊本　[68]・圖版389、
390、目録69

剪燈新話大全四卷　明瞿佑撰

剪燈餘話大全四卷　明李昌祺
撰

明正德刊本　[38]・子・**88**

剪燈叢話十二卷　不著編者

明刊本　[70]・八・下・18

剪燈餘話四卷附録一卷元白遺音
一卷　明李昌祺撰

明嘉靖刊本　[19]・11

8023₇　兼

22兼山郭先生易解二卷

見《易解》

兼山集十卷　明楊廷麟撰

刊本　[71]・集・明別・117

兼山集四十卷　**宋黃裳撰**

宋刊本　[41]・十八・30

兼山遺學六卷　**宋郭雍纂**

宋刊本　[41]・九・14

兼山堂弈譜一卷　清徐星友撰

通行本　[96]・四十九・978

兼山堂集八卷　清陳錫硯撰

刊本　[39]・癸下・45

67兼明書二卷　唐邱光庭撰

宋刊本　[41]・十・16

兼明書五卷　唐邱光庭撰

璜川吳氏活字版本　[96]・
五十四・1065

抄本　[39]・己・38

8025₁　舞

40舞志十二卷　明張敉撰

抄本　[39]・丙・27

8025₃　羲

21羲經十一翼五卷　明傅文兆撰

抄本　[39]・甲・19

50羲畫憤衆十五卷　明陸位時撰

刊本　[39]・甲・32

8026₇　倉

60倉田通法續編三卷　清張作楠撰

翠薇山房數學本　[96]・四十
五・874

8030₇　令

42令狐楚表奏十卷

見《令狐公表奏》

令狐公表奏十卷　唐令狐楚撰

宋刊本　[14]・後志・二・894
[41]・二十二・1

8033₁　無

00無文印二十卷　宋釋無文撰

宋咸淳九年(1273)刊本
[76]・十六・10

02無讜集四卷　唐崔櫓撰

宋刊本　[41]・十九・21

10無弦琴譜二卷　元仇遠撰

明抄本　[91]・四十・26

舊抄本　[11]・一百二十・14

無可集一卷　唐釋賈無可撰

宋刊本　[41]・十九・28

無宜齋稿四卷　清翟灝撰

刊本　[71]・集・國朝別・**44**

20無爲集十五卷　宋楊傑撰

宋刊本　[9]・後編・六・17

刊本　[5]・四上・30

舊抄本　[11]・七十五・9
[16]・四・4　[39]・
壬・9　[71]・集・宋
別・17　[91]・二十七・
4

精抄本　[30]・四・22

無爲集十五卷別集十卷　宋楊**傑**
撰

宋刊本　[41]・十七・20

無爲志三卷　宋宋宜之纂

宋刊本　[41]・八・27

21無能子一卷　唐無能子撰

明崇德書院刊本　[11]・六十
六・26

明子彙本　[17]・三・43

無能子三卷　唐無能子撰

宋刊本　[14]・後志・二・827
[41]・九・24

明刊本　[75]・五十・20
[91]・二十二・16

30無冤録一卷　不著撰人

明刊本　[91]・十六・5

無冤録二卷　不著撰人

舊抄本　[22]・四・13

42無垢語録十四卷言行編遺文一卷
宋張九成撰

宋刊本　[41]・九・13

無垢先生心傳録十二卷　宋張九
　　成撰
　　宋刊本　[14]・五下・692
無垢淨光陀羅尼　不著撰人
　　神護景雲四年刊本　[62]・圖
　　版1
47無聲詩史七卷　清姜紹書撰
　　清康熙五十九年(1720)李光映
　　觀妙齋刊本　[26]・四・
　　42　　[75]・三十九・13
　　[96]・四十八・953
　　刊本　[39]・庚・27
無聲戲十二回　清李漁撰
　　清初刊本　[69]・三・100
　　[77]・二・27
　　原刊本　[69]・三・100
50無專鼎銘考一卷　清羅士琳撰
　　清刊本　[74]・三・27
60無量度人經二卷　宋徽宗趙佶注
　　宋刊本　[14]・五上・616
無量清淨平等覺經　漢釋支婁迦
　　讖譯
　　宋紹定五年(1232)平江府磧沙
　　延聖院募刊本　[68]・圖
　　版115、目録27
無量壽經一卷　魏唐僧鎧譯
　　杭州大普寧寺刊本　[40]・2
無思集四卷　宋林敏修撰
　　宋刊本　[41]・二十・10
77無聞堂稿十七卷　明趙鈗撰
　　刊本　[39]・癸上・56
86無錫縣志四卷　元王仁輔撰
　　舊抄本　[91]・十一・16
　　傳抄本　[59]・三・8
無錫縣志四十二卷　清王鎬撰
　　清乾隆十六年(1751)刊本
　　[74]・二・46
無錫、金匱縣合志四十卷　清秦
　　瀛輯
　　清嘉慶十八年(1813)刊本
　　[74]・續增・史・7
98無悔齋集十五卷　清周京撰
　　刊本　[71]・集・國朝別・37
　　稿本　[91]・三十七・29

8033₂　念

40念臺奏疏五卷　明劉宗周撰
　　刊本　[39]・癸下・33
44念菴羅先生文集十三卷
　　見《羅先生文集》
76念陽徐公定蜀記一卷　明文震孟
　　撰
　　荊駝逸史本　[85]・七・320
77念用庶徵　不知撰人
　　明内府抄本　[15]・4

煎

44煎茶水記一卷　唐張又新撰
　　宋刊本　[11]・五十三・20
　　[14]・三上・234
　　[17]・三・13　　[41]・
　　十四・16
　　明刊本　[17]・三・13
　　明華氏刊本　[91]・十八・7
　　百川學海本　[96]・五十・
　　1003
　　舊抄本　[75]・四十・14

8033₃　慈

10慈雲樓藏書志不分卷　李筠嘉撰
　　舊抄稿本　[92]・二・70
　　抄本　[83]・二・18
28慈谿甲藥二十卷　宋楊簡撰
　　宋刊本　[41]・十八・32
30慈濟方　明釋景隆撰
　　明正統四年(1439)景隆刊本
　　[68]・圖版361、目録65
37慈湖詩傳二十卷　宋楊簡撰
　　文瀾閣傳抄本　[16]・三・4
　　抄本　[91]・二・2
　　慈湖先生遺書三卷　宋楊簡撰
　　宋刊本　[41]・九・16
　　慈湖先生遺書六卷　宋楊簡撰
　　刊本　[39]・己・7
　　慈湖先生遺書十八卷　宋楊簡撰
　　明刊本　[9]・後編・十九・2
　　明嘉靖刊本　[91]・三十・18
　　慈湖先生遺書二十卷　宋楊簡撰

傳抄閣本　[32]・十二・11
慈湖先生遺書十八卷續集二卷
　　宋楊簡撰
　　明嘉靖刊本　[71]・集・宋別・
　　45
　　影抄明嘉靖刊本　[100]・129
慈湖先生遺書十七卷附録一卷
　　宋楊簡撰
　　刊本　[24]・集一・36
慈湖書二十卷　宋楊簡撰
　　刊本　[5]・一上・3

8034₆　尊

10尊王新義四卷　清張羽清撰
　　崔軒刊本　[96]・十六・371
12尊水園集略十二卷　明盧世㴻撰
　　清順治十七年(1660)家塾刊本
　　[26]・十・2
16尊聖集四卷　明陳堯道輯
　　刊本　[39]・戊・8
17尊孟辨五卷　宋余允文撰
　　抄本　[39]・丙・6
尊孟辨七卷　宋余允文撰
　　宋刊本　[41]・九・16
尊孟辨三卷續辨二卷別録一卷
　　宋余允文撰
　　抱經樓抄本　[75]・七・16
　　文瀾閣傳抄本　[11]・十・13
　　[16]・六・9
25尊生要訣二卷　宋初虞世撰
　　宋刊本　[41]・十三・8
尊生書七十二卷　清沈金鰲撰
　　學餘堂刊本　[96]・四十三・
　　811
26尊白堂集六卷　宋虞儔撰
　　影宋本　[35]・下・43
　　文瀾閣傳抄本　[11]・八十六・
　　10
40尊堯録八卷
　　見《聖宋尊堯録》
50尊攘録一卷　明隱蠡夫纂
　　原稿本　[85]・十二・587
52尊拙堂文集十二卷附録　明丁元
　　薦撰

刊本　[39]·癸下·17
61尊號録一卷　宋宋庠編
　　宋刊本　[14]·五上·（02
　　[41]·五·34
77尊聞録　汪水蓮撰
　　抄本　[20]·五·38

80400　午

00午亭文編五十卷　清陳廷敬撰
　　刊本　[71]·集·國朝別·8
28午綵集十卷　元陳鑑撰
　　文瀾閣傳抄本　[11]·一百零
　　四·20
44午夢堂全集十種　葉紹袁輯
　　明刊本　[26]·十五·39
　　明崇禎刊本　[64]·24

80404　姜

10姜西溟先生文抄四卷　清姜宸英
　撰
　　刊本　[71]·集·國朝別·25、
　　61
　　王心湛抄本　[57]·287
21姜貞毅先生事録　不著撰人
　　刊本　[74]·二·29
26姜白石詩集二卷
　　見《白石道人詩集》
　姜白石歌曲六卷
　　見《白石道人歌曲》
　姜白石集一卷
　　見《白石道人集》
50姜忠毅先生軼章附崇祀宦録不分
　卷　清姜安節、姜實節等編
　　清康熙刊本　[85]·十八·788
72姜氏秘史一卷　明姜清撰
　　舊抄本　[17]·二·16
　　[32]·三·3　[39]·
　　丁·31　[74]·二·20
　　[91]·八·11　[95]·
　　一·23　[102]·下·7

80414　雉

22雉山先生殘稿一卷　明吳鍾巒撰
　　傳抄本　[61]·七·5

80427　禽

21禽經一卷　題師曠撰、晉張華注
　　宋刊本　[17]·三·15
　　明刊本　[17]·三·15
　　百川學海本　[96]·五十一·
　　1020
26禽總法　不知撰人
　　抄本　[39]·庚·72
32禽遁大全四卷　明池本理撰
　　明刊本　[8]·子一·259
33禽心易見　明池本理撰
　　抄本　[39]·庚·72

80430　矢

00矢意集十卷　清梁詩正撰
　　刊本　[71]·集·國朝別·40

美

44美芹十論一卷　宋辛棄疾撰
　　舊抄本　[11]·二十五·20
　　[39]·丁·24　[75]·
　　二十·11
80美人鏡一卷　明許如蘭撰
　　刊本　[71]·子·雜藝術·5
　美合集二卷　不知撰人
　　抄本　[50]·十·34

80446　弇

22弇山堂別集一百卷　明王世貞撰
　　明刊本　[30]·二·6
　　[32]·三·20　[60]·
　　四·27　[75]·十九·
　　17　[96]·十九·423
　　明萬曆刊本　[26]·三·24
32弇州山人續稿二百零七卷　明王
　世貞撰
　　刊本　[74]·四·44
　弇州山人續稿選三十八卷　明王
　世貞撰
　　刊本　[71]·集·明別·86
　弇州山人四部稿一百七十四卷續
　稿二百零七卷　明王世貞撰
　　明刊本　[8]·集五·552

　　[9]·十·29　[12]·
　　三·31　[91]·三十六·
　　20　[102]·上·32
　　明萬曆刊本　[26]·九·28
　　[59]·七·18
　弇州山人四部稿一百七十四卷目
　録十二卷　明王世貞撰
　　刊本　[71]·集·明別·86
　弇州山人四部稿一百八十卷目録
　十二卷　明王世貞撰
　　明萬曆王氏世經堂家刊本
　　[86]·一·75
　弇州山人年譜一卷　清錢大昕撰
　　屏守齋所編年譜本　[96]·
　　二十二·464
　弇州史料前集三十卷後集七十卷
　明王世貞撰、董復表編
　　明刊本　[60]·四·27
　　明萬曆四十二年(1614)刊本
　　[26]·三·24　[96]·
　　二十三·481
　弇州別集一百卷
　　見《弇山堂別集》

80500　年

61年號韻編　明陳懋仁撰
　　抄本　[39]·戊·74
71年曆一卷　晉皇甫謐撰
　　玉函山房輯佚書本　[78]·算
　　學書録補注·97
77年月備要前集一卷後集六卷　不
　著撰人
　　元刊本　[58]·元·81
　　[93]·十五·15

80501　羊

10羊石園演義七回　題笑翁撰
　　清光緒二十六年(1900)廣州東
　　華報館排印本　[69]·二·
　　75
40羊士諤集一卷　唐羊士諤撰
　　宋刊本　[14]·四上·365
　　[41]·十九·13
　羊士諤集二卷　唐羊士諤撰

明刊本　[60]・六・19

明活字本　[91]・二十四・24

8055₃　義

17義勇武安王集二卷　清錢謙益編

　　刊本　[5]・二中・22

　　義勇四俠闖英傳六卷　清人撰

　　清光緒二十六年(1900)石印本

　　[69]・四・153

22義豐文集一卷　宋王阮撰

　　宋刊本　[10]・45　　[17]・

　　四・24　　[35]・上・52

　　[54]・六・22　　[58]・

　　集・87　　[74]・四・27

　　宋淳祐刊本　[2]・四・39

　　[68]・圖版250、目錄47

　　舊抄本　[11]・八十六・10

　　[39]・壬・29

27義烏人物志二卷　明金江輯

　　明刊本　[91]・九・21

　　刊本　[39]・戊・23

44義林一卷　宋程敦厚撰

　　宋刊本　[41]・十・20

　　義林十卷　宋程敦厚撰

　　宋刊本　[14]・五下・724

72義質堂蜀治提綱一卷　清楊祕撰

　　清道光二十五年(1845)重刊本

　　[74]・二・62

76義陽志八卷　宋闞良臣撰

　　宋刊本　[41]・八・28

77義門讀書記五十八卷　清何焯撰

　　通行本　[96]・五十五・1093

　　義門小集一卷　清何焯撰

　　清刊本　[92]・四・188

　　義門小稿　清何焯撰

　　抄本　[50]・九・48

　　義學規訓　清陳詵撰

　　刊本　[71]・子・儒家・25

8060₁　合

00合齋集十六卷　宋王柟撰

　　宋刊本　[41]・十八・30

10合元萬分曆一卷　唐曹氏撰

　　宋刊本　[14]・三下・267

70合璧聯珠萬卷菁華一百四十卷

　　不知編者

　　宋刊本　[9]・後編・七・24

　　合璧事類前集六十九卷後集八十

　　一卷續集五十六卷　宋謝維新

　　編　別集九十四卷外集六十六

　　卷　宋虞載編

　　明錫山安國刊本　[71]・子・

　　類事・12

　　刊本　[53]・二・13

77合肥志四卷　宋唐錡撰

　　宋刊本　[41]・八・27

86合錦迴文傳十六卷　題鐵華山人

　　重輯

　　清嘉慶三年(1798)寶硯齋刊本

　　[69]・四・145

88合纂類语三十二卷　明魯重民輯

　　刊本　[39]・庚・49

首

46首楞嚴經十卷　不知撰人

　　宋刊小字本　[22]・五・16

　　[35]・上・21

　　首楞嚴經十卷附音釋　不知撰人

　　宋福州刊本　[2]・三・43

　　首楞嚴經玄覽一卷　不知撰人

　　宋刊本　[58]・子・123

　　首楞嚴義疏注經十卷　釋子璿集

　　日本曆應二年刊本　[62]・圖

　　版49

普

30普濟方一百六十八卷　明朱橚撰

　　明永樂周藩刊本　[68]・圖版

　　357、目錄64　　[79]・子・

　　醫家類・504

　　殘刊本　[34]・附錄・一・15

　　[50]・四・28

　　天一閣抄本　[39]・庚・88

　　普濟本事方十卷　宋許叔微撰

　　宋刊本　[11]・四十五・22

　　[35]・上・11

　　建安余唐卿宅刊本　[89]・一

　　集・八・12

刊本　[39]・庚・87

坊刊本　[74]・三・17

舊抄本　[50]・四・29

　　[74]・三・17　　[76]・

　　十・15　　[91]・十六・

　　16

普濟本事方十卷後集十卷　宋許

叔微撰

　　宋刊本　[35]・下・40

　　[79]・子・醫家類・489

　　宋刊配抄本　[22]・補道・59

　　日本刊本　[91]・十六・16

　　抄本　[70]・三・53

普濟本事方釋義　不知撰人

　　清嘉慶刊本　[49]・補道・1

44普菴语録四卷　不知撰人

　　明永樂刊本　[19]・11

73普陀山志十五卷　清裘璉輯

　　刊本　[39]・戊・57

77普門醫品四十八卷　明王化貞撰

　　清康熙娛暉堂刊本　[79]・子・

　　醫家類・507

　　刊本　[39]・庚・92

92普燈録三十卷　宋釋正受編

　　宋刊本　[41]・十二・12

　　[54]・四・35

　　宋嘉定刊本　[2]・三・45

8060₅　善

02善誘文一卷　宋陳録編

　　宋刊本　[11]・一百十四・18

　　[17]・四・42

　　明刊本　[17]・四・42

　　百川學海本　[96]・五十三・

　　1046

10善惡圖全傳四十回　清人撰

　　頌德軒刊本　[69]・六・190

21善行續録二卷　不著撰人

　　刊本　[39]・戊・5

　　善行録八卷　明張時徹輯

　　刊本　[39]・戊・5

44善權古今文録十卷　不知撰人

　　抄本　[20]・四・25

90善卷堂六十四卷　清陸繁弨撰、

吳自高注

清乾隆三十五年(1770)亦園刊
本　[96]·七十·1400

善卷堂四六十卷　清陸繁韶撰

刊本　[39]·癸下·41

8060_6 曾

00曾文定公集二十卷
見《元豐類稿》

曾文清集十五卷　**宋曾幾撰**
宋刊本　[41]·二十·14

曾文昭公集四卷　**宋曾肇撰**
刊本　[39]·壬·10

曾文昭公集二卷附錄一卷　**宋曾
肇撰**
抄本　[71]·集·宋別·19

曾文昭公曲阜集二卷遺錄二卷補
錄一卷　宋曾肇撰
舊抄本　[102]·下·30

曾文昭公曲阜集三卷附錄一卷
宋曾肇撰
明抄本　[91]·二十七·6
舊抄本　[59]·六·17

17曾子一卷　周曾參撰、宋何汝騰
編
刊本　[92]·三·76

曾子二卷　周曾參撰
宋刊本　[14]·三上·189
[41]·九·1
元刊本　[20]·四·3
傳抄本　[60]·二·9

曾子注釋四卷　清阮元撰
清揚州阮氏刊本　[74]·續增·
子·1
文選樓叢書本　[96]·三十六·
660

曾子固先生集五十卷
見《元豐類稿》

曾子問講錄四卷　清毛奇齡撰
西河全書本　[74]·一·26
西河合集本　[96]·五·84

曾子問天員篇注一卷　清梅文鼎
撰
刊本　[78]·算學書錄補注·8

曾子全書三卷　明曾承業編
原刊本　[96]·三十六·659

22曾樂軒稿一卷　宋張維撰
清乾隆刊本　[75]·六十四·
22

24曾先生文粹十卷
見《南豐文粹》

40曾南豐文集五十卷
見《元豐類稿》

58曾撙齋緣督集四十卷
見《緣督集》

80曾公遺錄三卷　宋曾布撰
抄本　[59]·四·15

曾公南遊記一卷　不知撰人
宋刊本　[14]·後志·二·836

曾公類說六十卷
見《類說》

84曾弈父詩詞一卷　宋曾惇撰
宋刊本　[41]·二十·21

會

01會语續錄二卷　明羅汝芳編
刊本　[39]·己·18

10會元經二十四卷　宋孫季邕撰
宋刊本　[14]·後志·二·841

會元曆一卷　宋劉孝榮撰
宋刊本　[41]·十二·21

會要詳節四十卷　宋范師道編
宋刊本　[14]·五上·607

會天萬年具注曆一卷
見《大宋寶祐四年丙辰歲會天
萬年具注曆》

23會稽三賦　宋王十朋撰
宋刊本　[10]·21　[16]·
三·9　[20]·五·31
[50]·三·33　[65]·
二·75
明嘉靖刊本　[57]·114
刊本　[89]·二集·八·31

會稽三賦一卷　宋王十朋撰
宋史鑄注刊大字本　[2]·二·
43
明刊本　[91]·十二·13
[93]·十一·18

影宋本　[91]·十二·13

會稽三賦三卷　宋王十朋撰
宋刊本　[11]·三十四·9
[13]·13　[35]·下·
6　[50]·三·33
[58]·史·91　[93]·
十一·17　[94]·二·7
宋刊大字本　[35]·上·17
明初刊本　[16]·十七·6
抄宋本　[75]·二十七·22

會稽續志八卷　宋張淏撰
宋刊本　[41]·八·22
明刊本　[93]·十一·6
天一閣抄本　[39]·戊·33
舊抄本　[11]·三十·3

會稽和買事宜錄七卷　宋洪邁撰
宋刊本　[41]·五·38

會稽紀詠六卷　宋汪綱撰
宋刊本　[41]·十五·25

會稽志二十卷　宋施宿等撰
宋刊本　[41]·八·21
明刊本　[93]·十一·6
明正德五年(1510)刊本
[11]·三十·3　[71]·
史·地志·13
刊本　[39]·戊·33
舊抄本　[11]·三十·3
[57]·99

會稽志二十卷　宋施宿等撰　會
稽續志八卷　宋張淏撰
明正德刊本　[16]·十六·3
[91]·十一·8
傳抄明刊本　[60]·三·3

會稽李氏家乘　不知撰人
抄本　[57]·92

會稽掇英續集五卷　宋孔延之編
錢叔寶抄本　[28]·十三·17

會稽掇英總集二十卷　宋孔延之
編
杜丙杰刊本　[75]·六十三·1
天一閣抄本　[39]·辛·33
澹生堂抄本　[32]·十五·3
傳抄澹生堂本　[62]·六·1
文瀾閣傳抄本　[16]·三十

663

五·3
抄本　[93]·二十三·16
會稽掇英總集二十卷續集五卷
宋孔延之編
錢叔寶抄本　[11]·一百十三·
1　[28]·十三·16
會稽掇英總集二十卷續集四十五
卷　宋孔延之、程師孟編
宋刊本　[41]·十五·22
會稽懷古詩一卷　明唐之淳撰
明刊本　[61]·三·3
刊本　[39]·癸上·8
舊抄本　[91]·三十五·27
27會解楞嚴經十卷　唐釋彌伽譯
宋刊本　[14]·三下·313
40會真記四卷　明顧玄緯輯
明隆慶元年(1567)衆芳書齋刊
本　[60]·八·12
60會昌一品制集二十卷
見《李德裕會昌一品集》
會昌伐叛記一卷　唐李德裕撰
宋刊本　[41]·五·14
會昌進士詩集一卷　唐馬戴撰
明弘治刊本　[91]·二十五·
14

8060₇　含

10含元齋別録十卷　明趙樞生輯
刊本　[39]·己·60
21含經堂碑目　不著撰人
抄本　[71]·史·簿録·23
50含春堂　明朱祐杭撰
明内府抄本　[15]·4
62含影詞二卷　陳世祥撰
舊抄本　[32]·十六·14
91含煙閣詩詞一卷　清堵霞撰
傳抄本　[61]·七·7

8060₈　谷

00谷音二卷　元杜本編
粵雅堂刊本　[74]·四·62
刊本　[5]·四下·17
27谷響集一卷　元釋善住撰
元刊本　[71]·集·釋子·6

傳抄曝書亭藏本　[17]·四·
36
谷響集三卷　元釋善住撰
文瀾閣傳抄本　[11]·九十六·
1

8062₇　命

50命書三卷
見《李虚中命書》

8073₂　公

12公孫龍子一卷　周公孫龍撰
明翻宋刊本　[17]·三·18
明刊本　[75]·四十一·7
明正統道藏本　[17]·三·18
明嘉靖刊本　[11]·五十五·2
[75]·四十一·7
明崇德書院刊本　[11]·
五十五·2
明縣眇閣本　[17]·三·18
明子彙本　[17]·三·18
公孫龍子三卷　周公孫龍撰
宋刊本　[14]·五上·590
[41]·十·2
墨海金壺本　[96]·五十二·
1032
27公侯簿　明人編
抄本　[39]·丁·60
47公穀彙義十二卷　清姜兆錫撰
刊本　[39]·乙·50
[74]·一·36
50公車徵士小録　不著編者
清刊本　[74]·二·32
60公是先生文集七十五卷
見《劉公是集》
公是先生七經小傳三卷
見《七經小傳》
公是先生極没要緊一卷
見《極没要緊》
公是先生弟子記一卷　宋劉敞撰
宋刊本　[14]·五上·595
知不足齋叢書本　[96]·三十
六·676
曹夢山抄本　[75]·三十二·

20
小山堂抄本　[91]·十五·11
抄本　[71]·子·儒家·18
公是先生弟子記四卷　宋劉敞撰
聚珍刊本　[74]·三·3
80公羊正義二十八卷
見《春秋公羊傳注疏》
公羊傳注十二卷
見《春秋公羊傳解詁》
公羊注疏二十八卷
見《春秋公羊傳注疏》
公羊解詁十二卷
見《春秋公羊傳解詁》
公羊注疏二十八卷
見《春秋公羊傳注疏》
公羊穀梁不分卷　周公羊高、穀
梁赤撰
宋合刊白文小字本　[2]·一·
21
公羊春秋何氏解詁箋一卷附發墨
守評一卷　清劉逢禄撰
原刊本　[96]·十一·233
公羊春秋經傳通義十一卷敍一卷
清孔廣森撰
𪑊軒孔氏所著書本　[96]·十
一·229
公羊曆譜十一卷　清包慎言撰
南菁書院本　[78]·算學書録
補注·95

食

27食物本草綱目二十二卷　明姚可
成編
明天啓刊本　[79]·子·醫家
類·459
食物本草會纂十二卷　清沈李龍
撰
清乾隆四十八年(1783)書業堂
刊本　[79]·子·醫家類·
463
通行本　[96]·四十三·800
食色紳言二卷　明龍遵撰
廣祕笈本　[96]·五十八·
1163

33食治通説一卷　宋婁居中撰
　宋刊本　[41]・十三・3

養

00養疴漫筆一卷　宋趙溍撰
　説郛本　[96]・六十四・1280
10養正圖解不分卷　明焦竑撰
　明刊本　[9]・七・39、40
　[91]・十四・25
　養正圖解二卷　明焦竑撰
　黃鱗刊本　[64]・續・88
　養吾集三十二卷　元劉將孫撰
　舊抄本　[60]・七・4
25養生雜類二十二卷　題周守忠撰
　明刊本　[71]・子・醫家・4
　養生必用方三卷　宋初虞世撰
　宋刊本　[14]・後志・二・871
　[35]・下・27　[41]・
　十三・8　[88]・四・6
　養生真訣一卷　宋耿肱撰
　宋刊本　[41]・十二・4
　養生月覽二卷　宋周守忠纂
　抄本　[22]・補遺・90
　養生類纂二十二卷　宋周守中撰
　壽養叢書本　[34]・附錄・一・15
　抄本　[22]・補遺・89
40養志餘編六卷　明趙善政撰
　刊本　[71]・集・明別・98
44養蒙集十卷　元張伯淳撰
　刊本　[24]・集二・7
　舊抄本　[11]・九十五・16
　[16]・三十二・19
　[32]・十三・8　[39]・
　壬・58　[74]・四・35
　[102]・下・35
50養素堂文集　不知撰人
　未刻稿本　[84]・二・39
　養素堂文集金石跋尾二卷　張介侯撰
　嬰闇抄本　[84]・三・19
52養拙堂詞一卷　宋管鑑撰
　宋刊本　[41]・二十一・12
　毛扆校舊抄本　[74]・四・76

　明抄本　[91]・四十・17
　毛斧季抄本　[11]・一百二十・7
　舊抄本　[32]・十六・7
　[101]・中・19
　[102]・下・41
77養民月宜一卷　不知撰人
　明黑口本　[26]・六・27
　養賢錄二十二卷　宋王日休編
　宋刊本　[14]・五上・563
88養餘月令三十卷　明戴羲撰
　明崇禎十三年(1640)桃花村刊本　[78]・補遺・18
　刊本　[39]・庚・82

8077₂ 缶

67缶鳴集十二卷
　見《高太史缶鳴集》

龠

22龠山集　明方文撰
　清初方氏古欓堂刊本　[68]・圖版477、478、目錄80

8080₆ 貧

40貧士傳二卷　明黃姬水撰
　寶顏堂祕笈本　[96]・二十三・482

貪

77貪欣悮六回　題羅浮散客鑒定
　坊刊本　[69]・三・107

8090₁ 佘

22佘山人集四卷　明佘世亨撰
　刊本　[39]・癸上・64

8090₄ 余

00余文敏公集十二卷　明余有丁撰
　刊本　[39]・癸上・60
　余襄公武谿集二十卷
　見《武谿集》
24余先生詩抄一卷　清余元甲撰
　刊本　[71]・集・國朝別・38

50余肅敏公奏議六卷　明佘子俊撰
　刊本　[71]・集・奏議・2
　余忠宣集六卷　元余闕撰
　明嘉靖刊本　[11]・一百三・18
72余氏至言十八篇　宋余安行撰
　宋刊本　[14]・四下・493
　余氏天文算學三種　清余煌撰
　清光緒元年(1875)刊本　[78]・補遺・27
77余居士證論選奇方　不著撰人
　刊本　[89]・一集・八・15

8091₇ 氣

77氣學測算一卷　美國丁韙良撰
　格物測算本　[78]・算學書錄補注・100
　氣學入門一卷　美國丁韙良撰
　格物入門本　[78]・算學書錄補注・100

8111₇ 鉅

00鉅鹿東觀集七卷　宋魏野撰
　宋刊本　[35]・上・56
　影宋本　[35]・下・13
　翁又張抄本　[30]・五・30
　舊影抄本　[39]・壬・3
　抄本　[71]・集・宋別・3
　鉅鹿東觀集十卷　宋魏野撰
　宋刊本　[33]・集・21
　[41]・二十・1　[50]・八・6　[68]・圖版103、目錄25
　宋刊抄補本　[58]・集・54
　刊本　[24]・集一・13
　校宋本　[93]・二十・5
　鮑以文校本　[32]・十一・1
　校刊本　[61]・五・5
　抄校本　[12]・六・5
　王氏十萬卷樓抄本　[91]・二十六・11
　舊抄本　[11]・七十三・7
　[16]・三十・9　[17]・四・14　[34]・三・25

[50]·八·7　[60]·
六·28　[74]·四·13
[102]·下·30
舊抄補本　[91]·二十六·10
鉅鹿東觀集十卷補遺一卷
宋魏野撰
舊抄本　[91]·二十六·11

8114₆　鐔

35鐔津文集二十卷　宋釋契嵩撰
宋刊本　[22]·六·21
[35]·上·51
明刊本　[9]·十·27
鐔津文集二十二卷　宋釋契嵩撰
明刊本　[93]·二十·7
明永樂三年(1405)刊本
[26]·八·2
明弘治刊本　[8]·集二·412
[11]·七十三·18
[16]·三十·11　[91]·
·二十六·15　[92]·
四·150
日本重翻釋藏本　[60]·六·
29
刊本　[29]·三·9　[36]·
216　[39]·壬·51
[71]·集·釋子·3

8141₇　瓶

12瓶水齋詩集十七卷別集二卷　清
舒位撰
清嘉慶二十年(1815)巴氏刊本
[26]·十·39　[26]·
十三·44
44瓶花齋集十卷瀟碧堂集二十卷
明袁宏道撰
明刊本　[92]·四·179
瓶花譜一卷　明張謙德撰
廣祕笈本　[96]·五十一·1017
明抄本　[91]·十八·10
48瓶梅別韻一卷　清汪魁犖撰
刊本　[71]·集·國朝別·52
50瓶史一卷　明袁宏道撰

舊抄本　[74]·續增·子·6
瓶史二卷　明袁宏道撰
借月山房彙抄本　[96]·五十
一·1017
88瓶笙館修簫譜一卷　清舒位撰
武林汪氏刊本　[26]·十六·
41

矩

22矩山存稿五卷　宋徐經孫撰
明萬曆刊本　[17]·四·27
影抄明萬曆刊本　[74]·四·
31
32矩州詩集十卷　明黃衷撰
刊本　[39]·癸上·29
矩州詩集十卷附榈亭集一卷　明
黃衷撰
刊本　[71]·集·明別·55
77矩學雜記二卷　清施閏章撰
愚山全集本　[96]·六十六·
1318

8141₈　短

10短要方　不知撰人
抄本　[89]·二集·七·15

8178₀　頌

10頌天臚筆二十四卷　明金日升輯
明崇禎刊本　[74]·二·21
[85]·四·181　[92]·
二·46　[102]·上·15
刊本　[32]·三·21

8190₄　榘

44榘菴集十五卷　元同恕撰
抄本　[12]·六·25
傳抄閣本　[17]·四·32
[32]·十三·14

8194₇　敍

40敍古千文一卷　宋胡寅撰
宋刊本　[14]·五上·535
粵雅堂刊本　[74]·三·66
舊抄本　[93]·七·10

精抄本　[91]·五·14
敍古蒙求一卷　宋胡宏撰
宋刊本　[14]·五上·537

8211₄　鍾

48鍾馗全傳四卷　明人撰
明刊本　[69]·七·197
60鍾呂傳道記三卷　宋施肩吾撰
宋刊本　[41]·十二·3
95鍾情麗集四卷　不知撰人
明弘治十六年(1503)刊本
[77]·六·165

8211₈　鐙

10鐙下聞談二卷　不著撰人
江鄭堂抄本　[59]·八·3
傳錄本　[32]·九·18

8260₀　劄

17劄子集六卷
見《富文忠劄子》

8280₀　劍

24劍俠傳四卷　不著撰人
明刊本　[75]·四十八·8
祕書二十一種本　[96]·
六十六·1312
古今逸史本　[74]·三·82
28劍谿野語三卷　宋陳正敏撰
宋刊本　[41]·十一·15
40劍南詩稿二十卷　宋陸游撰
宋刊本　[10]·55　[17]·
四·25　[35]·上·56
[50]·八·29　[58]·
集·93　[68]·圖版148、
目錄32　[92]·四·159
宋淳熙嚴州郡齋刊本　[2]·
四·39　[68]·圖版101、
目錄25
劍南詩稿六十七卷　宋陸游撰
宋浙刊本　[2]·四·40
劍南詩稿二十卷續稿六十七卷
宋陸游撰
宋刊本　[41]·二十·17

劍南詩稿八十五卷渭南文集五十卷　宋陸游撰
　汲古閣刊本　[71]・集・宋別・46
劍南詩稿八十五卷逸稿二卷　宋陸游撰
　汲古閣刊本　[75]・五十六・8
76劍陽名儒錄二卷　明李璧輯
　刊本　[39]・戊・13
88劍笑二十七卷　明錢希言撰
　刊本　[71]・子・雜藝術・6

8312_7 鋪

88鋪敍二卷　不知撰人
　舊抄本　[93]・十二・17

8315_0 鍼

21鍼經二卷　南唐何若愚撰
　日本抄本　[60]・二・27
鍼經三卷　南唐何若愚撰
　抄本　[5]・三下・12
27鍼灸一卷　不知撰人
　抄本　[5]・三下・11
鍼灸聚英四卷　明高武撰
　明刊本　[79]・子・醫家類・425
鍼灸集書二卷　楊珣編
　明刊大字本　[60]・二・29
鍼灸集成　不知撰人
　清刊本　[68]・圖版505、目錄84
鍼灸經八卷　不著撰人
　刊本　[5]・三下・11
　舊抄本　[71]・子・醫家・2
鍼灸資生經七卷　宋王執中編
　宋刊本　[14]・五上・615
　元刊本　[93]・十四・23
　　[94]・三・9
　元廣勤書堂刊本　[68]・圖版329、目錄60　[79]・子・醫家類・423　[98]・7
　明正統刊本　[22]・補遺・25
　影抄元刊本　[91]・十六・19

　影抄廣勤書堂刊本　[28]・七・21
　舊抄本　[22]・補遺・25
鍼灸大成十卷　明楊繼洲編
　明萬曆趙氏刊本　[79]・子・醫家類・426
　通行本　[96]・四十三・784
鍼灸大全十卷
　見《鍼灸大成》
鍼灸擇日編集不分卷　朝鮮全循義、金義撰
　舊抄本　[8]・子一・257
鍼灸四書　南唐何若愚撰
　明成化刊本　[22]・補遺・24
鍼灸四書八卷　元竇桂芳編
　影抄元刊本　[16]・二十二・15
　舊抄本　[93]・十四・24
鍼灸甲乙經十二卷
　見《黃帝三部鍼灸甲乙經》
鍼灸問對三卷　明汪機編
　明刊本　[91]・十六・26
　明嘉靖刊本　[79]・子・醫家類・425
鍼灸節要三卷　明高武撰
　明嘉靖十六年(1537)刊本　[79]・子・醫家類・425
　刊本　[71]・子・醫家・2
47鍼胡編一卷　明袁仁撰
　舊刊本　[96]・十一・212

鐵

11鐵琴銅劍樓藏書目錄二十四卷　清瞿鏞撰
　刊本　[100]・59
　抄本　[100]・59
22鐵崖文集五卷　元楊維楨撰
　元刊本　[16]・三十四・43
　明刊本　[11]・一百零九・22
　　[28]・續・十三・14
　　[74]・續增・集・7
　　[93]・二十二・26
　明弘治刊黑口本　[3]・24
　　[38]・集・90　[71]・
　集・元別・22　[85]・
　五・3　[92]・四・170
　明末刊本　[92]・四・171
鐵崖文集五卷史義拾遺二卷　元楊維楨撰
　明刊本　[91]・三十四・37
鐵崖文集麗則遺音古賦程式四卷
　見《麗則遺音古賦程式》
鐵崖先生詩集二卷　元楊維楨撰
　愛日精廬抄本　[91]・三十四・36
鐵崖先生詩集十卷　元楊維楨撰
　舊抄本　[16]・三十四・45　[50]・九・34　[91]・三十四・36
鐵崖先生復古詩集六卷　元楊維楨撰
　元刊本　[11]・一百零九・19　[28]・續・十三・13　[35]・下・17
鐵崖先生古樂府十卷　元楊維楨撰
　元刊本　[35]・下・16
　明洪武刊本　[32]・十三・25
　抄本　[75]・六十・17
鐵崖先生古樂府十六卷　元楊維楨撰
　元至正刊本　[2]・五・13　[50]・九・33
　明成化沈禮翻元刊本　[59]・七・13
　明刊校本　[93]・二十二・25
鐵崖先生古樂府十卷復古詩集六卷　元楊維楨撰
　元刊本　[11]・一百零九・16　[35]・下・16　[58]・元・115　[91]・三十四・35
　明補元刊本　[26]・九・6
　明初刊本　[92]・四・171
　明刊本　[65]・五・46
鐵崖漫稿五卷　元楊維楨撰
　張月霄抄本　[91]・三十四・37

舊抄本　[16]·三十四·44
　　[93]·二十二·26
鐵崖逸編注八卷　元楊維楨撰、
　清樓卜瀍注
　抄本　[75]·六十·17
鐵崖咏史注六卷　元楊維楨撰、
　清樓卜瀍注
　抄本　[75]·六十·17
鐵崖賦稿一卷　元楊維楨撰
　勞季言校本　[11]·一百零九·
　13
　舊抄本　[50]·九·34
　　[93]·二十二·26
　　[101]·下·6
鐵崖賦稿二卷　元楊維楨撰
　勞氏抄校本　[91]·三十四·38
25鐵牛翁遺稿一卷　宋何景福撰
　舊抄本　[91]·三十二·10
27鐵網珊瑚不分卷　題明朱存理編
　舊抄本　[92]·三·95
鐵網珊瑚十四卷　題明朱存理編
　刊本　[5]·三下·26
鐵網珊瑚十六卷　題明朱存理編
　刊本　[71]·子·書畫家·12
　通行本　[96]·四十八·939
　舊抄本　[57]·178
鐵網珊瑚二十卷　明都穆撰
　清乾隆二十三年(1758)
　刊本　[75]·三十九·12
　　[96]·五十八·1157
　明抄本　[12]·五·28
　曝書亭抄本　[39]·庚·21
　傳抄本　[60]·八·2
37鐵冠圖全傳八卷　清人撰
　清光緒十六年(1890)三餘堂刊
　本　[69]·二·70
42鐵橋漫稿　清嚴可均撰
　清刊本　[100]·150
鐵橋道人年譜二卷　明張穆編、
　清何浣輯
　原稿本　[85]·十八·805
鐵橋志書　清梁于涘、扶綱輯
　清康熙四年(1665)紫陽書院刊
　本　[68]·圖版481,目錄

81
44鐵花仙史二十六回　題雲封山人
　編
　刊本　[69]·四·147
鐵菴集六卷　宋方大琮撰
　明萬曆八年(1580)李時成選刊
　本　[74]·四·30
46鐵如意室金石目錄十卷附錄二卷
　不知撰人
　稿本　[57]·159
鐵如意菴詩稿六卷　清袁鴻撰
　清道光六年(1826)刊本
　　[26]·十四·37
60鐵圍山叢談二卷　宋蔡絛撰
　舊抄殘本　[50]·六·18
　　[81]·子·14　　[83]·
　三·27
鐵圍山叢談五卷　宋蔡絛撰
　宋刊本　[41]·十一·17
鐵圍山叢談六卷　宋蔡絛撰
　知不足齋叢書本　[96]·六十
　四·1270
　明抄本　[46]·22
　雁里草堂抄本　[58]·元·99
　文瑞樓抄本　[75]·四十六·
　18
　舊抄本　[5]·三上·34
　　[11]·六十三·3　　[39]·
　己·67　　[93]·十七·
　16
鐵圍山叢談八卷　宋蔡絛撰
　舊抄本　[50]·六·18
鐵圍山叢談十卷　宋蔡絛撰
　舊抄本　[60]·八·8

8315₈　錢
08錢譜十卷　梁顧烜嘗撰
　宋刊本　[14]·三上·233
錢譜十卷　宋董逌撰
　宋刊本　[14]·三上·233
17錢子測語二卷　明錢琦撰
　刊本　[39]·己·25
　鹽邑志林本　[96]·五十三·
　1049

22錢後峯存真文稿六卷　明錢應揚
　撰
　刊本　[71]·集·明別·74
26錢繹方言箋疏十三卷　清錢繹撰
　抄本　[46]·4
28錢牧齋初學集一百十卷
　見《牧齋初學集》
40錢塘縣志十卷　明聶心湯纂
　明萬曆刊本　[91]·十一·24
錢塘先賢祠傳贊一卷　宋袁韶撰
　刊本　[39]·戊·21
　知不足齋叢書本　[96]·二十
　三·474
　抄本　[75]·二十二·10
錢塘遺事十卷　元劉一清撰
　南沙席氏掃葉山房刊本
　　[74]·二·19　　[96]·
　十九·418
　開萬樓抄本　[39]·丁·27
　文瑞樓手校本　[75]·十九·
　15
　舊抄本　[17]·二·11　　[20]·
　二·13　　[60]·四·16
　　[71]·史·地志·37
　　[91]·八·10
錢塘漁隱濟顛禪師語錄一卷　題
　明沈孟柈述
　明隆慶刊本　[77]·四·95
錢南園遺集五卷　清錢灃撰
　清同治十一年(1872)湖南局刊
　本　[26]·十三·6
錢希白歌詩二卷　宋錢易撰
　宋刊本　[41]·二十·3
44錢考功集二卷　唐錢起撰
　宋刊本　[14]·四上·354
錢考功集十卷　唐錢起撰
　宋刊本　[41]·十九·8
　明活字本　[16]·二十九·7
　　[91]·二十四·21
　明嘉靖蔣氏刊本　[17]·四·
　7
　刊本　[21]·一·33
　校舊抄本　[50]·七·29
　抄宋本　[5]·四中·4

舊抄本 [93]·十九·20

47錢起詩集十卷
　見《錢考功集》

48錢梅谿題贈集二卷　清錢梅谿撰
　稿本 [57]·328

50錢忠介公集二十卷附録六卷　明錢肅樂撰
　四明叢書本 [85]·十九·859

錢東畲集十四卷
　見《錢東畲家藏集》

錢東畲家藏集十四卷　明錢琦撰
　刊本 [39]·癸上·38
　[71]·集·明別·64

60錢杲之離騷集傳一卷
　見《離騷集傳》

72錢氏譜牒一卷　清錢謙益撰
　抄本 [17]·二·13

錢氏三華詩集十二卷　元錢仲益撰
　抄本 [71]·集·元別·34

錢氏私志一卷　宋錢世昭撰
　刊本 [5]·二上·10
　古今説海本 [96]·六十四·1270
　天一閣抄本 [39]·丁·21
　舊抄本 [11]·六十二·13
　[75]·四十六·13
　[91]·二十一·7

錢氏家變録一卷　清錢孫愛輯
　荆駝逸史本 [85]·十八·793
　虞陽説苑甲編本 [85]·十八·793

錢氏四種　清錢坫撰
　擁萬樓刊本 [96]·五十九·1186

錢氏小兒方八卷　宋錢乙撰
　宋刊本 [14]·三下·300

錢氏小兒方訣十卷　宋錢乙撰、熊宗立注
　明刊本 [60]·二·28
　明初小字刊本 [22]·補遺·83

錢氏小兒藥證真訣三卷　宋錢乙撰

宋刊本 [41]·十三·8
[76]·十·24
清陳世傑仿宋本 [22]·補遺·82
聚珍刊本 [74]·三·17
刊本 [89]·二集·七·6

錢氏小兒藥證真訣三卷附方一卷　宋錢乙撰
　常熟錢氏述古堂藏本 [96]·四十二·757

錢氏小兒藥證真訣三卷附方二卷　宋錢乙撰　附小兒方一卷　宋閻忠孝撰
　刊本 [74]·三·17

錢氏小兒藥證真訣三卷　宋錢乙撰　董氏小兒班疹備急方論一卷　宋董汲撰
　宋刊本 [32]·六·19
　[79]·子·醫家類·398

77錢賢良進卷十卷　唐錢公輔撰
　宋刊本 [14]·四下·465

87錢録十二卷　清張端木撰
　刊本 [96]·五十·988

錢録十六卷　清梁詩正等撰
　清武英殿刊本 [96]·五十·987

98錢幣譜一卷　元費著撰
　閬邱辨圃刊本 [74]·三·41

錢幣芻言一卷續一卷　清王鎏撰
　清刊本 [74]·續增·史·12

錢幣考一卷　不著撰人
　抄本 [74]·續增·史·12

8365₀ 鹹

77鹹閣小史六卷　葫蘆道人撰
　玄覽堂叢書本 [85]·二十四·1070

8376₀ 飴

22飴山詩集二十卷　清趙執信撰
　刊本 [71]·集·國朝別·21

8377₇ 館

29館伴日録一卷　宋人撰

宋刊本 [41]·七·13

77館閣續書目三十卷　宋張攀等撰
　宋刊本 [41]·八·10

館閣漫録　明張元忭撰
　天一閣抄本 [39]·丁·38

8417₀ 鉗

01鉗龍經一卷　吳景鸞撰
　刊本 [5]·三中·43

8418₁ 鎮

10鎮平世系紀二卷　明朱睦㮮撰
　刊本 [39]·戊·88

31鎮江府志五十五卷　清張九徵撰
　清康熙十四年(1675)刊本 [74]·二·46

鎮江志二十一卷　不著撰人
　舊抄本 [11]·三十一·13
　[16]·十六·22　[93]·十一·11
　傳抄本 [28]·四·13
　影抄本 [91]·十一·14

鎮江志二十二卷　宋盧憲撰
　抄本 [11]·三十·4　[16]·十六·3　[75]·二十五·10　[93]·十一·6

鎮江志二十三卷　宋盧憲撰
　影抄本 [91]·十一·9

鎮江志三十卷　宋盧憲撰
　宋刊本 [41]·八·20

32鎮州臨濟慧照禪師語録一卷　宋釋惠然集
　宋刊本 [2]·三·47
　日本元應庚申刊本 [22]·五·21
　日本延德三年刊本 [46]·圖版90

8471₁ 饒

24饒德操集一卷　宋饒節撰
　宋刊本 [14]·四下·490

8490₀ 斜

22斜川集　宋蘇過撰
　　舊刊本　[95]・二・20
　　大典輯稿本　[32]・十一・14
斜川集六卷　宋蘇過撰
　　林汲山房抄本　[30]・五・31
斜川集八卷　宋蘇過撰
　　鮑以文抄本　[11]・七十八・16
　　抄本　[75]・五十四・13
斜川集十卷　宋蘇過撰
　　宋刊本　[41]・十七・32
　　元刊本　[74]・續增・集・2
　　刊本　[26]・八・30
　　抄本　[12]・六・8
斜川集六卷附錄一卷　宋蘇過撰
　　清乾隆五十二年(1787)趙懷玉
　　刊本　[84]・二・29

8511₇ 鈍

00鈍齋集六十卷　宋楊濟撰
　　宋刊本　[41]・十八・32
16鈍硯厄言　清錢綺撰
　　清道光二十八年(1848)刊本
　　[74]・三・26
68鈍吟文稿一卷遊仙詩二卷　清馮
　班撰
　　殘刊本　[74]・四・51
　　鈍吟雜錄十卷　清馮班撰
　　清刊本　[74]・三・60
　　借月山房彙抄本　[96]・
　　五十五・1089
80鈍翁前後類稿五十卷續稿五十六
　卷　清汪琬撰
　　原刊本　[96]・七十・1380
　　鈍翁前後類稿六十二卷續稿五十
　　六卷　清汪琬撰
　　刊本　[71]・集・國朝別・62
　　鈍翁前後類稿六十二卷附證字一
　　卷年譜壙誌一卷　清汪琬撰
　　刊本　[71]・集・國朝別・8
　　鈍翁前後類稿一百十八卷附其父
　　膺寸碧堂稿二卷　清汪琬撰

清刊本　[74]・四・50

8612₇ 錦

20錦香亭四卷　清人撰
　　經元堂刊本　[69]・四・142
25錦繡衣　清人撰
　　清刊本　[69]・三・102
錦繡萬花谷前集四十卷後集四十
　卷　題宋蕭贊元撰
　　宋刊本　[9]・後編・五・28
　　[22]・五・8、9　[35]・
　　下・25　[41]・十四・
　　28　[72]・23　[90]・
　　41
　　明刊本　[9]・九・48　[71]・
　　・子・類事・10
錦繡萬花谷前集四十卷後集四十
　卷續集四十卷　題宋蕭贊元撰
　　南宋淳熙十五年(1188)序刊本
　　[74]・三・66
　　明刊本　[11]・五十九・19
　　[75]・四十五・15
　　[91]・二十・6　[93]・
　　十七・4　[102]・上・
　　24
　　明弘治五年(1492)華燧會通館
　　銅活字印本　[3]・18
　　[17]・三・30　[30]・
　　二・11　[68]・圖版
　　599、目錄97　[92]・三・
　　119
　　明嘉靖十四年(1535)徽藩崇古
　　書院刊本　[30]・三・19
　　[60]・五・17　[86]・
　　四・31
　　刊本　[89]・二集・五・28
錦繡萬花谷前集四十卷後集四十
　卷續集四十卷別集三十卷　題
　宋蕭贊元撰
　　宋刊明印本　[76]・十一・32
　　明刊本　[96]・六十一・1207
　　明嘉靖十五年(1536)錫山秦汴
　　繡石書屋刊本　[22]・五・
　　9　[26]・六・17

[32]・九・9　　　[59]・
　　五・13　[86]・六・89
　　刊本　[39]・庚・44
27錦疑團十六回　清人撰
　　清刊本　[69]・四・137
44錦帶一卷
　　見《錦帶書》
　　錦帶補注　宋杜開注
　　天一閣抄本　[39]・庚・51
　　錦帶書一卷　梁蕭統撰
　　宋刊本　[41]・六・21
　　津逮祕書本　[74]・三・64
　　[96]・六十・1191
50錦囊集一卷　宋釋瑞光撰
　　宋刊本　[14]・三下・315
　　錦囊集四卷外集一卷　唐李賀撰
　　明弘治刊本　[38]・集・20
　　錦囊祕錄四十九卷　清馮兆張撰
　　清康熙刊本　[96]・四十三・
　　800
60錦里耆舊傳四卷　宋句延慶撰
　　刊本　[53]・一・5
　　讀畫齋叢書本　[96]・二十六・
　　527
　　校舊抄本　[50]・三・1
　　[65]・續・二・10
　　穴硯齋抄本　[30]・五・3
　　舊抄本　[16]・十四・4
　　[20]・二・20　[91]・
　　十・6、7、8　[93]・十・
　　16
　　錦里耆舊傳八卷續傳十卷　宋句
　　延慶撰
　　宋刊本　[41]・七・8
90錦堂春曉翰林查對天下萬民便覽
　四卷　明鄧仕明編
　　明萬曆陳德宗刊本　[64]・續・
　　119

錫

22錫山遺響十卷　不知撰人
　　明正德刊本　[38]・集・114
91錫類鈐方二十二卷　不知撰人
　　元刊本　[58]・元・68

8640₀　知

02知新録三十二卷　清王棠撰
　　燕在閣刊本　[96]·五十五·
　　1093
10知不足齋宋元人集目　不知撰人
　　鮑淥飮抄本　[60]·五·5
　　知不足齋叢書　清鮑廷博輯
　　清刊本　[80]·十二·1
11知非堂稿六卷　元何中撰
　　刊本　[24]·集二·14
　　舊抄本　[11]·九十九·10
　　[17]·四·32　[50]·
　　九·10　[91]·三十三·
　　24、25
　　知非堂稿十一卷　元何中撰
　　校舊抄本　[55]·四·29
　　抄本　[56]·羣書題記·21、39
13知恥齋文集二卷詩集六卷附録一
　　卷　清謝振定撰
　　清道光十二年(1832)子興嶢興
　　峘
　　刊本　[26]·十三·22
23知稼翁詞一卷　宋黃公度撰
　　汲古閣影宋本　[11]·一百十
　　九·18
　　精抄本　[91]·四十·13
　　知稼翁集一卷　宋黃公度撰
　　宋刊本　[41]·二十一·11
　　知稼翁集二卷　宋黃公度撰
　　明刊本　[9]·後編·十八·21
　　[11]·八十三·19
　　[60]·六·34
　　刊本　[24]·集一·32
　　抄崇翰刊本　[71]·集·宋別·
　　34
　　舊抄本　[91]·二十九·23
　　知稼翁集十一卷詞一卷　宋黃公
　　度撰
　　宋刊本　[88]·五·24
　　刊本　[39]·壬·25
　　影抄宋刊本　[11]·八十三·
　　16　[93]·二十一·9
　　抄本　[8]·集二·444

　　[12]·六·12　[60]·
　　六·33　[74]·四·24
　　[102]·下·32
26知白堂稿十四卷　明翁博撰
　　刊本　[39]·癸上·46
50知本堂讀杜二十四卷　清汪灝輯
　　清康熙四十三年(1704)刊本
　　[64]·67
60知畏堂文集十卷詩集四卷　明張
　　采撰
　　清康熙刊本　[85]·五·236
　　知畏堂文存十二卷詩存四卷　明
　　張采撰
　　刊本　[71]·集·明別·111
80知命録一卷　明陸深撰
　　儼山外集本　[96]·六十五·
　　1287
90知常先生雲山集八卷
　　見《雲山集》

8652₇　羯

44羯鼓録一卷　唐南卓撰
　　宋刊本　[14]·一上·57
　　[41]·十四·3
　　墨海金壺本　[96]·四十九·
　　976
　　抄本　[39]·庚·35　[59]·
　　八·2　[75]·三十九·17

8660₀　智

50智囊二十八卷　明馮夢龍撰
　　刊本　[71]·子·雜家·24
92智燈傳提語十卷　明釋廣敏録
　　刊本　[71]·子·釋家·2

8674₇　饅

11饅頭屋本節用集一卷　不知撰人
　　日本室町末期刊本　[62]·圖
　　版161

8712₀　釣

12釣磯立談一卷　不著撰人
　　知不足齋叢書本　[96]·二十
　　六·525

　　校宋本　[51]·一·15
　　黃蕘圃校宋本　[17]·二·15
　　清王酉昭抄本　[2]·二·28
　　從鮑氏抄本　[75]·二十三·7
　　舊抄本　[5]·二上·11
　　[11]·二十八·11
　　釣磯文集十卷
　　見《徐公釣磯文集》
　　釣磯詩集四卷　宋邱葵吉撰
　　舊抄本　[11]·九十三·29
　　[74]·四·33　[100]·
　　132　[102]·下·35
32釣業不分卷　明查繼佐撰
　　稿本　[85]·二十·912
40釣磯新集六卷　宋王勇纂　續集
　　十卷　宋謝德興纂
　　宋刊本　[41]·十五·23
　　釣臺集八卷　明吳希孟編
　　明嘉靖刊本　[91]·三十九·
　　18
58釣籠圖一卷　不著撰人
　　宋刊本　[14]·三下·291
77釣月詞一卷　宋趙聞禮撰
　　傳抄本　[60]·七·23
88釣餘集　不知撰人
　　抄本　[20]·五·42

鈎

72鈎隱圖三卷　宋劉牧撰
　　宋刊本　[14]·一上·23

銅

22銅仙逸史五種　不著編者
　　抄本　[85]·二十三·1011
　　銅山縣志二十四卷　清崔志元修
　　清道光十年(1830)刊本
　　[74]·續增·史·9
40銅壺漏箭制度一卷　不著撰人
　　士禮居影宋本　[78]·算學書
　　録補注·88
　　影抄宋本　[93]·十五·2
　　抄本　[16]·二十三·1
　　銅壺漏箭制度一卷　不著撰人
　　準齋心製几漏圖式一卷　宋孫

逢古撰
　影宋抄本　[50]・四・38
　　[51]・二・12
44銅鼓堂遺稿三十二卷　清查禮撰
　清乾隆五十三年(1788)公子淳
　　刊本　[26]・十一・45
71銅馬編二卷　明楊德周撰
　刊本　[39]・癸下・38
80銅人腧穴鍼灸圖經三卷　宋王惟
　一撰
　北宋國子監刊本　[7]・中・
　44
　宋刊本　[14]・三下・298
　　[75]・三十六・7
　　[79]・子・醫家類・420
　刊本　[89]・二集・七・1
　舊抄本　[93]・十四・14
銅人腧穴鍼灸圖經五卷　宋王惟
　一撰
　金大定二十六年(1186)書軒陳
　氏刊本　[67]・第五册・
　47
　元刊本　[22]・補遺・23
　　[35]・上・46
　刊本　[89]・一集・七・22、
　33
銅人腧穴鍼灸圖經三卷穴腧都數
　一卷　宋王惟一撰
　明正統刊本　[22]・補遺・
　21
銅人鍼灸圖經七卷　不著撰人
　北宋國子監刊本　[7]・中・
　44
　明刊本　[91]・十六・12
明山西平陽府刊本　[11]・四
　十四・11　　[12]・三・
　9　　[59]・二・1
　　[75]・三十六・8
明熊氏衛生堂刊本　[22]・補
　遺・21　　[79]・子・醫
　家類・421　　[89]・一
　集・七・35
刊本　[5]・三下・10
　　[39]・庚・88

82銅劍讚　梁江淹撰
　抄本　[39]・庚・36

8713₂　銀

00銀鹿春秋　明陸嘉穎撰
　抄本　[39]　庚・30
38銀海精微二卷　題唐孫思邈撰
　明刊本　[91]・十六・11
　明萬曆十五年(1587)陳氏刊本
　　[79]・子・醫家類・414

録

26録鬼簿一卷　元鍾繼先撰
　明尤貞起抄本　[59]・八・7
録鬼簿三卷　元鍾繼先撰
　明抄本　[75]・四十八・10
60録異記八卷　蜀杜光庭撰
　明刊本　[11]・六十四・16
　津逮秘書本　[74]・三・83
　　[96]・六十六・1313
　校明抄本　[50]・六・38
　　[64]・續・三・84
　明抄本　[38]・子・84

8713₄　鐭

60鐭易林疑説不分卷
　見《易林疑説》

8715₄　鋒

82鋒劍春秋十卷　清人撰
　清同治三年(1864)三和堂刊本
　　[69]・二・27

8716₁　鉛

10鉛汞五行篇一卷　題探元子撰
　宋刊本　[41]・十二・6

8718₂　欽

30欽宗實録四十卷　宋洪邁等撰
　宋刊本　[41]・四・42

歙

16歙硯説一卷　題宋洪适撰
　辨歙石説一卷　不著撰人

宋刊本　[11]・五十三・9
　　[41]・十四・14　　[75]・
　四十・6
　明刊本　[91]・十八・3
　百川學海本　[96]・五十・991
歙硯譜一卷　宋唐積撰
　宋刊本　[11]・五十三・8
　　[41]・十四・13
　明刊本　[91]・十八・3
　百川學海本　[96]・五十・990
歙硯譜一卷　宋唐積撰
　辨歙石説一卷　不著撰人
　宋刊本　[17]・三・12
　明刊本　[17]・三・12
歙硯圖譜一卷
　見《歙硯譜》
32歙州硯譜一卷
　見《歙硯譜》

8722₇　邠

40邠志三卷　唐凌準撰
　宋刊本　[41]・五・13

8738₂　歡

50歡夫詩文稿十八卷　清李夢松撰
　清刊本　[74]・續增・集・13

8742₀　朔

00朔方新志五卷　不知撰人
　明萬曆刊本　[3]・10
80朔食九服里差三卷　清徐有壬撰
　務民義齋算學本　[78]・算學
　書録補注・88

8742₇　鄭

02鄭端簡公集六十一卷　明鄭曉撰
　明嘉靖至萬曆子履淳刊本
　　[86]・六・138
鄭端簡公奏議十四卷　明鄭曉撰
　明刊本　[60]・四・25
　　[91]・八・21
　明嘉興項氏萬卷堂刊本
　　[96]・二十一・436
　明抄本　[8]・史二・152

鄭端簡公年譜七卷　明鄭履淳撰
　刊本　[53]・一・13
鄭端簡公年譜十卷　明鄭履淳撰
　明萬曆重刊本　[96]・二十二・455
鄭端簡公策學六卷　明鄭曉撰
　刊本　[71]・集・論・2
10鄭西塘集十卷
　見《西塘先生文集》
12鄭延平年譜　許浩基編
　一九二六年鉛印本　[85]・十三・642
17鄭君舉詩集一卷　明鄭氏撰
　舊抄本　[74]・四・40
　[102]・下・37
21鄭師山集八卷
　見《師山先生文集》
22鄭崟陽事蹟彙抄　不知撰人
　傳抄本　[60]・四・22
24鄭先生易翼傳二卷
　見《易翼傳》
26鄭崿津陽門詩一卷
　見《津陽門詩》
27鄭侯升集四十卷　明鄭明選撰
　刊本　[39]・癸下・19
30鄭守愚文集三卷　唐鄭谷撰
　宋蜀刊本　[2]・四・20
　[68]・圖版239、240、目録46
40鄭志三卷補遺一卷　魏鄭小同撰
　清武英殿聚珍刊本　[20]・一・21　[74]・一・39
　[74]・續增・經・2
　[96]・二・20
　汧筠齋刊本　[75]・七・1
　[96]・二・20
　清吳兔床、陳仲魚校武英殿聚
　珍活字本　[2]・一・23
　舊抄本　[91]・四・6
鄭志三卷鄭記一卷　魏鄭小同撰
　清乾隆三十九年(1774)古俊樓
　刻北海經學七録本
　[26]・二・35
44鄭世子瑟譜　明朱載堉撰

毛抄本　[50]・一・11
鄭世子樂律全書四十二卷
　明朱載堉撰
　明刊本　[39]・丙・25
　[74]・一・47　[102]・上・13
鄭世子樂律全書四十七卷
　明朱載堉撰
　明刊本　[9]・七・26
　[91]・四・22
鄭世子樂律全書四十八卷
　明朱載堉撰
　明萬曆二十四年(1596)鄭藩刊
　本　[86]・四・26
　[96]・五十九・1169
鄭世子曆書十卷　明朱載堉撰
　刊本　[71]・子・曆算家・1
鄭菊山清雋集一卷附所南一百二
十圖詩一卷文一卷
　宋鄭起撰
　林吉人抄本　[38]・集・66
　舊抄本　[91]・三十二・16
鄭菊山清雋集一卷附所南一百二
十圖詩一卷文一卷附録一卷
　宋鄭起撰
　小山堂抄本　[71]・集・宋別・71
46鄭楊庭周易傳十二卷
　見《周易傳》
47鄭桐菴筆記不分卷　明鄭敷教撰
　抄本　[50]・六・32
50鄭忠肅奏議二卷
　見《鄭忠肅公奏議遺集》
鄭忠肅公奏議遺集二卷
　宋鄭興裔撰
　舊抄本　[32]・四・3
　[74]・四・25　[91]・三十・1　[102]・下・32
鄭忠愍公北山文集三十卷
　宋鄭剛中撰
　宋刊本　[41]・十八・13
　刊本　[39]・壬・24
　舊抄本　[11]・八十三・9

[16]・三十一・25
[32]・十二・5　[74]・四・24
鄭忠愍公北山文集三十卷　志銘
一卷題跋一卷　宋鄭剛中撰
　清康熙三十四年(1695)刊本
　[71]・集・宋別・33
53鄭成功傳一卷　清黃宗羲撰
　梨洲遺著彙刊本　[85]・十三・616
鄭成功傳一卷　題匪石撰
　清宣統鉛印本　[85]・十三・639
鄭成功傳二卷　清鄭亦、鄒居仁撰
　日本刊本　[60]・四・27
　明季遂志録島上附傳本
　[85]・十三・616
　浪華木氏校兼葭堂刊本
　[85]・十三・616
鄭成功紀略一卷　題星槎野叟輯
　明季遺聞録本　[85]・十三・617
鄭成之集十卷　宋鄭褒撰
　宋刊本　[14]・四下・455
58鄭敷文書説一卷
　見《書説》
60鄭思齊文　明鄭洛書撰
　抄本　[39]・癸上・37
鄭景望集三十卷　宋鄭伯熊撰
　宋刊本　[41]・十八・24
67鄭鄖事蹟五卷　不著撰人
　古學彙刊本　[85]・十八・781
68鄭畋集五卷　唐鄭畋撰
　宋刊本　[14]・四中・395
72鄭所南先生心史二卷　宋鄭思肖撰
　明刊本　[92]・四・164
　刊本　[71]・集・宋別・72
鄭所南先生心史七卷附録一卷
　宋鄭思肖撰
　抄本　[12]・五・12
鄭氏六藝論一卷　漢鄭玄撰
　拜經堂刊本　[74]・一・39

鄭氏諡法三卷　宋鄭樵撰
　　宋刊本　[41]·三·36
鄭氏家儀一卷旌義編二卷　鄭氏
　　輯
　　刊本　[39]·戊·87
鄭氏遺書五卷　漢鄭玄撰
　　錢竹汀先生校舊抄本　[57]·9
鄭氏祠享禮一卷　唐鄭正則撰
　　宋刊本　[41]·六·17
鄭氏書目七卷　宋鄭寅撰
　　宋刊本　[41]·八·11
鄭氏周易一卷
　　見《周易》
77鄭開陽雜著十一卷　明鄭若曾撰
　　刊本　[39]·丁·72
　　抄本　[74]·二·52
　　[102]·下·11
鄭開陽遺書十一卷
　　見《鄭開陽雜著》
90鄭堂讀書日記　清周中孚撰
　　稿本　[34]·三·12
　　抄本　[74]·二·74
鄭少谷集十五卷　明鄭善夫撰
　　刊本　[39]·癸上·35
　　[71]·集·明別·63
鄭少谷全集二十四卷　明鄭善夫
　　撰
　　清道光刊本　[75]·六十一·
　　15

8762₀ 卻

47卻埽編三卷　宋徐度撰
　　宋刊本　[14]·五上·600
　　[41]·十一·18
　　津逮祕書本　[96]·五十六·
　　1116
　　校宋本　[50]·五·52
　　[65]·續·三·51
　　影宋抄本　[60]·二·17
　　[91]·十九·5
　　明抄本　[38]·子·50
　　穴研齋抄本　[50]·五·55
　　光君子抄本　[16]·二十四·13
　　抄本　[5]·三上·35

　　[75]·四十三·14
57卻掃編三卷
　　見《卻埽編》

8762₂ 舒

00舒文靖集二卷　宋舒璘撰
　　舊抄本　[39]·壬·40
　　[91]·三十·19
　　文瀾閣傳抄本　[11]·八十六·
　　20
　　精抄本　[91]·三十·19
24舒先生文集九卷
　　見《雙峯先生文集》
32舒州龍門佛眼和尚語錄二卷　宋
　　釋善悟編
　　宋刊本　[31]·25
　　舒州梵天琪和尚注永嘉證道歌一
　　卷
　　見《永嘉證道歌》
40舒梓谿先生集十卷
　　見《梓谿文集》

8768₂ 欲

44欲焚草四卷　明胡忻撰
　　清順治刊本　[85]·二·95

8778₂ 飲

12飲水詩集二卷詞集二卷　清性德
　　撰
　　粵雅堂刊本　[74]·四·52
　　飲水詩集二卷詞集三卷　清性德
　　撰
　　刊本　[71]·集·國朝別·14
26飲和堂詩集十三卷文集八卷　清
　　姚燮撰
　　刊本　[39]·癸下·57
78飲膳正要二卷　元忽思慧撰
　　刊本　[5]·二中·10
　　飲膳正要三卷　元忽思慧撰
　　元刊本　[11]·五十四·1
　　[36]·168
　　明刊本　[93]·十六·4
　　明景泰七年(1456)內府刊本
　　[68]·圖版370、目錄66

　　刊本　[39]·庚·83
　　影元抄本　[91]·十八·9
　　吉田安手抄本　[22]·補遺·18
80飲食須知　清朱泰來撰
　　刊本　[39]·庚·84
　　飲食須知八卷　元賈銘撰
　　學海類編本　[79]·子·醫家
　　類515

8800₀ 从

40从古堂款識學一卷　徐士燕編
　　徐士燕手寫本　[26]·四·43

8810₄ 坐

00坐忘論一卷　唐司馬承禎撰
　　宋刊本　[14]·三下·303
　　[41]·九·23

筸

21筸嶹詞一卷　宋劉子寰撰
　　汲古閣影宋本　[11]·一百十
　　九·18
48筸墩文粹二十五卷　明程敏政撰
　　明弘治刊本　[84]·二·35
　　刊本　[71]·集·明別·39
57筸邨集十二卷　清陸錫熊撰
　　無求安居刊本　[96]·七十一·
　　1421

8810₇ 籃

22籃山詩集六卷
　　見《藍山詩集》

8810₈ 笠

36笠澤叢書　唐陸龜蒙撰
　　許公望校本　[57]·229
　　跋許公望校本　[57]·231
　　勞季言校本　[57]·231
　　潘景鄭臨勞季言校本　[57]·
　　233
　　校抄本　[100]·125
　　影宋本　[35]·下·32
　　笠澤叢書二卷　唐陸龜蒙撰
　　宋刊本　[80]·十五·16

笠澤叢書三卷　唐陸龜蒙撰
　抄本　[12]・六・3
笠澤叢書四卷　唐陸龜蒙撰
　宋刊本　[14]・四中・405
　陸氏刊本　[20]・五・6、8
　刊本　[50]・七・50
　校本　[83]・四・10
　叢書樓抄本　[81]・集・5
　舊抄本　[32]・十・20
　　[83]・四・11
笠澤叢書五卷　唐陸龜蒙撰
　刊本　[24]・集一・9
笠澤叢書八卷　唐陸龜蒙撰
　明抄本　[2]・四・19
　抄本　[51]・三・7
笠澤叢書十七卷　唐陸龜蒙撰
　宋蜀刊本　[41]・十六・29
笠澤叢書四卷補遺一卷　唐陸龜
　蒙撰
　宋刊本　[41]・十六・28
　清雍正九年(1731)江都陸鍾輝
　仿元至元隱原刊本　[26]・
　七・44　[74]・四・11
　碧筠草堂顧椐仿元至元陸惠原
　　刊本　[26]・七・48、50
　　[84]・二・25
　刊本　[81]・集・5
　校本　[93]・十九・39
　舊抄本　[11]・七十一・6
笠澤叢書二卷補遺一卷　唐陸龜
　蒙撰
　刊本　[5]・四上・24
笠澤叢書七卷補遺一卷　唐陸龜
　蒙撰
　蜀刊本　[20]・五・4
　顧氏刊本　[20]・五・4
　抄本　[20]　五・2
笠澤叢書四卷補遺一卷續補遺一
　卷　唐陸龜蒙撰
　清雍正仿宋刊本　[75]・五十
　　二・16
　刊本　[71]・集・唐別・16
　清吳枚菴校馮定遠抄本　[2]・
　　四・19

舊抄本　[11]・七十一・1
　[51]・三・6　[92]・
　四・146
笠澤叢書七卷補遺一卷續補遺一
　卷附考一卷　唐陸龜蒙撰
　清嘉慶二十四年(1819)許椐刊
　本　[26]・七・51

笩

88笩籬理數日抄二十卷　明柯珮輯
　刊本　[39]・庚・67

8811₇ 鑑

03鑑誠別録三卷　宋歐陽邦基撰
　宋刊本　[41]・十一・28
鑑誠録十卷　蜀何光遠撰
　宋刊本　[14]・後志・二・834
　[50]・六・9　[58]・子・
　113　[81]・子・12
　[83]・三・26
　宋刊小字本　[35]・下・55
　知不足齋叢書本　[96]・六十
　　三・1254
　鮑淥飲校知不足齋抄本
　　[30]・六・31
　抄校本　[50]・六・12
　影宋抄本　[20]・四・9
　[60]・八・5
　舊抄本　[11]・六十二・8
　[75]・四十六・7
　[95]・二・8
21鑑止水齋集二十卷　清許宗彥撰
　清嘉慶二十四年(1819)廣州刊
　本　[26]・十四・16
　[74]・續增・集・14
　[96]・七十一・1428
鑑止水齋書目不分卷　清許宗彥
　撰
　抄本　[74]・二・74　[102]・
　下・13

8812₇ 鈴

22鈴山堂集三十五卷　明嚴嵩撰
　明嘉靖刊本　[8]・集四・545

鈴山堂集四十卷　明嚴嵩撰
　明嘉靖刊本　[12]・四・19
　[57]・264　[71]・集・
　明別・59　[86]・一・
　55
77鈴岡志三卷　宋謝好古撰
　宋刊本　[14]・五上・573

筠

00筠齋漫録十卷續集二卷別集二卷
　明黃學海撰
　刊本　[71]・子・小説家・21
筠廊偶筆二卷二筆二卷　清宋犖
　撰
　西陂類稿本　[96]・五十七・
　　1151
筠廊偶筆二卷綿津山人詩集二十
　二卷楓香詞一卷豫章祀紀四卷
　緯蕭草堂詩一卷　清宋犖撰
　清刊本　[71]・集・國朝別・
　　22
28筠谿集十卷　宋釋惠洪撰
　宋刊本　[14]・四下・489
　筠谿集二十四卷　宋李彌遜撰
　宋刊本　[41]・十八・11
　舊抄本　[11]・八十一・1
　[12]・六・10
　筠谿樂府一卷　宋李彌遜撰
　舊抄本　[11]・一百十九・11
　[91]・四十・9
　筠谿牧潛集七卷
　　見《牧潛集》
　筠谿家藏集三十卷　明鍾芳撰
　刊本　[39]・癸上・37
33筠心書屋詩抄十二卷　清褚庭璋
　撰
　清嘉慶十一年(1806)刊本
　　[26]・十・24
51筠軒清閟録三卷　明董其昌撰
　舊抄本　[32]・八・15
　[71]・子・雜藝術・2
80筠谷詩抄八卷　清鄭江撰
　刊本　[71]・集・國朝別・35
筠谷詩抄六卷別集一卷　清鄭江

撰
　刊本 [71]・集・國朝別・53

8815₃ 籤

60籤易　明盧翰撰
　刊本 [39]・甲・15

8822₀ 竹

00竹齋詩集一卷　宋裘萬頃撰
　抄本 [52]・三・17
竹齋詩集三卷附錄一卷　宋裘萬頃撰
　刊本 [39]・壬・32
　舊抄本 [74]・四・28
　　[91]・三十・31
　　[102]・下・33
竹齋詩抄八卷　宋裘萬頃撰
　抄本 [12]・六・19
竹齋詩餘一卷　宋黃機撰
　明抄本 [91]・四十・19
竹齋詞一卷　宋沈瀛撰
　宋刊本 [41]・二十一・10
　精抄本 [91]・四十・9
竹齋集一卷　元王冕撰
　刊本 [24]・集二・12
竹齋集三卷　元王冕撰
　澹生堂抄本 [71]・集・元別・23
　舊抄本 [93]・二十二・28
竹齋集三卷續集一卷　元王冕撰
　知不足齋抄本 [39]・壬・73
06竹韻軒四詩　清張鍵撰
　刊本 [71]・集・國朝別・54
08竹譜一卷　晉戴凱之撰
　宋刊本 [11]・五十四・22
　　[14]・後志・二・832
　　[17]・三・15　[41]・十・6　[75]・四十一・4
　明翻宋本 [91]・十八・11
　明刊本 [17]・三・15
　漢魏叢書本 [74]・三・42
　　[96]・五十一・1015
竹譜一卷　清陳鼎撰

傳抄本 [60]・八・4
竹譜詳錄一卷　元李衎撰
　抄本 [5]・三下・31
竹譜詳錄七卷　元李衎撰
　知不足齋叢書本 [96]・四十八・936
10竹下寱言一卷　明王文祿撰
　明刊本 [91]・十八・22
竹下寱言二卷　明王文祿撰
　刊本 [39]・己・50
竹西詩集一卷　朝鮮朴氏撰
　清刊本 [29]・三・34
竹西集十卷西垣集五卷　宋王居正撰
　宋刊本 [41]・十八・10
竹雲題跋四卷　清王澍撰
　清乾隆三十二年(1767)刊本 [26]・四・41
　苕上錢氏畫雲閣刊本 [96]・三十四・625
20竹香齋象戲譜初集二卷二集一卷三集二卷　題檇州散人撰
　通行本 [96]・四十九・978
竹香齋類書三十七卷　明張埔輯
　刊本 [39]・庚・50
22竹巖先生文集十二卷　明柯潛撰
　舊抄本 [91]・三十六・12
竹山詞一卷　宋蔣捷撰
　元抄本 [32]・十六・10
　　[50]・十・53
24竹崦盦金石目録五卷　清趙魏編
　抄本 [57]・155
竹崦盦金石目録六卷　清趙魏編
　抄本 [12]・五・22
28竹谿文集二十四卷
　見《李竹谿集》
竹谿詩集三卷　明魏時敏撰
　刊本 [71]・集・明別・39
竹谿鬳齋十一稿續集三十卷　宋林希逸撰
　明謝在杭抄本 [2]・四・42
　舊抄本 [11]・九十一・17
　　[39]・壬・39　[71]・

集・宋別・56　[91]・三十二・4　[93]・二十一・29
30竹室內集一卷外集一卷　明釋淨倫撰
　明弘治刊本 [91]・三十六・14
　刊本 [71]・集・釋子・8
竹宮表制一卷　宋楊至質撰
　宋刊本 [14]・五上・619
31竹汀先生行述一卷　清錢大昕撰
　舊抄本 [60]・四・28
竹汀先生日記抄一卷　清錢大昕撰
　刊本 [60]・四・29
竹汀先生日記抄三卷　清錢大昕撰
　清嘉慶十年(1805)何元錫刊本 [26]・五・56
32竹洲文集十卷
　見《吳文肅公文集》
竹洲詞一卷　宋吳儆撰
　明抄本 [91]・四十・16
37竹澗文集十三卷　明潘希曾撰
　刊本 [39]・癸上・47
竹澗文集八卷奏議四卷附錄一卷　明潘希曾撰
　明嘉靖刊本 [91]・三十六・32
　刊本 [71]・集・明別・74
竹初詩抄十六卷文抄十二卷　清錢維喬撰
　清嘉慶十三年(1808)刊本 [26]・十二・34
40竹友詞一卷　宋謝邁撰
　宋刊本 [41]・二十一・5
　明抄本 [91]・四十・6
竹友集七卷　宋謝邁撰
　宋刊本 [41]・二十・11
竹友集十卷　宋謝邁撰
　宋刊本 [29]・三・12
　　[41]・十七・31　[76]・十四・26
　刊本 [24]・集一・25

文溯閣傳抄本　[12]・六・9

43竹垞文類二十六卷　清朱彝尊撰
　　原刊本　[96]・七十・1393

竹垞初白二先生尺牘　清朱彝
　　尊、查慎行撰
　　稿本　[20]・四・27

44竹坡詩話一卷　宋周紫芝撰
　　汲古閣刊本　[75]・六十四・
　　12
　　津逮祕書本　[74]・四・72

竹坡詩話三卷　宋周紫芝撰
　　宋刊本　[11]・一百十八・10
　　明刊本　[17]・四・47

竹坡詞一卷　宋周紫芝撰
　　宋刊本　[41]・二十一・9

竹莊詩話二十二卷　宋何谿汶撰
　　抄本　[39]・庚・9

竹莊詩話二十四卷　宋何谿汶撰
　　抄本　[5]・四下・28

竹藏板三教源流搜神大全七卷
　　見《搜神大全》

竹葉菴文集三十三卷　清張塤撰
　　清乾隆五十年(1785)刊本
　　[26]・十二・45

45竹樓詩抄　清王國棟撰
　　清乾隆三十二年(1767)刊本
　　[68]・圖版531、目錄88

47竹嬾雜著二十四卷　明李日華撰
　　刊本　[71]・子・雜家・40

竹嬾畫媵一卷　明李日華撰
　　刊本　[71]・子・書畫家・7

竹嬾畫媵一卷續畫媵一卷　明李
　　日華撰
　　竹嬾說部本　[96]・四十八・
　　944

50竹中記一卷　清魏晉封撰
　　漢陽魏氏遺書二種本　[85]・
　　七・310

竹書統箋十二卷　清徐文靖撰
　　徐氏六種本　[74]・二・8
　　[96]・十六・349

竹書紀年一卷　梁沈約注
　　明馮巳蒼校抄本　[2]・二・6

竹書紀年二卷　梁沈約注

明刊本　[11]・二十・1
　　[91]・七・1

明天一閣刊本　[3]・7
　　[75]・十六・1

古今逸史本　[74]・二・8

漢魏叢書本　[74]・二・8

平津館刊本　[74]・二・8

竹書紀年集證五十卷　清陳逢衡
　　撰
　　襄露軒刊本　[96]・十六・349

竹書紀年統箋十二卷
　　見《竹書統箋》

竹素山房詩集三卷　元吾邱衍撰
　　舊抄本　[39]・壬・64
　　[60]・七・2　　[71]・
　　集・元別・32　　[74]・
　　四・35　　[102]・下・
　　35

竹素山房詩集三卷附錄一卷　元
　　吾邱衍撰
　　舊抄本　[8]・集三・503
　　[11]・九十六・1
　　傳抄本　[59]・七・3

竹素山房詩集三卷附錄二卷　元
　　吾邱衍撰
　　鮑淥飲抄校本　[75]・五十八・
　　21

竹素園詩抄八卷　清許廷鑅撰
　　校本　[61]・五・10

竹素堂集十四卷　明陳所蘊撰
　　刊本　[39]・癸下・19

51竹軒雜著六卷　宋林季仲撰
　　舊抄本　[75]・五十五・20
　　[91]・三十・2
　　文瀾閣傳抄本　[11]・八十四・
　　4

竹軒雜著八卷　宋林季仲撰
　　文瀾閣傳抄大典本　[28]・十
　　二・8

竹軒雜著十五卷　宋林季仲撰
　　宋刊本　[41]・十八・13

60竹里集六卷　明張琦撰
　　刊本　[71]・集・明別・56

竹里秦漢瓦當文存二卷　清王福

田編
　　清刊本　[74]・三・42

65竹嘯軒詩抄十八卷　清沈德潛撰
　　清雍正二年(1724)王汝驤刊本
　　[26]・十一・23

72竹隱畸士集二十卷　宋趙鼎臣撰
　　抄小字本　[91]・二十八・18
　　抄本　[8]・集二・441
　　[91]・二十八・19

竹隱畸士集四十卷　宋趙鼎臣撰
　　宋刊本　[41]・十七・37

77竹屋癡語一卷　宋高觀國撰
　　毛斧季校本　[11]・一百二十・
　　1

竹屋詞一卷　宋高觀國撰
　　宋刊本　[41]・二十一・16

竹居詩集一卷　元王廷珪撰
　　舊抄本　[11]・一百零六・9

81竹鑪圖詠四卷附錄一卷　清邱漣
　　恭纂
　　清乾隆四十七年(1782)刊本
　　[96]・四十八・951

91竹爐新詠　明吳寬、倪岳等撰
　　刊本　[39]・辛・38

8822₇　笃

44笃菴詩稿二卷　清吳清鵬撰
　　殘稿本　[100]・154

第

10第一快活奇書如意君傳七十二回
　　見《如意君傳》

第五才子書七十五卷
　　見《水滸傳》

40第九才子書四卷
　　見《斬鬼傳》

箐

44箐菴遺稿一卷　清汪筠撰
　　鈍翁類稿附刊本　[96]・七十・
　　1401

篇

06篇韻貫珠集一卷　明釋真空撰

明萬曆刊本　[91]·五·25
　[96]·十四·291
38篇海貫珠集一卷
　見《篇韻貫珠集》

簡

00簡齋詩集十卷　宋陳與義撰
　宋刊本　[41]·二十·15
　簡齋詩集十五卷　宋陳與義撰
　宋麻沙本　[28]·續·十二·12
　元刊本　[11]·八十·15
　　[35]·上·12
　明初刊本　[11]·八十·17
　刊本　[89]·二集·八·32
　朝鮮國刊本　[22]·六·26
　日本刊本　[17]·四·21
　　[52]·三·9
　新習齋抄本　[71]·集·宋別·25
　舊抄本　[39]·壬·19
　　[59]·六·23
　簡齋詩集十六卷　宋陳與義撰
　聚珍本　[74]·四·22
　舊抄本　[91]·二十九·7
　簡齋詩集二十卷　宋陳與義撰
　宋刊本　[14]·四下·488
　簡齋詩集三十卷　宋陳與義撰
　元刊本　[58]·元·120
　元刊配抄本　[52]·三·7
　簡齋詩集三十卷附無住詞一卷
　宋陳與義撰、胡穉箋
　宋刊本　[16]·三十一·9
　　[35]·上·52　[93]·二十一·1　[94]·四·7
　簡齋詞一卷　宋陳與義撰
　宋刊本　[41]·二十一·6
　明抄本　[91]·四十·10
　舊抄本　[93]·二十四·6
　簡齋外集一卷　宋陳與義撰
　舊抄本　[93]·二十一·4
　傳抄本　[61]·七·4
02簡端錄十二卷　明邵寶撰

明崇禎刊本　[74]·一·40
　[102]·上·13
　經史堂書本　[96]·二·26
10簡平儀説一卷　明西洋熊三拔撰
　天學初函本　[78]·子·天文類·546　[78]·算學
　書録補注·88　[96]·四十四·824
48簡松草堂文稿　清張簡松撰
　稿本　[100]·148
88簡籍遺聞二卷　明黃溥撰
　刊本　[39]·己·59

簫

40簫臺公餘詞一卷　宋姚述
　見《簫臺公餘詞》

8823₂　篆

00篆文楚騷五卷
　見《楚騷》
　篆文篆要全宗五卷　清陳策輯
　刊本　[39]·丙·46
02篆刻鍼度八卷　清陳克恕撰
　存幾希齋袖珍本　[96]·四十九·975
06篆韻五卷　宋徐鍇編
　宋刊本　[14]·五上·538
34篆法偏旁點畫辨一卷
　見《應子篆法偏旁點畫辨》
45篆隸考異二卷　清周靖撰
　清刊本　[74]·一·54
　抄本　[91]·五·20
　篆隸考異八卷　清周靖撰
　稿本　[11]·十六·14
　篆隸萬象名義三十卷　日本釋都空海撰
　舊抄本　[76]·四·27
　傳抄本　[32]·二·14
88篆从　不著撰人
　寫稿本　[12]·五·4

8824₃　符

43符載集十四卷　唐符載撰
　宋刊本　[14]·四中·380

44符蒙集一卷　五代符蒙撰
　宋刊本　[41]·十九·27

8825₃　筬

00筬膏肓一卷起廢疾一卷發墨守一卷　漢鄭玄撰
　問經堂叢書本　[96]·十·185
　筬膏肓評一卷　清劉逢禄撰
　原刊本　[96]·十一·235

8830₄　篷

51篷軒吳記二卷　明黃暐撰
　精抄本　[71]·史·地志·30

8832₇　篤

21篤行事實一卷　宋趙汝愚編
　宋刊本　[41]·七·27
50篤素堂文集十六卷　清張英撰
　原刊本　[96]·七十·1387
　篤素堂文集十六卷詩集六卷存誠堂詩集二十五卷　清張英撰
　刊本　[71]·集·國朝別·13

8841₄　籬

10籬下放言二卷　不著撰人
　稿本　[32]·七·15

8843₀　笑

88笑笑詞集一卷　宋郭應祥撰
　宋刊本·[41]·二十一·14

8844₆　算

21算經　不著撰人
　宋秘書省刊本　[9]·後編·一·7
　算經一卷　晉劉徽撰、唐李淳風等注釋
　北宋國子監刊本　[7]·中·51
　清武英殿聚珍刊本　[74]·三·24　[96]·四十五·850
　東原遺書本　[74]·三·24
　算經九卷　晉劉徽撰、唐李淳風注釋
　北宋國子監刊本　[7]·中·51

宋刊本　[14]・後志・二・859
　　[68]・圖版205、目録41
武英殿聚珍刊本　[74]・三・23　[96]・四十五・847
東原遺書本　[74]・三・23
算經一卷　唐王孝通撰併注
　北宋國子監刊本　[7]・中・51
　東原遺書本　[74]・三・24
　函海本　[74]・三・24
　算經十書本　[96]・四十五・854
　校本　[32]・七・2
　影抄宋本　[5]・一下・25　[32]・七・3　[93]・十五・4
算經三卷　題周孫武撰、唐李淳風等注釋
　北宋國子監刊本　[7]・中・51
　宋刊本　[29]・二・8　[68]・圖版207、目録41　[81]・子・14　[83]・三・13
　清武英殿聚珍刊本　[74]・三・23　[96]・四十五・848
　東原遺書本　[74]・三・23
　校本　[32]・七・2
　影抄宋刊本　[5]・一下・26
算經一卷　北周甄鸞注、唐李淳風等注釋
　校本　[32]・七・2
算經五卷　北周甄鸞注、唐李淳風等注釋
　北宋國子監刊本　[7]・中・51
　宋刊本　[37]・一輯　[68]・圖版210、目録41
　宋汀州刊本　[2]・三・10
　清武英殿聚珍刊本　[74]・三・24
　東原遺書本　[74]・三・24
　算經十書本　[96]・四十五・853
　影抄宋本　[5]・一下・27　[32]・七・2　[35]・

附・2　[93]・十五・4
算經三卷　題夏侯陽撰、北周甄鸞注
　北宋國子監刊本　[7]・中・51
　宋刊本　[41]・十四・14
　宋秘書省刊本　[9]・後編・五・15
　清武英殿聚珍刊本　[74]・三・24　[96]・四十五・852
　東原遺書本　[74]・三・24
　影抄宋本　[5]・一下・26　[38]・子・25
算經三卷　題張邱建撰、北周甄鸞注、唐李淳風等注釋、劉孝孫細草
　北宋國子監刊本　[7]・中・51
　宋刊本　[29]・二・8　[41]・十四・15　[68]・圖版211、目録42　[81]・子・14　[83]・三・13
　知不足齋叢書本　[96]・四十五・851
　東原遺書本　[74]・三・24
　校本　[32]・七・2
　影宋抄本　[5]・一下・26
算經五卷　不著撰人
　宋刊本　[29]・二・8　[81]・子・14　[83]・三・13
　校本　[32]・七・2
算經二卷　漢趙爽、北周甄鸞重述、唐李淳風注釋
　北宋國子監刊本　[7]・中・51
　宋刊本　[9]・後編・五・15　[29]・二・8　[68]・圖版206、目録41
算經二卷音義一卷　漢趙爽注、北周甄鸞重述、唐李淳風注釋
　宋刊本　[41]・十二・16　[78]・子・天文類・528
　武英殿聚珍本　[74]・三・22　[96]・四十四・815

　微波榭刊本　[74]・三・22
　津逮秘書本　[74]・三・22
　學津討原本　[78]・算學書録補注・100
　舊抄本　[93]・十五・1
算經十書十種附二種　清孔繼涵編
　清曲阜孔氏微波榭刊本　[96]・五十九・1184
算經七種　不著編者
　汲古閣毛氏影宋精抄本　[66]・目録8
34算法二卷
　見《楊輝算法》
算法全能集二卷　元賈亨撰
　元刊本　[13]・25　[92]・三・88　[98]・24
　明刊本　[15]・3
77算學八卷續一卷　清江永撰
　四庫全書本　[78]・子・天文類・558
算學新説一卷　明朱載堉撰
　樂律全書本　[96]・七・119
算學源流　不知撰人
　宋刊本　[37]・一輯
算學啓蒙三卷　元朱世傑撰
　刊本　[74]・三・25

8850₃　箋

21箋經室書目　清曹君直編
　稿本　[57]・134

8850₇　筆

00筆塵十八卷　明于慎行撰
　明刊本　[74]・續增・子・5
筆玄要旨一卷　明徐渭撰
　刊本　[39]・庚・22
筆玄要旨一卷筆道會通一卷　朱象衡輯
　刊本　[71]・子・書畫家・3
07筆記二卷　清程大純撰
　刊本　[39]・己・36
筆記三卷　宋宋祁撰
　明刊本　[74]・續增・子・4

百川學海本　[96]・五十六・
1105
舊抄本　[11]・五十七・5
09筆談二十六卷
見《夢谿筆談》
10筆元要旨一卷
見《筆玄要旨》
20筆乘八卷　明焦竑撰
明萬曆刊本　[60]・二・19
34筆法記一卷　題唐荊浩撰
王氏畫苑本　[96]・四十八・
923
38筆道通會一卷　明項道民撰
刊本　[39]・庚・22
44筆夢一卷　不著撰人
虞陽說苑甲編本　[85]・二十
二・983
姚星巖抄本　[85]・二十二・
983
舊抄本　[85]・二十二・983
筆夢錄一卷
見《筆夢》
47筆獵豸三卷　明人撰
殘刊本　[69]・三・99
62筆則二卷　趙鹹撰
陸霖皋手校抄本　[75]・三十
九・7
6₄筆疇一卷　明王達撰
舊抄本　[60]・二・18
87筆錄一卷
見《王文正公筆錄》
88筆算五卷　清梅文鼎撰
曆算全書本　[96]・四十五・
867
95筆精八卷　明徐𤊹撰
明崇禎刊本　[60]・二・20
改刻鄭氏本　[96]・五十五・
1086
刊本　[39]・己・57

8851₂　範

21範衍十卷　明錢一本撰
明刊本　[32]・七・4
[39]・甲・55

明萬曆刊本　[75]・三・19
27範身集略三卷範家集略三卷　清
秦坊輯
刊本　[39]・己・37
51範軒集十二卷　明林大同撰
抄本　[16]・三十四・53
60範圍數　明趙迎撰
抄本　[39]・庚・66
範圍數二卷　不著撰人
元刊本　[58]・子・60
[93]・十五・13　　[94]・
三・10
範圍易數明斷精義不分卷　不著
撰人
明抄本　[91]・十七・6

8854₀　敏

43敏求機要一卷　宋劉芳實撰
舊抄本　[11]・六十一・18
敏求機要十六卷　唐劉芳實撰
精抄本　[91]・二十・10

8856₂　籀

50籀史一卷　宋翟耆年纂
孫秋山抄本　[12]・五・21
舊抄本　[16]・二・9
[28]・四・3　　[32]・
五・13　　[57]・142
[96]・三十三・607
從守山閣抄本　[75]・三十・
11
籀史二卷　宋翟耆年纂
宋刊本　[41]・十四・9

8860₁　簪

10簪雲樓雜說一卷　清陳尚古撰
說鈴後集本　[96]・六十六・
1320
26簪纓必用翰苑新書續集四十二卷
不著撰人
明抄本　[60]・五・17
簪纓必用翰苑新書前集十二卷後
集七卷別集二卷續集八卷　不
著撰人

明萬曆刊本　[11]・六十一・
18　　[92]・三・122
仁壽堂刊本　[54]・八・17
簪纓必用翰苑新書前集七十卷後
集三十二卷別集十二卷續集四
十二卷　不著撰人
明刊本　[96]・六十一・1215
明抄本　[11]・六十一・17
簪纓必用翰苑新書前集七十卷續
集四十二卷　不著撰人
抄本　[93]・十七・12

8860₃　笛

37笛漁小稿七卷　清朱昆田撰
原稿本　[50]・九・49
舊抄本　[91]・三十七・28
笛漁小稿十卷　清朱昆田撰
曝書亭集附刊本　[96]・七十・
1461

8862₇　筍

08筍譜一卷　宋釋贊寧撰
宋刊本　[11]・五十四・22
[17]・三・15　　[41]・
十・6
明刊本　[17]・三・15
明華氏刊本　[91]・十八・11
筍譜二卷　宋釋贊寧撰
百川學海本　[96]・五十一・
1016

8864₁　籌

38籌海初集四卷　清關天培撰
清道光刊本　[74]・二・53
籌海圖編十三卷　明胡宗憲撰
明刊本　[60]・三・7
[102]・上・18
明天啓刊本　[64]・45
88籌算一卷　不著撰人
舊稿本　[96]・四十五・864
籌算一卷　明羅雅谷撰
舊抄本　[74]・三・25
[102]・下・17
籌算七卷　清梅文鼎撰

曆算全書本 [96]·四十五·867

8871₃ 篋

21篋衍集十二卷　清陳維崧輯
　清康熙三十六年(1697)蔣國祥刊本 [26]·十六·8
50篋中集一卷　唐元結撰
　宋刊本 [41]·十五·**7**
　明刊本 [59]·六·3
　汲古閣刊本 [74]·四·59
　清繆藝風據宋校明嘉靖刊本 [2]·五·27
　校本 [55]·五·21
　影抄宋本 [91]·三十八·6
　舊抄本 [76]·十二·26

8872₇ 節

33節必居稿　明劉曙撰
　抄本 [74]·四·46
　[102]·下·38
44節孝語錄一卷　宋徐積撰
　宋刊本 [41]·九·13
　明刊本 [9]·後編·十八·16 [11]·三十九·11 [75]·三十二·24
節孝先生文集二十卷　宋徐積撰
　宋刊本 [41]·十七·28
節孝先生文集三十卷　宋徐積撰
　宋刊本 [9]·後編·六·18
　元大德刊本 [43]·四·41
　元皇慶刊本 [58]·元·11 [59]·六·18
　明覆宋本 [38]·集·37
　明嘉靖補修元皇慶本 [57]·238
　刊本 [24]·集一·22 [89]·一集·十·47
節孝先生文集三十二卷　宋徐積撰
　依宋刊本 [92]·四·151
　明刊本 [93]·二十·15
　刊本 [71]·集·宋別·19
節孝先生文集三十卷語錄一卷
宋徐積撰
　元刊本 [48]·二輯下·169 [91]·二十七·8
　明刊本 [32]·十一·6
　明嘉靖刊本 [8]·集二·421
節孝先生文集三十卷事實一卷　宋徐積撰
　明刊本 [11]·七十五·18
　明嘉靖劉祐刊本 [17]·四·16
節孝先生語一卷
　見《節孝語錄》
節菴集八卷　明高得暘撰
　刊本 [71]·集·明別·24
節菴集八卷續稿一卷　明高得暘撰
　舊抄本 [91]·三十六·6
節菴存稿不分卷　明于謙撰
　明成化刊本 [71]·集·明別·26
60節國朝會要十二卷　宋章得象撰
　宋刊本 [14]·三下·282
77節用集二卷　不著撰人
　日本天正十八年刊本 [62]·圖版162

8877₇ 管

17管子　周管仲撰
　無注本 [34]·二·23
管子十八卷　周管仲撰
　宋刊本 [14]·三上·218
管子二十一卷　周管仲撰
　元刊本 [102]·上·9
管子二十四卷　周管仲撰、唐房玄齡注
　宋刊本 [35]·下·28、29 [41]·十·1 [50]·四·12、14 [58]·子·21 [65]·三·23 [68]·圖版23、目錄11 [93]·十四·1 [94]·三·2
　宋刊抄補本 [58]·子·23
　元刊本 [34]·二·9 [35]·上·20 [74]·三·12
　元刊細字本 [11]·四十二·11
　明刊本 [9]·後編·十六·3 [75]·三十四·9 [91]·十六·2 [93]·十四·8
　明朱東光刊本 [1]·上·6
　明成化刊本 [11]·四十二·11 [38]·子·10 [91]·十六·1
　明正德嘉靖間刊本 [17]·三·6
　明嘉靖十二年(1533)安正書堂刊本 [86]·八·17
　明萬曆十年(1582)海虞趙用賢刊本 [17]·三·6 [19]·8 [32]·六·10 [38]·子·9 [64]·59 [75]·三十四·9 [86]·六·70 [102]·上·19
　刊本 [71]·子·儒家·1 [89]·一集·五·2
　陸敕先校宋本 [11]·四十二·10
　校宋本 [65]·三·27 [83]·三·5 [93]·十四·8 [100]·84
　校影抄宋本 [50]·四·14
　陳碩甫校本 [57]·169
　影宋本 [35]·上·47
管子案　清丁泳之撰
　稿本 [57]·171
管子補注二十四卷　明劉績撰
　十子全書本 [74]·三·12
管子校正二十四卷　清戴望撰
　清同治十一年(1872)刊本 [68]·圖版593、目錄96
管子成書十五卷卷首一卷　明梅士享詮
　刊本 [71]·子·儒家·1
管子纂詁二十四卷　日本安井衡撰

日本刊本　[8]・子一・242
30管窺新法二卷　清袁士鵬撰
　清刊本　[71]・子・曆算家・
　1
管窺外編二卷　元史伯璿撰
　明刊本　[54]・四・16
管窺輯要八十卷　清黄鼎輯
　清刊本　[39]・庚・64
　[71]・子・天文家・2
雲林閣刊本　[96]・四十六・
　890
管窺小識四卷　不知撰人
　抄本　[39]・丁・46
43管城碩記七卷　清徐文靖撰
　抄本　[71]・子・雜家・50
管城碩記三十卷　清徐文靖撰
　刊本　[39]・己・65
徐氏六種本　[96]・五十五・
　1094
72管氏讀經筆記三十六卷續筆記二
　十卷　清管鳳苞撰
　清刊本　[88]・一・14

8879₄ 餘

21餘師録四卷　宋王正德撰
　抄本　[75]・六十四・14
22餘山遺書十卷　清勞史撰
　清刊本　[39]・己・35
25餘生録一卷　明張茂滋撰
　仰視千七百二十九鶴齋叢書本
　[85]・十四・670
　國粹叢書本　[85]・十四・670
27餘冬序録六十卷　明何孟春撰

明嘉靖彬州家塾刊本　[19]・
　7
餘冬序録六十五卷　明何孟春撰
　明刊本　[32]・八・12
　[74]・三・55　[75]・
　四十四・19
明萬曆刊本　[91]・十九・13
原刊本　[96]・五十七・1137
刊本　[39]・己・47　[71]・
　子・雜家・30
精抄本　[74]・三・55
抄本　[102]・下・21
餘冬序録摘要二卷　明何孟春撰
　明刊本　[32]・八・12
34餘波遺稿一卷首簡一卷附録二卷
　清王翼孫撰
　清刊本　[74]・四・56
42餘姚海堤集四卷　元葉恒纂
　刊本　[39]・丁・79
　舊抄本　[91]・三十九・6
44餘菴雜録二卷　明陳恂撰
　抄本　[71]・子・雜家・44
50餘事集不分卷　馮行賢纂
　抄本　[38]・子・38

8880₁ 箕

21箕潁集二十卷　宋曹組撰
　宋刊本　[41]・十七・35
60箕田考一卷　明韓伯謙撰
　別下齋刊本　[74]・二・59

8880₆ 簧

30簧窗集十卷　宋陳耆卿撰

抄本　[91]・三十一・7
文瀾閣傳抄本　[11]・九十・
　6
簧窗先生初集三十卷續集三十八
　卷　宋陳耆卿撰
　宋刊本　[14]・五下・672
80簧谷詩抄二十卷文抄十二卷　清
　查揆撰
　清道光十五年(1835)刊本
　[26]・十四・26

8890₂ 策

37策選　不知撰人
　元抄本　[50]・十・28
77策問摘要　不知編者
　舊抄本　[74]・三・70
88策算一卷　清戴震撰
　戴氏遺書本　[96]・四十五・
　848
策算一卷勾股割圜記一卷　原象
　二卷續天文略一卷　清戴震撰
　東原遺書本　[74]・三・25

8890₃ 纂

10纂要備急諸方一卷
　見《備急諸方》

8912₇ 銷

10銷夏一卷銷夏補一卷銷夏再一卷
　廣銷夏一卷　明周詩雅撰
　刊本　[71]・子・小説家・27

9

9000₀ 小

00小亨集三卷　元楊弘道撰
舊抄本　[74]・四・35
[102]・下・35

小亨集六卷　元楊弘道撰
清抄本　[92]・四・167
舊抄本　[11]・九十六・14
[17]・四・31
文瀾閣傳抄本　[16]・三十二・22

小辨齋偶存八卷　明顧允成撰
明萬曆刊本　[85]・五・211

小畜集三十卷　宋王禹偁撰
宋刊本　[14]・四中・425
宋刊配舊抄本　[16]・三十・6
宋刊抄補本　[58]・集・113
[94]・四・4
刊本　[24]・集一・12
[88]・五・13　[102]・上・29
張紹仁校宋本　[11]・七十二・20
黃蕘圃張韻菴校趙氏刊本
[17]・四・14
校本　[52]・三・5　[54]・五・32
校宋舊抄本　[50]・八・1
[65]・四・28
補抄宋本　[50]・八・2
[93]・二十・2
明影宋抄本　[11]・七十二・17、20
經鉏堂依宋抄本　[91]・二十六・5
影宋抄本　[5]・四上・27
[35]・下・17、45
明抄本　[28]・十・21
清宋漫堂抄本　[2]・四・22

舊抄本　[12]・六・5
[39]・壬・1　[71]・集・宋別・1　[92]・四・148　[93]・二十・2

小畜集三十卷外集七卷　宋王禹偁撰
明初刊本　[74]・四・13

小畜集三十卷外集二十卷　宋王禹偁撰
宋刊本　[41]・十七・3

小畜集詩抄二卷　宋王禹偁撰
胡菊圃抄本　[60]・六・28

小畜外集七卷　宋王禹偁撰
宋刊本　[11]・七十三・1
[35]・下・17　[72]・29
陸靜山校抄本　[30]・六・43
影抄宋刊本　[11]・七十三・5　[91]・二十六・5
章小雅手抄殘本　[59]・六・14
舊抄殘本　[16]・三十・6
[93]・二十・2

01小語三卷　明張斌撰
刊本　[39]・己・60

04小謨觴館詩集八卷續二卷文集四卷續二卷　清彭兆蓀撰
清嘉慶十一年(1806)韓江官舍刊本　[26]・十四・40

小謨觴館詩集注　清彭兆蓀撰
清刊本　[100]・151

10小爾雅一卷　題漢孔鮒撰
宋刊本　[41]・三・38
明刊本　[91]・五・3

小石林詩七卷詞一卷二集八卷文集二卷文外二卷廣興摘韻二卷　清葉之溶撰
刊本　[71]・集・國朝別・31

12小孤山集　明陳恪輯
刊本　[39]・辛・39

16小醜集十二卷續集三卷　宋任盡言撰
宋刊本　[41]・十八・19

22小山雜著八卷　宋何澹撰
宋刊本　[41]・十八・32

小山詞一卷　宋晏幾道撰
宋刊本　[41]・二十一・4
精抄本　[91]・四十・4
抄本　[71]・集・詞・2

小山詞二卷　宋晏幾道撰
陸敕先、毛斧季校本　[11]・一百十九・3

小山草十卷　明郝敬撰
刊本　[39]・癸下・19
[71]・集・明別・105

小山畫譜二卷　清鄒一桂撰
借月山房彙抄本　[96]・四十八・958

小山類稿二十卷　明張岳撰
刊本　[39]・癸上・42

小稱集　清劉大魁撰
刊本　[71]・集・國朝別・49

26小峴山人詩集二十六卷文集六卷續集二卷　清秦瀛撰
清嘉慶二十二年(1817)家刊本
[26]・十三・10

27小名補録　陳香泉撰
舊抄本　[20]・四・26

小名録　唐陸龜蒙撰
稗海本　[74]・三・64

小名録二卷　唐陸龜蒙撰
舊抄本　[93]・十七・2

小名録三卷　唐陸龜蒙撰
宋刊本　[14]・後志・二・852

30小寒山自序年譜一卷　明陳函輝撰
臺州叢書孤忠遺稿本　[85]・十八・803

小字録一卷　宋陳思撰

683

明萬曆暢閣刊本 [96]・六十
一・1210
明弘治活字本 [50]・六・3
[57]・207 [68]・圖
版616、目録99 [93]・
十七・8
明王肯堂抄本 [2]・三・33
舊影抄本 [61]・四・2
抄本 [74]・三・66
[102]・下・24
小字録二卷 宋陳思撰
明刊本 [32]・九・8
小字録七卷 宋陳思撰
刊本 [39]・庚・28
小字録一卷 宋陳思撰
小字録補六卷 明沈弘正撰
明萬曆沈弘正刊本 [19]・11
小窗自紀四卷豔紀十四卷 清紀
五卷別紀四卷 明吳從先撰
原刊本 [96]・六十七・1328
小窗清紀十二卷 明吳從先撰
刊本 [71]・子・雜家・31
小窗清紀五卷別紀五卷 明吳從
先撰
刊本 [39]・己・85
32小浮山人年譜一卷 清潘曾沂撰
清刊本 [74]・續增・史・4
33小心齋劄記十八卷 明顧憲成撰
刊本 [39]・己・23
35小清凉室集不分卷 清嚴誠撰
抄本 [71]・集・國朝別・44
43小戴記纂言三十六卷 元吳澄撰
元刊本 [11]・七・2
[35]・上・29
44小蘭陔詩集二卷 清謝道承撰
抄本 [12]・六・35
小蓬萊閣賸稿二卷 清黃易撰
漱六編刊本 [74]・四・54
小蓬萊閣金石文字稿本 清黃易
撰
校本 [46]・10
小蓬萊閣金石目 清黃易撰
稿本 [91]・十四・17
小草齋詩話二卷 明謝肇淛撰

舊抄本 [17]・四・48
小草齋集二十八卷 明謝肇淛撰
刊本 [71]・集・明別・105
小荀子一卷 漢荀悦撰
明子彙本 [17]・三・3
72小隱集七十卷 宋洪遵撰
宋刊本 [41]・十八・23
小隱書一卷 題敬虚子撰
硯雲乙編本 [96]・二十三・
482
75小腆紀傳六十五卷補遺五卷 清
徐鼒撰
清光緒刊本 [85]・九・396
中華書局鉛印本 [85]・九・
396
小腆紀年附考二十卷 清徐鼒撰
清咸豐十一年(1861)刊本
[85]・九・430
清光緒四年(1878)北京龍威閣
刊本 [85]・九・430
日本排印本 [85]・九・430
中華書局鉛印本 [85]・九・
430
77小兒痘疹方論一卷 宋陳文中撰
明嘉靖刊薛己校注本 [79]
子・醫家類・402
舊抄本 [22]・補遺・87
小兒痘疹方論二卷 宋陳文中撰
舊抄本 [22]・補遺・88
小兒病源方論四卷 宋陳文中撰
明正德陳氏存德堂刊本
[22]・補遺・87 [79]・
子・醫家類・402
影宋本 [35]・下・11
小兒方訣十卷
見《錢氏小兒方訣》
小兒玉訣一卷 不知撰人
宋刊本 [14]・後志・二・873
小兒靈祕方十三卷 不著撰人
宋刊本 [14]・後志・二・872
小兒斑疹論一卷
見《小兒斑疹備急方論》
小兒斑疹備急方論一卷 宋董汲
撰

宋刊本 [41]・十三・8
陳世傑本 [22]・補遺・84
小兒直訣附刊本 [79]・子・
醫家類・400
常熟錢氏述古堂藏本 [96]・
四十二・759
刊本 [89]・二集・七・7
小兒形證方二卷 不知撰人
抄本 [5]・三下・9
小兒衛生總微論方二十卷 不著
撰人
明初刊本 [79]・子・醫家類・
401
明刊本 [11]・四十五・15
[32]・六・23
明弘治朱臣刊本 [22]・補遺・
87 [91]・十六・15
刊本 [89]・一集・八・20
小兒保生方三卷 宋李樸撰
宋刊本 [41]・十三・12
小兒藥證真訣三卷
見《錢氏小兒藥證真訣》
小兒推拏祕訣一卷 明周嶽甫輯
明萬曆刊本 [79]・子・醫家
類・405
小兒醫方妙選三卷 宋張渙撰
宋刊本 [41]・十三・10
小學三種 不知撰人
龔孝拱手書本 [55]・一・13
小學五書 宋張時舉輯
汲古閣影宋抄本 [39]・丙・
29
小學集説六卷 明程愈編
明刊本 [91]・十五・12
小學集注六卷 宋朱熹編、明陳
選注
明嘉靖靚印本 [12]・四・9
蓮花書院刊本 [96]・三十六・
679
坊刊本 [74]・三・4
小學紺珠十卷 宋王應麟撰
元刊本 [11]・六十一・14
[28]・續・十一・8
[35]・上・46

元大德刊本　[74]・三・67

元刊明印本　[102]・上・9

明刊修補本　[75]・四十五・21

津逮祕書本　[74]・三・67

玉海附刊本　[74]・三・67
　　　　　　[96]・六十一・1212

小學句讀六卷
　見《小學集注》

小學之書四卷　宋朱熹編
　宋刊本　[14]・五下・717

小學考五十卷　清謝啓昆撰
　清嘉慶二十一年(1816)樹經堂
　刊本　[96]・三十二・599

小學史斷二卷　宋南宮靖一撰
　宋刊本　[32]・五・16
　　　　　[50]・三・48
　明刊本　[93]・十二・21
　　　　　[102]・上・19
　明成化刊本　[19]・4
　刊本　[39]・丙・30　　[74]・
　二・81

小學史斷二卷　宋南宮靖一撰
　續集一卷　晏彦之撰　附通鑑
　總論一卷　潘犖撰
　明刊本　[11]・三十八・17
　　　　　[91]・十四・22
　明嘉靖刊本　[96]・三十五・
　646

小學書一卷　宋朱熹撰
　元刊本　[22]・四・10

小學書四卷　宋朱熹撰
　宋刊本　[41]・九・15

小學書六卷　宋朱熹撰
　活字刊本　[22]・四・9

小學書圖二卷　宋潘時舉撰
　刊本　[39]・丙・29

小學書纂疏四卷　李成己撰
　刊本　[5]・一下・32

小學明説便覽六卷　宋朱熹撰
　元刊本　[48]・二輯下・106
　　　　　[91]・十五・11

小學分節二卷　清高熊徵注
　清刊本　[39]・丙・29

小學鈎沈二十卷　任大椿撰

清嘉慶二十二年(1817)刊本
　[26]・二・60

小學纂注六卷　清高愈撰
　清乾隆三十三年(1768)重刊本
　[96]・三十六・680

80 小舞鄉樂譜一卷　明朱載堉撰
　樂律全書本　[96]・七・121

小倉山房詩集二十七卷續二卷文
　集三十五卷外集八卷　清袁枚
　撰
　隨園全集本　[26]・十一・30

小谷口著述緣起一卷　清鄭元慶
　撰
　魚計亭刊本　[96]・三十二・
　596

90 小小齋詩集四卷　元呂昇撰
　刊本　[88]・五・46

9001₄ 惟

30 惟實集八卷
　見《憲節堂惟實集》

35 惟清堂詩抄五卷文抄六卷　清鐵
　保撰
　清道光二年(1822)家刊本
　[26]・十三・7

9003₂ 懷

00 懷慶府志十二卷　明何瑭撰
　明刊本　[32]・四・20

26 懷峴居士集六卷　宋曾思撰
　宋刊本　[41]・二十・14

30 懷寧縣志三十卷　清王毓芳撰
　清道光五年(1825)刊本
　[74]・二・48

35 懷清堂集二十卷　清湯右曾撰
　清刊本　[39]・癸下・50
　　　　　[71]・集・國朝別・24
　　　　　[96]・七十・1403

懷清堂書稿　不著撰人
　稿本　[74]・續增・集・14

40 懷古錄一卷　宋陳模撰
　舊抄本　[11]・六十四・1

懷古錄三卷　宋陳模撰
　抄本　[87]・四・13

44 懷麓堂詩話　明李東陽撰
　刊本　[39]・庚・7

懷麓堂詩稿二十卷文稿三十卷詩
　後稿十卷文後稿三十卷文後續
　稿十卷
　見《懷麓堂集》

懷麓堂集一百卷　明李東陽撰
　清康熙刊本　[71]・集・明別・
　37
　坊刊本　[74]・四・42

懷麓堂集一百二十卷　明李東陽
　撰
　明宗宣祖年間乙亥字刊本
　[63]・圖版18

懷舊集二卷　明馮舒輯
　清順治四年(1647)常熟刊本
　[68]・圖版479、目錄81
　舊抄本　[12]・六・38
　　　　　[57]・327

50 懷忠錄七卷　明鄭應旂撰
　抄本　[39]・丁・33

60 懷星堂集三十卷　明祝允明撰
　明刊本　[32]・十四・11
　　　　　[39]・癸上・28　　[74]・
　四・42

74 懷陵流寇始終錄十八卷附錄二卷
　明戴笠、吳殳輯
　玄覽堂叢書本　[85]・六・251
　流寇長編原稿本　[85]・六・
　251
　錢遵王舊抄本　[85]・六・251

77 懷賢錄　明沈愚集
　明正統三年(1438)刊本
　[74]・二・27

9003₆ 憶

07 憶記四卷　明吳甡撰
　明崇禎刊柴菴疏集本　[85]・
　二十一・933

9020₀ 少

00 少廣補遺一卷　清陳世仁撰
　抄本　[74]・三・25
　　　　　[102]・下・17

少廣拾遺一卷　清梅文鼎撰

　曆算全書本　[96]・四十五・
　　871

少玄集二十六卷
　見《皇甫少玄集》

少玄外集十卷
　見《皇甫少玄外集》

26少泉詩選八卷詩續選八卷文選
　五卷文續選五卷　明王格撰
　刊本　[39]・癸上・48

少保于公奏議十卷
　見《于忠肅公奏議》

27少鵠詩稿八卷少鶴山人續稿八卷
　明朱顯槐撰
　刊本　[71]・集・歷代帝王別・3

28少微集三十卷　宋齊唐撰
　宋刊本　[41]・十七・10

少微通鑑節要五十卷　宋江贄編
　明司禮監刊本　[74]・二・10

少微通鑑節要五十卷外紀節要四
　卷　宋江贄編
　明刊本　[9]・八・24
　明正德刊本　[9]・八・25

少儀外傳二卷　宋呂祖謙撰
　宋刊本　[41]・九・16
　墨海金壺本　[96]・三十六・
　　681
　精抄本　[91]・十五・13

30少室山房兩都集二卷蘭陰集一卷
　華陽集十卷養痾集二卷　明胡
　應麟撰
　刊本　[71]・集・明別・89

少室山房筆叢正集三十二卷續集
　十六卷　明胡應麟撰
　明刊本　[102]・上・23
　明萬曆刊本　[74]・三・60
　原刊本　[96]・五十五・1085
　刊本　[39]・己・51　　[71]・
　　子・雜家・40

37少湖文集七卷　明徐階撰
　明刊本　[32]・十四・12
　明嘉靖刊本　[71]・集・明別・
　　70　　[91]・三十七・11

38少游詩餘一卷

　見《淮海詞》

44少華先生遺稿四卷　明詹泮撰
　刊本　[39]・癸上・37

少林古今錄二卷　明劉思溫輯
　刊本　[39]・辛・41

少林棍法三卷　明程宗猷撰
　刊本　[5]・三中・9

少林棍法闡宗三卷蹶張心法一卷
　長槍法選一卷單刀法選一卷
　明程宗猷撰
　明刊本　[8]・子一・241
　　[32]・六・9

72少岳詩集四卷　明項元琪撰
　刊本　[39]・癸下・2

76少陽集十卷　宋陳東撰
　明刊本　[11]・八十二・17
　　[17]・四・22
　舊抄校本　[91]・二十九・18
　舊抄本　[74]・四・23

9021₁　光

22光嶽英華詩集十五卷　明許中麓
　輯
　明刊本　[2]・五・37
　明洪武黑口本　[70]・五・10
　明刊本　[21]・一・65
　刊本　[39]・辛・18　　[55]・
　　五・32

24光緒杭州府志
　見《杭州府志》

44光菴文集一卷　明王賓撰
　舊抄本　[39]・癸・6
　　[91]・三十六・2

光菴文集一卷吳中古蹟詩一卷
　明王賓撰
　刊本　[24]・集二・22

光菴文集一卷附錄一卷吳中古蹟
　詩一卷　明王賓撰
　小玲瓏山館抄本　[71]・集・
　　明別・15

9022₇　尚

08尚論持平三卷析疑待正二卷事文
　標異一卷　清陸次雲撰

　刊本　[39]・己・63

08尚論篇四卷　清喻昌撰
　建昌陳氏葵錦堂刊本　[96]・
　　四十一・746

尚論篇八卷　清喻昌撰
　四庫全書本　[79]・子・醫家
　　類・382

27尚絅堂詩集五十二卷詞二卷駢體
　文二卷　清劉嗣綰撰
　清道光六年(1826)家刊本
　　[26]・十四・29

50尚史七十卷　清李鍇撰
　悅道樓刊本　[96]・十八・401

尚史一百七卷　清李鍇撰
　清刊本　[74]・二・16

尚書二卷　漢孔安國傳
　明刊本　[91]・一・27
　舊抄殘本　[22]・一・16、17

尚書十二卷　漢孔安國傳
　宋婺州巾箱本　[23]・8
　　[35]・上・32

尚書十三卷　漢孔安國傳
　北宋國子監刊本　[7]・中・1
　宋刊本　[2]・一・7　　[9]・
　　後編・二・9　　[14]・
　　上・30、33　　[37]・一
　　輯　　[43]・一・2
　　[58]・經・5　　[60]・一・4
　　[89]・一集・一・11
　　[93]・二・1　　[94]・
　　一・2
　宋婺州刊本　[35]・上・28
　南宋國子監刊本　[7]・下・
　　1
　刊本　[5]・佚文・5
　日本五山活字本　[17]・一・2
　日本南北朝刊本　[62]・圖版
　　107
　日本元亨三年卷子抄本
　　[22]・一・14
　日本永亨三年抄本　[22]・一・
　　15
　影抄元亨刊本　[44]・三・6
　傳抄永正刊本　[44]・三・6

林羅山手抄本 〔22〕·一·16
古抄本 〔76〕·一·4
舊抄本 〔22〕·一·15、16
　〔89〕·二集·一·13、14
舊抄卷子本 〔22〕·一·15
覆寫本 〔100〕·4
傳抄本 〔32〕·一·17
尚書二十卷　漢孔安國傳
宋刊本 〔10〕·4 　〔35〕·
　上·8
尚書十二卷尚書注十三卷　漢孔
安國傳
宋刊本 〔41〕·二·1
尚書廣聽錄五卷　清毛奇齡撰
西河合集本 〔74〕·一·14
　〔96〕·九·168
尚書辨解十卷　明郝敬撰
刊本 〔39〕·甲·51
尚書音釋一卷　鄒季友撰
元刊本 〔93〕·二·11
尚書講義二十卷　宋史浩撰
抄本 〔11〕·四·4 　〔75〕·
　三·3
精抄本 〔91〕·一·24
文瀾閣傳抄本 〔16〕·二·1
尚書講義三十卷　宋張綱撰
宋刊本 〔41〕·二·8
尚書說一卷
見《書說》
尚書說三卷　清陸奎勳撰
刊本 〔39〕·甲·51
尚書說要五卷　明呂柟撰
刊本 〔39〕·甲·48
尚書詳說五十卷　宋張九成撰
宋刊本 〔41〕·二·6
尚書詳解十三卷　宋胡士行撰
宋刊本 〔9〕·後編·一·2
通志堂刊本 〔74〕·一·12
尚書詳解二十六卷　宋夏僎撰
武英殿聚珍刊本 〔74〕·一·
　11 〔96〕·九·157
舊抄本 〔16〕·二·1
尚書詳解五十卷　宋陳經撰
武英殿聚珍刊本 〔74〕·一·

12
影宋本 〔28〕·續·一·16
　〔35〕·下·22
抄本 〔39〕·甲·46
尚書譜不分卷　明梅鷟撰
明抄本 〔81〕·經·1
　〔83〕·一·1 〔91〕·
　一·30
尚書譜五卷　明梅鷟撰
錢塘汪氏開萬樓抄本 〔39〕·
　甲·48
尚書正義十二卷　漢孔安國傳、
唐孔穎達疏
宋婺州巾箱本 〔35〕·上·32
尚書正義二十卷　漢孔安國傳、
唐孔穎達疏
北宋刊本 〔22〕·一·17
　〔35〕·下·53 〔76〕·
　一·5
北宋國子監刊本 〔7〕·中·2
宋刊本 〔9〕·後編·二·10
　〔14〕·一上·32 〔17〕·
　一·2 〔22〕·一·18
　〔35〕·上·25 〔36〕·
　9 〔37〕·二輯
　〔41〕·二·2 〔60〕·
　一·5 〔70〕·三·35
　〔76〕·一·7 〔89〕·一
　集·一·14、17 〔92〕·
　一·3 〔93〕·二·2
　〔94〕·一·2
宋刊十行本 〔11〕·四·1
宋兩浙東路茶鹽司刊本
　〔68〕·圖版69、目錄19
宋紹熙浙東庚司刊本 〔2〕·
　一·7
宋慶元建安魏縣尉宅刊本
　〔66〕·目錄1 〔67〕·第
　五冊·29
宋寧宗時刊本 〔44〕·二·7
宋光宗時杭州府刊單疏本
　〔90〕·1
南宋國子監刊本 〔7〕·下·2
宋刊元修本 〔43〕·一·3

宋刊明補本 〔32〕·一·19
蒙古刊本 〔68〕·圖版269、目
　錄51
金刊本 〔17〕·一·2
　〔35〕·下·37 〔58〕·
　經·6 〔93〕·二·3
　〔94〕·一·10 〔98〕·
　39
元刊本 〔9〕·五·2
明覆宋本 〔72〕·3
明覆宋八行大字本 〔11〕·四·
　3
明刊九行本 〔11〕·四·1
　〔75〕·三·1
明閩刊本 〔60〕·一·6
　〔91〕·一·23
明汲古閣刊本 〔17〕·一·2
　〔74〕·一·11
明嘉靖李元陽刊本 〔12〕·四·
　1
清武英殿十三經注疏本
　〔96〕·九·153
刊本 〔89〕·二集·一·15
日本弘化四年仿宋淳熙刊本
　〔26〕·一·33
日本覆宋本 〔11〕·四·1
　〔75〕·三·1
校金刊本 〔55〕·一·4
日本影宋本 〔35〕·上·9
影抄日本單疏本 〔59〕·一·2
尚書疏衍四卷　明陳第撰
開萬樓抄本 〔39〕·甲·50
精抄本 〔91〕·一·30
尚書要義二十卷　宋魏了翁撰
二老閣抄本 〔39〕·甲·46
舊抄本 〔93〕·二·8
尚書引義六卷　清王夫之撰
清湘鄉刊本 〔74〕·一·14
尚書孔傳十二卷
見《尚書》
尚書孔氏傳二十卷
見《尚書》
尚書砭蔡篇一卷　明袁仁撰
原刊本 〔96〕·九·164

瓶花齋抄本 [39]·甲·49

抄本 [11]·四·16

尚書禹貢説一卷 明鄭曉撰

海昌馬氏古芸堂齋刊本
[96]·九·163

尚書集傳六卷 宋蔡沈纂

明正統刊本 [91]·一·26

尚書集傳十卷 宋蔡沈纂

明刊本 [75]·三·7

尚書集傳六卷拾遺一卷 宋蔡沈
纂

宋刊大字本 [2]·一·7

尚書集傳或問二卷

見《書集傳或問》

尚書集傳纂疏六卷 元陳櫟撰

滄生堂影元抄本 [32]·一·23

明滄生堂祁氏舊抄本 [74]·
一·13

尚書集傳纂疏六卷書序纂疏一卷
元陳櫟撰

明滄生堂祁氏舊抄本 [102]·
下·1

尚書集解纂疏六卷

見《尚書集傳纂疏》

尚書集注音疏十二卷卷末一卷外
編一卷 清江聲撰

近市居刊本 [96]·九·173

尚書經傳音釋六卷序一卷附尚書
纂圖 元鄒季友撰

元至正刊本 [16]·二·8
[58]·元·2

尚書後案三十卷後辨一卷 清王
鳴盛撰

清刊本 [96]·九·171

清乾隆四十五年(1780)刊本
[74]·一·15

尚書傳翼 明陸鍵撰

刊本 [39]·甲·51

尚書白文一卷 不著撰人

宋刊小字本 [59]·一·2

尚書白文六卷 不著撰人

明弘治莊樑刊白文本 [17]·
一·2

尚書白文十三卷 不著撰人

宋刊本 [58]·經·7

明内府抄本 [15]·3

尚書繹二卷 明鄧元錫撰

刊本 [39]·甲·50

尚書釋文一卷 唐陸德明撰

宋刊本 [41]·二·3

尚書釋音二卷 唐陸德明撰

復宋本 [92]·一·3

日本初印本 [75]·三·1

影宋刊本 [76]·一·9

尚書釋天六卷 清盛百二撰

清乾隆三十九年(1774)山東任
城書院刊本 [26]·一·35

清乾隆三十九年(1774)廣東刊
本 [26]·一·36

柚堂全集本 [78]·算學書録
補注·91

尚書解十三卷 宋孫覺撰

宋刊本 [14]·後志·一·758

尚書解十四卷 宋蔣之奇等撰

宋刊本 [14]·一上·34

尚書解十六卷 宋龍游夏撰

抄本 [39]·甲·46

尚書解義二卷 清李光地撰

文貞全集本 [96]·九·166

尚書疑義六卷 明馬明衡撰

天一閣抄本 [39]·甲·48

尚書句解十三卷 元朱祖義撰

元刊本 [35]·下·21
[38]·經·8

敏德書堂刊本 [89]·一集·
一·29

通志堂刊本 [74]·一·14

尚書注十二卷

見《尚書金氏注》

尚書注二十卷

見《尚書》

尚書注疏二十卷

見《尚書正義》

尚書注考一卷 明陳泰來撰

瓶花齋抄本 [39]·甲·50

抄本 [11]·四·16

尚書寃詞八卷 清毛奇齡撰

西河全書本 [74]·一·14

[96]·九·167

尚書補疏二卷 清焦循撰

原刊本 [96]·九·175

尚書洪範二卷 不知撰人

舊抄殘本 [89]·一集·一·
10

尚書禮部 不知撰人

刊本 [89]·一集·十一·1

尚書褌傳十五卷

見《尚書埤傳》

尚書通考十卷 元黄鎮成撰

元刊本 [16]·一·1
[22]·一·20 [35]·
下·18 [89]·一集·
一·27 [93]·二·13
[94]·一·12

通志堂刊本 [74]·一·13

尚書通義十四卷 清方荣如撰

抄本 [39]·甲·52

尚書大傳三卷 題漢伏勝撰、鄭
玄注

宋刊本 [14]·一上·34

刊本 [39]·甲·45

尚書大傳四卷 題漢伏勝撰、鄭
玄注

宋刊本 [41]·二·3

尚書大傳五卷 題漢伏勝撰、鄭
玄注

紅豆齋抄本 [17]·一·2

尚書大傳三卷補遺一卷 題漢伏
勝撰、鄭玄注

晴川八識本 [96]·九·178

尚書大傳四卷補遺一卷考異一卷
續補遺一卷 題漢伏勝撰、鄭
玄注

雅雨堂叢書本 [96]·九·177

尚書大傳考纂三卷 清董豐垣撰

槐古堂刊本 [96]·九·178

尚書直指六卷 明徐善述撰

天一閣抄本 [39]·甲·47

尚書古文疏證 不知撰人

眷西堂刊本 [100]·4

舊抄本 [100]·4

尚書七篇解義一卷 清李光地撰

坊刊本　[74]・一・15

尚書地理今釋一卷　清蔣廷錫撰
　借月山房彙抄本　[96]・九・
　169

尚書考六卷　李榮陛撰
　刊本　[88]・一・4

尚書考下卷　清惠定宇撰
　殘稿本　[26]・一・35

尚書考辨四卷　清宋鑒撰
　清嘉慶四年(1799)刊本
　[96]・九・174

尚書考異三卷　明梅鷟撰
　明抄本　[75]・三・15

尚書考異五卷　明梅鷟撰
　清道光五年(1825)立本
　齋刊本　[74]・一・14
　校刊本　[80]・七・6
　天一閣抄本　[39]・甲・49
　舊抄本　[91]・一・30

尚書舊疏考正一卷　清劉毓崧撰
　稿本　[60]・一・6

尚書蔡傳旁通六卷　不知撰人
　元至正余氏勤有堂刊本
　[43]・一・20

尚書蔡傳音釋辨誤六卷　元鄒近
仁撰
　影抄元刊本　[91]・一・27

尚書蔡注考誤一卷　明袁仁撰
　抱經樓抄本　[75]・三・18

尚書蔡氏傳輯錄纂注六卷
　見《書集傳輯錄纂注》

尚書埤傳十五卷　清朱鶴齡撰
　清刊本　[39]・甲・51

尚書埤傳十七卷　清朱鶴齡撰
　清刊本　[74]・一・15

尚書故實一卷　唐李綽撰
　宋刊本　[14]・三下・249
　[41]・十一・5
　說郛本　[96]・五十六・1103

尚書表注二卷　宋金履祥撰
　宋刊本　[16]・二・5
　[32]・一・19　[58]・
　經・8
　通志堂經解本　[74]・一・12

[96]・九・161
　刊本　[74]・一・15

尚書揆一六卷　明鄒期楨撰
　刊本　[39]・甲・51

尚書輯錄纂注六卷
　見《書集傳輯錄纂注》

尚書撰異三十二卷　清段玉裁撰
　經均樓刊本　[74]・一・15
　原刊本　[96]・九・172
　刊本　[100]・6
　稿本　[100]・6

尚書日記十六卷
　見《方麓先生尚書日記》

尚書圖一卷　不知撰人
　宋刊本　[19]・1　[68]・圖
　版651、目錄104

尚書馬鄭注十卷尚書逸文二卷
　宋王應麟輯、清孫星衍補
　清乾隆六十年(1795)孫氏岱南
　閣自刊本　[26]・一・37
　問字堂原刊本　[92]・一・3

尚書曆譜二卷　清成蓉鏡撰
　南菁書院本　[78]・算學書
　錄補注・91

尚書質疑八卷　清王心敬撰
　原刊本　[96]・九・170

尚書全解四十卷　宋林之奇撰
　通志堂經解本　[74]・一・11
　[96]・九・154

尚書全解多方一卷　元林之奇撰
　校本　[20]・一・3

尚書金氏注十二卷　宋金履祥撰
　舊抄本　[11]・四・9、10
　[16]・二・5　[93]・
　二・10

尚書今古文集解三十卷　清劉逢
祿撰
　稿本　[60]・一・7

尚書今古文注疏三十卷　清孫星
衍撰
　平津館刊本　[74]・一・14
　冶城山館刊本　[96]・九・174

尚書義十三卷　宋王雱撰
　北宋國子監刊本　[7]・中・

10
　宋刊本　[14]・一上・36
　[41]・二・4

尚書義五十八篇　陸煊撰
　抄本　[92]・一・5

尚書義考一卷　清戴震撰
　稿本　[59]・一・3

尚書義粹八卷　金王若虛撰
　抄本　[16]・二・6

尚書纂傳四十六卷　元王天與撰
　通志堂刊本　[74]・一・13
　影抄元刊本　[16]・一・2
　[17]・一・2　[54]・
　一・4
　明抄本　[9]・後編・二十・18

尚書小疏一卷　清沈彤撰
　儀禮小疏附刊本　[96]・九・
　170

尚書精義五十卷　宋黃倫撰
　刊本　[28]・一・12
　抄本　[93]・二・7
　文瀾閣傳抄本　[11]・四・7
　[16]・二・3　[75]・
　三・7

尚書精義六十卷　宋黃倫撰
　宋刊本　[41]・二・9

9022₇ 常

00常言道四卷　清人撰
　清嘉慶十九年(1814)刊本
　[69]・七・208

01常評事集四卷寫情集二卷　明蔡
　倫撰
　明嘉靖刊本　[91]・三十七・
　5

04常熟縣破山興福寺志四卷　明程
　嘉燧輯
　明刊本　[91]・十二・10

常熟縣志二十六卷　清楊振藻輯
　清康熙刊本　[74]・續增・史・
　9

常熟舊志列傳目稿　清丁初園輯
　稿本　[57]・88

09常談一卷　宋吳箕撰

函海本　[74]・三・54
　　　　[96]・五十六・1119
文瀾閣傳抄本　[11]・五十七・
　　　15
常談考誤四卷　明周夢賜撰
刊本　[39]・己・74
15常建詩集一卷　唐常建撰
宋刊本　[14]・四上・345
　　　　[41]・十九・5
常建詩集二卷　唐常建撰
宋刊本　[9]・後編・六・6
宋臨安陳氏書棚刊本　[2]・
　　　四・7　　[66]・目録10
明刊本　[91]・二十四・14
明活字本　[93]・十九・18
抄本　[21]・一・33
常建詩集二卷　唐常建撰
杜審言詩集一卷　唐杜審言撰
岑嘉州詩集四卷　唐岑參撰
皇甫冉詩集二卷　唐皇甫冉撰
宋刊本　[65]・四・16
24常侍言旨一卷
見《柳常侍言旨》
32常州府志二十卷　明唐鶴徵撰
明刊本　[60]・三・5
常州府志三十八卷　清于琨修
清康熙三十三年(1694)刊本
　　　[74]・續增・史・6
常州府志續集八卷　明張愷撰
明刊本　[60]・三・5

9050₀　半

00半夜雷轟薦福碑雜劇　元馬致遠
撰
明陳氏繼志齋刊本　[68]・圖
版455、456、目録77
10半可集四卷　明戴廷栻撰
清光緒刊本　[85]・二十・911
22半山詞一卷　宋王安石撰
精抄本　[91]・四十・2
半山集一卷　明丁繼仁編
明弘治元年(1488)刊本
　　　[74]・四・63　　[102]・
　　　上・35

25半生自紀二卷　明吳晉錫撰
抄本　[85]・二十一・948
31半江集十五卷附録一卷　明趙寬
撰
刊本　[39]・癸上・23
　　　[71]・集・明別・48
32半洲稿　明蔡經撰
刊本　[39]・癸上・41
44半樹齋文集　清戈襄撰
清刊本　[80]・十二・8
46半櫻詞　不知撰人
刊本　[100]・172
51半軒詞一卷　明王行撰
精抄本　[91]・四十・28
半軒集十卷　明王行撰
舊抄本　[11]・一百十一・19
半軒集十二卷　明王行撰
明刊本　[21]・一・43
明弘治張習編刊本　[71]・集・
　　　明別・12
明刊校本　[50]・九・42
半軒集十二卷補遺一卷方外補遺
　　　一卷　明王行撰
抄本　[12]・六・31
半軒集十二卷補遺一卷楮園草一
　　　卷　明王行撰
明弘治刊本　[91]・三十五・
　　　22
55半農禮説十四卷
見《禮説》
半農村舍詩選四卷　清張廷棟撰
清刊本　[36]・254
半農惠士奇易説一卷
見《易説》

9050₂　掌

48掌故演義七回　清人撰
清光緒刊本　[69]・二・73
87掌録二卷　清陳祖范撰
陳司業集本　[96]・五十五・
　　　1094

9060₂　省

00省齋詩餘一卷　宋廖行之撰

宋刊本　[41]・二十一・10
毛扆校舊抄本　[74]・四・76
勞氏抄本　[91]・四十・7
舊抄本　[11]・一百二十・7
　　　[16]・三十六・8
　　　[32]・十六・10
　　　[101]・中・19　　[102]・
　　　下・40
省齋詩餘一卷　宋廖行之撰　養
拙堂詞一卷　宋管鑑撰
舊抄本　[50]・十・52
省齋歷官表奏十二卷　宋周必大
撰
宋刊本　[41]・二十二・6
21省愆集二卷　明黃淮撰
明正統刊本　[91]・三十六・5
刊本　[71]・集・明別・21
33省心雜言一卷　宋李邦獻撰
清武英殿聚珍版本　[96]・三
　　　十六・677
函海本　[74]・三・4
省心銓要　宋林逋道撰
刊本　[21]・一・18
51省軒考古類編十二卷　清柴紹炳
撰
清刊本　[74]・三・70

9060₆　當

27當歸草堂八種　清丁丙輯
刊本　[74]・三・63

9071₂　卷

08卷施閣文集甲集中卷　清洪亮吉
撰
稿本　[26]・十・38
卷施閣文集甲集十卷乙集八卷詩
　　　集二十卷更生齋文集甲集四卷
　　　乙集四卷詩集八卷附鮚軒詩八
　　　卷更生齋詩餘二卷附年譜一卷
　　　清洪亮吉撰
清刊本　[74]・四・55
卷施閣文集甲集十卷乙集十卷詩
　　　集二十卷附鮚軒詩八卷更生齋
　　　文集甲集四卷乙集四卷詩集十

卷更生齋詩餘二卷　清洪亮吉
撰
　清乾隆、嘉慶刊本　[26]・十
　四・10
10卷石夢不分卷　清吳下習填譜
　稿本　[64]・續・118

9080₀　火

01火龍萬勝神藥圖一卷　不知撰人
　刊本　[5]・三中・8
15火珠林一卷　不著撰人
　宋刊本　[41]・十二・29
25火傳集十卷　明金鶡撰
　刊本　[39]・癸下・30
60火星本法一卷　清梅文鼎撰
　　曆算全書本　[96]・四十四・
　　832
　火星本法圖説　清梅文鼎撰
　　兼濟堂刊本　[78]・算學書録
　　補注・86
66火器大全一卷　不知撰人
　刊本　[5]・三中・8
　火器圖　明顧斌輯
　　抄本　[39]・丁・73

9080₆　賞

10賞雨茅屋集二十二卷外集一卷
　清曾燠撰
　　清嘉慶二十四年(1819)刊本
　　[26]・十三・27

9080₉　炎

28炎徼紀聞四卷　明田汝成撰
　刊本　[71]・史・地志・53
　借月山房彙抄本　[96]・十七・
　376
　抄本　[39]・戊・48　　[71]・
　史・地志・53
30炎凉岸八回　清人撰
　日本抄本　[69]・四・145

9084₈　焠

90焠掌録二卷　清汪啓淑撰
　清刊本　[71]・子・雜家・50

清開萬樓刊本　[2]・三・30
　[96]・五十五・1098

9090₄　米

00米襄陽志林十三卷　明范明泰輯
　刊本　[39]・己・82
　米襄陽志林十三卷附刻四卷　明
　　范明泰輯
　　原刊本　[96]・二十二・456
　米襄陽志林十三卷附遺集　明范
　　明泰輯
　　明刊本　[60]・四・27
10米元章畫史一卷
　見《米海嶽畫史》
　米元章書史一卷　宋米芾撰
　　宋刊本　[11]・五十二・10
　　[17]・三・10　　[41]・
　　十四・8
　　宋刊百川學海本　[2]・三・
　　12
　　明翻宋本　[91]・十七・15
　　明刊本　[17]・三・10
　　王氏書苑本　[96]・四十八・
　　927
　米元章書史一卷畫史一卷　宋米
　　芾撰
　　舊抄本　[11]・五十二・10
38米海嶽畫史一卷　宋米芾撰
　　宋刊本　[11]・五十二・10
　　[34]・一・25　　[41]・
　　十四・12　　[74]・三・
　　37　　[102]・上・6
　　明翻宋本　[32]・七・11
　　明刊本　[3]・16
　　王氏畫苑本　[96]・四十八・
　　926
　米海嶽書史一卷
　　見《米元章書史》
　米海嶽年譜一卷　清翁方綱編
　　粵雅堂刊本　[74]・二・28
72米氏譜一卷　宋米憲纂
　　宋刊本　[41]・八・4

棠

37棠湖詩稿一卷　宋岳珂撰
　刊本　[39]・壬・39
　鮑以文校本　[11]・九十・21
　汲古閣影宋抄本　[30]・一・
　10
　影宋抄本　[29]・三・23
　　[35]・下・14　　[93]・
　二十一・26
　毛抄本　[50]・八・44
　舊抄本　[91]・三十一・17
44棠村詩稿一卷
　見《棠湖詩稿》
　棠村詞一卷　清梁清標撰
　　刊本　[71]・集・詞・11
74棠陵文選八卷　明方豪撰
　刊本　[39]・癸上・37
78棠陰比事一卷　宋桂萬榮輯
　宋刊本　[50]・四・19
　　[58]・子・26
　刊本　[88]・四・2
　影抄宋刊本　[11]・四十二・
　13
　知不足齋抄本　[36]・165
　舊抄本　[39]・丁・73
　　[55]・二・25
　棠陰比事二卷　宋桂萬榮輯
　　朝鮮國刊本　[22]・四・12
　　影元抄本　[17]・三・7
　棠陰比事一卷　宋桂萬榮輯　補
　　編一卷續編一卷　明吳訥撰
　　抄本　[8]・子一・245
　　[91]・十六・4
　棠陰比事一卷附録一卷　宋桂萬
　　榮輯
　　刊本　[74]・續增・子・2

9094₈　粹

90粹粹　不知編者
　舊抄本　[32]・十五・20

9096₇　糖

10糖霜譜一卷　宋王灼撰

宋刊本　[41]·十·10

棟亭十二種本　[96]·五十·
1006

明趙清常抄本　[2]·三·18

舊抄本　[5]·二中·11

9101₇　恆

00恆言廣證　不知撰人
傳抄本　[100]·13

22恆嶽志三卷　清蔡永華輯
刊本　[39]·戊·56

51恆軒詩集七卷　明韓經撰
抄本　[39]·癸上·3

60恆星説一卷　清江聲撰
昭代叢書合刻本　[78]·算學
書録補注·86

恆星經緯表二卷　明徐光啓撰
新法曆書本　[78]·算學書録
補注·89

恆星經緯圖説一卷　明徐光啓撰
新法曆書本　[78]·算學書補
注·86

恆星經緯圖説一卷　德湯若望撰
重訂新法曆書本　[78]·算學
書録補注·86

恆星總圖恆星圖像一卷　明徐光
啓撰
新法曆書本　[78]·算學書録
補注·86

恆星紀要一卷　清梅文鼎撰
輯要本　[78]·算學書録補注·
86

恆星表一卷　清熙璋、英骆三畏
等譯
星學發軔本　[78]·算學書録
補注·89

恆星表二卷　德湯若望撰
重訂新法曆書本　[78]·算學
書録補注·89

恆星圖一卷恆星圖系一卷　明徐
光啓撰
新法曆書本　[78]·算學書録
補注·86

恆星圖表一卷　清張作楠撰

翠微山房數學本　[96]·四十
四·842

恆星曆表四卷　明徐光啓撰
新法曆書本　[78]·算學書録
補注·89

恆星曆指三卷　明徐光啓撰
新法曆書本　[78]·算學書録
補注·86

恆星餘論二卷　清張景江撰
清道光十七年(1837)刊棟香齋
叢書本　[78]·算學書録
補注·86

9106₁　悟

40悟真刊偽集三卷　宋張伯端撰、
陳致虚、薛道光刊誤
刊本　[74]·三·90
舊抄本　[102]·下·26

悟真篇集注五卷　宋張伯端撰
宋刊本　[41]·十二·4
元刊本　[91]·二十二·17
　　[93]·十八·14　　[94]·
三·13

悟真篇注三卷　宋張伯端撰、翁
葆光注
明抄本　[75]·五十·24

悟真篇注疏三卷　宋張伯端撰、
翁葆光注、元戴啓宗疏
刊本　[39]·庚·97

悟真篇注疏八卷　宋張伯端撰、
翁葆光注、元戴啓宗疏
抄本　[39]·庚·95

9148₆　類

00類方馬經六卷　不著撰人
明刊本　[79]·子·醫家類·
427

類音八卷　清潘耒撰
遂初堂刊本　[96]·十四·303

02類證陳氏小兒痘疹方論二卷
見《小兒痘疹方論》

08類説五十卷　宋曾慥編
宋刊本　[41]·十一·17
秦酉巖影宋寶慶本　[28]·續。

十·16　　[35]·上·44
傳録宋麻沙本　[28]·續·十·
17
元抄配明抄本　[26]·六·31
明祁承爍抄本　[2]·三·31
舊抄本　[11]·五十八·20
　　[16]·二十五·8
　　[71]·子·小説家·8
　　[93]·十六·25
　　[102]·下·22

類説六十卷　宋曾慥編
宋刊本　[10]·34　　[14]·
三下·238　[16]·二十
五·8　　[35]·上·41
[68]·圖版188、目録39
[93]·十六·24　[94]·
三·4
明刊本　[38]·子·56
明天啓岳鍾秀刊本　[59]·五·
12
刊本　[39]·庚·54
明抄本　[11]·五十八·19
舊抄本　[74]·三·58
傳抄舊本　[59]·五·12

類説經學隊仗三卷　明朱景元撰
朝鮮世宗朝庚子字刊本
[63]·圖版3

10類要六十五卷
見《晏元獻公類要》

17類聚名義抄　不知撰人
舊抄本　[76]·二·24

20類集詩史三十卷　宋方醇道編
宋刊本　[41]·十九·6

21類經三十二卷　明張介賓編
明刊本　[74]·三·19
明天啓葉秉敬刊本　[79]·子·
醫家類·338

類經三十二卷圖翼十一卷附翼四
卷　明張介賓撰
蘇州童氏刊本　[96]·四·十三·
788

類經圖翼十一卷附翼四卷　明張
介賓撰
刊本　[39]·庚·90

23類編十二卷
　　見《理學類編》
30類宮禮樂全書十六卷　　清張安茂
　　撰
　　清順治十三年(1656)刊本
　　　　[74]·二·65
43類博稿五卷　　明岳正撰
　　刊本　[39]·癸上·15
　　類博稿十卷附錄一卷　　明岳正撰
　　刊本　[71]·集·明別·31
44類林十五卷
　　見《類林雜説》
　　類林雜説十五卷　　金王朋壽編
　　刊本　[5]·三下·32
　　元抄大定本　[2]·三·32
　　影抄金刊本　[11]·六十一·
　　　22　[50]·六·4
　　舊抄本　[16]·二十六·9
　　　[93]·十七·12
　　傳抄本　[32]·九·10
　　類林新咏三十六卷　　清姚之駰撰
　　清刊本　[71]·子·類事·17
50類書三才圖會一百零六卷
　　見《三才圖會》
70類雅二十卷　　不知撰人
　　抄本　[39]·庚·45
　　類腋天部八卷地部十六卷　　清姚
　　培謙撰　人部十五卷物部十六
　　卷　清姚培謙、張卿雲撰
　　清巾箱小本　[96]·六十二·
　　　1235
88類篇十五卷　　宋司馬光等撰
　　影宋舊抄本　[66]·目錄5
　　類篇四十五卷　　宋司馬光等撰
　　宋刊本　[41]·三·43
　　姚氏刊本　[75]·十一·3
　　刊本　[89]·一集·三·42
　　殘抄本　[76]·十一·31
　　類篇四十九卷　　宋司馬光等撰
　　宋刊本　[14]·一下·87
91類類編不分卷　　清潘之藻撰
　　原稿本　[96]·六十二·1234

9158₆　頴

30頴宮禮樂疏十卷　　明李之藻撰
　　刊本　[39]·丁·67

9181₄　煙

10煙雨樓志四卷　　清朱稻孫纂
　　抄本　[57]·119
　　煙霞萬古樓文集六卷詩選二卷仲
　　瞿詩錄一卷附秋紅丈室遺詩一
　　卷　清王曇撰
　　清刊本　[26]·十·41
　　煙霞萬古樓詩選二卷詩錄一卷
　　清王曇撰
　　清咸豐元年(1851)徐渭仁刊本
　　　[26]·十四·12
　　煙霞小説　　明范欽輯
　　刊本　[39]·庚·57
　　煙雲手鏡二卷　　明楊繼益輯
　　抄本　[39]·戊·29
　　煙雲過眼錄　　清周在浚輯
　　抄本　[39]·庚·28
22煙艇永懷三卷　　明龔立本撰
　　借月山房叢書本　[85]·十七·
　　　736
44煙花集五卷　　蜀王衍纂
　　宋刊本　[41]·十五·11
　　煙草譜一卷　　清陳琮撰
　　清刊本　[92]·三·103

9182₇　炳

97炳燭偶抄一卷　　清陸錫熊撰
　　藝海珠塵本　[96]·三十五·
　　　658

9206₄　恬

18恬致堂集四十卷　　明李日華撰
　　刊本　[39]·癸下·20
　　　[71]·集·明別·105
37恬退錄十四卷　　清釋明鼎撰
　　刊本　[39]·庚·101
80恬養齋文抄不分卷　　不著撰人
　　抄本　[100]·153

9280₀　剡

28剡谿詩話一卷　　宋高似孫撰
　　舊抄本　[93]·二十四·5
　　剡谿漫筆六卷　　明孫能傳撰
　　刊本　[71]·子·雜家·33
31剡源文集四卷　　元戴表元撰
　　刊本　[20]·五·21
　　舊抄本　[93]·二十二·3
　　剡源文集五卷　　元戴表元撰
　　舊抄本　[11]·九十五·14
　　　[16]·三十二·19
　　剡源文集十六卷　　元戴表元撰
　　明抄殘本　[38]·集·72
　　剡源文集二十卷　　元戴表元撰
　　宜稼堂刊本　[17]·四·30
　　剡源文集二十八卷　　元戴表元撰
　　明初刊本　[8]·集三·479
　　明洪武刊本　[29]·三·23
　　明萬曆刊本　[56]·羣書題記·
　　　15
　　刊本　[24]·集二·2
　　剡源文集三十卷　　元戴表元撰
　　明刊本　[11]·九十五·14
　　　[75]·五十八·21
　　明萬曆刊本　[29]·三·23
　　　[59]·七·3
　　馬寒中刊本　[57]·251
　　宜稼堂刊本　[74]·四·34
　　明刊校舊抄本　[51]·四·1
　　　[52]·三·12
　　校本　[54]·七·1
　　影抄明初刊本　[11]·九十五·
　　　14
　　舊抄本　[16]·三十二·17
　　　[46]·30　[60]·七·
　　　1　[71]·集·元別·2
　　　[93]·二十二·3
　　剡源文集三十二卷　　元戴表元撰
　　天一閣抄本　[39]·壬·57
　　剡源文集二十六卷詩集二卷　　元
　　戴表元撰
　　抄本　[38]·集·71
　　剡源文集三十卷補一卷　　元戴表

元撰
　舊抄本　[91]·三十三·7
剝源文抄三十卷
　見《剝源文集》
剝源逸稿　元戴表元撰
　刊本　[88]·五·36
剝源逸稿五卷　元戴表元撰
　舊抄校本　[50]·九·3
剝源逸稿七卷　元戴表元撰
　傳抄本　[61]·七·4
　刊本　[71]子·雜家·33
87剝錄六卷　宋高似孫撰
　影抄元刊本　[11]·三十·5
剝錄十卷　宋高似孫撰
　山陰朱氏刊本　[75]·二十五·12
　山陰杜氏荊花書屋手校本 [75]·二十五·11
　影抄宋本　[71]·史·地志·47
　抄本　[39]·戊·34　　[93]·十一·6
　文瀾閣傳抄本　[11]·三十·5　[16]·十六·3
剝錄十一卷　宋高似孫撰
　校影宋抄本　[50]·三·15 [52]·一·21　[65]·續·二·15
剝錄十二卷　宋高似孫撰
　清黃丕烈校傳抄宋本　[2]·二·31

9281_8　燈
10燈下閒談二卷　不著撰人
　舊抄本　[93]·十七·24
44燈草和尚十二回　題元高則誠撰
　清和軒刊本　[69]·四·159
77燈月緣十二回　清徐震撰
　嘯花軒刊本　[69]·四·156

9284_6　爝
90爝火錄三十二卷附錄一卷　清李天根撰
　明季史料叢書本 [85]·九·426
　稿本　[85]·九·426

傳抄本　[85]·九·426
爝火錄序例一卷　清李天根撰
　傳抄本　[61]·七·1

9302_2　慘
40慘女界二卷　呂俠人編
　清光緒三十四年(1908)商務印書館印本　[69]·七·210

9306_0　怡
00怡齋百中經一卷　宋曹東野撰
　宋刊本　[41]·十二·27
10怡雲山人南溪集五卷　清宮爾勸撰
　刊本　[71]·集·國朝別·40
60怡園五種　清吳祖德撰
　清道光十四年(1834)坊刊小本 [69]·九·222

9383_3　燃
77燃犀集四卷　不著撰人
　刊本　[39]·庚·33

9401_2　忱
21忱行錄一卷　清邵懿辰撰
　當歸草堂刊本 [74]·三·7

9402_7　慟
88慟餘雜記一卷　題史惇撰
　抄本　[85]·二十一·938

9406_1　惜
57惜抱軒文集十三卷後集十卷詩集十卷後集一卷外集一卷　清姚鼐撰
　清嘉慶元年(1796)刊本 [26]·十二·38
惜抱軒詩集十卷　清姚鼐撰
　原刊初印本 [84]·二·39
78惜陰錄十二卷　明顧應祥撰
　刊本　[39]·己·14

9408_1　慎
00慎言集訓二卷　明敖英撰

清同治四年(1865)當歸草堂刊本　[74]·三·5
　續祕笈本　[96]·三十七·695
17慎子一卷　周慎到撰
　宋刊本　[14]·五上·590
　　　[41]·十·1
　明子彙本　[17]·三·17
　明繇玅閣本　[17]·三·17
　墨海金壺本　[96]·五十二·1030
慎子二卷　周慎到撰
　明刊本　[32]·八·1
　明萬曆慎懋賞刊本　[17]·三·17
慎子一卷逸文一卷　周慎到撰
　抄本　[75]·四十一·7
慎子內外篇二卷
　見《慎子》
慎柔五書五卷　明釋住想撰
　清康熙刊本　[79]·子·醫家類·390
46慎獨齋詩集十八卷　明趙宗文撰
　刊本　[71]·集·明別·27

9408_6　慎
74慎助編　清蔡方炳撰
　清刊本　[39]·己·29

9488_1　烘
90烘堂詞一卷　宋盧炳撰
　明抄本　[91]·四十·12

9501_0　性
10性靈稿二卷　明朱師孔撰
　刊本　[39]·癸上·64
16性理三解七卷　明韓邦奇撰
　明刊本　[32]·六·8
性理要解　明蔡清撰
　抄本　[39]·己·11
性理羣書集覽大全七十卷　明胡廣等纂
　明刊小字本 [91]·十五·18
性理羣書句解二十三卷　宋熊節編

宋麻沙刊本　[11]·四十一·
　　5　[21]·一·18
元刊本　[2]·三·5　[37]·
　　一輯　[84]·一·5
　　[92]·三·80
抄本　[28]·六·13
性理羣書句解二十三卷　宋熊節
　編　後集二十三卷　宋熊剛
　大集解
　宋刊麻沙本　[43]·三·11
　　[60]·二·7
性理羣書句解後集二十三卷　宋
　熊剛大集解
　宋麻沙刊本　[8]·子一·231
　　[28]·六·14　[35]
　　下·42
性理綜要二十二卷　明李廷機撰
　刊本　[39]·己·22
性理字義　不知撰人
　刊本　[89]·一集·三·51
性理大中二十八卷　清應撝謙撰
　清刊本　[39]·己·30
　稿本　[91]·十五·20
性理大全一百二十九卷
　見《性理大全書》
性理大全書七十卷　明胡廣等撰
　明内府刊本　[91]·十五·18
　明萬曆新安吳氏師古齋重刊本
　　[96]·三十七·690
　小字刊本　[71]·子·儒家·
　　13
性理大全書一百二十九卷　明胡
　廣等撰
　明刊本　[9]·後編·十六·11
性理吟二卷　宋朱熹撰
　刊本　[24]·集一·33
性理精義十二卷　清李光地等撰
　清武英殿刊本　[96]·三十七·
　　703
　清江南官刊本　[74]·三·6
77性學编一卷　明許誥撰
　明嘉靖刊本　[92]·三·80
80性善堂集十五卷　宋度正撰
　傳抄文津閣本　[17]·四·26

性善堂稿十五卷　宋周卿撰
　宋刊本　[14]·五下·681
性氣先生熊廷弼傳一卷　不著編
　者
　清抄本　[85]·十八·779
95情性集六卷　元周巽撰
　文瀾閣傳抄本　[11]·一百零
　　九·2

9502₇　情

20情采编二十六卷　明屠本畯輯
　刊本　[39]·辛·16
27情郵傳奇　明吳炳撰
　明崇禎刊本　[68]·圖版701、
　　702、目錄110
44情夢柝四卷　清人撰
　嘯花軒刊本　[69]·四·137

9503₀　快

10快雪堂集六十四卷　明馮夢禎撰
　明萬曆刊本　[59]·七·19
　刊本　[39]·癸下·13
　　[71]·集·明別·96
　快雪堂漫録一卷　明馮夢禎撰
　奇晉齋叢書本　[96]·六十六·
　　1317
33快心編初集五卷二集五卷三集六
　卷　清人撰
　課花書屋刊大字本　[69]·四·
　　140
40快士傳十六卷　清人撰
　寫刊本　[69]·四·141
44快世忠言不分卷　不著編者
　明崇禎初年刊本　[85]·四·
　　183
50快書五十種　明閔景賢輯
　明天啓刊本　[64]·37

9581₇　爐

30爐宮遺録一卷　不知撰人
　舊抄本　[32]·三·27
爐宮遺録二卷　不知撰人
　適園叢書本　[85]·三·154
88爐餘集六卷卷首一卷　明李魯撰

一九三四年鉛印本　[85]·十
　　九·852
爐餘録二卷　元徐大焯撰
　抄本　[17]·二·16　[91]·
　　八·8
　傳抄本　[60]·四·17

9592₇　精

44精華録八卷
　見《黄太史精華録》
精華録十卷　清王士禎撰
　清刊本　[96]·七十·1380
　清乾隆初金榮刊本　[74]·四·
　　50
精華録訓纂十卷附年譜注補二
　卷金氏箋注辨譌一卷　清惠棟
　撰
　紅豆齋刊本　[96]·七十·1381
精華録訓纂二十卷金氏箋注辨譌
　一卷年譜二卷目録二卷　清惠
　棟撰
　刊本　[71]·集·國朝別·8
精華録箋注十二卷補注一卷年譜
　一卷　清金榮撰
　鳳翩堂刊本　[96]·七十·1382
50精忠貫日一卷　不著撰人
　舊抄本　[85]·十七·732
90精粹古文大全二卷　不知編者
　元刊本　[32]·十五·14

9601₃　愧

92愧剡録十五卷
　見《愧郯録》
97愧郯録十五卷　宋岳珂撰
　宋刊本　[10]·28　[11]·
　　五十八·5　[35]·上·
　　19　[58]·子·86
　　[65]·三·47　[93]·
　　十六·21　[94]·三·
　　4
　宋浙刊本　[2]·三·29
　宋刊明修本　[73]·圖版38
　明刊本　[56]·羣書題記·33
　知不足齋叢書本　[96]·五十

六・1121
刊本　[39]・丁・53
淡生堂抄本　[100]・87
舊抄本　[36]・176　[75]・
四十四・4

9601₄　懼

04懼謀録四録　清顧炎武録
抄本　[91]・十五・24

9602₇　惕

00惕齋聞見録一卷　蘇濊撰
明季史料叢書本　[85]・二十
一・968
丁丑叢編本　[85]・二十一・
968

9701₄　怪

10怪石贊一卷　清宋犖撰
檀几叢書本　[96]・五十 998

9703₂　恨

38恨海十回　清吳趼人撰
上海廣智書局排印本　[69]・
四・128

9705₆　惲

72惲氏譜抄　不知撰人
抄本　[57]・90

9706₁　憺

60憺園集三十六卷
見《徐憺園集》

9725₆　輝

22輝山存稿一卷
見《蕭輝山存稿》

9782₀　灼

44灼艾集續集餘集新集八卷　明萬
表撰
明刊本　[91]・十九・27
灼薪劇談二卷　明朱子儔撰
抄本　[39]・己・76

9792₀　糊

30糊突世界十二卷　清吳趼人撰
上海世界繁華報排印本
[69]・七・202

9801₆　悦

06悦親樓集三十二卷　清祝德麟撰
清嘉慶三年(1798)刊本
[26]・十二・40
35悦神集一卷　不著撰人
宋刊本　[14]・三下・262

9823₁　縶

17縶帚集五卷梁園寓稿九卷　明王
翰撰
刊本　[71]・集・明別・6

9824₀　敝

17敝帚稿略八卷　宋包恢撰
文瀾閣傳抄本　[11]・九十・
17
敝帚軒剩語三卷補遺一卷　明沈
德符撰
抄本　[71]・子・小説家・22
敝帚軒餘談一卷　明沈德符撰
硯雲乙編本　[96]・六十五・
1294

9860₄　嘗

07嘗記七卷　清梁玉繩撰
清白士集本　[96]・五十五・
1099

9884₀　燉

96燉煌新録一卷　不著撰人
宋刊本　[41]・七・7
抄本　[39]・丁・26

9892₇　粉

90粉粧樓全傳八十回　清人撰
清嘉慶二年(1797)寶華樓刊本
[69]・二・47

9913₆　螢

10螢雪叢話二卷
見《螢雪叢説》
螢雪叢説二卷　宋俞成撰
宋刊本　[17]・三・36
明仿宋刊本　[11]・六十三・19
明刊本　[17]・三・36
[74]・續增・子・5
百川學海本　[96]・五十六・
1120
稗海本　[74]・三・53
44螢芝集七卷襌粟秭二卷　明張明
弼撰
刊本　[39]・癸下・31

9923₂　滎

76滎陽外史集一百卷　明鄭真撰
抄本　[71]・集・明別・7

9932₇　鷲

10鷲粟花二十五回　題觀我齋主人
編
日本明治四十年(1907)印本
[69]・二・75

9942₇　勞

22勞山仙蹟詩一卷　不知撰人
刊本　[5]・二下・23
72勞氏雜識十二卷　勞格纂
刊本　[28]・八・23

9960₆　營

34營造法式六卷　宋李誡編
抄本　[5]・二上・28
營造法式二十四卷　宋李誡編
宋刊本　[14]・後志・一・800
營造法式三十四卷　宋李誡編
宋刊元修本　[68]・圖版112、
113、目録27
影抄宋刊本　[16]・十九・16
[28]・四・25　[35]・
附録・3　[72]・17
抄本　[39]・丁・80

營造法式三十六卷　宋李誠編
張芙川影宋本　[42]·3
影宋抄本　[51]·一·23
　　[91]·十三·20
影抄本　[5]·二上·29
舊抄本　[93]·十二·13

營造法式三十四卷看詳一卷　宋李誠編
宋刊本　[41]·七·34

9990₄　榮

22榮祭酒遺文一卷　元榮肇撰

別下齋刊本　[74]·四·38
30榮進集三卷　明吳伯宗撰
明嘉靖刊本　[71]·集·別·明4

著　者　索　引

0

0010₄ 童

11 童琥
草窗梅花集句、附錄、和梅花百詠

17 童珮
童子鳴詩集

20 童維巖
禮記新裁

童維坤
禮記新裁

30 童濂
淮北票鹽志

童宗說
宜春志
柳文音釋〔編〕
柳河東集(河東先生集)、年譜、別集、外集、附錄〔注釋〕

51 童軒
清風亭稿
夢兆要覽

60 童品
春秋經傳辨疑

72 童岳薦
童氏食規
酒譜

80 童養學
傷寒六書纂要辨疑

94 童煒
嘉善縣志

0018₁ 癡

95 癡情士
鬧花叢

0021₁ 鹿

00 鹿亭翁
蘭易

80 鹿善繼
鹿忠節公集

龐

08 龐謙儒
白蘋集

10 龐元英
文昌雜錄、補遺談藪

30 龐安時
龐氏家藏祕寶方　傷寒總病論(龐安常傷寒總病論)、音訓、修治藥法
傷寒總病論札記

35 龐迪我
七克

42 龐塏
叢碧山房詩翰苑稿、舍人稿、工部稿、文集、雜著

44 龐蘊
龐居士語錄、詩

90 龐尚鵬
百可亭奏議、書問、詩摘稿、

0021₄ 雍

38 雍裕之
雍裕之集

40 雍希稷
隆興奉使審議錄

77 雍陶
雍陶詩

0021₇ 贏

00 贏疾
青鳥經

0022₂ 彦

14 彥琪
永嘉真覺大師證道歌〔注〕

93 彥悰
集沙門不應拜俗等事
後叢錄
大慈恩寺三藏法師傳〔箋〕

廖

00 廖文英
白鹿洞書院志〔輯〕

10 廖正一
廖明略竹林集

廖元度
楚風補〔輯〕

廖平
地學問答

12 廖瑀
葬法心印

20 廖禹
撥沙經
天皇鰲極鎮世〔編〕

21 廖行之
省齋詩餘

38 廖道南
楚紀
殿閣詞林記

44 廖世昭
越坡稿（廖世昭越坡稿）

50 廖中
五行精紀

71 廖匡圖
廖匡圖集

72 廖剛
高峯先生集

80 廖金精
天機扒砂經

99 廖瑩中
韓昌黎集（韓文、韓文公集、昌黎先生集）、外集、遺文、集傳〔輯注〕

0022₃ 齊

00 齊唐
少微集

17 齊召南

水道提綱
寶綸堂文抄、詩
歷代帝王年表
齊己
白蓮集
風騷旨格（風騷指格）
20齊焦度
稽神異苑
24齊德之
外科精義
25齊仲甫
女科百問
33齊心祖
野變蕞史
64齊曉
雲峯悦禪師語録
71齊昺
朱子讀書法〔編〕
77齊履謙
春秋諸國統紀

0022₇ 方

00方應祥
青來閣初集、二集、三集
方豪
方棠陵集
棠陵文選
方廣
丹谿心法附餘
方文
嵞山集
08方敦仁
禮記考異
10方震孺
方孩未先生集
方夏
廣韻藻
方干
方干詩集
玄英先生集（元英先生集）
方于魯
方建元集
佳日樓集
墨譜（方氏墨譜）、詩文書賦

方醇道
類集詩史〔編〕
18方粲如
集虛齋學古文
20方信孺
南海百詠
好菴遊戲
方千里
和清真詞
21方仁榮
新定續志
嚴州續志（景定嚴州續志）
22方崧卿
南安志、補遺
韓集舉正、外集舉正、叙録
23方獻夫
西樵遺稿
27方象瑛
健松齋集
封長白山記
方勺
泊宅編
青谿寇軌
28方以智
兩粵新書
物理小識
浮山文集
通雅
30方宏體
素園存稿
方良永
方簡肅文集
方實孫
淙山讀周易記
33方溥
南谿書院志
方溶
禹貢分箋
34方汝浩
禪真後史十集、禪真逸史
36方澤
冬谿内集、外集
37方瀾
方叔淵遺稿（方叔淵先生集）

方瀾郭界鄭銘劉壎詩
讀書漫筆
叔困稿
方淑
春秋直音
方深道
諸家老杜詩評〔輯〕
方冠
金人犯闕記
方逢辰
蛟峯集、山房遺文、外集
40方九叙
遺篋稿
方大琮
方公文集
方鐵菴文選
鐵菴集
方大鎮
田居乙記
方左鉞
煮瀑菴詩
方有執
傷寒論條辨、附本草抄、或問、
痙書
方杰
清漳新志
41方楷
三統曆衍式、三統曆釋例附問
答
44方芳佩
在璞堂吟稿
方薰
山靜居詩話、附録
山靜居畫論
方孝孺
雜誠
遜志齋集、拾遺、外紀、附録
方孝標
滇遊紀聞
方若徽
聞雲閣印譜〔鑄〕
方苞
望谿集
儀禮析疑

702

礼記析疑
喪禮或問
史記注補正
春秋比事目録
春秋通論
春秋直解
四書文〔編〕
周官辨、左傳義法舉要、刪定管
　子、刪定荀子
周官集注
周官析疑、考工記析疑
方葇如
毛詩通義
周易通義
尚書通義
46方觀承
兩浙海塘志〔編〕
壇廟祀典
觀象授時
47方愨
禮記解
方格敏
方百川先生經義
50方中發
白鹿山房詩集
方中德
古事比〔輯〕
方中通
數度衍、附録
方中履
古今釋疑
54方拱乾
何陋居詩
何陋居集、甦菴集
寧古塔志
56方揚
方初菴集
60方日昇
古今韻會舉要小補(韻會小補)
　〔編〕
方回
方虛谷桐江集(桐江集)、補遺
方虛谷桐江續集（虛谷桐江續
集、桐江續集）

瀛奎律髓〔編〕
古今考〔續〕
62方昕
集事詩鑒
71方頤孫
百段錦
72方岳
秋崖文稿
秋崖詩稿
秋崖詞
秋崖先生小稿(秋崖集、秋崖先
　生文稿、詩稿)
深雪偶談
76方隅
醫林繩墨
77方鳳
存雅堂遺稿
方鵬
崑山人物志
續觀感録〔輯〕
責備餘談
方殿元
九谷集
方履籛
金石萃編補正
方聞一
大易粹言〔編〕
方學漸
心學宗
方民悦
交黎事略
方賢
太醫院經驗奇效良方大全〔編〕
奇效良方
80方夔
富山詩集
富山遺稿
富山嬾稿（方時佐先生富山嬾
　稿）
90方惟深
方秘校集
91方悟
青樓韻語廣集〔編〕

席

26席吳鰲
内閣志
38席啓㝢
唐詩百家〔編〕
50席書
大禮集議

育

10育吾山人
三命通會

商

20商維濬
古今評録〔輯〕
25商仲賢
六壬五變中黄經法〔注〕
26商伯撝
宋政和冠婚喪祭禮
31商濬
稗海七十種〔編〕
34商汝頤
商文毅公遺行集
45商鞅
商子
57商輅
商文毅公疏稿略
商文毅公集
續資治通鑑綱目
通鑑綱目續編
80商企翁
元祕書監志（祕書志、祕書監
　志）〔編〕

高

00高彦休
唐闕史（闕史）
高應冕
高光州詩選、詩餘漫興
西湖八社詩帖
白雲山房集
02高誘
淮南鴻烈解（淮南子）〔注〕

呂氏春秋〔注〕

戰國策（國策）〔注〕

08高謙

中州戰略

10高正臣

高氏三宴詩集、附香山九老詩

高晉

南巡盛典

12高登

高東谿先生文集（東谿集）、附
錄

東谿詞

13高武

鍼灸聚英

鍼灸節要

17高承

事物紀原（事物紀原集類）〔編〕

高承埏

崇禎盡忠錄

崇禎忠節錄

自靖錄考略、外編

20高秉鈞

瘍科心得集

21高儒

百川書志

高熊徵

小學分節〔注〕

高縉

萬國演義〔編〕

22高岑

眺秋樓詩

高峯

湖州雙髻禪師語錄、杭州西天
目山師子禪院語錄、示禪人語

高出

鏡山菴集

23高峻

高氏小史

高岱

鴻猷錄〔編〕

楚漢餘談

24高德基

平江記事

高佑釲

崇禎盡忠錄〔訂補〕

高佑釲

自靖錄考略、外編〔補〕

25高仲誠

滕縣志

高仲武

中興閒氣集（唐中興閒氣集）
〔編〕

26高自卑

春秋合傳〔輯〕

高得暘

節菴集、續稿

27高叔嗣

蘇門集（蘇門集）

28高似孫

文苑英華抄〔輯〕

疎寮集

疏寮小集

硯箋

子略

緯略

蟹略

選詩句圖

史略

騷略

剡谿詩話

剡錄

30高濂

雅尚齋詩二集

高適

高常侍集（高適集）、集外文、別
詩

高宇泰

雪交亭文集（雪交亭正氣錄）

高宏圖

易解

高密

蠡言

32高兆

端谿硯石錄

續高士傳

啓禎宮詞

觀石錄

34高邁

江村遺稿

高遠

南唐烈祖實錄

37高濙

高春卿投濁集

38高啓

高太史鳧藻集（鳧藻集）

高太史大全集（青邱高季迪先
生詩集）、附遺詩

高太史扣舷集（扣舷集）

高太史缶鳴集（缶鳴集）

姑蘇雜詠

楼翁集

40高士

志齋醫論

高士奇

天禄識錄

北墅抱瓮錄

塞北小抄

扈從西巡日錄

扈從東巡日錄

江村銷夏錄

左穎、國穎

左傳紀事本末

松亭行記

春秋左傳姓名同異考（左傳姓
名同異考）

春秋地名考異

高士其

唐三體詩〔輯〕

高士鑰

江都縣志〔輯〕

42高斯得

恥堂存稿

高棅

唐詩正聲〔編〕

唐詩品彙、拾遺

木天清氣集

木射圖

嘯臺集

44高翥

高菊磵集

信天巢遺稿

高考本

固哉叟詩抄

高荷
　還還集

高攀龍
　高子遺書、附錄
　正蒙釋〔集注〕
　春秋孔義〔輯〕
　周易孔義〔輯〕

高若拙
　後史補

高世栻
　黃帝內經素問直解（素問直解）
　醫學真傳

高楚芳
　杜工部詩集、文集、附錄〔編〕

高樹
　詞律

46高觀國
　竹屋癡語
　竹屋詞

47高穀
　育齋先生詩集、歸田集、拾遺集

48高松
　高松畫譜

50高由厚
　正氣錄

54高拱
　高新鄭全集
　伏戎紀事
　邊略
　春秋正旨

57高蟾
　高蟾集

62高則誠
　燈草和尚

67高明
　琵琶記、釋義
　蔡中郎忠孝傳

高鳴鳳
　今獻彙言〔輯〕

高鶚
　紅樓夢〔續〕
　見聞搜玉

68高晦叟

珍席放談

77高閌
　高氏送終禮
　春秋集注

高用厚
　正氣錄

高鵬飛
　高氏六家詩
　林湖遺稿

高問奇
　福建市舶提舉司志〔編〕

78高騈
　高騈集

80高燮北
　高燮北先生殿試策卷

高愈
　小學纂注

90高少逸
　四夷朝貢錄

0023₀　卞

30卞永譽
　式古堂書畫彙考

卞寶
　痊驥通元論

44卞葵
　古器銘釋

60卞圜
　論語大意

88卞管勾
　司牧馬經痊驥通元論〔集注〕

99卞榮
　卞郎中詩集

0023₁　應

12應廷育
　金華先民傳（金華先民錄）〔輯〕

應廷吉
　青燐屑

14應劭
　漢官儀、續補
　風俗通義（風俗通）、附錄

32應兆
　大樂嘉成、萬古法程

40應在
　應子篆法偏旁
　點畫辨（篆法偏旁點畫辨）、辨
　釋篆法辨

52應撝謙
　潛齋文集
　禮學會編
　古樂書
　孝經宗注
　教養全書
　春秋集解
　易解（應氏易解）
　性理大中

72應垕
　天象義府

0023₂　康

06康親王
　律呂元首

09康麟
　雅音會編

10康丕揚
　三關圖說

康平
　河圖解

12康延澤
　平蜀實錄

38康海
　康對山先生集（對山集）
　武功縣志

44康基淵
　家塾蒙術

康萬民
　織錦迴文詩

57康賴
　醫心方

77康與之
　順菴樂府
　昨夢錄

78康騈
　劇談錄

80康命吉
　濟眾新編

0023₇　庾

00庾袞
庾袞保聚圖
20庾信
庾子山集(庾信集、庾開府詩集)
庾季才
靈臺祕苑
25庾仲容
子抄
30庾肩吾
書品

0024₇　度

10度正
性善堂集

慶

40慶吉祥
至元法寶勘同總錄

0025₆　庫

40庫嘉立
天文圖說〔譯〕

0026₇　唐

00唐彥謙
鹿門集
唐彥謙集 (唐彥謙鹿門詩)
唐庚
唐子西先生集(唐先生文集、唐
眉山詩集、眉山集)
三謝詩〔輯〕
三國雜事
唐玄度
九經字樣
唐玄宗
唐玄宗皇帝集
大唐六典 (唐六典)
孝經〔注〕
孝經正義 (孝經注疏)〔注〕
孝經注解〔注〕
老子疏〔注〕
老子注(道德經注)〔注〕

01唐龍
唐漁石集(漁石集)
羣忠錄〔輯〕
易經大旨
05唐靖
前谿集、二集
07唐詢
硯譜
10唐元
唐氏三先生集〔編〕
唐元度
見唐玄度
11唐甄
衡書
潛書
17唐子休
桂苑叢談
19唐璘
救楮奏稿(球楮奏稿)
20唐千頃
大生要旨
21唐順之
唐荊川先生文集(荊川集)、外
集、附錄
唐荊川先生編纂左氏始末 (左
氏始末)
唐荊川先生稗編(荊川稗編)
唐荊川先生左編(荊川左編)
唐荊川先生右編(荊川右編)
廣右戰功錄
文編〔輯〕
諸儒語要〔輯〕
二妙集〔輯〕
兩晉解疑
兩漢解疑
武編
南奉使集、北奉使集
史纂左編
批點精選史記、漢書〔譯選〕
兵垣四編附九邊圖論、函海圖
編〔編〕
22唐山人
唐山人詩
25唐仲文

帝王經世圖譜
後典麗賦〔編〕
唐仲冕
岱覽
海州志
荊谿縣志〔輯〕
唐積
歙硯譜(歙硯圖譜、歙州硯譜)
26唐伯元
醉經樓集
唐稷
硯岡筆志
28唐僧鎧
無量壽經〔譯〕
30唐淳
陰符經注
唐之淳
會稽懷古詩
唐之屏
五茸志餘
唐宇昭
擬故宮詞
唐寅
唐伯虎彙集、外集
畫譜〔輯〕
唐宗堯
韶州府志
31唐濛
神中記
34唐汝詢
唐詩解
唐造父
水牛經
37唐鶴徵
憲世編
常州府志
40唐太宗
帝範
唐太宗文皇帝集
唐士恥
靈巖集
唐堯臣
萬卷樓書目
唐志契

繪事微言

41唐樞
唐一菴集輯要
一菴雜著
一菴雜問錄
宋學商求〔輯〕
湖州府志〔編〕
嘉禾問錄
春秋讀意
國琛集
易修墨守
周禮因論

43唐求
唐求詩集

44唐夢賚
志壑堂詩集、文集

唐世涵
汀州府志

45唐椿
原病集

46唐輻貞
秋瘦閣詞

47唐聲傳
廷一問

50唐冑
瓊臺志
虔臺志
傳芳集

唐蕭
丹崖集、附錄

53唐成王
襄天小稿

56唐耜
字説解

60唐景崧
請纓日記

61唐顯悦
廣救命書

62唐則天后
樂書要錄
臣軌(臣範)

64唐時昇
三易集

唐時賢

產經

78唐臨
冥報記

80唐人
唐球詩
瑻玉集
海山記、迷樓記、開河記
大唐傳載

唐金華
紅荔山房稿

84唐錡
合肥志

86唐錦
都江夢餘錄

94唐慎微
本草(證類本草、政和經史證類
備用本草、經史證類備急本草、
經史證類大觀本草、大觀本草)

0028₆　廗

10廗玉
桂亭研銘

37廗潤
過客齋漫草

88廗敏
智燈傳提語〔錄〕

廗

30廗甯
伊犂總統事略〔繪圖〕

0029₄　麻

00麻衣道者
麻衣相法
正易心法
易髓

10麻三衡
墨志

32麻兆慶
昌平志考辨

0040₀　文

00文彦博
文潞公文集、補遺

文潞公私記
潞公集
大饗明堂記、紀要
藥準

文康
兒女英雄傳

09文讜
韓昌黎集(韓文、韓文公集、昌
黎先生集)〔注〕

10文丙
文丙集

文元發
學圃齋隨筆

文震亨
文生小草
福王登極實錄
長物志

文震孟
文文肅公日記
姑蘇名賢小紀
甍史内品、外品、雜品
念陽徐公定蜀記

文天祥
文文山集(文信國公集、文山先
生文集)、別集、附錄
文文山先生全集
文山先生集杜詩（文信公集杜
句詩、集杜句詩）、附詠文丞
相詩
文山先生指南錄(指南錄)、指
南後錄、吟嘯集、附錄、文丞
相傳
文山先生別集
文山傳集

11文硯
翰林學士院舊規

17文瑚
潘山集

文子
文子（文子通玄真經、通玄真
經、通元真經）

20文秉
烈皇小識
先撥志始

定陵注略
甲乙事案

24文德翼
備吹録〔輯〕
備吹録注〔輯〕
宋史存〔輯〕

28文徵明
文氏五家詩集
梅花百詠
拙政園題詠
七姬冢誌詠
甫田集
甫田別集（甫山別集）

30文濟道
左氏綱領

文安之
滇緬録、附黔記

34文洪
文氏五家詩集

42文彭
印史

44文若季
澄江守城紀事

文林
文溫州集
琅琊漫抄

46文如海
莊子疏

60文昇
甘陵伐叛記

67文昭
紫幢軒詩、古瓿續集

77文同
丹淵集（文與可丹淵集）、附録、
拾遺、墓誌、諸公書翰詩文、
附年譜雜記

80文谷
備忘小抄

87文翔鳳
南極篇、皇極篇、東極篇

99文瑩
玉壺清話
玉壺野史
渚宮集

湘山野録、續湘山野録

0040₁　辛

00辛文房
唐才子傳、考異

辛棄疾
辛稼軒詞（稼軒詞、稼軒集、稼
軒長短句）
辛稼軒集　年譜
竊憤續録
竊憤録、阿計替傳
南渡録
南燼紀事
南燼紀聞
蕉窗雜録
蕊閣集
美芹十論

12辛廷芝
四書解細論

93辛怡顯
雲南録、（至道雲南録）

0040₆　章

07章誼
章公文集

10章一陽
正學淵源録

章貢曾
論語義

16章聖皇太后
女訓

章碣
章碣集（章碣詩集）

21章衡
編年通載

章穎
宋朝南渡十將傳
中興四將傳（四將傳）、附種太
尉傳韓世忠傳
春陵圖志

24章佐聖
周易時義注

章僚
海外使程廣記

26章得象
節國朝會要

30章適
章道峯集

章定
歷代名賢民族言行類稿

章宗源
隋書經籍志考證

32章淵
槀簡贅筆

33章黼
韻直音指
韻學集成
連聲韻集成、直音篇〔輯〕
題韻直音篇

34章潢
圖書編〔輯〕

35章冲
春秋左傳事類始末
春秋類事始末

37章鴻賓
衝冠怒傳奇殘稿

40章大吉
左記

章有謨
景船齋筆記

章嘉楨
姑孰集

章壽康
式訓堂碑目〔編〕

章樵
古文苑〔注〕

44章懋
章先生文集
楓山文集、附年譜、實紀
楓山語録

章孝標
章孝標詩集

章世純
章子留書
乙未留橋
四書留書

章楠
醫門棒喝、二集

46章如愚
　羣書考索(山堂先生羣書考索)
　　前集、後集、續集、別集〔編〕
53章甫
　自鳴集
60章品
　周易古文羽義
77章陬
　書經提要
　章學誠
　文史通議、校讎通議
　丙辰劄記
　戴重事録
80章金牧
　萊山詩集、遺集
81章鈺
　四當齋集
91章炳文
　搜神祕覽
　章炳麟
　齊物論釋
　廣論語駢枝
97章煥
　陽華漫稿
98章敞
　質菴文集

0060₁　言

21言偃
　言子

0063₁　譙

77譙周
　古史考

0073₂　玄

00玄應
　一切經音義
22玄嶷
　甄正論
24玄奘
　西域志
　百法論〔譯〕
　般若波羅蜜多心經〔譯〕

般若波羅蜜多心經集解〔譯注〕
大唐西域記
大般若波羅蜜多經〔譯〕
阿毘達磨品類足論〔譯〕
77玄覺
　證道歌
94玄燁
　見清聖祖

0080₀　六

66六嚴
　赤道經緯恆星圖

0090₆　京

30京房
　易傳(京房易、京房易傳)
　易傳積算法雜占條例
89京鏜
　慶元勅、令、格、式、目録、隨勅
　申明
　役法撮要
　松坡詞
　松坡集

0121₁　龍

00龍袞
　江南野史
10龍正
　八陣合變圖説
20龍爲霖
　本韻一得
　龍受益
　六問算法
21龍仁夫
　周易集傳
36龍遇奇
　聖學啓關臆説
38龍遊夏
　尚書解
　龍遵
　食色紳言
40龍大淵
　古玉圖譜
53龍輔

女紅餘志
60龍昌期
　天保正名論
　泣岐書

0128₆　顔

00顔文
　駱賓王文集〔注〕
02顔端
　張乖崖事文録〔輯〕
10顔元
　四存編
　顔元慶
　文房小説四十種〔編〕
　顔元孫
　干禄字書
20顔鯨
　春秋貫玉
21顔師古
　刊謬正俗
　急就章(急就篇)〔注〕
　漢書(漢書集注、前漢書)〔注〕
　漢書食貨志〔注〕
　南部煙花録
　匡謬正俗
　隋遺録
24顔幼明
　靈棋經〔注〕
30顔之推
　顔氏家訓、考證北齊邊冤志
　稽聖賦
　冤魂志
　家訓
40顔希深
　定例彙編〔重訂〕
　顔真卿
　顔魯公文集（文忠集、魯公文
　集)補遺、附録、年譜、行状、
　碑銘、舊史本傳
　新史本傳
　顔真卿文

0164₆　譚

00譚文光

心鏡編〔輯〕

10譚元春
譚友夏合集
嶽歸堂未刻稿

譚天驥
意圃讀醫書筆記

12譚廷輔
西天目志

21譚處端
水雲集

23譚獻
復堂日記

27譚修
惠山古今考、補遺、附錄〔輯〕

29譚峭
化書(齊邱子、譚子化書、宋齊邱化書)
化書新聲

40譚友夏
古詩歸、唐詩歸〔編〕

譚希忠
四川土夷考

譚希思
順天府志〔編〕
皇明大政纂要

譚吉璁
延綏鎮志、李自成傳

67譚嗣先
太極葛仙公傳〔輯〕

0180₁ 龔

00龔立本
煙艇永懷

龔慶宣
劉涓子鬼遺方(鬼遺方)〔編〕

02龔端禮
五服圖解(宋五服圖解)

07龔翊
野古集

12龔廷賢
壽世保元
萬病回春

15龔璛
存悔齋詩(存悔齋稿)、遺詩、附

抄詩

20龔維蕃
永陽志

21龔穎
運曆圖

22龔鼎
文中子中說注〔注〕

龔鼎臣
東原錄

龔鼎孳
安龍逸史
定山堂詩集、詞

26龔自珍
龔定盦文集(定盦文集)
龔定盦續集

31龔沉
祁忠敏公年譜〔編〕

37龔潤森
續宜興荆谿縣志

40龔在昇
三才彙編

44龔茂良
龔實之奏稿
靜泰堂集

龔黃集
古文奇字〔集〕

46龔相聖
復齋間記

50龔夫
龔彥和奏議

60龔昱
崑山雜詠〔編〕
樂菴遺書〔編〕

67龔明水
詩說
中吳紀問

71龔原
易講義
周易新講義

龔頤正
元祐黨籍列傳
譜述
元輔表
續稽古錄

續釋常談
芥隱筆記
忠興忠義錄

77龔用卿
雲岡選稿

87龔翔
田居詩稿

97龔輝
西槎彙草
全陝政要略

0212₇ 端

40端木國瑚
楊曾地理元文
周易葬說

0460₀ 計

00計六奇
明季北略
明季南略
金壇獄案

40計有功
唐詩紀事

53計成
園冶

0460₀ 謝

00謝應芳
辨惑編、附錄、懷古錄
龜巢稿(謝龜巢集、龜巢集)、辨
惑編、補遺、附錄
龜巢摘稿(謝龜巢集摘稿)
思賢錄〔輯〕

謝庭薰
婁縣志〔修〕

06謝諤
孝史

07謝詔
二十四帝通俗演義西漢志傳
東漢十二帝通俗演義

10謝靈運
謝康樂集、附錄

謝丕振
東雍耆舊傳、後集

謝元慶
　良方集腋

謝元淮
　碎金詞譜〔編〕

謝天錫
　瘄疹證治

12謝廷諒
　千金堤志〔輯〕
　薄遊草

17謝子方
　易義主意

18謝瑜
　遊義集〔輯〕

20謝重華
　甲申南社鄉寇變紀略

謝采伯
　密齋筆記、續

謝維新
　古今合璧事類備要(事類備要、
　　合璧事類)前集、後集、續集

21謝縉
　蘭庭集

24謝德溥
　謝文貞公集

謝德輿
　釣臺續集

27謝仮
　藥寮叢稿
　四六談麈

謝翱
　西臺慟哭記注
　晞髮集、遺集、遺集補、天地間
　　集、冬青樹引注

30謝濟世
　西北域記、附居業集

謝良佐
　論語解(謝氏論語解)
　上蔡先生語錄

謝宗可
　詠物詩(咏物詩)

31謝遷
　歸田稿、年譜

32謝淵
　渭南秘訣

謝兆申
　謝耳伯先生詩集

34謝汝韶
　二十家子書〔輯〕

謝邁
　謝幼槃文集、附谿堂集
　竹友詞
　竹友集

37謝深甫
　嘉泰條法事類
　東江集

謝逸
　谿堂詞
　谿堂集、補遺

38謝道承
　小蘭陔詩集

謝肇淛
　文海拔沙
　五雜組
　北河紀
　滇略
　史觿
　長谿瑣語〔輯〕
　居東集詩、文、雜纂
　小草齋詩話
　小草齋集

謝啟昆
　廣西通志(嘉慶廣西通志)
　西魏書
　粵西金石略
　樹經堂詩集、續集、文集
　小學考

40謝希孟
　謝希孟集

謝存仁
　祁門縣志

謝枋得
　唐詩(章泉澗泉二先生選唐詩、
　　注解章泉澗泉二先生選唐詩)
　〔注〕
　唐詩絶句贅箋〔注〕
　文章軌範〔編〕
　謝疊山先生文集(疊山集)
　詩傳注疏

碧湖雜記
　祕笈新書、別集

44謝赫
　古畫品錄

45謝榛
　謝四溟集
　四溟詩話
　四溟山人集、詩説
　四溟山人全集

47謝好古
　鈴岡志

謝起龍
　毛詩訂韻

謝起巖
　忠文王紀事實錄

50謝蕭
　密菴稿(密菴集)
　密菴先生文稿
　密菴先生詩稿

謝惠連
　謝惠連集

51謝振定
　知恥齋文集、詩集、附錄

60謝旻
　江西通志

謝杲
　青門節義錄、補遺

67謝暉
　切韻義、纂要圖例

71謝陛
　季漢書

72謝朓
　謝宣城詩集(謝朓集)

80謝鏞
　謝禹銘五刻〔輯〕

86謝鐸
　伊洛淵源續錄
　赤城新志
　赤城論諫錄〔輯〕
　赤城集
　桃谿類稿
　同聲集、後集

90謝常
　桂軒詩集

96謝焜
　心儀集、停雲集

0466₀　諸

10諸可寶
　疇人傳三編序目
21諸仁勳
　後漢書諸侯王世系考
28諸作棟
　七星巖志〔輯〕
40諸九鼎
　石譜
　諸大倫
　易學講義（浙江餘姚進士白川
　　諸先生祕傳易學講義）
44諸夢璟
　諸氏江氏雜稿
　諸葛亮
　諸葛武侯心書(心書、忠武侯心
　　書)
　諸葛忠武侯集(諸葛丞相全集)
　琴經
　武侯十六策
　將苑
　諸葛元聲
　隆萬兩朝平壤錄
　諸葛深
　歷代帝王編年圖
　諸葛深通
　紹運圖
　諸葛興
　先賢施仁濟世錄〔編〕
　梅軒集
70諸壁發
　硯香齋詩抄
86諸錦
　夏小正詁
　毛詩說、通論
　饗禮補亡
　絳跗閣詩稿
　周易觀象補義略

0722₇　鄺

10鄺露
　嶠雅

赤雅

0742₇　郭

00郭雍
　傷寒補亡論
　著卦辨疑序
　易說(郭氏傳家易說)
　兼山遺學
　郭應祥
　笑笑詞集
　郭麐
　唐文粹補遺
　靈芬館詩初集、二集、三集、四
　　集、續集、蘅夢詞、浮眉樓詞、
　　懺餘綺語
　郭京
　應用算法
　周易舉正
10郭元亨
　太玄經疏
　郭正域
　考工記（批點考工記）〔批點〕
　黃離草
　明典禮志〔輯〕
　郭元柱
　明貢舉考〔輯〕
　郭元振
　郭元振安邊策
　郭震
　漁舟集
　郭天錫
　雲山日記
11郭棐
　廣東通志
　粵大記
12郭登
　春秋左傳直解
　郭琇
　吳江縣志
　華野疏稿
　郭璞
　郭宏農集
　玉照定真經
　元中記
　爾雅注〔注〕

爾雅注疏〔注〕
山海經(山海經傳)〔注〕
山海經圖讚〔注〕
穆天子傳〔注〕
神會曆
葬書（地理葬書集注、葬書集
　　注、葬書古本）
青囊補注
別國方言（輶軒使者絕代語釋
　　別國方言)〔注〕
14郭礎
　畫法年紀
17郭豫亨
　梅花字字香
　郭子章
　六語〔輯〕
　郭中丞黔草
　豫章雜記〔輯〕
　豫章詩話
　郡縣釋名
　潮州雜記
　博集稀痘方論
　蠙衣生名馬記
　黔記
　黔類〔輯〕
　郭子京
　黔草
　郭子美
　羅浮山記
　郭翼
　雪履齋筆記
　林外野言、附補遺、雪履齋筆記
20郭維藩
　杏東集
23郭允蹈
　蜀鑑
　郭稽中
　産育寶慶集(産育寶慶方)
24郭化
　蘇米譚史廣
　郭勳
　雍熙樂府
27郭鑒
　皇明太學志

郭佩蘭
　本草匯
郭仰廉
　奇門説要〔輯〕
郭象
　曉車志
郭象
　莊子注(句解南華真經、南華真
　　經)〔注〕
　莊子注疏〔注〕
28郭倫
　晉記
30郭憲
　漢武帝洞冥記（漢武別國洞冥
　　記、洞冥記、別國洞冥記）
郭良翰
　周禮古本訂注
　問奇類林〔編〕
郭宗昌
　金石史
32郭兆奎
　心園説
　書經知新
34郭汝賢
　玄門易髓圖（元門易髓圖）
35郭沫若
　甲申三百年祭
36郭湜
　高力士外傳
37郭凝神
　六壬五變中黄經法
38郭祥正
　郭青山集（青山集）
郭肇昌
　樊川書院集刻〔編〕
40郭大有
　評史心見
郭奎
　望雲集
郭志邃
　痧脹玉衡書、後編
44郭薦
　昌國州圖志（大德昌國州圖志）
郭茂倩

樂府詩集（郭茂倩樂府詩集）
　〔編〕
郭若虛
　名畫見聞志
　圖畫見聞志
郭世勳
　諸暨賢達傳〔輯〕
46郭柏蒼
　全閩明詩傳〔編〕
48郭增光
　撫梁疏稿、咨稿
50郭忠孝
　中庸説
　易解（兼山郭先生易解）
郭忠恕
　佩觿、字鑑
　汗簡
60郭畀
　方瀾郭畀鄭銘劉壔詩
　郭天錫日記
　客杭日記
　郭氏山川訓纂〔輯〕
郭思
　千金寶要〔輯〕
　林泉高致
郭景純
　續葬書
62郭影秋
　李定國紀年
67郭明龍
　解莊〔評〕
77郭印
　雲谿集
80郭金臺
　石村文集、詩集
郭義恭
　廣志
81郭鈺(元)
　靜思集
郭鈺(明)
　古越書
85郭鈇
　石洞遺芳集
86郭知達

杜工部詩集、文集〔集注〕

07620　調
10調露子
　角力記

08212　施
00施彦吾
　讀孟質疑
施彦士
　推春秋日食法、春秋經傳朔閏
　　表發覆
施文顯
　施信陽文集
02施端教
　唐詩韻匯〔輯〕
　讀漢史翹〔輯〕
03施誠
　河南府志〔修〕
06施諤
　臨安志（淳祐臨安志）
11施璟
　隨邨先生遺集
12施發
　續易簡方論
　續易簡方論後集、附録
　察病指南
施廷樞
　十駕齋集
14施耐菴
　三國水滸全傳
　水滸傳（水滸全傳、第五才子
　　書）
　漢宋奇書（三國水滸全傳）
17施子美
　七書講義
21施仁
　左粹類纂
施經
　虎泉漫稿
23施峻
　施璉川集（璉川集）
24施德操
　北窗炙輠録

713

26施自勖
　　蘭垞詩抄
27施紹莘
　　秋水菴花影集
30施肩吾
　　施肩吾西山集
　　西山文集
　　西山羣仙會真記(羣仙會真記)
　　華陽真人祕訣
　　鍾呂傳道記
　施宿
　　會稽志(嘉泰會稽志)
31施顧
　　東坡詩集(施注蘇詩、注東坡先
　　生詩、東坡先生詩)、續補遺
　　〔注〕
34施達
　　春秋三傳衷考
35施清臣
　　東洲枕上語(枕上語)
　　東洲几上語(几上語)
40施士衡
　　南紀集、後集〔編〕
　　同菴集
41施樞
　　芸隱横舟稿
　　芸隱勄游稿
44施世驃
　　靖海紀事
47施朝幹
　　正聲集、附詞
60施國祁
　　元遺山詩箋注、年譜、附録〔注〕
　　禮耕堂叢説
　　金源札記、金源又札
　施男
　　邛竹杖
61施顯卿
　　奇聞類編
72施氏
　　孫子講義
77施閏章
　　施愚山文集、詩集、史傳
　　施氏家風述略、續編

　　青原山志略〔輯〕
　　學餘堂集、詩集、外集
　　矩學雜記
80施念曾
　　施愚山先生年譜
　　宛雅三編〔輯〕

0823₃　於

44於茹川
　　玉瓶梅
53於成龍
　　江西通志
　　江南通志

0864₀　許

00許彦國
　　許表民詩
　許應亨
　　石屋存稿
　　石屋存稿別録
　許應龍
　　東澗集
　許應元
　　許水部稿
　　陔堂摘稿
02許新堂
　　乘餘集
04許誥
　　平番始末
　　性學編
08許論
　　九邊圖並論
　許謙
　　詩集傳音釋〔音釋〕
　　詩集傳名物抄
　　詩傳音釋(毛詩音釋)、詩序、詩
　　圖
　　讀論語叢説
　　讀大學叢説、讀中庸叢説、讀孟
　　子叢説
　　讀四書叢説(讀書叢説、四書叢
　　説)
　　許白雲先生文集 (白雲集)、補
　　遺、附録

　　大學叢説
10許天開
　　許天開詩
11許棐
　　融春小綴
　　獻醜集
　　樵談
　　梅屋詩稿
　　梅屋詩餘
12許廷鑅
　　竹素園詩抄
17許胥臣
　　禹貢廣覽
　許及之
　　涉齋集
　許子偉
　　廣易通
　許負
　　相法
18許玠
　　東谿詩稿
20許重熙
　　皇朝殿閣大臣年表
　　江陰守城記
　　嘉靖以來注略〔編〕
　許孚遠
　　致和堂文集
　許稚則
　　許淮陽食史
21許順義
　　六經三注粹抄〔輯〕
　許顗
　　許彦周詩話(彦周詩話)
　許衡
　　讀易私言
　　魯齋心法
　　魯齋遺書(魯齋先生集、魯齋全
　　書)
22許嵩
　　建康實録
　許繼
　　觀樂生詩集、附録
23許允成
　　孟子〔解〕

許獻卿
　東林書院志
24許續曾
　寶綸堂集
　寶綸堂稿、附定舫雜詠
　滇行紀程、東還紀程、附滇行雜
　　詠、東還贈言
25許仲琳
　封神演義
26許自昌
　樗齋漫錄
許伯政
　詩深
　全史日至源流
27許歸與
　墨藪〔編〕
許叔微
　傷寒百證歌
　傷寒發微論（傷寒百證歌發微
　　論）
　傷寒歌
　傷寒九十論（傷寒治驗九十論）
　本事方、補遺普濟本事方、後集
許紹宗
　武岡州志〔修〕
30許之獬
　春秋或辨
許宏
　南窗草錄
　金鑑內臺方議
許容
　石鼓文抄
許宗彥
　鑑止水齋集
　鑑止水齋書目
33許浚
　東醫寶鑑
34許湛祥
　狷叟詩錄
許汝霖
　德星堂集、附河工集
許浩
　復齋日記
　宋史闌幽、元史闌幽

鄭延平年譜〔編〕
37許洞
　訓俗書
　虎鈐經
許鴻磐
　方輿考證
許渾
　許丁卯集（丁卯集）、續集
　許用晦文集、總錄、拾遺
許次紓
　茶疏
許祖鄉
　許黃門集、雲村集
40許希周
　藥性粗評
許有壬
　許有壬至正集（至正集）
　圭塘欸乃集
　圭塘小稿、續集、別集、外集、附
　　錄、續錄
許應士
　盧司馬殉忠實錄
許真君
　拜命曆
44許蒿廬
　唐人詩選〔輯〕
許桂林
　春秋穀梁傳時月日書法解例
45許槤
　六朝文絜〔輯〕
許梿鈎
　古均閣寶刻錄（古韻閣寶刻錄）
46許恕
　北郭集（許北郭集）、補遺、集遺
許旭
　閩中紀略
許如蘭
　美人鏡
許相卿
　黃門集、附錄、品藻、年譜、許氏
　　貽謀
　史漢方駕
47許獬
　許鍾斗文集

48許翰
　襄陵文集、詩、行狀
　元解、元歷
　太玄解〔注〕
許敬宗
　唐太宗實錄
　文館詞林〔編〕
50許中應
　武昌志
許中麓
　光嶽英華詩集（唐元光嶽英華
　　詩集）〔編〕
52許虬
　萬山樓詩集
53許成名
　龍石集
60許國
　許文穆公集
許國禎
　御藥院方
許景衡
　橫塘集
67許明
　地理傳心全集
許嗣茅
　緒南筆譚
68許晦堂
　梅里詩輯
72許岳
　張崏崍定變錄
75許體元
　周易彙解衷翼
77許月卿
　百官箴（山屋百官箴）
　先天集、附錄
許聞造
　許長孺集
許開
　二王帖目錄評釋
　志隱類稿
許譽卿
　三垣疏稿
80許令瑜
　孤臣述

82許劍道人
　老子篆〔摹〕
86許知璣
　南嶽志輯要〔輯〕
88許篔
　荷谷詩抄
90許光祚
　許靈長集
　許尚
　華亭百詠
　許焞
　説部新書〔輯〕
　載道集〔輯〕
　許棠

文化集
許棠詩
許棠集
92許忻
　許右丞行狀
94許慎
　説文解字（説文）
　説文解字標目
　淮南子注
　淮南鴻烈解〔注〕

0968₉　談

27談修

呵凍漫筆
31談遷
　北遊録
　海昌縣外志
　棗林雜俎
　棗林詩集
　棗林外索
　國榷
　金陵對話録
88談鑰
　吳興志（嘉泰吳興志）
92談愷
　虔臺續志

716

1

1000₀ 一

21一行
　唐大衍歷議
　五音地理新書
67一明道人
　灘江紀事本末

1010₁ 三

50三泰
　大清律例
88三餘氏
　五藩實錄

正

10正一子
　金鍾傳
20正受
　普燈錄(嘉泰普燈錄)〔編〕
95正性
　皋亭山詩

1010₃ 玉

57玉蟾館主人
　神明鏡〔輯〕

1010₄ 王

00王立道
　具茨文集
王充
　論衡
王充耘
　讀書管見
　四書經疑貫通書義矜式
王彥
　武經龜鑑
王彥威
　續曲臺禮
王方慶
　魏鄭公諫錄、增編

王應麟
　六經天文編
　詩地理考
　詩考(韓魯齊三家詩考)
　論語考異
　玉海、附刻十三種
　詞學指南
　玉海天文、律曆
　王應麟雜著
　王深寧先生文集
　王尚書遺稿
　孟子考異
　急就章(急就章補注)〔補注〕
　漢制考
　漢書藝文志考證(漢藝文志考
　　證)
　深寧居士集、附錄
　逸周書王會解補注
　通鑑地理通釋
　通鑑答問
　大戴禮踐阼篇集解(踐阼篇集
　　解)
　姓氏急就篇
　春秋左傳(春秋左傳賈服注)
　〔注〕
　四明文獻集、補遺、續補遺
　困學紀聞
　周書王會補注
　小學紺珠
　尚書馬鄭注、尚書逸文〔輯〕
王應電
　聲韻會通、韻要麤釋
　同文備考
　周禮翼傳
　周禮傳
　周禮圖說
王應熊
　陸公全書〔編〕
王應遴

乾象圖說
王應奎
　柳南隨筆、續筆
王應時
　呂梁洪志〔輯〕
王康
　王文通公文集
王廉生
　南北朝存石目
王庭
　理學辨〔輯〕
　松門稿
王庭珪
　盧溪詞
　盧溪先生文集
王度
　偽官據城記
　歷年城守記
王廣謀
　孔子家語(家語)
　聖賢語論、首簡〔輯〕
王廣心
　蘭雪堂詩稿
王文治
　王夢樓詩集
王文祿
　龍興慈記
　竹下寤言
王文郁
　禮部韻略(韻略、平水韻略、禮
　　部韻注)、貢舉條式〔校注〕
王交
　綠槐堂稿
王奕
　玉斗山人集(斗山文集)、遺文、
　　附錄
王奕清
　曲譜
王袞

博濟方(王氏博濟方)

王襃
　王子深集
王襄
　南陽先民傳
01**王龍起**
　王震孟詩集、賦、詞、文
王顏
　南唐烈祖開基誌
王謳
　王彭衙詩
06**王謣**
　皇明珠玉〔輯〕
　今畫偶録
07**王毅**
　木訥齋文集、附録
王韶
　熙寧收復河陣法
09**王讜**
　唐語林
10**王一元**
　詞家玉律
王一清
　化書新聲〔注〕
王一槐
　玉唾壺
王一中
　平妖集
王一鶚
　總督四鎮奏議
王正德
　餘師録
王玉如
　澄懷堂印譜〔編〕
王璽
　醫林集要
　醫林類證集要〔輯〕
王元
　擬皎然十九字
王元正
　四川總志
王元傑
　春秋讞義
王元澤
　老子注(道德經注)〔注〕

王元啓
　讀韓記疑
　漢書律曆志正譌
　史記三書正譌
王元恭
　四明續志(至正四明續志、至元
　　四明續志)
王雱
　元澤先生文集
　孟子〔解〕
　莊子新傳(南華真經新傳)、附
　　拾遺
　莊子注
　尚書義(書義)
王震
　左翼
王雯耀
　全桐紀略
王霆震
　古文集成〔編〕
王天與
　尚書纂傳
王百禄
　書林事類韻會〔增輯〕
王晋
　雙谿雜志
王雲
　奉使雞林志
11**王頊齡**
　經進稿
　書經傳説彙纂
王彌大
　清谿弄兵録(青谿弄兵録)〔輯〕
王碩
　易簡方
12**王引之**
　經義述聞
　太歲考
　周秦名字解詁
王廷珪
　竹屋詩集
王廷棟
　夢澤集
王廷相
　王氏家藏集(王肅敏公集)

王廷表
　桃川剩集
王廷光
　珞琭子(珞琭子三命消息賦、珞
　　琭子三命消息賦注、珞琭子
　　賦注、四家注解經進珞琭子
　　三命消息賦)〔注〕
王廷燦
　同姓名録〔輯〕
王延年
　通鑑紀事本末補〔輯〕
13**王琮**
　雅林小稿
王戩
　突星閣詩抄
14**王珪**
　六朝國朝會要
　兩朝國史
　三家宮詞
　王岐公宮詞
　華陽集(王岐公華陽集)、附録
　泰定養生主論
　國朝會要
王瓘
　廣黄帝本行紀
　北道刊誤志
王琦
　李太白集 (李青蓮全集輯注)
　　〔注〕
　李長吉歌詩彙解
15**王建**
　三家宮詞
　王建詩集
　王建宮詞
王建極
　蓮園蟎衙録
17**王璆**
　是齋百一選方(王氏百一選方、
　　百一方、續添是齋百一選方)
王瓊
　雙谿雜記
　漕河志
　撈曹名臣録
王璐
　滄齋詞

王弼
老子注(道德經注、老子道德經古本集注)〔注〕
老子略論
易傳（子夏易傳、卜子易傳）〔注〕
周易(周易王弼注)〔注〕
周易正義（周易注疏、周易兼義)〔注〕
周易經〔注〕
周易略例、義例
周易略義〔注〕
王承烈
齊名紀數
王及甫
天經
王子俊
二松集
格齋先生三松集(三松集)
格齋四六
王子接
絳雪園古方選注、附得宜本草
古方選注
王子年
名山記
王鞏
清虛居士隨手雜録
甲申雜記、補闕
聞見近録
王君玉
國老談苑〔編〕
國老閒談
王巽孫
餘波遺稿、首簡、附録
18王瑜
説文正字
王玢
春秋集傳
王璲
青城山人集
王玲
兩漢兵制
王秀楚
揚州十日記
王爲壤
青原餘集
王雋
北谿先生字義(字義)
嚴陵講義
20王信
武昌志
王千秋
審齋詞
宋四家詞
王季友
王季友集
王禹偁
五代史闕文
建隆遺事
小畜集(王黄州小畜集)
小畜集詩抄
小畜外集(王黄州小畜外集)
王禹聲
續震澤紀聞〔輯〕
王維
王右丞詩集（王摩詰集、王維集)、文集、外編、詩畫評、唐諸家同詠集、贈題集、附録
王右丞集注
畫學祕訣
王維玉
陸清獻公涖嘉遺蹟
王維德
永寧通書
林屋民風〔輯〕
王維儉
宋史記
宋史記目録
宋史稿凡例
王維楨
王槐野存笥稿(存笥稿)、前集、續集
21王衍
煙花集
王步青
四書本義匯參
王仁俊
敦煌石室真蹟録〔編〕
王仁裕
南行記
開元天寶遺事
入洛記
王仁輔
無錫縣志
王虚舟
陳檢討集〔補注〕
王行
墓銘舉例
半軒詞
半軒集、補遺、方外補遺、楮園草
王肯堂
證治準繩
論語義府
傷寒準繩
鬱岡齋筆麈
醫鏡
王處一
西嶽華山志(西嶽華山記、華山志)
王衡
諸子語録
緱山先生集
王睿章
醉愛居印賞
王貞
夏小正箋
王貞白
靈谿集
王貞儀
德風亭初集、詩、詞
王秬
復齋制表
22王鼎
焚椒録
王嶽
産書
王偁(宋)
東都事略
王偁(明)
虚舟集
忠節流芳集

王嚴叟
　魏公別録
　大名集
　韓忠獻王別録（忠獻韓魏王別録）
王畿
　龍谿語録
　龍谿集
　王先生全集
王崇慶
　五經心義
　周易議卦
王崇簡
　冬夜箋記
　青箱堂詩集、文集、續刻、年譜
王崇炳
　金華徵獻略
王繼先
　本草
王繼祖
　直隷通州志
23王佖
　朱文公語後録〔編〕
王俅
　嘯堂集古録、考異
王俊華
　洪武京城圖志〔輯〕
王紱
　王舍人詩集
　友石先生詩集（友石山房稿）
24王化貞
　普門醫品
王佐
　廣州四先生詩選
　貴州圖經新志（弘治貴州圖經新志）〔纂修〕
王先謙
　漢書補注
王先生
　十七史蒙求
王德信
　張深之先生正北西廂祕本
王德均
　開煤要法

王德興
　王德興詩
王儔
　韓昌黎集（韓文、韓文公集、昌黎先生集）〔注〕
王偉
　桐山詩集、附録、續編附録
王佑
　二抄集
王僖
　句容縣志〔修〕
王勵
　廣月令
王勉時
　和唐詩鼓吹
王幼學
　資治通鑑綱目集覽
王緯
　湖山雜詠、湖海賸草
　滄園詩刪
王結
　王忠文集
25王姓
　學案〔輯〕
王仲至
　杜詩刊誤
王仲修
　五家宮詞
王仲邱
　大唐開元禮（唐開元禮、開元禮）
王伸
　晉高祖實録、晉少帝實録
王紳
　繼志齋文稿
　繼志齋集
王續
　補妬記〔編〕
　東臯子集（王績東臯子、東臯子）、附録
26王伯大
　秋浦新志
　韓文考異音釋
王俁

本草單方
王得臣
　麈史
王覃
　唐餘録
　唐餘録史
　沂公言行録
王嵎
　王季夷北海集
27王凱
　晰微補化全書、附孳善堂藥言
王修玉
　蕭遠堂詩集二刻、三刻
王象晉
　羣芳譜（二如亭羣芳譜）
　心賞編
　清寤齋心賞編
　翦桐載筆
王象之
　蜀碑記
　輿地碑目（輿地碑記目）
　輿地紀勝
　輿地圖
王象恒
　西臺奏疏
王偁
　易經
王傅
　王文肅公集
王彝
　王常宗集、補遺、續補遺
王磐
　王西樓先生樂府（西樓樂府）
　野菜譜
王叡
　炙轂子
　炙轂子雜録注解
　炙轂子詩格
王粲
　王粲集
　漢末英雄記
　英雄記抄
王繩曾
　春秋經傳類聯

王叔承
　吳越遊集、北遊編

王叔和
　王氏脈經
　傷寒論
　傷寒論注解
　難經真本説約、附金蘭論指南
　　集〔輯〕
　脈訣（王叔和脈訣）
　脈訣機要
　脈經、附脈影圖説
　金匱要略〔集〕

王叔英
　王靜學先生文集（靜學先生文
　　集）

王叔杲
　玉介園存稿、附録

王穉登
　王百穀詩文稿
　王百穀集
　王百穀先生南有堂集
　吳郡丹青志
　吳社編

王紹珪
　古今孝悌録

王紹徽
　東林點將録

28王以旂
　王襄公集
　漕河奏議〔輯〕

王以寧
　王周士詞
　四家詞

王徵
　奇器圖説、諸器圖説〔譯〕
　泰西奇器圖説

王復禮
　三子定論
　武夷九曲志
　聖賢儒史
　家禮辨定〔輯〕

王從善
　鳳林先生文集、詩集

王綸

本草集要
明醫雜著

王稱
　瞻齋稿

30王塾
　墾舟園初稿、次稿
　錢幣芻言、續

王汶
　齊山稿

王寵
　雅宜山人集（雅宜集）

王寔
　傷寒證治〔編〕

王完
　邱陵學山〔輯〕

王家禎
　王少司馬奏疏（司馬奏疏）

王家屏
　王文端公尺牘、奏疏

王進之
　陰證略例

王之望
　漢濱集

王之佐
　寶印集〔編〕

王之垣
　歷仕録

王之道
　宋二家詞
　相山集
　相山居士詞

王之樞
　歷代紀事年表

王之猷
　王柏峯詩稿

王之鈇
　言行集要
　言行彙纂

王守仁
　王文成公全書（王文成公集）
　王陽明先生文録（陽明先生文
　　集）、外集、別録、傳習録
　王陽明先生文粹（陽明先生文
　　粹）

王陽明先生集要三編、年譜
王陽明先生別録（陽明先生別
　録）
平藩奏議、平蠻奏議
大學古本旁注
居夷集、附集

王安石
　唐百家詩選〔編〕
　詩義
　論語解（王介甫論語解）
　新經詩義
　王文公集佚文
　王先生文粹
　王氏雜説
　百家詩選〔輯〕
　孟子〔解〕
　羣經新説、論五經疑難新説
　　斷例
　字説
　洪範傳
　禮記要義
　考工記解
　孝經解
　孝經義
　楞嚴經解〔解〕
　四家詩選〔編〕
　四家胡笳詞
　易義（王介甫易義）
　周官新義、附考工記解
　周禮新義、附考工記解
　周禮義
　熙寧目録
　臨川詩注（王荊文公詩、王荊
　　公詩箋注、注荊公集、荊公詩
　　注、荊公集）
　臨川詩選
　臨川先生文集（王文公文集、王
　　先生荊公文集、王介甫先生
　　文集、王介甫臨川集、臨川先
　　生文集）
　臨川先生文粹
　鐘山日録
　半山詞

王安澧

王魏公集

王安中
初寮詞
初寮集、後集、內外制

王安國
王校理集

王寅
思遠筆錄

王宏誨
天池草

王寰洽
赤城集
懶園漫稿

王定保
唐摭言(摭言)

王寅
十岳山人詩集

王穉
虎邱山志、文、詩
光菴文集(王光菴集)、附錄、吳
中古蹟詩

王寶仁
王奉常年譜〔編〕

王寶甫
西廂記

王宗元
泉齋簡端錄〔編〕

王宗傳
易傳(童谿王先生易傳)

王宗稷
東坡年譜

王宗沐
王先生文集
續資治通鑑
海運詳考〔輯〕
海運志〔輯〕

王宗道
切韻指玄論

王宗載
四夷館考

王宷
岷山百境集

王寂
遼東行部志

拙軒集(王氏拙軒集)

31王涇
大唐郊祀錄

王涯
說玄(王涯說元五篇、太玄說
玄)
王涯集

王灝
說尤

王源魯
王源魯先生遺稿

王福田
竹里秦漢區當文存〔編〕

王禎
農書(王氏農書)
農桑通訣、農器圖譜

32王兆雲
說圃識餘
皇明詞林人物考
漱石閑談
揮麈新譚

王沂
二妙集
伊濱集

王沂孫
玉笥山人詞集

王冰
玄珠密語(元珠密語、素問六氣
玄珠密語)
靈樞經(黃帝靈樞經)〔注〕
元和紀用經
黃帝內經素問(內經素問、黃帝
內經素問靈樞經、黃帝素
問)、靈樞經、運氣論奧、黃帝
內經靈樞〔注〕
黃帝內經素問靈樞集注〔注〕
黃帝內經素問遺編(黃帝內經
素問遺篇)(注)

王業隆
王癡公忠烈考〔輯〕

33王心敬
禮記彙編
春秋原經
四書反身錄

尚書質疑

王溥
唐會要
五代會要
周世宗實錄

王黼
宣和博古圖錄(宣和博古圖、博
古圖錄)

王逌
蚓菴瑣語

王述古
易筌

34王澍
禹貢譜
集朱子讀書法
集程朱格物法
虛舟題跋、補原白鹿洞規條目
淳化祕閣法帖考正、附錄、釋文
大學本文、中庸本文、中庸全
本大學困學錄、中庸困學錄
竹雲題跋

王汝南
明季編年〔編〕
明紀編年〔補〕

王汝驤
墻東雜著

王洪
毅齋別錄

王洪緒
外科全生集

王褘
王忠文公文集
大事記續編
卮辭

王遜
蠡海集

王邁
臞軒集
臞軒先生四六

王達
天遊文集
耐軒詞
景仰撮書
筆疇

王遫
　王司業集
　西漢決疑
35王洙
　三朝經武聖略
　玉靈聚義
　玉靈聚義占卜龜經
　武經聖略
　崇文總目（宋崇文總目）
　宋史質
　地理新書
　杜工部詩集、附補遺〔注〕
　史質
　周易言象外傳
王禮
　王先生全集
王遷
　北山紀事
36王湜
　易學（王湜易學）
王澡
　瓦全居士詩詞
王昶
　春融堂集
　金石萃編
37王鴻
　橫雲山人集
王鴻儒
　凝齋集、別集
王鴻緒
　詩經傳說匯纂、序
　明史稿
王煥
　兩晉南北朝奇談
王初
　王初歌詩集
王初桐
　西域爾雅
王逸
　楚辭章句（楚詞章句、楚辭王注）、釋音〔注〕
　楚辭補注〔注〕
王通
　文中子中說（文中子、文中子中

說注、中說）
　元經薛氏傳（元經）
　中說考
王逢
　梧谿集
　易傳（王逢易傳）
王咨
　雪齋居士文集
38王洋
　車牟集
王洽
　撫浙疏草
王祚
　音韻清濁鑑
王啓
　赤城會通記
王道
　金碧古文龍虎經〔注〕
王道寧
　有懷堂集
王道焜
　王節愍公遺集、補遺
　左傳杜林合注〔編〕
王柔
　麟角集、附省題詩、補遺
40王十朋
　王先生文集（王文忠公全集）、目錄、附錄
　王先生廷策、奏議、後集
　梅谿先生文集、後集、續集、附錄
　梅谿奏議
　東坡詩集（王狀元集注分類東坡先生詩、王注蘇詩、百家注蘇詩）〔注〕
　會稽三賦
王九思
　碧山樂府、續沜東樂府
　漢陂集、續集碧山樂府
　難經（扁鵲八十一難經）〔輯〕
　難經集注〔輯〕
王大可
　國憲家猷
王大受

　近情集
王大用
　書經旨略
王太岳
　涇渠志
　青虛山房集
王士正
　粵行三志
　南海集
　長白山錄
王士元
　亢倉子（洞靈真經）〔注〕
王士俊
　河南通志
　閩家編
王士禛
　王漁洋詩評
　北歸志
　香祖筆記
　皇華紀聞
　池北偶談
　邊華泉集選、附睡足軒詩〔輯〕
　漁洋山人詩集、續集
　漁洋山人精華錄
　南來志
　古夫于亭雜錄
　古懽錄
　帶經堂集
　杜工部集五家評本〔評〕
　秦蜀驛程後記
　墨井詩抄
　國朝諡法考
　蜀道驛程記
　隴蜀餘聞
　居易錄
　分甘餘話
　精華錄
王士雄
　溫熱經緯
王士點
　元祕書監志（祕書志、祕書監志）〔編〕
　禁編
王士騏

723

日本圖略

王士驌
　中弇山人稿

王士性
　廣志繹、附雜志
　五岳遊草

王直
　王仰菴集（王抑齋集、抑菴文
　　集）

王直方
　歸叟詩話、歸叟集

王堯臣
　崇文總目（宋崇文總目）

王在晉
　三朝遼事實錄
　通漕類編〔輯〕
　越鐫
　蘭江集
　國朝山陵考
　歷代山陵考、附紀事

王肅
　周易神應六親
　百章海底眼

王希先
　皇朝方域志

王希巢
　九天生神章經〔解〕

王希明
　天文鬼料竅〔注〕
　太乙金鏡式（太乙金式鏡經）
　聿斯歌

王有慶
　泰州志

王存
　九域志

王志慶
　古儷府〔編〕

王志長
　周禮注疏刪翼〔輯〕

王志堅
　名句文身表異錄（表異錄）
　四六法海

王燾
　外臺祕要方（外臺祕要）

王嘉
　拾遺記（王子年拾遺記）

王古
　大藏聖教法寶標目（法寶標目）
　晁文元道院集要（道院集要）
　　〔編〕

王真
　道德經論兵要義述（道德經論
　　兵要義）

王樵
　方麓先生尚書日記（尚書日記）
　方麓居士集
　書帷別記
　春秋輯傳〔輯〕

王森文
　石門碑醳、附酈閣銘考

41 王楷
　荻谿集

王楨
　穀譜

42 王圻
　謚法通考
　三才圖繪（類書三才圖繪）
　續王獻通考
　稗史彙編
　洪洲類稿
　東吳水利考

王韜
　西國天學源流〔譯〕
　弢園隨筆
　春秋朔閏至日考、朔閏表、日食
　　辨正

王晳
　春秋皇綱論、明例隱括圖

43 王式丹
　樓村詩集

王城
　贛榆縣志

王越
　王襄敏集
　王太傅集

王越右
　射議

王朴

太清神鑑

王栐
　涇川志
　燕翼貽謀錄

44 王夢龍
　西銘集解

王夢白
　詩經廣大全〔輯〕

王夢吉
　濟公全傳

王夢簡
　詩格要律

王芮
　歷代蒙求

王藺
　軒山集
　軒山奏議

王蘋
　王先生文集（王蘋集、王著作
　　集）

王葆
　春秋集傳

王葆心
　蘄黃四十八砦紀事

王邁
　北山戇議

王薰
　青林雜錄

王恭
　白雲樵唱詩
　白雲樵唱集、附錄
　草澤狂歌

王懋竑
　朱子年譜、考異、附錄

王懋資
　英廟北狩錄

王孝通
　算經（緝古算經）〔撰注〕

王執中
　鍼灸資生經

王勃
　唐四傑詩集
　王子安集（王勃集）、附錄

王英

王文安公詩集、文集
　泉坡集
王英明
　曆體略
王若
　選腴
王若虚
　滹南詩話
　滹南集
　滹南先生文集（王先生文集、滹
　　南遺老集）、續編
　尚書義粹
王若冲
　北狩行錄
王著
　淳化閣帖（淳化法帖）〔編〕
王蕃
　褒善錄
王世
　名世文宗〔編〕
王世琛
　橘巢小稿
王世貞
　讀書後
　艷異編、續〔編〕
　觚不觚錄
　宋四大家外紀〔輯〕
　通鑑箋注
　嘉靖以來内閣首輔傳（嘉靖以
　　來輔臣傳、嘉靖以來首輔傳）
　古法書苑〔輯〕
　古畫苑〔輯〕
　古今法書苑〔編〕
　蘇長公外紀
　畫苑〔輯〕
　世説新語補
　藝苑卮言
　杜工部集五家評本〔評〕
　異物彙苑〔輯〕
　明異典述
　鳳洲筆記
　弇山堂別集（弇州別集）
　弇州山人續稿
　弇州山人續稿選

弇州山人四部稿、續稿
弇州史料前集、後集
王世德
　崇禎遺錄
王世懋
　二酉委談
　王奉常文集
　王奉常詩集
　窺天外乘
王世相
　醫開
王世美
　鳳洲筆苑
文芑孫
　淵雅堂編年詩稿（淵雅堂詩
　　集）、續稿、惕甫文未定稿、
　　續、外集、讀賦卮言、文外集
　淵雅堂全集、附淵雅堂明舊詩
　　抄
王冀
　心學錄
　草廬輯粹
　東石講學錄
　歷代忠義錄〔輯〕
王楚
　博古圖
王棻
　杭州府志（光緒杭州府志）〔輯〕
王權
　漢唐祕史〔輯〕
　原始祕書
　朧仙神隱
王楠
　話雨樓碑帖彙目
王棟
　野客叢書、附野老記聞
45王槃
　救荒本草
王觀
　王祕監集
　合齋集
王構
　修辭鑑衡（修辭衡鑑）〔編〕
46王觀

冠柳集
揚州芍藥譜（芍藥譜）
揚州賦、續賦
王觀國
　學林
王駕
　王駕集
王恕
　王端毅公文集、續
　王端毅公奏議
　玩易意見
王恕原
　石鐘山集
王覿
　王朋曳奏議
王柏
　詩疑
　王文憲公集
　魯齋集（魯齋遺集）
　書疑（魯齋書疑）
王相
　王介塘文略
　孝經忠經小學〔箋注〕
47王朝佐
　永嘉先哲錄〔輯〕
王朝瑿
　好我篇〔集〕
　青藜齋集
王朝榘
　唐石經考異
王翃
　萬全備急方
　握靈本草、補遺
王好古
　癍論萃英
　此事難知
　伊尹湯液仲景廣爲大法、附錄
　　皆效方
　湯液本草
　海藏老人陰證略例
　醫壘元戎
王好問
　春照齋集、詞
王毅

王縠集

王格
　少泉詩選、詩續選、文選、文續
　　選

48王增金
　堅舟圖詠〔輯〕

王乾章
　皇明百家文範（明百家文範）
　　〔編〕

王翰
　梁園寓稿
　友石山人遺稿、附錄
　槃帛集

王翰青
　東遊集、鶴野詞

王敬義
　疫癘溯源

王松年
　仙苑編珠、疑仙傳

49王梜
　春秋傳說彙纂

50王中行
　廣州圖經

王申子
　易緝說（大易緝說）

王夫子
　詩經稗疏
　詩經考異、葉韻辨、廣傳
　說文廣義
　正蒙注
　王船山遺書
　俟解、噩夢、黃書、識小錄
　永曆實錄
　家世節錄
　禮記章句
　薑齋詩文集
　莊子解、莊子通
　南窗漫記
　老子衍
　楚辭通釋
　書經稗疏
　春秋稗疏
　春秋世論、讀春秋左傳博議
　四書稗疏、考異、讀大全說

思問錄內外篇
　周易稗疏、附考異
　周易內傳、發例、大象解、外傳
　尚書引義

王夷受
　關尹子（文始真經、文始真經言
　　外經旨、祕傳關尹子言外經
　　旨、關尹子言外經旨）〔注〕

王肅
　孔子家語（家語）〔注〕

王忠孝
　王忠孝公全集

王貴學
　蘭譜（王氏蘭譜）

王素
　王文正家錄、王文正公遺事

51王振
　汴水滔天錄

王軒
　膠萊新河議略〔輯〕

52王晳
　孫子〔注〕

53王輔銘
　國初練音初集、附〔輯〕

王成泳
　賓竹小鳴稿

王冕
　釣臺新集

57王抱承
　開化志〔輯〕

王邦采
　讀書隨記、續記、剩語

王邦直
　律呂正聲

58王鏊
　王文恪公文集
　王文恪公集、名公筆記、附鶡音
　白社詩草
　震澤先生集
　震澤紀聞
　震澤長語
　守谿長語
　守谿筆記
　姑蘇志〔重修〕

春秋詞命〔輯〕

60王日高
　槐軒集

王日休
　淨土文（龍舒增廣淨土文）〔編〕
　養賢錄〔編〕

王國瑞
　扁鵲神應鍼灸
　玉龍經

王國梓
　一夢緣

王國棟
　竹樓詩抄

王思任
　弈律
　王季重文集

王思永
　嚴悟射訣

王思義
　香雪林集〔輯〕

王冕
　竹齋集、續集

王昌齡
　詩格、詩中密旨
　王昌齡集（王江寧集）
　儲王合集

王昌時
　明郡牧廉平傳〔輯〕

王曇
　煙霞萬古樓文集、詩選、仲瞿詩
　　錄、附秋紅丈室遺詩
　煙霞萬古樓詩選、詩錄

王岊
　王岊集

61王晫
　檀几叢書二集〔輯〕
　今世說

62王則巽
　王則巽詩

64王暐
　續易簡方脈論
　道山清話

66王曙
　戩斗奉使錄

王昶

全生指迷方（濟世全生方指迷集、指迷方）

67王明清

玉照新志

投轄録

揮麈後録、三録

揮麈録、餘話

王明鰲

四六叢珠彙選〔輯〕

王鳴韶

王鶴谿先生文稿

王鳴鶴

登壇必究

王鳴盛

西莊始存稿

十七史商榷

蛾術編

周禮軍賦説

尚書後案、後辨

王昭禹

周禮詳解

王昭素

易論

王路

花史左編

王嗣槐

太極圖説論

王鶚

汝南遺事

68王旼

山居要術

70王鏊

王東崖集（東崖先生集）

71王阮

義豐文集（王阮義豐文集）

王厚之

鐘鼎款識〔輯〕

王原

明食貨志

王驥德

曲律

王槩

芥子園畫傳〔輯〕

72王剛中

續成都古今集記

王所用

河内縣志（萬曆河内縣志）

王質

詩總聞

雪山集

雲韶堂紹陶録（雲韓堂紹陶録、紹陶録）

林泉結契

74王陸褆

介社詩抄、補遺

77王鳳喈

續廣事類賦〔撰注〕

王鳳翔

田亭草、詩

王覺

禮記明音

王用章

詩法源流

王同祖

學詩初稿

王周

雁湖釣叟自在吟

王朋壽

類林雜説（類林）〔編〕

王闢之

澠水燕談録（澠水燕談）

王履

醫經溯洄集

王履泰

畿輔安瀾志

王居正

論語感發

竹西集、西垣集

王居仁

劉中肅救荒録

王居中

唐論

王欣夫

曹君直舍人殘稿〔編〕

王熙

王文靖公集、附録

王又樸

易翼述信

王又槐

洗冤録集注、附檢骨圖格、作吏要言〔輯〕

大清律例全纂集成

王聞遠

孝慈堂書目〔編〕

王開澳

水滸傳注略〔補〕

王開祖

儒志編

王擧

天下大定録

王譽昌

崇禎宫詞

王艮

王心齋語録、譜餘

心齋先生全集

王巽曳

遁甲吉方直指〔輯〕

王與循

隴首集

王與之

周禮訂義

80王益之

西漢年紀

職源〔編〕

職源撮要〔編〕

漢官總録

王鎬

靈巖山紀略

無錫縣志

王令

論語解（王令論語解）

廣陵先生文集（王廣陵集）、拾遺、附録、補遺

孟子解

王無功

王無功集

王無咎

王直講集

王念孫

廣雅疏證

王弇山

畫苑補益

王毓芳
　懷寧縣志
王毓賢
　繪事備考
王義山
　稼村先生類稿、附錄
王普
　官歷刻漏圖、蓮花漏圖
王曾
　王文正公筆錄（王沂公筆錄、筆
　錄）
王曾祥
　靜便齋集
王養正
　圍城雜錄
81王鉷
　王公四六話
　雪磯詩集、附補遺
　雪磯集略
　侍女小名錄
　續清夜錄
　補侍兒小名錄
　四六話
　默記
83王鎔
　宗忠簡公遺事〔輯〕
　王猷定
　四照堂集文、詩
84王錡
　寓圃雜記
　王鑄
　四書釋義
86王錫
　嘯竹堂集
王錫爵
　王文肅公文草、奏草
王錫闡
　王曉菴遺書
　五星行度解
　大統曆法啓蒙
　曉菴雜著
　曉菴新法
　曆法表
87王欽若

翊聖保德傳
三朝國史
先天紀
真宗實錄
册府元龜〔編〕
王欽臣
　廣諷味集
　王氏談錄（王原叔談錄）
88王鑑
　禹貢山川郡邑考
王筠
　夏小正正義
王鎡
　月洞詩
　月洞吟
王簡
　疑仙傳
王符
　潛夫論
王餘佑
　五公山人集
王鈫
　讀易餘論
90王惟一
　銅人腧穴鍼灸圖經、穴腧都數
王惟儉
　史通訓故
王懷祖
　漢隸拾遺
王懷隱
　太平聖惠方〔編〕
王光魯
　元史備忘錄
王尚文
　征蠻紀略
王尚恭
　王安之集
王常
　集古印譜〔編〕
王當
　春秋
　春秋列國諸臣傳（春秋臣傳）
王炎
　雙谿文集（王雙谿集）

雙谿詞
書小傳
易筆記、總說
王炎午
　王梅邊集
　吾汶稿、附錄
王棠
　知新錄
92王懋
　遂昌縣志
　桐廬縣志
94王愼中
　王遵巖集（遵巖集）
　杜工部集五家評本〔評〕
王煒
　鴻逸堂稿
　嗒史
97王惲
　玉堂嘉話
　承華事略
　秋澗先生大全文集（王秋澗文
　集）
王灼
　碧雞漫志
　頤堂詞
　頤堂先生文集、長短句、祭文
　糖霜譜（頤堂先生糖霜譜）
99王瑩
　羣書編類故事〔輯〕

覀

00覀齋居士
　達生編

至

21至仁
　澹居稿（澹居集）

1010₈ 巫

24坐嵲逸人
　五藩橋乘
53巫咸
　三氏星經
　司天考占星通玄寶鏡

靈

10靈一
唐四僧詩
靈一集

38靈澈
唐四僧詩

44靈芝蘭若元照
永明智覺禪師
方大寶錄〔重編〕

1014₁ 聶

22聶崇義
三禮圖

24聶先
名家詞抄〔輯〕

27聶豹
雙江文集
困辨錄

聶久吾
活幼心法大全

33聶心湯
錢塘縣志

50聶夷中
聶夷中集

60聶田
祖異志

1017₇ 雪

25雪生
滇粹〔輯〕

44雪蓑漁隱
青樓集

1020₀丁

00丁度
武經總要、行軍須知
集韻（景祐集韻）〔編〕
禮部韻略（韻略、平水韻略、禮
部韻注）、貢舉條式
禮部韻略釋疑

06丁謂
丁晉公談錄（晉公談錄）
丁晉公集

祀汾陰記
封禪記
茶錄
景德會計錄
降聖記

10丁元復
片玉齋存稿

丁元吉
陸右丞蹈海錄〔輯〕

丁元薦
西山日記
先醒齋廣筆記、附炮製大成
〔輯〕
先醒齋筆記〔輯〕
尊拙堂文集、附錄

丁丙
當歸草堂八種〔輯〕

12丁副
春秋演聖統例

14丁瓚
素問抄補正

20丁秉仁
瑤華傳

丁維阜
皇朝百族譜

21丁步上
逍遙山萬壽宮志〔輯〕

22丁繼仁
半山集〔編〕

24丁德用
難經〔注〕

丁特起
靖康孤臣泣血錄（孤臣泣血
錄）、拾遺
靖康紀聞、附拾遺

丁續曾
南遊日記

25丁傳靖
滄桑豔傳奇
東林考略〔輯〕
甲乙之際宮閨錄
明事雜詠

27丁紹儀
國朝詞綜補（詞綜補）〔輯〕

丁紹基
求是齋碑跋

28丁復
檜亭集（檜亭稿）、拾遺

30丁注
丁永州集

丁賓
丁清惠公集

32丁澎
扶荔堂文集

丁業
螳臂錄

33丁泳之
管子案

37丁初園
河東君軼事〔輯〕
常熟舊志列傳目稿〔輯〕

丁鶴年
海巢集
鶴年詩集（丁鶴年詩集）、附

38丁肇亨
白門草

40丁大任
永曆紀事
入長沙記

44丁樹棠
製藥

48丁敬
武林石刻記
武林金石記

50丁奉
丁吏部文選

54丁拱辰
演礮圖說輯要、後編
演砲圖說、後編

60丁易東
大衍索隱
周易象義（易象義）

丁晏
子史粹言
淮南萬畢術〔輯〕

丁昌遂
典引輯要〔輯〕

61丁顯

諧聲譜

64 丁韙良
氣學測算
氣學入門

67 丁嗣澂
雪菴詩存

71 丁騭
丁騭奏議

丁巨
丁巨算法

77 丁履恒
形聲類篇

丁居晦
翰林壁記

80 丁養浩
西軒效唐集

88 丁銳
仁和活民書〔編〕
明刑盡心錄〔編〕

94 丁煒
問山堂詩集、文集、紫雲詞

97 丁耀亢
出劫紀略
續金瓶梅

1021₀　兀

87 兀欽仄
葬經（青烏先生葬經）〔注〕

1021₁　元

16 元璟
完玉堂詩集

17 元君
金虎鉛汞篇

21 元行沖
後魏國典

24 元結
元子、琦玕子、文編
元次山集（唐漫叟文集、漫叟文集）、拾遺、拾遺續
漫叟拾遺
篋中集

元稹
元白長慶集

元氏長慶集（元微之文集）、補遺、目錄、附錄
承旨學士院記

27 元絳
元章簡玉堂集
元氏集

30 元淮
元水鏡詩（元公詩集、水鏡元公詩集、水鏡集）
金囦吟

43 元載
唐玄宗實錄
唐肅宗實錄

44 元英宗朝官修
元典章、附新集
至治條例

47 元好問
唐詩鼓吹〔編〕
元遺山文集（遺山集）、新樂府
元遺山新樂府
元遺山詩集
元遺山集
元遺山樂府
元人十種詩集〔編〕
續夷堅志
中州集（翰苑英華中州集）〔編〕
中州樂府〔編〕

60 元國史院
羣書會元截江網

63 元默
剿賊圖記

67 元明善
龍虎山志

元照
佛制比丘六物圖

元昭旭
林屋詩集

76 元陽子
金碧上經古文龍虎傳

77 元覺
永嘉證道歌
禪宗永嘉集

元賢
禪餘集

鼓山志〔纂〕

80 元人
征緬錄
南詔詩話〔輯〕
薩真人呪棗記
東園友聞
氏族大全

1021₄　霍

42 霍韜
皇明誥制〔編〕
渭崖文集
明良集〔輯〕

84 霍鎮方
京口三山志選補、附錄

88 霍篪
都梁志

1022₇　万

23 万俟詠
大聲集

1024₇　夏

00 夏文彥
圖繪寶鑑、續編、補遺

夏文鼎
蓬萊鼓吹

夏言
夏文愍公全集
夏桂洲集（桂洲文集）
桂洲詞
賜間堂稿、附錄

03 夏誠
夏贈公遺集、廷尉公遺集

05 夏竦
夏文莊集（文莊集）
古文四聲韻（新集古文四聲韻、集古文韻、古文四聲）〔編〕

10 夏元鼎
黃帝陰符經講義（陰符經講義）

夏元吉
夏忠靖公集

夏元彬
麟傳統宗〔輯〕

14夏琳
　　閩海紀要
17夏瓈
　　清江文集、詩集
　夏子益
　　治奇疾方
22夏鼎
　　幼科鐵鏡
23夏允彝
　　禹貢古今合注幸存録
24夏德
　　衛生十全方、奇疾方
　夏休
　　周禮井田譜
27夏倪
　　遠遊堂集
　夏侯陽
　　算經(夏侯陽算經)
　夏僎
　　尚書詳解
30夏完淳
　　夏節愍全集、卷末、補遺
　　續幸存録
　　土室餘篇
　夏宏
　　聯錦續集
　夏良珮
　　葉海峯文
　夏良勝
　　中庸衍義
　　東洲初稿
　夏寅
　　備道録
40夏力恕
　　菜根精舍詩草
　夏大霖
　　屈騷心印〔輯〕
44夏樹芳
　　詞林海錯
　　冰蓮集
　　法喜志〔輯〕
　　消暍集
　　奇姓通
　　茶董

棲真志
夏蘊輝
　　夏忠靖公遺事
48夏敬渠
　　野叟曝言
64夏時
　　守黑齋遺稿
　　湖山百詠
　夏時正
　　士禮儀舉要
　　杭州府志(成化杭州府志)
76夏駉
　　交山平寇始末
90夏尚樸
　　夏東巖先生文集
　　夏東巖先生詩集
99夏燮
　　忠節吳次尾先生年譜、附遺事
　　　〔編〕
　　明通鑑、附記〔編〕

1040₀ 干

30干寶
　　搜神記

于

00于奕正
　　帝京景物略
　　天下金石志、附古今刻碑帖目
08于謙
　　于肅愍公集、附録
　　于忠肅公奏議(于公奏議、少保
　　　于公奏議)、附録
　　廷樞紀聞
　　編年遺事〔編〕
　　樞廷紀聞〔編〕
　　節菴存稿
10于石
　　于先生詩選(雪巖于先生詩選)
13于武陵
　　于武陵詩
14于琳
　　周易義參
16于琨

常州府志〔修〕
17于承祖
　　縠音集
　于子膽
　　金沙細唾
22于崇安
　　武夷新詠
27于鵠
　　于鵠集
30于濟
　　唐宋千家聯珠詩格〔編〕
　于準
　　正修齊治録
34于潰
　　于潰集
44于華玉
　　岳武穆盡忠報國傳
53于成龍
　　于山奏牘、附詩詞
　　于清端政書
60于國璧
　　鬱林州志
80于鐘元
　　花影閣秋蟀集
　　拾香草
87于欽
　　齊乘
88于敏中
　　天禄琳琅書目〔編〕
　　勦捕臨清逆匪紀略
94于慎行
　　讀史漫録、穀山筆麈
　　穀山筆麈
　　穀城山館詩集筆麈

1040₉ 平

00平慶安
　　平宋録
21平步青
　　棧明百官薄
40平堯卿
　　傷寒證類要略、玉鑑新書
61平顥

松雨軒詩集
松雨軒詩集補遺、附録

1043₀　天

08天放道人
　杏花天〔編〕
30天寧道人
　天寧公年譜、年譜別録
36天瀑山人
　佚存叢書〔輯〕
46天如
　獅子林天如和尚剩語集
　獅子林剩語、別録
55天慧
　天慧徹禪師語録

1060₀　石

00石文德
　唐朝新纂
08石敦夫
　瘦竹幽花館詩詞
　石籀子
　十先生中庸集解〔重編〕
10石玉崑
　龍圖耳録
12石延年
　石學士詩集(石曼卿歌詩集)、
　　附録
17石瑤
　熊峯文集(熊嶧先生集)
　石悆
　橘林集、後集
33石梁
　草字彙〔編〕
34石汝礪
　乾生歸一圖
40石杰
　徐州府志
44石茂良
　避戎夜話
　石孝文
　金石遺音
　石孝友
　金谷遺音

石孝隆
　琴譜
46石韞玉
　蘇州府志
　獨學廬初稿(默學廬初稿)、文、
　　詩、二稿文、詩、詞、三稿文、
　　詩、外集、附讀左卮言、漢書
　　刊誤、年譜
47石朝英
　左傳約説、百論
50石申
　三氏星經
　甘石星經
　星經
　星學
80石介
　先朝政範〔編〕
　徂徠文集(石徂徠集、石守道
　　集)
　周易(徂徠先生周易)〔注〕
　周易解義
　石公弼
　臺省因話録
　相臺雜著
　石公輔
　古文章〔編〕
90石光霽
　春秋鉤元

西

00西方子
　明堂灸經(明堂鍼灸經)
24西特魯夢麟
　太谷山堂集
37西湖懶道人
　剪燈小説〔口授〕
38西冷長
　韓晉公芙蓉影傳奇
　西冷氏
　殘明忠烈傳〔編〕
43西域人
　天文書
44西華真人
　羣仙珠玉集

60西園老人
　南吳舊話録〔口授〕

1060₁　吾

77吾邱衍
　晉史乘、楚史檮杌〔輯〕
　續古篆韻
　閒居録
　學古編、竹素山房詩文、大癡道
　　人詩文、錢舜舉詩
　周秦刻石釋音
　竹素山房詩集、附録

晉

80晉人
　東林十八高賢傳

1060₃　雷

22雷樂
　周易古經
35雷禮
　列卿年表
　皇明大政記(明大政記)
　內閣行實
　南京太僕寺志
37雷次宗
　豫章今古記
60雷思齊
　易筮通變
　易圖通編
77雷學淇
　夏小正經傳考、本義
　古經天象考、圖説
78雷斅
　雷公炮炙
83雷鋐
　讀書偶記〔輯〕

1062₀　可

40可真
　長松茹退
90可尚
　揀金集

1073₁ 雲

12雲水道人
　藍橋玉杵記
22雲集野史
　兩都愴見録〔編〕
40雲臺真
　易學啓蒙
44雲封山人
　鐵花仙史〔編〕
50雲中道人
　唐鍾馗平鬼傳〔編〕

1080₆ 貢

21貢師泰
　貢禮部玩齋集(貢玩齋集、玩齋集)、拾遺
34貢汝成
　三禮纂注
40貢奎
　貢文靖公雲林詩集(雲林集、貢雲林集)
44貢某
　塔爾巴哈台事宜
95貢性之
　南湖集

賈

00賈亨
　算法全能集
03賈誼
　新書(賈誼新書、賈子新書、賈太傳新書)
10賈三近
　滑耀〔編輯〕
賈至
　賈幼幾集
11賈項
　賈氏家祭禮
17賈子莊
　陷燕記
21賈步緯
　躔離引蒙、交食引蒙
22賈嵩
　華陽陶隱居傳
24賈緯
　晉高祖實録、晉少帝實録
　賈氏備史
　漢高祖實録
27賈島
　二南密旨
　賈浪仙長江集(賈島長江集、賈長江詩集、長江集)
34賈漢復
　河南通志
　陝西通志
60賈易
　河間公奏議
賈思勰
　齊民要術
賈昌朝
　羣經音辨
　國朝時令集解(國朝時令)
77賈同
　山東野録
80賈鉉
　赤壁志
賈無可
　無可集
賈公彥
　儀禮疏
　禮記疑義〔疏〕
　儀禮注疏〔疏〕
　古禮疏
　周禮疏
　周禮疑義〔疏〕
　周禮注疏〔疏〕
87賈銘
　飲食須知

1090₀ 不

30不空
　大雲輪請雨經〔譯〕
　大悲心陀羅尼經祕本〔譯〕
　表制集

1090₄ 栗

00栗應宏
　山居詩集

1111₀ 北

00北京大學
　明末農民起義史料〔編〕
北京大學研究所國學門
　順治元年內外官署奏疏〔編〕
北京大學史料室
　洪承疇章奏文冊彙輯〔編〕
27北條泰時
　御成敗式目

1111₁ 玩

44玩花主人
　燕子箋〔評〕

1111₄ 班

60班固
　白虎通(白虎通德論、白虎通義)
　白虎通疏證
　白虎通日月篇、五行篇
　漢武帝外傳(漢武外傳)
　漢武帝內傳(漢武內傳)
　漢武故事
　漢書(漢書集注、前漢書)
　漢書律曆志、天文志、五行志
　漢書食貨志
　東觀漢紀
67班昭
　女誡

1111₇ 甄

22甄鸞
　五經算術
　數術記遺(術數記遺)〔注〕
　算經(夏侯陽算經)〔注〕
　算經(張邱建算經)〔注〕
　算經(周髀算經)〔重述〕
24甄偉
　西漢通俗演義

1118₆ 項

10項玉筍

檇李往哲續編

項元琪
少岳詩集
項霦
孝經述注
16項聖謨
墨君題語〔編〕
22項鼎鉉
魏齋佚稿
26項阜謨
學易堂五筆
項穆
書法雅言
30項安世
平菴悔稿(平菴詩稿)、丙辰悔
　稿、後編、補遺
項氏家説、附録
毛詩前説
孝經説
中庸説
周禮邱乘圖説
周易玩辭
38項道民
筆道通會
42項斯
項斯集
44項夢原
讀宋史偶識
88項篤壽
今獻備遺

1121₁　麗

00麗文
麗文集

1122₇　彌

26彌伽
會解楞嚴經〔譯〕
36彌迦釋迦
萬行首楞嚴經〔譯〕

1123₂　張

00張立平
玉峯完節録

張競光
寵壽堂詩集
張彥遠
名畫獵精
法書要録(法帖要録)
歷代名畫記
張齊賢
洛陽搢紳舊聞記
張方平
玉堂集
張公樂全集、附行狀
樂全先生文集、附録
芻蕘奧論
嘉祐驛令
張方湛
忠文靖節編
張商英
三墳書(三墳、古三墳書)
張無盡集
續清涼傳
黃石公素書(素書)〔注〕
張商善
續清涼傳
張庸
全歸集
張應
歷通要覽
張應文
張應文藏書七種、附〔輯〕
張茂實清祕藏(清祕藏)
張氏藏書〔編〕
蘭譜(羅鍾齋蘭譜)
張應登
湯陰精忠廟志〔輯〕
張應昌
春秋屬辭辨例編
張庚
強恕齋文抄
強恕齋詩抄
通鑑釋地補注、糾繆
通鑑綱目釋地糾繆
通鑑綱目釋地糾繆補注
國朝畫徵録、續録
張唐英

麗情集
仁宗君臣政要〔編〕
外史檮杌
九國志〔補〕
嘉祐名臣傳
搢紳脞説
蜀川紀略、蜀檮杌
蜀檮杌、吳曦之叛
張廣
東窗集
張文龍
周易參同契解箋〔解〕
張文瑞
蕭山水利、續刻、三刻〔續〕
張文虎
儒林外史評
張文伯
祕府書林〔編〕
張文英
崇明縣志〔修〕
張文炎
玉屑齋百家論抄〔輯〕
張文燧
戰國策譚椒〔輯〕
張袞
張水南集
江陰縣志
張京度
通隱堂詩存
02張端木
錢録
張端義
貴耳集、二集、三集
03張斌
小語
張詠
乖崖先生文集(張乖崖集)、附
　録
04張麒之
韻鏡
張讀
宣室志、補遺
06張謂
長沙士風碑

08張鷟
　　龍筋鳳髓判旁注
　　龍筋鳳髓判注
　　遊仙窟
　　朝野僉載
　　朝野僉載補遺
張敦仁
　　緝古算經細草求一算術
張敦實
　　潛虛發繳論
張敦頤
　　六朝事迹編類〔編〕
　　韓文公歷官記
　　韓柳音辨
　　柳河東集（河東先生集）〔音辨〕
張說
　　張燕公集（張說之集）
　　梁四公記
張謙
　　六朝詩彙〔輯〕
張謙德
　　茶經
　　瓶花譜
10張三異
　　明史彈詞
張正
　　倦遊雜錄
張正之
　　五行類事占
張正夫
　　九經疑難〔編〕
張正見
　　張散騎詩集（張正見詩）
張玉孃
　　張大家蘭雪集（蘭雪集）
張玉書
　　張文貞公集
　　佩文韻府、拾遺
張丁
　　白石山房逸稿
張元凱
　　伐檀齋集
張元濟
　　二十四史〔編〕

張元禎
　　張東白集
　　周元公年譜
張元芳
　　順天府志〔編〕
張元幹
　　蘆川詞
　　蘆川歸來集（歸來集）
張元素
　　病機氣宜保命集
　　脈訣〔注〕
　　醫學啓源
張元成
　　嘉禾志、故事
張元忭
　　雲門志略〔編〕
　　不二齋文選
　　館閣漫錄
張雨
　　張伯雨先生集
　　虛靖真君集、句曲外史雜詩
　　貞居詞
　　貞居先生詩集（句曲外史集、句曲外史貞居先生詩集）、雜文、集外詩、外集、補遺
張爾岐
　　儀禮鄭注句讀、附監本正誤、石經正誤
　　嵩菴集
　　嵩菴閒話
　　風角書
張震
　　唐音遺響集注〔注〕
張夏
　　洛閩淵源錄
　　楊文靖公年譜
張天植
　　名儒碩論
張天錫
　　草書韻會〔編〕
張可久
　　張小山北曲聯樂府（北曲聯樂府）、外集、補遺、別集
　　張小山小令

張雲
　　咸通庚寅解圍錄
張雲璈
　　選學膠言、補遺
張雲鸞
　　五經總類〔輯〕
張雲路
　　文則〔編〕
張雲錦
　　蘭玉堂集
11張玭
　　夷齊錄〔輯〕
張預
　　十七史百將傳（百將傳）〔輯〕
張斐
　　莽蒼園文稿餘
12張登
　　張登集
　　傷寒舌鑑
張登桂
　　張廣谿學文餘集
張聯㐬
　　清聖祠志
張弘至
　　萬里志
張弘範
　　淮陽集、詩餘
張弧
　　素履子
張廷玉
　　康熙字典
　　韻府拾遺
　　子史精華
　　資治通鑑綱目三編
　　明史
　　明史天文志、五行志、曆志駢字類編
　　分類字錦
張廷棟
　　半農村舍詩選
張譽
　　太玄經解（太元解）、并發隱釋文
13张瑄

南征録

14張琦（明）

白齋竹里詩集、文略

竹里集

張琦（清）

素問釋義

15張翀

渾然子

張臻鳳

琴學心聲、附聽琴詩

16張理

易象數鉤深圖（大易象數鉤深

圖）

易象圖説内篇、外篇

張璁

保和冠服圖説

張碧

張碧歌詩集

17張丑

張米菴真蹟日録

法書名畫見聞表

清河書畫舫

清河書畫表

南陽法書表、南陽名畫表

真蹟日録

野服考

張孟

押韻

張孟敬

福州府志〔纂修〕

張羽

張來儀先生文集

張來儀靜居集（靜居集）、附録

張羽清

尊王新義

張璐

診宗三昧

千金方衍義

纘論緒論

傷寒纘論、緒論

本經逢原

醫通（張氏醫通）

張萹

寶日堂初集

遼籌、奏草、陳謡雜詠

甲乙倭變

張弼

張東海詩集（東海詩集）、文集

（東海文集）

易傳（張弼易）

易解義

張承烈

王學質疑

張子遠

爨下語

張勇

張襄壯奏疏

張習孔

雲谷卧餘、續

張君房

雲笈七籤

乘異記

潮説

日月星表

張邵

輶軒集

張翼

清賞録

18張敬

雅樂發微、補遺

19張琰

種痘新書

20張重

海門集

張位

翰林典故翰苑須知〔輯〕

四遊稿

問奇集〔輯〕

張爲

唐詩主客圖

張爲儒

蟲獲軒筆記

張喬

張喬詩集

張舜民

張芸叟雜説

浮休居士使遼録

畫墁集、補遺、奏議

畫墁録

張孚敬

諭對録、勅諭録、詩賦録

張文忠公文集（張文秉公集）

大獄録

張季霖

恩縣志

張季樗

濠梁志

張雊敬

雞冠花譜（雲鳳英譜）

張采

東漢文〔編〕

知畏堂文集、詩集

知畏堂文存、詩存

張采田

白喉證治通考

張維

曾樂軒稿

張維新

華嶽全集

21張仁澮

周易集解增釋〔輯〕

張仁熙

雪堂墨品

張能鱗

峨眉志略

儒家理要〔輯〕

張行成

翼玄（翼元）

元包數總義

皇極經世索隱

皇極經世觀物

外篇衍義

皇極通變（通變、易通變）

張行簡

人倫大統賦

張肯

夢菴詞

張虙

月令解

張倬

傷寒兼證析義

張衡

天象賦
大象賦
張師顔
　金國南遷録(南遷録、金國南遷
　　總略、金人南遷録)
張師正
　括異志(括異志纂、括異録)、後
　　志
張師禹
　禮緯含文嘉
張師愚
　宛陵羣英集〔編〕
張貞生
　庸言
張紫琳
　校經述徵
22張鼎思
　琅邪代醉編
張巖
　琴操譜、調譜
　聞靜治本論、將論
張幾
　青樓韻語廣集〔繪圖〕
張岵
　觀物外篇
張繼先
　虛靖真君詞
張綖
　張南湖集
23張參
　唐開成石經
　五經文字
張允格
　續元功垂範
張允昌
　劉氏類山〔輯〕
張獻翼
　文起堂集
　讀易韻考
　讀易紀聞
　紈綺集
張岱
　石匱藏書
　石匱書後集、附録

西湖夢尋
瑯嬛文集
古今義烈傳
陶菴夢憶
張繽
　職官記〔編〕
24張先
　張子野詞、補遺
　安陸集
張先甲
　泰興縣志
張佳胤
　張居來集
張佑
　張承吉文集
張統
　冢宰文集
25張仲璜
　廿一史彈詞注
張仲殷
　射訓
張仲遠
　月波洞中記〔傳〕
張仲深
　張子淵詩集(子淵詩集)
張仲景
　見張機
張仲炘
　湖北金石志
張純
　存愚録
26張自烈
　芑山文集
　與古人書
張伯端
　悟真刊偽集
　悟真篇集注 (張平叔悟真篇集
　　注)
　悟真篇注
　悟真篇注疏
張伯行
　正誼堂文集
　居濟一得
張伯淳

養蒙集
張嶔
　張巨山集
張和卿
　皇朝事類樞要〔編〕
張自勳
　綱目續麟、校正凡例、附録、彙
　　覽
張穆
　顧亭林先生年譜〔編〕
　閻潛邱先生年譜〔編〕
　鉄橋道人年譜〔編〕
27張勻
　玉嬌梨小傳
張佩
　名筆私抄〔輯〕
張殷
　石川集
張儗
　基經
張峋
　花譜
張綱
　張章簡華陽集(華陽集)
　尚書講義
張叔夜
　張忠文奏議
　張忠文公集
　宣和御製詩〔編〕
28張以寧
　翠屏集(張翠屏集)、至寶集
　春秋春王正月考 (春王正月
　　考)、辨疑
張作楠
　方田通法補例
　高弧細草
　交食細草
　更漏中星表
　弧角設如
　翠薇山房叢書十五種
　翠薇山房數學
　中星圖表、更漏中星表、金華晷
　　漏中星表、新測恒星圖表
　揣籥續録

揣籥小録
量倉通法
八線對數類編
八線類編
金華晷漏中星表
倉田通法續編

張從正
張子和心鏡
張子和醫書
儒門事親、直言治病百法、十形
　三療、撮要圖、附扁華訣病機
　論、法六門方、世傳神效名
　方、治法雜論

張綸
林泉隨筆

30張宣
青陽集

張宣猷
樂書內編

張淮
牡丹百詠

張濂
不感堂集抄

張淳
儀禮識誤

張寧
方洲雜言
方洲集、讀史錄
江都縣志〔編〕

張永祺
偶然遂紀略附後紀

張永祚
月食圖

張永明
張莊僖文集

張宸
平圖遺稿

張家玉
張文烈公集
張文烈公遺集、附錄
張文烈公軍中遺編
名山集

張適
張子宜詩集、文集、詩集補遺

甘白先生文集

張之象
唐詩類苑〔輯〕
唐雅
韻經〔輯〕
太史史例〔輯〕
古詩類苑〔編〕
楚騷綺語
楚範

張之洞
書目答問

張之翰
西巖集

張憲
玉笥集(張思廉玉笥集)

張守
毘陵集
毘陵公奏議

張守約
蜀記

張守節
史記〔正義〕
史記正義〔正義〕
史記律書、曆書、天官書〔正義〕
史記河渠書〔正義〕

張守初
耆山無爲天師峴泉集

張安絃
青嶼稿存

張安茂
類宮禮樂全書

張宏運
甘泉縣志〔輯〕

張宏道
皇明三元考(明三元考)、附科
　名盛事

張良
青霆經
陰符經解〔注〕

張賓
張賓詩

張實居
蕭亭詩選

張寶

泛槎圖題詠〔編〕

張宗良
喉科指掌

張宗泰
天長沿革表

32張淵
張先生貫言

張濙
庚申紀事

33張必剛
澔元

張溥
漢魏六朝百三名家集（漢魏六
　朝一百三家集)〔編〕
七錄齋文集、詩集
七錄齋近集
事類氏族大全、補〔增〕
周易注疏大全合纂

張浚
易傳(紫巖易傳、紫巖居士張浚
　易傳)

34張澍
姓韻
姓氏辨誤

張湛
列子(冲虛至德真經)〔注〕

張汝元
張太初集
修楔閣稿

張汝霖
宛雅三編〔輯〕
明經澹窩因指(澹窩因指)

張汝明
易索

張浩
演禽龍眠感化真經〔注〕

張洪〔宋〕
朱子讀書法〔編〕

張洪〔明〕
南夷書

張洪範
張淮陽詩集、附詩餘、附張平章
　詩

張祐

張處士詩集
張祐
　張祐集
張遠
　仙都紀遊集
35張津
　四明圖經（乾道四明圖經）〔編〕
張清子
　周易本義附錄集注
張禮
　遊城南記
張迪
　日本朝貢考略
36張洎
　賈氏談錄（賈公談錄）
　張師黯集
　木鐸集〔編〕
張淏
　雲谷雜記
　會稽續志
37張洵古
　五代新說
張洞玄
　玉髓真經〔輯〕
　玉髓真經後集〔輯〕
張潮
　檀几叢書二集〔輯〕
張鴻
　崑新縣合志〔修〕
張鴻翼
　夢占類考〔輯〕
張渙
　備急灸法（灸法）
　小兒醫方妙選
張凝道
　皇明三元考（明三元考）、附科
　名盛事
張次仲
　詩紀
　周易玩辭困學記
張深之
　張深之先生正北西廂祕本〔評
　正〕
張祖同

湘雨樓詩
湘雨屋詞、步深真詞、湘絃離恨
　譜
張禄
　詞林摘艷〔輯〕
38張翰
　武林怡老會詩集〔編〕
　奚囊蠹餘
　皇明疏議輯略
　臺省疏稿
　松窗夢語
張洽
　春秋集注（春秋集傳）、綱領
張遂辰
　白下編、衰晚編、蓬宅編
　湖上編
張道
　貴州通志〔編〕
　臨安旬制記、附錄
張道宗
　紀古滇說集
張道濬
　從戎始末、兵燹瑣記
39張遜白
　難遊錄
40張九韶
　理學類編（類編）〔編〕
　羣書備數
　羣書拾唾〔輯〕
張九徵
　鎮江府志
張九齡
　姓源韻譜
　曲江集（張文獻公集、張子壽文
　集、張先生文集、張曲江集）、
　附錄、千秋金鑑錄
張九成
　唐鑒
　論語解
　孟子解
　孟子傳（張子韶孟子傳）
　孝經解
　橫浦先生文集
　橫浦心傳錄

中庸説
無垢語錄、言行編遺文
無垢先生心傳錄
尚書詳説
張大亨
　春秋五禮例宗（春秋五禮例言）
　春秋通訓
張大純
　百城煙水
張大復
　梅花草堂集
　梅花草堂集筆談
　明崑山人物傳
　聞雁齋筆談
張大齡
　元羽外編
　晉列國指掌、唐藩鎮指掌
張大命
　陽春堂五傳
張士登
　三分夢全傳
張士佩
　六書賦
　六書賦音義
張壇
　東郊草堂集抄
張塤
　廿一史識餘、補遺
　竹香齋類書〔輯〕
張堯
　嘉禾百詠
張希良
　河防志〔編〕
張希元
　葬經今文〔注〕
張有
　復古編（復古篇）、附錄
張南史
　張南史集
張南莊
　何典
張存紳
　雅俗稽言〔輯〕
張存中

孟子集注通證
四書通證（四書集注通證）

張志淳
永昌二芳紀
南園漫録

張志聰
本草崇原
素問集注、靈樞集注

張志和
玄真子（元真子）
玄真子外篇（元真子外篇）
玄真子漁歌碑傳集録（元真子
漁歌碑傳集録）

張嘉胤
濬縣志

張嘉和
通紀直解

張古餘
開方補記

張奇抱
沐陽縣志

41張楷
武經小學〔編〕

張標
金剛經正文小疏

42張機
傷寒論
傷寒論集注、外篇
傷寒論注解
傷寒百證歌、傷寒發微論（傷
寒百證歌發微論）
傷寒類證
金匱玉函經
金匱要略
金匱要略方論

張櫟
桃花源集〔編〕

43張式之
明律條疏議

張載
正蒙書
西銘解義（西銘集解）
張子語録（橫渠先生語録）
張氏祭禮

孟子解
信聞記
經學理窟（張子經學理窟、橫渠
先生經學理窟）
崇文集
漁樵問對
春秋説
易説（橫渠張載易説）
尉繚子〔注〕

張栻
諸葛忠武侯傳（漢丞相諸葛忠
武侯傳）
論語説（南軒張先生論語説）
論語解（癸已論語解、南軒張宣
公論語解）
張子太極解義
孟子説（孟子詳説）
孟子解
經世紀年
通鑑論篤
南嶽倡酬集、附録
南軒語録
南軒先生文集（張南軒集）
南軒先生問答
南軒奏議
四家禮範
易説（南軒張栻易説）
晞顏録

44張萱
疑耀
彙雅前集〔編〕
內閣藏書目録〔編〕

張蠙
蜕巖詞、附録
蜕菴詩集（張蜕菴詩集）、補遺

張芹
革除備遺録（備遺録）

張夢錫
書法會編

張蒙訓
張惇物詩集、文集

張茂滋
餘生録

張茂炯

萬國演義〔編〕

張燕昌
金石契、續〔編〕

張孝祥
于湖詞
于湖先生長短句、拾遺
于湖居士文集（于湖集、張于湖
集）、附録
經義模範

張孝忠
野逸堂詞

張萬選
太平三書〔編注〕
太平山水圖畫〔編注〕

張攀
館閣續書目

張華
張司空集（張華集）
師曠禽經〔注〕
神異經〔注〕
博物志
禽經〔注〕

張英
淵鑑類函〔編〕
孝經衍義
篤素堂文集、詩集、存誠堂詩集

張著
永嘉集
翰林盛事

張芑
武昌珍逆紀略、附鄂渚紀事

張世偉
自廣齋集
周吏部紀事

張世寶
易林補遺

張世南
遊宦記聞

張世則
貂璫史鑑〔輯〕

張世賢
難經辨真
脈訣辨真、附方

張世擧

頻迦偶吟

南華摸象記

周易原意

張其淦

　明代千遺民詩詠、二編〔編〕

張萊

　京口三山志〔輯〕

45張棣

　金國志

張棟

　張可華先生疏稿

46張旭

　梅巖小稿(梅巖集)

張塤

　吉金貞石錄

　竹葉菴文集

張如錦

　綱目贅言

47張翂

　孚齋又錄

張均

　事類賦補遺〔撰注〕

張愨

　袁州孚惠廟錄〔纂〕

張聲道

　岳陽志

張朝瑞

　孔門傳道錄〔輯〕

　南國賢書、前編〔輯〕

　忠節錄〔輯〕

　明貢舉考〔輯〕

張起

　聞見錄

張栩

　彩筆情辭〔輯〕

張根

　春秋指南

　易解(吳園張先生易解、吳園先生周易解)、序論、雜説泰論

　周易解

張椒

　經義模範

50張中安

　鼓吹續音〔編〕

張泰

　滄洲集

張泰階

　寶繪錄〔輯〕

張惠言

　周易虞氏消息

張書紳

　西遊記

張春谿

　徽縣志

張春帆

　九尾龜十二集

張表臣

　珊瑚鈎詩話

張耒

　蔕説

　張文潛文集(張右史大全集)

　張太史明道雜志(明道雜志)

　宛丘集、補遺、年譜

　治風方

　柯山集

　蘇門六君子集

張東之

　彈棊經

51張振先

　岳陽紀勝彙編〔輯〕

張振淵

　周易説統

52張揆

　太玄淵旨

53張輔之

　司空奏議

張蠙

　張蠙詩集

張戒

　歲寒堂詩話

　楞伽經〔集注〕

55張耕

　張居士文集

　渌江志

56張揖

　廣雅

　埤倉集本附廣倉

　博雅

張輯

　東澤綺語

　典雅詞十種

57張邦彥

　兀涯西漢書議〔輯〕

張邦畿

　侍兒小名録拾遺

張邦基

　墨莊漫録

張擬

　玄玄棋經

58張掄

　紹興內府古器評蓮社詞

60張星

　顏子繹

張星曜

　通鑑紀事本末補後編

張昱

　可閒老人集

　張光弼詩集

張國維

　張忠敏公遺集

　吳中水利全書

　撫吳疏草

張國祥

　漢天師世家

張國均

　新吳志

張冕

　春秋至朔通考

張昶

　吳中人物志

張思閔

　兩閒書屋集唐詩

張甲

　浸銅要略

張昌宗

　三教珠英

張固

　幽閒鼓吹

張果

　通元先生五星論、元妙經解

張景

　張晦之集

疑獄集〔續〕

張景江
　恒星餘論

64張時徹
　皇明文範〔編〕
　急救良方〔編〕
　寧波府志（嘉靖寧波府志）
　芝園外集
　芝園定集、別集、奏議、公移
　攝生眾妙方〔編〕
　四明風雅〔輯〕
　善行錄〔輯〕

張時泰
　續資治通鑑綱目廣義
　實瀕齋集

張時舉
　弟子職等五書〔輯〕
　小學五書〔輯〕

張暐
　大金集禮（金集禮）

65張畊
　古韻發明、附切字肆考

張映斗
　秋水齋詩集

66張暘
　武林志餘〔輯〕

67張曜孫
　產孕集

張明弼
　螢芝集、禪粟秣

張鳴珂
　寒松閣談藝瑣錄
　寒松閣題跋
　寒松閣全集

張鳴鳳
　桂故
　桂勝

張昭
　晉太康平吳記

張昭遠
　後唐廢帝實錄
　後唐莊宗實錄
　後唐明宗實錄
　漢隱帝實錄

周太祖實錄

張照
　天瓶齋書畫題跋

68張晦之
　洪範

70張璧
　陽峯家藏集

71張原
　玉坡奏議
　張先生黃花集（黃花集）

張滙
　金國節要

72張所望
　閱耕餘錄

張岳
　天時占驗
　小山類稿

77張邱建
　算經（張邱建算經）

張鳳翼
　文選纂注
　紅拂記
　樞政錄
　張伐陵集
　撫畿疏草

張用天
　嬾真初集詩選

張用鼎
　藏海居士集

張同敞
　張忠烈公遺集（張別山遺稿）、
　　附浩氣吟

張陶
　溫經日用錄

張鵬翮
　教行錄〔輯〕
　張公奏議〔編〕
　信陽子卓錄
　忠武誌
　奉使俄羅斯日記

張履祥
　訓子語
　經正錄〔編〕
　楊園全書

農書〔補〕

張居正
　帝鑑圖說
　張太岳集
　通鑑真解
　四書（經筵進講四書）〔編〕

張又新
　煎茶水記

張學
　水道直指

張學禮
　使琉球記

張學舉
　南坪詩抄

張丹
　張秦亭集詩、賦

張問之
　造甎圖說

張問達
　易經辨疑

張問陶
　船山詩選（船山詩草）

張卿雲
　類腋人部、物部

80張全
　張三豐先生全集

張金吾
　愛日精廬文抄
　愛日精廬藏書志、續
　愛日精廬書目十七史經說〔輯〕

張鉉
　金陵新志（至正金陵新志、至正
　　金陵志、至大金陵新志、金陵
　　志）〔輯〕

張介侯
　養素堂文集金石跋尾

張介賓
　景岳全書
　類經、圖翼、附翼

張俞
　白雲集

張美和
　元史節要〔編〕

張合

宙載
　臺閣名言
張含
　張愈光詩文選
　艱征集
張含章
　西遊正旨
張公庠
　五家宮詞
張養浩
　三事忠告
　張文忠公文集（雲莊歸田類稿、
　　雲莊類稿、張文忠公雲莊歸
　　田類稿、歸田類稿）、附錄
　張文忠公休居自適小樂府
　爲政忠告
　牧民忠告、經進風憲忠告、廟堂
　　忠告
81張敍
　詩貫
　易貫
張鋙
　金文最〔編〕
83張鐵華
　西泠鴻爪
84張銑
　文選（昭明文選）〔注〕
張鑄六
　臺灣開創鄭成功〔譯〕
85張鈇
　效外農談
張鍵
　竹韻軒四詩
86張錫嶷
　吾友于齋詩抄
張錫駒
　傷寒論直解、附錄
張鐸
　湖洲府志〔修〕
張知甫
　張氏可書（可書）
88張銳
　雞峯備急方
張銓

國史紀聞
張鑑
　雷塘菴主弟子記〔編〕
張鑅
　玉照堂詞
　皇朝仕學規範（仕學規範）〔編〕
　南湖集
張簡
　孟子〔注〕
張簡松
　簡松草堂文稿
張籌
　宗藩昭鑒錄〔輯〕
張籍
　張司業詩集（張文昌文集、張籍
　　詩集）、附錄
90張小山
　平金川全傳
張懷瓘
　六體論
　藥石論
　書斷
張懷溥
　唐宋四家詩抄〔輯〕
張光啓
　資治通鑑節要續編
張光大
　活民書拾遺
　救荒活民類要
　救荒活民補遺書〔增〕
　救荒活民書拾遺、增補〔增〕
張光孝
　西濱大河志
張炎
　詞源
　張玉田詞（玉田詞）
　山中白雲詞
91張恆
　襄陽郡志〔編〕
　襄陽志（天順襄陽志）〔編〕
　因明子
92張愷
　常州府志續集（正德常州府志
　　續集）

93張怡
　謏聞隨筆〔輯〕
　白雲道者自述
96張煌言
　北征紀略
　張蒼水詩文集
　張蒼水全集（張忠烈公全集）、
　　附錄題詠、人物考略、附略補
98張愉曾
　十六國年表
張燧
　千百年眼
張攽
　舞志
99張燮
　霏雲居續集
　羣玉樓集
　七十二家集〔輯〕
　東西洋考
　味經書屋詩稿
張榮
　崇川節孝錄
　空明子初集、繼集、後集、餘集、
　　附允諧年譜

1140₀ 斐

00斐庚
　唐賢絕句三體詩法〔注〕
44斐棻軒
　詞林韻釋

1173₂ 裴

00裴庭裕
　東觀奏記
裴度
　裴晉公集
08裴說
　裴說集
30裴良
　十二先生詩宗集韻（集韻）
44裴孝源
　貞觀公私畫史
46裴垍
　唐德宗實錄

48裴松之
　三國志注補〔注〕

70裴璧
　越南詩選〔編〕

76裴駰
　史記〔集解〕
　史記集解〔集解〕
　史記集解索隱〔集解〕
　史記律書、曆書、天官書〔集解〕
　史記河渠書〔集解〕

82裴鉶
　傳奇

1190₀ 棐

27棐叔猁
　集古目錄

1212₇ 瑞

90瑞光
　錦囊集

1220₀ 列

27列禦寇
　列子（冲虛至德真經）

1223₀ 弘

20弘皎
　菊譜

30弘濟
　黃山志

64弘曉
　平山冷燕

71弘歷
　見清高宗

1240₀ 刑

44刑幕
　大清律例刑案統纂集成〔彙纂〕

1240₁ 延

10延一
　廣清涼傳〔編〕

40延壽
　宗鏡錄

　宗鏡錄節要
　心賦

74延陵居士
　傷寒論集注〔注〕
　金匱要略繹注〔注〕

1241₀ 孔

00孔齊
　靜齋至正直記

孔廣牧
　禮記天算釋

孔廣森
　㝡軒孔氏所著書
　經學卮言
　幼額傳奇三種儀鄭堂文集
　禮記補注（大戴禮補注）〔補注〕
　禮學卮言
　公羊春秋經傳通義、叙

孔廣林
　北海經學七錄

孔文仲
　三孔先生清江文集

10孔元措
　孔氏祖庭廣記

孔平仲
　談苑（孔子談苑）
　三孔先生清江文集
　珩璜新論、洛陽搢紳舊聞記
　孔毅公文集、雜說
　孔毅公詩戲
　孔平仲雜說（孔氏雜說）
　續世說（續世說新語）〔輯〕

孔天允
　孔文谷集、續集、詩集、霞海篇

12孔延之
　會稽掇英續集〔編〕
　會稽掇英總集〔編〕

13孔武仲
　三孔先生清江文集
　孔氏雜記
　芍藥圖序

15孔融
　孔北海集、附錄

20孔稚珪

孔稚珪集

21孔貞叢
　闕里志

孔穎達
　詩經注疏〔疏〕
　毛詩正義（毛詩注疏）〔疏〕
　禮記注疏（禮記正義）〔疏〕
　禮記單疏
　書經注疏
　春秋左傳注疏（春秋正義、春秋左傳正義）〔疏〕
　周易正義（周易注流、周易兼義）〔正義〕
　尚書正義〔疏〕

22孔繼涵
　算經十書十種附二種〔編〕

23孔允植
　宗聖志〔輯〕
　闕里志〔輯〕

24孔鮒
　孔叢子
　小爾雅

25孔傳
　唐宋白孔六帖（六帖、白孔六帖）
　孔子編年
　孔氏六帖
　後六帖
　東家雜記

27孔伋
　子思子

30孔安國
　孝經〔傳〕
　孝經孔氏傳
　尚書（尚書孔傳、尚書孔氏傳尚書注）、尚書注〔傳〕
　尚書正義（尚書注疏）〔傳〕

孔宗翰
　闕里世系

38孔道
　孔中丞句圖

40孔克齊
　至正直記

孔克學

江陵百詠詩
60孔晁
　逸周書(汲冢周書)〔注〕
64孔時
　藏密齋集
80孔毓圻
　幸魯盛典
90孔尚任
　桃花扇傳奇
　長留集
孔尚質
　十六國年表〔輯〕

1249₃　孫

00孫高亮
　于少保萃忠全傳
孫應鼇
　莊義要刪
　易談
　學孔精舍詩抄
孫應符
　幼學須知
　歷代帝王纂要譜括
孫文胤
　丹臺玉案
孫交
　國史補遺
孫奕
　九經直音(明排字九經直音)
　履齋示兒編(示兒編)
06孫謂
　洪範會傳
09孔麟趾
　孫清瑞詞集十一種
10孫一元
　孫太初集
　太白山人漫稿、補遺、附錄
孫一奎
　赤水玄珠(生生子赤水元珠、赤
　水元錄)〔輯〕
　醫旨緒餘
　醫案
孫璽
　峯谿集、外集、附錄

孫丕顯
　燕閒四適
孫元化
　幾何體論
　幾何用法
孫元楷
　祖庭廣記〔編〕
孫爾桂
　忠節錄〔輯〕
孫天祐
　石岡集
孫吾與
　韻會定正
孫雲翼
　橘山四六〔注〕
　四六標準〔注〕
12孫瑀
　歲寒集、附錄
13孫武
　孫子(武經節要孫子兵法)
　孫子注
　算經(孫子算經)
孫琮
　山曉閣詩
14孫珪
　集馬相書
17孫承宗
　高陽集
　二十五忠詩
　孫文正公續集
　車營圖制、車營百八、叩
孫承澤
　庚子銷夏記
　詩經朱傳翼
　元朝典故編年考
　天府廣記
　畿輔人物志
　山書〔輯〕
　九州山水考
　考正晚年定論
　春秋程傳補
　春明夢餘錄
　典制紀略
　蜀漢三國始末

聞者軒帖考
18孫致彌
　杕左堂詩集、詞、續集
20孫季邕
　會元經
孫維龍
　黟縣志
孫維榕
　嘉善孫氏殉難記
孫乍
　西嶽華山神祠事錄
21孫能傳
　諡法纂
　益智篇〔輯〕
　剡谿漫筆
孫何
　孫漢公集
孫經世
　經傳釋詞續編
孫綽
　孫子〔注〕
22孫鼎
　詩義集説〔編〕
孫繼皋
　孫宗伯集
23孫允中
　雲中紀變
孫允賢
　醫方大成(經驗醫方大成、南北
　經驗醫方大成)〔編〕
孫岱
　歸震川先生年譜
24孫僅
　甘棠集
孫德威
　二十一史彈詞注〔注〕
孫德輿
　衡州圖經
孫偉
　清江二家詩
孫升
　孫公談圃、補遺
孫緯
　集諡總錄

孫緒
　　沙谿集
25孫仲昱
　　平陽志(洪武平陽志)
　孫傳庭
　　孫忠靖公全集
　　監勞録(鑒勞録)〔輯〕
27孫旬
　　皇明疏抄
　孫紹遠
　　大衍方
　　聲畫集
28孫作
　　滄螺集
　孫復
　　孫明復小集、附録
　　春秋尊王發微
　孫從添
　　藏書紀要
　　春秋左傳類求
30孫宜
　　洄言
　孫家振
　　海上繁華夢初集、二集、後集
　孫之騄
　　二申野録
　　南漳子
　　考定竹書〔輯〕
　　枝語
　　松源經説
　　晴川蟹録(蟹録)、後蟹録
31孫沚亭
　　漢史億
　孫沔
　　曲水集
　孫馮翼
　　淮南子注、附淮南畢萬術〔輯〕
　　神農本草經(本草經)〔輯〕
　　問經堂叢書〔編〕
32孫淵如
　　文子(通玄真經、通元真經)
　　京畿金石考
　　孫子注〔注〕
　孫兆

鷄峯普濟方
33孫治
　　孫宇臺集
34孫汝聽
　　三蘇年表
　　蘇穎濱年譜〔編〕
　孫汝忠
　　金丹真傳
35孫洙
　　孫賢良進卷
　孫禮煜
　　説文解字彙纂條例〔輯〕
37孫祖義
　　高郵志、續修
　孫過庭
　　書譜
　孫退谷
　　元朝人物略〔輯〕
　　朱子晚年定論
　孫逢古
　　準齋心製几漏圖式
　　職官分紀
38孫棨
　　孫内翰北里志(北里志)
　孫道易
　　東園客談、廣客談
39孫逖
　　孫集賢集
40孫爽
　　容菴詩集
　孫奭
　　孟子音義
　　孟子注疏解經(孟子正義、孟子注疏)〔疏〕
　　律文、音義
　孫士毅
　　百一山房詩集
　孫克宏
　　古今石刻碑目〔輯〕
　孫存吾
　　皇元朝野詩集〔編〕
　孫志祖
　　文選考異
　　讀書脞録、續編

孫嘉淦
　　孫文定奏疏、附
　孫奇逢
　　讀易大旨
　　理學宗傳
　　乙丙紀事
　　歲寒居答問
　　徵君孫夏峯先生年譜(徵君孫先生年譜)
　　中州人物考
　孫七政
　　松韻堂集
　孫樵
　　三唐人集
　　孫可之文集(孫職方集、孫樵集)
　　孫樵經緯集(經緯集)
41孫槙
　　金石評考、印譜釋考、江漘迂談、遺稿
44孫堪
　　孫孝子集
　　忠烈編〔輯〕
　孫夢逵
　　周易讀巽挨方
　孫夢觀
　　雪窗文集、附録
　孫懋
　　孫毅菴奏議
　孫芭
　　關帝文獻會要〔編〕
　孫蕡
　　西菴集
45孫樓
　　孫百川集
46孫旭
　　平吳録
　孫坦
　　周易析薀
　孫覿
　　孫尚書大全集(孫神益大全集、孫尚書文集)
　　孫尚書内簡尺牘編注(内簡尺牘)

鴻慶居士集

47孫穀
故微書〔輯〕

50孫抃
孫文懿集
經緯集

孫泰來
孫氏醫案

孫本
孝經說、孝經釋疑

53孫甫
唐史論斷
唐史要論

58孫鰲
松菊堂集

60孫日用
孫民仲享義

孫星衍
廉石居藏書志摘要
平津館叢書四十二種〔校著〕
孔子集語
孫氏祠堂書目内編、外編
孫氏書目内編
續古文苑
魏三體石經考〔輯〕
寰宇訪碑録〔編〕
漢官、漢官解詁、漢舊義、補遺、漢官儀、漢官典職儀式選用、漢儀〔輯〕
漢禮器制度〔輯〕
神農本草經(本草經)〔輯〕
芳茂山人詩録、附長離閣集
黄帝五書〔校〕
泰山石刻記
晏子春秋音義
明堂考
尸子〔輯〕
周易集傳
問字堂集、岱南閣集、嘉穀堂集、五松園文稿、平津館文稿
尚書馬鄭注、尚書逸文〔補〕
尚書今古文注疏

孫晟
孫晟文集

孫思邈
孫真人海上方(海上方、海上仙方)
千金要方(孫真人千金要方、千金方、備急千金要方)、考異、目録
千金翼方
千金月令
幽傳福善論
銀海精微

63孫默
十六家詞〔輯〕

67孫明復
睢陽小集

孫明來
孫氏醫案

孫昭
詩法拾英

71孫原理
元音〔編〕

孫原湘
天真閣集

72孫陞
孫文恪公集

孫氏
吳興詩

孫岳頒
佩文齋書畫譜

77孫覺
孫莘老奏議
春秋經解
春秋經社要義(春秋經社)
尚書解

孫用和
孫氏傳家秘寶方
傳家秘寶脈證口訣（脈證口訣并方）

孫同元
永嘉聞見録〔輯〕
弟子職

孫巽
夏國樞要

80孫鑛
書畫跋跋、續居業次編

82孫鍾瑞
聖學大成、補遺〔輯〕

84孫錤
蜀破鏡

87孫銀槎
曝書亭集箋注〔注〕

孫郃
元英先生家集
孫郃文纂

88孫銳
孫耕閒集

孫簡
粤遊雜記

孫範
春秋左傳分國紀事

90孫惟信
廬阜紀遊
花翁詞
花翁集

孫光烈
大清律例全纂集成

孫光憲
北夢瑣言
孫光憲鞏湖編玩
續通曆
蠶書

孫光祖
印則

孫尚
孫尚祕寶

孫尚綱
南吳舊話録〔補撰〕

91孫恒
唐韻

94孫慎行
玄晏齋文集、奏議
元晏齋困思抄
事編〔輯〕
思卹諸公志略
周易古本

97孫耀
音韻正譌

98孫炌
華黍莊詩

1314₀　武

10武三思
　珠英學士集

武元衡
　武元衡臨淮集（武元衡集、臨淮集）

武平先生
　靈臺三十六歌

11武甄
　景龍文館記

14武珪
　燕北雜録、西征寨地圖

20武億
　金石跋、二跋、三跋

30武之望
　濟陰綱目

武密
　古今通占

67武曌
　見唐則天后

74武陵逸史
　杜工部草堂詩餘（草堂詩餘）〔編〕

1420₀　耐

26耐得翁
　都城紀勝

1519₆　疎

10疎石
　夢中問答集

1610₄　聖

24聖德太子
　三經義疏

1623₆　強

10強至
　強祠部集（祠部集）
　考德集〔纂〕
　韓忠獻王遺事（韓忠獻公遺事、忠獻韓魏王遺事）〔編〕

25強健

痘證寶筏
傷寒直指

60強晟
　羅川彩雪詩

1660₁　碧

44碧荷館主人
　新紀元〔編〕
　黃金世界

1661₄　醒

44醒世居士
　八段錦〔編〕

1710₇　孟

00孟文起
　文肅公日記

07孟郊
　孟東野集

10孟元老
　東京夢華録（幽蘭居士東京夢華録、夢華録）

14孟琪
　蒙韃備録

20孟喬芳
　孟忠毅公奏議

22孟繼孔
　幼幼集

孟稱舜
　孟叔子史發
　柳枝集〔編〕

27孟紹伊
　徐匡嶽先生答語摘要〔輯〕

30孟賓于
　孟賓于集

孟宗寶
　洞霄詩集〔編〕

34孟浩然
　孟浩然集（孟襄陽集）

37孟渾
　孟有涯集

孟遲
　孟遲詩

38孟柴

本事詩

40孟奎
　刑統賦解（刑統賦注）〔解〕

孟森
　科場案
　奏銷案

47孟毅
　突星閣詩抄

48孟散梁
　歷代序略

51孟軻
　孟子（孟子注、孟子趙注）

76孟陽
　耦耕堂存稿

77孟貫
　孟貫詩集

80孟毓蘭
　寶應縣志

84孟銑
　孟氏家祭禮

1712₇　耶

25耶律純
　星命總括

耶律楚材
　湛然居士文集

耶律鑄
　雙谿醉飲集（雙谿醉隱集）

鄧

00鄧文憲
　律吕解注

鄧文原
　鄧先生文集
　巴西文集、素履齋稿

10鄧玉函
　測天約説〔譯〕
　遠西奇器圖説録
　奇器圖説、諸器圖説〔口授〕
　泰西人身説概（人身説概）

鄧元
　漫堂集

鄧元錫
　詩經繹

三禮編繹
三禮繹
函史上編、下編
皇明書
潘谷集
春秋通
易經繹
尚書繹
鄧雲霄
百花洲集
衡岳志
13鄧球
閒適劇談
22鄧繼祖
茅齋集
23鄧綰
馭臣鑒古
24鄧仕明
錦堂春曉翰林查對天下萬民便
覽〔編〕
25鄧紳
大隱居士集
26鄧自和
道藏書目
鄧伯羔
藝縠
今易詮
27鄧凱
求野錄
也是錄
鄧名世
古今姓氏書辨證
28鄧以讚
定宇文集
鄧牧
伯牙琴
洞霄圖志〔編〕
大滌洞天記
30鄧淮
鹿城書院集
34鄧漢儀
詩觀初集、二集、三集、閨秀別
集〔評選〕
鄧志謨

晉代許旌陽得道擒蛟鐵樹記
飛劍記
呪棗記
鄧嘉猷
西南備邊志
鄧來鸞
春秋實錄
42鄧析
鄧析子
44鄧苑
一草亭目科全書、附薛氏選方
鄧林
鄧先生遺稿
皇苓曲
退菴遺稿
45鄧椿
畫繼
50鄧丈
白香亭詩
鄧肅
栟櫚先生文集
鄧忠臣
玉池先生文集
同文館唱和詩
70鄧雅
玉笥集（鄧伯言玉笥集）
82鄧鍾
安南圖志
84鄧錡
道德真經三解

1716₄　珞

17珞琭子
三命指迷賦

1720₇　了

50了惠
黑谷上人語證錄〔編〕

1721₄　翟

31翟灝
無不宜齋稿
34翟汝文
忠惠集（翟忠惠集）、附錄

40翟校原
練音集補〔輯〕
44翟耆年
籀史
47翟均廉
易傳辨異
60翟思忠
魏鄭公諫續錄
80翟金生
泥版試印初編

1722₇　務

53務成子
黃庭內景經、外景經〔注〕

鄘

11鄘琥采
彤管遺編前後集
38鄘道元
水經注
水經注箋

鶡

21鶡熊
鶡子
鶡子注

1740₇　子

00子文
佛果圜悟真覺禪師心要〔編〕
11子璿
首楞嚴義疏注經〔集〕
40子真
一山國師妙慈弘濟大師語錄
〔編〕
47子起
家宴集
53子成
析疑論

1742₇　邢

10邢雲路
古今律曆考〔輯〕
戊申立春考證

749

14邢璹
　周易正義略例疏
　周易集解略例〔注〕
　周易略例、義例、集解〔注〕
27邢凱
　坦齋通編
邢侗
　來禽館集
30邢準
　玉篇〔編〕
邢良孛
　百菊集譜補遺
34邢澍
　寰宇訪碑錄〔編〕
60邢昉
　邢石臼前集、後集(石臼前集、
　　後集)
邢昺
　論語正義〔疏〕
　爾雅疏、釋文
　爾雅注疏〔疏〕
　孝經正義(孝經注疏)〔疏〕
77邢居實
　呻吟集

1750₆　鞏

18鞏珍
　西洋番國志
55鞏豐
　東平集

1750₇　尹

00尹商
　闕外春秋〔輯〕
尹文
　尹文子
10尹一勺
　地理四祕全書十二種
12尹廷高
　玉井樵唱
22尹繼善
　尹文端公詩集
27尹紹烈
　蠶桑輯要合編〔輯〕

30尹守衡
　皇明史竊
31尹源
　尹子漸集
　河內先生文集
尹源進
　元功垂範
35尹洙
　五代春秋
　尹師魯河南集(河南先生文集、
　　尹先生文集、尹河南集)、附錄
　象棊經
　書判
40尹直
　名相贊
　謇齋瑣綴錄
　南宋名臣言行錄〔輯〕
尹喜
　關尹子(文始真經、文始真經言
　　外經旨、祕傳關尹子言外經
　　旨、關尹子言外經旨)
47尹起莘
　綱目發明
60尹國均
　古今前定錄〔輯〕
65尹畊
　塞語
90尹焞
　論語解(尹氏論語解)
　論語義
　孟子解
　尹和靖集(尹先生文集、和靖
　　集)、附集、附錄

1752₇　那

00那彥成
　阿文成公年譜

1760₂　習

37習鑿齒
　襄陽耆舊記

1762₀　司

24司徒棟

凌犯新術
30司空曙
　司空文明集
司空圖
　詩品
　司空表聖文集（一鳴集、司空
　　表聖--鳴集、司空圖一鳴集）
55司農司
　農桑輯要
60司星子韋
　宋司星子韋書
71司馬康
　資治通鑑釋文(通鑑釋文)
司馬承禎
　天隱子(天隱子養生書)
　坐忘論
司馬子微
　上清天地宮府圖經
司馬穰苴
　司馬法(司馬法集解)
司馬貞
　史記〔索隱〕
　史記集解索隱〔索隱〕
　史記律書、曆書、天官書〔索隱〕
　史記河渠書〔索隱〕
　史記索隱〔索隱〕
司馬彪
　後漢志
　九州春秋
　莊子注、附莊子注考逸
司馬遷
　史記
　史記正義
　史記集解
　史記集解索隱
　史記律書、曆書、天官書
　史記河渠書
　史記大全
　史記索隱
司馬橚
　司馬才仲夏陽集
司馬札
　司馬先輩集(司馬札詩集)
司馬槱

逸堂集

司馬田疇
　聲律要訣

司馬光
　六子全書〔注〕
　說玄
　百官公卿表
　司馬文正公傳家集、司馬公文集、傳家集、溫國文正公文集）
　司馬文正公集
　略文集、詩集
　司馬文正公全集（司馬溫公全集）
　司馬溫公詩話
　司馬公居家雜儀（居家雜儀）
　稽古録
　續詩話
　疑孟（疑孟子）
　家範
　官制、學制
　潛虛
　涑水紀聞
　溫公紀聞
　溫公微言（微言）
　溫公七國象碁
　溫公投壺新格
　溫公日記
　洛遊子
　通鑑釋例
　通鑑舉要歷
　通鑑前例、修書帖、三十六條四圖
　資治通鑑（通鑑）、續編、通鑑辨談
　資治通鑑考異（通鑑考異）
　資治通鑑目録（通鑑目録）
　太玄經集注（太元集注）〔集注〕
　孝經注解〔解〕
　孝經指解
　老子道德論述要（溫公道德論述要）
　切韻指掌圖
　中庸大學廣義史剡

書儀（司馬溫公書儀、溫公書儀）
　揚子法言（法言、揚子）〔注〕
　易說（溫公司馬光易說）
　累代歷年
　類篇

80司毓驊
　明司石磐先生事輯〔輯〕

1762₇　邵

00邵亨貞
　蛾術詩選、詞選
　野處集
　邵雍
　皇極經世衍數前集
　皇極經世觀物篇解
　皇極經世書（邵康節皇極經世）、觀物篇、叙篇系述
　皇極經世書卦元元集
　伊川擊壤集（擊壤集）
　漁樵問對
　大定易數
　声物數

06邵謁
　邵謁集

10邵正魁
　續列女傳〔輯〕
　邵平軒
　玉靈照膽經
　邵晉涵
　爾雅正義
　皇朝大臣謚迹録〔編〕
　南江文抄、詩抄
　舊五代史考異

12邵廷采
　東南紀事、西南紀事
　明遺民所知傳

14邵瑛
　劉炫規杜持平
　邵璜
　禹貢通解

15邵建章
　咫聞録

21邵經邦
　宏藝録

23邵弁
　詩序解頤
　邵氏經學

24邵德顯
　耐亭自娛集

26邵伯溫
　褒德集
　邵氏辨誣
　邵氏聞見録（聞見録）
　卦圖系述
　易學辨惑

28邵以發
　交山平寇詳文、書牘
　邵復孺
　蛾術詩選（蛾術詩遺）
　蛾術詞選

30邵寶
　經史全書
　容春堂全集
　容春堂前集、後集、繼集、別集
　對客燕談
　漕政舉要
　左觿
　史學
　學史
　簡端録

33邵溥
　邵氏集

34邵浩
　坡門酬唱〔編〕
　邵遠平
　元史類編
　續宏簡録

40邵圭潔
　北虞先生遺文
　邵古
　周易解（邵古周易解）

43邵博
　邵氏聞見後録（聞見後録）

44邵萇蘅
　見邵長蘅
　邵桂子
　邵氏世譜

47邵懿辰

邵蕙西遺文
禮經通論
明季國初進士履歷跋後
忱行錄
50邵泰衢
檀弓疑問
史記疑問
53邵輔
旌陽石函記
60邵思
姓解
邵昂霄
萬青樓圖編
71邵陛
兩臺奏議
邵長蘅
邵子湘全集
古今韻略
杜工部集五家評本〔評〕

青門賸稿
青門簏稿、旅稿、附邵氏家錄
74邵陵
青門詩集

1777₂　函

10函可
千山剩人禪師語錄
60函昰
廬山天然禪師語錄

1833₄　憨

15憨融
宮庭覲記

1918₀　耿

12耿延禧
建炎中興記

30耿定向
碩輔寶鑑要覽〔輯〕
耿天臺先生文集
耿子庸言
先進遺風
34耿湋
耿湋詩集（耿文明詩集）
40耿南仲
易解義（耿南仲易解義）
周易講義
60耿思柔
雲臺編
74耿肱
養生真訣
80耿介
中州道學編

2

2010₄ 重

61重顯
　雪竇祖英集(祖英集)
　雪竇頌古集、拈古集、瀑泉集

2021₄ 住

46住想
　慎柔五書

2022₇ 喬

14喬琳
　鮮于氏卓絕譜
40喬吉
　喬夢符樂府
　喬夢符小令
44喬夢符
　文湖州集詞
喬懋敬
　古今廉鑑〔輯〕
喬萊
　使粵集、附贈言
　使粵日記
　易俟
50喬中和
　元韻譜〔輯〕
82喬鍾泰
　幼科金鏡錄
86喬知之
　喬知之集

2024₇ 愛

02愛新覺羅玄燁
　見清聖祖
愛新覺羅顒琰
　見清仁宗

2025₂ 舜

22舜山子

　嶺南客對

2026₁ 信

12信瑞
　淨土三部經音義
47信都鎬
　浥上英雄小錄

2033₁ 焦

04焦竑
　玉堂雜記
　玉堂叢話
　焦澹園欣賞齋集
　焦氏筆乘、續集
　焦氏類林
　獻徵錄(皇明獻徵錄)
　俗書刊誤
　澹園集
　支談
　莊子翼、莊子闕誤、附錄
　老子翼、考翼
　中原文獻集〔編〕
　國史經籍志〔輯〕
　易筌
　陰符經解
　養正圖解
　筆乘
12焦延壽
　易林(焦氏易林)
20焦秉貞
　耕織圖〔繪〕
22焦循
　論語補疏
　孟子正義
　羣經宮室圖
　毛詩補疏
　禮記補疏
　地球圖說補
　春秋左傳補疏

　尚書補疏
28焦以恕
　儀禮彙說
40焦希程
　平夷功次
焦袁熹
　儒林譜
　春秋闕如編
　四書說
44焦考寧
　唐史評
60焦勗
　則克錄
77焦周
　說楛(焦氏說楛)〔輯〕

2040₄ 委

33委心子
　古今類事

2040₇ 季

20季維漢
　明弘光乙酉年正月起八月止江
　　陰殉難實蹟
46季相
　梈山老人集
50季本
　廟制考義
　詩說解頤正釋、總論、辨字〔輯〕
　讀禮疑圖
　說理會編
　孔孟事蹟圖譜〔輯〕
　樂律纂要、律呂別書
　耆法別傳
　春秋私考
　易學四同
　圖文餘辨
51季振宜
　唐詩〔輯〕

季滄葦藏書目〔編〕

2043₀ 奚

17奚子明
多稼集

77奚岡鐵生
冬花盦燼餘稿

2064₈ 皎

23皎然
詩式、詩議
吳興集
晝上人集(吳興晝上人集)
杼山集(皎然杼山集)、禪月集、
補遺、白蓮集

2071₄ 毛

00毛亨
毛詩(毛詩傳箋、毛詩鄭箋)
〔傳〕
毛詩詁訓傳(毛詩故訓傳)〔傳〕
毛詩白文〔傳〕

毛應龍
周官集傳
周禮集傳

毛文錫
茶譜
前蜀紀事

10毛元淳
尋樂編

毛晉
諸刻題跋、續集
三家宮詞、二家宮詞〔輯〕
五家宮詞〔輯〕
弘秀集(唐僧弘秀集、宏秀集)
〔編〕
毛詩陸疏廣要
虞鄉志
宋六十名家詞〔輯〕
津逮祕書〔編〕
汲古閣珍藏書目〔編〕
汲古閣家塾藏板目錄〔編〕
汲古閣書目〔編〕
汲古閣題跋、續集
蘇米志林〔編〕

毛霦
平叛記

11毛开
樵隱詩餘(樵隱詞)
樵隱集

17毛珝
吾竹小稿

毛承斗
東江疏揭塘報節抄〔輯〕

毛聚奎
吞月子集、附錄

24毛先舒
詩辨坻
韻學通指
聲韻叢説、韻問
思古堂集

26毛伯溫
東塘詩集

30毛滂
東臺集
東堂詞
東堂集、詩、書簡、樂府

毛扆
汲古閣珍藏祕本書目〔編〕

毛憲
毛古菴先生全集
毗陵人品記〔輯〕

32毛兆儒
嶺南二紀

毛澄
嘉靖二年會試錄〔編〕

40毛直方
聯新事備詩學大成（聯新事備
詩學大全）〔編〕

毛奇齡
廟制折衷
詩傳詩説駁義
詩札
韻學要指
郊社禘祫問
論語稽求篇
王文成傳本
西河文集
西河詩話

西河詞話
西河合集(毛西河合集)
北郊配位議
武宗外紀、後鑒錄
聖門釋非錄
毛詩寫官記
何御史孝子主復位錄
經問、經問補
蠻司合志
制科雜錄
後觀石錄
後鑒錄
樂本解説
樂錄(竟山樂錄)
續詩傳鳥名
皇言定聲錄
祭禮通俗譜
定聲錄
湘湖水利志
逸講箋
大學證文
大學問
大學知本圖説
大小宗通釋
太極圖説遺議
嘉靖大禮議
古今通韻
喪禮吾説篇
杭志三詰三誤辨、蕭山縣志刊
誤
孝經問
中庸説
推易始末
春秋毛氏傳
春秋占筮書
春秋條貫篇
春秋屬辭比事記
春秋簡書刊誤
國風省篇
四書改錯
四書素解
四書賸言、補易(仲氏易)〔注〕
易韻
易小帖

明堂問
昏禮辨正、廟制折衷、大小宗
　釋、明堂問
周禮問
學校問
勝朝彤史拾遺記
曾子問講録
尚書廣聽録
尚書冤詞
48毛乾乾
樂述
57毛邦翰
六經圖〔補〕
大易象數鉤隱圖、尚書軌範撮
　要圖、毛詩正變指南圖、周禮
　文物大全圖、禮記制度示掌
　圖、春秋筆削啓徵圖〔編〕
60毛晃
禹貢指南
禮部韻略（韻略、平水韻略、禮
　部韻注）、貢舉條式〔注〕
77毛鳳韶
浦江志略〔輯〕
毛周
滄齋詞
毛居正
六經正誤
毛際可
安序堂文抄
松皐文集
80毛曾
字學集要〔輯〕
87毛欽一
毛欽一集
90毛尚忠
四書合講〔輯〕

2090₄ 集

44集芙主人
生綃剪

2110₀ 上

30上官融
友會談叢（友會叢談）

上官儀
投壺經
76上陽子
周易參同契分章注〔注〕
上陽真人
金丹大要

2121₀ 仁

44仁孝皇后
大明仁孝皇后勸善書
内訓

2121₂ 虚

50虚中
虚中碧雲詩
流類手鑑
虚中子
虚窗手鏡〔編〕

2121₇ 伍

20伍喬
伍喬詩集
22伍崇曜
粤雅堂叢書一百二十二種〔校〕
37伍涵芬
説詩樂趣〔輯〕
讀書樂趣〔輯〕
40伍袞萃
彈園雜志
林居漫録前集、後集、畸集、別
　集、多集

虎

77虎關某
濟北集

盧

00盧文弨
羣書拾補初編
韓非子校正
毘陵經籍志〔編〕
盧言
盧氏雜記
盧襄

石湖志略、文略、附靈巌紀略
08盧謙
五經圖〔輯〕
12盧登焯
印譜日課編〔編〕
盧延讓
盧延讓詩
14盧耽
唐文宗實録
盧琦
盧圭峯先生集（圭峯集）
圭齋先生集
20盧重元
列子解（冲虚至德真經解）
21盧衍仁
詩話選雋
盧儒
重齋先生文集
盧熊
蘇州府志、圖〔輯〕
24盧化鰲
婺源縣志
27盧象升
盧公奏議
忠肅集
28盧復
三經晉注〔輯〕
盧從願
唐令、式
盧綸
盧戶部詩集（盧綸詩）
30盧宜
續表忠記、二續表忠記〔輯〕
盧之頤
痎瘧論疏、方本草乘雅
本草乘雅半偈
盧憲
鎮江志（至順鎮江志、嘉定鎮江
　志）
34盧湛
關帝聖蹟圖〔輯〕
37盧祖皐
蒲江集
38盧肇

唐逸史
文標集、外錄
40盧士衡
盧士衡集
43盧載
盧載雜歌詩
44盧荔
鼎錄
盧世㳕
尊水園集略
盧世昌
豐縣志〔輯〕
盧植
禮記解詁〔注〕
45盧柟
蟻蠛集
47盧格
荷亭辨綸
48盧翰
周易中説
籤易
51盧軒
韓筆酌蠡〔編〕
60盧見曾
雅雨堂集詩、文
金石三例〔編〕
67盧照鄰
唐四傑詩集
盧昇之集（盧照鄰集、幽憂子集）
80盧仝
玉川子詩集、集外詩
玉川子詩注
盧仝詩集、集外詩
春秋摘微
84盧鎮
琴川志
91盧炳
宋四家詞
哄堂詞
哄堂集

2122₀ 何

10何三畏

雲間志略
何士抑詠物詩
何瑭
何文定公集
柏齋文集
柏齋詩稿、陰陽樂律醫學
柏齋三書
醫學管見
懷慶府志（正德懷慶府志）
何爾健
按遼禦璫疏稿
何爾昌
三茅志、補遺〔增修〕
12何烈
靖康拾遺錄
14何琪
塘棲志略
17何孟春
孔子家語（家語）〔注〕
何恭簡公筆記
何燕泉詩集
餘冬序錄
餘冬序錄摘要
何承天
靈棋經〔注〕
何子貞
七家詩真蹟〔書〕
20何喬新
文肅公文集
椒邱文集、附錄
何喬遠
皇明文徵〔輯〕
名山藏
何季志
都梁志
22何偁
玉雪小集、外集
何氏方
24何先覺
耕桑治生要備
何德輔
西漢補遺
何休
左氏膏肓

春秋公羊傳解詁（春秋公羊經傳解詁、春秋公羊傳、春秋公羊傳注、公羊傳注、公羊解詁）
春秋公羊傳注疏（春秋公羊注疏、公羊正義、公羊傳注疏、公羊注疏）〔注〕
26何白
汲古堂集
27何粲
亢倉子（洞靈真經）〔注〕
何紹基
東洲草堂詩
28何谿汶
竹莊詩話
30何宇度
益部談資
何良傅
何禮部集
何良俊
語林（何氏語林）
世説新語補〔增〕
四友齋叢説
何良臣
軍權
陣紀
何宗姚
希古集
32何漸逞
盧江何氏家記
何遜
何水部集（何記室集、何仲言集、何遜集）
陰何詩集
33何浣
鐵橋道人年譜〔輯〕
何溥
靈城精義
34何汝寅
兵錄
何汝賓
舟山志〔輯〕
何汝騰
曾子〔編〕
37何澹

小山雜著

何通
印史

38何滋
傷寒辨疑

40何大掄
燕居筆記

何友諒
白集年譜

何士信
羣英詩選〔編〕

何士祁
川沙廳志〔修〕

何士泰
曆法集成〔輯〕

何士顒
南圃詩選

何去非
何博士備論

41何楷
詩經世本古義
周易訂詁

43何求
何求老人殘稿

44何夢桂
何潛齋先生文集(潛齋文集)

何夢篆
上元縣志

何薳
春渚紀聞

何萬
鼎論、時議
易辨、淵源錄

何若愚
鍼經
鍼灸四書

46何坦
西疇老人常言

47何超
晉書音義

48何榆
三蘇先生年譜〔編〕

50何中
知非堂稿

何春發
英傑歸真

57何槼
晴江閣文抄

60何晏
論語正義(論語注疏、論語注疏
解經)〔注〕
論語集解(論語)、割記
論語集解義疏(論語義疏、皇侃
論語)〔集解〕

何異
何氏山莊次序本末
宋中興百官題名 (中興百官題
名)
宋中興學士院題名

何異孫
十一經問對

何是非
風倒梧桐記

何景福
鐵中翁遺稿

何景明
雍大記
何大復集(何仲默集、大復先生
集)、附錄
十二論

68何晦
唐摭言

71何喬遠
閩書

72何氏
潛齋集

79何騰蛟
何騰蛟集

80何無適
詩準、詩翼〔編〕

84何鑄
奉使雜錄

89何鏜
修攘通考〔輯〕
漢魏叢書〔輯〕
遊名山記(古今遊名山記)〔輯〕
括蒼彙記

90何光遠

鑑誡錄

何光顯
聖主中興全盛兼三錄、附

何棠
續黟縣志

91何焯
庚子銷夏記校文
語古齋披華啓秀
何義門先生詩字書入法
義門讀書記
義門小集
義門小稿

97何郯
廬江文集、刀筆、奏議

2122₁　行

35行冲
孝經〔注〕

47行均
龍龕手鑑

2123₄　虞

00虞庶
難經〔注〕

06虞韶
太學新編排韻字類

12虞廷陛
天鑒錄

17虞邵菴
杜詩注〔編〕

20虞集
平猺記
盧伯生詩、補遺
盧伯生注七言詩〔注〕
伯生詩後
伯生詩續編
道園遺稿、詩續、鳴鶴遺音
道園學古錄
道園類稿(虞先生道園類稿)
杜工部五七言律詩〔注〕
杜律虞注〔注〕
翰林珠玉
鳴鶴餘音

22虞山逸民

平蜀紀事

23虞允文
　續會要

24虞儔
　尊白堂集

27虞翻
　京氏參同契律歷志〔注〕

30虞淳熙
　虞德園文集、詩集
　孝經説
　孝經集靈

32虞兆隆
　天香樓偶得

37虞祖南
　二十先生回瀾文鑑、後集〔評〕

43虞載
　合璧事類別集、外集（古今合璧
　　事類備要別集、外集）〔編〕

44虞協
　古鼎記

　虞堪
　虞山人詩
　鼓枻稿
　希澹園集

　虞世南
　北堂書抄（古唐類範）
　兔園策
　大唐類要

46虞觀
　大藏音（紹興重雕大藏音）〔集〕

55虞搏
　醫學正傳

80虞夔
　二十先生回瀾文鑑、後集〔注〕

2133₁　熊

00熊方
　後漢書年表（集補後漢書年表、
　　補後漢書年表）

　熊文舉
　墨楯

01熊龍峯
　熊龍峯刊小說四種〔輯〕

10熊一麟

九珠詩集

熊三拔
　泰西水法
　表度説
　簡平儀説

12熊廷弼
　熊經略書牘

20熊禾
　熊勿軒先生文集（勿軒先生文
　　集）
　易學啓蒙圖傳通義（勿軒易學
　　啓蒙圖傳通義）

　熊維熊
　江渚貞烈志

21熊儒登
　熊儒登集

23熊峻運
　氏族箋釋

24熊化
　靜儉堂集

27熊紀達
　十代風水地理〔輯〕

28熊潡
　熊潡屠龍集

30熊宇
　楚騷（篆文楚騷）、附錄〔篆〕

　熊良輔
　周易本義集成

　熊宗立
　名方類證醫書大全
　傷寒必用運氣全書
　曆法通書大全
　八十一難經
　錢氏小兒方訣（小兒方訣）〔注〕

32熊兆
　孝經集講

37熊過
　熊南沙集
　南州文集
　南沙先生文集
　春秋明志錄
　周易象旨決錄

40熊大木
　唐書志傳

唐書志傳通俗演義
唐書志傳通俗演義題評
大宋中興通俗演義、附會纂宋
　鄂武穆王精忠錄後集
大宋中興岳王傳（岳王傳）

熊太古
　冀越集、附相宅管説
　冀越集記

熊士伯
　韻書原始

熊直
　西磵先生文集

熊克
　京口詩集、續西晉新語
　聖朝職略
　官制新典
　九朝通略
　中興小紀
　中興小歷
　四六類稿

44熊蕃
　宣和北苑貢茶錄（北苑貢茶錄）

50熊忠
　古今韻會舉要、附禮部韻略七
　　音三十六母通考〔舉要〕

68熊晦仲
　通用啓劄截江綱

72熊剛大
　性理羣書句解後集〔集解〕

77熊朋來
　五經説
　琴譜
　瑟譜
　熊先生經説
　熊先生家集（豫章熊先生家集）

熊開元
　熊魚山先生文集、卷首、卷末
　擊築餘音

88熊節
　性理羣書句解〔編〕

2140₆　卓

10卓爾康
　春秋辨義

農山文集
易學(易學全書)

卓爾堪
卓氏忠烈遺事
遺民詩〔輯〕
遺民小傳

卓爾昌
畫隨玄詮

48卓敬
卓公遺稿

67卓明
卓澂甫詩集

卓明卿
唐詩類苑〔輯〕
卓氏藻林
卓光禄集

80卓人月
古今詞統〔編〕
蕊櫳集、蟾臺集

2150₆　衛

10衛元嵩
元包(元命包)
元包經傳(玄包經傳)
周易元包
周易元包數總義

18衛玠
信安志

22衛嵩
金寶鑑

30衛宏
漢官舊儀、補遺

衛宗武
衛秋聲集

31衛涇
復樂集

33衛泳
枕中祕

36衛湜
禮記集説

43衛博
定菴類稿

2155₀　拜

67拜鵑山人
見聞實錄〔輯〕

2160₈　睿

60睿畧
松月集

2172₇　師

60師曠
禽經

85師鍊
元亨釋書
聚分韻略

88師範
滇繫〔輯〕

2190₃　紫

40紫幢道人
歷代統系

76紫陽先生
參同契解

90紫堂先生
紫堂訣

2190₄　柴

07柴望
丙丁龜鑑
柴秋堂詩集(秋堂詩集)
柴氏四隱集
宋國史秋堂公詩文集、補遺

10柴元亨
柴氏四隱集

柴元彪
柴氏四隱集

24柴升
宋四名家詩〔編〕

27柴紹炳
翼望山人文抄
柴氏古今通韻
柴省軒家誡、文抄
復故編(正音切韻復古編)

古韻通
考古類編
青鳳軒詩集
省軒考古類編

40柴奇
黼菴遺稿

50柴中行
趙忠定行狀、謚議

53柴成務
宋太宗實錄(太宗實錄)

74柴隨亨
柴氏四隱集

2200₀　川

60川口長孺
臺灣鄭氏紀事

2201₀　胤

34胤禛
見清世宗

2210₈　豐

10豐干
三聖諸賢詩辭總集
豐干拾得詩

40豐坊
詩説
詩傳
古易世學
書訣
春秋世學
易辨

43豐越人
豐正元詩

48豐幹子卿
文學正路
論語新注

97豐灼
三茅志、補遺

2220₇　岑

15岑建功
輿紀勝補闕

23岑參

759

岑嘉州集(岑參集、岑嘉州詩)

27岑象求
　吉凶影響〔編〕

30岑安卿
　栲栳山人詩集

2221₄　任

00任慶雲
　商略
任廣
　書敘指南(書序指南)〔編〕
任文田
　夏小正補注
02任端書
　選擇天鏡
10任正一
　周易甘棠正義
13任戩
　官品纂要
23任弁
　梁益記
26任伯雨
　乘桴集(得得居士乘桴集)
　得得居士戇草(戇草)
　繹聖傳
32任淵
　斫蕃集
　山谷詩注、目錄、年譜〔注〕
　黃太史精華錄〔輯〕
　陳后山詩注(後山詩注、后山詩注)〔注〕
任兆麟
　襄陽耆舊記
　弦歌古樂譜
　夏小正注
　石鼓文集釋
　孟子時事略
　心齋詩稿
　孝經集注
任泂
　襄陽志〔編〕
35任洙
　六祖經要
37任洛

遼東志〔修〕

38任啓運
　天子肆獻裸饋食禮
　周易洗心
40任大椿
　弁服釋例
　小學鈎沈
任士林
　松鄉集(任松鄉先生文集)
　松鄉別集
44任荃
　鴻爪集
任藩
　文章元妙
　任藩集
45任棟
　安南紀略
47任均
　穆齋經詁
50任盡言
　小醜集、續集
60任昉
　文章緣起
　述異記
75任陳晉
　易象大意存解

崔

08崔敦詩
　崔舍人玉堂類稿(玉堂類稿)、西垣類稿、目錄、附錄
崔敦禮
　芻言
　宮教集
10崔一鳳
　江都縣志〔編〕
崔靈恩
　三禮義宗
17崔子方
　春秋經解、本例例要
　春秋本例
18崔致遠
　桂苑筆耕集(桂苑筆耕)
27崔龜從

續唐曆

崔龜圖
　北戶錄〔注〕
崔豹
　古今注(崔豹古今注)
崔象川
　玉蟾記
　白圭志
崔峒
　崔補闕詩集
30崔寔
　四民月令
34崔造
　牛氏紀聞(紀聞)〔注〕
37崔鴻
　十六國春秋
38崔塗
　崔塗集
崔遵度
　羣書麗藻〔編〕
崔道融
　唐詩〔編〕
　東浮集
40崔志元
　銅山縣志〔修〕
崔嘉彥
　崔真人四原論(四原論)
　崔真人脈訣(脈訣)
47崔櫓
　無譏集
57崔邦亮
　黃太史公集選〔輯〕
60崔國輔
　崔國輔集
崔思齊
　高麗詩
崔景淳
　瞿文懿公集、制勅稿、制科集
61崔顥
　崔顥集
66崔曙
　崔曙集
77崔同
　東洲集

崔鸝
　婆娑集
崔與之
　崔清獻公言行録内外集
　崔清獻公全録(崔清獻公集)
80崔令欽
　教坊記、附北里志、清樓集
84崔銑
　文苑春秋〔輯〕
　彰德府志(嘉靖彰德府志)〔輯〕
　讀易餘言
　洹詞
　士翼
　松窗寤言
　中説考〔考〕

2224₇　後

10後晉史館
　唐年補録

2229₃　縣

30縣居
　貢草園集

2241₀　乳

22乳峯清尚生
　澉觀漫録

2277₀　山

21山止
　韜光紀遊詩〔輯〕
23山外山人
　枯樹花新聞小説
55山井鼎
　七經孟子考文補遺

2290₀　利

11利瑪竇
　交友論
　辨學遺牘
　二十五言
　天主實義
　經天該、附圖
　乾坤體義

畸人、附西琴曲意

2290₄　巢

10巢元方
　巢氏諸病源侯總論 (諸病源侯
　　論、巢氏病源論)
67巢鳴盛
　洙泗問津〔輯〕

樂

07樂韶鳳
　洪武正韻〔編〕
10樂天居士
　痛史
　樂雷發
　雪磯叢稿
　宋人小集〔輯〕
17樂子正
　楊太真外傳
20樂舜日
　皇明中興聖烈傳
25樂純
　雪菴清史
34樂洪
　卦氣圖
50樂史
　廣卓異記
　登科記
　緑珠傳
　太平寰宇記(太平寰宇志)
　楊貴妃外傳(楊妃外傳)
60樂思忠
　周禮考疑
87樂鈞
　青芝山館詩、駢文

2291₃　繼

34繼洪
　澹寮集驗方〔編〕

2291₄　種

08種放
　種明逸詩

2300₀　卜

17卜子夏
　詩序
　易傳(子夏易傳、卜子易傳)
44卜世昌
　皇明通紀述遺

2320₂　參

30參寥
　高僧參寥詩

2321₀　允

37允禄
　協記辨方書
　同文韻統

2323₄　伏

79伏勝
　尚書大傳、補遺、考異、續補遺

2324₀　代

32代淵
　易論(代淵易論)

2324₂　傅

00傅應奎
　韓城縣志
　傅文兆
　羲經十一翼
　傅玄
　傅子
10傅霡
　建炎通問録
　傅霖
　刑統賦(竄解刑統賦)
　刑統賦解(刑統賦注)
07傅習
　皇元風雅(元風雅)前集〔輯〕
20傅維調
　史異纂、明異纂〔輯〕
　傅維麟
　明書
22傅鼎

鄉射禮集要

傅巖
　事物考
　鄞城志

傅山
　霜紅龕集、附錄
　傅青主女科、產後編

傅崧卿
　夏小正傳(夏小正戴氏傳)〔注〕

23傅允科
　審視瑤函(審視瑤言)

26傅伯壽
　高宗實錄
　孝宗實錄

28傅以禮
　有萬憙齋叢抄二種
　莊氏史案本末〔輯〕
　華延年室題跋楚之橋杌〔輯〕
　忠節故實〔輯〕
　長恩閣叢書、附錄〔輯〕

傅牧
　西湖古蹟事實

30傅寅
　禹貢說斷
　禹貢集解(禹貢集解行經)

傅察
　傅忠肅公文集

32傅遜
　春秋左傳屬事〔輯〕

34傅汝舟
　傅山人集

36傅澤洪
　行水金鑑

40傅堯俞
　傅獻簡集
　傅獻簡奏議
　傅公嘉話

傅存吾
　皇元風雅(元風雅)後集〔輯〕

44傅蘭雅
　測侯諸器記〔譯〕

傅若金
　傅與礪文集、附錄
　傅與礪詩集(傅汝礪詩集)、附

綠窗遺稿

傅世垚
　六書分類〔輯〕

48傅幹
　注坡詞

傅梅
　嵩書

50傅婁景
　呂真人血脈篇

51傅振商
　古論元箸

57傅抱石
　石濤上人年譜
　明末民族藝人傳〔編譯〕

74傅肱
　蟹譜

91傅恒
　詩義折中
　春秋直解

99傅燮
　靈樞道言發微

2324₇ 俊

17俊承
　絕海禪師語錄〔編〕

2325₀ 臧

00臧庸
　皇朝經解
　禮記解詁〔輯〕
　孝經鄭氏解〔輯〕

10臧晉叔
　元人百種曲〔編〕

14臧琳
　經義雜記

40臧梓
　呂忠穆勤王記

44臧懋循
　詩所〔輯〕
　負苞堂集

80臧鏞堂
　拜經日記
　七錄輯本〔輯〕

2350₀ 牟

00牟庭
　楚辭述芳
　同文尚書詩切

15牟融
　牟子

23牟巘
　陵陽先生集

2397₂ 嵇

00嵇康
　嵇中散集(嵇康集)

37嵇逸如
　明季佚聞〔編〕

80嵇含
　南方草木狀

嵇曾筠
　浙江通志
　防河奏議

2421₀ 壯

44壯者
　掃迷帚

2421₇ 先

44先著
　之谿老生集

仇

20仇舜臣
　詩苑叢珠〔編〕

34仇遠
　仇山村遺集(山村遺集)、附錄
　興觀集、山村遺稿
　金淵集
　無弦琴譜

44仇英
　列女傳〔繪圖〕

2423₁ 德

14德珪
　北山錄注解隨函

34德洪

石門文字禪
　物外集
35德清
　憨山緒言
　老子解(道德經解、老子道德經
　　解)
　觀老莊影響論
38德祥
　相嶼詩集
52德靜
　山林清氣集、續集、附集
90德惟
　慶元府阿育王山廣利禪師語録
　　〔編〕
97德輝
　百丈清規

2423₈　俠

90俠少
　滇粹〔輯〕

2424₇　彼

22彼岸
　大佛頂首楞嚴經疏〔譯〕

2425₆　偉

12偉烈亞力
　談天、附表〔口譯〕
　西國天學源流〔譯〕
　代微積拾級〔口譯〕
　代數學〔口譯〕

2426₀　儲

24儲巏
　柴墟集
　儲文懿公集
33儲泳
　祛疑説
67儲嗣宗
　儲嗣宗集
77儲欣
　在陸草堂文集
90儲光羲
　儲王合集

儲光羲集

2426₁　佶

22佶山
　兩淮鹽法志

2480₆　贊

30贊寧
　宋高僧傳
　東坡先生物類相感志 (物類相
　　感志)〔編〕
　筍譜

2492₇　納

44納蘭性德
　納蘭詞
　禮記陳氏集説補正 (禮記集説
　　補正)
　通志堂集、附録
　易集義粹言

2500₀　牛

00牛衷
　埤雅廣要
21牛師德
　先天易鈴太極寶局
　易鈴(先天易鈴)
22牛嶠
　牛嶠歌詩
28牛僧孺
　玄怪録(元怪録)
　幽怪録、續録〔編〕
　周秦行記
50牛蕭
　牛氏紀聞(紀聞)

2520₆　仲

12仲弘道
　桐鄉縣志
　史韻
24仲休
　越中牡丹花品
30仲之琮
　詩觀初集　、二集、三集、閨秀別

集〔評選〕
仲宏道
　見仲弘道
38仲遵
　花史
80仲并
　浮山集

2524₃　傳

30傳密居士
　紀談録

2590₀　朱

00朱雍
　梅詞
朱高熾
　見明仁宗
朱應奎
　翼學篇
　字學指南〔輯〕
朱廱
　朱文懿公集
朱慶餘
　朱慶餘詩集
朱廥
　茶史
朱亦大
　曉序詩抄
朱文
　朱氏筆記
朱文藻
　説文解字繫傳考異、附録
　朗齋碑録
朱讓栩
　長春競辰稿
　長春競辰餘稿
朱衣點
　崇明縣志
朱玄
　文子(通玄真經、通元真經)
　　〔注〕
朱袞
　衡岳志〔重修〕
　白房雜興

曰房集、續集、白房雜述

02朱端章
衛生家寳、衛生家寳湯方
衛生家寳產科備要（產科備要）
南康志

04朱謀㙔
畫史會要
書史會要續編

朱謀㙔
詩故
水經注箋〔箋〕
遼古記〔輯〕
異林
周易象通（易象通）
駢雅

05朱諫
李詩選注、辨疑〔編〕

08朱放
朱放集

朱敦儒
嚴壑老人詩文
樵歌

10朱一麟
治痘大成

朱一是
爲可堂集
爲可堂初集、史論、外集、集選

朱丕基
標謝詩選

朱元龍
徐文清公家傳

朱元璋
見明太祖

朱元英
左傳博議拾遺

朱元昇
三易補遺
易備遺

朱震
論語直解
易集傳、卦圖、叢說
易傳（漢上朱先生易傳）、叢說、圖
周易集傳

朱震亨
產寳百問
傷寒摘疑
格致餘論
脈訣指掌病式圖說
脈因證治
局方發揮
丹谿手鏡
丹谿心法
金匱鈎玄

朱夏
朱勉齋詩彙

朱雲
金石韻府〔輯〕

11朱�珩
橘亭詞

12朱廷臣
麻姑集

14朱珪
名蹟錄、附錄

15朱建
喪服制考〔輯〕

17朱孟震
河上楮談、汾上續談、浣水續談、遊宦餘談

朱翌
灊山集、附錄
鄞川志
猗覺寮雜記

朱承爵
存餘堂詩話
陸放翁律詩抄（放翁律詩抄）〔輯〕

朱子儋
灼薪劇談

朱子素
嘉定縣乙酉紀事
嘉定屠城紀略（東塘日劄）

19朱璘
歷朝綱鑑輯略

20朱維熊
平湖縣志
醉愚堂集

朱維陛

東方先生類語〔輯〕

21朱倬
詩經疑問（詩疑問）〔編〕

朱熊
救荒活民補遺書〔補遺〕
救荒活民書拾遺，增補〔補遺〕

朱衡
道南源委錄

朱師孔
性靈稿

朱術垍
汝水巾譜

22朱鼎臣
唐三藏西遊釋厄傳

朱崇正
仁齋直指附遺方論〔附遺〕

朱稻孫
六峯閣手稿
煙雨樓志

23朱允文
朱參軍畫象題詞

朱弁
文子（通玄真經、通元真經）〔注〕
文子合注
曲洧舊聞、雜書、骪骳說
聘軒集
風月堂詩話

朱隺
秦樓月

24朱佐
朱氏集驗醫方（集驗醫方）

朱德潤
存復齋文集、續集、附錄
成性齋文集

朱升
朱楓林集、附覆瓿集

朱緒曾
曹子建集考異、年譜〔考異〕
昌國典詠

25朱仲福
折衷曆法

朱健
古今治平略

朱純嘏
　痘疹定論
朱積
　鼓吹續編〔輯〕
朱練
　內經指遺方論
26朱得之
　列子通義
　窗練匣
　老子通義
27朱多煃
　古雪齋近稿
朱多熲
　朱宗良集
朱豹
　朱福州集
朱象衡
　筆玄要旨、筆道會通〔輯〕
朱象賢
　印典
朱翔
　說文解字繫傳(說文繫傳)、附
　　校勘記〔釋〕
朱彝尊
　詞綜〔輯〕
　經義考
　逸經補正
　土官底簿〔錄〕
　日下舊聞
　曝書亭詩錄箋注
　曝書亭集、附錄、附笛漁小稿
　曝書亭詩注、年譜
　曝書亭箋注
　曝書亭輯叢書
　明詩綜〔輯〕
　眉匠詞
　騰笑集
　竹垞文類
　竹垞初白二先生尺牘
朱名世
　鯨背吟集
　牛郎織女傳
朱約佶
　觀化集

朱紹
　鼓吹續編〔輯〕
朱紹堯
　西澗堂集選
朱紹本
　地圖綜要〔編〕
28朱倣
　朱倣詩
朱徽
　古今治平略
朱繪
　事原錄
　歷代帝王年運詮要
30朱之瑜
　舜水遺書
　安南供役紀事
朱之俊
　山西巡撫蔡雲怡殉難始末傳道
　　藏心珠〔輯〕
朱之蕃
　金陵圖詠
朱安國
　陰符元機
朱定國
　歸田後錄
朱宗文
　草聖彙辨〔纂辨〕
32朱淵
　天馬山房遺稿
朱灣
　朱灣集
33朱溶
　忠義錄、隱逸錄
朱黼
　三國六朝五代紀年總辨、目錄
　紀年統紀論
朱述之
　聞有益齋讀書志
34朱祐杭
　含春堂
35朱禮
　漢唐事箋對策機要前集、後集
36朱澤
　平吳凱旋錄

37朱鴻
　孝經總函〔輯〕
　孝經質疑
朱淑真
　斷腸詞
　斷腸集(朱淑真斷腸詩集)、後集
朱澹遠
　語麗
朱祖文
　北行日譜
朱祖義
　周易句解
　尚書句解
朱祁鈺
　見明代宗
朱祁鎮
　見明英宗
朱祁銓
　瓊芳集
朱鶴齡
　詩經通義(毛詩通義)
　讀左日抄、補禹貢長箋
　杜工部詩集、文集、卷末、補注、
　　年譜〔輯注〕
　尚書埤傳(尚書裨傳)
38朱澂
　結一廬書目
40朱直
　史論
朱培
　九章直指、海島算經、劉記〔補〕
朱有
　書臺集
朱希祖
　南明人碑集錄〔輯〕
　明廣東籍東林黨列傳
　明季史料題跋
朱希晦
　雲松巢詩集(朱先生詩集)
朱存理
　珊瑚木難
　野航雜著
　鐵網珊瑚〔編〕
朱熹

語孟集義

詩集傳(詩經集傳、詩解集傳、朱子詩集傳、朱子詩傳纂集大成)、詩序辨説

詩集傳附録纂疏、詩序辨説附録纂疏〔集傳〕

詩經疏義會通

詩傳通釋(詩集傳通釋)、附詩傳綱領〔傳〕

詩風雅頌、序

論語集注

論語集義

論語句解

論語或問

論語精義〔輯〕

五朝名臣言行録前集、後集、續集、別集、外集〔編〕

孟子集注〔輯〕

孟子集注輯釋〔集注〕

孟子或問

孟子精義〔輯〕

經説

經濟文衡前集、後集、續集

朱文公文集(朱子大全、晦菴先生文集)、紫陽年譜、續集、別集

朱文公文抄（晦菴先生文抄)、詩抄

朱文公詩集(朱子詩集)

朱文公語續録後集

朱文公五言詩抄（晦菴先生五言詩抄)

朱文公先生奏議（文公先生奏議)

朱文公家禮（文公家禮、朱氏家禮)

朱文公大同集

朱子文集語類纂編

朱子語録(朱文公語録、晦菴語録)

朱子感興詩注(文公感興詩注、朱先生感興詩注)、附武夷櫂歌注

朱子小學書

朱先生感興詩通皇朝名臣言行録(名臣言行録、宋名臣言行

録)、前集、後集

程氏遺書、外書、附録、文集、遺文、經説、明道文集、伊川文集〔輯〕

伊洛淵源録

紹熙州縣釋奠儀圖

儀禮經傳通解(儀禮經傳通釋)〔編〕

家禮(家禮笺補)、附録〔編〕

寶祐四年登科録（宋寶祐四年登科録)、同年録〔傳〕

遯翁苦口

近思録、近思後録〔輯〕

近思録集解〔輯〕

近思録集注〔輯〕

近思録續録〔輯〕

資治通鑑綱目(通鑑綱目、通鑑綱目大全、資治通鑑綱目七家注)、序例十二朝名臣言行録〔編〕

大同集

大學章句

大學或問

太極圖説注、通書注、西銘注

南嶽倡酬集、附録

古禮經傳通解、集傳集注

古今家祭禮

孝經刊誤〔編〕

韓文考異音釋〔考異〕

韓文考異釋音附〔考異〕

韓昌黎集(韓文、韓文考異、韓文公集、昌黎先生集)、外集、集傳、遺文遺詩、補遺〔考異〕

楚辭辨證

楚辭集注（楚詞集注、楚辭集説)、反離騷

楚辭後語

中庸章句

中庸或問

中庸輯略

中庸集注

書説(晦菴書説)

書集傳

四家禮範

四朝名臣言行録

四書集注(四書章句集注)、附大學中庸或問、附録

易説(朱文公易説)

易傳、本義

易學啓蒙

周易(周易注)〔本義〕

周易經傳（周易傳義、周易程傳、周易程朱傳義)〔本義〕周易參同契考異(參同契考異)〔考異〕

周易本義

陰符經考異

八朝名臣言行録

小學集注(小學句讀)〔編〕

小學之書〔編〕

小學書

小學明説便覽性理吟

朱嘉徵

　樂府廣序〔輯〕

朱右

　白雲稿

朱右甫

　吉金古文釋

朱吉

　三畏齋集

朱奇齡

　春秋測微

　拙齋集

朱樟

　觀樹堂詩集

41朱橒

　國朝麥疏

42朱彭

　抱山堂集

朱彬

　經傳考證

　禮記訓篇

朱樸

　西村詩集（西村翁詩集)、補遺

　朱西邨詩稿全集

43朱載堉

　六代小舞譜

　旋宮合樂譜

二佾綴兆圖
靈星小舞譜
聖壽萬年曆(萬年曆)、附錄、
　　萬年曆備考
樂學新説
樂舞全譜
律呂精義内篇、外篇
律曆融通、附音義
律學新説
鄉飲詩樂譜
操縵古樂譜
周髀算經圖解
鄭世子瑟譜(瑟譜)
鄭世子樂律全書(樂律全書)
鄭世子曆書
算學新説
小舞鄉樂譜
朱載揚
痲證集成
朱朴
致理書
44朱荃宰
文通
朱董祥
讀禮紀略
朱夢震
朱秉器集
朱世傑
四元玉鑑
四元玉鑑細草
算學啓蒙
朱權
北雅
瓊林雅韻〔編〕
通鑑博論〔編〕
太和正音譜〔編〕
荊釵記
肘後神經
臞仙肘後經
45朱橚
袖珍方〔編〕
普濟方
朱棣
見明成祖

46朱樟
玉瀾集
47朱朝瑛
讀詩略記
讀三禮略記
讀書略記
讀春秋略記
讀易略記
罍菴雜述
朱楓
雍州金石記、記餘
排山小集、續集
秦漢瓦圖記
秦漢瓦當記、附補遺
48朱翰
石田清嘯集
朱楢
青岑遺稿
朱松
韋齋集
韋齋小集
50朱中有
潮隤
朱申
禮記詳節句解
孝經句解
春秋左傳詳節句解〔輯〕
周禮句解
朱泰禎
禮記意評
朱泰來
飲食須知
朱惠明
痘疹傳心錄、附錄
朱奉
青羅立成曆
朱書
皖砦紀事
朱素和
雲巖詩集
朱東
禎朝詔疏〔輯〕
朱東陽
濯纓餘響

52朱搗
心印紺珠經
53朱輔
谿蠻叢笑
朱軾
朱文端公文集
朱彧
萍洲可談(可談)
朱盛溰
鶴嘯集
57朱邦彦
莊史案輯論
朱邦基
靖康錄
60朱日藩
山帶閣集
朱里
續史
朱昱
毘陵雜詠
毘陵志、續志〔編〕
朱星祚
二十四尊得道羅漢傳
朱國禎
紅丸、移宮
皇明大政記
湧幢小品
開國臣傳
朱國楨
見朱國禎
朱國盛
南河志
南河全考
朱晨
古今碑帖考
朱思本
廣輿圖
貞一齋文稿
貞一齋詩文稿(貞一齋雜著、詩
　　稿)
朱昇
蜀中草
周易旁注、前圖
朱昆田

三體撫稿
笛漁小稿
朱景元
唐朝名畫錄、五代名畫補遺
唐朝畫斷
朱景元集
類説經學隊仗
61朱顯祖
臆言〔輯〕
朱顯槐
少鵠詩稿、少鶴山人續稿
64朱睦㮮
讀易識疑
謚苑
五經稽疑
經序錄
萬卷堂家藏藝文目（萬卷堂藝
文記）
革除逸史
春秋諸傳辨疑
授經圖
開封府志
鎮平世系記
朱晞顏
瓢泉詞
瓢泉吟稿
67朱曜
朱玉洲集
朱明鎬
史糾
朱瞻基
見明宣宗
朱鷺
建文書法疑
71朱長文
琴史
續書斷
朱先生餘稿（樂圃餘稿、朱先生
遺稿、吳郡樂圃先生餘稿）、
附錄、補遺
吳郡圖經、續記
墨池編〔編〕
易解（朱氏易解）
朱長祚
玉鏡新譚〔輯〕

朱長春
周易參同契解箋〔箋〕
73朱駿聲
夏小正補傳
歲星表
74朱肱
酒經
内外二景圖
南陽活人書（活人書）
77朱用純
學庸講義
毋欺錄
朱同
覆瓿集
朱履
書學捷要
79朱勝非
秀水閒居錄
紺珠集
渡江遭變錄
80朱善
詩解頤（詩經解頤）
貞烈傳
朱一齋先生文集
朱公遷
詩經疏義
詩傳疏義會通
四書通旨
82朱鍾文
考亭朱氏文獻全譜〔輯〕
87朱翔
喉證金科、補遺
88朱鑑
詩傳遺説〔編〕
易説〔編〕
朱鈐
本草詩箋
朱簡
韻總持〔輯〕
90朱懷吳
自得語
朱光裕
射林〔輯〕
朱常芳

述古書法纂
朱炎
金粟逸人逸事
99朱燮元
朱襄毅公督蜀疏草、蜀事紀略
朱襄毅公督黔疏草
朱燮光
蜀事紀略

2590₆　种
08种放
江南小集

紳
40紳士公
巡憲楊公保台實録〔輯〕

2599₆　練
17練子鼎
秦詞正諷〔輯〕
練子寧
練中丞文集、附遺事、崇祀實紀
金川玉屑集、附錄扯呈

2600₀　白
10白玉蟾
見葛長庚
白雲齊
道藏目録（道藏目録詳注、大明
道藏經目録）〔注〕
道藏闕經目
白雲先生
琴三訣
12白珽
湛淵集
湛淵遺稿
湛淵靜語
湛困集
34白潢
西江志
江西志
42白樸
天籟集（天籟詞）
44白芬
草聖彙辨〔編〕

60白愚
　　汴園濕襟録

72白氏
　　文苑詩格

77白居易
　　唐宋白孔六帖（六帖、白孔六帖）
　　元白長慶集
　　香山九老會詩
　　白香山詩集
　　白樂天文集
　　白氏六帖（白氏六帖事類聚、白氏六帖事類集、白氏六帖事類添注出經、白氏六帖類聚、白氏事類出經六帖）
　　白氏諷諫
　　白氏長慶集（文集、白氏文集）、年譜、又新譜
　　白氏策林
　　金針詩格
　　白印蘭
　　繡餘草

98白悅
　　白洛原遺稿

2610₄ 皇

26皇侃
　　論語集解義疏（論語義疏、皇侃論語）〔疏〕

27皇象
　　皇覽

53皇甫謐
　　高士傳
　　黃帝三部鍼灸甲乙經（甲乙經、鍼灸甲乙經）〔集〕
　　年曆
　　皇甫汸
　　百泉子緒論
　　皇甫司勳集（司勳集）
　　解頤新語
　　皇甫泌
　　易解
　　周易述聞、隱訣、補解、精微
　　皇甫淨

皇甫少玄集（少玄集）
皇甫少玄外集（少玄外集）
皇甫湜
　　三唐人集
　　皇甫持正集（皇甫湜文）
皇甫松
　　醉鄉日月
皇甫中
　　傷寒指掌
　　明醫指掌
皇甫冉
　　二皇甫集
　　皇甫冉詩集（皇甫補闕詩）
皇甫牧
　　三水小牘
皇甫覽
　　古城塚記
皇甫曾
　　二皇甫集
　　皇甫曾詩集（皇甫御史詩集）
皇甫録
　　下陣紀談
　　皇明紀略
　　近峯聞略
　　明藩府政令

2620₀ 伯

22伯樂
　　相馬經

2621₃ 鬼

80鬼谷子
　　鬼谷子、外篇李虛中命書（命書）

2622₇ 偶

41偶桓
　　乾坤清氣〔編〕

2629₄ 保

36保暹
　　處囊訣

80保八
　　易源奧義（易原奧義）
　　周易原旨（周易原言）

2641₃ 魏

00魏齊賢
　　聖宋名賢五百家播芳大全文粹（五百家播芳大全文粹、名賢五百家播芳大全文粹、播芳大全文粹）〔編〕
魏方泰
　　行年録〔輯〕
魏裔介
　　論性書
　　聖學知統録、翼録
　　致知格物解
　　魏文毅公集
　　溯洄集
　　希賢録〔輯〕
　　樗林偶筆、續筆
　　靜怡齋約言録（約言録）
魏應嘉
　　夥壞封疆録
魏慶之
　　詩人玉屑〔編〕
魏文帝
　　詩格
　　典論
魏文中
　　繡雲閣

10魏一鼇
　　三賢集〔輯〕
　　北學編〔輯〕
魏天應
　　論學繩尺〔編〕
魏晉封
　　竹中記

13魏武帝
　　孫子〔注〕

17魏了翁
　　讀書雜抄
　　三先生謚議
　　正朔考
　　毛詩要義
　　經外雜抄
　　儀禮要義
　　渠陽讀書日抄

禮記要義
鶴山先生文集、後集、續集、別集
鶴山先生渠陽詩（魏鶴山先生
　渠陽詩）
鶴山先生大全文集（魏鶴山集）
鶴山渠陽讀書雜抄經外雜抄
鶴山雅言
鶴山長短句
鶴山筆錄
古今考
周禮折衷
周易要義
尚書要義
魏子敬
雲谿樂府
魏翼龍
春秋七國統表
20 魏秀仁
花月痕
22 魏儁
聞見類纂小史
23 魏允枘
柳洲詩集〔輯〕
25 魏仲遠
敦交集
魏仲舉
韓柳年譜〔輯〕
韓昌黎集〔韓文、韓文公集、昌
　黎先生集〕、外集、附評論詁
　訓音釋諸儒名氏、昌黎先生
　序記碑銘、韓文類譜〔集注〕
柳河東集〔河東先生集〕、附錄、
　外集、新編外集、龍城錄、看
　柳文綱目、宋文安禮柳先生
　年譜、評論詁訓諸儒名氏、後
　附柳先生序傳碑記〔編〕
26 魏伯陽
百章集
太上金碧經〔注〕
古文參同契、補遺三相類
周易參同契（參同契）
周易參同契解箋
周易參同契通真義
周易參同契考異（參同契考異）

魏峴
四明它山水利備覽
28 魏徵
羣書治要〔編〕
隋書
隋書詳節
魏收
魏書（後魏書）
30 魏之琇
續名醫類案
柳洲遺稿
魏憲
百名家詩選
31 魏濬
西事珥
嶠南瑣記
周易古象通（易義古象通）
魏源
康熙戡定臺灣記
詩古微
皇朝經世文編、總目〔輯〕
海國圖志
古微堂外集
國初東南靖海記
34 魏禧
魏叔子文集
35 魏冲
毛詩闡祕
37 魏初
青崖集
38 魏道明
蕭閒老人明秀集注（明秀集注）
　〔注〕
40 魏大中
藏密齋集、附茅簷集
魏直
博愛心鑑
魏克己
和梅花百詠
魏校
奕世增光集〔輯〕
六書精蘊
莊渠遺書（魏先生遺書）
44 魏荔彤

金匱要略方論本義
魏暮
唐文宗實錄
魏世傑
魏興士文集
魏世儆
魏敬士文集
魏世儌
魏昭士文集
魏某
補紅樓夢
47 魏柳洲
嶺雲詩抄
50 魏泰
東軒筆錄、續錄
臨谿隱君集
臨漢隱居詩話
53 魏成訣
黃金葬法
55 魏耕
雪翁詩集
61 魏顯國
三才考
儒林全集〔輯〕
歷代守令傳
歷代相臣傳〔輯〕
64 魏時敏
竹谿詩集
67 魏野
魏仲先草堂集（草堂集）
鉅鹿東觀集（東觀集）、補遺
71 魏曠
魏文靖公摘稿
南齋稿
72 魏氏
增補紅樓夢
77 魏際瑞
四此堂稿
魏學洢
魏子敬遺集
茅簷集
86 魏錫曾
續語樓碑錄〔編〕
續語堂雜抄〔編〕
萃編校勘記〔編〕

90魏裳
　雲山堂集
97魏煥
　皇明九邊考

2643₀ 吳

00吳亮
　忍經
　吳亮嚴
　萬曆疏抄〔輯〕
　吳充
　英宗實録
　吳彥夔
　傳信適用方
　吳應明
　太常懷谿吳公奏議
　吳應箕
　庚辛壬癸録
　讀書止觀録
　復社姓氏録
　啓禎兩朝剝復録〔輯〕
　南都應試記
　南都防亂公揭熹朝忠節死臣列
　　傳
　樓山堂集、遺文、遺詩
　東林本末
　留都見聞録
　吳文溥
　南野草堂詩集
　吳文英
　夢窗詞(吳夢窗詞集)
　吳玄
　吾徵録
01吳龍翰
　古梅遺稿(古梅吟稿)
04吳訥
　朱晦菴文抄〔編〕
　祥刑要覽〔輯〕
　四朝名賢詞〔輯〕
　思菴文粹
　棠陰比事補編、續編
06吳韻
　全吳水略
08吳說

　古今絶句〔編〕
09吳麟徵
　吳中節公遺集、附年譜
10吳一嵩
　玉鎮山房近體剩稿
　太僕集
　吳一鵬
　吳文端公文集
　吳玉搢
　別雅
　金石存
　吳瑭
　温病條辨
　吳元音
　葬經箋注、圖説
　吳元緒
　左氏鼓吹
　吳元安
　虛直齋詩抄
　吳元滿
　六書正義
　六書總要
　諧聲指南
　書文音義便考
　吳元泰
　東遊記
　吳下習
　陶然亭〔填詞〕
　卷石夢〔填譜〕
　吳下遺民
　劉公旦先生死義記
　吳震方
　晚樹樓詩稿
　吳雯
　蓮洋詩選
　吳百朋
　娛暉堂文集
　吳晉錫
　孤臣泣血録
　半生自紀
　吳可
　藏海詩話
　藏海居士集
　吳可馴

　南硐詩抄
　吳雲
　鐘鼎款識
　吳雲甫
　固谿漫稿
11吳彌光
　勝朝遺事初編、二編〔輯〕
　吳幵
　優古堂詩話
12吳瑞
　本草（家傳日用本草、日用本草）〔編〕
　吳瑞登
　兩朝憲章録
　吳廷華
　三禮疑義
　儀禮章句
　儀禮疑義
　禮記疑義〔存疑〕
　東湖奏疏、東湖吟稿
　東壁疑義周禮
　周禮疑義〔存疑〕
　吳廷翰
　蘇原先生文集
　吳廷舉
　西巡類稿
　吳飛英
　括蒼集、後集、別集、續
13吳琯
　唐詩紀〔編〕
　古今逸史〔輯〕
14吳瓚
　武林紀事、續編〔編〕
15吳珠泉
　續板橋雜記
　吳融
　唐英歌詩（唐英集、吳融英歌詩）
17吳翌鳳
　宋金元詩删
　吳琚
　建康續志〔編〕
　吳舗
　三正考

吳承恩
　西遊記
吳子良
　赤城續志
　荆谿林下偶談（林下偶談）
吳子孝
　明珠集
18吳致堯
　九疑考古
20吳喬
　流寇長編〔輯〕
　圍鑪詩話
吳億
　谿園集
吳爱
　雪窗詩
吳爵
　莆陽科第錄〔輯〕
吳乘權
　明鑑易知錄〔編〕
吳維嶽
　天目山齋歲編
21吳仁傑
　離騷草木疏
　西漢刊誤補遺
　兩漢書刊誤補遺
　易圖說
　陶靖節年譜、年譜辨證、雜記
　　〔編〕
吳處厚
　青箱雜記
吳熊光
　湖北通志
吳卓信
　漢書地理志、補注
吳師孟
　經義模範
吳師道
　吳禮部文集（吳正傳集、吳正傳
　　先生文集、禮部集）、附錄
　吳禮部別集
　敬鄉錄
吳師機
　理瀹駢文

吳穎芳
　說文解字理董烈女傳
　昭慶律寺志
　吹豳錄
　周易類經
　金屑錄〔輯〕
22吳任臣
　山海經廣注〔輯〕
　十國春秋、拾遺
　明史曆志〔編〕
吳鼎
　過庭私錄、泉亭外集
　東莞學案〔輯〕
　易例舉要
　易堂問目
吳鼎立
　自流井風物名實說
吳嵩梁
　香蘇山館古體詩抄、今體詩抄
吳嶽
　清流摘鏡〔輯〕
吳綬
　詩壇叢韻
吳山
　復社姓氏傳略、續輯、卷首
　治河通考〔輯〕
吳繼仕
　音聲紀元
　七經圖〔編〕
吳繼茂
　嘉樹齋稿
23吳允嘉
　鶴山集抄〔輯〕
吳稼㘏
　元蓋副草（元蓋副草）
24吳化龍
　左氏蒙求
吳德旋
　古文緒論
吳偉業
　廣淵沉
　綏寇紀略
　綏寇紀略補遺
　復社紀事
　梁宮保壯猷記

　梅村詩集箋注
　梅村詩注、附詞、詩話
　梅村詩箋
　梅村集（吳梅村詩集）
　梅村家藏稿、補遺、附年譜
吳勉學
　二十子全書〔輯〕
吳升
　大觀錄
吳綺
　林蕙堂文集
　林蕙堂全集
吳納
　文章辨體、外集〔編〕
吳縝
　唐寫糾繆
　唐書辯證
　唐書糾繆
　新唐書糾繆
　五代史纂誤、雜錄
25吳甡
　柴菴疏集
　安危注〔編〕
　憶記
26吳自高
　善卷堂〔注〕
吳自牧
　夢梁錄
吳伯宛
　吳伯宛先生遺墨
吳伯宗
　榮進集
吳伯明
　泰山志
吳伯與
　雲事評略
吳儼
　吳文肅公摘稿
吳卓
　吾吾類稿
吳崑
　素問吳注
　醫方考、附脈語
27吳修

續疑年録〔編〕

吳紹濂
聲調譜説

吳紹古
龍江志

28吳傲
吳文肅公文集（竹洲文集）、附
　録、棣華雜著
竹洲詞

吳偕洛
傷寒分經
本草從新
成方切用〔輯〕

吳從政
襄沔記

吳從先
小窗自紀、豔紀、別紀
小窗清紀

30吳沆
環谿詩話
易璇璣

吳寧瀾
毘陵節烈傳前編、後編

吳寬
吳匏菴文稿
吳氏遺集
匏翁家藏集（家藏集）、補遺
竹爐新咏

吳永
續百川學海〔輯〕

吳永和
苔窗拾稿

吳永芳
嘉興府志

吳之鯨
武林梵志

吳之俊
獅山掌録

吳之振
宋詩抄〔輯〕
黃葉村莊詩集、後集、續集

吳騫
論印絶句、續拜經樓詩草
拜經樓抄本四種〔輯〕

拜經堂叢書十種〔輯〕
吳兔牀日記（兔牀日記）
惠陽山水紀勝國山碑考〔編〕
明黨禍始末記、熹朝閹黨禍國
　録
陳乾初先生年譜〔輯〕

吳守一
春秋日食質疑星野考

吳準齊
象爻説

吳宏
典刑録〔編〕

吳宏道
中州啓劄〔編〕

吳宗漢
心逸道人吟稿

31吳潛
吳丞相奏議（許國公奏議）
四明吟稿
履齋詞（履齋先生詩餘）
履齋遺集（履齋遺稿）

吳灝之
吳大身先生遺集、卷末

32吳澄
三禮考注
吳文正公詞（吳文正公詩餘）
吳文正公集、外集、學基學流、
　年譜
儀禮逸經傳
儀禮考注
禮記纂言
道德真經注
草廬文粹
草廬集
孝經〔注〕
孝經定本
中庸合注定本〔輯〕
書纂言（書經纂言）
春秋纂言、總例
四家詞
易纂言
易纂言外翼
月令七十二侯集解
小戴記纂言

吳淵
退菴先生遺集

吳兆
新安二布衣詩
吳非熊稿

吳兆宜
徐孝穆集箋注〔注〕

吳兆騫
秋笳集

吳沃堯
見吳趼人

33吳浚
吳允文集

吳必大
師誨、附録〔編〕

吳泳
鶴林集

吳溥
古崖先生集

吳祕
董子〔注〕
揚子法言（法言、揚子）〔注〕

34吳沈
澂川集

吳遰
帝王系譜

35吳清鵬
笏菴詩稿

36吳渭
月泉吟社詩〔編〕

37吳沉
存心録

吳淑
江淮異人録
祕閣閒談
宋太宗實録（太宗實録）
事類賦（事類賦注）〔注〕

吳瀨
歷代疆域志

吳祖德
怡園五種

吳祖修
柳塘詩集

吳逸

古歙山川圖〔繪〕

38吳澂
地理葬書集注〔編〕
葬書釋注〔輯〕

吳激
吳彥高詞

吳海
聞過齋集

吳啟崑
春秋臆説

吳道行
熙朝奏疏〔輯〕

吳道南
文華大訓箴解

40吳大經
藂桂軒詩

吳大澂
説文古籀補、補遺、附錄
權衡度量實驗考
閩中金石存佚記

吳大有
千古功名鏡
皇明名臣像圖

吳大鎔
道國元公濂谿
周夫子志〔主修〕

吳士奇
鷺洲書院三祀志

吳克誠
天玉經外傳

吳肅
陽宅撮要

吳希孟
釣臺集〔編〕

吳有性
瘟疫論、補遺

吳志忠
四書集注(四書章句集注)、附
錄〔輯〕

吳嘉紀
陋軒詩

吳壽暘
拜經樓藏書題跋記

吳枋

宜齋野乘、續

吳檟
吳山人集

43吳越草莽臣
斥奸書

吳朴
龍飛紀略

吳棫
韻補(吳才老韻補)
論語續解、考異、説例
毛詩補音
書裨傳

44吳夢暘
射堂詩抄

吳兢
唐中宗實錄
唐則天實錄
貞觀政要
樂府古題要解
吳氏西齋目
古樂府
開元昇平源記

吳芳
吳自湖鎮廣記剳

吳芾
湖山集、別集、和陶詩、附錄

吳蘭庭
五代史纂誤補

吳蘭修
端谿硯史

吳蔚光
素修堂詩集、後集、補遺

吳莘
西漢補注
西漢鑑
楚州圖經

吳孝章
昭代名臣志抄〔輯〕

吳英
經句説

吳若
東南防守利便

吳蕃昌
祗欠菴集

吳世章
夷途針路

吳世斿
廣廣事類賦

吳世濟
太和縣禦寇始末

吳世杰
崇禎四十九閣臣合傳

吳世忠
洪範考疑

吳世臨
鳴嶺集

吳楚
卜兆真機
寶命真詮

吳其貞
書畫記

吳某
鼓掌絶塵

吳萊
三朝野史
吳先生集(吳淵穎集、淵穎集)、
附錄
南海山水古蹟記
桂洲詞〔編〕

吳桂森
周易儀象述(儀象述)

吳桂芳
師略衷言

46吳恕
傷寒活人指掌圖

吳如愚
準齋雜説
易説(準齋吳如愚易説)

47吳均
續齊諧記
吳均集

吳坰
五總志
夢華子集

吳起
吳子

48吳敬
九章算法比類大全〔編〕

吳敬梓
　儒林外史
吳枚菴
　與稽齋叢稿
吳梅
　霜厓詞録
50吳中順
　交食算草
　心逸軒算稿
　中星圖表
吳中行
　賜餘堂集
吳聿
　觀林詩話
吳泰來
　硯山堂詩集
吳肅公
　詩問
　讀禮問
　讀書論世
　天官考異
　街南文集、補、續集
吳本立
　痢證匯參
吳本泰
　西谿梵隱志
　吳吏部集、海粟堂詩、東膽集、
　　西征集、北遊集、南還草、岳
　　遊草、秋舫箋
吳東發
　商周文拾遺
　羣經字考
52吳撝謙
　易象會旨
吳靜軒
　歷代傳國世次〔編〕
53吳拭
　雞林志
吳成佐
　經史論存、補
55吳農祥
　吳莘叟先生集
　澄觀堂詩抄
　梧園詩文集

57吳邦策
　國變録
58吳掄
　禮樂通考
60吳國仕
　楚邊圖説
吳國倫
　甀甄洞稿
　甀甄洞續稿
　陳張事略
吳國士
　萬年底定録
吳國輔
　今古輿地圖
吳易
　吳長興伯集
　吳節愍遺集
吳昌綬
　松鄰遺集
吳昂駒
　桃谿書畫録〔輯〕
吳景鸞
　天機望龍經
　鉗龍經
吳景奎
　藥房樵唱、附録
吳景旭
　歷代詩話
61吳趼人
　新石頭記
　二十年目睹之怪現狀
　電術奇談
　上海遊驂録
　瞎編奇聞
　恨海
　糊突世界
62吳則禮
　北湖集、長短句
63吳貽先
　風月鑑
64吳時行
　兩洲集
吳時來
　江防考

66吳曣
　左司筆記
67吳明濟
　朝鮮詩選〔選〕
　朝鮮世紀
吳照
　説文偏旁考
71吳歷
　墨井詩抄、三巴集、畫跋
吳頤元
　吳氏墨記〔輯〕
74吳騏
　吳日干先生文集
75吳陳炎
　春秋三傳異同考
　曠園雜志
77吳隆元
　讀易管窺
　易宮
吳門嘯客
　孫龐鬥志演義
吳鵬
　飛鴻亭集
吳履震
　五茸志逸、補
吳殳
　西崑發微
　將亡妖孽〔輯〕
　甲申剩事〔輯〕
　懷陵流寇始終録、附録〔輯〕
吳學儼
　地圖綜要〔編〕
吳與弼
　康齋文集、附録
　吳康齋集選
吳興祚
　廣西通志
　廣東全省輿圖
80吳慈鶴
　吳侍讀全集
吳普
　神農本草經(本草經)〔述〕
吳曾
　辨誤録

能改齋漫録
左氏發揮
南北征伐編年〔編〕
82吳鍾巒
十願齋全集
黃山詩
嶵山先生殘稿
83吳鉽
惠山聽松菴竹鑪圖詠〔輯〕
吳鎔
白嶽凝煙〔繪〕
84吳鎮
梅花道人遺墨（梅道人遺墨）
86吳錫麒
有正味齋駢體文、詩、外集匏居
　小稿、有正味齋琴音
吳錫疇
蘭皐集
87吳銘道
復社姓氏補録
88吳鑑
敬齋詞
吳筠
玄綱、神仙可學論、形神可固論
元綱論
吳筠集（吳筠宗先生集）
宗玄先生文集（宗元先生集）、
　附施真人集
吳敏
吳丞相手録
大觀録
吳敏道
觀權稿
吳節
南廱志
吉安郡志
吳箕
常談
90吳懷清
關中三李年譜、補遺〔編〕
吳尚儉
續後漢書
吳當
學言稿

吳省蘭
聽彝堂偶存稿
吳省欽
白華詩抄、文抄
官韻考異
吳炎
吳赤溟先生文集
潘吳兩今樂府（今樂府）
吳棠
清河縣志
91吳炟
目遠堂琴譜
吳炳
綠牡丹
情郵傳奇
吳焯
玲瓏簾詞
渚陸鴻飛集
南宋雜事詩
藥園詩稿（藥園集）
藥園古體詩、今體詩
97吳炯
叢語

2664₁　嶧
46嶧如
奕正〔輯〕

2690₀　和
24和嶸
疑獄集
30和寧
三州輯略
37和凝
疑獄
疑獄集

緦
50緦素樓主人
虞陽説苑甲編、乙編〔輯〕

2691₄　程
00程應旄
傷寒論後條辨
程庭鷺

多暇録
程庭
若菴集
程文德
程文恭公遺稿
松谿集
02程端禮
程氏家塾讀書分年日程（讀書
　分年日程、程氏日程）〔編〕
畏齋集
程端學
積齋集
春秋三傳辨疑
春秋本義、綱領
春秋或問
04程誥
霞域集
08程敦厚
義林
10程一枝
史銓
程正揆
先朝遺事
青谿遺稿
甲申滄州紀事
程玉潤
易窺
程玉善
史砭
程元初
季周傳〔輯〕
程百二
方輿勝略
程晉芳
勉行堂詩集、文集
載園詩集近詩
程可中
程仲權詩集、文集
程可則
海日堂集詩、文
12程廷祚
禘袷辨誤
春秋識小録

晚書訂疑

13程珌

　程端明公洺水集（洺水集）

17程瑤田

　讓堂亦政録

　讀書求解、修辭餘抄

　論學小記、外篇

　禹貢三江考

　樂器三事能言

　釋宮小記

　釋草小記

　釋蟲小記

　儀禮喪服足徵記

　宗法小記

　通藝録十九種、附三種

　九穀考

　考工創物小記、磬折古義、溝洫

　　疆理小記

　聲律小記、琴音紀續篇

　數度小記

19程瑛

　説文引經考

21程師孟

　會稽掇英總集、續集〔編〕

22程川

　五經語類

23程允基

　琴談

24程德洽

　説文廣義〔輯〕

26程得齡

　人壽金鑑〔輯〕

程穆衡

　水滸傳注略

27程俱

　麟臺故事

　北山律式

　北山小集

　班左誨蒙

　程氏廣訓

　徽廟實録

程峋

　壬午平海紀

28程徵

青谿文集續編

程從龍

　秦漢印譜〔編〕

程復心

　四書章圖隱括總要發義

30程遂

　蕭然吟

程良玉

　易冒

程良孺

　茹古略集〔輯〕

程宗猷

　射史〔編〕

　少林棍法

　少林棍法闡宗、蹶張心法、長槍

　　法選、單刀法選

31程源

　孤臣紀哭

33程演生

　天啓黄山大獄記

　中國内亂外禍歷史叢書〔編〕

34程汝繼

　周易宗義〔輯〕

程達

　警語類抄

36程過孫

　成都文類〔編〕

37程鴻詔

　夏小正集説、存説

程迴

　三器圖義

　玉泉講學

　易占

　周易古占法、古周易章句外編

　　〔編〕

　醫經正本書、芻記

程通

　貞白齋集

38程道生

　遁甲演義

　輿地圖考

40程大純

　筆記

程大約

程氏墨苑（程幼博墨苑、墨苑）

程大中

　四書逸箋

程大昌

　雍録

　文簡公詞

　北邊備對、附北轅録

　禹貢論、後論

　禹貢山川地理圖（禹貢圖）

　續考古編（程氏續考古篇）

　程文簡集

　演繁露（程氏演蕃露、程氏演繁

　　露）

　演繁露續集（續演繁）

　考古編（程氏考古編）

　書譜

　典雅詞十種

　易老通言

　易原

程垓

　書舟詞

程希堯

　文園漫語

程嘉燧

　新安二布衣詩、雪浪詩、松寥

　　詩、吳裝詩

　松圓浪淘集、偈菴集

　耦耕堂詩文

　常熟縣破山興福寺志〔輯〕

程雄

　松風閣琴譜、附抒懷操

44程鷟

　秋水詩抄

　秋水詩抄續刻、舊刻

程林

　聖濟總録纂要〔編〕

47程起龍

　古今女範〔寫圖〕

50程本

　子華子

程本立

　巽隱集（程先生文集、巽隱齋

　　集、巽隱程先生文集）、附録

52程哲

蓉槎蠡説
60程曈
聞闢録
程國彭
醫學心悟、附華佗外科證治藥方
程國楝
嘉定縣志〔修〕
程恩
岐阜樵歌摘稿、附録
程恩澤
程侍郎遺集
戰國策地名考(國策地名考)
程晏
程晏集
61程顥
二程文集、附録
二程外書
二程遺書、附録
二程全書
程氏文集
程氏外書
程氏遺書、附録、遺文、經説、明道文集、伊川文集
大易粹言、總論
明道先生文集、遺文
67程明哲
考工記纂注
程明善
嘯餘集
程明愫
華亭縣志〔輯〕
程嗣章
明儒講學考
71程匡柔
大唐補記
程頤
詩説(伊川程先生詩説)
論語説(伊川程先生論語説)
二程文集、附録
二程外書
二程遺書、附録
二程全書
孟子解
程氏文集
程氏雜説
程氏外書
程氏祭禮
程氏遺書、附録、遺文、經説、明道文集、伊川文集
伊川集
河南經説
中庸解(明道中庸解)
書説(伊川書説)
春秋傳
易傳(程氏易傳、伊川程先生易傳)
易解(伊川程先生易解)、繫辭精義
周易(伊川先生點校附音周易)
周易(周易注)〔傳〕
周易經傳(伊川程先生周易經傳、周易傳義、周易程傳、周易程朱傳義)〔傳〕
周易程氏傳
77程際盛
三禮鄭注考
稻香樓詩集、賦抄
清河偶抄
程與權
易學啓蒙小傳、附古經傳
80程愈
小學集説〔編〕
程公説
春秋分記、附例要
程公許
滄洲塵缶編、内外制
81程鉅夫
程先生文集(雪樓先生文集、程雪樓先生文集、楚國文憲公雪樓程先生文集)
88程敏政
新安文獻志、事略
皇明文衡〔編〕
程先生文集、拾遺、雜著、別集、行素稿
宋紀受終考
宋遺民録〔輯〕
心經附注〔注〕
道一編
篁墩文粹
99程榮
漢魏叢書〔輯〕

2692_2　穆

10穆爾賽
山西通志
26穆伯芻
盡忠補過録
27穆蠡
皇帝醫相馬經
穆修
穆參軍集(穆先生文集、穆河南集、穆公集)、附遺事
40穆希文
説原
蟫史〔輯〕
77穆尼閣
天步真原〔譯〕
天學會通

2711_7　艷

27艷艷生
昭陽趣史〔編〕

2712_7　歸

17歸子慕
歸季思陶菴遺稿、續稿、札記、拾遺
陶菴稿
31歸灝
玉海日編
40歸有光
諸子彙函〔編〕
二吳水利録
歸震川先生文集(震川先生文集、歸先生文集、歸太僕先生文集)、別集
歸震川先生文抄
歸震川先生兔園雜抄(兔園雜抄)

歸震川先生未刻集
歸震川先生未刻稿
道德經譯注〔批閱〕
44歸莊
歸玄恭文抄

2713₂ 黎

00黎立武
大學本旨、中庸指歸
大學發微、中庸分章
05黎靖德
朱子語類(晦菴語類)〔編〕
21黎貞
秫坡先生集
22黎崱
安南志略
27黎久
未齋雜釋
38黎遂球
蓮鬚閣文抄
蓮鬚閣集
40黎士宏
託素齋詩集、文集
黎堯卿
諸子纂要
43黎式
河工奏摺〔序〕
77黎民壽
玉函經解〔注〕
黎居士簡易方論
黎民表
瑤石山人詩稿
黎錞
春秋經解
88黎簡
五百四峯堂詩抄

2720₇ 多

60多羅貝勒
多羅貝勒尚書
致平西大將軍書

2721₂ 危

00危亦林

世醫得效方(危氏世醫得效方)
40危大有
道德真經集義
危太樸
學齋稿
50危素
說學齋集
說學齋稿附續集
危太樸雲林集(雲林集)、附文
危太樸集
67危昭德
春山四六
巽齋先生四六

2721₇ 倪

08倪謙
倪文僖公集
遼海編
朝鮮紀事
10倪元璐
倪文貞公文集 (倪鴻寶應集)、
續編、奏疏、講編、詩集
鴻寶應本、遺稿、代言選、講編、
奏牘
兒易外儀(倪氏兒易外儀)
兒易內儀
倪天隱
周易口義
12倪瑤
神州古史考
周易兼兩
14倪瓚
倪雲林先生詩集 (雲林詩集)、
外集詩、附錄、續集詩、雜著、
雲林遺事
清祕閣集
清閟閣遺稿、世系圖
20倪維德
原機啓微、附錄
22倪偁
綺川詞、文定公詞
綺川集
倪山夫

武林石刻記
倪繼宗
續姚江逸詩〔輯〕
25倪朱謨
本草彙言
28倪復
詩傳纂義
鐘律通考
30倪濂
蕉園集
倪守約
金華赤松山志(赤松山志)
倪宗正
倪小野集
34倪濤
玉谿集
周易蛾術〔輯〕
35倪涷
閒閒堂會心錄
37倪鴻範
集德堂詩
倪祖義
吳興分類詩集〔編〕
倪祖常
倪文節言行錄遺奏誌狀碑銘謚
議〔輯〕
40倪士毅
孟子集注輯釋〔輯釋〕
作義要訣(作文要訣)
大學章句重訂輯釋章圖通義大
成、朱子大學或問重訂輯釋
通義大成、中庸朱子章句重
訂輯釋通義大成、中庸或問
重訂輯釋通義大成、論語集
注重訂輯釋章圖通義
四書通義大成、檃括總要發義
四書輯釋〔輯〕
倪在田
續明史紀事本末
倪希程
詩準、詩翼〔編〕
43倪朴
倪石陵書
57倪輅

南詔野史
60倪思
　齊齋臺諫論
　齊齋奏議、掖垣繳論、銀臺章
　　奏、臺諫論、昆命元龜説
　齊齋甲稿、乙稿、翰林前稿
　班馬異同
　經鉏堂雜志
　遷史删改古書異辭
　馬班異辭
倪思寬
　二如齋讀書記
　經籍録要
72倪岳
　倪文毅公集
　青谿漫稿
　竹爐新咏
80倪會鼎
　倪文正公年譜〔編〕
99倪榮桂
　中西星要五種

2722₀　向

11向璿
　向楊齋集、志學後録、謁露編
17向子諲
　酒邊集
　酒邊集江南新詞、江北舊詞
30向滈
　樂齋詞
80向善主人
　採花心〔編〕

御

44御藥院
　惠民御藥院方〔編〕

2722₂　修

10修正山人
　碧玉樓〔編〕
60修國史院
　四朝國史
77修已
　金剛經旨要

2723₃　佟

63佟賦偉
　二樓紀略〔輯〕

2723₄　侯

00侯方域
　壯悔堂文集、古文逸稿、詩集
侯玄訪
　月蟬筆露
10侯一元
　二谷山人集
12侯延慶
　退齋詞
　退齋居士文集
14侯功震
　痘疹大成
22侯繼高
　全浙兵制〔輯〕
24侯先春
　諫草存笥
25侯失勒
　談天、附表
27侯甸
　西樵野記
侯峒曾
　侯忠節公全集
28侯復
　侯先生詩集、文集
　侯助教詩文集
　觀光集、文集
30侯寘
　嬾窟詞（嬾窟詞）
40侯克中
　艮齋詩集
47侯起鳳
　侯忠節公全集〔輯〕
60侯易曦
　四書外傳
62侯晰
　梁谿詞選〔輯〕
80侯善淵
　陰符經注

2724₇　殷

00殷文珪
　殷文珪集
10殷元正
　易緯通卦驗〔輯〕
　易緯是類謀〔輯〕
殷雲霄
　石川集
12殷璠
　河嶽英靈集
25殷仲茂
　十三代史目
40殷奎
　殷强齋先生文集
殷堯藩
　殷堯藩集
42殷坧
　雪篷集
44殷芸
　殷芸小説
48殷敬順
　列子釋文

2725₂　解

12解延年
　物類集説
21解縉
　列女傳（古今列女傳）
　解學士詩集
　解學士集（解學士縉紳先生集）
　永樂大典〔輯〕
　春雨齋集
　春雨雜述
30解滾
　解學士年譜〔續編〕
31解禎亮
　解學士年譜〔類編〕
解禎明
　解學士年譜〔類編〕
44解蒙
　易精蘊大義
80解鎬
　解學士年譜〔續編〕

2725₇ 伊

20伊秉綬
留春草堂詩抄
44伊世珍
嫏嬛記（琅嬛記）
60伊里布
雲南通志

2726₁ 詹

00詹應甲
賜綺堂集
21詹仁澤
祠山家世編年〔編〕
37詹初
詹先生集
流塘集
寒松草閣集、附錄
38詹道傳
四書纂箋
39詹泮
少華先生遺稿
40詹在泮
諸儒微言、說書隨筆〔輯〕
60詹景鳳
詹氏性理小辨
畫苑補益
明辨類函
77詹熙
花柳深情傳

2731₂ 鮑

00鮑應鰲
瑞芝山房集
皇明臣謚彙考
明臣謚考
10鮑雲龍
天原發微
12鮑瑞駿
桐華閣明季詠史詩抄
鮑廷博
花韻軒詠物詩存
知不足齋叢書〔輯〕
22鮑彪

戰國策（國策、戰國策校注）
〔注〕
鮑山
野菜博錄〔編〕
24鮑倚雲
退餘叢話
荔枝詞
33鮑溶
鮑溶詩集、集外詩
38鮑澣之
開禧歷、立成
39鮑泮
開化志〔輯〕
50鮑泰
天心復要
67鮑照
鮑參軍集（鮑明遠集、鮑照集、
鮑氏集）
88鮑鉁
神勺〔輯〕
道腴堂詩編
90鮑當
清風集
94鮑慎由
夷白堂小集、別集
97鮑恂
大易鉤元

2732₇ 烏

42烏斯道
春草齋集、附錄

鄔

67鄔鳴雷
麻姑山丹霞洞天志

2733₂ 忽

60忽思慧
飲膳正要
80忽公泰
金蘭循經取穴圖解

2733₆ 魚

00魚玄機

唐宋三婦人集
魚玄機詩（魚元機集、女郎魚玄
機詩）

2742₇ 鄒

10鄒一桂
小山畫譜
鄒元標
鄒忠介公奏疏、存真集
南皋集選
願學集
12鄒弢
海上塵天影
鄒烈
周易纂
鄒廷模
丹陽縣志〔輯〕
20鄒季友
書集傳音釋
尚書音釋
尚書經傳音釋、序、附尚書纂圖
21鄒衍
鄒子
鄒衡
嘉興志補
24鄒德涵
鄒聚所文集、附外集
鄒德溥
易會
26鄒伯奇
赤道南北恒星圖
春秋經傳日月考
周髀算經考證
鄒泉
經史格要
30鄒淮
天文考異
星象考
鄒之麟
先朝佚事
鄒守益
俟知堂集
鄒先生文集

東廓文集

32 鄒祗謨

鄒訏士詩集

鄒近仁

尚書蔡傳音釋辨誤

33 鄒必顯

飛跎全傳

鄒補之

毘陵志

34 鄒澍學

本經疏證、本經序疏要、本經續
疏〔編〕

鄒漪

啓禎野乘二集

啓禎野乘初集

明季遺聞〔輯〕

明季遺聞拾遺〔輯〕

鄒漢勳

顓頊憲考

顓頊曆考

鄒浩

鄒忠公文集(鄒道鄉集、鄒忠公
道鄉集、道鄉集)

鄒忠公奏議

35 鄒迪光

調象菴稿

石語齋集

38 鄒道光

彙苑詳注〔輯〕

47 鄒期楨

尚書揆

50 鄒忠允

詩傳闡

66 鄒鳴鶴

新硯山房書目

77 鄒居仲

鄭成功傳(白麓藏書鄭成功傳、
國姓爺鄭成功傳)

86 鄒智

玄齋遺文(立齋遺稿)、附錄

90 鄒光祖

切韻指掌圖檢例

鄒棠

鄒氏道山集

91 鄒炳泰

紀聽松菴竹鑪始末

2744₇　般

52 般剌密帝

大佛頂首楞嚴經會解（大佛頂
如來密因修證了義諸菩薩萬
行首楞嚴經）〔譯〕

易筋經義〔譯〕

般剌密諦

見般剌密帝

2760₃　魯

00 魯應龍

閒窗括異志

10 魯一同

邳州志

魯玉

周易兼兩

魯可藻

嶺表紀年

18 魯珍

曆法通書大全

20 魯重民

合纂類語〔輯〕

21 魯貞

桐山老農集

22 魯訔

杜工部詩集〔注〕

杜工部詩年譜

杜工部草堂詩箋(草堂詩箋)、
外集、補遺、年譜、詩話

26 魯伯嗣

嬰童百問

40 魯九皋

山木居士外集

61 魯點

齊雲山志

黃樓集〔輯〕

67 魯明善

農桑衣食撮要(農桑撮要)

80 魯曾煜

秋塍文抄、詩抄

秋塍三州詩抄

86 魯鐸

魯文恪公集

2762₀　句

12 句延慶

錦里耆舊傳、續傳

2762₇　郜

96 郜煜

易經理輯

郇

00 郇彥清

六壬總要〔輯〕

2771₂　包

03 包誠

傷寒審證表

07 包謝

河洛春秋

18 包瑜

續會通韻府羣玉

20 包秉德

包卽山遺詩選

21 包何

包何集

包衡西

清賞錄〔輯〕

24 包佶

包佶集

34 包汝楫

南中紀聞

40 包大中

包參軍集

包希魯

說文解字補義

56 包揚

文說〔輯〕

57 包拯

包公奏議(包孝肅奏議集、孝肅
包公奏議集、孝肅奏議)

80 包羲氏

坤鑿度

88 包節

苑詩類選〔編〕
陝西行都司志

91包恢
敝帚稿略

94包慎言
公羊曆譜

2772₀ 勾

26勾吳外史
明清紀略目録

幻

40幻眞先生
胎息經〔注〕

58幻輪
釋氏稽古略續集〔編〕

2773₂ 餐

44餐花主人
濃情快史

2791₇ 紀

10紀元之
歷代帝王中西紀元彙考〔編〕

17紀君祥
趙氏孤兒

45紀坤
花王閣賸稿

65紀映鍾
戇叟詩抄

67紀昀
河源紀略〔纂修〕
四庫全書總目提要（四庫全書總目）
四庫全書簡明目録
明懿安皇后外傳

99紀燮
孫子〔集注〕

2792₂ 繆

40繆希雍
先醒齋廣筆記、附炮製大成
先醒齋筆記
神農本草經疏

繆存濟
識病捷法

48繆敬持
東林同難錄附東林同難列傳〔輯〕

60繆思恭
至正庚辛唱和詩

繆昌期
從野堂存稿

2794₀ 紉

29紉秋主人
明季史料叢書〔編〕

2796₂ 紹

22紹嵩
亞愚江浙紀行集句詩〔輯〕

60紹曇
五家正宗贊

77紹隆
圓悟禪師語録、法語

2820₀ 似

21似經
慶元府阿育王山廣利禪師語録

2823₇ 伶

10伶元子
飛燕外傳

2826₆ 僧

34僧祐
弘明集（宏明集）
釋迦氏譜（釋迦譜）

2829₄ 徐

00徐立綱
禮記旁訓
徐鹿卿
徐清正公存稿（徐先生存稿、徐清正公集、清正存稿）、附録
徐彦
春秋公羊傳疏（春秋公羊疏）〔疏〕

春秋公羊傳注疏（春秋公羊注疏、公羊正義、公羊傳注疏、公羊注疏）〔疏〕
徐彦純
玉機微義
徐商
漢上題襟集
徐庸
太玄經（太元經）〔注〕
南州集
易意蘊凡例總論
易緼（徐庸易緼）
徐應秋
玉芝堂談薈
徐應奎
易象彙詮〔輯〕
徐應芳
燕都志變
徐度
南窗紀談
國紀
卻掃編（却掃編、郤掃編）
徐慶
信徵録
徐文靖
天文考異
天下山河兩戒考〔輯〕
禹貢會箋
徐位山六種
志寧堂稿
竹書統箋（竹書紀年統箋）
管城碩記
徐文沔
楊文敏公年譜〔編〕
徐文長
隋唐演義〔評〕
徐文卿
蕭秋詩集

04徐竑
明名臣琬琰録、後録、續録

08徐謙
痘疹仁端録（仁端録）

10徐一夔
大明集禮

始豐稿
始豐前稿
徐正卿
　剪勝野聞
徐元傑
　楳埜集
徐元禧
　殘明書
徐元太
　喻林
　全史吏鑑〔輯〕
徐震
　珍珠舶
　後七國志
　鴛鴦媒
　賽花鈴
　桃花影
　夢月樓情史
　燈月緣
徐靈府
　文子（通玄真經、通元真經）
　〔注〕
　文子合注
　天臺山記
徐天麟
　兩漢會要（西漢會要東漢會要）
　西漢會要
　東漢會要
　前漢六帖
徐石麒
　可經堂集
　官爵志
徐晉卿
　春秋經傳類對賦（春秋類對賦）
11徐非雲
　江浙叛案錄〔輯〕
徐碩
　嘉禾志（至元嘉禾志）
12徐璣
　二薇亭詩集
　徐璣集
　永嘉四靈詩（四靈詩）
徐弘祖
　徐霞客遊記

徐發
　天元曆理
徐廷垣
　春秋管窺
15徐建寅
　談天、附表〔續述〕
16徐理
　琴統、外篇
17徐孟章
　雲樵詩稿
徐孟麥
　徐孟麥菜譜
徐珊
　卯洞集
徐鼒
　小腆紀傳、補遺
徐承慶
　說文解字注匡謬
徐子平
　珞琭子（珞琭子三命消息賦、珞
　琭子三命消息賦注、珞琭子
　賦注、四家注解經進珞琭子
　三命消息賦）〔注〕
　千里馬三命
徐子晉
　前塵夢影錄
徐子室
　元譜南曲九宮正始〔輯〕
徐子光
　蒙求（古本蒙求、蒙求集注、蒙
　求補注）〔補注〕
20徐俯
　東湖集
徐孚遠
　徐闇公先生遺文
徐秉義
　詩經識餘〔輯〕
　培林堂書目〔編〕
　書經識餘
　春秋識餘
　易經識餘
　明末忠烈紀實
徐絃
　皇明名臣琬琰錄、後錄、續錄

〔輯〕
21徐衍
　風騷契代
徐熊飛
　春雪亭詩話
徐師曾
　文體明辨
　王先生文粹〔輯〕
　吳江縣志
　禮記纂注
徐貞明
　潞水客談
徐經孫
　徐文惠公存稿（徐文惠公集）、
　附錄
　矩山存稿
22徐任卿
　有涯文集
徐僑
　毅齋詩集別錄、附家傳
徐繼思
　易論
徐繼畬
　瀛環志略〔輯〕
徐崧
　詩風集〔編〕
23徐允祿
　思親齋集
徐獻忠
　六朝聲偶集〔輯〕
　吳興掌故集〔輯〕
　長谷集
　金石文〔輯〕
徐俊
　五知齋琴譜
24徐待聘
　雁山志勝
徐勉之
　保越錄
25徐積
　徐仲車詩
　節孝語錄（節孝先生語）
　節孝先生文集（徐節孝集）、事
　實

26徐自明
　零陵志
　宋宰輔編年録
徐伯齡
　蟬精雋
徐得之
　西園鼓吹
　春秋左氏國紀〔編〕
　靜安作具、別集
徐總幹
　易傳燈
27徐象梅
　兩浙名賢録、外録〔輯〕
徐黌
　徐公釣磯文集（釣磯文集）
徐紹基
　人嶽萃編〔編〕
28徐以震
　南墅小稿
徐以泰
　緑衫野屋集
徐以昇
　南陔堂詩集
徐徽
　滁陽慶歷集、後集
徐復祚
　紅梨記
徐從治
　徐忠烈公集
　圍城日録
30徐安貞
　徐侍郎集
徐宮
　六書精蘊音釋
徐官
　古今印史
徐寅
　徐正字文集
徐賓
　歷代黨鑑〔輯〕
31徐源
　瓜涇集
徐禎稷
　耻言

徐禎卿
　徐迪功集（迪功集）、外集、談藝録
　翦勝野聞
33徐必達
　伊川經説〔編〕
徐沁
　謝皋羽年譜游録注
徐泌
　明畫録
徐浦
　徐文靖公謙齋集
徐述夔
　八洞天
34徐波
　浪齋新舊詩
徐浩
　盧陵王傳
徐達左
　顔子疏解〔編〕
　顔子鼎編〔編〕
　傳道四子書〔編〕
　金蘭集（金蘭集稿）、附録
35徐迪惠
　地理辨正圖説
37徐渭
　徐文長文集、三集
　徐文長逸稿、自著畸譜
　酒史
　茶經
　青藤山人路史
　四聲猿
　筆玄要旨（筆元要旨）
徐渭仁
　建昭雁足鐙考
　徐氏家祭禮
徐袍
　金仁山先生年譜〔編〕
徐逢吉
　清波小志
38徐汾
　廣羣輔録
徐道符
　六壬心鏡

徐道邈
　西昇經〔注〕
40徐大椿
　傷寒論類方（傷寒類方）
　神農本草經百種録
　難經經釋
　蘭臺軌範
　老子注（道德經注）、陰符經注〔注〕
　醫學源流論
　醫貫砭
徐大焯
　爐餘録
徐士俊
　尺牘新語二集〔輯〕
徐士芬
　漱芳閣集
徐士燕
　徐籀莊先生年譜〔編〕
　從古堂款識學〔編〕
徐在漢
　易或
徐肅
　小腆紀年附考
徐有壬
　表算日食三差
　朔食九服里差
徐有貞
　徐先生集
徐赤五
　傷寒論集注、外篇〔集注〕
徐志鼎
　紅亭日記
徐嘉泰
　西天目山志〔輯〕
徐奮鵬
　古今治統
徐賁
　北郭集
徐來復
　素翰堂集
徐枋
　居易堂集
41徐樞

寰宇分合志

徐柯
一老菴遺稿

42徐媛子
絡緯吟

徐彬
金匱要略論注〔注〕

43徐栻
湖廣總志

44徐基
十峯集

徐夢莘
三朝北盟會編（北盟會編）、集補〔編〕

徐兢
宣和奉使高麗圖經（高麗圖經）
奉使高麗記

徐芳烈
浙東紀略

徐蘭
出塞詩、塞上集唐六歌、附錄

徐蘋村
徐蘋村全稿

徐懋賢
忠貞軼記〔輯〕

徐英秋
駢字憑霄

徐世溥
江變紀略
榆谿集選、補

徐樹丕
識小錄
杜詩執鞭錄

徐樹百
徐樹百先生遺著

徐樹穀
李義山文集箋注〔箋〕

徐樹人
兵鑑、附錄〔輯〕

徐樹敏
衆香詞〔輯〕

46徐旭旦
世經堂文集、詩集
世經堂詩抄

徐幔
陳后金鳳外傳

徐如珂
攻渝諸將小傳、附望雲樓稿〔編〕
攻渝紀事〔編〕

47徐朝俊
高厚蒙求
天學入門
海域大觀
中星表
揆日正方圖表

徐柳橋
鄞縣志

48徐增
九誥堂説今詩

徐乾學
讀禮通考
傳是樓宋元版書目
傳是樓宋版書目（崑山徐氏傳是樓宋版書目）
傳是樓藏書目
傳是樓書目
徐憺園集（憺園集）
通志堂經解（通志堂彙刻經解）〔輯〕
古文淵鑑〔編〕

徐幹
徐幹中論（中論）
中論曆數

徐敬德
徐花潭先生集

50徐中行
天目先生集、附錄
青蘿館詩

徐泰
皇明風雅〔編〕

徐書受
教經堂詩集

徐春甫
古今醫統大全（醫統大全）〔編〕

徐表然
武夷山志

徐柬

郭公言行錄（復齋郭公言行錄、運使復齋郭公言行錄）
郭公敏行錄（運使復齋郭公敏行錄）

53徐咸
皇朝名臣言行錄前集（皇明名臣言行錄前集）、後集、續集〔輯〕
近代名臣言行錄

54徐勣
本草、補輯

58徐整
三五曆記

60徐星友
兼山堂弈譜

徐國相
湖廣通志

徐晟
續名賢小記

徐昌祚
燕山叢錄

徐昂發
乙未亭詩集
畏壘山人文集
畏壘山人詩集
畏壘筆記

徐景
玉璽雜記

徐景休
古文參同契、補遺三相類〔注〕

61徐顯
稗史集傳

徐顯卿
天遠樓集

64徐時行
羣書纂粹〔輯〕

徐時勳
胡氏傳家錄

徐時進
鳩茲集選
啜墨亭集

65徐映玉
南樓吟稿

67徐明善

芳谷文集

徐鳴鶴
今古文抄〔編〕

徐昭慶
檀弓通
考工記通

徐昭華
徐都講詩

徐照
徐照集
永嘉四靈詩（四靈詩）
芳蘭軒集

71徐階
世經堂集
少湖文集

72徐氏
閨秀集

徐岳
數術記遺（術數記遺）
見聞錄

73徐駿
詩文軌範
五服集證

74徐陵
玉臺新詠、續玉臺新詠〔編〕
徐孝穆集（徐孝穆詩文集）
徐孝穆集箋注

75徐體乾
周易不我解

徐堅
西京職官印錄
初學記

77徐鳳
北門集（徐學士北門集）

徐鳳彩
幾社壬申文選

徐用誠
本草發揮

徐用宣
袖珍小兒方〔輯〕

徐用檢
三儒類要〔編〕

徐居正
東國通鑑

徐居仁
杜工部詩集、文集〔編〕

徐學謨
海偶集、春明集
世廟識餘錄〔輯〕
春秋億
郧陽府志

徐學聚
國朝典彙〔輯〕

徐學師
石龍菴集、附刻

徐開任
明名臣言行錄〔編〕

徐問
讀書劄記
山堂萃稿

78徐鑑
諸經諸史記數

80徐鉉
稽神錄、補遺、拾遺
徐騎省集（徐鉉集、徐公文集、
　徐常侍集、騎省集）
江南錄

徐夔
凌雪軒詩集
凌雪軒集

徐善
易論（逸亭徐繼思易論）
尚書直指

81徐鍇
說文解字五音韻譜〔輯〕
說文解字繫傳、附錄、校勘記、
　考異
說文解字篆韻譜（說文韻譜）
篆韻〔編〕

84徐釚
詞苑叢談
南州草堂集、附楓江漁父圖題
　詞、青門集本事詩〔編〕

徐祺
谿山琴況、大還閣琴譜、附萬峯
　閣指法闕箋

87徐鈅
史詠詩集

88徐篍
修水志
漢官考
史詠

90徐小淑
絡緯吟

徐光溥
自號錄〔輯〕

徐光祚
三家村老委談

徐光啟
交食曆指〔譯〕
新法算書
元史揆日訂誤
幾何原本〔筆述〕
崇禎曆書〔修〕
測天約說〔譯〕
測量法義、測量異同、勾股義
測圖八線表
治曆總起、奏疏
通率立成表
通率表
大測
散表
農政全書
日躔表
日躔曆指〔譯〕
曆指
曆學日辨
曆學小辨
月離曆指〔譯〕
恆星經緯表
恆星經緯圖說
恆星總圖恆星圖像
恆星圖、恆星圖系
恆星曆表
恆星曆指

徐常吉
廣諧史
事詞類奇

91徐炬
古今事物原始

徐焯
道貴堂稿十三集

94徐㶿
　　紅雨樓藏書目〔輯〕
　　紅雨樓書目〔輯〕
　　紅雨樓題跋
　　徐氏家藏書目〔編〕
　　徐氏筆精
　　宋四大家外紀〔輯〕
　　蔡忠惠年譜
　　榕陰新檢
　　蔡端明別紀〔編〕
　　易通
　　筆精
'97徐炯
　　五代史補考

李義山文集箋注〔注〕
徐燦
　　拙政園詩餘

2835₁ 鮮

10鮮于璟
　　鮮于伯圭集
鮮于綽
　　傳信錄
鮮于侁
　　鮮于諫議集
　　周易聖斷
鮮于樞

困學齋雜錄

2846₈ 谿

38谿道人
　　東度記

2860₄ 昝

27昝殷
　　經效產寶（產寶）、續編

2891₆ 稅

30稅安禮
　　地理指掌圖

3

3010₁ 空

38 空海
秘藏寶鑰
四種曼陀羅義即身成佛義

3010₆ 宣

10 宣王
勉學書院集
44 宣世濤
永昌府志〔修〕

3020₁ 寧

10 寧爾講
宜園近草

3021₄ 寇

10 寇平
全幼心鑑
寇天叙
涂水集
13 寇珹
生辰國信语录
30 寇準
寇忠愍公集
寇忠愍公詩集
巴東集
寇宗
天學三正考
寇宗奭
萊公勳烈〔編〕
本草廣義〔編〕
本草衍義〔編〕

3021₇ 扈

43 扈載
扈載集

3022₇ 扁

47 扁鵲
靈樞金鏡神景
内經
子午經

房

00 房庶
樂書(補亡樂書)
房玄齡
唐高祖實錄
晉書(删補晉書)
晉書天文志、律曆志、五行志
晉書載紀
晉書斠注
管子〔注〕
10 房可壯
房海客侍御疏
30 房審權
大樂演義
易義海撮要〔編〕
周易義海
34 房祺
河汾諸老詩集〔編〕

3023₂ 永

00 永亨
搜采異聞錄
14 永瑛
石林外集

家

30 家安國
元豐平蠻錄
80 家鉉翁
春秋集傳詳説(春秋詳説)、綱
　領
則堂集

3030₂ 適

30 適之
金壺記

3030₃ 寒

22 寒山
三聖諸賢詩辭總集
寒山詩集(寒山子詩集)

3033₆ 憲

10 憲王
勉學書院集

3034₂ 守

21 守仁
夢觀集
38 守遂
佛説、章經〔注〕
77 守堅
雲門匡真禪師廣錄〔編〕
古尊宿语录〔集錄〕

3040₁ 宇

00 宇文虛中
綸言集〔編〕
韓文公別傳注
宇文紹奕
燕语考異
宇文懋昭
大金國志
金志
宇文粹中
綸言集〔編〕

3040₄ 安

24 安岐
墨緣彙觀錄

27安磐
　頣山詩話
安紹芳
　西林全集
34安達里
　連州志
36安沇
　春草齋集
40安希範
　天全堂集
安希范
　安我素集
安吉
　夏時考
44安蓋卿
　安蓋卿詩
安世鳳
　墨林快事〔輯〕
55安井衡
　管子纂詁
72安氏
　順天題稿
77安熙
　安先生文集、附録
　默菴集

3042₇　寓

20寓舫
　劫灰録、附録
33寓滬醫隱
　聰明誤〔編〕

3060₆　宮

10宮爾勸
　怡雲山人南溟集
40宮去矜
　守坡居士集
44宮夢仁
　讀書記數略

富

00富文忠
　青社賑濟録
10富玹

　蕭山水利〔輯〕
17富弼
　三朝政要
　富文忠集
　富文忠劄子(劄子集)、奏議
　富公语録
　奉使別録
40富大用
　事文類聚新集、外集〔編〕
富士俊
　通鑑紀事本末摘要
87富鄭公
　太平寶訓政事紀年（太平寶訓
　　聖政紀年)〔編〕

3080₁　定

22定嵩
　廬山通志

蹇

77蹇駒
　采石瓜洲斃亮記(采石瓜洲記)

3080₆　實

77實叉難陀
　大方廣佛華嚴經(華嚴經)、普
　　賢行願品〔譯〕

寶

00寶卞
　熙寧正旦國信録
寶庫
　寶氏聯珠集
寶文照
　寶子紀聞類編
17寶子偁
　敬由編〔編〕
寶羣
　寶氏聯珠集
寶翬
　寶氏聯珠集
23寶牟
　寶氏聯珠集
26寶泉

　述書賦
寶儀
　晉高祖實録、晉少帝實録
　東漢文類〔編〕
27寶叔向
　寶拾遺集
寶叔蒙
　海濤志
28寶儀
　刑統
32寶鑑
　廣古今五行志
34寶漢卿
　瘡瘍經驗全書
44寶蒙纂
　齊梁畫目録
寶苹
　廣書音訓
　酒譜
寶桂芳
　鍼灸四書〔編〕
63寶默
　標幽賦
90寶常
　寶氏聯珠集
　南薰集

寶

66寶唱
　比丘尼傳

3090₁　宗

16宗聖垣
　九曲山房詩集
17宗子岱
　爾雅注〔注〕
30宗永
　宗門統要
宗密
　大方廣圓覺修羅了義經略疏
　圭峯原人論
　起信論〔注〕
宗寶

六祖大法師寶壇經
34宗泐
　全室集(釋宗泐全室集)
　全室外集
36宗澤
　宗忠簡公集(宗簡公文集)
60宗杲
　大慧語錄
　大慧普覺禪師普說
71宗臣
　宗子相集

察

08察敦崇
　燕京歲時記

3090₄　宋

00宋齊邱
　玉管照神局(玉管神照)
宋高宗
　翰墨志
宋應昌
　經略復國要編
　春秋繁露求雨止雨直解
　東征紀事、宦游逸草、奏疏詩
　　文、年譜
宋度
　宋太宗實錄(太宗實錄)
宋慶長
　闕里廣志
宋庠
　天聖編秒
　緹巾集
　紀年通譜
　宋元憲集(元憲集)
　楊文公談苑〔編〕
　掖垣叢志
　國語補音
　尊號錄〔編〕
宋衷
　世本〔注〕
01宋顏
　四聲等弟圖
02宋端儀

立齋閒錄
04宋訥
　西隱文稿(西隱文集)、附錄
05宋靖康官修
　骨鯁集
07宋祁
　宋景文集(宋公集)、補遺、附錄
　宋景文筆記
宋詡
　宋氏燕閒部
　宋氏樹畜部
　宋氏尊生部
　宋氏養生部
10宋玉
　宋玉集
宋至
　緯蕭草堂詩
　青編館藏宋元人集目〔編〕
宋元懷
　拊掌錄
宋雷
　西吳里語
12宋登春
　宋布衣集
13宋琬
　安雅堂詩、安雅堂文集、重刻安
　　雅堂文集、安雅堂未刻稿、安
　　雅堂書啓、二鄉亭詞、祭皋陶
　　曲
宋武帝
　宋武帝集
16宋聖寵
　新御史臺記
宋璟
　唐令、式
17宋弼
　通韻譜說
宋子安
　東谿試茶錄
19宋犖
　燕石集、附錄
21宋仁宗
　洪範政鑑
　神武祕要

宋行古
　崇天曆
宋經義局
　毛詩義
22宋纁
　四禮初稿
宋綬
　天聖鹵簿圖記
　歲時雜詠〔編〕
24宋緒
　元詩體要〔編〕
25宋佚
　江人事
26宋白
　廣平公集
　五家宮詞
　續通典
　宋文安集
宋伯仁
　梅花喜神譜〔編〕
宋伯貞
　古文真寶大全前集〔音釋〕
宋綿初
　韓詩內傳徵〔輯〕
27宋侠
　唐山集、後集
28宋徽宗
　聖濟經
　聖宋茶論(茶論)
　博古圖
　老子注(道德經注)〔注〕
　無量度人經〔注〕
宋徵輿
　廣平雜記〔輯〕
　瑣聞錄、別錄
　皇明詩選(明詩選)
　林屋文稿
　東村紀事
宋儀望
　華陽館集
30宋宜之
　無爲志〔纂〕
宋濂
　文原、文斷

龍門子凝道記
元史
元史天文志、五行志、曆志
鑾坡集
宋文憲公文集（宋濂學士先生
文集、宋學士集）、詩集、詩
話、燕書、附錄
宋景濂未刻集
宋學士文粹（景濂文粹）、補遺
宋學士續文粹、附錄
潛谿集、附錄
浦陽人物記
洪武聖政記
朝京稿
宋永亨
搜采異聞集
宋之問
考功集（宋之問集、宋之問考功
集、宋學士集）
宋守一
宋化卿詩草、續集
宋官修
三朝政錄〔編〕
聖濟總錄
政和文選
太醫局方
34 宋禧
庸菴集
35 宋神宗
神宗皇帝御集
37 宋祁
三聖樂書
雞跖集
景文筆錄
益部方物略記
筆記
40 宋大觀年官撰
博古圖錄考正
宋大樽
學古集、詩論
宋太宗
御選句圖
太宗御製御書目〔編〕
宋奎光

徑山志〔輯〕
宋希呂
宋狀元錄〔輯〕
宋真宗
碑頌石本目錄（真宗御製碑頌
石本目錄）
春秋錄疑初稿
43 宋朴
朱朴致理書
44 宋若昭
女論語
46 宋如林
松江府志
50 宋史館
大宋史館書目〔編〕
53 宋咸
孔叢子〔注〕
朝制要覽
揚子法言（法言、揚子）〔注〕
易訓
61 宋顯
羣史姓纂韻譜
71 宋无
翠寒集
嘯噏集（嘯噏语）
宋巨周
幸蜀記
宋長白
柳亭詩話
77 宋居白
幸蜀記
宋際
闕里廣志
78 宋鑒
尚書考辨
80 宋人
平巢事蹟考
西湖老人繁勝錄
貢舉條式
毛詩正變指南圖
樂府補遺
釋常談
宣和遺事
宣和畫譜

宣和書譜
密菴禪師语錄
宋登科記
梁公九諫
大學增修聲律
資用太平總類〔編〕
太平盛典〔編〕
黃山圖經
翰苑新書
翰苑新書前集、後集、別集
中興禦侮錄
春秋通義
軒轅黃帝傳
蜂經
國朝二百家名賢文粹（國朝二
百家名臣文粹）
四家宮詞〔輯〕
館伴日錄
宋慈
宋提刑洗冤集錄（洗冤錄）〔編〕
87 宋翔鳳
大學古義说
四書釋地辨證
88 宋敏求
唐百家詩選〔編〕
唐大詔令集〔編〕
兩朝國史
仁宗實錄
寶刻叢章〔編〕
河南志
春明退朝錄
東京記
長安志
90 宋惟幹
太玄經解（太元解）〔注〕
99 宋犖
三家文抄〔編〕
西陂類稿
毅章祀紀
綿津山人詩集、附楓江詞、緯蕭
草堂詩
漫堂墨品
漫堂年譜
迎鑾三記

迎鑾日記、迎鑾二記
滄浪小志
杜工部集五家評本〔評〕
墨品八種〔輯〕
銷廊偶筆、二筆、綿津山人詩
　集、楓香詞、豫章祀紀、緯蕭
　草堂詩
怪石贊

3111₀　江

00江文叔
　桂林志〔編〕
02江端友
　七星先生自然集(自然集)
江端本
　陳留集
10江元禧
　玉臺文苑〔輯〕
江元祚
　續玉臺文苑〔輯〕
　孝經彙注
　墨君題語〔編〕
江元祥
　龍筋鳳髓判旁注〔注〕
江天一
　江.止菴集
14江瓘
　名醫類案
　江山人集
　明醫類案〔編〕
17江承之
　安甫遺學
江子蘭
　説文解字音韻表
20江爲
　江爲集
江爲龍
　六經圖〔輯〕
　朱子六經圖〔編〕
21江順怡
　讀紅樓夢雜記
江上外史
　甲乙史
江衡

中西天文算學問答
24江休復
　醴泉筆錄
　江隣幾筆錄
　江隣幾雜志(江隣幾雜志)、補遺
　嘉祐雜志
26江總
　江總集
28江以東
　江岷嶽文集
30江永
　音學辨微、附等韻辨正誤
　羣經補義
　鄉黨圖考
　河洛精蘊
　近思錄集注〔集注〕
　禮記訓義擇言
　禮書綱目
　古韻標準
　推步法解
　春秋地理考實
　四聲切韻表
　曆學補論
　周禮疑義舉要
　金水發微
　算學、續
江永年
　茅山志〔重修〕
江永慎
　律呂闡微
江之源
　百花藏譜〔輯〕
江之蘭
　醫津筏
江之春
　安龍紀事
34江淹
　江文通集(江淹集、江光禄集)、
　補遺
　釀陵集
　銅劍讚
江浩然
　曝書亭詩錄箋注〔注〕
江洪

草木春秋
37江湖詩社
　詩體提綱〔編〕
江遹
　列子解(冲虛至德真經解)
38江海主人
　艷婚野史〔編〕
40江左樵子
　樵史通俗演義〔編〕
44江藩
　樂縣考
　字學淵源紀
　測候諸器記〔譯〕
　漢學師承記、附經義目錄
　隸經文
江蕙
　心香閣考定中星圖
江贄
　少微通鑑節要、外紀節要〔編〕
江繁
　太常紀要
45江栴
　周易會通(易經會通)〔輯〕
47江聲
　六書説
　論語竢質
　尚書集注音疏、卷末、外編
　恆星説
50江東之
　瑞陽阿集
　江大理奏議
60江日昇
　臺灣外紀
江見龍
　周易清解
67江暉
　亶爰子文集、詩集、外集、附錄
68江旼
　宋文海〔編〕
77江周
　赤城緣傳奇
78江臨泰
　高弧細草
　弧三角舉隅

揣籥續錄

86江鈿

聖宋文海（文海）〔編〕

87江鄭堂

江鄭堂詩

88江繁

四譯館考

90江少虞

皇朝事實類苑（皇宋事實類苑、
皇朝類苑、宋朝事實類苑）

江尚質

古今詞話〔輯〕

91江炳炎

琢春詞

97江恂

清泉邑侯江公諏语、附錄

江鄰幾

雜志

3111₄ 汪

00汪立仁

汪氏雜著

汪立名

唐四家詩〔輯〕
白香山詩集、附錄譜年〔編〕

汪彦份

東萊北魏石刻考略〔校錄〕

汪應蛟

海防奏疏、撫畿奏疏、汁部奏疏
古今彝语〔輯〕

汪應軫

青湖文集

汪應辰

玉山先生表奏
玉山翰林詞草
石林燕语辨
汪文定公集（文定集）

汪廣洋

廣中四傑詩選〔編〕
鳳池吟稿

汪文栢

杜韓集韻〔輯〕

汪文盛

白泉家稿

汪府君詩集、年譜

01汪龍

毛詩異義

10汪三益

籴籌祕書

汪元量

水雲集
汪水雲詩
湖山類稿、外集、附錄、附宋
舊宮人詩 詞 **汪水雲詩抄**、補
遺

汪天策

德音堂琴譜

11汪砢玉

珊瑚網、畫法〔編〕
珊瑚網古今名畫題跋、附錄
〔編〕
珊瑚網古今法書題跋〔編〕
古今題略、補

12汪水蓮

尊聞錄

汪廷訥

人鏡陽秋

13汪琬

汪氏説鈴（説鈴）
堯峯詩抄、文抄
古今五服考異
姑蘇楊柳枝詞〔編〕
東都事略跋
鈍翁前後類稿續稿、附證字、年
譜壙誌、附其父膺寸碧堂稿

14汪琦

百一詩

17汪孟鋗

龍井見聞錄
厚石齋集

汪璐

振綺堂藏書總目
振綺堂藏書題識
振綺堂書目

18汪璲

讀易質疑

20汪爲熙

鄣署雜抄〔輯〕

汪舜民

徽州府志

汪季良

平陽會

21汪師韓

孝經約義

汪縉

汪子文錄
汪子遺書

23汪紱

參讀禮志疑
醫林纂要探源、附錄

24汪魁華

自愧編、讀史偶存
瓶梅別韻

汪佑

星谿集略

25汪仲洋

心知堂詩稿

汪積山

蘿屋書見

26汪伯彦

建炎中興日曆

汪和鼎

毘陵節烈傳前編、後編

汪繹

秋影樓詩集

27汪象旭

西遊證道書

汪綱

會稽紀詠

汪紹焻

金陀吟稿

28汪价

三儂嘯旨

30汪宜耀

春秋大旨

汪淮

汪禹又集

汪沆

盤西紀遊詩
津門雜事詩

汪憲

説文解字繫傳考異、附錄

易説存悔

汪寄
希夷夢

汪宗元
南京太常志

汪宗衍
天然和尚年譜、附著考〔編〕

31**汪灝**
廣羣芳譜（佩文齋廣羣芳譜）
披雲閣詞
知本堂讀杜〔輯〕

32**汪兆舒**
穀三類編

34**汪泆**
元祐榮觀集

汪汝淳
毛大將軍海上情形

汪汝懋
山居四要〔編〕

汪浩然
琴瑟譜

汪洪度
汪洪度保生碎事

汪淇
保生碎事
尺牘新語二集〔輯〕

35**汪泩**
周易衷翼集解

36**汪澤民**
宛陵羣英集〔編〕

37**汪初**
滄江虹月詞

38**汪啟淑**
焯掌錄

汪道昆
列女傳
太函集

汪道貫
汪次公柴

汪道全
赤壁賦〔書〕

40**汪大淵**
島夷志略（島夷志）

汪大鈞

傳經表補正

汪士漢
古今記林〔輯〕

汪士通
東湖文集、詩集

汪士鈜
瘞鶴銘考

汪士鐸
水經注圖

汪士賢
山居雜志〔輯〕

汪士慎
巢林集

汪克寬
環谷集、石西集、崇禮堂詩、檗
菴集
經禮補逸、附錄
春秋胡氏傳纂疏（春秋胡傳纂
疏）

汪有典
史外
前明忠義列傳

汪志伊
荒政輯要

汪喜孫
孤兒編
從政錄

汪森
粵西詩載、粵西文載〔輯〕
粵西叢載〔輯〕
裘抒樓書目

42**汪機**
痘證理辨、附方
痘治附方
痘治附辨
石山醫案、附錄
外科理例、附方
運氣易覽
推求師意
鍼灸問對〔編〕

43**汪越**
讀史記十表

汪越全
二樓小志〔輯〕

44**汪藻**
裔夷謀夏錄
元符庚辰以來詔旨〔編〕
汪彥章集
浮谿文粹、附錄
浮谿集、猥稿外集、龍谿先生文
集
浮谿遺集
青唐錄
金人皆盟錄、圍城雜記、避戎夜
話、金國行程、南歸錄、朝野
僉言〔編〕

汪薇
詩倫

汪懋麟
百尺梧桐閣集詩、文、錦瑟詞

汪懋孝
梅史

汪莘
方壺詞
方壺存稿、附錄
汪方壺集（方壺集）、附錄

汪革
論語直解
青谿集（清谿集）、附錄

汪若文
汪文摘謬

汪若海
麟書

汪萊
衡齋遺書
衡齋算學

46**汪楫**
山聞詩
中山沿革志

48**汪梅**
北行日錄〔編〕

50**汪中**
廣陵通典
述學
述學內篇、外篇、補遺、別錄

57**汪軔**
魚亭詩抄、越中吟、吳中吟、澤
中吟

汪邦柱
　周易會通（易經會通）〔輯〕
60 汪曰楨
　烏程縣志（同治烏程縣志）
　太歲超辰表
　歷代長術輯要（長術輯要）、附
　　古今推步諸術考
汪思
　方塘文粹
汪昂
　本草備要、附湯頭歌括
　素問靈樞類纂約注
　醫方集解、附急就良方、勿藥元
　　詮
61 汪暉
　西園康範詩集、附錄外集、康範
　　實錄、續錄
77 汪閒
　謝氏蘭玉集〔輯〕
汪閬原
　藝芸書舍宋元本書目
79 汪騰鯤
　黄山遊草
80 汪鎬京
　紅术軒紫泥法
汪鏞鐘
　明延平忠節王始末
88 汪筠
　菁菴遺稿
90 汪帷憲
　水蓮居士吟稿
　積山先生遺集
汪少廉
　汪山人集
汪光復
　航澥遺聞
　魯王紀事
　明季續聞
汪炎昶
　古逸民先生集、附錄
97 汪輝祖
　三史同名錄
　元史本證
　佐治藥言、續汪龍莊學治臆說、

續説、說贅、佐治藥言、續、附
　病榻夢痕錄及餘錄
九史同姓名錄（九史同姓名
　略）、補遺、遼史同名錄、金史
　同名錄、元史同名錄、總錄、
　附錄、叙錄
史姓韻編
學治臆說、續説
汪焕章
　烏夷志略

3112₀　河

21 河上公
　道德經評注〔章句〕
　老子注（道德經注）〔章句〕
44 河世甯
　全唐詩逸〔編〕

3112₇　馮

00 馮立道
　淮揚水利圖說
馮應京
　經世實用編
　月令廣義、圖記
07 馮翊
　朱梁興創遺編
　桂苑叢談
　翰林學士院舊規
馮詢
　子良詩錄
10 馮正符
　春秋得法志例論（得法志例論）
馮元
　景祐廣樂記
馮雲鵬
　崇川金石志
11 馮班
　馮氏小集、餘集、別集、遊仙詩
　馮鈍吟集
　鈍吟文稿
　鈍吟雜錄
12 馮登府
　詩異文補〔輯〕
　石經補考

馮延已
　陽春集
　陽春錄
13 馮武
　遙擲集
　書法正傳
14 馮琦
　經濟類編
　馮北海集
15 馮甦
　嵩菴詩抄
　滇考
　見聞隨筆
16 馮聖澤
　武康縣志〔修〕
17 馮取洽
　雙谿詞
　典雅詞十種
馮子振
　梅花百詠、附中峯梅花百詠
20 馮集梧
　樊川詩注（杜樊川詩注）、別集、
　　外集〔編〕
21 馮行賢
　餘事集
馮貞羣
　馮王兩侍郎墓錄〔編〕
馮經
　同齦算經述
22 馮山
　安岳吟稿
　馮安岳詩
　馮安岳集（馮允南集）
　馮公太師文集
　春秋通解
馮繼先
　春秋名號歸一圖
24 馮休
　删孟
26 馮皐謨
　豐山先生集
28 馮復京
　詩名物疏（六家詩名物疏）
　昌國州圖志（大德昌國州圖志）

馮從吾
　元儒考略
　馮少墟集
30胡之璋
　馮氏歷亂記
　馮賓可
　廣百川學海〔輯〕
32馮兆張
　錦囊秘録
34馮法唐
　柳門詩集
　馮汝弼
　祐山文集、詩集
　祐山雜説
　馮浩
　李義山文集詳注（樊南文集詳
　　注）〔編〕
　李義山詩箋注（玉谿生詩箋注）
37馮潔已
　嘉祐御史臺記
38馮澂
　春秋日食集證
　曆學雜識
40馮大受
　咸甫集
　馮培
　鶴半巢詩存
　馮有翼
　秦漢文抄〔編〕
　馮李驊
　讀詩小匡
　讀易小傳
44馮夢龍
　新平妖傳〔編〕
　北事補遺
　醒世恒言〔編〕
　山歌〔輯〕
　紳志略
　古今小説〔輯〕
　皇明大儒王陽明先生出身靖難
　　録
　燕都日記
　警世通言〔輯〕
　中興實録

春秋衡庫
甲申紀事
甲申紀聞
喻世明言〔輯〕
智囊
快雪堂集
快雪堂漫録
馮世雍
　漫遊稿
馮贄
　雲仙雜記
　雲仙散録
馮某
　澹草文集、詩集
馮桂芬
　咸豐元年中星表
馮椅
　易學（厚齋馮先生易學）、附録
47馮馨
　高郵州志〔增修〕
48馮猶龍
　燕居筆記〔編〕
50馮忠恕
　尹和靖語録〔輯〕
　涪陵紀善録〔輯〕
57馮拯
　蕃禺紀異
60馮昌臨
　日省編
　易學參説
馮景
　解春集
64馮時可
　雨航雜録
　上池雜説
　馮元成詩集、文集
　左氏釋
馮時行
　縉雲文集、附録
馮時化
　酒史
71馮原
　文翰類選大成〔編〕
80馮金伯

國朝畫識、墨香居畫識
馮善
　家禮集説〔編〕
87馮舒
　文毅〔編〕
　虞山妖亂志
　虞山妖異志
　懷舊集〔輯〕
88馮銓
　三朝要典
馮鑑
　修文要訣
馮鑑廣
　續事始
馮敏昌
　河陽金石記
90馮惟訥
　漢魏詩紀〔編〕
　古詩紀（詩紀）〔編〕
91馮炳
　皇祐平蠻記
92馮愷愈
　榕堂詩抄
93馮焌光
　皇朝輿地略重訂〔增〕
98馮愻
　岳廟志略

3116₀　酒

41酒狂仙客
　瑟譜

3116₁　潛

08潛説友
　臨安志（咸淳臨安志）
50潛夫
　楊太后宫詞（楊后宫詞）〔輯〕

3119₆　源

21源順
　倭名類聚抄（和名類聚抄）

3126₆　福

37福深

寶峯雲菴真淨禪師語錄
古尊宿语录〔集録〕

78福臨
見清世祖

3128₆ 顧

00顧充
字義總略
古雋考略
顧亮寅
辨惑續編、附録
顧應祥
孤矢算術
勾股算術
測圓海鏡分類釋術
測圓算術
南詔事略〔輯〕
授時曆法撮要
人代紀要
人代紀要考證〔輯〕
惜陰錄
顧廣圻
百宋一廛賦
顧氏識誤
思適齋書跋
顧言
道學正宗
顧諒
西村省己錄
顧玄緯
會真記〔輯〕
03顧斌
火器圖
10顧正誼
顧氏詩史
顧元慶
瘞鶴銘考
顧氏文房小説四十種（顧氏文
房四十家小説、顧氏明代文
房小説四十種、梓吳四十種、
明朝四十家小説）〔輯〕
顧震
宋文選〔選〕

顧震濤
吳門表隱、附録〔輯〕
顧天埈
顧太史集
顧可久
洞陽詩集
周禮冬官補亡〔編〕
顧雲
鳳策聯華
11顧非熊
顧非熊集
12顧廷龍
明代版本圖録初編〔輯〕
13顧琮
曆象考成後編〔編〕
14顧瑛
玉山璞稿
玉山倡和集
玉山遺什、附録
玉山名勝集、外集
玉山草堂集
草堂雅集（玉山草堂雅集）〔編〕
16顧環芳
唐詞蓉城彙選、附蓉城詞抄
〔編〕
17顧孟容
冠譜
冠圖
顧予咸
雅圖居士自叙
19顧璘
息園集
息園存稿
凭几集
浮湘稿
近言
20顧秉謙
三朝要典
明神宗顯皇帝實録
22顧鼎臣
顧文康公文草、詩草、續稿、三
集、疏草
顧彩
仲里志〔重修〕

草堂嗣響〔編〕
23顧允成
小辨齋偶存
25顧仲清
歷代畫家姓氏韻編
27顧凱之
列女傳附圖、續列女傳〔畫〕
顧磐
海涯文集
顧叔思
周易義類
顧紹芳
寶菴集
28顧從敬
杜工部草堂詩餘（草堂詩餘）正
集、續集、別集、新集〔編〕
顧從義
淳化閣帖釋文考異（法帖釋文
考異）〔編〕
30顧宸
杜詩注解五言律、七言律
顧憲成
商語
涇臯藏稿
顧端文公遺書
顧端文公全集
大學通考、質言、重定
小心齋劄記
顧宗瑋
春秋左傳事類年表
顧宗泰
北遊日記
31顧沅
聽漏吟草
吳下尋山記〔編〕
吳郡名賢圖傳贊
金石萃編〔編〕
34顧禧
志道集
35顧清
顧文僖公文集
36顧況
顧華陽集（顧況集、華陽集）
逋翁集

37顧湄
　虎邱山志

顧凝遠
　畫引

顧祖武
　集古文英〔編〕

顧祖禹
　方輿紀要州域形勢説
　讀史方輿紀要
　天文分野

38顧啟元
　嬾真堂詩集、文集

顧道洪
　襄陽外編〔輯〕

40顧大典
　清音閣集

顧士璉
　新劉河志正集、附集
　開江書〔輯〕

顧有孝
　唐詩英華〔編〕

顧存仁
　太僕寺志

顧志冲
　吳吟小草

44顧菌
　蓮園集

顧苓
　三大忠行實
　三朝大議録〔編〕
　南部死難紀略
　塔影園集
　金陵野抄

顧若璞
　臥月軒集、續稿

顧藹吉
　隸辨〔編〕

45顧棟高
　文稿
　毛詩類釋、續編
　淮安府志
　春秋大事表、輿圖、附録

46顧觀光
　高弧簡法

交食餘議
六曆通考
武陵山人遺書
白道交周解
殷曆八蔀年考
傷寒論補注
顧氏推步簡法（推步簡法）
九執曆解
回回曆解
周髀算經校勘記

47顧歡
　道德真經注疏

顧起元
　説略
　客座贅語
　金陵古金石考目

顧起綸
　勾漏集
　國雅〔編〕

50顧春
　六子全書（世德堂刊六子）〔輯〕

顧東橋
　顧東橋鞠譓倡和詩

53顧成天
　東浦草堂文集、後集、詩集

顧成憲
　蝶菴道人清夢録
　藝林剩語

顧成志
　治齋讀詩蒙説

55顧曲齋
　元人雜劇選十六種〔輯〕

60顧晉
　全芳備祖續編〔編〕

顧杲
　一席記聞

顧景星
　白茅堂詩抄文集

67顧野王
　玉篇

顧嗣立
　元詩選〔編〕
　韓昌黎先生詩集注、年譜〔注〕
　杜韓白蘇四家詩選〔評點〕

昌黎詩增注證譌〔補〕
閭邱辨圖
金焦集、山陰集、大小雅堂詩
　集、啖荔集

77顧鳳藻
　夏小正集解（夏小正經傳集解）

顧陶
　唐詩類選〔編〕

顧與沐
　顧端文公年譜

80顧曾唯
　易解（顧氏易解）

顧公燮
　消夏閒記摘抄

84顧鎮
　虞東學詩

88顧鈴
　武林旌德全志

顧敏恒
　辟疆園遺集

90顧光旭
　響泉集

顧光教
　經術要義〔輯〕

顧炎武
　亭林文集、詩集、校補、餘集
　唐韻正
　音論
　音學五書五種
　詩本音
　韻補正
　譎觚
　五經同異
　天下郡國利病書（郡國利病書）
　石經考
　聖安本記
　修文備史〔輯〕
　顧亭林十書
　顧氏譜系考
　肇域記
　九經誤字
　九經韻字
　左傳杜解補正
　古音表

求古録

菰中隨筆、詩律蒙問、亭林著書
目

救文格論、雜録

日知録

日知録之餘

易音

昌平山水記

明季實録〔輯〕

明季野史三種（明季三朝野史
三種）〔輯〕

歷代宅京記（宅京記、歷代帝王
宅京記）

金石文字記

懼謀録四録〔〔録〕

91顧烜嘗

錢譜

顧炳

歷代名公畫譜〔輯〕

3130₆　迺

77迺賢

河朔訪古記

金臺集

3211₈　澄

46澄觀

華嚴經

華嚴經清涼疏

華嚴經略

3213₄　濮

76濮陽夏

譙子五行志

3214₇　浮

77浮邱公

相鶴經

3215₇　淨

28淨倫

竹室内集、外集

71淨原

肇論中吳集解

3216₉　潘

00潘府

顏子〔校集〕

潘奕僑

三松堂集詩、續集、文集

潘音

待清軒遺稿

10潘三恒

涉江詩

潘正煒

聽颿樓書畫記、續

潘元炳

潘氏八世詩集〔輯〕

潘元焯

武備彙編即數理全書

潘平格

求仁録

潘天恩

心易

潘雲杰

詩韻釋要

12潘廷立

富川志

17潘承厚

明季忠烈尺牘初編

20潘季訓

兩河經略〔輯〕

兩河管見〔輯〕

河防一覽

留餘堂集、奏議

潘季馴

見潘季訓

24馮仕成

水雷圖説

潘佑

潘佑滎陽集

潘緯（宋）

柳文音義

柳河東集（河東先生集）、年譜
別集、外集、附録〔音義〕

潘緯（明）

潘象安集、琴操

26潘自牧

紀纂淵海（記纂淵海）

30潘永季

讀明史劄記

摇永因

宋稗類抄

明稗類抄（續書堂明稗類抄）

潘之淙

書法離鈎〔輯〕

潘之藻

類類編

潘之恒

三吳雜志〔輯〕

黃海〔輯〕

潘良貴

潘默成公集

默成居士集

潘宗周

寶禮堂宋本書録

33潘溶

蕭縣志

34潘潢

五宗考義

潘遠

紀聞譚

36潘昶

金蓮仙史

37潘洞

湘江論

潘祖蔭

士禮居藏書題跋記〔編〕

38潘滋

蓬萊觀海集〔輯〕

潘道根

崑山先賢塚墓考〔輯〕

40潘大臨

柯山集

潘士達

論語外篇〔輯〕

潘士藻

讀易述（洗心齋讀易述）

闇然堂類纂

潘希曾

竹澗文集、奏議、附録

潘志萬

潘氏三松堂書畫記〔輯〕

44潘夢旂
　　漢兵編、辨疑
　潘懋功
　　百八手珠
　潘若同
　　郡閣雅言
　潘世仁
　　阜陽縣志
　潘世恩
　　潘文恭年譜
　潘植
　　忘筌書
46潘塤
　　楮記室
　潘猶龍
　　康濟譜
46潘檉章
　　松陵文獻
　　轉菴集
　　國史考異
　　潘吳兩今樂府（今樂府）
　潘楫
　　醫鐙續焰（醫燈續焰）
50潘耒
　　遂初堂文集
　　遂初堂詩集、別集
　　古文音論
　　類音
53潘咸
　　潘咸集
60潘恩
　　詩韻輯略
　　潘笠江先生集、近稿
　潘昂霄
　　金石例（蒼崖先生金石例）、附
　　録
　潘是仁
　　元名家詩集（元諸名公詩）〔編〕
　潘景鄭
　　明代版本圖録初編〔輯〕
64潘時舉
　　小學書圖
72潘岳
　　潘黃門集

77潘閬
　　潘逍遙集
　　逍遙詞
80潘曾紘
　　後林潘氏書目
　潘曾沂
　　豐豫莊課農法
　　小浮山人年譜
86潘錦
　　韓昌黎詩集〔編〕
　潘錫恩
　　續行水金鑑〔編〕
99潘犖
　　通鑑總論
　潘榮
　　通鑑論

3230₂　近

60近愚
　　明代野鬧録、補録〔輯〕

3300₀　心

48心梅野叟
　　南國志餘〔録〕

3312₇　浦

01浦龍淵
　　周易辨
40浦南金
　　修詞指南（修辭指南）〔編〕
47浦起龍
　　讀杜心解
　　史通通釋
80浦羲昇
　　赤霞集

3314₂　溥

38溥洽
　　雨軒外集

3316₈　溶

40溶木夫
　　漢石經考異補正

3316₉　瀋

30瀋安王
　　勉學書院集

3320₀　祕

50祕書省
　　四庫闕書目〔編〕

3330₂　遍

67遍照金剛
　　文鏡祕府論

3390₄　梁

00梁文濂
　　後洋書屋詩抄、補遺
　　桐乳齋詩集
　梁章鉅
　　文選旁證
　　夏小正經傳通釋
　　樞垣紀略
04梁詩正
　　三希堂石渠寶笈法帖釋文〔編〕
　　西清古鑑
　　西湖志纂
　　矢意集
　　錢録
10梁玉繩
　　清白士集
　　史記志疑
　　呂子校補
　　人表考
　　瞥記
　梁元帝
　　梁元帝詩
　　古今同姓名録（同姓名録）
　　金樓子
　梁于涘
　　鐵橋志書〔輯〕
12梁廷柟
　　祁忠敏公年譜〔編〕
　　南漢書、附考異
　　東坡事類
　梁延年

聖諭像解(聖諭圖解)〔輯〕

20梁維樞
　玉劍尊聞
24梁儲
　鬱洲遺稿
26梁伯玉
　梁州白薴
2?梁佩蘭
　六瑩堂初集、二集
　梁紀佩
　七載繁華夢
　梁綱
　高梁生集
28梁份
　帝陵圖説
30梁寅
　詩演義
　石門文集
　大明集禮
　周易參義
　梁宗懍
　荆楚歲時記
31梁潛
　沂菴集
35梁清遠
　癭史
　梁清標
　蕉林詩集
　棠林詞
37梁逸
　紅葉村詩稿
40梁克家
　三山志(淳熙三山志)
　中興會要
　長樂志
　梁有譽
　蘭汀存稿
43梁載言
　唐十道四蕃志(十道志)
　具員故事
44梁夢龍
　史要編〔輯〕
　梁萬方
　儀禮經傳通解

47梁朝鍾
　喻園集
　梁格
　冰川詩式〔輯〕
50梁蕭
　梁補闕集
55梁耕
　息賢堂詩、望野樓詩
60梁園棣
　興化縣志
72梁丘子
　太上黃庭內景玉經、附五臟六
　腑圖説〔注〕
　黃帝內景玉經、外景玉經〔注〕
77梁學昌
　庭立紀聞
80梁益
　詩傳旁通
　梁介
　海谷集
　梁令瓚
　梁令瓚五星二十八宿神形圖
　梁善長
　廣東詩粹〔輯〕
88梁簡文帝
　梁簡文帝集

3411₁ 湛

23湛然
　止觀輔行傳弘決
37湛鴻
　湛推官集
44湛若水
　二禮經傳測
　聖學格物通〔輯〕
　古樂經傳全書〔輯〕
　甘泉先生文錄類稿
　格物明通
　揚子折衷
湛若水門人
　心性書〔編〕

3411₂ 沈

00沈立

海棠記
沈文定
　粵輶隨筆
沈該
　易小傳
01沈顏
　沈顏聱書(聱書)
02沈端節
　克齋詞
06沈韻初
　補寰宇訪碑錄
07沈諝
　事辭輯餘
08沈謙
　東江集抄、別集、附錄
10沈一中
　沈大若梅園集(梅園集)
　沈一貫
　經世宏辭〔輯〕
　吳越游稿
　敬事草
　易學
　喙鳴詩集
　沈亞之
　沈下賢集(沈亞之集)
　沈元欽
　秋鐙錄〔錄〕
　沈元滄
　禮記類編〔輯〕
　滋蘭堂詩集
　沈平
　烏青志
　沈雲
　臺灣鄭氏始末
　沈不負
　老雲齋詩刪
11沈珩
　耿巖文選
　沈棐
　春秋比事(沈先生春秋比事)
12沈瑞鍾
　廣易筌
　沈聯芳
　邦畿水利集説〔輯〕

沈弘正
　小字録補

沈廷璐
　二樓小志〔輯〕

沈廷芳
　于東集
　十三經注疏正字〔輯〕
　切近編〔編〕
　隱拙齋集
　鑒古録〔輯〕

沈廷勘
　身易實義〔輯〕

沈廷松
　明人百家小説〔輯〕

13沈琯
　南歸録

17沈孟梣
　錢塘漁隱濟顚禪師語録

18沈璇
　沈亞斗先生史論、詠史詩

20沈重華
　通德類情

沈鯨
　易鞋記

沈季友
　檇季詩繫〔輯〕
　學古堂詩集

沈季長
　接伴送語録

沈香山
　三異詞録〔輯〕

21沈行
　白香集

沈貞
　茶山老人遺集

22沈岸登
　黑蝶齋詩抄

沈繼孫
　墨法集要
　栀林集

24沈佳
　存信編

沈德潛
　歸愚文抄、餘集、詩抄、餘集、矢

音集、歸田集、台山遊草南巡
詩八十壽言九十壽言、浙江
通志圖説、説時晬語

歸愚詩文全集
　古詩源〔編〕
　竹嘯軒詩抄

沈德祖
　難經真本説約、附金蘭論指南
　集〔參説〕

沈德符
　萬曆野獲編（野獲編）、補遺
　歷代正閏考
　敝帚軒剩語、補遺
　敝帚軒餘談

25沈仲緯
　刑統賦疏

26沈自徵
　沈君庸集

沈自南
　藝林彙考
　藝林考證稱號篇
　藝林考證服餙篇

沈伯咸
　楓山語録

沈鯉
　亦玉堂稿

27沈約
　宋世文章
　宋書
　宋書律志、曆志、天文志
　沈賀謐法
　沈隱侯集（沈休文集、沈約集）、
　　別集、附録
　竹書紀年〔注〕

沈紹姬
　寒石詩抄

28沈作喆
　寓山集、寓簡

沈佺期
　沈雲卿集（沈佺期集）

沈倫
　太祖實録

沈徵君
　勝國傳略

沈復粲

鳴野山房彙刻帖目〔輯〕

沈儀
　塵談、塵談四録

30沈淮
　三洲詩膽
　孝經會通
　壁水羣英待問會元選要〔選〕

沈瀛
　竹齋詞

沈守正
　詩經説通
　雲堂集
　四書説叢〔輯〕
　四書困勉録、續録

沈宏正
　蟲天志

沈良
　靖康遺録

沈良才
　沈鳳岡集

沈定之
　今古輿地圖

32沈泓
　易憲

沈業
　晉朝十六國始末

33沈心
　孤石山房詩集

沈淮
　沈文定公集

34沈沈
　酒概〔輯〕

沈湛
　詒安録

沈濤
　交翠軒筆記
　畿輔石刻録殘稿
　江上遺聞

沈遘
　雲巢集（雲巢編）
　沈氏三先生文集（三沈文集）

35沈津
　鄧尉山志
　吏隱録

欣賞編

沈清瑞
羣峯集

沈清臣
晦巖集

沈遵
西谿文集
沈氏三先生文集(三沈文集)

37沈淑
經玩

沈涵碧
花月吟

沈祖惠
虹舟講義

沈初
浙江採集遺書總錄〔輯〕
蘭韻堂詩集、續、文集、續、御覽
詩、經進稿、西清劄記

38沈汾
續仙傳

沈啟溶
鳴野山房書畫記

沈笛
吳江水考
吳江縣志
南船記

40沈大成
近游詩抄

沈太洽
蔬齋扉語

沈垚
臺灣鄭氏始末〔注〕
落颿樓文集

沈堯中
沈氏學弢〔輯〕

沈志禮
曹江孝女廟志〔輯〕

沈杰
三衢孔氏家廟志、附錄

沈李龍
食物本草會纂

沈嘉徹
南宋雜事詩

沈壽民

姑山遺集
姑山遺稿
姑山事錄
閒道錄

沈雄
古今詞話〔輯〕

41沈樞
通鑑總類

42沈彬(唐)
沈彬集

沈彬(明)
沈蘭軒集

43沈越
嘉隆兩朝聞見記(嘉隆聞見錄)

44沈夢麟
沈夢麟先生花谿集(花谿集)

沈夢熊
皇明相業軍功考〔輯〕
歷代相業軍功考〔輯〕

沈蘭先
粵遊詩草
沈甸華先生文集

沈葆楨
安徽通志

沈芝
源髓歌、後集

沈懋孝
沈同成集
長水先生文抄、四餘編、石林蕡
草、水雲緒編、賁園草、洛誦
編、滴露軒藏稿

沈萬鈳
詩經類考〔輯〕

沈荀蔚
蜀難紀略
蜀難叙略

47沈朝宣
仁和縣志

沈朝燁
客渝吟草、柴桑稿、游紀

沈起
查東山先生年譜、附湖州莊氏
史獄

沈超

竊餘集稿

48沈梅史
重麟玉册

50沈青崖
穀梁傳明辨錄

沈青門
青門曲錄

沈春澤
秋雪堂詩删

51沈虹
蓬莊詩集

52沈括
靈苑方
修城法式條約
補筆談
沈存中良方
沈氏三先生文集(三沈文集)
清夜錄
夢谿忘懷錄
夢谿筆談(筆談)、續筆談
蘇沈良方(蘇沈內翰良方)
春秋機括
易解
長興集

58沈敕
荊谿外紀〔編〕

60沈日霖
粵西瑣記

沈目南
金匱要略編注

沈國元
兩朝從信錄(兩朝通紀從信錄)

沈思孝
谿山堂草

沈愚
沈通理詩稿
懷賢錄〔集〕

沈昌期
易經釋義

67沈昀
繭窩雜稿

沈明臣
吳越游稿
豐對樓詩選

豐對樓集

沈鳴
南部大略

71沈既濟
唐建中實錄

沈長卿
西漢總類〔編〕
沈氏弋說、沈氏邇說

沈頤僊
遺事瑣談〔編〕

72沈彤
三經小疏
釋骨
儀禮小疏
春秋左傳小疏
果堂集
周官祿田考
尚書小疏

77沈周
石田先生詩抄（耕石齋石田詩
抄）
石田翁客座新聞沈石田集（石
田先生集）
杜東原年譜〔編〕

沈學子
學福齋集
學福齋經義

沈與文
畫志

沈與求
沈忠敏公龜谿集（龜谿集）

80沈金鰲
傷寒論綱目
尊生書

沈弇
閒止堂集

沈義父
沈氏樂府指迷

82沈鍾
柳外詞

85沈鍊
青霞山人詩
青霞山人集

87沈欽韓

後漢書疏證
幼學堂詩稿
沈小宛手錄十五種〔編〕

88沈節甫
玩易樓藏書目錄（沈節甫玩易
樓藏書目錄）
紀錄彙編〔輯〕

沈策銘
閩中弄筆

90沈小宛
春秋左傳補注
地名補注

沈惟賢
萬國演義〔編〕

沈懷遠
南越志

沈光邦
易律通解

沈常
流寇陷巢記

91沈炳
水經注集釋訂譌

沈炳震
唐詩金粉
唐書、附補正
唐書宰相世系表訂譌
九經辨字瀆蒙
廿一史四譜

92沈愷
夜燈管測

沈愷曾
東南水利〔輯〕

池

27池紀
奇門五總龜、附煙波釣叟歌〔編
解〕

50池本理
禽遁大全
禽心易見

60池田直正
治痘方論〔筆記〕

池田齋河
痘科屑舌前傳

3412₇　渤

38渤海書生
里門談贅〔輯〕

3413₁　法

00法應
禪宗頌古聯珠集〔編〕

04法護
須真天子經答法義〔譯〕

10法雲
翻譯名義集〔編〕

14法琳
辨正論
甄正論
破邪論

31法遵
甲申核真略

38法海
六祖壇經

43法式善
清祕述聞
存素堂初集錄存詩、詩稿、二
集、文集、續集
存素堂書目、續、書畫錄〔編〕
槐廳載筆

44法藏
華嚴百門義海
華嚴奧旨

法若真
黃山集

61法顯
佛國記

67法照
讀教記

77法具
化菴湖海集

87法欽
唐僧詩

3413₄　漢

47漢聲雜誌社
舊學〔編〕

80漢人

出行寶鏡

3414₇　凌

00凌堃
　德興子
　告蒙編
凌立
　碧筠館詩稿、補
10凌雪
　南天痕、附思陵改葬事
凌霞
　癖好堂金石書目
凌雲翰
　凌柘軒集(柘軒先生文集)
12凌廷堪
　元遺山年譜
　禮經釋例
　校禮堂文集
　燕樂考原
20凌稚隆
　漢書評林〔輯〕
　史記評林〔輯〕
　史記短長説〔輯〕
　春秋左傳評注測義〔輯〕
30凌準
　邠志
31凌福之
　六壬畢法
35凌迪知
　文選錦字錄
　文林綺繡〔編〕
　西漢雋言〔編〕
　羣公翰藻〔輯〕
　名世類苑〔輯〕
　太史華句
　左國腴詞
　萬姓統譜
　史記短長説〔輯〕
　氏族博考
44凌蒙初
　言詩翼
　詩逆
　二刻拍案驚奇、附宋公明鬧元
　　宵雜劇〔輯〕

拍案驚奇〔輯〕

凌萬頃
　玉峯志(淳祐玉峯志)、續志
凌樹屏
　匏息齋前集
46凌如焕
　楚遊小草
66凌曙
　春秋繁露注
80凌介禧
　東南水利略
凌義渠
　凌忠介公遺集
　凌忠介公奏疏
86凌錫祺
　陸尊道先生年譜

3418₁　洪

00洪亮吉
　三國疆域志
　北江詩話
　毛詩天文考
　漢魏音
　洪北江集
　十六國疆域志
　乾隆府廳州縣志
　東晉疆域志
　卷施閣文集甲集、乙集、詩集、更
　　生齋文集甲集、乙集、詩集、附
　　鮚軒詩、更生齋詩餘、附年譜
洪交泰
　賡齋詩集
　賡齋續吟
10洪震煊
　夏小正疏義、附釋音、異字記
17洪蒲
　讀易索隱
24洪皓
　續松漠紀聞
　鄱陽集
　洪忠宣公集
　松漠紀聞(松謨紀聞)、續、補遺
　鞱軒集
27洪詹簿

奚囊廣要十三種(奚囊雜纂)
　〔輯〕
洪芻
　豫章職方乘(職方乘)、後乘香
　　譜
　老圃集、補遺
32洪适
　唐登科記
　盤洲文集
　盤洲詞
　盤洲集抄
　盤洲編
　大宋登科記〔編〕
　隸韻
　隸續
　隸釋
　歙硯説
33洪肇
　肇論
34洪邁
　唐人萬首絶句(唐人絶句詩集、
　　萬首唐人絶句、萬首絶句檠
　　定)〔編〕
　瓊野錄
　經子法語
　客齋詩話
　容齋隨筆、續筆、三筆、四筆、五
　　筆
　洪文敏公集
　南北史精語〔編〕
　南朝史精語〔編〕
　史記法語〔輯〕
　夷堅志
　野處類稿
　會稽和買事宜錄
　欽宗實錄
36洪遵
　忍齋文集、詩集
37洪咨夔
　平齋文集(洪平齋集)
　洪忠文公集抄
　春秋説
38洪啓初
　易學管見

洪遵
　譜雙
　泉志
　洪文安公小隱集(小隱集)
　洪氏集驗方〔編〕
　翰苑羣書〔編〕
　翰林遺事
　中興玉堂制草〔編〕
　東陽志
40洪奭周
　豐山世稿
　洪希文
　續軒渠詩集、附錄
　續軒渠集
41洪梗
　清平山堂話本〔編〕
44洪若皋
　海寇記
　南沙先生文集
　闔難記
60洪思
　黃石齋先生年譜
　洪昇
　秭畦集、續集、補遺、詞、天涯淚
　　填詞、四嬋娟填詞、外集
　洪景修
　古今姓氏遙華韻(姓氏遙華韻)
　　〔編〕
71洪頤煊
　讀書叢錄
　孔子三朝記注
　孔氏金陵忠愍侯祠堂書目〔編〕
　禮經宮室答問
　孝經鄭注補證
77洪覺山
　說史
　洪朋
　洪龜父集
　清非集、補遺
　清虛集
　洪興祖
　聖賢眼目
　續史館故事
　韓文辯證

韓昌黎集(韓文、韓文公集、昌
　黎先生集)、外集、附錄、年
　譜、舉正、外抄〔編〕
楚辭補注〔補注〕
楚辭考異
杜詩辨證
春秋本旨
90洪炎
　西渡詩集、補遺、附二洪詩文
　洪焱祖
　杏庭摘稿

3419₀　沐

60沐昂
　滄海遺珠(滄海遺珠集)
　素軒集

3426₀　褚

00褚亨奭
　吳中先賢品節
　褚庭璋
　筠心書屋詩抄
26褚伯秀
　莊子義海纂微〔輯〕
32褚澄
　褚氏遺書
43褚載
　褚載集
44褚藏言
　竇氏聯珠集〔輯〕
　褚孝錫
　長沙志
　褚華
　水蜜桃譜
　寶書堂詩抄
80褚人穫
　隋唐演義

3430₂　邁

40邁柱
　工程做法〔編〕

3430₅　達

00達摩笈多

攝大乘論釋〔譯〕
57達賴喇嘛五世聲自在意海
　七佛如來供養儀軌經
77達月
　即山集

蓮

21蓮儒
　文湖州竹派

3510₆　冲

10冲一真君
　祿嗣奇談

3512₇　清

00清雍正五年官修
　八旗通志初集
　清高宗
　聖訓〔敕修〕
　樂善堂全集
　盛京賦
　日知薈說
　清康熙五十年敕輯
　全金詩
　清康熙官修
　數理精蘊
　清康熙中敕纂
　律曆淵源
14清珙
　石屋和尚住嘉興福源禪寺語錄
　　偈頌
　石屋和尚山居詩
16清聖祖
　康熙幾暇格物編
　聖訓(聖祖仁皇帝聖訓)
　聖訓(太祖高皇帝聖訓)
　律呂正義
　皇輿表
　曆象考成
21清仁宗
　全唐文〔編〕
　清虛子
　太白還丹篇
24清綺齋

清綺齋書目

30 清塞

唐四僧詩

清塞詩集

清官修

康濟録

唐宋詩醇〔編〕

平定羅刹方略

上諭内閣〔編〕

皇朝禮器圖説

皇朝禮器圖式

户部則例

通鑑輯覽(歴代通鑑輯覽)、附明唐桂二王本末)

大清一統志

大清通禮

大清會典

大清會典則例、圖説

臺灣紀略

萬年書

國史逆臣傳

國史貳臣傳

四書〔編〕

歴代職官表

學政全書

勝朝殉節諸臣録

清官撰

遼金元三史國語解

禮記義疏

中樞政考八旗、緑營

授時通考

周官義疏

44 清世宗

庭訓格言

聖訓(世宗憲皇帝聖訓)〔敕修〕

孝經集注

清世祖

聖訓(太宗文皇帝聖訓)

聖訓(世祖章皇帝聖訓)〔敕修〕

孝經〔注〕

清乾隆官修

貳臣傳、逆臣傳

盛京通志

48 清乾隆十三年敕撰

儀禮義疏

清乾隆九年官修

八旗滿洲氏族通譜

50 清史館

滿漢名臣傳〔編〕

清史料整理會

明季兵部題行彙稿〔編〕

80 清人

癡人福

療妬緣

康梁演義

離合劍蓮子瓶

新世弘勳

施公案奇聞

説唐後傳

説唐演義全傳

説呼全傳

麟兒報

二奇合傳〔輯〕

三才世緯

三世報隔簾花影

三妙傳

玉支璣小傳

玉燕姻緣全傳

玉樓春

玉妃媚史

五虎平西前傳

五虎平南後傳

五鳳吟

豆棚閒話

兩交婚小傳

平閩全傳

天豹圖

天門陣演義十二寡婦征西

西湖佳話

西湖小史

雷峯塔奇傳

瓦崗寨

雲鍾雁三鬧太平莊全傳

巧聯珠

引鳳簫

飛花詠

飛花艷想

聽月樓

醒名花

醒世姻緣傳

醒世恒言

醒風流奇傳

爭春園

香霧雲鬟録〔輯〕

征西説唐三傳

紅樓夢偶説

紅樓夢補

紅樓夢影

紅樓幻夢

紅樓復夢

紅樓圓夢

後三國石珠演義

後西遊紀

後續五虎將平南

後宋慈雲走國全傳

仙俠五花劍

弁而釵四集

續施公案

續兒女英雄傳

續今古奇觀〔輯〕

續小五義

生花夢

繡球緣

繡鞋記警貴新書

繡屏緣

歸蓮夢

幻中遊

幻中真

緑牡丹全傳

繪芳録

宜春香質四集

濟顛大師醉菩提全傳

濟公傳

定情人

法象考

遼天鶴唳記

清風閘

海烈婦百錬真傳

海遊記

大漢三合明珠寶劍全傳

大隋志傳

左文襄公征西演義

肉蒲團
女舉人傳
李公案奇聞初集
七真祖師列仙傳
七劍十三俠
走馬春秋
狐狸緣全傳
載花船
蘭花夢奇傳
蓮子瓶演義傳
萬斛泉
世無匹
林蘭香
株林野史
好逑傳
都是幻
殺子報
警富新書
畫圖緣小傳
忠烈俠義傳
忠烈小五義傳
忠孝勇烈奇女傳
春柳鶯
東遊記
斬鬼傳(第九才子書)
蝴蝶媒
昇仙傳
回頭傳
異說奇聞羣英傑雅觀樓
駐春園小史
蜃樓志
風月夢
鳳凰池
學究新談
陰陽顯報鬼神傳
人中畫
金石緣
金臺全傳
古今傳奇
今古奇聞
義勇四俠闖英傳
善惡圖全傳
鐵冠圖全傳
錦香亭

錦繡衣
錦疑團
鋒劍春秋
常言道
掌故演義
炎涼岸
情夢柝
快心編初集、二集、三集
快士傳
粉粧樓全傳

3520₆ 神

35神清
　　北山錄
53神彧
　　詩格

3521₈ 禮

00禮言
　　梵語雜名

3529₀ 袾

30袾宏
　　雲棲大師山房雜錄

3530₀ 連

00連文鳳
　　百正集
22連繼芳
　　鶯鳩小啓、續集、鶯鳩續紀
40連南夫
　　宣和使金錄
　　連寶學奏議
　　連南夫知泉州表
43連城璧
　　塞愚集
44連橫雅堂
　　臺灣通史

3530₈ 遺

77遺民外史
　　虎口餘生傳奇

3610₀ 湘

21湘上癡
　　湘上癡睨離實錄

3611₀ 況

27況叔洪
　　考古辭宗〔輯〕

3611₇ 溫

00溫庭筠
　　漢上題襟集
　　溫飛卿集(溫庭筠詩集、溫庭筠
　　　金筌集、金筌集)、別集
　　溫飛卿集箋注
　　乾饌子
　　八叉集
　　金奩集
　　金荃詞
02溫新
　　大谷詩集
12溫廷敬
　　明季潮州忠逸傳
14溫璜
　　貞石堂集
　　溫氏母訓
17溫豫
　　續補侍兒小名錄
20溫秀
　　中谷詩集
21溫睿臨
　　出塞山川圖畫記
　　南疆逸史
25溫純
　　齊民要書
40溫大雅
　　大唐創業起居注 (唐創業起居
　　　注)
43溫博
　　花間集補
44溫革
　　瑣碎錄、後錄
50溫肅
　　陳獨漉先生年譜〔編〕
60溫日鑑

魏書地形志集釋
魏書地形志校錄
75溫體仁
明熹宗哲皇帝實錄
80溫八义
溫八义集注

3612₇ 湯

03湯斌
洛學編
湯潛菴先生遺稿、志學會約
07湯望久
脈因證治〔校輯〕
12湯烈
論語集程氏說〔編〕
孟子集程氏說〔編〕
14湯璹
守城錄
21湯衡
湯氏嬰孩妙訣
22湯胤勣
東谷遺稿
23湯允謨
雲煙過眼續錄
湯傅楹
湘中草
27湯紹祖
續文選〔編〕
湯紹恩
越望亭詩集〔輯〕
30湯賓尹
睡菴文集、睡菴視草
睡菴文初刻、二刻、三刻
32湯兆京
靈譏閣集
34湯漢
妙絕古今(妙絕古今文選)〔編〕
陶靖節先生詩〔注〕
35沈禮
諫垣遺稿
37湯運泰
南唐書注、音釋補
40湯右曾
使黔集

懷清堂集
44湯懋綱
奕園詩集、婆娑詞
湯若望
交食蒙求〔譯〕
新法表異
新法曆引
新曆曉或
西洋新法曆書〔編〕
測食略
遠鏡說
渾天儀說
黃赤正球
則克錄〔授〕
曆法西傳
周天列宿圖
恆星經緯素說
恆星表
湯若士
還魂記
60湯思退
徽宗實錄
61湯顯祖
玉茗堂文集、賦、詩集、尺牘
玉茗堂集
玉茗堂集選
玉茗堂尺牘
南柯夢
牡丹亭還魂記(牡丹亭記、牡丹
亭還魂)
邯鄲夢
兵垣四編、附編〔輯〕
63湯貽典
毘陵節烈傳前編、後編
72湯垕
畫鑒、畫論
74湯騏
原侍御先考芳侯湯府君行述
80湯義仍
玉茗新詞四種
97湯煥
墨池初稿

3614₇ 漫

38漫遊野史
海角遺編

3621₀ 祝

00祝慶祺
刑案匯覽、續增〔輯〕
祝文彥
理學就正言〔輯〕
03祝誠
蓮堂詩話〔輯〕
23祝允
韓昌黎集(韓文、韓文公集、昌
黎先生集)、外集、集傳、遺文
〔注〕
祝允明
讀書筆記
浮物
祝子罪知錄(罪知錄)
祝氏集略
野記(枝山野記)
書譜〔輯〕
興寧志(正德興寧志)
前聞記
懷星堂集
24祝德麟
悅親樓集
25祝純嘏
孤忠後錄〔編〕
愚忠錄〔編〕
26祝穆
方輿勝覽(聖朝混一方輿勝覽)
寶苑郡公妙語〔編〕
事文類聚(古今事文類聚)前
集、後集、續集、別集〔編〕
32祝淵
吳太常殉節實錄
祝子遺書
事文類聚遺集〔編〕
33祝泌
康節先生觀物篇解、皇極經世
起數訣、皇極經世鈐、皇極起
數例、康節先生觀物篇斷訣、

附録
康節先生擊壤集
六壬大占
皇極經世秘鈐
皇極經世解觀物篇、起數訣、起
　數例
皇極經世解起數訣
皇極經世觀物篇解、皇極經
　世鈔、指掌圖、聲音韻譜、起
　例、附録
觀物内篇解
聲音韻語
40祝堯
古賦辨體、外集〔編〕
44祝萃
虛齋遺集
祝世禄
環碧齋詩集、尺牘、祝子小言
環碧齋小言
64祝時亨
西湖八社詩帖
77祝熙載
仕塗必用集〔編〕

3630₂　邊

10邊貢
邊華泉集
邊華泉集詩、文稿
邊華泉集選、附睡足軒詩
30邊實
玉峯志(淳祐玉峯志)、續志
40邊大綬
虎口餘生記

3712₀　洞

40洞真子玄
大還丹契祕圖

3712₇　滑

滑壽
診家樞要
續素問抄、補遺
難經本義〔注〕
素問抄補正

3716₁　澹

27澹歸
徧行堂集
丹霞澹歸禪師語録

3717₂　涵

21涵虛子
活人心法〔編〕
原始祕書
57涵蟾子
諸真元奧集〔編〕

3718₁　凝

23凝然
三國佛法傳通緣起

3721₀　祖

03祖詠
祖詠集
大慧普覺禪師年譜〔編〕
10祖可
瀑泉集
12祖珽
修文殿御覽
80祖無擇
西齋話記
祖龍學文集（洛陽九老祖龍學
　文集）、附源流始末

3722₀　初

21初虞世
尊生要訣
養生必用方

3722₇　祁

06祁韻士
伊犂總統事略〔增輯〕
16祁理孫
先大夫世培府君殉節述
17祁承㸁
牧津〔編〕
澹生堂藏書訓約（澹生堂藏書
　約）

澹生堂全集
淡生堂藏書譜、藏書訓略〔編〕
淡生堂書目〔編〕
21祁順
巽川集
22祁彪佳
宜焚草
宜焚全稿
祁忠惠公疏稿、揭帖
祁忠惠公遺集、附編
祁忠敏公日記
萬曆大政類編〔輯〕
45祁坤
外科大成

3730₂　通

37通潤
大方廣圓覺經近釋
40通真子
脈要新括
脈要秘括
49通妙邵真人
經史通用直音

過

00過庭訓
分省人物考（京省人物考）〔輯〕
10過元旼
廿二史言行略〔輯〕
78過臨汾
春秋左傳類求

3730₃　退

80退谷居士
坡仙遺蹟抄〔輯〕

逯

50逯中立
兩垣奏議

3730₅　逢

21逢行珪
鬻子注〔注〕
24逢皓

漢上題襟集

3772₇　郎

12郎廷極
　勝飲編
郎廷楝
　沅陵縣志
郎廷槐
　江湖夜雨集、續集、附半處士集
14郎瑛
　七修類稿、續稿
38郎遂
　杏花村志〔輯〕
40郎士元
　郎君冑詩集(郎士元集)
50郎中艾
　皇華集
64郎曄
　橫浦日新
　東坡文集事略 (經世東坡文集
　事略)〔注〕

3810₄　塗

32塗近止
　明倫集

3813₂　滋

67滋野貞主
　秘府略

3813₇　冷

40冷士嵋
　江泠閣文集、續集

3814₇　游

10游震得
　游讓谿甲集、乙集
18游酢
　論語解(游氏論語解)
　游定夫集
　中庸解(游氏中庸解)
20游季勳
　新河成疏〔輯〕
21游師雄
　元祐分疆錄

31游潛
　夢蕉存稿
40游九言
　默齋遺稿
44游藝
　天經或問前集、後集
游桂
　畏齋經學
90游光敬
　狐首經〔集注〕

3815₅　海

12海瑞
　海忠介公集
　海忠介公全集
23海外散人
　榕城紀聞
30海寧三百二十甲子老人
　明末滇南紀略〔校錄〕

3819₄　涂

23涂幾
　涂子類稿
30涂瀛
　紅樓夢論贊
涂宗濬
　續韋齋易義虛裁
31涂湄生
　周易經義

3825₁　祥

34祥邁
　辨偽錄
　至元辨偽錄

3826₈　裕

12裕瑞
　棗窗閒筆

3830₄　遵

43遵式
　天竺靈苑集、採遺
　天竺別集
　法界觀撫一要記
　金園集

3830₆　道

03道誠
　釋氏要覽
17道璨
　柳塘外集
30道宣
　廣弘明集(廣宏明集)
　集古今佛道論衡實錄
　續高僧傳
　釋迦方志
道濟
　苦瓜和尚畫語錄、大滌子題畫
　詩跋
31道潛
　參寥子詩集(參寥集)
37道通
　華嚴吞海集
道通
　法界披雲集
40道古
　古塔主語錄
44道世
　法苑珠林
71道原
　景德傳燈錄〔編〕
90道光
　還丹復命篇
97道恂
　師子林紀勝集
　獅子林紀勝、附拙政園題詠

3860₄　啓

10啓元子
　天元玉策

3912₀　沙

11沙張白
　定峯樂府
40沙克什
　河防通議

3930₂　逍

37逍遙子
　逍遙子通元書

4

4000₀ 十

10 十三譚逸叟
　詩詞本事錄〔輯〕

4001₇ 九

01 九龍山人
　孤忠小史〔編〕
　九龍真逸
　明季東莞五忠傳
　勝朝粤東遺民錄、附陳文忠張
　文烈陳忠愍公行狀〔輯〕
10 九天玄女
　奇門遁甲經
22 九仙君
　內景中黃經
　九峯居士
　粤滇紀略〔編〕
　滇粤紀聞〔編〕
　南京紀略〔編〕

丸

22 丸山正彥
　臺灣開創鄭成功

4003₀ 大

02 大訢
　蒲室集、附書疏語錄
　蒲室集詩補遺、文
32 大汕
　海外紀事
40 大圭
　夢觀集
80 大善
　西谿百詠、附錄
　和西谿百詠、附錄

太

21 太上真人

　西昇經
47 太極真人
　步虛經

4010₁ 左

00 左文質
　吳興統記
10 左元鎮
　如皋縣志
17 左尹
　魯春秋、附北征紀略使臣碧血
24 左贊
　左桂坡集
　桂坡前集、後集
30 左良玉
　左疏左檄
　左宗郢
　麻姑洞天志
40 左圭
　百川學海〔輯〕
　左克明
　古樂府(左克明樂府、左克明古
　樂府)
44 左懋第
　蘿石山房文集、奏疏、詩集
60 左昊
　讀史綱
77 左邱明
　春秋外傳國語
90 左光先
　左侍御公集
　左光斗
　左忠毅公疏稿、詩文、志狀表傳
　附錄、附桐城疏稿、墓誌、行狀
　左忠毅公集、附錄

4010₆ 查

00 查應光
　麗崎軒集

　靳史
04 查詩繼
　深寧齋集
14 查琪
　新婦譜又補
20 查爲仁
　絕妙好詞箋、續抄〔箋〕
22 查繼佐
　魯春秋
　東山國語
　罪惟錄
　國壽錄、便記
　釣業
35 查禮
　卜硯集
　忠題上方二山紀遊集
　銅鼓堂遺稿
37 查郎阿
　甘肅通志
38 查祥
　咸齋文抄
40 查培繼
　詞學全書〔編〕
　查堯卿
　紅柑齋詩草
　查志隆
　岱史〔輯〕
42 查韜荒
　浙江文抄
52 查揆
　篔谷詩抄、文抄
67 查嗣璟
　查浦詩抄
　查浦輯聞
94 查惜
　南樓吟香集
　查慎行
　西江志
　得樹樓雜抄

蘇詩補注（東坡詩補注）〔注〕
敬業堂集、續集
敬業堂集外詩
敬業堂集補遺
東坡先生編年詩〔注〕
人海記
竹垞初白二先生尺牘

4021₆　克

44克勤
　　碧巖集〔解〕
67克明子
　　金鐘傳

4022₇　希

09希麟
　　續一切經音義
26希白
　　希白詩
46希坦
　　釋希坦詩

有

77有朋
　　螺江集

南

00南唐後主
　　南唐二主詞
　　李後主集（李煜集）
南唐中主
　　南唐二主詞
21南卓
　　羯鼓錄
30南宮靖一
　　小學史斷
31南潛
　　寶雲詩集
40南大吉
　　渭南縣志（嘉靖渭南縣志）
51南軒
　　通鑑綱目前編
90南懷仁
　　康熙永年曆法表
　　靈臺儀象志

4024₇　皮

00皮之璨
　　鹿門家抄詩詠
60皮日休
　　鹿門子
　　皮從事倡酬詩
　　皮日休文藪（皮子文藪）
90皮光業
　　皮氏見聞錄

4033₁　赤

48赤松子
　　大清養生上下篇

志

27志磐
　　佛祖統紀
67志明
　　禪苑蒙求

4040₁　幸

10幸元龍
　　幸清節公松垣文集（松垣文集）

4040₇　支

00支立
　　十處士傳
22支豐宜
　　曲目新編
35支遁
　　支道林集（支遁集）、外集
40支大綸
　　支子全集
　　世穆兩朝編年信史
50支婁迦讖
　　無量清淨平等覺經〔譯〕

李

00李彥章
　　榕園吟稿
李齊賢
　　櫟翁稗說
　　益齋亂稿、拾遺

李方
　　紫陽年譜
李方子
　　朱文公年譜〔編〕
　　傳道精語、後集〔編〕
李廓
　　李廓集
李商隱
　　雜纂
　　梁詞人麗句〔輯〕
　　李義山詩集（玉谿生集、李商隱詩集）
　　李義山文集箋注
　　樊南甲集、乙集、文集
　　金鑰
李廌
　　師友談記（師友談錄、師友閒談）
　　德隅堂畫品（畫品）
　　濟南集、文粹、補遺雜記
　　蘇門六君子集
李應魁
　　肅鎮華夷志
李應祥
　　雍勝略
李應昇
　　落落齋遺集
李康成
　　玉臺後集〔輯〕
李庚
　　紟癭符
　　天臺集、別編、續集、續集別編
李廉
　　春秋諸傳會通
李庭
　　寓菴集
李庭中
　　捉臥甕人事數
李庭貴
　　徐蘇傳〔編〕
李慶來
　　李氏三忠事蹟考證〔輯〕
李廣
　　射評要略

李文秀
　　鍾鼎逸事
李文利
　　大樂律呂元聲、附律呂考注
李文仲
　　字鑑〔編〕
李文察
　　樂記補説
　　樂書六種(李氏樂書六種)
　　律呂新書補注
　　古樂筌蹄
　　青宮樂調
　　四聖圖解
　　興樂要論
李文治
　　晚明民變
李文友
　　聖紹堯章集
李文來
　　醫鑑(李氏醫鑑)、續補
李文田
　　西遊錄注、西遊水道記訂訛、朔
　　　方備乘札記
李文燭
　　黄白鏡、續黄白鏡
李言恭
　　貝葉齋稿
　　日本考
李讓
　　崇安縣志〔輯〕
李讓夷
　　唐敬宗實錄
01李巽
　　弘秀集(唐僧弘秀集、宏秀集)
　　　〔編〕
　　梅花衲
　　鞏綃集
02李端
　　李端司馬集(李端集、李校書
　　　集)
李新
　　跨鼇集
03李誡
　　營造法式、看詳〔編〕

李詒
　　蠢言
04李詩
　　清江文集、續集
05李靖
　　遁甲萬一訣
　　李衛公文集
　　李衛公望江南
　　李衛公問對 (唐太宗李衛公問
　　　對)
　　兵要望江南詞
07李調元
　　童山詩集、文集、蠢翁詞
　　諸家藏畫簿〔編〕
　　夏小正箋
　　函海〔編〕
　　制義科瑣記
　　粵風、蜀雅
　　逸孟子〔編〕
　　談墨錄
　　十三經注疏錦字古音合
　　蜀碑記〔編〕
　　月令氣候圖説
　　全五代詩〔編〕
李翊
　　戒菴老人漫筆
10李正民
　　己酉航海記
　　大隱集
李玉
　　清忠譜
　　眉山秀
李至
　　二李唱和詩集
李璋
　　晉陽事蹟雜記嗜泉詩存
李元庚
　　望社姓氏考
李元弼
　　作邑自箴
李元鼎
　　石園全集、白石山房集
李元白
　　四家胡笳詞

李元綱
　　聖門事業圖
　　厚德錄(近世厚德錄)〔編〕
李元春
　　桐窗説餘
李元陽
　　史記題評〔輯〕
李丙
　　丁未錄〔編〕
李雨堂
　　萬花樓楊包狄演義
李耳
　　太上説覔鬼經
　　太清服氣口訣、太起經、閉氣
　　　法、太上指南歌
　　老子(道德經、道德真經、老子
　　　道德經)
　　老子注(道德經注)
　　黄庭外景經
　　四象論
　　月波洞中記
李雯
　　皇明詩選(明詩選)〔編〕
　　蓼齋集、後集
李天麟
　　詞致錄
　　楚臺記事
李天經
　　交食蒙求〔譯〕
　　諸方晨昏分表
　　諸方半晝分表
　　五緯總論、五緯曆指〔譯〕
　　五緯表
　　南北高弧表
　　古今交食考
　　日躔考
　　日躔增〔譯〕
李天祚
　　安南表狀
李天根
　　爝火錄、附錄
　　爝火錄序例
李石(唐)
　　開成承詔錄

李石（宋）
　方舟集、後集
　方舟經説
　方舟左氏諸例續博物志
李百川
　綠野仙踪
李百藥
　北齊書
李雲鵠
　六李集
李雲鴻
　六李集
李雲雁
　六李集
李霖
　道德真經取善集
11 李彌遜
　李竹谿集（竹谿文集）
　筠谿集
　筠谿樂府
12 李登
　六書指南
李廷機
　宋賢事彙〔輯〕
　李文節公集
　易經纂注
　性理綜要
李廷忠
　橘山四六
李延壽
　北史
　南史
李延昰
　脈訣彙辨
13 李琯
　兩漢書疏〔輯〕
李琯朗
　貫珠六集
李碻
　乍浦九山志補
14 李琪
　丁卯實編
李琪
　春秋王霸列國世紀編

15 李翀
　日聞錄
李建勳
　李丞相詩集（李建勳集）
16 李璟
　見南唐中主
17 李瑤
　南疆繹史勘誃考、南疆繹史撫
　　遺〔輯〕
李禰
　顏子、附錄〔編〕
李邴
　玉堂制草〔編〕
　雲龕草堂後集
李承箕
　李先生文集
李豫亨
　自樂編、附錄
　推篷寤語
李子願
　象山年譜〔輯〕
李子金
　隱山鄙事〔輯〕
李羣玉
　李羣玉詩集（李文山詩集、李羣
　　玉集）、後集
18 李珍
　水西紀略〔輯〕
20 李重華
　三經附義
李舜臣
　易本傳
李季
　乾象通鑑
李季尊
　英華集
李季蘭
　李季蘭集
李采章
　禮山園文集
李集
　鶴徵錄
李秉禮
　韋廬詩內集、外集、賸稿、蠹餘

　　草
李維
　李仲方集
李維楨
　二賢言詩
　山西通志〔重修〕
　大泌山房集
李維樾
　忠貞錄、附錄
21 李上文
　豫章西山記
李上交
　近事會元
李虛中
　李虛中命書（命書）〔注〕
李衢沔
　李氏皇室維城錄
李處權
　崧菴集
李處全
　晦菴詞
李頻
　李頻詩集（梨嶽詩、梨嶽集、李
　　頻梨嶽詩集、李梨嶽集）
李衍
　竹譜詳錄
李衡
　樂菴語錄
　樂菴遺書
　周易義海撮要
李衛
　西湖志
　畿輔通志
李師聖
　産育寶慶集（産育寶慶方）
李師中
　李誠之集
李經綸
　禮經類編
　大學稽中傳
李綽
　秦中歲時記（輦下歲時記）
　尚書故實
22 李鼎元

師竹齋集

李鼎祚
李氏集解
易傳（李氏易傳）
周易集解、略例

李仙根
安南使事紀要

李邕
李北海集、附録
狄梁公家傳
金谷園記

李嶠
評詩格
李嶠集（雜詠、李嶠雜詠）

李山甫
奇山甫集

李巒
焉廋集

李嶸慈
濂谿志〔輯〕
宋濂谿周元公先生集〔編〕

李樂
見聞雜記

李繼本
一山文集

李崧
夕陽村詩抄、雲墟小稿
芥軒詩草、浣香詞、綠窗小稿、
絳雪詞

李稻塍
梅會詩選〔輯〕

23李獻民
雲齋廣録、後集

李俊甫
莆陽比事〔纂〕

李俊民
莊靖先生遺集（莊靖集）

李紱
朱子晚年全論〔編〕
穆堂初稿
穆堂別稿
李穆堂先生文集

24李化龍
田居稿

李先芳
讀詩私記
濮州志
東岱山房詩録（東岱山房稿）

李德
廣州田先生詩選

李德芻
元豐問事録
官制局紀事〔編〕
九域志

李德裕
兩朝獻替記
平泉雜文
西南備邊録
次柳氏舊聞〔編〕
太和辨謗略（大和辨謗略）
李文饒公文集（李衛公文集、李
德裕集）、別集、外集、補遺
李文饒公備全集（李衛公備全
集）、年譜、撫遺
李德裕會昌一品集（會昌一品
集）、姑臧集、平泉詩、窮愁
志、別集、別友賦
異域歸忠傳
服飾圖
會昌伐叛記

李德恢
嚴州府志

李勉
琴説

李幼武
五朝名臣言行録前集、後集、續
集、別集、外集〔補〕
皇朝名臣言行録（名臣言行録、
宋名臣言行録）、續集、別集、
外集〔補〕
四朝名臣言行録續集、別集

李結
御史臺故事

李稿
牧隱文稿、詩稿

25李生寅
李山人詩集

李仲

和林金石録

李仲南
永類鈐方〔編〕

李純仁
顏子〔編〕

李純甫
鳴道集説

李紳
吳湘事迹録
李丞相追昔遊集（追昔遊詩集、
追昔遊編、李紳追昔遊）

26李白
李太白集（李太白詩、李翰林
集、李青蓮全集輯注）
李杜詩
李杜詩選
李翰林別集

李伯元
見李寶嘉

李伯瑍
文翰類選大成〔編〕

李伯時
演禽龍眠感化真經

27李盤
金湯借箸十二籌

李凱
毛詩句解

李歸一
王屋山記

李侗
延平先生問答
李延平集

李修行
夢中緣

李象先
禁殺録

李翱
論語筆解（昌黎先生論語筆解）
〔編〕
三唐人集
五木經
何首烏傳
卓異記
李文公集（李翱集）

李魯
　爐餘集

李嶼
　羣芳清玩〔編〕

李榮
　綱鑑世類編、明十二朝聖記

李繩遠
　尋墅外言
　李氏類纂〔輯〕

李約
　道德經李約新注〔注〕

李綱
　靖康傳信録
　建炎進退志總敍
　建炎時政記〔編〕
　梁谿集、附録
　李忠定公文集
　李忠定公奏議附録
　典雅詞十種
　易傳（梁谿李先生易傳）、外篇

李叔元
　諸家前後場元部肄業精訣〔輯〕

李叔獻
　李東老詞

李絳
　李深之文集（李絳論諫集、李相
　　國論事集）、補

李紹文
　雲間雜識
　藝林彙百〔輯〕

28李作舟
　萬曆莊浪彙紀

李攸
　宋朝事實（本草事實）

李復
　潏水集

李復言
　續玄怪録（續元怪録）
　續幽怪録

李復圭
　紀聞

李從周
　字通

李馥榮

瀹頹囊、附歐陽氏遺書〔輯〕

李嶟瑞
　後圃編年稿

李綸
　李忠定行狀

30李流謙
　澹齋集

李流芳
　檀園集

李沆
　太祖實録

李濂
　嵩渚集
　汴京遺蹟志
　李氏居室記
　觀政集
　醫史〔輯〕

李漳
　李氏花萼集

李淳風
　玉曆通政經
　五經算術〔注〕
　天文占書類要
　乙巳占
　占燈法
　倚馬立成法
　李衛公望江南歌
　地理小
　觀象玩占拾遺
　觀燈法
　乾坤變異録
　周易元悟
　算經（五曹算經）〔注釋〕
　算經（張邱建算經）〔注釋〕
　算經（孫子算經）〔注釋〕
　算經（海島算經）〔注〕
　算經（九章算術、九章算經）〔注
　　釋〕
　算經（周髀算經）〔注釋〕

李涪
　刊誤（李涪刊誤、李氏刊誤）

李永標
　寄素堂詩稿、雜著

李永茂

邢襄題稿、樞垣初刻
　蒙難記

李之彦
　硯譜
　東谷所見

李之純
　周易尚占

李之儀
　姑谿詞（姑谿集）
　姑谿居士集、後集

李之藻
　天學初函理編九種、器編十種
　　〔編〕
　寰有詮
　渾蓋通憲圖説〔輯〕
　圜容較義
　同文算指前編、通編
　頖宮禮樂疏

李之芳
　平定耿逆紀

李富孫
　三傳異文釋
　漢魏六朝墓銘纂例
　禮記異文釋
　鶴徵後録

李良年
　秋錦山房集、外集

李宏宣
　緣情手鑑詩格

李實
　出使録
　李侍郎北使録（北使録）

李寶嘉
　文明小史
　官場現形記
　海天鴻雪記

李寶忠
　永昌演義

李宗諤
　李公談録
　越州圖經
　蘇州圖經
　黃州圖經、附録
　翰苑雜記

李宗渭
瓦缶集
李宗木
六李集
李杏山集、侍御集、白羽集、秋羽集、太史集、比部集
31李江
元包經傳(玄包經傳)〔注〕
李涉
李涉集(李涉歌詩)
李潛用
乙卯記
李濬
松窗雜録
李禎
運甓漫稿
32李淛
李氏花萼集
李兆洛
皇朝輿地略重訂
紀元編
輿地韻編、圖、歷代地理韻編今釋
李遜
崇禎朝野記
李遜之
三朝野記〔輯〕
李忠毅公年譜、附録
泰昌朝記事〔輯〕
33李心傳
西陲泰定録
建炎以來朝野雜記
建炎以來繫年要録
道命録〔編〕
舊文證誤
舊聞證誤
朝野雜記甲集、乙集〔編〕
國朝會要總類〔編〕
易編
李浦光
雪菴字要
李泳
毛詩集解〔校正〕
李氏花萼集
李治
測圓海鏡(測圓海鏡細草)
敬齋古今黈(古今黈)
益古衍段
李治灝
奉賢縣志〔輯〕
李黼
二禮集解
王制考
34李汝珍
鏡花緣
李濤
閒情詩草
李洪
續文房四譜
李氏花萼集
芸菴類稿
李遠
李遠集
青唐録
35李冲昭
南嶽小録
李清
客軒集
南渡紀事
南渡録
明史論斷
李清馥
閩中理學淵源考
李清菴
易尚占
李清植
淛受存愚
李清照
漱玉詞(漱玉集、李易安集)
打馬圖經
李清恭
三垣筆記、附識
李清臣
淇水集
李迪
李復古集
36李暹
千字文注〔注〕
李遇孫
芝省齋瑣記
括蒼金石志〔輯〕
金石學録
37李洞
句圖
李洞詩集
李漁
連城璧全集、集外編
十二樓
無聲戲
李淑
詩苑類格
三朝訓鑑圖
三朝寶訓
邯鄲書目
邯鄲圖書十志
閤門儀制
李淑通
五行類事占驗徵
李祖堯
孫尚書内簡尺牘編注〔注〕
李冗
獨異志
李祁
李先生文集(雲陽集、李雲陽集)
李鶴鳴
雙杉亭草
李迅
李氏集驗背疽方(集驗背疽方)
李逸民
忘憂清樂集
棊譜
李暹
奉使西域行程記
李迎
濟谿老人遺稿
李通玄
華嚴經決疑論
李過
易說(西谿先生易說、西谿李過易說)
李逢吉

李

斷全集

李逢陽
　李儀部遺稿、附錄

李罕
　使遼見聞錄

李鄴嗣
　李杲堂文抄、詩抄(杲堂文抄、
　詩抄)

38李淦
　李氏花萼集

李瀚
　標題蒙求

李海觀
　岐路燈

李祥
　李祭酒奏議

李道純
　清菴先生中和集(中和集)
　道德會元

李途
　記室新書

李肇
　唐國史補(國史補)
　翰苑羣書〔編〕
　翰林志

40李九齡
　李九齡集

李大諒
　征蒙記

李大濟
　周禮拾義

李士實
　世史積疑

李士表
　莊子十論

李士瞻
　經濟文集

李壁
　皇宋十朝綱要（宋十朝綱要）
　〔編〕

李培
　講學

李堯東
　湖南通志

李克家
　戎事類占〔輯〕

李希泌
　事文類聚翰墨全書（事文類聚
　翰墨大全）〔編〕

李有
　古杭雜記詩集（古杭雜記詩詞
　集）

李有慶
　琴軒集

李有中
　李有中詩

李存
　李先生文集(俟菴文集、李俟菴
　集、李仲公集)

李志常
　長春真人西遊記

李燾
　六朝通鑑博議
　許氏說文五音韻譜
　續宋編年資治通鑑〔編〕
　續資治通鑑長編（續通鑑長編）
　續資治通鑑長編撮要〔編〕
　續資治通鑑長編節要
　通鑑博議
　春秋古經
　毘陵大事記，阜陵大事記

李嘉祐
　臺閣集
　李嘉祐詩集

李韋求
　後漢書儒林傳補

李吉甫
　唐十道圖
　元和百司舉要
　元和郡縣志(元和郡縣圖志)

李奇玉
　易義(雪園李先生易義)

李奇珍
　兵垣疏草

李奇生
　勺錄

李壽朋
　富川志

李雄
　鼎國詩

李來章
　西城別墅詩
　連陽八排風土記

李來泰
　蓮龕集

李樵
　逸民鳴

41李桁
　李白厓詩草

李樗
　毛詩詳解
　毛詩集解〔講義〕

42李彭
　日涉園集

43李式玉
　巴餘集

李載園
　海門詩選

李朴
　章貢集
　豐清敏公遺事〔編〕

李栻
　論語外篇〔輯〕
　歷代小史〔輯〕

李榕
　華嶽志

44李堪
　玉洞藏書〔輯〕

李塨
　詩經傳注
　李氏學樂錄
　周易傳注、筮考學樂錄

李夢松
　歉夫詩文稿

李夢陽
　空同詩選
　空同集(空同子集、李空同集)
　空同精華

李蔚
　璅探〔輯〕

李蔭
　六李集

李懋
　古厪文集

李孝美
　墨譜（宋紹聖李伯揚墨譜）
　墨譜法式
　墨苑

李孝光
　李五峯文集
　李五峯先生詩文集
　雁山十記

李攀龍
　詩學大成〔編〕
　詩學事類、韻學事類
　李滄溟集（滄溟先生集、李滄溟
　　文集）、附錄
　古今詩刪〔編〕
　古今名家詩學大成〔編〕

李華
　李遐叔文集

李英
　吳中花品

李韓
　海珠志

李耆卿
　文章精義

李蓍
　總括夫子言仁圖
　復禮齋語錄
　楚澤叢語

李若水
　李忠愍集（忠愍集）

李蕃
　明末清初雅安受害記

李世熊
　寇變記、寇變後記、附寨堡紀堡
　　城紀
　寒支初集、二集
　李寒支先生歲記〔編〕

李世英
　癰疽辨疑論

李裒
　六李集
　元藝圃集〔輯〕
　宋藝圃集〔輯〕

黃谷讔談

李甘
　李甘文集

李贄
　孫子參同廣注〔輯〕
　傳奇五種〔評〕
　疑耀
　藏書（李氏藏書世紀、藏書世
　　紀）、續藏書焚書
　易因（九正易因）

李材
　李見羅書要

李權
　李寒支先生歲紀〔續編〕

李林松
　星工釋
　星土釋

李林甫
　天下郡望氏族譜
　大唐六典（唐六典）〔注〕

45李柟
　藥圃詩

李椿年
　中興登科小錄、姓類

李椿年
　易解（逍遙公易解）、疑問

46李觀
　李元賓集（李元賓文編、李觀文
　　編）、補遺

李觀瀾
　洗冤錄補注全纂、集證〔補輯〕
　大清律例全纂集成

李觀民
　集效方

李如圭
　儀禮集釋
　儀禮釋宮
　禮記、釋宮、綱目〔注〕

李如箎
　東園叢說

李賀
　李長吉詩集（歌詩編、李賀歌詩
　　編、李昌谷詩集、昌谷集）、集
　　外詩錦囊集、外集

李樫
　傷寒要旨（傷寒要旨方、傷寒要
　　旨藥方）〔編〕
　小兒保生方

47李郁
　秦王紀事〔輯〕

李朝正
　備急總效方（備全總效方）〔編〕

李好文
　長安志圖

李好古
　碎錦詞
　典雅詞十種

李超孫
　詩世族考

李杞
　周易詳解

李根
　廣金石韻府〔輯〕

李格非
　洛陽名園記

48李瀚
　蒙求（古本蒙求、蒙求集注、蒙
　　求補注）

50李中
　碧雲集（李中碧雲集）

李中立
　本草原始

李中正
　易傳（泰軒李中正易傳、泰軒易
　　傳）

李中梓
　雷公炮製藥性解
　傷寒括要方
　內經知要
　頤生微論
　醫宗必讀

李聿求
　夏小正注
　魯氏春秋
　桑志

李事道
　左概〔輯〕

李泰

天文釋義

四時氣候集解(四時氣候)

李本固
汝南遺事

古易彙編

李奉翰
南工廟祀典〔輯〕

李春芳
海剛峯先生居官公案傳

李春榮
水石緣

李貴
五先生政跡〔輯〕

李東陽
新舊唐書雜論

西崖先生擬古樂府(西崖樂府、
　擬古樂府)

南詞〔輯〕

東祀録

歷代通鑑纂要

同聲集、後集

懷麓堂詩話

懷麓堂集（懷麓堂詩稿文稿詩
　後稿文後稿文後續稿)

51李振裕
白石山房文稿

李頓
劉涓子治癰疽神仙遺論（劉涓
　子神仙遺論)〔編〕

52李播
天文大象賦(李播大象賦)〔注〕

天文大象賦圖注、附周天星
　圖、地輿疆度

53李咸用
李推官披沙集(披沙集)

李成已
小學書纂疏

54李軌
揚子法言(法言、揚子)〔注〕

56李提摩太
八星之一總論

李覯
李先生文集(李盱江集)、外集、
　年譜

李泰伯退居類稿、皇祐續稿、常
　語、周禮致太平論、後集

易圖論

盱江文集、外集、年譜

57李邦獻
省心雜言

李邦華
李忠文先生集

撫津疏草、公移、咨稿

58李挟
東林黨籍考

60李口
陵園記

李昉
文苑英華〔編〕

二李唱和詩集

太平廣記〔編〕

太平總領

太平御覽〔編〕

歷代宮殿名

歷代年號并宮殿等名

李日華
六硯齋筆記、二筆、三筆

璽召録、薊旋録、禮白岳記

紫桃軒雜綴、又綴、墨君題語

官制備考

禮白嶽記、附蓬櫳夜話

李君實雜著

李君實書眼、畫眼

李竹嬾雜書著十一種

薊旋録

草閣詩集、拾遺、文集、附筠谷
　集

姓氏補纂

四六類編〔輯〕

時物典彙〔輯〕

味小軒日記

竹嬾雜著

竹嬾畫賸、續畫賸

恬致堂集

李日景
西湖志

李呈祥
古源山人日録

李昱
李草閣詩集、拾遺、雜著、附筠
　谷詩集

李國祥
河工諸義、附

歷代建官考

李因篤
受祺堂詩集

李昊
蜀高祖實録

李昌齡
樂善録

太上感應篇(彝文太上感應篇、
　太上靈寶感應篇詳解)〔編〕

李昌祺
剪燈餘話、附録、元白遺音

剪燈餘話大全

李昌符
李昌符集

李呂
澹軒集

李昂英
文谿存稿(文谿集、李文谿集、
　李文谿存稿、李忠簡公文谿
　存稿)

李杲
珍珠囊補遺藥性賦

內外傷辨

內外傷辨惑論(辨惑論)

蘭室祕藏(東垣先生蘭室祕藏)

東垣珍珠囊

東垣先生試效方

東垣十書

脾胃論(東垣十書脾胃論)

醫方便懦

醫説

李果
詠歸亭詩抄、在亭叢稿

61李昞
木龍成規〔編〕

李顒
二曲集

63李默
孤樹哀談

建寧人物傳〔輯〕
羣玉樓稿

64李時
南城召對錄

李時珍
瀕湖脈學
奇經八脈考
本草綱目

李時勉
李先生詩集
古廉先生文集

65李晴峯
龍川詩抄

67李明復
春秋集義、綱領

李明徹
圜天圖說、續編

李瞻
旌川志

李昭玘
樂靜集
李公文集

李郢
李郢端公集

李嗣真
續畫記
續畫品錄
古今畫人名
書後品

李鶚翀
江陰李氏得月樓書目
藏說小萃〔輯〕

68李畋
該聞錄
乖崖政行語錄
歸田錄

70李壁
中興十三處戰功錄
雁湖先生詩集臨川詩注（王荊
文公詩、王荊公詩箋注、注荊
公集、荊公詩注、荊公集）〔注〕

李壁（宋）
見李壁

李壁（明）

劍陽名儒錄〔輯〕

71李辰拱
胎產救急方〔編〕

李頎
李頎詩集

李匡文
聖唐偕日譜
幸蜀記
李氏房從譜

李匡乂
資暇集（資暇）

李長祥
天問閣集、附錄

72李劉
梅亭先生四六標準
四六標準

李屋
南北史續世說

李隱
瀟湘錄

李氏
麗則集
東岱山房詩江右稿
打馬賦

76李陽冰
翰林禁經

77李鳳
越嶠書

李鳳雛
春秋紀傳

李隆基
見唐玄宗

李用粹
證治彙補

李同芳
視履類編

李周翰
文選（昭明文選）〔注〕

李鵬飛
三元參贊延壽書

李鵬翀
得月樓書目
得月樓書目摘抄

李際春

紅梅館集、續集

李駧
難經（晞范句解八十一難經、八
十一難經）〔句解〕
黃帝八十一難經纂圖句解〔句
解〕

李開元
讀易辨疑

李開先
詞謔
李中麓閒居集
中麓畫品
周易辨疑

李問
李問集

李卿雲
水利芻言

李賢（唐）
後漢書〔注〕

李賢（明）
天順日錄
大明一統志（明一統志）
古穰雜錄
古穰集

79李驎
虬峯文集

80李仝
珞琭子（珞琭子三命消息賦、珞
琭子三命消息賦注、珞琭子
賦注、四字注解經進珞琭子
消息賦）、李燕陰陽三命〔注〕
三命
珞琭子疏〔注〕

李益
李君虞詩集（李益集）

李鏞
師古篆韻〔輯〕

李錞
李希聲集

李介
天香閣隨筆

李兼
李孟達集

李善
文選（昭明文選）〔注〕、李善與

五臣同巽

李善蘭
麟德術解
談天、附表〔删述〕
重學〔筆述〕
幾何原本〔筆述〕
代微積拾級〔筆述〕
代數學〔記〕
植物學〔譯〕
圓錐曲綫説〔筆述〕
則古昔齋算學

李曾伯
可齋雜稿、續稿、續稿後
可齋詞
班馬字類補遺

李公佐
建中河朔記

李公柱
學脈正編

81李鐩
睫巢集
尚史

82李鍾僑
詩經測義

86李錫
太學新編排韻字類

李知先
傷寒活人書括〔編〕

88李筌
孫子〔注〕
神機制敵太白經
太白陰經
中臺志
閫外春秋

李鋭
方程新術草
三統術注
弧矢算術細草
召誥日名考
占天術注
漢三統術注
李氏遺書十一種
地球圖
乾象術注

奉元術注
日法溯餘疆弱考
四分術注
開方法

李筠嘉
慈雲樓藏書志

李簡
學易記

李符
香草居集

李符清
海門詩抄

李繁
玄聖蘧廬
相國鄴侯家傳（鄴侯家傳）

90李堂
西湖紀遊
董山遺稿
四明文獻志、補志

李光
讀易詳説（讀易老人詳説）
李莊簡公文集（莊簡集）

李光弼
李臨淮武記

李光縉
周易潛解

李光地
詩所、古樂經傳、榕村全集、別
集
二程子遺書纂、外書纂〔編〕
正蒙
參同契章句
朱子語類四纂〔編〕
朱子全書〔輯〕
洪範説
禮纂
大學古本説、中庸章段説、中庸
餘論、讀論語劄記、讀孟子劄
記太極圖説注、通書注、西
銘注〔編〕
李文貞公全集（李安谿全書）
古樂經傳
榕村語録（榕邨語録）、家書、
榕村講授、古文精藻

榕村別集（榕邨別集）
榕村全集（榕邨全集）
孝經全注
韓子粹言〔選〕
星曆考原
曆象本要
月令輯要、圖説
周易通論
周易觀象
周易折中
陰符經注
尚書解義
書七篇解義
尚書七篇解義

李光暎
觀妙齋金石文考略（金石文考
略）〔輯〕

李光映
見李光暎

90李光墍
守汴日志

李常
廬山奏議

李棠
沛縣志〔輯〕

91李恆
袖珍方大全〔輯〕

92李愷
處苗近事〔編〕

李燔
趙華文行狀

96李煜
見南唐後主

97李灼
至聖編年世紀（孔子編年世紀）

99李榮
元始説先天道
德經
道德真經解義

李榮陛
易考、續考
厚岡文集、詩集
尚書考

孛

44孛蘭肹
　大元大一統志

4050₆ 韋

00韋齊休
　雲南行紀

韋應物
　韋蘇州集（韋應物集、韋江洲
　集）、拾遺、附錄

10韋而司
　化學鑑原

14韋珏
　梅花百詠

17韋承
　靖康稗史

21韋行規
　保生月錄
　韋氏月錄

韋處玄
　西昇經〔注〕

韋處厚
　翰林學士記

24韋續
　墨藪

26韋保衡
　唐武宗實錄

27韋絢
　戎幕閒談
　劉公嘉話錄（劉公佳話）

33韋述
　唐宰相甲族
　兩京新記
　集賢注記

44韋莊
　唐詩又玄集〔編〕
　浣花集（韋莊浣花集）、補遺

韋執誼
　翰林院故事

46韋韞
　九鏡射經
　射訣

47韋縠
　才調集

57韋蟾
　漢上題襟集

67韋昭
　春秋外傳國語〔解〕
　國語（國語解、國語韋昭解）
　〔解〕
　國語剳記〔解〕

70韋驤
　韋先生集

72韋彤
　政和五禮精義注（五禮精義注、
　皇朝五禮精義注）〔編〕

77韋居安
　梅磵詩話

80韋公肅
　禮閣新儀

94韋慎微
　咸鎬故事

97韋煥
　雅樂考

4060₀ 古

01古譚吏隱主人
　海表奇觀〔輯〕

10古雲
　月鷺集

44古藏室史臣
　弘光實錄抄

4060₁ 吉

00吉慶
　廣西通志（嘉慶廣西通志）

10吉天保
　孫子集注（孫子十一家注）〔編〕
　孫子注解〔輯〕

32吉澄
　四書合刻、大學中庸或問〔輯〕

38吉祥
　辨偽錄

旮

48旮猶字
　字學訂譌〔編〕

4064₁ 壽

30壽寧
　靜安八咏

4071₀ 七

40七十一
　西域瑣談

4073₂ 袁

00袁康
　越絕書

袁慶祥
　袁野翁先生文集、詩集

袁文
　甕牖閒評

袁袠
　世緯

袁衮
　袁禮部詩

07袁郊
　甘澤謠
　服飾變古元錄

袁韶
　錢塘先賢祠傳贊

08袁說友
　東塘集
　成都文類〔輯〕

10袁天綱
　太一命訣

袁不約
　袁不約集

12袁弘道
　觴政

14袁珙
　袁柳莊詩集（柳莊詩集）

17袁胥臺
　皇明獻寶

袁子讓
　澄字學源流辨

袁君賢
　昌雩文集

19袁褧（宋）
　楓窗小牘

袁褧

　　　金聲玉振集〔編〕
20袁采
　　樂清志
　　袁氏世範(世範)、附集事詩鑒
21袁仁
　　紀年類編〔輯〕
　　春秋胡傳考誤
　　鍼胡編
　　尚書砭蔡篇(砭蔡編)
　　尚書蔡注考誤
22袁繼咸
　　六柳堂遺集
　　潯陽紀事
23袁俊翁
　　四書疑節
25袁仲韶
　　啓禎紀聞錄
　　袁秩
　　袁胥臺集
26袁儼
　　抱膝齋集
27袁旬
　　天花精言
　　袁凱
　　袁海叟詩集(海叟集)、補
　　袁海叟在野集(在野集)
30袁淳
　　羅嶪文集
　　袁宏
　　後漢紀
　　袁宏道
　　廣莊
　　珊瑚林
　　袁中郎集
　　瓶花齋集、瀟碧堂集
　　瓶史
　　袁宗道
　　白蘇齋集
36袁漫恬
　　唐音拔萃
37袁鴻
　　鐵如意菴詩稿
　　袁祖志
　　隨園瑣記

40袁士元
　　書林外集
　袁士瑜
　　海蠡編
　袁士鵬
　　管窺新法
　袁去華
　　適齋類稿
　　袁宣卿詞(袁去華詞)
　　典雅詞十種
41袁樞
　　通鑑紀事本末(紀事本末)〔編〕
　　通鑑紀事本末撮要〔編〕
42袁彬
　　北征事蹟
44袁夢麟
　　漢制叢錄
　袁孝政
　　劉子(新論、劉子新論)
　袁華
　　玉山紀遊
　　可傳集
　　耕學齋詩集
　袁黃
　　兩行堂集
　　祈嗣真詮
　　曆法新書
　袁樹
　　紅豆村人詩稿
45袁棟
　　書隱叢說(書隱叢記)
47袁桷
　　清容居士集(袁清容集)
　　四明志(延祐四明志)
48袁枚
　　袁文箋正
　　隨園食單
　　小倉山房詩集、續、文集、外集
50袁中道
　　珂雪齋集選
　　珂雪齋近集
　　珂雪齋前集
　袁忠徹
　　古今識覽(古今識見)〔輯〕

　　　人象大成
　袁表
　　江南春詞〔輯〕
　　閩中十子集〔輯〕
53袁甫
　　蒙齋集
　　孝經說(蒙齋孝經說)
　　中庸講義(蒙齋中庸講義)
60袁易
　　靜春堂詩集、附錄
　　靜春堂集
　袁昂
　　書評
71袁陟
　　陳郡袁氏譜
77袁覺
　　袁氏家塾讀書記〔集〕
　袁又愷
　　霜哺遺音〔輯〕
　袁學謨
　　居易堂文集
94袁燁
　　袁文榮公文集
98袁悅
　　戚苑英華〔編〕
99袁燮
　　毛詩經筵講義象山年譜〔輯〕
　　袁絜齋集(潔齋集、絜齋集)、後
　　　集
　　絜齋家塾書抄

4080₁　真

24真德秀
　　西山復卦說
　　心經
　　心經法語
　　心經附注
　　真文忠公文章正宗(文章正宗、
　　　西山先生文章正宗)
　　真文忠公文集(西山先生文集)
　　真文忠公讀書記(讀書記、西山
　　　先生讀書記)
　　真文忠公讀書記乙集上大學衍
　　　義(西山先生經進大學衍義、

　　大學衍義)
　　真文忠公政經(政經)
　　真文忠公續文章正宗（西山先
　　　生續文章正宗、續文章正宗)
　　書説精義
　　四書集編
30真空
　　篇韻貫珠集(篇海貫珠集)
44真桂芳
　　真山民詩集
77真覺大師
　　雪峯廣録
　　真際禪師
　　華嚴合論法相撮要

4090₀ 木

48木增
　　雲邁淡墨〔輯〕

4090₁ 奈

57奈邨農夫
　　野史無文

4090₈ 來

20來集之
　　樵書
　　樵書初編
　　博學彙書〔輯〕
21來行學
　　宣和集〔蒐〕
28來復
　　蒲菴集、補遺滄遊集〔編〕
31來濬
　　金石備考〔輯〕
34來汝賢
　　來菲泉存稿(菲泉存稿)
42來斯行
　　槎菴小乘
77來鵬
　　來鵬集
86來知德
　　來瞿塘先生日録内篇、外篇
　　周易集注

4091₇ 杭

30杭淮
　　杭雙谿先生詩集(雙谿詩集)
40杭大宗
　　史亭賸藁
42杭機
　　藝餘類纂
44杭世駿
　　諸史然疑
　　三國志補注
　　石經考異
　　晉書補傳贊
　　武林理安寺志
　　續方言
　　續禮記集説
　　漢書蒙拾、後漢書蒙拾〔編〕
　　過春稿
　　道古堂文集、詩集、集外詩、軼
　　　事
　　榕城詩話
　　邦畿水利集説〔輯〕
　　質疑

4092₇ 橋

40橋李闇
　　魏監磨忠記〔編〕

4093₁ 樵

38樵道人
　　定鼎江南紀略七峯遺編
72樵隱
　　求野録〔編〕

4099₄ 森

00森立之
　　神農本草經〔輯〕

4141₆ 姬

00姬文
　　市聲
17姬翼
　　雲山集(知常先生雲山集)

4191₆ 桓

01桓譚
　　新論(桓子新論)
30桓寬
　　鹽鐵論

4192₀ 柯

11柯琴
　　傷寒來蘇集
17柯珮
　　籈籦理數日抄
20柯維騏
　　宋史新編〔編〕
31柯潛
　　竹巖先生文集
44柯夢得
　　唐絶句選〔編〕
　　唐賢絶句〔編〕
　　柯東海集
　　柯蔭
　　黄子録〔集解〕
90柯尚遷
　　周禮全經釋原

4196₁ 梧

22梧岡主人
　　空空幻〔編〕

4212₂ 彭

07彭韶
　　政訓〔輯〕
10彭元瑞
　　五代史記注〔輯〕
　　彭而述
　　讀史亭集
　　彭百川
　　皇朝太平治蹟統類（皇朝治蹟
　　　統類、太平治蹟統類)前集
12彭孫遹
　　松桂堂集、延露詞、南淮集
　　金粟詞話
　　彭孫貽
　　虔臺逸史

嶺上紀行
客舍偶聞
茗齋雜記
茗齋詩餘
茗齋集
甲申以後亡臣表
明朝紀事本末補編
18彭致中
鳴鶴餘音〔輯〕
20彭乘
續墨客揮犀
墨客揮犀
21彭穎
魯監國載記
26彭儼
五侯鯖
27彭龜年
止堂集
內治聖監
彭叔夏
文苑英華辨證
彭紹昇
測海集、觀河集
彭尺木文稿
彭尺木未刻稿
28彭徵士
彭甘亭全集
30彭定求
南畇文稿
彭宗孟
侍御公詩集
32彭兆蓀
小謨觴館詩集、續、文集、續小
謨觴館詩集注
34彭汝礪
鄱陽先生文集
38彭遵泗
蜀碧
40彭大翼
山堂肆考、補遺
彭大雅
黑韃事略
彭士奇
廬陵九賢事實始末

44彭蘊璨
畫史彙傳〔輯〕
57彭輅
彭比部集
60彭昺
書傳通釋
64彭時
可齋筆記
彭文憲公筆記
71彭長宜
彭德符先生萬曆乙卯硃卷
77彭用光
體仁彙編
彭鵬
古愚心言
80彭年
隆池山樵集

4240₀ 荆

34荆浩
山水受筆法
畫山水賦
筆法記
44荆執禮
大宋寶祐四年丙辰歲會天萬年
具注曆(寶祐四年會天曆、宋
寶祐四年丙辰歲會天萬年具
注錄、會天萬年具注曆)〔編〕

4241₃ 姚

00姚奎
五岳山人詩選、詠物詩
姚應仁
大學中庸讀
檀弓原
姚康
休那遺稿、外集、詩集
姚廣孝
道餘錄
逃虛子詩集(逃虛子)、續集、逃
虛類稿、補遺
姚文蔚
右編補〔編〕
周易旁注會通〔輯〕

姚文田
說文校議
說文聲系
漢初年月日表
金壇十生事略
姚文灝
浙西水利書
10姚一謙
廣陵志
姚夏
張楊園先生年譜〔編〕
姚可成
救荒野譜
食物本草綱目〔編〕
12姚廷遴
歷年記、續記、拾遺
15姚璉器
姚叔器先生集
16姚碧
荒政輯要
17姚鼐
江寧府志
惜抱軒文集、後集、詩集、後集、
外集
姚子莊
石埭縣志
姚配中
周易通論月令
姚翼
玩畫齋雜著編(玩畫齋集)
玩畫齋藏書目錄
20姚舜牧
詩經疑問
五經疑問
禮記疑問
姚承菴文集
孝經疑問
書經疑問
春秋疑問
四書疑問
易經疑問
姚舜輔
紀元曆、立成
姚信

昕天論

21姚虞
　嶺海輿圖

22姚綬
　穀菴集選、附錄、東齋稿略

23姚允明
　史書

24姚勉
　姚舍人文集

26姚伯驥
　五經劄記

27姚鵠
　姚鵠詩集

29姚秋農
　說文摘錄

30姚宣
　聞見錄

姚寬
　西谿樂府
　西谿叢語
　西谿居士集
　姚氏殘語

姚之騆
　新體詩偶抄
　後漢書補逸〔輯〕
　類林新咏

姚憲
　乾道奉使錄

姚宏謨
　衡兵志

姚宏緒
　松風餘韻〔輯〕

姚宗典
　存是錄
　門戶志略〔輯〕

31姚福
　青谿暇筆(清谿暇筆)

32姚洲築
　市隱園詩文物紀

33姚述唐
　見姚述堯

姚述堯
　蕭臺公餘詞(蕭臺公餘詞)

34姚汝能
　安祿山事蹟

37姚咨
　春秋諸名臣傳譜〔輯〕

38姚啓聖
　閩頌彙編奏疏、文告、附錄

40姚大榮
　馬閣老洗冤錄

姚士粦
　後梁春秋〔編〕
　易解〔輯〕

姚培㷭
　類腋天部、地部、人部、物部

姚希孟
　循滄集
　清閟全集
　棘門集

44姚孝守
　經義模範

45姚椿
　通藝閣詩抄、文抄

46姚覲元
　涪州石魚文字所見錄
　禁書總目三種〔編〕

47姚桐壽
　樂郊私語

60姚最
　續畫品

姚思廉
　梁書
　陳書

姚昌
　南雄府志

67姚明
　客谿詩集

77姚際恒
　庸言錄
　古今偽書考
　好古堂書畫記
　好古堂書目〔編〕

80姚鉉
　唐文粹(唐賢文粹)〔編〕
　文粹(聖宋文粹)〔編〕
　姚鉉文集

姚夔

姚文敏公集
　飲和堂詩集、文集

姚合
　極玄集(唐詩極玄集、極元集參)
　姚少監詩集(姚合詩)

姚公立
　隆詔導和集

87姚銘三
　地理辨正再辨

90姚堂
　潤州先賢錄〔輯〕

姚光虞
　玉亭稿

姚光祚
　廣蒙求

91姚炳
　詩識名解

98姚燧
　姚牧菴集(牧菴文集)

4252₁　靳

50靳貴
　靳文僖公集

53靳輔
　治河方略
　治河奏續書〔輯〕
　靳文襄治河奏疏

77靳學顏
　靳兩城先生集

99靳榮藩
　吳詩集覽、附談藪、補注

4282₁　斯

44斯植
　采芝集、續集

77斯學
　幻華集

4299₄　欒

32欒州散人
　竹香齋象戲譜初集、二集、三集

4301₀ 尤

00尤袤
　梁谿集
　梁谿遺稿、附錄
　遂初堂書目(益齋書目)〔編〕
　全唐詩話
14尤瑛
　周秦兩漢文選〔編〕
17尤玘
　萬柳谿邊舊話
20尤乘
　尤氏喉科、附方
　尤維熊
　二娛小廬詩抄、補遺、詞抄
21尤師六
　明詩液
27尤侗
　西堂雜俎、西堂剩稿、秋夢錄、
　　西堂各集詩、百末詞、附詞
　　餘六種
　宮閨小名錄
　尤西堂集
　藝文志
　擬明史樂府
　明史藝文志稿〔編〕
64尤時熙
　擬學小記
89尤鐙
　清賢記
93尤怡
　傷寒貫珠集
　醫學讀書記、續記、附醫案金匱
　　翼
　金匱心典

4313₂ 求

17求那拔陀羅
　雜阿含經〔譯〕
　楞伽經〔譯〕

4373₂ 裘

15裘璉
　普陀山志〔輯〕

17裘君宏
　西江詩話
44裘萬頃
　裘竹齋集
　竹齋詩集、附錄
　竹齋詩抄
60裘日修
　裘文達公文集、奏議、詩集

4385₀ 戴

00戴豪
　二戴小簡
　戴庭槐
　革節卮言
　學易舉偶
07戴望
　管子校正
08戴敦元
　戴簡恪公遺集
10戴元禮
　證治要訣(戴元禮證治要訣)
　戴震
　方言疏證
　詩經補注
　詩考(戴震詩考)
　孟子私淑錄
　孟子字義疏證
　毛鄭詩考正、某谿詩經補注
　緒言
　續天文略
　勾股割圜記
　直隸河渠志(直隸河渠書)
　戴氏遺書二十四種
　戴氏遺書十四種附一種
　考工記圖
　聲韻考、聲類表
　聲韻表
　東原集(戴東原集)、附年譜
　原象
　原善
　策算
　尚書義考
10戴天章
　廣瘟疫論

　易鏡〔輯〕
12戴廷栻
　半可集
16戴聖
　禮記〔注〕
17戴君思
　剩言
20戴鯨
　四明風雅〔輯〕
21戴虞皋
　周易闡理
　戴經
　燕居答述〔輯〕
　戴叔倫
　戴叔倫集
　戴叔倫述稿、外詩、書狀
22戴任
　月令廣義、圖記〔增釋〕
24戴德
　夏小正傳(夏小正戴氏傳)
　禮記(大戴禮記、大戴禮記注〔注〕
　禮記補注(大戴禮記補注)〔注〕
27戴凱之
　竹譜
　戴侗
　六書故、通釋
　戴名世
　弘光乙酉揚州城守記
　弘光朝偽東宮偽后及黨禍紀略
　子遺錄
　崇禎癸未榆林城守紀略
　南山集(潛虛先生文集)、補遺
　甲申保定城守紀略
28戴復古
　詩家鼎鑰
　石屏新語
　石屏詩集(戴石屏詩集)、附東
　　皋子詩、附東野詩、附錄
　石屏詞
　石屏續集、長短句
　戴谿
　論語答問
　石鼓論語問答

孟子答問
續呂氏家塾讀詩記
岷隱續詩記
江東十鑑
清源志
春秋講義
曲禮口義
易總說
歷代將鑑博議
30戴進賢
　儀象考成〔編〕
　黄道經緯恒星圖、地球圖
　曆象考成後編〔編〕
戴良
　戴九靈集
　九靈山房詩稿、文稿、補編
　九靈山房集、補編
37戴祖啓
　春秋五測
戴冠
　禮記集說辨疑
　戴遜谷集(戴氏集)
戴冠章
　濯纓亭筆記
戴迅
　晉史屬辭
38戴啓宗
　悟真篇注疏〔疏〕
44戴埴
　鼠璞
47戴起宗
　脈訣刊誤集解、附錄
戴栩
　浣川集
50戴表元
　剡源文集(戴先生文集、戴剡源
　　文集、剡源文抄)、詩集、補
　剡源逸稿
60戴思忠
　讀風臆評
戴曼公
　治痘方函〔口授〕
61戴顒
　二戴小簡

71戴原禮
　推求師意
77戴熙
　宋元四家詩〔編〕
80戴金
　三難軒質正
戴羲
　養餘月令
87戴欽
　鹿原存稿
88戴笠
　將亡妖孽〔輯〕
　流寇長編〔輯〕
　甲申剩事〔輯〕
　懷陵流寇始終錄、附錄〔輯〕
90戴少望
　將鑑論斷

4390₀　朴

72朴氏
　竹西詩集
77朴誾
　挹翠軒遺稿

4410₀　封

33封演
　封氏見聞記(封氏聞見記)

4410₄　董

00董應舉
　崇相集
董庭蘭
　大胡笳十九拍
02董訓
　皇朝名臣經濟錄(名臣經濟錄)
　　〔輯〕
04董誥
　皇清職貢圖〔編〕
　全唐文檢人目〔編〕
08董說
　天官翼
　西遊補
　豐草菴前集、文集、未焚稿、雜
　　著、詩集、別集、四略

運氣定論
七國考
10董正功
　續顏氏家訓(續家訓)
13董琅
　甬東正氣集
17董玘
　董中峯文集
20董秉忠
　盛京通志
21董衝
　新唐書釋音
　舊唐書釋音
董穎
　霜傑集
22董豐垣
　識小編
　尚書大傳考纂
董鼎
　十七史纂古今通要後集
　孝經大義
　史纂通要後集
　書集傳輯錄纂注（書傳輯錄纂
　　疏、曹蔡氏傳輯錄纂注、尚書
　　蔡氏傳輯錄纂注、尚書輯錄
　　纂注）、書序纂注
23董允叔
　董允叔落花吟
24董德鏞
　可如
25董仲舒
　董仲舒集
　春秋繁露
董傳策
　奇遊漫紀
27董解元
　西廂記(董解元西廂記)
董棻
　四書經疑問對〔編〕
董紀
　西郊笑端集
28董復表
　弇州史料前集、後集〔編〕
董谿

菊徑漫談

董份
　泌園集

30**董淳**
　後蜀紀事

董宿
　太醫院經驗奇效良方大全〔輯〕

董守諭
　卦變考略

31**董澐**
　董從吾詩稿

董逌
　廣川藏書志
　廣川畫跋
　廣川書跋
　詩故(廣川詩故)
　易學(廣川董逌易學)
　錢譜

32**董潮**
　東亭詩選

34**董祐誠**
　三統術衍補
　董方立遺書

37**董汲**
　旅舍備要方(太乙博濟經效祕傳旅舍備要方)
　脚氣治法總要
　小兒斑疹備急方論(董氏小兒瘢疹備急方論、小兒瘢疹論)

董逢元
　唐詞注

38**董裕**
　董司寇疏草

董遵
　滕王閣集〔輯〕

40**董大工**
　武夷山志〔輯〕

董士錫
　齊物論齋文集

董真卿
　周易經傳集程朱解附錄纂注〔編〕
　周易會通、附錄

41**董楷**

周易傳義附錄(周易程朱二先生傳義附錄)〔編〕
　周易圖說

42**董斯張**
　廣博物志
　吳興備志
　吳興藝文補〔輯〕
　董退周緒言
　靜嘯齋存草
　吹景集

43**董越**
　使東日錄
　董文僖公集
　朝鮮雜志
　朝鮮賦

44**董華鈞**
　純德彙編、續刻〔重訂〕

董其昌
　容臺詩集、文集、別集
　容臺疏集卷六十筆斷
　容臺集
　神廟留中奏疏彙要〔輯〕
　董文敏畫記
　董文敏書眼、畫眼
　畫禪室隨筆
　筠軒清閟錄

董棻
　嚴陵集〔輯〕

47**董穀**
　碧里雜存
　碧里後存
　續澉水志
　海寧縣志

董穀士
　古今類傳四時部〔編〕

50**董史**
　皇宋書錄、外篇〔輯〕

60**董思靖**
　老子解(道德經解、老子道德經解)
　老子道德經集解

董景沛
　純德匯編、續刻〔增輯〕

67**董嗣成**

青棠集

董嗣杲
　西湖百詠
　廬山集、英谿集
　和西湖百詠詩
　湖山百詠

80**董金鑑**
　陳章侯軼事〔輯〕

董無心
　董子

董弅
　廣川家學
　新定志
　圖經
　嚴州圖經
　閒燕常談

董含
　三國識略、續識略

董毓琦
　星算補遺七種

88**董餘峯**
　琳瑯冰鑑〔編〕

90**董掌衡**
　震西賸稿

91**董炳**
　魯府秘方
　避水集驗要方〔輯〕

董炳文
　古今類傳四時部〔編〕

96**董煟**
　救荒活民補遺書
　救荒活民書
　救荒活民書拾遺、增補

董熄
　南江詩集、文集

20**藍千秋**
　藍戶部集

21**藍仁**
　藍山集(藍山詩集)
　藍山藍澗詩集

22**藍鼎元**
　鹿洲初集

鹿洲公案

平臺紀略、附東征集

修史試筆

女學〔編〕

棉陽學準

東征集

86藍智

藍山藍澗詩集

藍澗集

4411₂ 范

00范應虛

瑞石山紫陽道院集〔輯〕

范康生

傲指南錄

范文若

鴛鴦棒

范氏三種曲、附北曲譜

06范諤昌

證墜簡

07范望

太玄經（太元經）、附說玄、釋文

〔解〕

10范王孫

詩志〔輯〕

范百祿

范子功集

16范理

讀史備忘

17范承謨

畫壁遺稿

范承勳

雲南通志

雞足山志〔輯〕

貴州通志

18范致明

岳陽風土記

21范處義

詩補傳

范師道

會要詳節〔編〕

25范仲淹

范文正公言行拾遺錄、附吳中

遺事、洛陽志、義莊規矩、西

夏堡寨、褒賢錄

范文正公政府奏議（政府奏議、

范文正公奏議）、年譜

范文正公集（文正集）、雜錄、別

集、遺蹟鄱陽贊頌論疏

范文正公尺牘（文正公尺牘）

范文正公丹陽編

范文正公全集

范傳式

范氏寢堂時饗禮

范純仁

范忠宣彈事、國論

范忠宣公文集、奏議、遺文、附

錄、補編

范純粹

范德孺奏議

30范寧

春秋穀梁傳（春秋穀梁經傳范

寧集解、春秋穀梁傳集解）

〔集解〕

春秋穀梁傳注疏（穀梁傳注疏、

穀梁注疏春秋穀梁注疏）〔集

解〕

范家相

詩瀋

三家詩拾遺

夏小正輯注

范守己

皇明肅皇外史（肅皇外史）〔編〕

御龍子雜著

郋聖集

33范浚

范香谿文集（香谿先生集、范賢

良文集）、附蒙齋遺文、楊谿

遺文

34范洙

兩浙海防考

35范沖

宰輔拜罷錄

神宗實錄考異

范太史遺事〔編〕

哲宗實錄（哲宗新實錄）

36范溫元

潛谿詩眼（詩眼）

37范祖禹

帝學

唐文鑑（大唐文鑑）

唐鑑

論語說（范氏論語說）

孟子〔注〕

仁皇訓典

范太史集（范公文集）

范氏家祭禮

孝經說

孝經注解〔說〕

40范士衡

羣英珠玉〔編〕

范梈

詩林要語

詩學禁臠

清江詩法

范文白公詩選

范德機詩集

43范越鳳

洞林別訣

洞林照瞻

44范懋柱

天一閣碑目〔編〕

天一閣書目〔編〕

范韓魏

范氏記私史事

范世勳

桃花泉棋譜

47范坰

吳越備史

48范乾九

四十治國樞要〔編〕

51范攄

雲谿友議

53范成大

石湖詞、蜆嵒詞、樂府補題

石湖居士集（范石湖集）

石湖居士吳船錄（吳船錄）

石湖居士攬轡錄（攬轡錄）

石湖居士田園雜興詩

石湖居士驂鸞錄（驂鸞錄）

吳郡志

和石湖
　桂海虞衡志
　菊譜
　梅譜
范咸
　周易原始
60范日觀
　岳班隼
范旻
　邑管雜記
范景文
　范文忠公初集
　戰守全書
范景福
　春秋上曆表
64范晞文
　對牀夜語(對床夜話)
范曄
　後漢書
67范明泰
　宋四大家外紀〔輯〕
　米襄陽志林、附刻、遺集
范昭逵
　從西紀略
72范質
　五代通錄
　晉朝陷蕃記(石晉陷蕃記)
　范魯公集
77范鳳諧
　高郵續志
范駒
　藿田集
80范公
　九星賦
范公偁
　過庭錄
84范鎮
　樂書(范蜀公樂書)
　范蜀公集
　范蜀公奏議
　本朝蒙求
　東齋記事(東齋記)、補遺
　國史對韻
87范欽

　煙霞小說〔輯〕
90范光文
　閩行隨筆
范光宙
　史評
范光陽
　雙雲堂文稿、詩稿

4412₇　蒲
00蒲庚
　黃帝丹訣玉函祕文
22蒲崖主人
　醒夢駢言〔輯〕
25蒲積中
　古今歲時雜詠〔編〕
30蒲宗
　蒲左丞集
38蒲道源
　閑居叢稿(順齋先生閑居叢稿、
　　蒲順齋閑居叢稿)
40蒲壽宬
　心泉學詩稿
48蒲乾貫
　易軌

蒲
50蒲中行
　蒲民昌邑集

4413₆　蟄
60蟄園氏
　鄒談一噱

4416₀　堵
10堵霞
　含煙閣詩詞
22堵胤錫
　堵文忠公集、合編
　只可吟
28堵牧游
　詩經澤書

4416₉　藩
27藩阜

　全蜀土夷考

4420₇　夢
21夢上丈人
　忘懷錄
44夢英
　英公字源

4421₁　荒
22荒川春安
　痘疹方函

4421₄　花
44花菴詞客
　花菴詞選〔編〕
花村行看侍者
　談往
花藥夫人
　三家宮詞

莊
10莊元臣
　叔苴子內篇、外篇
12莊廷粵
　萬國經緯地球圖式
21莊綽
　雞肋編
　本草節要、明堂鍼灸經、膏肓灸
　法
莊繢度
　黃雁山人詞
22莊鼎鉉
　古音駢字續編
25莊仲方
　金文雅〔編〕
33莊述祖
　夏小正經傳考釋
37莊肇麟
　長恩書室叢書〔輯〕
40莊大中
　織雲樓詩、附抄
莊士敏
　滇事總錄
莊有恭

長洲縣志

莊南傑
　莊南傑集

莊存與
　春秋正辭

47莊起元
　漆園厄言

50莊泰和
　寧國府志

60莊㫤
　莊定山集

77莊周
　莊子副墨(南華真經副墨)
　莊子注(句解南華真經、南華真經)
　莊子注疏

莊履豐
　古音駢字續編

薩

47薩都剌
　薩天錫雜詩妙選稿全集 (新芳薩天錫雜詩妙選稿全集)
　薩天錫詩集、外集
　薩天錫雁門集(雁門集)、附錄、別錄
　薩天錫分體詩

60薩里彌實
　瑞竹堂經驗方(經驗方)

4421₇　梵

14梵琦
　西齋淨土詩
　楚石大師北游詩(北游詩)

4422₁　蘅

20蘅香草堂
　吳江雪〔編〕

4422₂　茅

00茅康伯
　欣賞硯譜

10茅一相
　欣賞編續編〔編〕

茅元儀
　石民四十集
　武備志〔輯〕
　茅石民甲戌集、乙亥集、續三山逸鄉
　萬曆三大征考

12茅瑞徵
　禹貢匯疏
　虞書箋
　皇明象胥錄
　欣賞編〔輯〕

14茅瓚
　見滄文集

35茅溱
　韻譜本義〔輯〕
　韻補本義〔輯〕

40茅大方
　希董先生遺集

45茅坤
　唐宋八大家文抄〔評〕
　二蘇文抄〔編〕
　白華樓文稿(白華樓藏稿)、續稿、吟稿、耄年錄
　白華樓書目
　徐海本末
　茅鹿門先生文集

65茅映
　詞的〔輯〕

80茅翁積
　芸暉館稿

茅無儀
　暇老齋雜記

4422₇　芮

14芮琪
　通鑑類纂

52芮挺章
　國秀集

71芮長恤
　綱目分注拾遺

繭

80繭翁
　荷牘叢談

蕭

00蕭立
　蕭冰崖詩集
　蕭冰崖詩集拾遺

蕭應植
　濟源縣志〔修〕

蕭文蔚
　桃源縣志〔輯〕

蕭該
　漢書音義

10蕭玉
　峯谿集

蕭雲從
　離騷圖〔繪注〕
　和州含山張不二先生乙酉殉節紀實
　太平山水圖畫〔繪〕

17蕭子顯
　南齊書(齊書)
　南齊書天文志、五行志

20蕭統
　文選(昭明文選)、附李善與五臣同異
　昭明太子集
　錦帶書(錦帶)

21蕭穎士
　唐宰相甲族
　蕭茂挺文集
　蕭茂挺集(蕭功曹集、蕭穎士集)

22蕭嵩
　大唐開元禮(唐開元禮、開元禮)
　開元禮百問

蕭山來
　讀易隅通
　易圖覿見

蕭崇業
　使琉球錄

24蕭德藻
　千巖擇稿、外編、續編

蕭贊元
　錦繡萬花谷前集、後集、續集、

別集
蕭綺
拾遺記(王子年拾遺記)〔編〕
26蕭繹
見梁元帝
27蕭綱
見梁簡文帝
34蕭漢中
讀易考原
37蕭洵
故宮遺録
38蕭肇
吉安郡志
40蕭大亨
北虜風俗
蕭奭齡
永憲録
蕭奭斗
勤齋集
蕭士珂
牘雋
蕭士瑀
陶菴雜記
蕭士贇
李太白集(李翰林集)〔補注〕
蕭士瑋
春浮園文集、詩集、春浮園偶録、南歸日録、汴遊録、日涉録、蕭齋日記、大乘起信論解
春浮園集
蕭吉
五行大義
42蕭壎
女科經論
44蕭世基
脈粹
蕭楚
春秋辨疑
春秋經辨
60蕭國寶
蕭輝山存稿(蕭輝山稿、輝山存稿)、附蓴菴稿
79蕭騰麟
西藏見聞録
86蕭智漢
日月紀古〔編〕
88蕭鎰
四書待問
90蕭尚仁
正固先生詩文集
蕭常
續後漢書、音義

蘭

44蘭茂
韻略易通
滇南草本圖注
74蘭陵笑笑生
金瓶梅(金瓶梅詞話)

4423_2　蒙

10蒙正發
三湘從事録
77蒙叟
紅豆莊雜録

4424_7　蔣

00蔣主孝
樵林摘要稿
蔣應泰
高州府志
蔣文惲
閩中實録
10蔣一彪
古文參同契集解〔輯〕
蔣一葵
堯山堂外紀〔輯〕
堯山堂偶雋〔輯〕
長安客話
蔣平階
地理辨正
蔣氏祕函四種東林始末〔編〕
畢少保公傳
蔣示吉
醫宗説約
12蔣廷鉉
脩山擬存
蔣廷錫
青桐軒詩集
尚書地理今釋
17蔣子正
山房隨筆
20蔣舜元
應用算
蔣信
道林先生諸集
蔣偕
李司空論事
24蔣德璟
慤書
25蔣生沐
別下齋叢書〔編〕
26蔣和
書法正宗
27蔣伊
條奏疏稿、續刊
臣鑑録〔輯〕
28蔣以忠
藝圃球瑯
蔣儀
藥鏡
30蔣濟
蔣子萬機論
蔣之奇
尚書解
蔣之翹
天啓宮詞
柳河東集(河東先生集)、外集〔輯注〕
蔣宏任
峽石山水志
峽山志略〔輯〕
蔣良騏
東華録
32蔣兆奎
河東鹽法備覽
33蔣心化
西臺漫記
蔣溥
西清古鑑
35蔣洼
蔣滄軒詩選

36蔣湘南
　七經樓文抄、春暉閣詩抄
38蔣淦生
　化碧録〔編〕
40蔣友仁
　地球圖説〔譯〕
　蔣士銓
　忠雅堂集詩、補遺、文、詞
44蔣孝
　南九宮詞〔編〕
　南小令九宮譜
　蔣孝思
　中唐十二家詩〔編〕
　蔣華
　詞學筌蹄〔編〕
46蔣如平
　豳風概、續〔輯〕
50蔣春霖
　水雲樓詞、續
55蔣捷
　竹山詞
57蔣擢
　湘山事狀
60蔣易
　皇元風雅〔編〕
　蔣先生文集
　國朝風雅、雜編〔輯〕
　蔣冕
　瓊臺詩話
　湘皋集
64蔣時吉
　奇門總括〔輯〕
67蔣鳴玉
　禮記圭約
　春秋圭約
71蔣驥
　傳神祕要
　蔣臣
　桐變日録
77蔣鳳翔
　亳州牡丹史
86蔣錫震
　登嶽謡
90蔣堂

春卿遺稿
蔣光煦
　斟補隅録、東湖叢記
　別下齋書畫録
98蔣悌生
　五經蠡測

4429₄ 葆
90葆光道人
　眼科龍木總論（祕傳眼科龍木
　總論）

4430₅ 蓬
44蓬蒿子
　新史奇觀全傳〔編〕

蓮
21蓮儒
　畫禪

4430₇ 芝
60芝田居士
　芝田余居士證論選奇方後集

4433₁ 赫
87赫舒德
　資治通鑑綱目三編〔改訂〕

燕
30燕客
　詔獄慘言
50燕肅
　刻漏圖
　海潮圖論

4433₃ 慕
10慕天顏
　撫吳對事
30慕容彥逢
　摛文堂集、附録
40慕壽祺
　甘寧青史略

4433₉ 戀
04戀竑
　南北史識疑

4439₄ 蘇
00蘇應龍
　諸子瓊林〔編〕
　蘇庠
　後湖詞
　後湖集
　蘇廙
　十六湯品
10蘇元老
　九峯集
　蘇爾德
　回疆志
　蘇平
　雪谿漁唱集
　蘇天爵
　元文類（皇元文類、國朝文類）
　〔編〕
　治世龜鑑
　蘇伯修滋谿文稿（滋谿文稿）
　國朝名臣事略（元名臣事略、元
　朝名臣事略、名臣事略）
　劉文靖公遺事〔編〕
　蘇霖
　書法鈎玄〔輯〕
11蘇頌
　唐令、式
　蘇許公詩集
　蘇魏許公集（蘇魏許公集）、附録、
　隴上記
20蘇舜元
　蘇才翁集
　蘇舜欽
　滄浪集
　蘇學士集（蘇子美集）
24蘇特
　衣冠盛事
　蘇贊成
　朝鮮志
26蘇伯衡

文法
空同子謷説
蘇平仲文集
蘇泉
聲調譜説
27蘇象先
丞相魏公譚訓(魏公譚訓)〔編〕
蘇氏談訓
28蘇復一
蘇邁菴文集、詩、聯語、續
31蘇濬
周易兒説(易經兒説)
蘇源明
元包經傳(玄包經傳)〔傳〕
32蘇州忠義局
江蘇昭忠録〔輯〕
34蘇祐
遒旃璅言
法家裒集〔輯〕
穀原詩集
35蘇澥
惕齋閑見録
36蘇澤東
明蘇爵輔事略、附録〔輯〕
37蘇泂
冷然齋詩集、附補遺、附録
冷然齋詩餘
冷然齋集
金陵雜興
蘇洵
三蘇文集
洪範論圖
嘉祐諡法(諡法)
嘉祐集
蘇老泉先生全集
老泉先生文集(老蘇先生大全
　文集)
老泉先生文粹
蘇過
斜川集、附録
40蘇士俊
南寧府志
蘇境
敬所小稿

蘇志皋
塞村集
益智録兵類、吏户禮刑工雜類
蘇真人
龍虎金液還丹元論
44蘇茂相
讀史韻言
蘇耆
閑譚録
48蘇敬
本草
53蘇軾
廣成子解
論語傳
論語解(東坡論語解)
三蘇文集
兩蘇經解
仇池筆記
烏臺詩案
漁樵閑話録(漁樵閑話)
大易疏解
蘇詩補注(東坡詩補注)
蘇沈良方(蘇沈内翰良方)
蘇公寓黄集
艾子
書傳(東坡書傳)
東坡應詔集
東坡文集(蘇文忠公文集)
東坡文集事略　(經進東坡文集
　事略)
東坡詩話
東坡詩集　(王狀元集注分類東
　坡先生詩、王注蘇詩、百家注
　蘇詩、注東坡先生詩、蘇詩、
　東坡先生詩)、續補遺、王注
　正誤、東坡年譜、正譌
東坡詞
東坡手澤
東坡後集
東坡樂府
東坡外集
東坡外制集
東坡先生編年詩
東坡先生和陶淵明**詩**

東坡先生翰墨尺牘
東坡先生奏議(蘇文忠公奏議)
東坡先生尺牘
東坡續集
東坡禪喜集
東坡内制集　(蘇文忠公内制
　集)、奏議、雜記
東坡志林
東坡四六
東坡別集、續別集
東坡居士佛印禪師語録問答
東坡問答録
東坡全集(蘇文忠公七集、蘇文
　忠公全集、東坡大全集、東坡
　七集)
東坡前集、後集
易傳(東坡易傳)
易解(蘇氏易解、東坡易解)
58蘇轍
龍川略志(蘇黄門龍川志略)
龍川別志
詩集傳(潁濱先生詩集傳、蘇氏
　詩集)
論語拾遺
三蘇文集
兩蘇經解
孟子解
欒城集(潁濱集)、後集、應詔集
古史
蘇文定公文集
老子解(道德經解、老子道德經
　解)
春秋集解(春秋集傳)
60蘇國祐
易簀遺言
蘇易簡
文房四譜
文選雙字類要
翰林續志(續翰林志、**次續志**)
67蘇明允
嘉祐新集〔編〕
蘇鶚
蘇氏演義
杜陽雜編

周易關玄觀

蘇瞻
汝陰唱和集

81蘇頌
新儀象法要
天象法要
儀象法纂
蘇魏公文集
本草(圖經本草)

88蘇籀
雙谿集
欒城先生遺言〔記〕

90蘇惇元
張楊園先生年譜、附錄

4440₀ 艾

10艾元英
如宜方〔輯〕

21艾儒畧
西學凡
職方外記
幾何要法〔述〕

27艾約瑟
重學〔口譯〕
圜錐曲綫説〔譯〕

40艾南英
天傭子集(天傭子集)
禹貢圖注

95艾性夫
剩語

4440₆ 草

44草莽東海臣
國難睹記

4442₇ 萬

00萬應龍
三峯傳稿

萬言
明鑑舉要

10萬元吉
墨山草堂初集

12萬廷言
易説(萬氏易説)

17萬承勳
勉力集

萬子昭
古金録

20萬季野
六陵遺事、附庚申君遺事〔輯〕
明史稿列傳

21萬經
分隸偶存〔輯〕

23萬俟卨
紹興貢舉法〔編〕

24萬先泰
説文凝錦録

34萬達甫
皆非集

40萬壽祺
墨表

42萬斯大
儀禮商、附録
禮記偶箋〔輯〕
學禮質疑
學春秋隨筆
周官辨非

萬斯同
廟制圖考
新樂府詞
石經考
羣書疑辨
儒林宗派
崑崙河源彙考
聲韻源流考〔輯〕
書學彙編
明代河渠考〔輯〕
歷代紀元彙考
歷代宰輔彙考
歷代史表

44萬樹
璇璣碎錦

50萬表
玩鹿亭詩稿
萬氏家抄濟世良方〔編〕
明經濟文録〔輯〕
灼艾集、續集、餘集、**新集**

77萬印角

萬印角闖游草

萬民經
西天目志

萬民英
星學大成

80萬全
痘疹心法
廣嗣紀要
萬密齋醫書

89萬鐘
治齋奏議、詩詞、文集

90萬尚父
聽心堂客問

4443₀ 樊

12樊廷枚
四書釋地補、續補、又續補、三
續補

20樊維城
聖門志〔輯〕
鹽邑志林、附聖門志〔輯〕

21樊綽
雲南志
蠻書

30樊宗師
絳守居園池記注
樊子句解
樊紹述集(樊宗師集)、絳守園
池記注

34樊汝霖
韓文公志

37樊深
河間府志

42樊彬
直隸碑目〔編〕

77樊鵬
初唐詩〔編〕

79樊騰鳳
五方元音

莫

10莫雲卿
石秀齋集

17莫君陳

月河所聞錄（月河所聞集）

24莫休符
　桂林風土記
26莫伯虛
　莫氏方
40莫友芝
　說文木部（仿唐寫本說文木部）、附箋異
46莫如忠
　崇蘭館集
58莫鰲山人
　燕都日記〔增補〕
60莫旦
　大明一統賦
莫是龍
　畫說

4445₆　韓

00韓彥直
　橘錄
韓康伯
　周易、略例、繫辭注〔注〕
　周易正義（周易注疏、周易兼義）〔注〕
　周易指略例
韓奕
　韓山人詩集、續集
　韓山人詞
　易牙遺意
06韓諤
　四時纂要
10韓玉
　東浦詞
韓元吉
　焦尾集
　河南師說
　南澗甲乙稿
　桐陰舊話
韓醇
　韓昌黎集（韓文、韓文公集、昌黎先生集）外集、遺文〔詁訓〕
　柳河東集（河東先生集）〔詁訓〕
11韓非
　韓非子（韓子）

13韓琬
　御史臺記
14韓瓘
　劉先生談錄
　劉先生道護錄
韓琦
　諫垣存稿
　仁宗實錄
　韓魏公集
　韓魏公安陽集（安陽集）、忠獻
　韓魏王家傳、別錄、遺事
　韓氏參用古今家祭禮（韓氏古今家祭式）
17韓忞
　韓氏醫通
韓子祁
　寧都縣志
20韓信
　韓氏遺書
韓信同
　三禮圖說
韓維
　南陽集（韓南陽集）、附錄
　韓持國詩
21韓上桂
　韓孟郁邃廬雜稿
韓經
　恒軒詩集
22韓崇
　江左石刻文編
25韓純玉
　邃廬詩
26韓伯謙
　箕田考
27韓偓
　韓內翰香奩集（香奩集、香匳集、韓致光香匳集）、入內廷後詩集
　韓翰林詩別集
　韓翰林集（韓偓詩集）
　金鑾密記
韓絢
　劉賓客嘉話錄
31韓淲

澗泉詩餘
澗泉日記
32韓祗和
　傷寒微旨論
35韓迪
　左氏要類
38韓洽
　春秋贊
韓道昭
　集韻（五音集韻、五音篇、五音類聚四聲篇、景祐集韻）〔重編〕
韓道原
　君臣相遇錄、別傳、遺事〔輯〕
　韓魏公傳〔輯〕
44韓萬鍾
　象緯彙編
韓若雲
　韓仙傳
韓葵
　江陰城守記
　有懷堂詩稿、文稿
47韓翃
　韓君平詩集（韓翃集）
　韓君平集
50韓泰華
　玉雨堂碑目
韓忠彥
　辨誣錄
　韓魏公家傳
52韓拙
　山水純全集（純全集）
57韓邦慶
　海上花列傳
韓邦靖
　韓五泉集（韓文泉詩、韓汝慶詩集）、附錄
　朝邑縣志
韓邦奇
　禹貢詳略
　律呂直解
　洪範圖解
　苑洛志樂
　見聞隨錄
　易占經緯

易學啓蒙
易學本原啓蒙意見
性理三解

60 韓晃
羅浮野乘

韓昌箕
王謝世家

66 韓嬰
韓詩外傳（詩外傳）

67 韓嘐
蕭閒詞

韓鄂
歲華紀麗

76 韓陽
皇明西江詩選〔編〕

77 韓駒
韓子蒼集
陵陽集（陵陽先生詩）、別集

韓熙載
韓熙載格言（格言）

80 韓愈
唐順宗實錄
論語筆解（昌黎先生論語筆解）
韓文考異、外集、遺文、本傳
韓文考異釋音附韓柳全集
韓昌黎詩集
韓昌黎集（韓文、韓文公集、昌
黎先生集）、集外文、外集、集
傳、遺文、遺詩、補遺、附錄
韓昌黎外集、遺文、文公志、集
傳
韓昌黎先生詩集注、年譜
昌黎詩抄

90 韓小亨
元文選目

韓爌
明季逆案
閹黨逆案

4450₄ 華

00 華彦民
繫壞聞錄
華廣生
白雪遺音〔輯〕

10 華夏
過宜言、附錄

12 華廷獻
閩遊日記
閩事紀略

24 華幼武
黃楊集（棲碧先生黃楊集）、補
遺、附錄

27 華叔陽
禮部集

28 華復蠡
粵中偶記

32 華兆登
周易古本〔編〕

33 華浣芳
挹青軒詩稿、詩餘、自怡錄

34 華達
華疇

40 華希閔
廣事類賦

44 華蘅芳
測候叢談〔譯〕
地學淺釋〔述〕

72 華岳
翠微先生北征錄（北征錄）
翠微先生南征錄（南征錄）

73 華陀
華陀元門脈訣內照圖〔編〕
中藏經（華氏中藏經）

76 華陽散人
一枕奇
鴛鴦針〔編〕

77 華學泉
讀易偶存

80 華善繼
折腰漫草

84 華鎮
雲谿居士集、附錄

88 華鑰
水西居士集

93 華悰韡
華先生慮得集（慮得集）、附錄
華先生中藏經

98 華燧

九經韻覽〔輯〕

4452₇ 勒

24 勒德洪
平定三逆方略

4453₀ 芙

44 芙蓉主人
癡婆子傳

英

00 英廉
明史本紀〔補纂〕

30 英實存
白雲集

44 英桂
福建通志

4460₀ 苗

20 苗為
天文大象賦（大象賦、李播大象
賦）〔注〕
天文大象賦圖注、附周天星圖、
地輿躔度〔注〕

4460₁ 菩

56 菩提達磨
觀心論

4460₇ 蒼

23 蒼弁山樵
吳逆取亡錄

4462₇ 荀

12 荀廷詔
蜀國春秋

36 荀況
帝王歷紀譜
荀子（荀子注）
荀子句解

98 荀悅
漢紀（前漢紀）
申鑒（申鑒注）
小荀子

苟

28苟以道
　琴筌

葫

44葫蘆道人
　戢闇小史

4471₁　老

71老驥氏
　親鑑〔編〕

4472₇　葛

00葛立方
　韻語陽秋
　歸愚詞
　歸愚集(葛侍郎歸愚集、葛公歸
　　愚集)
09葛麟
　葛中翰集(葛矍菴遺集)
　葛中翰遺集
10葛元聲
　平攘錄
　葛元隲
　武陽志
　葛震
　詩史
　葛天民
　名公神新明鏡公案
　葛無懷小集(葛無懷詩)
27葛紹體
　東山詩文選
　東山詩集
28葛徵奇
　葛光禄集
30葛宜
　玉窗遺稿
　葛寅亮
　葛司農遺集
　四書湖南講
　金陵玄觀志
　金陵梵刹志
34葛洪(晉)

西京雜記
神仙傳
幙阜山記
葛仙翁胎息術
葛仙翁肘後備急方
枕中書
蟠室老人文集
抱朴子外篇
抱朴子內篇、別旨
肘後百一方
肘後備急方
關中記
葛洪(宋)
　涉史隨筆
37葛次仲
　集句詩
44葛芝
　容膝居雜錄
　葛萬里
　別號錄〔輯〕
　別號錄前編、明人別號錄〔輯〕
48葛乾孫
　十藥神書
50葛中
　泰律篇〔選〕
66葛曙
　豐順縣志〔輯〕
71葛長庚
　瓊琯白玉蟾武夷集
　瓊琯白玉蟾上清集
　白玉蟾先生文集（玉蟾先生文
　　集、海瓊玉蟾先生文集)、續集
　白玉蟾海瓊稿
　白先生集
　白真人集、語樂
　道德寶章
72葛剛正
　三續千字文注
　千字文注
　續千字文
　重續千字文
79葛勝仲
　丹陽詞
　丹陽集、後集

97葛鄴
　信齋詞

4473₁　芸

20芸香閣
　雙劍雪

4474₁　薛

00薛應旂
　方山先生文錄
　方山全集
　六朝詩集〔編〕
　憲章錄
　宋元資治通鑑
　浙江通志
　薛方山紀述
　薛子庸語
　甲子會紀
　薛章雪
　鴻泥堂小稿、續稿
10薛雪
　一瓢齋詩話
　一瓢齋詩存、抱珠軒詩存、吾以
　　鳴集、舊雨集
　周易粹義
　醫經原旨
12薛延年
　人倫大統賦〔注〕
13薛瑄
　讀書總錄
　讀書全錄類編
　讀書錄、續錄
　從政錄
　河汾詩集
　薛文清公集(薛先生文集)
17薛承思
　天文圖說〔譯〕
　薛己
　癰瘍機要
　正體類要
　外科樞要
　保嬰金鏡錄
　內科摘要
　女科撮要

薛氏醫案
口齒類要
20薛季宣
　武昌士俗編
　薛常州浪語集(浪語集、艮齋先生浪語集)
　書古文訓
　春秋經解、指要
21薛能
　薛許昌詩集(許昌集、薛能集)
薛師石
　瓜廬詩、附錄
23薛俊
　日本考略
25薛傳原
　海防備覽〔編〕
26薛嵎
　雲泉詩
薛稷
　薛少保集
28薛收
　元經薛氏傳(元經)〔傳〕
30薛宣
　見薛暄
薛寀
　薛諧孟筆記
32薛近兗
　繡襦記
34薛濤
　唐宋三婦人集
　薛濤詩(薛濤集)
　薛濤錦江集
37薛逢
　薛逢歌詩
　薛逢集
　薛逢四六集
38薛道衡
　薛元卿集(薛道衡集)
薛道光
　悟真刊偽集〔刊誤〕
44薛蕙
　西原先生遺書
　約言
　老子集解、考異

薛詩拾遺
薛考功集(考功集、薛西原集)、附錄
47薛起鳳
　香聞遺集
51薛據
　孔子集語(集語)
60薛易簡
　琴說
薛甲
　藝文類稿
　易象大旨
63薛暄
　見薛瑄
72薛氏
　薛恭敏公奏疏
77薛鳳祚
　正弦法原
　五星立成、交食立成
　天步真原〔譯〕
　天步真原表
　天學會通
　薛氏遺書
　曆學會通正集、考驗部、致用部
　牡丹史
薛用弱
　集異記
薛居正
　五代史(舊五代史)
　舊五代史天文志、曆志
82薛鎧
　保嬰撮要
　保嬰全書
90薛尚功
　歷代鐘鼎彝器款識（歷代鐘鼎彝器款識法帖、鐘鼎彝器款識法帖、鐘鼎款識)
　鐘鼎篆韻
99薛瑩
　薛瑩集

4477₀ 甘
00甘夢叔
　碧崖詩集

10甘雨
　白鷺洲書院志〔輯〕
　古今韻分注撮要
甘霖
　地理五種祕竅
24甘德
　三氏星經
28甘復
　山窗餘稿
66甘暘
　集古印譜、印正附說〔編〕
　集古印正〔編〕
80甘公
　甘石星經

4480₁ 其
14其瑋
　續千字文(續千文、續古千文)

4480₆ 黄
00黄立極
　三朝要典
黄序
　痘科約囊
黄彦平
　三餘集
黄齊賢
　孝史類編〔輯〕
黄帝
　宅經
　脈經
　陰符經
　陰符經解
黄康弼
　續會稽掇英集〔編〕
黄庶
　黄先生伐檀集(伐檀集)
黄庚
　月屋漫稿
　月屋樵吟
黄庭堅
　山谷詩注（山谷黄先生大全詩注)
　山谷詞

山谷集(豫章文集、山谷文集、
　黄山谷集、黄先生集)、年譜、
　伐檀集、後錄
山谷外集(豫章外集、黄文節山
　谷先生外集、黄先生外集)
山谷編年詩集
山谷先生遺文(豫章先生遺文、
　黄先生遺文)
山谷老人刀筆
山谷題跋
山谷別集(豫章別集、黄文節山
　谷先生別集)、黄文纂異
江西詩派
神宗實錄
蘇門六君子集
黄先生簡尺
黄太史公集選
黄太史精華錄(精華錄)
黄度
　詩説
　書説(尚書説)
　絜齋集
　周禮説
黄唐
　諸家相書
黄文昌
　大慧普覺禪師書、附年譜〔重
　　編〕
黄文煥
　陶詩析義〔編〕
黄衷
　海語
　矩州詩集、附檞亭集
02黄端伯
　易疏
黄端節
　朱子成書〔輯〕
黄訓
　讀書一得
05黄諫
　從古正文
　書傳集解
　月令通纂
08黄謙

古今文房登庸錄
09黄談
　澗壑詞
10黄一正
　事物紺珠〔輯〕
黄一鳳
　三元選擇集要
黄正維
　齂音集、葵向集
黄正憲
　春秋翼附
　易象管窺
黄玉林
　唐宋諸賢絶妙詞選〔輯〕
黄玉圃
　御史題名錄〔編〕
黄丕烈
　百宋一廛賦〔注〕
　求古居宋本書目夢境圖唱和詩
　　集〔輯〕
　隸釋刊誤(汪本隸釋刊誤)
黄元御
　玉楸藥解
　靈樞懸解
　傷寒説意
　傷寒懸解
　難經懸解
　素靈微蘊
　素問懸解
　四聖懸樞
　四聖心源
　長沙藥解
　金匱懸解
黄元忠
　岳郡圖説
黄震
　續出古今紀要〔輯〕
　黄氏經日抄〔輯〕
　黄氏日抄(黄氏日抄分類)〔輯〕
　黄氏日抄古今紀要(古今紀要、
　　黄氏分類古今紀要)〔輯〕
　黄氏日抄古今紀要逸編(古今
　　紀要逸編)〔輯〕
黄天全

九鯉湖志
黄石公
　黄石子
　黄石公三略(三略)〔傳〕
　黄石公行營妙法、總論
　黄石公素書(素書)
黄百家
　王劉異同
　勾股矩測解原幸跌草
　明史曆志〔編〕
　體獨私抄
　學箕初稿
黄百藥
　留窮草
黄雲
　丹崖先生集
11黄琴六
　虞鄉續記
12黄登
　嶺南五朝詩選〔輯〕
黄瑞
　臺州金石志、闕訪
黄瑞節
　見黄端節
黄璞
　閩川名士傳
黄孔昭
　赤城論諫錄
13黄琮
　國朝官制沿革(國朝官制沿革)
　　〔編〕
14黄耐菴
　嶺南逸史
17黄承元
　河遭通考
黄承昊
　折肱漫錄
黄習遠
　靈巖山志
黄君俞
　黄直講泉書
18黄玠
　弁山小隱吟錄(卞山小隱吟錄)
黄瑜

雙槐歲抄

20黄千人
餐秀集

黄秉
墨譜(古梅園墨譜)

黄維楫
黄悦仲詩草

21黄儒
品茶要録

黄虞稷
唐宋秘本書目〔編〕
千頃堂書目〔輯〕

22黄任
惠獻貝子功續録〔輯〕

黄鼎
天文大成管窺輯要(管窺輯要)
〔輯〕

黄巖
革除遺事〔輯〕

黄巖孫
仙谿志〔編〕

黄巍赫
甲申北都覆没遺聞

黄繼成
史學提要〔編〕

黄繼善
史學提要〔編〕

23黄獻
琴譜(梧岡琴譜)
琴譜正傳

黄傅
白露山人文集
江陰縣志(正德江陰縣志)〔纂
修〕

黄俊述
周易通略

24黄佐
廣州人物傳
廣東通志
六藝流別
樂典
南雍志
革除遺事節本〔輯〕
翰林記

泰泉集
泰泉鄉禮

黄休復
茅亭客話(茆亭客話)、校記
益州名畫録

25黄生
一木堂外稿

黄仲元
黄四如文稿(黄仲元四如先生
文稿、黄國簿四如先生文稿)
黄四如集(四如集)、附
黄四如先生六經四書講稿(六
經四書講稿、黄先生六經四
書講稿、四如講稿)

黄仲昭
興化府志

黄仲炎
春秋通説

黄積慶
樂律仁見

26黄伯思
石渠録
法帖刊誤
博古圖説
楚辭、翼騷、洛陽九詠
東觀餘論

黄倬卿
倭患考原

27黄凱鈞
友漁齋醫話(醫語)

黄向堅
黄孝子尋親紀程、滇還日記

黄奐
黄元龍詩

黄魯曾
續吳中往哲記、補遺

黄叔琳
硯北雜録
史通訓故補

黄叔璥
廣字義
臺海使槎録〔輯〕
南臺舊聞
中州金石考〔輯〕

黄叔燦
參譜

28黄倫
尚書精義

黄徹
𥔱谿詩話(蛩谿詩話)

30黄宜
歷陽志

黄淮
黄介菴集
省愆集

黄淳耀
吾師録
自鑑録
陶菴文集、補遺、詩集、補遺

黄永
艾菴存稿

黄永年
南莊類稿、自雲詩抄、奉使集、
靜子日記

黄子儁
唐堂集、附刻冬録、補遺、續
唐堂行樂圖題詠
唐堂樂府
香屑集

黄適
謝修撰行狀墓誌

黄憲
天禄閣外史

黄安濤
吳下尋山記〔編〕
真有益齋文集、息耕草堂

黄宏綱
洛村遺稿

黄容
卓行録
明遺民録

黄定
鳳城詞

黄宗昌
疏草

黄宗羲
贛州失事記
孟子師説

子劉子行狀
行朝錄
待訪錄
舟山興廢
魯紀年
紹武爭立記
永曆紀年
宋元學案
宋儒學案
汰存錄
深衣考
海外慟哭記
大統曆志、附錄
南雷文定前集、後集、三集、四
集、附錄、五集、附錄、吾悔
集、撰杖集、詩曆、學箕初稿
南雷文案、附外卷、續文案、文
約
南雷詩曆
南雷餘集
姚江逸詩〔輯〕
黃氏續錄
黃氏家錄
授書隨筆
授書曆故、授時曆法假如
日本乞師記
四明山志
易學象數論
思舊錄
賜姓始末
明文案〔輯〕
明文海〔輯〕
明季災異錄
明儒學案〔輯〕
隆武紀年
監國魯王年庚寅大統曆
金石要例
今水經
鄭成功傳
黃宗炎
圖學辨惑
周易尋門餘論
周易象辭
31黃溍

黃文獻公文集(黃先生文集)
黃文獻公別集(黃文獻公別錄)
黃文獻公筆記
柳黃同聲集
日損齋筆記
黃灝
宋政和冠婚喪祭禮 (政和冠婚
喪祭禮)
黃福
黃忠宣公文集、別集
32黃兆麟
瀛珠仙館贅筆
黃滔
黃御史集、附錄
33黃溥
詩學權輿
簡籍遺聞
34黃汝亨
廉吏傳
寓林詩集、文集
黃貞父遊記
黃汝和
都天流年圖說
黃汝良
冰署筆談
黃汝成
古今歲時考校補
日知錄集釋
黃洪憲
玉堂日抄〔輯〕
碧山學士集、別集
36黃澤
易學濫觴
37黃潤玉
海涵萬象錄
四明文獻錄
黃鶴
杜工部詩集、文集〔補注〕
38黃瀚
白魚亭
黃道周
三易洞璣
儒行集傳
緇衣集傳

洪範明義
大滌函書、石齋麟書
坊記集傳、表記集傳
博物典彙
榕壇問業
孝經集傳
黃子錄
黃忠端公全集、年譜
春秋揆
表記集傳
易象正
易本象
月令明義
駢枝別集、石齋咏業
40黃大受
露香拾稿
黃大輿
羣賢梅苑(梅苑)〔編〕
黃大興
韓柳文章譜
黃太岳
四庫全書考證
黃希旦
支離子詩集
41黃姬水
黃淳父集
貧士傳
黃樞
後圃存稿
42黃彬
莊宗召禍記
黃櫄
毛詩集解〔講義〕
黃機
竹齋詩餘
44黃芹
易圖識漏
黃樹穀
扶風縣石刻記〔輯〕
興平縣金石志
黃模
夏小正分箋、異議
國語補韋
46黃觀

黃虞邸詩

47黃朝英
　　靖康緗素雜記(緗素雜記)

48黃乾行
　　禮記日録

黃翰
　　黃先生存稿

黃幹
　　論語通釋
　　儀禮經傳通解續

黃榦
　　勉齋先生講義
　　朱文公行狀(朱侍講行狀)
　　古禮經傳續通解孝經本旨
　　黃文肅公文集（勉齋先生黃文
　　　　肅公文集、黃勉齋集）、附録、
　　　　語録、年譜

50黃中通
　　柳元山水譜〔編〕

黃泰泉
　　黃文裕公泰泉先生文集

黃本驥
　　金石粹編補目、元碑存目

黃表
　　遠遊略

52黃哲
　　廣州四先生詩集

57黃邦先
　　羣史姓纂韻譜

60黃日新
　　通鑑韻语

黃日瑚
　　廣陽雜記

黃國琛
　　看山閣樂府雷峯塔

黃易
　　武梁祠像〔摹刻〕
　　嵩洛訪碑録
　　小蓬萊閣賸稿
　　小蓬萊閣金石文字稿本
　　小蓬萊閣金石目

黃晟
　　至聖編年世紀(孔子編年世紀)

黃昇

中興以來絶妙詩選(絶妙詞選)
　　〔編〕

黃景説
　　白石丁稿

黃景仁
　　兩當軒集、考異、附録

黃景昉
　　宦夢録
　　國史唯疑

64黃晞
　　聲隅子歔欷瑣微論(聲隅子)

黃暐
　　蓬窗類記(蓬軒類記)
　　蓬軒吳記

67黃鳴珂
　　南安府志〔修〕

黃明曦
　　江上孤忠録

71黃長睿
　　燕几圖

77黃堅
　　諸儒箋解古文真寶〔輯〕

黃鳳池
　　唐詩畫譜〔輯〕

黃周星
　　黃九煙遺集

黃鵬揚
　　讀史吟評

黃履
　　金陵雜詠

黃履道
　　茶苑〔輯〕

黃履翁
　　古今源流至論別集（決科古今
　　　　源流至論別集）〔編〕

黃學海
　　筠齋漫録、續集、別集

黃學地
　　東皋印人傳

80黃人傑
　　可軒曲林

黃金
　　皇明開國功臣録
　　東遊集

黃尊素
　　説略
　　黃宗端公集

黃毓祺
　　大愚老人集、附小遊仙詩
　　大愚老人遺集

黃公度
　　宋四家詞
　　知稼翁詞
　　知稼翁集(莆陽知稼翁集)

黃公紹
　　古今韻會擧要(韻會擧要)、附
　　　　禮部韻略七音三十六母通考
　　　　〔編〕

黃公輔
　　北燕巖集

82黃鍾駿
　　疇人傳四編

83黃鉞
　　昌黎詩增注證譌〔增注〕

84黃鎮成
　　秋聲集
　　尚書通考

85黃銖
　　穀城集

86黃錫蕃
　　續古印式
　　閩中書畫録
　　閩中録異

88黃鑑
　　楊氏筆苑句圖、續〔編〕

90黃光昇
　　昭代典則

黃尚文
　　古今女範(女範編)〔編〕

黃省曾
　　五嶽山人集
　　西湖遊詠
　　西洋朝貢典録申鑒（申鑒注）
　　　　〔注〕

黃裳
　　宋二家詞
　　演山先生文集
　　演山先生詞、寧極齋樂府、吳文

正公詞
兼山集

91黄恒
鹽城縣志

黄炳垕
交食捷算
五緯捷算
測地志要
黄梨洲先生年譜〔編〕

黄焞
珸谿集〔輯〕

94黄慎
堪輿類纂人天共寶（地理人天
共寶）

96黄煜
碧血錄、附周端孝先生血疏貼
黄册〔編〕

99黄𥆩
山谷先生年譜〔編〕
復齋漫稿

4490₁ 蔡

00蔡方炳
憤助編

蔡卞
詩學名物解
毛詩名物解

蔡廣成
周易啓源

蔡襄
試茶錄
荔枝譜
荔枝故事
蔡端明集（莆陽居士蔡公文集、
蔡君謨集、蔡忠惠公文集、蔡
公文集）
茶錄

蔡京
哲宗前實錄、後實錄

07蔡毅中
詩經輔傳

10蔡正孫
古今名賢叢話詩林廣記（詩林
廣記、名賢叢話詩林廣記）、

後集

蔡元放
東周列國志〔編〕

蔡元定
律吕本原、律吕辨證
葬經今文

蔡雲
蔡氏月令〔輯〕

蔡雲程
鶴田草堂集

12蔡發
發微論
發微論集注

蔡烈先
本草萬方鍼線、附藥品總目
〔編〕

17蔡羽
林屋山人集

19蔡琰
四家胡笳詞

21蔡衍�
孝經疑問、西銘續解、操齋詩
集、操齋文集

蔡經
半洲稿

22蔡尙
法書撮要

22蔡邕
琴操
蔡伯喈琵琶記
蔡中郎文集（蔡邕集、蔡中郎伯
喈文集）、詩集、外集、外記、
外傳
獨斷（蔡邕獨斷）
明堂月令論
月令章句〔注〕

23蔡傳
吟窗雜錄

24蔡德晉
禮經本義（禮傳本義）

蔡幼學
育德堂集、内制、外制
育德堂奏議

25蔡伸

友古居士詞

27蔡絛
北征紀實
鐵圍山叢談（百衲居士鐵圍山
叢談）
國史後補

蔡絛
見蔡絛

28蔡以封
觀光集

蔡倫
常評事集、寫情集

蔡攸
政和修定謚法

30蔡完
海寧縣志（嘉靖海寧縣志）

蔡寬夫
蔡寬夫詩話

蔡永華
恒嶽志〔輯〕

蔡宗兗
蔡氏律同

蔡宗顔
茶山節對

32蔡淵
易象意言
周易卦爻經傳訓解

蔡澄
雞窗叢話

34蔡澍
江陰縣志〔輯〕

蔡沈
至書
洪範皇極内篇
書集傳（蔡九峯書集傳）
書經集注、序〔編〕
尚書集傳、拾遺

蔡汝楠
自知堂集

蔡汝賢
東夷圖説、圖像、嶺海異聞、續
聞

35蔡清
蔡先生文集（虛齋文集、蔡虛齋

文集）
　四書蒙引
　周易蒙引（易經蒙引）
　性理要解
37蔡初學
　續百官公卿表、質疑
　蔡逢時
　温處海防圖略
　蔡逢年
　律例便覽〔摘纂〕
　蔡罕
　帝王紀年纂要
40蔡士順
　像菴野抄
　李仲達被逮紀略
　同時尚論録〔輯〕
43蔡戡
　定齋集
　靜江志
44蔡夢弼
　草堂詩話
　杜工部草堂詩箋（草堂詩箋）、
　　外集、補遺、年譜、詩話、日録
　　〔箋〕
44蔡蕃晉
　鹿革事類、鹿革文類
　蔡世遠
　二希堂文集
　蔡蓁春
　宛雅二編〔輯〕
　蔡模
　孟子集疏
　續近思録
45蔡枏
　雲塈隱居集
　浩歌集
48蔡松年
　蕭閒集
　蕭閒老人明秀集注（明秀集注）
60蔡國熙
　守令懿範
　蔡昇
　震澤編
72蔡質

漢官典儀、續補
77蔡興宗
　杜工部詩集（興宗編杜甫詩）
　〔注〕
80蔡毓榮
　通鑑本末紀要
　四川總志
　蔡首乾
　周易闕象
　蔡善繼
　前定録
　蔡含生
　經史慧解
85蔡鍊
　太白樓集〔輯〕
88蔡範
　黄巖志
　蔡節
　論語集説
90黄惇
　祖宗官制舊典
　黄省風
　瑶池新集

4490₃　綦
22綦崇禮
　北海集（北海先生文集、綦北
　　海集）、附録
30綦寀禮
　見綦崇禮
77綦毋潛
　綦毋潛集

4490₄　葉
00葉奕苞
　金石録補
07葉調生
　葉調生感逝集
12葉廷珪
　海録碎事
　葉廷秀
　素園遺書
17葉子奇
　太玄本旨
　草木子

18葉玠
　五運指掌賦圖
20葉采
　近思録集解〔集解〕
　葉秉敬
　韻表
　字攣
　書肆説鈴
22葉岑翁
　警世奇觀〔輯〕
　葉山
　易傳（葉人白易傳）
25葉仲堪
　六經圖〔編〕
27葉向高
　説類〔編〕
　續綸扉奏草、後綸扉尺牘
　蒼霞草
　明光宗貞皇帝實録
　葉綠督
　奇觚贋文集
　葉紹袁
　葉天寥年譜、續譜、別記、甲行
　　日注
　午夢堂全集十種
　葉紹泰
　梁武帝集、昭明太子集、簡文帝
　　集、梁元帝集、梁宣帝邵陵
　　王豫章王武陵王南康王合集
　　〔重訂〕
　葉紹翁
　四朝聞見録
28葉以照
　論畫瑣説
　葉徵君
　葉徵君文抄
　葉儀鳳
　左氏聯璧
30葉適
　水心先生文集（葉水心集）、拾
　　遺、別集
　習學紀言序目（習學記言）
　李忠定公行狀
30葉之溶

貉如詩抄
　小石林詩、詞、二集、文集、文
　外、廣輿摘韻
葉良佩
　周易義叢〔輯〕
31葉澐
　歷代官制考略
33葉溥
　福州府志〔纂修〕
34葉汝萃
　嘉忠錄〔編〕
葉汝明
　信安續志
37葉涵雲
　朱子六經圖〔編〕
40葉大廉
　葉氏方
葉大慶
　考古質疑
葉大忠
　萍草
葉士龍
　朱子語錄類要（晦菴先生語錄
　類要）〔編〕
葉志詵
　高麗碑全文
　平安館碑目
葉志淑
　續處州府志
葉森
　古今同姓名錄〔補〕
42葉機
　上海縣志
43葉樾
　端谿硯譜
44葉封
　嵩陽石刻集記
葉夢珠
　續編綏寇紀略
葉夢熊
　運籌綱目、決勝綱目
葉夢得
　論語釋言
　玉澗雜書

石林詩話
石林詞
石林總集、年譜
石林家訓
石林避暑錄話
石林過庭錄
石林燕語
石林奏議
石林書目
石林居士建康集（建康集）
琴趣外篇
維揚過江錄
巖下放言
避暑錄
避暑錄話（乙卯避暑錄話）
老子解（道德經解、老子道德經
　解）
葉先生詩話
書傳（石林書傳）
春秋讞（春秋三傳讞）
春秋傳（葉氏春秋傳）
春秋考
葉茂卿
　象棊神機集
葉其蓁
　幼科指掌
葉賁
　聖宋名賢四六叢珠（名賢四六
　叢珠）〔編〕
葉棻
　聖宋名賢五百家播芳大全文粹
　（五百家播芳大全文粹、名賢
　五百家播芳大全文粹、播芳
　大全文粹）〔編〕
葉桂
　本草經解要、附錄
　臨證指南醫案、附續刻指南
　臨證指局
47葉鞠裳
　五百經幢館碑目
50葉泰
　平陽全書
　理氣三訣
　山法全書

地理六經注
羅經撥霧集
葉春及
　肇慶府志
53葉盛
　西垣奏草、邊奏存稿、兩廣奏
　草、上谷奏草
　水東日記
　涇東小稿、別集
　菉竹堂碑目
　菉竹堂稿
　菉竹堂書目
　葉文莊集
60葉景達
　萬寶詩山〔編〕
61葉顒
　樵雲獨唱（樵雲獨唱詩集）
64葉時
　禮經會元
葉時新
　葉柳沙先生遺集
65葉映榴
　葉忠節公遺稿
71葉長楊
　淮安府志
72葉氏
　易說（葉氏易說）
77葉鳳
　羣書類句
葉鳳毛
　說學齋經說
葉隆禮
　遼志
　契丹國志
葉熙
　郎臺志
79葉騰驤
　崇禎叢書十種
80葉金
　毘陵人品記〔輯〕
葉爕
　毘陵忠義祠錄
88葉鉁
　續小學

明紀編遺〔輯〕

葉鈴
　孝經注疏大全
91葉恒
　餘姚海堤集
97葉燦
　天柱集
99葉蘷
　巳珪集、附原詩

4491₀　杜

06杜諤
　春秋會義
07杜詔
　讀史論略
08杜旃
　杜詩發揮
11杜預
　春秋序句解〔序〕
　春秋經傳集解（春秋經傳杜氏
　　集解）〔注〕
　春秋釋例
　春秋左傳注疏（春秋正義、春秋
　　左傳正義）〔注〕
　春秋左氏傳（左傳、春秋左傳、
　　春秋左傳集解、春秋左傳杜
　　注）
　春秋四傳〔注〕
　春秋長曆
12杜登春
　社事始末
杜延業
　晉春秋略
13杜確
　楚寶傳
15杜臻
　粵閩巡視紀略、附記
17杜瓊
　紀善錄
　杜東原詩集、補遺
20杜信
　唐杜氏家譜
21杜順
　法界觀

杜衍
　杜氏四時祭享禮
杜師益
　杜公談錄
23杜綰
　雲林石譜
24杜佑
　理道要訣
　通典（杜氏通典）
27杜綱
　南北史演義
　娛目醒心篇
28杜從古
　集占文韻海
杜牧
　孫子〔注〕
　考工記注
　樊川文集、外集、別集
　樊川文集夾注
　樊川詩注（杜樊川詩注）
30杜安世
　宋四家詞
　杜壽域詞（壽域詞）
杜審言
　杜審言集（杜審言詩、杜必簡集）
杜寶
　大業雜記
31杜涇
　對制談經
33杜浚
　書譜（杜氏書譜）
38杜道堅
　文子纘義（通玄真經纘義）
　文子合注
　道德元經原旨、元經原旨發揮
　　〔注〕
　關尹子闡玄〔注〕
40杜大珪
　名臣碑傳琬琰集（琬琰集）〔編〕
杜臺卿
　玉燭寶典
44杜荀鶴
　杜荀鶴文集（唐風集、杜荀鶴唐
　　風集）

47杜圯
　砥硪集
50杜本
　清江碧嶂集
　谷音〔編〕
杜春生
　祁忠惠公遺集、附編〔輯〕
53杜甫
　李杜詩
　李杜詩選
　杜詩詳注
　杜詩注
　杜詩會粹
　杜工部詩集（杜工部詩史、杜甫
　　集、杜少陵集）
　杜工部集五家評本
　杜工部集纂注
　杜工部進三大禮賦
　杜工部古詩近體詩先後并解
　　丁帙、戊帙、己帙
　杜工部草堂詩箋（草堂詩箋）、
　　外集、補遺、年譜、詩話
　杜工部草堂詩餘（草堂詩餘）
　杜工部全集
　杜律五言注解
60杜思敬
　濟生拔萃方、附保命集論〔輯〕
63杜默
　杜師雄詩
67杜煦
　祁忠惠公遺集、附編〔輯〕
77杜周士
　廣人物志
杜熙齡
　凌犯新術
杜開
　錦帶補注〔注〕
80杜公瞻
　編珠、補遺、續編珠
86杜知耕
　幾何論約
88杜範
　杜清獻公集、別錄
90杜光庭

廣成集
廣成先生玉函經（玉函經）
玉函經解
王氏神仙傳
武夷山記
了證歌
神仙感遇傳
洞天福地記（洞天福地岳瀆名
　山記）
道德真經廣聖義
道教靈驗記
墉城集仙錄
青城山記
錄異記

4491₄　桂

28桂馥
　說文解字義證
　續三十五舉
　札樸
44桂蕚
　一統輿圖
　桂文襄公奏議
　民事錄
桂萬榮
　棠陰比事、附錄〔輯〕
桂華
　古山文集

權

21權衡
　庚申帝史外閒見錄
　庚申外史
24權德輿
　權文公文集（權丞相集、權載之
　　文集）、摭遺、附錄
　權文公詩集
　權德輿集
46權韠
　石洲集、外集

4492₇　菊

36菊知氏
　明末十家集〔輯〕

4498₆　橫

22橫川和尚
　橫川和尚語錄

4499₀　林

00林應龍
　適情錄
林應訓
　三吳水考
林應辰
　楚辭說（龍岡楚辭說）
林唐臣
　林登州集
林亦之
　網山集（網川月漁集、網山月魚
　　先生文集）
04林塾
　拾遺書〔輯〕
07林謂
　閩中記
10林正大
　風雅遺音
林至
　易裨傳、外篇
林石
　林公輔先生文集
林西仲
　莊子因〔評述〕
林雲銘
　吳山毀音
　挹奎樓選稿
林栗
　春秋經傳集解
　周易經傳集解
17林璐
　歲寒堂稿
林子卿
　通鑑本末紀要〔注〕
20林億
　金匱要略〔注〕
林季仲
　竹軒雜著
林禹

吳越備史
21林能千
　本草單方〔編〕
林廬
　兩漢詔令〔編〕
　西漢詔令〔編〕
　神宗聖訓〔編〕
林須
　霍山記
22林樂知
　天文學啓蒙〔譯〕
23林俊
　見素詩集
　見素西征集
　見素集
24林佶
　漢甘泉宮瓦記
林紘
　莆陽人物志
26林自彥
　倩賞錄〔輯〕
林泉生
　明經題斷詩義矜式
27林侗
　唐昭陵石蹟考略
　天下碑刻目錄
　來齋金石考
　來齋金石考略
30林瀛
　清湘志
林淳
　定齋詩餘
林寬
　林寬詩集
林之奇
　書集解（拙齋書集解）
　東萊集注類編觀瀾文（觀瀾文）
　　〔編〕
　東萊集注類編觀瀾文丙集（觀
　　瀾文丙集）〔編〕
　東萊集注類編觀瀾文甲集、乙
　　集（觀瀾文甲集、乙集）〔編〕
　拙齋文集、拾遺
　周禮講義

尚書全解
尚書全解多方
30 林憲
雪巢小集
林寶
元和姓纂
31 林禎
聯新事備詩學大成(詩學大成、
聯新事備詩學大全)〔編〕
32 林兆珂
多識編
宙合編
檀弓述注
33 林逋
論語解(林和靖論語解)
林和靖先生詩集(和靖先生詩
集、林君復集)、西湖紀逸附
省心錄
林和靖摘句圖省心銓要
34 林洪
文房圖贊、續
35 林清之
唐絕句選
37 林坴
海外遺稿
林瀾
傷寒折衷
林鴻
鳴盛集(林膳部鳴盛集)
林祖述
星曆釋義(星曆釋意)
林初文
林初文集
林遹
妙筆集
林罕
林氏小説
40 林大同
範軒集
林堯叟
春秋序句解〔解〕
春秋括例始末左傳句讀直解
(春秋經左氏傳句解、春秋左
傳句解)〔注〕

林希
兩朝寶訓〔編〕
林氏野史
林希元
次崖摘稿
易經存疑
林希逸
列子鬳齋口義 (林鬳齋列子口
義)
鬳齋注解三子口義
鬳齋考工記解
莊子鬳齋口義 (林鬳齋莊子口
義)
莊子注〔注〕
老子鬳齋口義 (林鬳齋老子口
義)、莊子口義、列子口義
周禮考工記解(考工記解)
竹谿鬳齋十一稿續集
林有麟
青蓮舫琴雅
素園石譜
林有年
瑞金縣志(嘉靖瑞金縣志)
43 林越
兩漢雋言〔編〕
44 林藻
林藻集
林茂槐
説類〔輯〕
林英發
景陵志
林蘊
林蘊集
林椅
周禮綱目、撮説
45 林坤
誠齋雜記
46 林恕
華夷變態
47 林楠
南州集
始執志
横堂小集
50 林春溥

古今考年異同表、附後説
林表民
赤城三志
赤城集〔編〕
53 林成季
艾軒家傳
60 林日瑞
漁書
林昺
羣書歸正集
林昌彝
三禮通釋
林景曦
見林景熙
林景鵬
玉恩堂集
林景熙
霽山先生集(白石樵唱)
林霽山白石稿(林霽山集)
64 林時對
留補堂集選
林時躍
朋鶴草堂文集詩集
77 林同
林同孝詩(孝詩)
林駉
皇鑑箋要
古今源流至論 (決科古今源流
至論)前集、後集、續集〔編〕
林開
五行秘訣
林岊
毛詩講義
80 林鎬
雙樹生詩草
林會
寧越志
83 林鋮
漢雋
87 林欲楫
周易勾解(易經勾解)
88 林敏功
高隱集
林敏修

無思集
90林光
　建安志、續志
林光朝
　艾軒先生文集
林尚仁
　端隱吟稿
林尚葵
　賣金石韻府〔輯〕
林爍
　福州府志〔輯〕
91林煜
　覆瓿草
94林慎思
　續孟子
　伸蒙子

4593₂　棣

00棣麼甘
　代數學

4594₄　樓

40樓真子
　嬰童寶鏡

樓

14樓璹
　於潛令樓公耕織二圖詩
　耕織圖詩（耕織圖）
23樓卜㴻
　鐵崖逸編注〔注〕
　鐵崖咏史注〔注〕
41樓楷
　通書捷徑
44樓英
　醫學綱目
60樓昉
　諸家文集〔編〕
　兩漢詔令（西漢詔令東漢詔令）
　　〔編〕
　紹興正論小傳迂齋先生標注崇
　　古文訣（崇古文訣、迂齋古文
　　標注）〔編〕
　東漢詔令〔編〕

88樓鑰
　北行日録
　攻媿先生文集（樓攻媿文集）詩
　　集
　范文正公年譜、年譜補遺、附義
　　莊規矩、附錄〔編〕

4599₀　株

30株宏
　牧牛圖頌〔輯〕

4621₀　觀

23觀我齋主人
　鶯粟花〔編〕

4622₇　獨

12獨孤及
　獨孤常州集
　毘陵集（毗陵集）、補遺、附錄

4640₀　如

26如皐
　慶元府阿育王山廣利禪師語錄
　　〔編〕

4680₆　賀

25賀仲軾
　兩宮鼎建記〔輯〕
　冬宮紀事
28賀復徵
　文章辨體彙選〔輯〕
30賀宿
　懿安事略
37賀逢聖
　代養子集
38賀祥
　史取
50賀泰
　唐文鑑〔編〕
71賀長齡
　皇朝經世文編、總目〔輯〕
77賀隆
　逸語
84賀鑄

慶湖遺老集、拾遺、補遺
賀方回詞
東山詞
東山寓聲樂府、補遺
東山薦稿（東山存稿）附錄
87賀欽
　醫閭先生集

4692₇　楊

00楊雍建
　楊黃門奏疏
　撫黔奏疏
楊彥齡
　楊公筆錄
楊齊賢
　李太白集（李翰林集）〔集注〕
楊方逵
　易學圖説會通〔輯〕
楊應誠
　建炎假道高麗錄
楊應詢
　楊氏全書〔編〕
楊廉
　月峯淨稿、遺稿、續稿、四稿、五
　　稿、六稿
楊慶
　大成通志〔輯〕
楊文儷
　孫夫人集
楊讓
　春秋左氏傳〔注〕
01楊龍友
　山水木杉、附錄
02楊端
　揚州瓊集
05楊㦤
　崑山郡志
08楊謙
　曝書亭集詩注、年譜〔注〕
10楊一清
　石淙詩稿
　閣論錄
　關中奏議
　關中奏議全集

關中奏題稿

楊,至質
　勿齋先生文集
　竹宮表制

楊爾曾
　海內奇觀〔輯〕
　韓湘子全集

楊于庭
　楊道行集

楊天民
　楊全甫諫草

楊可
　集聖曆〔編〕

楊雲鶴
　樂律參解

11 楊璿
　楊宜閒集

12 楊瑀
　山居新語
　山居新話

楊弘道
　小亨集

楊廷麟
　楊忠節公遺集附錄
　兼山集

楊廷和
　視草餘錄
　楊文忠公三錄

楊廷樞
　全吳記略

楊延齡
　楊公筆錄
　虹縣客傳

17 楊珣
　鍼灸集書〔編〕

楊翮
　佩玉齋類稿、補遺

楊承湛
　武進縣志〔修〕

楊子器
　早朝詩（楊名父早朝詩）

楊肇
　范文白公詩選〔選〕

18 楊致和

西遊記〔編〕

20 楊億
　西崑酬唱集
　武夷新集（武夷集、楊文公武夷
　　新集、楊文公武夷集、楊大年
　　先生武彝新集）、別集
　刀筆集（楊文公刀筆集）
　宋太宗實錄（太宗實錄）
　册府元龜〔編〕

楊信民
　姓源珠璣

楊倞
　荀子（荀子注）〔注〕

楊爾
　斛山遺稿
　周易辨錄

楊乘文
　己任編（己任紀、己任篇）〔編〕

楊維德
　黃帝奇門遁甲圖〔輯〕
　景祐六壬神定經

楊維楨
　西湖竹枝詞
　麗則遺音古賦程式（麗則遺音、
　　鐵崖文集麗則遺音古賦程式）
　楊鐵崖詠史樂府
　楊鐵崖詩稿
　史義拾遺
　東維子文集、附錄
　鐵崖文集（楊鐵崖文集）
　鐵崖先生詩集
　鐵崖先生復古詩集（復古詩集）
　鐵崖先生古樂府（古樂府）
　鐵崖漫稿
　鐵崖逸編注
　鐵崖咏史注
　鐵崖賦稿

21 楊上善
　黃帝內經太素（內經太素）
　黃帝內經明堂（內經明堂、難經
　　明堂）

楊卓
　青浦縣志

楊衒之

洛陽伽藍記、集證

楊貞一
　詩音辨略

22 楊循吉
　吳中往哲記
　吳中故寔
　吳邑志
　遼小史
　南峯樂府
　南峯逸稿
　松籌堂集
　攢眉集
　金小史

楊山松
　孤兒籲天錄
　召對紀實〔輯〕
　被難紀略

楊繼洲
　鍼灸大成（鍼灸大全）〔編〕

楊繼盛
　楊忠愍公手劄
　楊忠愍公集、自著年譜、附錄
　楊忠愍公遺集

楊繼益
　醒心藥石
　滄齋內言
　燕寓偶談
　煙雲手鏡〔輯〕

23 楊允孚
　灤京雜詠、灤京百詠

楊秘
　義質堂蜀治提綱

24 楊備
　歷代紀元賦
　金陵覽古詩

楊德澤
　楊監筆記

楊德周
　杜詩解
　金華雜識
　銅馬編

楊偉
　三朝訓鑑圖

25 楊仲良

長孫佐輔集
長孫無忌
　唐律疏義(故唐律疏義)
　隋書經籍志
80 長谷真逸
　農田餘話

7210₀　劉

00 劉商
　胡笳十八拍
　四家胡笳詞
　劉虞部集
劉應
　事文類聚翰墨全書(事文類聚
　　翰墨大全)〔編〕
劉應麟
　南漢春秋
劉應秋
　劉大司成文集
劉應時
　頤菴居士集
劉應節
　劉公奏議
劉度
　劉汝一進卷
劉庤
　稽瑞〔輯〕
劉文富
　圖經〔重修〕
劉文淇
　輿地紀勝校勘記〔輯〕
劉文瀾
　中星全表
劉文卿
　劉直州集
劉奕
　陵水志
01 劉龍
　紫巖文集
劉顏
　輔弼名對〔編〕
04 劉詵
　桂隱文集、附錄
　桂隱詩集

07 劉歆
　劉子(新論、劉子新論)
08 劉於義
　陝西通志
劉放
　九華拾遺
09 劉麟
　坦上翁集
　劉清惠公集
劉麟瑞
　昭忠逸詠
10 劉一止
　非有齋類稿
　苕谿集
　劉行簡詞
劉一清
　錢塘遺事
劉一明
　西遊原旨
劉一焜
　石閭山房集
劉三吾
　坦坦齋文集
　書傳會選
　劉先生文集
劉正宗
　逋齋詩
劉玉汝
　詩纘緒
劉玉瓚
　臨川文選〔輯〕
劉玉瓊
　碭山縣志
劉璋
　皇明書畫史
　家禮〔補注〕
劉元高
　三劉先生家集、附錄〔編〕
劉元卿
　江右名賢編〔輯〕
　大象觀
劉震孫
　古今文章正印前集、後集、續
　　集、別集

劉醇
　菊莊集
劉雲份
　唐宮閨詩〔輯〕
　中晚唐十三家集、附八劉詩集
　　〔輯〕
11 劉珏
　兩漢蒙求
　劉完菴詩集
劉班
　若谿奏議
12 劉廷元
　國朝名臣言行略
劉廷璣
　葛莊詩抄
劉孔昭
　星占
13 劉瑄
　詩苑衆芳〔編〕
劉球
　隸韻、碑目
14 劉瑾
　詩傳通釋(詩集傳通釋)、附詩
　　傳綱領〔釋〕
　律呂成書
15 劉璉
　自怡集
16 劉琨
　劉司空集
劉理順
　劉文烈公集
劉璂
　屏山七者翁
劉璟
　易齋稿、補
17 劉翊
　劉古直先生集(古直先生文集)
劉承恩
　經翼、史評
劉子翬
　屏山集(劉屏山集)
劉子寰
　篁墩詞
劉君賢

論）、醫學真經〔編〕
　仁齋直指方論醫脈真經〔編〕
　仁齋直指附遺方論〔編〕
　仁齋直指小兒方論〔編〕
　傷寒類書活人總括
楊士凝
　芙航詩襯
楊士奇
　文淵閣書目〔編〕
　三朝聖諭錄〔編〕
　趙忠定公奏議〔編〕
　東里文集
　東里全集、別集
　歷代名臣奏議〔編〕
楊堯弼
　二楊歸朝錄
　偽齊錄、附劉豫事蹟
　逆臣劉豫傳
楊堯臣
　忠臣逆臣傳
楊希仁
　漕運通志
楊希淳
　虛游遺稿
楊存亮
　戛玉前集、後集〔編〕
楊枋
　字谿集、附錄
41楊桓
　六書統、六書統溯源（六書溯
　　源）〔編〕
　書學正韻〔編〕
楊樞
　言史慎餘
楊梧
　禮記說義
43楊式傅
　果報見聞錄
楊載
　二楊歸朝錄
　至順三年謚文松雪齋行狀
　楊仲弘詩集（楊仲宏詩）
楊載鳴
　大拙堂集

楊朴
　楊聘君集（東里楊聘君集）
44楊基
　眉菴詞
　眉菴集（楊孟載眉菴集）、補遺
楊翥
　晞顏先生集
楊芳燦
　芙蓉山館詩抄、詞抄、文抄、續
　　抄
楊執中
　遁甲符應經
楊萬里
　誠齋詩話
　誠齋集（楊誠齋集）
　誠齋樂府
　誠齋外集
　誠齋先生文膾前集、後集
　誠齋楊萬里先生錦繡策
　誠齋四六發遣膏馥
　天問天對解〔輯〕
　淳熙薦士錄
　南海集（誠齋先生南海集）
　葉丞相行狀
　史評
　易傳（誠齋楊先生易傳、楊誠齋
　　易傳、楊寶學易傳）
楊某
　清夜鍾
46楊觀光
　睿養圖說
　澄思集
楊恕
　臨江集〔編〕
47楊朝英
　朝野新聲太平樂府（太平樂府）
　　〔編〕
　陽春白雪前集、後集
楊朝觀
　古今治平彙要
楊起元
　皇明百大家文選〔編〕
　楊太史家藏集
50楊蕭

制勝方略
楊本源
　通紀彙編、附見
楊忠輔
　統天曆
楊表正
　琴譜（楊西峯琴譜）
楊東里
　楊東里詩集
51楊振藻
　常熟縣志〔輯〕
楊摺
　袪邪紀略
52楊揆
　桐花吟館詩稿、詞
55楊捷
　平閩記
58楊掄
　太古遺音〔輯〕
60楊旦
　問水集〔輯〕
楊昱
　牧鑑〔輯〕
楊甲
　六經圖
　大象易數鈎隱圖、尚書軌範撮
　　要圖、毛詩正變指南圖、周禮
　　文物大全圖、禮記制度示掌
　　圖、春秋筆削啓微圖〔編〕
　七經圖〔編〕
　棣華館小集
楊囷道
　雲莊四六餘話（四六餘話）
楊昌文
　三鱸堂篆韻正義〔輯〕
楊景淐
　鬼谷四友志
楊景曾
　金壇縣志
63楊暄
　復辟錄
64楊時
　論語解（楊龜山論語解）
　二程粹言〔編〕

毛詩辨疑
龜山經說
龜山先生語錄、後錄
龜山先生集
龜山先生全集
楊文靖公集(楊龜山先生集)
中庸解(楊中立中庸解)
書義辨疑
周禮辨疑(周禮義辨疑)
楊時喬
　皇朝馬政紀(馬政紀)
　周易古今文大全 (周易古今文全書、周易全書)
楊時偉
　陶靖節集、附東坡和陶詩〔編〕
楊時周
　楊北村集
66楊瞿崍
　易林疑說(鍥易林疑說)
67楊嗣昌
　地官集
　楊文弱先生集
71楊巨濟
　楊巨濟詩
楊巨源
　楊少尹集
72楊氏
　楊御史獄中稿
74楊陸榮
　三藩紀事本末〔編〕
　五代史志疑
　殷頑錄
77楊鳳苞
　秋室先生集
　南疆逸史跋
　羃香庫遺文
　明季詩話、附錄
楊學可
　明氏實錄
楊開基
　陸清獻年譜
楊與立
　朱子語略〔編〕
80楊益

疑龍經
楊益撼龍經
楊公騎龍穴
騎龍穴法
楊鐘寶
　瓶荷譜
楊羑蔣
　逸史
楊介
　存真圖〔編〕
楊無咎
　逃禪詞
　逃禪集
楊公遠
　野趣有聲畫
81楊鉅
　翰林學士院舊規
86楊錫震
　四聲韻譜〔輯〕
楊錫觀
　六書辨通〔輯〕
　六書例解〔輯〕
楊知
　審是齋詩抄
楊智遠
　梅仙觀記〔編〕
87楊鉤
　魯史分門屬類賦
楊鉤
　鐘鼎篆韻〔編〕
楊銘
　正統臨戎錄
88楊銳
　宋涪谿勝寶集
楊筠松
　楊公遺訣曜金歌并三十六象圖
　疑龍經
　撼龍經
楊簡
　詩傳(慈湖楊先生詩傳)
　五誥解
　孔子閒居講義
　先聖大訓
　易傳(楊氏易傳)

易解(慈湖楊先生易解)
已易
慈谿甲藁
慈湖詩傳
慈湖先生遺書、續集、附抄補遺
慈湖書
楊符
　楊信祖集
90楊惟德
　景祐遁甲符應經 (景祐遁甲玉函符應經)
　景祐太一福應集要
　景祐乾象新書
楊惟休
　泰昌日錄
楊光先
　不得已(不得已錄)
　理氣考正論
　野獲
楊炎正
　西樵語業
91楊炳南
　海外番夷錄
92楊恬
　楊天隱詩
94楊慎
　六書索隱
　譚苑醍醐
　謝華啓秀
　詩話補遺
　詞林萬選〔輯〕
　二十一史彈詞注
　三蘇文範〔編〕
　玉名詁
　夏小正解
　石鼓文、音釋、今文
　石鼓文音釋、附錄
　可知編〔輯〕
　水經注碑目〔輯〕
　羣書麗句
　經子難字、羣書麗藻
　升菴文集(楊升菴文集)、外集
　升菴詩話
　升菴詞品、拾遺

升菴經説

升菴南中集

升菴長短句、**續秋林伐山**

名畫神品目〔編〕

法帖神品目〔編〕

滇載記

南詔野史〔編〕

古音叢目

古音複字

古音獵要、**古音解**

古音略例

古音附録

古音駢字

古音餘

古雋

古人別號録〔輯〕

古今風謠〔輯〕

古今諺〔輯〕

古今韻語、附俗言、麗情集、附戚集〔輯〕

奇字韻

檀弓叢訓

楊子卮言

均藻（思元齋均藻）〔輯〕

畫品〔編〕

書品〔編〕

哲匠金桴

轉注古音略

墨池瑣録

思元齋均藻〔輯〕

異魚圖贊

異魚圖贊箋

卮言闈集

隋唐兩朝志傳〔批點〕

風雅逸篇〔輯〕

陶情樂府

丹鉛雜録

丹鉛詩話補遺

丹鉛續録

丹鉛總録、摘録

丹鉛餘録

金石古文〔輯〕

96楊煜

膳夫經手録

97楊輝

乘除通變算寶、算法取用本末

續古摘奇算法

大章算法、算類楊輝算法（算法）

田畝比類乘除捷法、算法通變本末

楊炯

唐四傑詩集

楊盈川集（盈川集）、附録

99楊榮

兩京類稿

北征記（楊文敏公北征記）

楊文敏公集、附録

春秋集傳大全（**春秋傳大全**、春秋大全）

楊榮時

和唐詩

4702₇　郊

40郊志潮

布泉圖録

鳩

00鳩摩羅什

維摩洁所説經〔譯〕

觀世音菩薩普門品經〔譯〕

妙法蓮華經（法華經）〔譯〕

金剛經〔譯〕

金剛經會解〔譯〕

金剛般若波羅蜜經〔譯〕

4712₇　鄭

40鄭袁穀

韻類題選

4722₀　麴

20麴信陵

麴信陵集

4722₇　郁

00郁袞

革朝遺忠録

20郁采

忠節公傳、附遺稿

30郁永和

采硫日記

郁永河

偽鄭逸事

裨海紀遊略

37郁逢慶

書畫題跋記、續記〔編〕

72郁氏

吳攟、粵攟、閩攟

郁氏書畫題跋記

4732₇　郝

10郝玉麟

廣東通志

郝天挺

唐詩鼓吹〔注〕

21郝經

續後漢書

郝文忠公陵川文集（**郝陵川集**、陵川文集）、附録

25郝傑

日本考

34郝洪範

學易枝言〔録〕

47郝懿行

爾雅義疏

48郝敬

孟子説解

毛詩原解

儀禮節解

禮記通解

九經解（郝氏九經解）

春秋非左

春秋直解

易領

周禮完解

周易正解

學易枝言

小山草

尚書辨解

60郝景春

郝太僕裒忠録

郝太僕遺集

67郝明龍
　明郝太僕褒忠録

4742₀　朝

28朝鮮人
　皇明遺民録
　東國故事本末
　東國史略

4744₇　好

40好古主人
　宋太祖三下南唐

4762₀　胡

00胡亶
　中星譜
胡彦
　茶馬類考
胡彦昇
　樂律表微
胡方平
　易學啓蒙通釋
胡應麟
　胡元瑞集
　少室山房兩都集、蘭陰集、華陽
　　集、養疴集
　少室山房筆叢正集、續集
胡庭
　易疑
胡慶豫
　東坪詩集
胡廣
　詩經大全(詩傳大全)
　五經四書性理大全〔輯〕
　禮記集説大全(禮記大全)
　大學章句大全、中庸章句大全、
　　論語集注大全、孟子集注大
　　全〔編〕
　胡文穆公雜著書傳大全
　春秋集傳大全(春秋傳大全、春
　　秋大全)
　四書大全
　周易傳義大全
　性理羣書集覽大全

性理大全書(性理大全)
胡文忠
　讀史兵略
胡文學
　甬上耆舊詩
　淮鹺本論
胡文燁
　雲中郡志
胡文煥
　文會堂琴譜
　瑣言摘附〔編〕
　大明曆、連珠曆、附曆合覽
　古器具名
　彤管摘奇
胡衮
　東水質疑
04胡訥
　孝行録
10胡一桂
　詩集傳附録纂疏、詩序辨説附
　　録纂疏〔疏〕
　十七史纂古今通要
　易本義附録纂疏
　易學啓蒙翼傳
　周易本義啓蒙
　周易本義啓蒙翼傳
　周易本義附録纂注
胡一中
　洪範
胡三省
　資治通鑑(通鑑)〔音注〕
　資治通鑑音注
　資治通鑑釋文辨誤（通鑑釋文
　　辨誤）
胡正言
　十竹齋畫譜〔輯〕
　十竹齋印存、胡氏篆草〔輯〕
　十竹齋箋譜〔輯〕
胡元質
　春秋左傳摘奇(左氏摘奇)
胡震
　周易衍義
胡震亨
　唐音癸籤、唐音戊籤(唐詩戊

籤)〔輯〕
　詩藪
　續文選〔編〕
　海鹽縣圖經
　李詩通〔編〕
　杜詩通〔編〕
　戊籤餘
　全唐詩〔輯〕
胡天游(元)
　傲軒吟稿(傲軒集)
胡天游(清)
　石笥山房文集、補遺、詩集、詞、
　　補遺、續補遺
　春秋夏正
11胡璩
　譚賓録
12胡瑗
　皇祐新樂圖紀（聖宋皇祐新樂
　　圖記、皇祐樂記）
　皇祐樂府奏議
　洪範解
　洪範口義
　吉凶書儀
　易傳(胡先生易傳)
　景祐樂府奏議
　周易口義
14胡瑾
　博平縣志〔訂正〕
胡琦
　關王事蹟、玉泉志〔編〕
16胡理
　道護録
17胡承瑛
　爾雅古義、小爾雅義證
胡承珙
　毛詩後箋
　儀禮古今文疏義
　求是堂文集、詩集、詩餘
　求是堂全書七種
胡子祺
　胡延平詩集、附録
胡翼之
　春秋口義
20胡舜申

陰陽備用
胡舜擧
　延平志
　盱江志、續
胡雙湖
　易翼（胡雙湖易翼）
胡秉虔
　甘州明季成仁錄（甘州成仁錄）
　〔輯〕
胡維新
　兩京遺編〔輯〕
21胡行簡
　樗隱集
胡虔
　四庫全書附存目錄〔編〕
胡衛之
　通史緣起
胡經
　易演（胡子易演）
22胡繼先
　楊大洪先生忠烈實錄〔編〕
胡綏之
　胡綏之跋靖康稗史七種〔跋〕
23胡允嘉
　柳堂遺集
胡獻忠
　大統皇曆經世
24胡仕可
　本草歌括〔編〕
胡侍
　真珠船
　墅談
胡納
　民表錄
　賢惠錄
胡纘宗
　鳥鼠山人小集、後集、擬漢樂
　　府、擬古樂府
　秦漢文〔編〕
25胡仲弓
　葦航漫遊稿
26胡儼
　胡祭酒集
27胡仔

孔子編年
　苕谿漁隱叢話後集（漁隱叢話
　　後集、苕谿漁隱詩評叢話後
　　集）
　苕谿漁隱叢話前集（漁隱叢話、
　　苕谿漁隱詩評叢話前集）
胡穉
　簡齋詩集、附無住詞〔箋〕
胡紹勳
　四書拾義
28胡作炳
　荊門耆舊記略
30胡宿
　文恭集（胡文恭集）、補遺
胡安國
　武夷集（胡文定公武夷集）
　春秋胡傳、通例、通旨
　春秋四傳〔傳〕
胡宏
　論語指南
　五峯先生知言皇王大紀
　胡五峯先生文集（五峯胡先生
　　文集）
　胡子知言、附錄、疑義
　叙古蒙求
胡寅
　讀史管見
　論語詳説（致堂論語詳説）
　二五君臣論
　致堂讀史管見
　致堂先生斐然集（斐然集）
　崇正辨
　叙古千文
胡賓
　五經圖〔輯〕
胡宗憲
　海防圖並論
　籌海圖編
32胡兆
　秋浦志
胡澄
　警時新錄
胡沂
　胡獻簡詞垣草
　胡獻簡奏議臺評

34胡澍
　素問校義
胡汝寧
　雁山志〔重修〕
36胡渭
　禹貢錐指、圖
　洪範正論
　大學翼真
　易圖明辨〔輯〕
37胡次焱
　胡梅巖先生文集（梅巖胡先生
　　文集）
38胡啓昆
　索易臆説
39胡淡
　衛生易簡方〔編〕
　南唐雜咏
40胡太初
　晝簾緒論
胡士行
　尚書詳解
胡奎虛
　斗南老人詩集
胡直
　考亭淵源錄〔輯〕
　胡子衡齊
胡培翬
　儀禮正義
胡布
　元音遺響
胡存善
　樂府羣玉〔輯〕
胡志熊
　南匯縣志〔輯〕
胡吉藏
　大乘玄論
44胡慕椿
　鄉國紀變〔輯〕
胡世將
　胡丞公集、資古紹志集
　胡忠獻集
胡世寧
　胡端敏公奏議
胡世安

禊帖綜聞〔輯〕
異魚圖贊補、閏集
胡其久
夷齊考疑
胡林翼
胡文忠遺集
48 胡乾
奇門遁甲五總龜
胡翰
信安集
胡仲之集
胡敬
西清劄記
南薰殿圖像考〔輯〕
周朝院畫錄〔輯〕
胡松
唐宋元名表〔輯〕
滁州志
50 胡泰
倦圃尺牘〔編〕
胡由
元史續編
53 胡威立
重學
胡咸臨
炙硯集
60 胡旦
演聖通論
胡周父文集
64 胡助
純白齋類稿
67 胡鳴玉
訂譌雜錄
胡嗣廉
靈秘十八方加減〔編〕
胡煦
卜法詳考
周易函書約注
周易函書別集
71 胡匡衷
儀禮釋宮
77 胡同
易疑
77 胡居仁

胡敬齋居業錄（居業錄）
敬齋集
80 胡介
旅堂詩集、文集
胡介祉
明季新樂府、附錄
胡曾
胡曾詠史詩（咏史詩）
胡曾詩注
胡公藩
天上人間
81 胡榘
四明志（寶慶四明志）
84 胡錡
耕祿稿
胡鎮
夢草堂詩集
86 胡知柔
象臺首末、附錄〔編〕
87 胡欽華
天南紀事
88 胡銓
滄葊詞（滄葊長短句）
胡澹菴先生文集（澹菴集）
胡忠簡先生文選
胡忠簡奏議
胡忠簡公經筵玉音問答
春秋集善
易傳拾遺
90 胡惜
五臟六腑圖說
老子五廚經〔注〕
胡粹中
思復齋稿
91 胡炳文
孟子通
純正蒙求
胡雲峯先生文集（雲峯胡先生文集）
四書通
周易本義通釋、附輯錄雲峯易義
92 胡忻
欲焚草

4762₇　都
17 都卭
三餘贅筆
26 都穆
壬午功臣爵賞錄
壬午功賞別錄
使西日記
寓意編
遊名山記
南濠詩話
南濠居士文跋
都氏集義編〔輯〕
都公譚纂
金薤琳琅
鐵網珊瑚
30 都空海
篆隸萬象名義
57 都絜
易變體義
周易變體
60 都四德
黃鐘通韻
80 都俞
古文字考

4780₁　起
30 起宗
讀織錦回文法

4792₀　柳
10 柳亞子
南明史綱初稿二稿
南明后妃宗藩傳
11 柳玭
柳氏序訓
14 柳瑛
中都志
16 柳珵
家學要錄
柳常侍言旨（常侍言旨）
19 柳琰
嘉興府志
26 柳泉
紅蘭春雨詞

柳得恭
　灤陽錄
　燕臺再游録
30柳永
　樂章集
　柳屯田樂章（柳屯田樂府）
柳宗元
　龍城錄（河東先生龍城集）
　非國語
　韓柳全集
　柳宗元詩
　柳河東集（河東先生集、柳文、
　柳集、柳先生文集、柳宗元文
　集、柳柳州集）、遺文、附録、
　集傳、後序、別録、撫異、音
　釋、事蹟本末
　柳河東外集（柳州外集）
　揚子法言（法言、揚子）〔注〕
柳宗直
　西漢文類〔輯〕
35柳冲用
　巨勝歌
40柳希齡
　東國史略〔編〕
44柳芳
　唐曆
53柳成龍
　懲毖録
60柳是
　柳如是尺牘、湖上草
77柳開
　柳仲塗先生文集（河東先生文
　集）、附録
柳貫
　上京紀行詩
　柳侍制文集、附録
　柳黄同聲集
97柳惲
　柳吳興集
柳郟
　柳郟詩
柳燦
　史通析微

4794₇　穀
33穀梁赤
　春秋穀梁傳
　公羊穀梁
4842₇　翰
44翰林院
　周易玩辭集解〔編〕
4864₀　故
30故宮博物院文獻館
　清三藩史料〔編〕
敬
21敬虚子
　小隱書
28敬徵
　儀象考成續編〔編〕
52敬播
　唐高祖實録
　唐太宗實録
4893₀　松
10松雲氏
　英雲夢傳
26松臯圓
　呂覽補正
44松坡
　江湖風月全集
松苗
　日本國史略〔編〕
55松井元泰
　墨譜
88松筠
　新疆識略〔輯〕
4894₀　枚
20枚乘
　枚叔集
4895₇　梅
00梅應發
　祠山事要指掌集〔編〕
　四明續志（開慶四明續志）〔編〕
　艮巖餘稿
梅文鼎

方程論
方圓幂積
度算釋例
交食蒙求
交食蒙求補訂、附説
交食管見
諸方節氣加時日
軌高度表
二儀銘補注
二銘補注
三角法舉要
三十雜星考
五星紀要
平立定三差説
天學疑問
西國日月考
弧三角舉要
環中黍尺
上三星軌迹成繞日圓象
歲周地圖合考
幾何補編
勿菴曆算書目
仰觀覆矩
解割圜之根
勾股闡微
大統曆志、附録
南極諸星考
古算衍略
七政細草補注
七政前均簡法
梅勿菴先生曆算全書（梅氏曆
　算全書、曆算全書）
梅氏叢書輯要
中西星經異同考（中西經星同
　異考）
春秋以來冬至考
揆日候星紀要
塹堵測量
四省表影立成
明史曆志〔編〕
曆學疑問
曆學疑問補
曆學駢枝
曆學答問

學曆説
曾子問天員篇注
筆算
籌算
少廣拾遺
火星本法
火星本法圖説
恆星紀要
08梅鷟
南雍經籍考
易考原（古易考原）
尚書譜
尚書考異
20梅禹金
才鬼記〔輯〕
22梅彪
石藥爾雅
　梅鼎祚
玉合記
西晉文紀〔輯〕
西漢文紀〔輯〕
北齊文紀〔輯〕
後周文紀〔輯〕
崑崙奴
皇霸文紀〔輯〕
魏文紀、蜀文紀、吳文紀〔輯〕
宛雅初編〔輯〕
宋文紀〔輯〕
梁文紀〔輯〕
南齊文紀〔輯〕
古樂苑、附衍録〔編〕
青泥蓮花記
書記洞詮〔編〕
東漢文紀〔輯〕
歷代文紀〔編〕
隋文紀〔輯〕
陳文紀〔輯〕
八代詩乘、附録〔輯〕
25梅純
損齋備忘録
30梅之熉
春秋因是
　梅之煥
梅中丞遺稿

梅守德
徐州志（嘉靖徐州志）
40梅士享
管子成書〔詮〕
梅堯臣
孫子〔注〕
碧雲霞
續金針詩格（續金針格）
宛陵集、外集、拾遺、附録
梅古春
重陽菴集〔輯〕
44梅執禮
梅文安集
梅村野史
鹿樵紀聞
47梅毅成
平立定三差詳説梅氏叢書輯要
〔編〕
80梅毓
春秋穀梁正義（穀梁正義）

4928₀　狄

35狄冲
春谿詩集

4942₀　妙

47妙聲
東皋録

4980₂　趙

00趙雍
趙待制遺稿（趙仲穆遺稿）
趙彥端
趙居士文集
介菴詞
介菴集
趙彥琇
桃花源集〔編〕
趙彥衛
雲麓漫抄、續抄
趙彥絟
趙氏家塾蒙求
宗室蒙求
趙彥復
梁園風雅〔輯〕

趙彥博
昭明太子事實〔編〕
趙彥肅
易説（復齋趙彥肅易説、復齋易
説）、易象歸元
趙彥勵
莆陽志
桂林風土記
趙育
酒隱集
趙康王
居敬堂集
趙庚夫
山中集
趙文
青山集
趙文哲
媕隅集、媕雅堂集詩、續集、別
集、詞集
趙璞菴全集
03趙斌
地理圖經合注、尅擇備要〔輯〕
趙訒翼
蔡忠襄公遺事〔輯〕
08趙謙
六書本義〔編〕
聲音文字通
10趙一清
三國志注補〔補〕
水經注釋
注箋刊誤、附録
趙元一
奉天録
趙元社
皇明定保録
趙爾華
五朝墨蹟（傲徠山房所藏五朝
墨蹟）〔輯〕
趙爾昌
玄壺雜俎
趙爾巽
清史稿卷二百六十一吳三桂等
傳
10趙天麟

太平金鏡策

趙西

靈巖山經略

趙酉

寶山縣志〔輯〕

趙不敵

清漳集〔編〕

11趙頊

見宋神宗

12趙延

趙延持盈要論

趙延瑞

南滁會景編〔輯〕

趙磻老

拙菴雜著、外集

拙菴詞

14趙璜

歸閒述夢

趙瓚

貴州圖經新志（弘治貴州圖經
新志）〔纂修〕

17趙孟至

九經釋音

趙孟頫

趙子昂詩集

松雪齋文集（趙松雪文集）、外
集、續集、附

松雪齋集

趙孟奎

唐歌詩（唐分門別類歌詩）〔輯〕

趙孟堅

彝齋文編

趙珣

陝西綦米圖經

趙弼

效顰集

趙子崧

朝野遺事

趙子直

桐汭新志

趙子櫟

杜工部年譜

趙翼

二十二史劄記

平定三逆述略

平定臺灣述略

皇朝武功紀盛

陔餘叢考

甌北詩集

19趙璘

因話錄

20趙信

醞略

南宋雜事詩

趙季錫

陽宅八門精義新書

趙采

周易折衷

趙秉文

滏水文集（閒閒老人滏水文
集）、附錄

趙秉忠

琪山集

趙統

驪山集

趙維新

感述續錄

趙維寰

雪廬焚餘稿

21趙順孫

趙格菴奏議

四書纂疏

趙偕

寶峯集

趙寶峯先生文集

趙師秀

二妙集〔編〕

永嘉四靈詩（四靈詩）

清苑齋集

趙師秀集、別本天樂堂集

衆妙集〔編〕

趙師俠

坦菴長短句

趙貞吉

趙文肅公集

趙文肅公集選

趙經達

歸玄恭先生年譜〔編〕

趙綽

金科易覽

22趙鼎

辨誣筆錄

得全居士詞

得全居士集

建炎筆錄、辨誣筆錄

家訓筆錄

趙豐公忠正德文集（忠正德文
集）

趙鼎臣

竹隱畸士集

趙崇絢

雞肋

趙崇憲

趙丞相行實、附錄〔編〕

趙崇祚

花間集〔輯〕

23趙獻可

醫貫

24趙佶

見宋徽宗

趙勔

瑞金縣志（嘉靖瑞金縣志）

趙岐

孟子（孟子注、孟子趙注）〔注〕

孟子章句〔注〕

孟子章指

孟子注疏解經（孟子正義、孟子
注疏）〔注〕

孟子題辭

25趙牲之

中興遺史

26趙自勔

造化權輿

趙魏

御史臺精舍碑題名、郎官石柱
題名〔編〕

竹崦盦金石目錄〔編〕

27趙伊

序芳園稿

趙崡

石墨鐫華

趙叔向

865

長孫佐輔集

長孫無忌
　唐律疏義(故唐律疏義)
　隋書經籍志

80長谷真逸
　農田餘話

7210₀ 劉

00劉商
　胡笳十八拍
　四家胡笳詞
　劉虞部集

劉應
　事文類聚翰墨全書(事文類聚
　　翰墨大全)〔編〕

劉應麟
　南漢春秋

劉應秋
　劉大司成文集

劉應時
　頤菴居士集

劉應節
　劉公奏議

劉度
　劉汝一進卷

劉庢
　稽瑞〔輯〕

劉文富
　圖經〔重修〕

劉文淇
　輿地紀勝校勘記〔輯〕

劉文瀾
　中星全表

劉文卿
　劉直州集

劉奕
　陵水志

01劉龍
　紫巖文集

劉顗
　輔弼名對〔編〕

04劉詵
　桂隱文集、附錄
　桂隱詩集

07劉歆
　劉子(新論、劉子新論)

08劉於義
　陝西通志

劉放
　九華拾遺

09劉麟
　坦上翁集
　劉清惠公集

劉麟瑞
　昭忠逸詠

10劉一止
　非有齋類稿
　苕谿集
　劉行簡詞

劉一清
　錢塘遺事

劉一明
　西遊原旨

劉一焜
　石閭山房集

劉三吾
　坦坦齋文集
　書傳會選
　劉先生文集

劉正宗
　逋齋詩

劉玉汝
　詩纘緒

劉玉瓚
　臨川文選〔輯〕

劉玉瓊
　碭山縣志

劉璋
　皇明書畫史
　家禮〔補注〕

劉元高
　三劉先生家集、附錄〔編〕

劉元卿
　江右名賢編〔輯〕
　大象觀

劉震孫
　古今文章正印前集、後集、續
　　集、別集

劉醇
　菊莊集

劉雲份
　唐宮閨詩〔輯〕
　中晚唐十三家集、附八劉詩集
　　〔輯〕

11劉珏
　兩漢蒙求
　劉完菴詩集

劉班
　若谿奏議

12劉廷元
　國朝名臣言行略

劉廷璣
　暮莊詩抄

劉孔昭
　星占

13劉瑄
　詩苑衆芳〔編〕

劉球
　隸韻、碑目

14劉瑾
　詩傳通釋(詩集傳通釋)、附詩
　　傳綱領〔釋〕
　律呂成書

15劉璉
　自怡集

16劉琨
　劉司空集

劉理順
　劉文烈公集

劉璋
　屏山七者翁

劉瓛
　易齋稿、補

17劉翊
　劉古直先生集(古直先生文集)

劉承恩
　經翼、史評

劉子翬
　屏山集(劉屏山集)

劉子寰
　篔嶂詞

劉君賢

41趙樞生
　　含元齋別録〔輯〕
44趙執信
　　談龍録
　　蛟谿集
　　聲調譜
　　飴山詩集
　　趙萬年
　　襄陽守城録
　　禅蝹集
　　趙蕃
　　乾道稿、淳熙稿、章泉稿
　　趙昌父稿
　　趙蕃昌
　　唐詩絶句選〔輯〕
　　趙世對
　　易學著貞
　　趙世杰
　　古今女史文集、詩集
　　趙世顯
　　松亭晤語
　　趙世卿
　　司農奏議
45趙蕤
　　長短經（儒門經濟長短經）
　　趙構
　　見宋高宗
46趙如源
　　左傳杜林合注〔編〕
　　趙緫
　　交趾事蹟
47趙均
　　寒山金石時地考（寒山金石林
　　　時地考、金石林時地考）〔編〕
　　寒山堂金石林（金石林）〔編〕
　　趙昰
　　渭南集（趙昰渭南詩）
　　趙起
　　種太尉傳
50趙申喬
　　趙恭毅公剩稿、趙裘萼公剩稿
　　趙抃
　　南臺諫垣集
　　趙清獻公集（清獻公集）

成都古今集記（成都古今記）
趙本學
　　孫子〔解〕
　　孫子書〔注〕
51趙振芳
　　易原
52趙撝謙
　　趙考古集
　　學範
　　趙蟠志
　　典雅詞十種
60趙昱
　　秋芙蓉吟稿
　　南宋雜事詩
　　趙昇
　　朝野類要
　　趙炅
　　見宋太宗
　　趙景先
　　拜命曆〔編〕
　　趙景良
　　忠義集〔編〕
64趙時庚
　　蘭譜（金章蘭譜、金漳蘭譜）
　　趙時春
　　趙浚谷文集
　　趙浚谷詩集
　　趙曄
　　吳越春秋（吳越春秋音注）
67趙明誠
　　金石録
　　趙明遠
　　進士采選
　　趙鳴珂
　　宴海管見、防江防海管見
　　趙瞻
　　趙懿簡集
71趙栗
　　趙康靖日記
72趙氏
　　趙氏家藏集
77趙鳳翀
　　辨隱録〔輯〕
　　趙鳳翔

易學指掌
趙邪利
　　指訣
趙鵬飛
　　春秋經筌
趙殿成
　　王右丞集注〔注〕
趙居信
　　蜀漢本末
趙聞禮
　　樂府新編陽春白雪〔編〕
　　陽春白雪、外集〔編〕
　　釣月詞
趙學敏
　　本草綱目拾遺
趙與齓
　　娱書堂詩話
　　娱審堂書
77趙與旹
　　賓退録
趙與礐
　　辛巳泣蘄録
趙與懃
　　蘭坡書畫目
80趙介
　　廣州四先生詩選
趙令畤
　　聊復集
　　侯鯖録
趙普
　　龍飛日曆
　　奇門五總龜、附煙波釣叟歌
　　趙韓王文集
　　趙韓王遺稿
趙善璙
　　自警編
趙善政
　　養志餘編
趙善湘
　　洪範統
趙善括
　　應齋雜著
趙善與
　　南北攻守類考

趙善譽
　　東南進取輿地通鑑（輿地通鑑）
　　易説
趙公豫
　　燕堂詩稿
81趙鱗
　　筆則
83趙鈗

古今原始
　　無閒堂稿
趙鉞
　　國朝謚法考
90趙惟暕
　　琴書
趙懷玉
　　亦有生齋詩集、詞、文

趙光照
　　千墨齋彙抄七家書目〔輯〕
趙粹中
　　廟儀
91趙恒
　　見宋真宗
96趙憬
　　北征雜記

5

5000₆ 中

50 中央研究院歷史語言研究
所
　明清史料甲乙丙丁編〔編〕
　中國科學院
　明清史料甲乙丙丁編〔編〕

史

00 史玄
　舊京遺事
10 史正志
　建康志、續志菊譜
　史可法
　史忠正公集
11 史彌寧
　友林乙稿
　友林詩稿
17 史弼
　景行錄
20 史季溫
　山谷別集〔注〕
21 史能之
　毘陵志(咸淳毘陵志)
22 史崇
　一切道德音義道門由起
26 史伯璿
　四書管窺
　管窺外編
　史得威
　維揚殉節紀略
27 史繩祖
　學齋佔畢、釋常談
28 史徵
　周易口訣義
30 史淮
　勝國遺臣臧否傳
　史容
　山谷外集〔注〕

34 史浩
　周官講義
　鄮峯真隱漫錄(鄮峯漫錄)、附
　史子朴語
　尚書講義
　史達祖
　梅谿詞
38 史游
　急就章(急就篇)
40 史堯弼
　蓮峯集
44 史堪
　史載之方
　指南方
　史蘇
　靈龜經
　史樹駿
　肇慶府志
47 史起欽
　太姥志〔輯〕
67 史鄂
　二遷志〔輯〕
71 史願
　金人亡遼錄
77 史冊
　隆平紀事
80 史善長
　秋樹讀書樓集
　秋樹讀書樓遺集
　年譜〔編〕
84 史鑄
　百菊集譜(百菊譜)〔輯〕
88 史鑑
　西村集
90 史惇
　慟餘雜記
97 史炤
　資治通鑑釋文(通鑑釋文)
99 史榮

　風雅遺音

申

10 申爾宣
　易象援古
24 申佳胤
　申端愍公詩集
　申佳允
　申忠愍詩集
27 申叔舟
　海東諸國記(海東記)
31 申涵光
　聰山集
64 申時行
　召對錄
　書經講義會編
　賜閒堂集、綸扉簡牘

車

10 車璽
　治河總考〔輯〕
40 車垓
　內外服制通釋 (車氏內外服制
　通釋)
44 車若水
　腳氣集(玉峯先生腳氣集)

5013₂ 泰

21 泰衡居士
　明崇禎十五年縉紳〔編〕

5022₇ 青

31 青江子
　宅譜指要、宅譜邇言、修方却
　病
76 青陽野人
　青燈迷史〔編〕

5023₀ 本

28本以
蘭葉筆存
77本覺
歷代編年釋氏通鑑(釋氏通鑑)
〔編〕

5033₃ 惠

21惠能
六祖解心經〔解〕
22惠崇
荀譜
惠崇集
惠崇句圖
23惠然
古尊宿語錄〔集錄〕
鎮江臨濟慧照禪師語錄〔集錄〕
30惠定宇
尚書考
34惠洪
天廚禁臠(天廚禁臠、石門洪覺
範天廚禁臠、洪覺範天廚禁
臠)
禪林僧寶傳(僧寶傳)
冷齋夜話
林間錄(林間集)、後集
筠谿集
惠遠
廬山紀略
37惠净
續古今詩苑英華集
38惠祥
清涼傳
40惠士奇
禮說(半農禮說)
大學說
春秋說
易說(半農惠士奇易說)
惠南
四家錄〔編〕
45惠棟
後漢書補注
九經古義
九曜齋筆記

太上感應篇注
松崖筆記
春秋左傳補注(左傳補注)
易漢學
明堂大道錄、禘說
周易述
周易本義辨證
精華錄訓纂、附年譜注補、金氏
箋注辨譌、年譜、目錄
51惠頓
萬國公法〔選〕
62惠昕
六祖壇經
77惠周惕
詩說、文集
硯谿先生詩集
88惠敏
高僧傳(高傳集)

5040₄ 婁

00婁諒
皇明政要
26婁伯高
好還集
41婁樞
婁子靜文集
42婁機
廣干祿字書
班馬字類
漢隸字源
77婁堅
吳歈小草、學古緒言
婁居中
食治通說

5090₄ 秦

10秦再思
洛中紀異
12秦璠
東皋詩集
20秦系
秦校書詩
秦隱君集
28秦徵蘭

天啓宮詞
30秦瀛
己未詞科錄
無錫金匱縣合志〔輯〕
小峴山人詩集、文集、續集
秦坊
範身集略、範家集略〔輯〕
34秦湛
回天錄
38秦瀹
春秋類編
戰國人才言行錄〔輯〕
40秦九韶
數術大略
數書九章(數學九章)
秦嘉謨
月令粹編、圖說〔編〕
41秦柄
漢武故事
42秦韜玉
秦韜玉集
秦韜玉投知小錄(投知小錄)
43秦越人
難經(黃帝八十一難經)
難經(晞范句解八十一難經)
難經(八十一難經)
難經本義
44秦蕙田
五禮通考
觀象授時
46秦觀
淮海詞(淮海居士長短句、少游
詩餘)
淮海集、後集
淮海先生閒居集
蘇門六君子集
蠶書(秦少游蠶書)
長短句補遺
48秦檜
紹興監學法、目錄、申明、對修
釐正條法〔編〕
50秦惠田
見秦蕙田
60秦恩復

詞學叢書〔輯〕
秦昌遇
　證因脈治
秦昌朝
　韻略分毫補注字譜
64秦時雍
　秦詞正譌
67秦鳴雷
　談資
80秦金
　安楚録
86秦錫淳
　見秦錫鬯
秦錫鬯
　演極圖説
89秦鏜
　樗林摘稿、附録
90秦光玉
　明季滇南遺民録〔輯〕

5090₆ 東
00東方明
　珞琭子(珞琭子三命消息賦、珞琭子三命消息賦注、珞琭子賦注)〔疏〕
　珞琭子疏〔疏〕
東方朔
　靈棋經
　神異經
　海内十洲記(十洲記)、漢武洞冥記
　泰階六符
　東方朔占書
51東軒主人
　述異記
東軒居士
　衞濟寶書
57東邨八十一老人
　明季甲乙兩年彙編〔編〕
76東隅逸士
　飛龍全傳〔編〕
東陽助
　周易物象釋疑

5104₀ 軒
54軒轅
　寶藏暢微論

5201₄ 托
35托津
　平定教匪紀略
　明鑑

5203₄ 揆
10揆一
　被遺誤的臺灣
81揆叙
　皇輿全覽〔編〕
　歷朝閨雅〔輯〕

5300₀ 戈
00戈襄
　半樹齋文集
08戈謙
　大統曆
20戈維城
　傷寒補天石
21戈順卿
　戈順卿填詞圖
30戈永齡
　太陽太陰通軌
戈守智
　漢谿書法通解
43戈載
　詞林正韻

5302₇ 輔
00輔廣
　童子問(詩童子問)
　詩童子問師友粹言

5310₇ 盛
10盛百二
　柚堂筆談
　尚書釋天
28盛儀
　維揚志(嘉靖維揚志)〔輯〕

44盛萬年
　嶺西水陸兵記
盛世佐
　儀禮集編
盛桂海
　盛桂海詩
46盛如梓
　庶齋老學叢談
盛如林
　易林元篇十則
47盛楓
　嘉禾徵獻録、外紀
　棣華樂府
48盛敬
　成仁譜〔輯〕
64盛時泰
　元牘記
　蒼潤軒碑跋記、續跋
77盛際時
　胭脂雪
盛熙明
　法書考(書法考)〔輯〕
　圖畫考
86盛錦
　青嶁遺稿
90盛光祖
　石林審是集

5320₀ 成
00成彥雄
　成彥雄梅頂集
成玄英
　莊子注疏〔疏〕
　周易流演
12成廷珪
　居竹軒詩集
17成勇
　消閒録
21成師仲
　三象戲圖〔編〕
26成伯璵
　禮記外傳
成伯瑜
　毛詩指説

44成蓉鏡
　三統術補衍
　漢太初曆考
　推步迪蒙記
　春秋日南至譜
　尚書曆譜
80成無己
　傷寒論注解〔注〕
　傷寒明理論、方論〔注〕

戚

10戚元佐
　檇李恇哲初編
12戚廷裔
　建德縣志
22戚繼光
　止止堂集
　練兵諸書
　練兵實紀、雜集
　紀效新書
38戚祚國
　戚少保年譜彙編
40戚雄
　婺賢文軌〔輯〕
77戚學標
　毛詩證讀

咸

77咸貫之
　易補注、王劉易辨

5340₀　戎

30戎濟陣
　戎濟陣風雷集
60戎昱
　戎昱集

戒

44戒菴老人
　續吳郡志
61戒顯
　現果隨録

5500₀　井

00井度
　蜀三神祠録〔編〕

5503₀　扶

27扶綱
　鐵橋志書
30扶安
　資治通鑑綱目集説、前編〔輯〕
77扶桑閣主人
　玉臺廣詠

5533₇　慧

00慧立
　大慈恩寺三藏法師傳
14慧琳
　一切經音義
20慧皎
　高僧傳（高傳集）
21慧能
　六祖壇經
30慧寶
　北山録〔注〕
38慧祥
　古清凉傳、廣清凉傳、續清凉
　傳、成道記、補陀洛迦山傳、
　峩眉讚
40慧南
　六祖大師法寶壇經
　慧藏
　蕉堅稿〔編〕
44慧苑
　華嚴經音義（大方廣佛華嚴經
　音義）
50慧忠
　忠國師多心經

5560₆　曹

00曹彥約
　經幄管見
　昌谷集
　曹庭樞
　謙齋詩稿
　曹庭棟
　見曹廷棟
曹唐
　曹唐集（曹唐詩）
曹文炳
　谿堂麗宿集〔輯〕
曹言純
　徵賢堂詩正集
02曹端
　夜行燭
　曹月川集
　曹月川先生録粹
10曹一士
　四焉齋詩集、附梯仙閣餘課、拂
　　珠樓偶抄
曹丕
　見魏文帝
曹霑
　見曹雪芹
曹雪芹
　紅樓夢（石頭記）
11曹璿
　瓊花集（瓊華集）
12曹廷傑
　東北邊務輯要
曹廷棟
　産鶴亭詩
　琴學内外篇（琴學）
　逸語
　婚禮通考
　孝經通釋
　老老恒言
　易準
17曹君直
　曹君直祕殿篇
　箋經室書目〔編〕
19曹珖
　閒思往事
20曹禾
　冲用編〔編〕
21曹仁虎
　刻燭集〔輯〕
　七十二候考
曹能始
　曹能始遊山**詩**

曹偃
　曹武惠別傳
24曹勳
　北狩見聞錄(北狩聞見錄)
　松隱文集
　松隱詞
26曹伯啓
　漢泉漫稿、後錄
　曹文貞公詩集、後錄
27曹組
　箕穎集
曹叔遠
　永嘉譜
30曹家駒
　說夢
曹戚
　呈洛洞元經論圖訣
曹憲
　博雅〔音解〕
曹安
　讕言長語
　殷太師比干錄〔集〕
曹宏度
　孝經宗注
曹寅
　楝亭詩抄、別集、詞抄、文抄
　曹楝亭書目(楝亭書目)
33曹溶
　五十輔臣傳
　硯錄、附說硯
　崇禎五十宰相傳（崇正五十宰
　　相傳）
　崇禎五十宰相年表（崇正五十
　　宰相年表）
　倦圃蒔植記
　倦圃尺牘
　古林金石表
　靜惕堂文集、詩稿、文隱堂詩、
　　雲中集、粵遊集、閩遊集、詞
　　稿、續稿
　靜惕堂詩集
　靜惕堂詩尺牘
　靜惕堂書目
　靜惕堂原稿

靜惕堂尺牘
　明人小傳
　劉豫事蹟
37曹鴻
　琴趣外篇〔注〕
曹冠
　雙谿集
　燕喜詞
　典雅詞十種
　景物類要詩
曹鄴
　曹祠部集（祠部詩集、曹鄴詩
　　集）
40曹大章
　曹太史集
曹大鎬
　化碧錄
曹士䓁
　羅計二隱曜立成曆
曹士冕
　譜系雜說
　法帖譜系
曹志
　拱和詩集
41曹梧岡
　梅蘭佳話
44曹封祖
　安吉州志
曹夢元
　崑山殉難錄
曹植
　曹子建集(曹植集、陳思王集)
　曹子建集考異、年譜
47曹杓
　清真詞〔注〕
48曹松
　曹松詩集
50曹本
　續復古編
曹素功
　墨林(曹氏墨林)〔編〕
曹東野
　怡齋百中經
51曹振鏞

奏減河工價料則例
56曹操
　見魏武帝
58曹掄彬
　處州府志〔編〕
67曹昭
　格古要論
71曹臣
　文几山人集
　舌華錄〔輯〕
72曹氏
　合元萬分曆
77曹履吉
　博望山人稿
曹履泰
　靖海紀略
曹學佺
　廣東名勝志、廣西名勝志
　天下名勝志
　石倉詩文全集
　石倉集
　石倉十二代詩選〔編〕
　大明輿地名勝志
　春秋闡義
　蜀中廣記、蜀中名勝記
　易經通論、易經可說
　歷代詩選〔輯〕
　輿地名勝志
80曹無極
　萬壽仙書〔輯〕
曹義
　默菴詩集
曹曾畋
　潤州類集
86曹錫寶
　四庫全書考證
曹錫黼
　石倉世纂五種、附二種
88曹鑑平
　柳洲詩集〔輯〕
91曹炳曾
　放言居詩集
94曹焜曾
　長嘯軒詩集

曹燁
　曹司馬集、附曹孝廉文稿
96曹煜
　東谿漫語
曹煜曾
　道腴堂詩集

5580₆　費

00費袞
　梁谿漫志
10費元禄
　罷采館清課
16費理飭
　測候易知
26費伯雄
　醫醇賸義、醫方論
30費宏
　費文憲公集
　費文憲公摘稿
費密
　荒書
費寀
　費文通公集
38費啓泰
　救偏瑣言
費道用
　閩南唐雅〔輯〕
41費樞
　廉吏傳
44費著
　歲華紀麗譜、附箋紙譜、蜀錦譜
　成都氏族譜
　錢幣譜
47費懋芳
　蘭軒詩集
72費氏

花蕊夫人詩集
費氏
　易〔費氏易〕〔注〕
77費闇
　聖駕臨雍録〔編〕

5602₇　揭

20揭重熙
　揭蒿菴先生集
22揭傒斯
　揭文安公文集（文安公集）
　揭文安公文粹、拾遺
　揭文安公詩集（揭曼碩詩集）
　詩續集
63揭暄
　璇璣遺述

揚

40揚雄
　方言
　說玄、太玄經釋文
　二十四箴
　太玄經（太元經）
　太玄經集注（太元集注）
　揚子雲集（揚雄集）
　揚子法言（法言、揚子）
　別國方言（輶軒使者絕代語釋別國方言）
　反離騷

5604₁　擇

77擇朋
　妙湛和尚偈頌〔録〕

5701₂　抱

76抱陽生

甲申朝事小紀四編、五編〔輯〕

5709₄　探

10探元子
　鉛汞五行篇

5743₀　契

22契嵩
　輔教編
　鐔津文集

5798₆　賴

00賴文俊
　催官賦
　催官篇
賴襄
　日本外史〔輯〕
30賴良
　大雅集〔編〕

5806₁　拾

26拾得
　三聖諸賢詩辭總集
　豐干拾得詩

5824₀　敖

22敖繼公
　儀禮集說
44敖英
　綠雪堂雜言
　清江二家詩
　東谷贅言
　慎言集訓
72敖氏
　傷寒金鏡録

6

6000₀ 口

16 口璟
　淮南釋音

6010₀ 日

50 日人本
　明清鬪記

6010₄ 星

48 星槎野叟
　鄭成功紀略〔輯〕

墨

17 墨翟
　墨子

6011₃ 晁

02 晁端
　晁君成集、別集
　晁端禮
　閒適集
03 晁詠之
　崇福集、四六集
08 晁說之
　嵩山文集
　般若經疏
　太極傳、外傳、因說
　堯典中星考
　晁嵩山集
　晁氏儒言
　晁氏客語
　易式（京氏易式）
　景迂生集（晁說之景迂生集）
10 晁百揆
　潯陽志
20 晁季一
　墨經
33 晁補之

蘇門六君子集
楚辭、續楚辭、變離騷〔輯〕
晁先生雞肋集（雞肋集、雞肋
　編、晁無咎雞肋編）
晁無咎詞
35 晁沖之
　晁先生詩集（晁具茨詩集、具茨
　詩集、具茨集）
　晁叔用詞
37 晁次膺
　閒齋琴趣外篇
　閒適詞、初寮詞、烘堂集、敬齋
　詞
晁迥
　法藏碎金錄（法藏碎金）
　耄智餘書
　晁文元道院集要（道院集要）、
　客語、儒言
　晁文元道院別集
　晁氏迦談
　昭德新編
　金坡遺事（別書金坡遺事）
40 晁克一
　印格
43 晁載之
　續談助〔編〕
44 晁某
　封丘集
80 晁公武
　郡齋讀書志（晁氏讀書志、昭德
　先生郡齋讀書志）、考異、附志
　易詁訓傳
　昭德先生讀書後志
晁公邁
　歷代紀年
晁公遡
　嵩山居士文全集

6015₃ 國

35 國清
　警世陰陽夢〔編〕
50 國史院
　春秋本義、春秋辨疑、春秋或問
　〔編〕
國史館
　松文清傳稿（何子貞書松文清
　傳稿）

6022₁ 闍

30 闍實佛陀多羅
　圓覺了義經〔譯〕

6022₇ 易

33 易祓
　周官總義
　周易經義
　周易總義
52 易靜
　兵要望江南詞
80 易鏡先生
　寸金易簡
91 易恒
　陶情集

6025₃ 晟

28 晟谿逸民
　人妖記

6033₀ 恩

44 恩華
　漢書朔閏表、後漢書朔閏表、三
　國朔閏表

6040₀ 田

00 田文鏡
　訓飭州縣規條

第一列

10田雯
　　古歡堂集序、傳、跋、雜文、雜
　　　著、記、銘表、題辭
　　黔書
　　長河志籍考
　田霖
　　田霖四六集
11田頊
　　田柜山稿
24田緯
　　匈奴須知〔編〕
30田宗文
　　國華詩集
34田汝成
　　龍憑紀略
　　西湖遊詠
　　西湖遊覽志、志餘
　　武夷遊咏
　　行邊紀聞
　　遼紀
　　田叔禾小集
　　炎徼紀聞
　田汝楘
　　田兵部集
36田況
　　儒林公議
　　金巖集
　田渭
　　辰州風土記
40田九齡
　　田子壽詩集
41田概
　　京兆金石錄
44田藝術
　　香宇初集、拾遺、續集
　　留青日劄（雷青日札）
　　留留青
　田藝蘅
　　天值堂集
　　大明同文集
　　賣泉小品
　　田子藝集
47田朝恒
　　金壺字考、二集〔編〕

第二列

50田晝
　　田承君集
60田唯祐
　　東源讀史
66田貺
　　皇祐會計錄
80田鎬
　　田氏書目
86田錫
　　田表聖奏議
　　田表聖咸平集（咸平集）

6040₄　晏

00晏彥之
　　小學史斷續集
10晏天章
　　玄玄棋經
　　棊經、棊訣
15晏殊
　　天和殿御覽
　　珠玉詞（珠玉集）
　　集選目錄
　　晏元獻遺文（元獻遺文）
　　晏元獻臨川集（臨川集）、二府
　　　集、年譜、紫微集
　　晏元獻公類要（晏公類要）、（類
　　　要）
22晏幾道
　　小山詞
66晏嬰
　　晏子春秋（晏子）
70晏璧
　　史鉞
80晏兼善
　　春秋透天關

6050₄　畢

00畢方濟
　　靈言蠡勺
08畢效欽
　　十家唐詩〔增定〕
25畢仲詢
　　幕府燕間錄
　畢仲衍

第三列

　　中書備對
　畢仲遊
　　西臺集
　畢仲荀
　　續紀年通譜
26畢自嚴
　　撫津疏草
　　留計疏草
30畢憲曾
　　自論語廣注
　　揖山樓詩集
　畢宏述
　　六書通
　畢良史
　　論語探古
　　翻經堂集（繙經堂集）
　　春秋正辭、通例
31畢沅
　　靈巖山館詩集
　　夏小正考注
　　晉書地理志補正、附晉太康地
　　　道記、王隱晉書地道記
　　經訓堂叢書〔校著〕
　　經典文字辨證書
　　山海經注〔注〕
　　樂遊聯唱集編〔編〕
　　續資治通鑑
　　釋名疏證、補遺
　　老子考異（道德經考異）
　　中州金石記
　　關中金石記
47畢郁
　　畢氏族譜

6060₀　呂

00呂彥貞
　　滄浪軒詩集
03呂誠
　　樂志園詩集、補遺
　　來鶴亭詩、補遺
　　來鶴草堂稿、既白軒稿、鶴亭倡
　　　和、竹州歸田稿
　　呂敬夫詩集
07呂望

六韜
08呂謙恒
　青要集
呂誨
　呂獻可章奏
10呂元善
　聖門志
呂震
　宣德鼎彝譜
呂夏音
　律呂新書衍義圖説
呂夏卿
　唐書直筆新例、新例須知
　呂夏卿兵志
呂天成
　繡榻野史
呂不韋
　呂氏春秋
呂不用
　得月稿
12呂延濟
　文選(昭明文選)〔注〕
20呂維祺
　音韻日月鐙
　存古約言
　孝經大全、孝經或問、附孝經翼
　明德先生文集
21呂顒
　世譜增定〔編〕
呂毖
　明朝小史〔輯〕
呂毖貞
　事物初略
呂熊
　女仙外史
呂紫微
　江西詩派
22呂巖
　呂真人文集
呂嵓
　金丹詩訣
24呂俠人
　慘女界〔編〕
呂皓

遁思遺稿、事監韻語
25呂純如
　學古適用編〔輯〕
26呂吳
　談天正議義、釋天附圖
27呂向
　文選(昭明文選)〔注〕
呂叔簡
　呂氏四禮翼
31呂祉
　東南防守利便
32呂兆祥
　三遷志〔重修〕
　陋巷志〔重修〕
呂沆
　全州奏劄
33呂治平
　五經辨誤(五經辨説)
呂濱老
　呂聖求詞
36呂溫
　呂衡州文集(呂和叔文集、呂溫集)
37呂洞賓
　純陽真人金丹訣
　肘後三成篇
呂祖謙
　唐文鑑(大唐文鑑)〔注〕
　唐鑑〔注〕
　辨志録
　新唐書略
　議史摘要
　三蘇文集〔編〕
　三蘇文選(呂氏家塾增注三蘇文選)〔編〕
　三國志詳節〔編〕
　五代史詳節〔編〕
　兩漢詳節〔編〕
　西漢精華〔編〕
　晉書詳節〔編〕
　北史詳節〔編〕
　麗澤論説集録、麗澤論説拾遺
　毛詩集解〔釋音〕
　皇朝文鑑(宋文鑑、宋朝文鑑)

〔編〕
　近思録、近思後録〔輯〕
　近思録集解〔輯〕
　近思録集注〔輯〕
　近思録續録〔輯〕
　十七史詳節〔編〕
　大事記、解題
　大事記通釋
　大愚叟集
　左氏國語類編
　南北史詳節〔編〕
　南史詳節〔編〕
　杜工部進三大禮賦〔注〕
　史説
　書説(東萊書説)
　春秋集解
　春秋左傳類編(左傳類編、春秋類編)
　春秋左氏傳説(左氏説、左氏傳説)
　春秋左氏傳續説、附綱領
　東漢詳節、西漢詳節〔編〕
　東漢精華〔編〕
　東萊集注類編觀瀾文(觀瀾文)〔集注〕
　東萊集注類編觀瀾文丙集(觀瀾文丙集)〔集注〕
　東萊集注類編觀瀾文甲集、乙集(觀瀾文甲乙集)〔集注〕
　東萊先生左氏博議(左氏博議、春秋左氏博議)
　東萊先生左氏博議句解(博議句解)
　東萊先生古文關鍵(古文關鍵、古本關鍵)〔輯〕
　東萊先生史記詳節、西漢詳節、東漢詳節、三國志詳節、晉書詳節、隋書詳節、南史詳節、北史詳節、唐書詳節、五代史詳節〔編〕
　東萊先生分門詩律武庫(詩律武庫)前集、後集〔編〕
　東萊全集
　國朝名臣奏議〔編〕

易(古易)、音訓
易説(東萊呂祖謙易説)
呂太史文集(東萊文集、東萊呂太史文集、呂正獻集、呂東萊集)、附錄、附錄拾遺、年譜
呂太史外集
呂太史別集
呂氏家塾讀詩記(東萊家塾讀詩記)
呂氏家塾讀書記
歷代制度詳説
歷代奏議
周易〔注〕
周易雜論精義
周易繫辭精義(繫辭精義)〔編〕
闈範〔輯〕
歐公本末〔編〕
臥遊錄
少儀外傳
呂逢時
三遷志〔重修〕
40呂大辨
稗官志
呂大圭
春秋五論
春秋或問
呂大忠
呂晉伯輞川集(輞川集)、奏議
呂氏鄉約、鄉儀
呂氏前漢論
呂大防
神宗實錄
杜工部詩集〔注〕
呂汲公文錄、文錄掇遺
呂氏家祭禮
呂氏考古圖
長安圖記
周易古經〔編〕
呂大臨
論語解(呂與叔論語解)
玉谿集、玉谿別集
編禮
禮記解
考古圖、續考古圖、釋文

老子注(道德經注)〔注〕
易解(芸閣呂先生易解)
呂大鈞
誠德集
呂才
廣濟陰陽百忌歷撥沙經
呂希哲
歲時雜記
呂氏雜記
呂氏家塾記
呂南公
灌園集
呂吉甫
老子注(道德經注)〔注〕
44呂黃鍾
解網錄
呂桂孫
南海志(大德南海志)
45呂坤
安民實政
去偽齋文集
救命書
四禮翼
呂語集粹
呂子遺書
呂公實政錄
呻吟語
呻吟語摘、呂子節錄、補遺
明職
閨範
呂柟
五經説
張子抄釋
毛詩説序
禮問
春秋説志
四書因問
呂涇野集(涇野先生集)
周易説翼
尚書説要
50呂中
皇朝大事記、附錄、中興大事記、附錄
皇朝大事記講義(皇朝中興大

事記講義、宋大事記講義、大事記講義)
綱目論斷
呂夷簡
三朝國史
呂文靖試卷
呂文靖集
呂本
呂先生集
呂本中
童蒙訓
師友雜志、雜説
紫薇雜説、師友雜説
紫薇詩話(東萊呂紫薇詩話、呂紫薇詩話)
官箴
春秋集解
東萊先生詩集、外集
呂居仁集
呂惠卿
建安茶記(呂惠卿建安茶記)
三略素書解
縣法
治縣法
道德真經傳
莊子注
莊子全解
莊子義
呂吉甫集
呂吉甫道德經傳、莊子解
58呂撫
二十四史通俗演義
60呂星垣
白雲草堂詩抄、文抄
呂昇
小小齋詩集
呂昌朝
嘉州志
64呂時臣
甬東山人稿
67呂昭
齊安志
71呂原
呂文懿公全集

呂頤浩
　呂忠穆集（忠穆集）
　呂忠穆家傳、逢辰記、遺事
　呂忠穆答客問

72呂氏
　呂氏摘金歌

77呂陶
　淨德集

呂留良
　呂晚邨先生文集
　質亡集小序

79呂勝己
　渭川居士詞

80呂午
　左氏諫草
　呂公諫草（呂午公諫草）

呂曾見
　呂氏筆奕

86呂知常
　道德經講義

90呂懷
　律呂古義

呂棠
　宣德彝器譜〔編〕

94呂忱
　字林

99呂榮義
　上庠錄

昌

20昌住
　字鏡（新撰字鏡）

冒

00冒襄
　婦人集〔注〕

77冒丹書
　婦人集補

6073₁ 疊

20疊秀
　人天寶鑑

80疊無識
　菩薩地持經〔譯〕

99疊瑩
　珞琭子（珞琭子三命消息賦、珞
　琭子三命消息賦注、珞琭子
　賦注、四家注解經進珞琭子
　三命消息賦）〔注〕

6080₀ 貝

14貝琳
　七政推步〔輯〕

17貝瓊
　貝先生文集（貝清江文集）
　貝先生詩集

6080₁ 是

40是奎
　太古元音〔編〕

6080₆ 員

37員逢原
　三蓮集

77員興宗
　辨言
　九華集、附錄

圓

10圓至
　唐三體詩注〔注〕
　唐賢絕句三體詩法〔注〕
　天隱禪師集
　牧潛集（筠谿牧潛集）

16圓理
　雲東漫稿

28圓復
　一葦集

67圓照
　貞元新定釋教目錄

77圓月
　中巖和尚語錄

91圓悟
　枯崖漫錄

6090₄ 果

07果毅親王
　果毅親王使藏日記

60果圓
　聯光集〔錄〕

6090₆ 景

37景渙
　牧竪閒談

60景日昣
　說嵩〔輯〕

景星
　大學集說啓蒙、中庸集說啓蒙

77景隆
　慈濟方

97景煥
　野人閒話

6091₄ 羅

00羅亨信
　覺非集

羅唐兩士
　宋唐類詩〔編〕

羅文繡
　圭峯集

02羅誘
　宜春傳信錄

08羅謙
　殘明紀事

10羅正鈞
　船山師友記

羅王常
　秦漢印統〔編〕

羅天尺
　癭暈山房詩抄

羅天益
　衛生寶鑑、補遺

羅石麟
　山西通志

17羅玘
　羅圭峯先生文集（文肅公圭峯
　羅先生文集、羅文肅公集）

羅子理
　羅德安先生文集

20羅爲賡
　莕西問答

28羅以智

應潛齋先生年譜

羅倫
　一峯先生文集

羅從彦
　聖宋道堯録(遵堯録、尊堯録)、
　　別録
　羅豫章先生集、年譜

30 羅適
　赤城集

羅適正
　傷寒救俗方

31 羅濬
　四明志(寶慶四明志)

32 羅浮
　西樵山志〔輯〕
　肇慶府志

羅浮散客
　貪欣悞〔鑒定〕

33 羅泌
　路史

34 羅汝芳
　近谿全集
　大明通寶義(明通寶義)
　明道録
　會語續録〔編〕

羅洪先
　冬遊記
　羅先生文集(豫章羅先生文集、
　　羅念菴文集、念菴羅先生文
　　集)、内集、外集、別集

36 羅澤南
　姚江學辨

37 羅鶴
　應菴任意録

羅鄴
　羅鄴集

40 羅大經
　鶴林玉露

羅士琳
　新術(增廣新術)
　弧矢算術補
　弧三角算例
　續疇人傳
　演元九成

臺錐積演
春秋朔閏異同
四元玉鑑細草〔細草〕
無專鼎銘考

羅士密
　代微積拾級

44 羅萬藻
　十三經類語〔輯〕

51 羅振玉
　鳴沙石室祕録〔編〕

52 羅虬
　羅虬比紅兒詩(比紅兒詩)

60 羅日褧
　咸賓録

羅國器
　西樵山志〔輯〕

64 羅畸
　蓬山志

67 羅鄂
　徽州府志

70 羅壁
　識遺(羅氏識遺)

羅雅谷
　測量全義
　月離、月離表
　月離曆指〔譯〕
　人身圖説
　籌算

71 羅願
　新安志
　爾雅翼
　羅鄂州小集(羅鄂州詩文集、鄂
　　州小集)、附鄂州遺文、附録

72 羅隱
　讒書
　兩同書
　吳越掌記集
　甲乙集(羅江東集、羅昭諫甲乙
　　集)、後集、湘南集
　羅昭諫集、補遺

76 羅陽
　續處州府志

77 羅鳳
　延休堂漫録

羅周上
　古今畫鑑

羅欣
　物原〔輯〕

羅貫中
　三遂平妖傳〔編〕
　三國水滸全傳
　三國演義(三國志、三國志傳、
　　三國志演義、三國志通俗演
　　義、三國英雄志傳、三國全傳)
　漢宋奇書(三國水滸全傳)

80 羅念菴
　廣輿圖

羅美
　古今名醫方論(名醫方論)
　古今名醫彙粹

羅含
　湘中山水記

羅谷雅
　交食曆指〔譯〕
　五緯總論、五緯曆指〔譯〕
　日躔增〔譯〕
　日躔曆指〔譯〕

羅公升
　羅滄洲先生集

81 羅鈺
　地理總括

86 羅知悌
　心印紺珠

87 羅欽順
　整菴先生存稿
　困知記、續、三續、四續、附録、
　　續補

88 羅鑑
　磐沼集

6138₆ 顯

44 顯萬
　語谿集

91 顯悟
　中巖和尚語録〔編〕

6203₆ 噬

62 噬噬道人

催曉夢〔編〕
　警悟鐘

6217₇ 蹈

38蹈海生
　桐叛紀異

6401₁ 曉

22曉山老人
　太乙統宗寶鑑
99曉瑩
　感山雲臥紀談、附雲臥菴主書
　羅湖野録

6401₄ 睦

44睦菴善卿
　祖庭事苑〔編〕

6404₁ 時

20時季照
　夢墨稿

6621₄ 瞿

00瞿應紹
　月壺題畫詩
　瞿玄錫
　稼軒瞿府君行實
24瞿佑
　詠物新題
　樂府遺音
　歸出詩話
　歸田詩話
　通鑑滄目集覽鏑誤、附綱目考
　　異辨疑
　剪燈新話大全
25瞿純
　庚寅十一月初五日始安事略
27瞿修齡
　春秋管見
　瞿叔獻
　天南逸史
40瞿九思
　萬曆武功録
41瞿頡

鶴歸來傳奇
43瞿式穀
　幾何要法〔録〕
　瞿式耜
　媿林漫録
　瞿忠宣公手劄及蠟丸書
　瞿忠宣公集
44瞿世瑛
　清吟堂書目
　瞿共美
　東明聞見録
50瞿中溶
　集古官印考證目録〔輯〕
　湖南金石志
　古泉山館題跋零稿〔輯〕
　瞿木夫金石跋
　金石萃編殘稿（古泉山館金石
　　萃編殘稿）
60瞿昌文
　粵行紀事
　素風堂彙編瞿張兩先生浩氣吟
　　〔編〕
　瞿曇
　唐開元占經（開元占經）
80瞿鏞
　鐵琴銅劍樓藏書目録

6624₈ 嚴

03嚴誠
　小清涼室集
04嚴訥
　嚴文靖公集
07嚴毅
　詩學集成押韻淵海
10嚴震
　秋蘗録〔輯〕
　嚴可均
　説文校議
　全上古三代秦漢六朝文〔輯〕
　鐵橋漫稿
　嚴可鈞
　日下題襟集
17嚴羽
　滄浪詩話

滄浪詩集（滄浪先生吟、滄浪吟
　卷、嚴滄浪先生吟卷）
20嚴維
　嚴維集
21嚴衍
　大學説、中庸説
　嚴虞惇
　思菴聞筆
22嚴嵩
　安南奏議
　直廬稿
　南宮疏略
　南宮奏議
　鈐山堂集
23嚴我斯
　幼學日記
　尺五堂詩删
　尺五堂詩删初刻、近刻
26嚴保庸
　盂蘭夢
27嚴粲
　詩緝（嚴氏詩緝）
　華谷集
　嚴繩孫
　秋水詞
28嚴從
　中黄子集
　嚴從簡
　殊域周咨録〔輯〕
32嚴兆元
　明史雜詠箋注〔注〕
37嚴次山
　款乃集
38嚴澂
　松絃館琴譜
　嚴啓隆
　春秋傳注
　嚴遂成
　明史雜詠
　明史雜詠箋注
　嚴遵
　真經道德指歸注老子指歸（道
　　德真經指歸、道德指歸論、老
　　子指歸論）

40嚴士貞
　桃谿雜詠
　桃谿百詠
嚴有翼
　藝苑雌黄
嚴有禧
　漱華隨筆
嚴有聲
　嗜退菴語存
44嚴蔚
　春秋內傳古注輯存
嚴蓀友
　明史擬稿
嚴荄
　張叔未編年詩〔編〕
46嚴觀
　元和郡縣補志〔輯〕
　師友淵錄總目、後案
嚴如煜
　三省邊防備覽
47嚴穀
　東林書院志〔輯〕
50嚴書開
　嚴逸山文集
60嚴果
　天隱子遺稿
嚴景曾
　度支奏議
66嚴器之
　傷寒明理論、附錄
71嚴長明
　師友淵源錄總目、後案
　歸求草堂詩集、秋山紀行集、金
　　關攀松集、玉井峯蓮集
77嚴用和
　嚴氏濟生方(濟生方)
　嚴氏濟生續方
嚴學淦
　海雲堂詩抄、補遺、詞抄、文抄
80嚴曾銓
　說文解字彙纂條例〔輯〕
90嚴小秋
　嚴小秋詞
93嚴烺

　續行水金鑑〔編〕
99嚴榮
　蘭谿縣志〔輯〕

6650₆ 單

28單復
　讀杜詩愚得(杜詩愚得)
30單宇
　菊坡叢話
77單隆周
　希姓譜

6702₀ 明

10明天順元年進士登科題錄
　天順元年進士登科錄
15明建文元年應天鄉試錄
　建文元年京闈小錄(京闈小錄)
21明仁宗
　天元玉曆祥異賦
　大明仁宗皇帝御製集
　體尚書文
明仁孝皇后
　高皇后傳
22明鼎
　恬退錄
23明代宗
　歷代君鑒
30明宣宗
　五倫書
　外戚事鑒
　大明宣宗皇帝御製集
　歷代君鑒
明官修
　集犯論〔編〕
　皇明制書〔編〕
　皇明祖訓〔編〕
　大明律(明律)〔編〕
　大明律例附解〔編〕
　大明官志〔編〕
　草韻辨體〔編〕
　明倫大典〔編〕
　明臣奏議〔編〕
　明會典(明會典略)〔編〕
40明太祖
　鬯惡錄

　紀非錄
　洪武大誥三編〔編〕
　老子注(道德經注)〔注〕
　明太祖御製文集(御製文集、明
　　高皇帝御製文集)
44明英宗
　大明英宗皇帝御製集
48明翰林院
　使朝鮮錄、使規〔編〕
50明本
　天目中峯和尚廣錄
　梅花百詠、附中峯梅花百詠
　中峯祖集
53明成祖
　諸佛世尊如來菩薩尊者名稱歌
　　曲
　聖學心法
　大明太宗皇帝御製集
80明人
　龍圖公案
　詩韻集略〔編〕
　詳刑公案
　一片情
　三寶太監西洋記通俗演義
　三國志後傳
　平虜傳
　石點頭
　醉醒石
　北平錄
　癸未夏抄〔輯〕
　醋葫蘆
　承運傳
　羣書集事淵海〔編〕
　樂通
　勦闖通俗小說
　續西遊記
　魏忠賢小說斥奸書
　盤古至唐虞傳幻影
　僧尼孽海
　河東鹽法考、靈州鹽法考、廣東
　　鹽法考
　浪史
　逸老堂詩話
　有夏誌傳

南忠記
花史〔輯〕
荒徼通考
草廬經略〔編〕
楊家通俗演義
歡喜冤家
警世陰陽夢
書纂
東西兩晉演義志傳
東西晉演義
東征集、北上集
四明志徵
岳武穆王精忠傳〔編〕
覺世雅言〔輯〕
欣賞修真
今古奇觀〔輯〕
前七國志
公侯溥〔編〕
鍾馗全傳
筆孅乄

6706₂ 昭

45昭槤
　蒾蕙堂稿

6710₄ 墅

10墅酉逸叟
　過墟志

6716₄ 路

37路鴻休
　帝里明代人文略、附後
51路振
　乘軺錄
　九國志
路振飛
　路文貞公集
74路隋
　唐穆宗實錄
　唐憲宗實錄

6722₀ 嗣

02嗣端
　虎邱隆和尚語錄〔編〕

6722₇ 鄂

10鄂爾泰
　雲南通志
　貴州通志
　醫宗金鑑

6732₇ 鷟

27鷟島遺納夢菴
　見鷟島道人夢荈
鷟島道人夢荈
　海上見聞錄〔輯〕

6802₁ 喻

18喻政
　茶書前集
21喻仁
　療馬集、附錄
25喻傑
　療馬集、附錄
27喻凫
　喻凫詩集
30喻良能
　香山集
41喻樗
　論語學（玉泉論語學）
46喻坦之
　喻坦之集
47喻均
　江右名賢編〔輯〕
60喻昌
　醫門法律、附寓意草
　尚論篇

6803₄ 咲

44咲花主人
　雙姻緣

6806₁ 哈

53哈輔源
　永慶昇平前傳

7

7121₁ 阮

00阮亨
　七經孟子考文〔輯〕
　阮文達
　國史儒林傳擬稿
10阮元
　廣東通志
　詩稿（三家詩稿）〔輯〕
　詩書古訓
　兩浙鹽法志〔監修〕
　兩浙金石志〔輯〕
　石渠隨筆
　石畫記
　揅經室一集、二集、三集、四集、
　　續集、外集、揅經室詩錄
　儒林文苑傳稿〔編〕
　經籍纂詁、補遺
　積古齋鐘鼎彝器款識
　儀禮石經校勘記
　考工記車制圖解
　華山碑考（漢延熹西嶽華山碑
　　考）
　疇人傳
　鐘鼎彝器〔編〕
　曾子注釋
　阮元聲
　劉孝標集〔評〕
　金華文徵〔輯〕
　金華詩粹〔輯〕
24阮升基
　宜興縣志〔輯〕
31阮福
　孝經義疏補
　歷代帝王年表〔續〕
37阮逸
　文中子中説注〔注〕
　元經薛氏傳（元經）〔注〕
　皇祐新樂圖記（聖宋皇祐新樂
　圖記、皇祐樂記）
　易筌
40阮大鋮
　詠懷堂詩集、外集
　詠懷堂丙子詩、丁丑詩、戊寅詩
　春燈謎
44阮葵生
　茶餘客話
　阮其新
　洗冤錄集注、附檢骨圖格、作吏
　要言〔補注〕
60阮旻錫
　夕陽寮存稿
67阮鶚
　禮要樂則
77阮閱
　詩話總龜（百家詩話總龜）〔編〕
　郴江百詠
　松菊集
　阮户部詞
88阮籍
　阮步兵集（阮嗣宗集、阮籍集）

7121₄ 雁

30雁宕山樵
　水滸後傳〔編〕

7122₀ 阿

44阿桂
　皇清開國方略

7122₇ 厲

67厲鶚
　靈隱寺志稿
　絶妙好詞箋、續抄〔箋〕
　秋林琴雅
　宋詩紀事
　遼史拾遺
　南宋雜事詩

　南宋畫院譜（南宋院畫錄）
　樊榭山房集、續集、文集、集外
　　詩、詞
　樊榭先生遊仙集
　東城雜記
77厲居正
　齊安志

7129₆ 原

49原妙
　高峯語錄

7132₇ 馬

00馬文升
　馬端肅公三紀
　馬端肅公約齋詩集、馬端肅公
　　奏議
02馬端臨
　文獻通考
　經籍考
10馬一龍
　農説
　馬三俊
　馬徵君遺集
　馬玉
　征行紀略
　馬元儀
　馬師津筏
11馬玗
　續廬山記
12馬廷鸞
　碧梧玩芳集
15馬臻
　霞外詩集
　馬融
　忠經
16馬理
　周易贊義、繫辭上傳
17馬子嚴

岳陽志
18馬瑜
　滄軒集
馬致遠
　半夜雷轟薦福碑雜劇
20馬維翰
　墨麟詩抄、附偾浦詩抄
馬維銘
　史書纂略〔輯〕
馬縞
　中華古今注
22馬俁
　賦門魚籥
25馬仲虎
　歷代帝王編年互見之圖〔編〕
馬純
　陶朱新錄
26馬總
　唐年小錄
　意林(意林語要)
　通曆
28馬徵慶
　夏小正箋疏
30馬寧祖
　退圃詞
馬完素
　素問要旨論(素問圖解要旨論)
　〔編〕
馬永易
　實賓錄
　異號錄
馬永卿
　元城先生語錄、行錄〔編〕
　嬾真子(嬾真子錄)
馬永錫
　唐職林
　元和錄
馬宗槤
　春秋左傳補注
馬宗素
　傷寒醫鑒
33馬治
　荊南倡和詩集
34馬汝驥

西玄集
　西番事蹟
馬洪
　花影集
37馬祖常
　馬石田文集(石田先生文集)、
　附錄
38馬肇元
　周書年表、年月考
40馬大壯
　天都載〔輯〕
馬士英
　永城紀略
馬希孟
　禮記解
　揚州詩集
馬存
　馬子才集
馬嘉松
　花鏡雋聲〔編〕
馬森
　書傳敷言
43馬戴
　馬戴集
　會昌進士詩集
44馬蒔
　素問注證發微、靈樞注證發微、
　補遺
馬權奇
　尺木堂學易誌
47馬歡
　瀛涯勝覽
50馬中錫
　馬東田文集
　馬東田漫稿
52馬揭荐
　秦漢印存〔編〕
馬靜因
　遂聞堂遺草
60馬曰琯
　沙河逸老小稿、嶰谷詞
　林屋唱酬錄、焦山紀遊集〔輯〕
馬曰璐
　南齋爭 詞

馬國翰
　靈憲、渾儀
馬思贊
　道古樓書畫目錄
67馬明衡
　尚書疑義
馬明卿
　華嶽全集〔輯〕
68馬哈麻
　明譯天文書〔譯〕
72馬馴
　享愚園詩存
75馬驌
　繹史
　繹史天官書附圖
　左傳事緯
77馬隆
　握奇經〔述讚〕
　風后握奇經〔讚〕
馬駧
　儀禮易讀
80馬令
　南唐書(馬令南唐書)
馬愈
　稗官記
90馬光
　兩粵夢遊記(兩粵城守記)
99馬熒
　閩中十子集〔輯〕

7171₁ 匪

10匪石
　鄭成功傳

7171₄ 既

30既濟
　春秋邦典

7171₆ 區

40區大倫
　區大司從疏稿

7173₂ 長

12長孫佐輔

長孫佐輔集

長孫無忌
　唐律疏義（故唐律疏義）
　隋書經籍志

80 長谷真逸
　農田餘話

7210₀　劉

00 劉商
　胡笳十八拍
　四家胡笳詞
　劉虞部集

劉應
　事文類聚翰墨全書（事文類聚翰墨大全）〔編〕

劉應麟
　南漢春秋

劉應秋
　劉大司成文集

劉應時
　頤菴居士集

劉應節
　劉公奏議

劉度
　劉汝一進卷

劉庱
　稽瑞〔輯〕

劉文富
　圖經〔重修〕

劉文淇
　輿地紀勝校勘記〔輯〕

劉文瀾
　中星全表

劉文卿
　劉直州集

劉奕
　陵水志

01 劉龍
　紫巖文集

劉顏
　輔弼名對〔編〕

04 劉詵
　桂隱文集、附錄
　桂隱詩集

07 劉歆
　劉子（新論、劉子新論）

08 劉於義
　陝西通志

劉放
　九華拾遺

09 劉麟
　坦上翁集
　劉清惠公集

劉麟瑞
　昭忠逸詠

10 劉一止
　非有齋類稿
　苕谿集
　劉行簡詞

劉一清
　錢塘遺事

劉一明
　西遊原旨

劉一焜
　石閭山房集

劉三吾
　坦坦齋文集
　書傳會選
　劉先生文集

劉正宗
　逋齋詩

劉玉汝
　詩續緒

劉玉瓚
　臨川文選〔輯〕

劉玉瓊
　碭山縣志

劉璋
　皇明書畫史
　家禮〔補注〕

劉元高
　三劉先生家集、附錄〔編〕

劉元卿
　江右名賢編〔輯〕
　大象觀

劉震孫
　古今文章正印前集、後集、續集、別集

劉醇
　菊莊集

劉雲份
　唐宮闈詩〔輯〕
　中晚唐十三家集、附八**劉詩**集〔輯〕

11 劉珏
　兩漢蒙求
　劉完菴詩集

劉班
　若谿奏議

12 劉廷元
　國朝名臣言行略

劉廷璣
　暮莊詩抄

劉孔昭
　星占

13 劉瑄
　詩苑衆芳〔編〕

劉球
　隸韻、碑目

14 劉瑾
　詩傳通釋（詩集傳通釋）、附**詩**傳綱領〔釋〕
　律呂成書

15 劉璉
　自怡集

16 劉琨
　劉司空集

劉理順
　劉文烈公集

劉理
　屏山七者翁

劉環
　易齋稿、補

17 劉翊
　劉古直先生集（古直先生文集）

劉承恩
　經翼、史評

劉子翬
　屏山集（劉屏山集）

劉子寰
　篁嫖詞

劉君賢

學問要編

劉邵
　人物志

劉乙
　劉乙集

20劉信甫
　本草、序例〔校正〕

劉季孫
　劉景文集

劉禹卿
　清才集〔編〕

劉禹錫
　中山集
　因論
　劉賓客集（劉禹錫夢得集、劉夢
　　得文集）
　劉賓客外集

劉香
　離騷草木疏

劉秉忠
　堪輿玉尺經〔集〕
　藏春詩集、附録
　劉文正公平砂玉尺經（平砂玉
　　尺經）、後集〔集〕
　劉太傅藏春集
　劉氏心法

劉維謙
　詩經葉韻辨譌

21劉仁本
　羽庭集

劉仁軌
　河洛行年記（行在河洛記）

劉衡
　六九軒算書六種
　劉簾舫吏治四種
　尺算日晷新儀

劉師朱
　江臯吟

劉貞仁
　詩義（歷舉三場人選詩義）〔編〕

22劉鑾
　紀録彙編續編補目〔編〕

劉崇遠
　金華子（金華子雜編、金華子新

編）

劉繼莊
　廣陽雜記

劉崧
　槎翁文集
　槎翁詩集
　劉職方詩

劉鑒
　五石瓠、風人詩話

23劉允鵬
　龍筋鳳髓判注〔注〕

劉台拱
　劉端臨先生遺書

劉峻
　世説新語〔注〕
　世説新語補〔注〕
　劉子（新論、劉子新論）
　劉孝標集

24劉德秀
　默軒詞

劉綺莊
　集類
　劉綺莊歌詩

25劉仲平
　老子注（道德經注）〔注〕

劉仲甫
　忘憂集
　棋訣

劉健
　庭闈録、附平定緬甸、校勘記

劉純
　雜病治例
　傷寒治例

劉績
　三禮圖
　霏雪録
　春秋左傳類解
　管子補注

26劉伯熊
　易學〔編〕

劉伯莊
　史記音義

劉得仁
　劉得仁詩集

劉繹
　存吾春齋詩抄

27劉向
　新序（劉向新序）
　説苑
　列仙傳、續仙傳
　列女傳
　列女傳附圖
　續列女傳
　劉子（新論、劉子新論）
　劉中壘集

劉侗
　帝京景物略

劉將孫
　養吾集

劉仔肩
　雅頌正音〔輯〕

劉彝
　正俗方
　周禮中義

劉絢
　春秋傳

28劉徽
　算經（海島算經）
　算經（九章算術、九章算經）
　　〔注〕

劉牧
　易傳（劉長民易）
　易數鈎隱圖（鈎隱圖）、附遺論
　　九事
　周易、卦德統論、略例

劉綸
　劉繩菴内集、外集

劉繪
　嵩陽集

30劉宣炎
　劉子宣或問

劉濂
　樂經元義
　九代樂章〔輯〕
　易象解

劉完素
　傷寒直格（傷寒直格論方、劉守
　　真傷寒直格方）、後集、續集、

別集
傷寒標本心法類萃
黃帝素問宣明論方（宣明論方）
素問病機氣宜保命集
素問元機原病式圖解素問要旨
論
劉永之
劉仲修山陰集（山陰文集、劉仲
修集）
劉永基
止菴先生集
劉守眞
保命集
素問要旨論（素問圖解要旨論）
劉宇
詩折衷
安老懷幼書（安老書、懷幼書）
劉宰
劉先生文集（漫塘文集）
劉先生文前集（漫塘前集、劉漫
塘先生文前集）
劉安
淮南子天文訓
淮南鴻烈解（淮南子）
劉安上
劉給諫集（劉給諫文集、劉左史
給諫文集）、附錄
劉安禮
劉左史文集、附錄
劉安世
元城先生語錄、譚錄、道護錄、
行錄
元城先生盡言集（盡言集、盡言
錄、劉元城盡言集）
劉良
文選（昭明文選）〔注〕
劉定之
否泰錄
宋論
周易圖釋
劉寅
六韜直解〔解〕
三略直解〔解〕
武經直解〔解〕

司馬法直解〔解〕
尉繚子直解〔解〕
劉寶楠
勝朝殉揚錄
劉宗周
論語學案
劉子學言（子劉子學言）、聖學
宗要、易抄
劉子全書
劉子節要
劉蕺山集
周易古文抄
念臺奏疏
31劉涇
西漢發揮
宣城集
老子注（道德經注）〔注〕
成都刻石崇目前谿集
劉源
凌煙功臣圖〔繪〕
劉源長
茶史
33劉心學
四朝大政錄
劉必宏
東行稿
劉溥
草窗集
劉黼
蒙川先生遺稿、補遺
劉梁壑
歸實齋遺集
34劉漢弼
劉忠公奏議集、進讀、講義
劉洪
傷寒心要〔編〕
劉淇
助字辨略
劉祐
文章正論、緒論〔輯〕
劉逖
雞林志
劉達可
璧水羣英待問會元〔輯〕

璧水羣英待問會元選要〔輯〕
36劉湘客
行在陽秋
劉溫潤
西夏須知
劉溫曳
開元通禮
開寶通禮
劉溫舒
素問入式運氣論奧（運氣論
奧）、附黃帝內經素問遺篇
劉涓
青村遺稿
劉澤
仙源居士惜香樂府〔編〕
37劉鴻
七星先生詩文抄
劉渙
劉氏西行錄
劉次莊
武岡法帖釋文樂府集、樂府序
解、題解
淳化閣帖釋文（法帖釋文）
劉祖憲
橡繭圖說
劉祁
歸潛志
劉迅
六說
劉過
龍洲詞
龍洲道人詩集（龍洲集）、附錄
劉改之詞
劉逢祿
論語述何
左氏春秋考證
穀梁廢疾申何
春秋公羊經何氏釋例
公羊春秋何氏解詁箋、附發墨
守評
箴膏肓評
尚書今古文集解
38劉滄
劉滄集（劉滄詩）

888

劉浴德
　內經指遺方論
劉啓明
　六壬軍帳賦
劉裕
　見宋武帝
劉道醇
　五代名畫記
　五代名畫補遺
　宋朝名畫評(聖朝名畫評)
40劉义
　劉义集
劉大魁
　小稱集
劉大彬
　茅山志
劉大櫆
　海峯文集
　海峯詩集古體、近體
劉大觀
　玉磬山房詩
劉奎
　松峯說疫
劉垓孫
　家禮〔增注〕
劉才邵
　樯谿居士集
劉克
　詩說
劉克莊
　唐宋時賢千家詩選後集〔輯〕
　玉牒初草
　後村詩話
　後村詩餘
　後村先生大全集
　後村居士詩集（後村先生詩集
　　大全）
　後村居士集(劉後村集)
　後村居士後集
劉存
　事始
劉焘
　見南山集
劉喜海

金石苑〔輯〕
劉真人
　瓊瑤發明神書
42劉壎
　方瀾郭畀鄭銘劉壎詩
　水雲村詩餘
　水雲村泯稿
　補史十忠詩
　隱居通義
劉斯原
　大學古今本通考
43劉城
　嶧桐集文、詩春秋左傳地名錄
44劉基
　靈棋經〔解〕
　覆瓿集
　天文祕略
　犂眉公集
　白猿經風雨占候說〔注〕
　多能鄙事
　清類天文分野之書
　堪輿仙傳四祕
　郁離子
　國初禮賢錄
　劉文成公集(誠意伯文集、劉誠
　　意文集、劉公文集)、翊運錄、
　　春秋明經
　劉宋二子
劉薳
　晉書指掌
劉芳實
　敏求機要
劉芳譽
　溫處海防圖略〔輯〕
劉蕡
　盤谷集
　盤谷唱和前後集
劉蒙
　菊譜
劉燕庭
　劉燕庭叢錄
　劉燕庭所得金石目
劉孝孫
　算經(張邱建算經)〔細草〕

劉孝綽
　劉孝綽集
劉孝威
　劉庶子詩集(劉孝威詩集)
劉孝榮
　會元曆
劉摯
　劉忠肅行年記
　劉忠肅公文集(忠肅集)
劉若愚
　酌中志(酌中志略)
　明宮史
劉若金
　本草述
劉荀
　建炎德安守禦錄〔編〕
　亂華編
　明本釋
劉世瑗
　徵訪明季遺書目〔輯〕
劉世偉
　過庭詩話
　厭次瑣談(猒次瑣談)
劉世坡
　雙清堂詩
劉某
　天潮閣集
劉權之
　軍需則例
　軍需則例戶部、兵部、工部
45劉塙
　片刻餘閒集
劉榛
　虛直堂文集
46劉駕
　劉駕集
劉恕
　疑年譜、年略譜、雜年號附〔編〕
　資治通鑑外紀（資治通鑑外紀
　　詳節、資治通鑑外紀注補）
　　〔編〕
　十國紀年
劉如晏
　睢寧縣志

889

劉勰
　文心雕龍
　劉子(新論、劉子新論)
47劉郁
　西使記
48劉乾
　鵝士集
劉教
　正思齋雜記
劉敬叔
　異苑
50劉晝
　劉子(新論、劉子新論)
劉青藜
　金石續録
劉青田
　大明清類天文分野之書
劉肅
　大唐世說新語(唐世說新語、大
　　唐新語)
劉忠恕
　裔夷謀夏録
劉奉世
　漢書標注
51劉軻
　帝王照略
　帝王鏡略
　牛羊日曆
劉振
　識大録
56劉揚名
　戚苑纂要
58劉蛻
　文泉子集(文泉子)
　劉復愚集
　劉拾遺集(劉蛻集)
60劉昉
　幼幼新書
劉日寧
　右編〔補遺.
劉國翰
　記事珠
劉國器
　綱目分注發微

劉思溫
　少林古今録〔輯〕
劉因
　靜修詞
　靜修先生文集(劉文靖公集、劉
　　靜修先生文集)、補遺
　四書集義精要
劉昇
　北苑拾遺
劉昌
　酬知集
　中州文集〔輯〕
　中州名賢文表〔編〕
劉昌詩
　蘆浦筆記
劉景伯
　蜀龜鑑〔輯〕
61劉昞
　人物志〔注〕
64劉時舉
　續宋中興編年資治通鑑（續中
　　興編年資治通鑑）〔編〕
　宋中興通鑑〔編〕
劉跂
　學易集
66劉曙
　節必居稿
67劉昫
　唐書(舊唐書)
　舊唐書曆志、天文志、五行志
劉昭
　後漢書律曆志、天文志、五行志
　　〔注〕
劉昭禹
　劉昭禹集
劉嗣綰
　尚絅堂詩集、詞、駢體文
劉鶚
　憲節堂惟實集(惟實集)、外集、
　　附録
　法語
　老殘遊記、續集
71劉辰
　國初事蹟

劉辰翁
　須谿集
　須谿先生記抄（劉須谿先生記
　　抄）、須谿集略
　須谿四景詩集
　世說新語補〔批〕
劉長鱗
　浙學宗傳
劉長卿
　劉隨州集（劉文房文集、劉長卿
　　集、隨州集）、外集、附補遺
72劉壎
　石潭存稿、呆齋前稿、存稿、續
　　稿
劉氏
　耳目記
　女範捷録
劉岳申
　信國公文山傳集
　劉先生文集（劉申齋集、申齋劉
　　先生文集）
劉質
　春秋
75劉體仁
　通鑑劄記
　七頌堂識小録
　七頌堂詞繹
76劉昞
　愛禮先生集
77劉堅
　修潔齋閒筆
　漁洋說部精華〔編〕
　漁洋書籍跋尾(漁洋書跋)〔編〕
劉鳳
　續吳先賢贊〔輯〕
　續吳録〔輯〕
　吳郡考
　劉子威雜俎
　劉子威集
劉用章
　新刊重訂輯釋源流本末〔輯〕
劉鵬
　縣務綱目
劉履

選詩續編
選詩補注、選詩補
風雅翼〔輯〕
劉熙
孟子劉注〔注〕
釋名
劉學箕
方是閒居士小稿
劉開
方脉舉要
80**劉全備**
病機賦
劉斧
青瑣高議前集、後集、別集
劉弇
龍雲先生文集、附錄
劉毓崧
王船山先生年譜〔編〕
周易舊疏考正
尚書舊疏考正
劉義慶
幽明錄
世說新語、敍錄
世說新語補
劉義仲
通鑑問疑（資治通鑑問疑）
劉義叟
新唐書曆志、天文志、五行志
劉會孟
杜工部詩集、文集〔評點〕
82**劉鍾英**
方侍御守壽春錄
85**劉餗**
史例
劉餗小說
隋唐嘉話
86**劉錫**
四明續志（開慶四明續志）〔編〕
劉鐸
古今算學書錄
劉知幾
唐高宗後修實錄
唐高宗實錄
唐睿宗實錄

史通
劉知遠
劉知遠諸宮調
劉知古
日月玄樞論（日月元樞篇）
88**劉鑑**
經史正音切韻指南（切韻指南）
四聲等子
劉筠
西崑酬唱集
劉中山刀筆（中山刀筆集）、沘川集
劉攽
文選類林〔輯〕
西漢刊誤、東漢刊誤
孟子外書、附逸孟子〔注〕
編年紀事〔編〕
漢官儀
漢官儀彩選
漢書標注
內傳國語
彭城先生文集
芍藥譜
中山詩話
劉貢父詩話（貢父詩話）
劉敏中
中菴詩
中菴集
劉籍
琴義
劉節
廣文選〔輯〕
梅國集
春秋列傳〔編〕
90**劉惟志**
古今集論字學新書〔編〕
劉惟忠
字學新書摘抄〔輯〕
劉光祖
山堂疑問
鶴林詞
劉尚友
定思小記
劉炎

劉先生邇言
劉棠
高涼志
91**劉炳**
大晟樂書
春雨軒集
四書問目
劉彥昺詩集
97**劉恂**
嶺表錄異
劉煇
劉狀元東歸集
98**劉敞**
漢書標注
南北朝雜記
七經小傳（公是先生七經小傳）
極沒要緊（公是先生極沒要緊）
春秋意林
春秋傳
春秋傳說例
春秋權衡
劉公是集（劉原父公是先生集、公是先生文集）
公是先生弟子記
劉爚
劉文簡公雲莊集（雲莊集、劉文簡公文集、劉雲莊集）外集、年譜

7223₇　隱

27**隱寵夫**
尊攘略

7277₂　岳

10**岳正**
類博稿、附錄
岳元聲
聖學範圍圖說
潘初子集
11**岳珂**
玉楮詩稿（玉楮集）
秋崖小簡
寶真齋法書贊
九經三傳沿革例〔輯〕
桯史、附錄

岳飛事實、辨誣
　金佗編
　金佗粹編(鄂國金佗粹編)
　金佗粹編續編
　棠湖詩稿(棠村詩稿)
　愧郯録(愧刻録)
12岳飛
　岳武穆文集 (武穆王集、岳王
　　集、岳集、岳忠武集、岳忠武
　　遺集、岳少保忠武王集)、遺事
26岳和聲
　天鑒録
　餐微子集(餐薇子集)
　擒妖始末
31岳濬
　山東通志
37岳鴻舉
　明代雜事詩
40岳士景
　金佗粹編續編〔編〕
77岳熙載
　天文精義賦
80岳鉉
　大元大一統志

7420₀　尉

24尉繚
　尉繚子
37尉遲偓
　中朝故事
　金陵六朝記

7421₄　陸

00陸唐老
　資治通鑑詳節 (通鑑詳節)〔集
　　注〕
　陸廣微
　吳地記、後記
　陸文衡
　嗇菴隨筆
　陸文圭
　牆東類稿
10陸西星
　莊子副墨(南華真經副墨)〔注〕

陸可教
　陸學士遺稿
陸雲
　晉二俊文集(二俊文集)
　陸士龍文集(陸雲集)
陸雲龍
　遼海丹忠録
陸賈
　新語(陸賈新語、陸子新語)
11陸麗京
　陸麗京集
12陸璣
　毛詩草木鳥獸蟲魚疏
陸廷燦
　續茶經、附録
　藝菊志(蓺菊志)
陸延枝
　說聽
17陸羽
　顧渚山記
　茶經、附茶具水辨、外集、附録、
　　茶譜
陸子正
　胎産經驗方
陸子才
　石室先生百論
陸君弼
　江都縣志〔編〕
20陸位時
　義畫慣枲
陸采
　冶城客論
　郤公譚纂
陸秉
　陸秉意學
　周易意學
陸秉笏
　雲間予謚諸臣傳贊
陸維則
　海神靈應録
21陸虎岑
　續泉志
22陸佺
　宋元史發微

陸繼輝
　龍門山造象釋文
24陸化熙
　目營小輯
陸德明
　論語音義
　論語釋文
　三傳釋文
　爾雅釋文
　毛詩釋文
　經典釋文
　禮記釋文
　禮記注疏(禮記正義)〔釋文〕
　古禮釋文
　莊子音義
　莊子注(句解南華真經、南華真
　　經)〔音義〕
　春秋〔注音〕
　春秋左傳注疏(春秋正義、春秋
　　左傳正義)〔釋音〕
　春秋左氏音義
　春秋穀梁傳注疏(穀梁傳注疏、
　　穀梁注疏、春秋穀梁注疏)
　　〔音義〕
　春秋公羊傳解詁釋文
　春秋公羊傳注疏 (春秋公羊注
　　疏、公羊正義、公羊傳注疏、
　　公羊注疏)〔音義〕
　周禮釋文
　周禮注疏〔釋文〕
　周易正義音義
　周易釋文
　周易略例、義例〔音義〕
　尚書釋文
　尚書釋音
陸勳
　陸氏集異記(集異志)
25陸俸
　桃谷遺稿
陸續
　周易注
26陸佃
　二典義
　爾雅新義

礼象
老子注〔道德經注〕〔注〕
坤雅
春秋後傳、附補遺
鶡冠子〔解〕
陶山集
27陸龜蒙
皮陸從事唱和集〔編〕
松陵集〔編〕
甫里先生集(陸魯望文集、陸甫
　里集)
耒耜經
笠澤叢書、補遺、續補遺、附考
小名録
陸翽
鄴中記
陸修靜
靈芝瑞草象
陸粲
左傳附注、後録
左氏春秋鐫
春秋胡氏傳辨疑陸子餘集、附
　録
28陸以湉
冷廬醫話
陸綸山
陸綸山先生集
30陸淳
春秋集傳辨疑
春秋集傳微旨(春秋微旨)
春秋集傳纂例(春秋纂例)、辨疑
春秋啖趙二先生集傳纂例(春
　秋啖趙纂例)、辨疑
陸完
在懲集
陸進
巢青閣集詩、付雪詞、紅么集
陸容
式齋先生文集、附録
菽園雜記
陸宅之
硯北雜志〔輯〕
31陸濬源
陸氏世史〔輯〕

32陸淵之
東華文集、附録
33陸心源
皕宋樓藏書志
儀顧堂書目〔編〕
34陸汝成
陽山志
35陸清原
按閩疏略
37陸深
佳趣堂書目
陸鴻逵
宜興縣舊志〔修〕
陸次雲
北墅緒言
澄江集
陸雲士雜著
八紘譯史、紀餘、八紘荒史、峝
　谿纖志、志餘
尚論持平、析疑待正、事文標異
陸深
玉堂漫筆
平元録
停驂録、續停驂録
傳疑録、燕閒録、汲古叢語、長
　水日抄
儼山集、續集、附蒹葭堂稿
儼山外集(陸儼山外集)
谿山餘話
淮封日記
河汾燕閒録
願豐堂漫書
南遷日記
南巡日録、北還録
古奇器録
史通會要
書輯
春雨堂雜抄
春雨堂隨筆
春風堂隨筆
陸文裕公續集
同異録
金臺紀聞
知命録

陸郎甫
大學合抄
38陸遊
高宗聖政草
天彭牡丹譜
渭南文集
入蜀記
南唐書(陸遊南唐書)、音釋
老學菴筆記、續筆記
陸放翁詩集、後集、別集
陸放翁詩選
陸放翁詩選前集、後集、別集
陸放翁詞(放翁詞)
陸放翁家世舊聞 (放翁家世舊
　聞、家世舊聞)
陸放翁逸稿(放翁逸稿)、齋居
　紀事
劍南詩稿 (放翁先生劍南詩
　稿)、續稿
陸海
三茅志、補遺〔續修〕
陸祚蕃
粤西偶記
40陸九齡
復齋先生文集
陸九淵
象山粹言
陸象山集、外集、語録(象山先
　生文集、陸象山先生全集)
陸太冲
陸太冲詩抄
陸友
墨史
陸友仁
研北雜志
吳中舊事
陸奎勳
詩學(陸堂詩學)
洛如詩抄
戴禮緒言
春秋義存録
陸堂詩集、續集
尚書説
陸希聲

道德真經傳
周易微旨

陸志孝
　蘇公寓黃集〔編〕

陸嘉穎
　銀鹿春秋

陸嘉淑
　北遊日記
　射山詩抄

陸森
　玉靈聚義〔輯〕
　玉靈聚義占卜龜經〔續編〕

42 陸圻
　新婦譜
　纖言
　冥報記
　威鳳堂文集
　陸子史稿

陸機
　晉二俊文集(二俊文集)
　陸士衡文集(陸機集)

43 陸求可
　陸密菴文集、錄餘、詩集、詩餘

44 陸夢龍
　黔行錄
　陸忠烈梃擊實錄

陸恭
　陸謹庭先生年譜

陸懋勳
　杭州府志

陸萃行
　秋思草堂集
　秋思草堂遺集、老父雲遊始末

陸世儀
　江右紀變
　陸桴亭先生詩集

陸贄
　備舉文言
　陸宣公集(注陸宣公奏議、翰苑
　　集、陸宣公製誥奏議奏草、陸
　　宣公翰苑集、陸宣公中書奏
　　議、陸宣公奏議、陸贄奏議)
　陸宣公經驗方
　陸宣公奏草

陸棻
　雅坪文稿

陸樹悳
　黃忠節公年譜

陸樹聲
　病榻寱言
　汲古叢語
　耄餘雜識
　茶寮記
　陸文定公全集
　陸學士雜著
　陸學士題跋

46 陸楫
　古今說海〔編〕

47 陸朝璣
　江都縣志(雍正江都縣志)

51 陸振奇
　易芥

55 陸費墀
　帝王廟謚年諱譜

58 陸輪山
　寧遠堂集

61 陸顒
　頤光先生詩集、外集

63 陸貽典
　覲菴詩稿漸于集

64 陸時雍
　楚辭權

陸時化
　吳越所見書畫錄〔輯〕

67 陸明睿
　易緯通卦驗〔增訂〕
　易緯是類謀〔增訂〕

71 陸隴其
　讀朱隨筆
　讀禮志疑
　三魚堂文集、外集、附錄
　三魚堂賸言
　菇政摘要
　松陽講義
　松陽抄存
　戰國策去毒〔編〕
　問學錄

陸長源

辨疑志

72 陸氏
　話山先生類稿詩、文、別錄、附錄

77 陸卿子
　考槃集、玄芝集

80 陸善經
　古今同姓名錄〔續〕

82 陸鍾輝
　南宋羣賢詩選〔輯〕

83 陸釴
　病逸漫記
　山東通志
　賢識錄

85 陸鍵
　尚書傳翼

86 陸錫熊
　寶奎堂集
　河源紀略〔纂修〕
　篁邨集
　炳燭偶抄

88 陸簡
　龍皋文稿

陸敏樹
　湄山後集

陸繁弨
　善卷堂
　善卷堂四六

90 陸堂
　易學(陸堂易學)

91 陸烜
　奇晉齋叢書〔輯〕
　甘薯錄
　梅谷叢書
　梅谷十種書
　人㞟譜

93 陸烜
　尚書義

97 陸耀朗
　切問齋文抄〔輯〕

陸耀
　山東運河備覽
　皇朝經世文抄〔編〕

99 陸榮秬
　五經贊

7423₂ 隨

60隨園主人
　繡戈袍全傳

7529₆ 陳

00陳充
　民士編
陳亮
　龍川詞、補遺
　龍川詞補
　龍川先生文集(陳龍川集)、外
　　集
　三國紀年
陳方策
　京師塘報〔輯〕
　國諱忠奸録
陳商
　唐敬宗實録
陳高
　不繫舟漁集、附録
　陳子上存稿
陳應行
　杜詩六帖
　吟窗雜録
　歷代吟譜
陳應潤
　周易爻變義蘊〔注〕
陳應芳
　敬止集
陳康伯
　陳文正公集
陳文
　雲南圖經志書
陳文治
　瘍科選粹
陳文述
　頤道堂詩選、詩抄、詩外集、文
　　抄
陳文蔚
　陳克齋先生集
陳文中
　小兒痘疹方論（陳氏集驗小兒
　　痘疹方論、類證陳氏小兒痘

　　疹方論）
　小兒病源方論（陳氏小兒病源
　　方論）
陳文燭
　五嶽山人尺牘
陳章
　孟晉齋集
陳奕禧
　南安府志
陳言
　三因極一病證方論
　三因極一方
陳襄
　州縣提綱
　神宗皇帝即位使
　遼語録
　古靈先生文集(陳古靈集)、附録
　哲宗皇帝即位使
　遼語録、年譜易講義
01陳龍正
　王陽明先生要書(陽明要書)、
　　附年譜、逸事辨證〔輯〕
　幾亭文録、幾亭外書
　幾亭全書
　程子詳本
　救荒策會
陳龍可
　皇明十六朝廣彙記〔補〕
陳龍黍
　陳先生文集
陳訏
　勾服引蒙
　勾服述
　宋十五家詩選〔輯〕
　時用集
04陳兊
　詩經述
　地理述
　四書述
　易經述
　義學規訓
陳謨
　東宮備覽
　陳聘君海桑先生集(海桑文集)

陳詩庭
　讀書證疑
07陳毅
　古愚詩概
陳韶湘
　鵑碧録
08陳旅
　安雅堂集(陳眾仲文集)
陳論
　嶽麓書院圖志
陳謙
　謝修撰行狀墓誌
　永寧編
　雁山行記
10陳三聘
　和石湖〔和〕
陳正敏
　遯齋閒覽
　劍谿野語
陳玉璂
　學文堂集
陳玉輝
　適適齋鑑鬚集
陳至言
　菀青集
陳亞
　藥名詩
陳亞之
　陳亞之集
陳磊恒
　邊州聞見録
陳元龍
　片玉集(周美成片玉集)〔注〕
　愛日堂詩集
　格致鏡原〔輯〕
陳元允
　稗乘
陳元模
　淞南志
　朝野紀聞
陳元靚
　羣書類要事林廣記(事林廣記)
　　〔編〕
　歲時廣記

陳爾振
　陳氏印譜
陳于鼎
　麟旨定
陳于朝
　苧蘿小稿
陳霆
　唐餘紀傳〔輯〕
　兩山墨談
　山堂琑語
　宣靖備史
　渚山堂詩話
　渚山堂詞話
　陳水南稿（水南稿）
陳天麟
　前漢古字韻編
陳天池
　如意君傳（第一快活奇書如意
　君傳）
陳天祥
　四書辨疑
陳百朋
　括蒼集、後集、別集、續〔輯〕
　括蒼志續
陳可棟
　陳可棟神交篇
陳函輝
　客心草、客邊草
　小寒山自序年譜
11陳張曾
　詩經廣大全〔輯〕
陳棐
　廣平府志（嘉靖廣平府志）
12陳弘緒
　寒夜錄
　江城名蹟記
陳廷敬
　午亭文編
陳孔碩
　北山集略
　傷寒瀉痢要方
陳孤潛
　九九樂府
13陳琮

　煙草譜
14陳瓊
　了齋集
　約論
　四明尊堯集
　易説（了齋陳瓘易説）
　陳忠肅公諫垣集（諫垣集）
陳瓚
　濟美堂集
陳琳
　陳孔璋集
陳確
　新婦譜補
15陳璉
　潁川郡志（永樂潁川郡志）〔纂
　修〕
　桂林郡志（宣德桂林郡志）〔纂
　修〕
陳建
　皇明從信錄〔輯〕
　皇明通紀輯要〔輯〕
　皇明資治通鑑、後編
　皇明啓運錄〔輯〕
　皇明十六朝廣彙記〔輯〕
　學部通辨
17陳羽
　陳羽集
陳琢
　六九齋饌述稿九章直指、海島
　算經、劄記〔學〕
陳琛
　正學編
　陳紫峯集、附錄
陳乃乾
　徐闇公先生年譜
　啓禎兩朝遺詩考
　蒼雪大師行年考略〔編〕
陳子高
　陳子高詩集
陳子龍
　皇明詩選（明詩選）〔輯〕
　陳忠裕公全集
　陳臥子安雅堂稿、兵垣奏議
陳子經

　丹魚譜
陳子壯
　進講錄、秋痕
　禮部存稿
陳子堅
　資治通鑑綱目外紀〔輯〕
陳子昂
　陳伯玉文集（子昂集、陳子昂
　集、陳拾遺集）、附錄
陳子兼
　窗間紀聞
陳翼飛
　文儁〔輯〕
18陳致雍
　晉江海物異名記
　曲臺奏議
　閩王列傳
陳致虛
　悟真刊偽集〔刊誤〕
20陳舜系
　亂離見聞錄
陳舜俞
　廬山記
　陳都官集（都官集）
　陳令舉公表賢錄
陳鱣
　三家詩拾遺
　經籍跋文
　禮記參訂
陳孚
　安南即事詩
　陳剛中詩集、附錄
陳季
　兩漢博義
陳禹謨
　説儲
　經言枝指〔輯〕
　經籍異同
　左氏兵法略〔輯〕
　騈志〔輯〕
陳禹郊
　杜律注評〔輯〕
陳香泉
　小名補錄

陳維崧
　　兩晉南北集珍〔輯〕
　　荊谿詞初集
　　婦人集
　　陳迦陵文集
　　陳檢討集(陳檢討四六)
　　陳檢討集文、詩、詞
　　篋衍集〔輯〕
21陳仁玉
　　遊志續編
　　菌譜
陳仁子
　　文選補遺
　　牧萊脞語、二稿
陳仁錫
　　皇明二祖十四宗增補標題評斷
　　　　實紀〔輯〕
　　皇明世法錄
　　潛確類書(潛確居類書)
　　堯峯山志
　　古文奇賞
　　國語合評、國策合評
　　八編類纂
陳能
　　延平府志(嘉靖延平府志)
陳虞岳
　　傳信辨誤錄
陳衍
　　大江集(陳衍大江集)
陳岠
　　朝廷卓絕事
陳師
　　白雲司又稿
　　禪寄筆談、續覽古評語
陳師文
　　太平惠民和劑局方、附指南總
　　　　論、用藥總論、藥性總論〔編〕
陳師凱
　　靈棋經〔解〕
　　書蔡傳旁通
陳師道
　　蘇門六君子集
　　后山詩話(後山詩話)
　　陳后山詩注(後山詩注、后山詩

注)
　　陳后山詞(後山詞、后山詞)
　　陳后山談叢(後山談叢、后山談
　　　　叢)
　　陳后山集(後山先生集、后山先
　　　　生文集)、外集
陳師錫
　　聞樂奏議
陳貞慧
　　山陽錄
　　秋園雜佩
　　過江七事
　　南都防亂公揭書事七則
陳經(宋)
　　尚書詳解
陳經(清)
　　雙谿物產疏
　　求古精舍金石圖
陳經國
　　龜峯詞
22陳鼎
　　滇黔土司婚禮記
　　荔枝譜
　　東林列傳
　　蛇譜
　　黔遊記
　　留谿外傳
　　竹譜
陳嶽
　　大唐統記
陳嚴
　　九華詩集
陳嚴肖
　　庚谿詩話
陳循
　　寰宇通志
　　芳洲文集、附錄、詩集、文集續編
　　東行百詠集句、附年譜
陳山毓
　　陳靖質居士集
陳繼儒
　　文奇豹斑〔輯〕
　　讀書十六觀
　　讀書鏡

羣碎錄
珍珠船
集樂府先春〔編〕
偃曝談餘
巖棲幽事
名世文宗〔注〕
安得長者言
太平清話
古文品外錄(古文品外集錄)
　　〔編〕
古論大觀
古逸民史〔輯〕
狂夫之言、續狂夫之言
藩鎮指掌編
枕譚
妮古錄
書蕉
書畫史
見聞錄
晚香堂小品(晚香堂集)、白石
　　樵真稿、尺牘
陳眉公先生集
眉公祕笈正集、續集、普集、彙
　　集、廣集〔輯〕
眉公筆記
23陳允平
　　西麓詩稿、西麓繼周集(西麓繼
　　　　周詞)
　　日湖漁唱、補遺、續補遺
陳獻章
　　白沙先生至言
　　白沙先生全集(白沙子、白沙子
　　　　全集)、附錄
陳傅良
　　讀書譜
　　建隆編
　　止齋論祖(陳止齋先生論祖)
　　止齋先生文集(陳止齋文集)、
　　　　附錄
　　永嘉八面鋒
　　春秋左氏後傳(春秋後傳)、春
　　　　秋左氏章指(左氏章指)
　　歷代兵制
　　周禮說

陳俊卿
　陳正獻集
　陳正獻奏議、表劄
陳峻
　農書
陳綰
　蒲洲集
24陳化成
　表忠崇義録
陳仕賢
　經驗良方〔輯〕
陳赳士
　駱賓王文集〔注〕
陳德溥
　宋人小集〔編〕
陳僖
　崇禎十七年保定府紀事
　客窗偶談
陳緯
　吳中金石新編〔輯〕
25陳仲微
　廣王衛王本末
陳倩
　茅山記
26陳自明
　外科精要
　婦人良方補遺大全(婦人良方、
　　婦人大全良方)
陳伯疆
　邊和録
陳侃
　使琉球録
陳得
　統元曆
陳皐
　吾盡吾意樂府
陳皥
　孫子〔注〕
陳和志
　震澤縣志〔輯〕
陳繹
　宰相拜罷録〔編〕
　樞府拜罷録〔編〕
　國朝相輔年表、續

陳繹曾
　文説
　諸儒奧論策學〔輯〕
27陳名夏
　石雲居文集、詩集
陳鵠
　耆舊續聞
陳繩
　惠獻貝子功續録〔輯〕
陳叔方
　穎川語小
陳絳
　金罍子
陳紹儒
　大司空遺稿
28陳以剛
　越西集、淮南集、湖干集 、江上
　　集、北上集
陳倫炯
　海國聞見録
陳復齋
　陳復齋先生文集、附録
陳復正
　幼幼集成
陳儀
　陳學士文集
陳從古
　洮湖詞
　萬曆會同
30陳宜
　秋巖詩集
　陳靜軒集(靜軒集)
陳鎏
　己寬堂集
陳沆
　稻蘖集詩抄
陳濟
　通鑑綱目集覽正誤
陳濟生
　天啓崇禎兩朝遺詩初集詩、小
　　傳
　再生紀略
陳淳(宋)
　北谿盧齋十一稿續集

北谿先生字義(字義)、附嚴陵
　講義
　北谿先生大全文集
陳淳(明)
　白陽集
陳之伸
　山居代膺
　宋四大家外紀〔輯〕
　枕流日劄
　觀生手鏡
　學稼餘譚
陳之遴
　獨醒菴醫醫快編
陳宇
　房州圖志
陳宏謀
　五種遺規
　呂子節録〔編〕
陳寄蟠
　陳寄蟠古甎録
陳良弼
　水師輯要
陳密
　陳公文集(陳先生文集)、拾遺、
　　附録
陳實功
　外科正宗
陳宗彝
　漢石經殘字〔編〕
32陳淵
　默堂先生文集
陳兆成
　太極圖説解
陳沂
　維禎録、附録
　素菴醫要
　拘虛晤言
　陳石亭雜録〔輯〕
　陳少陽先生盡忠録(陳東盡忠
　　録)、續録〔編〕
　金陵古今圖考
　金陵世紀
陳漸
　陳漸演玄
34陳法

易箋

陳汝錡
　甘露園短書

陳汝錫
　鶴谿集

陳澔
　禮記集説（雲莊禮記集説）

陳洪謨
　高吾摘稿
　治世餘聞、繼世紀聞

陳洪綬
　水滸葉子（陳章侯水滸葉子）
　〔繪〕

陳洪範
　北使紀略

陳祐
　陳司諫集

陳達叟
　蔬食譜（本心齋蔬食譜）

陳造
　江湖長翁集

35陳澧
　三統術詳説
　切韻考

陳洙
　徐闇公先生年譜

36陳澤泰
　陰宅鏡、陽宅鏡

37陳湖
　殘明紀事〔編〕

陳湖逸士
　荆駝逸史〔編〕

陳鴻
　甫變小乘、熙朝
　莆靖小記

陳鴻壽
　種榆仙館詩抄
　溧陽縣志〔修〕

陳次升
　讜論集

陳深
　讀春秋編
　寧極齋稿（寧極齋樂府）
　四家詞
　周禮訓隽

陳祖肇
　寒松菴逸稿

陳祖范
　司業文集
　司業詩集
　經咫
　陳司業集
　掌錄

陳鶴齡
　明紀

陳逢衡
　逸周書補注
　竹書紀年集證

陳選
　小學集注〔注〕

陳朗
　雪月梅

38陳祚
　稽留山人集

陳祚明
　采菽堂古詩選、補遺

陳啓源
　毛詩稽古編

陳祥裔
　蜀都碎事

陳祥道
　禮書（太常禮書、陳氏禮書）
　論語全解義

陳道生
　握奇經輯注圖説（握機經輯注
　　圖説）〔輯〕

陳榮仁
　閩中金石略

40陳九川
　廣西通志
　撫州府志

陳大章
　詩傳名物集覽

陳大震
　南海志（大德南海志）

陳大聲
　草堂餘意

陳大猷
　書集傳

書集傳或問（尚書集傳或問）

陳友仁
　周禮集説〔編〕

陳士斌
　西遊真詮

陳士元
　韻苑考遺
　論語類考〔輯〕
　五經異文
　孟子雜記（孟記）
　歸雲集前稿
　歸雲別集、外集
　名疑
　古俗字略
　古今韻分注撮要〔注〕
　夢占逸旨
　楚故略
　姓觿
　姓匯
　易象鈎解

陳士芳
　春秋四傳通解〔輯〕

陳士鐸
　石室祕籙
　洞天奥旨

陳直
　壽親養老新書
　奉親養老書

陳培之
　隱蛛盦文集

陳堯
　惠丘集（陳文惠惠丘集）、潮陽
　　編〔編〕

陳堯道
　尊聖集〔輯〕

陳克
　天臺集、外集、長短句
　赤城詞
　東南防守利便

陳克繩
　西城遺聞

陳克家
　明紀〔續〕

陳克恕

篆刻鍼度

陳希恕
　楊忠文先生實録、補遺〔輯〕

陳志襄
　綱鑑會通明紀、附諸王〔輯〕

陳杰
　自堂存稿
　緝古算經細草、圖解、音義

陳嘉謨
　本草蒙筌

陳古民
　古民先生集

陳壽
　三國志
　三國志注補
　魏志
　吳志
　蜀志

陳壽熊
　易説（陳氏易説）

陳壽祺
　五經異義疏證

陳雄
　汾陽王家傳

陳去病
　五石脂
　明遺民録

陳真晟
　布衣存稿

陳樵
　鹿皮子詩集
　陳先生文集

陳森
　品花寶鑑

41陳垣
　明季滇黔佛教考

陳墑
　日涉編〔輯〕

陳桱
　通鑑續編

陳楄
　負暄野録

陳栢
　蘇山選集

42陳彭年
　廣韻
　江南別録

陳彬華
　乾坤正氣集内諸賢小傳

陳櫟
　書蔡氏傳纂疏（書集傳纂疏）
　歷代通略
　陳定宇先生文集、別集
　尚書集傳纂疏（尚書集解纂
　　疏）、書序纂疏

43陳始亨
　飛潘子

44陳基
　夷白齋稿、外集

陳蓋謨
　元音統韻
　礦菴榘
　象林

陳埴
　木鐘集（陳先生木鐘集）

陳翥
　桐譜

陳藻
　樂軒先生文集

陳夢雷
　古今圖書集成〔輯〕
　圖書集成目録〔編〕

陳夢根
　徐仙翰藻〔輯〕

陳芳生
　先憂集
　疑獄箋
　捕蝗考

陳蘭隣
　帶經堂陳氏書目

陳葆光
　三洞羣仙録〔輯〕

陳芝英
　江陰詩粹、續〔輯〕

陳芝光
　南宋雜事詩

陳恭尹
　獨漉堂文集、續編

獨漉堂詩集

陳懋仁
　庶物異名疏
　泉南雜記〔輯〕

壽者傳
　析酲漫録
　藕居士詩話
　年號韻編

陳懋齡
　經書算學天文考

陳懋學
　事言要元〔輯〕

陳萁繬
　吳江縣志〔輯〕

陳耆
　論語紀蒙
　孟子紀蒙

陳耆卿
　赤城志（嘉定赤城志）
　篔窗集
　篔窗先生初集、續

陳著
　本堂詞
　陳本堂先生文集（本堂先生文
　　集、陳先生文集）

陳世仁
　少廣補遺

陳世崇
　隨隱漫録

陳世寶
　古今寓言〔輯〕

陳世祥
　含影詞

陳世隆
　北軒筆記
　宋詩拾遺〔輯〕

陳世熙
　蓮塘詩抄

陳其德
　垂訓朴語

陳其凝
　四書或問語類〔編〕

陳贄
　和西湖百詠詩〔和〕

陳材夫
　　仕塗必用集〔編〕
陳樹功
　　鏡湖遊覽志
陳樹基
　　西湖拾遺
陳樹華
　　春秋經傳集解考正
　　春秋外傳考正
陳萊孝
　　歷代鐘官圖經
陳植
　　愼獨叟遺稿
陳模
　　懷古錄
45陳棣
　　蒙隱集
陳椿
　　熬波圖説
陳棟
　　北涇草堂外集
46陳如綸
　　冰玉堂綴逸稿、蘭舟漫稿、二餘
　　　詞
陳相
　　百感錄
47陳均
　　皇朝編年備要（編年綱目備要、
　　　皇朝編年綱目備要、宋九朝
　　　編年備要、宋朝編年綱目備
　　　要、九朝編年備要、九朝編年
　　　綱目備要）、補刊編年備要
　　　〔輯〕
　　皇朝編年舉要、中興編年舉要、
　　　備要〔輯〕
陳懿典
　　吏隱齋集
陳郁
　　藏一話腴（話腴）
陳朝儗
　　分餘集
陳朝用
　　京口三山續志〔輯〕
陳起
　　雪巖詩集〔編〕

聖宋高僧詩選（高僧詩選、宋高
　　僧詩選、宋僧詩選）〔編〕
宋人小集〔輯〕
江湖集〔輯〕
江湖小集〔編〕
九僧詩、補遺〔編〕
南宋羣賢小集（羣賢小集）〔輯〕
中興羣公吟稿
戊集
48陳塏
　　西畇寓目編
陳乾初
　　大學辨
陳翰
　　異聞集
陳敬
　　香譜
陳敬璋
　　千字文集成〔編〕
　　查他山先生年譜
陳松
　　天文算學纂要、附國朝萬年書、
　　　推測易知
50陳中州
　　居學餘情
陳申之
　　相臺志
陳抃
　　陳氏手集方
陳泰
　　所安遺集、附錄
陳泰交
　　齋志先生集
陳泰來
　　陳節愍公奏稿
　　尚書注考
陳奉兹
　　敦拙堂詩集
陳束
　　陳后岡文集、詩集
陳東
　　少陽集（陳少陽先生文集）
　　陳少陽先生盡忠錄（陳東盡忠
　　　錄、盡忠錄）、續錄、補錄

51陳振
　　止安齋集
陳振孫
　　直齋書錄解題（陳振孫書錄解
　　　題）
52陳揆
　　稽瑞樓叢抄
54陳蝶仙
　　涙珠緣
55陳摶
　　將門祕法陰符經
　　河洛真數
　　希夷先生風鑑青囊經〔注〕
56陳規
　　守城錄
57陳邦彥（明）
　　陳巖野先生集
陳邦彥（清）
　　烏衣香牒、春駒小譜
陳邦俊
　　廣諧史〔輯〕
陳邦瞻
　　元史紀事本末〔編〕
　　宋史紀事本末〔編〕
陳撰
　　玉几山房聽雨錄（聽雨錄）
58陳蜕
　　陳蜕詩
陳敷
　　農書
60陳昉
　　虜廷須知
陳日華
　　陳日華詩話
陳昱
　　鄞江志
　　夷堅志類編
陳思
　　兩宋名賢小傳〔輯〕
　　寶刻叢編〔編〕
　　海棠譜
　　南宋小集〔編〕
　　書苑菁華〔輯〕
　　書小史

小字録（古賢小字録）
陳黯
　陳黯文集
陳田夫
　南嶽總勝集
陳昌齊
　測天約數
陳昂
　白雲集
陳景雲
　文道十書四種紀元要略
　綱目訂誤、紀元要略補輯、韓集
　　點勘
　絳雲樓書目〔注〕
　通鑑胡注舉正
陳景沂
　全芳備祖（花果卉木全芳備祖、
　　陳先生類編全芳備祖）〔編〕
陳景鍾
　清波小志補
61陳顯微
　周易參同契解〔注〕
　關尹子（文始真經、文始真經言
　　外經旨、祕傳關尹子言外經
　　旨、關尹子言外經旨）〔注〕
62陳則通
　春秋提綱
63陳貽範
　范文正公鄱陽遺事録〔輯〕
64陳曉
　自娛譜
66陳暘
　樂書（陳先生樂書）、樂書正誤
陳器
　石居漫興
67陳明善
　宋提刑洗冤集録〔校〕
陳鳴鶴
　閩中考
陳盟
　崇禎閣臣行略（崇正閣臣行略）
70陳雅言
　書儀卓躍
71陳厚耀

新法比例
續增新法比例
補春秋長曆
春秋世族譜
春秋長曆
陳頎
　湖州府志〔編〕
　閩中今古録
陳驥德
　吉雲居書畫録〔輯〕
陳長方
　步里客談
　唯室兩漢論
　唯室集、附録
72陳所蘊
　竹素堂集
陳騤
　文則
　安桂坡遊記
　南宋館閣録
　中興館閣書目
　中興館閣録
陳氏
　瑞州小集
陳岳
　春秋折衷論
77陳鳳梧
　周禮注、附考工記〔編〕
陳同
　淮海文粹〔輯〕
陳周輔
　四門經
陳陶
　陳陶集
陳鵬飛
　詩解（陳氏詩解）
陳鵬年
　滄洲詩抄
　陳恪勤集
陳履中
　河套志
陳眉公
　詳情公案〔編〕
　琴譜〔訂正〕

陳際泰
　五經讀
　太乙山房文集
　易經説章
　周易翼簡捷解
陳犖
　玉芝書
陳犖郊
　方言類聚
　廣修辭指南〔輯〕
　浮休離志〔輯〕
　檀弓輯注
　考工記輯注
　隅園集、黃門集、蘋川集
陳與義
　法帖音釋刊誤〔校正〕
　簡齋詩集（陳簡齋集）、附無住
　　詞
　簡齋詞（陳簡齋詞）
　簡齋外集
78陳監
　三朝紀略〔輯〕
80陳全之
　蓬窗日録
陳念先
　雍略
陳念祖
　金匱要略淺注
陳普
　石堂先生遺集
陳善
　杭州府志（萬曆杭州府志）
　捫蝨新話
陳會
　神應經
陳公亮
　圖經〔重修〕
陳公輔
　陳國佐奏議
陳養元
　鹿山文集、詩集
81陳鉅
　説文解字韻譜
83陳鉉

鹿忠節公年譜

85陳鍵
　安南志略
86陳錫煆
　兼山堂集
87陳録
　善誘文〔編〕
88陳鑑(宋)
　兩漢文鑑〔編〕
　西漢文鑑〔編〕
　東漢文鑑〔編〕
　陳鑑(元)
　午谿集
　陳鑑(明)
　碑籔
　陳第
　讀詩拙言
　毛詩古音考、附録
　伏羲圖讚
　世善堂藏書目録〔編〕
　屈宋古音義(屈宋古音考)
　尚書疏衍
　陳策
　篆文篆要全宗〔輯〕
　陳纂
　葆光録
90陳少章
　靜惕堂藏宋元人集目
　陳尚古
　簪雲樓雜説
91陳炳
　退菴集
　陽山草堂集
　陳焯
　宋元詩會〔輯〕
　湘管齋寓賞編
92陳恬
　上虞縣五縣水利本末
　陳叔易詩
93陳怡山
　海濱外史
94陳忱
　水滸後傳
　陳煒

耻菴集、附録

95陳性定
　仙都志〔編〕
97陳恂
　清照堂打包剩語
　餘菴雜録
　陳恪
　小孤山集〔輯〕
　陳耀文
　正楊
　天中記
　花草粹編、附録
　學圃蕙蘇
98陳悦道
　書義斷法
　陳燧
　橋門聽雨詩

7622₇　陽

11陽瑪諾
　天問略
18陽玠松
　談藪
38陽道生
　真詮〔傳〕

7712₇　邱

10邱雲霄
　北觀詩集、山中集、南行集、東
　遊集
12邱廷翰
　金函玉篆天機索書
17邱瓊
　牡丹榮辱志
20邱集
　陽春草堂稿
　邱維屏
　邱邦士先生文集(邦士文集)
　邱維賢
　澄江詩選、後集、續集
21邱處機
　磻谿集(棲霞長春子邱神仙磻
　谿集)
28邱復

劉龍石先生年譜〔編〕

30邱濬
　文定公詞
　邱文定集、拾遺
31邱濬
　平定交南録
　瓊臺會稿
　瓊臺類稿
　朱文公家禮儀節(家禮儀節)
　朱子學的〔輯〕
　大學衍義補
　世史正綱〔輯〕
32邱兆麟
　學餘閣集
35邱漣恭
　竹鑪圖詠、附録
36邱昶
　賓朋宴話
37邱深之
　邱深之晉義以來新集目録
40邱吉
　吳興絶倡、續集〔輯〕
44邱葵
　周禮冬官補亡
　周禮補亡
　邱葵吉
　釣磯詩集
80邱公明
　碣石調幽蘭
90邱光庭
　古人姓字相同録兼明書

77164　闍

03闍識牙耳
　明譯天　書

7720₇　尸

20尸佼
　尸子

7721₀　風

72風后
　握奇經
　握奇經傳(握機經傳)

鳳

00鳳應韶
　讀書瑣記

44鳳林書院
　元草堂詩餘〔輯〕
　名儒草堂詩餘〔輯〕

7721₄ 隆

50隆夫
　玉璽博聞

7721₆ 覺

22覺岸寶洲
　釋氏稽古略

48覺救
　圓覺經疏〔譯〕

7722₀ 岡

10岡元鳳
　毛詩品物圖考

月

31月江和尚
　月江和尚集

80月公
　楞嚴標指要義

同

00同玄子
　西昇經〔注〕

46同恕
　榘菴集

周

00周亮工
　讀畫録
　字觸〔輯〕
　賴古堂集、附録
　因樹屋書影(書影)
　同書
　印人傳
　金灘紀略

周彦質
　五家宮詞

周高起
　讀書志〔輯〕
　陽羨茗壺系、洞山岕茶品

周應賓
　九經考異
　舊京詞林志
　同姓名録補

周應治
　霞外麈談

周應合
　建康志(景定建康志)

周廣業
　經史避名彙考
　海昌五臣殉節遺事

周文璞
　方泉先生詩集

周文玘
　開顏集(開顏録)〔輯〕

周文采
　醫方選要〔編〕

周文華
　汝南圃史

周文郁
　天鏡

周玄
　周祠部宜秋集

周玄暐
　涇林續記

周京
　無悔齋集

04周詩
　樓鵑軒稿
　與鹿先生集

周詩雅
　銷夏、銷夏補、銷夏再、廣銷夏

05周靖
　篆隸考異

07周詔
　石鼓書院志

08周旋
　畏菴集

周敦頤
　濂谿集(濂谿先生大全集)

周元公集
　周子通書、太極圖説

09周麟之
　海陵集、外集

10周一敬
　甘肅鎮考見略易學疏

周二學
　一角編〔編〕

周元初
　鶴林類集〔輯〕

周于德
　防海圖説

周霆震
　石初集、附録
　周先生文集、附録

11周碩勳
　潮州府志〔輯〕

12周弘祖
　古今書刻

周延年
　莊氏史案考

周孔教
　中州疏稿、江南疏稿

周砥
　荊南倡和詩集

14周瑛
　興化府志

16周環
　昭忠録、附録〔編〕

17周孟中
　廣西通志

周羽翀
　三楚新録〔編〕

周乃勳
　明末嘉善孫璋
　父子殉節記

周弼
　唐三體詩注〔輯〕
　唐賢絕句三體詩法〔輯〕
　汶陽端平詩雋(端平詩雋)

周子良
　周氏冥通記(冥通記)

周子義
　子集〔輯〕

周召
　　雙橋隨筆
18周致中
　　異域志
20周信
　　貞和分類古今
　　尊宿偈頌集〔編〕
　　貞和類聚祖苑
　　聯芳集〔重編〕
周孚
　　蠹齋先生鉛刀編（蠹齋鉛刀編、
　　　周蠹齋鉛刀集）、附拾遺詩
周秉鑑
　　甫里逸詩〔輯〕
21周順昌
　　周忠介公燼餘集、年譜、遺事
周行己
　　浮沚先生集、後集
周師厚
　　洛陽花木記
周紫芝
　　太倉稊米集
　　楚辭贅説
　　竹坡詩話
　　竹坡詞
22周鼎
　　土苴集
周嶽甫
　　小兒推拏祕訣〔輯〕
周繇
　　周繇集
23周卜曆
　　絜矩新書
24周佐
　　易説（補齋周佐口授易説）〔編〕
周德清
　　中原音韻〔輯〕
周僖齡
　　海昌閨秀詩
26周伯琦
　　六書正譌〔編〕
　　説文字原〔編〕
　　周翰林近光集（近光集）、扈從
　　　詩、補遺

周伯耕
　　虞精集
27周魯封
　　五知齋琴譜
周絳
　　補茶經
28周倫
　　貞翁靜稿
周復俊
　　玉峯詩纂〔編〕
　　全蜀藝文志〔編〕
周綸
　　石樓臆編〔輯〕
　　瑞陽志、縣志
周沆
　　六家謚法〔編〕
周永春
　　萬曆絲綸錄〔輯〕
　　兵機祕纂
周啓
　　谿園集
周之麟
　　宋四名家詩〔編〕
周之士
　　墨藪（遊鶴堂墨藪）
30周之楨
　　墨莊詩抄〔輯〕
周之夔
　　棄草文、詩、二集
周憲王
　　誠齋牡丹百詠、梅花百詠、玉堂
　　　春百詠
　　誠齋錄、牡丹譜
周守忠
　　姬侍類偶〔輯〕
　　養生雜類
　　養生月覽
　　養生類纂
周宇
　　認字測
周準
　　舊雨集〔編〕
周宏禴
　　何之子

周宏道
　　裁纂類函〔輯〕
周容
　　春秋堂文稿（春秋堂文集詩集）
周密
　　齊東野語
　　雲煙過眼錄、別錄
　　癸辛雜識前集、後集、外集、續
　　　集、別集
　　武林舊事（武陵舊事）、後集
　　絕妙好詞〔輯〕
　　絕妙好詞箋、續抄〔輯〕
　　澄懷錄〔輯〕
　　浩然齋雅談
　　志雅堂雜抄
　　草窗韻語六稿
　　草窗詞
　　周密書種堂書目、志雅堂書目
周宗建
　　論語商
　　周忠毅公奏議（周來玉奏議）、
　　　附碑誌傳狀
周宗濂
　　耻亭遺書
32周祈
　　名義考
33周必大
　　唐昌玉蘂辨正（玉蘂辨證）
　　文苑英華纂要
　　二老堂雜誌
　　二老堂詩話
　　玉堂雜記（淳熙玉堂雜記）
　　玉堂類稿
　　鑾坡錄
　　近體樂府
　　中興續玉堂制草〔編〕
　　掖垣類稿
　　四家詞
　　思陵錄
　　周益文忠公書稿（書稿）
　　周益文忠公全集（文忠集、周益
　　　國公全集、周益公集）、附錄、
　　　年譜
　　周益公奏議
　　益公文選

省齋歷官表奏

周淙
臨安志(乾道臨安志)

周述
東塾詩集

34**周澍**
一隅録

周汝登
王門宗旨〔輯〕
海門先生集
東越正學録

周汝礪
藝圃萃盤録〔輯〕

周洪謨
羣經辨録(辨疑録)

周達觀
真臘風土記

36**周渭**
彈冠必用集

周鴻
婺源山水遊記

40**周大章**
五經類編〔編〕

周爽
皇極經世節要

周士仕
太倉州志(嘉靖太倉州志)

周士貴
上庠後録

周在
東臺縣志

周在延
賴古堂尺牘二選藏弆集〔輯〕
賴古堂尺牘三選結鄰集〔輯〕

周在浚
唐宋祕本書目〔編〕
天發神讖碑釋文
大梁城守記
南唐書箋注
賴古堂尺牘二選藏弆集〔輯〕
賴古堂尺牘三選結鄰集〔輯〕
煙雲過眼録〔輯〕

周在梁
賴古堂尺牘二選藏弆集〔輯〕

賴古堂尺牘三選結鄰集〔輯〕

周在都
賴古堂藏書

周南
山房集(周氏山房集)、後集

周南瑞
天下同文集〔輯〕

周南老
姑蘇雜詠〔輯〕

周嘉冑
香乘
香葉

周嘉猷
南北史表
南北史捃華〔編〕

周壽昌
思益堂日劄

周去非
嶺外代答

43**周城**
宋東京考〔輯〕

周越
古今法書苑
周越書苑

44**周夢顏**
質孔説

周夢暘
水部備考〔輯〕
考工記〔評〕

周夢賜
常談考誤

周茂源
鶴靜堂集

周葵
周簡惠聖傳録

周世昌
萍實志、續志〔編〕

周權
此山集
周此山詩集

周權輿
扁鵲八十一難經辨正條例〔辨正〕

46**周如砥**

道經經集義

周賀
周賀詩集

周相
大統曆法

周楫
西湖二集

47**周聲炯**
寧海將軍固山貝子恢復溫郡並台處事實

周起元
周忠愍奏疏

周起鳳
孝經宗注

50**周中孚**
鄭堂讀書日記

周春
爾雅補注
西夏書
海昌勝覽
十三經音略
孝經〔注〕
孝經外傳

54**周拱宸**
聖雨齋詩集、文集、詞、賦

56**周揚俊**
傷寒論三注
金匱玉函經二注

57**周邦**
政和大理入貢録

周邦彦
片玉集(周美成片玉集)、補遺、拾遺
清真雜著
清真詞、後集、補遺
清真集
清真唱和集
操縵集

60**周國佐**
撫吳疏草、尺牘、檄草、事實

周思兼
道學紀言、補餘附言
周叔夜集

周曇
周曇詠史詩

周景柱
　蒲州府志
66周嬰
　卮林、補遺
67周明寂
　勸善錄
　勸善錄拾遺
周暉
　金陵瑣事、續、二續、瑣事剩錄
71周厚堉
　來雨樓書目〔編〕
周長發
　賜書堂詩抄
77周鳳岐
　太倉州志(嘉靖太倉州志)
周用
　周恭肅公集、附錄
周同谷
　霜猨集
周履靖
　夷門廣牘〔編〕
　螺冠子詠物詩
周卿
　性善堂稿
周巽
　性情集
周興嗣
　千字文注
80周金然
　周廣菴集
周鑣
　遜國忠記
周念祖
　萬曆辛亥京察記事始末〔編〕
81周鍔
　儀禮章句翼、儀禮集說、儀禮今古文、附補遺
周頌孫
　昌化縣志
84周鑄
　勘峯真隱漫錄、附史子朴語〔編〕
86周錫
　玄亭閒話

周錫珪
　唐碑帖考
　唐碑帖跋
87周銘
　林下詞選〔輯〕
90周少隱
　太倉稊米後集
周尚文
　氏族大全〔增輯〕
93周怡
　訥谿先生詩錄、文錄、奏疏、漫錄、尺牘
97周煇
　北轅錄
　清波雜志、清波別志
　南爐紀聞

陶

01陶諧
　南川稿、奏疏
07陶望齡
　解莊
　歇菴集、附錄
　陶文簡公集
10陶正靖
　春秋說
陶元藻
　泊鷗山房集
12陶珽
　續說郛
陶弘景
　靈寶真靈位業圖(真靈位業圖)
　登真隱訣
　鬼谷子、外篇〔注〕
　古今刀劍錄
　甘巫石氏星經〔輯〕
　周氏冥通記
　陶貞白集(貞白先生陶隱居集、華陽陶隱居集、陶隱居集)
13陶武
　連川志
17陶弼
　陶邕州小集(邕州小集)
20陶季

舟車集
21陶貞一
　虞邑先民傳〔編〕
26陶侃
　地理正宗
27陶叔獻
　唐文類〔編〕
　唐漢策要〔編〕
　兩漢策要〔編〕
　西漢文類〔編〕
30陶安
　陶學士集、事蹟
陶宗儀
　說郛〔編〕
　說林
　元氏掖庭記
　遊志續編〔編〕
　滄浪櫂歌
　南村詩集
　南村輟耕錄(南邨輟耕錄、輟耕錄)
　古刻叢抄〔編〕
　草莽私乘〔輯〕
　書史會要、補遺
31陶潛
　聖賢羣輔錄
　孝傳
　搜神後記
　陶詩彙注
　陶靖節集(陶靖節詩注、陶集校注、陶潛集、陶淵明文集)、附錄
　陶靖節先生詩(陶詩)
32陶泓
　寇營紀事
34陶澍
　安徽通志
　江蘇海運全案
陶汝鼐
　陶密菴先生文集
40陶奭齡
　今是堂集
陶直夫
　陶氏家譜〔錄〕

陶南望
　草韻彙編〔編〕

43 陶越
　禾中災異錄

44 陶夢桂
　平塘集

陶華
　傷寒六書（陶華傷寒六書）
　傷寒全生集

47 陶穀
　清異錄、補遺

48 陶翰
　陶翰集

陶敬
　羅浮山志

51 陶振
　清嘯集

53 陶輔
　桑榆漫志

72 陶岳
　五代史補（五代補錄）
　零陵總記
　貨泉錄

朋

28 朋谿居士
　侍兒小名錄、續

40 朋九萬
　烏臺詩話〔錄〕
　烏臺詩案（東坡烏臺詩案）〔編〕

7724₇　服

21 服虔
　通俗文

7726₄　居

60 居昉
　寓菴先生集

88 居簡
　北磵文集
　北磵詩集（北磵禪師詩集、北磵
　　禪師詩集）
　北磵和尚外集

屠

00 屠應埈
　蘭暉堂集

屠文漪
　九章錄要〔輯〕

21 屠倬
　是程堂詩集

24 屠勳
　太和堂集

25 屠紳
　蟫史

27 屠叔方
　建文朝野彙編〔輯〕

50 屠中孚
　重暉堂集

屠本畯
　離騷草木疏補韋弦佩
　楚騷協韻
　閩中海錯疏〔疏〕
　閩中荔枝通譜〔考訂〕
　情采編〔輯〕

77 屠隆
　文苑彙雋〔輯〕
　鴻苞
　考槃餘事
　由拳集
　歷朝翰墨選注〔輯〕

屠用錫
　六經堂遺事、附錄

屠鵬
　四時治要方

90 屠粹忠
　三才藻異〔輯〕

7726₇　眉

50 眉史氏
　復社紀略〔集錄〕

7727₂　屈

28 屈作梅
　春秋經傳類聯〔補注〕

屈復
　弱水集

40 屈大均
　廣東新語
　皇明四朝成仁錄〔輯〕
　南渡剩箋〔輯〕
　明季北都殉難記
　明季南都殉難記
　翁山文抄、佚文輯、佚文二輯

71 屈原
　楚辭

80 屈曾發
　九數通考

7733₁　熙

10 熙璋
　天文表〔譯〕
　星學發軔、引說〔譯〕
　恒星表〔譯〕

7736₄　駱

00 駱文盛
　兩谿先生存稿、附錄

10 駱三畏
　天文表〔譯〕
　星學發軔、引說〔譯〕
　恒星表〔譯〕

駱天祐
　玉靈聚義

駱天驤
　長安志

28 駱從宇
　駱太史澹然齋存稿、誥勅、補遺

30 駱賓王
　唐四傑詩集
　靈隱子
　駱賓王文集（駱丞集、駱子集
　　注、駱先生文集）

40 駱培
　四書襯

駱克優
　天文學啓蒙

77 駱問禮
　萬一樓集、續集、外集

7740₀ 閔

00閔文振
　異物彙苑〔輯〕
　閔元京
　湘煙録
　閔元衢
　羅江東外紀
　歐餘漫録
　閔于忱
　孫子參同〔輯〕
14閔珪
　閔莊懿公集
34閔遠慶
　長蘆志〔輯〕
40閔南仲
　寒玉居集、碎金集
46閔如霖
　閔午堂集
60閔景賢
　快書〔輯〕

7740₁ 閻

80閻人銓
　山海等關地形圖〔輯〕
　南畿志〔輯〕

7744₀ 丹

10丹元子
　天文鬼料竅
　步天歌

7744₇ 段

10段玉裁
　六書音韻表
　詩經小學
　說文解字注
　毛詩詁訓傳〔編〕
　經韻樓集
　經均樓七種
　儀禮漢讀考
　戴東原先生年譜
　春秋左傳古經(春秋古經)〔編〕
　周禮漢讀考

　尚書撰異
23段允迪
　腴竇詞草
30段安節
　琵琶故事
　樂府雜録
40段克己
　二妙集
　二妙合譜
　菊軒先生集
53段成己
　二妙集
　二妙合譜
　遯菴先生集
　段成式
　廬陵官下記
　酉陽雜俎、續集
　漢上題襟集
60段昌武
　詩義指南
　毛詩集解、學詩總說、論詩總說
71段長基
　歷代二十四史統紀表、歷代沿
　　革表、歷代疆域表〔輯〕
80段公路
　北戶録(學海類編北戶録)

7755₀ 毋

67毋昭裔
　爾雅音略

7760₂ 留

10留正
　皇宋中興兩朝聖政〔編〕

7760₄ 闍

17闍那多迦
　羅漢因果識頌〔譯〕

7774₇ 民

50民史氏
　明遺民録

7777₂ 關

10關天培
　籌海初集
30關注
　關博士集
　關良臣
　義陽志
34關漢卿
　張深之先生正北西廂祕本
　關大王單刀會
37關朗
　易傳(關子明易、關氏易傳)

7777₇ 閻

10閻一得
　古今政事録
　閻爾梅
　白耷山人詩
　閻古古全集
12閻廷謨
　北河續記
22閻循觀
　西澗草堂集
26閻自若
　唐末汎聞録
44閻若璩
　詩說
　孟子生卒年月考
　潛邱劄記,附左汾近稿
　四書釋地、續、又續、三續
50閻忠孝
　小兒方

7778₂ 歐

22歐幾里得
　幾何原本
30歐良
　典雅詞十種
　撫掌詞
40歐大任
　北輳集
　歐虞部集
　歐士海

山谷便方

76歐陽忞
興地廣記
興地廣記劄記

歐陽玄
圭齋文集、附録

歐陽詢
藝文類聚

歐陽德隆
押韻釋疑

歐陽修
唐書(新唐書)
唐書藝文志
六一詞
六一居士詩話(詩話、歐公詩
話)
試筆〔編〕
詩本義(毛詩本義)、附鄭氏詩
譜補亡、圖譜
五代史(新五代史、五代史記)
集古目録
集古録
集古録跋尾
崇文總目(宋崇文總目)
牡丹譜
名臣紀述老蘇先生事實
從諫集
近體樂府
洛陽牡丹記
太常因革禮〔編〕
嘉祐時政記
歐陽文忠公集(文忠集、六一居
士集、居士集、歐陽文集、歐
陽文忠公居士集、歐陽六一
居士文集、歐陽居士集)、諫
垣集、附録、年譜、考異
歐陽文忠公歸田録(歸田録)
歐陽文忠公內制集
歐陽先生文粹、遺粹

歐陽詹
歐陽行周集(歐陽先生文集、歐
陽詹集、附録歐陽助教詩集)

歐陽永叔
易童子問

歐陽澈
歐陽先生飄然集(飄然集)、附
録
歐陽修撰集

歐陽直
歐陽氏遺書

歐陽起鳴
歐陽起鳴先生論範(歐陽論範)

歐陽東風
晉陵先賢傳〔輯〕

歐陽邦基
鑑誡別録

歐陽鐸
歐陽恭簡公集

7778₀₁　具

10具平親王
弘决外典抄

7778₀₆　貫

24貫休
禪月集、補遺
貫休詩集

7790₄　桑

07桑調元
論語説
弢甫集、附旌門録
躬行實踐録
切近編〔編〕
桑弢甫文集、詩集、續集、五岳
集

14桑琳
團瓢清唱

20桑喬
廬山紀事
博蒐録

44桑世昌
蘭亭博議
蘭亭考

回文類聚

87桑欽
水經

98桑悦
思玄集

7821₆　脱

78脱脱
宋史
宋史天文志、五行志、律曆志
宋史岳飛傳、附岳忠武王廟名
賢詩
遼史
遼史曆象志
金史
金史天文志、曆志

7823₁　陰

20陰秉暘
黃帝内經始生考(内經始生考)

50陰中夫
韻府羣玉(説文韻府羣玉)〔注〕

64陰時夫
韻府羣玉(説文韻府羣玉)〔輯〕

87陰鏗
陰晉陵集(陰鏗集、陰常侍詩
集)
陰何詩集

7923₂　滕

00滕康
翰墨叢記

14滕珙
朱先生經濟文衡(文公經濟文
衡)前集、後集、續集〔編〕

26滕白
滕工部集

30滕安上
東菴集

53滕甫
孫威敏征南録

8

8000₀ 八

40八十朽人
　寇禍本末

8010₄ 全

10全元起
　黄帝内經素問
　靈樞集注〔訓釋〕

22全循義
　鍼灸擇日編集

37全祖望
　讀易別録
　張蒼水年譜〔輯〕
　甬上族望表
　經史問答
　鮚埼亭詩集
　鮚埼亭集
　鮚埼亭集外編
　續甬上耆舊詩
　句餘土音
　漢書地理志稽疑
　甲申野史彙抄〔輯〕

8010₉ 金

10金一龍
　兩浙海防類考續編

金三俊
　蒙求補注

11金張
　峚老編年詩抄、續抄、外集

12金廷棟
　十三經識字

16金理
　醫原圖説

17金盈之
　讒書
　醉翁談録

金瑶
　周禮述注
　金粟齋文集

金君卿
　金氏文集

18金致仁
　朝鮮國大典通編

20金維寧
　秋谷雜編

23金俊明
　金俊明抄書〔輯〕

24金德瑛
　詩存

金幼孜
　金文靖公北征録(北征録)
　金文靖公集

26金堡
　嶺海焚餘

金侃
　雷譜〔輯〕

金和
　秋蟪吟館詩抄

27金鶚
　火傳集

30金淮寧
　垂世芳型

金之俊
　息齋集
　金文通公集

金守正
　雪崖先生詩集

金官修
　大金德運圖説

金寔
　覺非齋文集

31金江
　義烏人物志〔輯〕

32金兆燕
　棕亭詩抄(櫻亭詩抄)、古文抄、
　　文抄、詞抄

34金汝諧
　歷代名臣芳躅〔輯〕

40金九皋
　抱甕集

金大車
　金子有集

金大輿
　金子坤集

金友理
　太湖備考〔輯〕

金希
　春秋紀愚

金志章
　江聲草堂詩集、妙明書屋遺集

金賁亨
　道南録
　臺學原流

金檀
　文瑞樓書目〔編〕

金榜
　禮箋

41金楷理
　測候叢談〔譯〕

44金埴
　巾箱説

金華先生
　理窟

47金聲
　金太史集

50金忠
　瑞世良英〔輯〕

金忠士
　旭山集

52金蟠
　十三經古注〔校〕

55金農
　冬心先生集(金冬心先生集)
　冬心先生續集、三體詩
　冬心先生自度曲、雜著、隨筆、
　　拾遺

60金日昇

911

諫逆爱書

閱讀傳信

頌天臚筆〔輯〕

金曰追

儀禮正譌

67金嗣芬

板橋雜記補

77金履祥

論語集注考證

夏小子注

孟子集注考證

濂洛風雅

通鑑前編（資治通鑑綱目前
編）、舉要〔輯〕

大學疏義

金先生文集（金仁山文集）

尚書表注

尚書金氏注（尚書注）

金民閣

西儒耳目資

80金鐘

皇明末造錄（皇朝末造錄）〔編〕

金義

鍼灸擇日編集

83金鎔

福建通志

88金簡

武英殿聚珍版程式

90金光辰

金雙巖中丞集

99金榮

精華錄箋注、補注、年譜

8012₇　翁

00翁方綱

天際烏帖考

元遺山年譜、附〔編〕

兩漢金石記

石洲詩話

焦山鼎銘考

卜石甌亭五言詩續抄

粤東金石略

復初齋文集

復初齋詩集

通志經解目錄〔箋〕

蘇齋蘭亭考

蘇詩補注（東坡詩補注）〔補〕

蘇米齋蘭亭考

杜詩附記

春秋分年繫傳表

米海嶽年譜〔編〕

翁廣平

書湖州莊氏史獄

11翁孺安

素蘭集

16翁聖域

明季燕客略〔輯〕

17翁承贊

翁承贊集

22翁山

前明正德白牡丹傳

25翁仲仁

痘疹玉髓金鏡錄

痘疹金鏡錄、附小兒雜證便蒙
捷法

27翁叔元

翁鐵菴年譜

30翁憲祥

掖垣疏草

32翁洲老民

海東逸史

34翁澍

具區志〔輯〕

37翁逢春

南京行人司志

43翁博

知白堂稿

44翁葆光

悟真篇注〔注〕

悟真篇注疏〔注〕

翁世庸

東山草堂近詩

67翁照

賜書堂集

77翁鳳西

湖南通志（嘉慶湖南通志）

翁同龢

翁文恭日記

90翁卷

西巖集

永嘉四靈詩（四靈詩）

翁卷集

8022₀　介

10介石逸叟

宣和譜

8022₁　俞

00俞文豹

清夜錄

吹劍錄

吹劍錄外集

10俞正燮

癸巳存稿遺篇

癸巳賸稿

俞玉吾

陰符經注

12俞廷椿

周禮復古編〔編〕

13俞琬綸

自娛堂集

14俞琳

經世奇謀

19俞琰

席上輔談（席上腐談）

讀易舉要

元學正宗

林屋山人漫稿

書齋夜話

易外別傳

易圖纂要

周易集説

周易參同契發揮（參同契發
揮）、釋疑

21俞貞木

種樹書

俞經

儒學警悟〔編〕

22俞鼎孫

儒學警悟〔編〕

23俞允文

崑山雜詠〔編〕

俞仲蔚集

俞弁

山樵暇語

24俞德鄰
　佩韋齋文集
　佩韋齋輯聞
25俞仲蔚
　荆谿唱和詩〔輯〕
26俞皐
　春秋集傳釋義大成（春秋集傳
　　釋義、春秋釋義集傳）
27俞向
　長樂集
30俞憲
　盛明百家詩〔輯〕
　俞安期
　唐類函（廣類函）
　翏翏集
　啓雋類函、卷首職官考、目録
　　〔輯〕
34俞汝言
　崇禎大臣年表〔編〕
　春秋平義
　春秋四傳糾正
　俞達
　青樓夢
40俞有功
　周易縣鏡
　俞森
　荒政叢書
43俞樾
　生霸死霸考
　七十二侯考
　春秋歲星考
44俞萬春
　蕩寇志、附結子
　俞桂
　漁谿詩稿、漁谿乙稿
46俞觀能
　孝悌類鑒
48俞松
　蘭亭續考
50俞泰
　滁煙樓集
　俞忠孫
　越殉義傳〔輯〕
53俞成

螢雪叢説（螢雪叢話）
57俞邦時
　一書增删
60俞國寶
　醒菴遺珠集
　俞思冲
　西湖志彙抄
　俞景
　封神詮解
80俞益謨
　辦苗紀略〔輯〕
86俞錫齡
　澄堂詩抄
88俞策
　閬阜山志

80307　令

00令玄
　趙飛燕外傳
22令岑
　六壬翠羽歌
42令狐峘
　唐代宗實録
　令狐德棻
　周書（後周書）
　令狐澄
　貞陵遺事、續
　令狐楚
　唐御覽詩（御覽詩）〔編〕
　斷金集〔輯〕
　令狐公表奏（令狐楚表奏）
　令狐饒
　玉笥山記

80331　無

00無文
　無文印
20無爲子
　西清詩話
21無能子
　無能子
43無求子
　傷寒百問
50無盡

天臺山志（天臺山方外志）
　山谿別志
60無羅叉共竺叔蘭
　放光般若波羅蜜經〔譯〕
96無愠
　山菴雜録

80332　念

38念道人
　陽宅要覽〔輯〕
90念常
　佛祖歷代通載（佛祖通載）

80333　慈

20慈受
　慈受擬寒山詩

80400　午

42午橋釣叟
　酒史續
71午辰走人
　南海觀音全傳

80404　姜

10姜西溟
　明史刑法志稿
17姜承基
　永州府志
24姜特立
　梅山詩稿
　梅山續稿
　梅山續稿詩、雜文、短句
26姜得平
　論語本旨
27姜嶼
　明越風物志
　姜紹書
　韻石齋筆談
　無聲詩史
30姜宸英
　湛園札記
　湛園未定稿
　湛園題跋
　葦間詩集

姜西溟先生文抄(西溟文抄)

姜安節
　姜忠毅先生軼章附崇祀宦録
　〔編〕

姜實節
　姜忠毅先生軼章附崇祀宦録
　〔編〕

姜寶
　資治上下編大政記綱目〔編〕
　春秋事義全考
　周易傳義補疑

32姜兆熊
　樊川叢語

姜兆錫
　爾雅參義
　儀禮經傳内編、外編
　禮記章義
　孝經本義
　春秋參義
　春秋事義慎考
　周禮輯義
　公穀彙義

34姜洪
　松岡集

35姜清
　姜氏祕史(祕史)

40姜希轍
　春秋左傳統箋

姜南
　江明叔雜著
　通玄觀志
　蓉塘雜著
　蓉塘詩話

42姜埰
　敬亭集、補遺

50姜中真
　得一參五

51姜振名
　永慶昇平前傳

52姜虬緣
　金井志

60姜日廣
　輶軒紀事

80姜夔

續書譜
白石先生詞
白石道人詩集(姜白石詩集)、
　集外詩、附録、詩説
白石道人歌曲(姜白石歌曲)、
　別集
白石道人集(姜白石集)
絳帖平(絳帖評)

91姜炳璋
　詩序廣義
　讀左補義
　李義山詩補説(玉谿生詩補説)

8050₀　年

40年希堯
　視學精蘊

80年羹堯
　治平勝算〔輯〕

8050₁　羊

40羊士諤
　羊士諤集

8055₃　義

10義玉
　話墮集、二集、三集

32義淨
　求法高僧傳
　梵語千字文

90義堂
　空華集
　空華老師日用工夫略集

8060₁　普

00普度
　廬山蓮宗寶鑑

普文
　古今禪藻集〔輯〕

30普濟
　五燈會元

8060₅　善

18善孜
　華嚴起信文

20善住
　谷響集

44善權
　真隱集

91善悟
　舒州龍門佛眼和尚語録

8060₆　曾

10曾王孫
　名家詞抄〔輯〕

17曾羽王
　乙酉筆記

曾承業
　曾子全書〔編〕

曾鞏
　元豐類稿(南豐先生元豐類稿
　　曾文定公集、曾子固先生集
　　曾南豐文集)
　續元豐類稿
　南豐文粹(曾先生文粹)
　隆平集

20曾季貍
　艇齋雜著
　艇齋詩話

曾穜
　大易粹言〔編〕

21曾紆
　空青遺文
　南游記舊

22曾幾
　茶山集
　曾文清集

23曾參
　曾子

24曾先之
　十九史略通考〔編〕
　十八史略(古今歷代十八史略)
　　〔輯〕

曾偉芳
　西行草

曾紘
　臨漢居士集

27曾槃
　絳帖釋文

30曾灘
　艇齋師友尺牘〔輯〕
曾之謹
　農器譜、續
曾安上
　禾譜
曾宏父
　石刻鋪叙
　鳳墅殘帖釋文、續帖〔刻〕
35曾逮
　習菴集
37曾鶴齡
　松矑集
38曾肇
　九域志（元豐九域志）
　曲阜集、奏議、西垣集、外制集、
　　内制集、西掖集
　曾文昭公集、附録
　曾文昭公曲阜集、遺録、補録、
　　附録
曾棨
　高節菴集
　西墅集
　巢睫集
40曾布
　紹聖甲戌日録、元符庚辰日録
　曾公遺録
曾賁
　括蒼志
41曾極
　金陵百詠
　金陵懷古
曾梧
　棟峯遺稿
42曾樸
　孽海花
44曾協
　雲莊集
曾世榮
　活幼心書（活幼心書決證詩賦）
46曾覿
　海野詞
50曾丰
　緣督集（撙齋先生緣督集、曾撙

　　齋緣督集）
60曾思
　懷峴居士集
曾異
　紡授堂詩集、二集、文集
68曾敢
　丹陽類集〔編〕
77曾貫
　易學變通
80曾益
　左略〔輯〕
曾公亮
　武經總要、行軍須知
　英宗實録
82曾釗
　虞書堯命羲和章解
88曾敏行
　獨醒雜志、附録
90曾惇
　曾郎父詩詞
94曾慥
　高齋漫録
　集仙傳
　樂府雅詞、拾遺
　皇宋詩選〔編〕
　道樞
　本朝百家詩選〔編〕
　類説（曾公類説）〔編〕
97曾燠
　賞雨茅屋集、外集

8060₈　谷

00谷應泰
　明史紀事本末〔編〕
35谷神子
　博異志（博異記）
36谷況
　燕南記
50谷泰
　博物要覽

8073₂　公

12公孫龍
　公孫龍子
公孫弘

　握奇經〔解〕
80公羊高
　春秋公羊傳
　公羊穀梁

8080₁　羹

10羹霖
　峨眉山志〔輯〕

8080₆　貪

44貪夢道人
　永慶昇平後傳
　彭公案

8090₁　佘

44佘世亨
　佘山人集

8090₄　余

05余靖
　聖宗掇遺
　武谿集（余襄公武谿集）、附録
10余元甲
　余先生詩抄
12余瑞紫
　流賊張獻忠陷廬州記
17余子俊
　余肅敏公奏議
余邵魚
　春秋列國志傳（**列國志傳**）
20余集
　秋室百衲琴
21余縉
　大觀堂文集
22余繼登
　滄然軒集
　淡然軒集
　國朝典故紀聞
23余允文
　尊孟辨、續辨、別録
余允緒
　南京太僕寺志
27余象斗
　五顯靈官大帝華光天王傳

皇明諸司廉明奇判公案傳
皇明諸司公案傳

余綱
選奇方、後集

29余嶸
使燕錄

30余永麟
北窗瑣語

余憲
廣中四傑集〔輯〕

余安行
石月老人集
春秋新傳
余氏至言

余寅
乙未私志
吳越游稿
農丈人文集、詩集
農丈人集
同姓名錄

余宗信
明延平王臺灣海國紀〔編〕

40余培森
明延平王建國史〔輯〕

余有丁
余文敏公集

43余載
韶舞九成樂補

44余蕭客
古經解鉤沈

44余懋衡
蘭臺奏議、按秦奏議、閱邊奏
議、掌臺奏議
關中陵墓志、附錄

余懋學
說頤

50余忠宣公榜進士題名
元統元年進士題名錄

58余敷中
春秋麟寶

60余國禎
見聞記憶錄

76余颺
蘆中文集

莆變紀事
春秋存俟

77余闕
青陽集、附錄
余忠宣集

86余知古
漢上題襟集
渚宮舊事(渚宮故事)、補遺

90余懷
說史、東山談苑、四蓮華齋雜錄
玉琴齋詞
板橋雜記
甲申集

余光
春秋存俟

余光祖
安東縣志〔輯〕

96余煌
余氏天文算學三種

8211₄ 鍾

00鍾離權
靈寶畢法

07鍾韶
論語逸編

22鍾繼先
錄鬼簿

24鍾化民
讀易抄

26鍾伯敬
東西漢傳〔評〕

27鍾將之
岫雲詞

29鍾嶸
詩品(鍾嶸詩品)

32鍾淵映
歷代建元考

44鍾芳
春秋集要
筠谿家藏集

57鍾輅
前定錄、續錄

96鍾惺
詩經圖史合考
毛詩解

通紀集略
有商誌傳〔編〕
古詩歸、唐詩歸〔編〕
薛家將平西演傳〔編〕
國語合評、國策合評
明紀編年〔編〕
隱秀軒集、遺稿、附錄

8315₀ 鐵

26鐵保
惟清堂詩抄、文抄

44鐵華山人
合錦迴文傳〔重輯〕

77鐵脚道人
霞外雜俎

8315₃ 錢

00錢應揚
錢後峯存真文稿

錢文子
白石詩傳
補漢兵志(補漢兵制)

02錢端禮
諸史提要

07錢諷
回谿史韻(史韻)〔編〕

08錢旃
左求

錢謙貞
未學菴詩稿

錢謙益
列朝詩集〔編〕
絳雲樓書目
牧齋外集
牧齋初學集(錢牧齋初學集)、
目錄、有學集
杜工部集箋注(杜詩錢箋)〔注〕
史班〔輯〕
東陽兵變
投筆集
明初羣雄事略(羣雄事略、國初
羣雄事略)
周禮纂要
義勇武安王集〔編〕

　　錢氏譜牒
10 錢一本
　　像象管見
　　四不如類抄
　　易象抄上下經、卦圖繫、附録
　　周易象管見
　　黽記
　　範衍
　錢可
　　嚴州府志（景定嚴州府志）
12 錢孫愛
　　錢氏家變録〔輯〕
14 錢琦
　　禱雨録
　　錢子測語（測語）
　　錢東畬家藏集（錢東畬集）
17 錢子正
　　綠苔軒詩集
　錢君潁
　　經歷奇證
　錢乙
　　錢氏小兒方
　　錢氏小兒方訣（小兒方訣）
　　錢氏小兒藥證真訣（小兒藥證
　　　真訣）、附方
20 錢位坤
　　宮詞
　　宮詞紀事
　錢秉鐙
　　藏山閣存稿詩、文、尺牘
　　藏山閣存稿偶抄詩、文、年譜
　錢維喬
　　竹初詩抄、文抄
21 錢衍石
　　南朝會要
　錢師益
　　益津射格
22 錢繼登
　　環應篇（經世環應編）
　錢彩
　　説岳全傳
　錢稻孫
　　歸潛記
24 錢綺

　　東都事略校勘記
　　鈍硯厄言
25 錢仲益
　　錢氏三華詩集
　錢紳
　　同安志
26 錢佃
　　荀子考異
　錢偲
　　周易緯史
　錢儼
　　吳越備史補遺、雜考
　　吳越備史遺事
　　戊申英政録
　錢保塘
　　涪州石魚文字所見録
　錢繹
　　錢繹方言箋疏
27 錢侗
　　九經補韻考證
　錢叔寶
　　歷代隱逸傳〔輯〕
28 錢以垲
　　嶺南見聞
　　羅浮外史
　錢儀吉
　　韡瓩集
30 錢宰
　　臨安集
　錢良擇
　　出塞日記
31 錢福
　　歷代名賢確論（唐宋名賢歷代
　　　確論）〔編〕
　　鶴灘稿
32 錢澄之
　　田間詩集
　　所知録
32 錢灃
　　錢南園遺集
33 錢泳
　　唐賜鐵券考
　　碑帖〔輯〕
　　金塗銅塔考

　錢溥
　　使交録
34 錢濆
　　溯源集
38 錢澄之
　　易學
　　田間詩學
　錢海岳
　　南明史稿
40 錢大昕
　　唐石經考異
　　諸史拾遺〔編〕
　　二十一史考異
　　三統術衍、附三統術鈐
　　三史拾遺
　　元史藝文志
　　元史氏族表
　　可盧著述十種叙録
　　經典文字考異
　　疑年録
　　宋洪文惠洪文敏陸放翁王伯厚
　　　王弇州五先生年譜（屏守齋
　　　所編年譜五種）〔編〕
　　宋遼金元四史閏朔考
　　洪文惠公年譜、洪文敏公年譜
　　　〔編〕
　　深寧先生年譜
　　通鑑注辨正
　　十駕齋養新録、餘録
　　范氏天一閣碑目、續增〔編〕
　　廿二史考異、補元史氏族表、藝
　　　文志
　　聲類
　　陸放翁先生年譜〔編〕
　　潛研堂文集
　　潛研堂文集傳
　　潛研堂詩集、續集
　　潛研堂叢書
　　潛研堂全書
　　潛研堂全書未刊十一種
　　潛研堂全書另刻五種
　　潛研堂金石文字目録
　　潛研堂金石文跋尾（金石文
　　　尾）、續、再續、三續

弇州山人年譜
竹汀先生行述
竹汀先生日記抄

錢大昭
後漢書補表
續漢書三志辨疑

錢士升
皇明表忠記
南宋書
南宋書增削定本〔輯〕
賜餘堂集、年譜
周易揆

錢塘
淮南天文訓補注
溉亭述古錄
史記三書釋疑

錢希言
戲瑕
獪園
劍筴

錢古訓
百夷傳

41**錢坫**
詩音表
說文解字斠詮
論語後錄
浣花拜石軒鏡銘集錄
漢書地理志考證
十六長樂堂古器款識考
九經通借字考
車制考
錢氏四種

錢楷
綠天書舍存草

43**錢載**
蘀石齋詩集、文集

44**錢薇**
承啓堂集(承啓堂稿)

錢若水
宋太宗實錄(太宗實錄)
太祖實錄

錢世揚
古史談苑

錢世昭
錢氏私志

錢褧
厚語

44**錢棻**
讀易緒言

錢杜
松壺畫贅

錢林
玉山草堂續集

45**錢棲業**
太虛潮論

46**錢如璧**
三辰通載

47**錢罄室**
吳中先賢傳略

錢起
錢考功集(錢起詩集)

錢穀
吳都文粹續集(續吳都文粹)、
補遺〔編〕

48**錢梅谿**
錢梅谿題贈集

50**錢聿修**
逸我草

錢泰吉
甘泉鄉人稿
曝書雜記

錢肅
道南正學編〔輯〕

錢肅樂
錢忠介公集、附錄

錢肅潤
南忠記〔輯〕

錢春
五行類應
湖湘五略
湖湘校士錄

錢貴
吳越紀餘

50**錢東垣**
旣勤著述叙例

56**錢𣂏**
戾園疑蹟
甲申傳信錄
桑郭餘鈴

57**錢邦芑**
大錯和尚遺集
甲申紀變錄〔輯〕
甲申忠佞紀事

60**錢見龍**
泰興縣志

錢易
洞微志
滑稽集
南部新書(南郡新書)、補遺
錢希白歌詩

錢杲之
離騷集傳(錢杲之離騷集傳)

64**錢時**
兩漢筆記
融堂四書管見(四書管見)
書解(融堂書解)

錢曄
避暑詩稿

72**錢陞**
壺天玉露〔輯〕

錢岳
眾香詞〔輯〕

75**錢陳羣**
香樹齋文集

77**錢履**
未學菴集

錢聞詩
廬山雜著

錢聞禮
傷寒百問歌

80**錢人麟**
東林別乘〔編〕

錢義方
周易圖說

錢曾
讀書敏求記
述古堂藏書目錄
題詞
述古堂書目
也是園藏書目
今吾集、筆雲集

錢公輔
錢賢良進卷

錢養廉
　　貽清堂病餘日筆
　　貽清堂集
　　貽清堂日抄
86 錢錫寶
　　檮杌萃編十二編
90 錢惟演
　　玉堂逢辰録
　　西崑酬唱集
　　飛白叙録
　　家王故事
　　撓旄集、伊川集
　　秦王貢奉録
　　金坡遺事
　　錢惟善
　　江月松風集、續集、附補遺
97 錢怐
　　歸潛記

8471₁ 饒

10 饒一辛
　　經義管見
20 饒秉鑑
　　春秋會通
25 饒伸
　　學海
40 饒太白
　　山水家法〔編〕
86 饒智元
　　明宮雜詠
88 饒節
　　倚松老人詩集
　　倚松老人集
　　饒德操集

8660₀ 智

00 智廣
　　悉曇字紀
20 智舷
　　黃葉菴詩草
21 智顗
　　法華言句
24 智德
　　邛山偈
46 智旭

妙法蓮華經臺宗會儀
50 智貴
　　法界標旨乾坤體義
60 智昇
　　集古今佛道論衡實録續集
　　開元釋教録
　　開元釋教録略出
　　智圓
　　閒居編
67 智昭
　　人天眼目

8711₀ 鈕

12 鈕琇
　　觚賸、續編
　　臨野堂詩集、文集、尺牘、詩餘

8712₀ 釣

58 釣鰲逸客
　　飛英聲

8718₂ 歙

27 歙鮑康
　　皇朝謚法考、續、補編〔輯〕

8742₇ 鄭

00 鄭彦
　　太平聖惠方〔編〕
　　鄭方城
　　卻埽齋倡和集
　　鄭方坤
　　五代詩話
　　蔗尾文集、詩集、卻埽齋倡和集
　　本朝名家詩抄小傳
　　全閩詩話
　　鄭應旂
　　懷忠録
　　鄭廉
　　豫變紀略
　　鄭慶雲
　　延平府志(嘉靖延平府志)
　　鄭庠
　　詩古音辨
　　鄭慶唐

讀易蒐
鄭亦
　　鄭成功傳(白籠藏書鄭成功傳、
　　國姓爺鄭成功傳)
鄭文康
　　平橋稿
鄭文寶
　　江表志、南唐拾遺記、新舊唐書
　　雜論
　　南唐近事
　　歷代帝王傳國璽譜(傳國玉璽
　　譜)
鄭文節
　　名媛彙詩〔輯〕
鄭玄
　　六藝論(鄭氏六藝論)
　　詩譜
　　詩經注疏〔箋〕
　　論語鄭注
　　三禮〔注〕
　　三禮目録
　　毛詩(毛詩傳箋、毛詩鄭箋)
　　〔箋〕
　　毛詩詁訓傳(毛詩故訓傳)〔箋〕
　　毛詩正義(毛詩注疏)〔箋〕
　　儀禮(儀禮注、儀禮鄭注)〔注〕
　　儀禮注疏〔注〕
　　禮記(禮記注、禮記單注、禮記
　　鄭氏注)、禮記舉要圖〔注〕
　　禮記疑義〔注〕
　　禮記注疏(禮記正義)〔注〕
　　禮記月令〔注〕
　　禮經(古禮經)
　　禮注(古禮注)
　　孝經鄭注
　　乾坤鑿度(易乾鑿度、易乾坤鑿
　　度)
　　易緯〔注〕
　　易緯稽覽圖(易稽覽圖、周易緯
　　稽覽圖)〔注〕
　　易緯坤靈圖(坤靈圖、周易緯坤
　　靈圖)〔注〕
　　易緯乾元序制記(乾元序制記、
　　周易緯乾元叙制記)〔注〕

易通卦驗〔注〕
駁五經異義、補遺
周禮(周禮注、周禮鄭注、周禮
　鄭氏注、周禮纂圖互注重言
　重意)〔注〕
周禮疑義〔注〕
周禮注疏〔注〕
周禮鄭注秋官〔注〕
周易(石經周易、古周易、周易
　鄭康成注、鄭氏周易)〔注〕
周易辨終備
周易緯是類謀
周易乾鑿度〔注〕
鄭氏遺書
箴膏肓、起廢疾、發墨守
尚書大傳、補遺、考異、續補遺
　〔注〕
鄭褒
鄭成之集
02鄭端
朱子學歸〔輯〕
鄭端允
培壘居雜録
03鄭謐
葬書(地理葬書集注、葬書集
　注、葬書古本)〔注釋〕
07鄭望之
靖康奉使録
09鄭麟趾
高麗史
10鄭正則
鄭氏祠享禮
鄭玉
師山先生文集(鄭師山集)、遺
　文、附録、濟美録
春秋經傳闕疑(春秋闕疑)
鄭王臣
莆風清籟集〔輯〕
鄭至道
琴堂論俗編
鄭元慶
石柱記箋釋
廿一史約編
小谷口著述緣起

鄭元勳
媚幽閣文娛〔選〕
鄭元祐
僑吳集、佚文
僑吳集補遺
遂昌山人雜録(遂昌雜録)
鄭震
横山志略、補
鄭西園
喉科祕鑰〔輯〕
12鄭瑗
井觀瑣言
蜩笑偶言
鄭延晦
廣陵妖亂志
13鄭瑄
唐忠臣録〔編〕
昨非菴日纂、二集、三集
14鄭瑾
北國蛙鳴集
16鄭環
栗菴遺稿
17鄭瑶
見鄭珤
18鄭珍
説文新附考、續考
鄭珤
嚴州續志(景定嚴州續志新定
　續志)
鄭重
靖康縣志〔輯〕
鄭喬友
南明綱目
鄭維新
惠大記
21鄭虎文
吞松閣集
鄭虎臣
吳都文粹〔編〕
鄭處誨
明皇雜録、補遺、別録
鄭處晦
見鄭處誨
鄭熊
番禺雜記

鄭經
延平二王遺集
23鄭允端
肅雝集
24鄭俠
西塘先生文集(鄭西塘集)
鄭綺
家範
25鄭仲夔
玉麈新譚〔輯〕
耳新
偶記
蘭畹居清言〔輯〕
26鄭伯謙
太平經國之書
鄭伯熊
鄭景望集
鄭伯英
歸愚翁集
鄭嵎
津陽門詩(鄭嵎津陽門詩)
27鄭紀
東園文集、詩集續編
30鄭宣
綱目愚管
古括遺芳〔輯〕
鄭之珍
新編目蓮救母勸善戲文
鄭之僑
六經圖〔輯〕
鄭寅
打馬圖式
鄭氏書目
31鄭江
筠谷詩抄、別集
鄭潛
樗菴類稿
33鄭梁
寒村集
34鄭汝諧
論語意原
易翼傳(鄭先生易翼傳)
鄭汝璧
皇明功臣封爵考〔輯〕

35鄭清之
　文房四友除授集
　安晚堂詩集
　安晚堂集、補録
36鄭湜
　治述
37鄭澥
　涼國公平蔡録
　鄭洛書
　鄭思齋文
38鄭滁孫
　大易法象通贊(法象通贊)
　中天述考
　鄭遨
　續酒譜
　鄭榮
　開天傳信記(開天傳信録)
40鄭大郁
　經國雄略〔編〕
　鄭太和
　麟黯集〔編〕
　鄭友元
　易經小傳
　鄭友賢
　孫子注解遺説
　鄭圭
　易臆
　鄭奎光
　駿粟暇筆
　鄭克
　決獄龜鑑
　折獄龜鑑
　撲蓍古法
　鄭真
　四明文獻〔輯〕
　滎陽外史集
　鄭樵
　六經奧論
　六經雅言圖辨
　詩傳(夾漈詩傳)、辨妄
　論梵書
　爾雅注〔注〕
　石鼓文考
　刊謬正俗跋

羣書會記
　集古系時録、系地録
　字始連環
祕書省續編到
　四庫闕書目 (祕書省四庫闕書目)
　通志
　通志疏
　通志藝文校讐
　金石三略
　通志略(通志二十略)
　夾漈家傳、所著書目
　夾漈遺稿
　夾漈書目、圖書志
　書辨譌
　春秋傳、考、地名譜
　鄭氏諡法
41鄭栢
　金華賢達傳〔輯〕
　鄭楷
　鳳鳴後集
43鄭朴
　書説(鄭敷文書説)
44鄭若曾
　日本圖纂
　鄭開陽雜著(鄭開陽遺書)
　鄭世元
　耕餘居士集
　鄭某
　十七史類〔編〕
47鄭獬
　郇谿集
　鄭起
　鄭菊山清雋集、附所南一百二
　　十圖詩、文、附録
　鄭构
　衍極
50鄭史
　周易傳(鄭楊庭周易傳)
　鄭本忠
　安分先生集
　鄭東卿
　周易疑難圖解
53鄭成功

延平二王遺集
54鄭持正
　文章善戲〔編〕
58鄭敷教
　桐菴文稿
　桐菴存稿
　周易廣義(易經廣義)〔輯〕
　鄭桐菴筆記
60鄭思肖
　所南文集、一百二十圖詩
　鄭所南先生心史(心史)、附録
　鄭昌棪
　天文學啓蒙〔譯〕
　鄭景龍
　續百家詩選
　鄭景望
　蒙齋筆談
61鄭顓
　雲南圖經志書
64鄭曉
　三禮述
　吾學編
　禹貢圖説
　徵吾録
　古言(古言類編)
　四書講義
　周易參同契通真義〔注〕
　今言
　鄭端簡公集
　鄭端簡公奏議
　鄭端簡公策學
　尚書禹貢説
　鄭暐
　蜀記
67鄭明選
　秕言
　鄭侯升集
　鄭鄤
　峚陽草堂詩集
　峚陽草堂集
68鄭畂
　勅語堂判集
　鄭畂集
70鄭璧

古今兵鑑〔輯〕
71鄭厚
　六經雅言圖辨
　藝圃折衷
72鄭剛中
　周易窺餘
　鄭忠愍公北山文集(北山集)、
　　志銘、題跋
　鄭氏
　女孝經
　鄭氏
　鄭君舉詩集
　鄭氏
　鄭氏家儀、旌儀編〔輯〕
　鄭岳
　莆陽文獻、列傳〔輯〕
77鄭履淳
　衡門集
　鄭端簡公年譜
　鄭居中
　政和五禮新儀
　政和御製冠禮
　鄭興裔
　鄭忠肅公奏議遺集(鄭忠肅
　　奏議)
80鄭奠一
　瘟疫明辨
　鄭善夫
　鄭少谷集
　鄭少谷全集
　鄭谷
　雲臺編、宜陽外編
　鄭守愚文集
84鄭鎮孫
　直說通略
87鄭銘
　方瀾郭畀鄭銘
　劉壎詩
　鄭欽陞
　西湖志
88鄭範
　蒻薆集
90鄭小同
　鄭志、補遺、鄭記

鄭光祖
　一斑錄、附編、雜述
鄭常
　洽聞記
鄭棠
　道山集
97鄭灼
　禮記子本疏義
99鄭燮
　板橋詩抄、詞抄、道情、家書、題
　　畫

8762_2　舒
07舒詔
　傷寒集注、傷寒六經定法、傷寒
　　問答
10舒天民
　六藝綱目、附錄
19舒璘
　舒文靖集(文靖集)
20舒位
　瓶水齋詩集、別集
　瓶笙館修簫譜
24舒化
　問刑條例、附律例類抄、行移
　　式、明律圖、名律例
26舒纓
　梨洲野乘
27舒鳧
　易大象說錄
44舒芬
　梓谿文集(舒梓谿先生集)
　梓谿內集、外集
51舒頔
　貞素齋文集、附錄、附北莊遺稿
57舒邦佐
　雙峯先生文集(舒先生文集)
　雙峯先生存稿
　雙峯猥稿
70舒雅
　山海經圖
72舒岳祥
　閬風集
　閬風集
99舒榮都

聞署日抄〔輯〕

8810_1　竺
25竺佛念
　瓔珞經(福州東禪寺萬壽大藏
　　菩薩瓔珞經)〔譯〕
34竺法護
　佛說阿惟越致遮經〔譯〕
竺法蘭
　四十二章經〔譯〕

8810_4　坐
44坐花散人
　風流悟

8810_6　筥
20筥重光
　畫筌

8815_3　錢
87錢鏗
　黃帝內傳〔傳〕

8822_0　竹
44竹林嬾仙
　松石軒詩

8823_4　笨
44笨老人
　晴雪齋漫錄前集、後集〔編〕

8824_3　符
00符彥卿
　人事軍律
30符之恒
　秋聲館吟稿
43符載
　符載集
44符蒙
　符蒙集
80符曾
　南宋雜事詩
　春鳧小稿
86符錫
　潁江漫稿

88430 笑

80笑翁
　　羊石園演義

88777 管

00管庭芬
　　海昌經籍志略〔輯〕
　　芷湘筆乘
25管仲
　　管子

管律
　　芸莊雜録備遺
27管紹寧
　　賜誠堂文集
40管志道
　　孟義訂測
　　覺迷蠡測
　　問辨牘、續
44管葛山人
　　平寇志〔輯〕
48管斡貞

明史志
64管時敏
　　蚓竅集
77管鳳苞
　　管氏讀經筆記、續筆記
88管鑑
　　養拙堂詞

89186 鎖

27鎖緑山人
　　明亡述略

9

9001₄ 惟

26惟白
　　靖國續燈録
32惟淨
　　景祐天竺字源(天竺字源)
62惟則
　　大佛頂首楞嚴經會解(大佛頂
　　如來密因修證了義諸菩薩萬
　　行首楞嚴經)〔會解〕

9003₂ 懷

00懷應聘
　　冰齋文集
10懷晉
　　周易訓蒙輯要
60懷圃居士
　　河東君柳如是事輯

9022₇ 尚

12尚廷楓
　　茶洋詩抄
28尚從喜
　　傷寒紀玄妙用集〔編〕
尚從善
　　本草元命苞〔編〕
尚齡
　　吉金所見録

常

11常璩
　　南中志
　　華陽國志、附録
13常琬
　　金山縣志〔輯〕
15常建
　　常建詩集
24常德
　　傷寒心鏡〔編〕

心鏡別集(張子和心鏡別集)
30常安
　　班餘翦燭集
常寶鼎
　　文選著作人名
34常達
　　唐四僧詩
44常芳
　　古今宗藩懿行考〔輯〕
67常明
　　四川通志
90常棠
　　海鹽澉水志(澉水志)

9050₂ 掌

20掌禹錫
　　神農本草〔注〕

9080₀ 火

31火源潔
　　華夷譯語

9090₄ 米

30米憲
　　米氏譜
44米芾
　　章申公九事〔輯〕
　　硯史
　　寶章待訪録
　　寶晉山林集拾遺
　　寶晉英光集
　　寶墨待訪録
　　海嶽名言
　　書畫史
　　米元章書史(書史、米海嶽書
　　史)
　　米海嶽畫史(畫史、米元章畫
　　史)

9181₄ 煙

34煙波釣徒裔孫謙德
　　魚譜
煙波釣徒裔孫丑青
　　山房四友譜
44煙蘿子
　　上清金碧篇

9406₁ 惜

44惜花主人
　　才美巧相逢宛如約〔評〕
78惜陰堂主人
　　二度梅全傳〔編〕
　　金蘭筏〔編〕

9408₁ 慎

12慎到
　　慎子(慎子内外篇)、逸文
44慎蒙
　　名山諸勝一覽記〔輯〕
　　游名山一覽記〔增〕
慎懋官
　　華夷花木鳥獸珍玩考

9501₀ 性

22性制
　　龍唐山志
24性德
　　飲水詩集、詞集

9601₃ 愧

22愧嚴子
　　止齋文範、新增文録〔增輯〕

9681₈ 煜

91煜炳南
　　燕石吟

9705₆ 惲

12惲孫菴
　　不遠堂文集
40惲壽平
　　南田詩存、續編
47惲格
　　題畫詩、畫跋
　　甌香館集

9942₇ 勞

33勞必達
　　昭文縣志〔輯〕
44勞堪
　　詞海遺珠〔輯〕
47勞格
　　勞氏雜識

50勞史
　　餘山遺書

9990₄ 榮

38榮肇
　　榮祭酒遺文

附

無名氏
痊驥集
痛定録
産寶諸方
廬山圖
齊雲論
方氏編類家藏集要方
方册大藏經刻本目録
方輿勝覽
方輿類纂
育駿方
高廟紀事本末
高密全城記
高宗孝宗聖政編要
廟學典禮
豪異秘纂
府學藏書目
庾樓紀述、琵琶亭詩
慶元條法事類、附開禧重修尚
　書吏部侍郎右選格
慶元黨禁
慶歷正旦國信語録
慶歷善救方
唐文宗朝備問
唐語林
唐詩二十六家集〔編〕
唐詩三家〔編〕
唐詩八種〔編〕
唐詩類抄〔編〕
唐五代詞〔編〕
唐百家詩〔編〕
唐百家詩集〔編〕
唐制舉科目圖
唐傳演義
唐紀〔編〕
唐宣公集
唐宋詞八家〔編〕
唐宋科名分定録
唐宋畫書九種〔編〕

唐十二家詩集〔編〕
唐藏經音義
唐相門甲族諸郡氏譜
唐朝四賢精詩〔編〕
唐史音義
唐書新例須知
唐書詳節〔編〕
唐書列傳辨證
唐書藝文志注
唐圓測解深密經疏
唐質肅遺事
唐人集〔編〕
唐人絶句〔編〕
唐策〔編〕
唐類表〔編〕
廣艷異編
廣復古編
廣客談
廣黄帝本行記
廣均
廣異記
廣筆疇
文殊師利菩薩像
文丞相傳、謝疊山傳、陸君實
　傳
文斷
文選考異
文苑楂橘
文昌化書、附録
文竽彙氏
辛丑紀閒
章華詞
離騷釋文
離騷賦文
辨鳩録
辨歆石説
辦香寸玉
言行拾遺事録附吳中遺跡、洛
　陽志、義莊規矩、西夏休寨
　〔編〕

衣冠嘉話
玄上祕要
玄女六甲陰符經
玄賞齋書目
褒賢集
襄陽府志
襄陽耆舊傳
六唐人集〔編〕
六壬辯神推將集
六壬課鈴
六壬要訣
六壬行軍指南
六壬神機游都魯都法
六壬洞微賦
六壬觀月經
六壬援粹
六壬易鑑鈴
六壬兵帳賦
六壬開雲觀月經
六壬金匱玉鎮全書
六壬節要直講
六經明音
六名家詞〔編〕
六字真言經
六十家名賢小集〔編〕
六朝事迹、南朝宮苑記
六書正義綱領
六甲天元氣運鈴
六合掌運圖
京口變略
京口耆舊傳
雜稿
雜句圖〔編〕
雜相書
雜事祕辛
雜録
龍穴明圖
龍樹菩薩眼論
龍髓經

顏氏系傳
譚文勤師會試
墨卷及覆試
端必瓦成就同生要、因得羅著
　提平印道要
大平印無字要
端慧太子喪儀檔
新列國志
新安潘氏宗譜
新濬海鹽內河圖說
新福建通志康執權傳
新大成醫方
詩評
詩詁
詩韻要釋
詩三話
詩經〔編〕
詩經樂譜全書
詩經解詁
詩物性門類
詩書選粹
詩因
詩學欄江綱
詩義斷法
詩義通釋
詩餘畫譜
諸病通用方
諸儒論唐三宗史編句解
諸儒鳴道集
諸佛菩薩妙相名號經咒
諸偈撮要
諸家五星書〔編〕
諸家名方〔編〕
諸史偶論
讀談助
讀儀禮私記
讀杜隨筆
讀史紀要
讀史劄記
讀書隨記、續記
讀易劄記
靖康要錄
靖康蒙塵錄
靖康野史彙編四種〔編〕

靖康野錄
靖康小史
韻式
韻表新編
鄒王劉公家傳記載彙編〔編〕
記桐城方戴兩家書案
詞律補案
詞選〔編〕
謏聞續筆
旅滇閩見隨筆
說文注抄跋
說文古本考
說文段注集解
說文答問疏證校異
說詩
說略〔編〕
說學齋雜抄〔編〕
諡法考
諭旨〔編〕
諭祭葬徐岡卿附戴夫人合錄
診脈要捷
論語章圖纂釋
論語講義
論語講義(景迂論語講義)
論語集注纂疏
論語集成
論語白文、附札記
論語叢說
論語通
論語真蹟(吳憲齋篆文論語真
　蹟)
論語輯釋
論語纂疏
論古閒眸
許旌陽事蹟圖
許先生十二時歌
許恭慎公書札
議處安南事宜
談叢四集〔編〕
一切如來心祕全身舍利寶篋印
　陀羅尼經
二百家名賢文粹世次〔編〕
二百家類事〔編〕
二繩日記

二十一史(明北監二十一史、明
　南監二十一史)〔編〕
二十家唐詩〔編〕
二十四氣中星明宿度
二十八宿形圖
二麓正議
三傳分門事類〔編〕
三寶征彞集
三案
三十代天師虛靖真君集、句曲
　外史雜詩〔編〕
三臺三聖詩集〔編〕
三蘇文〔編〕
三蘇先生文粹〔編〕
三松堂書目〔編〕
三輔黃圖
三國志文類〔編〕
三國志辨誤
三國志捃摭
三國史辨疑
三國圖格、金龍戲格、打馬格、
　旋棊格
三曆撮要
三曆會同
三體宮詞〔編〕
三公奇案〔編〕
三公年表〔編〕
三省礦防圖說〔編〕
正一天壇玉格譜序源流〔編〕
正一解厄道儀〔編〕
正法念處經
正易心法(麻衣道者正易心
法)
玉龍歌
玉璽博聞
玉靈經
玉霄仙明珠
玉皇心經
玉泉子
玉泉筆端、別玉屑
玉關歌
玉篇大全〔編〕
玉堂綵鑑
王文書目〔編〕

王武子詞
王氏小兒方(漢東王氏小兒方)
至治之音〔編〕
至游子〔編〕
五唐人詩集〔編〕
五音會元圖〔編〕
五龍甘臥法
五發方論
五子全書〔編〕
五行生尅豐鑑
五經〔編〕
五經序
五經正義
五經句訓
五經四書〔編〕
五嶽諸山記
五變中黃經
五峯詞
五峯集、補遺、文集、雁山十記
五代登科記
五代史平話
五侯鯖字海附五經難字
五色石〔編〕
五色線〔編〕
五倫詩選〔輯〕
五倫日記故事大全
五十輔臣編年
五十輔臣考
五瓠山人詩集
五朝實錄〔編〕
五星三命指南
五星要錄
五星考
五星命書
五國故事
五味禪
五曜要流
五美緣
巫山艷史
靈谷寺志
琉璃堂墨客圖
琉球錄

雪峯空和尚外集
雪堂行和尚拾遺錄
丁柘唐師歷年紀略
丁氏書目
元豐廣案
元豐斷例〔編〕
元豐刑部叙法通用〔編〕
元豐官志〔編〕
元秘史(元朝秘史)、續集
元秘史略
元和三舍人詩集〔編〕
元遺山文集附錄、補載
元混一方輿勝覽
元海運記
元大一統志〔編〕
天隱子
元地理書
元叟和尚語錄
元丹穉獨對
元人詩〔編〕
元人詩六種〔編〕
元人詩十三種〔編〕
元人小集〔編〕
霍渭厓家訓
兩漢談苑〔編〕
兩漢演義傳
兩漢書〔編〕
兩漢開國中興傳誌
兩朝綱目備要
爾雅音圖
爾雅行經
夏小正注
霞箋記
于公案奇聞
耳抄秘錄
耳目記
罩谿碎墨〔編〕
平話五種〔編〕
平倭四疏
平吳事略
平巢事蹟考
平冤錄
平定浙東紀略
平滇始末

平南敬親王尚可喜事實册
平蜀記
天文主管釋義
天文諸占
天文玉曆考異賦
天文機要鬼料竅
天文異略
天文會元〔編〕
天文會元占
天文精義賦、圖〔編〕
天元玉曆璇璣經
天元玉曆森羅記
天下同文〔編〕
天水冰山錄、附鈐山堂書畫記〔編〕
天發神讖碑考
天爹公甲行日注
天寶至寶經、金函經、穴法賦、雪心賦
天漢全占
天啓宮詞
天啓四年邸抄〔編〕
天臺山志
天真皇人九仙經
天機子
再團圓
石研齋書目
石經考
石渠王氏意見、拾遺、補闕
石林詩話校記
石林佚書補目
石井本宗(鄭氏)族譜〔編〕
西方子明堂灸經
西番貝葉梵文經
西川青羊宮碑帖
西嶽華山廟碑續考
西漢文章(應氏類編西漢文章)〔編〕
西洋算法書
西藏志
西藏地理圖考
西園感舊圖
西翁近稿、詩集

928

百研銘
百粵風土記
百寶總珍集
百壽字圖
百花鼓吹（古今名公百花鼓吹）〔編〕
百花菴圖
晉公談錄
雷霆合氣（雷霆合炁）
雷神紀事
礴墨亭叢書〔編〕
碎金
雲南諸夷圖
雲林題跋、雲林堂詞
雲間清嘯集、桂軒詩集
北山詩話
北宋三遂平妖傳、北宋志傳通俗演義題評
北宋人小集
北宋金鎗全傳
北遼遺事
北盟集補
疆事集
琴譜
琴譜全集
琴曲詞
琴操
張江陵行實
張月霄書目
麗澤集附關鍵〔編〕
麗澤集詩〔編〕
悲喜記
研堂見聞雜記
冀王宮花品
瑞應圖
璣衡秘要
列子四解（沖虛至德真經四解）
列女傳
續列女傳
列國志輯要〔編〕
水龍經
水經廣注
水滸續集

孤矢譜〔編〕
刑名斷例
延平王戶官楊英從征實錄
延漏錄
延令書目、曝書亭書目、靜惕堂書目
孔子遺語
孔氏家譜
孫文定公南遊記
孫子七書〔編〕
孫氏治病活法秘方
副使祖遺稿
琅邪白雲二禪師語錄〔編〕
武王伐紂書
武經七書〔編〕
武經節要〔編〕
武穆精忠傳
武侯心妙
職方機要
職方全圖
殘儀兵的
聽香小榭漢印譜
建文登科會試二錄
建文事蹟備遺錄
建昌諸夷圖
建炎維揚遺錄
建炎維揚錄
建炎復辟記
聖元名賢播芳續集〔編〕
聖宋文選（文選）〔編〕
聖宋千家名賢表啓（千家名賢表啓）〔編〕
聖朝通制孔子廟祀〔編〕
聖散子方
聖教入川記
聖門二大家詩〔編〕
聖賢事實、漢唐事實〔編〕
理氣心印
碧谿叢書〔編〕
硯譜
孟子節文〔編〕
孟姜女集
瑯嬛記
瓊華考

珞琭子
了奇緣
聚樂堂藝文目錄
子實遺稿
子苑
羣英草堂詩餘〔編〕
羣書備檢
羣書古鑑
羣公四六續集〔編〕
羣公小簡
弔伐錄
酌中志餘
邵秋堂集
乙巳略例
己畦公文集
珍珠塔傳（東調珍珠塔傳）
政和五禮撮要
璇璣類聚
任課纂義
壬式兵詮
黍離餘話〔編〕
爲善陰騭
愛日齋叢抄
信齋百中經
千家詩選后集〔編〕
千姓編
千眼千臂觀世音菩薩陁羅尼神咒經
雙漚居藏書目初編
雙陸格
雙鳳奇緣
雞林類事
舌鑑辨正
香譜
香嚴三昧
毛詩旁注
毛詩舉要圖
采選集
統輿圖
順治丁酉北闈大獄記略
順治西鎮志
順治十八年滿漢文武百官誓詞錄
順昌破敵錄

順昌戰勝録
順昌録
上虞縣志
步天歌
征西演義全傳
征播奏捷傳通俗演義、徑山集
虛齋看太極圖説
虛堂習聽録
行軍須知
虔臺撫屬地圖便説圖纂
須賴王經
顛頓經
衍齋詩卷
衛生彙編〔編〕
占候書
占城國録
鹵簿圖
旨意要録
比目魚
師子林天如和尚別録
紫陽仙三度常椿壽
紫陽真人悟真篇集注
柴山大全集
經説
經律異相
經史典奥
經世祝氏鈴
秤星經
縉紳便覽
崔氏日録
崙山堂詩集
嶽麓書院禹碑集
後鑒録
變離騷
仙機武庫〔編〕
戀情人
嶺南詩存
嶺南衛生方、附録
畿輔義倉圖
製琴法
山齋愚見十書
山家義苑
山志

山居雜識
山居要録
山陰祁氏藏書目
幽居録
崇安聖傳論
崇禎新政要略
崇禎新政紀略、吏部大小九卿
　　科道訪單、附録〔編〕
崇禎壬午疏抄〔編〕
崇禎實録〔編〕
崇禎十二年陝西鄉試録〔編〕
崇禎十三年庚辰進士履歷便覽
　　〔編〕
崇禎十年丁丑進士履歷便覽
　　〔編〕
崇禎存實疏抄〔編〕
崇禎七年甲戌進士履歷便覽
　　〔編〕
崇禎四年辛未進士履歷便覽
　　〔編〕
崇禎長編〔編〕
樂府新聲（梨園按試樂府新聲）
　　〔編〕
樂府名詞
樂府雅樂圖
樂毅論
樂毅圖齊七國春秋後集
樂記逸篇
綏史
外科保安方
外紀摘抄〔編〕
參兩
狀元會唱和詩集〔編〕
傳獻簡佳話
戲鴻堂帖釋文
祕府圖書畫一元龜乙部
祕閣元龜政要
秘閣法帖跋
稽古便覽
嵇叔夜聖賢高士傳
豔異編
付法藏因緣經射譜
先君交遊録
備急諸方（纂要備急諸方）

備徵録
僖朝雜録
牡丹芍藥花品幼學指南抄
裝餘偶記
續詩話
續編三國志後傳
續編兩朝綱目備要
續儀禮經傳通解
續宋宰輔編年録
續資治通鑑、附宋季朝事實
　　續資治通鑑長編舉要
續志
續考古圖
續藏大涅槃經疏
續英烈傳
續楚辭
續梅里詩輯
續本事詩
續野人閒話
續長沙志
使臣碧血録
律心
佛部般若波羅密多讚偈
佛部守護大千國土經
佛説預修十王生七經
佛説衆許摩訶帝經
佛説大孔雀咒王經
佛説壽説經
佛説慧印三昧經
佛説阿彌陁經、附阿彌陀佛説
　　咒佛頂心觀世音菩薩大陀羅尼
　　經
佛本行集經
佛國禪師文殊指南圖讚
佛果圜悟禪師碧巖録
佛母大孔雀明王經
佛醫經
傳望樓金帚編六種
傳教大師將來録
朱子實紀
朱子本義
朱氏家集〔編〕
繡谷雜抄
白雲仙人靈草歌

白兔記
白打要譜
白猿經
皇元聖武親征記（皇元聖武親
　征錄）
皇元征緬錄、女真招捕總錄
皇宋館閣錄
皇宋策學繩尺〔編〕
皇祐簡要齋衆方
皇極經世指要
皇朝本紀
皇朝典章
皇貴妃並親王等薨逝典禮檔
皇明誥敕
皇明詔令〔編〕
皇明兩朝疏抄
皇明傳信錄
皇明寺觀志
皇明英烈傳
皇朝中興繫年要錄節要
皇明開運英武傳
皇明小史〔編〕
粵謳
鬼董狐（鬼董）
保孤記
魏忠節公集
魏氏家藏方
魏公語錄〔編〕
吳三桂紀略
吳下冢墓遺文、續
吳乘竊筆
吳江陸幹夫先生墓表
吳冢遺文、續
吳逆始末記
吳城日記
吳中水利通志
吳中七家詞〔編〕
吳氏書目
吳陵志
吳興雜錄〔編〕
吳興大獄記〔編〕
和劑局方、指南總論、圖經本草
和陶集
程氏經說〔編〕

稗海大觀〔編〕
釋拜
釋疑韻實
釋書品次錄
緹騎紀略
龜經祕訣
龜山別錄
龜洛神祕集
歸藏
向氏書畫目
御史臺記
鄉射禮儀節
鄉藥集成方
衆正標題
詹玠將歸集
冬官補亡
冬暄草堂遺文
急救仙方
芻牧要訣
鷄跖集
舟山紀略
舟山始末〔編〕
般若波羅蜜多經
疑砭錄
名章匯玉
名山勝槩記〔編〕
名臣經世輯要
名臣贊種隱君書啓
名公書判清明集〔編〕
幻緣奇遇小説
匋齋歲瓦記序
祭享儀注
禦寇詳文〔編〕
紀事本末備遺
紀事略
紀年表
紀錢牧齋遺事
綱鑑甲子圖
緣山三藏概要
李師師外傳
綠牡丹傳奇
終南山說經臺歷代真仙碑記
終南山祖庭仙真內傳
絳州志

紹興講和錄
紹興正論〔編〕
紹興刑統申明
紹興十八年同年小録（紹興十
　八年同年録）、寶祐登科録
　〔編〕
傷寒百問
傷寒百問經絡圖
傷寒活人書
傷寒活人書括指掌、圖論
儆告
復雅歌詞
儀禮
儀禮經注
儀禮戴記附記、外記〔編〕
俗語
徐氏真錄
徐陶圍存友札小引、徐公漱坡
　孝行錄
鮮鸚經
牧齋遺事
秋堂邵先生集
空谷傳聲集
宣府鎮志
宣和遺事跋、宣和軍馬司勒、
　令〔編〕
宜稼堂書目
淮西從軍記
淮南水利考
瀛槎談苑
濟生產寶論方
濟寧印譜〔編〕
濟世產寶論方
汴都記
渡海興地袖海編〔編〕
寧海將軍固山貝子功蹟錄
寇萊公遺事
扁鵲指歸圖
扁鵲倉公傳
永樂元年月五星凌犯錄
永樂九年進士登科録〔編〕
永嘉集
家山圖書
家藏集要方

寢祀禮
進士題名碑錄〔編〕
進士題名錄〔編〕
適適草
寒石上人詩
寒石上人倚仗吟
寒泉老人稿
寒村集
避暑山莊詩
憲之魂
安定先生言行錄〔編〕
安南棄守始末(安南棄守本末)
安驥集
字苑撮要
字體疏源
寓惠錄
宏辭總類、後集、第三集、第四
　集
客滇述
寄廡樓詩
宦林備覽
寰海彙編
官制舊典正誤定傾論
定穴立向要訣
定興忠烈王平定交南錄
寶刻類編
寶曆歌
宗藩文類〔編〕
宗忠簡公遺事
宋文選〔編〕
宋六將傳
宋詩選〔編〕
宋五家詞〔編〕
宋元名人詞十六家〔編〕
宋元檢驗三錄
宋元史略
宋元馬政
宋西事案
宋季三朝政要
宋代名人小傳
宋紹興十八年題名錄、同年錄
　〔編〕
宋對策機要〔編〕
宋遺民錄〔編〕

宋大詔令集(宋朝大詔令集)
　〔編〕
宋史全文續 資治通鑑(宋史全
　文)、附宋季朝事實〔編〕
宋史筆斷
宋本古人孝經
宋忠獻韓魏王君臣相遇家傳、
　別錄、遺事
宋賢體要集
宋人三家四六〔編〕
宋人集〔編〕
宋人小集〔編〕
宋人小集三十七種〔編〕
宋人小集九種〔編〕
宋金元六十九家詞〔編〕
宋鑑綱目備要〔編〕
江浙兩大叛案錄〔編〕
江湖紀聞前集、後集
江南聞見錄
江南餘載
江表二臣傳
江氏筆錄
江陵紀事
汪文毅慈谿守城議
汪直傳
汪氏叢書(江都汪氏叢書)
汪民表心性說
漚夢詞
瀘州志
河工碎石方價〔編〕
河工實價則例章程〔編〕
河南雜志
河南志
河東記
河東鹽法考
河圖天地二運賦
馮海浮山堂詞稿
汗青錄
浯谿詩文集
福州舊志
顧氏雜錄
顧令君政績
測圓八線立成長表
冰鑑

叢刻三種〔編〕
叢書堂投贈集〔編〕
活幼口議(演山省翁活幼口議)
活法機要
活人心
活人事證方、後集〔編〕
活人書括指掌方〔編〕
近時十便良方〔編〕
透簾細草
遁甲天書
遁早選時圖
遁甲奇門要略
遁甲奇門星起法
遁甲八門命訣
浣綠居詞抄
浦江鄭氏旌義類編
浦江鄭氏家範
治病須知
治法彙
治金錄
演禽心法
演禽通纂
演禽圖訣
祕府圖書畫(祕府圖書畫、元
　龜)
補江總白猿傳
補南詞
補�記〔編〕
補梅居士詩選
補養衆妙方
惢泉手學
梁王寶懺
梁武帝西來演義
沈亞賢文集
沈詹事詩集
灌城紀事
灌畦暇語
渤泥表文附慧山記
法華經玄賛
法華遊意
法華大愚雲峯楊歧道吾五禪師
　語錄
法華義疏
漢唐事實〔編〕

漢雜事祕辛
漢魏詩集〔編〕
漢名臣奏〔編〕
漢熹平石經殘字〔編〕
漢隸分韻
漢書考證、後漢書考證
洪武聖政記
洪武四年登科錄〔編〕
洪秀全演義二集
洪氏方
滇寇紀略、滇南外史〔編〕
社倉本末
遠山崔公入藥鏡
造菩薩願文
遼四京記
遼金大臣年表
婆羅岸全傳
清代官書記明臺灣鄭氏亡事
清祕閣遺稿
清初順治司道職名冊
清來堂書目
清教錄
清史列傳卷八十逆臣傳〔編〕
清明集
清暉閣詩
決科截江網
決脈精要
神龍鬼砂
神仙服餌
神僧傳
神道大編象宗圖學
神女清華經
神樞鬼藏
神機武略望江南
神隱志
神醫普救方
禮記
禮記正譌
禮記校勘記
遺山堂詩
遺老高風
遺教經
混元內外鑒、延壽經
混元盒五毒全傳

溫氏隱居助道方服藥須知
溫公年譜、遺事、荊公年譜、遺事
漫叟見聞錄
漫堂隨筆
祝融子兩同書
祝趙始末
禪宗諸祖歌頌
禪宗金剛經解
禪門諸家評唱集
迴光和尚唱道
還魂記
還晴祕論
盜柄東林夥
泡菴詩選
洞天祕典
湖南故事
澳門新聞紙
汲冢師春
汲古閣刊書細目珍藏祕本〔編〕
汲世論
潔齋家塾書抄
祖師部波羅提木叉廣注雜集論
冠禮、五禮新儀
初白菴詩評附許蒿廬詞綜偶評
逸史殘抄
通元靈鬼經
通占大象曆星經
通俗小說七種
通俗小說金虜海陵王荒淫
通遠集
通書大全
通典詳節（諸儒議論杜氏通典詳節、杜氏通典詳節）〔編〕
通鑑刊誤補正
通鑑續編
通鑑長編紀事本末
通鑑節要〔編〕
選詩〔編〕
選青賦箋
選擇曆書
軍占雜集

冥報記、附冥報記輯本、冥報記拾遺輯本
資治通鑑綱目大全〔編〕
資治通鑑綱目提要〔編〕
淞南詩抄〔編〕
海疆備考
海上占候
海虞先達遺事、海虞世家錄
海虞被兵記
海甸野史〔編〕
海寧倭寇始末〔編〕
海寧縣志
海道經
海內奇談
海南集、後集
海防圖論
海居齋集
海篇直音
洽聞記
滁陽王廟碑歲祀冊〔編〕
祥異賦
遂園禊飲集
逆瑠魏忠賢東林黨人榜〔輯〕
逆案〔編〕
逆藩吳三桂傳
遊名山記、卷圖、附錄
道統圖
道鄉語錄
道南王先生遺書〔編〕
道藏彙抄〔編〕
道書十一種〔編〕
啓顏錄
啓雲錦前集〔編〕
啓劄截江網甲集、乙集、丙集、丁集、戊集、己集、庚集、辛集、壬集、癸集
啓劄青錢前集、後集、續集、別集、外集
沙證指微
十六國春秋略
十誦律
十一曜躔度
十三經名文抄〔編〕

十三經注〔編〕

十三經注疏〔編〕

十五貫彈詞

十子全書

十便良方(備全古今十便良方)

十先生奧論前集、後集、續集〔編〕

十家宮詞〔編〕

十九史略〔編〕

十九史略詳解〔編〕

十地經

十書類編〔編〕

九龍山人稿

九子〔編〕

九經〔編〕

九經三傳

九經直音

九嶷先生集

九名家詞〔編〕

九邊圖

九朝談纂〔編〕

九卿議定物料價值〔編〕

九賢祕典〔編〕

大方等大集經〔編〕

大唐說纂〔編〕

大唐三藏取經詩話

大唐三藏法師取經記

大唐開元占經〔編〕

大唐陰陽書〔編〕

大六壬無惑鈴

大元聖政國朝典章、新集至治條例〔編〕

大元海運記

大乘起信論

大統曆(大明萬曆二十三年歲次甲午大統曆、大明萬曆二十年歲次壬辰大統曆、大明萬曆四十五年歲次丁巳大統曆、大明萬曆四十七年歲次己未大統曆)〔編〕

大統曆(大明中興永曆二十五年大統曆)〔編〕

大統曆注〔編〕

大順永昌元年翰林清册〔編〕

大積寶經

大阜潘氏支譜

大般涅槃經

大寶積經

大宋天文書

大清高宗純皇帝實錄

大清詩因

大獄記〔編〕

大梅山月林和尚拈古泊頌古大典會通〔編〕

大易旁通天元賦、提綱

大圓覺了義經

大明正德皇遊江南傳

大明實抄

大明實錄.

大明會典〔編〕

大原談義聞書

大學

大金弔伐錄

大智度論

太音大全

太玄曆

太玄經釋文(太元釋文)

太乙統宗紫庭福應金鏡集

太乙十精風雨賦

太乙起例

太乙專征賦

太乙星書

太和摧兇記

太和野史

太和堂書目

太清經

太湖用兵紀略、防湖論略

太極圖說約、通書約說

太極圖說分解

太華希夷志

太素心印

太素脈訣

太素脈**祕訣**

太素脈法

太醫局程文(太醫局諸科程文格)

太公兵法

太常新禮

左傳正義

左傳句讀直解

左氏解

左氏古義

左氏蒙求

臺山靈異錄

臺灣外誌前傳

繡象明季孤忠

五虎鬧南京、後傳五虎將掃**平**海氛記

臺灣鄭氏關係文書〔編〕

查考錢法

直說素書

直指玉鑰匙門法

直省釋奠禮樂記

壺譜

壺山先生四**六**

壺中賦

壞室讀書圖

布粟集

希叟和尚正宗贊

有明野史〔編〕

南北兩宋志**傳**

南北宋傳

南蠻錄

南宮故事

南宋志傳通俗演義題**評**

南宋館閣續錄

南河成案

南河成案再續編

南河成案續編

南湖考

南臺備要、烏臺筆補

南都蓋言錄

南泰紀略、藤峽紀略

南明紀遊詩集

南明編年史

南院首山葉縣神鼎承天石門**六**禪師語錄〔編〕

存心堂遺集

存漢錄

寸金六法

志盦詩稿

熹廟拾遺百詠女**鏡**

支類説
嘉靖倭亂備抄
嘉禾詩集
嘉定史部條法總類〔編〕
古文正宗前集、後集
古文真寶後集
古文短篇〔編〕
古文精粹〔編〕
古音異同摘要
古雜劇〔編〕
古詩抄〔編〕
古禮、釋文、識誤
古佚小説叢刊〔編〕
古叢辰書
古史餘論
古串鵪鴿論譜
古甎錄
古四聲等子
古賦題前集、後集〔編〕
古器款識
古鏡記
古今雜劇〔編〕
古今雜劇校語、古今詩晬〔編〕
古今列女傳演義
古今通略句解
古今事林羣書一覽〔編〕
古今奏雅
古今服飾儀
古今輿地圖
奇零草、續草
奇緣記
奇字訓釋
奇忠志
奇門要訣
奇門要略
奇門遁甲賦
奇門禽經
壽昌乘
七元六甲書
七經〔編〕
七經緯
七十二朝四書人物演義
七才子書(第三才子書玉嬌梨、
　　第四才子書平山冷燕)〔編〕

七史〔編〕
七書〔編〕
七國象戲局
袁忠臣傳
真仙傳道集
賣菜言
檇李叢書、外紀
檇李英華
樗蒲經、樗蒲格
梧桐影
桃花艷史
求一算經
城書
狩緬紀事
截江網
始可與言
越史略
菙錄
董心葵事記
董令升遺事
萱堂香譜
堪輿賦
堪輿纂略
地理玉函纂要
地理發微論集注
地理泄天機
地理口訣
范文正公遺蹟
范忠宣言行錄
戢山致祝開美手札
考工記圖解
苑湘南學庸論語講義
花村談往、補遺
花田金玉緣
莊子義纂通義(南華真經義纂
　　通義)
莊子餘事雜錄
莊氏史案
蕭尺木離騷圖、傳
勸發諸王要偈
勸酒玉燭詩
蒙山施食
蒙泉雜言
蒙古經

藏文聖妙吉祥真實名經
藏六堂書目
藏徵錄
蓮臺仙會品、秦淮士女表、曲中
　　志、金陵妓品
蓮花經
芝田錄
薊鎮東路圖册〔編〕
蕉雨亭詩
蕉葉帕
燕吳行役記
燕丹子
蘇悉地羯羅經
蘇城紀變
蘇城紀變附續記
蘇城紀變等四種〔編〕
蘇長公外集〔編〕
蘇氏文類〔編〕
蘇氏家傳心學文集〔編〕
蘇門六君子文粹〔編〕
草抄本書目
草堂詩餘、花間集、前集、尊前
　　集、詞林萬選〔編〕
草堂詩餘評林〔編〕
孝經
孝經孔序直解
孝經孔氏傳直解
孝經總類
孝宗聖政
孝莊文皇后孝惠章皇后喪儀
　　檔
孝賢皇后喪儀典禮檔
孝慈淵聖皇帝要錄
執政拜罷錄
萬象名義
萬里海防、日本圖纂〔編〕
萬曆二十六年戊戌進士履歷便
　　覽〔編〕
萬曆二十三年乙未進士履歷便
　　覽〔編〕
萬曆二十年年應天鄉試錄〔編〕
萬曆二十九年辛丑進士履歷便
　　覽〔編〕
萬曆二年甲戌進士登科錄〔編〕

萬曆三十二年甲辰進士履歷便覽〔編〕
萬曆五年丁丑進士登科錄〔編〕
萬曆元年廣西鄉試錄〔編〕
萬曆元年山東鄉試錄〔編〕
萬曆元年江西鄉試錄〔編〕
萬曆元年貴州鄉試冊〔編〕
萬曆十一年癸未進士登科錄〔編〕
萬曆十七年己丑進士履歷便覽〔編〕
萬曆十四年丙戌進士履歷便覽〔編〕
萬曆十年河南鄉試錄〔編〕
萬曆十年浙江鄉試錄〔編〕
萬曆七年貴州鄉試錄〔編〕
萬曆起居注〔編〕
萬曆邸抄〔編〕
萬曆八年四月二十二日急選報〔編〕
萬卷菁華前集、後集、續集
荔牆詞
韓文正宗〔編〕
韓子迂評
韓集舉正
韓魏王家傳
韓莊敏遺事
韓柳類譜
姑蘇志摘抄〔編〕
攀古廎藏器目
華山記
華嚴經搜玄記
華嚴經合論
革除編年
英烈傳（皇明開近輯略武功名臣英烈傳）
英宗朝諸臣傳
菩提行經
蓍卦辨疑
苕川子所記三事
蒼雪菴日抄
蕃爾雅
老子化胡經
老君內觀經

老復丁菴圖
老莊列三子〔編〕
世宗憲皇帝大行典禮檔
世本輯逸〔編〕
芸窗彙爽萬錦情林
藝文志見關書目
廿一史〔編〕
舊館壇碑考
楚辭釋文
黃帝龍首經
黃帝內經靈樞略
黃帝授三子玄女經（黃帝授三子元女經）
黃帝蝦蟇經（蝦蟇經）
黃帝明堂灸經（灸經）
黃庭內景經
黃石公潤經
黃運兩河考議村西集、文集、樹萱錄
蔡氏宗譜
茶道便蒙抄（日本茶道便蒙抄）
茶具圖贊
葉子戲格
葉氏叢書〔編〕
葉氏錄驗方
杜家五成雜書要略
杜祁公語錄
枕中記
黝蠻叢笑
桂林田海記
桂林留守始末
萩林伐山
菊山清雋集、附所南翁詩文集、錦錢餘笑
檮杌閒評全傳、附總論
林泉老人評唱投子青和尚頌古空谷傳聲
林泉老人虛堂習聽錄
埭川識往
姓苑
加減十三方
觀音魚籃記
媲郊錄

娛老軒叢抄
相山骨髓
相字心易
相江集
相貝經
楞嚴經義淵海
楊園淵源錄〔編〕
楊公六段機
楊鐵崖外紀
聲明集
朝集院須知
朝鮮詩〔編〕
朝鮮史略
朝鮮日本圖說
朝鮮八道圖
朝野僉言
媚瑠雜記〔編〕
媚瑠分款全錄〔編〕
胡氏方
切韻〔編〕
觌灰錄
救急方
救急仙方
救民急務錄
增城荔枝譜
乾坤寶典
乾隆六十三年時憲書〔編〕
翰府素翁雲翰精華
翰苑叢抄
翰苑啓雲錦
翰杯雜志
翰林記
翰林禁書
翰林學士集
翰墨大全
警世奇觀
敬修堂同學諸子出處記（敬修堂同學出處偶記）
槎軒集
榆林全鎮圖說
松下雜抄
松江紀事
松籌彙錄、附松郡擴城議、松郡興建考〔編〕

樽前集〔編〕
妙法蓮華經普門品
妙選草堂詩餘
趙君闓行略
趙氏書畫船〔編〕
丰韻情書
中庸
中庸記
中庸集解
中庸集略
中庸篇
中誠經
中晚唐詩〔編〕
中阿含經注
中興六臣進策〔編〕
中興兩朝編年綱目
中興偉略
中興禮書、續中興禮書
中興英烈傳、附纂宋岳鄂武
　穆王精忠録後集
中興繫粹要録
中興館閣續録史話
史談補
史館故事録
申鳧盟先生年譜、附録
事文類聚、啓劄天章
事實類苑
事類氏族大全
推背圖
摘要方
夷堅續志後集（湖海新聞夷堅
　續志後集）
夷堅續志綱目
夷堅續志前集（湖海新聞夷堅
　續志前集）
披垣續志
畫一元龜
畫繼補遺
畫徵録
畫竹齋評竹
盡忠實録〔編〕
泰陵故事
青囊正經
青囊正源赤松經

青囊經校本
青囊本旨
青羅歷
本草（風科本草）
本草和名
本草綱目
本草藥性歌括總論
本草圖經
本朝文粹
本朝大詔令〔編〕
本朝事實〔編〕
惠獻貝子忠定録
惠民和劑局方、指南總論、圖經
　本草
忠烈全傳
忠獻韓魏王家傳〔編〕
忠節録〔編〕
奉天靖難記、靖難功臣録
奉常雜録、樂章
書壬戌事
書集解（梅教授書集解）
書經
書經補遺
書斷列傳、雜論
書傳
書解（柯山書解）
書解（陳博士書解）
書法規範
書古經、序
書老書生蒙難事
書林韻海
書林韻會
書畫彙考
書學會編
書抄閣行篋書目〔編〕
書判清明集
春秋諸侯廢興春秋總例、春秋
　始終
春秋謚法
春秋二十國年表
春秋正經
春秋正經全文左傳增注句解
春秋集解
春秋經

春秋經傳
春秋緯史集傳
春秋釋文
春秋解義
春秋魯十二公年譜
春秋左傳讀、叙録
春秋考異
春秋世系
春秋加減
春秋圖説
春秋圖説年表
春秋問業
春秋年考
春秋年表
春秋纂疏
春草閒房存稿
貴州諸夷圖
棗下小集
素王事記通制孔子廟記
秦傳玉璽譜〔編〕
秦併六國平話
秦漢書疏
秦邊紀略
秦氏女訓
秦氏書目
東調大雙蝴蝶（大雙蝴蝶）
東西漢演義
東西洋考每月統計傳〔編〕
東晉南北朝輿地表
東樂軒集
東臯雜記
東黏子
東家子
東巡金石録
東漢演義評
東南紀聞
東坡寓惠録〔編〕
東林和尚雲門菴主頌古
東林同志録〔編〕
東林朋黨録〔編〕
東林朋黨録等六種〔編〕
東林籍貫〔編〕
東園友聞
東璧圖書府十二家唐詩〔編〕

東陽記詠
排韻增事類氏族大全
打馬格局
指南論、又本前后二集
指南賦箋、指南賦經〔編〕
甀屑録
採珠局
蟋蟀經
輔臣贊和詩集〔編〕
戊申維揚録
戊戌六君子遺集〔編〕
戊戌奏稿
成仁祠録
成和子觀妙經
成憲録
成唯識論
咸淳遺事
咸同朝督撫年表〔編〕
咸同朝內閣大臣年表〔編〕
揚子法言音義
揚州變略
揚州夢
擢犀策、擢象策
投壺譜
搜玉小集(揆玉小集)
搜神實記
搜神大全(竹藏板三教源流搜
　神大全)
招捕總録
撰集百緣經
歂堂集古録
契蘭堂書畫録
契丹講和記
契丹疆宇圖
契丹録
擊祝陰符
賴古堂書目〔編〕
拾園張氏書目
蛻庵鍾韻
數書
數學
日下舊聞考
日本受領之事
日本合類節用集大全

星禽直指
星命溯源
星薄讚歷
墨子全書跋
墨娥小録〔編〕
蜀記
蜀爾雅
蜀山藏書目
蜀中畫苑
國璽傳、傳國璽記
國變難臣抄
國色天香
國清百録
國初明末佚書
國朝名世類苑〔編〕
國朝名公神斷詳刑公案
國朝通典
國朝典故
國史列傳〔編〕
國史滿漢列臣傳
四王合傳
四子〔編〕
四季五更駐雲飛〔編〕
四遊全傳
四十家雜説〔編〕
四朝野乘
四朝野史〔編〕
四書章圖纂釋
四書集成〔編〕
四書總要
四書標題
四春詞
四時栽接花果圖
四明山古蹟記
四體千文書法
四分律刪繁補闕行事抄
四鎮紀略〔編〕
易序圖説
易辨
易經墜簡
易正誤
易經
易經開心正解
易緯辨終備

易傳解説、微旨
易十三傳
易數
易簡方論
思文大記
愚齋存稿初刊
田莊楊氏譜
曼聲集
因明正理門論本
甲乙記政録、續丙記政録、續丁
　記政録、新政〔編〕
甲乙稗史〔編〕
甲乙事案
甲申紀事
呂仙飛劍記
呂申公掌記
呂公窑頭坯歌
回回曆法、天符曆法
回回館課
圖經
圖經集注衍義本草〔編〕
足利尊氏願經異域圖志〔編〕
異授眼科
異聞總録
圓覺經皆證論
羅星妙論
點烙三十六黃經顯揚聖教論
蹈海録
吐魯番哈密始末時務權書〔編〕
喝蘭紀事〔編〕
曝書亭藏書目〔編〕
瞿木夫先生年譜
哭廟紀略
明又拾遺〔編〕
明列朝實録〔編〕
明季諸先烈舟山殉國始末記
明季稗乘〔編〕
明季稗史〔編〕
明季稗史續編〔編〕
明季稗史彙編〔編〕
明季寇難傳〔編〕
明季遺聞録〔編〕
明季逸史〔編〕
明季海寧殉節始末

明季十二家集〔編〕
明季九科進士履歷便覽〔編〕
明季史料十種〔編〕
明季見聞輯録
明季甲乙兩年事蹟彙略
明季野乘〔編〕
明季野史〔編〕
明季野史雜抄〔編〕
明季野史三十四種〔編〕
明季野史彙編二十九種〔編〕
明季野史彙抄續編五種〔編〕
明季野史十種〔編〕
明季野史七種
明季野史四種
明皇十七事
明穆宗隆慶實録(明穆宗皇帝
　實録)〔編〕
明紀略
明洪武四年進士登科録〔編〕
明初四家詩〔編〕
明十一朝實録〔編〕
明太祖皇帝實録(明太祖實録)
　〔編〕
明萬曆天啓崇禎大統曆〔編〕
明萬曆西番館譯文〔編〕
明世學山四十一種〔編〕
明史
明史稿
明史抄略
明事雜録〔編〕
明史斷略
明末殉難諸臣備考〔編〕
明末史事雜抄〔編〕
明末日記
明末四百家遺民詩〔編〕
明末小史四種〔編〕
明成化弘治萬曆會試鄉試録
　〔編〕
明輿地表
唺廝囉傳
眼科捷
昭示姦黨三録
昭忠録
野老漫録

野史甘露記
野録〔編〕
照世盃
邵亭知見傳本書目
啥堂博笑集
晦翁先生語録大綱領、附録
　〔編〕
雅道機要
防海議〔編〕
譬喻經
甓齋集(趙坦保甓齋集)
阮氏列傳
歷代帝王紹運圖
歷代確論〔編〕
歷代紀元曆〔編〕
歷代紀年録
歷代地理指掌圖
歷代史辨志
歷代史贊論
歷代星史
歷代錢譜
阿彌陀經
阿毘達磨發智論
阿毘曇心論
阿毘曇毘婆沙論
阿毘曇八犍度論
阿差末菩薩經
阿含經注
陟岡樓叢刊〔編〕
曆法
曆書
原病式
馬經
甌鉢羅室書畫過目考
長樂財賦志
長安得碑記
長卿陸子年譜
長阿含經
長阿含經注
劉公家傳
脈訣理玄秘要、東垣珍珠囊
脈訣秘旨、玄白子
西原正脈脈訣、玄白子相類
　脈

訣、玄白子診脈八段錦脈法
　微旨
嚴三點脈法
反唐演義傳
岳武穆傳、羣賢表忠詩〔編〕
陀羅尼經咒
陸氏虞初志
隋史遺文
隋煬帝豔史
陝西碑目
陝西鎮考
瞿仙琴阮啓蒙譜
瞿仙運化元樞
瞿仙史略
怳園宗氏藏書殘目
閩王事蹟
閩海紀略
閩中詩選〔編〕
風鵃占經
風流和尚
風流十傳
鳳池歷
鳳陽新書
隆武紀略
隆武遺事
月稱造中觀論注
同文堂翻譯館課
周職方詩文集
周禮
周禮説略
周禮詳節句解
周禮總義
周禮劄記
周易
周易、尚書、毛詩、禮記、左傳、
　周禮、儀禮、春秋
周易旁箋
周易版詞
周易外義
周易象義圖
周易窮微
周易十二論
周易義叢纂略
周公謚法

陶杜詩選〔編〕
邪気録〔編〕
聞博録
聞堂雜記
鵑譜
屬裔枝派録
閉門研思圖
殿爭録
履素齋稿
居家必用事類全集(事類全集)
層瀾文選前集、後集、續集、別
　集〔編〕
闖寇
又韓隨筆〔編〕
聞塵偶記
聞奇録
聞鶯館社集詩〔編〕
學的
學吟新咏
丹書
舉業正式
醫方類聚〔編〕
醫説
醫書六種
醫書大全〔編〕
醫門玉髓
醫學發明
閱訟記略
印式〔編〕
印燈〔編〕
艮廬詞、續
艮嶽集〔編〕
興兵始末
貫經
賢劫經
賢異録
賢首諸乘法數
監國紀年
陀羅尼經
覽餘漫抄
陰山雜録
陰德録
陰陽正源
陰陽關異説奇傳

陰符經注
月會炙集
愍忠録
駢體文林〔編〕
駢體文抄〔編〕
臥遊詩選〔編〕
臨濟慧照元公大宗師語録〔編〕
臨池妙訣
臨賀志、集
滕公守台録
八五經
八瓊室文稿
八經
八家集〔編〕
八寶記
八法神鍼紫芝春谷全書
八閩政議〔編〕
人中畫
入緬始末
全唐詩話
全漢志傳〔編〕
全嬰方論
益都金石記〔編〕
金石遺文録目録〔編〕
金石厄言、石墨鐫英、二王楷
　迹、蘭亭輯略〔輯〕
金石八例〔編〕
金碧古文龍虎上經
金科類要
金液還丹圖論
金大明曆
金樞符應秘文
金孝章詩稿
金史補
金匱玉衡經
金陵紀事
金丹正理大全〔編〕
金人弔伐録
金鏡九真玉書
金鎖遁甲
金光明經
金精山志
鐘鼎篆韻〔編〕
鏡湖清唱
今史〔編〕

俞石澗易外別傳
前漢書續集
分宜清玩籍
分野
剪燈叢話〔編〕
無冤録
無垢淨光陀羅尼念用庶徵
姜貞毅先生事録禽總法
美合集
年月備要前集、後集
合璧聯朱萬卷菁華〔編〕
普濟本事方釋義
普菴語録
首楞嚴經、附音釋
首楞嚴經玄覽
善行續録
善權古今文録
曾公南遊紀
會稽李氏家乘
含經堂碑目
公車徵士小録〔編〕
養素堂文集
養民月宜
余居士證論選奇方
短要方
鍾情麗集
劍俠傳
鋪叙
鍼灸
鍼灸集成
鍼灸經
鐵如意室金石目録、附録
錢幣考
鎮江志
錫山遺響
錫類鈐方
知不足齋宋元人集目
饅頭屋本節用集
釣磯立談
釣籃圖
釣餘集
銅仙逸史〔編〕
銅壺漏箭制度
銅人鍼灸圖經

朔方新志
鄭崇陽事蹟彙抄
鄭鄭事蹟
篆從
籬下放言
算經
算經七種〔編〕
算學源流
筆夢(筆夢錄)
範圍數
範圍易數明斷精義
簪纓必用翰苑新書前集、後集、
　　別集、續集
籌算
節用集
管窺小識
策選
策問摘要〔編〕

小兒玉訣
小兒靈祕方
小兒形證方
小兒衛生總微論方
小學三種
懷清堂書稿
尚書白文
尚書洪範
尚書禮部
尚書古文疏證
尚書蔡傳旁通
尚書圖
半櫻詞
火龍萬勝神藥圖
火珠林
火器大全
粹粹〔編〕
恒言廣證

類方馬經
類聚名義抄
類雅
恬養齋文抄
證下聞談(鐙下聞談)
燃犀集
性理字義
性氣先生熊廷弼傳〔編〕
快世忠言〔編〕
燼宮遺錄
精忠貫日
精粹古文大全(古文大全)〔編〕
惲氏譜抄
悅神集
燉煌新錄
勞山仙蹟詩

再版後記

　　從上世紀 70 年代開始，我作爲上海古籍書店的收購員，爲了收購古籍、碑帖、字畫，經常去濟南、太原、瀋陽、西安、鄭州、洛陽、開封、武漢、九江、南京、蘇州、杭州、紹興等地出差。當時的條件，出行再遠也不可能乘飛機，都是做火車、汽車或輪船。在漫漫的旅途中，我總是手不釋卷，讀萬卷書，行萬里路，雖苦猶樂。

　　隨著工作的深入，我逐漸意識到自己收購古書、搶救文物的意義深遠，責任重大。我越來越熱愛自己的本職工作。爲了不使珍本、善本從自己眼皮底下溜走，我發奮自學古籍版本目錄學，經常求教熟悉業務的老同志，並登門請教顧廷龍、潘景鄭、吕貞白、瞿鳳起等一流的版本學專家，使自己的版本知識日益豐富，爲日後整理、研究古籍打下了堅實的基礎。

　　從 1977 年起，我開始編寫《古籍版本題記索引》。我計劃將歷代著名的藏書家、版本學家有關版本方面的論述，都薈萃於一編之中，如宋代陳振孫的《直齋書録解題》、晁公武的《郡齋讀書志》，明代徐𤊹的《紅雨樓題跋》，清代黄丕烈的《百宋一廛書録》、陸心源的《儀顧堂題跋》、莫友芝的《宋元舊本書經眼録》，近人莫伯驥的《五十萬卷樓群書跋文》、繆荃孫的《藝風藏書記》、張元濟的《涉園序跋集録》、傅增湘的《藏園群書題記》，等等。我的這一設想，得到了上海古籍書店領導和顧廷龍、潘景鄭、吕貞白、瞿鳳起等專家、學者的支持。於是，我跑圖書館，鑽故紙堆，逐本翻閱典籍，把我國出版史上版本學專著幾乎都翻了一遍，從中精選了 102 種重要的古籍版本題跋記、讀書志、書影，包含近 5 萬種古籍的版刻情況。當時還没有流行電腦，要編索引，先得將所有要著録的内容抄在卡片上，編成"書名索引"和"著者索引"兩大部分，分別按四角號碼、筆劃、拼音編排。

　　編索引既繁瑣又枯燥，不僅需要一定的專業知識和操作水準，更需要鍥而不捨的毅力和耐得寂寞的恒心。整整四年，我住在單位辦公室裏，没有回過家，不論是嚴冬還是酷暑，我没有一天停止過手中的工作。中秋節別人闔家團圓，我在查閱資料；大年夜別人親友歡聚，我在抄録卡片。我覺得有收穫，就

要有犧牲。

我的決心和毅力沒有感動上帝，卻感動了她。她叫胡平，是我的同事，也是72屆一起參加工作的同齡人。她尊重我的愛好，瞭解我純樸而又憨厚的性格。她悄悄地接近我，幫我抄寫卡片，爲我買來點心。我從小性格內向，不善花言巧語，不敢正視女孩子。她的闖入，不能不使我平靜的心激起千朵浪花。我想與她多聊聊，但我沒有時間；我想請她出去玩玩，但我沒有時間。每當她把抄好的卡片交給我，把精美的點心送給我，我只會對她笑笑，甚至忘記說一聲"謝謝"。當她飄然離我而去時，我心中又會油然生出一絲惆悵，甚至會有失魂落魄的感覺。

我警惕地想道："我是否在戀愛了？"但連忙否定："她會愛我嗎？"聽人說眼睛是心靈的窗戶，有一天，我鼓足勇氣，注視她的眼睛（這是我第一次正視一個姑娘），從中似乎看到了友好的表示，看到了愛的信號。此時此刻，我本該馬上向她表明心跡，但我卻警告自己："不完成索引的編纂，決不能談情說愛！"於是，我便沖著她溫柔而美麗的眼睛，充滿歉意地笑了笑。也許是心有靈犀一點通，也許是出於禮貌，她也還給我一個微笑，笑得那樣甜，笑得那樣美，我的心爲之而陶醉。我倆從來沒有明確什麼時候開始建立戀愛關係，就是這一笑，我們戀愛了。這是一種別有情趣的戀愛：不逛馬路，不看電影，不下館子，只有一個信念：一起抓緊時間編纂索引。在她幫助下，我提前一年完成了初稿。

人的一生中，談戀愛也許是最浪漫、最溫馨、最富有詩意的。在人們的想像中，熱戀中的情侶總是依依偎偎、纏纏綿綿、竊竊私語，或是唱歌跳舞看電影，或是逛街旅遊下館子。然而，我與妻子談戀愛時，卻沒有花前月下的漫步，沒有夜半江畔的絮語，沒有優美瀟灑的舞姿，沒有山盟海誓的情話。不是我們沒有浪漫的細胞、熱戀的激情，不是我們沒有吟花的愛好、賞月的雅趣，我們缺少的是時間，我們需要節約分分秒秒的時間！把我們的心拴在一起的，不是月老、朋友，不是父母、親戚，更不是金錢、美貌、虛名，而是相同的志趣。

此後，我又走過一段坎坎坷坷的路，前後花了十年時間，經過多少汗水的澆灌，才算功德圓滿。1986年6月，我去看望時年80歲的潘景鄭先生。他懇切地對我說："我多麼希望有生之年，看到你的《古籍版本題記索引》出版啊！"我乘機就說："那就煩請潘老爲拙作寫篇序言吧！"潘先生一口答應，一周後就把序言替我寄來了。也是因緣巧合，在我收到潘老序言的同一天，還收到了顧廷龍先生的書名題簽。顧老的題簽和潘老的序言，爲本書增色不少。二

老早已作古，現在回想起他們提攜後學、循循善誘的情景，不勝感慨，不勝感激！

　　1991 年 6 月，孕育我們愛情的《古籍版本題記索引》終於由上海書店出版了。出這本書的十年前，我們就已生下了一個可愛的女兒；這本書也是我倆生的"孩子"，我執意爲她的"父母"都署了名——羅偉國、胡平。

　　令人欣慰的是，《古籍版本題記索引》問世後，爲讀者查閱古籍、研究版本提供了不少方便，因而很受歡迎。1992 年，該書榮獲全國優秀古籍圖書獎三等獎；1994 年，該書又獲全國索引成果展評優秀成果獎。

　　今天，我讀過的書何止萬卷，行過的路何止萬里？但每當我追溯當年訪書、收書的行程，追溯求教于專家、學者的場景，追溯抄卡片、編索引的艱辛，一幕幕往事便會出現在眼前，珍惜民族遺産、繼承優秀傳統的精神將使我的人生之旅更加充實、更加有味。

　　《古籍版本題記索引》初版僅印了 1200 册，當年年底即告售罄。是書出版整整 20 年了，期間有不少讀者來函來電托我購買，但我都無法滿足他們的要求，在此一併致歉。

　　黃曙輝先生是我結交的新友，一見如故，視爲同道中人。他深知搞古籍版本研究者的需求，建議鄙人將《古籍版本題記索引》重印出版。承蒙曙輝先生青睞，拙作得以稍事修訂，影印再版，讀者可以按圖索驥，查找有關古籍版本的資料。

　　本書如有錯訛之處，謹請方家賜正。

羅偉國

2011 年 5 月 25 日